2021

AGENTE DE INVESTIGAÇÃO E ESCRIVÃO DE POLÍCIA CIVIL DO ESTADO DA PARAÍBA

EDITORA AlfaCon Concursos Públicos

Diretor Presidente Evandro Guedes
Diretor Editorial Javert Falco
Diretor de Marketing Jadson Siqueira
Gerente Editorial Mariana Passos
Equipe Editorial Fátima Rodrigues
Mateus Ruhmke Vazzoller
Patricia Quero
Aquisição editorial Fábio Oliveira
Coordenação Revisão de Texto Paula Craveiro
Coordenação Editoração Alexandre Rossa
Arte e Produção Nara Azevedo
Emilly Lazarotto
Capa Alexandre Rossa

Língua Portuguesa
Giancarla Bombonato e Pablo Jamilk
Redação
Giancarla Bombonato
Raciocínio Lógico
Daniel Lustosa
Estatística
André Arruda
Noções de Direito Constitucional
João Paulo e Nilton Matos
Noções de Direito Administrativo
Evandro Guedes e Guilherme Domingos de Luca
Noções de Direito Penal
Eduardo Labruna e Evandro Guedes
Noções de Direito Processual Penal
Roberto Fernandes
Noções de Legislação Complementar à Matéria Penal e Processo Penal
André Arruda, Gustavo Muzy, Lilian Novakoski, Rafael Medeiros THállius Moraes e Wallace França
Informática
João Paulo e João Paulo Colet Orso
Arquivologia (Exclusivo para Escrivão)
Oliveira Soares THais Vierai
Contabilidade Geral (Exclusivo para Agente)
Camila Gomes e Germana Chaves

Dados Internacionais de Catalogação na Publicação (CIP)
Jéssica de Oliveira Molinari CRB-8/9852

E73

Agente de investigação e escrivão Polícia Civil do estado da Paraíba - PC - PB / Equipe de professores Alfacon. -- Cascavel, PR : AlfaCon, 2021.
880 p.

Bibliografia
ISBN 978-65-5918-238-1

1. Escrivão - Concursos - Brasil 2. Investigador - Concursos - Brasil 3. Polícia Civil - Concursos - Brasil 4. Língua portuguesa 5. Raciocínio lógico 6. Direito 7. Informática 8. Arquivologia 9. Contabilidade I. Paraíba. Polícia Civil

21-4530 **CDD 351.81076**

Índices para catálogo sistemático:
1. Serviço público - Brasil - Concursos

Dúvidas?
Acesse: www.alfaconcursos.com.br/atendimento
Núcleo Editorial:
Rua: Paraná, nº 3193, Centro - Cascavel/PR
CEP: 85.810-010
Núcleo Comercial/Centro de Distribuição:
Rua: Dias Leme, nº 489, Mooca - São Paulo/SP
CEP: 03118-040
SAC: (45) 3037-8888

Data de fechamento 1ª impressão: 06/10/2021

EDITORA AlfaCon Concursos Públicos
www.alfaconcursos.com.br/apostilas

APRESENTAÇÃO

Fazer parte do serviço público é o objetivo de muitas pessoas. Por esse motivo, os processos seletivos relacionados a essa área de atuação costumam ser muito concorridos.

Nesse sentido, a obra **Agente de Investigação e Escrivão de polícia Civil do Estado da Paraíba** reúne os conteúdos baseados no edital de abertura nº 01, de 29 de setembro de 2021. Além disso, podemos adicionar, no decorrer do tempo, conteúdos complementares como erratas ou informações relevantes que agreguem ainda mais ao material. Na elaboração deste material, a Editora AlfaCon teve o cuidado de trazer as indicações mais importantes dos tópicos que fazem parte do conteúdo programático das disciplinas abordadas. Além disso, durante a explanação dos conteúdos, o estudante encontrará dicas essenciais à sua compreensão (no box Fique Ligado), e alguns capítulos constam exercícios gabaritados, provenientes de concursos anteriores. Toda essa disposição de assuntos foi pensada para auxiliar o concurseiro na melhor compreensão e fixação do conteúdo.

O material também se destaca por agregar ao seu estudo a tecnologia educacional AlfaCon Notes, ferramenta cuja funcionalidade consiste em registrar suas anotações por meio do QR Code. O objetivo é justamente o de deixar tudo organizado e acessível na área do aluno AlfaCon e em seu smartphone. Por isso, você tem em mãos um material que é um grande facilitador para seus estudos, pois a finalidade maior é auxiliá-lo a compreender os conteúdos de forma didática e eficaz.

Trata-se, então, de uma obra de excelência, resultado da experiência e da competência da Editora e dos Autores, que são especializados em suas respectivas disciplinas. Ressaltamos a importância e a necessidade de haver uma preparação direcionada e organizada, pois somente assim o candidato pode ter o desempenho que almeja nas provas. Tenha a certeza de que esta obra será o diferencial para a conquista de sua aprovação.

Bons estudos e rumo à sua aprovação!

EDITORA

AlfaCon

Concursos Públicos

COMO ESTUDAR PARA UM CONCURSO PÚBLICO!

AlfaCon Concursos Públicos

Para se preparar para um concurso público, não basta somente estudar o conteúdo. É preciso adotar metodologias e ferramentas, como plano de estudo, que ajudem o concurseiro em sua organização.

As informações disponibilizadas são resultado de anos de experiência nesta área e apontam que estudar de forma direcionada traz ótimos resultados ao aluno.

CURSO ON-LINE GRATUITO

- Como montar caderno
- Como estudar
- Como e quando fazer simulados
- O que fazer antes, durante e depois de uma prova!

Ou pelo link: alfaconcursos.com.br/cursos/material-didatico-como-estudar

ORGANIZAÇÃO

Organização é o primeiro passo para quem deseja se preparar para um concurso público.

Conhecer o conteúdo programático é fundamental para um estudo eficiente, pois os concursos seguem uma tendência e as matérias são previsíveis. Usar o edital anterior - que apresenta pouca variação de um para outro - como base é uma boa opção.

Quem estuda a partir desse núcleo comum precisa somente ajustar os estudos quando os editais são publicados.

PLANO DE ESTUDO

Depois de verificar as disciplinas apresentadas no edital, as regras determinadas para o concurso e as características da banca examinadora, é hora de construir uma tabela com seus horários de estudo, na qual todas as matérias e atividades desenvolvidas na fase preparatória estejam dispostas.

PASSO A PASSO

VEJA AS ETAPAS FUNDAMENTAIS PARA ORGANIZAR SEUS ESTUDOS

PASSO 1	PASSO 2	PASSO 3	PASSO 4	PASSO 5
Selecionar as disciplinas que serão estudadas.	Organizar sua rotina diária: marcar pontualmente tudo o que é feito durante 24 horas, inclusive o tempo que é destinado para dormir, por exemplo.	Organizar a tabela semanal: dividir o horário para que você estude 2 matérias por dia e também destine um tempo para a resolução de exercícios e/ou revisão de conteúdos.	Seguir rigorosamente o que está na tabela, ou seja, destinar o mesmo tempo de estudo para cada matéria. Por exemplo: 2h/dia para cada disciplina.	Reservar um dia por semana para fazer exercícios, redação e também simulados.

Esta tabela é uma sugestão de como você pode organizar seu plano de estudo. Para cada dia, você deve reservar um tempo para duas disciplinas e também para a resolução de exercícios e/ou revisão de conteúdos. Fique atento ao fato de que o horário precisa ser determinado por você, ou seja, a duração e o momento do dia em que será feito o estudo é você quem escolhe.

AlfaCon Concursos Públicos

TABELA SEMANAL

SEMANA	SEGUNDA	TERÇA	QUARTA	QUINTA	SEXTA	SÁBADO	DOMINGO
1							
2							
3							
4							

SUMÁRIO

SUMÁRIO

Sumário

LÍNGUA PORTUGUESA

1. NÍVEIS DE ANÁLISE DA LÍNGUA

Vamos começar o nosso estudo fazendo uma distinção entre quatro níveis de análise da Língua Portuguesa, afinal, você não pode confundir-se na hora de estudar. Fique ligado nessa diferença:

→ **Nível Fonético / Fonológico:** estuda a produção e articulação dos sons da língua.

→ **Nível Morfológico:** estuda a estrutura e a classificação das palavras.

→ **Nível Sintático:** estuda a função das palavras dentro de uma sentença.

→ **Nível Semântico:** estuda as relações de sentido construídas entre as palavras.

Na Semântica, estudaremos, entre outras coisas, a diferença entre linguagem de sentido denotativo (ou literal, do dicionário) e linguagem de sentido conotativo (ou figurado).

Ex: Rosa é uma flor.

01. Morfologia:

Rosa: substantivo;

Uma: artigo;

É: verbo ser;

Flor: substantivo

02. Sintaxe:

Rosa: sujeito;

É uma flor: predicado;

Uma flor: predicativo do sujeito.

03. Semântica:

Rosa pode ser entendida como uma pessoa ou como uma planta, depende do sentido.

Vamos, a partir de agora, estudar as classes de palavras.

2. MORFOLOGIA CLASSES DE PALAVRAS

Antes de mergulhar nas conceituações, vamos fazer uma lista para facilitar o nosso estudo: classe e exemplo.

Artigo: o, a, os, as, um, uma, uns, umas.

Adjetivo: Legal, interessante, capaz, brasileiro, francês.

Advérbio: Muito, pouco, bem, mal, ontem, certamente

Conjunção: Que, caso, embora.

Interjeição: Ai! Ui! Ufa! Eita.

Numeral: Sétimo, vigésimo, terço.

Preposição: A, ante, até, após, com, contra, de, desde, em, entre.

Pronome: Cujo, o qual, quem, eu, lhe.

Substantivo: Mesa, bicho, concursando, Pablo, José.

Verbo: Estudar, passar, ganhar, gastar.

2.1 Substantivos

Os substantivos são palavras que nomeiam seres reais ou imaginários, objetos, lugares ou estados de espírito.

Eles podem ser:

→ Comuns: quando designam seres da mesma espécie.
gato, mulher, árvore

→ Próprios: quando se referem a um ser em particular.
Bahia, Clarice Lispector, Japão

→ Concretos: que designam seres reais no mundo ou na mente.
menino, bolo, jacaré, duende

→ Abstratos: que designam sentimentos, qualidades, estados ou ações dos seres.

saudade, tristeza, dor, sono (sensações)

beleza, destreza (qualidades)

vida, morte (estados)

estudo, trabalho, luta (ações)

→ Simples: que são formados por um único radical.
garrafa, porta, camiseta, neve

→ Compostos: que são formados por mais de um radical.
passatempo, guarda-chuva

→ Primitivos: que não derivam de outra palavra da língua portuguesa.
pulso, dente

→ Derivados: que derivam de outra palavra.
pulseira, dentista

→ Coletivos: que nomeiam seres da mesma espécie.
alcateia, arquipélago, biblioteca

Há a possibilidade de que palavras de outras classes gramaticais tenham função de substantivo em uma frase, oração ou período, e quando isso ocorre são chamadas Palavras Substantivadas. Para isso, o artigo precede a palavra.

Ainda não sei o porquê do livro não ter sido devolvido.

2.2 Artigo

O artigo é a palavra variável que tem por função individualizar algo, ou seja, possui como função primordial indicar um elemento, por meio de definição ou indefinição da palavra que, pela anteposição do artigo, passa a ser substantivada. Os artigos se subdividem em:

Artigos definidos: o, a, os, as - porque definem o substantivo a que se referem.

Hoje à tarde, falaremos sobre **a** aula da semana passada.

Na última aula, falamos **do** conteúdo programático.

Artigos indefinidos: um, uma, uns, umas - porque indefinem o substantivo a que se referem.

Assim que eu passar no concurso, eu irei comprar **um** carro.

Pela manhã, papai, apareceu **um** homem da loja aqui.

É importante ressaltar que os artigos podem ser contraídos com algumas preposições essenciais, como demonstraremos na tabela a seguir:

Preposições	Artigo							
	Definido				Indefinido			
	o	a	os	as	um	uma	uns	umas
A	ao	à	aos	às	-	-	-	-
De	do	da	dos	das	dum	duma	duns	dumas
Em	no	na	nos	nas	num	numa	nuns	numas
Per	pelo	pela	pelos	pelas	-	-	-	-
Por	polo	pola	polos	polas	-	-	-	-

O artigo é utilizado para substantivar um termo. Ou seja, quer transformar algo em um substantivo? Coloque um artigo em sua frente.

"Cantar alivia a alma." (Verbo)

"O cantar alivia a alma." (Substantivo)

Emprego do artigo com a palavra "todo":

Quando inserimos artigos ao lado do termo "todo", em geral, o sentido da expressão passa a designar totalidade. Como no exemplo abaixo:

Pobreza é um problema que acomete todo país.

(todos os países)

Pobreza é um problema que acomete todo o país.

(o país em sua totalidade).

2.3 Pronome

Os pronomes são palavras que determinam ou substituem substantivos, indicando a pessoa do discurso – que é quem participa ou é objeto do ato comunicativo .

Os pronomes podem ser pessoais, possessivos, demonstrativos, indefinidos, relativos ou interrogativos.

Pronomes substantivos e adjetivos

É chamado pronome substantivo quando um pronome substitui um substantivo.

É chamado pronome adjetivo quando determina o substantivo com o qual se encontra.

Pronomes pessoais

Pronomes pessoais representam as pessoas do discurso, substituindo o substantivo.

Existem três pessoas do discurso – ou gramaticais:

> • 1ª pessoa: eu, nós

> • 2ª pessoa: tu, vós

> • 3ª pessoa: ele, ela, eles, elas

Os pronomes pessoais podem ser:

→ Retos: têm função, em regra, como sujeito da oração.

→ Oblíquos: têm função de objeto ou complemento.

2.4 Pronomes De Tratamento

Estes são os pronomes utilizados para nos referirmos às pessoas. Eles podem ser cerimoniosos ou familiares, dependendo da pessoa com a qual falamos; considera-se a idade, o cargo e o título, dentre outros, para escolher o tratamento adequado.

É importante ressaltar que as abreviaturas devem, de modo geral, ser evitadas.

Exemplos de pronomes de tratamento:

Você: tratamento informal

Senhor, senhora: tratamento de respeito

Vossa Excelência: altas autoridades

Vossa Reverendíssima: para sacerdotes

Vossa Alteza: para príncipes, princesas e duques

Pronomes possessivos

São os pronomes que atribuem posse de algo às pessoas do discurso.

Eles podem estar em:

> 1ª pessoa do singular: meu, minha, meus, minhas

> 2ª pessoa do singular: teu, tua, teus, tuas

> 3ª pessoa do singular: seu, sua, seus, suas

> 1ª pessoa do plural: nosso, nossa, nossos, nossas

> 2ª pessoa do plural: vosso, vossa, vossos, vossas

> 3ª pessoa do plural: seu, sua, seus, suas

Pronomes demonstrativos

São os que indicam lugar, posição ou identidade dos seres, relativamente às pessoas do discurso.

São eles:

este(s), esta(s), esse(s), essa(s), aquele(s), aquela(s), aqueloutro(s), aqueloutra(s), mesmo(s), mesma(s), próprio(s), própria(s), tal, tais, semelhante(s).

Pronomes relativos

São palavras que representam substantivos já citados, com os quais estão relacionadas.

Eles podem ser:

→ Variáveis:

> Masculino: o qual, os quais, cujo, cujos, quanto, quantos.

> Femininos: a qual, as quais, cuja, cujas, quanta, quantas.

→ Invariáveis: quem, que, onde.

Os pronomes relativos podem unir duas orações como em:

Da árvore caíram maçãs, que foram recolhidas.

Pronomes indefinidos

São os pronomes que se referem, de forma imprecisa e vaga, à 3ª pessoa do discurso.

Eles podem ser:

→ Pronomes indefinidos substantivos

Têm função de substantivo: alguém, algo, nada, tudo, ninguém.

→ Pronomes indefinidos adjetivos

Têm função de adjetivo: cada, certo(s), certa (s).

→ Que variam entre pronomes adjetivos e substantivos

Variam de acordo com o contexto: algum, alguma, bastante, demais, mais, qual etc.

Locuções pronominais indefinidas

Cada qual, cada um, seja qual for, tal qual, um ou outro etc.

Pronomes interrogativos

São os pronomes utilizados em frases interrogativas e, assim como os pronomes indefinidos, não imprecisos para com a 3ª pessoa do plural.

Exemplos:

Quem foi?

Quantos professores vieram hoje?

Lutar contra quê?

Verbo

O verbo é uma palavra que exprime um estado, uma ação, um fato ou um fenômeno.

Ele possui diferentes formas, por suas flexões, para indicar a pessoa do discurso, o número, o tempo, o modo e a voz.

Pessoa e número

O verbo pode variar indicando a pessoa e o número:

> 1ª pessoa: eu ando (singular) / nós andamos

> 2ª pessoa: tu anda (singular) / vós andais

> 3ª pessoa: ele anda (singular) / eles andam

Tempos verbais

Os tempos têm a função de situar uma ação ou um acontecimento e podem ser:

→ Presente: Agora eu escrevo.

→ Pretérito (passado):

> Imperfeito: Depois de ler, ele fechava o livro.

> Perfeito: Ele fechou o livro.

> Mais-que-perfeito: Quando vi, ele já fechara o livro.

→ Futuro:

> Do presente: Indiara ganhará o presente.

> Do pretérito: Indiara ganharia o presente.

Modos verbais

Existem três modos de um fato se realizar:

→ Indicativo: Exprime um fato certo e positivo.

→ Imperativo: Exprime uma ordem, proibição, pedido, conselho.

→ Subjuntivo: Enuncia um fato hipotético, possível.

Formas nominais

As formas nominais enunciam, de forma imprecisa, vaga e impessoal, um fato.

São elas:

→ Infinitivo: prender, vender.

→ Gerúndio: prendendo, vendendo.

→ Particípio: prendido, vendido.

Além disso, o infinitivo pode ser pessoal ou impessoal, sendo:

→ Pessoal: quando tem sujeito.

→ Impessoal: quando não tem sujeito.

Também pode ser flexionado ou não flexionado

→ Flexionado: comeres tu, comermos nós, comerdes vós, comerem eles.

→ Não flexionado: comer eu, comer ele.

Verbos auxiliares

São os que se unem a uma forma nominal de outro verbo para formar voz passiva, tempos compostos e locuções verbais.

Principais verbos auxiliares: ter, haver, ser, estar.

Voz

Quanto à voz, os verbos podem ser classificados em:

→ Ativos

→ Passivos

→ Reflexivos

Conjugações

Podem-se agrupar os verbos em três conjugações, de acordo com a terminação do infinitivo.

> 1ª conjugação: terminados em -ar: cantar

> 2ª conjugação: terminados em -er: bater

> 3ª conjugação: terminados em -ir: fingir

As conjugações são caracterizadas pelas vogais temáticas A, E e I.

Elementos estruturais do verbo

É necessário identificar o radical, o elemento básico, e a terminação, que varia indicando tempo e modo, e pessoa e número.

Exemplo: dançar | danç- (radical) -ar (terminação)

Na terminação é encontrada ao menos um dos seguintes elementos:

→ Vogal temática: que caracteriza a conjugação.

→ Desinência modo-temporal: indica o modo e o tempo do verbo.

→ Desinência número pessoal: indica se seria a 1ª, 2ª ou 3ª pessoa e se seria do plural ou do singular.

Tempos primitivos e derivados

Os tempos podem ser divididos em primitivos e derivados, que podem ser:

- Presente do infinitivo:

  Exemplo: reclamar

  - Pretérito imperfeito do indicativo: reclamava, reclamavas.
  - Futuro do presente: reclamarei, reclamarás.
  - Futuro do pretérito: reclamaria, reclamarias.
  - Infinitivo pessoal: reclamar, reclamares.
  - Gerúndio: reclamando.
  - Particípio: reclamado.

- Presente do indicativo:

  Exemplo: guardo, guardas, guardais

  - Presente do subjuntivo - guardo: guarda, guardas, guarda, guardamos, guardais, guardam
  - Imperativo afirmativo - guardas: guarda, guardais

- Pretérito perfeito do indicativo:

  Exemplo: guardaram

  - Pretérito mais que perfeito do indicativo: guardara, guardaras
  - Pretérito imperfeito do subjuntivo: guardasse, guardasses
  - Futuro do subjuntivo: guardares

Modo imperativo

O imperativo se dá de duas formas:

- Imperativo afirmativo:
  - 2ª pessoa do singular e a 2ª pessoa do plural: derivam das pessoas equivalentes do presente do indicativo e suprime-se o s final.
  - demais pessoas: continuam como no presente do subjuntivo, sem alteração.
- Imperativo negativo: as pessoas são iguais às equivalentes do presente do subjuntivo.

Tempos compostos

- Da voz ativa: é formado pelo particípio do verbo principal, precedido pelos verbos auxiliares ter ou haver.
- Da voz passiva: é formado quando o verbo principal, no particípio, é precedido pelos auxiliares ter (ou haver) e ser, de forma conjunta.
- Locuções verbais: são formadas por um verbo principal, no gerúndio ou infinitivo, precedido por um verbo auxiliar.

Verbos regulares, irregulares e defectivos

A conjugação dos verbos pode ser dividida em:

- Regular: são os que seguem um modelo comum de conjugação, mantendo o radical invariável
- Irregular: são os que são alterados no radical e/ou nas terminações.
- Defectiva: são os que não são usados em certos modos por não terem a conjugação completa.

Emprego do verbo haver

O verbo haver é utilizado, principalmente, para expressar ter ou existir, mas pode indicar, também, estar presente, decorrer, fazer, recuperar, julgar, acontecer, comportar-se, entender-se e o ato de ter existência. Além disso, ele possui diversas particularidades na conjugação.

O verbo haver é um verbo irregular, que passa por alterações tanto no seu radical, quanto nas suas terminações, quando conjugado.

- Presente do indicativo:
  - (eu) hei
  - (tu) hás
  - (ele) há
  - (nós) havemos
  - (vós) haveis
  - (eles) hão

No pretérito perfeito do indicativo, no pretérito mais-que-perfeito do indicativo, no pretérito imperfeito do subjuntivo e no futuro do subjuntivo, o radical hav- se transformará em houv-.

- Pretérito perfeito do indicativo
  - (eu) houve
  - (tu) houveste
  - (ele) houve
  - (nós) houvemos
  - (vós) houvestes
  - (eles) houveram
- Futuro do subjuntivo
  - (quando eu) houver
  - (quando tu) houveres
  - (quando ele) houver
  - (quando nós) houvermos
  - (quando vós) houverdes
  - (quando eles) houverem

Nos demais tempos verbais, o radical hav- passa a ser haj-, no presente do subjuntivo e no imperativo.

- Presente do subjuntivo
  - (que eu) haja
  - (que tu) hajas
  - (que ele) haja
  - (que nós) hajamos
  - (que vós) hajais
  - (que eles) hajam

Quando o verbo haver é utilizado para indicar tempo ou com o sentido de existir, ele será impessoal e sem sujeito, sendo conjugado apenas na 3ª pessoa do singular.

> Presente do indicativo: há
> Pretérito perfeito do indicativo: houve
> Pretérito imperfeito do indicativo: havia
> Pretérito mais-que-perfeito do indicativo: houvera
> Futuro do presente do indicativo: haverá
> Futuro do pretérito do indicativo: haveria
> Presente do subjuntivo: que haja
> Pretérito imperfeito do subjuntivo: se houvesse
> Futuro do subjuntivo: quando houver

Esse verbo pode ser, também, verbo auxiliar na formação de tempos compostos. Para tal, ele substitui o verbo ter, apresentando ainda o mesmo sentido, e pode ser conjugado em todas as pessoas verbais.

→ Pretérito mais-que-perfeito composto do indicativo
> (Eu) havia + particípio do verbo principal
> (Tu) havias + particípio do verbo principal
> (Ele) havia + particípio do verbo principal
> (Nós) havíamos + particípio do verbo principal
> (Vós) havíeis + particípio do verbo principal
> (Eles) haviam + particípio do verbo principal

→ Haver ou a ver

Para referir-se a algo que possui relação para com alguma coisa, a expressão correta é a ver.

2.5 Adjetivo

É a palavra variável que expressa uma qualidade, característica ou origem de algum substantivo ao qual se relaciona.

Meu terno é azul, elegante e italiano.

Analisando, entendemos assim:

Azul: característica.

Elegante: qualidade.

Italiano: origem.

Estrutura e a classificação dos adjetivos. Com relação à sua formação, eles podem ser:

Explicativos: quando a característica é comum ao substantivo referido.

Fogo **quente**, Homem **mortal**. (Todo fogo é quente, todo homem é mortal)

Restritivos: quando a característica não é comum ao substantivo, ou seja, nem todo substantivo é assim caracterizado.

Terno **azul**, Casa **grande**. (Nem todo terno é azul, nem toda casa é grande)

Simples: quando possui apenas uma raiz.

amarelo, brasileiro, competente, sagaz, loquaz, inteligente, grande, forte etc.

Composto: quando possui mais de uma raiz.

amarelo-canário, luso-brasileiro, verde-escuro, vermelho-sangue etc.

Primitivo: quando pode dar origem a outra palavra, não tendo sofrido derivação alguma.

bom, legal, grande, rápido, belo etc.

Derivado: quando resultado de um processo de derivação, ou seja, oriundo de outra palavra.

bondoso (de bom), grandioso (de grande), maléfico (de mal), esplendoroso (de esplendor) etc.

Os adjetivos que designam origem de algum termo são denominados adjetivos pátrios ou gentílicos.

Uma lista de adjetivos pátrios de estado:

Adjetivos Pátrios	
Acre	Acriano
Alagoas	Alagoano
Amapá	Amapaense
Aracaju	Aracajuano ou Aracajuense
Amazonas	Amazonense ou Baré
Belém(PA)	Belenense
Belo Horizonte	Belo-horizontino
Boa Vista	Boa-vistense
Brasília	Brasiliense
Cabo Frio	Cabo-friense
Campinas	Campineiro ou Campinense
Curitiba	Curitibano
Espírito Santo	Espírito-santense ou Capixaba
Fernando de Noronha	Noronhense
Florianópolis	Florianopolitano
Fortaleza	Fortalezense
Goiânia	Goianiense
João Pessoa	Pessoense
Macapá	Macapaense
Maceió	Maceioense
Manaus	Manauense
Maranhão	Maranhense
Marajó	Marajoara
Natal	Natalense ou Papa-jerimum
Porto Alegre	Porto Alegrense
Ribeirão Preto	Ribeiropretense
Rio de Janeiro(Estado)	Fluminense
Rio de Janeiro(Cidade)	Carioca
Rio Branco	Rio-branquense
Rio grande do Norte	Rio-grandense-do-norte, Norte-riograndense ou Potiguar

Rio grande do Sul	Rio-grandense-do-sul, Sul-rio-grandense ou Gaúcho
Rondônia	Rondoniano
Roraima	Roraimense
Salvador	Salvadorense ou Soteropolitano
Santa Catarina	Catarinense. ou Barriga-verde
Santarém	Santarense
São Paulo (Estado)	Paulista
São Paulo (Cidade)	Paulistano
Sergipe	Sergipano
Teresina	Teresinense
Tocantins	Tocantinense

Países	
Croácia	Croata
Costa rica	Costarriquense
Curdistão	Curdo
Estados Unidos	Estadunidense, norte-americano ou ianque
El Salvador	Salvadorenho
Guatemala	Guatemalteco
Índia	Indiano ou hindu (os que professam o hinduísmo)
Israel	Israelense ou israelita
Irã	Iraniano
Moçambique	Moçambicano
Mongólia	Mongol ou mongólico
Panamá	Panamenho
Porto Rico	Porto-riquenho
Somália	Somali

Adjetivos pátrios compostos

Na formação de adjetivos pátrios compostos, o primeiro elemento aparece na forma reduzida e, normalmente, erudita.

Observe alguns exemplos:

Adjetivos Pátrios Compostos	
África	Afro-/Cultura afro-americana
Alemanha	Germano- ou teuto-/Competições teutoinglesas
América	Américo-/Companhia américo-africana
Ásia	Ásio-/Encontros ásio-europeus
Áustria	Austro-/Peças austro-búlgaras
Bélgica	Belgo-/Acampamentos belgo-franceses
China	Sino-/Acordos sino-japoneses
Espanha	Hispano-/Mercado hispano-português
Europa	Euro-/Negociações euro-americanas
França	Franco- ou galo-/Reuniões franco-italianas
Grécia	Greco-/Filmes greco-romanos
Índia	Indo-/Guerras indo-paquistanesas
Inglaterra	Anglo-/Letras anglo-portuguesas
Itália	Ítalo-/Sociedade ítalo-portuguesa
Japão	Nipo-/Associações nipo-brasileiras
Portugal	Luso-/Acordos luso-brasileiros

Locução adjetiva

Expressão que tem valor adjetival, mas que é formada por mais de uma palavra. Geralmente, concorrem para sua formação uma preposição e um substantivo. Veja alguns exemplos.

Locução Adjetiva	Adjetivo
de águia	Aquilino
de aluno	Discente
de anjo	Angelical
de ano	Anual
de aranha	Aracnídeo
de asno	Asinino
de baço	Esplênico
de bispo	Episcopal
de bode	Hircino
de boi	Bovino
de bronze	Brônzeo ou êneo
de cabelo	Capilar
de cabra	Caprino
de campo	Campestre ou rural
de cão	Canino
de carneiro	Arietino
de cavalo	Cavalar, equino, equídeo ou hípico
de chumbo	Plúmbeo
de chuva	Pluvial
de cinza	Cinéreo
de coelho	Cunicular
de cobre	Cúprico
de couro	Coriáceo
de criança	Pueril
de dedo	Digital
de diamante	Diamantino ou adamantino
de elefante	Elefantino
de enxofre	Sulfúrico
de estômago	Estomacal ou gástrico
de falcão	Falconídeos
de fera	Ferino
de ferro	Férreo
de fígado	Figadal ou hepático

de fogo	Ígneo
de gafanhoto	Acrídeo
de garganta	Gutural
de gelo	Glacial
de gesso	Gípseo
de guerra	Bélico
de homem	Viril ou humano
de ilha	Insular
de intestino	Celíaco ou entérico
de inverno	Hibernal ou invernal
de lago	Lacustre
de laringe	Laríngeo
de leão	Leonino
de lebre	Leporino
de lobo	Lupino
de lua	Lunar ou selênico
de macaco	Simiesco, símio ou macacal
de madeira	Lígneo
de marfim	Ebúrneo ou ebóreo
de Mestre	Magistral
de monge	Monacal
de neve	Níveo ou nival
de nuca	Occipital
de orelha	Auricular
de ouro	Áureo
de ovelha	Ovino
de paixão	Passional
de pâncreas	Pancreático
de pato	Anserino
de peixe	Písceo ou ictíaco
de pombo	Columbino
de porco	Suíno ou porcino
de prata	Argênteo ou argírico
de quadris	Ciático
de raposa	Vulpino
de rio	Fluvial
de serpente	Viperino
de sonho	Onírico
de terra	Telúrico, terrestre ou terreno
de trigo	Tritício
de urso	Ursino
de vaca	Vacum
de velho	Senil
de vento	Eólico
de verão	Estival
de vidro	Vítreo ou hialino
de virilha	Inguinal
de visão	Óptico ou ótico

Flexão do adjetivo

O adjetivo pode ser flexionado em gênero, número e grau.

Flexão de gênero (Masculino / Feminino)

Com relação ao gênero, os adjetivos podem ser classificados de duas formas:

Biformes: quando possuem uma forma para cada gênero.

Homem **belo** / mulher **bela**

Contexto **complicado** / questão **complicada**

Uniformes: quando possuem apenas uma forma, como se fossem elementos neutros.

Homem **fiel** / mulher **fiel**

Contexto **interessante** / questão **interessante**

Flexão de número (Singular / Plural)

Os adjetivos simples seguem a mesma regra de flexão que os substantivos simples, portanto essas regras serão descriminadas no quadro de número dos substantivos. Serão, por regra, flexionados os adjetivos compostos que, em sua formação, possuírem dois adjetivos. A flexão ocorrerá apenas no segundo elemento da composição.

Guerra greco-**romana** - Guerras greco-**romanas**

Conflito **socioeconômico** - Análises **socioeconômicas**

Por outro lado, se houver um substantivo como elemento da composição, o adjetivo fica invariável.

Blusa **amarelo-canário** - Blusas **amarelo-canário**

Mesa **verde-musgo** - Mesas **verde-musgo**

O caso em questão também pode ocorrer quando um substantivo passa a ser, por derivação imprópria, um adjetivo, ou seja, também serão invariáveis os "substantivos adjetivados".

Terno cinza -Ternos cinza

Vestido rosa -Vestidos rosa

E também:

surdo mudo - surdos mudos

pele vermelha - peles vermelhas

Azul- marinho e azul-celeste são invariáveis.

Flexão de grau (Comparativo e Superlativo)

Há duas maneiras de se estabelecer o grau do adjetivo: por meio do grau comparativo e por meio do grau superlativo.

Vejamos como isso ocorre.

Grau comparativo: estabelece um tipo de comparação de características, sendo estabelecido de três maneiras:

Inferioridade: O açúcar é **menos** doce (do) **que** os teus olhos.

Igualdade: O meu primo é **tão** estudioso **quanto** o meu irmão.

Superioridade: Gramática **é mais legal** (do) **que** Matemática.

Grau superlativo: reforça determinada qualidade em relação a um referente. Pode-se estabelecer o grau superlativo de duas maneiras:

Relativo: em relação a um grupo.

De superioridade: José é o **mais** inteligente dos alunos.

De inferioridade: O presidente foi o **menos** prestigiado da festa.

Absoluto: sem relações, apenas reforçando as características

Analítico (com auxílio de algum termo)

Pedro é muito magro.
Pedro é magro, magro, magro.

Sintético (com o acréscimo de – íssimo ou –érrimo)

Pedro é macérrimo.
Somos todos estudiosíssimos.

Veja, agora, uma tabela de superlativos sintéticos.

Superlativos	
Grau normal	Superlativos
Ágil	Agilíssimo
Agradável	Agradabilíssimo
Agudo	Acutíssimo ou Agudíssimo
Alto	Altíssimo, Sumo ou Supremo
Amargo	Amaríssimo ou Marguíssimo
Amável	Amabilíssimo
Amigo	Amicíssimo
Antigo	Antiquíssimo
Atroz	Atrocíssimo
Baixo	Baixíssimo ou Ínfimo
Bom	Ótimo ou Boníssimo
Capaz	Capacíssimo
Célebre	Celebérrimo
Cheio	Cheíssimo
Comum	Comuníssimo
Cristão	Cristianíssimo
Cruel	Crudelíssimo
Doce	Dolcíssimo ou Docíssimo
Difícil	Dificílimo
Eficaz	Eficacíssimo
Fácil	Facílimo
Feliz	Felicíssimo
Feroz	Ferocíssimo
Fiel	Fidelíssimo
Frágil	Fragílimo
Frio	Frigidíssimo ou Friíssimo
Geral	Generalíssimo
Grande	Grandíssimo ou Máximo
Horrível	Horribilíssimo
Honorifíco	Honorificentíssimo
Humilde	Humílimo ou Humildíssimo
Inimigo	Inimicíssimo
Inconstitucional	Inconstitucionalíssimo
Jovem	Juveníssimo
Livre	Libérrimo e Livríssimo
Louvável	Laudabilíssimo
Magnífico	Magnificentíssimo
Magro	Macérrimo ou Magríssimo
Mau	Péssimo ou malíssimo
Miserável	Miserabilíssimo
Mísero	Misérrimo
Miúdo	Minutíssimo
Notável	Notabilíssimo
Pequeno	Mínimo ou Pequeníssimo
Pessoal	Personalíssimo
Pobre	Paupérrimo ou Pobríssimo
Precário	Precaríssimo ou Precariíssimo
Próspero	Prospérrimo
Provável	Probabilíssimo
Sábio	Sapientíssimo
Sério	Seríssimo
Simpático	Simpaticíssimo
Simples	Simplíssimo ou Simplicíssimo
Tenaz	Tenacíssimo
Terrível	Terribilíssimo
Vão	Vaníssimo
Voraz	Voracíssimo
Vulgar	Vulgaríssimo
Vulnerável	Vulnerabilíssimo

Atente à mudança de sentido provocada pela alteração de posição do adjetivo.

Homem **grande** (alto, corpulento)

Grande homem (célebre)

Mas isso nem sempre ocorre. Se você analisar a construção "giz azul" e "azul giz", perceberá que não há diferença semântica.

2.6 Advérbio

É a palavra invariável que se relaciona ao verbo, ao adjetivo ou a outro advérbio para atribuir-lhes uma circunstância.

Os alunos saíram **apressadamente**.

O caso era muito **interessante**.

Resolvemos **muito bem** o problema.

É importante decorar essa lista de advérbios para que você consiga reconhecê-los na sentença.

→ Classificação do Advérbio:

Afirmação: sim, certamente, efetivamente etc.

Negação: não, nunca, jamais.

Intensidade: muito, pouco, assaz, bastante, mais, menos, tão, tanto, quão etc.

Lugar: aqui, ali, aí, aquém, acima, abaixo, atrás, dentro, junto, defronte, perto, longe, algures, alhures, nenhures etc.

Tempo: agora, já, depois, anteontem, ontem, hoje, jamais, sempre, outrora, breve etc.

Modo: assim, adrede, bem, mal, depressa, devagar, melhor, pior e a maior parte das palavras formadas de um adjetivo, mais a terminação "mente" (leve + mente = levemente; calma + mente = calmamente).

Inclusão: também, inclusive.

Designação: eis.

Interrogação: onde, como, quando, por que.

Também existem as chamadas locuções adverbiais que vêm quase sempre introduzidas por uma preposição: à farta (= fartamente), às pressas (= apressadamente), à toa, às cegas, às escuras, às tontas, às vezes, de quando em quando, de vez em quando etc.

Existem casos em que utilizamos um adjetivo como forma de advérbio. É o que chamamos de adjetivo adverbializado.

Aquele orador fala **belamente**.
advérbio de modo

Aquele orador fala **bonito**.
adjetivo adverbializado que tenta designar modo

2.7 Conjunção

É a palavra invariável que conecta elementos em algum encadeamento frasal. A relação em questão pode ser de natureza lógico-semântica (relação de sentido) ou apenas indicar uma conexão exigida pela sintaxe da frase.

Coordenativas

São as conjunções que conectam elementos que não possuem dependência sintática, ou seja, as sentenças que são conectadas por meio desses elementos já estão com suas estruturas sintáticas (sujeito / predicado / complemento) completas.

Aditivas: e, nem (= e não), também, que, não só... mas também, não só... como, tanto ... como, assim... como etc.

José não foi à aula **nem** fez os exercícios.

Devemos estudar **e** apreender os conteúdos.

Adversativas: mas, porém, contudo, todavia, no entanto, entretanto, senão, não obstante, aliás, ainda assim.

Os países assinaram o acordo, **mas** não o cumpriram.

A menina cantou bem, **contudo** não agradou ao público.

Alternativas: ou... ou, já ... já, seja... seja, quer... quer, ora... ora, agora... agora.

Ora diz sim, **ora** diz não.

Ou está feliz, **ou** está no ludibriando.

Conclusivas: logo, pois (depois do verbo), então, portanto, assim, enfim, por fim, por conseguinte, conseguintemente, consequentemente, donde, por onde, por isso.

O **concursando** estudou muito, **logo**, deverá conseguir seu cargo.

É professor, **por conseguinte** deve saber explicar o conteúdo.

Explicativas: Isto é, por exemplo, a saber, ou seja, verbi gratia, pois (antes do verbo), pois bem, ora, na verdade, depois, além disso, com efeito, que, porque, ademais, outrossim, porquanto etc.

Deve ter chovido, **pois** o chão está molhado.

O homem é um animal racional, **porque** é capaz de raciocinar.

Não converse agora, **que** eu estou explicando.

Subordinativas

São as conjunções que denotam uma relação de subordinação entre orações, ou seja, a conjunção subordinativa evidencia que uma oração possui dependência sintática em relação a outra. O que se pretende dizer com isso é que uma das orações envolvidas nesse conjunto desempenha uma função sintática para com sua oração principal.

Integrantes

Que, se

Sei **que** o dia do pagamento é hoje.

Vejamos **se** você consegue estudar sem interrupções.

Adverbiais

Causais: indicam a causa de algo.

Já que, porque, que, pois que, uma vez que, sendo que, como, visto que, visto como, como etc.

Não teve medo do perigo, **já que** estava protegido.

Passou no concurso, **porque** estudou muito.

Comparativas: estabelecem relação de comparação:

Como, tal como, mais...(do)que, menos...(do)que, tão como, assim como, tanto quanto etc.

Tal como procederes, receberás o castigo.

Alberto é aplicado **como** quem quer passar.

Concessivas (concessão): estabelecem relação de quebra de expectativa com respeito à sentença à qual se relacionam.

Embora, ainda que, dado que, posto que, conquanto, em que, quando mesmo, mesmo que, por menos que, por pouco que, apesar de (que).

Embora tivesse estudado pouco, conseguiu passar.

Conquanto estudasse, não conseguiu aprender.

Condicionais: estabelecem relação de condição.

Se, salvo se, caso, exceto se, contanto que, com tal que, caso, a não ser que, a menos que, sem que etc.

Se tudo der certo, estaremos em Portugal amanhã.

Caso você tenha dúvidas, pergunte a seu professor.

Consecutivas: estabelecem relação de consequência.

Tanto que, de modo que, de sorte que, tão...que, sem que etc.

O aluno estudou **tanto que** morreu.

Timeto Amon era **tão** feio **que** não se olhava no espelho.

Conformativas: estabelecem relação de conformidade.

Conforme, consoante, segundo, da mesma maneira que, assim como, como que etc.

Faça a prova **conforme** teu pai disse.

Todos agem **consoante** se vê na televisão.

Finais: estabelecem relação de finalidade.

Para que, a fim de que, que, porque.

Estudou muito **para que** pudesse ter uma vida confortável.

Trabalhei **a fim de que** o resultado seja satisfatório.

Proporcionais: estabelecem relação de proporção.

À proporção que, à media que, quanto mais... tanto mais, quanto menos... tanto menos, ao passo que etc.

À medida que o momento de realizar a prova chegava, a ansiedade de todos aumentava.

Quanto mais você estudar, **tanto mais** terá a chance de ser bem sucedido.

Temporais: estabelecem relação de tempo.

Quando, enquanto, apenas, mal, desde que, logo que, até que, antes que, depois que, assim que, sempre que, senão quando, ao tempo que, apenas que, antes que, depois que, sempre que etc.

Quando todos disserem para você parar, continue.

Depois que terminar toda a lição, poderá descansar um pouco.

Mal chegou, já quis sair.

2.8 Interjeição

É o termo que exprime, de modo enérgico, um estado súbito de alma. Sem muita importância para a análise a que nos propomos, vale apenas lembrar que elas possuem uma classificação semântica[1]:

Dor: ai! ui!

Alegria: ah! eh! oh!

Desejo: oxalá[2]! tomara!

Admiração: puxa! cáspite! safa! quê!

Animação: eia! sus! coragem!

Aplauso: bravo! apoiado!

Aversão: ih! chi! irra! apre!

Apelo: ó, olá! psit! pitsiu! alô! socorro!

Silêncio: psit! psiu! caluda!

Interrogação, espanto: hem!

Há, também, locuções interjeitivas: **Minha nossa! Meu Deus!**

1 Segundo Napoleão Mendes de Almeida.
2 Curiosamente, esses elementos podem ser concebidos, em algumas situações, como advérbios de dúvida.

A despeito da classificação acima, o que determina o sentido da interjeição é o seu uso.

2.9 Numeral

É a palavra que indica uma quantidade, multiplicação, fração ou um lugar numa série. Os numerais podem ser divididos em:

Cardinais: quando indicam um número básico: um, dois, três, cem mil...

Ordinais: quando indicam um lugar numa série: primeiro, segundo, terceiro, centésimo, milésimo...

Multiplicativos: quando indicam uma quantidade multiplicativa: dobro, triplo, quádruplo...

Fracionários: quando indicam parte de um inteiro: meio, metade, dois terços...

Algarismo		Cardinais	Ordinais
Romanos	Arábicos		
I	1	um	primeiro
II	2	dois	segundo
III	3	três	terceiro
IV	4	quatro	quarto
V	5	cinco	quinto
VI	6	seis	sexto
VII	7	sete	sétimo
VIII	8	oito	oitavo
IX	9	nove	nono
X	10	dez	décimo
XI	11	onze	undécimo ou décimo primeiro
XII	12	doze	duodécimo ou décimo segundo
XIII	13	treze	décimo terceiro
XIV	14	quatorze ou catorze	décimo quarto
XV	15	quinze	décimo quinto
XVI	16	dezesseis	décimo sexto
XVII	17	dezessete	décimo sétimo
XVIII	18	dezoito	décimo oitavo
XIX	19	dezenove	décimo nono
XX	20	vinte	vigésimo
XXI	21	vinte e um	vigésimo primeiro
XXX	30	trinta	trigésimo
XXXL	40	quarenta	quadragésimo
L	50	cinquenta	quinquagésimo
LX	60	sessenta	sexagésimo
LXX	70	setenta	septuagésimo ou setuagésimo
LXXX	80	oitenta	octogésimo

XC	90	noventa	nonagésimo
C	100	cem	centésimo
CC	200	duzentos	ducentésimo
CCC	300	trezentos	trecentésimo
CD	400	quatrocentos	quadringentésimo
D	500	quinhentos	quingentésimo
DC	600	seiscentos	seiscentésimo ou sexcentésimo
DCC	700	setecentos	septingentésimo
DCCC	800	oitocentos	octingentésimo
CM	900	novecentos	nongentésimo ou noningentésimo
M	1.000	mil	milésimo
X'	10.000	dez mil	dez milésimos
C'	100.000	cem mil	cem milésimos
M'	1.000.000	um milhão	milionésimo
M''	1.000.000.000	um bilhão	bilionésimo

Lista de numerais multiplicativos e fracionários:

Algarismos	Multiplicativos	Fracionários
2	duplo, dobro, dúplice	meio ou metade
3	triplo, tríplice	terço
4	quádruplo	quarto
5	quíntuplo	quinto
6	sêxtuplo	sexto
7	sétuplo	sétimo
8	óctuplo	oitavo
9	nônuplo	nono
10	décuplo	décimo
11	undécuplo	onze avos
12	duodécuplo	doze avos
100	cêntuplo	centésimo

Para realizar a leitura dos cardinais:

É necessário colocar a conjunção "e" entre as centenas e dezenas, assim como entre as dezenas e a unidade. Ex.: 3.068.724 = três milhões sessenta e oito mil setecentos e vinte e quatro. Quanto à leitura do numeral ordinal, há duas possibilidades: Quando é inferior a 2.000, lê-se inteiramente segundo a forma ordinal. 1766º = milésimo septingentésimo sexagésimo sexto. Acima de 2.000, lê-se o primeiro algarismo como cardinal e os demais como ordinais. Hodiernamente, entretanto, tem-se observado a tendência a ler os números redondos segundo a forma ordinal.

2.536º = dois milésimos quingentésimo trigésimo sexto.

8 000º = oitavo milésimo.

Para realizar a leitura do fracionário:

O numerador de um numeral fracionário é sempre lido como cardinal. Quanto ao denominador, há dois casos:

Primeiro: se for inferior ou igual a 10, ou ainda for um número redondo, será lido como ordinal 2/6 = dois sextos; 9/10 = nove décimos; centésimos (se houver).

São exceções: 1/2 = meio; 1/3 = um terço.

Segundo: se for superior a 10 e não constituir número redondo, é lido como cardinal, seguido da palavra "avos".

1/12 = um doze avos; 4/25 = quatro vinte e cinco avos.

Ao se fazer indicação de reis, papas, séculos, partes de uma obra, usam-se os numerais ordinais até décimo. A partir daí, devem-se empregar os cardinais. Século V (século quinto), século XX (vinte), João Paulo II (segundo), Bento XVI (dezesseis).

2.10 Preposição

É a palavra invariável que serve de ligação entre dois termos de uma oração ou, às vezes, entre duas orações. Costuma-se denominar "regente" o termo que exige a preposição e "regido" aquele que recebe a preposição:

Ele comprou um livro **de** poesia.

Ele tinha medo **de** ficar solitário.

Como se vê, a preposição "de", no primeiro caso, liga termos de uma mesma oração; no segundo, liga orações.

Preposições essenciais

São aquelas que têm como função primordial a conexão das palavras: a, ante, até, após, com contra, de, desde, em,entre, para, per, perante, por, sem, sob, sobre, trás. Veja o emprego de algumas preposições:

Os manifestantes lutaram **contra** a polícia.

O aluno chegou **ao** salão rapidamente.

Aguardo sua decisão **desde** ontem.

Entre mim e ti, não há qualquer problema.

Preposições acidentais

São palavras que pertencem a outras classes, empregadas, porém, eventualmente como preposições: conforme, consoante, durante, exceto, fora, agora, mediante, menos, salvante, salvo, segundo, tirante.

O emprego das preposições acidentais é mais comum do que parece:

Todos saíram da sala, **exceto** eu.

Tirante as mulheres, o grupo que estava na sala parou de falar.

Escreveu o livro **conforme** o original.

Locuções prepositivas

Além das preposições simples, existem também as chamadas locuções prepositivas, que terminam sempre por uma preposição simples: abaixo de, acerca de, acima de, a despeito de, adiante de, a fim de, além de, antes de, ao lado de, a par de, apesar de, a respeito de, atrás de, através de, de acordo com, debaixo de, de cima de, defronte de, dentro de, depois de, diante de, embaixo de, em cima de, em frente de(a), em lugar de, em redor de, em torno de, em vez de, graças a, junto a (de), para baixo de, para cima de, para com, perto de, por baixo de, por causa de, por cima de, por detrás de, por diante de, por entre, por trás de.

CONECTIVOS

Os conectivos têm a função de ligar palavras ou orações e eles podem ser coordenativos (ligam orações coordenadas) ou subordinativos (ligam orações subordinadas).

Coordenativos

→ Conjunções coordenativas:

Iniciam orações coordenadas:

Aditivas: e

Adversativas: mas

Alternativas: ou

Conclusivas: logo

Explicativas: pois

Subordinativos

→ Pronomes relativos:

Iniciam orações adjetivas:

que

quem

cujo/cuja

o qual/a qual

→ Conjunções subordinativas:

Iniciam orações adverbiais:

Causais: porque

Comparativas: como

Concessivas: embora

Condicionais: se

Conformativas: conforme

Consecutivas: (tão) que

Finais: para que

Proporcionais: à medida que

Temporais: quando

Iniciam orações substantivas:

Integrantes: que, se

Formas variantes

Algumas palavras possuem mais de uma forma, ou seja, junto à forma padrão existem outras formas variantes.

Em algumas situações, é irrelevante a variação utilizada, mas em outros deve-se escolher a variação mais generalizada.

Exemplos:

Assobiar, assoviar

Coisa, cousa

Louro, loiro

Lacrimejar, lagrimejar

Infarto, enfarte

Diabete, diabetes

Transpassar, traspassar, trespassar

Questões

01. (NCE) A alternativa em que ***NÃO*** ocorre qualquer forma de superlativo de um adjetivo é:

a) "...é o mais esperto do mundo";

b) "...que mesmo espécies mais longe na escala...";

c) "...teria evoluído a partir de organismos mais simples...";

d) "...para chegar a conclusões bem simples...";

e) "...os animais são, sim, algo inteligentes".

02. (NCE) "...comuns a quase todos os animais..."; O trecho abaixo em que o emprego do artigo é ***EQUIVOCADO*** é:

a) Ambos os animais são dotados de alguma inteligência;

b) Todos os quatro animais de estimação sobreviveram;

c) Os biólogos trabalharam todo o dia;

d) Entre os animais há diversos graus de inteligência;

e) Toda a manhã eles chegavam sempre na hora.

03. (TJ). Assinale a alternativa em que o grupo de vocábulos, a seguir, admite, exclusivamente, o artigo masculino.

a) Conceito, poema, sentinela;

b) Atleta, eclipse, herpes;

c) Quadrilha, assalto, hangar;

d) Fonema, afã, champanha;

e) Epígrafe, introito, omoplata.

04. (TJ) Assinale a alternativa em que a classificação morfológica da palavra está ***INCORRETA***.

a) Ele jamais faria tal afirmação tão leviana e vil. Leviana é adjetivo.

b) Nunca se soube verdadeiramente quem era culpado naquela história. Quem é pronome adjetivo interrogativo.

c) Não sei se vocês estão conscientes da situação periclitante em que nos encontramos. Se é conjunção.

d) A essa hora, o delegado já terá feito a ocorrência. Ocorrência é substantivo.

e) Era mister considerar todas as particularidades daquele contrato. Mister é adjetivo.

05. (TJ) Assinale a alternativa em que o termo em negrito NÃO apresenta o valor circunstancial indicado entre parênteses.

a) O hábito, naquele país, era comer **com as mãos**. (instrumento)

b) **Naquele verão**, quantos teriam viajado? (tempo)

c) **Para vencer**, precisávamos de um esforço hercúleo. (fim)

d) Procurava, **desordenadamente**, as fichas no arquivo morto. (modo)

e) Só se retirarão do recinto **com a minha licença**. (companhia)

06. (TJ) Assinale a alternativa em que a palavra composta inclui um elemento que originalmente é um advérbio.

a) Maus-tratos
b) Pré-frontal
c) Bem-humorado
d) Peça-chave
e) Maria-vai-com-as-outras

07. (FGV) Em ***Justiça justa***, ocorre um substantivo ao lado de um adjetivo dele cognato. Assinale a alternativa em que substantivo e adjetivo, respectivamente, **NÃO** sejam cognatos.

a) Lentidão - lento
b) Inércia - inercial
c) Arma - inerme
d) Perfil - perfilhado
e) Obcecação - obcecado

08. (TJ) "**Se** fosse ensinar a uma criança a beleza da música, **não** começaria **com** partituras, notas e pautas. Ouviríamos juntos **as** melodias mais gostosas e **lhe** contaria sobre os instrumentos que fazem a música. Aí,encantada com a beleza da música,ela mesma me pediria que lhe ensinasse o mistério daquelas bolinhas pretas escritas sobre cinco linhas. Porque as bolinhas pretas e as cinco linhas são apenas ferramentas para a produção da beleza musical. A experiência da beleza tem de vir antes."

(http://pensador.uol.com.br/alegria de ensinar de rubens alves/)

Assinale a alternativa que apresenta, ***correta*** e ***respectivamente***, as classes gramaticais a que pertencem as palavras em negrito no trecho a cima.

a) Conjunção - pronome - artigo - conjunção - pronome;
b) Conjunção - advérbio - preposição - artigo - pronome;
c) Pronome - advérbio- artigo - pronome - conjunção;
d) Pronome - conjunção - preposição - conjunção - pronome;
e) Conjunção - pronome - preposição - pronome - conjunção.

09. (CEPERJ) O sentido estabelecido pelo conectivo está corretamente indicado em:

a) "engolidas ou colocadas no nariz" - oposição
b) "comunicado público sobre o perigo" – causa
c) "tem os produtos em casa" – modo
d) "brinquedo a ser recolhido" – adição
e) "para evitar acidentes" - finalidade

10. (CEPERJ) O fragmento abaixo que apresenta uma estrutura sintática comparativa é:

a) "quem lhe escreve sou eu"
b) "Porque tive de viajar para o distante país do recall."
c) "mas três meses era o mínimo."
d) "O homem não disse nada, mas seu sorriso sinistro falava por si."
e) "ninguém mais fraco do que nós."

11. (CEPERJ) "Sei que você sente muitas saudades, porque eu também sinto saudades de você." O conectivo "porque", no contexto acima, estabelece relação de:

a) Modo
b) Causa
c) Adversidade
d) Conformidade
e) Proporcionalidade

12. (FGV) "É exatamente isso o ***que*** tem ocorrido, nos últimos tempos, no ***que*** diz respeito ao direito de maior importância em uma democracia, ***que*** é o direito de defesa, inexistente nos Estados totalitários."

A respeito das ocorrências da palavra QUE no trecho acima, assinale a alternativa que apresente, respectivamente, sua correta classificação.

a) Conjunção subordinativa – conjunção integrante – conjunção integrante
b) Pronome relativo – pronome relativo – pronome relativo
c) Conjunção integrante – conjunção integrante – conjunção subordinativa
d) Pronome relativo – preposição – pronome relativo
e) Conjunção integrante – preposição – conjunção subordinativa

13. (FUNIVERSA) No futebol americano, há um momento em que o jogador tem de dar um chute naquilo que eles chamam de bola. E, no circuito universitário, havia um rapaz recordista de chute. Ninguém chutava tão forte quanto esse rapaz. O importante, nessa história, era que o pé que ele usava para tal façanha não tinha nenhum dos dedos e, além disso, era menor que o outro. Quando descobriram isso, fizeram entrevistas com ele, e a primeira pergunta era: "Como você, com tal deficiência, consegue fazer uma coisa que ninguém mais conseguiu?" Ele, orgulhosamente, respondia: "Porque cresci ouvindo meu pai dizer: 'Encare suas deficiências e seus problemas como desafios, nunca como desculpas'.". O que mais se encontra no dia a dia? Justamente a postura oposta. [As pessoas encaram tudo como desculpas e justificativas.] Há pessoas que vivem dizendo frases negativas que encerram verdadeiras filosofias desastrosas.

Não são raras [as vezes] em que já se ouviu alguém falando de seus problemas e dificuldades e da incapacidade de superá-los, traduzida nas seguintes frases conformistas: "Eu sou assim mesmo..."; "Sempre fui assim..."; "Não posso evitar isso..."; "Essa é a minha natureza..."; "Não adianta mesmo..."; [**"Deus me fez assim e pronto!"**.] [O que tais pessoas talvez nunca percebam é] que desculpas e justificativas só levam ao conformismo e à acomodação. E isso não diz respeito à elevação de padrões e à melhoria da qualidade de vida. Desculpas e justificativas são coisas de perdedor! Enquanto os vencedores comemoram, os perdedores se justificam.

Roberto Shinyashiki. Internet: <http://tecessa.arteblog.com.br>(com adaptações). Acesso em 19/1/2011.

Assinale a alternativa correta a respeito de fatos gramaticais e estilísticos encontrados no texto .

a) As palavras "ninguém", "pé", "você" são acentuadas pela mesma razão.
b) Na frase "'Deus me fez assim e pronto!'", encontra-se uma interjeição característica da linguagem coloquial.
c) Na frase "As pessoas encaram tudo como desculpas e justificativas" (linhas 8 e 19), há exemplo de gíria e de uma figura da linguagem: a anáfora.
d) Na construção "O que tais pessoas talvez nunca percebam", o pronome "tais" está empregado de modo informal, com significado de **brilhantes, grandiosas**.
e) O "as" de "as vezes" deve receber o sinal indicativo de crase para ajustar-se à norma culta padrão.

14. (FGV) A palavra centenário corresponde a cem anos. Assinale a alternativa em que não tenha havido correta associação da noção temporal à palavra indicada.

a) 400 anos – quadringentenário

b) 400 anos – quadricentenário

c) 600 anos – sesquicentenário

d) 150 anos – tricinquentenário

e) 7 anos – septenário

15. (FIP)

Corações a mil

(Gilberto Gil)

Minhas ambições são dez.
Dez corações de uma vez
pra eu poder me apaixonar
dez vezes a cada dia,
setenta a cada semana,
trezentas a cada mês.

(Fonte: www.gilbertogil.com.br/sec_discografia_letra.php?id=182)

Na primeira frase do texto, a palavra "dez", sublinhada, tem duplo sentido. São eles:

a) O sentido de serem dez ambições (no caso, "dez" seria um numeral) e o sentido de os corações serem apaixonados (no caso, "dez" seria um adjetivo).

b) O sentido de serem dez ambições e o sentido de serem dez corações (nos dois casos, "dez" seria um numeral).

c) O sentido de serem dez corações e o sentido de serem dez vezes a cada dia (nos dois casos, "dez" seria um numeral).

d) O sentido de serem dez ambições (no caso, "dez" seria um numeral) e o sentido de as ambições serem de extrema qualidade (no caso, "dez" seria um adjetivo).

e) O sentido de serem dez vontades boas (no caso, "dez" seria um substantivo) e o sentido de totalizarem dez as paixões ambiciosas (no caso, "dez" seria um adjetivo).

Gabaritos

01	B	09	E
02	E	10	E
03	D	11	B
04	B	12	B
05	E	13	B
06	C	14	C
07	D	15	D
08	B		

3. PRONOMES

Em uma definição breve, podemos dizer que pronome é o termo que substitui um substantivo, desempenhando, na sentença em que aparece, uma função coesiva. Podemos dividir os pronomes em sete categorias, são elas: pessoais, tratamento, demonstrativos, relativos, indefinidos, interrogativos, possessivos.

Antes de partir para o estudo pormenorizado dos pronomes, vamos fazer uma classificação funcional deles quando empregados em uma sentença:

Pronomes substantivos: são aqueles que ocupam o lugar do substantivo na sentença.

Alguém apareceu na sala ontem.

Nós faremos todo o trabalho.

Pronomes adjetivos: são aqueles que acompanham um substantivo na sentença.

Meus alunos são os mais preparados.

Pessoa **alguma** fará tal serviço por **esse** valor.

3.1 Pessoais

Referem-se às pessoas do discurso:

Quem fala (1ª pessoa);

Com quem se fala (2ª pessoa);

De quem se fala (3ª pessoa).

Classificação dos Pronomes Pessoais (caso **Reto** x caso **Oblíquo**)

Pessoa Gramatical	Retos	Oblíquos	
		Átonos	Tônicos
1ª Singular	eu	me	mim, comigo
2ª Singular	tu	te	ti, contigo
3ª Singular	ele, ela	o, a, lhe, se	si, consigo
1ª Plural	nós	nos	nós, conosco
2ª Plural	vós	vos	vós, convosco
3ª Plural	eles, elas	os, as, lhes, se	si, consigo
Função	Sujeito	Complemento/Adjunto	

Emprego de alguns pronomes (**Certo** X **Errado**)

Eu e tu x mim e ti

1ª regra: depois de preposição essencial, usa-se pronome oblíquo.

Entre mim e ti, não há acordo.

Sobre Manoel e ti, nada se pode falar.

Devo **a** ti esta conquista.

O presente é **para** mim.

Não saia **sem** mim.

Comprei um livro **para** ti.

Observe a preposição essencial destacada nas sentenças.

2ª regra: se o pronome utilizado na sentença for sujeito de um verbo, deve-se empregar os do caso RETO.

Não saia sem **eu** deixar.

Comprei um livro para **tu** leres.

O presente é para **eu** desfrutar.

Observe que o pronome desempenha a função de sujeito do verbo destacado.

Ou seja: "mim" não faz nada!

Não vá se confundir com as sentenças em que a ordem frasal está alterada. Deve-se, nesses casos, tentar pôr a sentença na ordem direta.

Para mim, fazer exercícios é muito bom. → Fazer exercícios é muito bom para mim.

Não é tarefa para mim realizar esta revisão. → Realizar esta revisão não é tarefa para mim.

Com causativos e sensitivos:

Regra com verbos causativos (mandar, fazer, deixar) ou sensitivos (ver, ouvir, sentir).

Quando os pronomes oblíquos átonos são empregados com verbos causativos ou sensitivos, pode haver a possibilidade de desempenharem a função de sujeito de uma forma verbal próxima. Ex.:

Fiz **Juliana** chorar. (sentença original)

Fi-**la** chorar. (sentença reescrita com a substituição do termo Juliana pelo pronome oblíquo)

Em ambas as situações, a "Juliana é a chorona". Isso quer dizer que o termo feminino que está na sentença é sujeito do verbo chorar. Pensando dessa maneira, entenderemos a primeira função da forma pronominal "la" que aparece na sentença reescrita.

Outro fator a ser considerado é que o verbo "fazer" necessita de um complemento, portanto, é um verbo transitivo. Bem, ocorre que o complemento do verbo "fazer" não pode ter outro referente senão "Juliana". Então, entendemos que, na reescrita da frase, a forma pronominal "la" funciona como complemento do verbo "fazer" e sujeito do verbo "chorar".

Si e consigo

Estes pronomes somente podem ser empregados se se referirem ao sujeito da oração, pois possuem função reflexiva:

Alberto só pensa em si.
("Si" refere-se a "Alberto": sujeito do verbo "pensar")

O aluno levou as apostilas consigo.
("consigo" refere-se ao termo "aluno")

Estão erradas, portanto, frases como estas:

Creio muito em si, meu amigo.

Quero falar consigo.

Corrigindo:

Creio muito em **você**, meu amigo.

Quero falar **contigo**.

Conosco e convosco

Se vierem seguidos de uma expressão complementar, geralmente a palavra "todos", desdobram-se em "com nós" e "com vós":

Este trabalho é com nós mesmos.

Ele(s), ela(s) x o(s), a(s)

É muito comum ouvirmos frases como: "Vi ***ela*** na esquina", "Não queremos ***eles*** aqui". Então, é errado falar ou escrever assim, pois o pronome em questão está sendo utilizado fora de seu emprego original, ou seja, como um complemento (ao passo que deveria ser apenas sujeito). O certo é: "Vi-***a*** na esquina", "Não ***os*** queremos aqui".

"O" e "a"

São complementos diretos, ou seja, são utilizados juntamente aos verbos transitivos diretos, ou nos bitransitivos, como no exemplo a seguir:

Comprei **um carro** para minha namorada = Comprei-**o** para ela. (Ocorreu a substituição do Objeto Direto)

É importante lembrar que há uma especificidade em relação à colocação dos pronomes "o" e "a" depois de algumas palavras:

> Se a palavra terminar em R, S ou Z: tais letras devem ser suprimidas e o pronome há de ser empregado como **lo, la, los, las**.

Fazer as tarefas = fazê-**las**

Querer o dinheiro = querê-**lo**.

> Se a palavra terminar com **ão**, **õe** ou **m**: tais letras devem ser mantidas e o pronome há de ser empregado como **no**, **na**, **nos**, **nas**.

Compraram a casa = compraram-**na**

Compõe a canção = compõe-**na**.

Lhe

É um complemento indireto, equivalente a "a ele" ou "a ela": ou seja, é empregado juntamente a um verbo transitivo indireto ou a um verbo bitransitivo, como no exemplo:

Comprei um carro **para minha namorada** = comprei-**lhe** um carro. (Ocorreu a substituição do objeto indireto)

Muitas bancas gostam de trocar as formas "o" e "a" por "lhe", o que não pode ser feito sem que a sentença seja totalmente reelaborada.

3.2 De Tratamento

São pronomes de tratamento você, senhor, senhora, senhorita, fulano, sicrano, beltrano e as expressões que integram o quadro seguinte:

Pronome	Abreviatura Singular	Abreviatura Plural
Vossa Excelência(s)	V.Ex.ª	V.Ex.as
Usa-se para:		
Presidente (sem abreviatura), ministro, embaixador, governador, secretário de Estado, prefeito, senador, deputado federal e estadual, juiz, general, almirante, brigadeiro e presidente de câmara de vereadores;		
Pronome	**Abreviatura Singular**	**Abreviatura Plural**
Vossa(s) Magnificência(s)	V.Mag.ª	V.Mag.as
Usa-se para:		
Reitor de universidade para o qual também se pode usar V. Ex.ª;		
Pronome	**Abreviatura Singular**	**Abreviatura Plural**
Vossa(s) Senhoria(s)	V.Sª	V.S.as
Usa-se para:		
Qualquer autoridade ou pessoa civil não citada acima;		
Pronome	**Abreviatura Singular**	**Abreviatura Plural**
Vossa(s) Santidade(s)	V.S	VV.SS.
Usa-se para:		
Papa;		
Pronome	**Abreviatura Singular**	**Abreviatura Plural**
Vossa(s) Eminência(s)	V.Em.ª	V.Em.as
Usa-se para:		
Cardeal;		
Pronome	**Abreviatura Singular**	**Abreviatura Plural**
Vossa(s) Excelência(s) Reverendíssima(s)	V.Exª.Rev.ma	V.Ex.as.Rev.mas
Usa-se para:		
Arcebispo e bispo;		
Pronome	**Abreviatura Singular**	**Abreviatura Plural**
Vossa(s) Reverendíssima(s)	V.Rev.ma	V.Rev.mas
Usa-se para:		
Autoridade religiosa inferior às acima citadas;		
Pronome	**Abreviatura Singular**	**Abreviatura Plural**
Vossa(s) Reverência(s)	V.Rev.ª	V.Rev.mas
Usa-se para:		
Religioso sem graduação;		
Pronome	**Abreviatura Singular**	**Abreviatura Plural**
vossa(s) majestade(s)	v.m.	vv.mm.
Usa-se para:		
Rei e imperador;		
Pronome	**Abreviatura Singular**	**Abreviatura Plural**
Vossa(s) Alteza(s)	V.A.	VV.AA.
Usa-se para:		
Príncipe, arquiduque e duque.		

Todas essas expressões se apresentam também com SUA para cujas abreviaturas basta substituir o "V" por "S".

Emprego dos pronomes de tratamento

Vossa Excelência etc. x **Sua Excelência** etc.

Os pronomes de tratamento iniciados com "Vossa(s)" empregam-se em uma relação direta, ou seja, indicam o nosso interlocutor, pessoa com quem falamos:

Soube que V. Ex.ª, Senhor Ministro, falou que não estava interessado no assunto da reunião.

Empregaremos o pronome com a forma "Sua" quando a relação não é direta, ou seja, quando falamos SOBRE a pessoa:

A notícia divulgada é de que Sua Excelência, o Presidente da República, foi flagrado em uma boate.

Utilização da 3ª pessoa

Os pronomes de tratamento são de 3ª pessoa; portanto, todos os elementos relacionados a eles devem ser empregados também na 3ª pessoa, para que se mantenha a uniformidade:

É preciso que V. Ex.ª **diga** qual será o **seu** procedimento no caso em questão, a fim de que seus assessores possam agir a tempo.

Uniformidade de Tratamento

No momento da escrita ou da fala, não é possível ficar fazendo "dança das pessoas" com os pronomes. Isso quer dizer que se deve manter a uniformidade de tratamento. Para tanto, se for utilizada 3ª pessoa no início de uma sentença, ela deve permanecer ao longo de todo o texto. Preste atenção para ver como ficou estranha a construção abaixo:

Quando **você** chegar, eu **te** darei o presente.

"Você" é de 3ª pessoa e "te" é de 2ª pessoa. Não há motivo para cometer tal engano. Tome cuidado, portanto. Podemos corrigir a sentença:

Quando tu chegares, eu te darei o presente.

Quando você chegar, eu lhe darei o presente.

3.3 Demonstrativos

São os que localizam ou identificam o substantivo ou uma expressão no espaço, no tempo ou no texto.

1ª Pessoa	
Masculino	Este(s)
Feminino	Esta(s)
Neutro	Isto
No Espaço	Com o falante
No tempo	Presente
No Texto	O que se pretende dizer ou o imediatamente retomado
2ª Pessoa	
Masculino	Esse(s)
Feminino	Essa(s)
Neutro	Isso
No Espaço	Pouco afastado
No tempo	Passado ou futuro próximos
No Texto	O que se disse anteriormente

3ª Pessoa	
Masculino	Aquele(s)
Feminino	Aquela(s)
Neutro	Aquilo
No Espaço	Muito afastado
No tempo	Passado ou futuro distantes
No Texto	O que se disse há muito ou o que se pretende dizer

Quando o pronome retoma algo já mencionado no texto, dizemos que ele possui função **Anafórica**. Quando aponta para algo que será dito, dizemos que possui função **Catafórica**. Essa nomenclatura começou a ser cobrada em algumas questões de concurso público, portanto, é importante ter esses conceitos na ponta da língua.

Exemplos de emprego dos demonstrativos:

Veja este livro que eu trouxe, é muito bom.

Você deve estudar mais! Isso é o que eu queria dizer.

Vê aquele mendigo lá na rua? Terrível futuro o aguarda.

Há outros pronomes demonstrativos:

O, a, os, as, quando antecedem o relativo Que e podem ser permutados por: Aquele (s), Aquela (s), Aquilo:

Não entendi o que disseste. (Não entendi aquilo que disseste.)

Esta rua não é a que te indiquei. (Esta rua não é aquela que te indiquei.)

Tal: quando puder ser permutado por qualquer demonstrativo: Não acredito que você disse **tal** coisa. (aquela coisa)

Semelhante: quando puder ser permutado por qualquer demonstrativo: Jamais me prestarei a **semelhante** canalhice. (esta canalhice)

Mesmo: quando modificar os pronomes eu, tu, nós e vós: Eu **mesmo** investiguei o caso.

De modo análogo, classificamos o termo "**próprio**". (eu próprio, ela própria)

Mesmo pode ainda funcionar como pronome neutro em frases como: "é o mesmo", "vem a ser o mesmo".

Vejamos mais alguns exemplos:

José e **João** são alunos do ensino médio. Este gosta de matemática, **aquele** gosta de português.

Veja que a verdadeira relação estabelecida pelos pronomes demonstrativos focaliza, por meio do "este" o elemento mais próximo, por meio do "aquele" o elemento mais afastado.

Esta sala precisa de bons professores. / Gostaria de que esse órgão pudesse resolver meu problema.

Este(s), esta(s), isto indicam o local de onde escrevemos. **Esse(s), essa(s), isso** indicam o local em que se encontra o nosso interlocutor.

3.4 Relativos

São termos que relacionam palavras em um encadeamento. Os relativos da Língua Portuguesa são:

Que: Quando puder ser permutado por "o qual" ou um de seus termos derivados. Utiliza-se o pronome "que" para referências a pessoas ou coisas.

O Qual: Empregado para referência a coisas ou pessoas.

Quem: É equivalente, segundo o mestre Napoleão Mendes de Almeida, a dois pronomes – aquele e que.

Quanto: Será relativo quando seu antecedente for o termo "tudo".

Onde: É utilizado para estabelecer referência a lugares, sendo permutável por "em que" ou "no qual" e seus derivados.

Cujo: Possui um sentido possessivo. Não permite permuta por outro relativo. Também é preciso lembrar que o pronome cujo não admite artigo, pois já é variável (cujo / cuja, jamais cujo o, cuja a).

O peão a **que** me refiro é Jonas.

A casa n**a qual** houve o tiroteio foi interditada.

O homem para **quem** se enviou a correspondência é Alberto.

Não gastes tudo **quanto** tens.

O estado para **onde** vou é Minas Gerais.

Cara, o pedreiro em **cujo** serviço podemos confiar é Marcelino.

A preposição que está relacionada ao pronome é, em grande parte dos casos, oriunda do verbo que aparece posteriormente na sentença. As bancas costumam cobrar isso!

3.5 Indefinidos

São os que determinam o substantivo de modo vago, de maneira imprecisa.

Variáveis				Invariáveis
Masculino		Feminino		
Singular	Plural	Singular	Plural	
Algum	Alguns	Alguma	Algumas	Alguém
Certo	Certos	Certa	Certas	Algo
Muito	Muitos	Muita	Muitas	Nada
Nenhum	Nenhuns	Nenhuma	Nenhumas	Ninguém
Outro	Outros	Outra	Outras	Outrem
Qualquer	Quaisquer	Qualquer	Quaisquer	Cada
Quando	Quantos	Quanta	Quantas	
Tanto	Tantos	Tanta	Tantas	
Todo	Todos	Toda	Todas	Tudo
Vário	Vários	Vária	Várias	
Pouco	Poucos	Pouca	Poucas	

Fique bem atento para as alterações de sentido relacionadas às mudanças de posição dos pronomes indefinidos.

Alguma pessoa passou por aqui ontem.

Pessoa alguma passou por aqui ontem.

Alguma pessoa = ao menos uma pessoa.

Pessoa alguma = ninguém.

3.6 Interrogativos

Chamam-se interrogativos os pronomes **que**, **quem**, **qual** e **quanto**, empregados para formular uma pergunta direta ou indireta:

Que conteúdo estão estudando?

Diga-me **que** conteúdo estão estudando.

Quem vai passar no concurso?

Gostaria de saber **quem** vai passar no concurso.

Qual dos livros preferes?

Não sei **qual** dos livros preferes.

Quantos de coragem você tem?

Pergunte **quanto** de coragem você tem.

3.7 Possessivos

Com eles relacionamos a coisa possuída à pessoa gramatical possuidora. No quadro abaixo, estão relacionados aos pronomes pessoais.

Pessoais	Possessivos
eu	meu, minha, meus, minhas
tu	teu, tua, teus, tuas
ele, você, v.ex.ª. etc.	seu, sua, seus, suas
nós	nosso, nossa, nossos, nossas
vós	vosso, vossa, vossos, vossas
eles	seu, sua, seus, suas

Emprego

→ **Ambiguidade**: "Seu", "sua", "seus" e "suas" são os reis da ambiguidade (duplicidade de sentido)

O policial prendeu o maconheiro em **sua** casa.

(casa de quem?)

Meu pai levou meu tio para casa em seu carro.

(no carro de quem?)

Corrigindo:

O policial prendeu o maconheiro na casa deste.

Meu pai, em seu carro, levou meu tio para casa.

→ Emprego especial - Não se usam os possessivos em relação às partes do corpo ou às faculdades do espírito. Devemos, pois, dizer:

Machuquei a mão. (E não "a minha mão")

Ele bateu a cabeça. (E não "a sua cabeça")

Perdeste a razão? (E não "a tua razão")

4. SUBSTANTIVO

É a palavra variável que designa qualidades, sentimentos, sensações, ações etc.

Quanto a sua classificação, o substantivo pode ser:

Primitivo (sem afixos): pedra.

Derivado (com afixos): pedreiro/ empedrado.

Simples (1 núcleo): guarda.

Composto (mais de 1 núcleo): guarda-roupas.

Comum (designa ser genérico): copo, colher.

Próprio (designa ser específico): Maria, Portugal.

Concreto (existência própria): cadeira, lápis.

Abstrato (existência dependente): glória, amizade.

Os substantivos concretos

Designam seres de existência própria, como: padre, político, carro e árvore. Os substantivos abstratos nomeiam qualidades ou conceitos de existência dependente, como: beleza, fricção, tristeza e amor.

Os substantivos próprios

São sempre concretos e devem ser grafados com iniciais maiúsculas. Porém, alguns substantivos próprios podem vir a se tornar comuns, pelo processo de derivação imprópria que, geralmente, ocorre pela anteposição de um artigo e a grafia do substantivo com letra minúscula. (um judas = traidor / um panamá = chapéu). As flexões dos substantivos podem se dar em gênero, número e grau.

Gênero dos substantivos

Quanto à distinção entre masculino e feminino, os substantivos podem ser:

Biformes: quando apresentam uma forma para o masculino e outra para o feminino - gato, gata, homem, mulher.

Uniformes: quando apresentam uma única forma para ambos os gêneros. Nesse caso, eles estão divididos em:

Epicenos: usados para animais de ambos os sexos (macho e fêmea) - besouro, jacaré, albatroz;

Comum de dois gêneros: aqueles que designam pessoas. Nesse caso, a distinção é feita por um elemento ladeador (artigo, pronome) - terrícola, estudante, dentista, motorista;

Sobrecomuns: apresentam um só gênero gramatical para designar seres de ambos os sexos - indivíduo, vítima, algoz.

Em algumas situações, a mudança de gênero altera também o sentido do substantivo:

O cabeça (líder) / A cabeça (parte do corpo).

4.1 Número dos Substantivos

Tentemos resumir as principais regras de formação do plural nos substantivos.

Terminação	Variação	Exemplo
vogal ou ditongo	acréscimo do 's'	barco - barcos
m	ns	pudim - pudins
ão (primeiro caso)	ões	ladrão - ladrões
ão (segundo caso)	ães	pão - pães
ão (terceiro caso)	s	cidadão - cidadãos
r	es	mulher - Mulheres
z	es	cartaz - cartazes
n	es	abdômen - Abdômenes
s (oxítonos)	es	inglês - ingleses
al, el, ol, ul	is	tribunal - tribunais
il (oxítonos)	s	barril - barris
il (paroxítonos)	eis	fóssil - fósseis
zinho, zito	s	anelzinho - aneizinhos

Alguns substantivos são grafados apenas no plural: alvíssaras, anais, antolhos, arredores, belas-artes, calendas, cãs, condolências, esponsais, exéquias, fastos, férias, fezes, núpcias, óculos, pêsames.

Grau do substantivo:

Aumentativo / Diminutivo[1]

Analítico: quando se associam os adjetivos ao substantivo: carro grande, pé pequeno;

Sintético: quando se adiciona ao substantivo sufixos indicadores de grau, carrão, pezinho.

Sufixos:

Aumentativos: -ázio, -orra, -ola, -az, -ão, -eirão, -alhão, -arão, -arrão, -zarrão;

Diminutivos: -ito, -ulo-, -culo, -ote, -ola, -im, -elho, -inho, -zinho (o sufixo -zinho é obrigatório quando o substantivo terminar em vogal tônica ou ditongo: cafezinho, paizinho);

O aumentativo pode exprimir tamanho (casarão), desprezo (sabichão, ministraço, poetastro) ou intimidade (amigão); enquanto o diminutivo pode indicar carinho (filhinho) ou ter valor pejorativo (livreco, casebre), além das noções de tamanho (bolinha).

1 Quando não flexionamos o substantivo em algum grau, dizemos que ele está no grau normal.

5. VERBO

É a palavra com que se expressa uma ação (cantar, vender), um estado (ser, estar), mudança de estado (tornar-se) ou fenômeno da natureza (chover).

Quanto à noção que expressam, os verbos podem ser classificados da seguinte maneira:

Verbos Relacionais: exprimem estado ou mudança de estado. São os chamados verbos de ligação.

Verbo de ligação
ser
estar
continuar
andar
parecer
permanecer
ficar
tornar-se

Verbos Nocionais: exprimem ação ou fenômeno da natureza. São os chamados verbos significativos.

Os Verbos Nocionais podem ser classificados da seguinte maneira:

VI (Verbo Intransitivo): diz-se daquele que não necessita de um complemento para que se compreenda a ação verbal. Exemplos: morrer, cantar, sorrir, nascer, viver.

VT (Verbo Transitivo): diz-se daquele que necessita de um complemento para expressar o afetado pela ação verbal. Divide-se em três tipos:

Diretos: não possuem preposição para ligar o complemento verbal ao verbo. São exemplos os verbos querer, comprar, ler, falar etc.

Indiretos: possuem preposição para ligar o complemento verbal ao verbo. São exemplos os verbos gostar, necessitar, precisar, acreditar etc.

Diretos e Indiretos, ou Bitransitivos: possuem dois complementos, um não-preposicionado, outro com preposição. São exemplos os verbos pagar, perdoar, implicar etc.

Preste atenção na dica que segue:

João **morreu.**

(quem morre, morre. Não é preciso um complemento para entender o verbo).

Eu **quero** um aumento.

(quem quer, quer alguma coisa. É preciso um complemento para entender o sentido do verbo).

Eu **preciso** de um emprego.

(quem precisa, precisa "de" alguma coisa. Deve haver uma preposição para ligar o complemento ao seu verbo).

Mário **pagou** a conta ao padeiro.

(quem paga, paga algo a alguém. Há um complemento com preposição e um complemento sem preposição).

5.1 Estrutura e Conjugação dos Verbos

Os verbos possuem:

Raiz: o que lhes guarda o sentido (**cant**ar, **corr**er, **sorr**ir).

Vogal temática: o que lhes garante a família conjugacional. (**A**R, **E**R, **I**R).

Desinências: o que ajuda a conjugar ou nominalizar o verbo. (canta**ndo**, cantá**vamos**).

Os verbos apresentam três conjugações, quer dizer, três famílias conjugacionais. Em função da vogal temática, podem-se criar três paradigmas[2] verbais. De acordo com a relação dos verbos com esses paradigmas, obtém-se a seguinte classificação:

Regulares: seguem o paradigma verbal de sua conjugação sem alterar suas raízes (amar, vender, partir).

Irregulares: não seguem o paradigma verbal da conjugação a que pertencem. As irregularidades podem aparecer na raiz ou nas desinências (ouvir - ouço/ouve, estar - estou/estão).

Anômalos: apresentam profundas irregularidades. São classificados como anômalos em todas as gramáticas os verbos ser e ir.

Defectivos: não são conjugados em determinadas pessoas, tempo ou modo, portanto, apresentam algum tipo de "defeito" (falir - no presente do indicativo só apresenta a 1ª e a 2ª pessoa do plural). Os defectivos distribuem-se em grupos:

» impessoais;

» unipessoais (vozes ou ruídos de animais, só conjugados nas 3as pessoas);

» antieufônicos (a sonoridade permite confusão com outros verbos) - demolir; falir, abolir etc.

Abundantes: apresentam mais de uma forma para uma mesma conjugação.

Existe abundância conjugacional e participial. A primeira ocorre na conjugação de algumas formas verbais, como, por exemplo, o verbo "haver", que admite "nós havemos/hemos", "vós haveis/heis". A segunda ocorre com as formas nominais de particípio. A seguir segue uma lista dos principais abundantes na forma participial.

Verbos	Particípio regular – empregado com os auxiliares TER e HAVER	Particípio irregular – empregado com os auxiliares SER, ESTAR e FICAR
aceitar	aceitado	aceito
acender	acendido	aceso
benzer	benzido	bento
eleger	eegido	eleito
entregar	entregado	entregue
enxugar	enxugado	enxuto
expressar	expressado	expresso

2 Paradigma é o modo como se dá a conjugação.

expulsar	expulsado	expulso
extinguir	extinguido	extinto
matar	matado	morto
prender	prendido	preso
romper	rompido	roto
salvar	salvado	salvo
soltar	soltado	solto
suspender	suspendido	suspenso
tingir	tingido	tinto

5.2 Flexão Verbal

Relativamente à flexão verbal, anotamos:

Número: singular ou plural;

Pessoa gramatical: 1ª, 2ª ou 3ª;

Tempo: referência ao momento em que se fala (pretérito, presente ou futuro). O modo imperativo só tem um tempo, o presente;

Voz: ativa, passiva, reflexiva e recíproca (que trabalharemos mais tarde);

Modo: indicativo (certeza de um fato ou estado), subjuntivo (possibilidade ou desejo de realização de um fato ou incerteza do estado) e imperativo (expressa ordem, advertência ou pedido).

5.3 Formas Nominais do Verbo

As três formas nominais do verbo (infinitivo, gerúndio e particípio) não possuem função exclusivamente verbal.

Infinitivo: assemelha-se ao substantivo, indica algo atemporal - o nome do verbo, sua desinência característica é a letra R: ama**r**, realça**r**, ungi**r** etc.

Gerúndio: equipara-se ao adjetivo ou advérbio pelas circunstâncias que exprime de ação em processo. Sua desinência característica é -**NDO**: ama**ndo**, realça**ndo**, ungi**ndo** etc.

***Particípio*:** tem valor e forma de adjetivo - pode também indicar ação concluída, sua desinência característica é -**ADO** ou -**IDO** para as formas regulares: am**ado**, realç**ado**, ung**ido** etc.

5.4 Tempos Verbais

Dentro do **Modo Indicativo**, anotamos os seguintes tempos:

Presente do indicativo: indica um fato real situado no momento ou época em que se fala;

Eu amo, eu vendo, eu parto.

Pretérito perfeito do indicativo: indica um fato real cuja ação foi iniciada e concluída no passado;

Eu amei, eu vendi, eu parti.

Pretérito imperfeito do indicativo: indica um fato real cuja ação foi iniciada no passado, mas não foi concluída ou era uma ação costumeira no passado;

Eu amava, eu vendia, eu partia.

Pretérito mais-que-perfeito do indicativo: indica um fato real cuja ação é anterior a outra ação já passada;

Eu amara, eu vendera, eu partira.

Futuro do presente do indicativo: indica um fato real situado em momento ou época vindoura;

Eu amarei, eu venderei, eu partirei.

Futuro do pretérito do indicativo: indica um fato possível, hipotético, situado num momento futuro, mas ligado a um momento passado.

Eu amaria, eu venderia, eu partiria.

Dentro do **Modo Subjuntivo**, anotamos os seguintes tempos:

Presente do subjuntivo: indica um fato provável, duvidoso ou hipotético, situado no momento ou época em que se fala. Para facilitar a conjugação, utilize a conjunção "que";

Que eu ame, que eu venda, que eu parta.

Pretérito imperfeito do subjuntivo: indica um fato provável, duvidoso ou hipotético, cuja ação foi iniciada, mas não concluída no passado. Para facilitar a conjugação, utilize a conjunção "se";

Se eu amasse, se eu vendesse, se eu partisse.

Futuro do subjuntivo: indica um fato provável, duvidoso, hipotético, situado num momento ou época futura. Para facilitar a conjugação, utilize a conjunção "quando".

Quando eu amar, quando eu vender, quando eu partir.

5.5 Tempos Compostos da Voz Ativa

Constituem-se pelos verbos auxiliares **ter** ou **haver** + particípio do verbo que se quer conjugar, dito principal.

No **modo Indicativo**, os tempos compostos são formados da seguinte maneira:

Pretérito perfeito: presente do indicativo do auxiliar + particípio do verbo principal (Tenho amado);

Pretérito mais-que-perfeito: pretérito imperfeito do indicativo do auxiliar + particípio do verbo principal (Tinha amado);

Futuro do presente: futuro do presente do indicativo do auxiliar + particípio do verbo principal (Terei amado);

Futuro do pretérito: futuro do pretérito indicativo do auxiliar + particípio do verbo principal (Teria amado).

No **modo Subjuntivo** a formação se dá da seguinte maneira:

Pretérito perfeito: presente do subjuntivo do auxiliar + particípio do VP (Tenha amado);

Pretérito mais-que-perfeito: imperfeito do subjuntivo do auxiliar + particípio do VP (Tivesse amado);

Futuro composto: futuro do subjuntivo do auxiliar + particípio do VP (Tiver amado).

Quanto às **formas nominais**, elas são formadas da seguinte maneira:

Infinitivo composto: infinitivo pessoal ou impessoal do auxiliar + particípio do verbo principal (Ter vendido / Teres vendido);

Gerúndio composto: gerúndio do auxiliar + particípio do verbo principal (Tendo partido).

5.6 Vozes Verbais

Cuidado com esse conteúdo, costuma ser muito cobrado em provas de concursos públicos.

Quanto às vozes, os verbos apresentam voz:

Ativa: sujeito é agente da ação verbal;

(**O corretor** vende casas)

Passiva: sujeito é paciente da ação verbal;

(Casas são vendidas **pelo corretor**)

Reflexiva: o sujeito é agente e paciente da ação verbal.

(A garota feriu-**se** ao cair da escada)

Recíproca: há uma ação mútua descrita na sentença.

(Os amigos entreolh**aram-se**)

A voz passiva: sua característica é possuir um sujeito paciente, ou seja, que é afetado pela ação do verbo.

5.7 Tipos de Voz Passiva

Analítica: verbo auxiliar + particípio do verbo principal. Isso significa que há uma locução verbal de voz passiva.

Casas **são vendidas** pelo corretor

Veja mais alguns exemplos:

Ele fez o trabalho - O trabalho **foi feito** por ele (mantido o pretérito perfeito do indicativo)

O vento ia levando as folhas - As folhas iam **sendo levadas** pelo vento (mantido o gerúndio do verbo principal em um dos auxiliares).

Vereadores entregarão um prêmio ao gari - Um prêmio **será entregue** ao gari por vereadores (veja como a flexão do futuro se mantém na locução).

Sintética: verbo apassivado pelo termo "se" (partícula apassivadora) + sujeito paciente.

Roubou-se **o dinheiro do povo.**

Fez-se **o trabalho** com pressa.

É comum observar, em provas de concurso público, questões que mostram uma voz passiva sintética como aquela que é proveniente de uma ativa com sujeito indeterminado.

Alguns verbos da língua portuguesa apresentam **problemas de conjugação**. A seguir, **temos uma lista**, seguida de comentários sobre essas dificuldades de conjugação.

Compraram um carro novo (ativa);

Comprou-se um carro novo (passiva sintética).

5.8 Verbos com a Conjugação Irregular

Abolir: Defectivo - não possui a 1ª pessoa do singular do presente do indicativo, por isso não possui presente do subjuntivo e o imperativo negativo. (= banir, carpir, colorir, delinquir, demolir, descomedir-se, emergir, exaurir, fremir, fulgir, haurir, retorquir, urgir).

Acudir:

Alternância vocálica o/u - presente do indicativo - acudo, acodes... e pretérito perfeito do indicativo - com u (= bulir, consumir, cuspir, engolir, fugir).

Adequar:

Defectivo - só possui a 1ª e a 2ª pessoa do plural no presente do indicativo.

Aderir:

Alternância vocálica e/i - presente do indicativo - adiro, adere... (= advertir, cerzir, despir, diferir, digerir, divergir, ferir, sugerir).

Agir:

Acomodação gráfica g/j - presente do indicativo - ajo, ages... (= afligir, coagir, erigir, espargir, refulgir, restringir, transigir, urgir).

Agredir:

Alternância vocálica e/i - presente do indicativo - agrido, agrides, agride, agredimos, agredis, agridem (= prevenir, progredir, regredir, transgredir).

Aguar:

Regular - presente do indicativo - águo, águas..., - pretérito perfeito do indicativo - aguei, aguaste, aguou, aguamos, aguastes, aguaram (= desaguar, enxaguar, minguar).

Prazer:

Irregular - presente do indicativo - aprazo, aprazes, apraz... / pretérito perfeito do indicativo - aprouve, aprouveste, aprouve, aprouvemos, aprouvestes, aprouveram.

Arguir:

Irregular com alternância vocálica o/u - presente do indicativo - arguo (ú), arguis, argui, arguimos, arguis, arguem - pretérito perfeito - argui, arguiste...

Atrair:

Irregular - presente do indicativo - atraio, atrais... / pretérito perfeito - atraí, atraíste... (= abstrair, cair, distrair, sair, subtrair).

Atribuir:

Irregular - presente do indicativo - atribuo, atribuis, atribui, atribuímos, atribuís, atribuem - pretérito perfeito - atribuí, atribuíste, atribuiu... (= afluir, concluir, destituir, excluir, instruir, possuir, usufruir).

Averiguar:

Alternância vocálica o/u - presente do indicativo - averiguo (ú), averiguas (ú), averigua (ú), averiguamos, averiguais, averiguam (ú) - pretérito perfeito - averiguei, averiguaste... - presente do subjuntivo - averigue, averigues, averigue... (= apaziguar).

Cear:

Irregular - presente do indicativo - ceio, ceias, ceia, ceamos, ceais, ceiam - pretérito perfeito indicativo - ceei, ceaste, ceou, ceamos, ceastes, cearam (= verbos terminados em -ear: falsear, passear... - alguns apresentam pronúncia aberta: estreio, estreia...).

Coar:

Irregular - presente do indicativo - coo, côas, côa, coamos, coais, coam - pretérito perfeito - coei, coaste, coou... (= abençoar, magoar, perdoar).

Comerciar:

Regular - presente do indicativo - comercio, comercias... - pretérito perfeito - comerciei... (= verbos em -iar , exceto os seguintes verbos: mediar, ansiar, remediar, incendiar, odiar).

Compelir:

Alternância vocálica e/i - presente do indicativo - compilo, compeles... - pretérito perfeito indicativo - compeli, compeliste...

Compilar:

Regular - presente do indicativo - compilo, compilas, compila... - pretérito perfeito indicativo - compilei, compilaste...

Construir:

Irregular e abundante - presente do indicativo - construo, constróis (ou construís), constrói (ou construí), construímos, construís, constroem (ou construem) - pretérito perfeito indicativo - construí, construíste...

Crer:

Irregular - presente do indicativo - creio, crês, crê, cremos, credes, creem - pretérito perfeito indicativo - cri, creste, creu, cremos, crestes, creram - imperfeito indicativo - cria, crias, cria, críamos, críeis, criam.

Falir:

Defectivo - presente do indicativo - falimos, falis - pretérito perfeito indicativo - fali, faliste... (= aguerrir, combalir, foragir-se, remir, renhir)

Frigir:

Acomodação gráfica g/j e alternância vocálica e/i - presente do indicativo - frijo, freges, frege, frigimos, frigis, fregem - pretérito perfeito indicativo - frigi, frigiste...

Ir:

Irregular - presente do indicativo - vou, vais, vai, vamos, ides, vão - pretérito perfeito indicativo - fui, foste... - presente subjuntivo - vá, vás, vá, vamos, vades, vão.

Jazer:

Irregular - presente do indicativo - jazo, jazes... - pretérito perfeito indicativo - jazi, jazeste, jazeu...

Mobiliar:

Irregular - presente do indicativo - mobílio, mobílias, mobília, mobiliamos, mobiliais, mobíliam - pretérito perfeito indicativo - mobiliei, mobiliaste...

Obstar:

Regular - presente do indicativo - obsto, obstas... - pretérito perfeito indicativo - obstei, obstaste...

Pedir:

Irregular - presente do indicativo - peço, pedes, pede, pedimos, pedis, pedem - pretérito perfeito indicativo - pedi, pediste... (= despedir, expedir, medir).

Polir:

Alternância vocálica e/i - presente do indicativo - pulo, pules, pule, polimos, polis, pulem - pretérito perfeito indicativo - poli, poliste...

Precaver-se:

Defectivo e pronominal - presente do indicativo - precavemo-nos, precaveis-vos - pretérito perfeito indicativo - precavi-me, precaveste-te...

Prover:

Irregular - presente do indicativo - provejo, provês, provê, provemos, provedes, provêem - pretérito perfeito indicativo - provi, proveste, proveu...

Reaver:

Defectivo - presente do indicativo - reavemos, reaveis - pretérito perfeito indicativo - reouve, reouveste, reouve... (verbo derivado do haver, mas só é conjugado nas formas verbais com a letra v).

Remir:

Defectivo - presente do indicativo - remimos, remis - pretérito perfeito indicativo - remi, remiste...

Requerer:

Irregular - presente do indicativo - requeiro, requeres... - pretérito perfeito indicativo - requeri, requereste, requereu... (derivado do querer, diferindo dele na 1ª pessoa do singular do presente do indicativo e no pretérito perfeito do indicativo e derivados, sendo regular)

Rir:

Irregular - presente do indicativo - rio, rir, ri, rimos, rides, riem - pretérito perfeito indicativo - ri, riste... (= sorrir)

Saudar:

Alternância vocálica - presente do indicativo - saúdo, saúdas... - pretérito perfeito indicativo - saudei, saudaste...

Suar:

Regular - presente do indicativo - suo, suas, sua... - pretérito perfeito indicativo - suei, suaste, sou... (= atuar, continuar, habituar, individuar, recuar, situar)

Valer:

Irregular - presente do indicativo - valho, vales, vale... - pretérito perfeito indicativo - vali, valeste, valeu...

Também merecem atenção os seguintes verbos irregulares:

→ **Pronominais:** Apiedar-se, dignar-se, persignar-se, precaver-se

Caber

Presente do indicativo: caibo, cabes, cabe, cabemos, cabeis, cabem;

Presente do subjuntivo: caiba, caibas, caiba, caibamos, caibais, caibam;

Pretérito perfeito do indicativo: coube, coubeste, coube, coubemos, coubestes, couberam;

Pretérito mais-que-perfeito do indicativo: coubera, couberas, coubera, coubéramos, coubéreis, couberam;

Pretérito imperfeito do subjuntivo: coubesse, coubesses, coubesse, coubéssemos, coubésseis, coubessem;

Futuro do subjuntivo: couber, couberes, couber, coubermos, couberdes, couberem.

Dar

Presente do indicativo: dou, dás, dá, damos, dais, dão;

Presente do subjuntivo: dê, dês, dê, demos, deis, deem;

Pretérito perfeito do indicativo: dei, deste, deu, demos, destes, deram;

Pretérito mais-que-perfeito do indicativo: dera, deras, dera, déramos, déreis, deram;

Pretérito imperfeito do subjuntivo: desse, desses, desse, déssemos, désseis, dessem;

Futuro do subjuntivo: der, deres, der, dermos, derdes, derem.

Dizer

Presente do indicativo: digo, dizes, diz, dizemos, dizeis, dizem;

Presente do subjuntivo: diga, digas, diga, digamos, digais, digam;

Pretérito perfeito do indicativo: disse, disseste, disse, dissemos, dissestes, disseram;

Pretérito mais-que-perfeito do indicativo: dissera, disseras, dissera, disséramos, disséreis, disseram;

Futuro do presente: direi, dirás, dirá etc.;

Futuro do pretérito: diria, dirias, diria etc.;

Pretérito imperfeito do subjuntivo: dissesse, dissesses, dissesse, disséssemos, dissésseis, dissessem;

Futuro do subjuntivo: disser, disseres, disser, dissermos, disserdes, disserem;

Estar

Presente do indicativo: estou, estás, está, estamos, estais, estão;

Presente do subjuntivo: esteja, estejas, esteja, estejamos, estejais, estejam;

Pretérito perfeito do indicativo: estive, estiveste, esteve, estivemos, estivestes, estiveram;

Pretérito mais-que-perfeito do indicativo: estivera, estiveras, estivera, estivéramos, estivéreis, estiveram;

Pretérito imperfeito do subjuntivo: estivesse, estivesses, estivesse, estivéssemos, estivésseis, estivessem;

Futuro do subjuntivo: estiver, estiveres, estiver, estivermos, estiverdes, estiverem;

Fazer

Presente do indicativo: faço, fazes, faz, fazemos, fazeis, fazem;

Presente do subjuntivo: faça, faças, faça, façamos, façais, façam;

Pretérito perfeito do indicativo: fiz, fizeste, fez, fizemos, fizestes, fizeram;

Pretérito mais-que-perfeito do indicativo: fizera, fizeras, fizera, fizéramos, fizéreis, fizeram;

Pretérito imperfeito do subjuntivo: fizesse, fizesses, fizesse, fizéssemos, fizésseis, fizessem;

Futuro do subjuntivo: fizer, fizeres, fizer, fizermos, fizerdes, fizerem.

Seguem esse modelo desfazer, liquefazer e satisfazer.

Os particípios desses verbos e seus derivados são irregulares: Feito, desfeito, liquefeito, satisfeito, etc.

Haver

Presente do indicativo: hei, hás, há, havemos, haveis, hão;

Presente do subjuntivo: haja, hajas, haja, hajamos, hajais, hajam;

Pretérito perfeito do indicativo: houve, houveste, houve, houvemos, houvestes, houveram;

Pretérito mais-que-perfeito do indicativo: houvera, houveras, houvera, houvéramos, houvéreis, houveram;

Pretérito imperfeito do subjuntivo: houvesse, houvesses, houvesse, houvéssemos, houvésseis, houvessem;

Futuro do subjuntivo: houver, houveres, houver, houvermos, houverdes, houverem.

Ir

Presente do indicativo: vou, vais, vai, vamos, ides, vão;

Presente do subjuntivo: vá, vás, vá, vamos, vades, vão;

Pretérito imperfeito do indicativo: Ia, ias, ia, íamos, íeis, iam;

Pretérito perfeito do indicativo: fui, foste, foi, fomos, fostes, foram;

Pretérito mais-que-perfeito do indicativo: fora, foras, fora, fôramos, fôreis, foram;

Pretérito imperfeito do subjuntivo: fosse, fosses, fosse, fôssemos, fôsseis, fossem;

Futuro do subjuntivo: for, fores, for, formos, fordes, forem.

Poder

Presente do indicativo: posso, podes, pode, podemos, podeis, podem;

Presente do subjuntivo: possa, possas, possa, possamos, possais, possam;

Pretérito perfeito do indicativo: pude, pudeste, pôde, pudemos, pudestes, puderam;

Pretérito mais-que-perfeito do indicativo: pudera, puderas, pudera, pudéramos, pudéreis, puderam;

Pretérito imperfeito do subjuntivo: pudesse, pudesses, pudesse, pudéssemos, pudésseis, pudessem;

Futuro do subjuntivo: puder, puderes, puder, pudermos, puderdes, puderem.

Pôr

Presente do indicativo: ponho, pões, põe, pomos, pondes, põem;

Presente do subjuntivo: ponha, ponhas, ponha, ponhamos, ponhais, ponham;

Pretérito imperfeito do indicativo: punha, punhas, punha, púnhamos, púnheis, punham;

Pretérito perfeito do indicativo: pus, puseste, pôs, pusemos, pusestes, puseram;

Pretérito mais-que-perfeito do indicativo: pusera, puseras, pusera, puséramos, puséreis, puseram;

Pretérito imperfeito do subjuntivo: pusesse, pusesses, pusesse, puséssemos, pusésseis, pusessem;

Futuro do subjuntivo: puser, puseres, puser, pusermos, puserdes, puserem.

Todos os derivados do verbo pôr seguem exatamente esse modelo: Antepor, compor, contrapor, decompor, depor, descompor, dispor, expor, impor, indispor, interpor, opor, pospor, predispor, pressupor, propor, recompor, repor, sobrepor, supor, transpor são alguns deles.

Querer

Presente do indicativo: quero, queres, quer, queremos, quereis, querem;

Presente do subjuntivo: queira, queiras, queira, queiramos, queirais, queiram;

Pretérito perfeito do indicativo: quis, quiseste, quis, quisemos, quisestes, quiseram;

Pretérito mais-que-perfeito do indicativo: quisera, quiseras, quisera, quiséramos, quiséreis, quiseram;

Pretérito imperfeito do subjuntivo: quisesse, quisesses, quisesse, quiséssemos, quisésseis, quisessem;

Futuro do subjuntivo: Quiser, quiseres, quiser, quisermos, quiserdes, quiserem;

Saber

Presente do indicativo: sei, sabes, sabe, sabemos, sabeis, sabem;

Presente do subjuntivo: saiba, saibas, saiba, saibamos, saibais, saibam;

Pretérito perfeito do indicativo: soube, soubeste, soube, soubemos, soubestes, souberam;

Pretérito mais-que-perfeito do indicativo: Soubera, souberas, soubera, soubéramos, soubéreis, souberam;

Pretérito imperfeito do subjuntivo: Soubesse, soubesses, soubesse, soubéssemos, soubésseis, soubessem;

Futuro do subjuntivo: souber, souberes, souber, soubermos, souberdes, souberem.

Ser

Presente do indicativo: Sou, és, é, somos, sois, são;

Presente do subjuntivo: Seja, sejas, seja, sejamos, sejais, sejam;

Pretérito imperfeito do indicativo: Era, eras, era, éramos, éreis, eram;

Pretérito perfeito do indicativo: Fui, foste, foi, fomos, fostes, foram;

Pretérito mais-que-perfeito do indicativo: Fora, foras, fora, fôramos, fôreis, foram;

Pretérito imperfeito do subjuntivo: Fosse, fosses, fosse, fôssemos, fôsseis, fossem;

Futuro do subjuntivo: For, fores, for, formos, fordes, forem.

As segundas pessoas do imperativo afirmativo são: Sê (tu) e sede (vós).

Ter

Presente do indicativo: Tenho, tens, tem, temos, tendes, têm;

Presente do subjuntivo: Tenha, tenhas, tenha, tenhamos, tenhais, tenham;

Pretérito imperfeito do indicativo: Tinha, tinhas, tinha, tínhamos, tínheis, tinham;

Pretérito perfeito do indicativo: Tive, tiveste, teve, tivemos, tivestes, tiveram;

Pretérito mais-que-perfeito do indicativo: Tivera, tiveras, tivera, tivéramos, tivéreis, tiveram;

Pretérito imperfeito do subjuntivo: Tivesse, tivesses, tivesse, tivéssemos, tivésseis, tivessem;

Futuro do subjuntivo: Tiver, tiveres, tiver, tivermos, tiverdes, tiverem.

Seguem esse modelo os verbos: Ater, conter, deter, entreter, manter, reter.

Trazer

Presente do indicativo: Trago, trazes, traz, trazemos, trazeis, trazem;

Presente do subjuntivo: Traga, tragas, traga, tragamos, tragais, tragam;

Pretérito perfeito do indicativo: Trouxe, trouxeste, trouxe, trouxemos, trouxestes, trouxeram;

Pretérito mais-que-perfeito do indicativo: Trouxera, trouxeras, trouxera, trouxéramos, trouxéreis, trouxeram;

Futuro do presente: Trarei, trarás, trará, etc.;

Futuro do pretérito: Traria, trarias, traria, etc.;

Pretérito imperfeito do subjuntivo: Trouxesse, trouxesses, trouxesse, trouxéssemos, trouxésseis, trouxessem;

Futuro do subjuntivo: Trouxer, trouxeres, trouxer, trouxermos, trouxerdes, trouxerem.

Ver

Presente do indicativo: Vejo, vês, vê, vemos, vedes, veem;

Presente do subjuntivo: Veja, vejas, veja, vejamos, vejais, vejam;

Pretérito perfeito do indicativo: Vi, viste, viu, vimos, vistes, viram;

Pretérito mais-que-perfeito do indicativo: Vira, viras, vira, víramos, víreis, viram;

Pretérito imperfeito do subjuntivo: Visse, visses, visse, víssemos, vísseis, vissem;

Futuro do subjuntivo: Vir, vires, vir, virmos, virdes, virem.

Seguem esse modelo os derivados antever, entrever, prever, rever. Prover segue o modelo acima apenas no presente do indicativo e seus tempos derivados; nos demais tempos, comporta-se como um verbo regular da segunda conjugação.

Vir

Presente do indicativo: Venho, vens, vem, vimos, vindes, vêm;

Presente do subjuntivo: Venha, venhas, venha, venhamos, venhais, venham;

Pretérito imperfeito do indicativo: Vinha, vinhas, vinha, vínhamos, vínheis, vinham;

Pretérito perfeito do indicativo: Vim, vieste, veio, viemos, viestes, vieram;

Pretérito mais-que-perfeito do indicativo: Viera, vieras, viera, viéramos, viéreis, vieram;

Pretérito imperfeito do subjuntivo: Viesse, viesses, viesse, viéssemos, viésseis, viessem;

Futuro do subjuntivo: Vier, vieres, vier, viermos, vierdes, vierem;

Particípio e gerúndio: Vindo.

Emprego do infinitivo

Apesar de não haver regras bem definidas, podemos anotar as seguintes ocorrências:

→ Usa-se o impessoal:

Sem referência a nenhum sujeito: É proibido **estacionar** na calçada;

Nas locuções verbais: Devemos **pensar** sobre a sua situação;

Se o infinitivo exercer a função de complemento de adjetivos: É uma questão fácil de **resolver**;

Se o infinitivo possuir valor de imperativo – O comandante gritou: "**marchar**!"

→ Usa-se o pessoal:

Quando o sujeito do infinitivo é diferente do sujeito da oração principal: Eu não te culpo por seres um imbecil;

Quando, por meio de flexão, se quer realçar ou identificar a pessoa do sujeito: Não foi bom agires dessa forma;

Questões

01. (FCC) Levando-se em conta as alterações necessárias, o termo grifado foi substituído corretamente por um pronome em:

a) A Inveja habita o fundo de um vale = habitá-lo

b) jamais se acende o fogo = lhe acende

c) serviu de modelo a todos = serviu-os

d) infectar a jovem Aglauros = infectá-la

e) ao dilacerar os outros = dilacerar-lhes

02. (CESGRANRIO) "***A gente se acostuma*** a morar em apartamentos de fundos."

Nós nos acostumamos a morar em apartamentos de fundos.

A troca de pronomes também respeita as regras de concordância estabelecidas na norma-padrão em:

a) Tu te acostuma / Você se acostuma.

b) Tu se acostuma / Você se acostumas.

c) Tu te acostumas / Você se acostuma.

d) Tu te acostumas / Você vos acostuma.

e) Tu te acostumas / Você vos acostumais.

03. (FAURGS) As bibliotecas virtuais têm, de certo modo, os predicados ______ o escritor argentino Jorge Luis Borges define a sua fantástica Biblioteca de Babel: são ilimitadas e periódicas. Desse modo, atualizam, no que oferecem e na forma ______ o oferecem, uma espécie de otimismo cético próprio do racionalismo.

A biblioteca está e vai com você onde você estiver, como uma Babel feita do paradoxo do conhecimento: quanto mais se sabe, mais há para saber, de modo que, o máximo sendo também o mínimo, nunca nos falte nem a pergunta ilimitada, nem a resposta periódica ______ os livros e revistas postos ao alcance de nosso cotidiano podem nos ajudar a formular, ou, ao menos, entrever.

Assinale a alternativa que preenche, correta e respectivamente, as lacunas das linhas.

a) que – como – que

b) com que – que – a que

c) com que – como – que

d) que – como – a que

e) que – que – a que

04. (CESGRANRIO) Os substantivos grafados com ç são derivados de verbos: **produção, redução, desaceleração, projeção**. Quais os verbos a seguir que formam substantivos com a mesma grafia:

a) admitir, agredir, intuir

b) discutir, emitir, aferir

c) inquirir, imprimir, perseguir

d) obstruir, intervir, conduzir

e) reduzir, omitir, extinguir

05. (NUCEPE) **Adaptada**. Assinale a opção em que o substantivo apresentado é uma palavra de gênero feminino.

a) "sinal".

b) "palco".

c) "comunidade".

d) "lugares".

e) "jornais".

06. (CEPERJ) Os verbos considerados impessoais devem se manter invariáveis, no singular, segundo as normas de concordância verbal. Há um caso de verbo impessoal no seguinte exemplo do texto:

a) "você não vê há três meses"

b) "Para lá fui enviada."

c) "um gigantesco caminhão que andava"

d) "aquilo nos pareceu absurdo"

e) "E não precisará de recall para isso."

07. (FCC) Ainda que os modernistas de 1922 não se ______ componentes de uma escola, nem ______ ter postulados rigorosos em comum, um grande desejo de expressão livre os unificava.

Na frase acima, a correção será mantida caso a conjugação dos verbos originalmente empregados consideraram e afirmaram for modificada de modo que as formas verbais resultantes sejam, respectivamente:

a) considerarem e afirmarem.

b) considerassem e afirmassem.

c) consideravam e afirmavam.

d) considerariam e afirmariam.

e) considerar e afirmar.

08. (FUNCAB) Em "(...) A empregada já HAVIA CHEGADO e estava no portão, olhando o movimento.(...)", o tempo verbal mostra uma ação:

a) iniciada no passado, continuada no presente.

b) realizada em futuro próximo.

c) subordinada a uma ação futura.

d) repetida, independente da ação passada.

e) já terminada.

09. (FCC) Na Antiguidade, os egípcios tinham nas letras um objeto sagrado, inventado pelos deuses. O verbo flexionado nos mesmos tempo e modo em que se encontra o grifado acima está em:

a) Por meio da observação do cérebro de crianças e adultos, verificou-se de forma bastante clara ...

b) ... que o ato de escrever desencadeia ligações entre os neurônios ...

c) Com a digitação, essa área fica inativa.

d) .. a caligrafia constava entre as habilidades avaliadas nos exames de admissão do antigo ginásio até a década de 70 ...

e) ... entre as gerações que chegam aos bancos escolares.

10. (FCC) ... que já ***detestava*** a jovem... O verbo empregado nos mesmos tempo e modo que o grifado está em:

a) A Inveja habita o fundo de um vale...

b) ...todos os que falaram desse sentimento...

c) ...porque esta a espionara...

d) ...que interceda junto a Hersé...

e) Não admitia que a mortal...

11. (Vunesp) No contexto, a correlação expressa pelos verbos destacados na frase - Se o **fizesse** não **teria** coragem de me olhar no espelho. - indica:

a) hipótese sobre a consequência de mentir.

b) necessidade de comunicar-se sem enganar.

c) certeza acerca de ser desnecessária a mentira.

d) dúvida em relação àquilo que motiva a mentira.

e) negação de que a mentira seja viável.

Gabaritos

01	D	07	B
02	C	08	E
03	C	09	D
04	D	10	E
05	C	11	A
06	A		

6. SINTAXE BÁSICA DA ORAÇÃO E DO PERÍODO

Sintaxe é a parte da Gramática que estuda a função das palavras ou das expressões em uma oração ou em um período.

Definições importantes:

Frase, oração e período (conceitos essenciais)

Frase: qualquer sentença dotada de sentido.

Ex.: Eu adoro estudar Português!

Ex.: Fogo! Socorro!

Oração: frase organizada em torno de uma forma verbal.

Os alunos farão a prova amanhã!

Período: conjunto de orações;

> Período simples: 1 oração.

Estudarei Português.

> Período composto: mais de 1 oração.

Estudarei Português e farei a prova.

6.1 Período Simples (Oração)

A oração é dividida em termos. Assim, o estudo fica organizado e impossibilita a confusão. São os termos da oração:

Essenciais;

Integrantes;

Acessórios.

Termos essenciais da oração

Sujeito e Predicado: são chamados de essenciais, porque são os elementos que dão vida à oração. Quer dizer, sem um deles (o predicado, ao menos) não se pode formar oração.

O **Brasil** caminha para uma profunda transformação social.
(sujeito) (predicado)

Sujeito

Sujeito é o termo sintático sobre o qual se declara ou se constata algo. Deve-se observar que há uma profunda relação entre o verbo que comporá o predicado e o sujeito da oração. Usualmente, o sujeito é formado por um substantivo ou por uma expressão substantivada.

Classificação do Sujeito:

Simples;

Composto;

Oculto, elíptico ou desinencial;

Indeterminado;

Inexistente;

Oracional.

Sujeito simples: aquele que possui apenas um núcleo.

O país deverá enfrentar difíceis rivais na competição.

A perda de fôlego de algumas das grandes economias também já foi notada por outras gigantes do setor.

> **Sujeito composto:** é aquele que possui mais de um núcleo.

Rigoberto e Jacinto são amigos inseparáveis.

Eu, meus **amigos** e todo o **resto** dos alunos faremos a prova.

Sujeito oculto, elíptico ou desinencial: aquele que não se encontra expresso na oração, porém é facilmente subentendido pelo verbo apresentado.

Acord**amos** cedo naquele dia. (Quem acordou? Nós)

Ab**ri** o blusão, tirei o 38, e perguntei com tanta raiva que uma gota de meu cuspe bateu na cara dele.(R. Fonseca)

Vanderlei caminhou pela manhã. À tarde pass**eou** pelo lago municipal, onde encont**rou** a Anaconda da cidade.

Perceba que o sujeito não está grafado na sentença, mas é facilmente recuperável por meio da terminação do verbo.

Sujeito indeterminado: ocorre quando o verbo não se refere a um núcleo determinado. São situações de indeterminação do sujeito:

Terceira pessoa do plural sem um referente:

Nunca lhe **deram** nada.

Fizeram comentários maldosos a seu respeito.

Com verbos transitivos indiretos, intransitivo e relacionais (de ligação) acompanhados da partícula "se" que, no caso, será classificada como índice de indeterminação de sujeito.

Vive-se muito bem.

Precisa-se de força e coragem na vida de estudante.

Nem sempre **se está** feliz na riqueza.

Sujeito inexistente ou oração sem sujeito: ocorre em algumas situações específicas.

Com verbos impessoais (principalmente os que denotam fenômeno da natureza).

Em setembro **chove** muito.

Nevava em Palotina.

Com o verbo haver, desde que empregado nos sentidos de existir, acontecer ou ocorrer.

Há poemas perfeitos, não **há** poetas perfeitos.

Deveria haver soluções para tais problemas.

Com os verbos ir, haver e fazer, desde que empregado fazendo alusão a tempo transcorrido.

Faz um ano que não viajo. (verbo "fazer" no sentido de "tempo transcorrido")

Há muito tempo que você não aparece. (verbo "haver" no sentido de "tempo")

Vai para dois meses que não recebo salário. (verbo "ir" no sentido de "tempo")

Com os verbos ser ou estar indicando tempo.

Era noite fechada.

É tarde, eles não vêm!

Com os verbos bastar e chegar indicando cessamento.

Basta de tanta corrupção no Senado!

Chega de ficar calado quando a situação aperta!

Com o verbo ser indicando data ou horas.

São dez horas no relógio da torre.

Amanhã **serão** dez de dezembro.

Sujeito oracional: ocorre nas análises do período composto, quando se verifica que o sujeito de um verbo é uma oração.

É preciso **que você estude Língua Portuguesa**.

Predicado

É o termo que designa aquilo que se declara acerca do sujeito. É mais simples e mais prudente para o aluno buscar identificar o predicado antes do sujeito, pois, se assim o fizer, terá mais concretude na identificação do sujeito.

Classificação do predicado:

> Nominal;
> Verbal;
> Verbo-nominal.

Predicado Nominal: o predicado nominal é formado por um verbo relacional (de ligação) + predicativo.

Lembre os principais verbos de ligação: ser, estar, permanecer, continuar, ficar, parecer, andar e torna-se.

A economia da Ásia parecia derrotada após a crise.

O deputado, de repente, virou patriota.

Português é legal.

Predicado Verbal: o predicado verbal tem como núcleo um verbo nocional.

Empresários **investirão R$ 250 milhões em novo berço para Porto de Paranaguá**.

Predicado Verbo-nominal: ocorre quando há um verbo significativo (nocional) + um predicativo do sujeito.

O trem chegou atrasado. ("atrasado" é uma qualidade do sujeito que aparece após o verbo, portanto, é um predicativo do sujeito).

Pedro Paladino já nasceu rico.

Acompanhei a indignação de meus alunos preocupado.

Predicativo

O predicativo é um termo componente do predicado. Qualifica sujeito ou objeto.

Josefina era **maldosa**, **ruim**, **sem valor**. (pred. do sujeito)

Leila deixou o garoto **louco**. (pred. do objeto)

O diretor nomeou João **chefe da repartição**. (pred. do objeto)

Termos integrantes da oração

Objeto Direto (complemento verbal);

Objeto Indireto (complemento verbal);

Complemento Nominal;

Agente da Passiva.

Objeto Direto: é o complemento de um verbo transitivo direto.

Os bons cidadãos cumprem **as leis**. (quem cumpre, cumpre algo)

Em resumo: ele queria **uma mulher**. (quem quer, quer algo)

Objeto Indireto: é o complemento de um verbo transitivo indireto.

Os bons cidadãos obedecem **às leis**. (quem obedece, obedece a algo)

Necessitamos **de manuais mais práticos** nos dias de hoje. (quem necessita, necessita de algo)

Complemento Nominal: é o complemento, sempre preposicionado, de adjetivos, advérbios e substantivos que, em determinadas circunstâncias, pedem complemento, assim como os verbos transitivos indiretos.

O filme era impróprio para crianças.

Finalizou-se a construção do prédio.

Agiu favoravelmente ao réu.

Agente da Passiva: É o complemento que, na voz passiva, designa o ser praticante da ação sofrida ou recebida pelo sujeito.

Ex. de voz ativa: O zagueiro executou a jogada.

Ex. de voz passiva: A jogada foi executada **pelo zagueiro**. (Agente da passiva)

Conversas foram interceptadas pela **Polícia Federal**. (Agente da passiva)

Termos acessórios da oração

Adjunto Adnominal;

Adjunto Adverbial ;

Aposto;

Vocativo.

Adjunto Adnominal: a função do adjunto adnominal é desempenhada por qualquer palavra ou expressão que, junto de um substantivo ou de uma expressão substantivada, modifica o seu sentido. Vejamos algumas palavras que desempenham tal função.

Artigos: as alunas serão aprovadas.

Pronomes adjetivos: aquela aluna será aprovada.

Numerais adjetivos: duas alunas serão aprovadas.

Adjetivos: aluno **estudioso** é aprovado.

Locuções adjetivas: aluno **de gramática** passa no concurso.

Adjunto Adverbial: o Adjunto Adverbial é o termo acessório (que não é exigido por elemento algum da sentença) que exprime circunstância ao verbo e, às vezes, ao adjetivo ou mesmo ao advérbio.

Advérbios: os povos antigos trabalhavam mais.

Locuções Adverbiais: Li vários livros **durante as férias**.

Alguns tipos de adjuntos adverbiais: Tempo: **Ontem**, choveu muito.

Lugar: Gostaria de que me encontrasse **na esquina da padaria**.

Modo: Alfredo executou a aria **fantasticamente**.

Meio: Fui para a escola **a pé**.

Causa: **Por amor**, cometem-se loucuras.

Instrumento: Quebrou a **vidraça com uma pedra**.

Condição: **Se estudar muito**, será aprovado.

Companhia: Faremos sucesso **com essa banda.**

Aposto: o aposto é o termo sintático que, possuindo equivalência semântica, esclarece seu referente. Tipos de Aposto:

Explicativo: Alencar, **escritor romântico**, possui uma obra vastíssima.

Resumitivo ou recapitulativo: Estudo, esporte, cinema, **tudo** o chateava.

Enumerativo: Preciso de duas coisas: **saúde e dinheiro.**

Especificativo: A notícia foi publicada na revista **Veja**.

Distributivo: Havia grupos interessados: **o da direita e o da esquerda**.

Oracional: Desejo só uma coisa: **que vocês passem no concurso.**

Vocativo: O Vocativo é uma interpelação, é um chamamento. Normalmente, indica com quem se fala.

Ó mar, por que não me levas contigo?

Vem, **minha amiga**, abraçar um vitorioso.

6.2 Período Composto

Nesse tópico, você deverá realizar a análise de mais de uma oração, portanto, atenção! Há dois processos de composição de período em Língua Portuguesa. São eles: coordenação e subordinação.

Coordenação: ocorre quando são unidas orações independentes sintaticamente. Ou seja, são autônomas do ponto de vista estrutural. Vamos a um exemplo.

Altamiro pratica esportes e estuda muito.

Subordinação: ocorre quando são unidas orações que possuem dependência sintática. Ou seja, não estão completas em sua estrutura. O processo de subordinação ocorre de três maneiras:

Substantiva: quando a oração desempenhar a função de um substantivo na sentença (**sujeito, predicativo, objeto direto, objeto indireto, complemento nominal ou aposto**).

Adjetiva: quando a oração desempenhar a função de adjunto adnominal na sentença.

Adverbial: quando a oração desempenhar a função de adjunto adverbial na sentença.

Eu quero **que vocês passem no concurso**. (oração subordinada substantiva objetiva direta – a função de objeto direto está sendo desempenhada pela oração)

O Brasil, **que é um belíssimo país**, possui vegetação exuberante. (oração subordinada adjetiva explicativa)

Quando José entrou na sala, Manoel saiu. (oração subordinada adverbial temporal)

Processo de coordenação

Há dois tipos de orações coordenadas: **assindéticas** e **sindéticas**.

Assindéticas:

O nome vem da palavra grega *sýndetos*, que significa conjunção, união. Ou seja, oração que não possui conjunção quando está colocada ao lado de outra.

Valdevino **correu (OCA), correu (OCA), correu (OCA)** o dia todo.

Perceba que não há conjunções para ligar os verbos, ou seja, as orações estão colocadas uma ao lado da outra sem síndeto, portanto, são **Orações Coordenadas Assindéticas**.

Sindéticas:

Contrariamente às assindéticas, as sindéticas possuem conjunção para exprimir uma relação lógico-semântica. Cada oração recebe o nome da conjunção que a introduz. Por isso é necessário decorar as conjunções.

Aditivas: São introduzidas pelas conjunções e, nem, mas também, também, como (após "não só"), como ou quanto (após "tanto"), mais etc., dando a ideia de adição à oração anterior.

A seleção brasileira venceu a Dinamarca/ **e empatou com a Inglaterra**. (Oração Coordenada Assindética / **Oração Coordenada Sindética Aditiva**)

Adversativas: São introduzidas pelas conjunções mas, porém, todavia, contudo, entretanto, no entanto, não obstante, senão, apesar disso, embora etc., indicando uma relação de oposição à sentença anterior.

O time batalhou muito, / **mas não venceu o adversário.** (Oração Coordenada Assindética / **Oração Coordenada Sindética Adversativa**)

Alternativas: São introduzidas pelas conjunções ou... ou, ora... ora, já... já, quer... quer, seja... seja, nem... nem etc., indicando uma relação de alternância entre as sentenças.

Ora estuda, / ora trabalha,: (Oração Coordenada Sindética Alternativa / Oração Coordenada Sindética Alternativa)

Conclusivas: São introduzidas pelas conjunções pois (posposto ao verbo), logo, portanto, então, por conseguinte, por consequência, assim, desse modo, destarte, com isso, por isto, consequentemente, de modo que, indicando uma relação de conclusão do período anterior.

Comprei a carne e o carvão, / **portanto podemos fazer o churrasco.** (Oração Coordenada Assindética / **Oração Coordenada Sindética Conclusiva**)

Estou muito doente, / **não posso, pois, ir à aula**. (Oração Coordenada Assindética/ **Oração Coordenada Sindética Conclusiva**)

Explicativas: São introduzidas pelas conjunções que, porque, porquanto, por, portanto, como, pois (anteposta ao verbo), ou seja, isto é, indicando uma relação de explicação para com a sentença anterior.

Não converse, / **pois estou estudando**. (OCA / **Oração Coordenada Sindética Explicativa**)

Processo de subordinação

Orações Subordinadas Substantivas: dividem-se em 6 tipos, introduzidas, geralmente, pelas conjunções "**que**" e "**se**".

Subjetiva (O.S.S.S.): Exerce função de sujeito do verbo da oração principal.

É interessante / **que todos joguem na loteria**. (Oração Principal / **Oração subordinada substantiva subjetiva**)

Objetiva Direta (O.S.S.O.D.): Exerce função de objeto direto.

Eu quero / **que você entenda a matéria**. - Quem quer, quer algo ou alguma coisa - (Oração Principal / **Oração subordinada substantiva Objetiva Direta**)

Objetiva Indireta (O.S.S.O.I.): Exerce função de objeto indireto.

Os alunos necessitam / **de que as explicações fiquem claras**. - Quem necessita, necessita de algo - (Oração Principal / **Oração subordinada substantiva Objetiva Indireta**)

Predicativa (O.S.S.P.): Exerce função de predicativo.

O bom é / **que você faça exercícios todos os dias**. (Oração Principal / **Oração subordinada substantiva Predicativa**)

Completiva Nominal (O.S.S.C.N.): Exerce função de complemento nominal de um nome da oração principal.

Jonas tem vontade / **de que alguém o mande calar a boca**. (Oração Principal / **Oração subordinada substantiva Completiva Nominal**)

Apositivas (O.S.S.A.): Possuem a função de aposto da sentença principal, geralmente são introduzidas por dois-pontos (:).

Eu quero apenas isto: / **que você passe no concurso**. (Oração Principal / **Oração subordinada substantiva Apositiva**)

Orações Subordinadas Adjetivas: dividem-se em dois tipos. Quando desenvolvidas, são introduzidas por um pronome relativo.

O nome Oração Subordinada Adjetiva se deve ao fato de ela desempenhar a mesma função de um adjetivo na oração, ou seja, a função de adjunto adnominal. Na Gramática de Portugal, são chamadas de Orações Relativas pelo fato de serem introduzidas por pronome relativo.

Restritivas: Restringem a informação da oração principal. Não possuem vírgulas.

O homem / **que mora ao lado** / é mal-humorado. (Oração Principal / **Oração subordinada Adjetiva Restritiva** / Oração Principal)

Para entender basta perguntar: qualquer homem é mal-humorado? Não. Só o que mora ao lado.

Explicativas: Explicam ou dão algum esclarecimento sobre a oração principal.

João, / **que é o ex-integrante da comissão**, / chegou para auxiliar os novos contratados. (Oração Principal / **Oração Subordinada Adjetiva Explicativa** /Oração Principal)

Orações Subordinadas Adverbiais: dividem-se em nove tipos. Recebem o nome da conjunção que as introduz. Nesse caso, teremos uma principal (que não está negritada) e uma subordinada adverbial (que está em negrito).

Essas orações desempenham a função de Adjunto Adverbial da oração principal.

Causais: Exprimem a causa do fato que ocorreu na oração principal. Introduzidas, principalmente, pelas conjunções porque, visto que, já que, uma vez que, como que, como.

Ex.: Já que precisamos de dinheiro, vamos trabalhar.

Comparativas: Representam o segundo termo de uma comparação. Introduzidas, na maior parte dos casos, pelas conjunções que, do que, como, assim como, (tanto) quanto.

Ex.: Tiburcina fala **como uma gralha** (fala - o verbo está elíptico).

Concessivas: Indica uma concessão entre as orações. Introduzidas, principalmente, pelas conjunções embora, a menos que, ainda que, posto que, conquanto, mesmo que, se bem que, por mais que, apesar de que. Fique de olho na relação da conjunção com o verbo.

Ex.: Embora não tivesse tempo disponível, consegui estudar.

Condicionais: Expressa ideia de condição. Introduzidas, principalmente, pelas conjunções se, salvo se, desde que, exceto, caso, desde, contanto que, sem que, a menos que.

Ex.: Se ele não se defender, acabará como "boi-de-piranha" no caso.

Conformativas: Exprimem acordo, concordância entre fatos ou ideias. Introduzidas, principalmente, pelas conjunções como, consoante, segundo, conforme, de acordo com etc.

Ex.: Realize as atividades **conforme eu expliquei**.

Consecutivas: Indicam a consequência ou o efeito daquilo que se diz na oração principal. Introduzidas, principalmente, pelas conjunções que (precedida de tal, tão, tanto, tamanho), de sorte que, de modo que.

Ex.: Estudei tanto, **que saiu sangue dos olhos**.

Finais: Exprimem finalidade da ação primeira. Introduzidas, em grande parte dos casos, pelas conjunções para que, a fim de que, que e porque.

Ex.: Estudei muito **para que pudesse fazer a prova**.

Proporcionais: Expressa uma relação de proporção entre as orações. Introduzidas, principalmente, pelas conjunções (locuções conjuntivas) à medida que, quanto mais....mais, à proporção que, ao passo que, quanto mais.

Ex.: José piorava, **à medida que abandonava seu tratamento**.

Temporais: Indicam circunstância de tempo. Introduzidas, principalmente, pelas conjunções quando, antes que, assim que, logo que, até que, depois que, mal, apenas, enquanto etc.

Ex.: Logo que iniciamos o trabalho os alunos ficaram mais tranquilos.

Você viu que não é difícil. Na verdade, só é preciso estudar muito e decorar o sentido das conjunções.

Questões

01. (FCC) **Graças aos avanços na medicina e na agricultura**, as previsões funestas de Malthus não se confirmaram...

O segmento grifado exprime, em relação à afirmativa seguinte, noção de:

a) Condição.
b) Tempo.
c) Proporção.
d) Causa.
e) Finalidade.

02. (FCC) A frase em que **ambos** os elementos sublinhados são complementos verbais é:

a) Assim vos confesso que entendo de arquitetura, apesar das muitas opiniões em contrário.
b) Ninguém se impressiona tanto com um velho porão como este velho cronista, leitor amigo.
c) O porão deverá jazer sob os pés da família como jazem os cadáveres num cemitério.
d) Que atração exercem sobre o cronista as gravatas manchadas, quando desce a um porão...
e) Já não se fazem porões, hoje em dia, já não há qualquer mistério ou evocação mágica numa casa moderna.

03. (FCC) **Nascidas do povo mais humilde do Brasil**, as Escolas afirmam a vocação dos brasileiros, de todos os brasileiros, para a grandeza.

A oração grifada acima tem sentido ...... e, ao reescrevê-la com o emprego da conjunção adequada, a oração resultante deverá iniciar-se por ....

As lacunas estarão corretamente preenchidas, respectivamente, por:

a) final - Para que tivessem nascido
b) temporal - Enquanto tinham nascido
c) concessivo - Ainda que tenham nascido
d) consecutivo - Desde que tenham nascido
e) condicional - Caso tenham nascido

04. (FCC) Analisando-se aspectos sintáticos de frases de textos, é correto afirmar que em:

a) Muitos se lembravam da alegria voraz com que foram disputadas as toneladas da vítima - as formas verbais sublinhadas têm um mesmo sujeito.
b) Todos se empenhavam no lúcido objetivo comum - configura-se um caso de indeterminação do sujeito.
c) Uma tripulação de camelôs anunciava umas bugigangas - a voz verbal é ativa, sendo umas bugigangas o objeto direto.
d) Eu já podia recolher a minha aflição - não há a possibilidade de transposição para outra voz verbal.
e) Logo uma estatal, ó céus - o elemento sublinhado exerce a função de adjunto adverbial de tempo.

05. (FCC) "Fica calmo, meu caro jornalista, avião comigo não cai", procurava me tranquilizar **dr. Ulysses**...

O segmento em destaque exerce na frase acima a mesma função sintática que o elemento grifado exerce em:

a) Como a Folha era **o único veículo** ...
b) ... essas coisas não pegariam bem **para um repórter**.
c) ... **em que** tudo devia estar acertado...
d) Viajava **com os três líderes da campanha** em pequenos aviões fretados...
e) ... **quem** era o comandante.

06. (FCC) Mas, **embora ele não tivesse sido nomeado**, todos sabiam quem era o comandante.

Em relação à frase em que está inserido, o segmento grifado acima possui um sentido.

a) Condicional.
b) Causal.
c) Concessivo.
d) Comparativo.
e) Conclusivo.

07. (FCC) Este conceito **é relativo**, pois em arte não há originalidade absoluta.

(...) a sua contribuição maior foi **a liberdade de criação e expressão**.

Ambos os elementos acima grifados exercem nas respectivas frases a função de:

a) Adjunto adverbial.
b) Objeto direto.
c) Complemento nominal.
d) Predicativo.
e) Objeto indireto.

08. (FCC) ... o tema das mudanças climáticas **pressiona** os esforços mundiais para reduzir a queima de combustíveis.

A mesma relação entre o verbo grifado e o complemento se reproduz em:

a) ... a Idade da Pedra não acabou por falta de pedras ...
b) ... o estilo de vida e o modo da produção (...) são os principais responsáveis...
c) ... que ameaçam a nossa própria existência.
d) ... e a da China triplicou.
e) Mas o homem moderno estaria preparado.

09. (CONSULPLAN) Leia o texto:

A tradição teológica e filosófica nunca conseguiu explicar o "mistério da iniquidade", a existência do mal como potência do desejo e da ação humanas.

Ora, a corrupção é o mal do nosso tempo. Curiosamente, ela aparece como uma nova regra de conduta, uma contraditória "moral imoral". Da governalidade aos atos cotidianos, o mundo da vida no qual ética e moral se cindiram há muito tempo transformou-se na sempre saqueável terra de ninguém.

Como toda moral, a corrupção é rígida. Daí a impossibilidade do seu combate por meios comuns, seja o direito, seja a polícia. Do contrário, meio mundo estaria na prisão. A mesma polícia que combate o narcotráfico nas favelas das grandes cidades poderia ocupar o Congresso e outros espaços do governo onde a corrupção é **a regra**.

Mas o problema é que a força da corrupção é a do costume, é a da "moral", aquela mesma do malandro que age "na moral", que é "cheio de moral". Ela é muito mais forte do que a delicada reflexão ética que envolveria a autonomia de cada sujeito agente. E que só surgiria pela educação política que buscasse um pensamento reflexivo.

O sistema da corrupção é composto de um jogo de forças do qual uma das mais importantes é a "força do sentido". É ela que faz perguntar, por exemplo, "como é possível que um policial pobre se negue a aceitar dinheiro para agir ilegalmente?"

O simples fato de que essa pergunta seja colocada implica o pressuposto de que uma verdade ética tal como a honestidade foi transvalorada. Isso significa que foi também desvalorizada.

Se a conduta de praxe seria não apenas aceitar, mas exigir dinheiro em troca de uma ação qualquer na contramão do dever, é porque no sistema da corrupção o valor da honestidade, que garantiria ao sujeito a sua autonomia, foi substituído pela vantagem do dinheiro.

Mas não somente. Aquele que age na direção da lei como que age contra a moral caracterizada pelo "fazer como a grande maioria", levando em conta que no âmbito da corrupção se entende que o que a maioria quer é "dinheiro".

Verdade é que a ação em nome de um universal por si só caracteriza qualquer moral. É por meio dela que se faz o **cálculo** do "sentido" no qual, fora da vantagem que define a regra, o sujeito honesto se transfigura imediatamente em otário.

Se a moral é medida em dinheiro, não entregar-se a ele poderá parecer um luxo. Mas um contraditório luxo de pobre, já que a questão da honestidade não se coloca para os ricos, para quem tal valor parece de antemão assegurado.

Daí que jamais se louve nos noticiários a honestidade de alguém que não se enquadra no estereótipo do "pobre". **Honesto** é sempre o pobre elevado a cidadão exótico. Na verdade, por meio desse gesto o pobre é colocado à prova pelo sistema. Afinal ele teria tudo para ser corrupto, ou seja, teria todo o motivo para sê-lo. Mas teria também todo o perdão?

O cidadão exótico – pobre e honesto – que deixa de agir na direção de uma vantagem pessoal como que estaria perdoado por antecipação ao agir imoralmente sendo pobre, mas não está. A frase de Brecht seria sua jurisprudência mais básica: "O que é roubar um banco comparado a fundar um?"

Ora, sabemos que essa "moral imoral" tem sempre dois pesos e duas medidas, diferentes para ricos e pobres. No **vão** que as separa vem à tona a **incompreensibilidade** diante do mistério da honestidade. De categoria ética, ela desce ao posto de irrespondível problema metafísico.

Pois quem terá hoje a coragem de perguntar como alguém se torna o que é quando a subjetividade, a individualidade e a biografia já não valem nada e sentimos apenas o miasma que exala da vala comum das celebridades da qual o cidadão pode se salvar apenas alcançando o posto de um herói exótico, máscara do otário da vez?

(Marcia Tiburi. Cult, dezembro de 2011)

Assinale o termo que, no texto, desempenhe função sintática idêntica à de incompreensibilidade (L. 73).

a) a regra (L. 18)
b) vão (L. 72)
c) cálculo (L. 48)
d) honesto (L. 58)

10. (IPAD) Em que opção a expressão em negrito retoma a ideia de um termo para explicá-lo, desenvolvê-lo ou esclarecê-lo, assumindo a função sintática de aposto?

a) O conjunto de saltos de quedas d'água estava localizado ao oeste do Estado do Paraná, **no município de Guaíra...**
b) Calcula-se que a água do Rio Paraná levou cerca de 1 milhão de anos para cavar no basalto, **rocha vulcânica dura**, o caminho que percorria.
c) Era a cachoeira mais caudalosa do mundo, **nela** se escoando cerca de 75 mil metros cúbicos de água por segundo...
d) Capaz de gerar 15 milhões de kilowatts, Itaipu é **a usina** de maior potencial energético do mundo.
e) A barragem, **que represa o Rio Paraná**, tem a altura aproximada de um edifício de 62 andares.

11. (IPAD) Em que oração o sujeito **não** é posposto ao verbo?

a) "Sete quedas por mim passaram"
b) "Cessa o estrondo das cachoeiras"
c) "Aos mortos espanhóis, aos mortos bandeirantes, aos apagados fogos de Ciudad Real de Guaira vão juntar-se os sete fantasmas das águas assassinadas"
d) "Faz-se do movimento uma represa"
e) "da agitação faz-se um silêncio"

12. (CESGRANRIO) Em "e controlar a epidemia crescente **das doenças crônicas**," o termo destacado está ligado sintaticamente ao substantivo "epidemia". O termo que desempenha função sintática idêntica ao destacado acima está no trecho:

a) "enquanto cerca de 300 milhões de adultos são **obesos**,"
b) "...que ajude as autoridades nacionais a enfrentar os problemas."
c) "– Para alcançar as Metas do Milênio estabelecidas **pela ONU**,"
d) "Todos eles estão **mais** expostos..."
e) "entre outras doenças ligadas **ao excesso de peso**."

13. (FCC) ... mas nem todos **entendem** seu real significado.
O verbo que exige o mesmo tipo de complemento que o grifado acima está também **grifado** em:

a) Pesquisadores **revelaram** a existência de preconceitos enraizados contra a manifestação de emoções.
b) A pesquisa **tratava** da valorização de sentimentos até então vistos como negativos no ambiente de trabalho.
c) A manifestação de emoções positivas **é** geralmente bem aceita em qualquer ambiente.
d) Estudos recentes **aludem** à importância das emoções, sejam elas positivas ou negativas, na vida pessoal e profissional.
e) O local de trabalho nem sempre se **torna** propício à manifestação das próprias emoções.

14. (FUNCAB) A alternativa em que o termo destacado tem a função de adjunto adnominal e não a de predicativo do sujeito é:

a) "(...) ela estava muito mais **viva**(...)"
b) "(...) um peixe **sozinho** num tanque era algo muito solitário. (...)"
c) "(...) a mãe era **boa** para dar ideias. (...)"
d) "(...) Mas ele estava **sozinho**. (...)"
e) "(...) Só então notou como estava **cansado**."

15. (FCC) ... **embora** a maioria das pessoas consuma calorias suficientes ...
A conjunção grifada acima imprime ao contexto noção de:

a) Finalidade de uma ação.
b) Temporalidade relativa a um fato.
c) Concessão quanto à afirmativa que a segue.
d) Conjectura que não se realiza.
e) Incerteza quanto à comprovação de um fato.

16. (FCC) ... elas ainda **sofrem de imensas deficiências de nutrientes** ...
A relação entre verbo e complemento, grifada acima, se reproduz em:

a) ... embora a maioria das pessoas consuma calorias suficientes ...
b) ... e têm pontuação mais baixa nos testes de habilidade cognitiva.
c) ... a epidemia de obesidade nos países ricos representa exatamente o problema oposto.
d) ... e muitos não obtêm esses nutrientes.
e) ... menos da metade daqueles que mais precisam deles ...

17. (FCC) **Com o avançar da idade**, eles precisam de mais cálcio e vitaminas...

5

a) À medida que a idade vai avançando.

b) Conquanto a idade avance.

c) Se a idade for avançando.

d) Ainda que a idade vá avançando.

e) Em comparação à idade que avança.

18. **Enquanto** o primeiro é regido por valores como amor e lealdade, o segundo tem como marca indexadores monetários e contratos. Assinale a alternativa que poderia substituir Enquanto no período anterior, sem modificação de sentido.

a) Como

b) Já que

c) Ao passo que

d) Quando

Gabaritos

01	D	10	B
02	A	11	A
03	C	12	B
04	C	13	A
05	E	14	B
06	C	15	C
07	D	16	E
08	C	17	A
09	C	18	C

7. CONCORDÂNCIA VERBAL E NOMINAL

Trata-se do processo de flexão dos termos a fim de se relacionarem harmoniosamente na frase. Quando se pensa sobre a relação do verbo com os demais termos da oração, o estudo focaliza a concordância verbal. Quando a análise se volta para a relação entre pronomes, substantivos, adjetivos e demais termos do grupo nominal, diz-se que o foco é concordância nominal.

Fique de olho aberto para a relação do sujeito com o verbo. Uma boa noção de Sintaxe é importantíssima para entender esse segmento do conteúdo.

7.1 Concordância Verbal

Regra geral

O verbo concorda com o sujeito em número e pessoa.

O **primeiro-ministro** russo **acusou** seus inimigos.

Dois **parlamentares rebateram** a acusação.

Contaram-se **mentiras** no telejornal.

Vós sois os responsáveis por vosso destino.

Regras para sujeito composto[1]

Anteposto (colocado antes do verbo): o verbo vai para o plural:

Eu e meus irmãos vamos à praia.

Posposto (colocado após o verbo): o verbo concorda com o mais próximo ou vai para o plural:

Morreu (morreram), no acidente, **o prefeito e o vereador**.

Formado por pessoas (gramaticais) diferentes: plural da predominante.

Eu, você e os alunos **estudaremos** para o concurso. (a primeira pessoa é a predominante, por isso, o verbo fica na primeira pessoa do plural)

Com núcleos em correlação: concorda com o mais próximo ou fica no plural:

O professor assim como o monitor auxilia(m) os estudantes.

Ligado por NEM: verbo concordará:

No singular: se houver exclusão.

Nem Josias nem Josué **percebeu** o perigo iminente.

No singular: quando se pretende individualizar a ação, aludindo a um termo em específico.

Nem os esportes nem a leitura **o entretém**.

No plural: quando não houver exclusão, ou seja, quando a intenção for aludir ao sujeito em sua totalidade.

Nem a minha rainha nem o meu mentor **serão** tão convincentes a ponto de me fazerem mudar de ideia.

Ligado por COM: verbo concorda com o antecedente do COM ou vai para o plural:

O vocalista com os demais integrantes da banda **realizaram (realizou)** o show.

1 As gramáticas registram um sem-número de regras de concordância. Selecionamos as mais relevantes para o universo do concurso público.

Ligado por OU: verbo no singular (se houver exclusão) ou no plural (se não houver exclusão):

Ou Pedro Amorim ou Jurandir Leitão **será** eleito vereador da cidade.

O aviso ou o ofício **deveriam** ser expedidos antes da data prevista.

Se o sujeito for construído com os termos:

Um e outro, nem um nem outro: verbo no singular ou plural, dependendo do sentido pretendido.

Um e outro **passou (passaram)** no concurso.

Um ou outro: verbo no singular.

Um ou outro fez a lição.

Expressões partitivas seguidas de nome plural: verbo no singular ou plural.

A maior parte das pessoas **fez (fizeram)** o exercício recomendado.

Coletivo geral: verbo no singular.

O cardume **nadou** rio acima.

Expressões que indicam quantidade aproximada seguida de numeral: Verbo concorda com o substantivo.

Aproximadamente 20 % dos eleitores compareceram às urnas.

Aproximadamente 20% do eleitorado **compareceu** às urnas.

Pronomes (indefinidos ou interrogativos) seguidos dos pronomes "nós" e/ou "vós": verbo no singular ou plural.

Ex.: Quem de nós **fará (faremos)** a diferença?

Palavra QUE (pronome relativo): verbo concorda com o antecedente do pronome "que".

Ex.: Fui eu que **fiz** a diferença.

Palavra QUEM: verbo na 3ª pessoa do singular.

Ex.: Fui eu *quem* **fez** a diferença.

Pela repetida utilização errônea, algumas gramáticas já toleram a concordância do verbo com a pessoa gramatical distinta da terceira, no caso de se utilizar um pronome pessoal como antecedente do "quem".

Um dos que: verbo no singular ou plural.

Ele foi *um dos que* **fez** (**fizeram**) a diferença.

Palavras sinônimas: verbo concorda com o mais próximo ou fica no plural.

Ex.: *A ruindade, a maldade, a vileza* **habita (habitam)** a alma do ser humano.

Quando os verbos estiverem acompanhados da palavra "SE": fique atento à função da palavra "SE".

SE - na função de pronome apassivador: verbo concorda com o sujeito paciente.

Vendem-se casas e sobrados em Alta Vista.

Presenteou-se o aluno aplicado com uma gramática.

SE - na função de índice de indeterminação do sujeito: verbo fica sempre na 3ª pessoa do singular.

Precisa-se de empregados com capacidade de aprender.

Vive-se muito bem na riqueza.

A dica é ficar de olho na transitividade do verbo. Se o verbo for VTI, VI ou VL, o termo "SE" será índice de indeterminação do sujeito.

Casos de concordância com o verbo "ser":

Quando indicar tempo ou distância: Concorda com o predicativo.

Amanhã **serão** 7 de fevereiro.

São 890 quilômetros daqui até Florianópolis.

Quando houver sujeito que indica quantidade e predicativo que indica suficiência ou excesso: Concorda com o predicativo.

Vinte milhões **era** muito por aquela casa.

Sessenta centavos **é** pouco por aquele lápis.

O verbo dar, no sentido de bater ou soar, acompanhado do termo hora(s): concorda com o sujeito.

Deram cinco horas no relógio do juiz.

Deu cinco horas o relógio juiz.

Verbo "parecer" – Concordância estranha.

Verbo "parecer" somado a infinitivo: Flexiona-se um dos dois.

Os alunos **pareciam** estudar novos conteúdos.

Os alunos **parecia estudarem** novos conteúdos.

Quando houver sujeito construído com nome no plural: com artigo no singular ou sem artigo: o verbo fica no singular.

Memórias Póstumas de Brás Cubas **continua** sendo lido por jovens estudantes.

Minas Gerais **é** um lindo lugar.

Com artigo plural: o verbo fica no plural.

Os Estados Unidos **aceitaram** os termos do acordo assinado.

7.2 Concordância Nominal

A concordância nominal está relacionada aos termos do grupo nominal. Ou seja, entram na dança o substantivo, o pronome, o artigo, o numeral e o adjetivo. Vamos à regra geral para a concordância.

Regra geral

O artigo, o numeral, o adjetivo e o pronome adjetivo devem concordar com o substantivo a que se referem em gênero e número.

Meu belíssimo e **antigo** carro **amarelo** quebrou, ontem, em **uma** rua **estreita.**

Os termos destacados acima, mantém uma relação harmoniosa com o núcleo de cada expressão. Relação tal que se estabelece em questões de gênero e de número.

A despeito de a regra geral dar conta de grande parte dos casos de concordância, devemos considerar a existência de casos particulares, que merecem atenção.

Casos que devem ser estudados

Dependendo da intencionalidade de quem escreve, pode-se realizar a concordância atrativa, primando por concordar com apenas um termo de uma sequência ou com toda a sequência. Vejamos:

Vi um carro e uma **moto** *vermelha*. (concordância apenas com o termo "moto")

Vi um carro e uma **moto** *vermelhos*. (concordância com ambos os elementos)

Bastante ou bastantes?

Se "bastante" é pronome adjetivo, será variável; se for advérbio (modificando o verbo), será invariável, ou seja, não vai para o plural.

Há *bastantes* **motivos** para sua ausência. (adjetivo)

Os alunos **falam** *bastante*. (advérbio)

Troque a palavra "bastante" por "muito". Se "muito" for para o plural, "bastante" também irá.

Anexo, incluso, apenso, obrigado, mesmo, próprio: são adjetivos que devem concordar com o substantivo a que se referem.

O *relatório* segue **anexo** ao documento.

Os *documentos* irão **apensos** ao relatório.

A expressão "em anexo" é invariável (não vai para plural nem para o feminino).

As planilhas irão **em anexo.**

É bom, é necessário, é proibido, é permitido: variam somente se o sujeito vier antecedido de um artigo ou outro termo determinante.

Maçã **é bom** para a voz. / A maçã **é boa** para a voz.

É necessário **aparecer** na sala. / É necessária **sua aparição** na sala.

Menos / alerta. São sempre invariáveis, contanto que respeitem sua classe de origem - advérbio: se forem derivadas para substantivo, elas poderão variar.

Encontramos **menos** alunos na escola. / Encontramos **menos** alunas na escola.

O policial ficou **alerta.** / Os policiais ficaram **alerta.**

Só / sós. Variam apenas quando forem adjetivos: quando forem advérbios, serão invariáveis.

Pedro apareceu **só** (sozinho) na sala. / Os meninos apareceram **sós** (sozinhos) na sala. (adjetivo)

Estamos **só** (somente) esperando sua decisão. (advérbio)

A expressão "a sós" é invariável.

A menina ficou **a sós** com seus pensamentos.

Troque "só" por "sozinho" (vai para o plural) ou "somente" (fica no singular).

Questões

01. (FCC) O verbo indicado entre parênteses deverá ser obrigatoriamente flexionado numa forma do plural para preencher de modo correto a frase:

a) Quanto mais interesses ...... (haver) em jogo, mais contundentes serão as iniciativas da máquina neoliberal.

b) A não ...... (ser) pelas miragens que alimenta, muitas pessoas não conseguiriam sustentar o ânimo de viver.

c) O que não lhes ...... (dever) convir é abandonar todos esses sonhos que ajudam a viver.

d) Nunca me ...... (sobrevir), como agora, os sobressaltos que cada sonho traz consigo.

e) .....-se (dever) a essas miragens o esforço com que muitos conduzem seu trabalho.

02. (FCC) O verbo indicado entre parênteses deverá flexionar-se numa forma do singular para preencher corretamente a lacuna da frase:

a) Aquele a quem ...... (sensibilizar) os fatos do noticiário deve poupar-se de acompanhá-los todos os dias.

b) Não ...... (dever) mover a ninguém as esperanças ou a crença em que o mundo se torne mais discreto e silencioso.

c) Em qualquer notícia que provenha do nosso íntimo não mais ...... (haver) de se ocultar as verdades que fingimos desconhecer.

d) As pessoas a quem ...... (impor) a TV, diuturnamente, notícias de toda espécie perdem a capacidade de discriminar o que é ou não importante.

e) As novidades que dentro de mim se ...... (mascarar) só se revelarão mediante uma análise introspectiva.

03. (FCC) O verbo entre parênteses deverá flexionar-se em uma forma do plural para preencher de modo correto a lacuna da frase:

a) Aos sentimentos do menino ...... (corresponder) um gesto bonito, pelo qual se materializou o amor filial.

b) Não se ...... (atribuir) ao gesto do menino quaisquer intentos que não tivessem raiz em sua generosidade.

c) A nenhum dos parentes ...... (ocorrer) alimentar suspeitas acerca das preocupações do menino.

d) Não ...... (faltar) aos brinquedos antigos a magia que as engenhocas eletrônicas exercem hoje sobre os pequenos.

e) ...... (ter) ocorrido aos pais que os gestos do filho estariam ocultando algum segredo?

04. (FCC) Para cada uma dessas questões, assinale a alternativa que preenche corretamente, na ordem, as lacunas da frase apresentada.

O cientista ......, com base em dados que lhe haviam sido ...... , que a pesquisa ...... resultados importantes para a fauna da região.

a) previu - entregues - traria

b) previu - entregados - trazeria

c) preveu - entregues - trazeria

d) preveu - entregados - traria

e) previu - entregues - trazeria

05. (FCC) ...... tomar medidas que ...... a sobrevivência de algumas espécies de aves na região.

a) Eram necessários - garantissem

b) Eram necessárias - garantissem

c) Era necessário - garantisse

d) Eram necessárias - garantisse

e) Era necessário - garantissem

06. (FCC) A frase em que as regras de concordância estão plenamente respeitadas é:

a) Contam-se que o poeta Manuel Bandeira ficou extasiado e impressionado ao ouvirem as novas batidas do violão de João Gilberto.

b) As canções de Caetano Veloso, cuja letra costumam despertar discussões acaloradas, são considerados por muitos grandes poemas da literatura nacional.

c) Já se passou vários anos do surgimento da bossa nova, mas Chega de saudade, de João Gilberto, continua a encantar os ouvidos ao redor do mundo.

d) Além de uma canção de João Gilberto, Chega de saudade é o título do livro de Ruy Castro em que o autor relembra os protagonistas da bossa nova.

e) Imagina-se que, embora pouco estudados, deve existir motivos sociais para a indiferença com que as camadas superiores durante muito tempo via o samba.

07. O verbo que se mantém corretamente ***no singular***, mesmo com as alterações propostas entre parênteses para o segmento grifado, está em:

a) Quando a peste negra varreu populações inteiras (**as epidemias**)

b) Quanto mais gente houvesse no mundo (**mais habitantes**)

c) Tom alarmista acerca do crescimento populacional arrefeceu (**As profecias**)

d) A humanidade terá de colocar toda sua inventividade à prova (**Os homens**)

e) Existe um consenso (**hipóteses diversas**)

08. (FCC) A frase em que ***ambos*** os elementos sublinhados são complementos verbais é:

a) Assim vos confesso que entendo de arquitetura, apesar das muitas opiniões em contrário.

b) Ninguém se impressiona tanto com um velho porão como este velho cronista, leitor amigo.

c) O porão deverá jazer sob os pés da família como jazem os cadáveres num cemitério.

d) Que atração exercem sobre o cronista as gravatas manchadas, quando desce a um porão...

e) Já não se fazem porões, hoje em dia, já não há qualquer mistério ou evocação mágica numa casa moderna.

09. (FCC) Substituindo-se o elemento grifado pelo segmento que está entre parênteses, o verbo que deverá flexionar-se no ***plural*** está em:

a) Clarice (**Juntamente com o marido, Clarice**) se encontrava no exterior...

b) A voz nova e solitária (**A voz que poucos conheciam**) em seguida iria encontrar obstáculos ...

c) O nome de Clarice (**A ficção de autoras intimistas**) [...] tinha aqui pequena repercussão.

d) ... como está dito por toda parte (**em todos os jornais**).

e) Ao contrário do que se (**os desavisados**) pensa ...

10. (FCC) Em épocas passadas, alguns poetas se ...... atrelados a convenções literárias tão rígidas que, em alguns casos, os ...... de encontrar uma voz original e única

Preenchem corretamente as lacunas da frase acima, na ordem dada:

a) Mantém - impedirão

b) Manteram - impediam

c) Mantiveram - impediram

d) Manteriam - impedira

e) Mantinham - impedia

11. (FCC) Estão plenamente observadas as normas de concordância verbal em:

a) À noite, davam-se aos trabalhos de poucos e à diversão de muitos uma trégua oportuna, para tudo recomeçar na manhã seguinte.

b) Aos esforços brutais da jubarte não correspondiam qualquer efeito prático, nenhum avanço obtinha o gigante encalhado na areia.

c) Sempre haverá de aparecer aqueles que, diante de um espetáculo trágico, logram explorá-lo como oportunidade de comércio.

d) Como se vê, cabe aos bons princípios ecológicos estimular a salvação das baleias, seja no alto-mar, seja na areia da praia.

e) Da baleia encalhada em 1966 não restou, lembra-nos o autor, senão as postas em que a cruel voracidade dos presentes retalhou o animal

12. (CESGRANRIO) Em uma mensagem de e-mail bastante formal, enviada para alguém de cargo superior numa empresa, estaria mais adequada, por seguir a norma-padrão, a seguinte frase:

a) Anexo vão os documentos.

b) Anexas está a planilha e os documentos

c) Seguem anexos os documentos

d) Em anexas vão as planilhas.

e) Anexa vão os documentos e a planilha.

13. (CESGRANRIO) Em que sentença a concordância segue os parâmetros da norma-padrão?

a) Paguei a dívida e fiquei quites com minhas obrigações.

b) A secretária disse que ela mesmo ia escrever a ata.

c) Junto com o contrato, segue anexo a procuração.

d) A vizinha adotou uma atitude pouca amistosa.

e) Após a queda, a criança ficou meio chorosa.

14. A concordância verbal está de acordo com a norma-padrão em:

a) Cada um dos curadores foram responsáveis por um tema.

b) Muitos cartões vem decorados com guirlandas de flores.

c) A maior parte dos cartões expostos encantou os visitantes.

d) Está acontecendo diversos eventos sobre meios de comunicação na cidade.

e) Haviam poucos estudantes interessados em meios de comunicação do passado.

15. (CESGRANRIO) O plural, de acordo com a norma-padrão, do trecho "Foi um momento mágico, pois, apesar de bastante jovem, eu já vinha de uma experiência de vida cheia de mudanças e recomeços." é:

a) Foi momentos mágicos, pois, apesar de bastante jovens, nós já vínhamos de uma experiência de vida cheia de mudanças e recomeços.

b) Foi um momento mágico, pois, apesar de bastante jovem, eu já vinha de uma experiência de vidas cheias de mudanças e recomeços.

c) Foi um momento mágico, pois, apesar de bastante jovem, eu já vinha de experiências de vidas cheia de mudanças e recomeços.

d) Foram momentos mágicos, pois, apesar de bastante jovens, nós já vínhamos de experiências de vida cheias de mudanças e recomeços.

e) Foram dois momentos mágicos, pois, apesar de bastante jovem, eu já vinha de uma experiência de vida cheia de mudanças e recomeços.

16. (CESGRANRIO) O chefe de vários departamentos identifica a mudança no cenário da informática.

Considere a frase a cima. *A palavra **identifica** pode ser substituída, mantendo o sentido da sentença, pelo verbo ver, flexionado de acordo com a norma-padrão, por*

a) Vêm

b) Veem

c) Vem

d) Vê

e) Viram

Gabaritos

01	D	09	E
02	D	10	C
03	B	11	D
04	A	12	C
05	E	13	E
06	D	14	C
07	B	15	D
08	A	16	D

8. ACENTUAÇÃO GRÁFICA

Antes de começar o estudo, é importante que você entenda quais são os padrões de tonicidade da Língua Portuguesa e quais são os encontros vocálicos presentes na Língua. Assim, fica mais fácil entender quais são as regras e como elas surgem.

Padrões de Tonicidade

Palavras oxítonas: última sílaba tônica (*sofá*, *café*, *jiló*)

Palavras paroxítonas: penúltima sílaba tônica (fer**ru**gem, a**du**bo, sa**ú**de)

Palavras proparoxítonas: antepenúltima sílaba tônica (**â**nimo, **ví**tima, **á**timo)

Encontros Vocálicos

Hiato (encontro vocálico que se separa):

> Pi - **a** - no; sa - **ú** - de.

Ditongo (encontro vocálico que permanece unido na sílaba):

> cha - **péu**; to - **néis**.

Tritongo (encontro vocálico que permanece unido na sílaba):

> sa - **guão**; U - ru - **guai**.

8.1 Regras Gerais

Quanto às Proparoxítonas

Acentuam-se todas as palavras:

Vítima, **â**nimo, Hiper**bólico**

Quanto às Paroxítonas

Não se acentuam as terminadas em A, E, O (seguidas ou não de S) M e ENS.

Cas**te**lo, gra**na**da, pa**ne**la, pe**pi**no, **pa**jem, i**ma**gens etc.

Acentuam-se as terminadas em R, N, L, X, I ou IS, US, UM, UNS, PS, Ã ou ÃS e DITONGOS.

Susten**tá**vel, **tó**rax, **hí**fen, **tá**xi, **ál**bum, **bí**ceps, prin**cí**pio etc.

Fique de olho em alguns casos particulares, como as palavras terminadas em OM / ON / ONS

iândom; **pró**ton, **nêu**trons etc.

Nova Ortografia – olho aberto! Deixam de se acentuarem as paroxítonas com OO e EE

"Voo, enjoo, perdoo, magoo."

"Leem, veem, deem, creem."

Quanto às Oxítonas

São acentuadas as terminadas em:

A ou **AS**: Sofá, Pa**rá**;

E ou **ES**: Ra**pé**, Ca**fé**;

O ou **OS**: Av**ô**, Ci**pó**;

EM ou **ENS**: Tam**bém**, Para**béns**.

Acentuação de Monossílabos

Acentuam-se os monossílabos tônicos terminados em **A**, **E** e **O**, seguidos ou não de **S**.

Pá, pó, pé, já, lá, fé, só.

Acentuação dos Hiatos

Acentuam-se os hiatos quando forem formados pelas letras **I** ou **U**, sozinhas ou seguidas de **S**:

Sa**ú**va, Ba**ú**, Bala**ús**tre, Pa**ís**.

Exceções:

Seguidas de **NH**: **Tainha**

Paroxítonas antecedidas de ditongo: Fe**i**ura

Com o **i** duplicado: Xi**i**ta

Ditongos Abertos

Serão acentuados os ditongos abertos **ÉU**, **ÉI** e **ÓI**, com ou sem **S**, quando forem oxítonos ou monossílabos.

Chap**éu**, **Réu**, Ton**éis**, Her**ói**, Past**éis**, Hot**éis**, Lenç**óis**.

Novo Acordo Ortográfico – fique de olho! Caiu o acento do ditongo aberto em posição de paroxítona.

"Ideia, Onomatopeia, Jiboia, Paranoia, Heroico etc."

Formas Verbais com Hífen

Para saber se há acento em uma forma verbal com hífen, deve-se analisar o padrão de tonicidade de cada bloco da palavra:

Aju**dá**-lo (oxítona terminada em "a" / monossílabo átono)

Con**tar**-lhe (oxítona terminada em "r" / monossílabo átono)

Convi**dá**-la-íamos. (oxítona terminada em "a" / proparoxítona)

Verbos "*ter*" e "*vir*"

Quando escritos na 3ª pessoa do singular, não serão acentuados:

Ele tem / ele vem.

Quando escritos na **3ª pessoa do plural**, receberão o **acento circunflexo**:

Eles **têm** / **vêm**

Nos verbos derivados das formas acima:

Acento agudo para singular - Contém / convém.

Acento circunflexo para o plural - Contêm / convêm.

Acentos Diferenciais

Alguns permanecem:

pôde / pode (pretérito perfeito / presente simples);

pôr / por (verbo / preposição);

fôrma1 / forma (substantivo / verbo ou ainda substantivo).

Caiu o acento diferencial de:

para - pára (preposição / verbo);

pelo - pêlo (preposição + artigo / substantivo);

polo - pólo (preposição + artigo / substantivo);

pera - pêra (preposição + artigo / substantivo).

1 Nesse caso, é facultativo o acento.

Questões

01. É preciso corrigir deslizes relativos à ortografia oficial e à acentuação gráfica da frase:

a) As obras modernistas não se distinguem apenas pela temática inovadora, mas igualmente pela apreensão do ritmo alucinante da existência moderna.

b) Ainda que celebrassem as máquinas e os aparelhos da civilização moderna, a ficção e a poesia modernista também valorizavam as coisas mais quotidianas e prosaicas.

c) Longe de ser uma excessão, a pintura modernista foi responsável, antes mesmo da literatura, por intênsas polêmicas entre artistas e críticos conservadores.

d) No que se refere à poesia modernista, nada parece caracterizar melhor essa extraordinária produção poética do que a opção quase incondicional pelo verso livre.

e) O escândalo não era apenas uma consequência da produção modernista: parecia mesmo um dos objetivos precípuos de artistas dispostos a surpreender e a chocar.

02. Assinale a palavra que **NÃO** tenha sido acentuada pelo mesmo motivo que as demais.

a) Substituído

b) Polícia

c) Jurisprudência

d) Saqueável

03. Em qual das frases abaixo, a palavra destacada está de acordo com as regras de acentuação gráfica oficial da língua portuguesa?

a) Vende-se **cocô** gelado.

b) Se **amássemos** mais, a humanidade seria diferente.

c) É importante que você estude pelo **ítem** do edital.

d) Estavam deliciosas as **larânjas** que comprei.

e) A empresa **têm** procurado um novo empregado.

04. Todas as palavras são acentuadas graficamente pelo mesmo motivo em:

a) Água, município, edifício, Guaíra

b) Estádios, superfície, Baía, média

c) Paraná, será, vulcânica

d) Cúbicos, espetáculo, energético

e) Insuperável, quilômetro, três

05. Assinale a alternativa em que todos os substantivos devem ser acentuados.

a) Lapis - bonus - bainha

b) Serie - aspecto - torax

c) Alcool - moinho - sucuri

d) Urubu - egoismo - magoa

e) Armazem - orgao - carater

06. Assinale a alternativa em que o termo tenha sido acentuado seguindo regra distinta dos demais.

a) Difíceis

b) Próprio

c) Concluída

d) Consequências

e) Solidários

07. Que palavra obedece à mesma regra de acentuação que país?

a) Compôs

b) Baú

c) Índio

d) Negócios

e) Águia

08. Cada alternativa a seguir apresenta um princípio ortográfico seguido de dois exemplos. A exemplificação está correta somente em:

a) São acentuadas todas as palavras oxítonas terminadas em a, e, o, em seguidas ou não de "s": também e já.

b) Todas as palavras proparoxítonas são acentuadas: década e porém.

c) Acentua-se a segunda vogal tônica do hiato: subtraídas e ótimo.

d) Acentuam-se os monossílabos tônicos terminados em a, e, o (s): há e só.

e) Acentuam-se com acento agudo os ditongos tônicos éi, éu, ói: vídeo e sério.

09. "Dedicar-se **à** relação é importante..." É correto afirmar que o sinal gráfico empregado na palavra destacada nessa frase é denominado:

a) Trema.

b) Acento agudo.

c) Crase.

d) Acento circunflexo.

e) Acento grave.

10. Assinale a alternativa em que a palavra tenha sido acentuada seguindo regra distinta das demais.

a) Consciência

b) Juízos

c) Pretório

d) Episódios

e) Importância

11. Assinale a alternativa em que a palavra tenha sido acentuada seguindo regra distinta das demais.

a) Previdência

b) Diária

c) Vítima

d) Declínio

e) Óbvia

12. As palavras "é", "média", "até" e "líderes", obedecem, respectivamente, às mesmas regras de acentuação gráfica de:

a) Há, salários, paletós e técnico.

b) Já, próprio, júnior e acadêmico

c) É, consultório, convém e infindáveis.

d) Mês, universitário, papéis e público

e) Só, líder, escritório e sênior.

13. Assinale a alternativa que traz toda a acentuação correta:

a) Não duvida o órfão que tal bençāo no tatú é doida.

b) Coçá-lo é bem doído; é seríssimo, sem dúvida.

c) Vanglória-te dos girassois cultivados no paraíso.

d) Favor apôr sua rubrica no documento, sem desdem.

e) O edil foi habil ao comprar toda a maquinária.

14. Nas alternativas a seguir, os acentos foram omitidos propositadamente. Assinale a alternativa em que todas as palavras deveriam ser graficamente acentuadas

a) Rubrica, diluvio, viuva.

b) Ambar, heroi, ilustra-lo.

c) Protons, forceps, releem.

d) Dificilmente, Piaui, misantropo.

e) Perdoo, atribuimos, caiste.

15. Assinale a série que apresenta somente palavras paroxítonas:

a) Enciclopédia – página – relatório.

b) Conteúdo – brechós – catálogo.

c) Além – lá – bônus.

d) Histórias – enciclopédia – bônus.

16. A alternativa em que o uso do acento gráfico obedece à mesma regra é:

a) Panóptico, ótima, úteis

b) Óleo, ótima, Ásia

c) Óleo, Ásia, delícia

d) Aliás, já, biguá

e) Chapéu, vocês, aí

17. As palavras mês, está e água, respectivamente, recebem acento pelo mesmo motivo que:

a) Baú, sofá, possível.

b) Até, já, ausência.

c) Nós, até, canário.

d) Caí, será, última.

e) Pés, saúde, notícia.

Gabaritos

01	C	10	B
02	A	11	C
03	B	12	A
04	D	13	B
05	E	14	B
06	C	15	D
07	B	16	C
08	D	17	C
09	E		

9. COLOCAÇÃO PRONOMINAL

Esta parte do conteúdo é relativa ao estudo da posição dos pronomes oblíquos átonos em relação ao verbo. Antes de iniciar o estudo, trate de memorizar os pronomes em questão, do contrário, você não progredirá.

Pronomes Oblíquos Átonos
me
te
o, a, lhe, se
nos
vos
os, as, lhes, se

Quatro casos de colocação:

Próclise (anteposto ao verbo)

Nunca **o** vi.

Mesóclise (medial em relação ao verbo)

Dir-te-ei algo.

Ênclise (posposto ao verbo)

Passa-**me** a resposta.

Apossínclise (intercalação de uma ou mais palavras entre o pronome e o verbo)

Talvez tu **me** já não creias.

9.1 Regras de Próclise

Palavras ou expressões negativas:

Não **me** deixe aqui neste lugar!

Ninguém **lhe** disse que seria fácil.

Pronomes relativos:

O material de que **me** falaste é muito bom.

Eis o conteúdo que **me** causa nojo.

Pronomes indefinidos:

Alguém **me** disse que você vai ser transferido.

Tudo **me** parece estranho.

Conjunções subordinativas:

Confiei neles, assim que **os** conheci.

Disse que **me** faltavam palavras.

Advérbios:

Sempre **lhe** disse a verdade.

Talvez **nos** apareça a resposta para essa questão.

Pronomes interrogativos:

Quem **te** contou a novidade?

Que **te** parece essa situação?

"Em + gerúndio"

Em **se** tratando de Gramática, eu gosto muito!

Nesta terra, em **se** plantando, tudo há de nascer.

Particípio

Ele havia avisado-**me** (errado)

Ele **me** havia avisado (certo)

Sentenças optativas

Deus **lhe** pague!

Deus **o** acompanhe!

9.2 Regras de Mesóclise

Emprega-se o pronome oblíquo átono no meio da forma verbal, quando ela estiver no futuro do presente ou no futuro simples do pretérito do indicativo.

Chamar-**te**-ei, quando ele chegar.

Se houver tempo, contar-**vos**-emos nossa aventura.

Contar-**te**-ia a novidade.

9.3 Regras de Ênclise

Não se inicia sentença, em Língua Portuguesa, por pronome oblíquo átono. Ou seja, não coloque o pronome átono no início da frase.

Formas verbais:

Do **infinitivo impessoal** (precedido ou não da preposição "a");

Do **gerúndio**;

Do **imperativo afirmativo**;

Alcança-**me** o prato de salada, por favor!

Urge obedecer-**se** às leis.

O garoto saiu da sala desculpando-**se**.

Tratando-**se** desse assunto, não gosto de pensar.

Dá-**me** motivos para estudar.

Se o gerúndio vier precedido da preposição "em", deve-se empregar a próclise.

Em **se** tratando de Gramática, eu gosto muito.

9.4 Casos Facultativos

Sujeito expresso, próximo ao verbo.

O menino se machucou **(-se)**.

Eu **me** refiro **(-me)** ao fato de ele ser idiota.

Infinitivo antecedido de "não" ou de preposição.

Sabemos que não se habituar **(-se)** ao meio causa problemas.

O público o incentivou a se jogar **(-se)** do prédio.

Questões

01. (FUNCAB) A autora escreve "mas nos cingiremos a uma delas", e não "cingiremo-nos", para não infringir a mesma regra de colocação pronominal DESRESPEITADA em:

a) O livro havia sumido e eu queria que alguém procurasse-o.

b) Se não achasse o livro na estante, eu procuraria-o por toda a casa.

c) Aquele livro era ótimo, por isso tenho procurado-o com insistência.

d) Procure o livro para mim, que eu hoje não procuro-o mais.

e) Venho tentando achar o livro, mas quem disse que encontro-o?

02. (FUNCAB) A passagem em que se evitou a ênclise do pronome átono com base na mesma regra de colocação observada em: "Assim, o homem se tornaria menos consumidor e mais feliz" é a seguinte:

a) "... com argumentos de que se trata de uma economia limpa..."
b) "... fica evidente que poucos se perguntam sobre as consequências..."
c) "Para frear o drama ambiental planetário que se avizinha..."
d) "Os manipuladores da indústria da moda não se cansam de alternar tendências..."
e) "... uma maior consciência do nosso Eu Superior se refletirá num contato mais próximo coma natureza..."

03. (MS CONCURSOS - ADAPTADA) E quando Seu José, desesperado, fez saltar os miolos com uma bala, deixou esta frase escrita num pedaço de papel:

"Enquanto foi solteira, achava minha mulher que nenhum homem era digno de ser seu marido; depois de casada (por conveniência) achou que todos eles eram dignos de ser seus amantes. Mato- me".

Na oração final do texto: "Mato-me", a colocação pronominal está:

a) Correta, pois depois de verbo é obrigatória a ênclise.
b) Incorreta, pois depois de verbo é obrigatória a próclise.
c) Adequada, pois não se inicia frase ou oração com pronome oblíquo átono.
d) Adequada, pois não se inicia frase ou oração com pronome pessoal reto.

04. (CESGRANRIO) Observe os pronomes oblíquos destacados no texto abaixo.

Como já **se** sabia, o ser humano adapta-**se** rapidamente a novas condições de vida. O que a pesquisa da felicidade nos ensinou foi o fato de a nossa capacidade de adaptação ser ainda maior do que **se** imaginava. Acostumamo-**nos** a quase tudo e há coisas das quais nunca **nos** enfadamos.

Segundo a norma culta, é possível inverter a colocação do pronome apenas em:

a) Sabia-se.
b) Se adapta.
c) Imaginava-se.
d) Nos acostumamos.
e) Enfadamo-nos.

05. (CESGRANRIO) A colocação do pronome átono destacado está ***INCORRETA*** em:

a) Quando **se** tem dúvida, é necessário refletir mais a respeito.
b) Tudo **se** disse e nada ficou acordado.
c) Disse que, por vezes, temos equivocado-**nos** nesse assunto.
d) Alguém **nos** informará o valor do prêmio.
e) Não devemos preocupar-**nos** tanto com ela.

06. (FADESP - ADAPTADA) Quanto às normas de colocação pronominal, é correto afirmar que, no enunciado "agora se reivindica uma escola capaz de extrapolar a mera transmissão de conteúdos", a próclise justifica-se pelo(pela):

a) Uso do registro informal da língua.
b) Presença de um termo atrativo.
c) Ocorrência de forma verbal paroxítona.
d) Posição que o pronome ocupa na frase, não iniciando a oração.

07. (INSTITUTO CIDADES) A colocação pronominal no trecho "O país recusou-se a assinar o tratado" está ***CORRETA*** porque:

a) Não se deve usar pronome oblíquo átono antes de verbo.
b) Não há nenhuma palavra atrativa antes do verbo para que se desse a próclise.
c) Por estar no pretérito perfeito do indicativo, o pronome ocorre em ênclise.
d) Por tratar-se de uma locução verbal de infinitivo, essa é a única forma possível de colocação pronominal.

08. (FUNCAB) Marque a opção em que houve ***ERRO*** na colocação do pronome oblíquo átono.

a) Você realmente acha que me convenceu com esta história?
b) Pergunto-me frequentemente se há vida após a morte.
c) Ninguém me convenceria do contrário.
d) Jamais me submeteria a este tipo de interrogatório.
e) Sentiria-se tranquilo se tivesse certeza.

09. (IADES) Assinale a alternativa correta em relação à colocação pronominal em "E muitas delas, talvez a maioria das empresas manufatureiras, ***se tornarão*** simples fornecedoras (...)".

a) Está adequada uma vez que a vírgula funciona como fator de próclise.
b) Está inadequada, porque quando houver o emprego de verbos nos futuros do modo indicativo, seja futuro do presente ou futuro do pretérito, a colocação deve ser a mesóclise.
c) É inadequada, pois como não há fator atrativo deveria estar na posição enclítica.
d) Está adequada, já que não há justificativa para as demais posições: ênclise, mesóclise.

10. (TJ-SC) Em qual período a colocação pronominal está ***INCORRETA***:

a) O cientista pretende desvendar como se formam os furacões, tornados, tsunamis e demais fenômenos naturais de inegável potência.
b) Adotarão-se medidas de urgência para minorar os efeitos do temporal.
c) Não se sabe ainda o valor do negócio, que, especula-se, ficou em torno de um bilhão de reais.
d) O advogado se referiu duas vezes ao mesmo assunto.
e) O dano moral é a lesão aos elementos individualizadores da pessoa, tais como a honra, a reputação e o prestígio, expressando-se por desequilíbrios no ânimo do lesado.

Gabaritos

01	B	06	B
02	E	07	B
03	C	08	E
04	B	09	B
05	C	10	B

10. REGÊNCIA VERBAL E NOMINAL

Regência é a parte da Gramática Normativa que estuda a relação entre dois termos, verificando se um termo serve de complemento a outro e se nessa complementação há uma preposição.

Dividimos a Regência em:

Regência Verbal (ligada aos verbos).

Regência Nominal (ligada aos substantivos, adjetivos ou advérbios).

10.1 Regência Verbal

Deve-se analisar, nesse caso, a necessidade de complementação, a presença ou ausência da preposição e a possibilidade de mudança de sentido do texto.

Vamos aos casos:

Agradar e desagradar: São transitivos indiretos (com preposição a) nos sentidos de satisfazer, contentar:

A biografia de Aníbal Machado **agradou/desagradou** à maioria dos leitores.

A criança **agradava** ao pai por ser muito comportada.

Agradar: Pode ser transitivo direto (sem preposição) se significar acariciar, afagar:

Agradar a esposa.

Pedro passava o dia todo **agradando** os seus gatos.

Agradecer: Transitivo direto e indireto, com a preposição a, no sentido de demonstrar gratidão a alguém:

Agradecemos a Santo Antônio o milagre alcançado.

Agradecemos-lhes a benesse concedida.

O verbo em questão também pode ser transitivo direto no sentido de mostrar gratidão por alguma coisa:

Agradeço a dedicação de todos os estudantes.

Os pais **agradecem** a dedicação dos professores para com os alunos.

Aspirar: É transitivo indireto (preposição "a") nos sentidos de desejar, pretender ou almejar:

Sempre **aspirei** a um cargo público.

Manoel **aspirava** a ver novamente a família na Holanda.

Aspirar: É transitivo direto na acepção de inalar, sorver, tragar, ou seja, mandar para dentro:

Aspiramos o perfume das flores.

Vimos a empregada **aspirando** a poeira do sofá.

Assistir: É transitivo direto no sentido de ajudar, socorrer etc:

O professor **assistia** o aluno.

Devemos **assistir** os mais necessitados.

Assistir: É transitivo indireto (complemento regido pela preposição "a") no sentido de ver ou presenciar:

Assisti ao comentário da palestra anterior.

Você deve **assistir** às aulas do professor!

Assistir: É transitivo indireto (complemento regido pela preposição "a") no sentido de "ser próprio de", "pertencer a":

O direito à vida **assiste** ao ser humano.

Esse comportamento **assiste** às pessoas vitoriosas.

Assistir: É intransitivo no sentido de morar ou residir:

Maneco **assistira** em Salvador.

Chegar: É verbo intransitivo e possui os adjuntos adverbiais de lugar introduzidos pela preposição "a":

Chegamos a Cascavel pela manhã.

Este é o ponto a que pretendia **chegar**.

Caso a expressão indique posição em um deslocamento, admite-se a preposição em:

Cheguei no trem à estação.

Os verbos ir e vir têm a mesma regência de chegar:

Nós **iremos** à praia amanhã.

Eles **vieram** ao cursinho para estudar.

Custar: Ter valor ou preço: verbo transitivo direto:

O avião **custa** 100 mil reais.

Ter como resultado certa perda ou revés: verbo transitivo direto e indireto:

Essa atitude **custou**-lhe a vida.

Ser difícil ou trabalhoso: intransitivo:

Custa muito entender esse raciocínio.

Levar tempo ou demorar: intransitivo:

Custa a vida para aprender a viver.

Esquecer / lembrar: Possuem a seguinte regra - se forem pronominais, terão complemento regido pela preposição "de"; se não forem, não haverá preposição:

Lembrei-**me de** seu nome. / Esqueci-me de seu nome.

Lembrei seu nome. / Esqueci seu nome.

Gostar: É transitivo indireto no sentido de apreciar (complemento introduzido pela preposição "de"):

Gosto de estudar.

Gosto muito de minha mãe.

Gostar: Como sinônimo de experimentar ou provar é transitivo direto:

Gostei a sobremesa apenas uma vez e já adorei.

Gostei o chimarrão uma vez e não mais o abandonei.

Implicar: pode ser:

Transitivo direto (sentido de acarretar):

Cada escolha **implica** uma renúncia.

Transitivo direto e indireto (sentido de envolver alguém em algo):

Implicou a irmã no crime.

Transitivo indireto (sentido de rivalizar):

Joana estava **implicando** com o irmão menor.

O verbo informar é bitransitivo, ou seja, é transitivo direto e indireto. Quem informa, informa:

» Algo a alguém: **Informei** o acontecido para Jonas.

» Alguém de algo: **Informei**-o do acontecido.

» Alguém sobre algo: **Informei**-o sobre o acontecido.

Morar / Residir: Verbos intransitivos (ou, como preconizam alguns dicionários, transitivo adverbiado), cujos adjuntos adverbiais de lugar são introduzidos pela preposição "em":

José **mora** em Alagoas.

Há boas pessoas **residindo** em todos os estados do Brasil.

Obedecer: É um verbo transitivo indireto:

Os filhos **obedecem** aos pais.

Obedeça às leis de trânsito.

Embora transitivo indireto, admite forma passiva:

"Os pais são obedecidos pelos filhos."

O antônimo "desobedecer" também segue a mesma regra.

Perdoar: É transitivo direto e indireto, com objeto direto de coisa e indireto de pessoa:

Jesus **perdoou** os pecados aos pecadores.

Perdoava-lhe a desconsideração.

Perdoar admite a voz passiva:

"Os pecadores foram perdoados por Deus."

Precisar: É transitivo indireto (complemento regido pela preposição de) no sentido de "necessitar":

Precisaremos de uma nova Gramática.

Precisar: É transitivo direto no sentido de indicar com precisão:

Magali não soube **precisar** quando o marido voltaria da viagem.

Preferir É um verbo bitransitivo, ou seja, é transitivo direto e indireto, sempre exigindo a preposição a (preferir alguma coisa a outra):

Ex.: Adelaide **preferiu** o filé ao risoto.

Ex.: Prefiro estudar a ficar em casa descansando.

Ex.: Prefiro o sacrifício à desistência.

É incorreto reforçar o verbo "preferir" ou utilizar a locução "do que".

Proceder: É intransitivo na acepção de "ter cabimento":

Suas críticas são vazias, não **procedem**.

Proceder: É também intransitivo na acepção de "portar-se":

Todas as crianças **procederam** bem ao lavarem as mãos antes do lanche.

Proceder: No sentido de "ter procedência" é utilizado com a preposição de:

Acredito que a dúvida **proceda** do coração dos curiosos.

Proceder: É transitivo indireto exigindo a preposição a no sentido de "dar início":

Os investigadores **procederam** ao inquérito rapidamente.

Querer: É transitivo direto no sentido de "desejar":

Eu **quero** um carro novo.

Querer: É transitivo indireto (com o complemento de pessoa) no sentido de "ter afeto":

Quero muito a meus alunos que são dedicados.

Solicitar: É utilizado, na maior parte dos casos, como transitivo direto e indireto. Nada impede, entretanto, que se construa como transitivo direto:

O juiz **solicitou** as provas ao advogado.

Solicito seus documentos para a investidura no cargo.

Visar: É transitivo direto na acepção de mirar:

O atirador **visou** o alvo e disparou um tiro certeiro.

Visar: É transitivo direto também no sentido de "dar visto", "assinar":

O gerente havia **visado** o relatório do estagiário.

Visar: É transitivo indireto, exigindo a preposição a, na acepção de "ter em vista", "pretender", "almejar":

Pedro **visava** ao amor de Mariana.

As regras gramaticais **visam** à uniformidade da expressão linguística.

10.2 Regência Nominal

Alguns nomes (substantivos, adjetivos e advérbios) são comparáveis aos verbos transitivos indiretos: precisam de um complemento introduzido por uma preposição.

Acompanhemos os principais termos que exigem regência especial.

Substantivo		
Admiração a, por	Devoção a, para, com, por	Medo a, de
Aversão a, para, por	Doutor em	Obediência a
Atentado a, contra	Dúvida acerca de, em, sobre	Ojeriza a, por
Bacharel em	Horror a	Proeminência sobre
Capacidade de, para	Impaciência com	Respeito a, com, para com, por
Exceção a	Excelência em	Exatidão de, em
Dissonância entre	Divergência com, de, em, entre, sobre	Referencia a
Alusão a	Acesso a	Menção a

Adjetivos		
Acessível a	Diferente de	Necessário a
Acostumado a, com	Entendido em	Nocivo a
Afável com, para com	Equivalente a	Paralelo a
Agradável a	Escasso de	Parco em, de
Alheio a, de	Essencial a, para	Passível de
Análogo a	Fácil de	Preferível a
Ansioso de, para, por	Fanático por	Prejudicial a
Apto a, para	Favorável a	Prestes a
Ávido de	Generoso com	Propício a
Benéfico a	Grato a, por	Próximo a

Capaz de, para	Hábil em	Relacionado com
Compatível com	Habituado a	Relativo a
Contemporâneo a, de	Idêntico a	Satisfeito com, de, em, por
Contíguo a	Impróprio para	Semelhante a
Contrário a	Indeciso em	Sensível a
Curioso de, por	Insensível a	Sito em
Descontente com	Liberal com	Suspeito de
Desejoso de	Natural de	Vazio de
Distinto de, em, por	Dissonante a, de, entre	Distante de, para

Advérbios		
Longe de	Perto de	Relativamente a
Contemporaneamente a	Impropriamente a	Contrariamente a

É provável que você encontre um grande número de listas com palavras e suas regências, porém a maneira mais eficaz de se descobrir a regência de um termo é fazer uma pergunta para ele e verificar se, na pergunta, há uma preposição. Havendo, descobre-se a regência.

Ex.: A descoberta era **acessível** a todos.

Faz-se a pergunta: algo que é acessível é acessível? (a algo ou a alguém). Descobre-se, assim, a regência de acessível.

Questões

01. (FCC) A frase em que a regência está em conformidade com o padrão culto escrito é:

a) Em seu fingimento, só restou de que dissesse ao ex-sócio que sentia saudades dele.

b) Tudo isso considerado, é necessário fazer que ele sinta o peso da responsabilidade.

c) Em atenção por seu talento indiscutível, o pouparam as devidas multas.

d) Passou os documentos a mão do técnico e não os perdeu de vista até ao final da reunião.

e) Inconformado de que eles propalavam injúrias a seu respeito, decidiu denunciá-los.

02. (CESGRANRIO) A frase em que a presença ou ausência da preposição está de acordo com a norma-padrão é:

a) A certeza que a sorte chegará para mim é grande.

b) Preciso de que me arranjem um emprego.

c) Convidei à Maria para vir ao escritório.

d) A necessidade que ele viesse me ajudar me fez chamá-lo.

e) Às dez horas em ponto, estarei à sua casa.

03. (FCC) ... de modo que ele próprio o anunciou no orçamento de 1925.
Considerando-se o contexto, o verbo grifado acima está empregado como

a) transitivo indireto pronominal.

b) transitivo indireto.

c) bitransitivo.

d) transitivo direto.

e) intransitivo.

04. (FCC) ... procurava incorporar à escrita o ritmo da fala...
O verbo empregado no texto com a mesma regência do grifado acima está em:

a) ... consagrar literariamente o vocabulário usual.

b) ... dar estado de literatura aos fatos da civilização moderna.

c) No Brasil, ele significou principalmente libertação dos modelos acadêmicos...

d) ... que a sua contribuição maior foi a liberdade de criação e expressão.

e) ... os modernistas promoveram uma valorização diferente do léxico...

05. (CESGRANRIO) Em qual das sentenças abaixo, a regência verbal está em ***DESACORDO*** com a norma-padrão:

a) Esqueci-me dos livros hoje.

b) Sempre devemos aspirar a coisas boas.

c) Sinto que o livro não agradou aos alunos.

d) Ele lembrou os filhos dos anos de tristeza.

e) Fomos no cinema ontem assistir o filme

06. Em relação à regência verbal e nominal, o emprego do pronome relativo, segundo o registro culto e formal da língua, está ***INCORRETO*** em:

a) A conclusão que chegamos é que o fracasso ensina ao homem como recomeçar

b) O barco a cujos tripulantes me referi pode voltar a navegar

c) O ideal por que lutamos norteia nossos projetos.

d) O infortúnio a que está sujeito o empreendedor motiva-o

e) Após o término da pesquisa, informei-lhe que tornasse cuidado para não errar.

Gabaritos

01	B	04	B
02	B	05	E
03	D	06	A

11. CRASE

O acento grave é solicitado nas palavras quando há a união da preposição "a" com o artigo (ou a vogal dependendo do caso) feminino "a" ou com os pronomes demonstrativos (aquele, aquela, aquilo e "a").

Ex.: Mário foi **à** festa ontem.

Tem-se o "a" preposição e o "a" artigo feminino.

Quem vai, vai a algum lugar / festa é palavra feminina, portanto, admite o artigo "a".

Chegamos **àquele** assunto (a + aquele).

A gravata que eu comprei é semelhante **à** que você comprou (a + a).

Decore os casos em que não ocorre crase, pois a tendência da prova é perguntar se há crase ou não. Sabendo os casos proibitivos, fica muito fácil.

11.1 Crase Proibitiva

Não se pode usar acento grave indicativo de crase:

Antes de palavras masculinas.

Ex.: Fez uma pergunta **a** Mário.

Antes de palavras de sentido indefinido.

Ex.: Não vai **a** festas, **a** reuniões, **a** lugar algum.

Antes de verbos.

Ex.: Todos estão dispostos **a** colaborar.

De pronomes pessoais.

Ex.: Darei um presente **a ela**.

De nomes de cidade, estado ou país que não utilizam o artigo feminino.

Ex.: Fui **a** Cascavel. / Vou **a** Pequim.

Da palavra "casa" quando tem significado de próprio lar, ou seja, quando ela aparecer indeterminada na sentença.

Ex.: Voltei a casa, pois precisava comer algo.

Quando houver determinação da palavra casa, ocorrerá crase.

"Voltei à casa de meus pais"

Da palavra "terra" quando tem sentido de solo;

Ex.: Os tripulantes vieram a terra.

A mesma regra da palavra "casa" se aplica à palavra terra.

De expressões com palavras repetidas;

Dia a dia, mano a mano, face a face, cara a cara etc.

Diante de numerais cardinais referentes a substantivos que não estão determinados pelo artigo:

Ex.: Irei assistir a duas aulas de Língua Portuguesa.

No caso de locuções adverbiais que exprimem hora determinada e nos casos em que o numeral estiver precedido de artigo, acentua-se:

"Chegamos às oito horas da noite."

"Assisti às duas sessões de ontem."

No caso dos numerais, há uma dica para facilitar o entendimento dos casos de crase. Se houver o "a" no singular e a palavra posterior no plural, não ocorrerá o acento grave. Do contrário, ocorrerá.

11.2 Crase Obrigatória

Locução adverbial feminina.

Ex.: À noite, à tarde, às pressas, às vezes, à farta, à vista, à hora certa, à esquerda, à direita, à toa, às sete horas, à custa de, à força de, à espera de, à vontade, à toa.

Termos femininos ou masculinos com sentido da expressão "à moda de" ou "ao estilo de".

Ex.: Filé à milanesa, servir à francesa, brigar à portuguesa, gol à Pelé, conto à Machado de Assis, discurso à Rui Barbosa etc.

Locuções conjuntivas proporcionais.

Ex.: À medida que, à proporção que.

Locuções prepositivas.

Ex.: À procura de, à vista de, à margem de, à beira de, à custa de, à razão de, à mercê de, à maneira de etc.

Para evitar ambiguidade: receberá o acento o termo afetado pela ação do verbo (objeto direto preposicionado).

Ex.: Derrubou a menina **à panela**.

Ex.: Matou a vaca **à cobra**.

Diante da palavra distância quando houver determinação da distância em questão:

Ex.: Achava-se à **distância de cem** (ou de alguns) **metros**.

Antes das formas de tratamento "senhora", "senhorita" e "madame" = não há consenso entre os gramáticos, no entanto, opta-se pelo uso.

Ex.: Enviei lindas flores **à senhorita**.

Ex.: Josias remeteu uma carta **à senhora**.

11.3 Crase Facultativa

Após a preposição até:

As crianças foram até **à escola**.

Antes de pronomes possessivos femininos:

Ele fez referência **à nossa causa!**

Antes de nomes próprios femininos:

Mandei um SMS **à Joaquina**.

Antes da palavra Dona.

Remeti uma carta à **Dona Benta**.

Não se usa crase antes de nomes históricos ou sagrados:

"O padre fez alusão a Nossa Senhora."

"Quando o professor fez menção a Joana D'Arc, todos ficaram entusiasmados."

Questões

01. ... assim [ele] se via transportado de volta "à glória que foi a Grécia e à grandeza que foi Roma".
Ambos os sinais indicativos de crase devem ser mantidos caso o segmento sublinhado seja substituído por:
a) Enaltecia.
b) Louvava.
c) Aludia.
d) Mencionava.
e) Evocava.

02. A vida urbana ofereceu ...... condições ideais para o surgimento do detetive particular, personagem dedicado ...... elucidação dos mais variados mistérios, propenso ...... investigar delitos de todos os tipos.
Preenchem corretamente as lacunas da frase acima, na ordem dada:
a) as - à - a
b) às - a - à
c) as - a - à
d) as - à - à
e) às - à - a

03. A pesquisa, feita em terras destinadas ...... agricultura, teve por objetivo estudar ...... áreas que permitissem condições favoráveis de sobrevivência ...... aves.
a) à - às - as
b) à - as - as
c) à - as - às
d) a - as - as
e) a - às - às

04. ... e chegou à conclusão de que o funcionário passou o dia inteiro tomando café.
Do mesmo modo que se justifica o sinal indicativo de crase em destaque na frase acima, está correto o seu emprego em:
a) E chegou à uma conclusão totalmente inesperada.
b) E chegou então à tirar conclusões precipitadas.
c) E chegou à tempo de ouvir as conclusões finais.
d) E chegou finalmente à inevitável conclusão.
e) E chegou à conclusões as mais disparatadas.

05. ...os modernistas promoveram uma valorização diferente do léxico, paralela à renovação dos assuntos.
O sinal indicativo de crase presente na frase acima deve ser mantido em caso de substituição do segmento grifado por:
a) Muita inovação no repertório.
b) Uma grande reformulação dos temas.
c) Toda sorte de revigoramento do repertório.
d) Profundas mudanças temáticas.
e) Inevitável transformação temática.

06. A fidelidade ...... música e ...... fala do povo permitiram ...... Adoniran exprimir a sua cidade de modo completo e perfeito.
Antonio Cândido. Op. cit.
Preenchem corretamente as lacunas da frase acima, na ordem dada:
a) a - a - à
b) a - à - à
c) à - à - a
d) à - a - a
e) a - à - a

07. Não deixa de ser paradoxal o fato de o crescimento da descrença, que parecia levar ...... uma ampliação da liberdade, ter dado lugar ...... escalada do fundamentalismo religioso, ... que se associam manifestações profundamente reacionárias.
Preenchem corretamente as lacunas da frase acima, na ordem dada:
a) a - à - a
b) à - a - a
c) a - a - à
d) à - à - a
e) a - à - à

08. Em "Bem-vindos à Feira de Caruaru", a crase é obrigatória. Em qual das alternativas abaixo, o uso da crase É FACULTATIVO?
a) A Feira de Caruaru é atração devido à grande diversidade lá existente.
b) Na Feira de Caruaru, tudo está à venda.
c) Em feiras, como a de Caruaru, vendem-se coisas às pessoas de diferentes classes sociais
d) Nas cidades de pequeno comércio, há mais pagamentos à vista.
e) Todos os dias, os comerciantes da Feira de Caruaru permanecem até às 18h.

09. A parcela da população mundial que ascendeu ...... classe média nos últimos vinte anos passou ...... consumir mais, ... um ritmo acelerado, o que põe em risco a sustentabilidade do planeta.
As lacunas da frase acima estarão corretamente preenchidas, respectivamente, por:
a) à - a - a
b) à - à - a
c) à - a - à
d) a - a - à
e) a - a - a

10. Assinale a opção em que o espaço deve ser preenchido com À (preposição e pronome), como destacado em "(...) uma média semelhante À de um casal de classe média (...)".
a) ____ medida que caminhava, recordava-se da terra natal
b) Esta cena corresponde ____ que presenciei ontem.
c) Aproveite ____ oferta e se contente com a cor do tecido.
d) Referia-se, com certeza, _____ terra de seus pais.
e) Obedeceu _____ ordem dada, sem reclamar.

11. Assinale a alternativa em que o uso do acento grave é obrigatório.
   a) Ficou a olhar para os peixes sobre a pia.
   b) Abriu a torneira para ver o que acontecia.
   c) Ela está lá do jeitinho que a deixei.
   d) Juro; pode ir a cozinha ver os peixes.
   e) Podia dar alguma coisa a ele.

12. ... levava à crença na contínua evolução da sociedade ...
   O emprego do sinal de crase, exemplificado acima, estará correto, unicamente, em:
   a) Aludir à felicidade geral.
   b) Buscar à felicidade.
   c) Propor à toda a população
   d) Impor à esse grupo.
   e) Discutir à obrigatoriedade da lei.

13. Leia o texto :
   A preocupação com a herança que deixaremos as (1) gerações futuras está cada vez mais em voga. Ao longo da nossa história, crescemos em número e modificamos quase todo o planeta. Graças aos avanços científicos, tomamos consciência de que nossa sobrevivência na Terra está fortemente ligada a (2) sobrevivência das outras espécies e que nossos atos, relacionados a (3) alterações no planeta, podem colocar em risco nossa própria sobrevivência. Contudo, aliado ao desenvolvimento científico, temos o crescimento econômico que nem sempre esteve preocupado com questões ambientais. O que se almeja é o desenvolvimento sustentável, que é aquele viável economicamente, justo socialmente e correto ambientalmente, levando em consideração não só as (4) nossas necessidades atuais, mas também as (5) das gerações futuras, tanto nas comunidades em que vivemos quanto no planeta como um todo.
   (Adaptado de A. P. FOLTZ, A Crise Ambiental e o Desenvolvimento Sustentável: o crescimento econômico e o meio ambiente. Disponível em http://www.iuspedia.com.br.22 jan. 2008)

Para que o texto acima respeite as regras gramaticais do padrão culto da Língua Portuguesa, é obrigatória a inserção do sinal indicativo de crase em:
   a) 1, 2 e 3.
   b) 1 e 2.
   c) 1, 3 e 5.
   d) 2 e 4.
   e) 3, 4 e 5.

14. Institucionalizada ___ partir das lutas antiabsolutistas, no século 18, e da expansão dos movimentos constitucionalistas, no século 19, ___ democracia representativa foi consolidada ao longo de um processo histórico marcado pelo reconhecimento de três gerações de direitos humanos: os relativos ___ cidadania civil e política, os relativos ___ cidadania social e econômica e os relativos ___ cidadania "pós-material", que se caracterizam pelo direito ___ qualidade de vida, ___ um meio ambiente saudável, ___ tutela dos interesses difusos e ao reconhecimento da diferença e da subjetividade.
   (Baseado em Mário Antônio Lobato de Paiva em www.ambitojurídico.com.br)
   Marque o item que preenche de forma correta as lacunas do texto seguinte:
   a) a, à, à, a, à, à, a, a.
   b) a, a, à, à, à, à, a, à.
   c) à, a, a, à, à, a, a, à.
   d) à, a, a, à, à, à, a, à.
   e) a, à, à, a, à, à, a, à.

15. "O movimento altermundialista deverá também responder à nova situação mundial nascida da crise escancarada da fase neoliberal da globalização capitalista."
   No trecho acima, empregou-se corretamente o acento grave indicativo de crase. Assinale a alternativa em que isso não tenha ocorrido.
   a) Eles visaram à premiação no concurso.
   b) Sempre nos referimos à Florianópolis dos açorianos.
   c) Nossos cursos vão de 8h às 18h.
   d) A solução foi sair à francesa.
   e) Fizemos uma longa visita à casa nova dos nossos amigos.

16. Os trechos abaixo compõem, sequencialmente, um texto adaptado do Editorial do jornal Zero Hora (RS) de 18/01/2010. Assinale a opção que está gramaticalmente correta quanto à ausência ou à presença do acento grave indicativo de crase.
   a) O novo estímulo aos usineiros, também com pesado suporte de subsídios, levou à indústria automobilística a investir na produção não mais de carros movidos a álcool, mas de veículos flex, que permitem o uso dos dois combustíveis. No ano passado, as vendas de carros flex cresceram 14% em relação a 2008.
   b) Apresentado nos anos 70 como opção à crise do petróleo, sob forte apoio governamental, o álcool perdeu relevância nas décadas de 80 e 90. A produção foi retomada e intensificada nos últimos anos, com a explosão nos preços internacionais dos derivados da energia fóssil.
   c) As montadoras aplicaram recursos no desenvolvimento de tecnologias, e o consumidor se dispôs a pagar mais por veículos mais modernos. Ambos apostaram nas vantagens de um combustível que, além de reduzir à dependência da gasolina e do diesel, apresentava ainda as virtudes do ecologicamente correto, por ser menos poluente e renovável.
   d) A partir do ano passado, com a queda nos preços do petróleo, outros fatores de mercado conspiraram contra o álcool, como a quebra na produção da cana e o aumento dos preços do açúcar. Mesmo que o álcool se submeta à oscilações de cotações, como qualquer outro produto, o que não se pode admitir é que essas variações façam com que a oferta do produto seja imprevisível e instável.
   e) A sazonalidade e outras questões envolvidas não são suficientes para explicar a ausência de uma política que assegure, à fabricantes e consumidores, a certeza de que investiram em uma opção de combustível tratada com a seriedade que merece.

Gabaritos

01	C	09	A
02	A	10	B
03	C	11	D
04	D	12	A
05	E	13	B
06	C	14	B
07	A	15	C
08	E	16	B

12. PONTUAÇÃO

A pontuação assinala a melodia de nossa fala, ou seja, as pausas, a ênfase etc.

12.1 Principais Sinais e Usos

Vírgula

É o sinal mais importante para concurso público.

Usa-se a vírgula para:

Separar termos que possuem mesma função sintática no período:

José, **Maria**, **Antônio** e **Joana** foram ao mercado. (função de núcleo do sujeito)

Isolar o vocativo:

Então, **minha cara**, não há mais o que se dizer!

Isolar um aposto explicativo (cuidado com essa regra, veja que não há verbo no aposto explicativo):

O João, **ex-integrante da comissão**, veio fazer parte da reunião.

Isolar termos antecipados, como: complemento, adjunto ou predicativo:

Na semana passada, comemos camarão no restaurante português. (antecipação de adjunto adverbial)

Separar expressões explicativas, conjunções e conectivos:

isto é, ou seja, por exemplo, além disso, pois, porém, mas, no entanto, assim etc.

Separar os nomes dos locais de datas:

Cascavel, 02 de maio de 2012.

Isolar orações adjetivas explicativas (pronome relativo + verbo + vírgula):

O Brasil, **que é um belíssimo país**, possui ótimas praias.

Separar termos de uma enumeração:

Vá ao mercado e traga **cebola**, **alho**, **sal**, **pimenta e coentro**.

Separar orações coordenadas:

Esforçou-se muito, **mas não venceu o desafio**. (oração coordenada sindética adversativa)

Roubou todo o dinheiro, **e ainda apareceu na casa**. (oração coordenada sindética aditiva).

A vírgula pode ser utilizada antes da conjunção aditiva "e" caso se queira enfatizar a oração por ela introduzida.

Omitir um termo, elipse (no caso da elipse verbal, chamaremos "zeugma"):

De dia era um anjo, de noite um **demônio**. (omissão do verbo "ser")

Separar termos de natureza adverbial deslocado dentro da sentença:

Na semana passada, trinta alunos foram aprovados no concurso. (locução adverbial temporal)

Se estudar muito, você será aprovado no concurso. (oração subordinada adverbial condicional)

Ponto final

Usa-se o ponto final:

Ao final de frases para indicar uma pausa total; é o que marca o fim de um período:

Depois de passar no concurso, comprarei um carro.

Em abreviaturas:

Sr., a. C., Ltda., num., adj., obs., máx., *bat.*, *brit. etc.*

Ponto e vírgula

Usam-se ponto e vírgula para:

Separar itens que aparecem enumerados:

Uma boa dissertação apresenta:

Coesão;

Coerência;

Progressão lógica;

Riqueza lexical;

Concisão;

Objetividade;

Aprofundamento.

Separar um período que já se encontra dividido por vírgulas:

Não gostava de trabalhar; queria, no entanto, muito dinheiro no bolso.

Separar partes do texto que se equilibram em importância:

Os pobres dão pelo pão o trabalho; os ricos dão pelo pão a fazenda; os de espíritos generosos dão pelo pão a vida; os de nenhum espírito dão pelo pão a alma.(Vieira).

O capitalismo é a exploração do homem pelo homem; o socialismo é exatamente o contrário.

Dois Pontos

São usados dois pontos quando:

Se vai fazer uma citação ou introduzir uma fala:

José respondeu:

- Não, muito obrigado!

Se quer indicar uma enumeração:

Quero apenas uma coisa: que vocês sejam aprovados no concurso!

Aspas

São usadas aspas para indicar:

Citação presente no texto. Ex.:

"Há distinção entre categorias do pensamento" - disse o filósofo.

Expressões estrangeiras, neologismos, gírias. Ex.:

Na parede, haviam pintado a palavra "love". (expressão estrangeira)

Ficava "bailarinando", como diria Guimarães. (neologismo)

"Velho", esconde o "cano" aí e "deixa baixo". (gíria)

Reticências

São usadas para indicar supressão de um trecho, interrupção na fala, ou dar ideia de continuidade ao que se estava falando. Ex.:

(...) Profundissimamente hipocondríaco Este ambiente me causa repugnância Sobe-me à boca uma ânsia análoga à ânsia Que se escapa pela boca de um cardíaco(...)

Eu estava andando pela rua quando...

Eu gostei da nova casa, mas da garagem...

Parênteses

São usados quando se quer explicar melhor algo que foi dito ou para fazer simples indicações. Ex.:

Foi o homem que cometeu o crime (o assassinato do irmão).

Travessão

Indica a fala de um personagem:

Ademar falou. Ex.:

- Amigo, preciso contar algo para você.

Isola um comentário no texto. Ex.:

O estudo bem realizado - **diga-se de passagem, que quase ninguém faz** - é o primeiro passo para a aprovação.

Isola um aposto na sentença. Ex.:

A Semântica – **estudo sobre as relações de sentido** - é importantíssima para o entendimento da Língua.

Reforçar a parte final de um enunciado. Ex.:

Para passar no concurso, é preciso estudar muito — **muito mesmo.**

Trocas

A Banca, eventualmente, costuma perguntar sobre a possibilidade de troca de termos, portanto, atenção!

» Vírgulas, travessões e parênteses, quando isolarem um aposto, podem ser trocadas sem prejuízo para a sentença;

» Travessões podem ser trocados por dois pontos, a fim de enfatizar um enunciado.

Regra de ouro

Na ordem natural de uma sentença, é proibido:

→ Separar Sujeito e Predicado com vírgulas:

"Aqueles maravilhosos velhos ensinamentos de meu pai foram de grande utilidade. (certo) Aqueles maravilhosos velhos ensinamentos de meu pai, foram de grande utilidade. (errado)."

→ Separar Verbo de Objeto:

"O presidente do maravilhoso país chamado Brasil assinou uma lei importante. (certo) O presidente do maravilhoso país chamado Brasil assinou, uma lei importante. (errado)"

Questões

01. (CESGRANRIO) Leia o trecho:

É uma pena que haja tamanha displicência em relação ao seu uso. Poucos se dão conta de que ela é a chave que abre as portas mais emperradas, que ela facilita negociações, encurta caminhos, cria laços, aproxima as pessoas. Tanta gente nasce e morre sem dialogar com a vida. Contam coisas, falam por falar, mas não conversam, não usam a palavra como elemento de troca. Encantam-se pelo som da própria voz e, nessa onda narcísica, qualquer palavra lhes serve.

Mas não. Não serve qualquer uma.

O trecho "Mas não. Não serve qualquer uma." pode ter sua pontuação alterada, sem modificar-lhe o sentido original, em:

a) Mas não: não serve qualquer uma.
b) Mas, não; não, serve qualquer uma.
c) Mas não; não serve, qualquer uma.
d) Mas: não, não. Serve qualquer uma.
e) Mas não - não; serve qualquer uma.

02. (CESGRANRIO) Atente para as afirmações abaixo sobre a pontuação empregada em segmentos transcritos do texto.

I. Eis aí duas culturas, a grega e a romana, que na Antiguidade se reuniram para criar uma civilização comum... **A substituição das vírgulas por travessões redundaria em prejuízo para a correção e a lógica.**

II. Se Grécia e Roma foram, para Poe, uma espécie de casa... **A retirada simultânea das vírgulas não implicaria prejuízo para a correção e a lógica.**

III. ... a primeira, em suma, a tornar-se letrada no pleno sentido deste termo, e a transmitir-nos o seu conhecimento letrado. **A vírgula colocada imediatamente depois de termo é facultativa.**

Está correto o que consta APENAS em:

a) I.
b) I e II.
c) I e III.
d) II e III.
e) III.

03. (CESGRANRIO) O uso de sinais (aspas e travessão) está adequado à norma-padrão, que deve ser observada em uma correspondência oficial, na seguinte frase:

a) O artigo sobre o "processo de desregulamentação" foi publicado na Folha de São Paulo.
b) As chuvas de verão — fenômenos que se repetem desde há muito tempo podem ser previstas.
c) "Mutatis mutandis", as novas diretrizes da direção em nada alteram as antigas.
d) O cuidado com a saúde — meta prioritária do governo, será ainda maior.
e) — O diretor disse: Demita-se o funcionário.

04. (FCC) A pesquisa também chama a atenção para o novo Código Florestal, que prevê a redução de algumas áreas – ***hoje legalmente protegidas, como matas ciliares e topos de morros*** –, para serem utilizadas para a agropecuária. "Ficamos receosos de que as mudanças nas áreas protegidas possam ser terríveis para as aves e para outros animais, que vão perder ambientes naturais. E aquelas que não conseguem sobreviver nas plantações tendem a se tornar raras ou até mesmo a desaparecer", prevê o professor.

O segmento isolado pelos travessões, constitui:

a) Repetição desnecessária de uma mesma informação.
b) Introdução de um novo assunto no texto
c) Transcrição exata das palavras do pesquisador.
d) Determinação de uma área a ser explorada.
e) Informação com exemplos esclarecedores.

05. (FCC) Na escala de valores, popular, mais que um adjetivo, era um estigma. Daí o escândalo do sarau de d. Nair de Tefé. Primeira-dama, ela própria artista, afrontou a conspícua Velha República.

Mantendo-se, em linhas gerais, o sentido original, uma redação alternativa para as frases acima, em que se respeitam as regras de pontuação, é:

a) Popular, era na escala de valores mais que um adjetivo, um estigma. Daí o escândalo do sarau da primeira-dama, d. Nair de Tefé, ela própria artista, que, afrontou a conspícua Velha República.
b) Popular era, na escala de valores, mais que um adjetivo, um estigma. Daí o escândalo do sarau da primeira-dama, d. Nair de Tefé, ela própria artista, que afrontou a conspícua Velha República.
c) Popular, era na escala de valores mais que um adjetivo: um estigma. Daí o escândalo do sarau da primeira-dama, d. Nair de Tefé ela própria artista, que afrontou a conspícua Velha República.
d) Popular era, na escala de valores, mais que um adjetivo, um estigma, daí o escândalo do sarau da primeira-dama d. Nair de Tefé ela própria, artista que afrontou a conspícua Velha República.
e) Popular era, na escala de valores, mais que um adjetivo um estigma; daí o escândalo do sarau, da primeira-dama d. Nair de Tefé, ela própria, artista que afrontou, a conspícua Velha República.

06. (FCC) Está plenamente correta a pontuação do seguinte período:

a) Confessando não sem ironia, que entende de arquitetura, o cronista Rubem Braga, mestre do gênero propõe uma receita de casa, em que o porão, área frequentemente desprezada, ganha ares de profundidade e mistério.
b) Confessando, não sem ironia, que entende de arquitetura o cronista, Rubem Braga, mestre do gênero, propõe uma receita de casa, em que, o porão, área frequentemente desprezada, ganha ares de profundidade e mistério.
c) Confessando não sem ironia que entende de arquitetura, o cronista Rubem Braga, mestre do gênero, propõe: uma receita de casa em que, o porão área frequentemente desprezada, ganha ares de profundidade, e mistério.
d) Confessando, não sem ironia que, entende de arquitetura, o cronista Rubem Braga – mestre do gênero – propõe uma receita, de casa, em que o porão (área frequentemente desprezada), ganha ares de profundidade e mistério.
e) Confessando, não sem ironia, que entende de arquitetura, o cronista Rubem Braga, mestre do gênero, propõe uma receita de casa em que o porão, área frequentemente desprezada, ganha ares de profundidade e mistério.

07. (FCC - ADAPTADA) Leia o Texto:

Por mais que tudo isso venha desaparecendo dos nossos olhos e se dissolvendo em passado, em antiguidade, em raridade de museu, continua a ser parte do espírito do Rio de Janeiro. Pois as cidades são como as pessoas, em cujo espírito nada do que se passou deixa inteiramente de ser. O Rio descaracterizado de hoje guarda no seu íntimo para os que, como Gastão Cruls, sabem vê-lo histórica e sentimentalmente, uma riqueza de característicos irredutíveis ou indestrutíveis, que as páginas de Aparência do Rio de Janeiro nos fazem ver ou sentir. E este é o maior encanto do guia da cidade que o autor de A Amazônia que eu vi acaba de **escrever: dar-nos**, através da aparência do Rio de Janeiro, traços essenciais do passado e do caráter da gente carioca. Comunicar-nos do Rio de Janeiro que Gastão Cruls conhece desde seus dias de menino de morro ilustre – menino nascido à sombra do Observatório – alguma coisa de essencial. Alguma coisa do que a cidade parece ter de eterno e que vem de certa harmonia misteriosa a que tendem o branco, o preto, o roxo e o moreno – principalmente o moreno – da cor da pele dos seus homens e das suas mulheres, com o azul e o verde quente de suas águas e de suas matas.

Os dois-pontos que aparecem no trecho destacado denotam:

a) Inclusão de segmento especificativo.
b) Interrupção intencional do fluxo expositivo.
c) Intercalação de ideia isolada no contexto.
d) Constatação de fatos pertinentes ao assunto.
e) Enumeração de elementos da cidade e do povo.

Gabaritos

01	A	05	B
02	D	06	E
03	C	07	A
04	E		

13. TIPOLOGIA TEXTUAL

O conteúdo relativo à tipologia textual é, deveras, fácil. Precisamos, apenas, destacar alguns elementos estruturantes a cada tipo de texto. Dessa forma, você conseguirá responder quaisquer questões relacionadas a essa temática.

O primeiro item que se deve ter em mente na hora de analisar um texto segundo sua tipologia é o caráter da predominância. Isso quer dizer que um mesmo agrupamento textual pode possuir características de diversas tipologias distintas, porém as questões costumam focalizar qual é o "tipo" predominante, o que mais está evidente no texto. Um pouco de bom-senso e uma pequena dose de conhecimento relativo ao assunto são necessários para obter sucesso nesse conteúdo.

Trabalharemos com três tipologias básicas: **narração, dissertação e descrição.** Vamos ao trabalho:

13.1 Narração

Facilmente identificável, a tipologia narrativa guarda uma característica básica: contar algo, transmitir a ocorrência de fatos e/ou ações que possuam um registro espacial e temporal. Quer dizer, a narração necessita, também, de um espaço bem marcado e de um tempo em que as ações narradas ocorram. Discorramos sobre cada aspecto separadamente.

São elementos de uma NARRAÇÃO:

Personagem: Quem pratica ação dentro da narrativa, é claro. Deve-se observar que os personagens podem possuir características físicas (altura, aparência, cor do cabelo etc.) e psicológicas (temperamento, sentimentos, emoções etc.), as quais podem ser descritas ao longo do texto.

Espaço: Trata-se do local em que a ação narrativa ocorre.

Tempo: É o lapso temporal em que a ação é descrita. Não se engane, o tempo pode ser enunciado por um simples "era uma vez".

Ação: Não existe narração sem ação! Ou seja, os personagens precisam fazer algo, ou sofrer algo para que haja ação narrativa.

Narrador: Afinal, como será contada uma estória sem uma voz que a narre? Portanto, este é outro elemento estruturante da tipologia narrativa. O narrador pode estar inserido na narrativa ou apenas "observar" e narrar os acontecimentos.

Note-se que, na tipologia narrativa, os verbos flexionados no pretérito são mais evidentes.

Eis um exemplo de narração, tente observar os elementos descritos acima, no texto:

Um Apólogo

Machado de Assis

Era uma vez uma agulha, que disse a um novelo de linha:

— Por que está você com esse ar, toda cheia de si, toda enrolada, para fingir que vale alguma cousa neste mundo?

— Deixe-me, senhora.

— Que a deixe? Que a deixe, por quê? Porque lhe digo que está com um ar insuportável? Repito que sim, e falarei sempre que me der na cabeça.

— Que cabeça, senhora? A senhora não é alfinete, é agulha. Agulha não tem cabeça. Que lhe importa o meu ar? Cada qual tem o ar que Deus lhe deu. Importe-se com a sua vida e deixe a dos outros.

— Mas você é orgulhosa.

— Decerto que sou.

— Mas por quê?

— É boa! Porque coso. Então os vestidos e enfeites de nossa ama, quem é que os cose, senão eu?

— Você? Esta agora é melhor. Você é que os cose? Você ignora que quem os cose sou eu e muito eu?— Você fura o pano, nada mais; eu é que coso, prendo um pedaço ao outro, dou feição aos babados...

— Sim, mas que vale isso? Eu é que furo o pano, vou adiante, puxando por você, que vem atrás obedecendo ao que eu faço e mando...

— Também os batedores vão adiante do imperador.

— Você é imperador?

— Não digo isso. Mas a verdade é que você faz um papel subalterno, indo adiante; vai só mostrando o caminho, vai fazendo o trabalho obscuro e ínfimo. Eu é que prendo, ligo, ajunto...

Estavam nisto, quando a costureira chegou à casa da baronesa. Não sei se disse que isto se passava em casa de uma baronesa, que tinha a modista ao pé de si, para não andar atrás dela. Chegou a costureira, pegou do pano, pegou da agulha, pegou da linha, enfiou a linha na agulha, e entrou a coser. Uma e outra iam andando orgulhosas, pelo pano adiante, que era a melhor das sedas, entre os dedos da costureira, ágeis como os galgos de Diana — para dar a isto uma cor poética. E dizia a agulha:

— Então, senhora linha, ainda teima no que dizia há pouco? Não repara que esta distinta costureira só se importa comigo; eu é que vou aqui entre os dedos dela, unidinha a eles, furando abaixo e acima...

A linha não respondia; ia andando. Buraco aberto pela agulha era logo enchido por ela, silenciosa e ativa, como quem sabe o que faz, e não está para ouvir palavras loucas. A agulha, vendo que ela não lhe dava resposta, calou-se também, e foi andando. E era tudo silêncio na saleta de costura; não se ouvia mais que o plic-plic-plic-plic da agulha no pano. Caindo o sol, a costureira dobrou a costura, para o dia seguinte. Continuou ainda nessa e no outro, até que no quarto acabou a obra, e ficou esperando o baile.

Veio a noite do baile, e a baronesa vestiu-se. A costureira, que a ajudou a vestir-se, levava a agulha espetada no corpinho, para dar algum ponto necessário. E enquanto compunha o vestido da bela dama, e puxava de um lado ou outro, arregaçava daqui ou dali, alisando, abotoando, acolchetando, a linha para mofar da agulha, perguntou-lhe:

— Ora, agora, diga-me, quem é que vai ao baile, no corpo da baronesa, fazendo parte do vestido e da elegância? Quem é que vai dançar com ministros e diplomatas, enquanto você volta para a caixinha da costureira, antes de ir para o balaio das mucamas? Vamos, diga lá.

Parece que a agulha não disse nada; mas um alfinete, de cabeça grande e não menor experiência, murmurou à pobre agulha:

— Anda, aprende, tola. Cansas-te em abrir caminho para ela e ela é que vai gozar da vida, enquanto aí ficas na caixinha de costura. Faze como eu, que não abro caminho para ninguém. Onde me espetam, fico.

Contei esta história a um professor de melancolia, que me disse, abanando a cabeça:

— Também eu tenho servido de agulha a muita linha ordinária!

13.2 Dissertação

O texto dissertativo, também chamado por alguns de informativo, possui a finalidade de discorrer sobre determinado assunto, apresentando fatos, opiniões de especialista, dados quantitativos ou mesmo informações sobre o assunto da dissertação. É preciso entender que nem sempre a dissertação busca persuadir o seu interlocutor, ela pode simplesmente transmitir informações pertinentes ao assunto dissertado.

Quando a persuasão é objetivada, o texto passa a ter também características argumentativas. A rigor, as questões de concurso público focalizam a tipologia, não seus interstícios, portanto, não precisa ficar desesperado com o fato de haver diferença entre texto dissertativo-expositivo e texto dissertativo-argumentativo. Importa saber que ele é dissertativo.

Toda boa dissertação possui a ***Introdução*** do tema, o ***Desenvolvimento*** coeso e coerente, que está vinculado ao que se diz na introdução, e uma ***Conclusão*** lógica do texto, evidenciando o que se permite compreender por meio da exposição dos parágrafos de desenvolvimento.

A tipologia dissertativa pode ser facilmente encontrada em editoriais, textos de divulgação acadêmica, ou seja, com caráter científico, ensaios, resenhas, artigos científicos e textos pedagógicos.

Exemplo de dissertação:

Japão foi avisado sobre problemas em usinas dois anos antes, diz Wikileaks

O Wikileaks, site de divulgação de informações consideradas sigilosas, vazou um documento que denuncia que o governo japonês já havia sido avisado pela vigilância nuclear internacional que suas usinas poderiam não ser capazes de resistir a terremotos. O relatório, assinado pelo embaixador Thomas Schieffer obtido pelo WikiLeaks foi publicado hoje pelo jornal britânico, The Guardian.

O documento revela uma conversa de dezembro de 2008 entre o então deputado japonês, Taro Kono, e um grupo diplomático norte-americano durante um jantar. Segundo o relatório, um membro da Agência Internacional de Energia Atômica (AIEA) disse que as normas de segurança estavam obsoletas para aguentar os fortes terremotos, o que significaria "um problema grave para as centrais nucleares". O texto diz ainda que o governo do Japão encobria custos e problemas associados a esse ramo da indústria.

Diante da recomendação da AIEA, o Japão criou um centro de resposta de emergência em Fukushima, capaz de suportar, apenas, tremores até magnitude 7,0.

13.3 Descrição

Em um texto descritivo, faz-se um tipo de retrato por escrito de um lugar, uma pessoa, um animal ou um objeto. Os adjetivos são abundantes nessa tipologia, uma vez que a sua função de caracterizar os substantivos é extremamente exigida nesse contexto. É possível existir um texto descritivo que enuncie características de sensações ou sentimentos, porém não é muito comum em provas de concurso público. Não há relação temporal na descrição. Os verbos relacionais são mais presentes, para poder evidenciar aspectos e características. Significa "criar" com palavras uma imagem.

Exemplo de texto descritivo:

Texto extraído da prova do BRB (2010) – Banca CESPE/UnB

Nome científico: *Ginkgo biloba L.*
Nome popular: *Nogueira-do-japão*
Origem: *Extremo Oriente*
Aspecto: *as folhas dispõem-se em leque e são semelhantes ao trevo; a altura da árvore pode chegar a 40 metros; o fruto lembra uma ameixa e contém uma noz que pode ser assada e comida*

14. COMPREENSÃO E INTERPRETAÇÃO DE TEXTOS

É bastante comum e compreensível que os concursandos tenham algum tipo de dificuldade nas questões de compreensão e interpretação de textos. Isso é oriundo do próprio histórico de leituras que o candidato possui, uma vez que grande parte dos concursandos querem gabaritar uma prova, ou mesmo conseguir um cargo público, sem possuir o menor hábito de leitura. Ou seja você precisa adquirir (se ainda não possui) o bom costume de ler.

Por "ler", entende-se buscar os meandros de um texto, de uma canção, de qualquer coisa com que entremos em contato. Mesmo um discurso ou um diálogo podem ser "lidos". O grande problema fica a cargo de que o bom brasileiro gosta de fazer qualquer coisa, menos de ler. Parece até que aquilo que era uma diversão, um bom entretenimento virou um pesadíssimo "fardo". Você não pode pensar desse modo. Ler deve ser uma prática constante.

E na hora do concurso? Como proceder?

Há três elementos fundamentais para boa interpretação:

Eliminação dos vícios de leitura ;

Organização;

"Malandragem".

Vícios de leitura

A pior coisa que pode acontecer com o concursando, quando recebe aquele texto "capetótico" para ler e interpretar, é cair num vício de leitura. Veja se você possui algum deles. Caso possua, tente eliminar o quanto antes.

O Movimento:

Como tudo inicia. O indivíduo pega o texto para ler e não para quieto. Troca a maneira de sentar, troca a posição do texto, nada está bom, nada está confortável. Em casa, senta para estudar e o que acontece? Fome. Depois? Sede. Então, a pessoa fica se mexendo para pegar comida, para tomar água, para ficar mais sossegado e o fluxo de leitura vai para o espaço. FIQUE QUIETO! O conceito é militar! Sente-se e permaneça assim até acabar a leitura, do contrário, vai acabar com a possibilidade de entender o que está escrito. Estudar com televisão, rádio, *msn* e qualquer coisa dispersiva desse gênero só vai atrapalhar você.

O Apoio:

Não é aconselhável utilizar apoios para a leitura, tais como: réguas, acompanhar a linha com a caneta, ler em voz baixa, passar o dedo pelo papel etc. Basta pensar que seus olhos são muito mais rápidos que qualquer movimento ou leitura em voz alta. Gaguejou, escorregou no papel, dançou.

O Garoto da Borboleta:

Se você possui os vícios "a" e "b", certamente é um "garoto da borboleta" também. Isso quer dizer que é um desatento que fica facilmente (fatalmente) disperso. Tudo chama sua atenção: caneta batendo na mesa, o concorrente barulhento, a pessoa estranha que está em sua frente, o tempo passando etc. Você vai querer ficar voltando ao início do texto porque não conseguiu compreender nada e, finalmente, vai perder as questões de interpretação.

Organização da leitura

Para que ocorra organização, é necessário compreender que todo texto possui:

Posto: aquilo que é dito no texto. O conteúdo expresso.

Pressuposto: aquilo que não está dito, mas que é facilmente compreendido.

Subentendido: o que se pode interpretar por uma soma de dito com não-dito.

Veja um exemplo:

Alguém diz: "felizmente, meu tio parou de beber." É certo que o dito se compõe pelo conteúdo da mensagem: o homem parou de beber. O não-dito, ou pressuposto, fica a cargo da ideia de que meu tio "bebia", agora, não bebe mais. Por sua vez, o subentendido pode ser abstraído como "meu tio possuía problemas com a bebida e eu assumo isso por meio da sentença que profiro". Não é difícil! É necessário, no entanto, possuir uma certa "malandragem linguística" para perceber isso de início. Veremos isso ao longo do texto.

As dicas de organização não são novas, mas são eficazes, vamos lá:

Ler mais de uma vez o texto (quando for curtinho, é lógico):

A primeira leitura é para tomar contato com o assunto, a segunda, para observar como o texto está articulado.

Ao lado de cada parágrafo, escreva a principal ideia (tópico frasal) ou argumento mais forte do trecho. Isso ajuda você a ter clareza da temática e como ela está sendo desenvolvida.

Se o texto for muito longo, recomenda-se ler primeiro a questão de interpretação, para, então, buscá-la na leitura.

Observar as relações entre parágrafos:

Observar que há relações de exemplificação, oposição, causalidade entre os parágrafos do texto, por isso, tente compreender as relações intratextuais nos parágrafos.

Ficar de olho aberto para as conjunções adversativas: no entanto, contudo, entretanto, etc.

Atentar para o comando da questão:

Responda àquilo que foi pedido.

» **Dica**: entenda que modificar e prejudicar o sentido não são a mesma coisa.

Palavras de alerta (polarizadoras):

Sublinhar palavras como: erro, incorreto, correto e exceto, para não se confundir no momento de responder à questão.

Inaceitável, incompatível e incongruente também podem aparecer.

Limitar os horizontes:

Não imaginar que você sabe o que o autor quis dizer, mas sim entender o que ele disse: o que ele escreveu. Não extrapolar a significação do texto. Para isso, é importante prestar atenção no significado das palavras.

Pode até ser coerente o que você concluiu, mas se não há base textual, descarte.

» **Ex.**: O homem **pode** morrer de infarto. / O homem **deve** morrer de infarto.

Busque o tema central do texto:

Geralmente aparece no primeiro parágrafo do texto.

Desenvolvimento:

Se o enunciado mencionar a argumentação do texto, você deve buscar entender o que ocorre com o desenvolvimento dos parágrafos.

Verificar se o desenvolvimento ocorre por:

» Causa e consequência;

» Enumeração de fatos;

» Retrospectiva histórica;

» Fala de especialista;

» Resposta a um questionamento;
» Sequência de dados;
» Estudo de caso;
» Exemplificação.

Relatores:

Atentar para os pronomes relativos e demonstrativos no texto. Ele auxiliam o leitor a entender como se estabelece a coesão textual.

Alguns deles:

» Que;
» Cujo;
» O qual;
» Onde;
» Esse;
» Este;
» Isso;
» Isto.

Entender se a questão é de interpretação ou de compreensão:

Interpretação

Parte do texto para uma conclusão. As questões que solicitam uma inferência apresentam as seguintes estruturas:

» É possível entender que...
» O texto possibilita o entendimento de que...
» O texto encaminha o leitor para...
» O texto possibilita deduzir que...
» Depreende-se do texto que...
» Com apoio no texto, infere-se que...
» Entende-se que...
» Compreende-se que...

Compreensão

Buscam-se as informações solicitadas pela questão no texto. As questões dessa natureza possuem as seguintes estruturas:

» De acordo com o texto, é possível afirmar....
» Segundo o texto...
» Conforme o autor...
» No texto...
» Conforme o texto...

Tomar cuidado com as generalizações.

Na maior parte das vezes, o elaborador da prova utiliza a generalização para tornar a questão incorreta.

Atenção para as palavras "sempre, nunca, exclusivamente, unicamente, somente".

O que você não deve fazer!

"Viajar" no texto: interpretar algo para além do que o texto permite.

Ser "mão-de-vaca": interpretar apenas um trecho do texto.

Dar uma de "Zé Mané" e entender o contrário: fique atento a palavras como "pode", "não", "deve" etc.

"Malandragem da banca"

Talvez seja essa a característica mais difícil de se desenvolver no concursando, pois ela envolve o conhecimento do tipo de interpretação e dos limites estabelecidos pelas bancas. Só há uma maneira de ficar "malandro" estudando para concurso público: realizando provas! Pode parecer estranho, mas depois de resolver 200 questões da mesma banca, você já consegue prever como será a próxima questão. Prever é garantir o acerto! Então, faça exercícios até cansar e, quando cansar, faça mais um pouco. Assim você fica "malandro" na banca!

Vamos trabalhar com alguns exemplos agora:

Exemplo I

Entre os maiores obstáculos ao pleno desenvolvimento do Brasil, está a educação. Este é o próximo grande desafio que deve ser enfrentado com paciência, mas sem rodeios. É a bola da vez dentro das políticas públicas prioritárias do Estado. Nos anos 90 do século passado, o país derrotou a inflação — que corroía salários, causava instabilidade política e irracionalidade econômica. Na primeira década deste século, os avanços deram-se em direção a uma agenda social, voltada para a redução da pobreza e da desigualdade estrutural. Nos próximos anos, a questão da melhoria da qualidade do ensino deve ser uma obrigação dos governantes, sejam quais forem os ungidos pelas decisões das urnas.

Jornal do Brasil, Editorial, 21/1/2010 (com adaptações).

Agora o mesmo texto, devidamente marcado.

Entre **os maiores obstáculos** ao pleno desenvolvimento do Brasil, está a educação. Este é o **próximo grande desafio** que deve ser enfrentado com paciência, mas sem rodeios. É a **bola da vez** dentro das políticas públicas prioritárias do Estado. **Nos anos 90 do século passado,** o país derrotou a inflação — que corroía salários, causava instabilidade política e irracionalidade econômica. **Na primeira década deste século**, os avanços deram-se em direção a uma agenda social, voltada para a redução da pobreza e da desigualdade estrutural. **Nos próximos anos**, a questão da melhoria da qualidade do ensino deve ser uma **OBRIGAÇÃO DOS GOVERNANTES**, sejam quais forem os ungidos pelas decisões das urnas.

Comentário: Observe que destacamos para você elementos que podem surgir, posteriormente como questões. O texto inicia falando que há mais obstáculos além da educação. Também argumenta, posteriormente, que já houve outros desafios além desse que ele chama de "próximo grande desafio". Utilizando uma expressão de sentido **Conotativo** (bola da vez), o escritor anuncia que a educação ocupa posição de destaque quando o assunto se volta para as políticas públicas prioritárias do Estado.

No decorrer do texto, que se desenvolve por um tipo de retrospectiva histórica (veja o que está sublinhado), o redator traça um panorama dessas políticas públicas ao longo da história do país, fazendo uma previsão para os anos vindouros (o que foi destacado em caixa alta).

Exemplo II

Um passo fundamental para que não nos enganemos quanto à **natureza do capitalismo contemporâneo** e o significado das políticas empreendidas pelos países centrais para enfrentar a recente **crise econômica** é problematizarmos, com cuidado, o termo **neoliberalismo**: "começar pelas palavras talvez não seja coisa vã", escreve Alfredo Bosi em Dialética da Colonização.

A partir da década de 1980, buscando exprimir a natureza do capitalismo contemporâneo, muitos, principalmente os críticos, utilizaram esta palavra que, por fim, se generalizou. Mas o que, de fato, significa? O prefixo neo quer dizer novo; portanto, novo liberalismo. Ora, durante o século **XIX DEU-SE A CONSTRUÇÃO DE UM LIBERALISMO** que viria encontrar a sua crise definitiva na I Guerra Mundial em 1914 e na crise de 1929. Mas desde o período entre guerras e, sobretudo, depois, com o término da II Guerra Mundial, em 1945, tomou corpo um novo modelo, principalmente na Europa, que de certa forma se contrapunha ao velho liberalismo: era **O MUNDO DA SOCIALDEMOCRACIA**, da presença do Estado na vida econômica, das ações políticas inspiradas na reflexão teórica do economista britânico John Keynes, um crítico do liberalismo econômico clássico que viveu na primeira metade do século XX. Quando esse modelo também entrou em crise, no princípio da década de 1970, surgiu a perspectiva de **RECONSTRUÇÃO DA ORDEM LIBERAL**. Por isso, novo liberalismo, neoliberalismo.

(Grupo de São Paulo, disponível em http://www.correiocidadania.com.br/content/view/5158/9/, acesso em 28/10/2010)

Exemplo III

Em Defesa do Voto Obrigatório

O voto, direito duramente conquistado, **deve ser considerado um dever** cívico, sem o exercício do qual o **direito se descaracteriza ou se perde**, afinal liberdade e democracia são fins e não apenas meios. Quem vive em uma comunidade política não pode estar **DESOBRIGADO** de opinar sobre os rumos dela. Nada contra a desobediência civil, recurso legítimo para o protesto cidadão, que, no caso eleitoral, se pode expressar no voto nulo (cuja tecla deveria constar na máquina utilizada para votação). Com o **voto facultativo**, o direito de votar e o de não votar ficam inscritos, em pé de igualdade, no corpo legal. Uma parte do eleitorado deixará voluntariamente de opinar sobre a constituição do poder político. O desinteresse pela política e a descrença no voto são registrados como mera "escolha", sequer como desobediência civil ou protesto. **A consagração da alienação política** como um direito legal interessa aos conservadores, reduz o peso da soberania popular e desconstitui o sufrágio como universal.

Para o **cidadão ativo,** que, além de votar, se organiza para garantir os direitos civis, políticos e sociais, o enfoque é inteiramente outro. O tempo e o **TRABALHO DEDICADOS AO ACOMPANHAMENTO CONTINUADO DA POLÍTICA NÃO SE APRESENTAM COMO RESTRITIVOS DA LIBERDADE INDIVIDUAL.** Pelo contrário, são obrigações auto-assumidas no esforço de construção e aprofundamento da democracia e de vigília na defesa das liberdades individuais e públicas. A ideia de que a democracia se constrói nas lutas do dia a dia se contrapõe, na essência, ao modelo liberal. O cidadão escolado na disputa política sabe que a liberdade de não ir votar é uma armadilha. Para que o sufrágio continue universal, para que todo poder emane do povo e não, dos donos do poder econômico, o voto, além de ser um direito, **deve conservar a sua condição de dever cívico.**

Exemplo IV

Madrugada na aldeia

Madrugada na aldeia nervosa,
com as glicínias escorrendo orvalho,
os figos prateados de orvalho,
as uvas multiplicadas em orvalho,
as últimas uvas miraculosas.

O silêncio está sentado pelos corredores,
encostado às paredes grossas,
de sentinela.

E em cada quarto os cobertores peludos envolvem o sono:
poderosos animais benfazejos, encarnados e negros.
Antes que um sol luarento
dissolva as frias vidraças,
e o calor da cozinha perfume a casa
com lembrança das árvores ardendo,
a velhinha do leite de cabra desce as pedras da rua
antiquíssima, antiquíssima,
e o pescador oferece aos recém-acordados
os translúcidos peixes,
que ainda se movem, procurando o rio.

(Cecília Meireles. Mar absoluto, in Poesia completa. Rio de Janeiro: Nova Aguilar, 1994, p.311)

15. PARÁFRASE UM RECURSO PRECIOSO

Parafrasear, em sentido lato, significa reescrever uma sequência de texto sem alterar suas informações originais. Isso quer dizer que o texto resultante deve apresentar o mesmo sentido do texto original, modificando, evidentemente, apenas a ordem frasal ou o vocabulário. Há algumas exigências para uma paráfrase competente. São elas:

Usar a mesma ordem das ideias que aparecem no texto original.

Em hipótese alguma é possível omitir informações essenciais.

Não tecer comentários acerca do texto original, apenas parafrasear, sem frescura.

Usar construções sintáticas e vocabulares que, apesar de manterem o sentido original, sejam distintas das do texto base.

Os passos da paráfrase

Vamos entender que há alguns recursos para parafrasear um texto. Apresentarei alguns com a finalidade de clarear mais o assunto em questão.

A utilização de termos sinônimos.

O presidente assinou o documento, **mas** esqueceu-se de pegar sua caneta. / O presidente assinou o documento, **contudo** esqueceu-se de pegar sua caneta.

O uso de palavras antônimas, valendo-se de palavra negativa.

José era um **covarde.**

José **não** era um **valente.**

Emprego de termos anafóricos.

São Paulo e Palmeiras são dois times brasileiros. O São Paulo venceu o Palmeiras na semana passada. / São Paulo e Palmeiras são dois times brasileiros. **Aquele** (São Paulo) venceu **este** (Palmeiras) na semana passada.

Permuta de termo verbal por nominal, e vice-versa.

É importante que chegue cedo. / **Sua chegada** é importante.

Deixar termos elípticos.

Eu preciso da colaboração de todos. / Preciso da colaboração de todos.

Alteração da ordem frasal.

Adalberto venceu o último desafio de sua vida ontem. / Ontem, Adalberto venceu o último desafio de sua vida.

Transposição de voz verbal.

Joel cortou a seringueira centenária. / A seringueira centenária foi cortada por Joel.

Troca de discurso.

Naquela manhã, Oséas dirigiu-se ao pai dizendo: "Cortarei a grama sozinho." (discurso direto).

Naquela manhã, Oséas dirigiu-se ao pai dizendo que cortaria a grama sozinho. (discurso indireto).

Troca de palavras por expressões perifrásticas.

O Rei do Futebol esteve presente durante as celebrações. / **Pelé** esteve presente durante as celebrações.

Troca de locuções por palavras de mesmo sentido:

A turma **da noite** está comprometida com os estudos. / A turma **noturna** está mais comprometida com os estudos.

Questões

01. Leia o texto

O que passa na cabeça deles?

Quem tem um bicho de estimação sabe muito bem: seu gato, cachorro, papagaio, hamster ou o que seja é o mais esperto do mundo. Até meados do século passado, porém, a inteligência animal era considerada inexistente. Suas atitudes e ações eram descritas como simples respostas instintivas ou estratégias de sobrevivência, sem nenhuma relação com a cognição, que se acreditava ser exclusiva do ser humano. Foi só a partir dos anos 1960 que estudos de longo prazo começaram a produzir pistas de que, sim, os animais pensam, são capazes de resolver problemas, aprender com seus erros e se adaptar a novas situações, assim como os seres humanos. Mas o que se passa na cabeça deles? Algumas espécies têm autoconsciência? Quão inteligentes são os animais? Apesar dos avanços nas pesquisas, estas e outras perguntas permanecem sem resposta, gerando controvérsias entre os especialistas. – O que existe hoje são várias linhas de entendimento do que vem a ser a inteligência animal. Há estudos feitos em ambiente natural, mas também tem muita coisa sendo feita em laboratórios – o que nos é contado pelo biólogo Salvatore Siciliano, pesquisador da Escola Nacional de Saúde da Fundação Oswaldo Cruz (Fiocruz). As pesquisas podem levar anos para chegar a conclusões bem simples, mas, à medida que aumenta o esforço de observação e amostragem, estamos passando a perceber que os animais são, sim, algo inteligentes. Quando elaborou sua Teoria da Evolução, no século XIX, Charles Darwin a estendeu para o desenvolvimento do cérebro humano. Como outros aspectos da nossa fisiologia, a inteligência teria evoluído a partir de organismos mais simples em resposta a desafios comuns a quase todos os animais, como as necessidades de se alimentar, reproduzir e interagir com o ambiente. Atualmente, faz parte do senso comum considerar que grandes primatas como os chimpanzés, cujo DNA é 99% igual ao dos seres humanos, apresentam um certo grau de inteligência, assim como outros mamíferos mais desenvolvidos, como cetáceos (baleias e golfinhos) e elefantes. Surpreendente, no entanto, foi verificar que mesmo espécies mais longe da escala e árvore evolutivas, como pássaros e polvos, também demonstram sinais de inteligência.

César Baima – O Globo, Planeta Terra, outubro 2010 (adaptado)

Sobre o título dado ao texto, pode-se fazer, de forma adequada, a seguinte afirmação:

a) A pergunta não é respondida no texto;

b) Trata-se de uma questão sobre a qual a ciência ainda não apresenta todas as respostas;

c) Representa uma interrogação feita pelos proprietários de animais domésticos;

d) O pronome eles se refere exclusivamente aos animais domésticos;

e) A pergunta fala sobre as preocupações dos donos de animais.

02. (NCE – UFRJ) - "...é o mais esperto do mundo." Esse pensamento representa:

a) Uma antiga forma de pensar sobre a inteligência animal;

b) Um pensamento corrente sobre os animais selvagens;

c) Um conceito errado sobre os animais domésticos;

d) Um carinhoso modo de pensar sobre animais de estimação;

e) Um falso pensamento fundamentado apenas nas aparências.

03. (NCE – UFRJ) A presença do biólogo no texto tem a seguinte utilidade textual:

a) Mostrar que a publicação é internacional;

b) Dar mais autoridade e credibilidade ao texto;

c) Demonstrar atualização brasileira no tema estudado;

d) Indicar pessoas que demonstram interesse pelo tema estudado;

e) Convencer o leitor de que o tema é importante.

04. (NCE – UFRJ) O texto desta prova deve ser caracterizado como:

a) Informativo sobre conhecimentos atuais no tema analisado;

b) Narrativo de uma sequência de fatos ocorridos nos últimos anos;

c) Descritivo de um conjunto de ideias científicas sobre os animais;

d) Argumentativo a respeito de prós e contras das recentes descobertas;

e) Publicitário sobre os trabalhos da Fiocruz.

05. (FCC) Leia o texto:

Como declaração de princípios que é, a Declaração Universal dos Direitos Humanos não cria obrigações legais aos Estados, salvo se as respectivas Constituições estabelecem que os direitos fundamentais e as liberdades nelas reconhecidos serão interpretados de acordo com a Declaração. Todos sabemos, porém, que esse reconhecimento formal pode acabar por ser desvirtuado ou mesmo denegado na ação política, na gestão econômica e na realidade social. A Declaração Universal é geralmente considerada pelos poderes econômicos e pelos poderes políticos, mesmo quando presumem de democráticos, como um documento cuja importância não vai muito além do grau de boa consciência que lhes proporcione.

Nesses cinquenta anos não parece que os governos tenham feito pelos direitos humanos tudo aquilo a que, moralmente, quando não por força da lei, estavam obrigados. As injustiças multiplicam-se no mundo, as desigualdades agravam-se, a ignorância cresce, a miséria alastra. A mesma esquizofrênica humanidade que é capaz de enviar instrumentos a um planeta para estudar a composição das suas rochas assiste indiferente à morte de milhões de pessoas pela fome. Chega-se mais facilmente a Marte neste tempo do que ao nosso próprio semelhante.

Alguém não anda a cumprir o seu dever. Não andam a cumpri-lo os governos, seja porque não sabem, seja porque não podem, seja porque não querem. Ou porque não lho permitem os que efetivamente governam, as empresas multinacionais e pluricontinentais cujo poder, absolutamente não democrático, reduziu a uma casca sem conteúdo o que ainda restava de ideal de democracia. Mas também não estão a cumprir o seu dever os cidadãos que somos. Foi-nos proposta uma Declaração Universal dos Direitos Humanos e com isso julgamos ter tudo, sem repararmos que nenhuns direitos poderão subsistir sem a simetria dos deveres que lhes correspondem, o primeiro dos quais será exigir que esses direitos sejam não só reconhecidos,mas também respeitados e satisfeitos. Não é de esperar que os governos façam nos próximos cinquenta anos o que não fizeram nestes que comemoramos. Tomemos, então, nós, cidadãos comuns, a palavra e a iniciativa. Com a mesma veemência e a mesma força com que reivindicamos os nossos direitos, reivindiquemos também o dever dos nossos deveres. Talvez o mundo possa começar a tornar-se um pouco melhor.

(Trecho do discurso de José Saramago no banquete de encerramento da entrega do Prêmio Nobel, em 10 de dezembro de 1998. Transcrição segundo as normas brasileiras de ortografia.)

No texto, o autor

a) Reconhece o esforço empreendido por governos, mesmo os não democráticos, no sentido de respeitar integralmente os postulados da Declaração Universal dos Direitos Humanos.

b) Aponta a necessidade de participação de toda a sociedade, em todos os países, na aplicação efetiva dos princípios constantes da Declaração Universal dos Direitos Humanos.

c) Detém-se na história da elaboração da Declaração Universal dos Direitos Humanos, documento importante para a afirmação dos direitos e liberdades fundamentais do homem.

d) Relata as dificuldades encontradas em alguns países e regiões como justificativa para o fato de que os princípios da Declaração Universal ainda não estejam sendo respeitados integralmente.

e) Defende o respeito que deve merecer uma Constituição, como norma legal maior em cada Estado, para nortear toda possível ação política e até mesmo econômica.

Gabaritos

01	A
02	D
03	B
04	A
05	B

16. ORTOGRAFIA

A ortografia é a parte da Gramática que estuda a escrita correta das palavras. O próprio nome da disciplina já designa tal função. É oriunda das palavras gregas ***ortho*** que significa "correto" e ***graphos*** que significa "escrita". Neste capítulo, vamos estudar alguns aspectos da correta grafia das palavras: o emprego de algumas letras que apresentam dificuldade para os falantes do Português.

Atualmente, há um confusão a respeito do sistema ortográfico vigente. O último sistema foi elaborado em 1990, com base em um sistema de 1986, e será implantado em todos os países de língua lusófona. No Brasil, a adesão ao acordo se deu em 2009 e, como leva 4 anos para ser implantado, teríamos dois sistemas oficiais até 31 de dezembro de 2013. Bem, seria isso, se não houvesse a prorrogação do prazo até o ano de 2016. A partir de então, vale apenas o Novo Acordo Ortográfico.

Por certo, dúvidas pairam pela cabeça do aluno: que sistema devo usar? Qual sistema devo aprender? O melhor é estudar o sistema antigo, aprendendo quais foram as atualizações, assim, garante-se que não errará pela novidade ou pela tradição. A banca deve avisar no edital do concurso ou no comando da questão qual sistema ortográfico está levando em consideração. Como as maiores alterações estão no terreno de acentuação e emprego do hífen (para o Português falado no Brasil, evidentemente), não teremos grandes surpresas neste capítulo. Vamos ao trabalho.

O Alfabeto

As letras K, W e Y foram inseridas no alfabeto devido a uma grande quantidade de palavras que são grafadas com tais letras e não podem mais figurar como termos exóticos em relação ao português. Eis alguns exemplos de seu emprego:

Em abreviaturas e em símbolos de uso internacional:

Kg - quilograma / **w** - watt /

Em palavras estrangeiras de uso internacional, nomes próprios estrangeiros e seus derivados:

Kremlin, Kepler, Darwin, Byron, byroniano.

O alfabeto, também conhecido como abecedário, é formado (a partir do novo acordo ortográfico) por 26 letras.

Forma Maiúscula		Forma Minúscula	
A	B	a	b
C	D	c	d
E	F	e	f
G	H	g	h
I	J	i	j
K	L	k	l
M	N	m	n
O	P	o	p
Q	R	q	r
S	T	s	t
U	V	u	v
W	X	w	x
Y	Z	y	z

O emprego da letra "H"

A letra H demanda um pouco de atenção. Apesar de não possui verdadeiramente sonoridade, utilizamo-la, ainda, por convenção histórica. Seu emprego, basicamente, está relacionado às seguintes regras:

No início de algumas palavras, por sua origem:

Ex.: Hoje, hodierno, haver, Helena, helênico.

No fim de algumas interjeições:

Ah! Oh! Ih! Uh!

No interior de palavra compostas que preservam o hífen, nas quais o segundo elemento se liga ao primeiro:

Super-homem, pré-história, sobre-humano.

Nos dígrafos NH, LH e CH:

Tainha, lhama, chuveiro.

O emprego de "E" e "I"

Existe uma curiosidade a respeito do emprego dessas letras nas palavras que escrevemos: o fato de o "e", no final da palavra, ser pronunciado como uma semivogal faz com que muitos falantes sintam aquela vontade de grafar a palavra com "i". Bem, veremos quais são os principais aspectos do emprego dessas letras.

Escreveremos com "e"

Palavras formadas com o prefixo ante- (que significa antes, anterior):

Antebraço, antevéspera, antecipar, antediluviano etc.

A sílaba final de formas conjugadas dos verbos terminados em –OAR e –UAR (quando estiverem no subjuntivo). Ex.:

Abençoe (abençoar)

Continue (continuar)

Pontue (pontuar)

Algumas palavras, por sua origem: arrepiar, cadeado, creolina, desperdiçar, desperdício, destilar, disenteria, empecilho, indígena, irrequieto, mexerico, mimeógrafo, orquídea, quase, sequer, seringa, umedecer etc.

Escreveremos com "i"

Palavras formadas com o prefixo anti- (que significa contra). Ex.:

Antiaéreo, anticristo, antitetânico, anti-inflamatório.

A sílaba final de formas conjugadas dos verbos terminados em –AIR, -OER e –UIR:

Cai (cair)

Sai (sair)

Diminui (diminuir)

Dói (doer)

Os ditongos AI, OI, ÓI, UI:

Pai

Foi

Herói

Influi.

As seguintes palavras: aborígine, chefiar, crânio, criar, digladiar, displicência, escárnio, implicante, impertinente, impedimento, inigualável, lampião, pátio, penicilina, privilégio, requisito etc.

Vejamos alguns casos em que o emprego das letras "E" e "I" pode causar uma alteração semântica:

Escrito com "e"
Arrear = pôr arreios
Área = extensão de terra, local
Delatar = denunciar
Descrição = ação de descrever
Descriminação = absolver
Emergir = vir à tona
Emigrar = sair do país ou do local de origem
Eminente = importante

Escrito com "i"
Arriar = abaixar, desistir
Ária = peça musical
Dilatar = alargar, aumentar
Discrição = qualidade do discreto
Discriminar = separar, estabelecer diferença
Imergir = mergulhar
Imigrar = entrar em um país estrangeiro
Iminente = próximo, prestes e ocorre

O Novo Acordo Ortográfico explica que, agora, escreve-se com "i" antes de sílaba tônica. Veja alguns exemplos: acriano (admite-se, por ora, acreano), rosiano (de Guimarães Rosa), camoniano, nietzschiano (de Nietzsche) etc.

O emprego de O e U

Vejamos como empregar essas letras, a fim de que não mais possamos errar.

Apenas por exceção, palavras em Português com sílabas finais átonas (fracas) terminam por us; o comum é que se escreva com o ou os. Veja os exemplos: carro, aluno, abandono, abono, chimango etc.

Exemplos das exceções a que aludimos: bônus, vírus, ônibus etc.

Em palavras proparoxítonas ou paroxítonas com terminação em ditongo, são comuns as terminações –UA, -ULA, -ULO:

Tábua, rábula, crápula, coágulo.

As terminações –AO, -OLA, -OLO só aparecem em algumas palavras: mágoa, névoa, nódoa, agrícola1, vinícola, varíola etc.

Fique de olho na grafia destes termos:

Com a letra O: abolir, boate, botequim, bússola, costume, engolir, goela, moela, moleque, mosquito etc.

Com a letra U: bulício, buliçoso, bulir, camundongo, curtume, cutucar, jabuti, jabuticaba, rebuliço, urtiga, urticante etc.

1 Em razão da construção íncola (quem vive, habitante), por isso, silvícola, terrícola etc.

O emprego de G e J

Essas letras, por apresentarem o mesmo som eventualmente, costumam causar problemas de ortografia. Vamos tentar facilitar o trabalho: a letra "g" só apresenta o som de "j" diante das letras "e" e "i": gesso, gelo, agitar, agitador, agir, gíria.

Escreveremos com "G"

Palavras terminadas em - AGEM, -IGEM, -UGEM. Ex.:

Garagem, vertigem, rabugem, ferrugem, fuligem etc.

Exceções: pajem, lambujem (doce ou gorjeta), lajem (pedra da sepultura).

As palavras terminadas em –ÁGIO, ÉGIO, ÍGIO, ÓGIO, ÚGIO:

Contágio, régio, prodígio, relógio, refúgio.

As palavras derivadas de outras que já possuem a letra "g".

Viagem - viageiro
Ferrugem - ferrugento
Vertigem - vertiginoso
Regime - regimental
Selvagem - selvageria
Regional - regionalismo

Em geral, após a letra "r"

Ex.: Aspergir, divergir, submergir, imergir etc.

As palavras:

De origem latina: agir, gente, proteger, surgir, gengiva, gesto etc.

De origem árabe: álgebra, algema, ginete, girafa, giz etc.

De origem francesa: estrangeiro, agiotagem, geleia, sargento etc.

De origem italiana: gelosia, ágio etc.

Do castelhano: gitano.

Do inglês: gim.

Escreveremos com "J"

Os verbos terminados em –JAR ou –JEAR e suas formas conjugadas:

Gorjear: gorjeia (lembre-se das "aves"), gorjeiam, gorjearão.

Viajar: viajei, viaje, viajemos, viajante.

Cuidado para não confundir os termos viagem (substantivo) com viajem (verbo "viajar"). Vejamos o emprego.

"Ele fez uma bela viagem."

"Tomara que eles viajem amanhã."

Palavras derivadas de outras terminadas em –JA.

Granja: granjeiro, granjear.
Loja: lojista, lojinha.
Laranja: laranjal, laranjeira.
Lisonja: lisonjeiro, lisonjeador.
Sarja: sarjeta.

Palavras cognatas (raiz em comum) ou derivadas de outras que possuem o "j".

Laje: lajense, lajedo.

Nojo: nojento, nojeira.

Jeito: jeitoso, ajeitar, desajeitado.

Nas palavras: conjetura, ejetar, injeção, interjeição, objeção, objeto, objetivo, projeção, projeto, rejeição, sujeitar, sujeito, trajeto, trajetória, trejeito.

Palavras de origem ameríndia (geralmente tupi-guarani) ou africana: canjerê, canjica, jenipapo, jequitibá, jerimum, jia, jiboia, jiló, jirau, Moji, pajé, pajéu.

Nas palavras: berinjela, cafajeste, jeca, jegue, Jeremias, jerico, jérsei, majestade, manjedoura, ojeriza, pegajento, rijeza, sujeira, traje, ultraje, varejista.

Orientações sobre a grafia do fonema /s/

Podemos representar o fonema /s/ por:

S: ânsia, cansar, diversão, farsa.

SS: acesso, assar, carrossel, discussão.

C, Ç: acetinado, cimento, açoite, açúcar.

SC, SÇ: acréscimo, adolescente, ascensão, consciência, nasço, desça

X: aproximar, auxiliar, auxílio, sintaxe.

XC: exceção, exceder, excelência, excepcional.

Como se grafa, então?

Escreveremos com s:

A correlação nd - ns:

Pretender - pretensão, pretenso;

Expandir - expansão, expansivo.

A correlação rg - rs:

Aspergir - aspersão;

Imergir - imersão;

Emergir - emersão .

A correlação rt - rs:

Divertir - diversão;

Inverter - inversão.

O sufixo - ense:

paranaense;

cearense;

londrinense.

Escreveremos com ss:

A correlação ced - cess:

Ceder - cessão;

Interceder - intercessão;

Retroceder - retrocesso .

A correlação gred - gress

Agredir - agressão, agressivo;

Progredir - progressão, progresso.

A correlação prim - press

Imprimir - impressão, impresso;

Oprimir - opressão, opressor;

Reprimir - repressão, repressivo.

A correlação meter - miss

Submeter - submissão;

Intrometer - intromissão.

Escreveremos com c ou com "Ç"

Palavras de origem tupi ou africana. Ex.:

Açaí, araçá, Iguaçu, Juçara, muçurana, Paraguaçu, caçula, cacimba.

O "ç" só será usado antes das vogais a, o, u.

Com os sufixos:

aça: barcaça;

ação: armação;

çar: aguçar;

ecer: esmaecer;

iça: carniça;

nça: criança;

uça: dentuça.

Palavras derivadas de verbos terminados em –ter (não confundir com a regra do –meter / s):

Abster -> abstenção;

Reter -> retenção;

Deter -> detenção.

Depois de ditongos:

Feição;

louça;

traição.

Palavras de origem árabe:

açúcar;

açucena;

cetim;

muçulmano.

Emprego do SC

Escreveremos com sc palavras que são termos emprestados do latim:

adolescência;

ascendente;

consciente;

crescer;

descer;

fascinar;

fescenino.

Grafia da letra s com som de "Z"

Escreveremos com "S":

Terminações –ês, -esa, -isa, que indicam nacionalidade, título ou origem:

- ***Japonês*** - japonesa;
- ***Marquês*** - marquesa;
- ***Camponês*** - camponesa.

Após ditongos:

- causa;
- coisa;
- lousa;
- Sousa.

As formas dos verbos pôr e querer e de seus compostos:

- Eu pus, nós pusemos, pusésseis etc.
- Eu quis, nós quisemos, quisésseis etc.

As terminações –oso e –osa, que indicam qualidade:

- gostoso;
- garboso;
- fervorosa;
- talentosa.

O prefixo trans-:

- transe;
- transação;
- transoceânico.

Em diminutivos cujo radical termine em "***S***":

- ***Rosa*** - rosinha;
- ***Teresa*** - Teresinha;
- ***Lápis*** - lapisinho.

A correlação "***d***" - "***s***":

- ***Aludir*** - alusão, alusivo;
- ***Decidir*** - decisão, decisivo;
- ***Defender*** - defesa, defensivo.

Verbos derivados de palavras cujo radical termina em s:

- ***Análise*** - analisar;
- ***Presa*** - apresar;
- ***Êxtase*** - extasiar.
- ***Português*** - aportuguesar

Os substantivos com os sufixos gregos –esse, isa, -ose:

- catequese;
- diocese;
- poetisa;
- virose.

(obs.: "catequizar" com "z")

Os nomes próprios:

- Baltasar;
- Heloísa;
- Isabel;
- Isaura;
- Luísa;
- Sousa;
- Teresa.

As palavras:

- análise;
- cortesia;
- hesitar;
- reses;
- vaselina;
- avisar;
- defesa;
- obséquio;
- revés;
- vigésimo;
- besouro;
- fusível;
- pesquisa;
- tesoura;
- colisão;
- heresia;
- querosene;
- vasilha.

Emprego da letra "Z"

Escreveremos com "z"

As terminações - ez, -eza de substantivos abstratos derivados de adjetivos:

- ***Belo*** - beleza;
- ***Rico*** - riqueza;
- ***Altivo*** - altivez;
- ***Sensato*** - sensatez.

Os verbos formados com os sufixo - izar e palavras cognatas:

- balizar;
- inicializar;
- civilizar.

As palavras derivadas em:

- ***zal:*** cafezal, abacaxizal;
- ***zeiro:*** cajazeiro, açaizeiro;
- ***zito:*** avezita.
- ***zinho:*** cãozinho, pãozinho, pezinho

Os derivados de palavras cujo radical termina em z:

- Cruzeiro;
- Esvaziar.

As palavras:

- azar;
- aprazível;

baliza;
buzina;
bazar;
cicatriz;
ojeriza;
prezar;
proeza;
vazamento;
vizinho;
xadrez;
xerez.

Emprego do X e do CH

A letra X pode representar os seguintes fonemas:

/ch/: xarope;
/cx/: sexo, tóxico;
/z/: exame;
/ss/: máximo;
/s/: sexto.

Escreveremos com "X"

Em geral, após um ditongo:

Caixa, peixe, ameixa, rouxinol, caixeiro (exceções: recauchutar e guache)

Geralmente, depois de sílaba iniciada por -em:

enxada;
enxerido;
enxugar;
enxurrada.

Encher (e seus derivados); palavras que iniciam por ch e recebem o prefixo en- "encharcar, enchumaçar, enchiqueirar, enchumbar". "Enchova" também é uma exceção.

Em palavras de origem indígena ou africana:

abacaxi;
xavante;
xará;
orixá;
xinxim.

Após a sílaba me no início da palavra:

mexerica;
mexerico;
mexer;
mexida.
(exceção: mecha de cabelo)

Nas palavras:

bexiga;
bruxa;
coaxar;
faxina;
graxa;
lagartixa;
lixa;
praxe;
vexame;
xícara;
xale;
xingar;
xampu.

Escreveremos com "CH"

→ As seguintes palavras, em razão de sua origem:

chave;
cheirar;
chuva;
chapéu;
chalé;
charlatão;
salsicha;
espadachim;
chope;
sanduíche;
chuchu;
cochilo;
fachada;
flecha;
mecha;
mochila;
pechincha.

Atente para a divergência de sentido com os seguintes elementos

bucho - estômago	buxo - espécie de arbusto
cheque - ordem de pagamento	xeque - lance do jogo de xadrez
tacha - pequeno prego	taxa - imposto

Questões

01. (ESAF) O texto abaixo foi transcrito com adaptações. Assinale a opção que corresponde a erro gramatical ou de grafia de palavra.

Em alguns países mais afetados pela crise global, como os Estados Unidos, a indústria buscou aumentar sua competitividade por meio da forçada redução dos custos de produção, **o que** (1) implicou demissões em massa. Mesmo com menos trabalhadores, a indústria manteve ou ampliou a produção, alcançando ganhos notáveis de produtividade. Mesmo que **aceitasse** (2) arcar com um custo social tão alto, dificilmente o Brasil **alcançaria**(3) resultados econômicos tão rápidos. O aumento da produtividade do trabalhador brasileiro é limitado, entre outros fatores, pela **defazagem** (4) nos investimentos em educação. Com **escassez** (5) de trabalhadores qualificados, exigidos cada vez mais pelo mercado de trabalho, os salários de determinadas funções tendem a subir bem mais do que a produtividade média do setor, que afeta o preço dos bens finais.

(Editorial, O Estado de S. Paulo, 24/3/2012)

a) 1
b) 2
c) 3
d) 4
e) 5

02. (ESAF) O texto abaixo foi transcrito com adaptações. Assinale a opção que corresponde a erro gramatical ou de grafia de palavra.

Poucos dias depois de **estender** (1) a cobrança de 6% do Imposto sobre Operações Financeiras – IOF para os empréstimos externos de cinco anos (antes eram taxados apenas os de três anos), como parte da guerrilha que **mantém** (2) para conter a valorização do real frente **ao** (3) dólar, o ministro da Fazenda não apenas reconheceu que sacrifica sua fé no câmbio flutuante, como admitiu haver efeitos colaterais da medida que terão de ser **mitigados** (4).De fato, o aumento do custo desse tipo de empréstimo ajuda o governo a rejeitar o capital oportunista, que aqui vem apenas para tirar vantagem de nossas taxas de juros elevadas, mas **ingeta** (5) problema na veia dos exportadores que precisam financiar suas operações no exterior. Ele fez questão de reforçar sua disposição de continuar atirando com todas as armas contra o excesso de liquidez mundial, provocado pelo tsunami cambial promovido pelos bancos centrais europeu e norte-americano.

(Editorial, Correio Braziliense,15/3/2012)

a) 1
b) 2
c) 3
d) 4
e) 5

03. Há alguns substantivos grafados com ç que são derivados de verbos, como produção, redução, desaceleração, projeção. Os verbos a seguir formam substantivos com a mesma grafia:

a) admitir, agredir, intuir
b) discutir, emitir, aferir
c) inquirir, imprimir, perseguir
d) obstruir, intervir, conduzir
e) reduzir, omitir, extinguir

04. Assinale a alternativa gramaticalmente correta de acordo com a ortografia.

a) A última paralização ocorreu há cerca de dois anos.
b) A última paralizassão ocorreu acerca de dois anos.
c) A última paralização ocorreu a cerca de dois anos.
d) A última paralisação ocorreu há cerca de dois anos.
e) A última paralisação ocorreu a cerca de dois anos.

05. (FCC) Os ...... para a conclusão da pesquisa estavam próximos e exigiam ...... na ...... dos dados já obtidos.

a) prazos – rapidês – análize
b) prazos – rapidez – análise
c) prazos – rapidez – análize
d) prasos – rapidez – análise
e) prasos – rapidês – análise

06. (FCC) É preciso corrigir deslizes relativos à ortografia oficial e à acentuação gráfica da frase:

a) As obras modernistas não se distinguem apenas pela temática inovadora, mas igualmente pela apreensão do ritmo alucinante da existência moderna.
b) Ainda que celebrassem as máquinas e os aparelhos da civilização moderna, a ficção e a poesia modernista também valorizavam as coisas mais quotidianas e prosaicas.
c) Longe de ser uma excessão, a pintura modernista foi responsável, antes mesmo da literatura, por intênsas polêmicas entre artistas e críticos concervadores.
d) No que se refere à poesia modernista, nada parece caracterizar melhor essa extraordinária produção poética do que a opção quase incondicional pelo verso livre.
e) O escândalo não era apenas uma consequência da produção modernista: parecia mesmo um dos objetivos precípuos de artistas dispostos a surpreender e a chocar.

07. (CESGRANRIO) Em qual das frases abaixo, todas as palavras são adequadas à ortografia oficial da língua portuguesa?

a) A discução sobre o português mais correto rerpercutiu bastante da mídia.
b) A discussão sobre o português mais correto repecutiu bastante na mídia.
c) A discussão sobre o português mais correto repercutiu bastante na mídia.
d) A discusão sobre o português mais correto respercutiu bastante na mídia.
e) A discursão sobre o português mais correto respercutiu bastante na mídia.

08. (ESAF) A frase correta do ponto de vista da grafia é:

a) Era grande a insidência de casos de enjoo quando era servido aquele alimento, por isso o episódio não foi tratado como exceção, atitude que garantiu o êxito das providências.
b) Em meio a tanta opulência da mansão leiloada, encontrou a geringonça que, tratada criativamente por ele, garantiu por anos seu apoio a entidades beneficientes.
c) Seus gestos desarmônicos às vezes eram mal compreendidos, mas seu jeito afável de falar, sem resquícios de mágoa, revelava sua intenção de restabelecer a paz entre os familiares.
d) Defendeu-se dizendo que nunca pretendeu axincalhar ninguém, mas as suas caçoadas realmente humilhavam e incitavam à malediscência.
e) Sempre ansiosos, desenrolaram no saguão apinhado a faixa com que brindavam os recém-formados, com os seguintes dizeres: "Viagem bastante e divirtam-se, nobres doutores".

09. A palavra corretamente grafada é

a) admissão

b) distenção

c) discusão

d) excessão

e) extenção

10. A frase que está em conformidade com a ortografia oficial é:

a) Não interessa recaptular a indesejável dissensão, mas sim aliviar as tensões agudizadas pelo desnecessário enxerto de questões polêmicas.

b) Sempre quis ser assessora de moda em lojas, mas eram tantos os empecilhos, que acabou por vencer a ojeriza de coser sob encomenda e, com isso, tornou-se grande costureira.

c) Endoidescia o marido com seus gastos extravagantes, pois acreditava que o tão desejado charme era questão de plumas e brilhos esplendorosos, de preferência, vindos do exterior.

d) Quando disse que não exitaria em abandonar o emprego de sopetão e ir relaxar numa praia distante, lhe disseram que seria sandice, mas não conseguiram vencer o fascínio da aventura.

e) Representava na peça um cafageste que tratava a todos com escárneo, mas sua atuação era sempre tão fascinante que diariamente angariava a simpatia de toda a platéia.

Gabaritos

01	D	06	C
02	E	07	C
03	D	08	C
04	D	09	A
05	B	10	B

17. ACORDO ORTOGRÁFICO DA LÍNGUA PORTUGUESA

O Novo Acordo Ortográfico busca simplificar as regras ortográficas da Língua Portuguesa e unificar a nossa escrita e a das demais nações de língua portuguesa: Portugal, Angola, Moçambique, Cabo Verde, Guiné-Bissau, São Tomé e Príncipe e Timor-Leste.

Sua implementação no Brasil passou por algumas etapas:

> 2009 – vigência ainda não obrigatória

> 2010 a 2015: adaptação completa às novas regras

> A partir de 1º de janeiro de 2016: emprego obrigatório, o novo acordo ortográfico passa a ser o único formato da língua reconhecido no Brasil.

Entre as mudanças na língua portuguesa decorrentes da reforma ortográfica, podemos citar o fim do trema, alterações da forma de acentuar palavras com ditongos abertos e que sejam hiatos, supressão dos acentos diferencias e dos acentos tônicos, novas regras para o emprego do hífen e inclusão das letras w, k e y ao idioma.

Entre a proposta (em 1990) e a entrada em vigor (2016) são 16 anos. Esse processo foi longo porque era necessário que fossem alcançadas as três decisões para que o acordo fosse cumprido. Em 2006, São Tomé e Príncipe e Cabo Verde se uniram ao Brasil e ratificaram o novo acordo. Em maio de 2008, Portugal também ratificou o acordo para unificar a ortografia em todas as nações de língua portuguesa.

17.1 Trema

Não se usa mais o trema (¨), sinal colocado sobre a letra u para indicar que ela deve ser pronunciada nos grupos gue, gui, que, qui.

aguentar, bilíngue, cinquenta, delinquente, eloquente, ensanguentado, frequente, linguiça, quinquênio, sequência, sequestro, tranquilo.

Obs.: o trema permanece apenas nas palavras estrangeiras e em suas derivadas. Exemplos: Müller, mülleriano.

17.2 Regras de Acentuação

Ditongos abertos em paroxítonas

Não se usa mais o acento dos ditongos abertos éi e ói das palavras paroxítonas (palavras que têm acento tônico na penúltima sílaba).

alcateia, androide, apoia, apoio (verbo), asteroide, boia, celuloide, claraboia, colmeia, Coreia, debiloide, epopeia, estoico, estreia, geleia, heroico, ideia, jiboia, joia, odisseia, paranoia, paranoico, plateia, tramoia.

Obs.: a regra é somente para palavras paroxítonas. Assim, continuam a ser acentuadas as palavras oxítonas e os monossílabos tônicos terminados em éi(s), ói(s). Exemplos: papéis, herói, heróis, dói (verbo doer), sóis etc.

A palavra ideia não leva mais acento, assim como heroico. Mas o termo herói é acentuado.

I e u tônicos depois de um ditongo

Nas palavras paroxítonas, não se usa mais o acento no i e no u tônicos quando vierem depois de um ditongo.

baiuca, bocaiuva (tipo de palmeira), cauila (avarento)

Obs.:

> *se a palavra for oxítona e o i ou o u estiverem em posição final (ou seguidos des), o acento permanece. Exemplos: tuiuiú, tuiuiús, Piauí;*

> *se o i ou o u forem precedidos de ditongo crescente, o acento permanece. Exemplos: guaíba, Guaíra.*

Hiatos ee e oo

Não se usa mais acento em palavras terminadas em eem e oo(s).

abençoo, creem, deem, doo, enjoo, leem, magoo, perdoo, povoo, veem, voos, zoo

Acento diferencial

Não se usa mais o acento que diferenciava os pares pára/para, péla(s)/pela(s), pêlo(s)/pelo(s), pólo(s)/polo(s) e pêra/pera.

Exs.:

Ele para o carro.

Ele foi ao polo Norte.

Ele gosta de jogar polo.

Esse gato tem pelos brancos.

Comi uma pera.

Obs.:

> *Permanece o acento diferencial em pôde/pode. Pôde é a forma do passado do verbo poder (pretérito perfeito do indicativo), na 3ª pessoa do singular. Pode é a forma do presente do indicativo, na 3ª pessoa do singular.*

Ontem, ele não pôde sair mais cedo, mas hoje ele pode.

> Permanece o acento diferencial em pôr/por. Pôr é verbo. Por é preposição. Exemplo: Vou pôr o livro na estante que foi feita por mim.

> Permanecem os acentos que diferenciam o singular do plural dos verbos ter e vir, assim como de seus derivados (manter, deter, reter, conter, convir, intervir, advir etc.).

Exs.:

Ele tem dois carros. / Eles têm dois carros.

Ele vem de Sorocaba. / Eles vêm de Sorocaba.

Ele mantém a palavra. / Eles mantêm a palavra.

Ele convém aos estudantes. / Eles convêm aos es tudantes.

Ele detém o poder. / Eles detêm o poder.

Ele intervém em todas as aulas. / Eles intervêm em todas as aulas.

> É facultativo o uso do acento circunflexo para diferenciar as palavras forma/fôrma. Em alguns casos, o uso do acento deixa a frase mais clara. Veja este exemplo: Qual é a forma da fôrma do bolo?

Acento agudo no u tônico

Não se usa mais o acento agudo no u tônico das formas (tu) arguis, (ele) argui, (eles) arguem, do presente do indicativo dos verbos arguir e redarguir.

17.3 Hífen com Compostos

Palavras compostas sem elementos de ligação

Usa-se o hífen nas palavras compostas que não apresentam elementos de ligação.

guarda-chuva, arco-íris, boa-fé, segunda-feira, mesa-redonda, vaga-lume, joão-ninguém, porta-malas, porta-bandeira, pão-duro, bate-boca.

Exceções: Não se usa o hífen em certas palavras que perderam a noção de composição, como girassol, madressilva, mandachuva, pontapé, paraquedas, paraquedista, paraquedismo.

Compostos com palavras iguais

Usa-se o hífen em compostos que têm palavras iguais ou quase iguais, sem elementos de ligação.

reco-reco, blá-blá-blá, zum-zum, tico-tico, tique-taque, cri-cri, glu-glu, rom-rom, pingue-pongue, zigue-zague, esconde-esconde, pega-pega, corre-corre.

Compostos com elementos de ligação

Não se usa o hífen em compostos que apresentam elementos de ligação.

pé de moleque, pé de vento, pai de todos, dia a dia, fim de semana, cor de vinho, ponto e vírgula, camisa de força, cara de pau, olho de sogra.

Obs.: Incluem-se nesse caso os compostos de base oracional.

maria vai com as outras, leva e traz, diz que diz que, deus me livre, deus nos acuda, cor de burro quando foge, bicho de sete cabeças, faz de conta.

Exceções: água-de-colônia, arco-da-velha, cor-de-rosa, mais-que-perfeito, pé-de-meia, ao deus-dará, à queima-roupa.

Topônimos

Usa-se o hífen nas palavras compostas derivadas de topônimos (nomes próprios de lugares), com ou sem elementos de ligação.

Exs.:

Belo Horizonte: belo-horizontino

Porto Alegre: porto-alegrense

Mato Grosso do Sul: mato-grossense-do-sul

Rio Grande do Norte: rio-grandense-do-norte

África do Sul: sul-africano

17.4 Uso do Hífen com Palavras Formadas Por Prefixos

Casos gerais

Antes de h

Usa-se o hífen diante de palavra iniciada por h.

Exs.:

anti-higiênico

anti-histórico

macro-história

mini-hotel

proto-história

sobre-humano

super-homem

ultra-humano

Letras iguais

Usa-se o hífen se o prefixo terminar com a mesma letra com que se inicia a outra palavra.

Exs.:

micro-ondas

anti-inflacionário

sub-bibliotecário

inter-regional

Letras diferentes

Não se usa o hífen se o prefixo terminar com letra diferente daquela com que se inicia a outra palavra.

Exs.:

autoescola

antiaéreo

intermunicipal

supersônico

superinteressante

agroindustrial

aeroespacial

semicírculo

Obs.: Se o prefixo terminar por vogal e a outra palavra começar por r ou s, dobram-se essas letras.

Exs.:

minissaia

antirracismo

ultrassom

semirreta

Casos particulares

Prefixos sub e sob

Com os prefixos sub e sob, usa-se o hífen também diante de palavra iniciada por r.

Exs.:

sub-região

sub-reitor

sub-regional

sob-roda

Prefixos circum e pan

Com os prefixos circum e pan, usa-se o hífen diante de palavra iniciada por m, n e vogal.

Exs.:

circum-murado

circum-navegação

pan-americano

Outros prefixos

Usa-se o hífen com os prefixos ex, sem, além, aquém, recém, pós, pré, pró, vice.

Exs.:

além-mar

além-túmulo

aquém-mar

ex-aluno

ex-diretor

ex-hospedeiro

ex-prefeito

ex-presidente

pós-graduação

pré-história

pré-vestibular

pró-europeu

recém-casado

recém-nascido

sem-terra

vice-rei

Prefixo co

O prefixo co junta-se com o segundo elemento, mesmo quando este se inicia por o ou h. Neste último caso, corta-se o h. Se a palavra seguinte começar com r ou s, dobram-se essas letras.

Exs.:

coobrigação

coedição

coeducar

cofundador

coabitação

coerdeiro

corréu

corresponsável

cosseno

Prefixos pre e re

Com os prefixos pre e re, não se usa o hífen, mesmo diante de palavras começadas por e.

Exs.:

preexistente

preelaborar

reescrever

reedição

Prefixos ab, ob e ad

Na formação de palavras com ab, ob e ad, usa-se o hífen diante de palavra começada por b, d ou r.

Exs.:

ad-digital

ad-renal

ob-rogar

ab-rogar

Outros casos do uso do hífen

Não e quase

Não se usa o hífen na formação de palavras com não e quase.

Exs.:

(acordo de) não agressão

(isto é um) quase delito

Mal

Com mal*, usa-se o hífen quando a palavra seguinte começar por vogal, h ou l.

Exs.:

mal-entendido

mal-estar

mal-humorado

mal-limpo

Obs.: Quando mal significa doença, usa-se o hífen se não houver elemento de ligação.

Exs.:

mal-francês.

Se houver elemento de ligação, escreve-se sem o hífen.

mal de lázaro, mal de sete dias.

Tupi-guarani

Usa-se o hífen com sufixos de origem tupi-guarani que representam formas adjetivas: açu, guaçu, mirim.*:*

Exs.:

capim-açu

amoré-guaçu

anajá-mirim

Combinação ocasional

Usa-se o hífen para ligar duas ou mais palavras que ocasionalmente se combinam, formando não propriamente vocábulos, mas encadeamentos vocabulares.

Exs.:

ponte Rio-Niterói

eixo Rio-São Paulo

Hífen e translineação

Para clareza gráfica, se no final da linha a partição de uma palavra ou combinação de palavras coincidir com o hífen, ele deve ser repetido na linha seguinte.

Exs.:

Na cidade, conta-

- se que ele foi viajar.

O diretor foi receber os ex-

-alunos.

guarda-

-chuva

Por favor, diga-

-nos logo o que aconteceu.

17.5 Síntese das Principais Regras do Hífen

	Síntese do Hífen	
Letras diferentes	Não use hífen	Infraestrutura, extraoficial, supermercado
Letras iguais	Use hífen	Anti-inflamatório, contra-argumento, inter-racial, hiper-realista
Vogal + r ou s	Não use hífen (duplique r ou s)	Corréu, cosseno, minissaia, autorretrato
Bem	Use hífen	Bem-vindo, bem-humorado

17.6 Quadro Resumo do Emprego do Hífen com Prefixos

Prefixos	Letra que inicia a palavra seguinte
Ante-, Anti-, Contra-, Entre-, Extra-, Infra-, Intra-, Sobre-, Supra-, Ultra-	H / VOGAL IDÊNTICA À QUE TERMINA O PREFIXO Exemplos com H: ante-hipófise, anti-higiênico, anti-herói, contra-hospitalar, entre-hostil, extra-humano, infra-hepático, sobre-humano, supra-hepático, ultra-hiperbólico. Exemplos com vogal idêntica: anti-inflamatório, contra-ataque, infra-axilar, sobre-estimar, supra-auricular, ultra-aquecido.
Ab-, Ad-, Ob-, Sob-	B - R - D (Apenas com o prefixo "Ad") Exemplos: ab-rogar (pôr em desuso), ad-rogar (adotar) ob-reptício (astucioso), sob-roda ad-digital
Circum-, Pan-	H / M / N / VOGAL Exemplos: circum-meridiano, circum-navegação, circum-oral, pan-americano, pan-mágico, pan-negritude.
Ex- (no sentido de estado anterior), Sota-, Soto-, Vice-, Vizo-	DIANTE DE QUALQUER PALAVRA Exemplos: ex-namorada, sota-soberania (não total), soto-mestre (substituto), vice-reitor, vizo-rei.
Hiper-, Inter-, Super-	H / R Exemplos: hiper-hidrose, hiper-raivoso, inter-humano, inter-racial, super-homem, super-resistente.
Pós-, Pré-, Pró- (tônicos e com significados próprios)	DIANTE DE QUALQUER PALAVRA Exemplos: pós-graduação, pré-escolar, pró-democracia. Obs.: se os prefixos não forem autônomos, não haverá hífen. Exemplos: predeterminado, pressupor, pospor, propor.
Sub-	B - H – R Exemplos: sub-bloco, sub-hepático, sub-humano, sub-região. Obs.: "subumano" e "subepático" também são aceitas.
Pseudoprefixos (diferem-se dos prefixos por apresentarem elevado grau de independência e possuírem uma significação mais ou menos delimitada, presente à consciência dos falantes.) Aero-, Agro-, Arqui-, Auto-, Bio-, Eletro-, Geo-, Hidro-, Macro-, Maxi-, Mega, Micro-, Mini-, Multi-, Neo-, Pluri-, Proto-, Pseudo-, Retro-, Semi-, Tele-	H / VOGAL IDÊNTICA À QUE TERMINA O PREFIXO Exemplos com H: geo-histórico, mini-hospital, neo-helênico, proto-história, semi-hospitalar. Exemplos com vogal idêntica: arqui-inimigo, auto-observação, eletro-ótica, micro-ondas, micro-ônibus, neo-ortodoxia, semi-interno, tele-educação.

01. Não se utilizará o hífen em palavras iniciadas pelo prefixo 'co-'.

Ex.: coadministrar, coautor, coexistência, cooptar, coerdeiro corresponsável, cosseno.

02. Prefixos des- e in- + segundo elemento sem o "h" inicial.

Ex.: *desarmonia, desumano, desumidificar, inábil, inumano, etc.*

03. Não se utilizará o hífen com a palavra não.

Ex.: não violência, não agressão, não comparecimento.

04. Não se utiliza o hífen em palavras que possuem os elementos "bi", "tri", "tetra", "penta", "hexa", etc.

Ex.: bicampeão, bimensal, bimestral, bienal, tridimensional, trimestral, triênio, tetracampeão, tetraplégico, pentacampeão, pentágono, etc.

05. Em relação ao prefixo "hidro", em alguns casos pode haver duas formas de grafia.

Ex.: hidroelétrica e hidrelétrica

06. No caso do elemento "socio", o hífen será utilizado apenas quando houver função de substantivo (= de associado).

Ex.: sócio-gerente / socioeconômico

Questões

01. Nas alternativas a seguir, os acentos foram omitidos propositadamente. Assinale a alternativa em que todas as palavras deveriam ser graficamente acentuadas

a) rubrica, diluvio, viuva.

b) ambar, heroi, ilustra-lo.

c) protons, forceps, releem.

d) dificilmente, Piaui, misantropo.

e) perdoo, atribuimos, caiste.

02. Observe as frases abaixo e responda a seguir.

01. Fiz toda a janta usando só o _________ .

02. Na _________ , os homens viviam em cavernas.

03. Meu _________ é _________ .

As palavras que completam corretamente as lacunas em (1), (2) e (3) são, respectivamente:

a) micro-ondas / pré-história / microcomputador / seminovo.

b) microondas / préhistória / microcomputador / seminovo.

c) micro-ondas / pré-história /microcomputador / semi-novo.

d) microndas / preistoria / microcomputador / seminovo.

e) micro-ondas / pré-história / micro-computador / seminovo.

03. Assinale a alternativa correta, segundo o novo acordo ortográfico:

"O pronunciamento do parlamentar na ________ da peça de teatro teve repercussão na impressa, de modo que o outro deputado, ao desembarcar do seu _____ rumo à cidade de _______, no estado do _________também falou sobre o assunto: Os que ________ jornais saberão do que estou falando".

a) Estréia – vôo – Parnaíba – Piauí – lêem

b) Estreia – vôo – Parnaiba – Piaui – lêem

c) Estreia – voo – Parnaíba – Piaui – leem

d) Estreia – voo – Parnaíba – Piauí – leem

e) Estreia – voo – Parnaíba – Piauí – lêem

04. Assinale a opção em o emprego do hífen, segundo as regras do mais recente Acordo Ortográfico, está incorreto.

a) Vamos comprar um anti-inflamatório porque ela está superresfriada.

b) O quadro foi protegido com vidro antirreflexo

c) Ele era corréu na acusação de ter assassinado o contrarregra

d) O grupo antissequestro já participa da investigação.

e) Trata-se de uma informação semioficial.

05. De acordo com a Nova Ortografia da Língua Portuguesa, no trecho "Apoiou ditaduras, avalizou políticas antipopulares, fingiu não ver os desmandos de aliados (...)" o termo destacado

I. deveria ter sido grafado com hífen, como em anti-higiênico e anti-inflacionário.

II. está adequadamente grafado, obedecendo à regra em que prefixo terminado em vogal se junta com a palavra iniciada por consoante.

III. está adequadamente grafado, assim como em antiaéreo e antiprofissional.

IV. tem como facultativo o emprego do hífen, visto que o Novo Acordo Ortográfico ainda é recente.

V. obedece à mesma regra que palavras formadas por prefixos como super-, ultra- e sub-.

Estão CORRETAS as proposições

a) II, III, IV e V.

b) I, II e IV.

c) II, III e V.

d) I, II e III.

e) I, II, III, IV e V.

06. Assinale a opção em que há quatro palavras INCORRETAS:

a) coronéis; micro-ondas; hipersensível; super-resistente; anti-horário; bem-vindo.

b) acessor; atraso; infringir; jus; excessão; ascenção; aridês; vírus; excesso; viuvez.

c) canalizar, pesquisar, analisar, balizar, sintetizar; dialisar; atualizar; bisar; prezar.

d) ideia, chapéu, herói, plateia, condói, céu, perdoo, voo, geo-história, subsolo.

07. "O idioma tornou-se multicultural, multiétnico, pois a maior parte dos falantes da África e da Índia é bilíngue ou multilíngue." A ortografia, nesse trecho, respeita as regras determinadas pelo novo acordo ortográfico, assim como em todas as palavras de qual alternativa? Assinale-a.

a) O sóciogerente participou da reunião com a pré-comissão do evento.

b) A infraestrutura está protegida por um eficiente sistema de para-raios.

c) O médico solicitou exames pre-cirúrgicos, como ultrassom e coleta de sangue para análise.

d) Houve efeitos que indicaram a interrelação dos elementos presentes na estrutura pré-moldada.

08. Assinale a opção em que a palavra não está de acordo com o Novo Acordo Ortográfico:

a) Ideia;

b) Inter-relação;

c) Microeletrônica;

d) Minissérie;

e) Auto-ajuda.

09. Leia o cartoon.

Disponível em: https://ciberduvidas.iscte-iul.pt/Images/AOCartoon2.jpg. Acesso em 05 de mar. de 2016

O efeito de humor no cartoon é produzido devido a uma mudança na grafia da palavra "microondas" de acordo com o Novo Acordo Ortográfico. Segundo esse documento

a) O hífen deve ser usado em dois casos: quando a segunda parte da palavra começar com s ou r (contra-regra permanece com hífen), e quando a primeira parte da palavra termina com vogal e a segunda parte começa com vogal (auto-estrada).

b) Já o acento agudo permanece nos ditongos abertos "ei" e "oi" (antes "éi" e "ói"), na grafia de palavras como colméia e jibóia.

c) O hífen deve ser usado se o prefixo do primeiro elemento terminar com a mesma vogal que inicia o segundo.

d) O acento circunflexo foi mantido nas palavras terminadas em "êem", como nas formas verbais lêem, crêem, vêem e em substantivos como enjôo e vôo.

e) Não se usa hífen nas palavras cujo prefixo for "ex" (no sentido de estado anterior) e "vice".

Gabaritos

01	B	06	B
02	A	07	B
03	D	08	E
04	A	09	C
05	C		

18. INTERPRETAÇÃO DE TEXTOS

18.1 Ideias Preliminares Sobre o Assunto

Independentemente de quem seja o professor de Língua Portuguesa, é muito comum ele ouvir alguns alunos falando que até gostam da matéria em questão, mas que possuem muita dificuldade com a interpretação dos textos. Isso é algo totalmente normal, principalmente porque costumamos fazer algo terrível chamado de "leitura dinâmica" que poderia ser traduzido da seguinte maneira: procedimento em que você olha as palavras mas não entende o significado do que está lá escrito.

Para interpretar um texto, o indivíduo precisa de muita atenção e de muito treino. Interpretar pode ser comparado com disparar uma arma: apenas temos chance de acertar o alvo se treinarmos muito e soubermos combinar todos os elementos externos ao disparo: velocidade do ar, direção, distância etc.

Quando o assunto é texto, o primordial é estabelecer uma relação contextual com aquilo que estamos lendo. Montar o contexto significa associar o que está escrito no texto base com o que está disposto nas questões. Lembre-se de que há uma questão montada com a intenção de testar você, ou seja, deve ficar atento para todas as palavras e para todas as possibilidades de mudança de sentido que possa haver nas questões.

É preciso, para entender as questões de interpretação de qualquer banca, buscar o raciocínio que o elaborador da questão emprega na redação da questão. Usualmente, objetiva-se a depreensão dos sentidos do texto. Para tanto, destaque os itens fundamentais (as ideias principais contidas nos parágrafos) para poder refletir sobre tais itens dentro das questões.

18.2 Semântica ou Pragmática?

Existe uma discussão acadêmica sobre o que possa ser considerado como semântica e como pragmática. Em que pese o fato de os universitários divergirem a respeito do assunto, vamos estabelecer uma distinção simples, apenas para clarear nossos estudos.

Semântica: disciplina que estuda o significado dos termos. Para as questões relacionadas a essa área, o comum é que se questione acerca da troca de algum termo e a manutenção do sentido original da sentença.

Pragmática: disciplina que estuda o sentido que um termo assume dentro de determinado contexto. Isso quer dizer que a identificação desse sentido depende do entorno linguístico e da intenção de quem exprime a sentença.

Para exemplificar essa situação, vejamos o exemplo abaixo:

Pedro está na geladeira.

Nesse caso, é possível que uma questão avalie a capacidade de o leitor compreender que há, no mínimo, dois sentidos possíveis para essa sentença: um deles diz respeito ao fato de a expressão "na geladeira" poder significar algo como "ele foi até a geladeira buscar algo", o que – coloquialmente – significaria uma expressão indicativa de lugar. O outro sentido diz respeito ao fato de "na geladeira" significar que "foi apartado de alguma coisa para receber algum tipo de punição".

A questão sobre semântica exigiria que o candidato percebesse a possibilidade de trocar a palavra "geladeira" por "refrigerador" – havendo, nesse caso, uma relação de sinonímia.

A questão de pragmática exigiria que o candidato percebesse a relação contextualmente estabelecida, ou seja, a criação de uma figura de linguagem (um tipo de metáfora) para veicular um sentido particular.

18.3 Questão de Interpretação?

Como se faz para saber que uma questão de interpretação é uma questão de interpretação? É uma mera intuição que surge na hora da prova ou existe uma "pista" a ser seguida para a identificação da natureza da questão?

Respondendo a essa pergunta, entende-se que há pistas que identificam a questão como pertencente ao rol de questões para interpretação. Os indícios mais precisos que costumam aparecer nas questões são:

Reconhecimento da intenção do autor.

Ponto de vista defendido.

Argumentação do autor.

Sentido da sentença.

Apesar disso, não são apenas esses os indícios de que uma questão é de intepretação. Dependendo da banca, podemos ter a natureza interpretativa distinta, principalmente porque o critério de intepretação é mais subjetivo que objetivo. Algumas bancas podem restringir o entendimento do texto; outras podem extrapolá-lo.

18.4 Tipos de Texto - O Texto e Suas Partes

Um texto é um todo. Um todo é constituído de diversas partes. A interpretação é, sobremaneira, uma tentativa de reconhecer as intenções de quem comunica recompondo as partes para uma visão global do todo.

Para podermos interpretar, é necessário termos o conhecimento prévio a respeito dos tipos de texto que, fortuitamente, podemos encontrar em um concurso. Vejamos quais são as distinções fundamentais com relação aos tipos de texto.

18.5 O Texto Dissertativo

Nas acepções mais comuns do dicionário, o verbo "dissertar" significa "discorrer ou opinar sobre algum tema". O texto dissertativo apresenta uma ideia básica que começa a ser desdobrada em subitens ou termos menores. Cabe ressaltar que não existe apenas um tipo de dissertação, há mais de uma maneira de o autor escrever um texto dessa natureza.

Conceituar, polemizar, questionar a lógica de algum tema, explicar ou mesmo comentar uma notícia são estratégias dissertativas. Vamos dividir essa tipologia textual em dois tipos essencialmente diferentes: o **dissertativo-expositivo** e o **dissertativo-argumentativo**.

Padrão dissertativo-expositivo

A característica fundamental do padrão expositivo da dissertação é utilizar a estrutura da prosa não para convencer alguém de alguma coisa, e sim para apresentar uma ideia, apresentar um conceito. O princípio do texto expositivo não é a persuasão, é a informação e, justamente por tal fato, ficou conhecido como informativo. Para garantir uma boa interpretação desse padrão textual, é importante buscar a ideia principal (que deve estar presente na introdução do texto) e, depois, entender quais serão os aspectos que farão o texto progredir.

Onde posso encontrar esse tipo de texto? Jornais revistas, sites sobre o mundo de economia e finanças. Diz-se que esse tipo de texto focaliza a função referencial da linguagem.

Como costuma ser o tipo de questão relacionada ao texto dissertativo-expositivo? Geralmente, os elaboradores questionam sobre as informações veiculadas pelo texto. A tendência é que o elaborador inverta as informações contidas no texto.

Como resolver mais facilmente? Toda frase que mencionar o conceito ou a quantidade de alguma coisa deve ser destacada para facilitar a consulta.

Padrão dissertativo-argumentativo

No texto do padrão dissertativo-argumentativo, existe uma opinião sendo defendida e existe uma posição ideológica por detrás de quem escreve o texto. Se analisarmos a divisão dos parágrafos de um texto com características argumentativas, perceberemos que a introdução apresenta sempre uma tese (ou hipótese) que é defendida ao longo dos parágrafos.

Uma vez feito isso, o candidato deve entender qual é a estratégia utilizada pelo produtor do texto para defender seu ponto de vista. Na verdade, agora é o momento de colocar "a mão na massa" para valer, uma vez que aqueles enunciados que iniciam com "infere-se da argumentação do texto", "depreende-se dos argumentos do autor" serão vencidos caso se observem os fatores de interpretação corretos.

Quais são esses fatores, então?

A conexão entre as ideias do texto (atenção para as conjunções).

Articulação entre as ideias do texto (atenção para a combinação de argumentos).

Progressão do texto.

Os Recursos Argumentativos:

Quando o leitor interage com uma fonte textual, deve observar - tratando-se de um texto com o padrão dissertativo-argumentativo - que o autor se vale de recursos argumentativos para construir seu raciocínio dentro do texto. Vejamos alguns recursos importantes:

Argumento de autoridade: baseado na exposição do pensamento de algum especialista ou alguma autoridade no assunto. Citações, paráfrases e menções ao indivíduo podem ser tomadas ao longo do texto. Tome cuidado para não cair na armadilha: saiba diferenciar se a opinião colocada em foco é a do autor ou se é a do indivíduo que ele cita ao longo do texto.

Argumento com base em consenso: parte de uma ideia tomada como consensual, o que "carrega" o leitor a entender apenas aquilo que o elaborador mostra. Sentenças do tipo todo mundo sabe que, é de conhecimento geral que identificam esse tipo de argumentação.

Argumento com fundamentação concreta: basear aquilo que se diz em algum tipo de pesquisa ou fato que ocorre com certa frequência.

Argumento silogístico (com base em um raciocínio lógico): do tipo hipotético - Se...então.

Argumento de competência linguística: consiste em adequar o discurso ao panorama linguístico de quem é tido como possível leitor do texto.

Argumento de exemplificação: utilizar casos, ou pequenos relatos para ilustrar a argumentação do texto.

Questões

Celular Vira 'Fura-trânsito' em São Paulo

Em uma cidade com tantos problemas no trânsito como São Paulo, a indústria de apps - os aplicativos para celulares e tablets - encontrou terreno fértil para se desenvolver.

Aplicativos lançados recentemente ajudam o motorista a escapar de alagamentos, a desviar de congestionamentos e até a saber onde há vagas para estacionar.

Um dos mais famosos é o Waze. Criado em Israel, é uma mistura de rede social com GPS, em que motoristas compartilham as condições do trânsito e pontos críticos de congestionamento.

Uri Levine, fundador e presidente do Waze, diz que a ideia surgiu em suas férias de 2007, ao viajar com amigos. Ele foi o último a sair, ligou para saber como estava o trânsito e evitou engarrafamentos.

Situação semelhante ocorreu em São Paulo, na temporada de chuvas de 2010. Noel Rocha trabalhava no centro e precisava passar pelo túnel do Anhangabaú - famoso pelos alagamentos.

Preso no trânsito, ele queria saber se o túnel estava fechado. "Tentei, pelo celular, o site do CGE (Centro de Gerenciamento de Emergências), mas achei muito complicado." Foi aí que teve a ideia de criar o Alaga SP, aplicativo que mostra os alagamentos ativos em São Paulo a partir de informações da prefeitura.

Além do Waze e do Alaga SP, destacam-se o Moovit - que oferece informações sobre o transporte público (ônibus, trens etc.) -, o Maplink - que mostra rotas, condições de trânsito e exibe imagens dos principais corredores através de um sistema de coleta de informações próprio - e o Apontador Rodoviário, que traça rotas e mostra a localização de pedágios com seus preços.

(André Monteiro, Folha de S.Paulo, 10.03.2013. Adaptado)

01. (VUNESP) Os aplicativos mencionados no texto têm, em comum, a finalidade de:

a) Oferecer aos usuários opções para contornarem os problemas no trânsito.

b) Substituir os órgãos públicos na fiscalização do tráfego de veículos.

c) Auxiliar os pedestres e acabar com os atropelamentos nas grandes cidades.

d) Orientar os motoristas que desconhecem as principais leis de trânsito.

e) Reduzir o número de carros por habitante na cidade de São Paulo.

02. (VUNESP) Uri Levine e Noel Rocha idealizaram os aplicativos Waze e Alaga SP, respectivamente, a partir:

a) Da conversa com amigos que reclamavam do trânsito.

b) De suas experiências concretas como motoristas.

c) De situações em que se viram presos em engarrafamentos.

d) Da impossibilidade de viajar devido a alagamentos.

e) Da cópia de aplicativos idênticos que faziam sucesso no mercado.

03. (VUNESP) "Quando paro com meu carro no semáforo, já olho se o caminho que vou fazer está congestionado. Se estiver, pego uma alternativa e, se também estiver travada, uso o aplicativo para avisar os outros motoristas."

Considerando as descrições dos aplicativos apresentadas no texto, pode-se concluir que esse comentário se refere ao uso do:

a) Waze.

b) Alaga SP.

c) Moovit.

d) Maplink.

e) Apontador Rodoviário.

04. (VUNESP) Leia o primeiro parágrafo:

Em uma cidade com tantos problemas no trânsito como São Paulo, a indústria de apps – os aplicativos para celulares e tablets - encontrou **terreno fértil** para se desenvolver.

A expressão **terreno fértil** pode ser substituída, sem alteração da mensagem, por:

a) Necessidade restrita.

b) Cenário conturbado.

c) Condições propícias.

d) Ferramentas exóticas.

e) Momento contraditório.

Observe a passagem do terceiro parágrafo: Criado em Israel, é uma mistura de rede social com GPS, em que motoristas compartilham as condições do trânsito e pontos **críticos** de congestionamento.

05. (VUNESP) O termo **críticos**, em destaque, é empregado com o sentido de:

a) Distintos.

b) Provisórios.

c) Sugestivos.

d) Problemáticos.

e) Analíticos.

Crescimento da População é "Desafio do Século", Diz Consultor da ONU

O crescimento populacional é o "desafio do século" e não está sendo tratado de forma adequada na Rio+20, segundo o consultor do Fundo de População das Nações Unidas, Michael Herrmann.

"O desafio do século é promover bem-estar para uma população grande e em crescimento, ao mesmo tempo em que se assegura o uso sustentável dos recursos naturais" [...] "As questões relacionadas à população estão sendo tratadas de forma adequada nas negociações atuais? Eu acho que não. O assunto é muito sensível e muitos preferem evitá-lo. Mas nós estaremos enganando a nós mesmos se acharmos que é possível falar de desenvolvimento sustentável sem falar sobre quantas pessoas seremos no planeta, onde estaremos vivendo e que estilo de vida teremos", afirmou.

No fim do ano passado, a população mundial atingiu a marca de sete bilhões de pessoas. As projeções indicam que, em 2050, serão 9 bilhões. O crescimento é mais intenso nos países pobres, mas Herrmann defende que os esforços para o enfrentamento do problema precisam ser globais.

"Se todos quiserem ter os padrões de vida do cidadão americano médio, precisaremos ter cinco planetas para dar conta. Isso não é possível. Mas também não é aceitável falar para os países em desenvolvimento 'desculpa, vocês não podem ser ricos, nós não temos recursos suficientes'. É um desafio global, que exige soluções globais e assistência ao desenvolvimento", afirmou.

O consultor disse ainda que o Fundo de População da ONU é contrário a políticas de controle compulsório do crescimento da população. Segundo ele, as políticas mais adequadas são aquelas que permitem às mulheres fazerem escolhas sobre o número de filhos que querem e o momento certo para engravidar. Para isso, diz, é necessário ampliar o acesso à educação e aos serviços de saúde reprodutiva e planejamento familiar. [...]

MENCHEN, Denise. Crescimento da população é "desafio do século", diz consultor da ONU. Folha de São Paulo. São Paulo, 11 jun. 2012. Ambiente. Disponível em:<http://www1.folha.uol.com.br/ambiente.1103277-crescimento-da-populacao-e-desafio-do--seculo-diz-consultor-da-onu.shtml>. Acesso em: 22 jun. 2012. Adaptado.

06. (CESGRANRIO) No Texto I, Michael Herrmann, consultor do Fundo de População das Nações Unidas, afirma que tratar o crescimento populacional de forma adequada significa:

a) Enfrentar o problema de forma localizada e evitar soluções globalizantes.

b) Permitir a proliferação dos padrões de vida do cidadão americano e rechaçar a miséria.

c) Evitar o enriquecimento dos países emergentes e incentivar a preservação ambiental nos demais.

d) Implementar uma política de controle populacional compulsório e garantir acesso à educação e aos serviços de saúde reprodutiva.

e) Promover o bem-estar da população e assegurar o uso sustentável dos recursos naturais.

Gabaritos

01	A	04	C
02	B	05	D
03	A	06	E

19. DEMAIS TIPOLOGIAS TEXTUAIS

19.1 O Texto Narrativo

Em uma definição bem simplista, "narrar" significa "sequenciar ações". É um dos gêneros mais utilizados e mais conhecidos pelo ser humano, quer no momento de relatar algum evento para alguém – em um ambiente mais formal -, quer na conversa informal sobre o resumo de um dia de trabalho. O fato é que narramos, e o fazemos de maneira praticamente instintiva. É importante, porém, conhecer quais são seus principais elementos de estruturação. Os operadores do texto narrativo são:

Narrador: é a voz que conduz a narrativa.

Narrador-protagonista: narra o texto em primeira pessoa.

Narrador-personagem (testemunha): nesse caso, quem conta a história não participou como protagonista, no máximo como um personagem adjuvante da história.

Narrador onisciente: narrador que está distanciado dos eventos e conhece aquilo que se passa na cabeça dos personagens.

Personagens: são aqueles que efetivamente atuam na ordem da narração, ou seja, a trama está atrelada aos comportamentos que eles demonstram ao longo do texto.

Tempo: claramente, é o lapso em que transcorrem as ações narradas. Segundo a classificação tradicional, divide-se o tempo da narrativa em: Cronológico, Psicológico e Da narrativa.

Espaço: é o local físico em que as ações ocorrem.

Trama: é o encadeamento de ações propriamente dito.

19.2 O Texto Descritivo

O texto descritivo é o que levanta características para montar algum tipo de panorama. Essas características, mormente, são físicas, entretanto, não é necessário ser sempre desse modo. Podemos dizer que há dois tipos de descrição:

Objetiva: em que surgem aspectos sensoriais diretos, ou seja, não há uma subjetividade por parte de quem escreve. Veja um exemplo:

Nome científico: *Ginkgo biloba L.*

Nome popular: *nogueira-do-japão.*

Origem: *Extremo Oriente.*

Aspecto: as folhas dispõem-se em leque e são semelhantes ao trevo.

A altura da árvore pode chegar a 40 metros; o fruto lembra uma ameixa e contém uma noz que pode ser assada e comida.

Subjetiva: em que há impressões particulares do autor do texto. Há maior valorização dos sentimentos insurgentes daquilo que se contempla. Veja um exemplo:

19.3 Conotação X Denotação

É interessante, quando se estuda o conteúdo de interpretação de texto, ressaltar a distinção conceitual entre o sentido conotativo e o sentido denotativo da linguagem. Vejamos como se opera essa distinção:

Sentido conotativo: figurado, ou abstrato. Relaciona-se com as figuras de linguagem.

Adalberto **entregou sua alma a Deus**.

A ideia de entregar a alma a Deus é figurada, ou seja, não ocorre literalmente, pois não há um serviço de entrega de almas. Essa é uma figura que convencionamos chamar de **metáfora**.

Sentido denotativo: literal, ou do dicionário. Relaciona-se com a função referencial da linguagem.

Adalberto **morreu**.

Quando dizemos função referencial, entende-se que o falante está preocupado em transmitir precisamente o fato ocorrido, sem apelar para figuras de pensamento.

19.4 Figuras de Linguagem

Apenas para ilustrar algumas das mais importantes figuras de linguagem que podem ser cobradas em algumas provas, observe a lista:

Metáfora: uma figura de linguagem, que consiste na comparação de dois termos sem o uso de um conectivo.

Seus olhos **são dois oceanos**. (Os olhos possuem a profundidade do oceano, a cor do oceano etc.)

Comparação: comparação direta com o elemento conectivo.

O vento é como uma mulher.

Metonímia: figura de linguagem que consiste utilização de uma expressão por outra, dada a semelhança de sentido ou a possibilidade de associação lógica entre elas.

Vá ao mercado e traga um Nescau. (achocolatado em pó).

Antítese: figura de linguagem que consiste na exposição de ideias opostas.

*"**Nasce** o Sol e não dura mais que um **dia***
*Depois da **Luz** se segue à **noite** escura*
*Em tristes **sombras morre** a formosura,*
*Em contínuas **tristezas e alegrias**."*

(Gregório de Matos)

Os termos em negrito evidenciam relações semânticas de distinção (oposição). Nascer é o contrário de morrer, assim como sombra é o contrário de luz. Essa figura foi muito utilizada na poesia brasileira, em especial pelo autor dos versos acima: Gregório de Matos Guerra.

Paradoxo: expressão que contraria o senso comum. Ilógica.

*"Amor é fogo que **arde sem se ver**;*
*É ferida que **dói e não se sente**;*

É um ***contentamento descontente;***
É ***dor que desatina sem doer."***

(Luís de Camões)

A construção semântica acima é totalmente ilógica, pois é impossível uma ferida doer e não ser sentida, assim como não é possível o contentamento ser descontente.

Perífrase: expressão que tem por função substituir semanticamente um termo:

A última flor do Lácio anda muito judiada. (Português é a última flor do Lácio)

Eufemismo: figura que consiste em atenuar uma expressão desagradável:

José **pegou emprestado sem avisar**; (roubou).

Disfemismo: contrário ao Eufemismo, é a figura de linguagem que consiste em tornar uma expressão desagradável em algo ainda pior.

O homem **abotoou o paletó de madeira**. (morreu).

Prosopopeia: atribuição de características animadas a seres inanimados.

O vento sussurrou em meus ouvidos.

Hipérbole: exagero proposital de alguma característica.

Estou morrendo de rir.

Sinestesia: confusão dos sentidos do corpo humano para produzir efeitos expressivos.

Ouvi uma **voz suave** saindo do quarto.

19.5 Funções da Linguagem

Deve-se a Roman Jakobson a discriminação das seis funções da linguagem na expressão e na comunicação humanas, conforme o realce particular que cada um dos componentes do processo de comunicação recebe no enunciado. Por isso mesmo, é raro encontrar em uma única mensagem apenas uma dessas funções, ou todas reunidas em um mesmo texto. O mais frequente é elas se superporem, apresentando-se uma ou outra como predominante.

Em que pese tal fato, é preciso considerar que há particularidades com relação às funções da linguagem, ou seja, cada função descreve algo em particular. Com isso, pretendo dizer que, antes de o estudante se ater às funções em si, é preciso que ele conheça o sistema que é um pouco mais amplo, ou seja, o ato comunicativo. Afinal, a teoria de Roman Jakobson se volta à descrição do ato comunicativo em si.

Em um livro chamado Linguística e comunicação, o linguista Roman Jakobson, pensando sobre o ato comunicativo e seus elementos, identifica seis funções da linguagem.

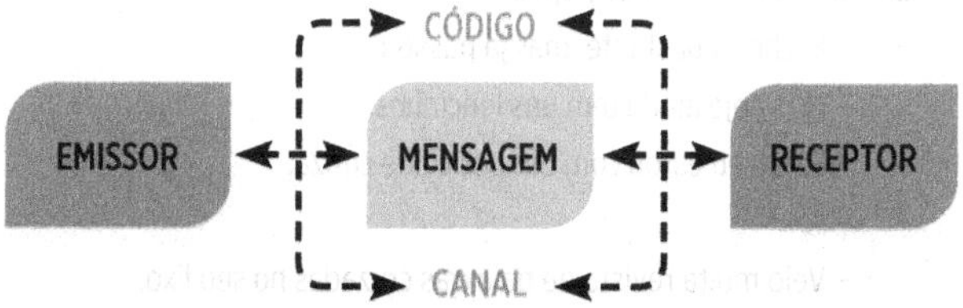

→ Nesse esquema, identificamos:

- **Emissor**: quem enuncia.
- **Mensagem**: aquilo que é transmitido pelo emissor.
- **Receptor**: quem recebe a mensagem.
- **Código**: o sistema em que a mensagem é codificada. O código deve ser comum aos polos da comunicação.
- **Canal**: meio físico por que ocorre a comunicação.

Pensando sobre esses elementos, Jakobson percebeu que cada função da linguagem está centrada em um elemento específico do ato comunicativo. É o que veremos agora.

As Funções da Linguagem são:

- **Referencial**: centrada na mensagem, ou seja, na transmissão do conteúdo. Como possui esse caráter, a objetividade é uma constante para a função referencial. É comum que se busque a imparcialidade quando dela se faz uso. É também conhecida como função denotativa. Como a terceira pessoa do singular é predominante, podem-se encontrar exemplos de tal função em textos científicos, livros didáticos, textos de cunho apenas informativo etc.

Emotiva: centrada no emissor, ou seja, em quem enuncia a mensagem. Basicamente a primeira pessoa predomina quando o texto se apoia sobre a função emotiva. É muito comum a observarmos em depoimentos, discursos, em textos sentimentais, e mesmo em textos líricos.

Apelativa: centrada no receptor, ou seja, em quem recebe a mensagem. As características comuns a manifestações dessa função da linguagem são os verbos no modo imperativo, a tentativa de persuadir o receptor, a utilização dos pronomes de tratamento que tangenciem o interlocutor. É comum observar a função apelativa em propaganda, em discursos motivacionais etc.

Poética: centrada na transformação da mensagem, ou seja, em como modificar o conteúdo da mensagem a fim de torná-lo mais expressivo. As figuras de linguagem são abundantes nessa função e, por sua presença, convencionou-se chamar, também, função poética de função conotativa. Textos literários, poemas e brincadeiras com a mensagem são fontes em que se pode verificar a presença da função poética da linguagem.

Fática: centrada no canal comunicativo. Basicamente, busca testar o canal para saber se a comunicação está ocorrendo. Expressões como "olá", "psiu" e "alô você" são exemplos dessa função.

Metalinguística: centrada no código. Quando o emissor se vale do código para explicar o próprio código, ou seja, num tipo de comunicação autorreferente. Como exemplo, podemos citar um livro de gramática, que se vale da língua para explicar a própria língua; uma aula de didática (sobre como dar aula); ou mesmo um poema que se refere ao processo de escrita de um poema. O poema a seguir é um ótimo exemplo de função metalinguística.

Catar feijão

Catar feijão se limita com escrever:
jogam-se os grãos na água do alguidar
e as palavras na da folha de papel;

e depois, joga-se fora o que boiar.
Certo, toda palavra boiará no papel,
água congelada, por chumbo seu verbo:
pois para catar esse feijão, soprar nele,
e jogar fora o leve e oco, palha e eco.
Ora, nesse catar feijão entra um risco:
o de que entre os grãos pesados entre
um grão qualquer, pedra ou indigesto,
um grão imastigável, de quebrar dente.
Certo não, quando ao catar palavras:
a pedra dá à frase seu grão mais vivo:
obstrui a leitura fluviante, flutual,
açula a atenção, isca-a com risco.

MELO NETO, João Cabral de. Obra completa.
Rio de Janeiro: Nova Aguilar, 1995.

Questões

01. Há sentido conotativo na seguinte alternativa:

a) "Será que uma bola é mais valiosa que um livro?"
b) "... aposentados choram pelo minguado aumento."
c) "Por que se concedem altos aumentos na política?"
d) "... hospitais deixam de atender ao mais simples diagnóstico..."
e) "Por que os salários não são igualitários?"

02. Leia o seguinte trecho de Machado de Assis e marque a opção correta.

"O tempo é um tecido invisível em que se pode bordar tudo, uma flor, um pássaro, uma dama, um castelo, um túmulo. Também se pode bordar nada. Nada em cima de invisível é a mais sutil obra deste mundo..."

a) Em "O tempo é um tecido invisível", o autor empregou uma metáfora.
b) Depreende-se do sentido global do trecho uma censura aos que vivem sem fazer nada.
c) A sintaxe de "bordar nada" foi construída com a figura de estilo chamada paradoxo ou oxímoro, dado que o verbo "bordar" é transitivo direto, ou seja, quem borda sempre borda alguma coisa.
d) No contexto em que está empregado, o adjetivo "sutil" significa "inútil".
e) O trecho está construído sobre uma contradição: na primeira linha, afirma-se que sobre o tecido do tempo "se pode bordar tudo"; na segunda, afirma-se que "se pode bordar nada".

O Lixo

(Luís Fernando Veríssimo)

Encontram-se na área de serviço. Cada um com seu pacote de lixo. É a primeira vez que se falam.

– Bom dia...

– Bom dia.

– A senhora é do 610.

– E o senhor do 612.

– É.

– Eu ainda não lhe conhecia pessoalmente...

– Pois é...

– Desculpe a minha indiscrição, mas tenho visto o seu lixo...

– O meu quê?

– O seu lixo.

– Ah...

– Reparei que nunca é muito. Sua família deve ser pequena...

– Na verdade sou só eu.

– Mmmm. Notei também que o senhor usa muito comida em lata.

– É que eu tenho que fazer minha própria comida. E como não sei cozinhar...

– Entendo.

– A senhora também...

– Me chame de você.

– Você também perdoe a minha indiscrição, mas tenho visto alguns restos de comida em seu lixo. Champignons, coisas assim...

– É que eu gosto muito de cozinhar. Fazer pratos diferentes. Mas, como moro sozinha, às vezes sobra...

– A senhora... Você não tem família?

– Tenho, mas não aqui.

– No Espírito Santo.

- Como é que você sabe?

– Vejo uns envelopes no seu lixo. Do Espírito Santo.

– É. Mamãe escreve todas as semanas.

– Ela é professora?

– Isso é incrível! Como foi que você adivinhou?

– Pela letra no envelope. Achei que era letra de professora.

– O senhor não recebe muitas cartas. A julgar pelo seu lixo.

– Pois é...

– No outro dia tinha um envelope de telegrama amassado.

– É.

– Más notícias?

– Meu pai. Morreu.

– Sinto muito.

– Ele já estava bem velhinho. Lá no Sul. Há tempos não nos víamos.

– Foi por isso que você recomeçou a fumar?

– Como é que você sabe?

– De um dia para o outro começaram a aparecer carteiras de cigarro amassadas no seu lixo.

– É verdade. Mas consegui parar outra vez.

– Eu, graças a Deus, nunca fumei.

– Eu sei. Mas tenho visto uns vidrinhos de comprimido no seu lixo...

– Tranquilizantes. Foi uma fase. Já passou.

– Você brigou com o namorado, certo?

– Isso você também descobriu no lixo?

– Primeiro o buquê de flores, com o cartãozinho, jogado fora. Depois, muito lenço de papel.

– É, chorei bastante, mas já passou.

– Mas hoje ainda tem uns lencinhos...

– É que eu estou com um pouco de coriza.

– Ah.

– Vejo muita revista de palavras cruzadas no seu lixo.

– É. Sim. Bem. Eu fico muito em casa. Não saio muito. Sabe como é.

– Namorada?

– Não.

– Mas há uns dias tinha uma fotografia de mulher no seu lixo. Até bonitinha.

– Eu estava limpando umas gavetas. Coisa antiga.

– Você não rasgou a fotografia. Isso significa que, no fundo, você quer que ela volte.

– Você já está analisando o meu lixo!

– Não posso negar que o seu lixo me interessou.

– Engraçado. Quando examinei o seu lixo, decidi que gostaria de conhecê-la. Acho que foi a poesia.

– Não! Você viu meus poemas?

– Vi e gostei muito.

– Mas são muito ruins!

– Se você achasse eles ruins mesmo, teria rasgado. Eles só estavam dobrados.

– Se eu soubesse que você ia ler...

– Só não fiquei com eles porque, afinal, estaria roubando. Se bem que, não sei: o lixo da pessoa ainda é propriedade dela?

– Acho que não. Lixo é domínio público.

– Você tem razão. Através do lixo, o particular se torna público. O que sobra da nossa vida privada se integra com a sobra dos outros. O lixo é comunitário. É a nossa parte mais social. Será isso?

– Bom, aí você já está indo fundo demais no lixo. Acho que...

– Ontem, no seu lixo...

– O quê?

– Me enganei, ou eram cascas de camarão?

– Acertou. Comprei uns camarões graúdos e descasquei.

– Eu adoro camarão.

– Descasquei, mas ainda não comi. Quem sabe a gente pode...

– Jantar juntos?

– É.

– Não quero dar trabalho.

– Trabalho nenhum.

– Vai sujar a sua cozinha?

– Nada. Num instante se limpa tudo e põe os restos fora.

– No seu lixo ou no meu?

03. A função da linguagem predominante no texto de Luís Fernando Veríssimo é:

a) Fática.

b) Conativa.

c) Referencial.

d) Metalinguística.

04. O texto "Grandes cidades nem sempre são as mais poluentes diz estudo, da France Press, publicado em http://www1.folha.uol.com.br/ambiente/866228 (com acesso em 29/12/2011)" foi adaptado para compor os fragmentos abaixo. Numere-os, de acordo com a ordem em que devem ser dispostos para formar um texto coeso e coerente.

( ) Nesse estudo, enquanto cidades do mundo todo foram apontadas como culpadas por cerca de 71% das emissões causadoras do efeito estufa, cidadãos urbanos que substituíram os carros por transporte público ajudaram a diminuir as emissões per capita em algumas cidades.

( ) Pesquisadores examinaram dados de cem cidades em 33 países, em busca de pistas sobre quais metrópoles seriam as maiores poluidoras e por que, de acordo com estudo publicado na revista especializada "Environment and Urbanization".

( ) "Isso reflete a grande dependência de combustíveis fósseis para a produção de eletricidade, uma base industrial significante em muitas cidades e uma população rural relativamente grande e pobre", informa o estudo.

( ) Por fim, quando os pesquisadores olharam as cidades asiáticas, latino-americanas e africanas, descobriram emissões menores por pessoa. A maior parte das cidades na África, Ásia e América Latina tem emissões inferiores por pessoa. O desafio para elas é manter essas emissões baixas, apesar do crescimento de suas economias.

( ) O estudo também aponta outras tendências, como as cidades de climas frios terem emissões maiores, e países pobres e de renda média terem emissões per capita inferiores aos países desenvolvidos.

A sequência correta é:

a) (1) (2) (5) (4) (3)

b) (2) (1) (3) (5) (4)

c) (2) (5) (1) (3) (4)

d) (4) (1) (2) (5) (3)

e) (4) (2) (1) (3) (5)

05. Assinale a opção que preenche de forma coesa, coerente e gramaticalmente correta a lacuna do trecho a seguir.

Brasil, Rússia, Índia, China e África do Sul são mais do que cinco economias emergentes em expansão num mundo em crise. Reunidas sob o acrônimo Brics, abrigam mais de 40% da população global e somam perto de US$ 14 trilhões de PIB, ou seja, quase um quinto das riquezas produzidas no planeta. É natural que busquem maior participação no cenário internacional – o que seria facilitado por uma atuação conjunta, em bloco.

A instituição permitiria aos países reduzir a dependência econômica em relação aos Estados Unidos e à União Europeia, em sérias dificuldades. Mais do que isso, a experiência poderia depois ser replicada para dar um pontapé inicial para mudanças políticas não apenas voltadas ao desenvolvimento sustentável, como também à segurança e à paz no universo, com um rearranjo das regras e dos organismos internacionais.

(Adaptado do Correio Braziliense, 27/3/2012)

a) Maior dos Brics, a China, segunda potência mundial, tem PIB de US$ 7,4 trilhões e reservas cambiais superiores a US$ 3 trilhões. Contudo, é uma ditadura que ganha mercados mundo afora com vantagens artificiais, como a desvalorização da moeda, o yuan, um calo inclusive para o Brasil, invadido por produtos chineses em condições desfavoráveis de competitividade.

b) Assim, reconhecer a necessidade de promover correções de rumo internas é desafio de primeira ordem para os cinco emergentes. Aproximações bilaterais, vale lembrar, também terminam por fortalecer o quinteto emergente.

c) A Rússia, por sua vez, apresenta desenvolvimento relativo e hoje consolida-se como economia de mercado ainda sob olhares desconfiados de parte dos governantes de outros países do globo.

d) Os demais países têm abismos sociais a superar, problemas de desigualdades evidentes, o que deixa o bloco, formalizado ou não, distante da pose de referência internacional na questão do desenvolvimento humano.

e) Avançar na criação de um banco de desenvolvimento, proposto pelo primeiro-ministro indiano, como alternativa ao Banco Mundial - Bird e ao Fundo Monetário Internacional - FMI, já seria grande passo.

06. Os trechos abaixo compõem um texto, mas estão desordenados. Ordene-os nos parênteses e assinale a opção que corresponde à ordem que assegura coesão e coerência ao texto.

( ) Em seu Parecer, já enviado ao Tribunal Superior Eleitoral, em que responde à Consulta nº 1062, está expresso o entendimento de que o Parecer da AGU viola o artigo 73, VI, "a", da Lei 9.504/97.

( ) O subprocurador-geral da República, com aprovação do vice-procurador-geral eleitoral, contesta a posição da Advocacia Geral da União (AGU) que permite a liberação de recursos para obras e serviços iniciados nos três meses que antecedem as eleições

( ) O subprocurador-geral da República conclui, então, que "o tão-só posicionamento liberalizante de verbas em período vedado por lei está a merecer o conhecimento da presente consulta e sua resposta negativa para prevenir eventuais equívocos de interpretação, passíveis de quebra do princípio isonômico que deve presidir o embate eleitoral".

( ) Tal dispositivo legal proíbe aos agentes públicos "realizar transferência voluntária de recursos da União aos Estados e Municípios, e dos Estados aos Municípios, sob pena de nulidade de pleno direito, ressalvados os recursos destinados a cumprir obrigação formal preexistente para execução de obra ou serviço em andamento e com cronograma pré-fixado, e os destinados a atender situações de emergência e de calamidade pública".

(Adaptado de www.mpu.gov.br/noticias/ - 05/07/2004)

a) B A D C.
b) C D B A.
c) D C A B.
d) A B D C.
e) B D C A.

Gabaritos

01	B	04	B
02	A	05	E
03	A	06	A

20. INTERPRETAÇÃO DE TEXTO POÉTICO

Cada vez mais comum em provas de concursos públicos, o texto poético possui suas particularidades. Nem todas as pessoas possuem a capacidade de ler um texto poético, quanto mais interpretá-lo. Justamente por esse fato, ele tem sido o predileto dos examinadores que querem dificultar a vida dos candidatos.

Antes de passar à interpretação propriamente dita, é preciso identificar a nomenclatura das partes de um poema. Cada "linha" do poema é chamada de "**verso**", o conjunto de versos é chamado de "**estrofe**". A primeira sugestão para quem pretende interpretar um poema é segmentar a interpretação por estrofe e anotar o sentido trazido ao lado e cada trecho.

Geralmente as bancas pecam ao diferenciar **autor** de **eu-lírico.** O primeiro é realmente a pessoa por detrás da pena, ou seja, é quem efetivamente escreve o texto; o segundo é a "voz" do poema, a "pessoa" fictícia, abstrata que figura como quem traz o poema para o leitor.

Outro problema muito comum na hora de fazer algo dessa natureza é a leitura do texto. Como o texto está em uma disposição que não é mais tão usual, as pessoas têm dificuldade para realizar a leitura. Eis uma dica fundamental: só interrompa a leitura quando chegar a um ponto ou a uma vírgula, porque é dessa maneira que se lê um texto poético. Além disso, é preciso que, mesmo mentalmente, o indivíduo tente dar ênfase na leitura, pois isso pode ajudar na intepretação.

Comumente, o vocabulário do texto poético não é acessível e, em razão disso, costuma haver notas explicativas com o significado das palavras, jamais ignore essa informação! Pode ser a salvação para a interpretação do texto lido.

Veja um exemplo:

Nel mezzo del camin (Olavo Bilac)

"Cheguei. Chegaste. Vinhas fatigada
E triste, e triste e fatigado eu vinha.
Tinhas a alma de sonhos povoada,
E a alma de sonhos povoada eu tinha...

E paramos de súbito na estrada
Da vida: longos anos, presa à minha
A tua mão, a vista deslumbrada
Tive da luz que teu olhar continha.

Hoje, segues de novo... Na partida
Nem o pranto os teus olhos umedece,
Nem te comove a dor da despedida.
E eu, solitário, volto a face, e tremo,
Vendo o teu vulto que desaparece
Na extrema curva do caminho extremo."

Existe outro fator extremamente importante na hora de tentar entender o conteúdo de um texto poético: o **título**! Nem todo poema possui um título, é claro, mas os que possuem ajudam, e muito, na compreensão do "assunto" do poema.

É claro que ter conhecimento do autor e do estilo de escrita por ele adotado é a ferramenta mais importante para que o candidato compreenda com profundidade o que está sendo veiculado pelo texto, porém, como grande parte das bancas ainda não chegou a esse nível de aprofundamento interpretativo, apenas o reconhecimento da superfície do texto já é suficiente para responder às questões.

Vejamos alguns textos para explanar melhor:

Bem no fundo (Paulo Leminski)

No fundo, no fundo,
Bem lá no fundo,
A gente gostaria
De ver nossos problemas
Resolvidos por decreto

A partir desta data,
Aquela mágoa sem remédio
É considerada nula
E sobre ela – silêncio perpétuo

Extinto por lei todo o remorso,
Maldito seja quem olhar pra trás,
Lá pra trás não há nada,
E nada mais

Mas problemas não se resolvem,
Problemas têm família grande,
E aos domingos saem todos passear
O problema, sua senhora
E outros pequenos probleminhas

Interpretação: por mais que trabalhemos para resolvermos nossos problemas, a única certeza é a de que eles continuarão, pois é isso que nos move.

20.1 Tradução de Sentido

As questões de tradução de sentido costumam ser o "calcanhar de Aquiles" dos candidatos. Nem sempre aparecem nas provas, mas quando surgem, é celeuma garantida. A maneira mais eficaz de resolvê-las é buscar relações de sinonímia em ambos os lados da sentença. Com isso, fica mais fácil acertar a questão.

Consideremos a relação de sinonímia presente entre "alegria" e "felicidade". Esses dois substantivos não significam, rigorosamente, a mesma coisa, mas são considerados sinônimos contextuais, se considerarmos um texto. Disso, entende-se que o sinônimo é identificado contextualmente e não depende, necessariamente, do conhecimento do sentido de todas as palavras.

Seria bom se fosse sempre dessa maneira. Ocorre que algumas bancas tentam selecionar de maneira não rigorosa os candidatos que acabam por cobrar o chamado "conhecimento que não é básico" dos candidatos. O melhor exemplo é pedir o significado da palavra "adrede", o qual pouquíssimas pessoas conhecem.

20.2 Organização de Texto (Texto Embaralhado)

Em algumas bancas, é comum haver questões que apresentam um texto desordenado, para que o candidato o reordene, garantido a coesão e a coerência. Além disso, não é raro haver trecho de texto com lacunas para preencher com alguns parágrafos. Para que isso ocorra, é mister saber o que significa coesão e coerência. Vamos a algumas definições simples.

Coesão é o conjunto de procedimentos e mecanismos que estabelecem conexão dentro do texto, o que busca garantir a progressão daquilo que se escreve nas sentenças. Pronomes, perífrases e sinônimos estão entre os mecanismos de coesão que podem ser empregados na sentença.

Coerência diz respeito à organização de significância do texto, ou seja, o sentido daquilo que se escreve. A sequência temporal e o princípio de não contradição são os dispostos mais emergentes da coerência.

Em questões dessa natureza, busque analisar as sequências de entrada e saída dos textos. Veja se há definições e conectivos que encerram ideias, ou se há pronomes que buscam sequenciar as sentenças. Desse modo, fica mais fácil acertar a questão.

20.3 Significação das Palavras

Compreensão, interpretação, intelecção

O candidato que é concurseiro de longa data sabe que, dentre as questões de interpretação de texto, é muito comum surgirem nomenclaturas distintas para fenômenos não tão distintos assim. Quer dizer que se no seu edital há elementos como leitura, compreensão, intelecção ou interpretação de texto, no fundo, o conceito é o mesmo. Ocorre que, dentro desse processo de interpretação, há elementos importantes para a resolução dos certames.

O que se diz e o que se pode ter dito:

Sempre que há um momento de enunciação, o material linguístico serve de base para que os interlocutores negociem o sentido daquilo que está na comunicação. Isso ocorre por meio de vários processos, sendo que é possível destacar alguns mais relevantes:

Dito: consiste na superfície do enunciado. O próprio material linguístico que se enuncia.

Não-dito: consiste naquilo que se identifica imediatamente, quando se trabalha com o que está posto (o dito).

Subentendido: consiste nos sentidos ativados por um processo inferencial de análise e síntese do material linguístico somado ao não-dito.

» Vejamos isso em uma sentença para compreendermos a teoria.

» "A eleição de Barack Obama não é um evento apenas americano."

Dito: é o próprio conteúdo da sentença – o fato de a eleição em questão não ser um evento apenas americano.

Não-dito: alguém poderia pensar que a eleição teria importância apenas para os americanos.

Subentendido: pode-se concluir que a eleição em questão terá grandes repercussões, a um nível global.

20.4 Inferência

Assunto muitíssimo delicado e ainda não resolvido na linguística. Não vou me dispor a teorizar sobre isso, pois seria necessário o espaço de um livro para tanto. Para a finalidade dos concursos públicos, vamos considerar que a inferência é o resultado do processamento na leitura, ou seja, é aquilo que se pode "concluir" ou "depreender" da leitura de um texto.

No momento de responder a uma questão dessa natureza, recomenda-se prudência. Existe um conceito que parece fundamental para facilitar a resolução dessas questões. Ele se chama **ancoragem lexical.** Basicamente, entende-se como A. L. a inserção de algum elemento que dispara pressuposições e fomenta inferências, ou seja, se alguma questão pedir se é possível inferir algo, o candidato só poderá responder afirmativamente, se houve uma palavra ou uma expressão (âncora lexical) que permita associar diretamente esses elementos.

Semântica (sentido)

Evidentemente, o conteúdo relativo à significação das palavras deve muito a uma boa leitura do dicionário. Na verdade, o vocabulário faz parte do histórico de leitura de qualquer pessoa: quanto mais você lê, maior é o número de palavras que você vai possuir em seu "HD" mental. Como é impossível receitar a leitura de um dicionário, podemos arrolar uma lista com palavras que possuem peculiaridades na hora de seu emprego. Falo especificamente de **sinônimos, antônimos, homônimos e parônimos**. Mãos à obra!

Sinônimos:

Sentido aproximado: não existem sinônimos perfeitos:

Feliz (Alegre / Contente).

Palavra (Vocábulo).

Professor (Docente).

Professor Mário chegou à escola. O **docente** leciona matemática.

Antônimos:

Oposição de sentido:

Bem (Mal).

Bom (Mau).

Igual (Diferente).

Homônimos:

Homônimos são palavras com escrita ou pronúncia iguais (semelhantes), porém com significado (sentido) diferente:

Adoro comer **manga** com sal.

Derrubei vinho na **manga** da camisa.

Há três tipos de homônimos: homógrafos, homófonos e homônimos perfeitos.

Homógrafos – palavras que possuem a mesma grafia, mas o som é diferente.

O meu **olho** está doendo.

Quando eu **olho** para você, dói.

Homófonos – apresentam grafia diferente, mas o som é semelhante.

A **cela** do presídio foi incendiada.

A **sela** do cavalo é novinha.

Homônimos perfeitos – possuem a mesma grafia e o mesmo som.

O **banco** foi assaltado.

O **banco** da praça foi restaurado ontem.

Ele não **para** de estudar.

Ele olhou **para** a prova.

Parônimos:

Parônimos – são palavras que possuem escrita e pronúncia semelhantes, mas com significado distinto.

O professor fez a **descrição** do conteúdo.

Haja com muita **discrição**, Marivaldo.

Aqui vai uma lista para você se precaver quanto aos sentidos desses termos:

Ascender (subir).

Acender (pôr fogo, alumiar).

Quando Nero **ascendeu** em Roma, ele **acendeu** Roma.

Acento (sinal gráfico).

Assento (lugar de sentar-se).

O **acento** grave indica crase.

O **assento** 43 está danificado.

Acerca de (a respeito de).

Cerca de (aproximadamente).

Há cerca de (faz aproximadamente).

Falamos **acerca de** Português ontem.

José mora **cerca de** mim.

Há cerca de 10 anos, leciono Português.

Afim (semelhante a).

A fim de (com a finalidade de).

Nós possuímos ideias **afins**.

Nós estamos estudando **a fim** de passar.

Aprender (instruir-se).

Apreender (assimilar).

Quando você **apreender** o conteúdo, saberá que **aprendeu** o conteúdo.

Área (superfície).

Ária (melodia, cantiga).

O tenor executou a ária.

A polícia cercou a área.

Arrear (pôr arreios).

Arriar (abaixar, descer).

Precisamos **arrear** o cavalo.

Joaquim **arriou** as calças.

Caçar (apanhar animais).

Cassar (anular).

O veado foi **caçado**.

O deputado teve sua candidatura **cassada**.

Censo (recenseamento).

Senso (raciocínio).

Finalizou-se o **censo** no Brasil.

Argumentou com bom-**senso**.

Cerração (nevoeiro).

Serração (ato de serrar).

Nos dias de chuva, pode haver **cerração**.

Rolou a maior **serração** na madeireira ontem.

Cerrar (fechar).

Serrar (cortar).

Cerrou os olhos para a verdade.

Marina **serrou**, acidentalmente, o nariz na serra.

Cessão (ato de ceder).

Seção (divisão).

Secção (corte).

Sessão (reunião).

O órgão pediu a **cessão** do espaço.

Compareça à **seção** de materiais.

Fez-se uma **secção** no azulejo.

Assisti à **sessão** de cinema ontem. Passava "A Lagoa Azul".

Concerto (sessão musical).

Conserto (reparo).

Vamos ao **concerto** hoje.

Fizeram o **conserto** do carro.

Mal (antônimo de bem).

Mau (antônimo de bom).

O homem **mau** vai para o inferno.

O **mal** nunca prevalece sobre o bem.

Ratificar (confirmar).

Retificar (corrigir).

O documento **ratificou** a decisão.

O documento **retificou** a decisão.

Tacha (pequeno prego, mancha).

Taxa (imposto, percentagem).

Comprei uma tacha.

Paguei outra taxa.

Continuação da lista:

Bucho (estômago)

Buxo (arbusto)

Calda (xarope)

Cauda (rabo)

Cela (pequeno quarto)

Sela (arreio)
Chá (bebida)
Xá (Título do soberano da Pérsia, atual Irã, antes da revolução islâmica)
Cheque (ordem de pagamento)
Xeque (lance do jogo de xadrez)
Comprimento (extensão)
Cumprimento (saudação)
Conjetura (hipótese)
Conjuntura (situação)
Coser (costurar)
Cozer (cozinhar)
Deferir (costurar)
Diferir (distinguir-se)
Degredado (desterrado, exilado)
Degradado (rebaixado, estragado)
Descrição (ato de descrever)
Discrição (reserva, qualidade de discreto)
Descriminar (inocentar)
Discriminar (distinguir)
Despensa (lugar de guardar mantimentos)
Dispensa (isenção, licença)
Despercebido (não notado)
Desapercebido (desprovido, despreparado)
Emergir (vir à tona)
Imergir (mergulhar)
Eminente (notável, célebre)
Iminente (prestes a acontecer)
Esbaforido (ofegante, cansado)
Espavorido (apavorado)
Esperto (inteligente)
Experto (perito)
Espiar (observar)
Expiar (sofrer castigo)
Estada (ato de estar, permanecer)
Estadia (permanência, estada por tempo limitado)
Estático (imóvel)
Extático (pasmo)
Estrato (tipo de nuvem)
Extrato (resumo)
Flagrante (evidente)
Fragrante (perfumado)
Fluir (correr)
Fruir (gozar, desfrutar)
Incidente (episódio)
Acidente (acontecimento grave)
Incipiente (principiante)
Insipiente (ignorante)
Inflação (desvalorização do dinheiro)
Infração (violação, transgressão)
Infligir (aplicar castigo)
Infringir (transgredir)
Intercessão (ato de interceder)
Interseção ou intersecção (ato de cortar)
Laço (nó)
Lasso (frouxo)
Mandado (ordem judicial)
Mandato (período político)
Ótico (relativo ao ouvido)
Óptico (relativo à visão)
Paço (palácio)
Passo (passada)
Peão (empregado / peça de xadrez)
Pião (brinquedo)
Pequenez (pequeno)
Pequinês (ração de cão, de Pequim)
Pleito (disputa)
Preito (homenagem)
Proeminente (saliente)
Preeminente (nobre, distinto)
Prescrição (ordem expressa)
Proscrição (eliminação, expulsão)
Prostrar-se (humilhar-se)
Postar-se (permanecer por muito tempo)
Ruço (grisalho, desbotado)
Russo (da Rússia)
Sexta (numeral cardinal)
Cesta (utensílio)
Sesta (descanso depois do almoço)
Sortido (abastecido)
Surtido (produzido, causado)
Sortir (abastecer)
Surtir (efeito ou resultado)
Sustar (suspender)
Suster (sustentar)
Tilintar (soar)
Tiritar (tremer)
Tráfego (trânsito)
Tráfico (comércio ilícito)
Vadear (passa a pé ou a cavalo, atravessar o rio)
Vadiar (vagabundear)
Viagem (substantivo)

Viajem (verbo)

Vultoso (volumoso, grande vulto)

Vultuoso (inchado)

Questões

01. (FUNRIO)

Vaidade – Florbela Espanca

Sonho que sou a Poetisa eleita,
Aquela que diz tudo e tudo sabe,
Que tem a inspiração pura e perfeita,
Que reúne num verso a imensidade!

Sonho que um verso meu tem claridade
Para encher todo o mundo! E que deleita
Mesmo aqueles que morrem de saudade!
Mesmo os de alma profunda e insatisfeita!

Sonho que sou Alguém cá neste mundo...
Aquela de saber vasto e profundo,
Aos pés de quem a terra anda curvada!

E quando mais no céu eu vou sonhando,
E quando mais no alto ando voando,
Acordo do meu sonho...
E não sou nada!...

No primeiro verso do poema, encontramos o eu poético feminino afirmando seu sonho de ser "a Poetisa eleita". Outro de seus sonhos é que:

a) Sua inspiração lhe diga tudo o que sabe.
b) Seus versos encham todo o mundo.
c) A terra ande curvada aos seus pés.
d) A imensidade lhe seja pura e perfeita.
e) A claridade de seus versos deleite os mortos.

02. (FUNRIO) Sobre as rimas que ocorrem nas duas primeiras estrofes do poema, é correto afirmar que elas são feitas

a) Entre verbos no gerúndio e substantivos concretos.
b) Em posição interna e externa nos oito versos.
c) Com palavras paroxítonas terminadas em vogal átona.
d) Sem simetria apenas na primeira estrofe.
e) De modo aleatório, com pouca regularidade.

03. (CEFET)

Coisas da Terra

Todas as coisas de que falo estão na cidade entre o céu e a terra. São todas elas coisas perecíveis e eternas como o teu riso a palavra solidária minha mão aberta ou este esquecido cheiro de cabelo que volta e acende sua flama inesperada no coração de maio. Todas as coisas de que falo são de carne como o verão e o salário. Mortalmente inseridas no tempo, estão dispersas como o ar no mercado, nas oficinas, nas ruas, nos hotéis de viagem. São coisas, todas elas, cotidianas, como bocas e mãos, sonhos, greves, denúncias, acidentes do trabalho e do amor. Coisas, de que falam os jornais às vezes tão rudes às vezes tão escuras que mesmo a poesia as ilumina com dificuldade. Mas é nelas que te vejo pulsando, mundo novo, ainda em estado de soluços e esperança.

Identifique os itens verdadeiros.

A primeira estrofe do poema (Texto II) é marcada pela presença de:

I. Elementos antitéticos.
II. Imagens sensoriais.
III. Ideias hiperbólicas.
IV. Termos de valor metafórico.
V. Ambiguidade de signos linguísticos.

A alternativa em que todos os itens verdadeiros estão corretamente indicados é a:

a) I e III.
b) II e V.
c) III e IV.
d) I, II e IV.
e) II, III e V.

04. (FCC) Considerando-se o contexto, traduz-se adequadamente o sentido de um segmento em:

a) Trepidam as engrenagens = Ajustam-se as peças.
b) Luz imponderável = chama impetuosa.
c) Um híbrido estranho = um mestiço inolvidável.
d) Perturbam a frieza = abalam a impassibilidade.
e) Reflexos flamejantes = imagens enérgicas.

05. (FCC) Considerado o contexto, o segmento cujo sentido está adequadamente expresso em outras palavras é:

a) Manejar a lâmina da ironia = lidar com o cortante da blasfêmia.
b) Sem apelo ideológico = desprovido de ideias revolucionárias.
c) Se alimentava da matula = se nutria da provisão.
d) Pelo atalho do senso de humor = através de um muxoxo.
e) Tratam o forasteiro = referem-se ao salteador.

06. (FCC) Considerando-se o contexto, o segmento cujo sentido está adequadamente expresso em outras palavras é:

a) Partisse os laços com a tradição = quebrasse o condão sagrado.
b) Galgou ao comando de um continente = sobrelevou o ordenamento europeu.
c) Pela causa da liberdade contra a tirania = pelo motivo da insubmissão versus rigorismo.
d) Os próprios clichês o denunciam = os próprios lugares-comuns o evidenciam.
e) O mecanismo das instituições francesas = a articulação dos institutos galeses.

07. (FCC) ... estudou para ser monge beneditino no Colégio São Bento, em São Paulo, onde chegou a escrever um livro sobre a **ordem**. No entanto, acabou seguindo o caminho da poesia – em meio à **agitação** cultural e política dos anos 1960 e 1970. (1º parágrafo).

Considerado o contexto, o sentido dos elementos grifados acima pode ser adequadamente reproduzido, na ordem dada, por:

a) Disposição - tumulto.
b) Escola - confronto.
c) Equilíbrio - burburinho.
d) Congregação - efervescência.
e) Prudência - radicalismo.

08. (FCC) Considerando-se o contexto, o segmento cujo sentido está adequadamente expresso em outras palavras é:

a) Semelhante à tensão típica = parecida com a inquietude disseminada.

b) Eletricidade que emanava da interpretação = impulso que transcendia a encenação.

c) Misto de respeito e estranhamento = mistura de reverência e espanto.

d) Energia que vibrava da vontade = força que celebrava o anseio.

e) Carga de emoção que era única = voltagem sentimental que era usual.

09. (FCC) Considere as definições abaixo:

I. **Senso** (estético): capacidade de apreciar a beleza pelo prazer que ela proporciona. **Censo** (demográfico): conjunto de dados característicos dos habitantes de uma localidade ou país.

II. **Cobre**: forma flexionada do verbo cobrir. **Cobre**: metal usado em condutores de eletricidade.

III. **Manto**: veste feminina, larga, comprida e sem mangas, usada por cima do vestido. **Manto**: por extensão, o que cobre, revestimento.

Constitui exemplo de homonímia o par que se encontra em:

a) III, apenas.

b) I e II, apenas.

c) I e III, apenas.

d) II e III, apenas.

e) I, II e III.

Gabaritos

01	D	06	D
02	D	07	C
03	C	08	C
04	D	09	D
05	D		

21. ESTRUTURA E FORMAÇÃO DE PALAVRAS

21.1 Estrutura das Palavras

Para compreender os termos da Língua Portuguesa, deve-se observar, nos vocábulos, a presença de algumas estruturas como raiz, desinências e afixos:

Raiz ou Radical (morfema lexical): parte que guarda o sentido da palavra.

Pedreiro

Pedrada

Em**pedr**ado

Pedregulho.

Desinências (fazem a flexão dos termos)

Nominais:

Gênero: Jogador / Jogadora.

Número: Aluno / Alunos.

Grau: Cadeira / Cadeirinha.

Verbais:

Modo-tempo: Cantá**va**mos / Vendê**ra**mos.

Número-pessoa: Fize**mos** / Compra**stes**

Afixos (conectam-se às raízes dos termos)

» Prefixos: colocados antes da raiz

Infeliz, **des**fazer, **re**tocar.

» Sufixos: colocados após a raiz

Feliz**mente**, capac**idade**, igual**dade.**

Também é importante ficar atento aos termos de ligação. São eles:

Vogal de ligação:

Gas**ô**metro / Bar**ô**metro / Caf**ei**cultura / Carn**í**voro

Consoante de ligação:

Gira**s**sol / Cafe**t**eira / Pau**l**ada / Cha**l**eira

21.2 Radicais Gregos E Latinos

O conhecimento sobre a origem dos radicais é, muitas vezes, importante para a compreensão e memorização de inúmeras palavras.

Radicais gregos

Os radicais gregos têm uma importância expressiva para a compreensão e fácil memorização de diversas palavras que foram criadas e vulgarizadas pela linguagem científica.

Podemos observar que esses radicais se unem, geralmente, a outros elementos de origem grega e, frequentemente, sofrem alterações fonéticas e gráficas para formarem palavras compostas.

Seguem algumas palavras e seus respectivos radicais:

ácros, alto: acrópole, acrobacia, acrofobia

álgos, dor: algofilia, analgésico, nevralgia

ánthropos, homem: antropologia, antropófago, filantropo

astér, astéros, estrela: asteroide, asterisco

ástron, astro: astronomia, astronauta

biblíon, livro: biblioteca, bibliografia, bibliófilo

cir-, quiro- (de chéir, cheirós, mão): cirurgia, cirurgião, quiromante

chlorós, verde: cloro, clorofila, clorídrico

chróma, chrómatos, cor: cromático, policromia

dáktylos, dedo: datilografia, datilografar

déka, dez: decálogo, decâmetro, decassílabo

gámos, casamento: poligamia, polígamo, monogamia

gastér, gastrós, estômago: gastrite, gastrônomo, gástrico

glótta, glóssa, língua: poliglota, epiglote, glossário

grámma, letra, escrito: gramática, anagrama, telegrama

grápho, escrevo: grafia, ortografia, caligrafia

heméra, dia: herneroteca, hernerologia, efêmero

hippos, cavalo: hipódromo, hipismo, hipopótamo

kardía, coração: cardíaco, cardiologia, taquicardia

mésos, meio, do meio: mesocarpo, mesóclise, mesopotâmia

mnemo- (de mnéme, memória, lembrança): mnemônico, amnésia, mnemoteste

morphé, forma: morfologia, amorfo, metamorfose

nekrós, morto, necrotério, necropsia, necrológio

páis, paidós, criança: pedagogia, pediatria, pediatra

pyr, pyrós, fogo: pirosfera, pirotécnico, antipirético

rino- (ele rhis, rhinós, nariz): rinite, rinofonia, otorrino

theós, deus: teologia, teólogo, apoteose

zóon, animal: zoologia, zoológico, zoonose

21.3 Radicais Latinos

Outras palavras da língua portuguesa possuem radicais latinos. A maioria delas entrou na língua entre os séculos XVIII e XX. Seguem algumas das que vieram por via científica ou literária:

ager, agri, campo: agrícola, agricultura

ambi- (de ambo, ambos): ambidestro, ambíguo

argentum, argenti, prata: argênteo, argentífero, argentino

capillus, capilli, cabelo: capilar, capiliforme, capilaridade

caput, capitis, cabeça: capital, decapitar, capitoso

cola-, (de colo, colere, habitar, cultivar): arborícola, vitícola

cuprum, cupri, cobre: cúpreo, cúprico, cuprífero

ego, eu: egocêntrico, egoísmo, ególatra

equi-, (de aequus, igual): equivalente, equinócio, equiângulo

-fero (de fero, ferre, levar, conter): aurífero, lactífero, carbonífero

fluvius, rio: fluvial, fluviômetro

frigus, frigoris, frio: frigorífico, frigomóvel

lapis, lapidis, pedra: lápide, lapidificar, lapidar

lex, legis, lei: legislativo, legislar, legista

noceo, nocere, prejudicar, causar mal: nocivo, inocente, inócuo

pauper, pauperis, pobre: pauperismo, depauperar

pecus, rebanho: pecuária, pecuarista, pecúnia

pluvia, chuva: pluvial, pluviômetro

radix, radieis, raiz: radical, radicar, erradicar

sidus, sideris, astro: sideral, sidéreo, siderar

stella, estrela: estelar, constelação

triticum, tritici, trigo: triticultura, triticultor, tritícola

vinum, vini, vinho: vinicultura, vinícola

vitis, videira: viticultura, viticultor, vitícola

volo, volare, voar: volátil, noctívolo

vox, vocis, voz: vocal, vociferar

21.4 Origem DAS Palavras De Língua Portuguesa

As palavras da língua portuguesa têm múltiplas origens, mas a maioria delas veio do latim vulgar, ou seja, o latim que era falado pelo povo duzentos anos antes de Cristo.

No geral, as palavras que formam o nosso léxico podem ser de origem latina, de formação vernácula ou de importação estrangeira.

Quanto às palavras de origem latina, sabe-se que algumas datam dos séculos VI e XI, aproximadamente, e outras foram introduzidas na língua por escritores e letrados, ao longo do tempo, sobretudo no período áureo, o século XVI, e de forma ainda mais abundante durante os séculos que o seguiram, por meios literário e científico. As primeiras, as formas populares, foram grandemente alteradas na fala do povo rude, mas as formas eruditas tiveram leves alterações.

Houve, ao longo desses séculos, com incentivo do povo luso-brasileiro, a criação de palavras que colaboraram para enriquecer o vocabulário. Essas palavras são chamadas criações vernáculas.

Desde os primórdios da língua, diversos termos estrangeiros entraram em uso, posteriormente enriquecendo definitivamente o patrimônio léxico, porque é inevitável que palavras de outros idiomas adentrem na língua por meio das relações estabelecidas entre os povos e suas culturas.

Devido a isso, encontramos, no vocabulário português, palavras provenientes:

→ Do grego
por influência do cristianismo e do latim literário: anjo, bíblia, clímax
por criação de sábios e cientistas: nostalgia, microscópio

→ Do hebraico
veiculadas pela Bíblia: aleluia, Jesus, Maria, Sábado

→ Do alemão
guerra, realengo, interlância

→ Do árabe
algodão, alfaiate, algema

→ Do japonês
biombo, micado, samurai

→ Do francês
greve, detalhe, pose

→ Do inglês
bife, futebol, tênis

→ Do turco
lacaio, algoz

→ Do italiano
piano, maestro, lasanha

→ Do russo
vodca, esputinique

→ Do tupi
tatu, saci, jiboia, pitanga

→ Do espanhol
cavalheiro, ninharia, castanhola

→ De línguas africanas
macumba, maxixe, marimbondo

Atualmente, o francês e o inglês são os idiomas com maior influência sobre a língua portuguesa.

21.5 Processos de Formação de Palavras

Há dois processos mais fortes (presentes) na formação de palavras em Língua Portuguesa: a composição e a derivação. Vejamos suas principais características.

Composição: é muito mais uma criação de vocábulo. Pode ocorrer por:

Justaposição (sem perda de elementos):

» Guarda-chuva, girassol, arranha-céu etc.

Aglutinação (com perda de elementos):

» Embora, fidalgo, aguardente, planalto, boquiaberto etc.

Hibridismo (união de radicais oriundos de línguas distintas:

» Automóvel (latim e grego); Sambódromo (tupi e grego).

Derivação: é muito mais uma transformação no vocábulo. Pode ocorrer das seguintes maneiras:

Prefixal (prefixação)

» Reforma, anfiteatro, cooperação

Sufixal (sufixação)

» Pedreiro, engenharia, florista

Prefixal – sufixal

» Infelizmente, ateísmo, desordenamento

Parassintética: prefixo e sufixo simultaneamente, sem a possibilidade de remover umas das partes.

» Avermelhado, anoitecer, emudecer, amanhecer

Regressão (regressiva) ou deverbal: advinda de um verbo.

» Abalo (abalar), luta (lutar), fuga (fugir)

Imprópria (conversão): mudança de classe gramatical.

O jantar, um não, o seu sim, o pobre.

Estrangeirismo

Pode-se entender como um empréstimo linguístico

Com aportuguesamento: abajur (do francês "abat-jour"), algodão (do árabe "al-qutun"), lanche (do inglês "lunch") etc.

Sem aportuguesamento: networking, software, pizza, show, shopping etc.

Acrônimo ou Sigla

Silabáveis: podem ser separados em sílabas.

Infraero (Infraestrutura Aeroportuária), **Petrobras** (Petróleo Brasileiro) etc.

Não-silabáveis: não podem ser separados em sílabas.

FMI, MST, SPC, PT, INSS, MPU etc.

Onomatopeia ou reduplicação

Onomatopeia: tentativa de representar um som da natureza.

Pow, paf, tum, psiu, argh.

Reduplicação: repetição de palavra com fim onomatopaico.

Reco-reco, tique-taque, pingue-pongue.

Redução ou abreviação

Eliminação do segmento de alguma palavra

Fone (telefone), cinema (cinematógrafo), pneu (pneumático) etc.

Questões

01. Marque a alternativa cujo sentido do sufixo e/ou prefixo formador da palavra está corretamente indicado.

a) Estadual - proveniência, origem.
b) Responsabilidade - propriedade.
c) Construção - lugar ou instrumento da ação.
d) Pavimentadas - referência, semelhança.
e) Transversais - movimento para além de.

02. (Vunesp) O sentido expresso pelo prefixo na palavra desafinado também está presente na palavra destacada em:

a) Eles teriam de cooperar com a nova administração do prédio.
b) Trabalhou tanto e não salvou o documento, por isso o refez.
c) No subtítulo do texto, havia uma palavra que não conhecia.
d) Ele era incapaz de resolver um problema com agilidade.
e) Era preciso esfriar o leite antes de acrescentar-lhe o café.

03. Considerando o processo de formação de palavras, assinale a alternativa em que se encontra um prefixo e um sufixo.

a) Reconstrução
b) Idealizadas
c) Diariamente
d) Heroicizadas
e) Veracidade

04. Assim como em "desimpedido", o prefixo indica oposição, negação ou falta em:

a) desgastada.
b) embuste.
c) investimento.
d) independente.
e) retificar.

05. Assinale a alternativa correta. Com relação à palavra AMAR, pode-se afirmar que:

a) "am-" é o radical e "-a-" é a vogal temática, sendo "-r" a desinência do infinitivo.
b) "am" é o prefixo verbal e "-ar" o radical que indica o tema verbal.
c) "am" é o radical e "-ar" é o sufixo verbal que indica verbo no gerúndio.
d) "am" é o radical e "-a-" é o determinante de gênero feminino, sendo "-r" a consoante de ligação.
e) "a-" é o prefixo verbal e "-ma-" o radical, sendo "-r" a desinência de ligação.

06. Assinale a alternativa em que "infra" NÃO é prefixo.

a) Infracitado.
b) Infrato.
c) Inframedíocre.
d) Infraglótico.
e) Infracolocado.

Brasília comemorou seu aniversário com uma superfesta. A cinquentona planejada por Lúcio Costa é hoje uma metrópole que oferece alta qualidade de vida.

(Fonte: O Globo, 21/04/2010, com adaptações)

07. Na notícia do jornal, as palavras "superfesta" e "cinquentona" exemplificam, respectivamente, casos de formação de palavras por

a) Hibridismo e neologismo.
b) Justaposição e aglutinação.
c) Composição e derivação.
d) Prefixação e sufixação.
e) Conversão e regressão.

08. (CESPE) A palavra "trem-bala" é composta por justaposição, tal qual o vocábulo:

a) governança.
b) ilimitado.
c) passatempo.
d) superprodução.
e) faturamento.

09. Em "...que serão dignos de seu sobrenome...", o substantivo grifado foi formado pelo processo de:

a) composição por justaposição;
b) composição por aglutinação;
c) derivação prefixal;
d) derivação sufixal;
e) derivação parassintética.

10. A palavra grifada no trecho: "...pesquisas frequentes ajudam a estimular o debate." foi formada pelo processo de:

a) composição por aglutinação.

b) composição por justaposição.

c) derivação parassintética.

d) derivação regressiva.

e) derivação prefixal.

Gabaritos

01	E	06	B
02	D	07	D
03	A	08	C
04	D	09	C
05	A	10	D

22. FIGURAS DE LINGUAGEM

Para iniciar o estudo deste capítulo, é importante, retomar alguns conceitos: ao falar de figuras de linguagem, estamos, também, falando de **funções da linguagem** e de **semântica**.

As figuras de linguagem (também chamadas de figuras de pensamento) são construções que se relacionam com a função **poética da linguagem**, ou seja, estão articuladas em razão de modificar o código linguístico para dar ênfase no sentido de uma frase.

É comum vermos exemplos de figuras de linguagem em propagandas publicitárias, poemas, músicas etc. Essas figuras estão presentes em nossa fala cotidiana, principalmente na fala de registro **informal**.

O registro dito informal é aquele que não possui grande preocupação com a situação comunicativa, uma vez que não há tensão para a comunicação entre os falantes. Gírias, erros de concordância e subtração de termos da frase são comuns nesse baixo nível de formalidade comunicativa. Até grandes poetas já escreveram textos sobre esse assunto, veja o exemplo do escritor Oswald de Andrade, que discute a norma gramatical em relação à fala popular do brasileiro:

Pronominais

Dê-me um cigarro
Diz a gramática
Do professor e do aluno
E do mulato sabido
Mas o bom negro e o bom branco
Da Nação Brasileira
Dizem todos os dias
Deixa disso camarada
Me dá um cigarro

Oswald de Andrade

(1890-1954)

Os Cem Melhores Poemas Brasileiros do Século - Seleção e Organização de Ítalo Moriconi, Editora Objetiva, Rio de Janeiro, 2001 (In Pau-Brasil - Poesia - Oswald de Andrade, São Paulo, Globo)

22.1 Conotação X Denotação

É interessante, quando se estuda o conteúdo de figuras de linguagem, ressaltar a distinção conceitual entre o sentido conotativo e o sentido denotativo da linguagem. Vejamos como se opera essa distinção:

Sentido CONOTATIVO: figurado, ou abstrato. Relaciona-se com as figuras de linguagem.

Adalberto **entregou sua alma a Deus**.

A ideia de entregar a alma a Deus é figurada, ou seja, não ocorre literalmente, pois não há um serviço de entrega de almas. Essa é uma figura que convencionamos chamar de **metáfora**.

Sentido DENOTATIVO: literal, ou do dicionário. Relaciona-se com a função **referencial** da linguagem.

Adalberto **morreu**.

Quando dizemos função referencial, entende-se que o falante está preocupado em transmitir precisamente o fato ocorrido, sem apelar para figuras de pensamento. Essa frase do exemplo serviu para mostrar o sinônimo da figura de linguagem anterior.

Vejamos agora algumas das principais figuras de linguagem que costumam ser cobradas em provas de concursos públicos:

Metáfora: uma figura de linguagem, que consiste na comparação de dois termos sem o uso de um conectivo.

> Rosa **é uma flor**. (A pessoa é como uma flor: perfumada, delicada, bela etc.)

> Seus olhos **são dois oceanos**. (Os olhos possuem a profundidade do oceano, a cor do oceano etc.)

> João **é fera**. (João é perito em alguma coisa, desempenha determinada tarefa muito bem etc.)

Metonímia: figura de linguagem que consiste utilização de uma expressão por outra, dada a semelhança de sentido ou a possibilidade de associação lógica entre elas.

Há vários tipos de metonímia, vejamos alguns deles:

Efeito pela causa:

O carrasco ergueu **a morte**. (O efeito é a morte, a causa é o machado).

Marca pelo produto:

Vá ao mercado e traga um Nescau. (achocolatado em pó).

Autor pela obra:

Li Camões com entusiasmo. (Quem leu, leu a obra, não o autor).

Continente pelo conteúdo:

Comi dois pratos de feijão. (Comeu o feijão, ou seja, o conteúdo do prato)

Parte pelo todo:

Peço sua **mão em casamento**. (Pede-se, na verdade, o corpo todo).

Possuidor pelo possuído:

Mulher, vou **ao médico**. (Vai-se ao consultório que pertence ao médico, não ao médico em si).

Antítese: figura de linguagem que consiste na exposição de ideias opostas.

*"**Nasce** o Sol e não dura mais que um **dia***
*Depois da **Luz** se segue à **noite** escura*
Em tristes sombras morre a formosura,
*Em contínuas **tristezas** e **alegrias**."*

(Gregório de Matos)

Os termos em negrito evidenciam relações semânticas de distinção (oposição). Nascer é o contrário de morrer, assim como sombra é o contrário de luz. Essa figura foi muito utilizada na poesia brasileira, em especial pelo autor dos versos acima: Gregório de Matos Guerra.

Paradoxo: expressão que contraria o senso comum. Ilógica.

*"Amor é fogo que **arde sem se ver**;*
*É ferida que **dói e não se sente**;*
*É um **contentamento descontente**;*
*É **dor que desatina sem doer**."*

(Luís de Camões)

A construção semântica acima é totalmente ilógica, pois é impossível uma ferida doer e não ser sentida, assim como não é possível o contentamento ser descontente.

Perífrase: expressão que tem por função substituir semanticamente um termo:

A última flor do Lácio anda muito judiada. (Português é a última flor do Lácio)

O país do futebol é uma grande nação. (Brasil)

O Bruxo do Cosme Velho foi um grande escritor. (Machado de Assis era conhecido como o Bruxo do Cosme Velho)

O anjo de pernas tortas foi o melhor jogador do mundo. (Garrincha)

Eufemismo: figura que consiste em atenuar uma expressão desagradável:

José **pegou emprestado sem avisar**; (roubou).

Maurício **entregou a alma a Deus**; (morreu).

Coitado, só porque **é desprovido de beleza**. (feio)

Disfemismo: contrário ao Eufemismo, é a figura de linguagem que consiste em tornar uma expressão desagradável em algo ainda pior.

O homem **abotoou o paletó de madeira**. (morreu)

Está chupando cana pela raiz. (morreu)

Sentou no colo do capeta. (morreu)

Prosopopeia: atribuição de características animadas a seres inanimados.

O vento sussurrou em meus ouvidos.

Parecia que a **agulha odiava o homem**.

Hipérbole: exagero proposital de alguma característica.

Estou morrendo de rir.

Chorou rios de lágrimas.

Hipérbato: inversão sintática de efeito expressivo.

Ouviram do Ipiranga as margens plácidas
De um povo heroico o brado e retumbante.

Colocando na ordem direta:

As margens plácidas do Ipiranga ouviram o brado retumbante de um povo heroico.

Da minha família, ninguém fala!

Gradação: figura que consiste na construção de uma escala de termo que fazem parte do mesmo campo semântico.

Plantou **a semente**, zelou pelo **broto**, regou a **planta** e colheu o **fruto**. (A gradação pode ser do campo semântico da palavra semente – broto, planta e fruto – ou da palavra plantar – zelar, regar, colher)

Ironia: figura que consiste em dizer o contrário do que se pensa.

Lamento por ter sido eu o vencedor dessa prova. (Evidentemente a pessoa não lamenta ser o vencedor de alguma coisa)

Onomatopeia: tentativa de representar um som da natureza. Figura muito comum em histórias em quadrinhos.

Pof, tic-tac, click, bum, vrum!

Sinestesia: confusão dos sentidos do corpo humano para produzir efeitos expressivos.

Ouvi uma **voz suave** saindo do quarto.

O seu **perfume doce** é extremamente inebriante.

22.2 Vícios de Linguagem

Em um âmbito geral, vício de linguagem é toda expressão contrária à lógica da norma gramatical. Vejamos quais são os principais deslizes que se transformam em vícios.

Pleonasmo vicioso: consiste na repetição desnecessária de ideias.

Subir para cima.

Descer para baixo.

Entrar para dentro.

Cardume de peixes.

Enxame de abelhas.

Elo de ligação.

Fato real.

Observação: pode existir o plágio expressivo em um texto poético. Na frase "ele penetrou na escura treva" há pleonasmo, mas não é vicioso.

Ambiguidade: ocorre quando a construção frasal permite que a sentença possua dois sentidos.

Tenho que buscar **a cadela da sua irmã**.

A empregada disse para o chefe que o cheque estava sobre **sua mesa**.

Como você, também estou cansado. (conjunção "como" ou verbo "comer")

Cacofonia: ocorre quando a pronúncia de determinadas palavras permite a construção de outra palavra.

Dei um beijo na **boca dela**.

Nos**so hino** é belo.

Na **vez passada**, esca**pei de** uma.

Barbarismo: é um desvio na forma de falar ou grafar determinada palavra.

Mortandela (em vez de mortadela).

Poblema (em vez de problema).

Mindingo (em vez de mendigo).

Salchicha (em vez de salsicha).

Esse conteúdo costuma ser simples para quem pratica a leitura de textos poéticos, portanto devemos sempre ler poesia. Passemos à resolução de algumas questões.

Questões

01. (CESGRANRIO) As palavras podem assumir sentidos figurados, ou seja, significados diferentes das acepções e usos previstos pelos dicionários, embora facilmente compreensíveis no contexto específico em que se encontram. A passagem do texto em que uma palavra em sentido figurado está presente é:

a) "Daí esta avalanche, este tsunami de informações."

b) "O estado de nossas células cerebrais, as nossas emoções; tudo isso pode representar uma limitação para nossa capacidade de lembrar."

c) "Para quem, como eu, viaja bastante e tem de trabalhar em aviões ou em hotéis, é um recurso precioso."

d) "Mas não encontrei pen drive algum."

e) "Perguntei no aeroporto, entrei em contato com o táxi que me trouxera, liguei para casa: nada."

02. (UNICENTRO) O fragmento que ilustra a linguagem conotativa é o transcrito na alternativa:

a) "pelo uso dos aviões sequestrados como arma".

b) "A derrubada do Taleban, que governava o país centro-asiático, contribuiu de modo decisivo para debilitar aquele grupo terrorista."

c) "uma guerra injustificável contra o Iraque."

d) "como alegou então, por má-fé e paranoia, o governo americano."

e) "Produziu até agora apenas dois outros atentados de vulto".

03. (CEV-URCA) Em: "Chico passou por maus bocados, andou gastando mais de cinco litros de saliva para reconquistar a mulher" (linhas 40 e 41). A construção em destaque é própria da linguagem literária e caracteriza-se como:

a) Hipérbole.

b) Eufemismo.

c) Catacrese.

d) Anáfora.

e) Elipse.

04. (PaqTcPB) Leia o texto:

Tomar uma decisão envolve uma disputa com três participantes – dois deles (instinto e experiência) cuidam de seu presente, o outro (razão) pensa no seu futuro. Por isso, diante de uma encruzilhada, o melhor é tentar organizar essa briga. Antes de decidir se quer mesmo encarar uma mudança radical na carreira, talvez você resolva usar a razão. Ou não – talvez você esteja cansado da profissão que escolheu e prefira tentar um caminho novo. Tanto faz: em qualquer decisão, o importante é pensar se aquele problema merece uma consideração mais racional ou emotiva. E só aí começar a julgar as informações e os argumentos. Assim, o cérebro começa a movimentar as engrenagens sabendo qual delas interessa mais. E evita erros.

A utilização dos termos "participantes", "cuidam" e "pensa" (L. 2 e 3) contribui para estabelecer, no texto, uma relação de sentido denominada:

a) Ambiguidade.

b) Sinonímia.

c) Paráfrase.

d) Oposição.

e) Metáfora.

05. Pleonasmo é uma figura de linguagem que tem como marca a repetição de palavras ou expressões, aparentemente desnecessárias, para enfatizar uma ideia. No entanto, alguns pleonasmos são considerados "vícios de linguagem" por informarem uma obviedade e não desempenharem função expressiva no enunciado. Considerando esta afirmação, assinale a alternativa que possui exemplo de pleonasmo vicioso.

a) "(...) E então abriu a torneira: a água espalhou-se (...)"

b) "(...)O jeito era ir comprar um pão na padaria. (...)"

c) "(...)Matá-la, não ia; não, não faria isso. (...)"

d) "(...) Traíra é duro de morrer, nunca vi um peixe assim. (...)"

e) "(...) Tirou para fora os outros peixes: lambaris, chorões, piaus; (...)"

06. (FUNCAB) Assinale a figura de linguagem que predomina no trecho "Mas aquele pendão firme, vertical, beijado pelo vento do mar, veio enriquecer nosso canteirinho vulgar com uma força e uma alegria que me fazem bem."

a) hipérbole

b) eufemismo

c) prosopopeia

d) antítese

e) catacrese

07. (FUNRIO) Em um texto, as palavras e as expressões podem ser empregadas em sentido conotativo ou denotativo. No segmento "O segundo caminho, válido para profissionais liberais, é conquistar bons clientes e assumir a propriedade do próprio nariz.", a expressão "do próprio nariz" tem natureza conotativa. O termo ou expressão destacado(a) que está empregado(a) em sentido denotativo ocorre em:

a) Os jovens "lutam" aguerridamente para conseguir um bom emprego.

b) É educativo ensinar às pessoas a ganharem o dinheiro com o "suor do seu rosto".

c) Muitos jovens não conseguem ser "felizes" nas profissões que abraçaram.

d) Os profissionais financeiramente "mais bem sucedidos" são os médicos.

e) Os filhos podem ser "o braço direito" dos pais em empresas familiares.

08. (CESPE)

*"**Nasce** o Sol e não dura mais que um **dia***
*Depois da **Luz** se segue à **noite** escura*
*Em tristes **sombras morre** a formosura,*
*Em contínuas **tristezas e alegrias**."*

(Gregório de Matos)

Assinale a opção que apresenta a figura de linguagem predominante no trecho do poema acima.

a) sinestesia

b) comparação

c) antítese

d) eufemismo

e) hipérbole

09. (CONSUPLAN) Há sentido conotativo na seguinte alternativa:

a) "Será que uma bola é mais valiosa que um livro?"

b) "...aposentados choram pelo minguado aumento."

c) "Por que se concedem altos aumentos na política?"

d) "... hospitais deixam de atender ao mais simples diagnóstico..."

e) "Por que os salários não são igualitários?"

10. Constitui exemplo de uso de linguagem figurada o elemento sublinhado na frase:

I. Foi acusado de ser o cabeça do movimento.

II. Ele emprega sempre a palavra literalmente atribuindo- lhe um sentido inteiramente inadequado.

III. Ignoro o porquê de você se aborrecer comigo.

IV. Seus pensamentos são fantasmagorias que não o deixam em paz.

Atende ao enunciado APENAS o que está em:

a) I e II.

b) I e IV.

c) II e III.

d) III e IV.

e) I e III.

Gabaritos

01	A	06	C
02	B	07	C
03	A	08	C
04	E	09	B
05	E	10	B

23. REDAÇÃO DE CORRESPONDÊNCIAS OFICIAIS

23.1 Aspectos Gerais da Redação Oficial

Panorama da comunicação oficial

A finalidade da língua é comunicar, quer pela fala, quer pela escrita. Para que haja comunicação, são necessários:

a) alguém que comunique;

b) algo a ser comunicado;

c) alguém que receba essa comunicação.

No caso da redação oficial, quem comunica é sempre o serviço público (este/esta ou aquele/aquela Ministério, Secretaria, Departamento, Divisão, Serviço, Seção); o que se comunica é sempre algum assunto relativo às atribuições do órgão que comunica; e o destinatário dessa comunicação é o público, uma instituição privada ou outro órgão ou entidade pública, do Poder Executivo ou dos outros Poderes. Além disso, deve-se considerar a intenção do emissor e a finalidade do documento, para que o texto esteja adequado à situação comunicativa.

A necessidade de empregar determinado nível de linguagem nos atos e nos expedientes oficiais decorre, de um lado, do próprio caráter público desses atos e comunicações; de outro, de sua finalidade. Os atos oficiais, aqui entendidos como atos de caráter normativo, ou estabelecem regras para a conduta dos cidadãos, ou regulam o funcionamento dos órgãos e entidades públicos, o que só é alcançado se, em sua elaboração, for empregada a linguagem adequada. O mesmo se dá com os expedientes oficiais, cuja finalidade precípua é a de informar com clareza e objetividade.

O que é redação oficial

Em uma frase, pode-se dizer que redação oficial é a maneira pela qual o Poder Público redige comunicações oficiais e atos normativos. Neste Manual, interessa-nos tratá-la do ponto de vista da administração pública federal.

A redação oficial não é necessariamente árida e contrária à evolução da língua. É que sua finalidade básica – comunicar com objetividade e máxima clareza – impõe certos parâmetros ao uso que se faz da língua, de maneira diversa daquele da literatura, do texto jornalístico, da correspondência particular etc.

Apresentadas essas características fundamentais da redação oficial, passemos à análise pormenorizada de cada um de seus atributos.

Atributos da redação oficial

→ A redação oficial deve caracterizar-se por:

- clareza e precisão;
- objetividade;
- concisão;
- coesão e coerência;
- impessoalidade;
- formalidade e padronização; e
- uso da norma padrão.

Fundamentalmente, esses atributos decorrem da Constituição, que dispõe, no art. 37: "A administração pública direta, indireta, de qualquer dos Poderes da União, dos Estados, do Distrito Federal e dos Municípios obedecerá aos princípios de legalidade, impessoalidade, moralidade, publicidade e eficiência (...)". Sendo a publicidade, a impessoalidade e a eficiência princípios fundamentais de toda a administração pública, devem igualmente nortear a elaboração dos atos e das comunicações oficiais.

Clareza e precisão

Clareza

A clareza deve ser a qualidade básica de todo texto oficial. Pode-se definir como claro aquele texto que possibilita imediata compreensão pelo leitor. Não se concebe que um documento oficial ou um ato normativo de qualquer natureza seja redigido de forma obscura, que dificulte ou impossibilite sua compreensão. A transparência é requisito do próprio Estado de Direito: é inaceitável que um texto oficial ou um ato normativo não seja entendido pelos cidadãos. O princípio constitucional da publicidade não se esgota na mera publicação do texto, estendendo-se, ainda, à necessidade de que o texto seja claro.

→ Para a obtenção de clareza, sugere-se:

- utilizar palavras e expressões simples, em seu sentido comum, salvo quando o texto versar sobre assunto técnico, hipótese em que se utilizará nomenclatura própria da área;
- usar frases curtas, bem estruturadas; apresentar as orações na ordem direta e evitar intercalações excessivas. Em certas ocasiões, para evitar ambiguidade, sugere-se a adoção da ordem inversa da oração;
- buscar a uniformidade do tempo verbal em todo o texto;
- não utilizar regionalismos e neologismos;
- pontuar adequadamente o texto;
- explicitar o significado da sigla na primeira referência a ela; e
- utilizar palavras e expressões em outro idioma apenas quando indispensáveis, em razão de serem designações ou expressões de uso já consagrado ou de não terem exata tradução. Nesse caso, grafe-as em itálico, conforme orientações do subitem 10.2 deste Manual.

Precisão

→ O atributo da precisão complementa a clareza e caracteriza-se por:

- articulação da linguagem comum ou técnica para a perfeita compreensão da ideia veiculada no texto;
- manifestação do pensamento ou da ideia com as mesmas palavras, evitando o emprego de sinonímia com propósito meramente estilístico; e
- escolha de expressão ou palavra que não confira duplo sentido ao texto.

É indispensável, também, a releitura de todo o texto redigido. A ocorrência, em textos oficiais, de trechos obscuros provém principalmente da falta da releitura, o que tornaria possível sua correção. Na revisão de um expediente, deve-se avaliar se ele será de fácil compreensão por seu destinatário. O que nos parece óbvio pode ser desconhecido por terceiros. O domínio que adquirimos sobre certos assuntos, em decorrência de nossa experiência profissional, muitas vezes, faz com que os tomemos como de conhecimento geral, o que nem sempre é verdade. Explicite, desenvolva, esclareça, precise os termos técnicos, o significado das siglas e das abreviações e os conceitos específicos que não possam ser dispensados.

A revisão atenta exige tempo. A pressa com que são elaboradas certas comunicações quase sempre compromete sua clareza. "Não há assuntos urgentes, há assuntos atrasados", diz a máxima. Evite-se, pois, o atraso, com sua indesejável repercussão no texto redigido.

A clareza e a precisão não são atributos que se atinjam por si sós: elas dependem estritamente das demais características da redação oficial, apresentadas a seguir.

Objetividade

Ser objetivo é ir diretamente ao assunto que se deseja abordar, sem voltas e sem redundâncias. Para conseguir isso, é fundamental que o redator saiba de antemão qual é a ideia principal e quais são as secundárias.

Procure perceber certa hierarquia de ideias que existe em todo texto de alguma complexidade: as fundamentais e as secundárias. Essas últimas podem esclarecer o sentido daquelas, detalhá-las, exemplificá-las; mas existem também ideias secundárias que não acrescentam informação alguma ao texto, nem têm maior relação com as fundamentais, podendo, por isso, ser dispensadas, o que também proporcionará mais objetividade ao texto.

A objetividade conduz o leitor ao contato mais direto com o assunto e com as informações, sem subterfúgios, sem excessos de palavras e de ideias. É errado supor que a objetividade suprime a delicadeza de expressão ou torna o texto rude e grosseiro.

Concisão

A concisão é antes uma qualidade do que uma característica do texto oficial. Conciso é o texto que consegue transmitir o máximo de informações com o mínimo de palavras. Não se deve de forma alguma entendê-la como economia de pensamento, isto é, não se deve eliminar passagens substanciais do texto com o único objetivo de reduzi-lo em tamanho. Trata-se, exclusivamente, de excluir palavras inúteis, redundâncias e passagens que nada acrescentem ao que já foi dito.

Detalhes irrelevantes são dispensáveis: o texto deve evitar caracterizações e comentários supérfluos, adjetivos e advérbios inúteis, subordinação excessiva. A seguir, um exemplo1 de período mal construído, prolixo:

> Exemplo:
>
> Apurado, com impressionante agilidade e precisão, naquela tarde de 2009, o resultado da consulta à população acriana, verificou-se que a esmagadora e ampla maioria da população daquele distante estado manifestou-se pela efusiva e indubitável rejeição da alteração realizada pela Lei nº 11.662/2008. Não satisfeita, inconformada e indignada, com a nova hora legal vinculada ao terceiro fuso, a maioria da população do Acre demonstrou que a ela seria melhor regressar ao quarto fuso, estando cinco horas a menos que em Greenwich.

Nesse texto, há vários detalhamentos desnecessários, abusou-se no emprego de adjetivos (impressionante, esmagadora, ampla, inconformada, indignada), o que lhe confere carga afetiva injustificável, sobretudo em texto oficial, que deve primar pela impessoalidade. Eliminados os excessos, o período ganha concisão, harmonia e unidade:

> Exemplo:
>
> Apurado o resultado da consulta à população acreana, verificou-se que a maioria da população manifestou-se pela rejeição da alteração realizada pela Lei no 11.662/2008. Não satisfeita com a nova hora legal vinculada ao terceiro fuso, a maioria da população do Acre demonstrou que a ela seria melhor regressar ao quarto fuso, estando cinco horas menos que em Greenwich.

Coesão e coerência

É indispensável que o texto tenha coesão e coerência. Tais atributos favorecem a conexão, a ligação, a harmonia entre os elementos de um texto. Percebe-se que o texto tem coesão e coerência quando se lê um texto e se verifica que as palavras, as frases e os parágrafos estão entrelaçados, dando continuidade uns aos outros.

Alguns mecanismos que estabelecem a coesão e a coerência de um texto são: referência, substituição, elipse e uso de conjunção.

A referência diz respeito aos termos que se relacionam a outros necessários à sua interpretação. Esse mecanismo pode dar-se por retomada de um termo, relação com o que é precedente no texto, ou por antecipação de um termo cuja interpretação dependa do que se segue.

> Exemplos:
>
> O Deputado evitou a instalação da CPI da corrupção. Ele aguardou a decisão do Plenário. O TCU apontou estas irregularidades: falta de assinatura e de identificação no documento.

A substituição é a colocação de um item lexical no lugar de outro(s) ou no lugar de uma oração.

> Exemplos:
>
> O Presidente assinou o acordo. O Chefe do Poder Executivo federal propôs reduzir as alíquotas.
>
> O memorando está pronto. O documento trata da exoneração do servidor.
>
> Os governadores decidiram acatar a decisão. Em seguida, os prefeitos fizeram o mesmo.

A elipse consiste na omissão de um termo recuperável pelo contexto.

> Exemplo:
>
> O decreto regulamenta os casos gerais; a portaria, os particulares. (Na segunda oração, houve a omissão do verbo "regulamenta").

Outra estratégia para proporcionar coesão e coerência ao texto é utilizar conjunção para estabelecer ligação entre orações, períodos ou parágrafos.

Exemplo:

O Embaixador compareceu à reunião, pois identificou o interesse de seu Governo pelo assunto.

Impessoalidade

A impessoalidade decorre de princípio constitucional (Constituição, art. 37), e seu significado remete a dois aspectos: o primeiro é a obrigatoriedade de que a administração pública proceda de modo a não privilegiar ou prejudicar ninguém, de que o seu norte seja, sempre, o interesse público; o segundo, a abstração da pessoalidade dos atos administrativos, pois, apesar de a ação administrativa ser exercida por intermédio de seus servidores, é resultado tão-somente da vontade estatal.

A redação oficial é elaborada sempre em nome do serviço público e sempre em atendimento ao interesse geral dos cidadãos. Sendo assim, os assuntos objetos dos expedientes oficiais não devem ser tratados de outra forma que não a estritamente impessoal.

Percebe-se, assim, que o tratamento impessoal que deve ser dado aos assuntos que constam das comunicações oficiais decorre:

> da ausência de impressões individuais de quem comunica: embora se trate, por exemplo, de um expediente assinado por Chefe de determinada Seção, a comunicação é sempre feita em nome do serviço público. Obtém-se, assim, uma desejável padronização, que permite que as comunicações elaboradas em diferentes setores da administração pública guardem entre si certa uniformidade;

> da impessoalidade de quem recebe a comunicação: ela pode ser dirigida a um cidadão, sempre concebido como público, ou a uma instituição privada, a outro órgão ou a outra entidade pública. Em todos os casos, temos um destinatário concebido de forma homogênea e impessoal; e

> do caráter impessoal do próprio assunto tratado: se o universo temático das comunicações oficiais se restringe a questões que dizem respeito ao interesse público, é natural não caber qualquer tom particular ou pessoal.

Não há lugar na redação oficial para impressões pessoais, como as que, por exemplo, constam de uma carta a um amigo, ou de um artigo assinado de jornal, ou mesmo de um texto literário. A redação oficial deve ser isenta da interferência da individualidade de quem a elabora. A concisão, a clareza, a objetividade e a formalidade de que nos valemos para elaborar os expedientes oficiais contribuem, ainda, para que seja alcançada a necessária impessoalidade.

Formalidade e padronização

As comunicações administrativas devem ser sempre formais, isto é, obedecer a certas regras de forma (BRASIL, 2015a). Isso é válido tanto para as comunicações feitas em meio eletrônico (por exemplo, o e-mail , o documento gerado no SEI!, o documento em html etc), quanto para os eventuais documentos impressos.

É imperativa, ainda, certa formalidade de tratamento. Não se trata somente do correto emprego deste ou daquele pronome de tratamento para uma autoridade de certo nível, mais do que isso: a formalidade diz respeito à civilidade no próprio enfoque dado ao assunto do qual cuida a comunicação.

A formalidade de tratamento vincula-se, também, à necessária uniformidade das comunicações. Ora, se a administração pública federal é una, é natural que as comunicações que expeça sigam o mesmo padrão. O estabelecimento desse padrão, uma das metas deste Manual, exige que se atente para todas as características da redação oficial e que se cuide, ainda, da apresentação dos textos.

A digitação sem erros, o uso de papéis uniformes para o texto definitivo, nas exceções em que se fizer necessária a impressão, e a correta diagramação do texto são indispensáveis para a padronização. Consulte o Capítulo II, "As comunicações oficiais", a respeito de normas específicas para cada tipo de expediente.

Em razão de seu caráter público e de sua finalidade, os atos normativos e os expedientes oficiais requerem o uso do padrão culto do idioma, que acata os preceitos da gramática formal e emprega um léxico compartilhado pelo conjunto dos usuários da língua. O uso do padrão culto é, portanto, imprescindível na redação oficial por estar acima das diferenças lexicais, morfológicas ou sintáticas, regionais; dos modismos vocabulares e das particularidades linguísticas.

→ Recomendações:

> a língua culta é contra a pobreza de expressão e não contra a sua simplicidade;

> o uso do padrão culto não significa empregar a língua de modo rebuscado ou utilizar figuras de linguagem próprias do estilo literário;

> a consulta ao dicionário e à gramática é imperativa na redação de um bom texto.

Pode-se concluir que não existe propriamente um padrão oficial de linguagem, o que há é o uso da norma padrão nos atos e nas comunicações oficiais. É claro que haverá preferência pelo uso de determinadas expressões, ou será obedecida certa tradição no emprego das formas sintáticas, mas isso não implica, necessariamente, que se consagre a utilização de uma forma de linguagem burocrática. O jargão burocrático, como todo jargão, deve ser evitado, pois terá sempre sua compreensão limitada.

23.2 Redação das Comunicações Oficiais

Introdução

A redação das comunicações oficiais deve, antes de tudo, seguir os preceitos explicitados no Capítulo I, "Aspectos gerais da redação oficial". Além disso, há características específicas de cada tipo de expediente, que serão tratadas em detalhe neste capítulo. Antes de passarmos à sua análise, vejamos outros aspectos comuns a quase todas as modalidades de comunicação oficial.

Pronomes de tratamento

Tradicionalmente, o emprego dos pronomes de tratamento adota a segunda pessoa do plural, de maneira indireta, para referenciar atributos da pessoa à qual se dirige. Na redação oficial, é necessário atenção para o uso dos pronomes de tratamento em três momentos distintos: no endereçamento, no vocativo e no corpo do texto. No vocativo, o autor dirige-se ao destinatário no início do documento. No corpo do texto, pode-se empregar os pronomes de tratamento em sua forma abreviada ou por extenso. O endereçamento é o texto utilizado no envelope que contém a correspondência oficial.

A seguir, alguns exemplos de utilização de pronomes de tratamento no texto oficial.

Autoridade	Endereçamento	Vocativo	Tratamento no corpo do texto	Abreviatura
Presidente da República	A Sua Excelência o Senhor	Excelentíssimo Senhor Presidente da República,	Vossa Excelência	Não se usa
Presidente do Congresso Nacional	A Sua Excelência o Senhor	Excelentíssimo Senhor Presidente do Congresso Nacional,	Vossa Excelência	Não se usa
Presidente do Supremo Tribunal Federal	A Sua Excelência o Senhor	Excelentíssimo Senhor Presidente do Supremo Tribunal Federal,	Vossa Excelência	Não se usa
Vice-Presidente da República	A Sua Excelência o Senhor	Senhor Vice-Presidente da República,	Vossa Excelência	V. Exa.
Ministro de Estado	A Sua Excelência o Senhor	Senhor Ministro,	Vossa Excelência	V. Exa.
Secretário- Executivo de Ministério e demais ocupantes de cargos de natureza especial	A Sua Excelência o Senhor	Senhor Secretário- Executivo,	Vossa Excelência	V. Exa.

Autoridade	Endereçamento	Vocativo	Tratamento no corpo do texto	Abreviatura
Embaixador	A Sua Excelência o Senhor	Senhor Embaixador,	Vossa Excelência	V. Exa.
Oficial-General das Forças Armadas	A Sua Excelência o Senhor	Senhor + Posto,	Vossa Excelência	V. Exa.
Outros postos militares	Ao Senhor	Senhor + Posto,	Vossa Senhoria	V. Sa.
Senador da República	A Sua Excelência o Senhor	Senhor Senador,	Vossa Excelência	V. Exa.
Deputado Federal	A Sua Excelência o Senhor	Senhor Deputado,	Vossa Excelência	V. Exa.
Ministro do Tribunal de Contas da União	A Sua Excelência o Senhor	Senhor Ministro do Tribunal de Contas da União,	Vossa Excelência	V. Exa.
Ministro dos Tribunais Superiores	A Sua Excelência o Senhor	Senhor Ministro,	Vossa Excelência	V. Exa.

Os exemplos acima são meramente exemplificativos. A profusão de normas estabelecendo hipóteses de tratamento por meio do pronome "Vossa Excelência" para categorias específicas tornou inviável arrolar todas as hipóteses.

Concordância com os pronomes de tratamento

Exemplo:

Vossa Senhoria designará o assessor.

Os pronomes de tratamento apresentam certas peculiaridades quanto às concordâncias verbal, nominal e pronominal. Embora se refiram à segunda pessoa gramatical (à pessoa com quem se fala), levam a concordância para a terceira pessoa. Os pronomes Vossa Excelência ou Vossa Senhoria são utilizados para se comunicar diretamente com o receptor.

Da mesma forma, os pronomes possessivos referidos a pronomes de tratamento são sempre os da terceira pessoa.

Exemplo:

Vossa Senhoria designará seu substituto. (E não "Vossa Senhoria designará vosso substituto")

Já quanto aos adjetivos referidos a esses pronomes, o gênero gramatical deve coincidir com o sexo da pessoa a que se refere, e não com o substantivo que compõe a locução.

Exemplos:

Se o interlocutor for homem, o correto é: Vossa Excelência está atarefado.

Se o interlocutor for mulher: Vossa Excelência está atarefada.

O pronome Sua Excelência é utilizado para se fazer referência a alguma autoridade (indiretamente).

Exemplo:

A Sua Excelência o Ministro de Estado Chefe da Casa Civil (por exemplo, no endereçamento do expediente)

Signatário

Cargos interino e substituto

Na identificação do signatário, depois do nome do cargo, é possível utilizar os termos interino e substituto, conforme situações a seguir: interino é aquele nomeado para ocupar transitoriamente cargo público durante a vacância; substituto é aquele designado para exercer as atribuições de cargo público vago ou no caso de afastamento e impedimentos legais ou regulamentares do titular. Esses termos devem ser utilizados depois do nome do cargo, sem hífen, sem vírgula e em minúsculo.

Exemplos:

Diretor-Geral interino Secretário-Executivo substituto

Signatárias do sexo feminino

Na identificação do signatário, o cargo ocupado por pessoa do sexo feminino deve ser flexionado no gênero feminino.

Grafia de cargos compostos

Exemplos:

Ministra de Estado Secretária-Executiva interina Técnica Administrativa

Coordenadora administrativa

→ Escrevem-se com hífen:

- cargos formados pelo adjetivo "geral": diretor-geral, relator-geral, ouvidor-geral;
- postos e gradações da diplomacia: primeiro-secretário, segundo-secretário;
- postos da hierarquia militar: tenente-coronel, capitão-tenente;

Atenção: nomes compostos com elemento de ligação preposicionado ficam sem hífen: general de exército, general de brigada, tenente-brigadeiro do ar, capitão de mar e guerra;

- cargos que denotam hierarquia dentro de uma empresa: diretor-presidente, diretor-adjunto, editor-chefe, editor-assistente, sócio-gerente, diretor-executivo;
- cargos formados por numerais: primeiro-ministro, primeira-dama;
- cargos formados com os prefixos "ex" ou "vice": ex-diretor, vice-coordenador.

O novo Acordo Ortográfico tornou opcional o uso de iniciais maiúsculas em palavras usadas reverencialmente, por exemplo para cargos e títulos (exemplo: o Presidente francês ou o presidente francês). Porém, em palavras com hífen, após se optar pelo uso da maiúscula ou da minúscula, deve-se manter a escolha para a grafia de todos os elementos hifenizados: pode-se escrever "Vice-Presidente" ou "vice-presidente", mas não "Vice-presidente".

Vocativo

O vocativo é uma invocação ao destinatário. Nas comunicações oficiais, o vocativo será sempre seguido de vírgula.

Em comunicações dirigidas aos Chefes de Poder, utiliza-se a expressão Excelentíssimo Senhor ou Excelentíssima Senhora e o cargo respectivo, seguidos de vírgula.

Exemplos:

Excelentíssimo Senhor Presidente da República,

Excelentíssimo Senhor Presidente do Congresso Nacional,

Excelentíssimo Senhor Presidente do Supremo Tribunal Federal,

As demais autoridades, mesmo aquelas tratadas por Vossa Excelência, receberão o vocativo Senhor ou Senhora seguido do cargo respectivo.

Exemplos:

Senhora Senadora, Senhor Juiz, Senhora Ministra,

Na hipótese de comunicação com particular, pode-se utilizar o vocativo Senhor ou Senhora e a forma utilizada pela instituição para referir-se ao interlocutor: beneficiário, usuário, contribuinte, eleitor etc.

Exemplos:

Senhora Beneficiária, Senhor Contribuinte,

Ainda, quando o destinatário for um particular, no vocativo, pode-se utilizar Senhor ou Senhora seguido do nome do particular ou pode-se utilizar o vocativo "Prezado Senhor" ou "Prezada Senhora".

Exemplos:

Senhora [Nome], Prezado Senhor,

Em comunicações oficiais, está abolido o uso de Digníssimo (DD) e de Ilustríssimo (Ilmo.).

Evite-se o uso de "doutor" indiscriminadamente. O tratamento por meio de Senhor confere a formalidade desejada.

O padrão ofício

Até a segunda edição deste Manual, havia três tipos de expedientes que se diferenciavam antes pela finalidade do que pela forma: o ofício, o aviso e o memorando. Com o objetivo de uniformizá-los, deve-se adotar nomenclatura e diagramação únicas, que sigam o que chamamos de padrão ofício.

→ A distinção básica anterior entre os três era:

- aviso: era expedido exclusivamente por Ministros de Estado, para autoridades de mesma hierarquia;
- ofício: era expedido para e pelas demais autoridades; e
- memorando: era expedido entre unidades administrativas de um mesmo órgão.

Atenção: Nesta nova edição ficou abolida aquela distinção e passou-se a utilizar o termo ofício nas três hipóteses.

A seguir, será apresentada a estrutura do padrão ofício, de acordo com a ordem com que cada elemento aparece no documento oficial.

Partes do documento no padrão ofício

Cabeçalho

O cabeçalho é utilizado apenas na primeira página do documento, centralizado na área determinada pela formatação (ver subitem "5.2 Formatação e apresentação").

→ No cabeçalho deverão constar os seguintes elementos:

- brasão de Armas da República2: no topo da página. Não há necessidade de ser aplicado em cores. O uso de marca da instituição deve ser evitado na correspondência oficial para não se sobrepor ao Brasão de Armas da República.
- nome do órgão principal;
- nomes dos órgãos secundários, quando necessários, da maior para a menor hierarquia; e
- espaçamento: entrelinhas simples (1,0).

Exemplo:

[Nome do órgão] [Secretaria/Diretoria]

[Departamento/Setor/Entidade]

Os dados do órgão, tais como endereço, telefone, endereço de correspondência eletrônica, sítio eletrônico oficial da instituição, podem ser informados no rodapé do documento, centralizados.

Identificação do expediente

Os documentos oficiais devem ser identificados da seguinte maneira:

- nome do documento: tipo de expediente por extenso, com todas as letras maiúsculas;
- indicação de numeração: abreviatura da palavra "número", padronizada como No;
- informações do documento: número, ano (com quatro dígitos) e siglas usuais do setor que expede o documento, da menor para a maior hierarquia, separados por barra (/); e
- alinhamento: à margem esquerda da página.

Exemplo:

OFÍCIO Nº 652/2018/SAA/SE/MT

Local e data do documento

Na grafia de datas em um documento, o conteúdo deve constar da seguinte forma:

- composição: local e data do documento;
- informação de local: nome da cidade onde foi expedido o documento, seguido de vírgula. Não se deve utilizar a sigla da unidade da federação depois do nome da cidade;
- dia do mês: em numeração ordinal se for o primeiro dia do mês e em numeração cardinal para os demais dias do mês. Não se deve utilizar zero à esquerda do número que indica o dia do mês;
- nome do mês: deve ser escrito com inicial minúscula;
- pontuação: coloca-se ponto-final depois da data; e
- alinhamento: o texto da data deve ser alinhado à margem direita da página.

Exemplo:

Brasília, 2 de fevereiro de 2018.

Endereçamento

O endereçamento é a parte do documento que informa quem receberá o expediente.

→ Nele deverão constar os seguintes elementos:

- vocativo: na forma de tratamento adequada para quem receberá o expediente (ver subitem "4.1 Pronomes de tratamento");
- nome: nome do destinatário do expediente;
- cargo: cargo do destinatário do expediente;
- endereço: endereço postal de quem receberá o expediente, dividido em duas linhas:

Primeira linha: informação de localidade/logradouro do destinatário ou, no caso de ofício ao mesmo órgão, informação do setor;

Segunda linha: CEP e cidade/unidade da federação, separados por espaço simples. Na separação entre cidade e unidade da federação pode ser substituída a barra pelo ponto ou pelo travessão. No caso de ofício ao mesmo órgão, não é obrigatória a informação do CEP, podendo ficar apenas a informação da cidade/unidade da federação; e

- alinhamento: à margem esquerda da página.

O pronome de tratamento no endereçamento das comunicações dirigidas às autoridades tratadas por Vossa Excelência terá a seguinte forma: "A Sua Excelência o Senhor" ou "A Sua Excelência a Senhora".

Quando o tratamento destinado ao receptor for Vossa Senhoria, o endereçamento a ser empregado é "Ao Senhor" ou "À Senhora". Ressalte-se que não se utiliza a expressão "A Sua Senhoria o Senhor" ou "A Sua Senhoria a Senhora".

Exemplos:

A Sua Excelência o Senhor	À Senhora	Ao Senhor
[Nome]	[Nome]	[Nome]
Ministro de Estado da Justiça Esplanada dos Ministérios Bloco T 70064-900 Brasília/DF 70070-030 Brasília. DF Brasília — DF	Diretora de Gestão de Pessoas SAUS Q. 3 Lote 5/6 Ed Sede I Diretoria de Material, Seção	Chefe da Seção de Compras I Diretoria de Material, Seção 70064-900 Brasília/DF

Assunto

O assunto deve dar uma ideia geral do que trata o documento, de forma sucinta. Ele deve ser grafado da seguinte maneira:

> título: a palavra Assunto deve anteceder a frase que define o conteúdo do documento, seguida de dois-pontos;
> descrição do assunto: a frase que descreve o conteúdo do documento deve ser escrita com inicial maiúscula, não se deve utilizar verbos e sugere-se utilizar de quatro a cinco palavras;
> destaque: todo o texto referente ao assunto, inclusive o título, deve ser destacado em negrito;
> pontuação: coloca-se ponto-final depois do assunto; e
> alinhamento: à margem esquerda da página.

Exemplos:

Assunto: Encaminhamento do Relatório de Gestão julho/2018.

Assunto: Aquisição de computadores.

Texto do documento

O texto do documento oficial deve seguir a seguinte padronização de estrutura:

→ nos casos em que não seja usado para encaminhamento de documentos, o expediente deve conter a seguinte estrutura:

> introdução: em que é apresentado o objetivo da comunicação. Evite o uso das formas: Tenho a honra de, Tenho o prazer de, Cumpre-me informar que. Prefira empregar a forma direta: Informo, Solicito, Comunico;
> desenvolvimento: em que o assunto é detalhado; se o texto contiver mais de uma ideia sobre o assunto, elas devem ser tratadas em parágrafos distintos, o que confere maior clareza à exposição; e
> conclusão: em que é afirmada a posição sobre o assunto.

→ quando forem usados para encaminhamento de documentos, a estrutura é modificada:

> introdução: deve iniciar com referência ao expediente que solicitou o encaminhamento. Se a remessa do documento não tiver sido solicitada, deve iniciar com a informação do motivo da comunicação, que é encaminhar, indicando a seguir os dados completos do documento encaminhado (tipo, data, origem ou signatário e assunto de que se trata) e a razão pela qual está sendo encaminhado; e

Exemplos:

Em resposta ao Ofício nº 12, de 1º de fevereiro de 2018, encaminho cópia do Ofício nº 34, de 3 de abril de 2018, da Coordenação-Geral de Gestão de Pessoas, que trata da requisição do servidor Fulano de Tal.

Encaminho, para exame e pronunciamento, cópia do Ofício nº 12, de 1º de fevereiro de 2018, do Presidente da Confederação Nacional da Indústria, a respeito de projeto de modernização de técnicas agrícolas na região Nordeste.

> desenvolvimento: se o autor da comunicação desejar fazer algum comentário a respeito do documento que encaminha, poderá acrescentar parágrafos de desenvolvimento. Caso contrário, não há parágrafos de desenvolvimento em expediente usado para encaminhamento de documentos.

→ tanto na estrutura I quanto na estrutura II, o texto do documento deve ser formatado da seguinte maneira:

> alinhamento: justificado;
> espaçamento entre linhas: simples;
> parágrafos:

i espaçamento entre parágrafos: de 6 pontos após cada parágrafo; ii recuo de parágrafo: 2,5 cm de distância da margem esquerda;

iii numeração dos parágrafos: apenas quando o documento tiver três ou mais parágrafos, desde o primeiro parágrafo. Não se numeram o vocativo e o fecho;

> fonte: Calibri ou Carlito;

corpo do texto: tamanho 12 pontos;

citações recuadas: tamanho 11 pontos; e iii notas de Rodapé: tamanho 10 pontos;

> símbolos: para símbolos não existentes nas fontes indicadas, pode-se utilizar as fontes

Symbol e Wingdings;

Fechos para comunicações

O fecho das comunicações oficiais objetiva, além da finalidade óbvia de arrematar o texto, saudar o destinatário. Os modelos para fecho anteriormente utilizados foram regulados pela Portaria nº 1, de 1937, do Ministério da Justiça, que estabelecia quinze padrões.

Com o objetivo de simplificá-los e uniformizá-los, este Manual estabelece o emprego de somente dois fechos diferentes para todas as modalidades de comunicação oficial:

> Para autoridades de hierarquia superior a do remetente, inclusive o Presidente da República:

Respeitosamente,

> Para autoridades de mesma hierarquia, de hierarquia inferior ou demais casos:

Atenciosamente,

Ficam excluídas dessa fórmula as comunicações dirigidas a autoridades estrangeiras, que atendem a rito e tradição próprios.

O fecho da comunicação deve ser formatado da seguinte maneira:

> alinhamento: alinhado à margem esquerda da página;

> recuo de parágrafo: 2,5 cm de distância da margem esquerda;

> espaçamento entre linhas: simples;

> espaçamento entre parágrafos: de 6 pontos após cada parágrafo; e

> não deve ser numerado.

Identificação do signatário

Excluídas as comunicações assinadas pelo Presidente da República, todas as demais comunicações oficiais devem informar o signatário segundo o padrão:

> nome: nome da autoridade que as expede, grafado em letras maiúsculas, sem negrito. Não se usa linha acima do nome do signatário;

> cargo: cargo da autoridade que expede o documento, redigido apenas com as iniciais maiúsculas. As preposições que liguem as palavras do cargo devem ser grafadas em minúsculas; e

> alinhamento: a identificação do signatário deve ser centralizada na página.

Para evitar equívocos, recomenda-se não deixar a assinatura em página isolada do expediente. Transfira para essa página ao menos a última frase anterior ao fecho.

Exemplo:

(espaço para assinatura)

NOME

Ministro de Estado Chefe da Casa Civil da Presidência da República

(espaço para assinatura)

NOME

Coordenador-Geral de Gestão de Pessoas

Numeração das páginas

A numeração das páginas é obrigatória apenas a partir da segunda página da comunicação.

Ela deve ser centralizada na página e obedecer à seguinte formatação:

> posição: no rodapé do documento, dentro da área de 2 cm da margem inferior; e

> fonte: Calibri ou Carlito.

Formatação e apresentação

Os documentos do padrão ofício devem obedecer à seguinte formatação:

> tamanho do papel: A4 (29,7 cm x 21,0 cm);

> margem lateral esquerda: no mínimo, 3 cm de largura;

> margem lateral direita: 1,5 cm;

> margens superior e inferior: 2 cm;

> área de cabeçalho: na primeira página, 5 cm a partir da borda superior do papel;

> área de rodapé: nos 2 cm da margem inferior do documento;

> impressão: na correspondência oficial, a impressão pode ocorrer em ambas as faces do papel. Nesse caso, as margens esquerda e direita terão as distâncias invertidas nas páginas pares (margem espelho);

> cores: os textos devem ser impressos na cor preta em papel branco, reservando-se, se necessário, a impressão colorida para gráficos e ilustrações;

> destaques: para destaques deve-se utilizar, sem abuso, o negrito. Deve-se evitar destaques com uso de itálico, sublinhado, letras maiúsculas, sombreado, sombra, relevo, bordas ou qualquer outra forma de formatação que afete a sobriedade e a padronização do documento;

> palavras estrangeiras: palavras estrangeiras devem ser grafadas em itálico;

> arquivamento: dentro do possível, todos os documentos elaborados devem ter o arquivo de texto preservado para consulta posterior ou aproveitamento de trechos para casos análogos. Deve ser utilizado, preferencialmente, formato de arquivo que possa ser lido e editado pela maioria dos editores de texto utilizados no serviço público, tais como DOCX, ODT ou RTF.

> nome do arquivo: para facilitar a localização, os nomes dos arquivos devem ser formados da seguinte maneira:

> tipo do documento + número do documento + ano do documento (com 4 dígitos) + palavras-chaves do conteúdo

Exemplo:

Ofício 123_2018_relatório produtividade anual

Seguem exemplos de Ofício:

2 cm

5 cm

Presidência da República Casa Civil
Subchefia para Assuntos Jurídicos

OFÍCIO Nº 197/2018/SAJ/CC

Brasília, 8 de agosto de 2018.

Ao Senhor
[Nome]
Chefe de Gabinete Ministério dos Transportes
Esplanada dos Ministérios, Bloco R
70044-902 Brasília. DF

Assunto: Apresentação de novas funcionalidades do Sidof – Módulo I.

Senhor Chefe de Gabinete,

3 cm 2,5 cm

1. A Subchefia para Assuntos Jurídicos da Casa Civil da

Presidência da República aprimorou o Sistema de Geração e Tramitação de Documentos Oficiais – Sidof, com a inserção de novas funcionalidades. Os novos recursos do sistema serão apresentados aos servidores em módulos organizados por esta Subchefia.

2. Convido os servidores do [nome do Ministério] para assistir à apresentação do primeiro módulo, a ser realizada em 10 de setembro de 2018, às 9h30, no Auditório desta Subchefia.

3. Para assegurar o credenciamento, solicito a esse órgão a indicação dos servidores que trabalham com o Sidof, até 28 de agosto de 2018, por meio do endereço eletrônico [endereço eletrônico]:

> nome completo do servidor;
> número de Cadastro de Pessoa Física;
> e-mail institucional, unidade/órgão em que atua; e
> login no Sidof (caso esteja cadastrado no Sistema).

(29,7 cm x 21,0 cm)

2 cm

1. Caso o servidor ainda não seja cadastrado no Sistema, será necessário o envio de autorização da chefia imediata. O envio das informações solicitadas acima é fundamental para garantir a inscrição do servidor no evento.

Atensiosamente,

espaço para assinatura)

[NOME DO SIGNATÁRIO]

[Cargo do Signatário]

[Endereço] – Telefone: (xx) 67779-67779

CEP 00000-000 Cidade/UF – http://www.67779677796777967779xxx.gov.br

---

2 cm

[Nome do Ministério]

[Secretaria/Diretoria]

3 cm

[Departamento/Setor/Entidade]

OFÍCIO Nº 10.457/2018/MDH

Brasília, 3 de março de 2018.

A Sua Excelência o Senhor [Nome]

Ministro de Estado

Esplanada dos Ministérios, Bloco X 70064-900 Brasília/DF

Assunto: Debates sobre o Plano Nacional da Pessoa com Deficiência.

Senhor Ministro,

Convido Vossa Excelência a participar do lançamento do Ciclo de Debates sobre a Execução do Plano Nacional da Pessoa com Deficiência, a ser realizado em 15 de março de 2018, às 9 horas, no Auditório da Escola Nacional de Administração Pública (Enap), no Setor de Áreas Isoladas Sul, em Brasília.

O debate inicial faz parte de uma sequência de cinco encontros, com o objetivo de acompanhar o desenvolvimento das diversas ações contidas no referido Plano.

Atenciosamente,

(espaço para assinatura)

[NOME DO SIGNATÁRIO]

[Ministro de Estado]

2 cm

5 cm

[Nome do órgão]

[Secretaria/Departamento]

[Setor/Entidade]

OFÍCIO Nº 257/2018/CODOC/CC

Brasília, 3 de março de 2018.

À Senhora

[Nome]

Diretora de Tecnologia da Presidência da República

Palácio do Planalto, Anexo II, Ala B, sala 100

Brasília/DF

3 cm 2,5 cm

Senhora Diretora,

Solicito a criação de software para mensurar os índices de produtividade no âmbito desta Coordenação-Geral, de modo a disponibilizar informações gerenciais completas para todos os cadastros, tais como dados quantitativos de tempo de entrada e conclusão de tarefas, por usuário, por equipe, por tipo de ato, além de dados quantitativos e gráficos referentes às tarefas atribuídas e concluídas por usuário em determinado período de tempo e outras informações que possibilitem a produção de relatórios gerenciais, conforme especificação completa em anexo.

1,5 cm

Respeitosamente,

(espaço para assinatura)

[NOME DO SIGNATÁRIO]

[Cargo do Signatário]

Tipos de documentos

Variações dos documentos oficiais

Os documentos oficiais podem ser identificados de acordo com algumas possíveis variações:

> [NOME DO EXPEDIENTE] + CIRCULAR: Quando um órgão envia o mesmo expediente para mais de um órgão receptor. A sigla na epígrafe será apenas do órgão remetente.

> [NOME DO EXPEDIENTE] + CONJUNTO: Quando mais de um órgão envia, conjuntamente, o mesmo expediente para um único órgão receptor. As siglas dos órgãos remetentes constarão na epígrafe.

> [NOME DO EXPEDIENTE] + CONJUNTO CIRCULAR: Quando mais de um órgão envia, conjuntamente, o mesmo expediente para mais de um órgão receptor. As siglas dos órgãos remetentes constarão na epígrafe.

Exemplos:

OFÍCIO CIRCULAR Nº 652/2018/MEC

OFÍCIO CONJUNTO Nº 368/2018/SECEX/SAJ

OFÍCIO CONJUNTO CIRCULAR Nº 795/2018/CC/MJ/MRE

Nos expedientes circulares, por haver mais de um receptor, o órgão remetente poderá inserir no rodapé as siglas ou nomes dos órgãos que receberão o expediente.

Exposição de motivos

Definição e finalidade

Exposição de motivos (EM) é o expediente dirigido ao Presidente da República ou ao Vice- Presidente para:

> propor alguma medida;

> submeter projeto de ato normativo à sua consideração; ou

> informá-lo de determinado assunto.

A exposição de motivos é dirigida ao Presidente da República por um Ministro de Estado. Nos casos em que o assunto tratado envolva mais de um ministério, a exposição de motivos será assinada por todos os ministros envolvidos, sendo, por essa razão, chamada de interministerial.

Independentemente de ser uma EM com apenas um autor ou uma EM interministerial, a sequência numérica das exposições de motivos é única. A numeração começa e termina dentro de um mesmo ano civil.

Forma e estrutura

As exposições de motivos devem, obrigatoriamente:

> apontar, na introdução: o problema que demanda a adoção da medida ou do ato normativo proposto; ou informar ao Presidente da República algum assunto;

> indicar, no desenvolvimento: a razão de aquela medida ou de aquele ato normativo ser o ideal para se solucionar o problema e as eventuais alternativas existentes para equacioná-lo; ou fornecer mais detalhes sobre o assunto informado, quando for esse o caso; e

> na conclusão: novamente, propor a medida a ser tomada ou o ato normativo a ser editado para solucionar o problema; ou apresentar as considerações finais no caso de EMs apenas informativas.

As Exposições de Motivos que encaminham proposições normativas devem seguir o prescrito no Decreto nº 9.191, de 1º de novembro de 2017. Em síntese, elas devem ser instruídas com parecer jurídico e parecer de mérito que permitam a adequada avaliação da proposta.

O atendimento dos requisitos do Decreto nº 9.191, de 2017, nas exposições de motivos que proponham a edição de ato normativo, tem como propósito:

> permitir a adequada reflexão sobre o problema que se busca resolver;

> ensejar avaliação das diversas causas do problema e dos efeitos que podem ter a adoção da medida ou a edição do ato, em consonância com as questões que devem ser analisadas na elaboração de proposições normativas no âmbito do Poder Executivo;

> conferir transparência aos atos propostos;

> resumir os principais aspectos da proposta; e

> evitar a devolução a proposta de ato normativo para complementação ou reformulação da proposta.

A exposição de motivos é a principal modalidade de comunicação dirigida ao Presidente da República pelos ministros. Além disso, pode, em certos casos, ser encaminhada cópia ao Congresso Nacional ou ao Poder Judiciário.

Exemplo de exposição de motivos:

2 cm

5 cm

EM No 38/2018/MTB/MS

Brasília, 6 de novembro de 2018.

À Senhora
[Nome]
Diretora de Tecnologia da Presidência da República
Palácio do Planalto, Anexo II, Ala B, sala 100
Brasília/DF

3 cm 2,5 cm 1,5 cm

Excelentíssimo Senhor Presidente da República,

1. Submetemos à consideração de Vossa Excelência a proposta de Medida Provisória que tem por objetivo de efetivar as operações de financiamento destinadas a entidades hospitalares filantrópicas e sem fins lucrativos que participem de forma complementar do Sistema único de Saúde (SUS).

2. A Medida Provisória nº 848, de 16 de agosto de 2018, autorizou o Fundo de Garantia do Tempo de Serviço (FGTS) a realizar operações de crédito destinadas às entidades hospitalares filantrópicas e sem fins lucrativos que participem de forma complementar do SUS.

3. No entanto, em discussões no âmbito do Conselho Curador do FGTS foi observada a falta de previsão legal para determinar quem seria o órgão do Poder Executivo federal que deveria regulamentar, acompanhar a execução, subisidiar o Conselho Curador com estudos técnicos necessários ao seu aprimoramento operacional e definir as metas a serem alcançadas nas operações de crédito destinadas às entidades hospitalares filantrópicas e sem fins lucrativos que participem de forma complementar do SUS.

4. Com efeito, a disposição sobre a necessidade de autorização do órgão de educação responsável para o fechamento de escolas do campo, exigindo-se diagnóstico sobre o impacto da ação e manifestação da comunidade escolar, visa a assegurar o acesso da população rural à educação, sem ferir a autonomia dos entes federativos.

5. O presente Projeto de Lei representa medida importante para institucionalizar instrumentos de gestão voltados para a melhoria da qualidade da educação básica das populações do campo.

6. Essas, Excelentíssimo Senhor Presidente, sãoasrazõesquejustificam oencaminhamento da presente proposta de ato normativo à consideração de Vossa Excelência.

Respeitosamente,
(espaço para assinatura)

[NOME DO SIGNATÁRIO]
[Ministro de Estado]

Sistema de geração e tramitação de documentos oficiais (sidof)

O Sistema de Geração e Tramitação de Documentos Oficiais (Sidof) é a ferramenta eletrônica utilizada para a elaboração, a redação, a alteração, o controle, a tramitação, a administração e a gerência das exposições de motivos com as propostas de atos a serem encaminhadas pelos Ministérios à Presidência da República.

Ao se utilizar o Sidof, a assinatura, o nome e o cargo do signatário, apresentados no exemplo do item 6.2.2, são substituídos pela assinatura eletrônica que informa o nome do ministro que assinou a exposição de motivos e do consultor jurídico que assinou o parecer jurídico da Pasta.

Mensagem

Definição e finalidade

A Mensagem é o instrumento de comunicação oficial entre os Chefes dos Poderes Públicos, notadamente as mensagens enviadas pelo Chefe do Poder Executivo ao Poder Legislativo para informar sobre fato da administração pública; para expor o plano de governo por ocasião da abertura de sessão legislativa; para submeter ao Congresso Nacional matérias que dependem de deliberação de suas Casas; para apresentar veto; enfim, fazer comunicações do que seja de interesse dos Poderes Públicos e da Nação.

Minuta de mensagem pode ser encaminhada pelos ministérios à Presidência da República, a cujas assessorias caberá a redação final.

As mensagens mais usuais do Poder Executivo ao Congresso Nacional têm as seguintes finalidades:

> Encaminhamento de proposta de emenda constitucional, de projeto de lei ordinária, de projeto de lei complementar e os que compreendem plano plurianual, diretrizes orçamentárias, orçamentos anuais e créditos adicionais:

Os projetos de lei ordinária ou complementar são enviados em regime normal (Constituição, art. 61) ou de urgência (Constituição, art. 64, §§ 1º a 4º). O projeto pode ser encaminhado sob o regime normal e, mais tarde, ser objeto de nova mensagem, com solicitação de urgência.

Em ambos os casos, a mensagem se dirige aos membros do Congresso Nacional, mas é encaminhada com ofício do Ministro de Estado Chefe da Casa Civil da Presidência da República ao Primeiro-Secretário da Câmara dos Deputados, para que tenha início sua tramitação (Constituição, art. 64, caput).

Quanto aos projetos de lei que compreendem plano plurianual, diretrizes orçamentárias, orçamentos anuais e créditos adicionais, as mensagens de encaminhamento dirigem-se aos membros do Congresso Nacional, e os respectivos ofícios são endereçados ao Primeiro-Secretário do Senado Federal. A razão é que o art. 166 da Constituição impõe a deliberação congressual em sessão conjunta, mais precisamente, "na forma do regimento comum". E, à frente da Mesa do Congresso Nacional, está o Presidente do Senado Federal (Constituição, art. 57, § 5º), que comanda as sessões conjuntas.

> Encaminhamento de medida provisória:

Para dar cumprimento ao disposto no art. 62 da Constituição, o Presidente da República encaminha Mensagem ao Congresso, dirigida a seus Membros, com ofício para o Primeiro- Secretário do Senado Federal, juntando cópia da medida provisória.

> Indicação de autoridades:

As mensagens que submetem ao Senado Federal a indicação de pessoas para ocuparem determinados cargos (magistrados dos tribunais superiores, ministros do Tribunal de Contas da União, presidentes e diretores do Banco Central, Procurador-Geral da República, chefes de missão diplomática, diretores e conselheiros de agências etc.) têm em vista que a Constituição, incisos III e IV do caput do art. 52, atribui àquela Casa do Congresso Nacional competência privativa para aprovar a indicação.

O curriculum vitae do indicado, assinado, com a informação do número de Cadastro de Pessoa Física, acompanha a mensagem.

> Pedido de autorização para o Presidente ou o Vice-Presidente da República se ausentarem do país por mais de 15 dias:

Trata-se de exigência constitucional (Constituição, art. 49, caput, inciso III e art. 83), e a autorização é da competência privativa do Congresso Nacional. O Presidente da República, tradicionalmente, por cortesia, quando a ausência é por prazo inferior a 15 dias, faz uma comunicação a cada Casa do Congresso, enviando-lhes mensagens idênticas.

> Encaminhamento de atos de concessão e de renovação de concessão de emissoras de rádio e TV:

A obrigação de submeter tais atos à apreciação do Congresso Nacional consta no inciso XII do caput do art. 49 da Constituição. Somente produzirão efeitos legais a outorga ou a renovação da concessão após deliberação do Congresso Nacional (Constituição, art. 223, § 3º). Descabe pedir na mensagem a urgência prevista na Constituição, art. 64, uma vez que o § 1º do art. 223 já define o prazo da tramitação. Além do ato de outorga ou renovação, acompanha a mensagem o correspondente processo administrativo.

> Encaminhamento das contas referentes ao exercício anterior:

O Presidente da República tem o prazo de 60 dias após a abertura da sessão legislativa para enviar ao Congresso Nacional as contas referentes ao exercício anterior (Constituição, art. 84, caput, inciso XXIV), para exame e parecer da Comissão Mista permanente (Constituição, art. 166,

§ 1º, sob pena de a Câmara dos Deputados realizar a tomada de contas (Constituição, art. 51,

caput, inciso II) em procedimento disciplinado no art. 215 do seu Regimento Interno.

> Mensagem de abertura da sessão legislativa:

Deve conter o plano de governo, exposição sobre a situação do País e a solicitação de providências que julgar necessárias (Constituição, art. 84, inciso XI). O portador da mensagem é o Chefe da Casa Civil da Presidência da República. Esta mensagem difere das demais, porque vai encadernada e é distribuída a todos os congressistas em forma de livro.

> Comunicação de sanção (com restituição de autógrafos):

Esta mensagem é dirigida aos Membros do Congresso Nacional, encaminhada por ofício ao Primeiro-Secretário da Casa onde se originaram os autógrafos. Nela se informa o número que tomou a lei e se restituem dois exemplares dos três autógrafos recebidos, nos quais o Presidente da República terá aposto o despacho de sanção.

> Comunicação de veto:

Dirigida ao Presidente do Senado Federal (Constituição, art. 66, § 1º), a mensagem informa sobre a decisão de vetar, se o veto é parcial, quais as disposições vetadas, e as razões do veto. Seu texto é publicado na íntegra no Diário Oficial da União, ao contrário das demais mensagens, cuja publicação se restringe à notícia do seu envio ao Poder Legislativo.

→ Outras mensagens remetidas ao Legislativo:

> Apreciação de intervenção federal (Constituição, art. 36, § 2º).

> Encaminhamento de atos internacionais que acarretam encargos ou compromissos gravosos (Constituição, art. 49, caput, inciso I);

> Pedido de estabelecimento de alíquotas aplicáveis às operações e prestações interestaduais e de exportação (Constituição, art. 155, § 2º, inciso IV);

> Proposta de fixação de limites globais para o montante da dívida consolidada (Constituição, art. 52, caput, inciso VI);

> Pedido de autorização para operações financeiras externas (Constituição, art. 52, caput, inciso V);

> Convocação extraordinária do Congresso Nacional (Constituição, art. 57, § 6º);

> Pedido de autorização para exonerar o Procurador-Geral da República (Constituição, art. 52, inciso XI, e art. 128, § 2º);

> Pedido de autorização para declarar guerra e decretar mobilização nacional (Constituição, art. 84, inciso XIX);

> Pedido de autorização ou referendo para celebrar a paz (Constituição, art. 84, inciso XX);

> Justificativa para decretação do estado de defesa ou de sua prorrogação (Constituição, art. 136, § 4º);

> Pedido de autorização para decretar o estado de sítio (Constituição, art. 137);

> Relato das medidas praticadas na vigência do estado de sítio ou de defesa (Constituição, art. 141, parágrafo único);

> Proposta de modificação de projetos de leis que compreendem plano plurianual, diretrizes orçamentárias, orçamentos anuais e créditos adicionais (Constituição, art. 166, § 5º);

> Pedido de autorização para utilizar recursos que ficarem sem despesas correspondentes, em decorrência de veto, emenda ou rejeição do projeto de lei orçamentária anual (Constituição, art. 166, § 8º);

> Pedido de autorização para alienar ou conceder terras públicas com área superior a 2.500 ha (Constituição, art. 188, § 1º).

Forma e estrutura

As mensagens contêm:

> brasão: timbre em relevo branco

> identificação do expediente: MENSAGEM No, alinhada à margem esquerda, no início do texto;

> vocativo: alinhado à margem esquerda, de acordo com o pronome de tratamento e o cargo do destinatário, com o recuo de parágrafo dado ao texto;

> texto: iniciado a 2 cm do vocativo; e

> local e data: posicionados a 2 cm do final do texto, alinhados à margem direita.

A mensagem, como os demais atos assinados pelo Presidente da República, não traz identificação de seu signatário.

Exemplo de mensagem:

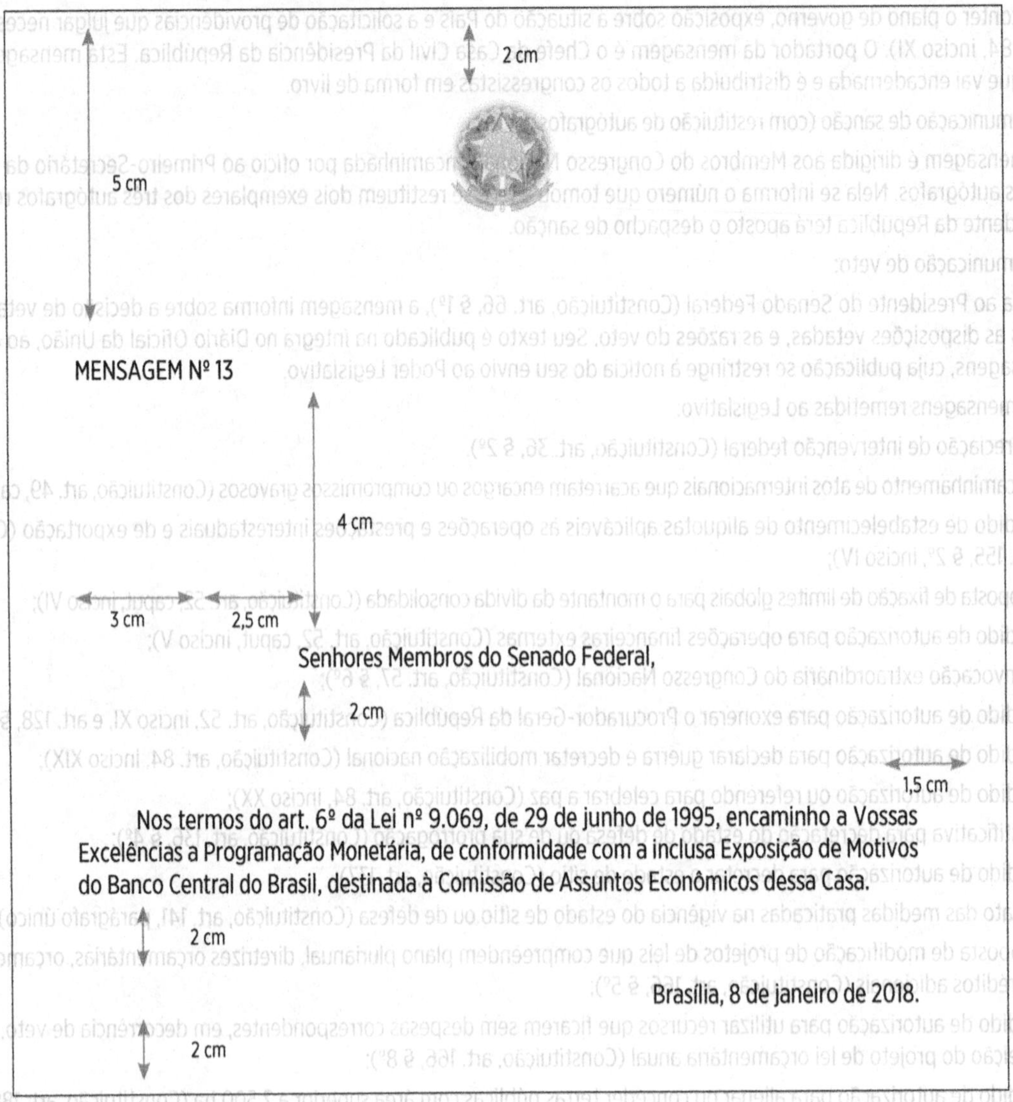

Correio eletrônico (e-mail)

Definição e finalidade

A utilização do e-mail para a comunicação tornou-se prática comum, não só em âmbito privado, mas também na administração pública. O termo e-mail pode ser empregado com três sentidos. Dependendo do contexto, pode significar gênero textual, endereço eletrônico ou sistema de transmissão de mensagem eletrônica.

Como gênero textual, o e-mail pode ser considerado um documento oficial, assim como o ofício e o memorando. Portanto, deve-se evitar o uso de linguagem incompatível com uma comunicação oficial.

Como endereço eletrônico utilizado pelos servidores públicos, o e-mail deve ser oficial, utilizando-se a extensão ".gov.br", por exemplo.

Como sistema de transmissão de mensagens eletrônicas, por seu baixo custo e celeridade, transformou-se na principal forma de envio e recebimento de documentos na administração pública.

Valor documental

Nos termos da Medida Provisória nº 2.200-2, de 24 de agosto de 2001, para que o e-mail tenha valor documental, isto é, para que possa ser aceito como documento original, é necessário existir certificação digital que ateste a identidade do remetente, segundo os parâmetros de integridade, autenticidade e validade jurídica da Infraestrutura de Chaves Públicas Brasileira – ICP- Brasil.

O destinatário poderá reconhecer como válido o e-mail sem certificação digital ou com certificação digital fora ICP-Brasil; contudo, caso haja questionamento, será obrigatório a repetição do ato por meio documento físico assinado ou por meio eletrônico reconhecido pela ICP-Brasil.

Salvo lei específica, não é dado ao ente público impor a aceitação de documento eletrônico que não atenda os parâmetros da ICP-Brasil.

Forma e estrutura

Um dos atrativos de comunicação por correio eletrônico é sua flexibilidade. Assim, não interessa definir padronização da mensagem comunicada. No entanto, devem-se observar algumas orientações quanto à sua estrutura.

Campo "assunto"

O assunto deve ser o mais claro e específico possível, relacionado ao conteúdo global da mensagem. Assim, quem irá receber a mensagem identificará rapidamente do que se trata; quem a envia poderá, posteriormente, localizar a mensagem na caixa do correio eletrônico.

Deve-se assegurar que o assunto reflita claramente o conteúdo completo da mensagem para que não pareça, ao receptor, que se trata de mensagem não solicitada/lixo eletrônico. Em vez de "Reunião", um assunto mais preciso seria "Agendamento de reunião sobre a Reforma da Previdência".

Local e data

São desnecessários no corpo da mensagem, uma vez que o próprio sistema apresenta essa informação.

Saudação inicial/vocativo

Exemplos:

Senhor Coordenador, Prezada Senhora,

O texto dos correios eletrônicos deve ser iniciado por uma saudação. Quando endereçado para outras instituições, para receptores desconhecidos ou para particulares, deve-se utilizar o vocativo conforme os demais documentos oficiais, ou seja, "Senhor" ou "Senhora", seguido do cargo respectivo, ou "Prezado Senhor", "Prezada Senhora".

Fecho

Atenciosamente é o fecho padrão em comunicações oficiais. Com o uso do e-mail, popularizou-se o uso de abreviações como "Att.", e de outros fechos, como "Abraços", "Saudações", que, apesar de amplamente usados, não são fechos oficiais e, portanto, não devem ser utilizados em e-mails profissionais.

O correio eletrônico, em algumas situações, aceita uma saudação inicial e um fecho menos formais. No entanto, a linguagem do texto dos correios eletrônicos deve ser formal, como a que se usaria em qualquer outro documento oficial.

Bloco de texto da assinatura

Sugere-se que todas as instituições da administração pública adotem um padrão de texto de assinatura. A assinatura do e-mail deve conter o nome completo, o cargo, a unidade, o órgão e o telefone do remetente.

Exemplo:

Maria da Silva

Assessora

Subchefia para Assuntos Jurídicos da Casa Civil

(61)67779-67779

Anexos

A possibilidade de anexar documentos, planilhas e imagens de diversos formatos é uma das vantagens do e-mail. A mensagem que encaminha algum arquivo deve trazer informações mínimas sobre o conteúdo do anexo.

Antes de enviar um anexo, é preciso avaliar se ele é realmente indispensável e se seria possível colocá-lo no corpo do correio eletrônico.

Deve-se evitar o tamanho excessivo e o reencaminhamento de anexos nas mensagens de resposta.

Os arquivos anexados devem estar em formatos usuais e que apresentem poucos riscos de segurança. Quando se tratar de documento ainda em discussão, os arquivos devem, necessariamente, ser enviados, em formato que possa ser editado.

Recomendações

- Sempre que necessário, deve-se utilizar recurso de confirmação de leitura. Caso não esteja disponível, deve constar da mensagem pedido de confirmação de recebimento;
- Apesar da imensa lista de fontes disponíveis nos computadores, mantêm-se a recomendação de tipo de fonte, tamanho e cor dos documentos oficiais: Calibri ou Carlito, tamanho 12, cor preta;
- Fundo ou papéis de parede eletrônicos não devem ser utilizados, pois não são apropriados para mensagens profissionais, além de sobrecarregar o tamanho da mensagem eletrônica;
- A mensagem do correio eletrônico deve ser revisada com o mesmo cuidado com que se revisam outros documentos oficiais;
- O texto profissional dispensa manifestações emocionais. Por isso, ícones e emoticons não devem ser utilizados;
- Os textos das mensagens eletrônicas não podem ser redigidos com abreviações como "vc", "pq", usuais das conversas na internet, ou neologismos, como "naum", "eh", "aki";
- Não se deve utilizar texto em caixa alta para destaques de palavras ou trechos da mensagem pois denota agressividade de parte do emissor da comunicação.
- Evite-se o uso de imagens no corpo do e-mail, inclusive das Armas da República Federativa do Brasil e de logotipos do ente público junto ao texto da assinatura.
- Não devem ser remetidas mensagem com tamanho total que possa exceder a capacidade do servidor do destinatário.

REDAÇÃO

1. REDAÇÃO PARA CONCURSOS PÚBLICOS

Os editais de concurso público disponibilizam o conteúdo programático das matérias que serão cobradas nas provas, mas nem sempre deixam explícito como se preparar para a prova discursiva, ou prova de redação – que, na grande maioria dos concursos, é uma etapa eliminatória.

Portanto, é necessário preparar-se com bastante antecedência, para que possa haver melhoras gradativas durante o processo de produção de um texto.

1.1 Posturas em Relação à Redação

Antes de começar a desenvolver a prática de escrita, é preciso que ter algumas posturas em relação ao processo de composição de um texto. Em posse dessas posturas, percebe-se que escrever não é tão complexo se você estiver orientado e fizer da escrita um ato constante.

Leitura

Apenas a leitura não garante uma boa escrita. Então, deve-se associar a leitura constante com a escrita constante, pois uma prática complementa a outra.

E o que ler?

Direcione sua prática de leitura da seguinte forma: fique atento às ATUALIDADES, que é um conteúdo geralmente previsto na prova de conhecimentos gerais. Ademais, conheça a instituição e o cargo a que você pretende candidatar-se, como as FUNÇÕES e RESPONSABILIDADES exigidas, as quais estão previstas no edital de abertura de um concurso. E, também, tenha uma visão crítica sobre os conhecimentos específicos, porque a tendência dos concursos é relacionar um tema ao contexto de trabalho.

Considere que, nas provas de redação, também podem ser abordados temas sobre algum assunto desafiante para o cargo ao qual o candidato está concorrendo. Uma dica é estar atento às informações veiculadas sobre o órgão público no qual pretende ingressar.

Produção do texto

A produção de um texto não depende de talento ou de um dom. No processo de elaboração de um texto, pode-se dizer que um por cento (1%) é inspiração e noventa e nove por cento (99%) é trabalho. Escrever um excelente texto é um processo que exige esforço, planejamento e organização.

Escrita

O ato de escrever é sempre desta maneira: basta começar. Escrever para ser avaliado por um corretor é colocar pensamentos organizados e articulados, num papel, a partir de um posicionamento sobre um tema estabelecido na proposta de redação.

Tema

O seu texto deve estar cem por cento (100%) adequado à proposta exigida na prova, ou seja, você não pode escrever o que quer, mas o que a proposta determina. Desse modo, antes de começar a escrever, é necessário entender o TEMA da prova.

O tema é o assunto proposto que deve ser desenvolvido. Portanto, cabe a você entendê-lo, problematizá-lo e delimitá-lo, com base no comando da proposta.

Objetividade

Seu texto deve ser objetivo, isto é, o enfoque do assunto deve ser direto, sem rodeios. Além disso, as bancas dão preferência a uma linguagem simples e objetiva. E não confunda linguagem simples com coloquialismos, pois é necessário sempre manter a sua escrita baseada na norma padrão da língua portuguesa.

Além disso, é fundamental o candidato colocar-se na posição do leitor. É um momento de estranhamento do próprio texto para indagar-se: o que escrevi é interessante e de fácil entendimento?

1.2 Apresentação do Texto

Para que se consiga escrever um bom texto, é preciso aliar duas posturas: ter o hábito da leitura e praticar a escrita de textos. Além disso, é importante conhecer as propostas das bancas e saber quais são os critérios de correção previstos em edital.

Letra - legibilidade

Escreva sempre com letra legível. Pode ser letra cursiva ou de imprensa. Tenha atenção para o espaçamento entre as letras/palavras e para a distinção entre maiúsculas e minúsculas.

Respeito às margens

As margens (tanto esquerda quanto direita) existem para serem respeitadas, portanto, não as ultrapasse no momento em que escreve a versão definitiva. Tampouco deixe "buracos" entre as palavras.

Indicação de parágrafos

É preciso deixar um espaço antes de iniciar um parágrafo (mais ou menos dois centímetros).

Título

Colocar título na redação vale mais pontos?

Se o título for solicitado, ele será obrigatório. Caso não seja colocado na redação, haverá alguma perda, mas não muito. Os editais, em geral, não informam pontuações exatas. No caso de o título não ser solicitado, ele se torna facultativo. Logo, se o candidato decidir inseri-lo, ele fará parte do texto, sendo analisado como tal, mas não terá um valor extra por isso.

O título era obrigatório, e não o coloquei... E agora?

Quando há a obrigatoriedade, a ausência do título não anula a questão, a menos que haja essa orientação nas instruções dadas na prova. Não há um desconto considerável em relação ao esquecimento do título, porque a maior pontuação, em uma redação para concurso, está relacionada ao conteúdo do texto.

É preciso pular linha após o título?

Em caso de obrigatoriedade do título, procure não pular linha entre o título e o início do texto, porque essa linha em branco não é contada durante a correção.

Quando se deve escrever o título?

O título é a síntese de sua redação, portanto, prefira escrevê-lo ao término da redação.

> Não rasure seu texto.
> Não escreva a palavra entre parênteses, mesmo se estiver riscada: (exeção) (~~exeção~~).
> Não use a expressão "digo".

Erros na versão final

Quando você está escrevendo e, por distração, erra uma palavra, você deve passar um traço sobre a palavra e escrevê-la corretamente logo em seguida:

Ex.: ~~exeção~~ exceção

Translineação

Quando não dá para escrever uma palavra completa ao final da linha, deve-se escrever até o limite, sem ultrapassar a margem direita da linha, e o sinal de separação será sempre o hífen.

Sempre respeite as regras de separação silábica. Nunca uma palavra será separada de maneira a desrespeitar as sílabas:

tran-
sformação

Caso a próxima sílaba não caiba no final da linha, embora ainda haja um espaço, deixe-a e continue na próxima linha.

trans-
formação

> Em relação ao posicionamento do hífen de separação, deixe-o ao lado da sílaba. Nunca acima.

Quando a palavra for escrita com hífen e a separação ocorrer justo nesse espaço, você deve usar duas marcações. Por exemplo: entende-se

entende-
-se

Se a palavra não tiver hífen em sua estrutura, use apenas uma marcação:

apresen-
tação

Impessoalidade

O texto dissertativo (expositivo-argumentativo) é impessoal. Portanto, pode-se escrever com verbos em:

> **3ª pessoa:**

Ex.: A qualidade no atendimento **precisa** ser prioridade.

Percebe-se que a qualidade no atendimento é essencial.

Notam-se várias mudanças no setor público.

> **1ª pessoa do plural:**

Observamos muitas mudanças e melhorias no serviço público.

NÃO escreva na 1ª pessoa do singular:

Ex.: Observo mudanças significativas.

Adequação vocabular

Adequação vocabular diz respeito ao desempenho linguístico de acordo com o nível de conhecimento exigido para o cargo/área/especialidade, e a adequação do nível de linguagem adotado à produção proposta.

Portanto, devem-se escolher palavras adequadas, evitando-se o uso de jargões, chavões, termos muito técnicos que possam dificultar a compreensão.

Domínio da norma padrão da língua

Deve-se ficar atento aos aspectos gramaticais, principalmente:

- **Estrutura sintática de orações e períodos**
- **Elementos coesivos**
- **Concordância verbal e nominal**
- **Pontuação**
- **Regência verbal e nominal**
- **Emprego de pronomes**
- **Flexão verbal e nominal**
- **Uso de tempos e modos verbais**
- **Grafia**
- **Acentuação**

Repetição

Prejudica a coesão textual, e ocorre quando se usa muitas vezes a mesma palavra ou ideia, as quais poderiam ser substituídas por sinônimos e conectivos.

Informações óbvias

Explicações que não precisam ser mencionadas, pois já se explicam por si próprias.

Generalização

É percebida quando se atribui um conceito que é específico de uma forma generalizada.

Exs.: Os menores infratores saem dos centros de ressocialização e retornam ao o do crime. (isso ocorre com todos?)

É preciso que o governo tome medidas urgentes para resolver esse problema. (que medidas?)

Gerúndio

É muito comum usarmos o gerúndio na fala, mas não se usa com tanta recorrência na escrita.

1.3 O Texto Dissertativo

Dissertar é escrever sobre algum assunto e pressupõe ou defender uma ideia, analisá-la criticamente, discuti-la, opinar, ou apenas esclarecer conceitos, dar explicações, apresentar dados sobre um assunto, tudo de maneira organizada, quer dizer, com início, meio e fim bem claros e objetivos.

A dissertação pode ser classificada quanto à maneira como o assunto é abordado:

EXPOSITIVA: são expostos fatos (de conhecimento e domínio público, divulgados em diversos meios de comunicação), mas não é apresentada uma discussão, um ponto de vista.

A dissertação expositiva também é usada quando a proposta exige um texto técnico. Este tipo de texto pode ter duas abordagens: Estudo de Caso (em que é feito um parecer a partir de sua situação hipotética) e Questão Teórica (em que é preciso apresentar conceitos, normas, regras, diretrizes de um determinado conteúdo).

ARGUMENTATIVA: há a exposição de pontos de vista pessoais, com juízos de valor sobre um fato ou assunto.

E qual a melhor maneira de abordar um assunto numa prova de redação para concursos públicos?

Para que seu texto seja MUITO BEM avaliado, o ideal é conseguir chegar a uma forma mista de abordagem, ou seja, escrever um texto dissertativo em que você expõe um assunto e, ao mesmo tempo, dá sua opinião sobre ele. Desse modo, os fatos que são conhecidos (domínio público) podem se transformar em exemplificação atualizada, a qual pode ser relacionada à sua argumentação de forma contextualiza e crítica.

Aspectos gerais da produção de textos

Em face da limitação de espaço, é muito difícil apresentar muitos enfoques relativos ao tema. Por essa razão, dependendo do limite em relação à quantidade de linhas, a dissertação deve conter de 4 a 5 parágrafos, sendo UM para Introdução, DOIS a TRÊS para Desenvolvimento e UM para Conclusão.

Além disso, cada parágrafo deve possuir, no mínimo, dois períodos. Cuidado com as frases fragmentadas, ambiguidades e os erros de paralelismo.

Procure elaborar uma introdução que contenha, de maneira clara e direta, o tema, o primeiro enfoque, o segundo enfoque, etc. E mantenha sempre o caráter dissertativo. Por isso, no desenvolvimento, dê um parágrafo para cada enfoque selecionado, e empregue os articuladores adequados. Por fim, fundamente sempre suas ideias.

Quanto aos exemplos, procure selecionar aqueles que sejam de domínio público, os que tenham saído na mídia: jornais, revistas, TV. E nunca analise temas por meio de emoções exageradas – especialmente política, futebol, religião, etc.

Nunca use frases feitas, chavões.

Não repita palavras ou expressões. Use sinônimos.

Jamais converse com o leitor: nunca use você ou tu. Não empregue verbos no imperativo.

Estrutura de um texto dissertativo

Para escrever uma dissertação, é preciso que haja uma organização do texto a fim de que se obtenha um texto claro e bem articulado:

01. INTRODUÇÃO: consiste na apresentação do assunto a fim de deixar claro qual é o recorte temático e qual a ideia que será defendida e/ou esclarecida, ou seja, a TESE.

02. DESENVOLVIMENTO: é a parte em que são elaborados os parágrafos argumentativos e/ou informativos, nos quais você explica a sua TESE. É o momento mais importante do texto, por isso, É NECESSÁRIO que a TESE seja explicada, justificada, e isso pode ser feito por meio de exemplos e explicações.

03. CONCLUSÃO: esta parte do texto não traz informações novas, muito menos argumentos, porque consiste no fechamento das ideias apresentadas, ou seja, é feita uma reafirmação da TESE. Dependendo do comando da proposta de redação e do tema, pode ser apresentada uma hipótese de solução de um problema apresentado na TESE.

TESE		
	Introdução	- Assunto - Recorte temático - TESE
	Desenvolvimento	- Tópico/TESE + justificativa
	Conclusão	- Retomada da introdução - Reafirmação da TESE

1. Introdução

É o primeiro parágrafo e serve de apresentação da dissertação, por essa razão deve estar muito bem elaborada, ser breve e apresentar apenas informações sucintas. Deve apenas apresentar o TEMA e os ENFOQUES e ter em torno de cinco linhas.

2. Desenvolvimento

É a redação propriamente dita. Deve ser constituído de dois a três parágrafos (a depender do tema da proposta), um para cada enfoque apresentado na Introdução. É a parte da redação em que argumentos são apresentados para explicitar, em um parágrafo distinto, cada um dos enfoques. Cada parágrafo deve ter de 5 a 8 linhas. Pode-se desenvolver os argumentos por meio de relações que devem ser usadas para deixar seu texto coeso e coerente.

Conectores

As relações comentadas acima são estabelecidas com CONECTORES:

Prioridade, relevância: em primeiro lugar, antes de mais nada, antes de tudo, em princípio, primeiramente, acima de tudo, principalmente, primordialmente, sobretudo.

Tempo: atualmente, hoje, frequentemente, constantemente às vezes, eventualmente, por vezes, ocasionalmente, sempre, raramente, não raro, ao mesmo tempo, simultaneamente, nesse ínterim, enquanto, quando, antes que, depois que, logo que, sempre que, assim que, desde que, todas as vezes que, cada vez que, então, enfim, logo, logo depois, imediatamente, logo após, a princípio, no momento em que, pouco antes, pouco depois, anteriormente, posteriormente, em seguida, afinal, por fim, finalmente, agora.

Semelhança, comparação, conformidade: de acordo com, segundo, conforme, sob o mesmo ponto de vista, tal qual, tanto quanto, como, assim como, como se, bem como, igualmente, da mesma forma, assim também, do mesmo modo, semelhantemente, analogamente, por analogia, de maneira idêntica, de conformidade com.

Condição, hipótese: se, caso, eventualmente.

Adição, continuação: além disso, demais, ademais, outrossim, ainda mais, por outro lado, também, e, nem, não só ... mas também, não só... como também, não apenas ... como também, não só ... bem como, com, ou (quando não for excludente).

Dúvida: talvez, provavelmente, possivelmente, quiçá, quem sabe, é provável, não é certo, se é que.

Certeza, ênfase: certamente, decerto, por certo, inquestionavelmente, sem dúvida, inegavelmente, com toda a certeza.

Ilustração, esclarecimento: por exemplo, só para ilustrar, só para exemplificar, isto é, quer dizer, em outras palavras, ou por outra, a saber, ou seja, aliás.

Propósito, intenção, finalidade: com o fim de, a fim de, com o propósito de, com a finalidade de, com o intuito de, para que, a fim de que, para.

Resumo, recapitulação, conclusão: em suma, em síntese, em conclusão, enfim, em resumo, portanto, assim, dessa forma, dessa maneira, desse modo, logo, dessa forma, dessa maneira, assim sendo.

Explicação: por consequência, por conseguinte, como resultado, por isso, por causa de, em virtude de, assim, de fato, com efeito, tão (tanto, tamanho)... que, porque, porquanto, pois, já que, uma vez que, visto que, como (= porque), portanto, logo, que (= porque), de tal sorte que, de tal forma que, haja vista.

Contraste, oposição, restrição: pelo contrário, em contraste com, salvo, exceto, menos, mas, contudo, todavia, entretanto, no entanto, embora, apesar de, apesar de que, ainda que, mesmo que, posto que, conquanto, se bem que, por mais que, por menos que, só que, ao passo que, por outro lado, em contrapartida, ao contrário do que se pensa, em compensação.

Contraposição: é possível que... no entanto...

É certo que... entretanto...

É provável que ... porém...

Organização de ideias: em primeiro lugar ..., em segundo ..., por último ...; por um lado ..., por outro ...; primeiramente, ...,em seguida, ..., finalmente, ...

Enumeração: é preciso considerar que ...; Também não devemos esquecer que ...; Não podemos deixar de lembrar que...

Reafirmação/Retomada: compreende-se, então, que ...

É bom acrescentar ainda que ...

É interessante reiterar ...

3. Conclusão

É o último parágrafo. Deve ser breve, contendo em torno de cinco linhas. Na conclusão, deve-se retomar o tema e fazer o fechamento das ideias apresentadas em todo o texto e não somente em relação às ideias contidas no último parágrafo do desenvolvimento.

Pode-se concluir:

- **Fazendo uma síntese das ideias expostas.**
- **Esclarecendo um posicionamento e/ou questionamento, desde que coerente, com o desenvolvimento.**
- **Estabelecendo uma dedução ou demonstrando uma consequência dos argumentos expostos.**
- **Levantando uma hipótese ou uma sugestão coerente com as afirmações feitas durante o texto.**
- **Apresentando possíveis soluções para os problemas expostos no desenvolvimento, buscando prováveis resultados.**

Conectores

Pode-se iniciar o parágrafo da conclusão com:

Assim; Assim sendo; Portanto; Mediante os fatos expostos; Dessa forma; Diante do que foi dito; Resumindo; Em suma; Em vista disso, pode-se concluir que; Finalmente; Nesse sentido; Com esses dados, conclui-se que; Considerando as informações apresentadas, entende-se que; A partir do que foi discutido.

1.4 Critérios de Correção da Redação para Concursos Públicos

Conteúdo

Neste critério, observa-se se há apresentação marcada do recorte temático, o qual deve nortear o desenvolvimento do texto; se o recorte está contextualizado no texto, por exemplo: quando a proposta propuser uma situação hipotética, ela deve estar diluída em seu texto.

Lembre-se: a proposta não faz parte de seu texto, ou seja, sua produção não pode depender da proposta para ter sentido claro e objetivo.

Em outras palavras: se há algum texto ou uma coletânea de textos, eles têm caráter apenas motivador. Portanto, não faça cópias de trechos dos textos, tampouco pense que o tema da redação é o assunto desses textos. É preciso verificar o recorte temático, o qual fica evidente no corpo da proposta.

O único gênero textual que permite a referência ao texto motivador, bem como a cópia de alguns trechos, é o estudo de caso, pois é preciso fazer uma análise em relação a uma situação hipotética.

Gênero

Neste critério, verifica-se se a produção textual está adequada à modalidade redacional, ou seja, se o texto expressa o domínio da linguagem do gênero: narrar, relatar, argumentar, expor, descrever ações, etc.

Os concursos públicos, quase em sua totalidade, têm como gênero textual a dissertação argumentativa ou o texto expositivo-argumentativo. Desse modo, a banca avalia a objetividade e o posicionamento frente ao tema, a articulação dos argumentos, a consistência e a coerência da argumentação.

Isso significa que há uma valorização quanto do conteúdo do texto: a opinião, a justificativa dessa opinião e a seletividade de informações sobre o tema.

Coerência

Neste critério, avalia-se se há atendimento total do comando, com informações novas que evidenciam conhecimento de mundo e que atestam excelente articulação entre os aspectos exigidos pela proposta, o recorte temático e o gênero textual requisitado. Ou seja, é preciso trazer informações ao texto que não estão disponíveis na proposta. Além disso, é essencial garantir a progressão textual, quer dizer, seu texto precisa ter uma evolução e não pode trazer a mesma informação em todos os parágrafos.

Coesão e gramática

Neste critério, percebe-se se há erros gramaticais; se os períodos estão bem organizados e articulados, com uso de vocabulário e conectivos adequados; e se os parágrafos estão divididos de modo consciente, a fim de garantir a progressão textual.

1.5 Critérios de Correção das Bancas

Cada Banca Examinadora delimita, na publicação do edital de abertura de um concurso, que critérios serão utilizados para corrigir as redações. Por isso, é essencial que se conheça quais são esses critérios e como cada Banca os organiza. A seguir, são apresentados critérios de algumas Bancas. Você perceberá que são predominantemente os mesmos itens; o que muda é a nota atribuída para cada um e como a proposta é organizada.

Banca cespe

Aspectos Macroestruturais

1. Apresentação (legibilidade, respeito às margens e indicação de parágrafos) e estrutura textual (organização das ideais em texto estruturado).

2. Desenvolvimento do tema: tópicos da proposta

Aspectos Microestruturais

Ortografia

Morfossintaxe

Propriedade vocabular

Quando forem apresentados tópicos, deve-se escrever 1 (um) parágrafo para cada tópico.

1.6 Propostas de Redação

Proposta 01

As vendas de automóveis de passeio e de veículos comerciais leves alcançaram 340 706 unidades em junho de 2012, alta de 18,75%, em relação a junho de 2011, e de 24,18%, em relação a maio de 2012, segundo informou, nesta terça-feira, a Federação Nacional de Distribuição de Veículos Automotores (Fenabrave). Segundo a entidade, este é o melhor mês de junho da história do setor automobilístico.

Disponível em: <http://br.financas.yahoo.com>. Acesso em: 3 jul. 2012 (adaptado).

Na capital paulista, o trânsito lento se estendeu por 295 km às 19 h e superou a marca de 293 km, registrada no dia 10 de junho de 2009. Na cidade de São Paulo, registrou-se, na tarde desta sexta-feira, o maior congestionamento da história, segundo a Companhia de Engenharia de Tráfego (CET). Às 19 h, eram 295 km de trânsito lento nas vias monitoradas pela empresa. O índice superou o registrado no dia 10 de junho de 2009, quando a CET anotou, às 19 h, 293 km de congestionamento.

Disponível em: <http://noticias.terra.com.br>. Acesso em: 03 jul. 2012 (adaptado).

O governo brasileiro, diante da crise econômica mundial, decidiu estimular a venda de automóveis e, para tal, reduziu o imposto sobre produtos industrializados (IPI). Há, no entanto, paralelamente a essa decisão, a preocupação constante com o desenvolvimento sustentável, por meio do qual se busca a promoção de crescimento econômico capaz de incorporar as dimensões socioambientais.

Considerando que os textos acima têm caráter unicamente motivador, redija um texto dissertativo sobre sistema de transporte urbano sustentável, contemplando os seguintes aspectos:

> **Conceito de desenvolvimento sustentável; (valor: 3,0 pontos)**

> **Conflito entre o estímulo à compra de veículos automotores e a promoção da sustentabilidade; (valor: 4,0 pontos)**

> **Ações de fomento ao transporte urbano sustentável no Brasil. (valor: 3,0 pontos)**

Proposta 02

I

Venham de onde venham, imigrantes, emigrantes e refugiados, cada vez mais unidos em redes sociais, estão aumentando sua capacidade de incidência política sobre uma reivindicação fundamental: serem tratados como cidadãos, em vez de apenas como mão de obra (barata ou de elite).

(Adaptado de: http://observatoriodadiversidade.org.br)

II

A intensificação dos fluxos migratórios internacionais das últimas décadas provocou o aumento do número de países orientados a regulamentar a imigração. Os argumentos alegados não são novos: o medo de uma "invasão migratória", os riscos de desemprego para os trabalhadores autóctones, a perda da identidade nacional.

III

Ainda não existe uma legislação internacional sólida sobre as migrações internacionais. Assim, enquanto que os direitos relativos ao investimento estrangeiro foram se reforçando cada vez mais nas regras estabelecidas para a economia global, pouca atenção vem sendo dada aos direitos dos trabalhadores.

(II e III adaptados de: http://www.migrante.org.br)

Considerando o que se afirma em I, II e III, desenvolva um texto dissertativo-argumentativo, posicionando-se a respeito do seguinte tema:

Mobilidade Humana e Cidadania na atualidade.

2. DISSERTAÇÃO EXPOSITIVA E ARGUMENTATIVA

2.1 Dissertação Expositiva

Na dissertação expositiva, o objetivo do texto é passar conhecimento para o leitor de maneira clara, imparcial e objetiva.

Nesse tipo textual, não se faz necessariamente a defesa de uma ideia, pois não há intenção de convencer o leitor, nem criar debate. Trabalha-se o assunto de maneira atemporal.

Distinção entre texto expositivo e descritivo

É bastante comum que se confunda o texto dissertativo-expositivo com o texto descritivo. Vamos à distinção:

O texto expositivo tem por objetivo principal informar com clareza e objetividade. Predomina a linguagem impessoal e objetiva. De forma geral, segue a estrutura da dissertação (introdução, desenvolvimento, conclusão). Como exemplo desse tipo de texto, temos aqueles encontrados em livros didáticos, enciclopédias, jornais, revistas (científicas, informativas, etc.).

> É bastante comum que um texto (um gênero textual) apresente diversos tipos textuais em sua estrutura, o que dificulta a diferenciação.

O tipo descritivo está relacionado à caracterização minuciosa de algo, sem, necessariamente, ter o objetivo de informar ao leitor. A linguagem utilizada na descrição nem sempre é objetiva ou impessoal, e sua estrutura não obedece necessariamente a regras.

Partes do texto dissertativo-expositivo

Tipos de introdução

→ **Introdução Simples**

É uma introdução direta, na qual é exposta apenas a delimitação do tema.

→ **Introdução com Paráfrase**

A paráfrase é uma reescrita de frases sem que haja alteração de sentido. Para que essa reescrita seja coerente, é necessário que seja mantido o paralelismo semântico. Este tipo de introdução geralmente é usado quando o tema da redação é uma afirmação.

→ **Introdução com Conceituação**

Neste tipo de introdução, a autor do texto apresenta seu ponto de vista ou a ideia central por meio da definição de algum conceito que tenha relação com o núcleo do tema.

→ **Introdução com Indicação do Desenvolvimento**

São apresentados o tema e os tópicos que serão esclarecidos no desenvolvimento. Numa dissertação-expositiva enumeram-se os aspectos que serão relatadas ao longo do texto.

É muito importante ter atenção com a ordem dessa enumeração, pois é necessário que ela seja mantida no decorre do desenvolvimento para que se garanta conexão lógica e a progressividade textual. Além disso, todos os itens enumerados devem ser abordados no desenvolvimento.

É imprescindível, também, que se trate cada tópico em um parágrafo diferente, porque facilita, para o examinador, a identificação de que foi redigido tudo o que foi apresentado.

Tipos de desenvolvimento

O desenvolvimento deve conter a exposição de cada um dos aspectos enumerados na introdução. Não há uma forma específica para se escrever esta parte da redação. A continuidade do texto será dada de acordo com a introdução. Ou seja, a sequência do desenvolvimento deve estar já delimitada no parágrafo introdutório.

> Procure escrever, em cada parágrafo, alguma palavra-chave sobre o tema e os fundamentos abordados na redação.

Nunca deixe mencionar tudo o que é solicitado na proposta. Se deixar em branco, será atribuída nota zero na correção da redação. Isso significa que você deve responder ao questionamento, sem se desviar do tema.

Tipos de conclusão

→ **Confirmação**

É a forma mais simples. É feita uma síntese do que foi escrito na redação ou uma confirmação (reforço) da tese que orientou o texto e foi afirmado na introdução.

→ **Solução**

Este tipo é muito usado em pareceres e relatórios, pois há apresentação de solução ou soluções para a tese apresentada na introdução.

→ **Expansão**

Neste tipo de conclusão, usa-se o melhor argumento ou a melhor ideia exposta (no desenvolvimento) e é feita uma conexão com o desenvolvimento, de forma encerrar a discussão ou o assunto.

→ **Finalização do desenvolvimento**

O parágrafo de conclusão também pode trazer algum aspecto relevante sobre o tema, em vez de expor uma "conclusão, síntese, expansão ou solução".

Para que a redação não fique sem fechamento, é recomendável que se use alguma expressão que indique conclusão, como: "por fim", "finalmente", "por último", "em último lugar", "em conclusão", etc.

Propostas de dissertação expositiva

Proposta 01

Convocada pela Defensoria Pública do Rio, a comunidade do Complexo do Alemão começou a chegar duas horas antes do combinado. Enfileiraram-se em busca, principalmente, de carteiras de identidade e de trabalho, ícones da entrada na sociedade formal. Houve duas dúzias de coleta de material genético para exames de comprovação de paternidade. Foram entrevistadas 180 moradoras sobre saúde, maternidade e violência doméstica. Uma cidadã transexual foi atrás de orientação para trocar de nome. Mães pediram tratamento psicológico para filhos com sintomas de síndrome do pânico. Segundo a presidenta da Associação de Defensores Públicos do Estado do Rio de Janeiro, "quando conversamos, percebemos que a violência permeia o discurso. Mas os moradores têm outras demandas. Denunciam a falta de alguma instituição que os defenda da vulnerabilidade". A agenda dos moradores do Alemão envolve cinco ações: moradia, saneamento, educação técnico-profissional, políticas para jovens e espaços de lazer, esporte e cultura.

Flávia Oliveira. Demanda cidadã. In: O Globo, 27/5/2015, p. 28 (com adaptações).

Considerando que o fragmento de texto acima tem caráter unicamente motivador, redija um texto dissertativo acerca do seguinte tema.

SEGURANÇA PÚBLICA: POLÍCIA E POLÍTICAS PÚBLICAS

Ao elaborar seu texto, faça o que se pede a seguir.

> **Disserte a respeito da segurança como condição para o exercício da cidadania. [valor: 25,50 pontos]**

> **Dê exemplos de ação do Estado na luta pela segurança pública. [valor: 25,50 pontos]**

> **Discorra acerca da ausência do poder público e a presença do crime organizado. [valor: 25,00 pontos]**

Padrão de Resposta da Banca

Espera-se que, relativamente ao primeiro aspecto proposto (a segurança como condição para o exercício da cidadania), o candidato afirme a impossibilidade real e concreta do pleno exercício da cidadania em um cenário de dramática insegurança. Tal como dicionarizado, o conceito de cidadania remete ao "indivíduo que, como membro de um Estado, usufrui de direitos civis e políticos garantidos pelo mesmo Estado e desempenha os deveres que lhe são atribuídos". Viver em paz, sem o contínuo temor de ser vítima de agressão — venha de onde vier — passa a ser entendido como direito essencial à vida em comunidade assentada nos princípios da cidadania.

Em relação ao segundo aspecto (exemplos de ação do Estado na luta pela segurança pública), espera-se que o candidato seja capaz de apontar alguns exemplos da necessária ação do poder público para a conquista e a manutenção do clima de segurança coletiva nas mais diversas comunidades, sobretudo as mais vulneráveis. Nesse sentido, basta que o candidato se reporte ao próprio texto motivador, tendo em vista que policiamento adequado e atendimento às demandas básicas da sociedade são faces de uma mesma moeda.

Por fim, no que concerne ao terceiro aspecto (ausência do poder público e a presença do crime organizado), convém que o candidato faça referência a uma preocupante realidade, por todos sabida: onde há omissão do Estado, a tendência é que esse vazio seja ocupado por grupos criminosos no atendimento às demandas das comunidades. Essa realidade está presente, inclusive, em instituições penitenciárias.

Proposta 02

Um relatório do Conselho de Segurança da Organização das Nações Unidas constatou que 15 mil pessoas viajaram à Síria e ao Iraque para combater pelo Estado Islâmico e por grupos extremistas semelhantes. De acordo com o relatório, essas pessoas saíram de mais de 80 países, o que inclui um grupo de países que não havia enfrentado desafios anteriores com relação à Al Qaeda. Os números reforçam recentes estimativas dos serviços de inteligência dos Estados Unidos da América sobre o escopo do problema dos combatentes estrangeiros, que, conforme o relatório, se agravou apesar das ações agressivas das forças antiterroristas e das redes mundiais de vigilância. Os números referentes ao período iniciado em 2010 são superiores aos números referentes ao total de combatentes estrangeiros nas fileiras terroristas entre 1990 e 2010 — e continuam crescendo.

Folha de S.Paulo, 1.º/11/2014, p. 10, caderno Mundo 2 (com adaptações).

Considerando que o fragmento de texto acima tem caráter unicamente motivador, redija um texto dissertativo acerca do tema a seguir.

A CIVILIZAÇÃO CONTEMPORÂNEA E O TERRORISMO

Ao elaborar seu texto, aborde, necessariamente, os seguintes aspectos:

> **o 11 de Setembro de 2001 e a nova escalada terrorista; [valor: 4,00 pontos]**

> **o Estado Islâmico: intolerância e agressividade; [valor: 4,00 pontos]**

> **a reação mundial ao terrorismo. [valor: 4,00 pontos]**

Padrão de Resposta da Banca

Espera-se que, relativamente ao primeiro aspecto (O 11 de setembro de 2001 e a nova escalada terrorista), o candidato mencione o impacto causado em todo o mundo pela ação do terror (Al Qaeda) em território norte-americano, atingindo o prédio do Pentágono, em Washington, e destruindo por completo as torres do World Trade Center, em Nova Iorque. A pronta e vigorosa reação dos EUA (governo Bush) alterou a legislação do país, com algum tipo de cerceamento das liberdades, e se estendeu por várias partes do mundo, a começar pela identificação de países considerados fontes permanentes de ações agressivas contra os EUA, definidos como "Eixo do Mal". Em verdade, o 11 de setembro de 2001 deu inédita visibilidade ao terrorismo impulsionado pelo fanatismo religioso, que se manifestou em outros locais, como, por exemplo, Londres e Madri.

Quanto ao segundo aspecto (Estado Islâmico: intolerância e agressividade), o candidato poderá destacar a intenção do grupo de instituir um califado muçulmano, com a conquista de territórios hoje integrantes da Síria e do Iraque, sua absoluta subordinação a uma visão estreita e radical do islã, além da chocante violência de seus atos, como a decapitação de prisioneiros, em cenas gravadas e divulgadas pelo mundo afora. Outro direcionamento para o segundo aspecto é o aliciamento de jovens para a luta armada por meio das redes sociais, por exemplo.

Por fim, o terceiro aspecto a ser focalizado (A reação mundial ao terrorismo) deverá levar o candidato a se referir às manifestações da opinião pública mundial, que tende a repudiar maciçamente atitudes dessa natureza, à ação de organismos internacionais (como a citada ONU) e à reação objetiva de muitos países (particularmente os ocidentais, à frente os EUA), agindo civil e militarmente para frear a ação terrorista. Além disso, ao abordar os aspectos citados no comando da prova, espera-se que o candidato mencione o interesse econômico subjante às atividades terroristas, o que decorre sobretudo do interesse por fontes naturais, tais como petróleo e gás natural.

Proposta 03

Em um lixão de Gana, carcaças de computadores espalhadas em meio a todo o tipo de dejetos chamam a atenção por etiquetas que identificam sua procedência: delegacias, conselhos públicos e até universidades britânicas. O mesmo acontece em lixões da China, com produtos oriundos da Europa ou dos Estados Unidos da América (EUA). Já na América Central, um navio saído dos EUA passa por países pobres tentando encontrar um terreno que aceite o depósito do que dizem ser fertilizante, mas que na verdade são cinzas de produtos eletrônicos. Parte do material, rico em arsênio, chumbo e outras substâncias tóxicas, é jogado em uma praia do Haiti, outra parte atirada no oceano. Não tão distante, 353 toneladas de resíduos de televisores são trazidos dos EUA em contêineres ao Porto de Navegantes, em Santa Catarina (carga devolvida à origem).

O Globo, 24/8/2015, p. 21 (com adaptações).

Considerando que o fragmento de texto acima tem caráter unicamente motivador, redija um texto dissertativo acerca do seguinte tema.

LIXO ELETRÔNICO: O PLANETA EM PERIGO

Ao elaborar seu texto, aborde os seguintes aspectos:

> **lixo eletrônico: a outra face do desenvolvimento; [valor: 3,50 pontos]**

> **a globalização da rota do tráfico de resíduos eletrônicos; [valor: 3,00 pontos]**

> **os lucros gerados pelos resíduos e a ação do crime organizado. [valor: 3,00 pontos]**

Padrão de resposta da banca

Espera-se que, em relação ao primeiro tópico proposto (lixo eletrônico: a outra face do desenvolvimento), o candidato identifique nesses resíduos eletrônicos a outra e danosa face do desenvolvimento trazido pelo processo de transformação do sistema produtivo conhecido como Revolução Industrial. O certo é que, em muitos países, ainda não há legislação plenamente ativa para controlar o descarte de eletrônicos. No Brasil, verifica-se reiterada tentativa de burlar a legislação a respeito. Esse descarte, feito de modo inadequado, agride violentamente o meio ambiente.

Quanto ao segundo aspecto (a globalização da rota do tráfico de resíduos eletrônicos), espera-se que o candidato aponte a relação existente entre a globalização da economia e a do tráfico desses resíduos. Em geral, como indicado no texto motivador, esse descarte criminoso é feito pelas economias mais desenvolvidas na direção de países periféricos e mais pobres.

Relativamente ao terceiro ponto (os lucros gerados pelos resíduos e a ação do crime organizado), espera-se que o candidato lembre que, devido à falta de monitoramento e à fragilidade da fiscalização, essa atividade ilegal torna-se por demais atraente em termos financeiros, sem maiores riscos para quem dela se ocupa. É onde entra o crime organizado global, que tem se diversificado e investido em resíduos. O próprio texto motivador deixa transparecer que o descarte do lixo eletrônico, tal como visto nos exemplos citados, acaba sendo mais um ramo do crime organizado global, integrando a extensa teia que envolve lavagem de dinheiro, comércio de armas, tráfico humano, fraudes na área esportiva, avanço ilegal sobre a biodiversidade, entre tantos outros.

Proposta 04

Considerando que o contexto que envolve as drogas ilícitas, redija um texto dissertativo que atenda, necessariamente, ao que se pede a seguir:

AS DROGAS ILÍCITAS NA CONTEMPORANEIDADE

> **O problema social das drogas ilícitas no mundo contemporâneo**

> **O fracasso da política antidrogas militarizada**

> **Alternativas à atual política antidrogas**

Padrão de resposta da banca

Espera-se que, em relação ao primeiro item ("O problema social das drogas ilícitas no mundo contemporâneo"), o candidato aponte as drogas como um grave problema social da contemporaneidade. Sem distinção de classes sociais e presente em todas elas, o uso de drogas ilícitas instalou-se no interior das sociedades, e é, sob muitos aspectos, elemento fundamental para a desestruturação familiar e para a exacerbação da violência. Além disso, contribui decisivamente para o adensamento do crime organizado, cuja atuação, cada vez mais, ocorre em escala global.

No que concerne ao segundo item ("O fracasso da política antidrogas militarizada"), espera-se que o candidato pondere, por exemplo, que o custo do combate às drogas é elevado, seja no que se refere a vidas humanas, seja no que se refere ao dinheiro nele aplicado. Em suma, pode-se afirmar que, se determinados instrumentos utilizados por cinco décadas não apresentaram resultados, esses métodos são ineficazes, o que leva à reflexão sobre a conveniência de substituí-los.

Por fim, em relação ao terceiro item ("Alternativas à atual política antidrogas"), espera-se que o candidato alegue que estão em marcha atitudes que podem ser uma alternativa interessante à atual política antidrogas militarizada, por exemplo, a rejeição à pulverização pura e simples dos campos de cultivo de coca, planta da qual é feita a cocaína; a permissão para o cultivo de pequenas plantações de coca; a plantação de maconha para fins medicinais e, sobretudo, ação de lideranças políticas (no Brasil, com destaque para o ex-presidente Fernando Henrique Cardoso), que defendem a descriminalização do uso da maconha, a qual distingue claramente o usuário e o traficante.

Proposta 05

Considerando o contexto que envolve as drogas ilícitas, redija um texto dissertativo que atenda, necessariamente, ao que se pede a seguir:

A MOBILIDADE HUMANA NA MODERNIDADE

> **fatores que levam milhares de pessoas a enfrentar a perigosa travessia do Mediterrâneo**

> **o dilema moral vivido pela Europa entre receber ou rejeitar os imigrantes**

> **o papel da opinião pública internacional na sociedade contemporânea**

Padrão de resposta da banca

Espera-se que, ao abordar o primeiro item proposto (fatores que levam milhares de pessoas a enfrentar a perigosa travessia do Mediterrâneo), o candidato enfatize, no mínimo, dois aspectos determinantes para as atuais levas de milhares de imigrantes que buscam, na Europa, as condições elementares de uma vida razoavelmente digna que não mais encontram em seus países de origem. De um lado, a fome e a miséria, quadro que tão bem representa a situação vivida, em larga medida, por habitantes da África subsaariana. De outro, a ação truculenta de governos despóticos e corruptos, além da multiplicação de guerras civis, às vezes, ensejando autênticos genocídios. Especificamente em relação ao Oriente Médio, destaca-se a caótica realidade experimentada pela Síria, na qual se associam um governo ditatorial, rivalidades religiosas levadas ao extremo e a ação implacável do terrorismo.

Em relação ao segundo tópico (o dilema moral vivido pela Europa entre receber ou rejeitar os imigrantes), espera-se que o candidato se reporte ao intenso debate travado no âmbito da União Europeia, quando alguns membros compreenderam a imperiosa necessidade de se encontrarem meios para a recepção de certo número de imigrantes, como é o caso, por exemplo, da Alemanha, enquanto outros, particularmente na Europa do Leste, ofereciam resistência explícita ao acolhimento desses imigrantes.

Por fim, quanto ao terceiro ponto (o papel da opinião pública internacional na sociedade contemporânea), espera-se que o candidato lembre ser este um elemento definidor da contemporaneidade: milhares de pessoas saem às ruas e se manifestam, por todos os meios, em face de determinados acontecimentos, como atos terroristas e o desespero desses milhares de imigrantes. Esse fenômeno de participação cidadã tem forçado os governos a tomarem certas atitudes que, muitas vezes, não se situavam em seu campo de alternativas.

2.2 Dissertação Argumentativa

A dissertação argumentativa consiste na exposição de ideias a respeito de um tema, de forma técnica e impessoal, com base em raciocínios e argumentações. Tem por objetivo a defesa ou a contestação de um ponto de vista por meio da persuasão. Por isso, a coerência entre as ideias e a clareza na forma de expressão são elementos fundamentais.

Estrutura

A estrutura lógica da dissertação consiste em: introdução (apresenta o tema a ser discutido); desenvolvimento (expõe os argumentos e ideias sobre o tema, com fundamento em fatos, exemplos, testemunhos e provas do que se pretende demonstrar); e conclusão (traz o desfecho da redação, com a finalidade de reforçar a ideia inicial).

Parágrafo

O parágrafo é uma unidade do todo que é o texto. Perceba que a redação trata de um único assunto, que é aquele apresentado no comando. Assim, dividimos o texto em parágrafos para que a leitura seja fluida, de acordo com a abordagem reservada a cada um dos parágrafos.

Elementos contidos em um parágrafo

Todo parágrafo possui uma ideia central, que é o tópico principal. Geralmente, ela se encontra na introdução do parágrafo. Em torno dessa ideia central, temos ideias secundárias que dão desenvolvimento ao parágrafo. Vale ressaltar que muitos parágrafos ainda possuem uma conclusão, a qual tem como função sintetizar o conteúdo dele.

Outro elemento não obrigatório, mas de suma importância, é o termo que faz a relação entre os parágrafos. Geralmente se encontra do segundo parágrafo em diante e objetiva fazer a conexão lógica das ideais presentes em cada parágrafo. Logo, podemos afirmar que um parágrafo adequado possui clareza, objetividade, coerência, coesão e conteúdo adequado.

Quanto ao tamanho dos parágrafos, é importante que haja uma harmonia entre eles. Dessa forma, deve-se redigir parágrafos de tamanhos semelhantes, não necessariamente iguais. Ademais, é importante não fazer parágrafos muito grandes.

Como cada parágrafo possui uma ideia principal, não se recomenda escrever um parágrafo com apenas um período ou misturar ideias em um mesmo parágrafo. Dessa maneira, o ideal é reservar um parágrafo para cada ideia e(ou) argumentação abordada ou então daquelas contidas na enumeração feita na introdução.

> *Cada assunto deve ser objeto de um parágrafo específico.*

Cada assunto deve ser objeto de um parágrafo específico.

Por fim, vamos novamente às regrinhas básicas: não faça parágrafos excessivamente longos e confusos, pois o examinador se cansará facilmente e não compreenderá seu texto. Por outro lado, também não faça parágrafos excessivamente curtos, que não contenham o devido desenvolvimento da ideia principal.

Exemplos

A seguir, há dois parágrafos que podem servir como introdução de um texto. Pode-se perceber que há uma organização interna que garante uma leitura rápida e eficaz. Além disso, há dois elementos básicos: a apresentação do assunto e o objetivo do texto.

01. Considera-se a humanização no ambiente de trabalho uma das principais características com a qual a empresa deve preocupar-se a fim de que alcance bons resultados, afinal, o capital humano é o bem mais precioso de uma instituição e o responsável por mantê-la ativa no mercado em geral. Além disso, a CF tem como um de seus fundamentos a dignidade da pessoa humana, a qual garante aos indivíduos um tratamento justo e igualitário para uma vida com qualidade. Logo, por ser um fundamento básico e irradiante, e alcançar todas as áreas do Direito, precisa ser garantido nas relações trabalhistas.

02. A fim de alcançar a cidadania, que de certa forma é um meio para a busca da ordem e do progresso social, o Estado tem o dever, como cita a Constituição Federal, de promover a segurança pública. Por esse motivo, é coerente afirmar que é preciso ofertar, de forma homogênea, a possibilidade de "execução" da cidadania por todos do povo.

Propostas de dissertação expositiva

Proposta 01

Elabore um texto dissertativo-argumentativo abordando o seguinte tema:

É POSSÍVEL CONCILIAR OS INTERESSES PESSOAIS DO TRABALHADOR E OS INTERESSES DA ORGANIZAÇÃO?

Proposta 02

A internet é uma mídia que ainda vai provocar muitas modificações entre as pessoas. Estamos apenas adentrando essa nova era, que, no Brasil, teve início em 1996. Capistrano de Abreu dizia que os colonizadores portugueses ficaram, durante vários séculos, como caranguejos, apenas arranhando as costas do Brasil, sem adentrar seu território, nem dominar as regiões desconhecidas. Em relação à internet, somos os novos caranguejos do início do século XXI, sem desvendar com segurança as possibilidades desse meio de comunicação revolucionário na produção e propagação de saberes. Não sabemos ainda o que acontecerá e como se dará; por isso, não podemos fazer previsões estanques.

SHEPERD, T.; SALIÉS, T. In: Linguística da internet. São Paulo: Contexto, 2012. p.91

Redija um texto dissertativo-argumentativo em que se discuta se o uso da internet trouxe mais benefícios ou mais malefícios ao indivíduo e à sociedade. Apresente argumentos que fundamentem sua posição.

Proposta 03

Apesar da presunção de veracidade que confere autoridade, interesse e sedução a todas as fotos, a obra que os fotógrafos produzem não constitui uma exceção genérica ao comércio usualmente nebuloso entre arte e verdade. Mesmo quando os fotógrafos estão muito mais preocupados em espelhar a realidade, ainda são assediados por imperativos de gosto e de consciência. [...] O problema não é que as pessoas se lembrem através das fotografias, mas que se lembrem apenas das fotografias.

(SONTAG, Susan. "Na caverna de Platão", em Sobre a Fotografia, São Paulo, Companhia das Letras, 2008)

A partir do trecho acima, escreva um texto dissertativo-argumentativo sobre o seguinte tema:

A IMAGEM COMO PRODUTORA DE SENTIDOS NA MODERNIDADE

Proposta 04

Epicuro havia percebido que as leis não educam: que não eram feitas para serem propriamente obedecidas, mas para garantir, sobretudo, a possibilidade de punição. Ele se deu conta, por um lado, de que a educação e as necessidades básicas do ser humano deveriam ser gerenciadas pela pólis (Estado); por outro lado, viu que era preciso, de algum modo, isolar para educar, porém, sem reclusão, porque a virtude do caráter político não se reduz, afinal, a um modelo ou teoria, tampouco ao recinto de uma instituição ou de uma *pólis*.

(Adaptado de: SPINELLI, Miguel. Epicuro e as bases do epicurismo, São Paulo, Paulus, 2013, p. 8)

Com base no excerto acima, escreva uma dissertação justificando amplamente seu ponto de vista.

Proposta 05

I

Para além da fidelidade e integridade da informação, problema que se impunha com os veículos tradicionais da mídia, hoje, com a internet, o homem enfrenta um novo desafio: distinguir, de uma profusão de informações supérfluas, as que lhe importam na formação de um pensamento que garanta sua identidade e papel social.

II

Ponto de vista não é apenas a opinião que desenvolvemos sobre determinado assunto, mas também o lugar a partir de onde consideramos o mundo e que influencia de maneira cabal nossas percepções e ações.

III

Todos os homens voltam para casa.
Estão menos livres mas levam jornais
e soletram o mundo, sabendo que o perdem.

(ANDRADE, Carlos Drummond de. "A flor e a náusea")

Redija um texto dissertativo-argumentativo a partir do que se afirma em I, II e III.

Proposta 06

As Olimpíadas eram uma série de competições esportivas que, de quatro em quatro anos, reuniam atletas das cidades-estado que formavam a Grécia Antiga. Surgiram em 776 a.C. na cidade de Olímpia e se realizaram até 393 d.C. Tinham grande importância por seu caráter religioso, político e esportivo, e buscavam a harmonia entre cidades, com a trégua entre conflitos e guerras, além da valorização da saúde e do corpo saudável. Ressurgiram em 1896, com o objetivo de retomar os ideais olímpicos na interação entre os povos, e estiveram sujeitas a interferências políticas no decorrer do tempo. Os Jogos Panamericanos, mais recentes, também realizados de quatro em quatro anos, são evento multiesportivo, que tem por base os Jogos Olímpicos e, como indica o próprio nome, reúne atletas dos países do continente americano. Na atualidade, no entanto, parece haver confluência de interesses bastante diversos na realização desses eventos, de modo a acirrar o espírito competitivo e a expor o poder, até mesmo financeiro, de alguns países.

Diante do que se expôs acima, redija um texto dissertativo-argumentativo sobre o seguinte tema:

AS COMPETIÇÕES ESPORTIVAS INTERNACIONAIS
COMO INSTRUMENTO DE MANUTENÇÃO DA PAZ
E DA IGUALDADE NO MUNDO MODERNO.

RACIOCÍNIO LÓGICO

1. PROPOSIÇÕES

1.1 Definições

Proposição é uma **declaração** (sentença declarativa - afirmação ou negação - com sujeito "definido", verbo e sentido completo - sentença fechada) que pode ser **classificada** OU em Verdadeiro OU em Falso.

São exemplos de proposições:

p: Danilo tem duas empresas

Q: Susana comprou um carro novo

a: Beatriz é inteligente

B: 2 + 7 = 10

As letras "p", "Q", "a", "B", servem para representar (simbolizar) as proposições.

Valores lógicos das proposições

Uma proposição só pode ser classificada em dois valores lógicos, que são ou o **Verdadeiro (V)** ou o **Falso (F)**, não admitindo outro valor.

As proposições têm três princípios básicos, sendo um deles o princípio fundamental que é:

Princípio da não contradição: diz que uma proposição não pode ser verdadeira e falsa ao mesmo tempo.

Os outros dois são:

Princípio da identidade: diz que uma proposição verdadeira sempre será verdadeira e uma falsa sempre será falsa.

Princípio do terceiro excluído: diz que uma proposição só pode ter dois valores lógicos, ou o de verdadeiro ou o de falso, **não existindo** um terceiro valor.

Interrogações, exclamações e ordens não são proposições.

Exs.:

Que dia é hoje?
Que maravilha!
Estudem muito.

Sentenças abertas e quantificadores lógicos

Existem algumas "sentenças abertas" que aparecem com com incógnitas (termo desconhecido) ou com sujeito indefinido, como por exemplo: "x + 2 = 5", não sendo consideradas proposições, já que não se pode classificá-las sem saber o o valor de x ou se ter a definição do sujeito, porém com o uso dos **quantificadores lógicos**, elas tornam-se proposições, uma vez que esses quantificadores passam a dar valor ao "x" ou definir o sujeito.

Os quantificadores lógicos são:

$\forall$: para todo; qualquer que seja; todo;

$\exists$: existe; existe pelo menos um; algum;

$\nexists$: não existe; nenhum.

Ex.:

x + 2 = 5 (sentença aberta - não é proposição)

p: $\exists$ x, x + 2 = 5 (lê-se: existe x tal que, x + 2 =5). Agora é proposição, uma vez que agora é possível classificar a proposição como verdadeira, já que sabemos que tem um valor de "x" que somado a dois é igual a cinco.

Negação de proposição (modificador lógico)

Negar uma proposição significa modificar o seu valor lógico, ou seja, se uma proposição é verdadeira, a sua negação será falsa, e se uma proposição for falsa, a sua negação será verdadeira.

Os símbolos da negação são (~) ou ($\neg$) antes da letra que representa a proposição.

Ex.: p: 3 é ímpar;

~p: 3 **não** é ímpar;

¬p: 3 é **par** (outra forma de negar a proposição).

~p: não é verdade que 3 é ímpar (outra forma de negar a proposição).

¬p: é mentira que 3 é ímpar (outra forma de negar a proposição).

Lei da dupla negação:

~(~p) = p, negar uma proposição duas vezes significa voltar para própria proposição:

q: 2 é par;

~q: 2 não é par;

~(~q): 2 **não** é **ímpar**;

portanto;

q: 2 é par.

Tipos de proposição

Simples ou atômica: são únicas, com apenas um verbo (ação), não pode ser dividida/separada (fica sem sentido) e não tem conectivo lógico.

Ex.: Na proposição "João é professor" tem-se uma única informação, com apenas um verbo, não sendo possível separá-la e sem conectivo.

Composta ou molecular: tem mais de uma proposição simples unidas pelos conectivos lógicos, podem ser divididas/separadas e tem mais de um verbo (pode ser o mesmo verbo referido mais de uma vez).

Ex.: "Pedro é advogado e João é professor". É possível separar em duas proposições simples: "Pedro é advogado" e "João é professor".

Simples (atômicas)	Compostas (moleculares)
Não têm conectivo lógico	Têm conectivo lógico
Não podem ser divididas	Podem ser divididas
1 verbo	+ de 1 verbo

Conectivo lógico

Serve para unir as proposições simples, formando proposições compostas. São eles:

e: conjunção ($\wedge$)

ou: disjunção ($\vee$)

ou..., ou: disjunção exclusiva ($\veebar$)

se..., então: condicional ($\rightarrow$)

se..., e somente se: bicondicional ($\leftrightarrow$)

Alguns autores consideram a negação (~) como um conectivo, porém aqui não faremos isso, pois os conectivos servem para formar proposição composta, e a negação faz apenas a mudança do valor das proposições.

O "e" possui alguns sinônimos, que são: "mas", "porém", "nem" (nem = e não) e a própria vírgula. O condicional também tem alguns sinônimos que são: "portanto", "quando", "como" e "pois" (pois = condicional invertido. Ex.: A, pois B = B → A).

Ex.:

a: Maria foi à praia

b: João comeu peixe

p: Se Maria foi à praia, então João comeu peixe

q: ou 4 + 7 = 11 ou a Terra é redonda

1.2 Tabela Verdade e Conectivos Lógicos

A tabela verdade nada mais é do que um mecanismo usado para dar valor às proposições compostas (que também serão ou verdadeiras ou falsas), por meio de seus respectivos conectivos.

A primeira coisa que precisamos saber numa tabela verdade é o seu número de linhas, e que esse depende do número de proposições simples que compõem a proposição composta.

Número de linhas = 2^n

Em que "**n**" é o número de proposições simples que compõem a proposição composta. Portanto se houver 3 proposições simples formando a proposição composta então a tabela dessa proposição terá 8 linhas ($2^3 = 8$). Esse número de linhas da tabela serve para que tenhamos todas as relações possíveis entre "V" e "F" das proposições simples. Veja:

P	Q	R
V	V	V
V	V	F
V	F	V
V	F	F
F	V	V
F	V	F
F	F	V
F	F	F

Observe que temos todas as relações entre os valores lógicos das proposições, que sejam: as 3 verdadeiras (1ª linha), as 3 falsas (última linha), duas verdadeiras e uma falsa (2ª, 3ª e 5ª linhas), e duas falsas e uma verdadeira (4ª, 6ª e 7ª linhas). Nessa demonstração, temos uma forma prática de como se pode organizar a tabela, sem se preocupar se foram feitas todas relações entres as proposições.

Para o correto preenchimento da tabela, devemos seguir algumas regras:

> Comece sempre pelas proposições simples e suas negações, se houver;

> Resolva os parênteses, colchetes e chaves, respectivamente (igual à expressão numérica), se houver;

> Faça primeiro as conjunções e disjunções, depois os condicionais e por último os bicondicionais;

> numa proposição composta com mais de um conectivo o conectivo principal será o que for resolvido por último (muito importante saber o conectivo principal).

> A última coluna da tabela deverá ser sempre a da proposição toda, conforme as demonstrações adiante.

O valor lógico de uma proposição composta depende dos valores lógicos das proposições simples que a compõem assim como do conectivo utilizado, e é o que veremos a partir de agora.

Valor lógico de uma proposição composta por conjunção (e) = tabela verdade da conjunção (∧).

Conjunção "e": Sejam p e q proposições, a conjunção das proposições p e q, denotada por p ∧ q, só será verdadeiro quando p e q forem verdadeiras simultaneamente (se p ou q for falso p ∧ q será falso).

Ex.: P ∧ Q

P	Q	P∧Q
V	V	V
V	F	F
F	V	F
F	F	F

Representando por meio de conjuntos, temos: P ∧ Q

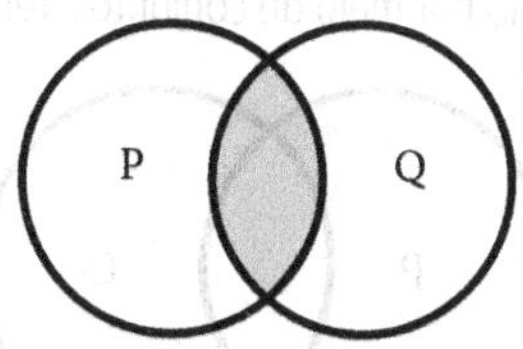

Valor lógico de uma proposição composta por disjunção (ou) = tabela verdade da disjunção (∨).

Disjunção "ou": Sejam p e q proposições, a disjunção das proposições p e q, denotada por p ∨ q, só será falsa quando p e q forem falsas simultaneamente (se p ou q for verdadeiro p ∨ q será verdadeiro).

Ex.: P ∨ Q

P	Q	P∨Q
V	V	V
V	F	V
F	V	V
F	F	F

Representando por meio de conjuntos, temos: P ∨ Q

Valor lógico de uma proposição composta por disjunção exclusiva (ou, ou) = tabela verdade da disjunção exclusiva (⊻).

Disjunção Exclusiva "ou ..., ou ...": Sejam p e q proposições, a disjunção exclusiva das proposições p e q, denotada por p ⊻ q, será verdadeiro quando p e q tiverem valores diferentes/contrários (se p e q tiverem valores iguais p ⊻ q será falso).

Ex.: P ⊻ Q

P	Q	P⊻Q
V	V	F
V	F	V
F	V	V
F	F	F

Representando por meio de conjuntos, temos: P ⊻ Q

Valor lógico de uma proposição composta por condicional (se, então) = tabela verdade do condicional (→).

Condicional "Se p,então q": Sejam p e q proposições, a condicional de p e q, denotada por p → q onde se lê "p condiciona q" ou "se p, então q", é a proposição que assume o valor falso somente quando p for verdadeira e q for falsa. A tabela para a condicional de p e q é a seguinte:

Ex.: P → Q

P	Q	P→Q
V	V	V
V	F	F
F	V	V
F	F	V

Atente-se bem para esse tipo de proposição, pois é um dos mais cobrados em concursos.

Dicas:

P é antecedente e Q é consequente = P → Q

P é consequente e Q é antecedente = Q →P

P é suficiente e Q é necessário = P → Q

P é necessário e Q é suficiente = Q → P

Representando por meio de conjuntos, temos: P → Q

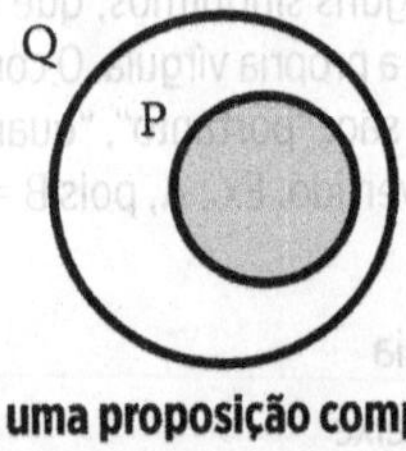

Valor lógico de uma proposição composta por bicondicional (se e somente se) = tabela verdade do bicondicional (↔).

Bicondicional "se, e somente se": Sejam p e q proposições, a bicondicional de p e q, denotada por p ↔ q, onde se lê "p bicondicional q", será verdadeira quando p e q tiverem valores iguais (se p e q tiverem valores diferentes p ↔ q será falso).

No bicondicional, "P" e "Q" são ambos suficientes e necessários ao mesmo tempo.

Ex.: P ↔ Q

P	Q	P↔Q
V	V	V
V	F	F
F	V	F
F	F	V

Representando por meio de conjuntos, temos: P ↔ Q

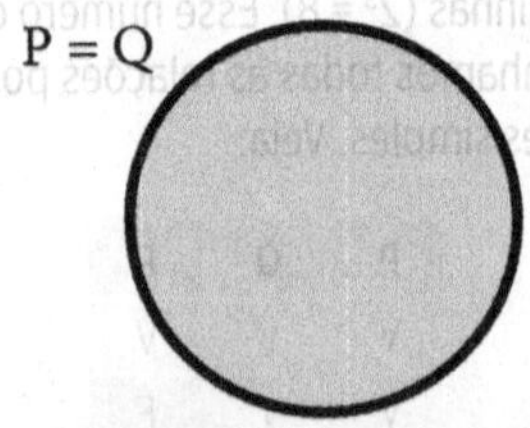

Proposição composta	Verdadeira quando...	Falsa quando...
P ∧ Q	P e Q são verdadeiras	Pelo menos uma falsa
P ∨ Q	Pelo menos uma verdadeira	P e Q são falsas
P⊻Q	P e Q têm valores diferentes	P e Q têm valores iguais
P → Q	P = verdadeiro, q = verdadeiro ou P = falso	P = verdadeiro e Q = falso
P ↔ Q	P e Q têm valores iguais	P e Q têm valores diferentes

1.3 Tautologias, Contradições e Contingências

Tautologia: proposição composta que é **sempre verdadeira** independente dos valores lógicos das proposições simples que a compõem.

(P ∧ Q) → (P ∨ Q)

P	Q	P ∧ Q	P v Q	(P ∧ Q) → (P ∨ Q)
V	V	V	V	V
V	F	F	V	V
F	V	F	V	V
F	F	F	F	V

Contradição: proposição composta que é **sempre falsa**, independente dos valores lógicos das proposições simples que a compõem.

~(P ∨ Q) ∧ P

P	Q	P∨Q	~(P∨Q)	~(P∨Q)∧P
V	V	V	F	F
V	F	V	F	F
F	V	V	F	F
F	F	F	V	F

Contingência: ocorre quando não é tautologia nem contradição. **~(P ⊻ Q) ⟷ P**

P	Q	P⊻Q	~(P⊻Q)	~(P⊻Q)↔P
V	V	F	V	V
V	F	V	F	F
F	V	V	F	V
F	F	F	V	F

1.4 Equivalências Lógicas

Duas ou mais proposições compostas são ditas equivalentes quando são formadas pelas mesmas proposições simples e suas tabelas verdades (resultado) são iguais.

> Atente-se para o princípio da equivalência. A tabela verdade está aí só para demonstrar a igualdade.

Seguem algumas demonstrações das mais importantes:

P ∧ Q = Q ∧ P: basta trocar as proposições de lugar – também chamada de **recíproca**.

P	Q	P∧Q	Q∧P
V	V	V	V
V	F	F	F
F	V	F	F
F	F	F	F

P ∨ Q = Q ∨ P: basta trocar as proposições de lugar – também chamada de **recíproca**.

P	Q	P∨Q	Q∨P
V	V	V	V
V	F	V	V
F	V	V	V
F	F	F	F

P ⊻ Q = Q ⊻ P: basta trocar as proposições de lugar - também chamada de **recíproca**.

P ⊻ Q = ~P ⊻ ~Q: basta negar as proposições – também chamada de **contrária**.

P ⊻ Q = ~Q ⊻ ~P: troca as proposições de lugar e nega-as – também chamada de **contra-positiva**.

P ⊻ Q = (P ∧ ~Q) ∨ (~P ∧ Q): observe aqui a exclusividade dessa disjunção.

P	Q	~P	~Q	P∧~Q	~P∧Q	P⊻Q	Q⊻P	~P⊻~Q	~Q⊻~P	(P∧~Q)∨(~P∧Q)
V	V	F	F	F	F	F	F	F	F	F
V	F	F	V	V	F	V	V	V	V	V
F	V	V	F	F	V	V	V	V	V	V
F	F	V	V	F	F	F	F	F	F	F

P ⟷ Q = Q ⟷ P: basta trocar as proposições de lugar - também chamada de **recíproca**.

P ⟷ Q = ~P ⟷ ~Q: basta negar as proposições – também chamada de contrária.

P ⟷ Q = ~Q ⟷ ~P: troca as proposições de lugar e nega-as – também chamada de contra- positiva.

P ⟷ Q = (P → Q) ∧ (Q → P): observe que é condicional para os dois lados, por isso bicondicional.

P	Q	~P	~Q	P→Q	Q→P	P↔Q	Q↔P	~P↔~Q	~Q↔~P	(P→Q)∧(Q→P)
V	V	F	F	V	V	V	V	V	V	V
V	F	F	V	F	V	F	F	F	F	F
F	V	V	F	V	F	F	F	F	F	F
F	F	V	V	V	V	V	V	V	V	V

> A disjunção exclusiva e o bicondicional são as proposições com o maior número de equivalências.

P → Q = ~Q → ~P: troca as proposições de lugar e nega-se – também chamada de **contra-positiva**.

P → Q = ~P ∨ Q: nega-as o antecedente OU mantém o consequente.

P	Q	~P	~Q	P→Q	~Q→~P	~P∨Q
V	V	F	F	V	V	V
V	F	F	V	F	F	F
F	V	V	F	V	V	V
F	F	V	V	V	V	V

Equivalências mais importantes e mais cobradas em concursos.

Negação de proposição composta

São também equivalências lógicas; vejamos algumas delas:

~(P ∧ Q) = ~P ∨ ~Q (Leis De Morgan)

Para negar a conjunção, troca-se o conectivo e (∧) por ou (∨) e nega-se as proposições que a compõem.

P	Q	~P	~Q	$P \wedge Q$	$\sim(P \wedge Q)$	$\sim P \vee \sim Q$
V	V	F	F	V	F	F
V	F	F	V	F	V	V
F	V	V	F	F	V	V
F	F	V	V	F	V	V

$\sim(P \vee Q) = \sim P \wedge \sim Q$ (Leis De Morgan)

Para negar a disjunção, troca-se o conectivo **ou** ($\vee$) por **e** ($\wedge$) e negam-se as proposições simples que a compõem.

P	Q	~P	~Q	$P \vee Q$	$\sim(P \underline{\vee} Q)$	$\sim P \wedge \sim Q$
V	V	F	F	V	F	F
V	F	F	V	V	F	F
F	V	V	F	V	F	F
F	F	V	V	F	V	V

$\sim(P \rightarrow Q) = P \wedge \sim Q$

Para negar o condicional, mantém-se o antecedente E nega-se o consequente.

P	Q	~Q	$P \rightarrow Q$	$\sim(P \rightarrow Q)$	$P \wedge \sim Q$
V	V	F	V	F	F
V	F	V	F	V	V
F	V	F	V	F	F
F	F	V	V	F	F

$\sim(P \underline{\vee} Q) = P \leftrightarrow Q$

Para negar a disjunção exclusiva, faz-se o bicondicional ou nega-se a disjuncao exclusiva com a propria disjuncao exclusiva, mas negando apenas uma das proposicoes que a compõe.

P	Q	$P \underline{\vee} Q$	$\sim(P \underline{\vee} Q)$	$P \leftrightarrow Q$
V	V	F	V	V
V	F	V	F	F
F	V	V	F	F
F	F	F	V	V

$\sim(P \leftrightarrow Q) = (P \underline{\vee} Q)$.

Para negar a bicondicional, faz-se a disjunção exclusiva ou nega-se o bicondicional com o proprio bicondicional, mas negando apenas uma das proposicoes que o compõe.

P	Q	$P \leftrightarrow Q$	$\sim(P \leftrightarrow Q)$	$P \underline{\vee} Q$
V	V	V	F	F
V	F	F	V	V
F	V	F	V	V
F	F	V	F	F

1.5 Relação entre Todo, Algum e Nenhum

Também conhecidos como **quantificadores lógicos**, eles têm entre si algumas relações que devemos saber, são elas:

"Todo A é B" equivale a **"nenhum A não é B"**, e vice-versa.

"todo amigo é bom = nenhum amigo não é bom."

"Nenhum A é B" equivale a **"todo A não é B"**, e vice-versa.

"nenhum aluno é burro = todo aluno não é burro."

"Todo A é B" tem como negação **"algum A não é B"** e vice-versa.

Ex.: ~(todo estudante tem insônia) = algum estudante não tem insônia.

"Nenhum A é B" tem como negação **"algum A é B"** e vice-versa.

Ex.: ~(algum sonho é impossível) = nenhum sonho é impossível.

Temos também a representação em forma de conjuntos, que é:

TODO A é B:

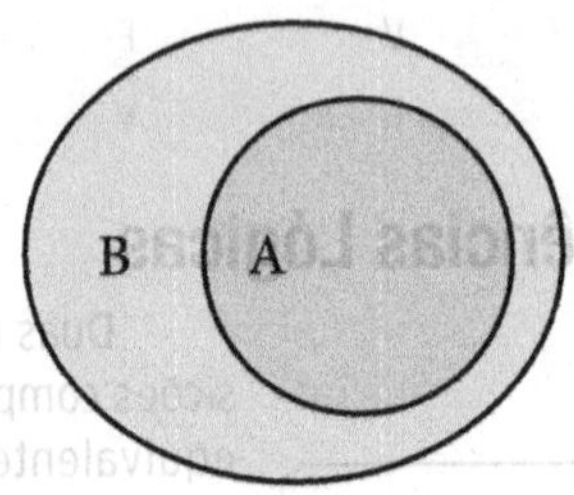

ALGUM A é B:

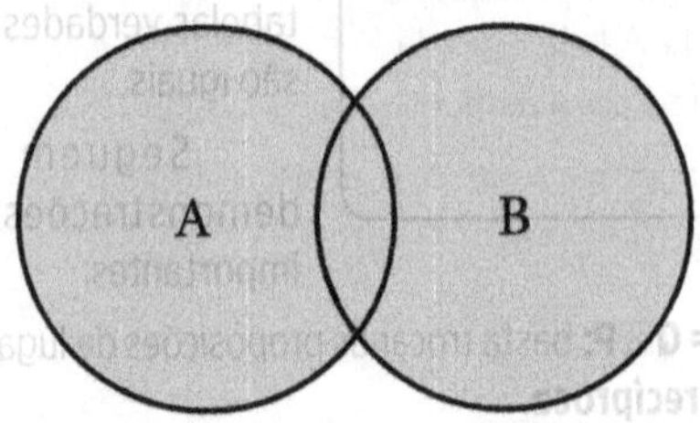

NENHUM A é B:

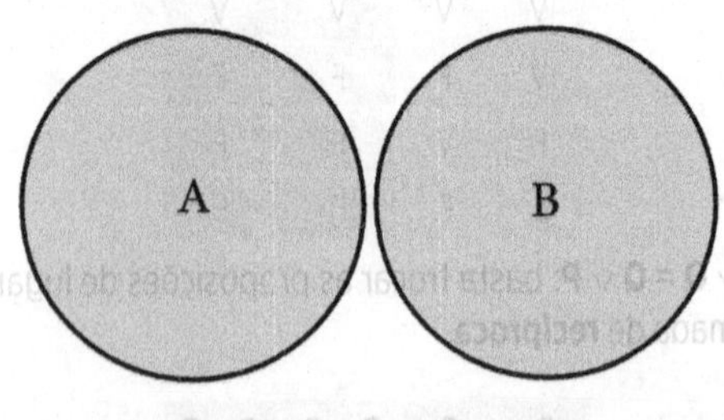

Relação de Equivalência:	Relação de Negação:
> Todo A é B = Nenhum A não é B. Ex.: Todo diretor é bom ator. = Nenhum diretor é mau ator.	> Todo A é B = Algum A não é B. Ex.: Todo policial é honesto. = Algum policial não é honesto.
> Nenhum A é B = Todo A não é B. Ex.: Nenhuma mulher é legal. = Toda mulher não é legal.	> Nenhum A é B = Algum A é B. Ex.: Nenhuma ave é mamífera. = Alguma ave é mamífera.

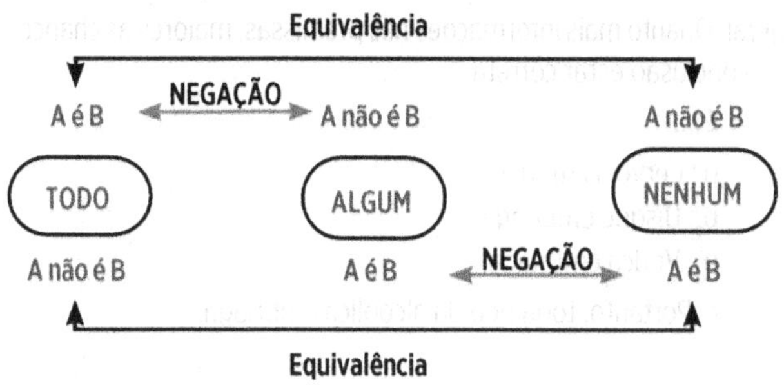

Questões

01. (IF-BA – 2019) Sabendo que proposição é o termo usado em lógica para descrever o conteúdo de orações declarativas que podem ser valoradas como verdadeiro ou falso, assinale a alternativa que indique uma proposição lógica.

a) O céu é azul.
b) Que dia será realizada a prova?
c) O nome dos jogadores.
d) O quadrado de um número.
e) Ser ou não ser? Eis a questão!

02. (FUNDATEC – 2019) A negação da proposição "Chove em Chuí na primavera" é:

a) A primavera em Chuí é uma estação seca.
b) O verão é uma estação chuvosa no Chuí.
c) Não é verdade que chove em Chuí na primavera.
d) O inverno em Chuí é uma estação fria e chuvosa.
e) O outono em Chuí é uma estação quente.

03. (VUNESP – 2019) Pretende-se analisar se uma proposição P, composta por quatro proposições simples, implica uma proposição Q, composta pelas mesmas quatro proposições simples, combinadas com conectivos distintos. Como são desconhecidos os valores lógicos das proposições simples envolvidas, pretende-se utilizar uma tabela verdade, estudando-se todas as possíveis combinações entre os valores lógicos dessas proposições, a fim de ser utilizada a definição de implicação lógica. Dessa forma, o referido número total de combinações possíveis é

a) 16.
b) 64.
c) 32.
d) 8.
e) 4.

04. (VUNESP – 2019) Considere falsidades as duas proposições a seguir:

I. I. Ana concorre ao cargo de auditora fiscal ou Jorge concorre ao cargo de professor.
II. II. Se Carlos está fazendo a prova, então ele está concorrendo ao cargo de auditor fiscal.

Com base nas informações apresentadas, assinale a alternativa que contém uma proposição necessariamente verdadeira.

a) Ana concorre ao cargo de professora e Jorge concorre ao cargo de auditor fiscal.
b) Carlos concorre ao cargo de auditor fiscal ou Ana concorre ao cargo de professor.
c) Carlos não está fazendo a prova e Jorge não concorre ao cargo de professor.
d) Ana não concorre ao cargo de auditora fiscal e Carlos concorre ao cargo de professor.
e) Carlos está fazendo a prova ou Jorge concorre ao cargo de professor.

05. (FUNDEP – 2019) Em uma reunião com as lideranças de uma empresa, uma das gerentes pediu a palavra e disse as seguintes afirmativas: I. "Se um funcionário cumpre com todas as suas obrigações, então ele será promovido a um cargo melhor." II. "Se um funcionário é promovido a um cargo melhor, então ele receberá um salário melhor." Assinale a alternativa que relaciona, de maneira correta, a falsidade ou a veracidade das duas afirmativas ditas pela gerente.

a) Se é falsa a afirmativa I, então será necessariamente verdadeira a afirmativa II.
b) Se é falsa a afirmativa I, então será necessariamente falsa a afirmativa II.
c) Se a afirmativa II é falsa, então será necessariamente falsa a afirmativa I.
d) Se a afirmativa II é verdadeira, então será necessariamente verdadeira a afirmativa I.

06. (FUNDATEC – 2019) Uma proposição equivalente de "Se Ana estuda para a prova, então Márcio fica feliz" é:

a) Se Márcio não fica feliz, então Ana não estuda para a prova.
b) Ana estuda para a prova e Márcio está feliz.
c) Ana não estuda para a prova e Márcio não está feliz
d) Se Ana não estuda para a prova, então Márcio não fica feliz.
e) Se Márcio estuda para a prova, então Ana fica feliz.

07. (IBADE – 2019) Dentre as proposições compostas a seguir, a que representa a negação da sentença "Mário é contador ou Sílvio não é enfermeiro", é:

a) Mário não é contador ou Sílvio é enfermeiro.
b) Mário não é contador e Sílvio é enfermeiro.
c) Mário é contador e Sílvio é enfermeiro.
d) Se Mário é contador, então Sílvio não é enfermeiro.
e) Sílvio é enfermeiro ou Mário é contador.

08. (FUNDATEC – 2019) A negação da proposição "Se Maria é colorada, então Maria é uma pessoa feliz" é:

a) Se Maria não é colorada, então Maria não é uma pessoa feliz.
b) Se Maria não é colorada, então Maria é uma pessoa feliz.
c) Maria é colorada se e somente se Maria é uma pessoa feliz.
d) Maria não é colorada e Maria é uma pessoa feliz.
e) Maria é colorada e Maria não é uma pessoa feliz.

Gabaritos

01	A	05	A
02	C	06	A
03	A	07	B
04	E	08	E

2. ARGUMENTOS

Os argumentos são uma extensão das proposições, mas com algumas características e regras próprias. Vejamos isso a partir de agora.

2.1 Definições

Argumento é um conjunto de proposições, divididas em premissas (proposições iniciais - hipóteses) e conclusões (proposições finais - teses).

Ex.:

p_1: Toda mulher é bonita.

p_2: Toda bonita é charmosa.

p_3: Maria é bonita.

c: Portanto, Maria é charmosa.

p_1: Se é homem, então gosta de futebol.

p_2: Mano gosta de futebol.

c: Logo, Mano é homem.

p_1, p_2, p_3, p_n, correspondem às premissas, e "c" à conclusão.

Representação dos argumentos

Os argumentos podem ser representados das seguintes formas:

$$\begin{array}{c} P_1 \\ P_2 \\ P_3 \\ \dots \\ \underline{P_n} \\ C \end{array}$$

ou

$$P_1 \wedge P_2 \wedge P_3 \wedge \dots \wedge P_n \rightarrow C$$

ou

$$P_1, P_2, P_3, \dots, Pn \vdash C$$

Tipos de argumentos

Existem vários tipos de argumento. Vejamos alguns:

Dedução

O argumento dedutivo parte de situações gerais para chegar a conclusões particulares. Esta forma de argumento é válida quando suas premissas, sendo verdadeiras, fornecem uma conclusão também verdadeira.

Ex.:

p_1: Todo professor é aluno.

p_2: Daniel é professor.

c: Logo, Daniel é aluno.

Indução

O argumento indutivo é o contrário do argumento dedutivo, pois parte de informações particulares para chegar a uma conclusão geral. Quanto mais informações nas premissas, maiores as chances da conclusão estar correta.

Ex.:

p_1: Cerveja embriaga.

p_2: Uísque embriaga.

p_3: Vodca embriaga.

c: Portanto, toda bebida alcoólica embriaga.

Analogia

As analogias são comparações (nem sempre verdadeiras). Neste caso, partindo de uma situação já conhecida verificamos outras desconhecidas, mas semelhantes. Nas analogias, não temos certeza.

Ex.:

p_1: No Piauí faz calor.

p_2: No Ceará faz calor.

p_3: No Paraná faz calor.

c: Sendo assim, no Brasil faz calor.

Falácia

As falácias são falsos argumentos, logicamente inconsistentes, inválidos ou que não provam o que dizem.

Ex.:

p_1: Eu passei num concurso público.

p_2: Você passou num concurso público.

c: Logo, todos vão passar num concurso público.

Silogismos

Tipo de argumento formado por três proposições, sendo duas premissas e uma conclusão. São em sua maioria dedutivos.

Ex.:

p_1: Todo estudioso passará no concurso.

p_2: Beatriz é estudiosa.

c: Portanto, Beatriz passará no concurso.

Classificação dos argumentos

Os argumentos só podem ser classificados em, ou válidos, ou inválidos:

Válidos ou bem construídos

Os argumentos são válidos sempre que as premissas garantirem a conclusão, ou seja, sempre que a conclusão for uma consequência obrigatória do seu conjunto de premissas.

Ex.:

p_1: Toda mulher é bonita.

p_2: Toda bonita é charmosa.

p_3: Maria é mulher.

c: Portanto, Maria é bonita e charmosa.

Veja que, se Maria é mulher, e toda mulher é bonita, e toda bonita é charmosa, então Maria só pode ser bonita e charmosa.

Inválidos ou mal construídos

Os argumentos são inválidos sempre que as premissas **não** garantirem a conclusão, ou seja, sempre que a conclusão **não** for uma consequência obrigatória do seu conjunto de premissas.

Ex.:

p_1: Todo professor é aluno.
p_2: Daniel é aluno.
c: Logo, Daniel é professor.

Note que, se Daniel é aluno, nada garante que ele seja professor, pois o que sabemos é que todo professor é aluno, não o contrário.

Alguns argumentos serão classificados apenas por meio desse conceito (da GARANTIA). Fique atento para não perder tempo.

2.2 Métodos para Classificar os Argumentos

Os argumentos nem sempre podem ser classificados da mesma forma, por isso existem os métodos para sua classificação, uma vez que dependendo do argumento, um método ou outro, sempre será mais fácil e principalmente mais rápido.

1º método: diagramas lógicos (ou método dos conjuntos).

Utilizado sempre que no argumento houver as expressões: **todo**, **algum** ou **nenhum**, e seus respectivos sinônimos.

Representaremos o que for dito em forma de conjuntos e verificaremos se a conclusão está correta (presente nas representações).

> *Esse método é muito utilizado por diversas bancas de concursos e tende a confundir o concurseiro, principalmente nas questões em que temos mais de uma opção de diagrama para o mesmo enunciado. Lembrando que quando isso ocorrer (mais de um diagrama para o mesmo argumento), a questão só estará correta se a conclusão estiver presente em todas as representações se todos os diagramas corresponderem à mesma condição.*

As representações genéricas são:

TODO A é B:

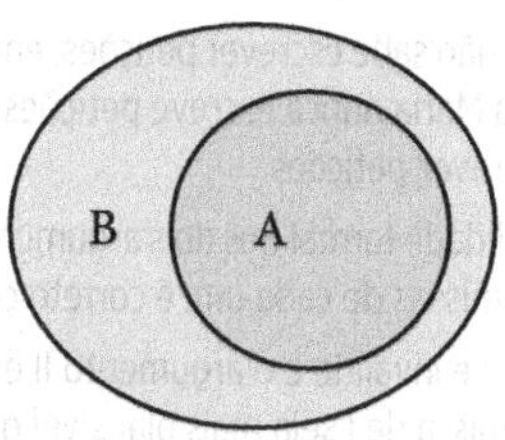

ALGUM A é B:

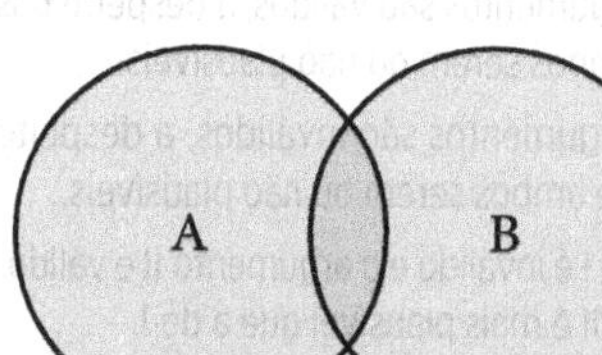

NENHUM A é B:

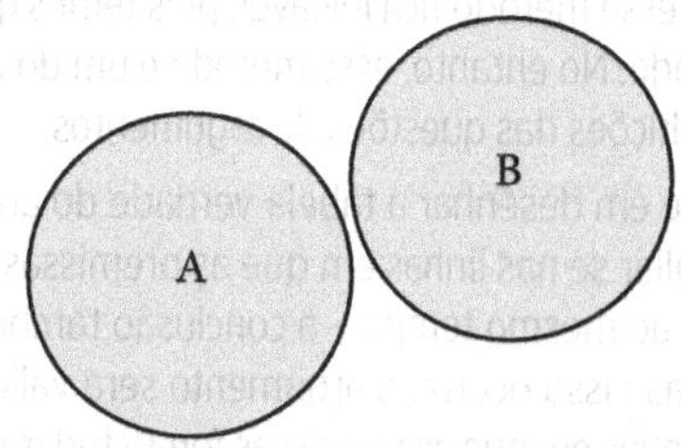

2º método: premissas verdadeiras (proposição simples ou conjunção).

Utilizado sempre que não for possível os diagramas lógicos e quando nas premissas houver uma proposição simples ou uma conjunção.

A proposição simples ou a conjunção serão os pontos de partida da resolução, já que teremos que considerar todas as premissas verdadeiras e elas – proposição simples ou conjunção – só admitem um jeito de serem verdadeiras.

O método consiste em, considerar todas as premissas como verdadeiras, dar valores às proposições simples que as compõem e no final avaliar a conclusão; se a conclusão também for verdadeira o argumento é válido, porém se a conclusão for falsa o argumento é inválido.

Premissas verdadeiras e conclusão verdadeiras = argumento válido.

Premissas verdadeiras e conclusão falsa = argumento inválido.

3º método: conclusão falsa (proposição simples, disjunção ou condicional).

Utilizado sempre que não for possível um dos "dois" métodos citados anteriormente e quando na conclusão houver uma proposição simples, uma disjunção ou um condicional.

A proposição simples, a disjunção ou o condicional serão os pontos de partida da resolução, já que teremos que considerar a conclusão como sendo falsa e elas – proposição simples, disjunção e condicional – só admitem um jeito de serem falsas.

O método consiste em: considerar a conclusão como falsa, dar valores às proposições simples, que a compõem, e supor as premissas como verdadeiras, a partir dos valores das proposições simples da conclusão e atribuir os valores das proposicoes simples das premissas. No final, se assim ficar – a conclusão falsa e as premissas verdadeiras – o argumento será inválido; porém se uma das premissas mudar de valor, então o argumento passa a ser válido.

Conclusão falsa e premissas verdadeiras = argumento inválido.

Conclusão falsa e pelo menos 1 (uma) premissa falsa = argumento válido.

Para esses dois métodos (2º método e 3º método), podemos definir a validade dos argumentos da seguinte forma:

PREMISSAS	CONCLUSÃO	ARGUMENTO
Verdadeiras	Verdadeira	Válido
Verdadeiras	Falsa	Inválido
Pelo menos 1 (uma) falsa	Falsa	Válido

4º método: tabela verdade.

Método utilizado em último caso, quando não for possível usar qualquer um dos anteriores.

Dependendo da quantidade de proposições simples que tiver o argumento, esse método fica inviável, pois temos que desenhar a tabela verdade. No entanto, esse método é um dos mais garantidos nas resoluções das questões de argumentos.

Consiste em desenhar a tabela verdade do argumento em questão e avaliar se nas linhas em que as premissas forem todas verdadeiras – ao mesmo tempo – a conclusão também será toda verdadeira. Caso isso ocorra, o argumento será válido, porém se em uma das linhas em que as premissas forem todas verdadeiras a conclusão for falsa, o argumento será inválido.

Linhas da tabela verdade em que as premissas são todas verdadeiras e conclusão, nessas linhas, também todas verdadeiras = argumento válido.

Linhas da tabela verdade em que as premissas são todas verdadeiras e pelo menos uma conclusão falsa, nessas linhas = argumento inválido.

Questões

01. (FUNDATEC – 2019) Considere as seguintes proposições:

I. Todo agente administrativo é estudioso.

II. Todos os estudiosos são conhecedores da Matemática Clássica.

III. Pedro é conhecedor da Matemática Clássica.

Disso, pode-se concluir que:

a) Pedro pode ser um agente administrativo.

b) Pedro é um agente administrativo.

c) Pedro é estudioso.

d) Pedro não é um agente administrativo.

e) Pedro é estudioso e não é agente administrativo.

02. (IF-BA – 2019) Assumindo que as premissas dos argumentos a seguir são verdadeiras, analise os itens quanto à sua validade ou não:

I. Toda criança é estudante. Existe estudante que joga futebol. Logo, toda criança joga futebol.

II. Se Bruna é professora, então Bruna não pratica esportes. Bruna pratica esporte. Logo, Bruna não é professora.

III. Todo jornalista apresenta um telejornal a noite. André é um jornalista. Portanto, André apresenta um telejornal a noite.

Quanto a validade ou não dos argumentos, é correto afirmar que

a) o argumento I é válido.

b) o argumento II é não válido.

c) o argumento III é não válido.

d) o argumento I é não válido e o argumento II é válido.

e) o argumento II é não válido e o argumento III é válido.

03. (FADESP – 2019) Considere os argumentos a seguir.

I. Todos os peritos criminais receberão uma gratificação. Logo, alguns peritos criminais não receberão gratificação.

II. Médicos legistas estudaram na UFPA ou na UEPA. Ana é médica legista e não estudou na UFPA. Logo, Ana estudou na UEPA.

III. Alguns peritos são engenheiros. Alguns engenheiros estudaram na UFPA. Logo, todos os peritos estudaram na UFPA.

Após a análise das argumentações, pode-se concluir que

a) apenas o argumento III é válido.

b) apenas o argumento II é válido.

c) os argumentos I e II não são válidos.

d) os argumentos II e III são válidos.

e) os argumentos I e II são válidos.

04. (INSTITUTO AOCP – 2019) Assinale a alternativa que apresenta um argumento lógico válido.

a) Todos os mamutes estão extintos e não há elefantes extintos, logo nenhum elefante é um mamute.

b) Todas as meninas jogam vôlei e Jonas não é uma menina, então Jonas não joga vôlei.

c) Em São Paulo, moram muitos retirantes e João é um retirante, logo João mora em São Paulo.

d) Não existem policiais corruptos e Paulo não é corrupto, então Paulo é policial.

e) Todo bolo é de chocolate e Maria fez um bolo, logo Maria não fez um bolo de chocolate.

05. (IBADE – 2019) Considere como verdadeiras as sentenças a seguir.

I. Se um gerente quadriplica o próprio patrimônio, então ele é competente e carismático.

II. Se um gerente não é carismático, então ele não é promovido e não aparece na mídia.

III. Se um gerente é competente e é promovido, então ele cumpre metas.

Se Carlos é um gerente promovido, então ele

a) quadriplica o próprio patrimônio.

b) cumpre metas.

c) é competente.

d) é carismático.

e) não aparece na mídia.

06. (FUNDATEC – 2019) Se chove, faz frio. Se faz frio, é inverno. Se é inverno, Laura liga o aquecedor. Sabe-se que Laura não liga o aquecedor. Pode-se concluir que:

a) É inverno e não chove.

b) É inverno e faz frio.

c) Não é inverno e faz frio.

d) Não faz frio e chove.

e) Não faz frio, não chove e não é inverno.

07. (FCC – 2019) Considere os dois argumentos a seguir:

I. Se Ana Maria nunca escreve petições, então ela não sabe escrever petições. Ana Maria nunca escreve petições. Portanto, Ana Maria não sabe escrever petições.

II. Se Ana Maria não sabe escrever petições, então ela nunca escreve petições. Ana Maria nunca escreve petições. Portanto, Ana Maria não sabe escrever petições.

Comparando a validade formal dos dois argumentos e a plausibilidade das primeiras premissas de cada um, é correto concluir que

a) o argumento I é inválido e o argumento II é válido, mesmo que a primeira premissa de I seja mais plausível que a de II.

b) ambos os argumentos são válidos, a despeito das primeiras premissas de ambos serem ou não plausíveis.

c) ambos os argumentos são inválidos, a despeito das primeiras premissas de ambos serem ou não plausíveis.

d) o argumento I é inválido e o argumento II é válido, pois a primeira premissa de II é mais plausível que a de I.

e) o argumento I é válido e o argumento II é inválido, mesmo que a primeira premissa de II seja mais plausível que a de I.

08. (VUNESP – 2018) De um argumento válido com duas premissas, conclui-se corretamente que Alexandre não é casado com Carla. Uma das premissas desse argumento afirma como verdadeiro que Alexandre é casado com Carla se, e somente se, Maria é irmã de Carla. Sendo assim, uma segunda premissa verdadeira para esse argumento é

a) Carla não é irmã de Maria.
b) Alexandre é casado com Carla.
c) Maria é irmã de Carla.
d) Alexandre é irmão de Maria.
e) Maria não é irmã de Alexandre.

09. (CESGRANRIO – 2018) Considere o seguinte argumento, no qual a conclusão foi omitida:

Premissa 1: $p \rightarrow [(\sim r) \vee (\sim s)]$

Premissa 2: $[p \vee (\sim q)] \wedge [q \vee (\sim p)]$

Premissa 3: $r \wedge s$

Conclusão: 6777967779XX

Uma conclusão que torna o argumento acima válido é

a) $\sim(p \vee q)$
b) $(\sim q) \wedge p$
c) $(\sim p) \wedge q$
d) $p \wedge q$
e) $p \vee q$

10. (FGV – 2016) Sobre os amigos Marcos, Renato e Waldo, sabe-se que:

I. Se Waldo é flamenguista, então Marcos não é tricolor;
II. Se Renato não é vascaíno, então Marcos é tricolor;
III. Se Renato é vascaíno, então Waldo não é flamenguista.

Logo, deduz-se que:

a) Marcos é tricolor;
b) Marcos não é tricolor;
c) Waldo é flamenguista;
d) Waldo não é flamenguista;
e) Renato é vascaíno.

Gabaritos

01	A	06	E
02	D	07	E
03	B	08	A
04	A	09	A
05	D	10	D

3. PSICOTÉCNICOS

Questões psicotécnicas são todas as questões em que não precisamos de conhecimento adicional para resolvê-las. As questões podem ser de associações lógicas, verdades e mentiras, sequências lógicas, problemas com datas – calendários, sudoku, entre outras.

Neste capítulo, abordaremos inicialmente as questões mais simples do raciocínio lógico para uma melhor familiarização com a matéria.

Não existe teoria, somente prática e é com ela que vamos trabalhar e aprender.

01. (FCC) Considere que os dois primeiros pares de palavras foram escritos segundo determinado critério.

Temperamento → totem

Traficante → tetra

Massificar → ?

De acordo com esse mesmo critério, uma palavra que substituiria o ponto de interrogação é:

a) ramas.
b) maras.
c) armas.
d) samar.
e) asmar.

RESPOSTA: C.

Analisando os dois primeiros pares de palavras, vemos que a segunda palavra de cada par é formada pela última sílaba + a primeira sílaba da primeira palavra do par, logo, seguindo esse raciocínio, teremos AR + MAS = armas.

02. (FCC) Observe atentamente a disposição das cartas em cada linha do esquema seguinte. A carta que está oculta é:

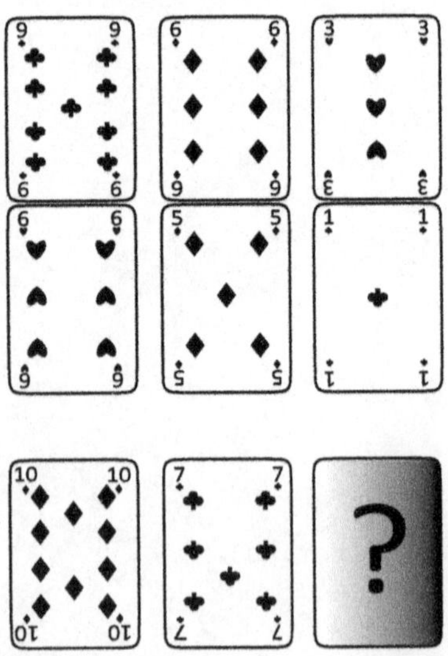

a) 

b) 

c) 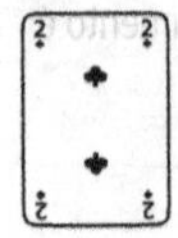

d) 

e) 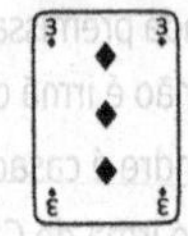

RESPOSTA: A.

Observando cada linha (horizontal), temos nas duas primeiras os três mesmos naipes (copas, paus e ouros, só mudando a ordem) e a terceira carta é o resultado da subtração da primeira pela segunda; portanto, a carta que está oculta tem que ser o "3 de copas", pois 10 – 7 = 3 e o naipe que não apareceu na terceira linha foi o de copas.

03. (FCC) Considere a sequência de figuras abaixo. A figura que substitui corretamente a interrogação é:

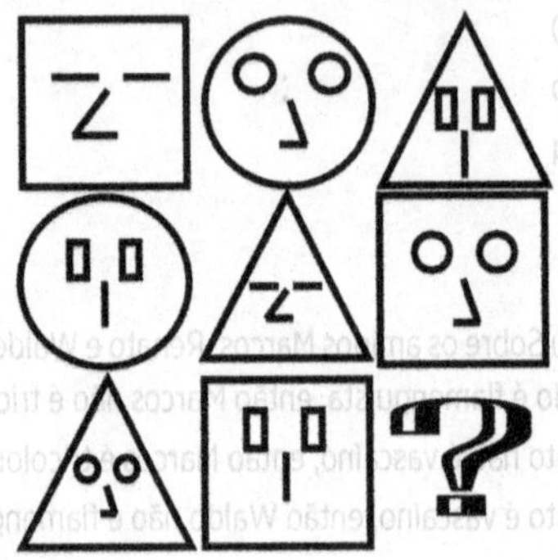

a) 

b) 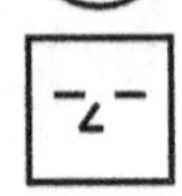

c) 

d) 

e) 

RESPOSTA: A.

Veja que em cada fila (linha ou coluna) temos sempre um círculo, um triângulo e um quadrado fazendo o contorno da careta; os olhos são círculos, quadrados ou tiras; o nariz é reto, para direita ou para esquerda; sendo assim, no ponto de interrogação o que está faltando é a careta redonda com o olhos em tiras e o nariz para a esquerda.

04. (Esaf - Adaptada) Mauro, José e Lauro são três irmãos. Cada um deles nasceu em um estado diferente: um é mineiro, outro é carioca, e outro é paulista (não necessariamente nessa ordem). Os três têm, também, profissões diferentes: um é engenheiro, outro é veterinário, e outro é psicólogo (não necessariamente nessa ordem). Sabendo que José é mineiro, que o engenheiro é paulista, e que Lauro é veterinário, conclui-se corretamente que:

a) Lauro é paulista e José é psicólogo.
b) Mauro é carioca e José é psicólogo.
c) Lauro é carioca e Mauro é psicólogo.
d) Mauro é paulista e José é psicólogo.
e) Lauro é carioca e Mauro não é engenheiro.

RESPOSTA: D.

É a única resposta possível após o preenchimento da tabela e análise das alternativas.

Vamos construir uma tabela para facilitar a resolução da questão:

Nome	Estado	Profissão
José	Mineiro	Psicólogo
Mauro	Paulista	Engenheiro
Lauro	Carioca	Veterinário

De acordo com as informações:

José é mineiro;

O engenheiro é paulista;

Lauro é veterinário, note que Lauro não pode ser paulista, pois o paulista é engenheiro.

05. (FGV) Certo dia, três amigos fizeram, cada um deles, uma afirmação:

Aluísio: Hoje não é terça-feira.

Benedito: Ontem foi domingo.

Camilo: Amanhã será quarta-feira.

Sabe-se que um deles mentiu e que os outros dois falaram a verdade. Assinale a alternativa que indique corretamente o dia em que eles fizeram essas afirmações.

a) Sábado.
b) Domingo.
c) Segunda-feira.
d) Terça-feira.
e) Quarta-feira.

RESPOSTA: C.

Baseado no que foi dito na questão, Benedito e Camilo não podem, os dois, estarem falando a verdade, pois teríamos dois dias diferentes. Então, conclui-se que Aluísio falou a verdade; com isso, o que Camilo esta dizendo é mentira e, portanto Benedito também está falando a verdade. Logo, o dia em que foi feita a afirmação é uma segunda-feira.

06. (FUMARC) Heloísa, Bernardo e Antônio são três crianças. Uma delas tem 12 anos a outra tem 10 anos e a outra 8 anos. Sabe-se que apenas uma das seguintes afirmações é verdadeira:

Bernardo tem 10 anos.

Heloísa não tem 10 anos.

Antônio não tem 12 anos.

Considerando estas informações é correto afirmar que:

a) Heloísa tem 12 anos, Bernardo tem 10 anos e Antônio tem 8 anos.
b) Heloísa tem 12 anos, Bernardo tem 8 anos e Antônio tem 10 anos.
c) Heloísa tem 10 anos, Bernardo tem 8 anos e Antônio tem 12 anos.
d) Heloísa tem 10 anos, Bernardo tem 12 anos e Antônio tem 8 anos.

RESPOSTA: D.

Como a questão informa que só uma afirmação é verdadeira, vejamos qual pode ser esta afirmação: se "I" for a verdadeira, teremos Bernardo e Heloísa, os dois, com 10 anos, o que pelo enunciado da questão não é possível; se "II" for a verdadeira, teremos, mais uma vez, Bernardo e Heloísa, agora ambos com 8 anos, o que também não é possível; se "III" for a verdadeira, teremos Heloísa com 10 anos, Bernardo com 12 anos e Antônio com 8 anos.

07. (FCC) Na sentença seguinte falta a última palavra. Você deve escolher a alternativa que apresenta a palavra que MELHOR completa a sentença.

Devemos saber empregar nosso tempo vago; podemos, assim, desenvolver hábitos agradáveis e evitar os perigos da;

a) Desdita.
b) Pobreza.
c) Ociosidade.
d) Bebida.
e) Doença.

RESPOSTA: C.

Qual dessas alternativas tem a palavra que mais se relaciona com tempo vago? Agora ficou claro! Assim a palavra é OCIOSIDADE.

08. (ESAF) Três meninos, Zezé, Zozó e Zuzu, todos vizinhos, moram na mesma rua em três casas contíguas. Todos os três meninos possuem animais de estimação de raças diferentes e de cores também diferentes. Sabe-se que o cão mora em uma casa contígua à casa de Zozó; a calopsita é amarela; Zezé tem um animal de duas cores - branco e laranja; a cobra vive na casa do meio. Assim, os animais de estimação de Zezé, Zozó e Zuzu são respectivamente:

a) Cão, cobra, calopsita.
b) Cão, calopsita, cobra.
c) Calopsita, cão, cobra.
d) Calopsita, cobra, cão.
e) Cobra, cão, calopsita.

RESPOSTA: A.

De acordo com as informações:

A cobra vive na casa do meio;

O cão mora em uma casa contígua à casa de Zozó; contígua quer dizer vizinha, e para isso Zozó só pode morar na casa do meio;

A calopsita é amarela e Zezé tem um animal de duas cores - branco e laranja; com isso o cão só pode ser de Zezé;

Vamos construir uma tabela para ficar melhor a resolução da questão:

	Casa	Casa	Casa
Nome	Zezé	Zozó	Zuzu
Animal	Cão	Cobra	Calopsita

No livro Alice no País dos Enigmas, o professor de matemática e lógica Raymond Smullyan apresenta vários desafios ao raciocínio lógico que têm como objetivo distinguir-se entre verdadeiro e falso. Considere o seguinte desafio inspirado nos enigmas de Smullyan.

Duas pessoas carregam fichas nas cores branca e preta. Quando a primeira pessoa carrega a ficha branca, ela fala somente a verdade, mas, quando carrega a ficha preta, ela fala somente mentiras. Por outro lado, quando a segunda pessoa carrega a ficha branca, ela fala somente mentira, mas, quando carrega a ficha preta, fala somente verdades.

Com base no texto acima, julgue o item a seguir.

09. (CESPE) Se a primeira pessoa diz "Nossas fichas não são da mesma cor" e a segunda pessoa diz "Nossas fichas são da mesma cor", então, pode-se concluir que a segunda pessoa está dizendo a verdade.

RESPOSTA: CERTO.

Analisando linha por linha da tabela, encontramos contradições nas três primeiras linhas, ficando somente a quarta linha como certa, o que garante que a segunda pessoa está falando a verdade.

1ª pessoa: "Nossas fichas não são da mesma cor"	2ª pessoa: "Nossas fichas são da mesma cor"
Ficha branca (verdade)	Ficha branca (mentira)
Ficha branca (verdade)	Ficha preta (verdade)
Ficha preta (mentira)	Ficha branca (mentira)
Ficha preta (mentira)	Ficha preta (verdade)

10. (CESPE) O quadro abaixo pode ser completamente preenchido com algarismos de 1 a 6, de modo que cada linha e cada coluna tenham sempre algarismos diferentes.

1				3	2
		5	6		1
	1	6		5	
5	4			2	
	3	2	4		
4			2		3

RESPOSTA: CERTO.

Vamos preencher o quadro, de acordo com o que foi pedido:

1	6	4	5	3	2
3	2	5	6	4	1
2	1	6	3	5	4
5	4	3	1	2	6
6	3	2	4	1	5
4	5	1	2	6	3

Questões

01. (FCC – 2019) Ana, Beatriz e Célia moram com suas avós Sandra, Adélia e Maria em Franca, Campinas e em Araras, não necessariamente nas ordens indicadas. Além disso, sabe-se que:

- Beatriz não é neta de Maria.
- Ana não mora em Araras e é neta de Sandra.
- A menina que mora em Franca é neta de Adélia.

Desse modo, é correto afirmar que:

a) Maria mora em Campinas.
b) Adélia é avó de Célia.
c) Sandra mora em Franca.
d) Célia mora em Campinas.
e) Beatriz mora em Franca.

02. (IBADE – 2019) As informações abaixo referem-se aos pratos típicos que cinco amigas costumam comer em Porto Velho.

- Aline e Juliana não comem tacacá;
- Márcia e Fabiane não comem pato no tucupi nem bolo de macaxeira;
- Dandara não come filé de dourado nem caldeirada;
- Aline não come pato no tucupi;
- Dandara não come pato no tucupi nem bolo de macaxeira;
- Fabiane não come caldeirada.

Nessas condições, considerando que cada uma delas come um único prato típico, aquele que come bolo de macaxeira é:

a) Fabiane
b) Dandara
c) Juliana
d) Aline
e) Márcia

03. (IBADE – 2019) Nas férias, três técnicas em assuntos educacionais – Ana, Beatriz e Cátia – escolheram, num dado mês, um único ponto turístico para visitar. Considere que:

- os pontos turísticos escolhidos por elas foram: Memorial Rondon, Mercado Cultural e Parque Chico Mendes;
- os meses em que fizeram as visitas foram: dezembro, janeiro e fevereiro;
- Cátia visitou o Memorial Rondon;
- A técnica que visitou o Mercado Cultural foi no mês de dezembro;
- Ana visitou o seu ponto turístico no mês de fevereiro.

Nessas condições, é correto afirmar que:

a) Ana visitou o Mercado Cultural.
b) Cátia visitou seu ponto turístico em dezembro.

c) Beatriz visitou o Mercado Cultural.

d) Ana não visitou o Parque Chico Mendes.

e) Beatriz visitou o Parque Chico Mendes.

04. (IBADE – 2019) Para garantir que haverá pelo menos 100 alunos fazendo aniversário no mesmo mês, a quantidade de pessoas que deve estar matriculada em uma escola é de:

a) 1188.

b) 1212.

c) 1200.

d) 1189.

e) 1201.

05. (FCC – 2019) Um dado é um cubo, onde em cada face colocamos de 1 a 6 pontos, de tal maneira que a soma dos pontos que ficam em cada par de faces opostas é sempre 7.

Quatro dados foram empilhados como na figura abaixo.

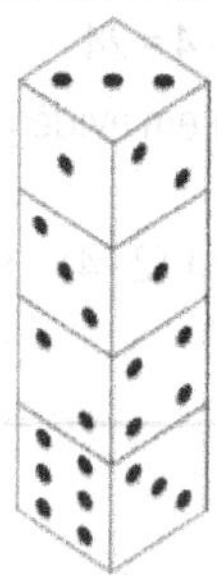

A soma dos pontos das faces que não aparecem na figura é

a) 36

b) 39

c) 47

d) 49

e) 59

06. (VUNESP – 2019) Considere a sequência:

4.444.445; 4.444.450; 444.445; 444.450; 44.445; 44.450; 4.445; ...

A soma do 5° termo com o 6° termo supera a soma do 11° termo com o 12° termo em

a) 888.800.

b) 888.880.

c) 88.800.

d) 88.880.

e) 88.000.

07. (VUNESP – 2019) Um grupo é formado por 5 garotos e sabe-se que suas idades podem ser 11 ou 12 ou 15 anos. Esses garotos sabem a própria idade e sabem as idades dos outros. Os garotos foram questionados sobre a soma das suas idades (a soma das idades dos cinco garotos), e eles responderam, respectivamente, 57 anos, 58 anos, 59 anos, 60 anos e 61 anos. Sabendo-se que, quem tem 12 anos mentiu na resposta, e quem não tem 12 anos disse a verdade, a soma das idades desses cinco garotos, em anos, é

a) 61.

b) 60.

c) 59.

d) 58.

e) 57.

08. (IADES – 2019) Suponha que, em uma unidade prisional, após um pequeno motim debelado pelos agentes de segurança prisional, três presos A, B e C tenham sido levados ao interrogatório para esclarecimento do fato. Os três presos trocaram acusações entre si e deram as declarações a seguir.

– O preso B está mentido – disse o preso A.

– O preso C está mentindo – disse o preso B.

– O preso A e o preso B estão mentindo – disse o preso C.

Com base nessas declarações, é correto concluir que

a) apenas C mente.

b) A e B mentem.

c) apenas A mente.

d) A e C mentem.

e) apenas B mente.

09. (VUNESP – 2019) Em uma ilha, ou os nativos pertencem à tribo dos mentirosos (sempre mentem) ou pertencem à tribo dos honestos (sempre dizem a verdade). Caminhando pela ilha, encontrei 5 nativos e soube por uma pessoa da tribo dos honestos que seus nomes eram Akin, Babu, Garai, Kumi e Simba. Eles se apresentaram da seguinte maneira:

Akin: bem-vindo, Kumi e Simba são da minha tribo.

Babu: bem-vindo, amanhã é feriado.

Garai: bem-vindo, Akin é da minha tribo.

Kumi: bem-vindo, não temos feriados nessa ilha.

Simba: bem-vindo, Garai é mentiroso.

Entre esses cinco nativos, dois são mentirosos e seus nomes são:

a) Akin e Babu.

b) Akin e Simba.

c) Akin e Kumi.

d) Babu e Garai.

e) Babu e Kumi.

10. (FUNDEP – 2019) Oto, Téo e Tom são três amigos que trabalham juntos. Dois deles têm 34 anos de idade e sempre dizem mentira. Já o outro amigo, que tem 40 anos de idade, diz sempre a verdade.

Se Téo disse que a idade de Tom não é 34 anos de idade, então é correto afirmar que

a) Oto tem 34 anos de idade.

b) Téo e Tom sempre mentem.

c) Téo tem 40 anos de idade.

d) Tom diz sempre a verdade.

Gabaritos

01	E	06	C
02	D	07	C
03	C	08	D
04	D	09	D
05	E	10	B

4. CONJUNTOS NUMÉRICOS

Os números surgiram da necessidade de contar ou quantificar coisas ou objetos. Com o passar do tempo, foram adquirindo características próprias.

4.1 Números Naturais

É o primeiro dos conjuntos numéricos. Representado pelo símbolo ℕ. É formado pelos seguintes elementos:

$\mathbb{N} = \{0, 1, 2, 3, 4, 5, 6, 7, 8, 9, 10, 11, 12, 13, ... + \infty\}$

O símbolo ∞ significa infinito, o + quer dizer positivo, então +∞ quer dizer infinito positivo.

4.2 Números Inteiros

Esse conjunto surgiu da necessidade de alguns cálculos não possuírem resultados, pois esses resultados eram negativos.

Representado pelo símbolo ℤ, é formado pelos seguintes elementos:

$\mathbb{Z} = \{-\infty, ..., -3, -2, -1, 0, 1, 2, 3, ..., + \infty\}$

Operações e propriedades dos números naturais e inteiros

As principais operações com os números naturais e inteiros são: adição, subtração, multiplicação, divisão, potenciação e radiciação (as quatro primeiras são também chamadas operações fundamentais).

Adição

Na adição, a soma dos termos ou parcelas resulta naquilo que se chama **total**.

Ex.: 2 + 2 = 4

As propriedades da adição são:

Elemento Neutro: qualquer número somado ao zero tem como total o próprio número.

Ex.: + 0 = 2

Comutativa: a ordem dos termos não altera o total.

Ex.: 2 + 3 = 3 + 2 = 5

Associativa: o ajuntamento de parcelas não altera o total.

Ex.: 2 + 0 = 2

Subtração

Operação contrária à adição, também conhecida como diferença.

Os termos ou parcelas da subtração, assim como o total, têm nomes próprios:

M – N = P; em que M = minuendo, N = subtraendo e P = diferença ou resto.

Ex.: 7 – 2 = 5

Quando o subtraendo for maior que o minuendo, a diferença será negativa.

Multiplicação

Nada mais é do que a soma de uma quantidade de parcelas fixas. Ao resultado da multiplicação chama-se produto. Os símbolos que indicam a multiplicação são o **"x"** (sinal de vezes) ou o **"."** (ponto).

Exs.: 4 x 7 = 7 + 7 + 7 + 7 = 28

7 . 4 = 4 + 4 + 4 + 4 + 4 + 4 + 4 = 28

As propriedades da multiplicação são:

Elemento Neutro: qualquer número multiplicado por 1 terá como produto o próprio número.

Ex.: 5 . 1 = 5

Comutativa: ordem dos fatores não altera o produto.

Ex.: 3 · 4 = 4 · 3 = 12

Associativa: o ajuntamento dos fatores não altera o resultado.

Ex.: 2 · (3 · 4) = (2 · 3) · 4 = 24

Distributiva: um fator em evidência multiplica todas as parcelas dentro dos parênteses.

Ex.: 2 · (3 + 4) = (2 · 3) + (2 · 4) = 6 + 8 = 14

Na multiplicação existe "jogo de sinais", que fica assim:

Parcela	Parcela	Produto
+	+	+
+	-	-
-	+	-
-	-	+

Exs.: 2 · -3 = -6

-3 · -7 = 21

Divisão

É o inverso da multiplicação. Os sinais que a representam são: "÷", ":", "/" ou a fração.

Exs.: 14 ÷ 7 = 2

25 : 5 = 5

36/12 = 3

Por ser o inverso da multiplicação, a divisão também possui o "jogo de sinal".

4.3 Números Racionais

Com o passar do tempo alguns cálculos não possuíam resultados inteiros, a partir daí surgiram os números racionais, que são representados pela letra ℚ e são os números que podem ser escritos sob forma de frações.

$\mathbb{Q} = \frac{a}{b}$ (com "b" diferente de zero → $b \neq 0$); em que "a" é o numerador e "b" é o denominador.

Fazem parte desse conjunto também as dízimas periódicas (números que apresentam uma série infinita de algarismos decimais, após a vírgula) e os números decimais (aqueles que são escritos com a vírgula e cujo denominador são as potências de 10).

Toda fração cujo numerador é menor que o denominador é chamada de fração própria.

Operações com os números racionais

Adição e subtração

Para somar frações deve-se estar atento se os denominadores das frações são os mesmos. Caso sejam iguais, basta repetir o denominador e somar (ou subtrair) os numeradores, porém se os denominadores forem diferentes é preciso fazer o M.M.C. (assunto que será visto adiante) dos denominadores, constituir novas frações equivalentes às frações originais e, assim, proceder com o cálculo.

$$\frac{2}{7} + \frac{4}{7} = \frac{6}{7}$$

$$\frac{2}{3} + \frac{4}{5} = \frac{10}{15} + \frac{12}{15} = \frac{22}{15}$$

Multiplicação

Para multiplicar frações basta multiplicar numerador com numerador e denominador com denominador.

$$\frac{3}{4} \cdot \frac{5}{7} = \frac{15}{28}$$

Divisão

Para dividir frações basta fazer uma multiplicação da primeira fração com o inverso da segunda fração.

$$\frac{2}{3} \div \frac{4}{5} = \frac{2}{3} \cdot \frac{5}{4} = \frac{10}{12} = \frac{5}{6} \text{ (Simplificando por 2)}$$

Toda vez que for possível deve-se simplificar a fração até sua fração irredutível (aquela que não pode mais ser simplificada).

Potenciação

Se a multiplicação é soma de uma quantidade de parcelas fixas, a potenciação é a multiplicação de uma quantidade de fatores fixos, tal quantidade indicada no expoente que acompanha a base da potência.

A potenciação é expressa por: **a**n, cujo "a" é a base da potência e o "n" é o expoente.

Ex.: $4^3 = 4 \cdot 4 \cdot 4 = 64$

As propriedades das potências são:

$a^0 = 1$

$3^0 = 1$

$a^1 = a$

$5^1 = 5$

$a^{-n} = 1/a^n$

$2^{-3} = \frac{1}{2^3} = 1/8$

$a^m \cdot a^n = a^{(m+n)}$

$3^2 \cdot 3^3 = 3^{(2+3)} = 3^5 = 243$

$a^m : a^n = a^{(m-n)}$

$4^5 : 4^3 = 4^{(5-3)} = 4^2 = 16$

$(a^m)^n = a^{m \cdot n}$

$(2^2)^4 = 2^{2 \cdot 4} = 2^8 = 256$

$a^{m/n} = \sqrt[n]{a^m}$

$7^{2/3} = \sqrt[3]{7^2} = \sqrt[3]{49}$

Não confunda: (am)n ≠ am n

Não confunda também: (-a)n ≠ -an.

Radiciação

É a expressão da potenciação com expoente fracionário.

A representação genérica da radiciação é: $\sqrt[n]{a}$; cujo "n" é o índice da raiz, o "a" é o radicando e "$\sqrt{\ }$" é o radical.

Quando o índice da raiz for o 2 ele não precisa aparecer e essa raiz será uma raiz quadrada.

As propriedades das "raízes" são:

→ $\sqrt[n]{a^m} = (\sqrt[n]{a})^m = a^{m/n}$

→ $\sqrt[m]{\sqrt[n]{a}} = \sqrt[m \cdot n]{a}$

→ $\sqrt[m]{a^m}$ = a = am/m = a1 = a

Racionalização: se uma fração tem em seu denominador um radical, faz-se o seguinte:

$$\frac{1}{\sqrt{a}} = \frac{1}{\sqrt{a}} \cdot \frac{\sqrt{a}}{\sqrt{a}} = \frac{\sqrt{a}}{\sqrt{a^2}} = \frac{\sqrt{a}}{a}$$

Transformando dízima periódica em fração

Para transformar dízimas periódicas em fração, é preciso atentar-se para algumas situações:

- Verifique se depois da vírgula só há a parte periódica, ou se há uma parte não periódica e uma periódica.
- Observe quantas são as "casas" periódicas e, caso haja, as não periódicas. Lembrado sempre que essa observação só será para os números que estão depois da vírgula.
- Em relação à fração, o denominador será tantos "9" quantos forem as casas do período, seguido de tantos "0" quantos forem as casas não periódicas (caso haja e depois da vírgula). Já o numerador será o número sem a vírgula até o primeiro período "menos" toda a parte não periódica (caso haja).

Exs.: $0{,}6666... = \frac{6}{9}$

$0{,}36363636... = \frac{36}{99}$

$0{,}123333... = \frac{123 - 12}{900} = \frac{111}{900}$

$2{,}8888... = \frac{28 - 2}{9} = \frac{26}{9}$

$3{,}754545454... = \frac{3754 - 37}{990} = \frac{3717}{990}$

Transformando número decimal em fração

Para transformar número decimal em fração, basta contar quantas "casas" existem depois da vírgula; então o denominador da fração será o número 1 acompanhado de tantos zeros quantos forem o número de "casas", já o numerador será o número sem a "vírgula".

Exs.: $0{,}3 = \frac{3}{10}$

$2{,}45 = \frac{245}{100}$

$49{,}586 = \frac{49586}{1000}$

4.4 Números Irracionais

São os números que não podem ser escritos na forma de fração.

O conjunto é representado pela letra $\mathbb{I}$ e tem como elementos as dízimas não periódicas e as raízes não exatas.

4.5 Números Reais

Simbolizado pela letra $\mathbb{R}$, é a união do conjunto dos números racionais com o conjunto dos números irracionais.

Representado, tem-se:

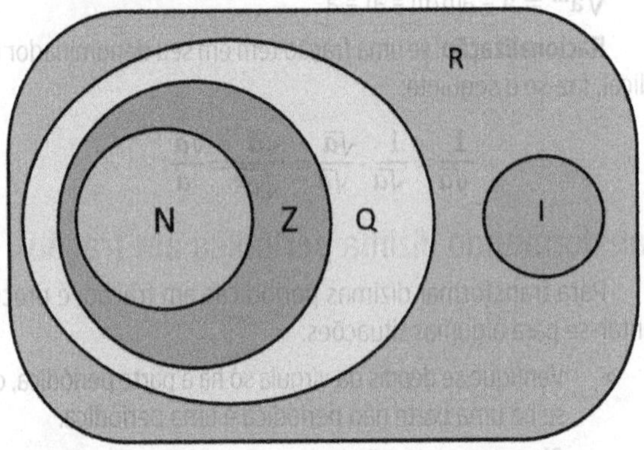

Colocando todos os números em uma reta, tem-se:

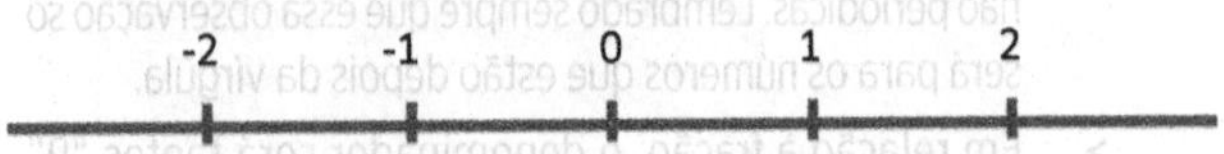

As desigualdades ocorrem em razão de os números serem maiores ou menores uns dos outros.

Os símbolos das desigualdades são:

≥ maior ou igual a;

≤ menor ou igual a;

> maior que;

< menor que.

Dessas desigualdades surgem os intervalos, que nada mais são do que um espaço dessa reta, entre dois números.

Os intervalos podem ser abertos ou fechados, depende dos símbolos de desigualdade utilizados.

Intervalo aberto ocorre quando os números não fazem parte do intervalo e os sinais de desigualdade são:

> maior que;

< menor que.

Intervalo fechado ocorre quando os números fazem parte do intervalo e os sinais de desigualdade são:

≥ maior ou igual a;

≤ menor ou igual a.

4.6 Intervalos

Os intervalos numéricos podem ser representados das seguintes formas:

Com os Símbolos <, >, ≤, ≥

Quando forem usados os símbolos < ou >, os números que os acompanham não fazem parte do intervalo real. Já quando forem usados os símbolos ≤ ou ≥ os números farão parte do intervalo real.

Exs.:

$2 < x < 5$: o 2 e o 5 não fazem parte do intervalo.

$2 \leq x < 5$: o 2 faz parte do intervalo, mas o 5 não.

$2 \leq x \leq 5$: o 2 e o 5 fazem parte do intervalo.

Com os Colchetes

Quando os colchetes estiverem voltados para os números, significa que farão parte do intervalo. Porém, quando os colchetes estiverem invertidos, significa que os números não farão parte do intervalo.

Exs.:

]2;5[: o 2 e o 5 não fazem parte do intervalo.

[2;5[: o 2 faz parte do intervalo, mas o 5 não faz.

[2;5]: o 2 e o 5 fazem parte do intervalo.

Sobre uma Reta Numérica

Intervalo aberto $2<x<5$:

Em que 2 e 5 não fazem parte do intervalo numérico, representado pela marcação aberta (sem preenchimento - O).

Intervalo fechado e aberto $2\leq x<5$:

Em que 2 faz parte do intervalo, representado pela marcação fechada (preenchida - ●) em que 5 não faz parte do intervalo, representado pela marcação aberta (O).

Intervalo fechado $2\leq x\leq 5$:

Em que 2 e 5 fazem parte do intervalo numérico, representado pela marcação fechada (●).

4.7 Múltiplos e Divisores

Os múltiplos são resultados de uma multiplicação de dois números naturais.

Ex.: Os múltiplos de 3 são: 0, 3, 6, 9, 12, 15, 18, 21, 24, 27, 30... (os múltiplos são infinitos).

Os divisores de um "número" são os números cuja divisão desse "número" por eles será exata.

Ex.: Os divisores de 12 são: 1, 2, 3, 4, 6, 12.

> Números quadrados perfeitos são aqueles que resultam da multiplicação de um número por ele mesmo.
>
> Ex.: $4 = 2 \cdot 2$
>
> $25 = 5 \cdot 5$

4.8 Números Primos

São os números que têm apenas dois divisores, o 1 e ele mesmo (alguns autores consideram os números primos aqueles que tem 4 divisores, sendo o 1, o -1, ele mesmo e o seu oposto - simétrico).

Veja alguns números primos:

2 (único primo par), 3, 5, 7, 11, 13, 17, 19, 23, 29, 31, 37, 41, 43, 47, 53, 59, ...

Os números primos servem para decompor outros números.

A decomposição de um número em fatores primos serve para fazer o MMC (mínimo múltiplo comum) e o MDC (máximo divisor comum).

4.9 MMC e MDC

O MMC de um, dois ou mais números é o menor número que, ao mesmo tempo, é múltiplo de todos esses números.

O MDC de dois ou mais números é o maior número que pode dividir todos esses números ao mesmo tempo.

Para calcular, após decompor os números, o MMC de dois ou mais números será o produto de todos os fatores primos, comuns e não comuns, elevados aos maiores expoentes. Já o MDC será apenas os fatores comuns a todos os números elevados aos menores expoentes.

Exs.: $6 = 2 \cdot 3$

$18 = 2 \cdot 3 \cdot 3 = 2 \cdot 3^2$

$35 = 5 \cdot 7$

$144 = 2 \cdot 2 \cdot 2 \cdot 2 \cdot 3 \cdot 3 = 2^4 \cdot 3^2$

$225 = 3 \cdot 3 \cdot 5 \cdot 5 = 3^2 \cdot 5^2$

$490 = 2 \cdot 5 \cdot 7 \cdot 7 = 2 \cdot 5 \cdot 7^2$

$640 = 2 \cdot 2 \cdot 2 \cdot 2 \cdot 2 \cdot 2 \cdot 2 \cdot 5 = 2^7 \cdot 5$

MMC de 18 e 225 = $2 \cdot 3^2 \cdot 5^2 = 2 \cdot 9 \cdot 25 = 450$

MDC de 225 e 490 = 5

Para saber a quantidade de divisores de um número basta, depois da decomposição do número, pegar os expoentes dos fatores primos, somar "+1" e multiplicar os valores obtidos.

Exs.: $225 = 3^2 \cdot 5^2 = 3^{2+1} \cdot 5^{2+1} = 3 \cdot 3 = 9$

Nº de divisores = $(2 + 1) \cdot (2 + 1) = 3 \cdot 3 = 9$ divisores. Que são: 1, 3, 5, 9, 15, 25, 45, 75, 225.

4.10 Divisibilidade

As regras de divisibilidade servem para facilitar a resolução de contas, para ajudar a descobrir se um número é ou não divisível por outro. Veja algumas dessas regras.

Divisibilidade por 2: para um número ser divisível por 2 basta que o mesmo seja par.

Exs.: 14 é divisível por 2.

17 não é divisível por 2.

Divisibilidade por 3: para um número ser divisível por 3, a soma dos seus algarismos tem que ser divisível por 3.

Exs.: 174 é divisível por 3, pois $1 + 7 + 4 = 12$

188 não é divisível por 3, pois $1 + 8 + 8 = 17$

Divisibilidade por 4: para um número ser divisível por 4, ele tem que terminar em 00 ou os seus dois últimos números devem ser múltiplos de 4.

Exs.: 300 é divisível por 4.

532 é divisível por 4.

766 não é divisível por 4.

Divisibilidade por 5: para um número ser divisível por 5, ele deve terminar em 0 ou em 5.

Exs.: 35 é divisível por 5.

370 é divisível por 5.

548 não é divisível por 5.

Divisibilidade por 6: para um número ser divisível por 6, ele deve ser divisível por 2 e por 3 ao mesmo tempo.

Exs.: 78 é divisível por 6.

576 é divisível por 6.

652 não é divisível por 6.

Divisibilidade por 9: para um número ser divisível por 9, a soma dos seus algarismos deve ser divisível por 9.

Exs.: 75 é não divisível por 9.

684 é divisível por 9.

Divisibilidade por 10: para um número ser divisível por 10, basta que ele termine em 0.

Exs.: 90 é divisível por 10.

364 não é divisível por 10.

4.11 Expressões Numéricas

Para resolver expressões numéricas, deve-se sempre seguir a ordem:

> Resolva os (parênteses), depois os [colchetes], depois as {chaves}, nessa ordem;

> Dentre as operações resolva primeiro as potenciações e raízes (o que vier primeiro), depois as multiplicações e divisões (o que vier primeiro) e por último as somas e subtrações (o que vier primeiro).

Calcule o valor da expressão:

Ex.: 8 – {5 – [10 – (7 – 3 . 2)] ÷ 3}

Resolução:

8 – {5 – [10 – (7 – 6)] ÷ 3}

8 – {5 – [10 – (1)] ÷ 3}

8 – {5 – [9] ÷ 3}

8 – {5 – 3}

8 – {2}

6

Questões

01. (MB) Considere x = 10 e y = 20. Calcule o valor de $(x + y)^2 - 2xy$.

a) 900
b) 600
c) 500
d) 300
e) 200

02. O conjunto A = {-4, -3, -2, -1, 0, 1} pode ser representado por:

a) $\{x \in Z \mid -4 < x < 1\}$
b) $\{x \in Z \mid -4 < x \leq 1\}$
c) $\{x \in Z \mid -4 \leq x \leq 1\}$
d) $\{x \in Z \mid -4 \leq x < 1\}$
e) $\{x \in Z \mid +4 < x < 1\}$

03. (FCC) O valor da expressão $\dfrac{A^2 - B^3}{A^B + B^A}$, para A = 2 e B = -1 é um número compreendido entre:

a) -2 e 1.
b) 1 e 4.
c) 4 e 7.
d) 7 e 9.
e) 9 e 10.

04. (TJ-PR) Um historiador comentou em sala de aula: "Meu tataravô nasceu no século 18. O ano em que nasceu era um cubo perfeito. O ano em que morreu era um quadrado perfeito. O quanto viveu, também era um quadrado perfeito." Quantos anos viveu o tataravô do historiador?

a) 36
b) 30
c) 32
d) 34
e) 40

05. (CEFET) Os restos das divisões de 247 e 315 por x são 7 e 3, respectivamente. Os restos das divisões de 167 e 213 por y são 5 e 3, respectivamente. O maior valor possível para a soma x + y é:

a) 36
b) 34
c) 30
d) 25

06. (FCC) Sejam x e y números naturais, e △ e □ símbolos com os seguintes significados:

– x △ y é igual ao maior número dentre x e y, com x ≠ y;

– x □ y é igual ao menor número dentre x e y, com x ≠ y;

– se x = y, então x △ y = x □ y = x = y.

De acordo com essas regras, o valor da expressão [64 □ (78 △ 64) □ {92 △[(43 □21) △21]} é:

a) 92.
b) 78.
c) 64.
d) 43.
e) 21.

07. (PUC-MG) O valor exato de

$$\frac{0{,}2929\ldots - 0{,}222\ldots}{0{,}555\ldots + 0{,}333\ldots} \text{ é:}$$

a) 3/25
b) 3/28
c) 4/34
d) 6/58
e) 7/88

08. Sejam x e y números reais dados por suas representações decimais:

$$\begin{cases} x = 0{,}111111\ldots \\ y = 0{,}999999\ldots \end{cases}$$

Pode-se afirmar que:

a) x + y = 1
b) x - y = 8 / 9
c) xy = 0,9
d) 1 / (x + y) = 0,9
e) xy = 1

09. (ESPP) Sejam as afirmações:

I. A soma entre dois números irracionais é sempre um número irracional.

II. Toda dízima periódica pode ser escrita com uma fração de denominador e numerador inteiros.

III. 7ϖ/4 > 11/2

Pode-se dizer que:

a) São corretas somente I e II.
b) Todas são corretas.
c) Somente uma delas é correta.
d) São corretas somente II e III.

10. (FGV) Analise as afirmativas a seguir:

I. $\sqrt{6}$ é maior que $\frac{5}{2}$.

II. 0,555... é um número racional.

III. Todo número inteiro tem antecessor.

Assinale:

a) Se somente as afirmativas I e III estiverem corretas.

b) Se somente a afirmativa II estiver correta.

c) Se somente as afirmativas I e II estiverem corretas.

d) Se somente a afirmativa I estiver correta.

e) Se somente as afirmativas II e III estiverem corretas.

Gabaritos

01	C	06	C
02	C	07	E
03	B	08	D
04	A	09	C
05	C	10	E

5. PROBABILIDADE

A que temperatura a água entra em ebulição? Se largarmos uma bola, com que velocidade ela atinge o chão? Conhecidas certas condições, é perfeitamente possível responder a essas duas perguntas, antes mesmo da realização desses experimentos.

Esses experimentos são denominados determinísticos, pois neles os resultados podem ser previstos.

Considere agora os seguintes experimentos:

> No lançamento de uma moeda, qual a face voltada para cima?
> No lançamento de um dado, que número saiu?
> Uma carta foi retirada de um baralho completo. Que carta é essa?

Mesmo se esses experimentos forem repetidos várias vezes, nas mesmas condições, não poderemos prever o resultado.

Um experimento cujo resultado, mesmo que único, é imprevisível, é denominado experimento aleatório. E é justamente ele que nos interessa neste estudo. Um experimento ou fenômeno aleatório apresenta as seguintes características:

> Pode se repetir várias vezes nas mesmas condições;
> É conhecido o conjunto de todos os resultados possíveis;
> Não se pode prever o resultado.

A teoria da probabilidade surgiu para nos ajudar a medir a "chance" de ocorrer determinado resultado em um experimento aleatório.

5.1 Definições

Para o cálculo das probabilidades, temos que saber primeiro 3 (três) conceitos básicos acerca do tema:

Maneiras possíveis de se realizar determinado evento (análise combinatória)

≠ (diferente)

Chance de determinado evento ocorrer (probabilidade).

Experimento Aleatório: é o experimento em que não é possível GARANTIR o resultado, mesmo que esse seja feito diversas vezes nas mesmas condições.

Ex.: Lançamento de uma moeda: ao lançarmos uma moeda os resultados possíveis são o de cara e o de coroa, mas não tem como garantir qual será o resultado desse lançamento.

Ex.: Lançamento de um dado: da mesma forma que a moeda, não temos como garantir qual o resultado (1, 2, 3, 4, 5 e 6) desse lançamento.

Espaço Amostral - (Ω) ou (U): é o conjunto de todos os resultados possíveis para um experimento aleatório.

Ex.: Na moeda: o espaço amostral na moeda é Ω = 2, pois só temos dois resultados possíveis para esse experimento, que é ou CARA ou COROA.

Ex.: No "dado": o espaço amostral no "dado" é U = 6, pois temos do 1 (um) ao 6 (seis), como resultados possíveis para esse experimento.

Evento: Qualquer subconjunto do espaço amostral é chamado evento. No lançamento de um dado, por exemplo, em relação à face voltada para cima, podemos ter os eventos:

> O número par: {2, 4, 6}.
> O número ímpar: {1, 3, 5}.
> Múltiplo de 8: { }.

5.2 Fórmula da Probabilidade

Considere um experimento aleatório em que para cada um dos n eventos simples, do espaço amostral U, a chance de ocorrência é a mesma. Nesse caso o calculo da probabilidade de um evento qualquer dado pela fórmula:

$$P(A) = \frac{n(A)}{n(U)}$$

Na expressão acima, **n (U)** é o número de elementos do espaço amostral **U** e **n (A)**, o número de elementos do evento **A**.

$$P = \frac{\text{evento}}{\text{espaço amostral}}$$

Os valores da probabilidade variam de 0 (0%) a 1 (100%).

Quando a probabilidade é de 0 (0%), diz-se que o evento é impossível.

Ex.: Chance de você não passar num concurso.

Quando a probabilidade é de 1 (100%), diz-se que o evento é certo.

Ex.: Chance de você passar num concurso.

Qualquer outro valor entre 0 e 1, caracteriza-se como a probabilidade de um evento.

Na probabilidade também se usa o PFC, ou seja sempre que houver duas ou mais probabilidades ligadas pelo conectivo "e" elas serão multiplicadas, e quando for pelo "ou", elas serão somadas.

5.3 Eventos Complementares

Dois eventos são ditos **complementares** quando a chance do evento ocorrer somado à chance de ele não ocorrer sempre dá 1 (um).

$$P(A) + P(\bar{A}) = 1$$

Sendo:

P(A) = a probabilidade do evento ocorrer;

P(Ā) = a probabilidade do evento não ocorrer.

5.4 Casos Especiais de Probabilidade

A partir de agora veremos algumas situações típicas da probabilidade, que servem para não perdermos tempo na resolução das questões.

Eventos independentes

Dois ou mais eventos são independentes quando não dependem uns dos outros para acontecer, porém ocorrem simultaneamente. Para calcular a probabilidade de dois ou mais eventos independentes, basta multiplicar a probabilidade de cada um deles.

Ex.: Uma urna tem 30 bolas, sendo 10 vermelhas e 20 azuis. Se sortearmos 2 bolas, 1 de cada vez e repondo a sorteada na urna, qual será a probabilidade de a primeira ser vermelha e a segunda ser azul?

Sortear uma bola vermelha da urna não depende de uma bola azul ser sorteada e vice-versa, então a probabilidade da bola ser vermelha é $\frac{10}{30}$, e para a bola ser azul a probabilidade é $\frac{20}{30}$. Dessa forma, a probabilidade de a primeira bola ser vermelha e a segunda azul é:

$$P = \frac{20}{30} \cdot \frac{10}{30}$$

$$P = \frac{200}{900}$$

$$P = \frac{2}{9}$$

Probabilidade condicional

É a probabilidade de um evento ocorrer sabendo que já ocorreu outro, relacionado a esse.

A fórmula para o cálculo dessa probabilidade é:

$$P_{A/B} = \frac{P_{(A \cap B)}}{P_B}$$

$$P = \frac{\textbf{probabilidade dos eventos simultâneos}}{\textbf{probabilidade do evento condicional}}$$

Probabilidade da união de dois eventos

Assim como na teoria de conjuntos, faremos a relação com a fórmula do número de elementos da união de dois conjuntos. É importante lembrar que "ou" significa união.

A fórmula para o cálculo dessa probabilidade é:

$$P(A \cup B) = P(A) + P(B) - P(A \cap B)$$

Ex.: Ao lançarmos um dado, qual é a probabilidade de obtermos um número primo ou um número ímpar?

Os números primos no dado são 2, 3 e 5, já os números ímpares no dado são 1, 3 e 5, então os números primos e ímpares são 3 e 5. Aplicando a fórmula para o cálculo da probabilidade fica:

$$P_{(A \cup B)} = \frac{3}{6} + \frac{3}{6} - \frac{2}{6}$$

$$P_{(A \cup B)} = \frac{4}{6}$$

$$P_{(A \cup B)} = \frac{2}{3}$$

Probabilidade binomial

Essa probabilidade é a chamada probabilidade estatística e será tratada aqui de forma direta e com o uso da fórmula.

A fórmula para o cálculo dessa probabilidade é:

$$P = C_{n,s} \cdot P^{s}_{sucesso} \cdot P^{f}_{fracasso}$$

Sendo:

C = o combinação;

n = o número de repetições do evento;

s = o números de "sucessos" desejados;

f = o número de "fracassos".

Questões

01. (ESAF) Em um experimento binomial com três provas, a probabilidade de ocorrerem dois sucessos é doze vezes a probabilidade de ocorrerem três sucessos. Desse modo, as probabilidades de sucesso e fracasso são, em percentuais, respectivamente, iguais a:

a) 80% e 20%
b) 30% e 70%
c) 60% e 40%
d) 20% e 80%
e) 25% e 75%

02. (FCC) Para disputar a final de um torneio internacional de natação, classificaram-se 8 atletas: 3 norte-americanos, 1 australiano, 1 japonês, 1 francês e 2 brasileiros. Considerando que todos os atletas classificados são ótimos e têm iguais condições de receber uma medalha (de ouro, prata ou bronze), a probabilidade de que pelo menos um brasileiro esteja entre os três primeiros colocados é igual a:

a) 5/14
b) 3/7
c) 4/7
d) 9/14
e) 5/7

Gabaritos

01	D
02	D

6. TEORIA DOS CONJUNTOS

Frequentemente, usa-se a noção de conjunto. O principal exemplo de conjunto são os conjuntos numéricos, que, advindos da necessidade de contar ou quantificar as coisas ou objetos, foram adquirindo características próprias que os diferem. Os componentes de um conjunto são chamados de elementos. Costuma-se representar um conjunto nomeando os elementos um a um, colocando-os entre chaves e separando-os por vírgula; é o que chamamos de representação por extensão. Para nomear um conjunto, usa-se geralmente uma letra maiúscula. Exemplos:

A = {1,2,3,4,5} → **conjunto finito**

B = {1,2,3,4,5,...} → **conjunto infinito**

6.1 Definições

Ex.: Se quisermos montar o conjunto das vogais do alfabeto, os ***elementos*** serão a, e, i, o, u.

A nomenclatura dos conjuntos é formada pelas letras maiúsculas do alfabeto.

Ex.: Conjunto dos estados da região Sul do Brasil: A = {Paraná, Santa Catarina, Rio Grande do Sul}.

Representação dos conjuntos

Os conjuntos podem ser representados tanto em **chaves** como em **diagramas**.

ATENÇÃO! Quando é dada uma propriedade característica dos elementos de um conjunto, diz-se que ele está representado por compreensão. Vejamos:

A = {x |x é um múltiplo de dois maior que zero}

Representação em chaves

Conjuntos dos estados brasileiros que fazem fronteira com o Paraguai:

B = {Paraná, Mato Grosso do Sul}.

Representação em diagramas

Ex.: Conjuntos das cores da bandeira do Brasil:

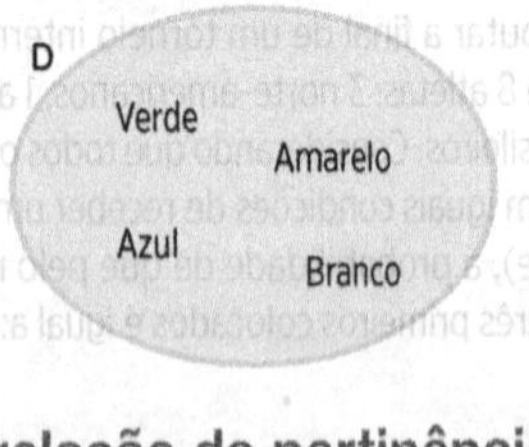

Elementos e relação de pertinência

Quando um elemento está em um conjunto, dizemos que ele pertence a esse conjunto. A relação de pertinência é representada pelo símbolo ∈ (pertence).

Ex.: Conjunto dos algarismos pares: **G** = {2, 4, 6, 8, 0}.

Observe que:

4 ∈ G

7 ∉ G

Conjunto unitário, conjunto vazio e conjunto universo

Conjunto unitário: possui um só elemento.

Ex.: Conjunto da capital do Brasil: K = {Brasília}

Conjunto vazio: simbolizado por Ø ou {}, é o conjunto que não possui elemento.

Ex.: Conjunto dos estados brasileiros que fazem fronteira com o Chile: M = Ø.

Conjunto universo: Em inúmeras situações é importante estabelecer o conjunto U ao qual pertencem os elementos de todos os conjuntos considerados. Esse conjunto é chamado de conjunto universo. Assim:

> Quando se estuda as letras, o conjunto universo das letras é o Alfabeto

> Quando se estuda a população humana, o conjunto universo é constituído de todos os seres humanos.

Para descrever um conjunto A por meio de uma propriedade característica p de seus elementos, deve-se mencionar, de modo explícito ou não, o conjunto universo U no qual se está trabalhando:

Ex.: A = {x ∈ R | x>2}, onde U = R → forma explícita

A = {x | x > 2} → forma implícita.

6.2 Subconjuntos

Diz-se que B é um subconjunto de A se, e somente se, todos os elementos de B pertencem a A.

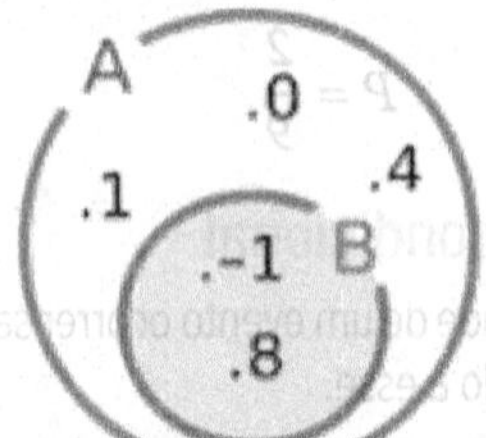

Deve-se notar que A = {-1,0,1,4,8} e B = {-1,8}, ou seja, todos os elementos de B também são elementos do conjunto A.

Nesse caso, diz-se que B está contido em A ou B é subconjunto de A. (B ⊂ A). Pode-se dizer também que A contém B. (A ⊃ B).

OBSERVAÇÕES:

> Se A ⊂ B e B ⊂ A, então A = B.

> Os símbolos ⊂ (contido), ⊃ (contém), ⊄ (não está contido) e ⊅ (não contém) são utilizados para relacionar conjuntos.

> Para todo conjunto A, tem-se A ⊂ A.

> Para todo conjunto A, tem-se Ø ⊂ A, onde Ø representa o conjunto vazio.

> Todo conjunto é subconjunto de si próprio (D ⊂ D);

> O conjunto vazio é subconjunto de qualquer conjunto (Ø ⊂ D);

> Se um conjunto A possui "p" elementos, então ele possui 2^p subconjuntos;

> O conjunto formado por todos os subconjuntos de um conjunto A, é denominado conjunto das partes de A. Assim, se A = {4, 7}, o conjunto das partes de A, é dado por {∅, {4}, {7}, {4, 7}}.

6.3 Operações com Conjuntos

União de conjuntos: a união de dois conjuntos quaisquer será representada por "A ∪ B" e terá os elementos que pertencem a A "ou" a B, ou seja, TODOS os elementos.

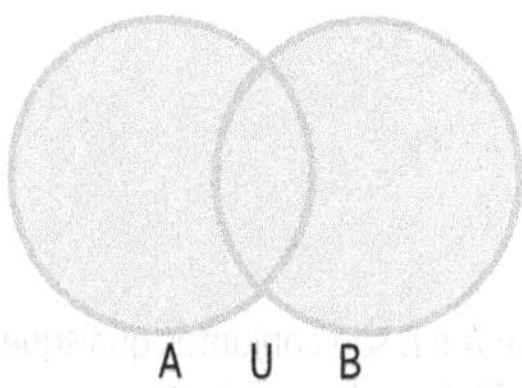

A ∪ B

Interseção de conjuntos: a interseção de dois conjuntos quaisquer será representada por "A ∩ B". Os elementos que fazem parte do conjunto interseção são os elementos COMUNS aos dois conjuntos.

A ∩ B

Conjuntos disjuntos: Se dois conjuntos não possuem elementos em comum, diz-se que eles são disjuntos. Simbolicamente, escreve-se A ∩ B = ∅. Nesse caso, a união dos conjuntos A e B é denominada união disjunta. O número de elementos A ∩ B nesse caso é igual a zero.

n (A ∩ B) = 0.

Ex.:

Seja A = {1, 2, 3, 4, 5}, B = {1, 5, 6, 3}, C = {2, 4, 7, 8, 9} e D = {10, 20}. Tem-se:

A ∪ B = {1,2,3,4,5,6}

B ∪ A = {1,2,3,4,5,6}

A ∩ B = {1,3,5}

B ∩ A = {1,3,5}

A ∪ B ∪ C = {1,2,3,4,5,6,7,8,9} e

A ∩ D = ∅.

É possível notar que A, B e C são todos disjuntos com D, mas A, B e C não são dois a dois disjuntos.

Diferença de conjuntos: a diferença de dois conjuntos quaisquer será representada por "A – B" e terá os elementos que pertencem somente a A, mas não pertencem a B, ou seja, que são EXCLUSIVOS de A.

A - B

Complementar de um conjunto: se A está contido no conjunto universo U, o complementar de A é a diferença entre o conjunto universo e o conjunto A, será representado por "$C_U^{(A)}$ = U - A" e terá todos os elementos que pertencem ao conjunto universo, menos os que pertencem ao conjunto A.

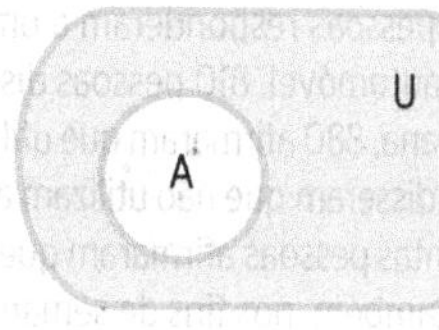

$C_p(A)$

Questões

01. Dados os conjuntos A = {1, 2, 3, 4, 6}, B = {1, 2, 3, 5, 7} e C = {3, 4, 5, 8, 9}, determine o conjunto X sabendo que X ⊂ C e C – X = B ∩ C.

a) X = {3, 5}

b) X = {1, 2, 7}

c) X = {2, 3, 4}

d) X = {3, 4, 7}

e) X = {4, 8, 9}

02. (EPCAR) Para uma turma de 80 alunos do CPCAR, foi aplicada uma prova de Matemática valendo 9,0 pontos distribuídos igualmente em 3 questões sobre:

1ª FUNÇÃO

2ª GEOMETRIA

3ª POLINÔMIOS

Sabe-se que:

Apesar de 70% dos alunos terem acertado a questão sobre **função**, apenas 1/10 da turma conseguiu nota 9,0;

20 alunos acertaram as questões sobre **função** e **geometria**;

22 acertaram as questões sobre **geometria** e **Polinômios**;

18 acertaram as questões sobre **função** e **polinômios**.

A turma estava completa nessa avaliação, ninguém tirou nota zero, no critério de correção não houve questões com acertos parciais e o número de acertos apenas em **geometria** é o mesmo que o número de acertos apenas em **polinômios**.

Nessas condições, é correto afirmar que:

a) O número de alunos que só acertaram a 2ª questão é o dobro do número de alunos que acertaram todas as questões.

b) Metade da turma só acertou uma questão.

c) Mais de 50% da turma errou a terceira questão.

d) Apenas 3/4 da turma atingiu a média maior ou igual a 5,0.

03. (UPENET) Se A, B e C são conjuntos não vazios, sendo N(X) = número de elementos do conjunto X, é CORRETO afirmar que das afirmativas abaixo:

I. $A \cap (B \cup C) = (A \cap B) \cup (A \cap C)$;

II. $N(A \cap B) = N(A \cup B) - N(A) + N(B)$;

III. Se $A \cap B = \emptyset$, então, obrigatoriamente, $A = B = \emptyset$.

a) I é verdadeira.
b) I e II são verdadeiras.
c) III é verdadeira.
d) I, II e III são verdadeiras.
e) II e III são verdadeiras.

04. (CESGRANRIO) 1000 pessoas responderam a uma pesquisa sobre a frequência do uso de automóvel. 810 pessoas disseram utilizar automóvel em dias de semana, 880 afirmaram que utilizam automóvel nos finais de semana e 90 disseram que não utilizam automóveis. Do total de entrevistados, quantas pessoas afirmaram que utilizam automóvel durante a semana e, também, nos fins de semana?

a) 580
b) 610
c) 690
d) 710
e) 780

05. (FCC) Dos 36 funcionários de uma agência bancária, sabe-se que: apenas 7 são fumantes, 22 são do sexo masculino e 11 são mulheres que não fumam. Com base nessas afirmações, é correto afirmar que o:

a) Número de homens que não fumam é 18.
b) Número de homens fumantes é 5.
c) Número de mulheres fumantes é 4.
d) Total de funcionários do sexo feminino é 15.
e) Total de funcionários não fumantes é 28.

06. (CESGRANRIO) Considere os conjuntos A, B e C, seus respectivos complementares AC, BC e CC e as seguintes declarações:

I. $A \cup (B \cap C) = (A \cap B) \cup (A \cap C)$;

II. $A \cap (B \cup C) = (A \cup B) \cap (A \cup C)$;

III. $(B \cap C)C = BC \cap CC$.

Para esses conjuntos e seus respectivos complementares, está(ão) correta(s) a(s) declaração(ões):

a) II, somente.
b) III, somente.
c) I e II, somente.
d) I e III, somente.
e) I, II e III.

07. (FUMARC) Em minha turma da Escola, tenho colegas que falam, além do Português, duas línguas estrangeiras: Inglês e Espanhol. Tenho, também, colegas que só falam Português. Assim:

4 colegas só falam Português;

25 colegas, além do Português, só falam Inglês;

6 colegas, além do Português, só falam Espanhol;

10 colegas, além do Português, falam Inglês e Espanhol.

Diante desse quadro, quantos alunos há na minha turma?

a) 46
b) 45
c) 44
d) 43
e) 42

08. (CESGRANRIO) Em um grupo de 48 pessoas, 9 não têm filhos. Dentre as pessoas que têm filhos, 32 têm menos de 4 filhos e 12, mais de 2 filhos. Nesse grupo, quantas pessoas têm 3 filhos?

a) 4
b) 5
c) 6
d) 7
e) 8

09. (CESGRANRIO) Se A e B são conjuntos quaisquer e C (A, B) = A - (A ∩ B) então C (A, B) é igual ao conjunto:

a) $\emptyset$
b) B
c) B - A
d) A - B
e) (A U B) - A

10. (CEPERJ) Dois conjuntos B e C são subconjuntos de um conjunto A, porém A também é subconjunto de B e contém os elementos de C. Desse modo, pode-se afirmar que:

a) $A = B$ e $C \subset B$
b) $A \supset B$ e $C \supset B$
c) $A \in B$ e $C \supset B$
d) $A \in B$ e $C = B$
e) $A = B$ e $B = C$

Gabaritos

01	E	06	B
02	C	07	A
03	A	08	B
04	E	09	D
05	A	10	A

7. SISTEMA LEGAL DE MEDIDAS

7.1 Medidas de Tempo

A unidade padrão do tempo é o segundo (s), mas devemos saber as seguintes relações:

1 min = 60 s

1h = 60 min = 3600 s

1 dia = 24 h = 1440 min = 86400 s

30 dias = 1 mês

2 meses = 1 bimestre

6 meses = 1 semestre

12 meses = 1ano

10 anos = 1 década

100 anos = 1 século

Exs.: 5h47min18seg + 11h39min59s = 26h86min77s = 26h87min17s = 27h27min17s= 1dia3h27mim17s;

8h23min – 3h49min51seg = 7h83min – 3h49min51seg = 7h82min60seg – 3h49min51seg = 4h33min9seg.

Cuidado com as transformações de tempo, pois elas não seguem o mesmo padrão das outras medidas.

7.2 Sistema Métrico Decimal

Serve para medir comprimentos, distâncias, áreas e volumes. Tem como unidade padrão o metro (m). Veremos agora seus múltiplos, variações e algumas transformações.

Metro (m):

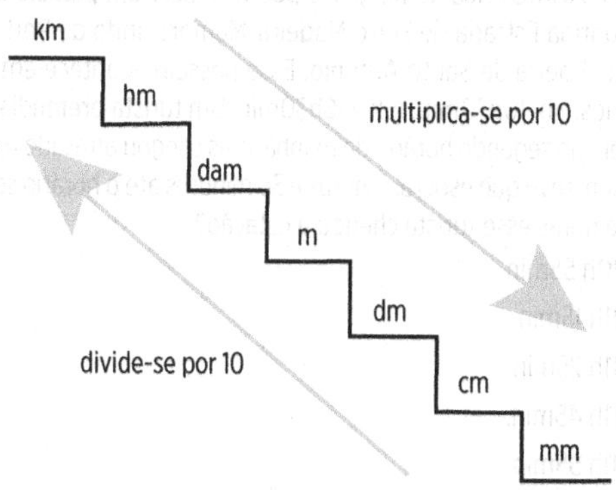

Para cada degrau descido da escada, multiplica-se por 10, e para cada degrau subido, divide-se por 10.

Exs.: Transformar 2,98km em cm = 2,98 · 100.000 = 298.000cm (na multiplicação por 10 ou suas potências, basta deslocar a "vírgula" para a direita);

Transformar 74m em km = 74 ÷ 1000 = 0,074km (na divisão por 10 ou suas potências, basta deslocar a "vírgula" para a esquerda).

O grama (g) e o litro (l) seguem o mesmo padrão do metro (m).

Metro quadrado (m^2):

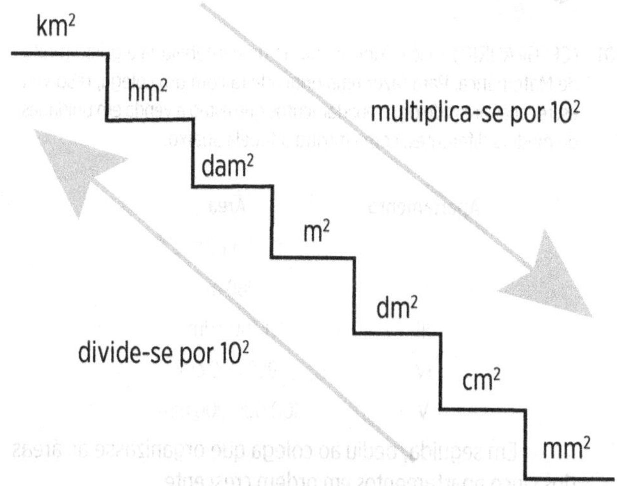

Para cada degrau descido da escada multiplica por 10^2 ou 100, e para cada degrau subido divide por 10^2 ou 100.

Exs.: Transformar $79{,}11m^2$ em cm^2 = 79,11 · 10.000 = $791.100cm^2$;

Transformar $135m^2$ em km^2 = 135 ÷ 1.000.000 = $0{,}000135km^2$.

Metro cúbico (m^3):

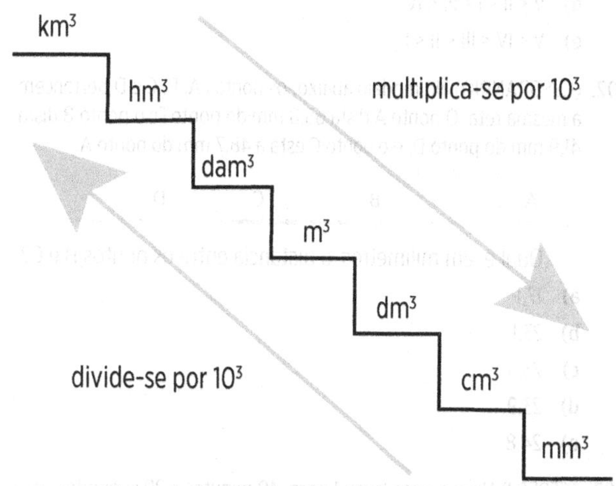

Para cada degrau descido da escada, multiplica-se por 10^3 ou 1000, e para cada degrau subido, divide-se por 10^3 ou 1000.

Exs.: Transformar $269dm^3$ em cm^3 = 269 · 1.000 = $269.000cm^3$

Transformar $4.831cm^3$ em m^3 = 4.831 ÷ 1.000.000 = $0{,}004831m^3$

O metro cúbico, por ser uma medida de volume, tem relação com o litro (l), e essa relação é:

$1m^3$ = 1000 litros

$1dm^3$ = 1 litro

$1cm^3$ = 1 mililitro

Questões

01. (CESGRANRIO) José é funcionário de uma imobiliária e gosta muito de Matemática. Para fazer uma brincadeira com um colega, resolveu escrever as áreas de cinco apartamentos que estão à venda em unidades de medida diferentes, como mostra a tabela abaixo.

Apartamento	Área
I	0,000162 km²
II	180 m²
III	12.800 dm²
IV	950.000 cm²
V	100.000.000 mm²

Em seguida, pediu ao colega que organizasse as áreas dos cinco apartamentos em ordem crescente.

O colega de José respondeu corretamente ao desafio proposto apresentando a ordem:

a) I < II < III < IV < V

b) II < I < IV < V < III

c) IV < V < III < I < II

d) V < II < I < III < IV

e) V < IV < III < II < I

02. (CESGRANRIO) No modelo abaixo, os pontos A, B, C e D pertencem à mesma reta. O ponto A dista 65,8 mm do ponto D; o ponto B dista 41,9 mm do ponto D, e o ponto C está a 48,7 mm do ponto A.

Qual é, em milímetros, a distância entre os pontos B e C?

a) 17,1

b) 23,1

c) 23,5

d) 23,9

e) 24,8

03. (CEPERJ) Uma pessoa levou 1 hora, 40 minutos e 20 segundos para realizar determinada tarefa. O tempo total de trabalho dessa pessoa, em segundos, vale:

a) 120

b) 1420

c) 3660

d) 4120

e) 6020

04. (FCC) Sabe-se que, num dado instante, a velocidade de um veículo era v = 0,0125 km/s. Assim sendo, é correto afirmar que, em metros por hora, v seria igual a:

a) 45 000.

b) 25 000.

c) 7 500.

d) 4 500.

e) 2 500.

05. (FCC) Considere que:

> 1 milissegundo (ms) = 10^{-3} segundo

> 1 microssegundo (μs) = 10^{-6} segundo

> 1 nanossegundo (ns) = 10^{-9} segundo

> 1 picossegundo (ps) = 10^{-12} segundo

Nessas condições, a soma 1 ms + 10 μs + 100 ns + 1 000 ps NÃO é igual a:

a) 1,010101 ms.

b) 0,001010101 s.

c) 1.010.101.000 ps.

d) 1.010.101 ns.

e) 10.101,01 μs.

06. (CPCAR) Três alunos A, B e C participam de uma gincana e uma das tarefas é uma corrida em pista circular. Eles gastam para esta corrida, respectivamente, 1,2 minutos, 1,5 minutos e 2 minutos para completarem uma volta na pista. Eles partem do mesmo local e no mesmo instante. Após algum tempo, os três alunos se encontram pela primeira vez no local de partida. Considerando os dados acima, assinale a alternativa correta.

a) Na terceira vez que os três se encontrarem, o aluno menos veloz terá completado 12 voltas.

b) O tempo que o aluno B gastou até que os três se encontraram pela primeira vez foi de 4 minutos.

c) No momento em que os três alunos se encontraram pela segunda vez, o aluno mais veloz gastou 15 minutos.

d) A soma do número de voltas que os três alunos completaram quando se encontraram pela segunda vez foi 24.

07. (CESGRANRIO) Aos domingos, é possível fazer um passeio de 7 km pela antiga Estrada de Ferro Madeira-Mamoré, indo de Porto Velho até Cachoeira de Santo Antônio. Esse passeio acontece em quatro horários: 9h, 10h30min, 15h e 16h30min. Um turista pretendia fazer o passeio no segundo horário da manhã, mas chegou atrasado à estação e, assim, teve que esperar 3 horas e 35 minutos até o horário seguinte. A que horas esse turista chegou à estação?

a) 10h 55min.

b) 11h 15min.

c) 11h 25min.

d) 11h 45min.

e) 11h 55min.

Gabaritos

01	C	05	E
02	E	06	D
03	E	07	C
04	A		

8. RAZÕES E PROPORÇÕES

Neste capítulo, estão presentes alguns assuntos muito incidentes em provas: razões e proporções. É preciso que haja atenção no estudo desse conteúdo.

8.1 Grandeza

É tudo aquilo que pode ser contado, medido ou enumerado.

Ex.: Comprimento (distância), tempo, quantidade de pessoas e/ou coisas, etc.

Grandezas Diretamente Proporcionais: são aquelas em que o aumento de uma implica o aumento da outra.

Ex.: Quantidade e preço.

Grandezas Inversamente Proporcionais: são aquelas em que o aumento de uma implica a diminuição da outra.

Ex.: Velocidade e tempo.

8.2 Razão

É a comparação de duas grandezas. Essas grandezas podem ser de mesma espécie (com a mesma unidade) ou de espécies diferentes (unidades diferentes). Nada mais é do que uma fração do tipo $\frac{a}{b}$, com $b \neq 0$.

Nas razões, os numeradores são também chamados de antecedentes e os denominadores de consequentes.

Exs.:

Escala: comprimento no desenho comparado ao tamanho real.

Velocidade: distância comparada ao tempo.

8.3 Proporção

Pode ser definida como a igualdade de razões.

$$\frac{a}{b} = \frac{c}{d}$$

Dessa igualdade, tiramos a propriedade fundamental das proporções: "o produto dos meios igual ao produto dos extremos" (a chamada "multiplicação cruzada").

$$b \cdot c = a \cdot d$$

É basicamente essa propriedade que ajuda resolver a maioria das questões desse assunto.

Dados três números racionais a, b e c, não nulos, denomina-se quarta proporcional desses números um número x tal que:

$$\frac{a}{b} = \frac{c}{x}$$

Proporção contínua é toda proporção que apresenta os meios iguais.

De um modo geral, uma proporção contínua pode ser representada por:

$$\frac{a}{b} = \frac{b}{c}$$

As outras propriedades das proporções são:

Numa proporção, a soma dos dois primeiros termos está para o 2º (ou 1º) termo, assim como a soma dos dois últimos está para o 4º (ou 3º).

$$\frac{a+b}{b} = \frac{c+d}{d} \text{ ou } \frac{a+b}{a} = \frac{c+d}{c}$$

Numa proporção, a diferença dos dois primeiros termos está para o 2º (ou 1º) termo, assim como a diferença dos dois últimos está para o 4º (ou 3º).

$$\frac{a-b}{b} = \frac{c-d}{d} \text{ ou } \frac{a-b}{a} = \frac{c-d}{c}$$

Numa proporção, a soma dos antecedentes está para a soma dos consequentes, assim como cada antecedente está para o seu consequente.

$$\frac{a+c}{b+d} = \frac{c}{d} = \frac{a}{b}$$

Numa proporção, a diferença dos antecedentes está para a diferença dos consequentes, assim como cada antecedente está para o seu consequente.

$$\frac{a-c}{b-d} = \frac{c}{d} = \frac{a}{b}$$

Numa proporção, o produto dos antecedentes está para o produto dos consequentes, assim como o quadrado de cada antecedente está para quadrado do seu consequente.

$$\frac{a \cdot c}{b \cdot d} = \frac{a^2}{b^2} = \frac{c^2}{d^2}$$

A última propriedade pode ser estendida para qualquer número de razões.

$$\frac{a \cdot c \cdot e}{b \cdot d \cdot f} = \frac{a^3}{b^3} = \frac{c^3}{d^3} = \frac{e^3}{f^3}$$

8.4 Divisão em Partes Proporcionais

Para dividir um número em partes direta ou inversamente proporcionais, basta seguir algumas regras:

Divisão em partes diretamente proporcionais

Divida o número 50 em partes diretamente proporcionais a 4 e a 6.

$4x + 6x = 50$

$10x = 50$

$x = \frac{50}{10}$

$x = 5$

x = constante proporcional

Então, $4x = 4 \cdot 5 = 20$ e $6x = 6 \cdot 5 = 30$

Logo, a parte proporcional a 4 é o 20 e a parte proporcional ao 6 é o 30.

Divisão em partes inversamente proporcionais

Divida o número 60 em partes inversamente proporcionais a 2 e a 3.

$$\frac{x}{2}+\frac{x}{3}=60$$

$$\frac{3x}{6}+\frac{2x}{6}=$$

$$60$$

$$5x=60\cdot 6$$

$$5x=360$$

$$x=\frac{360}{5}$$

$$x=72$$

x = constante proporcional

Então, $\frac{x}{2}=\frac{72}{2}=36$ e $\frac{x}{3}=\frac{72}{3}=24$

Logo, a parte proporcional a 2 é o 36 e a parte proporcional ao 3 é o 24.

Perceba que, na divisão diretamente proporcional, quem tiver a maior parte ficará com o maior valor. Já na divisão inversamente proporcional, quem tiver a maior parte ficará com o menor valor.

8.5 Regra das Torneiras

Sempre que uma questão envolver uma "situação" que pode ser feita de um jeito em determinado tempo (ou por uma pessoa) e, em outro tempo, de outro jeito (ou por outra pessoa), e quiser saber em quanto tempo seria se fosse feito tudo ao mesmo tempo, usa-se a regra da torneira, que consiste na aplicação da seguinte fórmula:

$$t_T=\frac{t_1\cdot t_2}{t_1+t_2}$$

Em que "t" é o tempo.

Quando houver mais de duas "situações", é melhor usar a fórmula:

$$\frac{1}{t_T}=\frac{1}{t_1}+\frac{1}{t_2}+...+\frac{1}{t_n}$$

Em que "n" é a quantidade de situações.

Uma torneira enche um tanque em 6h. Uma segunda torneira enche o mesmo tanque em 8h. Se as duas torneiras forem abertas juntas quanto tempo vão levar para encher o mesmo tanque?

$$t_T=\frac{t_1\cdot t_2}{t_1+t_2}$$

$$t_T=\frac{6\cdot 8}{6+8}=\frac{48}{14}=3h\ 25min\ e\ 43s$$

8.6 Regra de Três

Mecanismo prático e/ou método utilizado para resolver questões que envolvem razão e proporção (grandezas).

Regra de três simples

Aquela que só envolve duas grandezas.

Ex.: Durante uma viagem um carro consome 20 litros de combustível para percorrer 240km, quantos litros são necessários para percorrer 450km?

Primeiro, verifique se as grandezas envolvidas na questão são direta ou inversamente proporcionais, e monte uma estrutura para visualizar melhor a questão.

Distância	Litro
240	20
450	x

Ao aumentar a distância, a quantidade de litros de combustível necessária para percorrer essa distância também vai aumentar, então, as grandezas são diretamente proporcionais.

$$\frac{20}{x}=\frac{240}{450}$$

Aplicando a propriedade fundamental das proporções:

240x = 9000

$$x=\frac{9000}{240}=37{,}5\ litros$$

Regra de três composta

Aquela que envolve mais de duas grandezas.

Ex.: Dois pedreiros levam nove dias para construir um muro com 2m de altura. Trabalhando três pedreiros e aumentando a altura para 4m, qual será o tempo necessário para completar esse muro?

Neste caso, deve-se comparar uma grandeza de cada vez com a variável.

Dias	Pedreiros	Altura
9	2	2
x	3	4

Note que, ao aumentar a quantidade de pedreiros, o número de dias necessários para construir um muro diminui, então as grandezas pedreiros e dias são inversamente proporcionais. No entanto, se aumentar a altura do muro, será necessário mais dias para construí-lo. Dessa forma as grandezas muro e dias são diretamente proporcionais. Para finalizar, basta montar a proporção e resolver, lembrando que quando uma grandeza for inversamente proporcional à variável sua fração será invertida.

$$\frac{9}{x}=\frac{3}{2}\cdot\frac{2}{4}$$

$$\frac{9}{x}=\frac{6}{8}$$

Ex.: Aplicando a propriedade fundamental das proporções:

$$6x=72$$

$$X=\frac{72}{6}=12\ dias$$

Questões

01. (FCC) Uma torneira enche um tanque, sozinha, em 2 horas enquanto outra torneira demora 4 horas. Em quanto tempo as duas torneiras juntas encherão esse mesmo tanque?

a) 1h10min
b) 1h20min
c) 1h30min
d) 1h50min
e) 2h

02. (EPCAR) Um reservatório possui 4 torneiras. A primeira torneira gasta 15 horas para encher todo o reservatório; a segunda, 20 horas; a terceira, 30 horas e a quarta, 60 horas. Abrem-se as 4 torneiras, simultaneamente, e elas ficam abertas despejando água por 5 horas. Após esse período fecham-se, ao mesmo tempo, a primeira e a segunda torneiras. Considerando que o fluxo de cada torneira permaneceu constante enquanto esteve aberta, é correto afirmar que o tempo gasto pelas demais torneiras, em minutos, para completarem com água o reservatório, é um número cuja soma dos algarismos é:

a) Par maior que 4 e menor que 10
b) Par menor ou igual a 4
c) Ímpar maior que 4 e menor que 12
d) Ímpar menor que 5

03. (ESAF) A taxa cobrada por uma empresa de logística para entregar uma encomenda até determinado lugar é proporcional à raiz quadrada do peso da encomenda. Ana, que utiliza, em muito, os serviços dessa empresa, pagou para enviar uma encomenda de 25kg uma taxa de R$ 54,00. Desse modo, se Ana enviar a mesma encomenda de 25kg dividida em dois pacotes de 16kg e 9kg, ela pagará o valor total de:

a) 54,32.
b) 54,86.
c) 76,40.
d) 54.
e) 75,60.

04. (ESAF) Dois trabalhadores, fazendo a jornada de 8 horas por dia cada um, colhem juntos 60 sacos de arroz. Três outros trabalhadores, fazendo a jornada de 10 horas por dia cada um, colhem juntos 75 sacos de arroz em 10 dias. Quanto tempo um trabalhador do primeiro grupo é mais ou menos produtivo que um trabalhador do segundo grupo?

a) O trabalhador do primeiro grupo é 10% menos produtivo.
b) O trabalhador do primeiro grupo é 10% mais produtivo.
c) O trabalhador do primeiro grupo é 25% mais produtivo.
d) As produtividades dos trabalhadores dos dois grupos é a mesma.
e) O trabalhador do primeiro grupo é 25% menos produtivo.

05. (FCC) Uma pesquisa realizada pelo Diretório Acadêmico de uma faculdade mostrou que 65% dos alunos são a favor da construção de uma nova quadra poliesportiva. Dentre os alunos homens, 11 em cada 16 manifestaram-se a favor da nova quadra e, dentre as mulheres, 3 em cada 5. Nessa faculdade, a razão entre o número de alunos homens e mulheres, nessa ordem, é igual a:

a) 4/3
b) 6/5
c) 7/4
d) 7/5
e) 9/7

06. (CESGRARIO) Uma herança no valor de R$ 168.000,00 foi dividida entre quatro irmãos em partes diretamente proporcionais às suas respectivas idades. Se as idades, em número de anos, são 32, 30, 27 e 23, a parte que coube ao mais novo dos irmãos é, em reais, igual a:

a) 23.000
b) 27.600
c) 28.750
d) 32.200
e) 34.500

07. (FCC) Ao serem contabilizados os dias de certo mês, em que três Técnicos Judiciários de uma Unidade do Tribunal Regional do Trabalho prestaram atendimento ao público, constatou-se o seguinte:

> a razão entre os números de pessoas atendidas por Jasão e Moisés, nesta ordem, era 3/5;
> o número de pessoas atendidas por Tadeu era 120% do número das atendidas por Jasão;
> o total de pessoas atendidas pelos três era 348.

Nessas condições, é correto afirmar que, nesse mês:

a) Tadeu atendeu a menor quantidade de pessoas.
b) Moisés atendeu 50 pessoas a mais que Jasão.
c) Jasão atendeu 8 pessoas a mais que Tadeu.
d) Moisés atendeu 40 pessoas a menos que Tadeu.
e) Tadeu atendeu menos que 110 pessoas.

08. (FCC) Suponha que certo medicamento seja obtido adicionando-se uma substância "A" a uma mistura homogênea Ω, composta de apenas duas substâncias X e Y. Sabe-se que:

> O teor de X em Ω é de 60%;
> Se pode obter tal medicamento retirando-se 15 de 50 litros de Ω e substituindo-os por 5 litros de A e 10 litros de Y, resultando em nova mistura homogênea.

Nessas condições, o teor de Y no medicamento assim obtido é de:

a) 52%.
b) 48%.
c) 45%
d) 44%.
e) 42%.

Gabaritos

01	B	05	A
02	B	06	E
03	E	07	E
04	D	08	B

9. PORCENTAGEM E JUROS

O presente capítulo trata de uma pequena parte da matemática financeira, e também do uso das porcentagens, assuntos presentes no dia a dia de todos.

9.1 Porcentagem

É a aplicação da taxa percentual a determinado valor.

Taxa percentual: é o valor que vem acompanhado do símbolo %.

Para fins de cálculo, usa-se a taxa percentual em forma de fração ou em números decimais.

Ex.: 3% = 3/100 = 0,03

15% = 15/100 = 0,15

34% de 1200 = 34/100 . 1200 = 40800/100 = 408

65% de 140 = 0,65 . 140 = 91

9.2 Lucro e Prejuízo

Lucro e prejuízo são resultados de movimentações financeiras.

Custo (C): "Gasto".

Venda (V): "Ganho".

Lucro (L): quando se ganha mais do que se gasta.

$$L = V - C$$

Prejuízo (P): quando se gasta mais do que se ganha.

$$P = C - V$$

Basta substituir no lucro ou no prejuízo o valor da porcentagem, no custo ou na venda.

Ex.: Um computador foi comprado por R$ 3.000,00 e revendido com lucro de 25% sobre a venda. Qual o preço de venda?

Como o lucro foi na venda, então L = 0,25V:

L = V – C

0,25V = V – 3.000

0,25V – V = -3.000

-0.75V = -3.000 (-1)

0,75V = 3.000

$$V = \frac{3000}{0{,}75} = \frac{300000}{75} = 4.000$$

Logo, a venda se deu por R$ 4.000,00.

9.3 Juros Simples

Juros: atributos (ganhos) de uma operação financeira.

Juros simples: os valores são somados ao capital apenas no final da aplicação. Somente o capital rende juros.

Para o cálculo de juros simples, usa-se a seguinte fórmula:

$$J = C \cdot i \cdot t$$

Nas questões de juros, as taxas de juros e os tempos devem estar expressos pela mesma unidade.

- J = juros;
- C = capital;
- i = taxa de juros;
- t = tempo da aplicação.

Ex.: Um capital de R$ 2.500,00 foi aplicado a juros de 2% ao trimestre durante um ano. Quais os juros produzidos?

Em 1 ano há exatamente 4 trimestres, como a taxa está em trimestre, agora é só calcular:

J = C . i . t

J = 2.500 . 0,02 . 4

J = 200

9.4 Juros Compostos

Os valores são somados ao capital no final de cada período de aplicação, formando um novo capital, para incidência dos juros novamente. É o famoso caso de juros sobre juros.

Para o cálculo de juros compostos, usa-se a seguinte fórmula:

$$M = C \cdot (1 + i)^t$$

- M = montante;
- C = capital;
- i = taxa de juros;
- t = tempo da aplicação.

Um investidor aplicou a quantia de R$ 10.000,00 à taxa de juros de 2% a.m. durante 4 meses. Qual o montante desse investimento?

Aplicando a fórmula, já que a taxa e o tempo estão na mesma unidade:

Ex.: M = C · (1 + i)t

M = 10.000 · (1 + 0,02)4

M = 10.000 · (1,02)4

M = 10.000 · 1,08243216

M = 10.824,32

9.5 Capitalização

Capitalização: acúmulo de capitais (capital + juros).

Nos juros simples, calcula-se por: M = C + J.

Nos juros compostos, calcula-se por: J = M – C.

Em algumas questões terão que ser calculados os montantes do juro simples ou os juros do juro composto.

Questões

01. (ESSA) Um par de coturnos custa na loja "Só Fardas" R$ 21,00 mais barato que na loja "Selva Brasil". O gerente da loja "Selva Brasil", observando essa diferença, oferece um desconto de 15% para que o seu preço se iguale ao de seu concorrente. O preço do par de coturnos, em reais, na loja "Só Fardas" é um número cuja soma dos algarismos é:

a) 9.
b) 11.
c) 10.
d) 13.
e) 12.

02. (EB) Um agricultor colheu dez mil sacas de soja durante uma safra. Naquele momento a soja era vendida a R$ 40,00 a saca. Como a expectativa do mercado era do aumento de preços, ele decidiu guardar a produção e tomar um empréstimo no mesmo valor que obteria se vendesse toda a sua produção, a juros compostos de 10% ao ano. Dois anos depois, ele vendeu a soja a R$ 50,00 a saca e quitou a dívida. Com essa operação ele obteve:

a) Prejuízo de R$ 20.000,00.
b) Lucro de R$ 20.000,00.
c) Prejuízo de R$ 16.000,00.
d) Lucro de R$ 16.000,00.
e) Lucro de R$ 60.000,00.

03. (EB) Um capital de R$ 1.000,00 foi aplicado a juros compostos a uma taxa de 44% a.a.. Se o prazo de capitalização foi de 180 dias, o montante gerado será de:

a) R$ 1.440,00.
b) R$ 1.240,00.
c) R$ 1.680,00.
d) R$ 1.200,00.
e) R$ 1.480,00.

04. (ESSA) O capital de R$ 360,00 foi dividido em duas partes, A e B. A quantia A rendeu em 6 meses o mesmo que a quantia B rendeu em 3 meses, ambos aplicados à mesma taxa no regime de juros simples. Nessas condições, pode-se afirmar que:

a) A = B
b) A = 2B
c) B = 2A
d) A = 3B
e) B = 3A

05. (ESSA) Uma loja de eletrodomésticos paga, pela aquisição de certo produto, o correspondente ao preço x (em reais) de fabricação, mais 5 % de imposto e 3 % de frete, ambos os percentuais calculados sobre o preço x. Vende esse produto ao consumidor por R$ 54,00, com lucro de 25 %. Então, o valor de x é:

a) R$ 36,00
b) R$ 38,00
c) R$ 40,00
d) R$ 41,80
e) R$ 42,40

06. (MB) Em um grupo de 20 pessoas, 40% são homens e 75% das mulheres são solteiras. O número de mulheres casadas é:

a) 3
b) 6
c) 7
d) 8
e) 9

07. (MB) Uma liga é composta por 70% de cobre, 20% de alumínio e 10% de zinco. Qual a quantidade, respectivamente, de cobre, alumínio e zinco em 800 g dessa liga?

a) 100 g, 250 g, 450 g
b) 400 g, 260 g, 140 g
c) 450 g, 250 g, 100 g
d) 560 g, 160 g, 80 g
e) 650 g, 100 g, 50 g

08. (MB) Qual das afirmativas é verdadeira?

a) Dois descontos sucessivos de 10% correspondem a um desconto de 20%.
b) Dois aumentos sucessivos de 15% correspondem a um aumento de 30%.
c) Um desconto de 10% e depois um aumento de 20% correspondem a um aumento de 8%.
d) Um aumento de 20% e depois um desconto de 10% correspondem a um aumento de 10%.
e) Um aumento de 15% e depois um desconto de 25% correspondem a um desconto de 5%.

09. (EPCAR) Lucas e Mateus ganharam de presente de aniversário as quantias x e y reais, respectivamente, e aplicaram, a juros simples, todo o dinheiro que ganharam, da seguinte forma:

Mateus aplicou a quantia y durante um tempo que foi metade do que esteve aplicado a quantia x de Lucas.

Mateus aplicou seu dinheiro a uma taxa igual ao triplo da taxa da quantia aplicada por Lucas.

No resgate de cada quantia aplicada, Lucas e Mateus receberam o mesmo valor de juros.

Se juntos os dois ganharam de presente 516 reais, então x – y é igual a:

a) R$ 103,20
b) R$106,40
c) R$108,30
d) R$109,60

10. (EPCAR) Um terreno que possui 2,5ha de área é totalmente aproveitado para o plantio de arroz. Cada m2 produz 5 litros de arroz que será vendido por 75 reais o saco de 50 kg. Sabe-se que o agricultor teve um total de despesas de 60000 reais, que houve uma perda de 10% na colheita e que vendeu todo o arroz colhido. Se cada litro de arroz corresponde a 800 g de arroz, é correto afirmar que 20% do lucro, em milhares de reais, é um número compreendido entre:

a) 1 e 10
b) 10 e 16
c) 16 e 22
d) 22 e 30

Gabaritos

01	B	06	A
02	D	07	D
03	D	08	C
04	C	09	A
05	C	10	B

10. SEQUÊNCIAS NUMÉRICAS

Neste capítulo, será possível verificar a formação de uma sequência e também do que trata a P.A. (Progressão Aritmética) e a P.G. (Progressão Geométrica).

10.1 Conceitos

Sequências: conjuntos de elementos organizados de acordo com certo padrão, ou seguindo determinada regra. O conhecimento das sequências é fundamental para a compreensão das progressões.

Progressões: as progressões são sequências numéricas com algumas características exclusivas.

Cada elemento das sequências e/ou progressões são denominados termos.

Sequência dos números quadrados perfeitos: (1, 4, 9, 16, 25, 36, 49, 64, 81, 100...);

Sequência dos números primos: (2, 3, 5, 7, 11, 13, 17, 19, 23, 29, 31, 37, 41, 43, 47, 53...).

Veja que na sequência dos números quadrados perfeitos a lei que determina sua formação é: $a_n = n^2$.

10.2 Lei de Formação de uma Sequência

Para determinarmos uma sequência numérica, precisamos de uma lei de formação. A lei que define a sequência pode ser a mais variada possível.

Ex.: A sequência definida pela lei $a_n = n^2 + 1$, com "n" $\in$ N, cujo a_n é o termo que ocupa a n-ésima posição na sequência é: 0, 2, 5, 10, 17, 26... Por esse motivo, a_n é chamado de termo geral da sequência.

10.3 Progressão Aritmética (P.A.)

Progressão aritmética é uma sequência numérica em que cada termo, a partir do segundo, é igual ao anterior adicionado a um número fixo, chamado razão da progressão (r).

Quando r > 0, a progressão aritmética é crescente; quando r < 0, decrescente e quando r = 0, constante ou estacionária.

> (2, 5, 8, 11, ...), temos r = 3. Logo, a P.A. é crescente.
> (20, 18, 16, 14, ...), temos r = -2. Logo, a P.A. é decrescente.
> (5, 5, 5, 5, ...), temos r = 0. Logo, a P.A. é constante.

A representação matemática de uma progressão aritmética é:

$(a_1, a_2, a_3, ..., a_n, a_{n+1}, ...)$ na qual: $\begin{cases} a_2 = a_1 + r \\ a_3 = a_2 + r \\ a_4 = a_3 + r \\ \vdots \end{cases}$

Se a razão de uma PA é a quantidade que acrescentamos a cada termo para obter o seguinte, podemos dizer que ela é igual à diferença entre qualquer termo, a partir do segundo, e o anterior. Assim, de modo geral, temos:

$$r = a_2 - a_1 = a_3 - a_2 = \cdots = a_{n+1} - a_n$$

Para encontrar um termo específico, a quantidade de termos ou até mesmo a razão de uma P.A., dispomos de uma relação chamada termo geral de uma P.A.: an = a1 + (n-1) r, onde:

> a_n é o termo geral;
> a_1 é o primeiro termo;
> n é o número de termos;
> r é a razão da P.A.

Propriedades:

P_1. Em toda P.A. finita, a soma de dois termos equidistantes dos extremos é igual à soma dos extremos.

1   3   5   7   9   11

5 + 7 = 12

3 + 9 = 12

1 + 11 = 12

OBS.: Dois termos são equidistantes quando a distância entre um deles para o primeiro termo da P.A. é igual a distância do outro para o último termo da P.A.

P_2. Uma sequência de três termos é P.A. se, e somente se, o termo médio é igual à média aritmética entre os outros dois, isto é: (a,b,c) é P.A. $\Leftrightarrow b = \frac{a+c}{2}$

Ex.: seja a P.A. (2, 4, 6), então, $4 = \frac{2+6}{2}$

P_3. Em uma P.A. com número ímpar de termos, o termo médio é a média aritmética entre os extremos.

Ex.: (3, 6, 9, 12, 15, 18, 21, 24, 27, 30, 33, 36, 39), $21 = \frac{3+39}{2}$

P_4. A soma S_n dos n primeiros termos da PA $(a_1, a_2, a_3, ...an)$ é dada por:

$$S_n = \frac{(a_1 + a_n) \cdot n}{2}$$

Ex.: Calcule a soma dos temos da P.A. (1, 4, 7, 10, 13, 16, 19, 22, 25).

Resolução:

$a_1 = 1$; $a_n = 25$; n = 9

$$S_n = \frac{(a_1 + a^n) \cdot n}{2}$$

$$S_n = \frac{(1 + 25) \cdot 9}{2}$$

$$S_n = \frac{(26) \cdot 9}{2}$$

$$S_n = \frac{234}{2}$$

$$S_n = 117$$

Interpolação aritmética

Interpolar significa inserir termos, ou seja, interpolação aritmética é a colocação de termos entre os extremos de uma P.A. Consiste basicamente em descobrir o valor da razão da P.A. e, com, isso inserir esses termos.

Utiliza-se a fórmula do termo geral para a resolução das questões, em que "**n**" será igual a "$\mathbf{k + 2}$", cujo "$\mathbf{k}$" é a quantidade de termos que se quer interpolar.

Ex.: Insira 5 termos em uma P.A. que começa com 3 e termina com 15.

Resolução:

$a_1 = 3; a_n = 15; k = 5$ e $n = 5 + 2 = 7$

$a_n = a_1 + (n - 1) \cdot r$

$15 = 3 + (7 - 1) \cdot r$

$15 = 3 + 6r$

$6r = 15 - 3$

$6r = 12$

$r = \frac{12}{6}$

$r = 2$

Então, P.A. (3, 5, 7, 9, 11, 13, 15)

10.4 Progressão Geométrica (P.G.)

Progressão geométrica é uma sequência de números não nulos em que cada termo, a partir do segundo, é igual ao anterior multiplicado por um número fixo, chamado razão da progressão (q).

A representação matemática de uma progressão geométrica é $(a_1, a_2, a_3,\dots,a_{n-1}, an)$, na qual $a_2 = a_1 \cdot q$, $a_3 = a_2 \cdot q$,... etc. De modo geral, escrevemos: $a_{n+1} = a_n \cdot q, \forall n \in N^*$ e $q \in R$.

Em uma P.G., a razão q é igual ao quociente entre qualquer termo, a partir do segundo, e o anterior. Exemplo:

→ (4, 8, 16, 32, 64)

$q = \frac{8}{4} = \frac{16}{8} = \frac{32}{16} = \frac{64}{32} = 2$

→ (6,-18,54,-162)

$q = \frac{186}{6} = \frac{54}{-18} = \frac{-162}{54} = -3$

Assim, podemos escrever:

$\frac{a_2}{a_1} = \frac{a_3}{a_2} = \cdots = \frac{a_{n+1}}{a_n} = q$, sendo q a razão da P.G.

Podemos classificar uma P.G. como:

→ Crescente:

> Quando $a_1 > 0$ e $q > 1$

(2,6,18,54,...) é uma P.G. crescente com $a_1 = 2$ e $q = 3$

> Quando $a_1 < 0$ e $0 < q < 1$

(-40, -20, -10,...) é uma P.G. crescente com $a_1 = -40$ e $q = 1/2$

→ Decrescente:

> Quando $a_1 > 0$ e $0 < q < 1$

(256, 64, 16,...) é uma P.G. decrescente,com $a_1 = 256$ e $q = 1/4$

> Quando $a_1 < 0$ e $q > 1$

(-2, -10, -50,...) é uma P.G. decrescente,com $a_1 = -2$ e $q = 5$

→ Constante:

> Quando q=1

(3, 3, 3, 3, 3,...) é uma P.G. constante,com $a_1 = 3$ e $q = 1$

→ Alternada:

> Quando $q < 0$

(2,-6,18,-54) é uma P.G. alternada,com $a_1 = 2$ e $q = -3$

A fórmula do termo geral de uma PG nos permite encontrar qualquer termo da progressão.

$$a_n = a_1 \cdot q^{n-1}$$

Propriedades:

$\mathbf{P_1}$. Em toda P.G. finita, o produto de dois termos equidistantes dos extremos é igual ao produto dos extremos.

1 3 9 27 81 243

9 . 27 = 243

3 . 81 = 243

1 . 243 = 243

OBS.: Dois termos são equidistantes quando a distância de um deles para o primeiro termo P.G. é igual a distância do outro para o último termo da P.G.

$\mathbf{P_2}$. Uma sequência de três termos, em que o primeiro é diferente de zero, é uma P.G. se, e somente, sem o quadrado do termo médio é igual ao produto dos outros dois, isto é, sendo $a \neq 0$.

Ex.: (a, b, c) é P.G. $\Leftrightarrow b^2 = ac$

$(2, 4, 8) \Leftrightarrow 4^2 = 2 . 8 = 16$

$\mathbf{P_3}$. Em uma P.G. com número ímpar de termos, o quadrado do termo médio é igual ao produto dos extremos.

Ex.: (2, 4, 8, 16, 32, 64, 128, 256, 512), temos que $32^2 = 2 \cdot 512 = 1024$.

$\mathbf{P_4}$ Soma dos n primeiros termos de uma P.G. $S_n = \frac{a_1(q^n - 1)}{q - 1}$

$\mathbf{P_5}$ Soma dos termos de uma P.G. infinita:

Ex.: $S_\infty = \frac{a_1}{1 - q}$, se $-1 < q < 1$

OBS.:

$S_\infty = +\infty$, se $q > 1$ e $a_1 > 0$

$S_\infty = -\infty$, se $q > 1$ e $a_1 < 0$

Interpolação geométrica

Interpolar significa inserir termos, ou seja, interpolação geométrica é a colocação de termos entre os extremos de uma P.G. Consiste basicamente em descobrir o valor da razão da P.G. e, com isso, inserir esses termos.

Utiliza-se a fórmula do termo geral para a resolução das questões, em que "**n**" será igual a "**p + 2**", cujo "**p**" é a quantidade de termos que se quer interpolar.

Ex.: Insira 4 termos em uma P.G. que começa com 2 e termina com 2048.

Resolução:

$a_1 = 2$; $a_n = 2048$; p = 4 e n = 4 + 2 = 6

$$a_n = a_1 \cdot q^{(n-1)}$$

$$2048 = 2 \cdot q^{(6-1)}$$

$$2048 = 2 \cdot q^5$$

$$q^5 = \frac{2048}{2}$$

$$q^5 = 1024 \quad (1024 = 4^5)$$

$$q^5 = 4^5$$

$$q = 4$$

P.G. (2, **8**, **32**, **128**, **512**, 2048).

Produto dos termos de uma p.G.

Para o cálculo do produto dos termos de uma P.G., basta usar a seguinte fórmula:

$$P_n = \sqrt{(a_1 \cdot an)^n}$$

Qual o produto dos termos da P.G. (5, 10, 20, 40, 80, 160).

Resolução:

$a_1 = 5$; $a_n = 160$; n = 6

$$P_n = \sqrt{(a_1 \cdot a_n)^n}$$

$$P_n = \sqrt{(5 \cdot 160)^6}$$

$$P_n = (5 \cdot 160)^3$$

$$P_n = (800)^3$$

$$P_n = 512000000$$

Questões

01. (ESPCEX) Um menino, de posse de uma porção de grãos de arroz, brincando com um tabuleiro de xadrez, colocou um grão na primeira casa, dois grãos na segunda casa,quatro grãos na terceira casa, oito grãos na quarta casa e continuou procedendo desta forma até que os grãos acabaram, em algum momento, enquanto ele preenchia a décima casa. A partir dessas informações, podemos afirmar que a quantidade mínima de grãos de arroz que o menino utilizou na brincadeira é:

a) 480
b) 511
c) 512
d) 1023
e) 1024

02. (CESGRANRIO) Álvaro, Bento, Carlos e Danilo trabalham em uma mesma empresa, e os valores de seus salários mensais formam, nessa ordem, uma progressão aritmética. Danilo ganha mensalmente R$ 1.200,00 a mais que Álvaro, enquanto Bento e Carlos recebem, juntos, R$ 3.400,00 por mês. Qual é, em reais, o salário mensal de Carlos?

a) 1.500,00
b) 1.550,00
c) 1.700,00
d) 1.850,00
e) 1.900,00

03. (CESGRANRIO) Seja a progressão geométrica:

$\sqrt{5}, \sqrt[3]{5}, \sqrt[6]{5}, \ldots$ O quarto termo dessa progressão é:

a) 0
b) $5^{-\frac{1}{6}}$
c) $5^{\frac{1}{9}}$
d) 1
e) 5

04. (CEPERJ) Em uma progressão geométrica, o segundo termo é 27^{-2}, o terceiro termo é 9^4, e o quarto termo é 3_n. O valor de n é:

a) 22
b) 20
c) 18
d) 16
e) 24

05. (CONSULPLAN) Qual é a soma dos termos da sequência (x - 2, 3x - 10, 10 + x, 5x + 2), para que a mesma seja uma progressão geométrica crescente?

a) 52
b) 60
c) 40
d) 48
e) 64

06. (VUNESP) Os valores das parcelas mensais estabelecidas em contrato para pagamento do valor total de compra de um imóvel constituem uma P.A crescente de 5 termos. Sabendo que $a_1 + a_3 = 60$ mil reais, e que $a_1 + a_5 = 100$ mil reais, pode-se afirmar que o valor total de compra desse imóvel foi, em milhares de reais, igual a:

a) 200
b) 220
c) 230
d) 250
e) 280

07. (FGV) Considere a sequência numérica (1, 4, 5, 9, 14, 23, ...). O primeiro número dessa sequência a ter 3 algarismos é:

a) 157
b) 116
c) 135
d) 121
e) 149

08. (FCC) Considere que os números que compõem a sequência seguinte obedecem a uma lei de formação (120; 120; 113; 113; 105; 105; 96; 96; 86; 86; . . .). A soma do décimo quarto e décimo quinto termos dessa sequência é um número:

a) Múltiplo de 5
b) Ímpar
c) Menor do que 100
d) Divisível por 3
e) Maior do que 130

09. (FCC) Às 10 horas do dia 18 de maio de 2007, um tanque continha 9050 litros de água. Entretanto, um furo em sua base fez com que a água escoasse em vazão constante e, então, às 18 horas do mesmo dia restavam apenas 8.850 litros de água em seu interior. Considerando que o furo não foi consertado e não foi colocada água dentro do tanque, ele ficou totalmente vazio às:

a) 11 horas de 02/06/2007
b) 12 horas de 02/06/2007
c) 12 horas de 03/06/2007
d) 13 horas de 03/06/2007
e) 13 horas de 04/06/2007

10. (CEPERJ) Em uma progressão geométrica, o segundo termo é 27^{-2}, o terceiro termo é 4^9, e o quarto termo é 3_n. O valor de n é:

a) 22
b) 20
c) 18
d) 16
e) 24

Gabaritos

01	C	06	D
02	E	07	A
03	D	08	B
04	A	09	B
05	B	10	A

11. MATRIZES, DETERMINANTES E SISTEMAS LINEARES

11.1 Matrizes

Matriz: é uma tabela que serve para organizar dados numéricos em linhas e colunas.

Nas matrizes, cada número é chamado de elemento da matriz, as filas horizontais são chamadas **linhas** e as filas verticais são chamadas **colunas**.

$$\begin{bmatrix} 1 & 4 & 7 \\ 13 & -1 & 18 \end{bmatrix} \rightarrow \text{Linha}$$

$\downarrow$ Coluna

No exemplo, a matriz apresenta 2 linhas e 3 colunas. Dizemos que essa matriz é do tipo 2x3 (2 linhas e 3 colunas). Lê-se dois por três.

Representação de uma matriz

Uma matriz pode ser representada por parênteses ( ) ou colchetes [ ], com seus dados numéricos inseridos dentro desses símbolos matemáticos. Cada um desses dados, ocupam uma posição definida por uma linha e coluna.

A nomenclatura da matriz se dá por uma letra maiúscula. De modo geral, uma matriz A de m linhas e n colunas (m x n) pode ser representada da seguinte forma:

$$A = \begin{bmatrix} a_{11} & a_{12} & a_{13} & \dots & a_{1n} \\ a_{21} & a_{22} & a_{23} & \dots & a_{2n} \\ a_{31} & a_{32} & a_{33} & \dots & a_{3n} \\ \dots & \dots & \dots & \dots & \dots \\ a_{m1} & a_{m2} & a_{m3} & & a_{mn} \end{bmatrix}_{m \times n} \quad \text{com } m, n \in N^*$$

Abreviadamente:

$$A_{m \times n} = [a_{ij}]_{m \times n}$$

Com:

"i" $\in \{1, 2, 3, ..., m\}$ e "j" $\in \{1, 2, 3, ..., n\}$

No qual, "a_{ij}" é o elemento da "i" linha com a "j" coluna.

$$B_{3 \times 2} = \begin{pmatrix} 4 & 7 \\ 6 & 8 \\ 18 & 10 \end{pmatrix} \text{ matriz de ordem 3x2}$$

$$C_{2 \times 2} = \begin{pmatrix} 2 & 13 \\ 18 & 28 \end{pmatrix} \text{ matriz quadrada de ordem 2x2, ou somente 2}$$

Lei de formação de uma matriz

As matrizes possuem uma lei de formação que define seus elementos a partir da posição (linha e coluna) de cada um deles na matriz, e podemos assim representar:

$D = (d_{ij})_{3x3}$ em que $d_{ij} = 2_i - j$

$$D = \begin{pmatrix} d_{11} = 2 \cdot (1) - 1 = 1 & d_{12} = 2 \cdot (1) - 2 = 0 & d_{13} = 2 \cdot (1) - 3 = -1 \\ d_{21} = 2 \cdot (2) - 1 = 3 & d_{22} = 2 \cdot (2) - 2 = 2 & d_{23} = 2 \cdot (2) - 3 = 1 \\ d_{31} = 2 \cdot (3) - 1 = 5 & d_{32} = 2 \cdot (3) - 2 = 4 & d_{33} = 2 \cdot (3) - 3 = 3 \end{pmatrix}$$

$$= \begin{pmatrix} 1 & 0 & -1 \\ 3 & 2 & 1 \\ 5 & 4 & 3 \end{pmatrix}$$

Logo:

$$D = \begin{pmatrix} 1 & 0 & -1 \\ 3 & 2 & 1 \\ 5 & 4 & 3 \end{pmatrix}$$

Tipos de matrizes

Existem alguns tipos de matrizes mais comuns e usados nas questões de concursos:

Matriz linha

É aquela que possui somente uma linha.

$$A_{1 \times 3} = [4 \quad 7 \quad 10]$$

Matriz coluna

É aquela que possui somente uma coluna.

$$B_{3 \times 1} = \begin{bmatrix} 6 \\ 13 \\ 22 \end{bmatrix}$$

Matriz nula

É aquela que possui todos os elementos nulos, ou zero.

$$C_{2 \times 3} = \begin{bmatrix} 0 & 0 & 0 \\ 0 & 0 & 0 \end{bmatrix}$$

Matriz quadrada

É aquela que possui o número de linhas **igual** ao número de colunas.

$$D_{3 \times 3} = \begin{bmatrix} 1 & 4 & 7 \\ 13 & 10 & 18 \\ 32 & 29 & 1 \end{bmatrix}$$

Características das Matrizes Quadradas:

Possuem diagonal principal e secundária.

$$A_{3 \times 3} = \begin{bmatrix} 1 & 2 & 3 \\ 2 & 4 & 6 \\ 3 & 6 & 9 \end{bmatrix} \text{ diagonal principal}$$

$$A_{3 \times 3} = \begin{bmatrix} 1 & 2 & 3 \\ 2 & 4 & 6 \\ 3 & 6 & 9 \end{bmatrix} \text{ diagonal secundária}$$

Matriz identidade

É toda a matriz quadrada que os elementos da diagonal principal são iguais a um e os demais são zeros:

$$A_{3 \times 3} = \begin{bmatrix} 1 & 0 & 0 \\ 0 & 1 & 0 \\ 0 & 0 & 1 \end{bmatrix}$$

Matriz diagonal

É toda a matriz quadrada que os elementos da diagonal principal são diferentes de zero e os de mais são zeros:

$$A_{3\,x\,3} = \begin{bmatrix} 1 & 0 & 0 \\ 0 & 4 & 0 \\ 0 & 0 & 7 \end{bmatrix}$$

Matriz triangular

Aquela cujos elementos de um dos triângulos formados pela diagonal principal são zeros.

$$A_{3\,x\,3} = \begin{bmatrix} 2 & 5 & 8 \\ 0 & 6 & 3 \\ 0 & 0 & 9 \end{bmatrix}$$

Matriz transposta (a^t)

É aquela em que ocorre a troca ordenada das linhas por colunas.

$$A = [a_{ij}]_{m\,x\,n} = A^t = [a^t_{ji}]_{n\,x\,m}$$

$$A_{2\,x\,3} = \begin{bmatrix} 1 & 4 & 7 \\ 6 & 8 & 9 \end{bmatrix} \to A^t_{3\,x\,2} = \begin{bmatrix} 1 & 6 \\ 4 & 8 \\ 7 & 9 \end{bmatrix}$$

Perceba que a linha 1 de A corresponde à coluna 1 de A^t e a coluna 2 de A corresponde à coluna 2 de A^t.

Matriz oposta

É toda matriz obtida trocando o sinal de cada um dos elementos de uma matriz dada.

$$A_{2\,x\,2} = \begin{bmatrix} 4 & -1 \\ -6 & 7 \end{bmatrix} \to -A_{2\,x\,2} = \begin{bmatrix} -4 & 1 \\ 6 & -7 \end{bmatrix}$$

Matriz simétrica: é toda a matriz quadrada que a

$A^t = A$:

$$A \begin{bmatrix} 1 & 3 \\ 3 & 2 \end{bmatrix} \quad A_t \begin{bmatrix} 1 & 3 \\ 3 & 2 \end{bmatrix} \quad A = A^t$$

Operações com matrizes

Vamos ver agora as principais operações com as matrizes; fique atento para a multiplicação de duas matrizes.

Igualdade de matrizes

Duas matrizes são iguais quando possuem o mesmo número de linhas e colunas (mesma ordem), e os elementos correspondentes são iguais.

$$X = Y \to X_{2\,x\,2} = \begin{pmatrix} 1 & 0 \\ 3 & 2 \end{pmatrix} \text{ e } Y_{2\,x\,2} = \begin{pmatrix} 1 & 0 \\ 3 & 2 \end{pmatrix}$$

Soma de matrizes

Só é possível somar matrizes de mesma ordem. Para fazer o cálculo, basta somar os elementos correspondentes.

Ex.: S = X + Y (S = matriz soma de X e Y)

$$X_{2\,x\,3} = \begin{bmatrix} 6 & 8 & 9 \\ 10 & 13 & 4 \end{bmatrix} \text{ e } Y_{2\,x\,3} = \begin{bmatrix} 18 & 22 & 30 \\ 9 & 14 & 28 \end{bmatrix}$$

$$S = \begin{bmatrix} 6+18 & 8+22 & 9+30 \\ 10+9 & 13+14 & 4+28 \end{bmatrix}$$

$$S_{2\,x\,3} = \begin{bmatrix} 24 & 30 & 39 \\ 19 & 27 & 32 \end{bmatrix}$$

Produto de uma constante por uma matriz

Basta multiplicar a constante por todos os elementos da matriz.

Ex.: P = 2Y

$$Y_{2\,x\,2} = \begin{pmatrix} 7 & 4 \\ 13 & 25 \end{pmatrix}$$

$$P = \begin{pmatrix} 2 \cdot 7 & 2 \cdot 4 \\ 2 \cdot 13 & 2 \cdot 25 \end{pmatrix}$$

$$P_{2\,x\,2} = \begin{pmatrix} 14 & 8 \\ 26 & 50 \end{pmatrix}$$

11.2 Multiplicacao de Matrizes

Para multiplicar matrizes, devemos "multiplicar linhas por colunas", ou seja, multiplica o 1º número da linha pelo 1º número da coluna, o 2º número da linha pelo 2º número da coluna e assim sucessivamente para todos os elementos das linhas e colunas.

Esse procedimento de cálculo só poderá ser feito se o número de colunas da 1ª matriz for igual ao número de linhas da 2ª matriz.

$$(A_{mxn}) \cdot (B_{nxp}) = C_{mxp}$$

Ex.: M = A2 x 3 . B3 x 2

$$A_{2\,x\,3} = \begin{bmatrix} 1 & 2 & 4 \\ 5 & 7 & 6 \end{bmatrix} \text{ e } B_{3\,x\,2} = \begin{bmatrix} 2 & 3 \\ 8 & 1 \\ 4 & 9 \end{bmatrix}$$

$$M_{2\,x\,2} = \begin{bmatrix} m_{11} & m_{12} \\ m_{21} & m_{22} \end{bmatrix}$$

$$M_{2\,x\,2} = \begin{bmatrix} m_{11} = (1 \cdot 2 + 2 \cdot 8 + 4 \cdot 4) & m_{12} = (1 \cdot 3 + 2 \cdot 1 + 4 \cdot 9) \\ m_{21} = (5 \cdot 2 + 7 \cdot 8 + 6 \cdot 4) & m_{22} = (5 \cdot 3 + 7 \cdot 1 + 6 \cdot 9) \end{bmatrix}$$

$$M_{2\,x\,2} = \begin{bmatrix} m_{11} = 34 & m_{12} = 41 \\ m_{21} = 90 & m_{22} = 76 \end{bmatrix}$$

$$M_{2\,x\,2} = \begin{bmatrix} 34 & 41 \\ 90 & 76 \end{bmatrix}$$

Matriz inversa (a^{-1})

Se existe uma matriz B, quadrada de ordem n, tal que $A \cdot B = B \cdot A = I_n$, dizemos que a matriz B é a inversa de A. Costumamos indicar a matriz inversa por A^{-1}. Assim $B=A^{-1}$.

Logo: $A \cdot A^{-1} = A^{-1} \cdot A = I_n$

Para melhor compreender essa definição, observe o exemplo:

Ex.: $A \cdot A^{-1} = In$

$$A_{2x2} = \begin{pmatrix} 1 & -2 \\ 3 & 1 \end{pmatrix} \text{ e } A^{-1}_{2x2} = \begin{pmatrix} a & b \\ c & d \end{pmatrix}$$

Logo:

$$\begin{pmatrix} 1 & -2 \\ 3 & 1 \end{pmatrix} \cdot \begin{pmatrix} a & b \\ c & d \end{pmatrix} = \begin{pmatrix} 1 & 0 \\ 0 & 1 \end{pmatrix}$$

$$\begin{pmatrix} 1a - 2c & 1b - 2d \\ 3a + 1c & 3b + 1d \end{pmatrix} = \begin{pmatrix} 1 & 0 \\ 0 & 1 \end{pmatrix}$$

$$\begin{cases} 1a - 2c = 1 \\ 1b - 2d = 0 \\ 3a + 1c = 0 \\ 3b + 1d = 1 \end{cases} \rightarrow \begin{cases} I \begin{cases} 1a - 2c = 1 \\ 3a + 1c = 0 \end{cases} \\ II \begin{cases} 1b - 2d = 0 \\ 3b + 1d = 1 \end{cases} \end{cases}$$

Resolvendo o sistema I:

$$I \begin{cases} 1a - 2c = 1 \\ 3a + 1c = 0\ (\cdot 2) \end{cases}$$

$$I \begin{cases} 1a - 2c = 1 \\ 6a + 2c = 0 \end{cases} + \text{(somando as equações)}$$

$$7a = 1$$

$$a = \frac{1}{7}$$

Substituindo-se "a" em uma das duas equações, temos:

$$3\left(\frac{1}{7}\right) + 1c = 0$$

$$\frac{3}{7} + 1c = 0$$

$$c = \frac{-3}{7}$$

Resolvendo o sistema II:

$$II \begin{cases} 1b - 2d = 0\ (\cdot -3) \\ 3b + 1d = 1 \end{cases}$$

$$II \begin{cases} -3b + 6d = 0 \\ 3b + 1d = 1 \end{cases} + \text{(somando as equações)}$$

$$7d = 1$$

$$d = \frac{1}{7}$$

Substituindo-se "d" em uma das duas equações, temos:

$$1b - 2\left(\frac{1}{7}\right) = 0$$

$$b - \frac{2}{7} = 0$$

$$b = \frac{2}{7}$$

a = 1/7; b = 2/7; c = -3/7; d = 1/7

Logo:

$$A^{-1}_{2x2} = \begin{pmatrix} 1/7 & 2/7 \\ -3/7 & 1/7 \end{pmatrix}$$

11.3 Determinantes

Determinante é um número real associado à matriz.

Só há determinante de matriz quadrada. Cada matriz apresenta um único determinante.

Cálculo dos determinantes

Determinante de uma matriz de ordem 1 ou de 1ª ordem

Se a matriz é de 1ª ordem, significa que ela tem apenas uma linha e uma coluna, portanto, só um elemento, que é o próprio determinante da matriz.

A_{1x1} **= [13]**

Det A = 13

B_{1x1} **= [-7]**

Det B = -7

Determinante de uma matriz de ordem 2 ou de 2ª ordem

Será calculado pela **subtração** do produto dos elementos da diagonal principal pelo produto dos elementos da diagonal secundária.

$$A_{2x2} = \begin{bmatrix} 2 & 4 \\ 3 & 7 \end{bmatrix}$$

Det A = (2 . 7) - (4 . 3)

Det A = (14) - (12)

Det A = 2

$$B_{2x2} = \begin{bmatrix} 6 & -1 \\ 8 & 9 \end{bmatrix}$$

Ex.: Det B = (6 . 9) - (-1 . 8)

Det B = (54) - (-8)

Det B = 54 + 8

Det B = 62

Determinante de uma matriz de ordem 3 ou de 3ª ordem

Será calculado pela **Regra de Sarrus**, que consiste em:

1º passo: repetir as duas primeiras colunas ao lado da matriz.

2º passo: multiplicar os elementos da diagonal principal e das outras duas diagonais que seguem a mesma direção, e somá-los.

3º passo: multiplicar os elementos da diagonal secundária e das outras duas diagonais que seguem a mesma direção, e somá-los.

4º passo: o valor do determinante será dado pela subtração do resultado do 2º com o 3º passo.

$$A_{3x3}=\begin{pmatrix}2 & 4 & 7\\3 & 5 & 8\\1 & 9 & 6\end{pmatrix}\begin{matrix}2 & 4\\3 & 5\\1 & 9\end{matrix}$$

$$A_{3x3}=\begin{pmatrix}2 & 4 & 7\\3 & 5 & 8\\1 & 9 & 6\end{pmatrix}\begin{matrix}2 & 4\\3 & 5\\1 & 9\end{matrix}$$

Det A = (2 . 5 . 6 + 4 . 8 . 1 + 7 . 3 . 9) - (7 . 5 . 1 + 2 . 8 . 9 + 4 . 3 . 6)

Det A = (60 + 32 + 189) – (35 + 144 + 72)

Det A = (281) – (251)

Det A = 30

Se estivermos diante de uma matriz triangular ou matriz diagonal, o seu determinante será calculado, pelo produto dos elementos da diagonal principal, somente.

Matriz triangular

$$A_{3x3}=\begin{pmatrix}2 & 4 & 7\\0 & 5 & 8\\0 & 0 & 6\end{pmatrix}\begin{matrix}2 & 4\\0 & 5\\0 & 0\end{matrix}$$

$$A_{3x3}=\begin{pmatrix}2 & 4 & 7\\0 & 5 & 8\\0 & 0 & 6\end{pmatrix}\begin{matrix}2 & 4\\0 & 5\\0 & 0\end{matrix}$$

Det A = (2 · 5 · 6 + 4 · 8 · 0 + 7 · 0 · 0) - (7 · 5 · 0 + 2 · 8 · 0 + 4 · 0 · 6)

Det A = (60 + 0 + 0) - (0 + 0 + 0)

Det A = 60 (produto da diagonal principal = 2 x 5 x 6)

Matriz diagonal

$$B_{3x3}=\begin{pmatrix}2 & 0 & 0\\0 & 5 & 0\\0 & 0 & 6\end{pmatrix}\begin{matrix}2 & 0\\0 & 5\\0 & 0\end{matrix}$$

$$B_{3x3}=\begin{pmatrix}2 & 0 & 0\\0 & 5 & 0\\0 & 0 & 6\end{pmatrix}\begin{matrix}2 & 0\\0 & 5\\0 & 0\end{matrix}$$

Det B = (2 · 5 · 6 + 0 · 0 · 0 + 0 · 0 · 0) - (0 · 5 · 0 + 2 · 0 · 0 + 0 · 0 · 6)

Det B = (60 + 0 + 0) – (0 + 0 + 0)

Det B = 60 (produto da diagonal principal = 2 · 5 · 6)

Determinante de uma matriz de ordem superior a 3

Será calculado pela **Regra de Chió** ou **Teorema de Laplace**.

Regra de Chió

Escolha um elemento $a_{ij} = 1$.

Retirando a linha (i) e a coluna (j) do elemento $a_{ij} = 1$, obtenha o menor complementar (D_{ij}) do referido elemento – uma nova matriz com uma ordem a menos.

Subtraia de cada elemento dessa nova matriz menor complementar (D_{ij}) o produto dos elementos que pertenciam a sua linha e coluna e que foram retirados, formado outra matriz.

Calcule o determinante dessa última matriz e multiplique por $(-1)^{i+j}$, sendo que i e j pertencem ao elemento $a_{ij} = 1$.

$$A_{3x3}=\begin{pmatrix}2 & 4 & 7\\3 & 5 & 8\\1 & 9 & 6\end{pmatrix}(I)$$

$$Det.\ A_{3x3}=\begin{pmatrix}2 & 4 & 7\\3 & 5 & 8\\1 & 9 & 6\end{pmatrix}=\begin{pmatrix}4 & 7\\5 & 8\end{pmatrix}(II)$$

$$Det.\ A_{3x3}=\begin{pmatrix}2 & 4 & 7\\3 & 5 & 8\\1 & 9 & 6\end{pmatrix}=\begin{pmatrix}4-(2\cdot 9) & 7-(2\cdot 6)\\5-(3\cdot 9) & 8-(3\cdot 6)\end{pmatrix}(III)$$

$$Det.\ A_{3x3}=(-1)^{3+1}\cdot\begin{pmatrix}-14 & -5\\-22 & -10\end{pmatrix}(IV)$$

$$Det.\ A_{3x3}=(1)\cdot(140-110)$$

$$Det.\ A = 30$$

O Teorema de Laplace

Primeiramente, precisamos saber o que é um cofator. O cofator de um elemento aij de uma matriz é: $A_{ij} = (-1)^{i+j} . D_{ij}$.

Agora, vamos ao teorema:

Escolha uma linha ou coluna qualquer do determinante:

$$A_{3x3}=\begin{pmatrix}2 & 4 & 7\\3 & 5 & 8\\1 & 9 & 6\end{pmatrix}$$

Calcule o cofator de cada elemento dessa fila:

$$a_{11}=A_{11}=(-1)^{1+1}\cdot\begin{pmatrix}5 & 8\\9 & 6\end{pmatrix}=(1)\cdot(-42)=-42$$

$$a_{21}=A_{21}=(-1)^{2+1}\cdot\begin{pmatrix}4 & 7\\9 & 6\end{pmatrix}=(-1)\cdot(-39)=39$$

$$a_{31}=A_{31}=(-1)^{3+1}\cdot\begin{pmatrix}4 & 7\\5 & 8\end{pmatrix}=(1)\cdot(-3)=-3$$

Multiplique cada elemento da fila selecionada pelo seu respectivo cofator. O determinante da matriz será a soma desses produtos.

$Det.\ A_{3x3} = a_{11} \cdot A_{11} + a_{21} \cdot A_{21} + a_{31} \cdot A_{31}$

$Det.\ A_{3x3} = 2 \cdot (-42) + 3 \cdot 39 + 1 \cdot (-3)$

$Det.\ A_{3x3} = (-84) + 117 + (-3)$

$Det.\ A_{3x3} = 117 - 87$

Det A = 30

Propriedade dos determinantes

As propriedades dos determinantes servem para facilitar o cálculo do determinante, uma vez que, com elas, diminuímos nosso trabalho nas resoluções das questões de concursos.

Determinante de matriz transposta

Se **A** é uma matriz de ordem "**n**" e **A**ᵗ sua transposta, então: Det. At = Det. A

$A_{2x2} = \begin{bmatrix} 2 & 3 \\ 1 & 4 \end{bmatrix}$

$Det.\ A = 2 \cdot 4 - 3 \cdot 1$

$Det.\ A = 8 - 3$

$Det.\ A = 5$

$A^t_{2x2} = \begin{bmatrix} 2 & 1 \\ 3 & 4 \end{bmatrix}$

$Det.\ A^t = 2 \times 4 - 1 \cdot 3$

$Det.\ A^t = 8 - 3$

$Det.\ A^t = 5$

Determinante de uma matriz com fila nula

Se uma das filas (linha ou coluna) da matriz A for toda nula, então: Det. A = 0

Ex.: $A_{2x2} = \begin{bmatrix} 2 & 3 \\ 0 & 0 \end{bmatrix}$

Det. A = 2 . 0 – 3 . 0

Det. A = 0 - 0

Det. A = 0

Determinante de uma matriz cuja fila foi multiplicada por uma constante

Se multiplicarmos uma fila (linha ou coluna) qualquer da matriz A por um número k, o determinante da nova matriz será k vezes o determinante de A.

Det. A' (k vezes uma fila de A) = k · Det. A

Ex.: $A_{2x2} = \begin{bmatrix} 2 & 1 \\ 3 & 2 \end{bmatrix}$

Det. A = 2 . 2 - 1 . 3

Det. A = 4 - 3

Det. A = 1

$A'_{2x2} = \begin{bmatrix} 4 & 2 \\ 3 & 2 \end{bmatrix} \cdot 2\ (k = 2)$

Det. A' = 4 . 2 - 2 . 3

Det. A' = 8 - 6

Det. A' = 2

Det. A' = k . Det. A

Det. A' = 2 . 1

Det. A' = 2

Determinante de uma matriz multiplicada por uma constante

Se multiplicarmos toda uma matriz A de ordem "n" por um número k, o determinante da nova matriz será o produto (multiplicação) de k^n pelo determinante de A.

Det (k · A) = k^n · Det. A

Ex.: $A_{2x2} = \begin{bmatrix} 2 & 1 \\ 4 & 3 \end{bmatrix}$

Det. A = 2 . 3 - = 1 . 4

Det. A = 6 - 4

Det. A = 2

$3 \cdot A_{2x2} = \begin{bmatrix} 6 & 3 \\ 12 & 9 \end{bmatrix}$

Det. 3A = 6 . 9 - 3 . 12

Det. 3A = 54 - 36

Det. 3A = 18

Det (k . A) = k^n . Det. A

Det (3 . A) = 3^2 . 2

Det (3 . A) = 9 . 2

Det (3 . A) = 18

Determinante de uma matriz com filas paralelas iguais

Se uma matriz A de ordem n ≥ 2 tem duas filas paralelas com os elementos respectivamente iguais, então: Det. A = 0

Ex.: $A_{2x2} = \begin{bmatrix} 2 & 3 \\ 2 & 3 \end{bmatrix}$

Det. A = 2 . 3 - 3 . 2

Det. A = 6 - 6

Det. A = 0

Determinante de uma matriz com filas paralelas proporcionais

Se uma matriz A de ordem n ≥ 2 tem duas filas paralelas com os elementos respectivamente proporcionais, então: Det. A = 0.

Ex.: $A_{2x2} = \begin{bmatrix} 3 & 6 \\ 4 & 8 \end{bmatrix}$

Det. A = 3 . 8 - 6 . 4

Det. A = 24 - 24

Det. A = 0

Determinante de uma matriz com troca de filas paralelas

Se em uma matriz A de ordem n ≥ 2 trocarmos de posição duas filas paralelas, obteremos uma nova matriz B, tal que:

Det. A = - Det. B

Ex.: $A_{2x2} = \begin{bmatrix} 5 & 4 \\ 2 & 3 \end{bmatrix}$

Det. A = 5 . 3 - 2 . 4

Det. A = 15 - 8

Det. A = 7

Ex.: $B_{2x2} = \begin{bmatrix} 4 & 5 \\ 3 & 2 \end{bmatrix}$

Det. B = 4 · 2 - 5 · 3

Det. B = 8 - 15

Det. B = -7

Det. A = - Det. B

Det. A = - (-7)

Det. A = 7

Determinante do produto de matrizes

Se A e B são matrizes quadradas de ordem n, então:

Det. (A · B) = Det. A · Det. B

Ex.: $A_{2x2} = \begin{bmatrix} 1 & 2 \\ 2 & 3 \end{bmatrix}$

Det. A = 1 . 3 - 2 . 2

Det. A = 3 - 4

Det. A = -1

$B_{2x2} = \begin{bmatrix} 2 & 5 \\ 3 & 4 \end{bmatrix}$

Det. B = 2 . 4 - 5 . 3

Det. B = 8 - 15

Det. B = -7

$A \cdot B_{2x2} = \begin{bmatrix} 8 & 13 \\ 13 & 22 \end{bmatrix}$

Det. (A . B) = 8 . 22 - 13 . 13

Det. (A . B) = 176 - 169

Det. (A . B) = 7

Det. (A . B) = Det. A . Det. B

Det. (A . B) = (-1) . (-7)

Det. (A . B) = 7

Determinante de uma matriz triangular

O determinante é igual ao produto dos elementos da diagonal principal.

Determinante de uma matriz inversa

Seja B a matriz inversa de A, então, a relação entre os determinantes de B e A é dado por:

$$\text{Det (B)} = \frac{1}{\text{Det (A)}}$$

Ex.: $A_{2x2} = \begin{pmatrix} 1 & -2 \\ 3 & 1 \end{pmatrix}$

Det. A = 1 . 1 - (-2 . 3)

Det. A = 1 + 6

Det. A = 7

Ex.: $B = A^{-1}{}_{2x2} = \begin{pmatrix} 1/7 & 2/7 \\ -3/7 & 1/7 \end{pmatrix}$

Det. B = (1/7 · 1/7) - (2/7 · -3/7)

Det. B = 1/49 + 6/49

Det. B = 7/49

Det. B = 1/7

$$Det.B = \frac{1}{Det(A)}$$

$$Det.B = \frac{1}{7}$$

$$Det.B = \frac{1}{7}$$

11.4 Sistemas Lineares

Equações Lineares: é toda equação do 1º grau com uma ou mais incógnitas.

Sistemas Lineares: é o conjunto de equações lineares.

Equação: 2x + 3y = 7

Sistema: $\begin{cases} 2x + 3y = 7 \\ 4x - 5y = 3 \end{cases}$

Equação: x + 2y + z = 8

Sistema: $\begin{cases} x + y - z = 4 \\ 2x - y + z = 5 \\ x + 2y + z = 8 \end{cases}$

Representação de um sistema linear em forma de matriz

Todo sistema linear pode ser escrito na forma de uma matriz.

Esse conteúdo será importante mais adiante para a resolução dos sistemas.

$$\begin{cases} 2x + 3y = 7 \\ 4x - 5y = 3 \end{cases}$$

Forma de matriz

$$\begin{bmatrix} 2 \text{ (coeficiente de x)} & 3 \text{ (coeficiente de y)} \\ 4 \text{ (coeficiente de x)} & -5 \text{ (coeficiente de y)} \end{bmatrix} \cdot \begin{bmatrix} x \\ y \end{bmatrix} = \begin{bmatrix} 7 \\ 3 \end{bmatrix}$$

↓ termos independentes

Matriz incompleta

$$\begin{bmatrix} 2 & 3 \\ 4 & -5 \end{bmatrix}$$

Matriz de x

$$\begin{bmatrix} 7 & 3 \\ 3 & -5 \end{bmatrix}$$

Substituem-se os coeficientes de x pelos termos independentes.

Matriz de y

$$\begin{bmatrix} 2 & 7 \\ 4 & 3 \end{bmatrix}$$

Substituem-se os coeficientes de y pelos termos independentes.

Resolução de um sistema linear

A Regra de Cramer só é possível quando o número de variáveis for igual ao número de equações.

Resolvem-se os sistemas pelo método dos determinantes, também conhecido como **Regra de Cramer.**

A regra consiste em: o valor das variáveis será calculado dividindo-se o **determinante da matriz da variável** pelo **determinante da matriz incompleta**, do sistema.

Então:

O valor de x é dado por:

$$x = \frac{\text{deteminante da matriz de X}}{\text{determinante da matriz incompleta}}$$

O valor de y é dado por:

$$y = \frac{\text{deteminante da matriz de Y}}{\text{determinante da matriz incompleta}}$$

O valor de z é dado por:

$$z = \frac{\text{deteminante da matriz de Z}}{\text{determinante da matriz incompleta}}$$

Se o determinante da matriz incompleta for diferente de zero (Det. In. ≠ 0), teremos sempre um sistema possível e determinado;

Se o determinante da matriz incompleta for igual a zero (Det. In. = 0), temos duas situações:

1ª: Se os determinantes de todas as matrizes das variáveis também forem iguais a zero (Det. X = 0 e Det. Y = 0 e Det. Z = 0), teremos um sistema possível e indeterminado;

2ª: Se o determinante de, pelo menos, uma das matrizes das variáveis for diferente de zero (Det. · ≠ 0 ou Det. Y ≠ 0 ou Det. Z ≠ 0), teremos um sistema impossível.

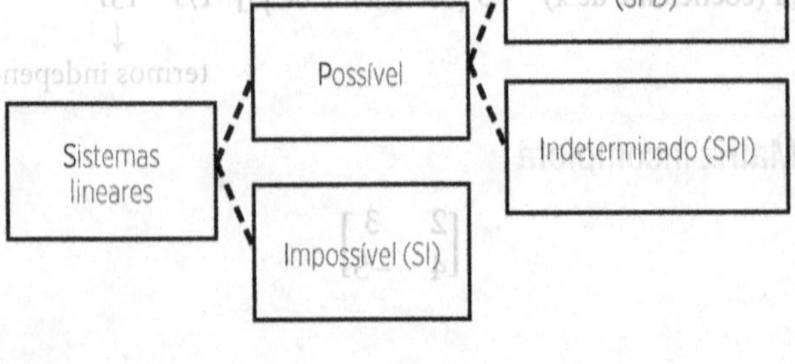

SPD: sistema possível e determinado (quando Det. In. ≠ 0).

SPI: sistema possível e indeterminado (quando Det. In. = 0, e Det. . = 0 e Det. Y = 0 e Det. Z = 0).

SI: sistema impossível (quando Det. In. = 0, e Det. . ≠ 0 ou Det. Y ≠ 0 ou Det. Z ≠ 0).

Ex.: $\begin{cases} x + y - z = 4 \\ 2x - y + z = 5 \\ x + 2y + z = 8 \end{cases}$

Matriz incompleta: $\begin{bmatrix} 1 & 1 & -1 \\ 2 & -1 & 1 \\ 1 & 2 & 1 \end{bmatrix}$ det. In. = -9

Matriz de X: $\begin{bmatrix} 4 & 1 & -1 \\ 5 & -1 & 1 \\ 8 & 2 & 1 \end{bmatrix}$ det. X = -27

Matriz de Y: $\begin{bmatrix} 1 & 4 & -1 \\ 2 & 5 & 1 \\ 1 & 8 & 1 \end{bmatrix}$ det. Y = -18

Matriz de Z: $\begin{bmatrix} 1 & 1 & 4 \\ 2 & -1 & 5 \\ 1 & 2 & 8 \end{bmatrix}$ det. Z = -9

Valor de x é: $x = \frac{-27}{-9} = 3 = 3$

Valor de y é: $y = \frac{-18}{-9} = 2 = 2$

Valor de z é: $z = \frac{-9}{-9} = 1 = 1$

Solução: x= 3, y = 2 e z = 1

Questões

01. (ALFACON) O valor de **k real, para que o sistema**

$$\begin{cases} kx + 2y - z = 2 \\ 2x - 8y + 2z = 0 \\ 2x + z = 4 \end{cases}$$

seja possível e determinado é:

a) $k \neq -\frac{1}{2}$

b) $k = \frac{1}{2}$

c) $k \neq -\frac{1}{6}$

d) $k \neq -\frac{3}{2}$

e) $k \neq -\frac{7}{2}$

02. (ALFACON) Sendo $m = \begin{vmatrix} 0 & 2 \\ 4 & 6 \end{vmatrix}$ e $n = \begin{vmatrix} -1 & - \\ -5 & -7 \end{vmatrix}$ 3 pode-se afirmar que:

a) m = n
b) m = -n
c) m = 2n
d) n = 2m

03. (ALFACON) Seja a matriz $A = (a_{ij})_{3x3}$, tal que $a_{ij} = (-1)^{i+j}$. A soma dos elementos a_{12} e a_{31} é:

a) -2.
b) -1.
c) 0.
d) 1.

04. (ALFACON) Considerando a matriz quadrada A abaixo, e det(A) seu determinante, calcule o valor de 5 . det(A).

$$A = \begin{vmatrix} 7 & -13 \\ 2 & 4 \end{vmatrix}$$

a) 10
b) -140
c) 270
d) 130
e) -35

05. (CEPERJ) São dadas as matrizes $A = \begin{vmatrix} 2 & -1 \\ 1 & 0 \end{vmatrix}$ e $B = \begin{vmatrix} 3 & 1 \\ 1 & 2 \end{vmatrix}$
A matriz X é tal que A . X = B.
A soma dos elementos da matriz X é:

a) 3
b) 5
c) 7
d) 9
e) 11

06. (COPEVE) Considere a seguinte matriz.

$$A = \begin{pmatrix} 1 & 2 & a \\ b & 4 & 5 \\ 3 & c & 6 \end{pmatrix}$$

Se a matriz A goza da seguinte propriedade: A = At, então a afirmativa incorreta é:

a) a + b + c = 10
b) det. A = -1
c) det . (A . A^t) = 1
d) det. A = 1
e) det. A^t = -1

07. (ESAF) Sabendo-se que a matriz $A = \begin{bmatrix} 1 & 1 \\ 0 & 1 \end{bmatrix}$ e que n ϵ N e n ≥ 1, então, o determinante da matriz $A^n - A^{n-1}$ é igual a:

a) 0
b) -1
c) 1
d) n
e) n-1

08. (FCC) Considere as matrizes :

$$M = \begin{bmatrix} \frac{1}{3} & \frac{1}{2} \\ \frac{1}{5} & \frac{1}{4} \end{bmatrix} \text{ e } P = \begin{bmatrix} \frac{2}{5} & \frac{2}{3} \\ 1 & \frac{5}{4} \end{bmatrix}$$

Sendo Q o produto das matrizes M e P, nessa ordem, ou seja, Q = MP, o determinante da matriz Q é igual a:

a) $\frac{1}{720}$
b) $\frac{1}{540}$
c) $\frac{1}{360}$
d) $\frac{1}{240}$
e) $\frac{1}{180}$

09. (FEPESE) Encontre o valor de a para que o sistema linear **Não** tenha solução:

$$\begin{cases} ax + y + z = 15 \\ 2y+8z = 17 \\ x+4z = 19 \end{cases}$$

a) $-\frac{3}{4}$
b) 3/4
c) $-\frac{5}{4}$
d) 5/4
e) 1/4

10. (CESGRANRIO) Para que o sistema linear $\begin{cases} 5x - 6y = 1 \\ ax + 4y = b \end{cases}$ possua infinitas soluções, os valores de a e b devem ser tais que $\frac{a}{b}$ valha:

a) - 5
b) - 2
c) 0
d) 2
e) 5

Gabaritos

01	D	06	D
02	A	07	A
03	C	08	C
04	C	09	A
05	B	10	E

12. FUNÇÕES, FUNÇÃO AFIM E FUNÇÃO QUADRÁTICA

Neste capítulo será abordado um assunto de grande importância para a matemática: as funções.

12.1 Definições, Domínio, Contradomínio e Imagem

A função é uma relação estabelecida entre dois conjuntos A e B, em que exista uma associação entre cada elemento de A com um único de B por meio de uma lei de formação.

Matematicamente, podemos dizer que função é uma relação de dois valores, por exemplo: $f(x) = y$, sendo que x e y são valores, nos quais x é o domínio da função (a função está dependendo dele) e y é um valor que depende do valor de x, sendo a imagem da função.

As funções possuem um conjunto chamado domínio e outro chamado de imagem da função, além do contradomínio. No plano cartesiano, que o eixo x representa o domínio da função, enquanto no eixo y apresentam-se os valores obtidos em função de x, constituindo a imagem da função (o eixo y seria o contradomínio da função).

Demonstração:

Com os conjuntos A = {1, 4, 7} e B = {1, 4, 6, 7, 8, 9, 12} cria-se a função f: A → B definida por $f(x) = x + 5$, que também pode ser representada por $y = x + 5$. A representação, utilizando conjuntos, desta função é:

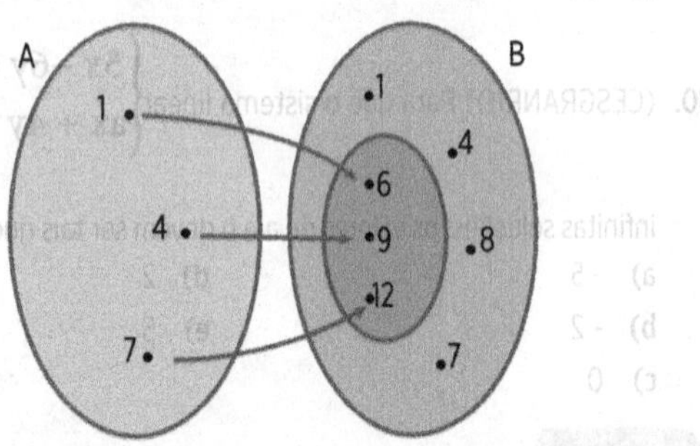

O conjunto A é o conjunto de saída e o B é o conjunto de chegada.

Domínio é um sinônimo para conjunto de saída, ou seja, para esta função o domínio é o próprio conjunto A = {1, 4, 7}.

Como, em uma função, o conjunto de saída (domínio) deve ter todos os seus elementos relacionados, não precisa ter subdivisões para o domínio.

O domínio de uma função também é chamado de campo de definição ou campo de existência da função, e é representado pela letra "D".

O conjunto de chegada "B", também possui um sinônimo, é chamado de contradomínio, representado por "CD".

Note que se pode fazer uma subdivisão dentro do contradomínio. Podemos ter elementos do contradomínio que não são relacionados com algum elemento do Domínio e outros que são. Por isso, deve-se levar em consideração esta subdivisão.

Este subconjunto é chamado de conjunto imagem, e é composto por todos os elementos em que as flechas de relacionamento chegam.

O conjunto Imagem é representado por "Im", e cada ponto que a flecha chega é chamado de imagem.

12.2 Plano Cartesiano

Criado por René Descartes, o plano cartesiano consiste em dois eixos perpendiculares, sendo o horizontal chamado de eixo das abscissas e o vertical de eixo das ordenadas. O plano cartesiano foi desenvolvido por Descartes no intuito de localizar pontos num determinado espaço.

As disposições dos eixos no plano formam quatro quadrantes, mostrados na figura a seguir:

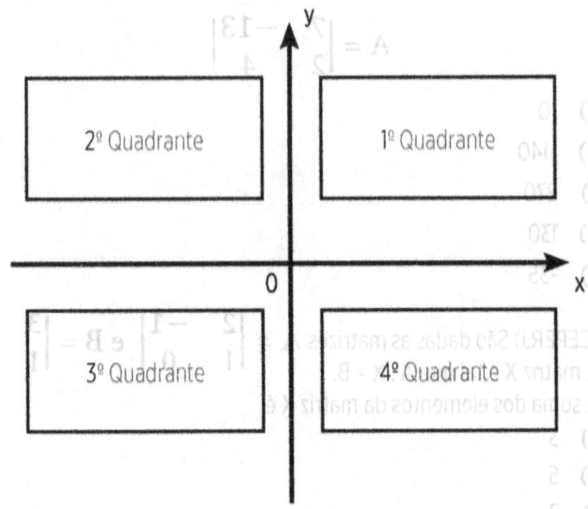

O encontro dos eixos é chamado de origem. Cada ponto do plano cartesiano é formado por um par ordenado (x, y), em que x: abscissa e y: ordenada.

Raízes

Em matemática, uma raiz ou "zero" da função consiste em determinar os pontos de interseção da função com o eixo das abscissas no plano cartesiano. A função f é um elemento no domínio de f tal que $f(x) = 0$.

Ex.: Considere a função:

$f(x) = x^2 - 6x + 9$

3 é uma raiz de f, porque:

$f(3) = 3^2 - 6 \cdot 3 + 9 = 0$

12.3 Funções Injetoras, Sobrejetoras e Bijetoras

Função injetora

É toda a função em que cada x encontra um único y, ou seja, os elementos distintos têm imagens distintas.

Função sobrejetora

Toda a função em que o conjunto imagem é exatamente igual ao contradomínio (y).

Função bijetora

Toda a função que for Injetora e Sobrejetora ao mesmo tempo.

12.4 Funções Crescentes, Decrescentes e Constantes

Função crescente

À medida que x "aumenta", as imagens vão "aumentando".

Com $x_1 > x_2$ a função é crescente para $f(x_1) > f(x_2)$, isto é, aumentando valor de x, aumenta o valor de y.

Função decrescente

À medida que x "aumenta", as imagens vão "diminuindo" (decrescendo).

Com $x_1 > x_2$ a função é crescente para $f(x_1) < f(x_2)$, isto é, aumentando x, diminui o valor de y.

Função constante

Em uma função constante qualquer que seja o elemento do domínio, eles sempre terão a mesma imagem, ao variar x encontra-se sempre o mesmo valor y.

12.5 Funções Inversas e Compostas

Função inversa

Dada uma função $f: A \to B$, se f é bijetora, se define a função inversa f^{-1} como sendo a função de B em A, tal que $f^{-1}(y) = x$.

Ex.: Determine a **inversa** da função definida por:

$y = 2x + 3$

Trocando as variáveis x e y:

$x = 2y + 3$

Colocando y em função de x:

$2y = x - 3$

$y = \frac{x-3}{2}$, que define a função inversa da função dada.

Função composta

Chama-se função composta (ou função de função) a função obtida substituindo-se a variável independente x por uma função.

Simbolicamente fica:

$fog(x) = f(g(x))$ ou $gof(x) = g(f(x))$

Ex.: Dadas as funções $f(x) = 2x + 3$ e $g(x) = 5x$, determine $g_of(x)$ e $f_og(x)$.

$g_of(x) = g[f(x)] = g(2x + 3) = 5(2x + 3) = 10x + 15$

$f_og(x) = f[g(x)] = f(5x) = 2(5x) + 3 = 10x + 3$

12.6 Função Afim

Chama-se função polinomial do 1º grau, ou função afim, a qualquer função f dada por uma lei da forma $f(x) = ax + b$, cujo a e b são números reais dados e $a \neq 0$.

Na função $f(x) = ax + b$, o número a é chamado de coeficiente de x e o número b é chamado termo constante.

Gráfico

O gráfico de uma função polinomial do 1º grau, $y = ax + b$, com $a \neq 0$, é uma reta oblíqua aos eixos x e y.

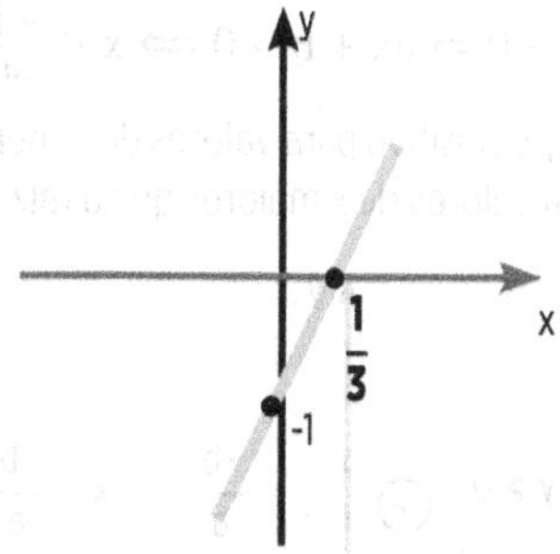

Zero e equação do 1º grau

Chama-se zero ou raiz da função polinomial do 1º grau $f(x) = ax + b$, $a \neq 0$, o número real x tal que $f(x) = 0$.

Assim: $f(x) = 0 \Rightarrow ax + b = 0 \Rightarrow \mathbf{x} = \frac{-b}{a}$

Crescimento e decrescimento

A função do 1º grau $f(x) = ax + b$ é crescente quando o coeficiente de x é positivo ($a > 0$).

A função do 1º grau $f(x) = ax + b$ é decrescente quando o coeficiente de x é negativo ($a < 0$).

Sinal

Estudar o sinal de qualquer $y = f(x)$ é determinar os valor de x para os quais y é positivo, os valores de x para os quais y é zero e os valores de x para os quais y é negativo.

Considere uma função afim $y = f(x) = ax + b$, essa função se anula para a raiz $x = \frac{-b}{a}$.

Há então, dois casos possíveis:

a > 0 (a função é crescente)

$$y > 0 \Rightarrow ax + b > 0 \Rightarrow x > \frac{-b}{a}$$

$$Y < 0 \Rightarrow ax + b < 0 \Rightarrow x < \frac{-b}{a}$$

Logo, y é positivo para valores de x maiores que a raiz; y é negativo para valores de x menores que a raiz.

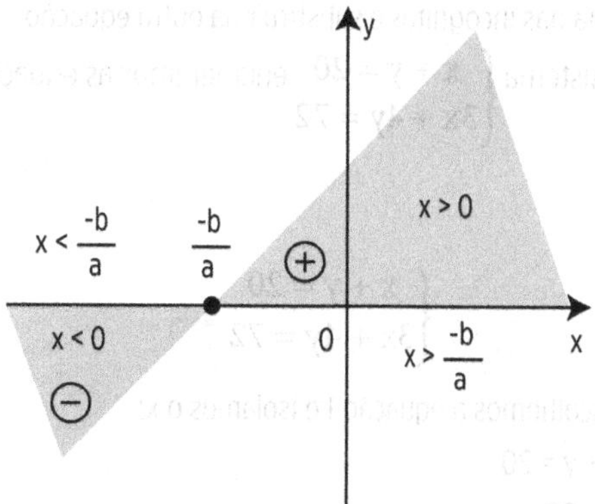

a < 0 (a função é decrescente)

$$y > 0 \Rightarrow ax + b > 0 \Longrightarrow x < \frac{-b}{a}$$

$$y > 0 \Rightarrow ax + b > 0 \Longrightarrow x < \frac{-b}{a}$$

Portanto, y é positivo para valores de x menores que a raiz; y é negativo para valores de x maiores que a raiz.

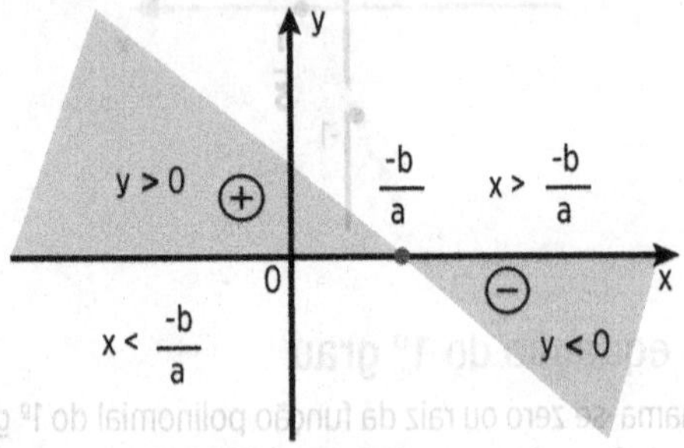

Equações e inequações do 1º grau

Equação

Uma equação do 1º grau na incógnita x é qualquer expressão do 1º grau que pode ser escrita numa das seguintes formas:

$$ax + b = 0$$

Para resolver uma equação, basta achar o valor de "x".

Sistema de equação

Um sistema de equação de 1º grau com duas incógnitas é formado por: duas equações de 1º grau com duas incógnitas diferentes em cada equação.

Ex.:

$$\begin{cases} x + y = 20 \\ 3x + 4y = 72 \end{cases}$$

Para encontramos o par ordenado solução desse sistema, é preciso utilizar dois métodos para a sua solução. Esses dois métodos são: Substituição e Adição.

Método da Substituição

Esse método consiste em escolher uma das duas equações, isolar uma das incógnitas e substituir na outra equação.

Dado o sistema $\begin{cases} x + y = 20 \\ 3x + 4y = 72 \end{cases}$ enumeramos as equações.

$$\begin{cases} x + y = 20 \quad (1) \\ 3x + 4y = 72 \quad (2) \end{cases}$$

Escolhemos a equação 1 e isolamos o x:

x + y = 20

x = 20 - y

Equação 2 substituímos o valor de x = 20 - y.

3x + 4 y = 72

3 (20 - y) + 4y = 72

60 - 3y + 4y = 72

- 3y + 4y = 72 - 60

y = 12

Para descobrir o valor de x, basta substituir y por 12 na equação:

x = 20 - y.

x = 20 - y

x = 20 - 12

x = 8

Portanto, a solução do sistema é S = (8, 12)

Método da Adição

Este método consiste em adicionar as duas equações de tal forma que a soma de uma das incógnitas seja zero. Para que isso aconteça, será preciso que multipliquemos algumas vezes as duas equações ou apenas uma equação por números inteiros para que a soma de uma das incógnitas seja zero.

Dado o sistema:

$$\begin{cases} x + y = 20 \\ 3x + 4y = 72 \end{cases}$$

Para adicionarmos as duas equações e a soma de uma das incógnitas de zero, teremos que multiplicar a primeira equação por - 3.

$$\begin{cases} x + y = 20 \ (-3) \\ 3x + 4y = 72 \end{cases}$$

Agora, o sistema fica assim:

$$\begin{cases} -3x - 3y = -60 \\ \ \ 3x + 4y = 72 \end{cases}$$

Adicionando as duas equações:

- 3x - 3y = - 60

+ 3x + 4y = 72

y = 12

Para descobrir o valor de x, basta escolher uma das duas equações e substituir o valor de y encontrado:

x + y = 20

x + 12 = 20

x = 20 - 12

x = 8

Portanto, a solução desse sistema é: S = (8, 12)

Inequação

Uma inequação do 1º grau na incógnita x é qualquer expressão do 1º grau que pode ser escrita numa das seguintes formas:

$ax + b > 0$

$ax + b < 0$

$ax + b \geq 0$

$ax + b \leq 0$

Cujo a, b são números reais com $a \neq 0$.

Ex.: $-2x + 7 > 0$

$x - 10 \leq 0$

$2x + 5 \leq 0$

$12 - x < 0$

Resolvendo uma inequação de 1º grau

Uma maneira simples de resolver uma equação do 1º grau é isolarmos a incógnita x em um dos membros da igualdade. Observe dois exemplos:

Ex.: Resolva a inequação $-2x + 7 > 0$:

$-2x > -7 \cdot (-1)$

$2x < 7$

$x < 7/2$

Logo, a solução da inequação é $x < 7/2$

Resolva a inequação $2x - 6 < 0$

$2x < 6$

$x < 6/2$

$x < 3$

Portanto, a solução da inequação é $x < 3$.

Pode-se resolver qualquer inequação do 1º grau por meio do estudo do sinal de uma função do 1º grau, com o seguinte procedimento:

Iguala-se a expressão ax + b a zero;

Localiza-se a raiz no eixo x;

Estuda-se o sinal conforme o caso.

Ex.: $-2x + 7 > 0$

$-2x + 7 = 0$

$x = 7/2$

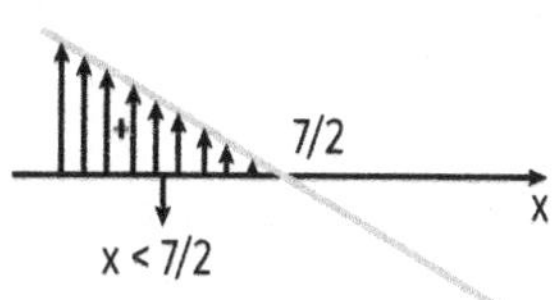

Ex.: $2x - 6 < 0$

$2x - 6 = 0$

$x = 3$

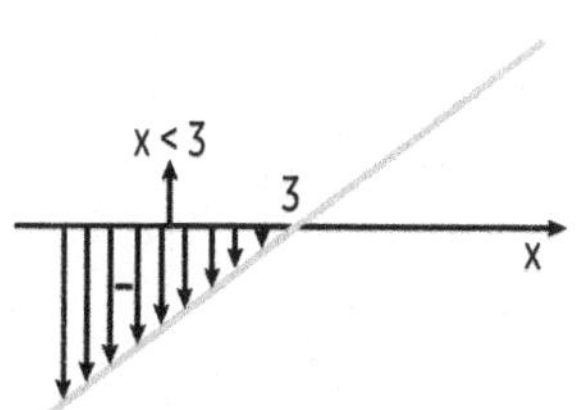

Questões

01. Dada a função f: N ⟶ R, onde N é o conjunto de números naturais e R é o conjunto de números reais, definida por $f(x) = 2x^2 - 7x + 5$, calcule o valor de x para $f(x) = 0$ e marque a opção correta.

a) 0
b) 1
c) 5/2
d) 5
e) 11

02. Se f é uma função real definida por $f(x) = 2x - 3$ e g é a inversa de f, o valor de g(1) é:

a) 0
b) 1
c) 2
d) 3

03. (COPESE) A medição do consumo de energia elétrica é feita em Quilowatt-hora (kWh). Em uma determinada cidade, o valor da conta da energia elétrica é composto por três valores, a saber: o de kWh consumidos, o dos impostos sobre o valor dos kWh consumidos e o da taxa fixa de iluminação pública. Os valores dos kWh consumidos e dos impostos são obtidos, respectivamente, pelas funções E = 0,54 k e I = 0,17 E onde E é o valor consumo em Reais (R$), k a quantidade kWh consumidos no período e I o valor dos impostos. Sabendo-se que o valor da taxa fixa de iluminação pública é de R$ 2,50 , então a função que calcula o valor da conta da energia elétrica C nesta cidade pode ser representada por:

a) C = 0,54k - 0,17E + 2,50
b) C = 0,54k + 0,17 + 2,50
c) C = (0,54) . (0,17E) + 2,50
d) C = 0,0918k + 2,50
e) C = 0,6318k + 2,50

04. (CEPERJ) Se $f(x) = \dfrac{2}{x-1}$ a raiz da equação $f \circ f = 10$ é:

a) 1/3
b) 4/3
c) 5/3
d) 7/3
e) 8/3

05. (CONSULPLAN) Sejam $f(x) = 2x + 5$ e $g(x) = -x + 2$. Qual é o valor de x para que $f^{-1}(x) = g^{-1}(x)$?

a) 3
b) 5
c) 4
d) 2
e) 1

06. (CESGRANRIO) A função geradora do gráfico abaixo é do tipo y = mx + n:

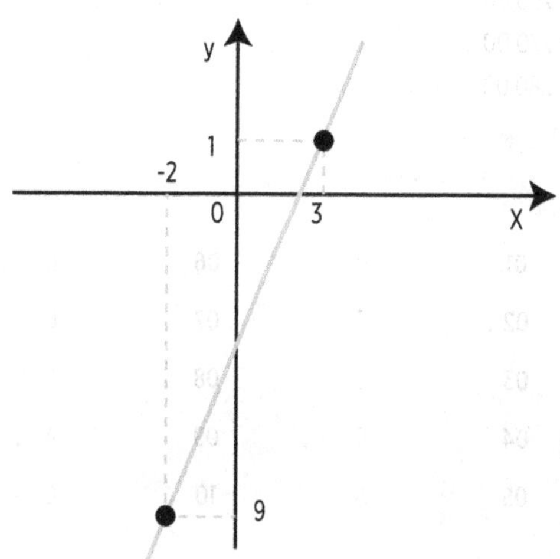

Então, o valor de $m^3 + n$ é:

a) 2
b) 3
c) 5
d) 8
e) 13

07. (FCC) Sendo x e y números reais, admita que o símbolo ♠ indique a seguinte operação entre x e y:

$$X \spadesuit Y = \frac{\frac{X}{Y} + \frac{Y}{X}}{X \cdot Y}$$

De acordo com a definição dada, $\sqrt{2} \spadesuit 2$ é igual a:

a) 0,9
b) 0,75
c) 0,6
d) 0,45
e) 0,3

08. (ESAF) Se $\frac{x^2 + 2x - 200}{y - 200} = 0$ então é necessariamente verdade que:

a) $x^2 + 2x \neq 200$ e $y = 200$
b) $x^2 + 2x = 200$ e $y = 200$
c) $x^2 + 2x = 200$ e $y \neq 200$
d) $x = 0$ e $y \neq 0$
e) $x \neq 0$ e $y = 200$

09. (CONSULPLAN) Sejam $f(x) = 2x + 5$ e $g(x) = -x + 2$. Qual é o valor de x para que $f^{-1}(x) = g^{-1}(x)$?

a) 3
b) 5
c) 4
d) 2
e) 1

10. (CESGRANRIO) Uma loja de eletrodomésticos possui 1.600 unidades de liquidificadores em estoque. Uma recente pesquisa de mercado apontou que seriam vendidas 800 unidades a um preço de R$ 300,00, e que cada diminuição de R$ 5,00, no valor do produto, resultaria em 20 novas vendas. Qual valor de venda, em reais, permite que a receita seja máxima?

a) 230,00
b) 240,00
c) 250,00
d) 270,00
e) 280,00

Gabaritos

01	B	06	B
02	C	07	B
03	E	08	C
04	E	09	A
05	A	10	C

13. FUNÇÃO EXPONENCIAL E FUNÇÃO LOGARÍTMICA

13.1 Equação e Função Exponencial

Chama-se de equação exponencial toda equação na qual a incógnita aparece em expoente.

Para resolver equações exponenciais, devem-se realizar dois passos importantes:

Redução dos dois membros da equação a potências de mesma base;

Aplicação da propriedade:

$$a^m = a^n \Rightarrow m = n\ (a \neq 1 \text{ e } a >)$$

Função exponencial

Chamam-se de funções exponenciais aquelas nas quais temos a variável aparecendo em expoente.

A função $f: IR \rightarrow IR_+$, definida por $f(x) = a^x$, com $a \in IR+$ e $a \neq 1$, é chamada função exponencial de base a. O domínio dessa função é o conjunto IR (reais) e o contradomínio é IR_+ (reais positivos, maiores que zero).

Gráfico cartesiano da função exponencial

Há 2 casos a considerar:

Quando a>1;

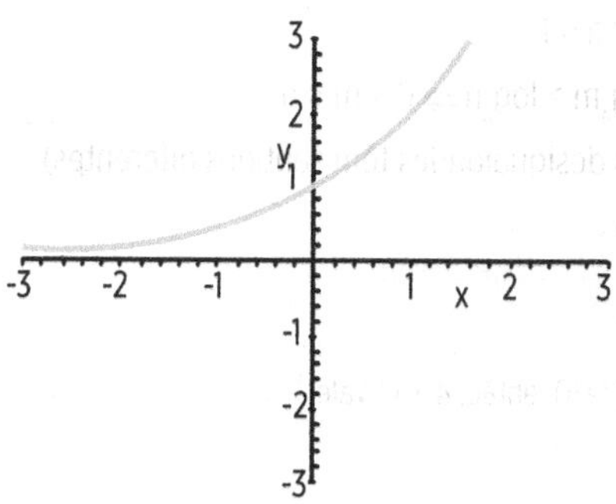

$f(x)$ é crescente e $Im = IR_+$

Para quaisquer x_1 e x_2 do domínio: $x_2 > x_1 \Rightarrow y_2 > y_1$ (as desigualdades têm mesmo sentido).

Quando 0 < a < 1.

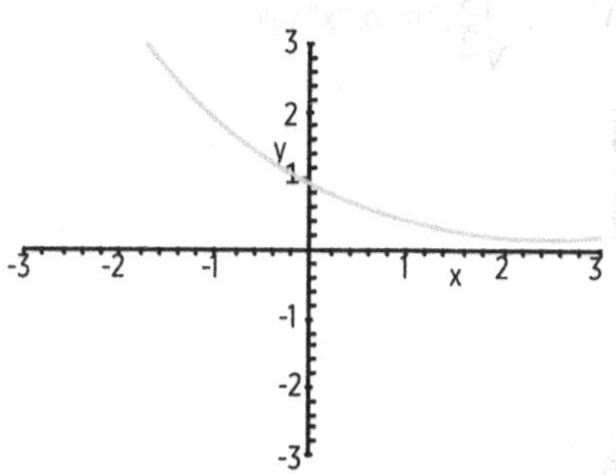

$f(x)$ é decrescente e $Im = IR_+$

Para quaisquer x_1 e x_2 do domínio: $x_2 > x_1 \Rightarrow y_2 < y_1$ (as desigualdades têm sentidos diferentes).

Nas duas situações, pode-se observar que:

> O gráfico nunca intercepta o eixo horizontal;

> A função não tem raízes; o gráfico corta o eixo vertical no ponto (0,1);

> Os valores de y são sempre positivos (potência de base positiva é positiva), portanto, o conjunto imagem é $Im = IR_+$.

Inequações exponenciais

Chama-se de inequação exponencial toda inequação na qual a incógnita aparece em expoente.

Para resolver inequações exponenciais, deve-se realizar dois passos:

Redução dos dois membros da inequação a potências de mesma base;

Aplicação da propriedade:

$a > 1$

$a^m > a^n \Rightarrow m > n$

(as desigualdades têm mesmo sentido)

$0 < a < 1$

$a^m > a^n \Rightarrow m < n$

(as desigualdades têm sentidos diferentes)

13.2 Equação e Função Logarítmica

Logaritmo

$$a^x = b \Leftrightarrow \log_a b = x$$

Sendo $b > 0$, $a > 0$ e $a \neq 1$

Na igualdade $x = \log_a b$ tem :

a= base do logaritmo

b= logaritmando ou antilogaritmo

x= logaritmo

Consequências da definição

Sendo $b > 0$, $a > 0$ e $a \neq 1$ e m um número real qualquer, há, a seguir, algumas consequências da definição de logaritmo:

$\log_a 1 = 0$

$\log_a a = 1$

$\log_a a^m = m$

$a^{\log_a b} = b$

$\log_a b = \log_a c \Leftrightarrow b = c$

Propriedades operatórias dos logaritmos

$$\log_a(x.y) = \log_a x + \log_a y$$

$$\log_a\left(\frac{x}{y}\right) = \log_a x - \log_a y$$

$$\log_a x^m = m \cdot \log_a x$$

$$\log_a \sqrt[n]{x^m} = \log_a x^{\frac{m}{n}} = \frac{m}{n} \cdot \log_a x$$

Cologaritmo

$$\text{colog}_a\, b = \log_a \frac{1}{b}$$

$$\text{colog}_a\, b = -\log_a b$$

Mudança de base

$$\log_a x = \frac{\log_b x}{\log_b a}$$

Função logarítmica

A função f: IR + → IR, definida por $f(x) = \log_a x$, com $a \neq 1$ e $a > 0$, é chamada função logarítmica de base a. O domínio dessa função é o conjunto IR₊ (reais positivos, maiores que zero) e o contradomínio é IR (reais).

Gráfico cartesiano da função logarítmica

Há dois casos a se considerar:

Quando a>1;

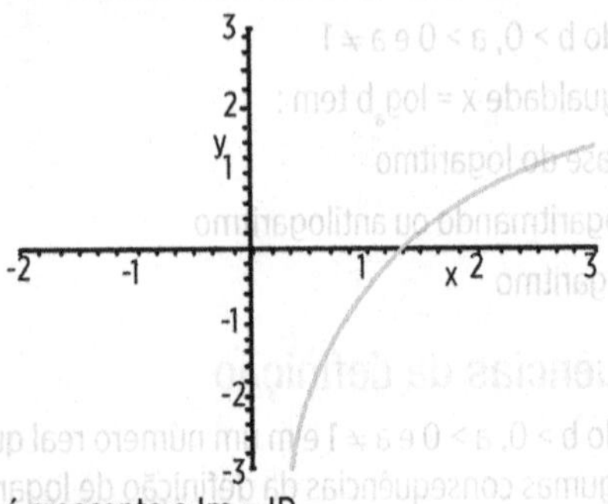

f (x) é crescente e Im = IR

Para quaisquer x_1 e x_2 do domínio: $x_2 > x_1 \Rightarrow y_2 > y_1$ (as desigualdades têm mesmo sentido)

Quando 0<a<1.

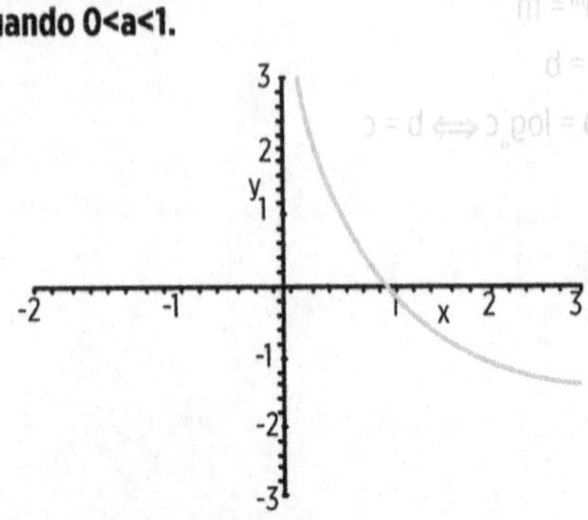

f (x) é decrescente e Im = IR

Para quaisquer x_1 e x_2 do domínio : $x_2 > x_1 \Rightarrow y_2 < y_1$ (as desigualdades têm sentidos diferentes).

Nas duas situações, pode-se observar que:

- O gráfico nunca intercepta o eixo vertical;
- O gráfico corta o eixo horizontal no ponto (1,0);
- A raiz da função é x = 1;
- Y assume todos os valores reais, portanto, o conjunto imagem é Im = IR.

Equações logarítmicas

Chama-se de equações logarítmicas toda equação que envolve logaritmos com a incógnita aparecendo no logaritmando, na base ou em ambos.

Inequações logarítmicas

Chama-se de inequações logarítmicas toda inequação que envolve logaritmos com a incógnita aparecendo no logaritmando, na base ou em ambos.

Para resolver inequações logarítmicas, deve-se realizar dois passos:

Redução dos dois membros da inequação a logaritmos de mesma base;

Aplicação da propriedade:

$a > 1$

$\log_a m > \log_a n \Rightarrow m > n > 0$

(as desigualdades têm mesmo sentido)

$0 < a < 1$

$\log_a m > \log_a n \Rightarrow 0 < m < n$

(as desigualdades têm sentidos diferentes)

Questões

01. Se $2^x + 2^{-x} = 10$, então, $4^x + 4^{-x}$ vale:

a) 40

b) 50

c) 75

d) 98

e) 100

02. Se $(0,4)^{4x+1} = \sqrt[3]{\frac{5}{2}}$, então, "x" vale:

a) $-\frac{1}{3}$

b) $-\frac{1}{2}$

c) $\frac{1}{2}$

d) $\frac{1}{5}$

e) $-\frac{1}{6}$

03. (CONSULPLAN) Qual é a soma dos valores de x que verifica a equação $3^{x^2-8x+12} = (9^{x+1})^{x-6}$?

a) 5

b) 2

c) 3

d) 8

e) 4

04. (CESGRANRIO) Na igualdade $2^{x-2} = 1.300$, x é um número real compreendido entre:

a) 8 e 9

b) 9 e 10

c) 10 e 11

d) 11 e 12

e) 12 e 13

05. (CESGRANRIO) Quando os alunos perguntaram ao professor qual era a sua idade, ele respondeu: "Se considerarmos as funções $f(x) = 1 + \log_3 x$ e $g(x) = \log_2 x$, e a igualdade $g(i) = f(243)$, i corresponderá à minha idade, em anos." Quantos anos tem o professor?

a) 32

b) 48

c) 56

d) 60

e) 64

06. (CESGRANRIO) Sendo a função $f(x) = 2 \cdot \log_5 (3x/4)$, em que x é um número real positivo, $f(17)$ é um número real compreendido entre.

a) 1 e 2

b) 2 e 3

c) 3 e 4

d) 4 e 5

e) 5 e 6

07. (CONSULPLAN) A equação n (t) = 20 + 15log125 (t + 5) representa uma estimativa sobre o número de funcionários de uma Agência dos Correios de uma certa cidade, em função de seu tempo de vida, em que n(t) é o número de funcionários no tenésimo ano de existência dessa empresa(t = 0, 1, 2...). Quantos funcionários essa Agência possuía quando foi fundada?

a) 105

b) 11

c) 45

d) 65

e) 25

08. Considere uma aplicação financeira denominada UNI que rende juros mensais de $M = \log_{27}^{196}$ e outra aplicação financeira denominada DUNI que rende juros mensais de $N = -\log_{\frac{1}{9}}^{14}$.

A razão entre os juros mensais M e N, nessa ordem, é:

a) 70%

b) 2/3

c) 4/3

d) 80%

09. (ESSA) Aumentando-se um número x em 75 unidades, seu logaritmo na base 4 aumenta em 2 unidades. Pode-se afirmar que x é um número:

a) Irracional

b) Divisor de 8

c) Múltiplo de 3

d) Menor que 1

e) Maior que 4

10. Uma das raízes da equação $2^{2x} - 8 \cdot 2^x + 12 = 0$ é x = 1. A outra raiz é:

a) $1 + \log_{10} (\frac{3}{2})$

b) $1 + \frac{\log 103}{\log 102}$

c) $\log_{10} 3$

d) $\frac{\log 106}{2}$

e) $\log_{10} (\frac{3}{2})$

Gabaritos

01	D	06	C
02	A	07	E
03	B	08	C
04	E	09	E
05	E	10	B

14. TRIGONOMETRIA

Neste capítulo estudaremos sobre os triângulos e as relações que os envolvem.

14.1 Triângulos

O triângulo é uma das figuras mais simples e também uma das mais importantes da Geometria. O triângulo possui propriedades e definições de acordo com o tamanho de seus lados e medida dos ângulos internos.

Quanto aos lados, o triângulo pode ser classificado da seguinte forma:

Equilátero: possui os lados com medidas iguais.

Isósceles: possui dois lados com medidas iguais.

Escaleno: possui todos os lados com medidas diferentes.

Quanto aos ângulos, os triângulos podem ser denominados:

Acutângulo: possui os ângulos internos com medidas menores que 90°.

Obtusângulo: possui um dos ângulos com medida maior que 90°.

Retângulo: possui um ângulo com medida de 90°, chamado ângulo reto.

No triângulo retângulo existem importantes relações, uma delas é o **Teorema de Pitágoras**, que diz o seguinte: "A soma dos quadrados dos catetos é igual ao quadrado da hipotenusa".

$$a^2 = b^2 + c^2$$

A condição de existência de um triângulo é: um lado do triângulo seja sempre menor do que a soma dos outros dois lados e seja sempre maior do que a diferença desses dois lados.

14.2 Trigonometria no Triângulo Retângulo

As razões trigonométricas básicas são relações entre as medidas dos lados do triângulo retângulo e seus ângulos. As três funções básicas mais importantes da trigonometria são: seno, cosseno e tangente. O ângulo é indicado pela **letra x**.

Função	Notação	Definição
seno	sen(x)	$\dfrac{\text{medida do cateto oposto a x}}{\text{medida da hipotenusa}}$
cosseno	cos(x)	$\dfrac{\text{medida do cateto adjacente a x}}{\text{medida da hipotenusa}}$
tangente	tan(x)	$\dfrac{\text{medida do cateto oposto a x}}{\text{medida do cateto adjacente a x}}$

Relação fundamental: para todo ângulo x (medido em radianos), vale a importante relação:

$$\cos^2(x) + \text{sen}^2(x) = 1$$

14.3 Trigonometria num Triângulo Qualquer

Os problemas envolvendo trigonometria são resolvidos em sua maioria por meio da comparação com triângulos retângulos. Mas no cotidiano algumas situações envolvem triângulos acutângulos ou triângulos obtusângulos. Nesses casos, necessitamos do auxílio da Lei dos Senos ou dos Cossenos.

Lei dos senos

A Lei dos Senos estabelece relações entre as medidas dos lados com os senos dos ângulos opostos aos lados. Observe:

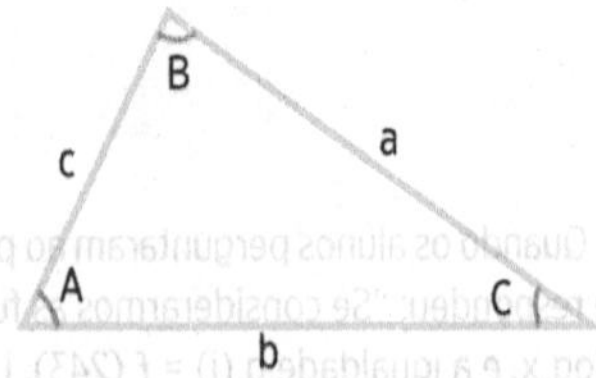

$$\frac{a}{\text{sen}A} = \frac{b}{\text{sen}B} = \frac{c}{\text{sen}C}$$

Lei dos cossenos

Nos casos em que não pode aplicar a Lei dos Senos, existe o recurso da Lei dos Cossenos. Ela permite trabalhar com a medida de dois segmentos e a medida de um ângulo. Dessa forma, se dado um triângulo ABC de lados medindo a, b e c, temos:

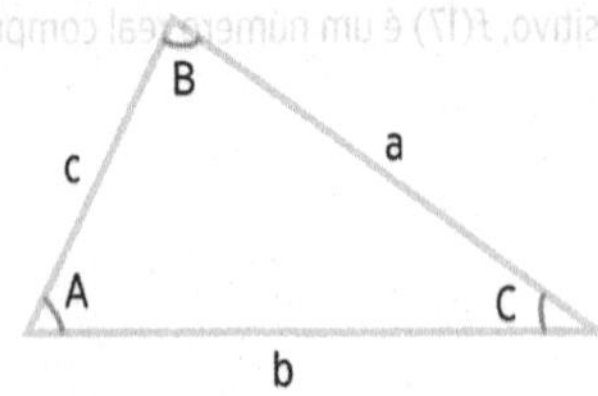

$$a^2 = b^2 + c^2 - 2.b.c.\cos A$$
$$b^2 = a^2 + c^2 - 2.a.c.\cos B$$
$$c^2 = a^2 + b^2 - 2.a.b.\cos C$$

14.4 Medidas dos Ângulos

Medidas em grau

Sabe-se que uma volta completa na circunferência corresponde a 360°; se dividir em 360 arcos, haverá arcos unitários medindo 1° grau. Dessa forma, diz-se que a circunferência é simplesmente um arco de 360° com o ângulo central medindo uma volta completa ou 360°.

Também se pode dividir o arco de 1° grau em 60 arcos de medidas unitárias iguais a 1' (arco de um minuto). Da mesma forma podemos dividir o arco de 1' em 60 arcos de medidas unitárias iguais a 1" (arco de um segundo).

Medidas em radianos

Dada uma circunferência de centro O e raio R, com um arco de comprimento s e α o ângulo central do arco, vamos determinar a medida do arco em radianos de acordo com a figura a seguir:

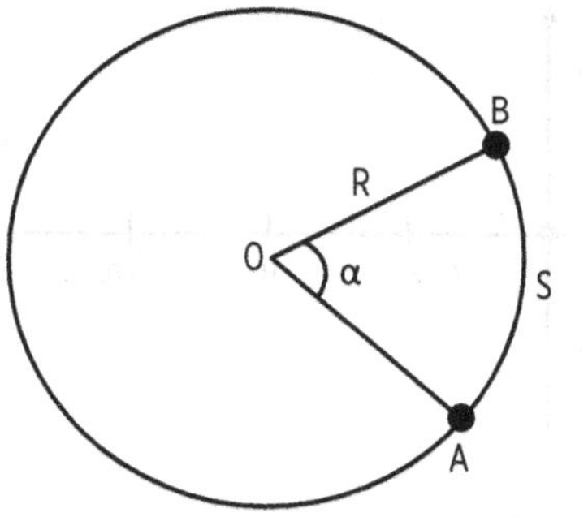

Diz-se que o arco mede um radiano se o comprimento do arco for igual à medida do raio da circunferência. Assim, para saber a medida de um arco em radianos, deve-se calcular quantos raios da circunferência são precisos para se ter o comprimento do arco. Portanto:

$$\alpha = \frac{S}{R}$$

Com base nessa fórmula, podemos expressar outra expressão para determinar o comprimento de um arco de circunferência:

$$s = \alpha \cdot R$$

De acordo com as relações entre as medidas em grau e radiano de arcos, vamos destacar uma regra de três capaz de converter as medidas dos arcos.

360° → 2π radianos (aproximadamente 6,28)

180° → π radiano (aproximadamente 3,14)

90° → π/2 radiano (aproximadamente 1,57)

45° → π/4 radiano (aproximadamente 0,785)

Medida em graus	Medida em radianos
180	π
x	a

14.5 Ciclo Trigonométrico

Considerando um plano cartesiano, representados nele um círculo com centro na origem dos eixos e raios.

Divide-se o ciclo trigonométrico em quatro arcos, obtendo quatro quadrantes.

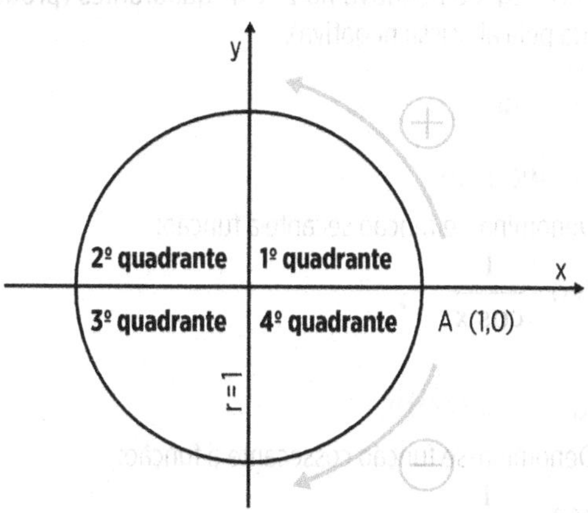

Dessa forma, obtêm-se as relações:

Em graus :

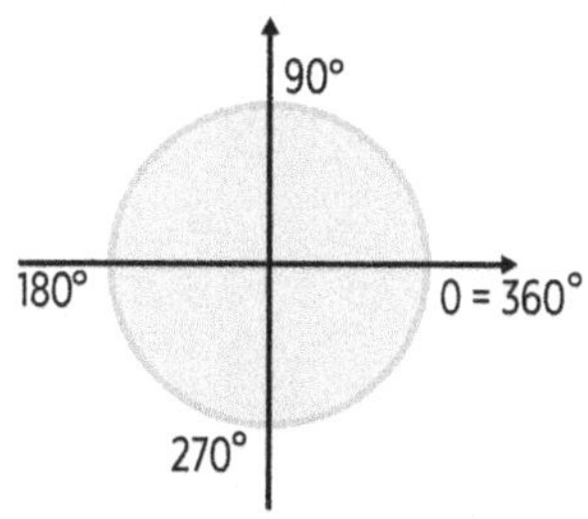

Em radianos :

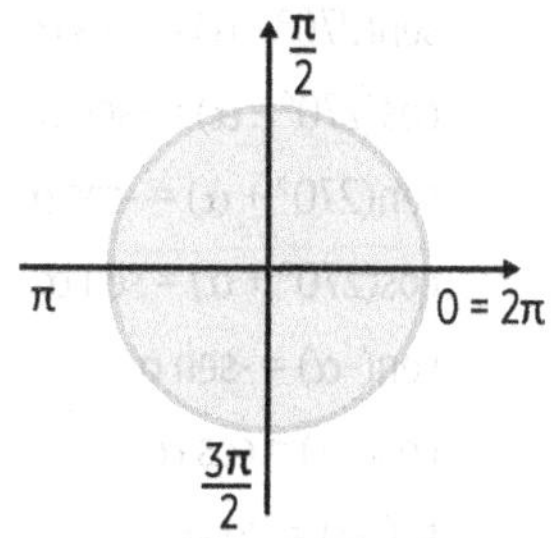

Razões trigonométricas

As principais razões trigonométricas são:

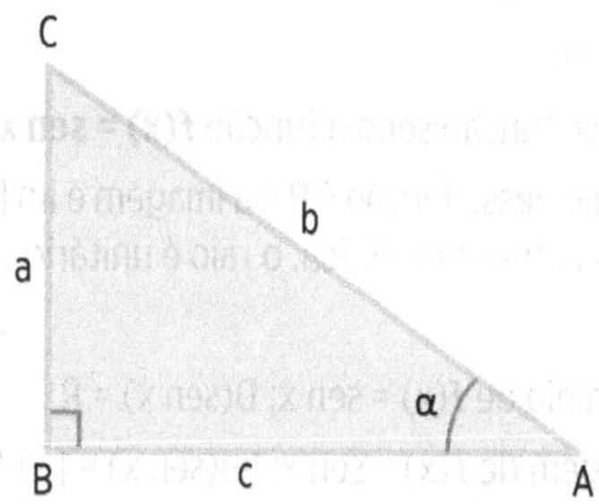

$$\text{sen } \alpha = \frac{\text{comprimento do cateto oposto}}{\text{comprimento da hipotenusa}} = \frac{a}{b}$$

$$\cos \alpha = \frac{\text{comprimento do cateto adjacente}}{\text{comprimento da hipotenusa}} = \frac{c}{b}$$

$$\text{tg } \alpha = \frac{\text{comprimento do cateto oposto}}{\text{comprimento do cateto adjacente}} = \frac{a}{c}$$

Outras razões decorrentes dessas são:

$$\text{tg } x = \frac{\text{sen } x}{\cos x}$$

$$\text{cotg } x = \frac{1}{\text{tg } x} = \frac{\cos x}{\text{sen } x}$$

$$\sec x = \frac{1}{\cos x}$$

$$\text{cossec } x = \frac{1}{\text{sen } x}$$

A partir da relação fundamental, encontram-se ainda as seguintes relações:

$(\text{sen } x)^2 + (\cos x)^2 = 1$ = [relação fundamental da trigonometria]

$1 + (\text{cotg } x)^2 = (\text{cossec } x)^2$

$1 + (\text{tg } x)^2 = (\sec x)^2$

Redução ao 1° quadrante

sen(90° - α) = cos α

cos(90° - α) = sen α

sen(90° + α) = cos α

cos(90° + α) = -sen α

sen(180° - α) = sen α

cos(180° - α) = -cos α

tg(180° - α) = -tg α

$sen(180° + \alpha) = -sen\ \alpha$

$cos(180° + \alpha) = -cos\ \alpha$

$sen(270° - \alpha) = -cos\ \alpha$

$cos(270° - \alpha) = -sen\ \alpha$

$sen(270° + \alpha) = -cos\ \alpha$

$cos(270° + \alpha) = sen\ \alpha$

$sen(-\alpha) = -sen\ \alpha$

$cos(-\alpha) = cos\ \alpha$

$tg(-\alpha) = -tg\ \alpha$

14.6 Funções Trigonométricas

Função seno

Chama-se função seno a função $f(x) = sen\ x$.

O domínio dessa função é R e a imagem é Im [-1,1]; visto que, na circunferência trigonométrica, o raio é unitário.

Então:

Domínio de $f(x) = sen\ x$; D(sen x) = R.

Imagem de $f(x) = sen\ x$; Im(sen x) = [-1,1] .

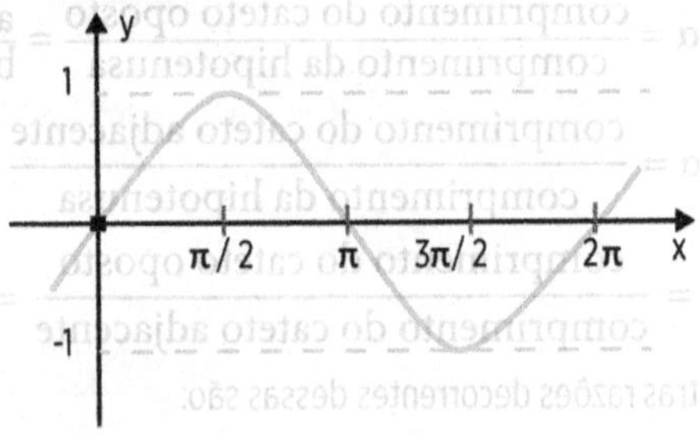

Sinal da função

$f(x) = sen\ x$ é positiva no 1° e 2° quadrantes (ordenada positiva);

$f(x) = sen\ x$ é negativa no 3° e 4° quadrantes (ordenada negativa).

Quando $x \in \left[0, \frac{\pi}{2}\right]$, 1° quadrante, o valor de sen x cresce de 0 a 1.

Quando $x \in \left[\frac{\pi}{2}, \pi\right]$, 2° quadrante, o valor de sen x decresce de 1 a 0.

Quando $x \in \left[\pi, \frac{3\pi}{2}\right]$ 3° quadrante, o valor de sen x decresce de 0 a -1.

Quando $x \in \left[\frac{3\pi}{2}, 2\pi\right]$ 4° quadrante, o valor de sen x cresce de -1 a 0.

Função cosseno

Chama-se função cosseno a função $f(x) = cos\ x$.

O domínio dessa função também é R e a imagem é Im [-1,1]; visto que, na circunferência trigonométrica, o raio é unitário.

Então:

Domínio de $f(x) = cos\ x$; D(cos x) = R.

Imagem de $f(x) = cos\ x$; Im(cos x) = [-1,1].

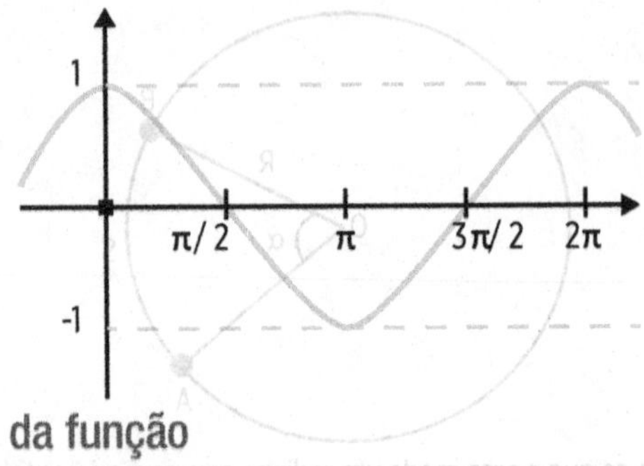

Sinal da função

$f(x) = cos\ x$ é positiva no 1º e 4º quadrantes (abscissa positiva);

$f(x) = cos\ x$ é negativa no 2º e 3º quadrantes (abscissa negativa).

Quando $x \in \left[0, \frac{\pi}{2}\right]$, 1º quadrante, o valor do cos x decresce de 1 a 0.

Quando $x \in \left[\frac{\pi}{2}, \pi\right]$ 2º quadrante, o valor do cos x decresce de 0 a -1.

Quando $x \in \left[\pi, \frac{3\pi}{2}\right]$, 3º quadrante, o valor do cos x cresce de -1 a 0.

Quando, $x \in \left[\frac{3\pi}{2}, 2\pi\right]$ 4º quadrante, o valor do cos x cresce de 0 a 1.

Função tangente

Chama-se função tangente a função $f(x) = tg\ x$.

Então:

Domínio de $f(x)$: o domínio dessa função são todos os números reais, exceto os que zeram o cosseno, pois não existe cos x = 0

Imagem de $f(x)$ = Im =] -∞, ∞[

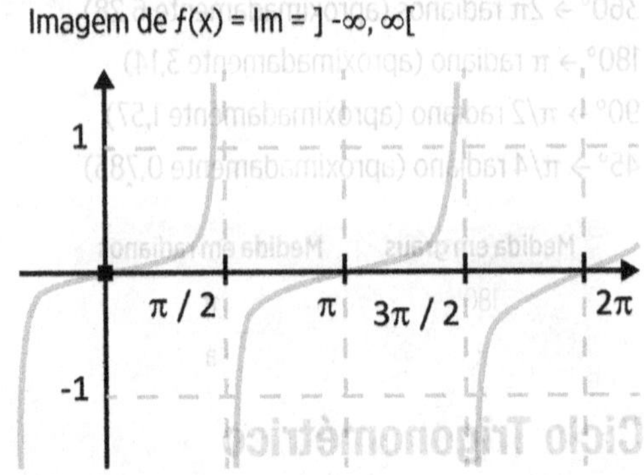

Sinal da função

$f(x) = tg\ x$ é positiva no 1º e 3º quadrantes (produto da ordenada pela abscissa positiva);

$f(x) = tg\ x$ é negativa no 2º e 4º quadrantes (produto da ordenada pela abscissa negativa).

Outras funções

Função secante

Denomina-se função secante a função:

$$f(x) = \frac{1}{\cos x}$$

Função cossecante

Denomina-se função cossecante a função:

$$f(x) = \frac{1}{\operatorname{sen} x}$$

Função cotangente

Denomina-se função cossecante a função:

$$f(x) = \frac{1}{\text{tg } x}$$

14.7 Identidades e Operações Trigonométricas

As mais comuns são as seguintes:

$\text{sen}(a + b) = \text{sen } a \cdot \cos b + \text{sen } b \cdot \cos a$

$\text{sen}(a - b) = \text{sen } a \cdot \cos b - \text{sen } b \cdot \cos a$

$\cos(a + b) = \cos a \cdot \cos b - \text{sen } a \cdot \cos b$

$\cos(a - b) = \cos a \cdot \cos b + \text{sen } a \cdot \cos b$

$$\text{tg }(a + b) = \frac{\text{tga} + \text{tgb}}{1 - \text{tga} \cdot \text{tgb}}$$

$$\text{tg }(a - b) = \frac{\text{tga} - \text{tgb}}{1 + \text{tga} \cdot \text{tgb}}$$

$\text{sen}(2x) = 2 \cdot \text{sen}(x) \cdot \cos(x)$

$\cos(2x) = \cos^2(x) - \text{sen}^2(x)$

$$\text{tg}(2x) = \left(\frac{2 \cdot \text{tg}(x)}{1 - \text{tg}^2(x)}\right)$$

$$\text{sen}(x) + \text{sen}(y) = 2 \cdot \text{sen}\left(\frac{x+y}{2}\right) \cdot \cos\left(\frac{x-y}{2}\right)$$

$$\text{sen}(x) - \text{sen}(y) = 2 \cdot \text{sen}\left(\frac{x-y}{2}\right) \cdot \cos\left(\frac{x+y}{2}\right)$$

$$\cos(x) + \cos(y) = 2 \cdot \cos\left(\frac{x+y}{2}\right) \cdot \cos\left(\frac{x-y}{2}\right)$$

$$\cos(x) - \cos(y) = -2 \cdot \text{sen}\left(\frac{x+y}{2}\right) \cdot \text{sen}\left(\frac{x-y}{2}\right)$$

14.8 Bissecção de Arcos ou Arco Metade

Também temos a fórmula do arco metade para senos, cossenos e tangentes:

1. $\sin\left(\frac{a}{2}\right) = \pm\sqrt{\frac{1-\cos(a)}{2}}$

2. $\cos\left(\frac{a}{2}\right) = \pm\sqrt{\frac{1+\cos(a)}{2}}$

3. $\tan\left(\frac{a}{2}\right) = \pm\sqrt{\frac{1-\cos(a)}{1+\cos(a)}}$

Questões

01. (MB) Em um triângulo retângulo, o seno de um de seus ângulos agudos é:

a) O inverso do cosseno desse ângulo.
b) O quadrado do cosseno desse ângulo.
c) A razão entre as medidas dos catetos do triângulo.
d) A razão entre a medida da hipotenusa e a medida do lado adjacente a esse ângulo.
e) A razão entre a medida do lado oposto a esse ângulo e a medida da hipotenusa.

02. (MB) Um triângulo possui as seguintes medidas de seus lados: 3, 12 e 14. Este triângulo possui:

a) Três ângulos obtusos.
b) Três ângulos agudos.
c) Um ângulo obtuso.
d) Um ângulo agudo.
e) Um ângulo reto.

03. Uma pessoa está na margem de um rio, onde existem duas árvores (B e C, na figura). Na outra margem, em frente a B, existe outra árvore, A, vista de C segundo um ângulo de 30°, com relação a B. Se a distância de B a C é 150m, qual é a largura do rio, aproximadamente, sendo $\sqrt{2} = 1{,}41$ e $\sqrt{3} = 1{,}73$?

	30°	45°	60°
sen	1/2	$\sqrt{2}/2$	$\sqrt{3}/2$
cos	$\sqrt{3}/2$	$\sqrt{2}/2$	1/2
tg	$\sqrt{3}/3$	1	$\sqrt{3}$

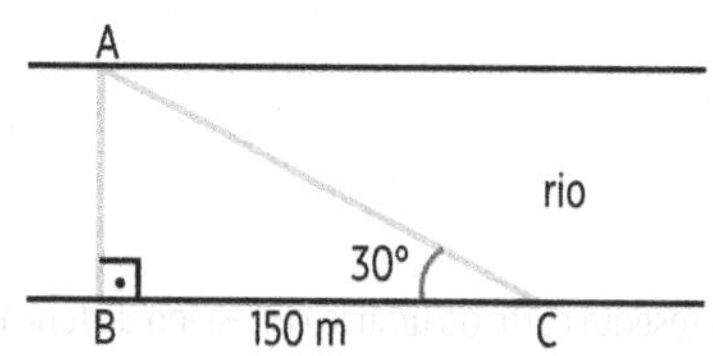

a) 129,75
b) 105,75
c) 100,25
d) 95,50
e) 86,50

04. Considerando tg 25° = 1/2, o valor de tg 20° será:

a) 1/6
b) 1/5
c) 1/4
d) 1/3

05. (FUNIVERSA) Investigações de um crime com arma de fogo indicam que um atirador atingiu diretamente dois pontos, B e C, a partir de um único ponto A. São conhecidas as distâncias: AC = 3m, AB = 2m e BC = 2,65m. A medida do ângulo formado pelas duas direções nas quais o atirador disparou os tiros é mais próxima de:

a) 30°
b) 45°
c) 60°

d) 75°

e) 90°

06. (COPESE) Para que o telhado de uma casa possa ser construído deve-se levar em consideração alguns fatores de dimensionamento, dentre os quais as especificações relacionadas com a largura e o ângulo de elevação do telhado. Conforme exemplo ilustrado na figura a seguir:

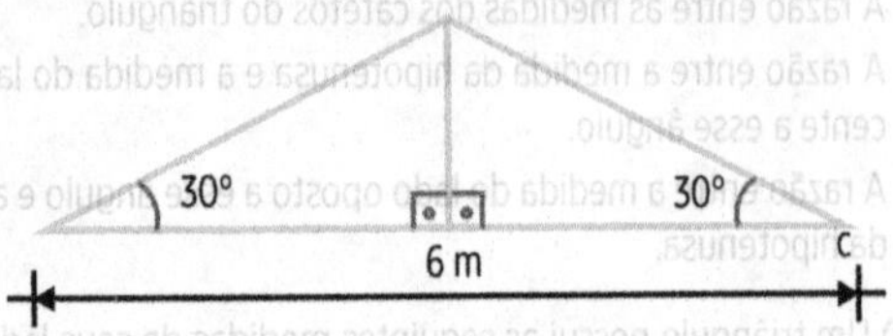

De acordo com as informações anteriormente indicadas no exemplo ilustrado, a medida da elevação do telhado é (considere duas casas decimais após a vírgula e tg 30° = 0,58)

a) 0,90m

b) 1,74m

c) 1,80m

d) 3,00m

e) 3,48m

07. Considerando-se que x é um arco com extremidade no segundo quadrante e que $\text{sen}x = \frac{4}{5}$, então pode-se afirmar que o valor de $5\cos^2 x - 3\text{tg}\, x$ é:

a) $-\frac{11}{5}$

b) $-\frac{29}{15}$

c) $\frac{11}{5}$

d) $\frac{45}{15}$

e) $\frac{29}{5}$

08. A figura representa parte do gráfico cartesiano da função $f(x)$ igual a:

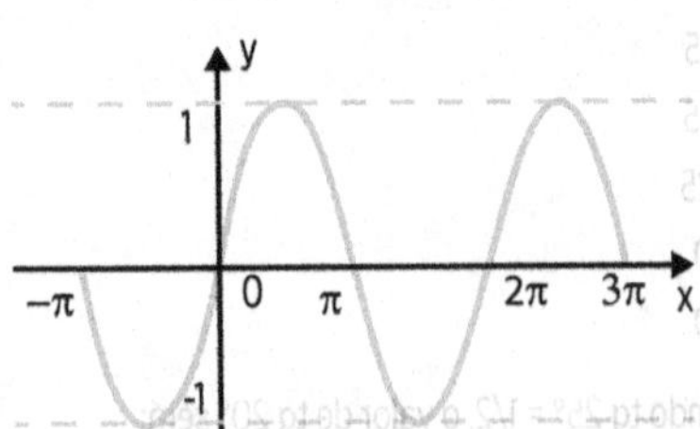

a) sen x

b) cos x

c) cotg x

d) tg x

e) $\text{tg}^2 x$

09. A expressão $y = \frac{1 - \cos x}{1 + \cos x}$ pode ser escrita como:

a) y = cos sec x - cot g x

b) y = sec x - cot g x

c) y = 1

d) $y = (\text{cos sec } x - \text{sen } x)^2$

e) $y = (\text{cos sec } x - \text{cotg } x)^2$

10. (FIP) Se senx = 0,8 e $x \in = \left[0; \frac{\pi}{2}\right]$, então, quanto vale sen(2x)?

a) 0,65

b) 1,6

c) 0,55

d) 0,96

e) 0,72

Gabaritos

01	E	06	E
02	C	07	C
03	E	08	E
04	D	09	D
05	C	10	C

15. GEOMETRIA PLANA

Conceitos importantes:

Ceviana: as cevianas são segmentos de reta que partem do vértice do triângulo para o lado oposto.

Mediana: é o segmento de reta que liga um vértice deste triângulo ao ponto médio do lado oposto a este vértice. As medianas se encontram em um ponto chamado de baricentro.

Altura: altura de um triângulo é um segmento de reta perpendicular a um lado do triângulo ou ao seu prolongamento, traçado pelo vértice oposto. As alturas se encontram em um ponto chamado ortocentro.

Bissetriz: é o lugar geométrico dos pontos que equidistam de duas retas concorrentes e, por consequência, divide um ângulo em dois ângulos congruentes. As bissetrizes se encontram em um ponto chamado incentro.

Mediatrizes: são retas perpendiculares a cada um dos lados de um triângulo. As mediatrizes se encontram em um ponto chamado circuncentro.

15.1 Semelhanças de Figuras

Duas figuras (formas geométricas) são semelhantes quando satisfazem a duas condições: os seus ângulos têm o mesmo tamanho e os lados correspondentes são proporcionais.

Nos triângulos existem alguns casos de semelhanças bem conhecidos;

1º caso: LAL (lado, ângulo, lado): dois lados congruentes e o ângulo entre esses lados também congruentes.

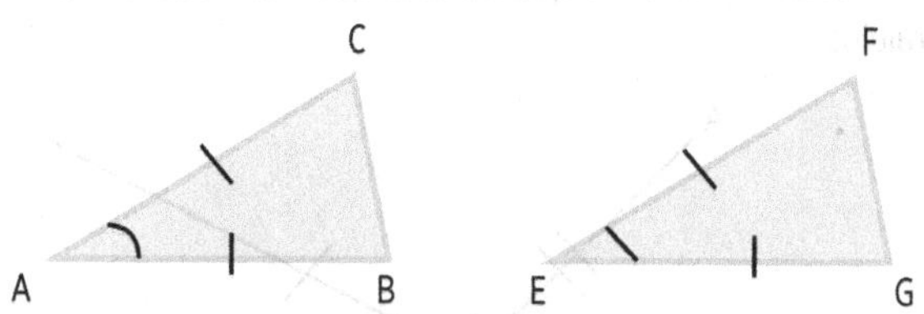

2º caso: LLL (lado, lado, lado): os três lados congruentes.

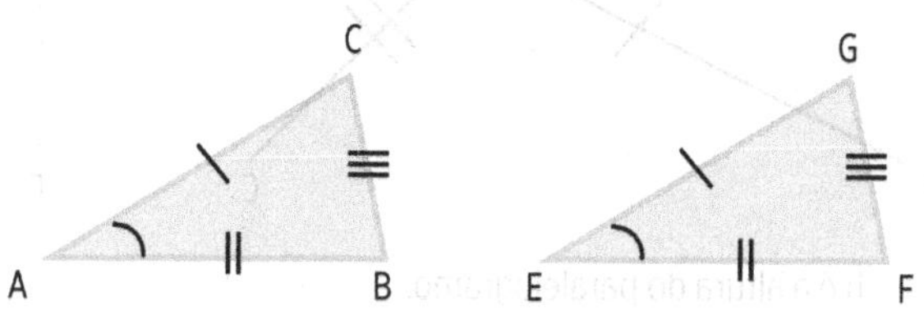

3º caso: ALA (ângulo, lado, ângulo): dois ângulos congruentes e o lado entre esses ângulos também congruente.

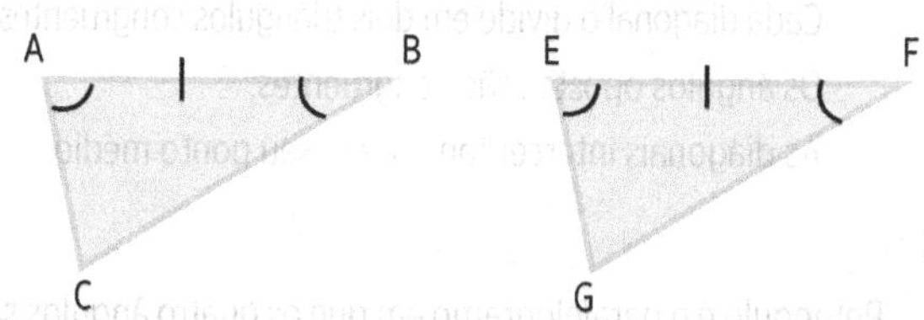

4º caso: LAA_0 (lado, ângulo, ângulo oposto): congruência do ângulo adjacente ao lado, e congruência do ângulo oposto ao lado.

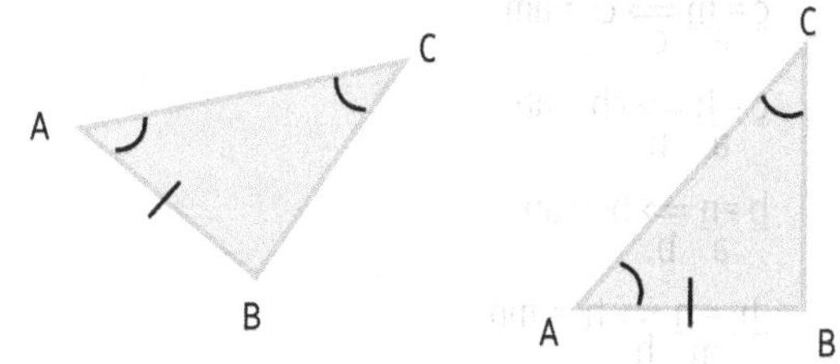

15.2 Relações Métricas nos Triângulos

O triângulo retângulo e suas relações métricas

Denomina-se triângulo retângulo o triângulo que tem um de seus ângulos retos, ou seja, um de seus ângulos mede 90°. O triângulo retângulo é formado por uma hipotenusa e dois catetos, a hipotenusa é o lado maior, o lado aposto ao ângulo de 90°, e os outros dois lados são os catetos.

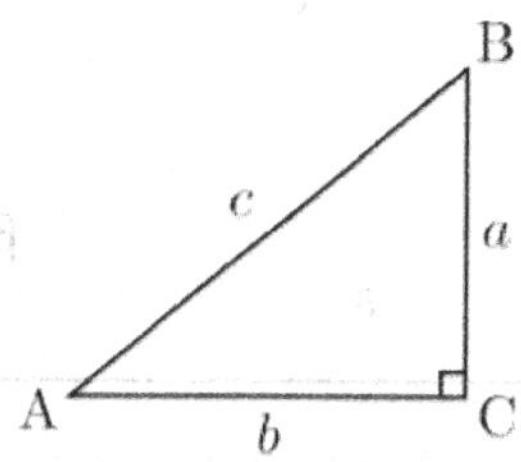

Na figura, podemos observar o triângulo retângulo de vértices A,B e C, e lados a,b e c. Como o ângulo de 90° está no vértice C, então a hipotenusa do triângulo é o lado c, e os catetos são os lados a e b.

Assim, podemos separar um triângulo em dois triângulos semelhantes:

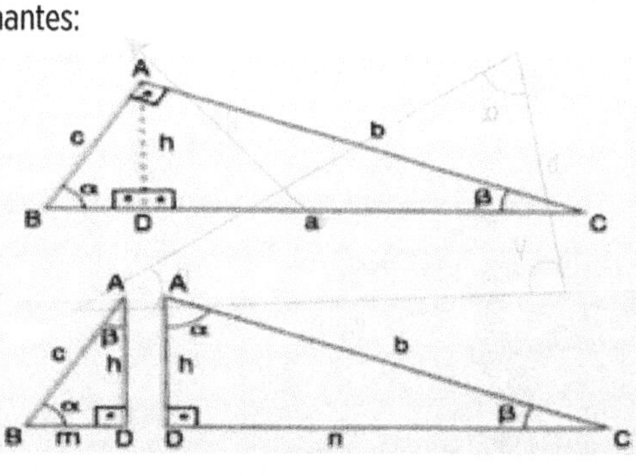

Neste segundo triângulo, podemos observar uma perpendicular à hipotenusa até o vértice A; essa é a altura h do triângulo, separando assim a hipotenusa em dois segmentos, o segmento m e o segmento n, separando esses dois triângulos obtemos dois triângulos retângulos, o triângulo ΔABD e ΔADC. Como os ângulos dos três triângulos são congruentes, então podemos dizer que os triângulos são semelhantes.

Com essa semelhança, ganhamos algumas relações métricas entre os triângulos:

$$\frac{c}{a} = \frac{m}{c} \Longrightarrow c^2 = am$$

$$\frac{c}{a} = \frac{h}{b} \Longrightarrow cb = ah$$

$$\frac{b}{a} = \frac{n}{b} \Longrightarrow b^2 = an$$

$$\frac{h}{m} = \frac{n}{h} \Longrightarrow h^2 = mn$$

Da primeira e da terceira equação, obtemos:

$c^2 + b^2 = am + an = a\,(m + n)$.

Como vimos na figura que m+n=a, então temos:

$c^2 + b^2 = aa = a^2$,

ou seja, trata-se do Teorema de Pitágoras.

Lei dos cossenos

Para um triângulo qualquer demonstra-se que:

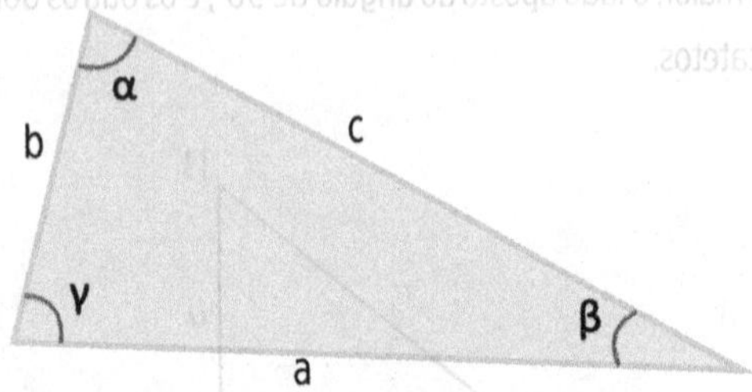

$$a^2 = b^2 + c^2 - 2 \cdot b \cdot c \cdot \cos\alpha$$

Note que o lado "a" do triângulo é oposto ao cosseno do ângulo α.

Lei dos senos

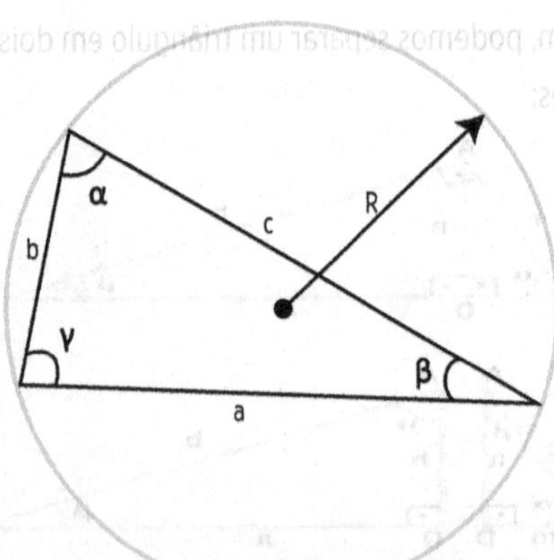

R é o raio da circunferência circunscrita a esse triângulo.

Neste caso, valem as seguintes relações, conforme a lei dos senos:

$$\frac{a}{\operatorname{sen}\alpha} = \frac{b}{\operatorname{sen}\beta} = \frac{c}{\operatorname{sen}\gamma} = 2R$$

15.3 Quadriláteros

Quadrilátero é um polígono de quatro lados. Eles possuem os seguintes elementos:

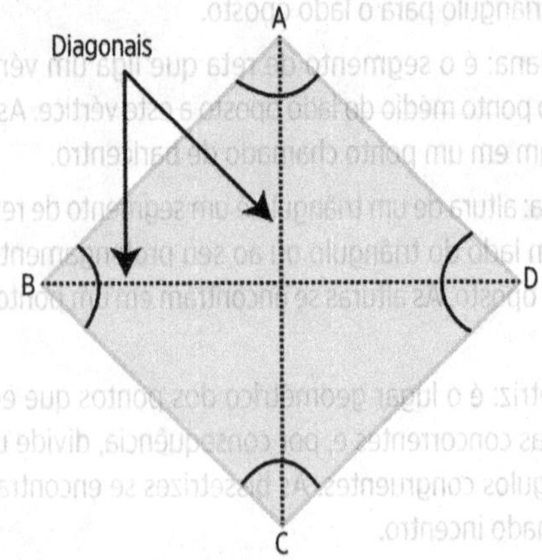

Vértices: A, B, C, e D.

Lados: AB, BC, CD, DA.

Diagonais: AC e BD.

Ângulos internos ou ângulos do quadrilátero ABCD: $\hat{A}$, $\hat{B}$, $\hat{C}$ e $\hat{D}$.

Todo quadrilátero tem duas diagonais.

O perímetro de um quadrilátero ABCD é a soma das medidas de seus lados, ou seja: AB + BC + CD + DA.

Quadriláteros importantes

Paralelogramo

Paralelogramo é o quadrilátero que tem os lados opostos paralelos.

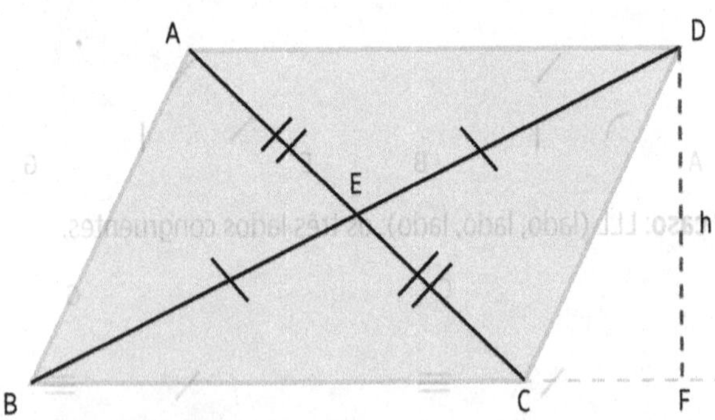

h é a altura do paralelogramo.

Num paralelogramo:

- Os lados opostos são congruentes;
- Cada diagonal o divide em dois triângulos congruentes;
- Os ângulos opostos são congruentes;
- As diagonais interceptam-se em seu ponto médio.

Retângulo

Retângulo é o paralelogramo em que os quatro ângulos são congruentes (retos).

losango

Losango é o paralelogramo em que os quatro lados são congruentes.

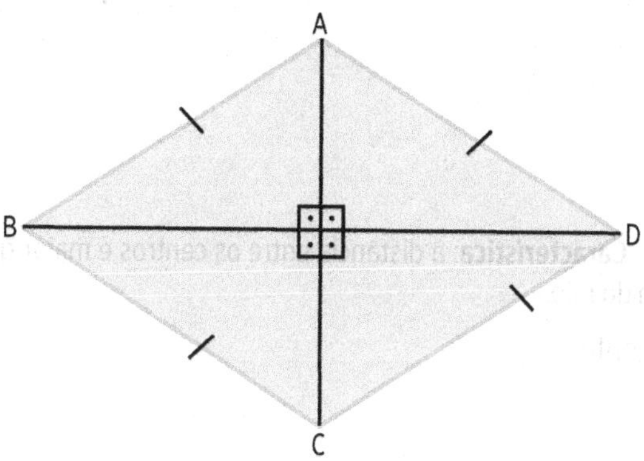

Quadrado

Quadrado é o paralelogramo em que os quatro lados e os quatro ângulos são congruentes.

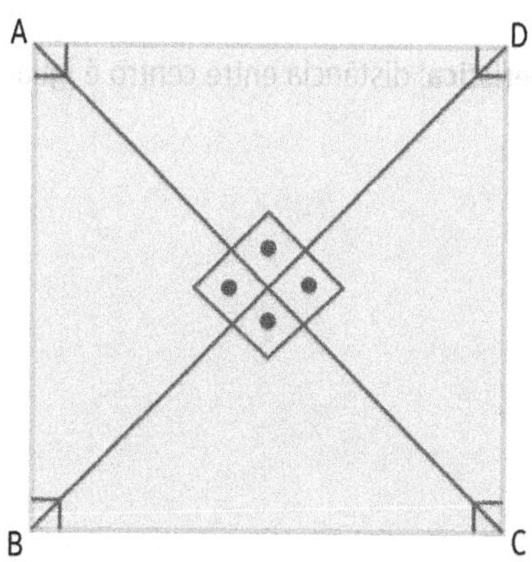

Trapézios

É o quadrilátero que apresenta somente dois lados paralelos chamados bases.

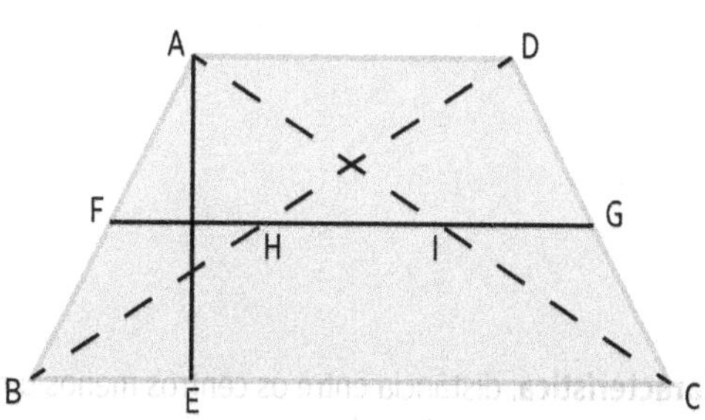

Trapézio retângulo

É aquele que apresenta dois ângulos retos.

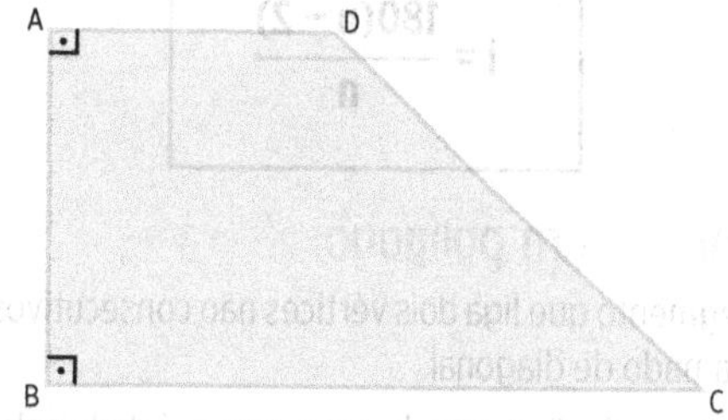

Trapézio isósceles

É aquele em que os lados não paralelos são congruentes.

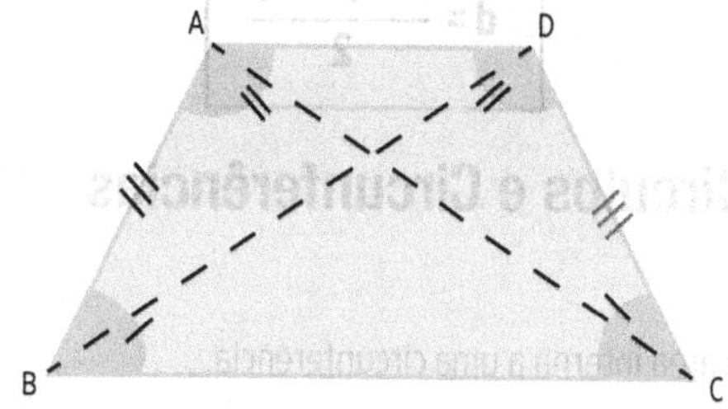

15.4 Polígonos Regulares

Um polígono é regular se todos os seus lados e todos os seus ângulos forem congruentes.

Os nomes dos polígonos dependem do critério que se utiliza para classificá-los. Usando **o número de ângulos** ou o **número de lados**, tem-se a seguinte nomenclatura:

Número de lados (ou ângulos)	Nome do Polígono	
	Em função do número de ângulos	Em função do número de lados
3	triângulo	trilátero
4	quadrângulo	quadrilátero
5	pentágono	pentalátero
6	hexágono	hexalátero
7	heptágono	heptalátero
8	octógono	octolátero
9	eneágono	enealátero
10	decágono	decalátero
11	undecágono	undecalátero
12	dodecágono	dodecalátero
15	pentadecágono	pentadecalátero
20	icoságono	icosalátero

Nos polígonos regulares cada ângulo externo é dado por:

$$e = \frac{360^\circ}{n}$$

A soma dos ângulos internos é dada por:

$$S_i = 180 \cdot (n - 2)$$

E cada ângulo interno é dado por:

$$i = \frac{180(n-2)}{n}$$

Diagonais de um polígono

O segmento que liga dois vértices não consecutivos de polígono é chamado de diagonal.

O número de diagonais de um polígono é dado pela fórmula:

$$d = \frac{n \cdot (n-3)}{2}$$

15.5 Círculos e Circunferências

Círculo

É a área interna a uma circunferência.

Circunferência

É o contorno do círculo. Por definição, é o lugar geométrico dos pontos equidistantes ao centro.

A distância entre o centro e o lado é o raio.

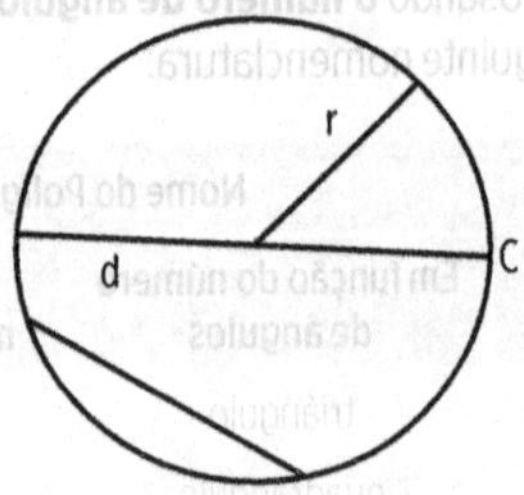

Corda

É o seguimento que liga dois pontos da circunferência.

A maior corda, ou corda maior de uma circunferência, é o diâmetro. Também dizemos que a corda que passa pelo centro é o diâmetro.

Posição relativa entre reta e circunferência

Uma reta é:

> **Secante**: distância entre a reta e o centro da circunferência é menor que o raio.

> **Tangente**: a distância entre a reta e o centro da circunferência é igual ao raio.

> **Externa**: a distância entre a reta e o centro da circunferência é maior que o raio.

Posição relativa entre circunferência

As posições relativas entre circunferência são basicamente 5.

Circunferência Secante

Característica: a distância entre os centros é menor que a soma dos raios das duas, porém, é maior que o raio de cada uma.

Externo

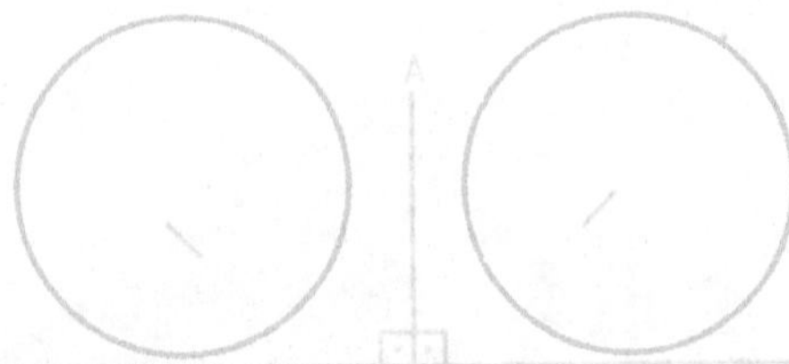

Característica: a distância entre os centros é maior que a soma do raio.

Tangente

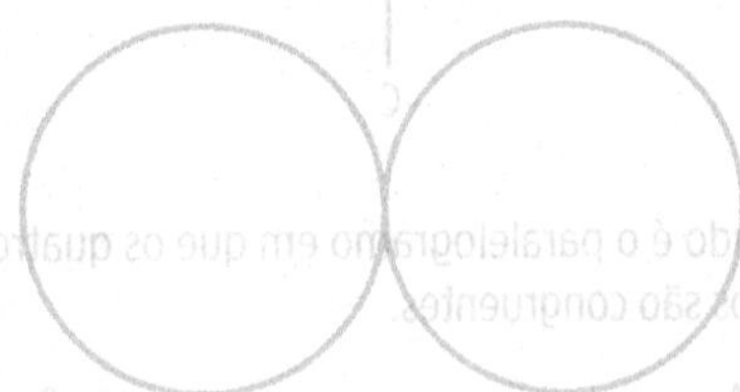

Característica: distância entre centro é igual à soma dos raios.

Interna

Característica: distância entre os centros mais o raio da menor é igual ao raio da maior.

Interior

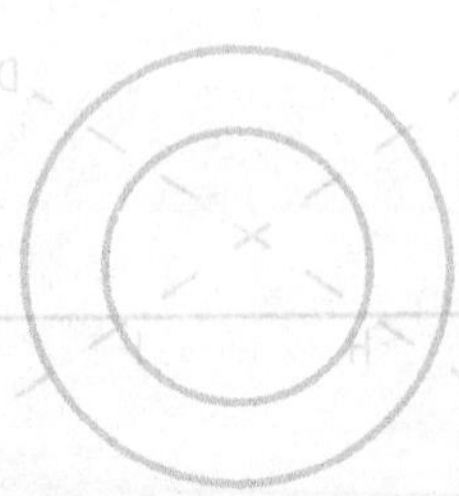

Característica: distância entre os centros menos o raio da menor é menor que o raio da maior.

ângulo central e ângulo inscrito

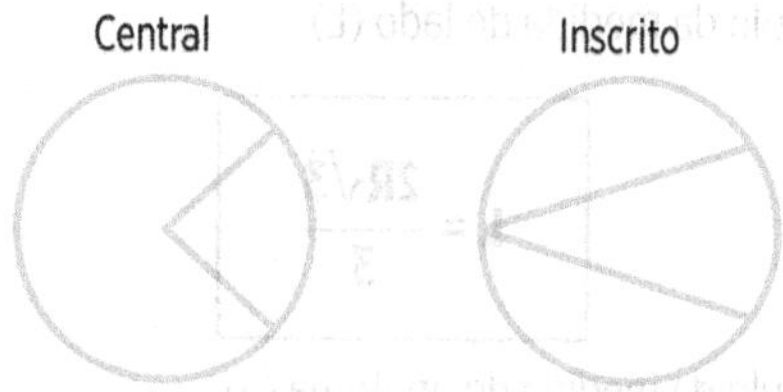

Um ângulo central sempre é o dobro do ângulo inscrito de um mesmo arco.

As áreas de círculos e partes do círculo são:

$$\text{Área do círculo} = \pi \cdot r^2 = \frac{1}{4} \cdot \pi \cdot D^2$$

$$\text{Área do setor circular} = \pi \cdot r^2 \cdot \frac{\alpha}{360^o} = \frac{1}{2} \cdot \alpha \cdot r^2$$

Área da coroa = área do círculo maior – área do círculo menor

> *Os ângulos podem ser expressos em graus (360° = 1 volta) ou em radianos (2π = 1 volta)*

15.6 Polígonos Regulares Inscritos e Circunscritos

As principais relações entre a circunferência e os polígonos são:

- Qualquer polígono regular é inscritível em uma circunferência.
- Qualquer polígono regular e circunscritível a uma circunferência.

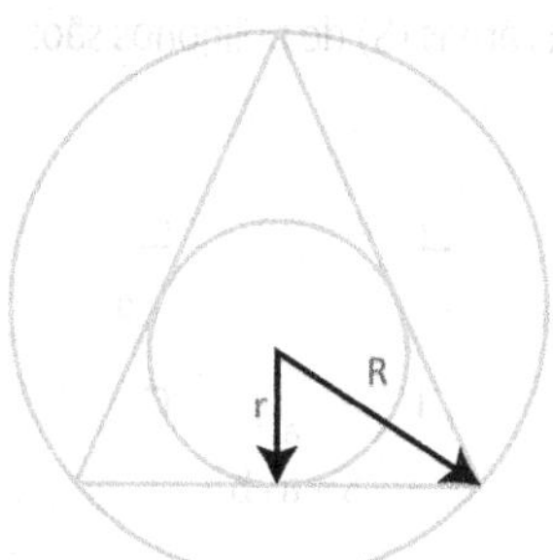

Polígono circunscrito a uma circunferência é o que possui seus lados tangentes à circunferência. Ao mesmo tempo, dizemos que esta circunferência está inscrita no polígono.

Já um polígono é inscrito em uma circunferência se cada vértice do polígono for um ponto da circunferência, e neste caso dizemos que a circunferência é circunscrita ao polígono.

Da inscrição e circunscrição dos polígonos nas circunferências podem-se ter as seguintes relações:

Apótema de um polígono regular é a distância do centro a qualquer lado. Ele é sempre perpendicular ao lado.

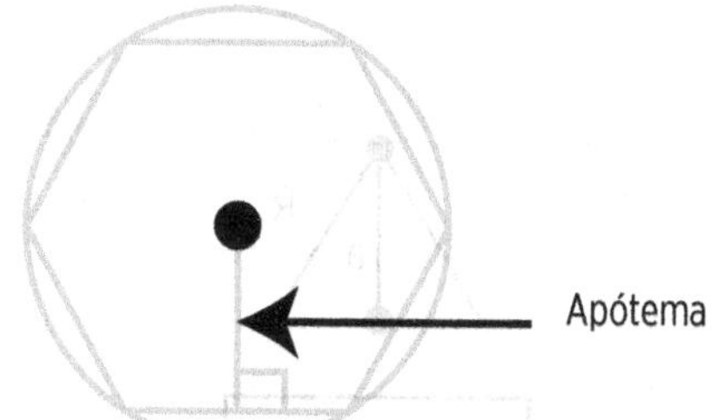

Nos polígonos inscritos:

No quadrado

Cálculo da medida do lado (L):

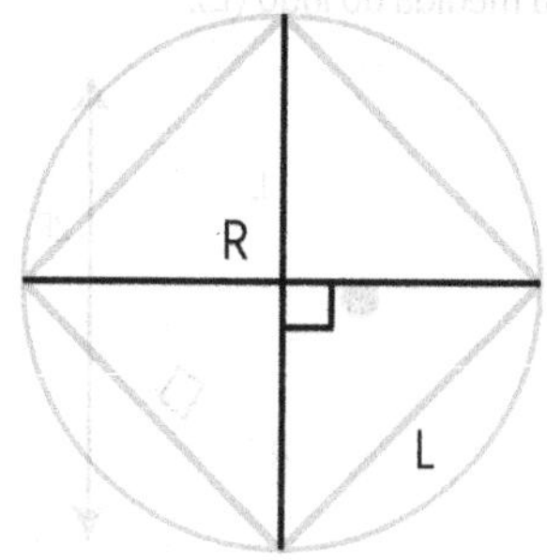

$$L = R\sqrt{2}$$

Cálculo da medida do apótema (a):

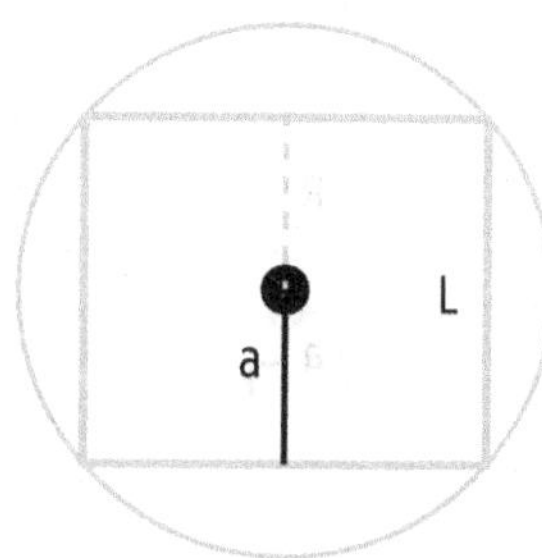

$$a = \frac{R\sqrt{2}}{2}$$

No hexágono

Cálculo da medida do lado (L):

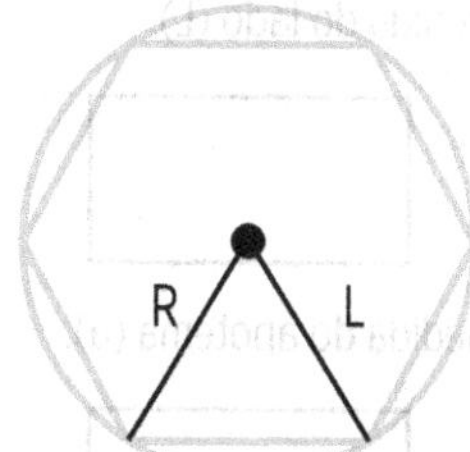

$$L = R$$

Cálculo da medida do apótema (a):

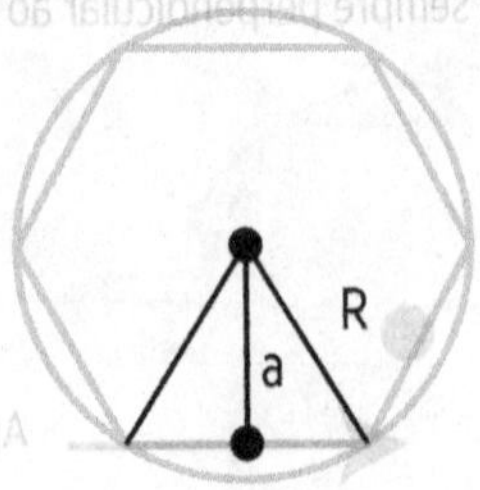

$$a = \frac{R\sqrt{3}}{2}$$

No triângulo equilátero

Cálculo da medida do lado (L):

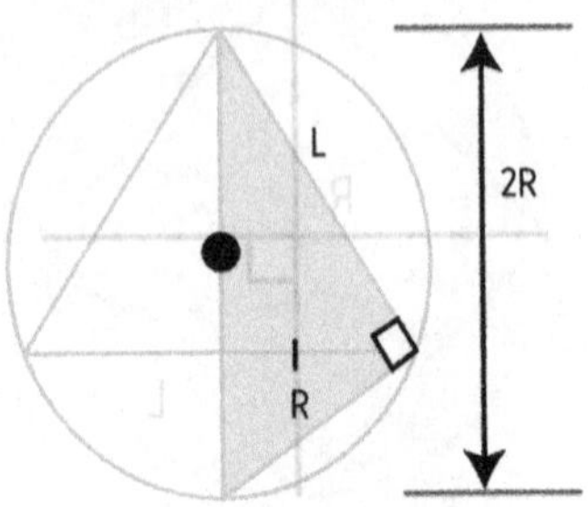

$$L = R\sqrt{3}$$

Cálculo da medida do apótema (a):

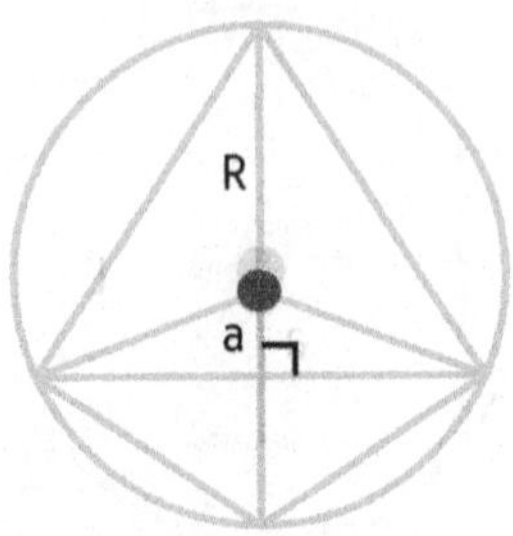

$$a = \frac{R}{2}$$

Nos polígonos circunscritos:

No quadrado

Cálculo da medida do lado (L):

$$L = 2R$$

Cálculo da medida do apótema (a):

$$a = R$$

No hexágono

Cálculo da medida do lado (L):

$$L = \frac{2R\sqrt{3}}{3}$$

Cálculo da medida do apótema (a):

$$a = R$$

No triângulo equilátero

Cálculo da medida do lado (L):

$$L = 2R\sqrt{3}$$

Cálculo da medida do apótema (a):

$$a = R$$

15.7 Perímetros e Áreas dos Polígonos e Círculos

Perímetro

Perímetro: É o contorno da figura ou seja, a soma dos lados da figura.

Para calcular o perímetro do círculo utilize: $P = 2\pi \cdot r$

Área

É o espaço interno, ou seja, a extensão que ela ocupa dentro do perímetro.

As principais áreas (S) de polígonos são:

Retângulo

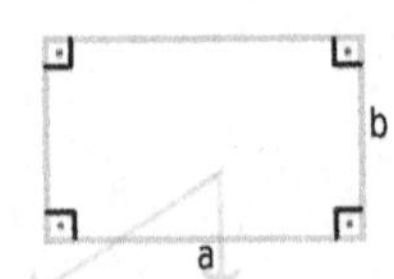

$S = a \cdot b$

Quadrado

$S = a^2$

Paralelogramo

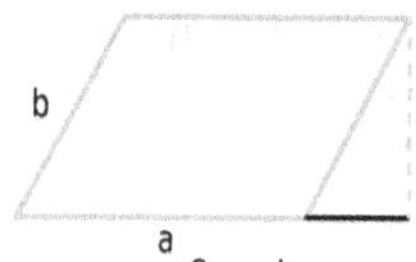

$S = a \cdot h$

losango

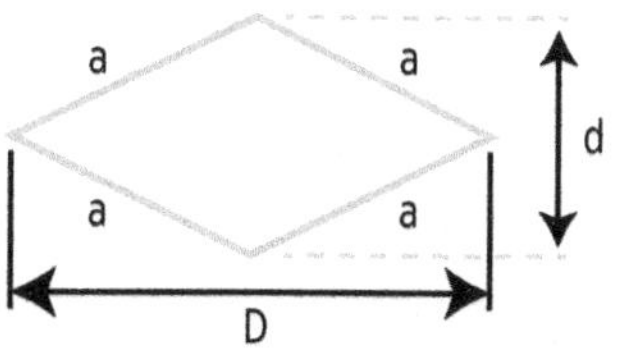

$$S = \frac{D \cdot d}{2}$$

Trapézio

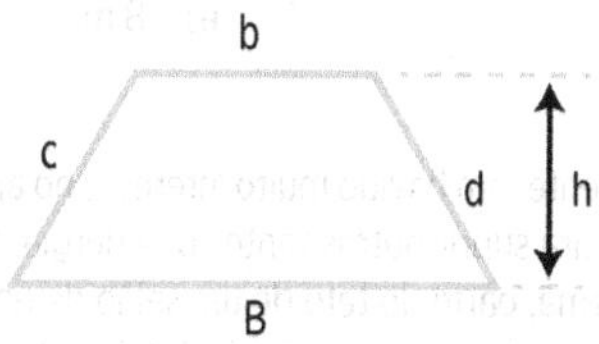

$$S = \frac{(B + b) \cdot h}{2}$$

Triângulo

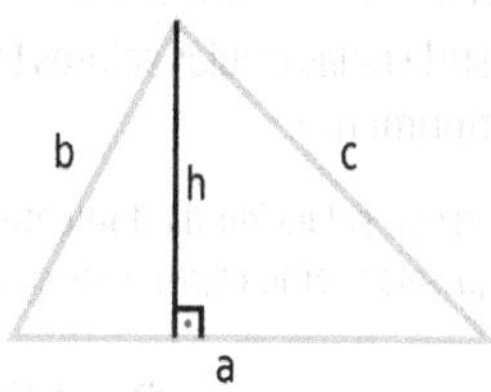

$$S = \frac{a \cdot h}{2}$$

Triângulo equilátero

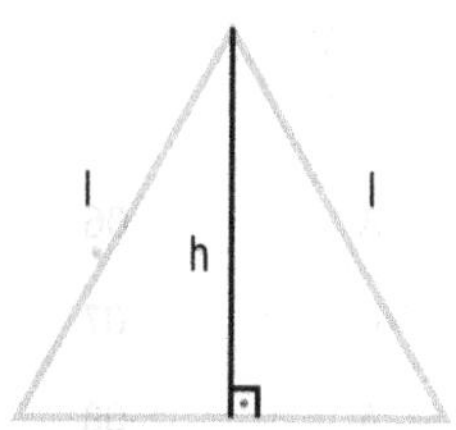

$$S = \frac{l^2\sqrt{3}}{4}$$

Círculo

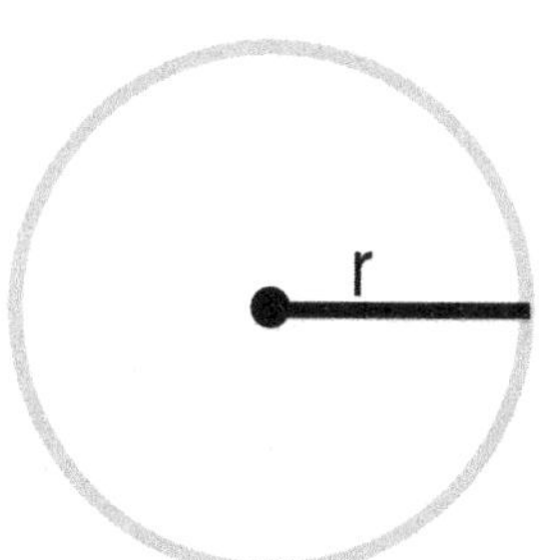

$S = \pi \cdot r^2$

Questões

01. (ESSA)Um terreno de forma triangular tem frentes de 20 metros e 40 metros, em ruas que formam, entre si, um ângulo de 60°. Admitindo-se, a medida do perímetro do terreno, em metros, é:

a) 94
b) 93
c) 92
d) 91
e) 90

02. Um quadrado e um retângulo têm a mesma área. Os lados do retângulo são expressos por números naturais consecutivos, enquanto que o quadrado tem $2\sqrt{5}$ centímetros de lado. Assim, o perímetro, em centímetros, do retângulo é:

a) 12
b) 16
c) 18
d) 20
e) 24

03. (ESSA) As diagonais de um losango medem 48cm e 33cm. Se a medida da diagonal maior diminuir 4cm, então, para que a área permaneça a mesma, deve-se aumentar a medida da diagonal menor de:

a) 3cm
b) 5cm
c) 6cm
d) 8cm
e) 9cm

04. Qual o perímetro do polígono abaixo?

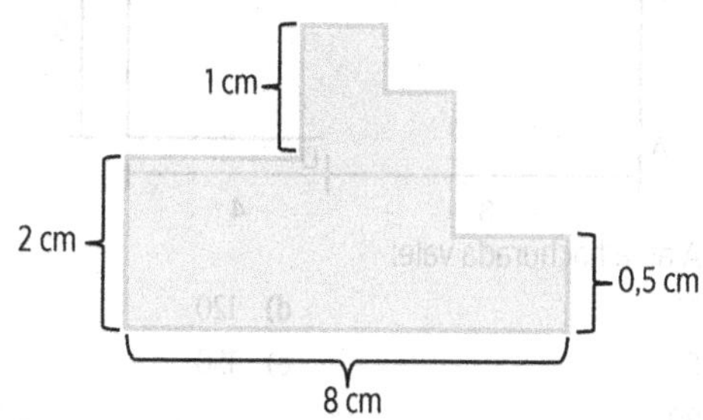

a) 15 cm
b) 18 cm
c) 20 cm
d) 22 cm
e) 23 cm

05. (VUNESP) Na figura, cujas dimensões estão em metros, a linha pontilhada representa uma grade que foi colocada em dois lados de um canteiro. A extensão total dessa grade é:

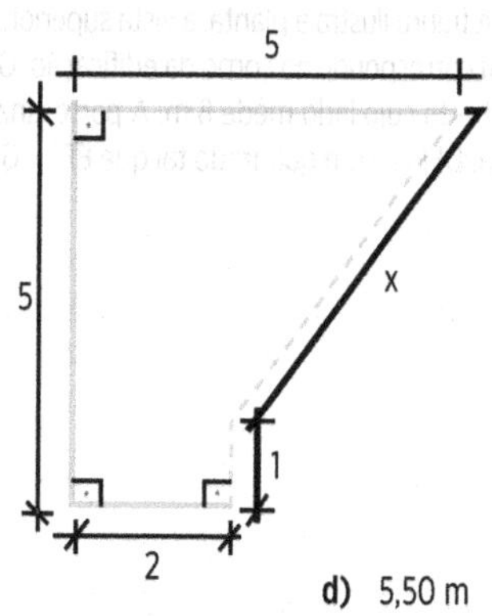

a) 6,00 m
b) 5,80 m
c) 5,75 m
d) 5,50 m
e) 5,00 m

06. (CESGRANRIO) Abaixo, temos a planta de um terreno retangular, de 810 m² de área cercado por um muro. Note que o terreno tem 36 m de comprimento, e que há um único portão de acesso com 2,5 m de largura.

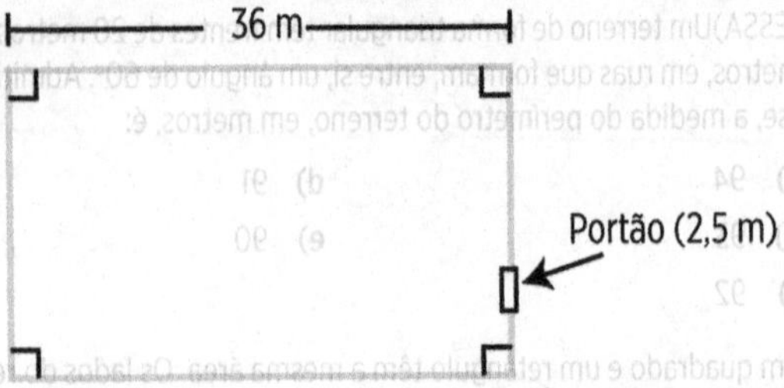

Qual é, em metros, o comprimento do muro que cerca esse terreno?

a) 113,0
b) 113,5
c) 114,5
d) 116,0
e) 117,0

07. (CEPERJ) Observe atentamente o retângulo abaixo, no interior do qual se encontra um polígono ABCD:

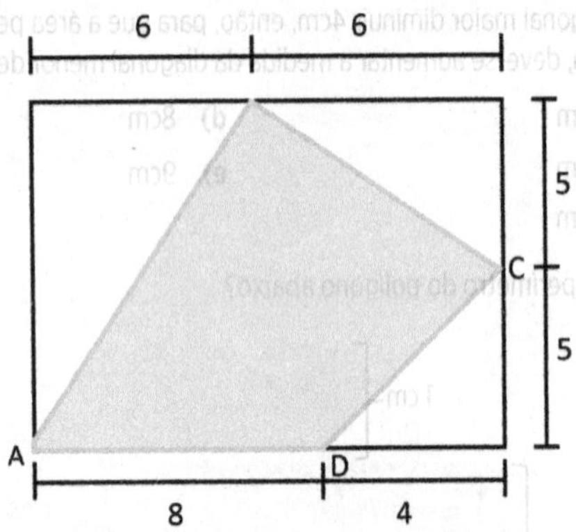

A área hachurada vale:

a) 55
b) 65
c) 90
d) 120
e) 150

08. (FUNCAB) A área de um triângulo isósceles cujos lados iguais medem 4, e dois de seus ângulos medem 45°, corresponde a:

a) 4 u.a.
b) 8 u.a.
c) 12 u.a.
d) 16 u.a.
e) 20 u.a.

09. (FUNIVERSA) A figura ilustra a planta, a vista superior, de um edifício. O quadrado CGHI corresponde ao corpo da edificação. O quadrado ABCD é uma área coberta cujo lado mede 8 m. A parte cinza da figura é um espelho d'água. DEFG é um quadrado tal que $EF^4 - GH^4 = 640\ m^4$.

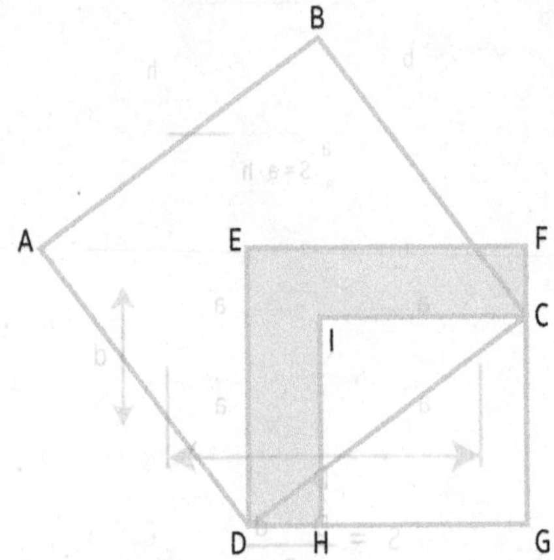

Qual é a medida da superfície do espelho d'água?

a) 80 m²
b) 64 m²
c) 18 m²
d) 10 m²
e) 8 m²

10. (FCC) Ultimamente tem havido muito interesse no aproveitamento da energia solar para suprir outras fontes de energia. Isso fez com que, após uma reforma, parte do teto de um salão de uma empresa fosse substituída por uma superfície retangular totalmente revestida por células solares, todas feitas de um mesmo material. Considere que células solares podem converter a energia solar em energia elétrica e que para cada centímetro quadrado de célula solar que recebe diretamente a luz do sol é gerada 0,01 Watt de potência elétrica;

A superfície revestida pelas células solares tem 3,5 m de largura por 8,4 m de comprimento.

Assim sendo, se a luz do sol incidir diretamente sobre tais células, a potência elétrica que elas serão capazes de gerar em conjunto, em Watts, é:

a) 294.000
b) 38.200
c) 29.400
d) 3.820
e) 2.940

Gabaritos

01	A	06	C
02	C	07	B
03	A	08	B
04	D	09	D
05	A	10	E

16. GEOMETRIA ESPACIAL

Neste capítulo, serão abordados os principais conceitos de geometria espacial e suas aplicações.

16.1 Retas e Planos

Veja alguns conceitos:

A reta é infinita, ou seja, contém infinitos pontos.

Por um ponto, podem ser traçadas infinitas retas.

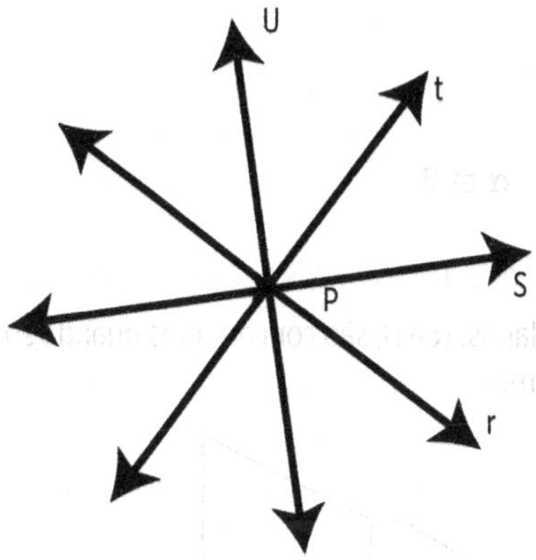

Por dois pontos distintos, passa uma única reta.

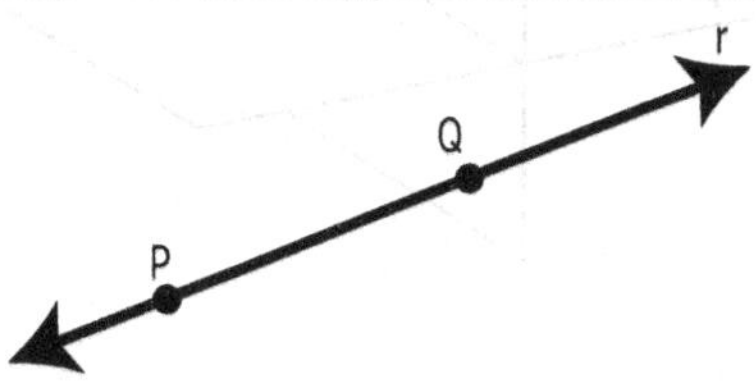

Um ponto qualquer de uma reta divide-a em duas semirretas.

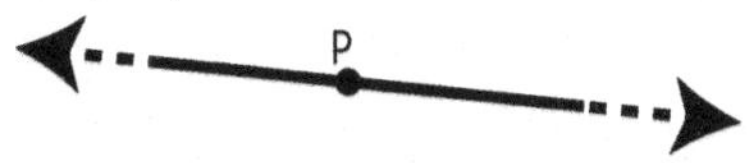

Por três pontos não colineares, passa um único plano.

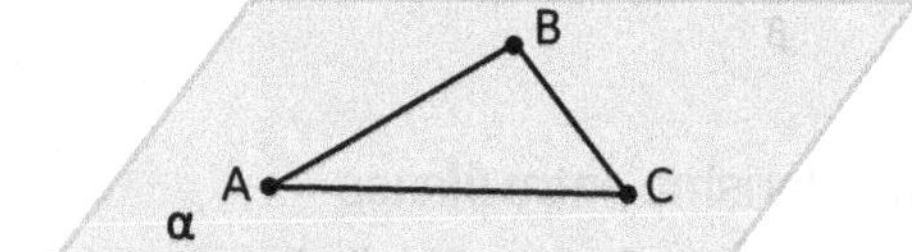

Por uma reta, pode ser traçada uma infinidade de planos.

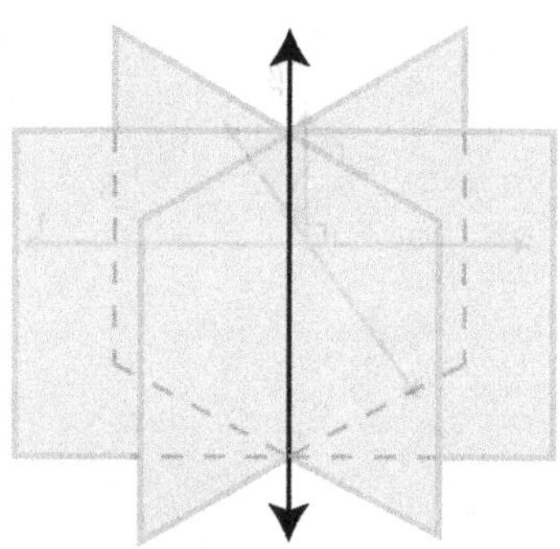

Posições relativas de duas retas

No espaço, duas retas distintas podem ser concorrentes, paralelas ou reversas:

Concorrentes

$r \cap s = \{P\}$

$r \subset \alpha$

$s \subset \alpha$

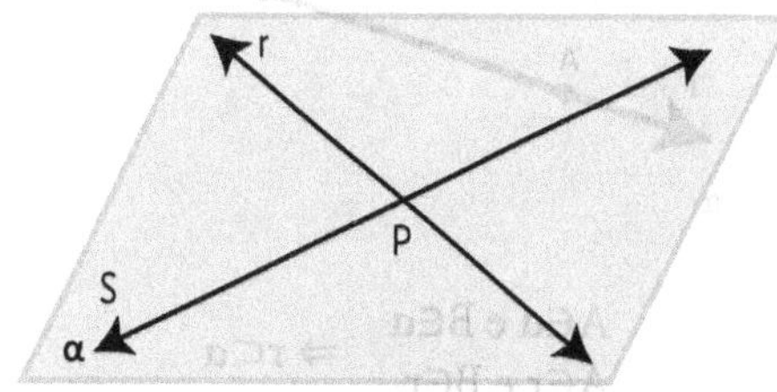

Paralelas

$r \cap s = \{\ \}$

$r \subset \alpha$

$s \subset \alpha$

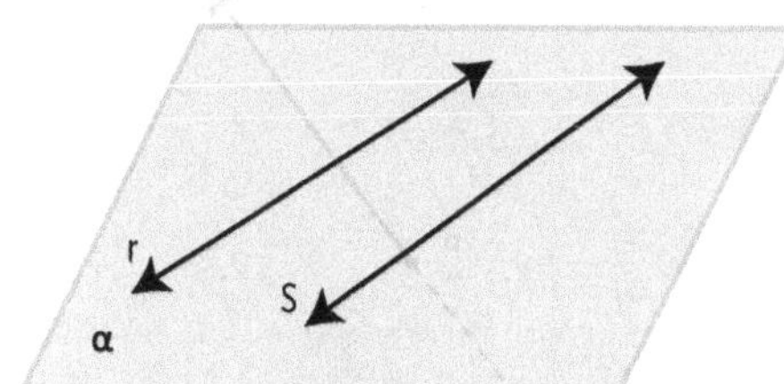

Concorrentes

$r \cap s = \{\ \}$

Não existe plano que contenha r e s simultaneamente

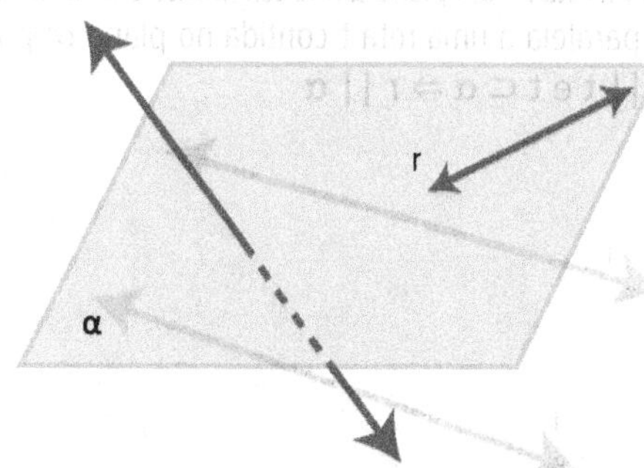

Em particular nas retas concorrentes, há aquelas que são perpendiculares.

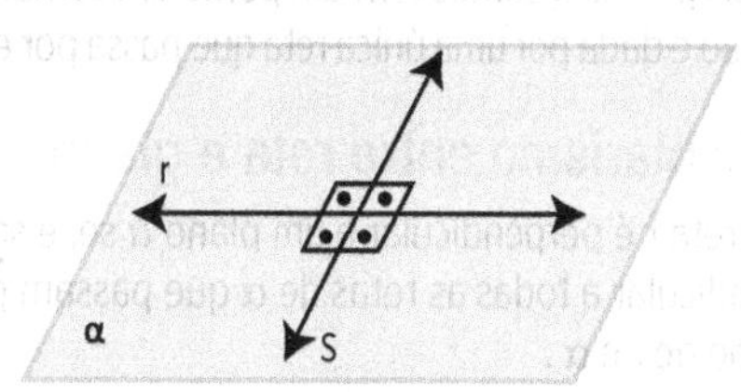

$r \perp s$

Posições relativas entre reta e plano

Reta contida no plano

Se uma reta r tem dois pontos distintos num plano α , então, r está contida nesse plano:

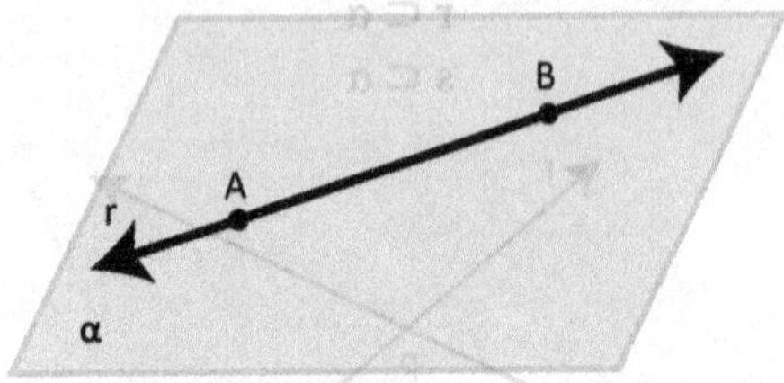

$$\begin{matrix} A \in \alpha \text{ e } B \in \alpha \\ A \in r \text{ e } B \in r \end{matrix} \Rightarrow r \subset \alpha$$

Reta concorrente ou incidente ao plano

Dizemos que a reta r "fura" o plano α ou que r e α são concorrentes em P quando $r \cap \alpha = \{P\}$.

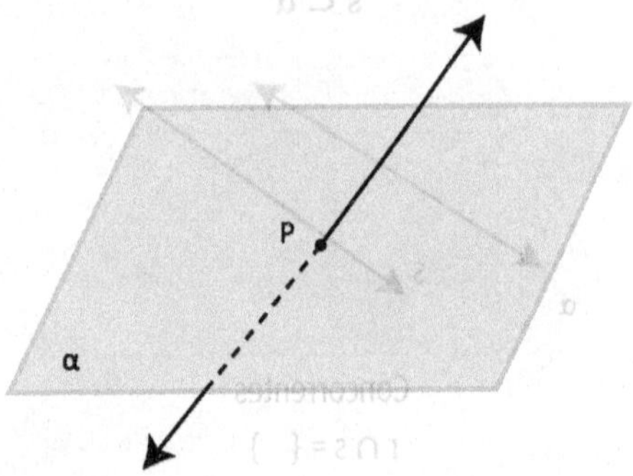

Reta paralela ao plano

Se uma reta r e um plano α não tem ponto em comum, então, a reta r é paralela a uma reta t contida no plano α; portanto, $r \parallel \alpha, r \parallel t \text{ e } t \subset \alpha \Rightarrow r \parallel \alpha$

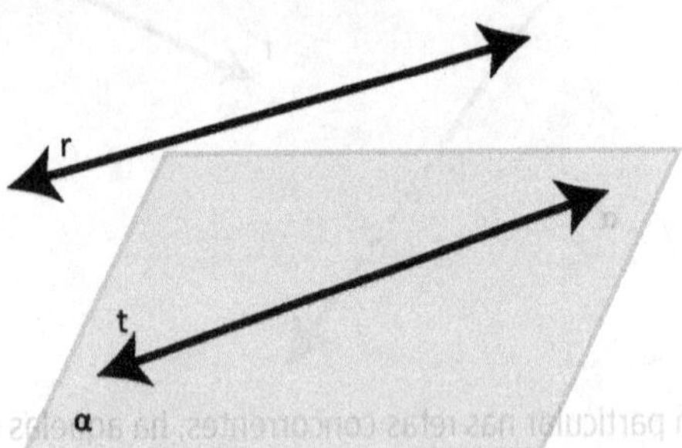

Se dois planos distintos têm um ponto em comum, então, a sua interseção é dada por uma única reta que passa por esse ponto.

Perpendicularismo entre reta e plano

Uma reta r é perpendicular a um plano α se, e somente se, r for perpendicular a todas as retas de α que passam pelo ponto de interseção de r e α .

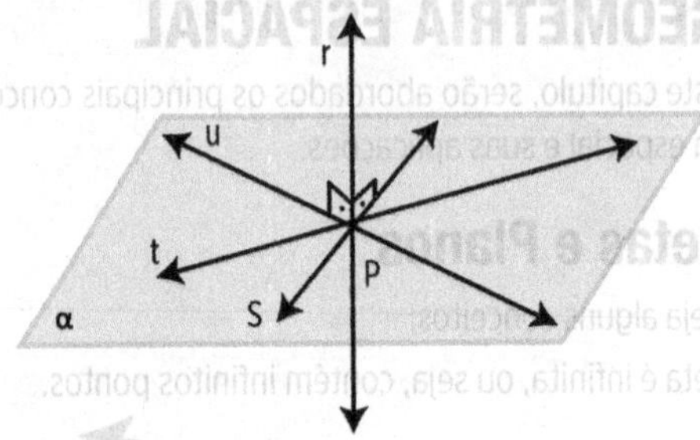

Posições relativas de dois planos

Planos coincidentes ou iguais

Planos concorrentes ou secantes

Dois planos, α e β, são concorrentes quando sua interseção é uma única reta:

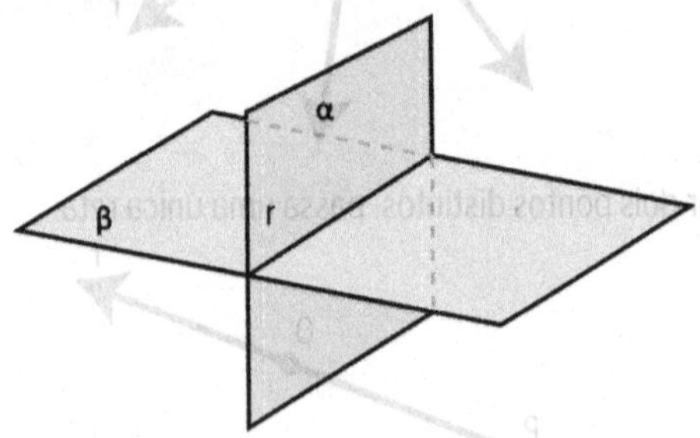

Planos paralelos

Dois planos, α e β, são paralelos quando sua interseção é vazia:

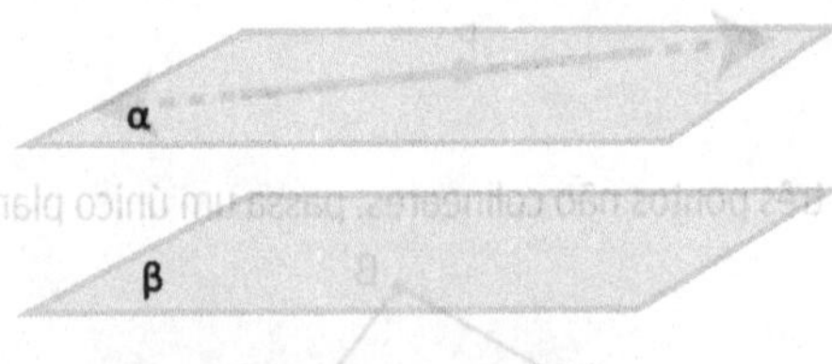

Perpendicularismo entre planos

Dois planos, α e β, são perpendiculares se, e somente se, exista uma reta de um deles que seja perpendicular ao outro:

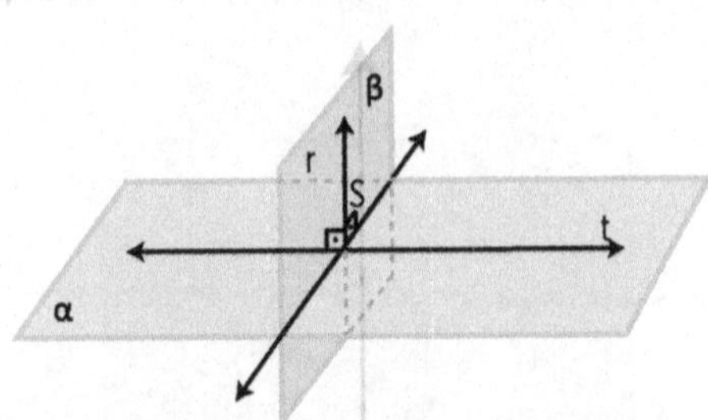

16.2 Prismas

Na figura abaixo, temos dois planos paralelos e distintos, α e β, um polígono convexo R contido em a e uma reta r que intercepta a e β, mas não R:

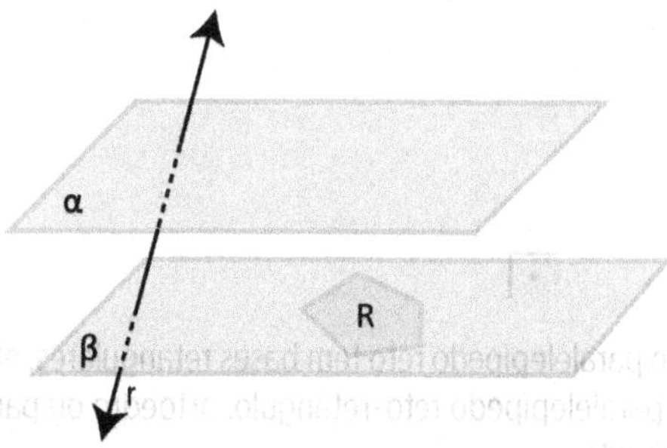

Para cada ponto P da região R, vamos considerar o segmento $\overline{PP}$, paralelo à reta r (P linha, pertence a Beta.)

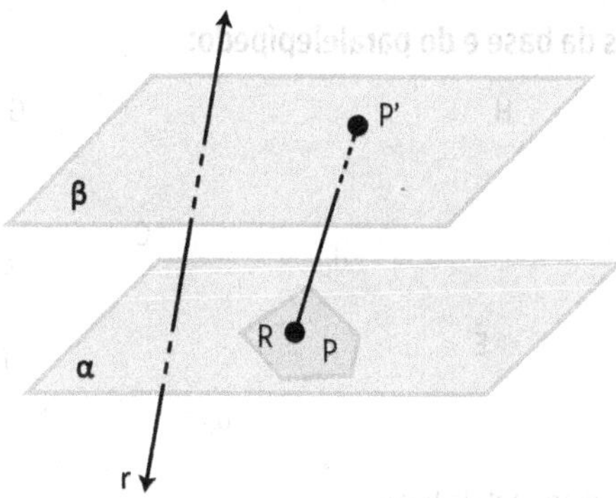

Assim, temos:

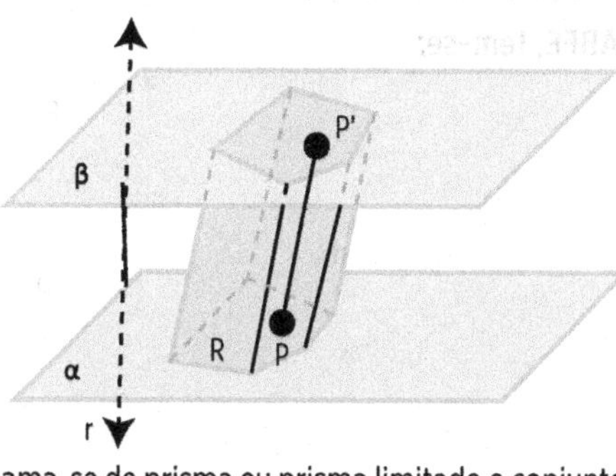

Chama-se de prisma ou prisma limitado o conjunto de todos os segmentos congruentes $\overline{PP}$ paralelos a r.

Elementos do prisma

Dado o prisma a seguir, considere os seguintes elementos:

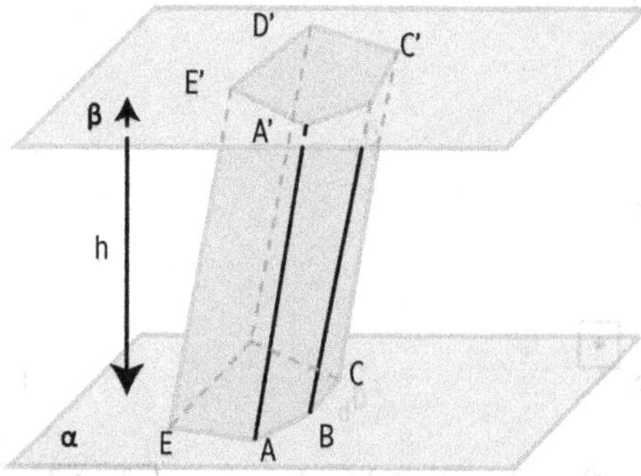

Bases: as regiões poligonais R e S

Altura: a distância h entre os planos α e β

Arestas das bases:

Lados AB, BC, CD, DE, EA, A'B', B'C', D'E', E'A' (dos polígonos)

Arestas laterais:

Os segmentos AA', BB', CC', DD', EE'

Faces laterais: os paralelogramos AA'BB', BB'C'C, CC'D'D, DD'E'E, EE'A'A

Classificação

Um prisma pode ser:

Reto: quando as arestas laterais são perpendiculares aos planos das bases;

Oblíquo: quando as arestas laterais são oblíquas aos planos das bases.

Prisma reto

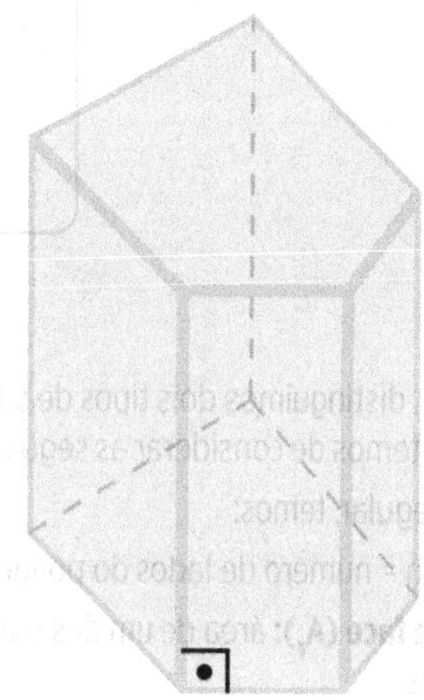

Prisma oblíquo

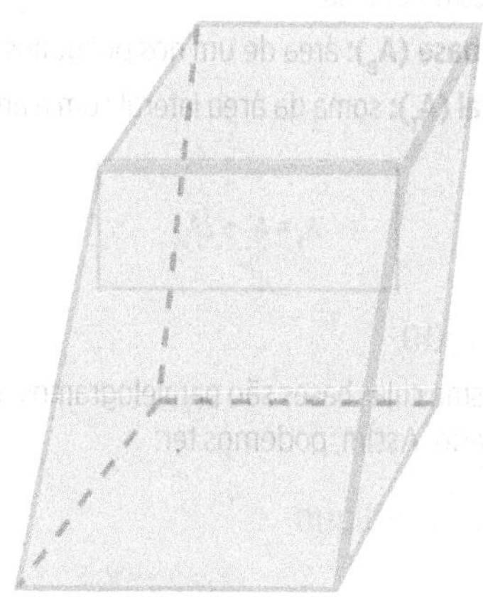

Prisma regular triangular

Chama-se de prisma regular todo prisma reto cujas bases são polígonos regulares:

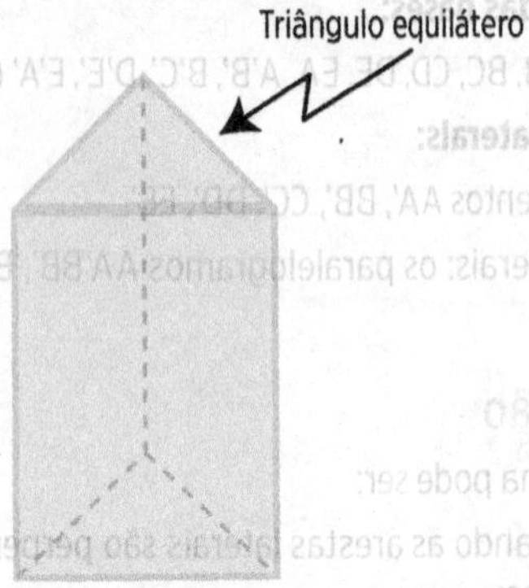

Prisma regular hexagonal

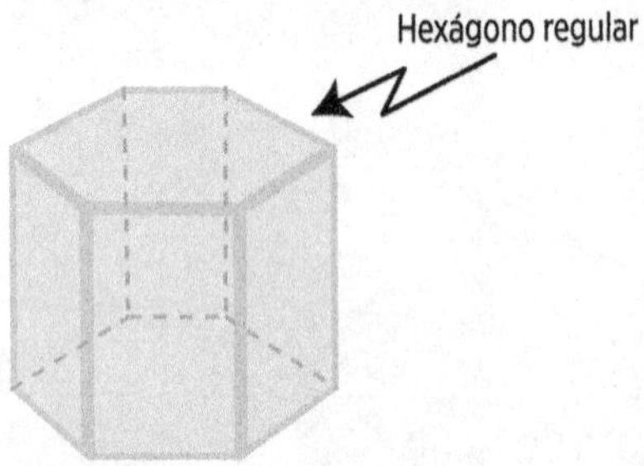

As faces de um prisma regular são retângulos congruentes.

Áreas

Num prisma, distinguimos dois tipos de superfície: as faces e as bases. Assim, temos de considerar as seguintes áreas:

No prisma regular, temos:

AL = n . AF (n = número de lados do polígono da base).

Área de uma face (A_F): área de um dos paralelogramos que constituem as faces.

Área lateral (A_L): soma das áreas dos paralelogramos que formam as faces do prisma.

Área da base (A_B): área de um dos polígonos das bases.

Área total (A_T): soma da área lateral com a área das bases:

$$A_T = A_L + 2A_B$$

Paralelepípedo

Todo prisma cujas bases são paralelogramos recebe o nome de paralelepípedo. Assim, podemos ter:

Paralelepípedo oblíquo

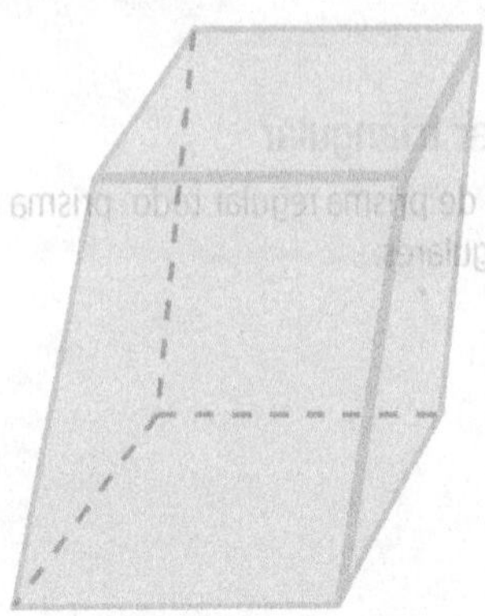

Paralelepípedo reto

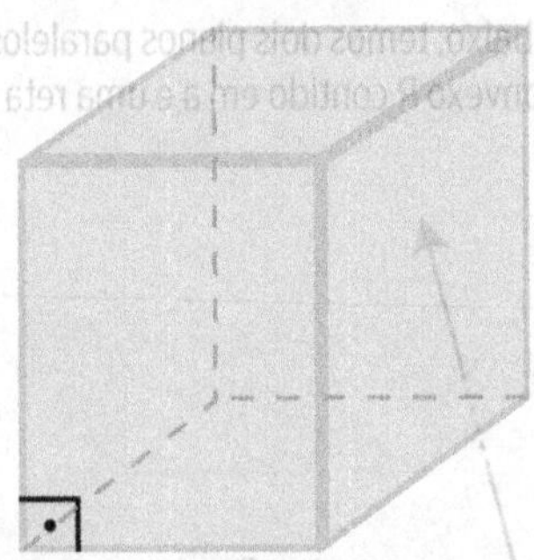

Se o paralelepípedo reto tem bases retangulares, ele é chamado de paralelepípedo reto-retângulo, ortoedro ou paralelepípedo retângulo.

Paralelepípedo retângulo

Diagonais da base e do paralelepípedo:

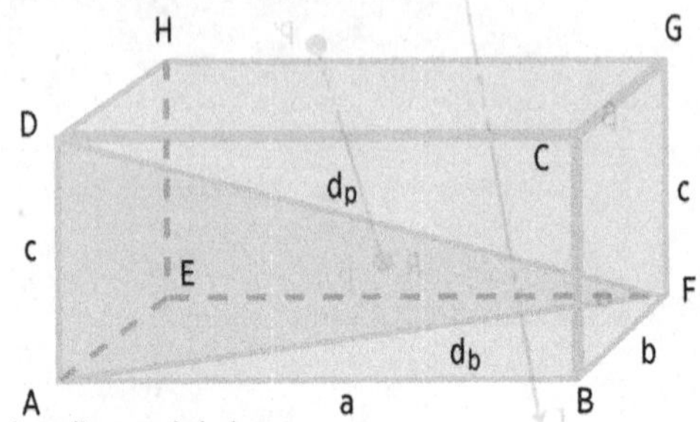

d_b = diagonal da base

d_p = diagonal do paralelepípedo

Na base, ABFE, tem-se:

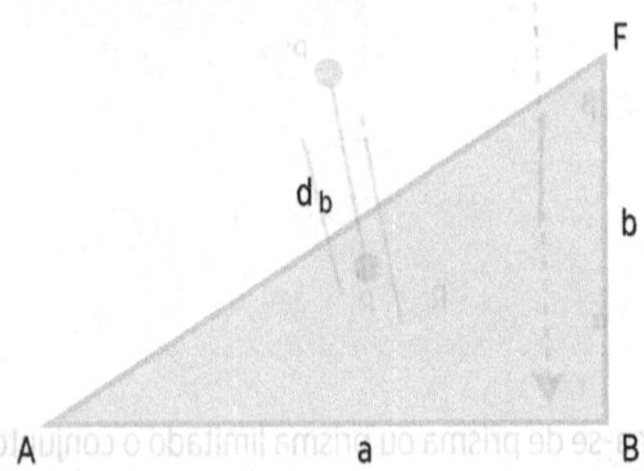

$$d_b^2 = a^2 + b^2 \Longrightarrow d_b = \sqrt{a^2 + b^2}$$

No triângulo AFD, tem-se:

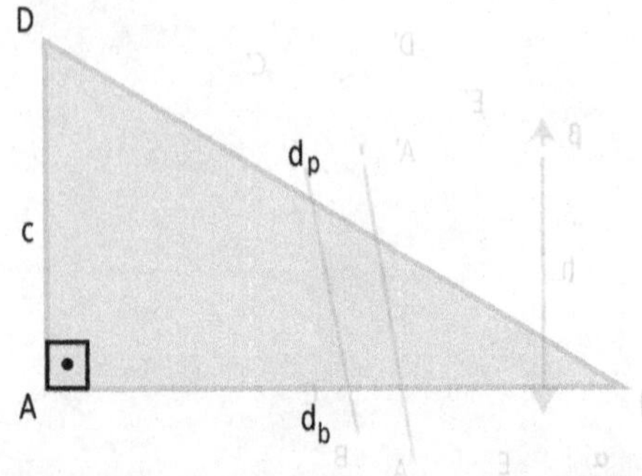

$$d_p^2 = d_b^2 + c^2 = a^2 + b^2 + c^2 \Rightarrow d_p = \sqrt{a^2 + b^2 + c^2}$$

Área lateral

Sendo A_L a área lateral de um paralelepípedo retângulo, tem-se:

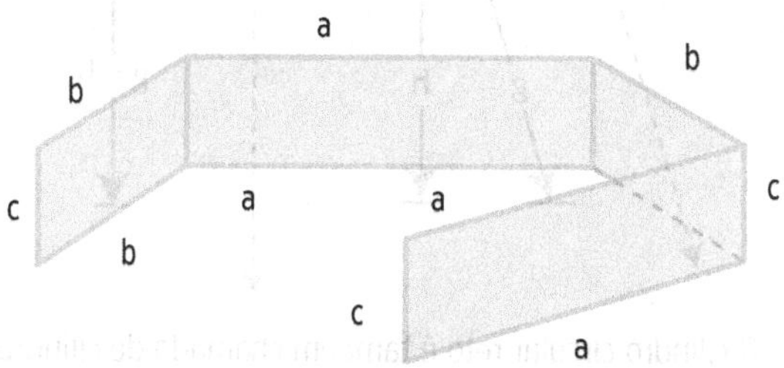

$$A_L = ac + bc + ac + bc = 2ac + 2bc = A_L = 2(ac + bc)$$

Área total

Planificando o paralelepípedo, verificamos que a área total é a soma das áreas de cada par de faces opostas:

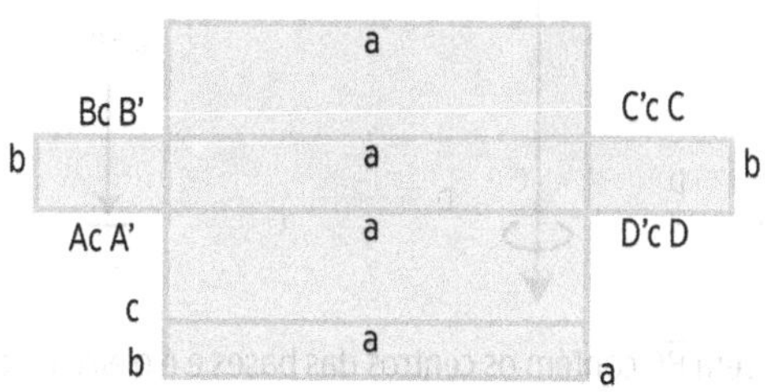

$$A_T = 2(ab + ac + bc)$$

Volume

O volume de um paralelepípedo retângulo de dimensões a, b e c é dado por:

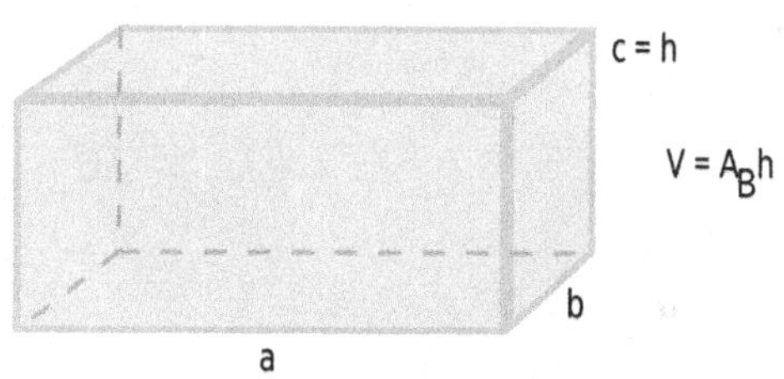

$$V = a.b.c$$

Cubo

Um paralelepípedo retângulo com todas as arestas congruentes (a = b = c) recebe o nome de cubo. Dessa forma, cada face é um quadrado.

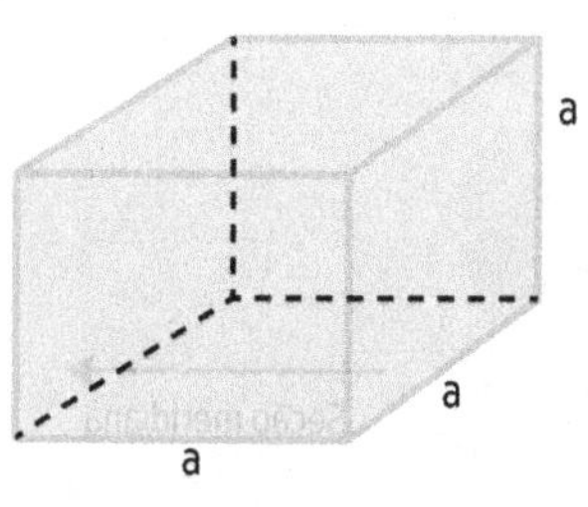

Diagonais da base e do cubo

Considere a figura a seguir:

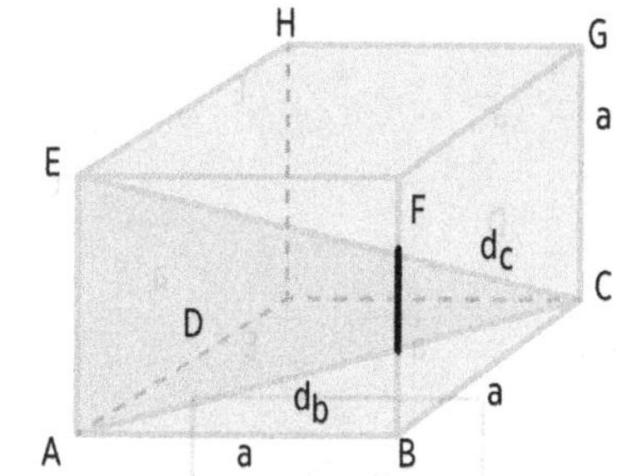

d_c = diagonal do cubo

d_b = diagonal da base

Na base ABCD, tem-se:

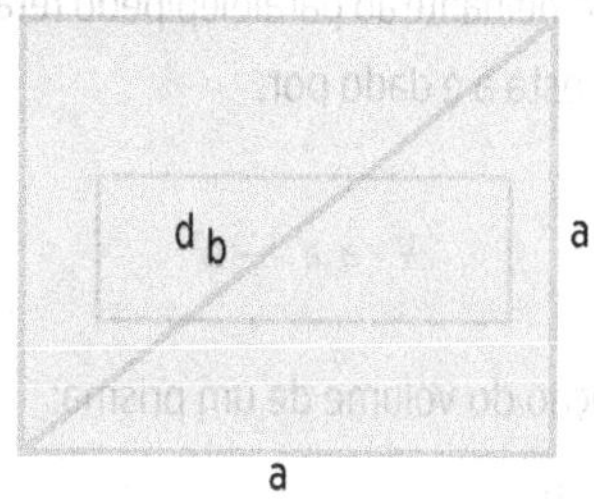

$$d_c^2 = a^2 + a^2 = 2a^2 \Longrightarrow d_b = a\sqrt{2}$$

No triângulo ACE, tem-se:

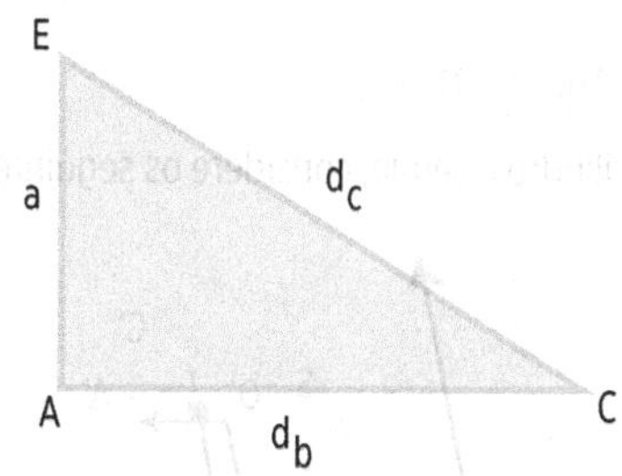

$$d_c^2 = a^2 + d_b^2 = a^2 + 2a^2 = 3a^2 \Longrightarrow d_c = a\sqrt{3}$$

Área lateral

A área lateral A_L é dada pela área dos quadrados de lado a:

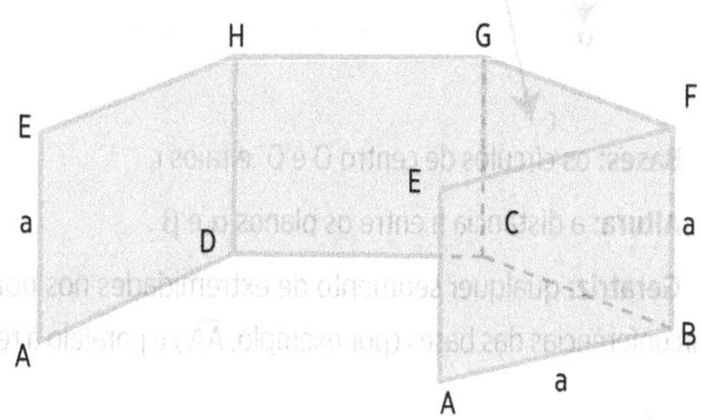

$$A_L = 4a^2$$

Área total

A área total A_T é dada pela área dos seis quadrados de lado a:

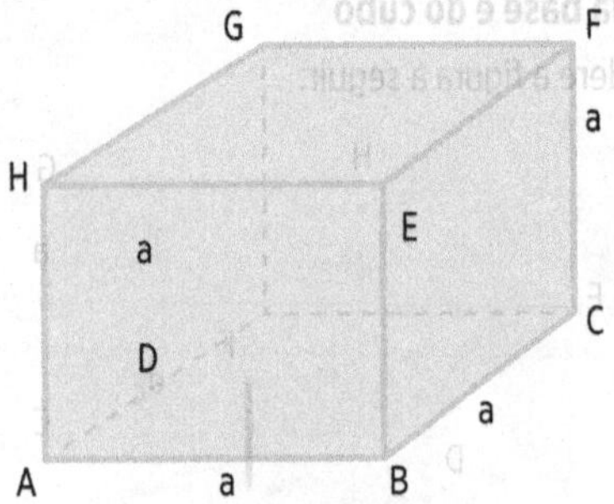

$$A_T = 6a^2$$

Volume

De forma semelhante ao paralelepípedo retângulo, o volume de um cubo de aresta a é dado por:

$$V = a.a.a = a^3$$

Generalização do volume de um prisma:

$V_{prisma} = A_B \cdot h$

16.3 Cilindro

Elementos do cilindro

Dado o cilindro a seguir, considere os seguintes elementos:

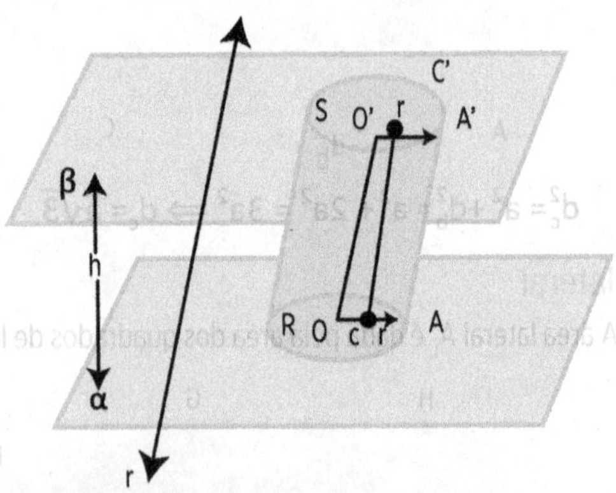

Bases: os círculos de centro O e O' e raios r.

Altura: a distância h entre os planos α e β.

Geratriz: qualquer segmento de extremidades nos pontos das circunferências das bases (por exemplo, $\overline{AA'}$) e paralelo à reta r.

Classificação do cilindro

Um cilindro pode ser:

> **Circular oblíquo:** quando as geratrizes são oblíquas às bases;

> **Circular reto:** quando as geratrizes são perpendiculares às bases.

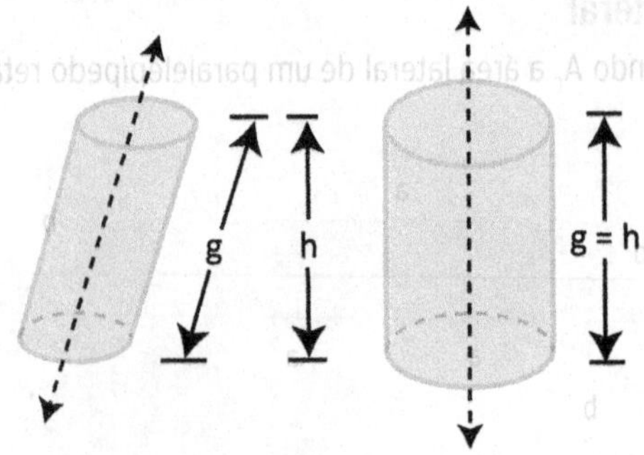

O cilindro circular reto é também chamado de cilindro de revolução, por ser gerado pela rotação completa de um retângulo por um de seus lados. Assim, a rotação do retângulo ABCD pelo lado $\overline{BC}$ gera o cilindro a seguir:

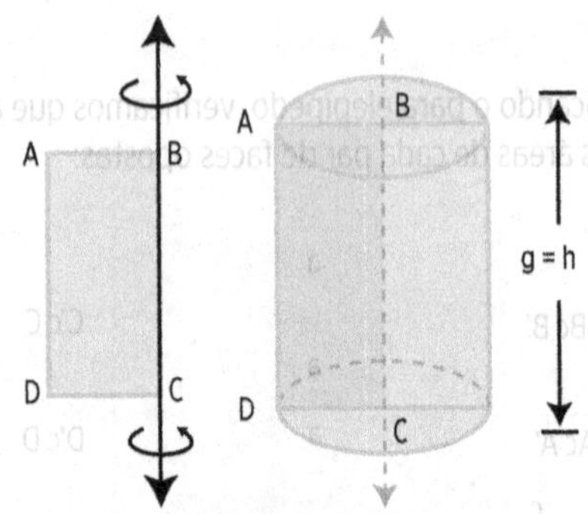

A reta $\overline{BC}$ contém os centros das bases e é o eixo do cilindro.

Seção

Seção transversal é a região determinada pela interseção do cilindro com um plano paralelo às bases. Todas as seções transversais são congruentes.

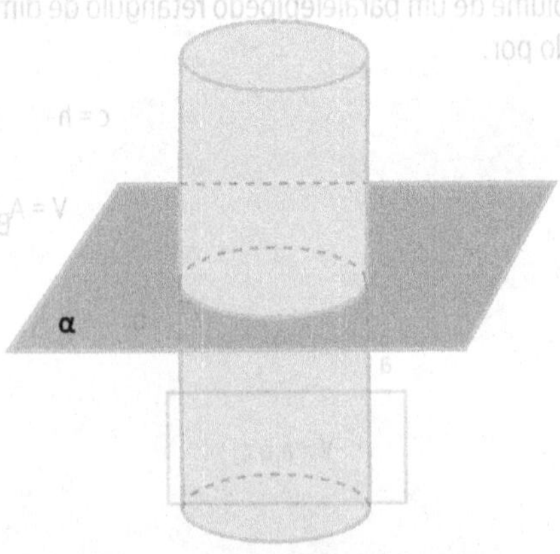

Seção meridiana é a região determinada pela interseção do cilindro com um plano que contém o eixo.

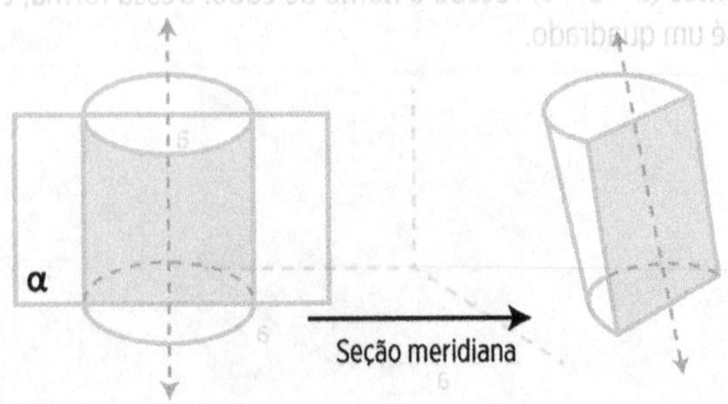

Áreas

Num cilindro, consideramos as seguintes áreas:

Área Lateral (A_L)

Pode-se observar a área lateral de um cilindro fazendo a sua planificação:

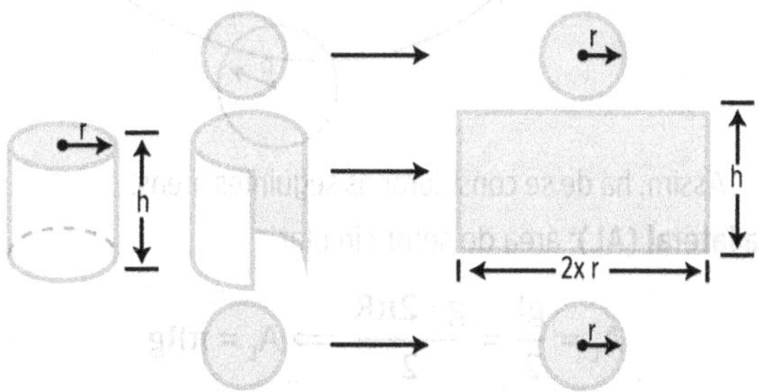

Assim, a área lateral do cilindro reto cuja altura é h e cujos raios dos círculos das bases são r é um retângulo de dimensões 2 π r e h:

$$A_L = 2\pi r h$$

Área da base (A_B): área do círculo de raio r

$$A_B = 2\pi r^2$$

Área total (A_T): soma da área lateral com as áreas das bases

$$A_T = A_L + 2_{AB} = 2\pi r h + 2\pi r^2 = 2\pi r(h + r)$$

Volume

O volume de todo paralelepípedo retângulo e de todo cilindro é o produto da área da base pela medida de sua altura:

$$V_{cilindro} = A_B \cdot h$$

No caso do cilindro circular reto, a área da base é a área do círculo de raio r, $A_B = \varpi r^1 h$; portanto, seu volume é:

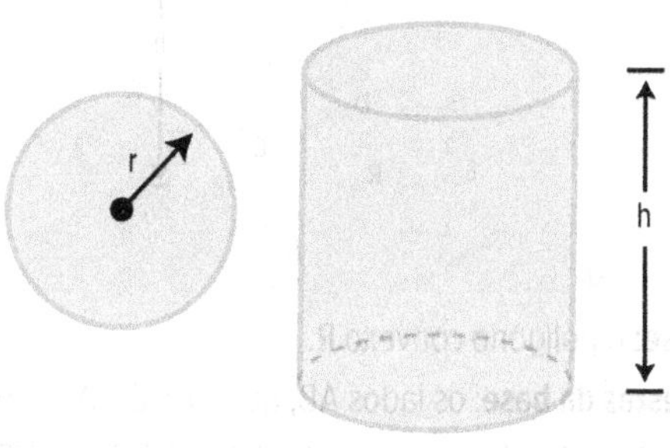

$$V = r^2 h$$

Cilindro equilátero

Todo cilindro cuja seção meridiana é um quadrado (altura igual ao diâmetro da base) é chamado cilindro equilátero.

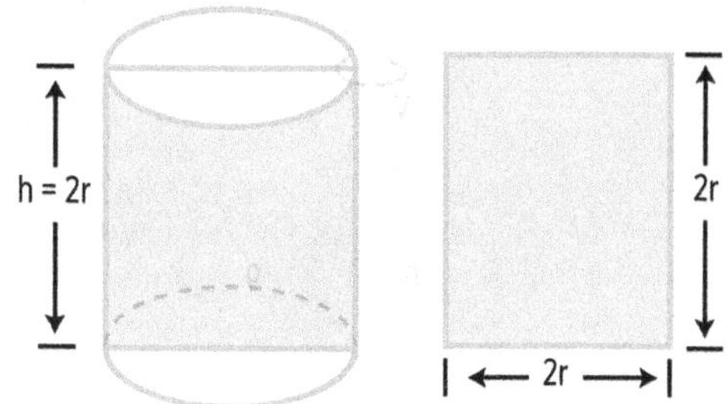

$$A_L = 2r \cdot 2\pi r = 4\pi r^2$$

$$A_T = A_L + A_B = 4\pi r^2 + 2\pi r^2 = 6\pi r^2$$

16.4 Cone Circular

Dado um círculo C, contido num plano α, e um ponto V (vértice) fora de α, chamamos de cone circular o conjunto de todos os segmentos $\overline{VP}$, $P \in C$.

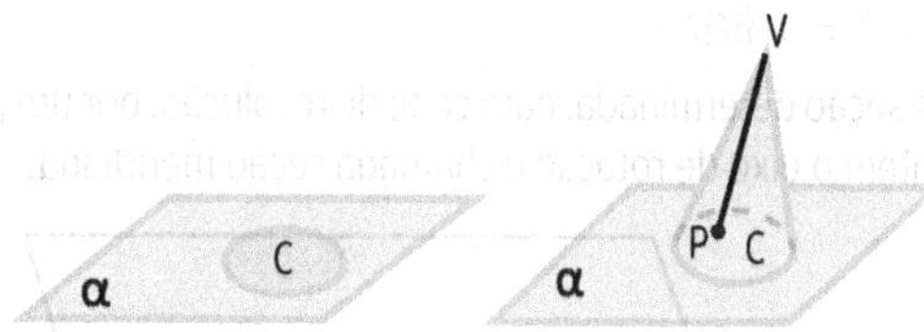

Elementos do cone circular

Dado o cone a seguir, consideramos os seguintes elementos:

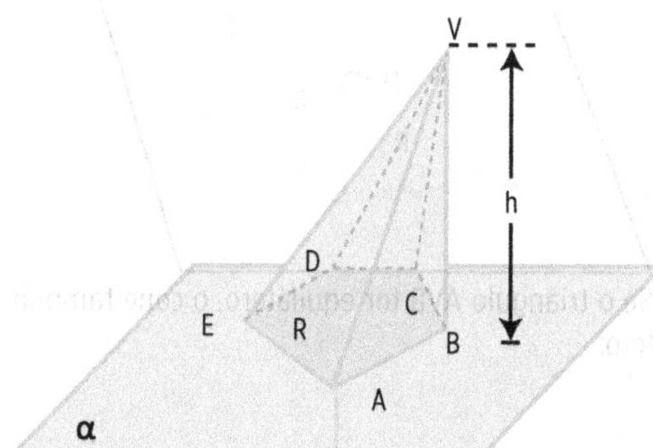

Altura: distância h do vértice V ao plano α.

Geratriz (g): segmento com uma extremidade no ponto V e outra num ponto da circunferência.

Raio da base: raio R do círculo.

Eixo de rotação: reta $\overline{VO}$ determinada pelo centro do círculo e pelo vértice do cone.

Cone reto

Todo cone cujo eixo de rotação é perpendicular à base é chamado cone reto, também denominado cone de revolução. Ele pode ser gerado pela rotação completa de um triângulo retângulo em torno de um de seus catetos.

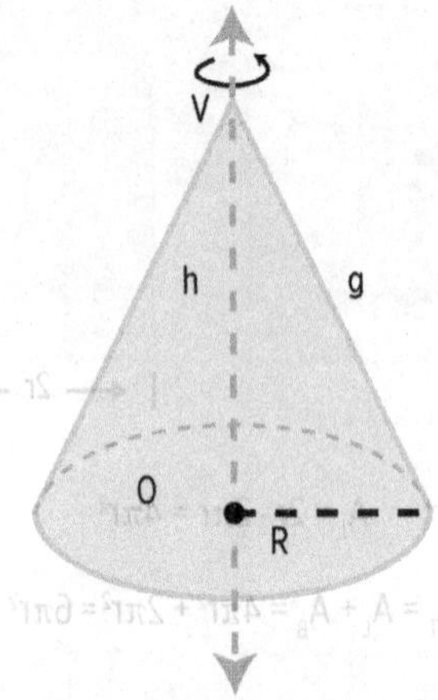

Da figura, e pelo Teorema de Pitágoras, temos a seguinte relação:

$$g^2 = h^2 + R^2$$

Seção meridiana

A seção determinada, num cone de revolução, por um plano que contém o eixo de rotação é chamada seção meridiana.

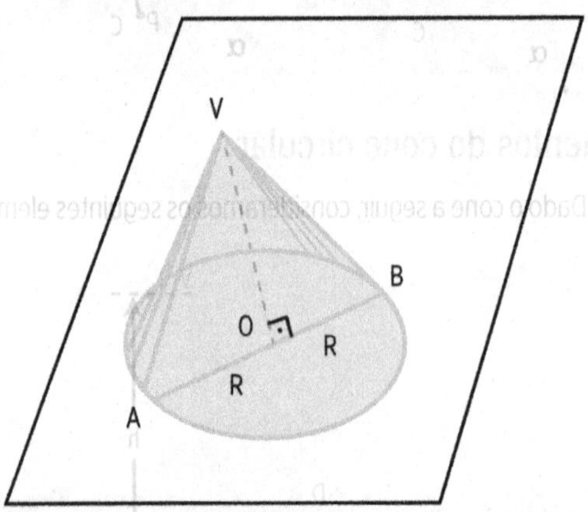

Se o triângulo AVB for equilátero, o cone também será equilátero:

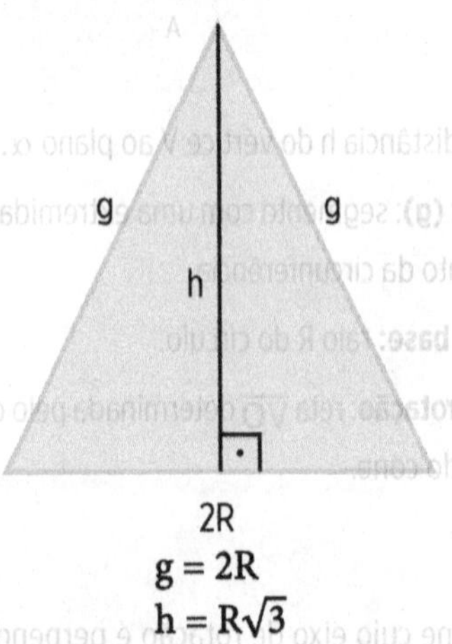

2R

$$g = 2R$$
$$h = R\sqrt{3}$$

Áreas

Desenvolvendo a superfície lateral de um cone circular reto, obtemos um setor circular de raio g e comprimento $L = 2\pi R$

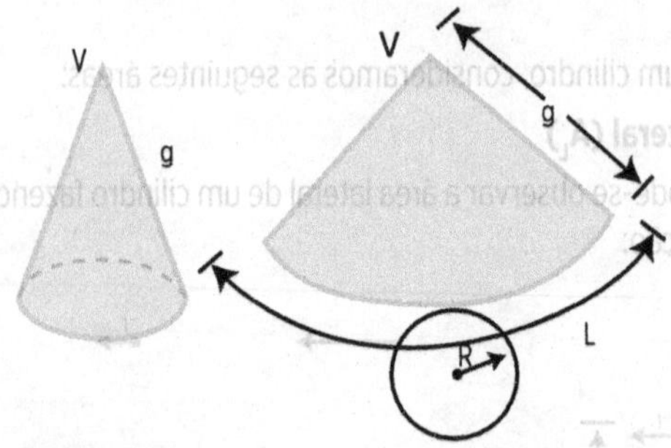

Assim, há de se considerar as seguintes áreas:

Área lateral (AL): área do setor circular

$$A_L = \frac{gl}{2} = \frac{g \cdot 2\pi R}{2} \Longrightarrow A_L = \pi R g$$

Área da base (AB): área do círculo do raio R

$$A_B = \pi R^2$$

Área total (AT): soma da área lateral com a área da base

$$A_T = A_L + A_B = \pi R g + \pi R^2 \rightarrow A_T \pi R\,(g+R)$$

Volume

$$V_{cone} = 2\pi dS = 2\pi \cdot \frac{r}{3} \cdot \frac{rh}{2} \Longrightarrow V_{cone} = \frac{1}{3} \cdot \pi r^2 h$$

16.5 Pirâmides

Dado um polígono convexo R, contido em um plano α, e um ponto V (vértice) fora de α, chamamos de pirâmide o conjunto de todos os segmentos $\overline{VP}$, $P \in R$.

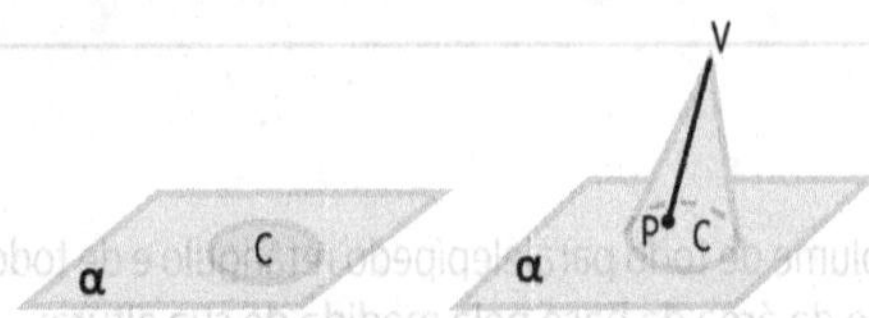

Elementos da pirâmide

Dada a pirâmide a seguir, tem-se os seguintes elementos:

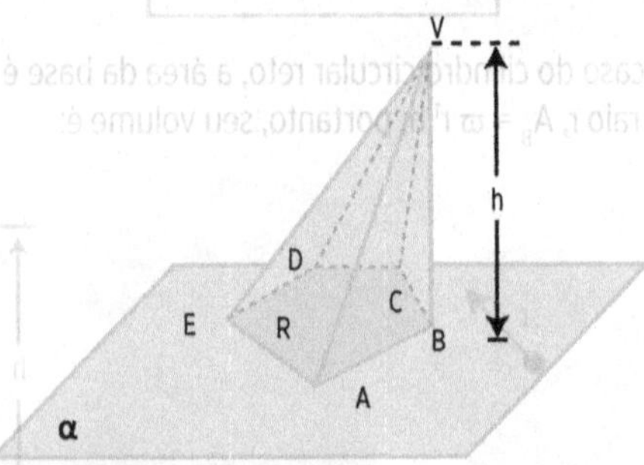

Base: o polígono convexo R.

Arestas da base: os lados AB, BC, CD, DE, EA do polígono.

Arestas laterais: os segmentos VA, VB, VC, VD, VE. .

Faces laterais: os triângulos VAB, VBC, VCD, VDE, VEA.

Altura: distância h do ponto V ao plano.

Classificação

Uma pirâmide é reta quando a projeção ortogonal do vértice coincide com o centro do polígono da base.

Toda pirâmide reta, cujo polígono da base é regular, recebe o nome de pirâmide regular. Ela pode ser triangular, quadrangular, pentagonal, etc., conforme sua base, seja, respectivamente, um triângulo, um quadrilátero, um pentágono, etc.

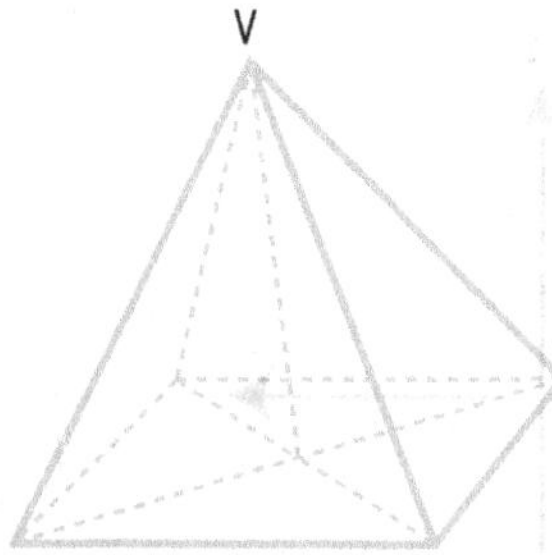

Pirâmide regular quadrangular

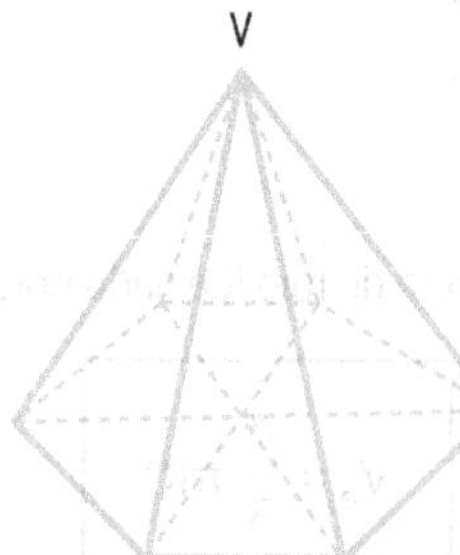

Pirâmide regular hexagonal

Áreas

Numa pirâmide, temos as seguintes áreas:

Área lateral (A_L): reunião das áreas das faces laterais.
Área da base (A_B): área do polígono convexo (base da pirâmide).
Área total (A_T): união da área lateral com a área da base.

$$A_T = A_L + A_B$$

Para uma pirâmide regular, temos:

$$A_L = n \cdot \frac{bg}{2} \qquad A_B = pa$$

Em que:

b é a aresta;
g é o apótema;
n é o número de arestas laterais;
p é o semiperímetro da base;
a é o apótema do polígono da base.

Volume

$$V_{cone} = \frac{1}{3} \cdot \pi \cdot \underbrace{R^2 h}_{\text{Área da base}} \rightarrow \boxed{V_{pirâmide} = \frac{1}{3} \cdot ABh}$$

Troncos

Se um plano interceptar todas as arestas de uma pirâmide ou de um cone, paralelamente às suas bases, o plano dividirá cada um desses sólidos em dois outros: uma nova pirâmide e um tronco de pirâmide; e um novo cone e um tronco de cone.

Tronco da pirâmide

Dado o tronco de pirâmide regular a seguir, tem-se:

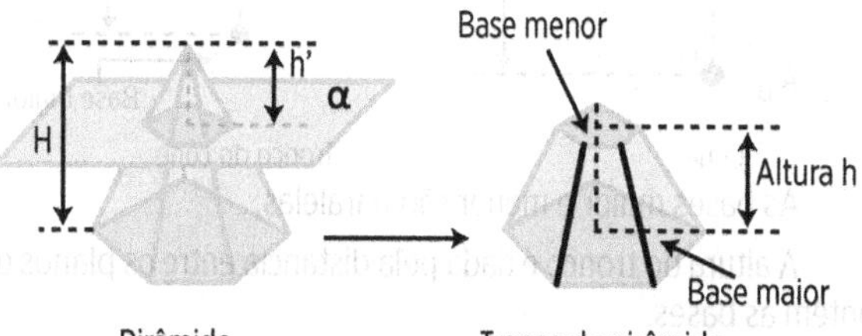

Pirâmide — Tronco da pirâmide

As bases são polígonos regulares paralelos e semelhantes;

As faces laterais são trapézios isósceles congruentes.

Áreas

Área lateral (A_L): soma das áreas dos trapézios isósceles congruentes que formam as faces laterais.

Área total (A_T): soma da área lateral com a soma das áreas da base menor (A_b) e maior (A_B).

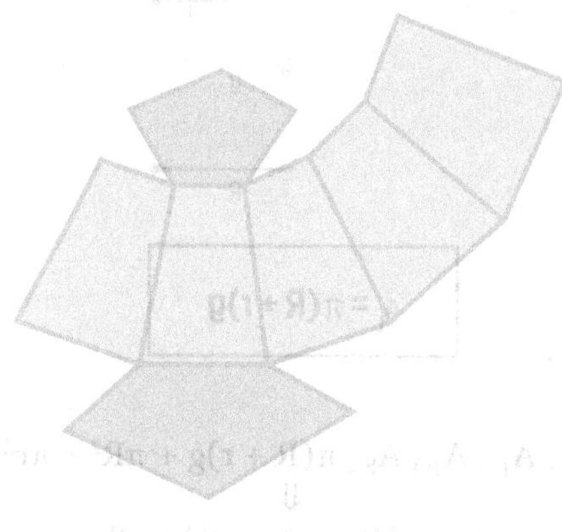

$$A_T = A_L + A_B + A_b$$

Volume

O volume de um tronco de pirâmide regular é dado por:

$$V_r = \frac{h}{3}\left(A_B + A_b + \sqrt{A_B A_b}\right)$$

Sendo V o volume da pirâmide e V' o volume da pirâmide obtido pela seção, é válida a relação:

$$\frac{V'}{V} = \left(\frac{h'}{H}\right)^3$$

Tronco do cone

Sendo o tronco do cone circular regular a seguir, tem-se:

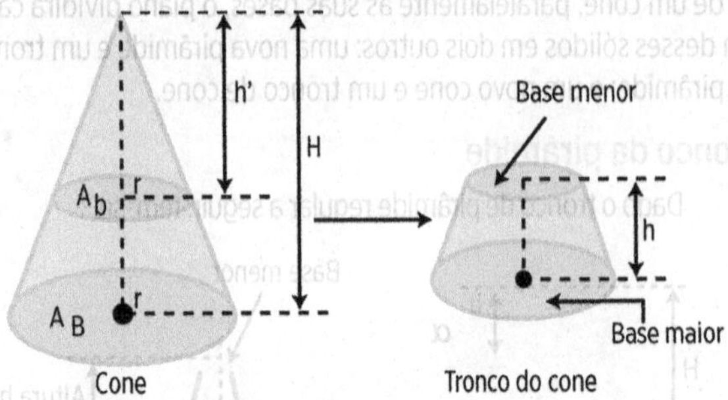

As bases maior e menor são paralelas;

A altura do tronco é dada pela distância entre os planos que contém as bases.

Áreas

Tem-se: área lateral

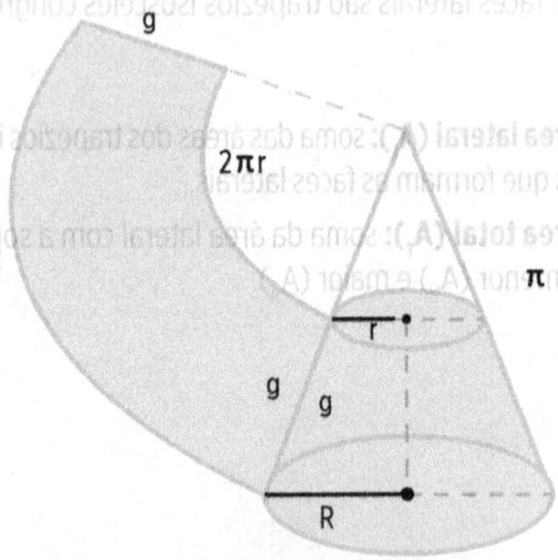

$$A_L = \pi(R + r)g$$

Área total

$$A_T = A_L + A_B + A_b = \pi(R + r)g + \pi R^2 + \pi r^2$$
$$\Downarrow$$
$$A_T = \pi[(R + r)g + R^2 + r^2]$$

Volume

$$V = \frac{h}{3}\left(A_B + A_b + \sqrt{A_B A_b}\right) = \frac{h}{3}\left(\pi R^2 + \pi r^2 + \sqrt{\pi R^2 \cdot \pi r^2}\right)$$
$$\Downarrow$$
$$V = \frac{\pi h}{3}(R^2 + r^2 + Rr)$$

Sendo V o volume do cone e V' o volume do cone obtido pela seção, são válidas as relações:

$$\frac{r}{r'} = \frac{H}{h'}$$

$$\frac{A_B}{A_b} = \left(\frac{H}{h'}\right)^2$$

$$\frac{V}{V'} = \left(\frac{H}{h'}\right)^3$$

16.6 Esfera

Chama-se de esfera de centro O e raio R o conjunto de pontos do espaço cuja distância ao centro é menor ou igual ao raio R.

Considerando a rotação completa de um semicírculo em torno de um eixo e, a esfera é o sólido gerado por essa rotação. Assim, ela é limitada por uma superfície esférica e formada por todos os pontos pertencentes a essa superfície e ao seu interior.

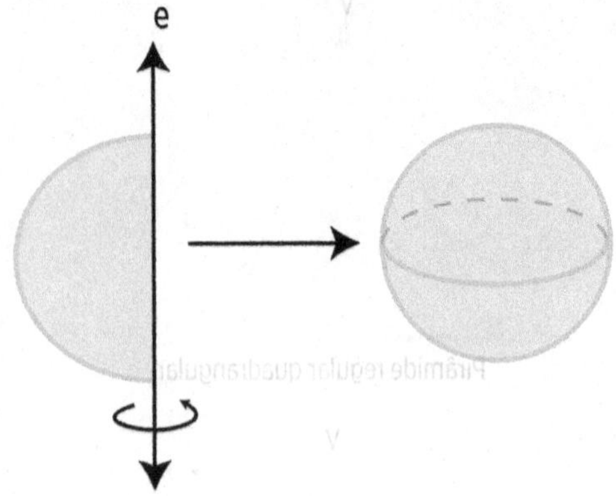

Volume

O volume da esfera de raio R é dado por:

$$V_e = \frac{4}{3} \cdot \pi R^3$$

Partes da esfera

Superfície esférica

A superfície esférica de centro O e raio R é o conjunto de pontos do espaço cuja distância ao ponto O é igual ao raio R.

Se considerar a rotação completa de uma semicircunferência em torno de seu diâmetro, a superfície esférica é o resultado dessa rotação.

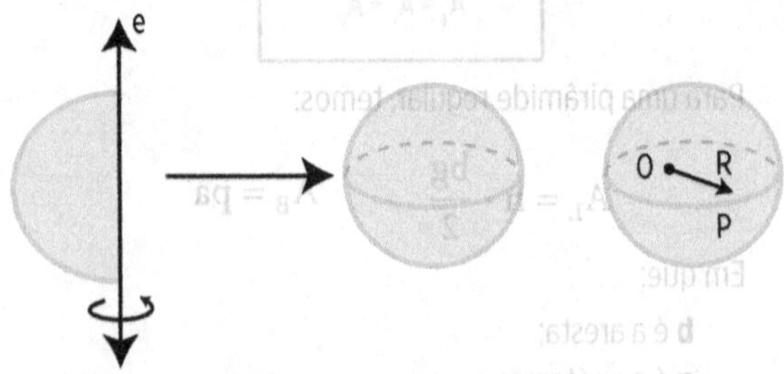

A área da superfície esférica é dada por:

$$A_s = 4\pi R^2$$

Zona esférica

É a parte da esfera gerada do seguinte modo:

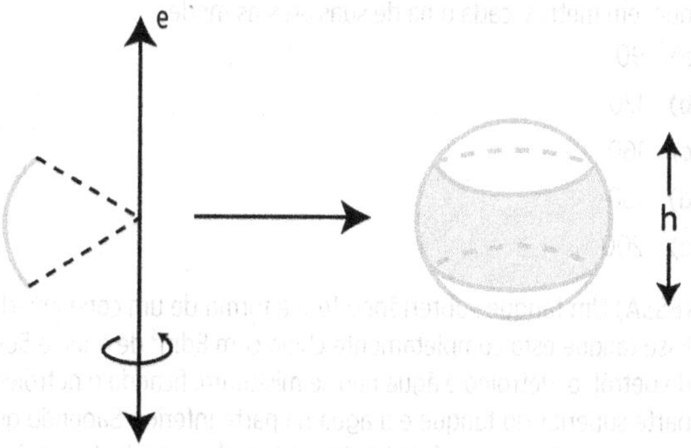

A área da zona esférica é dada por:

$$S = 2\pi Rh$$

Calota esférica

É a parte da esfera gerada do seguinte modo:

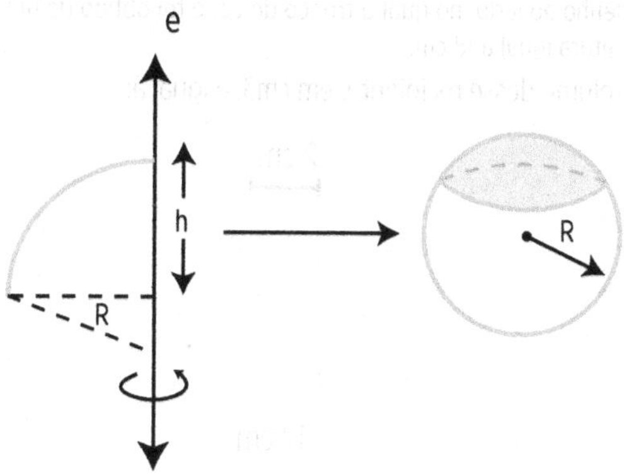

A área da calota esférica é dada por:

$$S = 2\pi Rh$$

Fuso esférico

O fuso esférico é uma parte da superfície esférica que se obtém ao girar uma semicircunferência de um ângulo $\alpha(0< \alpha<2\pi)$ em torno de seu eixo:

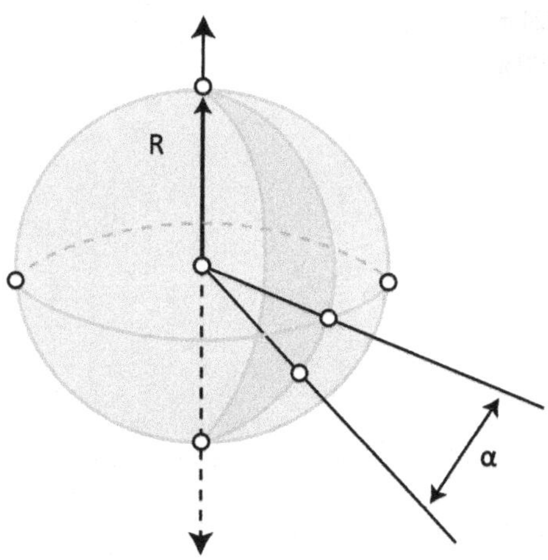

A área do fuso esférico pode ser obtida por uma regra de três simples:

$$\begin{matrix} A_S - 2\pi \\ A_F - \alpha \end{matrix} \quad A_F = \frac{4\pi R^2\alpha}{2\pi} \Rightarrow A_F = 2R^2\alpha \text{ (}\alpha\text{ em radianos)}$$

$$\begin{matrix} A_S = 360^o \\ A_F - \alpha \end{matrix} \quad A_F = \frac{4\pi R^2\alpha}{360^o} \Rightarrow A_F = \frac{\pi R^2\alpha}{90^o} \text{ (}\alpha\text{ em graus)}$$

Cunha esférica

Parte da esfera que se obtém ao girar um semicírculo em torno de seu eixo de um ângulo $\alpha(0< \alpha< 2\pi)$:

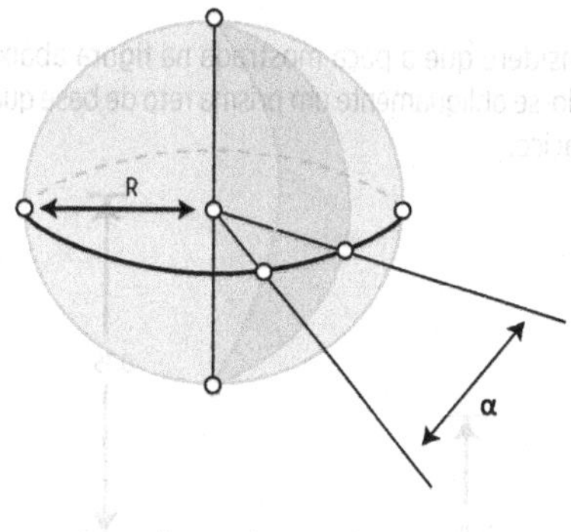

O volume da cunha pode ser obtido por uma regra de três simples:

$$\left.\begin{matrix} V_e - 2\pi \\ V_c - \alpha \end{matrix}\right\} \Rightarrow V_c = \frac{\frac{4}{3}\pi R^3\alpha}{2\pi} \Rightarrow V_c = \frac{2}{3} \cdot R^3\alpha \text{ (}\alpha\text{ em radianos)}$$

$$\left.\begin{matrix} V_e - 360^o \\ V_c - \alpha \end{matrix}\right\} \Rightarrow V_c = \frac{\frac{4}{3}\pi R^3\alpha}{360^o} \Rightarrow V_c = \frac{\pi R^3\alpha}{270^o} \text{ (}\alpha\text{ em graus)}$$

Questões

01. (VUNESP) Flávio ingeriu uma certa quantidade do suco contido em um recipiente no formato de um prisma reto, mostrado na figura, e o nível do suco no recipiente baixou 5 cm. A quantidade de suco ingerida por Flávio foi, em mL, igual a:

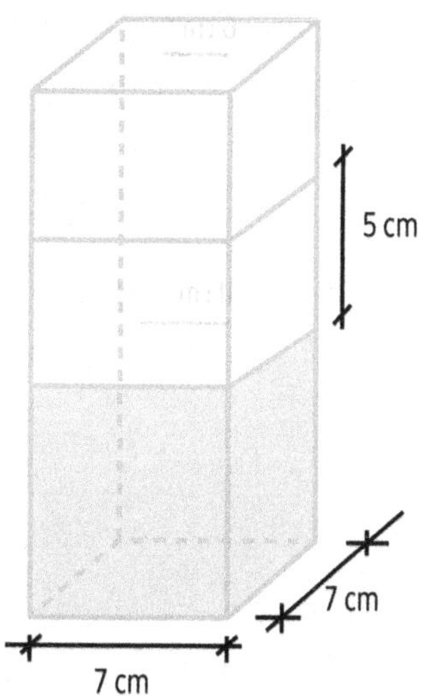

a) 185
b) 200
c) 210
d) 225
e) 245

02. (FIP) Ao aumentarmos a altura de um paralelepípedo retângulo em 2 unidades, em quanto aumenta a área total do paralelepípedo obtido?

a) Quatro vezes a soma das dimensões da base.
b) Três vezes a diferença das dimensões das arestas laterais.
c) Dobro das arestas.
d) Metade da soma das dimensões da base.
e) Um quinto da soma das arestas e das dimensões da base.

03. (FCC) Considere que a peça mostrada na figura abaixo foi obtida secionando-se obliquamente um prisma reto de base quadrada, feito de aço maciço.

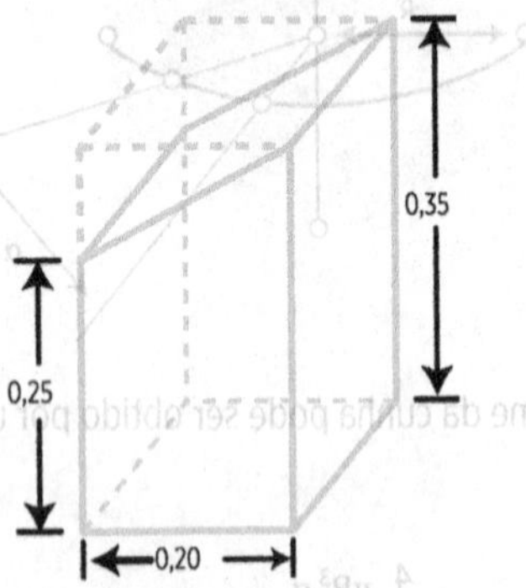

Se a unidade das medidas indicadas na figura é o metro e sabendo que a densidade do aço é 7,9 g/cm³, então, a massa da peça obtida, em quilogramas, é:

a) 8,76
b) 9,48
c) 87,6
d) 94,8
e) 125,6

04. (ESPCEX) A figura abaixo representa a planificação de um tronco de cone reto com a indicação das medidas dos raios das circunferências das bases e da geratriz. A medida da altura desse tronco de cone é:

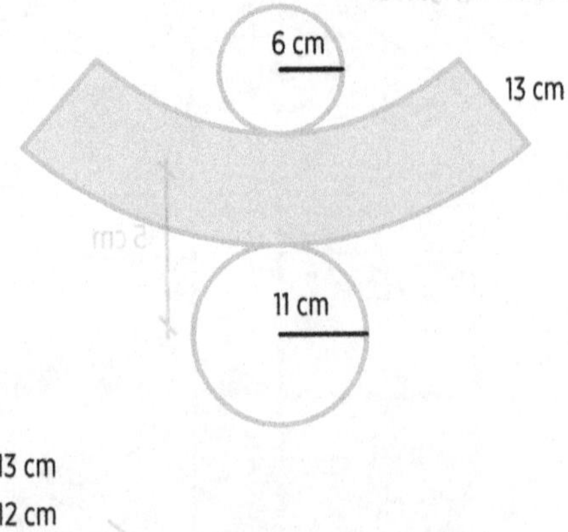

a) 13 cm
b) 12 cm
c) 11 cm
d) 10 cm
e) 9 cm

05. (EJA) A pirâmide de Quéops, em Gizé, no Egito, tem aproximadamente $90\sqrt{2}$ metros de altura, possui uma base quadrada e suas faces laterais são triângulos equiláteros. Nessas condições, pode-se afirmar que, em metros, cada uma de suas arestas mede:

a) 90
b) 120
c) 160
d) 180
e) 200

06. (ESSA) Um tanque subterrâneo tem a forma de um cone invertido. Esse tanque está completamente cheio com 8dm³ de água e 56dm³ de petróleo. Petróleo e água não se misturam, ficando o petróleo na parte superior do tanque e a água na parte inferior. Sabendo que o tanque tem 12m de profundidade, a altura da camada de petróleo é:

a) 10m
b) 9m
c) 8m
d) 7m
e) 6m

07. (COMPERVE) Um recipiente cônico foi projetado de acordo com o desenho ao lado, no qual o tronco do cone foi obtido de um cone de altura igual a 18 cm.

O volume desse recipiente, em cm3, é igual a:

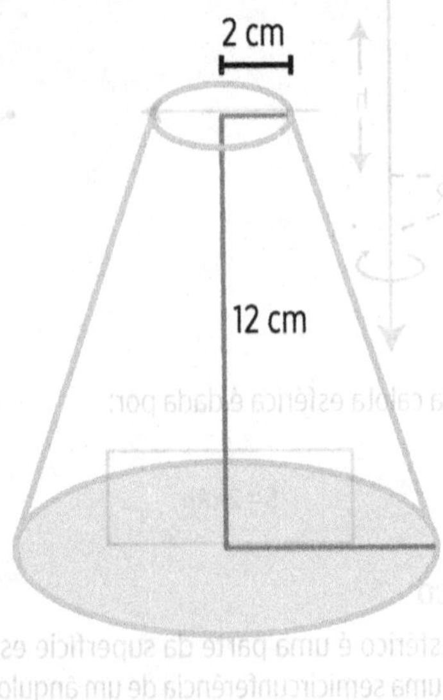

a) 216π
b) 208π
c) 224π
d) 200π

08. (FCC) A figura mostra os retângulos A e B, que representam, respectivamente, as planificações das superfícies laterais dos cilindros circulares retos A e B, ambos de mesma altura.

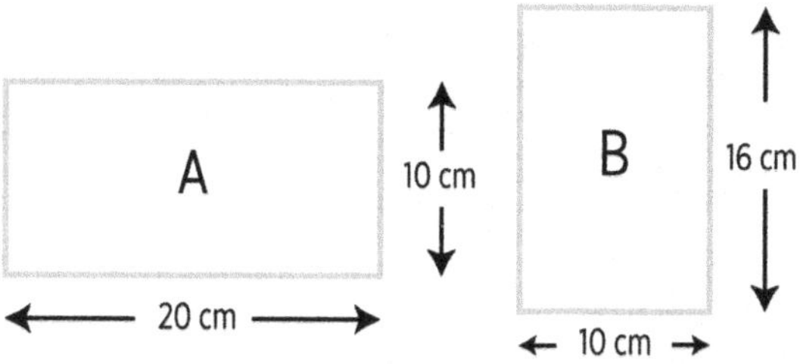

Em relação aos volumes dos dois cilindros, é correto afirmar que o volume do cilindro:

a) B supera em $\frac{390}{\pi}$ cm³ o volume do cilindro A.

b) B supera em $\frac{156}{\pi}$ cm³ o volume do cilindro A.

c) A supera em $\frac{144}{\pi}$ cm³ o volume do cilindro B.

d) A supera em $\frac{250}{\pi}$ cm³ o volume do cilindro B.

e) A supera em $\frac{360}{\pi}$ cm³ o volume do cilindro B.

09. (ALFACON) Em um cubo de aresta a, a distância entre um vértice e o centro da face oposta é igual a:

a) $\frac{a\sqrt{6}}{2}$

b) $\frac{a\sqrt{6}}{2}$

c) $\frac{a\sqrt{6}}{3}$

d) $\frac{a\sqrt{6}}{3}$

e) $\frac{a\sqrt{2}}{2}$

10. (FIP) O volume de uma pirâmide regular de base quadrada é igual a 8 cm3 e a aresta da base é igual a 2 cm. Aumentando a altura em 3 cm, qual é o valor da aresta lateral da pirâmide regular de base quadrada obtida?

a) $\sqrt{35}$ cm.

b) $\sqrt{51}$ cm.

c) $\sqrt{83}$ cm.

d) $\sqrt{91}$ cm.

e) $\sqrt{107}$ cm.

Gabaritos

01	E	06	E
02	A	07	B
03	D	08	E
04	B	09	A
05	D	10	C

ESTATÍSTICA

1. ESTATÍSTICA DESCRITIVA

1.1 Conceitos Básicos

Estatística

A Estatística compreende os métodos científicos utilizados para coleta, organização, resumo, apresentação e análise, ou descrição, de dados de observação. Também abrange métodos utilizados para tomadas de decisões sob condições de incerteza.

Estatística descritiva

Inclui as técnicas empregadas para coleta e descrição de dados. Também é empregada na análise exploratória de dados.

Estatística inferencial

Utiliza informações incompletas para tomar decisões e tirar conclusões satisfatórias. O alicerce das técnicas de estatística inferencial está no cálculo de probabilidades. As duas técnicas de estatística inferencial são: estimação e teste de hipóteses.

População

Emprega-se para designar um conjunto de indivíduos que possuem pelo menos uma característica, ou atributo, em comum.

Amostra

Refere-se a qualquer subconjunto de uma população. A amostragem é uma das etapas mais importantes na aplicação de métodos estatísticos e envolve aspectos como determinação do tamanho da amostra, metodologia de formação e representatividade da amostra com relação à população.

Variável

É usada para atribuição dos valores correspondentes aos dados observados. É importante ressaltar que os dados em questão não são necessariamente numéricos, uma vez que podem dizer respeito a atributos qualitativos observados na população.

Censo

É um conjunto de dados obtidos de todos os membros da população.

Experimento aleatório

Fenômeno que, quando repetido inúmeras vezes em processos semelhantes, possui resultados imprevisíveis. As variáveis podem ser quantitativas (discreta ou contínua) ou qualitativas (nominal ou ordinal).

Quantitativa discreta: pode assumir apenas alguns valores.

Ex.: Número de filhos.

Quantitativa contínua: pode assumir infinitos valores.

Ex.: Peso, altura.

Qualitativa nominal: apenas identifica as categorias.

Ex.: Gênero (feminino e masculino).

Qualitativa ordinal: podem-se ordenar as categorias.

Ex.: Grau de instrução.

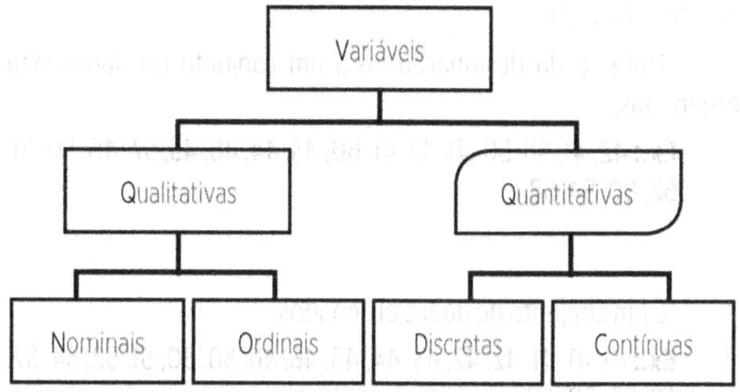

1.2 Apresentação dos Dados

A apresentação dos dados pode ocorrer basicamente de três maneiras:

> Dados Isolados
> Dados Ponderados
> Dados Agrupados

Dados isolados: representam os dados na forma bruta.

Ex.: 2, 2, 3, 5, 7, 8, 8, 9.

Dados ponderados: consistem em uma tabela que contém, para cada valor observado, o número de vezes que ele ocorre (frequência), mas não se pode saber a quem corresponde cada valor.

Nota	Frequência
0	2
1	1
1,5	1
2	2
2,5	1
3,5	2
4	3
4,5	3
5	5
5,5	2
6	3
6,5	2
7	3
8	1
8,5	1
Total	**32**

Dados agrupados: apenas para dados quantitativos. É uma tabela que contém divisões da variável em estudo (intervalos), em que é observado o número de vezes que ocorrem os valores contidos nestes intervalos.

Intervalo de Nota	Frequência
0 ⊢ 2	4
2 ⊢ 4	5
4 ⊢ 6	13
6 ⊢ 8	8
8 ⊢ 10	2
Total	**32**

Dados brutos

Trata-se da designação para um conjunto de dados não ordenados.

Ex.: 42, 41, 58, 50, 41, 42, 41, 60, 43, 44, 46, 45, 57, 46, 50, 51, 52, 60, 54, 58.

Rol

É um conjunto de dados ordenados.

Ex.: 41, 41, 41, 42, 42, 43, 44, 45, 46, 46, 50, 50, 51, 52, 54, 57, 58, 58, 60, 60.

Tabelas

Servem para organizar e apresentar os dados coletados, por meio das variáveis, no sentido de facilitar a sua interpretação. Os dados obtidos por meio das variáveis também podem ser organizados no ROL, que consiste em colocar os dados em ordem crescente, mesmo que estes sejam ou estejam repetidos.

Ex.: Quantidade de alunos matriculados no Empresa X.

Tabela 01 Quantidade de alunos matriculados por curso na Empresa X	
Curso	**Número de Alunos**
Polícia Federal	250
DEPEN	150
INSS	350
Receita Federal	250

Obs.: ROL: 150, 250, 250, 350.

Tabela de frequência

A tabela de frequência serve para organizar dados. A frequência absoluta (F.A) é o valor real do dado e a frequência relativa (F.R) é o valor em porcentagem quando comparado ao total.

Ex.: As idades dos alunos de uma sala são: 12, 13, 13, 14, 11, 12, 15, 14, 13, 14, 15, 11, 12, 13, 13, 13, 15, 12, 12, 13. Ao organizar no ROL e na tabela de frequência, como fica?

No ROL fica: 11, 11, 12, 12, 12, 12, 12, 13, 13, 13, 13, 13, 13, 13, 14, 14, 14, 15, 15, 15.

Na tabela, fica:

Tabela 02			
Idade	**F.A**	**F.R (%)**	**Frequência Acumulada**
11	2	10	2
12	5	25	7
13	7	35	14
14	3	15	17
15	3	15	20
TOTAL	**20**	**100**	

Tipos de frequência

Geralmente, dados isolados são agrupados na forma de tabelas de frequência, que consistem em dados ponderados ou agrupados. Existem quatro tipos de frequência:

> Frequência Absoluta Simples (fi);
> Frequência Relativa Simples (fri);
> Frequência Acumulada (Fi);
> Frequência Acumulada Relativa (Fri).

Ex.: 0, 2, 1, 2, 3, 1, 2, 2, 3, 4

x	f_i	f_{ri}	F_i	F_{ri}
0	1	1/10 = 10%	1	10%
1	2	2/10 = 20%	3	30%
2	4	4/10 = 40%	7	70%
3	2	2/10 = 20%	9	90%
4	1	1/10 = 10%	10	100%
Σ	10	1 = 100%	-	-

Gráficos

Servem para representar e apresentar os dados coletados. Os gráficos podem ser em barra, coluna, setores ***(pizzas)***, linhas, dentre outros.

Barras

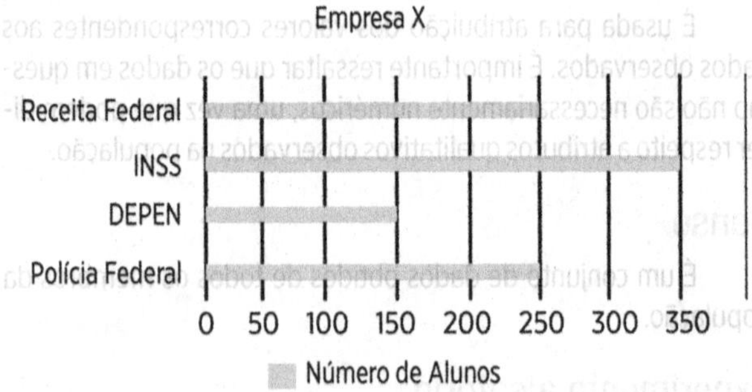

Colunas

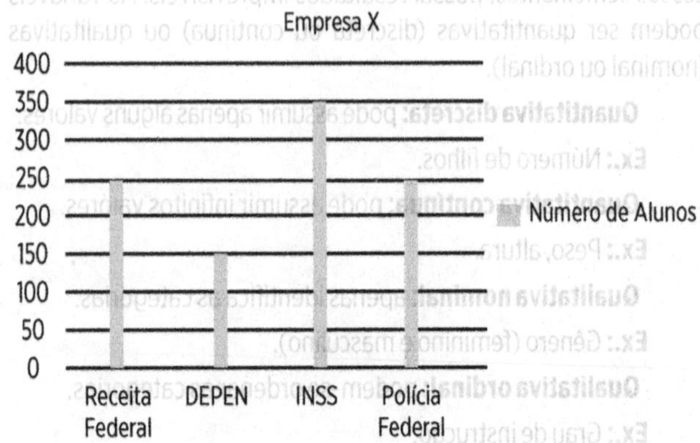

Setores

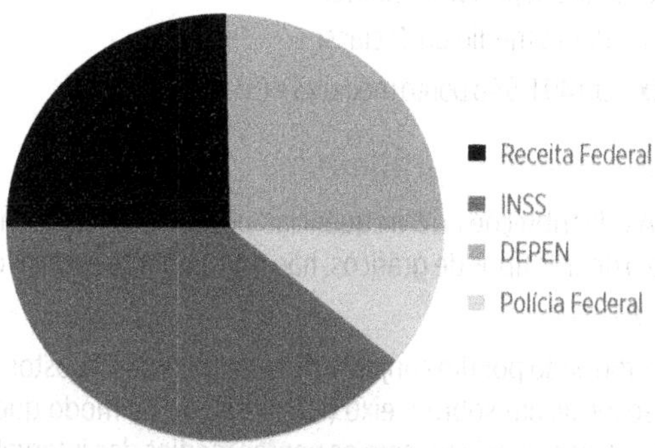

Linhas

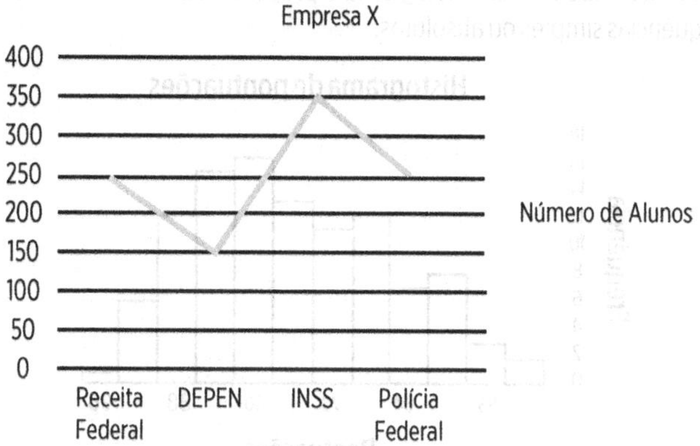

Diagrama de ramos e folhas

Há ainda outra forma de apresentação de dados que tem sido explorada frequentemente em provas: o diagrama de ramos e folhas.

Em um diagrama de ramos e folhas cada número é separado em um ramo e uma folha

Vejamos alguns exemplos:

Ex. 1: Consideramos a tabela de dados a seguir:

155	159	144	129	105	145	126	116	130	114	122	112	142	126
118	118	108	122	121	109	140	126	119	113	117	118	109	119
139	139	122	78	133	126	123	145	121	134	119	132	133	124
129	112	126	148	147									

Representação dos dados no diagrama de ramos e folhas:

7 | 8 — **Chave: 15|5=155** — **Ponto discrepante**

8 |

9 |

10 | 5 8 9 9 9

11 | 2 2 2 3 4 6 7 8 8 8 9 9 9

12 | 1 1 2 2 2 3 4 4 6 6 6 6 6 9 9

13 | 0 2 3 3 4 9 9

14 | 0 2 4 5 5 7 8

15 | 5 9

Ex. 2: Construir o diagrama de ramos e folhas dos seguintes dados:

56, 62, 63, 65, 65, 65, 68, 70, 72

Unidade das Folhas - 1

Ramos	Folhas
5	6
6	235558
7	02

As folhas contêm o último dígito, e os ramos contêm os restantes em sequência (mesmo que alguns ramos fiquem sem folhas).

1.3 Distribuição de Frequências

Uma distribuição de frequência é um método de agrupar dados em classes de modo a fornecer a quantidade (e/ou a percentagem) de dados em cada classe.

Uma distribuição de frequência (absoluta ou relativa) pode ser apresentada em tabelas ou gráficos.

Intervalo de classe

Os limites de cada classe podem ser definidos de quatro modos distintos, mostrados a seguir.

01. Intervalo "exclusive - exclusive" ——
02. Intervalo "inclusive - exclusive" ├—
03. Intervalo "inclusive - inclusive" ├—┤
04. Intervalo "exclusive - inclusive" —┤

Distribuição de frequência (sem intervalos de classe)

É a simples condensação dos dados conforme as repetições de seus valores.

Dados	Frequência
41	3
42	2
43	1
44	1
45	1
46	2
50	2
51	1
52	1
54	1
57	1
58	2
60	2
Total	**20**

Distribuição de frequência (com intervalos de classe)

Quando o tamanho da amostra é elevado é mais racional efetuar o agrupamento dos valores em vários intervalos de classe.

Classes	Frequências
41 ⊢ 45	7
45 ⊢ 49	3
49 ⊢ 53	4
53 ⊢ 57	1
57 ⊢ 61	5
Total	20

Elementos de uma distribuição de frequência (com intervalos de classe)

Classe: corresponde aos intervalos de variação da variável e é simbolizada por **i**; e o número total de classes é simbolizado por **k**.

Ex.: Na tabela anterior k=5 e 49 ⊢ 53 é a 3ª classe, em que **i**=3.

Limites de classe: são os extremos de cada classe. O menor número é o limite inferior de classe (li) e o maior número, limite superior de classe (Li).

Ex.: Em 49 ⊢ 53 l3= 49 e L3= 53

Amplitude do intervalo de classe: é obtida por meio da diferença entre o limite superior e inferior da classe e é simbolizada por

$$hi = Li - li$$

Ex.: na tabela anterior h_i = 53 - 49 = 4.

Obs.: Na distribuição de frequência com classe o h_i será igual em todas as classes.

Amplitude total da distribuição (AT): é a diferença entre o limite superior da última classe e o limite inferior da primeira classe.

$$AT = L_{(max)} - l_{(min)}$$

Ex.: Na tabela anterior AT = 61 - 41= 20.

Amplitude total da amostra (AA): é a diferença entre o valor máximo e o valor mínimo da amostra (ROL). em que $AA = X_{máx} - X_{mín}$. Em nosso exemplo, $AA = 60 - 41 = 19$.

Obs.: **AT** sempre será maior que AA.

Ponto médio de classe (Xi): é o ponto que divide o intervalo de classe em duas partes iguais.

$$Xi = \frac{Li + LI}{2}$$

Em que:

Li: limite inferior da classe.

LI: limite superior da classe.

X3: Ponto médio da 3ª classe.

Ex.: Em 49 ⊢ 53 o ponto médio x3 = (53+49)/2 = 51.

Representações gráficas

As distribuições de frequências podem ser representadas por meio de três tipos de gráficos, não mutuamente exclusivos.

Histograma

É formado por um conjunto de retângulos justapostos, cujas bases se localizam sobre o eixo horizontal, de tal modo que seus pontos médios coincidam com os pontos médios dos intervalos de classe. A área de um histograma é proporcional à soma das frequências simples ou absolutas.

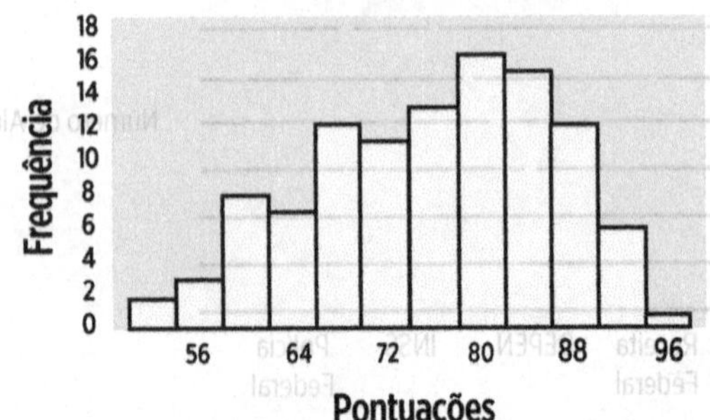

Polígono de frequências

É um gráfico em linha, sendo as frequências marcadas sobre perpendiculares ao eixo horizontal, levantadas pelos pontos médios dos intervalos de classe. Para realmente obtermos um polígono (linha fechada), devemos completar a figura, ligando os extremos da linha obtida aos pontos médios da classe anterior à primeira, e da posterior à última da distribuição.

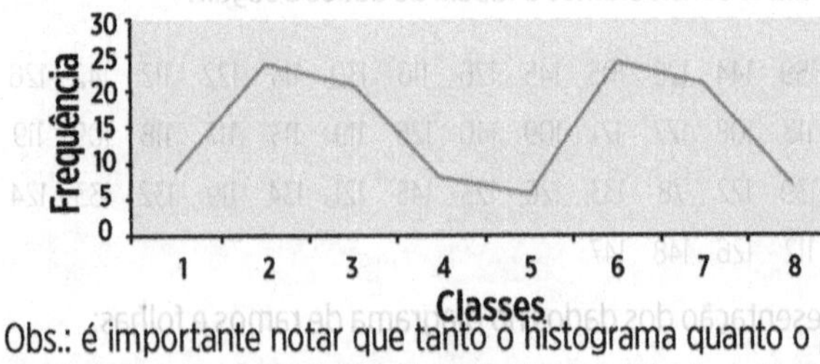

Obs.: é importante notar que tanto o histograma quanto o polígono de frequência indicam a frequência absoluta de cada classe.

Curva de frequências

Enquanto o polígono de frequência nos dá a imagem real do fenômeno estudado, a curva de frequência nos dá a imagem tendencial. O polimento (geometricamente, corresponde à eliminação dos vértices da linha poligonal) de um polígono de frequência nos mostra o que seria tal polígono com um número maior de dados em amostras mais amplas.

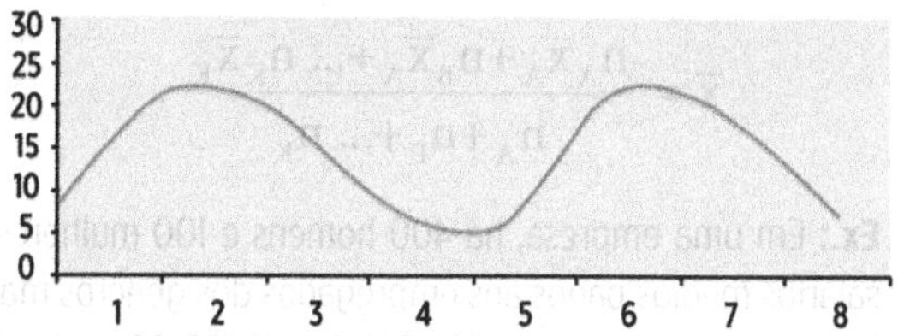

1.4 Medidas de Tendência Central ou de Posição

São medidas utilizadas principalmente para a descrição de dados. As principais medidas de posição são a média aritmética, a mediana e a moda.

O esquema a seguir resume a classificação das Medidas de Tendência Central ou de Posição:

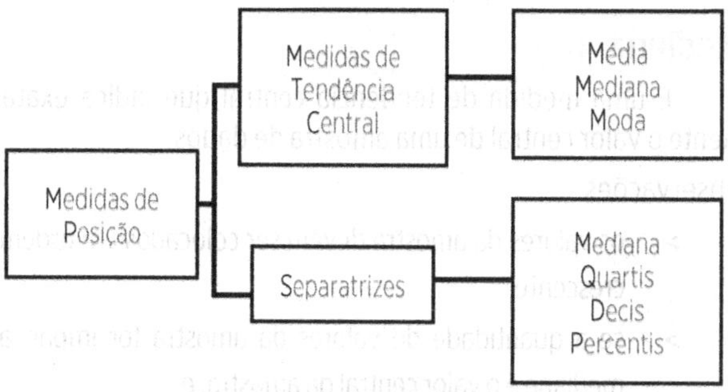

Na sequência, calcularemos as medidas de tendência central ou de posição para três possibilidades a seguir:

> 1º: para dados não agrupados;
> 2º: para dados agrupados sem intervalos de classes; e
> 3º: para dados agrupados com intervalos de classes.

Média aritmética ($\overline{x}$)

Para dados não agrupados

Seja um conjunto de dados $\{x_1, x_2, \dots, x_n\}$.

A média aritmética, ou simplesmente "média", é dada por:

$$\overline{x} = \sum_{i=1}^{n} x_i$$

Ex.: Seja o conjunto {2, 4, 3, 5, 6, 2, 5}.

Então, a média aritmética é:

$$\overline{x} = \frac{2+4+3+5+6+2+5}{7} = 3{,}8571$$

Obs.: a notação $\overline{x}$ é empregada para representar a média de uma amostra de valores. A média da população costuma ser representada pela letra grega μ (mi).

Para dados agrupados sem intervalos de classes

Para dados agrupados em distribuições de frequências, calcula-se a média ponderada, sendo que a frequência observada para cada valor é o peso dele, então a média aritmética é dada por:

$$\overline{x} = \frac{\sum_{i=1}^{k} x_i f_i}{\sum_{i=1}^{k} f_i}$$

Considerando a distribuição:

x	f_1
2	1
4	3
5	2

$$\overline{x} = \frac{2 \cdot 1 + 4 \cdot 3 + 5 \cdot 2}{1+3+2} = \frac{2+12+10}{6} = 6$$

Para dados agrupados com intervalos de classes

Consideramos a seguinte tabela que representa o tempo de utilização de um aparelho de ginástica de uma academia pelos seus usuários:

Tempo de Utilização (em minutos)	Frequência Absoluta
$1 \vdash 4$	18
$4 \vdash 7$	108
$7 \vdash 10$	270
$10 \vdash 13$	150
$13 \vdash 16$	54
Total	**600**

Seja x_i o ponto médio de um determinado intervalo.

Tempo de Utilização (em minutos)	Ponto Médio	Frequência Absoluta	Frequência Relativa
$1 \vdash 4$	2,5	18	18/600 = 0,03
$4 \vdash 7$	5,5	108	108/600 = 0,18
$7 \vdash 10$	8,5	207	270/600 = 0,45
$10 \vdash 13$	11,5	150	150/600 = 0,25
$13 \vdash 16$	14,5	54	54/600 = 0,09

O tempo médio de utilização do aparelho é dado por:

$$\overline{x} = \frac{18 \cdot 2{,}5 + 108 \cdot 5{,}5 + 270 \cdot 11{,}5 + 54 \cdot 14{,}5}{600}$$

$$\overline{x} \cong 9{,}07 \text{ minutos}$$

Propriedades da média aritmética

P1: se a cada x_i (i = 1, 2, ..., n) **adicionarmos** uma constante real ***k***, a média aritmética fica **adicionada** de ***k*** unidades.

P2: se **multiplicarmos** cada x_i (i = 1, 2, ..., n) por uma constante real ***k***, a média aritmética fica **multiplicada** por ***k***.

Outros tipos de média

Podemos definir outros tipos de média de um conjunto de dados, tais como:

- Média Aritmética Ponderada;
- Média Geométrica;
- Média Harmônica; e
- Média das Médias.

Média aritmética ponderada

A média aritmética ponderada é calculada por meio do somatório das multiplicações entre valores e as frequências desses valores divididas pelo somatório dessas frequências.

Ex.: Notas de um aluno.

Nota	Peso
7,0	1
6,0	2
8,0	3
7,5	4

A média ponderada é:

$$\frac{7{,}0 \cdot 1 + 6{,}0 \cdot 2 + 8{,}0 \cdot 3 + 7{,}5 \cdot 4}{1+2+3+4} = \frac{73}{10} = 7{,}3$$

Média geométrica (G)

A média geométrica é definida como n-ésima raiz (em que n é a quantidade de termos) da multiplicação dos termos.

Calcular a média geométrica entre os valores 2 e 8.

$$G = \sqrt{2 \cdot 8} = \sqrt{16} = 4$$

Média harmônica (H)

A média harmônica H dos números reais positivos $x_1, \dots, x_n > 0$ é definida como sendo o número de membros dividido pela soma do inverso dos membros.

Calcular a média harmônica entre os valores 2 e 8.

$$H = \frac{2}{\frac{1}{2} + \frac{1}{8}} = \frac{2}{\frac{5}{8}} = 2 \cdot \frac{8}{5} = \frac{16}{5} = 3{,}2$$

Para um conjunto de observações não negativas, vale a seguinte relação:

$$\overline{X} \geq G \geq H$$

Média das médias (média global)

Sejam os conjuntos A com valores, B com valores, ..., e K com valores. Se A tem média , B tem média , ..., e K tem média , então a média do conjunto maior, que é formado pela reunião de todos os elementos dos conjuntos A, B, ..., K em um único conjunto, é dada por:

$$\overline{x} = \frac{n_A \overline{x}_A + n_B \overline{x}_A + \dots n_K \overline{x}_K}{n_A + n_B + \dots n_K}$$

Ex.: Em uma empresa, há 400 homens e 100 mulheres. Os salários médios pagos aos empregados dos gêneros masculinos e femininos são de R$ 2550,00 e 2480,00, respectivamente. Calcule a média global dos salários.

$$\overline{x} = \frac{n_H \overline{x}_H + n_M \overline{x}_M}{n_H + n_M}$$

$$= \frac{400 \text{ x } 2550 + 100 \text{ x } 2480}{400 + 100} = 2536$$

Mediana (m_e)

É uma medida de tendência central que indica exatamente o valor central de uma amostra de dados.

Observações:

- os valores da amostra devem ser colocados em ordem crescente;
- se a quantidade de valores da amostra for ímpar, a mediana é o valor central da amostra; e
- se a quantidade de valores da amostra for par, é preciso tirar a média dos valores centrais para calcular a mediana.

Para dados não agrupados

9 - 6 - 3 - 8 - 2 - 4 - 5 - 6

M_e = 2 - 3 - 3 - 4 - **4 - 5** - 6 - 6 - 8 - 9

$$M_e = \frac{4+5}{2} = \frac{9}{2} = \mathbf{4{,}5}$$

Ex.:

4 - 5 - 7 - 2 - 9

M_e = 2 - 4 - **5** - 7 - 9

M_e = **5**

Para dados agrupados sem intervalos de classes

O valor que divide a distribuição de frequências em 2 grupos com mesmo número de elementos estará na posição dada por:

$$\frac{\sum f_i}{2}$$

Neste caso basta identificar a frequência acumulada imediatamente superior à metade da soma das frequências:

Ex.: Calcule a Mediana da seguinte distribuição:

X_i	f_i	F_i
0	2	2
1	6	8
2	10	18
3	12	30
4	4	34
	$\sum = 34$	

$$\frac{\sum f_i}{2} = \frac{34}{2} = 17$$

X_i	f_i	F_i
0	2	2
1	6	8
2	10	18
3	12	30
4	4	34
	$\sum = 34$	

frequência acumulada imediatamente superior à metade da soma das frequências

$M_e = 2$

Ex.: Calcule a Mediana da seguinte distribuição:

X_i	f_i	F_i
12	1	1
14	2	3
15	1	4
16	2	6
17	1	7
20	1	8
	$\sum = 8$	

Temos que:

$$\frac{\sum f_i}{2} = \frac{8}{2} = 4$$

Neste caso, a mediana será a média aritmética entre o valor da variável correspondente a essa frequência acumulada e o seguinte.

X_i	f_i	F_i
12	1	1
14	2	3
15	1	4
16	2	6
17	1	7
20	1	8
	$\sum = 8$	

Logo,

$$M_e = \frac{15+16}{2}$$

$M_e = 15{,}5$

Para dados agrupados com intervalos de classes

Neste caso, devemos seguir os seguintes passos:

- determinar as frequências acumuladas;
- calcular $\Sigma f_i/2$;
- marcar a classe correspondente à frequência acumulada imediatamente à $\Sigma f_i/2$ (classe mediana) e, em seguida, aplicar a seguinte fórmula:

$$M_e = Li + h \cdot \frac{\sum fi/2 - F_{(ant)}}{f}$$

Legenda:

Li: limite inferior da classe mediana;

$F_{(ant)}$: frequência acumulada da classe anterior à classe mediana;

f: frequência acumulada da classe anterior à classe mediana;

h: amplitude do intervalo da classe mediana.

Calcule a Mediana da seguinte distribuição:

Classes	f_i
150 ⊢154	4
154 ⊢158	9
158 ⊢162	11
162 ⊢166	8
166 ⊢170	5
170 ⊢174	3
	$\sum = 40$

1º Passo: determinar as frequências acumuladas

Classes	f_i	F_i
150 ⊢154	4	14
154 ⊢158	9	13
158 ⊢162	11	24
162 ⊢166	8	32
166 ⊢170	5	37
170 ⊢174	3	40
	$\sum = 40$	

← frequência acumulada

2º Passo: calcular $\frac{\sum fi}{2}$

$$\frac{\sum fi}{2} = \frac{40}{2} = 20$$

3º Passo:

h=4; $F_{(ant)}$

Classes	f_i	F_i
150 ⊢154	4	14
154 ⊢158	9	(13)
(158)⊢162	(11)	24 ← classe mediana
162 ⊢166	8	32
166 ⊢170	5	37
170 ⊢174	3	40
	$\sum = 40$	

Li; f

Logo,

$$Me = Li + h.\frac{\sum fi/2 - F_{(ant)}}{f}$$

$$Me = 158 + 4.\frac{20 - 13}{11}$$

Me = 158 + 2,54

Me = 160,54

Propriedades da mediana

P1. A mediana não depende de todos os valores observados; além disso, não sofre influência de valores extremos.

P2. Não pode ser aplicada a variáveis nominais.

P3. Adequado quando os dados apresentam grande variabilidade ou distribuição assimétrica, além de valores extremos indefinidos (Ex.: maior do que...).

Moda (m_0)

A moda de uma série de valores é o valor de maior frequência absoluta, ou seja, o valor que aparece o maior número de vezes na distribuição.

Para dados não agrupados

Ex.: 1:

6 - 9 - 12 - 9 - 4 - 5 - 9

$M_0 = 9$

Ex.: 2:

12 - 13 - 19 - 13 - 14 - 12 - 16

M_0 = 12 e 13 (Bimodal)

Ex.: 3: 4 - 29 - 15 - 13 - 18

M_0 = Não há moda **(Amodal),** pois não existe valor mais presente.

> *Pode haver mais de uma moda em um conjunto de valores. Se houver apenas uma moda, a distribuição é dita Unimodal; se houver duas, é Bimodal; se houver três é Trimodal, e assim sucessivamente.*

Para dados agrupados sem intervalos de classes

Ex.: Consideremos a seguinte distribuição:

x	f_i
2	1
4 ←	(3)
5	2

O valor de frequência máxima é o 4.

Logo, $M_0 = 4$.

Para dados agrupados com intervalos de classes

Neste caso, a classe que apresenta a maior frequência é denominada classe modal. Se os dados de uma variável quantitativa estão dispostos em uma tabela agrupada em classe, e não há acesso aos dados originais, é possível encontrar a Moda por vários procedimentos. São eles:

- Moda Bruta;
- Moda de Pearson;
- Moda Czuber;
- Moda Kink.

Vejamos os exemplos a seguir.

Cálculo da moda bruta: é o método mais simples; consiste em tomar como Moda o ponto médio da classe modal.

Ex.: 1: Determine a Moda Bruta da seguinte distribuição:

Altura	f_i
155 ⊢ 165	3
165 ⊢ 175	18
175 ⊢ 185	11
185 ⊢ 195	9

Altura	f_i	X_i
155 ⊢ 165	3	160
165 ⊢ 175	18	170
175 ⊢ 185	11	180
185 ⊢ 195	9	190

classe modal

classe modal

$$M_o: \frac{165+175}{2} = 170$$

Cálculo da Moda de Pearson, Czuber e King: para o cálculo da Moda de Pearson, Czuber e King utilizaremos as seguintes fórmulas:

> **Moda de Pearson**:

$$M_o = 3.M_e - 2\overline{x}$$

> **Moda de Czuber**:

$$Mo = Li + h \cdot \frac{F_{max} - F_{ant}}{2F_{max} - \left(F_{ant} + F_{post}\right)}$$

> **Moda King:**

$$Mo = Li + h \cdot \frac{F_{post}}{F_{ant} + F_{post}}$$

Legenda:

M_o = Moda;

M_e = Mediana;

$\overline{x}$ = Média;

Li = Limite inferior da classe modal;

h = Intervalo da classe modal;

$F_{máx}$ = Frequência da classe modal;

F_{ant} = Frequência da classe anterior à classe modal;

F_{post} = Frequência da Classe Posterior à classe modal.

Estes três procedimentos são aproximações; a Moda real seria obtida a partir dos dados brutos.

Ex.: 2: Calcule a Moda de Pearson, King e Czuber, da tabela abaixo:

Classes	f_i
0 ⊢ 10	1
10 ⊢ 20	3
20 ⊢ 30	6
30 ⊢ 40	2

Obs.: Vamos determinar a classe modal:

Classes	f_i
0 ⊢ 10	1
10 ⊢ 20	3
20 ⊢ 30	6
30 ⊢ 40	2

classe modal

Moda de Pearson

Classes	f_i
0 ⊢ 10	1
10 ⊢ 20	3
20 ⊢ 30	6
30 ⊢ 40	2

1º Passo: determinar a Mediana (M_e).

Classes	f_i	F_i
0 ⊢ 10	1	1
10 ⊢ 20	3	4
20 ⊢ 30	6	10
30 ⊢ 40	2	12
		-

Freq. Acumulada

$$M_e = Li + h \cdot \frac{\sum fi - F_{(ant)}}{f}$$

$$M_e = 20 + 10 \cdot \frac{12/2 - 4}{6}$$

$$M_e = 23{,}33$$

2º Passo: calcular a Média.

Classes	f_i	X_i
0 ⊢ 10	1	5
10 ⊢ 20	3	15
20 ⊢ 30	6	25
30 ⊢ 40	2	35
	$\sum = 12$	

X_i = Ponto médio

$$\overline{x} = \frac{1.5 + 3.15 + 6.25 + 2.35}{12} = \frac{270}{12} = 22{,}5$$

3º Passo: aplicar a fórmula.

$$M_e = 3.M_e - 2\overline{x}$$

$$M_e = 3.23{,}33 - 2(22{,}5) = 25$$

Moda King

Classes	f_i
0 ⊢10	1
10 ⊢20	3
20 ⊢30	6
30 ⊢40	2

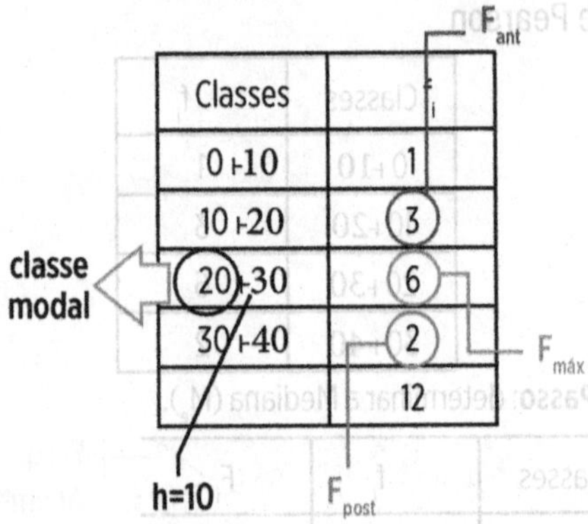

$$Mo = Li + h.\frac{F_{post}}{F_{ant} + F_{post}}$$

$$Mo = 20 + 10.\frac{2}{3+2}$$

$$Mo = 24$$

Moda Czuber

Classes	f_i
0 ⊢10	1
10 ⊢20	3
20 ⊢30	6
30 ⊢40	2

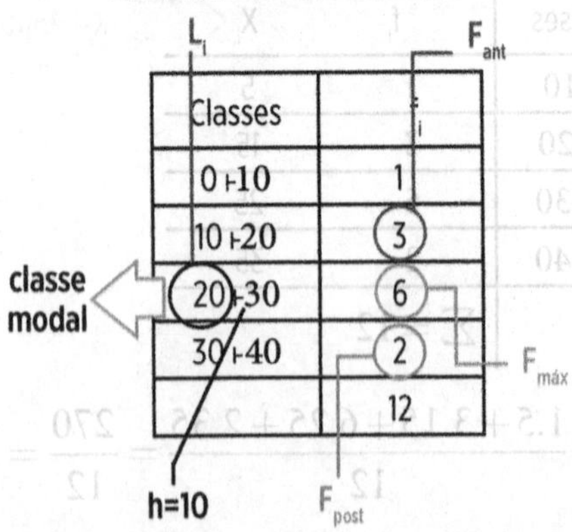

$$Mo = Li + h.\frac{F_{max} - F_{ant}}{2.F_{max} - (F_{ant} + F_{post})}$$

$$Mo = 20 + 10.\frac{6-3}{2(6) - (3+2)}$$

$$Mo = 24,29$$

A Moda é o ponto de maior probabilidade. Ao contrário da Média e da Mediana, a Moda tem de ser um valor existente no conjunto de dados.

Quando todos os dados de uma série estatística são iguais, a média, a mediana e a moda coincidirão com este valor e, portanto qualquer uma delas representará bem a série.

Separatrizes

As separatrizes são os valores que dividem as séries em partes iguais. As principais medidas separatrizes são: a mediana (já estudada) e os quartis, os decis e os percentis.

Quartis

Chamamos de quartis os valores que dividem a distribuição em 4 partes iguais e podem ser obtidos da seguinte maneira:

Temos três quartis:

1º Quartil (Q1): é o valor que tem 25% dos dados à sua esquerda e o restante (75%) à direita.

2º Quartil (Q2): tem 50% dos dados de cada lado, coincide com a mediana.

3º Quartil (Q3): tem 75% dos dados à sua esquerda e 25% à direita.

Fórmulas

1º Quartil	P = 0,25.(n+1)
2º Quartil	P = 0,50.(n+1)
3º Quartil	P = 0,75.(n+1)

Em que:

n – nº de dados

Ex.: 1. Calcule os quartis da série: {5, 2, 6, 9, 10, 13, 15}.

O primeiro passo a ser dado é o da ordenação (crescente ou decrescente) dos valores:

{2, 5, 6, 9, 10, 13, 15}.

Se n for ímpar, a Mediana é o valor central do rol: 4º número.

O valor que divide a série acima em duas partes iguais é igual a 9, logo a M_d = 9 que será = Q2.

Temos agora {2, 5, 6} e {10, 13, 15} como sendo os dois grupos de valores iguais. Para o cálculo do primeiro quartil e do terceiro quartil, basta calcular as medianas de cada uma das partes.

Em {2, 5, 6} a mediana é 5, ou seja: Q1 = 5 e

Em {10, 13, 15 } a mediana é 13, ou seja:

Q3 = 13

Ex.: 2. Encontre os quartis da série:

{1, 1, 2, 3, 5, 5, 6, 7, 9, 9, 10, 13}

Q2=(5+6)/2=5,5

5,5

↓

{1, 1, 2, 3, 5, 5, 6, 7, 9, 9, 10, 13}

{1, 1, 2, 3, 5, 5} {6, 7, 9, 9, 10, 13}

Q1={1, 1, 2, 3, 5, 5} Q3={6, 7, 9, 9, 10, 13}

Q1= (2+3)/2=2,5 Q3= (9+9)/2=9

Portanto, os quartis encontrados foram:

Q1= 2,5

Q2 = 5,5

Q3 = 9

Decis

Chamamos de decis os valores que dividem uma série em 10 partes iguais. Portanto, temos nove decis; o primeiro tem 10% dos dados à sua esquerda, e 90% à sua direita; o segundo tem 20% dos dados à sua esquerda, e 80% à sua direita, e assim por diante, até o nono decil, que tem 90% dos dados à sua esquerda, e 10% à sua direita.

Fórmulas

1º Decil	P = 0,10·(n+1)
2º Decil	P = 0,20·(n+1)
3º Decil	P = 0,30·(n+1)
4º Decil	P = 0,40·(n+1)
5º Decil	P = 0,50·(n+1)
6º Decil	P = 0,60·(n+1)
7º Decil	P = 0,70·(n+1)
8º Decil	P = 0,80·(n+1)
9º Decil	P = 0,90·(n+1)

Em que:

n: nº de dados

Percentis

Chamamos de percentis os 99 valores que separam uma série em 100 partes iguais. O cálculo dos percentis está relacionado com a percentagem. No quadro abaixo são mostrados alguns percentis:

Fórmulas

4º Percentil (P_4)	P = 0,04.(n+1)
12º Percentil (P_{12})	P = 0,12.(n+1)
20º Percentil (P_{50})	P = 0,20.(n+1)

Em que:

n: nº de dados

Cálculos das separatrizes para dados agrupados com intervalos de classes

Para determinar os **quartis**, utilizaremos as seguintes fórmulas:

$$Q1 = Li + h.\frac{1.\sum fi/4 - F_{(ant)}}{f}$$

$$Q2 = Li + h.\frac{2.\sum fi/4 - F_{(ant)}}{f}$$

$$Q3 = Li + h.\frac{3.\sum fi/4 - F_{(ant)}}{f}$$

Legenda:

Li: Limite inferior da classe quartílica;

h: Intervalo de classe;

f: Frequência simples da classe quartílica;

$F_{(ant)}$: Frequência acumulada da classe anterior à classe quartílica.

As expressões:

1. Σ fi/4, 2. fi/4 e 3. fi/4 servem também para determinar a Classe Quartílica.

Vejamos o exemplo a seguir:

Consideremos a seguinte distribuição de frequências em classe:

Classes	f_i
150 ⊢154	4
154 ⊢158	9
158 ⊢162	11
162⊢ 166	8
166 ⊢170	5
170⊢174	3
	$\sum = 40$

Vamos determinar a Frequência acumulada:

Classes	f_i	F_i (Freq. acumulada)
150 ⊢154	4	4
154 ⊢158	9	13
158 ⊢162	11	24
162⊢ 166	8	32
166 ⊢170	5	37
170⊢174	3	40
	$\sum = 40$	

Vamos calcular o Q1, Q2 e Q3:

1º Quartil (Q1):

$$Q1 = Li + h.\frac{1.\sum fi/4 - F_{(ant)}}{f}$$

1º Passo: determinar a classe quartílica para o Q1:

1.Σ fi/4 = 1. 40/4 = **10**

Classes	f_i	F_i
150 ⊢154	4	4
154 ⊢158	9	13
158 ⊢162	11	24
162⊢ 166	8	32
166 ⊢170	5	37
170⊢174	3	40
	$\sum = 40$	

Frequência acumulada anterior à classe quartílica (4)

classe quartílica (154 ⊢158)

Logo, $Q1 = 154 + 4.\frac{(10-4)}{9}$

Q1 = 156,66...

2º Quartil (Q2):

$$Q2 = Li + h.\frac{2.\sum fi/4 - F_{(ant)}}{f}$$

1º Passo: determinar a classe quartílica para o Q2:

2.Σ fi/4 = 2 . 40/4 = **20**

Classes	f_i	F_i
150 ⊢154	4	4
154 ⊢158	9	13
158 ⊢162	11	24
162⊢ 166	8	32
166 ⊢170	5	37
170⊢174	3	40
	$\sum = 40$	

Frequência acumulada anterior à classe quartílica (13)

classe quartílica (158 ⊢162)

$$Q2 = 158 + 4.\frac{(20-13)}{11}$$

Q2 = 160,5454...

3º Quartil (Q3):

$$Q3 = li + h.\frac{3.\sum fi/4 - F_{(ant)}}{f}$$

1º Passo: determinar a classe quartílica para o Q3:

3.Σ fi/4 = 3 . 40/4 = **30**

Classes	f_i	F_i
150 ⊢154	4	4
154 ⊢158	9	13
158 ⊢162	11	24
162⊢ 166	8	32
166 ⊢170	5	37
170⊢174	3	40
	$\sum = 40$	

Frequência acumulada anterior à classe quartílica (24)

classe quartílica (162⊢ 166)

$$Q3 = 162 + 4.\frac{(30-24)}{8}$$

Q3 = 165

Analogamente, para calcular os Decis e os Percentis de uma distribuição, adaptamos as fórmulas utilizadas anteriormente para o cálculo dos *Quartis*, conforme o disposto a seguir:

Para os Decis:

$$Dn = Li + h.\frac{n.\sum fi/10 - F_{(ant)}}{2}$$

Para os Percentis:

$$P_n = Li + h.\frac{n\sum fi/100 - F_{ant}}{f}$$

Vejamos o seguinte exemplo:

Consideremos a seguinte distribuição de frequências em classe:

Classes	f_i
150 ⊢154	4
154 ⊢158	9
158 ⊢162	11
162⊢ 166	8
166 ⊢170	5
170⊢174	3
	$\sum = 40$

Determine o 1º Decil (D1) e o 90º Percentil (P90).

1º Decil (D1):

1º Passo: determinar a classe quartílica para o Q1:

1.Σ fi/10 = 1. 40/10 = **4**

Classes	f_i	F_i
150 ⊢154	4	4
154 ⊢158	9	13
158 ⊢162	11	24
162⊢ 166	8	32
166 ⊢170	5	37
170⊢174	3	40
	$\sum = 40$	

$$D_n = Li + h.\frac{n.\sum fi/10 - F_{(ant)}}{f}$$

$$D_1 = 150 + 4\frac{[4-0]}{4}$$

$$D_1 = 154$$

90º Percentil (P90):

1º Passo: Determinar a classe quartílica para o Q1:

90.Σ fi/100 = 90. 40/100 = **36**

$$P_n = Li + h.\frac{n\sum fi/100 - F_{(ant)}}{f}$$

$$P_{90} = 166 + 4.\frac{(90 \cdot 40/100 - 32)}{5}$$

$$P_{90} = 169{,}2$$

No caso da Mediana, vimos que ela divide o conjunto em duas metades. Já o Quartil, separa o conjunto em quatro partes iguais; o Decil, em dez partes e, finalmente, o Centil (ou Percentil), em cem partes iguais! Observemos esta relação visual entre as separatrizes:

```
!------------------!------------------!
                   Md

!---------!---------!---------!---------!
          Q1        Q2        Q3

!---!---!---!---!---!---!---!---!---!---!
    D1  D2  D3  D4  D5  D6  D7  D8  D9

!---!---!---!---!---!---!---!---!---!---!
   C10 C20 C30 C40 C50 C60 C70 C80 C90
```

Com isso, concluímos que:

Md = Q2 = D5 = C50

Questões

01. (ESAF) A coleta de dados do município, relativa ao ensino fundamental, apresentou a seguinte composição etária:

Faixa etária	Masculino	Feminino
Até 06 anos	9.000	10.200
De 07 a 08 anos	10.000	9.300
De 09 a 10 anos	8.000	8.500
De 11 a 12 anos	7.000	5.500
De 12 a 14 anos	5.000	3.500
De 15 a 18 anos	3.000	2.500
Acima de 18 anos	1.000	1.500
Total	**43.000**	**41.000**

Com base nos dados acima, temos as seguintes sentenças:

I. A Moda está na faixa etária até os 06 anos.

II. A Média de alunos está na faixa etária de 12 a 14 anos.

III. A Mediana é superior à média.

Apontando nos 3 (três) itens acima como V - Verdadeiro e F - Falso, a opção correta é:

a) V, V, V

b) V, F, V

c) F, V, F

d) F, F, F

e) V, V, F

02. (FCC) Considere a tabela abaixo, que mostra a distribuição de salários (em reais) de 160 funcionários de determinada empresa, com suas respectivas frequências relativa acumuladas.

Classes em reais	Frequência relativa acumulada (%)
[600,100]	10
[1000,1400]	30
[1400,1800]	70
[1800,2200]	95
[2200,2600]	100

O valor modal dos salários (desprezando os centavos), é:

a) 1784

b) 1666

c) 1648

d) 1636

e) 628

03. (ESAF) Determine a mediana do seguinte conjunto de dados:

58, 95, 17, 44, 63, 9, 57, 21, 88, 12, 31, 28, 73, 5 e 56.

a) 28

b) 31

c) 44

d) 50

e) 56

04. (FCC) O valor da moda, obtida com a utilização da fórmula de Czuber, é igual a (desprezar os centavos na resposta):

Salários dos empregados da empresa XYZ em dezembro de 2005	
Salário (R$)	**Frequências Simples Absolutas**
1 000.00 ⊢ 2 000.00	2
2 000.00 ⊢ 3 000.00	8
3 000.00 ⊢ 4 000.00	16
4 000.00 ⊢ 5 000.00	10
5 000.00 ⊢ 6 000.00	4

Dados:

$$Moda = L_i + h\frac{Z_{\max} - Z_{ant}}{2 \cdot Z_{\max} - (Z_{ant} + Z_{post})}$$

Em que:

L_i = Limite inferior da classe modal;

h = Intervalo de classe modal;

$Z_{máx}$ = Frequência da classe modal;

Z_{ant} = Frequência da classe anterior à classe modal;

Z_{post} = Frequência da classe posterior à classe modal.

a) R$ 3.201,00
b) R$ 3.307,00
c) R$ 3.404,00
d) R$ 3.483,00
e) R$ 3.571,00

05. (FGV) A média, a mediana e a variância das idades de um grupo de vinte pessoas são, hoje, iguais, respectivamente, a 34, 35 e 24. Daqui a dez anos, os valores da média, da mediana e da variância das idades dessas pessoas serão, respectivamente:

a) 44, 35 e 34
b) 44, 45 e 12
c) 44, 45 e 24
d) 34, 35 e 12
e) 44, 45 e 124

06. (ESAF) Para um conjunto determinado de números positivos temos: X como a média aritmética, G como a média geométrica e H como a média harmônica, podemos afirmar que:

a) X menor ou igual a G menor ou igual a H.
b) G maior do que X maior do que H.
c) X menor ou igual a H menor ou igual a G.
d) H menor ou igual a G menor ou igual a X.
e) H maior do que G maior do que X.

07. (FGV) Em uma repartição, foi tomada uma amostra do número de filhos de 4 funcionários. O resultado foi {2, 1, 4, 2}. A média geométrica simples dessa amostra é

a) 2,25.
b) 1,75.
c) 2.
d) 2,4.
e) 2,5.

08. (FUNDATEC) A tabela a seguir representa a distribuição de frequências da idade de uma amostra de moradores de um asilo.

X_i	f_i
70 ⊢ 74	7
74 ⊢ 78	19
78 ⊢ 82	13
82 ⊢ 86	11
86 ⊢ 90	6
90 ⊢ 94	4
Total	60

A idade aproximada da mediana é:

a) 78,22.
b) 80,00.
c) 79,38.
d) 78,55.
e) 79,23.

09. (FUNDATEC) A tabela a seguir representa a distribuição de frequências da idade de uma amostra de moradores de um asilo.

X_i	f_i
70 ⊢ 74	7
74 ⊢ 78	19
78 ⊢ 82	13
82 ⊢ 86	11
86 ⊢ 90	6
90 ⊢ 94	4
Total	60

O valor da moda pelo método de King é:

a) 72,8.
b) 76,6.
c) 80,0.
d) 76,0.
e) 19,0.

Gabaritos

01	D	06	D
02	E	07	C
03	C	08	E
04	E	09	B
05	C		

2. MEDIDAS DE DISPERSÃO OU DE VARIAÇÃO

As medidas de dispersão ou variabilidade permitem visualizar a maneira como os dados espalham-se (ou concentram-se) em torno do valor central. Essas medidas indicam se um conjunto de dados é homogêneo ou heterogêneo. Como medida de variabilidade, consideremos as seguintes:

> Amplitude total;
> Desvio Médio;
> Variância;
> Desvio padrão;
> Coeficiente de variação; e
> Desvio Interquartílico.

2.1 Amplitude Total ou Range (R)

É a medida estatística de variabilidade ou dispersão mais simples, definida pela diferença entre o maior e o menor valor.

$$AT = X_{máx} - X_{mín}$$

Legenda:

AT: Amplitude total ou Range (R);

$X_{máx}$: o maior valor no conjunto de dados;

$X_{mín}$: o menor valor no conjunto de dados.

Ex.: Verificar a situação em que foram medidas as idades das pessoas de uma família, sendo elas: 5; 10; 12; 35; 38. Qual é a amplitude das idades nessa família?

$AT = X_{máx} - X_{mín}$

AT = 38 – 5

AT = 33 anos

Obs.: essa medida de dispersão não leva em consideração os valores intermediários, perdendo a informação de como os dados estão distribuídos. É baseada somente em duas observações, sendo altamente influenciada pelos valores extremos; quanto maior a amplitude, maior será a variabilidade.

2.2 Desvio Médio

O Desvio é uma medida da dispersão dos dados em relação à média de uma sequência; o "afastamento" em relação a essa média.

Para determinar o Desvio (D) e o Desvio Médio (DM), utilizamos as seguintes fórmulas:

Fórmula para calcular o Desvio (D):

$$D = |Xi - \overline{X}|$$

Fórmula para calcular o Desvio Médio (DM):

$$DM = \frac{\sum |Xi - \overline{X}|}{n}$$

Resumindo, o desvio médio corresponde à média dos valores absolutos dos desvios.

Legenda:

D: Desvio;

DM: Desvio Médio;

Xi: Valores observados;

$\overline{X}$: Média aritmética;

n: Tamanho da amostra.

Ex.: Determine o desvio médio da seguinte série: 3, 5, 7, 8, 10.

1º Passo: determinar a Média Aritmética.

$$\overline{X} = \frac{(3+7+8+10)}{5} = 6,6$$

2º Passo: Calcular o Desvio (D).

3 - 6,6 = -3,6 = |-3,6| = 3,6

5 - 6,6 = -1,6 = |-1,6| = 1,6

7 - 6,6 = 0,4 = |0,4| = 0,4

8 - 6,6 = 1,4 = |1,4| = 1,4

10 - 6,6 = 3,4 = |3,4| = 3,4

3º Passo: Calcular o Desvio Médio (DM).

DM = (|-3,6| + |-1,6| + |0,4| + |1,4| + |3,4|) / 5

DM = (3,6 + 1,6 + 0,4 + 1,4 + 3,4) / 5

DM = 2,08

2.3 Variância

É uma medida que expressa um desvio quadrático médio do conjunto de dados, e sua unidade é o quadrado da unidade dos dados.

Notação:

Na amostra, denominamos por S^2.

Na população, denominamos por: σ^2.

Fórmulas

Variância populacional

$$\sigma^2 = \frac{\sum_{i=1}^{N}(X_i - \mu)^2}{N}$$

Variância amostral

$$S^2 = \frac{\sum_{i=1}^{N}(X_i - \overline{x})^2}{n-1}$$

Legenda:

Xi: Valores observados;

μ: Média populacional;

$\overline{X}$: Média amostral;

N: Tamanho da população;

n: Tamanho da amostra.

Há uma **fórmula alternativa**, que é útil quando o valor da média não é exato e até é mais correto, pois não depende da média que pode ter sofrido arredondamento.

VARIÂNCIA = MÉDIA DOS QUADRADOS – QUADRADO DA MÉDIA

Variância populacional

Para dados não agrupados:	Para dados ponderados/ agrupados:
$\sigma^2 = \frac{\sum x_i^2}{N} - \mu^2$	$\sigma^2 = \frac{\sum f_i x_i^2}{N} - \mu^2$

Variância amostral

Para dados não agrupados:	Para dados ponderados/ agrupados:
$s^2 = \frac{\sum x_i^2 - \frac{\left(\sum x_i\right)^2}{n}}{n-1}$	$s^2 = \frac{\sum f_i x_i^2 - \frac{\left(\sum f_i x_i\right)^2}{n}}{n-1}$

Propriedades da variância

P1: Se a cada X_i (i = 1, 2, ... , n) for **adicionada** uma constante real ***k***, a variância **não se altera**.

P2: Se cada X_i (i = 1, 2, ... , n) for **multiplicado** por uma constante real ***k***, a variância fica multiplicada por ***k²***.

Ex.: calcule a variância dos seguintes valores: 2 - 3 - 4 - 7.

Resolução Passo a Passo:

1º Passo: calcular a média aritmética.

$$\overline{X} = \frac{2+3+4+7}{4} = 4$$

2º Passo: subtrair cada valor da média aritmética.

2 - **4** = -2

3 - **4** = -1

4 - **4** = 0

7 - **4** = 3

3º Passo: elevar cada valor ao quadrado e somá-los.

$$\left.\begin{array}{l}(-2)^2 = 4 \\ (-1)^2 = 1 \\ (0)^2 = 0 \\ (3)^2 = 9\end{array}\right] \sum = 14$$

4º Passo: dividir o valor encontrado pela quantidade.

14/4 = 3,5

2.4 Desvio Padrão

O desvio padrão dá uma ideia de distribuição dos desvios ao redor do valor da média. Para obtermos o desvio padrão, basta que se extraia a **raiz quadrada da variância**.

Notação:

Na amostra denominamos por: S.

Na população denominamos por: σ.

Fórmulas

População: $\sigma = \sqrt{\sigma^2}$

Amostra: $S = \sqrt{S^2}$

Propriedades do Desvio Padrão

P1: Quando **adicionamos** uma constante a cada elemento de um conjunto de valores, o desvio padrão **não se altera**.

P2: Quando **multiplicamos** cada elemento de um conjunto de valores por uma constante real ***k***, o desvio padrão fica **multiplicado** por ***k***.

Ex.: Considerando o exemplo citado no caso da Variância em que a Variância encontrada foi de 3,5, o cálculo do desvio padrão fica bastante simples, ou seja:

Ex.: $\sigma = \sqrt{variância} = \sqrt{3{,}5} \cong 1{,}87$

Obs.: Para saber se o desvio padrão está alto ou baixo, devemos compará-lo com o valor da média. Quanto maior o valor do desvio padrão em relação à média, maior então será a variação dos dados e mais heterogêneo é o nosso conjunto de observações.

Quadro Resumo das Propriedades da Soma e Produto

Se tomarmos todos os elementos de um conjunto e os ...

	... somarmos a uma constante	... multiplicarmos por uma constante
A nova **média** será	também somada a esta constante	também multiplicada por esta constante
O novo **desvio padrão** será	inalterado	multiplicado pelo módulo desta constante
A nova **variância** será	inalterada	multiplicada pelo quadrado desta constante

O Desvio Padrão é a raiz quadrada da variância, e sua unidade de medida é a mesma que a do conjunto de dados.

$$\sigma = \sqrt{\text{variância}} = \sqrt{\sigma^2}$$

2.5 Coeficiente de Variação (CV) ou de Dispersão

É uma medida de variabilidade relativa, definida como a razão percentual entre o desvio padrão e a média, e assim sendo uma medida adimensional expressa em percentual. O CV é também conhecido por Dispersão Relativa.

$$CV = \frac{S}{\overline{x}}$$

Quanto à representatividade em relação à média, podemos dizer que quando o coeficiente de variação (CV) é ou está:

Menor que 10%: significa que é um ótimo representante da média, pois existe uma pequena dispersão (desvio padrão) dos dados em torno da média;

Entre 10% e 20%: é um bom representante da média, pois existe uma boa dispersão dos dados em torno da média;

Entre 20% e 35%: é um razoável representante da média, pois existe uma razoável dispersão dos dados em torno da média;

Entre 35% e 50%: representa fracamente a média, pois existe uma grande dispersão dos dados em torno da média;

Acima de 50%: não representa a média, pois existe uma grandíssima dispersão dos dados em torno da média.

Ex.: 1: calcule o coeficiente de variação (CV) para o seguinte conjunto de dados:

5; 10; 12; 35; 38

$$\overline{X} = \frac{5+10+12+35+38}{5} = 20$$

$$S = 15,31$$

$$CV = S/\overline{X} = 15,31/20 = 0,7655 = \mathbf{76,55\%}$$

Conclusão: verifica-se uma grande variação, ou seja, uma alta dispersão dos dados e, assim, a média não seria uma boa representante para estes conjuntos de dados.

Ex.: 2: Para uma distribuição cuja média é 161cm e o desvio padrão é s = 5,57 cm, calcule o coeficiente de variação:

$$CV = 8/\overline{X} = \frac{5,57}{161} \times 100 = 3,459 = 3,5\%$$

2.6 Desvio Interquartílico (IQR – Interquartile Range)

O Desvio Interquartílico (IQR), ou simplesmente Intervalo Quartílico, corresponde à diferença entre o 3º quartil (Q3 = 75%) e o 1º quartil (Q1 = 25%).

IQR = Q3 – Q1

As características mais importantes são:

> Medida simples e fácil de ser calculada.

> Mede a distribuição da metade central dos dados, em torno da mediana.

> É uma medida resistente, pois não é afetada pelos extremos.

> Não é suficiente para avaliar a variabilidade, pois despreza 50% dos dados (os extremos).

> É utilizada na determinação de ***outliers*** (valores atípicos) de uma amostra.

01. Em distribuições Simétricas, a distância entre Q1 e Q2 é igual a Q2 e Q3, enquanto em distribuições Assimétricas essas distâncias são diferentes.
02. O Intervalo Interquartil é uma medida de dispersão mais "robusta" para outliers, pois não é tão afetada pelos outliers como a média aritmética.
03. O Desvio ou Amplitude Semi-Interquartílica é definido por:

$$\frac{Q3 - Q1}{2}$$

2.7 BoxPlot ou Diagrama de Caixas ou Diagrama de Extremos e Quartis

O gráfico *Boxplot* nos fornece informações sobre a posição central, dispersão e assimetria da respectiva distribuição de frequências dos dados. Utiliza **cinco** medidas estatísticas: mínimo, máximo, mediana, primeiro quartil, terceiro quartil.

O *Boxplot* é a forma gráfica de representar estas cinco medidas estatísticas, em um único conjunto de resultados, conforme mostrado a seguir:

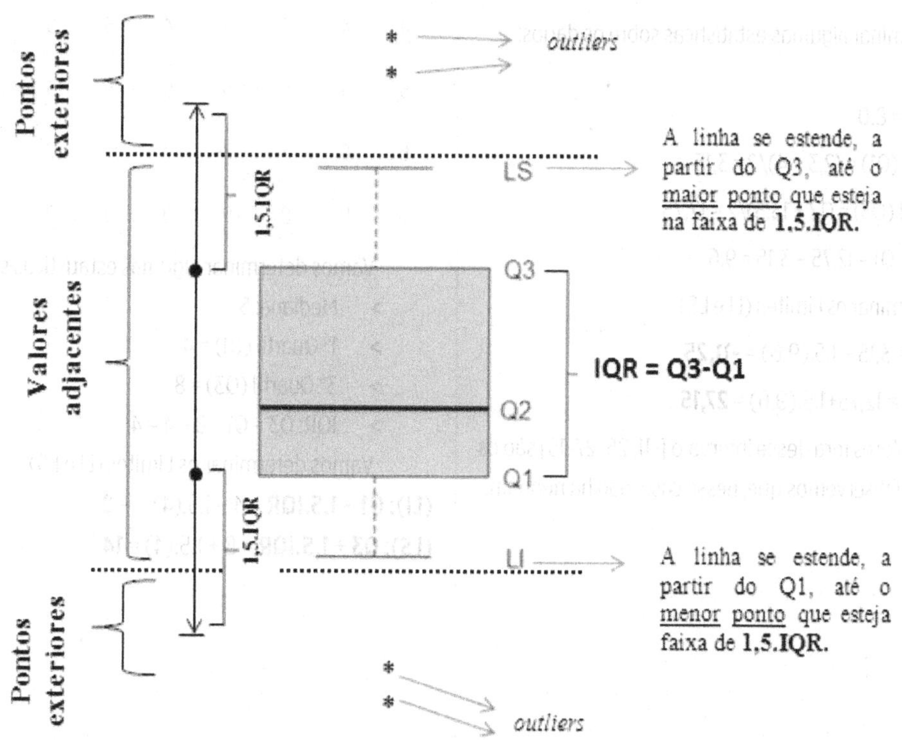

A posição central é dada pela mediana, e a dispersão define-se pelo chamado "desvio interquartílico".

Observações:

> As posições dos quartis Q1, Q2 e Q3 fornecem evidência sobre o nível de assimetria da distribuição dos dados.

> Os comprimentos das caudas da distribuição são dados pelas linhas que vão do retângulo aos valores atípicos. Estes valores atípicos são chamados de ***outliers***.

> Um ***outlier*** pode ser produto de um erro de observação ou de arredondamento. Contudo, as denominações "pontos exteriores" e "***outliers***" são frequentemente usadas. Outros sinônimos: ***pontos discrepantes, atípicos ou observações fora de lugar***.

> A média aritmética é sensível a ***outliers***. Uma única observação pode distorcer a média, ou seja, pode colocar a média longe do centro da distribuição de frequências.

> De modo geral, um ponto será considerado ***outlier*** quando estiver fora do intervalo denotado por (LI; LS), em que:

Limite Inferior (LI): Q1 – 1,5.IQR

Limite Superior (LS): Q3 + 1,5.IQR

O gráfico *BOXPLOT* pode também ter o seguinte aspecto:

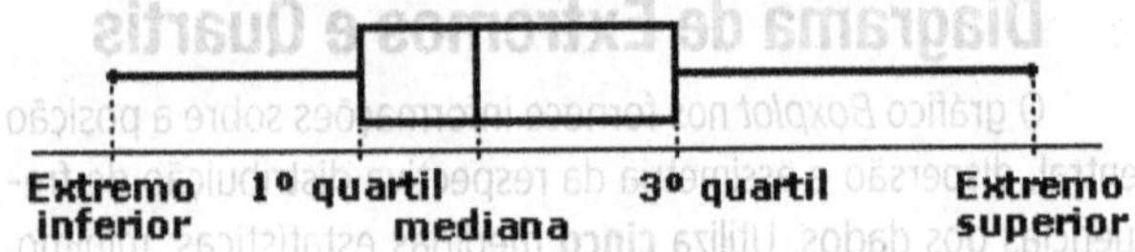

Ex.: 1: Considere a seguinte amostra aleatória de um experimento:

0,5	2,3	4,0	6,4	8,0	9,8	12,0	13,5	15,3

Vamos determinar algumas estatísticas sobre os dados:

> Mediana = 8,0

> 1º Quartil (Q1) = (2,3 + 4)/2 = 3,15

> 3º Quartil (Q3) = (12 + 13,5)/2 = 12,75

> IQR: Q3 – Q1 = 12,75 – 3,15 = 9,6

Vamos determinar os Limites (LI e LS):

(LI): Q1 – 1,5.IQR = 3,15 – 1,5.(9,6) = **-11,25**

(LS): Q3 + 1,5.IQR = 12,75+1,5.(9,6) = **27,15**

Quaisquer valores fora desse intervalo [-11, 25, 27, 15] são os chamados *outliers*. Observemos que, nesse caso, não há nenhum.

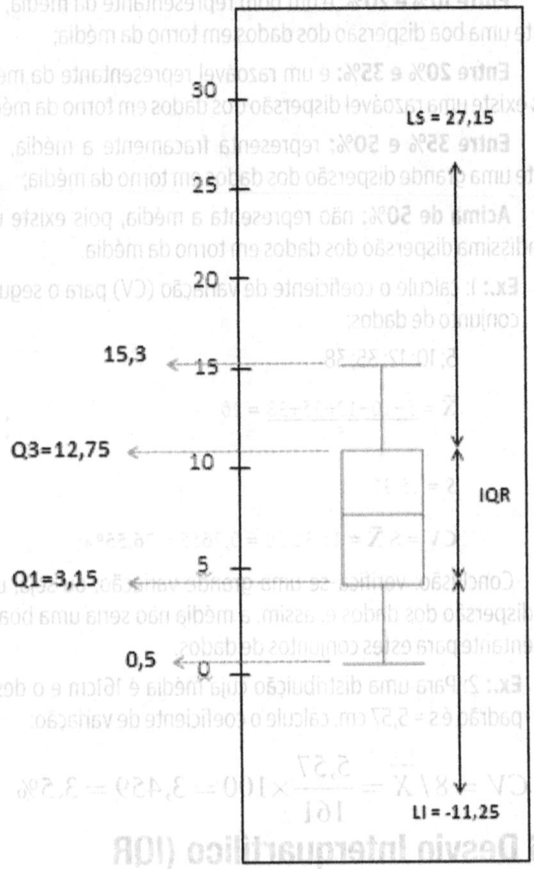

Ex.: 2: O quadro a seguir mostra o número de horas de estudo de 50 alunos de uma determinada escola:

3	3	3	3	3	4	4	4	4	4
4	4	4	4	4	5	5	5	5	5
5	5	5	5	5	5	5	6	6	6
6	6	7	7	7	7	7	8	8	8
8	8	8	9	9	9	9	10	15	17

Vamos determinar algumas estatísticas sobre os dados:

> Mediana: 5

> 1º Quartil (Q1) = 4

> 3º Quartil (Q3) = 8

> IQR: Q3 – Q1 = 8 – 4 = 4

Vamos determinar os Limites (LI e LS):

(LI): Q1 – 1,5.IQR = 4 – 1,5.(4) = **– 2**

(LS): Q3 + 1,5.IQR = 8 + 1,5.(4) = **14**

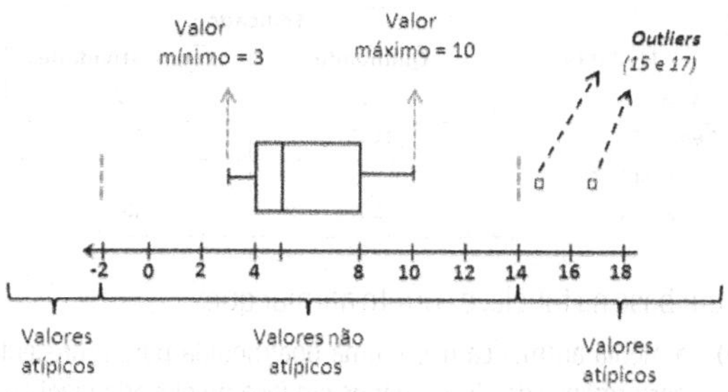

Qualquer observação menor que -2 ou maior que 14 será considerada valor atípico e terá tratamento diferenciado. Observamos os valores e verificamos que não há observação menor que -2. Porém, há 2 observações maiores que 14, denominadas outliers (15 e 17).

2.8 Esquema dos Cinco Números

Existe ainda outra representação das cinco medidas estatísticas já mencionadas; é o **"esquema dos cinco números"**, conforme mostrado genericamente a seguir:

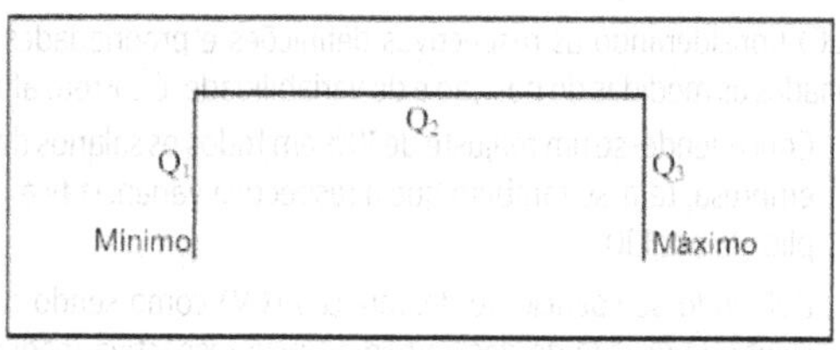

Vejamos um exemplo de representação do esquema dos cinco números:

População das UFs Brasileiras (em 1000 hab.)

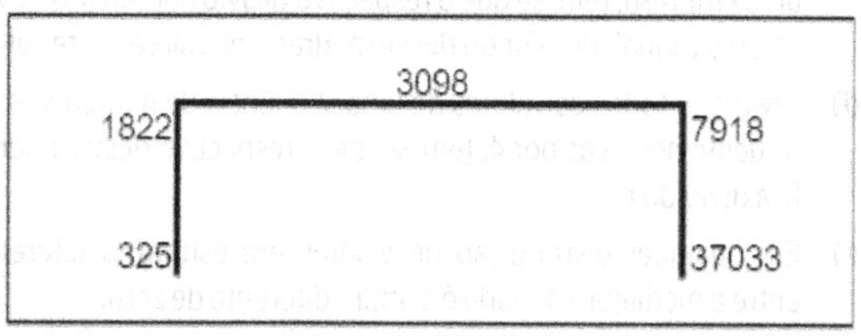

Questões

01. (ESAF) A tabela mostra a distribuição de frequências relativas populacionais (f') de uma variável X:

X	f'
−2	6a
1	1a
2	3a

Sabendo que "a" é um número real, então a média e a variância de X são, respectivamente:

a) $\mu_X = -0,5 \quad e \quad \sigma_X^2 = 3,45$

b) $\mu_X = 0,5 \quad e \quad \sigma_X^2 = -3,45$

c) $\mu_X = 0 \quad e \quad \sigma_X^2 = 1$

d) $\mu_X = -0,5 \quad e \quad \sigma_X^2 = 3,7$

e) $\mu_X = 0,5 \quad e \quad \sigma_X^2 = 3,7$

02. (ESAF) A variância da amostra formada pelos valores 2, 3, 1, 4, 5 e 3 é igual a:

a) 3.
b) 2.
c) 1.
d) 4.
e) 5.

03. (ESAF) Calcule o valor mais próximo do desvio padrão da amostra representada pela distribuição de frequências abaixo representada pelos pontos médios das classes x e respectivas frequências f.

X	F
5	5
15	10
25	31
35	10
45	5

a) 1.
b) 2,44.
c) 5,57.
d) 7,056.
e) 10.

04. (FCC) A média aritmética dos salários de todos os empregados de uma empresa é igual a R$ 2.000,00, com um coeficiente de variação igual a 10%. A partir de uma certa data, é concedido um reajuste de 10% e um adicional fixo de R$ 300,00 para estes salários. Então, é correto afirmar que

a) o novo coeficiente de variação continua sendo igual a 10%.
b) a nova variância é igual a 242% da variância anterior.
c) o novo desvio padrão é igual a R$ 250,00.
d) o novo desvio padrão supera o anterior em R$ 20,00.
e) o novo desvio padrão é igual ao anterior acrescido de 21%.

05. (FMP) Uma empresa compra um lote de produtos do exterior, ao preço médio de US$ 100,00 e desvio padrão de US$ 20,00. Convertendo o valor para reais, considerando uma taxa de câmbio de R$ 2,00/US$, e as afirmações:

I. O preço médio, calculado em R$, será de R$ 200,00 e desvio padrão R$ 40,00.

II. O preço médio, calculado em R$, será de R$ 200,00 e desvio padrão de R$ 80,00.

III. O preço médio, calculado em R$, será R$ 200,00 e o desvio padrão R$ 20,00.

IV. O coeficiente de variação, calculado em R$, será 2 vezes maior do que aquele calculado em US$.

É correto afirmar que:

a) apenas I é correta.

b) apenas II é correta.

c) apenas III é correta.

d) apenas I e IV são corretas.

e) apenas II e IV são corretas.

06. (FCC) A soma dos valores de todos os 50 elementos de uma população X é igual a 2.750. O coeficiente de variação para esta população apresenta o valor de 20%. Então, o valor da soma dos quadrados de todos os elementos de X é:

a) 157.300. **d)** 80.025.

b) 154.275. **e)** 8.800.

c) 151.250.

07. (FGV) Considere as informações contidas no BoxPlot abaixo, referente aos salários dos engenheiros de uma empresa, por sexo.

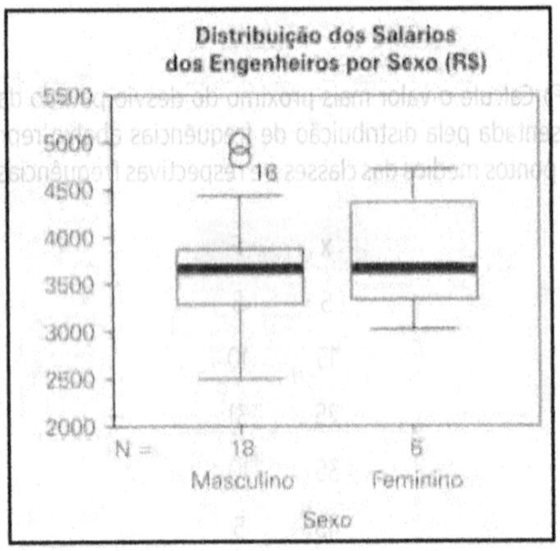

É correto afirmar que:

a) o salário médio dos homens é igual ao das mulheres.

b) a distribuição dos salários das mulheres é assimétrica negativa.

c) o desvio interquartílico dos salários das mulheres é maior do que o dos homens.

d) a distribuição dos salários dos homens é atípica.

e) o salário mediano das mulheres é superior ao dos homens.

08. (FCC) Seja uma amostra aleatória simples extraída de uma população, com tamanho 10 e representada por Xi; i = 1, 2, ..., 10. Sabe-se que

$$\sum_{i=1}^{10} X_i = 270 \quad e \quad \sum_{i=1}^{10} X_i^2 = 7.803$$

A variância desta amostra apresenta o valor de

a) 67,3 **d)** 59,7

b) 63,0 **e)** 57,0

c) 61,0

09. (FGV) Uma companhia utiliza um sistema de avaliação de desempenho de seus funcionários por meio de dois indicadores de performance: Qualidade das tarefas e a Tempestividade com que as tarefas são realizadas. Os funcionários receberam, na última avaliação, as medidas indicadas na tabela a seguir:

Medidas	Indicador	
	Qualidade	Tempestividade
Média	50	25
Desvio-Padrão	10,0	6,0
Coeficiente de Variação (%)	20	24

Com base na tabela, é correto afirmar que:

a) a média aritmética não é uma boa medida para representar a performance dos funcionários em face do elevado nível de dispersão das avaliações.

b) as avaliações da Qualidade foram mais dispersas do que as avaliações da Tempestividade.

c) as avaliações da Qualidade foram mais homogêneas do que as da Tempestividade.

d) os funcionários demoram mais para realizar as tarefas, mas a qualidade das tarefas, mas a qualidade das tarefas é melhor.

e) nada se pode afirmar sem o conhecimento do tamanho da amostra.

10. (FCC) Considerando as respectivas definições e propriedades relacionadas às medidas de posição e de variabilidade, é correto afirmar:

a) Concedendo-se um reajuste de 10% em todos os salários de uma empresa, tem-se também que a respectiva variância fica multiplicada por 1,10.

b) Definindo-se coeficiente de variação (CV) como sendo o quociente da divisão do desvio padrão pela respectiva média aritmética (diferente de zero) de uma sequência de valores, tem-se então que CV também poderá ser obtido dividindo a correspondente variância pelo quadrado da média aritmética.

c) Subtraindo um valor fixo de cada salário dos funcionários de uma empresa, tem-se que o respectivo desvio padrão dos novos valores é igual ao valor do desvio padrão dos valores anteriores.

d) Dividindo todos os valores de uma sequência de números estritamente positivos por 4, tem-se que o respectivo desvio padrão fica dividido por 2.

e) Em qualquer distribuição de valores em estudo, a diferença entre a mediana e a moda é sempre diferente de zero.

Gabaritos

01	A	06	A
02	B	07	C
03	E	08	E
04	D	09	C
05	A	10	C

3. MEDIDAS DE FORMA: ASSIMETRIA E CURTOSE

3.1 Assimetria

A medida de assimetria indica o grau de distorção da distribuição em relação a uma distribuição simétrica. As distribuições podem ser:

Simétrica;

Assimétrica à direita (ou de assimetria positiva); e

Assimétrica à esquerda (ou de assimetria negativa).

Simétrica: existe um eixo de simetria no gráfico gerado pela tabela de frequência. Esse eixo divide o gráfico em duas partes iguais.

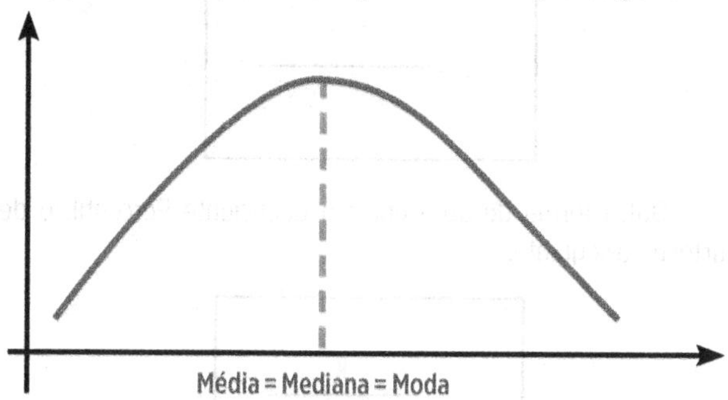

X = Me = Mo

Assimétrica à direita (ou de assimetria positiva): nesse caso, a cauda à direita é mais alongada que a cauda à esquerda.

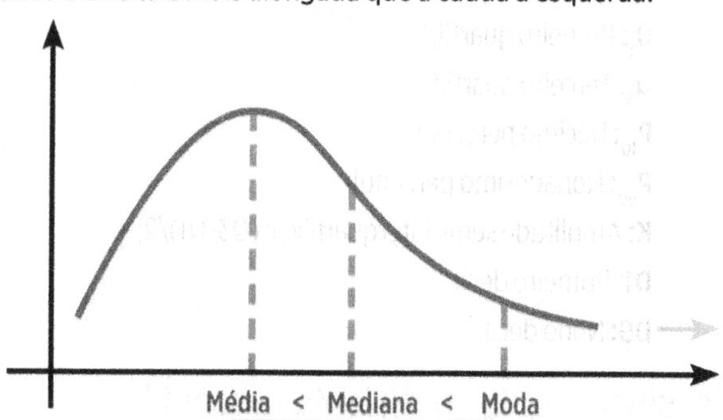

X > Me > Mo

Assimétrica à esquerda (ou de assimetria negativa): nesse caso, a cauda à esquerda é mais alongada que a cauda à direita.

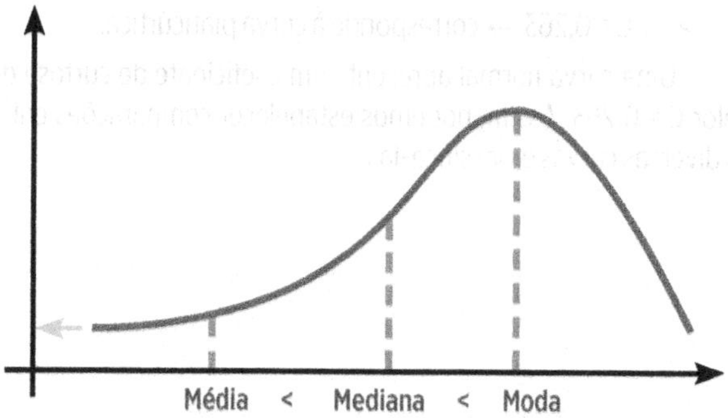

X<Me<Mo

Quadro Resumo (Tipos de Assimetria)	
Simétrica	$X = M_e = M_o$
Assimetria Positiva	$X > M_e > M_o$
Assimetria Negativa	$X < M_e < M_o$

Legenda:

X: Média da Distribuição;

M_o: Moda da Distribuição;

M_e: Mediana da Distribuição.

Sempre que os dados tiverem média, mediana e moda iguais, a distribuição será simétrica.

Classificação da distribuição por meio do coeficiente da assimetria de pearson

1º Coeficiente: $As = \frac{(X-Mo)}{S}$

2º Coeficiente: $As = \frac{3(X-Me)}{S}$ → mais usada

Se:

AS = 0, diz-se que a distribuição é **simétrica**.

AS > 0, diz-se que a distribuição é assimétrica positiva ou à direita.

AS < 0, diz-se que a distribuição é assimétrica negativa ou à esquerda.

Quanto maior o coeficiente de Assimetria de Pearson, mais assimétrica é a curva:

Se **As < 0,15** → então, a distribuição é praticamente simétrica.

Se **0,15 < As < 1,00** → então, a distribuição é moderadamente assimétrica.

Se **As > 1** → então, a distribuição é fortemente assimétrica.

Obs.: os valores dos dois coeficientes de Assimetria de Pearson serão iguais somente quando a distribuição for simétrica.

Coeficiente quartílico de assimetria

$$As = \frac{Q3 + Q1 - 2 \cdot Me}{Q3 - Q1}$$

Obs.: o coeficiente quartílico de assimetria está sempre compreendido entre −1 e +1.

Legenda:

As: Coeficiente de Assimetria;

X: Média da Distribuição;

M_o: Moda da Distribuição;

M_e: Mediana da Distribuição;

S: Desvio Padrão da Distribuição;

Q1: Primeiro Quartil;

Q3: Terceiro Quartil.

Ex.: Um estudo sobre as distribuições dos pesos dos alunos da escola "ABC", em que já calculamos os valores de

X: (59,3 kg);

$\mathbf{M_o}$: (56,8 kg); e

S: (9,0 kg).

Calcule o coeficiente de assimetria da distribuição e classifique a distribuição.

$$As = \frac{X - Mo}{S}$$

$$As = \frac{59{,}3 - 56{,}8}{9{,}0}$$

$$As = 2{,}5/9{,}0 = 0{,}28$$

Portanto, a distribuição é moderadamente assimétrica.

3.2 Curtose (ou Achatamento)

A medida de curtose nos indica a forma da curva de distribuição em relação ao seu achatamento. A forma da curva de distribuição em relação à curtose pode ser:

Leptocúrtica;

Mesocúrtica; e

Platicúrtica.

Leptocúrtica: quando a distribuição apresenta uma curva de frequência mais fechada que a normal (ou mais aguda em sua parte superior).

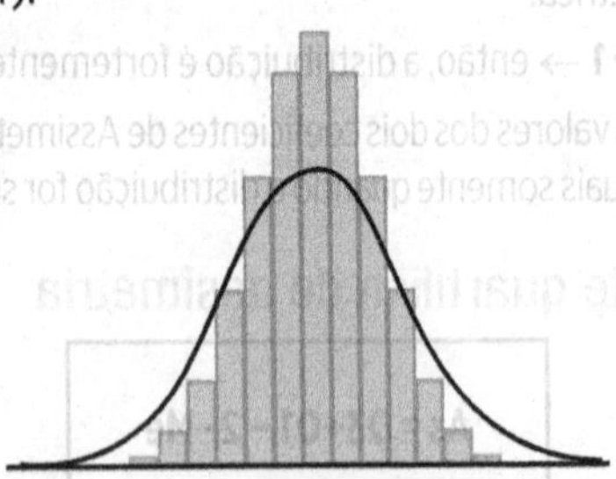

Mesocúrtica: a curva é normal e é a referencial.

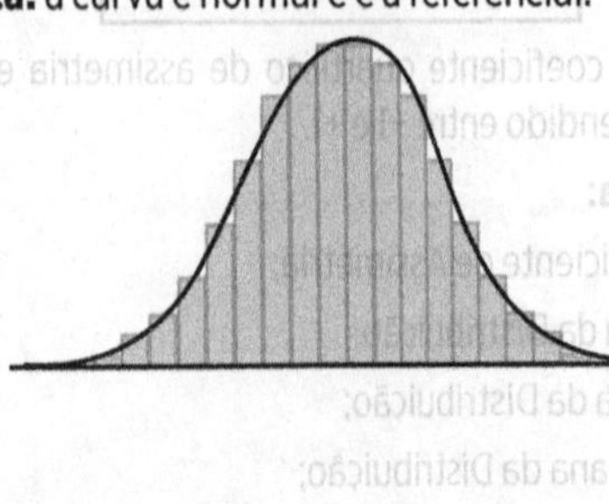

Platicúrtica: quando a distribuição apresenta uma curva de frequência mais aberta que a normal (ou mais achatada na sua parte superior).

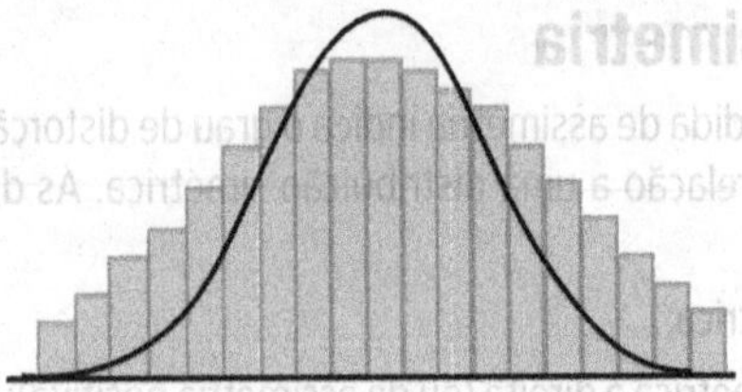

Coeficiente percentílico de curtose (c)

$$C = \frac{Q_3 - Q_1}{2(P_{90} - P_{10})}$$

Outra forma de apresentar o Coeficiente Percentílico de Curtose é a seguinte:

$$C = \frac{K}{(D9 - D1)}$$

Legenda:

C: Coeficiente de curtose;

$\mathbf{Q_1}$: Primeiro quartil;

$\mathbf{Q_3}$: Terceiro quartil;

$\mathbf{P_{10}}$: Décimo percentil;

$\mathbf{P_{90}}$: Nonagésimo percentil;

K: Amplitude semi-interquartílica: (Q3-Q1)/2;

D1: Primeiro decil;

D9: Nono decil.

Classificação do coeficiente percentílico de curtose

Se:

> $C = 0{,}263 \rightarrow$ corresponde à curva mesocúrtica;

> $C < 0{,}263 \rightarrow$ corresponde à curva leptocúrtica;

> $C > 0{,}263 \rightarrow$ corresponde à curva platicúrtica.

Uma curva normal apresenta um coeficiente de curtose de valor C = 0,263. Assim, podemos estabelecer comparações entre as diversas curvas e classificá-las.

Ex.: Considere o seguinte resultado, relativo à distribuição de frequência:

Distribuição	Q_1	Q_3	P_{10}	P_{90}
A	3	15	2	25

Determine o coeficiente de curtose e classifique a distribuição.

$$C_A = \frac{Q_3 - Q_1}{2(P_{90} - P_{10})} = \frac{15 - 3}{2(25 - 2)} = C_A = 0{,}261$$

→ corresponde à curva leptocúrtica

Coeficiente momento de curtose (cm)

O Coeficiente Momento de Curtose é definido como o quociente entre o momento centrado de quarta ordem (m_4) e o quadrado do momento centrado de segunda ordem (variância).

Será dado pela seguinte fórmula:

$$Cm = \frac{m_4}{S^4}$$

Legenda:

m_4: é o momento de 4ª Ordem Centrado na Média Aritmética;

S^4: é o Desvio Padrão do conjunto, elevado à quarta potência.

Calculando isoladamente o valor do numerador e depois o valor do denominador, as fórmulas seriam as seguintes:

Numerador:

$$m_4 = \frac{\Sigma(Xi - \bar{X})^4 \cdot fi}{n}$$

Denominador:

$$S^4 = (S^2)^2 = \left[\frac{\Sigma(Xi - \bar{X})^2 \cdot fi}{n}\right]$$

Fica assim:

$$Cm = \frac{\dfrac{\Sigma(Xi - \bar{X})^4 \cdot fi}{n}}{\left[\dfrac{\Sigma(Xi - \bar{X})^2 \cdot fi}{n}\right]^2}$$

Obs.: o valor deste coeficiente para a curva normal é 3,00.

Legenda:

Xi: Valores observados.

$\bar{X}$: Média aritmética (colocar a barrinha em cima do X)

Classificação do coeficiente momento de curtose (cm)

Portanto:

Quando Cm ≅ 3,00 → diremos que a distribuição é mesocúrtica.

Quando Cm < 3,00 → diremos que a distribuição é platicúrtica.

Quando Cm > 3,00 → diremos que a distribuição é leptocúrtica.

A quarta potência do Desvio Padrão é o quadrado da Variância.

Questões

01. (ESAF) Em um ensaio para o estudo da distribuição de um atributo financeiro (X), foram examinados 200 itens de natureza contábil do balanço de uma empresa. Esse exercício produziu a tabela de frequências a seguir. A coluna Classes representa intervalos de valores de X em reais, e a coluna P representa a frequência relativa acumulada. Não existem observações coincidentes com os extremos das classes.

Classes	P (%)
70-90	5
90-110	15
110-130	40
130-150	70
150-170	85
170-190	95
190-210	100

Seja S o desvio padrão do atributo X, assinale a opção que corresponde à medida de assimetria de X como definida pelo primeiro Coeficiente de Pearson.

a) 3/S
b) 4/S
c) 5/S
d) 6/S
e) 0

02. (ESAF) Em um ensaio para o estudo da distribuição de um atributo financeiro (X), foram examinados 200 itens de natureza contábil do balanço de uma empresa. Esse exercício produziu a tabela de frequências a seguir. A coluna Classes representa intervalos de valores de X em reais, e a coluna P representa a frequência relativa acumulada. Não existem observações coincidentes com os extremos das classes.

Classes	P (%)
70-90	5
90-110	15
110-130	40
130-150	70
150-170	85
170-190	95
190-210	100

Entende-se por curtose de uma distribuição seu grau de achatamento, em geral medido em relação à distribuição normal. Uma medida de curtose é dada pelo quociente.

$$K = \frac{Q}{P_{90} - P_{10}}$$

Em que Q é a metade da distância interquartílica e P90 e P10 representam os percentis de 90% e 10%, respectivamente. Assinale a opção que dá o valor da curtose k para a distribuição de X.

a) 0,263
b) 0,250
c) 0,300
d) 0,242
e) 0,000

03. (ESAF) Sendo a moda menor que a mediana e, esta, menor que média, pode-se afirmar que se trata de uma curva

a) Simétrica.
b) Assimétrica, com frequências desviadas para a direita.
c) Assimétrica, com frequências desviadas para a esquerda.
d) Simétrica, com frequências desviadas para a direita.
e) Simétrica, com frequências desviadas para a esquerda.

04. (ESAF) O desenho esquemático (diagrama de caixa) apresentado abaixo representa o resumo de cinco números {51,00;54,75;69,50;78,00;95,00} para um conjunto de observações amostrais do atributo Y. Assinale a opção que dá o valor do Coeficiente de Assimetria de Pearson para a amostra em apreço.

a) -0,269
b) -0,500
c) 0,000
d) 0,294
e) -0,294

05. (FGV) Para comparar as rendas de dois grupos de pessoas, A e B, foram preparados diagramas de caixas (*box-plots*) com os valores observados dos salários, representados na figura a seguir:

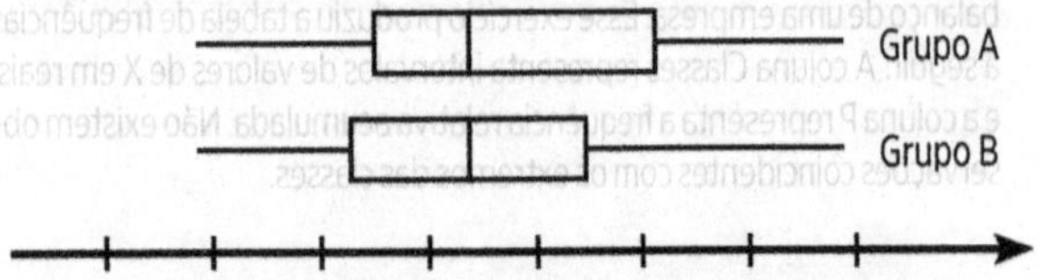

A respeito desses diagramas, considere as seguintes afirmativas:

I. O salário médio dos dois grupos é o mesmo.
II. A distribuição dos salários no grupo A é assimétrica à direita.
III. Há mais pessoas no grupo A do que no grupo B.

Assinale:

a) se somente a afirmativa I for verdadeira.
b) se somente a afirmativa II for verdadeira.
c) se somente a afirmativa III for verdadeira.
d) se somente as afirmativas I e II forem verdadeiras.
e) se somente as afirmativas II e III forem verdadeiras.

06. (ESAF) Em um experimento, obteve-se uma amostra de 15 valores da variável discreta x. A amostra é dada pelo conjunto {1, 2, 3, 1, 3, 4, 3, 4, 3, 2, 3, 5, 2, 4, 5}. Assim, para esta amostra, a média aritmética, a moda, a mediana e o tipo de distribuição obtidas são, respectivamente:

a) 3, 5, 3, assimétrica positiva.
b) 3, 5, 3, assimétrica negativa.
c) 3, 5, 3, simétrica.
d) 3, 3, 3, simétrica.
e) 3, 3, 5, assimétrica negativa.

07. (ESAF) Uma variável aleatória apresenta distribuição assimétrica positiva. Neste caso, tem-se que a:

a) média aritmética é menor do que a moda.
b) moda é maior do que a média aritmética.
c) média aritmética é maior do que a mediana.
d) média aritmética é igual à moda.
e) moda é maior do que a mediana.

08. (ESAF) No gráfico abaixo, as colunas representam as frequências relativas do número de aparelhos de rádio por domicílio em uma certa área da cidade:

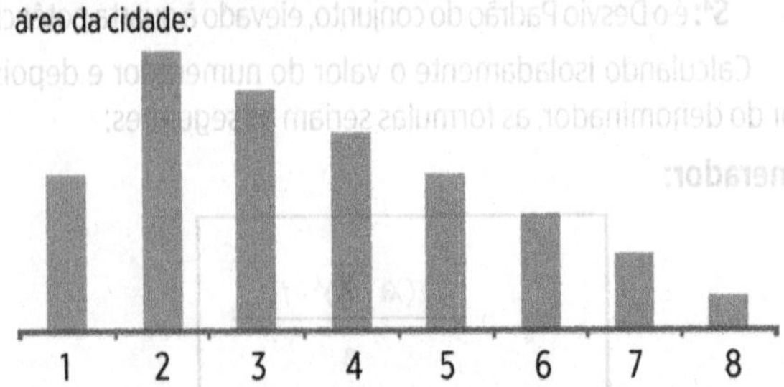

O exame da forma da distribuição das frequências relativas permite concluir corretamente que, nesse caso, e para essa variável:

a) A moda é maior do que a mediana, e a mediana maior do que a média.
b) A média é maior do que a moda, e a moda maior do que a mediana.
c) A média é maior do que a mediana, e a mediana maior do que a moda.
d) A moda é maior do que a média, e a média maior do que a mediana.
e) A mediana é maior do que a moda, e a moda maior do que a média.

09. (FCC) Numa distribuição de frequências com assimetria negativa, mais de 50% dos dados situam-se

a) sobre a média.
b) acima da média.
c) entre a média e a moda.
d) entre a média e a mediana.
e) acima da mediana.

10. (CETRO) Foram obtidos os seguintes dados para a idade dos filhos de uma amostra aleatória de 50 pessoas:

4, 5, 5, 6, 6, 6, 6, 7, 7, 7, 7, 7, 7, 7, 8, 8, 8, 8, 8, 8, 8, 8, 8, 8, 9, 9, 9, 9, 9, 9, 9, 10, 10, 10, 10, 10, 10, 10, 10, 11, 11, 12, 12, 13, 13, 14, 15, 15, 15, 16, 16, 18, 23

Dessa amostra, conclui-se que a distribuição

a) tem assimetria negativa.

b) indica subpopulações com assimetria negativa.

c) é simétrica.

d) tem assimetria positiva.

e) é parte assimétrica positiva e parte simétrica.

Gabaritos

01	A	06	D
02	D	07	C
03	B	08	C
04	A	09	B
05	B	10	D

NOÇÕES DE DIREITO CONSTITUCIONAL

1. DIREITOS FUNDAMENTAIS - REGRAS GERAIS

Os direitos e garantias fundamentais estão entre os temas mais cobrados em provas. Além de questões envolvendo a literalidade do texto constitucional, encontramos aqui muitas discussões doutrinárias e jurisprudências que tornam essa matéria uma fonte inesgotável de questões.

Procura-se nas próximas páginas apresentar as principais questões levantadas na doutrina e nos tribunais, sempre privilegiando as posições adotadas pelas bancas organizadoras de concurso público.

Inicia-se o estudo pelas Regras Gerais aplicáveis aos direitos fundamentais, tema que tem sido priorizado pelas maiores organizadoras de concursos do país.

1.1 Conceito

Os direitos e garantias fundamentais são institutos jurídicos que foram criados no decorrer do desenvolvimento da humanidade e se constituem de normas protetivas que formam um núcleo mínimo de prerrogativas inerentes à condição humana.

1.2 Amplitude Horizontal e Vertical

Possuem como objetivo principal a proteção do indivíduo diante do poder do Estado. Mas não só do Estado. Os direitos e garantias fundamentais também constituem normas de proteção do indivíduo em relação aos outros indivíduos da sociedade.

E é exatamente nesse ponto que surgem os conceitos de **Amplitude Horizontal e Amplitude Vertical.** Amplitude vertical é o efeito protetor que as normas definidoras de direitos e garantias fundamentais produzem para um indivíduo diante do Estado. Já a amplitude horizontal é o efeito protetor que as normas definidoras de direitos e garantias fundamentais produzem para um indivíduo diante dos outros indivíduos.

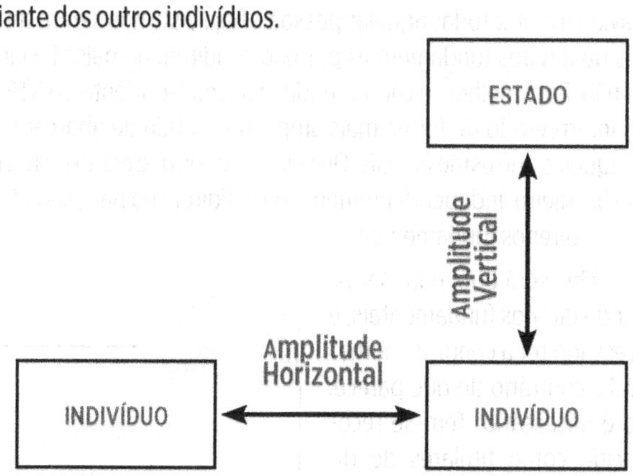

1.3 Classificação

A Constituição Federal, quando se refere aos direitos fundamentais, classifica-os em cinco grupos:

> Direitos e Deveres Individuais e Coletivos;
> Direitos Sociais;
> Direitos de Nacionalidade;
> Direitos Políticos;
> Partidos Políticos.

Essa classificação encontra-se distribuída entre os Arts. 5º e 17 do texto constitucional e é normalmente chamada pela doutrina de Conceito Formal dos Direitos Fundamentais. O Conceito Formal é o que a Constituição Federal resolveu classificar como sendo Direito Fundamental. É o rol de direitos fundamentais previstos expressamente no texto constitucional.

Costuma-se perguntar nas provas: "O rol de direitos fundamentais é um rol exaustivo? Ou melhor, taxativo?" O que se quer saber é se o rol de direitos fundamentais é só aquele que está expresso na Constituição ou não.

Responde-se a essa questão com o § 2º do Art. 5º, que diz:

> *§ 2º - Os direitos e garantias expressos nesta Constituição não excluem outros decorrentes do regime e dos princípios por ela adotados, ou dos tratados internacionais em que a República Federativa do Brasil seja parte.*

Isso significa que o rol não é taxativo, mas exemplificativo. A doutrina costuma chamar esse parágrafo de Cláusula de Abertura Material, que é exatamente a possibilidade de existirem outros direitos fundamentais, ainda que fora do texto constitucional. Esse seria o Conceito Material dos direitos fundamentais, ou seja, todos os direitos fundamentais que possuem a essência fundamental, ainda que não estejam expressos no texto constitucional.

1.4 Características

O elemento jurídico acima abordado, além de explicar a possibilidade de se inserirem novos direitos fundamentais no rol dos que já existem expressamente na Constituição Federal, também constitui uma das características que serão abordadas a seguir:

Historicidade

Essa característica revela que os Direitos Fundamentais são frutos da evolução histórica da humanidade. Significa que eles evoluem com o passar do tempo.

Inalienabilidade

Os direitos fundamentais não podem ser alienados, não podem ser negociados, não podem ser transigidos.

Irrenunciabilidade

Os direitos fundamentais não podem ser renunciados.

Imprescritibilidade

Os direitos fundamentais não se sujeitam aos prazos prescricionais. Não se perde um direito fundamental pelo decorrer do tempo.

Universalidade

Os direitos fundamentais pertencem a todas as pessoas, independentemente da sua condição.

Máxima Efetividade

Essa característica é mais uma imposição ao Estado, que está coagido a garantir a máxima efetividade dos direitos fundamentais. Esses direitos não podem ser ofertados de qualquer forma. É necessário que eles sejam garantidos da melhor forma possível.

Concorrência

Os direitos fundamentais podem ser utilizados em conjunto com outros direitos. Não é necessário abandonar um para usufruir outro direito.

Complementariedade

Um direito fundamental não pode ser interpretado sozinho. Cada direito deve ser analisado juntamente com outros direitos fundamentais, bem como com outros institutos jurídicos.

Proibição do Retrocesso

Essa característica proíbe que os direitos já conquistados sejam perdidos.

Limitabilidade

Não existe direito fundamental absoluto. São direitos relativos.

Não Taxatividade

Essa característica, já tratada anteriormente, diz que o rol de direitos fundamentais é apenas exemplificativo, tendo em vista a possibilidade de inserção de novos direitos.

Veja como esse tema costuma ser abordado em prova:

Os atos de improbidade administrativa estão taxativamente previstos em lei, não sendo possível compreender que sua enumeração seja meramente exemplificativa. ERRADO.

1.5 Dimensões dos Direitos Fundamentais

As dimensões, também conhecidas por Gerações de direitos fundamentais, são uma classificação adotada pela doutrina que leva em conta a ordem cronológica de reconhecimento desses direitos. São cinco as dimensões atualmente reconhecidas:

1ª Dimensão – foram os primeiros direitos conquistados pela humanidade. São direitos relacionados à liberdade, em todas as suas formas. Possuem um caráter negativo diante do Estado, tendo em vista ser utilizado como uma verdadeira limitação ao poder estatal, ou seja, o Estado, diante dos direitos de primeira dimensão, fica impedido de agir ou interferir na sociedade. São verdadeiros direitos de defesa com caráter individual. Estão entre estes direitos as liberdades públicas, civis e políticas.

2ª Dimensão – estes direitos surgem na tentativa de reduzirem as desigualdades sociais provocadas pela primeira dimensão. Por isso, são conhecidos como direitos de igualdade. Para reduzir as diferenças sociais, o Estado precisa interferir na sociedade: essa interferência reflete a conduta positiva adotada por meio de prestações sociais. São exemplos de direitos de segunda dimensão: os direitos sociais, econômicos e culturais.

3ª Dimensão – aqui estão os conhecidos direitos de fraternidade. São direitos que refletem um sentimento de solidariedade entre os povos na tentativa de preservarem os direitos de toda a coletividade. São de terceira geração o direito ao meio ambiente saudável, o direito ao progresso da humanidade, ao patrimônio comum, entre outros.

4ª Dimensão – esses direitos ainda não possuem um posicionamento pacífico na doutrina, mas costuma-se dizer que nesta dimensão ocorre a chamada globalização dos direitos fundamentais. São direitos que rompem com as fronteiras entre os Estados. São direitos de todos os seres humanos, independentemente de sua condição, como o direito à democracia, ao pluralismo político. São também considerados direitos de 4ª geração os direitos mais novos, que estão em construção, como o direito genético ou espacial.

5ª Dimensão – essa é a mais nova dimensão defendida por alguns doutrinadores. É formado basicamente pelo direito à paz. Esse seria o direito mais almejado pelo homem e que consubstancia a reunião de todos os outros direitos.

Deve-se ressaltar que esses direitos, à medida que foram sendo conquistados, complementavam os direitos anteriores, de forma que não se pode falar em substituição ou superação de uma geração sobre a outra, mas em cumulação, de forma que hoje podemos usufruir de todos os direitos pertencentes a todas as dimensões.

Para não se esquecer das três primeiras dimensões é só lembrar-se do Lema da Revolução Francesa: Liberdade, Igualdade e Fraternidade.

1ª DIMENSÃO	2ª DIMENSÃO	3ª DIMENSÃO
LIBERDADE	IGUALDADE	FRATERNIDADE

1.6 Titulares dos Direitos Fundamentais

Quem são os Titulares dos Direitos Fundamentais?

A própria Constituição Federal responde a essa pergunta quando diz no *caput* do Art. 5º que são titulares "os brasileiros e estrangeiros residentes no país". Mas será que é necessário residir no país para que o estrangeiro tenha direitos fundamentais?

Imaginemos um avião cheio de alemães que está fazendo uma escala no Aeroporto Municipal de Cascavel-PR.

Nenhum dos alemães reside no país. Seria possível entrar no avião e matar todas aquelas pessoas, haja vista não serem titulares de direitos fundamentais por não residirem no país? É claro que não. Para melhor se compreender o termo "residente", o STF o tem interpretado de forma mais ampla no sentido de abarcar todos aqueles que estão no país. Ou seja, todos os que estão no território brasileiro, independentemente de residirem no país, são titulares de direitos fundamentais.

Mas será que, para ser titular de direitos fundamentais, é necessário ter a condição humana? Ao contrário do que parece, não é necessário. Tem-se reconhecido como titulares de direitos fundamentais as pessoas jurídicas. Ressalta-se que não só as pessoas jurídicas de direito privado, mas também as pessoas jurídicas de direito público.

Os animais não são considerados titulares de direitos fundamentais, mas isso não significa que seja possível

O STF já se pronunciou sobre a "briga de galo" e a "farra do boi", declarando-as inconstitucionais. Quanto à "vaquejada", o Supremo se manifestou acerca da admissibilidade parcial, desde que não figure flagelação do animal. Por fim, o tema de "rodeios" ainda não foi pleiteado.

maltratá-los. Na prática, a CF/88 protege-os contra situações de maus-tratos. De outro lado, mortos podem ser titulares de direitos fundamentais, desde que o direito seja compatível (ex.: honra).

1.7 Cláusulas Pétreas e os Direitos Fundamentais

O Art. 60, § 4º da Constituição Federal, traz o rol das chamadas **Cláusulas Pétreas:**

> ***§ 4º*** *- Não será objeto de deliberação a proposta de emenda tendente a abolir:*
>
> ***I.*** *A forma federativa de Estado;*
>
> ***II.*** *O voto direto, secreto, universal e periódico;*
>
> ***III.*** *A separação dos Poderes;*
>
> ***IV.*** *Os direitos e garantias individuais.*

As Cláusulas Pétreas são núcleos temáticos formados por institutos jurídicos de grande importância, os quais não podem ser retirados da Constituição. Observe-se que o texto proíbe a abolição desses princípios, mas não impede que os mesmos sejam modificados, no caso, para melhor. Isso já foi cobrado em prova. É importante notar que o texto constitucional prevê no inciso IV como sendo Cláusulas Pétreas apenas os direitos e garantias individuais. Pela literalidade da Constituição, não são todos os direitos fundamentais que são protegidos por esse instituto, mas apenas os de caráter individual. Parte da doutrina e da jurisprudência entende que essa proteção deve ser ampliada, abrangendo os demais direitos fundamentais. Deve-se ter atenção com esse tema em prova, pois já foram cobrados os dois posicionamentos.

1.8 Eficácia dos Direitos Fundamentais

O § 1º do Art. 5º da Constituição Federal prevê que:

> ***§ 1º*** *- As normas definidoras dos direitos e garantias fundamentais têm aplicação imediata.*

Quando a Constituição Federal se refere à aplicação de uma norma, na verdade está falando da sua eficácia.

Esse tema é sempre cobrado em provas de concurso. Com o intuito de obter uma melhor compreensão, é necessário conceituar, classificar e diferenciar os vários níveis de eficácia das normas constitucionais.

Para que uma norma constitucional seja aplicada é indispensável que a ela possua eficácia, a qual é *a capacidade que uma norma jurídica tem de produzir efeitos.*

Se os efeitos produzidos se restringem ao âmbito normativo, tem-se a chamada **eficácia jurídica**, ao passo que, se os efeitos são concretos, reais, tem-se a chamada **eficácia social.** Eficácia jurídica, portanto, é a capacidade que uma norma constitucional tem de revogar todas as outras normas que com ela apresentem divergência. Já a eficácia social, também conhecida como efetividade, é a aplicabilidade na prática, concreta, da norma. Todas as normas constitucionais possuem eficácia jurídica, mas nem todas possuem eficácia social. Logo, é possível afirmar que todas as normas constitucionais possuem eficácia. O problema surge quando uma norma constitucional não pode ser aplicada na prática, ou seja, não possui eficácia social.

Para explicar esse fenômeno, foram desenvolvidas várias classificações acerca do grau de eficácia de uma norma constitucional. A classificação mais adotada pela doutrina e mais cobrada em prova é a adotada pelo professor José Afonso da Silva[1]. Para esse estudioso, a eficácia social se classifica em:

- **Eficácia Plena;**
- **Eficácia Contida;**
- **Eficácia Limitada.**

As normas de **eficácia plena** são aquelas **autoaplicáveis.** São normas que possuem aplicabilidade direta, imediata e integral. Seus efeitos práticos são plenos. É uma norma que não depende de complementação legislativa para produzir efeitos. Veja os exemplos:

> Art. 1º; Art. 5º, caput e incisos XXXV e XXXVI; Art. 19; Art. 21; Art. 53; Art. 60, § 1º e 4º; Art. 69; Art. 128, § 5º, I e II; Art. 145, § 2º; entre outros.

As normas de **eficácia contida** também são **autoaplicáveis.** Assim como as normas de eficácia plena, elas possuem **aplicabilidade direta e imediata.** Contudo, sua aplicação não é integral. É neste ponto que a eficácia contida se diferencia da eficácia plena. A norma de eficácia contida nasce plena, mas pode ser restringida por outra norma.

Daí a doutrina chamá-la de norma contível, restringível ou redutível. Essas espécies permitem que outra norma reduza a sua aplicabilidade. São normas que produzem efeitos imediatos, mas esses efeitos podem ser restringidos. Ex:

> Art. 5º, VII, XII, XIII, XV, XXVII, XXXIII; Art. 9º; Art. 37, I; Art. 170, parágrafo único; entre outros.

Já as normas de **eficácia limitada** são desprovidas de eficácia social. Diz-se que as normas de eficácia limitada não são autoaplicáveis, possuem aplicabilidade indireta, mediata e reduzida ou diferida.

São normas que dependem de outra para produzirem efeitos. O que as difere das normas de eficácia contida é a dependência de outra norma para que produza efeitos sociais. Enquanto as de eficácia contida produzem efeitos imediatos, os quais poderão ser restringidos posteriormente, as de eficácia limitada dependem de outra norma para produzirem efeitos. Deve-se ter cuidado para não pensar que essas espécies normativas não possuem eficácia. Como se afirmou anteriormente, elas possuem eficácia jurídica, mas não possuem eficácia social. As normas de eficácia limitada são classificadas, ainda, em:

- Normas de eficácia limitada de princípio institutivo (organizativo ou organizatório);
- Normas de eficácia limitada de princípio programático.

As normas de eficácia limitada de **princípio institutivo** são aquelas que dependem de outra norma para organizar ou instituir estruturas, entidades ou órgãos.

> Art. 18, § 2º; Art. 22, Parágrafo único; Art. 25, § 3º; Art. 33; Art. 88; Art. 90, §2º; Art. 102, §1º; Art. 107, §1º; Art. 113; Art. 121; Art. 125, §3º; 128, §5º; Art. 131; entre outros.

1 Silva, José Afonso da. "Curso de Direito Constitucional Positivo". 27ª edição. São Paulo: Malheiros, 2005.

As normas de eficácia limitada de **princípio programático** são aquelas que apresentam verdadeiros objetivos a serem perseguidos pelo Estado, programas a serem implementados. Em regra, possuem fins sociais.

Art. 7º, XI, XX, XXVII; Art. 173, §4º; Art. 196; Art. 205; Art. 215; Art. 218; Art. 227; entre outros.

O Supremo Tribunal Federal (STF) possui algumas decisões que conferiram o grau de eficácia limitada aos seguintes dispositivos:

Art. 5º, LI; Art. 37, I; Art. 37, VII; Art. 40, § 4º; Art. 18, §4º.

Feitas as considerações iniciais sobre esse tema, resta saber o que o § 1º do Art. 5º da CF quis dizer com "aplicação imediata". Para traduzir essa expressão, basta analisar a explicação apresentada anteriormente. Segundo a doutrina, as normas que possuem aplicação imediata ou são de eficácia plena ou contida. Ao que parece, o texto constitucional quis restringir a eficácia dos direitos fundamentais em plena ou contida, não existindo, em regra, normas definidoras de direitos fundamentais com eficácia limitada. Entretanto, pelos próprios exemplos aqui apresentados, não é essa a realidade do texto constitucional. Certamente, existem normas de eficácia limitada entre os direitos fundamentais (7º, XI, XX, XXVII). A dúvida que surge então é: como responder na prova?

A doutrina e o STF têm entendido que, apesar do texto expresso na Constituição Federal, existem normas definidoras de direitos fundamentais que não possuem aplicabilidade imediata, as quais são de eficácia limitada. Diante dessa contradição, a doutrina tem orientado no sentido de se conferir a maior eficácia possível aos direitos fundamentais. Em prova, pode ser cobrada tanto uma questão abordando o texto puro da Constituição Federal quanto o posicionamento da doutrina. Deve-se responder conforme for perguntado.

A Constituição previu dois instrumentos para garantir a efetividade das normas de eficácia limitada: **Ação Direta de Inconstitucionalidade** por omissão e o **Mandado de Injunção.**

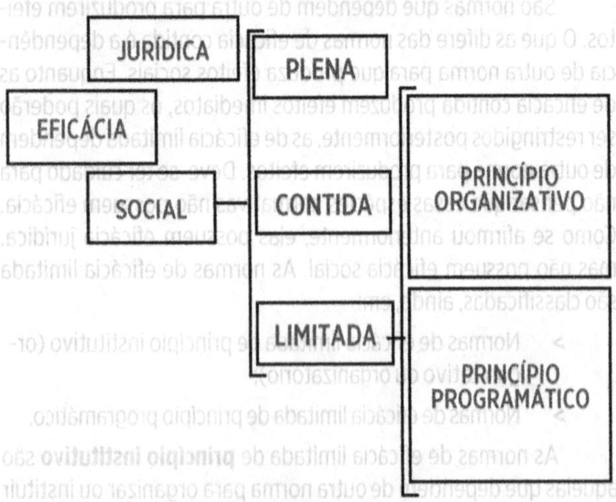

1.9 Força Normativa dos Tratados Internacionais

Uma regra muito importante para a prova é a que está prevista no § 3º do Art. 5º:

> ***§3º** - Os tratados e convenções internacionais sobre direitos humanos que forem aprovados, em cada Casa do Congresso Nacional, em dois turnos, por três quintos dos votos dos respectivos membros, serão equivalentes às emendas constitucionais.*

Esse dispositivo constitucional apresenta a chamada Força Normativa dos Tratados Internacionais.

Segundo o texto constitucional, é possível que um tratado internacional possua força normativa de emenda constitucional, desde que preencha os seguintes requisitos:

- Tem que falar de direitos humanos;
- Tem que ser aprovado nas duas casas legislativas do Congresso Nacional, ou seja, na Câmara dos Deputados e no Senado Federal;
- Tem que ser aprovado em dois turnos em cada casa;
- Tem que ser aprovado por 3/5 dos membros em cada turno de votação, em cada casa.

Preenchidos esses requisitos, o Tratado Internacional terá força normativa de **Emenda à Constituição.**

Mas surge a seguinte questão: e se o Tratado Internacional for de Direitos Humanos e não preencher os requisitos constitucionais previstos no § 3º do Art. 5º da Constituição? Qual será sua força normativa? Segundo o STF, caso o Tratado Internacional fale de direitos humanos, mas não preencha os requisitos do § 3º do Art. 5º da CF, ele terá força normativa de **Norma Supralegal.**

Ainda há os tratados internacionais que não falam de direitos humanos. São tratados que falam de outros temas, por exemplo, o comércio. Esses tratados possuem força normativa de **Lei Ordinária.**

Em suma, são três as forças normativas dos Tratados Internacionais:

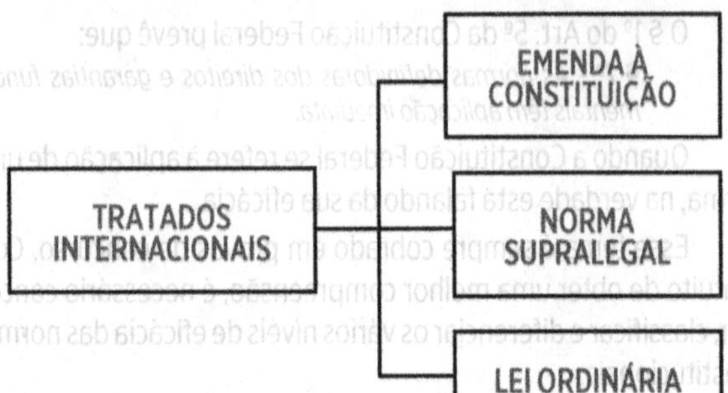

1.10 Tribunal Penal Internacional - TPI

Há outra regra muito interessante prevista no § 4º do Art. 5º da Constituição:

> ***§ 4º** - O Brasil se submete à jurisdição de Tribunal Penal Internacional a cuja criação tenha manifestado adesão.*

É o chamado **Tribunal Penal Internacional**. Mas o que é o Tribunal Penal Internacional? É uma corte permanente, localizada em Haia, na Holanda, com competência de julgamento dos crimes contra a humanidade.

É um Tribunal, pois tem função jurisdicional; é Penal porque só julga crimes; é Internacional, haja vista sua competência não estar restrita à fronteira de um só Estado.

Mas uma coisa deve ser esclarecida. O TPI não julga qualquer tipo de crime. Só os crimes que tenham repercussão para toda a humanidade. Geralmente, são crimes de guerra, agressão estrangeira, genocídio, dentre outros.

Apesar de ser um tribunal com atribuições jurisdicionais, o TPI não faz parte do Poder Judiciário brasileiro. Sua competência é complementar à jurisdição nacional, não ofendendo, portanto, a soberania do Estado brasileiro. Isso significa que o TPI só age quando a Justiça Brasileira se omite ou é ineficaz.

1.11 Direitos X Garantias

Muitos questionam se direitos e garantias são a mesma coisa, mas a melhor doutrina tem diferenciado esses dois institutos.

Os direitos são os próprios direitos previstos na Constituição Federal. São os bens jurídicos tutelados pela Constituição. Eles representam por si só esses bens.

As garantias são instrumentos de proteção dos direitos. São ferramentas disponibilizadas pela Constituição para a fruição dos direitos.

Apesar da diferença entre os dois institutos é possível afirmar que **toda garantia é um direito.**

Questões

01. (FCC) São direitos fundamentais classificados como de segunda geração:

a) Os direitos econômicos e culturais.

b) Os direitos de solidariedade e os direitos difusos.

c) As liberdades públicas.

d) Os direitos e garantias individuais clássicos.

e) O direito do consumidor e o direito ao meio ambiente equilibrado.

02. (FCC) Em conformidade com o art. 113 da Constituição Federal: A lei disporá sobre a constituição, investidura, jurisdição, competência, garantias e condições de exercício dos órgãos da Justiça do Trabalho. A presente hipótese trata de uma norma constitucional de eficácia:

a) Limitada, definidora de princípio institutivo ou organizativo.

b) Limitada, definidora de princípios programáticos.

c) Plena, mas de natureza facultativa ou permissiva.

d) Contida, em razão de restrições impostas por outras normas constitucionais.

e) Plena, mas de natureza obrigatória, de programas ou diretrizes.

03. (FCC) Nos termos da Constituição Federal, serão equivalentes às emendas constitucionais, os tratados e convenções internacionais sobre direitos humanos que forem aprovados,

a) Pelo Senado Federal, em único turno, por três quartos dos votos dos respectivos membros.

b) Pelo Congresso Nacional, em dois turnos, por dois terços dos votos dos respectivos membros.

c) Em cada Casa do Congresso Nacional, em dois turnos, por três quintos dos votos dos respectivos membros.

d) Pela Câmara dos Deputados, em único turno, por dois terços dos votos dos presentes à sessão.

e) Pelo Congresso Nacional, em único turno, por maioria absoluta dos presentes à sessão.

Gabaritos

01	A
02	A
03	C

2. DIREITOS FUNDAMENTAIS - DIREITOS E DEVERES INDIVIDUAIS E COLETIVOS

A Constituição Federal, ao disciplinar os direitos individuais, os coloca basicamente no Art. 5º. Logo no *caput* desse artigo, já aparece uma classificação didática dos direitos ali previstos:

> ***Art. 5º.*** *Todos são iguais perante a lei, sem distinção de qualquer natureza, garantindo-se aos brasileiros e aos estrangeiros residentes no País a inviolabilidade do direito à vida, à liberdade, à igualdade, à segurança e à propriedade, nos termos seguintes:*

Para estudarmos os direitos individuais, utilizaremos os cinco grupos de direitos previstos no *caput* do Art. 5º:

> **Direito à vida;**
> **Direito à igualdade;**
> **Direito à liberdade;**
> **Direito à propriedade;**
> **Direito à segurança.**

Percebe-se que os 78 incisos do Art. 5º, de certa forma, decorrem de um desses direitos que podem ser chamados de **"direitos raízes"**. Utilizando essa divisão, a seguir serão abordados os incisos mais importantes desse artigo, tendo em vista a preparação para a prova. Logicamente, não conseguiremos abordar todos os incisos, o que não tira a responsabilidade de lê-los.

2.1 Direito à Vida

Ao falar desse direito, que é considerado pela doutrina como o **direito mais fundamental de todos**, por ser um pressuposto para o exercício dos demais direitos, enfrenta-se um primeiro dEsafio: esse direito é absoluto?

Assim como os demais direitos, o direito à vida não é absoluto. São várias as justificativas existentes para considerá-lo um direito passível de flexibilização:

Pena de morte

Uma que já apareceu em prova: existe pena de morte no Brasil?

A sua resposta tem que ser "SIM". A alínea "a" do inciso XLVII do Art. 5º traz essa previsão expressamente:

> ***XLVII.*** *Não haverá penas:*
> ***a)*** *de morte, salvo em caso de guerra declarada, nos termos do Art. 84, XIX;*

Todas as vezes que a Constituição traz uma negação acompanhada de uma exceção, estamos diante de uma possibilidade.

Aborto

A prática de aborto no Brasil é permitida? O Art. 128 do Código Penal Brasileiro apresenta duas possibilidades de prática de aborto que são verdadeiras excludentes de ilicitude:

> ***Art. 128.*** *Não se pune o aborto praticado por médico:*

Aborto necessário

> ***I.*** *Se não há outro meio de salvar a vida da gestante;*

Aborto sentimental

> ***II.*** *Se a gravidez resulta de estupro e o aborto é precedido de consentimento da gestante ou, quando incapaz, de seu representante legal.*

São os **abortos necessário** e **sentimental**. Aborto necessário é aquele praticado para salvar a vida da gestante e o aborto sentimental é utilizado nos casos de estupro. Essas duas exceções à prática do crime de aborto são hipóteses em que se permite a sua prática no direito brasileiro. Além dessas duas hipóteses previstas expressamente na legislação brasileira, o STF também reconhece a possibilidade da prática de aborto do feto anencéfalo (feto sem cérebro)[1]. Mais uma vez, o direito à vida encontra-se flexibilizado.

Legítima defesa e estado de necessidade

Esses dois institutos, também excludentes de ilicitude do crime, são outras possibilidades de limitação do direito a vida, conforme disposto no Art. 23 do Código Penal Brasileiro:

> ***Art. 23.*** *Não há crime quando o agente pratica o fato:*
> ***I.*** *Em estado de necessidade;*
> ***II.*** *Em legítima defesa;*

Em linhas gerais e de forma exemplificativa, o estado de necessidade permite que, diante de uma situação de perigo, uma pessoa possa, para salvar uma vida, tirar a vida de outra pessoa. Na legítima defesa, caso sua vida seja ameaçada por alguém, existe legitimidade em retirar a vida de quem o ameaçou.

Outro ponto que deve ser ressaltado é que o direito à vida não está adstrito apenas ao fato de se estar vivo. Quando a constituição protege o direito à vida, a faz em suas diversas acepções. Existem dispositivos constitucionais que protegem o direito à vida no que tange a sua preservação da integridade física e moral (Art. 5º, III, V, XLVII, XLIX; Art. 199, §4º. A Constituição também protege o direito à vida no que tange à garantia de uma vida com qualidade (Arts. 6º; 7º, IV; 196; 205; 215).

2.2 Direito à Igualdade

Igualdade formal x igualdade material

Possui como sinônimo o termo Isonomia. A doutrina classifica esse direito em:

Igualdade Formal

Traduz-se no termo "todos são iguais perante a lei, sem distinção de qualquer natureza". É o previsto no *caput* do Art. 5º. É uma igualdade jurídica, que não se preocupa com a realidade, mas apenas evita que alguém seja tratado de forma discriminatória.

Igualdade Material

Também chamada de igualdade efetiva ou substancial. É a igualdade que se preocupa com a realidade. Traduz-se na seguinte expressão: "tratar os iguais com igualdade e os desiguais com

1 O Tribunal, por maioria e nos termos do voto do Relator, julgou procedente a ação para declarar a inconstitucionalidade da interpretação segundo a qual a interrupção da gravidez de feto anencéfalo é conduta tipificada nos artigos 124, 126, 128, incisos I e II, todos do Código Penal, contra os votos dos Senhores Ministros Gilmar Mendes e Celso de Mello que, julgando-a procedente, acrescentavam condições de diagnóstico de anencefalia especificadas pelo Ministro Celso de Mello; e contra os votos dos Senhores Ministros Ricardo Lewandowski e Cezar Peluso (Presidente), que a julgavam improcedente. Impedido o Senhor Ministro Dias Toffoli. Plenário, 12.04.2012. ADPF 54 – Relator Min. Marco Aurélio.

desigualdade, na medida das suas desigualdades". Esse tipo de igualdade confere um tratamento com justiça para aqueles que não a possuem.

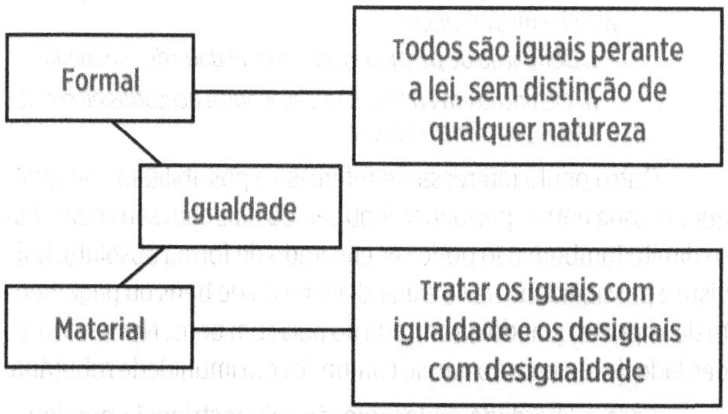

A igualdade formal é a regra utilizada pelo Estado para conferir um tratamento isonômico entre as pessoas. Contudo, por diversas vezes, um tratamento igualitário não consegue atender a todas as necessidades práticas. Faz-se necessária a utilização da igualdade em seu aspecto material para que se consiga produzir um verdadeiro tratamento isonômico.

Imaginemos as relações entre homens e mulheres. A regra é que homem e mulher são tratados da mesma forma conforme previsto no inciso I do Art. 5º:

> *I. Homens e mulheres são iguais em direitos e obrigações, nos termos desta Constituição;*

Contudo, em diversas situações, homens e mulheres serão tratados de forma diferente:

Licença-maternidade

Tem duração de 120 dias para a mulher. Para o homem, apenas 5 dias de licença-paternidade;

Aposentadoria

A mulher se aposenta 5 anos mais cedo que o homem;

Serviço Militar Obrigatório

Só o homem está obrigado.

Essas são algumas das situações em que são permitidos tratamentos desiguais entre as pessoas. As razões que justificam essa discriminação são as diferenças efetivas que existem entre os homens e as mulheres em cada uma das hipóteses. Exemplificando, a mulher tem mais tempo para se recuperar em razão da nítida distinção do desgaste feminino para o masculino no que tange ao parto. É indiscutível que, por mais desgastante que seja o nascimento de um filho para o pai, nada se compara ao sofrimento suportado pela mãe. Por essa razão, a licença-maternidade é maior que a licença-paternidade.

Igualdade nos concursos públicos

O tema diz respeito à igualdade nos concursos públicos. Seria possível restringir o acesso a um cargo público em razão do sexo de uma pessoa? Ou por causa de sua altura? Ou ainda, pela idade que possui?

Essas questões encontram a mesma resposta: sim! É possível, desde que os critérios discriminatórios preencham alguns requisitos:

Deve ser Fixado em Lei

Não basta que os critérios estejam previstos no edital, precisam estar previstos em lei, no seu sentido formal.

Deve ser Necessário ao Exercício do Cargo

O critério discriminatório deve ser necessário ao exercício do cargo. A título de exemplo: seria razoável exigir para um cargo de policial militar, altura mínima ou mesmo, idade máxima, que representam vigor físico, tendo em vista a natureza do cargo que exige tal condição. As mesmas condições não poderiam ser exigidas para um cargo de técnico judiciário, por não serem necessárias ao exercício do cargo.

Em suma, podem ser exigidos critérios discriminatórios desde que previstos em lei e que sejam necessários ao exercício do cargo, observados os critérios de proporcionalidade e razoabilidade.

Esse tema sempre tem sido alvo de questões em prova, principalmente sob o aspecto jurisprudencial. Veja este exemplo de questão:

No ato da posse o servidor apresentará, se entender necessário, declaração de bens e valores que constituem o seu patrimônio e, obrigatoriamente, declaração quanto ao exercício ou não de outro cargo, emprego ou função pública. ERRADO.

Ações afirmativas

Como formas de concretização da igualdade material foram desenvolvidas políticas públicas de compensação dirigidas às minorias sociais chamadas de **Ações Afirmativas ou Discriminações Positivas**. São verdadeiras ações de cunho social que visam a compensar possíveis perdas que determinados grupos sociais tiveram ao longo da história de suas vidas. Quem nunca ouviu falar nas "quotas para os pobres nas Universidades" ou ainda, "reserva de vagas para deficientes em concursos públicos"? Essas são algumas das espécies de ações afirmativas desenvolvidas no Brasil.

Mas por que reservar vagas para deficientes em concursos públicos? Ora, é óbvio que o deficiente, qualquer que seja sua deficiência, quando se prepara para um concurso público possui muito mais dificuldade que uma pessoa que tem a plenitude de seu vigor físico. Em razão dessa diferença, o Estado, na tentativa de reduzir a desigualdade existente entre os concorrentes, resolveu compensar a limitação de um portador de necessidades especiais reservando-lhe vagas especiais.

Perceba que, ao contrário do que parece, quando se reservam vagas num concurso público para deficientes estamos diante de um nítido tratamento discriminatório, que nesse caso é justificável pelas diferenças naturais entre o concorrente sadio e o concorrente deficiente. Lembre-se de que igualdade material é tratar iguais com igualdade e desiguais com desigualdade. O que se faz por meio dessas políticas de compensação é tratar os desiguais com desigualdade, na medida de suas desigualdades. Só dessa forma é possível alcançar um verdadeiro tratamento isonômico entre os candidatos.

Por fim, destaca-se o fato de o STF ter declarado constitucional a política de cotas étnico-raciais para seleção de estudantes em universidades públicas pacificando uma discussão antiga sobre esse tipo de ação afirmativa.

2.3 Direito à Liberdade

O direito à liberdade pertence à primeira geração de direitos fundamentais por expressarem os direitos mais ansiados pelos indivíduos como forma de defesa diante do Estado. O que se verá a seguir são algumas das acepções desse direito que podem ser cobradas em prova.

Liberdade de ação

O inciso II do Art. 5º apresenta aquilo que a doutrina chama de liberdade de ação:

> ***II.*** *Ninguém será obrigado a fazer ou deixar de fazer alguma coisa senão em virtude de lei;*

Essa é a liberdade por excelência. Segundo o texto constitucional, a liberdade só pode ser restringida por lei. Por isso, dizemos que esse inciso também apresenta o **Princípio da Legalidade.**

A liberdade pode ser entendida de duas formas, a depender do destinatário da mensagem:

Para o particular

Para o particular, liberdade significa "fazer tudo que não for proibido".

Para o agente público

Para o agente público, liberdade significa "poder fazer tudo o que for determinado ou permitido pela lei".

Liberdade de locomoção

Uma das liberdades mais almejadas pelos indivíduos durante as lutas sociais é o grande carro-chefe na limitação dos poderes do Estado. O inciso XV do Art. 5º já diz:

> ***XV.*** *É livre a locomoção no território nacional em tempo de paz, podendo qualquer pessoa, nos termos da lei, nele entrar, permanecer ou dele sair com seus bens;*

Perceba-se que o direito explanado nesse inciso não possui caráter absoluto, haja vista ter sido garantido em tempo de paz. Isso significa que em momentos sem paz seriam possíveis restrições às liberdades de locomoção. Destaca-se o Estado de Sítio que pode ser decretado nos casos previstos no Art. 137 da Constituição Federal. Nessas circunstâncias, seriam possíveis maiores restrições à chamada liberdade de locomoção por meio de medidas autorizadas pela própria Constituição Federal:

> ***Art. 137.*** *O Presidente da República pode, ouvidos o Conselho da República e o Conselho de Defesa Nacional, solicitar ao Congresso Nacional autorização para decretar o estado de sítio nos casos de:*
>
> ***I.*** *Comoção grave de repercussão nacional ou ocorrência de fatos que comprovem a ineficácia de medida tomada durante o estado de defesa;*
>
> ***II.*** *Declaração de estado de guerra ou resposta a agressão armada estrangeira.*
>
> ***Art. 139.*** *Na vigência do estado de sítio decretado com fundamento no Art. 137, I, só poderão ser tomadas contra as pessoas as seguintes medidas:*
>
> ***I.*** *Obrigação de permanência em localidade determinada;*
>
> ***II.*** *Detenção em edifício não destinado a acusados ou condenados por crimes comuns;*

Outro ponto interessante refere-se à possibilidade de qualquer pessoa entrar, permanecer ou sair do país com seus bens. Esse direito também não pode ser encarado de forma absoluta, haja vista a possibilidade de se exigir declaração de bens ou pagamento de imposto quando da entrada no país com bens. Nesse caso, liberdade de locomoção não se confunde com imunidade tributária.

Caso a liberdade de locomoção seja restringida por ilegalidade ou abuso de poder, a Constituição reservou um poderoso instrumento garantidor, o chamado ***Habeas Corpus.***

> ***Art. 5º,*** *LXVIII. conceder-se-á "Habeas Corpus" sempre que alguém sofrer ou se achar ameaçado de sofrer violência ou coação em sua liberdade de locomoção, por ilegalidade ou abuso de poder;*

Liberdade de pensamento

Essa liberdade serve de amparo para uma série de possibilidades no que tange ao pensamento. Assim como os demais direitos fundamentais, a manifestação do pensamento não possui caráter absoluto, sendo restringido pela própria Constituição Federal, que proíbe seu exercício de forma anônima:

> ***Art. 5º,*** *IV. É livre a manifestação do pensamento, sendo vedado o anonimato;*

A vedação ao anonimato, além de ser uma garantia ao exercício da manifestação do pensamento, possibilita o exercício do direito de resposta caso alguém seja ofendido.

Sobre Denúncia Anônima, é importante fazer uma observação. Diante da vedação constitucional ao anonimato, poder-se-ia imaginar que essa ferramenta de combate ao crime fosse considerada inconstitucional. Contudo, não tem sido esse o entendimento do STF. A denúncia anônima pode até ser utilizada como ferramenta de comunicação do crime, mas não pode servir como amparo para a instauração do Inquérito Policial, muito menos como fundamento para condenação de quem quer que seja.

Liberdade de consciência e crença religiosa

Uma primeira pergunta deve ser feita acerca da liberdade religiosa em nosso país: qual a religião oficial do Brasil? A única resposta possível: é nenhuma. A liberdade religiosa do Estado brasileiro é incompatível com a existência de uma religião oficial. É o que apresenta o inciso VI do Art. 5º:

> ***VI.*** *É inviolável a liberdade de consciência e de crença, sendo assegurado o livre exercício dos cultos religiosos e garantida, na forma da lei, a proteção aos locais de culto e a suas liturgias;*

Esse inciso marca a liberdade religiosa existente no Brasil. Por esse motivo, dizemos que o Brasil é um Estado laico, leigo ou não confessional. Isso significa, basicamente, que no Brasil existe uma relação de separação entre Estado e Igreja. Essa relação entre o Estado e a Igreja encontra, inclusive, vedação expressa no texto constitucional:

Art. 19. É vedado à União, aos Estados, ao Distrito Federal e aos Municípios:

I. Estabelecer cultos religiosos ou igrejas, subvencioná-los, embaraçar-lhes o funcionamento ou manter com eles ou seus representantes relações de dependência ou aliança, ressalvada, na forma da lei, a colaboração de interesse público;

Por causa da liberdade religiosa, é possível exercer qualquer tipo de crença no país. É possível ser católico, protestante, mulçumano, ateu ou satanista. Isso é liberdade de crença ou consciência. Liberdade de crer ou não crer. Perceba que o inciso VI, além de proteger as crenças e cultos, também protege as suas liturgias. Apesar do amparo constitucional, não se pode utilizar esse direito para praticar atos contrários às demais normas do direito brasileiro como, por exemplo, sacrificar seres humanos como forma de prestar culto a determinada divindade. Isso a liberdade religiosa não ampara.

Outro dispositivo importante é o previsto no inciso VII:

VII. É assegurada, nos termos da lei, a prestação de assistência religiosa nas entidades civis e militares de internação coletiva;

Nese inciso, a Constituição Federal garantiu a assistência religiosa nas entidades de internação coletivas, sejam elas civis ou militares. Entidades de internação coletivas são quartéis, hospitais ou hospícios. Em razão dessa garantia constitucional, é comum encontrarmos nesses estabelecimentos capelas para que o direito seja exercido.

Apesar da importância dos dispositivos analisados anteriormente, nenhum é mais cobrado em prova que o inciso VIII:

VIII. Ninguém será privado de direitos por motivo de crença religiosa ou de convicção filosófica ou política, salvo se as invocar para eximir-se de obrigação legal a todos imposta e recusar-se a cumprir prestação alternativa, fixada em lei;

Estamos diante do instituto da ***Escusa de Consciência.*** Esse direito permite a qualquer pessoa que, em razão de sua crença ou consciência, deixe de cumprir uma obrigação imposta sem que com isso sofra alguma consequência em seus direitos. Tal permissivo constitucional encontra uma limitação prevista expressamente no texto em análise. No caso de uma obrigação imposta a todos, se o indivíduo recusar-se ao seu cumprimento, ser-lhe-á oferecida uma prestação alternativa. Não a cumprindo também, a Constituição permite que direitos sejam restringidos. O Art. 15 prescreve que os direitos restringidos serão os direitos políticos:

Art. 15. É vedada a cassação de direitos políticos, cuja perda ou suspensão só se dará nos casos de:

IV. Recusa de cumprir obrigação a todos imposta ou prestação alternativa, nos termos do Art. 5º, VIII;

Liberdade de reunião

Acerca dessa liberdade, é importante ressaltar as condições estabelecidas pelo texto constitucional:

XVI. Todos podem reunir-se pacificamente, sem armas, em locais abertos ao público, independentemente de autorização, desde que não frustrem outra reunião anteriormente convocada para o mesmo local, sendo apenas exigido prévio aviso à autoridade competente;

Enumerando-as, de forma a facilitar o estudo, tem-se que as condições estabelecidas para o exercício do direito à reunião são:

Reunião Pacífica

Não se legitima uma reunião que tenha fins não pacíficos;

Sem Armas

Para evitar a violência ou coação por meio de armas;

Locais Abertos ao Público

Encontra-se subentendida a reunião em local fechado;

Independente de Autorização

Não precisa de autorização;

Necessidade de Prévio Aviso

Precisa de prévio aviso;

Não Frustrar outra Reunião convocada Anteriormente para o Mesmo Local

Garantia de isonomia no exercício do direito prevalecendo o de quem exerceu primeiro.

Sobre o exercício da liberdade de reunião é importante saber que ele não depende de autorização, mas necessita de prévio aviso.

Outro ponto que já foi alvo de questão de prova é a possibilidade de restrição desse direito no Estado de Sítio e no Estado de Defesa. O problema está na distinção entre as limitações que podem ser adotadas em cada uma das medidas:

Art. 136, § 1º - O decreto que instituir o estado de defesa determinará o tempo de sua duração, especificará as áreas a serem abrangidas e indicará, nos termos e limites da lei, as medidas coercitivas a vigorarem, dentre as seguintes:

I. Restrições aos direitos de:

a) reunião, ainda que exercida no seio das associações;

Art. 139. Na vigência do estado de sítio decretado com fundamento no Art. 137, I, só poderão ser tomadas contra as pessoas as seguintes medidas:

IV. Suspensão da liberdade de reunião;

Ao passo que no Estado de Defesa ocorrerão restrições ao direito de reunião, no Estado de Sítio ocorrerá a suspensão desse direito.

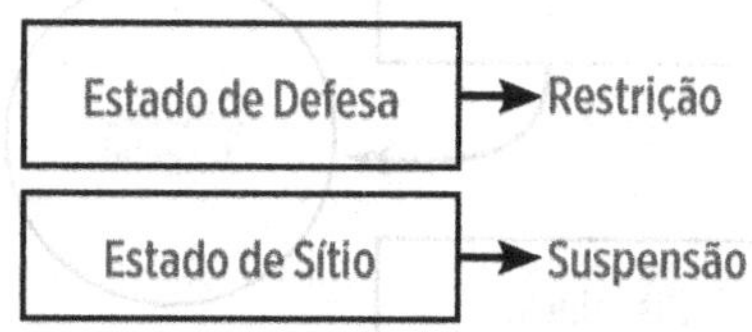

Liberdade de associação

São vários os dispositivos constitucionais que regulam a liberdade de associação:

> ***XVII.*** *É plena a liberdade de associação para fins lícitos, vedada a de caráter paramilitar;*
>
> ***XVIII.*** *A criação de associações e, na forma da lei, a de cooperativas independem de autorização, sendo vedada a interferência estatal em seu funcionamento;*
>
> ***XIX.*** *As associações só poderão ser compulsoriamente dissolvidas ou ter suas atividades suspensas por decisão judicial, exigindo-se, no primeiro caso, o trânsito em julgado;*
>
> ***XX.*** *Ninguém poderá ser compelido a associar-se ou a permanecer associado;*
>
> ***XXI.*** *As entidades associativas, quando expressamente autorizadas, têm legitimidade para representar seus filiados judicial ou extrajudicialmente;*

O primeiro ponto que dever ser lembrado é que a liberdade de associação só poderá ser usufruída para fins lícitos sendo proibida a criação de associação paramilitar.

Entende-se como associação de caráter paramilitar toda organização paralela ao Estado, sem legitimidade, com estrutura e organização tipicamente militar. São as facções criminosas, milícias ou qualquer outra organização que possua fins ilícitos e alheios aos do Estado.

Destaca-se, com a mesma importância para sua prova, a dispensa de autorização e interferência estatal no funcionamento e criação das associações.

Maior destaque deve ser dado ao inciso XIX, que condiciona qualquer limitação às atividades associativas a uma decisão judicial. As associações podem ter suas atividades suspensas ou dissolvidas. Em qualquer um dos casos deve haver decisão judicial. No caso da dissolução, por ser uma medida mais grave, não basta qualquer decisão judicial, tem que ser transitada em julgado. Isso significa uma decisão definitiva, à qual não caiba mais recurso.

O inciso XX tutela a chamada Liberdade Associativa, pela qual ninguém será obrigado a se associar ou mesmo a permanecer associado a qualquer entidade associativa.

Por fim, temos o inciso XXI, que permite às associações que representem seus associados tanto na esfera judicial quanto na administrativa desde que possuam expressa autorização. Expressa autorização significa por escrito, por meio de instrumento legal que comprove a autorização.

Vale destacar que, para suspender as atividades de uma associação, basta qualquer decisão judicial; para dissolver, tem que haver decisão judicial transitada em julgado.

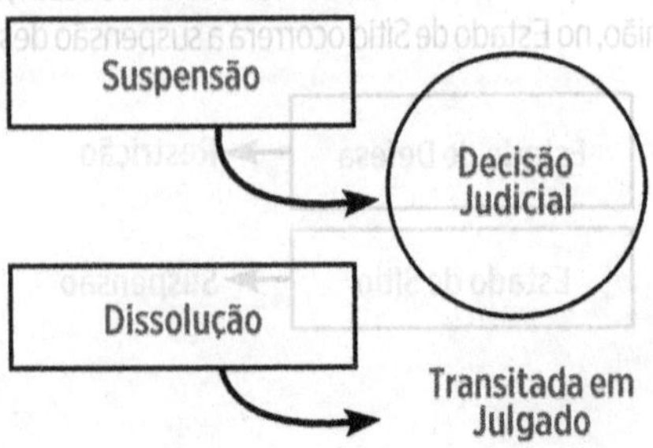

Questões

01. (FCC) No tocante aos Direitos e Deveres Individuais e Coletivos, é correto afirmar que:

a) É livre a expressão da atividade intelectual, artística, científica e de comunicação, independentemente de censura ou licença.

b) Constitui crime afiançável e prescritível a ação de grupos armados, civis ou militares, contra a ordem constitucional e o Estado Democrático.

c) A prisão de qualquer pessoa e o local onde se encontre serão comunicados ao juiz competente após cinco dias de sua prisão.

d) É proibida a prestação de assistência religiosa nas entidades militares de internação coletiva.

e) Ninguém será privado de direitos por motivo de crença religiosa ou de convicção filosófica ou política, sendo lícito invocá-las para eximir-se de obrigação legal a todos imposta.

02. (FCC) Dentre outros, a Constituição Federal estabelece como direito e dever individual e coletivo que:

a) A prática do racismo constitui crime afiançável e prescritível, sujeito à pena de detenção, nos termos da lei.

b) A expressão da atividade intelectual, científica e de comunicação depende, em qualquer hipótese, de censura ou licença da autoridade competente.

c) A criação de cooperativas depende de lei específica e o seu funcionamento, de autorização do poder executivo estadual.

d) As entidades associativas, quando expressamente autorizadas, têm legitimidade para representar seus filiados judicial ou extrajudicialmente.

e) É plena a liberdade de associação, inclusive de caráter religioso e paramilitar de segurança.

03. (FCC) No tocante aos Direitos e Deveres Individuais e Coletivos, considere as seguintes assertivas:

I. É plena a liberdade de associação para fins lícitos, permitida a de caráter paramilitar.

II. A criação de associações e, na forma da lei, a de cooperativas dependem de autorização.

III. As associações só poderão ser compulsoriamente dissolvidas por decisão administrativa.

IV. No caso de iminente perigo público, a autoridade competente poderá usar de propriedade particular, assegurada ao proprietário indenização ulterior, se houver dano.

V. São assegurados, nos termos da lei, a proteção às participações individuais em obras coletivas e à reprodução da imagem e voz humanas, inclusive nas atividades desportivas.

Está correto o que se afirma apenas em:

a) I e II.

b) I, II e III.

c) I, IV e V.

d) II, III e IV.

e) IV e V.

Gabaritos

01	A
02	D
03	E

3. DIREITOS FUNDAMENTAIS - DIREITOS E DEVERES INDIVIDUAIS E COLETIVOS

3.1 Direito à Propriedade

Quando se fala em direito à propriedade, alguns atributos que lhe são inerentes aparecem imediatamente. Propriedade é a faculdade que uma pessoa tem de usar, gozar dispor de um bem. O texto constitucional garante esse direito de forma expressa:

> ***Art. 5º**, XXII. É garantido o direito de propriedade.*

Apesar de esse direito aparentar possuir um caráter absoluto, quando se investiga mais a fundo esse tema, percebe-se que ele possui vários limitadores no próprio texto constitucional. E é isso que se passa a analisar agora.

Limitações

Dentre as limitações existentes na Constituição, estão:

Função social

A Constituição exige em seu Art. 5º que a propriedade atenda a sua função social:

> ***XXIII.** A propriedade atenderá a sua função social;*

Isso significa que a propriedade não é tão individual quanto pensamos. A necessidade de observância da função social demonstra que a propriedade é muito mais que uma titularidade privada. Esse direito possui reflexos em toda a sociedade. É só imaginar uma propriedade imóvel, um terreno urbano, que, apesar de possuir um proprietário, fica abandonado. Cresce o mato, as pessoas começam a jogar lixo naquele lugar, alguns criminosos começam a utilizar aquele ambiente para prática de atividades ilícitas. Veja quantas coisas podem acontecer numa propriedade e que importarão em consequências gravosas para o meio social mais próximo. É por isso que a propriedade tem que atender a sua função social.

Requisição administrativa

Consta no inciso XXV do Art. 5º:

> ***XXV.** No caso de iminente perigo público, a autoridade competente poderá usar de propriedade particular, assegurada ao proprietário indenização ulterior, se houver dano;*

Essa é a chamada Requisição Administrativa. Esse instituto permite que a propriedade seja limitada pela necessidade de se solucionar situação de perigo público. Não se trata de uma forma de desapropriação, pois o dono da propriedade requisitada não a perde, apenas a empresta para uso público, sendo garantido, posteriormente, havendo dano, direito a indenização. Esse instituto limita o caráter absoluto da propriedade.

Desapropriação

É a perda da propriedade. Esse é o limitador por excelência do direito, restringindo o caráter perpétuo da propriedade. A seguir, estão exemplificadas as três modalidades de desapropriação:

Desapropriação pelo Mero Interesse Público

Essa modalidade é utilizada pelo Estado quando o interesse social ou a utilidade pública prevalecem sobre o direito individual. Nesse tipo de desapropriação, destaca-se que o proprietário nada fez para merecê-la, contudo, o interesse público exige que determinada área seja desapropriada. É o caso de construção de uma rodovia que exige a desapropriação de várias propriedades para o asfaltamento da via. Conforme o texto da Constituição:

> ***XXIV.** A lei estabelecerá o procedimento para desapropriação por necessidade ou utilidade pública, ou por interesse social, mediante justa e prévia indenização em dinheiro, ressalvados os casos previstos nesta Constituição;*

Deve ser destacado que essa modalidade de desapropriação gera direito à indenização, que deve ser paga em dinheiro, previamente e com valor justo.

Desapropriação-Sanção

Nesta modalidade, o proprietário, por algum motivo, não observou a função social da propriedade. Por esse motivo, é chamada de Desapropriação-sanção, haja vista ser uma verdadeira punição. Segundo a CF, essa desapropriação gera direito à indenização, que deverá ser paga em títulos da dívida pública ou agrária. Segundo os Art. 182, § 4º, III e 184 da Constituição:

> ***Art. 182**, § 4º - É facultado ao Poder Público municipal, mediante lei específica para área incluída no plano diretor, exigir, nos termos da lei federal, do proprietário do solo urbano não edificado, subutilizado ou não utilizado, que promova seu adequado aproveitamento, sob pena, sucessivamente, de:*
>
> ***I.** Parcelamento ou edificação compulsórios;*
>
> ***II.** Imposto sobre a propriedade predial e territorial urbana progressivo no tempo;*
>
> ***III.** Desapropriação com pagamento mediante títulos da dívida pública de emissão previamente aprovada pelo Senado Federal, com prazo de resgate de até dez anos, em parcelas anuais, iguais e sucessivas, assegurados o valor real da indenização e os juros legais.*
>
> ***Art. 184.** Compete à União desapropriar por interesse social, para fins de reforma agrária, o imóvel rural que não esteja cumprindo sua função social, mediante prévia e justa indenização em títulos da dívida agrária, com cláusula de preservação do valor real, resgatáveis no prazo de até vinte anos, a partir do segundo ano de sua emissão, e cuja utilização será definida em lei.*

Desapropriação Confiscatória

Por último, tem-se essa modalidade prevista no Art. 243 da Constituição:

> ***Art. 243.** As propriedades rurais e urbanas de qualquer região do País onde forem localizadas culturas ilegais de plantas psicotrópicas ou a exploração de trabalho escravo na forma da lei serão expropriadas e destinadas à reforma agrária e a programas de habitação popular, sem qualquer indenização ao proprietário e sem prejuízo de outras sanções previstas em lei, observado, no que couber, o disposto no Art. 5º. (Redação dada pela Emenda Constitucional nº 81, de 2014)*
>
> ***Parágrafo único.** Todo e qualquer bem de valor econômico apreendido em decorrência do tráfico ilícito de entorpecentes e drogas afins e da exploração de trabalho escravo será confiscado e reverterá a fundo especial com destinação específica, na forma da lei. (Redação dada pela Emenda Constitucional nº 81, de 2014)*

É a desapropriação que ocorre com a propriedade utilizada para cultivo de plantas psicotrópicas. Nesse caso, não haverá indenização, mas o proprietário poderá ser processado pela prática de ilícito penal.

Desapropriação por Interesse Público	→	Indenizada em Dinheiro
Desapropriação-Sanção		Indenizada em títulos da Dívida Pública
Desapropriação Confiscatória	→	Não tem Direito à Indenização

Bem de família

A Constituição consagra uma forma de proteção às pequenas propriedades rurais chamada de Bem de Família:

> ***XXVI.*** *A pequena propriedade rural, assim definida em lei, desde que trabalhada pela família, não será objeto de penhora para pagamento de débitos decorrentes de sua atividade produtiva, dispondo a lei sobre os meios de financiar o seu desenvolvimento;*

O mais importante para prova é atentar para os requisitos estabelecidos no inciso, quais sejam:

Pequena Propriedade Rural

Não se trata de qualquer propriedade.

Definida em Lei

Não em outra espécie normativa.

Trabalhada pela Família

Não por qualquer pessoa.

Débitos Decorrentes da Atividade Produtiva

Não por qualquer débito.

Propriedade imaterial

Além das propriedades sobre bens materiais, a Constituição também consagra normas de proteção sobre a propriedade de bens imateriais. São duas as propriedades consagradas: autoral e industrial.

A propriedade autoral encontra-se protegida nos incisos XXVII e XXVIII do Art. 5º:

> ***XXVII.*** *Aos autores pertence o direito exclusivo de utilização, publicação ou reprodução de suas obras, transmissível aos herdeiros pelo tempo que a lei fixar;*
>
> ***XXVIII.*** *São assegurados, nos termos da lei:*
>
> ***a)*** *a proteção às participações individuais em obras coletivas e à reprodução da imagem e voz humanas, inclusive nas atividades desportivas;*
>
> ***b)*** *o direito de fiscalização do aproveitamento econômico das obras que criarem ou de que participarem aos criadores, aos intérpretes e às respectivas representações sindicais e associativas;*

Já a propriedade industrial encontra-se protegida no inciso XXIX:

> ***XXIX.*** *A lei assegurará aos autores de inventos industriais privilégio temporário para sua utilização, bem como proteção às criações industriais, à propriedade das marcas, aos nomes de empresas e a outros signos distintivos, tendo em vista o interesse social e o desenvolvimento tecnológico e econômico do País;*

Uma relação muito interessante entre a propriedade autoral e a industrial está no tempo de proteção previsto na Constituição. Observe-se que na propriedade autoral o direito do autor é vitalício, tendo em vista a previsão de possibilidade de transmissão desses direitos aos herdeiros. Contudo, quando nas mãos dos sucessores, a proteção será pelo tempo que a lei fixar, ou seja, temporário.

Já na propriedade industrial, a proteção do próprio autor já possui caráter temporário.

Autor	
Propriedade Industrial	Propriedade Autoral
Privilégio Temporário	Privilégio Vitalício

Direito à herança

De nada adiantaria tanta proteção à propriedade se esse bem jurídico não pudesse ser transmitido por meio da sucessão de bens aos herdeiros após a morte. O direito à herança, consagrado expressamente na Constituição, traduz-se no coroamento do direito de propriedade. É a grande força motriz desse direito. Só faz sentido ter direito à propriedade se esse direito possa ser transferido aos herdeiros.

> ***XXX.*** *É garantido o direito de herança;*
>
> ***XXXI.*** *A sucessão de bens de estrangeiros situados no País será regulada pela lei brasileira em benefício do cônjuge ou dos filhos brasileiros, sempre que não lhes seja mais favorável a lei pessoal do de cujus;*

Destaque especial deve ser dado ao inciso XXXI, que prevê a possibilidade de aplicação de lei estrangeira no país em casos de sucessão de bens de pessoa estrangeira desde que esses bens estejam situados no Brasil. A Constituição Federal permite que seja aplicada a legislação mais favorável aos herdeiros, quer seja a lei brasileira, quer seja a lei estrangeira.

3.2 Direito à Segurança

Ao se referir à segurança como direito individual, o Art. 5º pretende significar "segurança jurídica"que trata de normas de pacificação social e que produzem uma maior segurança nas relações sociais. Esse é o ponto alto dos direitos individuais. Sem dúvida, aqui está a maior quantidade de questões cobradas em prova.

Princípio da segurança nas relações jurídicas

Este princípio tem como objetivo garantir a estabilidade das relações jurídicas. Veja o que diz a Constituição:

> ***XXXVI.*** *A lei não prejudicará o direito adquirido, o ato jurídico perfeito e a coisa julgada;*

Os três institutos aqui protegidos encontram seu conceito formalizado na ***Lei de Introdução às normas do Direito Brasileiro.***

> ***Art. 6º, § 1º*** *- Reputa-se ato jurídico perfeito o já consumado segundo a lei vigente ao tempo em que se efetuou.*

> *§ 2º - Consideram-se adquiridos assim os direitos que o seu titular, ou alguém por ele, possa exercer, como aqueles cujo começo do exercício tenha termo pré-fixo, ou condição pré-estabelecida inalterável, a arbítrio de outrem.*
>
> *§ 3º - Chama-se coisa julgada ou caso julgado a decisão judicial de que já não caiba recurso.*

Em linhas gerais, pode-se assim conceituá-los:

Direito Adquirido

Direito já incorporado ao patrimônio do titular;

Ato Jurídico Perfeito

Ato jurídico que já atingiu seu fim. Ato jurídico acabado, aperfeiçoado, consumado;

Coisa Julgada

Sentença judicial transitada em julgado. Aquela sentença em relação à qual não cabe mais recurso.

De uma coisa não se pode esquecer: a proibição de retroatividade da lei nos casos aqui estudados não se aplica às leis mais benéficas, ou seja, uma lei mais benéfica poderá produzir efeitos em relação ao direito adquirido, ao ato jurídico perfeito e à coisa julgada.

Devido processo legal

O devido processo legal possui como objetivo principal limitar o poder do Estado. Esse princípio condiciona a restrição da liberdade ou dos bens de um indivíduo à existência de um procedimento estatal que respeite todos os direitos e garantias processuais previstos na lei. É o que diz o inciso LIV do Art. 5º:

> ***LIV.*** *Ninguém será privado da liberdade ou de seus bens sem o devido processo legal;*

A exigência constitucional de existência de processo aplica-se tanto aos processos judiciais quanto aos procedimentos administrativos.

Desse princípio, surge a garantia constitucional à **proporcionalidade** e **razoabilidade.** Da mesma forma, é durante o devido processo legal que poderão ser exercidos os direitos ao contraditório e à ampla defesa, que serão analisados a seguir.

Contraditório e ampla defesa

Essas garantias constitucionais, conforme já salientado, decorrem do Devido Processo Legal. São utilizadas como ferramenta de defesa diante das acusações impostas pelo Estado ou por um particular nos processos judiciais e administrativos:

> ***LV.*** *Aos litigantes, em processo judicial ou administrativo, e aos acusados em geral são assegurados o contraditório e ampla defesa, com os meios e recursos a ela inerentes;*

Mas o que significam o contraditório e a ampla defesa?

Contraditório é o direito de contradizer, contrariar, contraditar. Se alguém diz que você é ou fez alguma coisa, o contraditório lhe permite dizer que não é e que não fez o que lhe foi imputado. É simplesmente o direito de contrariar. Já a ampla defesa é a possibilidade de utilização de todos os meios admitidos em direito para se defender de uma acusação.

Em regra, o contraditório e a ampla defesa são garantidos em todos os processos judiciais ou administrativos, contudo, a legislação brasileira previu alguns procedimentos administrativos incompatíveis com o exercício desse direito:

- Inquérito Policial;
- Sindicância Investigativa;
- Inquérito Civil.

Em suma, nos procedimentos investigatórios que não possuem o condão de punir o investigado não serão garantidos o contraditório e a ampla defesa.

Observem-se as Súmulas Vinculantes do Supremo Tribunal Federal que versam sobre esse tema:

> ***SV 3.*** *Nos processos perante o Tribunal de Contas da União asseguram-se o contraditório e a ampla defesa quando da decisão puder resultar anulação ou revogação de ato administrativo que beneficie o interessado, excetuada a apreciação da legalidade do ato de concessão inicial de aposentadoria, reforma e pensão.*
>
> ***SV 5.*** *A falta de defesa técnica por advogado no processo administrativo disciplinar não ofende a Constituição.*
>
> ***SV 14.*** *É direito do defensor, no interesse do representado, ter acesso amplo aos elementos de prova que, já documentados em procedimento investigatório realizado por órgão com competência de polícia judiciária, digam respeito ao exercício do direito de defesa.*
>
> ***SV 21.*** *É inconstitucional a exigência de depósito ou arrolamento prévios de dinheiro ou bens para admissibilidade de recurso administrativo.*

Proporcionalidade e razoabilidade

Eis uma garantia fundamental que não está expressa no texto constitucional apesar de ser um dos institutos mais utilizados pelo Supremo em suas decisões atuais. Trata-se de um princípio implícito, cuja fonte é o Princípio do Devido Processo Legal. Esses dois institutos jurídicos são utilizados como parâmetro de ponderação quando adotadas medidas pelo Estado, principalmente no que tange à restrição de bens e direitos dos indivíduos. Duas palavras esclarecem o sentido dessas garantias: necessidade e adequação.

Para saber se um ato administrativo observou os critérios de proporcionalidade e razoabilidade, deve-se questionar se o ato foi necessário e se foi adequado à situação.

Para exemplificar, imaginemos que um determinado fiscal sanitário, ao inspecionar um supermercado, depara-se com um pote de iogurte com a data de validade vencida há um dia. Imediatamente, ele prende o dono do mercado, dá dois tiros para cima, realiza revista manual em todos os clientes e funcionários do mercado e aplica uma multa de dois bilhões de reais. Pergunta-se: será que a medida adotada pelo fiscal foi necessária? Foi adequada? Certamente que não. Logo, a medida não observou os princípios da razoabilidade e proporcionalidade.

É importante deixar claro que os princípios da proporcionalidade e da razoabilidade estão implícitos no texto constitucional, ou seja, não estão previstos expressamente.

Inadmissibilidade das provas ilícitas

Uma das garantias mais importantes do direito brasileiro é a inadmissibilidade das provas ilícitas. Encontra-se previsto expressamente no inciso LVI do Art. 5º:

> ***LVI.*** *São inadmissíveis, no processo, as provas obtidas por meios ilícitos.*

Em razão dessa garantia, é proibida a produção de provas ilícitas num processo sob pena de nulidade processual. Em regra, a prova ilícita produz nulidade de tudo o que a ela estiver relacionado. Esse efeito decorre da chamada Teoria dos Frutos da Árvore Envenenada. Segundo a teoria, se a árvore está envenenada, os frutos também o serão. Se uma prova foi produzida de forma ilícita, as demais provas dela decorrentes também serão ilícitas (ilicitude por derivação). Contudo, deve-se ressaltar que essa teoria é aplicada de forma restrita no direito brasileiro, ou seja, encontrada uma prova ilícita num processo, não significa que todo o processo será anulado, mas apenas os atos e demais provas que decorreram direta ou indiretamente daquela produzida de forma ilícita.

Caso existam provas autônomas produzidas em conformidade com a lei, o processo deve prosseguir ainda que tenham sido encontradas e retiradas as provas ilícitas. Logo, é possível afirmar que a existência de uma prova ilícita no processo não anula de pronto todo o processo.

Deve-se destacar, ainda, a única possibilidade já admitida de prova ilícita nos tribunais brasileiros: a produzida em legítima defesa.

Inviolabilidade domiciliar

Essa garantia protege o indivíduo em seu recinto mais íntimo: a casa. A Constituição diz:

> ***XI.*** *A casa é asilo inviolável do indivíduo, ninguém nela podendo penetrar sem consentimento do morador, salvo em caso de flagrante delito ou desastre, ou para prestar socorro, ou, durante o dia, por determinação judicial.*

Como regra, só se pode entrar na casa de uma pessoa com o seu consentimento. Excepcionalmente, a Constituição Federal admite a entrada sem consentimento do morador nos casos de:

- Flagrante delito;
- Desastre;
- Prestar socorro ;
- Determinação Judicial – só durante o dia.

No caso de determinação judicial, a entrada se dará apenas durante o dia. Nos demais casos, a entrada será permitida a qualquer hora.

Alguns conceitos importantes: o que é casa? O que pode ser entendido como casa para efeito de inviolabilidade? A jurisprudência tem interpretado o conceito de casa de forma ampla, em consonância com o disposto nos Arts. 245 e 246 do Código de Processo Penal:

> ***Art. 245.*** *As buscas domiciliares serão executadas de dia, salvo se o morador consentir que se realizem à noite, e, antes de penetrarem na casa, os executores mostrarão e lerão o mandado ao morador, ou a quem o represente, intimando-o, em seguida, a abrir a porta.*
>
> ***Art. 246.*** *Aplicar-se-á também o disposto no artigo anterior, quando se tiver de proceder a busca em compartimento habitado ou em aposento ocupado de habitação coletiva ou em compartimento não aberto ao público, onde alguém exercer profissão ou atividade.*

O STF já considerou como casa, para efeitos de inviolabilidade, oficina mecânica, quarto de hotel ou escritório profissional.

Outra questão relevante é saber o que é dia? Dois são os posicionamentos adotados na doutrina:

Das 6h às 18h;

Da aurora ao crepúsculo.

Segundo a jurisprudência, isso deve ser resolvido no caso concreto, tendo em vista variação de fusos horários existentes em nosso país, bem como a ocorrência do "Horário de Verão". Na prática, é possível entrar na casa independentemente do horário, desde que seja durante o dia.

Veja esta questão da FCC sobre o tema:

A casa é asilo inviolável do indivíduo, podendo-se nela entrar, sem permissão do morador, EXCETO

A em caso de desastre.

B em caso de flagrante delito.

C para prestar socorro.

D por determinação judicial, a qualquer hora. Gabarito: D.

Casa – Asilo Inviolável

Princípio da inafastabilidade da jurisdição

Esse princípio, também conhecido como Princípio do Livre Acesso ao Poder Judiciário ou Direito de Ação, garante, nos casos de necessidade, o acesso direto ao poder judiciário. Também, decorre desse princípio a ideia de que não é necessário o esgotamento das vias administrativas para ingressar com uma demanda no Poder Judiciário. Assim prevê a Constituição Federal:

> ***XXXV.*** *A lei não excluirá da apreciação do Poder Judiciário lesão ou ameaça a direito;*

Perceba que a proteção possui sentido duplo: lesão ou ameaça à lesão. Significa dizer que a garantia pode ser utilizada tanto de forma preventiva como de forma repressiva. Tanto para prevenir a ofensa a direito como para reprimir a ofensa já cometida.

Quanto ao acesso ao Judiciário independentemente do esgotamento das vias administrativas, há algumas peculiaridades previstas na legislação brasileira:

Justiça Desportiva

A Constituição Federal prevê no Art. 217:

> ***Art. 217****, § 1º - O Poder Judiciário só admitirá ações relativas à disciplina e às competições desportivas após esgotarem-se as instâncias da justiça desportiva, regulada em lei.*

Ou seja, o acesso ao Poder Judiciário está condicionado ao esgotamento das vias administrativas.

Compromisso Arbitral

A Lei 9.307/96 prevê que as partes, quando em discussão patrimonial, poderão optar pela arbitragem como forma de resolução de conflito.

Não se trata de uma instância administrativa de curso forçado, mas de uma opção facultada às partes.

Habeas Data

O Art. 8º da Lei 9.507/97 exige, para impetração do Habeas Data, a comprovação da recusa ao acesso a informação. Parte da doutrina não considera isso como exigência de prévio esgotamento da via administrativa, mas condição da ação. Veja-se a súmula nº 2 do STJ:

> ***Súm. 2.*** *Não cabe "Habeas Data" se não houve recusa de informações por parte da autoridade administrativa.*

Reclamação Constitucional

O Art. 7º, § 1º da Lei 11.417/2006, que regula a edição de Súmulas Vinculantes, prevê que só será possível a Reclamação Constitucional nos casos de omissão ou ato da administração pública que contrarie ou negue vigência à Súmula Vinculante, após o esgotamento das vias administrativas.

Gratuidade das certidões de nascimento e de óbito

A Constituição traz expressamente que:

> ***LXXVI.*** *São gratuitos para os reconhecidamente pobres, na forma da lei:*
> ***a)*** *o registro civil de nascimento;*
> ***b)*** *a certidão de óbito;*

Observe-se que o texto Constitucional condiciona o benefício da gratuidade do registro de nascimento e da certidão de óbito apenas para os reconhecidamente pobres. Entretanto, a Lei nº 6.015/73 prevê que:

> ***Art. 30.*** *Não serão cobrados emolumentos pelo registro civil de nascimento e pelo assento de óbito, bem como pela primeira certidão respectiva.*
>
> ***§ 1º*** *- Os reconhecidamente pobres estão isentos de pagamento de emolumentos pelas demais certidões extraídas pelo cartório de registro civil.*

Perceba que essa lei amplia o benefício garantido na Constituição para todas as pessoas no que tange ao registro e à aquisição da primeira certidão de nascimento e de óbito. Quanto às demais vias, só serão garantidas aos reconhecidamente pobres. Deve-se ter cuidado com essa questão em prova, pois deve ser levado em conta se a pergunta tem como referência a Constituição ou não.

Celeridade processual

Traz o texto constitucional:

> ***LXXVIII.*** *A todos, no âmbito judicial e administrativo, são assegurados a razoável duração do processo e os meios que garantam a celeridade de sua tramitação.*

Essa é a garantia da celeridade processual. Decorre do Princípio da Eficiência que obriga o Estado a prestar assistência em tempo razoável. Celeridade quer dizer rapidez, mas uma rapidez com qualidade. Esse princípio é aplicável nos processos judiciais e administrativos, visa dar maior efetividade a prestação estatal. Deve-se garantir o direito antes que o seu beneficiário deixe de precisar. Após a inclusão desse dispositivo entre os direitos fundamentais, várias medidas para acelerar a prestação jurisdicional foram adotadas, dentre as quais destacam-se:

- Juizados Especiais;
- Súmula Vinculante;
- Realização de Inventários e Partilhas por Vias Administrativas;
- Informatização do Processo.

Essas são algumas das medidas que foram adotadas para trazer mais celeridade ao processo.

Erro judiciário

Dispositivo de grande utilidade social que funciona como limitador da arbitrariedade estatal. O Estado, no que tange à liberdade do indivíduo, não pode cometer erros sob pena de ter que indenizar o injustiçado. Isso é o que prevê o inciso LXXV do Art. 5º:

> ***LXXV.*** *O Estado indenizará o condenado por erro judiciário, assim como o que ficar preso além do tempo fixado na sentença;*

Publicidade dos atos processuais

Em regra, os atos processuais são públicos. Essa publicidade visa a garantir maior transparência aos atos administrativos bem como permite a fiscalização popular. Além disso, atos públicos possibilitam um exercício efetivo do contraditório e da ampla defesa. Entretanto, essa publicidade comporta algumas exceções:

> ***LX.*** *A lei só poderá restringir a publicidade dos atos processuais quando a defesa da intimidade ou o interesse social o exigirem;*

Nos casos em que a intimidade ou o interesse social exigirem, a publicidade poderá ser restringida apenas aos interessados. Imaginemos uma audiência em que estejam envolvidas crianças; nesse caso, como forma de preservação da intimidade, o juiz poderá restringir a participação na audiência apenas aos membros da família e demais interessados.

Sigilo das comunicações

Uma das normas mais importantes da Constituição Federal que versa sobre segurança jurídica é esta:

> ***XII.*** *É inviolável o sigilo da correspondência e das comunicações telegráficas, de dados e das comunicações telefônicas, salvo, no último caso, por ordem judicial, nas hipóteses e na forma que a lei estabelecer para fins de investigação criminal ou instrução processual penal;*

Esse dispositivo prevê quatro formas de comunicação que possuem proteção constitucional:

- Sigilo da Correspondência;
- Comunicação Telegráfica;
- Comunicação de Dados;
- Comunicações Telefônicas.

Dessas quatro formas de comunicação, apenas uma obteve autorização de violação do sigilo pelo texto constitucional: as comunicações telefônicas. Deve-se tomar cuidado com esse tema em prova. Segundo o texto expresso, só as comunicações telefônicas poderão ter o seu sigilo violado. E mais, só o juiz poderá fazê-lo, com fins definidos também pela Constituição, os quais são para investigação criminal e instrução processual penal.

Entretanto, considerando a inexistência de direito fundamental absoluto, a jurisprudência tem considerado a possibilidade de quebra dos demais sigilos, desde que seja determinada por ordem judicial.

No que tange ao sigilo dos dados bancários, fiscais, informáticos e telefônicos, a jurisprudência tem permitido sua quebra por determinação judicial, determinação de Comissão Parlamentar de Inquérito, requisição do Ministério Público, solicitação da autoridade fazendária.

Tribunal do júri

O Tribunal do Júri é uma instituição pertencente ao poder judiciário, que possui competência específica para julgar determinados tipos de crime. O Júri é formado pelo Conselho de Sentença, que é presidido por um Juiz Togado e por sete jurados que efetivamente farão o julgamento do acusado. A ideia do Tribunal do Júri é que o acusado seja julgado por seus pares.

A Constituição Federal apresenta alguns princípios que regem esse tribunal:

> ***Art. 5º**, XXXVIII. É reconhecida a instituição do júri, com a organização que lhe der a lei, assegurados:*
>
> ***a)** a plenitude de defesa;*
>
> ***b)** o sigilo das votações;*
>
> ***c)** a soberania dos veredictos;*
>
> ***d)** a competência para o julgamento dos crimes dolosos contra a vida.*

Segundo esse texto, o Tribunal do Júri é regido pelos seguintes princípios:

Plenitude de Defesa

Esse princípio permite que no júri sejam utilizadas todas as provas permitidas em direito. Aqui, o momento probatório é bastante explorado haja vista a necessidade de se convencer os jurados que são pessoas comuns da sociedade.

Sigilo das Votações

O voto é sigiloso. Durante o julgamento não é permitido que um jurado converse com o outro sobre o julgamento sob pena de nulidade;

Soberania dos Veredictos

O que for decidido pelos jurados será considerado soberano. Nem o Juiz presidente poderá modificar o julgamento. Aqui quem decide são os jurados;

Competência para Julgar os Crimes Dolosos Contra a Vida

O júri não julga qualquer tipo de crime, mas apenas os dolosos contra a vida. Crimes dolosos, em simples palavras, são aqueles praticados com intenção, com vontade. São diferentes dos crimes culposos, os quais são praticados sem intenção.

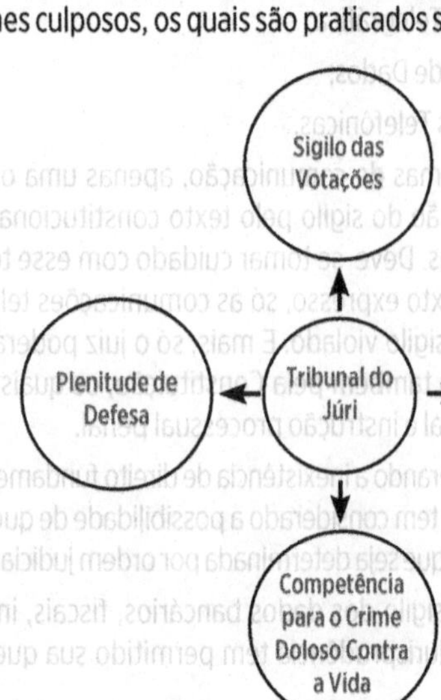

Princípio da anterioridade

O inciso XXXIX do Art. 5º da CF apresenta o chamado Princípio da Anterioridade Penal:

> ***XXXIX.** Não há crime sem lei anterior que o defina, nem pena sem prévia cominação legal.*

Esse princípio decorre na necessidade de se prever antes da aplicação da pena, a conduta que é considerada como crime e a pena que deverá ser cominada. Mais uma regra de segurança jurídica.

Princípio da irretroatividade

Esse princípio também possui sua importância ao prever que a lei penal não poderá retroagir, salvo se for para beneficiar o réu.

> ***Art. 5º**, XL. A lei penal não retroagirá, salvo para beneficiar o réu.*

Crimes imprescritíveis, inafiançáveis e insuscetíveis de graça e anistia

Os dispositivos a seguir estão entre os mais cobrados em prova. O ideal é que sejam memorizados na ordem proposta no quadro abaixo:

> ***Art. 5º**, XLII. A prática do racismo constitui crime inafiançável e imprescritível, sujeito à pena de reclusão, nos termos da lei;*
>
> ***Art. 5º**, XLIII. A lei considerará crimes inafiançáveis e insuscetíveis de graça ou anistia a prática da tortura, o tráfico ilícito de entorpecentes e drogas afins, o terrorismo e os definidos como crimes hediondos, por eles respondendo os mandantes, os executores e os que, podendo evitá-los, se omitirem;*
>
> ***Art. 5º**, XLIV. Constitui crime inafiançável e imprescritível a ação de grupos armados, civis ou militares, contra a ordem constitucional e o Estado Democrático.*

Crimes Imprescritíveis	Crimes Inafiançáveis	Crimes Insuscetíveis de Graça e Anistia
Racismo	Racismo	Tráfico
Ação de Grupos Armados	Ação de Grupos Armados	Terrorismo
	Tráfico	Tortura
	Terrorismo	Crimes Hediondos
	Tortura	
	Crimes Hediondos	

Os crimes inafiançáveis englobam todos os crimes previstos nos incisos XLII, XLIII e XLIV.

Os crimes que são insuscetíveis de graça e anistia não são imprescritíveis, e vice e versa. Dessa forma, nunca pode existir, na prova, uma questão que trabalhe com as duas classificações ao mesmo tempo.

Nunca, na prova, pode haver uma questão em que se apresentem as três classificações ao mesmo tempo.

Princípio da personalidade da pena

Assim diz o inciso XLV, do Art. 5º da CF:

> ***XLV.** Nenhuma pena passará da pessoa do condenado, podendo a obrigação de reparar o dano e a decretação do perdimento de bens ser, nos termos da lei, estendidas aos sucessores e contra eles executadas, até o limite do valor do patrimônio transferido.*

Esse inciso diz que a pena é pessoal, quem comete o crime responde pelo crime, de forma que não é possível que uma pessoa cometa um crime e outra responda pelo crime em seu lugar; pode até ocorrer, mas seria algum erro, não como regra, porque a pena é pessoal.

É necessário prestar atenção ao tema, pois já apareceu em prova tanto na forma de um problema quanto com a modificação do próprio texto constitucional. Esse princípio da personalidade da pena diz que a pena é pessoal, isto é, a pena não pode passar para outra pessoa, mas permite que a responsabilidade pelos danos civis possa passar para seus herdeiros. Para exemplificar, imaginemos que uma determinada pessoa assalta uma padaria e consegue roubar uns R$ 50.000,00.

Em seguida, a polícia prende o ladrão por ter roubado a padaria. Em regra, todo crime cometido gera uma responsabilidade penal prevista no Código Penal brasileiro. Ainda, deve-se ressarcir os danos causados à vítima. Se ele roubou R$50.000,00, tem que devolver, no mínimo, esse valor à vítima.

É muito difícil conseguir o montante voluntariamente, por isso, é necessário entrar com uma ação civil ex delicto para reaver o dinheiro referente ao crime cometido. O dono da padaria entra com a ação contra o bandido pedindo os R$50.000,00 acrescidos juros e danos morais. Enquanto ele cumpre a pena, a ação está tramitando. Ocorre que o preso se envolve numa confusão dentro da penitenciária e acaba morrendo.

O preso possui alguns filhos, os quais são seus herdeiros. Quando os bens passam aos herdeiros, chamamos isso de sucessão. Quando foram contabilizar os bens que o bandido tinha, perceberam que sobraram apenas R$30.000,00, valor que deve ser divido entre os herdeiros. Pergunta:

01. O homem que cometeu o crime estava cumprindo pena, mas ele morreu. Qual filho assume o lugar dele? O mais velho ou o mais novo?

Nenhum dos dois, porque a pena é personalíssima. Só cumpre a pena quem praticou o crime.

02. É possível que a responsabilidade de reparar os danos materiais exigidos pelo dono da padaria recaia sobre seus herdeiros?

Sim. A Constituição diz que os herdeiros respondem com o valor do montante recebido, até o limite da herança recebida.

03. O dono da padaria pediu R$50.000,00, mas só sobraram R$30.000,00. Os filhos terão que inteirar esse valor até completar os R$50.000,00?

Não, pois a Constituição diz que os sucessores respondem até o limite do patrimônio transferido. Ou seja, se só são transferidos R$30.000,00, então os herdeiros só vão responder pela indenização com esses R$30.000,00. E o os outros R$20.000,00, quem vai pagar? Ninguém. O dono da padaria fica com esse prejuízo.

Penas proibidas e permitidas

Vejamos agora dois incisos do Art. 5º da CF, que sempre caem em prova juntos: incisos XLVI e XLVII. Há no inciso XLVI as penas permitidas e no XLVII as penas proibidas. Mas como isso cai em prova? O examinador pega uma pena permitida e diz que é proibida ou pega uma proibida e diz que é permitida. Conforme os incisos:

> ***XLVI.*** *A lei regulará a individualização da pena e adotará, entre outras, as seguintes:*
> ***a)*** *privação ou restrição da liberdade;*
> ***b)*** *perda de bens;*
> ***c)*** *multa;*
> ***d)*** *prestação social alternativa;*
> ***e)*** *suspensão ou interdição de direitos.*

Aqui há o rol de penas permitidas. Memorize essa lista para lembrar quais são as penas permitidas. Atenção para uma pena que é pouco comum e que geralmente em prova é colocada como pena proibida, que é a pena de perda de bens.

Veja o próximo inciso com o rol de penas proibidas:

> ***XLVII.*** *Não haverá penas:*
> ***a)*** *de morte, salvo em caso de guerra declarada, nos termos do Art. 84, XIX;*
> ***b)*** *de caráter perpétuo;*
> ***c)*** *de trabalhos forçados;*
> ***d)*** *de banimento;*
> ***e)*** *cruéis.*

Essas são as penas que não podem ser aplicadas no Brasil. E, na prova, é cobrado da seguinte forma: existe pena de morte no Brasil? Deve-se ter muita atenção com esse tema, pois apesar de a Constituição ter dito que é proibida, existe uma exceção no caso de guerra declarada. Essa exceção é uma verdadeira possibilidade, de forma que deve-se afirmar que existe pena de morte no Brasil. Apesar de a regra ser a proibição, existe a possibilidade de sua aplicação. Só como curiosidade, a pena de morte no Brasil é regulada pelo Código Penal Militar, a qual será executada por meio de fuzilamento.

A próxima pena proibida é a de caráter perpétuo. Não existe esse tipo de pena no Brasil, pois as penas aqui são temporárias. No Brasil, uma pessoa só fica presa até, no máximo, 30 anos.

A outra pena é a de trabalhos forçados. É aquela pena em que o sujeito é obrigado a trabalhar de forma a denegrir a sua condição como ser humano. Esse tipo de pena não é permitida no Brasil.

Há ainda a pena de banimento, que é a expulsão do brasileiro, tanto nato como naturalizado.

Por fim, a Constituição veda a aplicação de penas cruéis. Pena cruel é aquela que denigre a condição humana, expõe o indivíduo a situações desumanas, vexatórias, que provoquem intenso sofrimento.

Princípio da individualização da pena

Nos termos do Art. 5º, inciso XLVIII, da CF:

> ***XLVIII.*** *A pena será cumprida em estabelecimentos distintos, de acordo com a natureza do delito, a idade e o sexo do apenado;*

Esse dispositivo traz uma regra muito interessante, o princípio da individualização da pena. Significa que a pessoa quando cumprir sua pena deve cumpri-la em estabelecimento e condições compatíveis com a sua situação. Se mulher, deve cumprir com mulheres; se homem, cumprirá com homens; se reincidente, com reincidentes; se réu primário, com réus primários; e assim por diante. O ideal é que cada situação possua um cumprimento de pena adequado que propicie um melhor acompanhamento do poder público e melhores condições para a ressocialização.

Regras sobre prisões

São vários os dispositivos constitucionais previstos no Art. 5º, da CF, que se referem às prisões:

> ***LXI.** Ninguém será preso senão em flagrante delito ou por ordem escrita e fundamentada de autoridade judiciária competente, salvo nos casos de transgressão militar ou crime propriamente militar, definidos em lei;*
>
> ***LXII.** A prisão de qualquer pessoa e o local onde se encontre serão comunicados imediatamente ao juiz competente e à família do preso ou à pessoa por ele indicada;*
>
> ***LXIII.** O preso será informado de seus direitos, entre os quais o de permanecer calado, sendo-lhe assegurada a assistência da família e de advogado;*
>
> ***LXIV.** O preso tem direito à identificação dos responsáveis por sua prisão ou por seu interrogatório policial;*
>
> ***LXV.** A prisão ilegal será imediatamente relaxada pela autoridade judiciária;*
>
> ***LXVI.** Ninguém será levado à prisão ou nela mantido, quando a lei admitir a liberdade provisória, com ou sem fiança;*
>
> ***LXVII.** Não haverá prisão civil por dívida, salvo a do responsável pelo inadimplemento voluntário e inescusável de obrigação alimentícia e a do depositário infiel.*

Como destaque para prova, é importante enfatizar o disposto no inciso LXVII, o qual prevê duas formas de prisão civil por dívida:

Devedor de Pensão Alimentícia;
Depositário Infiel.

Apesar de a Constituição Federal apresentar essas duas possibilidades de prisão civil por dívida, o STF tem entendido que só existe uma: a prisão do devedor de pensão alimentícia. Isso significa que o depositário infiel não poderá ser preso. Essa é a inteligência da Súmula Vinculante nº 25:

> *Súmula Vinculante 25. É ilícita a prisão civil de depositário infiel, qualquer que seja a modalidade do depósito.*

Em relação a esse assunto, deve-se ter muita atenção ao resolver a questão. Se a Banca perguntar conforme a Constituição Federal, responde-se segundo a Constituição Federal. Mas se perguntar à luz da jurisprudência, responde-se conforme o entendimento do STF. Vejamos como o Cespe abordou o tema utilizando o posicionamento jurisprudencial:

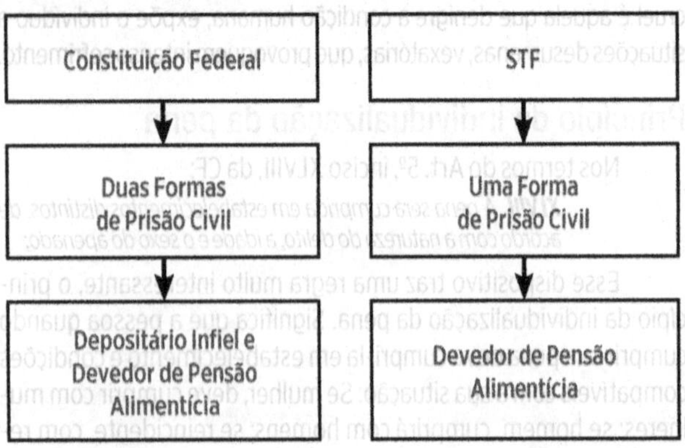

Extradição

Fruto de acordo internacional de cooperação, a extradição permite que determinada pessoa seja entregue a outro país para que seja responsabilizada pelo cometimento de algum crime. Existem duas formas de extradição:

Extradição Ativa

Quando o Brasil pede para outro país a extradição de alguém.

Extradição Passiva

Quando algum país pede para o Brasil a extradição de alguém.

A Constituição Federal preocupou-se em regular apenas a extradição passiva por meios dos incisos LI e LII do Art. 5º:

> ***LI.** Nenhum brasileiro será extraditado, salvo o naturalizado, em caso de crime comum, praticado antes da naturalização, ou de comprovado envolvimento em tráfico ilícito de entorpecentes e drogas afins, na forma da lei;*
>
> ***LII.** Não será concedida extradição de estrangeiro por crime político ou de opinião.*

De acordo com a inteligência desses dispositivos, três regras podem ser adotadas em relação à extradição passiva:

Brasileiro Nato

Nunca será extraditado.

Brasileiro Naturalizado

Será extraditado em duas hipóteses: crime comum cometido antes da naturalização comprovado envolvimento com o tráfico ilícito de drogas, antes ou depois da naturalização.

Estrangeiro

Poderá ser extraditado salvo em dois casos:

> **Crime Político;**
> **Crime de Opinião.**

E na extradição ativa, quem poderá ser extraditado?

Qualquer pessoa pode ser extraditada na extradição ativa, inclusive o brasileiro nato. Deve-se ter muito cuidado com essa questão em prova. Lembre-se que a extradição ativa ocorre quando o Brasil pede a extradição de um criminoso para outro país. Isso pode ser feito pedindo a extradição de qualquer pessoa que o Brasil queira punir.

Princípios que regem a extradição no país

Princípio da Reciprocidade

O Brasil só extradita ao país que extradita para o Brasil. Deve haver acordo ou tratado de extradição entre os país requerente e o Brasil.

Princípio da Especialidade

O extraditando só poderá ser processado e julgado pelo crime informado no pedido de extradição.

Comutação da Pena

O país requerente deverá firmar um compromisso de comutar a pena prevista em seu país quando a pena a ser aplicada for proibida no Brasil.

Dupla Tipicidade ou Dupla Incriminação

Só se extradita se a conduta praticada for considerada crime no Brasil e no país requerente.

Deve-se ter muito cuidado para não confundir extradição com entrega, deportação, expulsão ou banimento. A extradição, como se viu, é instituto de cooperação internacional entre países soberanos para a punição de criminosos.

Pela extradição, um país entrega o criminoso a outro país para que ele seja punido pelo crime praticado.

A entrega é o ato por meio do qual o país entrega uma pessoa para ser julgada no Tribunal Penal Internacional.

Deportação é a retirada do estrangeiro que tenha entrado de forma irregular no território nacional.

Expulsão é a retirada do estrangeiro que tenha praticado um ato ofensivo ao interesse nacional conforme as regras estabelecidas no Estatuto do Estrangeiro (Art. 65, Lei 6.815/80).

Banimento é uma das penas proibidas no direito brasileiro que consiste na expulsão de brasileiros para fora do território nacional.

Princípio da presunção da inocência

Também conhecido como princípio da não culpabilidade, essa regra de segurança jurídica garante que ninguém poderá ser condenado sem antes haver uma sentença penal condenatória transitada em julgado. Ou seja, uma sentença judicial condenatória definitiva:

> ***Art. 5º**, LVII. Ninguém será considerado culpado até o trânsito em julgado de sentença penal condenatória.*

Identificação criminal

> ***Art. 5º**, LVIII. O civilmente identificado não será submetido a identificação criminal, salvo nas hipóteses previstas em lei.*

A Constituição garante que não será identificado criminalmente quem possuir identificação pública capaz de identificá-lo. Contudo, a Lei 12.037/2009 prevê hipóteses nas quais será possível a identificação criminal mesmo de quem apresentar outra identificação:

> ***Art. 3º**. Embora apresentado documento de identificação, poderá ocorrer identificação criminal quando:*
>
> ***I.** O documento apresentar rasura ou tiver indício de falsificação;*
>
> ***II.** O documento apresentado for insuficiente para identificar cabalmente o indiciado;*
>
> ***III.** O indiciado portar documentos de identidade distintos, com informações conflitantes entre si;*
>
> ***IV.** A identificação criminal for essencial às investigações policiais, segundo despacho da autoridade judiciária competente, que decidirá de ofício ou mediante representação da autoridade policial, do Ministério Público ou da defesa;*
>
> ***V.** Constar de registros policiais o uso de outros nomes ou diferentes qualificações;*
>
> ***VI.** O estado de conservação ou a distância temporal ou da localidade da expedição do documento apresentado impossibilite a completa identificação dos caracteres essenciais.*

Ação penal privada subsidiária da pública

> ***Art. 5º** LIX. Será admitida ação privada nos crimes de ação pública, se esta não for intentada no prazo legal.*

Em regra, nos crimes de ação penal pública, o titular da ação penal é o Ministério Público. Contudo, havendo omissão ou mesmo desídia por parte do órgão ministerial, o ofendido poderá promover a chamada Ação Penal Privada Subsidiária da Pública. Esse tema encontra-se disciplinado no Art. 29 do Código de Processo Penal:

> ***Art. 29.** Será admitida ação privada nos crimes de ação pública, se esta não for intentada no prazo legal, cabendo ao Ministério Público aditar a queixa, repudiá-la e oferecer denúncia substitutiva, intervir em todos os termos do processo, fornecer elementos de prova, interpor recurso e, a todo tempo, no caso de negligência do querelante, retomar a ação como parte principal.*

3.3 Remédios Constitucionais

Inicia-se agora o estudo dos chamados Remédios Constitucionais, tema muito cobrado em prova de concurso. Os remédios constitucionais são espécies de garantias constitucionais que visam a proteger determinados direitos e até outras garantias fundamentais. São poderosas ações constitucionais que estão disciplinadas no texto da Constituição.

Habeas corpus

Sem dúvida, esse remédio constitucional é o mais importante para prova, haja vista a sua utilização para proteger um dos direitos mais ameaçados do indivíduo: a liberdade de locomoção. Vejamos o que diz o texto constitucional:

> ***Art. 5º LXVIII.** Conceder-se-á "Habeas Corpus" sempre que alguém sofrer ou se achar ameaçado de sofrer violência ou coação em sua liberdade de locomoção, por ilegalidade ou abuso de poder.*

É essencial, conhecer os elementos necessários para a utilização dessa ferramenta.

Deve-se compreender que o *Habeas Corpus* é utilizado para proteger a liberdade de locomoção. Em relação a isso, é preciso estar atento, pois ele não tutela qualquer liberdade, mas apenas a liberdade de locomoção.

Outro ponto fundamental é que ele poderá ser utilizado tanto de forma preventiva quanto de forma repressiva. *Habeas Corpus* preventivo é aquele utilizado para prevenir a violência ou coação à liberdade de locomoção. *Habeas Corpus* repressivo é utilizado para reprimir à violência ou coação a liberdade de locomoção, ou seja, é utilizado quando a restrição da liberdade de locomoção já ocorreu.

Percebe-se que não é a qualquer tipo de restrição à liberdade de locomoção que caberá o remédio, mas apenas àquelas cometidas com ilegalidade ou abuso de poder.

Nas relações processuais que envolvem a utilização do *Habeas Corpus*, é possível identificar a participação de três figurantes:

Impetrante

O impetrante é a pessoa que impetra a ação. Quem entra com a ação. A titularidade dessa ferramenta é Universal, pois qualquer pessoa pode impetrar o HC. Não precisa sequer de advogado. Sua possibilidade é tão ampla que não precisa possuir capacidade civil ou mesmo qualquer formalidade. Esse remédio é desprovido de condições que impeçam sua utilização da forma mais ampla possível. Poderá impetrar essa ação tanto uma pessoa física quanto jurídica.

Paciente

O paciente é quem teve a liberdade de locomoção restringida. Ele será o beneficiário do *Habeas Corpus*. Pessoa jurídica não pode ser paciente de Habeas Corpus, pois a liberdade de locomoção é um direito incompatível com sua natureza jurídica.

Autoridade coatora

É quem restringiu a liberdade de locomoção com ilegalidade ou abuso de poder. Poderá ser tanto uma autoridade privada quanto uma autoridade pública.

Outra questão interessante que está prevista na Constituição é a gratuidade dessa ação:

> ***Art. 5º** LXXVII. São gratuitas as ações de Habeas Corpus e Habeas Data, e, na forma da lei, os atos necessários ao exercício da cidadania.*

A Constituição proíbe a utilização desse remédio constitucional em relação às punições disciplinares militares. É o que prevê o Art. 142, § 2º:

> ***§ 2º** - Não caberá "Habeas Corpus" em relação a punições disciplinares militares.*

Contudo, o STF tem admitido o remédio quando impetrado por razões de ilegalidade da prisão militar. Quanto ao mérito da prisão, deve-se aceitar a vedação Constitucional, mas em relação às legalidade da prisão, prevalece o entendimento de que o remédio seria possível.

Também não cabe *Habeas Corpus* em relação às penas pecuniárias, multas, advertências ou, ainda, nos processos administrativos disciplinares e no processo de *Impeachment*. Nesses casos, o não cabimento deve-se ao fato de que as medidas não visam restringir a liberdade de locomoção.

Por outro lado, a jurisprudência tem admitido o cabimento para impugnar inserção de provas ilícitas no processo ou quando houver excesso de prazo na instrução processual penal.

Por último, cabe ressaltar que o magistrado poderá concedê-lo de ofício.

Habeas data

O *Habeas Data* cuja previsão está no inciso LXXII do Art. 5º tem como objetivo proteger a liberdade de informação:

> ***LXXII.** conceder-se-á "Habeas Data":*
>
> ***a)** para assegurar o conhecimento de informações relativas à pessoa do impetrante, constantes de registros ou bancos de dados de entidades governamentais ou de caráter público;*
>
> ***b)** para a retificação de dados, quando não se prefira fazê-lo por processo sigiloso, judicial ou administrativo.*

Duas são as formas previstas na Constituição para utilização desse remédio:

> **Para Conhecer a Informação.**

> **Para Retificar a Informação.**

É importante ressaltar que só caberá o remédio em relação às informações do próprio impetrante.

As informações precisam estar em um banco de dados governamental ou de caráter público, o que significa que seria possível entrar com um *Habeas Data* contra um banco de dados privado desde que tenha caráter público.

Da mesma forma que o *Habeas Corpus*, o *Habeas Data* também é gratuito:

> ***Art. 5º**, LXXVII. São gratuitas as ações de "Habeas Corpus" e "Habeas Data", e, na forma da lei, os atos necessários ao exercício da cidadania.*

Mandado de segurança

O mandado de segurança é um remédio muito cobrado em prova em razão dos seus requisitos:

> ***Art. 5º**, LXIX. Conceder-se-á mandado de segurança para proteger direito líquido e certo, não amparado por "Habeas Corpus" ou "Habeas Data", quando o responsável pela ilegalidade ou abuso de poder for autoridade pública ou agente de pessoa jurídica no exercício de atribuições do Poder Público.*

Como se pode ver, o mandado de segurança será cabível proteger direito líquido e certo desde que não amparado por Habeas Corpus ou Habeas Data. O que significa dizer que será cabível desde que não seja para proteger a liberdade de locomoção e a liberdade de informação. Esse é o chamado caráter subsidiário do mandado de segurança.

O texto constitucional exigiu também para a utilização dessa ferramenta a ilegalidade e o abuso de poder praticado por autoridade pública ou privada, desde que esteja no exercício de atribuições do poder público.

O mandado de segurança possui prazo decadencial para ser utilizado: 120 dias.

Existe também o mandado de segurança coletivo:

> ***Art. 5º**, LXX. O mandado de segurança coletivo pode ser impetrado por:*
>
> ***a)** partido político com representação no Congresso Nacional;*
>
> ***b)** organização sindical, entidade de classe ou associação legalmente constituída e em funcionamento há pelo menos um ano, em defesa dos interesses de seus membros ou associados.*

Observadas as regras do mandado de segurança individual, o mandado de segurança coletivo possui alguns requisitos que lhe são peculiares: os legitimados para propositura.

São legitimados para propor o mandado de segurança coletivo:

> **Partidos políticos com representação no Congresso Nacional.**

Para se ter representação no Congresso Nacional, basta um membro em qualquer uma das casas.

> **Organização Sindical.**

> **Entidade de Classe.**

> **Associação.**

Desde que legalmente constituída e em funcionamento há, pelo menos, um ano. Segundo o STF, a necessidade de estar constituída e em funcionamento há pelo menos um ano só se aplica às associações. A Banca FCC entende que esse requisito se aplica a todas as entidades.

Mandado de injunção

O mandado de injunção é uma ferramenta mais complexa para se entender. Vejamos o que diz a Constituição:

> ***Art. 5º**, LXXI. Conceder-se-á mandado de injunção sempre que a falta de norma regulamentadora torne inviável o exercício dos direitos e liberdades constitucionais e das prerrogativas inerentes à nacionalidade, à soberania e à cidadania.*

O seu objetivo é suprir a omissão legislativa que impede o exercício de direitos fundamentais. Algumas normas constitucionais para que produzam efeitos dependem da edição de outras normas infraconstitucionais. Essas normas são conhecidas por sua eficácia como normas de eficácia limitada. O mandado de injunção visa a corrigir a ineficácia das normas com eficácia limitada.

Todas as vezes que um direito deixar de ser exercido pela ausência de norma regulamentadora, será cabível esse remédio.

No que tange à efetividade da decisão, deve-se esclarecer a possibilidade de adoção por parte do STF de duas correntes doutrinárias:

Teoria Concretista Geral

O Poder Judiciário concretiza o direito no caso concreto aplicando seu dispositivo com efeito *erga omnes*, para todos os casos iguais;

Teoria Concretista Individual

O Poder Judiciário concretiza o direito no caso concreto aplicando seu dispositivo com efeito inter partes, ou seja, apenas com efeito entre as partes.

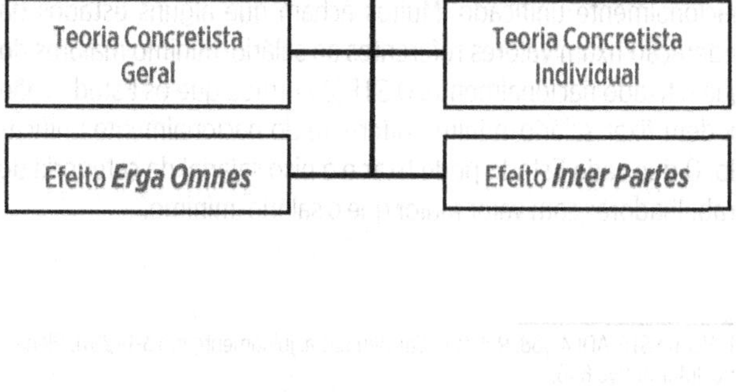

Ação popular

A ação popular é uma ferramenta fiscalizadora utilizada como espécie de exercício direto dos direitos políticos. Por isso, só poderá ser utilizada por cidadãos. Segundo o inciso LXXIII do Art. 5º:

> ***LXXIII.** Qualquer cidadão é parte legítima para propor ação popular que vise a anular ato lesivo ao patrimônio público ou de entidade de que o Estado participe, à moralidade administrativa, ao meio ambiente e ao patrimônio histórico e cultural, ficando o autor, salvo comprovada má-fé, isento de custas judiciais e do ônus da sucumbência.*

Além da previsão constitucional, essa ação encontra-se regulamentada pela Lei nº 4.717/65. Percebe-se que seu objetivo consiste em proteger o patrimônio público, a moralidade administrativa, o meio ambiente e o patrimônio histórico e cultural.

O autor não precisa pagar custas judiciais ou ônus da sucumbência, salvo se houver má-fé.

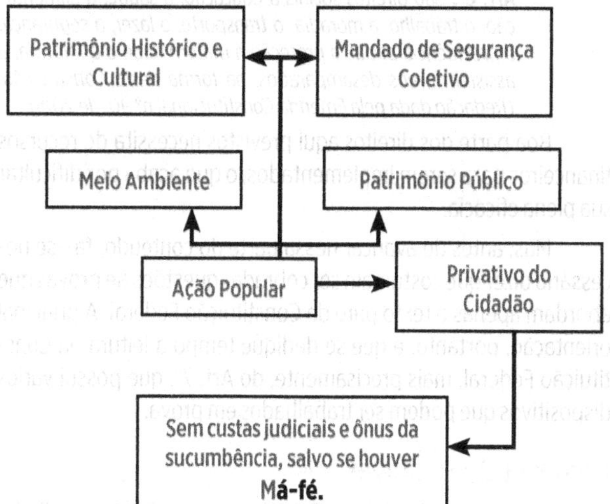

Questão

01. (FCC) No que diz respeito ao direito à inviolabilidade de domicílio, é correto afirmar que:

a) Ninguém pode violar a casa, à noite, mesmo que munido de autorização judicial.

b) A casa é asilo inviolável e em nenhuma hipótese se pode nela ingressar sem o consentimento do morador.

c) O conceito de casa é restrito e abrange, apenas, a residência com ânimo definitivo.

d) A casa, à noite, torna-se violável nas hipóteses de flagrante, desastre e prestação de socorro, porém é necessária autorização judicial.

e) A casa é violável no caso de flagrante, desastre ou para prestar socorro.

Gabarito

01	E

4. DIREITOS FUNDAMENTAIS - DIREITOS SOCIAIS E NACIONALIDADE

4.1 Direitos Sociais

Prestações positivas

Os direitos sociais encontram-se previstos a partir do Art. 6º até o Art. 11 da Constituição Federal. São normas que se concretizam por meio de prestações positivas por parte do Estado, haja vista objetivarem reduzir as desigualdades sociais.

Deve-se dar destaque para o Art. 6º, que foi alterado pela EC 64/2010 e que possivelmente será objeto de questionamento em concurso público:

> ***Art. 6º.*** *São direitos sociais a educação, a saúde, a alimentação, o trabalho, a moradia, o transporte, o lazer, a segurança, a previdência social, a proteção à maternidade e à infância, a assistência aos desamparados, na forma desta Constituição. (Redação dada pela Emenda Constitucional nº 90, de 2015)*

Boa parte dos direitos aqui previstos necessita de recursos financeiros para serem implementados, o que acaba por dificultar sua plena eficácia.

Mas, antes de avançar nessa parte do conteúdo, faz-se necessário dizer que costumam ser cobradas questões de provas que abordam apenas o texto puro da Constituição Federal. A principal orientação, portanto, é que se dedique tempo à leitura da Constituição Federal, mais precisamente, do Art. 7º, que possui vários dispositivos que podem ser trabalhados em prova.

Reserva do possível

Seria possível exigir do Estado a concessão de um direito social quando tal direito não fosse assegurado de forma condizente com sua previsão constitucional? A título de exemplo, veremos um dispositivo dos direitos sociais dos trabalhadores:

> ***IV.*** *Salário-mínimo, fixado em lei, nacionalmente unificado, capaz de atender a suas necessidades vitais básicas e às de sua família com moradia, alimentação, educação, saúde, lazer, vestuário, higiene, transporte e previdência social, com reajustes periódicos que lhe preservem o poder aquisitivo, sendo vedada sua vinculação para qualquer fim.*

Observe-se que a Constituição garante que o salário-mínimo deve atender às necessidades vitais básicas do trabalhador e de sua família com moradia, alimentação, educação, saúde, lazer, vestuário, higiene, transporte e previdência social. Entendendo que os direitos sociais são espécies de direitos fundamentais e, analisando-os sob o dispositivo previsto no § 1º do Art. 5º, segundo o qual "as normas definidoras de direitos e garantias fundamentais têm aplicação imediata", pergunta-se: seria possível entrar com uma ação visando a garantir o disposto no inciso IV, que está sendo analisado?

Certamente não. Para se garantir tudo o que está previsto no referido inciso, seria necessário que o salário-mínimo valesse, em média, por volta de R$ 3.000,00. Agora, imagine se algum trabalhador conseguisse esse benefício por meio de uma decisão judicial, o que não fariam todos os demais trabalhadores do país.

Se o Estado fosse obrigado a pagar esse valor para todos os trabalhadores, os cofres públicos rapidamente quebrariam. Para se garantir essa estabilidade, foi desenvolvida a teoria da **Reserva do Possível**, por meio da qual o Estado pode alegar essa impossibilidade financeira para atender algumas demandas, como o aumento do salário-mínimo. Quando o poder público for demandado para garantir algum benefício de ordem social, poderá ser alegada, previamente, a impossibilidade financeira para concretização do direito sob o argumento da reserva do possível.

Mínimo existencial

Por causa da Reserva do Possível, o Estado passou a se esconder atrás dessa teoria, eximindo-se da sua obrigação social de garantia dos direitos tutelados na Constituição Federal. Tudo o que era pedido para o Estado era negado sob o argumento de que "não era possível". Para trazer um pouco de equilíbrio a essa relação, foi desenvolvida outra teoria chamada de Mínimo Existencial. Essa teoria permite que os poderes públicos deixem de atender algumas demandas em razão da reserva do possível, mas exige que seja garantido o Mínimo Existencial.

Princípio da proibição ou retrocesso ou efeito cliquet

Uma regra que funciona com caráter de segurança jurídica é a Proibição do Retrocesso. Esse dispositivo proíbe que os direitos sociais já conquistados sejam esvaziados ou perdidos sob pena de desestruturação social do País.

Salário-mínimo

Feitas algumas considerações iniciais sobre a doutrina social, segue-se à análise de alguns dispositivos constitucionais que se encontram no Art. 7º:

> ***IV.*** *Salário-mínimo, fixado em lei, nacionalmente unificado, capaz de atender a suas necessidades vitais básicas e às de sua família com moradia, alimentação, educação, saúde, lazer, vestuário, higiene, transporte e previdência social, com reajustes periódicos que lhe preservem o poder aquisitivo, sendo vedada sua vinculação para qualquer fim.*

Vários pontos são relevantes nesse inciso. Primeiramente, é importante comentar o trecho "fixado em lei". Segundo o texto constitucional, o salário-mínimo só poderá ser fixado em Lei; entretanto, no dia 25 de fevereiro de 2011 foi publicada a Lei nº 12.382, que prevê a possibilidade de fixação do salário-mínimo por meio de Decreto do Poder Executivo. Questionado no STF[1], o guardião da Constituição considerou constitucional a fixação de salário-mínimo por meio de Decreto Presidencial.

Outro ponto interessante diz respeito ao salário-mínimo ser nacionalmente unificado. Muitos acham que alguns estados da federação fixam valores referentes ao salário-mínimo maiores do que o fixado nacionalmente. O STF já afirmou que os Estados não podem fixar salário-mínimo diferente do nacionalmente unificado. O que cada Estado pode fixar é o piso salarial da categoria de trabalhadores com valor maior que o salário-mínimo.

1 Ver no STF, ADI 4.568, Rel. Min. Cármen Lúcia, julgamento em 3-11-2011, Plenário, Informativo 646.

Temos ainda a proibição de vinculação do salário-mínimo para qualquer fim. Em fevereiro de 2011, esse tema foi enfrentado pelo STF, que determinou a desvinculação do salários dos técnicos em radiologia do salário-mínimo, como estava previsto na Lei 7.394/85.

Algumas Súmulas Vinculantes do STF são importantes, pois se referem ao salário-mínimo:

> **Súmula Vinculante 4:** *Salvo nos casos previstos na Constituição, o salário-mínimo não pode ser usado como indexador de base de cálculo de vantagem de servidor público ou de empregado, nem ser substituído por decisão judicial.*
>
> **Súmula Vinculante 6:** *Não viola a Constituição o estabelecimento de remuneração inferior ao salário-mínimo para as praças prestadoras de serviço militar inicial.*
>
> **Súmula Vinculante 15:** *O cálculo de gratificações e outras vantagens do servidor público não incide sobre o abono utilizado para se atingir o salário-mínimo.*
>
> **Súmula Vinculante 16:** *Os Arts. 7º, IV, e 39, § 3º (redação da EC 19/98) da Constituição referem-se ao total da remuneração percebida pelo servidor público.*

Prescrição trabalhista

Um dos dispositivos previstos no Art. 7º mais cobrados em prova é o inciso XXIX:

> ***XXIX.*** *Ação, quanto aos créditos resultantes das relações de trabalho, com prazo prescricional de cinco anos para os trabalhadores urbanos e rurais, até o limite de dois anos após a extinção do contrato de trabalho.*

Imaginemos, por exemplo, uma pessoa que tenha exercido sua função no período noturno, em uma empresa, durante 20 anos. Contudo, em todos esses anos de trabalho, ela não recebeu nenhum adicional noturno. Ora, ao ter seu contrato de trabalho rescindido, ela poderá ingressar em juízo pleiteando as verbas trabalhistas não pagas. Tendo em vista a existência de prazo prescricional para reaver seus direitos, o trabalhador terá o prazo de 2 anos para entrar com a ação, e só terá direito aos últimos 5 anos de adicional noturno.

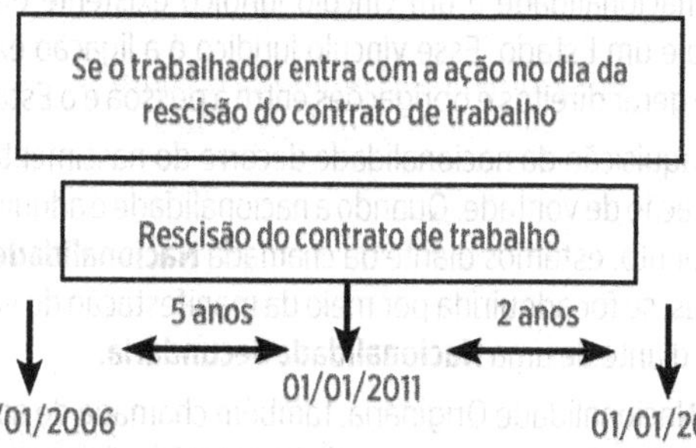

Ressalta-se que esses 5 anos contam-se a partir do dia em que entrou com a ação. Se ele entrar com a ação no último dia do prazo de 2 anos, só terá direito a 3 anos de adicional noturno.

Nesse exemplo, se o trabalhador entrar com a ação no dia 01/01/2011, receberá os últimos 5 anos de adicional noturno, ou seja, até o dia 01/01/2006. Mas se o trabalhador entrar com a ação no dia 01/01/2013, último dia do prazo prescricional de 2 anos, ele terá direito aos últimos 5 anos de adicional noturno a contar do dia em que entrou com a ação. Isso significa que se depare o adicional noturno até o dia 01/01/2008. Perceba que, se o trabalhador demorar a entrar com a ação, ele perde os direitos trabalhistas anteriores ao prazo dos últimos 5 anos.

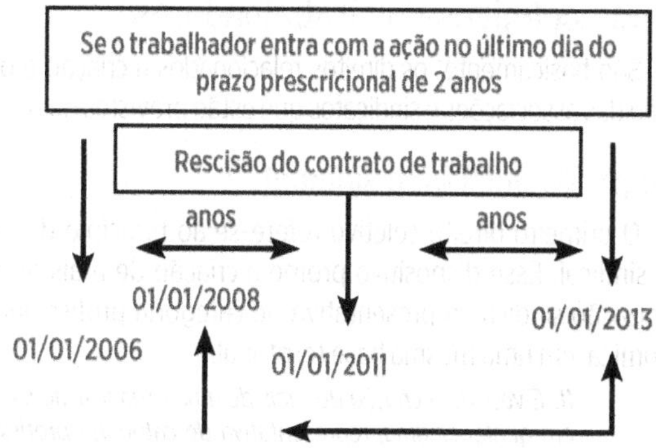

Proibição do trabalho noturno, perigoso e insalubre

Este inciso também é muito cotado para ser cobrado em prova. É importante lê-lo para que, em seguida, se possa responder a uma pergunta que fará entender o motivo de ele ser tão abordado em testes:

> ***Art. 7º**, XXXIII. Proibição de trabalho noturno, perigoso ou insalubre a menores de dezoito e de qualquer trabalho a menores de dezesseis anos, salvo na condição de aprendiz, a partir de quatorze anos.*

A pergunta é muito simples: a partir de qual idade pode se trabalhar no Brasil? Você deve estar em dúvida: entre 16 e 14 anos. Isso é o que acontece com a maioria dos candidatos. Por isso, nunca esqueça: se temos uma regra e essa regra está acompanhada de uma exceção; temos, então, uma possibilidade.

Ora, se a Constituição diz que é proibido o trabalho para os menores de 16 e, em seguida, excepciona essa regra dizendo que é possível a partir dos 14, na condição de aprendiz, ela quis dizer que o trabalho no Brasil se inicia aos 14 anos. Esse entendimento se fortalece à luz do Art. 227, § 3º, I:

> ***Art. 227**, § 3º - O direito a proteção especial abrangerá os seguintes aspectos:*
>
> ***I.** Idade mínima de quatorze anos para admissão ao trabalho, observado o disposto no Art. 7º, XXXIII.*

Direitos dos empregados domésticos

O parágrafo único, do Art. 7º, da CF assegurava ao trabalhador doméstico um número reduzido de direitos, se comparado com os demais empregados, urbanos ou rurais.

Nos termos daquele dispositivo, seriam garantidos à categoria dos trabalhadores domésticos apenas os direitos previstos nos incisos IV, VI, VIII, XV, XVII, XVIII, XIX, XXI e XXIV, do Art. 7º, bem como a sua integração à previdência social.

Com a promulgação da EC nº 72, de 2 de abril de 2013, aquele parágrafo foi alterado para estender aos empregados domésticos praticamente todos os demais direitos constantes nos incisos, do Art. 7º, da CF.

A nova redação do parágrafo único, do Art. 7º, da CF dispõe:

> ***Art. 7º**, Parágrafo único. São assegurados à categoria dos trabalhadores domésticos os direitos previstos nos incisos IV, VI, VII, VIII, X, XIII, XV, XVI, XVII, XVIII, XIX, XXI, XXII, XXIV, XXVI, XXX, XXXI e XXXIII e, atendidas as condições estabelecidas em lei e observada a simplificação do cumprimento das obrigações tributárias, principais e acessórias, decorrentes da relação de trabalho e suas peculiaridades, os previstos nos incisos I, II, III, IX, XII, XXV e XXVIII, bem como a sua integração à previdência social.*

Direitos coletivos dos trabalhadores

São basicamente os direitos relacionados à criação e organização das associações e sindicatos que estão previstos no Art. 8º.

Princípio da unicidade sindical

O primeiro direito coletivo refere-se ao princípio da unicidade sindical. Esse dispositivo proíbe a criação de mais de uma organização sindical, representativa de categoria profissional ou econômica, em uma mesma base territorial:

> ***II.*** *É vedada a criação de mais de uma organização sindical, em qualquer grau, representativa de categoria profissional ou econômica, na mesma base territorial, que será definida pelos trabalhadores ou empregadores interessados, não podendo ser inferior à área de um Município.*

Em cada base territorial (federal, estadual, municipal ou distrital) só pode existir um sindicato representante da mesma categoria, lembrando que a base territorial mínima refere-se à área de um município.

Exemplificando: só pode existir **um** sindicato municipal de pescadores no município de Cascavel. Só pode existir **um** sindicato estadual de pescadores no estado do Paraná. Só pode existir **um** sindicato federal de pescadores no Brasil. Contudo, é possível existirem vários sindicatos municipais de pescadores no Estado do Paraná.

Contribuição confederativa e sindical

Essa questão costuma enganar até mesmo os mais preparados. Vejamos o que diz a Constituição Federal no Art. 8º, IV:

> ***IV.*** *A assembleia geral fixará a contribuição que, em se tratando de categoria profissional, será descontada em folha, para custeio do sistema confederativo da representação sindical respectiva, independentemente da contribuição prevista em lei.*

A primeira coisa que se deve perceber é a existência de duas contribuições nesse inciso. Uma chamada de Contribuição Confederativa a outra de Contribuição Sindical.

A Contribuição Confederativa é a prevista nesse inciso, fixada pela assembleia geral, descontada em folha para custear o sistema confederativo. Essa contribuição é aquela paga às organizações sindicais e que só é obrigada aos filiados e aos sindicatos. Não possui natureza tributária, por isso obriga apenas as pessoas que voluntariamente se filiam a uma entidade sindical.

A Contribuição Sindical, que é a contribuição prevista em lei, mais precisamente na Consolidação das Leis Trabalhistas (Decreto-Lei 5.452/43), deve ser paga por todos os trabalhadores ainda que profissionais liberais. Sua natureza é tributária, não possuindo caráter facultativo.

Contribuição	
Confederativa	Sindical
Fixada pela Assembleia	Fixada pela CLT
Natureza não tributária	Natureza tributária
Obrigada apenas aos filiados a sindicatos	Obrigada a todos os trabalhadores

Liberdade de associação

Esse inciso costuma ser cobrado em prova devido às inúmeras possibilidades de se modificar o seu texto:

> ***V.*** *Ninguém será obrigado a filiar-se ou a manter-se filiado a sindicato.*

É a liberdade de associação que permite aos trabalhadores escolherem se desejam ou não se filiar a um determinado sindicato. Ninguém será obrigado a filiar-se ou a manter-se filiado.

Participação do aposentado no sindicato

Esse inciso também possui aplicação semelhante ao anterior, portanto deve haver uma leitura atenta aos detalhes que podem ser modificados em prova:

> ***VII.*** *O aposentado filiado tem direito a votar e ser votado nas organizações sindicais.*

Estabilidade sindical

A estabilidade sindical constitui norma de proteção aos dirigentes sindicais que possui grande utilidade ao evitar o cometimento de arbitrariedades por partes das empresas em retaliação aos representantes dos empregados:

> ***VIII.*** *É vedada a dispensa do empregado sindicalizado a partir do registro da candidatura a cargo de direção ou representação sindical e, se eleito, ainda que suplente, até um ano após o final do mandato, salvo se cometer falta grave nos termos da lei.*

O importante aqui é entender o período de proteção que a Constituição garantiu aos dirigentes sindicais. A estabilidade se inicia com o registro da candidatura e permanece, com o candidato eleito, até um ano após o término do seu mandato. Ressalte-se que essa proteção contra despedida arbitrária não prospera diante do cometimento de falta grave.

4.2 Direitos de Nacionalidade

A nacionalidade é um vínculo jurídico existente entre um indivíduo e um Estado. Esse vínculo jurídico é a ligação existente capaz de gerar direitos e obrigações entre a pessoa e o Estado.

A aquisição da nacionalidade decorre do nascimento ou da manifestação de vontade. Quando a nacionalidade é adquirida pelo nascimento, estamos diante da chamada **Nacionalidade Originária.** Mas, se for adquirida por meio da manifestação de vontade, estamos diante de uma **Nacionalidade Secundária.**

A Nacionalidade Originária, também chamada de aquisição de nacionalidade primária, é aquela involuntária. Decorre do nascimento desde que preenchidos os requisitos previstos na legislação. Um brasileiro que adquire nacionalidade originária é chamado de nato.

Dois critérios foram utilizados em nossa Constituição para se conferir a nacionalidade originária:

Jus Solis

Esse é critério do solo, critério territorial. Serão considerados brasileiros natos as pessoas que nascerem no território nacional. Esse é o critério adotado como regra no texto constitucional.

Jus Sanguinis

Esse é o critério do sangue. Serão considerados brasileiros natos os descendentes de brasileiros, ou seja, aqueles que possuem o sangue brasileiro.

A nacionalidade secundária ou adquirida é a aquisição que depende de uma manifestação de vontade. É voluntária e, quem a adquire, possui a qualificação de naturalizado.

Conflito de nacionalidade

Alguns países adotavam apenas o critério *jus sanguinis*, outros somente o critério *jus solis*, e isso gerou alguns problemas que a doutrina nominou de Conflito de Nacionalidade. O Conflito de Nacionalidade pode ser de duas formas:

Conflito Positivo

Ocorre quando o indivíduo adquire várias nacionalidades. Ele será chamado de polipátrida.

Conflito Negativo

Ocorre quando o indivíduo não adquire qualquer nacionalidade. Esse será chamado de apátrida (*heimatlos*).

Para evitar a ocorrência desses tipos de conflito, os países têm adotado critérios mistos de aquisição de nacionalidade originária, a exemplo do próprio Brasil.

A seguir, serão analisadas várias hipóteses previstas no Art. 12 da Constituição Federal de aquisição de nacionalidade tanto originária quanto secundária.

Nacionalidade originária

As hipóteses de aquisição da nacionalidade originária estão previstas no Art. 12, I da Constituição Federal, e são:

> ***Art. 12.** São brasileiros:*
>
> ***I.** Natos:*
>
> ***a)** os nascidos na República Federativa do Brasil, ainda que de pais estrangeiros, desde que estes não estejam a serviço de seu país;*
>
> ***b)** os nascidos no estrangeiro, de pai brasileiro ou mãe brasileira, desde que qualquer deles esteja a serviço da República Federativa do Brasil;*
>
> ***c)** os nascidos no estrangeiro de pai brasileiro ou de mãe brasileira, desde que sejam registrados em repartição brasileira competente ou venham a residir na República Federativa do Brasil e optem, em qualquer tempo, depois de atingida a maioridade, pela nacionalidade brasileira.*

A primeira hipótese, prevista na alínea "a", adotou para aquisição o critério *jus solis*, ou seja, serão considerados brasileiros natos aqueles que nascerem no país ainda que de pais estrangeiros, desde que, os pais não estejam a serviço do seu país. Para que os filhos de pais estrangeiros fiquem impedidos de adquirirem a nacionalidade brasileira, é preciso que ambos os pais sejam estrangeiros, mas basta que apenas um deles esteja a serviço do seu país. Se os pais estrangeiros estiverem a serviço de outro país, a doutrina tem entendido que não se aplicará a vedação.

Já a segunda hipótese, adotada na alínea "b", utilizou o critério *jus sanguinis* para fixação da nacionalidade originária. Serão brasileiros natos os nascidos fora do país, filho de pai ou mãe brasileira, desde que qualquer deles esteja a serviço da República Federativa do Brasil. Estar a serviço do país significa estar a serviço de qualquer ente federativo (União, Estados, Distrito Federal ou Município) incluídos os órgãos e entidades da administração indireta (fundações, autarquias, empresas públicas e sociedades de economia mista).

A terceira hipótese, prevista na alínea "c", apresenta, na verdade, duas possibilidades: uma depende do registro a outra depende da opção confirmativa.

Primeiro, temos a regra aplicada aos nascidos no estrangeiro, filho de pai brasileiro ou mãe brasileira, condicionada à aquisição da nacionalidade ao registro em repartição brasileira competente. Nessa hipótese, adota-se o critério *jus sanguinis* acompanhado do registro em repartição brasileira.

Em seguida, temos a segunda possibilidade destinada aos nascidos no estrangeiro de pai brasileiro ou de mãe brasileira, que venham a residir na República Federativa do Brasil e optem (opção confirmativa), em qualquer tempo, depois de atingida a maioridade, pela nacionalidade brasileira.

Essa é a chamada nacionalidade protestativa, pois depende da manifestação de vontade por parte do interessado. Deve-se ter cuidado com a condição para a manifestação da vontade que só poder ser exercida depois de atingida a maioridade, apesar de não existir tempo limite para o exercício desse direito.

Nacionalidade secundária

A seguir, serão apresentadas as hipóteses de aquisição de nacionalidade secundária:

> ***Art. 12**, II. Naturalizados:*
>
> ***a)** Os que, na forma da lei, adquiram a nacionalidade brasileira, exigidas aos originários de países de língua portuguesa apenas residência por um ano ininterrupto e idoneidade moral;*
>
> ***b)** os estrangeiros de qualquer nacionalidade, residentes na República Federativa do Brasil há mais de quinze anos ininterruptos e sem condenação penal, desde que requeiram a nacionalidade brasileira.*

A primeira hipótese de naturalização, prevista na alínea "a" do inciso II, é a chamada naturalização ordinária. Essa naturalização apresenta uma forma de aquisição prevista em lei. Esta Lei é a 6.815/80, que traz algumas regras para aquisição de nacionalidade, as quais não serão estudadas neste momento. O que interessa agora para a prova é a segunda parte da alínea, que confere um tratamento diferenciado para os originários de países de língua portuguesa, para quem será exigida apenas residência por um ano ininterrupto e idoneidade moral. Entende-se país de língua portuguesa qualquer país que possua a língua portuguesa como língua oficial (Angola, Portugal, Timor Leste, entre outros). Essa forma de naturalização não gera direito subjetivo ao estrangeiro, o que significa que ele poderá pleitear sua naturalização e essa poderá ser indeferida pelo Chefe do Poder Executivo, haja vista se tratar de um ato discricionário.

A alínea "b" do inciso II apresenta a chamada naturalização extraordinária ou quinzenária. Essa hipótese é destinada a qualquer estrangeiro e será exigida residência ininterrupta pelo prazo de 15 anos e não existência de condenação penal. Nessa espécie, não há discricionariedade em conceder a naturalização, pois ela gera direito subjetivo ao estrangeiro que tenha preenchido os requisitos.

O melhor é não esquecer que a ausência temporária da residência não quebra o vínculo ininterrupto exigido para a naturalização no país. Também deve ser ressaltado que não existe naturalização tácita ou automática, sendo exigido requerimento de quem desejar se naturalizar no Brasil.

Português equiparado

> ***Art. 12.*** *§ 1º. Aos portugueses com residência permanente no País, se houver reciprocidade em favor de brasileiros, serão atribuídos os direitos inerentes ao brasileiro, salvo os casos previstos nesta Constituição.*

Trata-se do chamado português equiparado ou quase nacional. Segundo o dispositivo, a Constituição assegura aos portugueses tratamento diferenciado, como se fossem brasileiros. Não se trata de uma hipótese de naturalização, nesse caso são atribuídos os mesmos direitos inerentes ao brasileiro.

Essa condição depende de reciprocidade por parte de Portugal. O Brasil possui um acordo internacional com Portugal por meio do Decreto nº 3.927/2001 que promulgou o Tratado de Cooperação, Amizade e Consulta Brasil/Portugal. Havendo o mesmo tratamento a um brasileiro quando estiver no país português, serão garantidos tratamentos diferenciados aos portugueses que aqui estiverem desde que manifestem interesse no recebimento desse tratamento diferenciado. Ressalta-se que para requerer esse tipo de tratamento será necessária, além do requerimento, a constituição de residência permanente no Brasil.

Por fim, não se pode esquecer de que o tratamento dado aos portugueses os equipara aos brasileiros naturalizados.

Tratamento diferenciado entre brasileiros

O § 2º do Art. 12 proíbe o tratamento diferençado entre brasileiros natos e naturalizados:

> ***§ 2º*** *- A lei não poderá estabelecer distinção entre brasileiros natos e naturalizados, salvo nos casos previstos nesta Constituição.*

O próprio dispositivo excepciona a regra permitindo que a Constituição Federal estabeleça tratamento diferenciado entre brasileiros natos e naturalizados. São quatro os tratamentos diferenciados estabelecidos pelo texto constitucional:

- **Cargos privativos de brasileiros natos;**
- **Funções privativas de brasileiros natos;**
- **Regras de extradição;**
- **Propriedade de empresas de jornalística ou de radiodifusão.**

O § 3º apresenta a primeira hipótese de distinção dentre brasileiros natos e naturalizados:

> ***§ 3º*** *- São privativos de brasileiro nato os cargos:*
>
> ***I.*** *De Presidente e Vice-Presidente da República;*
>
> ***II.*** *De Presidente da Câmara dos Deputados;*
>
> ***III.*** *De Presidente do Senado Federal;*
>
> ***IV.*** *De Ministro do Supremo Tribunal Federal;*
>
> ***V.*** *Da carreira diplomática;*
>
> ***VI.*** *de oficial das Forças Armadas;*
>
> ***VII.*** *De Ministro de Estado da Defesa.*

Os cargos privativos aos brasileiros natos são muito incidentes em provas. Por esse motivo, sugere-se que sejam memorizados. Dois critérios foram utilizados para escolha desses cargos. O primeiro está relacionado com os cargos que sucedem o Presidente da República (Presidente e Vice-Presidente da República, Presidente da Câmara dos Deputados, Presidente do Senado Federal e Ministro do Supremo Tribunal Federal). O segundo critério diz respeito à segurança nacional (carreira diplomática, oficial das forças armadas e Ministro do Estado da Defesa).

As funções privativas de brasileiros natos estão prevista no Art. 89, VII da Constituição:

> ***Art. 89.*** *O Conselho da República é órgão superior de consulta do Presidente da República, e dele participam:*
>
> ***I.*** *O Vice-Presidente da República;*
>
> ***II.*** *O Presidente da Câmara dos Deputados;*
>
> ***III.*** *O Presidente do Senado Federal;*
>
> ***IV.*** *Os líderes da maioria e da minoria na Câmara dos Deputados;*
>
> ***V.*** *Os líderes da maioria e da minoria no Senado Federal;*
>
> ***VI.*** *O Ministro da Justiça;*
>
> ***VII.*** *Seis cidadãos brasileiros natos, com mais de trinta e cinco anos de idade, sendo dois nomeados pelo Presidente da República, dois eleitos pelo Senado Federal e dois eleitos pela Câmara dos Deputados, todos com mandato de três anos, vedada a recondução.*

A terceira possibilidade de tratamento diferenciado diz respeito às regras de extradição previstas no inciso LI do Art. 5º:

> ***LI.*** *Nenhum brasileiro será extraditado, salvo o naturalizado, em caso de crime comum, praticado antes da naturalização, ou de comprovado envolvimento em tráfico ilícito de entorpecentes e drogas afins, na forma da lei.*

A quarta previsão está no Art. 222 da Constituição:

> ***Art. 222.*** *A propriedade de empresa jornalística e de radiodifusão sonora e de sons e imagens é privativa de brasileiros natos ou naturalizados há mais de dez anos, ou de pessoas jurídicas constituídas sob as leis brasileiras e que tenham sede no País.*

Perda da nacionalidade

A seguir serão trabalhadas as hipóteses de perda da nacionalidade. Uma pergunta: brasileiro nato pode perder a nacionalidade? Vejamos o que diz a Constituição Federal:

> ***§ 4º*** *- Será declarada a perda da nacionalidade do brasileiro que:*
>
> ***I.*** *Tiver cancelada sua naturalização, por sentença judicial, em virtude de atividade nociva ao interesse nacional;*
>
> ***II.*** *Adquirir outra nacionalidade, salvo no casos:*
>
> ***a)*** *de reconhecimento de nacionalidade originária pela lei estrangeira;*
>
> ***b)*** *de imposição de naturalização, pela norma estrangeira, ao brasileiro residente em estado estrangeiro, como condição para permanência em seu território ou para o exercício de direitos civis.*

Ao se analisar o dispositivo do caput desse parágrafo, é possível concluir que as regras são para os brasileiros natos ou naturalizados. Mas vale a pena verificar cada hipótese:

O inciso I deixa claro que é uma hipótese aplicada apenas aos brasileiros naturalizados (cancelamento de naturalização). Se o indivíduo tem seu vínculo com o Estado cancelado por decisão judicial, não há que se falar em permanência da nacionalidade brasileira;

O inciso II já não permite a mesma conclusão, haja vista ter considerado qualquer brasileiro. Logo, ao brasileiro, seja ele nato ou naturalizado, que adquirir outra nacionalidade, será declarada a perda da nacionalidade, pelo menos em regra. Essa regra possui duas exceções: nos casos de reconhecimento de nacionalidade originária estrangeira ou de imposição de naturalização, não será declarada a perda da nacionalidade brasileira. É nestas hipóteses que se encontram permitidas as situações de dupla nacionalidade que conhecemos.

Uma questão interessante surge: seria possível a reaquisição da nacionalidade brasileira?

Uma vez perdida a nacionalidade, tem-se entendido que é possível a sua reaquisição dependo da forma que foi perdida.

Se o indivíduo perde a nacionalidade com fundamento no inciso I, por cancelamento de naturalização, só seria possível a reaquisição por meio de ação rescisória.

Caso o indivíduo perca a nacionalidade por ter adquirido outra, que revela a hipótese do inciso II, também será possível a reaquisição por decreto presidencial (Art. 36, Lei 818/49).

Apesar da divergência doutrinária, prevalece o entendimento de que o brasileiro, após a reaquisição, volta à condição anterior, ou seja, se era brasileiro nato, volta a ser nato, se era naturalizado, volta como naturalizado.

Questões

01. (FCC) A Constituição Federal estabelece a proibição de trabalho noturno, perigoso ou insalubre a menores de:

a) Dezoito anos e de qualquer trabalho a menores de dezesseis anos, salvo na condição de aprendiz a partir de quatorze anos.
b) Vinte e um anos e de qualquer trabalho a menores de dezoito anos, salvo na condição de aprendiz a partir de dezesseis anos.
c) Dezessete anos e de qualquer trabalho a menores de quinze anos, salvo na condição de aprendiz a partir de treze anos.
d) Dezenove anos e de qualquer trabalho a menores de dezesseis anos, salvo na condição de aprendiz a partir de quinze anos.
e) Vinte anos e de qualquer trabalho a menores de dezenove anos, salvo na condição de aprendiz a partir de quinze anos.

02. (FCC) O filho nascido no Brasil de um casal de alemães que tenha vindo morar no Estado do Ceará em razão da aquisição de um estabelecimento hoteleiro (pousada), tem nacionalidade, nos termos da Constituição Federal Brasileira:

a) Alemã.
b) Brasileira.
c) Alemã, considerado naturalizado brasileiro.
d) Brasileira, considerado naturalizado.
e) Brasileira, considerado naturalizado alemão.

03. (FCC) É privativo de brasileiro nato o cargo de:

a) Presidente do Superior Tribunal de Justiça.
b) Presidente do Tribunal de Justiça.
c) Defensor Geral do Estado.
d) Presidente da Câmara dos Deputados.
e) Presidente do Tribunal de Contas da União.

Gabaritos

01	A
02	B
03	D

5. DIREITOS FUNDAMENTAIS – DIREITOS POLÍTICOS E PARTIDOS POLÍTICOS

5.1 Direitos Políticos

Os direitos políticos são um conjunto de direitos fundamentais que permitem ao indivíduo participar da vontade política do Estado. Para se falar de direitos políticos, alguns conceitos são indispensáveis.

Cidadania, democracia e soberania popular

A Cidadania é a condição conferida ao indivíduo que possui direito político. É o exercício desse direito. Essa condição só é possível em nosso país por causa do regime de governo adotado, a Democracia. A democracia parte do pressuposto de que o poder do Estado decorre da vontade popular, da Soberania Popular. Conforme o parágrafo único do Art. 1º da Constituição:

> ***Art. 1º**, Parágrafo único. Todo o poder emana do povo, que o exerce por meio de representantes eleitos ou diretamente, nos termos desta Constituição.*

A democracia brasileira é classificada como semidireta ou participativa, haja vista poder ser exercida tanto de forma direta como de forma indireta. Como forma de exercício direto temos o previsto no Art. 14 da CF:

> ***Art. 14.** A soberania popular será exercida pelo sufrágio universal e pelo voto direto e secreto, com valor igual para todos, e, nos termos da lei, mediante:*
>
> ***I.** Plebiscito;*
>
> ***II.** Referendo;*
>
> ***III.** Iniciativa popular.*

Mas ainda há a ação popular que também é forma de exercício direto dos direitos políticos:

> ***Art. 5º**, LXXIII. Qualquer cidadão é parte legítima para propor ação popular que vise a anular ato lesivo ao patrimônio público ou de entidade de que o Estado participe, à moralidade administrativa, ao meio ambiente e ao patrimônio histórico e cultural, ficando o autor, salvo comprovada má-fé, isento de custas judiciais e do ônus da sucumbência.*

Entendamos o que significa cada uma das formas de exercício direto dos direitos políticos:

Plebiscito

Consulta popular realizada antes da tomada de decisão. O representante do poder público quer tomar uma decisão, mas, antes de tomá-la, ele pergunta para os cidadãos quem concorda. O que os cidadãos decidirem será feito.

Referendo

Consulta popular realizada depois da tomada de decisão. O representante do poder público toma uma decisão e depois pergunta o que os cidadãos acharam.

Iniciativa popular

Essa é uma das formas de se iniciar o processo legislativo no Brasil. A legitimidade para propor criação de lei pelo eleitorado encontra amparo no Art. 61, § 2º da CF:

> ***Art. 61, § 2º** - A iniciativa popular pode ser exercida pela apresentação à Câmara dos Deputados de projeto de lei subscrito por, no mínimo, um por cento do eleitorado nacional, distribuído pelo menos por cinco Estados, com não menos de três décimos por cento dos eleitores de cada um deles.*

Ação popular

Remédio constitucional previsto no inciso LXXIII que funciona como instrumento de fiscalização dos poderes públicos nos termos do inciso citado.

Quando se fala em exercício indireto, significa exercício por meio dos representantes eleitos que representarão a vontade popular.

Todas essas ferramentas disponibilizadas acima constituem formas de exercício dos direitos políticos no Brasil.

A doutrina costuma classificar os direitos políticos em:

> **Direitos políticos positivos.**
> **Direitos políticos negativos.**

Direitos políticos positivos

Os direitos políticos positivos se mostram pela possibilidade de participação na vontade política do Estado. Esses direitos políticos se materializam por meio da Capacidade Eleitoral Ativa e da Capacidade Eleitoral Passiva. O primeiro é a possibilidade de votar. O segundo, de ser votado.

Para que se possa exercer a capacidade eleitoral ativa, faz-se necessário o chamado alistamento eleitoral. É, simplesmente, inscrever-se como eleitor, o que acontece quando obtemos o título de eleitor. A Constituição apresenta três regras para o alistamento e o voto:

Voto Obrigatório

Maiores de 18 anos;

Voto Facultativo

Maiores de 16 e menores de 18; analfabetos e maiores de 70 anos;

Voto Proibido

Estrangeiros e conscritos.

Vejamos estas regras previstas no texto constitucional:

> ***Art. 14**, § 1º. O alistamento eleitoral e o voto são:*
>
> ***I.** Obrigatórios para os maiores de dezoito anos;*
>
> ***II.** Facultativos para:*
>
> ***a)** os analfabetos;*
>
> ***b)** os maiores de setenta anos;*
>
> ***c)** os maiores de dezesseis e menores de dezoito anos.*
>
> ***§ 2º** - Não podem alistar-se como eleitores os estrangeiros e, durante o período do serviço militar obrigatório, os conscritos.*

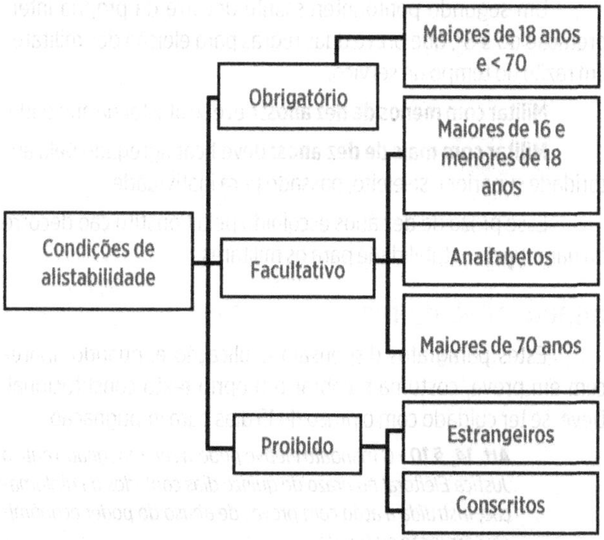

A **capacidade eleitoral passiva** é a capacidade de ser eleito. É uma das formas de participação política em que o cidadão aceita a incumbência de representar os interesses dos seus eleitores. Para que alguém possa ser eleito se faz necessário o preenchimento das Condições de Elegibilidade. São condições de elegibilidade as previstas no Art. 14, § 3º da Constituição:

> ***Art. 14, § 3º** - São condições de elegibilidade, na forma da lei:*
>
> ***I.** a nacionalidade brasileira;*
>
> ***II.** o pleno exercício dos direitos políticos;*
>
> ***III.** o alistamento eleitoral;*
>
> ***IV.** o domicílio eleitoral na circunscrição;*
>
> ***V.** a filiação partidária;*
>
> ***VI.** a idade mínima de:*
>
> ***a)** trinta e cinco anos para Presidente e Vice-Presidente da República e Senador;*
>
> ***b)** trinta anos para Governador e Vice-Governador de Estado e do Distrito Federal;*
>
> ***c)** vinte e um anos para Deputado Federal, Deputado Estadual ou Distrital, Prefeito, Vice-Prefeito e juiz de paz;*
>
> ***d)** dezoito anos para Vereador.*

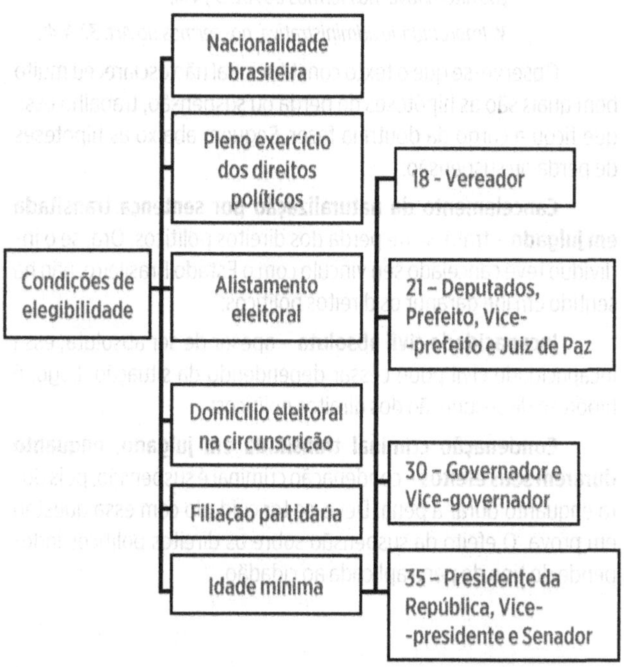

Direitos políticos negativos

Os direitos políticos negativos são verdadeiras vedações ao exercício da cidadania. São inelegibilidades, hipóteses de perda ou suspensão dos direitos políticos que se encontram previstos expressamente no texto constitucional. Só não se pode esquecer a possibilidade prevista no § 9º do Art. 14 da Constituição, que admite que sejam criadas outras inelegibilidades por Lei Complementar, desde possuam caráter relativo. Inelegibilidade absoluta, segundo a doutrina, só na Constituição Federal.

A primeira inelegibilidade está prevista no Art. 14, § 4º:

> ***Art. 14, § 4º** - São inelegíveis os inalistáveis e os analfabetos.*

Trata-se de uma inelegibilidade absoluta que impede os inalistáveis e analfabetos a concorrerem a qualquer cargo eletivo. Nota-se primeiramente que a Constituição se refere aos inalistáveis como "inelegíveis". Todas as vezes que se encontrar o termo inalistável, deve-se pensar automaticamente em estrangeiros e conscritos. Logo, são inelegíveis os estrangeiros, conscritos e analfabetos.

Quanto aos analfabetos, uma questão merece atenção: os analfabetos podem votar, mas não podem receber votos.

Em seguida, tem-se o § 5º, que traz a chamada regra da Reeleição. Trata-se de uma espécie de inelegibilidade relativa por meio do qual alguns titulares de cargos políticos ficam impedidos de se reelegerem por mais de duas eleições consecutivas, ou seja, é permitida apenas uma reeleição:

> ***Art. 14, § 5º** - O Presidente da República, os Governadores de Estado e do Distrito Federal, os Prefeitos e quem os houver sucedido, ou substituído no curso dos mandatos poderão ser reeleitos para um único período subsequente.*

O primeiro ponto interessante desse parágrafo está na restrição que só ocorre para os membros do poder executivo (Presidente, Governador e Prefeito). Logo, um membro do Poder Legislativo poderá se reeleger quantas vezes ele quiser, enquanto o membro do Poder Executivo só poderá se reeleger uma única vez. Ressalte-se que o impedimento se aplica também a quem suceder ou substituir o titular dos cargos supracitados.

Mais uma regra de inelegibilidade relativa encontra-se no § 6º:

> ***Art. 14, § 6º** - Para concorrerem a outros cargos, o Presidente da República, os Governadores de Estado e do Distrito Federal e os Prefeitos devem renunciar aos respectivos mandatos até seis meses antes do pleito.*

Estamos diante da chamada regra de **Desincompatibilização**. Da mesma forma que o dispositivo anterior só se aplica aos membros do Poder Executivo, e essa norma exige que os representantes desse Poder, para que possam concorrer a outro cargo, devem renunciar os respectivos mandatos até seis meses antes do pleito.

Ainda há a chamada Inelegibilidade Reflexa, ou em razão do parentesco. Essa hipótese gera um impedimento, não ao titular do cargo político, mas aos seus parentes até segundo grau. Também se aplica apenas aos membros do Poder Executivo:

> ***Art. 14, § 7º** - São inelegíveis, no território de jurisdição do titular, o cônjuge e os parentes consanguíneos ou afins, até o segundo grau ou por adoção, do Presidente da República, de Governador de Estado ou Território, do Distrito Federal, de Prefeito ou de quem os haja substituído dentro dos seis meses anteriores ao pleito, salvo se já titular de mandato eletivo e candidato à reeleição.*

O impedimento gerado está relacionado ao território de jurisdição do titular da seguinte forma:

> O Prefeito gera inelegibilidade aos cargos de Prefeito e Vereador do mesmo município;
> O Governador gera inelegibilidade aos cargos de Prefeito, Vereador, Deputado Estadual, Deputado Federal, Senador da República e Governador do mesmo Estado Federativo;
> O Presidente gera inelegibilidade a todos os cargos eletivos do país.

São parentes de 1º grau: pai, mãe, filho, sogro. São parentes de 2º grau: avô, irmão, neto, cunhado.

O STF editou a Súmula Vinculante nº 18, que diz:

Súmula Vinculante nº 18. *A dissolução da sociedade ou do vínculo conjugal, no curso do mandato, não afasta a inelegibilidade prevista no § 7º do Art. 14 da Constituição Federal.*

Lei complementar pode estabelecer novas hipóteses de inelegibilidade relativa. É o que dispõe o § 9º do Art. 14:

Art. 14, § 9º *- Lei complementar estabelecerá outros casos de inelegibilidade e os prazos de sua cessação, a fim de proteger a probidade administrativa, a moralidade para exercício de mandato considerada vida pregressa do candidato, e a normalidade e legitimidade das eleições contra a influência do poder econômico ou o abuso do exercício de função, cargo ou emprego na administração direta ou indireta.*

Com base no texto, é possível concluir que o rol de inelegibilidades relativas previstas na Constituição Federal é meramente exemplificativo. Há ainda a Lei Complementar nº 64/90 que traz várias hipóteses de inelegibilidade.

Condições para eleição do militar

O militar pode se candidatar a cargo político eletivo desde que observadas as regras estabelecidas no § 8º do Art. 14:

Art. 14, § 8º *- O militar alistável é elegível, atendidas as seguintes condições:*

I. *se contar menos de dez anos de serviço, deverá afastar-se da atividade;*

II. *se contar mais de dez anos de serviço, será agregado pela autoridade superior e, se eleito, passará automaticamente, no ato da diplomação, para a inatividade.*

Primeiramente, deve-se ressaltar que a Constituição veda a filiação partidária aos militares:

Art. 142, § 3º, V. *O militar, enquanto em serviço ativo, não pode estar filiado a partidos políticos.*

Recordando as condições de elegibilidade, tem-se que é necessária a filiação partidária para ser elegível, contudo, no caso do militar, o TSE tem entendido que o registro da candidatura supre a falta de prévia filiação partidária.

Um segundo ponto interessante decorre da própria interpretação do § 8º, que prevê duas regras para eleição dos militares em razão do tempo de serviço:

Militar com menos de dez anos: deve se afastar da atividade;

Militar com mais de dez anos: deve ficar agregado pela autoridade superior e se eleito, passado para inatividade.

Esse prazo de dez anos escolhido pela Constituição decorre da garantia de estabilidade para os militares.

Impugnação de mandato eletivo

Estes parágrafos dispensam explicação e, quando aparecem em prova, costumam cobrar o próprio texto constitucional. Deve-se ter cuidado com o prazo de 15 dias para impugnação:

Art. 14, § 10 *- O mandato eletivo poderá ser impugnado ante a Justiça Eleitoral no prazo de quinze dias contados da diplomação, instruída a ação com provas de abuso do poder econômico, corrupção ou fraude.*

§ 11 *- A ação de impugnação de mandato tramitará em segredo de justiça, respondendo o autor, na forma da lei, se temerária ou de manifesta má-fé.*

Cassação, suspensão e perda dos direitos políticos

Uma coisa é certa: não existe cassação de direitos políticos no Brasil. Isso não pode ser esquecido, pois sempre é cobrado em prova. Apesar dessa norma protetiva, são permitidas a perda e a suspensão desses direitos, conforme disposto no Art. 15 da Constituição:

Art. 15. *É vedada a cassação de direitos políticos, cuja perda ou suspensão só se dará nos casos de:*

I. *Cancelamento da naturalização por sentença transitada em julgado;*

II. *Incapacidade civil absoluta;*

III. *Condenação criminal transitada em julgado, enquanto durarem seus efeitos;*

IV. *Recusa de cumprir obrigação a todos imposta ou prestação alternativa, nos termos do Art. 5º, VIII;*

V. *Improbidade administrativa, nos termos do Art. 37, § 4º.*

Observe-se que o texto constitucional não esclareceu muito bem quais são as hipóteses de perda ou suspensão, trabalho esse que ficou a cargo da doutrina fazer. Seguem abaixo as hipóteses de perda ou suspensão:

Cancelamento da naturalização por sentença transitada em julgado – trata-se de perda dos direitos políticos. Ora, se o indivíduo teve cancelado seu vínculo com o Estado Brasileiro, não há sentido em lhe garantir os direitos políticos;

Incapacidade civil absoluta – apesar de ser absoluta, essa incapacidade civil pode cessar dependendo da situação. Logo, é hipótese de suspensão dos direitos políticos;

Condenação criminal transitada em julgado, enquanto durarem seus efeitos – condenação criminal é suspensão, pois dura enquanto durar a pena. Deve-se ter cuidado com essa questão em prova. O efeito da suspensão sobre os direitos políticos independe do tipo de pena aplicada ao cidadão.

Recusa de cumprir obrigação a todos imposta ou prestação alternativa, nos termos do Art. 5º, VIII - essa é a famosa hipótese da escusa de consciência. Em relação a esse tema, existe divergência na doutrina. Parte da doutrina Constitucional entende que é hipótese de perda, outra parte da doutrina, principalmente eleitoral, entende que seja hipótese de suspensão.

Improbidade administrativa, nos termos do Art. 37, § 4º - essa é mais uma hipótese de suspensão dos direitos políticos.

Princípio da anterioridade eleitoral

Este princípio exige o prazo de um ano para aplicação de lei que altere processo eleitoral. Isso visa a evitar que os candidatos sejam pegos de surpresa com as regras eleitorais. O Art. 16 diz:

> ***Art. 16.*** *A lei que alterar o processo eleitoral entrará em vigor na data de sua publicação, não se aplicando à eleição que ocorra até um ano da data de sua vigência.*

O STF decidiu que essa lei não se aplica às eleições de 2010 por não ter respeitado esse princípio que requer o prazo de 1 ano para aplicação da lei que alterar o processo eleitoral.

A lei havia sido publicada em junho de 2010 e queriam que valesse para as eleições do mesmo ano. O STF disse que sua aplicação para 2010 era inconstitucional.

5.2 Partidos Políticos

Natureza jurídica dos partidos políticos

Os partidos políticos, segundo previsão expressa da Constituição, possuem natureza jurídica de direito privado. Segundo o disposto no Art. 17, § 2º:

> ***§ 2º*** *- Os partidos políticos, após adquirirem personalidade jurídica, na forma da lei civil, registrarão seus estatutos no Tribunal Superior Eleitoral.*

Quando a Constituição determina que os partidos devem adquirir sua personalidade jurídica na forma da lei civil, praticamente, afirma que é uma pessoa jurídica de direito privado apesar de ser exigido seu registro no TSE.

Direitos dos partidos

Os partidos possuem vários direitos previstos expressamente na Constituição, dentre os quais destacam-se:

Recursos do fundo partidário;

Acesso gratuito ao rádio e à televisão (Lei 9.096/95).

Limitações aos partidos

Apesar da liberdade estampada no *caput* do Art. 17, é possível perceber que a criação dos partidos políticos possui algumas limitações:

> ***Art. 17.*** *É livre a criação, fusão, incorporação e extinção de partidos políticos, resguardados a soberania nacional, o regime democrático, o pluripartidarismo, os direitos fundamentais da pessoa humana e observados os seguintes preceitos:*
>
> ***I.*** *Caráter nacional;*
>
> ***II.*** *Proibição de recebimento de recursos financeiros de entidade ou governo estrangeiros ou de subordinação a estes;*
>
> ***III.*** *Prestação de contas à Justiça Eleitoral;*
>
> ***IV.*** *Funcionamento parlamentar de acordo com a lei.*
>
> ***§ 4º*** *- É vedada a utilização pelos partidos políticos de organização paramilitar.*

Verticalização

Antes da Emenda Constitucional nº 52/2006, era utilizada a chamada Verticalização, que significava a necessidade de vinculação das candidaturas do nível nacional, estadual, distrital ou municipal. Vejamos como está escrito agora:

> ***§ 1º*** *- É assegurada aos partidos políticos autonomia para definir sua estrutura interna, organização e funcionamento e para adotar os critérios de escolha e o regime de suas coligações eleitorais, sem obrigatoriedade de vinculação entre as candidaturas em âmbito nacional, estadual, distrital ou municipal, devendo seus estatutos estabelecer normas de disciplina e fidelidade partidária.*

Significa dizer que não é mais preciso haver vinculação das candidaturas nos diversos níveis federativos (União, Estados, Distrito Federal e Municípios).

Questões

01. (FCC) Um jovem com vinte anos completos que deseja concorrer a cargo eletivo junto ao Executivo ou ao Legislativo, poderá ser eleito:

a) Vice-prefeito.

b) Juiz de paz.

c) Vereador.

d) Prefeito.

e) Deputado distrital.

02. (FCC) Sobre os Direitos Políticos, considere as seguintes assertivas:

I. Se contar menos de dez anos de serviço, o militar alistável é elegível, mas deverá afastar-se da atividade.

II. Para concorrer a outro cargo o Prefeito deve renunciar ao respectivo mandato até sete meses antes do pleito.

III. O mandato eletivo poderá ser impugnado ante a Justiça Eleitoral no prazo de trinta dias contados da diplomação, instruída a ação com provas de abuso do poder econômico, corrupção ou fraude.

IV. A ação de impugnação de mandato tramitará em segredo de justiça, respondendo o autor, na forma da lei, se temerária ou de manifesta má-fé.

Está correto o que se afirma apenas em:

a) I e III.

b) I e IV.

c) II e III.

d) II e IV.

Gabaritos

01	C
02	B

6. PODER EXECUTIVO

O Poder Executivo, tem como função principal administrar o Estado. Para entender como o Poder Executivo Brasileiro está organizado, a seguir serão analisados alguns princípios constitucionais que o influenciam.

6.1 Princípios

Princípio republicano

O primeiro princípio que será estudo é o Republicano que representa a Forma de Governo adotada no Brasil. A forma de governo reflete o modo de aquisição e exercício do poder político, além de medir a relação existente entre o governante e o governado.

A melhor forma de entender esse instituto é conhecendo suas características. A primeira característica decorre da análise etimológica da expressão res publica. Essa expressão, que dá origem ao princípio ora estudado, significa coisa pública, ou seja, em um Estado republicano o governante governa a coisa pública, governa para o povo.

Na república, o governante é escolhido pelo povo. Essa é a chamada eletividade. O poder político é adquirido pelas eleições, cuja vontade popular se concretiza nas urnas.

Outra característica importante é a Temporariedade. Esse atributo revela o caráter temporário do exercício do poder político. Por causa desse princípio, em nosso Estado, o governante permanece por quatro anos no poder, sendo permitida apenas uma reeleição.

Por fim, num Estado Republicano o governante pode ser responsabilizado por seus atos.

Quando se fala dessas características da forma de governo republicana, remete-se imediatamente ao regime político adotado no Brasil, que permite a participação popular nas decisões estatais: **democracia.**

Princípio democrático

Esse princípio revela o **Regime de Governo** adotado no Brasil, também chamado de **Regime Político**. Caracteriza-se por um governo do povo, pelo povo e para o povo.

Presidencialismo

O Presidencialismo é o **Sistema de Governo** adotado no Brasil. O sistema de governo rege a relação entre o Poder Executivo e o Legislativo, medindo o grau de dependência entre eles. No Presidencialismo, prevalece a separação entre os Poderes Executivo e Legislativo os quais são independentes e harmônicos entre si.

A Constituição declara que o Poder Executivo da União é exercido pelo Presidente da República, auxiliado por seus Ministros de Estado:

> ***Art. 76.*** *O Poder Executivo é exercido pelo Presidente da República, auxiliado pelos Ministros de Estado.*

O Presidencialismo possui uma característica muito importante para prova: o presidente, que é eleito pelo povo, exerce ao mesmo tempo três funções: Chefe de Estado, Chefe de Governo e Chefe da Administração Pública.

A função de Chefe de Estado diz respeito a todas as atribuições do Presidente nas relações externas do País. Como Chefe de Governo, o Presidente possui inúmeras atribuições internas, no que tange à governabilidade do país. Já como Chefe da Administração Pública, o Presidente exercerá as funções relacionadas com a chefia da Administração Pública Federal, ou seja, apenas da União.

Esses princípios que regem o Poder Executivo costumam ser cobrados em prova. Vejamos esta questão sobre o princípio republicano:

Partindo de discussões sobre o presidencialismo, que caracteriza as funções exercidas pelo Presidente da República, a seguir serão estudados suas atribuições, que aparecem praticamente em todos os editais que contêm Poder Executivo.

Atribuições do presidente

As atribuições do Presidente da República encontram-se arroladas no Art. 84 da Constituição Federal:

> ***Art. 84.*** *Compete privativamente ao Presidente da República:*
>
> ***I.*** *Nomear e exonerar os Ministros de Estado;*
>
> ***II.*** *Exercer, com o auxílio dos Ministros de Estado, a direção superior da administração federal;*
>
> ***III.*** *Iniciar o processo legislativo, na forma e nos casos previstos nesta Constituição;*
>
> ***IV.*** *Sancionar, promulgar e fazer publicar as leis, bem como expedir decretos e regulamentos para sua fiel execução;*
>
> ***V.*** *Vetar projetos de lei, total ou parcialmente;*
>
> ***VI.*** *Dispor, mediante decreto, sobre:*
>
> ***a)*** *Organização e funcionamento da administração federal, quando não implicar aumento de despesa nem criação ou extinção de órgãos públicos;*
>
> ***b)*** *Extinção de funções ou cargos públicos, quando vagos;*
>
> ***VII.*** *Manter relações com Estados estrangeiros e acreditar seus representantes diplomáticos;*
>
> ***VIII.*** *Celebrar tratados, convenções e atos internacionais, sujeitos a referendo do Congresso Nacional;*
>
> ***IX.*** *Decretar o estado de defesa e o estado de sítio;*
>
> ***X.*** *Decretar e executar a intervenção federal;*
>
> ***XI.*** *Remeter mensagem e plano de governo ao Congresso Nacional por ocasião da abertura da sessão legislativa, expondo a situação do País e solicitando as providências que julgar necessárias;*

> ***XII.*** *Conceder indulto e comutar penas, com audiência, se necessário, dos órgãos instituídos em lei;*
>
> ***XIII.*** *Exercer o comando supremo das Forças Armadas, nomear os Comandantes da Marinha, do Exército e da Aeronáutica, promover seus oficiais-generais e nomeá-los para os cargos que lhes são privativos;*
>
> ***XIV.*** *Nomear, após aprovação pelo Senado Federal, os Ministros do Supremo Tribunal Federal e dos Tribunais Superiores, os Governadores de Territórios, o Procurador-Geral da República, o presidente e os diretores do banco central e outros servidores, quando determinado em lei;*
>
> ***XV.*** *Nomear, observado o disposto no Art. 73, os Ministros do Tribunal de Contas da União;*
>
> ***XVI.*** *Nomear os magistrados, nos casos previstos nesta Constituição, e o Advogado-Geral da União;*
>
> ***XVII.*** *Nomear membros do Conselho da República, nos termos do Art. 89, VII;*
>
> ***XVIII.*** *Convocar e presidir o Conselho da República e o Conselho de Defesa Nacional;*
>
> ***XIX.*** *Declarar guerra, no caso de agressão estrangeira, autorizado pelo Congresso Nacional ou referendado por ele, quando ocorrida no intervalo das sessões legislativas, e, nas mesmas condições, decretar, total ou parcialmente, a mobilização nacional;*
>
> ***XX.*** *Celebrar a paz, autorizado ou com o referendo do Congresso Nacional;*
>
> ***XXI.*** *Conferir condecorações e distinções honoríficas;*
>
> ***XXII.*** *Permitir, nos casos previstos em lei complementar, que forças estrangeiras transitem pelo território nacional ou nele permaneçam temporariamente;*
>
> ***XXIII.*** *Enviar ao Congresso Nacional o plano plurianual, o projeto de lei de diretrizes orçamentárias e as propostas de orçamento previstos nesta Constituição;*
>
> ***XXIV.*** *Prestar, anualmente, ao Congresso Nacional, dentro de sessenta dias após a abertura da sessão legislativa, as contas referentes ao exercício anterior;*
>
> ***XXV.*** *Prover e extinguir os cargos públicos federais, na forma da lei;*
>
> ***XXVI.*** *Editar medidas provisórias com força de lei, nos termos do Art. 62;*
>
> ***XXVII.*** *Exercer outras atribuições previstas nesta Constituição.*
>
> *Parágrafo único: O Presidente da República poderá delegar as atribuições mencionadas nos incisos VI, XII e XXV, primeira parte, aos Ministros de Estado, ao Procurador-Geral da República ou ao Advogado-Geral da União, que observarão os limites traçados nas respectivas delegações.*

Esse tema, quando cobrado em prova, costuma trabalhar com a memorização do texto constitucional. A dica é memorizar o Art. 84 da Constituição. Ele sempre está contemplado em prova.

Como já se falou na análise do Presidencialismo, as atribuições do Presidente são de Chefe de Estado, Chefe de Governo ou Chefe da Administração Pública. Procurou-se, abaixo, adequar, conforme a melhor doutrina, as atribuições do Art. 84 às funções desenvolvidas pelo Presidente no exercício de seu mandato:

Como **Chefe de Estado:**

O Presidente representa o Estado nas suas relações internacionais. São funções de Chefe de Estado as previstas nos incisos VII, VIII, XIX, XX, XXII e XXVII do Art. 84;

Como **Chefe de Governo:**

O Presidente exerce sua liderança política representando e gerindo os negócios internos nacionais. São funções de Chefe de Governo as previstas nos incisos I, III, IV, V, IX, X, XI, XII, XIII, XIV, XV, XVI, XVII, XVIII, XXI, XXIII, XXIV, XXVI e XXVII;

Como **Chefe da Administração Pública:**

O Presidente gerencia os negócios internos administrativos da administração pública federal. São funções de Chefe da Administração Pública as previstas nos incisos II, VI, XXV e XXVII.

Uma característica interessante é que esse rol de competências é meramente exemplificativo, por força do inciso XXVII, que abre a possibilidade de o Presidente exercer outras atribuições além das previstas expressamente no texto constitucional.

Outra questão amplamente trabalhada em prova é a possibilidade de delegação de algumas de suas atribuições, conforme prescrição do parágrafo único do Art. 84. Nem todas as atribuições do Presidente são delegáveis, apenas as previstas nos incisos **VI, XII e XXV, primeira parte:**

> ***VI.*** *Dispor, mediante decreto, sobre:*
>
> ***a)*** *Organização e funcionamento da administração federal, quando não implicar aumento de despesa nem criação ou extinção de órgãos públicos;*
>
> ***b)*** *Extinção de funções ou cargos públicos, quando vagos;*
>
> ***XII.*** *Conceder indulto e comutar penas, com audiência, se necessário, dos órgãos instituídos em lei;*
>
> ***XXV.*** *Prover os cargos públicos federais, na forma da lei.*

São três competências que podem ser delegadas para três pessoas: Ministro de Estado, Procurador-Geral da República e Advogado-Geral da União.

Ministro de Estado é qualquer ministro que auxilie o Presidente da República na administração do Estado. São exemplos: Ministro da Justiça, Ministro da Fazenda e Ministro da Agricultura.

Processo eleitoral

O processo de eleição do Presidente da República também encontra regulação expressa no texto constitucional:

> ***Art. 77.*** *A eleição do Presidente e do Vice-Presidente da República realizar-se-á, simultaneamente, no primeiro domingo de outubro, em primeiro turno, e no último domingo de outubro, em segundo turno, se houver, do ano anterior ao do término do mandato presidencial vigente.*
>
> ***§ 1º*** *- A eleição do Presidente da República importará a do Vice-Presidente com ele registrado.*
>
> ***§ 2º*** *- Será considerado eleito Presidente o candidato que, registrado por partido político, obtiver a maioria absoluta de votos, não computados os em branco e os nulos.*
>
> ***§ 3º*** *- Se nenhum candidato alcançar maioria absoluta na primeira votação, far-se-á nova eleição em até vinte dias após a proclamação do resultado, concorrendo os dois candidatos mais votados e considerando-se eleito aquele que obtiver a maioria dos votos válidos.*
>
> ***§ 4º*** *- Se, antes de realizado o segundo turno, ocorrer morte, desistência ou impedimento legal de candidato, convocar-se-á, dentre os remanescentes, o de maior votação.*
>
> ***§ 5º*** *- Se, na hipótese dos parágrafos anteriores, remanescer, em segundo lugar, mais de um candidato com a mesma votação, qualificar-se-á o mais idoso.*

Algumas considerações são importantes acerca desse tema. Primeiramente, deve-se registrar que a Constituição regulou até o dia em que deve ocorrer a eleição:

Primeiro Turno:

Primeiro Domingo de Outubro;

Segundo Turno:

Último Domingo de Outubro.

Uma coisa chama a atenção no *caput* do Art. 77. É que a Constituição diz que as eleições ocorrem no ano anterior ao do término do mandato presidencial vigente. Pergunta-se: será que essa regra é aplicável no direito brasileiro?

É claro que esse dispositivo é aplicado nos dias de hoje. A eleição ocorre no ano anterior ao do término do mandato presidencial vigente, pois o mandato acaba no dia 1º de janeiro, conforme dispõe o Art. 82:

> ***Art. 82.*** *O mandato do Presidente da República é de quatro anos e terá início em primeiro de janeiro do ano seguinte ao da sua eleição.*

Ora, se o novo mandato tem início em primeiro de janeiro, significa que o mandato antigo acaba no dia primeiro de janeiro. Logo, está corretíssimo afirmar que as eleições ocorrem no ano anterior ao do término do mandato presidencial vigente.

Quando votamos para Presidente, só votamos no Presidente. O Vice é eleito como consequência da eleição do Presidente. Esse será eleito se tiver a maioria absoluta dos votos, não computados os votos brancos e nulos, ou seja, será eleito aquele que possuir a maioria absoluta dos votos válidos. Maioria absoluta dos votos significa dizer que o eleito obteve o primeiro número inteiro após a metade dos votos válidos. Se ninguém obtiver maioria absoluta, deve-se convocar nova eleição – segundo turno. Para o segundo turno, são chamados os dois candidatos mais votados. Se, porventura, ocorrer empate no segundo lugar, a Constituição determina que seja convocado o mais idoso.

O critério de idade é para a situação de desempate. Ocorrendo morte, desistência ou impedimento de algum candidato do segundo turno, deverá ser convocado o próximo mais votado.

Finalizada a eleição, o Presidente e o Vice terão prazo de dez dias a contar da posse, para assumir o cargo. Caso não seja assumido, o cargo será declarado vago. Se o Presidente assume e o Vice não, o cargo do Vice é declarado vago, ficando o Presidente sem Vice até o fim do mandato. Caso o Vice assuma e o Presidente não, o cargo de Presidente será declarado vago, assumindo o Vice a função de Presidente e permanecendo durante o seu mandato sem Vice.

> ***Art. 78.*** *O Presidente e o Vice-Presidente da República tomarão posse em sessão do Congresso Nacional, prestando o compromisso de manter, defender e cumprir a Constituição, observar as leis, promover o bem geral do povo brasileiro, sustentar a união, a integridade e a independência do Brasil.*
>
> ***Parágrafo único.*** *Se, decorridos dez dias da data fixada para a posse, o Presidente ou o Vice-Presidente, salvo motivo de força maior, não tiver assumido o cargo, este será declarado vago.*

Impedimento e vacância

O Impedimento e a Vacância são espécies de ausência do Presidente da República. São circunstâncias em que o Presidente não está no exercício de sua função. A diferença entre os dois institutos está no fato de que, na vacância a ausência é definitiva, enquanto no impedimento a ausência é temporária. São exemplos de vacância: morte, perda do cargo, renúncia. São exemplos de impedimento: doença, viagem, férias. Na vacância, ocorre sucessão; no impedimento, ocorre substituição. Tanto no caso de impedimento como no de vacância, a Constituição Federal determina que o Vice-Presidente ficará no lugar do Presidente, pois essa é a sua função precípua:

> ***Art. 79.*** *Substituirá o Presidente, no caso de impedimento, e suceder-lhe-á, no de vaga, o Vice-Presidente.*
>
> ***Parágrafo único.*** *O Vice-Presidente da República, além de outras atribuições que lhe forem conferidas por lei complementar, auxiliará o Presidente, sempre que por ele convocado para missões especiais.*

O problema maior surge quando o Presidente e o Vice se ausentam ao mesmo tempo. Nesse caso, a Constituição determina que se convoquem outros sucessores: Presidente da Câmara dos Deputados, Presidente do Senado Federal e Presidente do Supremo Tribunal Federal. Esses são os legitimados a sucederem o Presidente da República e o Vice-Presidente de forma sucessiva e temporária quando ocorrer a ausência dos dois ao mesmo tempo:

> ***Art. 80.*** *Em caso de impedimento do Presidente e do Vice-Presidente, ou vacância dos respectivos cargos, serão sucessivamente chamados ao exercício da Presidência o Presidente da Câmara dos Deputados, o do Senado Federal e o do Supremo Tribunal Federal.*

Uma coisa deve ser observada: o Vice-Presidente é o único legitimado a suceder o Presidente de forma definitiva. O Presidente da Câmara, do Senado e do STF só substituem o Presidente em caráter temporário. Isso significa que, se o Presidente morrer, quem assume o cargo é o Vice.

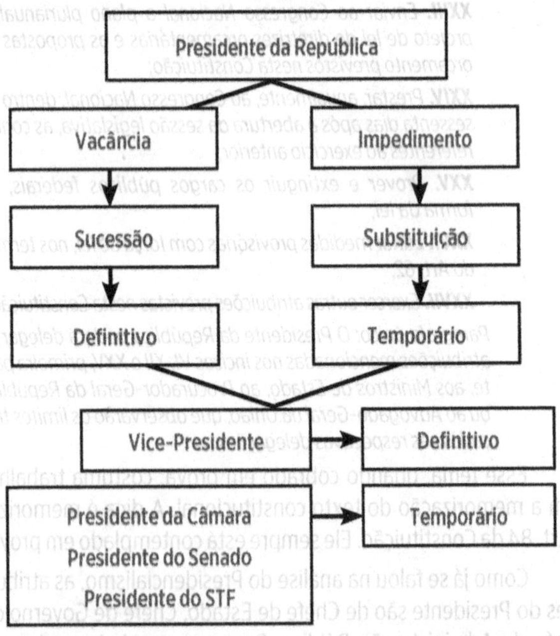

Agora, se ocorrer vacância dos cargos de Presidente e de Vice ao mesmo tempo, a Constituição determina que sejam realizadas novas eleições:

> ***Art. 81.*** *Vagando os cargos de Presidente e Vice-Presidente da República, far-se-á eleição noventa dias depois de aberta a última vaga.*
>
> ***§ 1º*** *- Ocorrendo a vacância nos últimos dois anos do período presidencial, a eleição para ambos os cargos será feita trinta dias depois da última vaga, pelo Congresso Nacional, na forma da lei.*
>
> ***§ 2º*** *- Em qualquer dos casos, os eleitos deverão completar o período de seus antecessores.*

Caso a vacância se dê nos dois primeiros anos de mandato, a eleição será direta, ou seja, com a participação do povo e deverá ocorrer no prazo de 90 dias a contar da última vacância. Mas, se a vacância se der nos dois últimos anos do mandato, a eleição será indireta (realizada pelo Congresso Nacional) no prazo de 30 dias a contar da última vacância. Quem for eleito permanecerá no cargo até o fim do mandato de quem ele sucedeu. Não se inicia um novo mandato. Esse mandato é chamado pela doutrina de Mandato-Tampão.

Em qualquer uma das duas situações, enquanto não forem eleitos os novos Presidente e Vice-Presidente, quem permanece no cargo é um dos sucessores temporários: Presidente da Câmara, do Senado ou do STF.

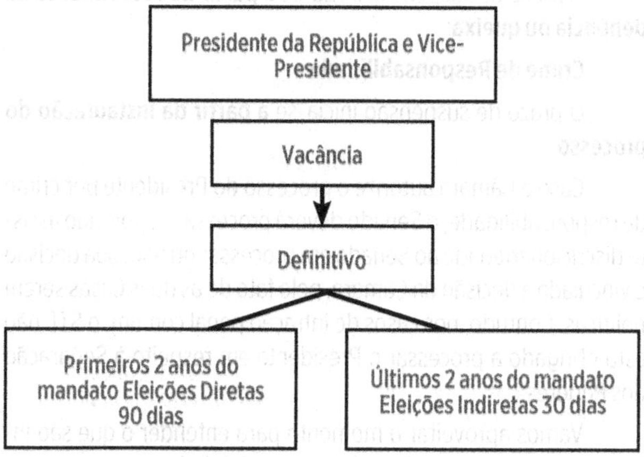

Perda do cargo no caso de saída do país sem autorização do congresso nacional

Esse artigo prevê a possibilidade de perda do cargo do Presidente e Vice-Presidente nos casos de ausência do País por período superior a 15 dias sem licença do Congresso Nacional:

> ***Art. 83.*** *O Presidente e o Vice-Presidente da República não poderão, sem licença do Congresso Nacional, ausentar-se do País por período superior a quinze dias, sob pena de perda do cargo.*

Vejamos que a Constituição não proíbe que o Presidente ou o Vice se ausentem do país sem licença do Congresso Nacional. Mas se a ausência se der por mais de 15 dias, nesse caso será indispensável a autorização da Casa Legislativa.

Órgãos auxiliares do presidente da república

A Constituição nos apresenta três órgãos auxiliares do Presidente da República: Ministros de Estado, Conselho da República e Conselho de Defesa Nacional. Os Ministros de Estados são os auxiliares diretos do Presidente da República. Os Arts. 87 e 88 trazem várias regras que podem ser trabalhadas em prova:

> ***Art. 87.*** *Os Ministros de Estado serão escolhidos dentre brasileiros maiores de vinte e um anos e no exercício dos direitos políticos.*
>
> ***Parágrafo único.*** *Compete ao Ministro de Estado, além de outras atribuições estabelecidas nesta Constituição e na lei:*
>
> ***I.*** *Exercer a orientação, coordenação e supervisão dos órgãos e entidades da administração federal na área de sua competência e referendar os atos e decretos assinados pelo Presidente da República;*
>
> ***II.*** *Expedir instruções para a execução das leis, decretos e regulamentos;*
>
> ***III.*** *Apresentar ao Presidente da República relatório anual de sua gestão no Ministério;*
>
> ***IV.*** *Praticar os atos pertinentes às atribuições que lhe forem outorgadas ou delegadas pelo Presidente da República.*
>
> ***Art. 88.*** *A lei disporá sobre a criação e extinção de Ministérios e órgãos da administração pública.*

O Conselho da República e o Conselho de Defesa Nacional também são órgãos auxiliares do Presidente da República, mas que possuem atribuição consultiva. Em situações determinadas pela Constituição, o Presidente, antes de tomar alguma decisão, precisa consultar esses dois órgãos.

Abaixo, seguem os Arts. 89, 90 e 91, cujas regras também podem ser cobradas em prova. Destacam-se as composições e as competências desses órgãos:

> ***Art. 89.*** *O Conselho da República é órgão superior de consulta do Presidente da República, e dele participam:*
>
> ***I.*** *O Vice-Presidente da República;*
>
> ***II.*** *O Presidente da Câmara dos Deputados;*
>
> ***III.*** *O Presidente do Senado Federal;*
>
> ***IV.*** *Os líderes da maioria e da minoria na Câmara dos Deputados;*
>
> ***V.*** *Os líderes da maioria e da minoria no Senado Federal;*
>
> ***VI.*** *O Ministro da Justiça;*
>
> ***VII.*** *Seis cidadãos brasileiros natos, com mais de trinta e cinco anos de idade, sendo dois nomeados pelo Presidente da República, dois eleitos pelo Senado Federal e dois eleitos pela Câmara dos Deputados, todos com mandato de três anos, vedada a recondução.*
>
> ***Art. 90.*** *Compete ao Conselho da República pronunciar-se sobre:*
>
> ***I.*** *Intervenção federal, estado de defesa e estado de sítio;*
>
> ***II.*** *As questões relevantes para a estabilidade das instituições democráticas.*
>
> ***§ 1º*** *- O Presidente da República poderá convocar Ministro de Estado para participar da reunião do Conselho, quando constar da pauta questão relacionada com o respectivo Ministério.*
>
> ***§ 2º*** *- A lei regulará a organização e o funcionamento do Conselho da República.*
>
> ***Art. 91.*** *O Conselho de Defesa Nacional é órgão de consulta do Presidente da República nos assuntos relacionados com a soberania nacional e a defesa do Estado democrático, e dele participam como membros natos:*
>
> ***I.*** *O Vice-Presidente da República;*
>
> ***II.*** *O Presidente da Câmara dos Deputados;*
>
> ***III.*** *O Presidente do Senado Federal;*
>
> ***IV.*** *Ministro da Justiça;*
>
> ***V.*** *O Ministro de Estado da Defesa;*
>
> ***VI.*** *O Ministro das Relações Exteriores;*
>
> ***VII.*** *O Ministro do Planejamento;*
>
> ***VIII.*** *Os Comandantes da Marinha, do Exército e da Aeronáutica.*
>
> ***§ 1º*** *- Compete ao Conselho de Defesa Nacional:*
>
> ***I.*** *Opinar nas hipóteses de declaração de guerra e de celebração da paz, nos termos desta Constituição;*
>
> ***II.*** *Opinar sobre a decretação do estado de defesa, do estado de sítio e da intervenção federal;*
>
> ***III.*** *Propor os critérios e condições de utilização de áreas indispensáveis à segurança do território nacional e opinar sobre seu efetivo uso, especialmente na faixa de fronteira e nas relacionadas com a preservação e a exploração dos recursos naturais de qualquer tipo;*
>
> ***IV.*** *Estudar, propor e acompanhar o desenvolvimento de iniciativas necessárias a garantir a independência nacional e a defesa do Estado democrático.*
>
> ***§ 2º*** *- A lei regulará a organização e o funcionamento do Conselho de Defesa Nacional.*

Responsabilidades

A forma de governo adotada no País é a República e, por essa razão, é possível responsabilizar o Presidente da República por seus atos. A Constituição tratou de regular a responsabilização por Crime de Responsabilidade e por Infrações Penais Comuns.

Antes de trabalhar com cada uma das responsabilidades, serão analisadas as chamadas Imunidades.

Imunidades são prerrogativas inerentes aos cargos mais importantes do Estado. Cargos que são estratégicos e essenciais à manutenção da ordem constitucional. Entre vários, se destaca o de Presidente da República.

A imunidade pode ser:

Material

É a conhecida irresponsabilidade penal absoluta. Essa imunidade protege o titular contra a responsabilização penal.

Formal

São prerrogativas de cunho processual

Um primeiro ponto essencial que precisa ser estabelecido: o Presidente não possui imunidade material, contudo, em razão da importância do seu cargo, possui imunidades formais. Apesar de o Presidente não possuir imunidade material, outros cargos a possuem, por exemplo, os Parlamentares.

Ao todo, pode-se elencar **quatro prerrogativas processuais** garantidas pela Constituição Federal ao Chefe do Executivo da União:

Processo

A Constituição exige juízo de admissibilidade emitido pela Câmara para que o Presidente possa ser processado durante o seu mandato. Isso significa que o Presidente da República só poderá ser processado se a Câmara dos Deputados autorizar pelo voto de 2/3 dos membros:

> ***Art. 86.*** *Admitida a acusação contra o Presidente da República, por dois terços da Câmara dos Deputados, será ele submetido a julgamento perante o Supremo Tribunal Federal, nas infrações penais comuns, ou perante o Senado Federal, nos crimes de responsabilidade.*

Prerrogativa de foro

O Presidente não pode ser julgado por qualquer juiz, haja vista a importância da função que exerce no Estado.

Diante disso, a Constituição estabeleceu dois foros competentes para julgar o Presidente:

Supremo Tribunal Federal

Será julgado pelas infrações penais comuns;

Senado Federal

Será julgado pelos Crimes de Responsabilidade.

Analisando essas duas primeiras prerrogativas, não se pode esquecer o previsto no Art. 86, § 1º:

> ***§ 1º*** *- O Presidente ficará suspenso de suas funções:*
>
> ***I.*** *Nas infrações penais comuns, se recebida a denúncia ou queixa-crime pelo Supremo Tribunal Federal;*
>
> ***II.*** *Nos crimes de responsabilidade, após a instauração do processo pelo Senado Federal.*
>
> ***§ 2º*** *- Se, decorrido o prazo de cento e oitenta dias, o julgamento não estiver concluído, cessará o afastamento do Presidente, sem prejuízo do regular prosseguimento do processo.*

A Constituição determina que, após iniciado o processo, tanto por infração penal comum quanto por crime de responsabilidade, o Presidente fique suspenso de suas funções pelo prazo de 180 dias, tempo necessário para que se finalize o processo. Caso o Presidente não seja julgado nesse período, ele poderá retornar ao exercício de suas funções sem prejuízo de continuidade do processo. Deve-se ter muito cuidado em prova com o início do prazo de suspensão:

Infração Penal Comum

O prazo de suspensão inicia-se **a partir do recebimento da denúncia ou queixa**;

Crime de Responsabilidade

O prazo de suspensão inicia-se **a partir da instauração do processo**.

Caso a Câmara autorize o processo do Presidente por crime de responsabilidade, o Senado deverá processá-lo, pois não assiste discricionariedade ao Senado em processar ou não. Sua decisão é vinculada à decisão da Câmara, pelo fato de as duas Casas serem políticas. Contudo, nos casos de infração penal comum, o STF não está obrigado a processar o Presidente em respeito à Separação dos Poderes.

Vamos aproveitar o momento para entender o que são infração penal comum e crime de responsabilidade.

Infração Penal Comum:

É qualquer crime ou contravenção penal cometida pelo Presidente da República na função ou em razão da sua função de Presidente. Seu processamento se dará no Supremo Tribunal Federal.

Crime de Responsabilidade:

A primeira coisa que se precisa saber sobre o crime de responsabilidade é que ele não é um crime. O crime de responsabilidade é uma infração de natureza **político-administrativa.** O nome crime é impróprio para esse instituto. O processo que visa a esse tipo de responsabilização é o ***Impeachment.***

O Presidente responderá por esse tipo de infração caso sua conduta se amolde ao previsto no Art. 85 da Constituição Federal:

> ***Art. 85.*** *São crimes de responsabilidade os atos do Presidente da República que atentem contra a Constituição Federal e, especialmente, contra:*
>
> ***I.*** *A existência da União;*
>
> ***II.*** *O livre exercício do Poder Legislativo, do Poder Judiciário, do Ministério Público e dos Poderes constitucionais das unidades da Federação;*
>
> ***III.*** *O exercício dos direitos políticos, individuais e sociais;*
>
> ***IV.*** *A segurança interna do País;*
>
> ***V.*** *A probidade na administração;*
>
> ***VI.*** *A lei orçamentária;*
>
> ***VII.*** *O cumprimento das leis e das decisões judiciais.*
>
> ***Parágrafo único.*** *Esses crimes serão definidos em lei especial, que estabelecerá as normas de processo e julgamento.*

Esse rol de condutas, consideradas como Crime de Responsabilidade estabelecido na Constituição, é meramente exemplificativo, já que é a Lei 1.079/50 o dispositivo regulador do Crime de Resposabilidade. Deve-se destacar sua relevância na fixação de outras autoridades que respondem por esse crime, novos crimes além dos procedimentos adotados nesse processo, principalmente na competência exclusiva do cidadão para denunciar o Presidente. Destaca-se ainda que, para haver condenação, o Senado deve proferi-la pelo voto de 2/3 dos seus membros.

Considerando que não se trata de um crime, essa infração não pode resultar numa pena privativa de liberdade. Quem pratica crime de responsabilidade não pode ser preso. A consequência estabelecida no Art. 52, parágrafo único, é a perda do cargo e a inabilitação para o exercício de qualquer função pública pelo prazo de oito anos:

> ***Art. 52**, Parágrafo único. Nos casos previstos nos incisos I e II, funcionará como Presidente o do Supremo Tribunal Federal, limitando-se a condenação, que somente será proferida por dois terços dos votos do Senado Federal, à perda do cargo, com inabilitação, por oito anos, para o exercício de função pública, sem prejuízo das demais sanções judiciais cabíveis.*

Prisão

O Presidente só pode ser preso pela prática de infração penal comum e somente se sobrevier sentença condenatória:

> ***Art. 86**, § 3º - Enquanto não sobrevier sentença condenatória, nas infrações comuns, o Presidente da República não estará sujeito a prisão.*

Irresponsabilidade penal relativa

Também conhecida na doutrina como Imunidade Formal Temporária, essa prerrogativa afirma que o Presidente não poderá ser responsabilizado por atos alheios aos exercícios de suas funções:

> ***§ 4º** - O Presidente da República, na vigência de seu mandato, não pode ser responsabilizado por atos estranhos ao exercício de suas funções.*

Para melhor compreender as imunidades conferidas ao Presidente da República, analisemos as seguintes situações hipotéticas:

01. Suponhamos que o Presidente da República seja flagrado após ter cometido o assassinado de duas pessoas por motivos particulares.

    a) Poderia ele, no momento em que é flagrado, ser preso pelo crime?

Não. O Presidente só pode ser preso se tiver uma sentença condenatória.

Poderia o Presidente ser processado pelo crime de duplo homicídio durante o se mandato?

O Presidente não pode ser responsabilizado por atos alheios aos exercícios de suas funções. Ao matar duas pessoas, ele não comete o crime na condição de Presidente, ou seja, esse crime não possui relação com sua função de Presidente. Por esse motivo, ele não pode ser processado durante o seu mandato. Não significa que ficará impune pelo crime cometido, apenas será responsabilizado normalmente após o mandato, nesse caso, sem nenhuma prerrogativa. Apesar de não haver previsão legal, a jurisprudência entende que o prazo prescricional, nesse caso, ficará suspenso, não prejudicando a responsabilização do Presidente.

02. Suponhamos agora que, em reunião com os Ministros, o Presidente tenha discutido com um deles. Em meio à confusão, o Presidente mata o Ministro.

    a) Poderia ele ser preso por esse crime?

O Presidente não pode ser preso enquanto não sobrevier sentença condenatória. É a imunidade em relação às prisões.

    b) O Presidente poderá ser processado por esse crime enquanto estiver no seu mandato?

Nesse caso sim. Perceba que o crime cometido foi em razão da função de Presidente, visto que não estaria na reunião com Ministros se não fosse o Presidente da República. Dessa forma, ele será processado por essa infração penal comum no Supremo Tribunal Federal, caso a Câmara dos Deputados autorize o processo. Havendo sentença condenatória, ele poderá ser preso. A possibilidade de responsabilização do Presidente da República por infração penal comum só ocorre se o crime cometido estiver ligado à sua função de Presidente.

Já em relação a outras esferas do direito, como cíveis, administrativas, trabalhistas ou qualquer outra área, o presidente não possui prerrogativa. Isso significa que o Presidente responderá normalmente, sem nenhum privilégio, nas outras esferas do Direito. O tema das Responsabilidades do Presidente tem sido alvo de inúmeras questões de prova. As questões podem ser trabalhadas a partir da literalidade do texto constitucional ou mesmo invocando caso concreto para verificação das regras e prerrogativas do Presidente.

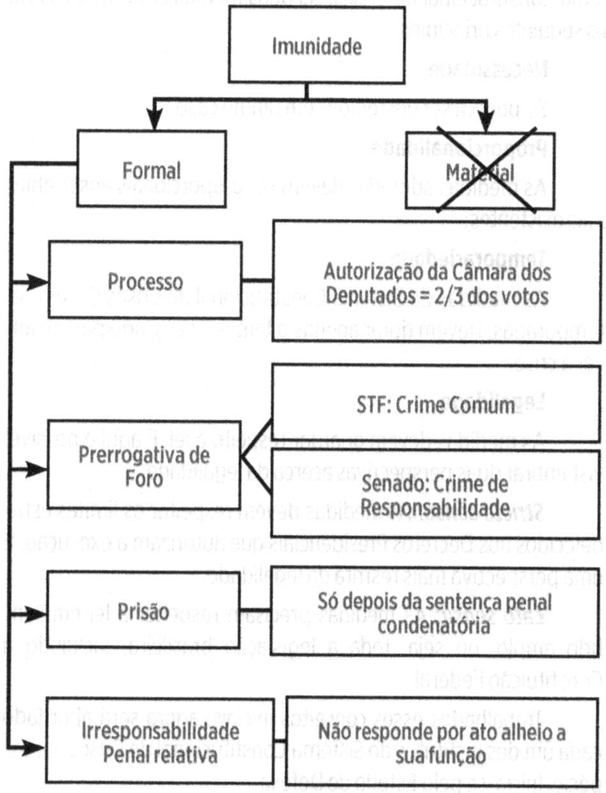

7. DEFESA DO ESTADO E DAS INSTITUIÇÕES DEMOCRÁTICAS

No título V, Arts. 136 a 144, a Constituição Federal apresenta instrumentos eficazes na proteção do Estado e de toda estrutura democrática. Os instrumentos disponibilizados são o Sistema Constitucional de Crises que compreende o Estado de Defesa e o Estado de Sítio, Forças Armadas e Segurança Pública, os quais serão analisados a partir de agora.

7.1 Sistema Constitucional de Crises

O Sistema Constitucional de Crises é um conjunto de medidas criadas pela Constituição Federal para restabelecer a ordem constitucional em momentos de crises político-institucionais. Antes de tratar das espécies em si, deve-se ressaltar algumas características essenciais desses institutos.

É necessário partir do pressuposto de que o **Estado de sítio é mais grave que o estado de defesa.** Essa compreensão permite entender que as medidas adotadas no Estado de Sítio serão mais gravosas que no Estado de Defesa.

Outro ponto interessante são os princípios que regem o Sistema Constitucional de Crises. As duas medidas devem observar os seguintes princípios:

Necessidade

Só podem ser decretadas em último caso.

Proporcionalidade

As medidas adotadas devem ser proporcionais aos problemas existentes.

Temporariedade

As medidas do Sistema Constitucional de Crises devem ser temporárias. Devem durar apenas o tempo necessário para resolver a crise.

Legalidade

As medidas devem guardar respeito à lei. E aqui é possível vislumbrar duas perspectivas acerca da legalidade:

Stricto sensu: As medidas devem respeitar os limites estabelecidos nos Decretos Presidenciais que autorizam a execução. É uma perspectiva mais restrita da legalidade;

Lato sensu: As medidas precisam respeitar a lei em sentido amplo, ou seja, toda a legislação brasileira, incluindo a Constituição Federal.

Trabalhados esses conceitos iniciais, agora será abordado cada um dos institutos do Sistema Constitucional de Crises em espécie. Inicia-se pelo Estado de Defesa.

Estado de defesa

O Estado de Defesa está regulamentado no Art. 136 da Constituição e o seu *caput* apresenta algumas informações importantíssimas:

> ***Art. 136.*** *O Presidente da República pode, ouvidos o Conselho da República e o Conselho de Defesa Nacional, decretar estado de defesa para preservar ou prontamente restabelecer, em locais restritos e determinados, a ordem pública ou a paz social ameaçadas por grave e iminente instabilidade institucional ou atingidas por calamidades de grandes proporções na natureza.*

Esse dispositivo enumera as **hipóteses de cabimento da medida ou quais são os seus objetivos**: preservar ou prontamente restabelecer a ordem pública ou a paz social ameaçadas por grave e iminente instabilidade institucional ou atingidas por calamidades de grandes proporções na natureza. Qualquer circunstância dessas autoriza a decretação de Estado de Defesa. Lembre-se de que esse rol é taxativo. Só essas situações podem autorizar a medida.

Um detalhe interessante e que pode funcionar como ponto de distinção entre o Estado de Sítio e de Defesa é a área abrangida. O texto constitucional apresentado determina que as áreas abrangidas pela medida sejam locais restritos e determinados.

Outro ponto importante e que é frequente cobrado em prova diz respeito ao tempo de duração do Estado de Defesa. Segundo Art. 136, § 2º, essa medida de contenção de crises poderá durar 30 dias, podendo prorrogar mais uma vez por igual período:

> ***§ 2º.*** *O tempo de duração do estado de defesa não será superior a trinta dias, podendo ser prorrogado uma vez, por igual período, se persistirem as razões que justificaram a sua decretação.*

Não se esqueça de que o prazo só poderá ser prorrogado uma única vez.

Como característica principal da execução do Estado de Defesa está a possibilidade de se restringirem alguns direitos, os quais estão previamente definidos nos §§ 1º a 3º do Art. 136:

> ***§ 1º.*** *O decreto que instituir o estado de defesa determinará o tempo de sua duração, especificará as áreas a serem abrangidas e indicará, nos termos e limites da lei, as medidas coercitivas a vigorarem, dentre as seguintes:*
>
> ***I.*** *restrições aos direitos de:*
>
> ***a)*** *reunião, ainda que exercida no seio das associações;*
>
> ***b)*** *sigilo de correspondência;*
>
> ***c)*** *sigilo de comunicação telegráfica e telefônica;*
>
> ***II.*** *ocupação e uso temporário de bens e serviços públicos, na hipótese de calamidade pública, respondendo a União pelos danos e custos decorrentes.*
>
> ***§ 3º.*** *Na vigência do estado de defesa:*
>
> ***I.*** *a prisão por crime contra o Estado, determinada pelo executor da medida, será por este comunicada imediatamente ao juiz competente, que a relaxará, se não for legal, facultado ao preso requerer exame de corpo de delito à autoridade policial;*
>
> ***II.*** *a comunicação será acompanhada de declaração, pela autoridade, do estado físico e mental do detido no momento de sua autuação;*
>
> ***III.*** *a prisão ou detenção de qualquer pessoa não poderá ser superior a dez dias, salvo quando autorizada pelo Poder Judiciário;*
>
> ***IV.*** *é vedada a incomunicabilidade do preso.*

Alguns pontos merecem um destaque especial. Devido à gravidade da situação e à excepcionalidade das medidas, a Constituição autoriza a restrição de vários direitos fundamentais, por exemplo, o direito de reunião, o sigilo das correspondências, das comunicações telegráficas e telefônicas.

Essas medidas restritivas dispensam autorização judicial, inclusive a decretação de prisão que será determinada pela própria autoridade executora do Estado de Defesa e poderá durar até dez dias. A prisão deverá ser comunicada imediatamente ao juiz o qual poderá prorrogá-la por período superior.

Não se deve esquecer que, mesmo em um momento de crise, como esse em que muitos direitos constitucionais são flexibilizados, é vedada pela Constituição Federal a incomunicabilidade do preso. A ele deverá ser garantido o direito de falar com seu familiar ou advogado, além do direito de ter preservada sua integridade.

Para que seja decretado o Estado de Defesa, a Constituição previu alguns procedimentos. Primeiramente, deve-se lembrar que a decretação é competência do Presidente da República. Antes de executar a medida, ele deverá consultar o Conselho de Defesa Nacional e o Conselho da República os quais emitirão um parecer acerca da situação. Apesar da obrigatoriedade em ouvir os Conselhos, o Presidente não está vinculado ao seus pareceres. Significa dizer que os pareceres emitidos pelos conselhos são meramente opinativos.

Ouvidos os Conselhos, o Presidente decreta a medida e imediatamente submete o decreto ao Congresso Nacional para aprovação. A decisão do Congresso Nacional é definitiva. Caso o decreto seja rejeitado, o Estado de Defesa cessa imediatamente.

> ***§ 4º**. Decretado o estado de defesa ou sua prorrogação, o Presidente da República, dentro de vinte e quatro horas, submeterá o ato com a respectiva justificação ao Congresso Nacional, que decidirá por maioria absoluta.*
>
> ***§ 5º**. Se o Congresso Nacional estiver em recesso, será convocado, extraordinariamente, no prazo de cinco dias.*
>
> ***§ 6º**. O Congresso Nacional apreciará o decreto dentro de dez dias contados de seu recebimento, devendo continuar funcionando enquanto vigorar o estado de defesa.*
>
> ***§ 7º**. Rejeitado o decreto, cessa imediatamente o estado de defesa.*

Apesar de ser caracterizado por medidas excepcionais, que restringem sobremaneira os direitos e garantias fundamentais, o Controle Constitucional de Crises não está imune à fiscalização por parte dos poderes públicos. Havendo excessos nas medidas adotadas, a Constituição prevê a possibilidade de responsabilização dos agentes por seus atos. A doutrina constitucional prevê duas formas de controle: Controle Político e Controle Jurisdicional.

O Controle Político é realizado basicamente pelo Congresso Nacional, que o efetuará de três formas:

Imediato: ocorre logo após a decretação da medida conforme o § 4º do Art. 136.

Concomitante: ocorre durante a execução do Estado de Defesa conforme § 6º do Art. 136 e Art. 140.

> ***Art. 140.** A Mesa do Congresso Nacional, ouvidos os líderes partidários, designará Comissão composta de cinco de seus membros para acompanhar e fiscalizar a execução das medidas referentes ao estado de defesa e ao estado de sítio.*

Sucessivo (posterior): ocorre após a execução da medida nos termos do Art. 141:

> ***Art. 141.** Cessado o estado de defesa ou o estado de sítio, cessarão também seus efeitos, sem prejuízo da responsabilidade pelos ilícitos cometidos por seus executores ou agentes.*
>
> ***Parágrafo único.** Logo que cesse o estado de defesa ou o estado de sítio, as medidas aplicadas em sua vigência serão relatadas pelo Presidente da República, em mensagem ao Congresso Nacional, com especificação e justificação das providências adotadas, com relação nominal dos atingidos e indicação das restrições aplicadas.*

O Controle Jurisdicional é o realizado pelo Poder Judiciário, e ocorrerá de duas formas:

Concomitante: durante a execução da medida. Veja-se o disposto no Art. 136, § 3º;

Sucessivo (Posterior): após a execução da medida nos termos do Art. 141.

Estado de sítio

O Estado de Sítio é mais gravoso que o Estado de Defesa. Por consequência, as medidas adotadas nesse caso terão maior efeito restritivo aos direitos fundamentais.

Primeiramente são abordadas às hipóteses de cabimento do Estado de Sítio, que estão previstas no Art. 137, I e II:

> ***I.** comoção grave de repercussão nacional ou ocorrência de fatos que comprovem a ineficácia de medida tomada durante o estado de defesa;*
>
> ***II.** declaração de estado de guerra ou resposta a agressão armada estrangeira.*

A doutrina faz uma distinção interessante entre os dois incisos, classificando-os em Repressivo e Defensivo. O Estado de Sítio Repressivo está previsto no inciso I, haja vista ser necessária a atuação dos poderes públicos para conter a situação de crise. Já o inciso II, é chamado de Estado de Sítio Defensivo, pois o poder público utiliza a medida como forma de se defender de agressões externas.

Um ponto distintivo entre o Estado de Defesa e o Estado de Sítio, muito cobrado em prova, refere-se à área abrangida. Segundo o inciso I do Art. 137, será decretada a medida quando a crise tiver repercussão nacional. Quando o candidato encontrar na prova o termo "repercussão nacional", deve associar com o Estado de Sítio. Diferentemente, se estiver escrito "local restrito e determinado", relacionar o dispositivo com Estado de Defesa.

Um tema muito cobrado em prova é o tempo de duração do Estado de Sítio. Vejamos o que diz o §1º do Art. 137:

> ***§ 1º**. O estado de sítio, no caso do Art. 137, I, não poderá ser decretado por mais de trinta dias, nem prorrogado, de cada vez, por prazo superior; no do inciso II, poderá ser decretado por todo o tempo que perdurar a guerra ou a agressão armada estrangeira.*

Qual o prazo de duração do Estado de Sítio? Depende da hipótese de cabimento.

Segundo o § 1º, se a hipótese for a do inciso I do Art. 137, o prazo será de 30 dias prorrogáveis por mais 30 dias enquanto for necessário para conter a situação. Cuidado com este prazo, pois a Constituição deixou transparecer que ele não pode ser prorrogado, contudo, o que ela quis dizer é que não pode ser prorrogado por mais de 30 dias todas as vezes que for prorrogado. Dessa forma, ele poderá ser prorrogado indefinidamente, enquanto for necessário.

Já no caso do inciso II, a Constituição regula o Estado de Sítio em caso de guerra ou agressão estrangeira e prevê que a medida durará enquanto for necessária para repelir a agressão estrangeira ou acabar com a guerra. Logo, o Estado de Sítio nestes casos não possuem prazo certo para terminar.

No que tange às medidas coercitivas que podem ser adotadas no Estado de Sítio, a Constituição prevê no Art. 139:

> ***Art. 139.** Na vigência do estado de sítio decretado com fundamento no Art. 137, I, só poderão ser tomadas contra as pessoas as seguintes medidas:*
>
> ***I.** obrigação de permanência em localidade determinada;*

II. detenção em edifício não destinado a acusados ou condenados por crimes comuns;

III. restrições relativas à inviolabilidade da correspondência, ao sigilo das comunicações, à prestação de informações e à liberdade de imprensa, radiodifusão e televisão, na forma da lei;

IV. suspensão da liberdade de reunião;

V. busca e apreensão em domicílio;

VI. intervenção nas empresas de serviços públicos;

VII. requisição de bens.

***Parágrafo único.** Não se inclui nas restrições do inciso III a difusão de pronunciamentos de parlamentares efetuados em suas Casas Legislativas, desde que liberada pela respectiva Mesa.*

O dispositivo só regulamentou as restrições adotadas na hipótese do inciso I do Art. 137, qual seja: comoção grave de repercussão nacional ou ocorrência de fatos que comprovem a ineficácia de medida tomada durante o Estado de Defesa. Esse rol de medidas é taxativo, restringindo a atuação do poder público durante sua aplicação. No caso do Art. 137, II, a Constituição nada disse, o que levou a doutrina a concluir a possibilidade de adoção de qualquer medida necessária para conter a situação, desde que compatíveis com a Ordem Constitucional e com as leis brasileiras.

Como se pode perceber, as medidas aqui são mais gravosas que as adotadas no Estado de Defesa, e isso pode ser muito bem notado pela distinção feita entre o Estado de Defesa e de Sítio no que se refere à liberdade de reunião. Enquanto no Estado de Defesa a liberdade de reunião sofre restrições, aqui ela será suspensa.

Outro dispositivo importante é o previsto no parágrafo único, que isenta os pronunciamentos dos parlamentares efetuados em suas Casas das restrições impostas no inciso III do artigo em análise, desde que liberadas pelas respectivas Mesas. As demais restrições devem ser lidas e memorizadas, pois podem ser cobradas em prova.

Vejamos agora como é o procedimento de decretação do Estado de Sítio:

***Art. 137.** O Presidente da República pode, ouvidos o Conselho da República e o Conselho de Defesa Nacional, solicitar ao Congresso Nacional autorização para decretar o estado de sítio nos casos de:*

***Parágrafo único.** O Presidente da República, ao solicitar autorização para decretar o estado de sítio ou sua prorrogação, relatará os motivos determinantes do pedido, devendo o Congresso Nacional decidir por maioria absoluta.*

***Art. 138.** O decreto do estado de sítio indicará sua duração, as normas necessárias a sua execução e as garantias constitucionais que ficarão suspensas, e, depois de publicado, o Presidente da República designará o executor das medidas específicas e as áreas abrangidas.*

***§ 2º.** Solicitada autorização para decretar o estado de sítio durante o recesso parlamentar, o Presidente do Senado Federal, de imediato, convocará extraordinariamente o Congresso Nacional para se reunir dentro de cinco dias, a fim de apreciar o ato.*

***§ 3º.** O Congresso Nacional permanecerá em funcionamento até o término das medidas coercitivas.*

Conforme estudado no Estado de Defesa, a decretação do Estado de Sítio fica a cargo do Presidente da República após ouvir o Conselho da República e o Conselho de Defesa Nacional. A consulta é obrigatória, mas os pareceres dos Conselhos não vinculam o Presidente. Apesar da similaridade de procedimentos, aqui o Presidente tem que solicitar autorização do Congresso Nacional antes de decretar o Estado de Sítio. Essa diferença é bastante cobrada em prova.

Ao passo que no Estado de Defesa o Presidente Decreta a medida e depois apresenta para o Congresso avaliar. No Estado de Sítio, antes de decretar, o Presidente deve sujeitar a medida à apreciação do Congresso Nacional.

Essa característica demonstra que, assim como no Estado de Defesa, a medida está sujeita a controle dos outros Poderes. Sendo assim, verifica-se que a fiscalização será feita tanto pelos órgãos políticos quanto pelos órgãos jurisdicionais.

Tem-se controle político quando realizado pelo Congresso Nacional, o qual se dará de forma:

Prévio: ocorre quando o Congresso Nacional autoriza a execução da medida;

Concomitante: ocorre durante a execução da medida;

***Art. 140.** A Mesa do Congresso Nacional, ouvidos os líderes partidários, designará Comissão composta de cinco de seus membros para acompanhar e fiscalizar a execução das medidas referentes ao estado de defesa e ao estado de sítio.*

Sucessivo (posterior): ocorre após a execução da medida;

***Art. 141.** Cessado o estado de defesa ou o estado de sítio, cessarão também seus efeitos, sem prejuízo da responsabilidade pelos ilícitos cometidos por seus executores ou agentes.*

***Parágrafo único.** Logo que cesse o estado de defesa ou o estado de sítio, as medidas aplicadas em sua vigência serão relatadas pelo Presidente da República, em mensagem ao Congresso Nacional, com especificação e justificação das providências adotadas, com relação nominal dos atingidos e indicação das restrições aplicadas.*

Também existe o controle Jurisdicional executado pelos órgãos do Poder Judiciário, o qual se dará de forma:

Concomitante: durante a execução da medida. Apesar de não haver previsão constitucional expressa, qualquer lesão ou ameaça a direito poderá ser apreciada pelo Poder Judiciário;

Sucessivo (Posterior): após a execução da medida nos termos do Art. 141.

7.2 Forças Armadas

Instituições

As Forças Armadas são formadas por instituições que compõem a estrutura de defesa do Estado, a Marinha, o Exército e a Aeronáutica. Possuem como funções principais a defesa da pátria, a garantia dos poderes constitucionais, da lei e da ordem. Apesar de sua vinculação à União, suas atribuições têm caráter nacional e podem ser exercidas em todo o território brasileiro:

***Art. 142.** As Forças Armadas, constituídas pela Marinha, pelo Exército e pela Aeronáutica, são instituições nacionais permanentes e regulares, organizadas com base na hierarquia e na disciplina, sob a autoridade suprema do Presidente da República, e destinam-se à defesa da Pátria, à garantia dos poderes constitucionais e, por iniciativa de qualquer destes, da lei e da ordem.*

Segundo o *caput* do Art. 142, são classificadas como instituições permanentes e regulares. Estão sempre prontas para agir. São regulares, pois desempenham funções sistemáticas e dependem de um efetivo de servidores para realizá-las.

Ainda, destaca-se a base de sua organização na hierarquia e na disciplina. Esses atributos típicos da Administração Pública são ressaltados nessas instituições devido ao caráter militar que possuem. As Forças Armadas valorizam demasiadamente essa estrutura hierárquica, com regulamentos que garantem uma distribuição do efetivo em diversos níveis de escalonamento, cujo comando supremo está nas mãos do Presidente da República.

Em linhas gerais, a Constituição previu algumas regras para o funcionamento das instituições militares:

> ***§ 1º.** Lei complementar estabelecerá as normas gerais a serem adotadas na organização, no preparo e no emprego das Forças Armadas.*
>
> ***§ 3º.** Os membros das Forças Armadas são denominados militares, aplicando-se-lhes, além das que vierem a ser fixadas em lei, as seguintes disposições:*
>
> ***I.** as patentes, com prerrogativas, direitos e deveres a elas inerentes, são conferidas pelo Presidente da República e asseguradas em plenitude aos oficiais da ativa, da reserva ou reformados, sendo-lhes privativos os títulos e postos militares e, juntamente com os demais membros, o uso dos uniformes das Forças Armadas;*
>
> ***II.** o militar em atividade que tomar posse em cargo ou emprego público civil permanente, ressalvada a hipótese prevista no Art. 37, inciso XVI, alínea "c", será transferido para a reserva, nos termos da lei; (Redação dada pela Emenda Constitucional nº 77, de 2014)*
>
> ***III.** o militar da ativa que, de acordo com a lei, tomar posse em cargo, emprego ou função pública civil temporária, não eletiva, ainda que da administração indireta, ressalvada a hipótese prevista no art. 37, inciso XVI, alínea "c", ficará agregado ao respectivo quadro e somente poderá, enquanto permanecer nessa situação, ser promovido por antiguidade, contando-se-lhe o tempo de serviço apenas para aquela promoção e transferência para a reserva, sendo depois de dois anos de afastamento, contínuos ou não, transferido para a reserva, nos termos da lei; (Redação dada pela Emenda Constitucional nº 77, de 2014);*
>
> ***IV.** ao militar são proibidas a sindicalização e a greve;*
>
> ***V.** o militar, enquanto em serviço ativo, não pode estar filiado a partidos políticos;*
>
> ***VI.** o oficial só perderá o posto e a patente se for julgado indigno do oficialato ou com ele incompatível, por decisão de tribunal militar de caráter permanente, em tempo de paz, ou de tribunal especial, em tempo de guerra;*
>
> ***VII.** o oficial condenado na justiça comum ou militar a pena privativa de liberdade superior a dois anos, por sentença transitada em julgado, será submetido ao julgamento previsto no inciso anterior;*
>
> ***VIII.** aplica-se aos militares o disposto no art. 7º, incisos VIII, XII, XVII, XVIII, XIX e XXV, e no Art. 37, incisos XI, XIII, XIV e XV, bem como, na forma da lei e com prevalência da atividade militar, no Art. 37, inciso XVI, alínea "c"; (Redação dada pela Emenda Constitucional nº 77, de 2014)*
>
> ***IX.** (Revogado pela Emenda Constitucional nº 41, de 19.12.2003).*
>
> ***X.** a lei disporá sobre o ingresso nas Forças Armadas, os limites de idade, a estabilidade e outras condições de transferência do militar para a inatividade, os direitos, os deveres, a remuneração, as prerrogativas e outras situações especiais dos militares, consideradas as peculiaridades de suas atividades, inclusive aquelas cumpridas por força de compromissos internacionais e de guerra.*

Habeas corpus

A Constituição declarou expressamente o não cabimento de *Habeas Corpus* nas punições disciplinares militares:

> ***§ 2º.** Não caberá Habeas Corpus em relação a punições disciplinares militares.*

Essa vedação decorre do regime constritivo rigoroso existente nas instituições castrenses, o qual permite como sanção administrativa a prisão. Deve-se ter muito cuidado com isso em prova. Segundo o STF, se o *Habeas Corpus* versar sobre a ilegalidade da prisão, ele será admitido, ficando a vedação adstrita apenas ao seu mérito.

Vedações

Como foi dito anteriormente, o regime militar é bem rigoroso e a Constituição apresentou algumas vedações que sempre caem em prova:

> ***IV.** ao militar são proibidas a sindicalização e a greve;*
>
> ***V.** o militar, enquanto em serviço ativo, não pode estar filiado a partidos políticos;*

A sindicalização e a greve são medidas que dificultam o trabalho do militar, pois o influencia a questionar as ordens recebidas de seus superiores. As atribuições dos militares dependem de uma obediência irrestrita, por essa razão a Constituição os impediu de se organizarem em sindicatos e de realizarem movimentos paredistas.

Quanto à vedação de filiação a partido político, deve-se destacar que o militar, para que desenvolva suas atividades com eficiência, não pode se sujeitar às correntes político-partidárias. O militar deve obedecer apenas à Constituição Federal e executar suas atividades com determinação. Essa vedação não o impede de se candidatar a cargo eletivo, desde que não seja conscrito. Aqui cabe citar o Art. 14, § 8º da CF:

> ***§ 8º.** O militar alistável é elegível, atendidas as seguintes condições:*
>
> ***I.** se contar menos de dez anos de serviço, deverá afastar-se da atividade;*
>
> ***II.** se contar mais de dez anos de serviço, será agregado pela autoridade superior e, se eleito, passará automaticamente, no ato da diplomação, para a inatividade.*

Serviço militar obrigatório

Outro tema importante acerca das Forças Armadas é a existência do serviço militar obrigatório, previsto no Art. 143:

> ***Art. 143.** O serviço militar é obrigatório nos termos da lei.*
>
> ***§ 1º.** Às Forças Armadas compete, na forma da lei, atribuir serviço alternativo aos que, em tempo de paz, após alistados, alegarem imperativo de consciência, entendendo-se como tal o decorrente de crença religiosa e de convicção filosófica ou política, para se eximirem de atividades de caráter essencialmente militar.*
>
> ***§ 2º.** as mulheres e os eclesiásticos ficam isentos do serviço militar obrigatório em tempo de paz, sujeitos, porém, a outros encargos que a lei lhes atribuir.*

A Lei que regula o serviço militar obrigatório é a 4.375/64, a qual obriga todos os brasileiros a se alistarem. Destaca-se que essa obrigatoriedade não se aplica aos eclesiásticos (líderes religiosos) e às mulheres, em tempos de paz, o que nos conduz à conclusão de que eles poderiam ser convocados em momentos de guerra ou mobilização nacional.

O § 1º apresenta um tema que já foi cobrado em prova: a dispensa do serviço obrigatório pela escusa de consciência. Isso ocorre quando o indivíduo se recusa a cumprir a obrigação essencialmente militar que é imposta pela Constituição Federal em razão da sua convicção filosófica, religiosa ou política. O referido parágrafo, em consonância com o inciso VIII do Art. 5º, permite que nesses casos o interessado tenha respeitado o seu direito de escolha e de livre consciência desde que cumpra a prestação alternativa regulamentada na Lei 8.239/91, a qual consiste no desempenho de atribuições de caráter administrativo, assistencial, filantrópico ou produtivo, em substituição às atividades de caráter essencialmente militar. Não havendo o cumprimento da atividade obrigatória ou da prestação alternativa fixada em lei, o Art. 15 prevê como consequência a restrição dos direitos políticos:

> ***Art. 15.*** *É vedada a cassação de direitos políticos, cuja perda ou suspensão só se dará nos casos de:*
>
> ***IV.*** *recusa de cumprir obrigação a todos imposta ou prestação alternativa, nos termos do Art. 5º, VIII.*

Acerca desse tema, um problema surge na doutrina. A Constituição não estabelece de forma clara qual consequência deverá ser aplicada ao indivíduo que se recusa a cumprir a obrigação ou a prestação alternativa. A Lei 8.239/91, que regula a prestação alternativa ao serviço militar obrigatório, prevê que será declarada a suspensão dos direitos políticos de quem se recusar a cumprir a obrigação e a prestação alternativa. A doutrina tem se dividido entre as duas possibilidades: perda ou suspensão dos direitos políticos.

Em tese, esse tema não deveria ser cobrado em prova de concurso, considerando sua divergência doutrinária; entretanto, recentemente, para o concurso de juiz do TRF da 5ª região, a banca CESPE trouxe essa questão e sustentou em seu gabarito definitivo a posição de perda dos direitos políticos. Diante desse último posicionamento da CESPE, caso o candidato faça alguma prova desta banca, em que seja cobrada esse conteúdo, deve-se responder perda. O mesmo se aplica para FCC, que também entende que ocorre perda dos direitos políticos.

7.3 Segurança Pública

Órgãos

Conforme prescrito no *caput* do Art. 144, a Segurança Pública é dever do Estado e tem como objetivo a preservação da ordem pública e da incolumidade das pessoas e do patrimônio. Esse tema é certo em concursos públicos da área de Segurança Pública e deve ser estudado com o foco na memorização de todo o artigo. Um dos pontos mais importantes está na definição de quais órgãos compõem a chamada segurança pública, os quais estão listados de forma taxativa no Art. 144:

> ***Art. 144.*** *A segurança pública, dever do Estado, direito e responsabilidade de todos, é exercida para a preservação da ordem pública e da incolumidade das pessoas e do patrimônio, através dos seguintes órgãos:*
>
> ***I.*** *polícia federal;*
>
> ***II.*** *polícia rodoviária federal;*
>
> ***III.*** *polícia ferroviária federal;*
>
> ***IV.*** *polícias civis;*
>
> ***V.*** *polícias militares e corpos de bombeiros militares.*
>
> ***VI.*** *polícias penais federal, estaduais e distrital.*

O STF já decidiu que esse rol é taxativo e que os demais entes federativos estão vinculados à classificação proposta pela Constituição. Diante disso, conclui-se que os Estados, Distrito Federal e Municípios estão proibidos de criar outros órgãos de segurança pública diferentes dos estabelecidos na Constituição Federal. Vejamos esta questão de prova:

Ainda, como fruto dessa taxatividade, deve-se afirmar que nenhum outro órgão além dos estabelecidos nesse artigo poderá ser considerado como sendo de Segurança Pública. Isso se aplica às Guardas Municipais, aos Agentes Penitenciários, aos Agentes de Trânsito e aos Seguranças Privados.

Há ainda a chamada Força Nacional de Segurança, instituição criada como fruto de um acordo de cooperação entre os Estados e o Distrito Federal que possui o objetivo de apoiar ações de segurança pública nesses locais. Apesar de ser formado por membros dos órgãos de segurança pública de todo o país, não se pode afirmar, principalmente numa prova de concurso, que essa instituição faça parte dos Órgãos de Segurança Pública.

Não se pode esquecer das Polícias Legislativas criadas no âmbito da Câmara dos Deputados e do Senado Federal, previstas nos Arts. 51, IV e 52, XIII. Também não entram na classificação de Órgãos de Segurança Pública para a prova, pois não estão no rol do Art. 144:

> ***Art. 51.*** *Compete privativamente à Câmara dos Deputados:*
>
> ***IV.*** *dispor sobre sua organização, funcionamento, polícia, criação, transformação ou extinção dos cargos, empregos e funções de seus serviços, e a iniciativa de lei para fixação da respectiva remuneração, observados os parâmetros estabelecidos na lei de diretrizes orçamentárias.*
>
> ***Art. 52.*** *Compete privativamente ao Senado Federal:*
>
> ***XIII.*** *dispor sobre sua organização, funcionamento, polícia, criação, transformação ou extinção dos cargos, empregos e funções de seus serviços, e a iniciativa de lei para fixação da respectiva remuneração, observados os parâmetros estabelecidos na lei de diretrizes orçamentárias.*

Cada um dos órgãos será organizado em estatuto próprio, conforme preleciona o § 7º do Art. 144:

> ***§ 7º.*** *A lei disciplinará a organização e o funcionamento dos órgãos responsáveis pela segurança pública, de maneira a garantir a eficiência de suas atividades.*

Polícia administrativa x polícia judiciária

Antes de iniciar uma análise mais detida do artigo em questão, uma importante distinção doutrinária deve ser feita em relação às polícias de segurança pública: Polícia Administrativa e Polícia Judiciária.

Polícia Administrativa é a polícia preventiva. Sua atividade ocorre antes do cometimento da infração penal com o intuito de impedir a sua ocorrência. Sua atuação é ostensiva, ou seja, visível pelos membros da sociedade. É aquela polícia a que recorremos quando temos um problema. Uma característica marcante das polícias ostensivas é o seu uniforme. É a vestimenta que identifica um policial ostensivo. O maior exemplo de polícia administrativa é a Polícia Militar. Também são consideradas como polícia preventiva: Polícia Federal (em situações específicas), Polícia Rodoviária Federal, Polícia Ferroviária Federal e Corpo de Bombeiros Militar.

Polícia Judiciária é a polícia repressiva. Sua atividade ocorre após o cometimento da infração penal, quando a atuação da polícia preventiva não surtiu efeito. Sua atividade é investigativa com o fim de encontrar os elementos comprobatórios do ilícito penal cometido. O resultado do trabalho das polícias judiciárias é utilizado posteriormente pelo Ministério Público para subsidiar sua atuação junto ao Poder Judiciário. Daí a razão do nome ser Polícia Judiciária. O resultado de seu trabalho é utilizado pelo Poder Judiciário em seus julgamentos. Atente-se para a seguinte diferença, pois já caiu em prova de concurso: a Polícia Judiciária não faz parte do Poder Judiciário, mas do Poder Executivo. São consideradas como Polícia Judiciária a Polícia Civil e a Polícia Federal. A Polícia Militar também possui atribuições repressivas quando atua na investigação de crimes cometidos por policiais militares.

Além dessa classificação, pode-se distinguir os órgãos do Art. 144 em federais e estaduais, a depender da sua vinculação federativa:

Federais

Polícia Federal, Polícia Rodoviária Federal e Polícia Ferroviária Federal;

Estaduais

Polícia Civil, Polícia Militar e Corpo de Bombeiro Militar.

Feitas essas considerações iniciais, prossegue-se agora com a análise de cada um dos órgãos de segurança pública do Art. 144.

Polícia federal

A Polícia Federal é o órgão de segurança pública com maior quantidade de atribuições previstas na Constituição Federal, razão pela qual é a mais cobrada em prova:

> ***§ 1º**. A polícia federal, instituída por lei como órgão permanente, organizado e mantido pela União e estruturado em carreira, destina-se a:*
>
> ***I**. apurar infrações penais contra a ordem política e social ou em detrimento de bens, serviços e interesses da União ou de suas entidades autárquicas e empresas públicas, assim como outras infrações cuja prática tenha repercussão interestadual ou internacional e exija repressão uniforme, segundo se dispuser em lei;*
>
> ***II**. prevenir e reprimir o tráfico ilícito de entorpecentes e drogas afins, o contrabando e o descaminho, sem prejuízo da ação fazendária e de outros órgãos públicos nas respectivas áreas de competência;*
>
> ***III**. exercer as funções de polícia marítima, aeroportuária e de fronteiras;*
>
> ***IV**. exercer, com exclusividade, as funções de polícia judiciária da União.*

Deve-se destacar, como característica principal, a sua atuação como Polícia Judiciária exclusiva da União. É ela quem atuará na repressão dos crimes cometidos contra a União e suas entidades autárquicas e empresas públicas. Apesar de mencionar algumas entidades da administração indireta, não se mencionou as Sociedades de Economia Mista. Isso força uma conclusão de que a Polícia Federal não tem atribuição nos crimes que envolvam interesses de Sociedades de Economia Mista.

As demais atribuições serão exercidas concomitantemente com outros órgãos, limitando a exclusividade de sua atuação apenas à função investigativa no âmbito da União.

Polícia rodoviária federal

A Polícia Rodoviária Federal é órgão da União responsável pelo patrulhamento das rodovias federais:

> ***§ 2º**. A polícia rodoviária federal, órgão permanente, organizado e mantido pela União e estruturado em carreira, destina-se, na forma da lei, ao patrulhamento ostensivo das rodovias federais.*

Eventualmente, sua atuação se estenderá às rodovias estaduais ou distritais mediante convênio firmado entre os entes federativos. Não havendo esse convênio, o patrulhamento das rodovias estaduais e distritais fica a cargo das Polícias Militares. É comum no âmbito das Polícias Militares a criação de batalhões ou companhias com essa atribuição específica, as chamadas Polícias Rodoviárias.

Polícia ferroviária federal

A Polícia Ferroviária Federal é o órgão da União responsável pelo patrulhamento das ferrovias federais:

> ***§ 3º**. A polícia ferroviária federal, órgão permanente, organizado e mantido pela União e estruturado em carreira, destina-se, na forma da lei, ao patrulhamento ostensivo das ferrovias federais.*

Diante da pouca relevância das ferrovias no Brasil, esse órgão ficou no esquecimento durante vários anos. No dia 5 agosto de 2011, a Presidente Dilma sancionou a Lei 12.462, que cria no âmbito do Ministério da Justiça a Polícia Ferroviária Federal. O efetivo que comporá essa nova estrutura se originará das instituições que anteriormente cuidavam das ferrovias:

> ***Art. 48.** A Lei nº 10.683, de 28 de maio de 2003, passa a vigorar com as seguintes alterações:*
>
> ***Art. 29**, XIV. Do Ministério da Justiça: o Conselho Nacional de Política Criminal e Penitenciária, o Conselho Nacional de Segurança Pública, o Conselho Federal Gestor do Fundo de Defesa dos Direitos Difusos, o Conselho Nacional de Combate à Pirataria e Delitos contra a Propriedade Intelectual, o Conselho Nacional de Arquivos, o Conselho Nacional de Políticas sobre Drogas, o Departamento de Polícia Federal, o Departamento de Polícia Rodoviária Federal, o Departamento de Polícia Ferroviária Federal, a Defensoria Pública da União, o Arquivo Nacional e até 6 (seis) Secretarias;*
>
> ***§ 8º**. Os profissionais da Segurança Pública Ferroviária oriundos do grupo Rede, Rede Ferroviária Federal (RFFSA), da Companhia Brasileira de Trens Urbanos (CBTU) e da Empresa de Trens Urbanos de Porto Alegre (Trensurb) que estavam em exercício em 11 de dezembro de 1990, passam a integrar o Departamento de Polícia Ferroviária Federal do Ministério da Justiça (NR).*

Polícia civil

Essa é a Polícia Judiciária no âmbito dos Estados e do Distrito Federal. É dirigida por delegados de polícia de carreira e possui atribuição subsidiária à da Polícia Federal e à da Polícia Militar. Significa dizer que o que não for atribuição da Polícia Federal ou da Polícia Militar será da Polícia Civil:

> ***§ 4º** - às polícias civis, dirigidas por delegados de polícia de carreira, incumbem, ressalvada a competência da União, as funções de polícia judiciária e a apuração de infrações penais, exceto as militares.*

Polícia militar e corpo de bombeiros militar

Essas duas instituições possuem caráter essencialmente ostensivo dentro das atribuições próprias. A Polícia Militar é responsável pelo policiamento ostensivo e preservação da ordem pública.

É a PM quem exerce a função principal de prevenção do crime. Quando se pensa em polícia, certamente é a primeira que vem à mente, pois é vista pela sociedade. Já o Corpo de Bombeiros Militar, apesar de não ser órgão policial, possui atribuição de segurança pública à medida que executa atividades de defesa civil. São responsáveis por uma atuação voltada para a proteção da sociedade, prestação de socorro, atuação em incêndios e acidentes. Destaca-se pela agilidade no atendimento, o que muitas vezes acaba por coibir maiores tragédias:

> ***§ 5º**. às polícias militares cabem a polícia ostensiva e a preservação da ordem pública; aos corpos de bombeiros militares, além das atribuições definidas em lei, incumbe a execução de atividades de defesa civil.*
>
> ***§ 6º**. As polícias militares e corpos de bombeiros militares, forças auxiliares e reserva do Exército, subordinam-se, juntamente com as polícias civis, aos Governadores dos Estados, do Distrito Federal e dos Territórios.*

Por serem corporações militares, a eles se aplicam as mesmas regras que são aplicadas às Forças Armadas, como a proibição de greve, filiação partidária e sindicalização.

São ainda consideradas forças auxiliares e reserva do Exército. Significa que num momento de necessidade de efetivo seria possível a convocação de Policiais e Bombeiros Militares como força reserva e de apoio.

Estão subordinados aos Governadores dos Estados, a Distrito Federal e dos Territórios a quem compete a gestão da Segurança Pública em cada ente federativo.

No que tange à Polícia Militar, ao Corpo de Bombeiros Militares e à Polícia Civil do Distrito Federal, há um detalhe que não pode ser esquecido, pois já foi cobrado em prova. Apesar da subordinação destas forças ao Governador do Distrito Federal, a competência para legislar e manter estas corporações é da União.

Aqui há uma exceção na autonomia federativa do Distrito Federal, que está prevista expressamente na Constituição no Art. 21, XIV:

> ***Art. 21.** Compete à União:*
>
> ***XIV.** organizar e manter a polícia civil, a polícia militar e o corpo de bombeiros militar do Distrito Federal, bem como prestar assistência financeira ao Distrito Federal para a execução de serviços públicos, por meio de fundo próprio.*

Polícias penais

A Emenda Constitucional 104/2019 introduziu no rol de entidades de segurança pública as chamadas penais.

De acordo com o art. 144, §5º-A da Constituição, cabe às polícias penais, vinculadas ao órgão administrador do sistema penal da unidade federativa a que pertencem, a segurança dos estabelecimentos penais.

Questões

01. (ACAFE) Sobre Segurança Pública é correto afirmar, exceto:

a) Aos corpos de bombeiros militares incumbe a execução de atividades de defesa civil.

b) As polícias militares cabem a polícia ostensiva e a preservação da ordem pública.

c) A polícia incumbe a função de polícia judiciária e a apuração de infrações penais.

d) A polícia rodoviária federal destina-se, na forma da lei, ao patrulhamento ostensivo das rodovias federais.

02. (NCUFPR) De acordo com o disposto no artigo 144 da Constituição da República Federativa do Brasil de 1988, a segurança pública, dever do Estado, direito e responsabilidade de todos, é exercida para a preservação da ordem pública e da incolumidade das pessoas e do patrimônio, através dos seguintes órgãos:

a) Secretaria de Estado da Segurança Pública, Polícia Federal, Polícia Civil, Polícia Militar e Guarda Municipal.

b) Polícias Federais, Polícias Civis, Corpo de Bombeiros, Guarda Municipal, Polícia de Trânsito e Exército.

c) Secretaria de Estado da Segurança Pública, Ministério Público Estadual e Federal, Polícia Federal e Polícia Civil.

d) Polícia Federal, Polícia Rodoviária Federal, Polícia Ferroviária Federal, Polícias Civis, Polícias Militares e Corpos de Bombeiros Militares.

e) Secretaria de Estado da Segurança Pública, Ministério Público Estadual e Federal, Polícia Federal, Polícia Militar e Polícia Civil.

03. (FUNRIO) Com relação ao estado de defesa, no que se refere às medidas coercitivas, pode-se afirmar:

I. Restrições aos direitos de reunião, ainda que exercida no seio das associações;

II. O tempo de duração do estado de defesa não será superior a trinta dias, podendo ser prorrogado duas vezes, por igual período;

III. Na vigência do estado de defesa a prisão ou detenção de qualquer pessoa não poderá ser superior a vinte dias, salvo quando autorizada pelo Poder Judiciário;

IV. Na vigência do estado de defesa a prisão por crime contra o Estado, determinada pelo executor da medida, será por este comunicada imediatamente ao juiz competente, que a relaxará, se não for legal, facultado ao preso requerer exame de corpo de delito à autoridade policial;

V. Na vigência do estado de defesa poderá ser o preso mantido sob incomunicabilidade por um período de 180 (cento e oitenta) dias.

Estão corretas apenas as opções:

a) II e V.

b) III e IV.

c) I e IV.

d) I e II.

e) III e V.

04. (UEG) São atribuições da Polícia Federal:

a) Apurar infrações penais contra a ordem pública e social ou em detrimento de bens, serviços e interesses da União ou de suas entidades autárquicas e empresas públicas, assim como outras infrações cuja prática tenha repercussão regional ou interestadual e exija repressão uniforme, segundo se dispuser em lei.

b) Prevenir e reprimir o tráfico ilícito de entorpecentes e drogas afins, o contrabando e o descaminho, sem prejuízo da ação fazendária e de outros órgãos públicos nas respectivas áreas de competência.

c) Exercer, concorrentemente com as polícias civis e militares, as funções de polícia judiciária da União.

d) Exercer as funções de polícia marítima, fluvial, aeroportuária e de fronteiras.

05. (UEG) Sobre a vigência do estado de defesa, é correto afirmar:

a) É permitida a incomunicabilidade do preso.

b) A prisão ou detenção de qualquer pessoa não poderá ser superior a quinze dias, salvo quando autorizada pelo Poder Judiciário.

c) A comunicação da prisão será acompanhada de declaração, pela autoridade, do estado físico e mental do detido no momento de sua autuação.

d) A prisão por crime contra o Estado, determinada pelo executor da medida, será por este comunicada imediatamente ao juiz competente, que a relaxará, se não for legal, facultado ao preso requerer exame de corpo de delito à autoridade judiciária.

06. (FCC) Face a comoção grave de repercussão nacional, sendo decretado o estado de sítio, Alberto, brasileiro maior e capaz e domiciliado no Estado de Roraima, resolveu se mudar para o Estado do Rio Grande do Sul, porém ao chegar no aeroporto, Otávio, agente da Polícia Federal, legalmente e no exercício de atribuições do Poder Público, proibiu a sua locomoção para outro Estado, mantendo-o contra sua vontade no Estado de Roraima. Segundo a Constituição Federal, Alberto, na vigência do estado de sítio:

a) Poderá viajar desde que impetre habeas corpus ao Superior Tribunal de Justiça, cuja competência é originária.

b) Tem direito líquido e certo e, assim, impetrará habeas corpus ao Presidente do Tribunal de Justiça do Estado de Roraima, que permitirá sua viagem.

c) Não terá que se sujeitar a ordem da autoridade desde que impetre habeas corpus ao Supremo Tribunal Federal, cuja competência é originária.

d) Não terá que se sujeitar a ordem da autoridade desde que impetre habeas corpus ao Juiz do Tribunal Militar, que requisitará informações à Policia Federal.

e) Em regra, terá que se sujeitar a ordem da autoridade e deverá permanecer no Estado de Roraima.

07. (FCC) Gustavo, Presidente da República, após ouvidos o Conselho da República e o Conselho de Defesa Nacional, decretou estado de defesa para preservar, em local restrito e determinado, a ordem pública ameaçada por grave e iminente instabilidade institucional, indicando no decreto, segundo a Constituição Federal, nos termos e limites da lei, as medidas coercitivas a vigorarem, podendo restringir os direitos de:

a) Ir e vir, sujeito à pena de banimento, apenas.

b) Ir e vir, sujeito à prisão perpetua e multa.

c) Imagem e de propriedade intelectual.

d) Reunião, ainda que exercida no seio das associações, sigilo de correspondência e sigilo de comunicação telegráfica e telefônica.

e) Livre manifestação do pensamento e de propriedade imóvel.

08. (FCC) No caso de pedido de autorização para a decretação de estado de sítio, a convocação extraordinária do Congresso Nacional far-se-á pelo:

a) Ministro das Forças Armadas.

b) Presidente da Câmara dos Deputados.

c) Presidente do Senado Federal.

d) Ministro Chefe da Casa Civil.

e) Ministro da Justiça.

09. (CESPE) Assinale a opção correta quanto à defesa do Estado e das instituições democráticas.

a) A natureza discricionária do ato do presidente da República que decreta o estado de sítio não viabiliza o controle judicial, razão pela qual há, sobre tal ato, a incidência do controle exclusivamente político, exercido pelo Congresso Nacional.

b) Não se admite, no estado de defesa e no estado de sítio, a suspensão das denominadas imunidades parlamentares.

c) Os estados-membros podem, a seu critério, inserir os seus respectivos departamentos de trânsito entre os órgãos incumbidos do exercício da segurança pública.

d) A punição disciplinar militar imposta sem que haja previsão legal é passível de impugnação via habeas corpus.

e) Para a prorrogação do prazo de duração do estado de defesa é dispensável a aprovação do Congresso Nacional.

Gabaritos

01	C	06	E
02	D	07	D
03	C	08	C
04	B	09	D
05	C		

8. ORDEM SOCIAL

A Ordem Social é um conjunto de ações desencadeadas por meio de prestações positivas do Estado que visam a reduzir as desigualdades sociais e a garantir um tratamento mínimo, com o fim de tornar efetivo o fundamento constitucional da dignidade da pessoa humana. Perceba este sentimento expresso no Art. 193 da Constituição Federal:

> ***Art. 193.*** *A ordem social tem como base o primado do trabalho, e como objetivo o bem-estar e a justiça sociais.*

O trabalho é considerado como a base de toda a teia social. É ele que garante a dignidade para as pessoas. Além disso, o citado artigo deixa claro o objetivo da Ordem Social, qual seja, garantir o bem-estar e a justiça sociais.

Esses direitos decorrem dos direitos sociais trabalhados anteriormente no Art. 6º da Constituição. São direitos implementados por meio de políticas públicas.

A Constituição Federal estabeleceu alguns grupos de direitos que serão trabalhados na Ordem Social:

- Seguridade Social;
- Educação, Cultura e Desporto;
- Ciência e Tecnologia;
- Comunicação Social;
- Meio Ambiente;
- Família, Criança, Adolescente, Jjovem e Idoso; e
- Índios.

Esse tema, quando cobrado em prova, costuma ter uma abordagem próxima da literalidade da Constituição. Significa dizer que, para o candidato acertar questões sobre Ordem Social, será necessária a leitura repetida dos artigos que compõem essa parte da Constituição Federal. Apesar de o mais cobrado ser o próprio texto, tratar-se-á de cada um desses temas sob uma abordagem doutrinária e jurisprudencial.

8.1 Seguridade Social

A Seguridade Social está prevista no Art. 194 e constitui um conjunto de ações que visam a garantir o mínimo existencial para a população, objetivando melhores condições de vida. É composta de três ações: a saúde, a Previdência Social e a Assistência Social.

A implementação dessas ações são obrigação não só do Estado, mas também da sociedade, conforme estabelece o Art. 194:

> ***Art. 194.*** *A seguridade social compreende um conjunto integrado de ações de iniciativa dos Poderes Públicos e da sociedade, destinadas a assegurar os direitos relativos à saúde, à previdência e à assistência social.*

Apesar da ação conjunta, a obrigação de organizar a Seguridade Social é do Estado, que deve fazer amparada nos seguintes objetivos:

- Universalidade da cobertura e do atendimento;
- Uniformidade e equivalência dos benefícios e serviços às populações urbanas e rurais;
- Seletividade e distributividade na prestação dos benefícios e serviços;
- Irredutibilidade do valor dos benefícios;
- Equidade na forma de participação no custeio;
- Diversidade da base de financiamento, identificando-se, em rubricas contábeis específicas para cada área, as receitas e as despesas vinculadas a ações de saúde, previdência e assistência social, preservado o caráter contributivo da previdência social;
- Caráter democrático e descentralizado da administração, mediante gestão quadripartite, com participação dos trabalhadores, dos empregadores, dos aposentados e do Governo nos órgãos colegiados.

A universalidade de cobertura representa a cobertura sobre qualquer situação de risco social enquanto que a universalidade de atendimento está relacionada com a cobertura para todos os que necessitarem.

A uniformidade e equivalência de benefícios e serviços às populações urbanas e rurais deixa claro que não existe tratamento diferenciado entre os trabalhadores urbanos e rurais. Ambos são tratados da mesma forma.

A seletividade e a distributividade visa a redistribuir os benefícios sociais na tentativa de atender a quem mais dele necessitar. Em tese, esses princípios permitem um tratamento desigual sob o enfoque da igualdade material.

A irredutibilidade do valor dos benefícios garante ao beneficiário a manutenção do valor nominal dos benefícios.

A equidade na forma de participação no custeio apresenta a ideia de distribuição justa levando em consideração a capacidade de contribuição e a isonomia entre os contribuintes. A ideia aqui para a manutenção da Seguridade é que o custeio seja distribuído de forma justa entre os vários agentes contributivos. Esse princípio nos conduz ao seguinte, que é a **diversidade da base de financiamento,** o qual conta com a participação de vários agentes responsáveis pela manutenção financeira da Seguridade Social, especialmente, os trabalhadores, as empresas e os entes estatais.

Por fim, há o último objetivo, que é o **caráter democrático e descentralizado da administração, mediante gestão quadripartite,** com participação dos trabalhadores, dos empregadores, dos aposentados e do Governo nos órgãos colegiados. Aqui, há uma questão que já apareceu várias vezes em prova, principalmente por causa da palavra quadripartite, que significa a participação na gestão de forma democrática, envolvendo quatro atores sociais: trabalhadores, empregadores, aposentados e Governo.

Agora serão analisados os três serviços que compõem a Seguridade Social: Saúde, Previdência Social e Assistência Social. Aqui se propõe analisar apenas os pontos mais importantes, envolvendo esses temas. Como já sinalizado anteriormente, na Ordem Social o mais cobrado em prova é o próprio texto constitucional.

Saúde

Acerca desse tema, várias questões costumam ser cobradas em prova. Segue a análise de algumas delas:

Caráter não contributivo

O direito à saúde é uma norma de proteção do direito à vida destinada a todas as pessoas, independentemente de contribuição à Previdência Social. Por isso, dizemos que não possui caráter contributivo, ou seja, quem quiser ser beneficiado pela saúde pública poderá utilizar dos seus serviços independentemente de filiação ou contribuição à Previdência Social. Observando a leitura do *caput* do Art. 196 se pode perceber que esse direito de caráter social é garantido a todos:

> ***Art. 196.*** *A saúde é direito de todos e dever do Estado, garantido mediante políticas sociais e econômicas que visem à redução do risco de doença e de outros agravos e ao acesso universal e igualitário às ações e serviços para sua promoção, proteção e recuperação.*

Vinculação ao direito à vida

O direito à saúde decorre do próprio direito à vida, como forma de garantir qualidade à vida em sua modalidade de existência humana. De nada adianta garantir ao indivíduo o direito de viver se essa vida não possuir o mínimo de dignidade. Garantir saúde é cumprir os ditames constitucionais que protegem o indivíduo em sua existência, em perfeita consonância com o princípio da dignidade da pessoa humana.

Remoção de órgãos, tecidos e substâncias humanas

Outra norma muito interessante e que pode cair em prova é a proteção constitucional à remoção de órgãos, tecidos e substâncias humanas. A Constituição Federal, em seu Art. 199, § 4º, traz expressamente a vedação para a comercialização de órgãos, apesar de não regulamentar as formas de remoção, pesquisa, coleta e processamento de sangue. A falta de regulamentação ocorre porque a Constituição deixou para a legislação infraconstitucional o dever de fazê-la.

O dispositivo em questão é um exemplo de norma de eficácia limitada, o qual foi regulamentado pelas Leis 10.205/01, 9.434/97 e 11.105/05:

> ***Art. 199**, § 4º. A lei disporá sobre as condições e os requisitos que facilitem a remoção de órgãos, tecidos e substâncias humanas para fins de transplante, pesquisa e tratamento, bem como a coleta, processamento e transfusão de sangue e seus derivados, sendo vedado todo tipo de comercialização.*

Previdência social

Caráter contributivo e filiação obrigatória

Sem dúvida, uma das questões mais cobradas em prova está no próprio *caput* do Art. 201, que afirma ser a Previdência Social de caráter contributivo e filiação obrigatória:

> ***Art. 201.*** *A previdência social será organizada sob a forma de regime geral, de caráter contributivo e de filiação obrigatória, observados critérios que preservem o equilíbrio financeiro e atuarial, e atenderá, nos termos da lei, a:*
>
> ***I.*** *cobertura dos eventos de doença, invalidez, morte e idade avançada;*
>
> ***II.*** *proteção à maternidade, especialmente à gestante;*
>
> ***III.*** *proteção ao trabalhador em situação de desemprego involuntário;*
>
> ***IV.*** *salário-família e auxílio-reclusão para os dependentes dos segurados de baixa renda;*
>
> ***V.*** *pensão por morte do segurado, homem ou mulher, ao cônjuge ou companheiro e dependentes, observado o disposto no § 2º.*

Ter caráter contributivo significa dizer que só poderá ser beneficiado pela Previdência Social quem contribuir previamente com o sistema de previdência público. Além da contribuição, a Constituição exige a filiação ao Sistema, na qualidade de segurado. Esse tema está regulamentado na Lei 8.213/91 e será melhor estudado na disciplina de Direito Previdenciário.

Regras para aposentadoria

As regras de aposentadoria são o ponto forte desse tema; serão tratadas junto à disciplina de Direito Previdenciário.

> ***Art. 201*** *(...)*
>
> ***§ 7º*** *É assegurada aposentadoria no regime geral de previdência social, nos termos da lei, obedecidas as seguintes condições:*
>
> ***I.*** *65 (sessenta e cinco) anos de idade, se homem, e 62 (sessenta e dois) anos de idade, se mulher, observado tempo mínimo de contribuição;*
>
> ***II.*** *60 (sessenta) anos de idade, se homem, e 55 (cinquenta e cinco) anos de idade, se mulher, para os trabalhadores rurais e para os que exerçam suas atividades em regime de economia familiar, nestes incluídos o produtor rural, o garimpeiro e o pescador artesanal.*
>
> ***§ 8º*** *O requisito de idade a que se refere o inciso I do § 7º será reduzido em 5 (cinco) anos, para o professor que comprove tempo de efetivo exercício das funções de magistério na educação infantil e no ensino fundamental e médio fixado em lei complementar."*

O destaque fica para a redução do período de contribuição para quem exerce a função de magistério. Observe-se que a Constituição Federal reduziu em cinco anos o tempo de contribuição necessário para aposentadoria para o professor que comprove o tempo de efetivo exercício previsto em lei complementar nas funções de magistério na educação infantil e no ensino fundamental e médio. Anteriormente, o texto constitucional exigia tempo exclusivo de dedicação a essas atividades.

Previdência privada

Outra regra que já foi cobrada em prova diz respeito à possibilidade de o regime de previdência ser organizado pela iniciativa privada. Algumas palavras-chave definem essa relação de previdência privada: complementar, autonomia e facultativo. Vejamos o que diz o Art. 202 da CF:

> ***Art. 202.*** *O regime de previdência privada, de caráter complementar e organizado de forma autônoma em relação ao regime geral de previdência social, será facultativo, baseado na constituição de reservas que garantam o benefício contratado, e regulado por lei complementar.*
>
> ***§ 1º.*** *A lei complementar de que trata este artigo assegurará ao participante de planos de benefícios de entidades de previdência privada o pleno acesso às informações relativas à gestão de seus respectivos planos.*
>
> ***§ 2º.*** *As contribuições do empregador, os benefícios e as condições contratuais previstas nos estatutos, regulamentos e planos de benefícios das entidades de previdência privada não integram o contrato de trabalho dos participantes, assim como, à exceção dos benefícios concedidos, não integram a remuneração dos participantes, nos termos da lei.*
>
> ***§ 3º.*** *É vedado o aporte de recursos a entidade de previdência privada pela União, Estados, Distrito Federal e Municípios, suas autarquias, fundações, empresas públicas, sociedades de economia mista e outras entidades públicas, salvo na qualidade de*

patrocinador, situação na qual, em hipótese alguma, sua contribuição normal poderá exceder a do segurado.

§ 4º. *Lei complementar disciplinará a relação entre a União, Estados, Distrito Federal ou Municípios, inclusive suas autarquias, fundações, sociedades de economia mista e empresas controladas direta ou indiretamente, enquanto patrocinadoras de entidades fechadas de previdência privada, e suas respectivas entidades fechadas de previdência privada.*

§ 5º. *A lei complementar de que trata o parágrafo anterior aplicar-se-á, no que couber, às empresas privadas permissionárias ou concessionárias de prestação de serviços públicos, quando patrocinadoras de entidades fechadas de previdência privada.*

§ 6º. *A lei complementar a que se refere o § 4º deste artigo estabelecerá os requisitos para a designação dos membros das diretorias das entidades fechadas de previdência privada e disciplinará a inserção dos participantes nos colegiados e instâncias de decisão em que seus interesses sejam objeto de discussão e deliberação.*

Quando se diz complementar, quer se dizer que complementa o regime geral de previdência. A autonomia representa a não vinculação do regime privado ao público. E, por fim, a faculdade de se aderir, haja vista não constituir obrigação a nenhum trabalhador.

Assistência social

O Art. 203 prevê os benefícios e serviços da Assistência Social. São várias as prestações oferecidas a quem precisa de assistência, geralmente aos hipossuficientes. A Assistência Social não depende de contribuição à previdência social:

Art. 203. *A assistência social será prestada a quem dela necessitar, independentemente de contribuição à seguridade social, e tem por objetivos:*

I. *a proteção à família, à maternidade, à infância, à adolescência e à velhice;*

II. *o amparo às crianças e adolescentes carentes;*

III. *a promoção da integração ao mercado de trabalho;*

IV. *a habilitação e reabilitação das pessoas portadoras de deficiência e a promoção de sua integração à vida comunitária;*

V. *a garantia de um salário mínimo de benefício mensal à pessoa portadora de deficiência e ao idoso que comprovem não possuir meios de prover à própria manutenção ou de tê-la provida por sua família, conforme dispuser a lei.*

8.2 Da Educação, da Cultura e do Desporto

Educação

O acesso à educação é um dos grandes serviços de ordem social e deverá ser garantido segundo os princípios previstos no Art. 206, que costuma ser muito cobrado em prova:

Art. 206. *O ensino será ministrado com base nos seguintes princípios:*

I. *igualdade de condições para o acesso e permanência na escola;*

II. *liberdade de aprender, ensinar, pesquisar e divulgar o pensamento, a arte e o saber;*

III. *pluralismo de ideias e de concepções pedagógicas, e coexistência de instituições públicas e privadas de ensino;*

IV. *gratuidade do ensino público em estabelecimentos oficiais;*

V. *valorização dos profissionais da educação escolar, garantidos, na forma da lei, planos de carreira, com ingresso exclusivamente por concurso público de provas e títulos, aos das redes públicas;*

VI. *gestão democrática do ensino público, na forma da lei;*

VII. *garantia de padrão de qualidade;*

VIII. *piso salarial profissional nacional para os profissionais da educação escolar pública, nos termos de lei federal.*

Gratuidade do ensino público

Como consequência da regra constitucional, que prevê gratuidade do ensino público, o STF editou a Súmula Vinculante nº 12, proibindo a cobrança de taxa de matrícula nas Universidades Públicas:

Súmula Vinculante 12. A cobrança de taxa de matrícula nas universidades públicas viola o disposto no Art. 206, IV, da Constituição Federal.

Igualdade de condições e acesso meritocrático

Outros dois princípios que se destacam nos Arts. 206 e 208, da CF, são a igualdade de condições de acesso e permanência na escola e o acesso meritocrático aos níveis mais elevados de ensino:

Art. 206, *I. igualdade de condições para o acesso e permanência na escola;*

Art. 208, *V. acesso aos níveis mais elevados do ensino, da pesquisa e da criação artística, segundo a capacidade de cada um;*

Entende-se por acesso meritocrático aquele que privilegia o mérito de cada estudante na obtenção da vaga para universidades e demais cursos de pós-graduação, o que justifica a utilização de vestibulares para seleção dos candidatos.

O STF entende que quando o servidor é removido *ex-ofício* de uma localidade de trabalho, o direito a transferências de uma universidade para outra só vale se a transferência for para universidade congênere. Ou seja, de privada para privada e de pública para pública. Segundo esse entendimento, o direito à matrícula na universidade não contempla a transferência de um aluno de universidade privada para a pública.

Direito público subjetivo à educação

Quando a Constituição prevê que o acesso ao ensino obrigatório é gratuito como Direito Público Subjetivo, ela quer dizer que se você precisar, poderá exigir na Justiça o fornecimento desse direito social sob pena de responsabilização do Poder Público pelo descaso, se houver. Vejamos os §§ 1º e 2º do Art. 208:

Art. 208, *§ 1º. O acesso ao ensino obrigatório e gratuito é direito público subjetivo.*

§ 2º. *O não oferecimento do ensino obrigatório pelo Poder Público, ou sua oferta irregular, importa responsabilidade da autoridade competente.*

Estrangeiro

Um tema bastante cobrado em prova é a possibilidade de contratação de servidores estrangeiros por universidades e instituições de pesquisa científica e tecnológica em decorrência da sua autonomia:

Art. 207. *As universidades gozam de autonomia didático-científica, administrativa e de gestão financeira e patrimonial, e obedecerão ao princípio de indissociabilidade entre ensino, pesquisa e extensão.*

§ 1º. *É facultado às universidades admitir professores, técnicos* *e cientistas estrangeiros, na forma da lei.*

§ 2º*. O disposto neste artigo aplica-se às instituições de pesquisa científica e tecnológica.*

Ensino religioso

Este tema invoca a laicidade do Estado, isto é, a relação de separação entre Estado e Igreja. Diante dessa separação, a Constituição considerou a matrícula na matéria de Ensino Religioso como sendo facultativa:

Art. 210*, § 1º. O ensino religioso, de matrícula facultativa, constituirá disciplina dos horários normais das escolas públicas de ensino fundamental.*

Em algumas questões, as bancas testam os candidatos inserindo porcentagens de investimento em educação dos Entes Federativos. Vejamos esta questão:

Cultura

Um dos direitos de Ordem Social com maior impacto sobre a sociedade é o direito cultural. Historicamente, o acesso à cultura sempre se mostrou uma grande ferramenta de satisfação social e a garantia do seu acesso a todos os grupos sociais é um dos grandes desafios do Estado:

Art. 215*. O Estado garantirá a todos o pleno exercício dos direitos culturais e acesso às fontes da cultura nacional, e apoiará e incentivará a valorização e a difusão das manifestações culturais.*

Direito à manifestação popular

Um dos princípios constitucionais que protegem esse direito social é a pluralidade política. Pluralidade política é pluralidade de ideias, multiplicidade de percepções. Esse princípio garante à sociedade o acesso a diversas manifestações culturais de todos os grupos participantes da formação cultural nacional:

Art. 215*, § 1º. O Estado protegerá as manifestações das culturas populares, indígenas e afro-brasileiras, e das de outros grupos participantes do processo civilizatório nacional.*

Datas comemorativas

Esse dispositivo constitui uma justificativa para a existência de feriados religiosos no Brasil. Apesar de o Estado viver uma relação de separação com a Religião, tem-se permitido a criação, por meio de lei, dos feriados religiosos sob o argumento de garantia das manifestações culturais:

Art. 215*, § 2º. A lei disporá sobre a fixação de datas comemorativas de alta significação para os diferentes segmentos étnicos nacionais.*

Patrimônio cultural brasileiro

Questão para prova é o rol de elementos culturais que constituem o patrimônio cultural brasileiro, o qual abrange a manifestação cultural sob várias perspectivas:

Art. 216*. Constituem patrimônio cultural brasileiro os bens de natureza material e imaterial, tomados individualmente ou em conjunto, portadores de referência à identidade, à ação, à memória dos diferentes grupos formadores da sociedade brasileira, nos quais se incluem:*

I*. as formas de expressão;*

II*. os modos de criar, fazer e viver;*

III*. as criações científicas, artísticas e tecnológicas;*

IV*. as obras, objetos, documentos, edificações e demais espaços destinados às manifestações artístico-culturais;*

V*. os conjuntos urbanos e sítios de valor histórico, paisagístico, artístico, arqueológico, paleontológico, ecológico e científico.*

Desportos

Aqui também existem algumas questões que podem ser trabalhadas em prova. Por exemplo, a diferença entre práticas desportivas formais e não formais. Práticasaa desportivas formais são aqueles esportes clássicos, olímpicos, como o futebol, vôlei, basquete, atletismo, entre outros. Já os esportes não formais são aqueles que crianças praticam, como pique-esconde, pique-bandeirinha, queimada, entre outros que, na prática, possuem o mesmo fim dos esportes formais: o desenvolvimento físico e mental do indivíduo. Ambas as atividades desportivas são amparadas pela Constituição:

Art. 217*. É dever do Estado fomentar práticas desportivas formais e não formais, como direito de cada um, observados:*

Outra questão importantíssima está no regramento da chamada Justiça Desportiva. Apesar do nome "justiça", trata-se de uma instância de natureza jurídico-administrativa. A Constituição Federal exige o esgotamento dessa instância quando houver questões desportivas a serem resolvidas. Aqui temos uma exceção ao princípio da Inafastabilidade da Jurisdição, sendo que o esgotamento das vias administrativas é de curso forçado:

Art. 217*, § 1º. O Poder Judiciário só admitirá ações relativas à disciplina e às competições desportivas após esgotarem-se as instâncias da justiça desportiva, regulada em lei.*

É preciso ressaltar ainda que, segundo o STF, os membros do Poder Judiciário não podem exercer suas funções na Justiça Desportiva. E, ainda, segundo o Tribunal Superior do Trabalho, a Justiça Desportiva não tem competência para processar e julgar questões trabalhistas envolvendo os atletas e suas entidades profissionais desportivas.

8.3 Ciência e Tecnologia

Acerca desse tema, é importante ressaltar a diferença apresentada pela Constituição para Pesquisa Científica Básica e a Pesquisa Tecnológica, conforme se depreende dos §§1º e §2º do Art. 218:

Art. 218*. O Estado promoverá e incentivará o desenvolvimento científico, a pesquisa, a capacitação científica e tecnológica e a inovação. (Redação dada pela Emenda Constitucional nº 85, de 2015)*

§ 1º *- A pesquisa científica básica e tecnológica receberá tratamento prioritário do Estado, tendo em vista o bem público e o progresso da ciência, tecnologia e inovação. (Redação dada pela Emenda Constitucional nº 85, de 2015)*

§ 2º*. A pesquisa tecnológica voltar-se-á preponderantemente para a solução dos problemas brasileiros e para o desenvolvimento do sistema produtivo nacional e regional.*

Destaca-se no Art. 218, da CF, também, o apoio que deve ser fornecido pelo Estado na formação e capacitação de recursos humanos nas áreas de ciência, pesquisa e tecnologia, bem como no estímulo às empresas para que invistam nessas áreas:

§3º *- O Estado apoiará a formação de recursos humanos nas áreas de ciência, pesquisa, tecnologia e inovação, inclusive por meio do apoio às atividades de extensão tecnológica, e concederá aos que delas se ocupem meios e condições especiais de trabalho;*

§ 4º. A lei apoiará e estimulará as empresas que invistam em pesquisa, criação de tecnologia adequada ao País, formação e aperfeiçoamento de seus recursos humanos e que pratiquem sistemas de remuneração que assegurem ao empregado, desvinculada do salário, participação nos ganhos econômicos resultantes da produtividade de seu trabalho.

Vinculação da receita dos estados e df

Há aqui tema pertinente à prova. O previsto no § 5º do Art. 218, da CF, que faculta aos Estados e ao Distrito Federal a possibilidade de vinculação de parte de sua receita orçamentária a entidades públicas de pesquisa científica e tecnológica. Não estão incluídos nessa possibilidade a União e os municípios:

§ 5º. É facultado aos Estados e ao Distrito Federal vincular parcela de sua receita orçamentária a entidades públicas de fomento ao ensino e à pesquisa científica e tecnológica.

Patrimônio nacional

E, ainda, não se deve esquecer que o Mercado Interno integra o chamado patrimônio nacional:

Art. 219. O mercado interno integra o patrimônio nacional e será incentivado de modo a viabilizar o desenvolvimento cultural e sócio-econômico, o bem-estar da população e a autonomia tecnológica do País, nos termos de lei federal.

8.4 Comunicação Social

A Comunicação Social decorre do direito fundamental à liberdade e acaba por concretizar o princípio da pluralidade, ao prever a manifestação do pensamento como um direito não sujeito a restrições abusivas por parte do Estado. O Art. 220 trata desse direito, aparentemente, de forma absoluta, entretanto, não é demais relembrar que não existe direito fundamental absoluto. Caso a manifestação ao pensamento ofenda outro direito fundamental, é possível a sua restrição diante de um conflito de interesses. Não se pode esquecer também que a Constituição foi promulgada em 1988, momento histórico de transição da ditadura para o regime democrático. Era de se esperar que a Constituição Federal se preocupasse demasiadamente com a garantia da manifestação do pensamento:

Art. 220. A manifestação do pensamento, a criação, a expressão e a informação, sob qualquer forma, processo ou veículo não sofrerão qualquer restrição, observado o disposto nesta Constituição.

§ 1º. Nenhuma lei conterá dispositivo que possa constituir embaraço à plena liberdade de informação jornalística em qualquer veículo de comunicação social, observado o disposto no Art. 5º, IV, V, X, XIII e XIV.

§ 2º. É vedada toda e qualquer censura de natureza política, ideológica e artística.

Com base nessa liberdade de informação, o STF entendeu que para a profissão de jornalista não seria necessária a obtenção de grau superior de Jornalismo, sob pena de limitar-se esse direito que, como dito, não é absoluto, mas goza de ampla proteção constitucional.

Competência legislativa

Segundo o § 3º e o Art. 21, XVI, a competência para legislar sobre esta matéria é da União, questão essa já cobrada em prova:

§ 3º. Compete à lei federal:

I. regular as diversões e espetáculos públicos, cabendo ao Poder Público informar sobre a natureza deles, as faixas etárias a que não se recomendem, locais e horários em que sua apresentação se mostre inadequada;

II. estabelecer os meios legais que garantam à pessoa e à família a possibilidade de se defenderem de programas ou programações de rádio e televisão que contrariem o disposto no Art. 221, bem como da propaganda de produtos, práticas e serviços que possam ser nocivos à saúde e ao meio ambiente.

Art. 21. Compete à União:

XVI. exercer a classificação, para efeito indicativo, de diversões públicas e de programas de rádio e televisão.

Propriedade de empresa jornalística, radiodifusão sonora e de sons e imagens

Aqui tem-se uma questão que eventualmente aparece em provas.

Art. 222. A propriedade de empresa jornalística e de radiodifusão sonora e de sons e imagens é privativa de brasileiros natos ou naturalizados há mais de dez anos, ou de pessoas jurídicas constituídas sob as leis brasileiras e que tenham sede no País.

§ 1º. Em qualquer caso, pelo menos setenta por cento do capital total e do capital votante das empresas jornalísticas e de radiodifusão sonora e de sons e imagens deverá pertencer, direta ou indiretamente, a brasileiros natos ou naturalizados há mais de dez anos, que exercerão obrigatoriamente a gestão das atividades e estabelecerão o conteúdo da programação.

§ 2º. A responsabilidade editorial e as atividades de seleção e direção da programação veiculada são privativas de brasileiros natos ou naturalizados há mais de dez anos, em qualquer meio de comunicação social.

§ 3º. Os meios de comunicação social eletrônica, independentemente da tecnologia utilizada para a prestação do serviço, deverão observar os princípios enunciados no Art. 221, na forma de lei específica, que também garantirá a prioridade de profissionais brasileiros na execução de produções nacionais.

§ 4º. Lei disciplinará a participação de capital estrangeiro nas empresas de que trata o § 1º.

§ 5º. As alterações de controle societário das empresas de que trata o § 1º serão comunicadas ao Congresso Nacional.

O Art. 222 exige, para ser proprietário de empresa jornalística, que o titular seja brasileiro nato ou naturalizado há mais de 10 anos. Essa regra não impede que estrangeiros sejam proprietários de empresas de comunicação no Brasil, haja vista a possibilidade desses estrangeiros integrarem uma pessoa jurídica desde que a administração seja feita por brasileiros natos ou naturalizados há mais de dez anos e a pessoa jurídica seja constituída sobre as leis brasileiras.

A Constituição limita em 30 % a possibilidade de capital votante estrangeiro.

Seguem abaixo alguns outros artigos que já foram alvos de questões de prova:

Art. 223. Compete ao Poder Executivo outorgar e renovar concessão, permissão e autorização para o serviço de radiodifusão sonora e de sons e imagens, observado o princípio da complementaridade dos sistemas privado, público e estatal.

§ 1º. O Congresso Nacional apreciará o ato no prazo do Art. 64, § 2º e § 4º, a contar do recebimento da mensagem.

§ 2º. A não renovação da concessão ou permissão dependerá de aprovação de, no mínimo, dois quintos do Congresso Nacional, em votação nominal.

§ 3º. O ato de outorga ou renovação somente produzirá efeitos legais após deliberação do Congresso Nacional, na forma dos parágrafos anteriores.

§ 4º. O cancelamento da concessão ou permissão, antes de vencido o prazo, depende de decisão judicial.

§ 5º. O prazo da concessão ou permissão será de dez anos para as emissoras de rádio e de quinze para as de televisão.

Art. 224. *Para os efeitos do disposto neste capítulo, o Congresso Nacional instituirá, como seu órgão auxiliar, o Conselho de Comunicação Social, na forma da lei.*

8.5 Meio Ambiente

Nossa Constituição é uma das normas mais garantistas do Meio Ambiente. Essa postura tem colocado o país à frente de muitos outros nas questões de preservação ambiental. É muito interessante a forma como esse direito social é apresentado sendo bem de uso comum do povo cuja preservação visa a garantir um meio ambiente sadio para as presentes e futuras gerações:

Art. 225. *Todos têm direito ao meio ambiente ecologicamente equilibrado, bem de uso comum do povo e essencial à sadia qualidade de vida, impondo-se ao Poder Público e à coletividade o dever de defendê-lo e preservá-lo para as presentes e futuras gerações.*

Atribuições do poder público

Para que esse ideal de preservação seja garantido, a Constituição exigiu uma série de condutas dos Poderes Públicos, as quais estão previstas no § 1º do Art. 225 da CF:

§ 1º. *Para assegurar a efetividade desse direito, incumbe ao Poder Público:*

I. *preservar e restaurar os processos ecológicos essenciais e prover o manejo ecológico das espécies e ecossistemas;*

II. *preservar a diversidade e a integridade do patrimônio genético do País e fiscalizar as entidades dedicadas à pesquisa e manipulação de material genético;*

III. *definir, em todas as unidades da Federação, espaços territoriais e seus componentes a serem especialmente protegidos, sendo a alteração e a supressão permitidas somente através de lei, vedada qualquer utilização que comprometa a integridade dos atributos que justifiquem sua proteção;*

IV. *exigir, na forma da lei, para instalação de obra ou atividade potencialmente causadora de significativa degradação do meio ambiente, estudo prévio de impacto ambiental, a que se dará publicidade;*

V. *controlar a produção, a comercialização e o emprego de técnicas, métodos e substâncias que comportem risco para a vida, a qualidade de vida e o meio ambiente;*

VI. *promover a educação ambiental em todos os níveis de ensino e a conscientização pública para a preservação do meio ambiente;*

VII. *proteger a fauna e a flora, vedadas, na forma da lei, as práticas que coloquem em risco sua função ecológica, provoquem a extinção de espécies ou submetam os animais a crueldade.*

Responsabilização pela atividade lesiva ao meio ambiente

Os dois parágrafos que se seguem ambos do Art. 225 da CF, são muito importantes, pois trazem a possibilidade de responsabilização pelo dano ambiental tanto na esfera administrativa quanto na esfera penal. Ou seja, quem polui o meio ambiente pode ser responsabilizado penalmente, incluindo a Pessoa Jurídica. Aqui fica claro que Pessoa Jurídica pode praticar crime:

§ 2º. *Aquele que explorar recursos minerais fica obrigado a recuperar o meio ambiente degradado, de acordo com solução técnica exigida pelo órgão público competente, na forma da lei.*

§ 3º. *As condutas e atividades consideradas lesivas ao meio ambiente sujeitarão os infratores, pessoas físicas ou jurídicas, a sanções penais e administrativas, independentemente da obrigação de reparar os danos causados.*

Se uma Pessoa Jurídica praticar crime ambiental ela será punida com uma sanção compatível com sua natureza jurídica.

Patrimônio nacional

Esse parágrafo já foi abordado várias vezes em prova e requer a memorização do candidato dos ecossistemas que são considerados patrimônio nacional. Os examinadores costumam incluir outro tipo de ecossistema não previsto nesse parágrafo. Por exemplo, em 2010 afirmou-se numa prova da banca CESPE que os "pampas gaúchos" também integravam o patrimônio nacional. Estes elementos devem ser memorizados:

Art. 225, § 4º. *A Floresta Amazônica brasileira, a Mata Atlântica, a Serra do Mar, o Pantanal Mato-Grossense e a Zona Costeira são patrimônio nacional, e sua utilização far-se-á, na forma da lei, dentro de condições que assegurem a preservação do meio ambiente, inclusive quanto ao uso dos recursos naturais.*

Limitação para utilização do meio ambiente

Como forma de limitar a utilização do Meio Ambiente, a Constituição instituiu algumas restrições à utilização das terras devolutas ou arrecadadas. Essas terras são consideradas bens dos Estados e, por esse motivo, indisponíveis:

Art. 225, § 5º. *São indisponíveis as terras devolutas ou arrecadadas pelos Estados, por ações discriminatórias, necessárias à proteção dos ecossistemas naturais.*

Outro dispositivo limitador é o § 6º, que restringe a instalação de reatores nucleares, os quais, antes de serem instalados, terão sua localização definida em legislação federal:

Art. 225 § 6º. *As usinas que operem com reator nuclear deverão ter sua localização definida em lei federal, sem o que não poderão ser instaladas.*

8.6 Família, Criança, Adolescente, Jovem e Idoso

Família

Esse é um dos temas sobre a Ordem Social que aparecem em abundância em provas, em razão das recentes mudanças promovidas pelas Emendas Constitucionais nos 65 e 66 de 2010, bem como o atual posicionamento jurisprudencial do STF:

***Art. 226.** A família, base da sociedade, tem especial proteção do Estado.*

***§ 1º.** O casamento é civil e gratuita a celebração.*

***§ 2º.** O casamento religioso tem efeito civil, nos termos da lei.*

***§ 3º.** Para efeito da proteção do Estado, é reconhecida a união estável entre o homem e a mulher como entidade familiar, devendo a lei facilitar sua conversão em casamento.*

***§ 4º.** Entende-se, também, como entidade familiar a comunidade formada por qualquer dos pais e seus descendentes.*

***§ 5º.** Os direitos e deveres referentes à sociedade conjugal são exercidos igualmente pelo homem e pela mulher.*

***§ 6º.** O casamento civil pode ser dissolvido pelo divórcio.*

***§ 7º.** Fundado nos princípios da dignidade da pessoa humana e da paternidade responsável, o planejamento familiar é livre decisão do casal, competindo ao Estado propiciar recursos educacionais e científicos para o exercício desse direito, vedada qualquer forma coercitiva por parte de instituições oficiais ou privadas.*

***§ 8º.** O Estado assegurará a assistência à família na pessoa de cada um dos que a integram, criando mecanismos para coibir a violência no âmbito de suas relações.*

O primeiro destaque é o fim da separação judicial. De acordo com a nova redação do § 6º, a partir de agora o casamento se dissolve com o divórcio, sem a necessidade de efetivar-se primeiro a separação judicial.

Outro destaque é a recente decisão do STF[1] que reconheceu a possibilidade de União Estável entre casais homoafetivos, ampliando a compreensão do § 3º. Sobre esse tema deve-se ter muito cuidado. A Constituição Federal entende que União Estável ocorre entre homem e mulher, enquanto o STF entende que pode ocorrer entre casais do mesmo sexo. Diante dessa pluralidade de entendimentos, caso em prova haja uma pergunta que tenha como base a Constituição Federal, deve-se responder que é só entre homem e mulher. Mas se a questão perguntar segundo o STF, nesse caso a União Estável poderá ocorrer entre pessoas do mesmo sexo. É bom lembrar também das entidades familiares reconhecidas pela Constituição Federal:

Casamento civil ou religioso: quando ocorre a formalização da união entre um homem e mulher segundo as leis civis ou religiosas;

União Estável: união informal entre pessoas (do mesmo sexo ou não) com efeitos jurídicos iguais aos do casamento;

Monoparental: quando a família é formada por qualquer um dos pais e seus descendentes.

O STF não liberou o casamento entre casais homoafetivos, apenas reconheceu a União Estável entre eles. Não se deve confundir casamento com união estável.

Criança, adolescente e jovem

O Art. 227 possui várias normas de proteção para a criança, o adolescente e jovem, que podem ser cobradas em prova. A Constituição também sofreu alterações nesse artigo por meio da Emenda Constitucional nº 65, que inseriu o Jovem entre os indivíduos que possuem proteção especial da Constituição Federal. Merece destaque especial no § 3º, I, que prevê como idade mínima para o trabalho da criança 14 anos:

1 Vide ADI 4.277 e ADPF 132, Rel. Min. Ayres Britto, julgamento em 5-5-2011, Plenário, DJE de 14-10-2011.

***Art. 227.** É dever da família, da sociedade e do Estado assegurar à criança, ao adolescente e ao jovem, com absoluta prioridade, o direito à vida, à saúde, à alimentação, à educação, ao lazer, à profissionalização, à cultura, à dignidade, ao respeito, à liberdade e à convivência familiar e comunitária, além de colocá-los a salvo de toda forma de negligência, discriminação, exploração, violência, crueldade e opressão.*

***§ 1º.** O Estado promoverá programas de assistência integral à saúde da criança, do adolescente e do jovem, admitida a participação de entidades não governamentais, mediante políticas específicas e obedecendo aos seguintes preceitos:*

***I.** aplicação de percentual dos recursos públicos destinados à saúde na assistência materno-infantil;*

***II.** criação de programas de prevenção e atendimento especializado para as pessoas portadoras de deficiência física, sensorial ou mental, bem como de integração social do adolescente e do jovem portador de deficiência, mediante o treinamento para o trabalho e a convivência, e a facilitação do acesso aos bens e serviços coletivos, com a eliminação de obstáculos arquitetônicos e de todas as formas de discriminação.*

***§ 2º.** A lei disporá sobre normas de construção dos logradouros e dos edifícios de uso público e de fabricação de veículos de transporte coletivo, a fim de garantir acesso adequado às pessoas portadoras de deficiência.*

***§ 3º.** O direito a proteção especial abrangerá os seguintes aspectos:*

***I.** idade mínima de quatorze anos para admissão ao trabalho, observado o disposto no Art. 7º, XXXIII;*

***II.** garantia de direitos previdenciários e trabalhistas;*

***III.** garantia de acesso do trabalhador adolescente e jovem à escola;*

***IV.** garantia de pleno e formal conhecimento da atribuição de ato infracional, igualdade na relação processual e defesa técnica por profissional habilitado, segundo dispuser a legislação tutelar específica;*

***V.** obediência aos princípios de brevidade, excepcionalidade e respeito à condição peculiar de pessoa em desenvolvimento, quando da aplicação de qualquer medida privativa da liberdade;*

***VI.** estímulo do Poder Público, através de assistência jurídica, incentivos fiscais e subsídios, nos termos da lei, ao acolhimento, sob a forma de guarda, de criança ou adolescente órfão ou abandonado;*

***VII.** programas de prevenção e atendimento especializado à criança, ao adolescente e ao jovem dependente de entorpecentes e drogas afins.*

***§ 4º.** A lei punirá severamente o abuso, a violência e a exploração sexual da criança e do adolescente.*

***§ 5º.** A adoção será assistida pelo Poder Público, na forma da lei, que estabelecerá casos e condições de sua efetivação por parte de estrangeiros.*

***§ 6º.** Os filhos, havidos ou não da relação do casamento, ou por adoção, terão os mesmos direitos e qualificações, proibidas quaisquer designações discriminatórias relativas à filiação.*

***§ 7º.** No atendimento dos direitos da criança e do adolescente levar-se-á em consideração o disposto no Art. 204.*

***§ 8º.** A lei estabelecerá:*

***I.** o estatuto da juventude, destinado a regular os direitos dos jovens;*

***II.** o plano nacional de juventude, de duração decenal, visando à articulação das várias esferas do poder público para a execução de políticas públicas. .*

Imputabilidade penal

***Art. 228.** São penalmente inimputáveis os menores de dezoito anos, sujeitos às normas da legislação especial.*

Dizer que são inimputáveis os menores de 18 anos significa dizer que a eles não podem ser imputada a prática de crime e nem podem ser punidos segundo o Código Penal. Por isso, o próprio dispositivo determina que a conduta ilícita dos menores de 18 anos seja regulada por legislação especial, a qual já existe: Lei 8.069/90, Estatuto da Criança e do Adolescente.

Responsabilidade dos pais para com os filhos e dos filhos para com os pais

> ***Art. 229.*** *Os pais têm o dever de assistir, criar e educar os filhos menores, e os filhos maiores têm o dever de ajudar e amparar os pais na velhice, carência ou enfermidade.*

Atente-se nesse dispositivo para o dever recíproco de cuidado que a Constituição impõe tanto aos pais quanto aos filhos. Uma verdadeira lição de moral que não necessitaria sequer estar prevista na Constituição Federal. Contudo, as práticas abusivas de violência e desrespeito registradas em nosso país são tantas que o Legislador Originário não se excedeu em prever tais normas de proteção.

Idoso

Quanto à proteção constitucional ao idoso, veja-se o disposto no Art. 230, o qual contém várias informações que podem se tornar questões de prova:

> ***Art. 230.*** *A família, a sociedade e o Estado têm o dever de amparar as pessoas idosas, assegurando sua participação na comunidade, defendendo sua dignidade e bem-estar e garantindo-lhes o direito à vida.*
>
> ***§ 1º.*** *Os programas de amparo aos idosos serão executados preferencialmente em seus lares.*
>
> ***§ 2º.*** *Aos maiores de sessenta e cinco anos é garantida a gratuidade dos transportes coletivos urbanos.*

Chama-se a atenção para a realização de programas de amparo aos idosos que se realizarão preferencialmente em seus lares. Preferencialmente, não é obrigatoriamente!

Outra questão que sempre aparece em prova é acerca da idade para a concessão de transporte gratuito: maior de 65 anos de idade. É muito comum as bancas tentarem confundir o candidato colocando a idade de 60 ou 70 anos. Apesar de todas as idades se referirem ao idoso, cada uma tem uma consequência jurídica diferente.

8.7 Índios

Os artigos que falam sobre os índios estão entre os mais cobrados da Ordem Social. Primeiramente, serão abordadas as Terras tradicionalmente ocupadas. É importante que memorize os elementos que caracterizam as terras tradicionalmente ocupadas, que estão previstas no § 1º do Art. 231:

> ***Art. 231.*** *São reconhecidos aos índios sua organização social, costumes, línguas, crenças e tradições, e os direitos originários sobre as terras que tradicionalmente ocupam, competindo à União demarcá-las, proteger e fazer respeitar todos os seus bens.*
>
> ***§ 1º.*** *São terras tradicionalmente ocupadas pelos índios as por eles habitadas em caráter permanente, as utilizadas para suas atividades produtivas, as imprescindíveis à preservação dos recursos ambientais necessários a seu bem-estar e as necessárias a sua reprodução física e cultural, segundo seus usos, costumes e tradições.*

Não se deve esquecer de que os índios não possuem a propriedade das terras tradicionalmente por eles habitadas, mas apenas a posse, conforme o § 2º do Art. 231. Não se confunde a propriedade com a posse. A propriedade dessas terras é da União, conforme previsto no Art. 20, XI:

> ***§ 2º.*** *As terras tradicionalmente ocupadas pelos índios destinam-se a sua posse permanente, cabendo-lhes o usufruto exclusivo das riquezas do solo, dos rios e dos lagos nelas existentes.*
>
> ***Art. 20.*** *São bens da União:*
>
> ***XI.*** *as terras tradicionalmente ocupadas pelos índios.*

Várias regras constitucionais objetivam a proteção dessas terras:

> ***§ 3º.*** *O aproveitamento dos recursos hídricos, incluídos os potenciais energéticos, a pesquisa e a lavra das riquezas minerais em terras indígenas só podem ser efetivados com autorização do Congresso Nacional, ouvidas as comunidades afetadas, ficando-lhes assegurada participação nos resultados da lavra, na forma da lei.*
>
> ***§ 4º.*** *As terras de que trata este artigo são inalienáveis e indisponíveis, e os direitos sobre elas, imprescritíveis.*
>
> ***§ 6º.*** *São nulos e extintos, não produzindo efeitos jurídicos, os atos que tenham por objeto a ocupação, o domínio e a posse das terras a que se refere este artigo, ou a exploração das riquezas naturais do solo, dos rios e dos lagos nelas existentes, ressalvado relevante interesse público da União, segundo o que dispuser lei complementar, não gerando a nulidade e a extinção direito a indenização ou a ações contra a União, salvo, na forma da lei, quanto às benfeitorias derivadas da ocupação de boa fé.*
>
> ***§ 7º.*** *Não se aplica às terras indígenas o disposto no Art. 174, § 3º e § 4º.*

Remoção dos índios

Uma norma de proteção e que demonstra a preocupação do Constituinte Originário com a preservação da cultura indígena é a que proíbe a remoção obrigatória dos índios sem que seja referendada pelo Congresso Nacional. O STF[2], em uma interpretação ampliativa desse instituto, entende que o índio não pode ser intimado por Comissão Parlamentar de Inquérito na condição de testemunha para prestar depoimento fora do seu habitat:

> ***§ 5º.*** *É vedada a remoção dos grupos indígenas de suas terras, salvo, ad referendum do Congresso Nacional, em caso de catástrofe ou epidemia que ponha em risco sua população, ou no interesse da soberania do País, após deliberação do Congresso Nacional, garantido, em qualquer hipótese, o retorno imediato logo que cesse o risco.*

Defesa dos direitos indígenas

O Art. 232 delega ao Ministério Público como função institucional o dever de acompanhar os processos que tenham como partes os índios, suas comunidades e organização, os quais possuem legitimidade para ingressar em juízo em defesa dos seus direitos e interesses. A atribuição Ministerial encontra reforço no Art. 129, V da CF:

> ***Art. 232.*** *Os índios, suas comunidades e organizações são partes legítimas para ingressar em juízo em defesa de seus direitos e interesses, intervindo o Ministério Público em todos os atos do processo.*
>
> ***Art. 129.*** *São funções institucionais do Ministério Público:*
>
> ***V.*** *defender judicialmente os direitos e interesses das populações indígenas.*

2 Vide HC 80.240, Rel. Min. Sepúlveda Pertence, julgamento em 20-6-2001, Primeira Turma, DJ de 14-10-2005.

Questões

01. (FCC) Conforme estatuído na Constituição Federal no que se refere aos direitos sociais e à ordem social, é incorreto afirmar:

a) É direito público subjetivo o acesso ao ensino obrigatório e gratuito, tanto que o não oferecimento do ensino obrigatório pelo Poder Público, ou sua oferta irregular, importa responsabilidade da autoridade competente.

b) É dever do Estado proteger as manifestações das culturas populares, indígenas e afro-brasileiras, e das de outros grupos participantes do processo civilizatório nacional.

c) Todos têm direito ao meio ambiente ecologicamente equilibrado e, para tanto, incumbe ao Poder Público, em todas as suas esferas de competência, promover a educação ambiental.

d) A família, a sociedade e o Estado têm o dever de amparar as pessoas idosas, desenvolvendo, para tanto, programas de amparo, que deverão ser executados, preferencialmente, em estabelecimentos públicos.

e) A assistência social será prestada a todos que dela necessitarem, independentemente de contribuição para o seu custeio, por se tratar de direito subjetivo.

02. (FCC) Analise:

I. Equidade na forma de participação no custeio;

II. Singularidade da cobertura e do atendimento;

III. Igualdade da base de financiamento;

IV. Seletividade e distributividade na prestação dos benefícios e serviços.

De acordo com a Constituição da República Federativa do Brasil, são objetivos da seguridade social apenas os indicados em:

a) I e II.

b) I e IV.

c) II e III.

d) II e IV.

e) III e IV.

Gabaritos

01	D
02	B

9. A CONSTITUIÇÃO E OS TRATADOS INTERNACIONAIS DE DIREITOS HUMANOS

9.1 Conceitualização

Antes de abordarmos os Tratados Internacionais de Direitos Humanos e sua relação com a legislação nacional, é necessário entendermos o que são Tratados Internacionais. Segundo a Convenção de Viena (1969), configura um Tratado Internacional um acordo entre duas partes ou mais em âmbito internacional concretizado e formalizado por meio de texto escrito, com ciência de função de efeitos jurídicos no plano internacional. É o mecanismo por meio do qual os Estados estabelecem obrigações para si em nível internacional e coparticipativo.

Contexto: Os ataques à vida humana, as diversas atrocidades e atentados cometidos contra os seres humanos durante a Segunda Guerra Mundial e logo após seu fim, em guerras pontuais, levaram a comunidade internacional:

- a estabelecer ações que visavam punir os próprios Estados em casos de violação dos Direitos Humanos;
- a relativizar a Soberania dos Estados envolvidos que, a partir dos Tratados, colocavam seus acordos internacionais acima de suas vontades particulares.

Atrocidades durante a segunda guerra mundial

- **Genocídio:** aproximadamente seis milhões de judeus mortos em campos de concentração.
- **Tortura e Crueldade:** a polícia militar japonesa (Kempeitai) a serviço do Império, aplicava técnicas de tortura em prisioneiros como lascas de metal marteladas embaixo das unhas, ferro em brasa nas genitálias.
- **Crimes de guerra:** prisioneiros alemães na Noruega foram obrigados a fazer a limpeza em campos minados, o saldo foi de 392 feridos e 275 mortos.
- **Estupros:** O Exército Vermelho estuprou milhares de alemãs, bem como os militares japoneses utilizavam-se de mulheres capturadas em guerra como escravas sexuais.

O breve século XX fez emergir, então, o Direito Internacional dos Direitos Humanos. Era a resposta que a comunidade internacional daria:

- aos Estados devastados pela Guerra e que almejavam um futuro de paz;
- às violações aos Direitos Humanos ocorridos em alta escala durante a Guerra;
- aos países como mecanismo de prevenção contra tentativas de uma nova guerra.

Apesar do movimento mundial pós-guerra, de todo empenho entre as nações para consolidar acordos e tratados que mantivessem o respeito à dignidade humana e aos Direitos humanos e prevenissem outra "catástrofe bélica" como havia sido a segunda grande guerra, o Brasil só começou a participar intensamente do corpo Internacional dos Direitos Humanos a partir de 1985, quando o país volta a dar passos no retorno à Democracia.

Vários Tratados, Pactos e Convenções foram ratificados pelo Brasil. As propostas trazidas pela Carta Constitucional de 1988, evidenciando os Direitos Humanos como norteadores das relações internacionais, exibiram uma nova forma de compreensão dos Direitos Humanos. Temos, então, uma clara relação entre Direitos Humanos e Processo de Democratização do Estado brasileiro.

9.2 A Redemocratização e os Tratados Internacionais de Direitos Humanos

Juntamente com a necessidade de afirmação democrática, em 1985, tem início no Brasil o processo de ratificação de diversos Tratados Internacionais de Direitos Humanos. Esse processo tem como ponto iniciante a ratificação em 1989 da Convenção contra a Tortura e outros Tratamentos cruéis, Desumanos ou Degradantes.

> ***Art. 5º**, §3º. Os tratados e as convenções internacionais sobre direitos humanos que forem aprovados, em cada Casa do Congresso Nacional, em dois turnos, por três quintos dos votos dos respectivos membros, serão equivalentes às emendas constitucionais. (Incluído pela Emenda Constitucional nº 45, de 2004)*
>
> Trecho do texto original da Constituição de 1988.

Problema: Os Tratados Internacionais anteriores à Emenda Constitucional 45, de 2004, teriam força de Emenda constitucional com sistema de votação de maioria simples. Isto significa que haveria um ferimento no processo legislativo ao utilizar processo de votação para leis ordinárias elegendo Emendas Constitucionais.
Solução: Os tratados e as convenções internacionais sobre direitos humanos que foram incorporados ao ordenamento jurídico brasileiro pela forma comum, ou seja, sem observar o disposto no artigo 5º, §3º, da Constituição Federal, possuem, segundo a posição que prevaleceu no Supremo Tribunal Federal, status supralegal, mas infraconstitucional.

Norma Supralegal: está acima das leis, mas abaixo da Constituição Federal.

- Rito Ordinário → Maioria simples (todos os tratados anteriores à emenda 45, de 2004).
- Rito de Emenda → Maioria qualificada (3/5, 2 turnos, 2 casas do Congresso Nacional).

O Direito constitucional, depois de 1988, conta com relações diferenciadas frente ao Direito Internacional dos Direitos Humanos. A visão da supralegalidade deste último encontra amparo em vários dispositivos constitucionais (CF, Art. 4º, Art. 5º, parágrafo 2º, e parágrafo 3º e 4º do mesmo Art. 5º).

Localização dos Tratados Internacionais dos Direitos Humanos na Pirâmide de Hans Kelsen segundo a normatização jurídica constitucional:

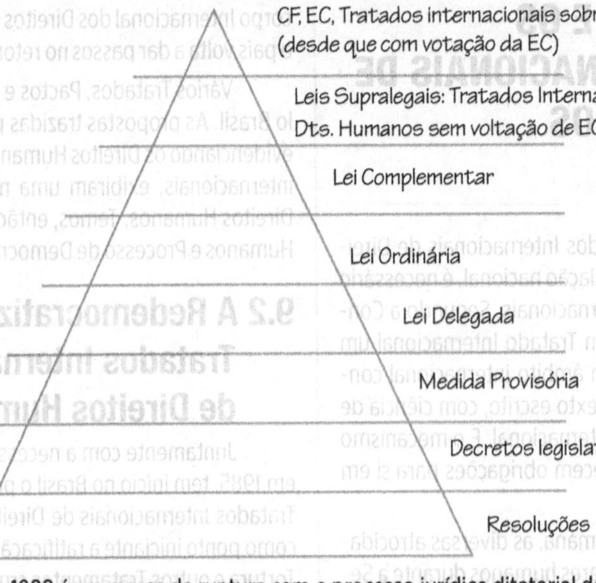

A Constituição Brasileira de 1988 é um marco de ruptura com o processo jurídico ditatorial dos anos que a precederam. Neste sentido, os diversos vínculos existentes na Constituição Federal com os Direitos Humanos podem ser evidenciados em toda redação jurídica constitucional.

Dignidade da Pessoa Humana	Art. 1º, III
Interação entre o Direito Brasileiro e os Tratados Internacionais de Direitos Humanos	Art. 5º, §2º
Sobre julgamento de causas relativas aos Direitos Humanos	Art. 109, V

Ao considerarmos os Tratados Internacionais e seu encontro com a Legislação Constitucional Brasileira, podemos extrair como conclusão que a natureza do Direito encontrado no Tratado Internacional poderá:

Gerar conflitos entre um tidh e o direito interno.

Exemplo: se, na existência de conflito entre um Direito interno e os Direitos Internacionais dos Direitos Humanos, a conclusão a que chegamos é: prevalece a norma que melhor beneficia os direitos da pessoa humana.

CF/88 (Art. 5º, LXVII)	Pacto de San José de Costa Rica (Art. 7, VII)
Não haverá prisão civil por dívida, salvo a do responsável pelo inadimplemento voluntário e inescusável de obrigação alimentícia e a do depositário infiel.	Ninguém deve ser detido por dívidas. Este princípio não limita os mandatos de autoridade judiciária competente expedidos em virtude de inadimplemento de obrigação alimentar.

Identificar-se com um direito já presente na constituição

Exemplo:

CF/88 (Art. 5º, III)	DOCUMENTOS INTERNACIONAIS
Ninguém será submetido à tortura ou a tratamento desumano ou degradante.	**Art. 5º.** Declaração Universal dos Direitos Humanos (1948). **Art. 7º.** Pacto Internacional de Direitos Civis e Políticos (1966). **Art. 5º.** Convenção Americana de Direitos Humanos (1969).

Complementar e aumentar o território dos direitos previstos constitucionalmente.

Exemplo:

Direito de toda a pessoa a um nível de vida adequado para si próprio e sua família inclusive à alimentação, vestimenta e moradia.	**Art. 11.** Pacto Internacional dos Direitos Econômicos, Sociais e Culturais.
Proibição de qualquer propaganda em favor da guerra.	**Art. 20.** Pacto Internacional dos Direitos Civis e Políticos.

9.3 Fases de Incorporação

Primeira Fase (Celebração): é o ato de celebração do tratado, convenção ou ato internacional, para posteriormente e internamente o parlamento decidir sobre sua viabilidade, conveniência e oportunidade. Tal etapa compete privativamente ao Presidente da República, pois a este cabe celebrar todos os tratados e atos internacionais (CF, Art. 84, VIII). No Brasil, concedem-se poderes de negociação de convenções internacionais a pessoas específicas, ou seja, aqueles considerados aptos para negociar em nome do Presidente da República: os Chefes de Missões Diplomáticas, sob a responsabilidade do Ministério das Relações Exteriores. Com isso, exime-se o Chefe de Estado de negociação corriqueiro no âmbito das relações internacionais.

Segunda Fase (Aprovação Parlamentar): é de competência exclusiva de o Congresso Nacional, pois cabe a este resolver definitivamente sobre tratados, acordos ou atos internacionais que acarretam encargos ou compromissos gravosos ao patrimônio nacional (Art. 49, I CF). Concordando o Congresso Nacional com a celebração do ato internacional, elabora-se um decreto legislativo, de acordo com o Art. 59, VI da Constituição Federal, que é o instrumento adequado para referendar e aprovar a decisão do Chefe do Executivo, dando-se a este uma carta branca para que possa ratificar ou aderir ao tratado se não o tinha feito.

Terceira Fase (Ratificação pelo Presidente): com o objetivo que o tratado se incorpore e, com isso, passe a poder ter efeitos no ordenamento jurídico interno, é a fase em que o Presidente da República, mediante decreto, promulga o texto, publicando-o em português, em órgão da imprensa oficial, dando-se, pois, ciência e publicidade da ratificação da assinatura já lançada. Com a promulgação do tratado esse ato normativo passa a ser aplicado de forma geral e obrigatória.

A doutrina mais moderna de direito internacional defende uma força mais expressiva dos tratados e convenções sobre a legislação infraconstitucional. Chegam a defender até uma equivalência entre normas constitucionais e tratados, especialmente aqueles que versarem sobre direitos humanos, de tal modo que, afora o controle de constitucionalidade, o intérprete deve ainda verificar se o caso sob análise está de acordo com a "legislação" internacional, seria o Controle de Convencionalidade.

Questões

01. Em face da Constituição Federal, é possível afirmar que os tratados internacionais

a) têm hierarquia supralegal.

b) serão equivalentes as normas constitucionais.

c) sobre direitos humanos têm um tratamento especial.

d) têm hierarquia de lei ordinária, independentemente da matéria.

e) sobre direitos humanos ingressam de forma direta e imediata no ordenamento jurídico interno.

02. Os tratados internacionais sobre matéria ambiental

a) desde o momento em que assinados, são fontes de direito ambiental interno e internacional.

b) são fontes de direito ambiental interno e, se aprovados pelo Congresso Nacional, sobrepõem-se às leis.

c) apenas serão fonte de direito internacional ambiental se aprovados e ratificados por todos os Estados que os assinaram.

d) são fontes escritas de direito internacional ambiental, ao lado de outras normas oriundas de organizações internacionais.

e) são fontes de direito ambiental interno, desde que aprovados pelo Congresso Nacional em dois turnos, por 3/5 dos membros de cada uma de suas casas.

03. Os tratados e convenções internacionais sobre direitos humanos que forem aprovados

a) pela Câmara dos Deputados, por maioria absoluta, mediante aprovação prévia da Advocacia Geral da União, serão equivalentes à Lei ordinária.

b) em cada Casa do Congresso Nacional, em dois turnos, por três quintos dos votos dos respectivos membros, serão equivalentes às emendas constitucionais

c) pelo pleno do Supremo Tribunal Federal, desde que previamente aprovada pelo Presidente da República e Senado Federal, serão equivalentes às Leis ordinárias.

d) pelo pleno do Supremo Tribunal Federal, desde que previamente aprovada pelo Presidente da República e Senado Federal, serão equivalentes às Leis complementares.

e) pelo Presidente da República serão equivalentes à Medida Provisória e serão levados à Câmara dos Deputados, para, mediante aprovação por maioria dos votos, serem convertidas em Leis ordinárias.

04. Sobre os tratados internacionais, assinale a alternativa correta.

a) Podem ser celebrados pelo Presidente da República ou pelo Presidente do Senado.

b) Celebrados pela autoridade competente, precisam ser referendados pelo Congresso Nacional.

c) Compete exclusivamente ao Senado Federal resolver definitivamente sobre tratados, acordos ou atos internacionais que acarretem encargos ou compromissos gravosos ao patrimônio nacional.

d) Os tratados e convenções internacionais sobre direitos humanos que forem aprovados, em cada Casa do Congresso Nacional, em dois turnos, por maioria simples dos votos dos respectivos membros, serão equivalentes às emendas constitucionais.

e) Nas hipóteses de grave violação de direitos humanos, o Procurador Geral da República, com a finalidade de assegurar o cumprimento de obrigações decorrentes de tratados internacionais de direitos humanos dos quais o Brasil seja parte, poderá suscitar, perante o Supremo Tribunal Federal, em qualquer fase do inquérito ou processo, incidente de deslocamento de competência para a Justiça Federal.

05. Sobre a disciplina constitucional dos tratados internacionais, é correto afirmar que:

a) O procedimento de aprovação, pelo Congresso Nacional, dos tratados internacionais firmados pelo Brasil sobre direitos humanos é irrelevante para determinar sua hierarquia normativa.

b) Os tratados internacionais firmados pelo Brasil sobre direitos humanos podem ingressar no ordenamento jurídico brasileiro como normas de hierarquia constitucional.

c) Os tratados internacionais firmados pelo Brasil não podem ingressar no ordenamento jurídico brasileiro como normas de hierarquia constitucional.

d) Todos os tratados internacionais firmados pelo Brasil ingressam no ordenamento jurídico brasileiro como normas de hierarquia constitucional.

e) Todos os tratados internacionais firmados pelo Brasil ingressam no ordenamento jurídico brasileiro como normas infraconstitucionais.

Gabaritos

01	C	04	B
02	D	05	B
03	B	-	

10. OS DIREITOS HUMANOS E A CONSTITUIÇÃO FEDERAL

A Constituição Brasileira de 1988 é esquematizada em dez títulos, sendo estes: Princípios Fundamentais, Direitos e Garantias Fundamentais, Organização do Estado, Organização dos Poderes, Defesa do Estado e das Instituições, Tributação e Orçamento, Ordem Econômica e Financeira, Ordem Social e Disposições Gerais, tudo em uma organização estabelecida de respeitabilidade exemplar.

O título I da Constituição brasileira de 1988, composto por quatro artigos, é dedicado aos princípios fundamentais do Estado brasileiro. O nosso constituinte utilizou essa expressão princípios fundamentais para expressar o pensamento de que em seus artigos já se estabelecem a forma de Estado e de governo, proclama-se o regime político democrático pautado na soberania popular e institui a garantia da separação de funções entre os poderes. Também neles se encontram os valores e os fins mais gerais orientadores de nosso ordenamento constitucional, funcionando como diretrizes para todos os órgãos mediante os quais atuam os poderes constituídos.

10.1 Dos Princípios Fundamentais

> ***Art. 1º** A República Federativa do Brasil, formada pela união indissolúvel dos Estados e Municípios e do Distrito Federal, constitui-se em Estado* **Democrático de Direito**[1] *e tem como fundamentos:*

01. Estado Democrático de Direito: O Estado democrático de direito é um conceito que designa qualquer Estado que se aplica a garantir o respeito das liberdades civis, ou seja, o respeito pelos direitos humanos e pelas garantias fundamentais, por meio do estabelecimento de uma proteção jurídica. Em um estado de direito, as próprias autoridades políticas estão sujeitas ao respeito das regras de direito.

> *I - a soberania;*
>
> *II - a cidadania*
>
> ***III - a dignidade da pessoa humana**[2];*
>
> *IV - os valores sociais do trabalho e da livre iniciativa;*
>
> ***V - o pluralismo político**[3].*
>
> ***Parágrafo único. Todo o poder emana do povo**[4], que o exerce por meio de representantes eleitos ou diretamente, nos termos desta Constituição.*

02. Dignidade da pessoa humana: é um valor moral e espiritual inerente à pessoa, ou seja, todo ser humano é dotado desse preceito, o qual constitui o princípio máximo do estado democrático de direito. Abrange uma diversidade de valores existentes na sociedade. Trata-se de um conceito adequável à realidade e à modernização da sociedade, devendo estar em conluio com a evolução e as tendências modernas das necessidades do ser humano. É dever do Estado fornecer condições mínimas de vida aos indivíduos, a fim de preservar sua dignidade.

Temos a importância do reconhecimento da dignidade expressa também na Declaração Universal dos Direitos Humanos (DUDH) de 1948 em pelo menos cinco trechos, destacando-se:

- **A parte inicial do preâmbulo:** considerando que o reconhecimento da dignidade inerente a todos os membros da família humana e de seus direitos iguais e inalienáveis é o fundamento da liberdade, da justiça e da paz no mundo (...).
- **O Artigo I:** todos os seres humanos nascem livres e iguais em dignidade e direitos. São dotados de razão e consciência e devem agir em relação uns aos outros com espírito de fraternidade.

03. Pluralismo político: é a possibilidade de existência de várias opiniões e ideias com o respeito por cada uma delas. O pluralismo político, como base do Estado democrático de direito, aponta o reconhecimento de que a sociedade é formada por vários grupos, portanto composta pela multiplicidade de vários centros de poder e pensamento em diferentes setores.

Na DUDH encontramos também elementos que se referem à importância da proteção dos elementos que marcam o pluralismo, como podemos destacar:

- **Artigo 18:** todo ser humano tem direito à liberdade de pensamento, consciência e religião; esse direito inclui a liberdade de mudar de religião ou crença e a liberdade de manifestar essa religião ou crença pelo ensino, pela prática, pelo culto em público ou em particular.
- **Artigo 19:** todo ser humano tem direito à liberdade de opinião e expressão; esse direito inclui a liberdade de, sem interferência, ter opiniões e de procurar, receber e transmitir informações e ideais por quaisquer meios e independentemente de fronteiras.

04. Todo poder emana do povo: temos aqui a ideia da soberania popular como base da nossa democracia, permitindo a participação das pessoas na escolha de seus representantes, ou no poder de decisão social: plebiscito, referendo e iniciativa popular (CF/88, Art. 14, I, II e III). Nada mais é do que a compreensão da existência e aceitação da não existência, no plano interno de um Estado soberano, de qualquer poder superior ao da coletividade de seus cidadãos.

De acordo com a Constituição Federal, a sociedade pode apresentar um projeto de lei à Câmara dos Deputados desde que a proposta seja assinada por um número mínimo de cidadãos distribuídos por pelo menos cinco Estados brasileiros: "A iniciativa popular pode ser exercida pela apresentação à Câmara dos Deputados de projeto de lei subscrito por, no mínimo, um por cento do eleitorado nacional, distribuído pelo menos por cinco Estados, com não menos de três décimos por cento dos eleitores de cada um deles" (Art. 61, § 2º, CF). Atendida a exigência constitucional, o projeto deve ser protocolizado junto à Secretaria-Geral da Mesa, obedecendo ao disposto no Art. 252 do Regimento Interno da Câmara dos Deputados.

Fonte: http://www2.camara.leg.br/participacao/sugira-um-projeto

> ***Art. 2º** São* **Poderes** *da* **União, independentes e harmônicos**[5] *entre si, o Legislativo, o Executivo e o Judiciário.*

05. Poderes independentes e harmônicos: vemos aqui um dos elementos limitadores do poder estatal, a tripartição do poder, que consiste em um modelo político que visa à melhor governança de um Estado pela fragmentação do seu poder em órgãos distintos e independentes, cada qual especializado em um aspecto ou área de governo. Embora seja mencionada quase como sinônimo da tripartição de poderes proposta por Montesquieu, a separação de poderes é um princípio muito mais amplo e antigo do que o modelo do filósofo francês, sendo identificado na Grécia Antiga e aplicado em diversas ocasiões.

Observação: o princípio da separação de poderes é cláusula pétrea (de acordo com o Art. 60, §4º, III).

A Teoria dos Freios e Contrapesos ("Checks and Balances"), oriunda dos Estados Unidos da América, justifica a independência e a harmonia entre os três órgãos do Poder de Soberania do Estado, sendo estes o Legislativo, o Executivo e o Judiciário, cada qual com atribuições próprias e impróprias. A Constituição Federal consagra esse complexo mecanismo de controles recíprocos entre os "três poderes", de forma que, ao mesmo tempo, um poder controle os demais e por eles seja controlado.

> ***Art. 3º** Constituem objetivos fundamentais6 da República Federativa do Brasil:*
>
> *I - construir uma sociedade livre, justa e solidária;*
>
> *II - garantir o desenvolvimento nacional;*
>
> *III - erradicar a pobreza e a marginalização e reduzir as desigualdades sociais e regionais;*
>
> *IV - promover o bem de todos, sem preconceitos de origem, raça, sexo, cor, idade e quaisquer outras formas de discriminação.*

06. Objetivos Fundamentais: a Constituição de 1988 destaca-se por ser programática (diretiva ou dirigente), ou seja, caracteriza-se por conter normas definidoras de tarefas e programas de ação a serem concretizados pelos poderes públicos. Os objetivos Fundamentais são verdadeiros programas de governo, estabelecidos em um rol exemplificativo a ser adotado, cujo conteúdo é de extrema importância. Os objetivos elencados como fundamentais consagram metas previstas na maioria dos tratados e convenções internacionais sobre direitos humanos.

> ***Art. 4º** A República Federativa do Brasil rege-se nas suas relações internacionais pelos seguintes princípios:*
>
> *I - independência nacional;*
>
> *II - prevalência dos direitos humanos7;*
>
> *III - autodeterminação dos povos;*
>
> *IV - não-intervenção;*
>
> *V - igualdade entre os Estados;*
>
> *VI - defesa da paz;*
>
> *VII - solução pacífica dos conflitos;*
>
> *VIII - repúdio ao terrorismo e ao racismo;*
>
> *IX - cooperação entre os povos para o progresso da humanidade;*
>
> *X - concessão de asilo político.*
>
> ***Parágrafo único.** A República Federativa do Brasil buscará a integração econômica, política, social e cultural dos povos da América Latina, visando à formação de uma comunidade latino-americana de nações.*

07. Prevalência dos Direitos Humanos: a prevalência dos direitos humanos nas relações internacionais ganha maior relevância no momento histórico em que vivemos, no qual, em virtude do desenvolvimento tecnológico, as distâncias entre as nações tendem a se encurtar cada vez mais e todas as pessoas tendem a se tornar verdadeiras cidadãs do mundo. Um estado regido pelo princípio fundamental da dignidade da pessoa humana não pode desprezar as violações dos direitos humanos praticadas por ou em outros estados. Com a adoção desse princípio, o Brasil une-se à comunidade internacional, assumindo com ela e perante ela a responsabilidade pela dignidade de toda pessoa humana.

Questões

01. A Teoria dos Freios e Contrapesos ("Checks and Balances"), oriunda dos Estados Unidos da América, justifica a independência e harmonia entre os três órgãos do Poder de Soberania do Estado, sendo estes o Legislativo, o Executivo e o Judiciário, cada qual com atribuições próprias e impróprias. Diante do exposto, assinale a afirmativa INCORRETA.

a) O Poder Legislativo exerce atividade primária, em face do Estado Democrático de Direito, em que todos se submetem ao império da lei – inclusive o próprio Estado – não podendo dela se afastar.

b) Ao Poder Legislativo legislar é atribuição própria, enquanto administrar a si mesmo e julgar o Presidente da República nos crimes de responsabilidade (Lei nº 1.079/50) são atribuições impróprias.

c) Ao Poder Judiciário, é atribuição própria julgar as lides e controvérsias judiciais em curso processual ou procedimental, enquanto administrar a si mesmo e aos seus serventuários subordinados é atribuição imprópria.

d) Ao Poder Executivo, administrar a coisa pública mediante atos normativos e legislar mediante leis delegadas e medidas provisórias é atribuição própria, enquanto julgar infrações em processo administrativo é atribuição imprópria.

e) Os Poderes Executivo e Judiciário exercem atividade secundária, devido à obrigatoriedade da lei. O primeiro a aplica aos casos concretos, porém genéricos, atingindo a todos os administrados; o segundo também a aplica aos casos concretos, porém específicos, atingindo as partes que componham a relação jurídica controvertida instaurada em juízo.

02. O voto é uma das principais armas da Democracia, pois permite ao povo escolher os responsáveis pela condução das decisões políticas de um Estado. Quem faz mau uso do voto deixa de zelar pela boa condução da política e põe em risco seus próprios direitos e deveres, o que afeta a essência do Estado Democrático de Direito. Dentre os fundamentos da República Federativa do Brasil, expressamente previstos na Constituição, aquele que mais adequadamente se relaciona à ideia acima exposta é a

a) cidadania.

b) soberania.

c) independência nacional.

d) dignidade da pessoa humana.

e) prevalência dos direitos humanos.

03. A Constituição acolhe uma sociedade conflitiva, de interesses contraditórios e antagônicos, na qual as opiniões não ortodoxas podem ser publicamente sustentadas, o que conduz à poliarquia, um regime onde a dispersão do Poder numa multiplicidade de grupos é tal que o sistema político não pode funcionar senão por uma negociação constante entre os líderes desses grupos.

(SILVA, José Afonso da. Curso de Direito Constitucional Positivo, 25. ed. São Paulo: Malheiros, 2005, pp. 143-145, com adaptações).

Assinale a opção que indica com exatidão o fundamento do Estado brasileiro expressamente previsto na Constituição, a que faz menção o texto transcrito.

a) Cidadania.

b) Soberania.

c) Pluralismo político.

d) Dignidade da pessoa humana.

e) Valores sociais do trabalho e da livre iniciativa.

04. Em determinado seminário sobre os rumos jurídicos e políticos do Oriente Médio, dois professores debateram intensamente sobre a atual situação política da Síria. Hugo, professor de relações internacionais, defendeu que o Brasil deveria realizar uma intervenção militar com fins humanitários. José, professor de direito constitucional, argumentou que essa ação não seria possível conforme os princípios constitucionais que regem as relações internacionais da República Federativa do Brasil.

Nessa situação hipotética, com base na Constituição Federal de 1988 (CF),

a) Hugo está correto, pois a intervenção humanitária é um dos princípios constitucionais que rege as relações internacionais do Brasil.

b) Hugo está errado, pois a defesa da paz e dos direitos humanos não são princípios constitucionais que regem as relações internacionais do Brasil.

c) José está errado, pois a declaração de guerra é ato político discricionário e unilateral do presidente da República, não estando sujeito a limites jurídicos.

d) José está correto, pois a não intervenção e a solução pacífica dos conflitos são princípios constitucionais que orientam as relações internacionais do Brasil.

e) Hugo está correto, pois a dignidade da pessoa humana é um dos fundamentos constitucionais do estado brasileiro e uma das causas que autorizam a intervenção militar do Brasil em outros Estados soberanos.

05. Considerando os fundamentos da República Federativa do Brasil, assinale (V) para a afirmativa verdadeira e (F) para a falsa.

I. A lei que concede às pessoas carentes e aos portadores de deficiência o chamado "passe livre" em transporte interestadual é compatível com o princípio da dignidade da pessoa humana.

II. Uma ordem ilegal, se emanada de autoridade judicial, deve ser cumprida, em respeito ao princípio da soberania do Poder Judiciário.

III. A cidadania, como fundamento da República Brasileira, ressalta a relevância do processo eleitoral no regime democrático brasileiro.

IV. O princípio da livre iniciativa, que regula o ambiente econômico brasileiro, prevalece sobre as regras que regulamentam a defesa do consumidor.

Assinale a opção que apresenta a sequência correta, de cima para baixo.

a) F - V - V - F.

b) F - F - V - V.

c) V - V - F - F.

d) V - F - F - V.

e) V - F - V - F.

Gabaritos

01	D	04	D
02	A	05	E
03	C	-	

11. DECLARAÇÃO UNIVERSAL DOS DIREITOS HUMANOS (DUDH)

O período que sucedeu a Segunda Guerra Mundial carregou consigo a memória viva das grandes atrocidades experimentadas em um conflito sangrento e de proporções alarmantes. A barbárie imposta pelos nazistas, consolidada sobre a lógica da "supremacia racial", fez com que o mundo se colocasse diante de situações de absoluta desumanidade em que os direitos mais básicos do ser humano eram negados, restando-lhe a fome, a falta de liberdade, o trabalho forçado, o sofrimento e a morte. Contudo, a consolidação das potências bélicas, vitoriosas da grande guerra, resultou no encabeçamento de um movimento que traria respeito e segurança aos direitos humanos, garantindo-lhes proteção em qualquer tempo e lugar.

A Organização das Nações Unidas (ONU), constituída por 58 Estados-membros em sua origem, entre eles o Brasil, em 10 de dezembro de 1948 instituiu, por meio da resolução 217 A (III), a Declaração Universal dos Direitos Humanos (DUDH). Quando foi editada a Resolução, ela era apenas uma recomendação, não possuía força vinculante. Este posicionamento não é mais adequado porque décadas após a Resolução que criou a DUDH, os Tribunais Internacionais consideram que essa Resolução pode ser vista como espelho do costume internacional de Proteção dos Direitos Humanos.

Constituída por 30 artigos, o documento traz a defesa dos direitos básicos para a promoção da dignidade humana. Sem distinção de cor, nacionalidade, orientação sexual, política ou religiosa, a resolução visa impedir as arbitrariedades dos indivíduos e dos Estados que firam os Direitos Humanos.

Considerando que o reconhecimento da dignidade inerente a todos os membros da família humana e de seus direitos iguais e inalienáveis é o fundamento da liberdade, da justiça e da paz no mundo,

Considerando que o desprezo e o desrespeito pelos direitos humanos resultam em atos bárbaros que ultrajam a consciência da humanidade e que o advento de um mundo em que os homens gozem de liberdade de palavra, descrença e da liberdade de viverem a salvo do temor e da necessidade foi proclamado como a mais alta aspiração do homem comum, (...)

Considerando que os povos das Nações Unidas reafirmaram, na Carta, sua fé nos direitos humanos fundamentais, na dignidade e no valor da pessoa humana e na igualdade de direitos dos homens e das mulheres, e que decidiram promover o progresso social e melhores condições de vida em uma liberdade mais ampla,

Considerando que uma compreensão comum desses direitos e liberdades é da mais alta importância para o pleno cumprimento desse compromisso.

Trechos retirados do Preâmbulo da DUDH, 1948.

Vejamos alguns trechos da DUDH:

A presente Declaração Universal dos Direitos Humanos como o ideal comum a ser atingido por todos os povos e todas as nações, com o objetivo de que cada indivíduo e cada órgão da sociedade, tendo sempre em mente esta Declaração, se esforce, através do ensino e da educação, por promover o respeito a esses direitos e liberdades, e, pela adoção de medidas progressivas de caráter nacional e internacional, por assegurar o seu reconhecimento e a sua observância universal e efetiva, tanto entre os povos dos próprios Estados-Membros, quanto entre os povos dos territórios sob sua jurisdição.	**OBJETIVO**

Medidas progressivas: não é intenção da Declaração Universal dos Direitos Humanos que suas medidas sejam compreendidas e estabelecidas de maneira absoluta.

Artigo 1

Todos os seres humanos nascem livres e iguais em dignidade e direitos. São dotados de razão e consciência e devem agir em relação uns aos outros com espírito de fraternidade.	**Declaração dos Direitos do Homem e do Cidadão, 1789.**

Artigo 2

Toda pessoa tem capacidade para gozar os direitos e as liberdades estabelecidas nesta Declaração, sem distinção de qualquer espécie, seja de raça, cor, sexo, língua, religião, opinião política ou de outra natureza, origem nacional ou social, riqueza, nascimento, ou qualquer outra condição. Não será tampouco feita qualquer distinção fundada na condição política, jurídica ou internacional do país ou território a que pertença uma pessoa, quer se trate de um território independente, sob tutela, sem governo próprio, quer sujeito a qualquer outra limitação de soberania.	**Nenhum pré-requisito é motivo de distinção entre cidadãos em relação ao direito.**

Artigo 3

Toda pessoa tem direito à vida, à liberdade e à segurança pessoal. Exceção: Em caso de Guerra Declarada.	**Não podemos encarar de forma absoluta.**

Artigo 4

Ninguém será mantido em escravidão ou servidão; a escravidão e o tráfico de escravos serão proibidos em todas as suas formas.	**Vedação à escravidão, para alguns autores temos um direito que se reveste de caráter absoluto.**

Artigo 8

Todo ser humano tem direito a receber dos tribunais nacionais competentes remédio efetivo para os atos que violem os direitos fundamentais que lhe sejam reconhecidos pela constituição ou pela lei.	**Base para os remédios constitucionais.**

Artigo 11.

1. Todo ser humano acusado de um ato delituoso tem o direito de ser presumido inocente até que a sua culpabilidade tenha sido provada de acordo com a lei, em julgamento público no qual lhe tenham sido asseguradas todas as garantias necessárias à sua defesa.	**Presunção de inocência.**
2. Ninguém poderá ser culpado por qualquer ação ou omissão que, no momento, não constituíam delito perante o direito nacional ou internacional. Também não será imposta pena mais forte do que aquela que, no momento da prática, era aplicável ao ato delituoso.	**Reserva Legal.**

Em alguns artigos da dudh, podemos ver os principais direitos tutelados:

Artigo 5

***Ninguém será submetido** à tortura nem a tratamento ou **castigo cruel, desumano** ou **degradante**.*

Artigo 6

Todo ser humano tem o direito de ser, em todos os lugares, reconhecido como pessoa perante a lei.

Artigo 7

***Todos são iguais perante a lei** e têm direito, sem qualquer distinção, a igual proteção da lei. **Todos têm direito a igual proteção contra qualquer discriminação** que viole a presente Declaração e contra qualquer incitamento a tal discriminação.*

Artigo 13

*1. Todo ser humano tem direito à **liberdade de locomoção** e residência dentro das fronteiras de cada Estado.*

2. Todo ser humano tem o direito de deixar qualquer país, inclusive o próprio, e a este regressar.

Artigo 14

*1. Toda pessoa, vítima de perseguição, tem o direito de **procurar e de gozar asilo em outros países**.*

*2. Este direito **não pode ser invocado em caso de perseguição legitimamente motivada** por crimes de direito comum ou por atos contrários aos objetivos e princípios das Nações Unidas.*

Artigo 15

*1. Todo ser humano tem **direito a uma nacionalidade**.*

2. Ninguém será arbitrariamente privado de sua nacionalidade, nem do direito de mudar de nacionalidade.

Artigo 16

*1. Os homens e mulheres de maior idade, sem qualquer restrição de raça, nacionalidade ou religião, têm o **direito de contrair matrimônio e fundar uma família**. Gozam de iguais direitos em relação ao casamento, sua duração e sua dissolução.*

2. O casamento não será válido senão com o livre e pleno consentimento dos nubentes.

*3. A **família** é o núcleo natural e fundamental da sociedade e **tem direito à proteção da sociedade e do Estado**.*

Artigo 17

*1. Todo ser humano tem **direito à propriedade**, só ou em sociedade com outros.*

2. Ninguém será arbitrariamente privado de sua propriedade.

Artigo 20

*1. Todo ser humano tem direito à **liberdade de reunião e associação pacífica**.*

2. Ninguém pode ser obrigado a fazer parte de uma associação.

Artigo 21

*1. Todo ser humano tem o **direito de tomar parte no governo de seu** país diretamente ou por intermédio de representantes livremente escolhidos.*

*2. Todo ser humano tem igual direito de **acesso ao serviço público** do seu país.*

*3. A **vontade do povo** será a base da autoridade do governo; esta vontade será expressa em **eleições periódicas e legítimas**, por **sufrágio universal**, por **voto secreto** ou processo equivalente que assegure a liberdade de voto.*

Artigo 26

*1. Todo ser humano tem **direito à instrução**. A instrução será **gratuita, pelo menos nos graus elementares** e **fundamentais**. A instrução elementar será **obrigatória**. A **instrução técnico-profissional será acessível a todos**, bem como a **instrução superior**, está **baseada no mérito**.*

*2. A instrução **será orientada no sentido do pleno desenvolvimento da personalidade humana e do fortalecimento do respeito pelos direitos humanos e pelas liberdades fundamentais**. A instrução promoverá a compreensão, a tolerância e a amizade entre todas as nações e grupos raciais ou religiosos, e coadjuvará as atividades das Nações Unidas em prol da manutenção da paz.*

11.1 Breves Considerações sobre a Declaração Universal dos Direitos Humanos

> Quando a Declaração Universal dos Direitos Humanos começou a ser pensada, o mundo ainda sentia os efeitos da Segunda Guerra Mundial, encerrada em 1945.

> Outros documentos já haviam sido redigidos em reação a tratamentos desumanos e injustiças, como a Declaração de Direitos Inglesa (elaborada em 1689, após as Guerras Civis Inglesas, para pregar a democracia) e a Declaração dos Direitos do Homem e do Cidadão (redigida em 1789, após a Revolução Francesa, a fim de proclamar a igualdade para todos).

> Depois da Segunda Guerra e da criação da Organização das Nações Unidas (também em 1945), líderes mundiais decidiram complementar a promessa da comunidade internacional de nunca mais permitir atrocidades como as que haviam sido vistas na guerra. Assim, elaboraram um guia para garantir os direitos de todas as pessoas e em todos os lugares do globo.

> O documento foi apresentado na primeira Assembleia Geral da ONU em 1946 e repassado à Comissão de Direitos Humanos para que fosse usado na preparação de uma declaração internacional de direitos. Na primeira sessão da comissão em 1947, seus membros foram autorizados a elaborar o que foi chamado de "esboço preliminar da Declaração Internacional dos Direitos Humanos".

> Um comitê formado por membros de oito países recebeu a declaração e se reuniu pela primeira vez em 1947. Ele foi presidido por Eleanor Roosevelt, viúva do presidente americano Franklin D. Roosevelt. O responsável pelo primeiro esboço da declaração, o francês René Cassin, também participou.

> O primeiro rascunho da Declaração Universal dos Direitos Humanos, que contou com a participação de mais de 50 países na redação, foi apresentado em setembro de 1948 e teve seu texto final redigido em menos de dois anos.

11.2 Direitos Humanos e Legislação Brasileira

> Podemos afirmar uma clara violação dos direitos humanos durante 21 anos (1964 a 1985).

> Temos uma violação desigual atingindo a Sociedade em diferentes níveis.

> A Emenda Constitucional nº 1, de 1969, alterou o Texto Constitucional, formando na prática uma nova Constituição (referente a Constituição de 1967).

> Em 1984, como resposta à repressão imposta pela Constituição de 1967 aos Direitos Políticos, surgiu o movimento das "Diretas Já", que reivindicava a volta das eleições diretas no Brasil para eleger o Presidente da República. No primeiro momento, o movimento não logrou êxito plenamente, pois a primeira eleição após o regime militar foi indireta, realizada pelo Congresso. Entretanto, conseguiu um bom resultado quando, nestas eleições, conseguiu devolver o governo à sociedade civil.

> A Constituição de 1988, conhecida como "Constituição Cidadã", é a que melhor representa a harmonia do Brasil com os Direitos Humanos nos dias atuais, pelo menos em tese. Pela própria estrutura da Constituição, como ela é escrita e como seus artigos estão organizados, percebemos que há um maior destaque para os Direitos Humanos: estes aparecem logo nas primeiras linhas do texto constitucional, sendo uma forma de demonstrar que o constituinte quis garanti-los e fazer deles a base para a nova sociedade que nascia a partir daquele momento.

> Logo no primeiro artigo, encontramos como fundamento da República Federativa do Brasil a "dignidade da pessoa humana", os "valores sociais do trabalho e da livre iniciativa" e o "pluralismo político". Isto prova que a nova ordem social, acolhida e inaugurada pela nova Constituição, rompia com aquela criada em 1967, e valorizava os Direitos Sociais, Trabalhistas e Políticos. É, porém, no Art. 5º da Carta de 1988, que encontramos o maior leque de direitos garantidos; vão desde direitos individuais e coletivos, passando por direitos civis, até instrumentos de controle judiciário da vida social e de limitações ao direito estatal de punir. É um grande avanço comparado à constituição anterior.

Questões

01. É correto afirmar sobre a Declaração Universal dos Direitos Humanos.

a) Não se admite a prisão, a detenção ou o exílio arbitrário.

b) Admite-se a tortura, excepcionalmente, para se penalizar crimes hediondos.

c) Todo acusado deverá ser considerado culpado até que se prove a sua inocência.

d) É vedada a escravatura, porém, admite-se a servidão de pessoas até dezoito anos.

e) É obrigação dos Estados signatários da Declaração instituírem tribunais parciais e dependentes.

02. É correto afirmar sobre a Declaração Universal dos Direitos Humanos.

a) O caráter laico do Estado dispensa proteção ao direito de religião.

b) Todos os seres humanos nascem livres e iguais em dignidade e em direitos.

c) A proteção à opinião política é reduzida em razão da salvaguarda das liberdades.

d) Por não possuir natureza comercial, não há previsão de proteção e satisfação de direitos econômicos.

e) A Declaração somente protege direitos de cidadãos residentes em países ou territórios plenamente livres e soberanos.

03. Considerando o quanto disposto na Declaração Universal dos Direitos Humanos, é correto afirmar que:

a) a liberdade de opinião e de expressão não inclui a liberdade de transmitir informações por qualquer meio e independente de fronteiras.

b) toda pessoa tem direito a repouso e lazer, inclusive a limitação razoável das horas de trabalho e a férias periódicas não remuneradas.

c) toda pessoa, vítima de perseguição, tem o direito de procurar e de gozar asilo em outros países com os quais existe tratado de reciprocidade.

d) toda pessoa tem o direito de tomar parte no governo de seu país, diretamente ou por intermédio de representantes livremente escolhidos.

e) não será feita qualquer distinção fundada na condição política, jurídica ou internacional do país ou território a que pertença uma pessoa, desde que tal território não esteja sujeito a qualquer tipo de limitação de soberania.

04. A Declaração Universal dos Direitos do Homem foi adotada em 10 de dezembro de 1948. A seu respeito, assinale a alternativa correta.

a) Não tratou do direito à propriedade, tendo em vista que esse ponto poderia ser objeto de impasse com os Estados do bloco socialista.

b) Embora sem grande repercussão, garante o direito à felicidade que, nos últimos anos, tem sido tema de grande debate nacional e internacional.

c) Dada sua correlação com os direitos naturais, houve grande consenso em torno do documento que contou com a aprovação unânime dos Estados, sem reprovações ou abstenções.

d) Estabelece três categorias de direitos: os direitos civis e políticos, os direitos econômicos, sociais e culturais e os direitos coletivos, combinando, de forma inédita, os discursos liberal, social e plural.

e) Não apresenta força de lei, por não ser um tratado. Foi adotada pela Assembleia das Nações Unidas sob a forma de resolução. Contudo, como consagra valores básicos universais, reconhece-se sua força vinculante.

05. Os direitos humanos são direitos inerentes a todos os seres humanos, independentemente de raça, sexo, nacionalidade, etnia, idioma, religião ou qualquer outra condição. De acordo com o que prescreve a Declaração Universal dos Direitos Humanos leia e analise as assertivas abaixo:

I. Todo ser humano tem o direito de ser, em todos os lugares, reconhecido como pessoa perante a lei.

II. Todos são iguais perante a lei e têm direito, sem qualquer distinção, a igual proteção da lei. Todos têm direito a igual proteção contra qualquer discriminação que viole a presente Declaração e contra qualquer incitamento a tal discriminação.

III. Todo ser humano tem direito a receber dos tribunais nacionais competentes remédio efetivo para os atos que violem os direitos fundamentais que lhe sejam reconhecidos pela constituição ou pela lei.

a) Somente as assertivas I e II estão corretas.
b) Somente as assertivas II e III estão corretas.
c) Somente as assertivas I e III estão corretas.
d) Somente a assertiva I está correta.
e) Todas as assertivas estão corretas.

Gabaritos

01	A	04	E
02	B	05	E
03	D		

12. CONVENÇÃO AMERICANA DE DIREITOS HUMANOS (PACTO DE SÃO JOSÉ DA COSTA RICA)

> Tratado Internacional entre os países membros da Organização dos Estados Americanos (OEA) firmado durante a Conferência Interamericana Especializada de Direitos Humanos em 22 de novembro de 1969 na cidade de San José da Costa Rica (país).

> Número de Artigos: 82, incluindo as disposições transitórias, que estabelecem os direitos fundamentais da pessoa humana, como o direito à vida, à liberdade, à dignidade, à integridade pessoal e moral, à educação, entre outros.

> Objetivo: promover a garantia dos direitos fundamentais da pessoa humana: direito à liberdade, à vida, à dignidade, à integridade pessoal. Proibir a escravidão e a servidão humana, afirmar a liberdade de consciência e liberdade de orientação religiosa, além de garantir os direitos e proteção da família.

Este Tratado busca afirmar que os direitos essenciais da dignidade humana resultam da condição humana e não de sua nacionalidade.

Brasil: o Governo brasileiro depositou a carta de adesão a essa convenção em 25 de setembro de 1992. Portanto, a Convenção Americana sobre Direitos Humanos (Pacto de São José da Costa Rica) entrou em vigor, para o Brasil, em 25 de setembro de 1992, de conformidade com o disposto no segundo parágrafo de seu Art. 74. A promulgação veio com o Decreto 678 de 06 de novembro de 1992.

> ***Artigo 74, 2.*** *A ratificação desta Convenção ou a adesão a ela efetuar-se-á mediante depósito de um instrumento de ratificação ou de adesão na Secretaria-Geral da Organização dos Estados Americanos. Esta Convenção entrará em vigor logo que onze Estados houverem depositado os seus respectivos instrumentos de ratificação ou de adesão.* ***Com referência a qualquer outro Estado que a ratificar ou que a ela aderir ulteriormente, a Convenção entrará em vigor na data do depósito do seu instrumento de ratificação ou de adesão.*** *(Grifo nosso).*

Observação: segundo a Emenda Constitucional número 45 de 2004, sobre a reforma no judiciário, os tratados referentes aos direitos humanos passam a vigorar imediatamente e tornam-se equiparados às normas constitucionais. Modo de aprovação = três quintos dos votos na Câmara dos Deputados e no Senado, em dois turnos em cada casa. Vale lembrar que o Pacto de São José da Costa Rica é anterior à referida emenda.

PARTE I - DEVERES DOS ESTADOS E DIREITOS PROTEGIDOS
Capítulo I: Enumeração de Deveres
Art. 1: *Obrigação de Respeitar os Direitos.* *Art.2: Dever de adotar disposições de direito interno.*
Capítulo II: Direitos Civis e Políticos.
Art. 3: *Direito ao reconhecimento da Personalidade jurídica.* ***Art. 4:*** *Direito à Vida.* ***Art. 5:*** *Direito à Integridade Pessoal.* ***Art. 6:*** *Proibição da Escravidão e da Servidão.* ***Art. 7:*** *Direito à Liberdade pessoal.* ***Art. 8:*** *Garantias Judiciais.* ***Art. 9:*** *Princípios da legalidade e da retroatividade.* ***Art. 10:*** *Direito à Indenização.* ***Art. 11:*** *Proteção da honra e dignidade.* ***Art. 12:*** *Liberdade de consciência e religião.* ***Art. 13:*** *Liberdade de Pensamento e de Expressão.* ***Art. 14:*** *Direito da retificação ou resposta.* ***Art. 15:*** *Direito à Reunião.* ***Art. 16:*** *Liberdade de Associação.* ***Art. 17:*** *Proteção da Família.* ***Art. 18:*** *Direito ao Nome.* ***Art. 19:*** *Direitos da Criança.* ***Art. 20:*** *Direito à Nacionalidade.* ***Art. 21:*** *Direito à propriedade privada.* ***Art. 22:*** *Direito de circulação e de residência.* ***Art. 23:*** *Direitos Políticos.* ***Art. 24:*** *Igualdade perante a Lei.* ***Art. 25:*** *Proteção judicial.*
Capítulo III: **Direitos Econômicos, Sociais e Culturais.**
Art. 26: *Desenvolvimento progressivo.*
Capítulo IV: Suspensão de Garantias, garantias e aplicação.
Art. 27: *Suspensão de Garantias.* ***Art. 28:*** *Cláusula Federal.* ***Art. 29:*** *Normas de Interpretação.* ***Art. 30:*** *Alcance das restrições.* ***Art. 31:*** *Reconhecimento de outros direitos.*
Capítulo V: Deveres das Pessoas.
Art. 32: *Correlação entre deveres e direitos.*

PARTE II - MEIOS DA PROTEÇÃO
Capítulo VI: Órgãos Competentes
Art. 33: *São competentes para conhecer dos assuntos relacionados com o cumprimento dos compromissos assumidos pelos Estados-Partes dessa convenção.*
Capítulo VII: Comissão Interamericana de Direitos Humanos (CIDH)
Art. 34: *Os componentes da CIDH serão pessoas de alta autoridade moral e conhecimento sobre os Direitos Humanos.* ***Art. 35:*** *A Comissão representa todos os membros da Organização dos Estados Americanos.* ***Art. 36:*** *Dos membros da comissão.* ***Art. 37:*** *Da Eleição dos membros da comissão e do tempo de mandato.* ***Art. 38:*** *Das Vagas.* ***Art. 39:*** *Do Estatuto da Comissão.* ***Art. 40:*** *Dos servidores de secretaria da Comissão.* ***Art. 41:*** *Da principal função da Comissão.* ***Art. 42:*** *Dos relatórios dos Estados-Partes.* ***Art. 43:*** *Das informações dos Estados-Partes.* ***Art. 44:*** *Dos órgãos não governamentais.* ***Art. 45:*** *Do reconhecimento da Comissão como representante dos Estados-Partes.* ***Art. 46:*** *Dos requisitos para apresentação de petição à Comissão.* ***Art. 47:*** *Da inadmissibilidade das petições apresentadas à Comissão.* ***Art. 48:*** *Dos procedimentos após aceitação de petição pela Comissão.* ***Art. 49:*** *Do procedimento (fim amistoso) pós-resolução de problemas pela Comissão.* ***Art. 50:*** *Do procedimento (fim não amistoso) pós-resolução de problemas pela Comissão.* ***Art. 51:*** *Dos procedimentos e limites temporais estabelecidos aos Estados pela Comissão.*

Capítulo VIII: Corte Interamericana de Direitos Humanos.

Art. 52: Da composição da Corte.
Art. 53: Da eleição para juízes da Corte.
Art. 54: Do tempo de mandato dos juízes da corte.
Art. 55: Da Nacionalidade dos Juízes.
Art. 56: da formação de quórum pelos juízes.
Art. 57: Da Comissão e da Corte.
Art. 58: Da Sede da Corte.
Art. 59: Da Secretaria da Corte.
Art. 60: Da elaboração do Estatuto pela Corte.
Art. 61: Do direito de submeter decisões à Corte.
Art. 62: Do reconhecimento da competência da Corte pelos Estados--Partes.
Art. 63: Das Garantias da Corte aos Estados-Partes.
Art. 64: Da relação entre Estados-Partes e a Corte.
Art. 65: Do relatório sobre as atividades da Corte.
Art. 66: Dos fundamentos de um processo na Corte.
Art. 67: Da Sentença da Corte.
Art. 68: Do Comprometimento com a Corte por parte dos Estados--Partes.
Art. 69: Das Sentenças da Corte.

Capítulo IX: Disposições Comuns

Art. 70: Das Condições de Juízes e da Corte.
Art. 71: Da incompatibilidade das atividades dos juízes com outras atividades.
Art. 72: Dos Gastos com Juízes e membros da Corte.
Art. 73: Das Sanções à Corte ou aos Juízes.

PARTE III - DISPOSIÇÕES GERAIS E TRANSITÓRIAS.

Capítulo X: Assinatura, Ratificação, Reserva, Emenda, Protocolo e Denúncia.

Art. 74: Da adesão e da Ratificação à Convenção.
Art. 75: Da Condição de objeto de reserva.
Art. 76: Das propostas de emenda à Convenção.
Art. 77: Dos projetos de protocolo por parte dos Estados-Partes.
Art. 78: Da Denúncia pelos Estados-Partes.

Capítulo XI: Disposições Transitórias

Art. 79: da apresentação dos membros dos Estados-Partes à convenção
Art. 80: Da eleição dos membros da comissão.
Art. 81: Da apresentação dos Estados-Partes.
Art. 82: Das eleições dos juízes da corte.

- Os Estados signatários da convenção de São José da Costa Rica se comprometem a respeitar os direitos e liberdades reconhecidas pela convenção.
- Os Estados Membros estão dispostos a tomar atitudes legais para que direitos acordados no Tratado sejam respeitados por todos os componentes.
- A convenção ainda estabelece um desenvolvimento progressivo dos direitos econômicos, sociais e culturais de acordo com os recursos disponíveis.
- O cumprimento e a proteção dos direitos humanos ficam sob a tutela de dois órgãos criados pela convenção:
- Comissão Interamericana dos Direitos Humanos.
- Corte Interamericana dos Direitos Humanos.

12.1 Comissão Interamericana de Direitos Humanos (Arts. 34 a 51)

A Comissão é o órgão principal da OEA, cuja função primordial é promover a observância e a defesa dos direitos humanos, além de servir como órgão consultivo nessa matéria, incorporando a sua estrutura básica por meio da sua inclusão na Carta da Organização. Compõe-se de sete membros, que deverão ser pessoas de alta autoridade moral e de reconhecido saber em matéria de direitos humanos. Os membros da Comissão são eleitos a título pessoal, pela Assembléia Geral da Organização, de uma lista de candidatos propostos pelos governos dos Estados membros. Cada um dos referidos governos pode propor até três candidatos, nacionais do Estado que os propuser ou de qualquer outro Estado membro da Organização dos Estados Americanos. Quando for proposta uma lista de três candidatos, pelo menos um deles deverá ser nacional de Estado diferente do proponente.

Os membros da Comissão são eleitos por quatro anos e só poderão ser reeleitos uma vez. Não pode fazer parte da Comissão mais de um nacional de um mesmo Estado. A Comissão tem a função principal de promover a observância e a defesa dos direitos humanos e, no exercício do seu mandato, tem as seguintes funções e atribuições:

Estimular a consciência dos direitos humanos nos povos da América.

- Formular recomendações aos governos dos Estados membros, quando o considerar conveniente, no sentido de que adotem medidas progressivas em prol dos direitos humanos no âmbito de suas leis internas e seus preceitos constitucionais, bem como disposições apropriadas para promover o devido respeito a esses direitos.
- Preparar os estudos ou relatórios que considerar convenientes para o desempenho de suas funções.
- Solicitar aos governos dos Estados membros que lhe proporcionem informações sobre as medidas que adotarem em matéria de direitos humanos.
- Atender às consultas que, por meio da Secretaria-Geral da Organização dos Estados Americanos, lhe formularem os Estados membros sobre questões relacionadas com os direitos humanos e, dentro de suas possibilidades, prestar-lhes o assessoramento que eles lhe solicitarem.
- Atuar com respeito às petições e outras comunicações, no exercício de sua autoridade, de conformidade com o disposto nos Arts. 44 a 51 da Convenção Americana de Direitos Humanos.
- Apresentar um relatório anual à Assembléia Geral da Organização dos Estados Americanos.

Qualquer pessoa ou grupo de pessoas, ou entidade não governamental legalmente reconhecida em um ou mais Estados membros da Organização, pode apresentar à Comissão petições que contenham denúncias ou queixas de violação desta Convenção por um Estado Parte.

12.2 Corte Interamericana de Direitos Humanos (Arts. 52 a 73)

A Corte é um órgão de caráter jurisdicional que foi criado pela Convenção com o objetivo de supervisionar o seu cumprimento, com uma função complementar àquela conferida pela mesma Convenção à Comissão. A Corte tem sede em São José, capital da Costa Rica, e faz parte do Sistema Interamericano de Direitos Humanos. Ela é um dos três Tribunais regionais de proteção dos Direitos Humanos, ao lado do Tribunal Europeu de Direitos Humanos e a Corte Africana de Direitos Humanos e dos Povos. Sua primeira reunião foi realizada em 1979 na sede da Organização dos Estados Americanos (OEA), em Washington, EUA.

A Corte é composta de sete juízes, nacionais dos Estados membros da Organização, eleitos a título pessoal dentre juristas da mais alta autoridade moral, de reconhecida competência em matéria de direitos humanos, que reúnam as condições requeridas para o exercício das mais elevadas funções judiciais, de acordo com a lei do Estado do qual sejam nacionais, ou do Estado que os propuser como candidatos. Não deve haver dois juízes da mesma nacionalidade.

Os juízes da Corte são eleitos, em votação secreta e pelo voto da maioria absoluta dos Estados Partes na Convenção, na Assembleia Geral da Organização, de uma lista de candidatos propostos pelos mesmos Estados. Cada um dos Estados Partes pode propor até três candidatos, nacionais do Estado que os propuser ou de qualquer outro Estado membro da Organização dos Estados Americanos. Quando se propuser uma lista de três candidatos, pelo menos um deles deverá ser nacional de Estado diferente do proponente. Os juízes da Corte serão eleitos por um período de seis anos e só poderão ser reeleitos uma vez. Somente os Estados Partes e a Comissão têm direito de submeter caso à decisão da Corte.

A Corte tem competência para conhecer de qualquer caso relativo à interpretação e aplicação das disposições da Convenção Americana de Direitos Humanos que lhe seja submetido, desde que os Estados Partes no caso tenham reconhecido ou reconheçam a referida competência. Quando decidir que houve violação de um direito ou liberdade protegidos nesta Convenção, a Corte determinará que se assegure ao prejudicado o gozo do seu direito ou liberdade violados. Determinará, também, se isso for procedente, que sejam reparadas as consequências da medida ou situação que haja configurado a violação desses direitos, bem como o pagamento de indenização justa à parte lesada.

Em casos de extrema gravidade e urgência, e quando se fizer necessário evitar danos irreparáveis às pessoas, a Corte, nos assuntos de que estiver conhecendo, poderá tomar as medidas provisórias que considerar pertinentes. Se se tratar de assuntos que ainda não estiverem submetidos ao seu conhecimento, poderá atuar a pedido da Comissão.

Questões

01. Sobre a Comissão Interamericana de Direitos Humanos e/ou a Corte Interamericana de Direitos Humanos, é correto afirmar que:

a) São órgãos do sistema global de proteção dos direitos humanos, funcionando a Comissão, a pedido exclusivo das partes envolvidas, como instância revisora das decisões da Corte.

b) Sem prejuízo de outras possíveis atribuições, à Comissão cabe promover a observância e a defesa dos direitos humanos nas Américas e servir como órgão consultivo da Organização dos Estados Americanos (OEA) nessa matéria, cabendo à Corte funções contenciosas e consultivas, com possibilidade de aplicação de medidas cautelares.

c) A Corte é composta por nove comissários eleitos para um mandato de quatro anos, competindo-lhe, entre outras, a função de recomendar à Organização dos Estados Americanos (OEA) a expulsão de eventual Estado membro que viole direitos humanos de forma reiterada e injustificada.

d) A Comissão, com sede na Costa Rica, é composta por onze membros indicados pelos Estados integrantes do Conselho de Segurança da Organização dos Estados Americanos (OEA), cabendo-lhe, entre outras atribuições, deliberar sobre a aplicação de sanções econômicas e/ou comerciais a qualquer país do continente americano que viole os direitos humanos.

e) Corte e Comissão são órgãos que compõem o chamado Sistema Latino-Americano de Proteção dos Direitos Humanos, sendo a Comissão o órgão gestor da política continental de promoção dos Direitos Humanos e a Corte, órgão destinado à investigar e julgar as denúncias de violação dos Direitos Humanos nos países do continente.

02. O sistema Regional Americano tem suas peculiaridades e, dentre elas, pode-se mencionar a existência da Comissão Interamericana de Direitos Humanos e a Corte interamericana de Direitos Humanos. A respeito destes órgãos, é correto afirmar:

a) A Corte Interamericana é composta por sete membros por um mandato de quatro anos, permitida a reeleição.

b) A Comissão Interamericana tem a competência de emitir opiniões consultivas vinculantes aos Estados Membros.

c) A Comissão Interamericana é composta por sete membros eleitos por quatro anos, permitida só uma reeleição.

d) As medidas cautelares, adotadas pela Comissão, possuem natureza vinculante, citando-se como exemplo o caso da Usina Belo Monte.

e) O indivíduo pode acessar ambos os órgãos mencionados, bastando, para tanto, preencher o requisito do prévio esgotamento das vias ordinárias.

03. Sobre a Corte Interamericana de Direitos Humanos, é correto afirmar:

a) O quórum para as deliberações da Corte é constituído por quatro juízes.

b) Os juízes da Corte serão eleitos por um período de seis anos e não poderão ser reeleitos.

c) Os juízes da Corte serão eleitos, em votação aberta e pelo voto da maioria absoluta dos Estados-Partes na Convenção.

d) Sediada em San José (Costa Rica) é uma instituição judiciária autônoma cujo objetivo é a aplicação e a interpretação da Convenção Americana sobre Direitos Humanos.

e) A Corte compor-se-á de cinco juízes, nacionais dos Estados membros da Organização, eleitos a título pessoal dentre juristas da mais alta autoridade moral, de reconhecida competência em matéria de direitos humanos.

04. Podem submeter casos para decisão da Corte Interamericana de Direitos Humanos:

Apenas a Comissão Interamericana de Direitos Humanos.

a) Qualquer pessoa e a Comissão Interamericana de Direitos Humanos.

b) Apenas os Estados-Partes da Convenção Americana de Direitos Humanos.

c) Qualquer pessoa e os Estados-Partes da Convenção Americana de Direitos Humanos.

d) Os Estados-Partes da Convenção Americana de Direitos Humanos e a Comissão Interamericana de Direitos Humanos.

05. Na seara dos tratados e das convenções internacionais sobre direitos humanos incorporados pelo ordenamento jurídico brasileiro, destaca-se a Convenção Americana de Direitos Humanos. Também conhecida como Pacto de San José da Costa Rica, tal Convenção foi adotada em 22 de novembro de 1969, durante a Conferência Especializada Interamericana sobre Direitos Humanos. Sobre ela, é correto afirmar que

a) em seu bojo, dentre os direitos protegidos, destaca a proteção à família, embora se omita sobre o direito da criança.

b) no âmbito regional trata-se do documento mais importante do sistema interamericano, excluindo a subordinação ao sistema global de proteção dos direitos humanos.

c) reitera princípios consagrados na Carta da Organização dos Estados Americanos, na Declaração Americana dos Direitos e Deveres do Homem e no Estatuto de Roma.

d) embora assinada em 1969, foi ratificada pelo Brasil apenas em 1988, possivelmente em razão da resistência do regime militar em acolher os compromissos nela estipulados.

e) estabelece como competentes para conhecerem os assuntos relacionados com o cumprimento dos compromissos assumidos pelos Estados-Partes a Comissão Interamericana de Direitos Humanos e a Corte Interamericana de Direitos Humanos.

Gabaritos

01	B	04	E
02	C	05	E
03	D	-	-

NOÇÕES DE DIREITO ADMINISTRATIVO

1. INTRODUÇÃO AO DIREITO ADMINISTRATIVO

Neste capítulo, vamos conhecer algumas características do Direito Administrativo, seu conceito, sua finalidade, seu regime jurídico peculiar que orienta toda a sua atividade administrativa, seja ela exercida pelo próprio Estado-administrador, ou por particular. Para entendermos melhor tudo isso, é preciso dar início ao nosso estudo pela compreensão adequada do papel do Direito na vida social.

O Direito é um conjunto de normas (regras e princípios) impostas coativamente pelo Estado que regularão a vida em sociedade, possibilitando a coexistência pacífica das pessoas.

1.1 Ramos do Direito

O Direito é historicamente dividido em dois grandes ramos: o Direito Público e o Direito Privado. Em relação ao Direito Privado, vale o princípio da igualdade (isonomia) entre as partes; aqui não há que se falar em superioridade de uma parte sobre a outra. Por esse motivo, dizemos que estamos em uma relação jurídica horizontal ou uma horizontalidade nas relações jurídicas.

O Direito Privado é regulado pelo princípio da autonomia da vontade, o que traduz a regra a qual diz que o particular pode fazer tudo que não é proibido (Art. 5º, II, da Constituição Federal).

No Direito Público, temos o Estado em um dos polos, representando os interesses da coletividade, e um particular desempenhando seus próprios interesses. Sendo assim, o Estado é tratado com superioridade ante ao particular, pois o Estado é o procurador da vontade da coletividade e, representada pelo próprio Estado, deve ser tratada de forma prevalente ante a vontade do particular.

O fundamento dessa relação jurídica vertical é encontrado no Princípio da Supremacia do Interesse Público, que estudaremos com mais detalhes no tópico referente aos princípios. Mas já podemos adiantar que, como o próprio nome o interesse público é supremo. Desse modo, são disponibilizadas ao Estado prerrogativas especiais para que possa atingir os seus objetivos. Essas prerrogativas são os poderes da administração pública.

Esquema da Divisão do Direito

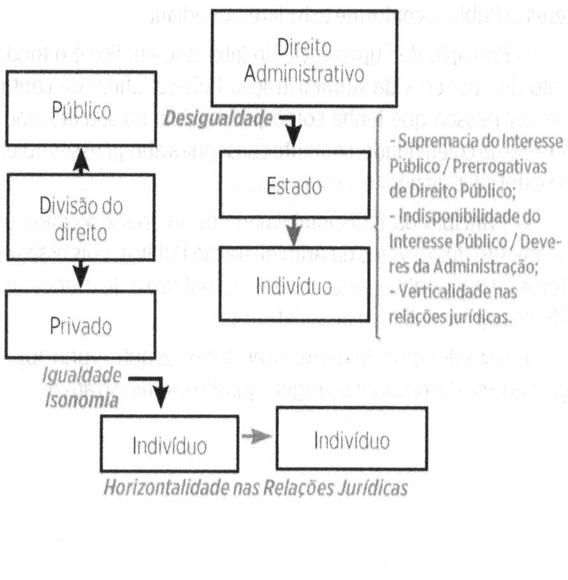

Os dois princípios norteadores do Direito Administrativo são: Supremacia do Interesse Público (gera os poderes) e Indisponibilidade do Interesse Público (gera os deveres da administração).

1.2 Conceito de Direito Administrativo

Vários são os conceitos que podem ser encontrados na doutrina para o Direito Administrativo. Descreveremos dois deles trazidos pela doutrina contemporânea e citados a seguir:

O Direito Administrativo é o ramo do direito público que tem por objeto órgãos, agentes e pessoas jurídicas administrativas que integram a Administração Pública. A atividade jurídica não contenciosa que exerce e os bens que se utiliza para a consecução de seus fins de natureza pública[1].

O Direito Administrativo é o conjunto harmônico de princípios jurídicos que regem órgãos, agentes e atividades públicas que tendem a realizar concreta, direta e imediatamente os fins desejados pelo Estado[2].

1.3 Objeto do Direito Administrativo

Os conceitos de Direito Administrativo foram desenvolvidos de forma que se desdobram em uma sequência natural de tópicos que devem ser estudados ponto a ponto para que a matéria seja corretamente entendida.

Por meio desses conceitos, podemos constatar que o objeto do Direito Administrativo são as relações da administração pública, sejam elas de natureza interna entre as entidades que a compõe, seus órgãos e agentes, ou de natureza externa entre a administração e os administrados.

Além de ter por objeto a atuação da administração pública, também é foco do Direito Administrativo o desempenho das atividades públicas quando exercidas por algum particular, como no caso das concessões, permissões e autorizações de serviços públicos.

Resumidamente, podemos dizer que o Direito Administrativo tem por objeto a administração pública e também as atividades administrativas, independentemente de quem as exerçam.

1.4 Fontes do Direito Administrativo

É o lugar de onde provém algo, no nosso caso, no qual emanam as regras do Direito Administrativo. Esse não está codificado em um único livro. Dessa forma, para o estudarmos de maneira completa, temos que recorrer às fontes, ou seja, a institutos esparsos. Por esse motivo, dizemos que o Direito Administrativo está tipificado (escrito), mas não está codificado em um único instituto.

Lei: fonte principal do Direito Administrativo. A lei deve ser compreendida em seu sentido amplo, o que inclui a Constituição Federal, as normas supra legais, as leis e também os atos normativos da própria administração pública. Temos como exemplo os Arts. 37 ao 41 da Constituição Federal, a Lei nº 8.666/93, a Lei nº 8.112/90, a Lei de Improbidade Administrativa (Lei nº 8.429/92), Processo Administrativo Federal (Lei nº 9.784/99), etc.

Jurisprudência: gênero que se divide entre jurisprudência e doutrina. Jurisprudência são decisões quais são editadas pelos tribunais e não possuem efeito vinculante; são resumos numerados

1 Direito Administrativo, Maria Sylvia Zanella di Pietro, 23ª edição.
2 Conceito de Direito Administrativo do professor Hely Lopes Meirelles.

que servem de fonte de pesquisa do direito materializados em livros, artigos e pareceres.

Doutrina tem a finalidade de tentar sistematizar e melhor explicar o conteúdo das normas de Direito Administrativo; doutrina pode ser utilizada como critério de interpretação de normas, bem como auxiliar a produção normativa.

Costumes: conjunto de regras não escritas, porém, observadas de maneira uniforme, as quais suprem a omissão legislativa acerca de regras internas da Administração Pública.

Segundo o doutrinador do Direito Administrativo, Hely Lopes Meirelles, em razão da deficiência da legislação, a prática administrativa vem suprindo o texto escrito e, sedimentada na consciência dos administradores e administrados, a praxe burocrática passa a saciar a lei e atuar como elemento informativo da doutrina.

Lei e Súmulas Vinculantes são consideradas fontes principais do Direito Administrativo. Jurisprudência, súmulas, doutrina e costumes são considerados fontes secundárias.

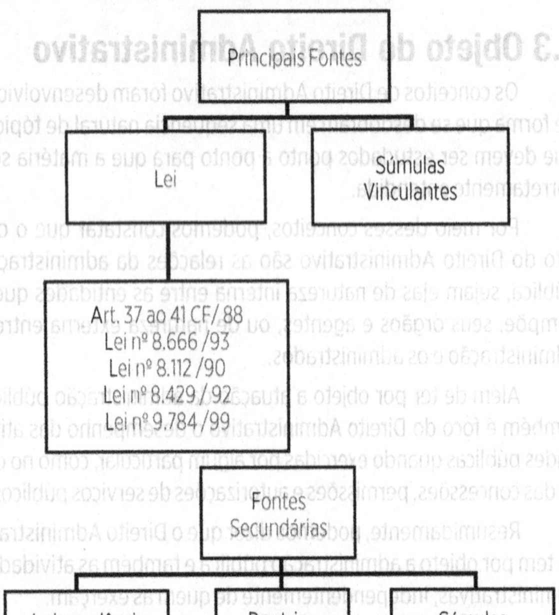

1.5 Sistemas Administrativos

É o regime que o Estado adota para o controle dos atos administrativos ilegais praticados pelo poder público nas diversas esferas e em todos os poderes. Existem dois sistemas que são globalmente utilizados.

O Sistema Francês (do contencioso administrativo), não utilizado no Brasil, determina que as lides administrativas podem transitar em julgado, ou seja, as decisões administrativas têm força de definibilidade. Nesse sentido, falamos em dualidade de jurisdição, já que existem tribunais administrativos e judiciais, cada qual com suas competências.

O Sistema Inglês, também chamado de jurisdicional único ou unicidade da jurisdição, é o sistema que atribui somente ao poder judiciário a capacidade de tomar decisões sobre a legalidade administrativa com caráter de coisa julgada ou definitividade.

> A Constituição Federal de 1988 adotou o sistema Inglês ou, o do não contencioso administrativo.

O Direito Administrativo, no nosso sistema, não pode fazer coisa julgada e todas as decisões administrativas podem ser revistas pelo poder judiciário, pois somente ele pode dar resolução em caráter definitivo. Ou seja, não cabem mais recursos, por isso, falamos em trânsito em julgado das decisões judiciais e nunca das decisões administrativas.

Via administrativa de curso forçado

São situações em que o particular é obrigado a seguir todas as vias administrativas até o fim, antes de socorrer ao poder judiciário. Isso é exceção, pois a regra é que, ao particular, é facultado socorrer ao poder judiciário, por força do Art. 5º, XXXV, da Constituição Federal.

> ***XXXV.*** *A lei não excluirá da apreciação do Poder Judiciário lesão ou ameaça a direito.*

Exemplos de via administrativa de curso forçado:

Aqui, o indivíduo deve esgotar as esferas administrativas obrigatoriamente antes de ingressar com ação no poder judiciário.

Justiça Desportiva: só são admitidas pelo poder judiciário ações relativas à disciplina e as competições desportivas depois de esgotadas as instâncias da Justiça Desportiva. Art. 217, § 1º, CF.

Ato Administrativo ou a Omissão da Administração Pública que contrarie Súmula Vinculante: só pode ser alvo de reclamação ao STF depois de esgotadas as vias administrativas. Lei nº 11.417/2006, Art. 7º, §1º.

***Habeas Data*:** é indispensável para caracterizar o interesse de agir no *Habeas Data* a prova anterior do indeferimento do pedido de informação de dados pessoais ou da omissão em atendê-lo sem que se confirme situação prévia de pretensão. *STF, HD, 22-DF Min. Celso de Mello.*

1.6 Regime Jurídico Administrativo

É o conjunto de normas e princípios de direito público que regulam a atuação da administração pública. Tais regras se fundamentam nos princípios da Supremacia e da Indisponibilidade do Interesse Público, conforme estudaremos adiante.

O Princípio da Supremacia do Interesse Público é o fundamento dos poderes da Administração Pública, afinal de contas, qualquer pessoa que tenha como fim máximo da sua atuação o interesse da coletividade, somente conseguirá atingir esses objetivos se dotadas de poderes especiais.

O Princípio da Indisponibilidade do Interesse Público é o fundamento dos deveres da Administração Pública, pois essa tem o dever de nunca abandonar o interesse público e de usar os seus poderes com a finalidade de satisfazê-lo.

Desses dois princípios decorrem todos os outros princípios e regras que se desdobram no regime jurídico administrativo.

1.7 Noções de Estado

Conceito de estado

Estado é a pessoa jurídica territorial soberana.

Pessoa: capacidade para contrair direitos e obrigações.

Jurídica: é constituída por meio de uma formalidade documental e não por uma mulher, tal como a pessoa física.

Territorial soberana: quer dizer que, dentro do território do Estado, esse detém a soberania, ou seja, sua vontade prevalece ante a das demais pessoas (sejam elas físicas ou jurídicas). Podemos definir soberania da seguinte forma: soberania é a independência na ordem internacional (lá fora ninguém manda no Estado) e supremacia na ordem interna (aqui dentro quem manda é o Estado).

Elementos do estado

Território: é a base fixa do Estado (solo, subsolo, mar, espaço aéreo).

Povo: é o componente humano do Estado.

Governo Soberano: é o responsável pela condução do Estado. Por ser tal governo soberano, ele não se submete a nenhuma vontade externa, pois, relembrando, lá fora o Estado é independente e aqui dentro sua vontade é suprema, afinal, a vontade do Estado é a vontade do povo.

Formas de estado

Temos duas formas de Estado:

Estado Unitário: é caracterizado pela centralização política; não existe divisão em estados membros ou municípios, há somente uma esfera política central que emana sua vontade para todo o país. É o caso do Uruguai.

Estado Federado: caracteriza-se pela descentralização política; existem diferentes entidades políticas autônomas que são distribuídas regionalmente e cada uma exerce o poder político dentro de sua área de competência. É o caso do Brasil.

Poderes do estado

Os poderes do Estado estão previstos no texto Constitucional.

> ***Art. 2º**. São Poderes da União, independentes e harmônicos entre si, o Legislativo, o Executivo e o Judiciário.*

Os poderes podem exercer as funções para que foram investidos pela Constituição Federal (funções típicas) ou executar cargos diversas das suas competências constitucionais (funções atípicas). Por esse motivo, não há uma divisão absoluta entre os poderes, e sim relativa, pois o poder Executivo pode executar suas funções típicas (administrar) e pode também iniciar o processo legislativo em alguns casos (pedido de vagas para novos cargos). Além disso, é possível até mesmo legislar no caso de medidas provisórias com força de lei.

Poderes	Funções Típicas	Funções Atípicas
Legislativo	Criar Leis Fiscalizar (Tribunal de Contas)	Administrar Julgar Conflitos
Executivo	Administrar	Criar Leis Julgar Conflitos
Judiciário	Julgar Conflitos	Administrar Criar Leis

É importante notar que a atividade administrativa está presente nos três poderes, por isso, o Direito Administrativo, por ser um dos ramos do Direito Público, disciplina não somente a atividade administrativa do Poder Executivo, mas também a do Poder Legislativo e do Judiciário.

1.8 Noções de Governo

O governo é atividade política e discricionária, tendo conduta independente. Governar está relacionado com a função política do Estado, a de comandar, de coordenar, de direcionar e de fixar planos e diretrizes de atuação do Estado. O governo é o conjunto de Poderes e órgãos constitucionais responsáveis pela função política do Estado.

O governo está diretamente ligado com as decisões tomadas pelo Estado. Exerce a direção suprema e geral, ao fazer uma analogia, podemos dizer que o governo é o cérebro do Estado.

Função de governo e função administrativa

É comum aparecer em provas de concursos públicos questões que confundem as ideias de governo e de administração pública. Para evitar esse erro, analisaremos as diferenças entre as expressões:

Segundo o jurista brasileiro, Hely Lopes Meirelles, o governo é uma atividade política e discricionária e tem conduta independente.

De acordo com ele, a administração é uma atividade neutra, normalmente vinculada à lei ou à norma técnica, e exercida mediante conduta hierarquizada.

Não podemos confundir Governo com Administração Pública, pois governo se encarrega de definir os objetivos do Estado e definir as políticas para o alcance desses objetivos; a Administração Pública se encarrega simplesmente em atingir os objetivos traçados pelo governo.

O governo atua mediante atos de soberania ou, pelo menos, de autonomia política na condução dos negócios públicos. A Administração é atividade neutra, normalmente vinculada à lei ou à norma técnica. Governo é conduta independente, enquanto a Administração é hierarquizada.

O Governo deve comandar com responsabilidade constitucional e política, mas sem responsabilidade técnica e legal pela execução. A administração age sem responsabilidade política, mas com responsabilidade técnica e legal pela execução dos serviços públicos.

Sistemas de governo

Sistema de governo se refere ao grau de dependência entre o poder legislativo e executivo.

Parlamentarismo

É caracterizado por uma grande relação de dependência entre o poder legislativo e o executivo.

A chefia do Estado e a do Governo são desempenhadas por pessoas distintas.

Chefe de Estado: responsável pelas relações internacionais.

Chefe de Governo: responsável pelas relações internas, o chefe de governo é o da Administração pública.

Presidencialismo

É caracterizado por não existir dependência, ou quase nenhuma, entre o Poder Legislativo e o Executivo.

A chefia do Estado e a do Governo são representadas pela mesma pessoa.

O Brasil adota o presidencialismo.

Formas de governo

Conforme Hely Meirelles, a forma de governo se refere à relação entre governantes e governados.

Monarquia

Hereditariedade: o poder é passado de pai para filho.

Vitaliciedade: o detentor do poder fica no cargo até a morte.

Ausência de prestação de contas.

República

Eletividade: o governante precisa ser eleito para chegar ao poder.

Temporalidade: ao chegar ao poder, o governante ficará no cargo por tempo determinado.

Dever de prestar contas.

O Brasil adota a república como forma de governo.

2. ADMINISTRAÇÃO PÚBLICA

Antes de fazermos qualquer conceituação doutrinária sobre Administração Pública, podemos entendê-la como a ferramenta utilizada pelo Estado para atingir os seus objetivos. O Estado possui objetivos, e quem escolhe quais são eles é o seu governo, pois a esse é que cabe a função política (atividade eminentemente discricionária) do Estado e que determina as suas vontades, ou seja, o Governo é o cérebro do Estado. Para poder atingir esses objetivos, o Estado precisa fazer algo, e o faz por meio de sua Administração Pública. Sendo assim, essa é a responsável pelo exercício das atividades públicas do Estado.

2.1 Classificação de Administração Pública

Sentido material/objetivo

Em sentido material ou objetivo, a Administração Pública compreende o exercício de atividades pelas quais se manifesta a função administrativa do Estado.

Compõe a Administração Pública material qualquer pessoa jurídica, seus órgãos e agentes que exercem as **atividades** administrativas do Estado. Como exemplo de tais atividades, há a prestação de serviços públicos, o exercício do poder de polícia, o fomento, a intervenção e as atividades da Administração Pública.

Essas são as chamadas atividades típicas do Estado e, pelo critério formal, qualquer pessoa que exerce alguma dessas é Administração Pública, não importa quem seja. Por esse critério, teríamos, por exemplo, as seguintes pessoas na Administração Pública:

> União, Estados, Municípios, DF, Autarquias, Fundações Públicas prestadoras de serviços públicos, Empresa Pública prestadora de serviço público, Sociedade de Economia Mista prestadora de serviços públicos e, ainda, as concessionárias, autorizatárias e permissionárias de serviço público.

Esse critério não é o adotado pelo Brasil. Assim sendo, a classificação feita acima não descreve a Administração Pública Brasileira, que, conforme veremos a seguir, adota o modelo formal de classificação.

Sentido formal/subjetivo

Em sentido formal ou subjetivo, a Administração Pública compreende o conjunto de órgãos e pessoas jurídicas encarregadas, por determinação legal, do exercício da função administrativa do Estado.

Pelo modelo formal, segundo Meirelles, a Administração Pública é o conjunto de entidades (pessoas jurídicas, seus órgãos e agentes) que o nosso ordenamento jurídico identifica como Administração Pública, pouco interessa a sua área de atuação, ou seja, pouco importa a atividade mas, sim, quem a desempenha. A Administração Pública Brasileira que adota o modelo formal é classificada em Administração Direta e Indireta.

2.2 Organização da Administração

A Administração Pública foi definida pela Constituição Federal no Art. 37.

> ***Art. 37.*** *A Administração Pública direta e indireta de qualquer dos Poderes da União, dos Estados, do Distrito Federal e dos Municípios obedecerá aos princípios de legalidade, impessoalidade, moralidade, publicidade e eficiência e, também, ao seguinte:*

O Decreto-Lei nº 200/67 determina quem é Administração Pública Direta e Indireta.

> ***Art. 4º.*** *A Administração Federal compreende:*
>
> ***I.*** *A Administração Direta, que se constitui dos serviços integrados na estrutura administrativa da Presidência da República e dos Ministérios.*
>
> ***II.*** *A Administração Indireta, que compreende as seguintes categorias de entidades, dotadas de personalidade jurídica própria:*
>
> ***a)*** *Autarquias;*
>
> ***b)*** *Empresas Públicas;*
>
> ***c)*** *Sociedades de Economia Mista.*
>
> ***d)*** *Fundações públicas.*

Dessa forma, temos somente quatro pessoas que representam a Administração Direta e nenhuma outra. São consideradas pessoas jurídicas de direito público e possuem várias características. As pessoas da Administração Direta recebem o nome de pessoas políticas do estado.

A Administração Indireta também representa um rol taxativo e não cabe ampliação. Existem quatro pessoas da Administração Indireta e nenhuma outra; elas possuem características marcantes. Contudo, não possuem a mais importante e que diferencia das pessoas políticas do Estado, ou seja, a capacidade de legislar (capacidade política).

2.3 Administração Direta

A Administração Direta é representada pelas entidades políticas. São elas: União, Estados, DF e os Municípios.

A definição no Brasil foi feita pelo Decreto-Lei nº 200/67, que dispõe sobre a organização da Administração Federal e estabelece diretrizes para a Reforma Administrativa.

É importante observar que esse decreto dispõe somente sobre a Administração Pública Federal, todavia, pela aplicação do princípio da simetria, tal regra é aplicada uniformemente por todo o território nacional. Assim sendo, tal classificação utilizada nesse decreto define expressamente a Administração Pública Federal e também, implicitamente, a Administração Pública dos demais entes da federação.

Os entes políticos possuem autonomia política (capacidade de legislar), administrativa (capacidade de auto-organizar-se) e capacidade financeira (capacidade de julgar as próprias contas). Não podemos falar aqui em hierarquia entre os entes, mas sim em cooperação, pois um não dá ordens aos outros, visto que eles são autônomos.

Características

São pessoas jurídicas de direito público interno – tem autonomia.

- Unidas formam a República Federativa do Brasil: pessoa jurídica de direito público externo –tem soberania (independência na ordem externa e supremacia na interna).
- Regime jurídico de direito público.
- Autonomia Política: Administrativa e Financeira.
- Sem subordinação: atuam por cooperação.
- Competências: hauridas da CF.
- Responsabilidade civil - regra - objetiva.
- Bens: públicos, não pode ser objeto de sequestro, arresto, penhora etc.
- Débitos judiciais: são pagos por precatórios.
- Regime de pessoal: regime jurídico único.
- Competência para julgamento de ações judiciais.
  - União = Justiça Federal.
  - Demais Entes Políticos = Justiça Estadual.

2.4 Noção de Centralização, Descentralização e Desconcentração

Centralização Administrativa: órgãos e agentes trabalhando para a Administração Direta.

Descentralização Administrativa: técnica administrativa em que a Administração direta passa a atividade administrativa, serviço ou obra pública para outras pessoas jurídicas ou físicas (para pessoa física somente por delegação por colaboração). A descentralização pode ser feita por outorga legal (titularidade + execução) ou diante delegação por colaboração (somente execução). A outorga legal cria as pessoas da Administração Indireta. A Delegação por colaboração gera os concessionários, permissionários e Autorizatários de serviços públicos:

- **Descentralização por Outorga Legal** (também chamada de descentralização técnica, por serviços, ou funcional): é feita por lei e transfere a titularidade e a execução da atividade administrativa por prazo indeterminado para uma pessoa jurídica integrante da administração indireta.
- **Descentralização por Delegação** (também chamada de descentralização por colaboração): é feita em regra por um contrato administrativo e, nesses casos, depende de licitação; também pode acontecer descentralização por delegação por meio de um ato administrativo. Transfere somente a execução da atividade administrativa, e não a sua titularidade, por prazo determinado para um particular, pessoa física ou jurídica.

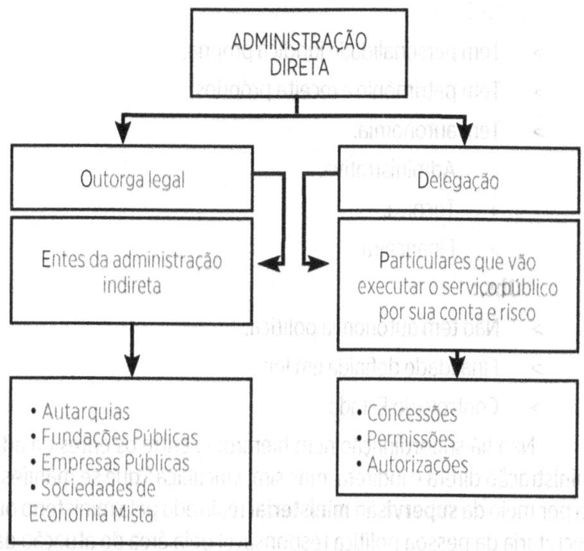

Outorga Legal

- Feita por lei;
- Transfere a titularidade e a execução do serviço público;
- Não tem prazo.

Delegação

- Feita por contrato, exceto as autorizações;
- Os contratos dependem de licitação;
- Transfere somente a execução do serviço público e não a titularidade;
- Há fiscalização do Poder Público. Tal fiscalização decorre do exercício do poder disciplinar;
- Tem prazo.

> **Desconcentração administrativa**: técnica de subdivisão de órgãos públicos para que melhor desempenhem o serviço público ou atividade administrativa. Em outras palavras, na desconcentração, a Pessoa Jurídica distribui competências no âmbito de sua própria estrutura. É a distribuição de competências entre os diversos órgãos integrantes da estrutura de uma pessoa jurídica da Administração Pública. Somente ocorre na Administração Direta ou Indireta, jamais para particulares, uma vez que não existem órgãos públicos entre particulares.

2.5 Administração Indireta

Pessoas / Entes / Entidades Administrativas

- Fundações Públicas;
- Autarquias;
- Sociedades de Economia Mista;
- Empresas Públicas.

Características

- Tem personalidade jurídica própria;
- Tem patrimônio e receita próprios;
- Tem autonomia:
  - Administrativa;
  - Técnica;
  - Financeira.

Obs.:

- Não tem autonomia política;.
- Finalidade definida em lei;
- Controle do Estado.

Não há subordinação nem hierarquia entre os entes da administração direta e indireta, mas sim, vinculação que se manifesta por meio da **supervisão ministerial** realizada pelo ministério ou secretaria da pessoa política responsável pela área de atuação da entidade administrativa. Tal supervisão tem por finalidade o exercício do denominado **controle finalístico** ou **poder de tutela**.

Em alguns casos, a entidade administrativa pode estar diretamente vinculada à chefia do poder executivo e, nesse contexto, caberá a essa chefia o exercício do controle finalístico de tal entidade.

- São frutos da descentralização por outorga legal.
- Nomeação de Dirigentes.

Os dirigentes das entidades administrativas são nomeados pelo chefe do poder a que está vinculada a respectiva entidade, ou seja, as entidades administrativas ligadas ao poder executivo federal têm seus dirigentes nomeados pelo chefe de tal poder, que, nesse caso, é o(a) Presidente(a) da República.

É válido lembrar que, em todos os poderes, existe a função administrativa no executivo, de forma típica, e nos demais poderes, de forma atípica. Além disso, a função administrativa de todos os poderes é exercida pela sua Administração Pública (Administração Direta e Indireta), assim sendo, existe Administração Pública Direta e Indireta nos três poderes e, caso uma entidade administrativa seja vinculada ao Poder Legislativo ou Judiciário, caberá ao chefe do respectivo poder a nomeação de tal dirigente.

Excepcionalmente, a nomeação de um dirigente pode depender ainda de aprovação do Poder Legislativo. Na esfera federal, temos como exemplo a nomeação dos dirigentes das agências reguladoras. Tais nomeações são feitas pelo Presidente da República e, para terem efeito, dependem de aprovação do Senado Federal.

Via de regra, lembraremos que a nomeação do dirigente de uma entidade administrativa é feita pelo chefe do Poder Executivo, sendo que, em alguns casos, é necessária a prévia aprovação de outro poder. Excepcionalmente, o Judiciário e o Legislativo poderão nomear dirigentes para essas entidades, desde que vinculadas ao respectivo poder.

Criação dos entes da administração indireta

A instituição das entidades administrativas depende sempre de uma lei ordinária específica. Essa lei pode criar a entidade administrativa. Nesse caso, nasce uma pessoa jurídica de direito público, as autarquias. A lei também pode autorizar a criação das entidades administrativas. Nessa circunstância, nascem as demais entidades da administração indireta: fundações públicas, empresas públicas e sociedades de economia mista. Pelo fato dessas entidades serem autorizadas por lei, elas são pessoas jurídicas de Direito Privado.

A lei que cria ou que autoriza a criação de uma entidade administrativa é uma **lei ordinária específica.**

Quando a lei autoriza a criação de uma entidade da Administração Indireta, a sua construção será consumada após o registro na serventia registral pertinente (cartório ou junta comercial, conforme o caso).

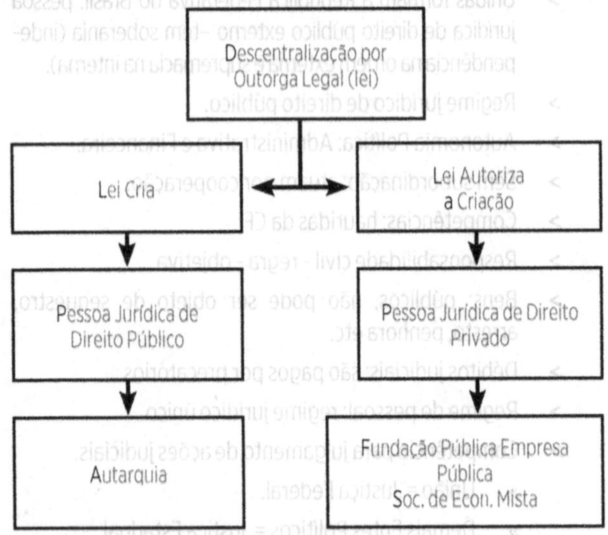

Extinção dos entes da administração indireta:

- Só lei revoga lei.
- Se a lei cria, a lei extingue.
- Se a lei autoriza a criação, autoriza também a extinção.

Relação da administração pública direta com a indireta

As entidades compreendidas na Administração Indireta vinculam-se ao Ministério em cuja área de competência estiver enquadrada sua principal atividade. Dessa forma, não há que se falar em hierarquia ou subordinação, mas, sim vinculação.

A vinculação entre a Administração Direta e a Administração Indireta gera o chamado controle finalístico ou supervisão ministerial. Assim, a Administração Direta não pode intervir nas decisões da Indireta, salvo se ocorrer a chamada fuga de finalidade.

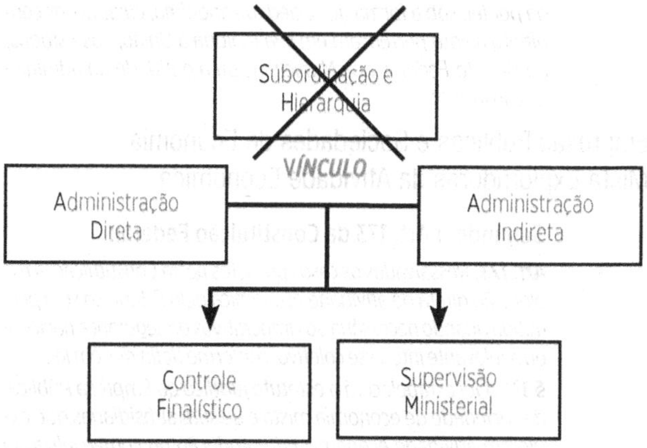

Autarquias

Autarquia é a pessoa jurídica de direito público, criada por lei, com capacidade de autoadministração, para o desempenho de serviço público descentralizado (atividade típica do Estado). É o próprio serviço público personificado.

Vejamos a seguir as suas características:

Personalidade Jurídica: Direito Público.

> Recebem todas as prerrogativas do Direito Público.

Finalidade: atividade típica do Estado.

Regime Jurídico: público.

Responsabilidade Civil: objetiva.

Bens: públicos (não podem ser objeto de penhora, arresto, sequestro).

> Ao serem constituídas, recebem patrimônio do Ente Instituidor e, a partir desse momento, seguem com sua autonomia.

Débitos Judiciais: pagamento por precatórios.

Regime de Pessoal: regime jurídico único.

Competência para o julgamento de suas ações judiciais:

> Autarquia Federal = Justiça Federal.

> Outras Esferas = Justiça Estadual.

Ex.: INSS, Banco Central do Brasil.

Espécies de autarquias

Comum ou Ordinária (de Acordo com Decreto-Lei nº 200/67)

São as autarquias que recebem as características principais, ou seja, criadas diretamente por lei, pessoas jurídicas de direito público e que desempenham um serviço público especializado; seu ato constitutivo é a própria lei.

Sob Regime Especial

As autarquias em regime especial são submetidas a um regime jurídico peculiar, diferente do jurídico relativo às autarquias comuns.

Por autarquia comum deve-se entender as ordinárias, aquelas que se submetem a regime jurídico comum das autarquias. Na esfera federal, o regime jurídico comum das autarquias é o Decreto-Lei nº 200/67.

Se a autarquia além das regras do regime jurídico comum ainda é alcançada por alguma regra especial, peculiar às suas atividades, será considerada uma autarquia em regime especial.

Agências Reguladoras

São responsáveis por regular, normatizar e fiscalizar determinados serviços públicos que foram delegados ao particular. Em razão dessa característica, elas têm mais liberdade e maior autonomia, se comparadas com as Autarquias comuns.

Ex.: ANCINE, ANA, ANAC, ANTAQ, ANATEL, ANEEL, ANP, ANTT.

Autarquia Territorial

É classificado como Autarquia Territorial, o espaço que faça parte do território da União, mas que não se enquadre na definição de Estado membro, DF ou município. No Brasil atual, não existem exemplos de Autarquias Territoriais, mas elas podem vir a ser criadas. Nesse caso, esses Territórios fazem parte da Administração Direta e são Autarquias Territoriais, pois são criados por lei e assumem personalidade jurídica de direito público.

Associações Públicas (Autarquias Interfederativas ou Multifederativas)

Também chamada de consórcio público de Direito Público.

O consórcio público é a pessoa jurídica formada exclusivamente por entes da Federação, na forma da Lei nº 11.107, de 2005, para estabelecer relações de cooperação federativa, inclusive a realização de objetivos de interesse comum, constituída como associação pública, com personalidade jurídica de direito público e natureza autárquica, ou como pessoa jurídica de direito privado, sem fins econômicos.

Sendo assim, não é todo consórcio público que representa uma Autarquia Interfederativa, mas somente os públicos de Direito Público.

Autarquia Fundacional ou Fundação Autárquica

As Fundações Públicas de Direito Público (exceção) são consideradas, na verdade, uma espécie de autarquia.

Agências Executivas

As agências executivas não se configuram como pessoas jurídicas, menos ainda outra classificação qualquer. Representam, na prática, um título que é dado às autarquias e fundações públicas que assinam contrato de gestão com a Administração Pública. Art. 37, §8º.

Conselhos fiscalizadores de profissões são considerados autarquias. Contudo, comportam uma exceção muito importante:

ADI 3.026-DF Min. Eros Graus. 08/06/2006. OAB: Considerada entidade sui generis, um serviço independente não sujeita ao controle finalístico da Administração Direta.

Fundação pública

A Fundação Pública é a entidade dotada de personalidade jurídica de Direito Privado, sem fins lucrativos, criada em virtude de autorização legislativa, para o desenvolvimento de atividades que não exijam execução por órgãos ou entidades de direito público, com autonomia administrativa, patrimônio próprio gerido pelos respectivos órgãos de direção e funcionamento custeado por recursos da União e de outras fontes.

Regra

> Autorizada por lei;
> Pessoa jurídica de Direito Privado;
> Depende de registro dos atos constitutivos na junta comercial;
> Depende de lei complementar que especifique o campo de atuação.

Exceção

> Criada diretamente por lei;
> Pessoa jurídica de direito público;
> Possui um capital personalizado (diferença meramente conceitual);
> Considerada pela doutrina como autarquia fundacional.

As fundações públicas de Direito Público, são espécie de autarquia, sendo chamadas pela doutrina como autarquias fundacionais.

Características

> **Personalidade Jurídica:** Direito Privado.
> **Finalidade:** lei complementar definirá – Sem fins lucrativos.
> **Regime Jurídico:** Híbrido (regras de Direito Público + Direito Privado) incontroverso.
> **Responsabilidade Civil:** se for prestadora de serviço público é objetiva, caso contrário é subjetiva.
> **Bens Privados, com exceção:** bens diretamente ligados à prestação de serviço público são bens públicos.
> **Débitos Judiciais:** são pagos por meio do seu patrimônio, com exceção dos bens diretamente ligados à prestação de serviços públicos, que são bens públicos e não se submetem a pagamento de débitos judiciais.
> **Regime de Pessoal:** Regime Jurídico **Único.**

Competência para o julgamento de suas ações judiciais:

» Justiça Federal.
» Outras esferas = Justiça Estadual.
» IBGE, Biblioteca Nacional, FUNAI.

Empresas públicas e sociedades de economia mista

São pessoas jurídicas de Direito Privado, criadas pela Administração Direta por meio de autorização da lei, com o respectivo registro, para a prestação de serviços públicos ou a exploração da atividade econômica.

A Lei 13.303/16 dispõe sobre o estatuto jurídico da empresa pública, da sociedade de economia mista e de suas subsidiárias, no âmbito da União, dos Estados, do Distrito Federal e dos Municípios.

A referida lei apresenta os seguintes conceitos:

***Art. 3º** Empresa pública é a entidade dotada de personalidade jurídica de direito privado, com criação autorizada por lei e com patrimônio próprio, cujo capital social é integralmente detido pela União, pelos Estados, pelo Distrito Federal ou pelos Municípios.*

***Art. 4º** Sociedade de economia mista é a entidade dotada de personalidade jurídica de direito privado, com criação autorizada por lei, sob a forma de sociedade anônima, cujas ações com direito a voto pertençam em sua maioria à União, aos Estados, ao Distrito Federal, aos Municípios ou a entidade da administração indireta.*

Empresas Públicas e Sociedades de Economia Mista Exploradoras da Atividade Econômica

Segundo o Art. 173 da Constituição Federal:

***Art. 173.** Ressalvados os casos previstos nesta Constituição, a exploração direta de atividade econômica pelo Estado só será permitida quando necessária aos imperativos da segurança nacional ou a relevante interesse coletivo, conforme definidos em lei.*

***§ 1º** - A lei estabelecerá o estatuto jurídico da Empresa Pública, da sociedade de economia mista e de suas subsidiárias que explorem atividade econômica de produção ou comercialização de bens ou de prestação de serviços, dispondo sobre:*

***I.** Sua função social e formas de fiscalização pelo Estado e pela sociedade;*

***II.** A sujeição ao regime jurídico próprio das empresas privadas, inclusive quanto aos direitos e obrigações civis, comerciais, trabalhistas e tributários;*

***III.** Licitação e contratação de obras, serviços, compras e alienações, observados os princípios da Administração Pública;*

***IV.** A constituição e o funcionamento dos conselhos de administração e fiscal, com a participação de acionistas minoritários;*

***V.** Os mandatos, a avaliação de desempenho e a responsabilidade dos administradores.*

***§ 2º** - As empresas públicas e as sociedades de economia mista não poderão gozar de privilégios fiscais não extensivos às do setor privado.*

***§ 3º** - A lei regulamentará as relações da Empresa Pública com o Estado e a sociedade.*

***§ 4º** - A lei reprimirá o abuso do poder econômico que vise à dominação dos mercados, à eliminação da concorrência e ao aumento arbitrário dos lucros.*

***§ 5º** - A lei, sem prejuízo da responsabilidade individual dos dirigentes da pessoa jurídica, estabelecerá a responsabilidade desta, sujeitando-a às punições compatíveis com sua natureza, nos atos praticados contra a ordem econômica e financeira e contra a economia popular.*

Empresas Públicas e Sociedades de Economia Mista prestadoras de Serviço Público

Essas entidades são criadas para a exploração da atividade econômica em sentido amplo, o que inclui o exercício delas em sentido estrito e também a prestação de serviços públicos que podem ser explorados com o intuito de lucro.

Segundo o Art. 175 da Constituição Federal:

***Art. 175.** Incumbe ao Poder Público, na forma da lei, diretamente ou sob regime de concessão ou permissão, sempre através de licitação, a prestação de serviços públicos.*

***Parágrafo único.** A lei disporá sobre:*

***I.** O regime das empresas concessionárias e permissionárias de serviços públicos, o caráter especial de seu contrato e de sua prorrogação, bem como as condições de caducidade, fiscalização e rescisão da concessão ou permissão;*

***II.** Os direitos dos usuários;*

III. Política tarifária;

IV. A obrigação de manter serviço adequado.

Não se inclui nessa categoria os serviços públicos relativos aos direitos sociais, pois esses não podem ser prestados com o intuito de lucro pelo Estado e, também, não são de titularidade exclusiva do Estado, podendo ser livremente explorados por particulares.

Características Comuns das Empresas Públicas e Sociedades de Economia Mista

Personalidade Jurídica: Direito Privado.

Finalidade: prestação de serviço público ou a exploração da atividade econômica.

Regime Jurídico Híbrido: se for prestadora de serviço público, o regime jurídico é mais público; se for exploradora da atividade econômica, o regime jurídico é mais privado.

Responsabilidade Civil: se for prestadora de serviço público, a responsabilidade civil é objetiva, se for exploradora da atividade econômica, a civil é subjetiva.

Bens Privados, com exceção: bens diretamente ligados à prestação de serviço público são bens públicos.

Débitos Judiciais: são pagos por meio do seu patrimônio, com exceção dos bens diretamente ligados à prestação de serviços públicos, que são bens públicos e não se submetem a pagamento de débitos judiciais.

Regime de Pessoal: CLT – Emprego Público.

Exemplo de Empresa Pública: Caixa Econômica Federal, Correios.

Exemplo de Sociedade de Economia Mista: Banco do Brasil e Petrobras.

Sociedade de Economia Mista

A Sociedade de Economia Mista é uma entidade dotada de personalidade jurídica de Direito Privado, autorizada por lei para a exploração de atividade econômica, sob a forma de sociedade anônima, cujas ações com direito a voto pertençam em sua maioria à União ou a entidade da Administração Indireta:

> Autorizada por lei;
> Pessoa jurídica de Direito Privado;
> Capital 50% + 1 ação no controle da Administração Pública;
> Constituição obrigatória por Sociedade Anônima (S.A.);
> Competência da Justiça Estadual.

Empresa pública

Entidade dotada de personalidade jurídica de Direito Privado, com patrimônio próprio e capital exclusivo da União, autorizado por lei para a exploração de atividade econômica que o Governo seja levado a exercer por força de contingência ou de conveniência administrativa, podendo revestir-se de qualquer das formas admitidas em direito.

> Autorizado por lei;
> Pessoa jurídica de Direito Privado;
> 100% na constituição de capital público;
> Constituído de qualquer forma admitido em direito;
> Competência da Justiça Federal.

Esse quadro foi desenvolvido para memorização das características mais importantes das pessoas da Administração Pública indireta.

Tabela Comparativa das Características dos Entes da Administração Pública

CARACTERÍSTICA	ENTIDADES POLÍTICAS	AUTARQUIA	FUNDAÇÃO PÚBLICA	EMPRESA PÚBLICA	SOCIEDADE DE ECONOMIA MISTA
PERSONALIDADE JURÍDICA	Direito Público	Direito Público	Direito Privado	Direito Privado	Direito Privado
FINALIDADE	Competências constitucionais	Atividade típica do Estado	Lei Complementar definirá	Exploração da atividade econômica OU prestação de serviço público	Exploração da atividade econômica OU prestação de serviço público
REGIME JURÍDICO	Direito Público	Direito Público	Híbrido: se PSP + público. Caso desenvolva outra atividade, mais privado.	Híbrido: se EAE + privado; se PSP + público	Híbrido: se EAE + privado; se PSP + público
RESPONSABILIDADE CIVIL	Objetiva: ação Subjetiva: omissão	Objetiva: ação Subjetiva: omissão	PSP = Objetiva, nos demais casos, subjetiva	PSP = Objetiva, EAE = Subjetiva	PSP = Objetiva, EAE = Subjetiva
BENS	Públicos	Públicos	Privados, exceção: bens diretamente ligados à prestação de serviços públicos são bens públicos.	Privados, exceção: bens diretamente ligados à prestação de serviços públicos são bens públicos.	Privados, exceção: bens diretamente ligados à prestação de serviços públicos são bens públicos.
DÉBITOS JUDICIAIS	Precatórios	Precatórios	Patrimônio	Patrimônio	Patrimônio
REGIME DE PESSOAL	Regime Jurídico Único	Regime Jurídico Único	Regime Jurídico Único	CLT	CLT
COMPETÊNCIA PARA JULGAMENTO	União: Justiça Federal; Demais: Justiça Estadual.	Federal: Justiça Federal; Demais: Justiça Estadual.	Federal: Justiça Federal; Demais: justiça Estadual.	Federal: Justiça Federal; Demais: justiça Estadual.	Todas: Justiça Estadual.

* EAE: Exploração da Atividade Econômica.

* PSP: Prestação de Serviço Público.

3. ÓRGÃO PÚBLICO

Neste capítulo, aprenderemos a respeito dos órgãos públicos, sua finalidade, seu papel na estrutura da Administração Pública, bem como as diversas teorias e classificações relativas ao tema. Começaremos a partir das teorias que buscam explicar o que é o órgão público.

3.1 Teorias

São três as teorias criadas para caracterizar e conceituar a ideia de órgão público: a Teoria do Mandato, Teoria da Representação e Teoria Geral do Órgão.

Teoria do mandato

Essa teoria preceitua que o agente, pessoa física, funcionaria como o mandatário da pessoa jurídica, agindo sob seu nome e com a responsabilidade dela, em razão de outorga específica de poderes (não adotado).

Teoria da representação

O agente funcionaria como um tutor ou curador do Estado, que representaria nos atos que necessita participar (não adotado).

Teoria geral do órgão

Tem-se presunção de que a pessoa jurídica exteriora sua vontade por meio dos órgãos, os quais são parte integrante da própria estrutura da pessoa jurídica, de tal modo que, quando os agentes que atuam nesses órgãos manifestam sua vontade, considera-se que essa foi manifestada pelo próprio Estado. Falamos em imputação da atuação do agente, pessoa natural, à pessoa jurídica (adotado pela CF/88).

Alguns órgãos possuem uma pequena capacidade, que é impetrar mandado de segurança para garantir prerrogativas próprias. Contudo, somente os órgãos independentes e autônomos têm essa capacidade.

Segundo o doutrinador Hely Lopes Meirelles, os órgãos não possuem personalidade jurídica, tampouco vontade própria, agem em nome da entidade a que pertencem, mantendo relações entre si e com terceiros, e não possuem patrimônio próprio. Os órgãos manifestam a vontade da Pessoa Jurídica à qual pertencem; os agentes, quando atuam para o Estado, dizemos que estão em imputação à pessoa jurídica a qual estão efetivamente ligados. Assim, falamos em imputação à pessoa jurídica.

Constatamos que órgãos são meros centros de competência, e os agentes que trabalham nesses órgãos estão em imputação à pessoa jurídica a que estão ligados; suas ações são imputadas ao ente federativo. Assim, quando um servidor público federal atua, suas ações são imputadas (como se o próprio Estado estivesse agindo) à União, pois o agente é ligado a um órgão que pertence a esse ente.

> **Ex.:** Quando um Policial Federal está trabalhando, ele é um agente público que atua dentro de um órgão (Departamento de Polícia Federal) e suas ações, quando feitas, são consideradas como se a União estivesse agindo. Por esse motivo, os atos que gerem prejuízo a terceiros são imputados a União, ou seja, é a União que paga o prejuízo e, depois, entra com ação regressiva contra o agente público.

3.2 Características

Não possui personalidade jurídica

Muitas pessoas se assustam com essa regra devido ao fato de o órgão público ter CNPJ, realizar licitações e também por celebrar contratos públicos. Todavia, essas situações não devem ser levadas em consideração nesse momento.

O CNPJ não é suficiente para conferir personalidade jurídica para o órgão público, a sua instituição está ligada ao direito tributário, e realmente o órgão faz licitação, celebra contratos, mas ele não possui direitos, não é responsável pela conduta dos seus agentes e tudo isso por que ele não possui personalidade jurídica, órgão público não é pessoa.

Integram a estrutura da pessoa jurídica que pertencem

O órgão público é simplesmente o integrante da estrutura corporal (orgânica) da pessoa jurídica a que está ligado. O órgão público é para a pessoa jurídica a que está ligado, o que o coração, os rins, o fígado, o estômago e o pulmão, dentre tantos outros órgãos do corpo humano são para nós, essenciais.

- Não possui capacidade processual, salvo os órgãos independentes e autônomos que podem impetrar Mandado de Segurança em defesa de suas prerrogativas constitucionais, quando violadas por outro órgão.
- Não possui patrimônio próprio.
- São hierarquizados.
- São frutos da desconcentração.
- Estão presentes na Administração Direta e Indireta.
- Criação e extinção: por meio de Lei.
- Estruturação: pode ser feita por meio de decreto autônomo, desde que não impliquem em aumento de despesas.
- Os agentes que trabalham nos órgãos estão em imputação à pessoa jurídica que estão ligados.

3.3 Classificação

Dentre as diversas classificações pertinentes ao tema, a partir de agora, abordaremos as classificações quanto à posição estatal que leva em consideração a relação de subordinação e hierarquia, a estrutura que se relaciona com a desconcentração e a composição ou atuação funcional que se relaciona com a quantidade de agentes que agem e manifestam vontade em nome do órgão.

Posição estatal

Quanto à posição estatal, os órgãos são classificados em independentes, autônomos, superiores e subalternos:

Órgãos independentes

- São considerados o mais alto escalão do Governo.
- Não exercem subordinação.
- Seus agentes são inseridos por eleição.

> Têm suas competências determinadas pelo texto constitucional.
> Possuem alguma capacidade processual.

Órgãos autônomos

> São classificados como órgãos diretivos.
> Possuem capacidade administrativa, financeira e técnica.
> São exemplos os Ministérios e as Secretarias.
> Possuem alguma capacidade processual.

Órgãos superiores

> São órgãos de direção, controle e decisão.
> Não possuem autonomia administrativa ou financeira.
> Exemplos são as coordenadorias, gabinetes, etc.

Subalternos

> Exercem atribuições de mera execução.
> Exercem reduzido poder decisório.
> São exemplos as seções de expediente ou de materiais.

Estrutura

A classificação quanto à estrutura leva em consideração, a partir do órgão analisado, se existe ou não um processo de desconcentração, se há ramificações que levam a órgãos subordinados ao órgão analisado.

Simples: são aqueles que representam um só centro de competências, sem ramificações, independentemente do número de cargos.

Composto: são aqueles que reúnem em sua estrutura diversos órgãos, ou seja, existem ramificações.

A Presidência da República é um órgão composto, pois dela se origina outros órgãos de menor hierarquia, dentre esses o Ministério da Justiça, por exemplo, que também é órgão composto, pois, a partir dele, tem-se novas ramificações, tais como o Departamento Penitenciário Nacional, o Departamento de Polícia Federal, entre outros.

A partir da Presidência da República, tem-se também um órgão chamado de gabinete, e esse é considerado simples, pois a partir dele não há novos órgãos, ou seja, não nasce nenhuma ramificação a partir do gabinete da Presidência da República.

Atuação funcional/composição

Os órgãos públicos podem ser classificados em singulares ou colegiados:

Órgãos Singulares ou Unipessoais: a sua atuação ou decisões são atribuições de um único agente.

Ex.: Presidência da República.

Órgão Colegiado ou Pluripessoal: a atuação e as decisões dos órgãos colegiados acontecem mediante obrigatória manifestação conjunta de seus membros.

Ex.: Congresso Nacional, Tribunais de Justiça.

3.4 As Paraestatais

A expressão "paraestatais" gera divergência em nosso ordenamento jurídico, sendo que podemos mencionar três posicionamentos:

As Paraestatais são as Autarquias - posição de José Cretella Júnior – entendimento ultrapassado.

As Paraestatais são: as Fundações Públicas, Empresas Públicas, Sociedades de Economia Mista e os Serviços Sociais Autônomos – posição de Hely Lopes Meirelles - corrente minoritária.

As Paraestatais são os serviços sociais autônomos, as fundações de apoio, as organizações sociais – OS, as organizações da sociedade civil de interesse público – OSCIP'S e as organizações da sociedade civil – OSCs – posição de Maria Silvia Zanella di Pietro, entre outros - é o entendimento majoritário.

Obs.: nesse terceiro sentido, as paraestatais equivalem ao chamado terceiro setor. O primeiro setor é o Estado e o segundo setor é o mercado (iniciativa privada que visa ao lucro).

Serviços Sociais Autônomos – são pessoas jurídicas de direito privado sem fins lucrativos, instituídas por lei e vinculadas a categorias profissionais, sendo mantidas por dotações orçamentárias ou contribuições parafiscais. É o chamado sistema "S".

Ex.: SESI, SESC, SENAI, SENAC, SEBRAE etc. Não integram a Administração Pública nem direta e nem indireta.

Fundações de Apoio - segundo a professora Odete Medauar, são pessoas jurídicas de direito privado que se destinam a colaborar com instituições de ensino e pesquisa, sendo instituídas por professores, pesquisadores ou universitários (ver Lei 8.958/94). Exemplos: FUVEST, FIPE, CNPQ etc.

Organizações Sociais e Organizações da Sociedade Civil de Interesse Público – são pessoas jurídicas de direito privado sem fins lucrativos, instituídas por particulares que desempenham serviços não exclusivos de Estado, como a saúde, cultura, preservação do meio ambiente, etc.

→ **Características comuns entre as Organizações Sociais (Lei 9.637/98) e as Organizações da Sociedade Civil de Interesse Público (Lei 9.790/99).**

> São pessoas jurídicas de direito privado.
> Sem fins lucrativos.
> Instituídas por particulares.
> Desempenham serviços não exclusivos de Estado.
> Não integram a Administração Pública (seja direta ou indireta).
> Ambas integram o chamado terceiro setor.
> Sujeitam-se ao controle da Administração Pública e do Tribunal de Contas.
> Gozam de imunidade tributária, desde que atendidos os requisitos legais, conforme prevê o Art. 150, VI, "c", da CF/88.

Principais diferenças entre OS e OSCIPs

Organizações Sociais	Organizações da Sociedade Civil de Interesse Público
- o vínculo com o Estado se dá por Contrato de Gestão;	- o vínculo com o Estado se dá por Termo de Parceria;
- o ato de qualificação é discricionário, dado pelo Ministro da pasta competente;	- o ato de qualificação é vinculado, dado pelo Ministro da Justiça;
- pode ser contratada pela Administração com dispensa de licitação (hipótese de licitação dispensável);	- não há essa previsão;
- o Conselho deve ser formado por representantes do Poder Público;	- não há essa exigência;
- regulada pela Lei n.º 9.637/98 ;	- regulada pela Lei n.º 9.790/99 ;
- Ex.: Associação Roquette Pinto, IMPA (Instituto Nacional de Matemática Pura e Aplicada).	- Ex.: AMI (Amigo do Índio), AMAR (Associação de Amparo às Mães de Alto Risco).

→ **Observações sobre as Organizações Sociais:**

> O poder público pode destinar para as OSs recursos orçamentários e bens necessários ao cumprimento do contrato de gestão, mediante permissão de uso.

> O poder público pode ceder servidores públicos para as OSs com ônus para a origem.

> A Administração poderá dispensar a licitação nos contratos de prestação de serviços celebrados com as OSs (Art. 24, XXIV da Lei 8.666/93).

Organizações da Sociedade Civil – OSC - As Organizações da Sociedade Civil (OSCs) são entidades do terceiro setor criadas com a finalidade de atuar junto ao Poder Público, em regime de mútua cooperação, na execução de serviços públicos e tem o seu regime jurídico regulado pela Lei n. 13.019/2014.

Essas entidades atuam na prestação de serviço público não exclusivo do Estado e têm vínculo com a Administração Pública, de modo que essa conexão se dá mediante celebração de Termo de Fomento, Termo de Colaboração e Acordo de Cooperação. Vejamos tais conceitos:

Termo de Colaboração (Art. 2º, VII e Art. 16): instrumento por meio do qual são formalizadas as parcerias estabelecidas pela Administração Pública com organizações da sociedade civil para a consecução de finalidades de interesse público e recíproco propostas pela Administração Pública que envolvam a transferência de recursos financeiros. Assim, o Termo de Colaboração é utilizado para a execução de políticas públicas nas mais diversas áreas, para consecução de **planos de trabalho de iniciativa da própria Administração**, nos casos em que esta já tem parâmetros consolidados, com indicadores e formas de avaliação conhecidos, abarcando, reitere-se, o **repasse de valores por parte do erário**;

Termo de Fomento (Art. 2º, VIII e Art. 17): instrumento por meio do qual são formalizadas as parcerias estabelecidas pela Administração Pública com organizações da sociedade civil para a consecução de finalidades de interesse público e recíproco propostas pelas organizações da sociedade civil, que envolvam a transferência de recursos financeiros. Note-se, portanto, que o Termo de Fomento, ao contrário do Termo de Colaboração, tem como objetivo **incentivar iniciativas das próprias OSCs, para consecução de planos de trabalho por elas propostos**, buscando albergar nas políticas públicas tecnologias sociais inovadoras, promover projetos e eventos nas mais diversas áreas e expandir o alcance das ações desenvolvidas pelas organizações. Assim como no Termo de Colaboração, o Termo de Fomento também enseja a transferência de recursos financeiros por parte da Administração Pública;

Acordo de Cooperação (Art. 2º, VIII-A): instrumento por meio do qual são formalizadas as parcerias estabelecidas pela Administração Pública com organizações da sociedade civil para a consecução de finalidades de interesse público e recíproco que não envolvam a transferência de recursos financeiros. Portanto, o grande diferencial do Acordo de Cooperação com os demais é justamente a **ausência de repasse de valores financeiros**. O Acordo, como regra, também não exige prévia realização de chamamento público como ocorre no caso do Termo de Fomento e do Termo de Colaboração, o que será abordado mais adiante, salvo quando envolver alguma forma de compartilhamento de recurso patrimonial (comodato, doação de bens etc.).

Para facilitar, segue tabela comparativa:

	Iniciativa de plano de trabalho	Transferência de recursos públicos	Previsão na Lei 13.019/14
Termo de Colaboração	Administração	Sim	Art. 2º, VII e Art. 16
Termo de fomento	OSC	Sim	Art. 2º, VIII e Art. 17
Acordo de cooperação	Administração ou OSC	Não	Art. 2º, VIII-A

Chamamento Público: trata-se do procedimento que o poder público deverá realizar obrigatoriamente na prospecção de organizações. É a partir desse chamamento que serão avaliadas diferentes propostas para escolher a OSC mais adequada à parceria, ou ainda um grupo de OSCs trabalhando em rede, a fim de tornar mais eficaz a execução do objeto. Tal procedimento deverá adotar procedimentos claros, objetivos e simplificados que orientem os interessados e facilitem o acesso direto aos órgãos e às instâncias decisórias.

Obs.: não se aplicará a Lei 8.666/93 às relações de parceria com as OSCs (Art. 84, Lei 13.019/14), uma vez que agora há lei própria.

Organizações não governamentais (ONGs)

A ONG é uma entidade civil sem fins lucrativos, formada por pessoas interessadas em determinado tema, o qual se constitui em seu objetivo e interesse principal. (Ex.: IDEC – Instituto Brasileiro de Defesa do Consumidor).

Normalmente são iniciativas de pessoas ou grupos que visam colaborar na solução de problemas da comunidade, como mobilizações, educação, conscientização e organização de serviços ou programas para o atendimento de suas necessidades.

Do ponto de vista jurídico, o termo ONG não se aplica. Nosso Código Civil prevê apenas dois formatos institucionais para entidades civis sem fins lucrativos, sendo a Associação Civil (Art. 44, I e Art. 53 ambos do Código Civil) e a Fundação Privada (Art. 44, III e 62, ambos do Código Civil).

4. PRINCÍPIOS FUNDAMENTAIS DA ADMINISTRAÇÃO PÚBLICA

Neste capítulo, o objetivo é conhecer o rol de princípios fundamentais que norteiam e orientam toda a atividade administrativa do Estado, bem como toda a atuação da Administração Pública direta e indireta.

Tais princípios são de observância obrigatória para toda a Administração Pública, quer da União, dos Estados, do Distrito Federal, quer dos Municípios. São considerados expressos, pois estão descritos expressamente no *caput* do Art. 37 da Constituição Federal de 1988.

> ***Art. 37.*** *A Administração Pública direta e indireta de qualquer dos Poderes da União, dos Estados, do Distrito Federal e dos Municípios obedecerá aos princípios de legalidade, impessoalidade, moralidade, publicidade e eficiência e, também, ao seguinte (Ver CF/88).*

4.1 Classificação

Os princípios da Administração Pública são classificados como princípios explícitos (expressos) e implícitos.

É importante apontar que não existe relação de subordinação e de hierarquia entre os princípios expressos e os implícitos; na verdade, essa relação não existe entre nenhum princípio.

Isso quer dizer que, em um aparente conflito entre os princípios, um não exclui o outro, pois deve o administrador público observar ambos ao mesmo tempo, devendo nortear sua decisão na obediência de todos os princípios fundamentais pertinentes ao caso em concreto.

Como exemplo, não pode o administrador público deixar de observar o princípio da legalidade para buscar uma atuação mais eficiente (de acordo com o Princípio da Eficiência), devendo ele, na colisão entre os dois princípios, observar a lei e ainda buscar a eficiência conforme os meios que lhes seja possível.

Os princípios explícitos ou expressos são aqueles que estão descritos no *caput* do Art. 37 da CF. São eles:

LEGALIDADE
IMPESSOALIDADE
MORALIDADE
PUBLICIDADE
EFICIÊNCIA

Os princípios implícitos são aqueles que não estão descritos no *caput* do Art. 37 da CF. São eles:

> Supremacia do Interesse Público;
> Indisponibilidade do Interesse Público;
> Motivação;
> Razoabilidade;
> Proporcionalidade;
> Autotutela;
> Continuidade dos Serviços Públicos;
> Segurança Jurídica, entre outros.

A seguir, analisaremos as características dos princípios fundamentais da administração pública que mais aparecem nas provas de concurso público.

4.2 Princípio da Legalidade

O Princípio da Legalidade está previsto em dois lugares distintos na Constituição Federal. Em primeiro plano, no Art. 5º, II: ninguém será obrigado a fazer ou deixar de fazer alguma coisa senão em virtude de lei. O Princípio da Legalidade regula a vida dos particulares e, ao particular, é facultado fazer tudo que a lei não proíbe; é o chamado princípio da Autonomia da Vontade. Essa regra não deve ser aplicada à administração pública.

Em segundo plano, o Art. 37, *caput* do texto Constitucional, determina que a Administração Pública somente pode fazer aquilo que a lei determina ou autoriza. Assim, em caso de omissão legislativa (falta de lei), a Administração Pública está proibida de agir.

Nesse segundo caso, a lei deve ser entendida em sentido amplo, o que significa que a administração pública deve obedecer aos mandamentos constitucionais, às leis formais e materiais (leis complementares, leis delegadas, leis ordinárias, Medidas Provisórias) e também às normas infra legais (decretos, resoluções, portarias, entre outros), e não somente a lei em sentido estrito.

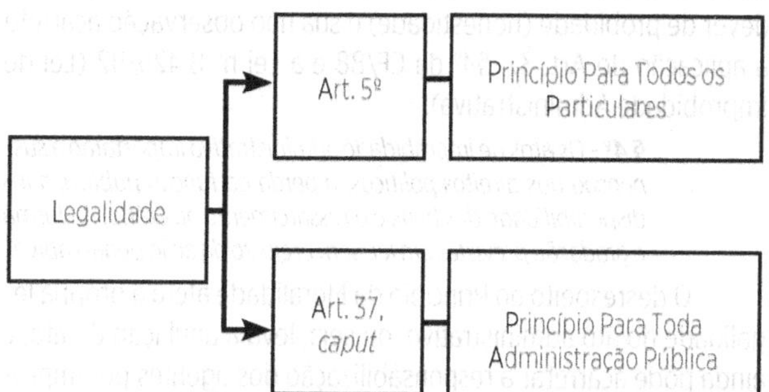

4.3 Princípio da Impessoalidade

O Princípio da Impessoalidade determina que todas as ações da administração pública devem ser revestidas de finalidade pública. Além disso, como segunda vertente, proíbe a promoção pessoal do agente público, como determina o Art. 37, § 1º da CF/88:

> ***Art. 37, § 1º -*** *A publicidade dos atos, programas, obras, serviços e campanhas dos órgãos públicos deverá ter caráter educativo, informativo ou de orientação social, dela não podendo constar nomes, símbolos ou imagens que caracterizem promoção pessoal de autoridades ou servidores públicos (Ver CF/88).*

O Princípio da Impessoalidade é tratado sob dois prismas, a saber:

→ Como determinante da finalidade de toda atuação administrativa (também chamado de princípio da **finalidade**, considerado constitucional implícito, inserido no princípio expresso da impessoalidade).

→ Como vedação a que o agente público se promova à custa das realizações da administração pública (vedação à promoção pessoal do administrador público pelos serviços, obras e outras realizações efetuadas pela administração pública).

É pelo Princípio da Impessoalidade que dizemos que o agente público age em imputação à pessoa jurídica a que está ligado, ou seja, pelo princípio da impessoalidade as ações do agente público são determinadas como se o próprio Estado estivesse agindo.

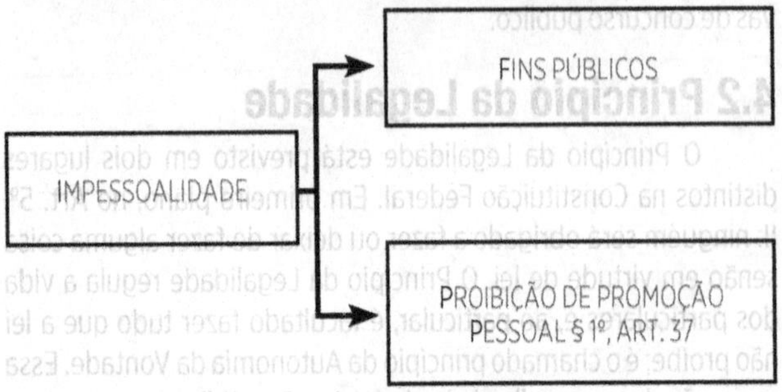

4.4 Princípio da Moralidade

O Princípio da Moralidade é um complemento ao da legalidade, pois nem tudo que é legal é moral. Dessa forma, o Estado impõe a sua administração a atuação segundo a lei e também segundo a moral administrativa. Tal princípio traz para o agente público o dever de probidade. Esse dever é sinônimo de atuação com ética, decoro, honestidade e boa-fé.

O Princípio da Moralidade determina que o agente deva sempre trabalhar com ética e em respeito aos princípios morais da administração pública. O princípio está intimamente ligado ao dever de probidade (honestidade) e sua não observação acarreta a aplicação do Art. 37, §4º da CF/88 e a Lei nº 8.429/92 (Lei de Improbidade Administrativa).

> ***§ 4º** - Os atos de improbidade administrativa importarão a suspensão dos direitos políticos, a perda da função pública, a indisponibilidade dos bens e o ressarcimento ao erário, na forma e gradação previstas em lei, sem prejuízo da ação penal cabível.*

O desrespeito ao Princípio da Moralidade afeta a própria legalidade do ato administrativo, ou seja, leva a anulação do ato, e ainda pode acarretar a responsabilização dos agentes por improbidade administrativa.

O Princípio da Moralidade não se refere ao senso comum de moral, que é formado por meio das instituições que passam pela vida da pessoa, tais como família, escola, igreja, entre outras. Para a administração pública, esse princípio refere-se à moralidade administrativa, que está inserida no corpo das normas de Direito Administrativo.

4.5 Princípio da Publicidade

Esse princípio deve ser entendido como aquele que determina que os atos da Administração sejam claros quanto à sua procedência. Por esse motivo, em regra, os atos devem ser publicados em diário oficial e, além disso, a Administração deve tornar o fato acessível (público). Tornar público é, além de publicar em diário oficial, apresentar os atos na Internet, pois esse meio hoje é o que deixa todas as informações acessíveis.

O Princípio da Publicidade apresenta dupla acepção em face do sistema constitucional vigente:

- Exigência de publicação em órgão oficial como requisito de eficácia dos atos administrativos que devam produzir efeitos externos e dos atos que impliquem ônus para o patrimônio público.

Essa regra não é absoluta, pois, em defesa da intimidade e também do Estado, alguns atos públicos não precisam ser publicados:

> ***Art. 5º, X, CF.** São invioláveis a intimidade, a vida privada, a honra e a imagem das pessoas, assegurado o direito a indenização pelo dano material ou moral decorrente de sua violação.*
>
> ***Art. 5º, XXXIII, CF.** Todos têm direito a receber dos órgãos públicos informações de seu interesse particular, ou de interesse coletivo ou geral, que serão prestadas no prazo da lei, sob pena de responsabilidade, ressalvadas aquelas cujo sigilo seja imprescindível à segurança da sociedade e do Estado.*

Sendo assim, o ato que tiver em seu conteúdo uma informação sigilosa ou relativa à intimidade da pessoa tem que resguardar o devido sigilo.

- Exigência de transparência da atuação administrativa:

> ***Art. 5º, XXXIII, CF.** Todos têm direito a receber dos órgãos públicos informações de seu interesse particular, ou de interesse coletivo ou geral, que serão prestadas no prazo da lei, sob pena de responsabilidade, ressalvadas aquelas cujo sigilo seja imprescindível à segurança da sociedade e do Estado.*

O Princípio da Publicidade orientou o poder legislativo nacional a editar a Lei nº 12.527/2011, que regulamenta o dispositivo do Art. 5º, XXXIII, da CF. Dispõe sobre o acesso à informação pública, sobre a informação sigilosa, sua classificação, bem como a informação pessoal, entre outras providências. Tal dispositivo merece ser lido, pois essa lei transpassa toda a essência do Princípio da Publicidade.

Podemos inclusive afirmar que esse princípio foi materializado em lei após a edição da Lei nº 12.527/2011. Veja a seguir a redação do Art. 3º dessa Lei:

> ***Art. 3º.** Os procedimentos previstos nesta Lei destinam-se a assegurar o direito fundamental de acesso à informação e devem ser executados em conformidade com os princípios básicos da administração pública e com as seguintes diretrizes:*
>
> ***I.** Observância da publicidade como preceito geral e do sigilo como exceção;*
>
> ***II.** Divulgação de informações de interesse público, independentemente de solicitações;*
>
> ***III.** Utilização de meios de comunicação viabilizados pela tecnologia da informação;*
>
> ***IV.** Fomento ao desenvolvimento da cultura de transparência na administração pública;*
>
> ***V.** Desenvolvimento do controle social da administração pública.*

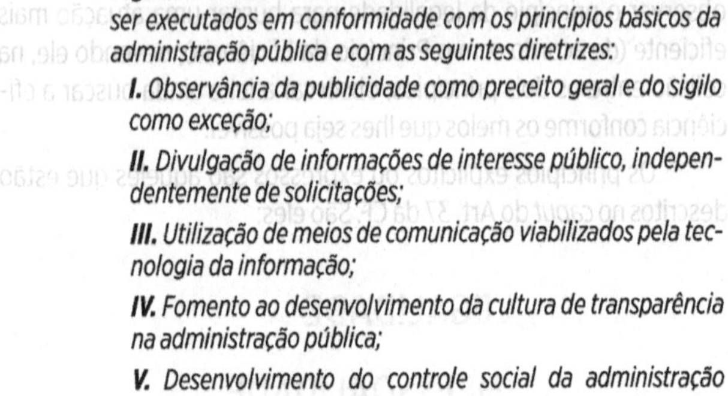

4.6 Princípio da Eficiência

O Princípio da Eficiência foi o último a ser inserido no bojo do texto constitucional (o Princípio da Eficiência foi incluído com a Emenda Constitucional nº 19/98), e apresenta dois aspectos principais:

> Relativamente à forma de atuação do agente público, espera-se o melhor desempenho possível de suas atribuições, a fim de obter os melhores resultados.
> Quanto ao modo de organizar, estruturar e disciplinar a Administração Pública, exigiu-se que esse seja o mais racional possível, no intuito de alcançar melhores resultados na prestação dos serviços públicos.

Art. 37, § 8º, CF. *A autonomia gerencial, orçamentária e financeira dos órgãos e entidades da administração direta e indireta poderá ser ampliada mediante contrato, a ser firmado entre seus administradores e o poder público, que tenha por objeto a fixação de metas de desempenho para o órgão ou entidade, cabendo à lei dispor sobre.*

O Princípio da Eficiência orienta a atuação da administração pública de forma que essa busque o melhor custo benefício no exercício de suas atividades, ou seja, os serviços públicos devem ser prestados com adequação às necessidades da sociedade que o custeia.

A atuação da Administração Pública tem que ser eficiente, o que acarreta ao agente público o dever de agir com presteza, esforço, rapidez e rendimento funcional. O seu descumprimento poderá acarretar a perda do seu cargo por baixa produtividade apurada em procedimento da avaliação periódica de desempenho, tanto antes da aquisição da estabilidade, como também após.

4.7 Princípio da Supremacia do Interesse Público sobre o Privado

Esse princípio é também considerado o norteador do Direito Administrativo. Ele determina que o Estado, quando trabalhando com o interesse público, se sobrepõe ao particular. Devemos lembrar que esse princípio deve ser utilizado pelo administrador público de forma razoável e proporcional para que o ato não se transforme em arbitrário e, consequentemente, ilegal.

É o fundamento das prerrogativas do Estado, ou seja, da relação jurídica desigual ou vertical entre o Estado e o particular. A exemplo, temos o poder de império do Estado (também chamado de poder extroverso), que se manifesta por meio da imposição da lei ao administrado, admitindo até o uso da força coercitiva para o cumprimento da norma. Assim sendo, a administração pública pode criar obrigações, restringir ou condicionar os direitos dos administrados.

Limitações:

> Respeito aos demais princípios;
> Não está presente diretamente nos atos de gestão (Atos de gestão são praticados pela administração na qualidade de gestora de seus bens e serviços, sem exercício de supremacia sobre os particulares, assemelhando-se aos atos praticados pelas pessoas privadas. São exemplos de atos de gestão a alienação ou a aquisição de bens pela administração pública, o aluguel a um particular de um imóvel de propriedade de uma autarquia, entre outros).

Exemplos de Incidência:

> Intervenção na propriedade privada;
> Exercício do poder de polícia, limitando ou condicionando o exercício de direito em prol do interesse público;
> Presunção de legitimidade dos atos administrativos.

4.8 Princípio da Indisponibilidade do Interesse Público

Conforme dito anteriormente, o princípio da indisponibilidade do interesse público juntamente com o da supremacia do interesse público, formam os pilares do regime jurídico administrativo.

Esse princípio é o fundamento das **restrições** do Estado. Assim sendo, apesar de o Princípio da Supremacia do Interesse Público prever prerrogativas especiais para a Administração Pública em determinadas relações jurídicas com o administrado, tais poderes são ferramentas que a ordem jurídica confere ao agentes públicos para alcançar os objetivos do Estado. E o uso desses poderes, então, deve ser balizado pelo interesse público, o que impõe restrições legais a sua atuação, garantindo que a utilização do poder tenha por finalidade o interesse público e não o do administrador.

Sendo assim, é vedada a renúncia do exercício de competência pelo agente público, pois a atuação desse não é balizada por sua vontade pessoal, mas, sim, pelo interesse público, também chamado de interesse da lei. Os poderes conferidos aos agentes públicos têm a finalidade de auxiliá-los a atingir tal interesse. Com base nessa regra, concluímos que esses agentes não podem dispor do interesse público, por não ser o seu proprietário, e sim o povo. Ao agente público cabe a gestão da Administração Pública em prol da coletividade.

4.9 Princípios da Razoabilidade e Proporcionalidade

Os Princípios da Razoabilidade e da Proporcionalidade não se encontram expressos no texto constitucional. Esses são classificados como princípios gerais do Direito e são aplicáveis a vários ramos da ciência jurídica. São chamados de princípios da proibição de excesso do agente público.

A razoabilidade diz que toda atuação da Administração tem que seguir a teoria do homem médio, ou seja, as decisões devem ser tomadas segundo o critério da maioria das pessoas "racionais", sem exageros ou deturpações.

Razoabilidade: adequação entre meios e fins. O Princípio da Proporcionalidade diz que o agente público deve ser proporcional no uso da força para o cumprimento do bem público, ou seja, nas aplicações de penalidades pela Administração deve ser levada em conta sempre a gravidade da falta cometida.

Proporcionalidade: vedação de imposição de obrigações, restrições e sanções em medida superior àquela estritamente necessária ao interesse público.

Podemos dar como exemplo a atuação de um fiscal sanitário, que esteja vistoriando dois estabelecimentos e, em um deles, encontre um quilo de carne estragada e, no outro, encontre uma tonelada.

Na aplicação da penalidade, deve ser respeitada tanto a razoabilidade quanto a proporcionalidade, ou seja, aplica-se, no primeiro, uma penalidade pequena, uma multa, por exemplo, e, no segundo, uma penalidade grande, suspensão de 90 dias.

Veja que o administrador não pode fazer menos ou mais do que a lei determina, isso em obediência ao Princípio da Legalidade, senão cometerá abuso de poder.

4.10 Princípio da Autotutela

O Princípio da Autotutela propicia o controle da Administração Pública sob seus próprios atos em dois pontos específicos:

De legalidade: em que a Administração pode controlar seus próprios atos quando eivados de vício de ilegalidade, sendo provocado ou de ofício.

De mérito: a Administração Pública pode revogar seus atos por conveniência e oportunidade.

> ***Súmula 473 do STF.*** *A Administração pode anular seus próprios atos, quando eivados de vícios que os tornam ilegais, porque deles não se originam direitos; ou revogá-los, por motivo de conveniência ou oportunidade, respeitados os direitos adquiridos, e ressalvada, em todos os casos, a apreciação judicial.*

O Princípio da Autotutela não exclui a possibilidade de controle jurisdicional do ato administrativo previsto no Art. 5º, XXXV, da CF: a lei não excluirá da apreciação do Poder Judiciário lesão ou ameaça a direito.

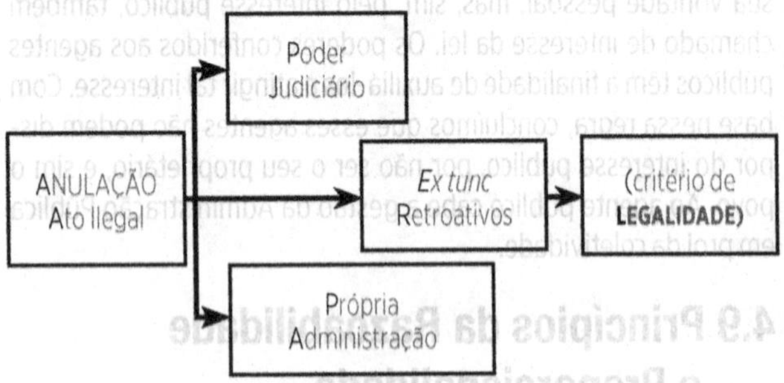

4.11 Princípio da Ampla Defesa

A ampla defesa determina que todos que sofrerem medidas de caráter de pena terão direito a se defender de todos os meios disponíveis legais em direito. Está previsto nos processos administrativos disciplinares:

> ***Art. 5º, LV, CF.*** *Aos litigantes, em processo judicial ou administrativo, e aos acusados em geral são assegurados o contraditório e ampla defesa, com os meios e recursos a ela inerentes;*

4.12 Princípio da Continuidade do Serviço Público

O Princípio da Continuidade do Serviço Público tem como escopo (objetivo) não prejudicar o atendimento dos serviços essenciais à população. Assim, evitam que esses sejam interrompidos.

O professor Celso Ribeiro Bastos[1] é um dos doutrinadores que defende a não interrupção do serviço público essencial: *O serviço público deve ser prestado de maneira contínua, o que significa dizer que não é passível de interrupção. Isso ocorre pela própria importância de que tal serviço se reveste, o que implica ser colocado à disposição do usuário com qualidade e regularidade, assim como com eficiência e oportunidade... Essa continuidade afigura-se em alguns casos de maneira absoluta, quer dizer, sem qualquer abrandamento, como ocorre com serviços que atendem necessidades permanentes, como é o caso de fornecimento de água, gás, eletricidade. Diante, pois, da recusa de um serviço público, ou do seu fornecimento, ou mesmo da cessação indevida desse, pode o usuário utilizar-se das ações judiciais cabíveis, até as de rito mais célere, como o mandado de segurança e a própria ação cominatória.*

Regra:

» Os serviços públicos devem ser adequados e ininterruptos.

Exceção:

» Aviso prévio;

» Situações de emergência.

Alcance:

> Todos os prestadores de serviços públicos;
> Administração Direta;
> Administração Indireta;
> Concessionárias, Autorizatárias e Permissionárias de serviços públicos.

Efeitos:

> Restrição de direitos das prestadoras de serviços públicos, bem como dos agentes envolvidos na prestação desses serviços, a exemplo do direito de greve.

Dessa forma, quem realiza o serviço público se submete a algumas restrições:

> Restrição ao direito de greve, Art. 37, VII CF/88;
> Suplência, delegação e substituição – casos de funções vagas temporariamente;
> Impossibilidade de alegar a exceção do contrato não cumprido, somente em casos em que se configure uma impossibilidade de realização das atividades;
> Possibilidade da encampação da concessão do serviço, retomada da administração do serviço público concedido no prazo na concessão, quando o serviço não é prestado de forma adequada.

O Código de Defesa do Consumidor, em seu Art. 22, assegura ao consumidor que os serviços essenciais devem ser contínuos, caso contrário, aos responsáveis, caberá indenização. O referido código não diz quais seriam esses serviços essenciais. Podemos usar, como analogia, o Art. 10 da Lei nº 7.783/89, que enumera os que seriam considerados fundamentais:

> ***Art. 10.*** *São considerados serviços ou atividades essenciais:*
>
> ***I.*** *Tratamento e abastecimento de água; produção e distribuição de energia elétrica, gás e combustíveis;*
>
> ***II.*** *Assistência médica e hospitalar;*
>
> ***III.*** *Distribuição e comercialização de medicamentos e alimentos;*
>
> ***IV.*** *Funerários;*
>
> ***V.*** *Transporte coletivo;*

1 Curso de direito administrativo, 2. ed. – São Paulo: Saraiva, 1996, p. 165.

VI. Captação e tratamento de esgoto e lixo;

VII. Telecomunicações;

VIII. Guarda, uso e controle de substâncias radioativas, equipamentos e materiais nucleares;

IX. Processamento de dados ligados a serviços essenciais;

X. Controle de tráfego aéreo;

XI. Compensação bancária.

4.13 Princípio da Segurança Jurídica

Esse princípio veda a aplicação retroativa da nova interpretação da norma.

Caso uma regra seja revogada ou alterada a sua redação ou interpretação, os atos praticados durante a vigência da norma antiga continuam valendo, pois tal princípio visa resguardar o direito adquirido, o ato jurídico perfeito e a coisa julgada.

Assim, temos que a nova interpretação da norma, via de regra, somente terá efeitos prospectivos, ou seja, da data em que for revogada para frente, não atingindo os atos praticados na vigência da norma antiga.

5. PODERES E DEVERES ADMINISTRATIVOS

Para um desempenho adequado do papel que compete à administração pública, o ordenamento jurídico confere a ela poderes e deveres especiais. Nesse capítulo, conheceremos seus deveres e poderes de modo a diferenciar a aplicabilidade de um ou de outro poder ou dever na análise de casos concretos, bem como apresentado nas questões de concurso público.

5.1 Deveres

Os deveres da administração pública são um conjunto de obrigações de direito público que a ordem jurídica confere aos agentes públicos com o objetivo de permitir que o Estado alcance seus fins.

O fundamento desses deveres é o Princípio da Indisponibilidade do Interesse Público, pois, como a administração pública é uma ferramenta do Estado para alcançar seus objetivos, não é permitido ao agente público usar dos seus poderes para satisfazer interesses pessoais ou de terceiros. Com base nessa regra, concluímos que esses agentes não podem dispor do interesse público, por não ser o seu proprietário, e sim o povo. A ele cabe a gestão da administração pública em prol da coletividade.

A doutrina, de um modo geral, enumera, como alguns dos principais deveres impostos aos agentes administrativos pelo ordenamento jurídico, quatro obrigações administrativas, a saber:

> Poder-Dever de Agir;
> Dever de Eficiência;
> Dever de Probidade;
> Dever de Prestar Contas.

Poder-dever de agir

O poder-dever de agir determina que toda a Administração Pública tem que agir em caso de determinação legal. Contudo, essa é temperada, uma vez que o administrador precisa ter possibilidade real de atuar.

> ***Art. 37**, § 6º, CF. Policiais em serviço que presenciam um cidadão ser assaltado e morto e nada fazem. Nessa situação, além do dever imposto por lei, havia a possibilidade de agir. Nesse caso concreto, gera-se a possibilidade de indenização por parte do Estado, com base na responsabilidade civil do Estado.*

Enquanto no direito privado agir é uma faculdade do administrador, no direito público, agir é um dever legal do agente público.

Em decorrência dessa regra temos que os **poderes** administrativos são **irrenunciáveis**, devendo ser **obrigatoriamente exercidos** por seus titulares nas situações cabíveis.

A inércia do agente público acarreta responsabilização a ela por abuso de poder na modalidade omissão. A Administração Pública também responderá pelos danos patrimoniais ou morais decorrentes da omissão na esfera cível.

Dever de eficiência

A Constituição implementou o dever de eficiência com a introdução da Emenda Constitucional nº 19 de 1998, a chamada reforma administrativa. Esse novo modelo instituiu a denominada "administração gerencial", tendo vários exemplos dispostos no corpo do texto constitucional, como:

> Possibilidade de perda do cargo de servidor estável em razão de insuficiência de desempenho (Art. 41, § 1º, III);
> O estabelecimento como condição para o ganho da estabilidade de avaliação de desempenho (Art. 41, § 4º);
> A possibilidade da celebração de contratos de gestão (Art. 37, § 8º);
> A exigência de participação do servidor público em cursos de aperfeiçoamento profissional como um dos requisitos para a promoção na carreira (Art. 39, § 2º).

Dever de probidade

O dever de probidade determina que todo administrador público, no desempenho de suas atividades, atue sempre com ética, honestidade e boa-fé, em consonância com o Princípio da Moralidade Administrativa.

> ***Art. 37, § 4º, CF.** Os atos de improbidade administrativa importarão a suspensão dos direitos políticos, a perda da função pública, a indisponibilidade dos bens e o ressarcimento ao erário, na forma e gradação previstas em lei, sem prejuízo da ação penal cabível.*

Efeitos:

> A suspensão dos direitos políticos;
> Perda da função pública;
> Ressarcimento ao erário;
> Indisponibilidade dos bens.

Dever de prestar contas

O dever de prestar contas decorre diretamente do Princípio da Indisponibilidade do Interesse Público, sendo pertinente à função do agente público, que é simples gestão da coisa pública.

> ***Art.70, Parágrafo único, CF.** Prestará contas qualquer pessoa física ou jurídica, pública ou privada, que utilize, arrecade, guarde, gerencie ou administre dinheiros, bens e valores públicos ou pelos quais a União responda, ou que, em nome dessa, assuma obrigações de natureza pecuniária.*

5.2 Poderes Administrativos

São mecanismos que, utilizados isoladamente ou em conjunto, permitem que a administração pública possa cumprir suas finalidades. Dessa forma, os poderes administrativos representam um conjunto de prerrogativas de direito Público que a ordem jurídica confere aos agentes administrativos para o fim de permitir que o Estado alcance os seus fins, assim leciona o professor José dos Santos Carvalho Filho.

O fundamento desses poderes é o princípio da supremacia do interesse público, pois, como a administração pública é uma ferramenta do Estado para alcançar seus objetivos, e tais objetivos são de interesse de toda coletividade, é necessário que o Estado possa ter prerrogativas especiais na busca de seus objetivos. Como exemplo, podemos citar a aplicação de uma multa de trânsito. Imagine que a lei fale que ultrapassar o sinal vermelho é errado, mas que o Estado não tenha o poder de aplicar a multa. De nada vale a previsão da infração na lei.

São Poderes Administrativos descritos pela doutrina pátria:

> Poder Vinculado;
> Poder Discricionário;
> Poder Hierárquico;
> Poder Disciplinar;
> Poder Regulamentar;
> Poder de Polícia.

Poder vinculado

O poder vinculado determina que o administrador somente pode fazer o que a lei determina; aqui não se gera poder de escolha, ou seja, está o administrador preso (vinculado) aos ditames da lei.

O agente público não pode fazer considerações de conveniência e oportunidade. Caso descumpra a única hipótese prevista na lei para orientar a sua conduta, praticará um ato ilegal, sendo assim, deve o ato ser anulado.

Poder discricionário

O poder discricionário gera a margem de escolha, que é a conveniência e a oportunidade, o mérito administrativo. Diz-se que o agente público pode agir com liberdade de escolha, mas sempre respeitando os parâmetros da lei.

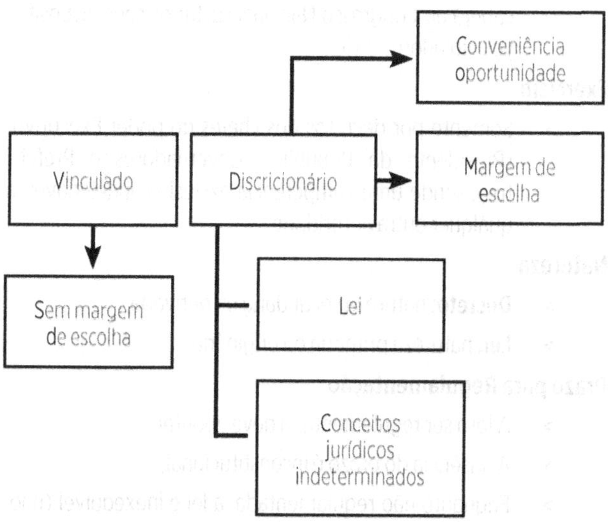

Duas são as vertentes que autorizam o poder discricionário: a lei e os conceitos jurídicos indeterminados. Esses últimos são determinações da própria lei, por exemplo: quando a Lei prevê a boa-fé, quem decide se o administrado está de boa ou má-fé é o agente público, sempre sendo razoável e proporcional.

Poder hierárquico

Manifesta a noção de um escalonamento vertical da Administração Pública, já que temos a subordinação entre órgãos e agentes, sempre no âmbito de uma mesma pessoa jurídica.

Observação

Não há subordinação nem hierarquia:

> Entre pessoas distintas;
> Entre os poderes da república;
> Entre a administração e o administrado.

Prerrogativas

Dar ordens: cabe ao subordinado o dever de obediência, salvo nos casos de ordens manifestamente ilegais.

Fiscalizar a atuação dos subordinados.

Revisar os atos dos subordinados e, nessa atribuição:

> Manter os atos vinculados legais e os atos discricionários legais convenientes e oportunos.
> Convalidar os atos com defeitos sanáveis.
> Anular os atos ilegais.
> Revogar os atos discricionários legais inconvenientes e inoportunos.

A caraterística marcante é o grau de subordinação entre órgãos e agentes, sempre dentro da estrutura da mesma pessoa jurídica. O controle hierárquico permite que o superior aprecie todos os aspectos dos atos de seus subordinados (quanto à legalidade e quanto ao mérito administrativo) e pode ocorrer de ofício ou a pedido, quando for interesse de terceiros, por meio de recurso hierárquico.

Aplicar sanções aos servidores que praticarem infrações funcionais.

Delegar competência

Delegação é o ato discricionário, revogável a qualquer tempo, mediante o qual o superior hierárquico confere o exercício temporário de algumas de suas atribuições, originariamente pertencentes ao seu cargo, a um subordinado.

É importante alertar que, excepcionalmente, a lei admite a delegação para outro órgão que não seja hierarquicamente subordinado ao delegante, conforme podemos constatar da redação do Art. 12 da Lei nº 9.784/99:

> ***Art. 12.*** *Um órgão administrativo e seu titular poderão, se não houver impedimento legal, delegar parte da sua competência a outros órgãos ou titulares, ainda que estes não lhe sejam hierarquicamente subordinados, quando for conveniente, em razão de circunstâncias de índole técnica, social, econômica, jurídica ou territorial.*

Características da delegação

Não podem ser Delegados

> Edição de atos de caráter normativo;
> A decisão de recursos administrativos;
> As matérias de competência exclusiva do órgão ou autoridade.

Consequências

> Não acarreta renúncia de competências;
> Transfere o exercício da atribuição e não a titularidade, pois pode ser revogada a delegação a qualquer tempo pela autoridade delegante;
> O ato de delegação e sua revogação deverão ser publicados em meio oficial.

Avocação Competência

Avocar é o ato discricionário mediante o qual o superior hierárquico traz para si o exercício temporário de determinada competência, atribuída por lei a um subordinado.

Cabimento: é uma medida excepcional e deve ser fundamentada.

Restrições: não podem ser avocadas competências exclusivas do subordinado.

Consequências: desonera o agente de qualquer responsabilidade relativa ao ato praticado pelo superior hierárquico.

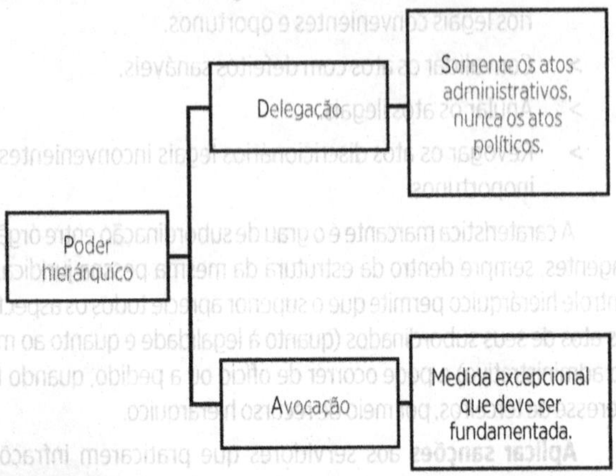

Segundo a Lei nº 9.784/99, que trata do processo administrativo federal:

Art. 13. Não podem ser objeto de delegação:

I. a edição de atos de caráter normativo;

II. a decisão de recursos administrativos;

III. as matérias de competência exclusiva do órgão ou autoridade.

Poder disciplinar

O poder disciplinar é uma espécie de poder-dever de agir da Administração Pública. Dessa forma, o administrador público atua de forma a punir internamente as infrações cometidas por seus agentes e, em exceção, atua de forma a, punir particulares que mantenham um vínculo jurídico específico com a Administração.

O poder disciplinar não pode ser confundido com o *jus puniendi* do Estado, ou seja, com o poder do Estado de aplicar a lei penal a quem comete uma infração penal.

Em regra, o poder disciplinar é discricionário, algumas vezes, é vinculado. Essa discricionariedade se encontra na escolha da quantidade de sanção a ser aplicada dentro das hipóteses previstas na lei, e não na faculdade de punir ou não o infrator, pois puni-lo é um dever, sendo assim, a punição não é discricionária, quantidade de punição que em regra é. Porém, é importante lembrar que, quando a lei apontar precisamente a penalidade ou a quantidade dela que deve ser aplicada para determinada infração, o poder disciplinar será vinculado.

Poder regulamentar

Quando a Administração atua punindo particulares (comuns) que cometeram falta, ela está usando o poder de polícia. Contudo, quando atua penalizando particulares que mantenham um vínculo jurídico específico (plus), estará utilizando o poder disciplinar.

Existem duas formas de manifestação do poder regulamentar: o decreto regulamentar e o autônomo, sendo que o primeiro é a regra e o segundo é a exceção.

Decreto regulamentar

Também denominado decreto executivo ou regulamento executivo.

O decreto regulamentar é uma prerrogativa dos chefes do poder executivo de regulamentar a lei para garantir a sua fiel aplicação.

Restrições

> Não inova o ordenamento jurídico;

> Não pode alterar a lei;

> Não pode criar direitos e obrigações;

> Caso o decreto regulamentar extrapole os limites da lei, haverá quebra do princípio da legalidade. Nessa situação, se do decreto regulamentar for federal, caberá ao Congresso Nacional sustar os seus dispositivos violadores da lei.

Exercício

> Somente por decretos dos chefes do poder Executivo (Presidente da República, Governadores e Prefeitos), sendo uma competência exclusiva, indelegável a qualquer outra autoridade.

Natureza

> **Decreto:** natureza secundária ou derivada;

> **Lei:** natureza primária ou originária.

Prazo para Regulamentação

> A lei a ser regulamentada deve apontar;

> A ausência do prazo é inconstitucional;

> Enquanto não regulamentada, a lei é inexequível (não pode ser executada);

> Se o chefe do executivo descumprir o prazo, a lei se torna exequível (pode ser executada);

> A competência para editar decreto regulamentar não pode ser objeto de delegação.

Decreto autônomo

A Emenda Constitucional nº 32, alterou o Art. 84 da Constituição Federal e deu ao seu inciso VI a seguinte redação:

***Art. 84.** Compete privativamente ao Presidente da República:*

***VI.** dispor, mediante decreto, sobre:*

***a)** organização e funcionamento da administração federal, quando não implicar aumento de despesa nem criação ou extinção de órgãos públicos;*

***b)** extinção de funções ou cargos públicos, quando vagos;*

Essa previsão se refere ao que a doutrina chama de decreto autônomo, pois se refere à predição para o presidente da república tratar mediante decreto de determinados assuntos, sem lei anterior, balizando a sua atuação, pois a baliza foi a própria Constituição Federal. O decreto é autônomo porque não depende de lei.

Características

> Inova o ordenamento jurídico.
> O decreto autônomo tem natureza primária ou originária.
> Somente pode tratar das matérias descritas no Art. 84, VI, da Constituição Federal.
> O Presidente da República poderá delegar as atribuições mencionadas para edição de decretos autônomos aos Ministros de Estado, ao Procurador-Geral da República ou ao Advogado-Geral da União, que observarão os limites traçados nas respectivas delegações, conforme prevê o inciso único do Art. 84.

As regras relativas às competências do Presidente da República no uso do decreto regulamentar e do autônomo são estendidas aos demais chefes do executivo nacional dentro das suas respectivas administrações públicas. Sendo assim, governadores e prefeitos podem tratar, mediante decreto autônomo, dos temas estaduais e municipais de suas respectivas administrações que o Presidente da República pode resolver, mediante decreto autônomo, na esfera da administração pública federal.

DECRETO DE EXECUÇÃO
É a regra.
Pode ser editado pelos chefes do Executivo.
Não inova o ordenamento jurídico e necessita de amparo de uma lei.
É de competência exclusiva, não pode ser delegável.

DECRETO AUTÔNOMO
É a exceção.
Somente pode ser editado pelo Presidente da República.
Inova lei nos casos do Art. 84, IV, a e b do texto constitucional.
É de competência privativa e pode ser delegável de acordo com o Art. 84, parágrafo único.

Poder de polícia

O Código Tributário Nacional, em seu Art. 78, ao tratar dos fatos geradores das taxas, assim conceitua poder de polícia:

> ***Art. 78.*** *Considera-se poder de polícia atividade da Administração Pública que, limitando ou disciplinando direito, interesse ou liberdade, regula a prática de ato ou abstenção de fato, em razão de interesse público concernente à segurança, à higiene, à ordem, aos costumes, à disciplina da produção e do mercado, ao exercício de atividades econômicas dependentes de concessão ou autorização do Poder Público, à tranquilidade pública ou ao respeito à propriedade e aos direitos individuais ou coletivos.*

Hely Lopes Meirelles conceitua poder de polícia como a faculdade que dispõe a Administração Pública para condicionar, restringir o uso, o gozo de bens, atividades e direitos individuais, em benefício da coletividade ou do próprio Estado.

É competente para exercer o poder de polícia administrativa sobre uma dada atividade o ente federado, ao qual a Constituição da República atribui competência para legislar sobre essa mesma atividade, para regular a prática dessa.

Assim, podemos dizer que o poder de polícia é discricionário em regra, podendo ser vinculado nos casos em que a lei determinar. Ele dispõe que toda a Administração Pública pode condicionar ou restringir os direitos dos administrados em caso de não cumprimento das determinações legais.

O poder de polícia **fundamenta-se** no de **império** do Estado (Poder **Extroverso**), que decorre do Princípio da Supremacia do Interesse Público, pois, por meio de imposições limitando ou restringindo a esfera jurídica dos administrados, visa à Administração Pública à defesa de um bem maior, que é proteção dos direitos da coletividade, pois o interesse público prevalece sobre os particulares.

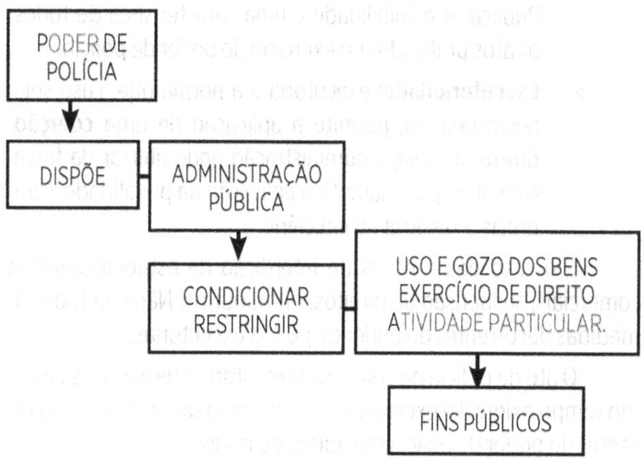

Atributos do poder de polícia

Discricionariedade: o poder de polícia, em regra, é discricionário, pois dá margem de liberdade dentro dos parâmetros legais ao administrador público para agir; contudo, se a lei exigir, tal poder pode ser vinculado.

O Estado escolhe as atividades que sofrerão as fiscalizações da polícia administrativa. Essa escolha é manifestação da discricionariedade do poder de polícia do Estado. Também é manifestação da discricionariedade do poder de polícia a majoração da quantidade de pena aplicada a quem cometer uma infração sujeita à disciplina do poder de polícia.

Nos casos em que a lei prever uma pena que tenha duração no tempo e não fixar exatamente a quantidade, dando uma margem de escolha de quantidade ao julgador, temos o exercício do poder discricionário na atuação de polícia e, como limite desse poder de punir, temos a própria lei que traz a ordem de polícia e ainda os princípios da razoabilidade e da proporcionalidade que vedam a aplicação da pena em proporção superior à gravidade do fato ilícito praticado.

Autoexecutoriedade: é a prerrogativa da Administração Pública de executar diretamente as decisões decorrentes do poder de polícia, por seus próprios meios, sem precisar recorrer ao judiciário.

Cabimento

> Autorização da Lei;
> Medida Urgente.

A **Autoexecutoriedade** no uso do poder de polícia não é absoluta, tendo natureza relativa, ou seja, não são todos os atos decorrentes do poder de polícia que são autoexecutórios. Para que um ato assim ocorra, é necessário que ele seja exigível e executório ao mesmo tempo:

> **Exigibilidade**: exigível é aquela conduta prevista na norma que, caso seja infringida, pode ser aplicada uma **coerção indireta**, ou seja, caso a pessoa venha a sofrer uma penalidade e se recuse a aceitar a aplicação da sanção, a aplicação dessa somente poderá ser executada por decisão judicial. É o caso das multas, por exemplo, que podem ser lançadas a quem comete uma infração de trânsito, a administração não pode receber o valor devido por meio da coerção, caso a pessoa penalizada se recuse a pagar a multa, o seu recebimento dependerá de execução judicial pela Administração Pública. A exigibilidade é uma característica de todos os atos praticados no exercício do poder de polícia.

> **Executoriedade**: executória é a norma que, caso seja desrespeitada, permite a aplicação de uma **coerção direta**, ou seja, a administração pode utilizar da força coercitiva para garantir a aplicação da penalidade, sem precisar recorrer ao judiciário.

É o caso das sanções de interdição de estabelecimentos comerciais, suspensão de direitos, entre outras. Não são todas as medidas decorrentes do poder de polícia executórias.

O ato de polícia para ser autoexecutório precisa ser ao mesmo tempo exigível e executório, ou seja, nem todos os atos decorrentes do poder de polícia são autoexecutórios.

> **Coercibilidade**: esse atributo informa que as determinações da Administração podem ser impostas coercitivamente ao administrado, ou seja, o particular é obrigado a observar os ditames da administração. Caso ocorra resistência por parte desse, a administração pública estará autorizada a usar força, independentemente de autorização judicial, para fazer com que seja cumprida a regra de polícia. Todavia, os meios utilizados pela administração devem ser legítimos, humanos e compatíveis com a urgência e a necessidade da medida adotada.

Classificação

O poder de polícia pode ser originário, no caso da Administração Pública direta e derivada. Quando diz respeito as autarquias, a doutrina orienta que fundações públicas, sociedade de economia mista e empresas públicas não possuem o poder de polícia em suas ações. Classificação:

Poder de Polícia Originário:

> Dado à Administração Pública Direta.

Poder de Polícia Delegado:

> Dado às pessoas da Administração Pública Indireta que possuem personalidade jurídica de direito público. Esse poder somente é proporcionado para as autarquias ligadas à Administração Indireta.

O poder de polícia não pode ser exercido por particulares ou por pessoas jurídicas de direito privado da administração indireta, entretanto, o STJ em uma recente decisão entendeu que os atos de consentimento de polícia e de fiscalização dessa, que por si só não têm natureza coercitiva, podem ser delegados às pessoas jurídicas de direito privado da Administração Indireta.

Meios de atuação

O poder de polícia pode ser exercido tanto preventivamente quanto repressivamente.

Prevenção: manifesta-se por meio da edição de atos normativos de alcance geral, tais como leis, decretos, resoluções, entre outros, e também por meio de várias medidas administrativas, tais como a fiscalização, a vistoria, a notificação, a licença, a autorização, entre outros.

Repressão: manifesta-se por meio da aplicação de punições, tais como multas, interdição de direitos, destruição de mercadorias etc.

Ciclo de polícia

O ciclo de polícia se refere às fases de atuação desse poder, ordem de polícia, consentimento, fiscalização e sanção de polícia, sendo assim, esse ciclo, para se completar, pode passar por quatro fases distintas:

Ordem de Polícia: é a Lei inovadora que tem trazido limites ou condições ao exercício de atividades privadas ou uso de bens.

Consentimento: é a autorização prévia fornecida pela Administração para a prática de determinada atividade privada ou para usar um bem.

Fiscalização: é a verificação, por parte da administração pública, para certificar-se de que o administrado está cumprindo as exigências contidas na ordem de polícia para a prática de determinada atividade privada ou uso de bem.

Sanção de Polícia: é a coerção imposta pela administração ao particular que pratica alguma atividade regulada por ordem de polícia em descumprimento com as exigências contidas.

É importante destacar que o ciclo de polícia não precisa necessariamente comportar essas quatro fases, pois as de ordem e fiscalização devem sempre estar presentes em qualquer atuação de polícia administrativa, todavia, as fases de consentimento e de sanção não estarão presentes em todos os ciclos de polícia.

Prescrição

O Prazo de Prescrição das ações punitivas decorrentes do exercício do poder de polícia é de **5 anos** para a esfera federal, conforme constata-se na redação do Art. 1º da Lei nº 9.873/99:

> ***Art. 1º.*** *Prescreve em cinco anos a ação punitiva da Administração Pública Federal, direta e indireta, no exercício do poder de polícia, objetivando apurar infração a legislação em vigor, contados da data da prática do ato ou, no caso de infração permanente ou continuada, do dia em que tiver cessado.*

Polícia administrativa x polícia judiciária

Polícia Administrativa: atua visando evitar a prática de infrações administrativas, tem natureza preventiva, entretanto, em alguns casos ela pode ser repressiva. A polícia administrativa atua sobre atividades privadas, bens ou direitos.

Polícia Judiciária: atua com o objetivo de reprimir a infração criminal, tem natureza repressiva, mas, em alguns casos, pode ser preventiva. Ao contrário da polícia administrativa que atua sobre atividades privadas, bens ou direitos, a atuação da judiciária recai sobre as pessoas.

Poder de polícia x prestação de serviços públicos

Não podemos confundir toda atuação estatal com a prestação de serviços públicos, pois, dentre as diversas atividades desempenhadas pela Administração Pública, temos, além da prestação de serviços públicos, o exercício do poder de polícia, o fomento, a intervenção na propriedade privada, entre outras.

Distingue-se o poder de polícia da prestação de serviços públicos, pois essa é uma atividade positiva, que se manifesta numa obrigação de fazer.

Poder de Polícia: atividade negativa, que traz a noção de não fazer, proibição, excepcionalmente pode trazer uma obrigação de fazer. Seu exercício sofre tributação mediante taxa e é indelegável a particulares.

Serviço Público: atividade positiva, que traz a noção de fazer algo. A sua remuneração se dá por meio da tarifa, que não é um tributo, mas sim, uma espécie de preço público, e o serviço público, mesmo sendo de titularidade exclusiva do Estado, é delegável a particulares.

5.3 Abuso de Poder

O administrador público tem que agir obrigatoriamente em obediência aos princípios constitucionais, do contrário, sua ação pode ser arbitrária e, consequentemente, ilegal, o que gerará o chamado abuso de poder.

Excesso de Poder: quando o agente público atua fora dos limites de sua esfera de competência.

Desvio de Poder: quando a atuação do agente, embora dentro de sua órbita de competência, contraria a finalidade explícita ou implícita na lei que determinou ou autorizou a sua atuação, tanto é desvio de poder a conduta contrária à finalidade geral (ou mediata) do ato – o interesse público –, quanto a que discrepe de sua finalidade específica (ou imediata).

Omissão de Poder: ocorre quando o agente público fica inerte diante de uma situação em que a lei impõe o uso do poder.

Todos os atos que forem praticados com abuso de poder são ilegais e devem ser anulados; essa anulação pode acontecer tanto pela via administrativa quanto pela via judicial.

O remédio constitucional para combater o abuso de poder é o Mandado de Segurança.

6. AGENTES PÚBLICOS

Neste capítulo estudaremos a respeito dos agentes públicos, sua finalidade, seu papel na estrutura da administração pública, bem como as diversas classificações relativas ao tema.

6.1 Conceito

Considera-se agente público toda pessoa física que exerça, ainda que transitoriamente ou sem remuneração, por eleição, nomeação, designação, contratação ou qualquer outra forma de investidura ou vínculo, mandato, cargo, emprego ou função pública.

6.2 Classificação

> Agentes políticos.

> Agentes administrativos.

> Particulares em colaboração com o poder público.

Agentes políticos

Estão nos mais altos escalões do Poder Público. São responsáveis pela elaboração das diretrizes governamentais e pelas funções de direção, orientação e supervisão geral da Administração Pública.

Características

> Sua competência é haurida da Constituição Federal.

> Não se sujeitam às regras comuns aplicáveis aos servidores públicos em geral.

> Normalmente são investidos em seus cargos por meio de eleição, nomeação ou designação.

> Não são hierarquizados, subordinando-se tão somente à Constituição Federal.

Exceção: auxiliares imediatos dos chefes do Executivo são, hierarquizados, pois se subordinam ao líder desse poder.

Ex.: Ministros de Estado; Secretários estaduais e municipais.

Poder	Federal	Estadual	Municipal
Executivo	Presidente da República; Ministros de Estados.	Governadores; Secretários Estaduais.	Prefeitos; Secretários Municipais.
Legislativo	Deputados Federais; Senadores.	Deputados Estaduais.	Vereadores
Judiciário	Membros do Poder Judiciário Federal.	Membros do Poder Judiciário Estadual.	Não há
Ministério Público	Membros do Ministério Público Federal.	Membros do Ministério Público Estadual.	Não há

Agentes administrativos

São as pessoas que exercem atividade pública de natureza profissional, permanente e remunerada, estão sujeitos à hierarquia funcional e ao regime jurídico estabelecido pelo ente ao qual pertencem. O vínculo entre esses agentes e o ente ao qual estão ligados é um vínculo de natureza permanente.

Servidores Públicos (Estrito): são os titulares de cargos públicos[1] (efetivos e comissionados), são vinculados ao seu cargo por meio de um estatuto estabelecido pelo ente contratante.

Empregados Públicos: são os ocupantes de Emprego Público[2]; são vinculados ao seu emprego por meio da CLT (Consolidação das Leis do Trabalho).

Temporários: são contratados por tempo determinado para atender necessidade temporária de excepcional interesse público. Exercem função pública temporária e remunerada, estão vinculados à administração pública por meio de um contrato de direito público e não de natureza trabalhista. O meio utilizado pelo Estado para selecionar os temporários é o processo seletivo simplificado e não o concurso público.

Algumas doutrinas dividem a classificação dos servidores públicos em sentido amplo e em estrito. Nesse último caso, servidor público é o que consta acima, ou seja, somente os titulares de cargos públicos; já em sentido amplo, adota-se a seguinte regra: servidor público é um gênero que comporta três espécies: os servidores estatutários, os empregados públicos e os servidores temporários. Então, caso se adote o conceito de servidor público em sentido amplo, este será sinônimo de agente administrativo.

Servidor Público (Amplo):

> Servidor Estatutário = servidor público (estrito)

> Empregado Público = empregado público

> Servidor Temporário = temporário

Particulares em colaboração com o poder público

Agentes Honoríficos: são cidadãos que transitoriamente são requisitados ou designados para prestar certos serviços públicos específicos em razão da sua honra, da sua conduta cívica ou de sua notória capacidade profissional. Geralmente atuam sem remuneração. São os mesários, jurados, entre outros.

Agentes Delegados: são particulares que recebem a incumbência de exercer determinada atividade, obra ou serviço, por sua conta e risco e em nome próprio, sob permanente fiscalização do poder contratante, ou seja, são aquelas pessoas que recebem a incumbência de prestar certas atividades do Estado por meio da descentralização por delegação. São elas:

> Autorizatárias de serviços públicos;

> Concessionárias de serviços públicos;

> Permissionárias de serviços públicos.

Agentes Credenciados: são os particulares que recebem a incumbência de representar a administração em determinado ato ou praticar certa atividade específica, mediante remuneração do Poder Público credenciante.

1 Os cargos públicos estão presentes na Administração Direta da União, dos Estados, do DF e dos Municípios, e também nas suas autarquias e fundações públicas.
2 Os empregos públicos estão presentes nas empresas públicas e sociedades de economia mista.

Questões

01. (CESPE) Todos aqueles que exercem função pública, independen(-FCC) No âmbito da estrutura administrativa brasileira:

a) os agentes políticos exercem funções governamentais, judiciais e quase judiciais, com elaboração de normas legais, condução dos negócios públicos, decisão e atuação com independência nos assuntos de sua competência.

b) os Poderes de Estado compreendem o Legislativo, o Executivo, o Judiciário e o Ministério Público, e a cada um deles correspondendo funções reciprocamente delegáveis, sendo vinculados e harmônicos entre si.

c) as entidades estatais são unicamente a União, os Estados-membros, os Municípios, os Territórios e o Distrito Federal.

d) os cargos são os encargos administrativos atribuídos e delimitados por lei às funções lotadas nos órgãos públicos. As funções são providas por agentes públicos ou políticos, de forma efetiva e apenas mediante concurso de provas e títulos.

e) a investidura do agente público comissionado para cargos ou funções de confiança, dada a precariedade de sua nomeação, goza da presunção de definitividade, tornando o agente estável após o estágio probatório.

02. (FCC - ADAPTADA) De acordo com a doutrina, agente público é toda a pessoa física que presta serviços ao Estado e às pessoas jurídicas da Administração Indireta,

a) não se incluindo na categoria os agentes políticos, detentores de mandato eletivo.

b) inclusive os particulares que atuam em colaboração com o poder público, mediante delegação, requisição, nomeação ou designação.

c) não se incluindo na categoria os militares.

d) somente se incluindo na categoria aqueles que possuem vínculo estatutário ou celetista com a Administração.

e) incluindo-se os servidores públicos, estatutários e celetistas, bem como os agentes políticos, estes últimos desde que investidos mediante nomeação e não detentores de mandato eletivo.

03. (FCC) O cidadão que é convocado ou designado para prestar, transitoriamente, determinado serviço ao Poder Público em razão da sua condição cívica ou de sua notória capacidade profissional, mas sem vínculo empregatício, é denominado agente

a) administrativo.

b) político.

c) delegado.

d) credenciado.

e) honorífico.

Gabaritos

01	A
02	B
03	E

7. LC º 85/2008 - ESTATUTO DA POLÍCIA CIVIL DA PARAÍBA

7.1 Organização Institucional

Disposições preliminares

Sobre a Polícia Civil do Estado da Paraíba:

> é uma instituição constante do Poder Público Estadual;

> é um órgão componente da Secretaria de Estado da Segurança e da Defesa Social;

> é fundamental ao amparo do Estado e do povo.

Incumbências exclusivas da Polícia Civil do Estado da Paraíba:

> exercício das funções de polícia judiciária;

> investigação e a apuração, no território do Estado da Paraíba, das infrações penais, exceto as militares;

> preservação da ordem, da segurança pública, da incolumidade das pessoas e do patrimônio, bem como a execução de outras políticas de defesa social.

A Polícia Civil do Estado da Paraíba exercerá, privativamente, através do Instituto de Polícia Científica, as atividades de criminalística, de identificação civil e criminal, de medicina e odontologia legal e de laboratório forense, cabendo-lhe o cumprimento de suas funções institucionais.

Atenção

A Polícia Civil do Estado da Paraíba é dirigida pelo Delegado-Geral de Polícia Civil, goza de autonomia operacional e administrativa e participa, de forma decisiva, da elaboração da proposta orçamentária para o cumprimento de seus encargos institucionais.

Princípios, preceitos, fundamentos e símbolos

Os integrantes da Polícia Civil do Estado da Paraíba se submetem aos princípios constitucionais da legalidade, moralidade, impessoalidade, publicidade e eficiência, que regem a Administração Pública, e se subordina aos seguintes princípios institucionais:

> respeito ao Estado Democrático de Direito;

> garantia e promoção dos direitos e da dignidade da pessoa humana;

> obediência à hierarquia e à disciplina;

> unidade de doutrina e uniformidade de procedimentos técnico científicos, aplicados à investigação policial;

> participação comunitária;

> integração, com reciprocidade, com os demais órgãos e agentes públicos que compõem o sistema de segurança pública.

PROCEDIMENTO TÉCNICO-CIENTÍFICO: toda função de investigação da infração penal, levando em conta seus aspectos de autoria e materialidade, inclusive os atos de escrituração em inquérito policial ou quaisquer outros procedimentos, instrumentos e atos oficiais.

As funções da Polícia Civil do Estado da Paraíba devem ser exercidas de acordo com os seguintes preceitos:

> preservação da ordem, repelindo a violência e fazendo observar as leis;

> respeito à pessoa humana, garantindo a integridade física e moral da população;

> atuação na defesa civil, prestando permanentes serviços à comunidade;

> impedimento de sentimentos ou animosidades pessoais que influam nos procedimentos e nas decisões de seus agentes;

> exercício da função policial com probidade, discrição e moderação;

> condução dentro de padrões ético-morais compatíveis com a instituição que integra e com a sociedade a que serve;

> manutenção da unicidade técnico-científica da investigação policial;

> autonomia de conclusões, desde que fundamentadas do ponto de vista jurídico e técnico-científico;

> atuação em equipe estimulada pela cooperação, planejamento sistêmico, troca dinâmica de informações, compartilhamento de experiências e desburocratização.

SÍMBOLOS INSTITUCIONAIS DA POLÍCIA CIVIL DO ESTADO DA PARAÍBA: hino, bandeira, brasão, distintivo, medalhas e botons, segundo modelos estabelecidos em Decreto expedido pelo Governador do Estado.

Funções institucionais

A Polícia Civil do Estado da Paraíba, órgão integrante do Sistema de Segurança Pública do Estado, tem por missão:

> praticar, com exclusividade, todos os atos necessários ao exercício das funções de polícia judiciária e investigatória de caráter criminalístico e criminológico;

> manter a ordem e o respeito aos direitos humanos e o combate eficaz à criminalidade e à violência;

> organizar e executar os serviços de identificação civil e criminal

> realizar exames periciais em geral para a comprovação da materialidade da infração penal e de sua autoria; e colaborar com a justiça criminal:

>> fornecendo às autoridades judiciárias as informações necessárias à instrução e ao julgamento dos processos;

>> realizando as diligências fundamentadamente requisitadas pelo Poder Judiciário, pelo Ministério Público e pelas Comissões Parlamentares de Inquérito, em razão de procedimento policial instaurado;

>> cumprindo os mandados de prisão expedidos pelas autoridades judiciárias;

> representando pela decretação das prisões preventiva e temporária, da busca e apreensão e da interceptação telefônica, quando entender necessárias ou úteis à elucidação dos fatos.

Atenção

As funções institucionais da Polícia Civil do Estado da Paraíba são indelegáveis e somente poderão ser exercidas por integrantes de suas carreiras

Atribuições

À Polícia Civil do Estado da Paraíba, no exercício de suas funções institucionais, além das atribuições ínsitas na legislação penal e processual penal vigente, cumpre:

> formalizar, com exclusividade, o inquérito policial, o termo circunstanciado de ocorrência e outros procedimentos apuratórios das infrações administrativas e criminais;

> realizar ações de inteligência destinadas a instrumentar o exercício de polícia judiciária e de apuração de infrações penais, na esfera de sua responsabilidade, observados os direitos e as garantias individuais;

> realizar coleta, busca, estatística e análise de dados de interesse policial, destinados a orientar o planejamento e a execução de suas atribuições;

> manter atualizados os arquivos sobre mandados de prisão e documentos correlatos;

> manter, nos inquéritos policiais e nos termos da lei, o sigilo necessário à elucidação do fato ou o exigido pelo interesse da sociedade.

A Polícia Civil do Estado da Paraíba deverá:

> zelar pela ordem e segurança pública, promovendo medidas de proteção à sociedade e aos indivíduos ou participando delas;

> atender às requisições do Poder Judiciário e do Ministério Público;

> cumprir mandado de prisão e de busca e apreensão;

> fornecer informações necessárias à instrução do processo criminal nos prazos previamente estabelecidos;

> organizar e manter cadastro atualizado de pessoas procuradas suspeitas ou indiciadas pela prática de infrações penais e as que cumprem pena no sistema penitenciário estadual;

> manter o serviço de estatística, de maneira a fornecer informações precisas e atualizadas sobre o índice de criminalidade;

> fiscalizar áreas públicas ou privadas sujeitas à fiscalização do poder de polícia;

> adotar as providências necessárias para preservar os vestígios e provas das infrações penais, colhendo, resguardando e interpretando indícios ou provas de sua autoria;

> estabelecer intercâmbio permanente com entidades ou órgãos públicos ou privados que atuem em áreas afins, para obtenção de elementos técnicos especializados necessários ao desempenho de suas funções.

No exercício das funções, os membros da Polícia Civil deverão:

> atuar no recrutamento e seleção;

> promover a formação, o aperfeiçoamento e o desenvolvimento profissional e cultural dos policiais civis, observadas as políticas, as diretrizes e as normas de gestão dos recursos humanos do Poder Executivo;

> definir princípios doutrinários e técnicas que visem promover a segurança pública por meio da ação policial eficiente;

> desenvolver o ensino, as pesquisas e os estudos permanentes para garantir a melhoria das ações de preservação da ordem pública e repressão dos ilícitos penais;

> apoiar e cooperar, de forma integrada, com os órgãos municipais, estaduais e federais de segurança pública, de maneira a garantir a eficácia de suas atividades;

> realizar ações de inteligência destinadas à prevenção criminal;

> instrumentalizar o exercício da polícia judiciária e a preservação da ordem e da segurança pública, na esfera de sua atribuição;

> participar, com reciprocidade, dos sistemas integrados de informações relativas aos bancos de registro de dados disponíveis nos órgãos públicos municipais, estaduais e federais, bem como naqueles situados no âmbito da iniciativa privada de interesse institucional e com vistas à manutenção da ordem e da segurança pública;

> organizar e executar serviços de identificação civil e criminal;

> manter intercâmbio operacional e cooperação técnico-científica com outras instituições policiais, para cumprimento de diligências destinadas à investigação de infrações penais, à instrução de inquéritos policiais e de outros procedimentos, instrumentos ou atos oficiais;

> organizar, executar e manter serviços de estudo, análise, estatística e pesquisa policial sobre a criminalidade e a violência, inclusive mediante convênio com órgãos congêneres e entidades de ensino superior;

> realizar diligências policiais para cumprimento do exercício de polícia judiciária;

> exercer, além das atribuições previstas em Lei Complementar, outras atribuições que lhe sejam conferidas em leis e ou regulamentos afins.

7.2 ESTRUTURA ORGÂNICA DA POLÍCIA CIVIL DO ESTADO DA PARAÍBA

Estrutura organizacional

A Polícia Civil do Estado da Paraíba exercerá suas funções e atribuições por meio dos órgãos de deliberação coletiva e de direção superior seguintes:

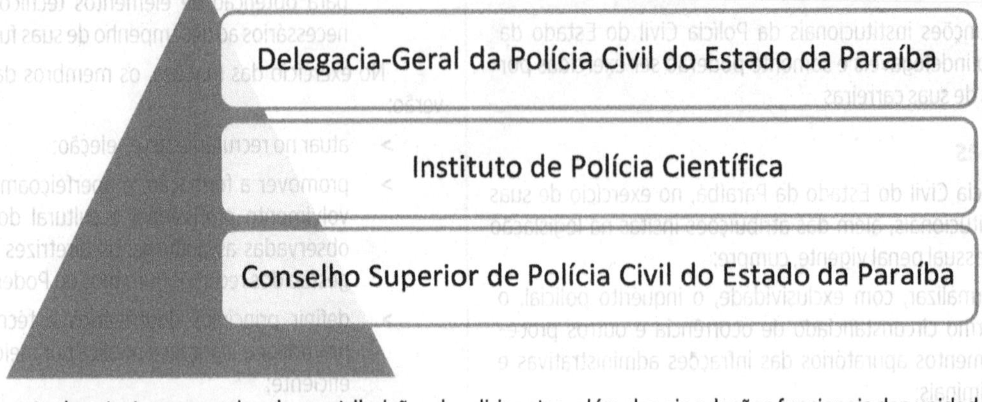

O detalhamento da estrutura operacional e as atribuições dos dirigentes, além das vinculações funcionais das unidades operacionais que os compõem são estabelecidos em legislação específica.

Delegacia-geral da polícia civil do estado da paraíba

A Delegacia-Geral da Polícia Civil do Estado da Paraíba (Degepol) é dirigida pelo Delegado-Geral da Polícia Civil do Estado da Paraíba, escolhido dentre os Delegados de Polícia de classe especial, em efetivo exercício, e nomeado pelo Governador do Estado.

Quanto ao Delegado-Geral da Polícia Civil do Estado da Paraíba, ele será substituído, automaticamente, em seus afastamentos, ausências e impedimentos eventuais, pelo Delegado-Geral Adjunto da Polícia Civil do Estado da Paraíba.

COMPETÊNCIAS DA DELEGACIA-GERAL

> Planejamento, supervisão, coordenação, controle e fiscalização do exercício das funções da Polícia Civil do Estado da Paraíba, garantindo a eficácia de seus fundamentos e dos princípios institucionais;
> movimentação livre dos integrantes das carreiras policiais dentro das unidades que lhe são subordinadas;
> aprovação da escala de férias dos servidores do Grupo GPC-600;
> decisão, em último grau de recurso, sobre a instauração de inquérito policial e de outros procedimentos formais;
> avocação e redistribuição, excepcional e fundamentadamente, de inquéritos policiais e outros procedimentos, instrumentos e atos oficiais;
> determinação de instauração de sindicâncias e de processos administrativos em torno de denúncias que envolvam integrantes do Grupo GPC-600;
> determinação, quando entender necessário, do afastamento preventivo e o recolhimento da carteira funcional, armas, algemas outros objetos do acervo da SEDS, de servidores do Grupo GPC-600, que se encontrem respondendo a processo criminal e aos procedimentos administrativos;
> auxílio, imediato e diretamente, ao Secretário de Estado da Segurança e da Defesa Social, nos assuntos de atribuição da Polícia Civil do Estado da Paraíba;
> autorização das indicações nominais de bolsistas às instituições que promovam cursos, seminários e outras atividades congêneres de interesse da Polícia Civil do Estado da Paraíba;
> exercício dos demais atos necessários à eficácia administrativa da Polícia Civil do Estado da Paraíba.

Delegacias de polícia

As Delegacias de Polícia, unidades operacionais regionalizadas integrantes da Delegacia-Geral, com sede e circunscrição definidas em ato do Governador, têm por finalidade promover a apuração das infrações penais, a repressão da criminalidade, bem como outros fins cominados em lei.

Estas Delegacias são identificadas como Delegacias Regionais, Delegacias Especializadas, Delegacias Distritais e Delegacias Municipais.

Dentre os fundamentos das Delegacias Regionais e das Delegacias Especializadas, estão:

> a atribuição para funcionar em todos os delitos ocorridos na área de sua circunscrição;
> o exercício da atividade em uma base territorial e comunitária;
> a atuação sob a coordenação, a supervisão e o apoio da Delegacia-Geral de Polícia Civil do Estado da Paraíba, a qual estará dinamicamente articulada por metodologias de gestão de informações;
> a consecução de suas atribuições sob padrões normalizados de atendimento, visando à eficácia de todo ato investigativo;
> a integração comunitária;
> a integração e atuação harmônica com os demais órgãos, unidades e agentes do sistema policial, de defesa social e de justiça criminal.

As Delegacias de Polícia serão dirigidas por Delegados de polícia da seguinte forma:

Na falta de Delegados de Polícia, nos níveis acima definidos, ou por interesse do serviço público, o Delegado-Geral da Polícia Civil do Estado da Paraíba poderá designar o Delegado de Polícia de menor nível hierárquico para responder pela direção das referidas unidades operacionais, desde que objetivamente demonstrada a necessidade.

Ao Delegado de Polícia, é vedado recusar a designação para dirigir unidade policial correspondente à sua classe hierárquica, salvo por justa causa, após pronunciamento do Conselho Superior da Polícia Civil do Estado da Paraíba, e submetido à aprovação do Secretário de Estado da Segurança e da Defesa Social.

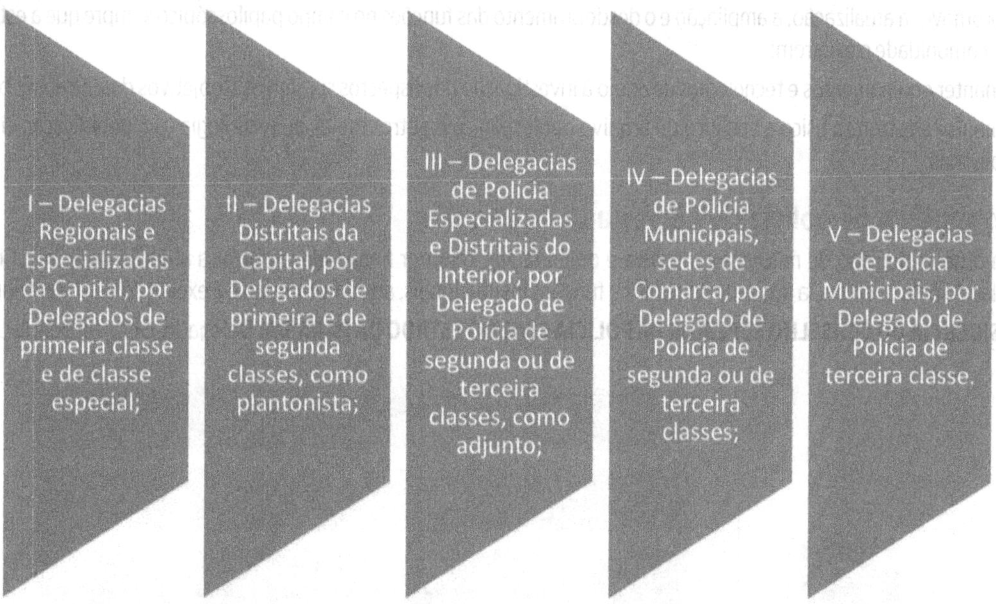

Instituto de polícia científica

O Instituto de Polícia Científica (IPC), órgão da Polícia Civil do Estado da Paraíba, subordinado administrativamente ao titular da Secretaria de Estado da Segurança e da Defesa Social (SEDS) e vinculado operacionalmente à Delegacia-Geral da Polícia Civil do Estado da Paraíba, é dirigido pelo Diretor-Geral do Instituto de Polícia Científica, nomeado pelo Governador do Estado.

O Diretor-Geral do Instituto de Polícia Científica deverá ser ocupado por Perito Oficial Criminal, Perito Oficial Médico-legal, Perito Oficial Odonto-legal ou Perito Oficial Químico-legal de Classe Especial em efetivo exercício.

COMPETÊNCIAS DO INSTITUTO DE POLÍCIA CIENTÍFICA:

> coordenar, planejar e executar, através de suas unidades operacionais, os exames periciais em geral para a comprovação da materialização da infração penal e de sua autoria;
> organizar e executar os serviços de identificação civil e criminal;
> colaborar com o Sistema Nacional de Segurança Pública, o Poder Judiciário, o Ministério Público e a Defensoria Pública, por intermédio de suas gerências executivas;
> promover a informatização para o perfeito funcionamento de suas unidades operacionais;
> articular-se com a Academia de Ensino de Polícia, para propiciar a formação, a capacitação e a atualização dos integrantes das carreiras que atuam sob sua subordinação, no que se refere ao conhecimento técnico-científico;
> contribuir na elaboração e na atualização periódica do Regulamento das Atividades Cartorárias, Administrativas e Operacionais da Polícia Civil do Estado da Paraíba;

> realizar pesquisas no campo das ciências forenses e ampliá-las, a fim de aperfeiçoar técnicas preconizadas e criar métodos de trabalho, consentâneos com o desenvolvimento tecnológico e científico;

> realizar perícias laboratoriais relativas a infrações penais nas áreas de biologia, bioquímica, física, identificação, genética, química, toxicologia, dentre outras ciências correlatas, sempre no interesse da atividade forense;

> promover conferências, debates e seminários sobre assuntos de interesse da sua área de atuação e promover a publicação de trabalhos, estudos e pesquisas realizadas;

> realizar exames de DNA exclusivamente para fins de investigação criminal e instrução processual penal;

> realizar pesquisas no campo da criminalística e perícias criminais, com exclusividade, em locais de crimes, em materiais, objetos, veículos, bem como identificação de pessoas na área de criminalística, dentre outras, visando obter a materialidade, a qualificação da infração penal, a dinâmica e a autoria dos delitos;

> ampliar o campo de pesquisas a fim de aperfeiçoar técnicas preconizadas e criar métodos de trabalho, consentâneos com o desenvolvimento tecnológico e científico;

> manter intercâmbio com outros órgãos congêneres do país, com entidades e universidades, a fim de aperfeiçoar conhecimentos específicos nas suas áreas de atuação;

> realizar perícias, pesquisas e estudos de atividades científicas no campo da medicina legal e odontologia legal;

> promover a atualização, a ampliação e o desdobramento das funções no campo papiloscópico sempre que a estrutura jurídica e a comunidade o exigirem;

> manter equipamentos e tecnologias de apoio à investigação dos aspectos subjetivos e objetivos das infrações penais;

> manter a estrutura física e analítica do arquivo datiloscópico e outros meios ou tecnologias de identificação civil e criminal de pessoas.

Conselho superior da polícia civil do estado da paraíba

É um órgão colegiado de natureza consultiva e deliberativa. Tem por finalidade fiscalizar a atuação da Polícia Civil do Estado da Paraíba, zelando pela obediência aos seus princípios e funções institucionais, ao cumprimento e à execução de suas atribuições.

PRESIDÊNCIA DO CONSELHO SUPERIOR DA POLÍCIA CIVIL DO ESTADO DA PARAÍBA: Delegado-Geral da Polícia Civil do Estado da Paraíba.

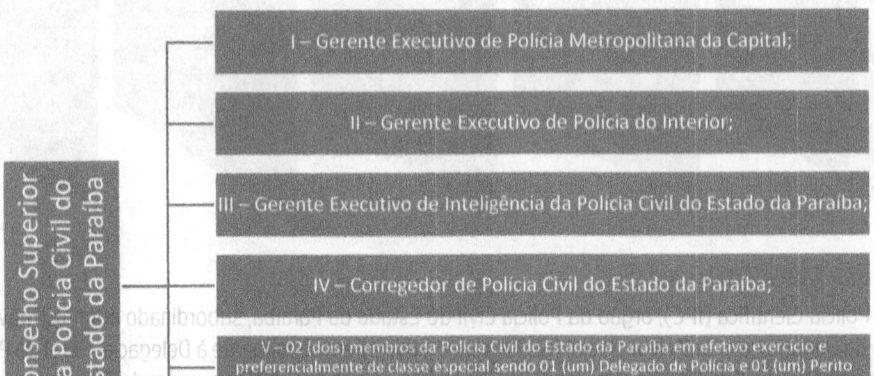

Atenção

O Diretor-Geral do Instituto de Polícia Científica somente será convocado pelo Presidente do Conselho para as reuniões em que forem deliberadas matérias relacionadas às suas atribuições.

Ao Conselho Superior da Polícia Civil do Estado da Paraíba, além de outras atribuições, compete propor medidas para o aprimoramento técnico, para a padronização de procedimentos formais e para a utilização de novas técnicas, visando ao desenvolvimento e à eficiência das ações policiais e propor o aumento de vagas nos cargos das carreiras que compõem o Grupo GPC-600, bem como a revisão de normas legais aplicáveis a seus integrantes.

O Conselho Superior da Polícia Civil do Estado da Paraíba:

- se pronunciará sobre o estabelecimento de regras e instruções para realização de concursos públicos de ingresso na Polícia Civil do Estado da Paraíba;
- decidirá, em segunda instância e pelo voto mínimo de 2/3 de seus membros, nos recursos contra decisões das comissões permanentes de avaliação, relativamente à classificação para promoção e aos resultados de avaliações de desempenho dos integrantes da Polícia Civil do Estado da Paraíba;
- aprovará proposições e deliberará sobre outorga de honrarias;
- decidirá sobre a concessão de condecorações em geral, recompensas e outras comendas para expressar o reconhecimento de desempenhos elogiosos do Policial civil;
- se pronunciará sobre propostas de criação, instalação ou desativação de unidades operacionais da Polícia Civil do Estado da Paraíba;
- deliberará, por meio de voto, nas proposições de promoção de integrantes da Polícia Civil do Estado da Paraíba, por merecimento ou ato de bravura;
- se manifestará nos pedidos de reabilitação de sanções administrativas aplicadas por atos ou omissões no exercício da função policial.

Ao Conselho Superior da Polícia Civil, caberá:

- prestar consultoria, quando solicitado, em assuntos de segurança pública e de organização e atuação da Polícia Civil do Estado da Paraíba;
- deliberar sobre assentamentos de certificações de titulações acadêmicas obtidas por servidores da Polícia Civil do Estado da Paraíba em outras instituições de ensino, para fins de evolução funcional na carreira;
- encaminhar listas de promoção por antiguidade e merecimento para serem submetidas aos Secretários de Estado da Segurança e da Defesa Social e da Administração, para homologação e concessão da promoção;
- deliberar, por iniciativa do seu Presidente ou de 1/4 de seus membros, sobre assunto relevante de interesse institucional ou das carreiras integrantes da Polícia Civil do Estado da Paraíba;
- elaborar o Regimento Interno do Conselho para aprovação por ato do Secretário de Estado da Segurança e da Defesa Social.

O Conselho Superior da Polícia Civil do Estado da Paraíba reunir-se- á, ordinariamente, uma vez por mês e, extraordinariamente, por convocação de seu Presidente ou da maioria dos membros, conforme dispuser seu Regimento Interno.

O quórum para deliberação do Conselho não será inferior a três de seus membros, devendo suas decisões, salvo dispositivo legal em contrário, serem aprovadas por maioria dos presentes.

O Regimento do Conselho Superior da Polícia Civil do Estado da Paraíba disporá sobre o seu funcionamento, a designação de seus membros efetivos e suplentes e demais regras de realização de suas reuniões e aprovação de suas deliberações.

Os integrantes do Conselho Superior da Polícia Civil do Estado da Paraíba não receberão qualquer remuneração pela participação no colegiado.

7.3 Regime Jurídico dos Integrantes da Polícia Civil do Estado da Paraíba

Disposições preliminares

São abrangidos pelo regime jurídico peculiar de que trata o Estatuto os servidores investidos em cargos efetivos integrantes de carreiras que compõem a Polícia Civil do Estado da Paraíba.

Os integrantes das carreiras da Polícia Civil do Estado da Paraíba ficam submetidos a esta Lei Complementar e, subsidiariamente, ao Regime Jurídico dos Servidores Públicos Civis do Estado.

As categorias funcionais do Grupo Polícia Civil do Estado da Paraíba, integram as seguintes carreiras:

I – Categoria Especial: Delegado de Polícia Civil;

II – Categoria de Polícia Científica: Perito Oficial Criminal, Perito Oficial Médico-Legal, Perito Oficial Odonto-Legal e Perito Químico-Legal;

III – Categoria de Polícia Investigativa: Agente de Investigação e Escrivão de Polícia Civil;

IV – Categoria de Apoio Técnico: Técnico em Perícia, Papiloscopista e Necrotomista;

V – Categoria de Apoio Policial: Motorista Policial.

Aos ocupantes de cargos das carreiras da Polícia Civil do Estado da Paraíba, serão conferidas, com exclusividade, atribuições de polícia judiciária, de investigação e apuração das infrações penais, em seus aspectos de autoria e materialidade, inclusive os atos de formalização em inquérito policial, laudos periciais ou quaisquer outros procedimentos, instrumentos e atos oficiais, tendo por objetivo promover e garantir a eficácia dos princípios e fundamentos da Polícia Civil do Estado da Paraíba, suas atribuições legais e constitucionais, bem como preservar a ordem e segurança pública.

Hierarquia e disciplina

> **FUNÇÃO POLICIAL CIVIL**: fundada na hierarquia e na disciplina, é incompatível com qualquer outra atividade, salvo as exceções previstas na legislação. Independentemente de carreira, classe ou grau da evolução profissional, o regime hierárquico não autoriza qualquer violação de consciência e de convencimento técnico e científico fundamentado.

> **DISCIPLINA**: é o valor que agrega atitude de fidelidade profissional às disposições legais e às determinações técnicas e científicas fundamentadas e emanadas da autoridade competente.

Regime de trabalho

> **REGIME DE TRABALHO:** os ocupantes dos cargos compreendidos no Grupo Ocupacional Polícia Civil estão sujeitos ao regime de trabalho de 40 horas semanais, de segunda-feira a sexta-feira, em dois turnos.

> **POSSIBILIDADE DE REDUÇÃO:** poderá haver redução para 6 horas diárias ininterruptas, de acordo com a necessidade do serviço.

> **INAPLICABILIDADE DO REGIME:** o regime de trabalho não se aplica aos servidores policiais em Regime de Plantão, que deverá ser de 24 horas de trabalho por 72 horas de descanso.

> **HORÁRIO DIFERENCIADO:** o Delegado-Geral da Polícia Civil do Estado da Paraíba, fundamentadamente, poderá estabelecer horário diferenciado para o cumprimento da jornada de trabalho dos servidores da Polícia Civil do Estado da Paraíba, em razão das peculiaridades, de condições especiais da atividade ou para frequência a cursos de aprimoramento profissional e estudos.

> **REGIME ESPECIAL DE TRABALHO:** impõe aos integrantes da Polícia Civil do Estado da Paraíba a dedicação exclusiva às suas funções e atribuições, com observância dos horários preestabelecidos e atendimento prioritário aos trabalhos da instituição, a qualquer hora, mediante requisição da autoridade competente.

Provimento – disposições gerais

São requisitos básicos para a investidura em cargos da Polícia Civil do Estado da Paraíba:

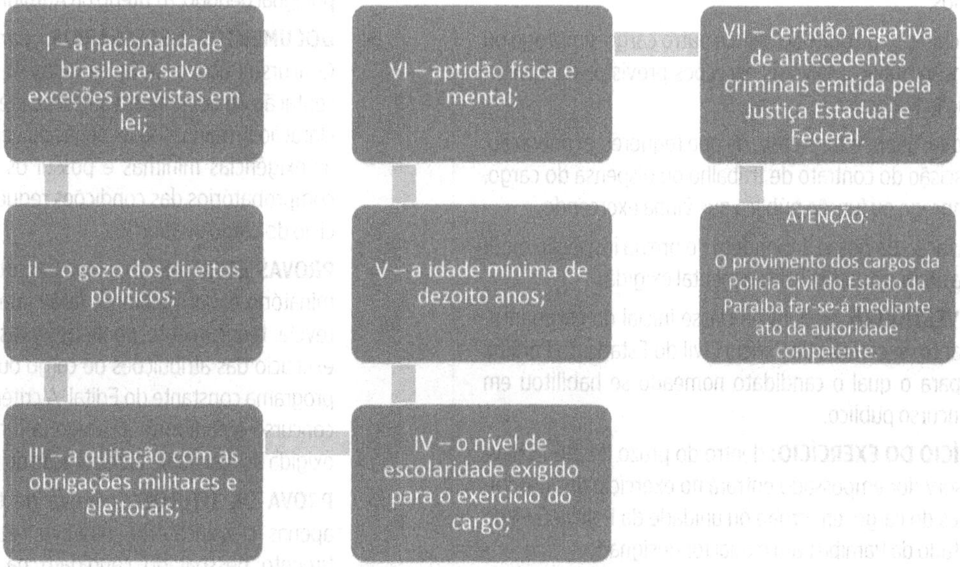

São formas de provimento em cargos da Polícia Civil do Estado da Paraíba:

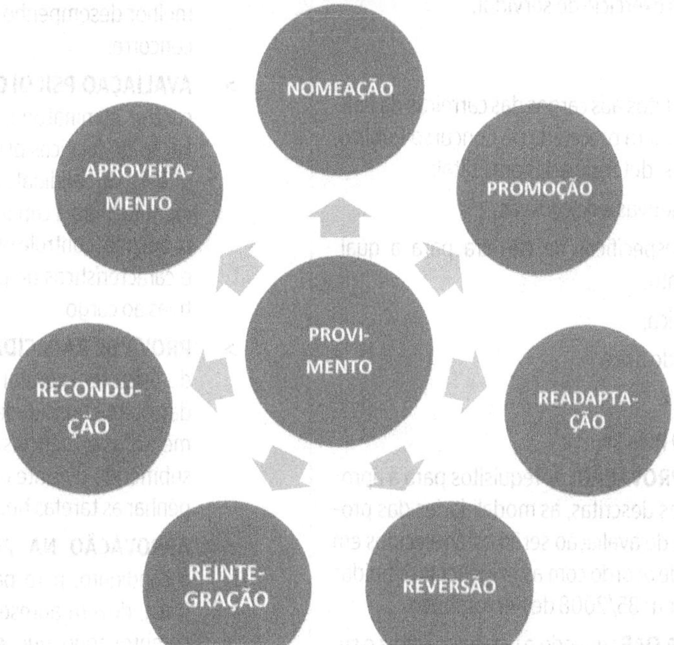

Nomeação, posse e exercício

A nomeação do candidato habilitado no concurso público para cargo da carreira da Polícia Civil do Estado da Paraíba será processada por ato do Governador. A posse será formalizada mediante a lavratura de termo próprio, na Secretaria de Estado da Administração, no prazo máximo de 30 dias, contados da data de sua publicação, prorrogável por igual período, a requerimento do interessado.

Atenção

Será tornado sem efeito o ato de provimento, se a posse não ocorrer no prazo previsto de 30 dias.

A autoridade que der posse deverá verificar, sob pena de ser pessoalmente responsabilizada, se foram satisfeitas todas as condições estabelecidas em Lei Complementar e em legislação correlata, para a investidura no cargo de carreira da Polícia Civil do Estado da Paraíba.

No ato da posse, o candidato nomeado deverá comprovar o atendimento de todos os requisitos exigidos para a investidura no cargo e apresentar, também, os seguintes comprovantes:

> declaração de bens e valores que constituem o patrimônio individual e familiar, incluídos o cônjuge e os filhos;
> declaração de que não exerce outro cargo, emprego ou função pública, salvo as exceções previstas na Constituição Federal;
> prova, quando for o caso, de que requereu exoneração, rescisão do contrato de trabalho ou dispensa do cargo, emprego ou função pública que vinha exercendo.

A efetivação da posse dependerá de prévia inspeção médica oficial para aferir a aptidão física e mental exigida.

> **INVESTIDURA:** se dará na classe inicial do cargo integrante de carreira da Polícia Civil do Estado da Paraíba e para o qual o candidato nomeado se habilitou em concurso público.
> **INÍCIO DO EXERCÍCIO:** dentro do prazo de até 15 dias, o servidor empossado entrará no exercício das atribuições do cargo, em órgão ou unidade da Polícia Civil do Estado da Paraíba para o qual for designado.

Compete ao Delegado-Geral da Polícia Civil do Estado da Paraíba editar o ato fixando o exercício do servidor.

Concurso público

A habilitação de candidatos aos cargos das carreiras da Polícia Civil do Estado da Paraíba será precedida de Concurso Público, composto das seguintes fases, determinadas em Edital:

> provas escritas objetivas e discursivas;
> prova de títulos específicos da carreira para a qual concorre o candidato;
> avaliação psicológica;
> prova de capacidade física;
> investigação social;
> curso de formação policial.

REQUISITOS PARA APROVAÇÃO: os requisitos para a aprovação em cada uma das fases descritas, as modalidades das provas, seus conteúdos e forma de avaliação serão estabelecidos em Edital de Concurso Público, de acordo com as exigências definidas na própria Lei Complementar nº 85/2008 de Pernambuco.

> **PARTICIPAÇÃO DA OAB:** quando o Concurso Público se destinar à seleção de candidatos ao cargo de Delegado de Polícia, será feito convite para participação de um representante da Ordem dos Advogados do Brasil em todas as fases.
> **EDITAL:** o Edital será publicado, na íntegra, no Diário Oficial do Estado, e, por extrato, em pelo menos um jornal de grande circulação, devendo explicitar, no mínimo: processo e requisitos de inscrição; programa de provas; calendário, local e condições para a realização de provas e a apresentação de títulos, conforme o caso; indicação do cargo objeto do concurso e a remuneração inerente; e critérios de julgamento de provas e títulos.
> **VALIDADE DO CONCURSO PÚBLICO:** o Concurso Público terá validade de até 2 anos, prorrogável uma única vez, por igual período, a critério da Administração.
> **DOCUMENTOS NECESSÁRIOS:** para a inscrição no Concurso Público, serão exigidas do candidato a apresentação de documento oficial de identidade e uma declaração firmada, sob as penas da Lei, de que preenche as exigências mínimas e possui os demais requisitos comprobatórios das condições requeridas para o exercício do cargo ou função.
> **PROVAS ESCRITAS:** as provas escritas, de caráter eliminatório e classificatório, farão com que o candidato revele, teoricamente, conhecimentos indispensáveis ao exercício das atribuições do cargo ou função, conforme programa constante do Edital. A critério da Comissão de concurso e conforme a categoria funcional, poderá ser exigida do candidato a elaboração de peças policiais.
> **PROVA DE TÍTULOS:** a prova de títulos, de caráter apenas classificatório, objetiva reconhecer o investimento pessoal do candidato na prévia realização de cursos, atividades e obras relevantes para um melhor desempenho no exercício do cargo para o qual concorre.
> **AVALIAÇÃO PSICOLÓGICA:** a avaliação psicológica, de caráter eliminatório, consistirá na aplicação e na avaliação de técnicas psicológicas, visando analisar a adequação do candidato ao perfil profissiográfico do cargo, identificando a capacidade de concentração e atenção, raciocínio, controle emocional, capacidade de memória e características de personalidade prejudiciais e restritivas ao cargo.
> **PROVA DE CAPACIDADE FÍSICA:** a prova de capacidade física tem caráter eliminatório e aferirá se o candidato tem capacidade para suportar, física e organicamente, as exigências da prática de atividades a que será submetido durante o curso de formação e para desempenhar as tarefas típicas da categoria funcional.
> **APROVAÇÃO NA PROVA DE CAPACIDADE FÍSICA:** o candidato, para participar da prova de capacidade física, deverá apresentar atestado e exames médicos, comprovando que está apto, na data do exame, a realizar a prova de capacidade física do concurso público.
> **INVESTIGAÇÃO SOCIAL:** todos os candidatos serão submetidos à investigação social e de conduta pessoal, de caráter eliminatório, que se estenderá da inscrição até a nomeação, observando-se antecedentes criminais, sociais, familiares e profissionais.

Curso de formação policial

> **CURSO DE FORMAÇÃO POLICIAL:** os candidatos classificados em concurso público serão convocados para curso de formação policial, exigido para o cargo a que tenha se habilitado, que terá currículo e duração variáveis, de conformidade com as atribuições e responsabilidades inerentes a cada categoria funcional, com duração mínima de 460 horas para as categorias de Delegado de Polícia e Peritos Oficiais, e de 360 horas para as demais categorias.

> **PLANEJAMENTO DOS CURSOS:** os cursos de formação policial serão planejados, programados, orientados e ministrados pela Academia de Ensino de Polícia.

> **MATRÍCULA:** a matrícula deverá ocorrer no prazo de 15 dias, contados da publicação do ato de convocação, emitido pelo Diretor da Academia de Ensino de Polícia, não sendo admitida qualquer prorrogação.

> **INDENIZAÇÃO MENSAL:** o candidato matriculado no curso de formação policial fará jus, durante esse curso, a uma indenização mensal, no valor de 50% do vencimento do cargo pretendido, para cobrir despesas com a hospedagem, a alimentação, o material didático e o uniforme completo, exigido pela Academia de Ensino de Polícia.

> **INABILITAÇÃO DO CANDIDATO MATRICULADO:** o candidato matriculado no curso de formação será considerado inabilitado, se, do início do curso de formação até a sua homologação, não tiver atingido o mínimo da frequência estabelecida; não tiver obtido o aproveitamento mínimo de 50% por disciplina integrante da grade curricular; e apresentar mácula detectada na investigação social e de conduta. Esses procedimentos serão objeto de regulamentação específica do Conselho de Ensino da Academia de Ensino de Polícia.

Estágio probatório

Ao entrar em exercício, o servidor empossado em cargo efetivo de carreira da Polícia Civil do Estado da Paraíba iniciará estágio probatório de 3 anos, durante os quais serão avaliadas a aptidão e a capacidade para o desempenho do cargo, como condição para a aquisição de sua estabilidade no cargo.

A avaliação de desempenho será instaurada 4 meses antes de findo o período do estágio por uma comissão instituída para esse fim.

O policial civil em estágio probatório não poderá, em hipótese alguma, ser colocado à disposição de outros órgãos ou entidades, salvo convocação para composição no Júri Popular e para a Justiça Eleitoral.

Serão apurados, durante o estágio probatório, os requisitos necessários à confirmação na Polícia Civil do Estado da Paraíba, com base nos seguintes fatores:

> **assiduidade**: frequência diária na unidade de trabalho com o cumprimento integral da jornada de serviço;

> **pontualidade:** cumprimento dos horários de início e término da jornada e dos horários de intervalo intrajornada, na unidade de trabalho e nas convocações para serviços policiais;

> **disciplina:** fiel cumprimento dos deveres de servidor público e de policial civil;

> **ética:** postura de honestidade e equidade no tratamento com o público, respeito à instituição e ao sigilo das informações, às quais tem acesso em decorrência ao trabalho;

> **motivação:** responsabilidade e envolvimento para realizar as missões de que participe ou que lhe foram designadas;

> **capacidade de iniciativa**: ações espontâneas e apresentação de ideias em prol da solução de problemas da unidade de trabalho, visando a seu bom funcionamento;

> **relacionamento interpessoal:** capacidade de se comunicar e de interagir com a equipe de trabalho e com o público em função da boa execução do serviço;

> **eficiência:** capacidade de atingir resultados no trabalho com qualidade e rapidez, considerando as condições oferecidas para tanto;

> **produtividade:** capacidade de atingir as metas de volumes dos serviços atribuídos nos prazos previstos.

A apuração do atendimento aos requisitos durante o estágio probatório se fará à vista da Ficha Individual de Acompanhamento de Desempenho, elaborada pelas chefias imediatas e encaminhada, reservadamente, à Comissão Permanente de Avaliação da carreira, nos períodos definidos em regulamento específico.

A Comissão, além das informações lançadas na Ficha Individual de Acompanhamento de Desempenho, poderá se valer de outras fontes para a conclusão dos seus trabalhos.

Será assegurado ao avaliado o conhecimento dos conceitos lançados em sua Ficha Individual de Acompanhamento de Desempenho, para exercício da ampla defesa e do contraditório.

Caberá às Comissões, esgotado o prazo da defesa, mediante voto da maioria simples de seus membros, decidir sobre a aprovação ou reprovação do avaliado no estágio probatório.

O membro da Polícia Civil do Estado da Paraíba reprovado no estágio probatório será exonerado imediatamente após a conclusão e decisão do processo apuratório, ocasião em que lhe será assegurado o contraditório e a ampla defesa, sob pena de invalidação do ato.

Estabilidade

O servidor habilitado em Concurso Público, empossado em cargo de provimento efetivo e aprovado em estágio probatório adquirirá estabilidade.

O servidor estável só perderá o cargo em virtude de sentença judicial transitada em julgado ou de processo administrativo disciplinar, em que lhe seja assegurada a ampla defesa.

Promoção

A promoção nas carreiras da Polícia Civil do Estado da Paraíba consiste na movimentação para a classe imediatamente superior, dentro do respectivo cargo, alternadamente, pelo critério de antiguidade ou merecimento.

O policial civil somente poderá ser promovido depois de cumprido o estágio probatório e encontrar-se devidamente estabilizado.

Readaptação

Readaptação é a investidura do servidor policial civil em cargo de atribuições e responsabilidades compatíveis com a limitação que tenha sofrido em sua capacidade física ou mental, verificada em inspeção médica.

Será aposentado o servidor que, durante o processo de readaptação, for julgado incapaz para a atividade policial.

A readaptação será efetivada em cargo de atribuições afins, respeitada a habilitação exigida, o nível de escolaridade e a equivalência de vencimentos, e, na hipótese de inexistência de cargo vago, o servidor exercerá suas atribuições como excedente, até a ocorrência de vaga.

Reversão

Reversão é o retorno à atividade de servidor aposentado:

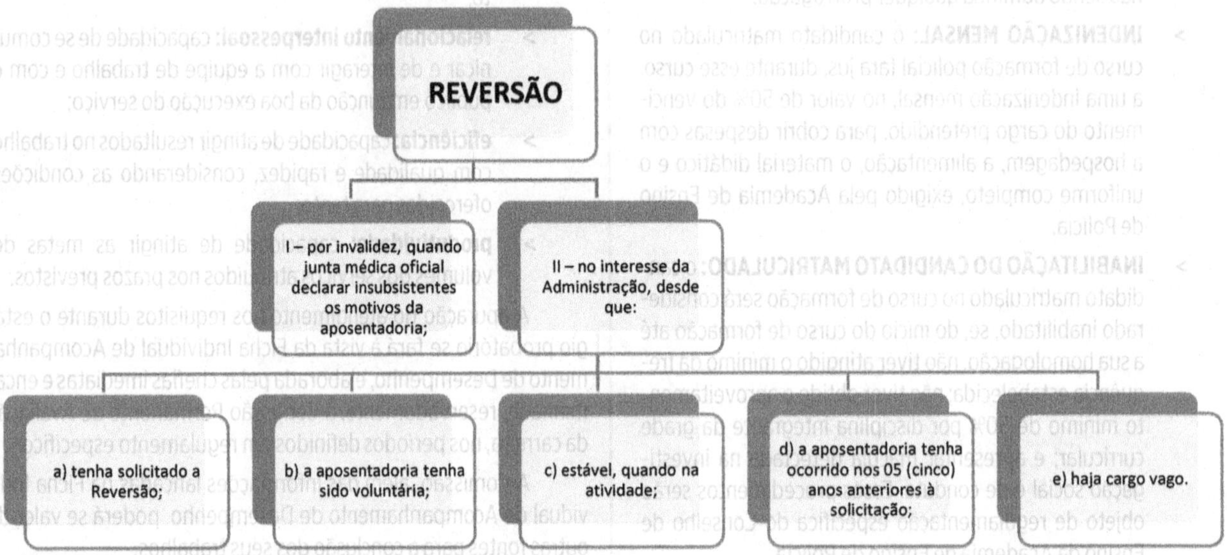

A Reversão se fará no mesmo cargo ou no cargo resultante de sua transformação.

O servidor que retornar à atividade por interesse da Administração receberá, em substituição aos proventos da aposentadoria, a remuneração do cargo que voltar a exercer, inclusive com as vantagens de natureza pessoal que percebia anteriormente à aposentadoria.

O servidor somente terá os proventos calculados com base nas regras atuais se permanecer, pelo menos, 5 anos no cargo.

É vedada a Reversão de aposentado que já tiver completado 70 anos de idade.

Reintegração

A Reintegração é o retorno do servidor policial estável ao cargo anteriormente ocupado ou ao cargo resultante de sua transformação, quando invalidada a sua demissão por decisão administrativa ou judicial transitada em julgado, com a reconstituição da respectiva carreira.

Se o cargo em que deveria ser reintegrado houver sido extinto, a reintegração será em cargo equivalente, respeitada a habilitação profissional e as exigências para o seu exercício ou, não sendo possível, o policial civil será colocado em disponibilidade remunerada.

Encontrando-se provido o cargo, o seu eventual ocupante, se estável, será reconduzido ao cargo de origem, sem direito à indenização, aproveitado em outro cargo, ou, ainda, será posto em disponibilidade.

O servidor policial reintegrado será submetido à inspeção médica.

Recondução

A Recondução é o retorno do servidor estável ao cargo anteriormente ocupado e decorre de reintegração do anterior ocupante.

Encontrando-se provido o cargo de origem, seu eventual ocupante será reconduzido ao cargo que exerceu anteriormente, sem direito à indenização, aproveitado em outro cargo ou posto em disponibilidade.

Disponibilidade e aproveitamento

Extinto o cargo ou declarada a sua desnecessidade, o servidor policial estável ficará em disponibilidade, com remuneração proporcional ao tempo de serviço, até seu adequado aproveitamento em outro cargo.

O retorno à atividade de servidor policial em disponibilidade se fará mediante aproveitamento obrigatório em cargo de atribuições e vencimentos compatíveis com o anteriormente ocupado, asseguradas as promoções por antiguidade a que teria direito, se estivesse em atividade. Dependerá de exame médico oficial, da existência de vaga, e da manifestação expressa e fundamentada do interesse no retorno do disponível pela Delegacia-Geral da Polícia Civil do Estado da Paraíba.

Será tornado sem efeito o aproveitamento e cassada a disponibilidade do policial civil que não entrar em exercício no prazo legal, salvo doença comprovada por junta médica oficial.

Vacância

Haverá vacância em cargos do Grupo GPG-600, nos casos de:

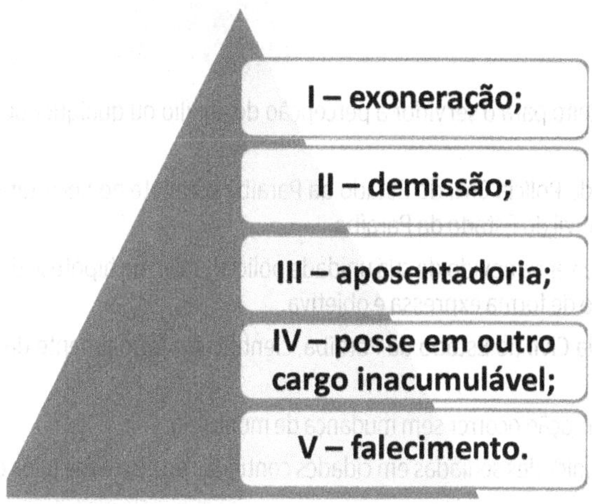

Exoneração

A exoneração do policial civil se dará:

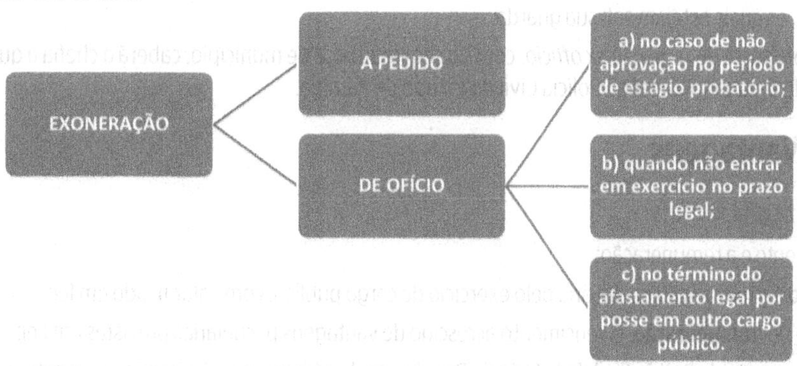

Ao servidor policial submetido a processo administrativo ou judicial, somente será concedida a exoneração a pedido depois de julgado o processo e cumprida a pena disciplinar imposta.

Vacância por posse em outro cargo inacumulável

O policial civil estável poderá requerer afastamento do cargo por período não superior a 3 anos em decorrência de posse em outro cargo público inacumulável, ficando assegurado o seu vínculo, sem remuneração, durante o referido período.

Não havendo manifestação expressa do servidor em retornar ao cargo em detrimento do cargo assumido em outro órgão público e findo o prazo de três anos, o mesmo será exonerado.

Frequência

A frequência dos integrantes da Polícia Civil do Estado da Paraíba ao serviço é obrigatória, conforme horários preestabelecidos.

Mediante ato do Secretário de Estado da Segurança e a Defesa Social, a apuração da frequência dos integrantes da Polícia Civil do Estado da Paraíba poderá observar mecanismos próprios, em virtude das peculiaridades das atribuições inerentes a seus cargos.

Remoção

O integrante de carreiras da Polícia Civil do Estado da Paraíba poderá ser removido de ofício ou a pedido, com mudança de localidade, com o objetivo de atender à necessidade de serviço e assegurar o pessoal necessário à eficiência operacional das unidades policiais.

MODALIDADES DE REMOÇÃO:

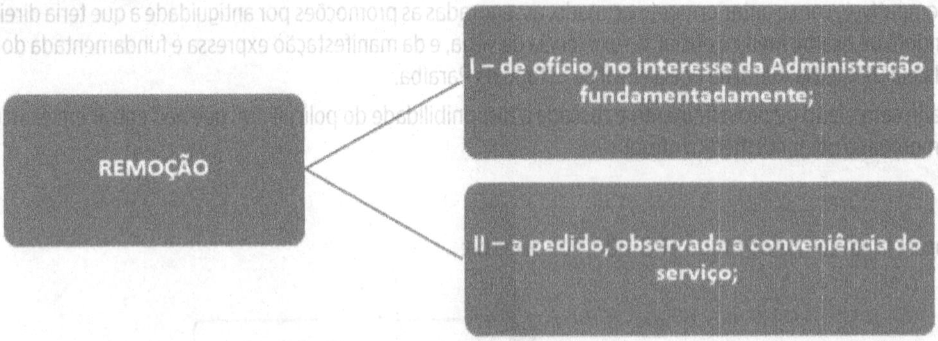

A remoção a pedido não gera direito para o servidor à percepção de auxílio ou qualquer outra forma de indenização pela transferência.

O ato de remoção de integrante da Polícia Civil do Estado da Paraíba compete ao Secretário de Estado da Segurança e da Defesa Social ou ao Delegado-Geral da Polícia Civil do Estado da Paraíba.

O Delegado de Polícia não poderá ser removido de sua unidade policial, salvo na hipótese de remoção por interesse da Administração, quando o motivo será demonstrado de forma expressa e objetiva.

O integrante de carreira da Polícia Civil do Estado da Paraíba, cientificado formalmente de sua remoção, deverá se apresentar na nova unidade nos seguintes prazos:

> **imediatamente**, quando a remoção ocorrer sem mudança de município;

> **em 3 dias**, quando envolver unidades sediadas em cidades contíguas ou em municípios distantes não mais que 50 quilômetros um do outro;

> **em 5 dias**, nos demais casos.

Formalizada a remoção do policial civil, ele deverá devolver todos os objetos e / ou armamento pertencente ao acervo patrimonial da unidade de origem, os quais estejam sob sua guarda.

A iniciativa da proposta de remoção *ex officio*, com ou sem mudança de município, caberá à chefia a que pertencer o servidor, submetida à proposição do Delegado-Geral da Polícia Civil do Estado da Paraíba.

7.4 Direitos e Vantagens

Vencimento e remuneração

Sobre o vencimento e a remuneração:

> **vencimento** é a retribuição pecuniária pelo exercício de cargo público, com valor fixado em lei;

> entende-se por **remuneração**, o vencimento acrescido de vantagens pecuniárias previstas em Lei;

> nenhum integrante da Polícia Civil do Estado da Paraíba receberá remuneração inferior a um salário-mínimo;

> a composição da remuneração dos integrantes da Polícia Civil do Estado da Paraíba será disposta em lei específica.

Cômputo do tempo de serviço

Será considerado de efetivo exercício o afastamento do policial civil no exercício do respectivo cargo, em virtude de:

> férias;

> gozo dos afastamentos;

> deslocamentos a serviço e trânsito para nova sede;

> participação em júri, atendimento de convocação para o serviço militar e outros serviços obrigatórios por lei;

- exercício de função do governo por designação do Governador ou do Presidente da República;
- licença para tratamento da própria saúde, inclusive por motivo de acidente em serviço ou doença profissional;
- licença à servidora gestante ou adotante;
- licença por motivo de doença em pessoas da família: cônjuge, filhos, pai, mãe ou irmão, na forma da lei;
- até 5 faltas, durante o mês, por motivo de doença devidamente comprovada mediante atestado médico;
- exercício de mandato eletivo em entidade classista de defesa dos interesses de integrantes das carreiras da Polícia Civil do Estado da Paraíba.

Atenção

Acidente em serviço é o dano físico ou mental que sofre o policial civil em razão do exercício de suas atribuições ou os agravos em decorrência deste.

O acidente em serviço ou a doença profissional serão confirmados em laudo elaborado pela perícia médica oficial onde deverão ficar estabelecidos, rigorosamente, a sua caracterização e o nexo causal com o exercício de atribuições do cargo.

A apuração do tempo de serviço será feita em dias, que se convertem em anos, considerado um ano como de 365 dias.

Férias

Os integrantes das carreiras da Polícia Civil do Estado da Paraíba têm direito a férias anuais, na forma da lei, observada a escala que for organizada de acordo com a conveniência do serviço.

A autoridade competente, por necessidade de serviço, poderá suspender ou indeferir o gozo das férias, ressalvada a ocorrência de acumulação que implique perda desse direito, desde que fundamentado o interesse público e justificada a necessidade de serviço.

O período ou parte das férias não gozadas, por necessidade do serviço, gera direito à compensação temporal, ainda que em outro exercício, sendo defeso levar à conta de férias as faltas ao trabalho.

Fica vedada, a qualquer título, a remoção de integrante da Polícia Civil do Estado da Paraíba durante o gozo de férias, licença ou afastamentos.

Substituição

Os substitutos de servidores ocupantes de cargo em comissão ou de função de confiança serão indicados pela autoridade competente.

O substituto assumirá, automática e cumulativamente, sem prejuízo do cargo que ocupe, o exercício do cargo em comissão ou da função de confiança, nos afastamentos, nos impedimentos legais ou regulamentares do titular e na vacância do cargo, hipóteses em que deverá optar pela remuneração de um deles durante o respectivo período.

O substituto fará jus à retribuição pelo exercício do cargo ou da função de direção ou de chefia, nos casos de afastamentos ou impedimentos legais do titular, superiores a trinta dias consecutivos, paga na proporção dos dias de efetiva substituição, que excederem o referido período.

Indenizações

Constituem indenizações ao policial civil:

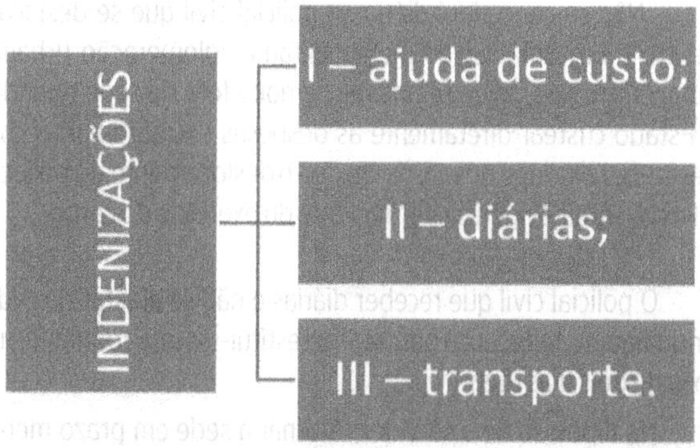

Os valores das indenizações, assim como as condições para a sua concessão, serão estabelecidos em lei e atualizados pela forma que esta determinar.

Ajuda de custo

A ajuda de custo se destina a compensar as despesas de instalação do servidor que, no interesse do serviço, passar a ter exercício em nova sede, com mudança de domicílio civil, em caráter permanente, vedado o duplo pagamento de indenização, a qualquer tempo, no caso de o cônjuge ou o companheiro que detenha também a condição de servidor vir a ter exercício na mesma sede.

Correm por conta da Administração as despesas de transporte do servidor e de sua família, compreendendo passagem, bagagem e bens pessoais.

À família do servidor que falecer na nova sede de trabalho, são assegurados ajuda de custo e transporte para a localidade de origem, dentro do prazo de 1 ano contado do óbito.

A ajuda de custo, não superior ao triplo da remuneração do servidor, será proporcional às despesas efetivas de instalação devidamente comprovadas.

Não será concedida ajuda de custo quando o servidor se afastar do cargo ou reassumi-lo em virtude de mandato eletivo e for posto à disposição ou cedido a outra entidade.

O servidor restituirá a ajuda de custo quando não se mudar para a nova sede no prazo determinado no ato de transferência, ou, antes de decorridos três meses, regressar, pedir exoneração ou abandonar o serviço.

A restituição é de exclusiva responsabilidade do servidor e não poderá ser feita parceladamente.

Não haverá obrigação de restituir quando o regresso do servidor for determinado *ex officio*.

Diárias

O policial civil que, a serviço, se afastar da sede, em caráter eventual ou transitório, para outro ponto do território nacional ou para o exterior, fará jus a passagens e a diárias destinadas a indenizar as parcelas de despesas extraordinárias com estada, alimentação e locomoção urbana.

A diária será concedida por dia de afastamento, sendo devida pela metade, quando o deslocamento não exigir pernoite fora da sede.

Atenção

Não se concederá diária ao policial civil que se deslocar dentro da mesma região metropolitana, aglomeração urbana ou microrregião, salvo se houver pernoite fora da sede quando o Estado custear diretamente as despesas extraordinárias cobertas por diárias e nos casos em que o deslocamento do policial civil constituir exigência permanente do exercício do cargo.

O policial civil que receber diárias e não se afastar da sede, por qualquer motivo, fica obrigado a restitui-las integralmente, no prazo de dois dias úteis.

Na hipótese de o servidor retornar à sede em prazo menor do que o previsto para o seu afastamento, restituirá as diárias recebidas em excesso, no prazo de dois dias úteis.

Indenização de transporte

O Policial civil será indenizado das despesas de transportes que incidir em serviços externos por força das atribuições próprias do cargo, conforme dispuser a lei.

Gratificações e adicionais

Além do vencimento, poderão ser atribuídas ao Policial civil as seguintes vantagens, cuja regulamentação será objeto de lei específica:

> gratificação de risco de vida;
> gratificação pelo exercício de função;
> gratificação natalina;
> gratificação de atividades especiais;
> gratificação pelo exercício de atividades insalubres;
> adicional de férias;
> adicional de representação.

Gratificação de risco de vida

A gratificação de risco de vida é devida ao Policial civil de carreira, quando no efetivo exercício das funções de polícia judiciária, pelo perigo a que se expõe no exercício de suas atividades.

A percepção da gratificação será disciplinada em lei específica.

Gratificação pelo exercício de função

Ao Policial civil ocupante de cargo efetivo e que exerce função de chefia ou de assessoramento previstas em Lei, é devida a retribuição pelo exercício de função.

Gratificação natalina

A gratificação natalina corresponde a 1/12 da remuneração a que o servidor fizer jus no mês de dezembro, por mês de exercício no respectivo ano.

A fração igual ou superior a 15 dias será considerada como mês integral.

A gratificação será paga até o final do mês de dezembro de cada ano.

O policial civil exonerado perceberá gratificação natalina proporcional aos meses de exercício efetivo, calculada sobre a remuneração do mês da exoneração.

A gratificação natalina não será considerada para cálculo de qualquer outra vantagem pecuniária.

Gratificação de atividades especiais

A gratificação de atividades especiais poderá ser concedida ao policial civil ou a grupo de policiais civis, pelo desempenho de atividades especiais ou excedentes às atribuições dos respectivos cargos ou pela participação em comissões, grupos ou equipes de trabalho constituídas através de ato do Governador do Estado.

Gratificação pelo exercício de atividades insalubres

Os policiais civis que trabalhem, com habitualidade, em locais insalubres ou em contato permanente com substâncias tóxicas ou radioativas fazem jus à gratificação de insalubridade.

O direito à gratificação de insalubridade cessa com a eliminação das condições ou dos riscos que deram causa a sua concessão.

Haverá permanente controle da atividade de servidores em operações ou locais considerados insalubres.

Enquanto durar a gestação e a lactação, a servidora gestante ou lactante será afastada das operações e dos locais e passará a exercer suas atividades em local salubre, sem prejuízo da remuneração.

Serão observadas as disposições da legislação específica, quando da concessão da gratificação de insalubridade.

Os locais de trabalho, com instalações de raios X ou de substâncias radioativas, e os servidores que operam os respectivos aparelhos e instrumentos serão mantidos sob controle permanente, de modo que as doses de radiação ionizante não ultrapassem o nível máximo previsto na legislação própria.

Os servidores a que se refere esse artigo serão submetidos a exames médicos a cada 6 meses.

Adicional de férias

Será paga ao policial civil, por ocasião das férias, um adicional correspondente a 1/3 da remuneração a que tiver direito, no período correspondente às férias, independentemente de solicitação.

Adicional de representação

O adicional de representação é a vantagem concedida por lei ao policial civil de Classe Especial, em virtude da natureza e das peculiaridades do cargo exercido.

7.5 Licenças, Afastamentos e Concessões

Licenças

Aos integrantes das carreiras da Polícia Civil do Estado da Paraíba, serão concedidas as licenças previstas no Regime Jurídico dos Servidores Públicos Civis do Estado da Paraíba, em especial:

> por motivo de doença em pessoa da família;
> para tratar de interesses particulares;
> para desempenho de mandato classista;
> para atividade política;
> para o serviço militar;
> por motivo de afastamento do cônjuge ou do companheiro;
> para capacitação, treinamento, reciclagem e aperfeiçoamento.

Atenção

O regime próprio de previdência social do Estado da Paraíba atenderá ao servidor integrante do Grupo Ocupacional Polícia Civil do Estado da Paraíba e a seus dependentes, nos termos dos arts. 172 a 185 da Lei Complementar nº 58, de 30 de dezembro de 2003.

Licença por motivo de doença em pessoa da família

A licença por motivo de doença em pessoa da família, comprovada a necessidade clínica e social do acompanhamento pessoal do policial civil requerente, será concedida sem prejuízo da remuneração do cargo efetivo, até trinta dias, podendo ser prorrogada por igual período, mediante parecer de junta médica oficial e, excedendo esses prazos, sem remuneração, por até 90 dias.

Na licença por motivo de saúde em pessoa da família, o requerimento será instruído com laudo de inspeção, expedido pela junta médica oficial, e com a declaração da indispensabilidade do acompanhamento pessoal do servidor, passado por Assistente Social ou profissional designado para essa função.

Pessoa da família é o ascendente, o descendente, o cônjuge ou o convivente, desde que não esteja separado, irmãos e dependentes econômicos do servidor. A licença não poderá ser repetida sem o interstício mínimo de 12 meses.

A licença somente será deferida, se a assistência direta do servidor for indispensável e não puder ser prestada simultaneamente com o exercício do cargo ou mediante compensação de horário, na forma da legislação estatutária.

Licença para tratar de interesses particulares

A licença para trato de interesses particulares se dará sem percepção de remuneração do cargo efetivo e poderá ser concedida por até três anos contínuos ao policial civil estável que requerer, desde que não seja inconveniente para o serviço.

O requerente da licença deverá aguardar sua concessão em exercício. Um novo afastamento, nessas condições, só poderá ocorrer depois de cinco anos do término da licença anterior.

Concedida a licença, somente será interrompida por interesse do próprio requerente.

Licença para o desempenho de mandato classista

A licença para o exercício de mandato classista, em entidade representativa da respectiva categoria, será concedida, mediante requerimento e comprovação da eleição para membro da diretoria, durante igual período do mandato, permitida a renovação no caso de reeleição, sem prejuízo do integral recebimento de sua remuneração, observadas as seguintes condições:

> para os representantes do Sindicato representativo da categoria, somente farão jus à licença os eleitos para cargos de direção, em número de 3 representantes ocupantes de cargos da diretoria executiva;
> para os representantes de associação de classe representativa da categoria, somente terão direito a tal licença o número de 3 integrantes da diretoria executiva. ***Parágrafo único.*** *Ao servidor policial, será assegurada inamovibilidade, a partir do registro de sua candidatura a cargo de direção ou representação sindical e, se eleito, ainda que suplente, até 01 (um) ano após o término do mandato, salvo se a pedido ou em caso de falta grave, nos termos da lei.*

Licença para atividade política

O policial civil terá direito à licença para atividade política, sem remuneração, durante o período que mediar entre a sua escolha em convenção partidária, como candidato a cargo eletivo, e a véspera do registro de sua candidatura perante a Justiça Eleitoral.

O servidor candidato a cargo eletivo na localidade onde desempenha suas funções e que exerça cargo de direção, chefia, assessoramento, arrecadação ou fiscalização, será afastado dele a partir do dia imediato ao do registro de sua candidatura perante a Justiça Eleitoral até o décimo dia seguinte ao do pleito.

A partir do registro da candidatura até o décimo dia seguinte ao da eleição, o servidor fará jus à licença, assegurada a remuneração do cargo efetivo somente pelo período de três meses.

O policial civil que tiver direito à licença se afastará do cargo mediante comunicação escrita ao chefe imediato, a quem incumbe encaminhar o expediente à Secretaria de Estado da Segurança e da Defesa Social e à Secretaria de Estado da Administração, para efeito de concessão da licença.

Licença para o serviço militar

Ao policial civil convocado para o serviço militar, será concedida licença, na forma e nas condições previstas na legislação específica.

Concluído o serviço militar, o servidor terá até 30 (trinta) dias, não remunerados, para reassumir o exercício do cargo, sob pena de incorrer em abandono de cargo.

Licença por motivo de afastamento do cônjuge ou do convivente

O servidor policial civil, casado ou que mantenha união estável, nos termos da lei, terá direito à licença sem remuneração e sem contagem de tempo de serviço, por prazo indeterminado, quando o cônjuge ou convivente, servidor público estadual ou federal, for mandado servir em outro ponto do Estado ou fora deste, inclusive em território estrangeiro ou ainda eleito para exercício de mandato eletivo dos Poderes Executivo e Legislativo da União, dos Estados, do Distrito Federal e dos Municípios.

A licença dependerá de requerimento devidamente instruído, devendo o pedido ser renovado a cada 2 anos.

Finda a causa da licença, o servidor policial deverá reassumir o exercício dentro de 30 dias, sob pena de incorrer em abandono de cargo.

A concessão da licença impedirá a promoção por merecimento do servidor policial civil, enquanto estiver em gozo.

Licença para capacitação, treinamento, reciclagem e aperfeiçoamento

Poderá ser autorizada a licença a ocupante de cargo das carreiras da Polícia Civil do Estado da Paraíba para:

> frequentar cursos de capacitação, formação policial, treinamento, reciclagem, aperfeiçoamento, bem como realizar especialização, mestrado ou doutorado, durante o prazo necessário à sua conclusão, exceto quando essas atividades ocorrerem fora do território nacional, circunstância que exigirá autorização através de portaria do Secretário de Estado da Administração e limitará a duração da seguinte forma: a) para o curso de atualização ou de aperfeiçoamento, o prazo máximo de 180 dias; b) para o curso de especialização, o prazo máximo de 1 ano; c) para o curso de Mestrado, o prazo de 2 anos, admitindo-se prorrogação; d) para o curso de Doutorado, o prazo de 3 anos, admitindo-se prorrogação; e

> participar de congressos, seminários ou encontros relacionados com o exercício da função, pelo prazo estabelecido no ato que o autorizar.

A Licença não poderá ser concedida ao policial civil em estágio probatório ou que esteja submetido a processo disciplinar administrativo ou cumprindo penalidade disciplinar.

Elas ocorrem sem prejuízo da integral remuneração do servidor e obrigam ao atendimento das políticas institucionais, à apresentação de relatório circunstanciado e de certificados que comprovem as atividades desenvolvidas.

Afastamento para servir a outro órgão ou entidade

O policial civil poderá ser cedido para ter exercício em outro órgão ou entidade dos Poderes da União, dos Estados, do Distrito Federal e dos Municípios, nas seguintes hipóteses:

> para exercício de cargo em comissão ou função de confiança;

> em casos previstos em leis específicas.

Sendo a cessão para órgãos ou entidades da União, dos estados, do Distrito Federal ou dos municípios, o ônus da remuneração caberá ao órgão ou entidade cessionários.

A cessão se fará mediante Ato do Governador do Estado publicado no Diário Oficial do Estado.

A cessão para órgãos no âmbito do Poder Executivo Estadual se fará mediante Portaria do Secretário de Estado da Administração publicada no Diário Oficial do Estado.

Afastamento para exercício de mandato eletivo

Ao servidor investido em mandato eletivo, tratando-se de mandato federal, estadual ou distrital, ficará afastado do cargo. Investido no mandato de Prefeito ou de Governador, será afastado do cargo, sendo-lhe facultado optar entre a remuneração do seu cargo efetivo e a do cargo eletivo, na forma estabelecida pela Constituição Federal.

Caso seja investido no mandato de Vereador havendo compatibilidade de horário, perceberá as vantagens de seu cargo, sem prejuízo da remuneração do cargo eletivo; não havendo compatibilidade de horário, será afastado do cargo, sendo-lhe facultado optar pela remuneração.

No caso de afastamento do cargo, o servidor contribuirá para a seguridade social, como se estivesse em exercício.

O servidor investido em mandato eletivo não poderá ser removido ou redistribuído de ofício para localidade diversa daquela onde exerce o mandato.

Afastamento para cumprimento de missão

O servidor pode se ausentar para o exterior ou para outros pontos do território nacional, sem perda da remuneração, para cumprimento de missão oficial, a critério da Administração, por prazo não superior a 4 anos, mediante autorização do Governador do Estado.

O afastamento de servidor para atuar em organismo internacional de que o Brasil participe ou com que coopere se dará com perda total da remuneração.

Concessões

Ao integrante de carreira da Polícia Civil do Estado da Paraíba, será concedido o afastamento, sem prejuízo da remuneração:

> por 1 dia, para doação de sangue devidamente comprovada;

> por até 2 dias, para se alistar como eleitor;

> por até 8 dias consecutivos em razão de:

> > casamento;

> > nascimento ou adoção de filhos, no caso de homem;

> > falecimento do cônjuge, companheiro, pais, madrasta ou padrasto, filhos, enteados, menor sob tutela e irmãos;

> frequência em palestras, seminários e cursos de curta duração nas áreas relacionadas às atribuições da Polícia Civil do Estado da Paraíba, desde que autorizado pelo Secretário do Estado da Segurança e da Defesa Social.

Será concedido horário especial ao servidor estudante, quando comprovada a incompatibilidade entre o horário escolar e o da repartição, sem prejuízo do exercício do cargo. Neste caso, será exigida a compensação de horário no órgão ou entidade em que tiver exercício, respeitada a duração semanal do trabalho.

Ao servidor estudante que mudar de sede no interesse da administração, é assegurada, na localidade da nova residência ou na mais próxima, a matrícula em instituição de ensino congênere, em qualquer época, independentemente de vaga.

Será concedido horário especial ao servidor portador de deficiência, quando comprovada a necessidade por junta médica oficial, independentemente de compensação de horário.

As disposições são extensivas ao servidor que tenha cônjuge, filho ou dependente portador de deficiência física, exigindo-se, porém, nesse caso, que a assistência direta do servidor seja indispensável e não possa ser prestada, simultaneamente, com exercício do cargo ou mediante compensação de horário, na forma da legislação estatutária.

Previdência – disposições gerais

Aos policiais civis, é assegurado regime próprio de previdência social, de caráter contributivo, mediante Lei Estadual, observado o disposto na Constituição Federal.

O regime próprio de previdência social atenderá:

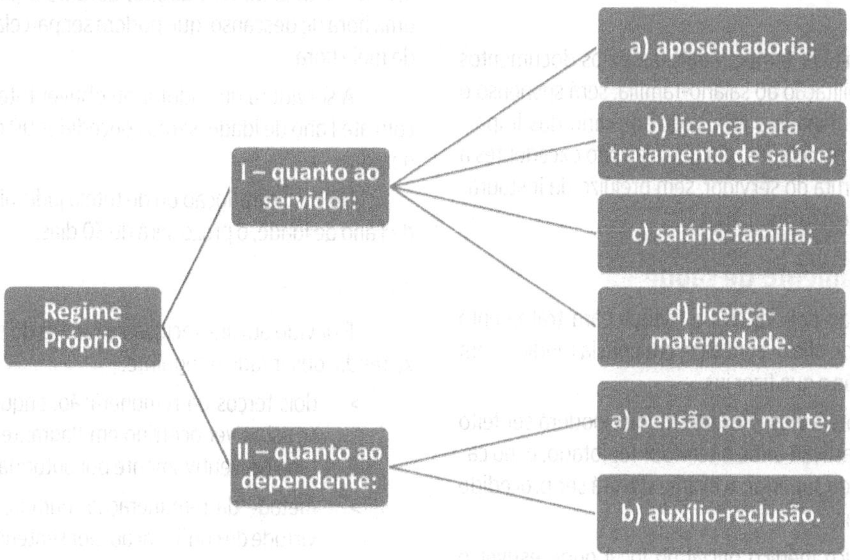

O recebimento de benefícios havidos por fraude, dolo ou má-fé implicará devolução ao erário do total auferido, sem prejuízo da ação penal cabível.

Aposentadoria e pensões

A aposentadoria dos integrantes das carreiras da Polícia Civil do Estado da Paraíba e as pensões devidas a seus dependentes são submetidas às regras de aposentadoria, estabelecidas no art. 40 da Constituição Federal e mantidas pelo Regime de Previdência Social do Estado da Paraíba.

Os integrantes das carreiras da Polícia Civil do Estado da Paraíba se aposentarão voluntariamente com proventos integrais, desde que comprovem 30 anos de contribuição e, pelo menos, 20 anos de atividade policial, se homem, e 25 anos de contribuição e, pelo menos, 15 anos de atividade policial, se mulher, com fundamento no art. 40, § 4º, incisos II e III, da Constituição Federal, com redação da Emenda Constitucional nº 47/05.

Salário-família

O salário-família é devido ao policial civil de baixa renda.

Compreende-se por servidor público de baixa renda aquele que se enquadra no limite de remuneração bruta previsto no art. 13 da Emenda Constitucional nº 20, de 15 de dezembro de 1998, com as modificações posteriores procedidas pelo regime geral de previdência social.

O salário-família será devido ao servidor em função dos dependentes que lhe estejam afetos, compreendidos como tais filho menor de 14 anos, pessoa da mesma idade a ele equiparado e inválido de qualquer idade, assim reconhecido pela perícia médica competente.

O salário-família poderá ser requerido a qualquer tempo e será devido a partir da data de entrada do requerimento na repartição que tiver de processá-lo, devendo ser anexados ao pedido os seguintes documentos:

> certidão de nascimento do filho ou tutela;

> atestado de vacinação, para o menor de 7 anos;
> comprovante de frequência à escola, a partir dos 7 anos.

Para o caso do inválido maior de 14 anos, além dos documentos exigidos, será cobrado o laudo de invalidez da perícia médica do órgão previdenciário.

Para a continuidade do pagamento do benefício, o atestado de vacinação deve ser apresentado, anualmente, no mês de maio, e o de frequência escolar, nos meses de maio e de novembro de cada ano.

Não será devido o salário-família, enquanto a respectiva concessão estiver pendente da apresentação dos documentos necessários.

Quando o pedido de salário-família envolver inválido, será obrigatoriamente instruído por laudo da perícia médica competente.

Verificada, a qualquer tempo, a falsidade dos documentos apresentados para habilitação ao salário-família, será suspenso o seu pagamento e determinada a reposição ao erário das importâncias indevidamente percebidas, em parcelas não excedentes a 10% da remuneração bruta do servidor, sem prejuízo da instauração do competente processo disciplinar.

Licença para tratamento de saúde

Será concedida ao policial civil a licença para tratamento de saúde, a pedido ou de ofício, com base em perícia médica, sem prejuízo da remuneração a que fizer jus.

Para licença de até 5 dias, o exame médico poderá ser feito por profissional da repartição onde o servidor for lotado, e, no caso de licença por período superior, o exame deverá ser procedido por Junta Médica Oficial.

Inexistindo serviço médico oficial no local onde estiver o servidor, será aceito atestado fornecido por médico particular. O atestado somente produzirá efeitos depois de homologado pela Junta Médica Oficial.

O servidor que, durante o mesmo exercício, perfizer trinta dias de licença para tratamento de saúde, consecutivos ou não, somente poderá obter nova licença mediante prévia inspeção por perícia médica oficial.

Findo o prazo da licença, o policial civil será submetido a nova inspeção médica, que concluirá pela volta ao serviço, pela prorrogação da licença ou pela aposentadoria.

O atestado e o laudo da junta médica não se referirão ao nome ou à natureza da doença, salvo quando se tratar de lesões produzidas por acidentes em serviço, doença profissional ou doença grave, contagiosa ou incurável, como tuberculose ativa, alienação mental, esclerose múltipla, neoplasia maligna, cegueira posterior ao ingresso no serviço público, hanseníase, cardiopatia grave, doença de Parkinson, paralisia irreversível e incapacitante, espondiloartrose anquilosante, nefropatia grave, estados avançados do Mal de Paget (osteíte deformante), Síndrome de Imunodeficiência Adquirida (AIDS) e outras especificadas em lei.

Licença-maternidade

Será concedida a licença à servidora gestante por 180 dias consecutivos, sem prejuízo da remuneração.

A licença poderá ter início no primeiro dia do nono mês de gestação, salvo antecipação por prescrição médica.

No caso de nascimento prematuro, a licença terá início na data do parto.

Nos casos de natimorto e aborto, a servidora será submetida a exame médico, que determinará o prazo para seu retorno ao serviço ou recomendará a conversão do afastamento em licença para tratamento de saúde por prazo tecnicamente adequado, superior a trinta dias.

Para amamentar o próprio filho, até a idade de 6 meses, a servidora lactante terá direito, durante a jornada de trabalho, a uma hora de descanso, que poderá ser parcelada em dois períodos de meia hora.

À servidora que adotar ou obtiver tutela judicial de criança com até 1 ano de idade, serão concedidos 90 dias de licença remunerada.

No caso de adoção ou de tutela judicial de criança com mais de 1 ano de idade, o prazo será de 30 dias.

Auxílio-reclusão

É devido auxílio-reclusão à família do servidor ativo de baixa renda, observado o seguinte:

> dois terços da remuneração, enquanto durar a prisão, se esta tiver ocorrido em flagrante ou tiver sido decretada preventivamente por autoridade competente;
> metade da remuneração, durante o afastamento, em virtude de condenação, por sentença definitiva, quando a pena não ensejar a perda do cargo.

No caso de absolvição, o servidor terá direito a receber a diferença entre a remuneração integral, se em exercício, e o valor do auxílio reclusão percebido pela família.

O direito ao auxílio-reclusão cessará a partir do dia imediato àquele em que o servidor for posto em liberdade, ainda que condicional.

Custeio

O custeio das aposentadorias e pensões é de responsabilidade do Estado e de seus servidores, nos termos definidos na Constituição Federal.

Os benefícios não previstos em Lei não poderão ser pagos com recursos previdenciários.

7.6 Garantias e Prerrogativas

Honrarias

As honrarias constituem reconhecimento por bons serviços prestados pelo policial civil e compreendem:

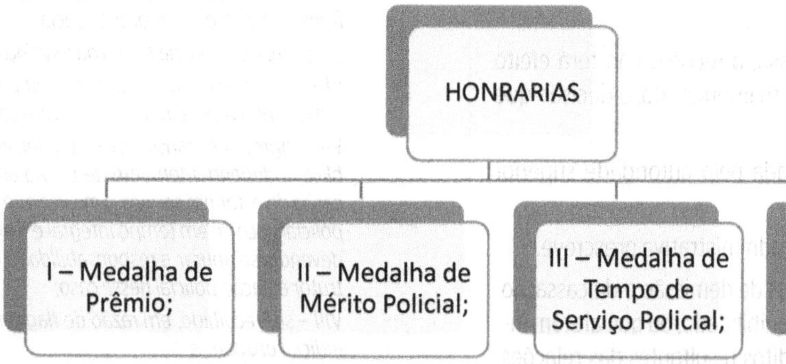

As honrarias obedecerão às normas fixadas nos respectivos Regulamentos de concessão.

Desagravo público

O policial civil, quando ofendido no exercício do cargo ou em razão dele, será publicamente desagravado, o que será promovido:

> de ofício, de acordo com a subordinação do órgão ou unidade de exercício do policial civil, pelo: a) Secretário de Estado da Segurança e da Defesa Social; b) Delegado-Geral da Polícia Civil do Estado da Paraíba; e c) Diretor-Geral do Instituto de Polícia Científica;

> mediante representação do ofendido ou seu procurador e, no caso de morte, pelo cônjuge, ascendente ou descendente;

> mediante requerimento da entidade de classe a que pertencer o policial civil.

A promoção do desagravo não elide a responsabilidade civil e criminal em que incorrer o ofensor.

Porte de arma

O policial civil ativo tem direito ao porte de arma, na forma da legislação federal pertinente, e quando, em efetivo exercício de suas funções, lhe será entregue pelo Estado identidade funcional e distintivo.

Legislação específica disporá sobre a entrega de demais equipamentos necessários ao efetivo exercício das funções de policial civil.

Direito a petição

É assegurado ao policial civil o direito de requerer e de representar, em defesa de direito ou interesse legítimo, por meio dos canais hierárquicos.

O requerimento será dirigido à autoridade competente para decidir o pleito, por meio da chefia imediata, que, após manifestação, encaminhará à autoridade competente, a qual decidirá em até trinta dias, salvo motivo de força maior e quando se trate de ato administrativo complexo que exija providências anteriores à decisão final, limitando-se a noventa dias, o prazo para se proferir a decisão acerca do pedido formulado.

O recurso à instância superior será encaminhado por intermédio da autoridade recorrida, que poderá conhecer o pedido e reconsiderar o ato impugnado, sendo vedada a renovação deste.

Mantido o ato, a autoridade recorrida dará conhecimento ao interessado, dando seguimento ao recurso, no prazo de 10 dias.

Caberá recurso:

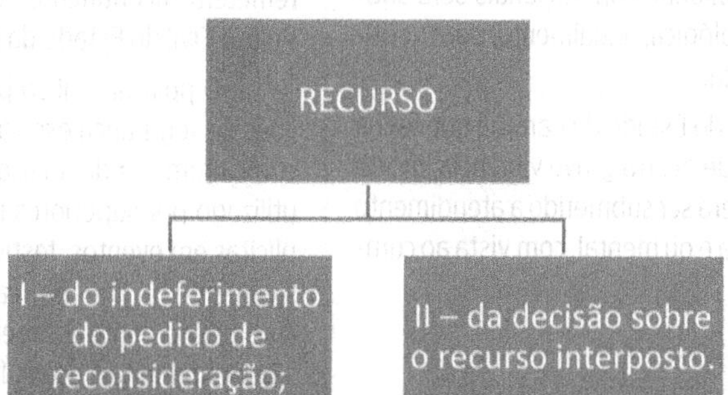

O recurso será dirigido à autoridade imediatamente superior à que tiver expedido o ato ou proferido a decisão e, sucessivamente, em escala ascendente, às demais autoridades.

O prazo para interposição de pedido de reconsideração ou de recurso é de 15 dias, a contar da publicação ou da ciência, pelo interessado, da decisão recorrida.

Salvo disposição legal expressa, o recurso não terá efeito suspensivo, retroagindo, à data do ato impugnado, a decisão que der provimento ao pedido.

A representação será apreciada pela autoridade superior àquela contra a qual foi interposta.

O direito de pleitear na esfera administrativa prescreve:

> em 5 anos, quanto aos atos de demissão e de cassação de aposentadoria ou disponibilidade, ou que afetem interesse patrimonial e créditos resultantes das relações de trabalho;

> em 120 dias, nos demais casos, salvo quando outro prazo for fixado em lei.

O prazo de prescrição contará a partir da data da publicação do ato impugnado ou da ciência do interessado, quando não houver publicação.

O pedido de reconsideração e o recurso, quando cabíveis, suspendem a prescrição.

Decidido o recurso, recomeça a correr o prazo prescricional pelo seu restante, a partir da publicação do ato decisório ou da sua ciência.

É assegurada vista do processo ou documento, na repartição, ao servidor ou a procurador por ele constituído, para o exercício do direito à petição.

Assistência aos integrantes da polícia civil do estado da paraíba

O Estado prestará apoio e assistência aos integrantes da Polícia Civil do Estado da Paraíba, inclusive o de acompanhamento à saúde.

O acompanhamento aos integrantes da Polícia Civil do Estado da Paraíba ocorrerá a pedido ou de ofício, por orientação multiprofissional, para a respectiva avaliação ou tratamento.

A assistência médico-psicológica consistirá em propiciar tratamento ao policial civil para recuperá-lo, quando necessário, dos desgastes emocionais ou distúrbios mentais resultantes do exercício da função policial.

O policial civil lotado em unidades operacionais será submetido à avaliação médica e psicológica, anualmente, para verificação de sua higidez mental e física.

O integrante da Polícia Civil do Estado da Paraíba que tenha participado de ação policial em que ocorra grave violência, morte ou lesão de qualquer pessoa, deverá ser submetido a atendimento para a proteção de sua saúde física e ou mental, com vista ao cumprimento dos objetivos.

Prerrogativas funcionais

O policial civil, no exercício de suas funções, goza das seguintes prerrogativas, dentre outras estabelecidas em Lei:

I – uso das designações hierárquicas;

II – desempenho de cargos e funções correspondentes à condição hierárquica;

III – tratamento compatível com o nível do cargo desempenhado;

IV – uso privativo das insígnias e documentos de identidade funcional, conforme modelos oficiais;

V – porte de arma, na forma da legislação;

VI – livre acesso a locais públicos ou particulares que necessitem de intervenção policial, na forma da legislação;

VII – ingresso e trânsito livres em locais de acessibilidade pública, independentemente de prévia autorização ou de verificação de estar em serviço, uma vez que o exercício das funções policiais ocorre em tempo integral e exige dedicação exclusiva, devendo-se apurar a responsabilidade penal do eventual obstrutor da ação policial nesse caso;

VIII – ser recolhido, em razão de flagrante delito ou de decisão judicial provisória

ou definitiva, na presença de superior hierárquico, em unidade prisional própria e especial, nos termos da legislação federal;

IX – prioridade na utilização de qualquer serviço de transporte e de comunicação, público ou privado, quando em serviço de caráter urgente [...]

A carteira de identidade funcional do policial civil, inerente ao exercício da função, além de outras características escandidas em regulamento próprio, consignará o primeiro nome do cargo em caixa alta bastante visível.

A cédula de identidade funcional é de uso obrigatório e exclusivo dos integrantes da Polícia Civil do Estado da Paraíba, destinando-se a habilitar seu titular a ingressar nos locais sujeitos à fiscalização policial; e fazer prova de todas as informações nela inseridas.

O policial civil será afastado do exercício das funções, até decisão final transitada em julgado, quando estiver preso provisoriamente pela prática de infração penal, hipótese em que o servidor perceberá, durante o período de afastamento, remuneração integral atribuída ao cargo.

Na hipótese de o servidor ser colocado em liberdade provisória, retornará ao exercício das funções.

No caso de condenação que não implique demissão, o policial civil será afastado, a partir da decisão definitiva até o cumprimento total da pena restritiva da liberdade, com direito apenas a dois terços da respectiva remuneração e perceberá a remuneração integral atribuída ao cargo quando permitido o exercício da função, pela natureza da pena aplicada, ou por decisão judicial.

No curso de qualquer investigação, quando houver indícios de prática de infração penal atribuída a policial civil, a autoridade remeterá, incontinente, cópia do procedimento à Corregedoria da Polícia Civil do Estado da Paraíba.

O policial civil só poderá ser requisitado para exercer funções de segurança especificamente privada ou para conduzir veículo automotor de quaisquer autoridades públicas, bem como ser utilizado por superiores hierárquicos para efetuar diligências explícitas em eventos, festividades ou celebrações análogas, ostensivamente ou não, nos casos excepcionais de operações policiais civis previamente estabelecidas para determinado fim e nas ocasiões em que tais ações forem necessárias à investigação policial em andamento.

7.7 Regime Disciplinar

Disposições preliminares

O policial civil manterá observância dos seguintes preceitos éticos:

PRECEITOS ÉTICOS

- I – servir à sociedade como obrigação fundamental;
- II – proteger vidas e bens;
- III – preservar a ordem;
- IV – respeitar os direitos e garantias individuais;
- VI – exercer a função policial com probidade, discrição e moderação, fazendo observar as leis;
- VII – não permitir que sentimentos ou animosidades pessoais possam influir em suas decisões;
- VIII – respeitar a dignidade da pessoa humana;
- IX – manter o aprimoramento técnico-profissional;
- X – ter a verdade e a responsabilidade como fundamentos da ética do serviço policial;
- XI – respeitar e fazer respeitar a hierarquia do serviço policial;
- XII – prestar auxílio.

Atenção

No caso dos preceitos éticos de prestar auxílio, ainda que não esteja em hora de serviço, deverá ser a fim de prevenir ou reprimir perturbação da ordem pública; e, quando solicitado por qualquer pessoa carente de socorro policial, encaminhando-a à autoridade competente, quando insuficientes as providências de sua alçada.

O Governador do Estado, mediante proposta do Delegado-Geral, aprovará o regulamento do Código de Ética da Polícia Civil do Estado da Paraíba.

Deveres

São deveres do policial civil, além daqueles inerentes aos demais servidores públicos civis:

I – apresentar relatório das atividades desenvolvidas, quando solicitado por quem de direito;
II – cumprir as determinações superiores, exceto quando manifestamente ilegais;
III – atender às requisições das autoridades judiciárias e do Ministério Público, desde que encaminhadas por meio da autoridade policial judiciária;
IV – comunicar ao superior hierárquico o endereço onde possa ser encontrado, quando dos afastamentos regulares;
V – conduzir-se, na vida pública e particular, de modo a dignificar a função policial;
VI – desempenhar suas funções e agir com assiduidade, pontualidade, discrição, honestidade, imparcialidade e com lealdade;
VII – desempenhar, com zelo e presteza, as tarefas e missões que lhe forem cometidas;
VIII – divulgar, para conhecimento dos subordinados, as normas policiais;
IX – exercer o cargo de policial civil com exclusividade, respeitadas as hipóteses de acumulação de cargos previstas na Constituição Federal;
X – exercer o poder de polícia na defesa, na garantia e na promoção de direitos individuais, coletivos ou difusos, na forma da Lei;

XI – freqüentar, com assiduidade, cursos oficiais para fins de formação policial, aperfeiçoamento e atualização de seus conhecimentos profissionais, quando matriculado;

XII – identificar-se, nos atos oficiais, com a indicação do cargo, classe e a função;

XIII – informar, incontinenti, à autoridade a que estiver diretamente subordinado, toda e qualquer alteração de endereço de residência, bem como o número de telefone;

XIV – manter discrição sobre os assuntos da repartição e, especialmente, quanto a despachos, decisões e providências;

XV – manter sigilo funcional quanto à matéria dos procedimentos em que atuar;

XVI – manter-se informado e atualizado sobre as normas policiais e a legislação em vigor;

XVII – obedecer aos preceitos éticos e aos atos normativos regularmente expedidos;

XVIII – observar as normas legais e regulamentares;

XIX – observar o princípio da hierarquia funcional;

XX – participar das comemorações cívicas da Polícia Civil do Estado da Paraíba e de outras, quando convocado;

XXI – portar, obrigatoriamente, a carteira de identificação policial, o distintivo, a arma, com munição de reserva, e um par de algemas, quando em serviço, zelando pela guarda e pela conservação de todos os equipamentos e objetos recebidos em razão do exercício da função;

XXII – prestar as informações solicitadas na forma da lei e atender prontamente à expedição de certidões para a defesa de direito;

XXIII – prestar informações corretas ao solicitante ou encaminhá-lo a quem possa prestá-las;

XXIV – providenciar para que esteja sempre atualizado seu assentamento individual, bem como sua declaração de família;

XXV – ser leal para com os companheiros de trabalho, com eles cooperar e manter espírito de solidariedade;

XXVI – oficiar à chefia imediata providências para a melhoria dos serviços, no âmbito de sua atuação;

XXVII – tratar as pessoas com urbanidade, eficiência e zelo;

XXVIII – zelar pela economia e conservação do material que lhe for confiado;

XXIX – não utilizar para fins particulares, qualquer que seja o pretexto, o material pertencente ao órgão ou destinado à correspondência oficial;

XXX – representar contra a ilegalidade, omissão ou abuso de poder no cumprimento da lei.

Atenção

A representação contra a ilegalidade, omissão ou abuso de poder no cumprimento da lei será encaminhada à autoridade imediatamente superior ao representado e apreciada pelo chefe do órgão, ocasião em que este servidor deverá assegurar-lhe a oportunidade de se defender.

Proibições

Além do previsto em Lei Complementar e em normas específicas, ao servidor policial civil, é proibido:

- ausentar-se do serviço, durante o expediente, sem prévia autorização do chefe imediato;
- retirar da repartição, salvo com autorização da autoridade competente e no interesse do serviço, qualquer documento ou objeto oficial;
- recusar fé a documentos públicos;
- opor resistência injustificada:
  - ao cumprimento de ordem ao andamento de documento ou de processo ou à execução de obra ou serviço;
  - à realização de inspeção médica, a que deva submeter-se por determinação de autoridade competente;
- promover manifestação de apreço ou desapreço no recinto da repartição;
- cometer a pessoa estranha à repartição, fora dos casos previstos em lei, o desempenho de atribuição de sua responsabilidade ou de seu subordinado;
- coagir ou aliciar subordinados no sentido de se filiarem a associação profissional, sindical ou partido político;
- valer-se do cargo para lograr proveito pessoal ou de outrem, em detrimento da dignidade da função pública;
- exercer pressão sobre auxiliar ou subordinado, com ameaça de preterições funcionais ou outros meios intimidativos, para forçá-lo a consentir em relacionamento sexual;
- atuar, como procurador ou intermediário, junto a repartições públicas, salvo quando se tratar de benefícios previdenciários ou assistenciais de parentes até o segundo grau e de cônjuge ou companheiro;
- exigir ou aceitar propina, comissão, presente ou vantagem de qualquer espécie, em razão de suas atribuições;
- praticar usura sob qualquer de suas formas;
- proceder de forma desidiosa;
- utilizar pessoal ou recursos materiais da repartição em serviços ou atividades particulares, próprios ou de terceiro ou autorizar outrem, subordinado ou não, a fazê-lo;
- transferir a outro servidor atribuição estranha ao cargo por ele ocupado, salvo em situações de emergência ou transitórias e no estrito interesse do serviço;
- dar curso a ato, operação, documento ou objeto sem exigir o cumprimento da obrigação tributária a que esteja sujeito ou sem comunicar o fato, previamente, à autoridade fiscal competente;
- exercer outras atividades que sejam incompatíveis com o cargo, a função ou com o horário de trabalho.

Responsabilidade

O policial civil, responde civil, penal e administrativamente, pelo exercício irregular de suas funções.

A responsabilidade civil decorre do procedimento comissivo ou omissivo, doloso ou culposo, que importe em prejuízo.

O policial civil responderá perante a Fazenda Pública Estadual, em ação regressiva, proposta depois de transitar em julgado a decisão de última instância que houver condenado o Estado à indenização por dano causado a terceiro.

A obrigação de reparar o dano estende-se aos sucessores e contra eles será executada a ação, até o limite do valor da herança recebida.

A responsabilidade penal abrange as infrações penais imputadas ao policial civil nesta qualidade.

A responsabilidade administrativa resulta da inobservância dos deveres e da prática de qualquer uma das transgressões ou proibições e não será elidida pelo ressarcimento do dano.

São causas de exclusão de ilicitude ou de isenção de pena, as previstas no Código Penal Brasileiro, após o trânsito em julgado da respectiva sentença criminal.

As sanções civis, disciplinares e penais poderão cumular-se, sendo umas e outras independentes entre si, bem assim as instâncias administrativa, civil e penal.

A absolvição criminal fundamentada pela inexistência material do fato ou pela negativa de autoria afasta a responsabilidade administrativa, salvo a existência de falta residual.

Compete ao chefe imediato, responsável pelo serviço, comunicar ao respectivo superior hierárquico as faltas disciplinares praticadas por servidores postos à sua disposição ou que lhes estejam vinculados funcionalmente.

Transgressões disciplinares

As transgressões disciplinares se classificam em:

leves → médias → graves

São transgressões disciplinares de **natureza leve:**

I – impontualidade habitual;

II – simular doença, para esquivar-se do cumprimento de suas atribuições;

III – apresentar-se como representante ou servidor lotado no órgão ou em unidade de trabalho a que não pertencer, sem estar expressamente autorizado;

IV – não comparecer às convocações de autoridade superior, quando previamente convocado ou notificado em razão de serviço, salvo por motivo justificável;

V – ser displicente ou negligente no exercício da função policial;

VI – faltar ao serviço ou permutar, sem justificativa legal ou autorização superior;

VII – não comunicar, com antecedência mínima de 48 (quarenta e oito) horas, à autoridade a que estiver subordinado, a impossibilidade de comparecer ao órgão, salvo por justo motivo;

VIII – negligenciar ou retardar a execução de qualquer ordem legítima escrita;

IX – negligenciar a guarda de objetos, pertencentes ao órgão, e que lhe tenham sido confiados em decorrência da função ou para o seu exercício, possibilitando que se danifiquem ou se extraviem;

X – indicar ou insinuar nomes de advogados para assistir pessoas que se encontrem respondendo a processos ou inquéritos policiais, ou cujas atividades sejam objeto de ação policial.

São transgressões disciplinares de **natureza média:**

I – agir com deslealdade no exercício da função;

II – valer-se do cargo com o fim ostensivo ou velado de obter proveito de natureza político-partidária para si ou para outrem;

III – usar indevidamente os bens da repartição sob sua guarda ou não;

IV – deixar de concluir, nos prazos legais, sem motivo justo, inquéritos policiais, sindicância ou processos administrativos;

V – patrocinar acordos pecuniários entre partes interessadas, no interior das repartições ou fora delas;

VI – retirar ou ceder, sem prévia autorização da autoridade competente, qualquer documento, cópia ou objeto da repartição;

VII – deixar de tratar superiores hierárquicos, pares, subordinados, advogados, testemunhas, servidores do Poder Judiciário e o povo em geral com a deferência e a urbanidade devidas;

VIII – não se apresentar, sem motivo justo, ao fim de licença para o trato de interesse particular, de férias ou de dispensa de serviço, ou ainda depois de saber que quaisquer delas foram interrompidas por ordem superior;

IX – ingerir bebida alcoólica em serviço ou apresentar-se em estado de embriaguez;

X – fazer uso indevido de arma que lhe haja sido confiada para o serviço;

XI – permitir que pessoas que estejam sob custódia provisória conservem em seu poder instrumentos com que possam causar danos a si ou a terceiros nas dependências em que estejam recolhidos;

XII – ordenar ou executar medida privativa de liberdade individual, sem as formalidades legais ou com abuso de poder;

XIII – usar violência desnecessária no exercício da função policial.

São transgressões disciplinares de **natureza grave:**

I – fornecer intencionalmente informação inexata, que altere ou desfigure a verdade;

II – coagir os servidores policiais subordinados com objetivos político-partidários;

III – praticar usura em quaisquer de suas formas;

IV – apresentar requerimento, queixa ou representação contra servidores policiais, pares, subordinados ou superiores hierárquicos, sabendo-as infundadas, buscando confundir investigação que exista ou que possa vir a existir contra sua própria pessoa ou para prejudicar colegas ou terceiros;

V – ceder insígnia ou cédula de identidade funcional, armamento ou indumentária de identificação policial de uso pessoal;

VI – provocar, velada ou ostensivamente, animosidade entre os servidores policiais ou entre estes e os seus chefes imediatos;

VII – utilizar, ceder ou permitir que outrem use objetos arrecadados, recolhidos ou apreendidos pela Polícia, salvo as exceções legais;

VIII – exercitar atividade particular para cujo desempenho sejam necessários contatos com repartições policiais ou que, com elas, tenham qualquer relação ou vinculação;

IX – exercer atividades particulares que prejudiquem o fiel desempenho da função policial e que sejam, social ou moralmente, nocivas à dignidade do cargo ou afetem a presunção de imparcialidade;

X – deixar de comunicar fatos caracterizados como transgressões disciplinares que tenham chegado ao seu conhecimento, cometidos por servidores da instituição;

XI – esquivar-se, na ausência da autoridade competente, de atender a ocorrências de intervenção policial que presencie ou de que tenha conhecimento imediato;

XII – solicitar ou receber propinas ou comissões, ou auferir vantagens e proveitos pessoais de qualquer espécie e sob qualquer pretexto, em razão de função ou cargo que exerça ou tenha exercido;

XIII – cobrar carceragem, custas, emolumentos ou qualquer outra despesa que não tenha fundamento legal;

XIV – confiar a pessoas estranhas à organização policial o desempenho de encargos próprios ou da competência de seus subordinados;

XV – desrespeitar ou procrastinar o cumprimento de ordem do Chefe imediato ou de decisão judicial;

XVI – eximir-se do cumprimento de suas atribuições funcionais;

XVII – abandonar o cargo, sem justa causa, ausentando-se da repartição por mais de 30 (trinta) dias consecutivos;

XVIII – ausentar-se do serviço, sem causa justificável, por mais de 60 (sessenta) dias intercaladamente, durante 01 (um) ano;

XIX – abandonar o serviço para o qual tenha sido designado, quando informado previamente;

XX – praticar ato definido como infração penal que, por sua natureza e configuração, torne-o incompatível para o exercício da função policial;

XXI – praticar ato lesivo à honra ou ao patrimônio da pessoa, natural ou jurídica, com abuso ou desvio de poder ou sem competência legal;

XXII – lesar os cofres públicos ou dilapidar o patrimônio público;

XXIII – revelar fato ou informação de natureza sigilosa de que tem ciência em razão do cargo ou função, salvo quando se tratar de depoimento em processo judicial, policial ou administrativo;

XXIV – utilizar o anonimato para prejuízo da instituição ou de companheiros;

XXV – extraviar ou facilitar o extravio, por negligência, de armas, de algemas e de outros bens do patrimônio da instituição, que estejam sob a sua guarda ou responsabilidade;

XXVI – submeter pessoa, sob sua guarda ou custódia, à tortura, vexame ou constrangimento;

XXVII – atentar, com abuso de autoridade ou prevalecendo-se dela, contra a inviolabilidade de domicílio;

XXVIII – consumir substância entorpecente ou que cause dependência química em serviço, ou apresentar-se ao serviço em estado alucinógeno decorrente do consumo de tais substâncias.

Aplicação das penas disciplinares

De acordo com o art. 160, são penas disciplinares:

I – advertência;

II – suspensão;

III – demissão;

IV – cassação de aposentadoria ou disponibilidade;

V – destituição de função de confiança;

VI – destituição de cargo comissionado.

Na aplicação das penas disciplinares, serão considerados:

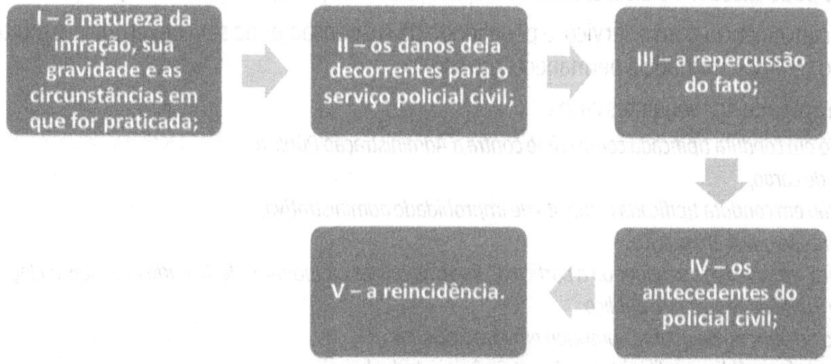

São circunstâncias que agravam a pena, quando não constituem ou qualificam outra transgressão disciplinar:

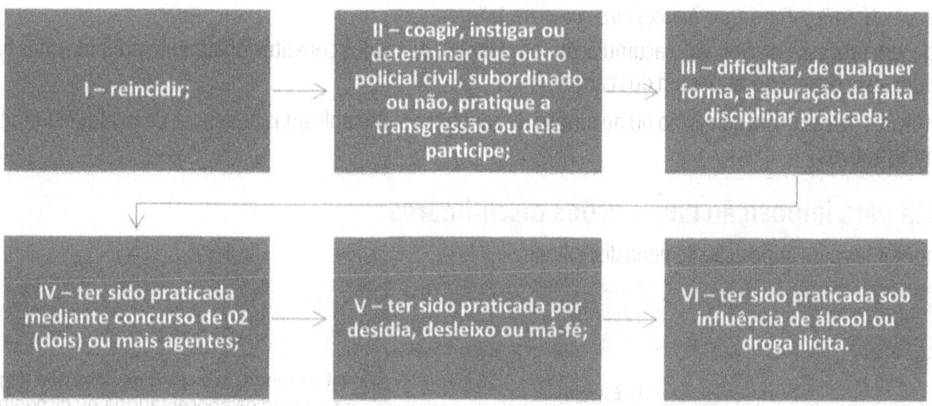

São circunstâncias que atenuam a pena, exceto quando a prevista for a de demissão:

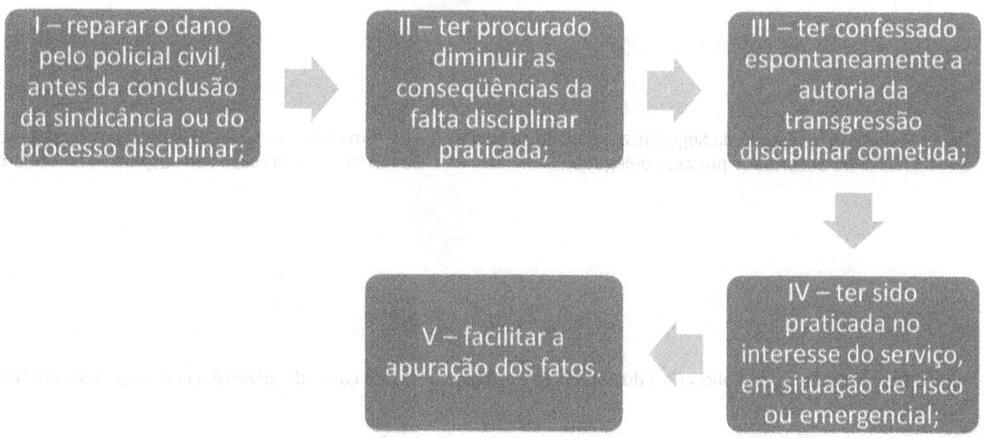

Constitui circunstância que exclui sempre a pena disciplinar a não exigibilidade de outra conduta do policial na prática da transgressão.

O policial civil que incidir na prática de transgressão disciplinar puramente administrativa, motivada pela culpa, terá sua pena reduzida até a metade.

A advertência é aplicada por escrito, nos casos de não observância de dever funcional e da vedação de desvio de servidor para o exercício de atribuições diversas das inerentes ao seu cargo efetivo, quando não couber pena mais grave.

A suspensão é aplicada em caso de:

I – reincidência em conduta punida com advertência;

II – violação de proibição diversa e que não tipifique falta sujeita à penalidade de demissão;

III – transgressões disciplinares que não tipifiquem pena de demissão, na seguinte gradação:

de 1 (um) a 10 (dez) dias, nas transgressões de natureza leve;

de 11 (onze) a 30 (trinta) dias, nas transgressões de natureza média;

de 31 (trinta e um) a 90 (noventa) dias, nas transgressões de natureza grave.

A suspensão não pode exceder 90 dias, e, durante a aplicação dessa pena, o servidor não perceberá remuneração.

Quando houver conveniência para o serviço, a penalidade da suspensão pode ser convertida em multa, na base de 50% por dia de remuneração, ficando o servidor obrigado a permanecer em serviço.

A demissão será aplicada nos seguintes casos:

I – condenação em conduta tipificada como crime contra a Administração Pública;

II – abandono de cargo;

III – condenação em conduta tipificada como ato de improbidade administrativa;

IV – insubordinação grave em serviço;

V – ofensa física, em serviço, a servidor ou a particular, salvo as causas excludentes de ilicitude previstas na legislação vigente;

VI – aplicação irregular de dinheiro público;

VII – revelação de segredo do qual se apropriou em razão do cargo;

VIII – lesão aos cofres públicos e dilapidação do patrimônio estadual;

IX – corrupção, sob qualquer de suas formas;

X – ocultação de nova investidura, de que resulte acumulação proibida; e

XI – acumulação ilegal de cargos, funções ou empregos públicos.

Verificada, em processo disciplinar, a acumulação remunerada de cargos constitucionalmente proibida, mas havendo comprovada boa-fé do servidor, este deverá optar por um dos cargos.

As destituições de cargo em comissão ou de função de confiança serão aplicadas nos casos de qualquer infração disciplinar sujeita às sanções administrativas.

Competência para imposição das sanções disciplinares

São competentes para imposição de pena disciplinar:

COMPETÊNCIA PARA IMPOR PENA DISCIPLINAR	
I – o Governador do Estado	Privativamente, nos casos de demissão de policial civil, cassação de aposentadoria ou disponibilidade;

COMPETÊNCIA PARA IMPOR PENA DISCIPLINAR	
II – o Secretário de Estado da Segurança e da Defesa Social ou autoridade por este delegada,	Em todos os casos, ressalvada a competência do Governador, e nos casos de suspensão de até noventa dias;

COMPETÊNCIA PARA IMPOR PENA DISCIPLINAR	
III – o Delegado-Geral da Polícia Civil do Estado da Paraíba,	Nos casos de advertência e suspensão até trinta dias.

ATENÇÃO!

O superior hierárquico que tiver ciência de transgressão disciplinar praticada por policial civil sob sua subordinação é obrigado a comunicá-la, imediatamente, à autoridade competente, para que esta proceda à abertura de sindicância ou de processo administrativo disciplinar, conforme a exigência do caso a ser apurado, sob pena de ser penalizado administrativa e penalmente.

Extinção da punibilidade

Extingue-se a punibilidade da conduta tipificada como **transgressão disciplinar:**

> pela morte do policial civil transgressor;

> pela prescrição da ação disciplinar.

Extingue-se a punibilidade pela **prescrição:**

> da falta sujeita à pena de advertência, em 180 dias;

> da falta sujeita à pena de suspensão, em 2 anos; e

> das faltas puníveis com demissão, cassação de aposentadoria, disponibilidade e destituição de cargo em comissão, em 5 anos.

Os prazos de prescrição, previstos em legislação penal, se aplicam às infrações disciplinares tipificadas também como crime.

A transformação de sindicância para processo administrativo não reinicia o prazo de contagem prescricional.

Interrompido o curso de prescrição, o prazo recomeça a partir do dia em que cessar a interrupção.

O prazo de prescrição começa a correr da data em que o fato se tornou conhecido.

A abertura de sindicância ou a instauração de processo disciplinar interrompe a prescrição, até a decisão final proferida por autoridade competente.

Afastamento compulsório

O policial civil será afastado compulsoriamente, nos casos de:

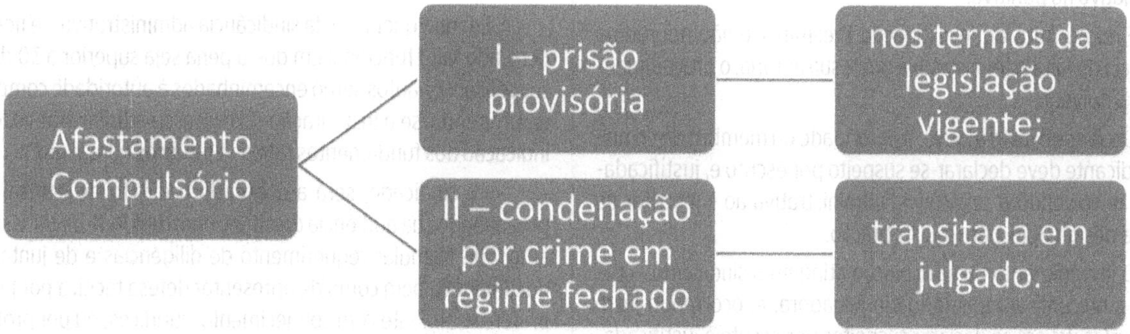

O policial civil perderá um terço da remuneração, nos casos de afastamento compulsório.

O policial afastado em decorrência das medidas acautelatórias terá direito à contagem do período, para todos os efeitos, bem como à percepção da diferença da remuneração, nos casos de:

I – afastamento compulsório, preso ou solto, se absolvido ao final;

II – prisão cautelar ou suspensão preventiva, se for absolvido ou, ainda, se, do procedimento resultar, no máximo, pena de advertência;

III – cômputo do afastamento na penalidade de suspensão eventualmente aplicada;

IV – contagem, para todos os efeitos, bem como à percepção da diferença de remuneração, do período que exceder o prazo da pena de suspensão eventualmente aplicada.

Durante o período das medidas acautelatórias, poderão ser recolhidas a arma, a munição, a identidade funcional, o distintivo e as algemas do policial civil, pelo Presidente do inquérito policial ou pelo superior hierárquico imediato.

Após esse recolhimento, imediatamente, a autoridade policial que o efetuou deverá encaminhar cópia da documentação relativa à motivação do afastamento ao Secretário de Estado da Segurança e da Defesa Social e/ou ao Delegado-Geral da Polícia Civil do Estado da Paraíba, via escalão hierárquico, para expedição de portaria de afastamento compulsório.

Apuração sumária de irregularidades

A sindicância administrativa é o meio sumário de apuração de irregularidades e será realizada por comissão, presidida por membros de condição hierárquica nunca inferior à do sindicado.

A sindicância será instaurada de ofício pela autoridade atributiva que tomou conhecimento da irregularidade ou por determinação de órgão ou chefia a que pertencer o funcionário, mediante ato próprio.

A autoridade ou comissão incumbida da sindicância deverá publicar Portaria instauradora, no prazo improrrogável de cinco dias, contado da determinação da ação.

Promove-se a sindicância:

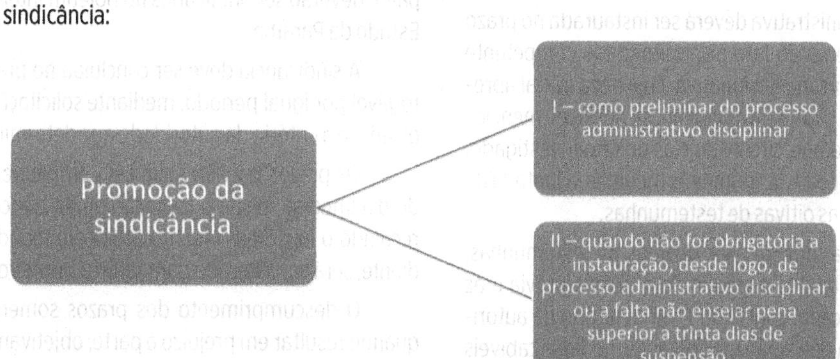

Ao tomar conhecimento da irregularidade, a autoridade ou o funcionário adotará as providências legais, promovendo a sua apuração ou comunicando o fato à autoridade competente.

Quando não for possível, de início, determinar a existência de transgressão disciplinar ou sua autoria, a sindicância será precedida de Autos de Investigação Preliminar.

Findo o Auto de Investigação Preliminar, com prazo de 30 dias para a sua conclusão, prorrogável por igual período, e concluído pela existência do fato e de sua autoria, será iniciada a sindicância, sendo vedada a participação do Presidente do procedimento investigativo no punitivo.

Findo o Auto de Investigação Preliminar e não apurada a existência de falta administrativa ou de sua autoria, o procedimento será arquivado.

Ocorrendo justo motivo, a autoridade ou membro de comissão sindicante deve declarar-se suspeito por escrito e, justificadamente, devolvendo a sindicância administrativa ao subscritor da Portaria designativa, para redistribuição.

O impedimento ou a suspeição atingem o sindicante, a comissão sindicante ou a autoridade julgadora, e, ocorrendo justo motivo, eles devem se declarar suspeitos por escrito e justificadamente, devolvendo a sindicância administrativa ao subscritor da portaria designativa, para redistribuição.

São circunstâncias configuradoras de **impedimento:**

> ser parte interessada;

> haver participado de procedimento em que interveio como defensor do policial civil;

> ter realizado a perícia referente ao fato em apuração;

> ter sido o Presidente do procedimento anterior que originou a apuração dos fatos;

> ter sido ouvido no procedimento anterior que originou a apuração dos fatos.

São circunstâncias configuradoras de **suspeição:**

> ter amizade íntima ou inimizade capital entre si ou entre seus parentes;

> ter qualquer grau de parentesco entre ambos;

> ter relações comerciais entre si ou seus parentes;

> ser credor ou devedor do sindicado, de seu cônjuge ou de parentes destes, em linha reta ou na colateral até o terceiro grau;

> ser interessado no julgamento da causa.

A sindicância administrativa deverá ser instaurada no prazo de 10 dias do conhecimento do fato pela autoridade competente ou do recebimento da Portaria designativa, cuja peça inicial apresentará relato sucinto do objeto da apuração, se possível, mencionando a data, o local e demais circunstâncias do fato investigado, determinando ainda a adoção das primeiras medidas, a juntada de documentos já obtidos e as oitivas de testemunhas.

Na fase instrutória, deverão ser ouvidas as testemunhas, juntados documentos e laudos, assegurada a defesa prévia e as alegações finais do sindicado, concluindo com relatório da autoridade ou da comissão, em que serão propostas as medidas cabíveis à autoridade competente para decidir.

Os prazos de defesa serão de 5 dias, contados da notificação e, quando houver mais de um sindicado, o prazo será comum, permanecendo os autos à disposição dos sindicados para consultas ou requerimento de cópia de peças.

O relatório final deverá conter a síntese do que foi apurado, especificar as provas produzidas, confrontando-as com a defesa apresentada e as contraprovas, e concluirá evidenciando seu entendimento e apontando a irregularidade cometida, além de individualizar a autoria, especificando os dispositivos violados e propondo a pena a ser aplicada, seu arquivamento ou a instauração do processo disciplinar.

Em qualquer fase da sindicância administrativa, se ficar evidenciado falta funcional em que a pena seja superior a 30 dias de suspensão, os autos serão encaminhados à autoridade competente, propondo-se a instauração de processo administrativo, com a indicação dos fundamentos fáticos e jurídicos para tanto.

Ao sindicado, será assegurado o direito de defesa, compreendendo sua audiência de oitiva, oportunidade de ter vista dos autos, de formular requerimento de diligências e de juntada de documentos, bem como de apresentar defesa técnica por pessoa, preferencialmente com conhecimentos jurídicos, ou por profissional habilitado, em todas as fases do procedimento disciplinar, após formalmente sindicado.

A decisão deverá ser proferida no prazo de 30 dias do recebimento dos autos, e a autoridade competente deverá:

> averiguar seu regular desenvolvimento, principalmente quanto à garantia da ampla defesa, apontar as falhas encontradas, devolvendo-os para correção, se for o caso;

> acolher ou recusar, motivadamente, a conclusão do relator, aplicando a penalidade, absolvendo o sindicado ou determinando o arquivamento dos autos;

> acolher eventual prescrição e determinar o arquivamento;

> solicitar ou propor a instauração de processo administrativo disciplinar.

No prazo de 30 dias, contados da publicação da decisão, caberá recurso hierárquico à instância superior.

Os recursos de sanções de advertência e suspensivas até 30 dias, exaurem-se no Secretário de Estado da Segurança e da Defesa Social, e as superiores, inclusive a de demissão, no Governador.

Os recursos serão processados em apenso aos autos principais e deverão ser publicados no Boletim Interno da Polícia Civil do Estado da Paraíba.

A sindicância deve ser concluída no prazo de 30 dias, prorrogável por igual período, mediante solicitação justificada do sindicante e a critério da autoridade que determinou sua instauração.

Os prazos previstos em Lei Complementar serão contados do dia imediato à sua publicação ou da ciência ao interessado, e, recaindo o início ou o fim do prazo em feriado ou dia sem expediente, será considerado para tanto o primeiro dia útil seguinte.

O descumprimento dos prazos somente gerará nulidade, quando resultar em prejuízo à parte, objetivamente demonstrado.

7.8 Processo Disciplinar e da Revisão

Processo disciplinar

A aplicação das disposições deste Título se fará sem prejuízo da validade dos atos expedidos e realizados sob a vigência de lei anterior.

Instaurar-se-á o processo administrativo disciplinar, a fim de se apurar a ação ou a omissão de policial civil, puníveis disciplinarmente.

Será obrigatório o processo administrativo disciplinar, quando a falta, por sua natureza, possa determinar a pena de suspensão superior a 30 dias ou multa correspondente, assim como a pena de demissão.

O processo administrativo disciplinar será precedido de sindicância, somente quando não houver elementos suficientes para se concluir pela existência da falta ou de sua autoria.

Atenção!

São competentes, para determinar a instauração de processo administrativo, o Governador do Estado, o Secretário de Estado da Segurança e da Defesa Social, o Delegado-Geral da Polícia Civil do Estado da Paraíba ou o Corregedor-Geral da Secretaria de Estado da Segurança e da Defesa Social, preferencialmente, nessa ordem.

O processo administrativo será realizado por comissão integrada por Delegados de Polícia e membros de carreiras da Polícia Civil do Estado da Paraíba, estáveis e de classe nunca inferior à do processado, designados pelo Corregedor da Polícia Civil do Estado da Paraíba, o qual indicará o Presidente.

Quando o processo administrativo envolver apuração de falta disciplinar de policiais civis da área de atuação do Instituto de Polícia Científica, o Corregedor Geral deverá solicitar ao seu titular a indicação de, pelo menos, um servidor da mesma carreira do processado para compor a Comissão.

O processo administrativo será iniciado dentro do prazo de 10 dias, contado da data do recebimento do despacho da designação e concluído no prazo de 90 dias, prorrogáveis por igual período, pelo Corregedor da Polícia Civil do Estado da Paraíba.

O Delegado-Geral da Polícia Civil do Estado da Paraíba, em casos excepcionais e mediante representação fundamentada do Corregedor da Polícia Civil do Estado da Paraíba poderá autorizar nova prorrogação de prazo por mais 90 dias.

O início do processo administrativo será comunicado, pelo Presidente da comissão, ao órgão de lotação do policial civil.

Atenção!

O Presidente da Comissão elaborará a Portaria vestibular, em que serão esclarecidos os motivos do procedimento e os dispositivos legais tidos como violados, além de autuadas com essa Portaria as demais peças preexistentes, bem como designará dia e hora, para a audiência inicial, e determinará a citação do processado, a notificação do denunciante, se houver, e das testemunhas.

O processado será citado, pelo menos, 72 horas antes da audiência inicial, pessoalmente, mediante recibo de próprio punho; ou se estiver em outro município do Estado, pessoalmente, mediante recibo de próprio punho, ou por intermédio do respectivo superior hierárquico ou Delegado de Polícia local, ao qual serão encaminhadas, pelo correio ou meio próprio equivalente da Polícia Civil do Estado da Paraíba, cópias da citação e da portaria inicial, mediante recibo a ser assinado por mão própria do processado.

A remessa pelo correio será feita por Aviso de Recebimento, juntando-se ao processo o comprovante de sua entrega ao destinatário.

Se estiver em lugar certo e conhecido de outro Estado, a citação será feita pelo correio, com as cautelas exigidas.

Não sendo encontrado o processado e ignorando-se seu paradeiro, ele será citado por edital publicado três vezes seguidas no órgão oficial e em jornais de grande circulação, com prazo de 10 dias para comparecimento, a contar da data da última publicação.

O denunciante, se houver, prestará declarações no interregno entre a data da citação e a fixada para o interrogatório do processado.

Atenção!

O processado não assistirá à inquirição do denunciante, não se aplicando essa proibição ao defensor do processado, que poderá formular perguntas, devendo o teor das declarações do denunciante ser lido ao processado, antes deste ser interrogado.

O processado será interrogado nos termos do Código de Processo Penal.

Não comparecendo o processado, regularmente citado, prosseguirá o processo à sua revelia, e, na falta de defensor indicado pelo acusado, será nomeado, pelo Presidente, defensor dativo.

O processado poderá constituir advogado para todos os atos e termos do processo.

Para assistir pessoalmente aos atos processuais, fazendo-se acompanhar de defensor, se assim o quiser, o processado será sempre intimado e poderá, nas inquirições, levantar contradita, formular perguntas e reinquirir testemunhas, além de, nas perícias, apresentar assistente e formular quesitos, cujas respostas integrarão o laudo, bem como fazer juntada de documentos em qualquer fase do feito.

A contar da data do interrogatório do processado, será aberto ao seu defensor prazo de 10 dias para apresentar provas ou requerer sua produção.

Ao processado, é facultado arrolar até cinco testemunhas.

Findo o prazo, o Presidente da Comissão convocará audiência de instrução.

Serão ouvidas, pela ordem, as testemunhas arroladas pela Comissão, em número não superior a cinco por acusado, e, depois, as do processado.

As testemunhas poderão ser inquiridas pelo Presidente, pelos membros da Comissão e reperguntadas pelo processado ou seu defensor.

Atenção!

O denunciante, o processado e as testemunhas poderão ser ouvidos, reinquiridos ou acareados, em mais de uma audiência.

A notificação de funcionário ou de servidor público será comunicada ao respectivo chefe imediato, com os esclarecimentos necessários.

A testemunha não poderá eximir-se da obrigação de depor, salvo nos casos de proibição legal, nos termos do art. 207 do Código de Processo Penal, ou em se tratando das pessoas mencionadas no art. 206 do referido Código.

As testemunhas são obrigadas a comparecer à audiência, quando regularmente notificadas e, se não o fizerem, poderão ser conduzidas perante a autoridade processante.

Atenção!

Residindo a testemunha em Município diverso do que tiver sede a comissão processante, esta, se entender conveniente, deslocar-se-á até o local da residência do depoente, para ouvi-lo, cabendo à referida comissão informar a data e hora da realização da audiência de inquirição, com 5 dias de antecedência, ao processado ou ao seu defensor.

Em qualquer fase do processo, poderá o Presidente da Comissão ordenar diligências que se lhe afigurarem convenientes, de ofício ou a requerimento do processado.

Sendo necessário o concurso de técnicos ou de peritos oficiais, o Presidente da comissão os requisitará a quem de direito, observados, também, em relação a eles, os impedimentos a que se refere o art. 207 do Código do Processo Penal.

O Presidente da comissão, em despacho fundamentado, deverá indeferir as diligências requeridas com finalidade manifestamente protelatória ou sem interesse para o esclarecimento do fato.

Encerrada a fase probatória, se dará vista dos autos ao processado ou a seu defensor, no prazo de 10 dias, para apresentar razões de defesa.

O primeiro prazo não será contado em dobro, quando houver mais de um processado.

O processo relatado será encaminhado ao Corregedor da Polícia Civil do Estado da Paraíba que, no prazo de 10 dias, decidirá ou emitirá Parecer e o encaminhará à autoridade que determinou a sua instauração, a qual em prazo de igual duração, contado da data do recebimento dos respectivos autos, homologará ou decidirá.

Concluindo a autoridade que determinou a instauração do processo administrativo por imposição de penalidade superior à de sua atribuição, dentro de 5 dias, encaminhará os autos do processo à autoridade competente.

O processo administrativo disciplinar poderá ser suspenso, respeitada a oportunidade de o imputado se manifestar a respeito, se a Comissão permanente de disciplina precisar se valer de provas solicitadas a outros órgãos ou depender de informações ou de documentos imprescindíveis à instrução do feito. O prazo será de até um ano, findo o qual a autoridade competente mandará prosseguir o processo.

O processo administrativo, iniciado com intuito de se apurar falta administrativa decorrente exclusivamente de crime, deverá ser suspenso até decisão final, com trânsito em julgado na esfera penal, exceto quando existir falta administrativa residual.

O processado será intimado pessoalmente das decisões proferidas nos autos que interessem à sua defesa.

Processo de revisão

Admitir-se-á, a revisão do processo disciplinar administrativo findo, quando:

> *I – a decisão for contrária a texto expresso em lei ou à evidência dos autos;*
>
> *II – a decisão se fundamentar em novos testemunhos, exames ou documentos comprovadamente falsos ou viciados;*
>
> *III – após a decisão, descobrirem-se novas provas da inocência do punido ou de circunstâncias que autorizem penas mais brandas.*

Os pedidos que não se fundamentarem nos casos enumerados serão indeferidos liminarmente.

A revisão não autoriza o agravamento da pena.

O pedido, devidamente fundamentado com as indicações das provas que pretende produzir, será sempre dirigido à autoridade que aplicou a pena ou àquela que a tiver confirmado em grau de recurso.

Não será admissível a reiteração do pedido, salvo se fundado em novos fatos ou provas.

A revisão poderá ser pleiteada pelo próprio infrator ou por seu procurador e, no caso de morte, pelo cônjuge, ascendente, descendente ou irmão.

Não constitui fundamento para a revisão a simples alegação de injustiça da penalidade.

Admitida pela autoridade competente, a revisão será processada por comissão designada pelo Secretário de Estado da Administração.

Será impedido de funcionar na revisão quem houver composto a comissão de processo administrativo anterior.

O Presidente designará um servidor para secretariar a comissão.

Ao processo de revisão, será apenso o processo administrativo ou a sua cópia, dando início imediato às diligências, marcando o Presidente o prazo de 15 dias para que o requerente junte as provas que pretenda produzir.

Decorrido o prazo consignado, ainda que sem alegações, será o processo encaminhado com relatório fundamentado da comissão, dentro de 15 dias, à autoridade competente para proferir o julgamento.

Será de 30 dias o prazo para o julgamento, sem prejuízo das diligências que a autoridade julgadora entenda necessárias ao melhor esclarecimento dos fatos articulados no processo.

Julgada procedente a revisão, a Administração determinará a redução ou o cancelamento da penalidade imposta, com as anotações necessárias nos assentamentos funcionais do servidor recorrente.

Reabilitação

O policial civil, após dois anos, provado bom comportamento, por meio da ficha de assentamentos funcionais e de parecer fundamentado com conclusão objetiva do chefe imediato, poderá requerer reabilitação ao Delegado-Geral da Polícia Civil do Estado da Paraíba.

Concedida a reabilitação, cessam os efeitos decorrentes da punição para fins de promoção e de análise de antecedentes.

7.9 Plano de Cargos e Carreiras da Polícia Civil do Estado da Paraíba

Disposições preliminares

O Plano de Cargos e Carreiras da Polícia Civil do Estado da Paraíba, aqui identificada como Grupo Ocupacional GPC-600, estabelecerá a sucessão ordenada de posições que permitirá a evolução funcional do policial, com o objetivo de:

I - manter identidade entre o potencial profissional e o nível de desempenho exigido no exercício das funções policiais;

II - incentivar a qualificação profissional e sua identidade com as funções da carreira e a realização pessoal;

III - democratizar as oportunidades de crescimento profissional e promover a valorização do sistema do mérito;

IV - estabelecer sistema remuneratório justo e compatível com a complexidade, conteúdo do cargo, capacitação, experiência, eficiência e especialização requeridas para o desempenho de suas funções, considerando as especificidades e peculiaridades da atividade policial.

Estrutura e organização das carreiras

O Grupo GPC-600 é integrado pelas Categorias Funcionais e Cargos a seguir, com atribuições ligadas às funções institucionais da Polícia Civil do Estado da Paraíba, sobretudo aquelas que dizem respeito às atividades de polícia judiciária, de serviços cartoriais, de perícias criminais, de identificação civil e criminal e de manutenção da segurança pública:

- Categoria Especial, integrada pelo cargo de Delegado de Polícia;
- Categoria de Polícia Investigativa integrada pelos cargos de:
  - Agente de Investigação;
  - Escrivão de Polícia;
- Categoria de Polícia Científica, integrada pelos cargos de:
  - Perito Oficial Criminal;
  - Perito Oficial Médico-legal;
  - Perito Oficial Odonto-legal;
  - Perito Oficial Químico-legal;
- Categoria de Apoio Técnico, integrada pelos cargos de:
  - Técnico em Perícia;
  - Papiloscopista;
  - Necrotomista;
- Categoria de Apoio Policial, integrada pelo cargo de Motorista Policial.

Os cargos que integram o Grupo GPC-600 estão organizados em carreiras estruturadas em classes, de forma a possibilitar o crescimento profissional do servidor policial civil.

Lei Ordinária definirá os quantitativos e códigos dos cargos que integram o Grupo Ocupacional GPC-600.

Categoria especial

A Categoria Especial é integrada pelo cargo de Delegado de Polícia, cujas funções são essenciais para o Estado, cabendo aos seus integrantes, na condição de autoridade policial, o exercício das atividades de polícia judiciária e de apuração, com total exclusividade, das infrações penais, exceto as militares e aquelas cuja apuração compete exclusivamente à União.

Os integrantes da carreira de Delegado de Polícia são vinculados à Delegacia-Geral da Polícia Civil do Estado da Paraíba.

Organização da carreira de delegado de polícia

A carreira de Delegado de Polícia é estruturada em quatro classes hierarquicamente escalonadas, correspondentes a:

- Delegado de Polícia de Terceira Classe;
- Delegado de Polícia de Segunda Classe;
- Delegado de Polícia de Primeira Classe;
- Delegado de Polícia de Classe Especial.

Atribuições do delegado de polícia

Aos Delegados de Polícia, no cumprimento das funções institucionais e das atribuições da Polícia Civil do Estado da Paraíba, incumbe:

- com exclusividade:
  - presidir a apuração de infrações penais por meio do inquérito policial, de termo circunstanciado de ocorrência ou de outros procedimentos investigatórios normatizados;
  - lavrar termos circunstanciados de ocorrências, em conformidade com o disposto na legislação pertinente;
  - exercer, onde sejam realizados trabalhos de polícia judiciária, a titularidade de unidades integrantes da Polícia Civil do Estado da Paraíba, de delegacias de polícia, de unidades de segurança, de grupos operacionais ou similares;
- no exercício da atividade policial judiciária:
  - planejar, coordenar, dirigir e executar, com exclusividade, as ações de polícia judiciária;
  - organizar, executar e manter os serviços de registro, cadastro, controle e fiscalização de armas, munições e explosivos, na forma da legislação federal específica;
  - planejar, coordenar e realizar ações de inteligência destinadas à instrumentalização do exercício de polícia judiciária e de apuração de infrações penais, na sua área de atribuição;

> realizar, com exclusividade, as correições ou procedimentos similares de natureza ordinária, nas unidades policiais civis, na esfera de sua atribuição;
> realizar correições extraordinárias, gerais ou parciais;
> requisitar a realização de pesquisas técnico-científicas, estatísticas e exames técnicos relacionados com a atividade de polícia judiciária;
> expedir licença para translado de cadáveres;
> presidir autos de incineração e destruição de drogas ilícitas apreendidas, nos termos da legislação;
> exercer o controle interno e o aperfeiçoamento da atividade policial judiciária;
> manter banco de dados de processados, procurados, condenados e foragidos e coordenar ações de busca e captura de transferência de presos;
> adotar providências imediatas e impostergáveis em outras circunscrições até que compareça a autoridade do local dos fatos;
> divulgar fatos, prestar informações de natureza policial ou científica de interesse da comunidade à imprensa ou a órgãos interessados, observados os preceitos constitucionais, as garantias individuais, as normas e os regulamentos da Administração Estadual;
> instaurar, presidir ou determinar a instauração de sindicância administrativa disciplinar e impor, se for o caso, as penalidades;
> promover orientação à comunidade sobre as medidas de profilaxia criminal e debater sobre assuntos relativos à segurança pública;
> expedir escala de plantão dos servidores subordinados;
> avocar e redistribuir inquéritos policiais ou procedimentos administrativos;

> no curso de procedimentos de sua atribuição:
> presidir, com exclusividade, auto de prisão em flagrante e de apreensão em flagrante de adolescentes infratores;
> nomear intérpretes, peritos e escrivães ad hoc, bem como curadores, avaliadores e depositários, quando houver justificado motivo;
> expedir portaria instauradora de inquérito policial ou de outro procedimento investigatório;
> expedir intimações, ordens de serviço, cartas precatórias e mandados de condução coercitiva, quando de sua atribuição;
> requisitar exames médicos, periciais e toxicológicos, inclusive de sanidade mental e complementar, bem como informações e documentos que interessem à formação de prova;
> promover, por termos, oitivas, interrogatórios e acareações, bem como a reprodução simulada de fatos, os reconhecimentos e a exumação;
> solicitar o ingresso de vítima ou testemunha em programas de proteção e assistência respectivos;
> determinar a elaboração de qualificação indireta, de planilha de identificação e de vida pregressa do indiciado;
> proferir despachos de indiciação, sindicação, movimentação e desentranhamento, além de outros necessários nos autos;
> arbitrar valor de fiança, quando de sua atribuição;
> determinar a apreensão de objetos e o depósito de valores apreendidos em conta única do Estado;
> representar pela prisão preventiva, prisão temporária e outras medidas judiciais cautelares;
> representar pelo afastamento temporário de agressor, nos casos de crimes de menor potencial ofensivo, nos termos da legislação;
> representar em juízo pela de mandado de busca e apreensão e pela quebra de sigilo fiscal, bancário, de comunicações telefônicas de qualquer natureza e de sistemas de informática e telemática;
> determinar a restituição ou o depósito, mediante termo de responsabilidade, de objetos apreendidos;
> solicitar dilação de prazo;
> outras atribuições correlatas ou previstas em lei;

> em atividades complementares às funções do cargo:
> participar de atividades de formação policial;
> exercer cargo em comissão ou função de confiança, quando designado por Ato ou Portaria;
> representar a instituição policial, perante conselhos e Poderes constituídos ou perante a sociedade, como autoridade policial, em eventos ou solenidades públicas.

Categoria de polícia investigativa

A Categoria de Polícia Investigativa é integrada pelos cargos de Agente de Investigação e de Escrivão de Polícia Civil do Estado da Paraíba, cujas atribuições institucionais estão vinculadas à preservação da ordem pública, à incolumidade das pessoas e do patrimônio, bem como ao exercício de atividades de polícia judiciária, cartoriais e de investigação criminal.

Os integrantes da Carreira de Agente de Investigação e de Escrivão de Polícia Civil do Estado da Paraíba são vinculados à Delegacia-Geral da Polícia Civil do Estado da Paraíba.

Aos ocupantes das carreiras de Agente de Investigação e de Escrivão de Polícia Civil, serão atribuídas responsabilidades pela coordenação de serviços ou de equipes de trabalho, Comissário e Chefe de Cartório, respectivamente, mediante o exercício de funções instituídas pelo Governador do Estado como privativas de integrantes destas carreiras.

Os integrantes das carreiras de Agente de Investigação e de Escrivão de Polícia Civil deverão pautar suas atuações em obediência aos princípios e preceitos contidos em Lei Complementar e àqueles inerentes às funções institucionais da Polícia Civil do Estado da Paraíba.

Organização da carreira de agente de investigação e de escrivão de polícia civil

As carreiras de Agente de Investigação e de Escrivão de Polícia Civil são estruturadas em quatro classes hierarquicamente escalonadas, correspondentes a:

- > Agente de Investigação:
  - > Agente de Investigação de Terceira Classe;
  - > Agente de Investigação de Segunda Classe;
  - > Agente de Investigação de Primeira Classe;
  - > Agente de Investigação de Classe Especial;
- > Escrivão de Polícia Civil:
  - > Escrivão de Polícia Civil de Terceira Classe;
  - > Escrivão de Polícia Civil de Segunda Classe;
  - > Escrivão de Polícia Civil de Primeira Classe;
  - > Escrivão de Polícia Civil de Classe Especial.

Atribuições do agente de investigação e do escrivão de polícia civil

Ao ocupante do cargo de Agente de Investigação, compete:

I - proceder, mediante determinação da autoridade policial, às diligências e às investigações policiais, com o fim de coletar provas para a elucidação de infrações penais e respectivas autorias, devendo apresentar relatório de investigação circunstanciado;

II - efetuar prisão em flagrante ou cumprir mandados expedidos pela autoridade policial ou judiciária competente;

III - dirigir veículos policiais, em razão do desempenho de suas funções, nos diversos setores da Polícia Civil do Estado da Paraíba, providenciando, junto ao setor competente, a conservação, limpeza e manutenção das viaturas policiais, responsabilizando-se pela guarda do veículo e respectivos acessórios e equipamentos, na ausência de motorista policial;

IV - orientar, supervisionar, coordenar e dirigir trabalho de subordinados em investigações e diligências, quando na condição de investigador-chefe ou por designação da autoridade policial;

V - executar, quando exigidas especialidade e habilitação profissional, atividades envolvendo operação de aparelhos de comunicação, telecomunicações, computação, integrantes do sistema de informações da segurança pública, zelando por sua manutenção e conservação;

VI - participar de levantamento em local de crime e interagir na execução de trabalhos relacionados à coleta de provas e à produção de fotografias, inclusive reproduções e ampliações, em locais de infrações penais, onde quer que se faça necessário o emprego das técnicas nas investigações policiais, bem como concorrer para a total preservação do local do crime;

VII - realizar o recolhimento, a movimentação e a escolta de preso, bem como a guarda de valores e seus pertences, procedendo à escrituração no livro de registro, enquanto perdurar a custódia legal do preso, durante as diligências investigatórias até a entrega ao respectivo cartório;

VIII - executar outras determinações legais emanadas da autoridade policial, considerando as atribuições que forem definidas por lei ou ato normativo, relativo às atividades de polícia judiciária.

Ao ocupante do cargo de Escrivão de Polícia Civil, compete:

I - registrar ocorrências, autuar, movimentar e participar da formação de inquérito policial, de termo circunstanciado de ocorrência, de auto de prisão em flagrante, de procedimentos especiais e administrativos, bem como praticar os atos de sua atribuição e demais atos procedimentais sob a presidência de autoridade policial;

II - manter, de forma atualizada e correta, o registro e a escrituração de livros oficiais obrigatórios, de livros de instauração de inquéritos policiais, bem como de remessa dos respectivos autos, além de outros criados pela autoridade policial, expedir certidões e traslados;

III - responder pela guarda dos procedimentos policiais, de bens, valores e instrumentos de crime entregues a sua custódia, em razão de sua função, dando-lhes a destinação legal;

IV - coordenar, supervisionar, orientar, controlar e dirigir os trabalhos de cartório, bem como dos seus servidores, quando estiver na condição de Chefe de Cartório ou houver recebido designação da autoridade policial;

V - prestar assistência às autoridades superiores em assuntos técnico- especializados, relacionados ao cumprimento das formalidades legais necessárias em procedimentos de polícia judiciária e nos demais serviços cartorários;

VI - executar trabalhos de escrituração manual, em equipamento mecânico, elétrico ou eletrônico em auxílio aos procedimentos administrativos e de polícia judiciária, e outros encargos, compatíveis com suas atribuições, dentre eles, diligências em locais de crime e outros levantamentos criminais;

VII - participar do levantamento de local de crime e orientar a execução de trabalhos relacionados à coleta de provas e à produção de fotografias, inclusive reproduções e ampliações, em locais de infrações penais, onde quer que se faça necessário o emprego de técnicas nas investigações policiais;

VIII - proceder ao inventário dos bens patrimoniais da unidade policial, efetivando o controle do uso, da movimentação e do cadastramento dos bens móveis;

IX - executar as tarefas administrativas atinentes à atividade cartorária, em conformidade com outras atribuições definidas em lei ou ato normativo.

7.10 Categoria de Polícia Científica

Disposições preliminares

A Categoria de Polícia Científica é integrada pelos cargos de Perito Oficial Criminal, Perito Oficial Médico-legal, Perito Oficial Odonto-legal e Perito Oficial Químico-legal, essenciais aos trabalhos prestados pela polícia judiciária, que atuarão nas funções de polícia científica, com exclusividade, para produzir prova material, mediante análise dos vestígios e busca da materialidade para dar subsídios à qualificação, estabelecendo a dinâmica e a autoria dos delitos.

Os integrantes dos cargos de Perito Oficial Criminal, Perito Oficial Médico-legal, Perito Oficial Odonto-legal e Perito Oficial Químico-legal são vinculados ao Instituto de Polícia Científica.

Organização da carreira de perito oficial

As carreiras de Perito Oficial Criminal, Perito Oficial Médico-legal, Perito Oficial Odonto-legal e Perito Oficial Químico-legal são estruturadas em quatro classes hierarquicamente escalonadas, correspondentes a:

- Perito Oficial Criminal:
  - Perito Oficial Criminal de Terceira Classe;
  - Perito Oficial Criminal de Segunda Classe;
  - Perito Oficial Criminal de Primeira Classe;
  - Perito Oficial Criminal de Classe Especial;
- Perito Oficial Médico-legal:
  - Perito Oficial Médico-legal de Terceira Classe;
  - Perito Oficial Médico-legal de Segunda Classe;
  - Perito Oficial Médico-legal de Primeira Classe;
  - Perito Oficial Médico-legal de Classe Especial;
- Perito Oficial Odonto-legal:
  - Perito Oficial Odonto-legal de Terceira Classe;
  - Perito Oficial Odonto-legal de Segunda Classe;
  - Perito Oficial Odonto-legal de Primeira Classe;
  - Perito Oficial Odonto-legal de Classe Especial;
- Perito Oficial Químico-legal:
  - Perito Oficial Químico-legal de Terceira Classe;
  - Perito Oficial Químico-legal de Segunda Classe;
  - Perito Oficial Químico-legal de Primeira Classe;
  - Perito Oficial Químico-legal de Classe Especial.

Atribuições dos peritos oficiais

De acordo com o art. 236., ao Perito Oficial Criminal, compete:

I – supervisionar, coordenar, controlar, orientar e executar perícias criminais em geral, bem como estabelecer e pesquisar novas técnicas e procedimentos de trabalho;

II – planejar, dirigir e coordenar as atividades científicas, realizar pesquisas de novos métodos criminalísticos e produzir estudos, informações e pareceres técnicos para eficiência dos trabalhos de perícia criminal;

III – executar perícias, com exclusividade, em locais de crime, procedendo ao levantamento pormenorizado e coletando todas as evidências materiais relacionadas a esses eventos;

IV – executar reproduções simuladas;

V – executar perícias laboratoriais, análises dos vestígios ou indícios relacionados às infrações penais, bem como exames microscópicos comparativos e de micro-evidências;

VI – realizar a identificação humana na área da criminalística;

VII – elaborar laudos periciais relativos aos exames realizados;

VIII – proceder a exames complementares e informações técnicas necessárias às perícias criminais;

IX – realizar as diligências necessárias para a complementação de exames periciais;

X – executar outras tarefas compatíveis com as atribuições da função.

Já ao Perito Oficial Médico-legal ou Perito Oficial Odonto-legal, compete:

I – supervisionar, coordenar, controlar, orientar e executar perícias médicolegais ou odonto-legais em geral, bem como estabelecer e pesquisar novas técnicas e procedimentos de trabalho;

II – planejar, dirigir e coordenar as atividades científicas, realizar pesquisas de novos métodos na área de medicina ou odontologia legal e produzir estudos, informações e pareceres técnicos para eficiência dos trabalhos;

III – elaborar laudos periciais relativos aos exames realizados;

IV – supervisionar, coordenar, orientar e executar perícias no campo pericial respectivo;

V – executar perícias em pessoas vivas e em cadáveres, no âmbito da medicina ou da odontologia legal;

VI – proceder a exames complementares necessários às perícias médico-legais ou odonto-legais;

VII – realizar identificação humana na área de medicina e de odontologia-legal;

VIII – realizar as diligências necessárias para a complementação de exames periciais;

IX – executar outras tarefas compatíveis com as suas funções.

Ao Perito Oficial Químico-legal, compete:

I – executar atividades envolvendo a análise e a realização de exames e pesquisas laboratoriais;

II – realizar pesquisas na área da Bioquímica e da Toxicologia, em peças anatômicas e líquidos retirados de cadáveres,

III – proceder à análise em líquidos de origem biológica, em matérias orgânicas, tóxicos, venenos e produtos químicos, visando ao esclarecimento e à prova das infrações penais.

IV – responsabilizar-se pelo preparo dos reativos químicos pertinentes aos exames afetos a sua área.

V – efetuar exames em materiais, substâncias químicas, minerais ou orgânicas, instrumentos, aparelhos e objetos utilizados na prática de infrações penais, recolhendo-os a laboratórios ou analisando-os por outras formas, para caracterizar delitos ou fraudes;

VI – supervisionar e coordenar os trabalhos de equipes de peritos afetos a sua área de atuação;

VII – executar outras atividades correlatas.

Categoria de apoio técnico

A Categoria de Apoio Técnico é integrada pelos cargos de Técnico em Perícia, Papiloscopista e Necrotomista, cujas atribuições estão vinculadas à função institucional de polícia técnico-científica e de execução de tarefas de apoio operacional às áreas de criminalística, medicina e odontologia legal e de laboratório forense.

Os integrantes das carreiras de Técnico em Perícia, Papiloscopista e Necrotomista são vinculados ao Instituto de Polícia Científica.

Aos integrantes das carreiras da Categoria Apoio Técnico, poderão ser atribuídas responsabilidades pela coordenação de serviços ou de equipes de trabalho, mediante o exercício de funções instituídas pelo Governador do Estado como privativas de integrantes destas carreiras.

Organização da carreira de técnico em perícia

A categoria funcional de Técnico em Perícia é estruturada em quatro classes identificadas por:

> Técnico em Perícia de Terceira Classe;

> Técnico em Perícia de Segunda Classe;

> Técnico em Perícia de Primeira Classe;

> Técnico em Perícia de Classe Especial.

Atribuições dos técnicos em perícia

Aos Técnicos em Perícia, incumbe:

I – auxiliar os Peritos Criminais nas realizações de exames periciais internos, como metalográficos, documentoscópicos, balísticos, transcrição de dados, laboratoriais, dentre outros;

II – auxiliar os Peritos Criminais nos exames de perícias externas, como reprodução simulada, levantamento em local de crime, coleta de material residuográfico, coleta e identificação dos vestígios e indícios criminais, bem como em diligências para a realização de exames complementares;

III – registrar filmagens e fotografias técnicas, nas diversas áreas de atuação pericial;

IV – realizar procedimentos de secretaria, de protocolo e atendimento ao público e responder pela guarda de material enviado para exames;

V – preparar reagentes e outros materiais utilizados nos exames periciais;

VI – controlar o estoque de materiais de consumo de uso laboratorial;

VII – guardar e organizar os materiais enviados para exames, já examinados e as contraprovas;

VIII – operar sistemas de informática, sistemas de telecomunicações, bem como dirigir viaturas policiais no exercício inerente às suas funções;

IX – executar outras tarefas compatíveis com as atribuições do cargo, inclusive de ordem administrativa.

Organização da carreira de papiloscopista

A carreira de Papiloscopista é estruturada em quatro classes hierarquicamente escalonadas, identificadas por:

I – Papiloscopista de Terceira Classe;

II – Papiloscopista de Segunda Classe;

III – Papiloscopista de Primeira Classe;

IV – Papiloscopista de Classe Especial.

Atribuições do papiloscopista

Ao ocupante do cargo de Papiloscopista, incumbe:

I – executar trabalhos papiloscópicos, relativamente à tomada de impressões papilares, coleta, classificação, pesquisas e arquivamento de informações;

II – proceder à identificação papiloscópica civil e criminal, classificar e arquivar impressões papilares e realizar as buscas no arquivo datiloscópico e sistemas automatizados de identificação de impressão digital, inclusive em cadáveres;

III – atender ao público para emissão de carteiras de identidades, atestados de antecedentes e coleta de impressões digitais, para fins de identificação civil e criminal;

IV – prestar informações criminais, com base no cadastro legal, mediante autorização da autoridade competente, e organizar e manter registros atualizados dos arquivos de identificação civil e criminal;

V – executar fotos de indiciados no ato da identificação criminal;

VI – proceder à coleta de impressões digitais em cadáveres.

Organização da carreira de necrotomista

A carreira de Necrotomista é estruturada em quatro classes hierarquicamente escalonadas, identificadas por:

> Necrotomista de Terceira Classe;

> Necrotomista de Segunda Classe;

> Necrotomista de Primeira Classe;

> Necrotomista de Classe Especial.

Atribuições do necrotomista

Ao ocupante do cargo de Necrotomista, incumbe:

I – auxiliar o Perito Oficial Médico-legal, o Perito Oficial Odonto-legal ou Perito Oficial Químico-legal durante os exames, quando exigido;

II – acondicionar os cadáveres em câmara fria, registrando entradas e saídas, como também conduzir pessoas para possível reconhecimento;

III – operar sistemas de tecnologia de informática, sistemas de telecomunicações, bem como dirigir viaturas policiais no exercício inerente às suas funções;

IV – registrar filmagens e fotografias técnicas, nas diversas áreas de atuação pericial;

V – auxiliar os Peritos Oficiais Médico-Legais nas perícias necroscópicas e

exumações, providenciando a limpeza e a desinfecção dos aparelhos e instrumentos cirúrgicos utilizados nos exames;

VI – zelar pela limpeza, desinfecção e conservação dos materiais de uso laboratorial, bem como das áreas críticas de biossegurança;

VII – realizar procedimentos de secretaria, de protocolo e atendimento ao público, bem como também responder pela guarda de material enviado para exames;

VIII – executar outras tarefas compatíveis com as atribuições do cargo, inclusive de ordem administrativa.

Categoria de apoio policial

A Categoria de Apoio Policial é integrada pelo cargo de Motorista Policial cujas atribuições institucionais estão vinculadas à preservação da ordem pública, à incolumidade das pessoas e do patrimônio, bem como ao exercício de atividades de polícia judiciária.

O integrante da carreira de Motorista Policial é vinculado à Delegacia-Geral da Polícia Civil do Estado da Paraíba.

Os integrantes da carreira de Motorista Policial deverão pautar suas atuações em obediência aos princípios e preceitos contidos em Lei Complementar e àqueles inerentes às funções institucionais da Polícia Civil do Estado da Paraíba.

Organização da carreira de motorista policial

A carreira de Motorista Policial é estruturada em quatro classes hierarquicamente escalonadas, identificadas por:

I - Motorista Policial de Terceira Classe;

II - Motorista Policial de Segunda Classe;

III - Motorista Policial de Primeira Classe;

IV - Motorista Policial de Classe Especial.

Atribuições do motorista policial

Ao Motorista Policial, compete:

> dirigir veículos policiais, em razão do desempenho de suas funções, nos diversos setores da Polícia Civil do Estado da Paraíba, providenciando a conservação, a limpeza e a manutenção das viaturas policiais, responsabilizando-se pela guarda do veículo, seus acessórios e equipamentos;

> auxiliar o agente de investigação nas diligências e investigações policiais determinadas pela autoridade policial, com o fim de coletar provas para a elucidação de infrações penais e respectivas autorias;

> auxiliar o agente de investigação nas prisões em flagrante ou cumprimento de mandados expedidos pela autoridade policial ou judiciária competente;

> auxiliar o agente de investigação no levantamento de local de crime;

> auxiliar na realização do recolhimento, movimentação e escolta de preso, bem como na guarda de valores e pertences, enquanto perdurar a custódia legal do preso, durante as diligências investigatórias até a entrega ao respectivo cartório;

> executar outras determinações legais emanadas da autoridade policial, considerando as atribuições que forem definidas por lei ou ato normativo, relativo às atividades de polícia judiciária.

Ingresso e crescimento nas carreiras

O ingresso nas carreiras da Polícia Civil do Estado da Paraíba far-se-á mediante aprovação em concurso público de provas ou de provas e títulos, de acordo com o disposto em Lei Complementar e na forma definida em Edital.

Considerando a natureza do cargo a ser provido, são requisitos próprios para o ingresso nas carreiras da Polícia Civil do Estado da Paraíba de:

> Delegado de Polícia: bacharelado em Direito;

> Agente de Investigação: formação de nível superior;

> Escrivão de Polícia: formação de nível superior;

> Perito Oficial Criminal: formação de nível superior em Análise de Sistemas, Ciências Biológicas, Biomedicina, Ciências Contábeis, Ciência da Computação, Engenharia, Farmácia, Física, Fonoaudiologia, Ecologia, Geografia, Geologia, Medicina Veterinária, Química, Química Industrial e outras graduações afins definidas em edital de concurso;

> Perito Oficial Médico-legal e Perito Oficial Odonto-legal: formação de nível superior em Medicina e Odontologia, respectivamente;

> Perito Oficial Químico-legal: formação de nível superior em Química, Química Industrial, Farmácia, Farmácia Bioquímica ou Farmácia Industrial

> Técnico em Perícia: formação de nível médio;

> Papiloscopista: formação de nível médio;

> Necrotomista: formação de Técnico em Enfermagem;

> Motorista Policial: formação de nível médio.

O ingresso nas carreiras do Grupo Ocupacional GPC-600 se dará sempre na terceira classe.

A comprovação de conclusão dos cursos de nível médio e superior, referidos, deverá ser feita no ato da posse por meio de diploma expedido, por estabelecimento de ensino oficial ou reconhecido, devidamente registrado no órgão competente.

Promoção na carreira

A promoção será realizada, caso haja vaga que a permita, com divulgação das vagas em 21 de abril, antecedida de realização dos procedimentos de avaliação de desempenho e de sua apuração através das Comissões Permanentes de Avaliação.

Serão divulgados, por edital, o tempo de serviço na carreira, no cargo e na classe, bem como a pontuação obtida na avaliação de desempenho dos candidatos aptos a concorrer à promoção, pelos critérios de antiguidade e merecimento.

As promoções ocorrerão nos limites das vagas existentes, que serão providas na proporção de uma por antiguidade e outra por merecimento, alternadamente.

A promoção somente ocorrerá para a classe imediatamente superior àquela em que se encontra o Policial civil.

O interstício mínimo de permanência em cada classe é de 02 (dois) anos, excetuando-se o período do estágio probatório.

Haverá uma Comissão Permanente de Avaliação para cada carreira da Polícia Civil do Estado da Paraíba, que será responsável pela condução dos procedimentos de avaliação de desempenho e pela elaboração das listas dos concorrentes à promoção.

As Comissões Permanentes de Avaliação serão constituídas por três ocupantes de cargo de cada carreira da Polícia Civil do Estado da Paraíba, posicionados preferencialmente na classe especial.

As comissões serão constituídas por ato do Secretário de Estado da Segurança e da Defesa Social, por indicação do Delegado-Geral da Polícia Civil do Estado da Paraíba ou do Diretor do Instituto de Polícia Científica, e seus membros terão mandato de um ano, permitida a recondução.

A lista dos concorrentes por antiguidade será elaborada em ordem decrescente do tempo de serviço na carreira, e as listas tríplices serão elaboradas com os nomes dos concorrentes à promoção por merecimento, considerando os resultados da avaliação de desempenho.

As listas serão encaminhadas ao Secretário de Estado da Segurança e da Defesa Social para apreciação, deliberação e encaminhamento dos nomes dos promovidos ao Governador, que promoverá através de ato publicado no Diário Oficial do Estado.

Para concorrer à promoção, será exigido que o policial civil conte, no mínimo, com 2 (dois) anos na classe em que estiver classificado.

Será considerada como data inicial para a apuração do interstício a da publicação da promoção anterior ou a data de publicação de sua efetivação no cargo com a devida aprovação no estágio probatório.

Na apuração do interstício, serão excluídos os afastamentos do exercício do cargo não considerados de efetivo exercício, os períodos de suspensão não convertida em multas e todas as ausências não abonadas.

As promoções são facultativas e dependem de manifestação de interesse do candidato, ficando condicionada ao preenchimento dos seguintes requisitos:

- apresentação de requerimento de inscrição no prazo estipulado no edital de abertura, tanto para concorrer pelo critério de merecimento quanto pelo critério de antiguidade, com exposição fundamentada das razões de seu pleito, sendo permitida a juntada de documentos para instruir o procedimento;
- apresentação de documento que comprove a conclusão de curso específico na Academia de Polícia Civil do Estado da Paraíba, que habilite o policial a concorrer à nova classe que pleiteia;
- constar na lista de habilitação publicada pela Comissão Permanente de Avaliação;
- ter permanecido na respectiva classe por, no mínimo, dois anos de efetivo exercício.

As listas com os nomes dos policiais civis concorrentes serão publicadas, por ordem decrescente da classificação final, pelos critérios de antiguidade e de merecimento.

Poderão concorrer à promoção por antiguidade os policiais civis afastados por motivo de saúde e para exercício de mandato classista.

Para concorrer à promoção por merecimento, o integrante do Grupo Ocupacional Polícia Civil do Estado da Paraíba deverá atender aos seguintes requisitos:

- **Delegado de Polícia, Perito Oficial Criminal, Perito Oficial Médico-legal, Perito Oficial Odonto-legal ou Perito Oficial Químico-legal:**
  - para a classe especial: curso de especialização nas áreas, com carga horária mínima de 450 horas ou pós-graduação em nível de mestrado ou doutorado em área afim;
  - para a primeira classe: curso de especialização nas áreas, com carga horária mínima de 360 horas;
  - para a segunda classe: cursos de capacitação na área de segurança pública com carga horária mínima de 40 horas, que de forma isolada ou cumulativa, totalizem uma carga horária mínima de 240 horas.
- **Agente de Investigação ou Escrivão de Polícia:**
  - para a classe especial: conclusão de curso de especialização na área com carga horária mínima de 360;
  - para a primeira classe: conclusão de cursos de capacitação na área de segurança pública com carga horária mínima de 40 horas, que de forma isolada ou cumulativa, totalizem uma carga horária mínima de 180 horas;
  - para a segunda classe: conclusão de cursos de capacitação na área de segurança pública com carga horária mínima de 20 horas, que de forma isolada ou cumulativa, totalizem uma carga horária mínima de 120 horas.
- **Técnico em Perícia e Papiloscopista:**
  - para a classe especial: cursos de capacitação na área de segurança pública ou na área correspondente ao seu cargo com carga horária mínima de 40 horas, que, de forma isolada ou cumulativa, totalizem uma carga horária mínima de 200 horas ou a conclusão de curso de graduação nas áreas;
  - para a primeira classe: cursos de capacitação na área de segurança pública com carga horária mínima de 20 horas, que de forma isolada ou cumulativa, totalizem uma carga horária mínima de 120 horas;
  - para a segunda classe: cursos de capacitação na área de segurança pública, com carga horária mínima de 20 horas, que de forma isolada ou cumulativa, totalizem uma carga horária mínima de 80 horas.
- **Necrotomista:**
  - para a classe especial: cursos de capacitação ou na área de segurança pública na área correspondente ao seu cargo com carga horária mínima de 40 horas, que, de forma isolada ou cumulativa, totalizem uma carga horária mínima de 200 horas ou a conclusão de curso de graduação na área de saúde;
  - para a primeira classe: cursos de capacitação na área de segurança pública com carga horária mínima de 20 horas, que, de forma isolada ou cumulativa, totalizem uma carga horária mínima de 120 horas;

> para a segunda classe: cursos de capacitação na área de segurança pública, com carga horária mínima de 20 horas, que, de forma isolada ou cumulativa, totalizem uma carga horária mínima de 80 horas.

> **Motorista Policial:**

> para classe especial: cursos de capacitação na área de segurança pública com carga horária mínima de 20 horas, que, de forma isolada ou cumulativa, totalizem uma carga horária mínima de 180 horas ou conclusão de curso graduação em qualquer área;

> cursos de capacitação na área de segurança pública com carga horária mínima de 20 horas, que de forma isolada ou cumulativa, totalizem uma carga horária mínima de 120 horas;

> para a segunda classe: cursos de capacitação na área de segurança pública, com carga horária mínima de 20 horas, que de forma isolada ou cumulativa, totalizem uma carga horária mínima de 80 horas.

Atenção!

Os cursos à exceção de graduação, especialização em nível de pós-graduação, mestrado e doutorado, serão ministrados pela Academia de Ensino de Polícia, anualmente, inclusive mediante convênio com outras instituições de ensino superior do Estado ou de outras Unidades da Federação, em qualquer caso, aprovado pelo Conselho de Ensino da Academia de Polícia.

O Curso de Formação exigido para o ingresso do policial civil na carreira não será considerado para efeito de Promoção.

Um mesmo título não poderá ser utilizado para mais de uma promoção.

Promoção por merecimento

Merecimento é a demonstração positiva pelo policial civil, durante a sua permanência na classe, do desempenho de suas funções com eficiência, ética e responsabilidade.

Concorrerão à promoção por merecimento os policiais civis que constarem da lista elaborada pela Comissão Permanente de Avaliação.

O merecimento do policial civil será apurado em pontos positivos, mediante o preenchimento das condições definidas em lei.

A avaliação de desempenho, com o objetivo de aferir o rendimento do membro da Polícia Civil do Estado da Paraíba no exercício das respectivas atribuições, se condiciona ao preenchimento dos requisitos considerados indispensáveis ao exercício das funções e ao atendimento das condições essenciais para concorrer à promoção por merecimento, com base nos seguintes fatores:

> qualidade de trabalho: a demonstração do grau de exatidão, precisão e apresentação, quando possível, mediante apreciação de amostras, do trabalho executado, bem como pela capacidade demonstrada pelo policial civil no desempenho das atribuições do seu cargo;

> produtividade no trabalho: a comprovação, a partir da comparação da produção desejada com o trabalho realizado que será aferido, sempre que possível, com base em relatórios estatísticos de desempenho quantificado;

> iniciativa: capacidade de agir, de apresentar sugestões ou ideias visando ao aperfeiçoamento do serviço, assim como o desempenho das atribuições e das tarefas que lhe foram designadas e que executou sem a supervisão permanente de outrem;

> presteza: qualidade, demonstrada pelo policial civil, de cooperar com a chefia, com os colegas e com o público, na realização dos trabalhos afetos ao organismo policial, com a devida prontidão na execução dos trabalhos;

> urbanidade no tratamento: conduta pessoal no relacionamento com o público, com os colegas e com os superiores, pautada na ética, na educação e na obediência ao conjunto dos princípios que orientam a conduta do policial civil;

> disciplina: observância dos preceitos e normas, com a compreensão dos deveres, da responsabilidade, do respeito e da seriedade com os quais o policial civil desempenha suas atribuições;

> zelo funcional: execução de suas atividades com cuidado, dedicação e compreensão dos deveres e responsabilidade;

> assiduidade: aferida pelo número de ausências ao serviço;

> pontualidade: aferida pelo número de entradas em serviço atrasadas, de saídas antecipadas ou de ausências durante o expediente de trabalho;

> cultura profissional e aproveitamento em programas de capacitação: comprovação da capacidade para melhorar o desempenho das atribuições normais do cargo e para a realização de tarefas superiores, adquiridas por intermédio de estudos, de trabalhos específicos e da participação em cursos regulares relacionados com atribuições do cargo;

> chefia e liderança: o bom desempenho no exercício de funções de direção, coordenação, supervisão e orientação, bem como a participação, como representante da categoria funcional, em órgãos de deliberação coletiva ou em eventos técnicos de interesse da segurança pública.

Para cada um dos fatores relacionados, serão atribuídos graus de avaliação, que serão convertidos em pontos, para apurar o desempenho dos policiais civis, conforme dispuser regulamento.

As Comissões Permanentes de Avaliação, além dos conceitos lançados na Ficha Individual de Desempenho pelas chefias imediatas, utilizarão, para a elaboração das listas de promoção, os seguintes parâmetros:

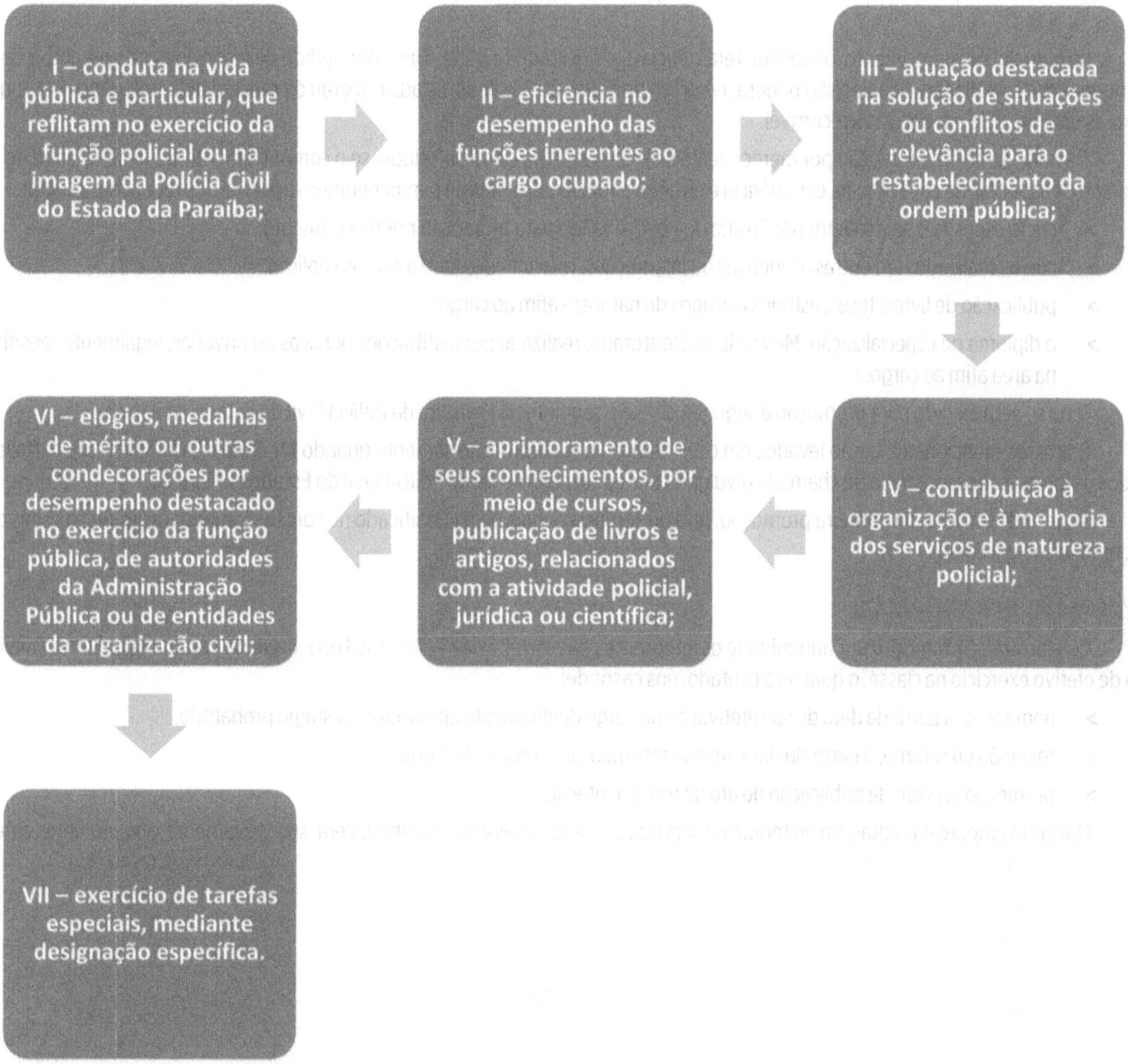

Para fins de avaliação, a Comissão Permanente terá por base os lançamentos realizados ao longo do período nos assentamentos funcionais, no banco de dados do Departamento de Inteligência e na Corregedoria da Polícia Civil do Estado da Paraíba.

O merecimento do policial civil será apurado anualmente pelas Comissões Permanentes de Avaliação, a partir dos lançamentos constantes das Fichas Individuais de Desempenho, preenchidas pelas chefias imediatas.

Na aferição do merecimento, as Comissões Permanentes de Avaliação não ficarão adstritas à Ficha Individual de Desempenho, devendo ouvir os chefes imediatos e mediatos, atual e anterior, sem prejuízo de outros meios, ao longo do período da respectiva avaliação.

Os servidores afastados por mais de 180 dias no período da avaliação de desempenho não poderão concorrer à promoção pelo critério de merecimento.

É obrigatória a promoção do servidor policial civil que figurar, por 3 vezes consecutivas ou 5 vezes alternadas, em lista de merecimento.

Não concorrerá à promoção por merecimento o membro da Polícia Civil do Estado da Paraíba que registrar, relativamente ao período da avaliação, uma ou mais das seguintes situações, até à data de divulgação dos nomes dos concorrentes:

- estar cedido a órgãos não integrantes da Secretaria de Estado da Segurança e da Defesa Social;
- registro de dez ou mais faltas não abonadas;
- punição administrativa não reabilitada;
- condenação criminal, com trânsito em julgado, não reabilitada;
- estar em exercício de mandato eletivo federal, distrital, estadual ou municipal;
- estar exercendo, exclusivamente, mandato classista;

> estar em gozo de licença para tratar de assunto particular;
> ter sofrido penalidade de advertência ou suspensão, no período de 02 (dois) anos imediatamente anteriores à ocorrência da vaga.

Na aferição do merecimento, o avaliado terá ciência dos resultados e poderá interpor pedido de reconsideração perante a Comissão Permanente de Avaliação, cuja decisão poderá, no prazo de 5 dias úteis, ser apreciada em grau de recurso pelo Delegado-Geral, que terá 30 dias para julgá-lo em decisão irrecorrível.

A avaliação para a promoção por merecimento será efetivada na classe, aferindo-se o comportamento e o desempenho do policial civil sob os aspectos de capacitação, experiência e eficiência funcional, atendido o maior número possível dos requisitos a seguir:

> curso específico na Academia de Ensino de Polícia, válido para promoção por merecimento;
> cursos realizados em outras academias ou instituições, relacionados com a carreira policial;
> publicação de livros, teses, estudos e artigos de natureza afim ao cargo;
> o diploma de Especialização, Mestrado ou Doutorado, realizado por instituições públicas ou privadas, legalmente reconhecido, na área afim ao cargo.

O curso será exigido para promoção à segunda classe e seguintes da carreira da Polícia Civil do Estado da Paraíba.

Os cursos mencionados serão levados em consideração para promoção somente quando for dada oportunidade de participação a todos os interessados, por meio de chamada divulgada por edital no Boletim da Polícia Civil do Estado da Paraíba.

Ocorrendo empate, na primeira promoção, terá preferência o mais bem classificado no concurso público de ingresso e, nas demais, a classificação em curso.

Promoção por antiguidade

Concorrerão à promoção por antiguidade os integrantes das carreiras da Polícia Civil do Estado da Paraíba que tiverem maior tempo de efetivo exercício na classe, o qual será contado, nos casos de:

> nomeação, a partir da data de sua efetivação no cargo devidamente aprovado no estágio probatório;
> reversão ou retorno, a partir da data em que retornou ao exercício do cargo;
> promoção, a partir da publicação do ato de movimentação.

Havendo empate na contagem do tempo de serviço na classe, a classificação obedecerá, sucessivamente, aos seguintes critérios:

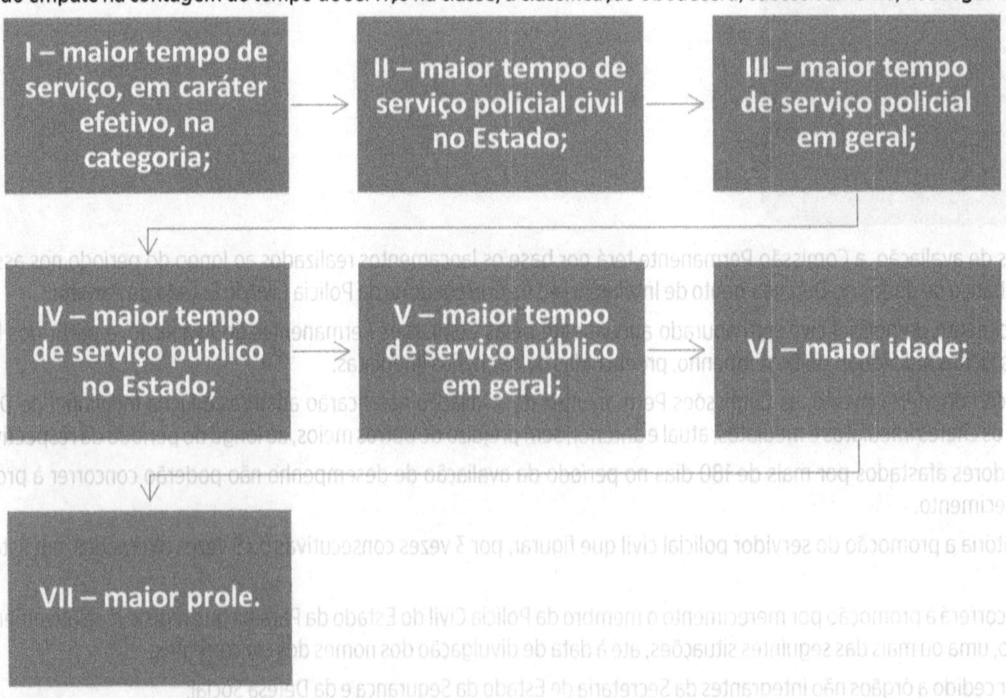

Promoção extraordinária

A promoção extraordinária ocorrerá, em caráter excepcional, condicionada à existência de vaga, quando integrante de carreira da Polícia Civil do Estado da Paraíba ficar permanentemente inválido, em virtude de ferimento sofrido em ação ou pela prática de ato de bravura.

Considera-se ação policial civil a realização ou a participação em atividades operacionais da Policia Civil na execução de tarefas para manutenção da ordem pública.

A promoção extraordinária se dará para a classe imediatamente seguinte à que o policial civil se encontra enquadrado.

A promoção extraordinária dependerá, em cada caso, da comprovação dos fatos que a justificam, os quais serão apurados, independentemente de requerimento, por parte do interessado, da chefia imediata ou por provocação de terceiros.

A promoção por bravura se efetivará pela prática de ato considerado muito meritório e terá as circunstâncias para a sua ocorrência apuradas em investigação conduzida por membros da Secretaria de Estado da Segurança e da Defesa Social, designados por seu titular.

Ato de bravura em serviço corresponde à conduta do policial civil que, no desempenho de suas atribuições e para a preservação de vida de outrem, coloque em risco incomum a sua própria vida, demonstrando coragem e audácia.

O ato de bravura será destacado como forma de valorizar as posturas que, respeitando os direitos fundamentais e os princípios gerais do direito, revelem a presença de um espírito público responsável pela superação do estrito cumprimento do dever.

Na promoção por ato de bravura não é exigido o atendimento de requisitos para a promoção.

A promoção por bravura será submetida ao Governador, a quem compete a expedição do Ato concessório.

Após ter sido promovido por ato de bravura, o policial civil que não possuir os requisitos essenciais para a promoção somente concorrerá à nova movimentação após cumprir as condições exigidas em Lei Complementar, a partir da data de ocorrência da promoção por bravura.

Disposições gerais e transitórias

Ficam denominados de Técnico em Perícia os atuais cargos de Auxiliar de Perito preservadas as suas atribuições.

Os atuais cargos de Agente de Telecomunicações Policial passam a integrar o Quadro Suplementar do Estado e serão extintos com a vacância.

A remuneração do Agente de Telecomunicações Policial corresponderá à mesma atribuída à Categoria de Apoio Técnico, respeitadas as classes em que se encontrem na data da publicação da lei.

Integração o Quadro Suplementar do Estado os cargos de Perito de Trânsito, extintos com a vacância, nos moldes da legislação estadual.

Fica assegurada aos Peritos a mesma remuneração dos demais Peritos Oficiais, respeitadas as classes.

As classes das categorias funcionais atualmente designadas pelas letras "A", "B", "C" e "E", são transformadas, respectivamente, em 3ª (terceira) classe, 2ª (segunda) classe, 1ª (primeira) classe e Classe Especial.

Os atuais servidores ocupantes dos cargos que integram o Grupo GPC600 serão absorvidos na forma disposta em Lei Complementar na mesma classe em que se encontram atualmente.

Disposições finais

Os atos referentes à vida funcional dos integrantes das carreiras da Polícia Civil do Estado da Paraíba, de interesse interno, serão publicados no Boletim da Polícia Civil do Estado da Paraíba (BPC), que se constitui meio oficial de divulgação de atos da Polícia Civil do Estado da Paraíba, sem prejuízo da publicação no Diário Oficial do Estado.

Nenhum policial civil poderá alegar desconhecimento dos atos publicados no Diário Oficial do Estado, bem como no Boletim da Polícia Civil do Estado da Paraíba (BPC).

Toda documentação pessoal e qualquer alteração ocorrida na vida funcional do policial civil serão registradas nos respectivos assentamentos funcionais, pela unidade competente, após publicação no Diário Oficial do Estado.

NOÇÕES DE DIREITO PENAL

1. INTRODUÇÃO AO DIREITO PENAL E APLICAÇÃO DA LEI PENAL

1.1 Introdução ao Estudo do Direito Penal

A Infração Penal é gênero que se divide em duas espécies: **crimes** (conduta mais gravosa) e **contravenções penais** (conduta de menor gravidade). Essa divisão é chamada de dicotômica. A diferença básica incide sobre as penas aplicáveis aos infratores, enquanto o crime é punível com pena de reclusão e detenção, as contravenções penais implicam prisão simples e multa, podendo ser aplicada de forma cumulativa ou não.

O Direito Penal é chamado de Direito das Condutas Ilícitas.

Para que a conduta seja definida como crime, tem que estar tipificada (escrita) em alguma norma penal. Não somente o próprio Código Penal as descreve como também as Leis Complementares Penais ou Leis Especiais, por exemplo: Estatuto do Desarmamento (Lei nº 10.826/2003), Lei de Tortura (Lei nº 9.455/1997), entre outras. Por conseguinte, as Contravenções Penais estão previstas em Lei específica, Lei nº 3.688/41, esta também é conhecida como **Crime Anão**, visto seu reduzido potencial ofensivo. Como essa conduta não é o cerne do estudo não convém aprofundar o assunto, basta apenas ressaltar que as Contravenções Penais não admitem tentativas, enquanto o Crime é punível, mas, somente se existir previsão legal (Código Penal).

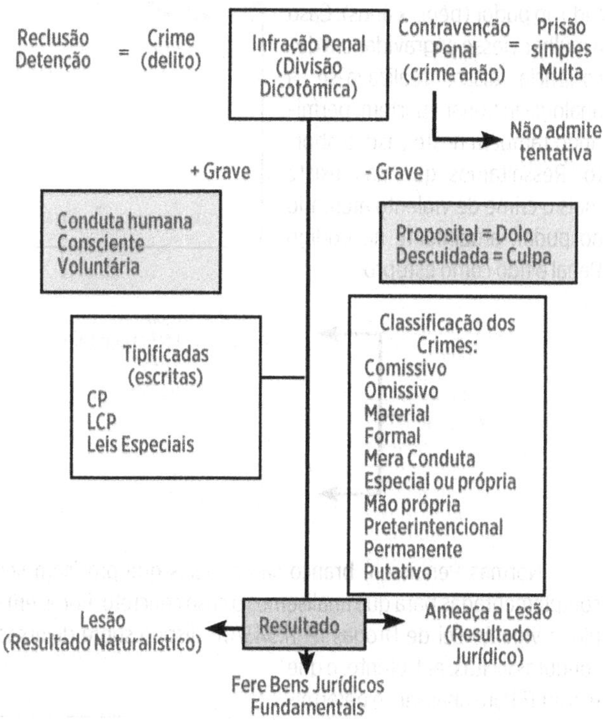

→ **Para configurar em infração penal, são necessários alguns pressupostos:**

Deve ser uma **conduta humana**, ou seja, o simples ataque de um animal não configura em crime, porém, caso ele seja instigado por outra pessoa, passa a ser um mero objeto utilizado na prática da conduta do agressor.

Deve ser uma **ação consciente**, possível de ser prevista pelo agente, quando esse é descuidado responderá de forma culposa, entretanto se realmente houver intenção, o desejo do indivíduo, sua conduta com um propósito específico será dolosa.

Necessita ser **voluntária**, por exemplo, caso o agente venha agredir alguém por conta de um espasmo muscular, essa conduta é tida como involuntária.

→ **A infração penal sempre gera um resultado que pode ser:**

Todo crime gera um resultado, porém, nem todo crime gera um resultado naturalístico (lesão).

Naturalístico: quando ocorre efetivamente a lesão de um bem jurídico tutelado - protegido - da vítima. Por exemplo, no crime de homicídio, quando a vida de alguém é interrompida, causa um resultado naturalístico, pois modificou o mundo exterior, não somente do de cujus (falecido) como de sua família.

Jurídico: quando a lesão não se consuma, utilizando o mesmo exemplo acima, caso o agressor não tivesse êxito na sua conduta, ele responderia pela tentativa de homicídio, desde que não cause lesão corporal. Convém ressaltar que, embora o agente não obteve êxito no resultado pretendido, o Código Penal sempre irá punir por aquilo que ele queria fazer (elemento subjetivo), contudo nesse caso gerou apenas um resultado jurídico.

1.2 Teoria do Crime

Sendo o crime (delito) espécie da infração penal, possui uma nova divisão. Nesse caso, existem diversas correntes doutrinárias para este conceito, entretanto, adotaremos a majoritária, a qual vigora no Direito Penal Brasileiro, classificada como Teoria Finalista Tripartida ou Tripartite.

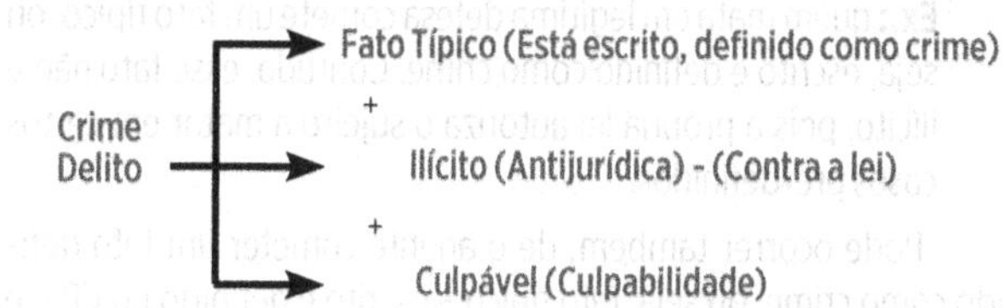

Conceito de crime no direito penal brasileiro

→ Fato Típico: para ser considerado fato típico, é fundamental que a conduta esteja tipificada, ou seja, escrita, em alguma norma penal. Não obstante, é necessário que exista:

> Conduta: é a ação do agente, seja ela culposa (descuidada) ou dolosa, intencional; comissiva (ação) ou omissiva (deixar de fazer).

> Resultado: que seja naturalístico (modificação provocada no mundo exterior pela conduta) ou jurídico (quando não houver resultado jurídico não existe crime).

> Nexo Causal: é o elo entre a ação e o resultado, ou seja, se o resultado foi provocado diretamente pela ação do agente, houve nexo causal.

> Tipicidade: tem que ser considerado crime, estar tipificado, escrito.

→ Ilícito (antijurídico): neste quesito a ação do agente tem que ser ilícita, pois, nosso ordenamento jurídico prevê legalidade em determinadas situações em que, mesmo sendo antijurídicas, serão permissivas. São as chamadas de excludentes de ilicitude ou de antijuridicidade, sendo: Legítima Defesa, Estado de Necessidade, Estrito Cumprimento do Dever Legal ou no Exercício Regular de um Direito.

Caso não existam alguns destes elementos na conduta, pode-se dizer que o fato é atípico.

→ Culpável (culpabilidade): é a capacidade de o agente receber pena. Em alguns casos, mesmo o agente cometendo um fato típico e ilícito, ele não poderá ser culpável, ou seja, não pode ser "preso", pois incidirá nas excludentes de culpabilidade. A mais conhecida é o menor em conflito com a lei, ele pode cometer uma infração penal (crime), mas não poderá ir preso. É quando, no momento da ação ou da omissão, o agente é totalmente incapaz de entender o caráter ilícito do fato, ou de determinar-se de acordo com esse entendimento. Ainda dentro dessa espécie, haverá três desdobramentos que são a imputabilidade, a potencial consciência da ilicitude e a exigibilidade de conduta diversa.

Para que o crime ocorra, é necessário preencher todos os requisitos, caso exclua alguns dos elementos do fato típico ou se não for ilícito/antijurídico, dizemos que **excluiu** o crime; caso não possa ser culpável, o agente será **isento** de pena.

Pode ocorrer de o agente cometer um fato descrito como crime – Matar alguém – e esse fato não ser considerado crime.

Ex.: quem mata em legítima defesa comete um fato típico, ou seja, escrito e definido como crime. Contudo, esse fato não é ilícito, pois a própria lei autoriza o sujeito a matar em certos casos pré-definidos.

Pode ocorrer também, de o agente cometer um fato definido como crime, ou seja, fato típico – escrito e definido no CP – e ilícito, o ordenamento jurídico não autoriza aquela conduta, e mesmo assim ficar isento de PENA. Assim, pode o sujeito cometer um crime e não ter pena.

Ex.: quem é obrigado a cometer um crime. Uma pessoa encosta a arma carregada na cabeça de outra e diz que, se ela não cometer tal crime, irá morrer.

1.3 Princípio da Legalidade (Anterioridade - Reserva Legal)

Art. 1º. *Não há crime sem lei anterior que o defina. Não há pena sem prévia cominação legal.*

Somente haverá crime quando existir perfeita correspondência entre a conduta praticada e a previsão legal (Reserva Legal), que não pode ser vaga, deve ser específica. Exige-se que a lei esteja em vigor no momento da prática da infração penal (Anterioridade). Fundamento Constitucional: Art. 5º, XXXIX.

→ Princípio: *Nullum crimem, nulla poena sine praevia lege.*

As normas penais incriminadoras não são proibitivas e sim descritivas. Por exemplo, o Art. 121 - Matar alguém, no Código Penal, ele não proíbe, ou seja, não matar. Ele descreve uma conduta, que, se cometida possuirá uma sanção (punição).

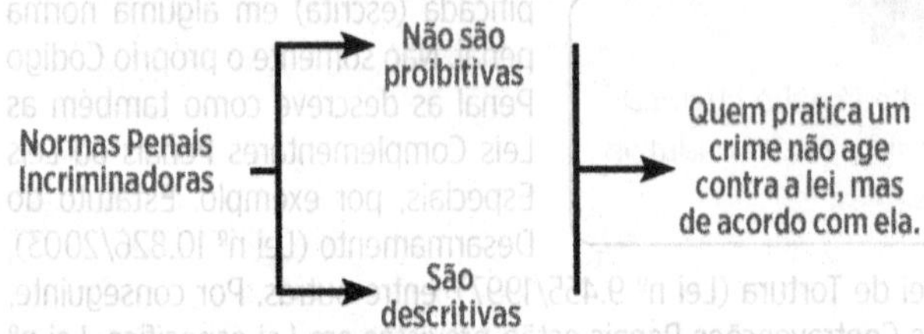

A Analogia no Direito Penal só é aceita para beneficiar o agente. Por exemplo, no antigo ordenamento jurídico, só era permitido realizar o aborto em decorrência do estupro (pênis x vagina), entretanto, a norma penal não abrangia o caso do violento atentado ao pudor (pênis x ânus). Caso a mulher viesse engravidar em decorrência disso, realizava-se a analogia in bonam partem, permitindo também neste caso, o aborto. Ressaltamos que não existe mais o crime de violento atentado ao pudor, atualmente no Código Penal é tido como estupro.

Medida Provisória não pode dispor sobre matéria penal, criar crimes e cominar penas, Art. 62, § 1º, I, b CF/88, somente Lei Ordinária.

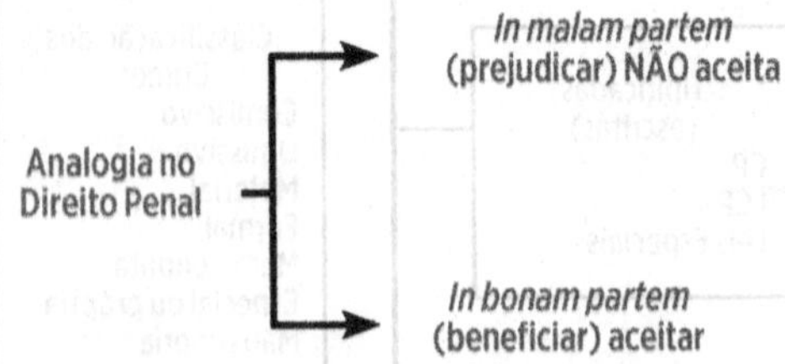

Normas Penais em branco são aquelas que precisam ser complementadas para que analisemos o caso concreto. Por exemplo, a vigente Lei de Drogas nº 11.343/06 dispõe sobre diversas condutas ilícitas, entretanto, o que é droga? Para analisar se determinada substância é droga ou não, o direito penal analisa uma portaria da Anvisa (Agência Nacional de Vigilância Sanitária) nº 344/98, em que todas as substâncias que estiverem descritas serão consideradas como droga.

O princípio da Reserva Legal admite o uso de Normas Penais em branco.

A Analogia Penal é diferente de Interpretação Analógica, nessa situação, a conduta do agente é analisada dentro da própria norma penal, ou seja, é observado a forma como a conduta foi praticada, quais os meios utilizados. Sendo assim, a Interpretação Analógica sempre será possível, ainda que mais gravosa para o agente.

> ***Art. 121.*** *Matar alguém:*
> ***Pena*** *- reclusão, de seis a vinte anos.*
> ***§ 2º.*** *Se o homicídio é cometido:*
> ***III.*** *Com emprego de veneno, fogo, explosivo, asfixia, tortura ou outro meio insidioso ou cruel, ou de que possa resultar perigo comum;*
> ***Pena*** *- reclusão, de doze a trinta anos.*

Nessa situação, caso o agente tenha cometido o homicídio utilizando-se de alguma das formas expostas no inciso III, ocorrerá a aplicação de uma pena mais gravosa, é o exemplo de Interpretação Analógica.

1.4 Interpretação da Lei Penal

A matéria **Interpretação da Lei Penal** passou a ser abordada com mais frequência pelos editais de concurso público. No entanto, quando cobrada, não costuma gerar muita dificuldade. Isso porque geralmente a banca examinadora traz na questão uma espécie de interpretação e questiona quanto ao seu significado.

A Interpretação da Lei Penal consiste em buscar o significado e a extensão da letra da lei em relação à realidade e à vontade do legislador.

Assim, a Interpretação da Lei Penal divide-se em:

Quanto ao sujeito

Autêntica ou legislativa

É aquela realizada pelo mesmo órgão da qual emana, podendo vir no próprio texto legislativo ou em lei posterior: Conceito de funcionário público previsto no Art. 327, CP.

Doutrina

É aquela realizada pelos doutrinadores – estudiosos do direito penal – normalmente encontrada em livros, artigos e documentos: Código Penal comentado.

Jurisprudencial ou judicial

É aquela realizada pelo Poder Judiciário na aplicação do caso concreto, na busca pela vontade da lei. É a análise das decisões reiteradas sobre determinado assunto legal: Súmulas do Tribunais Superiores e Súmula Vinculante.

Quanto ao modo

Literal ou gramatical

É aquela que busca o sentido literal das palavras.

Teleológica

É aquela que busca compreender a intenção ou vontade da lei.

Histórica

É aquela que busca compreender o sentido da lei por meio da análise do momento e contexto histórico em que foi editada.

Sistemática

É aquela que analisa o sentido da lei em conjunto com todo o ordenamento jurídico (as legislações em vigor, os Princípios Gerais de Direito, a Doutrina e a Jurisprudencial).

Progressiva

É aquela que busca adaptar a lei aos progressos obtidos pela sociedade.

Quanto ao resultado

Declarativa

É aquela em que se encontra a perfeita correspondência entre a letra da lei e a intenção do legislador.

Restritiva

É aquela em que se restringe o alcance da letra da lei para que corresponda à real intenção do legislador. A lei diz mais do que deveria dizer.

Extensiva

É aquela em que se amplia o alcance da letra da lei para que corresponda à real intenção do legislador. A lei diz menos do que deveria dizer.

Analógica

É aquela em que a Lei Penal permite a ampliação de seu conteúdo por meio da utilização de uma expressão genérica ou aberta pelo legislador: *Art. 121, § 2º, III, CP. Homicídio qualificado por emprego de veneno, fogo, explosivo, asfixia, tortura ou outro meio insidioso ou cruel, ou de que possa resultar perigo comum.*

1.5 Conflito Aparente de Normas Penais

Fala-se em conflito aparente de normas penais quando duas ou mais normas aparentemente parecem reger o mesmo tema. Na prática, uma conduta pode se enquadrar em mais de um tipo penal, mas isso é tão somente aparente, pois os princípios do direito penal resolvem esse fato. São eles os princípios:

a) Princípio da Especialidade;
b) Princípio da Subsidiariedade;
c) Princípio da Consunção;
d) Princípio da Alternatividade.

Princípio da especialidade

A regra, nesse caso, é que a norma especial prevalecerá sobre a norma geral. Dessa forma, a norma no tipo penal incriminador é mais completa que a prevista na norma geral.

Isso ocorre por exemplo no crime de homicídio e infanticídio. O crime de infanticídio possui em sua elementar dados complementares que o tornam mais especial – completo – que a norma geral.

Repare as elementares do Art. 123 do CP: 1) matar o próprio filho; 2) logo após o parto; 3) sob o estado puerperal. Esses são dados que, se presentes, tornam a conduta de matar alguém um crime específico, diferente do homicídio. Logo, o Art. 123 (infanticídio) é considerado especial em relação ao Art. 121 (homicídio), que pode ser entendido, nesse caso, como uma conduta genérica.

Princípio da subsidiariedade

Usa-se esse princípio sempre que a norma principal mais grave não puder ser utilizada. Nesse caso, usamos a norma menos grave subsidiária.

A subsidiariedade pode ser expressa ou tácita. Será expressa sempre que o próprio artigo de lei assim determinar. Um bom exemplo é o Art. 239 que trata da simulação de casamento. Ele prevê a pena de detenção, de um a três anos, se o fato não constitui elemento de crime mais grave. Assim, caso não tenha ocorrido crime mais grave será aplicada a pena expressa em lei. Por outro lado, se ocorrer crime mais grave, deve ser aplicado somente esse, ficando atípico o fato menos grave.

A subsidiariedade Tácita ocorre quando não há expressa referência na lei, mas, se um fato mais grave ocorrer, a norma subsidiária ficará afastada. Isso ocorre, por exemplo, no crime do Art. 311 do CTB. Existe, expressa nesse artigo, a proibição da conduta de trafegar em velocidade incompatível com a segurança nas proximidades de escolas, hospitais, estações de embarques e desembarques de passageiros, logradouros estreitos, ou onde houver grande movimentação ou concentração de pessoas, gerando perigo de dano.

Contudo, se o agente estiver conduzindo nessas condições e acabar por atropelar e matar alguém, responderá ele pelo crime do Art. 302 do CTB, que é homicídio culposo na direção de veículo automotor. Assim, esse crime – mais grave – afastará aquele crime de perigo.

Princípio da consunção

Esse princípio pode ocorrer quando um crime "meio" é necessário ou fase normal de preparação para outro crime. Como, por exemplo, o crime de lesão corporal fica absorvido pelo crime de homicídio, ou mesmo, o crime de invasão de domicílio que fica absorvido pelo crime de furto.

Não estamos falando em norma especial ou geral, mas sim do crime mais grave que absorveu o crime menos grave que simplesmente foi um meio necessário para a execução do crime mais grave.

Ocorre também o princípio da consunção quando, por exemplo, o agente falsifica um documento com o intuito de cometer o crime de estelionato. Como o crime de falso é meio necessário para o crime de estelionato, funcionando como a elementar fraude, fica por esse absorvido.

Nesse sentido o STJ editou a Súmula 17 que diz o seguinte:

> ***Súm. 17.*** *Quando o falso se exaure no estelionato, sem mais potencialidade lesiva, é por este absorvido.*

Outro ponto importante é quando falamos acerca do assunto crime progressivo e progressão criminosa. Podemos afirmar o seguinte:

No **crime progressivo** o agente tem um fim específico mais grave, contudo, necessariamente deve passar por fases anteriores menos graves. No final das contas, o crime progressivo é um meio para um fim. Isso ocorre no caso do dolo de matar, em que o agente obrigatoriamente tem que ferir a vítima antes – causando lesões corporais.

Aqui, temos o Princípio da Consunção Imperando. Por outro lado, a progressão criminosa acontece quando o dolo inicial é menos grave e no meio da conduta o agente muda sua intenção para uma mais grave (repare que temos dois dolos).

Temos o exemplo do agente que inicia uma ação com dolo de lesionar desferindo socos na vítima e no meio da ação muda de intenção, vindo a esfaqueá-la, causando sua morte.

Veja que, temos duas intenções, contudo, o código penal punirá o agente somente pelo crime mais grave. Aqui também usaremos o Princípio da Consunção no exemplo em tela.

No entanto, pode ocorrer progressão criminosa com efeito concurso material, ou seja, aplicação de mais de um crime. Isso ocorre, por exemplo, no crime de roubo em que o agente no meio da conduta resolve estuprar a vítima, ou seja, aqui temos uma progressão criminosa com dois dolos, em que o agente responderá por dois crimes diversos.

Princípio da alternatividade

Temos esse princípio quando tivermos os chamados crimes de ação múltipla ou de conteúdo variado. Aqui, os tipos penais descrevem várias condutas para um único crime. Temos, como exemplo, o Art. 33 da Lei nº 11.343/2006:

> ***Art. 33.*** *Importar, exportar, remeter, preparar, produzir, fabricar, adquirir, vender, expor à venda, oferecer, ter em depósito, transportar, trazer consigo, guardar, prescrever, ministrar, entregar a consumo ou fornecer drogas, ainda que gratuitamente, sem autorização ou em desacordo com determinação legal ou regulamentar:*
>
> ***Pena*** *- reclusão de 5 (cinco) a 15 (quinze) anos e pagamento de 500 (quinhentos) a 1.500 (mil e quinhentos) dias-multa.*

Assim, podemos afirmar que, se o agente tiver em depósito e vender a droga não responderá ele por dois crimes, mas somente por um único. Isso se dá, pois qualquer ação nuclear do tipo representa o mesmo crime. Na prática, não há concurso material, respondendo o agente por uma pena somente.

→ **Costume NÃO revoga nem altera lei:**

Sendo assim, podemos dizer que temos três princípios intrínsecos no Art. 1º do Código Penal, quais sejam, da Legalidade, da Anterioridade e da Reserva Legal. É importante ressaltar que apenas a Lei Ordinária pode versar sobre matéria penal, tanto para criá-las quanto para extingui-las.

Não obstante, convém ressaltar os preceitos existentes nos tipos penais, por exemplo: Art. 121, CP, Matar alguém. Pena - 6 a 20 anos. O preceito primário seria a conduta do agente - matar alguém - e o preceito secundário seria a cominação da pena - 6 a 20 anos. Para ser considerado crime, é fundamental que existam os dois preceitos.

1.6 Lei Penal no Tempo

> ***Art. 2º.*** *Ninguém pode ser punido por fato que lei posterior deixa de considerar crime, cessando em virtude dela a execução e os efeitos penais da sentença condenatória.*
>
> ***Parágrafo único.*** *A Lei posterior, que de qualquer forma modo favorecer o agente, aplica-se aos fatos anteriores, ainda que decididos por sentença transitada em julgado.*

Conflito temporal

Regra: Irretroatividade da Lei;
Exceção: Retroatividade para beneficiar o réu.

Retroatividade da Lei

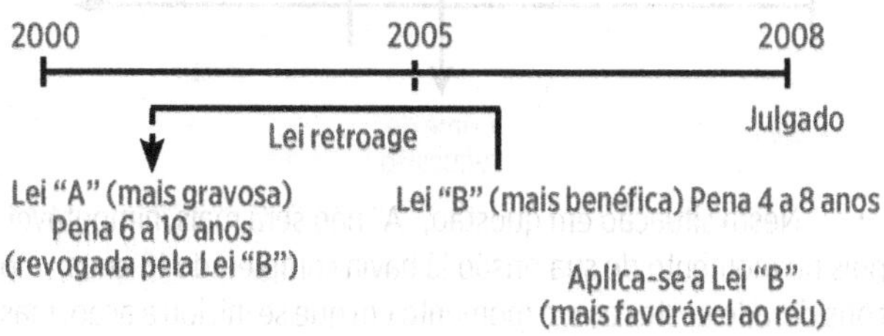

Em regra, o Código Penal sempre adota a Lei vigente, "A", no momento da ação ou omissão do agente, sendo assim, se nesta época é cometido um crime, aquele irá responder sobre o fato descrito no tipo penal. Contudo, por vezes, o processo se estende no tempo, e o julgamento do agente demora a acontecer, nesse lapso temporal, caso surgir uma nova Lei, "B", que torne mais branda a sanção aplicada sobre o agente, esta irá retroagir ao tempo do fato, beneficiando o réu.

Ultratividade da lei

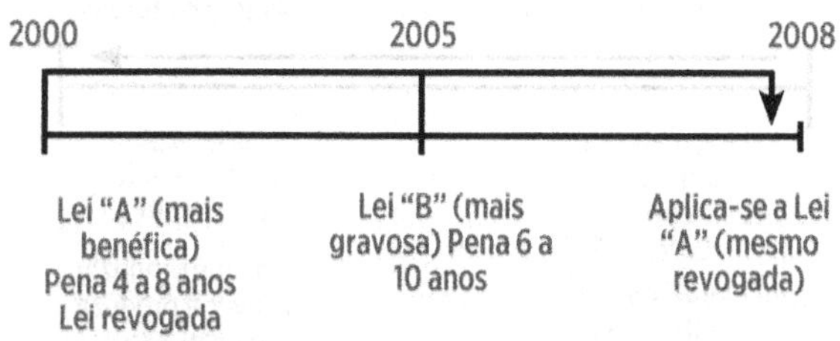

Não obstante, a regra da irretroatividade, pode ocorrer a chamada ultra-atividade de lei mais benéfica. Seria o caso em que, no momento da ação vigorava a Lei "A", entretanto, no decorrer do processo, entrou em vigência nova Lei "B", revogando a Lei "A", tornando mais gravosa a conduta anteriormente praticada pelo agente.

Sendo assim, no momento do julgamento, ocorrerá a ultra-atividade da lei, ou seja, a Lei "A", mesmo não estando mais em vigor, irá ultra-agir ao momento do julgamento para beneficiar o réu, por ser menos gravosa a punição que o agente irá receber.

Abolitio criminis (abolição do crime)

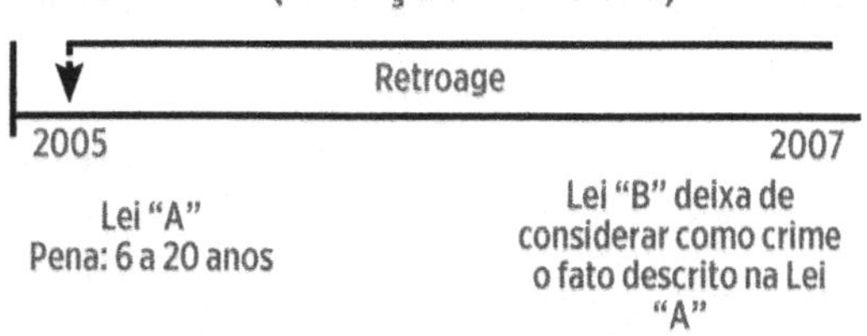

Consequências:

- Tranca e extingue o inquérito policial e a ação penal;
- Cassam imediatamente a execução de todos os efeitos penais.
- Não alcança os efeitos Civis da condenação.

Em relação ao Abolitio Criminis, ocorre o seguinte fato: quando uma conduta que antes era tipificada como crime pelo Código Penal, deixa de existir, ou seja, passa a não ser mais considerada crime, dizemos que ocorreu a abolição do crime. Diante disso, cessam imediatamente todos os efeitos penais que incidiam sobre o agente: tranca e extingue o inquérito policial, caso o acusado esteja preso deve ser posto em liberdade. Entretanto, não extingue os efeitos civis, ou seja, caso o agente tenha sido impelido em ressarcir a vítima da sua conduta mediante o pagamento de multa, essa, ainda assim, deverá ser paga.

Importante ressaltar que, a lei que beneficia o réu, não é uma faculdade do Juiz, é um dever, sempre adotada em benefício do acusado.

1.7 Crimes Permanentes ou Continuados

Nos crimes permanentes, ou seja, naqueles em que a consumação se prolonga enquanto não cessa a atividade, aplica-se ao fato a lei que estiver em vigência quando cessada a atividade, mesmo que mais grave (severa) que aquela em vigência quando da prática do primeiro ato executório. O crime se perpetua no tempo, enquanto não cessada a permanência. É o que ocorre, por exemplo, com o crime de sequestro e cárcere privado. Assim, será aplicada lei que estiver em vigência quando da soltura da vítima. Observa-se, então, o momento em que cessa a permanência para daí se determinar qual a norma a ser aplicada. É o que estabelece a Súmula 711 do STF.

> ***Súm. 711.*** *A lei penal mais grave aplica-se ao crime continuado ou ao crime permanente, se a sua vigência é anterior à cessação da continuidade ou da permanência.*

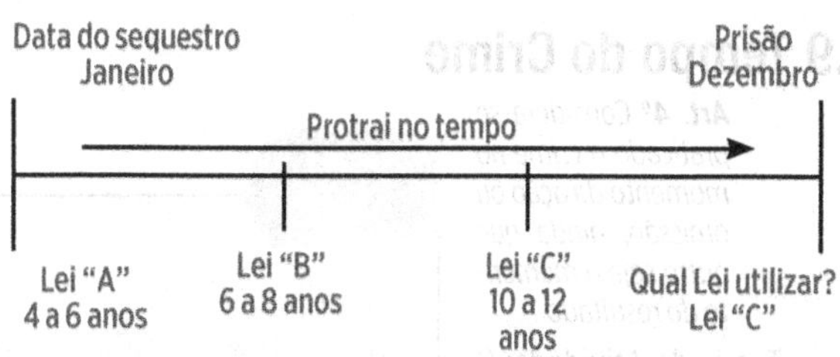

Ex.: O crime de sequestro é um crime que se protrai no tempo, ou seja, a todo instante ele está se consumando, qualquer que seja o momento da prisão ela estará em flagrante. Sendo assim, nos casos dos crimes permanentes ou continuados, aplica-se a pena no momento que cessar a conduta do agente, ainda que mais grave ou mais branda, independe nessa circunstância a quantificação da pena, o que será considerado, será a lei vigente no momento que cessou a conduta do agente ou a privação de liberdade da vítima, com a prisão dos acusados.

1.8 Lei Excepcional ou Temporária

> ***Art. 3º*** *A Lei excepcional ou temporária, embora decorrido o período de sua duração ou cessada as circunstâncias que a determinaram, aplica-se ao fato praticado durante sua vigência.*

Lei Excepcional: utilizada em períodos de anormalidade social.

Ex.: Guerra, calamidades públicas, enchentes, grandes eventos, etc.

Lei Temporária: período de tempo previamente fixado pelo legislador.

Ex.: Lei que configura o crime de pescar em certa época do ano - piracema -, após lapso de tempo previamente determinado, a Lei deixa de considerar tal conduta como crime.

→ De 2005 a 2006, o fato "A" era considerado crime. Aqueles que infringiram a Lei responderam posteriormente, mesmo o fato não sendo considerado mais crime.

→ Só ocorre retroatividade se a Lei posterior expressamente determinar.

É importante ressaltar que são leis excepcionais e temporárias, ou seja, a lei irá vigorar por determinado tempo, após isso, tal conduta não mais será considerada crime. Entretanto, durante a sua vigência, todos aqueles que cometerem o fato tipificado em tais normas, mesmo encerrada sua vigência, serão punidos.

> Não existe "abolitio criminis" de Lei Temporária ou Excepcional.

1.9 Tempo do Crime

> ***Art. 4º*** *Considera-se praticado o crime no momento da ação ou omissão, ainda que outro seja o momento do resultado.*

Teoria da Atividade: O crime reputa-se praticado no momento da conduta (momento da execução).

> A imputabilidade do agente deve ser aferida no momento em que o crime é praticado.

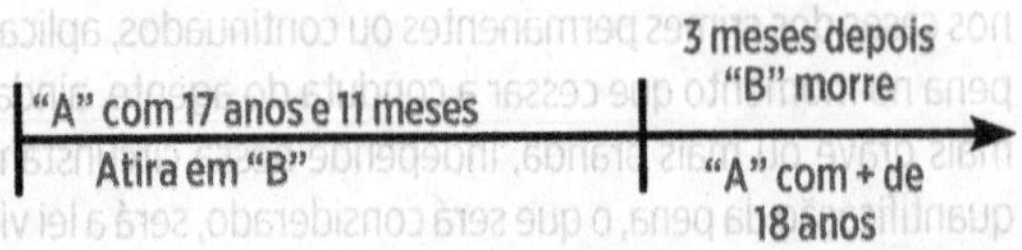

Este princípio traz o momento da ação do crime, ou seja, independente do resultado, para aplicação da lei penal, é considerado o momento exato da prática delituosa, seja ela comissiva - ação - ou omissiva - omissão.

Ex.: Caso um menor "A", cometa disparos de arma de fogo contra "B", vindo a feri-lo, entretanto, devido às lesões causadas pelos disparos, três meses depois do fato, "B" vem a falecer. Nessa época, mesmo "A" tendo completado sua maioridade penal - 18 anos - ainda assim não poderá ser punido, pois, no momento em que praticou a conduta (disparos contra "B"), era inimputável.

Devemos, contudo, ficar atentos aos crimes permanentes e continuados, no caso do sequestro, por exemplo, em que o crime se consuma a todo instante em que houver a privação de liberdade da vítima.

Nesta situação em questão, "A" não será mais inimputável, pois no momento de sua prisão já havia completado 18 anos, não considerado neste caso, o momento em que se iniciou a ação, mas sim, quando cessou.

1.10 Lugar do Crime

> ***Art. 6º.*** *Considera-se praticado o crime no lugar em que ocorreu a ação ou omissão, no todo ou em parte, bem como onde se produziu ou deveria produzir-se o resultado.*

Teoria da Ubiquidade: utilizada no caso de um crime ser praticado em território nacional e o resultado ser produzido no estrangeiro. O foro competente será tanto o do lugar da ação ou omissão quanto o do local em que produziu ou deveria produzir-se o resultado.

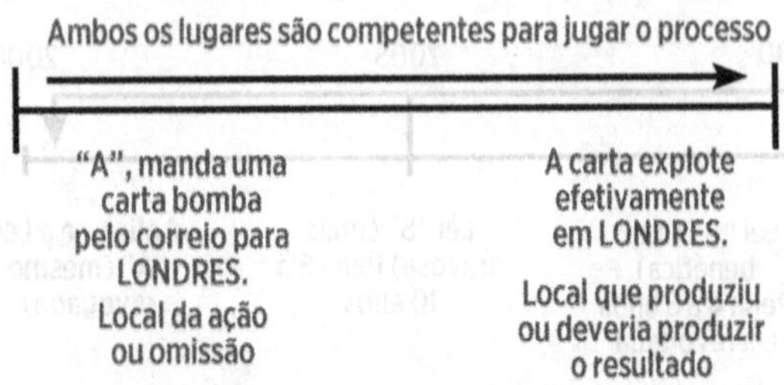

Ex.: Nesse caso "A", residente do Brasil, enviou uma carta bomba pelo correio para Londres, sendo assim, a carta efetivamente explode. Desse modo, tanto o Brasil, quanto a Inglaterra serão competentes para julgá-lo.

Não existe a teoria do "resultado".

São considerados para os crimes à distância, países diferentes.

Não confundir os artigos.

L ugar
U biquidade — Art. 6º
T empo
A tividade — Art. 4º

1.11 Da Lei Penal no Espaço

Da territorialidade

Antes de iniciar o estudo do tópico, temos que ter em mente que iremos estudar a Lei Penal e não a Lei Processual Penal, que segue outra regra específica.

Aqui trataremos de como se comporta a Lei Penal Brasileira quando ocorrerem crimes no exterior, ou seja, Extraterritorialidade de lei. Portanto, quando falamos em extraterritorialidade estamos tratando somente da Lei Penal e não da Lei Processual Penal.

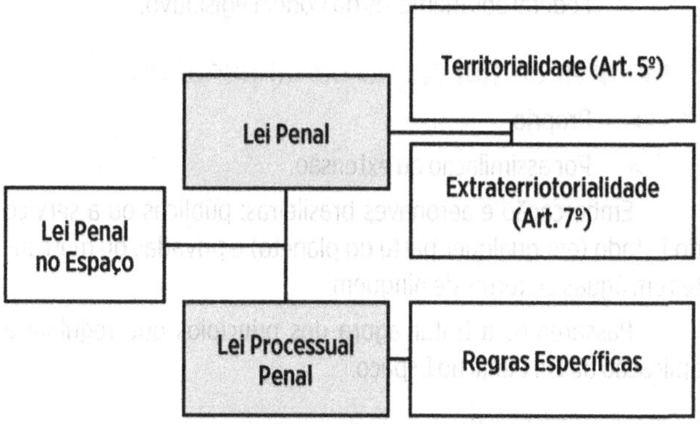

Falamos em Territorialidade quando se faz a aplicação da lei penal dentro do próprio Estado que a editou. Dessa forma, quando aplicamos a lei brasileira em nosso solo, estamos usando o conceito de Territorialidade.

A Territorialidade é tratada no Art. 5°, CP: *aplica-se a lei brasileira, sem prejuízo de convenções, tratados e regras de direito internacional, ao crime cometido no território nacional.*

Território Nacional Próprio

Art. 5º

> Lei Brasileira:
   » Sem prejuízo;
> Convenções, tratados e regras internacionais:
   » Imunidades.

***§1º** Território por extensão ou assimilação.*

Embarcação ou aeronave brasileira pública (em qualquer lugar).

Embarcação ou aeronave brasileira privada a serviço do Estado brasileiro (em qualquer lugar).

Embarcação ou aeronave brasileira mercante ou privada, desde que não esteja em território alheio.

A Extraterritorialidade é tratada no Art 7:

> ***Art. 7º.** Ficam sujeitos a Lei Brasileira, embora cometidos no estrangeiro:*
>
> ***I.** Os crimes:*
>
> ***a)** contra a vida ou a liberdade do Presidente de República;*
>
> ***b)** contra o patrimônio ou a fé pública da União, do Distrito Federal, de Estado, de Território, de Município, de empresa pública, sociedade de economia mista, autarquia ou fundação instituída pelo Poder Público;*
>
> ***c)** contra a administração pública, por quem está a seu serviço;*
>
> ***d)** de genocídio, quando o agente for brasileiro ou domiciliado no Brasil;*
>
> ***II.** Os crimes:*
>
> ***a)** que, por tratado ou convenção, o Brasil se obrigou a reprimir;*
>
> ***b)** praticados por brasileiros;*
>
> ***c)** praticados em aeronaves ou embarcações brasileiras, mercantes ou de propriedade privada, quando em território estrangeiro e aí não venham a ser julgados.*
>
> ***§ 1º** Nos casos do inciso I, o agente é punido segundo a lei brasileira, ainda que absolvido ou condenado no estrangeiro.*
>
> ***§ 2º** Nos casos do inciso II, a aplicação da lei brasileira depende do concurso das seguintes condições:*
>
> ***a)** entra o agente no território nacional;*
>
> ***b)** ser o fato punível também no país em que foi praticado;*
>
> ***c)** estar o crime incluído entre aqueles pelos quais a lei brasileira autoriza a extradição;*
>
> ***d)** não ter sido o agente absolvido no estrangeiro ou aí não ter cumprido pena;*
>
> ***e)** não ter sido o agente perdoado no estrangeiro, ou, por outro motivo não estar extinta a punibilidade, segundo a lei mais favorável.*
>
> ***§ 3º** A lei brasileira aplica-se também ao crime cometido por estrangeiro contra brasileiro fora do Brasil, se reunidas as condições previstas no parágrafo anterior:*
>
> ***a)** não pedida ou negada sua extradição;*
>
> ***b)** houve requisição do Ministro da Justiça.*

Território nacional

Podemos conceituar território nacional como sendo o espaço onde certo Estado possui sua soberania.

Elementos que constituem um determinado Estado soberano:

> Território;
> Povo;
> Organização jurídica.

Consideramos como território nacional as limitações que temos no mapa do país e mais o mar territorial, que representa a extensão de 12 milhas do mar a contar da costa, e sempre na maré baixa. O código considera, também, território nacional o espaço aéreo respectivo e o espaço aéreo correspondente ao território nacional. Esse sempre devemos considerar como território próprio.

Temos que considerar, também, como território nacional, o chamado território por extensão, assimilação ou impróprio descrito no §1º do Art. 5º do Código Penal.

> ***§ 1º** Para os efeitos penais, consideram-se como extensão do território nacional as embarcações e aeronaves brasileiras, de natureza pública ou a serviço do governo brasileiro, onde quer que se encontrem, bem como as aeronaves e as embarcações brasileiras, mercantes ou de natureza privada, que se achem, respectivamente no espaço aéreo correspondente ou em alto mar.*
>
> ***§ 2º** É também aplicável a lei brasileira aos crimes praticados a bordo de aeronaves ou embarcações estrangeiras, de propriedade privada, achando-se aquelas em pouso no território nacional ou em voo no espaço aéreo correspondente, e estas em porto ou mar territorial do Brasil.*

Como mencionado, a Lei Penal aplica-se em todo o território nacional próprio ou por assimilação. Por esse princípio aplica-se aos nacionais ou estrangeiros (mesmo que irregular) a Lei Penal brasileira.

Contudo, em alguns casos, mesmo o fato sendo praticado no Brasil, não será aplicada a Lei Penal a esse fato, isso se deve quando ocorrer por meio de convenções, tratados e regras de direito internacional, aqui o Brasil abre mão de punir, ou seja, nesses casos não se aplicará a Lei Brasileira.

Dessa forma, o Princípio da Territorialidade da Lei Penal é mitigado, isto é, não é adotado de forma absoluta e sim temperada, por esse motivo falamos em Princípio da Territorialidade Temperada.

Podemos dar como exemplo as imunidades diplomáticas e consulares concedidas por meio de adesão do Brasil às convenções de Viena (1961 e 1963), aos diplomatas e aos cônsules que exercem suas atividades no Brasil.

Quando falamos em território nacional, obrigatoriamente temos que pensar em algumas regras: Todas as embarcações ou aeronaves brasileiras de natureza pública, onde quer que se encontrem são consideradas parte do território nacional.

Para as embarcações e aeronaves de natureza privada, serão estas consideradas extensão do território nacional quando se acharem, respectivamente, no mar territorial brasileiro ou no espaço aéreo correspondente. Preste bem atenção, as de natureza privada, sem estar a serviço do Brasil, somente responderão pela lei brasileira se estiverem dentro do Brasil.

Ex.: Um navio brasileiro privado pelo mar da Argentina deverá responder pelas Leis Penais Argentinas, ou seja, caso um brasileiro mate o outro, a lei a ser aplicada é a Lei Penal Argentina, pois o navio não estava a serviço do Brasil.

Por outro lado, se o navio estiver em alto mar (terra de ninguém - aplica-se o princípio do pavilhão ou da bandeira) e ostentar a bandeira brasileira e lá um marujo matar o outro, a competência é da lei brasileira.

A mesma regra utilizamos para aeronaves. Uma questão interessante é por exemplo, se uma aeronave pousar em um país distinto e o piloto cometer um crime e essa aeronave estiver a serviço do Brasil, aplica-se a lei brasileira. Caso a aeronave for particular aplica-se a lei do país em que a aeronave estiver pousada.

Questão interessante é se o piloto sair do aeroporto e lá fora cometer um crime. Nesse caso temos que perguntar se o piloto estava em serviço oficial ou não, se estiver em serviço oficial aplicamos a lei penal brasileira, do contrário, aplica-se a lei do país onde cometeu o crime.

Resumo dos Conceitos

- Território nacional: é o espaço onde determinado estado exerce com exclusividade sua soberania.
- Território próprio: toda a base territorial por nós conhecida (o mapa), acrescida do mar territorial, que é extensão de 12 milhas mar a dentro, a contar da baixa maré.
- Território por extensão: embarcações e aeronaves brasileiras: públicas ou a serviço do estado (qualquer lugar do globo) e privadas em águas ou terras de ninguém.
- Territorialidade: aplicação da lei penal no território nacional.
- Territorialidade absoluta: impossibilidade para aplicação de convenções, tratados e regras de direito internacional, ao crime cometido no território nacional.
- Territorialidade temperada: adota como regra a aplicação da lei penal brasileira no território nacional. Entretanto, com determinadas hipóteses, permite a aplicação de lei penal estrangeira a fatos cometidos no Brasil (Art. 5º do CP).
- Imunidade: exclusão da aplicação da lei penal.
- Imunidade diplomática e consular: são imunidades previstas em convenções internacionais chancelados pelo Brasil.
- Imunidade parlamentar: previstas na Constituição Federal aos membros do Poder Legislativo.

Princípios da aplicação da lei penal no espaço

- Próprio.
- Por assimilação ou extensão.

Embarcação e aeronaves brasileiras: públicas ou a serviço do Estado (em qualquer parte do planeta) e privadas ou marcantes em águas ou terras de ninguém.

Passaremos a tratar agora dos princípios que regulam a aplicação da Lei Penal no Espaço.

Princípio da territorialidade

A lei penal de um país terá aplicação aos crimes cometidos dentro de seu território. Aqui, o Estado soberano tem o dever de exercer jurisdição sobre as pessoas que estejam sem seu território.

Princípio da nacionalidade

Classificado também como Princípio da Personalidade. Aqui os cidadãos de um determinado país devem obediência às suas leis, onde quer que se encontrem. Podemos dividir esse princípio em:

Princípio da nacionalidade ativa

Aplica-se a lei nacional ao cidadão que comete crime no estrangeiro, independentemente da nacionalidade do sujeito passivo ou do bem jurídico lesado.

Princípio da nacionalidade passiva

O fato praticado pelo nacional deve atingir um bem jurídico de seu próprio estado ou de um concidadão.

Princípio da defesa, real ou de proteção

Aqui se leva em consideração a nacionalidade do bem jurídico lesado (sujeito passivo), independentemente da nacionalidade do sujeito ativo ou do local da prática do crime.

Princípio da justiça penal universal ou da universalidade

Aqui, todo Estado tem o direito de punir todo e qualquer crime, independentemente da nacionalidade do criminoso ou do bem jurídico lesado, ou do local em que o crime foi praticado, bastando que o criminoso se encontre dentro do seu território. Assim, quem quer que seja que cometa crime dentro do território nacional será processado e julgado aqui.

Princípio da representação

A Lei Penal brasileira também será aplicada aos delitos cometidos em aeronaves e embarcações privadas brasileiras quando se encontrarem no estrangeiro e aí não venham a ser julgadas.

Extraterritorialidade

> O Código Penal brasileiro adota o princípio da Territorialidade como regra e os outros como exceção. Assim, os outros princípios visam disciplinar a aplicação extraterritorial da Lei Penal brasileira.

Art. 7º. *Ficam sujeitos à lei brasileira, embora cometidos no estrangeiro:*

I. Os crimes:

a) *contra a vida ou a liberdade do Presidente da República;*

b) *contra o patrimônio ou a fé pública da União, do Distrito Federal, de Estado, de Território, de Município,de empresa pública, sociedade de economia mista, autarquia ou fundação instituída pelo Poder Público;*

c) *contra a administração pública, por quem está a seu serviço;*

d) *de genocídio, quando o agente for brasileiro ou domiciliado no Brasil;*

II. Os crimes:

a) *que, por tratado ou convenção, o Brasil se obrigou a reprimir;*

b) *praticados por brasileiro;*

c) *praticados em aeronaves ou embarcações brasileiras, mercantes ou de propriedade privada, quando em território estrangeiro e aí não sejam julgados.*

§ 1º. *Nos casos do inciso I, o agente é punido segundo a lei brasileira, ainda que absolvido ou condenado no estrangeiro.*

§ 2º. *Nos casos do inciso II, a aplicação da lei brasileira depende do concurso das seguintes condições:*

a) *entrar o agente no território nacional;*

b) *ser o fato punível também no país em que foi praticado;*

c) *estar o crime incluído entre aqueles pelos quais a lei brasileira autoriza a extradição;*

d) *não ter sido o agente absolvido no estrangeiro ou não ter aí cumprido a pena;*

e) *não ter sido o agente perdoado no estrangeiro ou, por outro motivo, não estar extinta a punibilidade, segundo a lei mais favorável.*

§ 3º. *A lei brasileira aplica-se também ao crime cometido por estrangeiro contra brasileiro fora do Brasil, se, reunidas as condições previstas no parágrafo anterior:*

a) *não foi pedida ou foi negada a extradição;*

b) *houve requisição do Ministro da Justiça.*

A regra é de que a lei penal brasileira apenas aplica-se aos crimes praticados no Brasil (conforme estudado no Art. 5º do Código Penal). No entanto, há situações que, por força do Art. 7º, permitem o Estado aplicar sua legislação penal no estrangeiro. Nesta norma, encontram-se diversos princípios, são eles:

Defesa (também chamado de Real): amplia a aplicação da lei penal em decorrência da gravidade da lesão. É o aplicável no Art. 7º nas alíneas do inciso I, são elas:

a) *contra a vida ou a liberdade do Presidente da República.*

Caso seja a prática de latrocínio, não há a extensão da lei brasileira, visto que o latrocínio é considerado crime contra o patrimônio.

b) *contra o patrimônio ou a fé pública da União, do Distrito Federal, de Estado, de Território, de Município, de empresa pública, sociedade de economia mista, autarquia ou fundação instituída pelo Poder Público;*

c) *contra a administração pública, por quem está a seu serviço;*

d) *de genocídio, quando o agente for brasileiro ou domiciliado no Brasil.*

Há discussão qual o princípio aplicável neste caso, havendo quem sustente ser da defesa, outros dizem ser da nacionalidade ativa e outra corrente, ainda, afirmando ser relacionado ao princípio da Justiça Penal Universal.

Justiça Penal Universal (também chamada de Justiça Cosmopolita): amplia a aplicação da legislação penal brasileira em decorrência da de tratado ou convenção que o Brasil é signatário. Vem normatizada pelo Art. 7º, II, "a":

a) *Que, por tratado ou convenção, o Brasil se obrigou a reprimir.*

Nacionalidade Ativa: amplia a aplicação da legislação penal brasileiro ao exterior caso o crime seja praticado por brasileiro. Está prevista no Art. 7º, II, "b":

b) *Praticados por brasileiro;*

Representação (também chamado de Pavilhão ou da Bandeira ou da Substituição): amplia a aplicação da legislação penal brasileira em decorrência do local em que o crime é praticado. Vem normatizada pelo Art. 7º, II, "c":

c) *Praticados em aeronaves ou embarcações brasileiras, mercantes ou de propriedade privada, quando em território estrangeiro e aí não sejam julgados.*

Nacionalidade Passiva: amplia a aplicação da legislação penal brasileira em decorrência da nacionalidade da vítima do crime. Vem normatizada pelo Art. 7º, §3º:

§3º. *A lei brasileira aplica-se também ao crime cometido por estrangeiro contra brasileiro fora do Brasil.*

Tais regras, de que a legislação penal brasileira será aplicada no exterior, valem apenas para os crimes e nunca para as contravenções penais. Apesar da lei prever, no Art. 7º, que a lei brasileira também será aplicada no anterior, há determinadas regras para esta aplicação, também normatizadas pelos parágrafos do artigo em questão, vejamos:

Incondicionada: é a prevista para os casos normatizados no Art. 7º, I, alíneas "a" até "d". Segundo o Código Penal, o agente será processado de acordo com a lei brasileira, mesmo que for absolvido ou condenado no exterior (conforme normatizado pelo §1º do Art. 7º). Não exige qualquer condição.

Condicionada: é a prevista para os casos normatizados no Art. 7º, §2º, alíneas "a" até "e": São as condições:

a) *Entrar o agente no território nacional.*

b) *Ser o fato punível também no país em que foi praticado.*

c) *Estar o crime incluído entre aqueles pelos quais a lei brasileira autoriza a extradição.*

d) *Não ter sido o agente absolvido no estrangeiro ou cumprido a pena.*

e) *Não ter sido o agente perdoado no estrangeiro.*

Não estará extinta a punibilidade do agente, seja pela brasileira, seja pela lei estrangeira.

Hipercondicionada: é a prevista para os casos normatizados no Art. 7º, §3º. Chama-se pela doutrina de hipercondicionada porque exige, além das condições da condicionada, outras duas. São condições:

> Não ser pedida ou, se pleiteada, negada a extradição.

> Requisição do Ministro da Justiça.

1.12 Pena Cumprida no Estrangeiro

Art. 8º. A pena cumprida no estrangeiro atenua a pena imposta no Brasil pelo mesmo crime, quando diversas, ou nela é computada, quando idênticas.

Caso o agente seja processado no exterior e lá, condenado e cumprido pena, estipula-se neste artigo que caso venha no Brasil a ser condenado pelo mesmo fato (no caso da extraterritorialidade incondicionada), deverá se verificar:

Se as penas são idênticas, ou seja, da mesma qualidade, deverá ser computada como cumprida no Brasil.

Ex.: As duas são privativas de liberdade.

Se as penas são diversas, ou seja, de qualidade diferente, deverá haver uma atenuação.

Ex.: no exterior o agente cumpriu pena restritiva de liberdade e, no Brasil, foi condenado e teve sua pena substituída pela prestação de serviços comunitários. Neste caso, deverá se atenuar a pena no Brasil.

1.13 Eficácia de Sentença Estrangeira

Art. 9º. A sentença estrangeira, quando a aplicação da lei brasileira produz na espécie as mesmas consequências, pode ser homologada no Brasil para:

I. Obrigar o condenado à reparação do dano, a restituições e a outros efeitos civis;

II. Sujeitá-lo a medida de segurança.

***Parágrafo único.** A homologação depende:*

***a)** para os efeitos previstos no inciso I, de pedido da parte interessada;*

***b)** para os outros efeitos, da existência de tratado de extradição com o país de cuja autoridade judiciária emanou a sentença, ou, na falta de tratado, de requisição do Ministro da Justiça.*

A regra geral é de que a sentença penal estrangeira não precisa ser homologada para produzir efeitos no Brasil. No entanto, o Art. 9º traz duas situações que necessitam da homologação para que a sentença produza efeitos no Brasil, são elas:

Para a produção de efeitos civis (Ex.: Reparação de danos, restituições, entre outros). Neste caso, depende do pedido da parte interessada.

Para a aplicação de medida de segurança ao agente da Infração Penal: caso exista tratado de extradição, necessita de requisição do Procurador-Geral da República. Caso inexista tratado de extradição, necessita de requisição do Ministro da Justiça.

1.14 Contagem de Prazo

Art. 10. O dia do começo inclui-se no cômputo do prazo. Contam-se os dias, os meses e os anos pelo calendário comum.

A regra, aqui, é diversa da processual, visto que o dia do começo do prazo penal inclui-se no cômputo do prazo. Por exemplo, determinado agente pratica uma infração penal em 10 de agosto de 2012. Supondo que esta infração penal possui um prazo prescricional de 08 (oito) anos, a pretensão punitiva irá prescrever em 09 de agosto de 2020.

1.15 Frações Não Computáveis da Pena

Art. 11. Desprezam-se, nas penas privativas de liberdade e nas restritivas de direitos, as frações de dia, e, na pena de multa, as frações de cruzeiro.

Ou seja, caso após o cálculo da pena, remanescer frações de dia (por exemplo: o agente é condenado a pena de 15 (quinze) meses de detenção, com uma causa de aumento de 1/2, a pena torna-se em 22,5 dias. Com a norma deste artigo, despreza-se a fração de metade e a pena final é de 22 dias.

Do mesmo modo, aplica-se a regra à pena de multa, não sendo condenado o agente a pagar os centavos.

1.16 Legislação Especial

Art. 12. As regras gerais deste Código aplicam-se aos fatos incriminados por lei especial, se esta não dispuser de modo diverso.

As infrações penais não estão apenas descritas no Código Penal, mas também em outras leis, que se denominam de leis especiais. Nestes casos, aplica-se, desde que a lei especial não disponha de modo diverso, as regras gerais do Código Penal.

Questões

01. (FCC) Adotada a Teoria Finalista, é possível se a firmar que o dolo e a culpa integram:

a) Tipicidade e culpabilidade, respectivamente.

b) Culpabilidade.

c) Antijuridicidade.

d) Culpabilidade e tipicidade, respectivamente.

e) Tipicidade.

02. (FCC) Adotada a teoria finalista da ação, o dolo e a culpa integram a:

a) Punibilidade.

b) Tipicidade.

c) Culpabilidade.

d) Imputabilidade.

e) Antijuridicidade.

03. (ALFACON) Assinale a alternativa falsa:

a) Pode-se definir ilicitude como a relação de antagonismo que se estabelece entre uma conduta humana voluntária e o ordenamento jurídico;

b) O roubo de veículo automotor acarreta necessariamente um aumento de pena, se o veículo for transportado para o exterior;

c) A difamação, em regra, não admite a exceção da verdade, enquanto a calúnia, em regra, a admite;

d) Pode-se afirmar que a analogia no direito penal só pode ser utilizada para beneficiar o réu.

04. (ALFACON) A chamada abolitio criminis faz cessar, em virtude dela:

a) A execução da sentença condenatória, mas não os seus demais efeitos penais.

b) A execução da pena em relação ao autor do crime, mas este benefício não se estende aos eventuais coautores ou partícipes.

c) Os efeitos penais da sentença condenatória, mas não a sua execução.

d) A execução e os efeitos penais da sentença condenatória.

05. (ALFACON) Taxatividade, em Direito Penal, significa que:

a) Os fatos descritos na lei penal admitem ampliações de entendimento.

b) O fato é típico ou atípico.

c) O conjunto de normas incriminadoras admitem pena de multa.

d) As regras de direito penal decorrem do princípio da reserva legal.

Gabaritos

01	E
02	B
03	A
04	D
05	B

2. DO CRIME

2.1 Relação de Causalidade

Teoria da equivalência dos antecedentes

A ação ou omissão tem que dar causa ao resultado:

Relação de Causalidade

> ***Art. 13.*** *O resultado, de que depende a existência do crime, somente é imputável a quem lhe deu causa. Considera-se causa a ação ou omissão sem a qual o resultado não teria ocorrido.*

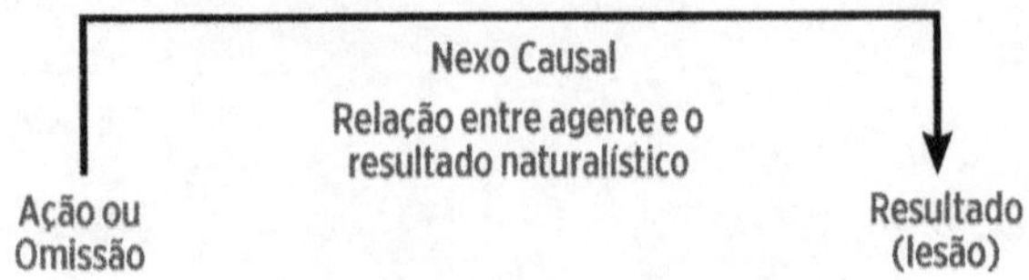

Neste caso, antes de tudo, é importante mencionar sobre a responsabilidade do agente. Para o Código Penal existem duas formas de responsabilidades: subjetiva e objetiva.

Subjetiva: nesta situação, o agente pode ser punido na modalidade culposa, quando não queria o resultado. É o imperito, imprudente ou negligente. Na modalidade dolosa, quando o agente quis ou assumiu o risco do resultado. O Código Penal sempre irá punir sobre aquilo que o agente queria causar, sobre a intenção no momento da conduta.

Objetiva: a responsabilidade objetiva não é mais adotada, visto que sempre haveria a punição por dolo, não se admitindo a forma culposa.

Ex.: "A" dispara dois tiros em "B". Os tiros efetivamente acertam "B" causando sua morte. Nessa situação, a ação de "A" deu causa ao resultado, que é morte de "B", mantendo uma relação de causa x efeito, com resultado naturalístico: morte.

Causa relativamente independente superveniência de causa independente:

> ***§ 1º.*** *A superveniência de causa relativamente independente exclui a imputação quando, por si só, produziu o resultado; os fatos anteriores, entretanto, imputam-se a quem os praticou.*

Ex.: "A" atira em "B", contudo "B" morre devido a um veneno ingerido anteriormente. A causa efetiva da morte de "B" foi o envenenamento e não o disparo efetuado por "A". Nessa situação, "A" responderá apenas por tentativa de homicídio.

Nesta situação, a causa da morte não foi efetivamente o tiro disparado por "A", mas o veneno ingerido anteriormente.

Sendo assim, não foi efetivamente o disparo que causou o resultado naturalístico da morte de "B".

Ex.: "A" atira na cabeça de "B", esse é socorrido em ambulância, no trajeto para o hospital a ambulância capota causando a morte de "B". Mesmo "A" tendo concorrido diretamente para que "B" estivesse na ambulância, o código penal manda que "A" responda somente por tentativa de homicídio.

Fato que ocorre após a conduta do agente, entretanto, não ocorreria se a ação ou omissão não tivesse acontecido.

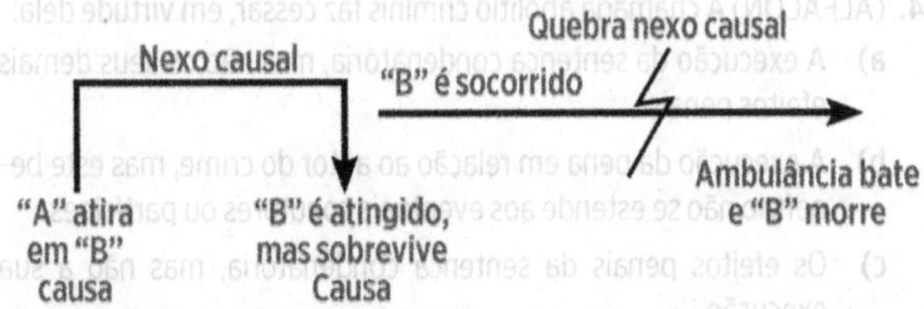

No exemplo citado, digamos que "B" seja socorrido com sucesso. Entretanto, devido ao ferimento na cabeça, tenha que ser submetido à intervenção cirúrgica imprescindível e, durante o procedimento, devido a complicações, vem a falecer. Nesta situação, "A" responderá por homicídio consumado, pois ninguém está obrigado a submeter-se a intervenções cirúrgicas. A mesma situação ocorre se, devido à internação, "B" contraia infecção hospitalar, vindo a falecer. Nessas duas hipóteses, "A" responderá pelo crime consumado, segundo entendimento do STJ - Superior Tribunal de Justiça. Cabe ressaltar que, mesmo "B", estando no hospital, porém, este falece devido a um desmoronamento provocado por um terremoto, haverá novamente a quebra do nexo causal, como no acidente com a ambulância, "A" responderá somente pela tentativa de homicídio.

Relevância da omissão

O "dever" de agir é um dever Jurídico, é o poder do garantidor ou garantia, ou seja, imposto por Lei. Quando da omissão, o agente tem a possibilidade e o dever jurídico de agir e omite-se.

Ex.: Dois policiais observam uma pessoa sendo vítima de roubo e nada fazem, nesse caso, os agentes, tendo a possibilidade e o dever de agir, omitiram-se. Nesta situação ambos responderão pelo resultado, ou seja, por roubo.

> ***§ 2º.*** *A omissão é penalmente relevante quando o omitente devia e podia agir para evitar o resultado. O dever de agir incumbe a quem:*
>
> ***a)*** *Tenha por Lei obrigação de cuidado, proteção ou vigilância; (**dever legal**).*

Exs.: Pai que deixa de alimentar o filho, e este vem a morrer de inanição.

Carcereiro que observa o preso agonizando à beira da morte e nada faz.

> ***b)*** *De outra forma, assumiu a responsabilidade de impedir o resultado; (**dever do garantidor**).*

Ex.: Babá que descuida da criança e a deixa morrer.Salva-vidas que observa banhista se afogar e nada faz.

> ***c)*** *Com seu comportamento anterior, criou o risco da ocorrência do resultado.*

Ex.: Homem se propõe a ajudar um idoso a atravessar na faixa de pedestres. Porém, no meio do caminho, o homem abandona o idoso e este morre atropelado.

Esses crimes são chamados de crimes omissivos impróprios ou comissivos por omissão, ou ainda participação por omissão. Em todos esses casos, o omitente responderá pelo resultado, a não ser que este não lhe possa ser atribuído nem por dolo nem por culpa. O agente tem que ter consciência de que se encontra na função de agente garantidor.

2.2 Da Consumação e Tentativa

Art. 14º. Diz-se do Crime:

I. Consumado, quando nele se reúnem todos os elementos de sua definição legal.

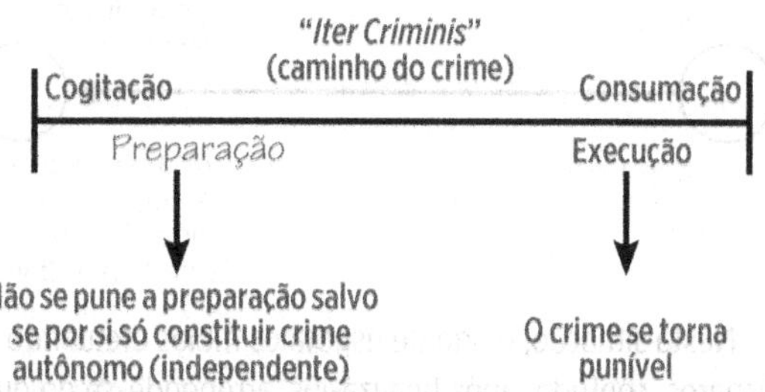

Para que o crime seja consumado, é necessário que ele percorra todas as fases do ***iter criminis***, quais sejam: cogitação, preparação, execução e consumação. O agente, com sua conduta, "caminha" por todas as fases até atingir o resultado.

Ex.: Fabrício, com "*animus necandi*" (vontade de matar) Pedro, pensa em uma forma de consumar seu desejo (***cogitação***). Para isso, compra um revólver e munições (***preparação***) e desloca-se até a casa da vítima. Ao avistá-lo, inicia os disparos (***execução***) contra Pedro, ferindo-o mortalmente (***consumação***).

O Código Penal não admite a punição nas fases de **cogitação** e **preparação**, salvo se constituírem **crimes autônomos**. No caso citado acima, se Fabrício fosse preso no momento em que estava com o revólver, deslocando-se à casa de Pedro para matá-lo, iria configurar apenas o crime de porte ilegal de arma de fogo, não poderia de forma alguma ser punido pela tentativa de matar Pedro. Só se pode punir a intenção do agente, a partir do momento que entra na esfera de **execução**.

Outra situação, seria a união de 3 ou mais pessoas que planejam assaltar um banco, para isso, compram ferramentas: picaretas, pás, marretas, conseguem a planta do banco, alugam uma casa nas proximidades, contudo, no momento que planejavam a forma como iriam realizar o assalto, são surpreendidos pela polícia com todos os materiais. Nesse caso, essas pessoas não responderão pelo crime de "roubo" (Art. 157 CP), na forma tentada, mas sim pelo crime de "associação criminosa" (Art. 288 CP). Mesmo com a posse de todos os materiais que seriam utilizados, eles não haviam entrado na esfera de execução do roubo.

Por conseguinte, o Código Penal sempre irá punir o agente por aquilo que ele queria cometer (**Elemento Subjetivo**), ou seja, qual era a intenção do agente, ainda que outro seja o resultado.

Ex.: "A", com intenção de matar "B", efetua vários disparos em sua direção, contudo, acerta apenas um tiro no dedo do pé de "B". Independente desse resultado, "A" vai responder por tentativa de homicídio, pois era sua intenção inicial.

É importante sempre atentar-se para a vontade do agente, pois o Código Penal irá puni-lo somente pelo resultado ao qual quis causar, ou seja, sempre pelo Elemento Subjetivo do agente.

Tentativa

Diz que o crime é tentado, quando, iniciada a execução, não se consuma por circunstâncias alheias à vontade do agente.

Não se admite Tentativa para:

> Crime culposo;
> Contravenções Penais (Art. 4º, L, CP);
> Mera conduta;
> Crime Preterdoloso.

Alguns tipos penais não aceitam a forma "tentada", sendo assim, o fato de iniciar a execução já o torna consumado, como por exemplo o crime de: Concussão (Art. 316, CP), nessas situações, a consumação é um mero exaurimento.

Os crimes "tentados" são aqueles que iniciam a fase de execução, mas não chegam à consumação por circunstâncias alheias à vontade do agente, ou seja, o autor quer praticar a conduta, mas é impedido de alguma forma.

Exs.: "A" com intenção de matar "B", compra um revólver; ao encontrar "B", no momento que iria iniciar os disparos, é flagrado por um policial que o impede.

"A" com intenção de matar "B", compra um revólver; ao encontrar "B" do outro lado da rua, no momento que começa a efetuar os disparos, atinge uma caçamba de entulhos que trafegava pela via.

As circunstâncias alheias à vontade do agente podem ser quaisquer fatos, que impeçam que o crime seja consumado.

Pena do crime tentado

É a mesma do crime consumado. Devendo ser reduzida de 1/3 a 2/3. Quanto mais próximo o crime chegar da consumação, maior deverá ser a pena.

Se, quando iniciada a execução, o crime não se consumar por circunstâncias alheias à vontade do agente, incidirá a pena do crime consumado, com redução no *quantum* da pena.

Homicídio: pena de 6 a 20 anos.

Ex.: João fez disparos contra José causando sua morte.

Pena - 12 anos

Tentativa de homicídio: pena de 6 a 20 anos reduzida de 1 a 2/3.

Ex.: João fez disparos contra José que ferido foi socorrido e sobreviveu.

Pena - 4 anos (melhor cenário) - 8 anos (pior cenário).

Ex.: João, armado de pistola, efetua 15 disparos contra José ficando este em coma por 40 dias, quase vindo a falecer, mas sobrevive.

Pena - mesmo nesse caso, haverá redução de pena, nesse caso, à mínima, 1/3 - 8 anos - mas deve ser aplicada.

Existem dois tipo de tentativas, perfeita e imperfeita, ambas podem ser cruentas e incruentas.

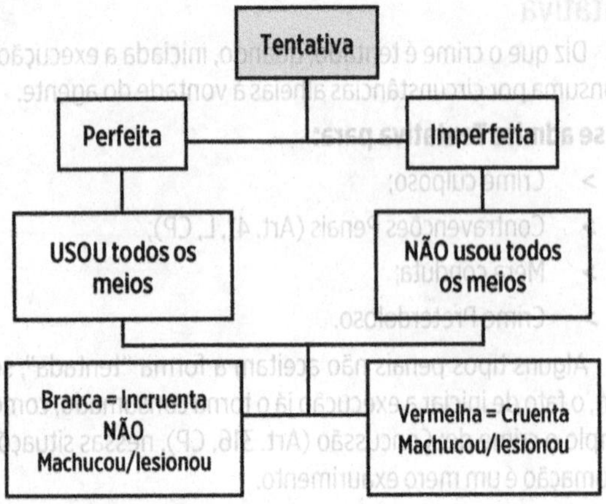

A tentativa será perfeita - crime falho - quando o agente esgotar todos os meios, vindo a acertar ou não a vítima. E imperfeita, quando **NÃO** esgotou todos os meios, mesmo que já tenha atingido a vítima ou ainda sem feri-la, por circunstâncias alheias à sua vontade.

A doutrina ainda classifica a tentativa em idônea ou inidônea (neste último caso, também apelidada de "crime impossível"), quanto à possibilidade de alcançar o resultado.

2.3 Desistência Voluntária e Arrependimento Eficaz

Art. 15. *O agente que, voluntariamente, desiste de prosseguir na execução ou impede que o resultado se produza, só responde pelos atos já praticados.*

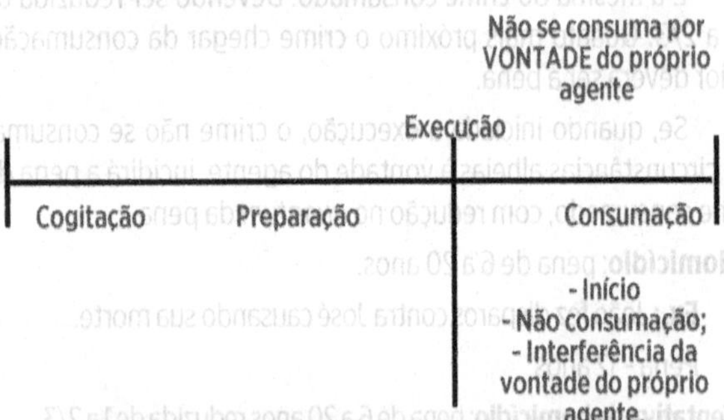

Desistência Voluntária: o agente interrompe voluntariamente a execução do crime impedindo a consumação.

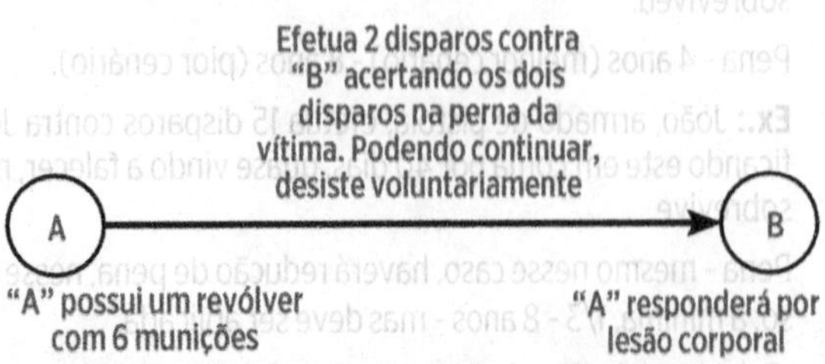

Nessa situação, o agente poderia efetuar mais disparos, porém desiste de continuar a efetuá-los e vai embora, é importante ressaltar que a desistência não teve influência de nenhuma outra circunstância, senão a vontade do próprio agente.

Arrependimento Eficaz: encerrada a execução do crime, o agente voluntariamente impede o resultado. Aqui, ele leva a execução até o fim. Contudo, com sua ação impede que o resultado seja produzido.

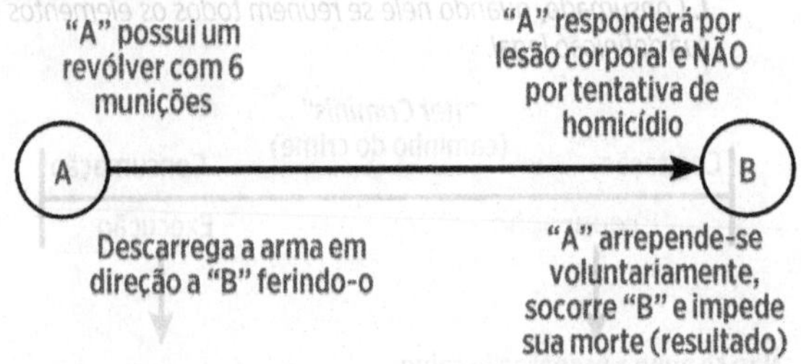

Nesta situação, o agente esgota os meios efetuando todos os disparos, contudo, após finalizá-los, arrepende-se do que fez, socorre "B" levando-o para um hospital, vindo a salvá-lo.

A "desistência voluntária" (ato negativo) e o "arrependimento eficaz" (ato positivo) têm como consequência a DESCLASSIFICAÇÃO DA FIGURA TÍPICA, ou seja, exclui a modalidade tentada. Dessa forma o agente responderá pelos atos até então praticados; nessas situações, considera-se lesão corporal.

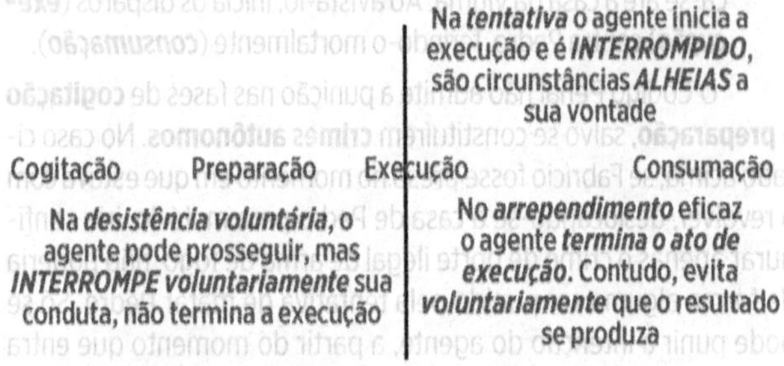

Tentativa: após o início da execução, o crime não se consuma por vontades alheias ao desejo do agente.

Desistência voluntária: mesmo podendo prosseguir, o agente desiste, interrompe por sua vontade própria.

Arrependimento eficaz: finalizados todos os atos de execução, o agente por vontade própria, socorre a vítima, impedindo que o resultado (morte) ocorra.

2.4 Arrependimento Posterior

Art. 16. *Nos crimes cometidos sem violência ou grave ameaça à pessoa, reparado o dano ou restituída a coisa, até o recebimento da denúncia ou da queixa, por ato voluntário do agente, a pena será reduzida de um a dois terços.*

É requisito fundamental que não ocorra violência ou grave ameaça. Após a consumação do crime, antes que do recebimento da denúncia ou queixa - instauração no Poder Judiciário - o agente repara o dano causado anteriormente.

Ex.: Um rapaz é preso pelo furto (Art. 155, CP) de uma televisão de 14 polegadas, antes do recebimento da denúncia, seu advogado - ou representante legal - repara à vítima todos os danos que o agente causou quando subtraiu o bem, nessa hipótese, a pena do agente será reduzida.

Caso a reparação do dano ocorra após o recebimento da denúncia, a pena será atenuada, por exemplo, em vez de iniciar a pena no regime de reclusão, irá iniciar em regime semi-aberto.

2.5 Crime Impossível - "Quase Crime"

> ***Art. 17.*** *Não se pune a tentativa quando, por ineficácia absoluta do meio ou por absoluta impropriedade do objeto, é impossível consumar-se o crime.*

Ineficácia absoluta do meio: o meio empregado ou o instrumento utilizado para a execução do crime jamais o levarão a consumação.

- Tentar matar alguém utilizando uma arma de brinquedo.
- Tentar envenenar alguém com sal.

"A" com intenção de envenenar "B", coloca sal - erro do tipo putativo - em sua comida, pensando ser arsênico.

Impropriedade absoluta do objeto material: Nessa hipótese, a pessoa ou a coisa sobre a qual recai a conduta é absolutamente inidônea para produção de algum resultado lesivo.

- Matar quem já está morto.

"A" com intenção de matar "B", enquanto este está dormindo, efetua vários disparos. Contudo, "B" já estava morto devido ao veneno administrado por "C" horas atrás.

Embora o elemento subjetivo do agente seja o dolo - homicídio - esses casos não serão puníveis, pois o meio empregado "sal" ou o objeto material "o morto" tornam o crime impossível de ser consumado.

Caso a ineficácia absoluta do meio seja relativa, será considerado crime, por exemplo, uma arma antiga de um colecionador, da segunda guerra mundial, seria quase impossível cometer um crime com um meio desses, entretanto, caso ela tenha potencial para causar lesão (esteja funcionando) o crime que o agente tentou praticar com esta arma, será considerado punível.

2.6 Crime Doloso

> ***Art. 18.*** *Diz-se o crime:*
>
> ***I.*** *doloso, quando o agente quis o resultado ou assumiu o risco de produzi-lo.*

- **Doloso direto**: quis resultado.
- **Doloso eventual ou indireto**: assumiu o risco de produzir o resultado.

Ex.: "A" atira em direção de "B" querendo que a morte desse aconteça.

"A", caçador, efetua vários disparos a fim de abater animal. Contudo, é advertido por "B" que naquela direção em que está atirando é local habitado. "A" não se importa e continua os disparos, mesmo consciente que poderia acertar alguém. Um de seus projéteis acerta "C", inocente morador das redondezas. Nessa situação, deverá "A" responder por homicídio doloso - eventual - pois assumiu o risco de produzir o resultado não observando a advertência que "B" lhe havia feito. O agente sabe o que pode vir a causar, mas não se importa com o resultado.

Ex.: "A" dirigindo em altíssima velocidade e disputando um racha com amigos perto de uma movimentada escola vem a atropelar "B", estudante, no momento que este atravessava a via. "A" nessa situação tinha consciência que sua conduta poderia matar alguém. Contudo, não se importou em continuar. Novamente, o agente sabe que pode acontecer, mas não se importa.

- **Dolo Direto** - Teoria da Vontade - Quer o resultado.
- **Dolo Eventual** - Teoria do Assentimento - Assume o risco do resultado.

2.7 Crime Culposo

> ***Art. 18, II.*** *Culposo, quando o agente deu causa ao resultado por imprudência, negligência ou imperícia.*
>
> ***Parágrafo único.*** *Salvo os casos expressos em lei, ninguém pode ser punido por fato previsto como crime, senão quando o pratica dolosamente.*

Culpa

Na conduta culposa, há uma ação voluntária dirigida a uma finalidade lícita, mas, pela quebra do dever de cuidado a todos exigidos, sobrevém um resultado ilícito não desejado, cujo risco nem sequer foi assumido.

Requisitos do crime culposo

Quebra do dever objetivo de cuidado

A culpa decorre da comparação que se faz entre o comportamento realizado pelo sujeito no plano concreto e aquele que uma pessoa de prudência normal, mediana, teria naquelas mesmas circunstâncias. Haverá a conduta culposa sempre que o evento decorrer de quebra do dever de cuidado por parte do agente mediante uma conduta imperita, negligente ou imprudente.

Previsibilidade

Não basta tão somente a quebra do dever de cuidado para que o agente responda pela modalidade culposa, pois é necessário que as consequências de sua ação descuidada sejam previsíveis.

Modalidades do crime culposo

Imprudência

É o fazer sem a obrigação de cuidado.

É a culpa de quem age, ou seja, aquela que surge durante a realização de um fato sem o cuidado necessário.

Ex.: Ultrapassagem em local proibido, excesso de velocidade, trafegar na contramão, manejar arma carregada, atravessar o sinal vermelho, etc.

Imperícia

É a falta de conhecimento técnico ou habilitação para o exercício de profissão ou atividade.

Ex.: Médico ao realizar uma cirurgia e esquece uma pinça dentro do abdômen do paciente. Atirador de elite que acerta a vítima, em vez do criminoso. Médico que faz lipoaspiração e causa a morte de paciente.

Negligência

É o não fazer sem a obrigação de cuidado.

É a culpa na sua forma omissiva. Consiste em deixar alguém de tomar o cuidado devido antes de começar a agir.

Ex.: Deixar de conferir os pneus antes de viajar, bem como de realizar a devida manutenção do veículo. Deixar substância tóxica ao alcance de crianças, etc.

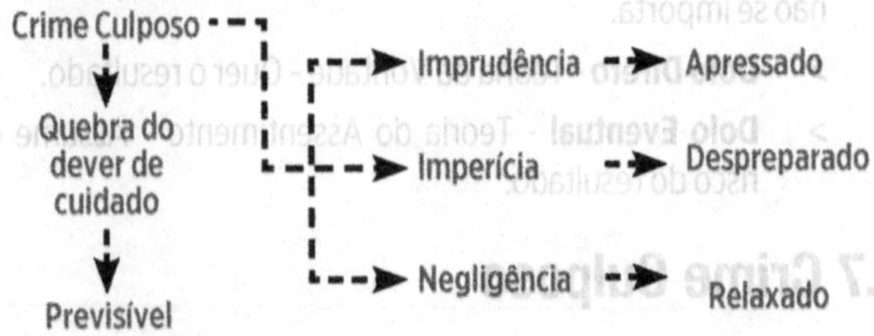

Culpa consciente

Na culpa consciente, o agente antevê o resultado, mas não o aceita, não se conforma com ele. O agente age na crença de que não causará o resultado danoso:

O atirador - não o substituto - de facas no circo. Ele atira a faca na crença de que, habilidoso que é, acertará a maça. Mas, ao contrário do que acreditava, ele acerta a moça.

2.8 Preterdolo

***Art. 19.** Pelo resultado que agrava especialmente a pena, só responde o agente que o houver causado ao menos culposamente.*

Quando o resultado agravador for imputado a título de culpa, estaremos diante de um crime PRETERDOLOSO. Nele, o agente quer praticar um crime, mas acaba excedendo-se e produzindo culposamente um resultado mais gravoso do que o desejado.

Ex.: O agente desfere soco no rosto da vítima com intenção de lesioná-la, no entanto, ela perde o equilíbrio, bate a cabeça e morre.

***Art. 157.** Subtrair coisa móvel alheia, para si ou para outrem, mediante grave ameaça ou violência à pessoa, ou depois de havê-la, por qualquer meio, reduzido à impossibilidade de resistência:*
***Pena** - Reclusão, de quatro a dez anos, e multa.*
***§ 3º.** Se da violência resulta lesão corporal grave, a pena é de reclusão, de sete a quinze anos, além da multa; se resulta morte, a reclusão é de vinte a trinta anos, sem prejuízo da multa.*
***Art. 129.** Ofender a integridade corporal ou a saúde de outrem:*
***§ 3º.** Se resulta morte e as circunstâncias evidenciam que o agente não quis o resultado, nem assumiu o risco de produzi-los;*
***Pena** - Reclusão, de quatro a doze anos.*

2.9 Erro sobre Elemento do Tipo

***Art. 20.** O erro sobre elemento constitutivo do tipo legal de crime exclui o dolo, mas permite a punição por crime culposo, se previsto em lei.*

Elementares: é a descrição típica do crime. Geralmente o próprio *caput*. Quando se extrai a elementar, o crime não existe.

***Art. 155.** Subtrair coisa alheia móvel: Caso o indivíduo subtraia coisa própria por engano não haverá o crime, pouco importando sua intenção. Assim, se o agente subtrai sua própria bicicleta por "engano", pensando que está a subtrair bicicleta de seu vizinho não comete crime algum. Não há como punir uma pessoa que subtrai suas próprias coisas.*

Circunstâncias: são dados assessórios do crime, que suprimidos não impedem a punição do agente. Só servem para aumentar ou diminuir a pena.

Ladrão que furta um bem de pequeno valor pensando ser de grande valor. Responderá pelo furto simples sem redução de pena do privilégio.

Erro essencial

Incide sobre situação, de tal importância, para o tipo que se o erro não existisse o agente não teria cometido o crime, ou pelo menos, não naquelas circunstâncias.

Erro inevitável (invencível ou escusável)

É aquele que não podia ter sido evitado, nem mesmo com o emprego de uma diligência mediana.

Nessas duas situações, exclui-se o dolo e a culpa do agente, sendo assim, exclui o crime.

Agente furta caneta pensando que é própria.

Ex.: Sujeito que mantém conjunção carnal com menor de 13 anos que aparenta ter 20 anos pela sua proporção física.

Ex.: Bêbado que sai de uma festa e liga carro alheio com sua chave normalmente, sendo o carro de mesma cor e modelo que o seu.

Erro evitável (vencível ou inescusável)

É aquele que poderia ser evitado pela prudência normal do homem médio. Exclui o dolo, mas permite a modalidade culposa se prevista em lei. Quando não prevista a modalidade culposa, não ocorre o crime.

Exs.: Caçador confunde vulto em uma moita com o animal que caçava e atira, vindo a causar a morte de um lavrador. Nessa situação, caso o fato pudesse ser previsível, deverá o caçador responder por homicídio culposo.

Bêbado sai de uma festa, ao observar carro idêntico ao seu, tenta desativá-lo com a chave do próprio carro, não obtendo êxito, quebra o vidro com uma pedra, força a ignição e vai para sua casa. Nesse caso, o agente será punido na modalidade culposa, embora não tendo a intenção, utilizou-se de uma conduta reprovável.

Erro do Tipo

Erro do tipo acidental

Já o erro do tipo acidental **não exclui nada**, visto que o agente tem o elemento subjetivo do tipo e apenas erra na execução da ação criminosa.

- **Erro sobre o objeto**: o agente furta um quadro que acredita ser verdadeiro, mas no outro dia descobre que é falso. Aqui, ele responde como se tivesse furtado o quadro verdadeiro.
- **Erro sobre a pessoa** (error in persona): o agente tenta matar A, mas mata B, executando fielmente o que havia planejado. Neste caso, responde normalmente por homicídio.
- **Erro sobre a execução** (aberratio ictus): o agente tenta matar a sua namorada ao vê-la com outro, mas por não saber manusear a arma, quando atira, acerta em pessoa diversa. Nesse caso, ele responde como se tivesse matado a namorada.
- **Resultado diverso do esperado** (aberratio criminis): ocorrendo resultado diverso do pretendido, a consequência para o agente é responder pelo crime, a título de culpa (se houver), conforme Art. 74 do CP. Se ocorrer também o resultado pretendido, haverá concurso formal (1 ação = 2 crimes).
- **Erro sucessivo** (Dolo Geral ou aberratio causae): o agente, após acreditar ter matado a sogra por veneno, "desova" o corpo em um lago. Após a perícia analisar o caso, é constatado que não houve morte por envenenamento, mas por afogamento. Nessa situação, o agente responde como se tivesse envenenado a vítima.

2.10 Erro sobre a Pessoa

Art. 20, § 3º. *O erro quanto à pessoa contra a qual o crime é praticado não isenta de pena. Não se consideram, neste caso, as condições ou qualidades da vítima, senão as da pessoa contra quem o agente queria praticar o crime.*

É o erro na representação do agente, que olha um desconhecido e o confunde com a pessoa que quer atingir. O erro é tão irrelevante, que o legislador determinou que o autor fosse punido pelo crime que efetivamente cometeu contra o terceiro inocente - vítima efetiva - como se tivesse atingido a pretendida - vítima virtual -, por exemplo:

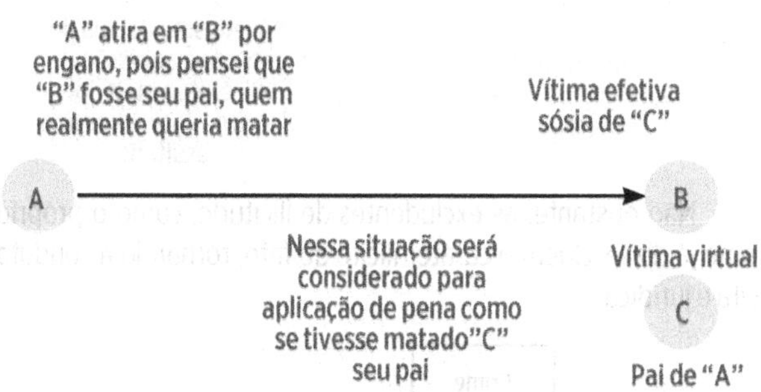

Esta situação é considerada um irrelevante penal, ou seja, o agente quer cometer uma coisa - matar "C" - entretanto, acaba matando "B", porém, independente do resultado, o Código Penal sempre adota o elemento subjetivo, ou seja, irá puni-lo pelo fato que ele realmente queria praticar, como na situação exposta era contra seu pai, incidirá ainda aumento de pena.

2.11 Erro sobre a Ilicitude do Fato

Erro de proibição

Art. 21. *O desconhecimento da lei é inescusável. O erro sobre a ilicitude do fato, se inevitável, isenta de pena; se evitável, poderá diminuí-la de um sexto a um terço.*

É a errada compreensão de uma determinada regra legal. Pode levar o agente a supor que certa conduta seja lícita.

Ex.: Um rústico aldeão, que nasceu e passou toda a sua vida em um vilarejo afastado do sertão, agride levemente sua mulher, por suspeitar que ela o traísse. É de irrelevante importância se o aldeão sabia ou não que sua conduta era ilícita.

Nesse caso é crime, porém o CP determina que, devido às circunstâncias - por força do ambiente onde vive e as experiências acumuladas -, o sujeito não terá PENA, ou seja, exclui-se a culpabilidade.

Nesta situação, devido à origem do agente ser de lugar ermo, e o mesmo não possuiu conhecimento suficiente sobre fatos que não são permitidos, embora sua conduta seja criminosa, nesse caso fático o Juiz não aplicará pena sobre o agente.

Tipos de erro de proibição

Erro Inevitável ou Escusável = Isenta de Pena

Dona de casa de prostituição cujo funcionamento era de pleno conhecimento das autoridades fiscais, tendo, inclusive, licença de funcionamento fornecido pela Prefeitura Municipal, circunstância que sugeriam o desempenho de atividade lícita.

Parágrafo único. *Considera-se evitável o erro se o agente atua ou se omite sem a consciência da ilicitude do fato, quando lhe era possível, nas circunstâncias, ter ou atingir essa consciência.*

Erro Evitável ou Inescusável = Não isenta de pena, mas terá direito a uma redução de pena 1/6 a 1/3.

Ex.: Atendente de farmácia que, apesar de ciente de que a venda de medicamentos com tarja preta configura transgressão administrativa, não tem consciência de que tal prática, com relação a alguns dos medicamentos controlados, caracteriza também o crime de tráfico de drogas.

Diferenças

Erro de Tipo	X	Erro de Proibição
Agente erra sobre dados do próprio crime. Isenta do dolo e culpa se inevitável e isenta de dolo mas permite a punição por culpa se evitável.		O agente acha que sua conduta é legal, quando na verdade é ilegal. Aqui o agente comete crime, mas não tem pena pois culpabilidade fica excluída.

É importante que diferenciemos bem a relação entre erro do tipo - exclui o crime - com o erro de proibição - isenta de pena . Naquele o agente sabe que sua conduta é ilícita, entretanto, erra sobre o próprio tipo penal, ou seja, sua intenção é realizar uma conduta, mas acaba cometendo outra. Contudo, nesse o agente desconhece o caráter ilícito do fato, imagina estar praticando uma conduta lícita, quando na verdade é ilícita - criminosa.

2.12 Coação Irresistível e Obediência Hierárquica

> ***Art. 22.*** *Se o fato é cometido sob coação irresistível ou em estrita obediência a ordem, não manifestamente ilegal, de superior hierárquico, só é punível o autor da coação ou da ordem.*

Para que se possa considerar alguém culpado do cometimento de uma infração penal, é necessário que esta tenha sido praticada em condições e circunstâncias normais, pois, do contrário, não será possível exigir do sujeito conduta diversa da que, efetivamente acabou praticando.

Nessa situação, o agente obriga uma terceira pessoa a cometer um crime ou ao cumprimento de uma ordem ilegal, a pessoa coagida não será punida, mas sim, quem o coagiu e o obrigou a realizar a conduta contra seu consentimento.

Coação irresistível

É o emprego de força física ou de grave ameaça para que alguém faça ou deixe de fazer alguma coisa.

Coação Física - *vis absoluta* - o sujeito não comete crime.

Ex.: "A" imobiliza "B", depois, coloca uma arma em sua mão e força-o a apertar o gatilho. O disparo acerta "C", que morre. Nessa situação, devido à coação FÍSICA irresistível, "B" ***NÃO*** comete crime. "A" responderá por homicídio.

A coação física recai sobre a conduta do agente - elemento do fato típico - pois este foi forçado, nessa situação, exclui-se o crime.

Coação Moral - *vis relativa* - o sujeito comete crime, mas ocorre isenção de pena.

Ex.: "A" encosta uma arma carregada na cabeça "B" e ordena que ele atire em "C", caso contrário quem irá morrer é "B". "B" atira e "C" morre. Nessa situação, ambos cometem crime ("A" e "B"). Contudo, somente "A" terá PENA, "B" estará ***ISENTO*** de pena devido a coação MORAL irresistível.

Assim sendo, mesmo "B" tendo praticado o ato, sua conduta foi forçada mediante grave ameaça moral, em que este, temendo por sua própria vida, cometeu o crime. Nessa situação a conduta de "B" é típica e ilícita, contudo, não culpável, pois ficará isento de pena.

Obediência hierárquica

É a obediência à ordem não manifestamente ilegal de superior hierárquico, tornando viciada a vontade do subordinado e afastando a exigência de conduta diversa. Também exclui a culpabilidade.

Ordem de superior hierárquico: é a manifestação de vontade do titular de uma função pública a um funcionário que lhe é subordinado.

Ex.: Um delegado de polícia manda seu subordinado, aspirante recém-chegado da corporação, que prenda um desafeto seu, para que esse aprenda uma lição.

Caso o aspirante cumpra esta ordem ilegal de seu superior, ambos estarão cometendo crime, abuso de autoridade; pois, embora ordem de superior, o aspirante no caso não é obrigado a cumpri-la.

Ordem manifestamente não ilegal: a ordem deve ser aparentemente legal. Se for manifestamente ilegal, deve o subordinado responder pelo crime.

Ex.: Delegado de polícia determina que agente prenda Antônio, indiciado por crime de latrocínio e alega que Antônio tem contra si um mandado de prisão expedido pela autoridade judiciária. O agente então prende Antônio e o conduz até a delegacia. Acontece que não existia mandado algum contra Antônio. Nessa situação, tanto o delegado quanto o agente cometeram crime de abuso de autoridade. Contudo, somente o delegado terá PENA, o agente ficará isento devido à "aparência" de ordem manifestamente NÃO ilegal.

Nessa conduta, o agente pensava estar praticando uma ação lícita, entretanto, este foi enganado por seu superior, sob alegação de posse de falso mandado de prisão.

2.13 Exclusão da Ilicitude

> ***Art. 23.*** *Não há crime quando o agente pratica o fato:*
> ***I.*** *Em estado de necessidade;*
> ***II.*** *Em legítima defesa;*
> ***III.*** *Em estrito cumprimento de dever legal ou no exercício regular de direito.*

Excesso punível

> ***Parágrafo único.*** *O agente, em qualquer das hipóteses deste artigo, responderá pelo excesso doloso ou culposo.*

O agente que extrapolar os limites das excludentes deve responder pelo resultado produzido de forma dolosa ou culposa.

Ex.: João saca sua arma para matar Manoel, esse, prevendo o ocorrido, vale-se de sua arma e atira primeiro, ferindo João. Mesmo após a cessação da agressão por parte de João, Manoel efetua mais dois disparos para garantir o resultado.

Nessa situação, Manoel excedeu-se e deverá responder por homicídio na modalidade dolosa.

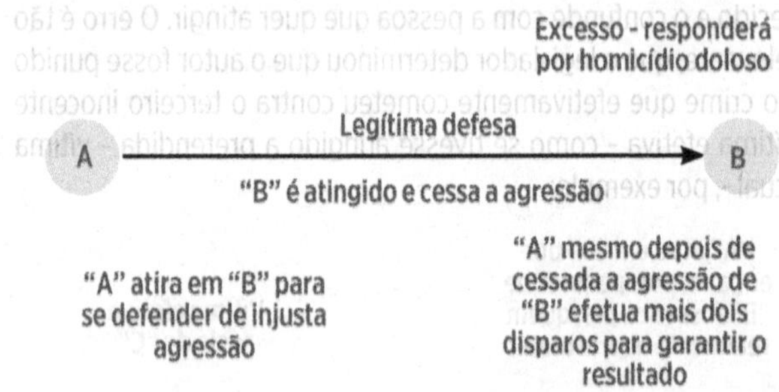

Não obstante, as excludentes de ilicitude, como o próprio nome já diz, excluem o caráter ilícito do fato, tornando a conduta lícita e jurídica.

Ocorrendo o fato diante de uma dessas excludentes, exclui-se também o crime.

São situações em que a norma penal permite que se cometa crime em determinadas situações, pois, apesar de serem condutas ilícitas, o agente não será punido.

Estado de necessidade

> ***Art. 24.*** *Considera-se em estado de necessidade quem pratica o fato para salvar de perigo atual, que não provocou por sua vontade, nem podia de outro modo evitar, direito próprio ou alheio, cujo sacrifício, nas circunstâncias, não era razoável exigir-se.*

Ocorre quando um bem é lesado para se salvar outro bem em perigo de ser igualmente ofendido. Ambos possuidores desses bens têm direito de agir para proteger-se.

→ **Requisitos para configuração do estado de necessidade:**

- Perigo atual.
- Direito próprio ou alheio.
- Perigo não causado voluntariamente pelo agente.
- Inevitabilidade de comportamento.
- Razoabilidade do sacrifício.
- Requisito subjetivo.

Ex.: Em um cruzeiro marítimo, 10 passageiros estão a bordo de um navio. No entanto, só existem 9 salva-vidas e o navio está afundando em alto-mar. O único que ficou sem o apetrecho não sabe nadar e para salvar sua vida do perigo atual desfere facadas em outro passageiro a fim de conseguir se salvar.

Trabalhador desempregado e vendo os filhos passarem fome, entra em supermercado e furta dois pacotes de arroz e um pedaço de carne seca (furto famélico).

Cidadão não tem carteira de motorista e observa um motorista em avançado estado de infarto, nessa situação, toma a direção de veículo automotor e dirige perigosamente até o hospital, gerando perigo de dano.

Não irá incidir em estado de necessidade caso o agente dê causa ao acontecimento.

> ***§ 1º*** *Não pode alegar estado de necessidade quem tinha o deve legal de enfrentar o perigo.*

Um exemplo disso é o bombeiro. Poderá, no entanto, recusar-se a uma situação perigosa quando impossível o salvamento ou o risco for inútil.

Legítima defesa

> ***Art. 25*** *- Entende-se em legítima defesa quem, usando moderadamente dos meios necessários, repele injusta agressão, atual ou iminente, a direito seu ou de outrem. (Redação dada pela Lei nº 7.209, de 11.7.1984)*
>
> ***Parágrafo único.*** *Observados os requisitos previstos no caput deste artigo, considera-se também em legítima defesa o agente de segurança pública que repele agressão ou risco de agressão a vítima mantida refém durante a prática de crimes. (Incluído pela Lei nº 13.964, de 2019) -* ***ANTICRIME***

Agora temos uma nova (mas não tão nova assim) previsão de legítima defesa para agentes de segurança pública que repelirem (ao meu ver já era assim) agressão ou risco de agressão (bom, até onde sei, já era assim também, a injusta agressão ATUAL ou IMINENTE) vítima mantida REFÉM (eis aí a injusta agressão acontecendo) durante a prática de crimes.

Bom, conclui-se que até aqui nada de novo, senão já preenchidos todos os requisitos da legítima defesa do caput do art. 25 do CP.

No entanto, novidade mesmo, encontra-se no novíssimo art. 14-A no Código de Processo Penal (introduzido também pelo pacote ANTICRIME), onde esses agentes terão um Inquérito PRIVILEGIADO, e com direito a contraditório (direito a serem CITADOS EM 48 HORAS e ampla defesa com direito a DEFENSOR).

Ocorre um efetivo ataque ilícito contra o agente ou terceiro, legitimando repulsa.

Requisitos para que subsista a legítima defesa:

- Agressão humana.
- Agressão injusta.
- Agressão atual ou iminente.
- Agressão a direito próprio ou de terceiro.
- Meios necessários.
- Requisito subjetivo.

Ex.: "A" desafeto de "B" arma-se com um machado e prestes a desferir um golpe é surpreendido pela reação de "B", que saca um revólver e efetua um disparo.

"A" munido de um cão, atiça o animal na direção de "B" que para repelir a injusta agressão atira no enfurecido animal.

"A", menor de idade, pega um fuzil e, prestes a atirar em "B", é surpreendido por esse que pega uma bazuca, único meio disponível no momento, vindo a "explodir" "A".

Os meios necessários para conter a injusta agressão podem ser quaisquer que estejam disponíveis, inexiste equiparação dos meios utilizados.

É necessário que seja atual e iminente. Caso "B" ferido por "A" desloque-se até sua casa, depois de sofrida agressão, para apanhar revólver com intuito de se defender, não será mais válido, caso venha efetuar disparos contra "A".

Não Configura Legítima Defesa

Ex.: "A" marido traído chega a casa e surpreende "C" sua esposa em conjunção carnal com "B". Enfurecido, pega sua arma e dispara contra a esposa traidora.

"A" surpreendido por cão feroz, dispara para que não seja atacado.

"A" desafeto de "B" vai a sua procura e efetua disparo. Mais tarde provou-se que "B" também estava armado e queria igualmente executar "A".

Estrito cumprimento do dever legal

Em síntese, é a ação praticada por um dever imposto por lei. É necessário que o cumprimento seja nos exatos ditames da lei. Do contrário, o agente incorrerá em excesso, podendo responder criminalmente.

Exs.: Policial que prende foragido da justiça vindo a causar-lhe lesões devido sua resistência.

Soldado que, em tempos de guerra, executa inimigo.

A execução efetuada pelo carrasco, quando o ordenamento jurídico admite.

Exercício regular de direito

É o desempenho de uma atividade ou a prática de uma conduta autorizada em lei.

> Tratamento médico ou intervenção cirúrgica, comete lesão corporal para realizar o ato cirúrgico.

> Ofendículos - (exercício regular do direito de defesa da propriedade), cerca elétrica, cacos de vidro, arame farpado, etc.

A lei não permite o emprego da violência física como meio para repelir injúrias ou palavras caluniosas, visto que não existe legítima defesa da honra. Somente a vida ou a integridade física são abrangidas pelo instituto da legítima defesa.

Admite-se a excludente de legítima defesa real contra quem pratica o fato acobertado por causa de exclusão da culpabilidade, como o inimputável.

Nos termos do Código Penal e na descrição da excludente de ilicitude, haverá legítima defesa sucessiva na hipótese de excesso, que permite a defesa legítima do agressor inicial.

É possível legítima defesa de provocações por meio de injúrias verbais, segundo a sua intensidade e conforme as circunstâncias, pode ou não ser agressão.

Agressão de inimputável constitui legítima defesa.

Agressão decorrente de desafio, duelo, convite para briga não constitui legítima defesa.

Agressão passada constitui vingança e não legítima defesa.

Agressão futura não autoriza legítima defesa (mal futuro).

Não existe legítima defesa da honra.

O agente tem que saber que está na legítima defesa.

Legítima defesa e porte ilegal de arma de fogo: Se portar anteriormente, responde pelo crime do Art. 14 ou Art. 16, caput do estatuto do desarmamento. Se for contemporâneo, não responde pelo crime dos artigos mencionados.

2.14 Da Imputabilidade Penal

Inimputáveis

Art. 26. *É isento de pena o agente que, por doença mental ou desenvolvimento mental incompleto ou retardado, era, ao tempo da ação ou da omissão, inteiramente incapaz de entender o caráter ilícito do fato ou de determinar-se de acordo com esse entendimento.*

Redução de Pena

Parágrafo único. *A pena pode ser reduzida de um a dois terços, se o agente, em virtude de perturbação de saúde mental ou por desenvolvimento mental incompleto ou retardado não era inteiramente capaz de entender o caráter ilícito do fato ou de determinar-se de acordo com esse entendimento.*

Imputabilidade: é a capacidade de entender o caráter ilícito do fato e de determinar-se de acordo com esse entendimento.

É a capacidade de entendimento e a faculdade de controlar e comandar suas próprias ações.

→ Imputável (regra): Pode-se imputar (aplicar) pena ao sujeito.

→ **IN**Imputável (exceção): Não pode sofrer pena. Ou seja, é a capacidade de compreensão do agente de que sua conduta é ilícita, inapropriada, é uma das espécies da culpabilidade que compõem o fato típico, ou seja, a capacidade de punir, ou não, o agente da conduta.

Exclusão da imputabilidade

Doença mental

É a doença mental de qualquer ordem. Compreende a infindável gama de moléstias mentais.

Ex.: Alcoolismo patológico.

Desenvolvimento mental incompleto ou retardado

Ex.: Silvícola inadaptado - índio - menor de 18 anos.

Sistema adotado pela legislação brasileira

Regra: BIOpsicológico

Não basta ter a enfermidade. No momento da ação ou omissão, o sujeito tem que ser inteiramente incapaz de entender e compreender o caráter ilícito do fato e determinar-se de acordo com esse entendimento.

Exceção: Biológico

Basta tão somente a menoridade - menos de 18 anos - para configurar a inimputabilidade.

Embriaguez

Art. 28, II. *A embriaguez, voluntária ou culposa, pelo álcool ou substância de efeitos análogos.*

§ 1º *É isento de pena o agente que, por embriaguez completa, proveniente de caso fortuito ou força maior, era, ao tempo da ação ou da omissão, inteiramente incapaz de entender o caráter ilícito do fato ou de determinar-se de acordo com esse entendimento.*

NÃO Exclui a Imputabilidade	Exclui a Imputabilidade
Voluntária	Caso Fortuito
Culposa	Força Maior
Preordenada	

A embriaguez não exclui a imputabilidade, quais sejam: a voluntária - toma por conta própria -, a culposa - toma além da conta - e a preordenada - toma para criar coragem - sendo que a última, é causa de aumento de pena, actio libera in causa.

§ 2º *A pena pode ser reduzida de um a dois terços, se o agente, por embriaguez, proveniente de caso fortuito ou força maior, não possuía, ao tempo da ação ou da omissão, a plena capacidade de entender o caráter ilícito do fato ou de determinar-se de acordo com esse entendimento.*

No caso da embriaguez por caso fortuito, caso ela seja completa, será causa de isenção de pena, caso seja semicompleta (semi-imputabilidade), incidirá em diminuição de pena - redução de culpabilidade - de 1/3 a 2/3.

Emoção e paixão

Art. 28. Não excluem a imputabilidade penal:

I. A emoção ou a paixão;

A emoção pode, em alguns casos, servir como diminuição de pena - privilégio -, como no caso do homicídio e lesão corporal privilegiado. Os requisitos são: a emoção deve ser intensa; o agente deve estar sob o domínio dessa emoção; deve ter sido provocado por ato injusto da vítima; a reação do agente deve ser logo após a essa provocação.

A injusta provocação pode ser de forma indireta, por exemplo, alguém que maltrata um animal, com intenção de provocar o agente, utilizando desse objeto - cachorro - para obter seu desejo.

Menores de dezoito anos

Art. 27. Os menores de 18 (dezoito) anos são penalmente inimputáveis, ficando sujeitos às normas estabelecidas na legislação especial.

Fundamento Constitucional

O Art. 228 da CF prevê que ***são penalmente inimputáveis os menores de dezoito anos, sujeitos às normas de legislação especial.***

Critério adotado pelo Código Penal: Sistema Biológico

→ **Crime + contravenção penal maior de 18 anos.**

→ **Ato infracional menor de 18 anos.**

Não sofrem sanção penal pela prática do ilícito, em decorrência da ausência de culpabilidade. Estão sujeitos ao procedimento e as medidas socioeducativas previstas no ECA em virtude das condutas descritas como crime e contravenção penal ser consideradas ato infracional.

Para auxiliar, convém esquematizar as Excludentes de Imputabilidade:

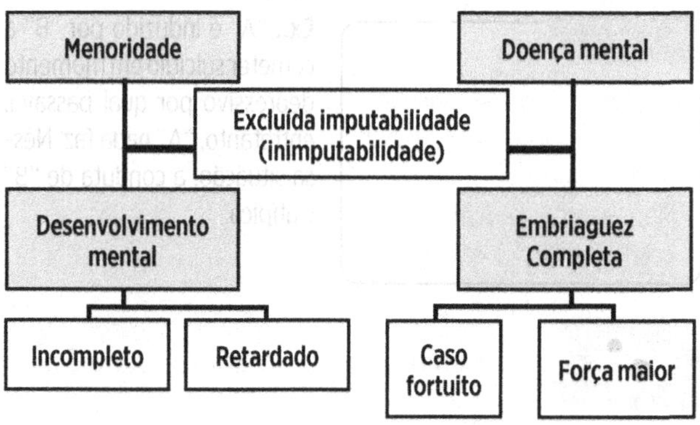

De acordo com entendimento, essas são as causas justificantes para a exclusão da imputabilidade, podemos dizer que são subespécies da culpabilidade, e a espécie que compõem os elementos do crime, juntamente com fato típico e a antijuridicidade.

2.15 Do Concurso de Pessoas

Art. 29. Quem, de qualquer modo, concorre para o crime incide nas penas a este cominadas, na medida de sua culpabilidade.

Sujeitos da infração penal:

> Sujeito Ativo (quem comete a ação).

> Sujeito Passivo (quem sofre a ação).

Foco do estudo = Sujeito Ativo do Crime.

Quem pode ser sujeito ativo da infração penal:

> Maiores de dezoito anos:

Menor comete ato infracional (tudo que representa crime, para o menor é ato infracional, que, na verdade, constitui um tipo específica, tratado no ECA).

> Pessoas Jurídicas em atos lesivos ao **meio ambiente.**

As pessoas jurídicas podem ser responsabilizadas penalmente.

O Concurso de Pessoas também conhecido como concurso de agentes, ocorre quando duas ou mais pessoas concorrem para o mesmo crime. Colaborar ou concorrer para o crime é praticar o ato (moral ou material) que tenha relevância para a perpetração do ilícito.

Requisitos para concursos de pessoas

Pluralidade de agentes

Quem participa na execução do crime é coautor. Quem não executa o verbo do tipo é **partícipe.**

Ex.: "A" segura "B" enquanto "C" o esfaqueia até a morte. "A" e "C" são coautores do crime de homicídio. (divisão de tarefas no crime, ambos participam da execução)

"A" empresta arma para "B". "B" usa-se da arma para executar "C". "B" é autor (executou) e "A" é partícipe (auxiliou de forma material).

O código penal adotou a **Teoria Monista** de agentes, ou seja, todos responderão pelo mesmo crime, independente, de qual seja sua participação.

Relevância causal

A conduta deverá ser relevante. Do contrário, não ocorrerá o concurso de pessoas.

Ex.: "A" empresta arma para "B", que para matar "C" usa um pedaço de pau. Nessa situação, o auxilio de "A" foi irrelevante para que o crime existisse. Somente "B" responde por homicídio. Contudo, se ao emprestar a arma, "A" de qualquer forma incentivou moralmente a atitude de "B", esse será partícipe do crime de homicídio.

Não houve nexo entre o homicídio e o empréstimo da arma, nessa situação, a conduta de "A" é atípica.

Liame subjetivo

É a vontade de participar do crime. Pelo menos um agente tem que querer participar do crime do outro.

Ex.: "A", desafeto de "B", posiciona-se para matá-lo. "C", também inimigo mortal de "B", sabendo da vontade de "A", adere à vontade dele e juntos disparam a arma. Ambos responderão por homicídio como coautores.

Identidade de infração

O Código Penal adotou a teoria Unitária ou Monista, em que todos que concorrem para o crime, responderão pelo mesmo crime, na medida de sua culpabilidade (responsabilidade).

Teorias do concurso de pessoas

Teoria do Caput

- Regra: Monista/ Igualitária / Unitária.
- Exceção: Pluralista (não tem concurso de pessoas).

Ex.: Corrupção passiva e ativa.

Teoria do autor

- Regra: Restritiva (Código Penal); Quem pratica o núcleo do tipo (verbo).
- Exceção: Domínio do Fato (Doutrina e Jurisprudência); Teoria do Partícipe.
- Acessoriedade Limitada

Não pratica o verbo; contudo, auxilia de qualquer forma.

  » Moral: instigado ou induzido.

  » Material: qualquer auxílio.

- Não Ocorre Concurso de Pessoas.

  » Autor Mediato (homem por trás).

  » Autoria Colateral.

  » Participação Inócua (ineficaz).

  » Crimes de concurso necessário.

Autoria Sucessiva ou Participação Sucessiva TEM Concurso de Pessoas!

Ex.: Associação criminosa - Art. 288

A exceção é a teoria pluralista:

Corrupção passiva e ativa.

Autor (Teoria Restrita):

- Quem pratica o núcleo do tipo (verbo).

Partícipe:

- **Não** pratica o verbo; contudo, auxilia de qualquer forma.

  » **Moral**: instigado ou induzido.

  » **Material:** qualquer auxílio.

Mandante = Partícipe.

Autor Mediato (não ocorre concurso):

- São usados como instrumentos do crime:

  » Inimputável.

  » Doente mental.

  » Coação irresistível.

  » Obediência hierárquica.

Exceção: Teoria Pluralista.

Participação em crime diverso

§ 1º Se a participação for de menor importância, a pena pode ser diminuída de um sexto a um terço

§ 2º Se algum dos concorrentes quis participar de crime menos grave, ser-lhe-á aplicada a pena deste; essa pena será aumentada até metade, na hipótese de ter sido previsível o resultado mais grave.

Há hipóteses, todavia, em que o partícipe colabora com um crime e o autor, no momento da prática do ilícito vai além do imaginado pelo partícipe.

Ex.: É o caso em que dois indivíduos combinam um furto. Sendo que, um deles fica esperando no carro da fuga e o outro entra na residência. No interior da casa, o autor além de furtar, encontra a moradora e contra ela dispara vários tiros. Nessa situação, por força do Art. 29, § 2º, do CP, os agentes deverão responder por crimes diferentes. O que ficou no carro por furto (pois era esse que queria praticar) e o autor, por latrocínio.

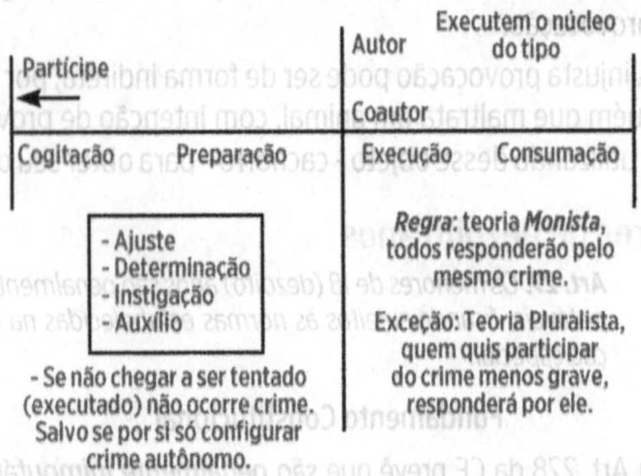

2.16 Circunstâncias Incomunicáveis

***Art. 30.** Não se comunicam as circunstâncias e as condições de caráter pessoal, salvo quando elementares do crime.*

Ex.: "A", funcionário público, convida "B" para furtar repartição pública em que trabalha. "B", desconhecendo a função de "A", acaba aceitando. Nesse caso, "A" responderá por peculato (Art. 312 CP) e "B" por furto (Art. 155 CP). Porém, caso "B" soubesse da função pública de "A", ambos responderiam por peculato.

***Art. 31.** O ajuste, a determinação ou instigação e o auxílio, salvo disposição expressa em contrário, não são puníveis, se o crime não chega, pelo menos, a ser tentado.*

> No crime culposo admite-se coautoria, mas NÃO participação.
>
> Não existe tentativa em crime Preterdoloso.

Ex.: "A" é induzido por "B" a cometer suicídio em momento depressivo por qual passava, entretanto, "A" nada faz. Nessa situação, a conduta de "B" é atípica.

Questões

01. (ALFACON) Assinale a alternativa falsa:

a) Pode-se definir ilicitude como a relação de antagonismo que se estabelece entre uma conduta humana voluntária e o ordenamento jurídico.

b) O roubo de veículo automotor acarreta necessariamente um aumento de pena, se o veículo for transportado para o exterior.

c) A difamação, em regra, não admite a exceção da verdade, enquanto a calúnia, em regra, a admite.

d) Pode-se afirmar que a analogia no direito penal só pode ser utilizada para beneficiar o réu.

02. (ALFACON) A, imputável, comete o crime de furto. No dia seguinte, ao recebimento da denúncia, restitui o objeto ao proprietário. O fato é:

a) Irrelevante.
b) Atenuante.
c) Arrependimento posterior.
d) Tentativa.
e) Extinção da punibilidade.

03. (ALFACON) Rogério, amigo íntimo de Rubens, comenta com este que vai assaltar o Banco BB na manhã de segunda-feira, pedindo que guarde segredo. No dia do roubo, Rogério é preso e diz à polícia que Rubens sabia disto. Portanto, diante desta hipótese, é correto afirmar que:

a) Rogério responde pelo crime de roubo e Rubens terá a pena diminuída de um a dois terços por participação de menor importância.
b) Rubens é partícipe, eis que tinha ciência do crime a ser praticado por Rogério.
c) Somente Rogério é autor do crime de roubo.
d) Rogério é autor e Rubens é coautor.

04. (ALFACON) Paulo resolve atirar em José que está conversando com Afonso. E mesmo prevendo que poderá atingir o terceiro (Afonso), não desiste do seu intento e atira, acertando-o. Responderá pelo crime a título de:

a) Dolo direto.
b) Dolo alternativo.
c) Dolo eventual.
d) Culpa inconsciente.
e) Dolo indireto.

05. (ALFACON) Paulo, para defender-se de João, retira a arma que está na posse de Aldo. Haverá:

a) Legítima defesa subjetiva e legítima defesa sucessiva.
b) Legítima defesa putativa e legítima defesa sucessiva.
c) Estado de necessidade e exercício regular de direito.
d) Legítima defesa e estado de necessidade.
e) Legítima defesa e estrito cumprimento de dever legal.

06. (ALFACON) O homicídio praticado sob coação a que o agente poderia resistir implica no reconhecimento:

a) De causa que isente o agente de pena.
b) De causa que privilegia o agente.
c) De circunstância que atenua a pena do agente.
d) De causa que qualifica o homicídio.

07. (ALFACON) Constituem elementos do fato típico culposo, exceto:

a) Resultado voluntário.
b) Previsibilidade objetiva.
c) Tipicidade.
d) Resultado.

08. (ALFACON) São pressupostos da culpabilidade

a) A exigibilidade de conduta diversa e a possibilidade de conhecer a ilicitude do fato.
b) A falta de dever de cuidado e a imputabilidade.
c) A possibilidade de conhecer a ilicitude do fato e a previsibilidade do resultado.
d) O dolo e a culpa.
e) A exigibilidade de conduta diversa e a falta de dever de cuidado.

09. (NCE) Entre as alternativas abaixo, é correto afirmar que os ofendículos excluem:

a) O nexo causal.
b) A culpabilidade.
c) A imputabilidade.
d) A ilicitude.
e) A culpa.

Gabaritos

01	A	06	C
02	B	07	B
03	C	08	A
04	E	09	D
05	D		

3. DOS CRIMES CONTRA A PESSOA

Os direitos e garantias individuais não têm caráter absoluto, por esse motivo, o direito à vida é relativo.

Ex.: Pena de morte em caso de guerra externa. (Art. 5º, XLVII, "a", CF/88). O crime de homicídio, capitulado nos crimes contra a vida, está descrito no Art. 121 do Código Penal, e versa sobre a eliminação da vida humana extrauterina.

Vejamos no quadro abaixo quais são os crimes dolosos contra a vida, e suas principais peculiaridades:

Crimes Contra a Vida	
Homicídio (Art. 121, CP)	São todos crimes de Ação penal incondicionada. São Julgados pelo tribunal do Júri. **Obs.:** O homicídio culposo é julgado pelo Juiz.
Participação em Suicídio (Art. 122, CP)	
Infanticídio (Art. 123, CP)	
Aborto (Arts. 124 a 126, CP)	

Dos crimes culposos contra a vida, só temos o homicídio. Os demais não comportam a modalidade culposa, o aborto culposo pode ser resultado qualificado, mas crime autônomo ele não é. Não temos infanticídio culposo também. Só o homicídio admite a forma culposa.

3.1 Dos Crimes Contra a Vida

Homicídio

Art. 121. *Matar alguém:*

Pena *- reclusão, de seis a vinte anos*

Caso de diminuição de pena

§ 1º *Se o agente comete o crime impelido por motivo de relevante valor social ou moral, ou sob o domínio de violenta emoção, logo em seguida a injusta provocação da vítima, o juiz pode reduzir a pena de um sexto a um terço.*

Homicídio qualificado

§ 2º *Se o homicídio é cometido:*

I. *mediante paga ou promessa de recompensa, ou por outro motivo torpe;*

II. *por motivo futil;*

III. *com emprego de veneno, fogo, explosivo, asfixia, tortura ou outro meio insidioso ou cruel, ou de que possa resultar perigo comum;*

IV. *à traição, de emboscada, ou mediante dissimulação ou outro recurso que dificulte ou torne impossivel a defesa do ofendido;*

V. *para assegurar a execução, a ocultação, a impunidade ou vantagem de outro crime:*

Pena *- reclusão, de doze a trinta anos.*

Feminicídio (Incluído pela Lei nº 13.104, de 2015)

VI. *contra a mulher por razões da condição de sexo feminino: (Incluído pela Lei nº 13.104, de 2015)*

VII. *contra autoridade ou agente descrito nos arts. 142 e 144 da Constituição Federal, integrantes do sistema prisional e da Força Nacional de Segurança Pública, no exercício da função ou em decorrência dela, ou contra seu cônjuge, companheiro ou parente consanguíneo até terceiro grau, em razão dessa condição: (Incluído pela Lei nº 13.142, de 2015)*

VIII. *(VETADO): (Incluído pela Lei nº 13.964, de 2019)*

Pena *- reclusão, de doze a trinta anos.*

§ 2º-A *Considera-se que há razões de condição de sexo feminino quando o crime envolve: (Incluído pela Lei nº 13.104, de 2015)*

I. *violência doméstica e familiar; (Incluído pela Lei nº 13.104, de 2015)*

II. *menosprezo ou discriminação à condição de mulher. (Incluído pela Lei nº 13.104, de 2015)*

Homicídio culposo

§ 3º *Se o homicídio é culposo: (Vide Lei nº 4.611, de 1965)*

Pena *- detenção, de um a três anos.*

Aumento de pena

§ 4º *No homicídio culposo, a pena é aumentada de 1/3 (um terço), se o crime resulta de inobservância de regra técnica de profissão, arte ou ofício, ou se o agente deixa de prestar imediato socorro à vítima, não procura diminuir as conseqüências do seu ato, ou foge para evitar prisão em flagrante. Sendo doloso o homicídio, a pena é aumentada de 1/3 (um terço) se o crime é praticado contra pessoa menor de 14 (quatorze) ou maior de 60 (sessenta) anos. (Redação dada pela Lei nº 10.741, de 2003)*

§ 5º *Na hipótese de homicídio culposo, o juiz poderá deixar de aplicar a pena, se as conseqüências da infração atingirem o próprio agente de forma tão grave que a sanção penal se torne desnecessária. (Incluído pela Lei nº 6.416, de 24.5.1977)*

§ 6º *A pena é aumentada de 1/3 (um terço) até a metade se o crime for praticado por milícia privada, sob o pretexto de prestação de serviço de segurança, ou por grupo de extermínio. (Incluído pela Lei nº 12.720, de 2012)*

§ 7º *A pena do feminicídio é aumentada de 1/3 (um terço) até a metade se o crime for praticado: (Incluído pela Lei nº 13.104, de 2015)*

I. *durante a gestação ou nos 3 (três) meses posteriores ao parto; (Incluído pela Lei nº 13.104, de 2015)*

II. *contra pessoa menor de 14 (catorze) anos, maior de 60 (sessenta) anos, com deficiência ou portadora de doenças degenerativas que acarretem condição limitante ou de vulnerabilidade física ou mental; (Redação dada pela Lei nº 13.771, de 2018)*

III. *na presença física ou virtual de descendente ou de ascendente da vítima; (Redação dada pela Lei nº 13.771, de 2018)*

IV. *em descumprimento das medidas protetivas de urgência previstas nos incisos I, II e III do caput do art. 22 da Lei nº 11.340, de 7 de agosto de 2006. (Incluído pela Lei nº 13.771, de 2018)*

Homicídio Simples

Art. 121. *Matar alguém:*

Pena *- reclusão, de seis a vinte anos.*

Caso de Diminuição de Pena

§ 1º *Se o agente comete o crime impelido por motivo de relevante valor social ou moral, ou sob o domínio de violenta emoção, logo em seguida a injusta provocação da vítima, ou juiz pode reduzir a pena de um sexto a um terço.*

Homicídio Qualificado

§ 2º *Se o homicídio é cometido:*

I. *Mediante paga ou promessa de recompensa, ou por outro motivo torpe;*

II. *Por motivo fútil;*

III. *Com emprego de veneno, fogo, explosivo, asfixia, tortura ou outro meio insidioso ou cruel, ou de que possa resultar perigo comum;*

IV. *À traição, de emboscada, ou mediante dissimulação ou outro recurso que dificulte ou torne impossível a defesa do ofendido;*

V. *Para assegurar a execução, a ocultação, a impunidade ou vantagem de outro crime:*

Pena - reclusão, de doze a trinta anos.

Homicídio Culposo

***§ 3º.** Se o homicídio é culposo:*

***Pena** - detenção, de um a três anos.*

Aumento de pena

***§ 4º.** No homicídio culposo, a pena é aumentada de 1/3 (um terço), se o crime resulta de inobservância de regra técnica de profissão, arte ou ofício, ou se o agente deixa de prestar imediato socorro à vítima, não procura diminuir as consequências do seu ato, ou foge para evitar prisão em flagrante. Sendo doloso o homicídio, a pena é aumentada de 1/3 (um terço) se o crime é praticado contra pessoa menor de 14 (quatorze) ou maior de 60 (sessenta) anos.*

***§ 5º.** Na hipótese de homicídio culposo, o juiz poderá deixar de aplicar a pena, se as consequências da infração atingirem o próprio agente de forma tão grave que a sanção penal se torne desnecessária.*

O homicídio é morte injusta de uma pessoa praticada por outrem. De acordo com Nelson Hungria É o Crime por excelência.

No Art. 121, caput tem-se o chamado Homicídio Doloso Simples. No Art. 121, §1º, tem-se o chamado Homicídio Doloso Privilegiado. O Art. 121, §2º, traz o Homicídio Doloso qualificado. O Art.121, §3º, traz o Homicídio Culposo. O Art. 121, §4º, do CP traz as Majorantes de Pena, o §5º traz o Perdão Judicial.

E o homicídio preterdoloso? Está previsto no Art. 129, §3º do CP: é a lesão corporal seguida de morte.

Homicídio não é genocídio, são dois crimes distintos. Nem todo homicídio em massa vai ser genocídio. Para ser genocídio tem que se enquadrar na lei, o propósito tem que ser de exterminar total ou parcialmente um grupo étnico, social ou religioso. Se o objetivo não for esse, não temos o genocídio. Pode ser genocídio segregando membros de um grupo, impedindo o nascimento no seio de um grupo. Foi o que Saddam Hussein fez com os Curdos no Iraque.

Homicídio simples

***Art. 121.** Matar alguém:*

Sujeito Ativo: é crime comum, pode ser praticado por qualquer pessoa.

Sujeito Passivo: da mesma forma, pode ser praticado por qualquer pessoa. Noronha entende que o Estado também figura como vítima do homicídio, justificando existir um interesse do ente político na conservação da vida humana, sua condição de existência.

Alguns autores dizem ainda que, quando a vítima for Presidente da República, do Senado Federal ou da Câmara dos Deputados, o crime pode ser contra a Segurança Nacional. Pode estar enquadrado no Art. 121 do CP ou do Art. 29 da Lei nº 7.170/83, que é matar alguém com motivação política. Caso isso ocorra, se está diante do Princípio da Especialidade.

Conduta punida

A conduta punível nesse tipo penal nada mais é que tirar a vida de alguém. Atente-se para a diferença:

> **Vida intrauterina**: abortamento – aborto.

> **Vida extrauterina**: homicídio ou infanticídio.

Quanto ao início do parto, existem três correntes:

> 1ª Corrente: dá-se com o completo e total desprendimento do feto das entranhas maternas;

> 2ª Corrente: ocorre desde as dores do parto;

> 3ª Corrente: ocorre com a dilatação do colo do útero.

Forma de execução: trata-se de delito de execução livre, podendo ser praticado por ação ou omissão, meios de execução diretos ou indiretos.

Tipo Subjetivo: o Art. 121, caput é punido a título de dolo direto ou dolo eventual.

> A finalidade do agente pode servir como privilégio ou como qualificadora.

Verifica-se o dolo eventual quando o agente assumiu o risco de praticar a conduta delituosa. Atualmente os tribunais vêm entendendo que quando o agente, embriagado, pratica homicídio de trânsito, pode ser condenado pelo homicídio do Art. 121 do CP, tendo em vista que, ao ingerir bebida alcoólica e tomar a direção de um veículo, assumiu o risco de produzir o evento danoso.

Consumação e tentativa

Trata-se de delito material ou de resultado, ou seja, o delito consuma-se com a morte. A morte dá-se com a cessação da atividade encefálica. Cessando a atividade encefálica, o agente será considerado morto, conforme se extrai da Lei nº 9.434/97 – Lei de Transplantes. A tentativa é possível, considerando que o homicídio se trata de crime plurissubsistente, permitindo a execução fracionamento.

O homicídio simples pode ser considerado crime hediondo quando praticado em atividade típica de grupo de extermínio. É o chamado homicídio condicionado. O homicídio pode ser praticado através de relações sexuais ou atos libidinosos.

Ex.: "A", portador do vírus HIV (AIDS) e sabedor desta condição, com a intenção de matar, tem relação sexual com "B", com o fim de transmitir voluntária e dolosamente o vírus a este último. Nesta situação, após a transmissão, enquanto "B" não morrer, "A" responderá por tentativa de homicídio, após a morte de "B", "A" responderá por homicídio consumado.

Homicídio privilegiado

***Art. 121, § 1º.** Se o agente comete o crime impelido por motivo de relevante valor social ou moral, ou sob o domínio de violenta emoção, logo em seguida a injusta provocação da vítima, ou juiz pode reduzir a pena de um sexto a um terço.*

O Homicídio Privilegiado é caso de diminuição de pena, havendo diminuição de pena de 1/6 a 1/3. Essa diminuição de pena é direito subjetivo do réu, sendo que, presentes os requisitos, o juiz deve reduzir a pena.

Hipóteses privilegiadoras

Se o agente comete o crime por motivo de relevante valor social

No valor social, o agente mata para atender os interesses de toda coletividade.

Ex.: Matar estuprador do bairro; matar um assassino que aterroriza a cidade.

Se o agente comete o crime por relevante valor moral: o agente mata para atender interesses particulares, diferente do valor social

Esses interesses morais são ligados aos sentimentos de compaixão, misericórdia ou piedade.

Ex.: Eutanásia; A mata B porque matou o filho.

Alguns autores salientam que há uma doutrina cada vez mais recente de que a ortotanásia não seja crime, mas essa questão, indagada em concurso do MP de SC, foi considerada tão crime como a eutanásia.

Se o agente comete o crime sob o domínio de violenta emoção, logo em seguida a injusta provocação da vítima - Homicídio Emocional

Atente-se que domínio não se confunde com mera influência. A mera influência é uma atenuante de pena prevista no Art. 65 do CP.

É necessário observar que o homicídio deve ocorrer logo após a injusta provocação da vítima, ou seja, deve haver imediatidade da reação (reação sem intervalo temporal). Entende a jurisprudência que, enquanto perdurar o domínio da violenta emoção, a reação será considerada imediata.

Observa-se ainda que a provocação da vítima deve ser injusta, e isso não traduz, necessariamente, um fato típico. Pode haver injusta provocação sem configurar fato típico, mas serve para configurar o homicídio emocional.

Ex.: Adultério.

Se for injusta a agressão da vítima, será caso de legitima defesa.

O privilégio é sempre circunstância do crime. Sendo que as circunstâncias subjetivas são incomunicáveis, nos termos do Art. 30 do CP. Já as circunstâncias objetivas são comunicáveis, nos termos do Art. 30, in fine.

Circunstâncias Subjetivas	Circunstâncias Objetivas
Não se comunicam.	Comunicam-se.
Ligam-se ao motivo ou estado anímico do agente	Ligam-se ao meio / modo de execução
Como as privilegiadoras aqui citadas são subjetivas, não haverá comunicabilidade em relação aos demais autores do crime, logo não se aplica ao coautor se não restarem comprovados os mesmos requisitos.	

Homicídio qualificado

Posição Majoritária – 6ª Turma do STJ (HC 78.643/PR), Nelson Hungria, Raúl Eugênio Zaffaroni e Alexandre Araripe Marinho – As qualificadoras não são, a rigor, circunstâncias, mas sim elementares do Tipo Derivado, porque dão pena abstrata nova, ou seja, podem ser identificadas antes mesmo da fixação da pena-base. Então sempre se comunicam.

O homicídio qualificado é sempre crime hediondo.

Homicídio Qualificado

***§ 2º.** Se o homicídio é cometido:*

***I.** Mediante paga ou promessa de recompensa, ou por outro motivo torpe;*

***II.** Por motivo fútil;*

***III.** Com emprego de veneno, fogo, explosivo, asfixia, tortura ou outro meio insidioso ou cruel, ou de que possa resultar perigo comum;*

***IV.** À traição, de emboscada, ou mediante dissimulação ou outro recurso que dificulte ou torne impossível a defesa do ofendido;*

***V.** Para assegurar a execução, a ocultação, a impunidade ou vantagem de outro crime:*

***Pena** - reclusão, de doze a trinta anos.*

Motivo torpe

É o motivo abjeto, ignóbil, vil, espelhando ganância.

É indagado se a qualificadora da torpeza se aplica também ao mandante, ou apenas para o executor.

Alguns autores dizem que a resposta depende se se entende que essa qualificadora é uma elementar ou se é circunstância. Entendendo que se trata de circunstância, somente o executor responde pelo homicídio qualificado já que a circunstância subjetiva não se comunica. Por outro lado, entendendo-se que se trata de elementar subjetiva do crime, haverá comunicabilidade, estendendo-se a qualificadora ao mandante (ambos respondem pela qualificadora – mandante e executor).

Atualmente, prevalece a segunda hipótese, ou seja, que se trata de elementar subjetiva do crime, e mandante e executor respondem pelo crime qualificado.

Mediante paga ou promessa de recompensa

No caso de o agente matar mediante paga ou promessa de recompensa de natureza diversa da econômica, por exemplo, sexual, continua se tratando de motivo torpe, pois não deixa de se ajustar ao encerramento genérico, somente não configurando o exemplo dado no início do inciso. É o chamado homicídio mercenário.

Esse homicídio mercenário que nada mais é que um exemplo de torpeza. O executor é chamado de matador de aluguel.

O crime, mediante paga ou promessa, é crime de concurso necessário (plurisubsistente – plurilateral – plurisubjetivo), exigindo-se pelo menos duas pessoas (mandante e executor).

Neste caso, necessariamente a natureza é econômica, logo se a vantagem era promessa sexual, entre outras, não incidirá a qualificadora.

Nesse inciso I o legislador aqui encerrou de forma genérica, o que permite a interpretação analógica, ou seja, permite ao juiz a análise de outras situações que aqui podem se enquadrar.

CIÚME não é considerado motivo torpe.
AUSÊNCIA de motivo não é considerado motivo fútil.
Um motivo não pode ser FÚTIL e TORPE ao mesmo tempo, pois um exclui o outro.

Por motivo fútil

Segundo alguns autores é aquele que ocorre quando o móvel apresenta real desproporção entre o delito e a sua causa moral. Tem-se a pequeneza do motivo (matar por pouca coisa).

Ex.: Briga de trânsito.

Tem caráter SUBJETIVO, pois se refere à motivação do agente para cometer o crime.

É um motivo insignificante, de pouca importância, completamente desproporcional à natureza do crime praticado.

Atente-se que, motivo fútil não se confunde com motivo injusto, uma vez que a injustiça é característica de todo e qualquer crime - injusto penal.

Se não há motivo comprovado nos autos, poderá ser denunciado por homicídio qualificado pelo motivo fútil? Aqui há duas correntes:

1ª Corrente: a ausência de motivos equipara-se ao motivo fútil, pois seria um contrassenso conceber que o legislador punisse com pena mais grave quem mata por futilidade, permitindo que o que age sem qualquer motivo receba sanção mais branda. (MAJORITÁRIA)

2ª Corrente: a ausência de motivos não pode ser equiparada ao motivo fútil, sob pena de se ofender o princípio da reserva legal. É o que entende Cezar Roberto Bitencourt – para ele o legislador que deve incluir a ausência de motivo no rol das qualificadoras.

Com emprego de veneno, fogo, explosivo, asfixia, tortura ou outro meio insidioso ou cruel, ou de que possa resultar perigo comum

Neste inciso, novamente se permite a interpretação analógica, trazendo alguns exemplos o inciso.

Tem caráter objetivo, pois se refere aos meios empregados pelo agente para o cometimento do homicídio.

Esse inciso permite igualmente a interpretação analógica, trazendo como exemplos o emprego de veneno, fogo, explosivo, asfixia ou tortura.

No caso do emprego de veneno, é imprescindível que a vítima desconheça estar ingerindo a substância letal.

No caso de tortura, o sofrimento é aquele desnecessário da vítima antes da sua morte.

Homicídio qualificado pela tortura (Art. 121, § 2º, III, CP)	Tortura com resultado morte (Art. 1º, § 3º, Lei nº 9.455/97)
Morte DOLOSA.	Morte PRETERDOLOSA.
O agente utiliza a tortura para provocar a morte da vítima.	O agente tem o dolo de torturar a vítima, e da tortura resulta culposamente sua morte.
Competência do tribunal do júri.	Competência do juiz.
A tortura foi o meio utilizado para a morte.	A tortura foi o fim desejado, mas a morte foi culposa.

A traição, de emboscada, ou mediante dissimulação ou outro recurso que dificulte ou torne impossível a defesa do ofendido

O legislador cita como exemplos a traição, emboscada ou dissimulação, finalizando de maneira genérica o que também permite a interpretação analógica.

Tem caráter objetivo (modo de execução do crime).

Traição: ataque desleal, quebra de confiança.

Emboscada: aquele que ataca a vítima com surpresa. Ele se oculta para surpreender a vítima.

Dissimulação: significa fingimento, disfarçando o agente a sua intenção hostil.

Ex.: Aquele que convida para ir à casa de outrem e, lá chegando, mata o convidado.

Para assegurar a execução, ocultação, a impunidade ou vantagem de outro crime

Tem caráter subjetivo (refere-se aos motivos do crime). Trata das hipóteses de conexão teleológica e consequencial.

→ Quando se comete o crime para assegurar a execução, classifica-se o homicídio como qualificado teleológico.

Ex.: "A" pretendendo cometer um crime de extorsão mediante sequestro contra uma pessoa muito importante e para assegurar a execução mata o segurança do empresário.

→ Já no homicídio consequencial são as seguintes hipóteses:

Conexão Consequencial	
Ocultação	Quer evitar a descoberta do crime cometido pelo agente. **Ex.:** Ocultar o cadáver após o homicídio.
Impunidade	O criminoso procura evitar que se descubra que ele foi o autor do crime. **Ex.:** Matar a testemunha ocultar de um crime.
Vantagem	O agente que usufruir a vantagem decorrente da prática de outro crime. **Ex.:** Um ladrão mata o outro para ficar com todo o dinheiro do roubo praticado por ambos.

O STF tem admitido a coexistência do privilégio (caráter subjetivo) com as qualificadoras de caráter objetivo (chamado homicídio privilegiado-qualificado).

Ex.: "A" matou "B" envenenado porque este último estuprou a filha de "A".

O homicídio privilegiado-qualificado não é considerado hediondo (pois a existência do privilégio afasta a hediondez do homicídio qualificado).

Matar por ocasião de outro crime, sem vínculo finalístico, não qualifica o crime.

O crime futuro deve ocorrer para gerar a conexão teleológica? O crime futuro não precisa ocorrer para gerar esta qualificadora, bastando matar para essa finalidade.

Matar para assegurar uma contravenção penal não qualifica o crime nesta modalidade, mas pode qualificá-lo pelo motivo fútil.

Há possibilidades do homicídio qualificado ser privilegiado? Sim. Há essa possibilidade, quando as qualificadoras são objetivas.

Ou seja, uma da privilegiadoras, e uma das qualificadoras do meio cruel ou da torpeza (objetivas).

Para a maioria da doutrina, o homicídio qualificado quando também privilegiado não será hediondo, uma vez que o privilégio é preponderante.

Feminicídio

VI. *Contra a mulher por razões da condição de sexo feminino:*

VII. *Contra autoridade ou agente descrito nos Arts. 142 e 144 da Constituição Federal, integrantes do sistema prisional e da Força Nacional de Segurança Pública, no exercício da função ou em decorrência dela, ou contra seu cônjuge, companheiro ou parente consanguíneo até terceiro grau, em razão dessa condição: (Incluído pela Lei nº 13.142, de 2015).*

Pena *- reclusão, de doze a trinta anos.*

§ 2º-A. Considera-se que há razões de condição de sexo feminino quando o crime envolve:

I. Violência doméstica e familiar;

II. Menosprezo ou discriminação à condição de mulher.

§ 7º A Pena do feminicídio é aumentada de 1/3 (um terço) até a metade se o crime for praticado:

I. Durante a gestação ou nos 3 (três) meses posteriores ao parto;

II. Contra pessoa menor de 14 (catorze) anos, maior de 60 (sessenta) anos ou com deficiência;

III. Na presença de descendente ou de ascendente da vítima.

***Pena** - reclusão, de doze a trinta anos.*

A Lei nº 13.104/2015 introduziu no Código penal uma nova figura típica: o feminicídio. A pena para homicídio qualificado é de 12 a 30 anos de prisão, e será aumentada em um terço se o crime acontecer durante a gestação ou nos três meses posteriores ao parto; se for contra adolescente menor de 14 anos ou adulto acima de 60 anos ou ainda pessoa com deficiência. Também se o assassinato for cometido na presença de descendente ou ascendente da vítima.

Podemos definir como uma qualificadora do crime de homicídio motivada pelo ódio contra as mulheres, tendo como ente motivador por circunstâncias específicas em que o pertencimento da mulher ao sexo feminino é central na prática do delito. Entre essas circunstâncias estão incluídos: os assassinatos em contexto de violência doméstica ou familiar e o menosprezo ou discriminação à condição de mulher.

Temos essa qualificadora conhecida como crime fétido.

Razões de Gênero

A qualificadora do feminicídio não poderá ser provada por um laudo pericial ou exame cadavérico, porque nem sempre um assassinado de uma mulher será considerado "feminicídio". Assim, para ser configurada a qualificadora do feminicídio, a acusação tem que provar que o crime foi cometido contra a mulher por razões da condição de sexo feminino.

O feminicídio foi acrescentado no § 2º-A. Essa conduta tomou a forma de uma norma explicativa do termo razões da condição de sexo feminino, podendo ocorrer em duas situações:

> Violência doméstica e familiar;

> Menosprezo ou discriminação à condição de mulher;

O § 7º do Art. 121 do CP estabelece causas de aumento de pena para o crime de feminicídio.

A pena será aumentada de 1/3 até a metade se for praticado:

> Durante a gravidez ou nos 3 meses posteriores ao parto;

> Contra pessoa menor de 14 anos, maior de 60 anos ou com deficiência;

> Na presença de ascendente ou descendente da vítima.

***Art. 1º.** São considerados hediondos os seguintes crimes, todos tipificados no Decreto-Lei nº 2.848, de 7 de dezembro de 1940 - Código Penal, consumados ou tentados:*

I. homicídio (Art. 121), quando praticado em atividade típica de grupo de extermínio, ainda que cometido por um só agente, e homicídio qualificado (Art. 121, § 2º, incisos I, II, III, IV, V, VI e VII);

Como todo homicídio qualificado, o feminicídio também é considerado hediondo de acordo com o Art. 1º da Lei nº 8.072/90 (Lei de Crimes Hediondos).

Homicídio funcional

Essa qualificadora foi inserida pela Lei nº 13.142/2015, que acrescentou objetivamente essa ação no rol dos crimes hediondos no Art. 1º inciso I-A e também aumentou a pena de 1/3 a 2/3 no Art. 129 (lesão corporal).

VII. Contra autoridade ou agente descrito nos Arts. 142 e 144 da Constituição Federal, integrantes do sistema prisional e da Força Nacional de Segurança Pública, no exercício da função ou em decorrência dela, ou contra seu cônjuge, companheiro ou parente consanguíneo até terceiro grau, em razão dessa condição:

São autoridades previstas no Art. 142 da CF/88

***Art. 142.** As Forças Armadas, constituídas pela Marinha, pelo Exército e pela Aeronáutica, são instituições nacionais permanentes e regulares, organizadas com base na hierarquia e na disciplina, sob a autoridade suprema do Presidente da República, e destinam-se à defesa da Pátria, à garantia dos poderes constitucionais e, por iniciativa de qualquer destes, da lei e da ordem.*

São autoridades do Art. 144 da CF/88:

***Art. 144.** A segurança pública, dever do Estado, direito e responsabilidade de todos, é exercida para a preservação da ordem pública e da incolumidade das pessoas e do patrimônio, através dos seguintes órgãos:*

I. Polícia federal;

II. Polícia rodoviária federal;

III. Polícia ferroviária federal;

IV. Polícias civis;

V. Polícias militares e corpos de bombeiros militares.

VI. Polícias Penais Federal, estaduais e distrital.

Homicídio culposo

***§ 3º.** Se o homicídio é culposo:*

***Pena** - detenção, de um a três anos.*

Ocorre o homicídio culposo quando o agente realiza uma conduta voluntária, com violação de dever objetivo de cuidado a todos imposto, por negligência, imprudência ou imperícia, produzindo, por consequência, um resultado (morte) involuntário, não previsto e nem querido, mas objetivamente previsível, que podia ter sido evitado caso observasse a devida atenção.

NÃO incide aumento quando o agente foge em razão de sérias ameaças de linchamento.

Modalidades de Culpa	
Negligência	Culpa negativa. O agente deixa de fazer aquilo que a cautela manda. **Ex.:** Viajar de carro com os freios danificados.
Imprudência	Culpa positiva. O agente pratica um ato perigoso. **Ex.:** Trafegar com veículo no centro da cidade a 180 km/h.
Imperícia	Culpa profissional. É a falta de aptidão para o exercício de arte, profissão ou ofício para a qual o agente, apesar de autorizado a exercê-la, não possui conhecimentos teóricos ou práticos para tanto. **Ex.:** Médico ginecologista que começa a realizar cirurgias plásticas sem especialização para tanto.

Por se tratar de infração de médio potencial ofensivo (já que a pena mínima é de um ano) há possibilidade de suspensão condicional do processo.

Já quando ocorre o delito previsto no Art. 302 do CTB – homicídio culposo na condução de veículo automotor – a pena é detenção de dois a quatro anos + a suspensão ou proibição da permissão de conduzir veículo.

Art. 121, §3º, CP	Art. 302, CTB
Norma geral	Norma especial: na direção de veículo automotor.
Pena varia de 01 a 03 anos à infração penal de médio potencial ofensivo.	A pena é de 02 a quatro anos à infração penal de grande potencial ofensivo.
Admite a suspensão do processo.	Não admite suspensão condicional do processo.

Aumento de pena

§ 4º. No homicídio culposo, a pena é aumentada de 1/3 (um terço), se o crime resulta de inobservância de regra técnica de profissão, arte ou ofício, ou se o agente deixa de prestar imediato socorro à vítima, não procura diminuir as consequências do seu ato, ou foge para evitar prisão em flagrante. Sendo doloso o homicídio, a pena é aumentada de 1/3 (um terço) se o crime é praticado contra pessoa menor de 14 (quatorze) ou maior de 60 (sessenta) anos.

Aqui se tem o rol das majorantes do homicídio doloso e o rol das majorantes do homicídio culposo.

Aumento de pena de 1/3

Se o crime resulta de inobservância de regra técnica de profissão, arte ou ofício: neste caso, apesar do agente dominar a técnica, não observa o caso concreto. É diferente da imperícia, pois nessa hipótese, o agente não domina a técnica.

Se o agente deixa de prestar imediato socorro à vítima: neste caso, é necessário para a incidência da majorante que o socorro seja possível, e que o agente não tenha risco pessoal na conduta.

Não incide aumento quando terceiros prestarem socorro ou morte instantânea incontestável.

Neste caso, não incide também o Art. 135 do CP (omissão de socorro), para evitar o bis in idem.

De acordo com o STF, se o autor do crime, apesar de reunir condições de socorrer a vítima não o faz, concluindo pela inutilidade da ajuda em face da gravidade da lesão, sofre a majorante do Art. 121, §4º, do CP:

Se não procura diminuir as consequências do seu ato;

Se foge para evitar prisão em flagrante: para a maioria da doutrina esta majorante é aplicável, pois o agente demonstra, ao fugir do flagrante, ausência de escrúpulo e diminuta responsabilidade moral, lembrando que prejudica as investigações.

Para a doutrina moderna, essa majorante não deveria incidir, pois a pessoa estaria obrigada, nessa hipótese, a produzir prova contra si mesma, o que vai de encontro ao instituto de liberdade, e já que a fuga sem violência não é crime e daí que não poderia também incidir essa majorante. (Defensoria Pública).

No homicídio doloso a pena é aumentada de 1/3 se o crime é praticado contra:

> Menor de 14 anos;

> Maior de 60 anos (não abrange aquele que tem idade igual a 60 anos).

A idade da vítima deve ser conhecida pelo agente.

E se, quando do disparo de arma de fogo, a vítima tenha menos de 14 anos, e quando falece já é maior de 14, incide a majorante? SIM, neste caso analisa-se se na ocasião da ação a vítima era menor de 14 anos.

Perdão Judicial

§ 5º. Na hipótese de homicídio culposo, o juiz poderá deixar de aplicar a pena, se as consequências da infração atingirem o próprio agente de forma tão grave que a sanção penal se torne desnecessária.

Conceito: Segundo alguns autores, perdão judicial é o instituto pelo qual o Juiz, não obstante a prática de um fato típico e ilícito, por um agente comprovadamente culpado, deixa de lhe aplicar, nas hipóteses taxativamente previstas em lei, o preceito sancionador cabível, levando em consideração determinadas circunstâncias que concorrem para o evento.

O perdão judicial somente é concedido após a sentença.

O perdão judicial é uma causa extintiva da punibilidade. E caso seja indagado pelo examinador acerca da diferença do perdão judicial para o perdão do ofendido, é necessário observar que:

Perdão Judicial	Perdão do Ofendido
É ato unilateral (não precisa ser aceito pelo agente).	É ato bilateral (precisa ser aceito pelo agente).
Homicídio culposo ou lesão corporal culposa.	Somente na ação penal privada.

O perdão judicial somente ocorre no homicídio culposo, se as circunstâncias da infração atingirem o agente de forma tão grave que a sanção penal se torne desnecessária.

Ex.: Pai culposamente atropela filho na garagem de casa.

Natureza jurídica da sentença concessiva de perdão judicial: De acordo com a Súmula 18 do STJ: A sentença concessiva do perdão judicial é declaratória da extinção da punibilidade, não subsistindo qualquer efeito condenatório.

Perdão Judicial e Código de Trânsito Brasileiro: O perdão judicial no CTB estava previsto no Art. 300, mas este foi vetado.

Causa Específica de Aumento de Pena

§ 6º. A pena é aumentada de 1/3 (um terço) até a metade se o crime for praticado por milícia privada, sob o pretexto de prestação de serviço de segurança, ou por grupo de extermínio.

O CP afirma que a sentença é condenatória, considerando que há previsão no Art. 120 que a sentença não é considerada para fins de reincidente.

Esse parágrafo foi introduzido no Código Penal pela Lei nº 12.720 de 27 de setembro de 2012, juntamente com a mudança no §7º do crime de lesão corporal (Art. 129 do CP) e o novo crime de constituição de milícia privada (Art. 288-A do CP).

É uma majorante de concurso necessário, visto que um grupo não pode ser constituído por uma ou duas pessoas.

O legislador omitiu qual o número mínimo exigido para a configuração desses grupos de extermínio ou milícias, mas a interpretação que predomina é de no mínimo 03 pessoas.

Para que ocorra essa causa especial de aumento de pena, se faz necessário um especial fim de agir do grupo de milícia privada (pretexto de prestação de serviço de segurança). Essa majorante também é aplicada se for cometida por somente um integrante do grupo, somente se o referido homicídio já teria sido planejado pela milícia anteriormente.

Ex.: O que ocorre nas favelas do Rio de Janeiro.

Induzimento, instigação ou auxílio ao suicídio

Induzimento, instigação ou auxílio a suicídio ou a automutilação

Art. 122. *Induzir ou instigar alguém a suicidar-se ou a praticar automutilação ou prestar-lhe auxílio material para que o faça: (Redação dada pela Lei nº 13.968, de 2019)*

Pena *- reclusão, de 6 (seis) meses a 2 (dois) anos. (Redação dada pela Lei nº 13.968, de 2019)*

§ 1º *Se da automutilação ou da tentativa de suicídio resulta lesão corporal de natureza grave ou gravíssima, nos termos dos §§ 1º e 2º do art. 129 deste Código: (Incluído pela Lei nº 13.968, de 2019)*

Pena *- reclusão, de 1 (um) a 3 (três) anos. (Incluído pela Lei nº 13.968, de 2019)*

§ 2º *Se o suicídio se consuma ou se da automutilação resulta morte: (Incluído pela Lei nº 13.968, de 2019)*

Pena *- reclusão, de 2 (dois) a 6 (seis) anos. (Incluído pela Lei nº 13.968, de 2019)*

§ 3º *A pena é duplicada: (Incluído pela Lei nº 13.968, de 2019)*

I. *se o crime é praticado por motivo egoístico, torpe ou fútil; (Incluído pela Lei nº 13.968, de 2019)*

II. *se a vítima é menor ou tem diminuída, por qualquer causa, a capacidade de resistência. (Incluído pela Lei nº 13.968, de 2019)*

§ 4º *A pena é aumentada até o dobro se a conduta é realizada por meio da rede de computadores, de rede social ou transmitida em tempo real. (Incluído pela Lei nº 13.968, de 2019)*

§ 5º *Aumenta-se a pena em metade se o agente é líder ou coordenador de grupo ou de rede virtual. (Incluído pela Lei nº 13.968, de 2019)*

§ 6º *Se o crime de que trata o § 1º deste artigo resulta em lesão corporal de natureza gravíssima e é cometido contra menor de 14 (quatorze) anos ou contra quem, por enfermidade ou deficiência mental, não tem o necessário discernimento para a prática do ato, ou que, por qualquer outra causa, não pode oferecer resistência, responde o agente pelo crime descrito no § 2º do art. 129 deste Código. (Incluído pela Lei nº 13.968, de 2019)*

§ 7º *Se o crime de que trata o § 2º deste artigo é cometido contra menor de 14 (quatorze) anos ou contra quem não tem o necessário discernimento para a prática do ato, ou que, por qualquer outra causa, não pode oferecer resistência, responde o agente pelo crime de homicídio, nos termos do art. 121 deste Código. (Incluído pela Lei nº 13.968, de 2019)*

Para o Direito Penal Brasileiro, não é passível de punição a conduta do agente que tem como objetivo o extermínio da sua própria vida, ou seja, aquele que comete o suicídio (autocídio/autoquíria), bem como a possível lesão que o sujeito venha a sofrer caso sua tentativa não obtenha sucesso, devido à falta de previsão legal para tal conduta.

Contudo, o objetivo da norma penal ao tipificar essa conduta é punir o agente que participa na ocorrência do crime, auxiliando, induzindo ou instigando alguém a cometer o suicídio.

Classificação

É crime simples, comum, e formal, pois sua consumação não exige resultado. É crime de forma livre. Pode ser praticado por ação ou por omissão IMPRÓPRIA, quando presente o dever de agir. (Art. 13, § 2º, CP)

Condutas acessórias à prática do suicídio:

- Induzir: Implantar a ideia.
- Instigar: Reforçar a ideia preexistente.
- Auxiliar: Intromissão no processo físico de causação.

Sujeitos

Sujeito Ativo: crime comum, pode ser praticado por qualquer um.

Sujeito Passivo: alguém que tenha capacidade para agir, pois caso contrário será crime de homicídio. Se ela tiver relativa capacidade (de 14 até fazer 18 anos – Art. 224, "a" e 217-A, CP), incorrerá na pena do Art. 122, parágrafo único, II, CP.

O crime previsto no Art. 122, CP é um crime condicionado ao resultado (morte ou lesão), pois se não se consumar, não terá relevância penal alguma e, portanto, não admite tentativa.

Natureza Jurídica do Art. 122, CP: Nelson Hungria, Luiz Regis Prado, Aníbal Bruno e Rogério Greco – Condição Objetiva de Punibilidade, porque o crime se perfaz quando se instiga, induz ou auxilia. Mas a lei condiciona a punibilidade dessa conduta à ocorrência do suicídio, ou pelo menos da lesão grave. São resultados que se encontram fora do Tipo e, por isso, são condições que a Lei coloca para que o Estado possa exercer o *ius puniendi*.

***Art. 13**, § 2º, CP. A omissão é penalmente relevante quando o omitente devia e podia agir para evitar o resultado. O dever de agir incumbe a quem:*

a) *Tenha por lei obrigação de cuidado, proteção ou vigilância;*

b) *De outra forma, assumiu a responsabilidade de impedir o resultado;*

c) *Com seu comportamento anterior, criou o risco da ocorrência do resultado.*

A conduta só é punida na forma dolosa (o agente que participa), NÃO existindo previsão para modalidade culposa.

Descrição do crime: é conhecido também como o crime de participação em suicídio. Ademais, a participação deve dirigir-se a pessoa(as) determinada (as), pois NÃO é punível a participação genérica (um filme, livro, que estimule o pensamento suicida).

Sendo a conduta criminosa composta de vários verbos (induzir, instigar, auxiliar), ainda que o agente realize as três condutas, o crime será único, respondendo desta forma, apenas pelo Art. 122 do CP.

Na participação material, o auxílio deve ser acessório, pois, caso seja direto e imediato, o crime será o de homicídio, visto que o sujeito não pode, em hipótese alguma, realizar uma conduta apta a eliminar a vida da vítima.

Ex.: "A" empresta sua arma de fogo para "B", contudo, "B" solicita para que esse ("A") efetue o disparo em sua cabeça.

O auxílio deve ser eficaz, ou seja, precisa contribuir efetivamente para o suicídio. Desse modo, se "A" empresta uma arma de fogo para "B" se matar, mas este acabe utilizando uma corda (enforcamento), nesse caso, a conduta de "A" será atípica.

Exige-se que o agente imprima seriedade em sua conduta, querendo que a vítima efetivamente se suicide (dolo).

Não há crime se o agente fala, por brincadeira, para a vítima se matar e esta realmente se mata.

Não caracteriza constrangimento ilegal a coação (força) exercida para impedir o suicídio (Art. 146, §3º, II, CP).

Ex.: "A" induz "B" a suicidar-se e "C" empresta a arma de fogo. "B" se mata. "A" e "C" responderão como autores do crime previsto no Art. 122, CP.

Pacto de Morte ou Suicídio a Dois

Duas pessoas resolvem se suicidar conjuntamente. Ex.: câmara de gás. Podem ocorrer as seguintes situações:		
"A" e "B" sobreviveram e não ocorreu lesão corporal grave (ou gravíssima).	Os dois abriram a torneira de gás.	Os dois responderão por tentativa de homicídio.
"A" e "B" sobreviveram e não ocorreu lesão corporal grave (ou gravíssima).	"A" abriu a torneira.	"A" responderá por tentativa de homicídio e "B" não responderá por nada (Fato Atípico).
"A" e "B" sobreviveram, mas "B" ficou com lesão corporal grave (ou gravíssima).	"A" abriu a torneira.	"A" responderá por tentativa de homicídio e "B" responderá por participação em suicídio (Art. 122).
"A" morreu e "B" sobreviveu.	"A" abriu a torneira.	"B" responderá por participação em suicídio (Art. 122).
"A" morreu e "B" sobreviveu.	"B" abriu a torneira.	"B" responderá por homicídio.

Roleta-Russa e Duelo Americano

Os Sobreviventes Responderão pelo Crime:	
Roleta-russa	A arma de fogo (revólver) é municiada com um único projétil, sendo o gatilho acionado por ambos os participantes – conforme sua ordem – girando o "tambor" da arma a cada nova tentativa. "A" gira o tambor, mira em sua cabeça, e aciona o gatilho.
Duelo-Americano	Existem duas armas, sendo que apenas uma está municiada, cada um escolhe a sua e efetiva o disparo contra si mesmo, desconhecendo qual efetivamente está carregada.

Formas qualificadas

Portanto verificar o aluno que com as modificações introduzidas no referido crime, temos agora as qualificadoras de lesão gravíssima ou grave (que antes tornava atípico o crime) e morte, em que ambas eram apenas consideradas como condição para a tipificação do crime:

a) Se da automutilação ou da tentativa de suicídio resulta lesão corporal de natureza grave ou gravíssima, nos termos dos §§ 1º e 2º do art. 129 deste Código – pena de 1 a 3 anos

b) Se o suicídio se consuma ou se da automutilação resulta morte – pena de 2 a 6 anos

Formas majoradas

a) A pena é duplicada (aqui o aumento será aplicado em dobro, o que não é até o dobro, mas sim em dobro)

> se o crime é praticado por motivo egoístico, torpe ou fútil;

> se a vítima é menor ou tem diminuída, por qualquer causa, a capacidade de resistência.

b) A pena é aumentada até o dobro se a conduta é realizada por meio da rede de computadores, de rede social ou transmitida em tempo real.

Portanto perceba que não havia essa previsão na redação anterior. Através da evolução comportamental da sociedade, uma maior punição agora se impõe aos que, através dos novos meios de comunicação em massa – internet e redes sociais.

c) Aumenta-se a pena em metade se o agente é líder ou coordenador de grupo ou de rede virtual

O que antes também não era previsto, agora se tem uma maior punição dos líderes/administradores/fundadores de grupos de comunicação, devido ao seu imenso poder de persuasão sobre seus "seguidores".

Infanticídio

Art. 123. *Matar, sob a influência do estado puerperal, o próprio filho, durante o parto ou logo após:*

Pena *- detenção, de dois a seis anos.*

O Art. 123 do CP é um homicídio especial, dotado de especializastes, possuindo pena menor, o que implica o fato de ser considerado Homicídio Privilegiado.

Requisitos

> Praticado pela própria mãe contra seu filho;

> Durante ou logo após o parto;

> Contra recém-nascido (neonato);

> Sob influência de estado puerpério (lapso temporal até que a mulher volte ao ciclo menstrual normal).

Trata-se de um crime próprio (praticado pela própria mãe).

É um crime comissivo (ação) ou omissivo (omissão imprópria), sendo também um crime material, consuma-se, efetivamente, com a morte da vítima.

Sujeitos

Sujeito Ativo: o sujeito ativo aqui é a mãe, sob influência do estado puerperal.

Indaga-se se o crime em questão admite concurso de pessoas (coautoria e participação)?

Sobre essa pergunta existem duas correntes:

1ª Corrente: o estado puerperal é condição personalíssima incomunicável, logo, não admite concurso de pessoas. Mas atente-se que o CP não reconhece essa condição personalíssima – não tem previsão do Art. 30 do CP.

2ª Corrente: o estado puerperal é condição pessoal comunicável, pelo que é admitido o concurso de agentes. (Majoritária)

→ Alguns autores dividem dessa forma:

1ª Situação: parturiente e médico matam o nascente ou neonato. Parturiente responde pelo Art. 123 e o médico também responde pelo Art. 123 em coautoria.

2ª Situação: parturiente, auxiliada pelo médico, mata nascente ou neonato. A parturiente responde pelo Art. 123 e o médico também, como partícipe.

3ª Situação: médico, auxiliado pela parturiente, mata nascente ou neonato. O médico responderá pelo crime de homicídio e a parturiente, também responderia pelo Art. 121 do CP na qualidade de partícipe. Mas aqui surgem duas correntes em face da injustiça existente:

Corrente Majoritária: o médico responde pelo Art. 121 do CP e a parturiente responde pelo Art. 123 para sanar a injustiça existente.

Sujeito Passivo: é próprio, ou seja, somente aquele que é o nascente (durante o parto) ou neonato (logo após o parto).

Diante da especialidade, tanto do sujeito ativo como do sujeito passivo, o crime é considerado bipróprio.

Supondo que a mãe mate aquele que supõe ser seu filho, mas na verdade é filho de outrem. Nesse caso continuará respondendo pelo crime de infanticídio, diante da aplicação do Art. 20 do CP, que determina a consideração das qualidades da vítima virtual.

Conduta

A conduta punível é tirar a vida extrauterina do próprio filho, durante ou logo após o parto.

→ Tem-se o matar + as seguintes especializantes:

Elemento temporal constitutivo do tipo: durante ou logo após o parto. Se for antes do parto, o crime é de aborto. Se, após o parto, o crime é de homicídio.

Influência do estado puerperal: a doutrina afirma que, o logo após perdura enquanto presente a influência do estado puerperal. Enquanto a gestante estiver sob a influência do estado puerperal, o elemento temporal constitutivo estará presente. Estado puerperal é um desequilíbrio fisio-psíquico.

Estado puerperal: Conforme Sanches, é o estado que envolve a parturiente durante a expulsão da criança do ventre materno, produzindo profundas alterações psíquicas e físicas.

Puerpério é o período que se estende do início do parto até a volta da mulher às condições pré-gravidez.

É preciso, também, que haja uma relação de causa e efeito entre o estado puerperal e o crime, pois nem sempre ele produz perturbações psíquicas na parturiente. Esse alerta se encontra na exposição de motivos do CP.

Dependendo do grau do estado puerperal é possível que a parturiente seja tratada como inimputável ou semi-imputável? Sim. Dependendo do grau de desequilíbrio fisio-psíquico, a parturiente pode sofrer o mesmo tratamento do inimputável ou semi--imputável. Essa é a posição de Mirabete.

Tipo subjetivo

O crime descrito no Art. 123 é punido a título de dolo, não havendo possibilidade de punição na modalidade culposa.

Consumação e tentativa:

O crime se consuma com a morte, sendo perfeitamente possível a tentativa.

Aborto provocado pela gestante ou com seu consentimento

Art. 124. *Provocar aborto em si mesma ou consentir que outrem lhe provoque:*

Pena *- detenção, de um a três anos.*

O crime de aborto ocorre quando há a interrupção da gravidez, ocasionando a morte do produto da geração, procriação, concepção, ou seja, é a eliminação da vida intrauterina.

Sob o aspecto jurídico, a gravidez tem início com a nidação (implantação do óvulo fecundado no útero – parede uterina).

Portanto, não há crime de aborto quando da utilização de meios que inibem a fixação do ovo na parede uterina. É o que ocorre com o DIU (diafragma intrauterino).

Espécies de Aborto

Criminoso	Interrupção dolosa da gravidez (Arts. 124 a 127, CP).
Legal ou Permitido	Não há crime por expressa previsão legal. Art. 128, CP: I) Quando não há outro meio para salvar a vida da gestante (aborto necessário ou terapêutico); II) Quando a gravidez resulta de estupro (aborto sentimental ou humanitário).
Natural	Interrupção espontânea da gravidez. Não há crime.
Acidental	A gestante sofre um acidente qualquer e perde o bebê. Não é crime, por ausência de dolo.
Eugênico ou Eugenésico	Interrupção da gravidez quando há anomalia ou algum defeito genético. É crime, exceto o aborto de anencéfalo.
Econômico ou Social	Interrupção da gravidez para não agravar a situação de miséria enfrentada pela mãe ou por sua família. É crime.

Objetividade jurídica

Vida humana. No aborto provocado por terceiro SEM o consentimento da gestante (Art. 125), protege-se também a integridade física e psíquica da gestante.

Objeto material

O produto da concepção (óvulo fecundado, embrião ou feto).

Deve haver prova da gravidez, pois se a mulher não está grávida, ou se o feto já havia morrido por outro motivo qualquer será crime impossível por absoluta impropriedade do objeto (Art. 17, CP).

O feto deve estar alojado no útero materno. Desse modo, se ocorrer a destruição de um tubo de ensaio que contém um óvulo fertilizado in vitro não haverá aborto.

O feto não necessita ter viabilidade. Basta que esteja vivo antes do crime.

Sujeitos do crime

Sujeito Ativo: Os crimes do Art. 124, CP são de mão própria, pois somente a gestante pode provocar aborto em si mesma ou consentir que um terceiro lhe provoque. Não admitem coautoria, mas admite participação. É crime comum nos demais casos.

Sujeito Passivo: é o feto. No aborto provocado por terceiro SEM o consentimento da gestante (Art. 125) as vítimas são o feto e a gestante.

É crime de forma livre. Pode ser praticado de forma comissiva ou omissiva (Ex.: deixar dolosamente de ingerir medicamentos necessários para a preservação da gravidez). Se, contudo, o meio de execução for absolutamente ineficaz será crime impossível (Ex.: despachos, rezas e simpatias).

Elemento subjetivo

É o dolo, direto ou eventual.

Não existe o crime de aborto culposo

Se a própria gestante agir culposamente e ensejar o aborto, o fato será atípico. Já o terceiro que provoca aborto por culpa responde por lesão corporal culposa contra a gestante.

Consumação e tentativa

Ocorre com a morte do feto. É dispensável a expulsão do produto da concepção.

É admitida a tentativa.

Ex.: Realizou manobras abortivas e o feto foi expulso com vida: tentativa de aborto.

O agente quer ferir a gestante e realiza manobras abortivas e o feto é expulso com vida: lesão corporal grave (aceleração de parto – Art. 129, § 1º, IV, CP).

Realizou manobras abortivas e o feto foi expulso com vida. Logo em seguida o agente mata o feto: tentativa de aborto e homicídio em concurso material.

Realizou manobras abortivas e o feto foi expulso com vida, mas morreu alguns dias depois em razão da manobra realizada: aborto consumado.

Classificação doutrinária

O aborto é crime: material, próprio e de mão própria ou comum, instantâneo, comissivo ou omissivo, de dano, unissubjetivo, unilateral ou de concurso eventual, plurissubjetivo ou de concurso necessário, plurissubsistente, de forma livre, progressivo.

O Art. 20 da LCP diz que constitui contravenção penal a conduta de anunciar processo, substância ou objeto destinado a provocar aborto.

Análise do tipo penal

1ª parte: provocar aborto em si.

É o autoaborto, um crime próprio e de mão própria.

Admite participação:

Ex.: Mulher gestante ingere medicamento abortivo que lhe foi dado por seu namorado e provoca o aborto. Nesta situação a gestante é autora de autoaborto e seu namorado é partícipe (induzir, instigar ou auxiliar) deste crime. Todavia, se o namorado tivesse executado qualquer ato de provocação do aborto seria autor do crime previsto no Art. 126, CP (aborto com o consentimento da gestante).

O partícipe do autoaborto, além de responder por este crime, pratica ainda homicídio culposo ou lesão corporal culposa se ocorrer morte ou lesão corporal grave em relação à gestante, pois o disposto no Art. 127 não se aplica ao crime do Art. 124.

Quanto à gestante que provoca aborto em si mesma, o aborto legal ou permitido, duas situações podem ocorrer:

- Se for aborto necessário ou terapêutico: não há crime (estado de necessidade);
- Se for aborto sentimental ou humanitário: há crime, pois nesta modalidade somente é autorizado no aborto praticado pelo médico.

2ª parte: consentir para que 3º lhe provoque o aborto.

O legislador criou uma exceção à teoria monista ou unitária no concurso de pessoas (Art. 29, Caput, CP) e criou crimes distintos: a gestante responde pelo Art. 124, 2ª parte, CP e o terceiro que provoca o aborto responde pelo Art. 126, CP.

Esse crime é de mão própria, pois somente a gestante pode prestar o consentimento. Não admite coautoria, mas admite participação.

A gestante dever ter capacidade e discernimento para consentir (ser maior de 14 anos e ter integridade mental). E o consentimento deve ser válido (isento de fraude e não tenha sido obtido por meio de violência ou grave ameaça).

Aborto provocado por terceiro

Art. 125. *Provocar aborto, sem o consentimento da gestante:*
Pena *- reclusão, de três a dez anos.*

Sujeito ativo: qualquer pessoa

Sujeito passivo: produto da concepção e a gestante.

Art. 126. *Provocar aborto com o consentimento da gestante:*
Pena *- reclusão, de um a quatro anos.*
Parágrafo único. *Aplica-se a pena do artigo anterior, se a gestante não é maior de quatorze anos, ou é alienada ou débil mental, ou se o consentimento é obtido mediante fraude, grave ameaça ou violência.*

Considerações

É crime de concurso necessário.

O legislador criou uma exceção à teoria monista ou unitária no concurso de pessoas (Art. 29, Caput, CP) e criou crimes distintos: a gestante responde pelo Art. 124, 2ª parte, CP e o terceiro que provoca o aborto responde pelo Art. 126, CP.

O consentimento da gestante (expresso ou tácito) deve subsistir até a consumação do aborto. Se durante a prática do crime ela se arrepender e solicitar ao terceiro a paralisação das manobras letais, mas não for obedecida, para ela o fato será atípico, e o terceiro responderá pelo crime do Art. 125, CP.

Se três ou mais pessoas associarem-se para o fim de praticarem abortos, responderão pelo crime de Associação Criminosa (Art. 288, CP) em concurso material com os abortos efetivamente realizados.

Se não tiver o consentimento da gestante responde pelo Art. 125 do CP.

Caso a gestante consentir, mas seu consentimento não seja válido, por se enquadrar em alguma das hipóteses do parágrafo único do Art. 126 (gestante não maior de 14 anos ou alienada mental ou consentimento obtido através de fraude, grave ameaça ou violência), os agentes responderão pelo crime do Art. 125 do CP.

Forma qualificada

***Art. 127.** As penas cominadas nos dois artigos anteriores são aumentadas de um terço, se, em consequência do aborto ou dos meios empregados para provocá-lo, a gestante sofre lesão corporal de natureza grave; e são duplicadas, se, por qualquer dessas causas, lhe sobrevém a morte.*

Esses resultados são preterdolosos advindos da prática abortiva, ou seja, são resultados que só poderão ser imputados a título de culpa. Se houver dolo em relação a esses resultados haverá concurso.

> O aborto de feto anencefálico é uma espécie de aborto eugênico.

Aborto necessário

***Art. 128.** Não se pune o aborto praticado por médico:*

Se não há outro meio de salvar a vida da gestante;

Depende de dois requisitos:

- Que a vida da gestante corra perigo em razão da gravidez;
- Que não exista outro meio de salvar sua vida. (Desse modo, há crime de aborto quando interrompida a gravidez para preservar a saúde da gestante).

O risco para a vida da gestante não precisa ser atual. Basta que exista, isto é, que no futuro possa colocar em perigo a vida da mulher.

Não necessita do consentimento da gestante e não haverá crime quando a gestante se recusa a fazê-lo e o médico provoca o aborto necessário.

Se o aborto necessário for realizado por ENFERMEIRA, ou por qualquer pessoa que não o médico, duas situações podem ocorrer:

- Há perigo atual para a gestante: estado de necessidade (Art. 24, CP);
- Não há perigo atual: há crime de aborto.

Aborto no caso de gravidez resultante de estupro

***II.** Se a gravidez resulta de estupro e o aborto é precedido de consentimento da gestante ou quando incapaz, de seu representante legal.*

Necessita de três requisitos:

- Ser praticado por médico;
- Consentimento válido da gestante ou de seu representante legal (se for incapaz);
- Gravidez resultante de estupro.

Nesta hipótese, como não há perigo atual para a vida da gestante, haverá o crime de aborto se praticado por qualquer pessoa que não seja o médico.

O aborto será permitido mesmo que a gravidez resulte de ato libidinoso diverso da conjunção carnal (Ex.: Sexo anal, estupro de vulnerável) em razão da mobilidade dos espermatozoides. É considerada uma hipótese de analogia in bonam partem.

Não se exige autorização judicial para a realização desta espécie de aborto permitido.

São causas especiais de exclusão da ilicitude. Embora o aborto praticado em tais situações seja fato típico, não há crime pelo fato de serem hipóteses admitidas pelo ordenamento jurídico.

Ambos devem ser praticados por médico (este não precisa de autorização judicial para realizar estas espécies de aborto).

Aborto sentimental também é autorizado quando a gravidez decorrer de estupro de vulnerável (analogia in bonam partem).

Aborto Econômico: não está previsto no ordenamento jurídico. Se praticado será crime de aborto.

De acordo com o Código Penal, existem apenas duas modalidades permissivas de aborto previstas no Art. 128 do CP (aborto necessário e aborto sentimental).

No entanto, em abril de 2012, o STF no julgamento da ADPF 54 passou a admitir uma terceira modalidade: o aborto de feto anencefálico (malformação fetal que leva à ausência de cérebro e à impossibilidade de vida).

Para tanto, não há necessidade de autorização judicial. Basta um laudo formal do médico atestando a anencefalia e a inviabilidade de vida.

3.2 Das Lesões Corporais

***Art. 129.** Ofender a integridade corporal ou a saúde de outrem:*

***Pena** - detenção, de três meses a um ano.*

Lesão Corporal de Natureza Grave

***§ 1º.** Se resulta:*

***I.** Incapacidade para as ocupações habituais, por mais de trinta dias;*

***II.** Perigo de vida;*

***III.** Debilidade permanente de membro, sentido ou função;*

***IV.** Aceleração de parto:*

***Pena** - reclusão, de um a cinco anos.*

***§ 2º.** Se resulta:*

***I.** Incapacidade permanente para o trabalho;*

***II.** Enfermidade incurável;*

***III.** Perda ou inutilização do membro, sentido ou função;*

***IV.** Deformidade permanente;*

***V.** Aborto:*

Pena - reclusão, de dois a oito anos.

Lesão Corporal Seguida de Morte

§ 3º. *Se resulta morte e as circunstâncias evidenciam que o agente não quis o resultado, nem assumiu o risco de produzi-lo:*

Pena *- reclusão, de quatro a doze anos.*

Diminuição de Pena:

§ 4º. *Se o agente comete o crime impelido por motivo de relevante valor social ou moral ou sob o domínio de violenta emoção, logo em seguida a injusta provocação da vítima, o juiz pode reduzir a pena de um sexto a um terço.*

Substituição da Pena:

§ 5º. *O juiz, não sendo graves as lesões, pode ainda substituir a pena de detenção pela de multa, de duzentos mil réis a dois contos de réis:*

I. *Se ocorre qualquer das hipóteses do parágrafo anterior;*

II. *Se as lesões são recíprocas.*

Lesão Corporal Culposa

§ 6º. *Se a lesão é culposa:*

Pena *- detenção, de dois meses a um ano.*

Aumento de Pena

§ 7º. *Aumenta-se a pena de 1/3 (um terço) se ocorrer qualquer das hipóteses dos §§ 4º e 6º do Art. 121 deste Código.*

§ 8º. *Aplica-se à lesão culposa o disposto no § 5º do Art. 121.*

Violência Doméstica

§ 9º. *Se a lesão for praticada contra ascendente, descendente, irmão, cônjuge ou companheiro, ou com quem conviva ou tenha convivido, ou, ainda, prevalecendo-se o agente das relações domésticas, de coabitação ou de hospitalidade.*

Pena *- detenção, de 3 (três) meses a 3 (três) anos.*

§ 10. *Nos casos previstos nos §§ 1º a 3º deste artigo, se as circunstâncias são as indicadas no § 9º deste artigo, aumenta-se a pena em 1/3 (um terço).*

§ 11. *Na hipótese do § 9º deste artigo, a pena será aumentada de um terço se o crime for cometido contra pessoa portadora de deficiência.*

§ 12. *Se a lesão for praticada contra autoridade ou agente descrito nos Arts. 142 e 144 da Constituição Federal, integrantes do sistema prisional e da Força Nacional de Segurança Pública, no exercício da função ou em decorrência dela, ou contra seu cônjuge, companheiro ou parente consanguíneo até terceiro grau, em razão dessa condição, a pena é aumentada de um a dois terços.*

Essa qualificadora foi inserida pela Lei nº 13.142/2015.

São autoridades previstas no Art. 142 da CF/88:

Art. 142. *As Forças Armadas, constituídas pela Marinha, pelo Exército e pela Aeronáutica, são instituições nacionais permanentes e regulares, organizadas com base na hierarquia e na disciplina, sob a autoridade suprema do Presidente da República, e destinam-se à defesa da Pátria, à garantia dos poderes constitucionais e, por iniciativa de qualquer destes, da lei e da ordem.*

São autoridades do Art. 144 da CF/88:

Art. 144. *A segurança pública, dever do Estado, direito e responsabilidade de todos, é exercida para a preservação da ordem pública e da incolumidade das pessoas e do patrimônio, através dos seguintes órgãos:*

I. *Polícia federal;*

II. *Polícia rodoviária federal;*

III. *Polícia ferroviária federal;*

IV. *Polícias civis;*

V. *Polícias militares e corpos de bombeiros militares.*

VI. *Policiais Penais Federal, estaduais e distritais.*

§8º. *Guardas municipais*

Lesão corporal é a ofensa humana direcionada à integridade corporal ou à saúde de outra pessoa, quer do ponto de vista anatômico, quer do ponto de vista fisiológico ou mental. A dor, por si só, não caracteriza lesão corporal.

No crime de lesão corporal, protege-se a incolumidade física em sentido amplo: Saúde física ou corporal; Saúde fisiológica (correto funcionamento do organismo) e Saúde mental (psicológica).

Topografia do Art. 129	
Art. 129, *caput*	Lesão dolosa leve.
Art. 129, §1º	Lesão dolosa grave - Atenção! O § 1º não traz somente a lesão dolosa grave. Ele também tem lesão preterdolosa grave.
Art. 129, §2º	Lesão dolosa gravíssima - também no § 2º tem preterdolo.
Art. 129, §3º	Lesão seguida de morte (está genuinamente preterdolosa).
Art. 129, §4º	Lesão dolosa privilegiada.
Art. 129, §5º	Lesão culposa.
Art. 129, §6º	Majorantes.
Art. 129, §7º	Perdão judicial.
Art. 129, §§ 9, 10 e 11	Violência doméstica e familiar (aqui não é só contra mulher).
Art. 129, § 12	Praticada contra autoridade policial.

Classificação

Pode ser praticado por ação ou omissão, quando presente o dever de agir para evitar o resultado, Art. 13, §2º, CP.

Ex.: A mãe que deixa o filho pequeno sozinho na cama, desejando que ele caísse e se machucasse.

É crime de forma livre. Pode ser praticado por ação ou omissão. Pratica lesão quem cria ferimento ou quem agrava o ferimento que já existe.

Elemento subjetivo é o dolo (direto ou eventual) conhecido como animus laedendi, mas há também a culpa no §6º (lesão corporal culposa) e o preterdolo no §3º (lesão corporal seguida de morte).

Qual crime é praticado, pelo policial militar que agride uma pessoa? Abuso de autoridade e lesão corporal.

Sujeitos do crime

Sujeito Ativo: é crime comum, podendo ser praticado por qualquer pessoa.

Sujeito Passivo: em regra, qualquer pessoa.

Exceções: Art. 129, §1º, IV (aceleração de parto) e Art. 129, §2º, V (lesão que resulta aborto). Nestas duas hipóteses as vítimas são, necessariamente, gestantes. Também na lesão qualificada pela violência doméstica a vítima precisa ser ascendente, descendente, irmã, cônjuge ou companheira do agressor.

Exceções:

- Art. 129, §1º, IV (aceleração de parto).
- Art. 129, §2º, V (lesão que resulta aborto).

Nestas duas hipóteses as vítimas são, necessariamente, gestantes.

> Contra ascendente, descendente, irmã, cônjuge ou companheira do agressor.

> Agentes de Segurança descritos no Art. 129, §12º, assim com parente consanguíneo até terceiro grau.

Consumação e tentativa

Por ser crime material se consuma com a efetiva lesão da vítima. A pluralidade de lesões contra a mesma vítima e no mesmo contexto temporal caracteriza crime único, mas deve influenciar na dosimetria da pena-base (Art. 59, CP).

A tentativa só é cabível nas modalidades dolosas. Não cabe tentativa na lesão culposa e na lesão corporal seguida de morte.

Lesão corporal (Art. 29, CP)	Contravenção penal de vias de fato (Art. 21, LCP)
Lesionar a vítima.	Agredir a vítima, sem lesioná-la Ex.: empurrão, puxão de cabelo.

Lesão corporal leve

A ação penal é pública condicionada à representação da vítima, de competência dos Juizados Especiais Criminais.

O conceito de Lesão Leve é considerado por exclusão: será de natureza leve se não for a lesão de natureza grave ou gravíssima.

Há jurisprudência admitindo o princípio da insignificância na lesão corporal, quanto às lesões levíssimas. Na doutrina, esse posicionamento é Pierangeri.

Lesão corporal de natureza grave

§ 1º. Se resulta

I. Incapacidade para as ocupações habituais, por mais de trinta dias;

II. Perigo de vida;

III. Debilidade permanente de membro, sentido ou função;

IV. Aceleração de parto:

***Pena** - reclusão, de um a cinco anos.*

Trata-se de infração de médio potencial ofensivo, considerando que a pena mínima é de um ano.

A ação penal é pública incondicionada.

Incapacidade para as ocupações habituais por mais de trinta dias.

As ocupações habituais são aquelas rotineiras, física ou mental, do cotidiano do ofendido e não apenas seu trabalho. É suficiente tratar-se de ocupação concreta, pouco importando se lucrativa ou não.

A atividade deve ser lícita, sendo indiferente se moral ou imoral. Prostituta pode. Ladrão não pode.

Um bebê de tenra idade pode ser vítima dessa lesão? A resposta é afirmativa e há jurisprudência nesse sentido, trazendo como exemplo a hipótese em que o bebê, em razão da agressão não pode ser alimentado, pelo prazo de 30 dias.

É irrelevante a idade da vítima (pode ser idosa ou criança).

São exigidos dois exames periciais: um inicial realizado logo após o crime; e um exame complementar realizado logo que decorra o prazo de 30 dias da data do crime.

Supondo que a vítima sofra uma lesão ficando com um hematoma no olho, e, por vergonha não saiu de casa pelo prazo superior a trinta dias, nessa hipótese, restou configurado o delito de lesões corporais graves? Ensina a doutrina, seguida pela jurisprudência, que a relutância por vergonha de praticar as ocupações habituais não agrava o crime. É a lesão que deve incapacitar o agente e não a vergonha da lesão.

Perigo de vida

Perigo de vida é a possibilidade grave, concreta e imediata de a vítima morrer em consequência das lesões sofridas. Trata-se de perigo concreto, comprovado por perícia médica, que deve indicar, de modo preciso e fundamentado, no que consistiu o perigo de vida proporcionado à vítima.

Nesta hipótese, é crime tipicamente PRETERDOLOSO, pois o resultado agravador deve resultar de culpa do agente.

Se o agente, ao praticar a lesão, quis o resultado ou assumiu o risco de produzi-lo, responderá por tentativa de homicídio.

O crime preterdoloso não está apenas na lesão corporal seguida de morte. O perigo de vida é um resultado necessariamente preterdoloso. O inciso II ora discutido nada mais é que um crime preterdoloso, isto é, dolo na lesão e culpa no perigo de vida. Está-se, pois, diante de um crime necessariamente preterdoloso.

Debilidade permanente de membro, sentido ou função.

Debilidade é a diminuição ou o enfraquecimento da capacidade funcional. Há de ser permanente, isto é, duradoura e de recuperação incerta. Não se exige perpetuidade.

Ex.: O agente não fica cego, mas tem reduzida a capacidade visual.

Membros	São os braços, pernas, mãos e pés.
Sentidos	São os mecanismos sensoriais por meio dos quais percebemos o mundo externo: visão, audição, tato, olfato e paladar.
Função	É a atividade inerente a um órgão ou aparelho do corpo humano: respiratória, circulatória, digestiva etc.

A perda ou inutilização de membro sentido ou função é lesão corporal gravíssima (Art. 129, §2º, III, CP).

Órgãos duplos: (Ex.: Rins, olhos, pulmões) a perda de um deles caracteriza lesão grave pela debilidade permanente. Já a perda de ambos configura lesão corporal gravíssima pela perda ou inutilização.

A recuperação do membro, sentido ou função por meio cirúrgico ou ortopédico não exclui a qualificadora, pois a vítima não é obrigada a submeter-se a tais procedimentos.

Aceleração de parto

É a antecipação do parto, o parto prematuro. A criança nasce com vida e continua a viver.

Para incidir essa qualificadora do inciso IV, é imprescindível que o agente saiba ou pudesse saber que a vítima da lesão era gestante, sob pena de restar caracterizada a responsabilidade penal objetiva, vedada pelo ordenamento jurídico. É necessário observar ainda que, em nenhuma dessas hipóteses o agente aceita ou quer o abortamento.

Se em consequência da lesão o feto for expulso morto do ventre materno, o crime será de lesão corporal gravíssima em razão do aborto (Art. 129, §2º, V, CP).

Lesão corporal dolosa gravíssima

§ 2º. Se resulta

I. Incapacidade permanente para o trabalho;

II. Enfermidade incurável;

III. Perda ou inutilização do membro, sentido ou função;

IV. Deformidade permanente;

V. Aborto:

***Pena** - reclusão, de dois a oito anos.*

Em concurso, restou indagado se a expressão gravíssima era criação da lei, doutrina ou jurisprudência. Referida expressão é criação da doutrina que foi seguida pela jurisprudência.

A Lei nº 9.455/97, que é a lei de tortura, adotou a expressão doutrinária gravíssima. Na lei de tortura, no Art. 1º, §3º, há expressa menção à lesão grave ou gravíssima.

Incapacidade permanente para o trabalho

Deve tratar-se de incapacidade genérica para o trabalho, ou seja, a vítima fica impossibilitada de exercer qualquer tipo de atividade laborativa remunerada.

A incapacidade não significa perpetuidade, basta que seja uma incapacidade duradoura, dilatada no tempo.

Enfermidade incurável.

É a alteração prejudicial da saúde por processo patológico, físico ou psíquico, que não pode ser eficazmente combatida com os recursos da medicina à época do crime. Deve ser provada por exame pericial.

Também é considerada incurável a enfermidade que somente pode ser enfrentada por procedimento cirúrgico complexo ou mediante tratamentos experimentais ou penosos, pois a vítima não pode ser obrigada a enfrentar tais situações.

A transmissão intencional do vírus da AIDS no Brasil é tida como de natureza letal, pelo que é considerada tentativa de homicídio. O certo seria a criação de tipo penal específico sobre a transmissão intencional do vírus da AIDS.

Em recente julgado o STF afastou essa ideia. Entendeu o STF, recentemente, que não se trata de tentativa de homicídio a transmissão intencional do vírus da AIDS.

Perda ou inutilização de membro, sentido ou função

Perda: é a ablação, a destruição ou privação de membro (Ex.: arrancar um braço), sentido (Ex.: perda da audição), função (Ex.: ablação do pênis que extingue a função reprodutora). Pode concretizar-se por meio de mutilação (o membro, sentido ou função é eliminado diretamente pela conduta do agressor) ou amputação (resulta da intervenção médico-cirúrgica realizada para salvar a vida do ofendido).

Inutilização: falta de aptidão do órgão para desempenhar sua função específica. O membro ou órgão continua ligado ao corpo da vítima, mas incapacitado para desempenhar as atividades que lhe são próprias.

Ex.: A vítima ficou paraplégica.

A correção corporal da vítima por meios ortopédicos ou próteses não afasta a qualificadora, ao contrário do reimplante realizado com êxito.

A perda de parte do movimento de um membro (braço, perna, mão ou pé) configura lesão grave pela debilidade permanente. Todavia, a perda de todo o movimento caracteriza lesão corporal gravíssima pela inutilização.

Deformidade permanente

Segundo doutrina e jurisprudências majoritárias, esta qualificadora está intimamente relacionada a questões estéticas. Desse modo, precisa ser visível, mas não necessariamente na face, e capaz de causar impressão vexatória em quem olha a vítima.

A vítima não é obrigada a se submeter a intervenção cirúrgica para a reparação da deformidade. Caso, no entanto, se submeta, e a deformidade for corrigida, desaparecerá a qualificadora, sendo cabível, inclusive, a revisão criminal. A correção da deformidade com o uso de prótese (Ex.: olho de vidro, orelha de borracha ou aparelho ortopédico) não exclui a qualificadora.

Aborto.

Essa qualificadora é necessariamente preterdolosa. Há dolo na lesão e culpa no aborto. Se o agente quer, ou assume o risco do aborto haverá concurso de crimes.

A interrupção da gravidez, com a consequente morte do produto da concepção, deve ter sido provocada culposamente, pois se trata de crime preterdoloso.

Se a morte do feto foi proposital, o sujeito responderá por dois crimes: lesão corporal em concurso formal impróprio com aborto sem o consentimento da gestante (Art. 125). É obrigatório o conhecimento da gravidez por parte do agressor.

Lesão corporal seguida de morte

***§ 3º.** Se resulta morte e as circunstâncias evidenciam que o agente não quis o resultado, nem assumiu o risco de produzi-lo.*

***Pena** - reclusão, de quatro a doze anos.*

É crime exclusivamente preterdoloso (dolo no antecedente – lesão - e culpa no consequente – morte). Esse crime não vai a júri, considerando que não há dolo na morte.

A morte foi ocasionada a título culposo – temos o típico caso de crime preterdoloso (dolo na conduta antecedente e culpa na posterior).

Se presente o dolo direto ou dolo eventual quanto ao resultado morte, o sujeito responderá por homicídio doloso.

Essa modalidade de lesão corporal não admite tentativa.

Lesão corporal privilegiada

Diminuição de Pena

***§ 4º**. Se o agente comete o crime impelido por motivo de relevante valor social ou moral ou sob o domínio de violenta emoção, logo em seguida a injusta provocação da vítima, o juiz pode reduzir a pena de um sexto a um terço.*

Esse privilégio se aplica a todos os tipos de lesão dolosa, contudo, é incabível nas lesões culposas.

Mesmas características do homicídio privilegiado (Art. 121, §1º, do CP).

Substituição da Pena

***§ 5º**. O juiz, não sendo graves as lesões, pode ainda substituir a pena de detenção pela de multa:*

***I.** Se ocorre qualquer das hipóteses do parágrafo anterior;*

***II.** Se as lesões são recíprocas.*

A situação da substituição de penas somente se aplica ao caput, considerando que exige que as lesões corporais não sejam graves. A possibilidade de substituição, assim, somente se dá com a hipótese de lesões leves.

Quando a Lesão Corporal Leve for Privilegiada

Desse modo, caso as lesões sejam leves, o juiz terá duas opções: reduzir a pena de 1/6 a 1/3 (§4º) ou substituí-la por multa (§5º).

Se as Lesões Leves Forem Recíprocas

Uma pessoa agride outra e, cessada essa primeira agressão, ocorrer uma outra lesão pela primeira vítima.

Lesão corporal culposa

***§ 6º**. Se a lesão é culposa:*

***Pena** - detenção, de dois meses a um ano.*

Ocorre lesão corporal culposa quando o agente faltou com seu dever de cuidado objetivo por meio de imprudência, negligência ou imperícia. Desse modo, as consequências, embora previsíveis, não foram previstas pelo agente, ou se foram, ele não assumiu o risco de produzir o resultado.

Essa espécie de lesão depende de representação da vítima ou de seu representante legal (Art. 88, Lei nº 9.099/95), pois é crime de ação penal pública condicionada a representação e infração penal de menor potencial ofensivo (pena máxima menor que dois anos).

Diferentemente do que ocorre com as lesões dolosas (que podem ser leves, graves ou gravíssimas) o CP não fez distinção com relação às lesões culposas. Desse modo, qualquer que seja a intensidade da lesão, o agente responderá por lesão corporal CULPOSA. A gravidade da lesão será levada em consideração na fixação da pena-base (Art. 59).

Aumento de pena

***§ 7º**. Aumenta-se a pena de um terço, se ocorrer qualquer das hipóteses do Art. 121, §§ 4º e 6º.*

***Art. 121**, §4º, CP. No homicídio culposo, a pena é aumentada de 1/3 (um terço), se o crime resulta de inobservância de regra técnica de profissão, arte ou ofício, ou se o agente deixa de prestar imediato socorro à vítima, não procura diminuir as consequências do seu ato, ou foge para evitar prisão em flagrante. Sendo DOLOSO o homicídio, a pena é aumentada de 1/3 (um terço) se o crime é praticado contra pessoa menor de 14 (quatorze) ou maior de 60 (sessenta) anos.*

***Art. 121**, §4º, CP. A pena é aumentada de 1/3 (um terço) até a metade se o crime for praticado por milícia privada, sob o pretexto de prestação de serviço de segurança, ou por grupo de extermínio.*

***§ 8º**. Aplica-se à lesão culposa o disposto no § 5º do Art. 121.*

***Art. 121**, § 5º, CP. Na hipótese de homicídio CULPOSO, o juiz poderá deixar de aplicar a pena, se as consequências da infração atingirem o próprio agente de forma tão grave que a sanção penal se torne desnecessária.*

Violência Doméstica

***§ 9º**. Se a lesão for praticada contra ascendente, descendente, irmão, cônjuge ou companheiro, ou com quem conviva ou tenha convivido, ou, ainda, prevalecendo-se o agente das relações domésticas, de coabitação ou de hospitalidade:*

***Pena** - detenção, de 3 (três) meses a 3 (três) anos.*

***§ 10**. Nos casos previstos nos §§ 1º a 3º deste artigo, se as circunstâncias são as indicadas no § 9º deste artigo, aumenta-se a pena em 1/3 (um terço).*

***§ 11**. Na hipótese do § 9º deste artigo, a pena será aumentada de um terço se o crime for cometido contra pessoa portadora de deficiência.*

A forma qualificada do §9º só se aplica à lesão corporal LEVE.

Pode ser causa supralegal de exclusão da ilicitude (somente na lesão corporal leve), desde que presentes os seguintes requisitos, cumulativos:

> Deve ser expresso;

> Livre (não pode ter sido concedido em razão de coação ou ameaça);

> Ser moral e respeitar os bons costumes;

> Deve ser prévio à consumação da lesão;

> O ofendido deve ser capaz para consentir (maior de 18 anos e mentalmente capaz).

Durante a relação sexual, a mulher pede ao seu parceiro que a bata com força.

É irrelevante o consentimento do ofendido nos crimes de lesão corporal grave, gravíssima e seguida de morte, pois o bem jurídico protegido nestas hipóteses é indisponível.

Autolesão: em razão do princípio da alteridade, não se pune a autolesão. Todavia, pode caracterizar o crime descrito no Art. 171, §2º, V, CP.

Ex.: Jogador de golfe quebra o próprio braço para receber o valor do seguro.

Lesões em atividades esportivas: há a exclusão da ilicitude em razão do exercício regular do direito.

Cirurgias emergenciais: se há risco de morte de paciente, o médico que atua sem o consentimento do operado estará amparado pelo estado de necessidade de terceiro. Se não há risco de morte, a cirurgia depende de consentimento da vítima ou de seu representante legal para afastar o crime pelo exercício regular do direito.

Cirurgia de mudança de sexo: não há crime de lesão corporal gravíssima por ausência de dolo de lesionar a integridade corporal ou a saúde do paciente. Atualmente é permitida a realização dessa cirurgia – redesignação sexual – inclusive na rede pública de saúde (Portaria do Ministério da Saúde nº 1.707 de 19/08/08). Desse modo, o médico que realiza esta cirurgia não comete crime por estar acobertado pelo exercício regular de direito.

Cirurgia de esterilização sexual: não há crime na conduta do médico que realiza esta cirurgia (vasectomia, ligadura de trompas etc.) com a autorização do paciente, apesar da eliminação da função reprodutora. Exercício regular de direito.

3.3 Da Periclitação da Vida e da Saúde

Perigo de contágio venéreo

Art. 130. *Expor alguém, por meio de relações sexuais ou qualquer ato libidinoso, a contágio de moléstia venérea, de que sabe ou deve saber que está contaminado:*

Pena *- detenção, de três meses a um ano, ou multa.*

§ 1º. *Se é intenção do agente transmitir a moléstia:*

Pena *- reclusão, de um a quatro anos, e multa.*

§ 2º. *Somente se procede mediante representação.*

Esse crime configura-se quando o agente transmite ou expõe a perigo de contágio de uma doença venérea (sífilis, gonorreia etc.), bem como, caso ele a desconheça, venha a infectar uma possível vítima.

A forma de transmitir a doença pode ser por meio de relações sexuais (pênis x vagina), ou por qualquer outro ato libidinoso (ação que satisfaça a libido do agente, beijo lascivo, sexo oral, sexo anal, masturbação, etc.).

> A AIDS não é considerada uma moléstia venérea, visto que pode ser contraída ou transmitida de formas diversas, além do contato sexual.

Se a intenção é transmitir, por tratar-se de crime formal, não é necessária a transmissão.

O §1º traz a forma qualificada do crime, ou seja, quando o agente tem intenção de transmitir a doença.

Perigo de contágio de moléstia grave

Art. 131. *Praticar, com o fim de transmitir a outrem moléstia grave de que está contaminado, ato capaz de produzir o contágio:*

Pena *- reclusão, de um a quatro anos, e multa.*

É crime de Dano (caso exponha a perigo sem querer ou assumir o risco será hipótese do Art. 132, CP), Formal (não precisa transmitir) e de Forma Livre.

Nesse delito, o agente tem o fim especial de agir, ou seja, pratica um ato (diverso do contato sexual) com a intenção de transmitir uma moléstia grave (qualquer doença que acarrete em prejuízo a saúde da vítima – não sendo venérea), por exemplo, sarampo, tuberculose etc.

Ademais, em relação à AIDS, visto seu grau letal, é considerado como tentativa de homicídio (Art. 121 do CP), não há possibilidade alguma de enquadrá-la como moléstia grave.

Perigo para vida ou saúde de outrem

Art. 132. *Expor a vida ou a saúde de outrem a perigo direto e iminente:*

Pena *- detenção, de três meses a um ano, se o fato não constitui crime mais grave.*

Parágrafo único. *A pena é aumentada de um sexto a um terço se a exposição da vida ou da saúde de outrem a perigo decorre do transporte de pessoas para a prestação de serviços em estabelecimentos de qualquer natureza, em desacordo com as normas legais.*

Estará configurado o crime quando o agente, de qualquer forma, expor em perigo a vida de uma pessoa determinada. Tal ação pode ser praticada de forma livre, ou seja, não exige uma conduta específica.

Soltar uma pedra do alto de um viaduto em um carro que passa pela rodovia com intenção de causar um acidente.

Caso a conduta do agente não seja contra uma pessoa determinada, será configurado um crime diverso que será avaliado de acordo com a situação (Arts. 250 a 259 do CP).

O incapaz não precisa ser necessariamente uma criança. Por exemplo, uma instrutora de escola de natação que deixa os alunos sozinhos na piscina enquanto vai ao banheiro.

Se o abandono se dá em uma situação em que não há risco, não haverá crime.

Para esse crime deve haver o dolo de perigo.

Abandono de incapaz

Art. 133. *Abandonar pessoa que está sob seu cuidado, guarda, vigilância ou autoridade, e, por qualquer motivo, incapaz de defender-se dos riscos resultantes do abandono:*

Pena *- detenção, de seis meses a três anos.*

§ 1º. *Se do abandono resulta lesão corporal de natureza grave:*

Pena *- reclusão, de um a cinco anos.*

§ 2º. *Se resulta a morte:*

Pena *- reclusão, de quatro a doze anos.*

Aumento de Pena

§ 3º. *As penas cominadas neste artigo aumentam-se de um terço:*

I. *Se o abandono ocorre em lugar ermo;*

II. *Se o agente é ascendente ou descendente, cônjuge, irmão, tutor ou curador da vítima.*

III. *Se a vítima é maior de 60 (sessenta) anos.*

Essa figura típica incrimina a conduta do agente, que tendo o dever de cuidado, guarda, vigilância ou autoridade abandona, desampara, deixa de prestar o devido cuidado para quem seja incapaz.

Ex.: A mãe deixa o filho em um parque central enquanto percorre lojas realizando compras, ou então, deixa-o dentro do veículo enquanto está no interior de um supermercado. Uma babá, que deixa a criança sozinha dentro de casa enquanto vai à feira.

Ademais, existem as figuras qualificadas caso, do abandono, resulte em lesão corporal de natureza grave, ou a morte do incapaz. Por conseguinte, ocorre também o aumento de pena nas hipóteses descritas nos incisos do § 3º deste artigo.

Exposição ou abandono de recém-nascido

Art. 134. *Expor ou abandonar recém-nascido, para ocultar desonra própria:*

Pena *- detenção, de seis meses a dois anos.*

§ 1º. *Se do fato resulta lesão corporal de natureza grave:*

Pena *- detenção, de um a três anos.*

§ 2º. *Se resulta a morte:*

Pena *- detenção, de dois a seis anos.*

Esse delito é considerado uma forma privilegiada do crime de abandono de incapaz, artigo anterior, no entanto, nesse caso, a vítima é determinada – o recém-nascido – ademais, tal conduta visa proteção da honra do agente.

Uma jovem de 18 anos, mãe solteira, que abandona seu filho recém-nascido para preservar sua imagem perante a família.

Por conseguinte, também existe a forma qualificada do crime, expressa nos parágrafos primeiro e segundo, no caso de a ação resultar em lesão corporal de natureza grave ou a morte do recém-nascido.

Omissão de socorro

> **Art. 135.** *Deixar de prestar assistência, quando possível fazê-lo sem risco pessoal, à criança abandonada ou extraviada, ou à pessoa inválida ou ferida, ao desamparo ou em grave e iminente perigo; ou não pedir, nesses casos, o socorro da autoridade pública:*
>
> **Pena** - *detenção, de um a seis meses, ou multa.*
>
> **Parágrafo único.** *A pena é aumentada de metade, se da omissão resulta lesão corporal de natureza grave, e triplicada, se resulta a morte.*

Essa norma penal tipifica a conduta omissa do agente que não presta auxílio – desde que tal prestação não incorra em risco pessoal – ou, quando não puder fazê-lo, deixa de pedir socorro para autoridade pública.

Classificação

É considerado um crime COMUM, visto que pode ser praticado por qualquer pessoa.

É um crime OMISSIVO PRÓPRIO ou PURO, pois a conduta omissiva está prevista no artigo em tela do Código Penal que ocorre quando o agente deixa de fazer o que lhe é imposto por lei – prestar socorro.

Comumente é praticado apenas por uma pessoa, sendo que é perfeitamente possível que haja o concurso de agentes, Art. 29 do CP.

Sujeitos do crime

Sendo um crime comum, o sujeito ativo pode ser qualquer pessoa, enquanto o sujeito passivo são as pessoas elencadas no caput do próprio artigo: Criança abandonada ou extraviada (Perigo Abstrato). Pessoa ferida ou inválida com sérias dificuldades de movimentação (Perigo Abstrato). Ao desamparo ou em grave e eminente perigo (Perigo Concreto).

Consumação e tentativa

O crime se consuma no momento da omissão, ademais, não será configurado o crime quando a vítima ofereça resistência que torne impossível a prestação de auxílio, ou então, caso ela esteja manifestamente em óbito.

Não admite tentativa.

Descrição do crime

O crime pode ser cometido de duas formas distintas:

Falta de assistência imediata: o agente pode prestar socorro, sem risco pessoal, mas deliberadamente não o faz.

Falta de assistência mediata: o agente não pode prestar pessoalmente o socorro, mas também não solicita o auxílio da autoridade pública.

A simples condição de médico não o coloca como garantidor.

Pessoa inválida e pessoa ferida: é imprescindível que se encontrem ao desamparo no momento da omissão.

Se apenas uma pessoa presta o socorro, quando diversas poderiam tê-lo feito sem risco pessoal, não há crime para ninguém.

Omissão de socorro a pessoa idosa (igual ou superior a 60 anos), responde conforme o Art. 97, Lei nº 10.741/03 – Estatuto do Idoso.

> **Parágrafo único.** *A pena é aumentada de metade, se da omissão resulta lesão corporal de natureza grave, e triplicada, se resulta a morte.*

A causa de aumento de pena é exclusivamente preterdolosa, o agente tem o dolo de se omitir (não presta o socorro) e disto, acaba resultando uma consequência não deseja pelo omitente.

Condicionamento de atendimento médico-hospitalar emergencial

> **Art. 135-A.** *Exigir cheque-caução, nota promissória ou qualquer garantia, bem como o preenchimento prévio de formulários administrativos, como condição para o atendimento médico-hospitalar emergencial:*
>
> **Pena** - *detenção, de 3 (três) meses a 1 (um) ano, e multa.*
>
> **Parágrafo único.** *A pena é aumentada até o dobro se da negativa de atendimento resulta lesão corporal de natureza grave, e até o triplo se resulta a morte.*

Esse delito tipifica a conduta do estabelecimento que presta atendimento médico-hospitalar emergencial e venha a exigir cheque, nota promissória ou qualquer garantia, como também, que sejam preenchidos formulários como condição necessária para que o socorro possa ser prestado.

Existe ainda o aumento de pena, tratado no parágrafo único, que é quando resulta em lesão corporal grave ou ainda a morte.

Inserido no Código Penal pela Lei nº 12.653/12 coibindo uma prática que era comum em estabelecimentos médico-hospitalares particulares.

Maus-tratos

> **Art. 136.** *Expor a perigo a vida ou a saúde de pessoa sob sua autoridade, guarda ou vigilância, para fim de educação, ensino, tratamento ou custódia, quer privando-a de alimentação ou cuidados indispensáveis, quer sujeitando-a a trabalho excessivo ou inadequado, quer abusando de meios de correção ou disciplina:*
>
> **Pena** - *detenção, de dois meses a um ano, ou multa.*
>
> **§ 1º.** *Se do fato resulta lesão corporal de natureza grave:*
>
> **Pena** - *reclusão, de um a quatro anos.*
>
> **§ 2º.** *Se resulta a morte:*
>
> **Pena** - *reclusão, de quatro a doze anos.*
>
> **§ 3º.** *Aumenta-se a pena de um terço, se o crime é praticado contra pessoa menor de 14 (catorze) anos.*

Esse artigo tipifica a conduta do agente que pratique, sob a pessoa que esteja subordinada à sua autoridade, guarda ou vigilância, atos não condizentes como forma ou a pretexto de educá-la, ensiná-la, tratá-la ou reprimi-la.

Classificação

Trata-se de um crime PRÓPRIO, ou seja, o sujeito ativo deve ser superior hierárquico do sujeito passivo.

É um crime comissivo ou omissivo, porém suas condutas são vinculadas, ou seja, o artigo traz, expressamente, a forma como a conduta do agente deve ocorrer.

Haverá crime único desde que as condutas sejam praticadas contra a mesma vítima e no mesmo contexto fático.

Sujeitos do crime

Sujeito Ativo: é um crime próprio, ou seja, somente aquele que tem o sujeito passivo sob sua autoridade, guarda ou vigilância, para fins de educação, ensino, tratamento ou custódia.

Sujeito Passivo: é aquele que se encontra sob a autoridade, guarda ou vigilância de outra pessoa, para fins de educação, ensino, tratamento ou custódia.

Consumação e tentativa

O crime consuma-se com a exposição da vítima ao perigo. Não se exige o dano efetivo.

A conduta de privação de alimentos ou cuidados indispensáveis (modalidade omissiva) não admite tentativa. Contudo, as demais condutas admitem a tentativa.

Descrição do crime

Apenas pode ser executado pelos meios/condutas indicados no tipo penal, sendo as seguintes:

> Privar a vítima de alimentos ou cuidados indispensáveis: caso a intenção do agente, ao privar a vitima de alimentos, seja matá-la, responderá pelo crime de homicídio (tentado ou consumado);
> Sujeitar a vítima a trabalhos excessivos ou inadequados;
> Abusar dos meios de disciplina ou correção.

As formas qualificadas do crime de maus-tratos (lesão corporal de natureza grave e morte) são exclusivamente preterdolosas – conduta dolosa no antecedente e culpa no consequente.

Aumenta-se a pena de 1/3 se o crime é praticado contra pessoa menor de 14 anos.

A esposa não pode ser vítima de maus-tratos pelo marido, visto que não se encontra sob sua autoridade, guarda ou vigilância. Desse modo, o marido poderá responder pelo crime de lesão corporal (Art. 129 do CP).

Tratando-se de criança ou adolescente sujeita à autoridade, guarda ou vigilância de alguém e submetida a vexame ou constrangimento, aplica-se o Art. 232 da Lei nº 8.069/90 (ECA): submeter criança ou adolescente sob sua autoridade, guarda ou vigilância a vexame ou a constrangimento: pena: detenção de seis meses a dois anos.

A diferença entre o crime de maus-tratos e o crime de Tortura (Lei nº 9.455/97), reside no fato de que nesta a vítima é submetida a intenso sofrimento físico ou mental como forma de aplicar castigo pessoal ou medida de caráter preventivo (Art. 1º, II, Lei nº 9.455/97).

Caso a vítima seja idosa, incide o crime previsto no Art. 99 da Lei nº 10.741/2003 - Estatuto do Idoso.

3.4 Da Rixa

Art. 137. *Participar de rixa, salvo para separar os contendores:*
Pena *- detenção, de quinze dias a dois meses, ou multa.*
Parágrafo único. *Se ocorre morte ou lesão corporal de natureza grave, aplica-se, pelo fato da participação na rixa, a pena de detenção, de seis meses a dois anos.*

A rixa é um conflito tumultuoso que ocorre entre três ou mais pessoas, acompanhada de vias de fato (luta, briga), em que os participantes desferem violências recíprocas, não sendo possível identificar dois grupos distintos.

É um crime comum, pois pode ser praticado por qualquer pessoa.

Ainda, enquadra-se em um delito plurissubjetivo, plurilateral ou de concurso necessário, visto que, para configurar o crime, devem existir no mínimo três pessoas. Por conseguinte, basta que apenas um dos participantes seja imputável (dois menores e um maior de 18 anos).

Também é considerado um crime de condutas contrapostas, ou seja, todos os participantes estão trocando agressões entre si, ora apanha, ora bate.

Sujeitos do crime

No crime de rixa, ao mesmo tempo em que o agente é sujeito ativo, ele também é um sujeito passivo, pois assim como ele agride também está sofrendo uma agressão - reciprocidade.

Consumação e tentativa

A consumação ocorre no momento em que os participantes iniciam as vias de fato ou ainda as violências recíprocas.

Admite a tentativa, quando ocorre, por exemplo, a intervenção policial no momento em que iriam se iniciar as agressões.

Descrição do crime

Os três ou mais rixosos devem combater entre si, pois participa da rixa quem nela pratica, agressivamente, atos de violência material.

Não há rixa quando lutam entre si dois ou mais grupos contrários, perfeitamente definidos. Nesse caso, os membros de cada grupo devem ser responsabilizados pelos ferimentos produzidos nos membros do grupo contrário.

O crime pode ser praticado de forma comissiva (o agente que participa efetivamente da rixa), ou omissiva (quando o omitente podia e devia agir para evitar o resultado).

Ex.: O policial que assiste a três pessoas brigando entre si e nada faz para impedir o resultado.

Não há crime na conduta de quem ingressou no tumulto somente para separar os contendores.

Sendo considerado um crime de perigo abstrato, para que se configure o crime não há necessidade de que os participantes sofram lesões, o simples fato de participar da rixa já acarreta em crime.

O contato físico é dispensável, sendo perfeitamente possível a rixa a distância com o arremesso de objetos, tiros, etc.

Na possibilidade em que ocorre lesão corporal de natureza leve em algum dos participantes e o agente que a causou possa ser identificado, nessa hipótese, ele responderá pelo crime de rixa em concurso material com o crime de rixa, se resulta em lesão corporal grave/gravíssima ou a morte, estará configurado o crime de rixa qualificada.

Quando houver briga entre torcidas, não configura rixa, mas sim o tipo penal descrito no Art. 41-B da Lei nº 10.671/2003 – Estatuto do Torcedor - tem-se um tipo penal específico incluído pela Lei nº 12.299/2010.

Rixa qualificada: também é conhecida como rixa complexa, sendo:

> ***Parágrafo único.*** *Se ocorre morte ou lesão corporal de natureza grave, aplica-se, pelo fato da participação na rixa, a pena de detenção, de seis meses a dois anos.*

A rixa qualificada é um dos últimos resíduos da responsabilidade penal objetiva - antigamente adotada pelo ordenamento jurídico brasileiro - pois, nesta hipótese, independe qual dos rixosos foi o responsável pela produção do resultado agravador – lesão corporal grave ou morte - todos aqueles que participaram responderão na modalidade qualificada.

Ainda, não importa se a morte ou a lesão corporal grave seja produzida em um dos rixosos ou então em uma terceira pessoa, alheia à rixa (apaziguador ou mero transeunte).

Há aqui três sistemas de punição:

Sistema da solidariedade absoluta: se da rixa resultar lesão grave ou morte, todos os participantes respondem pelo evento (lesão grave ou homicídio), independentemente de se apurar quem foi o seu real autor.

Sistema da cumplicidade correspectiva: havendo lesão grave ou morte, e não sendo apurado seu autor, todos os participantes respondem por esse resultado, sofrendo, entretanto, sanção intermediária à de um autor e de um partícipe.

Sistema da autonomia: a rixa é punida por si mesma, independentemente do resultado morte ou lesão grave, o qual, se ocorrer, somente qualificará o delito. Apenas o causador da lesão grave ou morte, se identificado, é que responderá também pelos delitos dos Arts. 121 e 129 do CP.

O CP adotou o princípio ou sistema da autonomia, nos termos do Art. 137, parágrafo único:

> ***Parágrafo único.*** *Se ocorre morte ou lesão corporal de natureza grave, aplica-se, pelo fato da participação na rixa, a pena de detenção, de seis meses a dois anos.*

Até mesmo o rixoso que sofreu lesão corporal grave responde pela rixa qualificada (todos os que se envolvem no tumulto, daí sobrevindo lesão corporal grave ou morte respondem pela rixa qualificada).

O resultado agravador (lesão corporal grave ou a morte) pode ser doloso ou culposo, não se tratando de crime essencialmente preterdoloso.

Caso o resultado seja lesões leves ou ocorra uma tentativa de homicídio, não é capaz de qualificar a rixa.

Ex.: "A" participou da rixa, mas abandonou ANTES da produção do resultado agravador (lesão corporal grave ou morte): "A" responde por rixa qualificada, pois concorreu com o seu comportamento anterior para a produção do resultado.

"A" ingressou na rixa DEPOIS da produção do resultado agravador (lesão corporal grave ou morte): "A" responde por rixa simples.

RIXA versus LEGÍTIMA DEFESA – Durante uma rixa um dos participantes, "A", empunha uma arma para matar "B", este, em sua defesa, consegue defender-se, toma a arma de "A" e o mata. Nessa situação, caso "A" conseguisse matar "B", deveria responder pelo crime de rixa qualificada (resultando morte de um dos participantes) em concurso material com o crime de homicídio. Contudo, como "B" conseguiu reagir, em relação ao crime de homicídio que "A" tentara contra ele, caberá à exclusão de ilicitude – legítima defesa – em relação ao crime de homicídio (morte de "A"), porém, ainda assim, "B" e "C" responderão por rixa qualificada, pois a legítima defesa não é relevante para excluir a qualificação do crime de rixa.

3.5 Dos Crimes Contra Honra

Crime	Conduta	Honra ofendida
Calúnia: Art. 138, CP	Imputar fato criminoso sabidamente falso.	Há ofensa da honra objetiva. Ofende-se a reputação, diz respeito ao conceito perante terceiros.
Difamação: Art. 139, CP	Imputar fato desonroso, em regra não importando se verdadeiro ou falso.	Ofende-se a honra objetiva.
Injúria: Art. 140, CP	É a atribuição de qualidade negativa.	Ofende-se a honra subjetiva, a autoestima, ou seja, o que a vítima pensa dela mesma.

Calúnia

> ***Art. 138.*** *Caluniar alguém, imputando-lhe falsamente fato definido como crime:*
>
> ***Pena*** *- detenção, de seis meses a dois anos, e multa.*
>
> ***§ 1º.*** *Na mesma pena incorre quem, sabendo falsa a imputação, a propala ou divulga.*
>
> ***§ 2º.*** *É punível a calúnia contra os mortos.*
>
> *Exceção da Verdade*
>
> ***§ 3º.*** *Admite-se a prova da verdade, salvo:*
>
> ***I.*** *Se, constituindo o fato imputado crime de ação privada, o ofendido não foi condenado por sentença irrecorrível;*
>
> ***II.*** *Se o fato é imputado a qualquer das pessoas indicadas no nº I do Art. 141;*
>
> ***III.*** *Se do crime imputado, embora de ação pública, o ofendido foi absolvido por sentença irrecorrível.*

Honra objetiva (o que os outros pensam de mim).

Sujeitos do crime

Sujeito Ativo/Passivo: qualquer pessoa (crime comum).

Os mortos também podem ser caluniados, mas seus parentes é que serão os sujeitos passivos do crime. Não há regra semelhante no tocante aos demais crimes contra a honra.

Podem, ainda, serem vítimas os menores e os loucos.

A pessoa jurídica também pode ser sujeito passivo do crime de calúnia, pois pode cometer crimes ambientais (Lei nº 9.605/98).

Mas, observe-se que não podem praticar tal crime pessoas que desfrutam de inviolabilidade.

Ex.: Parlamentares.

Aqui se indaga se advogados são imunes à prática do crime de calúnia. Os advogados não têm imunidade profissional na calúnia, possuindo a imunidade somente no que tange à difamação e à injúria.

Objeto material

É a pessoa que tem sua honra objetiva ofendida.

Núcleo do tipo

A conduta típica consiste em caluniar alguém (imputar falsamente um fato definido como crime).

A imputação de fato definido como Contravenção Penal (Decreto-Lei nº 3.688/41) não constitui calúnia, pois não é crime, mas poderá caracterizar difamação.

Atribuir falsamente a alguém a prática de um fato atípico não constitui crime de calúnia, mas poderá configurar outro crime contra a honra.

Ex.: dano culposo.

Fato determinado

É imprescindível a imputação da prática de um fato determinado, ou seja, de uma situação concreta, contendo autor, objeto e suas circunstâncias.

Pessoa certa e determinada

A ofensa deve se dirigir a pessoa certa e determinada.

Ex.: Dizer que no dia 25 de dezembro, por volta de 20h00min, Roberto se fantasiou de papai noel e praticou um furto na casa de Pedro, o qual reside no centro da cidade de Cascavel/PR.

Falsidade da imputação

Deve ser falsa a imputação do fato definido como crime. Essa falsidade pode recair sobre o fato (o crime imputado à vitima não ocorreu) ou sobre o envolvimento no fato (o crime ocorreu, mas a vítima não praticou tal delito).

Quando o ofensor, agindo de boa-fé, supõe erroneamente ser verdadeira a afirmação, incidirá em Erro de Tipo. Desse modo, o fato será atípico, pois excluirá o dolo do fato típico.

Consumação

O crime de calúnia se consuma quando 3ª pessoa toma conhecimento do fato imputado. Não é necessário que a vítima tome conhecimento da ofensa.

Calúnia X Denunciação Caluniosa

Calúnia (Art. 138, CP)	Denunciação Caluniosa (Art. 339, CP)
Caluniar alguém, imputando-lhe falsamente fato definido como crime.	Dar causa à instauração de investigação policial, de processo judicial, instauração de investigação administrativa, inquérito civil ou ação de improbidade administrativa contra alguém, imputando-lhe crime de que o sabe inocente.
É crime contra honra.	É crime contra a Administração da Justiça.
Regra: Ação Penal Privada.	Ação Penal Pública Incondicionada.
Não admite a imputação falsa de contravenção.	Admite (é circunstância que importa na diminuição da pena pela metade (Art. 339 §2º, CP).

§ 1º. Na mesma pena incorre quem, sabendo falsa a imputação, a propala ou divulga.

> Propalar: relatar verbalmente.
> Divulgar: relatar por qualquer outro meio (panfletos, outdoors, gestos etc).

Observa-se que também é punível a conduta daquele que propaga, divulga a calúnia criada por outrem.

Responde pelo caput quem cria a falsidade e responde pelo §1º do CP a pessoa que divulga (diversa da pessoa que criou – se for a mesma pessoa, o §1º configura pos facto impunível).

Exclui-se o crime quando o agente age:

> Com animus jocandi: intenção de brincar.
> Com animus consulendi: intenção de aconselhar.
> Com animus narrandi: intenção de narrar (é o animus da testemunha).
> Com animus corrigendi: intenção de corrigir.
> Com animus defendendi: intenção de defender direito

Exceção da verdade

§ 3º. Admite-se a prova da verdade, salvo:

***I.** Se, constituindo o fato imputado crime de ação privada, o ofendido não foi condenado por sentença irrecorrível;*

***II.** Se o fato é imputado a qualquer das pessoas indicadas no nº I do Art. 141;*

***III.** Se do crime imputado, embora de ação pública, o ofendido foi absolvido por sentença irrecorrível.*

Trata-se de incidente processual, forma de defesa indireta, por meio da qual o acusado de ter praticado calúnia pretende provar a veracidade do que alegou.

Somente haverá o crime de calúnia quando o fato for falso. Desse modo, se a imputação é verdadeira o fato é atípico.

A exceção da verdade é o instrumento adequado para se provar a veracidade do fato imputado a outrem.

A regra é a admissibilidade da exceção da verdade. Todavia, em três situações previstas pelo CP não será admitida a sua utilização:

***I.** Se, constituindo o fato imputado crime de ação privada, o ofendido não foi condenado por sentença irrecorrível;*
***II.** Se o fato é imputado a qualquer das pessoas indicadas no inciso I do Art. 141;*
(Presidente da República ou chefe de governo estrangeiro).
***III.** Se do crime imputado, embora de ação pública, o ofendido foi absolvido por sentença irrecorrível.*

Difamação

***Art. 139.** Difamar alguém, imputando-lhe fato ofensivo à sua reputação:*
***Pena** - detenção, de três meses a um ano, e multa.*

Difamar é imputar a alguém um fato ofensivo à sua reputação.

Subsiste o crime de difamação ainda que seja verdadeira a imputação (salvo quando o ofendido é funcionário público e a ofensa é relativa ao exercício de suas funções), desde que dirigida a ofender a honra alheia.

Objetividade jurídica

Honra objetiva (o que os outros pensam de mim).

O fato pode ser: Verdadeiro ou Falso / Criminoso ou não criminoso / Contravenção penal;

O fato deve ser Determinado.

Objeto material

É a pessoa que tem sua honra objetiva ofendida.

Espécie de honra ofendida

A difamação ofende a honra objetiva.

Consumação e tentativa

Se consuma no momento em que um terceiro toma conhecimento da ofensa.

Morto não pode ser vítima de difamação.

Tendo em vista que pessoa jurídica tem reputação, então pode ser vítima de difamação.

O crime é punido a título de dolo, sendo imprescindível a vontade de ofender a reputação, a intenção de ofender a honra.

Em regra, admite tentativa. No caso de difamação verbal, não se admite a tentativa.

Exceção da verdade

> ***Parágrafo único.*** *A exceção da verdade somente se admite se o ofendido é funcionário público e a ofensa é relativa ao exercício de suas funções.*

Na difamação, a exceção da verdade somente é admitida se o ofendido é funcionário público e a ofensa é relativa ao exercício de suas funções. É indispensável a relação de causalidade entre a imputação e o exercício da função pública.

Na difamação, a consequência da exceção da verdade, ao contrário da calúnia, atinge a ilicitude, e não a atipicidade da conduta, pois é uma hipótese especial de exercício regular do direito.

A procedência da exceção da verdade na difamação gera a absolvição, sendo uma forma especial de exercício regular de direito.

Art. 138	Art. 139
Admite prova da verdade.	A regra é não admitir a prova da verdade.
Exceções: Art. 138, § 3º I, II e III.	Exceção: Art. 139, Parágrafo único. Ofendido funcionário público mais ofensa funcional.
Procedência gera a absolvição sob o fundamento da atipicidade.	Procedência gera a absolvição, pois se trata de hipótese de exercício regular de direito. Descriminante especial.
Admite exceção de notoriedade.	Também.

Injúria

> ***Art. 140.*** *Injuriar alguém, ofendendo-lhe a dignidade ou o decoro:*
> ***Pena*** *- detenção, de um a seis meses, ou multa.*
> ***§ 1º.*** *O juiz pode deixar de aplicar a pena:*
> ***I.*** *Quando o ofendido, de forma reprovável, provocou diretamente a injúria;*
> ***II.*** *No caso de retorsão imediata, que consista em outra injúria.*
> ***§ 2º.*** *Se a injúria consiste em violência ou vias de fato, que, por sua natureza ou pelo meio empregado, se considerem aviltantes:*
> ***Pena*** *- detenção, de três meses a um ano, e multa, além da pena correspondente à violência.*
> ***§ 3º.*** *Se a injúria consiste na utilização de elementos referentes a raça, cor, etnia, religião, origem ou a condição de pessoa idosa ou portadora de deficiência:*
> ***Pena*** *- reclusão de um a três anos e multa.*

Injuriar é atribuir qualidade negativa à alguém.

Espécie de honra ofendida

Ofende a honra subjetiva da pessoa (o que a pessoa acha de si própria). A consumação ocorre quando a ofensa chega ao conhecimento da vítima.

Ofende a dignidade ou o decoro da vítima:

Na injúria, é irrelevante o fato de a qualidade negativa atribuída à vítima ser ou não verdadeira. Desse modo, se o agente chama uma pessoa de gorda, com a intenção de injuriar, estará configurado o crime de injúria, mesmo que a vítima seja mesmo gorda ou obesa.

> Dignidade: ofende as qualidades morais da pessoa.

Ex.: Chamar alguém de vagabundo.

> Decoro: ofende as qualidades físicas.

Exs.: Chamar alguém de monstro) ou intelectuais Chamar alguém de retardado, idiota.

Queixa-crime ou denúncia

A queixa-crime ou denúncia ajuizada pelo crime de injúria deve descrever, minuciosamente sob pena de inépcia, quais foram as ofensas proferidas contra a vítima, por mais baixas e repudiáveis que possam ser.

Formas de execução

Pode ser praticado por ação ou omissão.

Ex.: "A" estende a mão para cumprimentar "B" e este recusa o cumprimento.

Consumação e tentativa

É crime de execução livre: pode ser praticado por meio de palavras, gestos, escritos etc. Aliás, pode ser praticado por ação ou omissão (o único exemplo dado pela doutrina de injúria por omissão é ignorar ou não retribuir um cumprimento, como forma de humilhar a pessoa na frente de outras).

Como a injúria protege a honra subjetiva, o crime se consuma quando a vítima toma conhecimento da injúria, dispensando-se o efetivo dano à sua honra (é crime formal). Consuma no momento em que o fato chega ao conhecimento da vítima, dispensando efetivo dano a sua dignidade ou decoro.

A tentativa é possível somente na forma escrita. A injúria realizada verbalmente não admite tentativa.

Exceção da verdade: a injúria não admite exceção da verdade, pois o ofensor atribui uma qualidade negativa à vítima e não um fato.

Elemento subjetivo

É o dolo (direto ou eventual). Não admite a modalidade culposa de injúria.

Injúria Contra Funcionário Público X Desacato

Injúria contra funcionário público	Desacato (Art. 331, CP)
Atribuir qualidade negativa ao funcionário público durante sua ausência.	A ofensa é realizada na presença do funcionário público no exercício da função ou em razão dela.
É crime contra a honra.	É crime contra a Administração Pública.
Ação Penal Privada (Regra).	Ação Penal Pública Incondicionada.
Ex.: "A" Fala a seus vizinhos que o Promotor da cidade é bandido.	Ex.: "A" Durante uma audiência judicial chama o Juiz de corrupto.

Atenção às imunidades! Quem detém imunidade por palavras, opiniões e votos não pratica calúnia, injúria ou difamação. São eles: senadores, deputados federais, deputados estaduais/distritais, vereadores no limite da vereança, advogado (que tem imunidade profissional na injúria - Art. 7º, §2º, do EOAB - a calúnia foi afastada pelo STF).

Pessoa jurídica pode ser vítima de injúria? Não, pois ela não tem honra subjetiva, não tem dignidade, decoro. Quanto a isso não há divergência.

Mirabete entende que pessoa jurídica não pode ser vítima de nenhum crime contra a honra, pois esse capítulo se aplicaria apenas às pessoas físicas.

Perdão judicial

§ 1º. O juiz pode deixar de aplicar a pena:

***I.** Quando o ofendido, de forma reprovável, provocou diretamente a injúria;*

***II.** No caso de retorsão imediata, que consista em outra injúria.*

O perdão judicial é causa de extinção da punibilidade (Art. 107, IX, CP). A sentença que concede o perdão judicial é declaratória da extinção da punibilidade (Súmula 18, STJ).

Só o perdão do ofendido tem que ser aceito, o perdão do juiz não é oferecido, mas sim imposto.

Trata-se de um direito subjetivo do acusado, e não uma faculdade do juiz. Preenchidos os requisitos, o juiz deve perdoar.

> Quando o ofendido, de forma reprovável, provocou diretamente a injúria;

A provocação tem que ser reprovável e direta.

> No caso de retorsão imediata, que consista em outra injúria.

Retorsão é o revide. Deve ser imediata. É modalidade anômala de legítima defesa. Não há retorsão contra ofensa passada. Existe apenas retorsão imediata no crime de injúria.

Injúria real

***§ 2º.** Se a injúria consiste em violência ou vias de fato, que, por sua natureza ou pelo meio empregado, se considerem aviltantes:*

***Pena** - detenção, de três meses a um ano, e multa, além da pena correspondente à violência.*

É a injúria praticada com um meio de execução especial: mediante violência ou vias de fato. Aqui a violência ou as vias de fato são o meio e a injúria é o fim. O agente usa da violência para injuriar.

Jogar ovos em um cantor, cuspir na cara, dar tapa no rosto.

Aviltantes: humilhantes.

O meio de execução é a violência ou então as vias de fato. Se a injúria real for praticada com vias de fato, a vias de fato fica absorvida.

A lei impõe o concurso material obrigatório entre as penas de injúria real e do resultante da violência (homicídio, lesão corporal etc.).

Não podemos confundir a injúria preconceito (Art. 140, §3º, CP) com o crime de racismo (Lei nº 7.716/89). Na injúria, ocorre a atribuição de qualidade negativa. Já no racismo, ocorre a segregação da vítima do convívio social.

Injúria qualificada

***§ 3º.** Se a injúria consiste na utilização de elementos referentes a raça, cor, etnia, religião, origem ou a condição de pessoa idosa ou portadora de deficiência:*

***Pena** - reclusão de um a três anos e multa.*

Assim como nos demais crimes contra a honra, a ofensa deve ser dirigida à pessoa ou pessoas determinadas.

Injúria Qualificada X Crime de Racismo

Injúria Qualificada (Art. 140, § 3º, CP)	Crime de Racismo (Lei nº 7.716/89)
É crime afiançável.	É crime inafiançável.
Ação Penal Pública Condicionada a Representação.	Ação Pública Incondicionada.
Prescritível.	Imprescritível.
Atribuir a alguém qualidade negativa.	Manifestações preconceituosas generalizadas ou segregação racial.
Ex.: Chamar uma pessoa negra de macaco.	Ex.: Hotel que proíbe a hospedagem de pessoas negras. Ex.: Empresa que não contrata pessoas da religião evangélica.

Prevalece na doutrina, que a injúria preconceito não admite o perdão judicial do Art. 140, § 1º, tratando-se de violação mais séria à honra da vítima, ferindo uma das metas fundamentais do Estado Democrático de Direito, qual seja, dignidade da pessoa humana.

Disposições comuns

***Art. 141** - As penas cominadas neste Capítulo aumentam-se de um terço, se qualquer dos crimes é cometido:*

***I.** contra o Presidente da República, ou contra chefe de governo estrangeiro;*

***II.** contra funcionário público, em razão de suas funções;*

***III.** na presença de várias pessoas, ou por meio que facilite a divulgação da calúnia, da difamação ou da injúria.*

IV - contra pessoa maior de 60 (sessenta) anos ou portadora de deficiência, exceto no caso de injúria. (Incluído pela Lei nº 10.741, de 2003)

§ 1º - Se o crime é cometido mediante paga ou promessa de recompensa, aplica-se a pena em dobro. (Redação dada pela Lei nº 13.964, de 2019)

§ 2º - (VETADO). (Incluído pela Lei nº 13.964, de 2019)

Este artigo não traz qualificadoras, mas sim causas de aumento de pena, majorantes (a serem consideradas pelo juiz na terceira fase de aplicação da pena).

É uma majorante aplicada a todos os crimes do capítulo - injúria, difamação e calúnia. Nenhum desses crimes escapa do aumento quando preenchidos os requisitos.

Aumentam-se de um terço, se qualquer dos crimes é cometido:

I. Contra o Presidente da República, ou contra chefe de governo estrangeiro;

A pena é aumentada de 1/3, em razão da importância das funções desempenhadas pelo Presidente da República e pelo chefe de governo estrangeiro. A conduta criminosa, além de atentar contra a honra de uma pessoa, ofende também os interesses de toda a nação que ela representa.

II. Contra funcionário público, em razão de suas funções.

Esse aumento de pena não se aplica quando a conduta se refere à vida privada do funcionário público.

É necessário o nexo de causalidade entre a ofensa e o exercício da função pública.

III. Na presença de várias pessoas, ou por meio que facilite a divulgação da calúnia, da difamação ou da injúria.

A expressão "várias pessoas" se refere a no mínimo três pessoas. Não se incluindo neste número o ofensor, a vítima e eventuais coautores e partícipes.

O STF, após o julgamento da ADPF nº 130-7/DF decidiu que a Lei de Imprensa (Lei nº 5.250/67) não foi recepcionada pela CF/88. Desse modo, aos crimes contra a honra praticados por meio da imprensa (oral ou escrita) serão aplicadas as disposições do Código Penal (Arts. 138 a 145).

IV. Contra pessoa maior de 60 (sessenta) anos ou portadora de deficiência, exceto no caso de injúria.

Esse inciso foi inserido no CP pela Lei nº 10.741/03 (Estatuto do Idoso). O ofensor tem que ter conhecimento da idade da vítima no momento do crime.

Não se aplica este inciso no caso de injúria, pois neste crime já existe a figura da injúria qualificada (Art. 140, §3º, CP) razão pela qual evita-se o bis in idem desta forma.

***Parágrafo único.** Se o crime é cometido mediante paga ou promessa de recompensa, aplica-se a pena em dobro.*

Hipótese de crime plurissubjetivo ou de concurso necessário. O pagamento, em ambos os casos, pode ser em dinheiro ou qualquer outro bem e a vantagem não precisa ser necessariamente econômica.

Ex.: Promessa de emprego, de casamento, de favores sexuais.

Essa majorante não se aplica ao mandante, apenas ao executor.

Exclusão do crime

***Art. 142.** Não constituem injúria ou difamação punível:*

I. A ofensa irrogada em juízo, na discussão da causa, pela parte ou por seu procurador;

II. A opinião desfavorável da crítica literária, artística ou científica, salvo quando inequívoca a intenção de injuriar ou difamar;

III. O conceito desfavorável emitido por funcionário público, em apreciação ou informação que preste no cumprimento de dever do ofício.

***Parágrafo único.** Nos casos dos ns. I e III, responde pela injúria ou pela difamação quem lhe dá publicidade.*

Esse dispositivo não se aplica ao crime de calúnia, pois há neste crime o interesse do Estado e da sociedade em realizar a sua apuração advogado diz que o promotor foi subornado pelo réu para pedir sua absolvição.

A imunidade é relativa: para a maioria, a ressalva exarada pela expressão salvo quando se tem intenção de injuriar ou difamar se aplica não apenas ao inciso II, como também aos incisos I e III. Esse é o entendimento da maioria.

Nas hipóteses dos incisos I e III responde pela injúria ou difamação aquele que dá publicidade ao fato. É imprescindível, para tanto, o animus ofendendi.

I. A ofensa irrogada em juízo, na discussão da causa, pela parte ou por seu procurador;

Esta excludente de ilicitude não se aplica quando a ofensa é dirigida ao juiz (magistrado), pois este não é parte na causa.

Para o advogado, de acordo com o Art. 7º, §2º, da Lei nº 8.906/94 (Estatuto da OAB): O advogado tem imunidade profissional, não constituindo injúria, difamação ou desacato puníveis em qualquer manifestação de sua parte, no exercício de sua atividade, em juízo ou fora dele, sem prejuízo das sanções disciplinares perante a OAB, pelos excessos que cometer.

A expressão ou desacato foi declarada inconstitucional pelo STF, nos autos da ADIN 1.127-8. Desse modo, o advogado pode praticar o crime de desacato.

II. A opinião desfavorável da crítica literária, artística ou científica, salvo quando inequívoca a intenção de injuriar ou difamar;

III. O conceito desfavorável emitido por funcionário público, em apreciação ou informação que preste no cumprimento de dever do ofício.

Cuida-se de modalidade especial de estrito cumprimento do dever legal.

Ex.: Delegado de Polícia que, ao relatar o inquérito policial, refere-se ao indiciado como pessoa de alta periculosidade, covarde e impiedoso.

Retratação

***Art. 143.** O querelado que, antes da sentença, se retrata cabalmente da calúnia ou da difamação, fica isento de pena.*

***Parágrafo único.** Nos casos em que o querelado tenha praticado a calúnia ou a difamação utilizando-se de meios de comunicação, a retratação dar-se-á, se assim desejar o ofendido, pelos mesmos meios em que se praticou a ofensa.*

É necessário observar que, retratação não se confunde com confissão da calúnia ou da difamação. Retratar-se é escusar-se, retirar o que disse, trazer a verdade novamente à tona. Trata-se de causa extintiva da punibilidade.

Se o querelado se retrata, há exclusão do crime, mas isso não importa em exclusão de indenização na seara cível.

Atente-se que, somente em relação a calúnia e a difamação há possibilidade de retratação, não abrangendo a injúria. Atente-se que, na lei de imprensa, havia previsão relativa a injúria, mas esta não foi recepcionada pela CF, nos termos de decisão proferida pelo STF.

É possível retratação extintiva da punibilidade no crime contra a honra de funcionário público no exercício da função? Em regra, não, pois não haverá querelado (a ação penal é pública).

Na retratação não se exige a concordância do ofendido.

A retratação deve ser total e incondicional. Deve ainda, abranger tudo o que foi dito pelo ofensor.

Pedido de explicações

Art. 144. Se, de referências, alusões ou frases, se infere calúnia, difamação ou injúria, quem se julga ofendido pode pedir explicações em juízo. Aquele que se recusa a dá-las ou, a critério do juiz, não as dá satisfatórias, responde pela ofensa.

Possui as seguintes características:

> É medida facultativa, pois a vítima não precisa dele se valer para o oferecimento da ação penal.

> Somente pode ser utilizado antes do ajuizamento da ação penal.

> Não possui procedimento específico.

> Não interrompe ou suspende o prazo decadencial.

O requerido não pode ser compelido a prestar as informações solicitadas. Desse modo, caso se omita, não poderá sofrer qualquer espécie de sanção.

Ação penal

Art. 145. Nos crimes previstos neste Capítulo somente se procede mediante queixa, salvo quando, no caso do Art. 140, § 2º, da violência resulta lesão corporal.

Parágrafo único. Procede-se mediante requisição do Ministro da Justiça, no caso do inciso I do caput do Art. 141 deste Código, e mediante representação do ofendido, no caso do inciso II do mesmo artigo, bem como no caso do § 3º do Art. 140 deste Código. (Redação dada pela Lei nº 12.033. de 2009).

Espécies de ação penal

A regra geral é que os crimes contra a honra (Calúnia/Difamação/Injúria) são de Ação Penal privada.

→ Todavia, há três exceções:

> Pública Condicionada a requisição do Ministro da Justiça (crime contra o Presidente da República ou chefe de governo estrangeiro);

> Pública Condicionada a representação do ofendido (crime contra funcionário público em razão de suas funções ou crime de injúria qualificada – discriminação);

> Pública incondicionada: injúria real se resulta lesão corporal.

Crime contra a honra de funcionário público: Tratando-se de ofensa em razão da função, a ação penal é pública condicionada a representação.

Tratando-se de ofensa sem vínculo com a função pública, a ação penal é privada.

Súm. 714, STF. É concorrente a legitimidade do ofendido mediante queixa e do MP condicionada a representação do ofendido, para a ação penal por crime contra a honra de servidor público em razão do exercício de suas funções.

Caso a injúria preconceito tenha sido praticada antes da Lei nº 12.033/09 quando tal crime dependia de queixa e ao ingressar com a inicial já está em vigor tal lei. Será cabível queixa ou deverá ser oferecida representação para que o MP denuncie? Essa é uma alteração irretroativa pela qual a ação penal continuará sendo privada, nessa hipótese.

3.6 Dos Crimes contra Liberdade Individual

Dos crimes contra a liberdade pessoal

Constrangimento ilegal

Art. 146. Constranger alguém, mediante violência ou grave ameaça, ou depois de lhe haver reduzido, por qualquer outro meio, a capacidade de resistência, a não fazer o que a lei permite, ou a fazer o que ela não manda:

Pena - detenção, de três meses a um ano, ou multa.

Aumento de Pena

§ 1º. As penas aplicam-se cumulativamente e em dobro, quando, para a execução do crime, se reúnem mais de três pessoas, ou há emprego de armas.

§ 2º. Além das penas cominadas, aplicam-se as correspondentes à violência.

§ 3º. Não se compreendem na disposição deste artigo:

I. A intervenção médica ou cirúrgica, sem o consentimento do paciente ou de seu representante legal, se justificada por iminente perigo de vida;

II. A coação exercida para impedir suicídio.

Ameaça

Art. 147. Ameaçar alguém, por palavra, escrito ou gesto, ou qualquer outro meio simbólico, de causar-lhe mal injusto e grave:

Pena - detenção, de um a seis meses, ou multa.

Parágrafo único. Somente se procede mediante representação.

Sequestro e Cárcere Privado

Art. 148. Privar alguém de sua liberdade, mediante sequestro ou cárcere privado:

Pena - reclusão, de um a três anos.

§ 1º. A pena é de reclusão, de dois a cinco anos:

I. Se a vítima é ascendente, descendente, cônjuge ou companheiro do agente ou maior de 60 (sessenta) anos;

II. Se o crime é praticado mediante internação da vítima em casa de saúde ou hospital;

III. Se a privação da liberdade dura mais de quinze dias.

IV. Se o crime é praticado contra menor de 18 (dezoito) anos;

V. Se o crime é praticado com fins libidinosos.

§ 2º. Se resulta à vítima, em razão de maus-tratos ou da natureza da detenção, grave sofrimento físico ou moral:

Pena - reclusão, de dois a oito anos.

Trata-se de infração de médio potencial ofensivo, admitindo-se a suspensão condicional do processo.

As pessoas que são impossibilitadas de se locomover podem ser vítimas do delito? A liberdade de movimento não deixa de existir quando se exerce à custa de aparelhos ou com o auxílio de outrem.

Essa é a posição que prevalece no Brasil. Há doutrinadores estrangeiros que afirmam que não seria esse o delito, mas sim o de constrangimento ilegal em se tratando de pessoas que não podem se locomover.

Caso a vítima seja Presidente da República, do SF, CD e STF, e, havendo motivação política, o delito pode ser considerado crime contra a Segurança Nacional (Art. 28 da Lei nº 7.170/83).

→ Conduta: é a privação da liberdade. Pode ser executada mediante:

> Sequestro: é privação da liberdade sem confinamento.

Ex.: Sítio, casa.

> Cárcere Privado: é a privação da liberdade com confinamento.

Ex.: Porão.

Quando o crime for praticado mediante cárcere privado, deve fixar esse meio mais gravoso na fixação da pena.

O crime pode ser praticado por ação ou omissão.

Médico que não concede alta para paciente já curado.

→ Tipo subjetivo: O dolo é a finalidade especial do crime.

Se a finalidade for obter vantagem econômica, o delito será o previsto no Art. 159 do CP. Se o fim for satisfazer pretensão, deixa de ser o delito do Art. 148 e passa a ser o delito previsto no Art. 345 (exercício arbitrário das próprias razões). Ex.: médico que não concede alta para paciente com a finalidade de satisfazer pretensão tida como legítima – pagamento do tratamento – o delito será de exercício arbitrário das próprias razões.

Na hipótese em que a finalidade é causar sofrimento físico ou mental, o delito será o de tortura.

→ Consumação e tentativa: Trata-se de delito permanente, e sua consumação se protrai no tempo. Consuma-se com a efetiva privação da liberdade ou locomoção da vítima.

A tentativa é perfeitamente difícil já que a privação da liberdade pode ser antecedida de violência e se o agente age de forma violenta, mas não consegue privar sua liberdade por circunstâncias alheias a sua vontade, terá havido tentativa.

→ Qualificadoras: Art. 148, §1º:

__I.__ Ascendente, descendente, cônjuge ou companheiro do agente ou maior de 60 anos.

Neste caso, para qualificar não abrange o parentesco colateral, por afinidade, padrasto, ou madrasta do agente.

O idoso deve ter MAIS de 60 anos quando de sua libertação, não importando se quando da privação da liberdade tinha menos de 60 anos.

__II.__ Se o crime é praticado mediante internação da vítima em casa de saúde ou hospital: Neste caso, tem que ser internação simulada ou fraudulenta.

__III.__ Se a privação da liberdade dura mais de quinze dias: Este prazo inicia-se no momento da privação da vítima, até sua libertação.

__IV.__ Crime praticado contra menor de 18 anos: neste inciso basta que a vítima seja maior de 18 anos ao final do sequestro, pouco importando se tinha menos que 18 anos no início do cárcere.

__V.__ Se praticado com fins libidinosos: trata-se de ação penal pública incondicionada (e não ação privada, como era anterior a 2005).

Redução a Condição Análoga à de Escravo

***Art. 149.** Reduzir alguém a condição análoga à de escravo, quer submetendo-o a trabalhos forçados ou a jornada exaustiva, quer sujeitando-o a condições degradantes de trabalho, quer restringindo, por qualquer meio, sua locomoção em razão de dívida contraída com o empregador ou preposto:*

***Pena** - reclusão, de dois a oito anos, e multa, além da pena correspondente à violência.*

***§ 1º.** Nas mesmas penas incorre quem:*

***I.** Cerceia o uso de qualquer meio de transporte por parte do trabalhador, com o fim de retê-lo no local de trabalho;*

***II.** Mantém vigilância ostensiva no local de trabalho ou se apodera de documentos ou objetos pessoais do trabalhador, com o fim de retê-lo no local de trabalho.*

***§ 2º.** A pena é aumentada de metade, se o crime é cometido:*

***I.** Contra criança ou adolescente;*

***II.** Por motivo de preconceito de raça, cor, etnia, religião ou origem.*

Tráfico de Pessoas

***Art. 149-A.** Agenciar, aliciar, recrutar, transportar, transferir, comprar, alojar ou acolher pessoa, mediante grave ameaça, violência, coação, fraude ou abuso, com a finalidade de: (Incluído pela Lei nº 13.344, de 2016)*

***I.** remover-lhe órgãos, tecidos ou partes do corpo; (Incluído pela Lei nº 13.344, de 2016)*

***II.** submetê-la a trabalho em condições análogas à de escravo; (Incluído pela Lei nº 13.344, de 2016)*

***III.** submetê-la a qualquer tipo de servidão; (Incluído pela Lei nº 13.344, de 2016)*

***IV.** adoção ilegal; ou (Incluído pela Lei nº 13.344, de 2016)*

***V.** exploração sexual. (Incluído pela Lei nº 13.344, de 2016)*

Pena. reclusão, de 4 (quatro) a 8 (oito) anos, e multa. (Incluído pela Lei nº 13.344, de 2016)

***§ 1º.** A pena é aumentada de um terço até a metade se: (Incluído pela Lei nº 13.344, de 2016)*

***I.** o crime for cometido por funcionário público no exercício de suas funções ou a pretexto de exercê-las; (Incluído pela Lei nº 13.344, de 2016)*

***II.** o crime for cometido contra criança, adolescente ou pessoa idosa ou com deficiência; (Incluído pela Lei nº 13.344, de 2016)*

***III.** o agente se prevalecer de relações de parentesco, domésticas, de coabitação, de hospitalidade, de dependência econômica, de autoridade ou de superioridade hierárquica inerente ao exercício de emprego, cargo ou função; ou (Incluído pela Lei nº 13.344, de 2016)*

***IV.** a vítima do tráfico de pessoas for retirada do território nacional. (Incluído pela Lei nº 13.344, de 2016)*

§ 2º. A pena é reduzida de um a dois terços se o agente for primário e não integrar organização criminosa. (Incluído pela Lei nº 13.344, de 2016)

Dos crimes contra a inviolabilidade do domicílio

Violação de Domicílio

***Art. 150** - Entrar ou permanecer, clandestina ou astuciosamente, ou contra a vontade expressa ou tácita de quem de direito, em casa alheia ou em suas dependências:*

***Pena** - detenção, de um a três meses, ou multa.*

***§ 1º** - Se o crime é cometido durante a noite, ou em lugar ermo, ou com o emprego de violência ou de arma, ou por duas ou mais pessoas:*

***Pena** - detenção, de seis meses a dois anos, além da pena correspondente à violência.*

***§ 2º** - (Revogado pela Lei nº 13.869, de 2019)*

***§ 3º** - Não constitui crime a entrada ou permanência em casa alheia ou em suas dependências:*

***I.** durante o dia, com observância das formalidades legais, para efetuar prisão ou outra diligência;*

***II.** a qualquer hora do dia ou da noite, quando algum crime está sendo ali praticado ou na iminência de o ser.*

***§ 4º** - A expressão "casa" compreende:*

***I.** qualquer compartimento habitado;*

***II.** aposento ocupado de habitação coletiva;*

***III.** compartimento não aberto ao público, onde alguém exerce profissão ou atividade.*

***§ 5º** - Não se compreendem na expressão "casa":*

***I.** hospedaria, estalagem ou qualquer outra habitação coletiva, enquanto aberta, salvo a restrição do n.º II do parágrafo anterior;*

***II.** taverna, casa de jogo e outras do mesmo gênero*

Dos crimes contra a inviolabilidade de correspondência

Violação de Correspondência

***Art. 151.** Devassar indevidamente o conteúdo de correspondência fechada, dirigida a outrem:*

***Pena** - detenção, de um a seis meses, ou multa.*

Sonegação ou Destruição de Correspondência

***§ 1º.** Na mesma pena incorre:*

***I.** Quem se apossa indevidamente de correspondência alheia, embora não fechada e, no todo ou em parte, a sonega ou destrói;*

Violação de Comunicação Telegráfica, Radioelétrica ou Telefônica

***II.** Quem indevidamente divulga, transmite a outrem ou utiliza abusivamente comunicação telegráfica ou radioelétrica dirigida a terceiro, ou conversação telefônica entre outras pessoas;*

***III.** Quem impede a comunicação ou a conversação referidas no número anterior;*

***IV.** Quem instala ou utiliza estação ou aparelho radioelétrico, sem observância de disposição legal.*

***§ 2º.** As penas aumentam-se de metade, se há dano para outrem.*

***§ 3º.** Se o agente comete o crime, com abuso de função em serviço postal, telegráfico, radioelétrico ou telefônico:*

***Pena** - detenção, de um a três anos.*

***§ 4º.** Somente se procede mediante representação, salvo nos casos do § 1º, IV, e do § 3º.*

Correspondência Comercial

***Art. 152.** Abusar da condição de sócio ou empregado de estabelecimento comercial ou industrial para, no todo ou em parte, desviar, sonegar, subtrair ou suprimir correspondência, ou revelar a estranho seu conteúdo:*

***Pena** - detenção, de três meses a dois anos.*

***Parágrafo único.** Somente se procede mediante representação.*

Dos Crimes contra a Inviolabilidade dos Segredos

Divulgação de Segredo

***Art. 153.** Divulgar alguém, sem justa causa, conteúdo de documento particular ou de correspondência confidencial, de que é destinatário ou detentor, e cuja divulgação possa produzir dano a outrem:*

***Pena** - detenção, de um a seis meses, ou multa.*

***§ 1º.** Somente se procede mediante representação.*

***§ 1º-A.** Divulgar, sem justa causa, informações sigilosas ou reservadas, assim definidas em lei, contidas ou não nos sistemas de informações ou banco de dados da Administração Pública:*

***Pena** - detenção, de 1 (um) a 4 (quatro) anos, e multa.*

***§ 2º.** Quando resultar prejuízo para a Administração Pública, a ação penal será incondicionada.*

Violação do Segredo Profissional

***Art. 154.** Revelar alguém, sem justa causa, segredo, de que tem ciência em razão de função, ministério, ofício ou profissão, e cuja revelação possa produzir dano a outrem:*

***Pena** - detenção, de três meses a um ano, ou multa.*

***Parágrafo único.** Somente se procede mediante representação.*

***Art. 154-A.** Invadir dispositivo informático alheio, conectado ou não à rede de computadores, mediante violação indevida de mecanismo de segurança e com o fim de obter, adulterar ou destruir dados ou informações sem autorização expressa ou tácita do titular do dispositivo ou instalar vulnerabilidades para obter vantagem ilícita: (Incluído pela Lei nº 12.737, de 2012)*

***Pena** - detenção, de 3 (três) meses a 1 (um) ano, e multa. (Incluído pela Lei nº 12.737, de 2012)*

***§ 1º** Na mesma pena incorre quem produz, oferece, distribui, vende ou difunde dispositivo ou programa de computador com o intuito de permitir a prática da conduta definida no caput. (Incluído pela Lei nº 12.737, de 2012)*

***§ 2º** Aumenta-se a pena de um sexto a um terço se da invasão resulta prejuízo econômico. (Incluído pela Lei nº 12.737, de 2012)*

***§ 3º** Se da invasão resultar a obtenção de conteúdo de comunicações eletrônicas privadas, segredos comerciais ou industriais, informações sigilosas, assim definidas em lei, ou o controle remoto não autorizado do dispositivo invadido: (Incluído pela Lei nº 12.737, de 2012)*

***Pena** - reclusão, de 6 (seis) meses a 2 (dois) anos, e multa, se a conduta não constitui crime mais grave. (Incluído pela Lei nº 12.737, de 2012)*

***§ 4º** Na hipótese do § 3o, aumenta-se a pena de um a dois terços se houver divulgação, comercialização ou transmissão a terceiro, a qualquer título, dos dados ou informações obtidos. (Incluído pela Lei nº 12.737, de 2012)*

***§ 5º** Aumenta-se a pena de um terço à metade se o crime for praticado contra: (Incluído pela Lei nº 12.737, de 2012)*

***I.** Presidente da República, governadores e prefeitos; (Incluído pela Lei nº 12.737, de 2012)*

***II.** Presidente do Supremo Tribunal Federal; (Incluído pela Lei nº 12.737, de 2012)*

***III.** Presidente da Câmara dos Deputados, do Senado Federal, de Assembleia Legislativa de Estado, da Câmara Legislativa do Distrito Federal ou de Câmara Municipal; ou (Incluído pela Lei nº 12.737, de 2012)*

***IV.** dirigente máximo da administração direta e indireta federal, estadual, municipal ou do Distrito Federal. (Incluído pela Lei nº 12.737, de 2012)*

Ação penal

(Incluído pela Lei nº 12.737, de 2012)

***Art. 154-B.** Nos crimes definidos no art. 154-A, somente se procede mediante representação, salvo se o crime é cometido contra a administração pública direta ou indireta de qualquer dos Poderes da União, Estados, Distrito Federal ou Municípios ou contra empresas concessionárias de serviços públicos. (Incluído pela Lei nº 12.737, de 2012)*

4. DOS CRIMES CONTRA O PATRIMÔNIO

4.1 Do Furto

Art. 155 *- Subtrair, para si ou para outrem, coisa alheia móvel:*

Pena *- reclusão, de um a quatro anos, e multa.*

§ 1º *- A pena aumenta-se de um terço, se o crime é praticado durante o repouso noturno.*

§ 2º *- Se o criminoso é primário, e é de pequeno valor a coisa furtada, o juiz pode substituir a pena de reclusão pela de detenção, diminuí-la de um a dois terços, ou aplicar somente a pena de multa.*

§ 3º *- Equipara-se à coisa móvel a energia elétrica ou qualquer outra que tenha valor econômico.*

Furto qualificado

§ 4º *- A pena é de reclusão de dois a oito anos, e multa, se o crime é cometido:*

I. *com destruição ou rompimento de obstáculo à subtração da coisa;*

II. *com abuso de confiança, ou mediante fraude, escalada ou destreza;*

III. *com emprego de chave falsa;*

IV. *mediante concurso de duas ou mais pessoas.*

§ 4º-A *A pena é de reclusão de 4 (quatro) a 10 (dez) anos e multa, se houver emprego de explosivo ou de artefato análogo que cause perigo comum. (Incluído pela Lei nº 13.654, de 2018)*

§ 5º *- A pena é de reclusão de três a oito anos, se a subtração for de veículo automotor que venha a ser transportado para outro Estado ou para o exterior. (Incluído pela Lei nº 9.426, de 1996)*

§ 6º *A pena é de reclusão de 2 (dois) a 5 (cinco) anos se a subtração for de semovente domesticável de produção, ainda que abatido ou dividido em partes no local da subtração. (Incluído pela Lei nº 13.330, de 2016)*

§ 7º *A pena é de reclusão de 4 (quatro) a 10 (dez) anos e multa, se a subtração for de substâncias explosivas ou de acessórios que, conjunta ou isoladamente, possibilitem sua fabricação, montagem ou emprego. (Incluído pela Lei nº 13.654, de 2018)*

O crime de furto está descrito no rol dos crimes contra o patrimônio, mais precisamente, no Título II do Código Penal. Furto é se apropriar de algo alheio para si ou para outra pessoa.

Existem várias modalidades de furto, dentre as quais se destacam: o furto de coisa comum, furto privilegiado e o furto qualificado. Há que se distinguir furto de roubo: a principal diferença entre os dois é que no roubo há emprego de violência e no furto não há.

Bem jurídico tutelado

Tutela-se a propriedade, a posse e a detenção, desde que legítimas.

Classificação

É considerado um crime COMUM (praticado por qualquer pessoa) e MATERIAL (para sua consumação exige um resultado).

É um crime doloso (ânimo de assenhoramento definitivo da coisa. Vontade de se tornar dono / proprietário do bem).

Sujeitos do crime

Sujeito Ativo: qualquer pessoa (exceto o proprietário).

Sujeito Passivo: qualquer pessoa (proprietário, possuidor ou detentor do bem). Pode ser pessoa física ou jurídica.

Consumação e tentativa

De acordo com a teoria da inversão da posse, ocorre a consumação do furto no momento em que o bem sai da esfera de disponibilidade da vítima e passa para a do autor do delito.

E de acordo com o STJ não se exige a posse mansa e pacífica do bem para a sua consumação, bastando que o agente obtenha a simples posse do bem, ainda que por um curto período de tempo.

Precedentes do STJ e STF considera-se consumado o crime de furto com a simples posse, ainda que breve, do bem subtraído, não sendo necessária que a mesma se dê de forma mansa e pacífica, bastando que cesse a clandestinidade, ainda que por curto espaço de tempo.

01. Pungista (vulgarmente conhecido como batedor de carteira) coloca a mão no bolso da vítima, mas a carteira está no outro bolso: tentativa de furto.

02. Pungista coloca a mão no bolso da vítima, mas a carteira está em casa: crime impossível (Art. 17, CP).

Furto Consumado

Há perda dos bens subtraídos;

APF (Auto de Prisão em Flagrante) de apenas um dos agentes e fuga dos comparsas;

Subtração e posse de apenas parte dos bens;

APF (Auto de Prisão em Flagrante) no caso de flagrante presumido.

Por circunstâncias alheias à vontade do agente, este não consegue consumar o furto. É admitida a tentativa, pois se trata de crime material (exige resultado).

Tipo subjetivo

O delito é punido a título de dolo. Mas, atente-se que é necessária a vontade de apoderamento definitivo, ou seja, a intenção de não mais devolver a coisa à vítima.

O furto de uso é fato atípico. Mas para ser caracterizado o furto de uso são necessários três requisitos: a internação desde o início de uso momentâneo da coisa, ser coisa não consumível (infungível) e a restituição seja imediata e integral à vítima.

Qual crime pratica o proprietário que subtrai coisa sua na legítima posse de terceiro? Há prática do delito de exercício arbitrário das próprias razões. E, aqui, pode se enquadrar no Art. 345 ou 346 do CP, a depender da qualidade da posse do agente.

E a coisa pública de uso comum, pode ser objeto material de furto?

A coisa pública, de uso comum, a todos pertence, não podendo ser subtraída e configurar furto. Sucede que, dependendo da situação, há possibilidade da prática de crime ambiental, do delito de usurpação de águas e do crime de dano.

Ex.: Furto de parte de estátua.

A vigilância física ou eletrônica em estabelecimentos comerciais torna o crime impossível? Primeiramente, deve-se analisar a natureza do equipamento. Se, por exemplo, se tem um equipamento que impede por si só a saída do estabelecimento com o bem seria configurado o crime impossível. O fato de haver câmeras ou seguranças apenas dificulta a consumação.

Furto noturno

> ***Art. 155, § 1º, CP.*** *A pena aumenta-se de um terço, se o crime é praticado durante o repouso noturno.*

O repouso noturno só era aplicado ao furto simples (caput). Porém a jurisprudência hoje admite a previsão do aumento de pena tanto para o furto simples (caput) quanto para o furto qualificado (§§ 4º, 5º)

Aplica-se esta causa de aumento de pena, desde que o fato seja praticado durante o repouso noturno.

Não importa se a casa estava ou não habitada, ou o seu morador estava ou não dormindo (divergência).

Aplica-se esta majorante, também, aos furtos cometidos durante o repouso noturno em veículos estacionados em vias públicas, bem como em estabelecimentos comerciais (Divergência jurisprudencial).

Repouso Noturno	Noite
Período em que as pessoas se recolhem em suas casas para descansarem (dormirem). Varia conforme a região: grandes metrópoles ou pequenas cidades do interior.	Ausência de luz solar. Período que vai da aurora ou crepúsculo.

Furto privilegiado

> ***§ 2º.*** *Se o criminoso é primário, e é de pequeno valor a coisa furtada, o juiz pode substituir a pena de reclusão pela de detenção, diminuí-la de um a dois terços, ou aplicar somente a pena de multa.*

Aplica-se apenas ao furto simples (*caput*) e ao furto noturno. Não se aplica ao furto qualificado (§§ 4º e 5º).

Criminoso primário: aquele que não é reincidente. Não precisa ser portador de bons antecedentes. Se já transcorrido o prazo de 5 anos entre a data de cumprimento ou extinção da pena e a infração penal posterior, o agente readquire a sua condição de primário (Art. 64, I, CP).

Coisa subtraída de pequeno valor: bem cujo valor seja de até um salário mínimo na data do fato.

"Coisa de pequeno valor" não se confunde com "coisa de valor insignificante". A primeira, se também presente a primariedade do agente, enseja a incidência do privilégio; a segunda conduz à atipicidade do fato, em decorrência do princípio da insignificância (criminalidade de bagatela).

Presentes estes dois requisitos legais, o juiz é obrigado a aplicar o privilégio ao criminoso (direito subjetivo do acusado).

Furto qualificado-privilegiado

O STF aceita a possibilidade de se aplicar o privilégio (Art. 155, §2º, CP) às figuras qualificadas (Art. 155, §§ 4º e 5º, CP) desde que não haja imposição isolada de pena de multa em decorrência do privilégio.

STF entendeu que no furto qualificado pelo concurso de agentes, não há óbice ao reconhecimento do privilégio, desde que estejam presentes os requisitos ensejadores de sua aplicação, quais sejam, a primariedade do agente e o pequeno valor da coisa furtada.

> ***§ 3º.*** *Equipara-se à coisa móvel a energia elétrica ou qualquer outra que tenha valor econômico.*

Trata-se de normal penal interpretativa. Entende por qualquer outra energia térmica, mecânica, radioatividade e genética (sêmen de animal).

Furto de sinal de tv a cabo

1ª Corrente: não é crime. A energia se consome, se esgota e pode, inclusive, terminar, ao passo que sinal de TV não se gasta, não diminui. É adotada por Bittencourt.

2ª Corrente: o furto de sinal de TV se encaixa no §3º do Art. 155, pois é uma forma de energia. É uma corrente adotada pelo STJ.

Furto de Energia X estelionato no Consumo de Energia

Furto de Energia Elétrica	Estelionato no Consumo de Energia
No furto de energia elétrica, o agente **não está autorizado via contrato, a gastar energia.**	Nesse caso o agente está autorizado, via contrato, a gastar energia.
O agente, mediante artifício, por exemplo, ligação clandestina, subtrai a energia.	O agente, mediante fraude, altera o medidor de consumo da energia, indicando valor menor que o efetivamente consumido.

Furto qualificado

> ***§ 4º.*** *A pena é de reclusão de dois a oito anos, e multa, se o crime é cometido:*
>
> ***I.*** *Com destruição ou rompimento de obstáculo à subtração da coisa;*

Ex.: Arrombamento de fechaduras, janelas, portas, cadeados, cofres, trincos.

Se o obstáculo destruído for inerente à própria coisa não incidirá esta forma qualificada.

Ex.: Quebrar o vidro da porta de um carro com o objetivo de furtar o veículo (furto simples).

Todavia, caso o agente quebre o vidro apenas para viabilizar o furto do CD-Player, ou de qualquer outro objeto que se encontra em seu interior, responderá por furto qualificado.

Se o agente, apenas desliga o alarme não incidirá a qualificadora, pois não houve destruição ou rompimento de obstáculo.

Caso a violência seja empregada após a consumação do furto, o agente responderá por furto em concurso com o crime de dano (Art. 163).

De acordo com Fernando Capez, o furto da bolsa para obter o que está em seu interior não qualifica o delito, pois a bolsa não é obstáculo e sim forma de transportar as coisas. O obstáculo seria um cadeado.

Há decisões que entendem pela aplicabilidade da qualificadora quando há ligação direta no veículo.

II. Com abuso de confiança, ou mediante fraude, escalada ou destreza;

> Confiança é circunstância subjetiva incomunicável o concurso de pessoas (Art. 30, CP).

Ex.: Famulato (furto praticado por empregado doméstico contra o patrão).

Essa qualificadora pressupõe dois requisitos:

> A vítima tem que depositar, por qualquer motivo (amizade, parentesco, relações profissionais etc.), uma especial confiança no agente;

> O agente deve se aproveitar de alguma facilidade decorrente da confiança nele depositada para cometer o crime.

A vítima tem que depositar, por qualquer motivo (amizade, parentesco, relações profissionais etc.), uma especial confiança no agente;

O agente deve se aproveitar de alguma facilidade decorrente da confiança nele depositada para cometer o crime.

Furto Mediante Abuso de Confiança	Apropriação Indébita
O agente tem mero contato com a coisa. O agente pode até ter posse, mas essa é uma posse precária vigiada.	O agente exerce a posse em nome de outrem. O agente tem posse desvigiada
O dolo está presente desde o início da posse.	O dolo é superveniente à posse.

Fraude é o artifício (emprego de algum objeto, instrumento ou vestimenta para enganar o titular do bem) ou ardil (conversa enganosa), isto é, o meio enganoso empregado pelo agente para diminuir a vigilância da vítima ou de terceiro sobre um bem móvel, permitindo ou facilitando sua subtração.

> A fraude como qualificadora há de ser empregada antes ou durante a subtração da coisa, ou seja, antecede a consumação do crime.

> Um ponto muito relevante é a diferenciação entre furto mediante fraude e estelionato.

Destreza: trata-se de peculiar habilidade física ou manual permitindo ao agente despojar a vítima sem que esta perceba.

Ex.: Batedores de carteira ou punguistas.

	Furto Mediante Fraude	Estelionato (Art. 171, CP)
FRAUDE	É qualificadora do crime.	É elementar do crime.
	Deve ser empregada antes ou durante a subtração do bem.	Antecede o apossamento da coisa.
	É utilizada para **diminuir a vigilância** da vítima sobre o bem, permitindo ou facilitando a substrução.	É utilizada para induzir a vítima em erro, mediante uma falsa percepção da realidade.
	Há a subtração do bem sem que a vítima perceba.	Ocorre a entrega espontânea (embora viciada) do bem pela vítima ao agente.
	Ex.: "A" e "B", banidos, se disfarçam de técnicos de TV a cabo e pedem para consertar a TV de "C". Enquanto "C" permanece em seu quarto "A" e "B" aproveitam sua distração para furtar objetos na sala de estar.	**Ex.:** "A" se disfarça de manobrista e fica parado em frente a um restaurante. "B" entrega seu veículo para que o falso manobrista o estacione. "A" desaparece com o carro.

III. Com emprego de chave falsa;

Segundo alguns autores, chave falsa é todo o instrumento, com ou sem forma de chave, destinado a abrir fechaduras

Ex.: Grampos, arames, estiletes, micha etc.

A chave verdadeira, obtida fraudulentamente, não gera a qualificadora do inciso III.

IV. Mediante concurso de duas ou mais pessoas.

Responderá por furto qualificado mesmo se um dos integrantes for menor de 18 anos.

***§ 4º-A** A pena é de reclusão de 4 (quatro) a 10 (dez) anos e multa, se houver emprego de explosivo ou de artefato análogo que cause perigo comum.*

A Lei 13.645, de 2018, inseriu uma nova qualificadora ao crime do furto, com o intuito de criminalizar mais gravemente a conduta relacionada à subtração com o emprego de explosivo ou artefato análogo, como o que acontece com os caixas de banco.

***§ 5º.** A pena é de reclusão de 3 (três) a 8 (oito) anos, se a subtração for de veículo automotor que venha a ser transportado para outro Estado ou para o exterior.*

***§ 6º** A pena é de reclusão de 2 (dois) a 5 (cinco) anos se a subtração for de semovente domesticável de produção, ainda que abatido ou dividido em partes no local da subtração.*

***§ 7º** A pena é de reclusão de 4 (quatro) a 10 (dez) anos e multa, se a subtração for de substâncias explosivas ou de acessórios que, conjunta ou isoladamente, possibilitem sua fabricação, montagem ou emprego.*

Outra modificação feita pela Lei 13.654 de 2018 foi a inserção do § 7º no Art. 155 do CP. Essa alteração pune mais gravemente a subtração de explosivos ou acessórios para a fabricação, montagem ou emprego.

Bens imóveis e energia elétrica

Os bens considerados imóveis pela legislação civil e que puderem ser deslocados de um local para outro podem ser objeto de furto.

Ex.: Navios, prédios, terrenos, carro, moto, animal de estimação, celular.

A energia elétrica ou qualquer outra que possua valor econômico é equiparada a coisa móvel (Art. 155, §3º, CP).

Ex.: Energia genética, energia nuclear, energia mecânica. Desse modo, a ligação clandestina de energia elétrica "gato" é crime de furto.

Modalidades de furto

Abigeato: furto de gado.

Famulato: furto praticado pelo empregado doméstico contra o patrão. Não precisa ser realizado na residência do patrão, pode ser em qualquer lugar.

Furto famélico: hipótese em que o agente subtrai alimentos para saciar sua fome ou de sua família, pois se encontra em situação de extrema miséria e pobreza.

O furto famélico configura estado de necessidade, preenchidos os seguintes requisitos:

> Fato praticado para mitigar a fome;

> Que haja subtração de coisa capaz de contornar imediatamente e diretamente a emergência (fome).

> Inevitabilidade do comportamento lesivo.
> Impossibilidade de trabalho ou insuficiência dos recursos auferidos.

Somente pode ser aplicado o furto famélico àquele que está desempregado? Não. Caso os recursos obtidos sejam insuficientes, pode ser reconhecido o furto famélico.

O consentimento do ofendido, antes ou durante a subtração, torna o fato atípico (bem disponível), mas após a subtração, o fato será típico.

Não existe furto culposo.

É possível o furto privilegiado + repouso noturno.

É possível o furto privilegiado + furto qualificado desde que não haja imposição isolada da pena de multa em decorrência do privilégio.

Princípio da Insignificância no Furto

O princípio da insignificância é causa supralegal de exclusão da tipicidade (o fato não será crime).

Exige a presença dos seguintes requisitos

Requisitos objetivos: mínima ofensividade da conduta; ausência de periculosidade social; reduzido grau de reprovabilidade do comportamento; e inexpressividade da lesão jurídica.

Requisitos subjetivos: importância do objeto material para a vítima (situação econômica + valor sentimental do bem); e circunstâncias e resultado do crime.

O princípio da insignificância, desde que presentes seus requisitos objetivos e subjetivos, é em tese aplicável tanto ao furto simples como ao furto qualificado.

Ex.: Duas pessoas, em concurso de agentes, furtam uma penca de bananas.

Subtração de cartão bancário ou de crédito: não há crime de furto (princípio da insignificância). Eventual utilização do cartão, para saques em dinheiro ou compras em geral, caracteriza o crime de estelionato (Art. 171, CP).

Furtos x outros crimes semelhantes

Principais diferenças entre os crimes que mais são confundidos em provas de concurso:

Furto X Apropriação Indébita

O furto é diferente da apropriação indébita (Art. 168, CP), pois no primeiro a posse é vigiada e a subtração reside exatamente na retirada do bem desta esfera de vigilância. Já no segundo, a vítima entrega ao agente a posse desvigiada de um bem.

Furto X Peculato

O funcionário público que subtrai ou concorre para que seja subtraído bem público ou particular, que se encontra sob a guarda ou custódia da Administração Pública, valendo-se da facilidade que seu cargo lhe proporciona, pratica o crime de peculato furto (Art. 312, §1º, CP), também conhecido como peculato impróprio.

Furto X Exercício Arbitrário das Próprias Razões

Se um credor subtrai bens do devedor para se ressarcir de dívida não paga, o crime não será de furto, mas de exercício arbitrário das próprias razões (Art. 345, CP).

É pacífico o entendimento de que a coisa abandonada (*res derelicta*), a coisa de ninguém (*res nullius*) não podem ser objeto do crime de furto, como também a coisa perdida (*res desperdita*), porém a coisa perdida constitui o crime de apropriação de coisa achada, Art.169, II, do CP.

O ser humano não pode ser objeto de furto, salvo se forem partes definidas e com valor econômico.

Ex.: Cabelo.

Cadáver pode ser objeto de furto, desde que possua dono.

Ex.: Cadáver de faculdade de medicina.

§ 5º. *A pena é de reclusão de três a oito anos, se a subtração for de VEÍCULO AUTOMOTOR que venha a ser transportado para outro Estado ou para o exterior. (Incluído pela Lei nº 9.426, de 1996)*

Esta majorante só incide quando o furto for de veículo automotor, não abrangendo embarcação nem aeronave, além disso, o veículo automotor deve ser levado para outro Estado ou país. Esqueceu-se de colocar o DF na qualificadora, porém a doutrina penal entende que o DF está abrangido também, pois o legislador ao utilizar a expressão Estado considerou os entes da federação, dentre eles o DF.

Não basta a intenção de ultrapassar os limites do Estado ou do país, sendo necessário que este ato seja consumado.

Furto de coisa comum

Art. 156. *Subtrair o condômino, coerdeiro ou sócio, para si ou para outrem, a quem legitimamente a detém, a coisa comum:*

Pena *- detenção, de seis meses a dois anos, ou multa.*

§ 1º. *Somente se procede mediante representação.*

§ 2º. *Não é punível a subtração de coisa comum fungível, cujo valor não excede a quota a que tem direito o agente.*

4.2 Do Roubo e da Extorsão

Roubo

Art. 157 *- Subtrair coisa móvel alheia, para si ou para outrem, mediante grave ameaça ou violência a pessoa, ou depois de havê-la, por qualquer meio, reduzido à impossibilidade de resistência:*

Pena *- reclusão, de quatro a dez anos, e multa.*

§ 1º *- Na mesma pena incorre quem, logo depois de subtraída a coisa, emprega violência contra pessoa ou grave ameaça, a fim de assegurar a impunidade do crime ou a detenção da coisa para si ou para terceiro.*

§ 2º *A pena aumenta-se de 1/3 (um terço) até metade: (Redação dada pela Lei nº 13.654, de 2018)*

I. *(revogado); (Redação dada pela Lei nº 13.654, de 2018)*

II. *se há o concurso de duas ou mais pessoas;*

III. *se a vítima está em serviço de transporte de valores e o agente conhece tal circunstância.*

IV. *se a subtração for de veículo automotor que venha a ser transportado para outro Estado ou para o exterior; (Incluído pela Lei nº 9.426, de 1996)*

V. *se o agente mantém a vítima em seu poder, restringindo sua liberdade. (Incluído pela Lei nº 9.426, de 1996)*

VI. se a subtração for de substâncias explosivas ou de acessórios que, conjunta ou isoladamente, possibilitem sua fabricação, montagem ou emprego. (Incluído pela Lei nº 13.654, de 2018)

*VII. se a violência ou grave ameaça é exercida com emprego de arma branca; (Incluído pela Lei nº 13.964, de 2019) - **ANTICRIME***

§ 2º-A A pena aumenta-se de 2/3 (dois terços): (Incluído pela Lei nº 13.654, de 2018)

I. se a violência ou ameaça é exercida com emprego de arma de fogo; (Incluído pela Lei nº 13.654, de 2018)

II. se há destruição ou rompimento de obstáculo mediante o emprego de explosivo ou de artefato análogo que cause perigo comum. (Incluído pela Lei nº 13.654, de 2018)

*§ 2º-B. Se a violência ou grave ameaça é exercida com emprego de arma de fogo de uso restrito ou proibido, aplica-se em dobro a pena prevista no caput deste artigo. (Incluído pela Lei nº 13.964, de 2019) - **ANTICRIME***

§ 3º Se da violência resulta: (Redação dada pela Lei nº 13.654, de 2018)

I. lesão corporal grave, a pena é de reclusão de 7 (sete) a 18 (dezoito) anos, e multa; (Incluído pela Lei nº 13.654, de 2018)

II. morte, a pena é de reclusão de 20 (vinte) a 30 (trinta) anos, e multa. (Incluído pela Lei nº 13.654, de 2018)

O crime de roubo está tipificado no rol dos crimes contra o patrimônio. Esse crime assemelha-se muito ao crime de furto, contudo possui elementos que, agregados à conduta "subtrair", formam um novo crime.

No roubo há a subtração de coisa móvel alheia, porém com o emprego de violência ou grave ameaça contra a pessoa, elementos esses que empregados, fazem com que a vítima entregue a coisa móvel, funcionando como circunstâncias especiais que relevam a distinção para o crime furto.

Classificação

É crime comum / Formal (STJ e STF) / instantâneo / plurissubsistente / de dano / de concurso eventual.

Ofende o patrimônio, integridade física e liberdade individual do indivíduo (Crime COMPLEXO).

É crime de forma livre: admite qualquer meio de execução.

Emprego de Grave Ameaça

Também denominada de violência moral ou vis compulsiva (consiste na promessa de mal grave, iminente e passível de realização).

Emprego de Violência

Também denominada de violência própria, violência física ou vis absoluta (consiste no emprego de força física sobre a vítima, mediante lesão corporal ou vias de fato, para facilitar a subtração do bem.

Qualquer Outro Meio que Reduza a Vítima à Impossibilidade de Resistência

Também conhecida como **violência imprópria ou violência indireta**. Abrange todos os outros meios (diferentes da violência ou grave ameaça) que impossibilitam a resistência da vítima no momento da execução do roubo.

Ex.: Drogar ou embriagar a vítima, usar soníferos (o famoso "Boa noite Cinderela") ou hipnose etc.

Não admite o princípio da insignificância, pois o desvalor da conduta é elevado, o que justifica a rigorosa atuação do direito penal.

O elemento subjetivo é o dolo e exige-se o fim de assenhoramento definitivo da coisa (*animus rem sibi habendi*). Não é admitida a modalidade culposa.

O crime de roubo admite arrependimento posterior? Para a maioria da doutrina o roubo próprio admite arrependimento posterior quando praticado mediante violência imprópria (Ex.: uso de psicotrópicos). Para a minoria, violência imprópria não admite arrependimento posterior, pois não deixa de ser espécie de violência.

Sujeitos do crime

Sujeito Ativo: qualquer pessoa (crime comum), exceto o proprietário da coisa alheia móvel.

Sujeito Passivo: o proprietário, possuidor ou detentor da coisa alheia móvel, assim como qualquer outra pessoa que seja atingida pela violência ou grave ameaça. Pessoa Jurídica também pode ser sujeito passivo.

Consumação e tentativa

Consuma-se o crime de roubo, no momento em que o agente se torna possuidor do bem subtraído mediante grave ameaça ou violência. Para que o agente se torne possuidor, é desnecessário que a coisa saia da esfera de vigilância da vítima, bastando que cesse a clandestinidade ou a violência. (Para esta corrente, o crime de Roubo é Formal).

A tentativa é plenamente admitida, haja vista o caráter plurissubsistente do crime de roubo.

Situações nas quais o roubo é considerado consumado:

Destruição ou perda do bem subtraído;

Prisão em flagrante de um dos ladrões e fuga do(s) comparsa(s) com o bem subtraído.

Roubo impróprio

§ 1º. Na mesma pena incorre quem, logo depois de subtraída a coisa, emprega violência contra pessoa ou grave ameaça, a fim de assegurar a impunidade do crime ou a detenção da coisa para si ou para terceiro.

	Roubo Próprio (caput)	Roubo Impróprio (§ 1º)
Meios de Execução	Violência ou Grave ameaça ou qualquer outro meio que reduza a vítima à impossibilidade de resistência (violência imprópria).	Violência ou Grave Ameaça.
Momento de Emprego do meio de execução	Antes ou Durante a subtração do bem.	Logo depois de subtrair a coisa, mas antes da consumação do furto.
Finalidade do meio de execução	Permitir a subtração do bem.	Assegurar a impunidade do crime ou a detenção da coisa (o bem já foi subtraído).

O roubo impróprio não admite a violência imprópria (qualquer outro meio que reduza a vítima à impossibilidade de resistência).

Para falarmos em roubo impróprio é imprescindível o prévio apoderamento da coisa.

O roubo impróprio consuma-se no momento em que o sujeito utiliza a violência à pessoa ou grave ameaça, ainda que não tenha êxito em sua finalidade de assegurar a impunidade do crime ou a detenção da coisa subtraída para si ou para terceiro (**é Crime Formal**).

Causas de aumento de pena

§ 2º. *A pena aumenta-se de um terço até metade:*

I. *(Revogado)*

II. *Se há o concurso de duas ou mais pessoas;*

III. *Se a vítima está em serviço de transporte de valores e o agente conhece tal circunstância.*

IV. *Se a subtração for de veículo automotor que venha a ser transportado para outro Estado ou para o exterior;*

V. *Se o agente mantém a vítima em seu poder, restringindo sua liberdade.*

Se o crime é cometido em concurso de agentes e somente um deles utiliza a arma, a causa de aumento de pena se estende a todos os envolvidos no roubo, independentemente de serem coautores ou partícipes.

Arma de fogo	Efetivo uso: incide a causa de aumento. Porte ostensivo: Incide a causa de aumento. Porte simulado de arma: não incide a causa de aumento, mas caracteriza o roubo simples (grave ameaça).
Arma com defeito	Absoluta ineficácia de arma: não incide a causa de aumento, mas caracteriza o roubo simples (grave ameaça). Relativa ineficácia de arma: incide a causa do aumento.
Arma desmuniciada	Não incide a causa de aumento, mas caracteriza o roubo simples (grave ameaça). Conforme o STF, arma desmuniciada ou sem possibilidade de pronto municiamento não configura o crime tipificado no Art. 14 da Lei 10.826/03 (Estatuto do Desarmamento).
Arma de brinquedo	Não incide a causa de aumento, mas caracteriza o roubo simples (grave ameaça).

Se há o concurso de duas ou mais pessoas

Incide esta qualificadora ainda que um dos envolvidos seja inimputável (Ex.: Menor de 18 anos) ou não possa ser identificado.

Essa qualificadora incide ainda que apenas um dos envolvidos no roubo pratique atos executórios ou esteja presente no local do crime. Desse modo, aplica-se tanto aos coautores quanto aos partícipes.

Se a vítima está em serviço de transporte de valores e o agente conhece tal circunstância

Tem por finalidade conceder maior proteção às pessoas que prestam serviços relacionados ao transporte de valores, exclui-se o proprietário dos bens.

Ex.: Carros-fortes, office-boys, estagiários, funcionários de bancos etc.

Exige-se que o agente tenha conhecimento desta circunstância.

Se a subtração for de veículo automotor que venha a ser transportado para outro Estado ou para o exterior

Fundamenta-se na maior dificuldade de recuperação do bem pela vítima, quando ocorre a ultrapassagem das fronteiras estaduais ou internacionais.

Não incide esta causa de aumento de pena na hipótese de transporte de componentes isolados (peças) do veículo automotor para outro Estado ou para o exterior.

Esta majorante só incide quando o roubo for de veiculo automotor, não abrangendo embarcação nem aeronave. Além disso a causa de aumento de pena somente terá incidência quando o veículo automotor efetivamente for transportado para outro Estado ou para o Exterior.

De acordo com Cleber Masson, a majorante é compatível com a forma tentada em uma única hipótese: quando o agente é perseguido logo após a subtração e foge em direção a fronteira de outro País ou Estado, mas acaba sendo preso antes que transponha a fronteira. Nesse caso basta a intenção do agente de transpor a fronteira para a aplicação do aumento de pena.

Ex.: Um veículo foi roubado e desmanchado em Cascavel/PR e suas peças foram encaminhadas para São Paulo ou para o Paraguai.

Esta majorante só incide quando o roubo for de veículo automotor, não abrangendo embarcação nem aeronave, além disso, o veículo automotor deve ser levado para outro Estado ou país.

Se o agente mantém a vítima em seu poder, restringindo sua liberdade

Na hipótese desta qualificadora, a vítima deve ter restringida sua liberdade por tempo juridicamente relevante.

Ex.: Pedro, mediante grave ameaça, subtrai o carro de Rafael, e com ele permanece até abandoná-lo em um local distante, evitando, dessa forma, o pedido de socorro às autoridades.

Se a subtração for de substâncias explosivas ou de acessórios que, conjunta ou isoladamente, possibilitem sua fabricação, montagem ou emprego

Trata-se de mais uma alteração marcada pela Lei 13.654/2018. Nesse caso, vale a pena destacar o objeto material do roubo. Em se tratando de explosivos ou acessórios para fabricação, montagem ou emprego, haverá aumento de pena.

> *Em se tratando de simulacro, permanece o entendimento de que ainda é roubo (pois tem capacidade de constranger), mas é descaracterizado do aumento de pena!*

Se a violência ou ameaça é exercida com emprego de arma de fogo

Aqui incide o aumento apenas com o uso da arma de fogo (arma PRÓPRIA) e desde que não seja de uso restrito ou proibido (já que com a alteração do pacote **ANITCRIME**, agora há a previsão do §2º-B com aumento de pena até o DOBRO).

E uma outra inovação do mesmo pacote legislativo, foi a "ressurreição" do uso de arma branca (ou arma IMPRÓPRIA) no §2º em seu novel inciso VII (aumento de 1/3 a ½).

> ***§ 2º**-A A pena aumenta-se de 2/3 (DOIS TERÇOS):*
>
> ***I.** se a violência ou ameaça é exercida com emprego de arma de fogo.*

A Lei 13.654 de 2018 inseriu o parágrafo 2º A, restringindo o aumento de pena no crime de furto. Agora, será considerado aumento de pena apenas em se tratando de arma própria (fogo), não abrangendo mais a arma imprópria. Além disso, entende o STF que é desnecessária a perícia na arma e a apreensão (desde que haja outros meios de prova) para o enquadramento do aumento. Cabe à parte comprovar a ineficácia do meio.

> ***II.** se há **destruição ou rompimento de obstáculo** mediante o emprego de **EXPLOSIVO** ou de **ARTEFATO** análogo que cause **PERIGO COMUM**. (grifo nosso)*

Perceba aqui a única diferença com furto (art. 155), já que lá, no furto, há a previsão de qualificadora para rompimento ou destruição de obstáculo em qualquer modalidade de ruptura ou destruição. Ao contrário aqui, no roubo (art. 157), não se trata de qualificadora, mas sim de majorante (ou causa de aumento) onde apenas incidirá tal majoração caso de rompimento ou destruição com explosivos ou artefato análogo.

Se a violência ou grave ameaça é exercida com emprego de arma de fogo de uso restrito ou proibido

A inovação do pacote ANTICRIME, tivemos um aumento em dobro para tal utilização de arma de uso proibido como fruto da violência ou ameaça empregada pelo agente, além de também ter inserido tal previsão no rol dos crimes HEDIONDOS.

Roubo qualificado

> ***§ 3º** Se da violência resulta: (Redação dada pela Lei nº 13.654, de 2018)*
>
> ***I.** lesão corporal grave, a pena é de reclusão de 7 (sete) a 18 (dezoito) anos, e multa; (Incluído pela Lei nº 13.654, de 2018)*
>
> ***II.** morte, a pena é de reclusão de 20 (vinte) a 30 (trinta) anos, e multa. (Incluído pela Lei nº 13.654, de 2018)*

Assim, existem duas qualificadoras do crime de roubo: a qualificação por lesão grave e ou pela morte, fato conhecido como latrocínio.

De acordo com o texto legal, somente é possível a incidência das qualificadoras quando o resultado agravador resultar de violência. Desse modo, se resultar de grave ameaça não incidirá esta qualificadora.

Imagine a seguinte situação hipotética: "A" apontou uma arma de fogo para "B", senhora de 80 anos, e anunciou o assalto. "B", com o susto da situação, sofreu um infarto fulminante e morreu em razão da grave ameaça empregada, momento em que "A" subtrai a bolsa da vítima. Nesta situação, "A" responderá por roubo consumado em concurso formal com homicídio culposo.

Segundo o Art. 1º da Lei nº 8.072/90, O latrocínio, consumado ou tentado, **é crime hediondo.**

De acordo com a **Súmula 603 do STF** a competência para o processo e julgamento do latrocínio é do **Juiz Singular** e não do Tribunal do Júri. Isso ocorre porque o latrocínio é crime contra o patrimônio e o Tribunal do Júri só julga os crimes dolosos contra a vida.

O resultado agravador (morte) pode ter sido causado de forma **dolosa ou culposa**. Percebe-se, então, que o latrocínio não é crime exclusivamente preterdoloso (dolo no antecedente e culpa no consequente). Admite-se a tentativa se o resultado agravador, morte, ocorrer de forma dolosa.

Qual crime pratica o assaltante que, duas semanas após o assalto, mata gerente que o reconheceu como um dos criminosos? Não pode ser o Art. 157, § 3º, uma vez que exige o fator tempo e o fator nexo. O crime será de roubo em concurso material com homicídio qualificado pela conexão consequencial.

De acordo com a Súmula 610 do STF: Há crime de latrocínio, quando o homicídio se consuma, ainda que não realize o agente a subtração de bens da vítima. Atenção para as seguintes situações:

Subtração do Bem	Morte da Vítima	Latrocínio
Consumado	Consumado	Consumado
Tentada	Consumado	Consumado
Tentada	Tentada	Tentada
Consumado	Tentada	Tentada

Extorsão

> ***Art. 158.** Constranger alguém, mediante violência ou grave ameaça, e com o intuito de obter para si ou para outrem indevida vantagem econômica, a fazer, tolerar que se faça ou deixar fazer alguma coisa:*
>
> ***Pena** - reclusão, de quatro a dez anos, e multa.*
>
> ***§ 1º.** Se o crime é cometido por duas ou mais pessoas, ou com emprego de arma, aumenta-se a pena de um terço até metade.*
>
> ***§ 2º.** Aplica-se à extorsão praticada mediante violência o disposto no § 3º do artigo anterior.*
>
> ***§ 3º.** Se o crime é cometido mediante a restrição da liberdade da vítima, e essa condição é necessária para a obtenção da vantagem econômica, a pena é de reclusão, de 6 (seis) a 12 (doze) anos, além da multa; se resulta lesão corporal grave ou morte, aplicam-se as penas previstas no Art. 159, §§ 2º e 3º, respectivamente.*

A extorsão, ao contrário do roubo, não pode ser praticada mediante violência imprópria (Qualquer outro meio que reduza a vítima à impossibilidade de resistência).

Segundo Nelson Hungria, uma das formas mais frequentes de extorsão é a famosa "Chantagem" (praticada mediante ameaça de revelação de fatos escandalosos ou difamatórios, para coagir o ameaçado a "comprar" o silêncio do ameaçador). É um crime de ação penal pública incondicionada.

Classificação

Extorsão é crime comum / de forma livre / formal / instantâneo / plurissubsistente / de dano / doloso (não admite a modalidade culposa) / de concurso eventual.

É considerado um crime complexo, pois protege vários bens jurídicos. (patrimônio, integridade física e liberdade individual).

É crime formal / de consumação antecipada. A obtenção da indevida vantagem econômica pelo agente é exaurimento do crime que será levado em consideração na dosimetria da pena-base (Art. 59, CP).

Sujeitos do crime

Por ser um crime comum, não se exige uma qualidade especial do sujeito ativo ou passivo, portanto pode ser cometido/sofrido por qualquer pessoa.

Consumação e tentativa

Súm. 96, STJ. O crime de extorsão consuma-se independentemente da obtenção da vantagem indevida.

A tentativa é admitida.

Causa de aumento de pena

> Se o crime é COMETIDO por duas ou mais pessoas;
> Se o crime é cometido com emprego de arma;

Extorsão (Art. 158, §1º, primeira parte, CP)	Roubo (Art. 157, §2º, II, CP)
Crime COMETIDO por duas ou mais pessoas.	Se há o CONCURSO de duas ou mais pessoas.
Admite coautoria, mas não admite participação.	Admite coautoria e participação.

Extorsão qualificada

***Art. 158, § 2º, CP.** Aplica-se à extorsão praticada mediante violência o disposto no § 3º do artigo anterior.*

Se, da **violência** resulta lesão corporal grave (7 a 15 anos), se resulta morte (20 a 30 anos).

Se, o resultado agravador (lesão corporal grave ou morte) ocorrer em razão da grave ameaça empregada, o agente responderá pelo crime de Extorsão simples (*caput*).

A extorsão qualificada pela morte, consumada ou tentada é **crime hediondo** (Art. 1º, IV, Lei nº 8.072/90).

Extorsão mediante restrição da liberdade da vítima

***§ 3º.** Se o crime é cometido mediante a restrição da liberdade da vítima, e essa condição é necessária para a obtenção da vantagem econômica, a pena é de reclusão, de 6 (seis) a 12 (doze) anos, além da multa; se resulta lesão corporal grave ou morte, aplicam-se as penas previstas no Art. 159, §§ 2º e 3º, respectivamente.*

Popularmente conhecido como o crime de "Sequestro relâmpago".

Este crime, além de atentar contra o patrimônio da vítima, viola também sua liberdade de locomoção.

Ex.: "A", mediante uso de arma de fogo, ameaça de morte "B", o qual estava saindo de sua residência, e o constrange a dirigir seu veículo até um caixa eletrônico para que "B" saque dinheiro para entregar a "A".

Diferencia-se do Roubo (Art. 157, §2º, V, CP), pois é imprescindível um comportamento de "B" (digitar a senha do cartão do banco) para a consumação do crime de extorsão.

Diferenças entre o "sequestro relâmpago" com a extorsão mediante sequestro

Sequestro Relâmpago (Art. 158, §3º, CP)	Extorsão Mediante Sequestro (Art. 159, CP)
Restrição da liberdade.	Privação da liberdade.
Não há encarceramento da vítima.	A vítima é colocada no cárcere.
Finalidade de se obter indevida vantagem econômica.	Finalidade de se obter qualquer vantagem, como condição ou preço do resgate.

Se a vantagem é devida (legítima), verdadeira ou supostamente, o agente responderá pelo crime de exercício arbitrário das próprias razões (Art. 345, CP).

A vantagem indevida deve ser econômica, pois se não o for, estará afastado o crime de extorsão.

Ex.: "A", mediante violência ou grave ameaça, coage "B" a assumir a autoria de um crime de difamação praticado contra "C".

Diferenças entre o crime de extorsão e roubo:

Roubo	Extorsão
O ladrão subtrai.	O extorsionário faz com que a vítima lhe entregue.
O agente busca vantagem imediata.	O agente busca vantagem mediata (futura).
Não admite bens imóveis.	Admite bens imóveis também.
Admite violência imprópria.	Não admite violência imprópria.
A colaboração da vítima é dispensável.	A colaboração da vítima é indispensável.

Diferenças entre o crime de Extorsão e Constrangimento ilegal

A **extorsão** se distingue do crime de constrangimento ilegal (Art. 146, CP), pois, no primeiro há a presença de um elemento subjetivo do tipo (especial fim de agir do agente) representado pela vontade de **obter indevida vantagem econômica, para si ou para outrem**.

Diferenças entre o crime de Extorsão e Concussão

Extorsão (Art. 158)	Concussão (Art. 316)
Crime Contra o Patrimônio.	Crime contra a Administração Pública.
Há emprego de violência ou grave ameaça.	Não há emprego de violência ou grave ameaça.
Em regra é praticado por particular, mas funcionário público pode praticar caso empregue violência ou grave ameaça.	Em regra é praticado por funcionário público, mas particular pode ser coautor ou partícipe.

É possível concurso de crimes de roubo e extorsão, por exemplo o agente, após roubar o carro da vítima, a obriga a entregar o cartão 24h com a senha, conforme STJ.

Extorsão mediante sequestro

***Art. 159.** Sequestrar pessoa com o fim de obter, para si ou para outrem, qualquer vantagem, como condição ou preço do resgate:*

***Pena** - reclusão, de oito a quinze anos.*

***§ 1º.** Se o sequestro dura mais de 24 (vinte e quatro) horas, se o sequestrado é menor de 18 (dezoito) ou maior de 60 (sessenta) anos, ou se o crime é cometido por bando ou quadrilha:*

***Pena** - reclusão, de doze a vinte anos.*

***§ 2º.** Se do fato resulta lesão corporal de natureza grave:*

***Pena** - reclusão, de dezesseis a vinte e quatro anos.*

***§ 3º.** Se resulta a morte:*

***Pena** - reclusão, de vinte e quatro a trinta anos.*

***§ 4º.** Se o crime é cometido em concurso, o concorrente que o denunciar à autoridade, facilitando a libertação do sequestrado, terá sua pena reduzida de um a dois terços.*

Objetividade jurídica

Patrimônio e liberdade individual. Integridade física e vida humana (§2º e §3º).

→ **É crime complexo.**

Resulta da fusão da extorsão (Art. 158) e sequestro (Art. 148).

Objeto material

A pessoa privada de sua liberdade e também aquela lesada em seu patrimônio.

É crime hediondo em todas as suas modalidades (tentados ou consumados). (Art. 1º, IV, Lei nº 8.072/90).

Núcleo do tipo

"Sequestrar": privar uma pessoa de sua liberdade de locomoção por tempo juridicamente relevante.

Sujeitos do crime

Sujeito Ativo: qualquer pessoa (crime comum). Se o sujeito ativo for funcionário público e cometer o crime no exercício de suas funções, responderá também pelo crime de abuso de autoridade (Arts. 3º, "a" e 4º, "a", Lei nº 4.898/65).

Pessoa que simula o próprio sequestro para extorquir seus pais, mediante o auxílio de terceiros, responde por extorsão (Art. 158).

Sujeito Passivo: pessoa que sofre a lesão patrimonial e pessoa privada de sua liberdade.

A vítima deve ser necessariamente uma pessoa humana. Desse modo, a privação da liberdade de um animal (de extinção ou raça) configura o crime de extorsão (Art. 158, CP).

Se a vítima for menor de 18 anos ou maior de 60 anos o crime será qualificado (§1º).

Supondo que haja subtração de animal de outrem e informa que somente será devolvido caso seja pago resgate. Há prática do crime de extorsão mediante sequestro? Não haverá tal crime já que o tipo penal se remete à pessoa. Nessa hipótese, será configurado o delito de extorsão.

Elemento subjetivo

Dolo + (especial fim de agir) com o fim de obter, para si ou para outrem, qualquer vantagem, como condição ou preço do resgate. Não se admite a modalidade culposa.

Espécie da vantagem

A maioria da doutrina entende que a vantagem deve ser econômica e indevida.

Se a vantagem for devida, o agente responderá pelos crimes de sequestro (Art. 148) e exercício arbitrário das próprias razões (Art. 345) em concurso formal.

Consumação e tentativa

Consuma-se com a privação da liberdade da vítima, independente da obtenção da vantagem pelo agente. É crime formal. A tentativa é possível.

Juízo competente

O Juízo Competente para julgamento é o do local em que ocorreu o sequestro da vítima, e não o da entrega do eventual resgate.

Se os parentes da vítima realizarem o pagamento do resgate, ocorrerá o exaurimento do crime.

Crime permanente

É Crime Permanente (a consumação se prolonga no tempo e dura todo o período em que a vítima estiver privada de sua liberdade).

Por ser crime permanente, é cabível a prisão em flagrante a qualquer tempo, enquanto durar a permanência.

A privação da liberdade do sequestrado há de ser mantida por tempo juridicamente relevante.

Classificação doutrinária

Crime comum / de forma livre/ FORMAL / PERMANENTE / plurissubsistente / de dano / de concurso eventual.

Ação penal

A Ação Penal é pública incondicionada em todas as espécies do crime.

Figuras qualificadas

***§ 1º.** Se o sequestro dura mais de 24 (vinte e quatro) horas, se o sequestrado é menor de 18 (dezoito) ou maior de 60 (sessenta) anos, ou se o crime é cometido por bando ou quadrilha. Pena - reclusão de 12 a 20 anos.*

Incide a qualificadora quando na data do sequestro a vítima possuía, por exemplo, 59 anos e 11 meses e na data da libertação possuía mais de 60 anos, pois o crime de extorsão mediante sequestro é crime permanente (a consumação prolonga-se no tempo por vontade do agente).

E se o crime se deu em exatas 24 horas, incide a qualificadora? Não. Tem que ser mais de 24 horas.

Se o crime é cometido por associação criminosa e esta for usada para qualificar o delito, não pode haver a punição pelo Art. 288 do CP, sob pena de ocorrência do *bis in idem*.

***§ 2º.** Se do fato resulta lesão corporal de natureza grave: Pena - reclusão de 16 a 24 anos.*

***§ 3º.** Se resulta a morte: Pena - reclusão de 24 a 30 anos.*

No roubo e na extorsão só existe a qualificadora quando a lesão corporal de natureza grave ou a morte resultam da "violência", ao passo que nesta hipótese o crime será qualificado quando do FATO resultar lesão corporal de natureza grave ou morte. Portanto o resultado agravador pode ser provocado por violência própria, violência imprópria ou GRAVE AMEAÇA.

Não incidirá esta qualificadora se o resultado agravador for produzido por força maior, caso fortuito ou culpa de terceiro.

Ex.: cai um raio no barraco onde a vítima era mantida em cativeiro e esta morre.

A morte ou lesão corporal grave podem ter sido provocadas dolosa ou culposamente. Não é crime exclusivamente preterdoloso (dolo no antecedente e culpa no consequente).

A pena da extorsão mediante sequestro qualificada pela morte (24 a 30 anos) é a maior do Código Penal.

Delação premiada

> ***§ 4º.*** *Se o crime é cometido em concurso, o concorrente que o denunciar à autoridade,* ***facilitando a libertação do sequestrado****, terá sua pena reduzida de um a dois terços.*

É causa especial de diminuição da pena que somente pode ser aplicada pelo Juiz (Delegados e Promotores não podem).

Requisitos para a incidência deste parágrafo:

> Prática do crime em concurso de pessoas: não é exigível Associação Criminosa, basta o concurso de pessoas;

> Esclarecimento por parte de um dos criminosos a autoridade sobre o crime;

> Facilitação da libertação do sequestrado, ou seja, que a delação seja eficaz.

De acordo com a jurisprudência, deve ser aplicada a delação premiada quando a vítima é libertada diretamente por um dos sequestradores.

A redução de pena é proporcional conforme a maior ou menor colaboração do agente. Quanto mais auxiliar, maior a redução.

A delação deve ser EFICAZ, ou seja, deve ter contribuído decisivamente para a libertação da vítima. Desse modo, a pena não será diminuída se o refém foi solto por outro motivo qualquer, diverso da informação prestada pelo sequestrador.

Presentes os requisitos legais, o juiz é obrigado a reduzir a pena do criminoso (é direito subjetivo do réu).

A redução da pena da delação premiada não se comunica aos demais coautores ou partícipes que não denunciaram o fato à autoridade (circunstância pessoal), pois não facilitaram a libertação do refém.

Extorsão indireta

> ***Art. 160.*** *Exigir ou receber, como garantia de dívida, abusando da situação de alguém, documento que pode dar causa a procedimento criminal contra a vítima ou contra terceiro:*
>
> ***Pena*** *- reclusão, de um a três anos, e multa.*

O crime de extorsão se consuma no momento em que é realizada a conduta de constrangimento mediante o uso de violência ou grave ameaça, portanto considerado crime formal. A obtenção da vantagem indevida configura mero exaurimento do crime.

4.3 Da Usurpação

Alteração de limites

> ***Art. 161.*** *Suprimir ou deslocar tapume, marco, ou qualquer outro sinal indicativo de linha divisória, para apropriar-se, no todo ou em parte, de coisa imóvel alheia:*
>
> ***Pena*** *- detenção, de um a seis meses, e multa.*
>
> ***§ 1º.*** *Na mesma pena incorre quem:*

Usurpação de águas

> ***I.*** *Desvia ou represa, em proveito próprio ou de outrem, águas alheias;*

Esbulho possessório

> ***II.*** *Invade, com violência a pessoa ou grave ameaça, ou mediante concurso de mais de duas pessoas, terreno ou edifício alheio, para o fim de esbulho possessório.*
>
> ***§ 2º.*** *Se o agente usa de violência, incorre também na pena a esta cominada.*
>
> ***§ 3º.*** *Se a propriedade é particular, e não há emprego de violência, somente se procede mediante queixa.*

Supressão ou alteração de marca em animais

> ***Art. 162.*** *Suprimir ou alterar, indevidamente, em gado ou rebanho alheio, marca ou sinal indicativo de propriedade:*
>
> ***Pena*** *- detenção, de seis meses a três anos, e multa.*

4.4 Do Dano

> ***Art. 163.*** *Destruir, inutilizar ou deteriorar coisa alheia:*
>
> ***Pena*** *- detenção, de um a seis meses, ou multa.*
>
> ***Dano Qualificado***
>
> ***Parágrafo único.*** *Se o crime é cometido:*
>
> ***I.*** *Com violência à pessoa ou grave ameaça;*
>
> ***II.*** *Com emprego de substância inflamável ou explosiva, se o fato não constitui crime mais grave;*
>
> ***III.*** *contra o patrimônio da União, de Estado, do Distrito Federal, de Município ou de autarquia, fundação pública, empresa pública, sociedade de economia mista ou empresa concessionária de serviços públicos; (Redação dada pela Lei nº 13.531, de 2017)*
>
> ***IV.*** *Por motivo egoístico ou com prejuízo considerável para a vítima:*
>
> ***Pena*** *- detenção, de seis meses a três anos, e multa, além da pena correspondente à violência.*

Objetividade jurídica

Patrimônio das pessoas físicas ou jurídicas.

Não há crime de dano quando a conduta do agente recair sobre *res derelicta* (coisa abandonada) ou *res nullius* (coisa de ninguém). Todavia se a conduta recair sobre *res despedita* (coisa perdida) haverá crime, pois se trata de coisa alheia.

Objeto material

Coisa alheia, móvel ou imóvel, sobre a qual incide a conduta do agente.

Dano em documentos (públicos ou privados)

Se o agente danificou para impedir utilização do documento como prova de algum fato juridicamente relevante, responderá pelo crime de supressão de documento (Art. 305, CP). Todavia, se a conduta foi praticada unicamente com o objetivo de prejudicar o patrimônio da vítima, responderá o agente pelo crime de dano (Art. 163, CP).

Tipo misto alternativo, crime de ação múltipla ou de conteúdo variado

Haverá crime único na prática de várias condutas com objeto material no mesmo contexto fático.

É Crime de Forma Livre = Admite qualquer meio de execução.

Pode ser praticado por omissão, desde que presente o dever jurídico de agir (Art. 13, §2º, CP).

Empregada doméstica deixa, dolosamente, de fechar as janelas da casa da patroa durante uma chuva para que sejam danificados os objetos eletrônicos da casa.

O agente que pratica a conduta de pichar, grafitar ou por qualquer outro meio conspurcar (poluir) edificação ou monumento urbano responderá pelo crime previsto no Art. 65 da Lei nº 9.605/98 (Lei dos Crimes Ambientais).

Núcleos do tipo

Destruir: extinguir a coisa (dano físico total).

Ex.: Quebrar totalmente um espelho; queimar um telefone celular.

Inutilizar: tornar uma coisa imprestável aos fins a que se destina.

Retirar a bateria de um carro.

Deteriorar: estragar parcialmente um bem, diminuindo-lhe o valor ou a utilidade (dano físico parcial).

Ex.: Riscar a lataria de um veículo.

Conduta de fazer DESAPARECER coisa alheia não é crime de dano.

Exs.: Pedro faz sumir o celular de Rafael, seu desafeto. Nesta situação Pedro responderá civilmente por sua conduta. Não responderá pelo crime de dano (Art. 163, CP).

"A" abre a porteira da fazenda de "B", seu desafeto, para que desapareça o cavalo de propriedade deste último. "A" responderá civilmente por sua conduta.

Sujeitos do crime

Sujeito Ativo: é crime comum, pode ser praticado por qualquer pessoa, exceto o proprietário da coisa.

Se o proprietário danificar coisa própria, que se acha em poder de terceiro por determinação judicial ou convenção, responderá pelo previsto no Art. 346, CP.

Sujeito Passivo: qualquer pessoa (proprietário ou possuidor legítimo da coisa).

Elemento subjetivo

É o Dolo. A finalidade do agente deve ser unicamente destruir, inutilizar ou deteriorar coisa alheia.

Importante: não existe o crime de dano culposo.

Se o dano constituir-se em meio para a prática de outro crime, ou então como qualificadora de outro crime, será por este absorvido. Ex.: Furto qualificado pela destruição ou rompimento de obstáculo (Art. 155, §4º, I, CP): o dano, crime-meio, será absorvido pelo furto, crime-fim.

Consumação e tentativa

É crime material. Desse modo, ele se consuma quando o agente efetivamente destrói, inutiliza ou deteriora a coisa alheia. A tentativa é plenamente possível.

Dano simples

O crime de dano simples (*caput*) é IMPO, Infração de Menor Potencial Ofensivo, de competência do Juizado Especial e de ação penal privada (Art. 167, CP).

Classificação doutrinária

Crime comum / material / doloso / de forma livre / instantâneo / plurissubjetivo / de concurso eventual e não transeunte (deixa vestígios materiais).

Dano qualificado

> ***Parágrafo único.*** *Se o crime é cometido:*
>
> ***I.*** *Com violência à pessoa ou grave ameaça;*
>
> ***II.*** *Com emprego de substância inflamável ou explosiva, se o fato não constitui crime mais grave;*
>
> ***III.*** *contra o patrimônio da União, de Estado, do Distrito Federal, de Município ou de autarquia, fundação pública, empresa pública, sociedade de economia mista ou empresa concessionária de serviços públicos; (Redação dada pela Lei nº 13.531, de 2017)*
>
> ***IV.*** *Por motivo egoístico ou com prejuízo considerável para a vítima:*
>
> ***Pena*** *- detenção, de seis meses a três anos, e multa, além da pena correspondente à violência.*

Com violência à pessoa ou grave ameaça

A vítima da violência ou grave ameaça pode ser pessoa diversa da vítima do dano.

Ex.: Ameaçar a empregada doméstica de seu vizinho para quebrar a vidraça de sua janela.

A violência ou grave ameaça deve ocorrer antes ou durante a prática do crime de dano, pois, se ocorrer depois, o agente responderá pelo crime de dano simples em concurso material com o crime de lesão corporal (Art. 129) ou ameaça (Art. 147).

De acordo com o Art. 167, CP, nesta hipótese de dano a ação penal será pública incondicionada.

Com emprego de substância inflamável ou explosiva, se o fato não constitui crime mais grave

A expressão "**se o fato não constitui crime mais grave**" informa que esta qualificadora é expressamente subsidiária, ou seja, somente incidirá o dano qualificado quando a lesão ao patrimônio alheio não caracterizar um crime mais grave, nem funcionar como meio de execução de um delito mais grave.

Ex.: "A" explode o carro de "B" que estava no estacionamento: "A" responderá pelo crime de dano qualificado. Todavia se "A" explodiu o carro de "B" com a intenção de matá-lo, e efetivamente alcançou este resultado responderá pelo crime de homicídio qualificado (Art. 121, §2º, III, CP).

De acordo com o Art. 167 do CP, nesta hipótese de dano, **a ação penal será pública incondicionada.**

Contra o patrimônio da união, de estado, do distrito federal, de município ou de autarquia, fundação pública, empresa pública, sociedade de economia mista ou empresa concessionária de serviços públicos;

A Lei 13.531, de 2017, adicionou ao crime de dano qualificado todos os entes da Administração direta mais os concessionários de serviços públicos, o que de fato foi bem aplicado ao que acontece no dia a dia.

De acordo com o entendimento do STJ, o preso que danifica (destrói, deteriora ou inutiliza) as paredes e grades da cela dos presídios ou delegacias, com o objetivo de fuga não responde pelo crime de dano. Vejamos uma jurisprudência sobre o tema:

> *Conforme entendimento, há muito fixado nesta Corte Superior (STF), para a configuração do crime de dano, previsto no Art. 163 do CPB, é necessário que a vontade seja voltada para causar prejuízo patrimonial ao dono da coisa (animus nocendi).* **Dessa forma, o preso que destrói ou inutiliza as grades da cela onde se encontra, com o intuito exclusivo de empreender fuga, não comete crime de dano.** *2. Parecer do MPF pela concessão da ordem. 3. Ordem concedida, para absolver o paciente do crime de dano contra o patrimônio público (Art. 163, Parágrafo Único, III, do CPB).*

De acordo com o Art. 167 do CP, nesta hipótese de dano **a ação penal será pública incondicionada**.

Por motivo egoístico ou com prejuízo considerável para a vítima

Motivo egoístico é aquele ligado à obtenção de um futuro benefício, de ordem moral ou econômica. Ex.: "A" e "B" foram aprovados na segunda fase do concurso de Delegado de Polícia Civil de um Estado qualquer. Então, no dia da prova oral, "A" sabota o carro de "B" para que este não consiga chegar a tempo para realizar o exame e seja eliminado do concurso.

> Aquele que destrói cadáver ou parte dele responde pelo crime previsto no Art. 211 do CP.

De acordo com o Art. 167 do CP, nesta hipótese de dano **a ação penal é privada**.

Introdução ou abandono de animais em propriedade alheia

> ***Art. 164.*** *Introduzir ou deixar animais em propriedade alheia, sem consentimento de quem de direito, desde que o fato resulte prejuízo:*
>
> ***Pena*** *- detenção, de quinze dias a seis meses, ou multa.*

Dano em coisa de valor artístico, arqueológico ou histórico

> ***Art. 165.*** *Destruir, inutilizar ou deteriorar coisa tombada pela autoridade competente em virtude de valor artístico, arqueológico ou histórico:*
>
> ***Pena*** *- detenção, de seis meses a dois anos, e multa.*

Alteração de local especialmente protegido

> ***Art. 166.*** *Alterar, sem licença da autoridade competente, o aspecto de local especialmente protegido por lei:*
>
> ***Pena*** *- detenção, de um mês a um ano, ou multa.*

Ação penal

> ***Art. 167.*** *Nos casos do art. 163, do inciso IV do seu parágrafo e do Art. 164, somente se procede mediante queixa.*

4.5 Da Apropriação Indébita

> *Apropriação indébita*
>
> ***Art. 168.*** *Apropriar-se de coisa alheia móvel, de que tem a posse ou a detenção:*
>
> ***Pena*** *- reclusão, de um a quatro anos, e multa.*
>
> ***Aumento de Pena***
>
> ***§ 1º.*** *A pena é aumentada de um terço, quando o agente recebeu a coisa:*
>
> ***I.*** *Em depósito necessário;*
>
> ***II.*** *Na qualidade de tutor, curador, síndico, liquidatário, inventariante, testamenteiro ou depositário judicial;*
>
> ***III.*** *Em razão de ofício, emprego ou profissão.*

A principal característica do crime de apropriação indébita é a existência de uma situação de **quebra de confiança**, pois a vítima entrega, voluntariamente, uma coisa móvel ao agente, e este, logo após, inverte seu ânimo no tocante ao bem, passando a comportar-se como seu dono.

Objetividade jurídica

Patrimônio.

Objeto material

Coisa alheia móvel sobre a qual recai a conduta criminosa (imóveis não).

Para o STJ é possível a prática do crime de apropriação indébita de coisas fungíveis (móveis que podem substituir-se por outros da mesma espécie, qualidade e quantidade).

Ex.: Dinheiro.

Núcleo do tipo

É o verbo "apropriar" que significa tomar para si, fazer sua coisa alheia.

Posse/detenção legítima e desvigiada

A posse ou a detenção do bem deve ser LEGÍTIMA e também desvigiada. Desse modo, o crime de apropriação indébita deve preencher os seguintes requisitos:

A vítima entrega o bem voluntariamente: se houver fraude para a entrega o crime será de estelionato, se houver violência ou grave ameaça à pessoa o crime será de roubo ou de extorsão.

O agente tem a posse ou detenção desvigiada do bem: se a posse ou detenção for vigiada e o bem for retirado da vítima sem sua autorização o crime será de furto.

O agente recebe o bem de boa-fé: se ao receber o bem o agente já tinha a intenção de apropriar-se dele, o crime será de estelionato. Obs.: a boa-fé é presumida.

Modificação posterior no comportamento do agente: após entrar licitamente (de boa-fé) na posse ou detenção da coisa, o agente passa a se comportar como se fosse dono. Momento em que apresenta seu ânimo de assenhoramento definitivo (*animus rem sibi habendi*). Essa alteração no comportamento do agente ocorre de duas formas:

a) **Prática de algum ato de disposição** (venda, doação, locação, troca etc.). Também conhecida como apropriação indébita própria.

b) **Recusa na restituição** (a vítima solicita a devolução do bem e o agente expressamente se recusa a devolver). Também denominada **negativa de restituição**.

Sujeitos do crime

Ex.: Se o agente é funcionário público e apropria-se de dinheiro, valor ou qualquer outro bem móvel, público ou particular (sob a guarda ou custódia da Administração Pública), de que tem a posse em razão do cargo, responderá pelo crime de peculato-apropriação (Art. 312, caput, 1ª parte, CP). Em regra, a prova desse delito depende da prática de algum ato incompatível com a vontade de restituir.

Sujeito Ativo: qualquer pessoa, desde que tenha a posse ou detenção lícita da coisa alheia móvel. Sempre pessoa diversa do proprietário.

Sujeito Passivo: proprietário ou possuidor (pessoa física ou jurídica) do bem.

Elemento subjetivo

Dolo. Doutrina e jurisprudência defendem a necessidade do ânimo de assenhoramento definitivo da coisa. Desse modo, não responderá por este crime aquele que simplesmente se esquece de devolver o bem na data previamente combinada. Não se admite a modalidade culposa.

Apropriação indébita "de uso"

Não se pune a apropriação indébita "de uso": situação em que a pessoa usa momentaneamente a coisa alheia, para em seguida restituí-la integralmente ao seu proprietário.

Apropriação Indébita X Estelionato

Apropriação indébita (Art. 168, CP)	Estelionato (Art. 171, CP)
O dolo é posterior ou subsequente.	O dolo é anterior ou antecedente.
A pessoa recebe a posse ou detenção de coisa de maneira legítima, surgindo a vontade de se apropriar posteriormente.	O agente já possuía a intenção de se apropriar do bem antes de alcançar a sua posse ou detenção.
Ex.: Pessoa vai a uma locadora de veículos, aluga um veículo, gosta dele e decide não devolver.	**Ex.:** Pessoa vai a uma locadora de veículos, já com a intenção de alugar o veículo e não devolvê-lo.

Consumação

Ocorre no momento em que o agente inverte seu ânimo em relação a coisa alheia móvel, ou seja, ele passa a se comportar como dono do bem. Pode se dar de duas maneiras:

Apropriação indébita própria	Se consuma com a prática de algum ato de disposição do bem, incompatível com a condição de possuidor ou detentor. **Ex.:** Vender, doar, permutar, emprestar o bem.
Negativa de restituição	Se consuma no momento em que o agente se recusar expressamente a devolver o bem ao seu proprietário.

Tentativa

A apropriação indébita própria admite tentativa.

Ex.: "A" é preso em flagrante no momento em que doava os DVDs de "B", do qual tinha a posse legítima e desvigiada.

A apropriação indébita negativa de restituição não admite tentativa (conatus), pois é crime unissubsistente: ou o sujeito recusa a devolver o bem, e o crime estará consumado, ou o devolve ao dono, e o fato será atípico.

Ação penal

A Ação Penal é pública incondicionada.

Competência

Local em que o agente se apropria da coisa alheia móvel, dela dispondo ou negando-se a restituí-la ao seu titular. (Art. 70, *caput*, CPP).

Quando o crime de apropriação indébita for praticado por algum representante (comercial ou não) da vítima, a competência será do local em que o agente deveria ter prestado contas dos valores recebidos.

Classificação doutrinária

Crime comum / material / de forma livre / de concurso eventual / doloso / em regra plurissubsistente, ou unissubsistente (negativa de restituição) / instantâneo.

Ex.:

01. O Art. 102 do Estatuto do Idoso (Lei nº 10.741/2003) prevê uma modalidade especial de apropriação indébita, quando praticada contra idoso:

> ***Art. 102.*** *Apropriar-se de ou desviar bens, proventos, pensão ou qualquer outro rendimento do idoso, dando-lhes aplicação diversa da de sua finalidade:*
>
> ***Pena*** *- reclusão de 1 a 4 anos.*

02. O Art. 5º, "caput", da Lei dos Crimes Contra o Sistema Financeiro Nacional (Lei nº 7.492/86) também contém uma modalidade especial de apropriação indébita:

> ***Art. 5º.*** *Apropriar-se, quaisquer das pessoas mencionadas no Art. 25 desta lei, de dinheiro, título, valor ou qualquer outro bem móvel de que tem a posse, ou desviá-lo em proveito próprio ou alheio:*
>
> ***Pena*** *- reclusão de 2 a 6 anos e multa.*

Trata-se de crime próprio, pois somente pode ser praticado pelo controlador e pelos administradores de instituição financeira (diretores e gerentes).

Aumento de pena

> ***§ 1º.*** *A pena é aumentada de um terço, quando o agente recebeu a coisa:*
>
> ***I.*** *Em depósito necessário;*
>
> ***II.*** *Na qualidade de tutor, curador, síndico, liquidatário, inventariante, testamenteiro ou depositário judicial;*
>
> ***III.*** *Em razão de ofício, emprego ou profissão.*

A pena será aumentada de um terço quando o agente recebeu a coisa:

Em depósito necessário

De acordo com a doutrina majoritária, esta causa de aumento de pena incide apenas no **depósito necessário miserável, previsto no Art. 647, II, CC** (é o que se efetua por ocasião de alguma calamidade, como inundação, incêndio, saque ou naufrágio).

> A palavra "síndico" deve ser substituída pela expressão "administrador judicial", em razão da alteração ocorrida pela Lei nº 11.101/2005 (Lei de Falência e Recuperação Judicial do Empresário e da Sociedade Empresária).

Na qualidade de tutor, curador, síndico, liquidatário, inventariante, testamenteiro ou depositário judicial

O fundamento do tratamento penal mais rigoroso repousa na relevância das funções exercidas pelas pessoas indicadas neste inciso, as quais recebem coisas alheias para guardar consigo, necessariamente, até o momento da devolução.

Em razão de ofício, emprego ou profissão

Não necessita de relação de confiança entre o agente e a vítima.

Emprego	Prestação de serviço em subordinação e dependência. **Ex.:** Dono de um supermercado e seus funcionários.
Ofício	Ocupação mecânica ou manual, que necessita de um determinado grau de habilidade, e que seja útil ou necessário às pessoas em geral. **Ex.:** Mecânico, sapateiro etc.
Profissão	Atividade em que não há hierarquia e necessita de conhecimentos específicos (técnico e intelectual). **Ex.:** Advogado, dentista, médico, arquiteto, contador etc.

Apropriação indébita privilegiada

O Art. 170 do Código Penal dispõe o seguinte:

Nos crimes previstos neste Capítulo, aplica-se o disposto no Art. 155, § 2º.

***Art. 155**, §2º, CP. Se o criminoso é primário, e é de pequeno valor a coisa furtada, o juiz pode substituir a pena de reclusão pela de detenção, diminuí-la de um a dois terços, ou aplicar somente a pena de multa.*

Portanto, é possível a caracterização da apropriação indébita privilegiada, em qualquer de suas espécies.

Apropriação indébita previdenciária

***Art. 168-A.** Deixar de repassar à previdência social as contribuições recolhidas dos contribuintes, no prazo e forma legal ou convencional:*

***Pena** - reclusão, de 2 (dois) a 5 (cinco) anos, e multa.*

***§ 1º.** Nas mesmas penas incorre quem deixar de:*

***I.** Recolher, no prazo legal, contribuição ou outra importância destinada à previdência social que tenha sido descontada de pagamento efetuado a segurados, a terceiros ou arrecadada do público;*

***II.** Recolher contribuições devidas à previdência social que tenham integrado despesas contábeis ou custos relativos à venda de produtos ou à prestação de serviços;*

***III.** Pagar benefício devido a segurado, quando as respectivas cotas ou valores já tiverem sido reembolsados à empresa pela previdência social.*

***§ 2º.** É extinta a punibilidade se o agente, espontaneamente, declara, confessa e efetua o pagamento das contribuições, importâncias ou valores e presta as informações devidas à previdência social, na forma definida em lei ou regulamento, antes do início da ação fiscal.*

***§ 3º.** É facultado ao juiz deixar de aplicar a pena ou aplicar somente a de multa se o agente for primário e de bons antecedentes, desde que:*

***I.** Tenha promovido, após o início da ação fiscal e antes de oferecida a denúncia, o pagamento da contribuição social previdenciária, inclusive acessórios; ou*

***II.** O valor das contribuições devidas, inclusive acessórios, seja igual ou inferior àquele estabelecido pela previdência social, administrativamente, como sendo o mínimo para o ajuizamento de suas execuções fiscais.*

***§ 4º** A faculdade prevista no § 3º deste artigo não se aplica aos casos de parcelamento de contribuições cujo valor, inclusive dos acessórios, seja superior àquele estabelecido, administrativamente, como sendo o mínimo para o ajuizamento de suas execuções fiscais.*

Objetividade jurídica

Seguridade social (saúde, previdência e assistência social - Art. 194, CF/88). Não se trata de crime contra o patrimônio.

Objeto material

Contribuição previdenciária arrecadada e não recolhida.

Núcleo do tipo

Deixar de repassar, significa **deixar de recolher**. (Recolher é depositar a quantia recebida - descontada ou cobrada).

É crime omissivo próprio ou puro (não admite tentativa).

Lei penal em branco homogênea

Deve ser complementada pela legislação previdenciária em relação aos prazos de recolhimento.

Sujeitos do crime

> Pessoa Jurídica não pode ser sujeito ativo.

Sujeito Ativo: qualquer pessoa, crime comum (admite coautoria e participação).

Sujeito Passivo: União Federal.

Competência

Sendo o sujeito ativo União Federal, a competência será da Justiça Federal (crime praticado em detrimento dos interesses da União).

Elemento subjetivo

É o dolo.

É dispensável (prescindível) o fim de assenhoramento definitivo (animus rem sibi habendi), pois o núcleo do tipo é "deixar de repassar", e não "apropriar-se" como no crime de apropriação indébita.

Não se admite a forma culposa.

Consumação

Para a maioria da doutrina é crime formal. Para o STF é crime material, pois deve haver a efetiva lesão aos cofres da União.

Se a conduta for praticada mediante fraude, o crime será de sonegação de contribuição previdenciária, previsto no Art. 337-A, CP.

É crime unissubsistente

A conduta se exterioriza em um único ato, suficiente para a consumação.

Ação penal

Ação penal pública incondicionada.

Hipótese de dificuldades financeiras

Firmou-se o entendimento de que há inexigibilidade de conduta diversa (causa supralegal de exclusão da culpabilidade).

O STJ já decidiu que o fato é atípico em face da ausência de dolo.

Para o Cespe o fato se enquadra em estado de necessidade (excludente de ilicitude). Veja a questão:

(Cespe) Em razão de sérias dificuldades de ordem financeira, causadas pelos desajustes da economia nacional, o proprietário de determinada empresa se viu obrigado a não recolher aos cofres previdenciários os recursos relativos às contribuições arrecadadas de seus empregados. Nessa situação, comprovadas as dificuldades insuperáveis que motivaram a conduta do empresário e, em consequência, o estado de necessidade, não terá havido qualquer ilicitude a legitimar a persecução penal.

A questão está correta.

Extinção da punibilidade

***§ 2º**. É extinta a punibilidade se o agente, espontaneamente, declara, confessa e efetua o pagamento das contribuições, importâncias ou valores e presta as informações devidas à previdência social, na forma definida em lei ou regulamento, antes do início da ação fiscal.*

A ação fiscal tem início com a lavratura do Termo de Início da Ação Fiscal (TIAF).

Para que ocorra a extinção da punibilidade, devem-se preencher, cumulativamente, três requisitos:

> Espontânea declaração e confissão do débito;

> Prestação de informações à Previdência Social;

> Pagamento integral do débito previdenciário ANTES do início da Ação Fiscal.

Perdão judicial e aplicação isolada de pena de multa

***§ 3º**. É facultado ao juiz deixar de aplicar a pena ou aplicar somente a de multa se o agente for primário e de bons antecedentes, desde que:*

***I**. Tenha promovido, após o início da ação fiscal e antes de oferecida a denúncia, o pagamento da contribuição social previdenciária, inclusive acessórios; ou*

A hipótese do inciso I não se aplica mais, em razão regra contida no Art. 9, §2º, Lei nº 10.684/03 e do entendimento do STJ sobre o assunto.

Para o STJ o pagamento integral do débito previdenciário, ANTES ou DEPOIS do recebimento da denúncia, é causa de extinção da punibilidade (Art. 9º, §2º, Lei nº 10.684/03). HC 63.168/SC.

***II**. O valor das contribuições devidas, inclusive acessórios, seja igual ou inferior àquele estabelecido pela previdência social, administrativamente, como sendo o mínimo para o ajuizamento de suas execuções fiscais.*

Perdão judicial e parcelamento

§ 4º A faculdade prevista no § 3º deste artigo não se aplica aos casos de parcelamento de contribuições cujo valor, inclusive dos acessórios, seja superior àquele estabelecido, administrativamente, como sendo o mínimo para o ajuizamento de suas execuções fiscais.

Justa causa e prévio esgotamento da via administrativa

Lei nº 9.430/96. Dispõe sobre a legislação tributária federal, as contribuições para a seguridade social, o processo administrativo de consulta; e dá outras providências:

***Art. 83.** A representação fiscal para fins penais relativa aos crimes contra a ordem tributária previstos nos Arts. 1º e 2º da Lei no 8.137, de 27 de dezembro de 1990, e aos crimes contra a Previdência Social, previstos nos Arts. 168-A e 337-A do Decreto-Lei no 2.848, de 7 de dezembro de 1940 (Código Penal), será encaminhada ao Ministério Público depois de proferida a decisão final, na esfera administrativa, sobre a exigência fiscal do crédito tributário correspondente. (Redação dada pela Lei nº 12.350, de 2010).*

***§ 1º**. Na hipótese de concessão de parcelamento do crédito tributário, a representação fiscal para fins penais somente será encaminhada ao Ministério Público após a exclusão da pessoa física ou jurídica do parcelamento. (Incluído pela Lei nº 12.382, de 2011).*

***§ 2º**. É suspensa a pretensão punitiva do Estado referente aos crimes previstos no caput, durante o período em que a pessoa física ou a pessoa jurídica relacionada com o agente dos aludidos crimes estiver incluída no parcelamento, desde que o pedido de parcelamento tenha sido formalizado antes do recebimento da denúncia criminal. (Incluído pela Lei nº 12.382, de 2011).*

***§ 3º**. A prescrição criminal não corre durante o período de suspensão da pretensão punitiva. (Incluído pela Lei nº 12.382, de 2011).*

***§ 4º**. Extingue-se a punibilidade dos crimes referidos no caput quando a pessoa física ou a pessoa jurídica relacionada com o agente efetuar o pagamento integral dos débitos oriundos de tributos, inclusive acessórios, que tiverem sido objeto de concessão de parcelamento. (Incluído pela Lei nº 12.382, de 2011).*

Princípio da insignificância

Para o STF, é possível a aplicação do princípio da insignificância (causa supralegal de exclusão da tipicidade - o fato não será crime) quando o valor do débito previdenciário não ultrapassar R$10.000,00 (dez mil reais). O fundamento está no Art. 20 da Lei nº 10.522/02, que determina o arquivamento das execuções fiscais, sem cancelamento na distribuição, quando os débitos inscritos como dívida ativa da União não excedam este valor.

Forma privilegiada

Nos termos do Art. 170 do CP aplica-se o Art. 155, §2º, para este crime (forma privilegiada).

Apropriação de coisa havida por erro, caso fortuito ou força da natureza

Art. 169. *Apropriar-se alguém de coisa alheia vinda ao seu poder por erro, caso fortuito ou força da natureza:*

Pena *- detenção, de um mês a um ano, ou multa.*

Parágrafo único. *Na mesma pena incorre:*

Apropriação de Tesouro

I. *Quem acha tesouro em prédio alheio e se apropria, no todo ou em parte, da quota a que tem direito o proprietário do prédio;*

Apropriação de Coisa Achada

II. *Quem acha coisa alheia perdida e dela se apropria, total ou parcialmente, deixando de restituí-la ao dono ou legítimo possuidor ou de entregá-la à autoridade competente, dentro no prazo de quinze dias.*

Art. 170. *Nos crimes previstos neste Capítulo, aplica-se o disposto no Art. 155, § 2º.*

4.6 Do Estelionato e outras Fraudes

Estelionato

Art. 171 *- Obter, para si ou para outrem, vantagem ilícita, em prejuízo alheio, induzindo ou mantendo alguém em erro, mediante artifício, ardil, ou qualquer outro meio fraudulento:*

Pena *- reclusão, de um a cinco anos, e multa, de quinhentos mil réis a dez contos de réis. (Vide Lei nº 7.209, de 1984)*

§ 1º *- Se o criminoso é primário, e é de pequeno valor o prejuízo, o juiz pode aplicar a pena conforme o disposto no art. 155, § 2º.*

§ 2º *- Nas mesmas penas incorre quem:*

Disposição de coisa alheia como própria

I. *vende, permuta, dá em pagamento, em locação ou em garantia coisa alheia como própria;*

Alienação ou oneração fraudulenta de coisa própria

II. *vende, permuta, dá em pagamento ou em garantia coisa própria inalienável, gravada de ônus ou litigiosa, ou imóvel que prometeu vender a terceiro, mediante pagamento em prestações, silenciando sobre qualquer dessas circunstâncias;*

Defraudação de penhor

III. *defrauda, mediante alienação não consentida pelo credor ou por outro modo, a garantia pignoratícia, quando tem a posse do objeto empenhado;*

Fraude na entrega de coisa

IV. *defrauda substância, qualidade ou quantidade de coisa que deve entregar a alguém;*

Fraude para recebimento de indenização ou valor de seguro

V. *destrói, total ou parcialmente, ou oculta coisa própria, ou lesa o próprio corpo ou a saúde, ou agrava as conseqüências da lesão ou doença, com o intuito de haver indenização ou valor de seguro;*

Fraude no pagamento por meio de cheque

VI. *emite cheque, sem suficiente provisão de fundos em poder do sacado, ou lhe frustra o pagamento.*

§ 3º *- A pena aumenta-se de um terço, se o crime é cometido em detrimento de entidade de direito público ou de instituto de economia popular, assistência social ou beneficência.*

Estelionato contra idoso

§ 4º *Aplica-se a pena em dobro se o crime for cometido contra idoso. (Incluído pela Lei nº 13.228, de 2015)*

§ 5º *Somente se procede mediante representação, salvo se a vítima for: (Incluído pela Lei nº 13.964, de 2019)*

I. *a Administração Pública, direta ou indireta; (Incluído pela Lei nº 13.964, de 2019)* ***ANTICRIME***

II. *criança ou adolescente; (Incluído pela Lei nº 13.964, de 2019)*

III. *pessoa com deficiência mental; ou (Incluído pela Lei nº 13.964, de 2019)* ***ANTICRIME***

IV. *maior de 70 (setenta) anos de idade ou incapaz. (Incluído pela Lei nº 13.964, de 2019)* ***ANTICRIME***

Esse crime tem o objetivo de punir a conduta do agente que, utilizando-se de uma **fraude**, induz ou mantém alguém em erro, no intuito de obter uma vantagem ilícita sobre essa vítima.

classificação

É um crime COMUM, ou seja, pode ser praticado por qualquer pessoa.

É um crime instantâneo - consuma-se no momento da prática do ato - com efeitos permanentes.

Admite a modalidade comissiva (pratica a conduta do estelionato) ou omissiva (mantém a vítima em erro).

Sujeitos do crime

Sujeito Ativo: sendo um crime comum, admite qualquer pessoa.

Sujeito Passivo: qualquer pessoa - física ou jurídica - que seja mantida em erro, desde que seja determinada, NÃO se admite uma vítima incerta.

O crime de estelionato **exige** VÍTIMA CERTA E DETERMINADA, logo, se a vítima for incerta ou indeterminada, trata-se de crime contra a economia popular - Art. 2º, XI, Lei nº 1.521/51.

Ex.: Adulteração de balança, de bomba de combustível, de taxímetro.

Se a vítima for incapaz ou alienada, o crime será o do Art. 173 do CP: abuso de incapazes - Abusar, em proveito próprio ou alheio, de necessidade, paixão ou inexperiência de menor, ou da alienação ou debilidade mental de outrem, induzindo qualquer deles à prática de ato suscetível de produzir efeito jurídico, em prejuízo próprio ou de terceiro.

Consumação e tentativa

ADMITE tentativa, ademais a fraude deve ser idônea a ludibriar a vítima, pois, do contrário, será **crime impossível** em face da ineficácia absoluta do meio de execução (Art. 17 do CP).

Consuma-se com a obtenção da vantagem ilícita causando o prejuízo à vitima, passando pelos momentos de:

> Emprego de fraude pelo agente;
> Situação de erro na qual a vítima é colocada ou mantida;
> Obtenção de vantagem ilícita pelo agente;
> Prejuízo sofrido pela vítima.

Descrição

A vantagem **ilícita** deve ser de natureza econômica (patrimonial): se a vantagem for **lícita**, estará configurado o crime de exercício arbitrário das próprias razões, Art. 345 do CP: fazer justiça pelas próprias mãos, para satisfazer pretensão, **embora legítima**, salvo quando a lei o permite.

> Daí que o STF entendeu que o ponto eletrônico, ou a cola eletrônica são fatos atípicos em face da inexistência de vantagem econômica. Esse foi o entendimento prevalecente, apesar de haver minoria do STF que afirma tratar-se de fato típico.

> O silêncio pode ser usado como meio fraudulento para a prática de estelionato, bem como a mentira (tem que ser fraudulenta).

> A fraude bilateral não exclui o crime.

Formas de execução

Ardil - caracteriza-se pela fraude de forma intelectual, fraude moral, representada pela conversa enganosa. É a lábia.

Ex.: "A", alegando ser especialista em conserto de computadores, convence "B" a entregar-lhe seu notebook para conserto.

Artifício - caracteriza-se pela fraude de forma material. O agente utiliza algum instrumento ou objeto para enganar a vítima.

Ex.: "A" se disfarça de manobrista e fica parado na porta de um restaurante para que "B" voluntariamente lhe entregue seu carro. Ou ainda, aquele que utiliza o bilhete premiado ou um documento falso.

Qualquer Outro Meio Fraudulento - é uma situação de interpretação analógica.

O silêncio. "A" comerciante entrega a "B", cliente, troco além do devido, mas este nada fala e nada faz, ficando com o dinheiro para si.

Estelionato e Crime Impossível - Qualquer que seja o meio de execução (artifício, ardil ou outro meio fraudulento) empregado na prática da conduta, somente haverá a tentativa quando apresentar idoneidade para enganar a vítima. A idoneidade leva em conta as condições pessoais do ofendido.

Se o meio fraudulento for capaz de enganar a vítima, estará caracterizado o conatus. Caso não tenha intenção de iludir a vítima ou apresente-se grosseiro será crime impossível, pois há impropriedade absoluta do meio de execução. (Art. 17 do CP).

Estelionato e Reparação do Dano: a reparação do dano não apaga o crime de estelionato, porém, dependendo do momento que ocorrer a indenização à vítima, podem ocorrer as seguintes situações:

> Se ANTERIOR ao RECEBIMENTO da DENÚNCIA ou QUEIXA, é possível o reconhecimento do arrependimento posterior, isso irá diminuir a pena de um a dois terços, nos termos do Art. 16 CP.

> Se ANTES da SENTENÇA, pode ser aplicada a atenuante genérica de acordo com o Art. 65, III, c, parte final, do CP.

> Se POSTERIOR à SENTENÇA, não surte efeito algum.

Pratica estelionato em sua modalidade fundamental (Art. 171, caput, do CP):

Exs.: "A" portando folha de cheque de "B" chega ao comércio e, se passando por "B", emite a cártula e obtém vantagem em prejuízo alheio.

"A" se apodera (furto, roubo...) de folha de cheque de "B" e a preenche indevidamente utilizando-a como meio fraudulento para induzir ou manter alguém em erro, e, por consequência, obtém vantagem ilícita em prejuízo alheio.

"A" está com sua conta bancária encerrada, mas continua comprando objetos e pagando com as folhas de cheques que ainda possui;

"A" cria uma conta bancária com documentos falsos e, posteriormente, emite cheques sem suficiente provisão de fundos para comprar objetos.

Regra contida no Art. 9, §2º, Lei nº 10.684/03 e do entendimento do STJ sobre o assunto.

Estelionato privilegiado

*§1º. Se o criminoso é primário, e é de **pequeno valor o prejuízo**, o juiz pode aplicar a pena conforme o disposto no Art. 155, § 2º.*

O prejuízo de "pequeno valor" deve ser dano igual ou inferior a um salário mínimo vigente à época do fato.

Absorção do crimes de falso

***Súm. 17, STJ.** Quando o falso se exaure no estelionato, sem mais potencialidade lesiva, é por este absorvido.*

Empregando a fraude, sem a intenção de se enriquecer e só com a intenção de prejudicar alguém, não se trata de estelionato. É necessário buscar a obtenção de indevida vantagem econômica.

Quando o agente, mediante fraude, consegue obter da vítima um título de crédito, o delito está consumado? Não, enquanto o título não é convertido em valor material, não há efetivo proveito do agente, podendo ser impedido de realizar a conversão por circunstâncias alheias a sua vontade. Assim, o crime ainda está na fase de execução. (**MAJORITÁRIA**).

Figuras equiparadas

***§ 2º.** Nas mesmas penas incorre quem:*

Disposição de coisa alheia como própria

***I.** Vende, permuta, dá em pagamento, em locação ou em garantia coisa alheia como própria;*

Nessa situação, admite-se que o bem seja móvel ou imóvel. É quando o agente, na posse do bem de um terceiro, utiliza-o como se fosse próprio.

Ex.: O inquilino de um imóvel, que aluga para uma terceira pessoa por um valor superior, na intenção de obter lucro, sem o consentimento ou ciência do proprietário real do imóvel.

Alienação ou oneração fraudulenta de coisa própria

***II.** Vende, permuta, dá em pagamento ou em garantia coisa própria inalienável, gravada de ônus ou litigiosa, ou imóvel que prometeu vender a terceiro, mediante pagamento em prestações, silenciando sobre qualquer dessas circunstâncias;*

Nessa situação, o bem é da própria pessoa, podendo também ser imóvel ou móvel.

Ex.: O agente vende veículo para três pessoas ao mesmo tempo, no entanto, tal bem se encontra em busca e apreensão por falta de pagamento, existe um ônus judicial sobre o patrimônio.

Trata-se de crime de duplo resultado: vantagem + prejuízo, punindo-se aquele que pratica um dos núcleos do tipo, silenciando sobre a circunstância.

Defraudação de penhor

> ***III.** Defrauda, mediante alienação não consentida pelo credor ou por outro modo, a garantia pignoratícia, quando tem a posse do objeto empenhado;*

Seria a hipótese em que, um devedor, recebendo algo como penhor (garantia) de um credor, pratica ato de posse do bem, sem o consentimento dele (credor).

Ex.: Um empresário resolve penhorar seu veículo para levantar fundos para o investimento na sua empresa, entretanto a empresa que penhorou o veículo decide alugá-lo para que possa obter lucro.

Fraude na entrega de coisa

> ***IV.** Defrauda substância, qualidade ou quantidade de coisa que deve entregar a alguém;*

Pode ocorrer tanto em bens móveis quanto imóveis.

Ex.: Uma construtora vende imóveis na planta com dimensão de 200m², contudo, ao cabo das obras, na entrega da chave aos proprietários, esses constatam que os imóveis só possuem 170m².

Caso a qualidade, quantidade do objeto seja superior, não existe o crime (se o imóvel tivesse 230m², por exemplo).

Deve-se ter em mente que, na hipótese de RELAÇÃO COMERCIAL, pode-se estar diante do Art. 175 do CP.

Fraude para recebimento de indenização ou valor de seguro

> ***V.** Destrói, total ou parcialmente, ou oculta coisa própria, ou lesa o próprio corpo ou a saúde, ou agrava as consequências da lesão ou doença, com o intuito de haver indenização ou valor de seguro;*

...mente existe o crime, ...ndo provado que, desde ...ício, EXISTE a má-fé do ...nte, ou seja, desde o ...mento em que colocou ...eque em circulação ele ...ão tinha intenção de ...rar seu pagamento; seja ... ausência de suficiência ...rovisão de fundos, seja ... frustração de seu ...amento. Sendo assim, ... haver a finalidade ...ecífica que é a intenção ...raudar / enganar a ...a.

É pressuposto fundamental deste crime, a prévia existência de um contrato de seguro em vigor. Caso não exista seguro, será crime impossível, diante da impropriedade absoluta do objeto material (Art. 17 do CP). Nessa situação o sujeito passivo deste crime será necessariamente a seguradora, sendo também admissível a hipótese de tentativa.

Por conseguinte, é um crime FORMAL, ou seja, consuma-se com a prática da conduta típica (destruir, ocultar, autolesionar e agravar), ainda que o sujeito NÃO consiga alcançar a indevida vantagem econômica pretendida.

Cuidado para não confundir esta hipótese de estelionato com o crime de incêndio doloso qualificado (Art. 250, §1º, I, CP).

Ex.: Pedro ateou fogo em sua loja de tecidos, com a finalidade de obter o respectivo seguro, colocando em risco os imóveis vizinhos. Em razão dessa conduta, Pedro responderá por crime de incêndio doloso qualificado pelo intuito de obter vantagem econômica em proveito próprio.

Na hipótese em que a fraude é perpetrada por terceiro, sem o conhecimento do segurado, sabendo que esse será o beneficiário do valor da apólice, o delito será o previsto no Art. 171, *caput*, do CP.

Fraude no pagamento por meio de cheque

> ***VI.** Emite cheque, sem suficiente provisão de fundos em poder do sacado, ou lhe frustra o pagamento.*

Sujeito Ativo: é um crime próprio (o titular da conta bancária), ademais, ADMITE coautoria e participação.

Sujeito Passivo: a pessoa física ou jurídica que suporta prejuízo patrimonial.

> ***Súm. 246, STF.** Comprovado NÃO ter havido fraude, não se configura crime de emissão de cheque sem fundos.*

"A" compra um produto na loja de "B", no momento da compra não possui dinheiro na conta. Ocorre que pretendia realizar o depósito na conta antes que "B" apresentasse a folha de cheque ao banco. Todavia acaba se esquecendo de realizar o depósito. Desse modo o cheque é devolvido por falta de fundos. NÃO É CRIME, pois o inciso VI do Art. 171 do CP, NÃO admite a forma culposa.

Esse crime se consuma no instante em que o banco se nega a efetuar o pagamento do cheque, quer pela ausência de fundos, quer pelo recebimento de contraordem (sustação) expedida pelo correntista, daí resulta o prejuízo patrimonial do ofendido. É crime material.

A falsidade ideológica é *ante factum* impunível, pois quem assina o cheque é o responsável pela fraude e não outra pessoa.

O crime do inciso VI do Art. 171, pode ser praticado de DUAS formas:

- O agente coloca o cheque em circulação sem ter dinheiro suficiente na conta;
- O agente possui fundos quando da emissão do cheque, no entanto, antes do beneficiário apresentar o título, o agente retira todo o numerário depositado ou apresenta uma contraordem de pagamento (sustação).

Fraude do cheque ocorre pelo agente que tem a conta encerrada, não é este estelionato do inciso VI, é estelionato simples do *caput*.

Competência até o recebimento da denúncia

> ***Súm. 521, STF.** O foro competente para o processo e julgamento dos crimes de estelionato, sob a modalidade da emissão dolosa de cheque sem provisão de fundos, é o do local onde se deu a recusa do pagamento pelo sacado.*
>
> ***Súm. 244, STJ.** Compete ao foro do local da recusa processar e julgar o crime de estelionato mediante cheque sem provisão de fundos.*

O Art. 70, caput, 1ª parte, CPP diz que a competência é, em regra, do local da consumação do delito.

Súm. 554, STF. *O pagamento de cheque emitido sem provisão de fundos, APÓS o recebimento da denúncia, não obsta ao prosseguimento da ação penal.*

Desse modo, entende-se que o pagamento de cheque sem previsão de fundos, ATÉ o RECEBIMENTO da DENÚNCIA, impede o prosseguimento da ação penal, ou seja, é causa extintiva de punibilidade.

Na hipótese do inciso VI do Art. 171, a tentativa é possível, por exemplo: o correntista dolosamente emite um cheque sem suficiente provisão de fundos, mas seu pai, agindo sem seu conhecimento, deposita montante superior em sua conta corrente antes da apresentação da folha de cheque.

Segundo STJ, a emissão de cheques como garantia de dívida (pós-datado), e não como ordem de pagamento à vista, não constitui crime de estelionato, na modalidade prevista no Art. 171, §2º, VI, CP. Entretanto, é possível a responsabilização do agente pelo estelionato na modalidade fundamental, se demonstrado seu dolo em obter vantagem ilícita em prejuízo alheio no momento da emissão fraudulenta do cheque.

Mas atente-se que, se o agente pós-datar o cheque sabendo da inexistência de fundos, há má-fé e configurará o Art. 171, *caput*, do CP. Assim, se emissão do cheque é fraudulenta - presente a má-fé - caracteriza o Art. 171, *caput*.

NÃO é crime de estelionato a emissão de cheque sem fundos para pagamento de:

A. Dívida anteriormente existente;

Nessa hipótese a razão do prejuízo da vítima é diferente da fraude no pagamento por meio de cheque.

Ex.: "A" compra algumas roupas fiado na loja de "B" e não efetua o pagamento na data combinada. Seis meses após a compra, após insistentes cobranças de "B", "A" emite um cheque sem fundos para quitar a dívida.

B. Dívidas de jogos ilícitos.

Ex.: Apostas ilegais ou jogo do bicho.

C. Programas sexuais com prostitutas ou garotos de programa.

Cheque

> Emitir cheque, encerrando, logo após, a conta: tem-se o Art. 171, §2º, VI, aplicando-se as Súmulas 521 do STF e 224 do STJ.

> Emitir cheque de conta encerrada: aplica-se o Art. 171, ***caput***, sem aplicação das súmulas.

> Frustrar pagamento de cheque para não pagamento de dívida de jogo é crime? Nos termos do Art. 814 do CC, as dívidas de jogo não obrigam a pagamento, mas não se pode recobrar dívida dessa natureza então paga.

Causa de aumento de pena

Art. 171, § 3º, CP. *A pena aumenta-se de um terço, se o crime é cometido em detrimento de entidade de direito público ou de instituto de economia popular, assistência social ou beneficência.*

Fundamenta-se na maior extensão dos danos produzidos, pois com a lesão ao patrimônio público e ao interesse social toda coletividade é prejudicada.

Súm. 24, STJ. *Aplica-se ao crime de estelionato, em que figure como vítima entidade autárquica da Previdência Social, a qualificadora do § 3º do Art. 171, CP.*

Súm. 73, STJ.
A utilização de papel-moeda GROSSEIRAMENTE falsificado configura, em tese, o crime de estelionato, de competência da Justiça Estadual.

Não se aplica o §3º no caso de estelionato contra o Banco do Brasil, considerando que esta não é entidade de Direito Público.

Jogos de Azar: há o crime de estelionato caso seja empregado meio fraudulento visando eliminar totalmente a possibilidade de vitória por parte dos jogadores.

Adulteração de máquina de caça-níquel para que os apostadores nunca vençam.

Falsidade Documental: o sujeito que falsifica documento (público ou particular) e, posteriormente, dele se vale para enganar alguém, obtendo vantagem ilícita em prejuízo alheio responderia, EM TESE, por dois crimes: estelionato e falsidade documental (Art. 171, *caput*, e Art. 297 - documento público ou 298 - documento particular), contudo, nessa situação, o crime de estelionato absorve o crime de falsidade documental. É esse o teor da súmula do STJ:

Súm. 17, STJ. *Quando o falso se exaure no estelionato, sem mais potencialidade lesiva, é por este absorvido.*

Ocorre o "Princípio da Consumação", que é quando o crime-fim (estelionato) absorve o crime-meio (falsidade documental). Isso desde que a fé pública, o patrimônio ou outro bem jurídico qualquer não possam mais ser atacados pelo documento falsificado e utilizado por alguém como meio fraudulento para obtenção de vantagem ilícita em prejuízo alheio.

Competência

O Art. 70 do CPP prevê que a competência será, em regra, determinada pelo **lugar em que se consumar a infração**. Verifica-se nesta regra que no estelionato o juízo competente será o do local em que o sujeito obteve a vantagem ilícita em prejuízo alheio.

Súm. 107, STJ. *Compete à justiça comum estadual processar e julgar crime de estelionato praticado mediante falsificação das guias de recolhimento das contribuições previdenciárias,* ***quando não ocorre lesão à autarquia federal.***

É crime de competência da Justiça Estadual. No entanto, será de competência da Justiça Federal quando for praticado em detrimento de bens, serviços ou interesses da União ou suas entidades autárquicas ou empresas públicas. (Art. 109, inciso IV, CF).

Súm. 48, STJ. *Compete ao juízo do local da obtenção da vantagem ilícita processar e julgar crime de estelionato cometido mediante falsificação de cheque. Esta súmula está relacionada ao crime definido pelo estelionato em sua modalidade fundamental (caput).*

Súm. 521, STF. *O foro competente para o processo e julgamento dos crimes de estelionato, sob a modalidade da emissão dolosa de cheque sem provisão de fundos, é o do local onde se deu a recusa do pagamento pelo sacado. (Ou seja, local da agência bancária)*

Ação penal

Perceba mais uma alteração do pacote ANtiCRIME, revelando agora expressamente que a ação penal será CONDICIONADA à representação da vítima, salvo quando:

> a Administração Pública, direta ou indireta
> criança ou adolescente
> pessoa com deficiência mental
> maior de 70 (setenta) anos de idade ou incapaz.

Duplicata simulada

***Art. 172.** Emitir fatura, duplicata ou nota de venda que não corresponda à mercadoria vendida, em quantidade ou qualidade, ou ao serviço prestado.*

***Pena** - detenção, de 2 (dois) a 4 (quatro) anos, e multa.*

***Parágrafo único.** Nas mesmas penas incorrerá aquele que falsificar ou adulterar a escrituração do Livro de Registro de Duplicatas.*

Abuso de incapazes

***Art. 173.** Abusar, em proveito próprio ou alheio, de necessidade, paixão ou inexperiência de menor, ou da alienação ou debilidade mental de outrem, induzindo qualquer deles à prática de ato suscetível de produzir efeito jurídico, em prejuízo próprio ou de terceiro:*

***Pena** - reclusão, de dois a seis anos, e multa.*

Induzimento à especulação

***Art. 174.** Abusar, em proveito próprio ou alheio, da inexperiência ou da simplicidade ou inferioridade mental de outrem, induzindo-o à prática de jogo ou aposta, ou à especulação com títulos ou mercadorias, sabendo ou devendo saber que a operação é ruinosa:*

***Pena** - reclusão, de um a três anos, e multa.*

Fraude no comércio

***Art. 175.** Enganar, no exercício de atividade comercial, o adquirente ou consumidor:*

***I.** Vendendo, como verdadeira ou perfeita, mercadoria falsificada ou deteriorada;*

***II.** Entregando uma mercadoria por outra:*

***Pena** - detenção, de seis meses a dois anos, ou multa.*

***§ 1º.** Alterar em obra que lhe é encomendada a qualidade ou o peso de metal ou substituir, no mesmo caso, pedra verdadeira por falsa ou por outra de menor valor; vender pedra falsa por verdadeira; vender, como precioso, metal de outra qualidade:*

***Pena** - reclusão, de um a cinco anos, e multa.*

***§ 2º.** É aplicável o disposto no Art. 155, § 2º.*

Outras fraudes

***Art. 176.** Tomar refeição em restaurante, alojar-se em hotel ou utilizar-se de meio de transporte sem dispor de recursos para efetuar o pagamento:*

***Pena** - detenção, de quinze dias a dois meses, ou multa.*

***Parágrafo único.** Somente se procede mediante representação, e o juiz pode, conforme as circunstâncias, deixar de aplicar a pena.*

Fraudes e abusos na fundação ou administração de sociedade por ações

***Art. 177.** Promover a fundação de sociedade por ações, fazendo, em prospecto ou em comunicação ao público ou à assembleia, afirmação falsa sobre a constituição da sociedade, ou ocultando fraudulentamente fato a ela relativo:*

***Pena** - reclusão, de um a quatro anos, e multa, se o fato não constitui crime contra a economia popular.*

***§ 1º.** Incorrem na mesma pena, se o fato não constitui crime contra a economia popular:*

***I.** O diretor, o gerente ou o fiscal de sociedade por ações, que, em prospecto, relatório, parecer, balanço ou comunicação ao público ou à assembleia, faz afirmação falsa sobre as condições econômicas da sociedade, ou oculta fraudulentamente, no todo ou em parte, fato a elas relativo;*

***II.** O diretor, o gerente ou o fiscal que promove, por qualquer artifício, falsa cotação das ações ou de outros títulos da sociedade;*

***III.** O diretor ou o gerente que toma empréstimo à sociedade ou usa, em proveito próprio ou de terceiro, dos bens ou haveres sociais, sem prévia autorização da assembleia geral;*

***IV.** O diretor ou o gerente que compra ou vende, por conta da sociedade, ações por ela emitidas, salvo quando a lei o permite;*

***V.** O diretor ou o gerente que, como garantia de crédito social, aceita em penhor ou em caução ações da própria sociedade;*

***VI.** O diretor ou o gerente que, na falta de balanço, em desacordo com este, ou mediante balanço falso, distribui lucros ou dividendos fictícios;*

***VII.** O diretor, o gerente ou o fiscal que, por interposta pessoa, ou conluiado com acionista, consegue a aprovação de conta ou parecer;*

***VIII.** O liquidante, nos casos dos nºs I, II, III, IV, V e VII;*

***IX.** O representante da sociedade anônima estrangeira, autorizada a funcionar no País, que pratica os atos mencionados nos nºs I e II, ou dá falsa informação ao Governo.*

***§ 2º.** Incorre na pena de detenção, de seis meses a dois anos, e multa, o acionista que, a fim de obter vantagem para si ou para outrem, negocia o voto nas deliberações de assembleia geral.*

Emissão irregular de conhecimento de depósito ou "warrant"

***Art. 178.** Emitir conhecimento de depósito ou warrant, em desacordo com disposição legal:*

***Pena** - reclusão, de um a quatro anos, e multa.*

Fraude à execução

***Art. 179.** Fraudar execução, alienando, desviando, destruindo ou danificando bens, ou simulando dívidas:*

***Pena** - detenção, de seis meses a dois anos, ou multa.*

***Parágrafo único.** Somente se procede mediante queixa.*

4.7 Da Receptação

***Art. 180.** Adquirir, receber, transportar, conduzir ou ocultar, em proveito próprio ou alheio, coisa que sabe ser produto de crime, ou influir para que terceiro, de boa-fé, a adquira, receba ou oculte:*

***Pena** - reclusão, de um a quatro anos, e multa.*

Receptação Qualificada

***§ 1º.** Adquirir, receber, transportar, conduzir, ocultar, ter em depósito, desmontar, montar, remontar, vender, expor à venda, ou de qualquer forma utilizar, em proveito próprio ou alheio, no exercício de atividade comercial ou industrial, coisa que deve saber ser produto de crime:*

***Pena** - reclusão, de três a oito anos, e multa.*

***§ 2º.** Equipara-se à atividade comercial, para efeito do parágrafo anterior, qualquer forma de comércio irregular ou clandestino, inclusive o exercício em residência.*

§ 3º. Adquirir ou receber coisa que, por sua natureza ou pela desproporção entre o valor e o preço, ou pela condição de quem a oferece, deve presumir-se obtida por meio criminoso:

***Pena** - detenção, de um mês a um ano, ou multa, ou ambas as penas.*

§ 4º. A receptação é punível, ainda que desconhecido ou isento de pena o autor do crime de que proveio a coisa.

§ 5º. Na hipótese do § 3º, se o criminoso é primário, pode o juiz, tendo em consideração as circunstâncias, deixar de aplicar a pena. Na receptação dolosa aplica-se o disposto no § 2º do Art. 155.

§ 6º. Tratando-se de bens e instalações do patrimônio da União, Estado, Município, empresa concessionária de serviços públicos ou sociedade de economia mista, a pena prevista no caput deste artigo aplica-se em dobro.

***Art. 180-A.** Adquirir, receber, transportar, conduzir, ocultar, ter em depósito ou vender, com a finalidade de produção ou de comercialização, semovente domesticável de produção, ainda que abatido ou dividido em partes, que deve saber ser produto de crime: (Incluído pela Lei nº 13.330, de 2016)*

***Pena** - reclusão, de 2 (dois) a 5 (cinco) anos, e multa. (Incluído pela Lei nº 13.330, de 2016)*

Esse artigo tipifica a conduta do agente que adquire, recebe, transporta, conduz, dentre outras condutas, com intuito de obter vantagem, produto de crime (furto, roubo, extorsão, estelionato etc.). É considerado como delito, a conduta de adquirir (receptação própria), como a de influenciar para que uma terceira pessoa adquira esses produtos (receptação imprópria).

Classificação

A conduta do *caput* é considera como um crime comum, pois pode ser praticada por qualquer agente. Ademais, no § 1º, considera-se um crime PRÓPRIO, pois exige uma qualidade específica do agente, devendo ele ser comerciante ou industrial, mesmo que ele exerça de forma clandestina ou ilegal.

Ex.: Um ferro velho que vende peças de veículos furtados.

A receptação é crime acessório, pois depende da existência do crime anterior. Não é necessário que o crime anterior seja contra o patrimônio.

Ex.: Receptar bem oriundo do crime de corrupção passiva.

É um crime de ação múltipla e conteúdo variado, ou seja, a prática de várias condutas contra o mesmo bem, caracteriza crime único (adquire e vende).

O bem imóvel não pode ser objeto material do crime de receptação, somente bens móveis.

Sujeitos do crime

Sujeito Ativo (*caput*): pode ser qualquer pessoa, exceto quem seja autor ou coautor do crime antecedente (furto, extorsão, roubo).

Sujeito Ativo (da receptação qualificada §1º): é um crime próprio, somente aquela pessoa que desempenha atividade comercial ou industrial.

Dono de ferro velho de carros e peças usadas.

> Admite a participação.
> A atividade deve ser habitual ou contínua.

Sujeito Passivo: é a vítima do crime anterior, ou seja, donde veio o produto do furto.

Consumação e tentativa

Receptação Própria (*caput*): Adquirir, receber - crime material/instantâneo - transportar, conduzir ou ocultar - crime permanente - ambos **admitem** a tentativa.

Receptação Imprópria (2ª parte do *caput*): INFLUIR - crime FORMAL e UNISSUBSISTENTE - **NÃO** admite tentativa.

Receptação própria x imprópria

Própria: adquirir, receber, transportar, conduzir ou ocultar, em proveito próprio ou alheio, coisa que SABE ser produto de crime.

Imprópria: ou **Influir** para que terceiro, de boa-fé, a adquira, receba ou oculte:

Na receptação **imprópria**, caso o agente influenciador seja o autor do crime antecedente, responderá **APENAS** por este delito, e não pela receptação. Trata-se de *post factum impunível* (Ex.: "A" coautor do furto de um computador, influi para que "B", de boa-fé, o compre).

A expressão "coisa que sabe" é indicativa de dolo direto e implicitamente abrange o dolo eventual? Prevalece que, a expressão coisa que sabe indica apenas dolo direto. Assim, o *caput* do artigo não pune o dolo eventual.

Imaginando que Rogério venda um carro à Vânia. Após uma semana que vendeu o carro, Vânia fica sabendo que o carro é produto de crime, mas permanece com ele. Houve prática de receptação? Nesse caso, não se pode esquecer que se trata de dolo superveniente, e esse não configura o crime. Assim, o dolo superveniente não configura o crime. A má-fé deve ser contemporânea a qualquer das condutas previstas no tipo.

Receptação culposa

§ 3º. Adquirir ou receber coisa que, por sua natureza ou pela desproporção entre o valor e o preço, ou pela condição de quem a oferece, deve presumir-se obtida por meio criminoso: (Alterado pela Lei nº 9.426, de 1996):

***Pena** - detenção, de 1 (um) mês a 1 (um) ano, ou multa, ou ambas as penas.*

É necessário observar três circunstâncias que indicam ser o bem produto de crime:

> Sua natureza;
> Desproporção entre valor e preço;
> Condição de quem a oferece.

No crime de receptação simples (caput) é necessário que o agente tenha certeza de que o bem é produto de crime, pois, em caso de dúvida (culpa ou dolo eventual), o agente responderá pelo crime de receptação culposa (§3º).

Norma penal explicativa

§ 4º. A receptação é punível, ainda que desconhecido ou isento de pena o autor do crime de que proveio a coisa.

Ainda que ocorra a extinção da punibilidade do crime antecedente, haverá o crime de receptação (Art. 180 do CP).

Ex.: A morte do agente do crime anterior, prescrição etc.

Esse parágrafo dá certa autonomia ao crime de receptação em relação ao crime antecedente.

Ex.: Ricardo, menor de idade, subtrai o DVD de um veículo e o vende a Pedro, o qual conhece a origem criminosa do bem. Nesta situação, mesmo sendo Ricardo inimputável, Pedro responderá pelo crime de receptação.

Segundo alguns autores, a receptação é crime acessório e pressupõe outro crime para que exista. Sucede que não há submissão à punição do crime principal para que seja punido, ou seja, sua punição é independente.

Se o crime pressuposto está prescrito ou teve extinta a punibilidade, não desaparece a receptação.

Receptação privilegiada

§ 5º. Na hipótese do § 3º. Receptação CULPOSA. se o criminoso é primário, pode o juiz, tendo em consideração as circunstâncias, deixar de aplicar a pena.

Na receptação dolosa aplica-se o disposto no § 2º do Art. 155:

***Art. 155, § 2º.** Se o criminoso é primário, e é de pequeno valor a coisa furtada, o juiz pode substituir a pena de reclusão pela de detenção, diminuí-la de um a dois terços, ou aplicar somente a pena de multa.*

A receptação privilegiada (2ª parte do §5º) somente se aplica à receptação dolosa (própria ou imprópria); culposa e qualificada NÃO!

Receptação Culposa (§3º) **+** **Criminoso primário** **+** **Tendo em consideração as circunstâncias** **=** **Perdão Judicial** **(Juiz deixa de aplicar a pena)**	Receptação dolosa (*caput*) + Criminoso primário + Coisa de pequeno valor = Art. 155, §2º, CP: Substituir a pena de reclusão pena de detenção; Diminuí-la de um a dois terços ou aplicar somente a pena de multa.

Causa de aumento de pena

***§6º**. Tratando-se de bens e instalações do patrimônio da União, Estado, Município, empresa concessionária de serviços públicos ou sociedade de economia mista, a pena prevista no caput deste artigo APLICA-SE EM DOBRO.*

Caso o bem seja produto de contravenção penal, NÃO existirá o crime de receptação. O fato será atípico, pois este delito somente existe em caso de bem produto de CRIME.

Aplicável somente para a receptação **SIMPLES** (*caput*). Não se aplica à receptação qualificada nem à culposa.

É possível a **receptação da receptação**, por exemplo, "A" adquire um relógio produto de furto e o vende a "B", este vende o mesmo bem a "C" ciente de sua origem criminosa.

***Art. 180-A.** Adquirir, receber, transportar, conduzir, ocultar, ter em depósito ou vender, com a finalidade de produção ou de comercialização, semovente domesticável de produção, ainda que abatido ou dividido em partes, que deve saber ser produto de crime:*

***Pena** - reclusão, de 2 (dois) a 5 (cinco) anos, e multa.*

4.8 Disposições Gerais

Imunidades penais absolutas ou escusas absolutórias

***Art. 181.** É isento de pena quem comete qualquer dos crimes previstos neste título, em prejuízo:*

***I.** Do cônjuge, na constância da sociedade conjugal;*

***II.** De ascendente ou descendente, seja o parentesco legítimo ou ilegítimo, seja civil ou natural.*

Trata-se de causa de extinção da punibilidade.

No caso do inciso I, abrange-se também a união estável, os separados de fato e ainda as uniões homoafetivas.

Não importa o Regime de comunhão de bens do casamento.

Ex.: Separação total de bens.

No caso do inciso II, não se aplica esta escusa na hipótese de parentesco por afinidade (sogra, genro, cunhado...). Outrossim, verifica-se que não há abrangência aos colaterais e afins.

Imunidade patrimonial relativa

***Art. 182.** Somente se procede mediante representação, se o crime previsto neste título é cometido em prejuízo:*

***I.** Do cônjuge desquitado ou judicialmente separado;*

***II.** De irmão, legítimo ou ilegítimo;*

***III.** De tio ou sobrinho, com quem o agente coabita.*

Após a entrada em vigor da Lei nº 6.515/77, o desquite não existe mais no ordenamento jurídico brasileiro.

Aos ex-cônjuges divorciados não se aplica essa imunidade.

No caso dos incisos II e III, é necessária efetiva coabitação, para incidência desta imunidade.

Este é um dos artigos do Código Penal que mais caem em concurso. Portanto, é muito importante decorá-lo!

Inaplicabilidade das imunidades

***Art. 183.** Não se aplica o disposto nos dois artigos anteriores:*

***I.** Se o crime é de roubo ou de extorsão, ou, em geral, quando haja emprego de grave ameaça ou violência à pessoa;*

***II.** Ao estranho que participa do crime;*

***III.** Se o crime é praticado contra pessoa com idade igual ou superior a 60 (sessenta) anos.*

Este inciso foi incluído pelo Estatuto do Idoso (Lei nº 10.741/03). **Preste muita atenção,** pois este é um dos dispositivos deste assunto que mais cai em concurso público.

É aplicada a imunidade na violência doméstica e familiar contra a mulher no ambiente familiar?

1ª Corrente: para Maria Berenice Dias, jurista brasileira, não se admite imunidade patrimonial na violência doméstica e familiar contra a mulher, benefício afastado pelo Art. 7º, IV, da Lei nº 11.340/06.

2ª Corrente: diz que a Lei Maria da Penha não vedou, expressamente, qualquer imunidade, diferente do Estatuto do Idoso que vedou a imunidade para o idoso.

Tem prevalecido a 2ª Corrente.

5. DOS CRIMES CONTRA A DIGNIDADE SEXUAL

5.1 Dos Crimes Contra a Liberdade Sexual

Estupro

> ***Art. 213.** Constranger alguém, mediante violência ou grave ameaça, a ter conjunção carnal ou a praticar ou permitir que com ele se pratique outro ato libidinoso:*
> ***Pena** - reclusão, de 6 (seis) a 10 (dez) anos.*
> ***§ 1º** - Se da conduta resulta lesão corporal de natureza grave ou se a vítima é menor de 18 (dezoito) ou maior de 14 (catorze) anos:*
> ***Pena** - reclusão, de 8 (oito) a 12 (doze) anos.*
> ***§ 2º** - Se da conduta resulta morte:*
> *Pena - reclusão, de 12 (doze) a 30 (trinta) anos.*

Sujeitos

Sujeito Ativo: na conjunção carnal, podem ser sujeitos ativo e passivo tanto homem quanto mulher. Trata-se de crime comum.

Da mesma forma, os atos libidinosos diversos, pode ser sujeito passivo e ativo qualquer pessoa, ainda que do mesmo sexo.

Sujeito Passivo: trata-se de delito comum, qualquer um pode ser vítima do crime, inclusive a prostituta e a esposa, quando cometido pelo marido.

> ***Art. 7º, III, da Lei Maria da Penha**: afirma que a violência sexual é forma de violência contra a mulher sim.*
> ***Art. 226, II do CP**: fala que é causa de aumento de pena nos crimes sexuais se o crime é cometido por cônjuge ou companheiro:*

Conduta

O Art. 213 pune "constranger", que é o núcleo do tipo.

Esse constrangimento deve se dar mediante violência ou grave ameaça.

É necessário observar que, a violência é uma das formas de se executar o crime. A outra forma é a grave ameaça, e aqui é necessário observar que não basta a ameaça, devendo essa ser grave.

O constrangimento se dá para a prática de conjunção carnal ou pela prática de ato libidinoso diverso da conjunção carnal.

Abrange o beijo lascivo? Beijo lascivo, de acordo com Nelson Hungria é aquele beijo que causa desconforto para quem olha. É interessante observar que beijo lascivo já foi considerado atentado violento ao pudor por conta dessa expressão porosa (atos libidinosos).

Assim, atos libidinosos devem ser considerados os atos de natureza sexual que atentam, de forma intolerável e relevante, contra a dignidade sexual da vítima.

Aqui se indaga se o contato físico é ou não dispensável para a prática de estupro.

> **1ª Corrente:** O contato físico entre os sujeitos é indispensável.

> **2ª Corrente:** diz que o contato físico entre os sujeitos é dispensável. Ex. obrigar a vítima a se masturbar. Mas atente-se que aqui deve haver resistência da vitima.

→ **Tipo subjetivo**: o crime é punido a título de dolo.

> Consumação e tentativa:

Consuma-se o delito com a prática do ato de libidinagem, que é gênero de conjunção carnal e atos libidinosos, visado pelo agente.

Trata-se de delito plurissubsistente, admitindo tentativa.

A depender do caso concreto, já entendeu o STJ que poderá haver o concurso de crimes, levando-se em conta os momentos da prática de cada conduta.

Se o agente, após a prática de conjunção carnal, pratica sexo anal e sexo oral, quantos crimes comete? Entende o STF e STJ que comete apenas um crime, que a pluralidade de atos não desnatura a unidade do crime, podendo essa interferir na dosagem da pena.

→ Qualificadora Idade da Vítima:

> ***§ 1º** - Se da conduta resulta lesão corporal de natureza grave ou se a vítima é menor de 18 (dezoito) ou maior de 14 (catorze) anos:*
> ***Pena** - reclusão, de 8 (oito) a 12 (doze) anos.*

Essa questão deve ser analisada antes e depois da Lei 12.015/09.

Antes da Lei 12.015/09	Após a Lei 12.015/09
A idade da vítima era mera circunstância judicial a ser analisada pelo juiz no momento do art. 59 do CP.	Atualmente, trata-se de qualificadora prevista no §1º, cuja pena varia de 08 a 12 anos. É qualificadora irretroativa, vez que maléfica.
Estavam previstos no Art. 223 do CP. Se da violência resultar lesão grave, a pena era de 08 a 12 anos. Nessa hipótese, a grave ameaça não estava abrigada. A expressão "do fato" amplia exageradamente o espectro punição.	Previu o Art. 213, §1º que: Se da conduta resultar lesão grave: a pena será de 08 a 12 anos. Se da conduta resultar morte, nos termos do §2, a pena é de 12 a 30 anos.

Tratando-se de resultado qualificador morte, o agente responderá pelos dois crimes, e, em se tratando de morte dolosa, o agente irá responder perante o Tribunal do Júri.

Violação sexual mediante fraude

> ***Art. 215.** Ter conjunção carnal ou praticar outro ato libidinoso com alguém, mediante fraude ou outro meio que impeça ou dificulte a livre manifestação de vontade da vítima:*
> ***Pena** - reclusão, de 2 (dois) a 6 (seis) anos.*
> ***Parágrafo único.** Se o crime é cometido com o fim de obter vantagem econômica, aplica-se também multa.*

Trata-se de crime comum, podendo ser praticado por qualquer pessoa, contra qualquer pessoa, devendo ser observado que, no que tange à conjunção carnal.

Conduta

Este artigo visa punir o ato de ter conjunção carnal ou praticar atos libidinosos diversos da conjunção carnal, mediante:

→ **Fraude**: quando, por exemplo, há o relacionamento amoroso com o irmão gêmeo.

→ **Outro meio que impeça ou dificulte a livre manifestação de vontade da vítima**: quando ocorre por exemplo, o temor reverencial, a embriaguez moderada.

A fraude utilizada na execução do crime não pode anular a capacidade de resistência da vítima, caso em que estará configurado o delito de estupro de vulnerável.

boa noite Cinderela.

Consumação e tentativa

O crime consuma-se com a prática do ato de libidinagem pelo agente, sendo admissível a tentativa.

Assédio sexual

> ***Art. 216-A.*** *Constranger alguém com o intuito de obter vantagem ou favorecimento sexual, prevalecendo-se o agente da sua condição de superior hierárquico ou ascendência inerente ao exercício de emprego, cargo ou função.*
>
> ***Pena*** *– detenção, de 1 (um) a 2 (dois) anos.*
>
> ***Parágrafo único.*** *(VETADO) (Incluído pela Lei nº 10.224, de 15 de 2001)*
>
> ***§ 2º*** *- A pena é aumentada em até um terço se a vítima é menor de 18 (dezoito) anos.*

Objetividade jurídica

Trata-se de delito pluriofensivo, resguardando a dignidade sexual do indivíduo e a liberdade de exercício do trabalho, o direito de não ser discriminado.

Sujeitos

Sujeito Ativo: só pode ser praticado por superior hierárquico ou ascendente em relação de emprego, cargo ou função.

Sujeito Passivo: é o subalterno ou subordinado do autor.

Conduta

É a insistência inoportuna de alguém em posição privilegiada, que usa dessa vantagem para obter favores sexuais de um subalterno.

Crime habitual

Alguns autores ditam que não é crime a mera relação entre docente e aluno, por ausência entre os dois sujeitos do vínculo do trabalho.

Trata-se de crime habitual, logo é imprescindível a prática de reiterados atos constrangedores. Neste caso, não se admite tentativa.

Dos crimes sexuais contra vulnerável

Sedução

Este crime foi revogado pelo Art. 217.

Estupro de vulnerável

> ***Art. 217-A.*** *Ter conjunção carnal ou praticar outro ato libidinoso com menor de 14 (catorze) anos:*
>
> ***Pena*** *- reclusão, de 8 (oito) a 15 (quinze) anos;*
>
> ***§ - 1º.*** *Incorre na mesma pena quem pratica as ações descritas no caput com alguém que, por enfermidade ou deficiência mental, não tem o necessário discernimento para a prática do ato, ou que, por qualquer outra causa, não pode oferecer resistência. (Incluído pela Lei nº 12.015, de 2009)*
>
> ***§ 2º.*** *(VETADO) (Incluído pela Lei nº 12.015, de 2009)*
>
> ***§ 3º.*** *Se da conduta resulta lesão corporal de natureza grave:*
>
> ***Pena*** *- reclusão, de 10 (dez) a 20 (vinte) anos.*
>
> ***§ 4º*** *- Se da conduta resulta morte:*
>
> ***Pena*** *- reclusão, de 12 (doze) a 30 (trinta) anos.*

Corrupção de menores

> ***Art. 218.*** *Induzir alguém menor de 14 (catorze) anos a satisfazer a lascívia de outrem:*
>
> ***Pena*** *- reclusão, de 2 (dois) a 5 (cinco) anos.*
>
> ***Parágrafo único.*** *(VETADO). (Incluído pela Lei nº 12.015, de 2009).*

Sujeitos

Sujeito Ativo: qualquer pessoa.

Sujeito Passivo: somente a pessoa menor de 14 anos.

Consumação e Tentativa

Consuma-se com a prática do ato que importa na satisfação da lascívia de outrem, independentemente deste considerar-se satisfeito. Admite tentativa.

O ato a que o menor vulnerável é induzido a praticar, não pode consistir em conjunção carnal ou atos libidinosos diversos da cópula normal, casos em que, ocorrendo a sua prática efetiva, configurado estará o crime de estupro de vulnerável (Art. 217-A do CP), tanto para quem induz, quanto para quem deles participa diretamente.

Satisfação de lascívia mediante presença de criança ou adolescente

> ***Art. 218-A.*** *Praticar, na presença de alguém menor de 14 (catorze) anos, ou induzi-lo a presenciar, conjunção carnal ou outro ato libidinoso, a fim de satisfazer lascívia própria ou de outrem:*
>
> ***Pena*** *- reclusão, de 2 (dois) a 4 (quatro) anos.*

Favorecimento da prostituição ou outra forma de exploração sexual de vulnerável

> ***Art. 218-B.*** *Submeter, induzir ou atrair à prostituição ou outra forma de exploração sexual alguém menor de 18 (dezoito) anos ou que, por enfermidade ou deficiência mental, não tem o necessário discernimento para a prática do ato, facilitá-la, impedir ou dificultar que a abandone:*
>
> ***Pena*** *- reclusão, de 4 (quatro) a 10 (dez) anos.*
>
> ***§ 1º*** *- Se o crime é praticado com o fim de obter vantagem econômica, aplica-se também multa.*
>
> ***§ 2º*** *- Incorre nas mesmas penas:*
>
> ***I.*** *quem pratica conjunção carnal ou outro ato libidinoso com alguém menor de 18 (dezoito) e maior de 14 (catorze) anos na situação descrita no caput deste artigo;*
>
> ***II.*** *o proprietário, o gerente ou o responsável pelo local em que se verifiquem as práticas referidas no caput deste artigo.*
>
> ***§ 3º*** *- Na hipótese do inciso II do § 2º, constitui efeito obrigatório da condenação a cassação da licença de localização e de funcionamento do estabelecimento.*

Por falta de previsão legal, não haverá crime na conduta daquele que contratar, diretamente com pessoa maior de 14 anos, serviços sexuais.

5.2 Do Rapto

Este crime foi revogado pelos Arts. 219 a 222.

5.3 Disposições Gerais

Este crime foi revogado pelos Arts. 223 e 224.

5.4 Ação Penal

Art. 225. *Nos crimes definidos nos Capítulos I e II deste Título, procede-se mediante ação penal pública condicionada à representação.*

Parágrafo único. *Procede-se, entretanto, mediante ação penal pública incondicionada se a vítima é menor de 18 (dezoito) anos ou pessoa vulnerável.*

→ **Regra**: ação penal pública condicionada a representação da vítima.

→ **Exceção:** Vítima menor de 18 anos: ação penal pública incondicionada.

→ **Exceção:** Vítima vulnerável: ação penal pública incondicionada.

5.5 Aumento de Pena

Art. 226. *A pena é aumentada:*

I. *de quarta parte, se o crime é cometido com o concurso de 2 (duas) ou mais pessoas;*

II. *de metade, se o agente é ascendente, padrasto ou madrasta, tio, irmão, cônjuge, companheiro, tutor, curador, preceptor ou empregador da vítima ou por qualquer outro título tem autoridade sobre ela;*

5.6 Do Lenocínio e do Tráfico de Pessoa Para Fim de Prostituição ou Outra Forma de Exploração Sexual

Mediação para servir a lascívia de outrem

Art. 227 *- Induzir alguém a satisfazer a lascívia de outrem:*

Pena *- reclusão, de um a três anos.*

§ 1º *- Se a vítima é maior de 14 (catorze) e menor de 18 (dezoito) anos, ou se o agente é seu ascendente, descendente, cônjuge ou companheiro, irmão, tutor ou curador ou pessoa a quem esteja confiada para fins de educação, de tratamento ou de guarda:*

Pena *- reclusão, de dois a cinco anos.*

§ 2º *- Se o crime é cometido com emprego de violência, grave ameaça ou fraude:*

Pena *- reclusão, de dois a oito anos, além da pena correspondente à violência.*

§ 3º *- Se o crime é cometido com o fim de lucro, aplica-se também multa.*

Favorecimento da prostituição ou outra forma de exploração sexual

Art. 228. *Induzir ou atrair alguém à prostituição ou outra forma de exploração sexual, facilitá-la, impedir ou dificultar que alguém a abandone:*

Pena *- reclusão, de 2 (dois) a 5 (cinco) anos, e multa.*

§ 1º *- Se o agente é ascendente, padrasto, madrasta, irmão, enteado, cônjuge, companheiro, tutor ou curador, preceptor ou empregador da vítima, ou se assumiu, por lei ou outra forma, obrigação de cuidado, proteção ou vigilância:*

Pena *- reclusão, de 3 (três) a 8 (oito) anos.*

§ 2º *- Se o crime é cometido com emprego de violência, grave ameaça ou fraude:*

Pena *- reclusão, de quatro a dez anos, além da pena correspondente à violência.*

§ 3º *- Se o crime é cometido com o fim de lucro, aplica-se também multa.*

Casa de prostituição

Art. 229. *Manter, por conta própria ou de terceiro, estabelecimento em que ocorra exploração sexual, haja, ou não, intuito de lucro ou mediação direta do proprietário ou gerente:*

Pena *- reclusão, de dois a cinco anos, e multa.*

Rufianismo

Art. 230 *- Tirar proveito da prostituição alheia, participando diretamente de seus lucros ou fazendo-se sustentar, no todo ou em parte, por quem a exerça:*

Pena *- reclusão, de um a quatro anos, e multa.*

§ 1º *- Se a vítima é menor de 18 (dezoito) e maior de 14 (catorze) anos ou se o crime é cometido por ascendente, padrasto, madrasta, irmão, enteado, cônjuge, companheiro, tutor ou curador, preceptor ou empregador da vítima, ou por quem assumiu, por lei ou outra forma, obrigação de cuidado, proteção ou vigilância:*

Pena *- reclusão, de 3 (três) a 6 (seis) anos, e multa.*

§ 2º *- Se o crime é cometido mediante violência, grave ameaça, fraude ou outro meio que impeça ou dificulte a livre manifestação da vontade da vítima:*

Pena *- reclusão, de 2 (dois) a 8 (oito) anos, sem prejuízo da pena correspondente à violência.*

Tráfico internacional de pessoa para fim de exploração sexual

Art. 231. *Promover ou facilitar a entrada, no território nacional, de alguém que nele venha a exercer a prostituição ou outra forma de exploração sexual, ou a saída de alguém que vá exercê-la no estrangeiro.*

Pena *- reclusão, de 3 (três) a 8 (oito) anos.*

§ 1º *- Incorre na mesma pena aquele que agenciar, aliciar ou comprar a pessoa traficada, assim como, tendo conhecimento dessa condição, transportá-la, transferi-la ou alojá-la.*

§ 2º *- A pena é aumentada da metade se:*

I. *a vítima é menor de 18 (dezoito) anos;*

II. *a vítima, por enfermidade ou deficiência mental, não tem o necessário discernimento para a prática do ato;*

III. *se o agente é ascendente, padrasto, madrasta, irmão, enteado, cônjuge, companheiro, tutor ou curador, preceptor ou empregador da vítima, ou se assumiu, por lei ou outra forma, obrigação de cuidado, proteção ou vigilância; ou*

IV. *há emprego de violência, grave ameaça ou fraude.*

§ 3º *- Se o crime é cometido com o fim de obter vantagem econômica, aplica-se também multa.*

Tráfico interno de pessoa para fim de exploração sexual

Art. 231-A. *Promover ou facilitar o deslocamento de alguém dentro do território nacional para o exercício da prostituição ou outra forma de exploração sexual:*

Pena *- reclusão, de 2 (dois) a 6 (seis) anos.*

§ 1º *- Incorre na mesma pena aquele que agenciar, aliciar, vender ou comprar a pessoa traficada, assim como, tendo conhecimento dessa condição, transportá-la, transferi-la ou alojá-la.*

§ 2º - A pena é aumentada da metade se:

I. a vítima é menor de 18 (dezoito) anos;

II. a vítima, por enfermidade ou deficiência mental, não tem o necessário discernimento para a prática do ato;

III. se o agente é ascendente, padrasto, madrasta, irmão, enteado, cônjuge, companheiro, tutor ou curador, preceptor ou empregador da vítima, ou se assumiu, por lei ou outra forma, obrigação de cuidado, proteção ou vigilância; ou

IV. há emprego de violência, grave ameaça ou fraude.

§ 3º - Se o crime é cometido com o fim de obter vantagem econômica, aplica-se também multa.

5.7 Do Ultraje Público ao Pudor

Ato obsceno

***Art. 233** - Praticar ato obsceno em lugar público, ou aberto ou exposto ao público:*
***Pena** - detenção, de três meses a um ano, ou multa.*

Escrito ou objeto obsceno

***Art. 234** - Fazer, importar, exportar, adquirir ou ter sob sua guarda, para fim de comércio, de distribuição ou de exposição pública, escrito, desenho, pintura, estampa ou qualquer objeto obsceno:*

***Pena** - detenção, de seis meses a dois anos, ou multa.*
***Parágrafo único** - Incorre na mesma pena quem:*

I. vende, distribui ou expõe à venda ou ao público qualquer dos objetos referidos neste artigo;

II. realiza, em lugar público ou acessível ao público, representação teatral, ou exibição cinematográfica de caráter obsceno, ou qualquer outro espetáculo, que tenha o mesmo caráter;

III. realiza, em lugar público ou acessível ao público, ou pelo rádio, audição ou recitação de caráter obsceno.

5.8 Disposições Gerais

Aumento de pena

***Art. 234-A.** Nos crimes previstos neste Título a pena é aumentada:*

I. (VETADO); (Incluído pela Lei nº 12.015, de 2009).

II. (VETADO); (Incluído pela Lei nº 12.015, de 2009).

III. de metade, se do crime resultar gravidez; e

IV. de um sexto até a metade, se o agente transmite à vítima doença sexualmente transmissível de que sabe ou deveria saber ser portador.

***Art. 234-B.** Os processos em que se apuram crimes definidos neste Título correrão em segredo de justiça.*
***Art. 234-C.** (VETADO). (Incluído pela Lei nº 12.015, de 2009).*

6. DOS CRIMES CONTRA A FÉ PÚBLICA

6.1 Da Moeda Falsa

Art. 289. *Falsificar, fabricando-a ou alterando-a, moeda metálica ou papel-moeda de curso legal no país ou no estrangeiro:*

Pena *- reclusão, de três a doze anos, e multa.*

§ 1º. *Nas mesmas penas incorre quem, por conta própria ou alheia, importa ou exporta, adquire, vende, troca, cede, empresta, guarda ou introduz na circulação moeda falsa.*

§ 2º. *Quem, tendo recebido de boa-fé, como verdadeira, moeda falsa ou alterada, a restitui à circulação, depois de conhecer a falsidade, é punido com detenção, de seis meses a dois anos, e multa.*

§ 3º. *É punido com reclusão, de três a quinze anos, e multa, o funcionário público ou diretor, gerente, ou fiscal de banco de emissão que fabrica, emite ou autoriza a fabricação ou emissão:*

I. *De moeda com título ou peso inferior ao determinado em lei;*

II. *De papel-moeda em quantidade superior à autorizada.*

§ 4º. *Nas mesmas penas incorre quem desvia e faz circular moeda, cuja circulação não estava ainda autorizada.*

Modos de falsificar

Fabricando a moeda (manufaturando, fazendo a cunhagem): o próprio agente produz (cria) a moeda.

Alterando (modificando, adulterando): utilizando moeda verdadeira (autêntica), a altera (transforma cédula de dois reais em cem reais).

Objeto material

O objeto material também pode ser a moeda estrangeira, desde que tenha curso legal no Brasil, ou no país de origem, ou seja, quando circulada não pode ser recusada como meio de pagamento.

Fragoso, ensina que inexistirá o crime quando houver adulteração para que o valor nominal seja diminuído em relação ao verdadeiro.

É imprescindível, além das características apontadas, que a falsificação seja convincente, isto é, capaz de iludir os destinatários da moeda.

Nem sempre a falsificação grosseira constituirá fato atípico, já que este ocorrerá somente quando não haja qualquer possibilidade de iludir alguém. Do contrário, poderá se configurar o crime de estelionato. Este, aliás, é o entendimento do Superior Tribunal de Justiça:

Súm. *73. A utilização de papel-moeda grosseiramente falsificado configura, em tese, o crime de estelionato, de competência da Justiça Estadual.*

Crimes assimilados ao de moeda falsa

Art. 290. *Formar cédula, nota ou bilhete representativo de moeda com fragmentos de cédulas, notas ou bilhetes verdadeiros; suprimir, em nota, cédula ou bilhete recolhidos, para o fim de restituí-los à circulação, sinal indicativo de sua inutilização; restituir à circulação cédula, nota ou bilhete em tais condições, ou já recolhidos para o fim de inutilização:*

Pena *- reclusão, de dois a oito anos, e multa.*

Parágrafo único. *O máximo da reclusão é elevado a doze anos e multa, se o crime é cometido por funcionário que trabalha na repartição onde o dinheiro se achava recolhido, ou nela tem fácil ingresso, em razão do cargo.(Vide Lei nº 7.209, de 11.7.1984)*

Consumação

Neste delito, da mesma forma, é necessário que a formação da moeda com fragmentos e a supressão do sinal indicativo sejam capazes de iludir.

Não é necessário o dano para consumar-se o delito, basta a mera formação da cédula a partir dos fragmentos, com a supressão do sinal identificador de recolhimento.

Há autores que ditam que, ao contrário do que ocorre com o crime de moeda falsa (298, CP), a aquisição e o recebimento da moeda nas condições descritas no Art. 290, *caput*, não foram elevados à categoria de crime principal, subsistindo o delito de receptação.

6.2 Petrechos para Falsificação de Moeda

Art. 291. *Fabricar, adquirir, fornecer, a título oneroso ou gratuito, possuir ou guardar maquinismo, aparelho, instrumento ou qualquer objeto especialmente destinado à falsificação de moeda:*

Pena *- reclusão, de dois a seis anos, e multa.*

Emissão de título ao portador sem permissão legal

Art. 292. *Emitir, sem permissão legal, nota, bilhete, ficha, vale ou título que contenha promessa de pagamento em dinheiro ao portador ou a que falte indicação do nome da pessoa a quem deva ser pago:*

Pena *- detenção, de um a seis meses, ou multa.*

Parágrafo único. *Quem recebe ou utiliza como dinheiro qualquer dos documentos referidos neste artigo incorre na pena de detenção, de quinze dias a três meses, ou multa.*

6.3 Da Falsidade de Títulos e Outros Papéis Públicos

Falsificação de papéis públicos

Art. 293. *Falsificar, fabricando-os ou alterando-os:*

I. *Selo destinado a controle tributário, papel selado ou qualquer papel de emissão legal destinado à arrecadação de tributo;*

II. *Papel de crédito público que não seja moeda de curso legal;*

III. *Vale postal;*

IV. *Cautela de penhor, caderneta de depósito de caixa econômica ou de outro estabelecimento mantido por entidade de direito público;*

V. *Talão, recibo, guia, alvará ou qualquer outro documento relativo a arrecadação de rendas públicas ou a depósito ou caução por que o poder público seja responsável;*

VI. *Bilhete, passe ou conhecimento de empresa de transporte administrada pela União, por Estado ou por Município:*

Pena *- reclusão, de dois a oito anos, e multa.*

§1º. *Incorre na mesma pena quem:*

I. *Usa, guarda, possui ou detém qualquer dos papéis falsificados a que se refere este artigo;*

II. *Importa, exporta, adquire, vende, troca, cede, empresta, guarda, fornece ou restitui à circulação selo falsificado destinado a controle tributário;*

III. Importa, exporta, adquire, vende, expõe à venda, mantém em depósito, guarda, troca, cede, empresta, fornece, porta ou, de qualquer forma, utiliza em proveito próprio ou alheio, no exercício de atividade comercial ou industrial, produto ou mercadoria:

a) em que tenha sido aplicado selo que se destine a controle tributário, falsificado;

b) sem selo oficial, nos casos em que a legislação tributária determina a obrigatoriedade de sua aplicação.

§2º. Suprimir, em qualquer desses papéis, quando legítimos, com o fim de torná-los novamente utilizáveis, carimbo ou sinal indicativo de sua inutilização:

***Pena** - reclusão, de um a quatro anos, e multa.*

§3º. Incorre na mesma pena quem usa, depois de alterado, qualquer dos papéis a que se refere o parágrafo anterior.

§4º. Quem usa ou restitui à circulação, embora recebido de boa-fé, qualquer dos papéis falsificados ou alterados, a que se referem este artigo e o seu § 2º, depois de conhecer a falsidade ou alteração, incorre na pena de detenção, de seis meses a dois anos, ou multa.

§5º. Equipara-se a atividade comercial, para os fins do inciso III do § 1º, qualquer forma de comércio irregular ou clandestino, inclusive o exercido em vias, praças ou outros logradouros públicos e em residências.

O inciso III - vale postal - foi revogado pelo Art. 36 da Lei 6.538/76. Sendo assim, só é passível de cobrança em concursos que cobrem especificamente essa lei.

Esse artigo do Código Penal traz a tipificação da conduta daquele agente que pratica atos de falsificação de papéis públicos, ou seja, aqueles que são chancelados pelo Estado como sendo verdadeiros. Dessa forma, o crime possui diversas condutas típicas, mas a principal está no **caput**, pois pune quem: **falsifica** ou **adultera O documento**.

De acordo com o §1º, pune-se com a mesma pena do *caput* - reclusão de dois a oito anos - quem **guarda, possui ou detém** quaisquer dos papéis que constam no inciso I ao VI do *caput*. Ademais, a falsificação engloba nos incisos II e III deste parágrafo, aplica punição às outras condutas ligadas, especificamente, à falsificação de selo destinado ao controle tributário, ou então, de produtos ou mercadorias sobre os quais incide o controle tributário.

Se a falsificação for usada como meio para a fraude, estará configurado o crime de estelionato (Art. 171 do CP), o qual absorve o crime de falsificação, de acordo com o princípio da consunção.

Em relação ao §2º, pune-se quem efetuou a supressão do sinal indicativo de inutilização com intenção de tornar novamente utilizável.

O §3º diz que é punido quem **USA**, desde que esse não seja o mesmo autor que suprimiu o documento, pois senão, responderá pela *caput*.

O §4º é a figura **privilegiada** do Art. 293, pois pune quem recebe de **boa-fé** e repassa o documento falsificado após reconhecer a sua falsidade.

Por fim, o §5º trata da equiparação das condutas reconhecidas como atividade comercial expressa no Art. 1º, inciso III, exercidas em locais irregulares e clandestinos, em locais públicos ou até mesmo se praticada dentro da própria residência do agente.

Petrechos de falsificação

***Art. 294.** Fabricar, adquirir, fornecer, possuir ou guardar **objeto especialmente destinado à falsificação** de qualquer dos papéis referidos no artigo anterior:*

***Pena** - reclusão, de um a três anos, e multa.*

***Art. 295.** Se o **agente é funcionário público**, e comete o crime **prevalecendo-se do cargo**, aumenta-se a pena de sexta parte.*

Caso o agente seja FUNCIONÁRIO PÚBLICO, e pratique quaisquer das condutas descritas no Art. 293, utilizando-se de privilégios que seu cargo ofereça, responderá com AUMENTO DE PENA - conforme Art. 295 do CP.

A figura típica do Art. 294, prevê a conduta do agente que possua objetos que tenham como fim específico a falsificação de quaisquer papéis públicos mencionados no Art. 293 do Código Penal.

Caso esse objeto possua a capacidade de falsificar, mas sua função principal não é esta, a sua posse não será considerada como objeto (petrecho).

Ex.: Uma impressora de alta capacidade que tenha condições de imprimir cédulas falsas. Contudo, depende - logicamente - do contexto fático em que se apresente.

O Art. 295 do Código Penal trata especificamente da hipótese em que o agente é FUNCIONÁRIO PÚBLICO, o qual responderá com aumento de pena de SEXTA PARTE caso tenha utilizado de atributos da sua função pública para a prática do crime.

6.4 Da Falsidade Documental

Falsificação do selo ou sinal público

***Art. 296.** Falsificar, fabricando-os ou alterando-os:*

I. Selo público destinado a autenticar atos oficiais da União, de Estado ou de Município;

II. Selo ou sinal atribuído por lei à entidade de direito público, ou a autoridade, ou sinal público de tabelião:

***Pena** - reclusão, de dois a seis anos, e multa.*

§1º. Incorre nas mesmas penas:

I. Quem faz uso do selo ou sinal falsificado;

II. Quem utiliza indevidamente o selo ou sinal verdadeiro em prejuízo de outrem ou em proveito próprio ou alheio.

III. Quem altera, falsifica ou faz uso indevido de marcas, logotipos, siglas ou quaisquer outros símbolos utilizados ou identificadores de órgãos ou entidades da Administração Pública.

Na situação em que o agente é FUNCIONÁRIO PÚBLICO, responderá com aumento de pena de SEXTA PARTE (conforme Art. 327 do CP).

§2º. Se o agente é funcionário público, e comete o crime prevalecendo-se do cargo, aumenta-se a pena de sexta parte.

Esse delito visa incriminar o agente que **falsifica SELOS ou SINAIS públicos** - objetos que atestam um documento como verdadeiro - por meio da **fabricação** (contrafação - próprio agente fabrica um selo ou sinal falso), ou pela **alteração** (modificação de selo ou sinal verdadeiro).

Tais itens - selo ou sinal - **não** são considerados documentos públicos, e sim, objetos que o criminoso utiliza para falsificação.

Ex.: Carimbo, selo de identificação etc.

A falsidade tipificada nesse artigo é **MATERIAL**, ou seja, a forma do documento é modificada (alteração), ou fabricada (contrafação).

Falsificação de documento público

***Art. 297.** Falsificar, no todo ou em parte, documento público, ou alterar documento público verdadeiro:*

***Pena** - reclusão, de dois a seis anos, e multa.*

***§1º.** Se o agente é funcionário público, e comete o crime prevalecendo-se do cargo, aumenta-se a pena de sexta parte.*

***§2º.** Para os efeitos penais, equiparam-se a documento público o emanado de entidade paraestatal, o título ao portador ou transmissível por endosso, as ações de sociedade comercial, os livros mercantis e o testamento particular.*

***§3º.** Nas mesmas penas incorre quem insere ou faz inserir:*

***I.** Na folha de pagamento ou em documento de informações que seja destinado a fazer prova perante a previdência social, pessoa que não possua a qualidade de segurado obrigatório;*

***II.** Na Carteira de Trabalho e Previdência Social do empregado ou em documento que deva produzir efeito perante a previdência social, declaração falsa ou diversa da que deveria ter sido escrita;*

***III.** Em documento contábil ou em qualquer outro documento relacionado com as obrigações da empresa perante a previdência social, declaração falsa ou diversa da que deveria ter constado.*

***§4º.** Nas mesmas penas incorre quem omite, nos documentos mencionados no § 3º, nome do segurado e seus dados pessoais, a remuneração, a vigência do contrato de trabalho ou de prestação de serviços.*

Para provar a materialidade do crime, é INDISPENSÁVEL a realização de exame de corpo de delito, direto ou indireto, no documento, NÃO podendo supri-lo pela confissão do acusado (Art. 158 do CPP), ou seja, pela perícia no documento.

Este título do Código Penal tem por objetivo tipificar a conduta do agente que **falsifica, total ou parcialmente, documento público**, bem como aquele que **altera** documentos públicos **verdadeiros** com intenção de obter **vantagem ilícita**.

A falsidade tipificada nesse artigo é material, ou seja, a forma do documento é modificada (alteração), ou falsificada (contrafação), total ou parcialmente.

Documento para o Direito Penal deve possuir as seguintes características:

> Forma escrita;
> Elaborado por pessoa determinada;
> Conteúdo revestido de relevância jurídica;
> Possuir eficácia probatória.

> Portanto, **documento público** é aquele confeccionado pelo funcionário público, nacional ou estrangeiro, **no desempenho de suas atividades**, em conformidade com as formalidades legais.

Caso a agente seja funcionário público, responde com aumento de pena de sexta parte, conforme preceitua o §1º desse artigo.

A fotocópia (xerox/traslado), sem autenticação, não tem eficácia probatória. Desse modo, não é classificado como documento público para fins penais.

***§ 2º.** Para os efeitos penais, equiparam-se a documento público o emanado de entidade paraestatal, o título ao portador ou transmissível por endosso, as ações de sociedade comercial, os livros mercantis e o testamento particular.*

Entidades paraestatais, integrantes do terceiro setor, são as pessoas jurídicas de direito privado, sem fins lucrativos, que atuam ao lado e em colaboração com o Estado. (Exemplo: SESC, SENAI, SESI, SENAC e ONGs).

Título ao portador: cheque ao portador (nominal).

Título transmissível por endosso: cheque, duplicata, nota promissória, letra de câmbio.

Ações de sociedade comercial: sociedades anônimas, sociedades em comandita por ações.

Livros mercantis: destinados a registrar as atividades empresariais.

Testamento **particular**.

Na hipótese em que o agente que faz **uso** do documento falsificado ou modificado seja o mesmo que falsificou - os papéis públicos - esse delito (Art. 297) será absorvido pelo (Art. 171), estelionato, do Código Penal, visto que, a conduta visa obter **vantagem indevida** mediante o **uso de fraude**. Sendo assim, a falsificação é "**meio**" (uso da fraude) para o fim (a vantagem), que é o crime de estelionato. Por conseguinte, de acordo com o **princípio da consunção**, o crime mais grave absorve o menos grave.

***Súm. 17, STJ.** Quando o falso se exaure no estelionato, sem mais potencialidade lesiva, é por ele absorvido.*

Documento escrito a lápis é documento público? É necessário observar que documento escrito a lápis ainda que feito por servidor público não é documento, considerando a insegurança na manutenção de seu conteúdo. Substituir fotografia em documento de identidade, prevalece que é o delito do Art. 297 do CP. (Atualmente a jurisprudência dispensa a perícia nesses casos).

Falsificação de documento particular

***Art. 298.** Falsificar, no todo ou em parte, documento particular ou alterar documento particular verdadeiro:*

***Pena** - reclusão, de um a cinco anos, e multa.*

Este artigo do Código Penal tem por objetivo tipificar a conduta do agente que falsifica, total ou parcialmente, documento **particular**, bem como aquele que altera documentos particulares verdadeiros com intenção de obter vantagem ilícita.

Para configurar o crime de falsificação, faz-se necessário que esse tenha capacidade de ludibriar terceiros, pois a falsificação ou modificação **grosseira** ou sem potencialidade lesiva **não** configura o crime, ou seja, de acordo com o Art. 17 do CP é um crime impossível por absoluta impropriedade do objeto, podendo configurar estelionato.

Nessa situação, o documento em si é falso, porém os dados podem ser verdadeiros, pois o agente que emite/falsifica o documento, não tem competência para fazê-lo.

Para provar a materialidade do crime, é INDISPENSÁVEL a realização de exame de corpo de delito, direto ou indireto, no documento, não podendo supri-lo a confissão do acusado (Art. 158 do CPP).

Considerações

Se a falsidade do documento é material, o agente responde pelo Art. 298 do CP, falsificação de documento particular, caso seja **ideológica**, o agente responderá pelo Art. 299 do CP, falsidade ideológica.

Caso o agente que utilize o documento falsificado ou modificado seja o mesmo que o falsificou, responderá pelo crime do Art. 304 do CP, uso de documento particular falsificado.

Documento público nulo, se torna documento particular. Atos públicos nulos, feitos por oficiais incompetentes, são documentos particulares.

Na hipótese de documento particular, com firma reconhecida em cartório, temos um documento público? Falsificando os escritos do documento, o delito será o do Art. 298 do CP. Porém, se a conduta for para falsificar o selo do tabelião, o delito é o do Art. 297.

Na hipótese em que um indivíduo falsifica um documento particular com o objetivo de praticar o CRIME DE SONEGAÇÃO FISCAL, responderá pelo crime previsto no Art. 1º, III e IV, da Lei 8.137/90.

Falsidade ideológica

Art. 299. *Omitir, em documento público ou particular, declaração que dele devia constar, ou nele inserir ou fazer inserir declaração falsa ou diversa da que devia ser escrita, com o fim de prejudicar direito, criar obrigação ou alterar a verdade sobre fato juridicamente relevante:*

Pena *- reclusão, de um a cinco anos, e multa, se o documento é público, e reclusão de um a três anos, e multa, se o documento é particular.*

Parágrafo único. *Se o agente é funcionário público, e comete o crime prevalecendo-se do cargo, ou se a falsificação ou alteração é de assentamento de registro civil, aumenta-se a pena de sexta parte.*

Diferentemente dos Art. 297 e 298, que tratam da falsidade material, em que o conteúdo pode ser verdadeiro, mas o documento em si é falso, esse artigo aborda a falsidade ideológica, em que o documento é verdadeiro, mas o conteúdo, a ideia é falsa. A falsidade ideológica também é conhecida como falso ideal, falso intelectual ou falso moral.

Falsidade Material	Falsidade Ideológica
A forma do documento é falsa, porém os dados podem ser verdadeiros.	A forma do documento é verdadeira, mas a ideia contida é falsa.

Núcleos do tipo

Omitir: o funcionário público no momento da elaboração de um documento, **deixa de inserir** (omissão) informação que nesse deveria constar. É a falsidade imediata.

Inserir: aquele que **insere** no documento público ou particular informação falsa ou diversa que deveria ser escrita. É a falsidade **imediata**.

Fazer inserir: é o particular que fornece a informação falsa ao funcionário público competente, que **por erro** a insere no documento verdadeiro. É chamada falsidade **mediata**.

Caso o agente que utilizar o documento falsificado ou modificado seja o mesmo, esse delito (Art. 299) será absorvido pelo Art. 171, estelionato, do Código Penal, visto que a conduta busca obter vantagem indevida mediante o uso de fraude.

Para que seja configurado o crime de falsidade ideológica, o agente deve ter um especial fim de agir, ou seja, um **dolo específico**, de prejudicar um direito, criar uma obrigação ou alterar a verdade sobre um fato.

Falso reconhecimento de firma ou letra

Art. 300. *Reconhecer, como verdadeira, no exercício de função pública, firma ou letra que o não seja:*

Pena *- reclusão, de um a cinco anos, e multa, se o documento é público; e de um a três anos, e multa, se o documento é particular.*

Esse crime é classificado como **próprio**, pois somente pode ser cometido por funcionário público no exercício da função, ou seja, aquele que tem a competência para o reconhecimento.

O delito configura-se quando o funcionário público reconhece (atesta, afirma), como verdadeiro a firma ou letra que **sabe ser falsa**.

Não admite a modalidade culposa, porém o agente poderá vir a responder na esfera administrativa e civil. **(STJ. RMS 26.548/PR - 2010)**

Certidão ou atestado ideologicamente falso

Art. 301. *Atestar ou certificar falsamente, em razão de função pública, fato ou circunstância que habilite alguém a obter cargo público, isenção de ônus ou de serviço de caráter público, ou qualquer outra vantagem:*

Pena *- detenção, de dois meses a um ano.*

Esse delito tipifica a conduta do funcionário público que, devido às qualidades que seu cargo **propicia, atesta ou certifica** aquilo que sabe ser falso, em benefício de terceiros, para que obtenham vantagem, isenção ou ônus de obrigações junto à Administração Pública (*caput*).

A **certidão ou atestado** são verdadeiros, porém **os dados** informados para que tal pessoa obtenha vantagem sobre a Administração são falsos.

Falsidade material de atestado ou certidão

§1º. *Falsificar, no todo ou em parte, atestado ou certidão, ou alterar o teor de certidão ou de atestado verdadeiro, para prova de fato ou circunstância que habilite alguém a obter cargo público, isenção de ônus ou de serviço de caráter público, ou qualquer outra vantagem:*

Pena *- detenção, de três meses a dois anos.*

§2º. *Se o crime é praticado com o fim de lucro, aplica-se, além da pena privativa de liberdade, a de multa.*

> Se o agente é funcionário público, e comete o crime prevalecendo-se do cargo, ou se a falsificação ou alteração é de assentamento de registro civil, aumenta-se a pena de sexta parte.
> A falsidade ideológica é crime que não pode ser comprovado pericialmente, pois o documento é verdadeiro em seu aspecto formal, sendo falso apenas o seu conteúdo. Assim, não se exige o exame pericial (corpo de delito). O juiz é quem deve avaliar no caso concreto se o conteúdo é verdadeiro ou falso.

Configura também a conduta do agente que, ao contrário de atestar ou certificar, **falsifica** atestado, certidões ou **altera** o seu conteúdo em benefício de terceiros que desejam obter as mesmas vantagens já mencionadas no *caput* (§ 1º).

De acordo com o § 2º, caso a conduta tenha o fim de obtenção de lucro, além da pena de restrição de liberdade, o agente será apenado também com o pagamento de multa.

Falsidade de atestado médico

Art. 302. *Dar o médico, no exercício da sua profissão, atestado falso:*

Pena *- detenção, de um mês a um ano.*

Parágrafo único. *Se o crime é cometido com o fim de lucro, aplica-se também multa.*

O artigo visa punir o médico que, no exercício da sua profissão, fornece atestado falso independente de ele ser especialista ou não na área, imputando diagnóstico falso ao paciente que o solicita.

NÃO é necessário que o médico seja especialista da área a qual ele tenha fornecido o atestado falso.

Ex.: Um médico cirurgião plástico, atesta um distúrbio psiquátrico para que a pessoa consiga obter licença ou qualquer alguma outra vantagem. Embora ele não seja neurologista, responderá pelo crime de falso atestado.

Caso o médico seja funcionário público, responderá pelo crime do Art. 301, *caput* do Código Penal.

Sendo a conduta realizada com o objetivo de obter lucros, além da pena de detenção, será aplicada também uma multa (parágrafo único).

Reprodução ou adulteração de selo ou peça filatélica

Art. 303. *Reproduzir ou alterar selo ou peça filatélica que tenha valor para coleção, salvo quando a reprodução ou a alteração está visivelmente anotada na face ou no verso do selo ou peça:*

Pena *- detenção, de um a três anos, e multa.*

Parágrafo único. *Na mesma pena incorre quem, para fins de comércio, faz uso do selo ou peça filatélica.*

Uso de documento falso

Art. 304. *Fazer uso de qualquer dos papéis falsificados ou alterados, a que se referem os Arts. 297 a 302:*

Pena *- a cominada à falsificação ou à alteração.*

> Artigo revogado pelo Art. 39 da Lei 6.538/78 que trata do mesmo crime.

O crime de documento falso é um crime classificado doutrinariamente como remetido e acessório.

Crime remetido: pois tem a conduta típica descrita em artigos diferentes: **Arts. 297 a 302**, ou seja, é quando o agente efetivamente faz o uso dos documentos mencionados nesses artigos.

Crime acessório: pois necessita da prática de crime anterior - **Art. 297 a 302** - para caracterizar-se crime. Antes de ocorrer efetivamente o uso do documento falso, já houve um crime anterior, consumado no momento em que esse foi fabricado, alterado, modificado etc.

Apontamentos

A consumação ocorre no momento da utilização de quaisquer dos documentos falsificados dos Arts. 297 a 302 do Código Penal.

É necessário que haja o uso, não sendo suficiente a simples alusão ao documento falso.

Para configurar o instituto da tentativa, irá depender de que maneira que o crime de uso de documento falso seja praticado.

No caso do comento ser mal feito e a falsidade seja evidente (GROSSEIRA), afasta a falsidade do documento.

Apesar de haver corrente sustentando que, para a caracterização do crime basta que o escrito saia da esfera de disponibilidade do agente, ainda que empregado em finalidade diversa daquela a que se destinava, de acordo com a maioria, é imprescindível que o documento falso seja utilizado em sua específica destinação probatória.

Quando o agente utiliza o documento falso para cometer o crime de estelionato, responderá apenas por este último, e o outro restará absorvido.

Ex.: "A" usa o documento falso para enganar "B", com o fim de obter vantagem.

Agente deve apresentar de forma espontânea o documento a terceiros. A doutrina vem aceitando que, se o agente for solicitado a entregar por agente policial, o crime persiste.

Ex.: Em uma blitz de trânsito, quando o condutor apresenta uma Carteira Nacional de Habilitação ao ser essa solicitada pelo agente público.

Caso o agente que utilize o documento falsificado ou modificado seja o mesmo que praticou a falsificação, responderá apenas pelo crime da falsificação do documento.

Independente da forma que será realizada a apresentação do documento, se voluntária ou por solicitação de autoridade pública, o agente responderá pelo crime do Art. 304 do CP.

Supressão de documento

***Art. 305**. Destruir, suprimir ou ocultar, em benefício próprio ou de outrem, ou em prejuízo alheio, documento público ou particular verdadeiro, de que não podia dispor:*

***Pena** - reclusão, de dois a seis anos, e multa, se o documento é público, e reclusão, de um a cinco anos, e multa, se o documento é particular.*

O crime desse artigo, tem por objetivo tipificar a conduta do agente que dispõe de documento público ou particular verdadeiro, quando não o podia, com intuito de destruir, suprimir ou ocultar informações na intenção de causar prejuízo para outrem ou vantagem para si ou para terceiros.

É necessário que o documento suprimido, o alterado ou ocultado tenha seu valor probatório insubstituível, ou seja, caso seja cópia do documento original, NÃO estará configurado o crime.

O autor deve agir com finalidade específica, qual seja, executar o crime em benefício próprio ou de outrem, ou em prejuízo alheio (ausente esse elemento, outro poderá ser o delito).

6.5 De Outras Falsidades

Falsificação do sinal empregado no contraste de metal precioso ou na fiscalização alfandegária, ou para outros fins

***Art. 306**. Falsificar, fabricando-o ou alterando-o, marca ou sinal empregado pelo poder público no contraste de metal precioso ou na fiscalização alfandegária, ou usar marca ou sinal dessa natureza, falsificado por outrem:*

***Pena** - reclusão, de 2 (dois) a 6 (seis) anos, e multa.*

Falsa identidade

***Art. 307**. Atribuir-se ou atribuir a terceiro falsa identidade para obter vantagem, em proveito próprio ou alheio, ou para causar dano a outrem:*

***Pena** - detenção, de três meses a um ano, ou multa, se o fato não constitui elemento de crime mais grave.*

Esse delito torna típica a conduta de atribuir, para si próprio ou parar terceira pessoa, falsa identidade para obtenção de vantagem ou causar dano a terceiro, na tentativa de incriminá-lo, por exemplo:

Da leitura do verbo nuclear "atribuir" conclui-se que o crime é comissivo (praticado por ação), não ocorrendo a hipótese em que o agente silencia acerca da identidade equivocada que lhe atribuem.

Não ocorre o uso de documento falso (Art. 304 do CP), quando o agente somente atribui - verbalmente - ser outra pessoa, deve ser capaz de iludir.

O crime de falsa identidade é um CRIME SUBSIDIÁRIO, ou seja, caso venha a ser utilizado para prática de um crime mais grave, será atribuída a pena desse. Seria o caso do estelionato (Art. 171 do CP), por exemplo, pois o agente utiliza-se da fraude da falsa identidade para obtenção de vantagem. Ocorre o chamado princípio da consunção, em que o crime fim (estelionato) absorve o crime meio (falsa identidade).

Uso de documento de identidade alheia

***Art. 308**. Usar, como próprio, passaporte, título de eleitor, caderneta de reservista ou qualquer documento de identidade alheia ou ceder a outrem, para que dele se utilize, documento dessa natureza, próprio ou de terceiro:*

***Pena** - detenção, de quatro meses a dois anos, e multa, se o fato não constitui elemento de crime mais grave.*

Esse crime descreve a conduta do agente que **utiliza de documento - verdadeiro** - de uma terceira pessoa para se passar por ela, sendo conhecido como o "Uso de documento de identidade alheia". Se utilizar documento falso é o Art. 304 CP.

O agente efetivamente **utiliza** o documento alheio como se fosse próprio, sendo que a simples posse de documentos de terceiro não caracteriza o crime.

É punido tanto o agente que fez o uso do documento alheio, quanto a pessoa que o emprestou - cedeu - para que aquele o utiliza-se.

O crime de falsa identidade é subsidiário, ou seja, caso constituir crime mais grave será atribuído ao autor o crime mais grave. Desse modo, se o agente USAR documento falso, embora em nome de 3ª pessoa, (Ex.: colar sua fotografia em um documento de identidade alheio) responderá pelo crime de uso de documento falso (Art. 304, CP), haja visto que a substituição de fotografia em documento público caracteriza o crime de falsificação de documento público (Art. 297, CP).

Fraude de lei sobre estrangeiro

***Art. 309**. Usar o estrangeiro, para entrar ou permanecer no território nacional, nome que não é o seu:*

***Pena** - detenção, de 1 (um) a 3 (três) anos, e multa.*

***Parágrafo único**. Atribuir a estrangeiro falsa qualidade para promover-lhe a entrada em território nacional: (Acrescentado pela L-009.426-1996)*

***Pena** - reclusão, de 1 (um) a 4 (quatro) anos, e multa.*

De acordo com Mirabete, a expressão território nacional deve ser tomada no seu sentido jurídico, incluindo, portanto, o mar territorial e o espaço aéreo correspondente à coluna atmosférica.

O parágrafo único, traz um crime comum, cuja conduta típica consiste em atribuir a estrangeiro falsa qualidade para promover-lhe a entrada em território nacional.

***Art. 310**. Prestar-se a figurar como proprietário ou possuidor de ação, título ou valor pertencente a estrangeiro, nos casos em que seja vedada por lei a propriedade ou a posse de tais bens: (Alterado pela L-009.426-1996).*

***Pena** - detenção, de 6 (seis) meses a 3 (três) anos, e multa.*

Adulteração de sinal identificador de veículo automotor

***Art. 311**. Adulterar ou remarcar número de chassi ou qualquer sinal identificador de veículo automotor, de seu componente ou equipamento:*

***Pena** - reclusão, de três a seis anos, e multa.*

***§1º**. Se o agente comete o crime no exercício da função pública ou em razão dela, a pena é aumentada de um terço.*

§2º. Incorre nas mesmas penas o funcionário público que contribui para o licenciamento ou registro do veículo remarcado ou adulterado, fornecendo indevidamente material ou informação oficial.

O sinal de identificação é a placa do veículo, numeração do motor, marcação dos vidros etc.

A pessoa que recebe o veículo já adulterado, sabendo dessa circunstância, não pratica o crime do Art. 311, mas sim o do Art. 180 (receptação).

O §1º é uma causa especial de aumento de pena, se o funcionário público comete o crime prevalecendo-se do cargo. Exige-se, para incidir o aumento de pena, uma qualidade especial do agente, ser funcionário público, ou seja, um crime PRÓPRIO.

O §2º é uma figura equiparada. Esse parágrafo versa uma forma **própria** de crime, podendo ser cometido somente por funcionário público que tenha competência legítima para tais condutas.

Fita adesiva

A alteração de placa com utilização de fita adesiva é objeto de controvérsia. Para alguns autores, não se apresentando adulteração concreta e definitiva com objetivo de fraudar a propriedade, o licenciamento ou o registro do veículo, trata-se de simples infração administrativa. Para outros doutrinadores, há o crime do Art. 311 do CP.

Guilherme Nucci, ensina que a falsificação grosseira não constitui o delito, mas mera infração administrativa

Ex.: O agente modifica a placa do carro utilizando uma fita isolante preta.

6.6 Das Fraudes em Certames de Interesse Público

Fraudes em certame de interesse público

Art. 311-A. *Utilizar ou divulgar, indevidamente, com o fim de beneficiar a si ou a outrem, ou de comprometer a credibilidade do certame, conteúdo sigiloso de:*

I. Concurso público;

II. Avaliação ou exame público;

III. Processo seletivo para ingresso no ensino superior;

IV. Exame ou processo seletivo previstos em lei:

Pena *- reclusão, de 1 (um) a 4 (quatro) anos, e multa.*

§1º. Nas mesmas penas incorre quem permite ou facilita, por qualquer meio, o acesso de pessoas não autorizadas às informações mencionadas no caput.

§2º. Se da ação ou omissão resulta dano à administração pública:

Pena *- reclusão, de 2 (dois) a 6 (seis) anos, e multa.*

§3º. Aumenta-se a pena de 1/3 (um terço) se o fato é cometido por funcionário público.

Introduzido no Código Penal em 2011 pela Lei 12.550, visa evitar as fraudes cometidas em provas de concursos públicos, devido às precárias condições de fiscalização do Estado. Protege o sigilo da boa administração pública, vestibulares, processos seletivos, concursos públicos etc.

Por ser um crime comum, pode ser praticado por qualquer pessoa e, se praticado por funcionário público, a **pena aumenta-se de um terço** (Art. 311-A, §3º do CP).

Figura equiparada (Art. 311 - A, §1º): em análise ao tipo referido, a conduta é autenticamente um concurso de pessoas na modalidade participação, ou seja, um agente auxilia o outro na prática do crime.

Qualificadora (Art. 311 - A, §2º): o dano que afeta a Administração Pública é analisado em sentido amplo, e não somente o dano material. Por ser um crime contra a fé pública, afeta principalmente a moral da Administração e abala a credibilidade depositada pelas pessoas no Estado.

Consumação: Consuma-se com a simples prática dos núcleos, dispensando a obtenção da vantagem particular buscada pelo agente ou mesmo eventual dano à credibilidade do certame.

Princípio da especialidade

Aplicando-se o princípio da especialidade, a violação de sigilo funcional envolvendo certames de interesse público, não caracteriza o crime do Art. 325, mas sim o do Art. 311-A do CP.

Entendeu o STF que o uso de cola eletrônica não é crime. Entretanto, se o candidato teve acesso privilegiado ao gabarito da prova, pratica o crime junto com a pessoa que lhe forneceu.

Questões

01. (AOCP) Omitir, em documento público ou particular, declaração que dele devia constar, ou nele inserir ou fazer inserir declaração falsa ou diversa da que devia ser escrita, com o fim de prejudicar direito, criar obrigação ou alterar a verdade sobre fato juridicamente relevante, configura o crime de:

a) Supressão de documento.
b) Falsidade ideológica.
c) Falso reconhecimento.
d) Falsificação de documento particular.
e) Falsificação de sinal público.

02. (TRT 15R) O médico do trabalho da empresa que omite ou faz inserir declaração falsa ou diversa da que deveria ser escrita no documento Perfil Profissiográfico Previdenciário, com o fim de preservar a empresa contra eventual demanda judicial, comete crime de:

a) Falsificação de documento público;
b) Falsificação de documento particular;
c) Falsidade ideológica;
d) Falsidade de atestado médico;
e) Falsidade material de atestado ou certidão.

Gabaritos

01	B
02	C

7. DOS CRIMES CONTRA ADMINISTRAÇÃO PÚBLICA

7.1 Dos Crimes Praticados por Funcionário Público Contra a Administração em Geral

Peculato

Art. 312. *Apropriar-se o funcionário público de dinheiro, valor ou qualquer outro bem móvel, público ou particular, de que tem a posse em razão do cargo, ou desviá-lo, em proveito próprio ou alheio:*

Pena *- reclusão, de dois a doze anos, e multa.*

§ 1º. *Aplica-se a mesma pena, se o funcionário público, embora não tendo a posse do dinheiro, valor ou bem, o subtrai, ou concorre para que seja subtraído, em proveito próprio ou alheio, valendo-se de facilidade que lhe proporciona a qualidade de funcionário.*

Peculato Culposo

§ 2º. *Se o funcionário concorre culposamente para o crime de outrem:*

Pena *- detenção, de três meses a um ano.*

§ 3º. *No caso do parágrafo anterior, a reparação do dano, se precede à sentença irrecorrível, extingue a punibilidade; se lhe é posterior, reduz de metade a pena imposta.*

Esse artigo tem por objetivo tipificar a conduta do funcionário público que, aproveitando do cargo que ocupa, apropria-se de bem público ou particular. É necessário que o agente utilize das facilidades do seu cargo, pois, se não o fizer, responderá normalmente, a depender do caso concreto, nos crimes elencados no Titulo II. Dos Crimes Contra O Patrimônio, do Código Penal, por exemplo, o furto. (Art. 155 do CP).

Peculato apropriação

Art. 312. apropriar-se *o funcionário público de dinheiro, valor ou qualquer outro bem* ***móvel, público ou particular****, de que tem a posse em razão do cargo.(...)*

Nessa situação o funcionário público já possui a posse ou detenção lícita do bem (em razão do cargo que ocupa), porém passa a se comportar como se fosse o dono (pratica atos de disposição da coisa, venda, troca, doação etc.), não mais devolvendo ou restituindo o bem à Administração Pública.

Peculato-desvio

Art. 312. *(...) ou desviá-lo, em proveito próprio ou alheio.*

Também chamado de **peculato próprio**, valendo-se do cargo, o agente desvia, em proveito próprio ou de outrem; dinheiro, valor ou qualquer outro bem móvel, público ou particular.

Peculato furto

Também chamado de **peculato impróprio**. Só haverá este crime se o funcionário público valer-se dessa qualidade para subtrair o bem. Caso contrário, o crime será o de furto (Art. 155 do CP). Caso o particular não tenha conhecimento da qualidade de funcionário público, responderá por furto, enquanto esse último, responderá por peculato.

Exs.: "A" funcionário público, valendo-se do cargo, subtrai bem móvel da administração com auxílio de "B", o qual conhecia sua função. Ambos respondem por peculato, Art. 312 do CP.

"A" funcionário público, valendo-se do cargo, subtrai bem móvel da administração com auxílio de "B", o qual desconhecia a função de "A". "A" responderá por peculato (Art. 312 do CP), e "B" por furto (Art. 155 do CP).

"A" funcionário público, sem aproveitar do cargo que ocupa, com auxilio de "B", subtrai bem móvel da repartição em que "A" trabalha. Ambos respondem por furto (Art. 155 do CP).

São considerados crimes próprios, pois exigem a qualidade de funcionário público para sua classificação.

A conduta é sempre dolosa (apropriar-se, desviar, subtrair). Existe, no entanto, previsão para modalidade culposa (vide § 2º, peculato culposo).

É um crime comissivo, por conseguinte, pode incorrer em omissão imprópria, quando o agente, como garantidor, podendo evitar, nada faz para que o crime não seja consumado (Art. 13, §2°, do CP).

Sujeitos do crime

Sujeito Ativo: o funcionário público (crime próprio), mas admite-se coautoria e participação de particulares, desde que tenham conhecimento da qualidade de funcionário público do agente.

Se, comprovado que o particular desconhecia a qualidade funcional do agente, responde por apropriação indébita.

Sujeito Passivo: o Estado e secundariamente o particular, pessoa física ou jurídica, diretamente lesada em seu patrimônio.

Consumação e tentativa

Admite tentativa.

Tratando-se do peculato apropriação, peculato furto e peculato culposo, são crimes materiais, pois estarão consumados com a efetiva posse do bem móvel. No caso do peculato desvio, é um crime formal, pois se consuma no momento em que ocorre o desvio do destino da verba.

Figura culposa

§ 2º. *Se o funcionário concorre culposamente para o crime de outrem:*

Essa situação é quando o funcionário público, por imprudência, imperícia ou negligência, diante de sua conduta, permite que um terceiro pratique um crime contra a Administração Pública.

Caso o agente não seja funcionário público, ou sendo, não se utilize das facilidades que o cargo lhe proporciona para a subtração, incorrerá no crime de furto.

É importante considerar que:

> É o único crime culposo da espécie dos delitos funcionais.
> É o único crime de menor potencial ofensivo entre os delitos funcionais.

O funcionário público só responderá por este crime se o crime doloso de outrem (terceiro) chegar a se consumar.

Qual crime de outrem? Qualquer crime de outrem? Ou apenas algumas modalidades de crime?

O § 2º merece uma interpretação topográfica. Então, esse crime de outrem só pode ser o do §1º. Só pode ser o do caput. Desse modo, só existe o crime de peculato culposo quando o funcionário público concorre culposamente para um peculato-furto ou peculato próprio (apropriação ou desvio), de outrem. Prevalece essa corrente, que é a restritiva.

No que tange ao diretor de sindicato que se apropria de quantia, ele não irá praticar peculato, pois não é funcionário público, sequer por equiparação. Não é o diretor de sindicato funcionário público típico ou atípico.

> ***§ 3º.** No caso do parágrafo anterior, a reparação do dano, se precede à sentença irrecorrível, extingue a punibilidade; se lhe é posterior, reduz de metade a pena imposta.*

No crime de peculato culposo, a reparação do DANO, se precede (é anterior) à sentença irrecorrível, extingue a punibilidade; se lhe é posterior, reduz de metade a pena imposta. Somente para o peculato culposo. No Peculato Doloso não é possível aplicação do § 3º.

Sentença irrecorrível

Antes da sentença irrecorrível, extingue a punibilidade.

A reparação do dano após a sentença irrecorrível, há redução de metade da pena imposta. E, isso é feito pelo juiz da execução penal.

Peculato x roubo

Se a posse do bem (peculato apropriação ou desvio) decorre de violência ou grave ameaça, há crime de roubo (Art. 157) ou extorsão (Art. 158 do CP).

Peculato	
Peculato Doloso	Peculato apropriação (caput 1ª parte); Peculato desvio (peculato próprio) (caput 2ª parte); Peculato mediante erro de outrem (peculato estelionato) (Art. 313).
Peculato Culposo	(§2)

O Peculato de Uso não é crime, mas pode caracterizar ato de improbidade administrativa (Art. 9º, Lei nº 8.429/92). É o fato em que, por exemplo, um funcionário público apropria-se temporariamente de veículo público, no intuito de realizar diligências de caráter pessoal, restituindo o veículo ao pátio da repartição logo após o uso.

Se há desvio da verba em proveito da própria Administração, com utilização diversa da prevista em sua destinação, temos configurado o crime do Art. 315 do CP.

Princípio da insignificância

O princípio da insignificância é causa supralegal de exclusão da tipicidade, ou seja, o fato não será considerado crime. Sendo assim, há duas posições sobre o assunto:

> STJ: **não** admite a incidência do princípio da insignificância nos crimes contra a Administração Pública, pois a norma penal busca resguardar não somente o aspecto patrimonial, mas a moral administrativa.

> STF: **admite** a aplicação do princípio da insignificância nos crimes contra a administração pública. (HC 107370/SP, rel. Min. Gilmar Mendes, 26.4.2011).

Peculato mediante erro de outrem

> ***Art. 313.** Apropriar-se de dinheiro ou qualquer utilidade que, no exercício do cargo, recebeu por erro de outrem:*
> ***Pena** - reclusão, de um a quatro anos, e multa.*

Conduta

Pune-se a conduta do agente que inverter, no exercício do seu cargo, a posse de valores recebidos por erro de terceiro. O bem apoderado, ao contrário do que ocorre no peculato apropriação, não está naturalmente na posse do agente, derivando de erro alheio.

O erro do ofendido deve ser espontâneo, pois, se provocado pelo funcionário, poderá configurar o crime de estelionato.

Classificação

São considerados crimes próprios, pois exigem a qualidade de funcionário público para sua Classificação.

A conduta é sempre dolosa (apropriar-se). Não existe, no entanto, a forma culposa.

É um crime comissivo, por conseguinte, pode incorrer em omissão imprópria, quando o agente, como garantidor, podendo evitar, nada faz para que o crime não seja consumado (Art. 13, §2º do CP).

Sujeitos do crime

Sujeito Ativo: o funcionário público (crime próprio), mas admite-se coautoria e participação de particulares, desde que tenham conhecimento da qualidade de funcionário público do agente.

Sujeito Passivo: o Estado e secundariamente o particular, pessoa física ou jurídica, diretamente lesada em seu patrimônio.

Consumação e tentativa

ADMITE Tentativa

Sendo esse um crime material, consuma-se com a efetiva apropriação. Neste caso há divergência, alguns autores sustentam que a consumação se dará somente no momento em que o agente percebe o erro de terceiro e não o desfaz, ou seja, a consumação não se dá no momento do recebimento da coisa, mas sim no instante em que o agente se apropria da coisa recebida por erro, agindo como se dono fosse.

Descrição

O funcionário público que, no exercício do cargo, recebeu de terceiro, o qual estava em erro, dinheiro ou qualquer outra utilidade, e não prossegue com a efetiva destinação correta do recurso.

Apropriação coisa havida por erro

Se o funcionário público se apropriou de dinheiro ou qualquer utilidade que recebeu fora do exercício do cargo, responderá pelo crime de: Apropriação de coisa havida por erro, caso fortuito ou força da natureza.

> ***Art. 169**, CP. Apropriar-se alguém de coisa alheia vinda ao seu poder por erro, caso fortuito ou força da natureza.*

Se o particular, por engano quanto à pessoa, coisa ou obrigação, entrega objeto a funcionário público, em razão do cargo deste, e se ele se apropria do bem, há crime de peculato mediante erro de outrem (Art. 313, CP).

Inserção de dados falsos em sistema de informações

***Art. 313-A.** Inserir ou facilitar, o funcionário autorizado, a inserção de dados falsos, alterar ou excluir indevidamente dados corretos nos sistemas informatizados ou bancos de dados da Administração Pública com o fim de obter vantagem indevida para si ou para outrem ou para causar dano:*

***Pena** - reclusão, de 2 (dois) a 12 (doze) anos, e multa.*

Pune-se a conduta do funcionário público autorizado que insere ou facilita inserção de dados falsos, altera ou exclui indevidamente dados nos sistema de informação da Administração Pública com o objetivo de receber vantagem indevida, tal crime é também conhecido como **peculato eletrônico**.

Classificação

Trata-se de crime de mão própria, pois exige a qualidade de funcionário público autorizado para sua Classificação, ou seja, não é qualquer funcionário público, mas sim aquele autorizado a inserir, alterar ou excluir dados nos sistemas informatizados ou banco de dados.

A conduta é sempre dolosa (inserir, alterar ou excluir). Não existe, no entanto, a possibilidade da forma culposa.

É um crime comissivo, por conseguinte, pode incorrer em omissão imprópria, quando o agente, como garantidor, podendo evitar, nada faz para que o crime não seja consumado (Art. 13, §2º, CP).

Sujeitos do crime

Sujeito Ativo: o funcionário público autorizado (crime de mão própria), sendo possível a coautoria e participação do particular que tenha consciência da função pública do agente.

Sujeito Passivo: o Estado e secundariamente o particular, pessoa física ou jurídica, diretamente lesada em seu patrimônio.

Consumação e tentativa

ADMITE Tentativa

Sendo um crime formal, consuma-se com a devida inserção, alteração ou exclusão, não sendo necessário o efetivo recebimento da vantagem indevida, considerada apenas mero exaurimento do crime.

Descrição

Visa punir o funcionário autorizado, o qual detém acesso aos sistemas de informação da Administração Pública, e, aproveitando-se dessa situação, realiza condutas indevidas causando prejuízo para Administração, bem como, aos particulares.

Erro de tipo

É possível a ocorrência do erro do tipo, escusável ou inescusável, do agente que acredita estar agindo corretamente e acaba inserindo, excluindo ou alterando de forma equivocada, dados verdadeiros.

Mesmo sendo um crime de mão própria, é possível a figura da participação e coautoria, seja ela material ou moral.

Modificação ou alteração não autorizada de sistema de informações

***Art. 313-B.** Modificar ou alterar, o funcionário, sistema de informações ou programa de informática sem autorização ou solicitação de autoridade competente:*

***Pena** - detenção, de 3 (três) meses a 2 (dois) anos, e multa.*

***Parágrafo único.** As penas são aumentadas de um terço até a metade se da modificação ou alteração resulta dano para a Administração Pública ou para o administrado.*

Consiste em punir a conduta do funcionário público que modifica ou altera, sem autorização, os sistemas de informações da Administração Pública.

Classificação

São considerados crimes próprios, pois exigem a qualidade de funcionário público para sua Classificação.

A conduta é sempre dolosa (modificar, alterar). NÃO existe, no entanto, a possibilidade da forma culposa.

É um crime comissivo, por conseguinte pode incorrer em omissão imprópria, quando o agente, como garantidor, podendo evitar, nada faz para que o crime não seja consumado (Art. 13, §2º, CP).

Sujeitos do crime

Sujeito Ativo: o funcionário público (crime próprio), não exige a qualidade de ser funcionário autorizado, ademais é possível a coautoria e participação do particular que tenha consciência da função pública do agente.

Sujeito Passivo: o Estado e secundariamente o particular, pessoa física ou jurídica, diretamente prejudicada.

Consumação e tentativa

ADMITE Tentativa

O crime se consuma no momento da efetiva modificação ou alteração do sistema de informação, sendo que, se resultar em dano, é causa de aumento de pena conforme parágrafo único desse artigo.

Descrição

Para configuração do crime em tela é necessário que a modificação ou alteração ocorra sem autorização, pois tal conduta resume-se ao dolo do agente, à vontade livre de provocar as modificações.

Os crimes previstos nos Arts. 313-A e 313-B, ambos do CP, são conhecidos como peculato eletrônico.

Extravio, sonegação ou inutilização de livro ou documento

***Art. 314.** Extraviar livro oficial ou qualquer documento, de que tem a guarda em razão do cargo; sonegá-lo ou inutilizá-lo, total ou parcialmente:*

***Pena** - reclusão, de um a quatro anos, se o fato não constitui crime mais grave.*

Para configuração deste crime, é indispensável que o funcionário público tenha a posse do livro ou documento em razão do cargo que ocupa. É considerado como sendo um **crime subsidiário**, pois comumente sendo aplicado, caso o resultado não constitua crime mais grave.

Classificação

É considerado crime próprio, pois exige a qualidade de funcionário público para sua Classificação.

A conduta é sempre dolosa (extravio, inutilização, sonegação). Não existe, no entanto, a possibilidade da forma culposa.

É um crime comissivo, por conseguinte, pode incorrer em omissão imprópria, quando o agente, como garantidor, podendo evitar, nada faz para que o crime não seja consumado (Art. 13, §2º, CP).

Sujeitos do crime

Sujeito Ativo: somente funcionário público (crime próprio), ademais é possível a coautoria e participação do particular que tenha consciência da função pública do agente.

Sendo o sujeito ativo servidor em exercício junto a repartição fiscal ou tributária, o extravio de livre oficial, processo fiscal, ou qualquer documento por ele causado, configura crime especial previsto no Art. 3º, I, da Lei nº 8.137/90.

Sujeito Passivo: o Estado e, por conseguinte, o particular, pessoa física ou jurídica prejudicada.

Consumação e tentativa

ADMITE Tentativa

O crime se consuma no momento do efetivo extravio ou inutilização, mesmo que seja de forma parcial, bem como, com a sonegação.

Descrição

Por ser um crime subsidiário, há depender do resultado naturalístico que ocasionar, o crime será absorvido de acordo com sua especificidade (princípio da consunção), conforme em alguns dos casos exposto abaixo.

> Quando há o dolo específico de agir, responde pelo Art. 305 do CP.

> Caso o funcionário não seja o responsável pela guarda do livro ou do documento, responderá pelo Art. 337 do CP.

> Se praticado por advogado ou procurador, responderá pelo Art. 356 do CP.

O crime tipificado no Art. 314, além de ser próprio, é subsidiário em relação ao delito previsto no Art. 305, que exige dolo específico. Veja as diferenças:

	Art. 305. Supressão de documento público.	Art. 314. Extravio, sonegação ou inutilização de livro ou documento.
Objetividade Jurídica	Crime contra a fé pública.	Crime contra a administração pública.
Sujeito Ativo	Qualquer pessoa (crime comum).	Funcionário público (crime próprio).
Conduta	Destruir, suprimir ou ocultar documento público ou particular verdadeiro.	Extraviar, sonegar ou inutilizar livro oficial ou qualquer documento de que tem guarda em razão do cargo.
Tipo Subjetivo	Há finalidade específica de tirar proveito próprio ou de outrem, ou visando causar prejuízo alheio.	Não se exige qualquer finalidade específica.
Pena	Reclusão, de 2 a 6 anos, e multa, se o documento é público, e reclusão, de 1 a 5 anos, e multa, se o documento é particular.	Reclusão de 1 a 4 anos, se o fato não constitui crime mais grave.

Emprego irregular de verbas ou rendas públicas

***Art. 315.** Dar às verbas ou rendas públicas aplicação diversa da estabelecida em lei:*

***Pena** - detenção, de um a três meses, ou multa.*

Este tipo penal visa penalizar o administrador público que destina a verba pública para projetos, despesas ou gastos que não foram previstos no Orçamento Público, ou então, que não foram autorizados pela Lei Orçamentária Anual.

Classificação

São considerados crimes próprios, pois exigem a qualidade específica do funcionário público dotado de competência para utilizar e destinar as verbas públicas.

A conduta é sempre dolosa (destinar a verba para outra situação a qual não era prevista). Não existe possibilidade para modalidade culposa.

É um crime comissivo, por conseguinte, pode incorrer em omissão imprópria, quando o agente, como garantidor, podendo evitar, nada faz para que o crime não seja consumado (Art. 13, §2º, CP).

Sujeitos do crime

Sujeito Ativo: é crime próprio, pois o sujeito ativo será somente aquele funcionário público que tenha o poder de administração de verbas ou rendas pública (Ex.: Presidente da República, Ministros, Governadores etc.), ademais, é possível a coautoria e participação do particular que tenha consciência da função pública do agente.

Tratando-se de Prefeito Municipal, há crime próprio, prevalecendo pelo principio da especialidade o disposto no Art. 1º, III, do Decreto-Lei nº 201/67.

Sujeito Passivo: o Estado e secundariamente o particular, pessoa física ou jurídica, diretamente prejudicada.

Consumação e tentativa

ADMITE Tentativa

O crime se consuma no momento da efetiva destinação ou aplicação das verbas ou rendas públicas.

A simples destinação, sem posterior aplicação, constitui tentativa, gerando perigo para a regularidade administrativa.

Descrição

Caso o agente público seja o Presidente da República, ele responderá pela lei de improbidade administrativa, Art. 11, Lei nº 1.079/50. Por conseguinte, sendo prefeito, responderá pelo Art. 1º, III, do Decreto-Lei nº 201/67.

Entendimento stf

Segundo o STF

RT 617/396. Se o orçamento for aprovado por decreto do próprio Poder Executivo, e não por lei, não há o que se falar neste crime.

RT 883/462. Para que caracterize esse crime, é necessário que a lei que destina as verbas ou rendas públicas, seja em sentido formal e material.

Concussão

Art. 316. *Exigir, para si ou para outrem, direta ou indiretamente, ainda que fora da função ou antes de assumi-la, mas em razão dela, vantagem indevida:*

Pena *- reclusão, de 2 (dois) a 12 (doze) anos, e multa. (Redação dada pela Lei nº 13.964, de 2019) -* ***ANTICRIME***

§ 1º. *Se o funcionário exige tributo ou contribuição social que sabe ou deveria saber indevido, ou, quando devido, emprega na cobrança meio vexatório ou gravoso, que a lei não autoriza:*

Pena *- reclusão, de três a oito anos, e multa.*

§ 2º. *Se o funcionário desvia, em proveito próprio ou de outrem, o que recebeu indevidamente para recolher aos cofres públicos:*

Pena *- reclusão, de dois a doze anos, e multa.*

No crime de concussão, o funcionário público exige uma vantagem indevida e a vítima, temendo represálias, cede a essa exigência.

Trata-se de uma forma especial de extorsão, executada por funcionário público.

Classificação

São considerados crimes próprios, pois exigem uma qualidade específica, ser funcionário público.

A conduta é sempre dolosa (**exigir**). Não existe possibilidade para modalidade culposa.

É um crime comissivo, por conseguinte pode incorrer em omissão imprópria, quando o agente, como garantidor, podendo evitar, nada faz para que o crime não seja consumado (Art. 13, §2º, do CP).

Sujeitos do crime

Sujeito ativo: somente funcionário público (crime próprio), ademais, é possível a coautoria e participação do particular que tenha consciência da função pública do agente.

Sujeito passivo: o Estado e, por conseguinte, o particular, pessoa física ou jurídica prejudicada.

Consumação e tentativa

ADMITE Tentativa

O crime é formal, sendo assim, está consumado no momento da exigência.

Descrição

É atípica a conduta do particular (vítima) que efetivamente entregou o dinheiro exigido pelo funcionário público, pois ele agiu assim por medo de represálias.

Sendo um crime formal, e a consumação ocorrendo com a mera exigência da vantagem indevida. Pouco importa se o funcionário público recebe ou não. Porém, caso receba, haverá o exaurimento do crime.

Vantagem devida

Se a vantagem for devida, o agente funcionário público responderá pelo crime de abuso de autoridade, Lei nº 4.898/65.

Caso a vantagem seja **para a própria Administração Pública**, poderá haver o crime de excesso de exação (Art. 316, §1º, CP).

O particular que se disfarça de policial e exige dinheiro (vantagem indevida) para não efetuar a prisão de alguém, responderá pelo crime de extorsão (Art. 158, CP).

Mesmo que seja funcionário público, mas que não tenha a competência para a prática do mal prometido, não responde por este crime, mas por extorsão.

No crime de concussão, o agente exige a vantagem indevida. Ademais, no crime de corrupção passiva, Art. 317 do CP, O agente solicita, recebe ou aceita promessa de vantagem indevida.

Excesso de exação

Art. 316, §1º. *Se o funcionário exige tributo ou contribuição social que sabe ou deveria saber indevido, ou, quando devido, emprega na cobrança meio vexatório ou gravoso, que a lei não autoriza:*

Pena *- reclusão, de três a oito anos, e multa.*

Art. 316, §2º. *Se o funcionário desvia, em proveito próprio ou de outrem, o que recebeu indevidamente para recolher aos cofres públicos:*

Pena *- reclusão, de dois a doze anos, e multa.*

Trata-se da cobrança integral e pontual de tributos, em que o funcionário público exige ilegalmente tributo ou contribuição social em benefício da Administração Pública.

Classificação

São considerados crimes próprios, pois exige uma qualidade específica, ser funcionário público.

A conduta é sempre dolosa (**exigir tributo ou contribuição social ou desviar o recebimento indevido**). NÃO existe possibilidade para modalidade culposa.

É um crime comissivo, por conseguinte, pode incorrer em omissão imprópria, quando o agente, como garantidor, podendo evitar, nada faz para que o crime não seja consumado (Art. 13, §2º, CP).

Sujeitos do crime

Sujeito Ativo: somente funcionário público (crime próprio), ademais, é possível a coautoria e participação do particular que tenha consciência da função pública do agente.

Sujeito Passivo: o Estado e, por conseguinte, o particular, pessoa física ou jurídica prejudicada.

Consumação e tentativa

ADMITE Tentativa

O §1º diz que o crime é formal, sendo assim, está consumado no momento da exigência do tributo ou contribuição social por meio vexatório e gravoso, mesmo que a vítima não realize o pagamento.

O § 2º refere-se ao crime material, sendo consumado no momento que ocorre o desvio em proveito próprio ou de outrem, tendo recebido indevidamente.

Descrição

§ 1º do Excesso de Exação

Exigir um tributo ou contribuição social que **sabe ou deveria saber indevido**.

Ex.: Tributo que já foi pago pelo contribuinte; ou a quantia cobrada é superior à fixada em lei.

Exigir um tributo ou contribuição social devido, porém **empregando meio vexatório ou gravoso, que a lei não autoriza.**

Ex.: Meio vexatório: humilhar, causar vergonha ou constrangimento na vítima. Meio gravoso: causar maiores despesas ao contribuinte.

§ 2º da Qualificadora

O **desvio** do tributo ou contribuição social **indevido** ocorre antes de sua incorporação aos cofres públicos, pois, caso ocorra depois, o funcionário público responderá pelo crime de peculato desvio (Art. 312, *caput*, 2ª parte do CP).

Tributos

De acordo com o STF, existem cinco espécies de tributos: **impostos, taxas, contribuições de melhoria, empréstimos compulsórios e contribuições sociais.**

Segundo o STJ, **a custa e emolumentos concernentes aos serviços notariais e registrais possuem natureza tributária**, qualificando-se como taxas remuneratórias de serviços públicos. Desse modo, comete o crime de excesso de exação aquele que exige custas ou emolumentos que sabe ou deveria saber indevido.

Prevalece que a expressão deveria saber configura dolo eventual, entretanto há doutrina no sentido de que se trata de modalidade culposa do tipo.

Corrupção passiva

Art. 317. *Solicitar ou receber, para si ou para outrem, direta ou indiretamente, ainda que fora da função ou antes de assumi-la, mas em razão dela, vantagem indevida, ou aceitar promessa de tal vantagem:*

Pena *- reclusão, de 2 (dois) a 12 (doze) anos, e multa.*

§ 1º. *A pena é aumentada de um terço, se, em consequência da vantagem ou promessa, o funcionário retarda ou deixa de praticar qualquer ato de ofício ou o pratica infringindo dever funcional.*

§ 2º. *Se o funcionário pratica, deixa de praticar ou retarda ato de ofício, com infração de dever funcional, cedendo a pedido ou influência de outrem:*

Pena *- detenção, de três meses a um ano, ou multa.*

Apesar de possuir certas semelhanças com o delito de concussão, nesse delito podemos dizer que é menos constrangedor para a vítima, pois não há a coação moral da exigência, a honra da imagem do emprego vexatório, ocorre simplesmente a solicitação, o recebimento ou a simples promessa de recebimento.

Classificação

São considerados crimes próprios, pois exigem uma qualidade específica, ser funcionário público.

A conduta é sempre dolosa (**solicita, recebe ou aceita promessa**). Não existe possibilidade para modalidade culposa.

É um crime comissivo, por conseguinte, pode incorrer em omissão imprópria, quando o agente, como garantidor, podendo evitar, nada faz para que o crime não seja consumado (Art. 13, §2º, do CP).

Sujeitos do crime

Sujeito Ativo: é o funcionário público no exercício da função, aquele fora da função, mas em razão dela, ou o particular que está na iminência de assumir, e atue criminosamente em razão dela. Pode ter a participação do particular que tenha consciência da função pública do agente.

Sujeito Passivo: o Estado e, por conseguinte, o particular, pessoa física ou jurídica prejudicada.

O particular só será vítima se a corrupção partir do funcionário corrupto.

Consumação e tentativa

Admite tentativa somente na modalidade solicitar, quando formulada por meio escrito (carta interceptada).

O crime é formal, sendo assim, nesse delito, existem três momentos em que o crime pode se consumar. No momento da **solicitação**, no momento do **recebimento**, ou então no instante em que o agente aceita a **promessa** de **recebimento**, independe do efetivo pagamento ou recebimento para o crime estar consumado, caso ocorra, será mero exaurimento do crime.

Descrição

Solicitar: a conduta parte do funcionário público que pede a vantagem indevida. Nesta situação, o funcionário público responde por corrupção passiva e **o particular, caso entregue a vantagem indevida, não responderá por crime algum (fato atípico).**

Receber: a conduta parte do particular que oferece a vantagem indevida e o funcionário público recebe. Nesta situação, o funcionário público responde por corrupção passiva e o particular por corrupção ativa.

Aceitar promessa de tal vantagem: a conduta parte do particular que promete vantagem indevida ao funcionário público e este aceita a promessa. Nesta situação, o funcionário público responde por corrupção passiva e o particular por corrupção ativa. OBS.: não é necessário que o funcionário público efetivamente receba a vantagem prometida, pois o crime estará consumado com a mera aceitação de promessa.

Espécies de Corrupção Passiva

Corrupção Passiva Própria	Corrupção Passiva Imprópria
O funcionário público negocia um ato ILÍCITO. **Ex.:** PRF solicita R$ 100,00 para não multar motorista sem carteira de habilitação.	O funcionário público negocia um ato LÍCITO. **Ex.:** Juiz de Direito recebe dinheiro de autor de ação judicial para agilizar os trâmites do processo.

Mesmo que a propina seja para a prática de ato LEGAL, ocorrerá o crime em estudo.

Ex.: Comerciantes dão dinheiro para que policiais militares realizem rondas diárias no bairro onde os comerciantes trabalham. É crime, pois os servidores públicos já são remunerados pelo Estado para realizarem estas atividades.

Promessa vantagem indevida

Particular que oferece ou promete vantagem indevida: O particular que oferece ou promete vantagem indevida ao funcionário público, responde pelo crime de corrupção ativa, Art. 333, do CP.

Exceção à teoria unitária ou monista no concurso de pessoas:

> ***Art. 29**, CP. Quem, de qualquer modo, concorre para o crime incide nas penas a este cominadas, na medida de sua culpabilidade.*

Portanto, a regra é que todos aqueles que concorrem para a prática de um crime responderão pelo mesmo crime. Como se trata de **exceção**, o funcionário público que recebe ou aceita promessa de vantagem indevida responde por corrupção passiva, Art. 317, enquanto o particular que oferece ou promete vantagem indevida responde por corrupção ativa, Art. 333.

Não configura o crime de corrupção passiva o recebimento, pelo funcionário público, de gratificações usuais de pequeno valor por serviços extraordinários (desde que não se trate de ato contrário à lei), ou pequenas doações ocasionais, geralmente no Natal ou no Ano Novo.

Caso a vantagem recebida seja revertida em favor da própria Administração Pública não haverá o crime de corrupção passiva. Todavia, o funcionário público estará sujeito à prática de ato de improbidade administrativa (Lei nº 8.429/92).

Causa de aumento de pena

> ***§ 1º.** A pena é aumentada de um terço, se, em consequência da vantagem ou promessa, o funcionário retarda ou deixa de praticar qualquer ato de ofício ou o pratica infringindo dever funcional.*

O que seria o exaurimento do crime funciona como causa de aumento de pena para o funcionário público. A pena será aumentada em 1/3.

Se a violação praticada pelo agente público constitui, por si só, um novo crime, haverá concurso formal ou material entre a corrupção e a infração dela resultante. Todavia, nessa hipótese, a corrupção deixa de ser qualificada, pois do contrário incidirá no *bis in idem*, considerando-se o mesmo fato duas vezes em prejuízo do funcionário réu.

Corrupção passiva privilegiada

> ***§ 2º.** Se o funcionário pratica, deixa de praticar ou retarda ato de ofício, com infração de dever funcional, cedendo a pedido ou influência de outrem:*
>
> ***Pena** - detenção, de três meses a um ano, ou multa.*

Punem-se, nesse dispositivo, os famigerados favores administrativos.

Nesta hipótese, o particular não oferece ou promete vantagem indevida ao funcionário público. Ele apenas **pede** para que esse DÊ UM JEITINHO de praticar, deixar de praticar ou retardar ato de ofício, com infração de dever funcional.

Ex.: Pedro é abordado numa Blitz e seu veículo está com o IPVA atrasado. Diante disso, ele pede ao policial rodoviário que não aplique a devida multa ou apreenda o veículo. O policial atende ao pedido. Nesta situação, o policial praticou o crime de corrupção passiva privilegiada e Pedro é partícipe deste crime.

O § 2º tem grande incidência em concursos. É o famoso Dar um jeitinho.

Diferenças Importantes

Corrupção Passiva Privilegiada (Art. 317, §2º, CP)	Prevaricação (Art. 319, CP)
Se o funcionário pratica, deixa de praticar ou retarda ato de ofício, com infração de dever funcional, CEDENDO A PEDIDO OU INFLUÊNCIA DE OUTREM.	Retardar ou deixar de praticar, indevidamente, ato de ofício, ou praticá-lo contra disposição expressa de lei, PARA SATISFAZER INTERESSE OU SENTIMENTO PESSOAL. **Obs.:** Não há intervenção alheia nesse crime.

Facilitação de contrabando ou descaminho

> ***Art. 318.** Facilitar, com infração de dever funcional, a prática de contrabando ou descaminho (Art. 334):*
>
> ***Pena** - reclusão, de 3 (três) a 8 (oito) anos, e multa.*

Conduta: a conduta criminosa consiste em facilitar, por ação ou omissão, o contrabando ou o descaminho.

Sujeitos do crime

Sujeito Ativo: é crime próprio, somente o funcionário público incumbido de impedir a prática do contrabando ou descaminho poderá intentá-lo. Caso não ostente essa atribuição funcional, responderá pelo delito de contrabando ou descaminho, na condição de partícipe.

Sujeito Passivo: O Estado.

Exceção à teoria unitária ou monista no concurso de pessoas (Art. 29, CP)

O funcionário público que facilita, com infração de dever funcional, a prática de contrabando ou descaminho, responde pelo crime do Art. 318. Já o particular que realiza o contrabando ou descaminho responde pelo crime do elo crime do Art. 334 ou Art. 334 - A.

Conceito

Contrabando: é a importação ou exportação de mercadoria cuja entrada ou saída é proibida no Brasil. Ex.: máquinas caça-níquel, cigarros, quando em desacordo com autorização legal.

Descaminho: a importação ou exportação é permitida, porém o agente frauda o pagamento do tributo devido.

> Se a mercadoria importada ou exportada for arma de fogo, acessório ou munição, sem autorização da autoridade competente, o agente responderá pelo crime previsto no Art. 18 da Lei nº 10.826/03 (Estatuto do Desarmamento). Tráfico internacional de arma de fogo.

Consumação

Ocorre no momento em que o funcionário público efetivamente facilita o contrabando ou descaminho. **É crime formal ou de consumação antecipada**.

Não é necessário que a outra pessoa (autor do crime de contrabando ou descaminho - Art. 334) tenha sucesso em sua empreitada criminosa. Desse modo, mesmo que esta outra pessoa não obtenha êxito na realização do crime do Art. 334, o crime de contrabando e descaminho estará consumado, pois é crime formal.

Tentativa

Admitida somente na forma comissiva (ação). **A forma omissiva não admite o *conatus*.**

Elemento subjetivo

Dolo. Não se admite a modalidade culposa.

> Súm. 151, STJ. A competência para o processo e julgamento por crime de contrabando e descaminho define-se pela prevenção do Juízo Federal do lugar da apreensão dos bens.

Competência

Os crimes de contrabando e descaminho é da competência da **Justiça Federal**, pois ofende interesse da União (Art. 109, IV, CF/88).

Prevenir e reprimir o contrabando e o descaminho são atribuições da Polícia Federal (Art. 144, §1º, II, CF/88).

Prevaricação

Art. 319. *Retardar ou deixar de praticar, indevidamente, ato de ofício, ou praticá-lo contra disposição expressa de lei, para satisfazer interesse ou sentimento pessoal:*

Pena *- detenção, de três meses a um ano, e multa.*

Para que configure o delito de prevaricação, faz-se necessário que a ação ou omissão seja praticada de forma indevida, infrinja o dever funcional do agente público.

Classificação

É considerado crime de mão própria, pois exige uma qualidade específica, ser funcionário público e possuir determinado dever funcional.

Assim, é imprescindível que o funcionário tenha a atribuição para a prática do ato, pois, do contrário, não se pode considerar violação ao dever funcional.

A conduta é sempre dolosa, a qual se divide em três tipos: 1) Retardar indevidamente ato de ofício; 2) Deixar de praticar ato de ofício; 3) Praticar contra disposição expressa em lei.

NÃO admite a forma culposa.

Sujeitos do crime

Sujeito Ativo: somente funcionário público (crime próprio).

Sujeito Passivo: o Estado e, por conseguinte, o particular, pessoa física ou jurídica prejudicada.

Consumação e tentativa

Consuma-se o crime com o retardamento, a omissão ou a prática do ato, sendo dispensável a satisfação do interesse visado pelo servidor.

A tentativa não é admitida nas condutas retardar deixar de praticar, pois é crime omissivo próprio ou puro. Já a conduta praticá-lo contra disposição expressa de lei admite a tentativa por ser crime comissivo, ou seja, que exige uma ação.

É um crime formal. Para a consumação basta a intenção do funcionário público de satisfazer interesse ou sentimento pessoal, mesmo que não consiga êxito na concretização deste resultado.

Descrição

Crime de ação múltipla ou de conteúdo variado: Retardar, deixar de praticar ou praticá-lo. A realização de mais de um destes verbos, no mesmo contexto fático, caracteriza crime único. Todavia, tal fato será levado em conta pelo juiz no momento de fixação da pena-base (Art. 59 do CP).

Considerações

Retardar (atrasar / adiar): o funcionário público não realiza o ato de ofício dentro do prazo legal. Deixar de praticar (abster-se de praticar): não praticar o ato de ofício.

+

Indevidamente: (injustificavelmente / ilegalmente)

=

Prevaricação

Nessas duas hipóteses a prevaricação é crime omissivo próprio ou puro (condutas omissivas). Não admite tentativa (*conatus*).

NÃO há crime quando o funcionário público deixa de agir em razão de caso fortuito ou força maior.

Ex.: A falta de efetivo (pessoal) na repartição, incêndio, inundação etc.

Praticar (realizar um ato)
+
Contra Disposição Expressa de Lei
=
Prevaricação

Nesta hipótese a prevaricação é crime comissivo. Admite tentativa (*conatus*).

No caso concreto, se ausente o interesse de satisfazer interesse ou sentimento pessoal e o funcionário público receber uma ordem que deveria cumprir e não cumpri-la, não estará configurado o crime de prevaricação. Todavia, poderá caracterizar ato de improbidade administrativa (Art. 11, II, Lei nº 8.429/92).

Pessoalidade

Interesse Pessoal: é qualquer vantagem ou proveito de caráter moral ou patrimonial. Caso o funcionário público exija ou receba uma vantagem indevida a pretexto de praticar, retardar ou omitir a prática de um ato de ofício, o crime será de concussão (Art. 316 do CP) ou corrupção passiva (Art. 317 do CP).

Sentimento Pessoal: vingança, ódio, amizade, inimizade, inveja, amor.

Ex.: Promotor de Justiça solicita o arquivamento de inquérito policial o qual investiga crime que supostamente foi praticado por seu amigo de infância.

A desídia (preguiça), negligência ou comodismo (sem o fim de satisfazer interesse ou sentimento pessoal): não há crime de prevaricação. Todavia, o funcionário público poderá incorrer em ato de improbidade administrativa.

Diferenças Importantes

Prevaricação (Art. 319, CP)	Condescendência Criminosa (Art. 320, CP)
Retardar ou DEIXAR de PRATICAR, indevidamente, ATO DE OFÍCIO, ou praticá-lo contra disposição expressa de lei, para SATISFAZER INTERESSE OU SENTIMENTO PESSOA.	DEIXAR o funcionário, POR INDULGÊNCIA, DE RESPONSABILIDADE subordinado que cometeu infração no exercício do cargo ou, quando lhe falte competência, não levar o fato ao conhecimento da autoridade competente.

Prevaricação imprópria

Art. 319-A. *Deixar o Diretor de Penitenciária e/ou agente público de cumprir seu dever de vedar ao preso o acesso a aparelho telefônico, de rádio ou similar, que permita a comunicação com outros presos ou com o ambiente externo:*

Pena *- detenção, de 3 (três) meses a 1 (um) ano.*

Esse crime foi introduzido pela Lei nº 11.466/07 e recebe várias denominações por parte da doutrina, prevaricação imprópria, prevaricação em presídios, omissão do dever de vedar ao preso o acesso a aparelhos de comunicação. Todas essas classificações são aceitáveis, haja vista o legislador não conferir, na elaboração do tipo, o *nomem iuris* da conduta, deixando para que a doutrina o fizesse.

Classificação

É um crime doloso, não exigindo qualquer fim específico da conduta. Não é admitida a culpa.

É um crime simples, pois ofende um único bem jurídico e é um crime próprio, ou seja, podendo ser cometido somente por agente público que tenha o dever funcional de impedir a entrada de aparelhos de comunicação ou Diretor de Penitenciária.

Sujeitos do crime

Sujeito Ativo: por ser um crime próprio, pode ser cometido por agente público que deve ser interpretado de forma restrita, pois o agente deve ser incumbido de evitar a conduta descrita no tipo, para exemplificar podemos citar os agentes penitenciários, carcereiros e até mesmo pelos policiais responsáveis pela escolta.

O preso que for encontrado na posse de aparelho de comunicação não comete este crime, contudo incide em falta grave. Já o particular que fornece o aparelho para o preso comete o crime do Art. 349-A do CP.

Consumação e tentativa

Por ser um crime formal, dá-se a consumação no momento em que o agente público ou Diretor de Penitenciária não faz nada para impedir a entrada de aparelho de comunicação ao preso, contudo devendo saber que tal situação é ilícita. É dispensável o efetivo acesso do preso ao aparelho de comunicação.

Não é possível a tentativa, haja vista ser este um crime omissivo próprio.

Descrição do crime

A finalidade deste crime é impedir que o preso tenha acesso a qualquer tipo de aparelho de comunicação que possa se comunicar com qualquer pessoa (familiares, advogados, outros presos).

Os aparelhos eletrônicos podem ser, telefones (fixos ou móveis) *walkie-talkies* ou até mesmo uma *webcam*.

O fato é atípico quando o aparelho não tem nenhuma capacidade de comunicação ou, de qualquer forma, impossibilitado de funcionar. O mesmo acontece para cópias falsas de aparelhos.

Telefones celulares sem crédito tipificam a conduta, pois se verifica a possibilidade da obtenção de créditos de formas ilícitas, por exemplo, extorsões baseadas em falsos sequestros. Caracteriza-se a conduta, até mesmo quando o aparelho não tiver bateria, visto que existem meios alternativos para a sua ativação.

Condescendência criminosa

Art. 320. *Deixar o funcionário, por indulgência, de responsabilizar subordinado que cometeu infração no exercício do cargo ou, quando lhe falte competência, não levar o fato ao conhecimento da autoridade competente:*

Pena *- detenção, de quinze dias a um mês, ou multa.*

Esse tipo penal tem por objetivo punir o superior hierárquico que por indulgência (clemência) deixa de punir seu subordinado, bem como aquele que, sem competência para responsabilização, tendo conhecimento de alguma infração, não leva a informação aquém de competência para punir o agente público.

Tem como base o poder disciplinar da Administração Pública.

Classificação

É considerado um crime próprio: omissivo próprio: sendo que ato está na inação (deixar de agir).

O dolo está na conduta de se OMITIR, sendo assim, não admite a forma culposa.

Sujeitos do crime

Sujeito Ativo: somente funcionário público hierarquicamente superior ao servidor infrator.

Sujeito Passivo: o Estado e, por conseguinte, o particular, pessoa física ou jurídica prejudicada.

Consumação e tentativa

NÃO Admite Tentativa

É um crime formal e omissivo próprio ou PURO. Consuma-se no momento em que o funcionário superior, depois de tomar conhecimento da infração, suplanta prazo legalmente previsto para a tomada de providências contra o subordinado infrator.

Descrição do crime

O **crime** ocorre com a mera omissão do funcionário público que, ao tomar conhecimento da infração (administrativa ou penal) cometida pelo subordinado no exercício do cargo, deixa de tomar qualquer providência para responsabilizá-lo, ou, quando lhe faltar competência para tanto, não levar o fato ao conhecimento da autoridade competente. Não necessita da efetiva impunidade do infrator.

O fato será atípico quando o superior hierárquico, por negligência, não tomar conhecimento da infração cometida pelo funcionário público subalterno no exercício do cargo.

> *Se o funcionário público superior hierárquico se omite para atender sentimento ou interesse pessoal, responderá pelo crime de prevaricação.*
> *Se o superior hierárquico se omite com o objetivo de receber alguma vantagem indevida do funcionário público infrator, responderá pelo crime de corrupção passiva (Art. 317 do CP).*
> *Não configura o crime em tela, eventuais irregularidades praticadas pelo subordinado "extra officio" (fora do cargo) e toleradas pelo superior hierárquico.*

Nexo funcional

Deve haver o nexo funcional, ou seja, a infração deve ter sido praticada no exercício do cargo público ocupado pelo funcionário público.

Ex.: Policial civil pratica peculato e o Delegado, após tomar conhecimento do caso, por indulgência (tolerância) nada faz.

Indulgência: é sinônimo de tolerância, perdão, clemência.

Advocacia administrativa

Art. 321. *Patrocinar, direta ou indiretamente, interesse privado perante a administração pública, valendo-se da qualidade de funcionário:*

Pena *- detenção, de um a três meses, ou multa.*

Parágrafo único. *Se o interesse é ilegítimo:*

Pena *- detenção, de três meses a um ano, além da multa.*

Esse delito visa tipificar a conduta do agente que tem por objetivo defender, apadrinhar, advogar, interesse alheio perante a Administração Pública.

Classificação

É considerado crime próprio, pois exige uma qualidade específica, ser funcionário público.

A conduta é sempre dolosa. que pode ser praticada pela ação ou omissão. Não existe possibilidade para modalidade culposa.

É um crime comissivo, por conseguinte pode incorrer em omissão imprópria, quando o agente, como garantidor, podendo evitar, nada faz para que o crime não seja consumado (Art. 13, §2º, CP).

Sujeitos do crime

Sujeito Ativo: somente funcionário público (crime próprio). Não necessariamente advogado, como diversas questões afirmam.

Admite-se o concurso de terceiro não qualificado, na modalidade de coautoria ou participação, desde que conhecedor da condição funcional do agente público.

Sujeito Passivo: o Estado e, por conseguinte, o particular, pessoa física ou jurídica prejudicada.

Consumação e tentativa

ADMITE Tentativa

Consuma-se com a prática de ato revelador do patrocínio, que ofenda a moralidade administrativa, independente de obtenção de vantagem.

Descrição do crime

Utilizando da qualidade de funcionário, o agente público defende interesse alheio de forma direta: pelo próprio funcionário, ou então, de forma indireta: participação de uma terceira pessoa.

Necessidade de patrocínio

A advocacia administrativa exige mais do que um mero ato de encaminhamento ou protocolado de papéis. É necessário que se verifique o efetivo patrocínio de uma causa, complexa ou não, perante a administração.

Figura Qualificadora

Parágrafo único. *Se o interesse é ilegítimo:*

Para ensejar na qualificadora, o agente que pratica o ato de patrocínio deve ter conhecimento de que o pleito é ilegítimo.

Responsabilidade

Caso o patrocínio seja referente à instauração de processo licitatório ou a celebração de contrato junto à Administração Pública, cuja invalidação seja decretada pelo Judiciário, o agente responderá pelo Art. 91 da Lei nº 8.666/90.

Violência arbitrária

Art. 322. *Praticar violência, no exercício de função ou a pretexto de exercê-la:*

Pena - detenção, de seis meses a três anos, além da pena correspondente à violência.

Esse delito tem por objetivo tipificar a conduta do agente público que atua com violência no exercício da sua função ou a pretexto dela.

Grande parte da doutrina entende que o presente artigo foi revogado tacitamente pela Lei nº 4.898/65 (Lei de abuso de autoridade). Entretanto, há decisões de Tribunais Superiores reconhecendo a vigência do artigo em comento.

Classificação

A conduta é sempre dolosa: que pode ser praticada pela ação ou omissão. Não existe possibilidade para modalidade culposa.

É um crime comissivo, por conseguinte, pode incorrer em omissão imprópria, quando o agente, como garantidor, podendo evitar, nada faz para que o crime não seja consumado (Art. 13, §2º, CP).

Sujeitos do crime

Sujeito Ativo: somente funcionário público (crime próprio), não exige a qualidade específica de ser um policial, ademais, é possível a coautoria e participação do particular que tenha consciência da função pública do agente.

Sujeito Passivo: o Estado e, por conseguinte, o particular, pessoa física ou jurídica prejudicada.

Consumação e tentativa

ADMITE Tentativa

Consuma-se no momento da prática do ato de violência (ação), com a lesão provocada.

Descrição do crime

Conforme já mencionado, não é condição necessária que para incidir em violência arbitrária ou abuso de autoridade a condição específica de policial.

Ex.: Um fiscal sanitário que, no gozo de suas atribuições, ao encontrar uma bandeja de iogurte vencida, decide por lacrar o estabelecimento pelo prazo de noventa dias, além da aplicação da multa de R$ 100.000,00. Nessa hipótese, é claro observar que o agente abusou da atribuição do seu cargo prejudicando um particular. Pois, sua decisão, não foi proporcional ao agravo.

Figura qualificadora especial

Caso o agente seja ocupante de cargo em comissão, função de direção ou assessoramento, Art. 327,§2º, CP.

O simples emprego de intimidação moral, formada por ameaças, não é suficiente para caracterizar o crime desse artigo.

A pena do crime de violência arbitrária será somada à pena correspondente à violência.

Abandono de função

***Art. 323.** Abandonar cargo público, fora dos casos permitidos em lei:*

***Pena** - detenção, de quinze dias a um mês, ou multa.*

***§ 1º.** Se do fato resulta prejuízo público:*

***Pena** - detenção, de três meses a um ano, e multa.*

***§ 2º.** Se o fato ocorre em lugar compreendido na faixa de fronteira:*

***Pena** - detenção, de um a três anos, e multa.*

Tutela-se o regular desenvolvimento das atividades administrativas, punindo-se a interrupção do trabalho do servidor público que abandona suas atividades, fora dos casos permitidos em lei.

Classificação

Trata-se de um crime de mão própria, ou seja, que só pode ser cometido pelo próprio agente.

É um crime omissivo próprio, cometido por um funcionário específico, no momento em que não cumpre com suas funções.

Pune-se somente na modalidade dolosa.

Sujeitos do crime

Sujeito Ativo: embora o dispositivo diga abandono de função, entende a doutrina que somente o funcionário ocupante de cargo público pode cometer o crime, logo não prevalece a regra do Art. 327, CP.

Sujeito Passivo: A Administração Pública.

Consumação e tentativa

NÃO Admite Tentativa

É consumado após um tempo relevante, sendo previsto uma probabilidade de dano à Administração, porém sem necessidade que esse realmente ocorra para a efetiva consumação do crime.

Há doutrinadores que dizem que só haverá o crime de abandono após 31 dias ou mais de ausência injustificada no trabalho.

Descrição do crime

Forma Qualificada pelo Prejuízo

***§ 1º.** Se do fato resulta prejuízo público:*

***Pena** - detenção, de três meses a um ano, e multa.*

Nessa hipótese, compreende duas espécies de prejuízo, sendo o prejuízo social ou coleto, bem como aquele que afeta os serviços públicos e o interesse da coletividade.

Forma Qualificada Pelo Lugar de Fronteira

***§ 2º.** Se o fato ocorre em lugar compreendido na faixa de fronteira:*

***Pena** - detenção, de um a três anos, e multa.*

Considera-se fronteira a faixa situada até 150 Km de largura, ao longo das fronteiras terrestres.

Exercício funcional ilegalmente antecipado ou prolongado

***Art. 324.** Entrar, no exercício de função pública antes de satisfeitas as exigências legais, ou continuar a exercê-la, sem autorização, depois de saber oficialmente que foi exonerado, removido, substituído ou suspenso:*

***Pena** - detenção, de quinze dias a um mês, ou multa.*

O exercício ilegal de função pública afeta toda uma estrutura organizacional da Administração Pública, influindo diretamente na prestação de serviço público e no seu normal funcionamento. O referido crime tem por finalidade punir quem entra, exerce ou continua no serviço público de forma ilegal. É um crime de ação penal pública incondicionada.

Classificação

É um crime simples, de mão própria e formal.

É um crime doloso, não existindo a modalidade culposa.

Sujeitos do crime

Sujeito Ativo: é o funcionário público já nomeado que ainda não cumpriu todas as exigências para entrar no cargo ou que deixou de ser funcionário por ter sido exonerado, suspenso, removido etc.

Se for pessoa inteiramente alheia à função pública, o crime é o previsto no Art. 328 do CP.

Sujeito Passivo: é o Estado.

Consumação e tentativa

Por ser um crime formal, o delito se consuma com o primeiro ato realizado pelo funcionário público em alguma das condições do tipo penal, não necessitando que a Administração Pública sofra um efetivo dano ou prejuízo. A tentativa é possível, haja vista o caráter plurissubsistente do crime.

Descrição do crime

A primeira parte do *caput* versa uma norma penal em branco homogênea, pois necessita de complementação por legislação específica para saber quais são as exigências legais.

A segunda parte do *caput* descreve um elemento normativo específico, sendo necessário que o agente tenha o efetivo conhecimento de sua situação perante a Administração Pública.

Aquele que ingressa no exercício da função pública, antes de apresentar sua declaração de bens, incide no crime em tela se praticar algum ato inerente ao cargo.

Violação de sigilo funcional

Art. 325. *Revelar fato de que tem ciência em razão do cargo e que deva permanecer em segredo, ou facilitar-lhe a revelação:*

Pena *- detenção de seis meses a dois anos, ou multa, se o fato não constitui crime mais grave.*

§1º. *Nas mesmas penas deste artigo incorre quem:*

I. *Permite ou facilita, mediante atribuição, fornecimento e empréstimo de senha ou qualquer outra forma, o acesso de pessoas não autorizadas a sistemas de informações ou banco de dados da Administração Pública;*

II. *Se utiliza, indevidamente, do acesso restrito.*

§2º. *Se da ação ou omissão resulta dano à Administração Pública ou a outrem:*

Pena *- reclusão, de dois a seis anos, e multa.*

Certos assuntos da Administração Pública possuem caráter sigiloso e são imprescindíveis à segurança da sociedade e do Estado. Esse artigo tem por finalidade preservar os interesses públicos, privados e coletivos do sigilo das informações necessárias ao normal funcionamento da máquina pública. É um crime de ação penal pública incondicionada.

Classificação

É um crime simples, de mão própria (somente pode ser cometido por funcionário público que tenha o dever de assegurar o sigilo) e formal.

É considerado um crime doloso não tendo especificado em seu tipo penal um especial fim de agir. Não admite a modalidade culposa.

Sujeitos do crime

Sujeito Ativo: por ser um crime de mão própria, exige-se uma qualidade especial do sujeito ativo do crime, podendo ser tanto o funcionário público em efetivo exercício, quanto o aposentado, afastado ou em disponibilidade, podendo o particular ser partícipe do crime (Art. 325 do CP) se concorreu de qualquer modo com a revelação da informação.

Sujeito Passivo: é o ente público que teve o seu segredo revelado e, eventualmente, o particular lesado pela revelação do segredo.

Consumação e tentativa

O delito passa a ser consumado no momento em que a informação sigilosa é revelada a terceira pessoa, não exigindo que tal informação seja de conhecimento geral do público.

A tentativa somente é aceita se for uma conduta por escrito e, por circunstâncias alheias à vontade do agente, a carta não chega ao destino.

Descrição do crime

Figuras Equiparadas do §1º

Inciso I, exemplo: "A", um analista da Receita Federal, revela a senha do banco de dados do cadastro dos contribuintes, para que sua amiga encontre o endereço de seu ex-namorado.

Inciso II, exemplo: "A", analista da Receita Federal, utiliza a senha restrita do banco de dados dos servidores para descobrir informações fiscais de seus colegas de repartição.

Qualificadora §2º

Nessa figura, existe a lesão à Administração Pública ou a algum particular, ou seja, é considerado um crime de dano.

Aplicando-se o princípio da especialidade, a violação de sigilo funcional envolvendo certames de interesse público não caracteriza o crime do Art. 325, mas sim o do Art. 311-A do CP.

Violação de sigilo de proposta de concorrência

Art. 326. *Devassar o sigilo de proposta de concorrência pública, ou proporcionar a terceiro o ensejo de devassá-lo:*

Pena *- detenção, de três meses a um ano, e multa.*

Revogado tacitamente pelo Art. 94 da Lei nº 8.666/93 (Lei das Licitações).

Funcionário público

Art. 327. *Considera-se funcionário público, para os efeitos penais, quem, embora transitoriamente ou sem remuneração, exerce cargo, emprego ou função pública.*

§ 1º. *Equipara-se a funcionário público: quem exerce cargo, emprego ou função em entidade paraestatal, e quem trabalha para empresa prestadora de serviço contratada ou conveniada para a execução de atividade típica da Administração Pública.*

§ 2º. A pena será aumentada da terça parte quando os autores dos crimes previstos neste Capítulo forem ocupantes de cargos em comissão ou de função de direção ou assessoramento de órgão da administração direta, sociedade de economia mista, empresa pública ou fundação instituída pelo poder público.

São funcionários públicos não só aqueles que desempenham cargos criados por lei, regularmente investidos e nomeados, remunerados pelo cofres públicos, como também os que exercem emprego público (contratados, mensalistas, diaristas, tarefeiros, nomeados a título precário) e, ainda, todos que, de qualquer forma, exercem função pública.

Para fins penais, considera-se funcionário público aquele que trabalha para uma empresa particular que mantém convênio com o Poder Público, e para este presta serviço.

7.2 Dos Crimes Praticados por Particular contra a Administração em Geral

Usurpação de função pública

Art. 328. *Usurpar o exercício de função pública:*

Pena *- detenção, de três meses a dois anos, e multa.*

Parágrafo único. *se do fato o agente aufere vantagem:*

Pena *- reclusão, de dois a cinco anos, e multa.*

Introdução

Esse crime foi criado com o intuito de punir aquele que exerce função pública sem possuir legitimidade para tanto, pois o Estado tem interesse em preservação da função das pessoas realmente investidas ao exercício das funções públicas. É um crime de ação penal pública incondicionada.

Classificação

É um crime simples, comum e formal.

É considerado um crime doloso, não dependendo de nenhuma finalidade. Não é admitida a culpa.

Sujeitos do crime

Sujeito Ativo: Por ser um crime comum, pode ser praticado por qualquer pessoa, inclusive por funcionário público. **Ex.:** um escrivão que atue exercendo tarefas exclusivas de um Delegado de Polícia.

Sujeito Passivo: Imediatamente é a Administração Pública e secundariamente a pessoa física ou jurídica à qual recaiu a conduta criminosa.

Consumação e tentativa

Trata-se de crime formal. Consuma-se o delito com a prática de ato exclusivo, que só pode ser praticado por pessoa legalmente investida no ofício usurpado.

A tentativa é plenamente possível. No caso do agente ser impedido de executar ato de ofício por circunstâncias alheias a sua vontade.

Descrição do crime

A figura qualificada (Art. 328, parágrafo único) se refere a um crime material, visto que o agente aufere vantagem do delito, sendo a vantagem de qualquer natureza.

Resistência

Art. 329. *Opor-se à execução de ato legal, mediante violência ou ameaça a funcionário competente para executá-lo ou a quem lhe esteja prestando auxílio:*

Pena *- detenção, de dois meses a dois anos.*

§ 1º. *Se o ato, em razão da resistência, não se executa:*

Pena *- reclusão, de um a três anos.*

§ 2º. *As penas deste artigo são aplicáveis sem prejuízo das correspondentes à violência.*

Introdução

Esse crime visa proteger a Administração Pública e, também, a atuação do funcionário público na realização de atos legais e a integridade física e moral do particular que lhe presta auxílio. É um crime de ação penal pública incondicionada.

Classificação

É um crime **pluriofensivo** (atinge mais de um bem jurídico), comum e formal.

É um crime doloso e mais a intenção de impedir a execução de ato legal (especial fim de agir). Não se admite a modalidade culposa.

Sujeitos do crime

Sujeito Ativo: pode ser praticado por qualquer pessoa (crime comum).

O funcionário público pode ser sujeito ativo deste crime nas situações em que age como particular.

O sujeito ativo (autor) pode ser pessoa alheia à execução do ato legal. Ex.: Filho que procura resistir à prisão legítima do pai mediante violência ou grave ameaça.

Sujeito Passivo: primariamente o Estado e, secundariamente, o funcionário público agredido ou ameaçado pela resistência.

É indispensável que o particular esteja efetivamente acompanhado do funcionário público competente para a execução do ato para que se caracterize o crime de resistência, pois caso o particular esteja sozinho o agente responderá por outro crime (lesão corporal, ameaça, tentativa de homicídio etc.).

Consumação e tentativa

É crime formal. Não importa se o agente consegue ou não impedir a execução do ato legal, o crime estará consumado.

Em regra admite tentativa, com exceção de ameaça verbal.

Descrição do crime

Opor-se: impedir a execução do ato legal. O ato legal deve ser específico e concreto, isto é, apto a gerar efeitos imediatos e dirigido a pessoa(s) determinada(s).

Espécies de Resistência

Resistência ATIVA: é o crime de resistência do Art. 329, *caput*, do Código Penal.

Resistência PASSIVA: o agente, sem o emprego de violência ou ameaça a funcionário público competente ou a quem lhe presta auxilio, se opõe à execução de ato legal.

> **Ex.:** "A", policial civil, vai cumprir um mandado de prisão preventiva expedido em face de "B", este se agarra a um poste para não ser preso.

Nesta hipótese, (Resistência Passiva) não se configura o crime de Resistência. Todavia, o agente responderá pelo crime de Desobediência (Art. 330, CP).

Violência:

A violência deve ser dirigida contra pessoa, pois se for dirigida contra coisa o agente responderá pelo crime de dano qualificado (Art. 163, parágrafo único, III, CP).

A violência deve ser empregada durante a execução do ato legal, pois se for empregada antes ou depois o agente responderá pelo crime de ameaça (Art. 147, CP) ou lesão corporal (Art. 129, CP).

A violência deve ser empregada para impedir o cumprimento da ordem, se for outra a causa, o crime será outro.

Figura qualificada (Art. 329, §1º, CP): O que seria o exaurimento do crime funciona como uma qualificadora. Nesta hipótese o crime é material.

Legalidade do ato

Legalidade do Ato: o ato deve ser legal, mesmo que injusto.

> **Ex.:** O juiz decretou a prisão preventiva de "A" pois ele é o principal suspeito de ter estuprado oito mulheres numa pequena cidade do interior. No momento da realização da prisão, "A" agrediu os policiais militares, pois jurava que era inocente. Uma semana após a prisão, "B" o verdadeiro estuprador fez duas novas vítimas e foi preso em flagrante. O juiz mandou soltar "A", mas este responderá pelo crime de resistência, pois o ato, apesar de injusto, era legal.

Desobediência

Art. 330. *Desobedecer a ordem legal de funcionário público:*
Pena *- detenção, de quinze dias a seis meses, e multa.*

O crime de desobediência, também conhecido como "resistência passiva", apresenta pontos em comum com o crime de resistência (Art. 329 do CP), porém se diferencia pela ausência de violência ou grave ameaça ao funcionário público ou a pessoa que está auxiliando o funcionário. É um crime de ação penal pública incondicionada.

Classificação

É um crime simples, comum e formal.

Dolo. O agente deve ter consciência da legalidade da ordem e da competência do funcionário público, sob pena de atipicidade do fato (o fato não será crime). Não se admite a modalidade culposa.

Pode ser praticado por ação ou por omissão.

Sujeitos do crime

Sujeito Ativo: qualquer pessoa, desde que vinculada ao cumprimento da ordem legal imposta pela autoridade pública.

Se o agente devia cumprir a ordem, por dever de ofício, tipifica-se, em tese, o delito de prevaricação.

Sujeito Passivo: é o Estado de forma imediata e mediatamente é o funcionário público o qual teve a ordem descumprida injustificadamente.

Consumação e tentativa

→ **A consumação depende do tipo de ordem:**

Se for uma **omissão** do agente: no momento em que o agente atuar, violando, assim, a ordem de abster-se;

Se for uma **ação** do agente: no momento em que transcorrer o prazo para que o agente realize determinado ato e este não cumpra a ordem dada.

Admite-se a tentativa na modalidade comissiva (ação). Não é cabível na modalidade omissiva.

Conduta

Desobedecer (Recusar cumprimento / Desatender / Descumprir) ordem legal de funcionário público competente para emiti-la. Necessita da presença de dois requisitos:

Existência de uma ordem legal: não se trata de uma mera solicitação ou pedido.

Ordem emanada de funcionário público competente: o funcionário deve possuir competência funcional para emitir a ordem.

Legalidade

Segundo a Jurisprudência, pratica o crime de desobediência o indivíduo que se recusa a identificar-se criminalmente nos casos previstos em lei. Assim, como o indiciado que se recusa a identificar-se civilmente.

Pratica o crime previsto no Art. 307 da Lei nº 9.503/97 (Código de Trânsito Brasileiro), o indivíduo que viola a suspensão ou proibição de se obter a permissão ou a habilitação para dirigir veículo automotor.

Desobediência X Resistência

Desobediência (Art. 330, CP)	Resistência (Art. 329, CP)
Não há emprego de violência ou ameaça.	Há emprego de violência ou ameaça.

Apontamentos

→ Não é crime de desobediência a conduta do agente que se recusa a realizar:

- Teste de bafômetro;
- Exame de sangue (hematológico);
- Exame de DNA;
- Dosagem alcoólica;
- Exame grafotécnico.

Lembre-se de que ninguém é obrigado a produzir prova contra si mesmo, pois trata-se de desdobramento lógico da garantia constitucional ao silêncio.

Desacato

Art. 331. *Desacatar funcionário público no exercício da função ou em razão dela:*

Pena *- detenção, de seis meses a dois anos, ou multa.*

Todo funcionário público representa o Estado e age em seu nome a todo o momento em que exerce sua função. O crime de desacato (Art. 332 do CP) foi criado com o intuito de proteger o agente público e o prestígio da função exercida pelo funcionário público. É um crime de ação penal pública incondicionada.

Classificação

Crime de forma livre, admitindo qualquer meio de execução.

Dolo. Vontade livre e consciente de agir com a finalidade de desprestigiar a função pública do ofendido. Não se admite a modalidade culposa.

É um crime formal. Independe, para sua consumação, de um resultado naturalístico.

Sujeitos do crime

Sujeito Ativo: crime comum (pode ser praticado por qualquer pessoa).

É possível que o funcionário público seja autor do crime de desacato, pois, ao cometer este delito, ele se despe de sua qualidade de funcionário público e passa a atuar como um particular. Nesta situação não importa se o agente é ou não superior hierárquico do funcionário público ofendido.

Não há crime de desacato na hipótese em que o ofendido, no momento da conduta, não possui mais a condição de funcionário público (Ex.: aposentado, demitido etc). Todavia, poderá haver crime contra a honra (calúnia/difamação/injúria), pois neste caso há lesão contra um particular e não contra a Administração Pública.

O advogado pode praticar (ser sujeito ativo) o crime de desacato caso ofenda funcionário público no exercício da função ou em razão dela.

Sujeito Passivo: o Estado, primariamente, e o funcionário público ofendido, secundariamente.

Será vítima somente o funcionário público assim definido no caput do Art. 327 do CP, não abrangendo o equiparado.

Consumação e tentativa

É crime Formal. Ocorre no momento em que o funcionário público é ofendido. Não importa se sente ou não ofendido com os atos praticados. Não é necessário que outras pessoas presenciem a ofensa proferida.

Admite-se a tentativa, salvo quando a ofensa é praticada verbalmente.

Descrição do crime

O autor deste crime deve ter ciência de que o ofendido é funcionário público e se encontra no exercício da função pública ou que a ofensa é proferida em razão dela. Deve ter ainda o propósito de desprestigiar a função pública do funcionário público (especial fim de agir).

Não é necessário que o funcionário público se encontre no interior da repartição pública. Basta que esteja no exercício da função pública.

Ex.: Pedro encontra o Juiz de Direito no supermercado e o chama de corrupto.

Haverá crime único de desacato caso o agente ofenda vários funcionários públicos no mesmo contexto fático, pois o sujeito passivo é a Administração Pública.

Considerações

Não haverá o crime de desacato caso a ofensa diga respeito à vida particular do funcionário público. Todavia, poderá caracterizar crime contra a honra.

Ex.: Afirmar que o Promotor de Justiça foi visto saindo de um prostíbulo.

Vejamos as diferenças entre os crimes de injúria (Art. 140 do CP) e desacato (Art. 331 do CP).

Desacato (Art. 331, CP)	Injúria (Art. 140, CP)
A ofensa é proferida na PRESENÇA do funcionário público.	A ofensa é proferida na AUSÊNCIA do funcionário público.
Crime contra a Administração Pública.	Crime contra a honra.
Ação Penal Pública Incondicionada.	Regra: Ação Penal iniciativa privada.

Tráfico de influência

Art. 332. *Solicitar, exigir, cobrar ou obter, para si ou para outrem, vantagem ou promessa de vantagem, a pretexto de influir em ato praticado por funcionário público no exercício da função:*

Pena *- reclusão, de 2 (dois) a 5 (cinco) anos, e multa*

Parágrafo único. *a pena é aumentada da metade, se o agente alega ou insinua que a vantagem é também destinada ao funcionário.*

O crime de tráfico de influência foi criado pela Lei nº 9.127/95, porém antes de sua criação, o delito era chamado de exploração de prestígio (Art. 357 do CP), sendo esse um crime contra a Administração da justiça e o tráfico de influência (Art. 332 do CP) contra a Administração Pública. O crime em apreço é de ação penal pública incondicionada.

Classificação

É classificado como crime simples, comum e FORMAL.

É um crime doloso e com um especial fim de agir (vantagem para si ou para outrem). Não é admitida a modalidade culposa.

Sujeitos do crime

Sujeito Ativo: por ser um crime comum, pode ser praticado por qualquer pessoa.

Sujeito Passivo: de maneira imediata é o Estado e mediatamente, o comprador da influência (pessoa que paga ou promete vantagem), com o fim de obter benefício do funcionário público.

Consumação e tentativa

É um crime de consumação antecipada ou formal, caracterizando-se pela realização da conduta descrita no tipo penal, independentemente da obtenção da vantagem. Observação: com o núcleo do tipo "obter", o crime é material, consumando o delito no momento da obtenção da vantagem.

Tentativa é possível em determinados casos, do contrário não será admitida, pois se a conduta for realizada verbalmente não há que se falar em tentativa.

Descrição do crime

Por haver vários núcleos do tipo (exigir, solicitar, obter, cobrar), o crime de tráfico de influência é classificado como crime de ação múltipla ou de conteúdo variado, respondendo o agente se praticado no mesmo contexto fático, por crime único, mesmo se realizar mais de um núcleo do tipo.

Segundo STJ é dispensável para a caracterização do delito que o agente efetivamente influa em ato praticado por funcionário público, basta que o mesmo alegue ter condições para tanto.

Ex.: "A", dizendo ser amigo de um Delegado de Polícia, sem realmente sê-lo, solicita a "B" que entregue certo valor a pretexto de convencer (influir) o Delegado a não instaurar uma investigação contra o filho de "A".

Influência

Caso a aludida influência seja real, poderá haver outro crime (corrupção).

Causa de aumento de pena, parágrafo único

Caso o agente, além de toda a fraude empregada, alega que a vantagem também se destina ao funcionário público, será aquele merecedor de pena majorada, visto que o bem jurídico tutelado no tipo é mais gravemente afetado, qual seja, o prestígio da Administração Pública.

Corrupção ativa

Art. 333. *Oferecer ou prometer vantagem indevida a funcionário público, para determiná-lo a praticar, omitir ou retardar ato de ofício:*

Pena *- reclusão, de 2 (dois) a 12 (doze) anos, e multa.*

Parágrafo único. *A pena é aumentada de um terço, se, em razão da vantagem ou promessa, o funcionário retarda ou omite ato de ofício, ou o pratica infringindo dever funcional.*

O crime de corrupção ativa está tipificado no Art. 333 do Código Penal e faz parte dos crimes cometidos por particular contra a Administração Pública. Isso não quer dizer que não possa ser cometido por funcionário público que, se praticá-lo, estará se despindo de sua função pública e agindo como um particular.

É um crime de ação penal pública incondicionada.

Classificação

É considerado um crime formal, que para sua consumação não se exige um resultado.

Classificado como plurissubsistente, podendo sua conduta ser fracionada em diversos atos.

É um crime doloso, acrescido de um especial fim de agir (determinar o funcionário público a praticar, omitir ou retardar ato de ofício).

Sujeitos do crime

Sujeito Ativo: crime comum (qualquer pessoa).

Funcionário público também pode ser sujeito ativo deste crime, desde que realize a conduta sem aproveitar-se das facilidades inerentes à sua condição funcional.

Ex.: Pedro, analista judiciário do TRF, oferece dinheiro a um Delegado de Polícia para que este não o prenda em flagrante pela prática do crime de porte ilegal de arma de fogo.

O particular só responderá por corrupção ativa se este oferecer ou prometer vantagem indevida. A simples entrega de vantagem ilícita solicitada por funcionário público não configura crime nestes casos, o particular será vítima secundária de corrupção passiva (Art. 317 do CP).

Sujeito Passivo: o Estado e, secundariamente, a pessoa física ou jurídica prejudicada pela conduta criminosa.

Consumação e tentativa

É crime formal. Ocorre a consumação com a oferta ou promessa de vantagem indevida ao funcionário público, independentemente da sua aceitação. Ofereceu ou prometeu, o crime já está consumado.

Também não é necessária a prática, omissão ou retardamento do ato de ofício. Desse modo, se o agente oferece ou promete a vantagem indevida ao funcionário público, o crime estará consumado.

A tentativa é possível, salvo quando o crime é praticado verbalmente.

Descrição do crime

Vantagem Indevida: não precisa ser necessariamente patrimonial/econômica. Pode ter qualquer natureza: patrimonial, sexual, moral etc.

Meios de Execução: o delito de corrupção ativa pode ser praticado de duas formas:

Oferecer vantagem indevida: nesta hipótese, a conduta parte do particular que põe à disposição a vantagem indevida ao funcionário público e este a recebe. Desse modo, o particular praticou o crime de corrupção ativa (Art. 333 do CP) e o funcionário público o crime de corrupção passiva (Art. 317 do CP).

PROMETE vantagem indevida: nesta hipótese, a conduta parte do particular que promete a vantagem indevida ao funcionário público e este a aceita. Desse modo, o particular praticou o crime de corrupção ativa (Art. 333 do CP) e o funcionário público o crime de corrupção passiva (Art. 317 do CP). Não é necessário que o particular efetivamente cumpra sua promessa para que ocorra a consumação do delito, basta a simples promessa.

Não se configura a infração penal quando a oferta ou promessa tem o fim de impedir ou retardar ato ilegal.

Causa de aumento de pena

Parágrafo único. *A pena é aumentada de um terço, se, em razão da vantagem ou promessa, o funcionário retarda ou omite ato de ofício, ou o pratica infringindo dever funcional.*

A corrupção ativa é um crime formal. Desse modo, o que seria o exaurimento do crime (retardar ou omitir ato de ofício, ou o praticar infringindo dever funcional) funciona como uma causa de aumento de pena.

Considerações

O crime de corrupção ativa é uma exceção à Teoria Unitária ou Monista do concurso de pessoas (Art. 29 do CP), pois o particular que oferece ou promete vantagem indevida responde pelo crime de corrupção ativa (Art. 333 do CP), já o funcionário público que recebe ou aceita promessa de vantagem indevida responde pelo crime de corrupção passiva (Art. 317 do CP).

Corrupção Ativa (Art. 333, CP)	Corrupção Passiva (Art. 317, CP)
Sujeito Ativo: Particular	Sujeito Ativo: Funcionário Público
Fato Atípico ←	Solicitar
Oferecer →	Receber
Prometer →	Aceitar Promessa

É possível que ocorra o crime de corrupção ativa sem que ocorra corrupção passiva.

Ex.: Pedro oferece ou promete dinheiro, vantagem indevida, para que João (Delegado de Polícia) não o prenda em flagrante, mas João não recebe ou aceita a promessa.

Também é possível que ocorra o crime de corrupção passiva sem que ocorra corrupção ativa.

Ex.: Ronaldo (auditor fiscal) solicita vantagem indevida a André (empresário) para não aplicar uma multa milionária na empresa deste último.

Duas situações podem ocorrer: André realiza a entrega da vantagem indevida, ou não. Nas duas hipóteses, apenas Ronaldo praticou crime, pois a conduta de André é atípica.

Apontamentos

Na hipótese em que o particular pede para o funcionário público dar um jeitinho não responderá pelo crime de corrupção ativa, pois o agente não ofereceu nem prometeu vantagem indevida. Nessa hipótese, duas situações podem ocorrer:

> O funcionário público Dá o jeitinho. Responderá por corrupção passiva privilegiada (Art. 317, §2º, CP) e o particular será partícipe deste crime;

> O funcionário público Não dá o jeitinho. O fato é atípico para ambos.

Contrabando e descaminho

Descaminho - art. 334

Antes da publicação da Lei nº 13.008/14, o Art. 334 do Código Penal tipificava a prática dos crimes de contrabando e descaminho como crime único, atribuindo pena de reclusão de um a quatro anos. Com a nova redação ocorre a separação dos crimes de contrabando e descaminho, tornando-os crimes autônomos.

Art. 334. *Iludir, no todo ou em parte, o pagamento de direito ou imposto devido pela entrada, pela saída ou pelo consumo de mercadoria*

Pena *- reclusão, de 1 (um) a 4 (quatro) anos.*

§ 1º. *Incorre na mesma pena quem:*

I. *pratica navegação de cabotagem, fora dos casos permitidos em lei;*

II. *pratica fato assimilado, em lei especial, a descaminho;*

III. *vende, expõe à venda, mantém em depósito ou, de qualquer forma, utiliza em proveito próprio ou alheio, no exercício de atividade comercial ou industrial, mercadoria de procedência estrangeira que introduziu clandestinamente no País ou importou fraudulentamente ou que sabe ser produto de introdução clandestina no território nacional ou de importação fraudulenta por parte de outrem;*

IV. *adquire, recebe ou oculta, em proveito próprio ou alheio, no exercício de atividade comercial ou industrial, mercadoria de procedência estrangeira, desacompanhada de documentação legal ou acompanhada de documentos que sabe serem falsos.*

§ 2º. *Equipara-se às atividades comerciais, para os efeitos deste artigo, qualquer forma de comércio irregular ou clandestino de mercadorias estrangeiras, inclusive o exercido em residências.*

§ 3º. *A pena aplica-se em dobro se o crime de descaminho é praticado em transporte aéreo, marítimo ou fluvial.*

No Descaminho, as mercadorias apreendidas são legais no território brasileiro, porém não há o devido pagamento de tributos pela entrada e saída de mercadorias.

Descrição do Crime

> Objeto Material: tributos não recolhidos.

> Núcleo do Tipo: iludir, ou seja, ludibriar, frustrar o pagamento do tributo.

> Sujeito Ativo: crime comum (qualquer pessoa) por ser um crime comum, pode ser praticado por qualquer pessoa, até mesmo um funcionário público, desde que o funcionário não tenha o dever funcional de impedir a prática do crime de contrabando e descaminho.

> Sujeito Passivo: o Estado

Ex.: Tício, policial civil, auxilia Caio a contrabandear caixas de cigarro para o outro lado da fronteira. Tício não tem um especial dever funcional de evitar tal conduta, portanto responderá pelo crime de descaminho ou contrabando capitulados, respectivamente, nos Art. 334 e 334-A do CP, como partícipe ou coautor, a depender do contexto fático.

Apesar de existir divergência entre o STF e o STJ é cabível o princípio da insignificância no crime de Descaminho. Para a aplicação desse princípio o STJ estipula o valor de R$ 10.000,00, enquanto o STF entende que o valor é de R$ 20.000,00. Diante disso é de suma importância atentar-se para o comando da questão e observar qual dos posicionamentos a banca irá abordar.

Contrabando - art. 334-a

Art. 334-A. *Importar ou exportar mercadoria proibida:*

Pena *- reclusão, de 2 (dois) a 5 (cinco) anos.*

§ 1º. *Incorre na mesma pena quem:*

I. *pratica fato assimilado, em lei especial, a contrabando;*

II. *importa ou exporta clandestinamente mercadoria que dependa de registro, análise ou autorização de órgão público competente;*

III. reinsere no território nacional mercadoria brasileira destinada à exportação;

IV. vende, expõe à venda, mantém em depósito ou, de qualquer forma, utiliza em proveito próprio ou alheio, no exercício de atividade comercial ou industrial, mercadoria proibida pela lei brasileira;

V. adquire, recebe ou oculta, em proveito próprio ou alheio, no exercício de atividade comercial ou industrial, mercadoria proibida pela lei brasileira.

§ 2º. Equipara-se às atividades comerciais, para os efeitos deste artigo, qualquer forma de comércio irregular ou clandestino de mercadorias estrangeiras, inclusive o exercido em residências.

§ 3º. A pena aplica-se em dobro se o crime de contrabando é praticado em transporte aéreo, marítimo ou fluvial.

Diferentemente do que ocorre no Descaminho, no crime de Contrabando as mercadorias são proibidas no território brasileiro. Dessa forma, NÃO é possível a aplicação do princípio da insignificância.

Descrição do Crime:

- Objeto Material: mercadoria contrabandeada.
- Núcleos do Tipo: importar, exportar mercadoria contrabandeada.
- Sujeito Ativo: crime comum (qualquer pessoa).
- Sujeito Passivo: o Estado.

Importante

A importação de bebidas é legal, porém a legislação traz uma restrição quanto à quantidade. Caso ocorra o excesso da quantidade permitida incidirá o Contrabando, Art. 334-A. Diferentemente ocorre no caso do crime de Descaminho, Art. 334, no qual ocorre a sonegação do tributo devido.

> A redação anterior do Código Penal considerava que a pena seria aplicada em dobro mediante transporte aéreo. De acordo com o §3º dos Arts. 334 e 334-A, a nova redação passou a considerar esta previsão também para os transportes marítimos e fluviais.

É mais uma exceção à teoria monista ou unitária no concurso de pessoas (Art. 29, *caput*, CP). Haja vista ser a conduta do funcionário público que facilita o contrabando ou descaminho (Art. 318 do CP) ser mais reprovável em razão de sua natureza funcional perante a administração pública, as condutas foram separadas e com penas distintas, porém, ambos os crimes tipificam o mesmo resultado, qual seja, o descaminho ou o contrabando.

O funcionário público que:

Não possui o dever funcional de impedir o contrabando ou descaminho. Será coautor ou partícipe do crime de contrabando ou descaminho (Art. 334, CP).

Possui o dever funcional de impedir a prática do contrabando ou descaminho e concorre para a realização de qualquer destes crimes. Responderá pelo crime de facilitação de contrabando ou descaminho (Art. 318, CP).

- Trata-se de mais uma exceção à Teoria Unitária ou Monista do concurso de pessoas (Art. 29, CP).

São crimes materiais (consumam-se com a produção de um resultado)	
Contrabando	O agente importa ou exporta a mercadoria proibida pelas vias ordinárias (caminhos normais), ou seja, pela fiscalização alfandegária: o crime estará consumado no instante em que a mercadoria é liberada pela autoridade alfandegária.
	O agente se vale dos meios clandestinos para importar ou exportar a mercadoria proibida. O crime estará consumado no momento da entrada ou saída da mercadoria do território nacional.
Descaminho	Se consuma com a liberação da mercadoria (permitida) sem o pagamento de tributo devido pela sua entrada ou saída do Brasil.

No crime de contrabando a mercadoria não precisa ser necessariamente estrangeira (produzida no exterior). Desse modo é possível a fabricação da mercadoria em território nacional desde que seja destinada exclusivamente à exportação.

Ex.: Empresa fabrica explosivos no Brasil e os exporta para a Coreia do Norte. Posteriormente, um norte coreano ingressa com estes explosivos em território brasileiro.

Crimes específicos: por ter natureza genérica ou residual, o crime de contrabando e descaminho somente será aplicado quando a conduta de descaminho ou contrabando de mercadoria não configurar algum crime específico.

Ex.: O indivíduo que importar ou exportar drogas, sem autorização ou em desacordo com determinação legal, responderá pelo crime de tráfico internacional de drogas (Art. 33, Lei nº 11.343/06. Lei de Drogas).

O indivíduo que importar ou exportar arma de fogo, acessório ou munição, sem autorização da autoridade competente, responderá pelo crime de tráfico internacional de arma de fogo (Art. 18, Lei nº 10.826/03. Estatuto do Desarmamento).

> Súm. 151, STJ: A competência para o processo e julgamento por crime de contrabando ou descaminho define-se pela prevenção do Juízo Federal do lugar da apreensão dos bens.

Competência para julgamento: Justiça federal, pois ofendem interesses da União (Art. 109, IV, CF/88).

Impedimento, perturbação ou fraude de concorrência

Art. 335. *Impedir, perturbar ou fraudar concorrência pública ou venda em hasta pública, promovida pela administração federal, estadual ou municipal, ou por entidade paraestatal; afastar ou procurar afastar concorrente ou licitante, por meio de violência, grave ameaça, fraude ou oferecimento de vantagem:*

***Pena** - detenção, de seis meses a dois anos, ou multa, além da pena correspondente à violência.*

Parágrafo único. *Incorre na mesma pena quem se abstém de concorrer ou licitar, em razão da vantagem oferecida.*

Revogado tacitamente pelos Art. 93 e 95 da Lei nº 8.666/93 (Lei das Licitações)

Inutilização de edital ou de sinal

> ***Art. 336.*** *Rasgar ou, de qualquer forma, inutilizar ou conspurcar edital afixado por ordem de funcionário público; violar ou inutilizar selo ou sinal, empregado por determinação legal ou por ordem de funcionário público, para identificar ou cerrar qualquer objeto:*
>
> ***Pena*** *- detenção, de um mês a um ano, ou multa.*

O que é protegido nesse crime é a Administração Pública, pois acarreta complicação ao interesse público e o normal desenvolvimento de suas atividades.

Classificação

É considerado um crime simples, pois ofende um único bem jurídico e também material, pois para sua consumação gera um resultado naturalístico.

É um crime doloso, não possuindo um especial fim de agir. Não é admitida a modalidade culposa.

Sujeitos do crime

Sujeito Ativo: por ser um crime comum, pode ser praticado por qualquer pessoa, até mesmo funcionário público.

Sujeito Passivo: o Estado.

Consumação e tentativa

É exigido para sua consumação um resultado naturalístico, não sendo suficiente para a consumação a conduta descrita no tipo.

É possível que haja o fracionamento do *iter criminis*, portanto é admitida a tentativa.

Descrição do crime

Edital: tem natureza administrativa (licitação) ou judicial (citação).

Selo ou sinal: qualquer tipo de marca feita por determinação legal (lacre de interdição da vigilância sanitária).

Núcleos do tipo: rasgar, inutilizar, conspurcar (sujar) e violar.

Não haverá o crime se os objetos materiais referidos no tipo perderam utilidade, como na hipótese do edital com prazo vencido.

Não pratica o crime aquele que reage, moderadamente, contra ato abusivo (ilegal) de funcionário público, rasgando, por exemplo, tira de papel afixada por oficial de justiça na porta de sua moradia, anunciando seu despejo.

Subtração ou inutilização de livro ou documento

> ***Art.337.*** *Subtrair, ou inutilizar, total ou parcialmente, livro oficial, processo ou documento confiado à custódia de funcionário, em razão de ofício, ou de particular em serviço público:*
>
> ***Pena*** *- reclusão, de dois a cinco anos, se o fato não constitui crime mais grave.*

Essa conduta de subtração, inutilização de livro oficial, processo ou documento é prevista em vários tipos do Código Penal. As leituras dos Arts. 305, 314, 337 e 356 são relativamente semelhantes, porém cada crime possui uma especificação diferente que os caracteriza. Esse crime é de ação penal pública incondicionada.

Classificação

Considerado um crime simples, pois ofende um único bem jurídico e comum, podendo ser praticado por qualquer pessoa.

É um crime doloso, e não depende de nenhuma finalidade específica. Não admite a modalidade culposa.

Sujeitos do crime

Sujeito Ativo: por ser um crime comum, pode ser cometido por qualquer pessoa, desde que não seja pelo funcionário público responsável pela custódia dos documentos.

Caso o agente seja funcionário público, incumbido ratione officci da guarda dos objetos materiais, a conduta será enquadrada no Art. 314 do CP. Se o agente for advogado ou procurador que, nessa qualidade, tiver retirado o processo ou documentos, o crime será o do Art. 356 do CP.

Sujeito Passivo: primeiramente é o Estado, e secundariamente a pessoa jurídica ou física que foi prejudicada pela ação criminosa.

Consumação e tentativa

Consuma-se o crime no momento da subtração de livro oficial, processo ou documento, mediante apoderamento do agente ou no momento da inutilização total ou parcial da coisa.

A tentativa é possível devido o crime ser de caráter plurissubsistente.

Descrição do crime

Subtrair e inutilizar são os núcleos do tipo. Subtrair é retirar um dos elementos do tipo (livro oficial, processo ou documento) da custódia do funcionário público, se apoderando do item.

Sonegação de contribuição previdenciária

> ***Art. 337-A.*** *Suprimir ou reduzir contribuição social previdenciária e qualquer acessório, mediante as seguintes condutas:*
>
> ***I.*** *Omitir de folha de pagamento da empresa ou de documento de informações previsto pela legislação previdenciária segurados, empregado, empresário, trabalhador avulso ou trabalhador autônomo ou a este equiparado que lhe prestem serviços;*
>
> ***II.*** *Deixar de lançar mensalmente nos títulos próprios da contabilidade da empresa as quantias descontadas dos segurados ou as devidas pelo empregador ou pelo tomador de serviços;*
>
> ***III.*** *Omitir, total ou parcialmente, receitas ou lucros auferidos, remunerações pagas ou creditadas e demais fatos geradores de contribuições sociais previdenciárias:*
>
> ***Pena*** *- reclusão, de 2 (dois) a 5 (cinco) anos, e multa.*
>
> ***§ 1º.*** *É extinta a punibilidade se o agente, espontaneamente, declara e confessa as contribuições, importâncias ou valores e presta as informações devidas à previdência social, na forma definida em lei ou regulamento, antes do início da ação fiscal.*
>
> ***§ 2º.*** *É facultado ao juiz deixar de aplicar a pena ou aplicar somente a de multa se o agente for primário e de bons antecedentes, desde que:*
>
> ***II.*** *O valor das contribuições devidas, inclusive acessórios, seja igual ou inferior àquele estabelecido pela previdência social, administrativamente, como sendo o mínimo para o ajuizamento de suas execuções fiscais.*

§ 3º. Se o empregador não é pessoa jurídica e sua folha de pagamento mensal não ultrapassa R$ 1.510,00 (um mil, quinhentos e dez reais), o juiz poderá reduzir a pena de um terço até a metade ou aplicar apenas a de multa.

§ 4º. O valor a que se refere o parágrafo anterior será reajustado nas mesmas datas e nos mesmos índices do reajuste dos benefícios da previdência social.

No caso do §1º, preenchidos os requisitos para a concessão, é dever do juiz conceder o perdão ou aplicar a pena de multa. Trata-se de direito público subjetivo do réu.

7.3 Dos Crimes Praticados por Particular contra a Administração Pública Estrangeira

Corrupção ativa em transação comercial internacional

Art. 337-B. *Prometer, oferecer ou dar, direta ou indiretamente, vantagem indevida a funcionário público estrangeiro, ou a terceira pessoa, para determiná-lo a praticar, omitir ou retardar ato de ofício relacionado à transação comercial internacional:*

Pena - reclusão, de 1 (um) a 8 (oito) anos, e multa.

Parágrafo único. *A pena é aumentada de 1/3 (um terço), se, em razão da vantagem ou promessa, o funcionário público estrangeiro retarda ou omite o ato de ofício, ou o pratica infringindo dever funcional.*

Tráfico de influência em transação comercial internacional

Art. 337-C. *Solicitar, exigir, cobrar ou obter, para si ou para outrem, direta ou indiretamente, vantagem ou promessa de vantagem a pretexto de influir em ato praticado por funcionário público estrangeiro no exercício de suas funções, relacionado a transação comercial internacional:)*

Pena - reclusão, de 2 (dois) a 5 (cinco) anos, e multa.

Parágrafo único. *A pena é aumentada da metade, se o agente alega ou insinua que a vantagem é também destinada a funcionário estrangeiro.*

Funcionário público estrangeiro

Art. 337-D. *Considera-se funcionário público estrangeiro, para os efeitos penais, quem, ainda que transitoriamente ou sem remuneração, exerce cargo, emprego ou função pública em entidades estatais ou em representações diplomáticas de país estrangeiro.*

Parágrafo único. *Equipara-se a funcionário público estrangeiro quem exerce cargo, emprego ou função em empresas controladas, diretamente ou indiretamente, pelo Poder Público de país estrangeiro ou em organizações públicas internacionais.*

7.4 Dos Crimes Contra a Administração da Justiça

Reingresso de estrangeiro expulso

Art. 338. *Reingressar no território nacional o estrangeiro que dele foi expulso:*

Pena *- reclusão, de um a quatro anos, sem prejuízo de nova expulsão após o cumprimento da pena.*

A expulsão do estrangeiro está regulada na Lei nº 6.815/80. Estatuto do Estrangeiro. Ocorrendo qualquer das hipóteses elencadas no Art. 65 desta lei, caberá ao Presidente da República, por meio de decreto, analisar o cabimento e conveniência da expulsão (ato discricionário administrativo).

Para tipificar a conduta, é indispensável, após a edição do decreto de expulsão, que o agente tenha efetivamente saído do país, retornando em seguida. Desta forma, não configura o crime a recusa do estrangeiro expulso em deixar o país.

Denunciação caluniosa

Art. 339. *Dar causa à instauração de investigação policial, de processo judicial, instauração de investigação administrativa, inquérito civil ou ação de improbidade administrativa contra alguém, imputando-lhe crime de que o sabe inocente:*

Pena - reclusão, de dois a oito anos, e multa.

§ 1º. *A pena é aumentada de sexta parte, se o agente se serve de anonimato ou de nome suposto.*

§ 2º. *A pena é diminuída de metade, se a imputação é de prática de contravenção.*

O crime de denunciação caluniosa está capitulado no Art. 339 do Código Penal e versa sobre dar causa à instauração de algum procedimento de investigação contra alguém, imputando-lhe falsamente crime, sabendo que esse não o cometeu. O crime de denunciação caluniosa é de ação penal pública incondicionada.

Tal crime é também chamado calúnia qualificada.

Classificação

É considerado um crime pluriofensivo, ou seja, ofende mais de um bem jurídico como estudaremos no tópico **Sujeitos do Crime**, desse mesmo artigo.

É um crime comum, podendo ser praticado por qualquer pessoa e unissubjetivo, praticado por um só agente, mas admite concurso de pessoas.

O elemento subjetivo é o dolo direto, pois é indispensável que o agente tenha o conhecimento da inocência da pessoa a quem imputou falsamente o crime, segundo STJ.

Sujeitos do crime

Sujeito Ativo: qualquer pessoa (crime comum).

Sujeito Passivo: o Estado e a pessoa acusada falsamente de crime.

Consumação e tentativa

Por ser um crime material, consuma-se no momento em que se tem a efetiva instauração da investigação policial, de processo judicial, instauração de investigação administrativa, inquérito civil ou ação de improbidade administrativa contra alguém que o sabe ser inocente.

É admitida a tentativa.

Ex.: "A" vai à Delegacia e de forma dolosa, imputa "B" a prática de um crime de roubo, de que o sabia não ter cometido, com o fim de instaurar inquérito policial contra "B". O Delegado, contudo, já havia encerrado o referido caso e prendido o verdadeiro responsável pelo crime. Constatando a manobra de "A", o Delegado o prendeu em flagrante.

É necessário observar que não se faz necessário que seja a informação formalizada no inquérito policial. Basta que a conduta criminosa desencadeie atos preliminares de investigação. Aqui já se encontra consumado o crime e esse é o entendimento que prevalece.

Descrição do crime

A falsa imputação deve estar relacionada com crime, se for contravenção, estará caracterizada a forma privilegiada de denunciação caluniosa (Art. 339, §2º, do CP).

A expressão "contra alguém" versa que deve ser dada a falsa imputação de pessoa determinada, indicando nome e atributos pessoais.

Considerações

Diferença entre o crime de calúnia e denunciação caluniosa.

CALÚNIA (Art. 138, CP)	DENUNCIAÇÃO CALUNIOSA (Art. 339, CP)
Caluniar alguém, imputando-lhe falsamente fato definido como crime.	Dar causa à instauração de investigação policial, de processo judicial, instauração de investigação administrativa, inquérito civil ou ação de improbidade administrativa contra alguém, imputando-lhe crime de que o sabe inocente.
É crime contra a honra.	É crime contra a Administração da Justiça.
Regra: Ação Penal Privada.	Ação Penal Pública Incondicionada.
Não admite a imputação falsa de Contravenção Penal.	Admite (é circunstância que importa na diminuição da pena pela metade (Art. 339, §22, CP).

Ex.: José assaltou o Banco do Brasil → Calúnia.

José assaltou o Banco do Brasil: eu afirmo isso para o Delegado, querendo a instauração de procedimento inútil e criminoso → denunciação caluniosa.

O advogado não tem imunidade penal na calúnia e, nem tampouco, na denunciação caluniosa.

> *Pode ser praticado o crime de denunciação caluniosa até mesmo pelo Promotor de Justiça que denuncia alguém sabendo ser inocente. Essa denúncia criminosa do Promotor de Justiça é denominada denúncia temerária ou abusiva.*

Denunciação caluniosa privilegiada

***§2º.** A pena é diminuída de metade, se a imputação é de prática de contravenção.*

A pena é reduzida de metade se a imputação é de contravenção penal. Passa-se a ter infração de menor potencial ofensivo, admitindo-se a suspensão condicional do processo.

Comunicação falsa de crime ou contravenção

***Art. 340**. Provocar a ação de autoridade, comunicando-lhe a ocorrência de crime ou contravenção que sabe não se ter verificado:*

***Pena** - detenção, de um a seis meses, ou multa.*

Introdução

Em que pese ser muito semelhante o *caput* ao crime de denunciação caluniosa, veremos que suas diferenças são facilmente perceptíveis.

Classificação

É considerado um crime SIMPLES por ofender um único bem jurídico e COMUM, podendo ser cometido por qualquer pessoa.

É um crime CAUSAL ou MATERIAL, sendo que a consumação depende de alguma medida tomada pela autoridade.

O elemento subjetivo do agente é o DOLO direto, portanto se a pessoa tem DÚVIDA sobre a existência da infração o fato é atípico.

Ex.: "A" não tem certeza se seu relógio foi furtado ou se foi perdido, e mesmo assim comunica à autoridade), não tendo previsão da modalidade culposa.

Sujeitos do crime

Sujeito Ativo: por ser um crime comum ou geral, pode ser cometido por qualquer pessoa.

Sujeito Passivo: o Estado.

Consumação e tentativa

Por ser um crime material, a mera comunicação falsa não é suficiente para a consumação do delito, exigindo a provocação da ação da autoridade para fazer algo (conduta positiva). Consuma-se no momento em que a autoridade toma providência para apurar a ocorrência do crime, ou contravenção, comunicado falsamente.

A tentativa é possível. Vejamos como exemplo um indivíduo que comunica à autoridade um crime ou contravenção que sabe inexistente e, por circunstâncias alheias a sua vontade, a autoridade não toma nenhuma providência, tem-se o crime tentado.

Descrição do crime

O delito é comunicação falsa de crime ou contravenção (Art. 340 do CP). O agente não acusa nenhuma pessoa, mas a ocorrência de um crime inexistente. Se o agente vier a individualizar o autor, o STF já decidiu: responde por denunciação caluniosa (Art. 339 do CP).

O núcleo do tipo provocar significa dar causa à ação da autoridade, podendo ocorrer de várias formas, uma delas é que o crime ou contravenção penal comunicado não existiu ou houve o fato, mas foi absolutamente diverso do comunicado para a autoridade. Por isso é considerado um crime de forma livre.

Considerações

Caracteriza uma figura equiparada de estelionato (Art. 171, §2º, V, do CP) quando a comunicação falsa de crime ou contravenção é um meio fraudulento para que o agente obtenha o valor do seguro. O delito (Art. 340 do CP) se torna um antefactum impunível. Aplica-se o princípio da consunção.

Ex.: "A" esconde seu automóvel que é amparado por contrato de seguro e comunica à autoridade que sofreu um furto, já com a intenção de receber o dinheiro do seguro.

Atentem-se às diferenças:

Na denunciada caluniosa, o agente imputa a infração penal imaginária a pessoa certa e determinada.

Na comunicação falsa de crime, apenas comunica a fantasiosa infração, não a imputando a ninguém ou, imputando, aponta personagem fictício.

Autoacusação falsa

Art. 341. *Acusar-se, perante a autoridade, de crime inexistente ou praticado por outrem:*

Pena *- detenção, de três meses a dois anos, ou multa.*

O que leva uma pessoa a se autoacusar falsamente tem fundamento em vários motivos, por exemplo, alguém que recebe certa vantagem para assumir um crime praticado por outra pessoa ou o próprio pai diz ter sido o autor de um delito para que o filho não seja preso.

Para evitar esse comportamento, o crime de autoacusação falsa está tipificado no Art. 341 do Código Penal. Crime de ação penal pública incondicionada.

Classificação

Considerado um crime simples por ofender um único bem jurídico que é a Administração da justiça. Comum, podendo ser cometido por qualquer pessoa.

É um crime doloso, não tendo previsão para crime culposo.

Crime formal, não exigindo para sua consumação um resultado naturalístico, sendo possível então a tentativa.

Sujeitos do crime

Sujeito Ativo: por ser um crime comum, pode ser praticado por qualquer pessoa, porém se ocorreu realmente o crime, não pode ser sujeito ativo o próprio autor, coautor ou partícipe do crime ocorrido.

Sujeito Passivo: é o Estado.

Consumação e tentativa

É um crime formal, consumando-se no momento em que o sujeito efetua a autoacusação perante a autoridade, independentemente se a autoridade tomou alguma providência.

A tentativa só é possível quando a autoacusação é cometida por meio escrito, não se admitindo quando praticado verbalmente.

Descrição do crime

Não há que se falar em autoacusação falsa quando essa conduta for de CONTRAVENÇÃO PENAL.

O agente que se autoacusa não pode ser autor, coautor ou partícipe do delito anterior.

A autoridade que recebe essa notícia de crime legalmente deve ter poderes de investigar a prática de delitos.

Não configura o crime quando o réu chama para si a exclusiva responsabilidade de ilícito penal de que deve ser considerado concorrente (RT 371/160).

Considerações

Para facilitar o entendimento do crime, exemplos:

Vantagem Pecuniária:

Ex.: "A" recebe dinheiro do verdadeiro autor do crime para autoacusar-se.

Sacrifício:

Ex.: Mãe se autoacusa para livrar o filho que cometeu um crime.

Exibicionismo:

Ex.: Criminoso se autoacusa para que tenha reputação entre a bandidagem de sua comunidade.

Álibi:

Ex.: "A" imputa a si próprio crime menos grave para se livrar de crime mais grave, alegando ser no mesmo horário, porém em lugar diferente.

Supondo que João assuma autoria de crime praticado por outrem, e não só assume a autoria, mas também imputa a coautoria a outrem, que não o autor do delito.

Nessa situação, Fernando Capez[1] diz que o agente irá responder pelos Art. 341 e 339, em concurso formal imperfeito, soma das penas.

Falso testemunho ou falsa perícia

Art. 342. *Fazer afirmação falsa, ou negar ou calar a verdade como testemunha, perito, contador, tradutor ou intérprete em processo judicial, ou administrativo, inquérito policial, ou em juízo arbitral:*

Pena *- reclusão, de um a três anos, e multa.*

§ 1º. *As penas aumentam-se de um sexto a um terço se o crime é praticado mediante suborno ou se cometido com o fim de obter prova destinada a produzir efeito em processo penal, ou em processo civil em que for parte entidade da administração pública direta ou indireta.*

§ 2º. *O fato deixa de ser punível se, antes da sentença no processo em que ocorreu o ilícito, o agente se retrata ou declara a verdade.*

Muitas vezes o testemunho é o único meio probatório para a autoridade competente louvar-se da decisão. A testemunha que mente, nega ou cala a verdade não sacrifica apenas interesses individuais, mas atinge o Estado, responsável por assegurar a eficácia da justiça.

O Código Penal, visando preservar a busca pela verdade, versa em seu Art. 342 o crime de falso testemunho ou falsa perícia, sendo esse um crime de ação penal pública incondicionada.

Classificação

É um crime de ação múltipla ou de conteúdo variado, pois a prática de várias condutas típicas no tocante ao mesmo objeto material acarreta crime único.

1 - Fernando Capez é um professor, jurista e político brasileiro.

Trata-se de crime de médio potencial ofensivo, admitindo--se a suspensão condicional do processo.

É um crime doloso, não exigindo qualquer finalidade específica.

Crime de mão própria, comissivo ou omissivo e instantâneo.

Sujeitos do crime

Sujeito Ativo: crime de mão própria, somente podendo ser praticado pela testemunha, perito, contador, tradutor ou intérprete.

Crime de mão própria. Em que pese o STF já ter admitido a coautoria quando o advogado instrui a testemunha, são frequentes as decisões de nossos Tribunais afirmando a incompatibilidade do instituto com o delito de falso testemunho, face a sua característica de mão própria. Desta forma, deve se tratar de mera participação.

Toda testemunha pratica o delito, ou apenas aquela que presta compromisso? A corrente majoritária entende que se a lei não submete a testemunha informante ao compromisso de dizer a verdade, não pode cometer o ilícito do Art. 342 do CP. Entretanto, já teve julgados no STF dizendo ser crime.

A vítima, por não ser testemunha (sequer equiparada), não pratica o crime do Art. 322, podendo ser autora de outro delito, como por exemplo, denunciação caluniosa. Art. 339 do CP.

Sujeito Passivo: é o Estado e, secundariamente, a pessoa prejudicada pelo falso testemunho ou pela falsa perícia.

Consumação e tentativa

Consumação ocorre no momento em que o depoimento é encerrado ou que o laudo pericial, os cálculos, a tradução ou interpretação são entregues concluídos. Sendo admitida a tentativa.

É fato atípico a conduta de mentir para evitar sua própria incriminação, pois ninguém é obrigado a produzir prova contra si mesmo.

Descrição do crime

Testemunha: aquela pessoa chamada para depor no processo, sob o compromisso de dizer a verdade fática. Perito: quem fornece laudos técnicos de conhecimentos específicos, que escapam da ciência do Juiz. Contador: especialista em assuntos contábeis. Pessoa que apresenta os cálculos a serem eventualmente efetuados. Tradutor: tem a função de adaptar textos em língua estrangeira para o vernáculo (idioma pátrio). Intérprete: responsável pela comunicação daquele que não conhece o idioma nacional.

O crime em tela possui três núcleos:

→ **Fazer Afirmação Falsa:**

> Falsidade positiva;

> Mentir para a autoridade.

Pedro mente para o juiz, dizendo que na data do crime estava viajando com Ronaldo (acusado) para Florianópolis.

→ **Negar a Verdade:**

> Falsidade negativa;

> Recusar-se a confirmar a veracidade de um fato.

Ex.: "A" nega que presenciou o latrocínio praticado por "B" contra "C".

→ **Calar a Verdade:**

> Reticência;

> Permanecer em silêncio sobre a verdade de determinado fato.

O juiz, durante a oitiva da testemunha formula várias perguntas a esta, mas ela nada responde.

O agente deve saber que falta com a verdade. Não há crime quando a testemunha ou perito é acometido por erro indesejado, pelo esquecimento dos fatos ou mesmo pela deformação inconsciente da lembrança em razão da passagem do tempo.

É imprescindível que a falsidade verse sobre fato juridicamente relevante (apto a influir de algum modo na decisão final da causa). Desse modo, exige-se que a falsidade tenha potencialidade lesiva, de modo a influir no futuro julgamento da causa.

Considerações

Falso Testemunho e Carta Precatória: na hipótese de falso testemunho prestado através de carta precatória, o foro competente para processar e julgar este crime é do juízo deprecado (comarca onde o falso testemunho foi prestado e onde o delito se consumou).

Falso Testemunho em CPI: responde pelo crime previsto no Art. 4º, II da Lei nº 1.579/52 a pessoa que presta falso testemunho perante CPI (Comissão Parlamentar de Inquérito).

O depoimento falso, prestado perante autoridade incompetente, não exclui o crime.

O depoimento falso, prestado em processo nulo, exclui o crime.

O compromisso de dizer a verdade (Art. 203, CPP) representa mera formalidade relacionada ao procedimento para a oitiva do juiz. Desse modo, tal ato é dispensável para a caracterização do crime.

Apontamentos

Teoria Subjetiva: O crime em estudo adotou a teoria subjetiva: só há crime quando o depoente (testemunha) tem consciência da divergência entre sua versão e o fato presenciado. Desse modo, é possível que haja o crime de falso testemunho ainda que o fato seja verdadeiro. Nesta hipótese, é necessário que a testemunha narre um fato que realmente ocorreu, mas não foi presenciado por ela.

Se o falso testemunho ou falsa perícia se der perante a justiça do trabalho, o seu processo e julgamento estarão afetos ao juízo criminal federal, por ser atingido interesse da União.

É perfeitamente possível o falso testemunho sobre fato verdadeiro, como no caso do agente que detalha minuciosamente episódios verdadeiros/ocorridos, que jamais presenciou.

Aumento de pena

***§1º.** As penas aumentam-se de um sexto a um terço, se o crime é praticado mediante suborno ou se cometido com o fim de obter prova destinada a produzir efeito em processo penal, ou em processo civil em que for parte entidade da administração pública direta ou indireta.*

→ **São três as causas de aumento de pena:**

> Mediante suborno;
> Com o fim de obter prova destinada a produzir efeito em processo penal;
> Com o fim de obter prova destinada a produzir efeito em processo civil em que for parte entidade da administração pública direta ou indireta.

Retratação: Art. 342, §2º. O fato deixa de ser punível se, antes da sentença, no processo em que ocorreu o ilícito, o agente se retrata ou declara a verdade. Trata-se de causa de extinção da punibilidade (Art. 107, VI, do CP).

A retratação formulada pelo autor deve comunicar-se aos partícipes do delito.

Em processo de competência do Tribunal do Júri, é possível a retratação extintiva da punibilidade, mesmo após a decisão de pronúncia, desde que anterior à sentença de mérito.

Se o perito, contador, tradutor ou intérprete solicitar, receber ou aceitar promessa de vantagem indevida a fim de fazer afirmação falsa, negar ou calar a verdade, mas não o faz, incorrerá no crime de corrupção ativa, pois o crime em estudo depende da efetiva afirmação falsa, negação ou omissão da verdade.

Corrupção ativa de testemunha ou perito

***Art. 343.** Dar, oferecer ou prometer dinheiro ou qualquer outra vantagem a testemunha, perito, contador, tradutor ou intérprete, para fazer afirmação falsa, negar ou calar a verdade em depoimento, perícia, cálculos, tradução ou interpretação: (Redação dada pela Lei nº 10.268, de 28.8.2001)*

***Pena** - reclusão, de três a quatro anos, e multa.(Redação dada pela Lei nº 10.268, de 28.8.2001)*

***Parágrafo único.** As penas aumentam-se de um sexto a um terço, se o crime é cometido com o fim de obter prova destinada a produzir efeito em processo penal ou em processo civil em que for parte entidade da administração pública direta ou indireta.*

O tipo pode ser executado de forma livre (palavras, escritos, gestos etc). Entretanto, se o agente se utilizar de violência ou grave ameaça, o crime será o de coação no curso do processo. Art. 344 CP.

Conduta: trata-se de modalidade especial de corrupção ativa, abrangendo o mesmo comportamento criminoso, acrescido do núcleo dar.

Para configurar o delito em tela é necessário que haja algum procedimento oficial em andamento.

Consumação: trata-se de crime formal, logo se consuma com a simples realização de uma das condutas previstas no caput, sendo desnecessária a prática de qualquer ato pelos possíveis corrompidos.

Coação no curso do processo

***Art. 344.** Usar de violência ou grave ameaça, com o fim de favorecer interesse próprio ou alheio, contra autoridade, parte, ou qualquer outra pessoa que funciona ou é chamada a intervir em processo judicial, policial ou administrativo, ou em juízo arbitral:*

***Pena** - reclusão, de um a quatro anos, e multa, além da pena correspondente à violência.*

A razão pela qual existe esse crime é para impedir que frustrem a eficiência da Administração da justiça com violência ou ameaças e para garantir o regular andamento dos processos ou em juízo arbitral. Crime esse de ação penal pública incondicionada.

Classificação

É um crime **pluriofensivo**, pois atinge mais de um bem jurídico, primeiramente a Administração da justiça, e secundariamente a integridade física ou a liberdade individual.

Doloso e com um especial fim de agir, apresentado no tipo com o fim de favorecer interesse próprio ou alheio. Não admite a modalidade culposa.

Considerado um crime comum, instantâneo, de concurso eventual, e em regra comissivo.

Sujeitos do crime

Sujeito Ativo: por ser um crime comum, pode ser cometido por qualquer pessoa, não sendo necessário que o agente tenha interesse no próprio processo.

Sujeito Passivo: é o Estado e de forma mediata, e secundariamente, figurará no polo passivo o indivíduo que sofreu a coação.

Magistrado, delegado, réu, testemunha, jurado etc.

Consumação e tentativa

Ocorre a consumação no momento do emprego da violência ou grave ameaça do agente.

A tentativa é possível, visto que o crime tem caráter plurissubsistente.

Ex.: "A" manda uma carta ameaçadora para uma testemunha de um processo judicial, mas por circunstâncias alheias a sua vontade, a carta se extravia nos Correios.

Segundo STJ, o crime de coação no curso do processo, por ser um crime formal, se consuma tão só com o emprego da grave ameaça ou violência contra qualquer das pessoas referidas no Art. 344 do CP, independentemente do efetivo resultado pretendido ou de a vítima ter ficado intimidada. (STJ. REsp 819.763/PR)

Descrição do crime

Se a conduta descrita no tipo penal for realizada no curso de processo de uma CPI, o agente incidirá no crime previsto no Art. 4º, I, da Lei nº 1.579/52 que versa sobre as Comissões Parlamentares de Inquérito.

Não basta para a configuração do delito que a violência ou grave ameaça seja proferida às pessoas do Art. 344. É necessário que se faça tal injusto com o interesse de favorecimento próprio ou alheio.

Ex.: "A" amigo do réu, ameaça a testemunha a depor em favor do amigo. / "B" réu em processo judicial, intimida o perito a não revelar o verdadeiro resultado do laudo pericial.

Considerações

Se da conduta criminosa resulta violência, restarão caracterizados dois crimes, incidindo em concurso material obrigatório, somando as penas da coação no curso do processo mais o crime de violência (lesão corporal ou homicídio).

Exercício arbitrário das próprias razões

> ***Art. 345.*** *Fazer justiça pelas próprias mãos, para satisfazer pretensão, embora legítima, salvo quando a lei o permite:*
>
> ***Pena*** *- detenção, de quinze dias a um mês, ou multa, além da pena correspondente à violência.*
>
> ***Parágrafo único.*** *Se não há emprego de violência, somente se procede mediante queixa.*

Como disposto no Art. 345 do Código Penal, não é aceita a justiça entre particulares e a ninguém é dado o direito de versar sobre a justiça privada se não o próprio poder judiciário, que tem a competência para resolver as divergências existentes entre os indivíduos. Em regra, esse crime é de ação penal privada, contudo será de ação penal pública incondicionada se estiver presente a violência.

Classificação

Crime simples, pois atinge um único bem jurídico. Comum, cometido por qualquer pessoa.

É um crime doloso, acompanhado com um elemento subjetivo específico "para satisfazer pretensão, embora legítima". Não sendo admitida a modalidade culposa.

Em regra é comissivo e instantâneo, consumando-se em um momento determinado.

A ação penal será pública incondicionada quando o crime é praticado em detrimento do patrimônio ou interesse da União, Estado ou Município.

Sujeitos do crime

Sujeito Ativo: pode ser cometido por qualquer pessoa, mas se o agente for funcionário público e comete o delito prevalecendo-se de sua condição, serão imputados dois crimes: exercício arbitrário das próprias razões + abuso de autoridade (Lei nº 4.898/65).

Ex.: "A" policial, proprietário de uma casa, encosta a viatura na frente de seu imóvel, entra na residência e, de arma em punho, expulsa "B", que não pagara o aluguel do mês anterior.

Sujeito Passivo: primeiramente é o Estado, e secundariamente a pessoa física ou jurídica prejudicada pela conduta criminosa.

> Não é regra que, sendo funcionário responda por abuso de autoridade, somente se ele se prevalecer das condições de seu cargo.

Consumação e tentativa

Existe divergência entre os doutrinadores, mas majoritariamente foi classificado como um crime formal, consumando-se mesmo que a pretensão não seja atingida.

É plenamente aceitável a tentativa, visto o caráter plurissubsistente (ação composta por vários atos) do crime.

Descrição do crime

O núcleo do tipo fazer justiça pelas próprias mãos, tem sentido de satisfazer pretensão pessoal. Essa pretensão pode ser de qualquer natureza, ligada ou não à propriedade, mas exigindo-se ao menos uma aparência de direito legítimo.

Ex.: Marido indignado com a traição da esposa, a expulsa da casa que construíram juntos.

A pretensão deve ser legítima, pois do contrário, a conduta acarretará na incidência de outros crimes, tais como o furto, roubo, estelionato, apropriação indébita, entre outros.

Ex.: "A", indignado com a traição de sua esposa, vai até a casa de "B" que é o homem que se deitou com ela e, para fazer justiça com as próprias mãos, obriga a mulher de "B" a manter relações sexuais com "A".

7.5 Subtração ou Dano de Coisa Própria em Poder de Terceiro

> ***Art. 346.*** *Tirar, suprimir, destruir ou danificar coisa própria, que se acha em poder de terceiro por determinação judicial ou convenção:*
>
> ***Pena*** *- detenção, de seis meses a dois anos, e multa.*

Sujeitos do crime

Sujeito Ativo: somente pode ser executado pelo proprietário da coisa (crime próprio). Sendo que o concurso de pessoas é plenamente possível.

Sujeito Passivo: será o estado, e secundariamente o indivíduo possuidor da coisa ou aquele contra quem foi empregada violência.

Fraude processual

> ***Art. 347.*** *Inovar artificiosamente, na pendência de processo civil ou administrativo, o estado de lugar, de coisa ou de pessoa, com o fim de induzir a erro o juiz ou o perito:*
>
> ***Pena*** *- detenção, de três meses a dois anos, e multa.*
>
> ***Parágrafo único.*** *Se a inovação se destina a produzir efeito em processo penal, ainda que não iniciado, as penas aplicam-se em dobro.*

O crime de fraude processual é um crime tacitamente subsidiário, somente sendo aplicável quando o fato não constituir crime mais grave. Delito esse de ação penal pública incondicionada.

Classificação

Considera-se um crime **simples**, pois ofende um único bem jurídico que é a Administração da justiça.

O crime de fraude processual também é considerado um crime **formal** ou de consumação antecipada, pois independe do resultado naturalístico.

Em regra é comissivo, considerado também um crime de dano, pois causa lesão à Administração da justiça.

Crime de concurso eventual, normalmente praticado por um só agente, mas o concurso é plenamente possível.

Sujeitos do crime

Sujeito Ativo: considerado um crime comum, logo, é passível de ser cometido por qualquer pessoa. (vítima, acusado ou mesmo advogado)

Foge do alcance do tipo o perito, uma vez que, se inovar o estado de coisa, pessoa ou lugar no decorrer dos exames periciais, incorrerá no crime previsto no Art. 342 do CPI.

Sujeito Passivo: de forma imediata é o Estado, e de forma mediata é a pessoa prejudicada no processo administrativo, penal ou civil.

Consumação e tentativa

Consuma-se no momento em que o agente utiliza o meio fraudulento para a inovação na pendência do processo.

A tentativa, entretanto, deve apresentar potencialidade real para enganar o juiz ou o perito. Se o artifício (fraude) for grosseiro ou perceptível é crime impossível (Art. 17 do CP) por ineficácia absoluta do meio.

Para o STJ não é exigido para a consumação do crime de fraude processual que o Juiz ou o perito sejam realmente induzidos a erro, basta que a inovação seja apta para produzir o resultado, mesmo que a pessoa não tenha interesse no processo. (STJ. HC 137.206/SP).

> Para o STJ não é exigido para a consumação do crime de fraude processual que o Juiz ou o perito sejam realmente induzidos a erro, basta que a inovação seja apta para produzir o resultado, mesmo que a pessoa não tenha interesse no processo. (STJ. HC 137.206/SP).

Descrição do crime

É um crime doloso e também necessita de um elemento subjetivo específico que é a intenção de induzir a erro o juiz ou perito, não sendo admitida a modalidade culposa. Estado de lugar, de coisa ou de pessoa é onde deve recair a conduta artificiosa, para enganar o juiz ou perito.

Ex.: Limpar as manchas de sangue onde ocorreu o crime / Colocar uma arma de fogo na mão de uma pessoa assassinada para simular um suicídio.

Nem toda a inovação caracteriza o surgimento do crime de fraude processual, pois esse elemento normativo do tipo deve ser empregado de forma artificiosa (ardil, fraude).

O parágrafo único aparentemente versa **uma causa especial de aumento de pena** sendo um tipo penal autônomo, pois a conduta de inovar artificiosamente foi cometida em processo penal que ainda não foi iniciado.

> STJ pronunciou que o direito à não autoincriminação (nemo tenetur se detegere), não abrange a possibilidade dos acusados de mudarem a cena do crime de forma artificiosa, com o fim de induzir a erro Juiz ou perito. (STJ. HC 137.206/SP)

- Trata-se de infração subsidiária, logo absorvida quando a finalidade constituir crime mais grave.

Conduta: os objetos materiais do crime são taxativos, e desta forma, descabida qualquer integração analógica em relação às inovações que poderão ser praticadas pelo agente.

Pressupõe-se a existência de processo - civil ou administrativo - em andamento.

Em atenção ao princípio da inexigibilidade de conduta diversa, já se entendeu que não ocorre o ilícito quando o autor de um crime de homicídio nega a autoria e dá sumiço à arma, atuando no direito natural de autodefesa (RT 258/356).

Favorecimento pessoal

Art. 348. Auxiliar a subtrair-se à ação de autoridade pública autor de crime a que é cominada pena de reclusão:

Pena - detenção, de um a seis meses, e multa.

§ 1º. Se ao crime não é cominada pena de reclusão:

Pena - detenção, de quinze dias a três meses, e multa.

§ 2º. Se quem presta o auxílio é ascendente, descendente, cônjuge ou irmão do criminoso, fica isento de pena.

O crime de favorecimento pessoal basicamente consiste em prestar auxílio ao agente condenado com pena de reclusão para que escape da ação da autoridade pública. É um crime de ação penal pública incondicionada.

Classificação

Em análise ao Art. 348 do CP pode ser verificado que se trata de um crime acessório, pois depende da prática anterior de um crime com pena de reclusão (contravenção não).

Somente pode ser praticado de forma comissiva (ação), não havendo possibilidade de auxílio à subtração de autor de crime mediante uma conduta omissiva.

Sujeitos do crime

Sujeito Ativo: não é exigida qualquer qualidade específica do agente.

A vítima do crime anterior pode ser sujeito ativo do crime de favorecimento pessoal (Art. 348 do CP). Ex.: uma vítima de roubo (Art. 157 do CP), logo após a ocorrência do crime, engana os policiais, prestando-lhes falsas informações do paradeiro do criminoso para que tenha êxito em sua fuga.

Consumação e tentativa

Por ser um crime material, o crime se consuma com o efetivo auxílio, ainda que seja por curto período de tempo. Caso o criminoso tenha sido pego, o agente responderá pelo crime da mesma forma, já que a conduta de auxiliar o criminoso teve êxito, mesmo que breve.

É plenamente possível a tentativa.

O agente que deixa de comunicar à autoridade pública o local onde está escondido o autor do crime, mesmo que esta circunstância seja de conhecimento do agente, não comete crime algum.

Descrição do crime

Não é necessário que o autor do crime esteja em perseguição, fuga ou esteja sendo procurado pela autoridade pública no momento em que recebe o auxílio. Basta que, de forma idônea, o agente auxilie o criminoso a escapar da ação da autoridade pública.

Não esqueça, se quem presta o auxílio é cônjuge, ascendente, descendente ou irmão do criminoso, fica isento de pena. É a chamada escusa absolutória, presente no §2º do Art. 348 do CP.

Não existe o crime de favorecimento pessoal (Art. 348 do CP) quando a conduta de auxiliar a subtrair-se à ação de autoridade pública for referente a um crime cometido por um agente menor de idade ou qualquer outro inimputável, já que estes inimputáveis não cometem crimes, mas atos infracionais que acabarão sofrendo medidas de proteção ou medidas socioeducativas no caso dos menores de idade ou medidas de segurança quando forem doentes mentais ou tiverem desenvolvimento mental incompleto ou retardado.

Não há crime quando o agente estiver em escusa absolutória (cônjuge, ascendente, descendente ou irmão), quando o agente que cometeu o crime anterior estiver acobertado por uma excludente de ilicitude ou causa excludente de culpabilidade. E se o agente for absolvido pelo crime anterior, estará excluído o crime de favorecimento pessoal.

O favorecimento deve ocorrer APÓS o cometimento do crime e nunca para o cometimento do crime. Se o favorecimento for ajustado previamente, antes da consumação do crime, incidirá o agente como partícipe segundo o Art. 29 do Código Penal: *Quem de qualquer modo concorre para o crime, incide nas penas a este cominadas, na medida de sua culpabilidade*.

O agente que presta o auxílio deve ter ciência da atual situação do criminoso, se não, tem-se excluído o dolo.

Ex.: Tício de forma voluntária, empresta seu carro a Mévio para que este faça uma viagem de negócios, quando na verdade, Mévio, que acabara de cometer um crime, pretendia fugir da polícia. Desta forma Tício não responde pelo crime.

Favorecimento real

Art. 349. *Prestar a criminoso, fora dos casos de coautoria ou de receptação, auxílio destinado a tornar seguro o proveito do crime:*

***Pena** - detenção, de um a seis meses, e multa.*

O Código Penal prevê mais uma espécie de favorecimento, demonstrando ser este um crime acessório, pois necessita de algum crime já praticado anteriormente não alcançando as contravenções penais.

Classificação

É um crime de forma livre, ou seja, o favorecimento pode acontecer de diversas formas, como esconder o bem subtraído, aplicar no banco os valores provenientes de um estelionato, deixar um cofre aberto para que o agente que cometeu o crime guarde os documentos roubados no assalto.

É um crime doloso com um elemento subjetivo específico, no qual a finalidade do agente é tornar seguro o proveito do crime, porquanto o agente deve ter a ciência de que seu comportamento será efetivo para auxiliar o criminoso, não se admitindo portanto a modalidade culposa.

Sujeitos do crime

Sujeito Ativo: o crime de favorecimento real é comum, podendo ser praticado por qualquer pessoa, salvo coautor ou partícipe do crime que antecede o favorecimento.

Ex.: Tício, conhecido de Mévio, se dispõe a auxiliar Mévio a esconder o dinheiro que será roubado de uma casa lotérica. Se efetivamente vier a ocorrer o roubo, Tício será partícipe do crime, por auxiliar Mévio. O intuito de auxiliar deve vir de forma posterior ao cometimento do crime.

Sujeito Passivo: é o Estado e secundariamente, a vítima do delito anterior.

Consumação e tentativa

É considerado um crime formal ou de consumação antecipada, ou seja, o crime se consuma no instante em que o agente presta devido auxílio ao criminoso no intuito de tornar seguro o proveito do crime, mesmo que não venha a ocorrer efetivamente essa finalidade. A tentativa é plenamente aceitável em face do caráter plurissubsistente do delito.

Descrição do crime

O auxílio deve ser destinado a tornar seguro o proveito do crime.

Favorecimento Pessoal. Art. 348 CP:

> **Objeto material:** autor de crime anterior; Se busca a fuga do criminoso.

> **Quanto ao resultado:** crime material (prevalece).

> **Escusa absolutória:** possui hipótese de escusa absolutória, se quem presta o auxílio é cônjuge, ascendente, descendente ou irmão do criminoso, fica isento de pena. É a chamada escusa absolutória, presente no §2º do Art. 348 do CP.

Favorecimento Real. Art. 349 CP:

> **Objeto material:** proveito de crime anterior; Presta-se auxílio não ao criminoso em si, mas indiretamente, assegurando para ele a ocultação da coisa, proveito do crime (real).

> **Quanto ao resultado:** crime formal.

> **Escusa absolutória:** não tem previsão de escusa absolutória.

Para que possa ocorrer o crime do Art. 349, é necessário que o crime anterior tenha alcançado a consumação e se no crime não houve qualquer tipo de proveito, também não haverá o crime de favorecimento real.

Considerações

Quem estuda de maneira superficial o crime de favorecimento real, certamente poderia interpretar de forma errônea as diferenças entre os crimes de receptação própria (CP, Art. 180, caput, 1ª parte) na modalidade "ocultar" e favorecimento real (CP, Art. 349). Vamos observar as diferenças:

Receptação própria "ocultar" (Art. 180, caput, 1ª parte, CP)	Favorecimento real (Art. 349, CP)
Crime Contra o Patrimônio.	Crime contra a Administração da Justiça.
Quem se beneficia é qualquer outra pessoa que não seja o autor do crime anteriormente praticado.	O próprio autor do crime anteriormente cometido é o beneficiado pela conduta.
Exige-se que o proveito seja econômico.	O proveito pode ser tanto econômico quando de outra natureza.

Favorecimento real impróprio

Art. 349-A. *Ingressar, promover, intermediar, auxiliar ou facilitar a entrada de aparelho telefônico de comunicação móvel, de rádio ou similar, sem autorização legal, em estabelecimento prisional.*

Pena *- detenção, de 3 (três) meses a 1 (um) ano.*

Esse crime foi introduzido pela Lei nº 12.012/2009 e o legislador não atribuiu denominação alguma para esse crime, transferindo essa tarefa à jurisprudência e à doutrina.

Classificação

É um crime de ação múltipla ou de conteúdo variado, ou seja, se o agente vier a cometer mais de um núcleo do tipo no mesmo contexto fático, configurará crime único.

É um crime de forma livre, admitindo qualquer meio de execução.

Ex.: A esposa de um detento que oculta um aparelho celular em suas partes íntimas e leva ao interno no dia de visita ou joga o aparelho por cima dos muros da cadeia e até mesmo coloca os aparelhos no interior de alimentos (bolo, torta).

Sujeitos do crime

Sujeito Ativo: é um crime comum, podendo ser praticado por qualquer pessoa, vale ressaltar que até mesmo um preso pode ser sujeito ativo do crime tipificado no Art. 349-A, somente se este estiver em alguma permissão de saída ou saída temporária e também pode ser partícipe, por exemplo, o preso que induz sua esposa a levar a ele o aparelho de comunicação.

Sujeito Passivo: é o Estado.

Consumação e tentativa

É considerado crime de mera conduta, ou seja, a lei sequer prevê qualquer resultado naturalístico. Consuma-se o crime quando é praticada qualquer das condutas descritas no tipo (ingressar, promover, intermediar, auxiliar ou facilitar a entrada de aparelho de comunicação ou similar em estabelecimento prisional).

A tentativa é plenamente possível.

Ex.: Tício, em horário de visita, ao tentar ingressar no presídio onde seu primo está preso, esconde em sua blusa um aparelho celular e acaba sendo preso em flagrante durante a revista pessoal.

Descrição do crime

O objeto material do crime pode ser qualquer instrumento que tenha potencial de comunicação. (aparelho telefônico, *walkie-talkie*, *webcam*).

Não é exigido qualquer fim específico, basta o dolo, por parte do agente, de levar ao poder do preso o aparelho de comunicação.

Exercício arbitrário ou abuso de poder

Art. 350. *Ordenar ou executar medida privativa de liberdade individual, sem as formalidades legais ou com abuso de poder:*

Pena *- detenção, de um mês a um ano.*

Parágrafo único. Na mesma pena incorre o funcionário que:

I. *Ilegalmente recebe e recolhe alguém a prisão, ou a estabelecimento destinado a execução de pena privativa de liberdade ou de medida de segurança;*

II. *Prolonga e execução de pena ou de medida de segurança, deixando de expedir em tempo oportuno ou de executar imediatamente a ordem de liberdade;*

III. *Submete pessoa que está sob sua guarda ou custódia a vexame ou a constrangimento não autorizado em lei;*

IV. *Efetua, com abuso de poder, qualquer diligência.*

Os crimes de exercício arbitrário e abuso de poder, tanto o caput como as figuras equiparadas do parágrafo único foram revogados pela Lei nº 4.898/65.

Fuga de pessoa presa ou submetida a medida de segurança

Art. 351. *Promover ou facilitar a fuga de pessoa legalmente presa ou submetida a medida de segurança detentiva:*

Pena *- detenção, de seis meses a dois anos.*

§ 1º. *Se o crime é praticado à mão armada, ou por mais de uma pessoa, ou mediante arrombamento, a pena é de reclusão, de dois a seis anos.*

§ 2º. *Se há emprego de violência contra pessoa, aplica-se também a pena correspondente à violência.*

§ 3º. *A pena é de reclusão, de um a quatro anos, se o crime é praticado por pessoa sob cuja custódia ou guarda está o preso ou o internado.*

§ 4º. *No caso de culpa do funcionário incumbido da custódia ou guarda, aplica-se a pena de detenção, de três meses a um ano, ou multa.*

Súmula 75 do STJ. Compete à justiça comum estadual processar e julgar o policial militar por crime de promover ou facilitar a fuga de preso de estabelecimento penal.

Evasão mediante violência contra a pessoa

Art. 352. *Evadir-se ou tentar evadir-se o preso ou o indivíduo submetido a medida de segurança detentiva, usando de violência contra a pessoa:*

Pena *- detenção, de três meses a um ano, além da pena correspondente à violência*

Arrebatamento de preso

Art. 353. *Arrebatar preso, a fim de maltratá-lo, do poder de quem o tenha sob custódia ou guarda:*

Pena *- reclusão, de um a quatro anos, além da pena correspondente à violência.*

Conduta

Somente uma conduta é prevista para a prática do crime, consubstanciada no núcleo arrebatar preso, com o fim de maltratá-lo (linchamento). Arrebatar significa arrancar, levar, retirar com violência.

Se não tiver o fim de maltratá-lo, não configurará este crime, mas poderá incorrer no Art. 351 do CP. promover ou facilitar fuga de pessoa presa.

O arrebatamento de pessoa submetida à medida de segurança (ou adolescente apreendido) com a finalidade de maltratá-la não configurará o crime do Art. 353 do CP. Nesses casos a retirada do internado da custódia da autoridade será atípica, respondendo o agente somente por eventual conduta posterior praticada contra o arrebatado (morte, lesões corporais etc).

Motim de presos

> ***Art. 354.*** *Amotinarem-se presos, perturbando a ordem ou disciplina da prisão:*
>
> ***Pena*** *- detenção, de seis meses a dois anos, além da pena correspondente à violência.*

Considerações

No tipo penal não há descrição de quantos presos são necessários para configurar o motim. Para alguns autores, três presos são suficientes. Já Mirabete exige no mínimo quatro. Todavia, nenhum entendimento está consolidado, sendo essencial que constitua um ajuntamento tumultuário de aprisionados.

Patrocínio infiel

> ***Art. 355.*** *Trair, na qualidade de advogado ou procurador, o dever profissional, prejudicando interesse, cujo patrocínio, em juízo, lhe é confiado:*
>
> ***Pena*** *- detenção, de seis meses a três anos, e multa.*

Patrocínio simultâneo ou tergiversação

> *Parágrafo único. Incorre na pena deste artigo o advogado ou procurador judicial que defende na mesma causa, simultânea ou sucessivamente, partes contrárias.*

Sujeitos

Sujeito Ativo: o crime em tela somente poderá ser praticado por advogado ou procurador judicial devidamente inscrito nos quadros da OAB. Não estão incluídos no dispositivo os promotores e procuradores de justiça.

Sujeito Passivo: é o Estado e, possivelmente, o outorgante do mandato que foi prejudicado.

Conduta

Pode se dar por ação (Ex.: Manifesta-se no processo de forma contrária aos interesses da parte defendida), ou por omissão (Ex.: Deixa de recorrer).

Conforme alguns autores, o patrocínio infiel deve ser empreendido em causa judicial, pouco importando a natureza ou espécie. Desta forma, a atuação extrajudicial do profissional, como em inquérito policial, sindicância etc. não caracteriza o crime em estudo, sendo o agente passível, apenas, de punição disciplinar.

Consumação e tentativa

Consuma-se com a ocorrência do efetivo prejuízo ao patrocinado, ainda que a situação possa ser revertida.

A tentativa é possível apenas na forma comissiva.

O dispositivo traz duas formas de infidelidade profissional:

> Não é necessário que o patrocínio se dê no mesmo processo, bastando ser a mesma causa.

Patrocínio simultâneo: consiste na conduta do advogado ou procurador que, concomitantemente, zela (ainda que por interposta pessoa) os interesses de partes contrárias.

Patrocínio sucessivo ou tergiversação: consiste na conduta do advogado que renuncia ao mandato de uma parte (ou por ela é dispensado) e passa, em seguida, a representar a outra.

No parágrafo único é dispensável a comprovação de efetivo prejuízo ao patrocinado traído - delito formal.

Sonegação de papel ou objeto de valor probatório

> ***Art. 356.*** *Inutilizar, total ou parcialmente, ou deixar de restituir autos, documento ou objeto de valor probatório, que recebeu na qualidade de advogado ou procurador:*
>
> ***Pena*** *- detenção, de seis meses a três anos, e multa.*

Exploração de prestígio

> ***Art. 357.*** *Solicitar ou receber dinheiro ou qualquer outra utilidade, a pretexto de INFLUIR em juiz, jurado, órgão do Ministério Público, funcionário de justiça, perito, tradutor, intérprete ou testemunha:*
>
> ***Pena*** *- reclusão, de um a cinco anos, e multa.*
>
> ***Parágrafo único.*** *As penas aumentam-se de um terço, se o agente alega ou insinua que o dinheiro ou utilidade também se destina a qualquer das pessoas referidas neste artigo.*

Introdução

Versa de forma similar ao crime de tráfico de influência Art. 332 do CP. Com a edição da Lei nº 9.127/95, esses dois crimes foram diferenciados e o Art. 332 passou a ser o crime de tráfico de influência. Esse delito é de ação penal pública incondicionada.

Classificação

É um crime simples, pois ofende um único bem jurídico que é a administração da justiça.

Considerado um crime comum, podendo ser praticado por qualquer pessoa.

É um crime formal quando o agente (SOLICITAR) ou material (RECEBER).

É conhecido como um crime de ação múltipla ou de conteúdo variado, mesmo o agente praticando mais de um verbo do tipo no mesmo contexto, responderá por um único crime.

Sujeitos do crime

Sujeito Ativo: por ser considerado um crime comum, pode ser cometido por qualquer pessoa, pois a própria Descrição do Crime não exige qualquer qualidade do agente.

Sujeito Passivo: o Estado, e também o servidor utilizado na fraude, bem como a pessoa ludibriada pelo agente.

Consumação e tentativa

A consumação dependerá da conduta praticada:

Se a conduta do agente for solicitar, o crime se consuma com o simples pedido, independentemente do aceite da vítima enganada (crime formal).

A TENTATIVA é possível, porém dependerá de como será praticado o delito.

Ex.: "A", alegando conhecer um jurado, sem realmente conhecê-lo, solicita a "B" uma determinada vantagem para supostamente convencer o jurado a absolver seu irmão, réu em determinada ação penal.

> STF diz que, para a configuração do delito de exploração de prestígio, não é necessário que o agente influa na atuação das pessoas do tipo (juiz, jurado, perito etc.), bastando que o pedido da vantagem seja a PRETEXTO de influir. (STF. RHC 75.128/RJ)

Descrição do crime

Exige-se um especial fim de agir por parte do agente, portanto só caracteriza o crime na forma dolosa, não admitindo a forma culposa.

Causa de aumento de pena

***Parágrafo único.** As penas aumentam-se de um terço, se o agente alega ou insinua que o dinheiro ou utilidade também se destina a qualquer das pessoas referidas no artigo.*

Não é exigida a afirmação explícita de qualquer das pessoas indicadas no caput desse artigo, basta a insinuação.

Se restar provado que o destinatário da vantagem é uma das pessoas indicadas no tipo penal, restará a este a corrupção passiva (Art. 317 do CP) e ao particular e ao intermediador o crime de corrupção ativa (Art. 333 do CP).

Considerações

Exploração de prestígio (Art. 357 do CP)	Tráfico de influência (Art. 332 do CP)
Solicitar ou receber.	Solicitar, exigir, cobrar ou obter.
Ato de disposição específica relativa aos órgão ou funcionários da administração da justiça.	Ato praticado por funcionário público no exercício da função.

Violência ou fraude em arrematação judicial

***Art. 358.** Impedir, perturbar ou fraudar arrematação judicial; afastar ou procurar afastar concorrente ou licitante, por meio de violência, grave ameaça, fraude ou oferecimento de vantagem:*

***Pena** - detenção, de dois meses a um ano, ou multa, além da pena correspondente à violência.*

Desobediência a decisão judicial sobre perda ou suspensão de direito

***Art. 359.** Exercer função, atividade, direito, autoridade ou múnus, de que foi suspenso ou privado por decisão judicial:*

***Pena** - detenção, de três meses a dois anos, ou multa.*

7.6 Dos Crimes Contra as Finanças Públicas

Contração de operação de crédito

***Art. 359-A.** Ordenar, autorizar ou realizar operação de crédito, interno ou externo, sem prévia autorização legislativa:*

***Pena** - reclusão, de 1 (um) a 2 (dois) anos.*

***Parágrafo único.** Incide na mesma pena quem ordena, autoriza ou realiza operação de crédito, interno ou externo:*

***I.** Com inobservância de limite, condição ou montante estabelecido em lei ou em resolução do Senado Federal;*

***II.** Quando o montante da dívida consolidada ultrapassa o limite máximo autorizado por lei.*

Inscrição de despesas não empenhadas em restos a pagar

***Art. 359-B.** Ordenar ou autorizar a inscrição em restos a pagar, de despesa que não tenha sido previamente empenhada ou que exceda limite estabelecido em lei:*

***Pena** - detenção, de 6 (seis) meses a 2 (dois) anos.*

Assunção de obrigação no último ano do mandato ou legislatura

***Art. 359-C.** Ordenar ou autorizar a assunção de obrigação, nos dois últimos quadrimestres do último ano do mandato ou legislatura, cuja despesa não possa ser paga no mesmo exercício financeiro ou, caso reste parcela a ser paga no exercício seguinte, que não tenha contrapartida suficiente de disponibilidade de caixa:*

***Pena** - reclusão, de 1 (um) a 4 (quatro) anos.*

Ordenação de despesa não autorizada

***Art. 359-D.** Ordenar despesa não autorizada por lei:*

***Pena** - reclusão, de 1 (um) a 4 (quatro) anos.*

Prestação de garantia graciosa

***Art. 359-E.** Prestar garantia em operação de crédito sem que tenha sido constituída contragarantia em valor igual ou superior ao valor da garantia prestada, na forma da lei:*

***Pena** - detenção, de 3 (três) meses a 1 (um) ano.*

Não cancelamento de restos a pagar

***Art. 359-F.** Deixar de ordenar, de autorizar ou de promover o cancelamento do montante de restos a pagar inscrito em valor superior ao permitido em lei:*

***Pena** - detenção, de 6 (seis) meses a 2 (dois) anos.*

Aumento de despesa total com pessoal no último ano do mandato ou legislatura

***Art. 359-G.** Ordenar, autorizar ou executar ato que acarrete aumento de despesa total com pessoal, nos cento e oitenta dias anteriores ao final do mandato ou da legislatura:*

***Pena** - reclusão, de 1 (um) a 4 (quatro) anos.*

Oferta pública ou colocação de títulos no mercado

Art. 359-H. *Ordenar, autorizar ou promover a oferta pública ou a colocação no mercado financeiro de títulos da dívida pública sem que tenham sido criados por lei ou sem que estejam registrados em sistema centralizado de liquidação e de custódia:*

Pena *- reclusão, de 1 (um) a 4 (quatro) anos.*

Questão

01. (CONSULPLAN) Considere a seguinte situação hipotética: "Tício", funcionário público municipal concursado, exige, para si, diretamente em razão da função, vantagem indevida. Em tal hipótese, o referido funcionário estará cometendo o crime de

a) Peculato.

b) Concussão.

c) Prevaricação.

d) Corrupção ativa.

Gabarito

01	B

NOÇÕES DE DIREITO PROCESSUAL PENAL

1. INTRODUÇÃO AO DIREITO PROCESSUAL PENAL

Toda vez que ocorrer a prática de um delito, nasce para o Estado o *"jus puniendi"*, ou seja, o direito de punir do Estado, sempre pautado com ono devido processo legal. Tal mandamento deriva do Estado Democrático de Direito. Cumpre frisarNote que o Estado não pode simplesmente aplicar qualquer pena, mas sim, seguir o mandamento constitucional previsto no **Art.5º, XLVII:**

> ***Art. 5**, XLVII - não haverá penas:*
>
> ***a)** de morte, salvo em caso de guerra declarada, nos termos do art. 84, XIX;*
>
> ***b)** de caráter perpétuo;*
>
> ***c)** de trabalhos forçados;*
>
> ***d)** de banimento;*
>
> ***e)** cruéis;.*

Assim, visa-se a respeitar a dignidade da pessoa humana, harmonizando-a com as medidas legais pertinentes à elucidação de um delito, bem como a consequente aplicação posterior da pena.

Desse modo, definimos o processo penal como um conjunto de normas jurídicas tendentes a direcionar a atuação da polícia judiciária, assim como de todo o Poder Judiciário criminal, objetivando uma investigação, um processo e uma sentença justa, que se fundamentem na verdade dos fatos, a fim de respeitar todos os direitos constitucionais do homem, a ampla defesa, a presunção de inocência, dentre outros. Nesse sentido, verificamos nos comandos a seguir relacionados, previstos no **Art.5º, CF/88:**

> ***III.** ninguém será processado nem sentenciado senão pela autoridade competente;*
>
> ***LIV.** ninguém será privado da liberdade ou de seus bens sem o devido processo legal;*
>
> ***LV.** aos litigantes, em processo judicial ou administrativo, e aos acusados em geral são assegurados o contraditório e ampla defesa, com os meios e recursos a ela inerentes;*
>
> ***LVI.** são inadmissíveis, no processo, as provas obtidas por meios ilícitos;*
>
> ***LVII.** ninguém será considerado culpado até o trânsito em julgado de sentença penal condenatória;.*

E, por fim, cabe ressaltar que a prisão ocorre no Brasil conforme mandamento também presente **no inciso LXI do Art.5º, CF/88:** - "***ninguém será preso senão em flagrante delito ou por ordem escrita e fundamentada de autoridade judiciária competente, salvo nos casos de transgressão militar ou crime propriamente militar, definidos em lei;.***"

1.1 Lei Processual Penal no Espaço

O Código de Processo Penal, no Art. 1oº, estabelece o Princípio da Territorialidade da Lei Processual Penal (*Locus Regit Actum* ou *Lex Fori*), de forma que se aplicam em território brasileiro as normas de cunho processual penal a todas as infrações penais relacionadas com o Estado brasileiro, de maneira a não haver hipóteses de extra-territorialidadeextraterritorialidade de lei processual penal.

> ***Art. 1.** O processo penal reger-se-á, em todo o território brasileiro, por este Código, ressalvados:*
>
> ***I.** Os tratados, as convenções e regras de direito internacional;*
>
> ***II.** as prerrogativas constitucionais do Presidente da República, dos ministros de Estado, nos crimes conexos com os do Presidente da República, e dos ministros do Supremo Tribunal Federal, nos crimes de responsabilidade;*
>
> ***III.** os processos da competência da Justiça Militar;*
>
> ***IV.** os processos da competência do tribunal especial;(*
>
> ***V. os processos por crimes de imprensa.***
>
> **Parágrafo único. Aplicar-se-á, entretanto, este Código aos processos referidos nos nos. IV e V, quando as leis especiais que os regulam não dispuserem de modo diverso.**
>
> *Ao falar de território, se faz-se necessário preciso buscar seu conceito na própria lei, ou seja, no Código penal Brasileiro, conforme esculpido definição presente no em seu **Art. 5º:***
>
> ***Art. 5. Aplica-se a lei brasileira, sem prejuízo de convenções, tratados e regras de direito internacional, ao crime cometido no território nacional.***
>
> ***§1º.** Para os efeitos penais, consideram-se como extensão do território nacional as embarcações e aeronaves brasileiras, de natureza pública ou a serviço do governo brasileiro onde quer que se encontrem, bem como as aeronaves e as embarcações brasileiras, mercantes ou de propriedade privada, que se achem, respectivamente, no espaço aéreo correspondente ou em alto-mar.*
>
> ***§2º.** É também aplicável **a lei brasileira aos crimes praticados a bordo de aeronaves ou embarcações estrangeiras de propriedade privada, achando-se aquelas em pouso no território nacional ou em vôo voo no espaço aéreo correspondente, e estas em porto ou mar territorial do Brasil."***

1.2 Lei Processual Penal no Tempo

> ***Art. 2. do CPP: A lei processual penal aplicar-se-á desde logo, sem prejuízo da validade dos atos realizados sob a vigência da lei anterior.***

Esse artigo contempla o princípio da aplicação imediata (***"tempus regit actum"***).

Desse princípio derivam duas regras fundamentais:

> *a) a lei genuinamente processual tem aplicação imediata;*
>
> *b) a vigência dessa nova lei não invalida os atos processuais anteriores já praticados.*

1.3 Interpretação da Lei Processual Penal

Conforme **o Art. 3º**. do CPP:

"A lei processual penal admitirá interpretação extensiva e aplicação analógica, bem como o suplemento dos princípios gerais de direito."

A aplicação da lei processual penal segue as mesmas regras de hermenêutica que disciplinam a interpretação da legislação em geral. Interpretar significa definir o sentido e alcance de determinado conceito.

Em função da impossibilidade de se poder escrever na lei todo o seu significado ou ainda se de prever todas as situações possíveis de ocorrer na vida real, o Art. 3º do Código de Processo Penal prevê que a lei processual penal admitirá:

Interpretação extensiva.	Aplicação analógica.	Suplemento dos princípios gerais de direitoDireito.

Questões

01. A lei processual penal
    a) tem aplicação imediata, sem prejuízo dos atos realizados sob a vigência de lei anterior.
    b) somente pode ser aplicada a processos iniciados sob sua vigência.
    c) tem aplicação imediata, devendo ser declarados inválidos os atos praticados sob a vigência de lei anterior.
    d) tem aplicação imediata, devendo ser renovados os atos praticados sob a vigência da lei anterior.
    e) é retroativa aos atos praticados sob a vigência de lei anterior.

02. As normas genuinamente processuais
    a) admitirão interpretação extensiva e aplicação analógica, bem como o suplemento dos princípios gerais do direitoDireito.
    b) não admitem aplicação analógica, mas admitirão interpretação extensiva.
    c) não admitem interpretação extensiva, mas admitirão aplicação analógica.
    d) serão aplicadas desde logo, mas tornam inválidos os atos praticados sob a égide da lei anterior se desfavoráveis ao imputado.

03. (FUMARC) Quanto à lei processual penal no tempo, o princípio adotado pelo Código de Processo Penal é:
    a) Ultratividade.
    b) Retroatividade.
    c) Aplicação imediata.
    d) Retroatividade e ultratividade benéficas.

04. (FCC) De acordo com o Código de Processo Penal, a lei processual penal:
    a) Retroage para invalidar os atos praticados sob a vigência da lei anterior, se mais benéfica.
    b) Não admite aplicação analógica.
    c) Admite suplemento dos princípios vitais de direito.
    d) Admite interpretação extensiva, mas não suplemento dos princípios gerais de direito.
    e) Admite aplicação analógica, mas não interpretação extensiva.

Gabaritos

01	A	03	C
02	A	04	C

2. INQUÉRITO POLICIAL

A persecução criminal apresenta dois momentos distintos: o da investigação e o da ação penal.

Esta consiste no pedido de julgamento da pretensão punitiva, enquanto a primeira é atividade preparatória da ação penal, de caráter preliminar e informativo. Em outros termos, a persecução penal estatal se constitui de duas etapas:

a investigação preliminar, gênero do qual é espécie o inquérito policial, cujo objetivo é formar lastro probatório mínimo para a deflagração válida da fase seguinte;

processo penal, que é desencadeado pela propositura de ação penal perante o Judiciário.

Persecução penal

Crime — Pena

Investigações + Processo Judicial

2.1 Conceito de Inquérito Policial

Inquérito policial é um procedimento administrativo inquisitivo, anterior ao processo, presidido pela autoridade policial (delegado de polícia) que conduz diligências, as quais objetivam apurar:

→ autoria (responsável pelo crime);

→ materialidade (existência);

→ circunstâncias.

Com a finalidade de possibilitar que o titular da ação penal possa ingressar em juízo.

2.2 Natureza Jurídica

Trata-se de um Procedimento Administrativo

Quando verificamos o quesito Procedimento, uma vez que não se trata, pois, de processo judicial, nem tampouco de processo administrativo, porquanto dele não resulta a imposição direta de nenhuma sanção.

→ Administrativo: O inquérito policial é um procedimento administrativo, porque é realizado pela polícia judiciária, que é um órgão do Poder Executivo, poder este que tem como função típica a de administrar a coisa pública.

2.3 Características do Inquérito Policial

Inquisitivo

No inquérito policial não há partes, acusação e defesa; temos somente o delegado de polícia investigando um crime e, consequentemente, um suspeito. Nele não há contraditório nem ampla-defesa.

Realmente, a investigação não observa o contraditório, pois a polícia não tem a obrigação de avisar um suspeito que o está investigando; e não há ampla-defesa, porque o inquérito não pode, em regra, fundamentar uma sentença condenatória, tendo o suspeito possibilidade de se defender durante o processo.

Atenção à redação do Art. 5º, LV da CF:

Aos litigantes, em processo judicial ou administrativo, e aos acusados em geral são assegurados o contraditório e ampla defesa, com os meios e recursos a ela inerentes.

Como na fase da investigação não existe nenhuma acusação e nem partes, não há que se falar em contraditório e ampla defesa, pois o direito constitucional previsto no Art. 5º inciso LV da CF é válido para as partes de um processo. Além do inquérito policial não ter partes, é um procedimento e não um processo, conforme descrito na Constituição Federal.

Escrito

Todas as diligências realizadas no curso de um inquérito policial devem ser passadas a termo (escritas), para que seja facilitada a troca de informações entre os órgãos responsáveis pela persecução penal.

O delegado de polícia tem a faculdade de filmar ou gravar diligências realizadas, mas isso não afasta a obrigação de transcrever todas por escrito.

> ***Art. 405°, § 1°, CPP.*** *"Sempre que possível, o registro dos depoimentos do investigado, indiciado, ofendido e testemunhas será feito pelos meios ou recursos de gravação magnética, estenotipia, digital ou técnica similar, inclusive audiovisual, destinada a obter maior fidelidade das informações."*

Sendo assim, é possível que o delegado, havendo meios, documente os atos do IP através por meio das formas de tecnologia existentes, inclusive captação de som e imagem.

Discricionário

Discricionariedade é a liberdade dentro da lei (esta determina ou autoriza a atuação do Estado). Assim sendo, o delegado tem liberdade na adoção e condução das diligências adotadas no curso de um inquérito policial.

O Art. 6º do CPP traz um rol de possíveis procedimentos que podem ser adotados pela polícia na condução de um inquérito; ele não é taxativo, pois a polícia pode adotar qualquer uma daquelas diligências na ordem que entender melhor, ou seja, o rol é exemplificativo.

Não podemos entender discricionariedade como uma faculdade do delegado de iniciar ou não uma investigação, porque, conforme veremos adiante, em alguns casos a investigação é obrigatória. A discricionariedade se refere ao fato de o delegado, sendo obrigado ou não a investigar, poder adotar as diligências que considere convenientes para a solução do crime, desde que esteja prevista tal diligência na lei.

Explica essa regra o fato de que cada crime é um acontecimento único no mundo e, sendo assim, a solução deles não tem uma receita certa, devendo a autoridade policial saber utilizar, dentre os meios disponíveis, aqueles adequados à solução do caso.

Oficial

A realização do inquérito policial é atribuição de um órgão oficial do Estado (Polícia Judiciária), com a presidência deste incumbida a autoridade policial do respectivo órgão (Delegado de Polícia – art. 2º, §1º, da Lei 12.830/13).

> ***Art. 2*** *"As funções de polícia judiciária e a apuração de infrações penais exercidas pelo delegado de polícia são de natureza jurídica, essenciais e exclusivas de Estado."*

Oficioso

Ao tomar conhecimento de notícia de crime de ação penal pública incondicionada, a autoridade policial é obrigada a agir de ofício, independentemente de provocação da vítima e/ou qualquer outra pessoa.

Deve, pois, instaurar o inquérito policial de ofício, nos exatos termos do art. 5º, I, do CPP, procedendo, então, às diligências investigatórias no sentido de obter elementos de informação quanto à infração penal e sua autoria.

No caso de crimes de ação penal pública condicionada à representação e de ação penal de iniciativa privada, a instauração do inquérito policial está condicionada à manifestação da vítima ou de seu representante legal.

Sigiloso

Ao contrário do que ocorre no processo, o inquérito NÃO comporta publicidade, sendo procedimento essencialmente sigiloso, disciplinando o art. 20º, do CPP, que *"a autoridade assegurará no inquérito o sigilo necessário à elucidação do fato ou exigido pelo interesse da sociedade"*.

> **Classificação do sigilo**

» **Sigilo externo**: destinado aos terceiros desinteressados e aa imprensa.

» **Sigilo Interno**: destinado aos interessados no processo.

O sigilo do IP NÃO atinge o juiz e o membro do Ministério Público.

Quanto ao advogado do investigado, o Estatuto da OAB traz, em art. 7º, XIV, a seguinte redação:

> ***Art. 7*** *São direitos do advogado: [...]XIV - examinar, em qualquer instituição responsável por conduzir investigação, mesmo sem procuração, autos de flagrante e de investigações de qualquer natureza, findos ou em andamento, ainda que conclusos à autoridade, podendo copiar peças e tomar apontamentos, em meio físico ou digital.*

Súmula Vinculante 14 – "É direito do defensor, no interesse do representado, ter acesso amplo aos

elementos de prova que, já documentados em procedimento investigatório realizado por órgão com

competência de polícia judiciária, digam respeito ao exercício do direito de defesa."

Indisponível

A persecução criminal é de ordem pública, e uma vez iniciado o inquérito, não pode o delegado de polícia dele dispor. Se diante de uma circunstância fática, o delegado percebe que não houve crime, nem em tese, não deve iniciar o inquérito policial. Contudo, uma vez iniciado o procedimento investigativo, deve levá-lo até o final, não podendo arquivá-lo, em virtude de expressa vedação contida no art. 17º do CPP.

> ***Art. 17.*** *A autoridade policial não poderá mandar arquivar autos de inquérito.*

Dispensável

> ***Art. 39, §5º*** *CPP – "O órgão do Ministério Público dispensará o inquérito, se com a representação forem oferecidos elementos que o habilitem a promover a ação penal, e, neste caso, oferecerá a denúncia no prazo de quinze dias."*

Da leitura de dispositivos que regem a persecução penal preliminar, a exemplo art. 39º, § 5º, CPP, podemos concluir que o inquérito NÃO é imprescindível para a propositura da ação penal.

O inquérito visa coletar indícios de autoria e materialidade do crime para que o titular da ação penal possa ingressar em juízo. Assim sendo, se ele tiver esses indícios colhidos por outros meios, como por um inquérito não policial, o inquérito policial se torna dispensável.

Devemos observar também o teor da **Súmula 234 do STJ**: *"A participação de membro do Ministério Público na fase investigatória criminal não acarreta seu impedimento ou suspeição para o oferecimento da denúncia."*

2.4 Valor Probatório do Inquérito Policial

O Inquérito Policial tem valor probatório relativo, pois ele serve para embasar o início do processo, mas não tem a força de, sozinho, sustentar uma sentença condenatória, porque as provas colhidas durante o IP não se submeteram ao contraditório e à ampla defesa. Enfatizamos que o valor probatório é relativo, uma vez que não fundamenta uma decisão judicial, porém pode dar margem à abertura de um processo criminal contra alguém.

> ***Art. 155, CPP.*** *O juiz formará sua convicção pela livre apreciação da prova produzida em contraditório judicial, não podendo fundamentar sua decisão exclusivamente nos elementos informativos colhidos na investigação, ressalvadas as provas cautelares, não repetíveis e antecipadas.*

→ **Provas Cautelares, não Repetíveis e Antecipadas**

São as provas extraídas do IP e que têm a força de, eventualmente, sustentar uma sentença condenatória, conforme orienta o aArt. 155º do CPP.

Provas Cautelares	São aquelas em que existe um risco de desaparecimento do objeto pelo decurso do tempo. Justificam-se pela necessidade, pela urgência. Ex.: Interceptação telefônica, busca e apreensão.
Provas Não Renováveis ou Irrepetíveis	São colhidas na fase investigatória, porque não podem ser produzidas novamente na fase processual devido ao seu fácil perecimento. Perícia nos vestígios do crime. Para que essas provas tenham valor probatório de justificar uma sentença na fase processual, é necessário que elas sejam submetidas à ampla defesa e ao contraditório diferido ou postergado, ou seja, durante a fase processual.
Prova Antecipada	Aqui nos referimos às provas que, em regra, deveriam ser colhidas durante o curso do processo, e não durante o inquérito policial. Em alguns casos, é possível que o juiz antecipe a oitiva de uma testemunha para a fase das investigações, quando houver receio de que ela morra (idade avançada ou doença grave), ou então que a vítima se mude definitivamente para outro lugar, inviabilizando a sua audição. **Art. 225, CPP.** *Se qualquer testemunha houver de ausentar-se, ou, por enfermidade ou por velhice, inspirar receio de que ao tempo da instrução criminal já não exista, o juiz poderá, de ofício ou a requerimento de qualquer das partes, tomar-lhe antecipadamente o depoimento.*

2.5 Vícios

Os vícios do inquérito policial são seus defeitos ou nulidades, e a dúvida é se aqueles podem ou não causar nulidades ao processo futuro. A resposta é negativa, pois o inquérito policial não tem a força de condenar ninguém, sendo assim, os seus defeitos serão apurados pelos órgãos competentes (corregedoria, MP). Dessa forma, podemos concluir que o delegado não pode ser considerado impedido ou suspeito de presidir o IP pelas futuras partes.

2.6 Do Procedimento Investigatório (IP) Face aos Servidores Vinculados aos Órgãos da Segurança da Pública (Art. 144º da CF/88)

A Lei 13.964/19 (Pacote Anticrime) incluiu o **art. 14-A ao Código de Processo Penal**, com a seguinte redação:

> ***Art. 14-A.*** *Nos casos em que servidores vinculados às instituições dispostas no art. 144 da Constituição Federal figurarem como investigados em inquéritos policiais, inquéritos policiais militares e demais procedimentos extrajudiciais, cujo objeto for a investigação de fatos relacionados ao uso da força letal praticados no exercício profissional, de forma consumada ou tentada, incluindo as situações dispostas no art. 23 do Decreto-Lei nº 2.848, de 7 de dezembro de 1940 (Código Penal), o indiciado poderá constituir defensor.. (Incluído pela Lei nº 13.964, de 2019.).*
>
> ***§1º.*** *Para os casos previstos no caput deste artigo, o investigado deverá ser citado da instauração do procedimento investigatório, podendo constituir defensor no prazo de até 48 (quarenta e oito) horas a contar do recebimento da citação.. (Incluído pela Lei nº 13.964, de 2019)*
>
> ***§2º.*** *Esgotado o prazo disposto no §1º. deste artigo com ausência de nomeação de defensor pelo investigado, a autoridade responsável pela investigação deverá intimar a instituição a que estava vinculado o investigado à época da ocorrência dos fatos, para que essa, no prazo de 48 (quarenta e oito) horas, indique defensor para a representação do investigado.. (Incluído pela Lei nº 13.964, de 2019.).*
>
> ***§3º.*** *(VETADO).. (Incluído pela Lei nº 13.964, de 2019..*
>
> ***§4º.*** *(VETADO). (Incluído pela Lei nº 13.964, de 2019..*
>
> ***§5º.*** *(VETADO). (Incluído pela Lei nº 13.964, de 2019..*
>
> ***§6º.*** *As disposições constantes deste artigo se aplicam aos servidores militares vinculados às instituições dispostas no art. 142 da Constituição Federal, desde que os fatos investigados digam respeito a missões para a Garantia da Lei e da Ordem.*

2.7 Incomunicabilidade

É importante saber que a incomunicabilidade não foi recepcionada pela CF e está tacitamente sem efeitos, mas suas regras são cobradas em questão de concurso.

> ***Art. 21.*** *. A incomunicabilidade do indiciado dependerá sempre de despacho nos autos e somente será permitida quando o interesse da sociedade ou a conveniência da investigação o exigir.*
>
> *Parágrafo único. A incomunicabilidade, que não excederá de três dias, será decretada por despacho fundamentado do Juiz, a requerimento da autoridade policial, ou do órgão do Ministério Público, respeitado, em qualquer hipótese, o disposto no artigo 89, inciso III, do Estatuto da Ordem dos Advogados do Brasil (Lei n. 4.215, de 27 de abril de 1963)*

2.8 Notícia Crime

Notícia crime (notitia criminis) é a forma como é denominado o conhecimento espontâneo ou provocado por parte da autoridade policial de um fato aparentemente criminoso. Por meio dela, a autoridade policial dará início às investigações.

Classificação da notícia crime

Ela é classificada em direta ou indireta, conforme veremos a seguir:

Notícia crime Crime Direta (cognição imediata ou espontânea)	Notícia Crime Indireta (cognição mediata ou provocada)
A autoridade policial toma conhecimento de um fato supostamente criminoso por meio da atuação da própria polícia, quando noticiado o crime pela imprensa ou comunicado anonimamente por um particular.	A polícia judiciária toma conhecimento do crime por meio da comunicação de um terceiro identificado.

Espécies de notícia crime indireta

→ **Requerimento**

É a comunicação de um fato supostamente criminoso, realizado pela vítima ou por seu representante legal (para menores de 18 anos de idade ou loucos). Além de comunicar o crime, também serve como um pedido para que a polícia inicie as investigações.

Segundo o CPP, diante de um requerimento, o delegado pode se recusar a iniciar as investigações e, neste caso, é cabível recurso ao chefe de polícia (Art. 5º, §2º do CPP).

> ***Art. 5 §2º*** *Do despacho que indeferir o requerimento de abertura de inquérito caberá recurso para o chefe de Polícia.*

→ **Requisição**

É a comunicação do crime feita à autoridade policial pelo promotor ou pelo juiz e também uma determinação para o início das investigações. O delegado não pode se recusar a cumprir uma requisição.

> ***Art. 13.*** *Incumbirá ainda à autoridade policial:*
>
> ***I.*** *fornecer às autoridades judiciárias as informações necessárias à instrução e julgamento dos processos;*
>
> ***II. realizar as diligências requisitadas pelo juiz ou pelo Ministério Público;***
>
> ***III.*** *cumprir os mandados de prisão expedidos pelas autoridades judiciárias;*
>
> ***IV.*** *representar acerca da prisão preventiva.*

→ **Representação**

É a comunicação do crime e também uma autorização para que o Estado atue, seja investigando, seja processando o possível autor. A representação é apresentada pela vítima ou por seu representante legal nos crimes de ação penal pública condicionada a ela.

É importante saber que a falta da representação, nos casos em que a investigação dependa dela, impede definitivamente a atuação do Estado, ou seja, a polícia não pode investigar o fato, não pode lavrar um auto de prisão em flagrante e não haverá processo.

→ **Requisição do Ministro da Justiça**

É a comunicação do crime e também uma autorização política para que o delegado inicie as investigações. Será necessária especificamente em crimes de ação penal pública condicionada à requisição do Ministro da Justiça, a qual não tem caráter de ordem como a do juiz ou do promotor. O nome requisição foi adotado, porque o ato é praticado por uma autoridade da alta cúpula do Poder Executivo.

Notícia crime com força coercitiva ou notícia crime por apresentação

É comunicação de um crime decorrente de uma prisão em flagrante, porque a notícia crime se manifesta com a simples apresentação do autor do delito à autoridade policial, pela pessoa que realizou a prisão.

2.9 Prazos para Conclusão do Inquérito Policial

O inquérito policial não pode se estender indefinidamente (é temporário), dispondo o Código de Processo Penal e a legislação extravagante acerca dos prazos de sua conclusão.

Regra geral

Como regra geral, para os crimes da atribuição da polícia civil estadual, o prazo para a conclusão do inquérito é de 10 dias, estando o indiciado preso, prazo este improrrogável, e de 30 dias, se o agente está solto. Este último prazo comporta prorrogação, a requerimento do delegado e mediante autorização do juiz (art. 10º, CPP), não especificando a lei qual o tempo de prorrogação nem quantas vezes poderá ocorrer, o que nos leva a crer que esta pode se dar pela

> ***Art. 10.*** *. O inquérito deverá terminar no prazo de 10 dias, se o indiciado tiver sido preso em flagrante, ou estiver preso preventivamente, contado o prazo, nesta hipótese, a partir do dia em que se executar a ordem de prisão, ou no prazo de 30 dias, quando estiver solto, mediante fiança ou sem ela.*

Com o advento **da Lei 13.964/19 (Pacote Anticrime)**, foi acrescentado o **art. 3-B ao CPP**, o qual se encontra no tópico "Juiz das Garantias", passando a dispor, dentre as várias competências do "Juiz das Garantias", a possibilidade de que este possa prorrogar o IP quando o investigado estiver preso.

Art. 3-B, §2º

"Se o investigado estiver preso, o juiz das garantias poderá, mediante representação da autoridade policial e ouvido o Ministério Público, prorrogar, uma ÚNICA VEZ, a duração do INQUÉRITO POR ATÉ 15 (QUINZE) DIAS, após o que, se ainda assim a investigação não for concluída, a prisão será imediatamente relaxada"

Note que tal norma está SUSPENSA: no dia 22/01/20 o Ministro Luiz Fux SUSPENDEU a implementação dos artigos que tratam do "Juiz das Garantias" (e de alguns outros dispositivos da referida Lei). Portanto, até a publicação da Apostila a norma está suspensa.

→ **Reprodução Simulada do Fato**

> ***Art. 7. CPP****: Para verificar a possibilidade de haver a infração sido praticada de determinado modo, a autoridade policial poderá proceder à reprodução simulada dos fatos, desde que esta não contrarie a moralidade ou a ordem pública.*

A reprodução simulada do fato é a famosa reconstituição do crime; tem a finalidade de verificar se a infração foi praticada de determinado modo. Nesse caso, o suspeito não é obrigado a contribuir com a diligência, mas é obrigado a comparecer.

→ **Indiciamento**

É o ato da autoridade policial que comunica a uma pessoa que ela é a suspeita de ter praticado determinado crime e está sendo investigada em um inquérito policial. O indiciamento não é um ato discricionário, pois se fundamenta nas provas colhidas durante as diligências. Se as provas apontam um suspeito, ele DEVE ser indiciado; se não apontam, o delegado não pode indiciar ninguém.

> ***LEI Nº 12.830, de 2013 - §6º.*** *O indiciamento, privativo do delegado de polícia, dar-se-á por ato fundamentado, mediante análise técnico-jurídica do fato, que deverá indicar a autoria, materialidade e suas circunstâncias.*

Procedimento especial no CPP

> ***Art. 13-A.*** *Nos crimes previstos nos arts. 148, 149 e 149-A, no §3º. do art. 158 e no art. 159 do Decreto-Lei no 2.848, de 7 de dezembro de 1940 (Código Penal), e no art. 239 da Lei no 8.069, de 13 de julho de 1990 (Estatuto da Criança e do Adolescente), o membro do Ministério Público ou o delegado de polícia poderá requisitar, de quaisquer órgãos do poder público ou de empresas da iniciativa privada, dados e informações cadastrais da vítima ou de suspeitos. . . . (Incluído pela Lei nº 13.344, de 2016. . .*
>
> *Parágrafo único. A requisição, que será atendida no prazo de 24 (vinte e quatro) horas, conterá. . . . (Incluído pela Lei nº 13.344, de 2016. . .*
>
> ***I.*** *o nome da autoridade requisitante. . . . (Incluído pela Lei nº 13.344, de 2016. . .*
>
> ***II.*** *o número do inquérito policial; . . . . (Incluído pela Lei nº 13.344, de 2016. . .*
>
> ***III.*** *a identificação da unidade de polícia judiciária responsável pela investigação. . . . (Incluído pela Lei nº 13.344, de 2016.*
>
> ***Art. 13-B.*** *Se necessário à prevenção e à repressão dos crimes relacionados ao tráfico de pessoas, o membro do Ministério Público ou o delegado de polícia poderão requisitar, mediante autorização judicial, às empresas prestadoras de serviço de telecomunicações e/ou telemática que disponibilizem imediatamente os meios técnicos adequados – como sinais, informações e outros – que permitam a localização da vítima ou dos suspeitos do delito em curso. . . . (Incluído pela Lei nº 13.344, de 2016.*
>
> ***§1º.*** *Para os efeitos deste artigo, sinal significa posicionamento da estação de cobertura, setorização e intensidade de radiofrequência. (Incluído pela Lei nº 13.344, de 2016.*
>
> ***§2º.*** *Na hipótese de que trata o* ***caput****, o sinal: (Incluído pela Lei nº 13.344, de 2016.*
>
> ***I.*** *não permitirá acesso ao conteúdo da comunicação de qualquer natureza, que dependerá de autorização judicial, conforme disposto em lei; (Incluído pela Lei nº 13.344, de 2016.*
>
> ***II.*** *deverá ser fornecido pela prestadora de telefonia móvel celular por período não superior a 30 (trinta) dias, renovável por uma única vez, por igual período; (Incluído pela Lei nº 13.344, de 2016.*

III. *para períodos superiores àquele de que trata o inciso II, será necessária a apresentação de ordem judicial. (Incluído pela Lei nº 13.344, de 2016.*

§3º. *Na hipótese prevista neste artigo, o inquérito policial deverá ser instaurado no prazo máximo de 72 (setenta e duas) horas, contado do registro da respectiva ocorrência policial. (Incluído pela Lei nº 13.344, de 2016.*

§4º. *Não havendo manifestação judicial no prazo de 12 (doze) horas, a autoridade competente requisitará às empresas prestadoras de serviço de telecomunicações e/ou telemática que disponibilizem imediatamente os meios técnicos adequados – como sinais, informações e outros – que permitam a localização da vítima ou dos suspeitos do delito em curso, com imediata comunicação ao juiz.*

→ Final do Inquérito Policial

O inquérito policial é finalizado com a produção de um documento chamado RELATÓRIO. Nele, o delegado vai relatar as diligências realizadas.

O delegado NÃO deve emitir opinião no relatório, ressalva feita à Lei nº 11.343/2006 (Lei de Drogas), prevendo que, na elaboração do relatório, a autoridade policial deva justificar as razões que a levaram à classificação do delito (art. 52º).

> Após a confecção desse relatório o inquérito policial estará concluído.

→ Destino dos Autos do Inquérito Policial

Os autos do inquérito, integrados com o relatório, serão remetidos ao JUDICIÁRIO (art. 10º, § 1°, CPP), para que sejam acessados pelo titular da ação penal.

Art. 10, §1. *"A autoridade fará minucioso relatório do que tiver sido apurado e enviará autos ao juiz competente".*

→ Arquivamento do Inquérito

Quando o MP entender que o inquérito não obteve êxito algum, não prova nada quanto ao fato ou quanto à autoria, nem existe, no momento, expectativa de que novas diligências vão mudar esse cenário, o promotor irá requerer ao juiz o arquivamento do inquérito policial e, caso este concorde com o pedido, ele irá homologá-lo, arquivando o IP. Se discordar do pedido, ele irá encaminhar ao Procurador Geral de República (Nível Federal), para que este decida sobre o arquivamento do IP.

Art. 28, CPP. *Se o órgão do Ministério Público, ao invés de apresentar a denúncia, requerer o arquivamento do inquérito policial ou de quaisquer peças de informação, o juiz, no caso de considerar improcedentes as razões invocadas, fará remessa do inquérito ou peças de informação ao procurador-geral, e este oferecerá a denúncia, designará outro órgão do Ministério Público para oferecê-la, ou insistirá no pedido de arquivamento, ao qual só então estará o juiz obrigado a atender.*

> Com o advento **da Lei 13.964/19 (Pacote Anticrime)**, foi acrescentado o Artigo 28 e revogando o atual artigo 28 (esse que foi supracitado).
>
> **Note que tal norma está SUSPENSA**: no dia 22/01/20 o Ministro Luiz Fux SUSPENDEU a implementação dos artigos que tratam do "Juiz das Garantias" (e de alguns outros dispositivos da referida Lei). Portanto, até a publicação da Apostila a norma está suspensa.
>
> Desta feita deve ser a aplicada a norma supracitada. De outra sorte, iremos aqui descrever a nova que até a presenta presente data está suspensa.
>
> **Art. 28. Ordenado o arquivamento do inquérito policial ou de quaisquer elementos informativos da mesma natureza, o órgão do Ministério Público comunicará à vítima, ao investigado e à autoridade policial e encaminhará os autos para a instância de revisão ministerial para fins de homologação, na forma da lei. (Redação dada pela Lei nº 13.964, de 2019.**

→ Efeitos do Arquivamento do IP

Arquivado o inquérito policial, por despacho do juiz, a requerimento do promotor de justiça, não pode a ação penal ser iniciada sem novas provas (Súmula 524 do STF). Assim sendo, o arquivamento do IP veda o oferecimento da denúncia para a promoção da ação penal, mas tal vedação não é absoluta, pois, se surgirem novas provas, a acusação poderá ser oferecida e ser iniciada a ação penal.

Art. 18, CPP. *Depois de ordenado o arquivamento do inquérito pela autoridade judiciária, por falta de base para a denúncia, a autoridade policial poderá proceder a novas pesquisas, se de outras provas tiver notícia.*

Questões

01. (FCC - 2018) Uma autoridade policial determinou a instauração de inquérito policial para apurar a prática de suposto crime de homicídio. Entretanto, realizadas as necessárias diligências, constatou-se que a punibilidade estava extinta em razão da prescrição. Nessa situação,

a) Èé cabível recurso em sentido estrito com o objetivo de trancar o inquérito policial, mas somente após a decisão que recebe a denúncia.

b) não há instrumento processual capaz de trancar o inquérito policial.

c) poderá ser impetrado habeas corpus com o objetivo de trancar o inquérito policial.

d) poderá ser impetrado mandado de segurança contra o ato da autoridade policial para trancar o inquérito policial.

e) È cabível recurso de apelação com o objetivo de trancar o inquérito policial, mas somente em caso de sentença penal condenatória.

02. (FCC - 2017) A respeito do inquérito policial, assinale a opção correta.

a) O inquérito policial poderá ser iniciado apenas com base em denúncia anônima que indique a ocorrência do fato criminoso e a sua provável autoria, ainda que sem a verificação previa prévia da procedências das informações.

b) Contra o despacho da autoridade policial que indeferir a instauração do inquérito policial a requerimento do ofendido caberá reclamação ao Ministério Público.

c) Sendo o inquérito policial a base da denúncia, o Ministério Público não poderá alterar a classificação do crime definida pela autoridade policial.

d) O inquérito policial pode ser definido como um procedimento administrativo pré-processual destinado à apuração das infrações penais e da sua autoria.

e) Por ser instrumento de informação pré-processual, o inquérito policial éÈ imprescindível ao oferecimento da denúncia. C

Gabaritos

01	C
02	D

3. PROVAS

3.1 Conceito

É tudo aquilo que é apresentado ao juiz, com o objetivo de contribuir na formação da sua opinião quanto aos fatos ou atos do processo que sejam relevantes para auxiliá-lo a chegar à sentença.

Cadeia de Custodia.

Cadeia de custódia da prova consiste no caminho que deve ser percorrido pela prova até a sua análise pelo magistrado, sendo certo que qualquer interferência indevida durante esse trâmite processual pode resultar na sua imprestabilidade.

Note que o tema"cCadeia de Ccustódia" é um tema totalmente novo incluído pelo pacote anticrime (lei nº 13.721/18), portanto, a probabilidade de constar em provas será enorme, atente àa letra da lei, pois, sendo novidade e como não jurisprudência envolvendo o tema ainda, sendo assim, as bancas devem abusar a lei seca.

CONCEITO LEGAL	→	Considera-se cadeia de custódia o conjunto de todos os procedimentos utilizados para manter e documentar a história cronológica do vestígio coletado em locais ou em vítimas de crimes, para rastrear sua posse e manuseio a partir de seu reconhecimento até o descarte.

Inicio da cadeia de custódia: O início da cadeia de custódia dá-se com a preservação do local de crime ou com procedimentos policiais ou periciais nos quais seja detectada a existência de vestígio.

O agente público que reconhecer um elemento como de potencial interesse para a produção da prova **pericial fica responsável por sua preservação.**

A coleta dos vestígios deverá ser realizada **preferencialmente** por perito oficial

É proibida a entrada em locais isolados bem como a remoção de quaisquer vestígios de locais de crime antes da liberação por parte do perito responsável, **sendo tipificada como fraude processual a sua realização.**

Art. 158-A. *Considera-se cadeia de custódia o conjunto de todos os procedimentos utilizados para manter e documentar a história cronológica do vestígio coletado em locais ou em vítimas de crimes, para rastrear sua posse e manuseio a partir de seu reconhecimento até o descarte.*

§1º. *O início da cadeia de custódia dá-se com a preservação do local de crime ou com procedimentos policiais ou periciais nos quais seja detectada a existência de vestígio.*

§2º. *O agente público que reconhecer um elemento como de potencial interesse para a produção da prova pericial fica responsável por sua preservação.*

§3º. *Vestígio é todo objeto ou material bruto, visível ou latente, constatado ou recolhido, que se relaciona à infração penal.*

Art. 158-B. *A cadeia de custódia compreende o rastreamento do vestígio nas seguintes etapas:*

I. *reconhecimento: ato de distinguir um elemento como de potencial interesse para a produção da prova pericial;*

II. *isolamento: ato de evitar que se altere o estado das coisas, devendo isolar e preservar o ambiente imediato, mediato e relacionado aos vestígios e local de crime;*

III. *fixação: descrição detalhada do vestígio conforme se encontra no local de crime ou no corpo de delito, e a sua posição na área de exames, podendo ser ilustrada por fotografias, filmagens ou croqui, sendo indispensável a sua descrição no laudo pericial produzido pelo perito responsável pelo atendimento;*

IV. *coleta: ato de recolher o vestígio que será submetido à análise pericial, respeitando suas características e natureza;*

V. *acondicionamento: procedimento por meio do qual cada vestígio coletado é embalado de forma individualizada, de acordo com suas características físicas, químicas e biológicas, para posterior análise, com anotação da data, hora e nome de quem realizou a coleta e o acondicionamento;*

VI. *transporte: ato de transferir o vestígio de um local para o outro, utilizando as condições adequadas (embalagens, veículos, temperatura, entre outras), de modo a garantir a manutenção de suas características originais, bem como o controle de sua posse;*

VII. *recebimento: ato formal de transferência da posse do vestígio, que deve ser documentado com, no mínimo, informações referentes ao número de procedimento e unidade de polícia judiciária relacionada, local de origem, nome de quem transportou o vestígio, código de rastreamento, natureza do exame, tipo do vestígio, protocolo, assinatura e identificação de quem o recebeu;*

VIII. *processamento: exame pericial em si, manipulação do vestígio de acordo com a metodologia adequada às suas características biológicas, físicas e químicas, a fim de se obter o resultado desejado, que deverá ser formalizado em laudo produzido por perito;*

IX. *armazenamento: procedimento referente à guarda, em condições adequadas, do material a ser processado, guardado para realização de contraperícia, descartado ou transportado, com vinculação ao número do laudo correspondente;*

X. *descarte: procedimento referente à liberação do vestígio, respeitando a legislação vigente e, quando pertinente, mediante autorização judicial.*

Art. 158-C. *A coleta dos vestígios deverá ser realizada preferencialmente por perito oficial, que dará o encaminhamento necessário para a central de custódia, mesmo quando for necessária a realização de exames complementares.*

§1º. *Todos vestígios coletados no decurso do inquérito ou processo devem ser tratados como descrito nesta Lei, ficando órgão central de perícia oficial de natureza criminal responsável por detalhar a forma do seu cumprimento.*

§2º. *É proibida a entrada em locais isolados bem como a remoção de quaisquer vestígios de locais de crime antes da liberação por parte do perito responsável, sendo tipificada como fraude processual a sua realização.*

Art. 158-D. *O recipiente para acondicionamento do vestígio será determinado pela natureza do material.*

§1º. *Todos os recipientes deverão ser selados com lacres, com numeração individualizada, de forma a garantir a inviolabilidade e a idoneidade do vestígio durante o transporte.*

§2º. *O recipiente deverá individualizar o vestígio, preservar suas características, impedir contaminação e vazamento, ter grau de resistência adequado e espaço para registro de informações sobre seu conteúdo.*

§3º. *O recipiente só poderá ser aberto pelo perito que vai proceder à análise e, motivadamente, por pessoa autorizada.*

§4º. *Após cada rompimento de lacre, deve se fazer constar na ficha de acompanhamento de vestígio o nome e a matrícula do responsável, a data, o local, a finalidade, bem como as informações referentes ao novo lacre utilizado.*

§5º. O lacre rompido deverá ser acondicionado no interior do novo recipiente.

Art. 158-E. *Todos os Institutos de Criminalística deverão ter uma central de custódia destinada à guarda e controle dos vestígios, e sua gestão deve ser vinculada diretamente ao órgão central de perícia oficial de natureza criminal.*

§1º. *Toda central de custódia deve possuir os serviços de protocolo, com local para conferência, recepção, devolução de materiais e documentos, possibilitando a seleção, a classificação e a distribuição de materiais, devendo ser um espaço seguro e apresentar condições ambientais que não interfiram nas características do vestígio.*

§2º. *Na central de custódia, a entrada e a saída de vestígio deverão ser protocoladas, consignando-se informações sobre a ocorrência no inquérito que a eles se relacionam.*

§3º. *Todas as pessoas que tiverem acesso ao vestígio armazenado deverão ser identificadas e deverão ser registradas a data e a hora do acesso.*

§4º. *Por ocasião da tramitação do vestígio armazenado, todas as ações deverão ser registradas, consignando-se a identificação do responsável pela tramitação, a destinação, a data e horário da ação.*

Art. 158-F. *Após a realização da perícia, o material deverá ser devolvido à central de custódia, devendo nela permanecer.*

Parágrafo único. *Caso a central de custódia não possua espaço ou condições de armazenar determinado material, deverá a autoridade policial ou judiciária determinar as condições de depósito do referido material em local diverso, mediante requerimento do diretor do órgão central de perícia oficial de natureza criminal.*

Classificação das Provas

→ **Provas Nominadas**: são aquelas cujo meio de produção estátão previstoas em lei (Art. 158 a 250 do CPP).

Ex.: Art. 226. *Quando houver necessidade de fazer-se o reconhecimento de pessoa, proceder-se-á pela seguinte forma:*

I. *a pessoa que tiver de fazer o reconhecimento será convidada a descrever a pessoa que deva ser reconhecida;*

II. *a pessoa, cujo reconhecimento se pretender, será colocada, se possível, ao lado de outras que com ela tiverem qualquer semelhança, convidando-se quem tiver de fazer o reconhecimento a apontá-la;*

III. *se houver razão para recear que a pessoa chamada para o reconhecimento, por efeito de intimidação ou outra influência, não diga a verdade em face da pessoa que deve ser reconhecida, a autoridade providenciará para que esta não veja aquela;*

IV. *do ato de reconhecimento lavrar-se-á auto pormenorizado, subscrito pela autoridade, pela pessoa chamada para proceder ao reconhecimento e por duas testemunhas presenciais.*

> **Provas Inominadas**: são aquelas cujos meios de produção não estão previstas previstos na lei.

Ex.: recognição visuográfica de local de crime.

Princípio da liberdade na produção de provas

É possível a utilização de qualquer uma das duas modalidades de provas acima descritas, ou seja, as nominadas e as inominadas, em razão do princípio da liberdade na produção da prova.

Não há nenhuma hierarquia entre as provas, ou seja, tanto as nominadas quanto as inominadas têm o mesmo valor.

Tal princípio encontra exceção nas seguintes hipóteses:

> Estado civil das pessoas

Art. 155, *parágrafo único, CPP. Somente quanto ao estado das pessoas serão observadas as restrições estabelecidas na lei civil.*

Para provar o estado civil é necessária a apresentação de certidão, não admitindo nenhum outro modo, como por exemplo:, a prova testemunhal.

> Provas Ilícitas

Recebem conceituação diferente pelo Código de Processo Penal e também pela doutrina. Veja a seguir:

» Conceito de provas Ilícitas dentro do CPP

Para o CPP, não há distinção entre as provas ilícitas e ilegítimas, sendo todas elas espécies de provas ilícitas, ou seja, estas, para o CPP, são aquelas que ferem normas constitucionais e infraconstitucionais. Assim sendo, tanto faz se fere norma de direito penal ou de direito processual penal.

Art. 157*, CPP. São inadmissíveis, devendo ser desentranhadas do processo, as provas ilícitas, assim entendidas as obtidas em violação a normas constitucionais ou legais.*

» Conceito de provas Ilícitas para a doutrina

Nesse caso, as provas ilícitas recebem uma subclassificação: ilícitas e ilegítimas.

Provas ilícitas: São as que ofendem o direito material (Código Penal ou legislação penal extravagante) e também aquelas que ofendem os princípios constitucionais penais.

Violar uma correspondência para conseguir uma prova.

Provas Ilegítimas: São as provas que ofendem o direito formal, processual, ou seja, o Código de Processo Penal e a legislação processual penal extravagante. Também são aquelas que violam os princípios constitucionais processuais penais. Por exemplo: laudo pericial confeccionado somente por um perito não oficial.

Distinção entre PROVA ILICITA e PROVA ILEGÍTIMA	
Prova Ilícita	Prova Ilegítima
É aquela produzida mediante a violação de norma de direito material prevista na Constituição Federal ou em lei ordinária.	É aquela produzida mediante violação de norma de direito processual. Ex.: CPP, art. 479.

> Inutilização da prova Ilícitas

Art. 157. *<u>São inadmissíveis</u>, devendo ser desentranhadas do processo, as provas ilícitas, assim entendidas as obtidas em violação a normas constitucionais ou legais.*

§3º. Preclusa a decisão de desentranhamento da prova declarada inadmissível, <u>esta será inutilizada por decisão judicial, facultado às partes acompanhar o incidente</u>.

> Teoria dos frutos da Árvore Envenenada (Fruits Of The Poisonous Tree): Teoria da Prova Ilícita Por Derivação.

Art.*, 157, § 1º, primeira parte. São também inadmissíveis as provas derivadas das ilícitas*

As provas que decorrem de uma ilícita também estarão contaminadas, não devendo ser utilizadas no processo.

» Teoria da descoberta Inevitável: prova originária de fonte independente.

§1º. e 2º, CPP. *São também inadmissíveis as provas derivadas das ilícitas, salvo quando não evidenciado o nexo de causalidade entre umas e outras, ou quando as derivadas puderem ser obtidas por uma fonte independente das primeiras. Considera-se fonte independente aquela que por si só, seguindo os trâmites típicos e de praxe, próprios da investigação ou instrução criminal, seria capaz de conduzir ao fato objeto da prova.*

A prova derivada de uma ilícita poderá ser utilizada quando, seguindo os trâmites típicos e de praxe da investigação, ou da instrução criminal, pudermos chegar àa mesma prova obtida por meio de uma ilícita.

Por meio de uma escuta ilegal, obtém-se a localização de um documento incriminador em relação ao indiciado. Ocorre que uma testemunha, depondo regularmente, também indicou à polícia o lugar onde se encontrava a referida prova. Podemos concluir que mesmo que esse documento não fosse confeccionado por meio de um procedimento ilegal, ele seria produzido após o interrogatório, por fonte independente.

» Teoria da prova absolutamente independente:

Art. 157, § 3º. *Preclusa a decisão de desentranhamento da prova declarada inadmissível, esta será inutilizada por decisão judicial, facultado às partes acompanhar o incidente*

A mera existência de uma prova ilícita no processo não necessariamente o contamina, pois, havendo outras provas lícitas absolutamente independentes da ilícita no processo serão aproveitadas.

A prova declarada ilícita pelo juiz será desentranhada dos autos e destruída com a presença facultativa das partes.

ÔNUS DA PROVA

<u>ART. 156, CPP</u>: *"A prova da alegação incumbirá a quem a fizer"*

PROVA EMPRESTADA

> É aceito no Brasil

> É aquela produzida em outro processo

Requisitos
- Ter que ser entre as partes envolvidas
- Tem que ser colhida perante o juiz

É possível a utilização de interceptação em procedimento ADM disciplinar, desde que tenha sido autorizada para apurar crime punido com reclusão.

Exame de Corpo Delito

Art. 158 *do CPP: Quando a infração deixar vestígios, será indispensável o exame de corpo de delito, direto ou indireto, não podendo supri-lo a confissão do acusado.*

Parágrafo único. *Dar-se-á prioridade à realização do exame de corpo de delito quando se tratar de crime que envolva:*

I. *violência doméstica e familiar contra mulher;*

II. *violência contra criança, adolescente, idoso ou pessoa com deficiência.*

Obrigatoriedade do exame de corpo de delito → Quando ocorreram ingrações que deixam vestígios

Não podendo supri-lo a confissão do acusado.

Prioridade à realização do exame decorpo de delito →
- Violência doméstica e familiar contra mulher
- Violênca contra criança, adolescente, idoso ou pessoa com deficiência

PODE O SER NEGADO PELO JUIZ OU DELEGADO O EXAME DE CORPO DE DELITO?

Art. 184. *<u>Salvo o caso de exame de corpo de delito</u>, o juiz ou a autoridade policial <u>negará a perícia requerida pelas partes</u>, quando não for necessária ao esclarecimento da verdade.*

DIFERENÇA ENTRE CORPO DE DELITO E EXAME DE CORPO DE DELITO

CORPO DE DELITO → É UM CONJUNTO DE VESTIGIOS DEIXADOS, PODE SER QUALQUER COISA, COMO CORPO, DOCUMENTOS E ETC.

EXAME DE CORPO DE DELITO → É A PERICIA QUE SERÁ REALIZADA NOS VESTÍGIOS

Art. 158 *do CPP "Quando a infração deixar vestígios, será indispensável o exame de corpo de delito, direto ou indireto, não podendo supri-lo a confissão do acusado".*

DIFERENÇA ENTRE CORPO DE DELITO DIRETO E INDIRETO

DIRETO → É AQUELE REALIZADO EXATAMENTE NOS VESTÍIGIOS DEIXADOS PELO CRIME

INDIRETO → É AQUELE REALIZADO POR OUTROS MEIOS, POIS, NÃO FOI POSSIÍVEL FAZER O DIRETO, UMA VEZ QUE OCORREU O DESAPARECIMENTO. (EX: PRONTUARIOS MÉDICOS, ATESTADOS)

É POSSIVEL A PROVA TESTEMUNHAL NO EXAME DE CORPO DE DELITO INDIRETO?

Art. 167 do CPP. *"Não sendo possível o exame de corpo de delito, por haverem desaparecido os vestígios, a prova testemunhal poderá suprir-lhe a falta".*

PERITOS – ART. 159, CPP

Art. 159. *"O exame de corpo de delito e outras perícias serão realizados por perito oficial, portador de diploma de curso superior".*

CLASSIFICAÇÃO DOS PERITOS

OFICIAIS → *O exame de corpo de delito e outras perícias serão realizadas por perito oficial, portador de diploma de curso superior.*

NÃO OFICIAIS → ***§1º.*** *Na falta de perito oficial, o exame será realizado por 2 (duas) pessoas idôneas, portadoras de diploma de curso superior preferencialmente na área específica, dentre as que tiverem habilitação técnica relacionada com a natureza do exame.* ***§1º.*** *Os peritos não oficiais prestarão o compromisso de bem e fielmente desempenhar o encargo.*

Portanto o perito não oficial deve:

> Ser pPessoa idônea (obrigatório)

> Ser pPortador de curso superior (obrigatório)

> Estar <u>PREFERENCIALMENTE</u> na área especifica da matéria examinada

Reconhecimento de Pessoas e Objetos

É o meio de prova que tem por finalidade identificar se determinada pessoa ou objeto teve algum tipo de ligação com o crime apurado no processo. Sendo assim, alguém que já tenha visto uma coisa ou outra será chamado a identificá-lo.

→ Reconhecimento de Pessoas

Por meio deste expediente, busca-se identificar não somente o infrator, mas, em alguns casos, até mesmo a vítima e as testemunhas.

→ Procedimento

> ***Art. 226**, I, CPP. a pessoa que tiver de fazer o reconhecimento será convidada a descrever a pessoa que deva ser reconhecida;*
>
> ***Art. 226**, II, CPP. a pessoa, cujo reconhecimento se pretender, será colocada, se possível, ao lado de outras que com ela tiverem qualquer semelhança, convidando-se quem tiver de fazer o reconhecimento a apontá-la;*

→ Reconhecimento de Objetos

Se for necessário proceder ao reconhecimento de objetos que tenham algum tipo de vínculo com o crime, será adotará adotado o mesmo procedimento realizado para reconhecer uma pessoa (Art. 227, CPP. No reconhecimento de objeto, proceder-se-á com as cautelas estabelecidas no artigo anterior, no que for aplicável.).

É possível o reconhecimento de pessoas tanto por fotografias como também pela voz (modalidade de provas inominadas).

→ Acareação

É o meio de prova que tem por finalidade esclarecer divergências nas declarações de qualquer cidadão sobre fatos ou circunstâncias relevantes. A acareação pode se dar tanto entre acusados, acusado e testemunha, etc.

> ***Art. 229**, CPP. A acareação será admitida entre acusados, entre acusado e testemunha, entre testemunhas, entre acusado ou testemunha e a pessoa ofendida, e entre as pessoas ofendidas, sempre que divergirem, em suas declarações, sobre fatos ou circunstâncias relevantes.*

→ Natureza: meio de prova.

Pressupostos: divergência substancial sobre fato ou circunstância relevante, prestada previamente pelos confrontantes.

Procedimento: os acareados serão convocados à presença da autoridade (juiz ou delegado). Na sequência, serão provocados pela autoridade a mudar ou ratificar o depoimento anteriormente prestado.

→ Documentos

É o papel ou meio digital, fotográfico, etc., que tem por finalidade transmitir uma informação.

É o documento produzido com a finalidade de provar algo.

Ex.: Um comprovante de pagamento, declaração do IR.

→ Documentos Eventuais

Não possuem a finalidade de provar nada, mas, excepcionalmente, podem funcionar como prova.

Ex.: Uma foto familiar.

→ Tradução

Os documentos em língua estrangeira poderão ser traduzidos para que se obtenha a exata compreensão.

Segundo a doutrina, o que estiver escrito em língua estrangeira, para que tenha valor de prova, deve ser traduzido para o português, respeitando-se assim o princípio da publicidade.

→ Restituição

Após a sentença transitar em julgado, será possível a devolução dos documentos originais ao proprietário, adotando-se o seguinte procedimento:

- Requerimento do proprietário.
- Prévia oitiva do MP antes da decisão juiz.
- Se o juiz deferir o pedido, deve ficar cópia nos autos.

> ***Art. 238**, CPP. Os documentos originais, juntos a processo findo, quando não exista motivo relevante que justifique a sua conservação nos autos, poderão, mediante requerimento, e ouvido o Ministério Público, ser entregues à parte que os produziu, ficando traslado nos autos.*

→ Dos Indícios

> ***Art. 239**, CPP. Considera-se indício a circunstância conhecida e provada, que, tendo relação com o fato, autorize, por indução, concluir-se a existência de outra ou outras circunstâncias.*

Ex.: Alguém passeia pela rua e se depara com uma pessoa com a roupa suja de sangue e uma faca na mão. Essa pessoa passa pela outra correndo e, após alguns metros, encontra um cidadão caído no chão com várias facadas no corpo. Pode-se concluir, logicamente, que aquela primeira que passou com a faca cometeu a agressão, mesmo que não se tenha visto o crime acontecer.

→ Busca e Apreensão

Busca: é a procura de uma determinada pessoa ou de um objeto do rol do Art. 240 do CPP.

Apreensão: é resultante da busca bem-sucedida, em que se apreende a respectiva pessoa ou objeto procurado.

Para a doutrina moderna, a busca e apreensão seria uma medida cautelar, que tem por finalidade prospectar objetos ou pessoas.

Momento: pode ser produzida a qualquer momento, antes, durante ou até mesmo após a persecução penal, ou seja, durante a execução da pena.

LAUDO PERICIAL – ART. 160, CPP

> ***Art. 160.** "Os peritos elaborarão o laudo pericial, onde descreverão minuciosamente o que examinarem, e responderão aos quesitos formulados".*
>
> ***Parágrafo único.** "O laudo pericial será elaborado no prazo máximo de 10 dias, podendo este prazo ser prorrogado, em casos excepcionais, a requerimento dos peritos".*

É um documento pelo por meio do qual o perito expõe suas conclusões e deve conter:

- Informações detalhadas do objeto periciado
- Respostas elaboradas para os quesitos formulados pelas partes
- Conclusões

PARA LEMBRAR

***Art. 161.** O exame de corpo de delito poderá ser feito em qualquer dia e a qualquer hora.*

***Art. 162.** A autópsia será feita pelo menos seis horas depois do óbito, salvo se os peritos, pela evidência dos sinais de morte, julgarem que possa ser feita antes daquele prazo, o que declararão no auto.*

Autopsia é obrigatória?

Art. 162. *do CPP - Parágrafo único. Nos casos de morte violenta, bastará o simples exame externo do cadáver, quando não houver infração penal que apurar, ou quando as lesões externas permitirem precisar a causa da morte e não houver necessidade de exame interno para a verificação de alguma circunstância relevante.*

INTERROGATÓRIO. Arts 185 ao 196, CPP

> Trata-se de um meio de prova e um meio de defesa

> Ato personalíssimo do réu

Via de regra será oral → Exceções →Arts 192 e 193 do CPP

Art. 192. *O interrogatório do mudo, do surdo ou do surdo-mudo será feito pela forma seguinte:*

I. *ao surdo serão apresentadas por escrito as perguntas, que ele responderá oralmente*

II. *ao mudo as perguntas serão feitas oralmente, respondendo-as por escrito*

III. *ao surdo-mudo as perguntas serão formuladas por escrito e do mesmo modo dará as respostas*

Parágrafo único. Caso o interrogando não saiba ler ou escrever, intervirá no ato, como intérprete e sob compromisso, pessoa habilitada a entendê-lo

Art. 193. *Quando o interrogando não falar a língua nacional, o interrogatório será feito por meio de intérprete.*

> Individualidade

Art. 191. *Havendo mais de um acusado, serão interrogados separadamente.*

> Procedimentos

Art. 185. *O acusado que comparecer perante a autoridade judiciária, no curso do processo penal, será qualificado e interrogado na presença de seu defensor, constituído ou nomeado.*

§5º. *Em qualquer modalidade de interrogatório, o juiz garantirá ao réu o direito de entrevista prévia e reservada com o seu defensor;*

§10º. *Do interrogatório deverá constar a informação sobre a existência de filhos, respectivas idades e se possuem alguma deficiência e o nome e o contato de eventual responsável pelos cuidados dos filhos, indicado pela pessoa presa*

> Qualificação – 2 fases

Art. 187. *O interrogatório será constituído de duas partes: sobre a pessoa do acusado e sobre os fatos*

§1º. *Na primeira parte o interrogando será perguntado sobre a residência, meios de vida ou profissão, oportunidades sociais, lugar onde exerce a sua atividade, vida pregressa, notadamente se foi preso ou processado alguma vez e, em caso afirmativo, qual o juízo do processo, se houve suspensão condicional ou condenação, qual a pena imposta, se a cumpriu e outros dados familiares e sociais*

§2º. *Na segunda parte será perguntado sobre*

I. *ser verdadeira a acusação que lhe é feita*

II. *não sendo verdadeira a acusação, se tem algum motivo particular a que atribuí-la, se conhece a pessoa ou pessoas a quem deva ser imputada a prática do crime, e quais sejam, e se com elas esteve antes da prática da infração ou depois dela*

III. *onde estava ao tempo em que foi cometida a infração e se teve notícia desta*

IV. *as provas já apuradas*

V. *se conhece as vítimas e testemunhas já inquiridas ou por inquirir, e desde quando, e se tem o que alegar contra elas*

VI. *se conhece o instrumento com que foi praticada a infração, ou qualquer objeto que com esta se relacione e tenha sido apreendido*

VII. *todos os demais fatos e pormenores que conduzam à elucidação dos antecedentes e circunstâncias da infração*

VIII. *se tem algo mais a alegar em sua defesa.*

PODE O SER invocado o nemo tenetur se detegere no interrogatorio?

Art. 186, *§único do CPP. Depois de devidamente qualificado e cientificado do inteiro teor da acusação, o acusado será informado pelo juiz, antes de iniciar o interrogatório, do seu direito de permanecer calado e de não responder perguntas que lhe forem formuladas.*

Parágrafo único. *O silêncio, que não importará em confissão, não poderá ser interpretado em prejuízo da defesa.*

uma vez interrogado pode acontecer outro?

Art. 196 *do CPP - A todo tempo o juiz poderá proceder a novo interrogatório de ofício ou a pedido fundamentado de qualquer das partes.*

INTERROGATÓRIO POR VIDEO CONFERÊENCIA

Art. 185, *§ 2º Excepcionalmente, o juiz, por decisão fundamentada, de ofício ou a requerimento das partes, poderá realizar o interrogatório do réu preso por sistema de videoconferência ou outro recurso tecnológico de transmissão de sons e imagens em tempo real, desde que a medida seja necessária para atender a uma das seguintes finalidades*

I. *prevenir risco à segurança pública, quando exista fundada suspeita de que o preso integre organização criminosa ou de que, por outra razão, possa fugir durante o deslocamento*

II. *viabilizar a participação do réu no referido ato processual, quando haja relevante dificuldade para seu comparecimento em juízo, por enfermidade ou outra circunstância pessoal*

III. *impedir a influência do réu no ânimo de testemunha ou da vítima, desde que não seja possível colher o depoimento destas por videoconferência, nos termos do art. 217 deste Código*

IV. *responder à gravíssima questão de ordem pública*

§3º. *Da decisão que determinar a realização de interrogatório por videoconferência, as partes serão intimadas com 10 (dez) dias de antecedência*

§4º. *Antes do interrogatório por videoconferência, o preso poderá acompanhar, pelo mesmo sistema tecnológico, a realização de todos os atos da audiência única de instrução e julgamento*

§6º. *A sala reservada no estabelecimento prisional para a realização de atos processuais por sistema de videoconferência será fiscalizada pelos corregedores e pelo juiz de cada causa, como também pelo Ministério Público e pela Ordem dos Advogados do Brasil.*

CONFISSÃO – ARTS. 197 ao 200 do CPP

Art. 197. *O valor da confissão se aferirá pelos critérios adotados para os outros elementos de prova, e para a sua apreciação o juiz deverá confrontá-la com as demais provas do processo, verificando se entre ela e estas existe compatibilidade ou concordância.*

Art. 198. *O silêncio do acusado não importará confissão, mas poderá constituir elemento para a formação do convencimento do juiz.*

Art. 199. *A confissão, quando feita fora do interrogatório, será tomada por termo nos autos, observado o disposto no art. 195.*

Art. 200. *A confissão será divisível e retratável, sem prejuízo do livre convencimento do juiz, fundado no exame das provas em conjunto.*

Questões

01. (CESPE – 2008 – TJ/AL – JUIZ) Acerca das provas, à luz do disposto no CPP, assinale a opção correta.

a) O juiz formará sua convicção pela livre apreciação da prova produzida em contraditório judicial. Os elementos informativos colhidos na investigação não poderão servir de fundamentos para a sua decisão, sob pena de nulidade absoluta.

b) Considerando que o MP é o titular da ação penal pública, é vedado ao juiz, antes do início da ação penal, ordenar a produção de qualquer tipo de prova.

c) São inadmissíveis as provas ilícitas, as quais devem ser desentranhadas do processo. O juiz que conhecer do conteúdo da prova declarada inadmissível não poderá proferir a sentença.

d) Preclusa a decisão de desentranhamento da prova declarada inadmissível, esta terá de ser inutilizada por força de decisão judicial, facultando-se às partes acompanhar o incidente.

e) São inadmissíveis as provas derivadas das ilícitas, ainda que não seja evidenciado o nexo de causalidade entre uma e outra, ou que as derivadas poderiam ter sido obtidas por uma fonte independente das primeiras.

02. (CESPE – 2009 – PC/RN – AGENTE DE POLÍCIA) É prova lícita

a) a interceptação telefônica determinada pela autoridade policial.

b) a apreensão de carta particular no domicílio do indiciado, sem consentimento do morador.

c) a confissão do indiciado obtida mediante grave ameaça por parte dos policiais.

d) a busca pessoal, realizada sem mandado judicial, quando houver fundada suspeita de flagrante.

e) a declaração do advogado do indiciado acerca de fatos de que teve ciência profissionalmente.

03. (CESPE – 2009 – PC/RN – DELEGADO DE POLÍCIA) Acerca do objeto da prova, assinale a opção correta.

a) Os fatos são objeto de prova, e nunca o direito, pois o juiz é obrigado a conhecê-lo.

b) Os fatos axiomáticos dependem de prova.

c) Presunção legal é a afirmação da lei de que um fato é existente ou verdadeiro, independentemente de prova. Entretanto, o fato objeto da presunção legal pode precisar de prova indireta, ou seja, pode ser necessário demonstrar o fato que serve de base à presunção, que, uma vez demonstrado, implica que o fato probando (objeto da presunção) considera-se provado.

d) No processo penal, os fatos não-impugnados pelo réu (fatos incontroversos) são considerados verdadeiros.

04. (CESPE – 2005 – TRE/MT – ANALISTA JUDICIÁRIO – ÁREA JUDICIÁRIA) Sabendo-se que a busca da verdade real e o sistema do livre convencimento do juiz, que conduzem ao princípio da liberdade probatória, levam a doutrina a concluir que não se esgotam nos artigos 158 e 250 do Código de Processo Penal os meios de prova permitidos na legislação brasileira, conclui-se que a previsão legal não é exaustiva, mas exemplificativa, sendo admitidas as chamadas provas inominadas. A respeito desse assunto, assinale a opção correta.

a) Ilícitas são as provas que contrariam normas de direito processual.

b) Ilegítimas são as provas que contrariam normas de direito material.

c) Admite-se, no ordenamento jurídico pátrio, a obtenção de provas por meios ilícitos, mas não ilegítimos.

d) Admite-se, no ordenamento jurídico pátrio, a obtenção de provas por meios ilegítimos, mas não ilícitos.

e) Ilícitas são as provas que afrontam norma de direito material.

Gabaritos

01	D	03	C
02	D	04	E

4. PRISÕES

4.1 Conceito

Prisão nada mais é do que uma restrição à liberdade de ir e vir (liberdade ambulatorial ou de locomoção), por meio do recolhimento ao cárcere por ordem fundamentada do juiz ou derivada da prisão em flagrante.

Espécies de Prisão Cautelar

Atualmente existem três espécies de prisão cautelar, a saber, prisão em flagrante, preventiva e

> Prisão em Flagrante;
> Prisão Preventiva;
> Prisão Temporária.

→ **Prisão Preventiva**

É a medida cautelar de constrição da liberdade pessoal, cabível durante toda a persecução penal (IP + processo), decretada pelo juiz ex officio no curso da ação penal, ou a requerimento do MP, do querelante, do assistente ou por representação da autoridade policial. Não tem prazo e se justifica na presença dos requisitos estabelecidos na lei.

Note que a prisão preventiva teve alterações consideráveis conforme a o pacote anticrime.

Tempo da Prisão Preventiva

Não há prazo definido em lei acerca da duração dela, e se estende no tempo enquanto houver necessidade, que é dosada pela presença de seus requisitos legais. Se eventualmente estes desaparecem, a prisão preventiva será revogada e nada impede que ela seja decretada novamente, caso algum dos requisitos reapareça.

Por sua vez, se ela se estende no tempo de maneira desproporcional, se transforma-se em prisão ilegal, e, nesse caso, merecerá relaxamento.

Cabimento

Será possível tanto na investigação policial como no processo.

Art. 311 do CPP. *"Em qualquer fase da investigação policial ou do processo penal, caberá a prisão preventiva decretada pelo juiz, a requerimento do Ministério Público, do querelante ou do assistente, ou por representação da autoridade policial."*

Decretação

Art. 312 do CPP. *A prisão preventiva poderá ser decretada como garantia da ordem pública, da ordem econômica, por conveniência da instrução criminal ou para assegurar a aplicação da lei penal, quando houver prova da existência do crime e indício suficiente de autoria e de perigo gerado pelo estado de liberdade do imputado.*

§ 1º. *A prisão preventiva também poderá ser decretada em caso de descumprimento de qualquer das obrigações impostas por força de outras medidas cautelares (art. 282, § 4º).*

§2º. *"A decisão que decretar a prisão preventiva deve ser motivada e fundamentada em receio de perigo e existência concreta de fatos novos ou contemporâneos que justifiquem a aplicação da medida adotada."*

Admissibilidade

Art. 313 do CPP. *Nos termos do art. 312 deste Código, será admitida a decretação da prisão preventiva.*

I. *nos crimes dolosos punidos com pena privativa de liberdade máxima superior a 4 (quatro) anos....*

II. *se tiver sido condenado por outro crime doloso, em sentença transitada em julgado, ressalvado o disposto no inciso I do caput do art. 64 do Decreto-Lei no 2.848, de 7 de dezembro de 1940 - Código Penal.*

III. *se o crime envolver violência doméstica e familiar contra a mulher, criança, adolescente, idoso, enfermo ou pessoa com deficiência, para garantir a execução das medidas protetivas de urgência.*

§1º. *Também será admitida a prisão preventiva quando houver dúvida sobre a identidade civil da pessoa ou quando esta não fornecer elementos suficientes para esclarecê-la, devendo o preso ser colocado imediatamente em liberdade após a identificação, salvo se outra hipótese recomendar a manutenção da medida.*

§2º. *Não será admitida a decretação da prisão preventiva com a finalidade de antecipação de cumprimento de pena ou como decorrência imediata de investigação criminal ou da apresentação ou recebimento de denúncia.*

Excludentes de Ilicitude

Art. 314 do CPP. *A prisão preventiva em nenhum caso será decretada se o juiz verificar pelas provas constantes dos autos ter o agente praticado o fato nas condições previstas nos incisos I, II e III do caput do art. 23 do Decreto-Lei no 2.848, de 7 de dezembro de 1940 - Código Penal.*

Motivação

Art. 315 do CPP. *A decisão que decretar, substituir ou denegar a prisão preventiva será sempre motivada e fundamentada. §1º. Na motivação da decretação da prisão preventiva ou de qualquer outra cautelar, o juiz deverá indicar concretamente a existência de fatos novos ou contemporâneos que justifiquem a aplicação da medida adotada.*

§2º. *Não se considera fundamentada qualquer decisão judicial, seja ela interlocutória, sentença ou acórdão, que.*

I. *limitar-se à indicação, à reprodução ou à paráfrase de ato normativo, sem explicar sua relação com a causa ou a questão decidida.*

II. *empregar conceitos jurídicos indeterminados, sem explicar o motivo concreto de sua incidência no caso.*

III. *invocar motivos que se prestariam a justificar qualquer outra decisão.*

IV. *não enfrentar todos os argumentos deduzidos no processo capazes de, em tese, infirmar a conclusão adotada pelo julgador.*

V. *limitar-se a invocar precedente ou enunciado de súmula, sem identificar seus fundamentos determinantes nem demonstrar que o caso sob julgamento se ajusta àqueles fundamentos.*

VI. *deixar de seguir enunciado de súmula, jurisprudência ou precedente invocado pela parte, sem demonstrar a existência de distinção no caso em julgamento ou a superação do entendimento.*

Art. 316 do CPP. *O juiz poderá, de ofício ou a pedido das partes, revogar a prisão preventiva se, no correr da investigação ou do processo, verificar a falta de motivo para que ela subsista, bem como novamente decretá-la, se sobrevierem razões que a justifiquem. (Redação dada pela Lei nº 13.964, de 2019. (Vigência)*

Parágrafo único. *Decretada a prisão preventiva, deverá o órgão emissor da decisão revisar a necessidade de sua manutenção a cada 90 (noventa) dias, mediante decisão fundamentada, de ofício, sob pena de tornar a prisão ilegal.*

→ Prisão Temporária (Lei 7.960/89)

É a prisão cautelar cabível apenas ao longo do IP, decretada pelo juiz a requerimento do MP ou por representação da autoridade policial (o juiz não pode decretar a medida de ofício e também não pode ser requerida pelo querelante nos casos de ação penal privada), com prazo pré-estabelecido em lei, uma vez presente os requisitos do Art. 1º da Lei 7.960/89.

> **Prisão Temporária:**

» É a prisão cautelar.

» Cabível apenas ao longo do IP.

» Decretada pelo juiz.

» Requerida pelo MP ou pelo delegado.

» Com prazo pré-estabelecido em lei.

» Uma vez presente os seus requisitos.

Cabimento

Art. 1. *Caberá prisão temporária:*

I. *quando imprescindível para as investigações do inquérito policial;*

II. *quando o indicado não tiver residência fixa ou não fornecer elementos necessários ao esclarecimento de sua identidade;*

III. *quando houver fundadas razões, de acordo com qualquer prova admitida na legislação penal, de autoria ou participação do indiciado nos seguintes crimes:*

a) *homicídio doloso (art. 121, caput, e seu § 2º);*

b) *seqüestro sequestro ou cárcere privado (art. 148, caput, e seus §§ 1º e 2º);*

c) *roubo (art. 157, caput, e seus §§ 1º, 2º e 3º);*

d) *extorsão (art. 158, caput, e seus §§ 1º e 2º.);*

e) *extorsão mediante seqüestro sequestro (art. 159, caput, e seus §§ 1º., 2º. e 3º.);*

f) *estupro (art. 213, caput, e sua combinação com o art. 223, caput, e parágrafo único). (Vide Decreto-Lei nº 2.848, de 1940)*

g) *atentado violento ao pudor (art. 214, caput, e sua combinação com o art. 223, caput, e parágrafo único). (Vide Decreto-Lei nº 2.848, de 1940)*

h) *rapto violento (art. 219, e sua combinação com o art. 223 caput, e parágrafo único). (Vide Decreto-Lei nº 2.848, de 1940)*

i) *epidemia com resultado de morte (art. 267, § 1º);*

j) *envenenamento de água potável ou substância alimentícia ou medicinal qualificado pela morte (art. 270, caput, combinado com art. 285);*

l) *quadrilha ou bando (art. 288), todos do Código Penal;*

m) *genocídio (arts. 1º, 2º e 3º da Lei nº 2.889, de 1º de outubro de 1956), em qualquer de suas formas típicas;*

n) *tráfico de drogas (art. 12 da Lei nº 6.368, de 21 de outubro de 1976);*

o) *crimes contra o sistema financeiro (Lei nº 7.492, de 16 de junho de 1986).*

p) *crimes previstos na Lei de Terrorismo.*

O rol de crimes descrito acima é taxativo, o que significa que somente esses delitos comportam a medida e mais nenhum

→ Prisão em Flagrante

É a prisão cautelar de natureza administrativa que funciona como ferramenta de preservação social, autorizando a captura daquele que é surpreendido no instante em que pratica ou termina de concluir a infração penal. Caracteriza-se pela imediatidade entre o crime e a prisão. Essa modalidade de prisão comporta várias delas, e, a seguir, exemplificaremos cada hipótese de flagrante, conforme o que vem sendo cobrado nos principais concursos do país.

Modalidades de Flagrante

Flagrante obrigatório/coercitivo: é aquele flagrante das autoridades policiais e seus agentes. A autoridade policial não tem qualquer discricionariedade quanto a prisão em flagrante ou não. (Fundamento: art. 301, CPP).

Art. 301. *"Qualquer do povo poderá e as autoridades policiais e seus agentes* ***deverão*** *prender quem quer que seja encontrado em flagrante delito".*

Flagrante obrigatório → Autoridade Policial ou seus Agentes → Tem o dever de efetuar a prisão

Flagrante Facultativo: é o flagrante que se aplica a qualquer pessoa do povo, não tendo o sujeito a obrigação de agir. (Fundamento: art. 301, CPP)

Art. 301. *"Qualquer do povo* ***poderá*** *e as autoridades policiais e seus agentes deverão prender quem quer que seja encontrado em flagrante delito".*

Flagrante facultativo → Qualquer pessoa do povo → Poderá realizar o flagrante

Esquematizando o tema:

Art. 301	Espécie de flagrante	Excludente de licitude	Infração em tese
Qualquer do povo PODERÁ	FACULTATIVO	Exercício regular do direito	Constrangimento ilegal
As autoridades policiais e seus agentes DEVERÃO	OBRIGATÓRIO	Estrito cumprimento do dever legal	Abuso de autoridade

→ Flagrante Próprio (Real / Perfeito / Propriamente dito)

Tem cabimento em duas hipóteses:

> Quando o agente está cometendo o delito, ou seja, está em plena prática dos atos executórios.;

> Acaba de cometer o delito, isto é, o agente terminou de concluir a prática da infração penal, ficando evidente que é o autor do crime.

Art. 302*, I e II, CPP. Considera-se em flagrante delito quem:*

I. *Está cometendo a infração penal;*

II. *Acaba de cometê-la;*

→ Flagrante Impróprio (Irreal/Imperfeito/Quase flagrante)

É a espécie de flagrante que ocorre quando o criminoso conclui o crime ou é interrompido pela chegada de terceiros e foge, sem ser preso no local, fazendo com que se inicie uma perseguição, seja pela polícia, pela vítima ou por terceiro.

Art. 301, III, CP. *Considera-se em flagrante delito quem:*

III. *É perseguido, logo após, pela autoridade, pelo ofendido ou por qualquer pessoa, em situação que faça presumir ser autor da infração.*

→ **Flagrante presumido (Ficto ou Assimilado)**

O criminoso é encontrado, logo depois de praticar o crime, com objetos, armas ou papéis que faça presumir ser ele o autor do delito. Nesse caso, não há perseguição.

> ***Art. 301, IV, CPP.*** *Considera-se em flagrante delito quem:*
>
> ***IV.*** *É encontrado, logo depois, com instrumentos, armas, objetos ou papéis que façam presumir ser ele autor da infração.*

→ **Flagrante Forjado**

É o flagrante realizado para incriminar um inocente. A prisão é ilegal e o forjador irá responder criminalmente por denunciação caluniosa (Art. 339 do CP).

→ **Flagrante Esperado**

Ocorre quando a polícia toma conhecimento da possibilidade da ocorrência de um crime, então, fica em campana, aguardando que se iniciem os primeiros atos executórios, na expectativa de concretizar a captura. Devido à falta de previsão legal do flagrante esperado, quando a tomada se concretiza, ele se transforma em flagrante próprio, sendo assim, essa é uma modalidade viável para autorizar a prisão em flagrante.

No flagrante esperado, a polícia em nada contribui com a prática do delito, ela simplesmente toma conhecimento do crime que está por vir e aguarda o delito acontecer para realizar a prisão.

Não confundir com o flagrante preparado.

→ **Flagrante Preparado (Provocado / Delito Putativo por Obra do Agente Provocador)**

Ocorre quando o agente provocador (em regra, a polícia, podendo também ser terceiro) induz ou instiga alguém a cometer um crime. Não é admitido no Brasil, a prisão é ilegal, e o fato praticado não constitui crime, pois o é atípico, sendo a consumação da ação impossível, haja vista que, durante os atos executórios, haverá a prisão.

Súmula 145, STF. *Não há crime, quando a preparação do flagrante pela polícia torna impossível a sua consumação.*

→ **Flagrante Postergado (Diferido/Estratégico/Ação Controlada)**

Caracteriza-se pela possibilidade que a polícia (e somente ela) tem de retardar a prisão em flagrante, na expectativa de realizá-lo num momento mais adequado para a colheita de provas, para a captura do maior número de infratores e também a fim de conseguir o enquadramento no delito principal da facção criminosa. Ele é possível:

No Art. 2º caput e inciso II da Lei no 9.034/95 – Crime Organizado

> ***Art. 2.*** *Em qualquer fase de persecução criminal, são permitidos, sem prejuízo dos já previstos em lei, os seguintes procedimentos de investigação e formação de provas:*
>
> ***II.*** *A ação controlada, que consiste em retardar a interdição policial do que se supõe ação praticada por organizações criminosas ou a ela vinculado, desde que mantida sob observação e acompanhamento para que a medida legal se concretize no momento mais eficaz do ponto de vista da formação de provas e fornecimento de informações.*
>
> ***Art. 53, Lei 11.343/06. Tráfico de Drogas***
>
> ***Art. 53.*** *Em qualquer fase da persecução criminal relativa aos crimes previstos nesta Lei, são permitidos, além dos previstos em lei, mediante autorização judicial e ouvido o Ministério Público, os seguintes procedimentos investigatórios:*
>
> ***I.*** *A infiltração por agentes de polícia, em tarefas de investigação, constituída pelos órgãos especializados pertinentes;*
>
> ***II.*** *A não atuação policial sobre os portadores de drogas, seus precursores químicos ou outros produtos utilizados em sua produção, que se encontrem no território brasileiro, com a finalidade de identificar e responsabilizar maior número de integrantes de operações de tráfico e distribuição, sem prejuízo da ação penal cabível.*
>
> *Parágrafo único. Na hipótese do inciso II deste artigo, a autorização será concedida desde que sejam conhecidos o itinerário provável e a identificação dos agentes do delito ou de colaboradores.*

→ **Fases da Prisão em Flagrante**

a) Captura

> Emprego da força: a força pode ser utilizada, porém deve ser usada com moderação. Referente ao tema, importante o teor constante do artigo 292 do CPP.

> ***Art. 292.*** *Se houver, ainda que por parte de terceiros, resistência à prisão em flagrante ou à determinada por autoridade competente, o executor e as pessoas que o auxiliarem poderão usar dos meios necessários para defender-se ou para vencer a resistência, do que tudo se lavrará auto subscrito também por duas testemunhas.*
>
> ***Uso de algemas***
>
> *Trata-se de uma medida de natureza excepcional, devendo ser utilizado utilizada quando houver risco de fuga OU agressão do preso contra policiais, membros da sociedade ou até a si mesmo.*
>
> ***Súmula Vinculante 11***
>
> *Só é lícito o uso de algemas em casos de resistência e de fundado receio de fuga ou de perigo à integridade física própria ou alheia, por parte do preso ou de terceiros, justificada a excepcionalidade por escrito, sob pena de responsabilidade disciplinar, civil e penal do agente ou da autoridade e de nulidade da prisão ou do ato processual a que se refere, sem prejuízo da responsabilidade civil do Estado.*
>
> ***Art. 292 do CPP:***
>
> ***Parágrafo único.*** *É vedado o uso de algemas em mulheres grávidas durante os atos médico-hospitalares preparatórios para a realização do parto e durante o trabalho de parto, bem como em mulheres durante o período de puerpério imediato.*

b) Condução Coercitiva:

> NÃO SE IMPORÁ PRISÃO EM FLAGRANTE:

- Lei dos Juizados Especiais Criminais;
- Porte de drogas para consumo pessoal;
- CTB;

c) Lavratura do auto de prisão em Flagrante

> Possibilidade de concessão de fiança pela própria autoridade policial, nos moldes previstos pelo art. 322 do CPP.

> ***Art. 322.*** *A autoridade policial* ***somente*** *poderá conceder fiança nos casos de infração cuja pena privativa de liberdade máxima não seja superior a 4 (quatro) anos. (Redação dada pela Lei nº 12.403, de 2011).*
>
> ***Parágrafo único.*** *Nos demais casos, a fiança será requerida ao juiz, que decidirá em 48 (quarenta e oito horas.*
>
> ***d) Convalidação Judicial da Prisão em Flagrante***
>
> *Essa convalidação judicial constitui-se no procedimento que deverá ser observado pelo juiz quando do recebimento do auto de prisão em flagrante.*

Providencias Providências que serão adotados pelo juiz ao receber o auto de prisão em flagrante.

Cumpre recordarmos que a obrigatoriedade de comunicação da prisão ao juiz encontra-se prevista na legislação ao teor do art. 306, do Código de Processo Penal, o que dispõe:

***Art. 306.** "A prisão de qualquer pessoa e local onde se encontre serão comunicados imediatamente ao juiz competente, ao Ministério Público e a família do preso ou à pessoa por ele indicada".*

***§1º**. Em até 24 (vinte e quatro horas) após a realização da prisão, será encaminhado ao juiz competente o auto de prisão em flagrante e, caso o autuado não informe o nome de seu advogado, cópia integral para Defensoria Pública.*

***§2º**. No mesmo prazo, será entregue ao preso, mediante recibo, a nota de culpa (termo de ciência das garantias constitucionais), assinada pela autoridade, com o motivo da prisão, o nome do condutor e os das testemunhas.*

Audiência de Custódia

Conceito:

Audiência de custódia consiste no direito que a pessoa presa em flagrante possui de ser conduzida (levada), sem demora, à presença de uma autoridade judicial (magistrado) que irá analisar se os direitos fundamentais dessa pessoa foram respeitados (ex: se não houve tortura), se a prisão em flagrante foi legal e se a prisão cautelar deve ser decretada ou se o preso poderá receber a liberdade provisória ou medida cautelar diversa da prisão.

***Art. 310** do CPP: Após receber o auto de prisão em flagrante, no prazo máximo de até 24 (vinte e quatro) horas após a realização da prisão, o juiz deverá promover audiência de custódia com a presença do acusado, seu advogado constituído ou membro da Defensoria Pública e o membro do Ministério Público, e, nessa audiência, o juiz deverá, fundamentadamente. .*

***I.** relaxar a prisão ilegal; o.*

***II.** converter a prisão em flagrante em preventiva, quando presentes os requisitos constantes do art. 312 deste Código, e se revelarem inadequadas ou insuficientes as medidas cautelares diversas da prisão; o.*

***III.** conceder liberdade provisória, com ou sem fiança.*

***§1º**. Se o juiz verificar, pelo auto de prisão em flagrante, que o agente praticou o fato em qualquer das condições constantes dos incisos I, II ou III do caput do art. 23 do Decreto-Lei nº 2.848, de 7 de dezembro de 1940 (Código Penal), poderá, fundamentadamente, conceder ao acusado liberdade provisória, mediante termo de comparecimento obrigatório a todos os atos processuais, sob pena de revogação.*

***§2º**. Se o juiz verificar que o agente é reincidente ou que integra organização criminosa armada ou milícia, ou que porta arma de fogo de uso restrito, deverá denegar a liberdade provisória, com ou sem medidas cautelares.*

***§3º**. A autoridade que deu causa, sem motivação idônea, à não realização da audiência de custódia no prazo estabelecido no caput deste artigo responderá administrativa, civil e penalmente pela omissão.*

***§4º**. Transcorridas 24 (vinte e quatro) horas após o decurso do prazo estabelecido no caput deste artigo, a não realização de audiência de custódia sem motivação idônea ensejará também a ilegalidade da prisão, a ser relaxada pela autoridade competente, sem prejuízo da possibilidade de imediata decretação de prisão preventiva.*

Questão

01. (VUNESP – 2018 – PC-BA - ESCRIVÃO) Acerca da prisão em flagrante, assinale a alternativa correta.

a) Se o réu, sendo perseguido, passar ao território de outro município ou comarca, o executor deverá pedir apoio da Autoridade Policial local para poder lhe efetuar a prisão.

b) Quando o acusado se recusar a assinar, não souber ou não puder fazê-lo, o auto de prisão em flagrante será assinado por duas testemunhas, que tenham ouvido sua leitura na presença deste.

c) O militar não poderá ser preso em flagrante delito e sim autuado e recolhido ao quartel da instituição a que pertencer.

d) Na falta ou no impedimento do escrivão, somente a Autoridade Policial poderá lavrar o auto.

e) Quando o fato for praticado em presença da Autoridade Policial, ou contra esta, no exercício de suas funções, outra Autoridade Policial deverá ser convocada para a autuação em flagrante.

Gabarito

01	B

NOÇÕES DE LEGISLAÇÃO COMPLEMENTAR À MATÉRIA PENAL E PROCESSUAL PENAL

1. LEI Nº 11.343/2006 - SISTEMA NACIONAL DE POLÍTICAS PÚBLICAS SOBRE DROGAS (SISNAD)

1.1 Disposições Preliminares

A Lei nº 11.343/06 instituiu o Sistema Nacional de Políticas Públicas sobre Drogas - Sisnad. Ela prescreve medidas para prevenção do uso indevido, atenção e reinserção social de usuários e dependentes de drogas, além de estabelecer normas para repressão à produção não autorizada e ao tráfico ilícito de drogas e define crimes relacionados a esse assunto.

Ficam proibidas, em todo o território nacional, as drogas, bem como o plantio, a cultura, a colheita e a exploração de vegetais e substratos dos quais possam ser extraídas ou produzidas drogas, ressalvada a hipótese de autorização legal ou regulamentar, assim como estabelece a Convenção de Viena, de 1971, das Nações Unidas, sobre Substâncias Psicotrópicas a respeito de plantas de uso estritamente ritualístico-religioso.

Pode a União autorizar o plantio, a cultura e a colheita dos vegetais acima referidos, exclusivamente para fins medicinais ou científicos, em local e prazo predeterminados, mediante fiscalização, respeitadas as ressalvas supramencionadas.

1.2 Do Sistema Nacional de Políticas Públicas sobre Drogas

O Sisnad tem a finalidade de articular, integrar, organizar e coordenar as atividades relacionadas com:

> A prevenção do uso indevido, a atenção e a reinserção social de usuários e dependentes de drogas.

> A repressão da produção não autorizada e do tráfico ilícito de drogas.

Dos princípios e dos objetivos do sistema nacional de políticas públicas sobre drogas

Princípios do sisnad

> O respeito aos direitos fundamentais da pessoa humana, especialmente quanto à sua autonomia e à sua liberdade.

> O respeito à diversidade e às especificidades populacionais existentes.

> A promoção dos valores éticos, culturais e de cidadania do povo brasileiro, reconhecendo-os como fatores de proteção para o uso indevido de drogas e outros comportamentos correlacionados.

> A promoção de consensos nacionais, de ampla participação social, para o estabelecimento dos fundamentos e estratégias do Sisnad.

> A promoção da responsabilidade compartilhada entre Estado e Sociedade, reconhecendo a importância da participação social nas atividades do Sisnad.

> O reconhecimento da intersetorialidade dos fatores correlacionados com o uso indevido de drogas, com a sua produção não autorizada e o seu tráfico ilícito.

> A integração das estratégias nacionais e internacionais de prevenção do uso indevido, atenção e reinserção social de usuários e dependentes de drogas e de repressão à sua produção não autorizada e ao seu tráfico ilícito.

> A articulação com os órgãos do Ministério Público e dos Poderes Legislativo e Judiciário visando à cooperação mútua nas atividades do Sisnad.

> A adoção de abordagem multidisciplinar que reconheça a interdependência e a natureza complementar das atividades de prevenção do uso indevido, atenção e reinserção social de usuários e dependentes de drogas, repressão da produção não autorizada e do tráfico ilícito de drogas.

> A observância do equilíbrio entre as atividades de prevenção do uso indevido, atenção e reinserção social de usuários e dependentes de drogas e de repressão à sua produção não autorizada e ao seu tráfico ilícito, visando a garantir a estabilidade e o bem-estar social.

> A observância às orientações e normas emanadas do Conselho Nacional Antidrogas - Conad.

Objetivos do SISNAD

> Contribuir para a inclusão social do cidadão, visando a torná-lo menos vulnerável a assumir comportamentos de risco para o uso indevido de drogas, seu tráfico ilícito e outros comportamentos correlacionados.

> Promover a construção e a socialização do conhecimento sobre drogas no país.

> Promover a integração entre as políticas de prevenção do uso indevido, atenção e reinserção social de usuários e dependentes de drogas e de repressão à sua produção não autorizada e ao tráfico ilícito e as políticas públicas setoriais dos órgãos do Poder Executivo da União, Distrito Federal, Estados e Municípios.

> Assegurar as condições para a coordenação, a integração e a articulação das atividades de prevenção e repreensão.

Da composição e da organização do sistema nacional de políticas públicas sobre drogas

A organização do Sisnad assegura a orientação central e a execução descentralizada das atividades realizadas em seu âmbito, nas esferas federal, distrital, estadual e municipal e se constitui matéria definida no regulamento desta Lei.

Da coleta, análise e disseminação de informações sobre drogas

As instituições com atuação nas áreas da atenção à saúde e da assistência social, que atendam usuários ou dependentes de drogas, devem comunicar ao órgão competente do respectivo sistema municipal de saúde os casos atendidos e os óbitos ocorridos, preservando a identidade das pessoas, conforme orientações emanadas da União.

Os dados estatísticos nacionais de repressão ao tráfico ilícito de drogas integrarão sistema de informações do Poder Executivo.

1.3 Das Atividades de Prevenção do Uso Indevido, Atenção e Reinserção Social de Usuários e Dependentes de Drogas

Da prevenção

Constituem atividades de prevenção do uso indevido de drogas, para efeito desta Lei, aquelas direcionadas para a redução dos fatores de vulnerabilidade e risco e para a promoção e o fortalecimento dos fatores de proteção.

As atividades de prevenção do uso indevido de drogas devem observar os seguintes princípios e diretrizes:

> O reconhecimento do uso indevido de drogas como fator de interferência na qualidade de vida do indivíduo e na sua relação com a comunidade à qual pertence.

> A adoção de conceitos objetivos e de fundamentação científica como forma de orientar as ações dos serviços públicos comunitários e privados e de evitar preconceitos e estigmatização das pessoas e dos serviços que as atendam.

> O fortalecimento da autonomia e da responsabilidade individual em relação ao uso indevido de drogas.

> O compartilhamento de responsabilidades e a colaboração mútua com as instituições do setor privado e com os diversos segmentos sociais, incluindo usuários e dependentes de drogas e respectivos familiares, por meio do estabelecimento de parcerias.

> A adoção de estratégias preventivas diferenciadas e adequadas às especificidades socioculturais das diversas populações, bem como das diferentes drogas utilizadas; o reconhecimento do "não uso", do "retardamento do uso" e da redução de riscos como resultados desejáveis das atividades de natureza preventiva, quando da definição dos objetivos a serem alcançados.

> O tratamento especial dirigido às parcelas mais vulneráveis da população, levando em consideração as suas necessidades específicas.

> A articulação entre os serviços e organizações que atuam em atividades de prevenção do uso indevido de drogas e a rede de atenção a usuários e dependentes de drogas e respectivos familiares.

> O investimento em alternativas esportivas, culturais, artísticas, profissionais, entre outras, como forma de inclusão social e de melhoria da qualidade de vida.

> O estabelecimento de políticas de formação continuada na área da prevenção do uso indevido de drogas para profissionais de educação nos três níveis de ensino.

> A implantação de projetos pedagógicos de prevenção do uso indevido de drogas, nas instituições de ensino público e privado, alinhados às Diretrizes Curriculares Nacionais e aos conhecimentos relacionados a drogas.

> A observância das orientações e normas emanadas do Conad.

> O alinhamento às diretrizes dos órgãos de controle social de políticas setoriais específicas.

As atividades de prevenção do uso indevido de drogas dirigidas à criança e ao adolescente deverão estar em consonância com as diretrizes emanadas pelo Conselho Nacional dos Direitos da Criança e do Adolescente - Conanda.

Das atividades de atenção e de reinserção social de usuários ou dependentes de drogas

Constituem atividades de atenção ao usuário e dependente de drogas e respectivos familiares, para efeito desta Lei, aquelas que visem à melhoria da qualidade de vida e à redução dos riscos e dos danos associados ao uso de drogas.

Constituem atividades de reinserção social do usuário ou do dependente de drogas e respectivos familiares, para efeito desta Lei, aquelas direcionadas para sua integração ou reintegração em redes sociais.

As atividades de atenção e as de reinserção social do usuário e do dependente de drogas e respectivos familiares devem observar os seguintes princípios e diretrizes:

> Respeito ao usuário e ao dependente de drogas, independentemente de quaisquer condições, observados os direitos fundamentais da pessoa humana, os princípios e diretrizes do Sistema Único de Saúde e da Política Nacional de Assistência Social.

> A adoção de estratégias diferenciadas de atenção e reinserção social do usuário e do dependente de drogas e respectivos familiares que considerem as suas peculiaridades socioculturais.

> Definição de projeto terapêutico individualizado, orientado para a inclusão social e para a redução de riscos e de danos sociais e à saúde.

> Atenção ao usuário ou dependente de drogas e aos respectivos familiares, sempre que possível, de forma multidisciplinar e por equipes multiprofissionais.

> Observância das orientações e normas emanadas do Conad.

> O alinhamento às diretrizes dos órgãos de controle social de políticas setoriais específicas.

As redes dos serviços de saúde da União, dos Estados, do Distrito Federal, dos Municípios desenvolverão programas de atenção ao usuário e ao dependente de drogas, respeitadas as diretrizes do Ministério da Saúde e os princípios acima explicitados, obrigatória a previsão orçamentária adequada.

A União, os Estados, o Distrito Federal e os Municípios poderão conceder benefícios às instituições privadas que desenvolverem programas de reinserção no mercado de trabalho, do usuário e do dependente de drogas encaminhados por órgão oficial.

As instituições da sociedade civil, sem fins lucrativos, com atuação nas áreas da atenção à saúde e da assistência social, que atendam usuários ou dependentes de drogas poderão receber recursos do Funad, condicionados à sua disponibilidade orçamentária e financeira.

O usuário e o dependente de drogas que, em razão da prática de infração penal, estiverem cumprindo pena privativa de liberdade ou submetidos à medida de segurança, têm garantidos os serviços de atenção à sua saúde, definidos pelo respectivo sistema penitenciário.

Dos crimes e das penas

Essas penas poderão ser aplicadas isolada ou cumulativamente, bem como substituídas a qualquer tempo, ouvidos o Ministério Público e o defensor.

Posse para uso pessoal (Art. 28)

Quem adquirir, guardar, tiver em depósito, transportar ou trouxer consigo, para consumo pessoal, drogas sem autorização ou em desacordo com determinação legal ou regulamentar será submetido às seguintes penas:

> Advertência sobre os efeitos das drogas.

> Prestação de serviços à comunidade (prazo máximo de 5 meses; em caso de reincidência → até 10 meses).

> Medida educativa de comparecimento a programa ou curso educativo (prazo máximo de 5 meses; em caso de reincidência → até 10 meses).

Às mesmas medidas submete-se quem, para seu consumo pessoal, semeia, cultiva ou colhe plantas destinadas à preparação de pequena quantidade de substância ou produto capaz de causar dependência física ou psíquica.

Para determinar se a droga destinava-se a consumo pessoal, o Juiz atenderá à natureza e à quantidade da substância apreendida, ao local e às condições em que se desenvolveu a ação, às circunstâncias sociais e pessoais, bem como à conduta e aos antecedentes do agente.

A prestação de serviços à comunidade será cumprida em programas comunitários, entidades educacionais ou assistenciais, hospitais, estabelecimentos congêneres, públicos ou privados sem fins lucrativos, que se ocupem, preferencialmente, da prevenção do consumo ou da recuperação de usuários e dependentes de drogas.

Para garantia do cumprimento das medidas educativas a que se refere essa lei (penas aplicadas aos usuários), a que injustificadamente se recuse o agente, poderá o juiz submetê-lo, sucessivamente a:

> Admoestação verbal.

> Multa.

O juiz determinará ao Poder Público que coloque à disposição do infrator, gratuitamente, estabelecimento de saúde, preferencialmente ambulatorial, para tratamento especializado.

Na imposição da pena de medida educativa de multa (em caso de recusa injustificada) o juiz, atendendo à reprovabilidade da conduta, fixará o número de dias-multa, em quantidade nunca inferior a 40 nem superior a 100, atribuindo depois a cada um, segundo a capacidade econômica do agente, o valor de um trinta avos (1/30) até três vezes o valor do maior salário-mínimo.

Os valores decorrentes da imposição dessa multa serão creditados à conta do Fundo Nacional Antidrogas.

Prescrevem em dois anos a imposição e a execução das penas, observado, no tocante à interrupção do prazo, o disposto nos Arts. 107 e seguintes do Código Penal.

1.4 Da Repressão à Produção não Autorizada e ao Tráfico Ilícito de Drogas

Disposições gerais

É indispensável a licença prévia da autoridade competente para produzir, extrair, fabricar, transformar, preparar, possuir, manter em depósito, importar, exportar, reexportar, remeter, transportar, expor, oferecer, vender, comprar, trocar, ceder ou adquirir, para qualquer fim, drogas ou matéria-prima destinada à sua preparação, observadas as demais exigências legais.

As plantações ilícitas serão imediatamente destruídas pelo delegado de polícia (incineração, em no máximo 30 dias da apreensão) que recolherá quantidade suficiente para exame pericial, de tudo lavrando auto de levantamento das condições encontradas, com a delimitação do local, asseguradas as medidas necessárias para a preservação da prova.

Em caso de ser utilizada a queimada para destruir a plantação, observar-se-á, além das cautelas necessárias à proteção ao meio ambiente, o disposto no Decreto nº 2.661, de 8 de julho de 1998, no que couber, dispensada a autorização prévia do órgão próprio do Sistema Nacional do Meio Ambiente - Sisnama.

As glebas cultivadas com plantações ilícitas serão expropriadas, conforme o disposto no Art. 243 da Constituição Federal, de acordo com a legislação em vigor.

Dos crimes

Tráfico de drogas

Importar, exportar, remeter, preparar, produzir, fabricar, adquirir, vender, expor à venda, oferecer, ter em depósito, transportar, trazer consigo, guardar, prescrever, ministrar, entregar a consumo ou fornecer drogas, ainda que gratuitamente, sem autorização ou em desacordo com determinação legal ou regulamentar.

Pena: reclusão de 5 a 15 anos e pagamento de 500 a 1.500 dias-multa.

É possível caracterizar o crime de tráfico de drogas com as seguintes peculiaridades:

- vale lembrar que **não é preciso** obter lucro para o cometimento desse crime;
- trata-se de um **crime vago e misto alternativo**;
- é um **crime congruente**, visto que não há um fim específico.

De acordo com os tribunais superiores, como a saúde pública é o bem jurídico tutelado por essa lei, NÃO se admite o princípio da insignificância!

Classificação: crime comum ou próprio (prescrever, ministrar), formal ou material (deve haver apreensão da droga), permanente, de perigo abstrato.

Bem Jurídico Tutelado: Saúde Pública.

Consumação e Tentativa: o momento consumativo ocorre com a conduta antecipada, dispensando-se o resultado naturalístico. A tentativa é admitida.

O STJ tem entendimento de que haverá tráfico de drogas consumado quando ocorrer a negociação telefônica e a posterior apreensão das drogas antes mesmo de chegar a seu destinatário.

Crimes equiparados ao tráfico de drogas

Nas mesmas penas incorre quem:

- Importa, exporta, remete, produz, fabrica, adquire, vende, expõe à venda, oferece, fornece, tem em depósito, transporta, traz consigo ou guarda, ainda que gratuitamente, sem autorização ou em desacordo com determinação legal ou regulamentar, matéria-prima, insumo ou produto químico destinado à preparação de drogas.
- Semeia, cultiva ou faz a colheita, sem autorização ou em desacordo com determinação legal ou regulamentar, de plantas que se constituam em matéria-prima para a preparação de drogas.
- Utiliza local ou bem de qualquer natureza de que tem a propriedade, posse, administração, guarda ou vigilância, ou consente que outrem dele se utilize, ainda que gratuitamente, sem autorização ou em desacordo com determinação legal ou regulamentar, para o tráfico ilícito de drogas.

Tráfico Privilegiado: essas penas (itens 1 e 2) poderão ser reduzidas de 1/6 a 2/3, desde que o agente seja primário, de bons antecedentes, não se dedique às atividades criminosas nem integre organização criminosa[1].

Maquinário, aparelho, instrumento ou objetos destinados apreparação (art. 34)

Fabricar, adquirir, utilizar, transportar, oferecer, vender, distribuir, entregar a qualquer título, possuir, guardar ou fornecer, ainda que gratuitamente, maquinário, aparelho, instrumento ou qualquer objeto destinado à fabricação, preparação, produção ou transformação de drogas, sem autorização ou em desacordo com determinação legal ou regulamentar.

1 De acordo com a resolução 5 do Senado Federal, a parte desse dispositivo que dizia ser vedada a conversão em penas restritivas de direitos foi suspensa. Dessa forma, a pena privativa de liberdade pode ser convertida em restritiva de direitos.

Pena: reclusão, de 3 a 10 anos, e pagamento de 1.200 a 2.000 dias-multa.

Associação para o tráfico (art. 35)

> ***Art. 35.*** *Associarem-se* ***DUAS OU MAIS PESSOAS*** *para o fim de praticar,* ***REITERADAMENTE OU NÃO****, qualquer dos crimes previstos nos arts. 33, caput e § 1º, e 34 desta Lei.*
>
> ***Pena*** *- reclusão, de 3 (três) a 10 (dez) anos, e pagamento de 700 (setecentos) a 1.200 (mil e duzentos) dias-multa.*

Diferente do artigo 288 do CP, o qual caracteriza associação criminosa a junção de 3 ou mais pessoas com a finalidade de cometer crimes, aqui o mínimo de pessoas não é 3, mas 2 pessoas. Por isso, vale lembrar que se trata de um crime plurissubjetivo.

Nesse artigo somente cabem as hipóteses previstas de tráfico + condutas equiparadas + tráfico de maquinário, lembrando que o cometimento de crimes pode ser **REITERADO OU NÃO**. Por se tratar de crime autônomo, ocorrendo qualquer outro crime, estar-se-á diante de concurso material de infrações penais. Exige-se também a estabilidade e a permanência para a configuração desse crime (STJ).

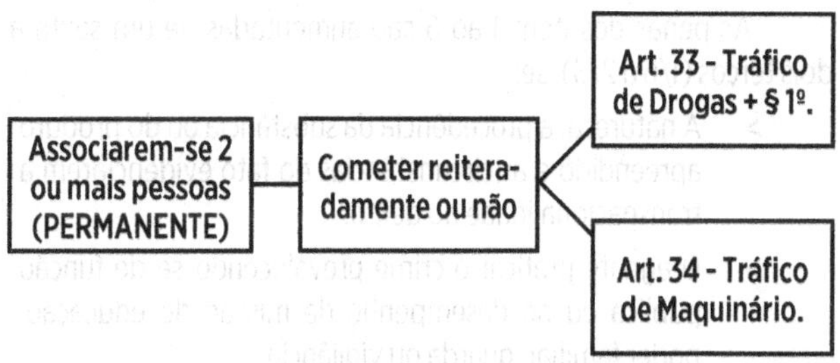

É alvo de provas também a possibilidade de acumular esse crime com o tráfico. A doutrina afirma que **HÁ POSSIBILIDADE** plena do concurso entre associação para o tráfico e o tráfico de drogas, caracterizando concurso material de crimes.

NOTA: para o cometimento desse crime, é preciso combinar a ação criminosa, sendo o fato ocasional descaracterizado em tal tipo penal.

FORMA EQUIPARADA

Parágrafo único. Nas mesmas penas do caput deste artigo incorre quem se associa para a **PRÁTICA REITERADA** do crime definido no art. 36 desta Lei.

O parágrafo único penaliza a conduta de quem **se associa para a prática reiterada** do custeio ou financiamento do tráfico de drogas ou de maquinário. É a chamada figura equiparada do caput, mas divergindo apenas na finalidade reiterada de financiamento.

Colaborador do tráfico (art. 37)

Colaborar, como informante, com grupo, organização ou associação destinados à prática de qualquer dos crimes previstos nos itens 1, 2 e 3, e também do crime previsto no item 6 (financiar ou custear).

Pena: reclusão, de 2 a 6 anos, e pagamento de 300 a 700 dias-multa.

Financiamento ou custeio do tráfico (art. 36)

Financiar ou custear a prática de qualquer dos crimes previstos nos arts. 33, caput e § 1o, e 34 desta Lei.

Pena - reclusão, de 8 (oito) a 20 (vinte) anos, e pagamento de 1.500 (mil e quinhentos) a 4.000 (quatro mil) dias-multa.

Nesse artigo, o custeio ou financiamento tem que ser relevante, e o financiamento ou custeio deve ser reiterado (habitual), por isso NÃO admite tentativa. Se o financiamento for ocasional, o agente se enquadra no Art. 33 com aumento de pena (Art. 40).

As condutas consideradas (equiparadas) tráfico e, por conseguinte, consideradas como crime hediondo são apenas o caput do artigo 33 + §1º + Art. 36 (Doutrina)!

Assunto bastante interessante julgado pelo STJ foi a questão do autofinanciamento. O STJ entendeu que, na hipótese de autofinanciamento do tráfico, não há concurso material entre os crimes de tráfico e o Art. 36, sobressaindo, neste caso, o Art. 33 com aumento de pena previsto no Art. 40, VII (1/6 a 2/3).

Causa de Aumento de Pena (Art. 40)

As penas dos itens 1 ao 6 são aumentadas de um sexto a dois terços (1/6 a 2/3), se:

> A natureza, a procedência da substância ou do produto apreendido e as circunstâncias do fato evidenciarem a transnacionalidade do delito.

> O agente praticar o crime prevalecendo-se de função pública ou no desempenho de missão de educação, poder familiar, guarda ou vigilância.

> A infração tiver sido cometida nas dependências ou imediações de estabelecimentos prisionais, de ensino ou hospitalares, de sedes de entidades estudantis, sociais, culturais, recreativas, esportivas, ou beneficentes, de locais de trabalho coletivo, de recintos onde se realizem espetáculos ou diversões de qualquer natureza, de serviços de tratamento de dependentes de drogas ou de reinserção social, de unidades militares ou policiais ou em transportes públicos.

> O crime tiver sido praticado com violência, grave ameaça, emprego de arma de fogo, ou qualquer processo de intimidação difusa ou coletiva.

> Caracterizado o tráfico entre Estados da Federação ou entre estes e o Distrito Federal.

> Sua prática envolver ou visar a atingir criança ou adolescente ou a quem tenha, por qualquer motivo, diminuída ou suprimida a capacidade de entendimento e determinação.

> O agente financiar ou custear a prática do crime.

Esses crimes (itens 1 ao 6) são inafiançáveis e insuscetíveis de sursis, graça, indulto, anistia e liberdade provisória, vedada a conversão de suas penas em restritivas de direitos.

Nesses crimes, dar-se-á o livramento condicional após o cumprimento de dois terços da pena, vedada sua concessão ao reincidente específico.

Induzimento ou auxílio ao consumo indevido de droga (art. 33, §2º)

Induzir, instigar ou auxiliar alguém ao uso indevido de droga[2]:

Pena: detenção, de 1 a 3 anos, e multa de 100 a 300 dias-multa.

Oferecimento de droga para consumo em conjunto (art. 33, §3º)

Oferecer droga, eventualmente e sem objetivo de lucro, à pessoa de seu relacionamento para juntos a consumirem:

Pena: detenção, de 6 meses a 1 ano, e pagamento de 700 a 1.500 dias-multa, sem prejuízo das penas previstas para usuários.

Prescrição ou ministração culposa de drogas (art. 38)

Prescrever ou ministrar, culposamente, drogas, sem que delas necessite o paciente, ou fazê-lo em doses excessivas ou em desacordo com determinação legal ou regulamentar:

Pena: detenção, de 6 meses a 2 anos, e pagamento de 50 a 200 dias-multa.

O juiz comunicará a condenação ao Conselho Federal da categoria profissional a que pertença o agente.

Condução de embarcação ou aeronave pós-consumo de drogas (art. 39)

Conduzir embarcação ou aeronave após o consumo de drogas, expondo a dano potencial a incolumidade de outrem:

Pena: detenção, de 6 meses a 3 anos, além da apreensão do veículo, cassação da habilitação respectiva ou proibição de obtê--la, pelo mesmo prazo da pena privativa de liberdade aplicada, e pagamento de 200 a 400 dias-multa.

As penas de prisão e multa, aplicadas cumulativamente com as demais, serão de 4 a 6 anos e de 400 a 600 dias-multa, se o veículo for de transporte coletivo de passageiros.

O indiciado ou acusado que colaborar voluntariamente com a investigação policial e o processo criminal na identificação dos demais coautores ou partícipes do crime e na recuperação total ou parcial do produto do crime, no caso de condenação, terá pena reduzida de um terço a dois terços.

O juiz, na fixação das penas, considerará, com preponderância sobre o previsto no Art. 59 do Código Penal, a natureza e a quantidade da substância ou do produto, a personalidade e a conduta social do agente.

Na fixação da multa, o juiz, atendendo ao acima disposto para fixação das penas, determinará o número de dias-multa, atribuindo a cada um, segundo as condições econômicas dos acusados, valor não inferior a um trinta avos nem superior a cinco vezes o maior salário-mínimo.

2 ADI nº 4.274 (STF) O Tribunal, por unanimidade e nos termos do voto do Relator, julgou procedente a ação direta para dar ao § 2º do Art. 33 da Lei nº 11.343/2006 interpretação conforme à Constituição, para dele excluir qualquer significado que enseje a proibição de manifestações e debates públicos acerca da descriminalização ou legalização do uso de drogas ou de qualquer substância que leve o ser humano ao entorpecimento episódico, ou então viciado, das suas faculdades psicofísicas.

As multas, que em caso de concurso de crimes serão impostas sempre cumulativamente, podem ser aumentadas até o décuplo se, em virtude da situação econômica do acusado, considerá-las o juiz ineficazes, ainda que aplicadas no máximo.

É isento de pena o agente que, em razão da dependência ou sob o efeito, proveniente de caso fortuito ou força maior, de droga, era, ao tempo da ação ou da omissão, qualquer que tenha sido a infração penal praticada, inteiramente incapaz de entender o caráter ilícito do fato ou de determinar-se de acordo com esse entendimento.

Quando absolver o agente, reconhecendo, por força pericial, que este apresentava, à época do fato, as condições acima referidas, poderá determinar o juiz, na sentença, o seu encaminhamento para tratamento médico adequado.

As penas podem ser reduzidas de um terço a dois terços se, por força das circunstâncias previstas para isenção de pena (acima estudadas), o agente não possuía, ao tempo da ação ou da omissão, a plena capacidade de entender o caráter ilícito do fato ou de determinar-se de acordo com esse entendimento.

Na sentença condenatória, o juiz, com base em avaliação que ateste a necessidade de encaminhamento do agente para tratamento, realizada por profissional de saúde com competência específica na forma da lei, determinará que a tal se proceda, observado o disposto no Art. 26 desta Lei. (*O usuário e o dependente de drogas que, em razão da prática de infração penal, estiverem cumprindo pena privativa de liberdade ou submetidos a medida de segurança, têm garantidos os serviços de atenção à sua saúde, definidos pelo respectivo sistema penitenciário.*)

Do procedimento penal

O procedimento relativo aos processos por crimes definidos neste Título rege-se pelo a seguir, aplicando-se, subsidiariamente, as disposições do Código de Processo Penal e da Lei de Execução Penal.

O agente de qualquer das condutas previstas no Art. 28 desta Lei (adquirir, guardar, tiver em depósito, transportar ou trouxer consigo, para consumo pessoal, drogas sem autorização ou em desacordo com determinação legal ou regulamentar), salvo se houver concurso com os crimes previstos nos itens 1 a 8 do tópico anterior, será processado e julgado na forma dos Arts. 60 e seguintes da Lei nº 9.099, de 26 de setembro de 1995, que dispõe sobre os Juizados Especiais Criminais.

Tratando-se da conduta prevista no Art. 28 (acima citado) desta Lei, não se imporá prisão em flagrante, devendo o autor do fato ser imediatamente encaminhado ao juízo competente ou, na falta deste, assumir o compromisso de a ele comparecer, lavrando-se termo circunstanciado e providenciando-se as requisições dos exames e perícias necessários.

Se ausente a autoridade judicial, as providências acima previstas serão tomadas de imediato pela autoridade policial, no local em que se encontrar, vedada a detenção do agente.

Concluídos esses procedimentos (encaminhamento ao juízo), o agente será submetido a exame de corpo de delito, se o requerer ou se a autoridade de polícia judiciária entender conveniente, e em seguida liberado.

Para os fins do disposto no Art. 76 da Lei nº 9.099, de 1995, que dispõe sobre os Juizados Especiais Criminais, o Ministério Público poderá propor a aplicação imediata de pena prevista no Art. 28 (acima citado) desta Lei, a ser especificada na proposta.

Tratando-se de condutas tipificadas nos itens 1 ao 6 do tópico anterior, o juiz, sempre que as circunstâncias o recomendem, empregará os instrumentos protetivos de colaboradores e testemunhas previstos na Lei nº 9.807, de 13 de julho de 1999.

Da investigação

Ocorrendo prisão em flagrante, a autoridade de polícia judiciária fará, imediatamente, comunicação ao juiz competente, remetendo-lhe cópia do auto lavrado, do qual será dada vista ao órgão do Ministério Público, em 24 horas.

Para efeito da lavratura do auto de prisão em flagrante e estabelecimento da materialidade do delito, é suficiente o laudo de constatação da natureza e quantidade da droga, firmado por perito oficial ou, na falta deste, por pessoa idônea.

O perito que subscrever esse laudo não ficará impedido de participar da elaboração do laudo definitivo.

Recebida cópia do auto de prisão em flagrante, o juiz, no prazo de 10 dias, certificará a regularidade formal do laudo de constatação e determinará a destruição das drogas apreendidas, guardando-se amostra necessária à realização do laudo definitivo.

A destruição das drogas será executada pelo delegado de polícia competente no prazo de 15 dias na presença do Ministério Público e da autoridade sanitária.

O local será vistoriado antes e depois de efetivada a destruição das drogas, sendo lavrado auto circunstanciado pelo delegado de polícia, certificando-se neste a destruição total delas.

A destruição de drogas apreendidas sem a ocorrência de prisão em flagrante será feita por incineração, no prazo máximo de 30 dias contado da data da apreensão, guardando-se amostra necessária à realização do laudo definitivo, aplicando-se, no que couber, o procedimento de destruição acima citado.

O inquérito policial será concluído no prazo de 30 dias, se o indiciado estiver preso, e de 90 dias, quando solto. Esses prazos podem ser duplicados pelo juiz, ouvido o Ministério Público, mediante pedido justificado da autoridade de polícia judiciária.

Findos esses prazos, a autoridade de polícia judiciária, remetendo os autos do inquérito ao juízo:

- relatará sumariamente as circunstâncias do fato, justificando as razões que a levaram à classificação do delito, indicando a quantidade e natureza da substância ou do produto apreendido, o local e as condições em que se desenvolveu a ação criminosa, as circunstâncias da prisão, a conduta, a qualificação e os antecedentes do agente; ou
- requererá sua devolução para a realização de diligências necessárias.

A remessa dos autos far-se-á sem prejuízo de diligências complementares:

> Necessárias ou úteis à plena elucidação do fato, cujo resultado deverá ser encaminhado ao juízo competente até três dias antes da audiência de instrução e julgamento.

> Necessárias ou úteis à indicação dos bens, direitos e valores de que seja titular o agente, ou que figurem em seu nome, cujo resultado deverá ser encaminhado ao juízo competente até três dias antes da audiência de instrução e julgamento.

Em qualquer fase da persecução criminal relativa aos crimes previstos nesta Lei, são permitidos, além dos previstos em lei, mediante autorização judicial e ouvido o Ministério Público, os seguintes procedimentos investigatórios:

> A infiltração por agentes de polícia, em tarefas de investigação, constituída pelos órgãos especializados pertinentes.

> A não atuação policial sobre os portadores de drogas, seus precursores químicos ou outros produtos utilizados em sua produção, que se encontrem no território brasileiro, com a finalidade de identificar e responsabilizar maior número de integrantes de operações de tráfico e distribuição, sem prejuízo da ação penal cabível.

» Nessa hipótese, a autorização será concedida desde que sejam conhecidos o itinerário provável e a identificação dos agentes do delito ou de colaboradores.

Da instrução criminal

Recebidos em juízo os autos do inquérito policial, de Comissão Parlamentar de Inquérito ou peças de informação, dar-se-á vista ao Ministério Público para, no prazo de dez dias, adotar uma das seguintes providências:

> Requerer o arquivamento.

> Requisitar as diligências que entender necessárias.

> Oferecer denúncia, arrolar até cinco testemunhas e requerer as demais provas que entender pertinentes.

Oferecida a denúncia, o juiz ordenará a notificação do acusado para oferecer defesa prévia, por escrito, no prazo de dez dias.

Na resposta, consistente em defesa preliminar e exceções, o acusado poderá arguir preliminares e invocar todas as razões de defesa, oferecer documentos e justificações, especificar as provas que pretende produzir e arrolar até cinco testemunhas.

As exceções serão processadas em apartado, nos termos dos Arts. 95 a 113 do Decreto-Lei nº 3.689, de 3 de outubro de 1941 - Código de Processo Penal.

Se a resposta não for apresentada no prazo, o juiz nomeará defensor para oferecê-la em dez dias, concedendo-lhe vista dos autos no ato de nomeação.

Apresentada a defesa, o juiz decidirá em cinco dias.

Se entender imprescindível, o juiz, no prazo máximo de dez dias, determinará a apresentação do preso, realização de diligências, exames e perícias.

Recebida a denúncia, o juiz designará dia e hora para a audiência de instrução e julgamento, ordenará a citação pessoal do acusado, a intimação do Ministério Público, do assistente, se for o caso, e requisitará os laudos periciais.

Tratando-se de condutas tipificadas como infração do disposto nos itens 1 a 6 do tópico anterior, o juiz, ao receber a denúncia, poderá decretar o afastamento cautelar do denunciado de suas atividades, se for funcionário público, comunicando ao órgão respectivo.

Essa audiência será realizada dentro dos 30 dias seguintes ao recebimento da denúncia, salvo se determinada a realização de avaliação para atestar dependência de drogas, quando se realizará em 90 dias.

Na audiência de instrução e julgamento, após o interrogatório do acusado e a inquirição das testemunhas, será dada a palavra, sucessivamente, ao representante do Ministério Público e ao defensor do acusado, para sustentação oral, pelo prazo de 20 minutos para cada um, prorrogável por mais dez minutos, a critério do juiz.

Após proceder ao interrogatório, o juiz indagará das partes se restou algum fato para ser esclarecido, formulando as perguntas correspondentes se o entender pertinente e relevante.

Encerrados os debates, proferirá o juiz sentença de imediato, ou o fará em dez dias, ordenando que os autos para isso lhe sejam conclusos.

Nos crimes dos itens 1 ao 6 do capítulo anterior o réu não poderá apelar sem recolher-se à prisão, salvo se for primário e de bons antecedentes, assim reconhecido na sentença condenatória.

Da apreensão, arrecadação e destinação de bens do acusado

O juiz, de ofício, a requerimento do Ministério Público ou mediante representação da autoridade de polícia judiciária, ouvido o Ministério Público, havendo indícios suficientes, poderá decretar, no curso do inquérito ou da ação penal, a apreensão e outras medidas assecuratórias relacionadas aos bens móveis e imóveis ou valores consistentes em produtos dos crimes previstos nesta Lei, ou que constituam proveito auferido com sua prática, procedendo-se na forma dos Arts. 125 a 144 do Decreto-Lei nº 3.689, de 3 de outubro de 1941 - Código de Processo Penal.

Decretadas quaisquer dessas medidas, o juiz facultará ao acusado que, no prazo de cinco dias, apresente ou requeira a produção de provas acerca da origem lícita do produto, bem ou valor objeto da decisão.

Provada a origem lícita do produto, bem ou valor, o juiz decidirá pela sua liberação.

Nenhum pedido de restituição será conhecido sem o comparecimento pessoal do acusado, podendo o juiz determinar a prática de atos necessários à conservação de bens, direitos ou valores.

A ordem de apreensão ou sequestro de bens, direitos ou valores poderá ser suspensa pelo juiz, ouvido o Ministério Público, quando a sua execução imediata possa comprometer as investigações.

Não havendo prejuízo para a produção da prova dos fatos e comprovado o interesse público ou social, mediante autorização do juízo competente, ouvido o Ministério Público e cientificada a

Senad, os bens apreendidos poderão ser utilizados pelos órgãos ou pelas entidades que atuam na prevenção do uso indevido, na atenção e reinserção social de usuários e dependentes de drogas e na repressão à produção não autorizada e ao tráfico ilícito de drogas, exclusivamente no interesse dessas atividades.

Recaindo a autorização sobre veículos, embarcações ou aeronaves, o juiz ordenará à autoridade de trânsito, ou ao equivalente órgão de registro e controle, a expedição de certificado provisório de registro e licenciamento, em favor da instituição à qual tenha deferido o uso, ficando esta livre do pagamento de multas, encargos e tributos anteriores, até o trânsito em julgado da decisão que decretar o seu perdimento em favor da União.

Os veículos, embarcações, aeronaves e quaisquer outros meios de transporte, os maquinários, utensílios, instrumentos e objetos de qualquer natureza, utilizados para a prática dos crimes definidos nesta Lei, após a sua regular apreensão, ficarão sob custódia da autoridade de polícia judiciária, excetuadas as armas, que serão recolhidas na forma de legislação específica.

Comprovado o interesse público na utilização de qualquer dos bens acima mencionados, a autoridade de polícia judiciária poderá deles fazer uso, sob sua responsabilidade e com o objetivo de sua conservação, mediante autorização judicial, ouvido o Ministério Público.

Feita essa apreensão acima referida, e tendo recaído sobre dinheiro ou cheques emitidos como ordem de pagamento, a autoridade de polícia judiciária que presidir o inquérito deverá, de imediato, requerer ao juízo competente a intimação do Ministério Público.

Intimado, o Ministério Público deverá requerer ao juízo, em caráter cautelar, a conversão do numerário apreendido em moeda nacional, se for o caso, a compensação dos cheques emitidos após a instrução do inquérito, com cópias autênticas dos respectivos títulos, e o depósito das correspondentes quantias em conta judicial, juntando-se aos autos o recibo.

Após a instauração da competente ação penal, o Ministério Público, mediante petição autônoma, requererá ao juízo competente que, em caráter cautelar, proceda à alienação dos bens apreendidos, excetuados aqueles que a União, por intermédio da Senad, indicar para serem colocados sob uso e custódia da autoridade de polícia judiciária, de órgãos de inteligência ou militares, envolvidos nas ações de prevenção ao uso indevido de drogas e operações de repressão à produção não autorizada e ao tráfico ilícito de drogas, exclusivamente no interesse dessas atividades.

Excluídos esses casos acima, o requerimento de alienação deverá conter a relação de todos os demais bens apreendidos, com a descrição e a especificação de cada um deles, e informações sobre quem os tem sob custódia e o local onde se encontram.

Requerida a alienação dos bens, a respectiva petição será autuada em apartado, cujos autos terão tramitação autônoma em relação aos da ação penal principal.

Autuado o requerimento de alienação, os autos serão conclusos ao juiz, que, verificada a presença de nexo de instrumentalidade entre o delito e os objetos utilizados para a sua prática e risco de perda de valor econômico pelo decurso do tempo, determinará a avaliação dos bens relacionados, cientificará a Senad e intimará a União, o Ministério Público e o interessado, este, se for o caso, por edital com prazo de cinco dias.

Feita a avaliação e dirimidas eventuais divergências sobre o respectivo laudo, o juiz, por sentença, homologará o valor atribuído aos bens e determinará sejam alienados em leilão.

Realizado o leilão, permanecerá depositada em conta judicial a quantia apurada, até o final da ação penal respectiva, quando será transferida ao Funad, juntamente com os demais valores.

Terão apenas efeito devolutivo os recursos interpostos contra as decisões proferidas no curso do procedimento previsto neste artigo.

Quanto aos bens, recaindo a autorização sobre veículos, embarcações ou aeronaves, o juiz ordenará à autoridade de trânsito ou ao equivalente órgão de registro e controle a expedição de certificado provisório de registro e licenciamento, em favor da autoridade de polícia judiciária ou órgão aos quais tenha deferido o uso, ficando estes livres do pagamento de multas, encargos e tributos anteriores, até o trânsito em julgado da decisão que decretar o seu perdimento em favor da União.

Ao proferir a sentença de mérito, o juiz decidirá sobre o perdimento do produto, bem ou valor apreendido, sequestrado ou declarado indisponível.

Os valores apreendidos em decorrência dos crimes tipificados nesta Lei e que não forem objeto de tutela cautelar, após decretado o seu perdimento em favor da União, serão revertidos diretamente ao Funad.

Compete à Senad a alienação dos bens apreendidos e não leiloados em caráter cautelar, cujo perdimento já tenha sido decretado em favor da União.

A Senad poderá firmar convênios de cooperação, a fim de dar imediato cumprimento a essa alienação.

Transitada em julgado a sentença condenatória, o juiz do processo, de ofício ou a requerimento do Ministério Público, remeterá à Senad relação dos bens, direitos e valores declarados perdidos em favor da União, indicando, quanto aos bens, o local em que se encontram e a entidade ou o órgão em cujo poder estejam, para os fins de sua destinação nos termos da legislação vigente.

A União, por intermédio da Senad, poderá firmar convênio com os Estados, com o Distrito Federal e com organismos orientados para a prevenção do uso indevido de drogas, a atenção e a reinserção social de usuários ou dependentes e a atuação na repressão à produção não autorizada e ao tráfico ilícito de drogas, com vistas na liberação de equipamentos e de recursos por ela arrecadados, para a implantação e execução de programas relacionados à questão das drogas.

1.5 Da Cooperação Internacional

De conformidade com os princípios da não intervenção em assuntos internos, da igualdade jurídica e do respeito à integridade territorial dos Estados e às leis e aos regulamentos nacionais em vigor, e observado o espírito das Convenções das Nações Unidas e outros instrumentos jurídicos internacionais relacionados à questão das drogas, de que o Brasil é parte, o governo brasileiro prestará, quando solicitado, cooperação a outros países e organismos internacionais e, quando necessário, deles solicitará a colaboração, nas áreas de:

> Intercâmbio de informações sobre legislações, experiências, projetos e programas voltados para atividades de prevenção do uso indevido, de atenção e de reinserção social de usuários e dependentes de drogas.
> Intercâmbio de inteligência policial sobre produção e tráfico de drogas e delitos conexos, em especial o tráfico de armas, a lavagem de dinheiro e o desvio de precursores químicos.
> Intercâmbio de informações policiais e judiciais sobre produtores e traficantes de drogas e seus precursores químicos.

1.6 Disposições Finais e Transitórias

Para fins do conceito de drogas instituído nessa lei, até que seja atualizada a terminologia da lista mencionada no preceito, denominam-se drogas substâncias entorpecentes, psicotrópicas, precursoras e outras sob controle especial, da Portaria SVS/MS nº 344, de 12 de maio de 1998.

A liberação dos recursos previstos na Lei nº 7.560, de 19 de dezembro de 1986, em favor de Estados e do Distrito Federal, dependerá de sua adesão e respeito às diretrizes básicas contidas nos convênios firmados e do fornecimento de dados necessários à atualização do sistema previsto no Art. 17 desta Lei, pelas respectivas polícias judiciárias.

A União, os Estados, o Distrito Federal e os Municípios poderão criar estímulos fiscais e outros, destinados às pessoas físicas e jurídicas que colaborem na prevenção do uso indevido de drogas, atenção e reinserção social de usuários e dependentes e na repressão da produção não autorizada e do tráfico ilícito de drogas.

No caso de falência ou liquidação extrajudicial de empresas ou estabelecimentos hospitalares, de pesquisa, de ensino, ou congêneres, assim como nos serviços de saúde que produzirem, venderem, adquirirem, consumirem, prescreverem ou fornecerem drogas ou de qualquer outro em que existam essas substâncias ou produtos, incumbe ao juízo perante o qual tramite o feito:

> Determinar, imediatamente, à ciência da falência ou liquidação, que sejam lacradas suas instalações.
> Ordenar à autoridade sanitária competente a urgente adoção das medidas necessárias ao recebimento e guarda, em depósito, das drogas arrecadadas.
> Dar ciência ao órgão do Ministério Público, para acompanhar o feito.

Da licitação para alienação de substâncias ou produtos não proscritos referidos no inciso II do caput deste artigo, só podem participar pessoas jurídicas regularmente habilitadas na área de saúde ou de pesquisa científica que comprovem a destinação lícita a ser dada ao produto a ser arrematado.

Ressalvada a hipótese a seguir citada, o produto não arrematado será, ato contínuo à hasta pública, destruído pela autoridade sanitária, na presença dos Conselhos Estaduais sobre Drogas e do Ministério Público.

Figurando entre o praceado e não arrematadas especialidades farmacêuticas em condições de emprego terapêutico, ficarão elas depositadas sob a guarda do Ministério da Saúde, que as destinará à rede pública de saúde.

O processo e o julgamento dos crimes previstos nos itens de 1 a 6 do tópico acima estudado, se caracterizado ilícito transnacional, são da competência da Justiça Federal.

Os crimes praticados nos Municípios que não sejam sede de vara federal serão processados e julgados na vara federal da circunscrição respectiva.

Encerrado o processo penal ou arquivado o inquérito policial, o juiz, de ofício, mediante representação do delegado de polícia ou a requerimento do Ministério Público, determinará a destruição das amostras guardadas para contraprova, certificando isso nos autos.

A União poderá estabelecer convênios com os Estados e o com o Distrito Federal, visando à prevenção e à repressão do tráfico ilícito e do uso indevido de drogas, e com os Municípios, com o objetivo de prevenir o uso indevido delas e de possibilitar a atenção e reinserção social de usuários e dependentes de drogas.

Esta Lei entra em vigor 45 dias após a sua publicação (23 de agosto de 2006) e revogam-se a Lei nº 6.368, de 21 de outubro de 1976, e a Lei nº 10.409, de 11 de janeiro de 2002.

Questões

01. (FCC) O agente que adquire e guarda, para consumo pessoal, drogas sem autorização ou em desacordo com determinação legal

a) poderá ser preso em flagrante, desde que apresentado imediatamente após o fato à autoridade judicial.
b) deverá ser imediatamente encaminhado à autoridade policial, que o submeterá a exame de corpo de delito e o dispensará.
c) será processado e julgado na forma da Lei nº 9.099/1995, que dispõe sobre os Juizados Especiais Criminais.
d) será processado e julgado segundo as disposições do Código de Processo Penal e da Lei de Execuções Penais.
e) não poderá se beneficiar da proposta de aplicação imediata de pena prevista no artigo 28 da Lei nº 11.343/2006 pelo Ministério Público.

02. (FCC - ADAPTADA) É certo que a pena de prestação de serviços à comunidade, à qual poderá ser submetido aquele que guarda drogas para consumo pessoal,

a) será cumprida em entidades educacionais que se ocupem, exclusivamente, da recuperação de dependentes de drogas.
b) prescreve em um ano.
c) será aplicada pelo prazo de até cinco meses, ou, no caso de reincidência, até 10 meses.
d) será aplicada pelo prazo máximo de um ano, em caso de reincidência.
e) não poderá ser aplicada cumulativamente com a pena de advertência.

Gabaritos

01	C
02	C

2. LEI Nº 9.455/1997 - LEI DE TORTURA

A prática da tortura encontra proibição expressa no Art. 5º, inciso III, da Constituição Federal: ninguém será submetido a tortura nem a tratamento desumano ou degradante.

No mesmo sentido, a Convenção contra a Tortura e outros Tratamentos ou Penas Cruéis, Desumanos ou Degradantes (Decreto 40, de 15 de fevereiro de 1991)define que o termo 'tortura' designa qualquer ato pelo qual dores ou sofrimentos agudos, físicos ou mentais, são infligidos intencionalmente a uma pessoa a fim de obter, dela ou de uma terceira pessoa, informações ou confissões; de castigá-la por ato que ela ou uma terceira pessoa tenha cometido ou seja suspeita de ter cometido; de intimidar ou coagir esta pessoa ou outras pessoas; ou por qualquer motivo baseado em discriminação de qualquer natureza; quando tais dores ou sofrimentos são infligidos por um funcionário público ou outra pessoa no exercício de funções públicas, ou por sua instigação, ou com o seu consentimento ou aquiescência. Não se considerará como tortura as dores ou sofrimentos que sejam consequência unicamente de sanções legítimas, ou que sejam inerentes a tais sanções ou delas decorram(Art. 1º, 1).

Essa convenção determinou, ademais, em seu Art. 4º, que cada Estado-Parte assegurará que os atos de tortura sejam considerados crimes segundo a sua legislação penal.

Com esse objetivo, o Brasil editou a Lei 9.455/97, para atender à Convenção assinada pelo Brasil, com a finalidade de proteção de todos os seres humanos contra a prática de tortura.

> A Lei 12.847, de 2 de agosto de 2013, instituiu o Sistema Nacional de Prevenção e Combate à Tortura-SNPCT, com o objetivo de fortalecer a prevenção e o combate à tortura, por meio de articulação e atuação cooperativa de seus integrantes, dentre outras formas, permitindo as trocas de informações e o intercâmbio de boas práticas.

Antes de dar prosseguimento a este estudo, devemos definir o que efetivamente se entende por tortura, levando em consideração a Lei 9.455/1997. Isso porque essa Lei não seguiu integralmente o parâmetro legislativo que a fundamentou, permitindo a punição da tortura praticada não só por funcionário público, mas também por particulares. Nesse contexto, podemos entender a tortura como todo sofrimento físico ou mental que tenha como finalidade obter de informação, declaração ou confissão; provocar uma ação ou omissão criminosa; causar sofrimento em razão de discriminação pela raça ou religião; ou ainda como meio de aplicação de castigo ou medida preventiva contra alguém sob sua guarda, poder ou autoridade.

Todos os crimes previstos na Lei de Tortura visam tutelar de maneira imediata o **bem jurídico "dignidade humana"**. Sobre o tema, é relevante mencionar precedente do Supremo Tribunal Federal sobre a definição de dignidade humana: (...) ***a dignidade da pessoa humana precede a Constituição de 1988 e esta não poderia ter sido contrariada, em seu art. 1º, III, anteriormente a sua vigência.*** *(...)* Tem razão a arguente ao afirmar que a ***dignidade não tem preço. As coisas têm preço, as pessoas têm dignidade. A dignidade não tem preço, vale para todos quantos participam do humano. Estamos, todavia, em perigo quando alguém se arroga o direito de tomar o que pertence à dignidade da pessoa humana como um seu valor (valor de quem se arrogue a tanto)***. É que, então, o valor do humano assume forma na substância e medida de quem o afirme e o pretende impor na qualidade e quantidade em que o mensure. Então o valor da dignidade da pessoa humana já não será mais valor do humano, de todos quantos pertencem à humanidade, porém de quem o proclame conforme o seu critério particular. Estamos então em perigo, submissos à tirania dos valores.

(**STF**, Pleno, ADPF 153, voto do rel. **Min. Eros Grau**, j. 29.04.2010, DJe 06.08.2010). (grifo nosso)

De forma mediata, indireta, também se pretende tutelar a vida e a integralidade física da pessoa torturada.

Vale lembrar, ainda, que todos os crimes de tortura são dolosos, isto é, dependem da vontade consciente do agente que o realiza para sua caracterização. Em outras palavras, não há tortura culposa.

Em todos os casos, ademais, a ação penal será pública incondicionada, isto é, o Ministério Público não dependerá de representação da vítima para ingressar com a denúncia contra o suspeito.

Para facilitar o entendimento, vamos dividir a tortura em duas partes: inciso I e inciso II. Depois que tal assunto for compreendido,dividiremos cada uma conforme sua modalidade.

> ***Art. 1º.*** *Constitui crime de tortura:*
>
> ***I.*** *constranger alguém com* ***emprego de violência ou grave ameaça****, causando-lhe* ***sofrimento físico ou mental****:*
>
> ***a)*** *com o fim de* ***obter informação, declaração ou confissão*** *da vítima ou de terceira pessoa;*
>
> ***b)*** *para* ***provocar ação ou omissão de natureza criminosa****;*
>
> ***c)*** *em razão de* ***discriminação racial ou religiosa****;(grifo nosso)*

A tortura prevista no inciso I fica condicionada ao preenchimento cumulativo de três elementos: o meio utilizado + as consequências sofridas pela vítima + a finalidade pretendida ou as razões do crime.

Meio utilizado	Violência ou grave ameaça
Consequências sofridas	Físicas ou mentais
Finalidades ou razões	Fim de obter informação, Declaração ou confissão Provocar ação ou omissão de Natureza criminosa Discriminação racial ou religiosa

Nessas hipóteses, o sujeito ativo pode ser qualquer pessoa, não se exigindo qualidade especial, de modo que o inciso I irá tratar de um crime comum.

> ***II.*** *submeter alguém,* ***sob sua guarda, poder ou autoridade****, com emprego de violência ou grave ameaça, a* ***intenso sofrimento físico ou mental****, como forma de aplicar castigo pessoal ou medida de caráter preventivo. (grifo nosso)*

Este inciso apresenta uma importante diferença com relação ao inciso anterior, pois trata de uma hipótese de crime próprio de tortura. Assim, o sujeito ativo nesse caso tem uma qualidade definida no tipo penal, de modo que somente os indivíduos nele descritos é que podem praticá-lo. Então, o crime descrito no inciso II SOMENTE será praticado por aquele que tem a guarda, o poder ou a autoridade sobre a vítima.

Sujeito ativo	detentor	Guarda
		Poder
		Autoridade

E, ainda, devemos nos atentar à palavra "intenso". O legislador teve o cuidado de ressaltar que não será qualquer sofrimento a ser punido nesse tipo incriminador, apenas os que ensejam intenso sofrimento. A questão é que o intenso sofrimento é um tipo penal aberto, ou seja, dependerá do caso concreto para verificar sua aplicação, devendo o delegado de polícia apurar a intensidade do sofrimento recebido pela vítima, bem como ao Ministério Público comprovar a intensidade desse sofrimento e o juiz justificá-lo na sentença. Caso não seja verificado o "intenso sofrimento", o agente poderá responder pelo crime de maus-tratos.

Outro aspecto importante sobre esse inciso é que há dolo específico nele, ou seja, a vontade de aplicar o sofrimento como forma de castigo pessoal ou medida de caráter preventivo.

O castigo se refere a uma conduta já praticada pela vítima. Assim, o agente tem a intenção de puni-lapor algo já feito. Já a medida de caráter preventivo tem a finalidade de evitar que determinada conduta seja praticada, ela antecede a conduta, visando evitar sua ocorrência.

> **STJ. Recurso ordinário em habeas corpus. Tortura. Lesão corporal e cárcere privado. Crimes praticados em contexto de violência doméstica. Prisão em temporária convertida em preventiva. Circunstâncias dos crimes. Gravidade excessiva. Periculosidade social. Garantia da ordem pública. Custódia fundamentada e necessária. Condições pessoais favoráveis. Irrelevância. Coação ilegal não demonstrada. Reclamo improvido.** *1. Não há o que se falar em constrangimento ilegal quando a constrição está devidamente justificada na garantia da ordem pública, em razão da gravidade efetiva dos delitos em tese praticados e da periculosidade social do acusado, bem demonstradas pelas circunstâncias em que ocorreu o fato criminoso. 2. Caso em que o recorrente foi denunciado pelos crimes de tortura, lesão corporal e cárcere privado, acusado de haver submetido um bebê de pouco mais de 1 ano de idade, que estava sob a sua autoridade, a intenso sofrimento físico e mental, utilizando de violência como forma de castigo pessoal, ofendendo também a sua integridade corporal. Além disso, o agente teria privado a liberdade da mãe da vítima, sua companheira, mediante cárcere privado, tentando evitar que a mesma prestasse socorro a filha que, em razão das agressões sofridas, se encontrava desfalecida. 3. Condições pessoais favoráveis não têm, em princípio, o condão de, isoladamente, revogar a prisão cautelar, se há nos autos elementos suficientes a demonstrar a necessidade da custódia. 4. Recurso ordinário improvido. (STJ - (5ª T.) - Rec. em HC 83785 - SP - Rel.: Min. Jorge Mussi - J. em 22/08/2017 - DJ 30/08/2017 - Doc. LEGJUR 177.1642.4004.6200)*

Como já anunciamos anteriormente, depois de havermos nos dedicado à observação de cada inciso,analisaremos o que eles têm de semelhante e depois os dividiremos conforme sua modalidade.

Primeiramente,é pertinente compreender que, em todas as modalidades descritas anteriormente, o crime de tortura é material, isto é, para que o crime se configure, é necessário que ocorra o resultado naturalístico. Em ambos,admite-se a tentativa e ainda a desistência voluntária. E em todos os casos, a **ação será pública incondicionada.**

MODALIDADES DE TORTURA	
Tortura-prova	Art. 1º, inciso I, alínea a
Tortura-crime	Art. 1º, inciso I, alínea b
Tortura discriminatória	Art. 1º, inciso I, alínea c
Tortura-castigo	Art. 1º, inciso II

Pena - reclusão, de dois a oito anos.

> ***§ 1º.*** *Na mesma pena incorre quem submete **pessoa presa ou sujeita a medida de segurança a sofrimento físico ou mental**, por intermédio da prática de ato não previsto em lei ou não resultante de medida legal.(grifo nosso)*

Nesse parágrafo, é possível observar que a exigência é quanto ao sujeito passivo, de modo que apenas poderão ser vitimas nesse tipo incriminador as pessoas que estão presas ou sujeitas a medida de segurança.

> ***§ 2º.*** *Aquele que se omite **em face dessas condutas**, quando **tinha o dever de evitá-las ou apurá-las**, incorre na **pena de detenção de um a quatro anos**.(grifo nosso)*

Agora, falaremos da omissão diante da tortura. Neste caso, o agente tinha o dever de evitar o cometimento da tortura ou de efetuar sua apuração, mas não o fez. Esse tipo penal tem uma peculiaridade, primeiramente temos que dividir o § 2º em dois.

A primeira parte diz respeito ao trecho aquele que se omite em face dessas condutas, quando tinha o dever de evitá-las; estamos falando de um crime próprio, no qual somente podem ser sujeitos ativos as pessoas que tinham o **dever de agir**, as quais estão descritas no Art. 13, § 2º do CP:

> ***Art. 13,*** *§ 2º A omissão é penalmente relevante quando o omitente devia e podia agir para evitar o resultado. O dever de agir incumbe a quem:*
>
> ***a)*** *tenha por lei obrigação de cuidado, proteção ou vigilância;*
>
> ***b)*** *de outra forma, assumiu a responsabilidade de impedir o resultado;*
>
> ***c)*** *com seu comportamento anterior, criou o risco da ocorrência do resultado.*

E a segunda parte se relaciona ao trecho aquele que se omite em face dessas condutas, quando tinha o dever de apurá-las.Neste caso, estamos falando de um crime próprio em que o sujeito ativo só poderá ser a autoridade competente para a apuração do fato.

Então, podemos concluir que o crime de omissão diante da tortura se divide em conduta omissiva de evitação e conduta omissiva de apuração.

Quem COMETE a tortura	→	Pena: reclusão de 2 a 8 anos
Quem se OMITE a tortura	→	Pena: detenção de 1 a 4 anos

> ***§ 3º.*** *Se resulta lesão corporal de natureza grave ou gravíssima, a pena é de reclusão de quatro a dez anos; se resulta morte, a reclusão é de oito a dezesseis anos.(grifo nosso)*

A tortura será qualificada se dela houver como resultado lesão corporal de natureza grave, que são as hipóteses previstas no Art. 129, § 1º, do CP, ou gravíssima, hipóteses previstas no Art. 129, § 2º, do CP, ou se da tortura se resulta a morte.

2.1 Lesão Corporal de Natureza Grave

§ 1º. Se resulta:

I. Incapacidade para as ocupações habituais, por mais de trinta dias;

II. perigo de vida;

III. debilidade permanente de membro, sentido ou função;

IV. aceleração de parto.

2.2 Lesão Corporal de Natureza Gravíssima

§ 2º. Se resulta:

I. Incapacidade permanente para o trabalho;

II. enfermidade incurável;

III. perda ou inutilização do membro, sentido ou função;

IV. deformidade permanente;

V. aborto.

Tortura que resulta lesão corporal grave	→	Reclusão de 4 a 10 anos
Tortura que resulta lesão corporal gravíssima	→	Reclusão em 4 a 10 anos
Tortura que resulta morte	→	Reclusão de 8 a 16 anos

A tortura qualificada pelo resultado morte ocorre quando há dolo na conduta antecedente (tortura) e dolo ou culpa na consequente (lesão ou morte), exatamente o que ocorreu. A vítima era agredida consecutivamente pelo réu, culminando com sua morte, e condená-lo por CP, art. 121, § 2º, III, e Lei 9.455/1997, art. 1º, II, § 4º, II, incidiria no *'bis in idem'*.

(TJRJ, Apelação Criminal 7.584/2009, rel. **Des. Suely Lopes Magalhães**, j. em 25.11.2009)

§ 4º. Aumenta-se a pena de um sexto até um terço:

*I. se o crime é **cometido por** agente público;*

*II. se o crime é cometido **contra criança, gestante, portador de deficiência, adolescente ou maior de 60 (sessenta) anos;***

*III. se o crime é cometido **mediante sequestro.***

Aumenta-se a pena de 1/6 a 1/3	Se cometido por agente público	**Funcionário público:** de acordo com o Art. 327, do Código Penal, considera-se funcionário público, para os efeitos penais, quem, embora transitoriamente ou sem remuneração, exerce cargo, emprego ou função pública.
	Se cometido contra criança, gestante, portador de deficiência, adolescente ou maior de 60 anos	**Criança:** pessoa até doze anos de idade incompletos (Art. 2º da Lei 8.069/90) **Adolescente:** pessoa entre doze e dezoito anos de idade(Art. 2º da Lei 8.069/90). **Portador de deficiência:** considera-se pessoa com deficiência aquela que tem impedimento de longo prazo de natureza física, mental, intelectual ou sensorial, o qual, em interação com uma ou mais barreiras, pode obstruir sua participação plena e efetiva na sociedade em igualdade de condições com as demais pessoas (Art. 2º da Lei 13.146/2015) **Maior de 60 anos:** é a pessoa idosa conforme estabelece Art. 1º do Estatuto do Idoso (Lei 10.741/2003).
	Se cometido mediante sequestro	Sequestro: é a privação da liberdade da vítima por tempo juridicamente relevante.

As causas de aumento de pena se aplicam também ao crime de omissão à tortura e às hipóteses de tortura qualificada, não se limitando aos crimes previstos no Art. 1º.

§ 5º. A condenação acarretará a perda do cargo, função ou emprego público e a interdição para seu exercício pelo dobro do prazo da pena aplicada.(grifo nosso)

Como vimos, existem algumas pessoas que têm o dever de agir, ou seja, têm como obrigação o dever de proteger o indivíduo. Tanto no § 4º, inciso I, quanto no § 5º,o legislador visa garantir que o crime de tortura, quando praticado por agente público, tenha uma pena mais severa, uma vez que o agente público, dentro de suas funções, não age em nome próprio, mas sim em nome do Estado, sendo que é dever do Estado garantir a proteção aos indivíduos.

Assim, o crime de tortura, quando praticado por agente público, acarreta em causa de aumento de pena e ainda perda do cargo e interdição para seu exercício.

Suponhamos que Norberto, carcereiro de determinado presídio, torture Daniel, sendo este um dos presos sob sua responsabilidade; suponhamos que Norberto seja condenado pelo crime de tortura e o juiz o sentencie a uma pena de 6 anos. Além da perda do cargo automática, Norberto só poderá exercer qualquer outra função pública depois de transcorrido o prazo de 12 anos, por força o previsto neste § 5º.

Vale ressaltar que a perda do cargo é, segundo o Supremo Tribunal Federal, efeito automático da condenação: *A perda do cargo, função ou emprego público – que configura efeito extrapenal secundário – constitui consequência necessária que resulta, automaticamente, de pleno direito, da condenação penal imposta ao agente público pela prática do crime de tortura, ainda que se cuide de integrante da Polícia Militar, não se lhe aplicando, a despeito de tratar-se de Oficial da Corporação, a cláusula inscrita no art. 125, § 4.º, da Constituição da República. Doutrina. Precedentes(**STF**, 2ª T., AI 769.637, rel. **Min. Celso de Melo**, j. 25.06.2013, DJe 15.10.2013).*

No mesmo sentido:

A perda do cargo, função ou emprego público é efeito automático da condenação pela prática do crime de tortura, não sendo necessária fundamentação concreta para a sua aplicação (**STJ**, 6ª T., AgRg no Ag 1388953/SP, rel. **Min.Maria Thereza de Assis Moura**, j. 20.06.2013, DJe 28.06.2013)

> ***§ 6º.*** *O crime de tortura é inafiançável e insuscetível de graça ou anistia.(grifo nosso)*

Temos aqui um aspecto muito importante que merece atenção: o § 6º segue estritamente o que dispõe a Constituição Federal:

> ***Art. 5º***, *XLIII, CF:A lei considerará crimes inafiançáveis e insuscetíveis de graça ou anistia a prática da tortura, o tráfico ilícito de entorpecentes e drogas afins, o terrorismo e os definidos como crimes hediondos, por eles respondendo os mandantes, os executores e os que, podendo evitá-los, se omitirem.*

Mas o que devemos frisar é que, para fins de concurso, o crime de tortura é equiparado a crime hediondo. Então, além da regra constitucional e da Lei de Tortura, seguimos ainda a regra da Lei 8.072/90:

> ***Art. 2º*** *- Lei 8.072/90 - Os crimes hediondos, a prática da tortura, o tráfico ilícito de entorpecentes e drogas afins e o terrorismo são insuscetíveis de*
>
> ***I.*** *anistia, graça e indulto;*
>
> ***II.*** *fiança.*

Então não esqueça, para fins de concurso público, o crime de tortura é **INAFIANÇÁVEL, INSCUSCETÍVEL DE GRAÇA, ANISTIA E INDULTO.**

Embora haja discussão na doutrina, o Supremo Tribunal Federal decidiu que a Constituição Federal veda, implicitamente, o indulto àqueles que tenham praticado crimes hediondos e assemelhados (como é o caso da tortura), veja-se: "Crime hediondo: vedação de graça: inteligência. (...) é constitucional o art. 2º, I, da L. 8.072/90, porque, nele, a menção ao indulto é meramente expletiva da proibição de graça aos condenados por crimes hediondos ditada pelo art. 5º, XLIII, da Constituição. **Na Constituição, a graça individual e o indulto coletivo - que ambos, tanto podem ser totais ou parciais, substantivando, nessa última hipótese, a comutação de pena - são modalidades do poder de graça do Presidente da República (art. 84, XII) - que, no entanto, sofre a restrição do art. 5º, XLIII, para excluir a possibilidade de sua concessão, quando se trata de condenação por crime hediondo.** Proibida a comutação de pena, na hipótese do crime hediondo, pela Constituição, é irrelevante que a vedação tenha sido omitida no D. 3.226/99." (STF, 1ª T., HC 81.565, rel. Min. Sepúlveda Pertence, j. 19-02-2002, DJ 22-03-2002).

> Para a CESPE é correta a seguinte assertiva: "Não é possível a concessão de anistia, graça ou indulto àqueles que tenham praticado crimes hediondos" (CESPE – 2013 – TJDFT – Técnico).

> ***§ 7º.*** *O condenado por crime previsto nesta Lei, salvo a hipótese do § 2º,* ***iniciará*** *o cumprimento da pena em regime fechado. (grifo nosso)*

Com exceção do crime de omissão a tortura, todos **os crimes previstos nessa lei terão como regime inicial o fechado**, sendo possível assim a progressão de regimes.

> **Súmula 698 - STF:** *Não se estende aos demais crimes hediondos a admissibilidade de progressão no regime de execução da pena aplicada ao crime de tortura.*

Caso a questão pergunte sobre o início do cumprimento de pena de acordo com a **jurisprudência do Supremo Tribunal Federal**, a resposta será diferente do texto legal, pois a Corte Suprema entende inconstitucional qualquer determinação abstrata para o início do cumprimento de pena no regime fechado.

> *"Habeas corpus. Penal. Tráfico de entorpecentes. Crime praticado durante a vigência da Lei nº 11.464/07. Pena inferior a 8 anos de reclusão. Obrigatoriedade de imposição do regime inicial fechado. Declaração incidental de inconstitucionalidade do § 1º do art. 2º da Lei nº 8.072/90. Ofensa à garantia constitucional da individualização da pena (inciso XLVI do art. 5º da CF/88). Fundamentação necessária (CP, art. 33, § 3º, c/c o art. 59). Possibilidade de fixação, no caso em exame, do regime semiaberto para o início de cumprimento da pena privativa de liberdade. Ordem concedida. (...) Se a Constituição Federal menciona que a lei regulará a individualização da pena, é natural que ela exista. Do mesmo modo, os critérios para a fixação do regime prisional inicial devem-se harmonizar com as garantias constitucionais, sendo necessário exigir-se sempre a fundamentação do regime imposto, ainda que se trate de crime hediondo ou equiparado. (...) Ordem concedida tão somente para remover o óbice constante do § 1º do art. 2º da Lei nº 8.072/90, com a redação dada pela Lei nº 11.464/07, o qual determina que "[a] pena por crime previsto neste artigo será cumprida inicialmente em regime fechado". Declaração incidental de inconstitucionalidade, com efeito ex nunc, da obrigatoriedade de fixação do regime fechado para início do cumprimento de pena decorrente da condenação por crime hediondo ou equiparado." (STF, Pleno, HC 111.840, rel. Min. Dias Toffoli, j. 27-06-2012, DJe 16-12-2013)*
>
> ***Art. 2º.*** *O disposto nesta Lei aplica-se ainda quando o crime não tenha sido cometido em território nacional, sendo a vítima brasileira ou encontrando-se o agente em local sob jurisdição brasileira.*

Aplicação extra territorial da Lei 9.455	Caso o crime seja cometido **fora do território nacional** quando:	a vítima for brasileira ou o agente esteja em local sob jurisdição brasileira.

> ***Art. 3º.*** *Esta Lei entra em vigor na data de sua publicação.*
>
> ***Art. 4º.*** *Revoga-se o art. 233 da Lei nº 8.069, de 13 de julho de 1990 - Estatuto da Criança e do Adolescente.*

3. LEI Nº 8.069/1990 - ESTATUTO DA CRIANÇA E DO ADOLESCENTE

3.1 Aspectos Processuais

A partir do artigo 141 do ECA, está previsto o acesso à Justiça, tratando de aspectos processuais. Abordaremos o que determina o texto de lei quanto aos procedimentos judiciais.

É princípio constitucional a garantia do acesso à Justiça.

Ninguém poderá ser impedido de ter acesso à Justiça, muito menos as crianças e os adolescentes.

Assim, toda a criança e todo o adolescente têm garantido o acesso à Defensoria Pública, ao Ministério Público e ao Poder Judiciário, por qualquer de seus órgãos.

A Defensoria Pública tem a incumbência de defender aqueles que não possuem e não podem pagar por um advogado particular, garantindo-se a assistência judiciária gratuita. Porém, nada impede que este tenha assistência de um advogado. Quando não existir Defensoria Pública na localidade, a lei garante a nomeação de advogado, ou seja, sem defesa técnica, o menor não ficará.

Para facilitar ainda mais o acesso, as ações judiciais da competência da Justiça da Infância e da Juventude são isentas de custas e emolumentos (não se pagará para entrar com ação), ressalvada a hipótese de litigância de má-fé (por exemplo, quando alterar a verdade dos fatos).

Nas ações que envolvem crianças e adolescentes, os menores de dezesseis anos serão representados, e os maiores de dezesseis serão assistidos por seus pais, tutores, na forma da legislação civil ou processual.

Além disso, a lei prevê que a autoridade judiciária dará curador especial à criança ou ao adolescente, sempre que os interesses destes colidirem com os de seus pais ou responsável (imaginemos um adolescente que deseja casar e seus pais não permitem sem justificativa plausível), ou quando carecerem de representação ou assistência legal, ainda que eventual.

Todos os atos judiciais, policiais e administrativos que envolvam crianças e adolescentes devem resguardar segredo, vedada a divulgação de qualquer informação.

Enquanto em uma ação de cobrança, em regra, qualquer pessoa pode ter acesso ao processo e assistir a uma audiência, por ser pública, quando se trata de menores, isso não ocorrerá pelo segredo de justiça.

Além do mais, assegura o Estatuto que os estados e o Distrito Federal poderão criar Varas especializadas e exclusivas da Infância e da Juventude, cabendo ao Poder Judiciário estabelecer sua proporcionalidade por número de habitantes, dotá-las de infraestrutura e dispor sobre o atendimento, inclusive em plantões.

Nesse sentido, estudaremos as figuras que fazem parte do processo, conforme dispõe o ECA.

Do juiz

A autoridade constantemente referenciada no ECA é o Juiz da Infância e da Juventude, ou o juiz que exerce essa função, na forma da lei de organização judiciária local.

A competência do juízo será determinada:

→ pelo domicílio dos pais ou responsável;

→ pelo lugar onde se encontre a criança ou o adolescente, à falta dos pais ou responsável.

→ nos casos de ato infracional, será competente a autoridade do lugar da ação ou omissão, observadas as regras de conexão, continência e prevenção.

A execução das medidas poderá ser delegada à autoridade competente da residência dos pais ou responsável, ou do local onde sediar-se a entidade que abrigar a criança ou o adolescente.

Em caso de infração cometida através de transmissão simultânea de rádio ou televisão, que atinja mais de uma comarca, será competente, para aplicação da penalidade, a autoridade judiciária do local da sede estadual da emissora ou rede, tendo a sentença eficácia para todas as transmissoras ou retransmissoras do respectivo estado.

Atentemos para as competências da Justiça da Infância e Juventude:

> ***Art. 148.*** *A Justiça da Infância e da Juventude é competente para:*
>
> ***I.*** *conhecer de representações promovidas pelo Ministério Público, para apuração de ato infracional atribuído a adolescente, aplicando as medidas cabíveis;*
>
> ***II.*** *conceder a remissão, como forma de suspensão ou extinção do processo;*
>
> ***III.*** *conhecer de pedidos de adoção e seus incidentes;*
>
> ***IV.*** *conhecer de ações civis fundadas em interesses individuais, difusos ou coletivos afetos à criança e ao adolescente, observado o disposto no art. 209;*
>
> ***V.*** *conhecer de ações decorrentes de irregularidades em entidades de atendimento*
>
> *aplicando as medidas cabíveis;*
>
> ***VI.*** *aplicar penalidades administrativas nos casos de infrações contra norma de proteção à criança ou adolescente;*
>
> ***VII.*** *conhecer de casos encaminhados pelo Conselho Tutelar, aplicando as medidas cabíveis.*
>
> ***Parágrafo único.*** *Quando se tratar de criança ou adolescente nas hipóteses do art. 98, é também competente a Justiça da Infância e da Juventude para o fim de:*
>
> ***a)*** *conhecer de pedidos de guarda e tutela;*
>
> ***b)*** *conhecer de ações de destituição do poder familiar, perda ou modificação da tutela ou guarda;*
>
> ***c)*** *suprir a capacidade ou o consentimento para o casamento;*
>
> ***d)*** *conhecer de pedidos baseados em discordância paterna ou materna, em relação ao exercício do poder familiar; (Expressão substituída pela Lei nº 12.010, de 2009) Vigência*
>
> ***e)*** *conceder a emancipação, nos termos da lei civil, quando faltarem os pais;*
>
> ***f)*** *designar curador especial em casos de apresentação de queixa ou representação, ou de outros procedimentos judiciais ou extrajudiciais em que haja interesses de criança ou adolescente;*
>
> ***g)*** *conhecer de ações de alimentos;*
>
> ***h)*** *determinar o cancelamento, a retificação e o suprimento dos registros de nascimento e óbito.*

Art. 149. *Compete à autoridade judiciária disciplinar, através de portaria, ou autorizar, mediante alvará:*

I. *a entrada e permanência de criança ou adolescente, desacompanhado dos pais ou responsável, em:*

a) *estádio, ginásio e campo desportivo;*

b) *bailes ou promoções dançantes;*

c) *boate ou congêneres;*

d) *casa que explore comercialmente diversões eletrônicas;*

e) *estúdios cinematográficos, de teatro, rádio e televisão.*

II. *a participação de criança e adolescente em:*

a) *espetáculos públicos e seus ensaios;*

b) *certames de beleza.*

§ 1º *Para os fins do disposto neste artigo, a autoridade judiciária levará em conta, dentre outros fatores:*

Os princípios desta Lei;

b) *as peculiaridades locais;*

c) *a existência de instalações adequadas;*

d) *o tipo de frequência habitual ao local;*

e) *a adequação do ambiente a eventual participação ou frequência de crianças e adolescentes;*

f) *a natureza do espetáculo.*

Serviços auxiliares

Cabe ao Poder Judiciário, na elaboração de sua proposta orçamentária, prever recursos para manutenção de equipe interprofissional (assistentes sociais, psicólogos etc.) destinada a assessorar a Justiça da Infância e da Juventude.

Compete à equipe interprofissional, dentre outras atribuições que lhe forem reservadas pela legislação local, fornecer subsídios por escrito, mediante laudos, ou verbalmente, na audiência, e bem assim desenvolver trabalhos de aconselhamento, orientação, encaminhamento, prevenção e outros, tudo sob a imediata subordinação à autoridade judiciária, assegurada a livre manifestação do ponto de vista técnico.

Na ausência ou insuficiência de servidores públicos integrantes do Poder Judiciário responsáveis pela realização dos estudos psicossociais ou de quaisquer outras espécies de avaliações técnicas exigidas por esta Lei ou por determinação judicial, a autoridade judiciária poderá proceder à nomeação de perito.

3.2 Procedimentos

Aos procedimentos se subsidiariamente as normas gerais previstas na legislação processual pertinente.

Os processos e procedimentos amparados no Estatuto têm prioridade absoluta, sob pena de responsabilidade, assim como a execução dos atos e diligências judiciais a eles referentes. Ou seja, devem tramitar com celeridade.

Os prazos estabelecidos nesta Lei e aplicáveis aos seus procedimentos são contados em dias corridos, excluído o dia do começo e incluído o dia do vencimento, vedado o prazo em dobro para a Fazenda Pública e o Ministério Público.

Caso seja necessária medida não prevista no Estatuto, o legislador prevê a possibilidade de atuação de ofício, ouvido o Ministério Público, conforme artigo 153 do Estatuto:

Art. 153. *Se a medida judicial a ser adotada não corresponder a procedimento previsto nesta ou em outra lei, a autoridade judiciária poderá investigar os fatos e ordenar de ofício as providências necessárias, ouvido o Ministério Público.*

Parágrafo único. *O disposto neste artigo não se aplica para o fim de afastamento da criança ou do adolescente de sua família de origem e em outros procedimentos necessariamente contenciosos.*

Da perda e da suspensão do poder familiar

O procedimento para a perda ou a suspensão do poder familiar terá início por provocação do Ministério Público ou de quem tenha legítimo interesse.

O artigo 156 do Estatuto prevê que a petição inicial deverá indicar:

I. *a autoridade judiciária a que for dirigida;*

II. *o nome, o estado civil, a profissão e a residência do requerente e do requerido, dispensada a qualificação em se tratando de pedido formulado por representante do Ministério Público;*

III. *a exposição sumária do fato e o pedido;*

IV. *as provas que serão produzidas, oferecendo, desde logo, o rol de testemunhas e documentos.*

Caso exista algum motivo grave, o juiz, após ouvir o Ministério Público, decreta a suspensão poder familiar, liminar ou incidentalmente, até o julgamento definitivo da causa, de modo que a criança ou o adolescente fiquem confiados a uma pessoa idônea, mediante termo de responsabilidade.

Com a suspensão, o réu no processo é citado para, no prazo de dez dias, oferecer resposta escrita, indicando as provas a serem produzidas e oferecendo desde logo o rol de testemunhas e documentos.

É necessário atentar para o disposto no Art. 158 do ECA:

Art. 158. *O requerido será citado para, no prazo de dez dias, oferecer resposta escrita, indicando as provas a serem produzidas e oferecendo desde logo o rol de testemunhas e documentos.*

§ 1º *A citação será pessoal, salvo se esgotados todos os meios para sua realização.*

§ 2º *O requerido privado de liberdade deverá ser citado pessoalmente.*

§ 3º *Quando, por 2 (duas) vezes, o oficial de justiça houver procurado o citando em seu domicílio ou residência sem o encontrar, deverá, havendo suspeita de ocultação, informar qualquer pessoa da família ou, em sua falta, qualquer vizinho do dia útil em que voltará a fim de efetuar a citação, na hora que designar, nos termos do art. 252 e seguintes da Lei no 13.105, de 16 de março de 2015 (Código de Processo Civil).*

§ 4º *Na hipótese de os genitores encontrarem-se em local incerto ou não sabido, serão citados por edital no prazo de 10 (dez) dias, em publicação única, dispensado o envio de ofícios para a localização.*

A defesa será feita por advogado, que será nomeado dativo caso o réu não tenha condições de pagar.

Assim, dita o artigo 159 que poderá requerer, em cartório, que lhe seja nomeado dativo, ao qual incumbirá a apresentação de resposta, contando-se o prazo a partir da intimação do despacho de nomeação.

A citação será pessoal, salvo se esgotados todos os meios para sua realização. Quando o requerido estiver privado de liberdade, deverá ser citado pessoalmente.

Se não for contestado o pedido e tiver sido concluído o estudo social ou a perícia realizada por equipe interprofissional ou multidisciplinar, a autoridade judiciária dará vista dos autos ao Ministério Público, por 5 (cinco) dias, salvo quando este for o requerente, e decidirá em igual prazo.

Caso seja apresentada a resposta, a autoridade judiciária dará vista dos autos ao Ministério Público, por cinco dias, salvo quando este for o requerente, e quando concluído o estudo social ou perícia por equipe interprofissional ou multisiciplinar, designando, desde logo, audiência de instrução e julgamento.

Na audiência, presentes as partes e o Ministério Público, serão ouvidas as testemunhas, colhendo-se oralmente o parecer técnico, salvo quando apresentado por escrito, manifestando-se sucessivamente o requerente, o requerido e o Ministério Público, pelo tempo de vinte minutos cada um, prorrogável por mais dez. A decisão será proferida na audiência, podendo a autoridade judiciária, excepcionalmente, designar data para sua leitura no prazo máximo de cinco dias.

Dentro do procedimento de perda e suspensão do poder familiar, o juiz de ofício ou a requerimento das partes ou do Ministério Público, determinará a realização de estudo social ou perícia por equipe interprofissional ou multidisciplinar, bem como a oitiva de testemunhas que comprovem a presença de uma das causas de suspensão ou destituição do poder familiar previstas no Código Civil.

Sendo os pais oriundos de comunidades indígenas, o Estatuto prevê que é ainda obrigatória a intervenção, junto à equipe profissional ou multidisciplinar, de representantes do órgão federal responsável pela política indigenista, a FUNAI (Fundação Nacional do Índio)

Se o pedido importar em modificação de guarda, será obrigatória, desde que possível e razoável, a oitiva da criança ou do adolescente, respeitado seu estágio de desenvolvimento e grau de compreensão sobre as implicações da medida.

Além disso, é obrigatória a oitiva dos pais sempre que esses forem identificados e estiverem em local conhecido. Se o pai ou a mãe estiverem privados de liberdade, a autoridade judicial requisitará sua apresentação para a oitiva.

O prazo máximo para conclusão do procedimento será de 120 (cento e vinte) dias e a sentença será averbada à margem do registro de nascimento da criança ou do adolescente.

Destituição da tutela

Na destituição da tutela, observar-se-á o procedimento para a remoção de tutor previsto na lei processual civil e, no que couber, o disposto na perda e suspensão do poder familiar.

Temos previsão na norma processual no artigo 759 e seguintes do Novo Código de Processo Civil.

Colocação em família substituta

Quando não existe mais a possibilidade de a criança ou o adolescente estarem inseridos na sua família natural (pela falta dos pais, perda do poder família...), teremos a colocação em família substituta, que deve atender aos requisitos:

> ***Art. 165.*** *São requisitos para a concessão de pedidos de colocação em família substituta:*
>
> ***I.*** *qualificação completa do requerente e de seu eventual cônjuge, ou companheiro, com expressa anuência deste;*
>
> ***II.*** *indicação de eventual parentesco do requerente e de seu cônjuge, ou companheiro, com a criança ou adolescente, especificando se tem ou não parente vivo;*
>
> ***III.*** *qualificação completa da criança ou adolescente e de seus pais, se conhecidos;*
>
> ***IV.*** *indicação do cartório onde foi inscrito nascimento, anexando, se possível, uma cópia da respectiva certidão;*
>
> ***V.*** *declaração sobre a existência de bens, direitos ou rendimentos relativos à criança ou ao adolescente.*
>
> ***Parágrafo único.*** *Em se tratando de adoção, observar-se-ão também os requisitos específicos.*

Se os pais forem falecidos, tiverem sido destituídos ou suspensos do poder familiar, ou houverem aderido expressamente ao pedido de colocação em família substituta, este poderá ser formulado diretamente em cartório, em petição assinada pelos próprios requerentes, dispensada a assistência de advogado.

Convém notar que a lei prevê que o consentimento dos titulares do poder familiar será precedido de orientações e esclarecimentos prestados pela equipe interprofissional da Justiça da Infância e da Juventude, em especial, no caso de adoção, sobre a irrevogabilidade da medida.

Na hipótese de concordância dos pais, esses serão ouvidos pela autoridade judiciária e pelo representante do Ministério Público, tomando-se por termo as declarações.

O consentimento é retratável até a data da publicação da sentença constitutiva da adoção e somente terá valor se for dado após o nascimento da criança.

Para a família substituta é devida orientação por intermédio de equipe técnica interprofissional a serviço do Poder Judiciário, preferencialmente com apoio dos técnicos responsáveis pela execução da política municipal de garantia do direito à convivência familiar.

O juiz, de ofício ou a requerimento das partes ou do Ministério Público, determinará a realização de estudo social ou, se possível, perícia por equipe interprofissional, decidindo sobre a concessão de guarda provisória, bem como, no caso de adoção, sobre o estágio de convivência, ao qual será entregue mediante termo de responsabilidade.

Apresentado o relatório social ou o laudo pericial, e ouvidos, sempre que possível, a criança ou o adolescente, dar-se-á vista dos autos ao Ministério Público, pelo prazo de cinco dias, decidindo a autoridade judiciária em igual prazo.

Nas hipóteses em que a destituição da tutela, a perda ou a suspensão do poder familiar constituir pressuposto lógico da medida principal de colocação em família.

Disposições finais da apuração de ato infracional

Em caso de não apresentação, o representante do Ministério Público notificará os pais ou responsáveis para apresentação do adolescente, podendo requisitar o concurso das polícias civil e militar.

Feita tal etapa, o representante do Ministério Público poderá:

> promover o arquivamento dos autos;

> conceder a remissão;

> representar à autoridade judiciária para aplicação de medida socioeducativa.

Cumpre observar que a súmula 108 do STJ prevê que

"A aplicação de medidas socioeducativas ao adolescente, pela prática de ato infracional, é da competência exclusiva do juiz."

Caso o MP promova o arquivamento ou conceda remissão, esta deverá ser homologada pelo juiz, cabendo recurso de apelação da decisão que não homologar, conforme entendimento do STJ.

Homologado o arquivamento ou a remissão, a autoridade judiciária determinará, conforme o caso, o cumprimento da medida.

Discordando, a autoridade judiciária fará remessa dos autos ao Procurador-Geral de Justiça, mediante despacho fundamentado, e este oferecerá representação, designará outro membro do Ministério Público para apresentá-la, ou ratificará o arquivamento ou a remissão, que só então estará a autoridade judiciária obrigada a homologar.

A representação será oferecida por petição, que conterá o breve resumo dos fatos e a classificação do ato infracional e, quando necessário, o rol de testemunhas, podendo ser deduzida oralmente, em sessão diária instalada pela autoridade judiciária, independentemente de prova pré-constituída da autoria e materialidade.

Por analogia ao CPP, na prática se admitem 8 testemunhas.

O prazo máximo e improrrogável para a conclusão do procedimento previsto do ECA, estando o adolescente internado provisoriamente, será de quarenta e cinco dias, que visa coibir o constrangimento ilegal.

Oferecida a representação, a autoridade judiciária designará audiência de apresentação do adolescente, decidindo, desde logo, sobre a decretação ou manutenção da internação, observado o prazo de 45 dias.

O adolescente e seus pais ou responsável serão cientificados do teor da representação, e notificados a comparecer à audiência, acompanhados de advogado.

Caso os pais ou responsável não forem localizados, a autoridade judiciária dará curador especial ao adolescente, e não sendo localizado o adolescente, a autoridade judiciária expedirá mandado de busca e apreensão, determinando o sobrestamento do feito, até a efetiva apresentação.

No caso do adolescente internado, será requisitada a sua apresentação, sem prejuízo da notificação dos pais ou responsável.

Jamais a internação, decretada ou mantida pela autoridade judiciária, não poderá ser cumprida em estabelecimento prisional. Caso não exista tal estabelecimento na Comarca entidade para abrigar o adolescente, este será transferido para a localidade mais próxima.

Sendo impossível a pronta transferência, o adolescente aguardará sua remoção em repartição policial, desde que em seção isolada dos adultos e com instalações apropriadas, não podendo ultrapassar o prazo máximo de cinco dias, sob pena de responsabilidade.

Sendo o fato grave, passível de aplicação de medida de internação ou colocação em regime de semiliberdade, a autoridade judiciária, verificando que o adolescente não possui advogado constituído, nomeará defensor, designando, desde logo, audiência em continuação, podendo determinar a realização de diligências e estudo do caso.

O advogado constituído ou o defensor nomeado, no prazo de três dias contado da audiência de apresentação, oferecerá defesa prévia e rol de testemunhas.

Se o adolescente, devidamente notificado, não comparecer, injustificadamente à audiência de apresentação, a autoridade judiciária designará nova data, determinando sua condução coercitiva.

A remissão, como forma de extinção ou suspensão do processo, poderá ser aplicada em qualquer fase do procedimento, antes da sentença.

A remissão extingue a ação quando a remissão é própria ou cumulada com advertência. Nas demais situações, implicará a suspensão.

Atentemos para o artigo 189 e 190 do Estatuto:

Art. 189. *A autoridade judiciária não aplicará qualquer medida, desde que reconheça na sentença:*

I. estar provada a inexistência do fato;

II. não haver prova da existência do fato;

III. não constituir o fato ato infracional;

IV. não existir prova de ter o adolescente concorrido para o ato infracional.

Parágrafo único. *Na hipótese deste artigo, estando o adolescente internado, será imediatamente colocado em liberdade.*

Art. 190. *A intimação da sentença que aplicar medida de internação ou regime de semiliberdade será feita:*

I. ao adolescente e ao seu defensor;

II. quando não for encontrado o adolescente, a seus pais ou responsável, sem prejuízo do defensor.

§ 1º *Sendo outra a medida aplicada, a intimação far-se-á unicamente na pessoa do defensor.*

§ 2º *Recaindo a intimação na pessoa do adolescente, deverá este manifestar se deseja ou não recorrer da sentença.*

Da apuração de irregularidades em entidade de atendimento

O procedimento de apuração de irregularidades em entidade governamental e não governamental terá início mediante portaria da autoridade judiciária ou representação do Ministério Público ou do Conselho Tutelar, onde conste, necessariamente, resumo dos fatos.

Havendo motivo grave, poderá o juiz, após ouvir o Ministério Público, decretar liminarmente o afastamento provisório do dirigente da entidade, mediante decisão fundamentada.

O dirigente da entidade será citado e terá o prazo de dez dias para oferecer resposta escrita, podendo juntar documentos e indicar as provas a produzir.

Apresentada ou não a resposta, e sendo necessário, o juiz designará audiência de instrução e julgamento, intimando as partes.

Salvo manifestação em audiência, as partes e o Ministério Público terão cinco dias para oferecer alegações finais, decidindo a autoridade judiciária em igual prazo.

Quando do afastamento provisório ou definitivo de dirigente de entidade governamental, o juiz oficiará à autoridade administrativa imediatamente superior ao afastado, marcando prazo para a substituição e antes de aplicar qualquer das medidas, poderá fixar prazo para a remoção das irregularidades verificadas.

Satisfeitas as exigências, o processo será extinto, sem julgamento de mérito. A multa e a advertência serão impostas ao dirigente da entidade ou programa de atendimento.

Da apuração de infração administrativa às normas de proteção à criança e ao adolescente

Dita o artigo 194 do ECA:

> ***Art. 194.*** *O procedimento para imposição de penalidade administrativa por infração às normas de proteção à criança e ao adolescente terá início por representação do Ministério Público, ou do Conselho Tutelar, ou auto de infração elaborado por servidor efetivo ou voluntário credenciado, e assinado por duas testemunhas, se possível.*
>
> ***§ 1º*** *No procedimento iniciado com o auto de infração, poderão ser usadas fórmulas impressas, especificando-se a natureza e as circunstâncias da infração.*
>
> ***§ 2º*** *Sempre que possível, à verificação da infração seguir-se-á a lavratura do auto, certificando-se, em caso contrário, dos motivos do retardamento.*

O requerido terá prazo de dez dias para apresentação de defesa, contado da data da intimação, que será feita:

> ***I.*** *pelo autuante, no próprio auto, quando este for lavrado na presença do requerido;*
>
> ***II.*** *por oficial de justiça ou funcionário legalmente habilitado, que entregará cópia do auto ou da representação ao requerido, ou a seu representante legal, lavrando certidão;*
>
> ***III.*** *por via postal, com aviso de recebimento, se não for encontrado o requerido ou seu representante legal;*

Da habilitação de pretendentes à adoção

O ECA, precisamente no artigo 50 do Estatuto, prevê cadastros (da comarca ou foro regional, estadual e federal) para a casais ou pessoas que desejam adotar, sendo o mais utilizado o local da comarca ou foro regional.

Nos artigos 197-A ao 197-E estão descritos tais procedimentos, incluídos no ECA pela Lei 12.010/2009.

Inicialmente, o Estatuto determina os postulantes à adoção com:

> ***I.*** *qualificação completa;*
>
> ***II.*** *dados familiares;*
>
> ***III.*** *cópias autenticadas de certidão de nascimento ou casamento, ou declaração relativa ao período de união estável;*
>
> ***IV.*** *cópias da cédula de identidade e inscrição no Cadastro de Pessoas Físicas;*
>
> ***V.*** *comprovante de renda e domicílio;*
>
> ***VI.*** *atestados de sanidade física e mental;*
>
> ***VII.*** *certidão de antecedentes criminais;*
>
> ***VIII.*** *certidão negativa de distribuição cível.*

O juiz, no prazo de 48 horas, dará vista dos autos ao Ministério Público, que no prazo de 5 (cinco) dias poderá:

- apresentar quesitos a serem respondidos pela equipe interprofissional encarregada de elaborar o estudo técnico a que se refere o art. 197-C do ECA.

Tal dispositivo determina que equipe interprofissional a Serviço da Justiça da Infância e da Juventude, que deverá elaborar estudo psicossocial, que conterá subsídios que permitam aferir a capacidade e o preparo dos postulantes para o exercício de uma paternidade ou maternidade responsável.

Os postulantes deverão participar de programa oferecido pela Justiça da Infância e da Juventude preferencialmente com apoio dos técnicos responsáveis pela execução da política municipal de garantia do direito à convivência familiar, que inclua preparação psicológica, orientação e estímulo à adoção inter-racial, de crianças maiores ou de adolescentes, com necessidades específicas de saúde ou com deficiências e de grupos de irmãos.

Também existe a previsão, quando possível, de os postulantes terem contato com crianças e adolescentes em acolhimento familiar ou institucional em condições de adoção.

- requerer a designação de audiência para oitiva dos postulantes em juízo e testemunhas;
- requerer a juntada de documentos complementares e a realização de outras diligências que entender necessárias.

Certificada nos autos a conclusão da participação no programa referido acima, o juiz, no prazo de 48 horas, decidirá acerca das diligências requeridas pelo Ministério Público e determinará a juntada do estudo psicossocial, designando, conforme o caso, audiência de instrução e julgamento.

Caso não sejam requeridas diligências, ou sendo essas indeferidas, o juiz determinará a juntada do estudo psicossocial, abrindo a seguir vista dos autos ao Ministério Público, por 5 (cinco) dias, decidindo em igual prazo.

Quando deferida a habilitação, o postulante será inscrito nos cadastros, sendo a sua convocação para a adoção feita de acordo com ordem cronológica de habilitação e conforme a disponibilidade de crianças ou adolescentes adotáveis.

Esta ordem cronológica poderá ser ignorada, quando for comprovado ser a melhor solução para o adotando, nas seguintes hipóteses:

- tratar-se de pedido de adoção unilateral, quando um dos cônjuges ou companheiro adotar o filho do outro;
- for formulada por parente com o qual a criança ou o adolescente mantenham vínculos de afinidade e afetividade;
- oriundo o pedido de quem detém a tutela ou guarda legal de criança maior de 3 (três) anos ou adolescente, desde que o lapso de tempo de convivência comprove a fixação de laços de afinidade e afetividade, e não seja constatada a ocorrência de má-fé ou qualquer das situações previstas nos arts. 237 ou 238 desta Lei (crimes previstos no Estatuto).

A recusa sistemática na adoção das crianças ou adolescentes indicados importará na reavaliação da habilitação concedida, não tendo um número de recusas estipuladas pelo ECA.

Recursos

O artigo 198 do ECA prevê que nos procedimentos afetos à Justiça da Infância e da Juventude, inclusive os relativos à execução das medidas socioeducativas, adotar-se-á o sistema recursal da Código de Processo Civil com as seguintes adaptações:

> ***I.*** *os recursos serão interpostos independentemente de preparo;*
>
> ***II.*** *em todos os recursos, salvo nos embargos de declaração, o prazo para o Ministério Público e para a defesa será sempre de 10 (dez) dias;*
>
> ***III.*** *os recursos terão preferência de julgamento e dispensarão revisor;*
>
> ***VII.*** *antes de determinar a remessa dos autos à superior instância, no caso de apelação, ou do instrumento, no caso de agravo, a autoridade judiciária proferirá despacho fundamentado, mantendo ou reformando a decisão, no prazo de cinco dias;*
>
> ***VIII.*** *mantida a decisão apelada ou agravada, o escrivão remeterá os autos ou o instrumento à superior instância dentro de vinte e quatro horas, independentemente de novo pedido do recorrente; se a reformar, a remessa dos autos dependerá de pedido expresso da parte interessada ou do Ministério Público, no prazo de cinco dias, contados da intimação.*
>
> ***Art. 199.*** *Contra as decisões proferidas com base no art. 149 (quando o juiz determina, através de portaria, ou autorizar, mediante alvará por exemplo a entrada permanência de criança ou adolescente, desacompanhado dos pais ou responsável em estádio) caberá recurso de apelação.*

Quando a sentença deferir adoção, produzirá efeitos desde logo, estando sujeita à apelação no efeito devolutivo, salvo nos casos de adoção internacional ou se houver perigo de dano irreparável ou de difícil reparação ao adotando.

A sentença que destituir ambos ou qualquer dos genitores do poder familiar fica sujeita à apelação, que deverá ser recebida apenas no efeito devolutivo.

Portanto, podemos esquematizar:

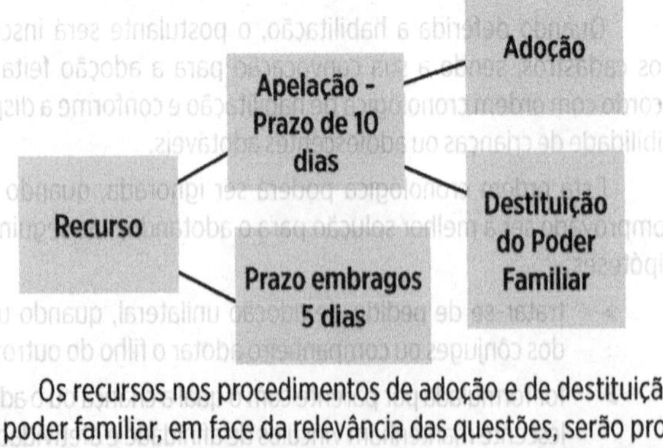

Os recursos nos procedimentos de adoção e de destituição de poder familiar, em face da relevância das questões, serão processados com prioridade absoluta, devendo ser imediatamente distribuídos, ficando vedado que aguardem, em qualquer situação, oportuna distribuição, e serão colocados em mesa para julgamento sem revisão e com parecer urgente do Ministério Público, devendo o relator inserir processo para julgamento no prazo máximo de 60 dias contados da sua conclusão (art. 199 – D).

O Ministério Público será intimado da data do julgamento e poderá na sessão, se entender necessário, apresentar oralmente seu parecer. O Ministério Público poderá requerer a instauração de procedimento para apuração de responsabilidades se constatar o descumprimento das providências e do prazo previstos.

Do ministério público e do advogado

As funções do Ministério Público previstas no Estatuto serão exercidas nos termos da respectiva lei orgânica. O artigo 201 do ECA determina as competências do Ministério Público, vejamos:

> ***Art. 201.*** *Compete ao Ministério Público:*
>
> ***I.*** *conceder a remissão como forma de exclusão do processo;*
>
> ***II.*** *promover e acompanhar os procedimentos relativos às infrações atribuídas a adolescentes;*
>
> ***III.*** *promover e acompanhar as ações de alimentos e os procedimentos de suspensão e destituição do poder familiar, nomeação e remoção de tutores, curadores e guardiães, bem como oficiar em todos os demais procedimentos da competência da Justiça da Infância e da Juventude;*
>
> ***IV.*** *promover, de ofício ou por solicitação dos interessados, a especialização e a inscrição de hipoteca legal e a prestação de contas dos tutores, curadores e quaisquer administradores de bens de crianças e adolescentes nas hipóteses do art. 98;*
>
> ***V.*** *promover o inquérito civil e a ação civil pública para a proteção dos interesses individuais, difusos ou coletivos relativos à infância e à adolescência, inclusive os definidos no art. 220, § 3º inciso II, da Constituição Federal;*
>
> ***VI.*** *instaurar procedimentos administrativos e, para instruí-los:*
>
> ***a)*** *expedir notificações para colher depoimentos ou esclarecimentos e, em caso de não comparecimento injustificado, requisitar condução coercitiva, inclusive pela polícia civil ou militar;*
>
> ***b)*** *requisitar informações, exames, perícias e documentos de autoridades municipais, estaduais e federais, da administração direta ou indireta, bem como promover inspeções e diligências investigatórias;*
>
> ***c)*** *requisitar informações e documentos a particulares e instituições privadas;*
>
> ***VII.*** *instaurar sindicâncias, requisitar diligências investigatórias e determinar a instauração de inquérito policial, para apuração de ilícitos ou infrações às normas de proteção à infância e à juventude;*
>
> ***VIII.*** *zelar pelo efetivo respeito aos direitos e garantias legais assegurados às crianças e adolescentes, promovendo as medidas judiciais e extrajudiciais cabíveis;*
>
> ***IX.*** *impetrar mandado de segurança, de injunção e habeas corpus, em qualquer juízo, instância ou tribunal, na defesa dos interesses sociais e individuais indisponíveis afetos à criança e ao adolescente;*
>
> ***X.*** *representar ao juízo visando à aplicação de penalidade por infrações cometidas contra as normas de proteção à infância e à juventude, sem prejuízo da promoção da responsabilidade civil e penal do infrator, quando cabível;*
>
> ***XI.*** *inspecionar as entidades públicas e particulares de atendimento e os programas de que trata esta Lei, adotando de pronto as medidas administrativas ou judiciais necessárias à remoção de irregularidades porventura verificadas;*
>
> ***XII.*** *requisitar força policial, bem como a colaboração dos serviços médicos, hospitalares, educacionais e de assistência social, públicos ou privados, para o desempenho de suas atribuições.*
>
> ***§ 1º*** *A legitimação do Ministério Público para as ações cíveis previstas neste artigo não impede a de terceiros, nas mesmas hipóteses, segundo dispuserem a Constituição e esta Lei.*

§ 2º As atribuições constantes deste artigo não excluem outras, desde que compatíveis com a finalidade do Ministério Público.

§ 3º O representante do Ministério Público, no exercício de suas funções, terá livre acesso a todo local onde se encontre criança ou adolescente.

§ 4º O representante do Ministério Público será responsável pelo uso indevido das informações e documentos que requisitar, nas hipóteses legais de sigilo.

§ 5º Para o exercício da atribuição de que trata o inciso VIII deste artigo, poderá o representante do Ministério Público:

a) reduzir a termo as declarações do reclamante, instaurando o competente procedimento, sob sua presidência;

b) entender-se diretamente com a pessoa ou autoridade reclamada, em dia, local e horário previamente notificados ou acertados;

c) efetuar recomendações visando à melhoria dos serviços públicos e de relevância pública afetos à criança e ao adolescente, fixando prazo razoável para sua perfeita adequação.

O Estatuto também determina que nos processos e procedimentos em que não for parte, atuará obrigatoriamente o Ministério Público na defesa dos direitos e interesses de que cuida a lei, como um fiscal, hipótese em que terá vista dos autos depois das partes, podendo juntar documentos e requerer diligências, usando os recursos cabíveis.

A intimação do Ministério Público, em qualquer caso, será feita pessoalmente, e a falta de intervenção acarreta a nulidade do feito, declarada pelo juiz ou requerida pelo interessado.

No que tange ao advogado, o artigo 206 do Estatuto prevê que "A criança ou o adolescente, seus pais ou responsável, e qualquer pessoa que tenha legítimo interesse na solução da lide poderão intervir nos procedimentos de que trata esta Lei, através de advogado, o qual será intimado para todos os atos, pessoalmente ou por publicação oficial, respeitado o segredo de justiça."

Igualmente, temos a previsão da assistência judiciária integral e gratuita àqueles que dela necessitarem, e nenhum adolescente a quem se atribua a prática de ato infracional, ainda que ausente ou foragido, será processado sem defensor, que na falta, será nomeado pelo juiz.

A ausência do defensor não determinará o adiamento de nenhum ato do processo, devendo o juiz nomear substituto, ainda que provisoriamente, ou para o só efeito do ato.

Da proteção judicial dos interesses individuais, difusos e coletivos

O artigo 208 do Eca traz um rol exemplificativo, de situações que merecem a tutela do Estado, cabendo todas as espécies de ações pertinentes.

Art. 208. *Regem-se pelas disposições desta Lei as ações de responsabilidade por ofensa aos direitos assegurados à criança e ao adolescente, referentes ao não oferecimento ou oferta irregular:*

I. do ensino obrigatório;

II. de atendimento educacional especializado aos portadores de deficiência;

III. de atendimento em creche e pré-escola às crianças de zero a cinco anos de idade;

IV. de ensino noturno regular, adequado às condições do educando;

V. de programas suplementares de oferta de material didático-escolar, transporte e assistência à saúde do educando do ensino fundamental;

VI. de serviço de assistência social visando à proteção à família, à maternidade, à infância e à adolescência, bem como ao amparo às crianças e adolescentes que dele necessitem;

VII. de acesso às ações e serviços de saúde;

VIII. de escolarização e profissionalização dos adolescentes privados de liberdade.

IX. de ações, serviços e programas de orientação, apoio e promoção social de famílias e destinados ao pleno exercício do direito à convivência familiar por crianças e adolescentes.

X. de programas de atendimento para a execução das medidas socioeducativas e aplicação de medidas de proteção.

§ 1º As hipóteses previstas neste artigo não excluem da proteção judicial outros interesses individuais, difusos ou coletivos, próprios da infância e da adolescência, protegidos pela Constituição e pela Lei.

§ 2º A investigação do desaparecimento de crianças ou adolescentes será realizada imediatamente após notificação aos órgãos competentes, que deverão comunicar o fato aos portos, aeroportos, Polícia Rodoviária e companhias de transporte interestaduais e internacionais, fornecendo-lhes todos os dados necessários à identificação do desaparecido.

As ações serão propostas no foro do local onde ocorreu ou deva ocorrer a ação ou omissão, cujo juízo terá competência absoluta para processar a causa, ressalvadas a competência da Justiça Federal e a competência originária dos tribunais superiores.

Entrando na esfera dos direitos coletivos, cabe conceituar direitos difusos e coletivos:

> **Direitos difusos:** são indivisíveis e os titulares são pessoas indeterminadas ligadas a um fato.

> **Direitos coletivos:** são indivisíveis e os titulares referem-se a grupo, categoria ou classe de pessoas ligadas entre si ou com a parte contrária por uma relação jurídica base.

São legitimados concorrentes, para as ações cíveis fundadas em interesses coletivos ou difusos:

I) o Ministério Público;

II) a União, os estados, os municípios, o Distrito Federal e os territórios;

III) as associações legalmente constituídas há pelo menos um ano e que incluam entre seus fins institucionais a defesa dos interesses e direitos protegidos por esta Lei, dispensada a autorização da assembleia, se houver prévia autorização estatutária.

Admitir-se-á litisconsórcio facultativo entre os Ministérios Públicos da União e dos estados na defesa dos interesses e direitos previstos no ECA e, em caso de desistência ou abandono da ação por associação legitimada, o Ministério Público ou outro legitimado poderá assumir a titularidade ativa.

Os órgãos públicos legitimados poderão tomar dos interessados compromisso de ajustamento de sua conduta às exigências legais, o qual terá eficácia de título executivo extrajudicial. Ou seja, prevê-se uma solução rápida.

Contra atos ilegais ou abusivos de autoridade pública ou agente de pessoa jurídica no exercício de atribuições do poder público, que lesem direito líquido e certo previsto no ECA, caberá ação mandamental, que se regerá pelas normas da lei do mandado de segurança.

Na ação que tenha por objeto o cumprimento de obrigação de fazer ou não fazer, o juiz concederá a tutela específica da obrigação ou determinará providências que assegurem o resultado prático equivalente ao do adimplemento.

Sendo relevante o fundamento da demanda e havendo justificado receio de ineficácia do provimento final, é lícito ao juiz conceder a tutela liminarmente ou após justificação prévia, citando o réu, podendo o juiz impor multa diária, independentemente de pedido do autor, fixando prazo razoável para cumprimento da obrigação.

A multa só será exigível do réu após o trânsito em julgado da sentença favorável ao autor, sendo devida desde o dia em que se houver configurado o descumprimento, sendo o valor revertido ao fundo gerido pelo Conselho dos Direitos da Criança e do Adolescente do respectivo município.

As multas não recolhidas até trinta dias após o trânsito em julgado da decisão serão exigidas por meio de execução promovida pelo Ministério Público, nos mesmos autos, facultada igual iniciativa aos demais legitimados.

Se não tivermos o fundo regulamentado, o valor será depositado em estabelecimento oficial de crédito, em conta com correção monetária.

Da decisão, cabe recurso. Prevê o Eca, no artigo 125, que o juiz poderá conferir efeito suspensivo aos recursos, para evitar dano irreparável à parte. Neste aspecto, é um "poder-dever" do magistrado.

Nas ações que tratamos neste ponto, não haverá adiantamento de custas, emolumentos, honorários periciais e quaisquer outras despesas.

É imprescindível a leitura dos demais dispositivos:

> ***Art. 216.*** *Transitada em julgado a sentença que impuser condenação ao poder público, o juiz determinará a remessa de peças à autoridade competente, para apuração da responsabilidade civil e administrativa do agente a que se atribua a ação ou omissão.*
>
> ***Art. 217.*** *Decorridos sessenta dias do trânsito em julgado da sentença condenatória sem que a associação autora lhe promova a execução, deverá fazê-lo o Ministério Público, facultada igual iniciativa aos demais legitimados.*
>
> ***Art. 218.*** *O juiz condenará a associação autora a pagar ao réu os honorários advocatícios arbitrados na conformidade do § 4º do art. 20 da Lei n.º 5.869, de 11 de janeiro de 1973 (Código de Processo Civil), quando reconhecer que a pretensão é manifestamente infundada.*
>
> ***Parágrafo único.*** *Em caso de litigância de má-fé, a associação autora e os diretores responsáveis pela propositura da ação serão solidariamente condenados ao décuplo das custas, sem prejuízo de responsabilidade por perdas e danos.*
>
> ***Art. 219.*** *Nas ações de que trata este Capítulo, não haverá adiantamento de custas, emolumentos, honorários periciais e quaisquer outras despesas.*
>
> ***Art. 220.*** *Qualquer pessoa poderá e o servidor público deverá provocar a iniciativa do Ministério Público, prestando-lhe informações sobre fatos que constituam objeto de ação civil, e indicando-lhe os elementos de convicção.*
>
> ***Art. 221.*** *Se, no exercício de suas funções, os juízos e tribunais tiverem conhecimento de fatos que possam ensejar a propositura de ação civil, remeterão peças ao Ministério Público para as providências cabíveis.*
>
> ***Art. 222.*** *Para instruir a petição inicial, o interessado poderá requerer às autoridades competentes as certidões e informações que julgar necessárias, que serão fornecidas no prazo de quinze dias.*
>
> ***Art. 223.*** *O Ministério Público poderá instaurar, sob sua presidência, inquérito civil, ou requisitar, de qualquer pessoa, organismo público ou particular, certidões, informações, exames ou perícias, no prazo que assinalar, o qual não poderá ser inferior a dez dias úteis.*
>
> ***§ 1º*** *Se o órgão do Ministério Público, esgotadas todas as diligências, se convencer da inexistência de fundamento para a propositura da ação cível, promoverá o arquivamento dos autos do inquérito civil ou das peças informativas, fazendo-o fundamentadamente.*
>
> ***§ 2º*** *Os autos do inquérito civil ou as peças de informação arquivados serão remetidos, sob pena de se incorrer em falta grave, no prazo de três dias, ao Conselho Superior do Ministério Público.*
>
> ***§ 3º*** *Até que seja homologada ou rejeitada a promoção de arquivamento, em sessão do Conselho Superior do Ministério público, poderão as associações legitimadas apresentar razões escritas ou documentos, que serão juntados aos autos do inquérito ou anexados às peças de informação.*
>
> ***§ 4º*** *A promoção de arquivamento será submetida a exame e deliberação do Conselho Superior do Ministério Público, conforme dispuser o seu regimento.*
>
> ***§ 5º*** *Deixando o Conselho Superior de homologar a promoção de arquivamento, designará, desde logo, outro órgão do Ministério Público para o ajuizamento da ação.*
>
> ***Art. 224.*** *Aplicam-se subsidiariamente, no que couber, as disposições da Lei n.º 7.347, de 24 de julho de 1985*

Questões

01. (FUNIVERSA) As medidas de proteção à criança e ao adolescente são aplicáveis sempre que os direitos reconhecidos pelo ECA forem ameaçados ou violados por ação ou omissão da sociedade ou do Estado, por falta, omissão ou abuso dos pais ou do responsável ou em razão da conduta destes. Nesses casos, a competência será da Justiça da Infância e da Juventude, exceto para

a) conhecer ações de alimentos.

b) suprir a capacidade ou o consentimento para o casamento de adolescente.

c) conhecer ações civis fundadas em interesses individuais, difusos ou coletivos afetos à criança e ao adolescente, ainda que no âmbito da Justiça Federal.

d) conceder a emancipação, designar curador especial em casos de apresentação de queixa ou representação e outros procedimentos em que haja interesses de criança ou adolescente.

e) determinar o cancelamento, a retificação e o suprimento dos registros de nascimento e óbito.

02. (FGV) O Estatuto da Criança e do Adolescente (Lei nº 8.069/90) compreende como competências da equipe interprofissional da Justiça da Infância e Juventude:

I. Fornecer subsídios por escrito, mediante laudos.

II. Fornecer subsídios verbalmente, na audiência.

III. Desenvolver as atribuições que lhe forem reservadas pela legislação local.

Está correto o que se afirma em:

a) somente I.
b) somente I e II.
c) somente I e III.
d) somente II e III.
e) I, II e III.

03. (CETRO) Segundo o disposto no artigo 150, do ECA, é correto afirmar que cabe ao Poder Judiciário, na elaboração de sua proposta orçamentária, prever recursos para manutenção de equipe interprofissional, destinada a assessorar

a) a criança e o adolescente em estado de risco.
b) os Centros de Atendimento Socioeducativos ao Adolescente.
c) a Justiça da Infância e da Juventude.
d) a família do adolescente infrator.
e) as Polícias Militar e Civil.

04. (FGV) Decretada por sentença, pelo Juiz da Infância e da Juventude, a destituição do poder familiar em desfavor do genitor de uma criança, pretende ele recorrer dessa decisão. Nessa hipótese, o recurso cabível é:

a) a apelação, interponível no prazo de dez dias, desprovida de efeito suspensivo.
b) a apelação, interponível no prazo de dez dias, dotada de efeitos devolutivo e suspensivo.
c) a apelação, interponível no prazo de quinze dias, desprovida de efeito suspensivo.
d) a apelação, interponível no prazo de quinze dias, dotada de efeitos devolutivo e suspensivo.
e) e) o agravo de instrumento, interponível no prazo de dez dias, desprovido de efeito suspensivo.

05. (FUNIVERSA) Em relação aos recursos previstos no ECA, assinale a alternativa correta.

a) Os recursos serão interpostos independentemente de preparo, terão preferência de julgamento e dispensarão revisor.
b) Em todos os recursos a que estão sujeitas as decisões do Juiz da Infância e da Juventude, o prazo para o Ministério Público e para a defesa será de dez dias.
c) Na apelação e no agravo de instrumento, não se admite juízo de retratação, devendo a autoridade judiciária determinar a remessa à instância superior caso seja tempestivo.
d) A sentença que destituir ambos ou qualquer dos genitores do poder familiar deve ficar sujeita à apelação, que, por sua vez, deve ser recebida nos efeitos suspensivo e devolutivo.
e) Os recursos, nos procedimentos de adoção e de destituição de poder familiar, devem ser processados com prioridade, sendo logo distribuídos e colocados para julgamento após a revisão e a juntada do parecer do Ministério Público.

06. (MPE) Nos termos da Lei nº 8.069/90 (ECA), entre outras funções, compete ao Ministério Público:

I. Instaurar procedimentos administrativos.
II. Instaurar sindicâncias.
III. Determinar a instauração de inquérito policial.
IV. Impetrar habeas corpus.
V. Impetrar mandado de injunção.

Está correto apenas o contido em:

a) I, II, III e IV.
b) II, III, IV e V.
c) III e IV.
d) II e III.
e) Todos os itens estão corretos.

07. (FEPESE) São atribuições do Conselho Tutelar conforme disposto no artigo 136 do Estatuto da Criança e do Adolescente:

01. Encaminhar ao Ministério Público notícia de fato que constitua infração administrativa ou penal contra os direitos da criança ou do adolescente.
02. Encaminhar à autoridade judiciária os casos de sua competência.
03. Aplicar a medida de proteção prevista no artigo 101, inciso IX, que consiste em colocação em família substituta.
04. Assessorar o Poder Executivo local na elaboração da proposta orçamentária para planos e programas de atendimento dos direitos da criança e do adolescente.

Assinale a alternativa que indica todas as afirmativas corretas.

a) São corretas apenas as afirmativas 2 e 3.
b) São corretas apenas as afirmativas 1, 2 e 3.
c) São corretas apenas as afirmativas 1, 2 e 4.
d) São corretas apenas as afirmativas 1, 3 e 4.
e) São corretas apenas as afirmativas 2, 3 e 4.

08. (FEPESE) Em relação aos Conselhos Tutelares assinale a alternativa correta.

a) Em cada Município haverá, no mínimo, um Conselho Tutelar composto de cinco membros, escolhidos pela comunidade local para mandato de três anos, permitida uma recondução.
b) O processo eleitoral para a escolha dos membros do Conselho Tutelar será estabelecido em Lei Municipal e realizado sob a presidência de Juiz Eleitoral e a fiscalização do Ministério Público.
c) As decisões do Conselho Tutelar somente poderão ser revistas pelo Conselho Municipal de Direitos Municipal da Criança e do Adolescente a pedido de quem tenha legítimo interesse.
d) Compete ao Conselho Tutelar aplicar as medidas socioeducativas de prestação de serviços à comunidade e de liberdade assistida aos adolescentes autores de ato infracional.
e) O Conselho Tutelar é órgão permanente e autônomo, não jurisdicional, encarregado pela sociedade de zelar pelo cumprimento dos direitos da criança e do adolescente.

09. (EXATUS) Complete corretamente a afirmação abaixo: "O Conselho Tutelar é órgão permanente e autônomo, não jurisdicional, encarregado _______________ de zelar pelo cumprimento dos direitos da criança e do adolescente". (ECA, 1990)

a) pelo Estado
b) pela sociedade
c) pelo Conselho dos direitos da criança e do adolescente
d) pelo Judiciário

Gabaritos

01	C	06	E
02	E	07	C
03	C	08	E
04	A	09	B
05	A		

3.3 Dos Crimes e das Infrações Administrativas

Neste capítulo, estudaremos as infrações administrativas e os crimes previstos no ECA.

Estes são aplicados aos adultos, quando da prática de alguns dos tipos previstos na lei, em situações de desrespeito e violação dos direitos de crianças e adolescentes.

Atenção: criança e adolescente cometem ato infracional!

O que é abordado nos concursos é o texto de lei, geralmente descrevendo uma conduta, situação, e qual tipo penal ou infração representa.

A diferença entre crime e infração é que os crimes geram sanções de natureza penal, podendo restringir a liberdade do indivíduo com prisão, e as infrações têm natureza administrativa, gerando multa, sendo forma de expressão do poder de polícia da Administração Pública.

Da infiltração de agentes de polícia para a investigação de crimes contra a dignidade sexual de criança e de adolescente

A infiltração de agentes de polícia na internet com o fim de investigar os crimes contra dignidade sexual previstos no Código Penal e no ECA deve seguir os seguintes procedimentos:

> será precedida de autorização judicial devidamente circunstanciada e fundamentada, que estabelecerá os limites da infiltração para obtenção de prova, ouvido o Ministério Público;

> dar-se-á mediante requerimento do Ministério Público ou representação de delegado de polícia e conterá a demonstração de sua necessidade, o alcance das tarefas dos policiais, os nomes ou apelidos das pessoas investigadas e, quando possível, os dados de conexão ou cadastrais que permitam a identificação dessas pessoas;

> não poderá exceder o prazo de 90 (noventa) dias, sem prejuízo de eventuais renovações, desde que o total não exceda a 720 (setecentos e vinte) dias e seja demonstrada sua efetiva necessidade, a critério da autoridade judicial.

A autoridade judicial e o Ministério Público poderão requisitar relatórios parciais da operação de infiltração antes do término do prazo.

Se as provas puderem ser obtidas de outra forma, não será admitida a infiltração do agente na internet.

As informações da operação de infiltração serão encaminhadas diretamente ao juiz responsável pela autorização da medida, que zelará por seu sigilo e antes da conclusão da operação, o acesso aos autos será reservado ao juiz, ao Ministério Público e ao delegado de polícia responsável pela operação, com o objetivo de garantir o sigilo das investigações.

Não comete crime o policial que oculta a sua identidade para, por meio da internet, colher indícios de autoria e materialidade dos crimes previstos neste Estatuto (nos arts. 240, 241, 241-A, 241-B, 241-C e 241-D do ECA e nos arts. 154-A, 217-A, 218, 218-A e 218-B do Decreto-Lei nº 2.848, de 7 de dezembro de 1940 do Código Penal) porém poderá responder se não observar a finalidade da investigação e cometer excessos.

Os órgãos de registro e cadastro público poderão incluir nos bancos de dados próprios, mediante procedimento sigiloso e requisição da autoridade judicial, as informações necessárias à efetividade da identidade fictícia criada.

Concluída a investigação, todos os atos eletrônicos praticados durante a operação deverão ser registrados, gravados, armazenados e encaminhados ao juiz e ao Ministério Público, juntamente com relatório circunstanciado. Os atos eletrônicos registrados serão reunidos em autos apartados e apensados ao processo criminal, juntamente com o inquérito policial, assegurando-se a preservação da identidade do agente policial infiltrado e a intimidade das crianças e dos adolescentes envolvidos.

→ Consideram-se:

> dados de conexão: informações referentes à hora, à data, ao início, ao término, à duração, ao endereço de Protocolo de Internet (IP) utilizado e ao terminal de origem da conexão;

> dados cadastrais: informações referentes a nome e endereço de assinante ou de usuário registrado ou autenticado para a conexão a quem o endereço de IP, a identificação de usuário ou o código de acesso tenham sido atribuídos no momento da conexão.

Art. 227-A *Os efeitos da condenação prevista no inciso I do caput do art. 92 do Decreto-Lei nº 2.848, de 7 de dezembro de 1940 (Código Penal), para os crimes previstos nesta Lei, praticados por servidores públicos com abuso de autoridade, são condicionados à ocorrência de reincidência. (Incluído pela Lei nº 13.869. de 2019)*

Parágrafo único. *A perda do cargo, do mandato ou da função, nesse caso, independerá da pena aplicada na reincidência. (Incluído pela Lei nº 13.869. de 2019)*

3.4 Dos crimes

O ECA prevê um capítulo sobre os crimes praticados contra a criança e o adolescente, por **ação ou omissão**, sem prejuízo do disposto na legislação penal, aplicando as normas da Parte Geral do Código Penal e o que for pertinente do Código de Processo Penal.

Os crimes definidos são de **ação pública incondicionada**, ou seja, independem da vontade da vítima ou de qualquer pessoa para a proposição da ação.

Abordaremos quais os crimes previstos no ECA:

Art. 228. *Deixar o encarregado de serviço ou o dirigente de estabelecimento de atenção à saúde de gestante de manter registro das atividades desenvolvidas, na forma e prazo referidos no art. 10 desta Lei, bem como de fornecer à parturiente ou a seu responsável, por ocasião da alta médica, declaração de nascimento, onde constem as intercorrências do parto e do desenvolvimento do neonato:*

Pena *- detenção de seis meses a dois anos.*

Parágrafo único. *Se o crime é culposo:*

Pena - detenção de dois a seis meses, ou multa.

Art. 229. Deixar o médico, enfermeiro ou dirigente de estabelecimento de atenção à saúde de gestante de identificar corretamente o neonato e a parturiente, por ocasião do parto, bem como deixar de proceder aos exames referidos no art. 10 desta Lei:

Pena - detenção de seis meses a dois anos.

Parágrafo único. Se o crime é culposo:

Pena - detenção de dois a seis meses, ou multa.

Art. 230. Privar a criança ou o adolescente de sua liberdade, procedendo à sua apreensão sem estar em flagrante de ato infracional ou inexistindo ordem escrita da autoridade judiciária competente:

Pena - detenção de seis meses a dois anos.

Parágrafo único. Incide na mesma pena aquele que procede à apreensão sem observância das formalidades legais.

Art. 231. Deixar a autoridade policial responsável pela apreensão de criança ou adolescente de fazer imediata comunicação à autoridade judiciária competente e à família do apreendido ou à pessoa por ele indicada:

Pena - detenção de seis meses a dois anos.

Art. 232. Submeter criança ou adolescente sob sua autoridade, guarda ou vigilância a vexame ou a constrangimento:

Pena - detenção de seis meses a dois anos.

Art. 234. Deixar a autoridade competente, sem justa causa, de ordenar a imediata liberação de criança ou adolescente, tão logo tenha conhecimento da ilegalidade da apreensão:

Pena - detenção de seis meses a dois anos.

Art. 235. Descumprir, injustificadamente, prazo fixado nesta Lei em benefício de adolescente privado de liberdade:

Pena - detenção de seis meses a dois anos.

Art. 236. Impedir ou embaraçar a ação de autoridade judiciária, membro do Conselho Tutelar ou representante do Ministério Público no exercício de função prevista nesta Lei:

Pena - detenção de seis meses a dois anos.

Art. 237. Subtrair criança ou adolescente ao poder de quem o tem sob sua guarda em virtude de lei ou ordem judicial, com o fim de colocação em lar substituto:

Pena - reclusão de dois a seis anos, e multa.

Art. 238. Prometer ou efetivar a entrega de filho ou pupilo a terceiro, mediante paga ou recompensa:

Pena - reclusão de um a quatro anos, e multa.

Parágrafo único. Incide nas mesmas penas quem oferece ou efetiva a paga ou recompensa.

Art. 239. Promover ou auxiliar a efetivação de ato destinado ao envio de criança ou adolescente para o exterior com inobservância das formalidades legais ou com o fito de obter lucro:

Pena - reclusão de quatro a seis anos, e multa.

Parágrafo único. Se há emprego de violência, grave ameaça ou fraude: (Incluído pela Lei nº 10.764, de 12.11.2003)

Pena - reclusão, de 6 (seis) a 8 (oito) anos, além da pena correspondente à violência.

Art. 240. Produzir, reproduzir, dirigir, fotografar, filmar ou registrar, por qualquer meio, cena de sexo explícito ou pornográfica, envolvendo criança ou adolescente: (Redação dada pela Lei nº 11.829, de 2008)

Pena. reclusão, de 4 (quatro) a 8 (oito) anos, e multa. (Redação dada pela Lei nº 11.829, de 2008)

§ 1º Incorre nas mesmas penas quem agencia, facilita, recruta, coage, ou de qualquer modo intermedeia a participação de criança ou adolescente nas cenas referidas no caput deste artigo, ou ainda quem com esses contracena. (Redação dada pela Lei nº 11.829, de 2008)

§ 2º Aumenta-se a pena de 1/3 (um terço) se o agente comete o crime: (Redação dada pela Lei nº 11.829, de 2008)

I. no exercício de cargo ou função pública ou a pretexto de exercê-la; (Redação dada pela Lei nº 11.829, de 2008)

II. prevalecendo-se de relações domésticas, de coabitação ou de hospitalidade; ou (Redação dada pela Lei nº 11.829, de 2008)

III. prevalecendo-se de relações de parentesco consanguíneo ou afim até o terceiro grau, ou por adoção, de tutor, curador, preceptor, empregador da vítima ou de quem, a qualquer outro título, tenha autoridade sobre ela, ou com seu consentimento. (Incluído pela Lei nº 11.829, de 2008)

Art. 241. Vender ou expor à venda fotografia, vídeo ou outro registro que contenha cena de sexo explícito ou pornográfica envolvendo criança ou adolescente: (Redação dada pela Lei nº 11.829, de 2008)

Pena. reclusão, de 4 (quatro) a 8 (oito) anos, e multa. (Redação dada pela Lei nº 11.829, de 2008)

Art. 241-A. Oferecer, trocar, disponibilizar, transmitir, distribuir, publicar ou divulgar por qualquer meio, inclusive por meio de sistema de informática ou telemático, fotografia, vídeo ou outro registro que contenha cena de sexo explícito ou pornográfica envolvendo criança ou adolescente: (Incluído pela Lei nº 11.829, de 2008)

Pena. reclusão, de 3 (três) a 6 (seis) anos, e multa. (Incluído pela Lei nº 11.829, de 2008)

§ 1º Nas mesmas penas incorre quem: (Incluído pela Lei nº 11.829, de 2008)

I. assegura os meios ou serviços para o armazenamento das fotografias, cenas ou imagens de que trata o caput deste artigo; (Incluído pela Lei nº 11.829, de 2008)

II. assegura, por qualquer meio, o acesso por rede de computadores às fotografias, cenas ou imagens de que trata o caput deste artigo. (Incluído pela Lei nº 11.829, de 2008)

§ 2º As condutas tipificadas nos incisos I e II do § 1º deste artigo são puníveis quando o responsável legal pela prestação do serviço, oficialmente notificado, deixa de desabilitar o acesso ao conteúdo ilícito de que trata o caput deste artigo. (Incluído pela Lei nº 11.829, de 2008)

Art. 241-B. Adquirir, possuir ou armazenar, por qualquer meio, fotografia, vídeo ou outra forma de registro que contenha cena de sexo explícito ou pornográfica envolvendo criança ou adolescente: (Incluído pela Lei nº 11.829, de 2008)

Pena. reclusão, de 1 (um) a 4 (quatro) anos, e multa. (Incluído pela Lei nº 11.829, de 2008)

§ 1º A pena é diminuída de 1 (um) a 2/3 (dois terços) se de pequena quantidade o material a que se refere o caput deste artigo. (Incluído pela Lei nº 11.829, de 2008)

§ 2º Não há crime se a posse ou o armazenamento tem a finalidade de comunicar às autoridades competentes a ocorrência das condutas descritas nos arts. 240, 241, 241-A e 241-C desta Lei, quando a comunicação for feita por: (Incluído pela Lei nº 11.829, de 2008)

I. agente público no exercício de suas funções; (Incluído pela Lei nº 11.829, de 2008)

II. membro de entidade, legalmente constituída, que inclua, entre suas finalidades institucionais, o recebimento, o processamento e o encaminhamento de notícia dos crimes referidos neste parágrafo; (Incluído pela Lei nº 11.829, de 2008)

III. representante legal e funcionários responsáveis de provedor de acesso ou serviço prestado por meio de rede de computadores, até o recebimento do material relativo à notícia feita à autoridade policial, ao Ministério Público ou ao Poder Judiciário. (Incluído pela Lei nº 11.829, de 2008)

§ 3º As pessoas referidas no § 2º deste artigo deverão manter sob sigilo o material ilícito referido. (Incluído pela Lei nº 11.829, de 2008)

Art. 241-C. *Simular a participação de criança ou adolescente em cena de sexo explícito ou pornográfica por meio de adulteração, montagem ou modificação de fotografia, vídeo ou qualquer outra forma de representação visual: (Incluído pela Lei nº 11.829, de 2008)*

Pena. reclusão, de 1 (um) a 3 (três) anos, e multa. (Incluído pela Lei nº 11.829, de 2008)

Parágrafo único. *Incorre nas mesmas penas quem vende, expõe à venda, disponibiliza, distribui, publica ou divulga por qualquer meio, adquire, possui ou armazena o material produzido na forma do caput deste artigo. (Incluído pela Lei nº 11.829, de 2008)*

Art. 241-D. *Aliciar, assediar, instigar ou constranger, por qualquer meio de comunicação, criança, com o fim de com ela praticar ato libidinoso: (Incluído pela Lei nº 11.829, de 2008)*

Pena. reclusão, de 1 (um) a 3 (três) anos, e multa. (Incluído pela Lei nº 11.829, de 2008)

Parágrafo único. *Nas mesmas penas incorre quem: (Incluído pela Lei nº 11.829, de 2008)*

I. *facilita ou induz o acesso à criança de material contendo cena de sexo explícito ou pornográfica com o fim de com ela praticar ato libidinoso; (Incluído pela Lei nº 11.829, de 2008)*

II. *pratica as condutas descritas no caput deste artigo com o fim de induzir criança a se exibir de forma pornográfica ou sexualmente explícita. (Incluído pela Lei nº 11.829, de 2008)*

Art. 241-E. *Para efeito dos crimes previstos nesta Lei, a expressão "cena de sexo explícito ou pornográfica" compreende qualquer situação que envolva criança ou adolescente em atividades sexuais explícitas, reais ou simuladas, ou exibição dos órgãos genitais de uma criança ou adolescente para fins primordialmente sexuais (Incluído pela Lei nº 11.829, de 2008)*

Art. 242. *Vender, fornecer ainda que gratuitamente ou entregar, de qualquer forma, a criança ou adolescente arma, munição ou explosivo:*

Pena *- reclusão, de 3 (três) a 6 (seis) anos. (Redação dada pela Lei nº 10.764, de 12.11.2003)*

Art. 243. *Vender, fornecer, servir, ministrar ou entregar, ainda que gratuitamente, de qualquer forma, a criança ou a adolescente, bebida alcoólica ou, sem justa causa, outros produtos cujos componentes possam causar dependência física ou psíquica: (Redação dada pela Lei nº 13.106, de 2015)*

Pena *- detenção de 2 (dois) a 4 (quatro) anos, e multa, se o fato não constitui crime mais grave. (Redação dada pela Lei nº 13.106, de 2015)*

Art. 244. *Vender, fornecer ainda que gratuitamente ou entregar, de qualquer forma, a criança ou adolescente fogos de estampido ou de artifício, exceto aqueles que, pelo seu reduzido potencial, sejam incapazes de provocar qualquer dano físico em caso de utilização indevida:*

Pena *- detenção de seis meses a dois anos, e multa.*

Art. 244-A. *Submeter criança ou adolescente, como tais definidos no caput do art. 2º desta Lei, à prostituição ou à exploração sexual: (Incluído pela Lei nº 9.975, de 23.6.2000)*

Pena *– reclusão de quatro a dez anos e multa, além da perda de bens e valores utilizados na prática criminosa em favor do Fundo dos Direitos da Criança e do Adolescente da unidade da Federação (Estado ou Distrito Federal) em que foi cometido o crime, ressalvado o direito de terceiro de boa-fé.*

§ 1º *Incorrem nas mesmas penas o proprietário, o gerente ou o responsável pelo local em que se verifique a submissão de criança ou adolescente às práticas referidas no caput deste artigo. (Incluído pela Lei nº 9.975, de 23.6.2000)*

§ 2º *Constitui efeito obrigatório da condenação a cassação da licença de localização e de funcionamento do estabelecimento. (Incluído pela Lei nº 9.975, de 23.6.2000)*

Art. 244-B. *Corromper ou facilitar a corrupção de menor de 18 (dezoito) anos, com ele praticando infração penal ou induzindo-o a praticá-la: (Incluído pela Lei nº 12.015, de 2009)*

Pena *- reclusão, de 1 (um) a 4 (quatro) anos. (Incluído pela Lei nº 12.015, de 2009)*

§ 1º *Incorre nas penas previstas no caput deste artigo quem pratica as condutas ali tipificadas utilizando-se de quaisquer meios eletrônicos, inclusive salas de bate-papo da internet. (Incluído pela Lei nº 12.015, de 2009)*

§ 2º *As penas previstas no caput deste artigo são aumentadas de um terço no caso de a infração cometida ou induzida estar incluída no rol do art. 1º da Lei no 8.072, de 25 de julho de 1990. (Incluído pela Lei nº 12.015, de 2009)*

3.5 Infrações administrativas

As infrações têm natureza administrativa como consequência de violação dos direitos da criança e do adolescente, punível com multa.

Art. 245. *Deixar o médico, professor ou responsável por estabelecimento de atenção à saúde e de ensino fundamental, pré-escola ou creche, de comunicar à autoridade competente os casos de que tenha conhecimento, envolvendo suspeita ou confirmação de maus-tratos contra criança ou adolescente:*

Pena *- multa de três a vinte salários de referência, aplicando-se o dobro em caso de reincidência.*

Art. 246. *Impedir o responsável ou funcionário de entidade de atendimento o exercício dos direitos constantes nos incisos II, III, VII, VIII e XI do art. 124 desta Lei:*

Pena *- multa de três a vinte salários de referência, aplicando-se o dobro em caso de reincidência.*

Art. 247. *Divulgar, total ou parcialmente, sem autorização devida, por qualquer meio de comunicação, nome, ato ou documento de procedimento policial, administrativo ou judicial relativo a criança ou adolescente a que se atribua ato infracional:*

Pena *- multa de três a vinte salários de referência, aplicando-se o dobro em caso de reincidência.*

§ 1º *Incorre na mesma pena quem exibe, total ou parcialmente, fotografia de criança ou adolescente envolvido em ato infracional, ou qualquer ilustração que lhe diga respeito ou se refira a atos que lhe sejam atribuídos, de forma a permitir sua identificação, direta ou indiretamente.*

§ 2º *Se o fato for praticado por órgão de imprensa ou emissora de rádio ou televisão, além da pena prevista neste artigo, a autoridade judiciária poderá determinar a apreensão da publicação ou a suspensão da programação da emissora até por dois dias, bem como da publicação do periódico até por dois números. (Expressão declara inconstitucional pela ADIN 869-2).*

Art. 249. *Descumprir, dolosa ou culposamente, os deveres inerentes ao poder familiar ou decorrente de tutela ou guarda, bem assim determinação da autoridade judiciária ou Conselho Tutelar: (Expressão substituída pela Lei nº 12.010, de 2009) Vigência.*

Pena *- multa de três a vinte salários de referência, aplicando-se o dobro em caso de reincidência.*

Art. 250. *Hospedar criança ou adolescente desacompanhado dos pais ou responsável, ou sem autorização escrita desses ou da autoridade judiciária, em hotel, pensão, motel ou congênere: (Redação dada pela Lei nº 12.038, de 2009).*

Pena. multa. (Redação dada pela Lei nº 12.038, de 2009).

§ 1º *Em caso de reincidência, sem prejuízo da pena de multa, a autoridade judiciária poderá determinar o fechamento do estabelecimento por até 15 (quinze) dias. (Incluído pela Lei nº 12.038, de 2009).*

§ 2º *Se comprovada a reincidência em período inferior a 30 (trinta) dias, o estabelecimento será definitivamente fechado e terá sua licença cassada. (Incluído pela Lei nº 12.038, de 2009).*

Art. 251. *Transportar criança ou adolescente, por qualquer meio, com inobservância do disposto nos arts. 83, 84 e 85 desta Lei:*

Pena - *multa de três a vinte salários de referência, aplicando-se o dobro em caso de reincidência.*

Art. 252. *Deixar o responsável por diversão ou espetáculo público de afixar, em lugar visível e de fácil acesso, à entrada do local de exibição, informação destacada sobre a natureza da diversão ou espetáculo e a faixa etária especificada no certificado de classificação:*

Pena - *multa de três a vinte salários de referência, aplicando-se o dobro em caso de reincidência.*

Art. 253. *Anunciar peças teatrais, filmes ou quaisquer representações ou espetáculos, sem indicar os limites de idade a que não se recomendem:*

Pena - *multa de três a vinte salários de referência, duplicada em caso de reincidência, aplicável, separadamente, à casa de espetáculo e aos órgãos de divulgação ou publicidade.*

Art. 254. *Transmitir, através de rádio ou televisão, espetáculo em horário diverso do autorizado ou sem aviso de sua classificação:*

Pena - *multa de vinte a cem salários de referência; duplicada em caso de reincidência a autoridade judiciária poderá determinar a suspensão da programação da emissora por até dois dias.*

Art. 255. *Exibir filme, trailer, peça, amostra ou congênere classificado pelo órgão competente como inadequado às crianças ou adolescentes admitidos ao espetáculo:*

Pena - *multa de vinte a cem salários de referência; na reincidência, a autoridade poderá determinar a suspensão do espetáculo ou o fechamento do estabelecimento por até quinze dias.*

Art. 256. *Vender ou locar a criança ou adolescente fita de programação em vídeo, em desacordo com a classificação atribuída pelo órgão competente:*

Pena - *multa de três a vinte salários de referência; em caso de reincidência, a autoridade judiciária poderá determinar o fechamento do estabelecimento por até quinze dias.*

Art. 257. *Descumprir obrigação constante dos arts. 78 e 79 desta Lei:*

Pena - *multa de três a vinte salários de referência, duplicando-se a pena em caso de reincidência, sem prejuízo de apreensão da revista ou publicação.*

Art. 258. *Deixar o responsável pelo estabelecimento ou o empresário de observar o que dispõe esta Lei sobre o acesso de criança ou adolescente aos locais de diversão, ou sobre sua participação no espetáculo: (Vide Lei nº 12.010, de 2009) Vigência*

Pena - *multa de três a vinte salários de referência; em caso de reincidência, a autoridade judiciária poderá determinar o fechamento do estabelecimento por até quinze dias.*

Art. 258-A. *Deixar a autoridade competente de providenciar a instalação e operacionalização dos cadastros previstos no art. 50 e no § 11 do art. 101 desta Lei: (Incluído pela Lei nº 12.010, de 2009)*

Pena - *multa de R$ 1.000,00 (mil reais) a R$ 3.000,00 (três mil reais). (Incluído pela Lei nº 12.010, de 2009)*

Parágrafo único. *Incorre nas mesmas penas a autoridade que deixa de efetuar o cadastramento de crianças e de adolescentes em condições de serem adotadas, de pessoas ou casais habilitados à adoção e de crianças e adolescentes em regime de acolhimento institucional ou familiar. (Incluído pela Lei nº 12.010, de 2009)*

Art. 258-B. *Deixar o médico, enfermeiro ou dirigente de estabelecimento de atenção à saúde de gestante de efetuar imediato encaminhamento à autoridade judiciária de caso de que tenha conhecimento de mãe ou gestante interessada em entregar seu filho para adoção: (Incluído pela Lei nº 12.010, de 2009)*

Pena - *multa de R$ 1.000,00 (mil reais) a R$ 3.000,00 (três mil reais). (Incluído pela Lei nº 12.010, de 2009) Vigência*

Parágrafo único. *Incorre na mesma pena o funcionário de programa oficial ou comunitário destinado à garantia do direito à convivência familiar que deixa de efetuar a comunicação referida no caput deste artigo. (Incluído pela Lei nº 12.010, de 2009)*

Art. 258-C. *Descumprir a proibição estabelecida no inciso II do art. 81: (Redação dada pela Lei nº 13.106, de 2015)*

Pena - *multa de R$ 3.000,00 (três mil reais) a R$ 10.000,00 (dez mil reais); (Redação dada pela Lei nº 13.106, de 2015)*

Medida Administrativa - interdição do estabelecimento comercial até o recolhimento da multa aplicada. (Redação dada pela Lei nº 13.106, de 2015)

Questões

01. (VUNESP) Quanto aos crimes e infrações administrativas previstos no Estatuto da Criança e do Adolescente, pode-se afirmar, corretamente, que

a) é infração administrativa sujeita à multa de três a vinte salários de referência, aplicando-se o dobro, em caso de reincidência, a conduta de jornaleiro que vende revista que contenha cena de sexo explícito envolvendo adolescente.

b) a apreensão ilegal de criança ou adolescente é conduta atípica pela inexistência de pretensão punitiva pelo Estado.

c) é de ação pública incondicionada a apuração de crime praticado por médico, professor ou responsável por estabelecimento de atenção à saúde e de ensino fundamental, pré-escola ou creche, que não comunica à autoridade competente os casos de que tenha conhecimento, envolvendo suspeita ou confirmação de maus-tratos contra criança ou adolescente.

d) a divulgação indevida de nome de adolescente a quem se atribua a prática de ato infracional por qualquer meio de comunicação é infração administrativa sujeita à multa de três a vinte salários de referência, aplicando-se o dobro em caso de reincidência.

02. (FCC) O adolescente João, aluno do 6º ano do ensino fundamental, foi apreendido em razão de suposta prática de ato infracional equiparado ao crime de roubo. Sua genitora, a fim de auxiliar na instrução processual e na defesa de seu filho, solicitou à escola onde João estuda declaração de matrícula escolar. Dessa forma, o diretor da escola tomou conhecimento da apreensão e, como já desejava expulsar o aluno, acabou divulgando aos demais alunos, sem autorização, que João estava respondendo pela prática de ato infracional, utilizando-o como mau exemplo. O Diretor, em tese

a) praticou infração administrativa prevista pelo ECA.

b) praticou o crime de quebra de sigilo previsto pelo ECA.

c) praticou crime de quebra de sigilo e infração administrativa, ambos previstos pelo ECA.

d) praticou crime de difamação previsto pelo ECA.

e) não praticou crime, tampouco infração administrativa prevista pelo ECA.

03. (VUNESP) O art. 250 da Lei n.º 8.069/90, recentemente alterado pela Lei n.º 12.038/09, trata da hospedagem irregular de menor e prevê

a) a possibilidade de fechamento definitivo do estabelecimento que realizou a hospedagem, como também a cassação de sua licença de funcionamento.

b) pena de prisão ao acompanhante do menor assim como do proprietário, gerente ou administrador do estabelecimento.

c) em hipótese de reincidência, a fixação de multa entre dez e cinquenta salários de referência.

d) escusa legítima pela demonstração de que o menor possuía autorização do guardião, pais no exercício do poder familiar, autoridade judiciária ou conselhos de direitos infanto-juvenis.

e) agravante para situações em que se constate adulteração; falsificação ou ocultação de documentos de identidade.

04. (VUNESP) É crime praticado contra crianças e adolescentes:

a) Divulgar, total ou parcialmente, sem autorização devida, por qualquer meio de comunicação, nome, ato ou documento de procedimento policial, administrativo ou judicial relativo à criança ou ao adolescente a que se atribua ato infracional.

b) Deixar de apresentar à autoridade judiciária de seu domicílio, no prazo de cinco dias, com o fim de regularizar a guarda, adolescente trazido de outra comarca para a prestação de serviço doméstico, mesmo que autorizado pelos pais ou responsável.

c) Hospedar criança ou adolescente desacompanhado dos pais ou responsável, ou sem autorização escrita desses ou da autoridade judiciária, em hotel, pensão, motel ou congênere.

d) Exibir filme, trailer, peça, amostra ou congênere classificado pelo órgão competente como inadequado a crianças ou adolescentes admitidos ao espetáculo.

e) Promover ou auxiliar a efetivação de ato destinado ao envio de criança ou adolescente para o exterior com inobservância das formalidades legais ou com o fito de obter lucro.

Gabaritos

01	D	03	C
02	A	04	E

4. LEI Nº 10.826/2003 - ESTATUTO DO DESARMAMENTO

4.1 Conceitos Introdutórios

O Estatuto do Desarmamento é uma lei que possui normas de Direito Administrativo, Penal e Processual Penal, iremos focar o estudo acerca das infrações penais; contudo, para entender determinados pontos existentes na lei, será necessário o conhecimento básico de alguns conceitos iniciais.

Por exemplo, o órgão responsável pela autorização e pelo registro de arma de fogo, em regra, é o SINARM (Sistema Nacional de Armas) – alocado na Polícia Federal e instituído pelo Ministério da Justiça –, cujas competências são exauridas do art. 3º da referida lei.

Objetivo

→ Os objetivos estão expostos na ementa da lei, quais sejam:

> Dispõe sobre registro, posse, porte e comercialização de armas de fogo e munição;

> Dispõe sobre o Sistema Nacional de Armas – SINARM;

> Define crimes; e

> Dá outras providências.

O Estatuto tem incriminação apenas das armas de fogo, acessórios, munições e artefatos explosivos ou incendiários, não se aplicando às armas brancas (arts. 18º e 19º da LCP[1] ou art. 242º do ECA[2]).

Norma penal em branco

→ A Lei nº 10.826/2003 não definiu o conceito do que é:

> Arma de fogo, acessório e munição;

> De uso permitido, restrito e proibido; e

> Artefato explosivo ou incendiário.

Tais definições e outros complementos são regulados por diversos decretos, dentre eles: Decreto nº 9.607/2018 (Política Nacional de Exportação e Importação de Produtos de Defesa), Decreto nº 9.845/2019 (Regulamento acerca da posse de armas de fogo), Decreto nº 9.846/2019 (Regulamento para caçadores, colecionadores e atiradores), Decreto nº 9.847/2019 (Regulamento acerca do porte, da comercialização, do SINARM e do SIGMA), Decreto nº 10.030/2019 (Regulamento de Produtos Controlados pelo Comando do Exército), além de outros.

1 Art. 18, Decreto-Lei nº 3.688/1941: "Fabricar, importar, exportar, ter em depósito ou vender, sem permissão da autoridade, arma ou munição: Pena – prisão simples, de três meses a um ano, ou multa, ou ambas cumulativamente, se o fato não constitui crime contra a ordem política ou social.".
Art. 19, Decreto-Lei nº 3.688/1941: "Trazer consigo arma fora de casa ou de dependência desta, sem licença da autoridade: Pena – prisão simples, de quinze dias a seis meses, ou multa, ou ambas cumulativamente. §1º. A pena é aumentada de um terço até metade, se o agente já foi condenado, em sentença irrecorrível, por violência contra pessoa. §2º. Incorre na pena de prisão simples, de quinze dias a três meses, ou multa, quem, possuindo arma ou munição: a) deixa de fazer comunicação ou entrega à autoridade, quando a lei o determina; b) permite que alienado menor de 18 anos ou pessoa inexperiente no manejo de arma a tenha consigo; c) omite as cautelas necessárias para impedir que dela se apodere facilmente alienado, menor de 18 anos ou pessoa inexperiente em manejá-la.".

2 Art. 242, Lei nº 8.069/1990: "Vender, fornecer ainda que gratuitamente ou entregar, de qualquer forma, a criança ou adolescente arma, munição ou explosivo: Pena – reclusão, de 3 (três) a 6 (seis) anos.".

Definições dadas pelo Decreto nº 10.030/2019 (Anexo III)	
Acessório de arma de fogo	artefato que, acoplado a uma arma, possibilita a melhoria do desempenho do atirador, a modificação de um efeito secundário do tiro ou a modificação do aspecto visual da arma.
Acessório explosivo	engenho não muito sensível, de elevada energia de ativação, que tem por finalidade fornecer energia suficiente à continuidade wde um trem explosivo e que necessita de um acessório iniciador para ser ativado.
Arma de fogo	arma que arremessa projéteis empregando a força expansiva dos gases, gerados pela combustão de um propelente confinado em uma câmara, normalmente solidária a um cano, que tem a função de dar continuidade à combustão do propelente, além de direção e estabilidade ao projétil.
Explosivo	tipo de matéria que, quando iniciada, sofre decomposição muito rápida, com grande liberação de calor e desenvolvimento súbito de pressão.

Definições dadas pelo Decreto nº 9.847/2019	
Arma de fogo de uso permitido: (Art. 2º, I)	as armas de fogo semiautomáticas ou de repetição que sejam: a) de porte, cujo calibre nominal, com a utilização de munição comum, não atinja, na saída do cano de prova, energia cinética superior a mil e duzentas libras-pé ou mil seiscentos e vinte joules; b) portáteis de alma lisa; ou c) portáteis de alma raiada, cujo calibre nominal, com a utilização de munição comum, não atinja, na saída do cano de prova, energia cinética superior a mil e duzentas libras-pé ou mil seiscentos e vinte joules.
Arma de fogo de uso restrito (Art. 2º, II)	as armas de fogo automáticas e as semiautomáticas ou de repetição que sejam: a) não portáteis; b) de porte, cujo calibre nominal, com a utilização de munição comum, atinja, na saída do cano de prova, energia cinética superior a mil e duzentas libras-pé ou mil seiscentos e vinte joules; ou c) portáteis de alma raiada, cujo calibre nominal, com a utilização de munição comum, atinja, na saída do cano de prova, energia cinética superior a mil e duzentas libras-pé ou mil seiscentos e vinte joules.
Arma de fogo de uso proibido (Art. 2º, III)	a) as armas de fogo classificadas de uso proibido em acordos e tratados internacionais dos quais a República Federativa do Brasil seja signatária; ou b) as armas de fogo dissimuladas, com aparência de objetos inofensivos.
Munição de uso restrito (Art. 2º, IV)	as munições que: a) atinjam, na saída do cano de prova de armas de porte ou portáteis de alma raiada, energia cinética superior a mil e duzentas libras-pé ou mil seiscentos e vinte joules; b) sejam traçantes, perfurantes ou fumígenas; c) sejam granadas de obuseiro, de canhão, de morteiro, de mão ou de bocal; ou d) sejam rojões, foguetes, mísseis ou bombas de qualquer natureza.
Munição de uso proibido (Art. 2º, V)	as munições que sejam assim definidas em acordo ou tratado internacional de que a República Federativa do Brasil seja signatária e as munições incendiárias ou químicas.

Munição (Art. 2º, X)	cartucho completo ou seus componentes, incluídos o estojo, a espoleta, a carga propulsora, o projétil e a bucha utilizados em armas de fogo.
Arma de fogo de porte (Art. 2º, VII)	as armas de fogo de dimensões e peso reduzidos que podem ser disparadas pelo atirador com apenas uma de suas mãos, a exemplo de pistolas, revólveres e garruchas.
Arma de fogo portátil (Art. 2º, VIII)	as armas de fogo que, devido às suas dimensões ou ao seu peso, podem ser transportadas por uma pessoa, tais como fuzil, carabina e espingarda.
Arma de fogo não portátil (Art. 2º, IX)	as armas de fogo que, devido às suas dimensões ou ao seu peso, precisam ser transportadas por mais de uma pessoa, com a utilização de veículos, automotores ou não, ou sejam fixadas em estruturas permanentes.

Classificação e definição das armas de fogo: a classificação e definição das armas de fogo de uso permitido, restrito ou proibido, além das obsoletas e de valor histórico, serão disciplinadas por ato do chefe do Poder Executivo Federal, por meio de proposta do Comando do Exército, conforme expõe o caput do art. 23º do referido estatuto.

> ***Art. 23.*** *A classificação legal, técnica e geral bem como a definição das armas de fogo e demais produtos controlados, de usos proibidos, restritos, permitidos ou obsoletos e de valor histórico serão disciplinadas em ato do chefe do Poder Executivo Federal, mediante proposta do Comando do Exército. (Redação dada pela Lei nº 11.706, de 19/06/2008)*
>
> ***§1º.*** *Todas as munições comercializadas no País deverão estar acondicionadas em embalagens com sistema de código de barras, gravado na caixa, visando possibilitar a identificação do fabricante e do adquirente, entre outras informações definidas pelo regulamento desta Lei.*
>
> ***§2º.*** *Para os órgãos referidos no art. 6º, somente serão expedidas autorizações de compra de munição com identificação do lote e do adquirente no culote dos projéteis, na forma do regulamento desta Lei.*
>
> ***§3º.*** *As armas de fogo fabricadas a partir de 1 (um) ano da data de publicação desta Lei conterão dispositivo intrínseco de segurança e de identificação, gravado no corpo da arma, definido pelo regulamento desta Lei, exclusive para os órgãos previstos no art. 6º.*
>
> ***§4º.*** *As instituições de ensino policial e as guardas municipais referidas nos incisos III e IV do 'caput' do art. 6º desta Lei e no seu §7º poderão adquirir insumos e máquinas de recarga de munição para o fim exclusivo de suprimento de suas atividades, mediante autorização concedida nos termos definidos em regulamento. (Parágrafo acrescido pela Lei nº 11.706, de 19/06/2008)*

Em muitos lugares na referida lei, haverá expressões que determinam a necessidade de complemento normativo, tais como: na forma [...], nas condições [...], nos termos do regulamento desta Lei; sem autorização ou em desacordo com determinação legal ou regulamentar.

Sinarm e registro

> ***Art. 1º.*** *O Sistema Nacional de Armas – SINARM, instituído no Ministério da Justiça, no âmbito da Polícia Federal, tem circunscrição em todo o território nacional.*

O SINARM é órgão vinculado à Polícia Federal e o responsável pelo cadastramento e registro das armas de fogo em território nacional, salvo as das Forças Armadas e Auxiliares, bem como as dos órgãos que constem em seus registros próprios (art. 2º, par. único) — estas serão cadastradas no SIGMA[3].

> ***Art. 2º.*** *Ao SINARM compete:*
>
> ***I.*** *identificar as características e a propriedade de armas de fogo, mediante cadastro;*
>
> ***II.*** *cadastrar as armas de fogo produzidas, importadas e vendidas no País;*
>
> ***III.*** *cadastrar as autorizações de porte de arma de fogo e as renovações expedidas pela Polícia Federal;*
>
> ***IV.*** *cadastrar as transferências de propriedade, extravio, furto, roubo e outras ocorrências suscetíveis de alterar os dados cadastrais, inclusive as decorrentes de fechamento de empresas de segurança privada e de transporte de valores;*
>
> ***V.*** *identificar as modificações que alterem as características ou o funcionamento de arma de fogo;*
>
> ***VI.*** *integrar no cadastro os acervos policiais já existentes;*
>
> ***VII.*** *cadastrar as apreensões de armas de fogo, inclusive as vinculadas a procedimentos policiais e judiciais;*
>
> ***VIII.*** *cadastrar os armeiros em atividade no País, bem como conceder licença para exercer a atividade;*
>
> ***IX.*** *cadastrar mediante registro os produtores, atacadistas, varejistas, exportadores e importadores autorizados de armas de fogo, acessórios e munições;*
>
> ***X.*** *cadastrar a identificação do cano da arma, as características das impressões de raiamento e de microestriamento de projétil disparado, conforme marcação e testes obrigatoriamente realizados pelo fabricante;*
>
> ***XI.*** *informar às Secretarias de Segurança Pública dos Estados e do Distrito Federal os registros e autorizações de porte de armas de fogo nos respectivos territórios, bem como manter o cadastro atualizado para consulta.*
>
> ***Parágrafo único.*** *As disposições deste artigo não alcançam as armas de fogo das Forças Armadas e Auxiliares, bem como as demais que constem dos seus registros próprios.*

Armas de fogo de uso restrito: compete ao Comando do Exército autorizar a aquisição e registrar as armas de fogo de uso restrito (art. 3º, par. único).

> ***Art. 3º.*** *É obrigatório o registro de arma de fogo no órgão competente.*
>
> ***Parágrafo único.*** *As armas de fogo de uso restrito serão registradas no Comando do Exército, na forma do regulamento desta Lei.*
>
> ***Art. 27.*** *Caberá ao Comando do Exército autorizar, excepcionalmente, a aquisição de armas de fogo de uso restrito.*
>
> ***Parágrafo único.*** *O disposto neste artigo não se aplica às aquisições dos Comandos Militares.*

Da posse de arma de fogo

A regra geral é que a população não tenha arma de fogo, daí o nome "Estatuto do Desarmamento". Contudo, um particular poderá obter a autorização para **posse de arma de fogo de uso permitido** (há diferença entre "posse" e "porte") caso preencha os requisitos necessários do art. 4º, que são, entre outros: curso técnico, avaliação psicológica, pagamento de taxas; bem como a idade mínima de 25 anos (art. 28).

3 Art. 4º, caput, Decreto nº 9.847/2019: "O SIGMA, instituído no âmbito do Comando do Exército do Ministério da Defesa, manterá cadastro nacional das armas de fogo importadas, produzidas e comercializadas no país que não estejam previstas no art. 3º.". (Sistema de Gerenciamento Militar de Armas)

Art. 4º. Para adquirir arma de fogo de uso permitido o interessado deverá, além de declarar a efetiva necessidade, atender aos seguintes requisitos:

I. comprovação de idoneidade, com a apresentação de certidões negativas de antecedentes criminais fornecidas pela Justiça Federal, Estadual, Militar e Eleitoral e de não estar respondendo a inquérito policial ou a processo criminal, que poderão ser fornecidas por meios eletrônicos;

II. apresentação de documento comprobatório de ocupação lícita e de residência certa;

III. comprovação de capacidade técnica e de aptidão psicológica para o manuseio de arma de fogo, atestadas na forma disposta no regulamento desta Lei.

§1º. O SINARM expedirá autorização de compra de arma de fogo após atendidos os requisitos anteriormente estabelecidos, em nome do requerente e para a arma indicada, sendo intransferível esta autorização.

§2º. A aquisição de munição somente poderá ser feita no calibre correspondente à arma registrada e na quantidade estabelecida no regulamento desta Lei.

§3º. A empresa que comercializar arma de fogo em território nacional é obrigada a comunicar a venda à autoridade competente, como também a manter banco de dados com todas as características da arma e cópia dos documentos previstos neste artigo.

§4º. A empresa que comercializa armas de fogo, acessórios e munições responde legalmente por essas mercadorias, ficando registradas como de sua propriedade enquanto não forem vendidas.

§5º. A comercialização de armas de fogo, acessórios e munições entre pessoas físicas somente será efetivada mediante autorização do SINARM.

§6º. A expedição da autorização a que se refere o §1º será concedida, ou recusada com a devida fundamentação, no prazo de 30 (trinta) dias úteis, a contar da data do requerimento do interessado.

§7º. O registro precário a que se refere o §4º prescinde do cumprimento dos requisitos dos incisos I, II e III deste artigo.

§8º. Estará dispensado das exigências constantes do inciso III do 'caput' deste artigo, na forma do regulamento, o interessado em adquirir arma de fogo de uso permitido que comprove estar autorizado a portar arma com as mesmas características daquela a ser adquirida.

Art. 28. É vedado ao menor de 25 (vinte e cinco) anos adquirir arma de fogo, ressalvados os integrantes das entidades constantes dos incisos I, II, III, V, VI, VII e X do 'caput' do art. 6º desta Lei.

Diferenciação entre posse e porte: a *posse* de arma de fogo restringe-se à circunscrição residencial ou empresarial – desde que seja o proprietário ou o responsável legal. Já o *porte* é a autorização de levar a arma de fogo consigo além desses locais.

Art. 5º. O certificado de Registro de Arma de Fogo, com validade em todo o território nacional, autoriza o seu proprietário a manter a arma de fogo exclusivamente no interior de sua residência ou domicílio, ou dependência desses, ou, ainda, no seu local de trabalho, desde que seja ele o titular ou o responsável legal pelo estabelecimento ou empresa.

§1º. O certificado de registro de arma de fogo será expedido pela Polícia Federal e será precedido de autorização do SINARM. (Redação dada pela Lei nº 10.884, de 17/06/2004)

§2º. Os requisitos de que tratam os incisos I, II e III do art. 4º deverão ser comprovados periodicamente, em período não inferior a 3 (três) anos, na conformidade do estabelecido no regulamento desta Lei, para a renovação do Certificado de Registro de Arma de Fogo.

§3º. O proprietário de arma de fogo com certificados de registro de propriedade expedido por órgão estadual ou do Distrito Federal até a data da publicação desta Lei que não optar pela entrega espontânea prevista no art. 32 desta Lei deverá renová-lo mediante o pertinente registro federal, até o dia 31 de dezembro de 2008, ante a apresentação de documento de identificação pessoal e comprovante de residência fixa, ficando dispensado do pagamento de taxas e do cumprimento das demais exigências constantes dos incisos I a III do 'caput' do art. 4º desta Lei.[4] (Redação dada pela Lei nº 11.706, de 19/06/2008) (Prazo prorrogado até 31/12/2009, de acordo com o art. 20 da Lei nº 11.922, de 13/04/2009)

§4º. Para fins do cumprimento do disposto no §3º deste artigo, o proprietário de arma de fogo poderá obter, no Departamento de Polícia Federal, certificado de registro provisório, expedido na rede mundial de computadores — internet, na forma do regulamento e obedecidos os procedimentos a seguir:

I. emissão de certificado de registro provisório pela internet, com validade inicial de 90 (noventa) dias; e

II. revalidação pela unidade do Departamento de Polícia Federal do certificado de registro provisório pelo prazo que estimar como necessário para a emissão definitiva do certificado de registro de propriedade. (Parágrafo acrescido pela Lei nº 11.706, de 19/06/2008)

§5º. Aos residentes em área rural, para os fins do disposto no 'caput' deste artigo, considera-se residência ou domicílio toda a extensão do respectivo imóvel rural. (Incluído pela Lei nº 13.870, de 17/09/2019)

Do porte de arma de fogo

Art. 6º. É proibido o porte de arma de fogo em todo o território nacional, salvo para os casos previstos em legislação própria e para:

I. os integrantes das Forças Armadas;

II. os integrantes de órgãos referidos nos incisos I, II, III, IV e V do 'caput' do art. 144 da Constituição Federal e os da Força Nacional de Segurança Pública (FNSP); (Redação dada pela Lei nº 13.500, de 2017)

III. os integrantes das guardas municipais das capitais dos Estados e dos Municípios com mais de 500.000 (quinhentos mil) habitantes, nas condições estabelecidas no regulamento desta Lei;

IV. os integrantes das guardas municipais dos Municípios com mais de 50.000 (cinquenta mil) e menos de 500.000 (quinhentos mil) habitantes, quando em serviço; (Redação dada pela Lei nº 10.867, de 2004)

V. os agentes operacionais da Agência Brasileira de Inteligência e os agentes do Departamento de Segurança do Gabinete de Segurança Institucional da Presidência da República;

VI. os integrantes dos órgãos policiais referidos no art. 51, IV, e no art. 52, XIII, da Constituição Federal;

VII. os integrantes do quadro efetivo dos agentes e guardas prisionais, os integrantes das escoltas de presos e as guardas portuárias;

VIII. as empresas de segurança privada e de transporte de valores constituídas, nos termos desta Lei;

IX. para os integrantes das entidades de desporto legalmente constituídas, cujas atividades esportivas demandem o uso de armas de fogo, na forma do regulamento desta Lei, observando-se, no que couber, a legislação ambiental.

X. integrantes das Carreiras de Auditoria da Receita Federal do Brasil e de Auditoria-Fiscal do Trabalho, cargos de Auditor-Fiscal e Analista Tributário. (Redação dada pela Lei nº 11.501, de 2007)

4 Art. 20, Lei nº 11.922/2009: "Ficam prorrogados para 31 de dezembro de 2009 os prazos de que tratam o §3º do art. 5º e o art. 30, ambos da Lei nº 10.826, de 22 de dezembro de 2003.".

XI. *os tribunais do Poder Judiciário descritos no art. 92 da Constituição Federal e os Ministérios Públicos da União e dos Estados, para uso exclusivo de servidores de seus quadros pessoais que efetivamente estejam no exercício de funções de segurança, na forma de regulamento a ser emitido pelo Conselho Nacional de Justiça – CNJ e pelo Conselho Nacional do Ministério Público – CNMP. (Incluído pela Lei nº 12.694, de 2012)*

§1º. *As pessoas previstas nos incisos I, II, III, V e VI do 'caput' deste artigo terão direito de portar arma de fogo de propriedade particular ou fornecida pela respectiva corporação ou instituição, mesmo fora de serviço, nos termos do regulamento desta Lei, com validade em âmbito nacional para aquelas constantes dos incisos I, II, V e VI. (Redação dada pela Lei nº 11.706, de 2008)*

§1º-A. *REVOGADO (Revogado pela Lei nº 11.706, de 2008)*

§1º-B. *Os integrantes do quadro efetivo de agentes e guardas prisionais poderão portar arma de fogo de propriedade particular ou fornecida pela respectiva corporação ou instituição, mesmo fora de serviço, desde que estejam: (Incluído pela Lei nº 12.993, de 2014)*

I. *submetidos a regime de dedicação exclusiva;*

II. *sujeitos à formação funcional, nos termos do regulamento; e*

III. *subordinados a mecanismos de fiscalização e de controle interno.*

§1º-C. *VETADO (Vetado na Lei nº 12.993, de 2014)*

§2º. *A autorização para o porte de arma de fogo aos integrantes das instituições descritas nos incisos V, VI, VII e X do 'caput' deste artigo está condicionada à comprovação do requisito a que se refere o inciso III do 'caput' do art. 4º desta Lei nas condições estabelecidas no regulamento desta Lei. (Redação dada pela Lei nº 11.706, de 2008)*

§3º. *A autorização para o porte de arma de fogo das guardas municipais está condicionada à formação funcional de seus integrantes em estabelecimentos de ensino de atividade policial, à existência de mecanismos de fiscalização e de controle interno, nas condições estabelecidas no regulamento desta Lei, observada a supervisão do Ministério da Justiça. (Redação dada pela Lei nº 10.884, de 2004)*

§4º. *Os integrantes das Forças Armadas, das polícias federais e estaduais e do Distrito Federal, bem como os militares dos Estados e do Distrito Federal, ao exercerem o direito descrito no art. 4º, ficam dispensados do cumprimento do disposto nos incisos I, II e III do mesmo artigo, na forma do regulamento desta Lei.*

§5º. *Aos residentes em áreas rurais, maiores de 25 (vinte e cinco) anos que comprovem depender do emprego de arma de fogo para prover sua subsistência alimentar familiar será concedido pela Polícia Federal o porte de arma de fogo, na categoria caçador para subsistência, de uma arma de uso permitido, de tiro simples, com 1 (um) ou 2 (dois) canos, de alma lisa e de calibre igual ou inferior a 16 (dezesseis), desde que o interessado comprove a efetiva necessidade em requerimento ao qual deverão ser anexados os seguintes documentos:*

I. *documento de identificação pessoal;*

II. *comprovante de residência em área rural; e*

III. *atestado de bons antecedentes. (Redação dada pela Lei nº 11.706, de 2008)*

§6º. *O caçador para subsistência que der outro uso à sua arma de fogo, independentemente de outras tipificações penais, responderá, conforme o caso, por porte ilegal ou por disparo de arma de fogo de uso permitido. (Redação dada pela Lei nº 11.706, de 2008)*

§7º. *Aos integrantes das guardas municipais dos Municípios que integram regiões metropolitanas será autorizado porte de arma de fogo, quando em serviço. (Incluído pela Lei nº 11.706, de 2008)*

Art. 7º. *As armas de fogo utilizadas pelos empregados das empresas de segurança privada e de transporte de valores, constituídas na forma da lei, serão de propriedade, responsabilidade e guarda das respectivas empresas, somente podendo ser utilizadas quando em serviço, devendo essas observar as condições de uso e de armazenagem estabelecidas pelo órgão competente, sendo o certificado de registro e a autorização de porte expedidos pela Polícia Federal em nome da empresa.*

§1º. *O proprietário ou diretor responsável de empresa de segurança privada e de transporte de valores responderá pelo crime previsto no parágrafo único do art. 13 desta Lei, sem prejuízo das demais sanções administrativas e civis, se deixar de registrar ocorrência policial e de comunicar à Polícia Federal perda, furto, roubo ou outras formas de extravio de armas de fogo, acessórios e munições que estejam sob sua guarda, nas primeiras 24 (vinte e quatro) horas depois de ocorrido o fato.*

§2º. *A empresa de segurança e de transporte de valores deverá apresentar documentação comprobatória do preenchimento dos requisitos constantes do art. 4º desta Lei quanto aos empregados que portarão arma de fogo.*

§3º. *A listagem dos empregados das empresas referidas neste artigo deverá ser atualizada semestralmente junto ao SINARM.*

Art. 7º-A. *As armas de fogo utilizadas pelos servidores das instituições descritas no inciso XI do art. 6º serão de propriedade, responsabilidade e guarda das respectivas instituições, somente podendo ser utilizadas quando em serviço, devendo estas observar as condições de uso e de armazenagem estabelecidas pelo órgão competente, sendo o certificado de registro e a autorização de porte expedidos pela Polícia Federal em nome da instituição.*

§1º. *A autorização para o porte de arma de fogo de que trata este artigo independe do pagamento de taxa.*

§2º. *O presidente do tribunal ou o chefe do Ministério Público designará os servidores de seus quadros pessoais no exercício de funções de segurança que poderão portar arma de fogo, respeitado o limite máximo de 50% (cinquenta por cento) do número de servidores que exerçam funções de segurança.*

§3º. *O porte de arma pelos servidores das instituições de que trata este artigo fica condicionado à apresentação de documentação comprobatória do preenchimento dos requisitos constantes do art. 4º desta Lei, bem como à formação funcional em estabelecimentos de ensino de atividade policial e à existência de mecanismos de fiscalização e de controle interno, nas condições estabelecidas no regulamento desta Lei.*

§4º. *A listagem dos servidores das instituições de que trata este artigo deverá ser atualizada semestralmente no SINARM.*

§5º. *As instituições de que trata este artigo são obrigadas a registrar ocorrência policial e a comunicar à Polícia Federal eventual perda, furto, roubo ou outras formas de extravio de armas de fogo, acessórios e munições que estejam sob sua guarda, nas primeiras 24 (vinte e quatro) horas depois de ocorrido o fato. (Artigo acrescido pela Lei nº 12.694, de 24/07/2012)*

Art. 8º. *As armas de fogo utilizadas em entidades desportivas legalmente constituídas devem obedecer às condições de uso e de armazenagem estabelecidas pelo órgão competente, respondendo o possuidor ou o autorizado a portar a arma pela sua guarda na forma do regulamento desta Lei.*

O porte de arma de fogo, via de regra, é proibido (principalmente aos particulares), porém, com regras específicas, os arts. 6º, 7º e 8º autorizam alguns agentes (a maioria se trata de órgãos públicos de segurança pública)[5]. Além de outros que possuem autorização emanada de outras leis específicas[6].

5 Art. 24, caput, Decreto nº 9.847/2019: "O porte de arma de fogo é deferido aos militares das Forças Armadas, aos policiais federais, estaduais e distritais, civis e militares, aos corpos de bombeiros militares e aos policiais da Câmara dos Deputados e do Senado Federal em razão do desempenho de suas funções institucionais.".

6 São exemplos de leis próprias que constam autorizações de porte de arma de fogo: Lei Orgânica dos Magistratura Nacional – LOMN (Lei Complementar nº 35/1979); Lei Orgânica do Ministério Público – LOMP (Lei nº 8.625/1993); e Lei Orgânica do Ministério Público da União – LOMPU (Lei Complementar nº 75/1993).

Basicamente, é autorizado para:

Agentes Públicos (em serviço ou fora dele)

Forças Armadas (art. 6º, caput, I)

Art. 142º, caput, CF/88:
Marinha;
Aeronáutica;
Exército.

Órgãos de Segurança Pública e Força Nacional de Segurança Pública (art. 6º, caput, II)

Art. 144º, caput, CF/88:
- Polícia Federal;
- Polícia Rodoviária Federal;
- Polícia Ferroviária Federal;
- Polícias Civis;
- Polícias Militares e Corpo de Bombeiros Militares.
- Força Nacional de Segurança Pública[7] – FNSP.

Guardas Municipais* (art. 6º, caput, III)

Capitais de Estado e Municípios com mais de 500 mil habitantes.

GSI-PR e ABIN (art. 6º, caput, V)

Agentes Operacionais da ABIN;
Agentes de Segurança Presidencial do GSI-PR.

Polícia Legislativa Federal (art. 6º, caput, VI)

Polícia da Câmara dos Deputados (art. 51, IV, CF);
Polícia do Senado (art. 52, XIII, CF).

Agentes Públicos (apenas em serviço)

Guardas Municipais* (art. 6º, caput, IV, e §7º)

Municípios com **mais de 50** mil habitantes e **menos de 500** mil habitantes (art. 6º, *caput*, IV);
Municípios que integrem **regiões metropolitanas** (art. 6º, §7º).

Guardas Prisionais e Portuárias (art. 6º, caput, VII)

Agentes e Guardas Prisionais (poderão obter o porte para uso fora de serviço, desde que preencham os requisitos do §1º-B do art. 6º);
Integrantes de Escolta de Presos;
Guardas Portuários.[8]

Auditoria Fiscal Federal Tributária e Trabalhista (art. 6º, *caput*, X)

Auditor-Fiscal da Receita Federal;
Analista Tributário da Receita Federal;
Auditor-Fiscal do Trabalho Federal.

Agentes de Segurança do Poder Judiciário e Ministério Público (art. 6º, caput, XI)

Porte em nome da instituição e uso em serviço: competência da **Polícia Federal** (art. 7º-A).

Particulares

Empresas de Segurança Privada e de Transporte de Valores (art. 6º, caput, VIII)

Porte em nome da empresa e uso apenas em serviço: competência da **Polícia Federal** (art. 7º).[9]

Caçador para subsistência (art. 6º, §§ 5º e 6º)

Porte "caçador para subsistência" (residente em área rural): competência da **Polícia Federal**.

Atiradores, caçadores e colecionadores[10] (art. 9º)

Integrantes (art. 6º, *caput*, IX) e entidades desportivas (art. 8º).
Registro e porte de trânsito (guia de tráfego): competência do **Comando do Exército** (art. 9º).[11]

Estrangeiros no Brasil

Responsáveis pela segurança de cidadãos estrangeiros em visita ou sediados no Brasil

Autorização do porte de arma de fogo: competência do **Ministério da Justiça** (art. 9º).

Representantes estrangeiros em competição internacional oficial de tiro no Brasil

Registro e porte de trânsito: competência do **Comando do Exército** (art. 9º).[12]

---

7 Art. 4º, §2º, Decreto nº 5.289/2004: "O contingente mobilizável da Força Nacional de Segurança Pública será composto por servidores que tenham recebido, do Ministério da Justiça, treinamento especial para atuação conjunta, integrantes das polícias federais e dos órgãos de segurança pública dos Estados que tenham aderido ao programa de cooperação federativa.".

8 Art. 29, Parágrafo único, Decreto nº 9.847/2019: "Caberá à Polícia Federal expedir o porte de arma de fogo para os guardas portuários.".

9 Art. 32, Decreto nº 9.847/2019: "As empresas de segurança privada e de transporte de valores solicitarão à Polícia Federal autorização para aquisição de armas de fogo. §1º. A autorização de que trata o 'caput': I – será concedida se houver comprovação de que a empresa possui autorização de funcionamento válida e justificativa da necessidade de aquisição com base na atividade autorizada; e II – será válida apenas para a utilização da arma de fogo em serviço. [...]".

10 Art. 1º, §§ 1º e 2º, Decreto nº 9.846/2019: "[...] §1º. As armas de fogo de colecionadores, atiradores e caçadores serão cadastradas no Sistema de Gerenciamento Militar de Armas – SIGMA. §2º. O Certificado de Registro de Colecionador, Atirador e Caçador expedido pelo Comando do Exército, terá validade de dez anos.".

11 Art. 5º, Decreto nº 9.846/2019: "Os clubes e as escolas de tiro e os colecionadores, os atiradores e os caçadores serão registrados no Comando do Exército. [...] §2º. Fica garantido o direito de transporte desmuniciado das armas dos clubes e das escolas de tiro e de seus integrantes e dos colecionadores, dos atiradores e dos caçadores, por meio da apresentação do Certificado de Registro de Colecionador, Atirador e Caçador ou do Certificado de Registro de Arma de Fogo válidos. §3º. Os colecionadores, os atiradores e os caçadores poderão portar uma arma de fogo curta municiada, alimentada e carregada, pertencente a seu acervo cadastrado no SINARM ou no SIGMA, conforme o caso, sempre que estiverem em deslocamento para treinamento ou participação em competições, por meio da apresentação do Certificado de Registro de Colecionador, Atirador e Caçador, do Certificado de Registro de Arma de Fogo e da Guia de Tráfego válidos. §4º. A Guia de Tráfego é o documento que confere a autorização para o tráfego de armas, acessórios e munições no território nacional e corresponde ao porte de trânsito previsto no art. 24 da Lei nº 10.826, de 22 de dezembro de 2003. §5º. A Guia de Tráfego a que refere o §4º poderá ser emitida no sítio eletrônico do Comando do Exército.".

12 Art. 31, Decreto nº 9.847/2019: "A entrada de arma de fogo e munição no país, como bagagem de atletas, destinadas ao uso em competições internacionais será autorizada pelo Comando do Exército. §1º. O porte de trânsito das armas a serem utilizadas por delegações estrangeiras em competição oficial de tiro no país será expedido pelo Comando do Exército. §2º. Os responsáveis pelas delegações estrangeiras e brasileiras em competição oficial de tiro no país e os seus integrantes transportarão as suas armas desmuniciadas.".

Art. 9º. *Compete ao Ministério da Justiça a autorização do porte de arma para os responsáveis pela segurança de cidadãos estrangeiros em visita ou sediados no Brasil e, ao Comando do Exército, nos termos do regulamento desta Lei, o registro e a concessão de porte de trânsito de arma de fogo para colecionadores, atiradores e caçadores e de representantes estrangeiros em competição internacional oficial de tiro realizada no território nacional.*

Autorização conforme os órgãos	
Ministério da Justiça	Autorização do porte de arma para: • Seguranças de cidadãos estrangeiros em visita ou sediados no Brasil.
Comando do Exército[13]	Registro e concessão de porte de trânsito de arma de fogo para: • Colecionadores; • Atiradores; • Caçadores; e • Representantes estrangeiros em competição internacional oficial de tiro realizada no território nacional.

Perda automática: aquele que for abordado ou detido em estado de embriaguez ou sob o efeito drogas perderá automaticamente a eficácia do porte de arma de fogo (art. 10, §2º).

Art. 10. *A autorização para o porte de arma de fogo de uso permitido, em todo o território nacional, é de competência da Polícia Federal e somente será concedida após autorização do SINARM.*

§1º. *A autorização prevista neste artigo poderá ser concedida com eficácia temporária e territorial limitada, nos termos de atos regulamentares, e dependerá de o requerente:*

I. *demonstrar a sua efetiva necessidade por exercício de atividade profissional de risco ou de ameaça à sua integridade física;*

II. *atender às exigências previstas no art. 4º desta Lei;*

III. *apresentar documentação de propriedade de arma de fogo, bem como o seu devido registro no órgão competente.*

§2º *A autorização de porte de arma de fogo, prevista neste artigo, perderá automaticamente sua eficácia caso o portador dela seja detido ou abordado em estado de embriaguez ou sob efeito de substâncias químicas ou alucinógenas.*

O uso ostensivo de arma de fogo para aqueles que possuem o porte é proibido, isto é, o sujeito que leva a arma consigo, mas a deixa aparecer. O resultado é o mesmo para quem seja detido embriagado portando a arma de fogo: cassação do porte e apreensão da arma (art. 20, Decreto nº 9.847/2019)[14].

Art. 11. *Fica instituída a cobrança de taxas, nos valores constantes do Anexo desta Lei, pela prestação de serviços relativos:*

I. *ao registro de arma de fogo;*

II. *à renovação de registro de arma de fogo;*

III. *à expedição de segunda via de registro de arma de fogo;*

IV. *à expedição de porte federal de arma de fogo;*

V. *à renovação de porte de arma de fogo;*

VI. *à expedição de segunda via de porte federal de arma de fogo.*

§1º. *Os valores arrecadados destinam-se ao custeio e à manutenção das atividades do SINARM, da Polícia Federal e do Comando do Exército, no âmbito de suas respectivas responsabilidades.*

§2º. *São isentas do pagamento das taxas previstas neste artigo as pessoas e as instituições a que se referem os incisos I a VII e X e o §5º do art. 6º desta Lei. (Parágrafo com redação dada pela Lei nº 11.706, de 19/6/2008)*

Art. 11-A. *O Ministério da Justiça disciplinará a forma e as condições do credenciamento de profissionais pela Polícia Federal para comprovação da aptidão psicológica e da capacidade técnica para o manuseio de arma de fogo.*

§1º. *Na comprovação da aptidão psicológica, o valor cobrado pelo psicólogo não poderá exceder ao valor médio dos honorários profissionais para realização de avaliação psicológica constante do item 1.16 da tabela do Conselho Federal de Psicologia.*

§2º. *Na comprovação da capacidade técnica, o valor cobrado pelo instrutor de armamento e tiro não poderá exceder R$ 80,00 (oitenta reais), acrescido do custo da munição.*

§3º. *A cobrança de valores superiores aos previstos nos §§ 1º e 2º deste artigo implicará o descredenciamento do profissional pela Polícia Federal. (Artigo acrescido pela Lei nº 11.706, de 19/6/2008)*

Do comércio

A **comercialização, produção, importação, exportação ou manutenção** de armas de fogo em território nacional são permitidas[15] desde que o estabelecimento comercial tenha sido previamente *autorizado pelo Comando do Exército (art. 24) e cadastrado no SINARM* (art. 2º, IX).

Art. 24. *Excetuadas as atribuições a que se refere o art. 2º desta Lei, compete ao Comando do Exército autorizar e fiscalizar a produção, exportação, importação, desembaraço alfandegário e o comércio de armas de fogo e demais produtos controlados, inclusive o registro e o porte de trânsito de arma de fogo de colecionadores, atiradores e caçadores.*

Comércio entre pessoas físicas: o comércio entre pessoas físicas só é possível mediante *autorização prévia do SINARM* (art. 4º, §5º), bem como a atividade de *armeiro*[16] (art. 2º, VIII).

A proibição não se restringe apenas às armas de fogo, mas também às armas de brinquedos (art. 26).

Art. 26. *São vedadas a fabricação, a venda, a comercialização e a importação de brinquedos, réplicas e simulacros de armas de fogo, que com estas se possam confundir.*

Parágrafo único. *Excetuam-se da proibição as réplicas e os simulacros destinados à instrução, ao adestramento, ou à coleção de usuário autorizado, nas condições fixadas pelo Comando do Exército.*

Das armas de fogo apreendidas

Destinatário das armas de fogo apreendidas (art. 25): deverão ser encaminhadas ao Comando do Exército pela autoridade judiciária competente, em até 48 horas, desde que já tenha sido

13 Ao Comando do Exército também se inclui a competência para o registro e cadastro das armas de fogo das representações diplomáticas (Art. 4º, §2º, IV, Decreto nº 9.847/2019).

14 Art. 20, Decreto nº 9.847/2019: "O titular de porte de arma de fogo para defesa pessoal concedido nos termos do disposto no art. 10 da Lei nº 10.826, de 2003, não poderá conduzi-la ostensivamente ou com ela adentrar ou permanecer em locais públicos, tais como igrejas, escolas, estádios desportivos, clubes, agências bancárias ou outros locais onde haja aglomeração de pessoas em decorrência de eventos de qualquer natureza. §1º. A inobservância ao disposto neste artigo implicará na cassação do porte de arma de fogo e na apreensão da arma, pela autoridade competente, que adotará as medidas legais pertinentes. §2º. Aplica-se o disposto no §1º na hipótese de o titular do porte de arma de fogo portar o armamento em estado de embriaguez ou sob o efeito de drogas ou medicamentos que provoquem alteração do desempenho intelectual ou motor.".

15 Art. 9º, Decreto nº 9.847/2019: "Fica permitida a venda de armas de fogo de porte e portáteis, munições e acessórios por estabelecimento comercial credenciado pelo Comando do Exército.".

16 Armeiro: "mecânico de armas" (Art. 3º, XXIV, Anexo, Decreto nº 3.665/2000).

feito o laudo pericial, a juntada aos autos e não mais interessem à persecução penal, a fim de serem destruídas ou doadas aos órgãos de segurança pública (art. 144, CF) ou às Forças Armadas (art. 142, CF).

> ***Art. 25.*** *As armas de fogo apreendidas, após a elaboração do laudo pericial e sua juntada aos autos, quando não mais interessarem à persecução penal serão encaminhadas pelo juiz competente ao Comando do Exército, no prazo de até 48 (quarenta e oito) horas, para destruição ou doação aos órgãos de segurança pública ou às Forças Armadas, na forma do regulamento desta Lei. (Redação dada pela Lei nº 13.886, de 17/10/2019)*
>
> ***§1º.*** *As armas de fogo encaminhadas ao Comando do Exército que receberem parecer favorável à doação, obedecidos o padrão e a dotação de cada Força Armada ou órgão de segurança pública, atendidos os critérios de prioridade estabelecidos pelo Ministério da Justiça e ouvido o Comando do Exército, serão arroladas em relatório reservado trimestral a ser encaminhado àquelas instituições, abrindo-se-lhes prazo para manifestação de interesse. (Redação dada pela Lei nº 11.706, de 19/06/2008)*
>
> ***§1º-A.*** *As armas de fogo e munições apreendidas em decorrência do tráfico de drogas de abuso, ou de qualquer forma utilizadas em atividades ilícitas de produção ou comercialização de drogas abusivas, ou, ainda, que tenham sido adquiridas com recursos provenientes do tráfico de drogas de abuso, perdidas em favor da União e encaminhadas para o Comando do Exército, devem ser, após perícia ou vistoria que atestem seu bom estado, destinadas com prioridade para os órgãos de segurança pública e do sistema penitenciário da unidade da federação responsável pela apreensão. (Incluído pela Lei nº 13.886, de 17/10/2019)*
>
> ***§2º.*** *O Comando do Exército encaminhará a relação das armas a serem doadas ao juiz competente, que determinará o seu perdimento em favor da instituição beneficiada. (Incluído pela Lei nº 11.706, de 19/06/2008)*
>
> ***§3º.*** *O transporte das armas de fogo doadas será de responsabilidade da instituição beneficiada, que procederá ao seu cadastramento no SINARM ou no SIGMA. (Incluído pela Lei nº 11.706, de 19/06/2008)*
>
> ***§4º.*** *(VETADO na Lei nº 11.706, de 19/06/2008)*
>
> ***§5º.*** *O Poder Judiciário instituirá instrumentos para o encaminhamento ao SINARM ou ao SIGMA, conforme se trate de arma de uso permitido ou de uso restrito, semestralmente, da relação de armas acauteladas em juízo, mencionando suas características e o local onde se encontram. (Incluído pela Lei nº 11.706, de 19/06/2008)*

Do banco nacional de perfis balísticos

Criação do Banco Nacional de Perfis Balísticos: a Lei nº 13.964/19 (pacote anticrime) incluiu o art. 34-A no Estatuto do Desarmamento a fim de auxiliar o trabalho pericial com sistema automatizado e integrado.

> ***Art. 34-A.*** *Os dados relacionados à coleta de registros balísticos serão armazenados no Banco Nacional de Perfis Balísticos. (Artigo acrescido pela Lei nº 13.964, de 24/12/2019)*
>
> ***§1º.*** *O Banco Nacional de Perfis Balísticos tem como objetivo cadastrar armas de fogo e armazenar características de classe e individualizadoras de projéteis e de estojos de munição deflagrados por arma de fogo.*
>
> ***§2º.*** *O Banco Nacional de Perfis Balísticos será constituído pelos registros de elementos de munição deflagrados por armas de fogo relacionados a crimes, para subsidiar ações destinadas às apurações criminais federais, estaduais e distritais.*
>
> ***§3º.*** *O Banco Nacional de Perfis Balísticos será gerido pela unidade oficial de perícia criminal.*
>
> ***§4º.*** *Os dados constantes do Banco Nacional de Perfis Balísticos terão caráter sigiloso, e aquele que permitir ou promover sua utilização para fins diversos dos previstos nesta Lei ou em decisão judicial responderá civil, penal e administrativamente.*
>
> ***§5º.*** *É vedada a comercialização, total ou parcial, da base de dados do Banco Nacional de Perfis Balísticos.*
>
> ***§6º.*** *A formação, a gestão e o acesso ao Banco Nacional de Perfis Balísticos serão regulamentados em ato do Poder Executivo federal.*

Justificado no Projeto de Lei nº 882/2019, de autoria do Ministro Sérgio Moro, segundo o qual:

"Registre-se, ainda, a introdução do art. 34-A., que disciplina a coleta de dados e armazenamento de perfis balísticos, através de um Banco Nacional gerenciados por Unidade Oficial de Perícia Criminal. Trata-se de modalidade de prova técnica essencial para a apuração de crimes praticados com arma de fogo, entre eles o homicídio, cujos índices de apuração não têm sido positivos. A Secretaria Nacional de Segurança Pública – SENASP, em nota técnica manifestou-se afirmando: 'A Criação do Banco Nacional de Perfis Balísticos, com sistemas automatizados em rede integrada, possibilitará a elucidação dos crimes envolvendo armas de fogo como Homicídios, Feminicídios, Latrocínios, Roubos, crimes realizados por Organizações Criminosas, dentre outros.'."

4.2 Dos Crimes e das Penas

Bem jurídico tutelado: é a *segurança pública e a paz social* (incolumidade pública). Preserva-se a coletividade e não apenas uma única pessoa, ou seja, *não é a incolumidade física*. A segurança pública, de acordo com a Constituição Federal (art. 144, *caput*, CF)[17], é dever do Estado, porém de responsabilidade de todos, assim, aqueles que atentem contra a preservação da ordem social e da incolumidade pública serão punidos de acordo com a lei.

Ação penal: é *pública incondicionada*, uma vez que o bem jurídico tutelado pela norma é a incolumidade pública.

Sujeito passivo: o sujeito passivo imediato é a *coletividade*, ou seja, tratam-se de *crimes vago* e, em regra, *de perigo abstrato* e *de mera conduta*. Quase todos os delitos são dolosos e comissivos; contudo, haverá um ou outro que será culposo ou omissivo, como é o caso da omissão de cautela (art. 13, *caput*).

Fiança e liberdade provisória: *via de regra*, os crimes previstos na Lei nº 10.826/2003 são *suscetíveis de liberdade provisória* (todos) e *afiançáveis* (salvo os arts. 16, 17 e 18).

Delitos hediondos: os arts. 16, 17 e 18 são considerados crimes hediondos (art. 1º, par. único, Lei nº 8.072/90) e, por conseguinte, *insuscetíveis de anistia, graça, indulto e fiança*.

Inconstitucionalidade do art. 21º e dos parágrafos únicos dos arts. 14º e 15º: tais dispositivos foram considerados *inconstitucionais* segundo o Supremo Tribunal Federal (STF/ADI 3.112), uma vez que não estão incluídos no rol constitucional dos delitos inafiançáveis, conforme os incisos XLII, XLIII, XLIV, do art. 5º, da Carta Magna, quais sejam: *racismo, tortura, tráfico ilícito de drogas, terrorismo, crimes hediondos e ação de grupos armados contra a ordem constitucional e o Estado Democrático.*

17 Art. 144, caput, CF/88: "A segurança pública, dever do Estado, direito e responsabilidade de todos, é exercida para a preservação da ordem pública e da incolumidade das pessoas e do patrimônio, através dos seguintes órgãos: [...]".

"A **proibição de estabelecimento de fiança** para os delitos de 'porte ilegal de arma de fogo de uso permitido' e de 'disparo de arma de fogo', **mostra-se desarrazoada,** porquanto são crimes de mera conduta, que não se equiparam aos crimes que acarretam lesão ou ameaça de lesão à vida ou à propriedade.

Insuscetibilidade de liberdade provisória quanto aos delitos elencados nos arts. 16, 17 e 18. **Inconstitucionalidade reconhecida**, visto que o texto magno não autoriza a prisão 'ex lege', em face dos princípios da presunção de inocência e da obrigatoriedade de fundamentação dos mandados de prisão pela autoridade judiciária competente. [...]

Ação julgada procedente, em parte, para declarar a **inconstitucionalidade dos parágrafos únicos dos artigos 14 e 15 e do artigo 21** da Lei nº 10.826, de 22 de dezembro de 2003.".[18]

Norma penal em branco: por se tratar de norma penal em branco, a definição de *arma de fogo, munição e acessórios de uso permitido, restrito ou proibido e artefatos explosivos* constam em outras normas infralegais. Lembre-se de que o Estatuto do Desarmamento cuida *apenas de arma de fogo*, acessórios e munições, mas *não de arma branca* (o porte dela poderá configurar contravenção penal).

Apenas um delito qualificado: somente o crime de "posse ou porte ilegal de arma de fogo de uso proibido" é *qualificado* (art. 16, §2º), já os arts. 19 e 20 se referem a *majorantes* (causas de aumento de pena).

***Abolitio criminis* temporária ou *vacatio legis* indireta:**

> ***Art. 30.*** *Os possuidores e proprietários de arma de fogo de uso permitido ainda não registrada deverão solicitar seu registro até o dia 31 de dezembro de 2008, mediante apresentação de documento de identificação pessoal e comprovante de residência fixa, acompanhados de nota fiscal de compra ou comprovação da origem lícita da posse, pelos meios de prova admitidos em direito, ou declaração firmada na qual constem as características da arma e a sua condição de proprietário, ficando este dispensado do pagamento de taxas e do cumprimento das demais exigências constantes dos incisos I a III do 'caput' do art. 4º desta Lei. (Redação dada pela Lei nº 11.706, de 19/06/2008) (Prazo prorrogado até 31/12/2009, de acordo com o art. 20 da Lei nº 11.922, de 13/04/2009)*
>
> ***Parágrafo único.*** *Para fins do cumprimento do disposto no 'caput' deste artigo, o proprietário de arma de fogo poderá obter, no Departamento de Polícia Federal, certificado de registro provisório, expedido na forma do §4º do art. 5º desta Lei. (Parágrafo único acrescido pela Lei nº 11.706, de 19/06/2008)*
>
> ***Art. 31.*** *Os possuidores e proprietários de armas de fogo adquiridas regularmente poderão, a qualquer tempo, entregá-las à Polícia Federal, mediante recibo e indenização, nos termos do regulamento desta Lei.*
>
> ***Art. 32.*** *Os possuidores e proprietários de arma de fogo poderão entregá-la, espontaneamente, mediante recibo, e, presumindo-se de boa-fé, serão indenizados, na forma do regulamento, ficando extinta a punibilidade de eventual posse irregular da referida arma. (Redação dada pela Lei nº 11.706, de 19/06/2008)*

A abolitio criminis temporária a que se referem os arts. 30º e 32º é aplicável somente à **posse de arma de fogo de uso permitido (art. 12),** contudo há duas datas que distinguem a aplicação:

→ Até 23/10/2005: além do art. 12º, também era cabível à "posse de arma de fogo de uso permitido com numeração raspada ou suprimida" (art. 16, §1º, IV).

> ***Súmula nº 513 do STJ****: "A 'abolitio criminis' temporária prevista na Lei nº 10.826/2003 aplica-se ao crime de posse de arma de fogo de uso permitido com numeração, marca ou qualquer outro sinal de identificação raspado, suprimido ou adulterado, praticado somente até 23/10/2005.".*

→ Após 23/10/2005 e até 31/12/2009:[19] somente aplicável ao art. 12º, a posse de arma de fogo de uso permitido.

"É típica a conduta de possuir arma de fogo de uso permitido com numeração, marca ou qualquer outro sinal de identificação raspado, suprimido ou adulterado, praticada após 23/10/2005, pois, em relação a esse delito, a 'abolitio criminis' temporária cessou nessa data, termo final da prorrogação dos prazos previstos na redação original dos arts. 30 e 32 da Lei nº 10.826/2003.

A nova redação do art. 32 da Lei nº 10.826/2003, trazida pela Lei nº 11.706/2008, não mais suspendeu, temporariamente, a vigência da norma incriminadora ou instaurou uma 'abolitio criminis' temporária — conforme operado pelo art. 30 da mesma lei —, mas instituiu uma causa permanente de exclusão da punibilidade, consistente na entrega espontânea da arma.

A causa extintiva da punibilidade, na hipótese legal, consiste em ato jurídico (entrega espontânea da arma), e tão somente se tiver havido a sua efetiva prática é que a excludente produzirá seus efeitos. Se isso não ocorreu, não é caso de aplicação da excludente.".[20]

Posse irregular de arma de fogo de uso permitido (art. 12º)

> ***Art. 12.*** *Possuir ou manter sob sua guarda arma de fogo, acessório ou munição, de uso permitido, em desacordo com determinação legal ou regulamentar, no interior de sua residência ou dependência desta, ou, ainda no seu local de trabalho, desde que seja o titular ou o responsável legal do estabelecimento ou empresa:*
>
> ***Pena*** *– detenção, de 1 (um) a 3 (três) anos, e multa.*

Cuida-se, aqui, exclusivamente da **posse** de *arma de fogo, acessório ou munição*, **de uso permitido**. Portanto, tenha muito cuidado se houver a expressão "porte", "de uso restrito" ou "de uso proibido", pois incorrerá em outro tipo penal: ou art. 14, ou art. 16.

Veja que o tipo penal versa apenas sobre arma de fogo, bem como toda a Lei nº 10.826/2003, portanto, é **fato atípico** para o Estatuto do Desarmamento a posse ou o porte de **arma branca**, mas será contravenção penal (art. 19, LCP).

Descrição do crime

Sujeito ativo: é comum na primeira parte (não necessita de qualidade especial); enquanto que, na segunda, é próprio, uma vez que somente "o titular ou o responsável legal do estabelecimento ou empresa" pode cometê-lo.

18 STF, ADI 3.112/DF, Rel. Min. Ricardo Lewandowski, julgado em 02/05/2007, Tribunal Pleno, DJe 26/10/2007.

19 Art. 20, Lei nº 11.922/2009: "Ficam prorrogados para 31 de dezembro de 2009 os prazos de que tratam o §3º do art. 5º e o art. 30, ambos da Lei nº 10.826, de 22 de dezembro de 2003.".

20 STJ, REsp 1.311.408/RN, Rel. Min. Sebastião Reis Júnior, julgado em 13/03/2013, Terceira Seção, DJe 20/05/2013.

Condutas: como o tipo penal possui mais de um verbo, "possuir" e "manter", é considerado de ação múltipla (de conteúdo variado, tipo misto alternativo ou multinuclear).

Delimitação espacial: em sua residência, dependências dela ou em seu local de trabalho desde que seja o titular ou responsável pela empresa.

Caminhão não é residência (STJ): "Se o delito é de posse de arma de fogo e ocorreu dentro do prazo da 'vacatio legis' indireta, a pena deve ser extinta, mas tal causa de extinção não se estende ao porte de arma de fogo encontrada dentro do caminhão que o paciente dirigia. O conceito de residência não se confunde com o de veículo-caminhão, pois este é mero instrumento de trabalho.".[21]

Caminhão não é local de trabalho (STJ): "Configura delito de porte ilegal de arma de fogo se a arma é apreendida no interior de caminhão. O caminhão não é um ambiente estático, não podendo ser reconhecido como local de trabalho.".[22]

Objeto material: arma de fogo, acessório ou munição, de uso permitido (norma penal em branco).

Elemento normativo jurídico: em desacordo com determinação legal ou regulamentar, isto é, sem o certificado de registro de arma de fogo (norma penal em branco).

Elemento subjetivo: delito exclusivamente doloso (não há tipificação da modalidade culposa) e sem necessidade de fim específico (dolo genérico).

Consumação e tentativa: trata-se de crime de perigo abstrato e de mera conduta, não necessitando de resultado naturalístico, além de ser delito permanente em que a sua consumação se protrai no tempo, portanto, a prisão em flagrante é possível em qualquer momento[23] enquanto perdurar a sua guarda ou posse. Ainda que seja de difícil ocorrência, a tentativa é possível (plurissubsistente).

Sursis processual: trata-se de crime de médio potencial ofensivo (a pena mínima é de até 1 ano e a máxima é superior a 2 anos), no qual será julgado pelo Juizado Comum, contudo é cabível a suspensão condicional do processo (art. 89, Lei nº 9.099/95)[24].

Ação penal pública incondicionada: por se tratar de crime de perigo abstrato, no qual o bem jurídico tutelado é a incolumidade pública.

Fiança policial: uma vez que a pena máxima não é superior a 4 anos nem está no rol constitucional dos crimes inafiançáveis (art. 5º, incisos XLII, XLIII e XLIV, CF/88), é possível a liberdade provisória mediante fiança policial (art. 322º, CPP)[25].

21 STJ, HC 116.052/MG, Rel. Min. Jane Silva (Des. Conv. do TJ/MG), julgado em 20/11/2008, 6ª Turma, DJe 09/12/2008

22 STJ, REsp 1.219.901/MG, Rel. Min. Sebastião Reis Júnior, julgado em 24/04/2012, 6ª Turma, DJe 10/05/2012 (Vide Inf. 496).

23 Art. 303, CPP: "Nas infrações permanentes, entende-se o agente em flagrante delito enquanto não cessar a permanência.".

24 Art. 89, caput, Lei nº 9.099/1995: "Nos crimes em que a pena mínima cominada for igual ou inferior a um ano, abrangidas ou não por esta Lei, o Ministério Público, ao oferecer a denúncia, poderá propor a suspensão do processo, por dois a quatro anos, desde que o acusado não esteja sendo processado ou não tenha sido condenado por outro crime, presentes os demais requisitos que autorizariam a suspensão condicional da pena (art. 77 do Código Penal).".

25 Art. 322, caput, CPP: "A autoridade policial somente poderá conceder fiança nos casos de infração cuja pena privativa de liberdade máxima não seja superior a 4 (quatro) anos. [...]".

Omissão de cautela (art. 13º)

Art. 13. *Deixar de observar as cautelas necessárias para impedir que menor de 18 (dezoito) anos ou pessoa portadora de deficiência mental se apodere de arma de fogo que esteja sob sua posse ou que seja de sua propriedade:*

Pena *– detenção, de 1 (um) a 2 (dois) anos, e multa.*

Parágrafo único. *Nas mesmas penas incorrem o proprietário ou diretor responsável de empresa de segurança e transporte de valores que deixarem de registrar ocorrência policial e de comunicar à Polícia Federal perda, furto, roubo ou outras formas de extravio de arma de fogo, acessório ou munição que estejam sob sua guarda, nas primeiras 24 (vinte e quatro) horas depois de ocorrido o fato.*

Devemos ter cuidado quanto a esse artigo, pois **no *caput*** é um **delito culposo**; enquanto que, **no parágrafo único, doloso** (crime autônomo). Dessa forma, analisaremos as condutas em separado, inicialmente pela omissão de cautela prevista no *caput*.

As penas são as mesmas para as duas condutas, tanto no *caput* quanto no parágrafo único, sendo que, em ambos os casos, estamos tratando de **infração de menor potencial ofensivo**: pena máxima de 2 anos (art. 61, Lei nº 9.099/95)[26]. Portanto, será julgado pelo Juizado Especial Criminal (JECRIM) e é admissível as suas benesses (art. 2º, Lei nº 9.099/95)[27], por exemplo: a transação penal e o *sursis* processual (art. 89, Lei nº 9.099/95).

Ação penal: pública e incondicionada, de igual modo toda a Lei nº 10.826/2003, por se tratar de crimes de perigo em que o bem jurídico tutelado é a incolumidade pública.

Fiança em sede policial: também é possível nas duas situações, uma vez que a pena máxima é inferior a 4 anos.

Descrição do crime (*caput*)

Sujeitos do crime: com relação ao sujeito ativo é próprio, na medida em que o agente é o possuidor ou proprietário da arma de fogo; já o sujeito passivo imediato é a coletividade (crime vago) e, mediatamente, qualquer menor de 18 anos ou deficiente mental que venha efetivamente a se apoderar da arma de fogo: comum.

Objeto material: somente arma de fogo, porém de qualquer porte, seja de uso permitido, restrito ou proibido. Assim, será fato atípico quando se tratar de munições ou acessórios.

Elemento subjetivo e conduta: é a culpa na modalidade negligência, com a conduta de "deixar de observar as cautelas necessárias" (omissão do dever objetivo de cuidado).

Consumação e tentativa: consuma-se no exato momento em que há o apossamento pelo menor de 18 ou deficiente mental da arma de fogo independentemente da ocorrência de deflagração de munição ou crime mais grave (crime instantâneo e de perigo). Dessa forma, caso o agente viva sozinho e esqueça a arma de fogo sobre a mesa, será fato atípico, bem como se ele tiver o zelo necessário, por exemplo, imagine que o agente tenha guardado a arma em um cofre, mas de qualquer forma a criança venha a se apoderar furtando a chave do cofre: não haverá crime. Outrossim,

26 Art. 61, Lei nº 9.099/1995: "Consideram-se infrações penais de menor potencial ofensivo, para os efeitos desta Lei, as contravenções penais e os crimes a que a lei comine pena máxima não superior a 2 (dois) anos, cumulada ou não com multa.".

27 Art. 2º, Lei nº 9.099/1995: "O processo orientar-se-á pelos critérios da oralidade, simplicidade, informalidade, economia processual e celeridade, buscando, sempre que possível, a conciliação ou a transação.".

por ser delito culposo e omissivo puro, não se admite a tentativa: ou se consuma, ou não há crime.

Concurso material: caso o menor de 18 anos ou o deficiente mental que tenha se apoderado da arma de fogo venha a cometer um crime, por exemplo, um homicídio, então o agente possuidor ou proprietário da arma de fogo responderá pela infração do art. 13 (omissão de cautela) e também pelo outro delito cometido.

É muito comum as bancas de concursos cobrarem acerca desse crime o deficiente físico, mas é incorreto. Portanto, tenha muito cuidado e lembre-se que são apenas dois sujeitos os quais descrevem o tipo penal sobre se apoderar da arma de fogo:

- Menor de 18 anos de idade;
- Pessoa com deficiência mental.

~~Deficiente físico~~
(Fato atípico)

Descrição do crime (parágrafo único)

Sujeitos do crime: em relação ao sujeito ativo é próprio, pois somente "o proprietário ou diretor responsável" da empresa de segurança e transporte de valores poderá cometê-lo; já o sujeito passivo imediato é a coletividade (crime vago), contudo há dois obstáculos nos estudos: o registro policial (qualquer delegacia) e a comunicação à Polícia Federal (especificamente).

Objeto material: arma de fogo, acessório ou munição que estejam sob sua guarda.

Elemento subjetivo e conduta: é exclusivamente doloso (não se admite a modalidade culposa) com condutas omissivas próprias de "deixar de registrar" ocorrência policial do sumiço e "deixar de comunicar" à Polícia Federal.

Consumação e tentativa: consuma-se após 24 horas do efetivo conhecimento do furto ou extravio (crime a prazo). Por conta disso, não se inicia a contagem do tempo enquanto não houver o conhecimento "do sumiço". A tentativa não é possível, por ser um crime omissivo próprio (ou omissivo puro).

Porte ilegal de arma de fogo de uso permitido (art. 14º)

Art. 14. *Portar, deter, adquirir, fornecer, receber, ter em depósito, transportar, ceder, ainda que gratuitamente, emprestar, remeter, empregar, manter sob guarda ou ocultar arma de fogo, acessório ou munição, de uso permitido, sem autorização e em desacordo com determinação legal ou regulamentar:*

Pena *– reclusão, de 2 (dois) a 4 (quatro) anos, e multa.*

Parágrafo único. *O crime previsto neste artigo é inafiançável, salvo quando a arma de fogo estiver registrada em nome do agente. (Vide Adin 3.112-1)*

Semelhantemente ao art. 12º, este delito prevê incriminação pelo porte de arma de fogo, acessório ou munição, de uso permitido. Cuidado, pois, caso o agente possua autorização para posse de arma de fogo de uso permitido em sua residência e a leve consigo para o seu local de trabalho, sem ser proprietário ou responsável legal, configurará crime previsto no art. 14º: porte ilegal de arma de fogo de uso permitido.

Além disso, se a arma de fogo, acessório ou munição forem "de uso restrito" ou "de uso proibido", então o crime será o do art. 16º (posse ou porte ilegal de arma de fogo de uso restrito ou proibido).

Cuida-se apenas de arma de fogo (toda a Lei nº 10.826/2003), portanto, é fato atípico para o Estatuto do Desarmamento o porte de arma branca: será contravenção penal (art. 19º, LCP).

Descrição do crime

Sujeito ativo: comum, uma vez que qualquer pessoa pode cometê-lo, até mesmo um integrante dos órgãos de segurança pública cujo porte seja deferido, basta que esteja com arma de fogo diversa da qual lhe foi autorizada, por exemplo: um policial militar que transporte no seu carro uma Winchester .44, do século XIX, totalmente funcional, a qual tenha ganhado de seu avô, porém sem certificado de registro (CR).

Condutas: como possui 13 verbos, é considerado tipo misto alternativo (de ação múltipla, de conteúdo variado ou multinuclear); assim, no mesmo contexto fático, a prática de mais de uma conduta pelo mesmo agente será crime único, por força do princípio da alternatividade.

Objeto material: arma de fogo, acessório ou munição, de uso permitido (norma penal em branco).

Arma desmuniciada, com defeito parcial e totalmente inapta: com relação a capacidade lesiva da arma, devemos entender como é a jurisprudência dos Tribunais Superiores e como é cobrado em prova, havendo algumas situações.

→ **Arma desmontada ou desmuniciada:** é crime, do mesmo modo que carregar apenas uma única munição.

"O Supremo Tribunal Federal firmou o entendimento de que é de perigo abstrato o crime de porte ilegal de arma de fogo, sendo, portanto, **irrelevante** para sua configuração encontrar-se a **arma desmontada ou desmuniciada**."[28]

"Este Superior Tribunal de Justiça tem jurisprudência pacificada no sentido de que o **porte ilegal de arma de fogo desmuniciada ou desmontada configura hipótese de perigo abstrato**, bastando apenas a prática do ato de levar consigo para a consumação do delito. Dessa forma, eventual nulidade do laudo pericial, ou até mesmo a sua ausência, **não impede o enquadramento da conduta.**".[29]

→ **Arma com defeito parcial:** trata-se de objeto material com impropriedade relativa e, portanto, é típica.

"O mero fato de o **funcionamento de arma de fogo não ser perfeito** não afasta a tipicidade material do **crime definido** no art. 14 da Lei nº 10.826/2003.".[30]

---

28 STF, HC 95.861/RJ, Rel. p/ ac. Min. Dias Toffoli, julgado em 02/06/2015, 2ª Turma, DJe 01/07/2015.

29 STJ, AgRg no REsp 1.390.999/SP, Rel. Min. Laurita Vaz, julgado em 27/03/2014, 5ª Turma, DJe 03/04/2014. Precedente: STJ, AgRg no AREsp 179.022/DF, Rel. Min. Assusete Magalhães, julgado em 07/02/2013, 6ª Turma, DJe 05/04/2013.

30 STF, HC 93.816/RS, Rel. Min. Joaquim Barbosa, julgado em 06/05/2008, 2ª Turma, DJe 01/08/2008 (Vide Inf. 505).

→ **Arma totalmente inidônea:** crime impossível, pela impropriedade absoluta do objeto material ou ineficácia absoluta do meio.

"Não está caracterizado o crime de porte ilegal de **arma de fogo** quando o instrumento apreendido sequer pode ser enquadrado no conceito técnico de arma de fogo, por estar quebrado e, de acordo com laudo pericial, **totalmente inapto** para realizar disparos.".[31]

Para configurar o crime impossível, não só a arma de fogo deve ser totalmente inapta, mas também a arma estar desmuniciada ou as munições serem totalmente inaptas (deflagradas e percutidas ou estragadas).

"A Terceira Seção desta Corte pacificou entendimento no sentido de que o tipo penal de posse ou porte ilegal de arma de fogo cuida-se de delito de mera conduta ou de perigo abstrato, sendo irrelevante a demonstração de seu efetivo caráter ofensivo.

Na hipótese, contudo, em que demonstrada por laudo pericial a **total ineficácia da arma de fogo** (inapta a disparar) **e das munições apreendidas** (deflagradas e percutidas), deve ser reconhecida a atipicidade da conduta perpetrada, diante da ausência de afetação do bem jurídico incolumidade pública, tratando-se de **crime impossível pela ineficácia absoluta do meio.**"[32]

É CRIME		
Arma desmontada ou desmuniciada	Arma com defeito parcial	Arma inapta e municiada

Elemento subjetivo: delito exclusivamente doloso (não há tipificação da modalidade culposa) e sem necessidade de fim específico (dolo genérico).

Elemento normativo jurídico: sem autorização e em desacordo com determinação legal ou regulamentar (norma penal em branco).

Consumação e tentativa: é instantâneo nas condutas: adquirir, fornecer, receber, ceder, emprestar, remeter e empregar; permanente nas demais. A tentativa é possível.

Ação penal: pública incondicionada, por se tratar de crime de perigo abstrato e de mera conduta, no qual o bem jurídico tutelado é a incolumidade pública (segurança pública e paz social).

Fiança policial: o parágrafo único foi considerado inconstitucional pelo STF (ADI 3.112), portanto, é possível a fiança em sede policial (art. 322º, CPP), já que sua pena máxima é de 4 anos e não está no rol constitucional dos crimes inafiançáveis (art. 5º, incs. XLII, XLIII e XLIV, CF/88).

Concurso de crimes: normalmente, o porte ilegal de arma de fogo – tanto de uso permitido quanto de uso restrito – é crime-meio (menor e menos grave) para se atingir um crime-fim (maior e mais grave). Dessa forma, poderá ou não ocorrer a absorção do porte pelo crime mais grave (princípio da consunção), desde que seja no mesmo contexto fático, por exemplo, o agente porta arma de fogo para o cometimento de um único homicídio ou roubo, então será possível a aplicação da consunção, havendo crime único, portanto, tenha cuidado.

31 STJ, AgRg no AREsp 397.473/DF, Rel. Min. Marco Aurélio Bellizze, julgado 19/08/2014, 5ª Turma, DJe 25/08/2014 (Vide Inf. 544).

32 STJ, REsp 1.451.397/MG, Rel. Min. Maria Thereza de Assis Moura, julgado em 15/09/2015, 6ª Turma, DJe 01/10/2015 (Vide Inf. 570).

→ **Roubo e porte, no mesmo contexto (logo após):** é crime único (princípio da consunção).

"O crime de porte de arma é **absorvido** pelo de roubo quando restar evidenciado o nexo de dependência ou de subordinação entre as duas condutas e que os delitos foram praticados em um mesmo contexto fático – o que caracteriza o princípio da consunção.".[33]

"PRINCÍPIO DA CONSUNÇÃO. ABSORÇÃO DO PORTE ILEGAL DE ARMA PELO CRIME PATRIMONIAL. A posse de arma de fogo, **logo após** a execução de roubo com o seu emprego, **não constitui crime autônomo** previsto no art. 16, §1º, IV, da Lei nº 10.826/03, por se encontrar na linha de desdobramento do crime patrimonial.".[34]

→ **Roubo e porte, em contexto diverso (dias após):** configura concurso material de crimes (delitos autônomos).

"PRINCÍPIO DA CONSUNÇÃO. INAPLICABILIDADE. CIRCUNSTÂNCIAS FÁTICAS DISTINTAS. DELITOS AUTÔNOMOS. [...] o acusado foi flagrado na **posse ilegal da arma de fogo em momento distinto** ao da prática do crime de roubo, caracterizando, assim, uma nova conduta autônoma e independente, o que **impede a aplicação do princípio da consunção.**".[35]

→ **Homicídio e porte de arma de fogo:** Há duas situações possíveis:

Caso ocorra **no mesmo contexto fático**, será **crime único**, por exemplo, imagine que, logo após a prisão do estuprador de sua filha, o pai – sob o domínio de violenta emoção – saque a arma do coldre do policial que estava levando o meliante e, então, dispare contra o bandido.

"A jurisprudência desta Corte Superior de Justiça orienta no sentido de que **o crime de homicídio absorve o de porte ilegal de arma de fogo** quando as duas condutas delituosas guardem, entre si, uma **relação de meio e fim** estreitamente vinculadas.".[36]

Se o agente não possuir autorização de posse nem porte, mas tiver a arma de fogo previamente **(contexto diverso)**, haverá **concurso de crimes.**

"A conduta de portar armas ilegalmente **não pode ser absorvida** pelo crime de homicídio qualificado, quando resta evidenciada a existência de crimes autônomos, sem nexo de dependência ou subordinação.".[37]

"Embora seja admissível, não se revela possível, 'in casu', a aplicação do princípio da consunção, porquanto a conduta de portar a arma de um lado, e a tentativa de homicídio de outro, ao que se tem, decorrem de desígnios autônomos **não se verificando a relação de meio e fim** que autoriza a absorção de uma figura típica pela outra.".[38]

33 STJ, Jurisprudência em Teses nº 51. Precedentes: HC 315.059/SP; AgRg no AREsp 484.845/DF; HC 249.718/RJ; HC 228.062/SC; HC 206.274/SP; HC 71.696/PR; HC 156.621/SP; HC 138.530/SP.

34 STF, RHC 123.399/RJ, Rel. Min. Dias Toffoli, julgado em 30/09/2014, 1ª Turma, DJe 17/11/2014.

35 STJ, AgRg no AREsp 988.625/ES, Rel. Min. Ribeiro Dantas, julgado em 07/03/2017, 5ª Turma, DJe 15/03/2017. No mesmo sentido: HC 241.666/SP, HC 317.337/RJ.

36 STJ, HC 126.944/MS, Rel. Min. Jorge Mussi, julgado em 04/03/2010, 5ª Turma, DJe 05/04/2010.

37 STJ, HC 226.373/SP, Rel. Min. Laurita Vaz, julgado em 26/02/2013, 5ª Turma, DJe 06/03/2013.

38 STJ, HC 101.127/SP, Rel. Min. Felix Fischer, julgado em 02/10/2008, 5ª Turma, DJe 10/11/2008.

→ **Legítima defesa absorve o homicídio, mas não o porte ilegal de arma de fogo:** trata-se de delito autônomo.

"**Não se comunica** a excludente de ilicitude que é a legítima defesa, relativa ao homicídio, **ao crime autônomo de porte ilegal de arma.**".[39]

Multiplicidade de armas do mesmo tipo penal: o porte de mais de uma arma de fogo, munição ou acessório, no mesmo contexto, e do mesmo tipo penal (e.g.: ou apenas do art. 14, ou apenas do art. 16), não configura concurso de crimes, mas sim crime único (princípio da consunção).

"A apreensão de **mais de uma** arma de fogo, acessório ou munição, em um **mesmo contexto** fático, não caracteriza concurso formal ou material de crimes, mas **delito único.**".[40]

Multiplicidade de armas de tipos penais diferentes: o porte de mais de uma arma de fogo, munição ou acessório, no mesmo contexto, de uso permitido (art. 14) e de uso restrito ou proibido (art. 16), haverá concurso de crimes, porque estão em tipos penais diferentes. Quanto ser concurso material ou formal de crimes, há divergência doutrinária e, por conseguinte, a banca irá mencionar que ocorrerá apenas o concurso de crimes (sem adentrar às suas espécies, material ou formal).

"**Não há crime único,** podendo haver concurso formal, quando, no mesmo contexto fático, o agente incide nas condutas dos arts. 14 (porte ilegal de arma de fogo de uso permitido) e 16 (posse ou porte ilegal de arma de fogo de uso restrito) da Lei nº 10.826/2003.".[41]

"**Não há crime único**, podendo haver concurso material, quando, no mesmo contexto fático, o agente incide nas condutas dos arts. 14 (porte ilegal de arma de fogo de uso permitido) e 16 (posse ou porte ilegal de arma de fogo de uso restrito) da Lei nº 10.826/2003.".[42]

> O Estatuto do Desarmamento prevê a incriminação não só de armas de fogo, mas também de munições e acessórios. Sendo assim, a conduta de levar consigo munições sem a referida arma de fogo, incorrerá em crime previsto no Estatuto (Lei nº 10.826/2003), até mesmo se estiver com partes da arma de fogo ou com ela desmuniciada. Do mesmo modo, quando se tratar de acessórios, por exemplo, uma mira telescópica.

Disparo de arma de fogo (art. 15º)

Art. 15. *Disparar arma de fogo ou acionar munição em lugar habitado ou em suas adjacências, em via pública ou em direção a ela, desde que essa conduta não tenha como finalidade a prática de outro crime:*

***Pena** – reclusão, de 2 (dois) a 4 (quatro) anos, e multa.*

***Parágrafo único.** O crime previsto neste artigo é inafiançável. (Vide Adin 3.112-1)*

Cuida-se de crime subsidiário (soldado reserva)[43], isto é, se o agente tiver intenção de crime mais grave, então será absorvido pelo delito maior. Além disso, só existirá o crime se for praticado em local habitado ou em sua direção.

Descrição do crime

Sujeito ativo: é comum, uma vez que pode ser praticado por qualquer pessoa.

Elemento subjetivo e conduta: é o dolo (não há modalidade culposa) de "disparar" arma de fogo ou "acionar" munição (tipo misto alternativo).

Delimitação espacial: são duas situações que devem ser somadas para o crime existir: em lugar habitado ou em suas adjacências e em via pública ou em direção a ela. Se o agente efetuar o disparo em local ermo e desabitado, por exemplo: em uma área rural sem pessoas aos arredores, então será fato atípico.

Objeto material: arma de fogo ou munição, de uso permitido, restrito ou proibido (norma penal em branco). O tipo penal não mencionou sobre "acessório" (fato atípico).

Consumação e tentativa: consuma-se no momento em que ser der o disparo da arma ou o acionamento da munição (delito instantâneo) e de mera conduta (não é obrigatória ocorrência de resultado naturalístico a bem jurídico individual), sendo possível a tentativa (plurissubsistente)[44].

→ **Absorção do porte pelo disparo:** há duas situações a depender do contexto.

> **No mesmo contexto:** será crime único, havendo absorção do porte de arma de fogo de uso permitido (art. 14) pelo disparo de arma de fogo (princípio da consunção).

"A jurisprudência desta Corte possui entendimento firmado no sentido de que não é automática a aplicação do princípio da consunção para **absorção do** delito de **porte** de arma de fogo **pelo** de **disparo**, dependendo das circunstâncias em que ocorreram as condutas.

"Na hipótese dos autos, as instâncias ordinárias reconheceram que os crimes foram praticados no **mesmo contexto** fático, devendo ser aplicado o referido postulado para que a **conduta menos grave** (porte ilegal de arma de fogo) seja **absorvida pela conduta mais grave** (disparo de arma de fogo).".[45]

> **Em momentos distintos (contexto diverso):** haverá concurso de crimes (delitos autônomos).

"Segundo iterativa jurisprudência desta Corte, **não há falar em aplicação do princípio da consunção** quando dos delitos de porte ilegal de arma e disparo de arma de fogo são praticados em **momentos diversos**, em **contextos distintos**".[46]

39 STF, HC 120.678/PR, Rel. p/ ac. Min. Marco Aurélio, julgado em 24/02/2015, 1ª Turma, DJe 06/04/2015.

40 STJ, Jurisprudência em Teses nº 23. Precedentes: HC 228.231/SP; HC 163.783/RJ; HC 194.697/SP; HC 104.669/RJ; HC 110.800/SP; AREsp 303.312/SP (Vide Inf. 488).

41 STJ, Jurisprudência em Teses nº 23. Precedentes: HC 130.797/SP; HC 162.018/SP.

42 STJ, Jurisprudência em Teses nº 23. Precedentes: HC 211.834/SP; REsp 1.418.900/AL.

43 HUNGRIA, N. Comentários ao Código Penal. 5ª ed. Rio de Janeiro: Forense, v.1, 1977. Tomo I (arts. 1º ao 10), p. 147.

44 Para Guilherme de Souza Nucci, o delito pode ser unissubsistente ou plurissubsistente, dependendo do mecanismo eleito pelo agente. (NUCCI, G. S. Leis Penais e Processuais Penais Comentadas. 8ª ed. Rio de Janeiro: Forense, v.2, 2014)

45 STJ, AgRg no REsp 1.331.199/PR, Rel. Min. Ericson Maranho (Des. Conv. do TJ/SP), julgado em 23/10/2014, 6ª Turma, DJe 10/11/2014.

46 STJ, CC 134.342/GO, Rel. Min. Newton Trisotto (Des. Conv. do TJ/SC), julgado em 22/04/2015, 3ª Seção, DJe 05/05/2015. Precedentes: HC 128.533/MG; AgRg no REsp 1.347.003/SC; HC 214.606/RJ.

Concurso de crimes: normalmente, quando a finalidade for crime mais grave, então este absorverá o disparo, por se tratar de crime subsidiário, descrito no trecho: "desde que essa conduta não tenha como finalidade a prática de outro crime" (subsidiariedade explícita). Por exemplo: o agente dispara arma de fogo com a finalidade de se cometer um homicídio. Entretanto, o problema surge se o delito não for mais grave, há divergência doutrinária, como é o exemplo do disparo de arma de fogo e lesão corporal de natureza leve.

Nesse sentido, discorre Fernando Capez (apud Gonçalves & Júnior, 2016):

"Em resumo, o delito previsto no art. 15, 'caput', da Lei nº 10.826/2003 não é absorvido pelo crime de lesões corporais de natureza leve, em face de sua maior gravidade. Entendemos que **o agente responde por ambos os crimes em concurso**".[47]

Posse ou porte ilegal de arma de fogo de uso restrito (art. 16º)

> ***Art. 16.*** *Possuir, deter, portar, adquirir, fornecer, receber, ter em depósito, transportar, ceder, ainda que gratuitamente, emprestar, remeter, empregar, manter sob sua guarda ou ocultar arma de fogo, acessório ou munição de uso restrito, sem autorização e em desacordo com determinação legal ou regulamentar: (Redação dada pela Lei nº 13.964, de 24/12/2019)*
>
> ***Pena*** *- reclusão, de 3 (três) a 6 (seis) anos, e multa.*
>
> ***§1º.*** *Nas mesmas penas incorre quem: (Redação dada pela Lei nº 13.964, de 24/12/2019)*
>
> ***I.*** *suprimir ou alterar marca, numeração ou qualquer sinal de identificação de arma de fogo ou artefato;*
>
> ***II.*** *modificar as características de arma de fogo, de forma a torná-la equivalente a arma de fogo de uso proibido ou restrito ou para fins de dificultar ou de qualquer modo induzir a erro autoridade policial, perito ou juiz;*
>
> ***III.*** *possuir, detiver, fabricar ou empregar artefato explosivo ou incendiário, sem autorização ou em desacordo com determinação legal ou regulamentar;*
>
> ***IV.*** *portar, possuir, adquirir, transportar ou fornecer arma de fogo com numeração, marca ou qualquer outro sinal de identificação raspado, suprimido ou adulterado;*
>
> ***V.*** *vender, entregar ou fornecer, ainda que gratuitamente, arma de fogo, acessório, munição ou explosivo a criança ou adolescente; e*
>
> ***VI.*** *produzir, recarregar ou reciclar, sem autorização legal, ou adulterar, de qualquer forma, munição ou explosivo.*
>
> ***§2º.*** *Se as condutas descritas no 'caput' e no §1º deste artigo envolverem arma de fogo de uso proibido, a pena é de reclusão, de 4 (quatro) a 12 (doze) anos. (Incluído pela Lei nº 13.964, de 24/12/2019)*

Cuida-se, não só da *posse*, mas também do *porte* (além de outras 12 condutas previstas no *caput* e mais outras 19 figuras equiparadas no §1º) de arma de fogo, acessório ou munição **de uso restrito** (*caput*) ou **de uso proibido** (§2º), bem como as formas equiparadas (§1º).

Delito hediondo: o art. 16 foi incluído no rol dos crimes hediondos pela Lei nº 13.497, de 26/10/2017. Todavia, com o advindo da Lei nº 13.964, de 24/12/2019, promoveu-se uma alteração nesse dispositivo prevendo ser hediondo "o crime de posse ou porte ilegal de arma de fogo de uso proibido" (art. 1º, par. único, II, Lei nº 8.072/90).

Desde a Lei nº 13.497/17 se discutia acerca do alcance da hediondez do art. 16º do Estatuto do Desarmamento: somente o caput ou todo o artigo (caput e figuras equiparadas). De acordo com o Superior Tribunal de Justiça – STJ, todo o art. 16 possui natureza hedionda.

INFORMATIVO Nº 657 – STJ:

"A qualificação de hediondez aos crimes do art. 16 da Lei nº 10.826/2003, inserida pela Lei nº 13.497/2017, abrange os tipos do 'caput' e as condutas equiparadas previstas no seu parágrafo único.

O art. 16 da Lei nº 10.826/2003 (Estatuto do Desarmamento) prevê gravosas condutas de contato com 'arma de fogo, acessório ou munição de uso proibido ou restrito', vindo seu parágrafo único a acrescer figuras equiparadas — em gravidade e resposta criminal. Dessa forma, ainda que algumas das condutas equiparadas possam ser praticadas com armas de uso permitido, o legislador as considerou graves ao ponto de torná-las com reprovação criminal equivalente às condutas do 'caput'. No art. 1º, parágrafo único, da Lei nº 8.072/1990, com redação dada pela Lei nº 13.497/2017, o legislador limitou-se a prever que o delito descrito no art. 16 da Lei nº 10.826/2003 é considerado hediondo. Assim, como a equiparação é tratamento igual para todos os fins, considerando equivalente o dano social e equivalente também a necessária resposta penal, salvo ressalva expressa, ao ser qualificado como hediondo o art. 16 da Lei nº 10.826/2003, as condutas equiparadas devem receber igual tratamento.".[48]

Reviveu-se a discussão pela doutrina a partir da Lei nº 13.964/19, na medida em que o nomen juris foi alterado para "posse ou porte ilegal de arma de fogo de uso proibido", ou seja, o art. 16º do Estatuto do Desarmamento só é hediondo quando envolver arma de fogo de uso proibido.

Inafiançável e insuscetível de graça, anistia e indulto: por se tratar de delito hediondo, não há possibilidade de fiança nem perdão pelos dispositivos da graça, da anistia e do indulto (art. 2º, caput, Lei nº 8.072/90)[49], mas ainda é suscetível de liberdade provisória (art. 2º, §3º, Lei nº 8.072/90)[50].

Descrição do crime (*caput*)

Sujeito ativo: é comum, uma vez que pode ser praticado por qualquer pessoa.

Elemento subjetivo e conduta: exclusivamente doloso (não há modalidade culposa) e, como possui 14 verbos, é considerado de ação múltipla (de conteúdo variado, tipo misto alternativo ou multinuclear).

Objeto material: no caput, trata-se apenas de arma de fogo, acessório ou munição de uso restrito.

Consumação e tentativa: em regra, é delito instantâneo, nas condutas: adquirir, fornecer, ceder, emprestar, remeter e empregar. Será permanente, nas condutas: possuir, deter, portar, ter em depósito, transportar, manter sob sua guarda e ocultar arma

47 GONÇALVES, V. E. R.; JUNIOR, J. P. B. Legislação Penal Especial. 2. ed. São Paulo: Saraiva, 2016, p. 229.

48 STJ, Informativo nº 657, HC 526.916/SP, Rel. Min. Nefi Cordeiro, julgado em 01/10/2019, 6ª Turma, DJe 08/10/2019.

49 Art. 2º, caput, Lei nº 8.072/1990: "Os crimes hediondos, a prática da tortura, o tráfico ilícito de entorpecentes e drogas afins e o terrorismo são insuscetíveis de: I - anistia, graça e indulto; II - fiança. [...]".

50 Art. 2º, §3º, Lei nº 8.072/1990: "Em caso de sentença condenatória, o juiz decidirá fundamentadamente se o réu poderá apelar em liberdade.".

de fogo. Não há a necessidade de resultado naturalístico a integridade física individual, haja vista ser crime de mera conduta e de perigo abstrato. A tentativa é possível (plurissubsistente).

Formas equiparadas (§1º): as condutas previstas no §1º sujeitam o agente às mesmas penas previstas no caput. Estende-se o alcance de incriminação da norma, abarcando as armas de fogo, acessórios e munições de uso restrito, de uso permitido (conspurcadas) e artefatos explosivos ou incendiários.

Forma qualificada (§2º): a pena será de reclusão de 4 (quatro) a 12 (doze) anos se a arma de fogo for de uso proibido.

Conflito aparente de normas: por força do princípio da especialidade, quando houver conflito entre normas penais e o objeto material for arma de fogo, acessório ou munição, então prevalecerá o Estatuto do Desarmamento.

Conduta	Conflito	Prevalece
Numeração, marca ou qualquer outro sinal de identificação raspado, suprimido ou adulterado	Arts. 12 e 14 (Est. do Desarmamento)	Art. 16, §1º, I e IV (Est. do Desarmamento)
Fraude processual em arma de fogo	Art. 347 do CP	Art. 16, §1º, II (Est. do Desarmamento)
Ceder arma de fogo, acessório, munição ou explosivo à criança ou ao adolescente	Art. 242 do ECA	Art. 16, §1º, V (caso a arma não seja de fogo, então se aplicará o ECA)
Possuir, deter, fabricar ou empregar artefato explosivo ou incendiário, sem autorização ou em desacordo com determinação legal ou regulamentar	Art. 253 do CP	Art. 16, §1º, III (Est. do Desarmamento)

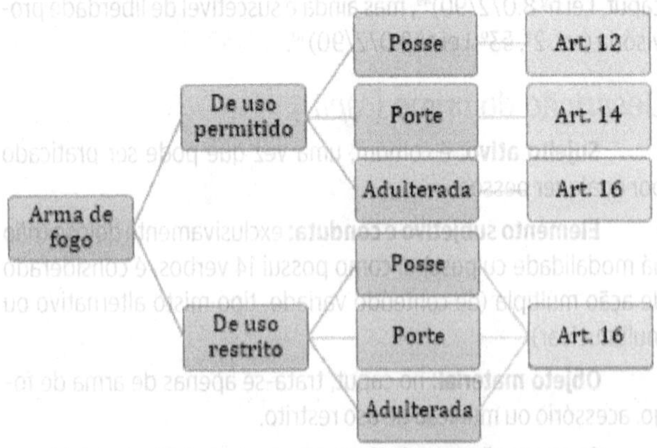

Comércio ilegal de arma de fogo (art. 17º)

Art. 17. *Adquirir, alugar, receber, transportar, conduzir, ocultar, ter em depósito, desmontar, montar, remontar, adulterar, vender, expor à venda, ou de qualquer forma utilizar, em proveito próprio ou alheio, no exercício de atividade comercial ou industrial, arma de fogo, acessório ou munição, sem autorização ou em desacordo com determinação legal ou regulamentar:*

Pena *– reclusão, de 6 (seis) a 12 (doze) anos, e multa. (Redação dada pela Lei nº 13.964, de 24/12/2019)*

§1º. *Equipara-se à atividade comercial ou industrial, para efeito deste artigo, qualquer forma de prestação de serviços, fabricação ou comércio irregular ou clandestino, inclusive o exercido em residência. (Redação dada pela Lei nº 13.964, de 24/12/2019)*

§2º. *Incorre na mesma pena quem vende ou entrega arma de fogo, acessório ou munição, sem autorização ou em desacordo com a determinação legal ou regulamentar, a agente policial disfarçado, quando presentes elementos probatórios razoáveis de conduta criminal preexistente. (Incluído pela Lei nº 13.964, de 24/12/2019)*

Por mais que o nome do crime dê a impressão de ser "compra e venda" (comércio) apenas de "armas de fogo" (comércio ilegal de arma de fogo), o tipo penal abarca não só a atividade comercial, mas também a industrial e a prestadora de serviços, bem como os acessórios e as munições.

Descrição do crime

Sujeito ativo: é próprio, uma vez que somente o agente que estiver "no exercício de atividade comercial ou industrial" (habitualidade preexistente), sem autorização ou em desacordo com determinação legal ou regulamentar. Se cometido por qualquer um dos agentes listados nos arts. 6º, 7º ou 8º, haverá aumento de metade da pena (art. 20).

Atividade irregular ou residencial (§1º): o exercício habitual exercido de forma irregular, clandestino ou residencial será equiparado à atividade comercial ou industrial.

Armeiro: "o exercício da atividade de armeiro, sem a devida licença, pode sujeitar o infrator às penas do art. 17, §1º, da Lei nº 10.826/03.".[51]

Art. 4º*, Portaria nº 2.259/2011 (DG-DPF): "O armeiro não poderá prestar qualquer serviço aos possuidores de armas de fogo não registradas ou sem os documentos de que trata o artigo anterior, devendo, nesse caso, informar imediatamente à Polícia Federal.".*

Art. 5º*, Portaria nº 2.259/2011 (DG-DPF): "É vedado ao armeiro a realização de recarga de munição, assim como adquirir, deter ou manter em depósito equipamento ou material destinado a esse fim.".*

Art. 6º*, §2º, Portaria nº 2.259/2011 (DG-DPF): "É vedada a modificação das características da arma de fogo, de forma a torná-la equivalente a arma de fogo de uso proibido ou restrito ou para fins de dificultar ou de qualquer modo induzir a erro autoridade policial, perito ou juiz.".*

Art. 7º*, Portaria nº 2.259/2011 (DG-DPF): "A licença concedida ao armeiro não implica autorização para a fabricação artesanal de armas, armações, canos, ferrolhos, e nem para a comercialização do material que tiver posse em razão de seu ofício.".*

Elemento subjetivo e conduta: delito exclusivamente doloso (não se admite a forma culposa) e de tipo misto alternativo (de ação múltipla, de conteúdo variado ou multinuclear), por haver 14 verbos.

Objeto material: arma de fogo, acessório ou munição, sem autorização ou em desacordo com determinação legal ou regulamentar.

---

51 ORIENTAÇÕES para o Licenciamento de Armeiros. Polícia Federal, 26 abr. 2012. Disponível em: <http://www.pf.gov.br/servicos-pf/armas/armeiros/licenciamento-armeiros>. Acesso em: 5 mar. 2020.

Forma simples (caput): a punição na modalidade simples só é cabível ao objeto material de uso permitido (reclusão, de 6 a 12 anos, e multa).

Forma majorada: se a arma de fogo, acessório ou munição forem de uso proibido ou restrito, então haverá aumento de metade da pena (art. 19).

Consumação e tentativa: instantâneo nas modalidades: adquirir, receber, desmontar, montar, remontar, adulterar, vender ou utilizar; e permanente nas demais: alugar, transportar, conduzir, ocultar, ter em depósito, expor à venda. A tentativa é admissível (plurissubsistente).

Delito hediondo: a Lei nº 13.964, de 24/12/2019, incluiu o art. 17 do referido Estatuto no rol dos crimes hediondos (art. 1º, par. único, III, Lei nº 8.072/90).

Inafiançável e insuscetível de graça, anistia e indulto: por se tratar de delito hediondo, não há possibilidade de fiança nem perdão pelos dispositivos da graça, da anistia e do indulto (art. 2º, caput, Lei nº 8.072/90), mas ainda é suscetível de liberdade provisória (art. 2º, §3º, Lei nº 8.072/90).

Prisão por agente encoberto (§2º): a Lei nº 13.964/19 (pacote anticrime) acrescentou a possibilidade de prisão em flagrante, por agente policial disfarçado, de quem vender ou entregar arma de fogo, acessório ou munição – desde que a conduta criminal seja preexistente. Não haverá crime impossível por obra do agente provocador, o chamado flagrante preparado (Súm. nº 145 do STF).

Justificado no Projeto de Lei nº 882/2019, de autoria do Ministro Sérgio Moro, segundo o qual:

"Vale aqui lembrar que as operações policiais disfarçadas, 'undercover operations' nos Estados Unidos, são extremamente eficazes naquele país. A exigência de indícios de conduta criminal pré-existente visa evitar aquilo que os norte-americanos chamam de 'entrapment', quando um agente policial provoca a prática de um crime por parte de um inocente e não de um criminoso. A Súmula nº 145 do STF (Não há crime, quando a preparação do flagrante pela polícia torna impossível a sua consumação) não é óbice para a sua aplicação, pois, além de antiga e ter analisado matéria legal, o Supremo vem temperando sua rigidez. No HC 67.908/SP, julgado pela 2ª Turma do STF em 08/03/1990, decidiu-se, cf. ementa, que 'denunciado o paciente pela guarda de haxixe, para comercialização, ato preexistente à venda ficta da substância entorpecente aos policiais — não há falar em crime impossível em face da provocação do flagrante'. O mesmo entendimento foi manifestado no HC 69.476/SP, julgado também pela 2ª Turma do STF em 04/08/1992 ('Posse de entorpecente pelo réu, que preexistia à atuação do agente provocador, ao manifestar interesse pela aquisição da droga, para fixar a prova pelo crime já consumado. Não é invocável, na espécie, a Súmula 145'). De teor semelhante, encontram-se ainda o HC 72.674/SP, julgado em 26/03/1996, pela 2ª Turma do STF; o HC 73.898/SP, julgado pela 2ª Turma do STF em 21/05/1996; o HC 74.510/SP, julgado pela 1ª Turma do STF em 08/10/1996; e o HC 81.970/SP, julgado pela 1ª Turma do STF em 28/06/2002.".

Tráfico internacional de arma de fogo (art. 18º)

Art. 18. Importar, exportar, favorecer a entrada ou saída do território nacional, a qualquer título, de arma de fogo, acessório ou munição, sem autorização da autoridade competente:

Pena – reclusão de 8 (oito) a 16 (dezesseis) anos, e multa. (Redação dada pela Lei nº 13.964, de 24/12/2019)

Parágrafo único. Incorre na mesma pena quem vende ou entrega arma de fogo, acessório ou munição, em operação de importação, sem autorização da autoridade competente, a agente policial disfarçado, quando presentes elementos probatórios razoáveis de conduta criminal preexistente. (Incluído pela Lei nº 13.964, de 24/12/2019)

Descrição do crime

Sujeito ativo: pode ser praticado por qualquer pessoa, por isso se trata de crime comum. Por força da conduta "favorecer a qualquer título", agentes públicos, em serviço, também incorrerão no delito que, de qualquer forma, favorecerem (não evitarem ou buscar evitar, dolosamente). Se cometido por qualquer um dos agentes listados nos arts. 6º, 7º ou 8º, haverá aumento de metade da pena (art. 20).

Elemento subjetivo e conduta: é o dolo (não há conduta culposa) da internacionalidade de forma ilegal, atinge os interesses não só da coletividade (segurança pública), mas também da União pela ausência de pagamento dos tributos de importação ou exportação. Como possui 3 verbos, é considerado de conteúdo variado (multinuclear, tipo misto alternativo ou de ação múltipla).

Objeto material: arma de fogo, acessório ou munição, sem autorização da autoridade competente.

Forma simples (caput): a punição na modalidade simples só é cabível ao objeto material de uso permitido (reclusão, de 8 a 16 anos, e multa).

Forma majorada: se a arma de fogo, acessório ou munição forem de uso proibido ou restrito, então haverá aumento de metade da pena (art. 19).

Consumação e tentativa: consuma-se no exato momento da entrada no território nacional ou da saída dele (delito instantâneo), não necessitando de efetiva entrega a seu destinatário, venda ou utilização dos objetos (crime formal). É admissível a tentativa (plurissubsistente).

Justiça Federal: os crimes previstos no Estatuto do Desarmamento, em regra, são de competência da Justiça Estadual, porém o tráfico internacional de armas compete à Justiça Federal, pois ofende os interesses da União (art. 21º, XXII, e art. 109, IV e V, da CF) que exerce o controle alfandegário.

Delito hediondo: a Lei nº 13.964, de 24/12/2019, incluiu o tráfico internacional de armas de fogo no rol dos crimes hediondos (art. 1º, par. único, IV, Lei nº 8.072/90).

Inafiançável e insuscetível de graça, anistia e indulto: por se tratar de delito hediondo, não há possibilidade de fiança nem perdão pelos dispositivos da graça, da anistia e do indulto (art. 2º, caput, Lei nº 8.072/90), mas ainda é suscetível de liberdade provisória (art. 2º, §3º, Lei nº 8.072/90).

Prisão por agente encoberto (par. único): a Lei nº 13.964/19 (pacote anticrime) acrescentou a possibilidade de prisão em flagrante, por agente policial disfarçado, de quem vender ou entregar arma de fogo, acessório ou munição – desde que a conduta criminal seja preexistente. Não haverá crime impossível por obra do agente provocador, o chamado flagrante preparado (Súm. nº 145 do STF).

Conflito aparente de normas

Por força do princípio da especialidade, quando os crimes de contrabando (art. 334-A, CP) e a facilitação de contrabando ou descaminho (art. 318, CP) tiverem por objeto armas de fogo, acessórios e munições, então incorrerá no art. 18 do Estatuto do Desarmamento.

Crime	Conflito	Prevalece
Contrabando	Art. 334-A do CP	Art. 18 (Est. do Desarmamento)
Facilitação de contrabando ou descaminho	Art. 318 do CP	Art. 18 (Est. do Desarmamento)

Aumento de pena (arts. 19º e 20º)

Art. 19. *Nos crimes previstos nos arts. 17 e 18, a pena é aumentada da metade se a arma de fogo, acessório ou munição forem de uso proibido ou restrito.*

Art. 20. *Nos crimes previstos nos arts. 14, 15, 16, 17 e 18, a pena é aumentada da metade se:*

I. *forem praticados por integrante dos órgãos e empresas referidas nos arts. 6º, 7º e 8º desta Lei; ou*

II. *o agente for reincidente específico em crimes dessa natureza. (Incluído pela Lei nº 13.964, de 24/12/2019)*

→ Basicamente, haverá aumento de metade da pena em duas situações:

Quanto ao objeto material: de uso restrito ou proibido (nos arts. 17 e 18).

Quanto ao sujeito ativo: agente listado nos arts. 6º, 7º e 8º; ou reincidente específico (nos arts. 14 a 18).

Liberdade provisória (art. 21º)

Art. 21. *Os crimes previstos nos arts. 16, 17 e 18 são insuscetíveis de liberdade provisória.*

Tal artigo foi considerado inconstitucional pelo STF (ADI 3.112), bem como os parágrafos únicos dos arts. 14º e 15º. Portanto, **todos** os crimes do Estatuto do Desarmamento **admitem a liberdade provisória** e, ressalvando os arts. 16º, 17º e 18º (delitos hediondos), também admitem a fiança.

"A **proibição de estabelecimento de fiança** para os delitos de 'porte ilegal de arma de fogo de uso permitido' e de 'disparo de arma de fogo', mostra-se **desarrazoada**, porquanto são crimes de mera conduta, que não se equiparam aos crimes que acarretam lesão ou ameaça de lesão à vida ou à propriedade.

"**Insusceptibilidade de liberdade provisória** quanto aos delitos elencados nos arts. 16, 17 e 18. **Inconstitucionalidade reconhecida**, visto que o texto magno não autoriza a prisão 'ex lege', em face dos princípios da presunção de inocência e da obrigatoriedade de fundamentação dos mandados de prisão pela autoridade judiciária competente. [...]

"Ação julgada procedente, em parte, para declarar a **inconstitucionalidade** dos **parágrafos únicos dos artigos 14 e 15 e do artigo 21** da Lei nº 10.826, de 22 de dezembro de 2003."[52]

Questões

01. Teotônio é proprietário rural, atuando em área de pequeno porte onde habita com sua família e colhe para subsistência. E com pequeno excesso de produção, atua vendendo os produtos nas feiras próximas. Tendo em vista que não existem órgãos de segurança pública no distrito onde exerce a agricultura, requer autorização para portar arma. Nos termos do estatuto do desarmamento, aos residentes em áreas rurais, maiores de vinte e cinco anos, que comprovem depender do emprego de arma de fogo para prover sua subsistência alimentar familiar será concedido pela Polícia Federal o porte de arma de fogo, comprovados os requisitos legais, na categoria:

a) atirador amador.

b) competidor eventual.

c) caçador para subsistência.

d) profissional de segurança.

02. Wolff, após longos serviços prestados na área de segurança pública, é convidado para organizar a memória dos armamentos utilizados no Brasil, compondo catálogo e administrando órgão que seria criado para o exercício do seu mister. Nos termos do estatuto do desarmamento, a classificação legal, técnica e geral, bem como a definição das armas de fogo e demais produtos controlados, de usos proibidos, restritos, permitidos ou obsoletos e de valor histórico serão disciplinadas em ato do chefe do:

a) Poder Executivo Federal.

b) Departamento de Polícia Federal.

c) Setor de Armamentos do Exército.

d) Conselho Nacional de Armas.

03. Considerando o entendimento sumulado e a jurisprudência do STJ acerca da interpretação da Lei nº 10.826/2003, que dispõe sobre o registro, a posse e a comercialização de armas de fogo e munição, assinale a opção correta.

a) Para a configuração do tráfico internacional de arma de fogo, acessório ou munição, não basta apenas a procedência estrangeira do artefato, sendo necessária a comprovação da internacionalidade da ação.

b) Em razão do princípio da mínima lesividade, aquele que detém o porte legal não responderá pelo crime de importar arma de fogo sem autorização da autoridade competente.

c) O delito de comércio ilegal de arma de fogo, acessório ou munição foi abrangido pela abolitio criminis temporária prevista na referida lei.

d) A inaptidão de arma de fogo para efetuar disparos, ainda que comprovada por laudo pericial, não é excludente de tipicidade.

e) O princípio da consunção aplica-se no caso de haver apreensão de armas de fogo e munições de uso permitido e restrito em um mesmo contexto fático.

52 STF, ADI 3.112/DF, Rel. Min. Ricardo Lewandowski, julgado em 02/05/2007, Tribunal Pleno, DJe 26/10/2007.

04. Analise as afirmativas abaixo com base na Lei nº 10.826, de 22 de dezembro de 2003, que "dispõe sobre registro, posse e comercialização de armas de fogo e munição, sobre o Sistema Nacional de Armas - SINARM, define crimes e dá outras providências".

I. É permitido o porte de arma de fogo em todo o território nacional para os integrantes das Forças Armadas.

II. Para adquirir arma de fogo de uso permitido o interessado deverá comprovar capacidade técnica e aptidão psicológica para o manuseio de arma de fogo, sendo dispensada a apresentação de documento comprobatório de ocupação lícita e de residência certa.

III. Os integrantes do quadro efetivo de agentes e guardas prisionais poderão portar arma de fogo de propriedade particular ou fornecida pela respectiva corporação ou instituição, mesmo fora de serviço, desde que estejam submetidos a regime de dedicação exclusiva.

IV. A autorização para o porte de arma de fogo de uso permitido, em todo o território nacional, é de competência da Polícia Civil e da Polícia Federal e somente será concedida após autorização do Sinarm.

Assinale a alternativa que indica todas as afirmativas corretas.

a) São corretas apenas as afirmativas I e III.
b) São corretas apenas as afirmativas I e IV.
c) São corretas apenas as afirmativas I, II e III.
d) São corretas apenas as afirmativas II, III e IV.
e) São corretas as afirmativas I, II, III e IV.

05. De acordo com o Estatuto do Desarmamento (Lei nº 10.826, de 2003), compete ao Sistema Nacional de Armas – SINARM:

I. Cadastrar os armeiros em atividade no País, bem como conceder licença para exercer a atividade.

II. Identificar as características e a propriedade de armas de fogo, mediante cadastro.

III. Cadastrar as apreensões de armas de fogo, inclusive as vinculadas a procedimentos policiais e judiciais.

IV. Cadastrar as armas de fogo produzidas, importadas e vendidas no País e no exterior.

Assinale a alternativa que indica todas as afirmativas corretas.

a) São corretas apenas as afirmativas I, II e III.
b) São corretas apenas as afirmativas I, II e IV.
c) São corretas apenas as afirmativas I, III e IV.
d) São corretas apenas as afirmativas II, III e IV.
e) São corretas as afirmativas I, II, III e IV.

06. Conforme dispõe a Lei nº 10.826, de 2003, a posse irregular de arma de fogo de uso permitido (possuir ou manter sob sua guarda arma de fogo, acessório ou munição, de uso permitido, em desacordo com determinação legal ou regulamentar, no interior de sua residência ou dependência desta, ou, ainda no seu local de trabalho, desde que seja o titular ou o responsável legal do estabelecimento ou empresa) constitui crime sancionável com a seguinte pena:

a) detenção, de 1 a 2 anos, e multa.
b) reclusão, de 1 a 3 anos, e multa.
c) detenção, de 1 a 3 anos, e multa.
d) reclusão, de 2 a 4 anos, e multa.
e) reclusão, de 3 a 6 anos, e multa.

07. Em certo domingo, J. M. S., com vontade livre e consciente, sacou a própria arma, devidamente registrada, e efetuou disparos de arma de fogo, por diversão, nas proximidades da feira permanente de sua cidade. A ação ocorreu por volta de 10 horas, exatamente no momento em que J. M. S. passava de carro pela avenida central, em sentido à rodoviária. Nessa situação hipotética, ele responderá por:

a) comércio ilegal de arma de fogo.
b) homicídio qualificado tentado.
c) disparo de arma de fogo em via pública.
d) lesão corporal gravíssima tentada.
e) perigo para a vida ou para a saúde de outrem.

08. De acordo com o Artigo 10 do Estatuto do Desarmamento (Lei nº 10.826/2003), que dispõe sobre registro, posse e comercialização de armas de fogo e munição sobre o Sistema Nacional de Armas (SINARM), a autorização para o porte de arma de fogo de uso permitido, em todo o território nacional, é de competência da ______.

Assinale a alternativa que preencha corretamente a lacuna.

a) Polícia Civil.
b) Polícia Federal.
c) Polícia Estadual.
d) Polícia Militar.

09. Nos moldes da Lei Federal nº 10.826/2003, a comercialização de armas de fogo, acessórios e munições entre pessoas físicas somente será efetivada mediante autorização:

a) do Sinarm.
b) da Polícia Militar.
c) da Polícia Federal.
d) do Exército.
e) da Guarda Municipal.

10. Considere que "Flora" é ocupante de cargo de Guarda Municipal Feminino de um Município com 90 mil habitantes, que não integra nenhuma região metropolitana. Nessa situação hipotética, a Lei Federal nº 10.826/2003 estabelece, expressamente, que "Flora":

a) não tem direito a usar arma de fogo em serviço.
b) tem direito a usar arma de fogo em serviço e fora dele.
c) não pode usar arma de fogo por ocupar cargo de Guarda Feminino.
d) tem direito a usar arma de fogo em serviço.
e) deve usar a sua arma de fogo particular quando em serviço.

Gabaritos

01	C	06	C
02	A	07	C
03	A	08	B
04	A	09	A
05	A	10	D

5. LEI Nº 9.605/98 – MEIO AMBIENTE

De acordo com o Art. 225 da Constituição Federal: *Todos têm direito ao meio ambiente ecologicamente equilibrado, bem de uso comum do povo e essencial à sadia qualidade de vida, impondo-se ao Poder Público e à coletividade o dever de defendê-lo e preservá--lo para as presentes e futuras gerações.* Devido à importância do meio ambiente, fez-se necessária a edição de uma lei que protegesse das agressões mais relevantes esse importante bem jurídico.

Nesse contexto, surge a Lei 9.605/98, que instituiu regras acerca da proteção ao meio ambiente. Ela determinou, dentre outras medidas, normas referentes à apreensão de produtos e instrumentos das infrações administrativas ou dos crimes ambientais, instituindo, ainda, os chamados crimes ambientais.

Vale ressaltar que essa Lei é aplicada em conjunto com outras leis que tratem do mesmo tema, pois nada impede que outras leis tipifiquem crimes ambientais, além da aplicação subsidiária do próprio Código Penal no que couber. Contudo, convém observar os princípios que regem as normas jurídicas e, em caso de conflito entre elas, deve-se verificar, por meio do princípio da especialidade ou ainda da anterioridade, qual deverá ser aplicado ao caso concreto.

No intuito de seguir o edital do concurso da PRF-2018, analisaremos apenas os Capítulos III e V da Lei 9.605/98.

5.1 Da Apreensão do Produto e do Instrumento de Infração Administrativa ou de Crime

Art. 25. *Verificada a infração, serão apreendidos seus produtos e instrumentos, lavrando-se os respectivos autos.*

§ 1º. *Os animais serão prioritariamente libertados em seu habitat ou, sendo tal medida inviável ou não recomendável por questões sanitárias, entregues a jardins zoológicos, fundações ou entidades assemelhadas, para guarda e cuidados sob a responsabilidade de técnicos habilitados.*

§ 2º. *Até que os animais sejam entregues às instituições mencionadas no § 1º deste artigo, o órgão autuante zelará para que eles sejam mantidos em condições adequadas de acondicionamento e transporte que garantam o seu bem-estar físico.*

§ 3º. *Tratando-se de produtos perecíveis ou madeiras, serão estes avaliados e doados a instituições científicas, hospitalares, penais e outras com fins beneficentes.*

§ 4º. *Os produtos e subprodutos da fauna não perecíveis serão destruídos ou doados a instituições científicas, culturais ou educacionais.*

§ 5º. *Os instrumentos utilizados na prática da infração serão vendidos, garantida a sua descaracterização por meio da reciclagem.*

Poderá ocorrer, por meio das autoridades administrativas ambientais ou pela polícia, desde que havendo indícios de crime ambiental, a apreensão dos instrumentos e produtos da infração ambiental.

A Lei 13.052/14 trouxe algumas modificações nesta lei. Apresentamos, em seu material, o conteúdo atualizado para que não haja confusão.

O § 1º dispõe que os animais devem, de forma prioritária - preferencial-, ser liberados em seu habitat e somente serão entregues a instituições responsáveis caso não seja recomendável a sua soltura na natureza por questões sanitárias. Nessa hipótese, até que os animais sejam entregues as instituições, será dever do órgão autuante o fornecimento de condições adequadas de acondicionamento e transporte que garantam o bem-estar do animal.

No que se refere à doação de madeiras e doação ou destruição de produtos e subprodutos da fauna não perecíveis, somente poderá ocorrer após verificada a infração, ou seja, após o esgotamento do processo administrativo ou criminal, com a definitiva constatação da infração.

O termo "verificada a infração" não deve ser entendido de outro modo, sob pena de permitir o confisco de bens sem o devido processo.

Confisco dos instrumentos de crime ambiental

Esta Lei prevê o confisco genérico, aplicado aos instrumentos de crimes ambientais, independentemente se constituem objetos ilícitos, diferentemente do que prevê o Código Penal.

O Código Penal determina que somente será possível o confisco de objetos cujo porte, fabricação ou alienação constituam objeto ilícito. No entanto, como a Lei 9.605/98 não traz essa ressalva, então todo objeto poderá ser confiscado.

Contudo, os objetos que poderão sofrer o confisco são aqueles que são usualmente utilizados para a prática de infrações ambientais, ou seja, não pode ser qualquer objeto, evitando assim o cometimento de injustiças ou abusos.

5.2 Dos Crimes Contra o Meio Ambiente

A aplicação da legislação penal ambiental necessita de uma adequada construção dos tipos penais e da sua real aplicação. Não é um trabalho fácil redigir essas normas, principalmente porque em sua maioria são mal elaboradas e confusas. Algumas trazem até mesmo dúvida sobre a constitucionalidade. Isso ocorre porque geralmente essas leis são inspiradas por especialistas do setor afetado, muitas vezes leigos com relação às normas jurídicas.

Perceberemos, ao longo deste estudo, a presença das chamadas "normas penais em branco": são normas que necessitam de uma complementação para que o ilícito penal seja totalmente construído, visto que diversos crimes necessitam de lei ou regulamentos para definir como será sua aplicação ao caso concreto. Em outras palavras, poderemos dizer que normas "administrativas" deverão servir como complemento da lei penal ambiental.

Diferentemente do âmbito civil, a responsabilidade penal será SEMPRE SUBJETIVA! Ou seja, invariavelmente dependerá da demonstração do dolo do agente (vontade consciente direcionada a um fim) ou da culpa (infração de um dever de cuidado). Cumpre lembrar, ainda, que a culpa é exceção, somente sendo punida quando expressamente prevista.

Embora pelo recorte do edital pareça que não será cobrada a questão da dupla imputação, não é demais lembrar que atualmente a jurisprudência (e os concursos) entendem desnecessária a punição concorrente de uma pessoa física para que a pessoa jurídica possa ser punida por crime ambiental. Vejamos:

> *O art. 225, § 3º, da CF não condiciona a responsabilização penal da pessoa jurídica por crimes ambientais à simultânea persecução penal da pessoa física em tese responsável no âmbito da empresa. A norma constitucional não impõe a necessária dupla imputação. As organizações corporativas complexas da atualidade se caracterizam pela descentralização e distribuição de atribuições e responsabilidades, sendo inerentes, a esta realidade, as dificuldades para imputar o fato ilícito a uma pessoa concreta. Condicionar a aplicação do art. 225, § 3º, da Carta Política a uma concreta imputação também a pessoa física implica indevida restrição da norma constitucional, expressa a intenção do constituinte originário não apenas de ampliar o alcance das sanções penais, mas também de evitar a impunidade pelos crimes ambientais frente às imensas dificuldades de individualização dos responsáveis internamente às corporações, além de reforçar a tutela do bem jurídico ambiental. A identificação dos setores e agentes internos da empresa determinantes da produção do fato ilícito tem relevância e deve ser buscada no caso concreto como forma de esclarecer se esses indivíduos ou órgãos atuaram ou deliberaram no exercício regular de suas atribuições internas à sociedade, e ainda para verificar se a atuação se deu no interesse ou em benefício da entidade coletiva. Tal esclarecimento, relevante para fins de imputar determinado delito à pessoa jurídica, não se confunde, todavia, com subordinar a responsabilização da pessoa jurídica à responsabilização conjunta e cumulativa das pessoas físicas envolvidas. Em não raras oportunidades, as responsabilidades internas pelo fato estarão diluídas ou parcializadas de tal modo que não permitirão a imputação de responsabilidade penal individual (STF, 1ª T., RE 548.181, rel. Min. Rosa Weber, j. 06-08-2013, DJE de 30-10-2014).*

A propósito, é muito importante lembrar que, de acordo com o Superior Tribunal de Justiça, é possível a aplicação do princípio da insignificância no caso de crimes ambientais, devendo ser feita, no entanto, uma análise rigorosa, por se tratar de bem jurídico de natureza difusa e protegido constitucionalmente. Vejamos: *Esta Corte tem entendimento pacificado no sentido de que é possível a aplicação do denominado princípio da insignificância aos delitos ambientais, quando demonstrada a ínfima ofensividade ao bem ambiental tutelado* (AgRg no Resp n. 1558312/ES, de minha lavra, Quinta Turma, julgado em 02/02/2016) (STJ, 5ª T., AgRg no AREsp 1.051.541, rel. Min. Felix Fischer, j. 28.11.2017, DJe 04.12.2017). Vale lembrar que o Supremo Tribunal Federal estabelece quatro requisitos para a aplicação desse princípio, são eles: *mínima ofensividade da conduta do agente; ausência de periculosidade social da ação; reduzido grau de reprovabilidade do comportamento; inexpressividade da lesão jurídica provocada* (cf. STF, 1ª T., RHC 145.447, rel. Min. Luiz Fux, j. 01.09.2017, DJe 28.09.2017).

É possível a aplicação da insignificância nos crimes ambientais.

Em relação aos crimes ambientais em espécie, a Lei 9.605/1998 realiza a seguinte divisão:

DOS CRIMES CONTRA O MEIO AMBIENTE
Dos crimes contra a fauna (Arts. 29-37)
Dos crimes contra a flora (Arts. 38-53)
Da poluição e outros crimes ambientais (Arts. 54-61)
Dos crimes contra o ordenamento urbano e o patrimônio cultural (Arts. 62-65)
Dos crimes contra a administração ambiental (Arts. 66-69)

Dos crimes contra a fauna

Compreende-se por fauna o conjunto de animais que vivem em uma determinada região ou ambiente, incluindo nesse conceito os animais da fauna terrestre e da fauna aquática.

Para complementar esse conceito, temos ao Art. 29 desta Lei: *são espécimes da fauna silvestre todos aqueles pertencentes às espécies nativas, migratórias e quaisquer outras, aquáticas ou terrestres, que tenham todo ou parte de seu ciclo de vida ocorrendo dentro dos limites do território brasileiro, ou águas jurisdicionais brasileiras.*

> **Art. 29.** *Matar, perseguir, caçar, apanhar, utilizar espécimes da fauna silvestre, nativos ou em rota migratória, sem a devida permissão, licença ou autorização da autoridade competente, ou em desacordo com a obtida:*
>
> **Pena** *- detenção de seis meses a um ano, e multa.*
>
> **§ 1º** *Incorre nas mesmas penas:*
>
> *I - quem impede a procriação da fauna, sem licença, autorização ou em desacordo com a obtida;*
>
> *II - quem modifica, danifica ou destrói ninho, abrigo ou criadouro natural;*
>
> *III - quem vende, expõe à venda, exporta ou adquire, guarda, tem em cativeiro ou depósito, utiliza ou transporta ovos, larvas ou espécimes da fauna silvestre, nativa ou em rota migratória, bem como produtos e objetos dela oriundos, provenientes de criadouros não autorizados ou sem a devida permissão, licença ou autorização da autoridade competente.*
>
> **§ 2º** *No caso de guarda doméstica de espécie silvestre não considerada ameaçada de extinção, pode o juiz, considerando as circunstâncias, deixar de aplicar a pena.*
>
> **§ 3º** *São espécimes da fauna silvestre todos aqueles pertencentes às espécies nativas, migratórias e quaisquer outras, aquáticas ou terrestres, que tenham todo ou parte de seu ciclo de vida ocorrendo dentro dos limites do território brasileiro, ou águas jurisdicionais brasileiras.*
>
> **§ 4º** *A pena é aumentada de metade, se o crime é praticado:*
>
> *I - contra espécie rara ou considerada ameaçada de extinção, ainda que somente no local da infração;*
>
> *II - em período proibido à caça;*
>
> *III - durante a noite;*
>
> *IV - com abuso de licença;*
>
> *V - em unidade de conservação;*
>
> *VI - com emprego de métodos ou instrumentos capazes de provocar destruição em massa.*
>
> **§ 5º** *A pena é aumentada até o triplo, se o crime decorre do exercício de caça profissional.*
>
> **§ 6º** *As disposições deste artigo não se aplicam aos atos de pesca.*

São definidos como espécimes silvestres todos aqueles animais que pertencem às espécies nativas, migratórias ou qualquer outra, aquática ou terrestre, que tenham o seu ciclo de vida, seja ele todo ou em parte, ocorrendo dentro do território ou das águas jurisdicionais brasileiras.

Existe uma exceção com relação à criação doméstica de animais da fauna silvestre. Desde que estes NÃO estejam ameaçados de extinção, o juiz pode deixar de aplicar a pena. Trata-se de uma questão de bom senso, visto que a pessoa desenvolveu laços afetivos com o animal, então não haveria motivo para o Judiciário intervir.

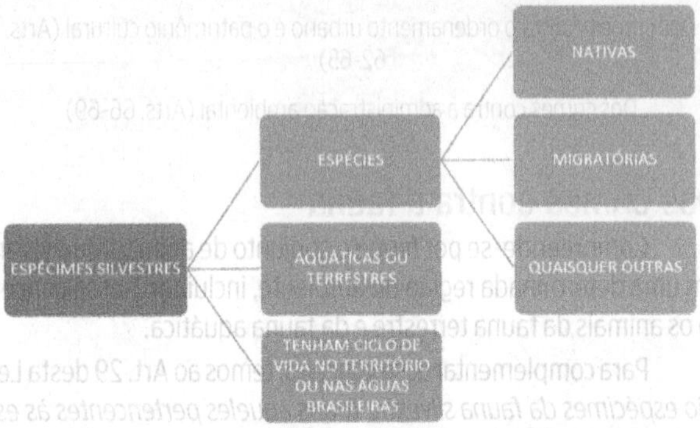

Convém ainda mencionar o § 1º, que visa à criminalização das condutas de quem, usando qualquer meio, impede a procriação dos animais silvestres, qualquer que seja o meio utilizado. Além disso, o referido dispositivo criminaliza quem modifica, danifica ou destrói o local de reprodução.

CAUSA DE AUMENTO DE PENA	
A pena é aumentada DE METADE se o crime é cometido...	- contra **espécie rara** ou considerada **ameaçada** de extinção, ainda que somente no local da infração; - em **período proibido à caça**; - durante a **noite**; - com **abuso de licença**; - em **unidade de conservação**; - com emprego de métodos ou instrumentos capazes de provocar **destruição em massa;**
A pena é aumentada ATÉ O TRIPLO...	- se o crime decorre do **exercício de caça profissional.**

A pesca é definida na Lei 9.605/98 como todo ato tendente a retirar, extrair, coletar, apanhar, apreender ou capturar espécimes dos grupos dos peixes, crustáceos, moluscos e vegetais hidróbios, suscetíveis ou não de aproveitamento econômico, ressalvadas as espécies ameaçadas de extinção, constantes nas listas oficiais da fauna e da flora.

Caso o crime contra a fauna venha a ser praticado no período de caça proibida, a pena será aumenta de metade. Contudo, independentemente do período, se o caçador desenvolver a atividade de forma profissional, ou seja, visando ao lucro, deverá ser aplicado o aumento de pena de até um triplo.

Art. 30. *Exportar para o exterior peles e couros de anfíbios e répteis em bruto, sem a autorização da autoridade ambiental competente:*

Pena *- reclusão, de um a três anos, e multa.*

Exportar significa enviar para fora do país. O agente que incorre nesse crime, portanto, remete para fora do país peles e couros de anfíbios e répteis em bruto. O termo "em bruto" significa o couro não manufaturado, não tratado e transformado em produto.

O crime se consuma com a exportação independentemente se o agente visava ao lucro.

O elemento normativo do tipo está no termo "sem autorização de autoridade competente": se o indivíduo tiver a autorização para realizar a exportação, o fato será atípico; contudo, se abusar de sua autorização, ele incorre na causa agravante constante no Art. 15, inciso II, alínea *o* da Lei 9.605/98.

Art. 31. *Introduzir espécime animal no País, sem parecer técnico oficial favorável e licença expedida por autoridade competente:*

Pena *- detenção, de três meses a um ano, e multa.*

Esse crime consiste na **importação**, ou seja, na **entrada do espécime animal no Brasil.** Como o tipo prevê apenas o termo "animal", então podemos compreender todo e qualquer espécime, sem nenhum tipo de classificação.

O elemento normativo do tipo consiste em *sem parecer técnico oficial favorável e licença expedida por autoridade competente*. São elementos cumulativos. Não basta um deles para que o fato se torne atípico; são necessários o parecer e a licença.

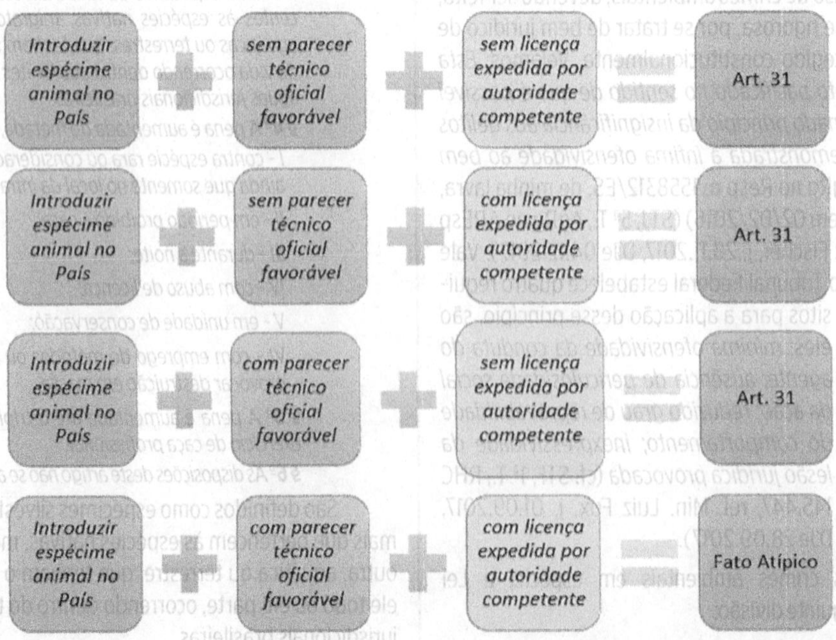

Art. 32. *Praticar ato de abuso, maus-tratos, ferir ou mutilar animais silvestres, domésticos ou domesticados, nativos ou exóticos:*

Pena *- detenção, de três meses a um ano, e multa.*

§ 1º *Incorre nas mesmas penas quem realiza experiência dolorosa ou cruel em animal vivo, ainda que para fins didáticos ou científicos, quando existirem recursos alternativos.*

§ 2º *A pena é aumentada de um sexto a um terço, se ocorre morte do animal.*

A doutrina entende que esse artigo protege apenas os animais silvestres. Os termos "domesticados, nativos ou exóticos" acompanham o termo "silvestres". Podemos reescrever o artigo da seguinte forma: ***praticar ato de abuso, maus-tratos, ferir ou mutilar animais silvestres domésticos ou domesticados, nativos ou exóticos.*** O crime se divide em quatro condutas, são elas:

Ato de abuso: que pode significar a exploração do animal, como, por exemplo, a submissão do animal a trabalhos excessivos.
Maus-tratos: causar sofrimento ao animal, colocando em risco sua integridade física.
Ferir: machucar o animal, causar lesões físicas.
Mutilar: cortar membros ou partes do corpo do animal.

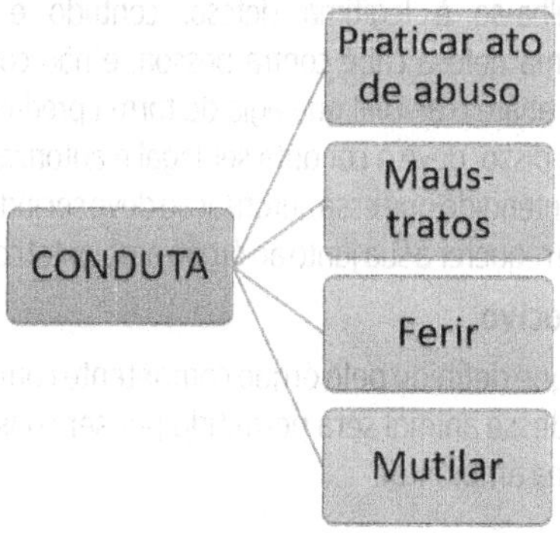

Existe, ainda, a figura de crime equiparado, chamado de "vivissecção", ou seja, a experiência em animal vivo, visando a fins didáticos ou científicos, quando existirem meios diversos de evitá-la.

CAUSA DE AUMENTO DE PENA	
A pena é aumentada DE UM SEXTO A UM TERÇO...	- se, em consequência do crime praticado, **ocorre a morte do animal;**

Art. 33. *Provocar, pela emissão de efluentes ou carreamento de materiais, o perecimento de espécimes da fauna aquática existentes em rios, lagos, açudes, lagoas, baías ou águas jurisdicionais brasileiras:*

Pena *- detenção, de um a três anos, ou multa, ou ambas cumulativamente.*

Parágrafo único. *Incorre nas mesmas penas:*

I - quem causa degradação em viveiros, açudes ou estações de aquicultura de domínio público;

II - quem explora campos naturais de invertebrados aquáticos e algas, sem licença, permissão ou autorização da autoridade competente;

III - quem fundeia embarcações ou lança detritos de qualquer natureza sobre bancos de moluscos ou corais, devidamente demarcados em carta náutica.

Esse artigo se relaciona exclusivamente à **flora aquática**, que consiste na **população animal que tem por *habitat* natural a** água, subdividindo-se em **fauna marinha**, onde habitam os animais de água salgada, e **fauna de** água **doce**, onde habitam os animais que vivem em rios e riachos de uma certa região.

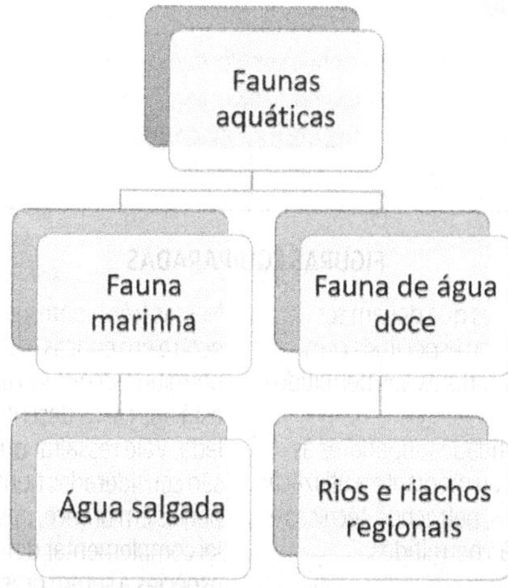

FIGURAS EQUIPARADAS	
Quem causa degradação em viveiros, açudes ou estações de aquicultura de domínio público.	Degradar que dizer deteriorar, danificar.
Quem explora campos naturais de invertebrados aquáticos e algas, sem licença, permissão ou autorização da autoridade competente.	Explorar significa se beneficiar, abusar, tirar proveito. Note que o termo "ou" quer dizer que a licença ou a autorização são independentes; ao possuir qualquer uma delas, o fato se torna atípico.
Quem fundeia embarcações ou lança detritos de qualquer natureza sobre bancos de moluscos ou corais, devidamente demarcados em carta náutica.	Fundeia quer dizer ancorar e lançar quer dizer atirar, jogar.

Art. 34. *Pescar em período no qual a pesca seja proibida ou em lugares interditados por órgão competente:*

Pena *- detenção de um ano a três anos ou multa, ou ambas as penas cumulativamente.*

Parágrafo único. *Incorre nas mesmas penas quem:*

I - pesca espécies que devam ser preservadas ou espécimes com tamanhos inferiores aos permitidos;

II - pesca quantidades superiores às permitidas, ou mediante a utilização de aparelhos, petrechos, técnicas e métodos não permitidos;

III - transporta, comercializa, beneficia ou industrializa espécimes provenientes da coleta, apanha e pesca proibidas.

A regra no Brasil é a de que a pesca seja permitida para fins comerciais, esportivos e científicos. A pesca, contudo, em períodos ou em locais interditados por órgão competente, configura fato típico (criminoso). Trata-se de uma norma penal em branco, que deverá ser complementada pelas normas dos entes federativos, os quais estabelecem os períodos e os locais proibidos.

O órgão competente mencionado é aquele que compõe o SISNAMA – Sistema Nacional do Meio Ambiente (Art. 6º da Lei 6.938/81).

O fato somente será considerado como crime quando o local interditado ou o período proibitivo for determinado por órgão competente; se o órgão for incompetente o fato será considerado atípico.

FIGURAS EQUIPARADAS	
Pesca espécies que devam ser preservadas ou espécimes com tamanhos inferiores aos permitidos.	Nessas três hipóteses, a pesca ocorre em épocas e locais permitidos, contudo a ilicitude está nos casos descritos ao lado. Vale ressaltar que ambas são consideradas normas penais em branco, devendo lei complementar definir as espécies a serem preservadas, o tamanho dos peixes e as quantidades que podem ser pescadas, e os petrechos que serão permitidos ou proibidos.
Pesca quantidades superiores às permitidas, ou mediante a utilização de aparelhos, petrechos, técnicas e métodos não permitidos.	
Transporta, comercializa, beneficia ou industrializa espécimes provenientes da coleta, apanha e pesca proibidas.	

É importante lembrar que o Superior Tribunal de Justiça entende que, somente se do uso de apetrecho de pesca proibido restou evidente ausência de ofensividade, ao menos em tese, ao bem jurídico tutelado pela norma penal, qual seja, a fauna aquática, configura atipicidade da conduta. Portanto, é necessário que o uso de petrechos proibidos cause efetivo risco às espécies ou ao ecossistema. Nesse sentido: É de se reconhecer a atipicidade material da conduta de uso de apetrecho de pesca proibido se resta evidente a completa ausência de ofensividade, ao menos em tese, ao bem jurídico tutelado pela norma penal, qual seja, a fauna aquática. (STJ, 6º T., HC 93.859, rel. Min. Maria Thereza de Assis Moura, j. 13.08.2009, DJe 31.08.2009).

Art. 35. *Pescar mediante a utilização de:*

I - explosivos ou substâncias que, em contato com a água, produzam efeito semelhante;

II - substâncias tóxicas, ou outro meio proibido pela autoridade competente:

Pena *- reclusão de um ano a cinco anos.*

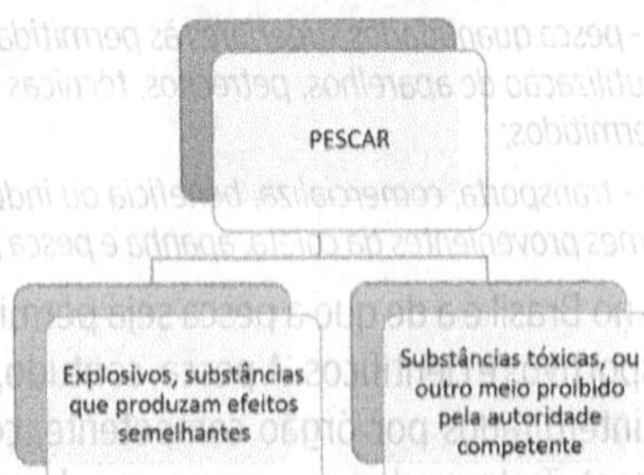

Esse artigo é explicado pelo Art. 36 da Lei 9.605/98, que determina que para os efeitos da Lei, considera-se pesca: todo ato tendente a retirar, extrair, coletar, apanhar, apreender ou capturar espécimes dos grupos dos peixes, crustáceos, moluscos e vegetais hidróbios, suscetíveis ou não de aproveitamento econômico, ressalvadas as espécies ameaçadas de extinção, constantes nas listas oficiais da fauna e da flora.

Art. 37. *Não é crime o abate de animal, quando realizado:*

I - em estado de necessidade, para saciar a fome do agente ou de sua família;

II - para proteger lavouras, pomares e rebanhos da ação predatória ou destruidora de animais, desde que legal e expressamente autorizado pela autoridade competente;

IV - por ser nocivo o animal, desde que assim caracterizado pelo órgão competente. (grifo nosso)

São causas específicas de excludentes de ilicitude nos crimes contra a fauna. Cumpre lembrar que nada impede que as causas genéricas previstas no Código Penal (Art. 23) venham, também, a ser aplicadas.

I- Estado de Necessidade – Caça ou pesca famélica.

Veio apenas para reforçar o que já prevê o Art. 24 do Código Penal. Nesse caso, será afastada a ilicitude no caso de abate de animal com a finalidade de saciar a fome do agente ou de sua família. Contudo, o **método utilizado** pelo agente para abater o animal pode configurar crime autônomo: nesse caso ele será responsabilizado penalmente (como, por exemplo, no caso de o animal ter sido abatido por um tiro derivado de arma de fogo de porte ilegal).

II- Proteção de lavouras, pomares e rebanhos.

Assemelha-se à legítima defesa, contudo é importante lembrar: legítima defesa cabe contra pessoa, e não contra animal. Aqui o agente abate o animal que agia de forma predatória ou destruidora. Além disso, deve a conduta ser legal e autorizada por lei. A doutrina tem entendido que essa autorização deve ser individual: cada indivíduo deve requerer a sua junto ao órgão ambiental competente.

III- Animal Nocivo.

Desde que definido pelo órgão competente como sendo nocivo, o abate desse animal será permitido por ser considerado um risco ao sistema ambiental.

Dos crimes contra a flora

Entende-se por flora a totalidade das espécies vegetais que compreendem a vegetação de uma determinada região, sem qualquer expressão de importância individual. Compreende também as algas e os fitoplânctons marinhos flutuantes.

A flora se organiza em estratos, que determinam formações específicas, como campos e pradarias, savanas e estepes, bosques e florestas etc.

Art. 38. *Destruir ou danificar floresta considerada de preservação permanente, mesmo que em formação, ou utilizá-la com infringência das normas de proteção:*

Pena *- detenção, de um a três anos, ou multa, ou ambas as penas cumulativamente.*

Parágrafo único. *Se o crime for culposo, a pena será reduzida à metade.*

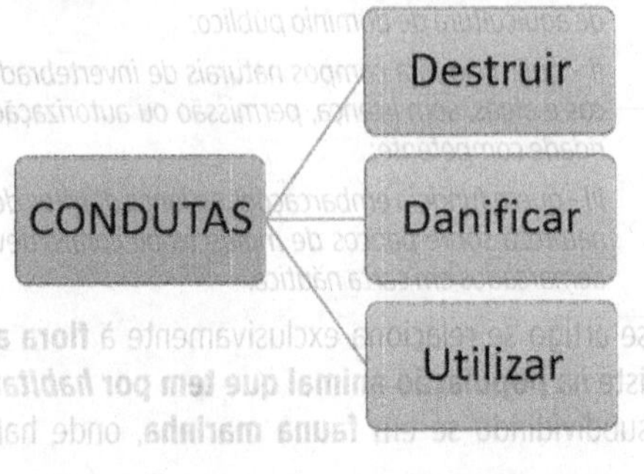

As normas de proteção serão constadas em leis e atos normativos, e ainda que não haja qualquer finalidade lucrativa, haverá o crime, pois a degradação da fauna ocorrerá independentemente de lucros ou qualquer outra vantagem auferida com a infração.

As florestas de preservação permanente são espécies do gênero áreas de preservação permanentes, que estão previstas dentro do Código Florestal. Ocorre, contudo, que as florestas de preservação permanentes podem ser tanto determinadas legalmente quanto por interesse social por ato do Chefe do Executivo.

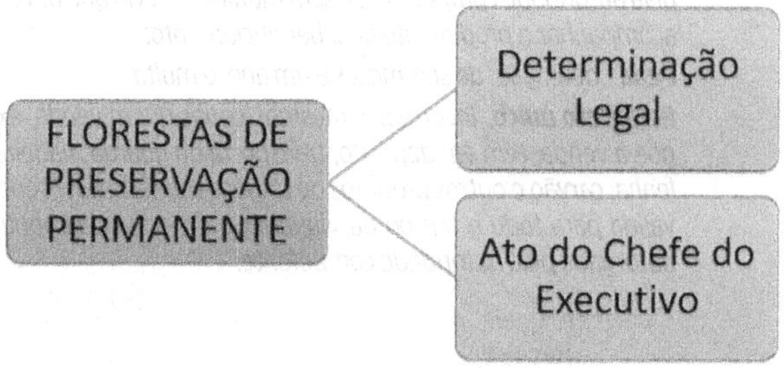

> ***Art. 38-A.*** *Destruir ou danificar vegetação primária ou secundária, em estágio avançado ou médio de regeneração, do Bioma Mata Atlântica, ou utilizá-la com infringência das normas de proteção:*
>
> ***Pena*** *- detenção, de 1 (um) a 3 (três) anos, ou multa, ou ambas as penas cumulativamente.*
>
> ***Parágrafo único.*** *Se o crime for culposo, a pena será reduzida à metade.*

Um bioma é entendido como um grande ecossistema que compreende várias comunidades bióticas em diferentes estágios de evolução, em vasta extensão geográfica. É, assim, uma unidade ecológica imediatamente superior ao ecossistema.

Existem biomas terrestres e aquáticos, e dentro do Brasil são considerados grandes biomas a Floresta Amazônica, a Mata Atlântica, o Pantanal Mato-Grossense, o Cerrado, a Caatinga, o Domínio das Araucárias, as Pradarias e os ecossistemas litorâneos.

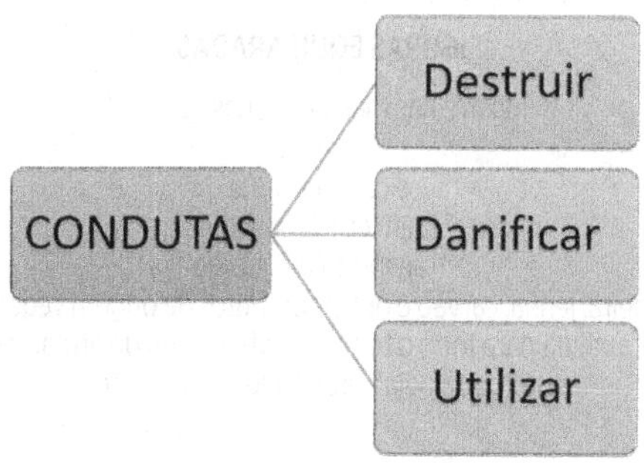

> ***Art. 39.*** *Cortar árvores em floresta considerada de preservação permanente, sem permissão da autoridade competente:*
>
> ***Pena*** *- detenção, de um a três anos, ou multa, ou ambas as penas cumulativamente.*

A conduta definida é a de cortar árvores contidas em preservação permanente, desde que sem permissão da autoridade competente. Se houver, autorização, o fato se torna atípico.

> Se a árvore cortada for considerada, por ato do poder público, como "madeira de lei" o agente incorrerá no crime do Art. 45, e não no do Art. 39.

> ***Art. 40.*** *Causar dano direto ou indireto às Unidades de Conservação e às áreas de que trata o art. 27 do Decreto nº 99.274, de 6 de junho de 1990, independentemente de sua localização:*
>
> ***Pena*** *- reclusão, de um a cinco anos.*
>
> ***§ 1º.*** *Entende-se por Unidades de Conservação de Proteção Integral as Estações Ecológicas, as Reservas Biológicas, os Parques Nacionais, os Monumentos Naturais e os Refúgios de Vida Silvestre.*
>
> ***§ 2º.*** *A ocorrência de dano afetando espécies ameaçadas de extinção no interior das Unidades de Conservação de Proteção Integral será considerada circunstância agravante para a fixação da pena.*
>
> ***§ 3.º*** *Se o crime for culposo, a pena será reduzida à metade.*
>
> ***Art. 40-A.*** *(VETADO)*
>
> ***§ 1º.*** *Entende-se por Unidades de Conservação de Uso Sustentável as Áreas de Proteção Ambiental, as Áreas de Relevante Interesse Ecológico, as Florestas Nacionais, as Reservas Extrativistas, as Reservas de Fauna, as Reservas de Desenvolvimento Sustentável e as Reservas Particulares do Patrimônio Natural.*
>
> ***§ 2º.*** *A ocorrência de dano afetando espécies ameaçadas de extinção no interior das Unidades de Conservação de Uso Sustentável será considerada circunstância agravante para a fixação da pena.*
>
> ***§ 3º.*** *Se o crime for culposo, a pena será reduzida à metade.*

Os dois artigos deverão ser vistos conjuntamente, uma vez que constituem um único tipo penal, pois há uma relação entre seus parágrafos, posto que prevalecerá a figura ilícita constante no *caput* do Art. 40 e os parágrafos do Art. 40-A.

Nesse caso, o agente causa um dano diretamente à Unidade de Conservação ou então pratica algum ato que, como consequência, atinge a Unidade de Conservação, sendo essas previstas no Art. 27 do Decreto 99.274/90:

> ***Art. 27.*** *Nas áreas circundantes das Unidades de Conservação, num raio de dez quilômetros, qualquer atividade que possa afetar a biota ficará subordinada às normas editadas pelo Conama.*

CAUSAS AGRAVANTES	
***Art. 40**, § 2º: A ocorrência de dano afetando espécies ameaçadas de extinção no interior das Unidades de Conservação de Proteção Integral será considerada circunstância agravante para a fixação da pena.*	Contudo, o Art. 15, inciso II, alínea *q*, da Lei 9.605/98 determina que será causa agravante de pena o crime que atingir espécies ameaçadas, listadas em relatórios oficiais. Em vedação ao ***bis in idem***, será aplicado nesse caso somente o Art. 40, §2.

> ***Art. 41.*** *Provocar incêndio em mata ou floresta:*
>
> ***Pena*** *- reclusão, de dois a quatro anos, e multa.*
>
> ***Parágrafo único.*** *Se o crime é culposo, a pena é de detenção de seis meses a um ano, e multa.*

A conduta é a de **atear fogo em matas e florestas**, podendo esse crime ser praticado de diversas formas. Esse fato típico não especifica o termo "floresta". Entende-se assim que se trata de todas, não há necessidade de ser apenas a de preservação permanente.

***Art. 42.** Fabricar, vender, transportar ou soltar balões que possam provocar incêndios nas florestas e demais formas de vegetação, em áreas urbanas ou qualquer tipo de assentamento humano:*

***Pena** - detenção de um a três anos ou multa, ou ambas as penas cumulativamente.*

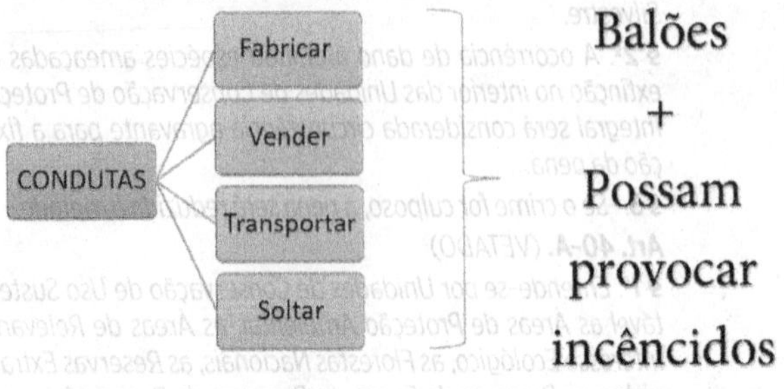

Será punida a conduta de fazer, de alienar de forma onerosa, conduzir ou fazer subir balão que tenha condição de provocar incêndios. O termo "possam" irá determinar que o balão deverá ser submetido a exame pericial para verificar a existência da periculosidade, exceto se o balão desaparecer.

O perigo de incêndio deve ocorrer em florestas e demais formas de vegetação ou mesmo em áreas urbanas ou qualquer assentamento urbano.

***Art. 44.** Extrair de florestas de domínio público ou consideradas de preservação permanente, sem prévia autorização, pedra, areia, cal ou qualquer espécie de minerais:*

***Pena** - detenção, de seis meses a um ano, e multa.*

Extrair quer dizer retirar, arrancar as espécies minerais de florestas de domínio público ou de preservação permanente.

Já sabemos o que quer dizer o termo "florestas de preservação aparente", contudo as de domínio público são aquelas pertencentes aos entes públicos, mas de uso da população.

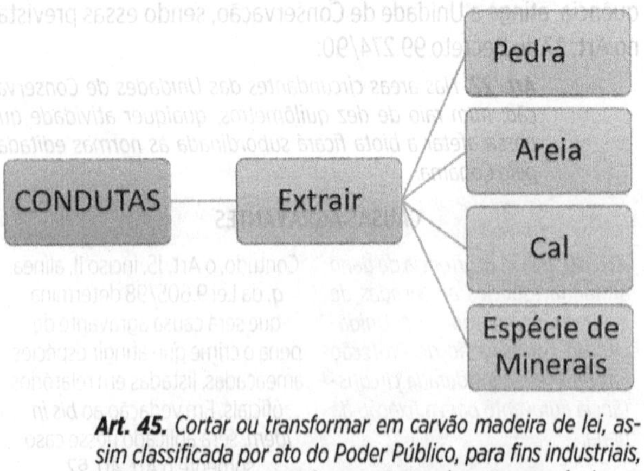

***Art. 45.** Cortar ou transformar em carvão madeira de lei, assim classificada por ato do Poder Público, para fins industriais, energéticos ou para qualquer outra exploração, econômica ou não, em desacordo com as determinações legais:*

***Pena** - reclusão, de um a dois anos, e multa.*

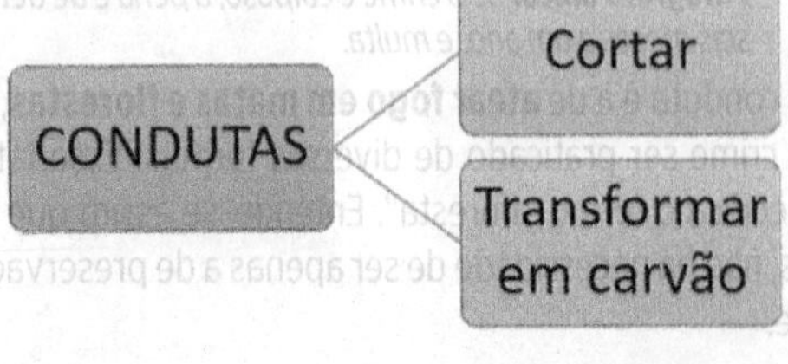

O objeto protegido é a madeira de lei, que nada mais é do que a madeira assim considerada por ato do Poder Público. Geralmente é uma madeira mais forte, mais nobre e resistente, utilizada em construções e obras que exijam esse tipo de material.

O crime só ocorre se seu corte ou sua transformação ocorrerem em desacordo com as determinações legais.

***Art. 46.** Receber ou adquirir, para fins comerciais ou industriais, madeira, lenha, carvão e outros produtos de origem vegetal, sem exigir a exibição de licença do vendedor, outorgada pela autoridade competente, e sem munir-se da via que deverá acompanhar o produto até final beneficiamento:*

***Pena** - detenção, de seis meses a um ano, e multa.*

***Parágrafo único.** Incorre nas mesmas penas quem vende, expõe à venda, tem em depósito, transporta ou guarda madeira, lenha, carvão e outros produtos de origem vegetal, sem licença válida para todo o tempo da viagem ou do armazenamento, outorgada pela autoridade competente.*

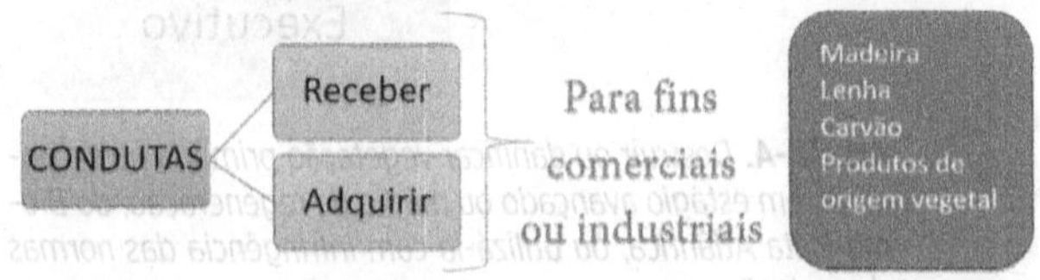

O termo "para fins comerciais ou industriais" determina que o sujeito ativo só poderá ser a pessoa que exerce atividade comercial ou industrial de produtos vegetais, excluindo desse caso o consumidor final ou a pessoa que vende ilegalmente esses produtos. Assim, o crime só ocorre se o fato for praticado com o intuito de revenda ou de algum tipo de benefício, não havendo crime se o agente adquire ou recebe esses produtos para uso próprio.

Cumpre ainda informar que, embora o tipo penal utilize o termo "e", na verdade o fato se consuma se não se exigir a exibição de licença do vendedor, outorgada pela autoridade competente **OU** se não estiver munido da via que deverá acompanhar o produto até final beneficiamento.

FIGURAS EQUIPARADAS
Incorre nas mesmas penas quem: - vende; - expõe à venda; - tem em depósito; - transporta ou guarda madeira, lenha, carvão e outros produtos de origem vegetal, sem licença válida para todo o tempo da viagem ou do armazenamento, outorgada pela autoridade competente.

***Art. 48.** Impedir ou dificultar a regeneração natural de florestas e demais formas de vegetação:*

***Pena** - detenção, de seis meses a um ano, e multa.*

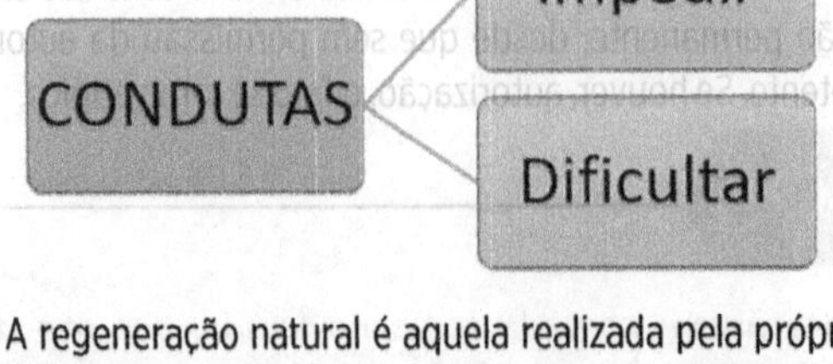

A regeneração natural é aquela realizada pela própria natureza, sem intervenção humana. Desse modo, não se inclui o processo de regeneração artificial, causada pelo homem.

Nesses crimes, o exame pericial será necessário, para comprovar que a vegetação estava sendo regenerada naturalmente e em qual estágio ele se encontrava, e ainda como meio de obter provas por meio dos vestígios deixados pela conduta delitiva.

> ***Art. 49.*** *Destruir, danificar, lesar ou maltratar, por qualquer modo ou meio, plantas de ornamentação de logradouros públicos ou em propriedade privada alheia:*
>
> ***Pena*** *- detenção, de três meses a um ano, ou multa, ou ambas as penas cumulativamente.*
>
> ***Parágrafo único.*** *No crime culposo, a pena é de um a seis meses, ou multa.*

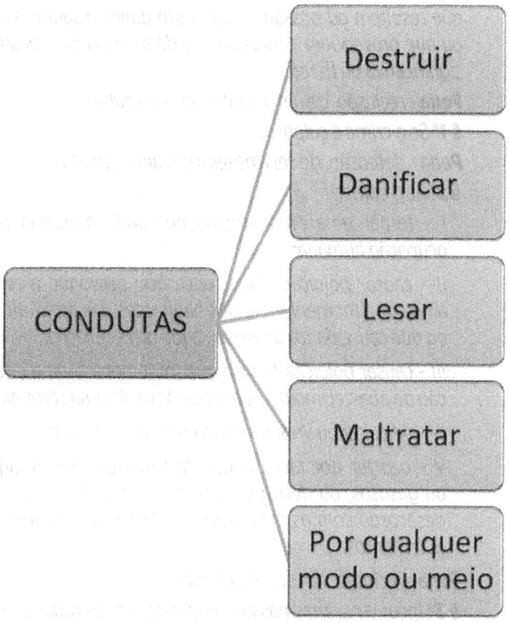

Convém atentar ao termo "propriedade privada alheia"; ele não faz menção se são áreas urbanas ou rurais. Desse modo, deve ser interpretado de maneira ampla, aplicando-se aos dois.

O crime em análise pode ser praticado de qualquer forma, bastando que tenha por consequência uma das condutas, não importa o meio empregado.

Contudo, há uma grande discussão na doutrina a respeito da constitucionalidade desse artigo, quanto à sua modalidade culposa. Pensemos: tropeçar e pisar em um vaso de begônias de um vizinho será considerado crime? E quanto ao caso de um condutor de veículo automotor que perde o controle e avança sobre as bromélias de um jardim público?

Com base no princípio da intervenção mínima do Direito Penal, a modalidade culposa não deveria ser considerada, apenas se o crime fosse cometido com dolo.

> ***Art. 50.*** *Destruir ou danificar florestas nativas ou plantadas ou vegetação fixadora de dunas, protetora de mangues, objeto de especial preservação:*
>
> ***Pena*** *- detenção, de três meses a um ano, e multa.*

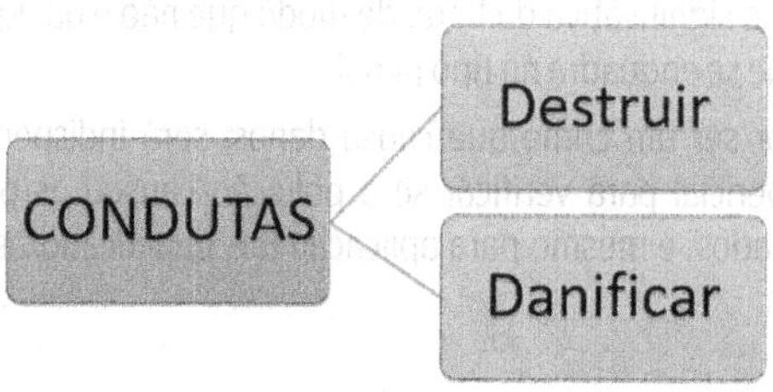

Esse crime visa à proteção das florestas nativas ou plantadas e da vegetação fixadora de dunas, protetora de mangues, objeto de especial preservação. Contudo, é pertinente lembrar que, em se tratando de florestas de preservação permanente, o crime será o do Art. 38, com base no princípio da especialidade.

Dunas são montes e colinas formados de areia pela ação de ventos à beira-mar. Já o Manguezal é um ecossistema litorâneo de vegetação, que fica localizado em terrenos baixos sujeitos à ação das marés, de modo a formar uma cadeia alimentar com rica produção biológica.

A "especial proteção" pode decorrer de lei ou qualquer ato normativo federal, estadual, municipal ou distrital.

> ***Art. 50-A.*** *Desmatar, explorar economicamente ou degradar floresta, plantada ou nativa, em terras de domínio público ou devolutas, sem autorização do órgão competente:*
>
> ***Pena*** *- reclusão de 2 (dois) a 4 (quatro) anos e multa.*
>
> ***§ 1º*** *Não é crime a conduta praticada quando necessária à subsistência imediata pessoal do agente ou de sua família.*
>
> ***§ 2º*** *Se a área explorada for superior a 1.000 ha (mil hectares), a pena será aumentada de 1 (um) ano por milhar de hectare.*

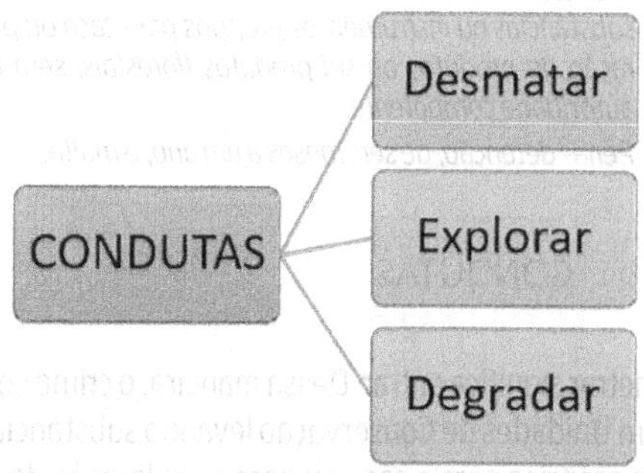

Esse é um crime novo, introduzido na Lei em 2006. Ele visa proteger florestas do desmatamento (derrubada de grande quantidade de árvores), da exploração econômica (exercício de atividade lucrativa) ou da degradação (ocorrência de estragos, destruição). A d

egradação se difere da conduta de destruir ou de danificar; a degradação ocorre durante um tempo, não acontecem de imediato os estragos.

E, ainda, temos que nos atentar à necessidade da falta de autorização de órgão competente, já que havendo autorização o fato se torna atípico. Essa autorização deve vir do IBAMA se a floresta pertencer à União, ou por órgãos municipais, estaduais ou distritais quando pertencente aos demais entes federativos.

Estado de Necessidade	Não é crime a conduta praticada quando necessária à subsistência imediata pessoal do agente ou de sua família.
Aumentado de Pena	Se a área explorada for superior a mil hectares, a pena será aumentada de 1 ano por milhar de hectare.

As condutas do Art. 50 atingem florestas objeto de especial preservação, enquanto que as do Art. 50-A estão relacionadas às florestas situadas em áreas de domínio público ou desocupadas, não sendo necessária a existência de norma específica de proteção editada.

Art. 51. *Comercializar motosserra ou utilizá-la em florestas e nas demais formas de vegetação, sem licença ou registro da autoridade competente:*

Pena *- detenção, de três meses a um ano, e multa.*

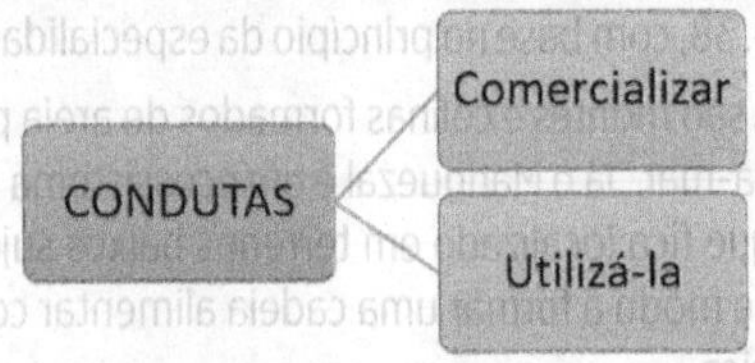

A primeira atenção que devemos ter é sobre a conduta de comercializar, a qual não ser confundida com vender ou expor à venda. Nesse caso, a conduta diz respeito ao exercício de atividade comercial, de modo que somente o sujeito que exerce como atividade o comércio de motosserras poderá ser o sujeito ativo.

A motosserra é uma serra com motor, e ao comercializá-la ou utilizá-la em florestas e demais formas de vegetação, comete-se o crime em estudo, desde que não haja a devida licença ou registro da autoridade competente.

Art. 52. *Penetrar em Unidades de Conservação conduzindo substâncias ou instrumentos próprios para caça ou para exploração de produtos ou subprodutos florestais, sem licença da autoridade competente:*

Pena- detenção, de seis meses a um ano, e multa.

Penetrar significa entrar. Dessa maneira, o crime consiste na entrada em Unidades de Conservação levando substâncias ou instrumentos próprios para a caça ou para a exploração de produtos ou subprodutos florestais, sem licença da autoridade competente. Ou seja, havendo licença, o fato se torna atípico.

Art. 53. *Nos crimes previstos nesta Seção, a pena é aumentada de um sexto a um terço se:*

I - do fato resulta a diminuição de águas naturais, a erosão do solo ou a modificação do regime climático;

II - o crime é cometido:

a) *no período de queda das sementes;*

b) *no período de formação de vegetações;*

c) *contra espécies raras ou ameaçadas de extinção, ainda que a ameaça ocorra somente no local da infração;*

d) *em época de seca ou inundação;*

e) *durante a noite, em domingo ou feriado.*

CAUSAS DE AUMENTO DE PENA – NOS CRIMES PREVISTOS NO ART. 38 A 52	
Aumenta-se de 1/6 a 1/3 a pena se	do fato **resulta a diminuição de águas** naturais, a **erosão do solo** ou a **modificação do regime climático;**
	o crime é cometido **no período de queda das sementes;**
	o crime é cometido no **período de formação de vegetações;**
	o crime é **cometido contra espécies raras ou ameaçadas de extinção**, ainda que a ameaça ocorra somente no local da infração;
	o crime é cometido em época de seca ou inundação;
	o crime é cometido **durante a noite, em domingo ou feriado.**

Da poluição e outros crimes ambientais

Os crimes aqui previstos tutelam, além do meio ambiente, outros bens jurídicos humanos, como a vida, a integridade física, a moradia etc.

É importante ressaltar que no momento de aplicação da pena o juiz deverá verificar as consequências que o crime causou no meio ambiente e para a saúde humana.

Então, embora essa lei vise à proteção ao meio ambiente, prevê, em alguns casos, a tutela direta e específica das pessoas.

Art. 54. *Causar poluição de qualquer natureza em níveis tais que resultem ou possam resultar em danos à saúde humana, ou que provoquem a mortandade de animais ou a destruição significativa da flora:*

Pena *- reclusão, de um a quatro anos, e multa.*

§ 1º *Se o crime é culposo:*

Pena *- detenção, de seis meses a um ano, e multa.*

§ 2º *Se o crime:*

I - tornar uma área, urbana ou rural, imprópria para a ocupação humana;

II - causar poluição atmosférica que provoque a retirada, ainda que momentânea, dos habitantes das áreas afetadas, ou que cause danos diretos à saúde da população;

III - causar poluição hídrica que torne necessária a interrupção do abastecimento público de água de uma comunidade;

IV - dificultar ou impedir o uso público das praias;

V - ocorrer por lançamento de resíduos sólidos, líquidos ou gasosos, ou detritos, óleos ou substâncias oleosas, em desacordo com as exigências estabelecidas em leis ou regulamentos:

Pena *- reclusão, de um a cinco anos.*

§ 3º *Incorre nas mesmas penas previstas no parágrafo anterior quem deixar de adotar, quando assim o exigir a autoridade competente, medidas de precaução em caso de risco de dano ambiental grave ou irreversível.*

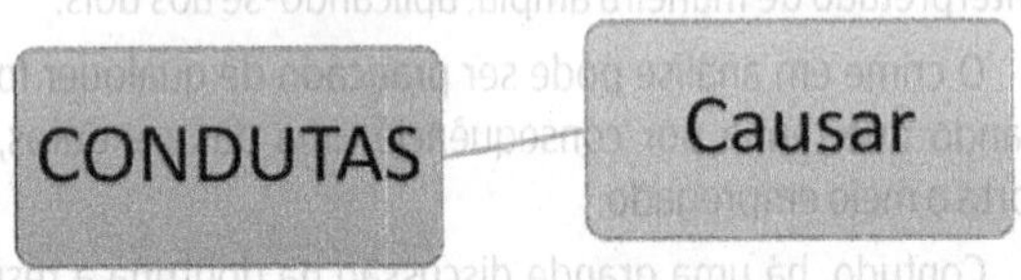

A conduta de dar causa à poluição de qualquer tipo pode resultar em danos à saúde humana ou provocar a mortandade de animais ou a destruição significativa da flora.

Sobre o termo "poluição", devemos entender como o lançamento ou então a adição de substância ou matéria ao meio ambiente.

A poluição definida por este crime abrange a poluição atmosférica, hídrica, térmica, do solo e sonora.

A expressão "níveis tais" determina que somente haverá o crime se ocorrer poluição em níveis altos que resultem ou possam resultar danos à saúde humana, a mortandade de animais ou a destruição significativa da flora, de modo que não é qualquer poluição que se enquadra no tipo penal.

Por ser um crime que causa danos, será indispensável o exame pericial para verificar se a poluição causou os prejuízos mencionados, e mesmo para aplicação das qualificadoras abaixo descritas.

Se o crime é culposo:	Pena de detenção, de seis meses a um ano, e multa.
Qualificadoras Pena de reclusão de 1 a 5 anos;	*tornar uma área, urbana ou rural, **imprópria para a ocupação humana;***
	*causar **poluição atmosférica** que provoque a retirada, ainda que momentânea, dos habitantes das áreas afetadas, ou que cause danos diretos à saúde da população;*
	*causar **poluição hídrica** que torne necessária a interrupção do abastecimento público de água de uma comunidade;*
	***dificultar ou impedir o uso público** das praias;* *ocorrer por lançamento de resíduos sólidos, líquidos ou gasosos, ou detritos, óleos ou substâncias oleosas, em desacordo com as exigências estabelecidas em leis ou regulamentos;*
	***Incorre na mesma pena quem deixar de adotar,** quando assim o exigir a autoridade competente, medidas de precaução em caso de risco de dano ambiental grave ou irreversível.*

***Art. 55.** Executar pesquisa, lavra ou extração de recursos minerais sem a competente autorização, permissão, concessão ou licença, ou em desacordo com a obtida:*

***Pena** - detenção, de seis meses a um ano, e multa.*

***Parágrafo único.** Nas mesmas penas incorre quem deixa de recuperar a área pesquisada ou explorada, nos termos da autorização, permissão, licença, concessão ou determinação do órgão competente.*

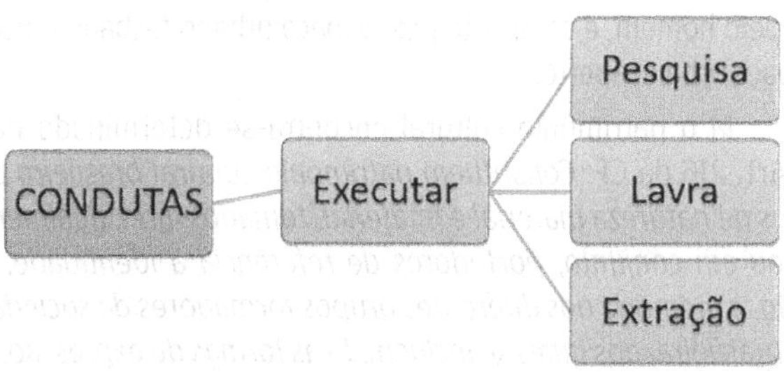

A conduta diz respeito à execução, ou seja, à realização de pesquisa, lavra ou extração de recursos minerais, desde que o agente não esteja munido pela competente autorização, permissão, concessão ou licença ou ainda se agir em desacordo a qual dela tiver obtido. Assim como os demais casos, se o agente tiver um dos documentos exigidos ou ainda estiver agindo em regularidade, o fato se torna atípico.

Todavia, é pertinente lembrar: as autorizações, permissões, concessões e licenças são individuais. Se o agente tem licença para executar a lavra, mas se utiliza dela para pesquisa, o agente está, sim, cometendo o crime. Esses meios autorizadores são concedidos pelo Departamento Nacional de Produtos Minerais.

Aquele que deixa de recuperar a área pesquisada ou explorada, nos termos da autorização, permissão, licença, concessão ou determinação do órgão competente, comete crime equiparado ao *caput*.

***Art. 56.** Produzir, processar, embalar, importar, exportar, comercializar, fornecer, transportar, armazenar, guardar, ter em depósito ou usar produto ou substância tóxica, perigosa ou nociva à saúde humana ou ao meio ambiente, em desacordo com as exigências estabelecidas em leis ou nos seus regulamentos:*

***Pena** - reclusão, de um a quatro anos, e multa.*

***§ 1º**. Nas mesmas penas incorre quem:*

I - abandona os produtos ou substâncias referidos no caput ou os utiliza em desacordo com as normas ambientais ou de segurança;

II - manipula, acondiciona, armazena, coleta, transporta, reutiliza, recicla ou dá destinação final a resíduos perigosos de forma diversa da estabelecida em lei ou regulamento.

***§ 2º** Se o produto ou a substância for nuclear ou radioativa, a pena é aumentada de um sexto a um terço.*

***§ 3º** Se o crime é culposo:*

***Pena** - detenção, de seis meses a um ano, e multa.*

Esse crime consiste em um tipo misto alternativo - isto é, independentemente do número de condutas, haverá a prática de um crime único pelo agente - que prevê **doze condutas** consideradas puníveis:

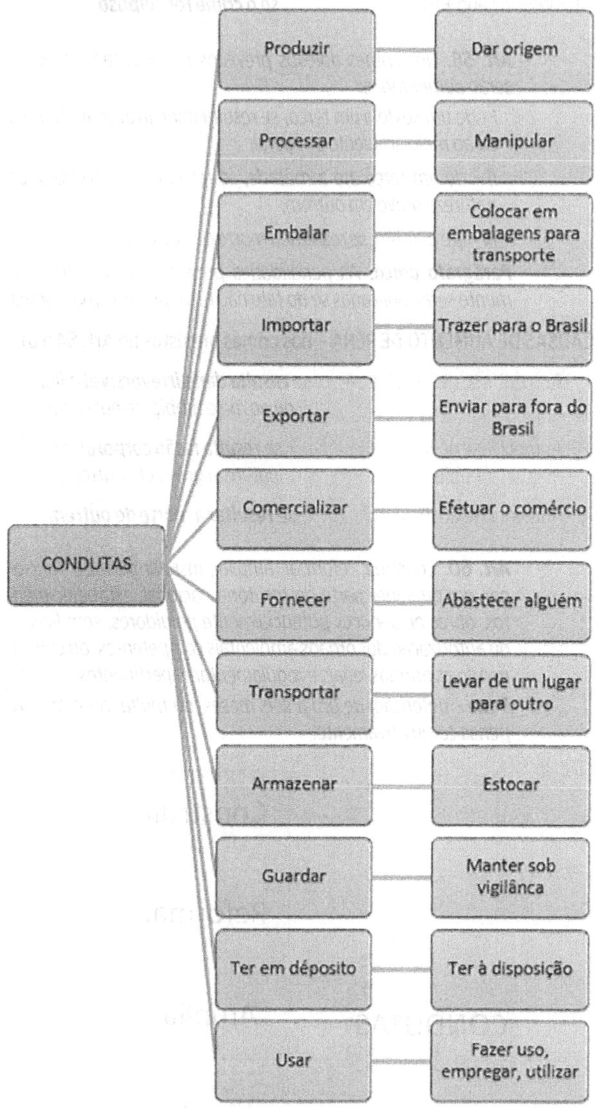

Os objetos materiais do crime são as substâncias e os produtos tóxicos (venenosos), perigosos (que causam perigo) ou nocivos (que prejudicam ou causam danos). E, ainda, por entendimento doutrinário não basta somente a comprovação pericial;

necessita-se que essas substâncias estejam classificadas em leis ou atos normativos, caso contrário o fato será considerado como atípico.

O termo *"em desacordo com as exigências estabelecidas em leis ou nos seus regulamentos"* trata-se de uma norma penal em branco, que necessita de complementação.

FIGURAS EQUIPARADAS
Nas mesmas penas incorre quem: - abandona os produtos ou substâncias referidos no caput ou os utiliza em desacordo com as normas ambientais ou de segurança; - manipula, acondiciona, armazena, coleta, transporta, reutiliza, recicla ou dá destinação final a resíduos perigosos de forma diversa da estabelecida em lei ou regulamento.

PENAS	
Aumenta-se de 1/6 a 1/3	se o produto ou a substância forem nucleares ou radioativos
6 meses a 1 ano + multa	***se o crime for culposo***

Art. 58. *Nos crimes dolosos previstos nesta Seção, as penas serão aumentadas:*

I - de um sexto a um terço, se resulta dano irreversível à flora ou ao meio ambiente em geral;

II - de um terço até a metade, se resulta lesão corporal de natureza grave em outrem;

III - até o dobro, se resultar a morte de outrem.

Parágrafo único. *As penalidades previstas neste artigo somente serão aplicadas se do fato não resultar crime mais grave.*

CAUSAS DE AUMENTO DE PENA – nos crimes previstos no Art. 54 a 61	
Aumenta-se de 1/6 a 1/3	*se **resulta dano irreversível** à flora ou ao meio ambiente em geral;*
Aumenta-se de 1/3 até a metade	*se **resulta lesão corporal** de natureza grave em outrem;*
Aumenta-se até o dobro	*se **resultar a morte de outrem.***

Art. 60. *Construir, reformar, ampliar, instalar ou fazer funcionar, em qualquer parte do território nacional, estabelecimentos, obras ou serviços potencialmente poluidores, sem licença ou autorização dos órgãos ambientais competentes, ou contrariando as normas legais e regulamentares pertinentes:*

Pena *- detenção, de um a seis meses, ou multa, ou ambas as penas cumulativamente.*

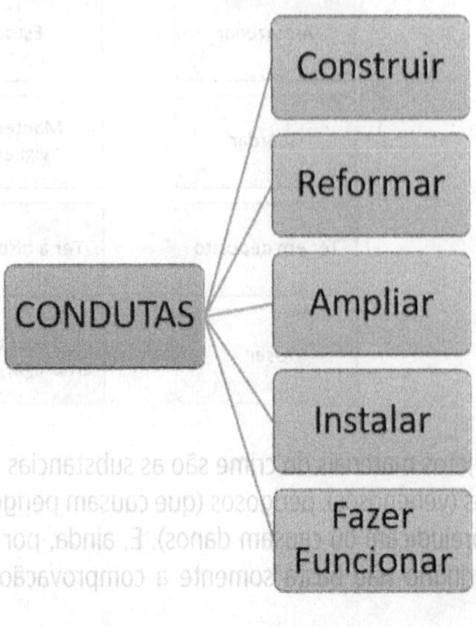

Art. 61. *Disseminar doença ou praga ou espécies que possam causar dano à agricultura, à pecuária, à fauna, à flora ou aos ecossistemas:*

Pena *- reclusão, de um a quatro anos, e multa.*

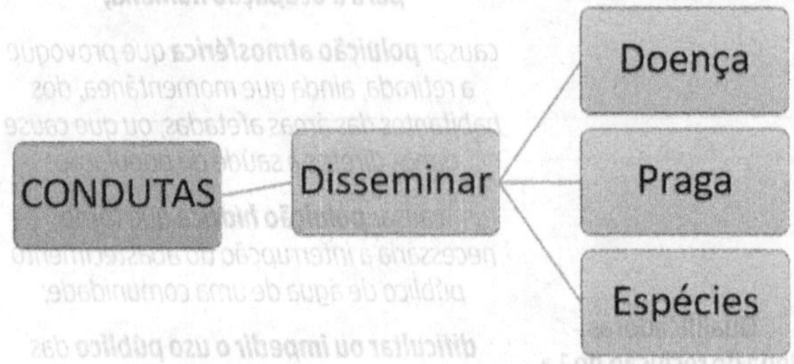

Disseminar consiste em espalhar, propagar a doença ou praga ou espécies que possam causar danos:

à agricultura: lavoura destinada à produção de alimentos;
à pecuária: criação de gados;
à fauna: conjunto de animais de determinada localidade;
à flora: conjunto de plantas de determinada localidade;
ao ecossistema: qualquer unidade que inclua todos os organismos de uma determinada área.

Esse crime se consuma com a mera disseminação da doença ou da praga, independentemente de o dano ocorrer.

Dos crimes contra o ordenamento urbano e o patrimônio cultural

Inclui-se no conceito de meio ambiente o **meio ambiente artificial e o cultural**. O meio ambiente artificial é aquele construído pelo homem, é composto pelo espaço urbano fechado e pelo espaço urbano aberto.

Já o patrimônio cultural encontra-se determinado pelo Art. 216 da CF: *Constituem patrimônio cultural brasileiro os bens de natureza material e imaterial, tomados individualmente ou em conjunto, portadores de referência à identidade, à ação, à memória dos diferentes grupos formadores da sociedade brasileira, nos quais se incluem: I - as formas de expressão; II - os modos de criar, fazer e viver; III - as criações científicas, artísticas e tecnológicas; IV - as obras, objetos, documentos, edificações e demais espaços destinados às manifestações artístico-culturais; V - os conjuntos urbanos e sítios de valor histórico, paisagístico, artístico, arqueológico, paleontológico, ecológico e científico.* Portanto, a proteção ao meio ambiente não se limita a apenas à flora e à fauna, mas sim aos patrimônios culturais existentes na sociedade.

Art. 62. *Destruir, inutilizar ou deteriorar:*

I - bem especialmente protegido por lei, ato administrativo ou decisão judicial;

II - arquivo, registro, museu, biblioteca, pinacoteca, instalação científica ou similar protegido por lei, ato administrativo ou decisão judicial:

Pena *- reclusão, de um a três anos, e multa.*

Parágrafo único. *Se o crime for culposo, a pena é de seis meses a um ano de detenção, sem prejuízo da multa.*

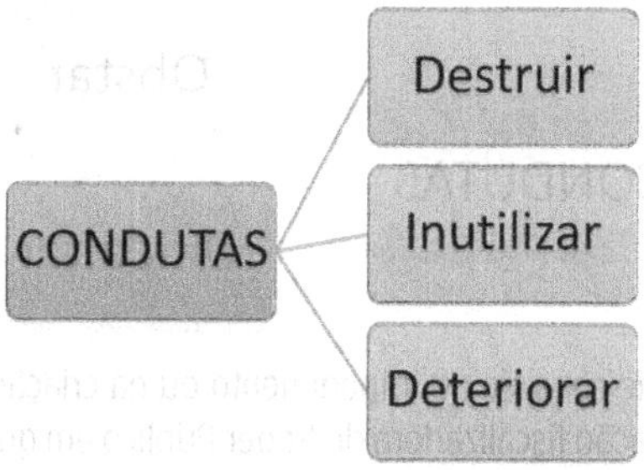

Trata-se dos bens especialmente protegidos por lei, ato administrativo ou judicial. A lei pode ser tanto federal, quanto municipal, estadual ou distrital, visto que é de competência concorrente entre os entes federativos a proteção ao patrimônio cultural brasileiro; do mesmo modo a decisão judicial pode ser derivada de qualquer instância do Poder Judiciário; e o ato administrativo será o tombamento, que também pode ser feito por órgão de qualquer dos entes.

Serão também objetos materiais protegidos por este artigo o arquivo, o registro, o museu, a biblioteca, a pinacoteca, a instalação científica ou similar protegidos por lei, ato administrativo ou decisão judicial.

> ***Art. 63.*** *Alterar o aspecto ou estrutura de edificação ou local especialmente protegido por lei, ato administrativo ou decisão judicial, em razão de seu valor paisagístico, ecológico, turístico, artístico, histórico, cultural, religioso, arqueológico, etnográfico ou monumental, sem autorização da autoridade competente ou em desacordo com a concedida:*
>
> ***Pena*** *- reclusão, de um a três anos, e multa.*

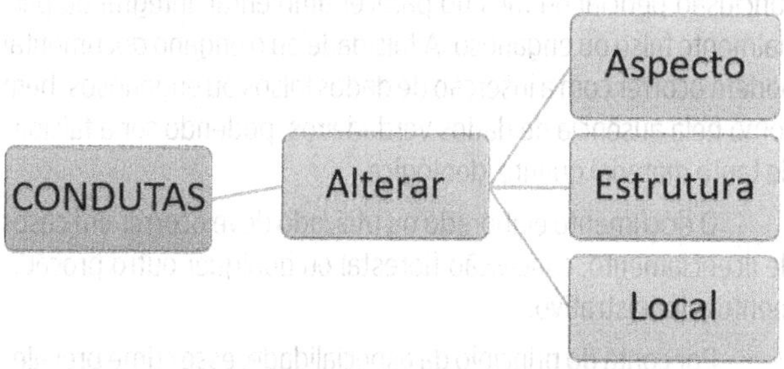

Qualquer modificação, ainda que superficial, na aparência ou na organização do objeto material protegido na norma configura o crime em análise. Esses objetos são protegidos exatamente por seu valor original, de modo que qualquer alteração pode fazer com que ele perca esse valor histórico, paisagístico, artístico, cultural etc. Contudo, para que o crime se configure, não basta a mera modificação; esta não deve ter sido autorizada por autoridade competente ou então deve estar em desacordo com a autorização concedida. Caso contrário, o ato se torna atípico.

> ***Art. 64.*** *Promover construção em solo não edificável, ou no seu entorno, assim considerado em razão de seu valor paisagístico, ecológico, artístico, turístico, histórico, cultural, religioso, arqueológico, etnográfico ou monumental, sem autorização da autoridade competente ou em desacordo com a concedida:*
>
> ***Pena*** *- detenção, de seis meses a um ano, e multa.*

Fazer qualquer obra ou edificação em solo onde não pode haver construções, bem como em seu entorno, consiste em crime contra o meio ambiente, desde que não haja autorização competente ou que o agente aja em descordo com a autorização concedida. Caso contrário, o fato de torna atípico.

> ***Art. 65.*** *Pichar ou por outro meio conspurcar edificação ou monumento urbano:*
>
> ***Pena*** *- detenção, de 3 (três) meses a 1 (um) ano, e multa*
>
> ***§ 1º.*** *Se o ato for realizado em monumento ou coisa tombada em virtude do seu valor artístico, arqueológico ou histórico, a pena é de 6 (seis) meses a 1 (um) ano de detenção e multa.*
>
> ***§ 2º.*** *Não constitui crime a prática de grafite realizada com o objetivo de valorizar o patrimônio público ou privado mediante manifestação artística, desde que consentida pelo proprietário e, quando couber, pelo locatário ou arrendatário do bem privado e, no caso de bem público, com a autorização do órgão competente e a observância das posturas municipais e das normas editadas pelos órgãos governamentais responsáveis pela preservação e conservação do patrimônio histórico e artístico nacional.*

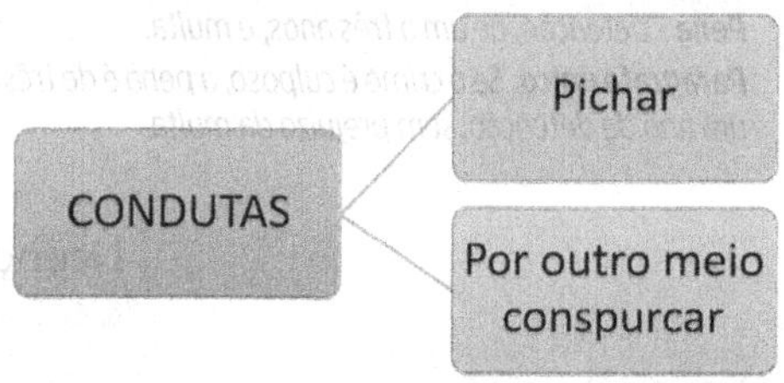

A pichação consiste no ato de escrever ou rabiscar em muros, paredes e etc., enquanto conspurcar consiste em sujar, ambos em construções ou obra artística de grande valor cultural.

Fato atípico (não criminoso)	*Não constitui crime a prática de grafite realizada com o objetivo de valorizar o patrimônio público ou privado mediante manifestação artística, desde que consentida pelo proprietário e, quando couber, pelo locatário ou arrendatário do bem privado e, no caso de bem público, com a autorização do órgão competente e a observância das posturas municipais e das normas editadas pelos órgãos governamentais responsáveis pela preservação e conservação do patrimônio histórico e artístico nacional.* (grifo nosso)
A pena será de 6 meses a 1 ano	*Se o ato for realizado em* ***monumento ou coisa tombada em virtude do seu valor artístico, arqueológico ou histórico.*** **(grifo nosso)**

Dos crimes contra a administração ambiental

> ***Art. 66.*** *Fazer o funcionário público afirmação falsa ou enganosa, omitir a verdade, sonegar informações ou dados técnico-científicos em procedimentos de autorização ou de licenciamento ambiental:*
>
> ***Pena*** *- reclusão, de um a três anos, e multa.*

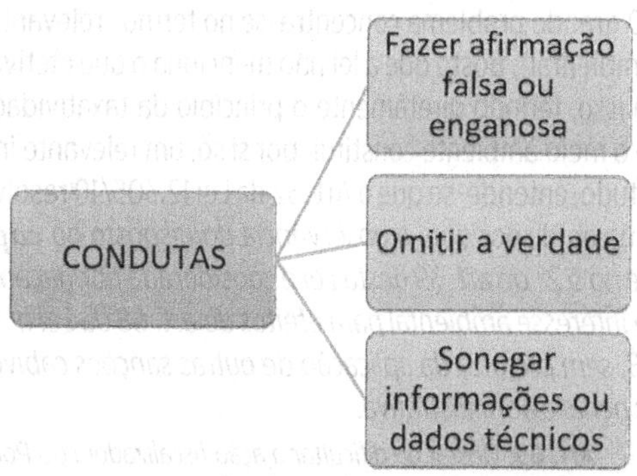

A falsidade deve ocorrer no processo de autorização ou licenciamento ambiental.

Esse delito seria uma forma de falsidade ideológica ambiental, praticado por funcionário público que faz uma afirmação que não corresponde à verdade ou que leva a engano, ou então não menciona a verdade ou ainda esconde dados técnico-científicos em procedimentos autorizadores e licenciadores ambientais. Desse modo, esse crime pode ser praticado tanto por meio de uma ação quanto de uma omissão.

> ***Art. 67.*** *Conceder o funcionário público licença, autorização ou permissão em desacordo com as normas ambientais, para as atividades, obras ou serviços cuja realização depende de ato autorizativo do Poder Público:*
>
> ***Pena*** *- detenção, de um a três anos, e multa.*
>
> ***Parágrafo único.*** *Se o crime é culposo, a pena é de três meses a um ano de detenção, sem prejuízo da multa.*

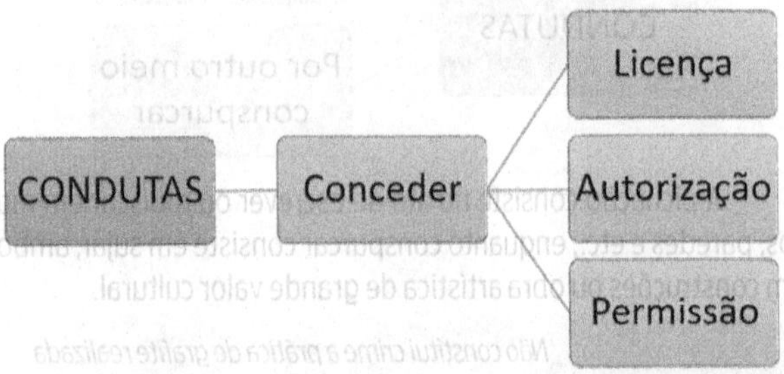

O funcionário público fornece a alguém autorização ou permissão ou licença infringindo a legislação ambiental para atividades, obras ou serviços que dependam de ato autorizativo do Poder Público.

> ***Art. 68.*** *Deixar, aquele que tiver o dever legal ou contratual de fazê-lo, de cumprir obrigação de relevante interesse ambiental:*
>
> ***Pena*** *- detenção, de um a três anos, e multa.*
>
> ***Parágrafo único.*** *Se o crime é culposo, a pena é de três meses a um ano, sem prejuízo da multa.*

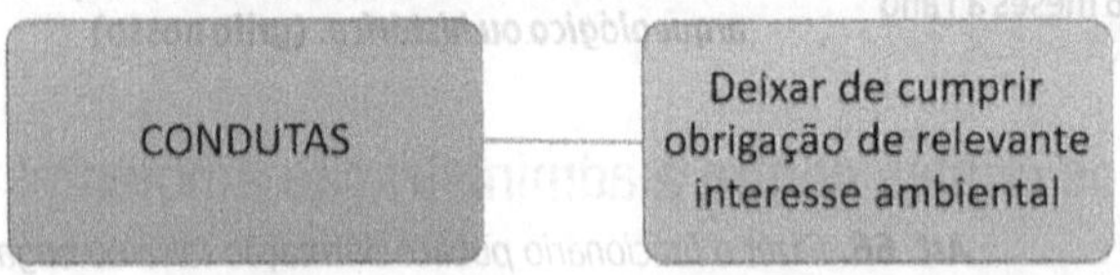

O agente, que tem como dever legal ou contratual cumprir obrigação de relevante interesse ambiental, se não o fizer, incorre no crime acima descrito.

O grande problema concentra-se no termo "relevante interesse ambiental", posto que a lei não menciona o que efetivamente seria isso, ferindo diretamente o princípio da taxatividade, até porque o meio ambiente constitui, por si só, um relevante interesse. Contudo, entende-se que o Art. 52 da Lei 12.305/10 resolve este problema ao dispor que: *a observância do disposto no* ***caput*** *do art. 23 e no § 2º do art. 39 desta Lei é considerada obrigação de relevante interesse ambiental para efeitos do art. 68 da Lei nº 9.605, de 1998, sem prejuízo da aplicação de outras sanções cabíveis nas esferas penal e administrativa.*

> ***Art. 69.*** *Obstar ou dificultar a ação fiscalizadora do Poder Público no trato de questões ambientais:*
>
> ***Pena*** *- detenção, de um a três anos, e multa.*

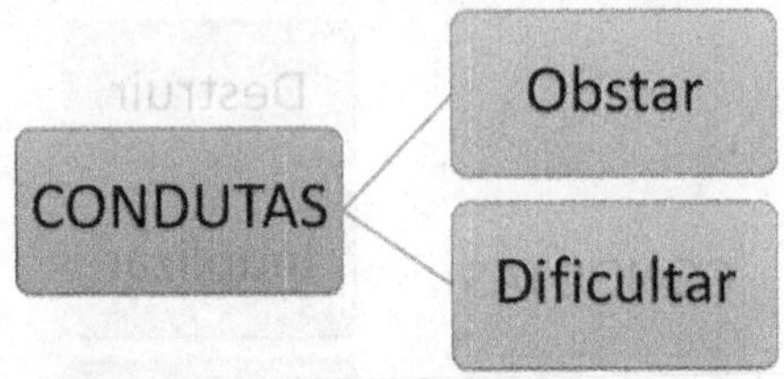

O crime consiste no impedimento ou na criação de obstáculos para a ação fiscalizadora do Poder Público em questões ambientais.

> ***Art. 69-A.*** *Elaborar ou apresentar, no licenciamento, concessão florestal ou qualquer outro procedimento administrativo, estudo, laudo ou relatório ambiental total ou parcialmente falso ou enganoso, inclusive por omissão:*
>
> ***Pena*** *- reclusão, de 3 (três) a 6 (seis) anos, e multa.*
>
> ***§ 1º*** *Se o crime é culposo:*
>
> ***Pena*** *- detenção, de 1 (um) a 3 (três) anos.*
>
> ***§ 2º*** *A pena é aumentada de 1/3 (um terço) a 2/3 (dois terços), se há dano significativo ao meio ambiente, em decorrência do uso da informação falsa, incompleta ou enganosa.*

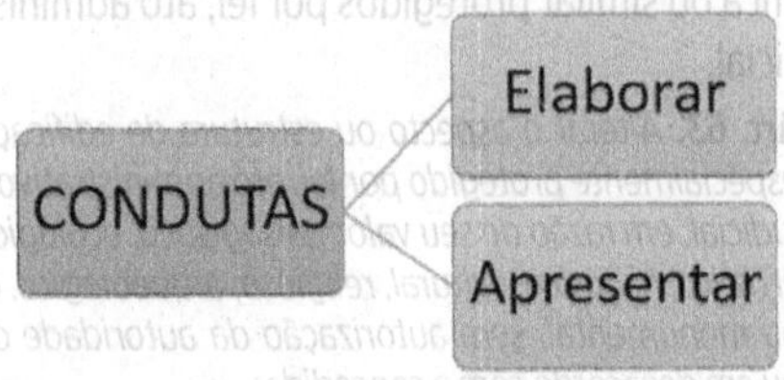

O crime ocorre com a formulação ou utilização de análise, conclusão pericial ou mesmo parecer ambiental, integral ou parcialmente falso ou enganoso. A falsidade ou o engano documental podem ocorrer com a inserção de dados falsos ou enganosos, bem como pela ausência de dados verdadeiros, podendo ser a falsidade tanto material quanto ideológica.

O documento elaborado ou utilizado deve ocorrer em casos de licenciamento, concessão florestal ou qualquer outro procedimento administrativo.

Por conta do princípio da especialidade, esse crime prevalece sobre os de falsidade previstos no Código Penal.

CAUSAS DE AUMENTO DE PENA	
Aumenta-se de 1/3 a 2/3	*se há **dano significativo** ao meio ambiente, em decorrência do uso da informação falsa, incompleta ou enganosa.*

6. LEI Nº 8.072/1990 - LEI DOS CRIMES HEDIONDOS

O Brasil adotou o sistema legal(art. 5º, XLIII, CF/88) para a definição dos crimes hediondos, segundo o qual, somente a lei poderá definir quais crimes serão hediondos, nem mesmo o juiz poderá incluir ou excluir condutas como hediondas.

> ***Art. 5º, XLIII, CF/88**: A lei considerará crimes inafiançáveis e insuscetíveis de graça ou anistia a prática da tortura, o tráfico ilícito de entorpecentes e drogas afins, o terrorismo e os definidos como crimes hediondos, por eles respondendo os mandantes, os executores e os que, podendo evitá-los, se omitirem;*

Dessa forma, o legislador editou e publicou a Lei nº 8.072, de 1990, acerca dos crimes hediondos, sendo um rol taxativo. Assim, somente são hediondos os enumerados no caput do art. 1º (todos previstos no Código Penal) e os no parágrafo único (genocídio e posse ou porte ilegal de arma de fogo de uso restrito).

São figuras equiparadas aos crimes hediondos: tortura, terrorismo e tráfico de drogas.

→ **Características Gerais**

01. **Sistema legal**;
02. **Rol taxativo**;
03. Todos os crimes hediondos do caput do art. 1º estão no código penal;
04. **Consumados** ou **tentados**;
05. **Genocídio** e **posse ou porte ilegal de armas de fogo de uso restrito ou proibido** são os únicos crimes hediondos não previstos no código penal (art. 1º, parágrafo único);
06. **Equiparados a hediondo**: tortura, terrorismo e tráfico de drogas.
07. **Insuscetíveis de**: anistia, graça e indulto;
08. **Inafiançáveis**;
09. **Regime inicial fechado**: inconstitucional (stf);
10. **Progressão de regime**: 2/5 primário; 3/5 reincidente (genérico);
11. **Liberdade condicional**: 2/3 primário;
    > Não há p/ reincidente específico;
12. **Liberdade provisória**: o juiz decidirá fundamentadamente se o réu pode apelar em liberdade;
13. **Prisão temporária**: 30 dias (prorrogável);
14. A cargo da união estabelecimentos penais de segurança máxima;
15. Cria-se a forma de "**associação criminosa qualificada**";
16. Cria-se a "**delação eficaz**";
17. Cria-se a "**traição benéfica**".

6.1 Crimes em Espécie

Homicídio qualificado e grupo de extermínio

> ***Art. 1º**, caput. São considerados hediondos os seguintes crimes, todos tipificados no Decreto-Lei nº 2.848, de 7 de dezembro de 1940 – Código Penal, consumados ou tentados:*
>
> ***I.** homicídio (art. 121), quando praticado em atividade típica de grupo de extermínio, ainda que cometido por um só agente, e homicídio qualificado (art. 121, §2º, incisos I, II, III, IV, V, VI e VII); (Inciso acrescido pela Lei nº 8.930, de 6/9/1994ecom redação dada pela Lei nº 13.142, de 6/7/2015)[...]*

Não são hediondos: nem o homicídio simples (art. 121, caput, CP), nem o privilegiado (art. 121, §1º, CP), nem o privilegiado-qualificado, e muito menos o culposo (art. 121, §3º, CP).

> O §6º do art. 121 traz duas majorantes (modalidades que aumentam a pena) do homicídio, mas somente uma é hedionda: quando praticado em atividade típica de grupo de extermínio, ainda que cometido por um só agente.

Veja o que diz o art. 121, §6º, CP: "A pena é aumentada de 1/3 (um terço) até a metade se o crime for praticado por milícia privada, sob o pretexto de prestação de serviço de segurança, ou por grupo de extermínio".

Portanto, o homicídio praticado por "milícia privada sob pretexto de prestação de serviço de segurança"não é hediondo.

Novas leis incluíram algumas formas qualificadoras do homicídio, que são: feminicídio e homicídio funcional; respectivamente, os incisos VI e VII, do §2º, do art. 121, do Código Penal.

→ Homicídio qualificado:

> ***Art. 121**, §2º, CP: "Se o homicídio é cometido:*
>
> ***I.** mediante paga ou promessa de recompensa, ou por outro motivo torpe;*
>
> ***II.** por motivo fútil;*
>
> ***III.** com emprego de veneno, fogo, explosivo, asfixia, tortura ou outro meio insidioso ou cruel, ou de que possa resultar perigo comum;*
>
> ***IV.** à traição, de emboscada, ou mediante dissimulação ou outro recurso que dificulte ou torne impossível a defesa do ofendido;*
>
> ***V.** para assegurar a execução, a ocultação, a impunidade ou vantagem de outro crime;*
>
> ***VI.** contra a mulher por razões da condição de sexo feminino;*
>
> ***VII.** contra autoridade ou agente descrito nos arts. 142 e 144 da Constituição Federal, integrantes do sistema prisional e da Força Nacional de Segurança Pública, no exercício da função ou em decorrência dela, ou contra seu cônjuge, companheiro ou parente consanguíneo até terceiro grau, em razão dessa condição:*
>
> **Pena**. *reclusão, de doze a trinta anos.".*

Lembre-se que para configurar o feminicídio não basta o homicídio contra a mulher, mas deve ser motivado pelo menosprezo ou discriminação à condição de mulher ou envolver violência doméstica e familiar (art. 121, §2º-A, CP).

O homicídio funcional protege também os parentes até o 3º (terceiro) grau consanguíneo, em razão desta condição(de função de segurança), dos agentes descritos no arts. 142 (forças armadas) e 144(segurança pública) da Constituição Federal, integrantes do sistema prisional e da Força Nacional de Segurança Pública.

→ **Forças Armadas:**

Art. 142, caput, CF/88: "As Forças Armadas, constituídas pela Marinha, pelo Exército e pela Aeronáutica, são instituições nacionais permanentes e regulares, organizadas com base na hierarquia e na disciplina, sob a autoridade suprema do Presidente da República, e destinam-se à defesa da Pátria, à garantia dos poderes constitucionais e, por iniciativa de qualquer destes, da lei e da ordem.".

→ **Órgãos de Segurança pública:**

Art.144, caput, CF/88: "A segurança pública, dever do Estado, direito e responsabilidade de todos, é exercida para a preservação da ordem pública e da incolumidade das pessoas e do patrimônio, através dos seguintes órgãos:

I. polícia federal;

II. polícia rodoviária federal;

III. polícia ferroviária federal;

IV. polícias civis;

V. polícias militares e corpos de bombeiros militares.".

A doutrina cita que é extensível a qualificadora pelo homicídio funcional aos guardas municipais (art. 144, §8º, CF/88).

Homicídio privilegiado-qualificado (homicídio híbrido)

O homicídio privilegiado-qualificado (homicídio híbrido) não é hediondo. "Por incompatibilidade axiológica e por falta de previsão legal, o homicídio qualificado-privilegiado não integra o rol dos denominados crimes hediondos (Precedentes).".

Caracteriza-se pela coexistência de circunstâncias privilegiadoras de natureza subjetiva(§1º, art. 121, CP) com qualificadoras de natureza objetiva(incs. III e IV, §2º, art. 121, CP).

"A jurisprudência do Supremo Tribunal Federal é firme no sentido da possibilidade de homicídio privilegiado-qualificado, desde que não haja incompatibilidade entre as circunstâncias do caso. Noutro dizer, tratando-se de qualificadora de caráter objetivo (meios e modos de execução do crime), é possível o reconhecimento do privilégio (sempre de natureza subjetiva)".

Privilegiadoras (Art. 121, §1º, Cp)	Qualificadoras (Art. 121, §2º, Cp)
Subjetivas	Objetivas
Relevante valor social;	Meios de execução (III)
Relevante valor moral;	Modos de execução (IV)
Domínio de violenta emoção.	

Poderá ser homicídio privilegiado-qualificado entre: privilegiadoras subjetivas e qualificadoras objetivas.

> Motivo torpe (I);

> Motivo fútil (II);

> Teleológica/consequencial (V);

> Feminicídio (VI);

> Homicídio funcional (VII).

Violência funcional hedionda

Art. 1º, caput. São considerados hediondos os seguintes crimes, todos tipificados no Decreto-Lei nº 2.848, de 7 de dezembro de 1940 – Código Penal, consumados ou tentados: [...]

I-A. lesão corporal dolosa de natureza gravíssima (art. 129, §2º) e lesão corporal seguida de morte (art. 129, §3º), quando praticadas contra autoridade ou agente descrito nos arts. 142 e 144 da Constituição Federal, integrantes do sistema prisional e da Força Nacional de Segurança Pública, no exercício da função ou em decorrência dela, ou contra seu cônjuge, companheiro ou parente consanguíneo até terceiro grau, em razão dessa condição;

A violência funcional que resulta lesão corporal de natureza leve (art. 129, caput, CP) ou de natureza grave (art. 129, §1º, CP) não é crime hediondo.

(Inciso acrescido pela Lei nº 13.142, de 6/7/2015)

A violência funcional (art. 129, §12, CP) será hedionda quando resultar em lesão corporal de natureza gravíssima ou seguida de morte (art. 129, §§ 2º e 3º, CP).

Resultado da violência funcional	Hediondo?
Leve (art. 129, caput, CP):	Não será hediondo☒
Grave (art. 129, §1º, CP):	Não será hediondo☒
Gravíssima (art. 129, §2º, CP):	Hediondo☑
Seguida de morte (art. 129, §3º, CP):	Hediondo☑

Latrocínio

Art. 1º, caput. São considerados hediondos os seguintes crimes, todos tipificados no Decreto-Lei nº 2.848, de 7 de dezembro de 1940 – Código Penal, consumados ou tentados: [...]

II. latrocínio (art. 157, §3º, in fine); (Inciso acrescido pela Lei nº 8.930, de 6/9/1994)

Cuidado, o roubo qualificado será hediondo somente quando resultar em morte(art. 157, §3º, parte final, CP), uma vez que o roubo qualificado pela lesão corporal grave não é hediondo(art. 157, §3, primeira parte, CP).

O latrocínio (art. 157, §3º, parte final, CP) é crime contra o patrimônio (Título II, da Parte Especial, do CP – arts. 155 a 183) e, portanto, será processado pelo juizado comum (juiz singular) e não pelo tribunal do júri (art. 5º, XXXVIII, CF/88).

Ressalta-se que o latrocínio é crime agravado pelo resultado (doloso ou culposo), ou seja, duas condutas dolosas, em ambas as pontas do nexo causal: dolo no antecedente (causa) + dolo no consequente (resultado); como também na figura preterdolosa: dolo no antecedente(causa) +culpa no consequente(resultado). Porém, nessa última forma (preterdolosa), só existirá se a vítima efetivamente morrer em decorrência da violência: não cabe a tentativa na forma preterdolosa; já naquele (dolo + dolo), é latrocínio tanto na sua forma consumada quanto na tentada.

Súmula nº 610, STF: "Há crime de latrocínio, quando o homicídio se consuma, ainda que não realize o agente a subtração de bens da vítima".

Subtração	Morte	Latrocínio
Consumada	Consumada ✝	Consumado☑
Tentada	Consumada ✝	Consumado☑
Consumada	Tentada	Tentado☒
Tentada	Tentada	Tentado☒

↳ **Morte:** dolosa ou culposa.

Extorsão qualificada pela morte

Art. 1º, caput. São considerados hediondos os seguintes crimes, todos tipificados no Decreto-Lei nº 2.848, de 7 de dezembro de 1940 - Código Penal, consumados ou tentados: [...]

III. extorsão qualificada pela morte (art. 158, §2º); (Inciso acrescido pela Lei nº 8.930, de 6/9/1994)

Trata-se de um crime complexo, no qual se soma o constrangimento ilegal, mediante violência ou grave ameaça, com o intuito obter vantagem econômica indevida. Ademais, a vítima é apenas o meio para se o obter o fim desejado.

Ex: Aguinaldo exige que Timóteo saque de sua conta bancária o valor disponível para retirada diária na máquina de autoatendimento, logo que recebe o dinheiro Aguinaldo mata a ví-tima. Houve o crime de extorsão qualificada pela morte (art. 158, §2º, CP).

A extorsão qualificada pela morte(art. 158, §2º, CP) é crime contra o patrimônio(Título II, da Parte Especial, do CP - arts. 155 a 183) e, portanto, será processado pelo juizado comum (juiz singular) e não pelo tribunal do júri (art. 5º, XXXVIII, CF/88).

Não são todas as modalidades qualificadas de extorsão que serão hediondas, mas somente quando resultar em morte (art. 158, §2º, parte final, CP); portanto, a extorsão qualificada pela lesão corporal grave (ou gravíssima) não é crime hediondo. Trata-se, nesse parágrafo, de uma norma penal em branco ao revés (ao reverso, ao avesso, ao contrário ou invertida), pois a pena (o preceito secundário) é remetida ao §3ºdo art. 157 (roubo qualificado).

Sequestro relâmpago com resultado morte é crime hediondo?

A resposta é não. Como os crimes hediondos estão enumerados em um rol taxativo e a extorsão qualificada pela restrição de liberdade da vítima (art. 158, §3º, CP) não está prevista na Lei nº 8.072/1990, então não se considera delito hediondo — respeito ao princípio da legalidade penal. Outrossim,no Direito Penal, veda-sea analogia in malam partem (analogia incriminadora) — proibição absoluta à analogia para prejudicar o réu. Ocorreu, na verdade, uma omissão (falha) legislativa, o que acaba beneficiando os bandidos.

Extorsão mediante sequestro

Art. 1º, caput.São considerados hediondos os seguintes crimes, todos tipificados no Decreto-Lei nº 2.848, de 7 de dezembro de 1940 - Código Penal, consumados ou tentados: [...]

IV. extorsão mediante sequestro e na forma qualificada (art. 159, caput , e §§ 1º, 2º e 3º); (Inciso acrescido pela Lei nº 8.930, de 6/9/1994)

A extorsão mediante sequestro (art. 159, CP) é crime contra o patrimônio(Título II, da Parte Especial, do CP - arts. 155 a 183) e, portanto, será processado pelo juizado comum (juiz singular) e não pelo tribunal do júri (art. 5º, XXXVIII, CF/88).

A extorsão mediante sequestro (art. 159, CP) é hedionda em todas as suas formas, seja na forma simples, seja na forma qualificada — o legislador acabou sendo redundante no texto de lei.Cuida-se da privação de liberdade da vítima tendo o fim de obter vantagem como condição ou preço do resgate (aqui o pedido é feito a terceiro). Portanto, trata-se da fusão entre o sequestro (art. 148, CP) e a extorsão (art. 158, CP).

Estupro

Art. 1º, caput. São considerados hediondos os seguintes crimes, todos tipificados no Decreto-Lei nº 2.848, de 7 de dezembro de 1940 - Código Penal, consumados ou tentados: [...]

V. estupro (art. 213, caput e §§ 1º e 2º);

(Inciso acrescido pela Lei nº 8.930, de 6/9/1994 e com nova redação dada pela Lei nº 12.015, de 7/8/2009)

O estupro (art. 213, CP) é delito hediondo em todas as suas formas, seja na forma simples, seja na forma qualificada, bem como o estupro de vulnerável (art. 217-A, CP) — o legislador acabou sendo redundante no texto de lei. Aqui há uma controvérsia legislativa, como pode o estupro contra imputável ser crime condicionado à representação (art. 225, CP) e ao mesmo tempo ser hediondo? Na sua forma simples (art. 213, caput, c/c art. 225, do CP), será hediondo condicionado à representação.

Estupro de vulnerável

Art. 1º, caput.São considerados hediondos os seguintes crimes, todos tipificados no Decreto-Lei nº 2.848, de 7 de dezembro de 1940 - Código Penal, consumados ou tentados: [...]

VI. estupro de vulnerável (art. 217-A, caput e §§ 1º, 2º, 3º e 4º);

(Inciso acrescido pela Lei nº 8.930, de 6/9/1994 e com nova redação dada pela Lei nº 12.015, de 7/8/2009)

Estupro de vulnerável: é a conjunção carnal ou ato libidinoso com menor de 14 anos, mesmo sem violência ou grave ameaça (não há previsão do constrangimento). Em seu §1º equipara-se a vulnerável aquele que, por enfermidade ou deficiência mental, não tem o necessário discernimento para a prática do ato, ou que, por qualquer outra causa, não pode oferecer resistência. A sua ação penal é pública incondicionada (art. 225, parágrafo único, CP).Dessa forma, todas as formas de estupro são consideradas hediondas.

Súmula nº 593, STJ: *O crime de estupro de vulnerável se configura com a conjunção carnal ou prática de ato libidinoso com menor de 14 anos, sendo irrelevante eventual consentimento da vítima para a prática do ato, sua experiência sexual anterior ou existência de relacionamento amoroso com o agente.*

Epidemia com resultado morte

> ***Art. 1º**, caput. São considerados hediondos os seguintes crimes, todos tipificados no Decreto-Lei nº 2.848, de 7 de dezembro de 1940 – Código Penal, consumados ou tentados: [...]*
>
> ***VII.** epidemia com resultado morte (art. 267, §1º). (Inciso acrescido pela Lei nº 8.930, de 6/9/1994)*
>
> ***VII-A.** (VETADO) (Inciso vetado na Lei nº 9.695, de 20/8/1998)*

Esse inciso aplica-se apenas à epidemia patogênica dolosa com resultado morte, sendo assim, o crime de epidemia simples não é considerado hediondo (art. 267, caput, CP).

Falsificação, corrupção, adulteração ou alteração de produto terapêutico ou medicinal

> ***Art. 1º**, caput. São considerados hediondos os seguintes crimes, todos tipificados no Decreto-Lei nº 2.848, de 7 de dezembro de 1940 – Código Penal, consumados ou tentados: [...]*
>
> ***VII-B.** falsificação, corrupção, adulteração ou alteração de produto destinado a fins terapêuticos ou medicinais (art. 273, caput e §1º, §1º-A e §1º-B, com a redação dada pela Lei nº 9.677, de 2 de julho de 1998). (Inciso acrescido pela Lei nº 9.695, de 20/8/1998)*

Com relação aos produtos terapêuticos ou medicinais, ou seja, não se consideram como hediondos os cosméticos e os saneantes (art. 273, §1º-A, CP)nem a sua modalidade culposa, porquanto não são considerados ofensivos à saúde pública, dessa forma, a doutrina considera como uma interpretação restritiva de tal preceito.

Favorecimento da prostituição ou de outra forma de exploração sexual de criança ou adolescente ou de vulnerável

> ***Art. 1º**, caput. São considerados hediondos os seguintes crimes, todos tipificados no Decreto-Lei nº 2.848, de 7 de dezembro de 1940 – Código Penal, consumados ou tentados: [...]*
>
> ***VIII.** favorecimento da prostituição ou de outra forma de exploração sexual de criança ou adolescente ou de vulnerável (art. 218-B, caput, e §§ 1º e 2º). (Inciso acrescido pela Lei nº 12.978, de 21/5/2014)*

Apesar de o *nomen juris* dizer apenas favorecimento ou exploração de criança, adolescente ou vulnerável, também haverá punição por outras condutas, quais sejam (§2º, do art. 218-B, do CP):

> ***Art. 218-B**, CP: "Submeter, induzir ou atrair à prostituição ou outra forma de exploração sexual alguém menor de 18 (dezoito) anos ou que, por enfermidade ou deficiência mental, não tem o necessário discernimento para a prática do ato, facilitá-la, impedir ou dificultar que a abandone:*
>
> ***§1º**. Se o crime é praticado com o fim de obter vantagem econômica, aplica-se também multa.*
>
> ***§2º**. Incorre nas mesmas penas:*
>
> ***I.** quem pratica conjunção carnal ou outro ato libidinoso com alguém menor de 18 (dezoito) e maior de 14 (catorze) anos na situação descrita no caput deste artigo;*
>
> ***II.** o proprietário, o gerente ou o responsável pelo local em que se verifiquem as práticas referidas no caput deste artigo.*
>
> ***§3º**. Na hipótese do inciso II do §2º, constitui efeito obrigatório da condenação a cassação da licença de localização e de funcionamento do estabelecimento.".*

Veja que quem, explorando a prostituição, pratica conjunção carnal ou outro ato libidinoso com uma prostituta menor de 18 anos e maior de 14 anos incorrerá neste crime (art. 218-B, §2º, I, CP). Caso seja praticado contra uma pessoa, por enfermidade ou deficiência mental, não possui nenhum discernimento para a prática do ato, ou menor de 14 anos, incorrerá no estupro de vulnerável (art. 217-A, CP).

Genocídio e posse ou porte ilegal de arma de fogo de uso restrito

> ***Art. 1º**, Parágrafo único. Consideram-se também hediondos o crime de genocídio previsto nos arts. 1º, 2º e 3º da Lei nº 2.889, de 1º de outubro de 1956, e o de posse ou porte ilegal de arma de fogo de uso restrito, previsto no art. 16 da Lei nº 10.826, de 22 de dezembro de 2003, todos tentados ou consumados. (Parágrafo único acrescido pela Lei nº 8.930, de 6/9/1994,e com redação dada pela Lei nº 13.497, de 26/10/2017)*

→ **Genocídio: Art. 1º, Lei nº 2.889/1956:** "Quem, com a intenção de destruir, no todo ou em parte, grupo nacional, étnico, racial ou religioso, como tal:

a) matar membros do grupo;

b) causar lesão grave à integridade física ou mental de membros do grupo;

c) submeter intencionalmente o grupo a condições de existência capazes de ocasionar-lhe a destruição física total ou parcial;

d) adotar medidas destinadas a impedir os nascimentos no seio do grupo;

e) efetuar a transferência forçada de crianças do grupo para outro grupo;

Será punido: Com as penas do art. 121, §2º, do Código Penal, no caso da letra 'a';

> Com as penas do art. 129, §2º, no caso da letra 'b';
> Com as penas do art. 270, no caso da letra 'c';
> Com as penas do art. 125, no caso da letra 'd';
> Com as penas do art. 148, no caso da letra 'e';".

***Art. 2º**, Lei nº 2.889/1956: "Associarem-se mais de 3 (três) pessoas para prática dos crimes mencionados no artigo anterior:*

Pena - Metade da cominada aos crimes ali previstos.".

***Art. 3º**, Lei nº 2.889/1956: "Incitar, direta e publicamente alguém a cometer qualquer dos crimes de que trata o art. 1º:*

Pena - Metade das penas ali cominadas.

***§1º**. A pena pelo crime de incitação será a mesma de crime incitado, se este se consumar.*

***§2º**. A pena será aumentada de 1/3 (um terço), quando a incitação for cometida pela imprensa.".*

Leitor, veja o item: "Associação criminosa é crime hediondo?".

→ **Posse ou porte ilegal de arma de fogo de uso restrito:** com a nova redação feita pela Lei nº 13.497, de 26 de outubro de 2017, segundo a qual, incluiu-se o art. 16 do Estatuto do Desarmamento (Lei nº 10.826/2003) como delito hediondo. Entende-se ser todo o art. 16, uma vez que o legislador não citou que seria apenas o caput, portanto,tanto o caput quanto as formas equiparadas do parágrafo único se incluem na hediondez.

Art. 16, Lei nº 10.826/2003: "Possuir, deter, portar, adquirir, fornecer, receber, ter em depósito, transportar, ceder, ainda que gratuitamente, emprestar, remeter, empregar, manter sob sua guarda ou ocultar arma de fogo, acessório ou munição de uso proibido ou restrito, sem autorização e em desacordo com determinação legal ou regulamentar:

Pena - reclusão, de 3 (três) a 6 (seis) anos, e multa.

Parágrafo único. *Nas mesmas penas incorre quem:*

I. *suprimir ou alterar marca, numeração ou qualquer sinal de identificação de arma de fogo ou artefato;*

II. *modificar as características de arma de fogo, de forma a torná-la equivalente a arma de fogo de uso proibido ou restrito ou para fins de dificultar ou de qualquer modo induzir a erro autoridade policial, perito ou juiz;*

III. *possuir, detiver, fabricar ou empregar artefato explosivo ou incendiário, sem autorização ou em desacordo com determinação legal ou regulamentar;*

IV. *portar, possuir, adquirir, transportar ou fornecer arma de fogo com nume-ração, marca ou qualquer outro sinal de identificação raspado, suprimido ou adulterado;*

V. *vender, entregar ou fornecer, ainda que gratuitamente, arma de fogo, aces-sório, munição ou explosivo a criança ou adolescente; e*

VI. *produzir, recarregar ou reciclar, sem autorização legal, ou adulterar, de qualquer forma, munição ou explosivo.".*

6.2 Aspectos Processuais e Penais

Insuscetíveis de graça, anistia, indulto e fiança

Art. 2º. *Os crimes hediondos, a prática da tortura, o tráfico ilícito de entorpecentes e drogas afins e o terrorismo são insuscetíveis de:*

I. *anistia, graça e indulto;*

II. *fiança.*

(Inciso com redação dada pela Lei nº 11.464, de 28/3/2007)

A própria Constituição Federal (art. 5º, XLIII, CF) determina esses institutos, porém a Lei de Crimes Hediondos incluiu a insuscetibilidade do indulto— validamente constitucional para o STF.

"[...] é constitucional o art. 2º, I, da Lei nº 8.072/90, porque, nele, a menção ao indulto é meramente expletiva da proibição de graça aos condenados por crimes hediondos ditada pelo art. 5º, XLIII, da Constituição.

Na Constituição, a graça individual e o indulto coletivo — que ambos, tanto podem ser totais ou parciais, substantivando, nessa última hipótese, a comutação de pena — são modalidades do poder de graça do Presidente da República (art. 84, XII) — que, no entanto, sofre a restrição do art. 5º, XLIII, para excluir a possibilidade de sua concessão, quando se trata de condenação por crime hediondo.".

Lembre-se que tais dispositivos são cabíveis para os crimes hediondos e seus equiparados: tortura, terrorismo e tráfico de drogas. Cuidado, pois são delitos prescritíveis (art. 5º, XLIII, CF) , apenas serão imprescritíveis os descritos na Constituição Federal (art. 5º, XLII e XLIV , CF).

Delito	Imprescritibilidade	Insuscetibilidade de Anistia, Graça e Indulto	Inafiançabilidade
Ação de grupos armados, civis ou militares, contra a ordem constitucional e o Estado Democrático	✓	—	✓
Racismo	✓	—	✓
Crimes hediondos	—	✓	✓
Tortura	—	✓	✓
Tráfico de drogas	—	✓	✓
Terrorismo	—	✓	✓

Antes da Lei nº 11.464/2007 (que atualizou a Lei de Crimes Hediondos), previa-se também que não era cabível a liberdade provisória, redação alterada por essa lei,a qual prevê a insuscetibilidade de graça, anistia, indulto e fiança. Uma parte da doutrina se posicionou no sentido de, mesmo assim, não ser cabível a liberdade provisória, pois esta estava implícita na fiança. No entanto, o STF se pronunciou no sentido de que, a partir de 2007, a lei possibilitou a liberdade provisória para os crimes hediondos.

O réu preso em flagrante poderá obter liberdade provisória e até mesmo ter a prisão relaxada por excesso de prazo, segundo o STF.

Súmula nº 697, STF: "A proibição de liberdade provisória nos processos por crimes hediondos não veda o relaxamento da prisão processual por excesso de prazo.".

Regime inicial fechado

Art. 2º, §1º. *A pena por crime previsto neste artigo será cumprida inicialmente em regime fechado.*

(Parágrafo com redação dada pela Lei nº 11.464, de 28/3/2007)

Antes da Lei nº 11.464/2007, a Lei dos Crimes Hediondos (Lei nº 8.072/1990) previa no§1º do art. 2º que a pena seria cumprida integralmente em regime fechado. Porém, o STF considerou inconstitucional esse parágrafo, além de outros dispositivos da lei, conforme a Súmula Vinculante nº 26(no próximo item).

Dessa forma, o legislador alterou o integralmente para inicialmente em regime fechado, o que possibilitou a progressão de regime. No entanto,o STF considerou que o regime inicial obrigatoriamente fechado inconstitucional; devendo-se seguir as regras previstas nos art. 33 e 59, do Código Penal.

"[...] superado o disposto na Lei dos Crimes Hediondos (obrigatoriedade de início do cumprimento de pena no regime fechado) para aqueles que preencham todos os demais requisitos previstos no art. 33, §§ 2º, 'b', e 3º, do CP, admitindo-se o início do cumprimento de pena em regime diverso do fechado.".

Cabimento de substituição da pena privativa de liberdade por restritiva de direitos

É possível a substituição da pena privativa de liberdade por restritiva de direitos se preenchidos os requisitos no art. 44 do CP, posição firmada no STF.

"PENA – REGIME FECHADO – INCONSTITUCIONALIDADE DO ARTIGO 1º, §1º, DA LEI Nº 8.072/1990. A imposição do regime inicial fechado, prevista na Lei de Crimes Hediondos, é inconstitucional, considerado o princípio da individualização da pena. Precedente:

Habeas Corpus nº 111.840, Relator Ministro Dias Toffoli, julgado pelo Pleno em 27 de junho de 2012, acórdão publicado no Diário da Justiça de 17 de dezembro de 2013. PENA – TRÁFICO DE DROGAS – SUBSTITUIÇÃO DA PRIVATIVA DA LIBERDADE PELA RESTRITIVA DE DIREITOS – INCONSTITUCIONALIDADE DO ARTIGO 44 DA LEI Nº 11.343/2006. A vedação à substituição da pena privativa de liberdade pela restritiva de direitos, prevista na Lei de Tóxicos, é inconstitucional, ante o princípio da individualização da pena. Precedente: Habeas Corpus nº 97.256, Relator Ministro Carlos Ayres Britto, julgado em 1º de setembro de 2010 pelo Pleno, acórdão publicado no Diário da Justiça de 16 de dezembro imediato.

Pena – *execução – regime de cumprimento. Não se tratando de réu reincidente, ficando a pena no patamar de 2 anos e sendo as circunstâncias judiciais positivas, cumpre observar o regime aberto e apreciar a substituição da pena privativa de liberdade pela restritiva de direitos – artigos 33 e 44 do Código Penal".*

Progressão de regime

***Art. 2º**, §2º. A progressão de regime, no caso dos condenados aos crimes previstos neste artigo, dar-se-á após o cumprimento de 2/5 (dois quintos) da pena, se o apenado for primário, e de 3/5 (três quintos), se reincidente.*
(Parágrafo acrescido pela Lei nº 11.464, de 28/3/2007)

Reincidência genérica: no que tange à progressão de regime, a reincidência expressa a que se refere o §2º, do art. 2º, é a genérica, isto é, réu não primário em qualquer espécie de crime, por exemplo, o agente já condenado por porte de drogas ilícitas para consumo pessoal (art. 28, Lei nº 11.343/06) e que posteriormente cometa o delito de corrupção de produto terapêutico (art. 273, CP), deverá cumprir ao menos 3/5 (três quintos) da pena em cada regime para a sua progressão, porque se trata de réu não primário (reincidência genérica).

Conforme dispõe o STJ:

"[...] no tocante à reincidência indicada no §2º do artigo 2º da Lei dos Crimes Hediondos, não se exige 'que o sentenciado seja reincidente específico em crimes hediondos ou equiparados. O conceito de reincidência referido no art. 2º, §2º, da Lei nº 8.072/1990, com redação dada pela Lei nº 11.464/2007, é o do art. 63 do CP (reincidência genérica)' (JESUS, Damásio de. Código de Processo Penal Anotado. 23ª ed. São Paulo: Saraiva, 2009, p.729). Precedentes".

REGRAS GERAIS DE PROGRESSÃO DE REGIME	
Natureza do Crime	**Prazo para Progressão**
Crime comum (primário ou reincidente):	Cumprimento de 1/6 da pena
Crime hediondo ou equiparado+ primário:	Cumprimento de 2/5 da pena
Crime hediondo ou equiparado+reincidente genérico:	Cumprimento de 3/5 da pena

Irretroatividade da Lei nº 11.464/2007:aqueles que tenham praticado crime hediondo ou equiparado antes da Lei nº 11.464/2007, por força da irretroatividade da lei penal maléfica(irretroatividade da *lex gravior ou da novatio legis in pejus*), basta o cumprimento de 1/6 (um sexto) da pena para progressão de regime(Súmula nº 471, STJ), continua vigorando o art. 112 da Lei de Execução Penal (LEP) (Lei nº 7.210/1984).

Súmula nº 471, STJ: *Os condenados por crimes hediondos ou assemelhados cometidos antes da vigência da Lei nº 11.464/2007 sujeitam-se ao disposto no art. 112 da Lei nº 7.210/1984 (Lei de Execução Penal) para a progressão de regime prisional.*

→ **Progressão de Regime (Regra Geral)**

A realização de exame criminológico para conceder a progressão de regime aos delitos hediondos ou seus equiparados é facultativa.

***Art. 112**, caput, LEP:"A pena privativa de liberdade será executada em forma progressiva com a transferência para regime menos rigoroso, a ser determinada pelo juiz, quando o preso tiver cumprido ao menos um sexto da pena no regime anterior e ostentar bom comportamento carcerário, comprovado pelo diretor do estabelecimento, respeitadas as normas que vedam a progressão".*

→ **Exame criminológico:** não é obrigatório para progressão do regime aos condenados por crime hediondo ou equiparado; o juízo da execução avaliará se o condenado preenche os requisitos objetivos e subjetivos do benefício, podendo solicitar a realização de exame criminológico (facultativo), desde que devidamente motivado (Súmula Vinculante nº 26, STF).

Súmula Vinculante nº 26, STF: *Para efeito de progressão de regime no cumprimento de pena por crime hediondo, ou equiparado, o juízo da execução observará a inconstitucionalidade do art. 2º da Lei n. 8.072, de 25 de julho de 1990, sem prejuízo de avaliar se o condenado preenche, ou não, os requisitos objetivos e subjetivos do benefício, podendo determinar, para tal fim, de modo fundamentado, a realização de exame criminológico.*

Direito de apelar em liberdade

***Art. 2º**, §3º. Em caso de sentença condenatória, o juiz decidirá fundamentadamente se o réu poderá apelar em liberdade.*
(Primitivo §2º renumerado pela Lei nº 11.464, de 28/3/2007)

Nesse parágrafo está previsto o direito de o réu recorrer em liberdade, tal regra deve ser entendida da seguinte forma: após a sentença, se não existirem pressupostos para a prisão preventiva, o réu deverá responder em liberdade. Se, ao contrário, existirem pressupostos para a prisão preventiva, o réu recorrerá preso, sempre o juiz fundamentando as decisões.

Prisão temporária

***Art. 2º**, §4º. A prisão temporária, sobre a qual dispõe a Lei nº 7.960, de 21 de dezembro de 1989, nos crimes previstos neste artigo, terá o prazo de 30 (trinta) dias, prorrogável por igual período em caso de extrema e comprovada necessidade.*
(Primitivo §3º renumerado pela Lei nº 11.464, de 28/3/2007)

Esse prazo de prisão temporária dilatado (estendido) será cabível tanto aos crimes hediondos quanto às suas formas equiparadas, mesmo que ele não esteja previsto na Lei das Prisões Temporá-rias (Lei nº 7.960/1989).

***Art. 2º, Lei nº 7.960/1989:** A prisão temporária será decretada pelo Juiz, em face da representação da autoridade policial ou de requerimento do Ministério Público, e terá o prazo de 5 (cinco) dias, prorrogável por igual período em caso de extrema e comprovada necessidade.*

PRAZOS DA PRISÃO TEMPORÁRIA	
Natureza do Crime	**Prisão Temporária**
Crime não hediondo (regra)	5+5
Crime hediondo e equiparado	30+30

Estabelecimentos penais de segurança máxima

Art. 3º. A União manterá estabelecimentos penais, de segurança máxima, destinados ao cumprimento de penas impostas a condenados de alta periculosidade, cuja permanência em presídios estaduais ponha em risco a ordem ou incolumidade pública.

Trata-se de um mandamento à União em construir e manter presídios de segurança máxima, verdadeiramente importante para a manutenção social contra os condenados de alta periculosidade.

Livramento condicional

***Art. 5º.** Ao art. 83 do Código Penal é acrescido o seguinte inciso:*

V. cumprido mais de dois terços da pena, nos casos de condenação por crime hediondo, prática da tortura, tráfico ilícito de entorpecentes e drogas afins, e terrorismo, se o apenado não for reincidente específico em crimes dessa natureza".

A lei dos crimes hediondos trouxe uma alteração ao livramento condicional, previsto no art. 83 do CP (Código Penal). É importante observar que é vedado o livramento condicional ao reincidente específico em delitos de natureza hedionda (crimes hediondos e equiparados).

Contudo, a Lei nº 13.344/2016 inclui mais um crime nesse rol gravoso para liberdade condicional: o tráfico de pessoas (art. 149-A, CP).

***Art. 83**, V, CP: "cumpridos mais de dois terços da pena, nos casos de condenação por crime hediondo, prática de tortura, tráfico ilícito de entorpecentes e drogas afins, tráfico de pessoas e terrorismo, se o apenado não for reincidente específico em crimes dessa natureza".*

(Incluído pela Lei nº 13.344, de 2016)

Regras gerais para o livramento condicional

NATUREZA DO CRIME	PRAZO PARA CONDICIONAL
Crime comum + primário	Cumprimento de 1/3 da pena
Crime comum +reincidente em crime doloso	Cumprimento de 1/2 da pena
Crime hediondo, equiparado ou tráfico de pessoas+primário (ou reincidente genérico)	Cumprimento de 2/3 da pena
Crime hediondo, equiparado ou tráfico de pessoas+reincidente específico nesses crimes	NÃO HÁ CONDICIONAL ☒

Delação eficaz

***Art. 7º.** Ao art. 159 do Código Penal fica acrescido o seguinte parágrafo: "Art. 159. §4º Se o crime é cometido por quadrilha ou bando, o coautor que denunciá-lo à autoridade, facilitando a libertação do sequestrado, terá sua pena reduzida de um a dois terços".*

Delação eficaz: trata-se de uma causa obrigatória de diminuição de pena— de 1/3 (um terço) a 2/3 (dois terços) — para o crime de extorsão mediante sequestro em concurso de agentes (art. 159, CP), devendo a denúnciaser eficaz, ou seja, possibilitando a libertação da vítima.

6.3 Associação Criminosa Qualificada

***Art. 8º.** Será de três a seis anos de reclusão a pena prevista no art. 288 do Código Penal, quando se tratar de crimes hediondos, prática da tortura, tráfico ilícito de entorpecentes e drogas afins ou terrorismo.*

***Parágrafo único.** O participante e o associado que denunciar à autoridade o bando ou quadrilha (associação criminosa), possibilitando seu desmantelamento, terá a pena reduzida de um a dois terços.*

O crime de associação criminosa (art. 288, CP) será qualificado quando possuir o fim de praticar crimes hediondos e equiparados — exceto tráfico de drogas, pois a este delito incidirá o art. 35 da Lei nº 11.343/2006: associação para o tráfico de drogas. Contudo, tal qualificadora não está presente no Código Penal, mas somente na Lei dos Crimes Hediondos.

> Portanto, tome cuidado com o enunciado de prova, caso cite "de acordo com o Código Penal", então não há associação criminosa qualificada.

Traição benéfica

***Art. 8º**, Parágrafo único. O participante e o associado que denunciar à autoridade o bando ou quadrilha (associação criminosa), possibilitando seu desmantelamento, terá a pena reduzida de um a dois terços.*

Traição benéfica: trata-se de uma causa obrigatória de diminuição de pena— de 1/3 (um terço) a 2/3 (dois terços) — para associação criminosa (art. 288, CP), sendo que um ou mais dos agentes (associado ou partícipe) denuncie (traia) de modo eficaz, ou seja, possibilitando o desmantelamento do grupo (art. 8º, parágrafo único).

> DELAÇÃO EFICAZ ≠ TRAIÇÃO BENÉFICA
> Na delação eficaz, deve-se possibilitar a libertação da vítima (efetivamente); enquanto na traição benéfica, o desmantelamento do grupo criminoso (o famoso "dedo duro").

6.4 Jurisprudências e Temas Relevantes

Tráfico de drogas privilegiado não é equiparado a hediondo

Atualmente, para ambos os Tribunais Superiores, não é equiparado a hediondo o tráfico privilegiado (art. 33, §4º, Lei nº 11.343/2006), por conseguinte, o STJ cancelou a Súmula nº 512.

***Súmula nº512, STJ:** A aplicação da causa de diminuição de pena prevista no art. 33, §4º, da Lei nº 11.343/2006 não afasta a hediondez do crime de tráfico de drogas. (CANCELADO)*

Para o STF, afasta a hediondez:"O tráfico de entorpecentes privilegiado (art. 33, §4º, da Lei nº 11.313/2006) não se harmoniza com a hediondez do tráfico de entorpecentes definido no ca-put e §1º do art. 33 da Lei de Tóxicos.".

Associação para o tráfico de drogas não é equiparado a hediondo

Segundo entendimento dos Tribunais Superiores, o crime de associação para o tráfico (art. 35, Lei nº 11.343/2006) não é equiparado a hediondo, razão pela qual a progressão de regime seguirá a regra geral dos delitos comuns, além dos requisitos subjetivos, o requisito objetivo de cumprimento de, ao menos, 1/6 da pena em cada regime: art. 112, LEP (Lei nº 7.210/1984).

"O Superior Tribunal de Justiça entende que o delito de associação para o tráfico de drogas não possui natureza hedionda, por não estar expressamente previsto nos arts. 1º e 2º, Lei nº 8.072/1990. [...], deve ser cumprido o lapso de 1/6 de pena para a progressão de regime, não se aplicando o disposto no art. 2º, §2º, Lei n.º 8.072/1990.".

→ **Progressão de Regime (Regra Geral)**

> ***Art. 112**, caput, LEP: A pena privativa de liberdade será executada em forma progressiva com a transferência para regime menos rigoroso, a ser determinada pelo juiz, quando o preso tiver cumprido ao menos um sexto da pena no regime anterior e ostentar bom comportamento carcerário, comprovado pelo diretor do estabelecimento, respeitadas as normas que vedam a progressão.*

Obrigatoriedade da identificação do perfil genético aos condenados em crimes hediondos

Há obrigatoriedade da coleta do perfil genético (DNA) dos condenados por crime doloso com violência de natureza grave contra pessoa ou por crime hediondo (art. 9º-A, Lei nº 7.210/1984).

> ***Art. 9º-A**, LEP: "Os condenados por crime praticado, dolosamente, com violência de natureza grave contra pessoa, ou por qualquer dos crimes previstos no art. 1º da Lei nº 8.072, de 25 de julho de 1990, serão submetidos, obrigatoriamente, à identificação do perfil genético, mediante extração de DNA – ácido desoxirribonucleico, por técnica adequada e indolor".*

Muita atenção, pois as bancas de concurso têm o costume de colocar essa obrigatoriedade (art. 9º-A, LEP) em outros temas, por exemplo, na identificação criminal pelo processo datiloscópico (errado!).

Ato infracional análogo ao tráfico de drogas

Os menores de 18 (dezoito) anos não cometem crimes, mas, por força da lei, diz-se que cometem atos infracionais análogos a crime. Diante disso, o menor de 18 anos que cometer delito equiparado a hediondo de tráfico de drogas não estará sujeito à medida socioeducativa de internação (medida privativa de liberdade), a qual só é cabível ao adolescente (maior de 12 anos e menor de 18 anos), por ser a medida mais gravosa do Estatuto da Criança e do Adolescente – ECA.

Súmula nº 492, STJ: *O ato infracional análogo ao tráfico de drogas, por si só, não conduz obrigatoriamente à imposição de medida socioeducativa de internação do adolescente.*

Corrupção de menores majorada por crime hediondo

> ***Art. 244-B**, ECA: Corromper ou facilitar a corrupção de menor de 18 (dezoito) anos, com ele praticando infração penal ou induzindo-o a praticá-la:*
>
> **Pena** - reclusão, de 1 (um) a 4 (quatro) anos.
>
> *§1º. Incorre nas penas previstas no caput deste artigo quem pratica as condutas ali tipificadas utilizando-se de quaisquer meios eletrônicos, inclusive salas de bate-papo da internet.*
>
> *§2º. As penas previstas no caput deste artigo são aumentadas de um terço no caso de a infração cometida ou induzida estar incluída no rol do art. 1º da Lei no 8.072, de 25 de julho de 1990.*

O crime de corrupção de menores previsto no art. 244-B do ECA (Lei nº 8.069/1990) é diferente da corrupção de menores prevista no art. 218 do CP (crime contra a dignidade sexual). O ato de corromper menor de 18 (dezoito) anos de idade ou de facilitar a sua corrupção para a prática de infração penal (art. 244-B, ECA) é considerado delito formal, cuja caracterização demanda a coautoria ou participação de indivíduo maior de idade, majorando-se a pena caso o delito perpetrado em decorrência da corrupção seja hediondo.

Súmula nº 500, STJ: "A configuração do crime do art. 244-B do ECA independe da prova da efetiva corrupção do menor, por se tratar de delito formal.".

Associação criminosa é crime hediondo?

Não. Nem prevista no Código Penal (art. 288, CP), ainda que tenha a finalidade de se praticar crimes hediondos e equiparados (art. 8º, Lei nº 8.072/1990), nem a prevista na Lei de Drogas (art. 35, Lei nº 11.343/2006), nem a organização criminosa (art. 1º, §1º, Lei nº12.850/2013).

Contudo, a associação criminosa com objetivo de genocídio é hedionda (art. 2º, Lei nº 2.889/1956), haja vista a definição expressa na Lei de Crimes Hediondos (art. 1º, parágrafo único, Lei nº 8.072/1990).

Veja o que diz o caput do art. 2º da Lei de Genocídio:

> ***Art. 2º**, caput, Lei nº 2.889/1956: Associarem-se mais de 3 (três) pessoas para prática dos crimes mencionados no artigo anterior: [...]*

É hedionda a incitação à prática de genocídio:

> ***Art. 3º**, caput, Lei nº 2.889/1956: Incitar, direta e publicamente alguém a cometer qualquer dos crimes de que trata o art. 1º: [...]*

Questões

01. (VUNESP) A Lei de Crimes Hediondos (Lei nº 8.072/90) dispõe que será de três a seis anos de reclusão a pena prevista no art. 288 do Código Penal (Associação Criminosa), quando se tratar de crimes hediondos, prática da tortura, tráfico ilícito de entorpecentes e drogas afins ou terrorismo. Nessa hipótese, o participante e o associado que denunciar à autoridade o bando ou quadrilha, possibilitando seu desmantelamento:

a) Deverá cumprir a pena em estabelecimento distinto dos demais participantes.

b) Deixará de responder pelo referido crime.

c) Terá a pena reduzida de um a dois terços.

d) Terá a pena anistiada pelo Presidente da República.

e) Terá sua pena convertida para prestação de serviços à comunidade.

02. (CESPE) A respeito do que dispõe a Constituição Federal de 1988 e a Lei nº 8.072/1990, assinale a opção correta.

a) A prática de racismo constitui crime hediondo, inafiançável e imprescritível.

b) A tortura é crime inafiançável, imprescritível e insuscetível de graça ou anistia.

c) O crime de lesão corporal dolosa de natureza gravíssima é hediondo quando praticado contra parente consanguíneo até o quarto grau de agente da segurança pública, em razão dessa condição.

d) A lei penal e a processual penal retroagem para beneficiar o réu.

e) O agente que pratica homicídio simples, consumado ou tentado, não comete crime hediondo.

03. (CESPE) De acordo com as disposições legais referentes aos crimes hediondos,

a) O agente do crime de sequestro relâmpago qualificado com o resultado morte está sujeito a prisão temporária, por ser tal crime considerado hediondo.

b) A prática não consumada, ou seja, tentada, do crime afasta o caráter hediondo do tipo penal.

c) Cumpridos os requisitos legais, será cabível a substituição da pena privativa de liberdade por pena restritiva de direitos.

d) É cabível ao magistrado classificar como hediondo um crime em razão de sua gravidade ou forma de execução.

e) A liberdade provisória, em crimes dessa natureza, é direito subjetivo do autor, condicionado ao pagamento de fiança.

Gabaritos

01	C
02	E
03	C

7. LEI Nº 7.716/1989 - LEI DE DISCRIMINAÇÃO RACIAL

A presente lei define os crimes de preconceito de raça e de cor, conforme expressão utilizada na própria lei, no entanto, com alteração posterior, o artigo primeiro da lei, amplia esse rol para tratar também da etnia, religião ou procedência nacional.

7.1 Mandado Expresso de Criminalização / Penalização

O crime de "racismo" encontra previsão e citações em várias passagens constitucionais, entendendo-se como mandado expresso de penalização porque a própria Constituição Federal já previa a conduta de racismo como crime, logo não poderia o legislador ordinário tratar a matéria de outra maneira.

Essa previsão encontra respaldo, principalmente, no Art. 5º XLII, mas também pode ser entendido nos artigos 1º III, 3º IV e 4º II e VIII, todos da Constituição Federal.

> ***Art. 1º:*** *A República Federativa do Brasil (...) tem como fundamentos:*
>
> ***III.*** *a dignidade da pessoa humana;*
>
> ***Art. 3º:*** *Constituem objetivos fundamentais da República Federativa do Brasil:*
>
> ***VI.*** *promover o bem de todos, sem preconceitos de origem, raça, sexo, cor, idade e quaisquer outras formas de discriminação.*
>
> ***Art. 4º:*** *A República Federativa do Brasil rege-se nas suas relações internacionais pelos seguintes princípios:*
>
> ***I.*** *prevalência dos direitos humanos;*
>
> ***VIII.*** *repúdio ao terrorismo e ao racismo;*

E por último e mais importante deles:

> ***Art. 5º****, XLII: A prática do racismo constitui crime inafiançável e imprescritível, sujeito à pena de reclusão, nos termos da lei;*

Inafiançável = Não se admite a fiança para concessão da liberdade provisória, vale ressaltar que é possível a liberdade provisória sem fiança.

Imprescritível = Poderá ser punido a qualquer tempo, não cabendo a causa extintiva da punibilidade pela prescrição. De acordo com a Constituição Federal são imprescritíveis apenas o racismo e ação de grupos armados, civis ou militares, contra a ordem constitucional e o Estado Democrático.

Pena de Reclusão = O legislador ordinário não poderia cominar penas diferentes de reclusão por causa da previsão constitucional.

→ **Art. 1º da lei de discriminação racial:**

Serão punidos, na forma desta lei, os crimes resultantes de:

Discriminação (é o ato de separar, segregar ou diferenciar pessoas, animais ou coisas, no caso da lei trata-se apenas de pessoas) ou preconceito (é a opinião formada precipitadamente e, normalmente, de forma negativa/pejorativa).

Além de ser discriminação ou preconceito, tal discriminação ou preconceito têm que serem voltados a:

> Raça, Cor, Etnia, Religião ou Procedência Nacional.

Esses requisitos, tratados no Art. 1º, servirão como norte para praticamente todas as condutas previstas na lei, ou seja, os crimes previstos nessa lei dependem do dolo do agente, voltado para esses tipos de discriminação ou preconceito.

7.2 Outras Formas de Discriminação

Discriminação resultante de sexo ou estado civil são tratados pela Lei nº 7437/85. Como nessa lei, as penas cominadas não são de reclusão, entende parte da doutrina que ela é inconstitucional.

Discriminação resultante de deficiência física ou mental são tratadas pela Lei nº 7853/89.

Crimes em espécie

> ***Art. 3º*** *Impedir ou obstar o acesso a alguém, devidamente habilitado, a qualquer cargo da administração direta ou indireta, bem como em concessionárias de serviço público.*
>
> ***Parágrafo único.*** *Incorre na mesma pena quem, por motivo de discriminação de raça, cor, etnia, religião ou procedência nacional, obstar a promoção funcional.*

Crime formal - Independe do prejuízo causado à vítima.

> ***Art. 4º*** *Negar ou obstar emprego em empresa privada.*
>
> ***§1º.*** *Condutas equiparadas:*

Deixar de conceder os equipamentos necessários em igualdade de condições.

Impedir a ascensão funcional do empregado.

Proporcionar ao empregado tratamento diferenciado no ambiente de trabalho, especialmente quanto ao salário.

> ***§ 2º*** *Ficará sujeito às penas de multa e de prestação de serviços à comunidade, incluindo atividades de promoção da igualdade racial, quem, em anúncios ou qualquer outra forma de recrutamento de trabalhadores, exigir aspectos de aparência próprios de raça ou etnia para emprego cujas atividades não justifiquem essas exigências.*
>
> *Pena: reclusão de dois a cinco anos.*
>
> ***Art. 5º*** *Recusar ou impedir acesso a estabelecimento comercial, negando-se a servir, atender ou receber cliente ou comprador.*
>
> *Pena: reclusão de um a três anos.*
>
> ***Art. 6º*** *Recusar, negar ou impedir a inscrição ou ingresso de aluno em estabelecimento de ensino público ou privado de qualquer grau.*
>
> *Pena: reclusão de três a cinco anos.*

→ **Causa de Aumento de Pena**

Se o crime for praticado contra menor de dezoito anos a pena é agravada de 1/3 (um terço).

> ***Art. 7º*** *Impedir o acesso ou recusar hospedagem em hotel (períodos predeterminados), pensão (períodos indeterminados), estalagem, ou qualquer estabelecimento similar (interpretação analógica - albergue).*
>
> ***Pena*** *- Reclusão de três a cinco anos.*
>
> ***Art. 8º*** *Impedir o acesso ou recusar atendimento em restaurantes, bares, confeitarias, ou locais semelhantes abertos ao público (cafeteria, sorveteria).*
>
> *Pena: reclusão de um a três anos.*
>
> ***Art. 9º*** *Impedir o acesso ou recusar atendimento em estabelecimentos esportivos, casas de diversões (espetáculos, circo, cinema), ou clubes sociais abertos ao público (não abrange clubes privativos a sócios).*
>
> ***Pena*** *- reclusão de um a três anos.*

A mera interpelação para apresentação de ingresso não caracteriza discriminação racial nesse artigo.

> ***Art. 10.*** *Impedir o acesso ou recusar atendimento em salões de cabeleireiros, barbearias, termas ou casas de massagem, ou estabelecimento com as mesmas finalidades.*
>
> ***Pena*** *- reclusão de um a três anos.*

Art. 11. Impedir o acesso às entradas sociais em edifícios públicos ou residenciais e elevadores ou escada de acesso aos mesmos:

***Pena** - reclusão de um a três anos.*

A mera exigência de ingressos em prédios em geral pela porta de serviço, em relação às pessoas que estão promovendo entregas e realizando obras ou trabalhos específicos a moradores e demais ocupantes do edifício, não configura o crime. Para tanto é fundamental que haja o intuito de discriminação racial.

Guilherme de Souza Nucci.

Art. 12. Impedir o acesso ou uso de transportes públicos, como aviões, navios barcas, barcos, ônibus, trens, metrô ou qualquer outro meio de transporte concedido (táxi).

***Pena** - reclusão de um a três anos.*

Art. 13. Impedir ou obstar o acesso de alguém ao serviço (remunerado ou não) em qualquer ramo das Forças Armadas (PM e Bombeiro).

Pena: reclusão de dois a quatro anos.

Art. 14. Impedir ou obstar, por qualquer meio ou forma, o casamento ou convivência familiar e social.

Pena: reclusão de dois a quatro anos.

Efeitos da condenação

Constitui efeito da condenação a perda do cargo ou função pública, para o servidor público, e a suspensão do funcionamento do estabelecimento particular por prazo não superior a três meses.

Os efeitos não são automáticos, devendo ser motivadamente declarados na sentença.

Art. 20. Praticar, induzir ou incitar a discriminação ou preconceito de raça, cor, etnia, religião ou procedência nacional.

Pena: reclusão de um a três anos e multa.

§ 1º Fabricar, comercializar, distribuir ou veicular símbolos, emblemas, ornamentos, distintivos ou propaganda que utilizem a cruz suástica ou gamada, para fins de divulgação do nazismo.

Pena: reclusão de dois a cinco anos e multa.

§ 2º Se qualquer dos crimes previstos no caput é cometido por intermédio dos meios de comunicação social ou publicação de qualquer natureza:

***Pena** -reclusão de dois a cinco anos e multa.*

§ 3º No caso do parágrafo anterior, o juiz poderá determinar, ouvido o Ministério Público ou a pedido deste, ainda antes do inquérito policial, sob pena de desobediência:

I. O recolhimento imediato ou a busca e apreensão dos exemplares do material respectivo;

II. A cessação das respectivas transmissões radiofônicas ou televisivas.

III. A interdição das respectivas mensagens ou páginas de informação na rede mundial de computadores.

§ 4º Na hipótese do § 2º, constitui efeito da condenação, após o trânsito em julgado da decisão, a destruição do material apreendido.

Questões

01. Considerando as disposições contidas no CP e na doutrina, bem como nas Leis nº 11.340/2006 - Lei Maria da Penha - e nº 7.716/1989, que trata dos crimes resultantes de preconceitos de raça ou de cor, etnia, religião ou procedência nacional, assinale a opção correta.

a) Considere que Mauro, irritado com a demora no andamento da fila do caixa de um supermercado, tenha proferido xingamentos direcionados à atendente do caixa, atribuindo a demora no atendimento à inferioridade intelectual que, segundo ele, era característica intrínseca da raça a que a moça pertencia. Nessa situação, Mauro deve ser acusado de crime de racismo, previsto na legislação específica, por ter negado à funcionária, por motivo racial, o direito de trabalho no comércio.

b) Ficará isento de pena o querelado que, antes do trânsito em julgado da sentença condenatória, ainda que após a sentença de primeiro grau, retrate-se cabalmente de calúnia ou de difamação.

c) O MP não deve intervir nas causas cíveis decorrentes de violência doméstica e familiar contra a mulher, salvo quando for parte, sendo, contudo, obrigatória sua intervenção nas causas criminais que envolvam violência contra a mulher.

d) Suponha que, durante uma discussão, Josefa agrida fisicamente Joana, com quem mantenha relacionamento amoroso durante longo tempo. Suponha, ainda, que Joana sofra lesões leves e que Josefa seja processada e condenada pelo crime, com base no CP, a pena privativa de liberdade de dois anos. Nessa situação, sendo a pena inferior a quatro anos e presentes os demais requisitos legais, cabe, a critério do juiz, a substituição da pena privativa de liberdade por pena de doações mensais de cestas básicas, se o entender suficiente para a reprovação da conduta.

e) Pratica o denominado crime exaurido o agente que, mesmo após atingir o resultado pretendido, continua a agredir o bem jurídico protegido pela norma penal.

02. Não constitui crime previsto na Lei nº 7.716/1989, que tipifica os ilícitos resultantes de preconceito:

a) Impedir o acesso ou recusar atendimento em restaurantes, bares, confeitarias, ou locais semelhantes abertos ao público.

b) Impedir o acesso às entradas sociais em edifícios públicos ou residenciais e elevadores ou escada de acesso aos mesmos.

c) Praticar, induzir ou incitar a discriminação ou preconceito de raça, cor, etnia, religião ou procedência nacional.

d) Ofender ou ameaçar alguém, por palavra, gesto, ou qualquer outro meio simbólico, de causar-lhe mal injusto e grave, em virtude de raça, cor, etnia, religião ou procedência nacional.

03. A respeito dos crimes de preconceito racial (Lei nº 7.716/1989) e contra a pessoa, assinale a opção correta.

a) O delito de rixa resta configurado ainda que definida a posição dos contendores, não respondendo pela forma qualificada desse delito o participante que sofra lesão grave, sob pena de caracterização de *bis in idem*.

b) Suponha que o diretor de recursos humanos de uma concessionária de serviço público obste, por discriminação religiosa, a promoção funcional de um subordinado seu. Nesse caso, o referido diretor não praticará conduta penalmente típica, mas infração, a ser apurada no âmbito administrativo.

c) No crime de homicídio, é impossível a coexistência da qualificadora do motivo torpe com qualquer atenuante inserida na parte geral do CP, não podendo estas, assim, concorrer no mesmo fato.

d) Por incompatibilidade axiológica e por falta de previsão legal, o homicídio qualificado-privilegiado não integra o rol dos denominados crimes hediondos.

e) Para a configuração penal do delito de injúria, não se exige o elemento subjetivo consistente no dolo de ofender na modalidade de dolo específico, sendo suficiente, para a caracterização da figura típica, a presença do chamado dolo genérico.

04. Lauro é proprietário de uma lanchonete. Admitia em seu estabelecimento a frequência de pessoas da raça negra, mas recusava-se a servi-las. A conduta de Lauro:

a) Só configura crime de discriminação racial se colocar em situação vexatória a freguesia.

b) Não configura crime de discriminação racial, pois Lauro admitia em seu estabelecimento a frequência de pessoas da raça negra.

c) Não configura crime de discriminação racial, pois Lauro é livre para servir a clientela de acordo com as suas preferências.

d) Configura modalidade de crime de discriminação racial.

e) Só configura crime de discriminação racial se a conduta for ostensiva e houver solicitação expressa de atendimento por quem esteja nessa situação.

05. Tendo em vista a tutela penal relativa aos crimes raciais, analise as seguintes afirmações:

I. A lei brasileira trata igualmente o preconceito derivado de raça, cor, etnia, religião ou procedência nacional.

II. A lei brasileira pune qualquer tipo de preconceito, inclusive quando derivado de culpa.

III. A lei brasileira dá prevalência à proteção aos grupos historicamente estigmatizados pelo preconceito e discriminação raciais.

a) Apenas a afirmativa I é correta.

b) Todas as afirmativas são incorretas.

c) As afirmativas I e III são incorretas.

d) Apenas a afirmativa II é incorreta.

e) As afirmativas II e III são corretas.

06. Analise as seguintes afirmativas sobre leis penais especiais e assinale com V as verdadeiras e com F as falsas.

( ) Quem nega atendimento, em estabelecimento comercial aberto ao público, a um grupo de turistas pernambucanos, ao argumento de que os nordestinos formam uma sub-raça, responde por crime contra a honra, não se submetendo à lei que define crimes resultantes de preconceito de raça e de cor (Lei nº 7.716/89).

( ) Nos crimes falimentares (Lei nº 11.101/05), a declaração da falência é termo inicial da prescrição ou, conforme o caso, causa de sua interrupção.

( ) Nos casos de violação de direitos de autor de programa de computador (Lei nº 9.609/98), se se tratar de reprodução parcial não autorizada, para fins de comércio, somente se procede mediante queixa, sem prejuízo de ação pública em relação a crimes contra a ordem tributária eventualmente conexos.

( ) A lei que dispõe sobre os crimes de lavagem de valores (Lei 9.613/98) prevê a responsabilidade penal das pessoas jurídicas que exerçam atividade de compra e venda de moeda estrangeira como instrumento cambial.

Assinale a alternativa que apresenta a sequência de letras CORRETA.

a) (V) (V) (F) (F)

b) (F) (V) (F) (F)

c) (V) (F) (V) (V)

d) (F) (F) (V) (V)

07. A respeito da Lei nº 7.716, de 05/01/1989 e alterações posteriores, que definem os crimes resultantes de preconceito de raça ou de cor, considere:

I. A perda do cargo constitui efeito automático da condenação por crime resultante de preconceito de raça ou de cor praticado por servidor público.

II. Constitui crime punido com reclusão de dois a cinco anos e multa, fabricar, comercializar, distribuir ou veicular símbolos, emblemas, ornamentos, distintivos ou propaganda que utilizem a cruz suástica ou gamada, para fins de divulgação do nazismo.

III. A suspensão do funcionamento do estabelecimento particular pelo prazo de três meses constitui efeito automático da condenação por crime resultante de preconceito de raça ou de cor praticado por seu responsável.

Está correto o que se afirma somente em:

a) III.

b) I e II.

c) I e III.

d) II e III.

e) II.

08. É crime de preconceito, definido na Lei nº 7.716/89,

a) Impedir ou perturbar cerimônia ou prática de culto religioso.

b) Ameaçar alguém, por palavra, escrito ou gesto, ou qualquer outro meio simbólico, de causar-lhe mal injusto e grave.

c) Reduzir alguém à condição análoga à de escravo, submetendo-lhe a trabalhos forçados.

d) Impedir o acesso às entradas sociais em edifícios públicos ou residenciais e elevadores ou escada de acesso aos mesmos.

09. No tocante aos crimes resultantes de preconceitos, de raça ou de cor, pode-se afirmar que (Lei nº 7.716/89):

a) Não constitui efeito da condenação a perda de cargo ou função pública para o servidor público que for sujeito ativo do crime.

b) A suspensão do funcionamento do estabelecimento particular por prazo não superior a três meses constitui um efeito da condenação automático, pois não deve ser motivadamente declarado por sentença.

c) Não se considera crime fabricar distintivo que utilize a cruz suástica para fins de divulgação do nazismo.

d) No caso de prática de discriminação ou preconceito de raça por intermédio de publicação de qualquer natureza, constitui efeito da condenação, após o trânsito em julgado a decisão, a destruição do material apreendido.

e) No crime de negar ingresso de aluno em estabelecimento público ou privado de qualquer grau, não há agravamento de pena quando praticado contra menor de 18 anos.

Gabaritos

01	E	06	B
02	D	07	E
03	D	08	D
04	D	09	D
05	A		

8. LEI Nº 10.741/2003 - ESTATUTO DO IDOSO

8.1 Disposições Iniciais

Nossa Constituição Federal consagra como um direito fundamental a dignidade da pessoa humana, o que inclui, obviamente, nossos idosos.

O Estatuto do Idoso surge com o intuito de regular os direitos assegurados a estes.

A população brasileira está cada vez mais velha, visto que o número de idosos aumenta em proporção aos jovens, devendo a sociedade e o Poder Público assegurar o envelhecimento com qualidade, não excluindo os idosos, como infelizmente vemos ocorrer.

Para a lei, considera-se idoso aquele que tem idade igual ou superior a 60 anos.

O idoso goza de todos os direitos fundamentais inerentes à pessoa humana, sem prejuízo da proteção integral de que trata esta Lei, assegurando-se-lhe, por lei ou por outros meios, todas as oportunidades e facilidades, para preservação de sua saúde física e mental e seu aperfeiçoamento moral, intelectual, espiritual e social, em condições de liberdade e dignidade (Art. 2º do Estatuto do Idoso).

Não só o Poder Público, mas a sociedade, família e comunidade devem assegurar ao idoso, com absoluta prioridade, a efetivação do direito à vida, à saúde, à alimentação, à educação, à cultura, ao esporte, ao lazer, ao trabalho, à cidadania, à liberdade, à dignidade, ao respeito e à convivência familiar e comunitária.

A norma visa garantir direitos (citados acima) e proteção aos idosos, prevendo que nenhum idoso será objeto de negligência, discriminação, violência, crueldade ou opressão, e todo atentado aos seus direitos, por ação ou omissão, sendo dever de todos prevenir qualquer ameaça ou violação aos direitos do idoso.

Ainda todo cidadão tem o dever de comunicar à autoridade competente qualquer forma de violação do Estatuto, que tenha testemunhado ou de que tenha conhecimento.

O idoso tem garantia de prioridade, que compreende os seguintes:

> ***I.*** *atendimento preferencial imediato e individualizado junto aos órgãos públicos e privados prestadores de serviços à população;*
>
> ***II.*** *preferência na formulação e na execução de políticas sociais públicas específicas;*
>
> ***III.*** *destinação privilegiada de recursos públicos nas áreas relacionadas com a proteção ao idoso;*
>
> ***IV.*** *viabilização de formas alternativas de participação, ocupação e convívio do idoso com as demais gerações;*
>
> ***V.*** *priorização do atendimento do idoso por sua própria família, em detrimento do atendimento asilar, exceto dos que não a possuam ou careçam de condições de manutenção da própria sobrevivência;*
>
> ***VI.*** *capacitação e reciclagem dos recursos humanos nas áreas de geriatria e gerontologia e na prestação de serviços aos idosos;*
>
> ***VII.*** *estabelecimento de mecanismos que favoreçam a divulgação de informações de caráter educativo sobre os aspectos biopsicossociais de envelhecimento;*
>
> ***VIII.*** *garantia de acesso à rede de serviços de saúde e de assistência social locais.*
>
> ***IX.*** *prioridade no recebimento da restituição do Imposto de Renda.*

A inobservância das normas de prevenção importará em responsabilidade à pessoa física ou jurídica conforme previsto em lei.

8.2 Direitos Fundamentais

Do direito à vida

Primeiro direito previsto no Estatuto é o direito a vida, sendo o direito ao envelhecimento um direito personalíssimo e sua proteção um direito social, que significa que diante da fragilidade do idoso, este tem tratamento prioritário e de relevância social.

É obrigação do Estado, garantir à pessoa idosa a proteção à vida e à saúde, mediante efetivação de políticas sociais públicas que permitam um envelhecimento saudável e em condições de dignidade (Art. 9º do Estatuto).

Ou seja, todos os Estados brasileiros tem o dever de efetivar politicas públicas que garantam o envelhecimento saudável.

Do direito à liberdade, ao respeito e à dignidade

A **liberdade** compreende os aspectos:

> ***I.*** *faculdade de ir, vir e estar nos logradouros públicos e espaços comunitários, ressalvadas as restrições legais;*
>
> ***II.*** *opinião e expressão;*
>
> ***III.*** *crença e culto religioso;*
>
> ***IV.*** *prática de esportes e de diversões;*
>
> ***V.*** *participação na vida familiar e comunitária;*
>
> ***VI.*** *participação na vida política, na forma da lei;*
>
> ***VII.*** *faculdade de buscar refúgio, auxílio e orientação.*

O **respeito** consiste na inviolabilidade da integridade física, psíquica e moral, abrangendo a preservação da imagem, da identidade, da autonomia, de valores, idéias e crenças, dos espaços e dos objetos pessoais.

A **dignidade** do idoso, compreende colocar este a salvo de tratamento desumano, violento, aterrorizante, vexatório ou constrangedor.

Cabe a sociedade e ao Estado assegurar a liberdade, dignidade e respeito ao idoso.

Dos alimentos

O Estatuto prevê que os alimentos serão prestados ao idoso na forma da lei civil.

Quando se fala em alimentos, é a prestação pecuniária que garantirá o indispensável para suprir as necessidades do idoso.

Tal obrigação está amparada nos princípios da dignidade da pessoa humana e da solidariedade familiar.

Aquele que pleiteia denominamos de alimentando e o que tem o dever de pagar o alimentante. A obrigação alimentar é solidária, podendo o idoso optar entre os prestadores.

Os idosos poderão solicitar alimentos para filhos, netos, conforme prevê o Código Civil:

Art. 1.694. *Podem os parentes, os cônjuges ou companheiros pedir uns aos outros os alimentos de que necessitem para viver de modo compatível com a sua condição social, inclusive para atender às necessidades de sua educação.*

Art. 1.695. *São devidos os alimentos quando quem os pretende não tem bens suficientes, nem pode prover, pelo seu trabalho, à própria mantença, e aquele, de quem se reclamam, pode fornecê-los, sem desfalque do necessário ao seu sustento.*

As transações relativas a alimentos poderão ser celebradas perante o Promotor de Justiça ou Defensor Público, que as referendará, e passarão a ter efeito de título executivo extrajudicial nos termos da lei processual civil (Art. 13 do Estatuto) ou seja, caso não ocorra o pagamento da forma pactuada, poderá o devedor ser executado judicialmente.

E caso nenhum familiar ou o idoso possuírem condições econômicas de prover o seu sustento, impõe-se ao Poder Público esse provimento, no âmbito da assistência social.

É um exemplo desta assistência o Benefício de Prestação Continuada, prevista na Constituição. Este benefício é previsto para o idoso que não tem condições de prover sua subsistência, nem ter suprido por sua família, sendo pago o valor de um salário mínimo (Art. 203, V da CF).

Do direito à saúde

A lei garante a atenção integral à saúde do idoso, por intermédio do Sistema Único de Saúde – SUS, garantindo-lhe o acesso universal e igualitário, em conjunto articulado e contínuo das ações e serviços, para a prevenção, promoção, proteção e recuperação da saúde, incluindo a atenção especial às doenças que afetam preferencialmente os idosos, sendo a prevenção e a manutenção da saúde do idoso serão efetivadas por meio de:

> cadastramento da população idosa em base territorial;

> atendimento geriátrico e gerontológico em ambulatórios;

> unidades geriátricas de referência, com pessoal especializado nas áreas de geriatria e gerontologia social;

> atendimento domiciliar, incluindo a internação, para a população que dele necessitar e esteja impossibilitada de se locomover, inclusive para idosos abrigados e acolhidos por instituições públicas, filantrópicas ou sem fins lucrativos e eventualmente conveniadas com o Poder Público, nos meios urbano e rural;

> reabilitação orientada pela geriatria e gerontologia, para redução das seqüelas decorrentes do agravo da saúde.

O Poder Público tem o dever de fornecer gratuitamente, medicamentos, especialmente os de uso continuado, assim como próteses, órteses e outros recursos relativos ao tratamento, habilitação ou reabilitação ao idoso.

O Estatuto também veda expressamente a discriminação do idoso nos planos de saúde pela cobrança de valores diferenciados em razão da idade. Como vemos problemas desta natureza não é mesmo?

Aos idosos portadores de deficiência ou com limitação incapacitante, deve ser dado atendimento especializado.

No tópico saúde ainda temos a vedação de exigir o comparecimento do idoso enfermo perante os órgãos públicos, hipótese na qual será admitido o seguinte procedimento:

> quando de interesse do poder público, o agente promoverá o contato necessário com o idoso em sua residência; ou

> quando de interesse do próprio idoso, este se fará representar por procurador legalmente constituído.

É assegurado ao idoso enfermo o atendimento domiciliar pela perícia médica do Instituto Nacional do Seguro Social - INSS, pelo serviço público de saúde ou pelo serviço privado de saúde, contratado ou conveniado, que integre o Sistema Único de Saúde - SUS, para expedição do laudo de saúde necessário ao exercício de seus direitos sociais e de isenção tributária.

Quando o idosos estiver internado ou em observação em hospitais e congêneres, fica assegurado o direito a acompanhante, devendo o órgão de saúde proporcionar as condições adequadas para a sua permanência em tempo integral, segundo o critério médico.

Na verdade, na prática, vemos uma obrigação sempre ter alguém acompanhando nossos idosos.

Caberá ao profissional de saúde responsável pelo tratamento conceder autorização para o acompanhamento do idoso ou, no caso de impossibilidade, justificá-la por escrito, exemplo do idoso que deve permanecer em UTI.

Ao idoso que esteja no domínio de suas faculdades mentais é assegurado o direito de optar pelo tratamento de saúde que lhe for reputado mais favorável, sendo previsto na nossa legislação a negativa, inclusive, por tratamento cirúrgico.

Caso o idoso não tenha tal faculdade (ex.: em coma, alguma doença mental que o impeça de manifestar sua vontade etc.), a opção pelo tratamento é feita:

> pelo curador, quando o idoso for interditado (a interdição é realizada judicialmente quando o idoso não possui mais condições física ou mental de expressar sua vontade, torna-se incapaz civilmente, sendo alguém responsável por este);

> pelos familiares, quando o idoso não tiver curador ou este não puder ser contatado em tempo hábil;

> pelo médico, quando ocorrer iminente risco de vida e não houver tempo hábil para consulta a curador ou familiar;

> pelo próprio médico, quando não houver curador ou familiar conhecido, caso em que deverá comunicar o fato ao Ministério Público.

As instituições de saúde devem atender aos critérios mínimos para o atendimento às necessidades do idoso, promovendo o treinamento e a capacitação dos profissionais, assim como orientação a cuidadores familiares e grupos de auto-ajuda (Art. 18 do Estatuto).

Não raro, infelizmente, vemos idosos que sofrem violência, por seus familiares, conhecidos, aqueles que tem a obrigação de zelar por eles.

Quando este idoso for encaminhado a um hospital ou congênere, e houver a suspeita ou confirmação de violência, serão objeto de notificação compulsória pelos serviços de saúde públicos e privados à autoridade sanitária, bem como serão obrigatoriamente comunicados por eles a quaisquer dos seguintes órgãos:

Para os efeitos da legislação, considera-se violência contra o idoso qualquer ação ou omissão praticada em local público ou privado que lhe cause morte, dano ou sofrimento físico ou psicológico.

Da educação, cultura, esporte e lazer

O idoso também tem direito a educação, cultura, esporte, lazer, diversões, espetáculos, produtos e serviços que respeitem sua peculiar condição de idade.

No que tange a **educação**, o Estatuto prevê que o Poder Público criará oportunidades de acesso do idoso à educação, adequando currículos, metodologias e material didático aos programas educacionais a ele destinados.

Assim, são previstos cursos especiais para idosos, como uma forma de inclusão social, e incluirão conteúdo relativo às técnicas de comunicação, computação e demais avanços tecnológicos, para sua integração à vida moderna.

Os idosos participarão das comemorações de caráter cívico ou cultural, para transmissão de conhecimentos e vivências às demais gerações, no sentido da preservação da memória e da identidade culturais.

Ainda, se prevê no Art. 22 e 25 do Estatuto:

> ***Art. 22.*** *Nos currículos mínimos dos diversos níveis de ensino formal serão inseridos conteúdos voltados ao processo de envelhecimento, ao respeito e à valorização do idoso, de forma a eliminar o preconceito e a produzir conhecimentos sobre a matéria.*
>
> ***Art. 25.*** *O Poder Público apoiará a criação de universidade aberta para as pessoas idosas e incentivará a publicação de livros e periódicos, de conteúdo e padrão editorial adequados ao idoso, que facilitem a leitura, considerada a natural redução da capacidade visual.*

Para que o idoso tenha acesso a atividades de **lazer e culturais**, é previsto desconto de pelo menos 50% (cinqüenta por cento) nos ingressos para eventos artísticos, culturais, esportivos e de lazer, bem como o acesso preferencial aos respectivos locais, o popular meia entrada.

Os meios de comunicação (rádio, televisão...) manterão espaços ou horários especiais voltados aos idosos, com finalidade informativa, educativa, artística e cultural, e ao público sobre o processo de envelhecimento.

Da profissionalização e do trabalho

Cada vez teremos mais idosos no mercado de trabalho, sendo previsto no Estatuto o exercício de atividade profissional respeitando as condições físicas, intelectuais e psíquicas, sendo vedada qualquer forma discriminatória, salvo quando a natureza do cargo exigir.

Portanto, não é possível fixar idade de até 40 anos para um cargo administrativo (até mesmo para concursos públicos, onde o primeiro critério de desempate em concurso público será a idade, dando-se preferência ao de idade mais elevada.) mas pode haver limitação quanto a idade se for um serviço incompatível para o idoso (que exijam grande esforço físico por horas, por exemplo).

O poder público deve estimular programas:

> profissionalização especializada para os idosos, aproveitando seus potenciais e habilidades para atividades regulares e remuneradas;

> preparação dos trabalhadores para a aposentadoria, com antecedência mínima de 1 (um) ano, por meio de estímulo a novos projetos sociais, conforme seus interesses, e de esclarecimento sobre os direitos sociais e de cidadania;

> estímulo às empresas privadas para admissão de idosos ao trabalho.

Da previdência social

Determina os Arts. 29 e 30 do Estatuto:

> ***Art. 29.*** *Os benefícios de aposentadoria e pensão do Regime Geral da Previdência Social observarão, na sua concessão, critérios de cálculo que preservem o valor real dos salários sobre os quais incidiram contribuição, nos termos da legislação vigente.*
>
> ***Parágrafo único.*** *Os valores dos benefícios em manutenção serão reajustados na mesma data de reajuste do salário-mínimo, "pro rata", de acordo com suas respectivas datas de início ou do seu último reajustamento, com base em percentual definido em regulamento, observados os critérios estabelecidos pela Lei no 8.213, de 24 de julho de 1991.*
>
> ***Art. 30.*** *A perda da condição de segurado não será considerada para a concessão da aposentadoria por idade, desde que a pessoa conte com, no mínimo, o tempo de contribuição correspondente ao exigido para efeito de carência na data de requerimento do benefício.*
>
> ***Parágrafo único.*** *O cálculo do valor do benefício previsto no "caput" observará o disposto no "caput" e § 2o do art. 3o da Lei no 9.876, de 26 de novembro de 1999, ou, não havendo salários-de-contribuição recolhidos a partir da competência de julho de 1994, o disposto no art. 35 da Lei no 8.213, de 1991.*

Aquele idoso que contribuiu (trabalhou e pagou) para o INSS faz jus aos benefícios previstos na legislação (Lei de Benefícios nº 8.213 de 1991) após preenchidos os critérios da lei, requisitos estudados na disciplina de Direito Previdenciário. Ponto importante previsto no Estatuto é o reajustamento da aposentadoria e pensão de forma a preservar o valor real (caput do Art. 29) que visa garantir o poder aquisitivo do idoso após sua aposentadoria ou enquanto perceber pensão.

Ainda é previsto que o pagamento de parcelas relativas a benefícios, efetuado com atraso por responsabilidade da Previdência Social, será atualizado pelo mesmo índice utilizado para os reajustamentos dos benefícios do Regime Geral de Previdência Social, verificado no período compreendido entre o mês que deveria ter sido pago e o mês do efetivo pagamento.

O que significa estas parcelas em atraso?

Quando você solicita a aposentadoria, marca-se uma data para atendimento. Só que este atendimento no INSS pode demorar meses. Assim, fica garantido o recebimento do benefício desde a data que você solicitou, mesmo que demore meses para concessão do benefício.

Finalmente, o Dia Mundial do Trabalho, 1º de Maio, é a data-base dos aposentados e pensionistas.

Da assistência social

Imagine um Senhor que não recebe benefício pelo INSS, não possui nenhum familiar que possa ajudar na sua subsistência, passando necessidade e doente. Este Senhor, não ficará desamparado, terá auxilio.

Assim sendo, prevê o Estatuto:

> ***Art. 33.*** *A assistência social aos idosos será prestada, de forma articulada, conforme os princípios e diretrizes previstos na Lei Orgânica da Assistência Social, na Política Nacional do Idoso, no Sistema Único de Saúde e demais normas pertinentes.*

Perceba que teremos diversas iniciativas, garantindo a dignidade deste idoso desamparado.

Citamos acima o benefício de prestação continuada da assistência social, que é previsto constitucionalmente. Tanto a Lei Orgânica como o Estatuto, tratam dos requisitos mínimos para concessão do benefício:

> ***Art. 34.*** *Aos idosos, a partir de 65 (sessenta e cinco) anos, que não possuam meios para prover sua subsistência, nem de tê-la provida por sua família, é assegurado o benefício mensal de 1 (um) salário-mínimo, nos termos da Lei Orgânica da Assistência Social. Loas.*
>
> ***Parágrafo único.*** *O benefício já concedido a qualquer membro da família nos termos do* ***caput*** *não será computado para os fins do cálculo da renda familiar* ***per capita*** *a que se refere a Loas.*

Idoso é a partir dos 60 anos mas para ter direito ao BPC a exigência é de 65 anos!

Não raro também, os idosos passam a viver em abrigos, asilos, casa-lar... estes estabelecimentos podem ser particulares ou filantrópicos (sendo facultada a cobrança de participação do idoso no custeio da entidade filantrópicas, devendo o Conselho Municipal do Idoso ou o Conselho Municipal da Assistência Social estabelecer a forma de participação, nunca excedendo 70% de qualquer benefício previdenciário ou de assistência social percebido pelo idoso) devendo firmar contrato de prestação de serviços com o idoso.

Nos casos de idosos incapazes (aquele que não possui mais a capacidade para atos da vida civil), caberá a seu representante legal firmar o contrato de prestação de serviços.

Por fim, no tópico de assistência está previsto no Art. 36 do Estatuto:

> ***Art. 36.*** *O acolhimento de idosos em situação de risco social, por adulto ou núcleo familiar, caracteriza a dependência econômica, para os efeitos legais.*

O idoso em situação de risco é aquele que foi vítima de violência, negligência, abandonado por sua família natural. Quando a lei prevê que o idoso passa a ser dependente, passa a ter direitos de outros dependentes, como inscrição em um plano de saúde onde o titular seja o adulto que acolheu este idoso.

Da habitação

Determina o Art. 37 do Estatuto:

> ***Art. 37.*** *O idoso tem direito à moradia digna, no seio da* ***família natural ou substituta, ou desacompanhado de seus familiares, quando assim o desejar, ou, ainda, em instituição pública ou privada.***
>
> ***§ 1º*** *A assistência integral na modalidade de entidade de longa permanência será prestada quando verificada inexistência de grupo familiar, casa-lar, abandono ou carência de recursos financeiros próprios ou da família.*
>
> ***§ 2º*** *Toda instituição dedicada ao atendimento ao idoso fica obrigada a manter identificação externa visível, sob pena de interdição, além de atender toda a legislação pertinente.*
>
> ***§ 3º*** *As instituições que abrigarem idosos são obrigadas a manter padrões de habitação compatíveis com as necessidades deles, bem como provê-los com alimentação regular e higiene indispensáveis às normas sanitárias e com estas condizentes, sob as penas da lei.*

Perceba que o idoso tem a liberdade de viver sozinho, ou estar no seio de sua família natural, como seus filhos, ou até ser acolhido por outra família ou em instituição, como os asilos.

Nos programas habitacionais, públicos ou subsidiados com recursos públicos, o idoso goza de prioridade na aquisição de imóvel para moradia própria, observado o seguinte:

- reserva de pelo menos 3% (três por cento) das unidades habitacionais residenciais para atendimento aos idosos;
- implantação de equipamentos urbanos comunitários voltados ao idoso;
- eliminação de barreiras arquitetônicas e urbanísticas, para garantia de acessibilidade ao idoso;
- critérios de financiamento compatíveis com os rendimentos de aposentadoria e pensão.

As unidades residenciais reservadas para atendimento a idosos devem situar-se, preferencialmente, no pavimento térreo, em razão da dificuldade de locomoção que advêm com a idade.

8.3 Do Transporte

Aos maiores de **65 (sessenta e cinco) anos** fica assegurada a gratuidade dos transportes coletivos públicos urbanos e semi-urbanos, exceto nos serviços seletivos e especiais, quando prestados paralelamente aos serviços regulares (Art. 39 do Estatuto). Para ter acesso à gratuidade, basta que o idoso apresente qualquer documento pessoal que faça prova de sua idade.

Nos veículos de transporte coletivo, serão reservados 10% (dez por cento) dos assentos para os idosos, devidamente identificados com a placa de reservado preferencialmente para idosos, e na faixa dos 60 anos até 65 anos, a legislação do município (lei usa o termo local) irá dispor sobre o exercício da gratuidade nos meios de transporte.

Quando tratamos do transporte coletivo interestadual:

> ***Art. 40.*** *No sistema de transporte coletivo interestadual observar-se-á, nos termos da legislação específica:*
>
> ***I.*** *a reserva de 2 (duas) vagas gratuitas por veículo para idosos com renda igual ou inferior a 2 (dois) salários-mínimos;*
>
> ***II.*** *desconto de 50% (cinqüenta por cento), no mínimo, no valor das passagens, para os idosos que excederem as vagas gratuitas, com renda igual ou inferior a 2 (dois) salários-mínimos.*
>
> ***Parágrafo único.*** *Caberá aos órgãos competentes definir os mecanismos e os critérios para o exercício dos direitos previstos nos incisos I e II.*

Também temos a previsão de vagas de estacionamento, nos termos da lei local, de 5% (cinco por cento) das vagas nos estacionamentos públicos e privados, as quais deverão ser posicionadas de forma a garantir a melhor comodidade ao idoso.

Por fim, são asseguradas a prioridade e a segurança do idoso nos procedimentos de embarque e desembarque nos veículos do sistema de transporte coletivo.

Assim, não esqueça a tabela dos percentuais e reservas:

Meio de transporte	Coletivo Local	Intermunicipal
Assentos reservados	10%	2 vagas gratuitas quando renda for igual ou inferior a 2 salários mínimos 50% de desconto na passagem para os idosos que excederem as vagas gratuitas, com renda igual ou inferior a 2 (dois) salários-mínimos.

Importante frisar a interpretação do STF, de acordo com a ADI 3.096-5, quando questionada a legalidade do Art. 39 do Estatuto, que trata da gratuidade do transporte:

> *AÇÃO DIRETA DE INCONSTITUCIONALIDADE. ARTIGOS 39 E 94 DA LEI 10.741/2003 (ESTATUTO DO IDOSO). RESTRIÇÃOÀ GRATUIDADE DO TRANSPORTE COLETIVO. SERVIÇOS DE TRANSPORTE SELETIVOS E ESPECIAIS. APLICABILIDADE DOS PROCEDIMENTOS PREVISTOS NA LEI 9.099/1995 AOS CRIMES COMETIDOS CONTRA IDOSOS.*
>
> *1. No julgamento da Ação Direta de Inconstitucionalidade 3.768/DF, o Supremo Tribunal Federal* ***julgou constitucional o art. 39 da Lei 10.741/2003****. Não conhecimento da ação direta de inconstitucionalidade nessa parte.*

Questões

01. (COVEST) A Lei 10.741 de 1 de outubro de 2003 – Estatuto do Idoso, estabelece que:

a) o idoso goza de todos os direitos fundamentais e inerentes à pessoa humana, contudo, sua proteção é um processo histórico que deve ser construído individualmente durante sua vida.

b) é obrigação do Estado garantir à pessoa idosa proteção à vida e à saúde, mediante efetivação de políticas sociais públicas que permitam um envelhecimento saudável e em condições de dignidade.

c) para todos os idosos portadores de doenças crônicas e acamados, o Estatuto determinará a internação em abrigos filantrópicos.

d) o poder público estimulará programas de reabilitação profissional para os idosos aposentados por invalidez, referenciado pelo seu direito ao exercício de atividade produtiva e inclusão no mercado de trabalho.

e) a perda de condição de segurado da previdência, a partir dos 65 anos, é substituída pelo Benefício de Prestação Continuada independentemente da condição pessoal do idoso.

02. (VUNESP) É direito do idoso, conforme a Lei n.º 10.741/2003,

a) obter desconto de até 50% nos ingressos para eventos artísticos, culturais, esportivos e de lazer, bem como o acesso preferencial aos respectivos locais.

b) a gratuidade em qualquer transporte coletivo público urbano, semiurbano e interestadual.

c) ter um acompanhante quando estiver internado ou em observação, independentemente de justificação médica

d) obter do Poder Público, gratuitamente, medicamentos, especialmente os de uso continuado, assim como pró teses, órteses e outros recursos relativos ao tratamento, habilitação ou reabilitação.

e) perceber alimentos do familiar que tiver melhores con dições para tanto, diante do equilíbrio entre necessidade e condições econômicas/financeiras, podendo ser cele brada a transação perante o órgão do Ministério Público que a levará à homologação judicial.

03. (FCC) Segundo o Estatuto do Idoso (Lei nº 10.741, de 1º de outubro de 2003),

a) o idoso tem direito ao exercício de atividade profissional, respeitadas suas condições físicas, intelectuais e psíquicas, desde que comprovada sua aptidão laboral por perícia médica.

b) cabe ao Poder Público criar programas de estímulo às empresas privadas para admissão de idosos ao trabalho.

c) é vedado ao idoso o acúmulo de aposentadoria e de salário, exceto nos casos em que a aposentadoria não ultrapassar dois salários mínimos e o salário percebido não ultrapassar o mesmo teto.

d) fica assegurada aos maiores de sessenta e cinco anos a gratuidade do transporte aéreo, com a reserva de duas vagas gratuitas por aeronave para idosos com renda igual ou inferior a dois salários mínimos.

e) o idoso com menos de sessenta e cinco anos tem direito de participar de cursos de capacitação e reciclagem profissional para desenvolver atividades profissionais.

04. (VUNESP) Nos termos da Lei n.º 10.741 (Estatuto do Idoso), é correto afirmar que:

a) ao idoso é assegurada a gratuidade nos transportes coletivos, inclusive nos serviços seletivos e especiais, paralelamente prestados.

b) para ter acesso à gratuidade, deve o idoso apresentar seu RG original, sendo inidôneo outro tipo de documento pessoal.

c) os estabelecimentos privados devem garantir a reserva de vagas de estacionamento para idosos, em percentual a ser estipulado pelo proprietário.

d) os crimes definidos no Estatuto do Idoso são de ação penal de iniciativa pública, condicionada à representação do ofendido.

e) dificultar o acesso de pessoa idosa aos meios de transporte constitui crime, cuja pena é de reclusão, além da aplicação de multa.

05. (IPEFAE) Com relação a Lei Federal nº 10.741/2003 (Estatuto do Idoso), assinale a alternativa incorreta:

a) É vedada a discriminação do idoso nos planos de saúde pela cobrança de valores diferenciados em razão da idade.

b) É vedado exigir o comparecimento do idoso enfermo perante os órgãos públicos.

c) Não é incumbência do Poder Público fornecer medicamentos aos idosos gratuitamente.

d) Os idosos portadores de deficiência ou com limitação incapacitante terão atendimento especializado.

06. (MPE/GO) Sobre o Estatuto do Idoso - Lei nº 10.741/03, é correto afirmar:

a) foi instituído o Estatuto do Idoso, destinado a regular os direitos assegurados ás pessoas com idade igual ou superior a 65 (sessenta e cinco) anos.

b) a obrigação alimentar é solidária, proibindo-se o idoso optar entre os prestadores.

c) no caso de entidades filantrópicas, ou casa-lar, é proibida a cobrança de participação do idoso no custeio da entidade.

d) o idoso tem direito ao exercício de atividade profissional, respeitadas suas condições físicas, intelectuais e psíquicas.

07. (FGV) Com relação à Lei nº 10.741/2003 (Estatuto do Idoso), é correto afirmar que:

a) aos idosos a partir de 70 (setenta) anos que não possuam meios para prover a sua subsistência, nem de tê-la provida por sua família, é assegurado o benefício mensal de meio salário mínimo, nos termos da Lei Orgânica da Assistência Social (LOAS);

b) a obrigação alimentar segue ordem sucessiva, sendo os descendentes diretos os prestadores preferenciais;

c) o Estatuto do Idoso destina-se a regular os direitos assegurados às pessoas com idade igual ou superior a 65 (sessenta e cinco) anos;

d) é dever da iniciativa particular e do poder público o apoio à criação de universidade aberta para as pessoas idosas;

e) o acolhimento de idosos em situação de risco social, por adulto ou núcleo familiar, caracteriza a dependência econômica para efeitos legais.

08. (VUNESP) Assinale a alternativa que estiver em consonância com o Estatuto do Idoso (Lei n.º 10.741/03)

a) O envelhecimento é um direito coletivo e sua proteção um direito individual, nos termos do Estatuto do Idoso e da legislação vigente.

b) Se o idoso e seus familiares não possuírem condições econômicas de prover o seu sustento, impõe-se ao Poder Público esse provimento, no âmbito da previdência social, caso em que lhe será concedido um benefício de até dois salários-mínimos vigentes.

c) O Estatuto do Idoso é destinado a regular os direitos assegurados às pessoas com idade igual ou superior a 65 (sessenta e cinco anos).

d) Relativamente aos benefícios de aposentadoria e pensão do Regime Geral da Previdência Social, o Estatuto do Idoso fixa o dia 1.º de março como data-base dos aposentados e pensionistas.

e) Os alimentos serão prestados ao idoso na forma da lei civil

09. (VUNESP) De acordo com a Lei no 10.741/2003 (Estatuto do Idoso), é correto afirmar que

a) ao idoso é assegurada a gratuidade nos transportes coletivos, inclusive nos serviços seletivos e especiais, quando prestados paralelamente aos serviços regulares.

b) é garantido ao idoso acesso preferencial aos eventos artísticos, culturais, esportivos e de lazer, facultando-se aos promotores do evento a concessão de desconto no ingresso.

c) é vedado estabelecer a idade, em concurso público, como critério de desempate.

d) em regra, é solidária a obrigação alimentar ao idoso, podendo este optar entre os prestadores.

e) em regra, considera-se idoso, para os efeitos da aplicação da lei, pessoas com idade igual ou superior a 65 (sessenta e cinco) anos.

10. (FUNRIO) De acordo com o Estatuto do Idoso (Lei no. 10.741-03) o envelhecimento é um direito personalíssimo e a sua proteção um:

a) direito peculiar

b) direito homogêneo

c) direito coletivo

d) direito individual

e) direito social

Gabaritos

01	B	06	D
02	D	07	E
03	B	08	E
04	E	09	D
05	C	10	E

9. LEI Nº 10.741/2003 - ESTATUTO DO IDOSO

9.1 Das Medidas de Proteção

As medidas de proteção serão aplicadas ao idoso quando os direitos previstos no estatuto forem ameaçados ou violados:

> por ação ou omissão da sociedade ou do Estado - exemplos: quando não for reservada as vagas em transporte intermunicipal;

> por falta, omissão ou abuso da família, curador ou entidade de atendimento. exemplo o idoso que é espancado por um filho;

> em razão de sua condição pessoal. quando idoso é dependente químico.

As ameaças ou violações podem ocorrer em vários aspectos: física, psicológica, abuso financeiro, sexual, entre outros.

São previstas as seguintes medidas:

> encaminhamento à família ou curador, mediante termo de responsabilidade;

> orientação, apoio e acompanhamento temporários;

> requisição para tratamento de sua saúde, em regime ambulatorial, hospitalar ou domiciliar;

> inclusão em programa oficial ou comunitário de auxílio, orientação e tratamento a usuários dependentes de drogas lícitas ou ilícitas, ao próprio idoso ou à pessoa de sua convivência que lhe cause perturbação;

> abrigo em entidade;

> abrigo temporário.

Quem aplica: O Ministério Público ou o Poder Judiciário, a requerimento daquele.

Serão aplicadas de forma isolada ou cumulativamente, e levarão em conta os fins sociais a que se destinam e o fortalecimento dos vínculos familiares e comunitários.

9.2 Da Política de Atendimento ao Idoso

A política de atendimento ao idoso far-se-á por meio do conjunto articulado de ações governamentais e não-governamentais da União, dos Estados, do Distrito Federal e dos Municípios, ou seja, envolve todos os entes federativos.

As politicas são inspiradas nas politicas sociais básicas.

Determina o Art. 47 que são linhas de ação na politica de atendimento:

> ***Art. 47.*** *São linhas de ação da política de atendimento:*
>
> ***I.*** *políticas sociais básicas, previstas na Lei no 8.842, de 4 de janeiro de 1994;*
>
> ***II.*** *políticas e programas de assistência social, em caráter supletivo, para aqueles que necessitarem;*
>
> ***III.*** *serviços especiais de prevenção e atendimento às vítimas de negligência, maus-tratos, exploração, abuso, crueldade e opressão;*
>
> ***IV.*** *serviço de identificação e localização de parentes ou responsáveis por idosos abandonados em hospitais e instituições de longa permanência;*
>
> ***V.*** *proteção jurídico-social por entidades de defesa dos direitos dos idosos;*
>
> ***VI.*** *mobilização da opinião pública no sentido da participação dos diversos segmentos da sociedade no atendimento do idoso.*

Das entidades de atendimento ao idoso

Ao pensar nas entidades de atendimento, lembramos dos estabelecimentos que abrigam nossos idosos, que encontram-se em uma situação de vulnerabilidade. Os Arts. 48 ao 68 do Estatuto são previstas disposições gerais, infrações administrativas e como serão fiscalizadas as entidades.

O Art. 48 do Estatuto prevê que as entidades de atendimento são responsáveis pela manutenção das próprias unidades, observadas as normas de planejamento e execução emanadas do órgão competente da Política Nacional do Idoso, conforme a Lei no 8.842, de 1994, devendo, tanto as governamentais como não governamentais, proceder a inscrição de seus programas, junto ao órgão competente da Vigilância Sanitária e Conselho Municipal da Pessoa Idosa, e em sua falta, junto ao Conselho Estadual ou Nacional da Pessoa Idosa, especificando os regimes de atendimento, observados os seguintes requisitos:

> oferecer instalações físicas em condições adequadas de habitabilidade, higiene, salubridade e segurança;

> apresentar objetivos estatutários e plano de trabalho compatíveis com os princípios desta Lei;

> estar regularmente constituída;

> demonstrar a idoneidade de seus dirigentes

As entidades que desenvolvam programas de institucionalização de longa permanência (asilos, casas de repouso, clínicas, abrigos) devem observar como seguintes princípios:

> preservação dos vínculos familiares;

> atendimento personalizado e em pequenos grupos;

> manutenção do idoso na mesma instituição, salvo em caso de força maior;

> participação do idoso nas atividades comunitárias, de caráter interno e externo;

> observância dos direitos e garantias dos idosos;

> preservação da identidade do idoso e oferecimento de ambiente de respeito e dignidade.

O dirigente de instituição prestadora de atendimento ao idoso responderá civil e criminalmente pelos atos que praticar em detrimento do idoso, sem prejuízo das sanções administrativas, portanto, este deve zelar pelo bem estar do idoso.

O Art. 50, por sua vez, trata de obrigações das entidades:

> ***Art. 50.*** *Constituem obrigações das entidades de atendimento:*
>
> ***I.*** *celebrar contrato escrito de prestação de serviço com o idoso, especificando o tipo de atendimento, as obrigações da entidade e prestações decorrentes do contrato, com os respectivos preços, se for o caso;*
>
> ***II.*** *observar os direitos e as garantias de que são titulares os idosos;*

III. fornecer vestuário adequado, se for pública, e alimentação suficiente;

IV. oferecer instalações físicas em condições adequadas de habitabilidade;

V. oferecer atendimento personalizado;

VI. diligenciar no sentido da preservação dos vínculos familiares;

VII. oferecer acomodações apropriadas para recebimento de visitas;

VIII. proporcionar cuidados à saúde, conforme a necessidade do idoso;

IX. promover atividades educacionais, esportivas, culturais e de lazer;

X. propiciar assistência religiosa àqueles que desejarem, de acordo com suas crenças;

XI. proceder a estudo social e pessoal de cada caso;

XII. comunicar à autoridade competente de saúde toda ocorrência de idoso portador de doenças infecto-contagiosas;

XIII. providenciar ou solicitar que o Ministério Público requisite os documentos necessários ao exercício da cidadania àqueles que não os tiverem, na forma da lei;

XIV. fornecer comprovante de depósito dos bens móveis que receberem dos idosos;

XV. manter arquivo de anotações onde constem data e circunstâncias do atendimento, nome do idoso, responsável, parentes, endereços, cidade, relação de seus pertences, bem como o valor de contribuições, e suas alterações, se houver, e demais dados que possibilitem sua identificação e a individualização do atendimento;

XVI. comunicar ao Ministério Público, para as providências cabíveis, a situação de abandono moral ou material por parte dos familiares;

XVII. manter no quadro de pessoal profissionais com formação específica.

As instituições filantrópicas ou sem fins lucrativos prestadoras de serviço ao idoso terão direito à assistência judiciária gratuita, na busca de direitos garantidos na legislação.

Da fiscalização das entidades de atendimento

As entidades governamentais e não-governamentais de atendimento ao idoso serão fiscalizadas pelos Conselhos do Idoso, Ministério Público, Vigilância Sanitária, podendo a legislação prever outros agentes fiscalizadores.

Deve ser dada publicidade das prestações de contas dos recursos públicos e privados recebidos pelas entidades de atendimento.

Quando não observada as regras impostas pela legislação, serão impostas as seguintes sanções:

I. as entidades governamentais:

a) advertência;

b) afastamento provisório de seus dirigentes;

c) afastamento definitivo de seus dirigentes;

d) fechamento de unidade ou interdição de programa;

II. as entidades não-governamentais:

a) advertência;

b) multa;

c) suspensão parcial ou total do repasse de verbas públicas: quando verificada a má aplicação ou desvio de finalidade dos recursos.

d) interdição de unidade ou suspensão de programa;

e) proibição de atendimento a idosos a bem do interesse público.

Havendo danos aos idosos abrigados ou qualquer tipo de fraude em relação ao programa, caberá o afastamento provisório dos dirigentes ou a interdição da unidade e a suspensão do programa.

Na ocorrência de infração por entidade de atendimento, que coloque em risco os direitos assegurados no Estatuto, será o fato comunicado ao Ministério Público, para as providências cabíveis, inclusive para promover a suspensão das atividades ou dissolução da entidade.

Na aplicação das penalidades, serão consideradas a natureza e a gravidade da infração cometida, os danos que dela provierem para o idoso, as circunstâncias agravantes ou atenuantes e os antecedentes da entidade.

9.3 Das Infrações Administrativas

São consideradas as seguintes infrações administrativas:

> ***Art. 56.*** *Deixar a entidade de atendimento de cumprir as determinações do art. 50 desta Lei: (quando não cumprir com as obrigações)*
>
> *Pena. multa de R$ 500,00 (quinhentos reais) a R$ 3.000,00 (três mil reais), se o fato não for caracterizado como crime, podendo haver a interdição do estabelecimento até que sejam cumpridas as exigências legais.*
>
> ***Parágrafo único.*** *No caso de interdição do estabelecimento de longa permanência, os idosos abrigados serão transferidos para outra instituição, a expensas do estabelecimento interditado, enquanto durar a interdição.*
>
> ***Art. 57.*** *Deixar o profissional de saúde ou o responsável por estabelecimento de saúde ou instituição de longa permanência de comunicar à autoridade competente os casos de crimes contra idoso de que tiver conhecimento:*
>
> *Pena. multa de R$ 500,00 (quinhentos reais) a R$ 3.000,00 (três mil reais), aplicada em dobro no caso de reincidência.*
>
> ***Art. 58.*** *Deixar de cumprir as determinações desta Lei sobre a prioridade no atendimento ao idoso:*
>
> *Pena. multa de R$ 500,00 (quinhentos reais) a R$ 1.000,00 (um mil reais) e multa civil a ser estipulada pelo juiz, conforme o dano sofrido pelo idoso.*

O procedimento para a imposição de penalidade administrativa por infração às normas de proteção ao idoso terá início com requisição do Ministério Público ou auto de infração elaborado por servidor efetivo e assinado, se possível, por duas testemunhas.

> Os valores serão atualizados anualmente, portanto, dificilmente será cobrado em sua prova.

Sempre que possível, à verificação da infração seguir-se-á a lavratura do auto, ou este será lavrado dentro de 24 (vinte e quatro) horas, por motivo justificado.

Após autuado, inicia-se o prazo de 10 dias para defesa, contando da data da intimação, que é efetuado pelo autuante, no instrumento de autuação, quando for lavrado na presença do infrator ou por carta, com aviso de recebimento.

Por fim, prevê os Arts. 62 ao 68 do Estatuto:

Art. 62. *Havendo risco para a vida ou à saúde do idoso, a autoridade competente aplicará à entidade de atendimento as sanções regulamentares, sem prejuízo da iniciativa e das providências que vierem a ser adotadas pelo Ministério Público ou pelas demais instituições legitimadas para a fiscalização.*

Art. 63. *Nos casos em que não houver risco para a vida ou a saúde da pessoa idosa abrigada, a autoridade competente aplicará à entidade de atendimento as sanções regulamentares, sem prejuízo da iniciativa e das providências que vierem a ser adotadas pelo Ministério Público ou pelas demais instituições legitimadas para a fiscalização.*

Art. 64. *Aplicam-se, subsidiariamente, ao procedimento administrativo de que trata este Capítulo as disposições das Leis nos 6.437, de 20 de agosto de 1977, e 9.784, de 29 de janeiro de 1999.*

Art. 65. *O procedimento de apuração de irregularidade em entidade governamental e não-governamental de atendimento ao idoso terá início mediante petição fundamentada de pessoa interessada ou iniciativa do Ministério Público.*

Art. 66. *Havendo motivo grave, poderá a autoridade judiciária, ouvido o Ministério Público, decretar liminarmente o afastamento provisório do dirigente da entidade ou outras medidas que julgar adequadas, para evitar lesão aos direitos do idoso, mediante decisão fundamentada.*

Art. 67. *O dirigente da entidade será citado para, no prazo de 10 (dez) dias, oferecer resposta escrita, podendo juntar documentos e indicar as provas a produzir.*

Art. 68. *Apresentada a defesa, o juiz procederá na conformidade do art. 69 ou, se necessário, designará audiência de instrução e julgamento, deliberando sobre a necessidade de produção de outras provas.*

§ 1º *Salvo manifestação em audiência, as partes e o Ministério Público terão 5 (cinco) dias para oferecer alegações finais, decidindo a autoridade judiciária em igual prazo.*

§ 2o *Em se tratando de afastamento provisório ou definitivo de dirigente de entidade governamental, a autoridade judiciária oficiará a autoridade administrativa imediatamente superior ao afastado, fixando-lhe prazo de 24 (vinte e quatro) horas para proceder à substituição.*

§ 3o *Antes de aplicar qualquer das medidas, a autoridade judiciária poderá fixar prazo para a remoção das irregularidades verificadas. Satisfeitas as exigências, o processo será extinto, sem julgamento do mérito.*

§ 4o *A multa e a advertência serão impostas ao dirigente da entidade ou ao responsável pelo programa de atendimento.*

9.4 Dos Crimes

Antes de tratar dos crimes em espécie, o Art. 94 do estatuto dispõe que:

Aos crimes previstos nesta Lei, cuja pena máxima privativa de liberdade não ultrapasse 4 (quatro) anos, aplica-se o procedimento previsto na Lei no 9.099, de 26 de setembro de 1995, e, subsidiariamente, no que couber, as disposições do Código Penal e do Código de Processo Penal.

Em ação Direita de Inconstitucionalidade, ADI 3.096-5, o STF interpretou o artigo com redução do texto, vejamos:

AÇÃO DIRETA DE INCONSTITUCIONALIDADE. ARTIGOS 39 E 94 DA LEI 10.741/2003 (ESTATUTO DO IDOSO). RESTRIÇÃO À GRATUIDADE DO TRANSPORTE COLETIVO. SERVIÇOS DE TRANSPORTE SELETIVOS E ESPECIAIS. APLICABILIDADE DOS PROCEDIMENTOS PREVISTOS NA LEI 9.099/1995 AOS CRIMES COMETIDOS CONTRA IDOSOS.

2. Art. 94 da Lei n. 10.741/2003: interpretação conforme à Constituição do Brasil, com redução de texto, para suprimir a expressão "do Código Penal e". Aplicação apenas do procedimento sumaríssimo previsto na Lei n. 9.099/95: benefício do idoso com a celeridade processual. Impossibilidade de aplicação de quaisquer medidas despenalizadoras e de interpretação benéfica ao autor do crime.

3. Ação direta de inconstitucionalidade julgada parcialmente procedente para dar interpretação conforme à Constituição do Brasil, com redução de texto, ao art. 94 da Lei n. 10.741/2003.

Portanto, aplicável o procedimento do Juizado Especial em crimes que não ultrapassem quatro anos de pena privativa de liberdade mas não medidas despenalizadoras prevista na lei, como a transação penal.

Os crimes são de ação penal pública incondicionada, independe da vontade, o MP tem o dever de ajuizar ação penal para apuração do crime e eventual aplicação de sanção.

Vamos aos crimes em espécie.

Dos crimes em espécie

Art. 96. *Discriminar pessoa idosa, impedindo ou dificultando seu acesso a operações bancárias, aos meios de transporte, ao direito de contratar ou por qualquer outro meio ou instrumento necessário ao exercício da cidadania, por motivo de idade:*

Pena. reclusão de 6 (seis) meses a 1 (um) ano e multa.

§ 1º *Na mesma pena incorre quem desdenhar, humilhar, menosprezar ou discriminar pessoa idosa, por qualquer motivo.*

§ 2º *A pena será aumentada de 1/3 (um terço) se a vítima se encontrar sob os cuidados ou responsabilidade do agente.*

Art. 97. *Deixar de prestar assistência ao idoso, quando possível fazê-lo sem risco pessoal, em situação de iminente perigo, ou recusar, retardar ou dificultar sua assistência à saúde, sem justa causa, ou não pedir, nesses casos, o socorro de autoridade pública:*

Pena. detenção de 6 (seis) meses a 1 (um) ano e multa.

Parágrafo único. *A pena é aumentada de metade, se da omissão resulta lesão corporal de natureza grave, e triplicada, se resulta a morte.*

Art. 98. *Abandonar o idoso em hospitais, casas de saúde, entidades de longa permanência, ou congêneres, ou não prover suas necessidades básicas, quando obrigado por lei ou mandado:*

Pena. detenção de 6 (seis) meses a 3 (três) anos e multa.

Art. 99. *Expor a perigo a integridade e a saúde, física ou psíquica, do idoso, submetendo-o a condições desumanas ou degradantes ou privando-o de alimentos e cuidados indispensáveis, quando obrigado a fazê-lo, ou sujeitando-o a trabalho excessivo ou inadequado:*

Pena. detenção de 2 (dois) meses a 1 (um) ano e multa.

§ 1º *Se do fato resulta lesão corporal de natureza grave:*

Pena. reclusão de 1 (um) a 4 (quatro) anos.

§ 2º *Se resulta a morte:*

Pena. reclusão de 4 (quatro) a 12 (doze) anos.

Art. 100. *Constitui crime punível com reclusão de 6 (seis) meses a 1 (um) ano e multa:*

I. *obstar o acesso de alguém a qualquer cargo público por motivo de idade;*

II. *negar a alguém, por motivo de idade, emprego ou trabalho;*

III. *recusar, retardar ou dificultar atendimento ou deixar de prestar assistência à saúde, sem justa causa, a pessoa idosa;*

IV. *deixar de cumprir, retardar ou frustrar, sem justo motivo, a execução de ordem judicial expedida na ação civil a que alude esta Lei;*

V. recusar, retardar ou omitir dados técnicos indispensáveis à propositura da ação civil objeto desta Lei, quando requisitados pelo Ministério Público.

Art. 101. *Deixar de cumprir, retardar ou frustrar, sem justo motivo, a execução de ordem judicial expedida nas ações em que for parte ou interveniente o idoso:*

Pena. detenção de 6 (seis) meses a 1 (um) ano e multa.

Art. 102. *Apropriar-se de ou desviar bens, proventos, pensão ou qualquer outro rendimento do idoso, dando-lhes aplicação diversa da de sua finalidade:*

Pena. reclusão de 1 (um) a 4 (quatro) anos e multa.

Art. 103. *Negar o acolhimento ou a permanência do idoso, como abrigado, por recusa deste em outorgar procuração à entidade de atendimento:*

Pena. detenção de 6 (seis) meses a 1 (um) ano e multa.

Art. 104. *Reter o cartão magnético de conta bancária relativa a benefícios, proventos ou pensão do idoso, bem como qualquer outro documento com objetivo de assegurar recebimento ou ressarcimento de dívida:*

Pena. detenção de 6 (seis) meses a 2 (dois) anos e multa.

Art. 105. *Exibir ou veicular, por qualquer meio de comunicação, informações ou imagens depreciativas ou injuriosas à pessoa do idoso:*

Pena. detenção de 1 (um) a 3 (três) anos e multa.

Art. 106. *Induzir pessoa idosa sem discernimento de seus atos a outorgar procuração para fins de administração de bens ou deles dispor livremente:*

Pena. reclusão de 2 (dois) a 4 (quatro) anos.

Art. 107. *Coagir, de qualquer modo, o idoso a doar, contratar, testar ou outorgar procuração:*

Pena. reclusão de 2 (dois) a 5 (cinco) anos.

Art. 108. *Lavrar ato notarial que envolva pessoa idosa sem discernimento de seus atos, sem a devida representação legal:*

Pena. reclusão de 2 (dois) a 4 (quatro) anos.

9.5 Do Acesso à Justiça

O capitulo sobre o acesso a justiça tratam de regras processuais, que não é cobrado com frequência nos certames.

Porém, não deixe de ler os dispositivos do Estatuto que se encontram no seu material, além de ficar atento a dois pontos que caem com frequência, quando o tema é abordado:

> Todos os processos tem prioridade na tramitação, processos e procedimentos e na execução dos atos e diligências judiciais;

> Na proteção de direitos Difusos, Coletivos e Individuais Indisponíveis ou Homogêneos são concorrentes para ajuizar ação o Ministério Público; a União, os Estados, o Distrito Federal e os Municípios; a Ordem dos Advogados do Brasil; as associações legalmente constituídas há pelo menos um ano e que incluam entre os fins institucionais a defesa dos interesses e direitos da pessoa idosa;

Dispositivos da lei

Art. 69. *Aplica-se, subsidiariamente, às disposições deste Capítulo, o procedimento sumário previsto no Código de Processo Civil, naquilo que não contrarie os prazos previstos nesta Lei.*

Art. 70. *O Poder Público poderá criar varas especializadas e exclusivas do idoso.*

Art. 71. *É assegurada prioridade na tramitação dos processos e procedimentos e na execução dos atos e diligências judiciais em que figure como parte ou interveniente pessoa com idade igual ou superior a 60 (sessenta) anos, em qualquer instância.*

§ 1º *O interessado na obtenção da prioridade a que alude este artigo, fazendo prova de sua idade, requererá o benefício à autoridade judiciária competente para decidir o feito, que determinará as providências a serem cumpridas, anotando-se essa circunstância em local visível nos autos do processo.*

§ 2º *A prioridade não cessará com a morte do beneficiado, estendendo-se em favor do cônjuge supérstite, companheiro ou companheira, com união estável, maior de 60 (sessenta) anos.*

§ 3º *A prioridade se estende aos processos e procedimentos na Administração Pública, empresas prestadoras de serviços públicos e instituições financeiras, ao atendimento preferencial junto à Defensoria Publica da União, dos Estados e do Distrito Federal em relação aos Serviços de Assistência Judiciária.*

§ 4º *Para o atendimento prioritário será garantido ao idoso o fácil acesso aos assentos e caixas, identificados com a destinação a idosos em local visível e caracteres legíveis.*

§ 5º *Dentre os processos de idosos, dar-se-á prioridade especial aos maiores de oitenta anos. (Incluído pela Lei nº 11.765, de 2008).*

CAPÍTULO II - Do Ministério Público

Art. 72. *(VETADO)*

Art. 73. *As funções do Ministério Público, previstas nesta Lei, serão exercidas nos termos da respectiva Lei Orgânica.*

Art. 74. *Compete ao Ministério Público:*

I. *instaurar o inquérito civil e a ação civil pública para a proteção dos direitos e interesses difusos ou coletivos, individuais indisponíveis e individuais homogêneos do idoso;*

II. *promover e acompanhar as ações de alimentos, de interdição total ou parcial, de designação de curador especial, em circunstâncias que justifiquem a medida e oficiar em todos os feitos em que se discutam os direitos de idosos em condições de risco;*

III. *atuar como substituto processual do idoso em situação de risco, conforme o disposto no art. 43 desta Lei;*

IV. *promover a revogação de instrumento procuratório do idoso, nas hipóteses previstas no art. 43 desta Lei, quando necessário ou o interesse público justificar;*

V. *instaurar procedimento administrativo e, para instruí-lo:*

a) *expedir notificações, colher depoimentos ou esclarecimentos e, em caso de não comparecimento injustificado da pessoa notificada, requisitar condução coercitiva, inclusive pela Polícia Civil ou Militar;*

b) *requisitar informações, exames, perícias e documentos de autoridades municipais, estaduais e federais, da administração direta e indireta, bem como promover inspeções e diligências investigatórias;*

c) *requisitar informações e documentos particulares de instituições privadas;*

VI. *instaurar sindicâncias, requisitar diligências investigatórias e a instauração de inquérito policial, para a apuração de ilícitos ou infrações às normas de proteção ao idoso;*

VII. *zelar pelo efetivo respeito aos direitos e garantias legais assegurados ao idoso, promovendo as medidas judiciais e extrajudiciais cabíveis;*

VIII. *inspecionar as entidades públicas e particulares de atendimento e os programas de que trata esta Lei, adotando de pronto as medidas administrativas ou judiciais necessárias à remoção de irregularidades porventura verificadas;*

IX. *requisitar força policial, bem como a colaboração dos serviços de saúde, educacionais e de assistência social, públicos, para o desempenho de suas atribuições;*

X. *referendar transações envolvendo interesses e direitos dos idosos previstos nesta Lei.*

§ 1º A legitimação do Ministério Público para as ações cíveis previstas neste artigo não impede a de terceiros, nas mesmas hipóteses, segundo dispuser a lei.

§ 2º As atribuições constantes deste artigo não excluem outras, desde que compatíveis com a finalidade e atribuições do Ministério Público.

§ 3º O representante do Ministério Público, no exercício de suas funções, terá livre acesso a toda entidade de atendimento ao idoso.

***Art. 75.** Nos processos e procedimentos em que não for parte, atuará obrigatoriamente o Ministério Público na defesa dos direitos e interesses de que cuida esta Lei, hipóteses em que terá vista dos autos depois das partes, podendo juntar documentos, requerer diligências e produção de outras provas, usando os recursos cabíveis.*

***Art. 76.** A intimação do Ministério Público, em qualquer caso, será feita pessoalmente.*

***Art. 77.** A falta de intervenção do Ministério Público acarreta a nulidade do feito, que será declarada de ofício pelo juiz ou a requerimento de qualquer interessado.*

CAPÍTULO III - Da Proteção Judicial dos Interesses Difusos, Coletivos e Individuais Indisponíveis ou Homogêneos

***Art. 78.** As manifestações processuais do representante do Ministério Público deverão ser fundamentadas.*

***Art. 79.** Regem-se pelas disposições desta Lei as ações de responsabilidade por ofensa aos direitos assegurados ao idoso, referentes à omissão ou ao oferecimento insatisfatório de:*

I. acesso às ações e serviços de saúde;

II. atendimento especializado ao idoso portador de deficiência ou com limitação incapacitante;

III. atendimento especializado ao idoso portador de doença infecto-contagiosa;

IV. serviço de assistência social visando ao amparo do idoso.

***Parágrafo único.** As hipóteses previstas neste artigo não excluem da proteção judicial outros interesses difusos, coletivos, individuais indisponíveis ou homogêneos, próprios do idoso, protegidos em lei.*

***Art. 80.** As ações previstas neste Capítulo serão propostas no foro do domicílio do idoso, cujo juízo terá competência absoluta para processar a causa, ressalvadas as competências da Justiça Federal e a competência originária dos Tribunais Superiores.*

***Art. 81.** Para as ações cíveis fundadas em interesses difusos, coletivos, individuais indisponíveis ou homogêneos, consideram-se legitimados, concorrentemente:*

I. o Ministério Público;

II. a União, os Estados, o Distrito Federal e os Municípios;

III. a Ordem dos Advogados do Brasil;

IV. as associações legalmente constituídas há pelo menos 1 (um) ano e que incluam entre os fins institucionais a defesa dos interesses e direitos da pessoa idosa, dispensada a autorização da assembléia, se houver prévia autorização estatutária.

§ 1º Admitir-se-á litisconsórcio facultativo entre os Ministérios Públicos da União e dos Estados na defesa dos interesses e direitos de que cuida esta Lei.

§ 2º Em caso de desistência ou abandono da ação por associação legitimada, o Ministério Público ou outro legitimado deverá assumir a titularidade ativa.

***Art. 82.** Para defesa dos interesses e direitos protegidos por esta Lei, são admissíveis todas as espécies de ação pertinentes.*

***Parágrafo único.** Contra atos ilegais ou abusivos de autoridade pública ou agente de pessoa jurídica no exercício de atribuições de Poder Público, que lesem direito líquido e certo previsto nesta Lei, caberá ação mandamental, que se regerá pelas normas da lei do mandado de segurança.*

***Art. 83.** Na ação que tenha por objeto o cumprimento de obrigação de fazer ou não-fazer, o juiz concederá a tutela específica da obrigação ou determinará providências que assegurem o resultado prático equivalente ao adimplemento.*

§ 1º Sendo relevante o fundamento da demanda e havendo justificado receio de ineficácia do provimento final, é lícito ao juiz conceder a tutela liminarmente ou após justificação prévia, na forma do art. 273 do Código de Processo Civil.

§ 2º O juiz poderá, na hipótese do § 1o ou na sentença, impor multa diária ao réu, independentemente do pedido do autor, se for suficiente ou compatível com a obrigação, fixando prazo razoável para o cumprimento do preceito.

§ 3º A multa só será exigível do réu após o trânsito em julgado da sentença favorável ao autor, mas será devida desde o dia em que se houver configurado.

***Art. 84.** Os valores das multas previstas nesta Lei reverterão ao Fundo do Idoso, onde houver, ou na falta deste, ao Fundo Municipal de Assistência Social, ficando vinculados ao atendimento ao idoso.*

***Parágrafo único.** As multas não recolhidas até 30 (trinta) dias após o trânsito em julgado da decisão serão exigidas por meio de execução promovida pelo Ministério Público, nos mesmos autos, facultada igual iniciativa aos demais legitimados em caso de inércia daquele.*

***Art. 85.** O juiz poderá conferir efeito suspensivo aos recursos, para evitar dano irreparável à parte.*

***Art. 86.** Transitada em julgado a sentença que impuser condenação ao Poder Público, o juiz determinará a remessa de peças à autoridade competente, para apuração da responsabilidade civil e administrativa do agente a que se atribua a ação ou omissão.*

***Art. 87.** Decorridos 60 (sessenta) dias do trânsito em julgado da sentença condenatória favorável ao idoso sem que o autor lhe promova a execução, deverá fazê-lo o Ministério Público, facultada, igual iniciativa aos demais legitimados, como assistentes ou assumindo o pólo ativo, em caso de inércia desse órgão.*

***Art. 88.** Nas ações de que trata este Capítulo, não haverá adiantamento de custas, emolumentos, honorários periciais e quaisquer outras despesas.*

***Parágrafo único.** Não se imporá sucumbência ao Ministério Público.*

***Art. 89.** Qualquer pessoa poderá, e o servidor deverá, provocar a iniciativa do Ministério Público, prestando-lhe informações sobre os fatos que constituam objeto de ação civil e indicando-lhe os elementos de convicção.*

***Art. 90.** Os agentes públicos em geral, os juízes e tribunais, no exercício de suas funções, quando tiverem conhecimento de fatos que possam configurar crime de ação pública contra idoso ou ensejar a propositura de ação para sua defesa, devem encaminhar as peças pertinentes ao Ministério Público, para as providências cabíveis.*

***Art. 91.** Para instruir a petição inicial, o interessado poderá requerer às autoridades competentes as certidões e informações que julgar necessárias, que serão fornecidas no prazo de 10 (dez) dias.*

***Art. 92.** O Ministério Público poderá instaurar sob sua presidência, inquérito civil, ou requisitar, de qualquer pessoa, organismo público ou particular, certidões, informações, exames ou perícias, no prazo que assinalar, o qual não poderá ser inferior a 10 (dez) dias.*

§ 1º Se o órgão do Ministério Público, esgotadas todas as diligências, se convencer da inexistência de fundamento para a propositura da ação civil ou de peças informativas, determinará o seu arquivamento, fazendo-o fundamentadamente.

§ 2º Os autos do inquérito civil ou as peças de informação arquivados serão remetidos, sob pena de se incorrer em falta grave, no prazo de 3 (três) dias, ao Conselho Superior do Ministério Público ou à Câmara de Coordenação e Revisão do Ministério Público.

§ 3º Até que seja homologado ou rejeitado o arquivamento, pelo Conselho Superior do Ministério Público ou por Câmara

de Coordenação e Revisão do Ministério Público, as associações legitimadas poderão apresentar razões escritas ou documentos, que serão juntados ou anexados às peças de informação.

§ 4º *Deixando o Conselho Superior ou a Câmara de Coordenação e Revisão do Ministério Público de homologar a promoção de arquivamento, será designado outro membro do Ministério Público para o ajuizamento da ação.*

Questões

01. (FCC) Segundo o Estatuto do Idoso, para as ações cíveis fundadas em interesses difusos, coletivos, individuais indisponíveis ou homogêneos, consideram-se legitimados,

a) concorrentemente, o Ministério Público; a União, os Estados, o Distrito Federal e os Municípios e a Ordem dos Advogados do Brasil, apenas.

b) sucessivamente, o Ministério Público; a União, os Estados, o Distrito Federal e os Municípios; a Ordem dos Advogados do Brasil e as associações legalmente constituídas há pelo menos um ano e que incluam entre os fins institucionais a defesa dos interesses e direitos da pessoa idosa.

c) sucessivamente, o Ministério Público; a Ordem dos Advogados do Brasil; a União, os Estados, o Distrito Federal e os Municípios e as associações legalmente constituídas há pelo menos seis meses e que incluam entre os fins institucionais a defesa dos interesses e direitos da pessoa idosa.

d) concorrentemente, o Ministério Público; a União, os Estados, o Distrito Federal e os Municípios; a Ordem dos Advogados do Brasil; as associações legalmente constituídas há pelo menos um ano e que incluam entre os fins institucionais a defesa dos interesses e direitos da pessoa idosa.

e) concorrentemente, o Ministério Público; a União, os Estados, o Distrito Federal e os Municípios; a Ordem dos Advogados do Brasil; as associações legalmente constituídas há pelo menos seis meses e que incluam entre os fins institucionais a defesa dos interesses e direitos da pessoa idosa.

02. (FUNCAB) Acerca do Estatuto do idoso, Lei nº 10.741, de 2003, é correto afirmar que:

a) constitui crime discriminar pessoa idosa, impedindo ou dificultando seu acesso a operações bancárias, aos meios de transporte, ao direito de contratar ou por qualquer outro meio ou instrumento necessário ao exercício da cidadania, por motivo de idade.

b) constitui crime deixar de prestar assistência ao idoso, mesmo quando impossível fazê-lo sem risco pessoal.

c) o Estatuto do idoso é destinado a regular os direitos assegurados às pessoas com idade igual ou superior a 65 (sessenta e cinco) anos.

d) admite-se possibilidade de cobrança de valores diferenciados em razão da idade, sem a caracterização da discriminação do idoso.

e) a limitação expressa no edital concurso público para o provimento de cargo efetivo, quanto ao limite de idade, afasta a incidência da prática do crime de obstar o acesso de alguém a qualquer cargo público por motivo de idade.

03. (IBFC) A respeito dos crimes previstos no Estatuto do Idoso (Lei nº 10.741/03), assinale a alternativa INCORRETA:

a) Constitui crime recusar, retardar ou omitir dados técnicos indispensáveis à propositura da ação civil objeto da referida Lei, quando requisitados pelo Ministério Público.

b) Constitui crime negar a alguém, por motivo de idade, emprego ou trabalho, salvo havendo justa causa para tanto

c) Constitui crime recusar, retardar ou dificultar atendimento ou deixar de prestar assistência à saúde, sem justa causa, a pessoa idosa

d) Constitui crime deixar de cumprir, retardar ou frustrar, sem justo motivo, a execução de ordem judicial expedida na ação civil a que alude a referida Lei.

04. (TJ/PR) Sobre a Política de Atendimento ao Idoso prevista na Lei 10.741/2003 (Estatuto do Idoso), assinale a alternativa INCORRETA.

a) As entidades de atendimento devem fornecer comprovante de depósito dos bens móveis que receberem dos idosos.

b) As entidades de atendimento ficam dispensadas de oferecer atendimento personalizado ao idoso e de manter no quadro de pessoal profissionais com formação específica.

c) As entidades de atendimento são responsáveis pela manutenção das próprias unidades, observadas as normas de planejamento e execução emanadas do órgão competente da Política Nacional do Idoso.

d) O dirigente de instituição prestadora de atendimento ao idoso responderá civil e criminalmente pelos atos que praticar em detrimento do idoso, sem prejuízo das sanções administrativas.

e) Quando houver apuração judicial de irregularidades em entidade de atendimento ao idoso, a multa e a advertência, quando impostas, serão direcionadas ao dirigente da entidade ou ao responsável pelo programa de atendimento.

05. (MPE/GO) Quanto à Lei Federal n. 10.741/03 (Estatuto do Idoso), assinale a alternativa incorreta:

a) nos programas habitacionais, públicos ou subsidiados com recursos públicos, o idoso goza de prioridade na aquisição de imóvel para moradia própria, observada a reserva de pelo menos 3% (três por cento) das unidades habitacionais residenciais para atendimento aos idosos.

b) Ainda que não haja legislação local, ao idoso com 60 (sessenta) anos fica assegurada a gratuidade dos transportes coletivos públicos urbanos e semiurbanos.

c) o acolhimento de idosos em situação de risco social, por adulto ou núcleo familiar, caracteriza a dependência econômica, para os efeitos legais.

d) as unidades residenciais reservadas para atendimento a idosos devem situar-se, preferencialmente, no pavimento térreo

06. (PREFEITURA DE FORTALEZA/CE) Segundo a Lei nº 10.741, de 01 de outubro de 2003 - Estatuto do Idoso, assinale a alternativa correta quanto aos princípios que devem ser adotados pelas entidades de Atendimento ao Idoso que desenvolvam programas de institucionalização de longa permanência.

a) Preservação da identidade do idoso e oferecimento de ambiente de respeito e dignidade.

b) Celebrar contrato escrito de prestação de serviço com o idoso, especificando o tipo de atendimento, as obrigações da entidade e prestações decorrentes do contrato, com os respectivos preços, se for o caso.

c) Assistência religiosa àqueles que desejarem, de acordo com suas crenças.

d) Oferecer instalações físicas em condições adequadas de habitabilidade, higiene, salubridade e segurança.

07. (FUNRIO) De acordo com Estatuto do Idoso, as medidas de proteção ao idoso são aplicáveis sempre que os direitos reconhecidos em lei forem ameaçados ou violados, por ação ou omissão da sociedade ou do Estado; por falta, omissão ou abuso da família, curador ou entidade de atendimento, em razão de sua condição pessoal. No que tange as medidas específicas de proteção podemos elencar:

a) Orientação, apoio e acompanhamento permanente.

b) Requisição para tratamento de sua saúde somente em regime domiciliar.

c) Encaminhamento à família ou curador, sem necessidade de termo de responsabilidade.

d) Inclusão em programa oficial ou comunitário de auxílio, orientação e tratamento a usuários dependentes de drogas lícitas ou ilícitas, ao próprio idoso ou à pessoa de sua convivência que lhe cause perturbação.

e) Abrigamento permanente com dotação da municipalidade.

08. (CESPE) De acordo com o que prevê o Estatuto do Idoso — Lei n.º 10.741/2003 —, constitui infração administrativa

a) induzir pessoa idosa sem discernimento de seus atos a outorgar procuração para fins de administração de bens ou de deles dispor livremente.

b) deixar o profissional de saúde de comunicar à autoridade competente os casos de crimes contra idoso dos quais tiver conhecimento.

c) lavrar ato notarial que envolva pessoa idosa sem discernimento de seus atos, sem a devida representação legal.

d) coagir, de qualquer modo, o idoso a outorgar procuração.

e) negar o acolhimento do idoso, como abrigado, por recusa deste em outorgar procuração à entidade de atendimento.

09. (UTFPR) Em relação às Medidas Específicas de Proteção, previstas no Estatuto do Idoso (Lei nº 10.741/2003), assinale a alternativa correta.

a) Trata-se de Medida Específica de Proteção ao idoso a inclusão em programa oficial ou comunitário de auxílio, orientação e tratamento a usuários dependentes de drogas lícitas ou ilícitas, ao próprio idoso ou à pessoa de sua convivência que lhe cause perturbação.

b) Trata-se de Medida Específica de Proteção ao idoso o encaminhamento a Casas de Custódia na ocasião da falta de abrigos específicos e apropriados.

c) Trata-se de Medida Específica de Proteção ao idoso a sua colocação no mercado de trabalho, por meio de ações de reinserção social.

d) Trata-se de Medida Específica de Proteção ao idoso a inserção em família substituta, na ausência de quaisquer familiares ou curadores.

e) Trata-se de Medida Específica de Proteção ao idoso o tratamento gratuito em entidades manicomiais, quando de doenças da senilidade referentes à perda da autoidentidade pessoal.

Gabaritos

01	D	06	A
02	A	07	D
03	B	08	B
04	B	09	A
05	B		

10. LEI Nº 12.850/2013 - LEI DE ORGANIZAÇÃO CRIMINOSA

10.1 Introdução ao Estudo da Lei. Contextualização do Tema. Breve histórico da Organização Criminosa

Embora não seja um fenômeno recente, a criminalidade organizada apresenta um dos problemas centrais decorrentes da globalização. Antes, localizado em certas partes do mundo, como na Itália, por meio da mais famosa Máfia Italiana, que se construía sob a estrutura e a hierarquia de uma verdadeira família, ganhou notoriedade especialmente com a dramaturgia. Mas não só, outras organizações criminosas pelo mundo, com o processo de globalização, acabaram por se espalhar pelo globo, chegando, inclusive, a inspirar entre nós o estabelecimento de uma verdadeira criminalidade organizada.

Na legislação brasileira, embora desde a edição do Código Penal já fosse previsto o delito de quadrilha ou bando (art. 288), essa incriminação não se mostrava suficiente diante dos novos desafios que as organizações criminosas nacionais e transnacionais apresentavam. Nesse contexto, houve a edição da Lei nº 9.034/95, que dispunha sobre a utilização de meios operacionais para a prevenção e repressão de ações praticadas por organizações criminosas. Essa Lei, entretanto, não trazia os elementos necessários para um efetivo combate dessa criminalidade.

10.2 Convenção de Palermo

Importante documento internacional que trata sobre o tema, a chamada Convenção de Palermo ou, mais tecnicamente, Convenção das Nações Unidas contra o Crime Organizado Transnacional, foi incorporada ao sistema normativo brasileiro pelo Decreto nº 5.015, de 12 de março de 2004.

Já em seu artigo 1, a Convenção traz como objetivo "promover a cooperação para prevenir e combater mais eficazmente a criminalidade organizada transnacional.". Para tanto, estabelece uma série de mecanismos para a criminalização e o combate aos crimes relacionados a esse tipo de infração penal, definindo, para efeitos da Convenção, "Grupo criminoso organizado" como "grupo estruturado de três ou mais pessoas, existente há algum tempo e atuando concertadamente com o propósito de cometer uma ou mais infrações graves ou enunciadas na presente Convenção, com a intenção de obter, direta ou indiretamente, um benefício econômico ou outro benefício material".

Registre-se que, embora a Recomendação nº 3/2006 do Conselho Nacional de Justiça tenha proposto a adoção do conceito estabelecido na Convenção de Palermo, o que motivou, inclusive precedentes do Superior Tribunal de Justiça nesse sentido (veja-se, por ex., o HC 77.771, 5ª T., rel. Min. Laurita Vaz, j. 30.05.2008[1]), acabou não sendo considerada como uma definição legal válida de organização criminosa, sendo insuficiente para terminar sua punição criminal além dos casos de quadrilha ou bando (então prevista no art. 288 do Código Penal) ou associação para o tráfico (do art. 35 da Lei de Drogas. Nesse sentido, a conclusão do Supremo Tribunal Federal:

> Em matéria penal, prevalece o dogma da reserva constitucional de lei em sentido formal, pois a Constituição da República somente admite a lei interna como única fonte formal e direta de regras de direito penal, a significar, portanto, que as cláusulas de tipificação e de cominação penais, para efeito de repressão estatal, subsumem-se ao âmbito das normas domésticas de direito penal incriminador, regendo-se, em consequência, pelo postulado da reserva de Parlamento. Doutrina. Precedentes (STF). **As convenções internacionais, como a Convenção de Palermo, não se qualificam, constitucionalmente, como fonte formal direta legitimadora da regulação normativa concernente à tipificação de crimes e à cominação de sanções penais.**[2]

10.3 O Conceito de Organização Criminosa

A Lei nº 12.850/13 revogou a Lei nº 9.034/95 – que até o ano de 2013 tratava sobre o crime organizado, sem, contudo, definir organização criminosa. Atualmente, a Lei nº 12.850/13 **define organização criminosa** e cuida dos crimes cometidos por elas, afirmando, já em seu art. 1º, que o seu objetivo é definir organização criminosa e dispor sobre a investigação criminal, os meios de obtenção da prova, infrações penais correlatas e o procedimento criminal a ser aplicado.

A Lei nº 12.850/13 traz, no § 1º, do art. 1º, o **conceito de organização criminosa** com a seguinte redação:

> Considera-se organização criminosa a **associação de 4 (quatro) ou mais pessoas estruturalmente ordenada** e caracterizada pela **divisão de tarefas**, ainda que informalmente, com **objetivo** de obter, direta ou indiretamente, **vantagem** de qualquer natureza, **mediante a prática de infrações penais** cujas **penas máximas sejam superiores a 4 (quatro) anos, ou que sejam de caráter transnacional**".

O § 2º, do art. 1º, ainda estende a aplicabilidade da Lei nº 12.850/13:

> *I. às infrações penais previstas em **tratado ou convenção internacional** quando, iniciada a execução no País, o resultado tenha ou devesse ter ocorrido no estrangeiro, ou reciprocamente;*
>
> *II. às **organizações terroristas**, entendidas como aquelas voltadas para a prática dos atos de terrorismo legalmente definidos.*

Podemos dizer que uma das mais importantes informações sobre o crime organizado se encontra no seu art. 1º, que é justamente a definição de organização criminosa.

O Código Penal, em ser art. 288, trata do crime de associação criminosa, que pode facilmente ser confundido com a organização, por isso a definição do que é e como se caracteriza a organização criminosa, trazida em lei específica, torna-se ainda mais importante, pois, além da tipificação de um novo crime, ainda nos traz as diferenças entre ela e um crime já existente na legislação comum.

1 "O conceito jurídico da expressão organização criminosa ficou estabelecido em nosso ordenamento jurídico com o Decreto n. 5.015, de 12 de marco de 2004, que promulgou o Decreto Legislativo nº 231, de 29 de maio de 2003, que ratificou a Convenção das Nações Unidas contra o Crime Organizado Transnacional (Convenção de Palermo). Precedentes desta Corte e do Supremo Tribunal Federal." (trecho da ementa)

2 2ª T., AgR no RHC 121.835, rel. Min. Celso de Mello, j. 13.102015, DJe 20.11.2015.

A Lei nº 12.850/13 trouxe, ainda, modificações ao Código Penal, o crime de associação criminosa antes era conhecido como crime de quadrilha ou bando.

Além do mais, a Lei do Crime Organizado se aplica também aos crimes previstos em tratados ou convenções internacionais, desde que tenha iniciado sua execução no Brasil e o resultado tenha ou devesse ocorrer no exterior, ou quando a execução se iniciar no exterior e o resultado tenha ou devesse ocorrer no Brasil. Aplica-se também às organizações terroristas internacionais, reconhecidas conforme as normas de direito internacional, por foro do qual o Brasil seja participante, desde que os atos de suporte, preparatórios ou mesmo os executórios ocorram ou possam ocorrer no Brasil.

	Associação criminosa	Organização criminosa
Previsão legal	art. 288 do Código Penal	art. 2º da Lei nº 12.850/13
Quantidade de integrantes	3 ou mais pessoas	4 ou mais pessoas
Características	• Finalidade específica de cometer crimes.	• Estrutura ordenada; • **Divisão de Tarefas**, mesmo que informalmente; • **Objetivo de obter**, direta ou indiretamente, **vantagem** de qualquer natureza- **Prática de infrações penais** cujas **penas máximas sejam superiores a 4 anos**, ou que tenham **caráter transnacional**.

10.4 Os Crimes de Associação Criminosa do Código Penal (Art. 288), da Lei de Drogas (Art. 35 da Lei nº 11.343/2006), de Organização Criminosa para Fins de Terrorismo (Art. 3º da Lei nº 13.260/2016) e de Organização Criminosa do Art. 2º da Lei nº 12.850/2013

Na sequência, após definir, finalmente, o que é organização criminosa, a Lei estabelece o crime referente à promoção, à constituição (criação) ou ao financiamento de organização criminosa, equiparando a essa prática o fato de integrar organização ou mesmo de impedir ou, de qualquer forma, embaraçar a investigação de infração penal que a envolva:

> ***Art. 2º. Promover, constituir, financiar ou integrar**, pessoalmente ou por interposta pessoa, **organização criminosa**:*
>
> ***Pena** - reclusão, de 3 (três) a 8 (oito) anos, e multa, sem prejuízo das penas correspondentes às demais infrações penais praticadas.*
>
> *§1º. Nas **mesmas penas** incorre quem **impede** ou, de qualquer forma, **embaraça a investigação** de infração penal que envolva organização criminosa.*
>
> *§2º. As penas **aumentam-se até a metade** se na atuação da organização criminosa houver **emprego de arma de fogo**.*
>
> *§3º. A pena é **agravada** para quem **exerce o comando**, individual ou coletivo, da organização criminosa, ainda que não pratique pessoalmente atos de execução.*
>
> ***§4º. A pena é aumentada de 1/6 (um sexto) a 2/3 (dois terços)**:*
>
> ***I.** se há participação de criança ou adolescente;*
>
> ***II.** se há concurso de funcionário público, valendo-se a organização criminosa dessa condição para a prática de infração penal;*
>
> ***III.** se o produto ou proveito da infração penal destinar-se, no todo ou em parte, ao exterior;*
>
> ***IV.** se a organização criminosa mantém conexão com outras organizações criminosas independentes;*
>
> ***V.** se as circunstâncias do fato evidenciarem a transnacionalidade da organização.*
>
> *§5º. Se houver indícios suficientes de que o **funcionário público** integra organização criminosa, poderá o juiz determinar seu afastamento cautelar do cargo, emprego ou função, sem prejuízo da remuneração, quando a medida se fizer necessária à investigação ou instrução processual.*
>
> *§6º. A condenação com trânsito em julgado acarretará ao funcionário público a perda do cargo, função, emprego ou mandato eletivo e a interdição para o exercício de função ou cargo público pelo prazo de 8 (oito) anos subsequentes ao cumprimento da pena.*
>
> *§7º. Se houver indícios de **participação de policial** nos crimes de que trata esta Lei, a Corregedoria de Polícia instaurará inquérito policial e comunicará ao Ministério Público, que designará membro para acompanhar o feito até a sua conclusão.*
>
> *§8º. As lideranças de organizações criminosas armadas ou que tenham armas à disposição deverão iniciar o cumprimento da pena em estabelecimentos penais de segurança máxima.*
>
> *§9º. O condenado expressamente em sentença por integrar organização criminosa ou por crime praticado por meio de organização criminosa não poderá progredir de regime de cumprimento de pena ou obter livramento condicional ou outros benefícios prisionais se houver elementos probatórios que indiquem a manutenção do vínculo associativo.*

Ponto que merece destaque é o afastamento cautelar do funcionário público por determinação judicial para fins de investigação e instrução processual. Por se tratar de medida cautelar, sua remuneração é mantida durante o período de afastamento. Seria um meio de evitar que o servidor influencie, de alguma forma, nesses procedimentos.

Se condenado, o funcionário público pode perder o cargo, emprego ou função pública e ficar inabilitado para o exercício de função pública pelo prazo de 8 anos subsequentes ao cumprimento da pena, ou seja, após o cumprimento da pena se inicia a contagem do prazo de inabilitação.

Havendo indícios de participação de policial nos crimes trazidos por lei, será determinada a Corregedoria de Polícia para a instauração do inquérito e a comunicação do ocorrido ao Ministério Público, o qual determinará membro para acompanhar o feito até a sua conclusão.

Vale registrar, ademais, que a Lei nº 13.964/2019 (o famoso pacote "Anticrime") introduziu a determinação de que as lideranças de organizações criminosas – armadas ou que tenham armas à disposição – iniciarão o cumprimento da pena em estabelecimentos penais de segurança máxima (lembre-se que o regime fechado pressupõe o cumprimento em estabelecimento de segurança máxima ou média). De outro lado, os condenados por integrar organização criminosa ou por crime praticado por meio delas, não poderão progredir de regime ou obter livramento condicional ou outros benefícios prisionais se persistirem elementos probatórios que indiquem que eles mantêm o vínculo associativo com a organização.

Pena: reclusão, de 3 a 8 anos e multa	Promover, constituir, financiar ou integrar, pessoalmente ou por interposta pessoa, organização criminosa.
	Impedir ou, de qualquer forma, embaraçar a investigação de infração penal que envolva organização criminosa.

AUMENTO DE PENA	
Aumentam-se até a metade	Se na atuação da organização criminosa houver emprego de arma de fogo.
Aumentam-se de 1/6 (um sexto) a 2/3 (dois terços)	Se há participação de criança ou adolescente;
	Se há concurso de funcionário público, valendo-se a organização criminosa dessa condição para a prática de infração penal;
	Se o produto ou proveito da infração penal destinar-se, no todo ou em parte, ao exterior;
	Se a organização criminosa mantém conexão com outras organizações criminosas independentes;
	Se as circunstâncias do fato evidenciarem a transnacionalidade da organização.
A pena é agravada	Para quem exerce o comando, individual ou coletivo, da organização criminosa, ainda que não pratique pessoalmente atos de execução.

Importante, por fim, não confundir a organização criminosa da Lei nº 12.850/2013 com a já analisada associação criminosa do art. 288 do Código Penal, e nem com as demais formas de associação ou organização criminosa previstas em lei.

A Lei nº 11.343/2006, por exemplo, prevê a forma mais simples de caracterização do delito exigindo apenas duas pessoas associadas para o fim de praticar o tráfico, reiteradamente ou não, nos seguintes moldes:

> ***Art. 35.*** *Associarem-se duas ou mais pessoas para o fim de praticar, reiteradamente ou não, qualquer dos crimes previstos nos arts. 33, caput e § 1º, e 34 desta Lei:*
>
> *Pena - reclusão, de 3 (três) a 10 (dez) anos, e pagamento de 700 (setecentos) a 1.200 (mil e duzentos) dias-multa.*

Por sua vez, a Lei Antiterrorismo (Lei nº 13.360/2016) também estabelece sua própria incriminação relativa à organização terrorista, impondo a seguinte incriminação:

> ***Art. 3º.*** *Promover, constituir, integrar ou prestar auxílio, pessoalmente ou por interposta pessoa, a organização terrorista:*
>
> *Pena - reclusão, de cinco a oito anos, e multa.*

Há, ainda, a Lei nº 2.889/56, que estabelece a associação para a prática de genocídio, com a seguinte redação:

> ***Art. 2º*** *Associarem-se mais de 3 (três) pessoas para prática dos crimes mencionados no artigo anterior:*
>
> *Pena: Metade da cominada aos crimes ali previstos.*

Note que, diante desse quadro, o delito de organização criminosa, previsto no art. 2º da Lei nº 12.850/2013, apresenta-se como norma geral com relação ao crime de associação criminosa, ao crime de organização terrorista ou mesmo à associação para a prática de genocídio.

A Lei nº 13.964/2019 (Pacote Anticrime) inclui no dispositivo a previsão de que as lideranças de organizações criminosas armadas ou que tenham armas à disposição iniciarão o cumprimento da pena em estabelecimento de segurança armada, sendo que o condenado por integrar organizações criminosas não poderá progredir de regime ou mesmo obter livramento condicional ou outros benefícios enquanto mantiver o vínculo associativo.

10.5 Os Meios de Obtenção de Prova da Lei nº 12.850/2013

Diferentemente dos meios de prova, os meios de **obtenção** de prova são indiretos, ou seja, buscam a obtenção de meios de prova (como a apreensão, um documento ou uma testemunha, por exemplo), sendo que, ademais, para sua *obtenção*, acabam por reduzir direitos constitucionalmente assegurados, como o caso da redução do sigilo das telecomunicações para a realização de uma interceptação telefônica. Por tudo isso, devem ser usados com moderação, desde que comprovada sua necessidade no caso concreto. Diz o art. 3º da Lei nº 12.850/2013 que em qualquer fase da persecução penal serão permitidos, sem prejuízo de outros já previstos em lei, os seguintes meios de obtenção da prova:

SÃO MEIOS DE OBTENÇÃO DA PROVA:
I. colaboração premiada;
II. captação ambiental de sinais eletromagnéticos, ópticos ou acústicos;
III. ação controlada;
IV. acesso a registros de ligações telefônicas e telemáticas, a dados cadastrais constantes de bancos de dados públicos ou privados e a informações eleitorais ou comerciais;
V. interceptação de comunicações telefônicas e telemáticas, nos termos da legislação específica;
VI. afastamento dos sigilos financeiro, bancário e fiscal, nos termos da legislação específica;
VII. infiltração, por policiais, em atividade de investigação, na forma do art. 11;
VIII. cooperação entre instituições e órgãos federais, distritais, estaduais e municipais na busca de provas e informações de interesse da investigação ou da instrução criminal.

Interessante mencionar que, havendo necessidade justificada de manter sigilo sobre a capacidade investigatória, poderá ser dispensada licitação para contratação de serviços técnicos especializados, aquisição ou locação de equipamentos destinados à polícia judiciária para o rastreamento e a obtenção de provas previstas nos incisos II e V do art. 3º, sendo que fica dispensada a publicação de que trata o parágrafo único do art. 61 da Lei nº 8.666/1993, devendo ser comunicado o órgão de controle interno da realização da contratação.

10.6 Da Colaboração Premiada

> ***Art. 3º-A.*** *O acordo de colaboração premiada é negócio jurídico processual e meio de obtenção de prova, que pressupõe utilidade e interesse públicos.*

Art. 3º-B. O recebimento da proposta para formalização de acordo de colaboração demarca o início das negociações e constitui também marco de confidencialidade, configurando violação de sigilo e quebra da confiança e da boa-fé a divulgação de tais tratativas iniciais ou de documento que as formalize, até o levantamento de sigilo por decisão judicial.

§1º. A proposta de acordo de colaboração premiada poderá ser sumariamente indeferida, com a devida justificativa, cientificando-se o interessado.

§2º. Caso não haja indeferimento sumário, as partes deverão firmar Termo de Confidencialidade para prosseguimento das tratativas, o que vinculará os órgãos envolvidos na negociação e impedirá o indeferimento posterior sem justa causa.

§3º. O recebimento de proposta de colaboração para análise ou o Termo de Confidencialidade não implica, por si só, a suspensão da investigação, ressalvado acordo em contrário quanto à propositura de medidas processuais penais cautelares e assecuratórias, bem como medidas processuais cíveis admitidas pela legislação processual civil em vigor.

§4º. O acordo de colaboração premiada poderá ser precedido de instrução, quando houver necessidade de identificação ou complementação de seu objeto, dos fatos narrados, sua definição jurídica, relevância, utilidade e interesse público.

§5º. Os termos de recebimento de proposta de colaboração e de confidencialidade serão elaborados pelo celebrante e assinados por ele, pelo colaborador e pelo advogado ou defensor público com poderes específicos.

§6º. Na hipótese de não ser celebrado o acordo por iniciativa do celebrante, esse não poderá se valer de nenhuma das informações ou provas apresentadas pelo colaborador, de boa-fé, para qualquer outra finalidade.

Art. 3º-C. A proposta de colaboração premiada deve estar instruída com procuração do interessado com poderes específicos para iniciar o procedimento de colaboração e suas tratativas, ou firmada pessoalmente pela parte que pretende a colaboração e seu advogado ou defensor público.

§1º. Nenhuma tratativa sobre colaboração premiada deve ser realizada sem a presença de advogado constituído ou defensor público.

§2º. Em caso de eventual conflito de interesses, ou de colaborador hipossuficiente, o celebrante deverá solicitar a presença de outro advogado ou a participação de defensor público.

§3º. No acordo de colaboração premiada, o colaborador deve narrar todos os fatos ilícitos para os quais concorreu e que tenham relação direta com os fatos investigados.

§4º. Incumbe à defesa instruir a proposta de colaboração e os anexos com os fatos adequadamente descritos, com todas as suas circunstâncias, indicando as provas e os elementos de corroboração.

Art. 4º O juiz poderá, a requerimento das partes, conceder o perdão judicial, reduzir em até 2/3 (dois terços) a pena privativa de liberdade ou substituí-la por restritiva de direitos daquele que tenha colaborado efetiva e voluntariamente com a investigação e com o processo criminal, desde que dessa colaboração advenha um ou mais dos seguintes resultados:

I. a identificação dos demais coautores e partícipes da organização criminosa e das infrações penais por eles praticadas;

II. a revelação da estrutura hierárquica e da divisão de tarefas da organização criminosa;

III. a prevenção de infrações penais decorrentes das atividades da organização criminosa;

IV. a recuperação total ou parcial do produto ou do proveito das infrações penais praticadas pela organização criminosa;

V. a localização de eventual vítima com a sua integridade física preservada.

§ 1º Em qualquer caso, a concessão do benefício levará em conta a personalidade do colaborador, a natureza, as circunstâncias, a gravidade e a repercussão social do fato criminoso e a eficácia da colaboração.

§ 2º Considerando a relevância da colaboração prestada, o Ministério Público, a qualquer tempo, e o delegado de polícia, nos autos do inquérito policial, com a manifestação do Ministério Público, poderão requerer ou representar ao juiz pela concessão de perdão judicial ao colaborador, ainda que esse benefício não tenha sido previsto na proposta inicial, aplicando-se, no que couber, o art. 28 do Decreto-Lei nº 3.689, de 3 de outubro de 1941 (Código de Processo Penal).

§ 3º O prazo para oferecimento de denúncia ou o processo, relativos ao colaborador, poderá ser suspenso por até 6 (seis) meses, prorrogáveis por igual período, até que sejam cumpridas as medidas de colaboração, suspendendo-se o respectivo prazo prescricional.

§ 4º Nas mesmas hipóteses do caput deste artigo, o Ministério Público poderá deixar de oferecer denúncia se a proposta de acordo de colaboração referir-se a infração de cuja existência não tenha prévio conhecimento e o colaborador: (Redação dada pela Lei nº 13.964, de 2019)

I. não for o líder da organização criminosa;

II. for o primeiro a prestar efetiva colaboração nos termos deste artigo.

§ 4º-A. Considera-se existente o conhecimento prévio da infração quando o Ministério Público ou a autoridade policial competente tenha instaurado inquérito ou procedimento investigatório para apuração dos fatos apresentados pelo colaborador. (Incluído pela Lei nº 13.964, de 2019)

§ 5º Se a colaboração for posterior à sentença, a pena poderá ser reduzida até a metade ou será admitida a progressão de regime ainda que ausentes os requisitos objetivos.

§ 6º O juiz não participará das negociações realizadas entre as partes para a formalização do acordo de colaboração, que ocorrerá entre o delegado de polícia, o investigado e o defensor, com a manifestação do Ministério Público, ou, conforme o caso, entre o Ministério Público e o investigado ou acusado e seu defensor.

§ 7º Realizado o acordo na forma do § 6º deste artigo, serão remetidos ao juiz, para análise, o respectivo termo, as declarações do colaborador e cópia da investigação, devendo o juiz ouvir sigilosamente o colaborador, acompanhado de seu defensor, oportunidade em que analisará os seguintes aspectos na homologação: (Redação dada pela Lei nº 13.964, de 2019)

I. regularidade e legalidade; (Incluído pela Lei nº 13.964, de 2019)

II. adequação dos benefícios pactuados àqueles previstos no caput e nos §§ 4º e 5º deste artigo, sendo nulas as cláusulas que violem o critério de definição do regime inicial de cumprimento de pena do art. 33 do Decreto-Lei nº 2.848, de 7 de dezembro de 1940 (Código Penal), as regras de cada um dos regimes previstos no Código Penal e na Lei nº 7.210, de 11 de julho de 1984 (Lei de Execução Penal) e os requisitos de progressão de regime não abrangidos pelo § 5º deste artigo; (Incluído pela Lei nº 13.964, de 2019)

III. adequação dos resultados da colaboração aos resultados mínimos exigidos nos incisos I, II, III, IV e V do caput deste artigo; (Incluído pela Lei nº 13.964, de 2019)

IV. voluntariedade da manifestação de vontade, especialmente nos casos em que o colaborador está ou esteve sob efeito de medidas cautelares. (Incluído pela Lei nº 13.964, de 2019)

§ 7º-A O juiz ou o tribunal deve proceder à análise fundamentada do mérito da denúncia, do perdão judicial e das primeiras etapas de aplicação da pena, nos termos do Decreto-Lei nº 2.848, de 7 de dezembro de 1940 (Código Penal) e do Decreto-Lei nº 3.689, de 3 de outubro de 1941 (Código de Processo

Penal), antes de conceder os benefícios pactuados, exceto quando o acordo prever o não oferecimento da denúncia na forma dos §§ 4º e 4º-A deste artigo ou já tiver sido proferida sentença. (Incluído pela Lei nº 13.964, de 2019)

***§ 7º-B.** São nulas de pleno direito as previsões de renúncia ao direito de impugnar a decisão homologatória. (Incluído pela Lei nº 13.964, de 2019)*

***§ 8º** O juiz poderá recusar a homologação da proposta que não atender aos requisitos legais, devolvendo-a às partes para as adequações necessárias. (Redação dada pela Lei nº 13.964, de 2019)*

***§ 9º** Depois de homologado o acordo, o colaborador poderá, sempre acompanhado pelo seu defensor, ser ouvido pelo membro do Ministério Público ou pelo delegado de polícia responsável pelas investigações.*

***§ 10.** As partes podem retratar-se da proposta, caso em que as provas autoincriminatórias produzidas pelo colaborador não poderão ser utilizadas exclusivamente em seu desfavor.*

***§ 10-A** Em todas as fases do processo, deve-se garantir ao réu delatado a oportunidade de manifestar-se após o decurso do prazo concedido ao réu que o delatou. (Incluído pela Lei nº 13.964, de 2019)*

***§ 11.** A sentença apreciará os termos do acordo homologado e sua eficácia.*

***§ 12.** Ainda que beneficiado por perdão judicial ou não denunciado, o colaborador poderá ser ouvido em juízo a requerimento das partes ou por iniciativa da autoridade judicial.*

***§ 13.** O registro das tratativas e dos atos de colaboração deverá ser feito pelos meios ou recursos de gravação magnética, estenotipia, digital ou técnica similar, inclusive audiovisual, destinados a obter maior fidelidade das informações, garantindo-se a disponibilização de cópia do material ao colaborador. (Redação dada pela Lei nº 13.964, de 2019)*

***§ 14.** Nos depoimentos que prestar, o colaborador renunciará, na presença de seu defensor, ao direito ao silêncio e estará sujeito ao compromisso legal de dizer a verdade.*

***§ 15.** Em todos os atos de negociação, confirmação e execução da colaboração, o colaborador deverá estar assistido por defensor.*

***§ 16.** Nenhuma das seguintes medidas será decretada ou proferida com fundamento apenas nas declarações do colaborador: (Redação dada pela Lei nº 13.964, de 2019)*

***I.** medidas cautelares reais ou pessoais; (Incluído pela Lei nº 13.964, de 2019)*

***II.** recebimento de denúncia ou queixa-crime; (Incluído pela Lei nº 13.964, de 2019)*

***III.** sentença condenatória. (Incluído pela Lei nº 13.964, de 2019)*

***§ 17.** O acordo homologado poderá ser rescindido em caso de omissão dolosa sobre os fatos objeto da colaboração. (Incluído pela Lei nº 13.964, de 2019)*

***§ 18.** O acordo de colaboração premiada pressupõe que o colaborador cesse o envolvimento em conduta ilícita relacionada ao objeto da colaboração, sob pena de rescisão. (Incluído pela Lei nº 13.964, de 2019)*

***Art. 5º.** São direitos do colaborador:*

***I.** usufruir das medidas de proteção previstas na legislação específica;*

***II.** ter nome, qualificação, imagem e demais informações pessoais preservados;*

***III.** ser conduzido, em juízo, separadamente dos demais coautores e partícipes;*

***IV.** participar das audiências sem contato visual com os outros acusados;*

***V.** não ter sua identidade revelada pelos meios de comunicação, nem ser fotografado ou filmado, sem sua prévia autorização por escrito;*

***VI.** cumprir pena em estabelecimento penal diverso dos demais corréus ou condenados.*

***Art. 6º.** O termo de acordo da colaboração premiada deverá ser feito por escrito e conter:*

***I.** o relato da colaboração e seus possíveis resultados;*

***II.** as condições da proposta do Ministério Público ou do delegado de polícia;*

***III.** a declaração de aceitação do colaborador e de seu defensor;*

***IV.** as assinaturas do representante do Ministério Público ou do delegado de polícia, do colaborador e de seu defensor;*

***V.** a especificação das medidas de proteção ao colaborador e à sua família, quando necessário.*

***Art. 7º.** O pedido de homologação do acordo será sigilosamente distribuído, contendo apenas informações que não possam identificar o colaborador e o seu objeto.*

***§1º.** As informações pormenorizadas da colaboração serão dirigidas diretamente ao juiz a que recair a distribuição, que decidirá no prazo de 48 (quarenta e oito) horas.*

***§2º.** O acesso aos autos será restrito ao juiz, ao Ministério Público e ao delegado de polícia, como forma de garantir o êxito das investigações, assegurando-se ao defensor, no interesse do representado, amplo acesso aos elementos de prova que digam respeito ao exercício do direito de defesa, devidamente precedido de autorização judicial, ressalvados os referentes às diligências em andamento.*

***§3º.** O acordo de colaboração premiada deixa de ser sigiloso assim que recebida a denúncia, observado o disposto no art. 5º.*

A colaboração premiada, também chamada de delação premiada, é um procedimento previsto na legislação penal de forma dispersa, com regras próprias a depender do caso, de acordo com a dicção legal pode-se definir a colaboração premiada como negócio jurídico processual e meio de obtenção de prova, que pressupõe utilidade e interesse públicos. Ela é um dos principais meios de provas da lei e auxilia na investigação e no curso do processo criminal. Deve-se registrar, contudo, que ela isolada não é suficiente para a condenação, é necessária a colaboração e mais o auxílio de outros meios de prova.

Esse meio de prova pode conceder ao colaborador três benefícios:

- **O perdão judicial;**
- **Redução em até 2/3 (dois terços) da pena privativa;**
- **Substituição da pena privativa de liberdade por restritiva de direitos.**

Mas, para isso, o agente deve colaborar efetiva e voluntariamente com a investigação, de modo que sua vontade seja livre, cabendo somente a ele a escolha de colaborar.

Ainda para que o benefício seja concedido, não basta sua boa vontade em colaborar, dessa colaboração deve-se obter um dos seguintes resultados:

- **A identificação dos demais coautores e partícipes da organização criminosa e das infrações penais por eles praticadas;**
- **A revelação da estrutura hierárquica e da divisão de tarefas da organização criminosa;**
- **A prevenção de infrações penais decorrentes das atividades da organização criminosa;**
- **A recuperação total ou parcial do produto ou do proveito das infrações penais praticadas pela organização criminosa;**
- **A localização de eventual vítima com a sua integridade física preservada.**

A concessão do benefício deve levar em conta a personalidade do colaborador, a natureza, as circunstâncias, a gravidade e a repercussão social do fato criminoso e a eficácia da colaboração. De modo que, quanto mais relevante for a colaboração, melhor é o benefício concedido, assim, o próprio MP ou o delegado de polícia, a qualquer tempo podem requerer a concessão do perdão judicial ao colaborador.

A colaboração suspende, ainda, o prazo para oferecimento da denúncia, ou do processo, por até 6 meses, prorrogável por igual período, de modo a suspender também o prazo prescricional. O termo "por igual período" não significa a prorrogação por mais 6 meses, mas sim pelo prazo estabelecido para a suspensão.

Ministério Público pode deixar de oferecer a denúncia se a proposta de acordo de colaboração referir-se à infração de cuja existência não tenha prévio conhecimento e o colaborador:	não for o líder da organização criminosa
	for o primeiro a prestar efetiva colaboração

Vale registrar que se considera existente o conhecimento prévio da infração quando o Ministério Público ou a autoridade policial competente tenha instaurado inquérito ou procedimento investigatório para apuração dos fatos apresentados pelo colaborador.

Realizado o acordo, serão remetidos ao juiz, para análise, o respectivo termo, as declarações do colaborador e a cópia da investigação, devendo o juiz ouvir sigilosamente o colaborador, acompanhado de seu defensor, oportunidade em que analisará os seguintes aspectos na homologação:

> ***I. regularidade e legalidade;***
>
> ***II. adequação dos benefícios pactuados,*** *sendo nulas as cláusulas que violem o critério de definição do regime inicial de cumprimento de pena e as regras de cada um dos regimes previstos no Código Penal e na Lei de Execução Penal e os requisitos de progressão de regime não abrangidos na Lei de Organização Criminosa;*
>
> ***III. adequação dos resultados da colaboração*** *aos resultados mínimos exigidos pela lei;*
>
> ***IV. voluntariedade da manifestação de vontade,*** *especialmente nos casos em que o colaborador está ou esteve sob efeito de medidas cautelares.*

O juiz ou o tribunal deve proceder à **análise fundamentada do mérito** da denúncia, do perdão judicial e das primeiras etapas de aplicação da pena, nos termos do Código Penal e do Código de Processo Penal), antes de conceder os benefícios pactuados, exceto quando o acordo prever o não oferecimento da denúncia ou já tiver sido proferida sentença.

Serão nulas de pleno direito as previsões de renúncia ao direito de impugnar a decisão homologatória.

O juiz poderá recusar a homologação da proposta que não atender aos requisitos legais, devolvendo-a às partes para as adequações necessárias.

A colaboração, **após a sentença**, pode reduzir a pena em até metade ou poderá admitir ao colaborador a progressão de regime, ainda que ausentes os pressupostos para sua concessão.

Outro ponto de extrema importância é a proibição do juiz na participação das negociações de colaboração, essa função é do Ministério Público ou do Delegado, em conjunto com o colaborador e seu defensor.

O termo de acordo deve conter, nos termos da própria lei:

O relato da colaboração e seus possíveis resultados;

As condições da proposta do Ministério Público ou do delegado de polícia;

A declaração de aceitação do colaborador e de seu defensor;

As assinaturas do representante do Ministério Público ou do delegado de polícia, do colaborador e de seu defensor;

A especificação das medidas de proteção ao colaborador e à sua família, quando necessário.

O recebimento da proposta para formalização de acordo de colaboração determina o início das negociações e caracteriza o marco de confidencialidade. Assim, a violação de sigilo e quebra da confiança e da boa-fé, a divulgação de tais tratativas iniciais ou de documento que as formalize, até o levantamento de sigilo por decisão judicial constitui quebra dessa confidencialidade. A proposta de acordo de colaboração premiada poderá ser sumariamente indeferida, com a devida justificativa, cientificando-se o interessado. Contudo, caso não haja indeferimento sumário, as partes deverão firmar Termo de Confidencialidade para prosseguimento das tratativas, o que vinculará os órgãos envolvidos na negociação e impedirá o indeferimento posterior sem justa causa.

O recebimento de proposta de colaboração para análise ou o Termo de Confidencialidade não implica, por si só, a suspensão da investigação, ressalvado acordo em contrário quanto à propositura de medidas processuais penais cautelares e assecuratórias, bem como medidas processuais cíveis admitidas pela legislação processual civil em vigor. O acordo de colaboração premiada poderá ser precedido de instrução, quando houver necessidade de identificação ou complementação de seu objeto, dos fatos narrados, sua definição jurídica, relevância, utilidade e interesse público.

Os termos de recebimento de proposta de colaboração e de confidencialidade serão elaborados pelo celebrante e assinados por ele, pelo colaborador e pelo advogado ou defensor público com poderes específicos.

Na hipótese de não ser celebrado o acordo por iniciativa do celebrante, esse não poderá se valer de nenhuma das informações ou provas apresentadas pelo colaborador, de boa-fé, para qualquer outra finalidade.

A proposta de colaboração premiada deve estar instruída com **procuração do interessado com poderes específicos** para iniciar o procedimento de colaboração e suas tratativas, ou firmada pessoalmente pela parte que pretende a colaboração e seu advogado ou defensor público. Importante registrar: **nenhuma tratativa sobre colaboração premiada deve ser realizada sem a presença de advogado constituído ou defensor público**. Em caso de eventual conflito de interesses, ou de colaborador hipossuficiente, o celebrante deverá solicitar a presença de outro advogado ou a participação de defensor público.

No acordo de colaboração premiada, o colaborador deve narrar todos os fatos ilícitos para os quais concorreu e que tenham relação direta com os fatos investigados.

Incumbe à defesa instruir a proposta de colaboração e os anexos com os fatos adequadamente descritos, com todas as suas circunstâncias, indicando as provas e os elementos de corroboração. O acordo será remetido ao juiz, o qual irá verificar sua regularidade, legalidade e voluntariedade, podendo, ainda, ouvir o colaborador sigilosamente na presença de seu defensor. Se não forem verificados os requisitos mencionados, o juiz poderá recusar a homologação da proposta ou adequá-la ao caso concreto.

O registro das tratativas e dos atos de colaboração deverá ser feito pelos meios ou recursos de gravação magnética, estenotipia, digital ou técnica similar, inclusive audiovisual, destinados a obter maior fidelidade das informações, garantindo-se a disponibilização de cópia do material ao colaborador.

Nos depoimentos que prestar, o colaborador renunciará, na presença de seu defensor, ao direito ao silêncio e estará sujeito ao compromisso legal de dizer a verdade. Em todos os atos de negociação, confirmação e execução da colaboração, o colaborador deverá estar assistido por defensor.

Vale registrar, ademais, que em todas as fases do processo, deve-se garantir ao réu delatado a oportunidade de manifestar-se após o decurso do prazo concedido ao réu que o delatou.

Nenhuma das seguintes medidas será decretada ou proferida com fundamento apenas nas declarações do colaborador:

I. *medidas cautelares reais ou pessoais;*

II. *recebimento de denúncia ou queixa-crime;*

III. *sentença condenatória.*

Nota-se que o colaborador passa a ser titular de uma série de direitos que visam garantir a sua segurança, de modo a assegurar que os demais membros da organização criminosa não saibam quem colaborou com as investigações.

O pedido de homologação do acordo será sigilosamente distribuído, contendo apenas informações que não possam identificar o colaborador e o seu objeto.

As informações pormenorizadas da colaboração serão dirigidas diretamente ao juiz a que recair a distribuição, que decidirá no prazo de 48 horas. O acesso aos autos será restrito ao juiz, ao Ministério Público e ao delegado de polícia, como forma de garantir o êxito das investigações, assegurando-se ao defensor, no interesse do representado, amplo acesso aos elementos de prova que digam respeito ao exercício do direito de defesa, devidamente precedido de autorização judicial, ressalvados os referentes às diligências em andamento.

O acordo de colaboração premiada e os depoimentos do colaborador serão **mantidos em sigilo até o recebimento da denúncia** ou da queixa-crime, sendo vedado ao magistrado decidir por sua publicidade em qualquer hipótese

COLABORAÇÃO PREMIADA	
BENEFÍCIOS QUE PODEM SER CONCEDIDOS	• Perdão judicial; • Redução da pena em até 2/3; • Substituição da pena privativa de liberdade em restritiva de direito.
COLABORAÇÃO	Deve ser efetiva e voluntária trazendo um dos seguintes resultados: • a identificação dos demais coautores e partícipes da organização criminosa e das infrações penais por eles praticadas; • a revelação da estrutura hierárquica e da divisão de tarefas da organização criminosa; • a prevenção de infrações penais decorrentes das atividades da organização criminosa; • a recuperação total ou parcial do produto ou do proveito das infrações penais praticadas pela organização criminosa; • a localização de eventual vítima com a sua integridade física preservada.
ACORDO	O acordo é apenas homologado pelo juiz, ele não participa das negociações, cabendo ao Ministério Público ou ao Delegado firmar o acordo com o colaborador e seu defensor.
DIREITOS DO COLABORADOR	• Usufruir das medidas de proteção previstas na legislação específica; • Ter nome, qualificação, imagem e demais informações pessoais preservados; • Ser conduzido, em juízo, separadamente dos demais coautores e partícipes; • Participar das audiências sem contato visual com os outros acusados; • Não ter sua identidade revelada pelos meios de comunicação, nem ser fotografado ou filmado, sem sua prévia autorização por escrito; • Cumprir pena ou prisão cautelar em estabelecimento penal diverso dos demais corréus ou condenados.

10.7 Da Ação Controlada

A ação controlada constitui na autorização legal concedida à autoridade policial para retardar a intervenção penal diante da prática da infração penal relativa à organização criminosa, de modo a esperar um momento mais adequado, garantindo a produção de uma prova mais consistente.

Nos termos do art. 8º da Lei nº 12.850/2013 "consiste a ação controlada em **retardar a intervenção policial ou administrativa relativa à ação praticada por organização criminosa ou a ela vinculada**, desde que **mantida sob observação e acompanhamento** para que a medida legal se concretize no **momento mais eficaz à formação de provas e obtenção de informações**".

Esse meio de obtenção da prova tem como finalidade, portanto, aguardar um momento mais propício para se produzir um efeito maior, de maneira a alcançar um resultado muito melhor do que se a ação tivesse sido feita de imediato. Por exemplo: o agente policial, verificando atividade de organização criminosa, vê apenas um integrante agindo; ele aguarda um pouco mais para efetuar o flagrante de delito com o intuito de prender mais integrantes e, assim, desestruturar toda a organização.

É por essa razão que essa modalidade também é conhecida como flagrante retardado. A ação controlada, contudo, **não pode ser confundida com o flagrante preparado** que torna o crime impossível.

Esse retardamento deve ser **previamente comunicado ao juiz**, que, se achar necessário, irá estabelecer seus limites e ainda fará a comunicação imediata ao Ministério Público.

Ainda toda a operação será **sigilosa** e enquanto não se encerrar as diligências os autos ficaram restritos ao acesso do Juiz, Ministério Público e ao delegado de polícia.

E se caso a ação controlada envolver travessia de fronteiras, apenas pode haver o retardamento com a cooperação das autoridades dos países que sejam considerados como provável itinerário ou destinatário do investigado, com o intuito de se evitar fugas e extravio do proveito do crime.

AÇÃO CONTROLADA	
O QUE É?	Retardamento de intervenção policial ou administrativa relativa à ação praticada por organização criminosa. Por isso pode ser chamada de flagrante retardado.
CARACTERÍSTICAS	Deve ser previamente comunicada ao juiz; O ministério público deverá ser comunicado; Os autos ficam sob sigilo até o encerramento das diligências; No caso da ação envolver transposição de fronteiras, somente há o retardamento se houver cooperação do país que figure como provável itinerário ou destino do investigado.

10.8 Da Infiltração de Agentes

Art. 10. *A infiltração de agentes de polícia em tarefas de investigação, representada pelo delegado de polícia ou requerida pelo Ministério Público, após manifestação técnica do delegado de polícia quando solicitada no curso de inquérito policial, será precedida de circunstanciada, motivada e sigilosa autorização judicial, que estabelecerá seus limites.*

§1º. *Na hipótese de representação do delegado de polícia, o juiz competente, antes de decidir, ouvirá o Ministério Público.*

§2º. *Será admitida a infiltração se houver indícios de infração penal de que trata o art. 1º e se a prova não puder ser produzida por outros meios disponíveis.*

§3º. *A infiltração será autorizada pelo prazo de até 6 (seis) meses, sem prejuízo de eventuais renovações, desde que comprovada sua necessidade.*

§4º. *Findo o prazo previsto no § 3º, o relatório circunstanciado será apresentado ao juiz competente, que imediatamente cientificará o Ministério Público.*

§5º. *No curso do inquérito policial, o delegado de polícia poderá determinar aos seus agentes, e o Ministério Público poderá requisitar, a qualquer tempo, relatório da atividade de infiltração.*

Art. 10-A. *Será admitida a ação de agentes de polícia infiltrados virtuais, obedecidos os requisitos do caput do art. 10, na internet, com o fim de investigar os crimes previstos nesta Lei e a eles conexos, praticados por organizações criminosas, desde que demonstrada sua necessidade e indicados o alcance das tarefas dos policiais, os nomes ou apelidos das pessoas investigadas e, quando possível, os dados de conexão ou cadastrais que permitam a identificação dessas pessoas.*

§1º. *Para efeitos do disposto nesta Lei, consideram-se:*

I. *dados de conexão: informações referentes a hora, data, início, término, duração, endereço de Protocolo de Internet (IP) utilizado e terminal de origem da conexão;*

II. *dados cadastrais: informações referentes a nome e endereço de assinante ou de usuário registrado ou autenticado para a conexão a quem endereço de IP, identificação de usuário ou código de acesso tenha sido atribuído no momento da conexão.*

§2º. *Na hipótese de representação do delegado de polícia, o juiz competente, antes de decidir, ouvirá o Ministério Público.*

§3º. *Será admitida a infiltração se houver indícios de infração penal de que trata o art. 1º desta Lei e se as provas não puderem ser produzidas por outros meios disponíveis.*

§4º. *A infiltração será autorizada pelo prazo de até 6 meses, sem prejuízo de eventuais renovações, mediante ordem judicial fundamentada e desde que o total não exceda a 720 dias e seja comprovada sua necessidade.*

§5º. *Findo o prazo previsto no § 4º deste artigo, o relatório circunstanciado, juntamente com todos os atos eletrônicos praticados durante a operação, deverão ser registrados, gravados, armazenados e apresentados ao juiz competente, que imediatamente cientificará o Ministério Público.*

§6º. *No curso do inquérito policial, o delegado de polícia poderá determinar aos seus agentes, e o Ministério Público e o juiz competente poderão requisitar, a qualquer tempo, relatório da atividade de infiltração.*

§7º. *É nula a prova obtida sem a observância do disposto neste artigo.*

Art. 10-B. *As informações da operação de infiltração serão encaminhadas diretamente ao juiz responsável pela autorização da medida, que zelará por seu sigilo.*

Parágrafo único. *Antes da conclusão da operação, o acesso aos autos será reservado ao juiz, ao Ministério Público e ao delegado de polícia responsável pela operação, com o objetivo de garantir o sigilo das investigações.*

Art. 10-C. *Não comete crime o policial que oculta a sua identidade para, por meio da internet, colher indícios de autoria e materialidade dos crimes previstos no art. 1º desta Lei.*

Parágrafo único. *O agente policial infiltrado que deixar de observar a estrita finalidade da investigação responderá pelos excessos praticados.*

Art. 10-D. *Concluída a investigação, todos os atos eletrônicos praticados durante a operação deverão ser registrados, gravados, armazenados e encaminhados ao juiz e ao Ministério Público, juntamente com relatório circunstanciado.*

Parágrafo único. *Os atos eletrônicos registrados citados no caput deste artigo serão reunidos em autos apartados e apensados ao processo criminal juntamente com o inquérito policial, assegurando-se a preservação da identidade do agente policial infiltrado e a intimidade dos envolvidos.*

Art. 11. *O requerimento do Ministério Público ou a representação do delegado de polícia para a infiltração de agentes conterão a demonstração da necessidade da medida, o alcance das tarefas dos agentes e, quando possível, os nomes ou apelidos das pessoas investigadas e o local da infiltração.*

Parágrafo único. *Os órgãos de registro e cadastro público poderão incluir nos bancos de dados próprios, mediante procedimento sigiloso e requisição da autoridade judicial, as informações necessárias à efetividade da identidade fictícia criada, nos casos de infiltração de agentes na internet.*

Art. 12. *O pedido de infiltração será sigilosamente distribuído, de forma a não conter informações que possam indicar a operação a ser efetivada ou identificar o agente que será infiltrado.*

§1º. *As informações quanto à necessidade da operação de infiltração serão dirigidas diretamente ao juiz competente, que decidirá no prazo de 24 (vinte e quatro) horas, após manifestação do Ministério Público na hipótese de representação do delegado de polícia, devendo-se adotar as medidas necessárias para o êxito das investigações e a segurança do agente infiltrado.*

§2º. Os autos contendo as informações da operação de infiltração acompanharão a denúncia do Ministério Público, quando serão disponibilizados à defesa, assegurando-se a preservação da identidade do agente.

***§3º.** Havendo indícios seguros de que o agente infiltrado sofre risco iminente, a operação será sustada mediante requisição do Ministério Público ou pelo delegado de polícia, dando-se imediata ciência ao Ministério Público e à autoridade judicial.*

***Art. 13.** O agente que não guardar, em sua atuação, a devida proporcionalidade com a finalidade da investigação, responderá pelos excessos praticados.*

***Parágrafo único.** Não é punível, no âmbito da infiltração, a prática de crime pelo agente infiltrado no curso da investigação, quando inexigível conduta diversa.*

Esse meio de obtenção de prova possivelmente é um dos que trazem mais riscos ao agente policial, pois nesse caso o agente age como se fosse integrante da organização criminosa, com a finalidade de obter provas dos crimes por ela cometidos. E é por essa razão que a infiltração somente será admitida quando não houver outro meio de se obter as provas necessárias.

Por ser uma ação que envolve um grande risco, é necessária a autorização judicial, mediante requerimento do Ministério Público ou do delegado de polícia.

E ainda não basta a mera autorização judicial, ela deve preencher mais três requisitos:

A autorização judicial deve ser:	**Circunstanciada**: deve ser específica, trazendo os detalhes do procedimento;
	Motivada: deve conter as razões pelas quais a ação é necessária;
	Sigilosa: devendo proteger a operação a ser realizada de modo que garanta seu êxito.

A infiltração poderá ser autorizada pelo prazo de até 6 meses, podendo ser prorrogada desde que comprovada a necessidade.

Além disso, o pedido de infiltração deverá ser distribuído sigilosamente a fim de garantir a integridade do agente e a eficácia da operação. Os detalhes das informações serão remetidos ao juiz após a distribuição do pedido, devendo, em 24 horas, proferir sua decisão.

O art. 13 traz uma informação extremamente importante, o agente deve atuar dentro dos seus limites, agindo proporcionalmente com a finalidade da investigação, de modo a responder pelos excessos praticados. Porém a lei também protege o agente, garantindo que, se não houver outra forma, o crime por ele praticado não será punível.

E, por fim, temos os direitos do agente, que têm como única finalidade a sua proteção, por se tratar de operação de risco, deve tomar quantas medidas forem necessárias para garantir a sua segurança.

INFILTRAÇÃO DE AGENTES	
REQUISITOS	• Somente se a prova não puder ser obtida por outro meio; • Autorização judicial: circunstanciada, motivada e sigilosa. • Deve ser requerida pelo delegado de polícia ou pelo Ministério Público;
CARACTERÍSTICAS	• Vai ser autorizada por 6 meses, podendo ser prorrogado desde que comprovada a necessidade; • A distribuição do pedido será feita sigilosamente; • Após a distribuição, o pedido será remetido ao juiz, que deverá proferir a decisão em 24 horas; • O agente responde pelos excessos que praticar na infiltração; • Os crimes cometidos pelo agente no curso da infiltração, se não puderem ser evitados, não serão puníveis;
SÃO DIREITOS DO AGENTE	• Recusar ou fazer cessar a atuação infiltrada; • Ter sua identidade alterada, aplicando-se, no que couber, o disposto no art. 9º da Lei nº 9.807, de 13 de julho de 1999, bem como usufruir das medidas de proteção a testemunhas; • Ter seu nome, sua qualificação, sua imagem, sua voz e demais informações pessoais preservadas durante a investigação e o processo criminal, salvo se houver decisão judicial em contrário; • Não ter sua identidade revelada, nem ser fotografado ou filmado pelos meios de comunicação, sem sua prévia autorização por escrito.

10.9 Do Acesso a Registros, Dados Cadastrais, Documentos e Informações

De acordo com o art. 15, da Lei nº 12.850/2013, o delegado de polícia e o Ministério Público terão acesso, **independentemente de autorização judicial**, **apenas** aos dados cadastrais do investigado que informem exclusivamente a qualificação pessoal, a filiação e o endereço mantidos pela Justiça Eleitoral, empresas telefônicas, instituições financeiras, provedores de internet e administradoras de cartão de crédito.

Em relação especificamente às **empresas de transporte**, a Lei determina que elas devem possibilitar, pelo prazo de 5 (cinco) anos, acesso direto e permanente do juiz, do Ministério Público ou do delegado de polícia aos bancos de dados de reservas e registro de viagens.

Já as concessionárias de **telefonia fixa ou móvel** devem manter, também pelo prazo de 5 (cinco) anos, à disposição das autoridades, registros de identificação dos números dos terminais de origem e de destino das ligações telefônicas internacionais, interurbanas e locais. Vale lembrar que os registros se referem unicamente à existência de ligações e não ao conteúdo delas, que dependerá, sempre, de interceptação telefônica.

Note que há uma limitação ao acesso do delegado de polícia e ao Ministério Público aos dados cadastrais do investigado, que se limitam somente às qualificações pessoais, filiação e endereço, não envolvendo qualquer quebra de sigilo bancário, fiscal ou de comunicações.

Note que a lei só permite o registro de números telefônicos e de viagens, não o acesso a conversas, ligações e afins, esses registros deverão ser mantidos por essas empresas pelo prazo de 5 anos.

10.10 Dos Crimes Ocorridos na Investigação e na Obtenção da Prova

Com o objetivo de tutelar as investigações no âmbito das organizações criminosas, especialmente protegendo as pessoas envolvidas (como o agente infiltrado) e o conteúdo das investigações (a divulgação antecipada de uma colaboração, por exemplo), o legislador estabeleceu quatro tipos penais incriminadores na Lei nº 12.850/2013. São eles:

> ***Art. 18.*** *Revelar a identidade, fotografar ou filmar o colaborador, sem sua prévia autorização por escrito:*
>
> *Pena - reclusão, de 1 (um) a 3 (três) anos, e multa.*
>
> ***Art. 19.*** *Imputar falsamente, sob pretexto de colaboração com a Justiça, a prática de infração penal a pessoa que sabe ser inocente, ou revelar informações sobre a estrutura de organização criminosa que sabe inverídicas:*
>
> *Pena - reclusão, de 1 (um) a 4 (quatro) anos, e multa.*
>
> ***Art. 20.*** *Descumprir determinação de sigilo das investigações que envolvam a ação controlada e a infiltração de agentes:*
>
> *Pena - reclusão, de 1 (um) a 4 (quatro) anos, e multa.*
>
> ***Art. 21.*** *Recusar ou omitir dados cadastrais, registros, documentos e informações requisitadas pelo juiz, Ministério Público ou delegado de polícia, no curso de investigação ou do processo:*
>
> *Pena - reclusão, de 6 (seis) meses a 2 (dois) anos, e multa.*
>
> *Parágrafo único. Na mesma pena incorre quem, de forma indevida, se apossa, propala, divulga ou faz uso dos dados cadastrais de que trata esta Lei.*

Os crimes cometidos dentro da investigação e no meio de obtenção de prova serão punidos cada qual com uma pena específica, conforme a gravidade da conduta. Mas note que dois desses crimes (art. 18 e 20) têm a finalidade protetiva, pois tratam de ações que violam a segurança dos colaboradores e infiltrados.

10.11 Disposições Finais

Os crimes previstos na lei e as infrações penais conexas devem ser apuradas mediante **procedimento comum ordinário** previsto no Código de Processo Penal, devendo a instrução ser encerrada num prazo razoável, sendo que, se o réu estiver preso, o prazo máximo será de **120 dias**, prorrogável por igual período, desde que por decisão fundamentada e devidamente motivada pela complexidade da causa ou por fato procrastinatório atribuído ao réu.

Importante registrar que, de acordo com o art. 23 da Lei, **o sigilo da investigação** poderá ser decretado pela autoridade judicial competente, para garantia da celeridade e da eficácia das diligências investigatórias, devendo, contudo, ser assegurado ao defensor, no interesse do representado, amplo acesso aos elementos de prova que digam respeito ao exercício do direito de defesa, devidamente precedido de autorização judicial, ressalvados os referentes às diligências em andamento.

Por fim, caso determinado o depoimento do investigado, seu defensor terá assegurada a prévia vista dos autos, ainda que classificados como sigilosos, no prazo mínimo de três dias que antecedem ao ato, podendo ser ampliado, a critério da autoridade responsável pela investigação.

Prevê o art. 24 da Lei que o art. 288, do Decreto-Lei no 2.848, de 7 de dezembro de 1940 (Código Penal), passa a vigorar com a seguinte redação:

ASSOCIAÇÃO CRIMINOSA
Art. 288 – Código Penal - Associarem-se 3 (três) ou mais pessoas, para o fim específico de cometer crimes: Pena - reclusão, de 1 (um) a 3 (três) anos. Parágrafo único. A pena aumenta-se até a metade se a associação é armada ou se houver a participação de criança ou adolescente.

Na sequência, determina o art. 25 da Lei de Organização Criminosa que o art. 342 do Decreto-Lei nº 2.848, de 7 de dezembro de 1940 (Código Penal), passa a vigorar com a seguinte redação:

"Art. 342. (...) Pena - reclusão, de 2 (dois) a 4 (quatro) anos, e multa."

FALSO TESTEMUNHO OU FALSA PERICIA
Art. 342. Fazer afirmação falsa, ou negar ou calar a verdade como testemunha, perito, contador, tradutor ou intérprete em processo judicial, ou administrativo, inquérito policial, ou em juízo arbitral: Pena - reclusão, de 2 (dois) a 4 (quatro) anos, e multa. §1º. As penas aumentam-se de um sexto a um terço, se o crime é praticado mediante suborno ou se cometido com o fim de obter prova destinada a produzir efeito em processo penal, ou em processo civil em que for parte entidade da administração pública direta ou indireta. §2º. O fato deixa de ser punível se, antes da sentença no processo em que ocorreu o ilícito, o agente se retrata ou declara a verdade.

Em conclusão, a lei revoga expressa e totalmente a Lei nº 9.034, de 3 de maio de 1995, antiga Lei das Organizações Criminosas.

Questões

01. (CESPE-2018) Constitui requisito para a tipificação do crime de organização criminosa

a) a prática de crimes cuja pena máxima seja igual ou superior a cinco anos.

b) a atuação de estrutura organizacional voltada à obtenção de vantagem exclusivamente econômica.

c) a divisão de tarefas entre o grupo, mesmo que informalmente.

d) a prática de crimes antecedentes exclusivamente transnacionais.

e) a estruturação formal de grupo constituído por três ou mais pessoas.

02. (CESPE-2018) Determinada conduta configurará organização criminosa somente se

a) o objetivo exclusivo dos agentes for o de obter vantagem de natureza patrimonial.

b) a associação for ordenada para a prática da infração, ainda que inexista a divisão de tarefas entre os agentes.

c) os agentes cometerem infrações sujeitas a pena de reclusão.

d) houver escalonamento hierárquico entre os agentes.

e) estiverem associadas, no mínimo, três pessoas.

03. (VUNESP-2018) A Lei nº 12.850/13 garante ao Delegado de Polícia e ao Ministério Público, no curso de investigação criminal de Organização Criminosa, independentemente de prévia ordem judicial, acesso aos

a) bancos de dados de reservas e registro de viagens junto a empresas de transporte, que têm obrigação legal de conservar tais informações pelo período mínimo de 10 (dez) anos.

b) dados fiscais de contribuintes, especialmente declaração de bens e renda, mediante acesso a todos os dados custodiados pela Receita Federal.

c) registros de gastos realizados mediante utilização de cartões de crédito e débito.

d) registros de identificação dos números dos terminais de origem e de destino das ligações telefônicas internacionais, interurbanas e locais.

e) registros de movimentações bancárias, mediante obrigatoriedade das instituições financeiras fornecerem extratos completos de investimentos e contas correntes.

04. (VUNESP-2018) Considere o seguinte caso hipotético. O criminoso "X", integrante de uma determinada organização criminosa, após a sentença que o condenou pela prática do crime, decide voluntariamente e na presença de seu defensor, colaborar com as investigações. Nas suas declarações, "X" revela toda a estrutura hierárquica e a divisão de tarefas da organização. Alguns dias após, arrepende-se e decide retratar-se das declarações prestadas. Diante do exposto e nos termos da Lei nº 12.850/2013, é correto afirmar que

a) na hipótese de retratação, as provas produzidas pelo colaborador não poderão ser utilizadas em seu desfavor, mas apenas em detrimento dos interesses dos coautores e partícipes.

b) a colaboração premiada é retratável a qualquer tempo, sendo necessário colher a retratação por escrito e desconsiderar integralmente as provas produzidas.

c) após a prolação da sentença, é vedada a retratação, portanto, no presente caso, não há possibilidade de se reconhecer o pedido do criminoso.

d) a colaboração premiada implica em renúncia ao direito ao silêncio, ficando o criminoso sujeito ao compromisso de dizer a verdade; assim sendo, a retratação implicará o cometimento de outro crime.

e) a colaboração premiada, antes ou após a sentença, é irretratável, portanto as provas autoincriminatórias produzidas pelo colaborador poderão ser utilizadas em seu desfavor.

05. (VUNESP-2018) Com relação à infiltração de agentes prevista na Lei no 12.850/2013 (Organização Criminosa), é correto afirmar que

a) é autorizada somente na fase de investigação policial e para os crimes apenados com reclusão.

b) será autorizada pelo prazo de até 6 (seis) meses, sem prejuízo de eventuais renovações, desde que comprovada sua necessidade.

c) é autorizada, em qualquer hipótese, para investigação de todos os crimes apenados com reclusão.

d) na hipótese de representação do delegado de polícia, o juiz competente poderá autorizar, mesmo sem a manifestação do Ministério Público.

e) somente é possível por meio de representação de Delegado de Polícia.

06. (VUNESP-2018) No que concerne às disposições da Lei nº 12.850/2013 (Lei de Combate às Organizações Criminosas), é correto afirmar que

a) a infiltração de agentes de polícia em tarefas de investigação dependerá de representação do Delegado de Polícia, descrevendo indícios seguros na necessidade de obter as informações por meio desta operação, ao juiz competente que poderá autorizar, de forma circunstanciada, motivada e sigilosa, cientificando, posteriormente, o Ministério Público para o devido acompanhamento.

b) na hipótese de colaboração premiada, o prazo para oferecimento de denúncia, relativo ao colaborador, poderá ser suspenso por até 6 (seis) meses, improrrogáveis, até que sejam cumpridas as medidas de colaboração, suspendendo-se o respectivo prazo prescricional.

c) nos crimes previstos na referida lei, observadas as disposições do Código de Processo Penal, a instrução criminal deverá ser encerrada no prazo de 120 (cento e vinte) dias quando o réu estiver preso, prorrogáveis em até igual período, por decisão fundamentada, somente na hipótese de fato procrastinatório atribuível ao réu.

d) o Delegado de Polícia terá acesso, independentemente de autorização judicial, apenas aos dados cadastrais do investigado que informem exclusivamente a qualificação pessoal, a filiação e o endereço mantidos pela Justiça Eleitoral, empresas telefônicas, instituições financeiras, provedores de internet e administradoras de cartão de crédito.

e) na hipótese de colaboração premiada, o prazo para oferecimento de denúncia ou o processo, relativos ao colaborador, poderá ser suspenso por até 6 (seis) meses, prorrogáveis por igual período, até que sejam cumpridas as medidas de colaboração, não sendo suspenso o respectivo prazo prescricional.

07. (VUNESP-2018) A respeito da Lei de Organização Criminosa, é correto afirmar que

a) se considera organização criminosa a associação de 04 (quatro) ou mais pessoas, com o objetivo de obter vantagem econômica, mediante a prática de infrações penais, cujas penas máximas sejam superiores a 04 (quatro) anos.

b) promover, constituir ou integrar organização criminosa são as condutas típicas previstas na lei, punindo-se de forma aumentada a conduta de financiá-la.

c) prevê como crime a conduta de revelar a identidade do colaborador.

d) há previsão de causa de aumento para a hipótese de participação de criança e adolescente, bem como pessoa com deficiência mental.

e) é efeito da condenação, para o funcionário público condenado por integrar organização criminosa, a interdição para o exercício de função pública ou cargo público pelo prazo de 05 (cinco) anos.

08. (FCC-2013) Em relação à colaboração premiada, prevista na Lei nº 12.850/2013, é correto afirmar:

a) para a concessão do benefício da colaboração, consistente na redução da pena em até 2/3, o juiz levará em conta a eficácia da colaboração e não a personalidade do colaborador.

b) o ministério público poderá deixar de oferecer denúncia contra o colaborador líder da organização criminosa.

c) o processo relativo ao colaborador poderá ser suspenso por até 6 meses, improrrogáveis, até que sejam cumpridas as medidas de colaboração, suspendendo-se também o respectivo prazo prescricional.

d) se a colaboração for posterior à sentença, a pena poderá ser reduzida até a metade ou será admitida a progressão de regime ainda que ausentes os requisitos objetivos.

e) o juiz participará das negociações realizadas entre as partes para a formalização do acordo de colaboração e poderá recusar homologação à proposta que não atender aos requisitos legais.

09. (FCC-201) A colaboração premiada, prevista na Lei nº 12.850/13,

a) autoriza que o juiz profira sentença condenatória apenas com base nas declarações do agente colaborador.

b) prevê que, para fazer jus aos benefícios da lei, seja indispensável que o colaborador tenha revelado a estrutura hierárquica e a divisão de tarefas da organização criminosa.

c) é um meio de obtenção de prova permitido, apenas, na primeira fase da persecução penal.

d) prevê restrições ao direito ao silêncio.

e) prevê que o juiz participe de todas as negociações realizadas pelas partes para a formalização do acordo de colaboração.

10. (FCC-2015) A Lei nº 12.850/13 define organização criminosa e dispõe sobre a respectiva investigação criminal e os meios de obtenção de prova. Em situação definida pela lei como colaboração premiada, dentre todas as medidas previstas na lei, quanto ao líder da organização NÃO caberá a

a) concessão do perdão judicial.

b) exclusão do rol de denunciados.

c) redução da pena privativa de liberdade em até dois terços.

d) substituição da pena privativa de liberdade por restritiva de direitos.

e) progressão de regime sem o preenchimento dos requisitos objetivos.

11. (FCC-2015) Em relação à Lei nº 12.850/2013 - Lei das Organizações Criminosas, é correto afirmar que:

a) a concessão do benefício da colaboração premiada levará em conta a natureza, as circunstâncias, a gravidade e a repercussão social do fato criminoso, a eficácia da colaboração, mas não a personalidade do colaborador.

b) beneficiado por perdão judicial ou não denunciado, o colaborador não poderá mais ser ouvido em juízo.

c) autoriza a infiltração, por policiais, em atividades de investigação, independentemente da existência de investigação formal iniciada, para preservar o sigilo das investigações.

d) não prevê expressamente a interceptação de comunicações telefônicas dentre os meios de obtenção de prova.

e) o retardamento da intervenção policial ou administrativa, na ação controlada, será previamente comunicado ao juiz competente que, se for o caso, estabelecerá os seus limites e comunicará ao ministério público.

12. (FCC-2013) De acordo com a Lei nº 12.850/2013, que define organização criminosa e dispõe sobre a investigação criminal, os meios de obtenção da prova, infrações penais correlatas e o procedimento criminal

a) a ação controlada, consistente em retardar a intervenção policial ou administrativa relativa à ação praticada por organização criminosa ou a ela vinculada, independe de prévia comunicação ao juiz competente, em razão da urgência.

b) a infiltração de agentes de polícia em tarefas de investigação será precedida de circunstanciada, motivada e sigilosa autorização do ministério público, que estabelecerá seus limites.

c) o colaborador beneficiado por perdão judicial ou não denunciado não poderá ser ouvido em juízo a requerimento das partes, mas apenas por iniciativa da autoridade judicial.

d) não será admitida colaboração premiada depois de proferida sentença condenatória.

e) caso preste depoimento, o colaborador renunciará, na presença de seu defensor, ao direito ao silêncio e estará sujeito ao compromisso legal de dizer a verdade.

13. (FUNDATEC-2018) Durante investigação criminal que envolvia uma organização criminosa, houve a necessidade de ser decretado o seu sigilo, sob a justificativa de garantir a celeridade das diligências investigatórias. Diante disso, é correto afirmar que:

a) O sigilo somente poderá ser decretado por ordem da autoridade policial presidente daquela investigação criminal, em consonância com regra similar presente no Código de Processo Penal.

b) A justificativa apresentada pela autoridade policial não encontra amparo na legislação brasileira, em razão de o Código de Processo Penal somente fazer referência ao sigilo para permitir a elucidação do fato ou por exigência do interesse da sociedade.

c) O sigilo da investigação poderá ser decretado pela autoridade judicial competente, para garantia da celeridade e da eficácia das diligências investigatórias.

d) O sigilo da investigação poderá ser decretado pelo Ministério Público com atribuição para o caso em concreto, em razão de esse sujeito da persecução penal possuir, dentre suas funções constitucionais, o dever de exercício do controle externo da atividade policial.

e) Decretado o sigilo da investigação criminal, atingirá terceiros alheios a ela, bem como a figura do defensor do investigado, permitindo-lhe o acesso somente após a expedição do relatório final por parte da autoridade policial, mas antes de sua remessa ao Poder Judiciário.

14. (AOCP-2018) Preencha a lacuna e assinale a alternativa correta. De acordo com o que dispõe a Lei nº 12.850/2013, considera-se organização criminosa a associação de ____________, estruturalmente ordenada e caracterizada pela divisão de tarefas, ainda que informalmente, com objetivo de obter, direta ou indiretamente, vantagem de qualquer natureza, mediante a prática de infrações penais cujas penas máximas sejam superiores a 4 (quatro) anos, ou que sejam de caráter transnacional.

a) 4 (quatro) ou mais pessoas

b) 3 (três) pessoas

c) 5 (cinco) ou mais pessoas

d) 2 (duas) pessoas

e) 5 (cinco) pessoas

15. (AOCP-2018) Um dos benefícios que o colaborador pode obter se fizer a colaboração premiada, delineada na Lei nº 12.850/2013, é a redução da pena privativa de liberdade. Assinale a alternativa que apresenta corretamente o máximo de redução que pode ser aplicado à pena.

a) 1/3 (um terço).

b) 2/5 (dois quintos).

c) 1/6 (um sexto).

d) 2/3 (dois terços).

e) 1/5 (um quinto).

16. (AOCP-2018) A Lei nº 12.850/2013 disciplina a possibilidade de agentes de polícia em tarefas de investigação. Nesse sentido, assinale a alternativa que NÃO apresenta um dos direitos do agente.

a) Recusar ou fazer cessar a atuação infiltrada.

b) Ter seu nome, sua qualificação, sua imagem, sua voz e demais informações pessoais preservadas durante a investigação e o processo criminal, salvo se houver decisão judicial em contrário.

c) Não ter sua identidade revelada, nem ser fotografado ou filmado pelos meios de comunicação, sem sua prévia autorização verbal.

d) Usufruir das medidas de proteção a testemunhas.

e) Ter sua identidade alterada.

17. (AOCP-2018) De acordo com a Lei nº 12.850/2013, recusar ou omitir dados cadastrais, registros, documentos e informações requisitadas pelo juiz, Ministério Público ou delegado de polícia, no curso de investigação ou do processo, constitui crime, com pena base prevista de

a) reclusão, de 6 (seis) meses a 2 (dois) anos, e multa.

b) reclusão, de 1 (um) a 3 (três) anos, e multa.

c) reclusão, de 1 (um) a 4 (quatro) anos, e multa.

d) reclusão, de 2 (dois) a 4 (quatro) anos, e multa.

e) reclusão, de 3 (três) a 12 (doze) anos, e multa.

18. (AOCP-2018) De acordo com o que dispõe a Lei nº 12.850/2013, são direitos do colaborador, EXCETO

a) usufruir das medidas de proteção previstas na legislação específica.

b) ter nome, qualificação, imagem e demais informações pessoais preservados.

c) ser conduzido, em juízo, juntamente com os demais coautores e partícipes.

d) cumprir pena em estabelecimento penal diverso dos demais corréus ou condenados.

e) participar das audiências sem contato visual com os outros acusados.

19. (AOCP-2018) A Lei nº 12.850/2013 define organização criminosa e dispõe sobre a investigação criminal, os meios de obtenção da prova, as infrações penais correlatas e o procedimento criminal. Nesse sentido, por qual prazo as empresas de transporte devem possibilitar acesso direto e permanente do juiz, do Ministério Público ou do delegado de polícia aos bancos de dados de reservas e registro de viagens?

a) 4 (quatro) anos.

b) 5 (cinco) anos.

c) 7 (sete) anos.

d) 10 (dez) anos.

e) 15 (quinze) anos.

20. (AOCP-2018) A Lei nº 12.850/2013 disciplina a atuação de agentes de polícia infiltrados em tarefas de investigação. Nesse sentido, qual é o prazo pelo qual será autorizada a referida infiltração do agente?

a) 1 (um) ano, vedada sua renovação.

b) 1 (um) ano, autorizada sua renovação.

c) 6 (seis) meses, podendo o prazo ser renovado.

d) 2 (dois) anos, vedada sua renovação.

e) 2 (dois) anos, podendo o prazo ser renovado.

21. (AOCP-2018) De acordo com a Lei nº 12.850/2013, que disciplina os crimes relacionados a organizações criminosas, quando o investigado estiver preso, a instrução criminal deverá ser encerrada em prazo razoável, o qual não poderá exceder a

a) 90 dias.

b) 60 dias.

c) 120 dias.

d) 30 dias.

e) 45 dias.

22. (AOCP-2018) A Lei nº 12.850/2013 disciplina a possibilidade de colaboração premiada àqueles que tenham colaborado voluntária e efetivamente com a investigação. Assinale a alternativa correta acerca da colaboração premiada.

a) O Ministério Público deverá deixar de oferecer denúncia mesmo se o colaborador for o líder da organização criminosa.

b) O juiz não poderá recusar homologação à proposta que não atender aos requisitos legais, devendo obrigatoriamente adequá-la ao caso concreto.

c) Depois de homologado o acordo, o colaborador só poderá ser ouvido pelo membro do Ministério Público ou pelo delegado de polícia responsável pelas investigações mediante prévia autorização judicial e concordância da defesa do colaborador.

d) Em qualquer caso, a concessão do benefício levará em conta a personalidade do colaborador, a natureza, as circunstâncias, a gravidade e a repercussão social do fato criminoso e a eficácia da colaboração.

e) O prazo para oferecimento de denúncia ou o processo, relativos ao colaborador, poderá ser suspenso por até 1 (um) ano, prorrogável por igual período, até que sejam cumpridas as medidas de colaboração, interrompendo-se o respectivo prazo prescricional.

23. (FGV-2018) A Lei nº 12.850, publicada em 02 de agosto de 2013, trouxe uma série de inovações legislativas ao disciplinar sobre a definição do crime de organização criminosa e sobre investigação penal e meios de obtenção de provas. Um dos institutos previstos na lei mais controvertidos e estudados pela doutrina e jurisprudência é o da colaboração premiada. De acordo com as previsões dessa lei, é correto afirmar que:

a) o juiz não poderá recusar homologação à proposta que não atender aos requisitos legais, ou adequá-la ao caso concreto;

b) o colaborador, nos depoimentos que prestar, renunciará, na presença da defesa técnica, ao direito ao silêncio e estará sujeito ao compromisso legal de dizer a verdade;

c) as declarações do colaborador, como meio de obtenção de prova que são, poderão servir como fundamento único para justificar uma condenação;

d) a colaboração premiada poderá ser realizada posteriormente à sentença, podendo ser acordada redução da pena em até 2/3 ou concessão de livramento condicional independentemente da pena cumprida;

e) a negociação do acordo de colaboração premiada, em respeito aos princípios da ampla defesa e paridade de armas, contará com a participação do acusado, de seu defensor, do Ministério Público e do juiz competente para julgamento.

24. (FUMARC-2018) Sobre a ação controlada prevista na Lei 12.850/13, é CORRETO afirmar:

a) A intervenção policial ou administrativa poderá ser postergada sem que exista prévia comunicação ao juízo competente.

b) Consiste na imediata intervenção policial ou administrativa relativa à ação praticada no âmbito de organização criminosa ou a esta vinculada.

c) Mesmo que envolva a transposição de fronteiras, não haverá necessidade de cooperação do país tido como provável destino do investigado.

d) Poderá ter seus limites definidos pelo juiz competente.

25. (FUMARC-2018) Em matéria de colaboração premiada, prevista na Lei 12.850/13, é CORRETO afirmar:

a) A ação penal poderá deixar de ser proposta temporariamente contra o colaborador até o cumprimento das medidas de colaboração.

b) A homologação do acordo de colaboração premiada independe de efetividade das informações repassadas pelo colaborador.

c) O acordo de colaboração deixa de ser sigiloso assim que oferecida a denúncia.

d) O Ministério Público não poderá dispor da ação penal caso o colaborador não seja o líder da organização e seja o primeiro a prestar efetiva colaboração.

26. (FUNDATEC-2018) A denominada colaboração premiada, amplamente utilizada na atualidade como forma de oposição à criminalidade crescente e cada dia mais organizada, possui previsão em diversas hipóteses no ordenamento jurídico penal brasileiro, sendo correto afirmar-se que:

a) No crime de extorsão mediante sequestro, se houver delação de um dos coautores do crime, e isso contribuir para o esclarecimento do caso e para a prisão dos criminosos, mesmo que não haja a libertação do sequestrado, por circunstâncias alheias à vontade do delator, este poderá obter uma redução de pena de um a dois terços.

b) O juiz poderá, a requerimento das partes, conceder o perdão judicial, reduzir em até dois terços a pena privativa de liberdade, ou substituí-la por restritiva de direitos, daquele que tenha colaborado efetiva e voluntariamente com a investigação e com o processo criminal envolvendo organização criminosa, desde que dessa colaboração advenha um ou mais resultados exigidos pela Lei nº 12.850/2013.

c) A delação premiada prevista para os crimes contra a ordem tributária, Lei nº 8.137/1990, consiste em uma atenuante de pena e terá cabimento somente quando o crime for praticado por associação criminosa.

d) De acordo com a Lei nº 8.072/1990, Lei dos Crimes Hediondos, o integrante de associação criminosa para a prática de crimes hediondos, tortura, tráfico de entorpecentes e drogas afins ou terrorismo, que denunciá-la à autoridade, possibilitando seu desmantelamento, terá a pena reduzida de um terço.

e) De acordo com a Lei de Drogas, Lei nº 11.343/2006, o indiciado ou acusado que colaborar, voluntariamente, com a investigação policial e o processo criminal, mesmo sem auxiliar na identificação de coautores ou partícipes, em caso de condenação, terá a pena reduzida de um terço a dois terços, desde que colabore com a recuperação total ou parcial do produto do crime.

27. (FUNDATEC-2018) A propósito da Lei de Organização Criminosa, Lei nº 12.850/2013, e do crime de Associação Criminosa, Art. 288 do Código Penal, analise as assertivas a seguir:

I. O critério distintivo entre associação criminosa e organização criminosa não é o número de indivíduos, mas, sim, o fato de ser a organização criminosa estruturada e organizada, com tarefas divididas. É possível que um grupo tenha mais do que três integrantes, finalidade de praticar crimes com penas superiores a 04 anos e ser enquadrado como associação criminosa.

II. Para ser reconhecida uma organização criminosa, exige-se a prática de infrações penais cujas penas máximas sejam superiores a quatro anos ou, que sejam de caráter transnacional, o que, como se percebe, é um requisito objetivo e alternativo.

III. As penas previstas para infrações penais praticadas por organização criminosa e por associação criminosa são majoradas no mesmo percentual, se na atuação de uma ou outra houver emprego de arma ou participação de criança ou adolescente. Quais estão INCORRETAS?

a) Apenas I.

b) Apenas II.

c) Apenas III.

d) Apenas I e II.

e) e) I, II e III.

Gabaritos

01	C	16	C
02	D	17	A
03	D	18	C
04	A	19	B
05	B	20	C
06	D	21	C
07	C	22	D
08	D	23	B
09	D	24	D
10	B	25	A
11	E	26	B
12	E	27	C
13	C		
14	A		
15	D		

11. LEI Nº 9.296/1996 - INTERCEPTAÇÕES TELEFÔNICAS

11.1 Interceptações Telefônicas

O art. 5º, inciso XII da Constituição Federal diz que: "é inviolável o sigilo da correspondência e das **comunicações telegráficas**, de dados e das comunicações telefônicas, salvo, no último caso, por **ordem judicial**, nas hipóteses e na forma que a lei **estabelecer** para fins de **investigação criminal** ou **instrução processual penal**".

Dessa forma, para que seja realizada a interceptação de comunicações telefônicas, com fins de investigação criminal ou instrução processual penal, a Constituição Federal exigiu ordem judicial. Além disso, ela definiu que a interceptação deveria ser feita na forma devidamente regulamentada por lei. Desse modo, foi criada a presente lei com finalidade de regular as interceptações telefônicas.

A interceptação de comunicações telefônicas, de qualquer natureza, para prova em investigação criminal e em instrução processual penal, observará o disposto na Lei 9.296/96 e dependerá de **ordem do juiz competente da ação principal**, sob **segredo de justiça**.

O disposto nesta Lei aplica-se à interceptação do fluxo de **comunicações em sistemas de informática e telemática**.

Não será admitida a interceptação de comunicações telefônicas quando ocorrer qualquer das seguintes hipóteses:

> Não houver indícios razoáveis da autoria ou participação em infração penal.

> A prova puder ser feita por outros meios disponíveis.

> O fato investigado constituir infração penal punida, no máximo, com pena de **detenção**.

A infração penal deve ser punível com reclusão (se a pena máxima for de detenção, não poderá ser feita a interceptação).

Em qualquer hipótese, deve ser **descrita com clareza a situação objeto da investigação**, inclusive com a indicação e a **qualificação dos investigados** (salvo impossibilidade manifesta, devidamente justificada).

→ A interceptação das comunicações telefônicas poderá ser determinada:

- Pelo juiz (de ofício).
- A requerimento:
  - Da autoridade policial, na investigação criminal;
  - Do representante do Ministério Público, na investigação criminal e na instrução processual penal.

O pedido de interceptação de comunicação telefônica conterá a demonstração de que a sua realização é **necessária à apuração de infração penal**, com indicação dos meios a serem empregados.

Excepcionalmente, o Juiz poderá admitir que o pedido seja formulado **verbalmente**, desde que estejam presentes os pressupostos que autorizem a interceptação (nesse caso a concessão será condicionada à sua redução a termo).

O Juiz decidirá sobre o pedido de interceptação, no prazo máximo de 24 horas.

A decisão será **fundamentada**, sob pena de **nulidade**, indicando também a forma de execução da diligência, que **não poderá exceder** o prazo de quinze dias, renovável por igual tempo uma vez comprovada a indispensabilidade do meio de prova.

Prevalece o entendimento de que essa renovação pode ser feita por sucessivas vezes, desde que haja fundamentação para essa dilação.

PRAZO: 15 dias, renovável por igual período. No entanto, o STF, no informativo 855 estabeleceu que a interceptação pode ser renovada sucessivamente, enquanto for necessário).

Deferido o pedido, a autoridade policial conduzirá os procedimentos de interceptação, **dando ciência ao Ministério Público**, que poderá acompanhar a sua realização.

No caso de a diligência possibilitar a gravação da comunicação interceptada, será determinada a sua **transcrição**.

Para os procedimentos de interceptação de que trata esta Lei, a autoridade policial **poderá requisitar serviços e técnicos especializados às concessionárias de serviço público**.

Cumprida a diligência, a autoridade policial encaminhará o resultado da interceptação ao Juiz, acompanhado de auto circunstanciado, que deverá conter o resumo das operações realizadas.

Recebidos esses elementos, o Juiz determinará a providência a seguir descrita, ciente o Ministério Público.

A interceptação de comunicação telefônica, de qualquer natureza, ocorrerá em **autos apartados**, apensados aos autos do inquérito policial ou do processo criminal, **preservando-se o sigilo** das diligências, gravações e transcrições respectivas.

A apensação somente poderá ser realizada imediatamente antes do relatório da autoridade, quando se tratar de inquérito policial (Código de Processo Penal, art. 10, § 1º) ou na conclusão do processo ao Juiz para o despacho decorrente do disposto nos arts. 407, 502 ou 538 do Código de Processo Penal.

A gravação que não interessar à prova será **inutilizada por decisão judicial**, durante o inquérito, a instrução processual ou após esta, em virtude de requerimento do Ministério Público ou da parte interessada.

O incidente de inutilização será assistido pelo Ministério Público, sendo facultada a presença do acusado ou de seu representante legal.

Constitui **crime** realizar interceptação de comunicações telefônicas, de informática ou telemática, ou quebrar segredo da Justiça, **sem autorização judicial** ou com **objetivos não autorizados em lei**. A **pena** é de reclusão, de dois a quatro anos, e multa.

Esta Lei entrou em vigor na data de sua publicação (24 de julho de 1996).

Questões

01. (UFPR) Quanto à interceptação telefônica, é correto afirmar:

a) A mesma pode ocorrer em qualquer fase processual e somente se procede de ofício.

b) Será sempre admitida pelo Juiz e depende obrigatoriamente de requerimento do Ministério Público.

c) Não se admite quando a prova puder ser feita por outros meios disponíveis.

d) Sempre poderá ser prorrogada, indefinidamente, e sem a necessidade de nova ordem judicial enquanto durarem as investigações.

02. (FCC) De acordo com o disposto na Lei no 9.296/96,

a) Não será admitida a interceptação de comunicações telefônicas se o fato investigado constituir infração penal punida, no máximo, com pena de detenção.

b) A interceptação telefônica não poderá ser decretada de ofício pelo Juiz.

c) A decisão que decretar a interceptação telefônica será fundamentada, sob pena de nulidade, mas não precisará indicar a forma de execução da diligência.

d) A gravação que não interessar à prova não poderá ser inutilizada, devendo ser mantida para fins de defesa.

e) O representante do Ministério Público poderá requerer a realização de interceptação telefônica na instrução processual penal, mas não na investigação criminal.

03. (MPE-PB) Sobre a medida de interceptação de comunicações telefônicas, prevista na Lei Federal nº 9.296/96, considere as proposições abaixo e, em seguida, indique a alternativa que contenha o julgamento devido sobre elas:

I. Deverá ser determinada pela autoridade judiciária com competência para a ação penal, de ofício ou a requerimento da autoridade policial, na investigação criminal, ou do representante do Ministério Público, na investigação criminal e na instrução processual penal.

II. Será admitida a interceptação das comunicações telefônicas apenas quando houver indícios razoáveis de autoria ou participação em infração penal punida com pena de reclusão e a prova não puder ser feita por outros meios disponíveis.

III. O pedido de intercepção de comunicações telefônicas poderá ser formulado verbalmente, desde que estejam presentes os pressupostos que a autorizem, caso em que a concessão será condicionada à sua redução a termo, devendo a autoridade judiciária sobre ela decidir no prazo de 24(vinte e quatro) horas:

a) Apenas a proposição I está incorreta.

b) Apenas a proposição II está incorreta.

c) Apenas a proposição III está incorreta.

d) Todas as proposições estão corretas.

e) Todas as proposições estão incorretas.

04. (MPE-SP) Assinale a alternativa correta, em relação à interceptação de comunicações telefônicas:

a) Não será admitida se a prova puder ser feita por outros meios disponíveis.

b) Pode ser deferida para a investigação de infrações penais punidas no máximo co detenção.

c) Deve ser concluída no prazo de dez dias, prorrogável por igual período.

d) Somente é admitida no curso de uma investigação criminal.

e) O resultado da interceptação, acompanhado de auto circunstanciado, deve ser apensado nos autos do processo criminal, por decisão judicial, após o trânsito em julgado da sentença definitiva.

05. (FCC) A interceptação telefônica, nos termos da Lei, será admitida:

a) Mesmo que a prova possa ser feita por outros meios disponíveis.

b) Quando houver indícios razoáveis de autoria ou participação em infração penal.

c) Em infração penal punida com qualquer tipo de pena.

d) A pedido de qualquer pessoa que tenha interesse no fato a ser investigado.

e) Pelo prazo máximo de 30 dias, prorrogável por mais 30.

Gabaritos

01	C
02	A
03	D
04	A
05	B

12. LEI Nº 13.869/2019 - LEI DE ABUSO DE AUTORIDADE

A lei de abuso de autoridade é o epíteto da Lei 13.86 9, de 5 de setembro de 2019, que possui sua base constitucional no art. 5º, inciso XXXIV, alínea "a" de nossa Magna Carta, dispositivo que trata do direito de petição em face dos Poderes Públicos em defesa de direitos contra a ilegalidade ou abuso de poder. Seu objetivo é buscar combater a arbitrariedade no exercício do poder pelos agentes públicos em geral, criminalizando uma série de condutas que anteriormente no máximo eram considerados ilícitos administrativos.

Deve-se ter em mente, no entanto, que o conceito de "abuso de autoridade" usado pela lei refere-se ao seu conceito legal - subordinado ao princípio da legalidade penal - , sendo mais estrito que o conceito visto em Direito Administrativo em geral.

Essa nova lei revogou expressamente a Lei 4.898/1965, que tratava do mesmo assunto.

Importante observar que o prazo de "vacatio legis" (prazo para a lei entrar em vigor) previsto no art. 45 da lei é de 120 dias, contados a partir de sua publicação oficial, a qual ocorreu no dia 5 de setembro de 2019.

A lei sofreu diversos vetos pelo Presidente da República, sendo que vários deles foram derrubados pelo Congresso Nacional.

De uma certa forma polêmica, é certo que muitos dispositivos da referida lei estão sendo e serão questionados quanto à sua constitucionalidade, devendo estar-se atento a eventuais pronunciamentos do Supremo Tribunal Federal sobre a lei.

Por ser uma lei que trata diretamente da conduta de agentes públicos, deve ser bastante cobrada em provas, especialmente em carreiras policiais e jurídicas.

Para melhor clareza, estudaremos os dispositivos da lei um a um, comentando-os, desprezando-se, porém, aqueles que foram vetados pelo Presidente da República e cujo veto não foi derrubado pelo Congresso Nacional.

Disposições gerais

> ***Art. 1º*** *Esta Lei define os crimes de abuso de autoridade, cometidos por agente público, servidor ou não, que, no exercício de suas funções ou a pretexto de exercê-las, abuse do poder que lhe tenha sido atribuído.*
>
> ***§ 1º*** *As condutas descritas nesta Lei constituem crime de abuso de autoridade quando praticadas pelo agente com a finalidade específica de prejudicar outrem ou beneficiar a si mesmo ou a terceiro, ou, ainda, por mero capricho ou satisfação pessoal.*
>
> ***§ 2º*** *A divergência na interpretação de lei ou na avaliação de fatos e provas não configura abuso de autoridade.*

O Art. 1º da Lei deixa claro que suas disposições se aplicam aos agentes públicos em geral, seja ou não servidor (vide no próximo tópico o conceito de agente público, para os efeitos dessa lei).

Por outro lado, também deixa claro que as condutas previstas na lei somente serão consideradas criminosas se forem praticadas com o dolo específico de prejudicar ou beneficiar alguém, ou quando o ato for praticado por mero capricho ou satisfação pessoal. Sendo assim, os crimes previstos na lei não admitem a modalidade culposa (que é quando o agente não tem a intenção de produzir o resultado, mas age com imprudência, imperícia ou negligência).

Por fim, especialmente visando tranquilizar o trabalho dos juízes e autoridades policiais, e até para evitar que sejam vítimas de perseguições políticas, o parágrafo 2º do art. 1º estipula que a divergência na interpretação da lei ou avaliação de fatos e provas não configura abuso de autoridade.

Sujeitos do crime

> ***Art. 2º*** *É sujeito ativo do crime de abuso de autoridade qualquer agente público, servidor ou não, da administração direta, indireta ou fundacional de qualquer dos Poderes da União, dos Estados, do Distrito Federal, dos Municípios e de Território, compreendendo, mas não se limitando a:*
>
> ***I.*** *servidores públicos e militares ou pessoas a eles equiparadas;*
>
> ***II.*** *membros do Poder Legislativo;*
>
> ***III.*** *membros do Poder Executivo;*
>
> ***IV.*** *membros do Poder Judiciário;*
>
> ***V.*** *membros do Ministério Público;*
>
> ***VI.*** *membros dos tribunais ou conselhos de contas.*
>
> ***Parágrafo único.*** *Reputa-se agente público, para os efeitos desta Lei, todo aquele que exerce, ainda que transitoriamente ou sem remuneração, por eleição, nomeação, designação, contratação ou qualquer outra forma de investidura ou vínculo, mandato, cargo, emprego ou função em órgão ou entidade abrangidos pelo caput deste art..*

Sujeito ativo de um crime é a pessoa que pode praticá-lo, ou seja, é aquele a quem pode ser imputada a prática do crime.

No caso dos crimes previstos na Lei de Abuso de Autoridade, todo agente público pode incorrer em suas penas, ainda que não seja servidor público, trazendo os incisos do art. 2º apenas exemplos, conforme o "caput" deixa claro, ao dizer *"compreendendo, mas não se limitando a"*.

Por sua vez, o conceito de agente público utilizado pela lei é bastante amplo, assemelhando-se àquele utilizado pela Lei de Improbidade Administrativa.

Assim, para a Lei de Abuso de Autoridade, basta que a pessoa exerça um cargo, mandato, emprego ou função em órgão da Administração Direta ou entidade da Administração Indireta, mesmo que de forma transitória ou sem remuneração, alcançando, desta forma, até mesmo trabalhadores terceirizados ou temporários.

Ação penal

Os crimes previstos na Lei de Abuso de Autoridade são de ação penal pública incondicionada.

Isso quer dizer que quem é o titular legitimado para propor a ação, processando o agente público, é o Ministério Público, não havendo sequer necessidade de representação por parte de algum ofendido. Assim, tomando o Ministério Público conhecimento da prática de ato que configure abuso de autoridade, deverá ele propor de ofício a ação penal respectiva, mesmo que ninguém o requeira.

No entanto, até em obediência à norma constitucional, a mesma lei estabelece que será admitida ação privada se a ação penal pública não for intentada no prazo legal, cabendo ao Ministério Público aditar a queixa, repudiá-la e oferecer denúncia substitutiva, intervir em todos os termos do processo, fornecer elementos de prova, interpor recurso e, a todo tempo, no caso de negligência do querelante, retomar a ação como parte principal.

Ou seja, se o Ministério Público não apresentar a ação no prazo legal, poderá o ofendido - na condição de querelante - propor ele mesmo a ação, desde que o faça, de acordo com o § 2º do Art. 3º, no prazo de 6 meses contados da data em que se esgotar o prazo para oferecimento da denúncia.

Porém, ainda que seja o particular que proponha a ação (ação privada subsidiária da pública), continua sendo o Ministério Público o seu titular, podendo ele intervir no processo, inclusive interpondo recursos e retomando a ação como parte principal, no caso de negligência do querelante.

O Art. 39 da Lei de Abuso de Autoridade estipula que, na condução da ação penal, devem ser aplicadas as normas do Código de Processo Penal e da Lei dos Juizados Especiais (Lei 9.099/95), o que, permite, por exemplo, desde que atendidos os requisitos desta última, considerar-se o crime como de pequeno potencial ofensivo e aplicar-se o "sursis" processual, suspendendo o processo respectivo.

Efeitos da condenação e penas restritivas de direitos

O Capítulo IV da Lei 13.869/19 trata dos efeitos da condenação e também das penas restritivas de direitos que poderão ser aplicadas no caso dos crimes de abuso de autoridade.

Efeitos da condenação

A lei determina em seu art. 4º que são efeitos da condenação:

a) tornar certa a obrigação de indenizar o dano causado pelo crime, devendo o juiz, a requerimento do ofendido, fixar na sentença o valor mínimo para reparação dos danos causados pela infração, considerando os prejuízos por ele sofridos;
b) a inabilitação para o exercício de cargo, mandato ou função pública, pelo período de 1 (um) a 5 (cinco) anos;
c) a perda do cargo, do mandato ou da função pública.

Os efeitos previstos nos itens b) e c), porém, somente ocorrerão se houver reincidência em crime de abuso de autoridade e não são automáticos, ou seja, para que ocorram, o juiz deve prevê-los expressamente e de forma justificada em sua decisão.

Deve-se observar que, além desses efeitos específicos, existem outros, previstos na Constituição Federal ou em outras leis, como a perda dos direitos políticos após o trânsito em julgado da condenação (art. 15, inciso III, da CF).

Penas restritivas de direitos

A Constituição Federal, em seu Art. 5º, inciso XLVI, prevê a aplicação de penas alternativas à prisão, nos casos e na forma previstos em lei.

No caso dos crimes de abuso de autoridade, o Art. 5º da Lei 13.869/19 prevê as seguintes:

a) prestação de serviços à comunidade ou a entidades públicas; e
b) suspensão do exercício do cargo, da função ou do mandato, pelo prazo de 1 (um) a 6 (seis) meses, com a perda dos vencimentos e das vantagens.

Essas penas podem ser aplicadas de forma autônoma ou cumulativamente. Além disso, cabe ao juiz, com base nos critérios previstos no Código Penal, decidir se substituição da pena de prisão por essas penas é adequado e suficiente em cada caso.

Sanções de natureza civil e administrativa

Além das imposições de caráter penal - prisão ou aplicação de penas restritivas de direitos -, a Lei de Abuso de Autoridade prevê que podem ser aplicadas concomitantemente as penalidades de natureza civil e administrativa cabíveis em cada caso.

Isso decorre do princípio da independência entre as instâncias penal, civil e administrativa.

As notícias de crimes previstos na Lei 13.869/19 que também configurarem falta funcional deverão ser informadas à autoridade competente para a abertura de eventual processo administrativo disciplinar.

Embora o Art. 7º da lei estipule que as responsabilidades civil e administrativa são independentes da criminal, deixa ele claro que não se pode questionar sobre a existência ou a autoria do fato quando essas questões tenham sido decididas no juízo criminal.

Ou seja, se o juiz criminal decidiu que não houve crime ou que ficou provado que quem praticou o crime não foi o acusado, ele não poderá ser responsabilizado nas esferas cível e administrativo. No entanto, se o acusado for absolvido no âmbito penal por falta de provas, poderá ser condenado civil e administrativamente.

O Art. 8º também traz disposição importante, ao determinar que faz coisa julgada em âmbito cível, assim como no administrativo-disciplinar, a sentença penal que reconhecer expressamente ter sido o ato praticado com alguma excludente de ilicitude (estado de necessidade, legítima defesa, estrito cumprimento de dever legal ou exercício regular de direito).

Dos crimes e das penas

Em seus Art. 9º a 38, traz a Lei 13.869/19 a descrição dos diversos crimes que configuram abuso de autoridade no âmbito criminal, lembrando que o princípio da legalidade do direito penal estipula que alguém só pode ser acusado de um crime se a conduta respectiva estiver prevista (tipificada) previamente em lei e a mesma lei também preveja as penas aplicáveis.

Reproduzimos abaixo os artigos da lei que tipificam os crimes de abuso de autoridade, cujo estudo pertence ao campo do direito penal, devendo ser lidos com atenção:

> ***Art. 9º*** *Decretar medida de privação da liberdade em manifesta desconformidade com as hipóteses legais:*
>
> ***Pena*** *- detenção, de 1 (um) a 4 (quatro) anos, e multa.*
>
> ***Parágrafo único.*** *Incorre na mesma pena a autoridade judiciária que, dentro de prazo razoável, deixar de:*
>
> ***I.*** *relaxar a prisão manifestamente ilegal;*
>
> ***II.*** *substituir a prisão preventiva por medida cautelar diversa ou de conceder liberdade provisória, quando manifestamente cabível;*

III. *deferir liminar ou ordem de habeas corpus, quando manifestamente cabível.*

Art. 10. *Decretar a condução coercitiva de testemunha ou investigado manifestamente descabida ou sem prévia intimação de comparecimento ao juízo:*

Pena *- detenção, de 1 (um) a 4 (quatro) anos, e multa.*

Art. 11. *(VETADO).*

Art. 12. *Deixar injustificadamente de comunicar prisão em flagrante à autoridade judiciária no prazo legal:*

Pena *- detenção, de 6 (seis) meses a 2 (dois) anos, e multa.*

Parágrafo único. *Incorre na mesma pena quem:*

I. *deixa de comunicar, imediatamente, a execução de prisão temporária ou preventiva à autoridade judiciária que a decretou;*

II. *deixa de comunicar, imediatamente, a prisão de qualquer pessoa e o local onde se encontra à sua família ou à pessoa por ela indicada;*

III. *deixa de entregar ao preso, no prazo de 24 (vinte e quatro) horas, a nota de culpa, assinada pela autoridade, com o motivo da prisão e os nomes do condutor e das testemunhas;*

IV. *prolonga a execução de pena privativa de liberdade, de prisão temporária, de prisão preventiva, de medida de segurança ou de internação, deixando, sem motivo justo e excepcionalíssimo, de executar o alvará de soltura imediatamente após recebido ou de promover a soltura do preso quando esgotado o prazo judicial ou legal.*

Art. 13. *Constranger o preso ou o detento, mediante violência, grave ameaça ou redução de sua capacidade de resistência, a:*

I. *exibir-se ou ter seu corpo ou parte dele exibido à curiosidade pública;*

II. *submeter-se a situação vexatória ou a constrangimento não autorizado em lei;*

III. *produzir prova contra si mesmo ou contra terceiro:*

Pena *- detenção, de 1 (um) a 4 (quatro) anos, e multa, sem prejuízo da pena cominada à violência.*

Art. 14. *(VETADO).*

Art. 15. *Constranger a depor, sob ameaça de prisão, pessoa que, em razão de função, ministério, ofício ou profissão, deva guardar segredo ou resguardar sigilo:*

Pena *- detenção, de 1 (um) a 4 (quatro) anos, e multa.*

Parágrafo único. *Incorre na mesma pena quem prossegue com o interrogatório:*

I. *de pessoa que tenha decidido exercer o direito ao silêncio; ou*

II. *de pessoa que tenha optado por ser assistida por advogado ou defensor público, sem a presença de seu patrono.*

Art. 16. *Deixar de identificar-se ou identificar-se falsamente ao preso por ocasião de sua captura ou quando deva fazê-lo durante sua detenção ou prisão:*

Pena *- detenção, de 6 (seis) meses a 2 (dois) anos, e multa.*

Parágrafo único. *Incorre na mesma pena quem, como responsável por interrogatório em sede de procedimento investigatório de infração penal, deixa de identificar-se ao preso ou atribui a si mesmo falsa identidade, cargo ou função.*

Art. 17. *(VETADO).*

Art. 18. *Submeter o preso a interrogatório policial durante o período de repouso noturno, salvo se capturado em flagrante delito ou se ele, devidamente assistido, consentir em prestar declarações:*

Pena *- detenção, de 6 (seis) meses a 2 (dois) anos, e multa.*

Art. 19. *Impedir ou retardar, injustificadamente, o envio de pleito de preso à autoridade judiciária competente para a apreciação da legalidade de sua prisão ou das circunstâncias de sua custódia:*

Pena *- detenção, de 1 (um) a 4 (quatro) anos, e multa.*

Parágrafo único. *Incorre na mesma pena o magistrado que, ciente do impedimento ou da demora, deixa de tomar as providências tendentes a saná-lo ou, não sendo competente para decidir sobre a prisão, deixa de enviar o pedido à autoridade judiciária que o seja.*

Art. 20. *Impedir, sem justa causa, a entrevista pessoal e reservada do preso com seu advogado:*

Pena *- detenção, de 6 (seis) meses a 2 (dois) anos, e multa.*

Parágrafo único. *Incorre na mesma pena quem impede o preso, o réu solto ou o investigado de entrevistar-se pessoal e reservadamente com seu advogado ou defensor, por prazo razoável, antes de audiência judicial, e de sentar-se ao seu lado e com ele comunicar-se durante a audiência, salvo no curso de interrogatório ou no caso de audiência realizada por videoconferência.*

Art. 21. *Manter presos de ambos os sexos na mesma cela ou espaço de confinamento:*

Pena *- detenção, de 1 (um) a 4 (quatro) anos, e multa.*

Parágrafo único. *Incorre na mesma pena quem mantém, na mesma cela, criança ou adolescente na companhia de maior de idade ou em ambiente inadequado, observado o disposto na Lei nº 8.069, de 13 de julho de 1990 (Estatuto da Criança e do Adolescente).*

Art. 22. *Invadir ou adentrar, clandestina ou astuciosamente, ou à revelia da vontade do ocupante, imóvel alheio ou suas dependências, ou nele permanecer nas mesmas condições, sem determinação judicial ou fora das condições estabelecidas em lei:*

Pena *- detenção, de 1 (um) a 4 (quatro) anos, e multa.*

§ 1º *Incorre na mesma pena, na forma prevista no caput deste art., quem:*

I. *coage alguém, mediante violência ou grave ameaça, a franquear-lhe o acesso a imóvel ou suas dependências;*

II. *(VETADO);*

III. *cumpre mandado de busca e apreensão domiciliar após as 21h (vinte e uma horas) ou antes das 5h (cinco horas).*

§ 2º *Não haverá crime se o ingresso for para prestar socorro, ou quando houver fundados indícios que indiquem a necessidade do ingresso em razão de situação de flagrante delito ou de desastre.*

Art. 23. *Inovar artificiosamente, no curso de diligência, de investigação ou de processo, o estado de lugar, de coisa ou de pessoa, com o fim de eximir-se de responsabilidade ou de responsabilizar criminalmente alguém ou agravar-lhe a responsabilidade:*

Pena *- detenção, de 1 (um) a 4 (quatro) anos, e multa.*

Parágrafo único. *Incorre na mesma pena quem pratica a conduta com o intuito de:*

I. *eximir-se de responsabilidade civil ou administrativa por excesso praticado no curso de diligência;*

II. *omitir dados ou informações ou divulgar dados ou informações incompletos para desviar o curso da investigação, da diligência ou do processo.*

Art. 24. *Constranger, sob violência ou grave ameaça, funcionário ou empregado de instituição hospitalar pública ou privada a admitir para tratamento pessoa cujo óbito já tenha ocorrido, com o fim de alterar local ou momento de crime, prejudicando sua apuração:*

Pena *- detenção, de 1 (um) a 4 (quatro) anos, e multa, além da pena correspondente à violência.*

Art. 25. *Proceder à obtenção de prova, em procedimento de investigação ou fiscalização, por meio manifestamente ilícito:*

Pena *- detenção, de 1 (um) a 4 (quatro) anos, e multa.*

Parágrafo único. *Incorre na mesma pena quem faz uso de prova, em desfavor do investigado ou fiscalizado, com prévio conhecimento de sua ilicitude.*

Art. 26. (VETADO).

Art. 27. *Requisitar instauração ou instaurar procedimento investigatório de infração penal ou administrativa, em desfavor de alguém, à falta de qualquer indício da prática de crime, de ilícito funcional ou de infração administrativa:*

Pena - *detenção, de 6 (seis) meses a 2 (dois) anos, e multa.*

Parágrafo único. *Não há crime quando se tratar de sindicância ou investigação preliminar sumária, devidamente justificada.*

Art. 28. *Divulgar gravação ou trecho de gravação sem relação com a prova que se pretenda produzir, expondo a intimidade ou a vida privada ou ferindo a honra ou a imagem do investigado ou acusado:*

Pena - *detenção, de 1 (um) a 4 (quatro) anos, e multa.*

Art. 29. *Prestar informação falsa sobre procedimento judicial, policial, fiscal ou administrativo com o fim de prejudicar interesse de investigado:*

Pena - *detenção, de 6 (seis) meses a 2 (dois) anos, e multa.*

Parágrafo único. (VETADO).

Art. 30. *Dar início ou proceder à persecução penal, civil ou administrativa sem justa causa fundamentada ou contra quem sabe inocente:*

Pena - *detenção, de 1 (um) a 4 (quatro) anos, e multa.*

Art. 31. *Estender injustificadamente a investigação, procrastinando-a em prejuízo do investigado ou fiscalizado:*

Pena - *detenção, de 6 (seis) meses a 2 (dois) anos, e multa.*

Parágrafo único. *Incorre na mesma pena quem, inexistindo prazo para execução ou conclusão de procedimento, o estende de forma imotivada, procrastinando-o em prejuízo do investigado ou do fiscalizado.*

Art. 32. *Negar ao interessado, seu defensor ou advogado acesso aos autos de investigação preliminar, ao termo circunstanciado, ao inquérito ou a qualquer outro procedimento investigatório de infração penal, civil ou administrativa, assim como impedir a obtenção de cópias, ressalvado o acesso a peças relativas a diligências em curso, ou que indiquem a realização de diligências futuras, cujo sigilo seja imprescindível:*

Pena - *detenção, de 6 (seis) meses a 2 (dois) anos, e multa.*

Art. 33. *Exigir informação ou cumprimento de obrigação, inclusive o dever de fazer ou de não fazer, sem expresso amparo legal:*

Pena - *detenção, de 6 (seis) meses a 2 (dois) anos, e multa.*

Parágrafo único. *Incorre na mesma pena quem se utiliza de cargo ou função pública ou invoca a condição de agente público para se eximir de obrigação legal ou para obter vantagem ou privilégio indevido.*

Art. 34. (VETADO).

Art. 35. (VETADO).

Art. 36. *Decretar, em processo judicial, a indisponibilidade de ativos financeiros em quantia que extrapole exacerbadamente o valor estimado para a satisfação da dívida da parte e, ante a demonstração, pela parte, da excessividade da medida, deixar de corrigi-la:*

Pena - *detenção, de 1 (um) a 4 (quatro) anos, e multa.*

Art. 37. *Demorar demasiada e injustificadamente no exame de processo de que tenha requerido vista em órgão colegiado, com o intuito de procrastinar seu andamento ou retardar o julgamento:*

Pena - *detenção, de 6 (seis) meses a 2 (dois) anos, e multa.*

Art. 38. *Antecipar o responsável pelas investigações, por meio de comunicação, inclusive rede social, atribuição de culpa, antes de concluídas as apurações e formalizada a acusação:*

Pena - *detenção, de 6 (seis) meses a 2 (dois) anos, e multa.*

13. LEI Nº 12.037/2009 - LEI DE IDENTIFICAÇÃO CRIMINAL

A identificação é o emprego de meios adequados para determinar a identidade ou a não identidade. É a descrição de uma pessoa que quer se fazer reconhecer. Identificar-se significa dar conhecimento acerca da pessoa, possibilitando a persecução criminal e a legitimidade nos polos ativo e passivo.

Para a CF/88 (art. 5º, inc. LVIII), basta a identificação civil para que a pessoa seja identificada, não submetendo o indivíduo à identificação criminal. Identificar criminalmente significa expor a pessoa a situação que muitas vezes causa constrangimento (fotografia sinalética, captura de digitais, banco de DNA etc.).

Vamos entender como a identificação se dará no Brasil.

> ***Art. 1º*** *O civilmente identificado não será submetido a identificação criminal, salvo nos casos previstos nesta Lei.*

A lei fala sobre identificação civil, o que significa identificar-se mediante o uso de documentos oficiais. Assim, o art. 2º pauta quais são os documentos idôneos para comprovar a identificação.

> ***Art. 2º*** *A identificação civil é atestada por qualquer dos seguintes documentos:*
>
> *I - carteira de identidade;*
>
> *III - carteira profissional;*
>
> *IV - passaporte;*
>
> *V - carteira de identificação funcional;*
>
> *VI - outro documento público que permita a identificação do indiciado.*
>
> ***Parágrafo único.*** *Para as finalidades desta Lei, equiparam-se aos documentos de identificação civis os documentos de identificação militares.*

Como se percebe, a regra é a não realização da identificação criminal. No entanto existem hipóteses excepcionais que legitimam a identificação criminal, ainda que haja a identificação civil. São elas:

> ***Art. 3º*** *Embora apresentado documento de identificação, poderá ocorrer identificação criminal quando:*
>
> *I - o documento apresentar rasura ou tiver indício de falsificação;*
>
> *II - o documento apresentado for insuficiente para identificar cabalmente o indiciado;*
>
> *III - o indiciado portar documentos de identidade distintos, com informações conflitantes entre si;*
>
> *IV - a identificação criminal for essencial às investigações policiais, segundo despacho da autoridade judiciária competente, que decidirá de ofício ou mediante representação da autoridade policial, do Ministério Público ou da defesa;*
>
> *V - constar de registros policiais o uso de outros nomes ou diferentes qualificações;*
>
> *VI - o estado de conservação ou a distância temporal ou da localidade da expedição do documento apresentado impossibilite a completa identificação dos caracteres essenciais.*
>
> *Parágrafo único. As CÓPIAS dos documentos apresentados deverão ser juntadas aos autos do inquérito, ou outra forma de investigação, ainda que consideradas insuficientes para identificar o indiciado.*
>
> ***Art. 4º*** *Quando houver necessidade de identificação criminal, a autoridade encarregada tomará as providências necessárias para evitar o constrangimento do identificado.*
>
> ***Art. 5º*** *A identificação criminal incluirá o processo datiloscópico e o fotográfico, que serão juntados aos autos da comunicação da prisão em flagrante, ou do inquérito policial ou outra forma de investigação.*
>
> ***Parágrafo único.*** *Na hipótese do inciso IV do art. 3º, a identificação criminal poderá incluir a coleta de material biológico para a obtenção do perfil genético.*

A coleta de material biológico para banco de dados de perfis genéticos leva em conta a coleta mediante uso de *swab* oral, com captura de células da mucosa da parede da bochecha. No entanto, o sangue também pode ser fonte de material genético, mas hoje não é a primeira escolha, por se tratar de um procedimento invasivo.

> ***Art. 5º-A.*** *Os dados relacionados à coleta do perfil genético deverão ser armazenados em banco de dados de perfis genéticos, gerenciado por unidade oficial de perícia criminal.*
>
> ***§ 1º*** *As informações genéticas contidas nos bancos de dados de perfis genéticos NÃO poderão revelar traços somáticos ou comportamentais das pessoas, EXCETO determinação genética de GÊNERO, consoante as normas constitucionais e internacionais sobre direitos humanos, genoma humano e dados genéticos.*
>
> ***§ 2º*** *Os dados constantes dos bancos de dados de perfis genéticos terão CARÁTER SIGILOSO, respondendo civil, penal e administrativamente aquele que permitir ou promover sua utilização para fins diversos dos previstos nesta Lei ou em decisão judicial.*
>
> ***§ 3º*** *As informações obtidas a partir da coincidência de perfis genéticos deverão ser consignadas em laudo pericial firmado por perito oficial devidamente habilitado.*
>
> ***Art. 6º*** *É vedado mencionar a identificação criminal do indiciado em atestados de antecedentes ou em informações não destinadas ao juízo criminal, antes do trânsito em julgado da sentença condenatória.*
>
> ***Art. 7º*** *No caso de não oferecimento da denúncia, ou sua rejeição, ou absolvição, é facultado ao indiciado ou ao réu, após o arquivamento definitivo do inquérito, ou trânsito em julgado da sentença, requerer a retirada da identificação fotográfica do inquérito ou processo, desde que apresente provas de sua identificação civil.*

Exclusão do banco de perfis genéticos

> ***Art. 7º-A.*** *A exclusão dos perfis genéticos dos bancos de dados ocorrerá:*
>
> *I – no caso de absolvição do acusado; ou*
>
> *II – no caso de condenação do acusado, mediante requerimento, após decorridos 20 (vinte) anos do cumprimento da pena.*
>
> ***Art. 7º-B.*** *A identificação do perfil genético será armazenada em banco de dados sigiloso, conforme regulamento a ser expedido pelo Poder Executivo.*

Banco nacional multibiométrico

> ***Art. 7º-C.*** *Fica autorizada a criação, no Ministério da Justiça e Segurança Pública, do Banco Nacional Multibiométrico e de Impressões Digitais.*
>
> ***§ 1º*** *A formação, a gestão e o acesso ao Banco Nacional Multibiométrico e de Impressões Digitais serão regulamentados em ato do Poder Executivo federal.*
>
> ***§ 2º*** *O Banco Nacional Multibiométrico e de Impressões Digitais tem como objetivo armazenar dados de registros biométricos, de impressões digitais e, quando possível, de íris, face e voz, para subsidiar investigações criminais federais, estaduais ou distritais.*
>
> ***§ 3º*** *O Banco Nacional Multibiométrico e de Impressões Digitais será integrado pelos registros biométricos, de impressões*

digitais, de íris, face e voz colhidos em investigações criminais ou por ocasião da identificação criminal.

§ 4º *Poderão ser colhidos os registros biométricos, de impressões digitais, de íris, face e voz dos presos provisórios ou definitivos quando não tiverem sido extraídos por ocasião da identificação criminal.*

§ 5º *Poderão integrar o Banco Nacional Multibiométrico e de Impressões Digitais, ou com ele interoperar, os dados de registros constantes em quaisquer bancos de dados geridos por órgãos dos Poderes Executivo, Legislativo e Judiciário das esferas federal, estadual e distrital, inclusive pelo Tribunal Superior Eleitoral e pelos Institutos de Identificação Civil.*

§ 6º *No caso de bancos de dados de identificação de natureza civil, administrativa ou eleitoral, a integração ou o compartilhamento dos registros do Banco Nacional Multibiométrico e de Impressões Digitais será limitado às impressões digitais e às informações necessárias para identificação do seu titular.*

§ 7º *A integração ou a interoperação dos dados de registros multibiométricos constantes de outros bancos de dados com o Banco Nacional Multibiométrico e de Impressões Digitais ocorrerá por meio de acordo ou convênio com a unidade gestora.*

§ 8º *Os dados constantes do Banco Nacional Multibiométrico e de Impressões Digitais terão caráter sigiloso, e aquele que permitir ou promover sua utilização para fins diversos dos previstos nesta Lei ou em decisão judicial responderá civil, penal e administrativamente.*

§ 9º *As informações obtidas a partir da coincidência de registros biométricos relacionados a crimes deverão ser consignadas em laudo pericial firmado por perito oficial habilitado.*

§ 10 *É vedada a comercialização, total ou parcial, da base de dados do Banco Nacional Multibiométrico e de Impressões Digitais.*

§ 11 *A autoridade policial e o Ministério Público poderão requerer ao juiz competente, no caso de inquérito ou ação penal instaurados, o acesso ao Banco Nacional Multibiométrico e de Impressões Digitais.*

14. LEI Nº 8.137/1990 - CRIMES CONTRA A ORDEM TRIBUTÁRIA

14.1 ASPECTOS GERAIS

A Lei nº 8.137/90 define crimes contra a ordem tributária, econômica e contra as relações de consumo, e dá outras providências.

Em seu art. 11, dispõe que quem, de qualquer modo, inclusive por meio de pessoa jurídica, concorre para os crimes definidos na respectiva lei, incide nas penas a estes cominadas, na medida de sua culpabilidade. No entanto, nos crimes cometidos em quadrilha ou coautoria, o coautor ou partícipe que, a partir de confissão espontânea, revelar à autoridade policial ou judicial toda a trama delituosa, terá a sua pena reduzida de um a dois terços.

Os crimes previstos na referida Lei, de acordo com seu art. 15, são todos de ação penal pública, sendo a ação movida pelo Ministério Público, sem a necessidade de representação por parte de eventual ofendido (ação penal pública incondicionada).

Dos crimes praticados por particulares

Os arts. 1º e 2º da Lei nº 8.137/90 definem os crimes contra a ordem tributária que podem ser praticados por qualquer pessoa:

> ***Art. 1º*** *Constitui crime contra a ordem tributária suprimir ou reduzir tributo, ou contribuição social e qualquer acessório, mediante as seguintes condutas:*
>
> *I - omitir informação, ou prestar declaração falsa às autoridades fazendárias;*
>
> *II - fraudar a fiscalização tributária, inserindo elementos inexatos, ou omitindo operação de qualquer natureza, em documento ou livro exigido pela lei fiscal;*
>
> *III - falsificar ou alterar nota fiscal, fatura, duplicata, nota de venda, ou qualquer outro documento relativo à operação tributável;*
>
> *IV - elaborar, distribuir, fornecer, emitir ou utilizar documento que saiba ou deva saber falso ou inexato;*
>
> *V - negar ou deixar de fornecer, quando obrigatório, nota fiscal ou documento equivalente, relativa a venda de mercadoria ou prestação de serviço, efetivamente realizada, ou fornecê-la em desacordo com a legislação.*
>
> *Pena - reclusão de 2 (dois) a 5 (cinco) anos, e multa.*
>
> *Parágrafo único. A falta de atendimento da exigência da autoridade, no prazo de 10 (dez) dias, que poderá ser convertido em horas em razão da maior ou menor complexidade da matéria ou da dificuldade quanto ao atendimento da exigência, caracteriza a infração prevista no inciso V.*
>
> ***Art. 2º*** *Constitui crime da mesma natureza:*
>
> *I - Fazer declaração falsa ou omitir declaração sobre rendas, bens ou fatos, ou empregar outra fraude, para eximir-se, total ou parcialmente, de pagamento de tributo;*
>
> *II - Deixar de recolher, no prazo legal, valor de tributo ou de contribuição social, descontado ou cobrado, na qualidade de sujeito passivo de obrigação e que deveria recolher aos cofres públicos;*
>
> *III - exigir, pagar ou receber, para si ou para o contribuinte beneficiário, qualquer percentagem sobre a parcela dedutível ou deduzida de imposto ou de contribuição como incentivo fiscal;*
>
> *IV - Deixar de aplicar, ou aplicar em desacordo com o estatuído, incentivo fiscal ou parcelas de imposto liberadas por órgão ou entidade de desenvolvimento;*
>
> *V - Utilizar ou divulgar programa de processamento de dados que permita ao sujeito passivo da obrigação tributária possuir informação contábil diversa daquela que é, por lei, fornecida à Fazenda Pública.*
>
> *Pena - detenção, de 6 (seis) meses a 2 (dois) anos, e multa.*

Extinção da punibilidade e suspensão da prescrição

O art. 34 da Lei nº 9.249/95 dispõe que se extingue a punibilidade dos crimes definidos na Lei nº 8.137/90, quando o agente promover o pagamento do tributo ou contribuição social, inclusive acessórios, antes do recebimento da denúncia.

Já o art. 9º da Lei nº 10.684/03 estipula que, no caso de parcelamento dos débitos, fica suspensa a pretensão punitiva do Estado, referente aos crimes previstos nos arts. 1º e 2º da Lei nº 8.137/90, durante o período em que a pessoa jurídica relacionada com o agente dos aludidos crimes estiver incluída no regime de parcelamento, sendo que a punibilidade é extinta quando do pagamento integral das parcelas.

Dos crimes praticados por funcionários públicos

O art. 3º da Lei nº 8.137/90 dispõe sobre crimes contra a ordem tributária que podem ser praticados somente por funcionários públicos (crimes próprios):

> ***Art. 3º*** *Constitui crime funcional contra a ordem tributária, além dos previstos no Decreto-lei nº 2.848, de 7 de dezembro de 1940 - Código Penal:*
>
> *I - extraviar livro oficial, processo fiscal ou qualquer documento, de que tenha a guarda em razão da função; sonegá-lo, ou inutilizá-lo, total ou parcialmente, acarretando pagamento indevido ou inexato de tributo ou contribuição social;*
>
> *II - exigir, solicitar ou receber, para si ou para outrem, direta ou indiretamente, ainda que fora da função ou antes de iniciar seu exercício, mas em razão dela, vantagem indevida; ou aceitar promessa de tal vantagem, para deixar de lançar ou cobrar tributo ou contribuição social, ou cobrá-los parcialmente. Pena - reclusão, de 3 (três) a 8 (oito) anos, e multa.*
>
> *III - patrocinar, direta ou indiretamente, interesse privado perante a administração fazendária, valendo-se da qualidade de funcionário público.*
>
> *Pena - reclusão, de 1 (um) a 4 (quatro) anos, e multa.*

15. LEI Nº 11.340/2006 - LEI MARIA DA PENHA

15.1 Conceitos Introdutórios

Origem da lei maria da penha

Interessantemente é o fato curioso do qual se originou a Lei nº 11.340/2006, mais conhecida por Lei Maria da Penha, a qual foi uma determinação da Comissão Interamericana de Direitos Humanos, **Renato Brasileiro Lima** (2016) explica a origem:

*"Em data de 22 de setembro de 2006, entrou em vigor a Lei nº 11.340/06, referente à violência doméstica e familiar contra a mulher. **Esta lei ficou conhecida como Lei Maria da Penha em virtude da grave violência de que foi vítima Maria da Penha Maia Fernandes**: em 29 de maio de 1983, na cidade de Fortaleza, a farmacêutica Maria da Penha, enquanto dormia, foi atingida por disparo de espingarda desferido por seu próprio marido. Por força desse disparo, que atingiu a vítima em sua coluna, Maria da Penha ficou paraplégica. Porém, as agressões não cessaram. Uma semana depois, a vítima sofreu nova violência por parte de seu então marido, tendo recebido uma descarga elétrica enquanto se banhava. O agressor foi denunciado em 28 de setembro de 1984. Devido a sucessivos recursos e apelos, sua prisão ocorreu somente em setembro de 2002.*

Por conta da lentidão do processo, e por envolver grave violação aos direitos humanos, o caso foi levado à Comissão Interamericana de Direitos Humanos, que publicou o Relatório nº 54/2001, no sentido de que a ineficácia judicial a impunidade e a impossibilidade de a vítima obter uma reparação mostra a falta de cumprimento do compromisso assumido pelo Brasil de reagir adequadamente ante a violência doméstica. Cinco anos depois da publicação do referido relatório, com o objetivo de coibir e reprimir a violência doméstica e familiar contra a mulher e superar uma violência há muito arraigada na cultura machista do povo brasileiro, entrou em vigor a Lei nº 11.340/06, que ficou mais conhecida como Lei Maria da Penha.".[1] *(grifo do autor)*

Violação dos Direitos Humanos: a lei dita que a violência doméstica e familiar contra a mulher é uma conduta que viola os Direitos Humanos (art. 6º).

Art. 6º. *A violência doméstica e familiar contra a mulher constitui uma das formas de violação dos direitos humanos.*

Objetivos

Os objetivos estão expostos na ementa da Lei e no seu art. 1º, quais sejam:

> Cria mecanismos para coibir e prevenir a violência doméstica e familiar contra a mulher, nos termos do §8º do art. 226 da Constituição Federal, da Convenção sobre a Eliminação de Todas as Formas de Violência contra a Mulher, da Convenção Interamericana para Prevenir, Punir e Erradicar a Violência contra a Mulher e de outros tratados internacionais ratificados pela República Federativa do Brasil;

> Dispõe sobre a criação dos Juizados de Violência Doméstica e Familiar contra a Mulher;

> Estabelece medidas de assistência e proteção às mulheres em situação de violência doméstica e familiar;

> Altera o Código de Processo Penal, o Código Penal e a Lei de Execução Penal; e

> Dá outras providências.

O referido artigo remete ao § 8º, do art. 226, da Constituição Federal; porém, a CF estabelece a proteção à família – de forma genérica (a todos que integram a família), isto é, não diretamente à mulher.[2]

Direitos das mulheres

Art. 2º. *Toda mulher, independentemente de classe, raça, etnia, orientação sexual, renda, cultura, nível educacional, idade e religião, **goza dos direitos fundamentais inerentes à pessoa humana**, sendo-lhe asseguradas as oportunidades e facilidades para viver sem violência, preservar sua saúde física e mental e seu aperfeiçoamento moral, intelectual e social.*

Art. 3º. *Serão asseguradas <u>às mulheres</u> as condições para o exercício efetivo dos direitos à vida, à segurança, à saúde, à alimentação, à educação, à cultura, à moradia, ao acesso à justiça, ao esporte, ao lazer, ao trabalho, à cidadania, à liberdade, à dignidade, ao respeito e à convivência familiar e comunitária.*

§1º. *O poder público desenvolverá políticas que visem garantir os direitos humanos das mulheres no âmbito das relações domésticas e familiares no sentido de resguardá-las de toda forma de negligência, discriminação, exploração, violência, crueldade e opressão.*

§2º. *Cabe à família, à sociedade e ao poder público criar as condições necessárias para o efetivo exercício dos direitos enunciados no 'caput'.*

Não é só dever do **poder público**, mas também da **família** e da **sociedade** criar condições para o exercício efetivo dos **direitos garantidos** no caput do art. 3º, quais sejam: direitos à vida, à segurança, à saúde, à alimentação, à educação, à cultura, à moradia, ao acesso à justiça, ao esporte, ao lazer, ao trabalho, à cidadania, à liberdade, à dignidade, ao respeito e à convivência familiar e comunitária (art. 3º, §2º). Todavia, cabe ao **poder público** (exclusivamente) <u>desenvolver políticas</u> a fim de garantir os **Direitos Humanos** das mulheres (art. 3º, §1º).

Sujeitos da violência doméstica e familiar contra a mulher

Art. 4º. *Na interpretação desta Lei serão considerados os fins sociais a que ela se destina e, especialmente, as condições peculiares **das mulheres** em situação de violência doméstica e familiar.*

1 LIMA, R. B. **Legislação Criminal Especial Comentada.** 4ª ed. Salvador: JusPodivm, 2016, p. 899, grifo do autor.

2 Art. 226, caput, CF/88: A família, base da sociedade, tem especial proteção do Estado. [...] §8º. O Estado assegurará a assistência à família na pessoa de cada um dos que a integram, criando mecanismos para coibir a violência no âmbito de suas relações.

Sujeito passivo: exclusivamente a mulher — de nascença ou com *transgenitalização*[3], com a devida alteração em documento de registro civil de identificação autorizada por ordem judicial — em situação doméstica e/ou familiar.

Deve-se caracterizar o *vínculo familiar, de relação doméstica ou de afetividade*; basicamente, a existência de laços de convivência entre os sujeitos ativo (agressor) e passivo (vítima), com ou sem habitação.

Os homens não são sujeitos passivos dessa lei (travestis, homossexuais ou transexuais). Há doutrina (minoritária) no sentido de ser extensível aos transexuais sem cirurgia de mudança de sexo.

> ***STJ:*** *Lei nº 11.340/06. Sujeito passivo: mulher. 'In casu', a relação de violência retratada neste feito ocorreu entre dois irmãos.* ***Inaplicabilidade.*** *Precedentes.4 (grifo nosso)*

Assevera-se que também é válido para ***hermafrodita***[5] que fez procedimento médico para concluir a sua natureza feminina, conforme a jurisprudência do **TJSC:**

> ***TJSC:*** *Conflito negativo de competência. Violência doméstica e familiar. Homologação de auto de prisão em flagrante. Agressões praticadas pelo companheiro contra pessoa civilmente identificada como sendo do sexo masculino.* ***Vítima submetida à cirurgia de adequação de sexo por ser hermafrodita. Adoção do sexo feminino.*** *Presença de órgãos reprodutores femininos que lhe conferem a condição de mulher. Retificação do registro civil já requerida judicialmente.* ***Possibilidade de aplicação, no caso concreto, da Lei nº 11.340/06.*** *Competência do juízo suscitante. Conflito improcedente.[6] (grifo nosso)*

Segundo o **STF**, no tema nº 761 de Repercussão Geral, o transexual poderá solicitar a alteração em registro civil do nome e sexo, mesmo sem a cirurgia de transgenitalização. Todavia, sem debater o mérito de aplicação da Lei Maria da Penha a esses indivíduos (não aplicável).

> ***STF, TEMA Nº 761:*** *Possibilidade de alteração de gênero no assento de registro civil de transexual, mesmo sem a realização de procedimento cirúrgico de redesignação de sexo.*
>
> *STF, TESE FIXADA COM REPERCUSSÃO GERAL:*
>
> ***I.*** *O transgênero tem direito fundamental subjetivo à alteração de seu prenome e de sua classificação de gênero no registro civil, não se exigindo, para tanto, nada além da manifestação de vontade do indivíduo, o qual poderá exercer tal faculdade tanto pela via judicial como diretamente pela via administrativa;*
>
> ***II.*** *Essa alteração deve ser averbada à margem do assento de nascimento, vedada a inclusão do termo 'transgênero';*
>
> ***III.*** *Nas certidões do registro não constará nenhuma observação sobre a origem do ato, vedada a expedição de certidão de inteiro teor, salvo a requerimento do próprio interessado ou por determinação judicial;*
>
> ***IV.*** *Efetuando-se o procedimento pela via judicial, caberá ao magistrado determinar de ofício ou a requerimento do interessado a expedição de mandados específicos para a alteração dos demais registros nos órgãos públicos ou privados pertinentes, os quais deverão preservar o sigilo sobre a origem dos atos.[7]*

Sujeito ativo: tanto o homem quanto a mulher, independentemente da opção sexual, por exemplo, em uma relação homoafetiva entre duas mulheres (art. 5º, parágrafo único).

Corrobora o STJ:

> ***STJ:*** *O sujeito passivo da violência doméstica objeto da Lei Maria da Penha é a mulher, já o sujeito ativo pode ser tanto o homem quanto a mulher, desde que fique caracterizado o vínculo de relação doméstica, familiar ou de afetividade, além da convivência, com ou sem coabitação.[8]*

Alcance da lei

> ***Art. 5º.*** *Para os efeitos desta Lei configura violência doméstica e familiar contra a mulher qualquer ação ou omissão baseada no gênero que lhe cause morte, lesão, sofrimento físico, sexual ou psicológico e dano moral ou patrimonial: (Vide Lei Complementar nº 150, de 2015)*
>
> ***I.*** *no âmbito da unidade doméstica, compreendida como o espaço de convívio permanente de pessoas, com ou sem vínculo familiar, inclusive as esporadicamente agregadas;*
>
> ***II.*** *no âmbito da família, compreendida como a comunidade formada por indivíduos que são ou se consideram aparentados, unidos por laços naturais, por afinidade ou por vontade expressa;*
>
> ***III.*** *em qualquer relação íntima de afeto, na qual o agressor conviva ou tenha convivido com a ofendida, independentemente de coabitação.*
>
> ***Parágrafo único.*** *As relações pessoais enunciadas neste artigo independem de orientação sexual.*

Mesmo que ocorra uma agressão contra a mulher, deve-se obrigatoriamente ser **baseada no gênero** para que seja aplicada a Lei Maria da Penha (art. 5º, *caput*).

Alcance da norma: a eficácia da lei em estudo tem alcance limitado a três situações (art. 5º, incs. I, II e III):

→ Âmbito doméstico: coabitação, hospitalar ou empregatício, etc.
Ex.: a patroa que bate na empregada doméstica a qual dorme, uma ou duas vezes por semana, na residência da empregadora (sem vínculo familiar e esporadicamente agregada)[12]; ou, uma colega agride a outra, em uma república de estudantes (coabitação).

→ Âmbito familiar: parentesco consanguíneo ou por afinidade.
Ex.: numa perspectiva de gênero e em condições de hipossuficiência ou inferioridade física e econômica, a irmã mais velha (22 anos) agride violentamente a caçula (17 anos) durante as férias à beira-mar (irmã que bate na irmã); ou, na mesma motivação, a mãe que bate na filha e vice-versa.

3 A transgenitalização (cirurgia de mudança de sexo) é regulada pela Resolução nº 1.955/2010 do Conselho Federal de Medicina — a primeira norma que regulamentou tal procedimento foi a Resolução CFM nº 1.482/1997.

4 **STJ, HC 212.767/DF,** Rel. Min. Vasco Della Giustina (Desembargador convidado do TJRS), julgado em 13/09/2011, 6ª Turma, DJe 09/11/2011. Precedente do STJ: CC 88.027/MG.

5 **Hermafrodita**: adj. (hist. nat.): diz-se dos indivíduos ou seres que têm reunidos em si os dois sexos. Subst. m. e f.: pessoa que possui os órgãos peculiares aos dois sexos. (Fonte: Dicionário Aulete – http://www.aulete.com.br/hermafrodita)

6 **TJSC, Conflito de Jurisdição nº 2009.006461-6,** da Capital, Rel. Des. Roberto Lucas Pacheco, julgado em 23/06/2009, 3ª Câmara Criminal, *DJe* 14/08/2009.

7 **STF, RE 670.422/RS,** Rel. Min. Dias Toffoli, julgado em 15/08/2018, Tribunal Pleno, *DJe* 20/08/2019.

8 **STJ, Jurisprudência em Teses nº 41.** *Precedentes: HC 277.561/AL; HC 250.435/RJ; HC 181.246/RS; HC 175.816/RS; CC 88.027/MG; RHC 46.278/AL (Vide Inf. 551).*

→ Relação íntima de afeto: casamento, noivado, namoro ou ex-namoro/noivado, separados, divorciados, etc.

Ex.: uma ex-namorada agride a ex-parceira, que nunca moraram juntas (relação homoafetiva independente de coabitação).

União homoafetiva e desnecessidade de coabitação: haverá aplicação da lei em apreço mesmo que em uma relação homossexual (art. 5º, par. único) e sem coabitação (art. 5º, III).

Nesse sentido é a jurisprudência do STJ:

> ***Súmula nº 600, STJ:*** *Para a configuração da violência doméstica e familiar prevista no artigo 5º da Lei nº 11.340/2006 (Lei Maria da Penha) não se exige a coabitação entre autor e vítima.*
>
> ***STJ:*** *A violência doméstica abrange qualquer relação íntima de afeto, dispensada a coabitação.*[9]
>
> ***STJ:*** *A Lei Maria da Penha atribuiu às uniões homoafetivas o caráter de entidade familiar, ao prever, no seu artigo 5º, parágrafo único, que as relações pessoais mencionadas naquele dispositivo independem de orientação sexual.*[10]

Rescindência de contrato de trabalho: o contrato de trabalho poderá ser rescindido, por culpa do empregador, se ele praticar qualquer forma de violência doméstica e familiar contra a mulher prevista na Lei Maria da Penha (Lei Complementar nº 150, de 1º/6/2015).[11]

Necessidade de demonstração de vulnerabilidade: a doutrina tende a entender que há necessidade de demonstração de vulnerabilidade da vítima quando o sujeito ativo for mulher.

> **STJ:** *Para a aplicação da Lei nº 11.340/2006, há necessidade de demonstração da situação de vulnerabilidade ou hipossuficiência da mulher, numa perspectiva de gênero.*[12]

Desnecessidade de demonstração de vulnerabilidade: Todavia, tem-se presumida a condição de vulnerável quando o sujeito ativo for homem.

> **STJ:** *A vulnerabilidade, hipossuficiência ou fragilidade da mulher têm-se como presumidas nas circunstâncias descritas na Lei nº 11.340/2006.*[13]

Formas de violência doméstica e familiar contra a mulher

> ***Art. 7º.*** *São formas de violência doméstica e familiar contra a mulher, entre outras:*
>
> ***I.*** *a violência física, entendida como qualquer conduta que ofenda sua integridade ou saúde corporal;*
>
> ***II.*** *a violência psicológica, entendida como qualquer conduta que lhe cause dano emocional e diminuição da autoestima ou que lhe prejudique e perturbe o pleno desenvolvimento ou que vise degradar ou controlar suas ações, comportamentos, crenças e decisões, mediante ameaça, constrangimento, humilhação, manipulação, isolamento, vigilância constante, perseguição contumaz, insulto, chantagem, violação de sua intimidade, ridicularização, exploração e limitação do direito de ir e vir ou qualquer outro meio que lhe cause prejuízo à saúde psicológica e à autodeterminação; (Redação dada pela Lei nº 13.772, de 19/12/2018)*
>
> ***III.*** *a violência sexual, entendida como qualquer conduta que a constranja a presenciar, a manter ou a participar de relação sexual não desejada, mediante intimidação, ameaça, coação ou uso da força; que a induza a comercializar ou a utilizar, de qualquer modo, a sua sexualidade, que a impeça de usar qualquer método contraceptivo ou que a force ao matrimônio, à gravidez, ao aborto ou à prostituição, mediante coação, chantagem, suborno ou manipulação; ou que limite ou anule o exercício de seus direitos sexuais e reprodutivos;*
>
> ***IV.*** *a violência patrimonial, entendida como qualquer conduta que configure retenção, subtração, destruição parcial ou total de seus objetos, instrumentos de trabalho, documentos pessoais, bens, valores e direitos ou recursos econômicos, incluindo os destinados a satisfazer suas necessidades;*
>
> ***V.*** *a violência moral, entendida como qualquer conduta que configure calúnia, difamação ou injúria.*

Violência geral: diante deste artigo, é possível perceber que os meios de violência doméstica e familiar contra a mulher são amplos, por isso a doutrina a nomeou de **violência geral:** física, psicológica, sexual, patrimonial e moral (art. 7º, incs. I a V).

Além disso, com relevância, não é qualquer ação ou omissão capaz de infligir sofrimento na mulher que se aplicará a Lei Maria da Penha, mas somente aquelas condutas que sejam algum tipo de ilícito civil ou penal (crime ou contravenção).

Ex.: Imagine que Tício, namorado de Mévia, decida terminar o relacionamento com ela, a qual fica desconsolada e chora compulsivamente por mais de 30 dias sem parar, sem se alimentar direito, nem saindo de seu quarto, sofrendo de uma forma descomunal. **Nessa situação hipotética, a Lei Maria da Penha será não será aplicada.**

> A aplicação da Lei Maria da Penha está condicionada à coexistência de **três requisitos**: sujeito passivo (art. 4º), âmbito (art. 5º) e violência geral (art. 7º).

Requisitos para aplicar a lei maria da penha

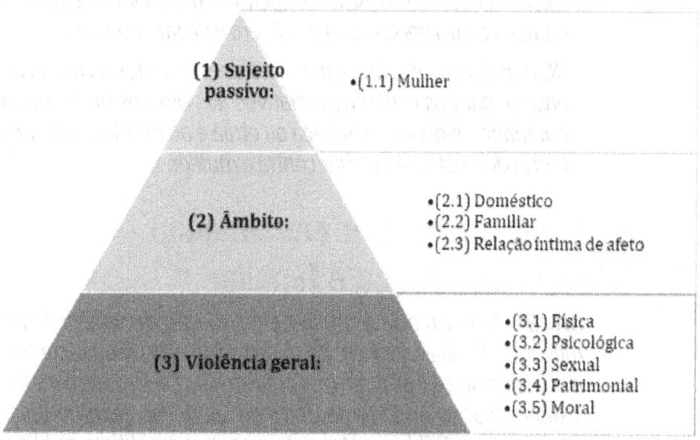

9 **STJ, Jurisprudência em Teses nº 41.** Precedentes: HC 280.082/RS; REsp 1.416.580/RJ; HC 181.246/RS; RHC 27.317/RJ; CC 91.979/MG; HC 179.130/SP; CC 107.238/MG; CC 105.201/MG (Vide Inf. 551).

10 **STJ, Jurisprudência em Teses nº 41.** Precedentes: REsp 1.183.378/RS; REsp 827.962/RS; REsp 1.026.981/RJ; REsp 1.236.524/SP.

11 **Art. 27, Parágrafo único, Lei Complementar nº 150/2015:** "O contrato de trabalho poderá ser rescindido por culpa do empregador quando: [...] VII – o empregador praticar qualquer das formas de violência doméstica ou familiar contra mulheres de que trata o art. 5º da Lei nº 11.340, de 7 de agosto de 2006.".

12 **STJ, Jurisprudência em Teses nº 41.** Precedentes: AgRg no REsp 1.430.724/RJ; HC 181.246/RS; HC 175.816/RS; HC 176.196/RS; CC 96.533/MG (Vide Inf. 524).

13 **STJ, Jurisprudência em Teses nº 41.** Precedentes: RHC 55.030/RJ; HC 280.082/RS; REsp 1.416.580/RJ (Vide Inf. 539).

15.2 Da Assistência à Mulher em Situação de Violência Doméstica e Familiar

Das medidas integradas de prevenção

Art. 8º. *A política pública que visa coibir a violência doméstica e familiar contra a mulher far-se-á por meio de um conjunto articulado de ações da União, dos Estados, do Distrito Federal e dos Municípios e de ações não-governamentais, tendo por diretrizes:*

I. *a integração operacional do Poder Judiciário, do Ministério Público e da Defensoria Pública com as áreas de segurança pública, assistência social, saúde, educação, trabalho e habitação;*

II. *a promoção de estudos e pesquisas, estatísticas e outras informações relevantes, com a perspectiva de gênero e de raça ou etnia, concernentes às causas, às consequências e à frequência da violência doméstica e familiar contra a mulher, para a sistematização de dados, a serem unificados nacionalmente, e a avaliação periódica dos resultados das medidas adotadas;*

III. *o respeito, nos meios de comunicação social, dos valores éticos e sociais da pessoa e da família, de forma a coibir os papéis estereotipados que legitimem ou exacerbem a violência doméstica e familiar, de acordo com o estabelecido no inciso III do art. 1º, no inciso IV do art. 3º e no inciso IV do art. 221 da Constituição Federal;*

IV. *a implementação de atendimento policial especializado para as mulheres, em particular nas Delegacias de Atendimento à Mulher;*

V. *a promoção e a realização de campanhas educativas de prevenção da violência doméstica e familiar contra a mulher, voltadas ao público escolar e à sociedade em geral, e a difusão desta Lei e dos instrumentos de proteção aos direitos humanos das mulheres;*

VI. *a celebração de convênios, protocolos, ajustes, termos ou outros instrumentos de promoção de parceria entre órgãos governamentais ou entre estes e entidades não-governamentais, tendo por objetivo a implementação de programas de erradicação da violência doméstica e familiar contra a mulher;*

VII. *a capacitação permanente das Polícias Civil e Militar, da Guarda Municipal, do Corpo de Bombeiros e dos profissionais pertencentes aos órgãos e às áreas enunciados no inciso I quanto às questões de gênero e de raça ou etnia;*

VIII. *a promoção de programas educacionais que disseminem valores éticos de irrestrito respeito à dignidade da pessoa humana com a perspectiva de gênero e de raça ou etnia;*

IX. *o destaque, nos currículos escolares de todos os níveis de ensino, para os conteúdos relativos aos direitos humanos, à equidade de gênero e de raça ou etnia e ao problema da violência doméstica e familiar contra a mulher.*

Da assistência à mulher em situação de violência doméstica e familiar

Art. 9º. *A assistência à mulher em situação de violência doméstica e familiar será prestada de forma articulada e conforme os princípios e as diretrizes previstos na Lei Orgânica da Assistência Social, no Sistema Único de Saúde, no Sistema Único de Segurança Pública, entre outras normas e políticas públicas de proteção, e emergencialmente quando for o caso.*

§1º. *O juiz determinará, por prazo certo, a inclusão da mulher em situação de violência doméstica e familiar no cadastro de programas assistenciais do governo federal, estadual e municipal.*

§2º. *O juiz assegurará à mulher em situação de violência doméstica e familiar, para preservar sua integridade física e psicológica:*

I. *acesso prioritário à remoção quando servidora pública, integrante da administração direta ou indireta;*

II. *manutenção do vínculo trabalhista, quando necessário o afastamento do local de trabalho, por até seis meses.*

III. *encaminhamento à assistência judiciária, quando for o caso, inclusive para eventual ajuizamento da ação de separação judicial, de divórcio, de anulação de casamento ou de dissolução de união estável perante o juízo competente. (Incluído pela Lei nº 13.894, de 29/10/2019)*

§3º. *A assistência à mulher em situação de violência doméstica e familiar compreenderá o acesso aos benefícios decorrentes do desenvolvimento científico e tecnológico, incluindo os serviços de contracepção de emergência, a profilaxia das Doenças Sexualmente Transmissíveis (DST) e da Síndrome da Imunodeficiência Adquirida (AIDS) e outros procedimentos médicos necessários e cabíveis nos casos de violência sexual.*

§4º. *Aquele que, por ação ou omissão, causar lesão, violência física, sexual ou psicológica e dano moral ou patrimonial a mulher fica obrigado a ressarcir todos os danos causados, inclusive ressarcir ao Sistema Único de Saúde (SUS), de acordo com a tabela SUS, os custos relativos aos serviços de saúde prestados para o total tratamento das vítimas em situação de violência doméstica e familiar, recolhidos os recursos assim arrecadados ao Fundo de Saúde do ente federado responsável pelas unidades de saúde que prestarem os serviços. (Incluído pela Lei nº 13.871, de 17/9/2019, publicada no DOU de 18/9/2019, em vigor 45 dias após a publicação)*

§5º. *Os dispositivos de segurança destinados ao uso em caso de perigo iminente e disponibilizados para o monitoramento das vítimas de violência doméstica ou familiar amparadas por medidas protetivas terão seus custos ressarcidos pelo agressor. (Incluído pela Lei nº 13.871, de 17/9/2019, publicada no DOU de 18/9/2019, em vigor 45 dias após a publicação)*

§6º. *O ressarcimento de que tratam os §§ 4º e 5º deste artigo não poderá importar ônus de qualquer natureza ao patrimônio da mulher e dos seus dependentes, nem configurar atenuante ou ensejar possibilidade de substituição da pena aplicada. (Incluído pela Lei nº 13.871, de 17/9/2019, publicada no DOU de 18/9/2019, em vigor 45 dias após a publicação)*

§7º. *A mulher em situação de violência doméstica e familiar tem prioridade para matricular seus dependentes em instituição de educação básica mais próxima de seu domicílio, ou transferi-los para essa instituição, mediante a apresentação dos documentos comprobatórios do registro da ocorrência policial ou do processo de violência doméstica e familiar em curso. (Incluído pela Lei nº 13.882, de 8/10/2019)*

§8º. *Serão sigilosos os dados da ofendida e de seus dependentes matriculados ou transferidos conforme o disposto no §7º deste artigo, e o acesso às informações será reservado ao juiz, ao Ministério Público e aos órgãos competentes do poder público. (Incluído pela Lei nº 13.882, de 8/10/2019)*

Prioridade de remoção de servidora pública: nos casos de violência doméstica e familiar contra a mulher que seja servidora pública da Administração Direta ou Indireta, o juiz deverá garantir prioridade na remoção desta para outro órgão a fim de garantir a integridade física e psicológica da vítima (art. 9º, §2º, I).

Manutenção de vínculo trabalhista até 6 meses: quando houver necessidade de afastamento da vítima, o juiz garantirá a manutenção do vínculo trabalhista por até 6 (seis) meses objetivando a incolumidade dela (art. 9º, §2º, II).

Ressarcimento ao Sistema Único de Saúde (SUS): a Lei nº 13.871/2019, que incluiu os §§ 4º, 5º e 6º, dispõe sobre a *responsabilidade do agressor pelo ressarcimento dos custos relacionados aos serviços de saúde prestados pelo Sistema Único de Saúde (SUS) às vítimas de violência doméstica e familiar e aos dispositivos de segurança por elas utilizados*. Todavia, tais parágrafos só terão vigência a partir de 2/11/2019 (45 dias após sua publicação no DOU).

Matrícula de dependentes na rede de educação básica: a Lei nº 13.882/2019, que incluiu os §§ 7º e 8º, dispõe sobre a *garantia de matrícula dos dependentes da mulher vítima de violência doméstica e familiar em instituição de educação básica mais próxima de seu domicílio*. Tais parágrafos possuem eficácia imediata, uma vez que a lei previu a sua vigência a partir do dia de sua publicação (publicado no DOU em 9/10/2019).

Do atendimento pela autoridade policial

Art. 10. *Na hipótese da iminência ou da prática de violência doméstica e familiar contra a mulher, à autoridade policial que tomar conhecimento da ocorrência adotará, de imediato, as providências legais cabíveis.*

Parágrafo único. *Aplica-se o disposto no 'caput' deste artigo ao descumprimento de medida protetiva de urgência deferida.*

Prioridade de atendimento policial: o art. 10 determina a atuação imediata pela autoridade policial que tomar conhecimento da iminência ou da prática de violência doméstica e familiar contra a mulher.

Art. 10-A. *É direito da mulher em situação de violência doméstica e familiar o atendimento policial e pericial especializado, ininterrupto e prestado por servidores – preferencialmente do sexo feminino – previamente capacitados. (Artigo acrescido pela Lei nº 13.505, de 8/11/2017)*

§1º. *A inquirição de mulher em situação de violência doméstica e familiar ou de testemunha de violência doméstica, quando se tratar de crime contra a mulher, obedecerá às seguintes diretrizes:*

I. *salvaguarda da integridade física, psíquica e emocional da depoente, considerada a sua condição peculiar de pessoa em situação de violência doméstica e familiar;*

II. *garantia de que, em nenhuma hipótese, a mulher em situação de violência doméstica e familiar, familiares e testemunhas terão contato direto com investigados ou suspeitos e pessoas a eles relacionadas;*

III. *não revitimização da depoente, evitando sucessivas inquirições sobre o mesmo fato nos âmbitos criminal, cível e administrativo, bem como questionamentos sobre a vida privada.*

§2º. *Na inquirição de mulher em situação de violência doméstica e familiar ou de testemunha de delitos de que trata esta Lei, adotar-se-á, preferencialmente, o seguinte procedimento:*

I. *a inquirição será feita em recinto especialmente projetado para esse fim, o qual conterá os equipamentos próprios e adequados à idade da mulher em situação de violência doméstica e familiar ou testemunha e ao tipo e à gravidade da violência sofrida;*

II. *quando for o caso, a inquirição será intermediada por profissional especializado em violência doméstica e familiar designado pela autoridade judiciária ou policial;*

III. *o depoimento será registrado em meio eletrônico ou magnético, devendo a degravação e a mídia integrar o inquérito.*

Atendimento policial e pericial especializado: a Lei nº 13.505, de 8/11/2017, que incluiu os arts. 10-A, 12-A e 12-B, dispõe sobre *o direito da mulher em situação de violência doméstica e familiar de ter atendimento policial e pericial especializado, ininterrupto e prestado por servidores –* ***preferencialmente do sexo feminino*** *– previamente capacitados.*

Veja que o dispositivo não determina o atendimento obrigatório por servidores do sexo feminino, mas sim preferencialmente, isto é, na ausência delas, poderá o atendimento ser feito por agente policial masculino.

Diretrizes obrigatórias da inquirição (§1º):	Procedimento preferencial da inquirição (§2º):
I. Salvaguarda da integridade da depoente;	I. Recinto especial;
II. Ausência de contato direto com investigados, suspeitos ou pessoas relacionadas;	II. Intermediação por profissional especializado;
III. Não revitimização da depoente.	III. Registro em meio eletrônico ou magnético.

Art. 11. *No atendimento à mulher em situação de violência doméstica e familiar, a autoridade policial deverá, entre outras providências:*

I. *garantir proteção policial, quando necessário, comunicando de imediato ao Ministério Público e ao Poder Judiciário;*

II. *encaminhar a ofendida ao hospital ou posto de saúde e ao Instituto Médico Legal;*

III. *fornecer transporte para a ofendida e seus dependentes para abrigo ou local seguro, quando houver risco de vida;*

IV. *se necessário, acompanhar a ofendida para assegurar a retirada de seus pertences do local da ocorrência ou do domicílio familiar;*

V. *informar à ofendida os direitos a ela conferidos nesta Lei e os serviços disponíveis, inclusive os de assistência judiciária para o eventual ajuizamento perante o juízo competente da ação de separação judicial, de divórcio, de anulação de casamento ou de dissolução de união estável. (Redação dada pela Lei nº 13.894, de 29/10/2019)*

Providências durante o atendimento policial à mulher: o art. 11 lista certas providências que devem ser executadas pela autoridade policial que estiver atendendo a mulher em situação de violência doméstica e familiar, as quais não estão listadas em um rol taxativo, mas sim um rol exemplificativo, por força do termo: "[...] entre outras providências: [...]".

Providências durante o atendimento policial à mulher (art. 11):	
Garantir:	Proteção policial (quando necessário).
Encaminhar:	A ofendida ao hospital ou posto de saúde e ao I.M.L.
Fornecer:	Transporte para abrigo ou local seguro (quando houver risco de vida).
Acompanhar:	Para assegurar a retirada de seus pertences (se necessário).
Informar:	Os direitos e os serviços disponíveis.

Art. 12. *Em todos os casos de violência doméstica e familiar contra a mulher, feito o registro da ocorrência, deverá a autoridade policial adotar, de imediato, os seguintes procedimentos, sem prejuízo daqueles previstos no Código de Processo Penal:*

I. *ouvir a ofendida, lavrar o boletim de ocorrência e tomar a representação a termo, se apresentada;*

II. *colher todas as provas que servirem para o esclarecimento do fato e de suas circunstâncias;*

III. remeter, no prazo de 48 (quarenta e oito) horas, expediente apartado ao juiz com o pedido da ofendida, para a concessão de medidas protetivas de urgência;

IV. determinar que se proceda ao exame de corpo de delito da ofendida e requisitar outros exames periciais necessários;

V. ouvir o agressor e as testemunhas;

VI. ordenar a identificação do agressor e fazer juntar aos autos sua folha de antecedentes criminais, indicando a existência de mandado de prisão ou registro de outras ocorrências policiais contra ele;

VI-A. verificar se o agressor possui registro de porte ou posse de arma de fogo e, na hipótese de existência, juntar aos autos essa informação, bem como notificar a ocorrência à instituição responsável pela concessão do registro ou da emissão do porte, nos termos da Lei nº 10.826, de 22 de dezembro de 2003 (Estatuto do Desarmamento); (Incluído pela Lei nº 13.880, de 8/10/2019)

VII. remeter, no prazo legal, os autos do inquérito policial ao juiz e ao Ministério Público.

§1º. O pedido da ofendida será tomado a termo pela autoridade policial e deverá conter:

I. qualificação da ofendida e do agressor;

II. nome e idade dos dependentes;

III. descrição sucinta do fato e das medidas protetivas solicitadas pela ofendida;

IV. informação sobre a condição de a ofendida ser pessoa com deficiência e se da violência sofrida resultou deficiência ou agravamento de deficiência preexistente. (Incluído pela Lei nº 13.836, de 4/6/2019)

§2º. A autoridade policial deverá anexar ao documento referido no §1º o boletim de ocorrência e cópia de todos os documentos disponíveis em posse da ofendida.

§3º. Serão admitidos como meios de prova os laudos ou prontuários médicos fornecidos por hospitais e postos de saúde.

Procedimentos após o registro de ocorrência (art. 12):	
Ouvir, lavrar e tomar:	Ouvir a ofendida, lavrar o boletim de ocorrência e tomar a representação a termo, se apresentada;
Colher:	Todas as provas que servirem para o esclarecimento do fato e de suas circunstâncias;
Remeter:	No prazo de 48 (quarenta e oito) horas, expediente apartado ao juiz com o pedido da ofendida, para a concessão de medidas protetivas de urgência;
Determinar:	Que se proceda ao exame de corpo de delito da ofendida e requisitar outros exames periciais necessários;
Ouvir:	O agressor e as testemunhas;
Ordenar:	A identificação do agressor e fazer juntar aos autos sua folha de antecedentes criminais, indicando a existência de mandado de prisão ou registro de outras ocorrências policiais contra ele;
Verificar:	Se o agressor possui registro de porte ou posse de arma de fogo e, na hipótese de existência, juntar aos autos essa informação, bem como notificar a ocorrência à instituição responsável pela concessão do registro ou da emissão do porte, nos termos da Lei nº 10.826/03 (Estatuto do Desarmamento);
Remeter:	No prazo legal, os autos do inquérito policial ao juiz e ao Ministério Público.

Art. 12-A. *Os Estados e o Distrito Federal, na formulação de suas políticas e planos de atendimento à mulher em situação de violência doméstica e familiar, darão prioridade, no âmbito da Polícia Civil, à criação de Delegacias Especializadas de Atendimento à Mulher (DEAMS), de Núcleos Investigativos de Feminicídio e de equipes especializadas para o atendimento e a investigação das violências graves contra a mulher. (Artigo acrescido pela Lei nº 13.505, de 8/11/2017)*

Art. 12-B. *(VETADO na Lei nº 13.505, de 8/11/2017)*

§1º. (VETADO na Lei nº 13.505, de 8/11/2017)

§2º (VETADO na Lei nº 13.505, de 8/11/2017)

§3º. A autoridade policial poderá requisitar os serviços públicos necessários à defesa da mulher em situação de violência doméstica e familiar e de seus dependentes. (Incluído pela Lei nº 13.505, de 8/11/2017)

Art. 12-C. *Verificada a existência de risco atual ou iminente à vida ou à integridade física da mulher em situação de violência doméstica e familiar, ou de seus dependentes, o agressor será imediatamente afastado do lar, domicílio ou local de convivência com a ofendida: (Artigo acrescido pela Lei nº 13.827, de 13/5/2019)*

I. pela autoridade judicial;

II. pelo delegado de polícia, quando o Município não for sede de comarca; ou

III. pelo policial, quando o Município não for sede de comarca e não houver delegado disponível no momento da denúncia.

§1º. Nas hipóteses dos incisos II e III do 'caput' deste artigo, o juiz será comunicado no prazo máximo de 24 (vinte e quatro) horas e decidirá, em igual prazo, sobre a manutenção ou a revogação da medida aplicada, devendo dar ciência ao Ministério Público concomitantemente.

§2º. Nos casos de risco à integridade física da ofendida ou à efetividade da medida protetiva de urgência, não será concedida liberdade provisória ao preso.

15.3 Aspectos Processuais Relevantes

Competência mista e legislações aplicáveis

Art. 13. *Ao processo, ao julgamento e à execução das causas cíveis e criminais decorrentes da prática de violência doméstica e familiar contra a mulher aplicar-se-ão as normas dos Códigos de Processo Penal e Processo Civil e da legislação específica relativa à criança, ao adolescente e ao idoso que não conflitarem com o estabelecido nesta Lei.*

Aplicação subsidiária: por ser uma lei específica, a Lei Maria da Penha prevalece sobre a genérica naquilo que houver contradição, todavia, ainda se aplicará a lei geral quando aquela não versar sobre o assunto, por exemplo, os Códigos Processuais Penal e Civil (CPP e CPC), o Estatuto da Criança e do Adolescente (ECA), bem como o Estatuto do Idoso, entre outros.

Juizados de violência doméstica e familiar contra a mulher

Art. 14. *Os Juizados de Violência Doméstica e Familiar contra a Mulher, órgãos da Justiça Ordinária com **competência cível e criminal**, poderão ser criados pela União, no Distrito Federal e nos Territórios, e pelos Estados, para o processo, o julgamento e a execução das causas decorrentes da prática de violência doméstica e familiar contra a mulher.*

Parágrafo único. *Os atos processuais poderão realizar-se em horário noturno, conforme dispuserem as normas de organização judiciária.*

Competência cumulativa: os juizados de violência doméstica e familiar contra a mulher possuem a cumulação de *competência civil* e *criminal*, bem como de outras causas decorrentes (art. 14, *caput*).

> ***STJ:*** *Os Juizados de Violência Doméstica e Familiar contra a Mulher* ***têm competência cumulativa para o julgamento e a execução das causas decorrentes*** *da prática de violência doméstica e familiar contra a mulher, nos termos do art. 14, da Lei nº 11.340/2006.*[14] *(grifo nosso)*

Horário noturno: os atos processuais relativos à Lei Maria da Penha poderão se realizar em horário noturno (art. 14, par. único).

Opção da ofendida nos processos cíveis

> ***Art. 15.*** *É competente, por opção da ofendida, para os processos cíveis regidos por esta Lei, o Juizado:*
>
> ***I.*** *do seu domicílio ou de sua residência;*
>
> ***II.*** *do lugar do fato em que se baseou a demanda;*
>
> ***III.*** *do domicílio do agressor.*

Audiência de retratação

> ***Art. 16.*** *Nas* ***ações penais públicas condicionadas à representação*** *da ofendida de que trata esta Lei, só será admitida a renúncia à representação perante o juiz, em audiência especialmente designada com tal finalidade,* ***antes do recebimento da denúncia*** *e ouvido o Ministério Público.*

Retratação da representação: nos casos de violência doméstica e familiar contra a mulher, somente será possível a retratação da representação (nos crimes de ação penal pública condicionada) antes do recebimento da denúncia.

O **art. 16 da Lei Maria da Penha** apresenta situação dilatada à regra geral descrita no CPP referente à retratação da representação (art. 25, CPP). Portanto, cuidado com esses temas em sua prova.

> ***STJ:*** *A audiência de retratação prevista no art. 16 da Lei nº 11.340/06 apenas será designada no caso de* ***manifestação expressa ou tácita da vítima*** *e desde que ocorrida* ***antes do recebimento da denúncia.***[15] *(grifo nosso)*

Retratação da representação:	
Lei Maria da Penha:	Até o **recebimento** da denúncia (por exemplo: a denúncia está em mãos do juiz, mas ainda não se iniciou o processo).
CPP:	Até o **oferecimento** da denúncia (por exemplo: a denúncia ainda não foi encaminhada para o juiz, mas ainda está em mãos do Ministério Público).

Sanções vedadas

> ***Art. 17.*** *É vedada a aplicação, nos casos de violência doméstica e familiar contra a mulher, de penas de cesta básica ou outras de prestação pecuniária, bem como a substituição de pena que implique o pagamento isolado de multa.*

Aplicação de pena de cesta básica ou de prestação pecuniária: a fim de desencorajar o agressor, o legislador *proibiu* (vedou) a aplicação de penas de *cesta básica ou de prestação pecuniária* (pagamento em dinheiro à vítima), bem como a substituição de pena pelo *pagamento isolado de multa*.

Substituição de pena privativa de liberdade por restritiva de direitos: o STJ determinou a *impossibilidade* de substituição de *pena privativa de liberdade por restritiva de direitos*, nos casos de violência doméstica e familiar contra a mulher (Súm. 588, STJ).

> ***Súmula nº 588, STJ:*** *A prática de crime ou contravenção penal contra a mulher com violência ou grave ameaça no ambiente doméstico impossibilita a substituição da pena privativa de liberdade por restritiva de direitos.*

Princípio da insignificância e bagatela imprópria

Não se admite o **princípio da insignificância** (bagatela própria) para a violência doméstica e familiar contra a mulher (Súm. 589, STJ).

> ***Súmula nº 589, STJ:*** *É inaplicável o princípio da insignificância nos crimes ou contravenções penais praticados contra a mulher no âmbito das relações domésticas.*

Nem mesmo a aplicação da **bagatela imprópria:**

> ***STJ: Não é possível*** *a aplicação dos* ***princípios da insignificância e da bagatela imprópria*** *nos delitos praticados com violência ou grave ameaça no âmbito das relações domésticas e familiares*[16] *(grifo nosso)*

Vedação da lei nº 9.099/95

> ***Art. 41.*** *Aos crimes praticados com violência doméstica e familiar contra a mulher, independentemente da pena prevista, não se aplica a Lei nº 9.099, de 26 de setembro de 1995.*

Não se aplica a **Lei nº 9.099/95** (JECrim) à violência doméstica e familiar contra a mulher, em todos os sentidos: *sursis* processual (suspensão condicional do processo), transação penal, reparação dos danos, entre outros dispositivos.

> ***Súmula nº 536, STJ:*** *A suspensão condicional do processo e a transação penal não se aplicam na hipótese de delitos sujeitos ao rito da Lei Maria da Penha.*

lesão corporal leve e culposa

> ***Súmula nº 542, STJ:*** *A ação penal relativa ao crime de lesão corporal resultante de violência doméstica contra a mulher é pública incondicionada.*

Na violência doméstica e familiar contra a mulher que gere lesão corporal leve ou culposa, a **ação penal é pública incondicionada.**

Os demais crimes de ação penal pública condicionada à representação **continuarão** com a mesma regra do Código Penal ou outras Leis Penais Especiais, o que não se aplica à Lei Maria da Penha é a Lei nº 9.099/95 (JECrim)[17].

---

14 STJ, Jurisprudência em Teses nº 41. Precedentes: REsp 1.475.006/MT (Vide Inf. 550).

15 **STJ, Jurisprudência em Teses nº 41.** *Precedentes*: RHC 41.545/PB; HC 184.923/DF; AgRg no AREsp 40.934/DF; HC 167.898/MG; AgRg no Ag 1.380.117/SE; RHC 27.317/RJ; REsp 1.533.691/MG; AREsp 518.363/DF.

16 **STJ, Jurisprudência em Teses nº 41.** *Precedentes*: REsp 1.537.749/DF; AgRg no REsp 1.464.335/MS; AgRg no AREsp 19.042/DF; REsp 1.538.562/SP; AREsp 652.428/DF; HC 317.781/MS.

17 **Art. 88, Lei nº 9.099/95:** *"Além das hipóteses do Código Penal e da legislação especial, dependerá de representação a ação penal relativa aos crimes de lesões corporais leves e lesões culposas.".* **(DISPOSITIVO NÃO APLICÁVEL À VIOLÊNCIA DOMÉSTICA E FAMILIAR CONTRA A MULHER)**

Por exemplo: o **crime de ameaça** contra a mulher em situação de violência doméstica e familiar, continua a ser de **ação penal pública condicionada** à representação da vítima, conforme dispõe o art. 147, parágrafo único, do Código Penal.

STJ: *O crime de lesão corporal, ainda que leve ou culposo, praticado contra a mulher no âmbito das relações domésticas e familiares, deve ser processado mediante ação penal pública incondicionada.*[18]

15.4 Medidas Protetivas de Urgência

Disposições gerais

Art. 18. *Recebido o expediente com o pedido da ofendida, caberá ao juiz, no prazo de 48 (quarenta e oito) horas:*

I. *conhecer do expediente e do pedido e decidir sobre as medidas protetivas de urgência;*

II. *determinar o encaminhamento da ofendida ao órgão de assistência judiciária, quando for o caso, inclusive para o ajuizamento da ação de separação judicial, de divórcio, de anulação de casamento ou de dissolução de união estável perante o juízo competente; (Redação dada pela Lei nº 13.894, de 29/10/2019)*

III. *comunicar ao Ministério Público para que adote as providências cabíveis;*

IV. *determinar a apreensão imediata de arma de fogo sob a posse do agressor. (Incluído pela Lei nº 13.880, de 8/10/2019)*

Atendimento policial e pericial especializado: a Lei nº 13.505, de 8/11/2017, que incluiu os arts. 10-A, 12-A e 12-B, dispõe sobre *o direito da mulher em situação de violência doméstica e familiar de ter atendimento policial e pericial especializado, ininterrupto e prestado por servidores* — **preferencialmente do sexo feminino** — *previamente capacitados.*

Art. 19. *As medidas protetivas de urgência poderão ser concedidas pelo juiz, a requerimento do Ministério Público ou a pedido da ofendida.*

§1º. *As medidas protetivas de urgência poderão ser concedidas de imediato, independentemente de audiência das partes e de manifestação do Ministério Público, devendo este ser prontamente comunicado.*

§2º. *As medidas protetivas de urgência serão aplicadas isolada ou cumulativamente, e poderão ser substituídas a qualquer tempo por outras de maior eficácia, sempre que os direitos reconhecidos nesta Lei forem ameaçados ou violados.*

§3º. *Poderá o juiz, a requerimento do Ministério Público ou a pedido da ofendida, conceder novas medidas protetivas de urgência ou rever aquelas já concedidas, se entender necessário à proteção da ofendida, de seus familiares e de seu patrimônio, ouvido o Ministério Público.*

Ministério Público ou ofendida: as medidas protetivas de urgências necessitam de autorização judicial e poderão ser concedidas por: [1] *requerimento do Ministério Público ou [2] pedido da ofendida*. Sendo assim, não cabe à autoridade policial solicitar medida protetiva de urgência, conforme a ausência legal no art. 19.

Art. 20. *Em qualquer fase do inquérito policial ou da instrução criminal, caberá a prisão preventiva do agressor, decretada pelo juiz, de ofício, a requerimento do Ministério Público ou mediante representação da autoridade policial.*

Parágrafo único. *O juiz poderá revogar a prisão preventiva se, no curso do processo, verificar a falta de motivo para que subsista, bem como de novo decretá-la, se sobrevierem razões que a justifiquem.*

Ministério Público ou autoridade policial: a prisão preventiva do agressor necessita de autorização judicial e poderá ser concedida: [1] *requerimento do Ministério Público ou [2] representação da autoridade policial* — no inquérito policial ou na instrução criminal (durante o processo penal poderá o juiz decretá-la de ofício).

Art. 21. *A ofendida deverá ser notificada dos atos processuais relativos ao agressor, especialmente dos pertinentes ao ingresso e à saída da prisão, sem prejuízo da intimação do advogado constituído ou do defensor público.*

Parágrafo único. *A ofendida não poderá entregar intimação ou notificação ao agressor.*

Notificação dos atos processuais: a ofendida deve ser "notificada" (ou "cientificada") sobre todos os atos processuais que envolverem o agressor; vedando-se, entretanto, que ela entregue intimação ou notificação ao agressor.

Medidas protetivas de urgência que obrigam o agressor

Art. 22. *Constatada a prática de violência doméstica e familiar contra a mulher, nos termos desta Lei, o juiz poderá aplicar, de imediato, ao agressor, em conjunto ou separadamente, as seguintes medidas protetivas de urgência, entre outras:*

I. *suspensão da posse ou restrição do porte de armas, com comunicação ao órgão competente, nos termos da Lei nº 10.826, de 22 de dezembro de 2003 (Estatuto do Desarmamento);*

II. *afastamento do lar, domicílio ou local de convivência com a ofendida;*

III. *proibição de determinadas condutas, entre as quais:*

a) *aproximação da ofendida, de seus familiares e das testemunhas, fixando o limite mínimo de distância entre estes e o agressor;*

b) *contato com a ofendida, seus familiares e testemunhas por qualquer meio de comunicação;*

c) *frequentação de determinados lugares a fim de preservar a integridade física e psicológica da ofendida;*

IV. *restrição ou suspensão de visitas aos dependentes menores, ouvida a equipe de atendimento multidisciplinar ou serviço similar;*

V. *prestação de alimentos provisionais ou provisórios.*

§1º. *As medidas referidas neste artigo não impedem a aplicação de outras previstas na legislação em vigor, sempre que a segurança da ofendida ou as circunstâncias o exigirem, devendo a providência ser comunicada ao Ministério Público.*

§2º. *Na hipótese de aplicação do inciso I, encontrando-se o agressor nas condições mencionadas no 'caput' e incisos do art. 6º da Lei nº 10.826, de 22 de dezembro de 2003 (Estatuto do Desarmamento), o juiz comunicará ao respectivo órgão, corporação ou instituição as medidas protetivas de urgência concedidas e determinará a restrição do porte de armas, ficando o superior imediato do agressor responsável pelo cumprimento da determinação judicial, sob pena de incorrer nos crimes de prevaricação ou de desobediência, conforme o caso.*

§3º. *Para garantir a efetividade das medidas protetivas de urgência, poderá o juiz requisitar, a qualquer momento, auxílio da força policial.*

§4º. *Aplica-se às hipóteses previstas neste artigo, no que couber, o disposto no 'caput' e nos §§ 5º e 6º do art. 461 da Lei nº 5.869, de 11 de janeiro de 1973 (Código de Processo Civil).*

18 **STJ, Jurisprudência em Teses nº 41.** Precedentes: REsp 1.537.749/DF; AgRg no REsp 1.442.015/MG; RHC 42.228/SP; AgRg no REsp 1.358.215/MG; RHC 45.444/MG; AgRg no REsp 1.428.577/DF; AgRg no HC 213.597/MT; HC 184.923/DF; RHC 33.881/MG; HC 242.458/DF (Vide Inf. 509).

Medidas isoladas ou cumulativamente: determina o *caput* do art. 22 que o juiz poderá, de imediato, aplicar as medidas protetivas de urgência isoladas ou cumulativamente, entre outras, ou seja, o rol é exemplificativo.

Comunicação ao Ministério Público (§1º): como o rol é exemplificativo, poderá o juiz competente aplicar outras medidas previstas na legislação em vigor, mas sempre notificando o Ministério Público.

Agentes de segurança pública (§2º): tratando-se de agentes de segurança previstos no rol do *caput* e incisos do art. 6º do Estatuto do Desarmamento, o juiz competente irá comunicar o órgão competente e o superior hierárquico ficará responsável pela restrição do porte do subordinado sob de pena de incorrer nos crimes de prevaricação ou desobediência, conforme o caso.

Auxílio da força policial (§3º): a fim de garantir a efetividade das medidas protetivas, o juiz poderá requisitar o auxílio da força policial.

Medidas protetivas de urgência que obrigam o agressor, entre outras (art. 22):	
Suspensão de posse/porte de armas:	Com comunicação ao órgão competente, nos termos da Lei nº 10.826, de 22 de dezembro de 2003 (Estatuto do Desarmamento);
Afastamento do lar:	Ou local de convivência com a ofendida;
Proibição de condutas:	a) aproximação da ofendida, de seus familiares e das testemunhas, fixando o limite mínimo de distância entre estes e o agressor; b) contato com a ofendida, seus familiares e testemunhas por qualquer meio de comunicação; c) frequentação de determinados lugares a fim de preservar a integridade física e psicológica da ofendida;
Restrição de visitas:	Aos dependentes menores, ouvida a equipe de atendimento multidisciplinar ou serviço similar;
Prestação de alimentos:	Provisionais ou provisórios.

Medidas protetivas de urgência à ofendida

Art. 23. *Poderá o juiz, quando necessário, sem prejuízo de outras medidas:*

I. *encaminhar a ofendida e seus dependentes a programa oficial ou comunitário de proteção ou de atendimento;*

II. *determinar a recondução da ofendida e a de seus dependentes ao respectivo domicílio, após afastamento do agressor;*

III. *determinar o afastamento da ofendida do lar, sem prejuízo dos direitos relativos a bens, guarda dos filhos e alimentos;*

IV. *determinar a separação de corpos;*

V. *determinar a matrícula dos dependentes da ofendida em instituição de educação básica mais próxima do seu domicílio, ou a transferência deles para essa instituição, independentemente da existência de vaga. (Incluído pela Lei nº 13.882, de 8/10/2019)*

Medidas protetivas de urgência à ofendida, entre outras (art. 23):	
Programa de proteção:	Encaminhamento da ofendida e de seus dependentes à programa oficial ou comunitário de proteção ou de atendimento;
Recondução ao domicílio:	Determinação de reconduzir a ofendida e seus dependentes ao respectivo domicílio, após afastamento do agressor;
Afastamento do lar:	Determinação de afastar a ofendida do lar, sem prejuízo dos direitos relativos a bens, guarda dos filhos e alimentos;
Separação matrimonial:	Determinação da separação de corpos;
Matrícula escolar:	Determinação de matrícula dos dependentes da ofendida em instituição de educação básica mais próxima do seu domicílio, ou a transferência deles para essa instituição, independentemente da existência de vaga.

Art. 24. *Para a proteção patrimonial dos bens da sociedade conjugal ou daqueles de propriedade particular da mulher, o juiz poderá determinar, liminarmente, as seguintes medidas, entre outras:*

I. *restituição de bens indevidamente subtraídos pelo agressor à ofendida;*

II. *proibição temporária para a celebração de atos e contratos de compra, venda e locação de propriedade em comum, salvo expressa autorização judicial;*

III. *suspensão das procurações conferidas pela ofendida ao agressor;*

IV. *prestação de caução provisória, mediante depósito judicial, por perdas e danos materiais decorrentes da prática de violência doméstica e familiar contra a ofendida.*

Parágrafo único. *Deverá o juiz oficiar ao cartório competente para os fins previstos nos incisos II e III deste artigo.*

Medidas protetivas do patrimônio da ofendida (art. 24):	
Restituição de bens:	indevidamente subtraídos pelo agressor à ofendida;
Proibição temporária:	para a celebração de atos e contratos de compra, venda e locação de propriedade em comum, salvo expressa autorização judicial;
Suspensão de procurações:	conferidas pela ofendida ao agressor;
Prestação de caução provisória:	mediante depósito judicial, por perdas e danos materiais decorrentes da prática de violência doméstica e familiar contra a ofendida.

Do crime de descumprimento de medidas protetivas de urgência

Descumprimento de medidas protetivas de urgência

Art. 24-A. *Descumprir decisão judicial que defere medidas protetivas de urgência previstas nesta Lei: (Artigo acrescido pela Lei nº 13.641, de 3/4/2018)*

Pena *– detenção, de 3 (três) meses a 2 (dois) anos.*

§1º. *A configuração do crime independe da competência civil ou criminal do juiz que deferiu as medidas.*

§2º. *Na hipótese de prisão em flagrante, apenas a autoridade judicial poderá conceder fiança.*

§3º. O disposto neste artigo não exclui a aplicação de outras sanções cabíveis.

Antes da Lei nº 13.641, de 3 de abril de 2018, ao agente que descumprisse medida de protetiva de urgência, o juiz poderia aplicar outras sanções previstas, como exemplo, a possibilidade de se aplicar a prisão preventiva (art. 313, III, CPP)[19]. Portanto, antigamente o seu descumprimento não configurava crime na Lei Maria da Penha nem mesmo o de desobediência (art. 330, CP).

***STJ:** O descumprimento de medida protetiva de urgência não configura o crime de desobediência, em face da existência de outras sanções previstas no ordenamento jurídico para a hipótese.*[20]

> Mesmo após a vigência da Lei nº 13.641/18, não configura o delito de desobediência (art. 330, CP), mas sim o crime de **"descumprimento de medidas protetivas de urgência"** (art. 24-A, Lei nº 11.340/06) — especial modalidade de desobediência.

Sujeito ativo: é próprio (somente aquele que teve a medida protetiva de urgência decretada poderá cometê-lo).

Elemento subjetivo e conduta: é doloso (não admite a forma culposa) e comissivo (admite tentativa) ou omissivo (não admite tentativa).

Consumação e tentativa: trata-se de delito instantâneo (sua consumação se dá em momento certo: quando o agente *comete* a conduta proibida na decisão judicial ou *deixa* de praticar aquela que lhe foi ordenada) e; tanto é plurissubsistente (admite tentativa), *na forma comissiva;* como também, unissubsistente (não admite tentativa), *na forma omissiva.*

Princípio da especialidade: o crime de "descumprimento de medidas protetivas de urgência" (art. 24-A da Lei Maria da Penha) trata-se de especial modalidade de "desobediência" (art. 330 do Código Penal) e, por conseguinte, o tipo específico prevalece sobre o genérico, por força do princípio da especialidade.

Ação penal: é pública incondicionada, isto é, o Ministério Público deverá promover, privativamente, a ação penal pública (art. 129, I, CF/88), assim que tiver conhecimento, não podendo desistir da ação penal (art. 42, CPP).

Inquérito policial: mesmo que se trate de infração penal de menor potencial ofensivo, não se aplicará os institutos referentes a esta infração (art. 61, Lei nº 9.099/95), devendo, portanto, a autoridade policial instaurar inquérito policial de ofício assim que tomar conhecimento da materialidade do delito (art. 4º, caput, I, CPP).

Competência: é do Juizado de Violência Doméstica e Familiar Contra a Mulher (arts. 13 e 14).

19 **Art. 313, caput, CPP:** *"Nos termos do art. 312 deste Código, será admitida a decretação da prisão preventiva: [...] III - se o crime envolver violência doméstica e familiar contra a mulher, criança, adolescente, idoso, enfermo ou pessoa com deficiência, para garantir a execução das medidas protetivas de urgência; [...]".*

20 **STJ, Jurisprudência em Teses nº 41.** Precedentes: AgRg no HC 305.448/RS; Ag no REsp 1.519.850/DF; HC 312.513/RS; AgRg no REsp 1454609/RS; AgRg no REsp 1.490.460/DF; HC 305.442/RS; AgRg no AREsp 575.017/DF; HC 299.165/RS; AgRg no REsp 1.482.990/MG; AgRg no REsp 1.477.632/DF (Vide Inf. 544).

Descumprimento de medida protetiva penal ou civil (§1º): o descumprimento de decisão judicial que defere medida protetiva de urgência prevista na Lei Maria da Penha não é somente a de cunho penal, mas também a civil, por exemplo, as impostas pelos arts. 22 a 24.

Inadmissibilidade de fiança em sede policial (§2º): cuidado, pois o art. 24-A da Lei Maria da Penha é *delito afiançável em sede judicial*, mas será inafiançável em sede policial. Assim, a fiança somente poderá ser decretada pelo juiz competente.

Outras sanções (§3º): o cometimento do crime em estudo não impede a aplicação de outras sanções cabíveis, como a prisão preventiva (art. 313, III, CPP)[21].

Atuação do ministério público

***Art. 25.** O Ministério Público intervirá, quando não for parte, nas causas cíveis e criminais decorrentes da violência doméstica e familiar contra a mulher.*

***Art. 26.** Caberá ao Ministério Público, sem prejuízo de outras atribuições, nos casos de violência doméstica e familiar contra a mulher, quando necessário:*

***I.** requisitar força policial e serviços públicos de saúde, de educação, de assistência social e de segurança, entre outros;*

***II.** fiscalizar os estabelecimentos públicos e particulares de atendimento à mulher em situação de violência doméstica e familiar, e adotar, de imediato, as medidas administrativas ou judiciais cabíveis no tocante a quaisquer irregularidades constatadas;*

***III.** cadastrar os casos de violência doméstica e familiar contra a mulher.*

"Custos legis": o Ministério Público, quando não for parte da ação, intervirá como fiscal da lei (art. 25).

Competências do Ministério Público (art. 26):	
Requisitar:	força policial e serviços públicos *de saúde, de educação, de assistência social* e *de segurança*, entre outros;
Fiscalizar:	os estabelecimentos públicos e particulares de atendimento à mulher em situação de violência doméstica e familiar, e [...];
Adotar:	de imediato, as medidas administrativas ou judiciais cabíveis no tocante a quaisquer irregularidades constatadas;
Cadastrar:	os casos de violência doméstica e familiar contra a mulher (no banco de dados à que se referem os art. 38 e 38-A).

Da assistência judiciária

***Art. 27.** Em todos os atos processuais, cíveis e criminais, a mulher em situação de violência doméstica e familiar deverá estar acompanhada de advogado, ressalvado o previsto no art. 19 desta Lei.*

***Art. 28.** É garantido a toda mulher em situação de violência doméstica e familiar o acesso aos serviços de Defensoria Pública ou de Assistência Judiciária Gratuita, nos termos da lei, em sede policial e judicial, mediante atendimento específico e humanizado.*

21 **Art. 313, caput, CPP:** "Nos termos do art. 312 deste Código, será admitida a decretação da prisão preventiva: [...] III - se o crime envolver violência doméstica e familiar contra a mulher, criança, adolescente, idoso, enfermo ou pessoa com deficiência, para garantir a execução das medidas protetivas de urgência. [...]".

Assistência Judiciária: a ofendida deve estar acompanhada de advogado, caso não tenha condições para o seu pagamento, o Estado deverá lhe garantir que seja assistida pela Defensoria Pública. Tal assistência possui dois parâmetros: no inquérito policial e no processo judicial; além de atendimento específico e humanizado.

15.5 Da Equipe de Atendimento Multidisciplinar

__Art. 29.__ Os Juizados de Violência Doméstica e Familiar contra a Mulher que vierem a ser criados poderão contar com uma equipe de atendimento multidisciplinar, a ser integrada por profissionais especializados nas áreas psicossocial, jurídica e de saúde.

__Art. 30.__ Compete à equipe de atendimento multidisciplinar, entre outras atribuições que lhe forem reservadas pela legislação local, fornecer subsídios por escrito ao juiz, ao Ministério Público e à Defensoria Pública, mediante laudos ou verbalmente em audiência, e desenvolver trabalhos de orientação, encaminhamento, prevenção e outras medidas, voltados para a ofendida, o agressor e os familiares, com especial atenção às crianças e aos adolescentes.

__Art. 31.__ Quando a complexidade do caso exigir avaliação mais aprofundada, o juiz poderá determinar a manifestação de profissional especializado, mediante a indicação da equipe de atendimento multidisciplinar.

__Art. 32.__ O Poder Judiciário, na elaboração de sua proposta orçamentária, poderá prever recursos para a criação e manutenção da equipe de atendimento multidisciplinar, nos termos da Lei de Diretrizes Orçamentárias (LDO).

Equipe multidisciplinar: essa ajudará os Juizados de Violência Doméstica e Familiar Contra a Mulher que contará com profissionais específicos nas áreas psicossocial, jurídica e de saúde; devendo o Poder Judiciário prever recursos para a manutenção da equipe multidisciplinar, conforme dispõe a LDO.

15.6 Disposições Transitórias

__Art. 33.__ Enquanto não estruturados os Juizados de Violência Doméstica e Familiar contra a Mulher, as varas criminais acumularão as competências cível e criminal para conhecer e julgar as causas decorrentes da prática de violência doméstica e familiar contra a mulher, observadas as previsões do Título IV desta Lei, subsidiada pela legislação processual pertinente.

__Parágrafo único.__ Será garantido o direito de preferência, nas varas criminais, para o processo e o julgamento das causas referidas no 'caput'.

Locais em que não há Juizado de Violência Doméstica e Familiar Contra a Mulher: enquanto a comarca jurídica não possuir tais Juizados, ficará a cargo das <u>varas criminais</u> tais competências (cível e penal).

15.7 Disposições Finais

__Art. 34.__ A instituição dos Juizados de Violência Doméstica e Familiar contra a Mulher poderá ser acompanhada pela implantação das curadorias necessárias e do serviço de assistência judiciária.

__Art. 35.__ A União, o Distrito Federal, os Estados e os Municípios poderão criar e promover, no limite das respectivas competências:

__I.__ centros de atendimento integral e multidisciplinar para mulheres e respectivos dependentes em situação de violência doméstica e familiar;

__II.__ casas-abrigos para mulheres e respectivos dependentes menores em situação de violência doméstica e familiar;

__III.__ delegacias, núcleos de defensoria pública, serviços de saúde e centros de perícia médico-legal especializados no atendimento à mulher em situação de violência doméstica e familiar;

__IV.__ programas e campanhas de enfrentamento da violência doméstica e familiar;

__V.__ centros de educação e de reabilitação para os agressores.

__Art. 36.__ A União, os Estados, o Distrito Federal e os Municípios promoverão a adaptação de seus órgãos e de seus programas às diretrizes e aos princípios desta Lei.

__Art. 37.__ A defesa dos interesses e direitos transindividuais previstos nesta Lei poderá ser exercida, concorrentemente, pelo Ministério Público e por associação de atuação na área, regularmente constituída há pelo menos um ano, nos termos da legislação civil.

__Parágrafo único.__ O requisito da pré-constituição poderá ser dispensado pelo juiz quando entender que não há outra entidade com representatividade adequada para o ajuizamento da demanda coletiva.

__Art. 38.__ As estatísticas sobre a violência doméstica e familiar contra a mulher serão incluídas nas bases de dados dos órgãos oficiais do Sistema de Justiça e Segurança a fim de subsidiar o sistema nacional de dados e informações relativo às mulheres.

__Parágrafo único.__ As Secretarias de Segurança Pública dos Estados e do Distrito Federal poderão remeter suas informações criminais para a base de dados do Ministério da Justiça.

__Art. 38-A.__ O juiz competente providenciará o registro da medida protetiva de urgência. (Artigo acrescido pela Lei nº 13.827, de 13/5/2019)

__Parágrafo único.__ As medidas protetivas de urgência serão registradas em banco de dados mantido e regulamentado pelo Conselho Nacional de Justiça, garantido o acesso do Ministério Público, da Defensoria Pública e dos órgãos de segurança pública e de assistência social, com vistas à fiscalização e à efetividade das medidas protetivas.

__Art. 39.__ A União, os Estados, o Distrito Federal e os Municípios, no limite de suas competências e nos termos das respectivas leis de diretrizes orçamentárias, poderão estabelecer dotações orçamentárias específicas, em cada exercício financeiro, para a implementação das medidas estabelecidas nesta Lei.

__Art. 40.__ As obrigações previstas nesta Lei não excluem outras decorrentes dos princípios por ela adotados.

__Art. 41.__ Aos crimes praticados com violência doméstica e familiar contra a mulher, independentemente da pena prevista, não se aplica a Lei nº 9.099, de 26 de setembro de 1995 (Lei dos Juizados Especiais Cíveis e Criminais).

Não se aplica a **Lei nº 9.099/95** (JECrim) à violência doméstica e familiar contra a mulher, em todos os sentidos: *sursis* processual (suspensão condicional do processo), transação penal, reparação dos danos, entre outros dispositivos.

__Súmula nº 536, STJ:__ A suspensão condicional do processo e a transação penal não se aplicam na hipótese de delitos sujeitos ao rito da Lei Maria da Penha.

Lesão corporal leve e culposa

Na violência doméstica e familiar contra a mulher que gere lesão corporal leve ou culposa, a **ação penal é pública incondicionada.**

__Súmula nº 542, STJ:__ A ação penal relativa ao crime de lesão corporal resultante de violência doméstica contra a mulher é pública incondicionada.

Os demais crimes de ação penal pública condicionada à representação **continuarão** com a mesma regra do

Código Penal ou outras Leis Penais Especiais, o que não se aplica à Lei Maria da Penha é a Lei nº 9.099/95 (JECrim)[22]. Por exemplo: o **crime de ameaça** contra a mulher em situação de violência doméstica e familiar, continua a ser de **ação penal pública condicionada** à representação da vítima, conforme dispõe o art. 147, parágrafo único, do Código Penal.

> **STJ:** *O crime de lesão corporal, ainda que leve ou culposo, praticado contra a mulher no âmbito das relações domésticas e familiares, deve ser processado mediante ação penal pública incondicionada.*[23]

15.8 Alterações Legislativas

> ***Art. 42.*** *O art. 313 do Decreto-Lei nº 3.689, de 3 de outubro de 1941 (Código de Processo Penal), passa a vigorar acrescido do seguinte inciso IV:*
>
> *"Art. 313. ....*
>
> *IV. se o crime envolver violência doméstica e familiar contra a mulher, nos termos da lei específica, para garantir a execução das medidas protetivas de urgência."*
>
> ***Art. 43.*** *A alínea "f" do inciso II do art. 61 do Decreto-Lei nº 2.848, de 7 de dezembro de 1940 (Código Penal), passa a vigorar com a seguinte redação:*
>
> *"Art. 61. ....*
>
> *I - ....*
>
> *f) com abuso de autoridade ou prevalecendo-se de relações domésticas, de coabitação ou de hospitalidade, ou com violência contra a mulher na forma da lei específica;"*
>
> ***Art. 44.*** *O art. 129 do Decreto-Lei nº 2.848, de 7 de dezembro de 1940 (Código Penal), passa a vigorar com as seguintes alterações:*
>
> *"Art. 129. ....*
>
> ***§9º.*** *Se a lesão for praticada contra ascendente, descendente, irmão, cônjuge ou companheiro, ou com quem conviva ou tenha convivido, ou, ainda, prevalecendo-se o agente das relações domésticas, de coabitação ou de hospitalidade:*
> ***Pena*** *– detenção, de 3 (três) meses a 3 (três) anos.*
>
> ***§11.*** *Na hipótese do §9º deste artigo, a pena será aumentada de um terço se o crime for cometido contra pessoa portadora de deficiência. ...."*
>
> ***Art. 45.*** *O art. 152 da Lei nº 7.210, de 11 de julho de 1984 (Lei de Execução Penal), passa a vigorar com a seguinte redação:*
>
> *"Art. 152. ....*
>
> *Parágrafo único. Nos casos de violência doméstica contra a mulher, o juiz poderá determinar o comparecimento obrigatório do agressor a programas de recuperação e reeducação.*

22 **Art. 88, Lei nº 9.099/95:** "Além das hipóteses do Código Penal e da legislação especial, dependerá de representação a ação penal relativa aos crimes de lesões corporais leves e lesões culposas.". **(DISPOSITIVO NÃO APLICÁVEL À VIOLÊNCIA DOMÉSTICA E FAMILIAR CONTRA A MULHER)**

23 **STJ, Jurisprudência em Teses nº 41.** Precedentes: REsp 1.537.749/DF; AgRg no REsp 1.442.015/MG; RHC 42.228/SP; AgRg no REsp 1.358.215/MG; RHC 45.444/MG; AgRg no REsp 1.428.577/DF; AgRg no HC 213.597/MT; HC 184.923/DF; RHC 33.881/MG; HC 242.458/DF (Vide Inf. 509).

INFORMÁTICA

1. SOFTWARE

Cerca de 90% das questões de Informática abordam conceitos relacionados aos softwares, na forma de definições e de modos de operação, tanto em provas de nível médio como de nível superior. Por esse motivo, ele será abordado em nosso primeiro tópico.

O software é a parte **abstrata** de um computador, também conhecido como a parte **lógica**. É um programa instalado em um dispositivo, que pode ser um computador ou mesmo um celular.

Os programas são a aplicação de regras de maneira digital, para que, dada uma situação, ocorra uma reação pré-programada. Assim, temos que um programa é uma representação de tarefas manuais; com eles podemos automatizar processos, o que torna as tarefas mais dinâmicas.

1.1 Licenças de software

Uma licença de software define o que um usuário pode ou não fazer com ele, ela se baseia essencialmente no direito autoral. Existem vários tipos de licenças de software, mas, no que tange ao concurso público, apenas duas são de valor significativo: a licença de software livre e a licença de software proprietário.

Software proprietário

A licença de software proprietário procura reservar o direito de autor do programa.

Um software proprietário é também conhecido como software não livre, pois uma de suas principais características é manter o **Código Fonte[1] Fechado**.

Há vários softwares proprietários gratuitos. Por outro lado, existem aqueles que, para o usuário adquirir o direito de uso, exigem a compra de uma licença de uso, a qual não lhe dá direito de propriedade sobre o programa, apenas concede a ele o direito de utilizá-lo, além de impor algumas regras quanto ao seu uso.

São exemplos de softwares proprietários: Windows, Microsoft Office, Mac OS, aplicativos da Adobe, Corel Draw, WinRAR, WinZip, MSN, entre outros tantos.

Software livre

Em contrapartida ao software proprietário, um grupo criou o software livre. Como princípio atribuem-se às leis que regem a definição de **liberdades** como forma de protesto em relação ao software proprietário.

O software livre tem como primordial característica o **Código Fonte Aberto**.

A principal organização que mantém e promove o software livre é a Free Software Foundation (FSF).

Para que um software seja classificado como Software Livre, ele deve obedecer a quatro **liberdades de software** do projeto **GNU** - *General Public License* (Licença Pública Geral) - idealizado por Richard Matthew Stallman, ativista e fundador do movimento software livre.

Liberdade 0: a liberdade para executar o programa, para qualquer propósito.

Liberdade 1: a liberdade de estudar como o programa funciona e adaptá-lo às suas necessidades.

Liberdade 2: a liberdade de redistribuir cópias do programa de modo que você possa ajudar ao seu próximo.

Liberdade 3: a liberdade de modificar o programa e distribuir essas modificações, de modo que toda a comunidade se beneficie.

A GPL (*CopyLeft*) é um reforço a essas quatro liberdades, garantindo que o código fonte de um programa software livre não possa ser apropriado por outra pessoa ou empresa, principalmente para que não seja transformado em software proprietário.

A GPL só possui versão em inglês devido a possíveis erros de tradução que possam vir a ser inseridos em sua descrição.

O Linux é um dos principais projetos desenvolvidos sob a licença de software livre, assim como o BrOffice, mas o principal responsável por alavancar o software livre, assim como o próprio Linux, foi o projeto Apache[2] que no início só rodava em servidores Linux e hoje é multiplataforma.

São exemplos de softwares livres: Apache, Linux, BrOffice, LibreOffice, Mozilla Firefox, Mozilla Thunderbird, entre outros.

Shareware

A licença do tipo shareware é comumente usada quando se deseja permitir ao usuário uma degustação do programa, é uma licença que oferece funcionalidades reduzidas ou mesmo em sua totalidade, porém, com um prazo para esse uso que, depois de encerrado, o programa limita as funcionalidades ou pode deixar de funcionar.

Um exemplo de software popular que utiliza essa licença é o WinRAR, que, após os 40 dias, começa a exibir uma mensagem toda vez que é aberto, contudo, continua funcionando mesmo que o usuário não adquira a licença.

Esta permite a cópia e redistribuição do software, porém, não permite a alteração, pois o código fonte não é público.

1.2 Tipos de software

Existem diversos tipos de software, mas somente alguns nos interessam durante a prova. Dessa forma, iremos focar o estudo no que nos é pertinente.

Podemos classificar os softwares de acordo com os itens a seguir:

> Firmwares;
> Sistemas Operacionais;
> Escritório;
> Utilitários;
> Entretenimento;
> Malwares.

Firmwares

Um firmware é normalmente um software embarcado, ou seja, ele é um software desenvolvido para operar sobre um hardware específico. De forma geral, um firmware é incorporado ao

1 Código Fonte: conjunto de instruções feitas em uma linguagem de programação, que definem o funcionamento e o comportamento do programa.

2 Apache: servidor responsável pelo processamento da maior parte das páginas disponibilizadas atualmente na Internet, cerca de 51%. .

hardware já no momento de sua fabricação, mas, dependendo do tipo de memória em que é armazenado, ele pode ser atualizado ou não. O software do tipo firmware que interessa ao nosso estudo é o BIOS.

Bios (*basic input/output system*)

O Sistema Básico de Entrada e Saída é um software embarcado em uma **memória do tipo ROM**, nos computadores atuais é mais comum em memórias do tipo **Flash ROM.**

O BIOS é o primeiro programa que roda quando ligamos o computador. Ele é composto pelo **SETUP,** que são suas configurações, e pelo **POST,** responsável por realizar os testes de hardware.

Durante o processo de boot[3], o BIOS aciona a memória CMOS[4], onde ficam armazenadas as últimas informações sobre o hardware do computador e sobre a posição de início do sistema operacional no disco. Em posse dessas informações, o BIOS executa o POST, a etapa que verifica se todos os dispositivos necessários estão conectados e operantes.

Após as verificações de compatibilidade, o BIOS inicia o processo de leitura do disco indicado como primário a partir do ponto onde se encontra o sistema operacional, que é carregado para a memória principal do computador.

Em um mesmo computador podem ser instalados dois ou mais sistemas operacionais diferentes, ou mesmo versões diferentes do mesmo sistema.

Quando há apenas um sistema operacional instalado no computador, este é iniciado diretamente pelo BIOS, porém, se houver dois ou mais se faz necessário optar por qual dos sistemas se deseja utilizar.

Em uma situação em que existem dois sistemas operacionais atribui-se a caracterização de Dual boot.

Um computador que possua uma distribuição Linux instalada e uma versão Windows, por exemplo, ao ser concluído o processo do BIOS, inicia um gerenciador de boot. Em geral é citado nas provas ou o **GRUB** ou o **LILO**, que são associados ao Linux.

Sistemas operacionais (so)

O conteúdo de sistemas operacionais é cobrado de duas formas nas provas: prática e conceitual. Questões de caráter conceitual são colocadas de forma comparativa entre os sistemas, enquanto que as práticas estão associadas às ferramentas e modos de operação de cada sistema. O conteúdo referente à parte prática é abordado em específico nos tópicos Windows e Linux.

O sistema operacional é o **principal programa do computador**. Ele é o responsável por facilitar a interação do usuário com a máquina, além de ter sido criado para realizar as tarefas de controle do hardware, livrando assim os aplicativos de conhecer o funcionamento de cada peça existente no mundo.

As tarefas de responsabilidade do SO são, principalmente, de níveis gerenciais. O sistema operacional é o responsável por administrar a entrada e a saída de dados de forma que, quando um usuário seleciona uma janela, ele está trazendo-a para o primeiro plano de execução. Assim, sempre que o usuário digita um texto, por exemplo, o SO tem de gerenciar qual a janela, ou seja, qual aplicativo receberá as informações entradas pelo teclado, mas ao mesmo tempo o SO receberá uma solicitação do aplicativo para que exiba na tela as informações recebidas.

É de responsabilidade do SO gerenciar o uso da memória RAM e do processador. O controle estabelecido pelo sistema operacional dita que programa será executado naquele instante e quais espaços de memória estão sendo usados por ele e pelos demais aplicativos em execução.

Para que o sistema operacional consiga se comunicar com cada dispositivo, aquele precisa saber antes como estes funcionam, para tanto, é necessário instalar o **driver**[5] do dispositivo. Atualmente, a maioria dos drivers é identificada automaticamente pelo SO, mas o sistema nem sempre possui as informações sobre hardwares recém-lançados. Nesse caso, o sistema, ao não conseguir o driver específico, solicita ao usuário que informe o local onde ele possa encontrar o driver necessário.

Aplicativos	
Hardware	Gerenciamento de entrada/saída
	Gerenciamento de drivers de dispositivos
	Gerenciamento de memória
	Gerenciamento de CPU
Hardware	

Dentre os sistemas operacionais modernos, o Windows ainda é o que mais se destaca em termos de número de usuários em computadores pessoais. Por outro lado, quando se questiona em relação ao universo de servidores na internet, deparamo-nos com o Linux como mais utilizado; o principal motivo relaciona-se à segurança mais robusta oferecida pelo Linux.

Os exemplos de SO para computadores pessoais (PC) que podem ser citados em provas são:

- Windows;
- Linux;
- Mac OS;
- Chrome OS.

Porém, esses sistemas derivaram de duas vertentes principais o **DOS** e o **UNIX**. É de interesse da prova saber que o DOS foi o precursor do Windows e que a plataforma UNIX foi a base do Linux e também do Mac OS.

Contudo, não encontramos SO apenas em PCs. Celulares, smartphones e tablets também utilizam sistemas operacionais. Atualmente, fala-se muito no sistema do Google para esses dispositivos, o Google Android.

Os Sistemas Operacionais podem ser divididos em duas partes principais: Núcleo e Interface.

O **Núcleo de um Sistema Operacional** é chamado de **Kernel**. Ele é a parte responsável pelo gerenciamento do hardware, como já explanado, enquanto que a **interface** é parte de interação com o usuário, seja ela uma interface apenas textual ou uma interface com recursos gráficos.

3 Boot: processo de inicialização do sistema operacional.
4 CMOS: uma pequena memória RAM alimentada por uma pilha de 9V.

5 Driver: conjunto de informações sobre como funciona um dispositivo de hardware.

A interface com recursos gráficos é comumente chamada de **GUI (Graphic User Interface - Interface Gráfica do Usuário),** também citada como gerenciador de interface gráfica. O nome Windows foi baseado, justamente, nessa característica de trabalhar com janelas gráficas como forma de comunicação com o usuário.

Sistema Operacional	Kernel
Windows XP	NT 5.2
Windows Vista	NT 6.0
Windows 7	NT 6.1
Windows 8	NT 6.2
Linux	Linux 3.10

Em relação às **GUIs**, cada versão do Windows utiliza e trabalha com apenas uma única interface gráfica, que só passou a ter um nome específico a partir do Windows Vista.

Windows	GUI
XP	Sem nomenclatura
Vista	Aero
7	Aero
8	Metro

Por outro lado, existem diversas GUIs para o Linux, algumas Distribuições Linux[6] trabalham com apenas um gerenciador de interface gráfica, enquanto que outras trabalham com múltiplas. As principais GUIs do Linux são:

- Gnome;
- KDE;
- Unity;
- XFCE;
- FluxBox;
- BlackBox;
- Mate;
- Cinnamon.

Ao contrário do Windows, o Linux tem suporte a várias Interfaces Gráficas.

Características de um sistema operacional

Os Sistemas Operacionais podem ser classificados de acordo com suas características comportamentais.

Multitarefa

Um Sistema Operacional é dito multitarefa quando consegue executar mais de uma tarefa simultânea, como: tocar uma música enquanto o usuário navega na internet e escreve um texto no Word.

Contudo, há duas formas de multitarefa empregadas pelos SO modernos: Multitarefa Preemptiva e Multitarefa Real.

Windows, Linux e Mac OS.

Monotarefa

Sistema Monotarefa é o sistema que, para executar uma tarefa, deve aguardar a que está em execução terminar ou mesmo forçar o seu término para que possa executar. Trabalha com um item de cada vez.

DOS e algumas versões UNIX.

6 Distribuição Linux: uma cópia do Linux desenvolvida, geralmente, com base em outra cópia, mas com algumas adaptações.

Multiusuário

É quando o Sistema Operacional permite mais de uma **sessão** de usuário ativa simultaneamente.

Se dois ou mais usuários estiverem com sessões iniciadas, elas são de certa maneira tratadas independentemente, ou seja, um usuário não vê o que o outro estava fazendo, como também, em um uso normal, não interfere nas atividades que estavam sendo executadas pelo outro usuário.

O sistema multiusuário geralmente possui a opção trocar de usuário, que permite bloquear a sessão ativa e iniciar outra sessão simultânea.

Monousuário

Em um sistema monousuário, para que outro usuário inicie sessão, é necessário finalizar a do usuário ativo, também conhecido como efetuar *Logoff*.

Softwares de escritório

São aplicativos com utilização mais genérica, de forma a possibilitarem as diversas demandas de um escritório como também suprirem muitas necessidades acadêmicas em relação à criação de trabalhos.

Nesta seção é apresentado um comparativo entre as suítes de escritório que são cobradas na prova.

Editor	Microsoft Office	BrOffice
Texto	Word	Writer
Planilha	Excel	Calc
Apresentação de slides	PowerPoint	Impress
Desenho	Publisher	Draw
Banco de dados	Access	Base
Fórmula	Equation	Math

Os editores de texto, planilha e apresentação são os mais cobrados em provas de concursos. Sobre esses programas podem aparecer perguntas a respeito do seu funcionamento, ainda que sobre editores de apresentação sejam bem menos frequentes.

Outro ponto importante a se ressaltar é que o **Microsoft Outlook** é componente da suíte de aplicativos Microsoft Office. Não foi destacado na tabela acima por não existir programa equivalente no BrOffice.

Por vezes o concursando pode se deparar na prova com o nome **LibreOffice**, o que está correto, pois o BrOffice é utilizado no Brasil apenas, mas ele é baseado no Libre Office. Até a versão 3.2, o BrOffice era fundamentado no OpenOffice e, após a compra da Sun pela Oracle a comunidade decidiu mudar para o Libre por questões burocráticas.

Softwares utilitários

Alguns programas ganharam tamanho espaço no dia a dia do usuário que, sem eles, podemos por vezes ficar sem acesso às informações contidas em arquivo, por exemplo.

São classificados como utilitários os programas compactadores de arquivos e leitores de PDF. Esses programas assumiram tal patamar por consolidarem seus formatos de arquivos. Entre os compactadores temos os responsáveis pelo formato de arquivos ZIP, apesar de que, desde sua versão XP, o Windows já dispunha de recurso nativo para compactar e descompactar arquivos nesse formato, muitos aplicativos se destacavam por oferecer o serviço de forma mais eficiente ou prática. Os compactadores mais conhecidos são: WinZip, BraZip e 7-Zip. Outro compactador que ganhou espaço no mercado foi o WinRar com o formato .RAR, que permite uma maior compactação do que o ZIP.

Softwares de entretenimento

Nesta categoria, entram os aplicativos multimídias como players de áudio e vídeo, como o Windows Media Player, o Winamp, o iTunes, VLC player e BS player, dentre inúmeros outros, assim como também os jogos como Campo Minado, Paciência, Pinball e outros tantos de mais alto nível.

Malwares (malicious softwares)

Para ser um malware tem que ser um software; do contrário, pode ser uma prática maliciosa, mas não um malware.

Os malwares são programas que têm finalidade mal intencionada, na maioria das vezes ilícita. Grande parte das bancas cita-os como pragas cibernéticas que infectam o computador do usuário e trazem algum prejuízo; por outro lado, há bancas que especulam sobre os diferentes tipos de malwares. A seguir são destacados os principais tipos de malwares.

Vírus

O vírus é apenas um dos tipos de malware, ou seja, ao contrário do que a maioria das pessoas fala, nem tudo que ataca o computador é um vírus. As questões que tangem ao que é um vírus, em geral, são cobradas em prova como forma de saber se o concursando conhece as diferenças entre os malwares.

Um vírus tem por características:

> **Infectar** os arquivos do computador do usuário, principalmente arquivos do sistema.

> **Depender de ação do usuário**, como executar o arquivo ou programa que está contaminado com o vírus.

> Ter finalidades diversas, dentre as quais **danificar** tanto arquivos e o sistema operacional, como também as peças.

Vírus mutante

É um vírus mais evoluído, que tem a capacidade de alterar algumas de suas características a fim de burlar o antivírus.

Vírus de macro

O vírus de macro explora falhas de segurança das suítes de escritório, principalmente da Microsoft. Uma macro, ao ser criada de certa forma, anexa ao documento uma programação (comandos geralmente em Visual Basic[7]), ele pode inserir seu código dentro deste código em VB.

7 Visual Basic (VB): é uma linguagem de programação criada pela Microsoft.

O Vírus de Macro geralmente danifica a suíte de escritório, inutilizando-a, além de poder apagar documentos do computador.

Para que seja executado esse vírus, é necessário que o usuário execute o arquivo contaminado.

Worm

O worm é, por vezes, citado nas provas em português como verme, como forma de confundir o concursando. Ao contrário do vírus, ele **não depende de ação do usuário** para executar; ele executa automaticamente: no momento em que um pendrive é conectado a um computador, ele é contaminado ou contamina este.

Ele tem como finalidade se replicar, porém, não infecta outros arquivos, apenas **cria cópias de si** em vários locais, o que pode encher o HD do usuário. Outra forma utilizada de se replicar é através da exploração de falhas dos programas, principalmente os clientes de e-mail, enviando por correio eletrônico cópias de si para os contatos do usuário armazenados no cliente de e-mail.

Um worm, muitas vezes, instala no computador do usuário um bot, transformando aquele em um robô controlado à distância. Os indivíduos que criam um Worm fazem-no com a finalidade de infectar o maior número possível de computadores, para que possam utilizá-los em um ataque de DDoS[8], ou como forma de elevar a estatística de acessos a determinados sites. Também pode ser utilizado para realizar um ataque a algum computador ou servidor na Internet a partir do computador infectado.

Trojan horse (cavalo de troia)

O Cavalo de Troia foi batizado com esse nome, pois suas características se assemelham muito às da guerra da Grécia com Troia. Na História, os gregos deram aos troianos um grande cavalo feito de madeira e coberto de palha para disfarçar que era oco, dentro do cavalo foram colocados vários soldados gregos que deveriam abrir os gigantes e fortes portões da cidade de Troia para que o exército grego pudesse invadir a fortaleza.

Um Cavalo de Troia é recebido pelo usuário como um presente de grego, de forma a levar o usuário a abri-lo, ou seja, ele **depende de ação do usuário**. Os presentes geralmente podem parecer um cartão virtual, uma mensagem, álbuns de fotos, e-mails com indicações de prêmios, falsas respostas de orçamentos, folhas de pagamento, sempre alguma forma de chamar a atenção do usuário para que ele abra o Trojan.

Podemos tratá-lo em essência como um **meio** para que outro malware seja instalado no computador. Da mesma forma como o cavalo da história serviu como meio para infiltrar soldados e como os soldados abriram os portões da cidade, o malware também pode abrir as portas do computador para que outros malwares o infectem, o que acontece na maioria dos casos, portanto, pode trazer em seu interior qualquer tipo de malware.

Esse malware executa as ações para as quais, aparentemente, fora criado; como exibir uma mensagem, ou crackear[9] um programa. Essa tarefa é realizada com o intuito de distrair o usuário enquanto que os malwares são instalados.

8 DDoS: ataque de negação de serviço distribuído, veja mais no tópico segurança desse material.

9 Crackear: é uma quebra de licença de um software para que não seja necessário adquirir a licença de uso, caracterizando pirataria.

Spyware

Também conhecido como **software espião**, o spyware tem por finalidade capturar dados do usuário e enviá-los para terceiros: nº de cartões de crédito, CPF, RG, nomes, data de nascimento e tudo mais que for pertinente para que transações eletrônicas possam ser feitas utilizando seus dados.

Existem dois tipos de spywares: os **KeyLoggers** e os **ScreenLoggers**.

Keylogger

Key = chave, Log = registro de ações.

O KeyLogger é um spyware cuja característica é capturar os dados digitados pelo usuário. Na maioria das situações o KeyLogger não captura o que é digitado a todo instante, mas o que é teclado após alguma ação prévia do usuário, como por exemplo abrir uma página de um banco ou de uma mídia social - alguns keyloggers são desenvolvidos para capturar conversas em programas de *messenger*.

Screenlogger

Screen = Tela

O ScreenLogger é uma evolução do KeyLogger na tentativa de capturar, principalmente, as senhas de bancos, pois o ScreenLogger captura fotos avançadas da tela do computador a cada clique do mouse. Essa foto avançada, na verdade, é uma foto de uma pequena área que circunda o mouse, mas grande o suficiente para que seja possível ver em que número o usuário clicou.

Muitos serviços de Internet Banking[10] utilizam um **teclado virtual**, no qual o usuário clica nos dígitos de sua senha ao invés de digitar. Assim, ao forçar que o usuário não utilize o teclado, essa ferramenta de segurança ajuda a evitar roubos de senhas por KeyLoggers. Por outro lado, foi criado o ScreenLogger, que captura imagens; então, como forma de oferecer segurança maior, alguns bancos utilizam um dispositivo chamado de **Token**.

O Token é um dispositivo que gera uma chave de segurança aleatória, a qual uma vez utilizada para acessar a conta, torna-se inválida para novos acessos. Assim, mesmo sendo capturada, ela se torna inútil ao invasor.

> Cuidado para não confundir: Teclado Virtual em uma página de Internet Banking é um recurso de segurança, enquanto o teclado virtual que faz parte do Windows é um recurso de acessibilidade.

Hijacker

O Hijacker é um malware que tem por finalidade **capturar** o **navegador** do usuário, principalmente o Internet Explorer. Esse programa **fixa uma página inicial** no navegador, que pode ser uma página de propaganda ou um site de venda de produtos, ou mesmo um site de pornografia, como os mais perigosos que fixam páginas falsas de bancos (veja mais na seção Segurança no tópico ataques).

As alterações realizadas por ele no navegador dificilmente são reversíveis. Na maioria dos casos, é necessário reinstalar o navegador várias vezes até formatar o computador. Existem, no mercado, alguns programas que tentam restaurar as configurações padrões dos navegadores, são conhecidos por Hijacker This, porém, esses programas não são ferramentas de segurança, mas apenas uma tentativa de consertar o estrago feito.

Adware

Adware (Advertising Software) é um software especializado em apresentar propagandas.

Ele é tratado como malware, quando apresenta algumas características de spywares, além de, na maioria dos casos, se instalar no computador explorando falhas do usuário, por exemplo, durante a instalação de um programa em que o indivíduo não nota que em uma das etapas estava instalando outro programa diferente do desejado.

Um exemplo clássico é o Nero gratuito, que é patrocinado pelo ASK[11]. Durante a instalação, uma das telas apresenta algumas opções: deseja instalar a barra de ferramenta do ASK; deseja tornar o motor de busca do ASK como seu buscador padrão; deseja tornar a página do ASK como sua página inicial, que, por padrão, aparecem marcadas esperando que o usuário clique indiscriminadamente na opção "avançar".

Muitos Adwares monitoram o comportamento do usuário durante a navegação na Internet e vendem essas informações para as empresas interessadas.

Backdoors

Backdoor, basicamente, é uma **porta dos fundos** para um ataque futuro ao computador do usuário.

Um Backdoor pode ser inserido no computador por meio de Trojan Horse, como também pode ser um programa adulterado recebido de fonte pouco confiável. Por exemplo, um usuário baixa em um site qualquer, diferente do oficial, o BrOffice, nada impede que o programa tenha sido ligeiramente alterado com a inserção de brechas para ataques futuros.

Rootkits

RootKit vem de Root = administrador do ambiente Linux. Kit = conjunto de ferramentas e ações.

Um Rootkit altera aplicativos do Sistema, como gerenciadores de arquivos, com o intuito de **esconder arquivos maliciosos** que estejam presentes no computador. Por meio dele também o invasor pode criar Backdoors no computador, para que possa voltar a atacar o micro sem se preocupar em ter de contaminá-lo novamente.

Questões

01. (FCC) De acordo com a Free Software Foundation, um programa de computador que se qualifica como software livre NÃO fornece a liberdade para:

a) revogar ou adicionar restrições retroativas às regras de uso do programa.

b) executar o programa para qualquer propósito.

c) estudar como o programa funciona e adaptá-lo às suas necessidades.

10 Internet Banking: acesso à conta bancária pela internet, para realizar algumas movimentações e consultas.

11 Ask: motor de buscas na internet.

d) redistribuir cópias do programa.

e) distribuir cópias de versões modificadas do programa.

02. (FCC) Para que um programa de computador seja considerado software livre, esse programa:

a) pode ser utilizado para fins lucrativos, mas não pode ser, ele próprio, comercializado.

b) deve ter seu código fonte colocado em domínio público.

c) não pode ser utilizado para fins lucrativos.

d) deve ter seu código fonte disponível para seus usuários.

e) não pode ter seu código fonte modificado.

03. (FGV) A respeito das características do software livre, analise as afirmativas a seguir.

I. É disponibilizado com a permissão para qualquer um usá-lo, copiá-lo e distribuí-lo, seja na sua forma original ou com modificações, seja gratuitamente ou com custo.

II. É gratuito com a permissão para qualquer um usá-lo ou copiá-lo, exclusivamente na sua forma original, não podendo ser modificado.

III. É freeware disponível com a permissão para qualquer pessoa usá-lo e modificá-lo, não podendo ser copiado ou distribuído.

Assinale a alternativa correta:

a) A afirmativa I está correta.

b) As afirmativas I e II estão corretas.

c) As afirmativas I e III estão corretas.

d) As afirmativas II e III estão corretas.

e) As afirmativas estão corretas.

04. (CESGRANRIO) O Math é um aplicativo que pode ser usado como um(a):

a) apresentador de objetos multimídia em 3D.

b) digital reader de textos e imagens gráficas.

c) editor de equações para documentos de texto.

d) manipulador de bancos de dados descomplicados.

e) ferramenta de comunicação por meio de gráficos e diagramas.

05. (FCC) O Sistema Operacional:

a) é o software responsável pelo gerenciamento, funcionamento e execução de todos os programas.

b) é um software da categoria dos aplicativos, utilizado para a criação de textos, planilhas de cálculo, desenhos etc.

c) apesar de gerenciar a leitura e a gravação de arquivos, delega a função de localização de programas nas unidades de discos a softwares utilitários de terceiros.

d) Linux é um software proprietário, já o Windows é o software livre mais utilizado nos computadores pessoais atualmente.

e) não está relacionado à evolução das CPUs, pois independem de componentes de hardware, já que são executados em um computador virtual (*virtual machine*).

06. (FCC) O sistema operacional de um computador consiste em um:

a) conjunto de procedimentos programados, armazenados na CMOS, que é ativado tão logo o computador seja ligado.

b) conjunto de procedimentos programados, armazenados na BIOS, que é ativado tão logo o computador seja ligado.

c) conjunto de dispositivos de hardware para prover gerenciamento e controle de uso dos componentes de hardware, software e firmware.

d) hardware de gerenciamento que serve de interface entre os recursos disponíveis para uso do computador e o usuário, sem que este tenha que se preocupar com aspectos técnicos do software.

e) software de gerenciamento, que serve de interface entre os recursos disponíveis para uso do computador e o usuário, sem que este tenha que se preocupar com aspectos técnicos do hardware.

07. (INST. CIDADES) Com relação aos vírus de computadores, é correto afirmar que:

a) é um programa ou parte de um programa de computador, normalmente malicioso, que se propaga infectando, isto é, inserindo cópias de si mesmo e se tornando parte de outros programas e arquivos de um computador.

b) é um tipo de software especificamente projetado para apresentar propagandas através do browser ou algum outro programa instalado em um computador.

c) é o termo utilizado para se referir a uma grande categoria de software que tem o objetivo de monitorar atividades de um sistema e enviar as informações coletadas para terceiros.

d) são programas que permitem o retorno de um invasor a um computador comprometido, utilizando serviços criados ou modificados para esse fim.

e) normalmente, consistem em um único arquivo que precisa ser explicitamente executado, não infectam outros arquivos, nem propagam cópias de si mesmo automaticamente.

08. (FCC) Existem vários tipos de vírus de computadores, dentre eles, um dos mais comuns são vírus de macros, que:

a) são programas binários executáveis que são baixados de sites infectados na internet.

b) podem infectar qualquer programa executável do computador, permitindo que eles possam apagar arquivos e outras ações nocivas.

c) são programas interpretados embutidos em documentos do MS Office que podem infectar outros documentos, apagar arquivos e outras ações nocivas.

d) são propagados apenas pela internet, normalmente em sites com software pirata.

e) podem ser evitados pelo uso exclusivo de software legal, em um computador com acesso apenas a sites da Internet com boa reputação.

Gabaritos

01	A	05	A
02	D	06	E
03	A	07	A
04	C	08	C

2. SISTEMA WINDOWS 10

O Windows 10 é um sistema operacional da Microsoft lançado em 29 de julho de 2015. Essa versão trouxe inúmeras novidades, principalmente, por conta da sua portabilidade para celulares e também tablets.

2.1 Requisitos mínimos

Para instalar o Windows 10, o computador deve possuir no mínimo 1 GB de memória RAM para computadores com processador 32 bits de 1GHz, e 2GB de RAM para processadores de 32bits de 1GHz. Todavia, recomenda-se um mínimo de 4GB.

A versão 32 bits do Windows necessita, inicialmente, de 16GB de espaço livre em disco, enquanto o Windows 64 bits utiliza 20GB. A resolução mínima recomendada para o monitor é de 1024 x 768.

2.2 Novidades

O Windows 10 nasce com a promessa de ser o último Windows lançado pela Microsoft. Isso não significa que não será atualizado. A proposta da Microsoft é não lançar mais versões, a fim de tornar as atualizações mais constantes, sem a necessidade de aguardar para atualizar junto de uma versão enumerada. Com isso, ao passar dos anos, a empresa espera não usar mais a referência Windows 10, mas apenas Windows.

O novo sistema trouxe inúmeras novidades como também alguns retrocessos.

O objetivo do projeto do novo Windows foi baseado na interoperabilidade entre os diversos dispositivos como tablets, smartphones e computadores, de modo que a integração seja transparente, sem que o usuário precise, a cada momento, indicar o que deseja sincronizar.

A barra Charms, presente no Windows 8 e 8.1, foi removida, e a tela inicial foi fundida ao botão (menu) Iniciar.

Algumas outras novidades apresentadas pela Microsoft são:

> Xbox Live e o novo Xbox app que proporcionam novas experiências de jogo no Windows 10. O Xbox, no Windows 10, permite que jogadores e desenvolvedores acessem à rede de jogos do Xbox Live, tanto nos computadores Windows 10 quanto no Xbox One. Os jogadores podem capturar, editar e compartilhar seus melhores momentos no jogo com Game DVR, e disputar novos jogos com os amigos nos dispositivos, conectando a outros usuários do mundo todo. Os jogadores também podem disputar jogos no seu computador, transmitidos por stream diretamente do console Xbox One para o tablet ou computador Windows 10, dentro de casa.

> **Sequential Mode**: em dispositivos 2 em 1, o Windows 10 alterna facilmente entre teclado, mouse, toque e tablet. À medida que detecta a transição, muda convenientemente para o novo modo.

> **Novos apps universais**: o Windows 10 oferece novos aplicativos de experiência, consistentes na sequência de dispositivos, para fotos, vídeos, música, mapas, pessoas e mensagens, correspondência e calendário. Esses apps integrados têm design atualizado e uniformidade de app para app e de dispositivo para dispositivo. O conteúdo é armazenado e sincronizado por meio do OneDrive, e isso permite iniciar uma tarefa em um dispositivo e continuá-la em outro.

Área de trabalho

A barra de tarefas do Windows 10 apresenta como novidade a busca integrada.

Cortana

Tal recurso opera junto ao campo de pesquisa localizado na barra de tarefas do Windows.

Está é uma ferramenta de execução de comandos por voz. Porém, ainda não conta com versão para o Português do Brasil. Outro ponto importante é a privacidade, pois tal ferramenta guarda os dados.

Continue de onde parou

Tal característica, presente no Windows 10, permite uma troca entre computador – tablet – celular, sem que o usuário tenha de salvar os arquivos e os enviar para os aparelhos; o próprio Windows se encarrega da sincronização.

Ao abrir um arquivo, por exemplo, em um computador e editá-lo, basta abri-lo em outro dispositivo, de modo que as alterações já estarão acessíveis (a velocidade e disponibilidade dependem da velocidade da conexão à Internet).

Desbloqueio imediato de usuário

Trata-se de um recurso disponível, após a atualização do Windows, que permite ao usuário que possua *webcam*, devidamente instalada, usar uma forma de reconhecimento facial para *logar* no sistema, sem a necessidade de digitar senha.

Múltiplas áreas de trabalho

Uma das novidades do Windows 10 é a possibilidade de manipular "múltiplas Áreas de Trabalho", uma característica que já estava há tempos presente no Linux e no MacOS. Ao usar o atalho Windows + Tab, é possível criar uma nova Área de Trabalho e arrastar as janelas desejadas para ela.

Botão iniciar

Com essa opção em exibição, ao arrastar o mouse ligeiramente para baixo, são listados os programas abertos pela tela inicial. Programas abertos dentro do desktop não aparecem na lista, conforme ilustrado a seguir:

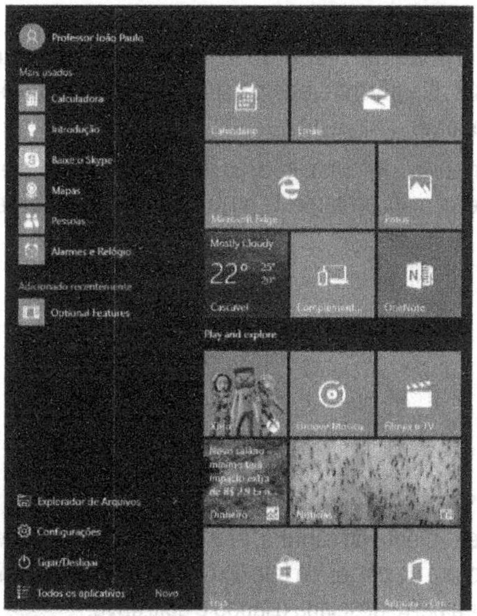

Aplicativos

Os aplicativos podem ser listados clicando-se no botão presente na parte inferior do Botão Iniciar, mais à esquerda.

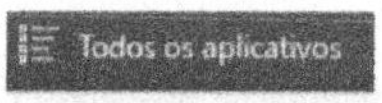

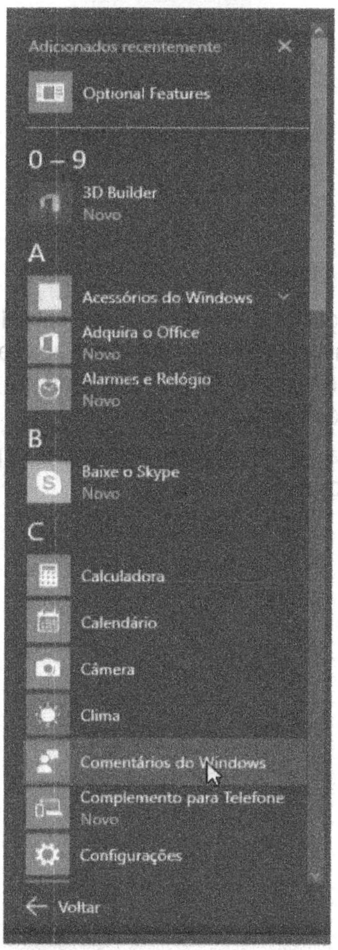

Acessórios

O Windows 10 reorganizou seus acessórios ao remover algumas aplicações para outro grupo (sistema do Windows).

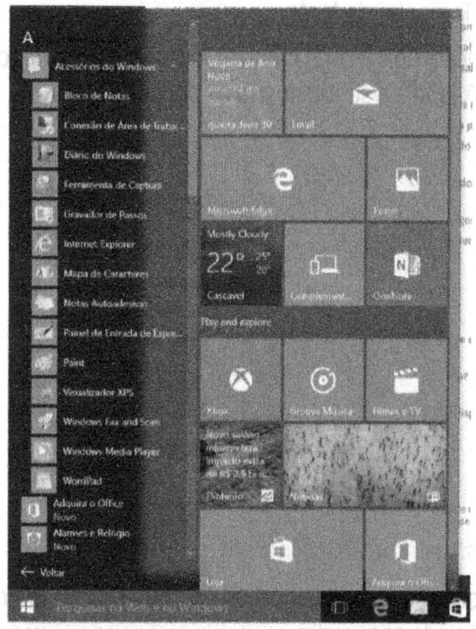

Os aplicativos listados como acessórios são, efetivamente:

- Bloco de Notas;
- Conexão de Área de Trabalho Remota;
- Diário do Windows;
- Ferramenta de Captura;
- Gravador de Passos;
- Internet Explorer;
- Mapa de Caracteres;
- Notas Autoadesivas;
- Painel de Entrada de Expressões Matemática;
- Paint;
- Visualizador XPS;
- Windows Fax and Scan;
- Windows Media Player;
- Wordpad.

Bloco de notas

O Bloco de Notas é um editor de texto simples, e apenas texto, ou seja, não aceita imagens ou formatações muito avançadas. A imagem a seguir ilustra a janela do programa.

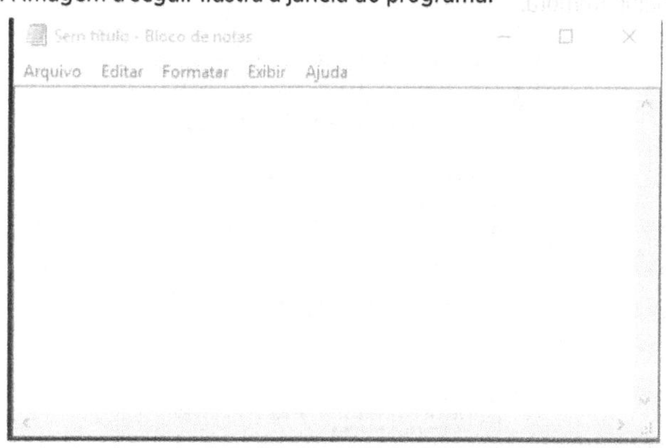

Contudo, são possíveis algumas formatações de fonte:

- Tipo/nome da fonte;
- Estilo de fonte (Negrito Itálico);

> Tamanho da fonte.

Atenção, pois a cor da fonte não é uma opção de formatação presente. A janela a seguir ilustra as opções.

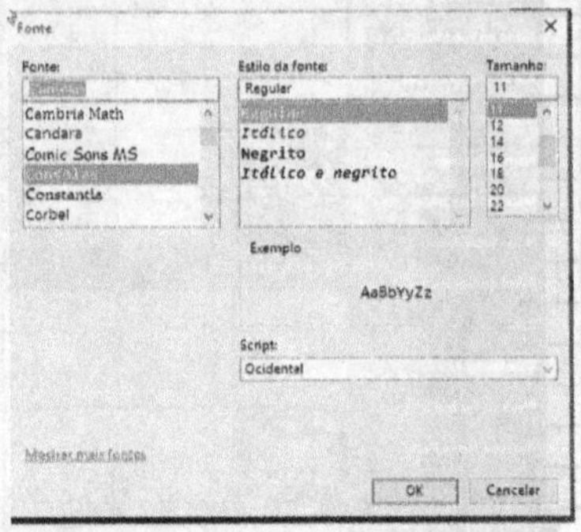

Conexão de área de trabalho remota

A conexão remota do Windows não fica ativa por padrão, por questões de segurança.

Para habilitar a conexão, é necessário abrir a janela de configuração das Propriedades do Sistema, ilustrada a seguir. Tal opção é acessível pela janela Sistema do Windows.

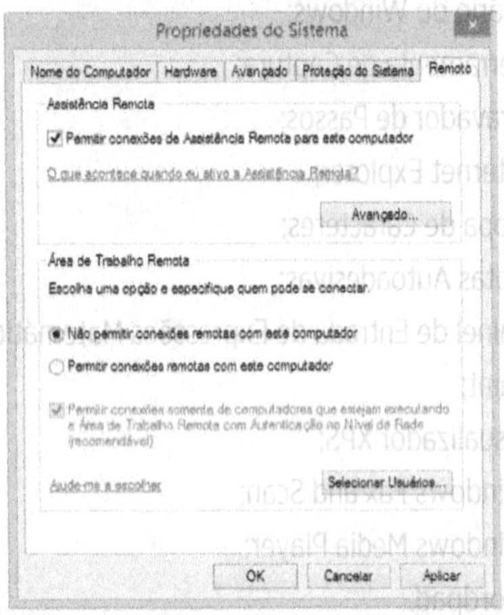

A conexão pode ser limitada à rede por restrição de autenticação em nível de rede, ou pela Internet usando contas de e-mail da Microsoft.

A figura a seguir ilustra a janela da Conexão de Área de Trabalho Remota.

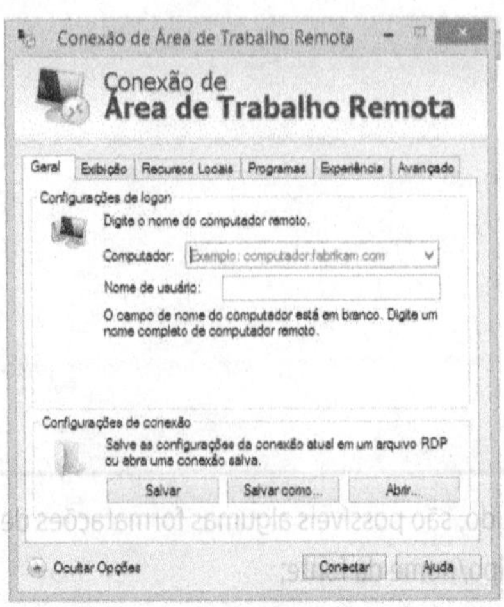

Diário do windows

A ferramenta Diário do Windows é uma novidade no Windows 8. Ela permite que o usuário realize anotações como em um caderno.

Os recursos de formatação são limitados, de modo que o usuário pode escrever manuscritamente ou por meio de caixas de texto.

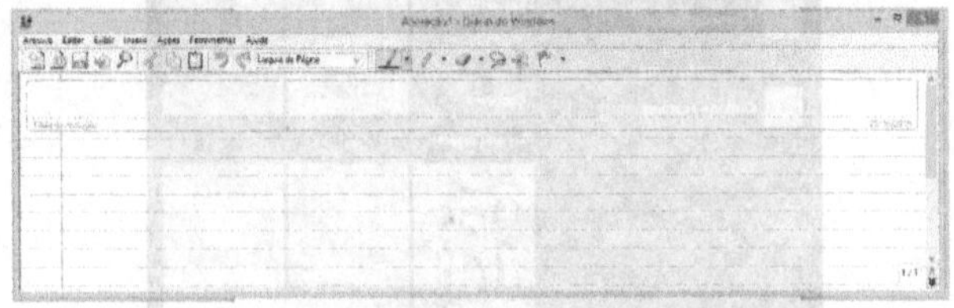

Ferramenta de captura

A ferramenta de captura, presente desde o Windows 7, permite a captura de partes da tela do computador. Para tanto, basta selecionar a parte desejada usando o aplicativo.

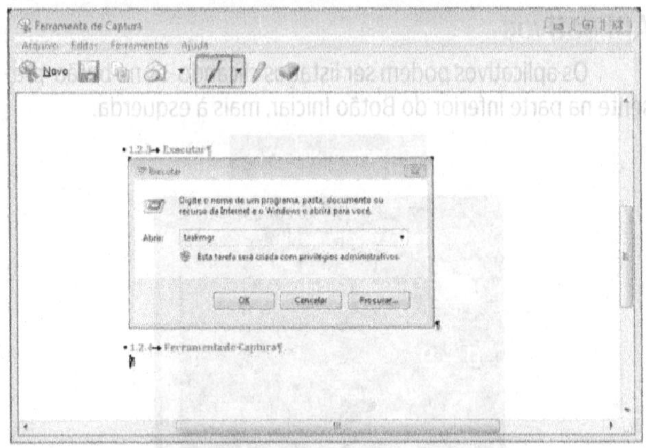

Gravador de passos

O Gravador de Passos é um recurso novo do Windows 8, muito útil para atendentes de suporte que precisam apresentar o passo a passo das ações que um usuário precisa executar para obter o resultado esperado.

A figura a seguir ilustra a ferramenta com um passo gravado para exemplificação.

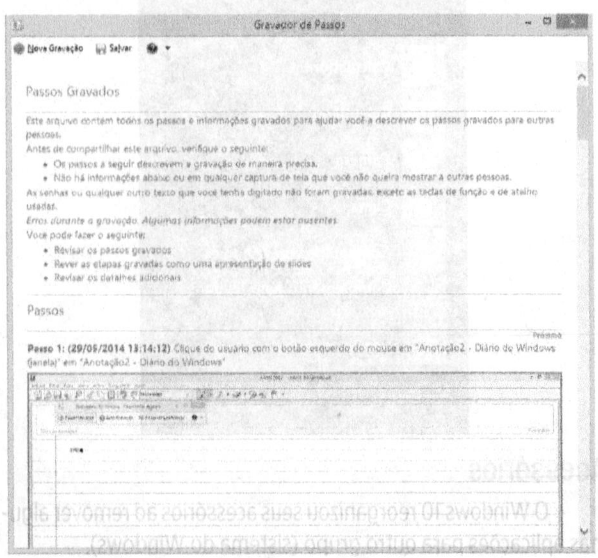

Mapa de caracteres

Frequentemente, faz-se necessário utilizar alguns símbolos diferenciados. Esses símbolos são chamados de caracteres especiais. O Mapa de Caracteres permite listar os caracteres não presentes no teclado para cada fonte instalada no computador e copiá-los para a área de transferência do Windows.

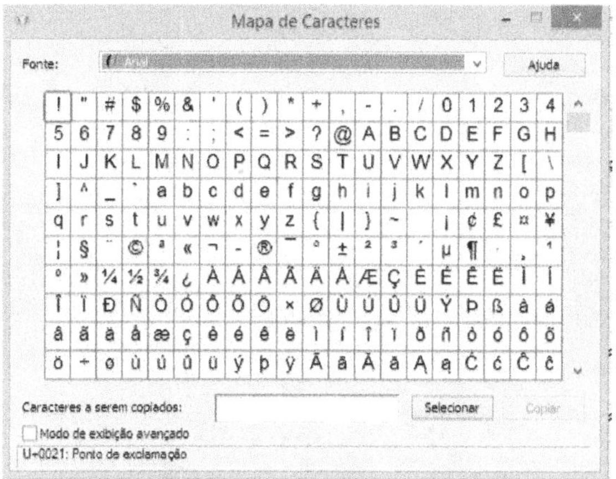

Notas autoadesivas

Por padrão, as notas autoadesivas são visíveis na Área de Trabalho, elas se parecem com Post its.

Painel de entrada de expressões matemáticas

Esta ferramenta possibilita o usuário de desenhar, utilizando o mouse ou outro dispositivo de inserção como *tablet canetas*, fórmulas matemáticas como integrais e somatórios, e ainda colar o resultado produzido em documentos.

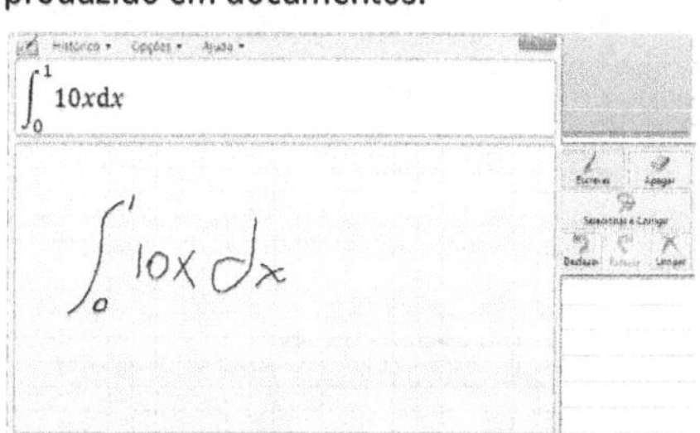

Paint

O tradicional editor de desenho do Windows, que salva seus arquivos no formato PNG, JPEG, JPG, GIF, TIFF e BMP (Bitmap), não sofreu mudanças em comparação com a versão presente no Windows 7.

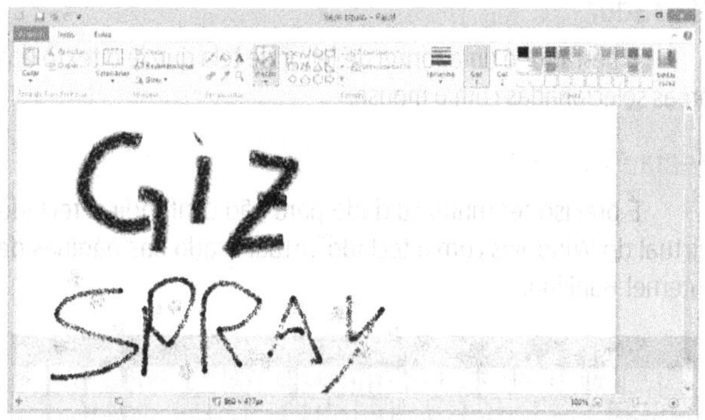

Wordpad

É um editor de texto que faz parte do Windows, ao contrário do MS Word, com mais recursos que o Bloco de Notas.

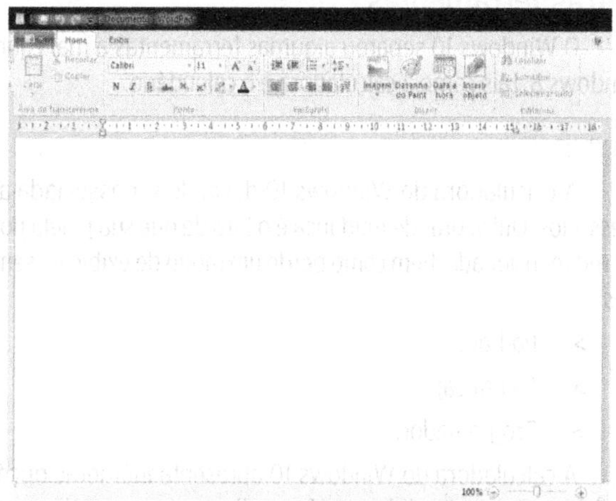

Facilidade de acesso

Anteriormente conhecida como ferramentas de acessibilidade, são recursos que têm por finalidade auxiliar pessoas com dificuldades para utilizar os métodos tradicionais de interação com o computador.

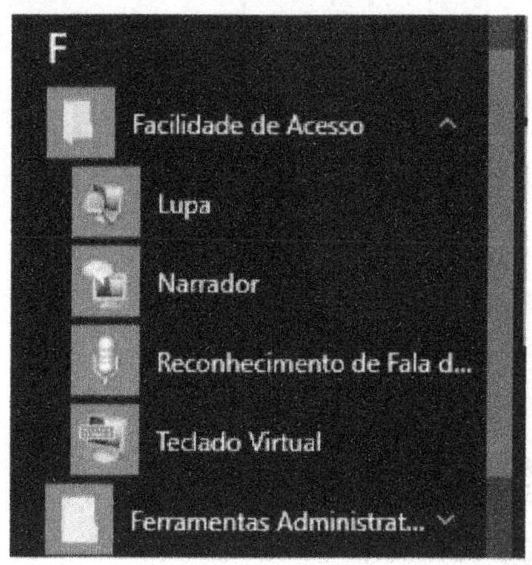

Lupa

Ao utilizar a lupa, pode-se ampliar a tela ao redor do ponteiro do mouse, como também é possível usar metade da tela do computador exibindo a imagem ampliada da área próxima ao ponteiro.

Narrador

O narrador é uma forma de leitor de tela que lê o texto das áreas selecionadas com o mouse.

Teclado virtual

É preciso ter muito cuidado para não confundir o teclado virtual do Windows com o teclado virtual usado nas páginas de Internet Banking.

Outras ferramentas

O Windows 10 separou algumas ferramentas a mais que o Windows 8, tais como a calculadora e o calendário.

Calculadora

A calculadora do Windows 10 deixa de ser associada aos acessórios. Outra grande mudança é o fato de que sua janela pode ser redimensionada, bem como perde um modo de exibição, sendo eles:

> Padrão;

> Científica;

> Programador.

A calculadora do Windows 10 apresenta inúmeras opções de conversões de medidas, conforme ilustrado respectivamente ilustradas a seguir.

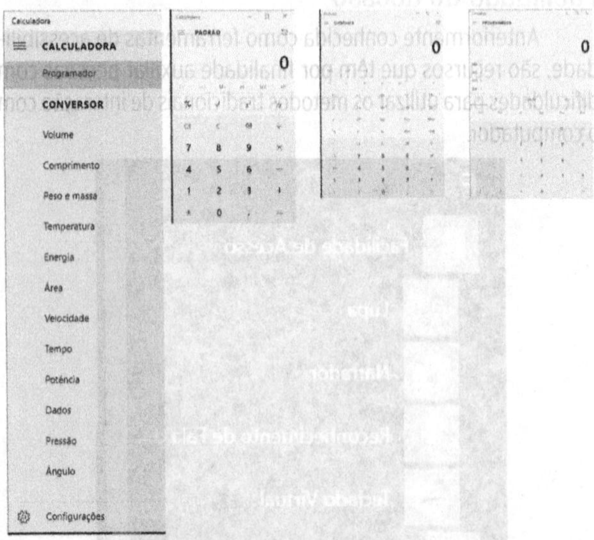

Painel de controle

O Painel de Controle do Windows é o local onde se encontram as configurações do sistema operacional Windows.

Ele pode ser visualizado em dois modos: ícones ou categorias. As imagens a seguir representam, respectivamente, o modo ícones e o modo categorias.

No modo Categorias, as ferramentas são agrupadas de acordo com sua similaridade, como na categoria Sistema e Segurança, que envolve o Histórico de Arquivos e a opção Corrigir Problemas.

A opção para remover um programa possui uma categoria exclusiva chamada de Programas.

Na categoria Relógio, Idioma e Região, temos acesso às opções de configuração do idioma padrão do sistema. Por consequência, é possível também o acesso às unidades métricas e monetárias, como também alterar o layout do teclado ou botões do mouse.

Algumas das configurações também podem ser realizadas pela janela de configurações acessível pelo botão Iniciar.

Segurança e manutenção

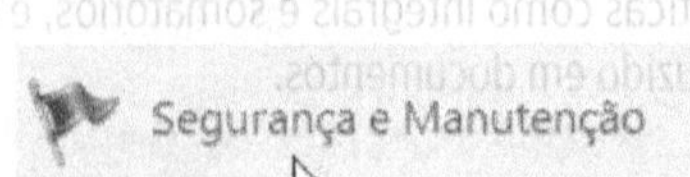

Dispositivos e impressoras

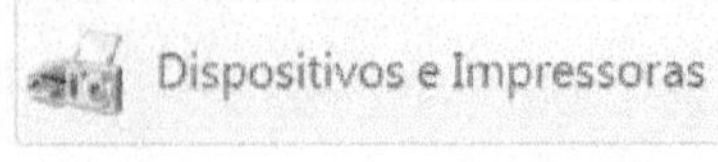

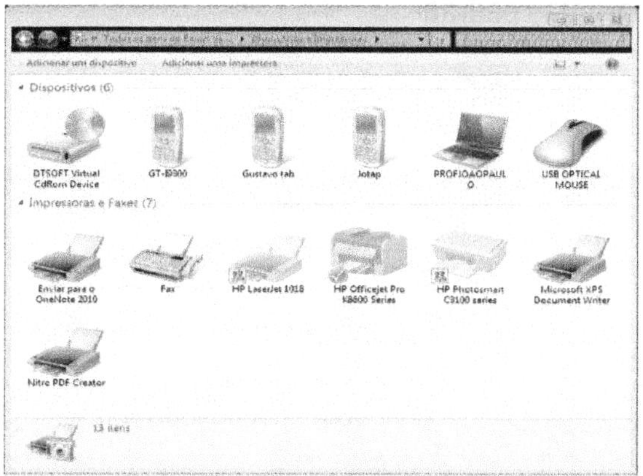

Firewall do windows

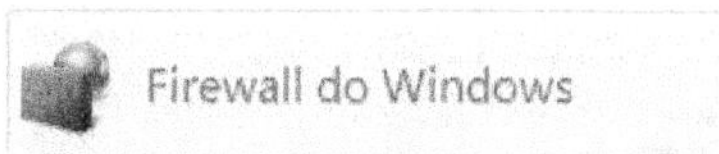

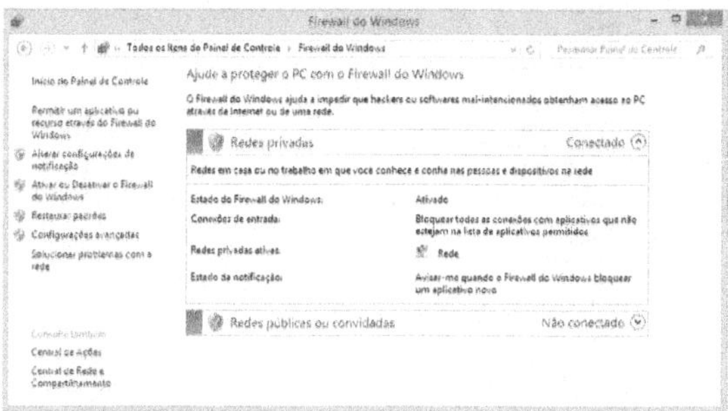

Data e hora

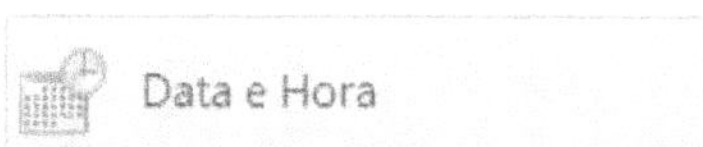

Contas de usuário

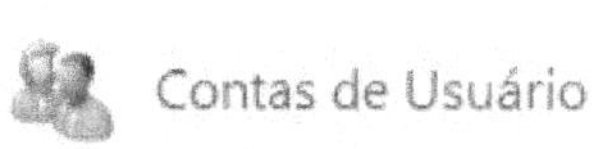

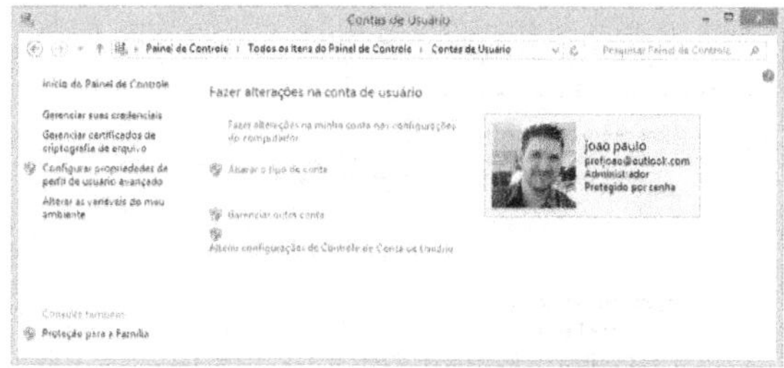

Opções de energia

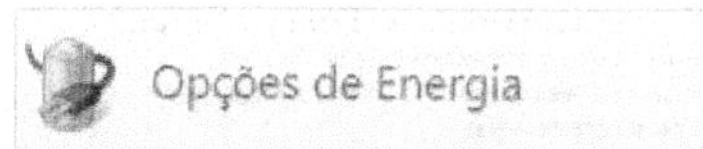

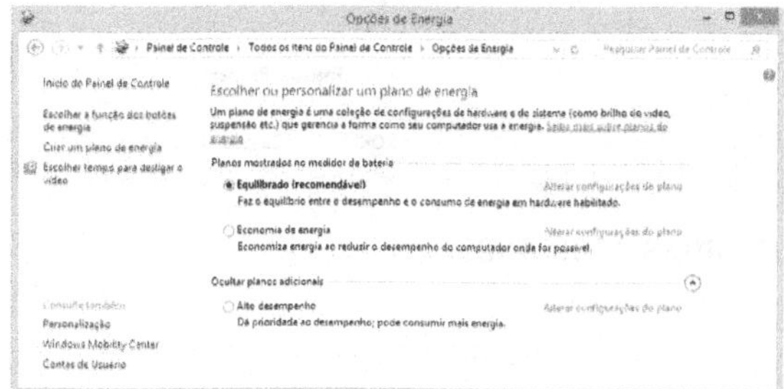

Opções do explorador de arquivos

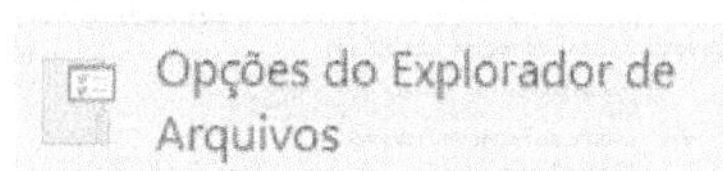

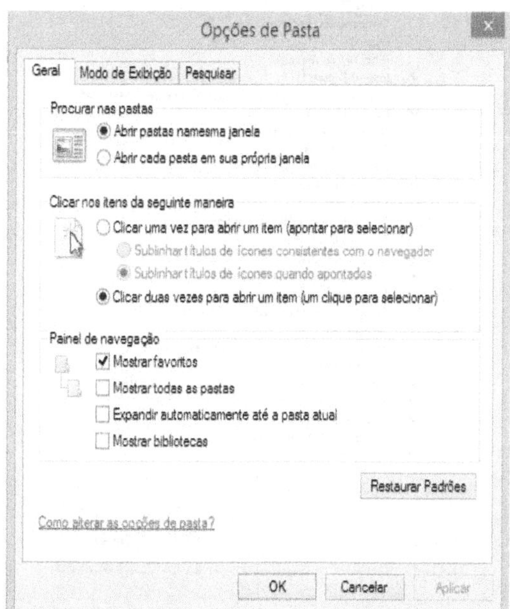

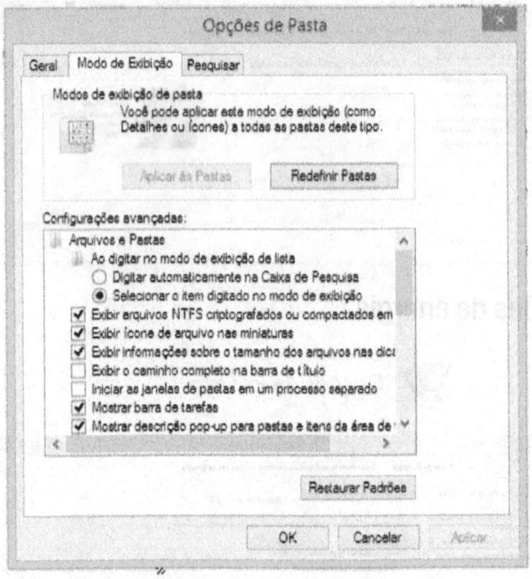

Programas e recursos

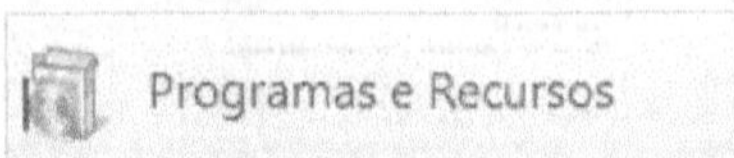

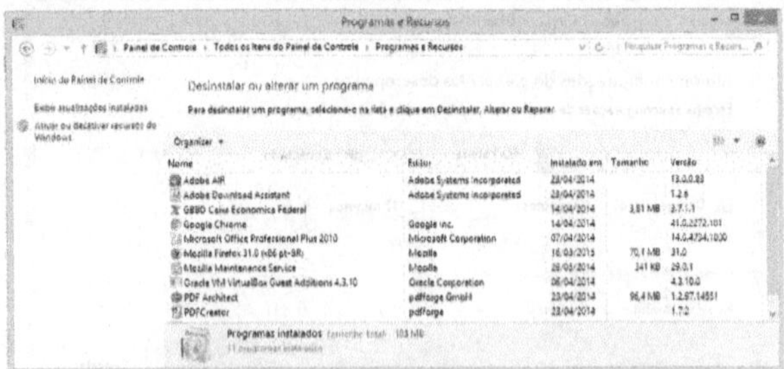

Programas padrão

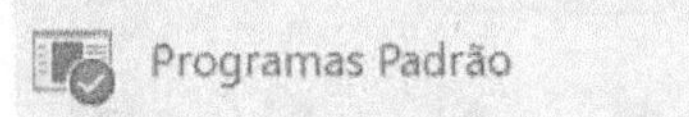

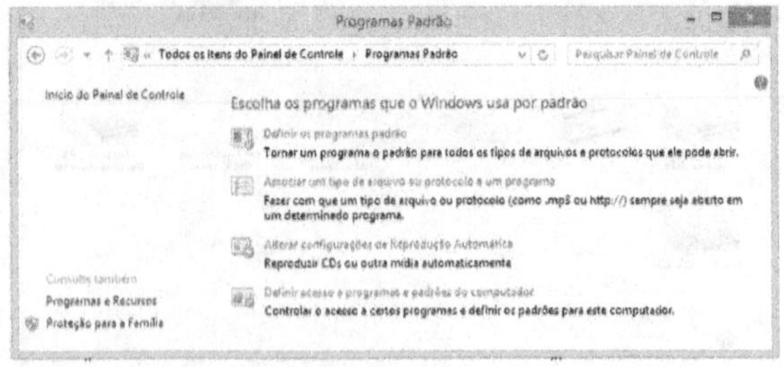

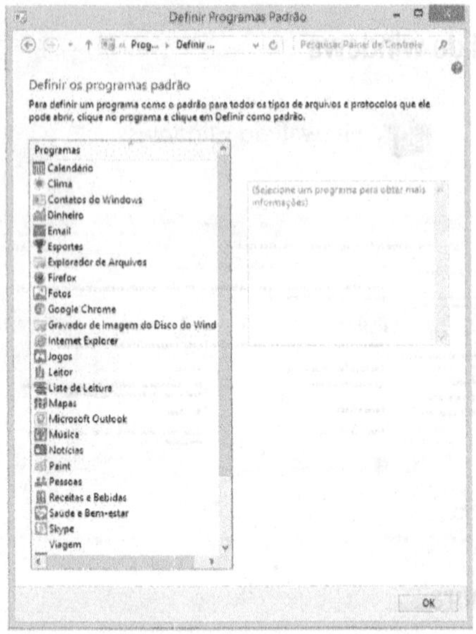

Sistema

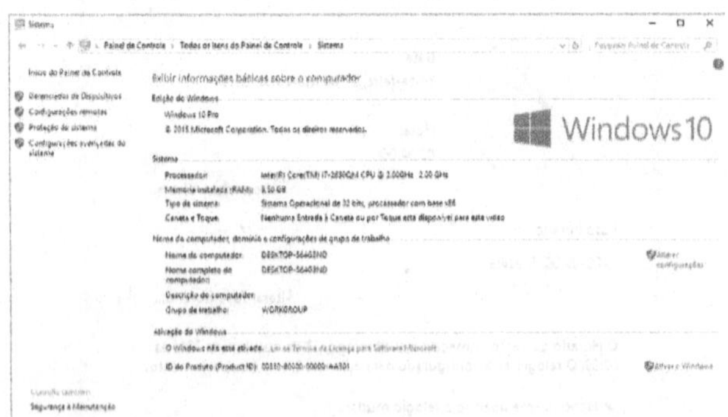

Windows defender

No Windows 10, o Windows Defender passou a ser também antivírus além de ser antispyware.

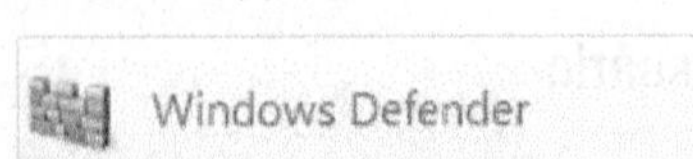

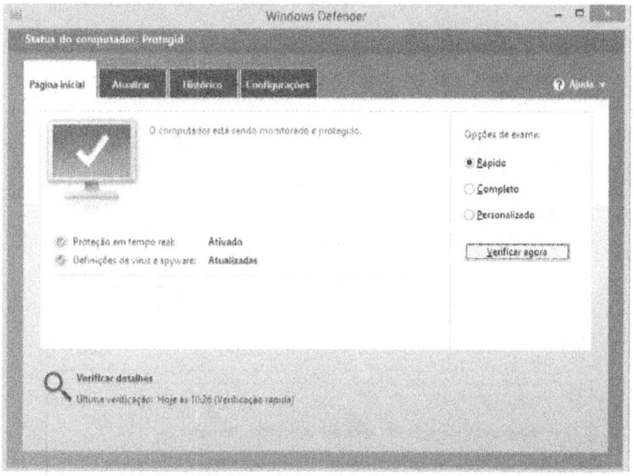

Estrutura de diretórios

Uma estrutura de diretórios é como o Sistema Operacional organiza os arquivos, separando-os de acordo com sua finalidade.

O termo diretório é um sinônimo para pasta, que se diferencia apenas por ser utilizado, em geral, quando se cita alguma pasta Raiz de um dispositivo de armazenamento ou partição.

Quando citamos o termo Raiz, estamos fazendo uma alusão a uma estrutura que se parece com uma árvore que parte de uma raiz e cria vários ganhos, que são as pastas, e as folhas dessa árvore são os arquivos.

Dessa maneira, observamos que o **diretório Raiz do Windows** é o diretório **C:** ou **C:** enquanto que o **diretório Raiz do Linux** é o **/**.

Podemos ser questionados com relação à equivalência dos diretórios do Windows em relação ao Linux.

Principais diretórios windows

Diretório	Descrição
C:\windows	**Armazena os arquivos do Sistema Operacional Windows.**
C:\Arquivos de Programas	**Armazena os arquivos dos programas instalados no computador.**
C:\Usuários	**Armazena as configurações, arquivos e pastas de cada usuário do sistema.**

Ferramentas administrativas

Limpeza de disco

Apaga os arquivos temporários, por exemplo, arquivos da Lixeira, da pasta Temporários da Internet e, no caso do Windows, a partir da versão Vista, as miniaturas.

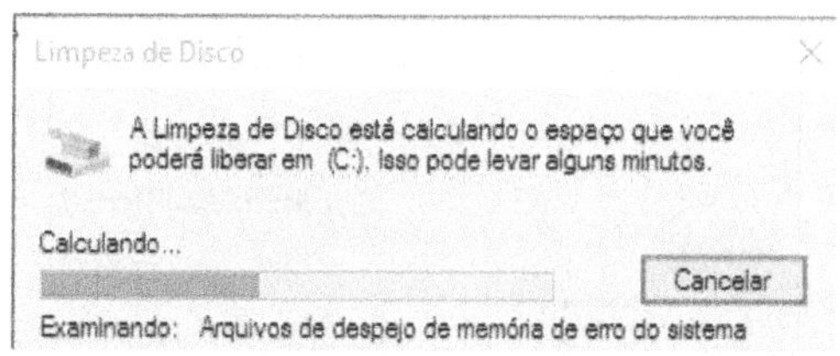

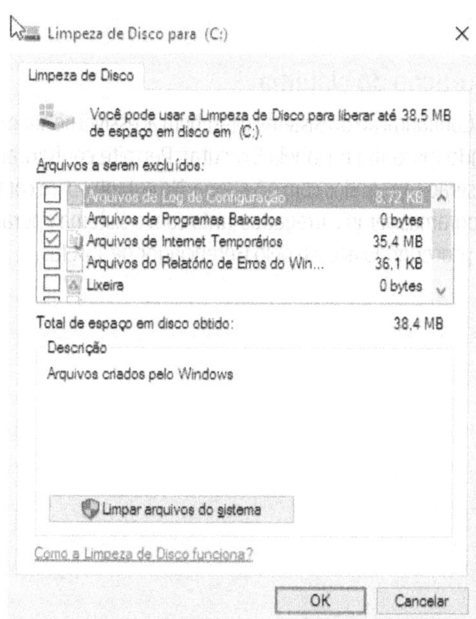

Lixeira

A capacidade da Lixeira do Windows é calculada. Assim, para HDs de até 40 GB, a capacidade é de 10%. Todavia, para discos rígidos maiores que 40 GB, o cálculo não é tão direto. Vamos a um exemplo: caso um HD possua o tamanho de 200 GB, então é necessário descontar 40 GB, pois até 40 GB a lixeira possui capacidade de 10%; assim, sobram 160 GB. A partir desse valor, deve-se calcular mais 5%, ou seja, 8 GB. Com isso, a capacidade total da lixeira do HD de 200 GB fica com 4 GB + 8 GB = 12 GB.

É importante, ainda, destacar que a capacidade da lixeira é calculada para cada unidade de armazenamento. Desse modo, se um HD físico de 500 GB estiver particionado, é necessário calcular separadamente a capacidade da lixeira para cada unidade.

A Lixeira é um local, e não uma pasta. Ela lista os arquivos que foram excluídos, porém nem todos arquivos excluídos vão para a Lixeira. Vejamos a lista de situações em que um arquivo não será movido para a lixeira:

> arquivos maiores do que a capacidade da Lixeira;

> arquivos que estão compartilhados na rede;

> arquivos de unidades removíveis;

> arquivos que foram removidos de forma permanente pelo usuário.

Desfragmentar e otimizar unidades

É responsabilidade do Desfragmentador organizar os dados dentro do HD de forma contínua/contígua para que o acesso às informações em disco seja realizado mais rapidamente.

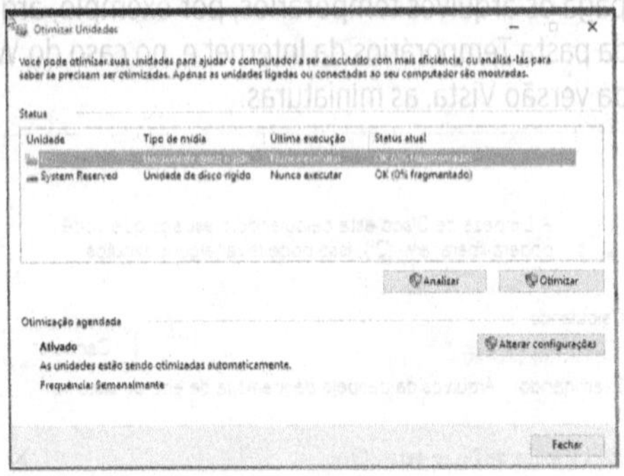

Configuração do sistema

A Configuração do Sistema é também acessível ao ser digitado o comando msconfig na janela Executar. Permite configurar quais serviços serão carregados com o Sistema. No entanto, para configurar quais programas serão carregados junto com o sistema operacional, deve-se proceder ao acesso pelo Gerenciador de Tarefas.

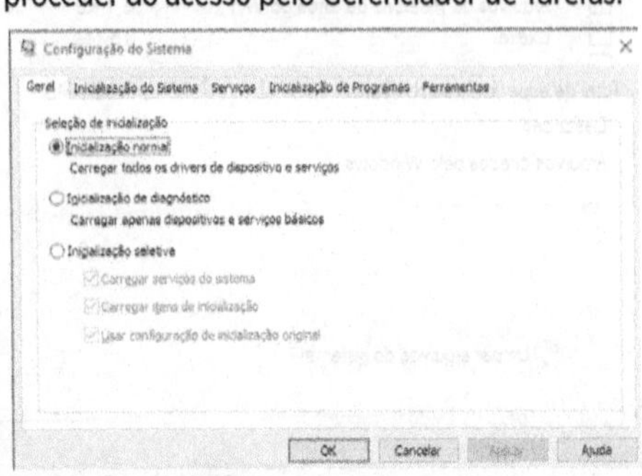

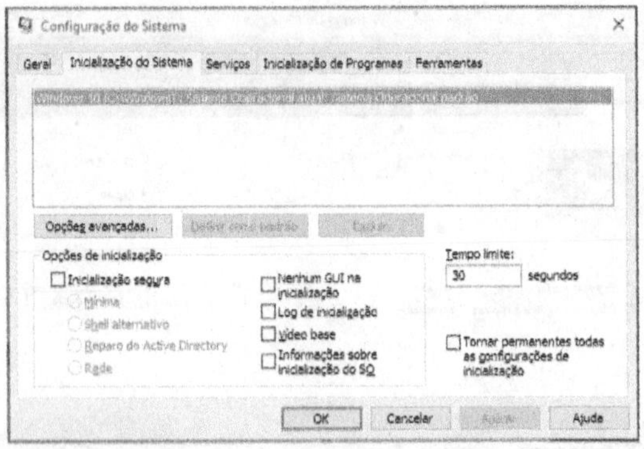

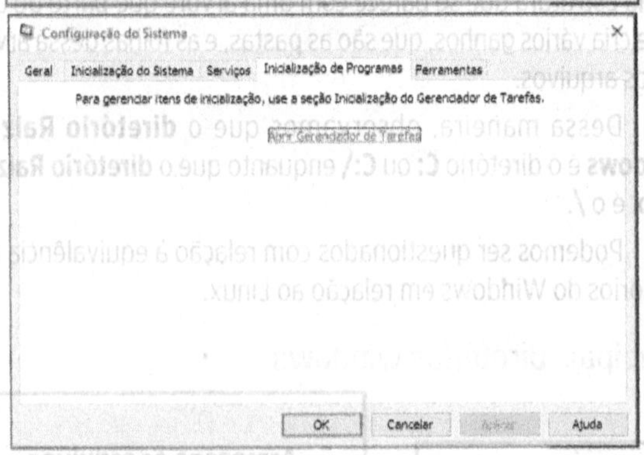

Monitor de recursos

Permite monitorar os recursos do computador e qual o uso que está sendo realizado.

Scandisk

O ScankDisk é o responsável por verificar o HD em busca de falhas de disco. Às vezes, ele consegue corrigi-las.

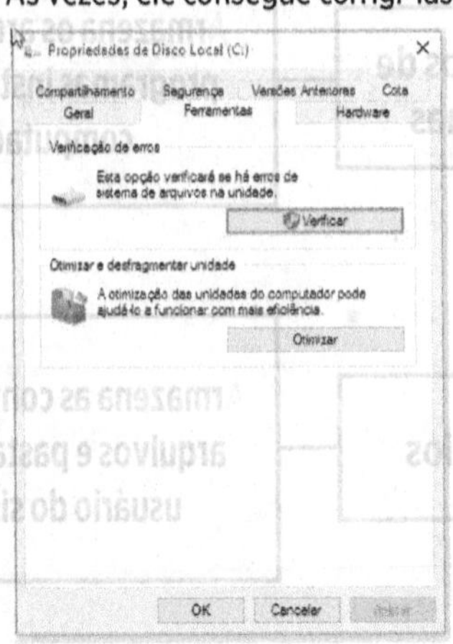

Configurações

Uma novidade do Windows 10 é a opção Configurações, presente no Botão Iniciar, que apresenta uma estrutura similar ao Painel de Controle, inclusive realizando a separação por categorias de ferramentas, conforme ilustra a figura a seguir.

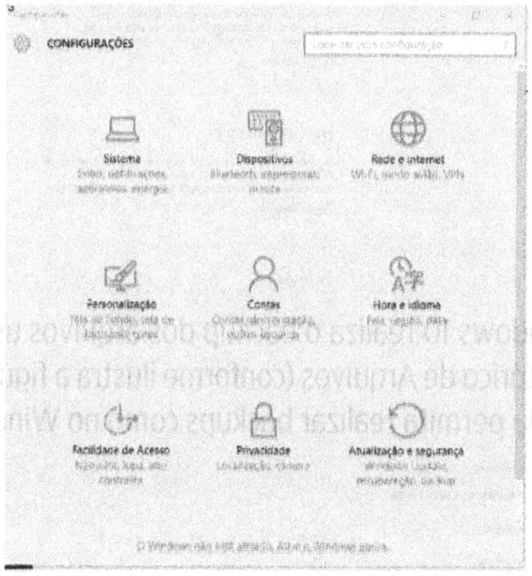

Opção sistema

Nesta opção, são apresentadas as ferramentas de configuração de resolução de tela, definição de monitor principal (caso possua mais de um), modos de gestão de energia (mais utilizados em notebooks).

Também é possível encontrar a opção Mapas Offline, que permite o download de mapas para a pesquisa e o uso por GPS, principalmente usado em dispositivos móveis ou dotados de GPS.

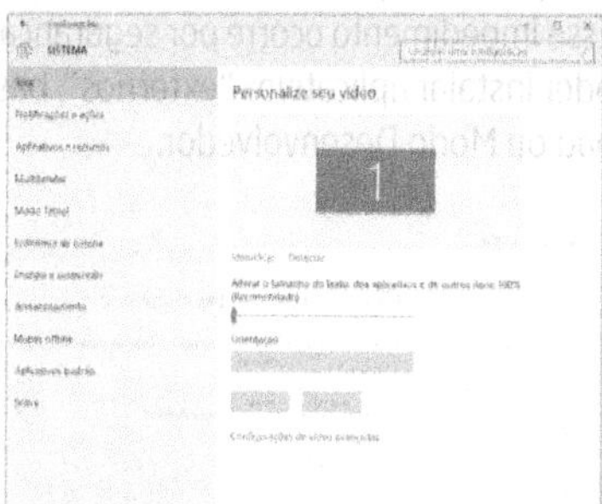

Opção dispositivos

A opção Dispositivos lista os dispositivos que foram instalados em algum momento no sistema, como as impressoras.

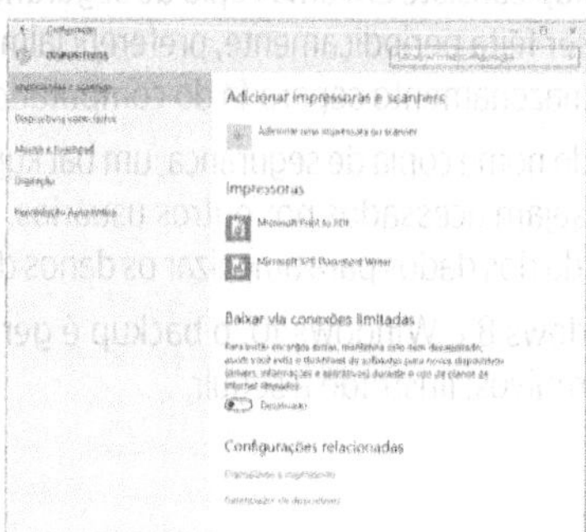

Opção rede e internet

Para configurar rapidamente o proxy de uma rede, ou ativar/desativar a wi-fi, a opção Rede e Internet oferece tais opções com facilidade, inclusive a opção para configurar uma VPN.

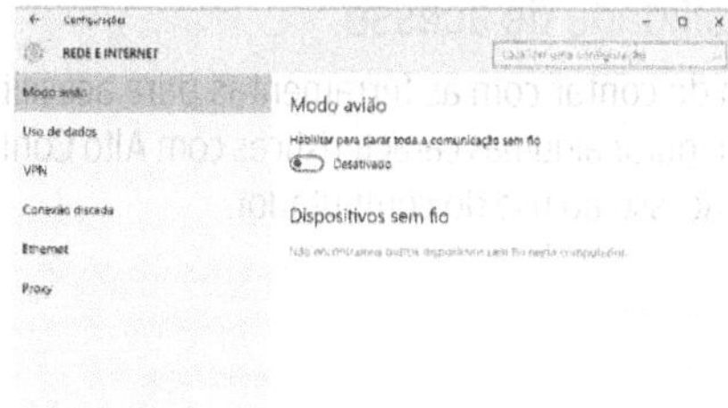

Opção personalização

Para personalizar os temas de cores da Área de Trabalho do Windows e os papéis de parede, a opção de personalização pode ser acessada pelas Configurações. Também é possível clicar com o botão direito do mouse sobre uma área vazia da Área de Trabalho e selecionar a opção Personalizar.

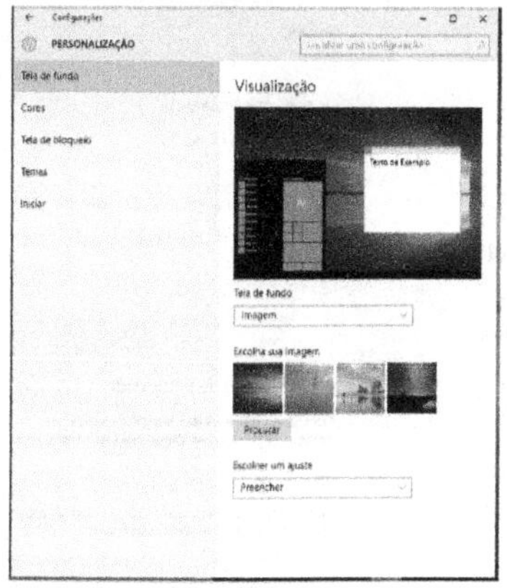

Opção contas

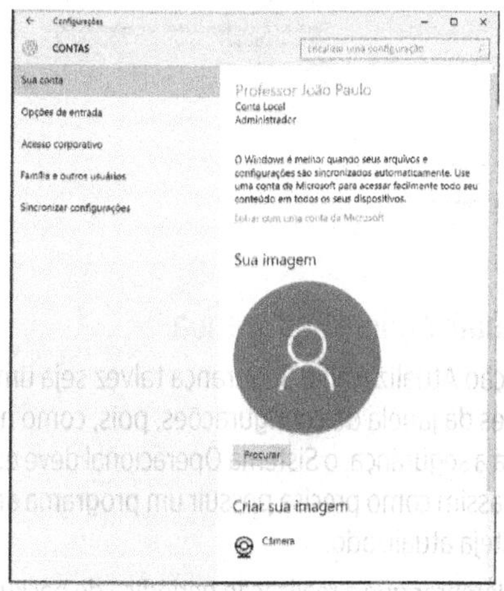

Opção hora e idioma

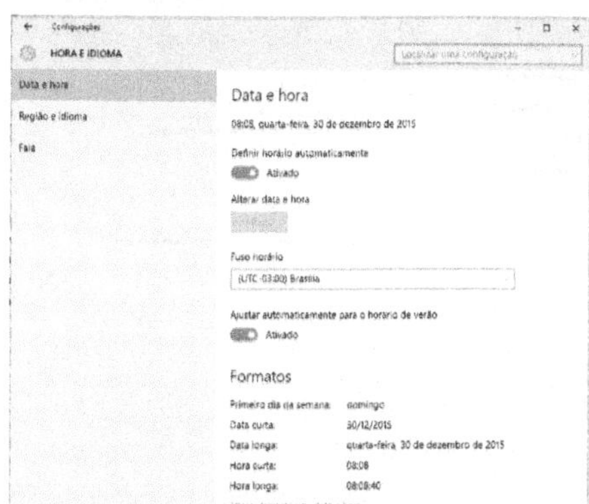

Opção facilidade de acesso

Além de contar com as ferramentas para acessibilidade, é possível configurar algumas características com Alto Contraste para melhorar o acesso ao uso do computador.

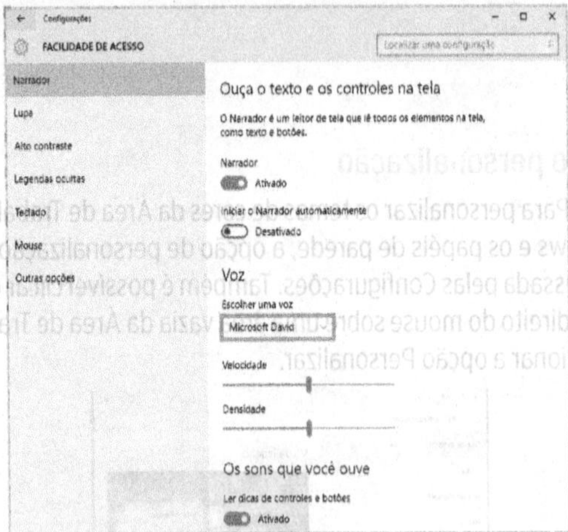

Opção privacidade

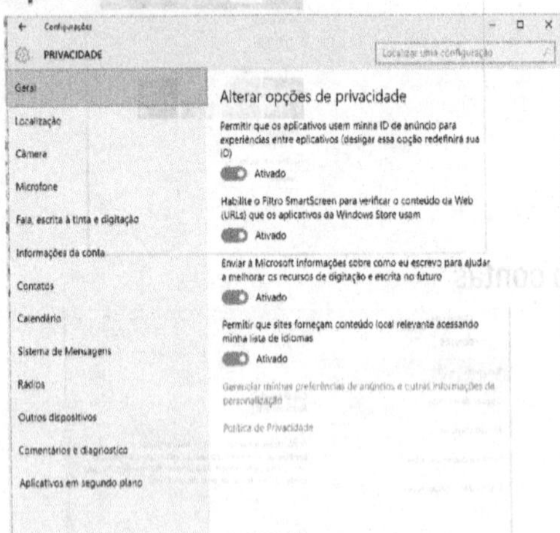

Opção atualização e segurança

A opção Atualização e Segurança talvez seja uma das principais opções da janela de configurações, pois, como necessidade mínima para a segurança, o Sistema Operacional deve estar sempre atualizado, assim como precisa possuir um programa antivírus que também esteja atualizado.

Vale lembrar que a realização periódica de backups também é considerada como um procedimento de segurança.

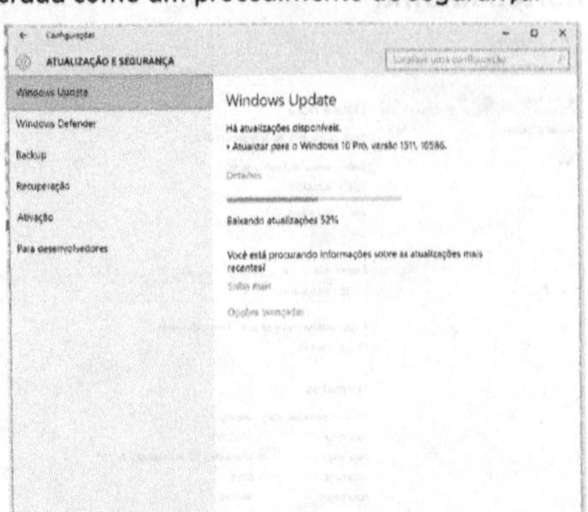

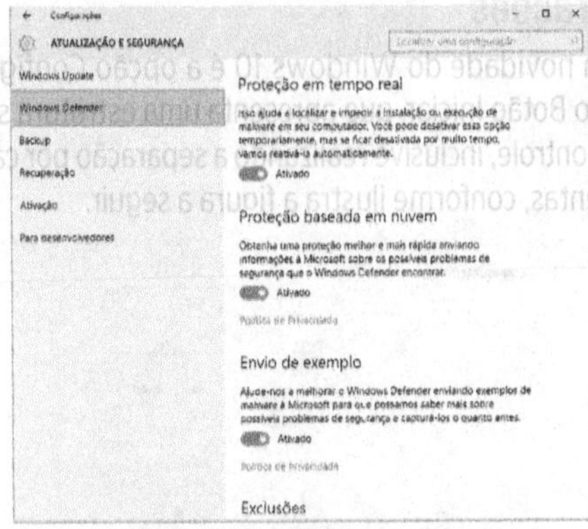

O Windows 10 realiza o backup dos arquivos usando a ferramenta Histórico de Arquivos (conforme ilustra a figura a seguir), embora ainda permita realizar backups como no Windows 7.

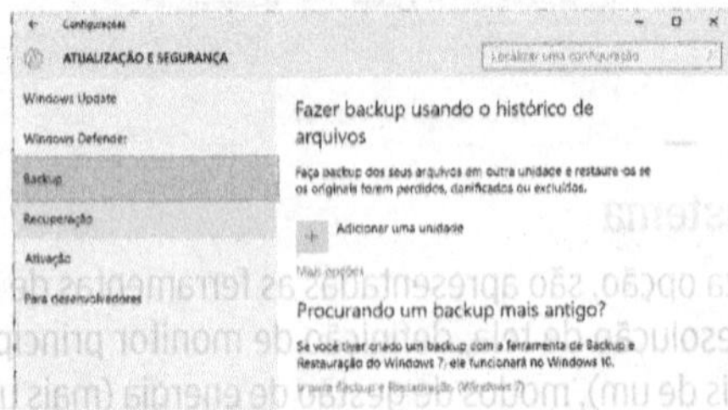

A opção Para desenvolvedores é uma novidade do Windows que assusta alguns usuários desavisados, pois, ao tentarem instalar algum aplicativo que não seja originário da Loja da Microsoft, não logram êxito. Esse impedimento ocorre por segurança. De qualquer forma, para poder instalar aplicativos "externos", basta selecionar a opção Sideload ou Modo Desenvolvedor.

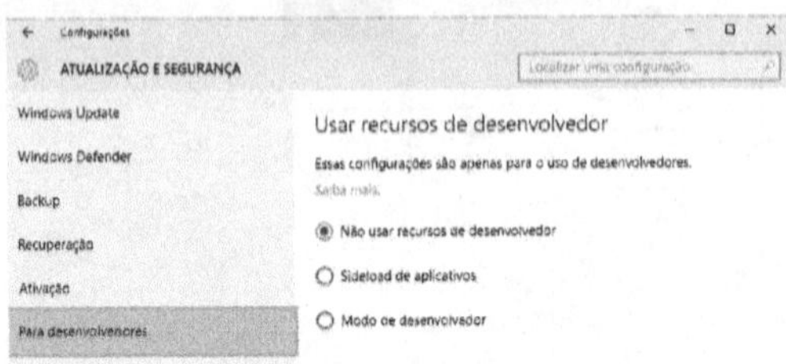

Backup no windows 10

Um backup consiste em uma cópia de segurança dos Arquivos, que deve ser feita periodicamente, preferencialmente em uma unidade de armazenamento separada do computador.

Apesar do nome cópia de segurança, um backup não impede que os dados sejam acessados por outros usuários. Ele é apenas uma salvaguarda dos dados para amenizar os danos de uma perda.

No Windows 8 e Windows 10, o backup é gerenciado pelo Histórico de Arquivos, ilustrado a seguir.

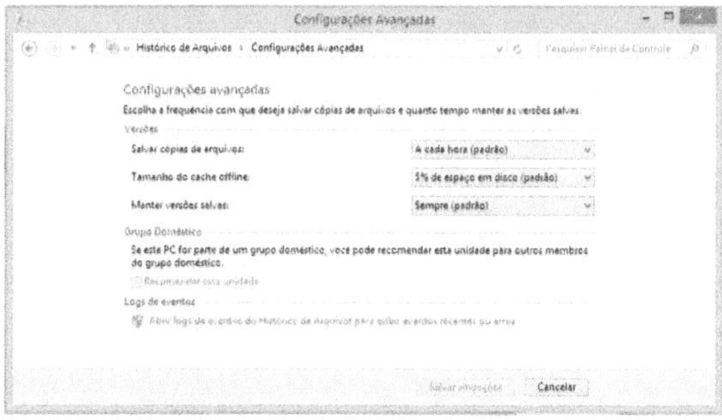

Backup e restauração (windows 7)

Esta ferramenta existe para manter a compatibilidade com a versão anterior de backup do Windows.

Na sequência, são citados os tipos de backup e ferramentas de backup.

Backup da imagem do sistema

O Backup do Windows oferece a capacidade de criar uma imagem do sistema, que é uma imagem exata de uma unidade. Uma imagem do sistema inclui o Windows e as configurações do sistema, os programas e os arquivos. É possível usar uma imagem do sistema para restaurar o conteúdo do computador, se em algum momento o disco rígido ou o computador pararem de funcionar. Quando se restaura o computador a partir de uma imagem do sistema, trata-se de uma restauração completa; não é possível escolher itens individuais para a restauração, e todos os atuais programas, as configurações do sistema e os arquivos serão substituídos. Embora esse tipo de backup inclua arquivos pessoais, é recomendável fazer backup dos arquivos regularmente, usando o Backup do Windows, a fim de que seja possível restaurar arquivos e pastas individuais conforme a necessidade. Quando for configurado um backup de arquivos agendado, o usuário poderá escolher se deseja incluir uma imagem do sistema. Essa imagem do sistema inclui apenas as unidades necessárias à execução do Windows. É possível criar manualmente uma imagem do sistema, caso o usuário queira incluir unidades de dados adicionais.

Disco de restauração

O disco de restauração armazena os dados mais importantes do sistema operacional Windows, em geral, o que é essencial para seu funcionamento. Esse disco pode ser utilizado quando o sistema vier a apresentar problemas, por vezes decorrentes de atualizações.

Tipos de backup

Completo/Normal

Também chamado de Backup Total, é aquele em que todos os dados são salvos em uma única cópia de segurança. Ele é indicado para ser feito com menor frequência, pois é o mais demorado para ser processado, como também para ser recuperado. Contudo, localizar um arquivo fica mais fácil, pois se tem apenas uma cópia dos dados.

Diferencial

Este procedimento de backup grava os dados alterados desde o último backup completo. Assim, no próximo backup diferencial, somente serão salvos os dados modificados desde o último backup completo. No entanto, esse backup é mais lento de ser processado do que o backup incremental, porém é mais rápido de ser restaurado do que o incremental, pois é necessário apenas restaurar o último backup completo e o último backup diferencial.

Incremental

Neste tipo de backup, são salvos apenas os dados que foram alterados após a última cópia de segurança realizada. Este procedimento é mais rápido de ser processado, porém leva mais tempo para ser restaurado, pois envolve restaurar todos os backups anteriores. Os arquivos gerados são menores do que os gerados pelo backup diferencial.

Backup Diário

Um backup diário copia todos os arquivos selecionados que foram modificados no dia de execução do backup diário. Os arquivos não são marcados como arquivos que passaram por backup (o atributo de arquivo não é desmarcado).

Backup de Cópia

Um backup de cópia copia todos os arquivos selecionados, mas não os marca como arquivos que passaram por backup (ou seja, o atributo de arquivo não é desmarcado). A cópia é útil caso o usuário queira fazer backup de arquivos entre os backups normal e incremental, pois ela não afeta essas outras operações de backup.

Explorador de arquivos

Conhecido até o Windows 7 como Windows Explorer, o gerenciador de arquivos do Windows usa a chamada Interface Ribbon (por faixas) no Windows 8 e 10. Com isso, torna mais acessíveis algumas ferramentas como a opção para exibir as pastas e os arquivos ocultos.

A figura a seguir ilustra a janela Este Computador que apresenta os dispositivos e unidades de armazenamento locais como HDs e Drives de mídias ópticas, bem como as mídias removíveis.

Um detalhe interessante sobre o Windows 10 é que as bibliotecas, ilustradas na figura, não estão visíveis por padrão; o usuário precisa ativar sua exibição.

Na figura a seguir, é ilustrada a guia Exibir da janela Este Computador.

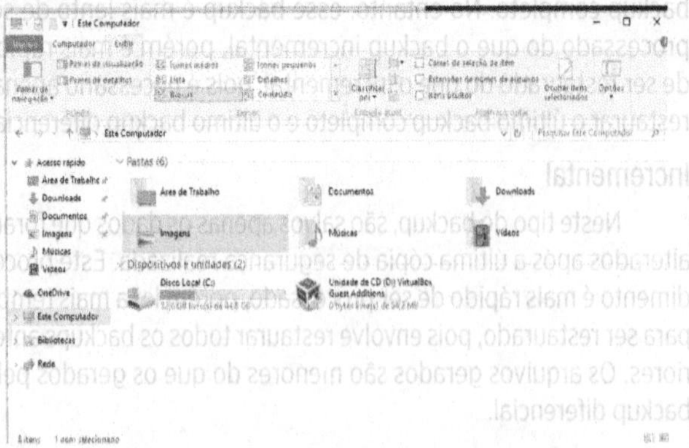

Ao selecionar arquivos ou pastas de determinados tipos, como imagens, algumas guias são exibidas como ilustra a série de figuras a seguir.

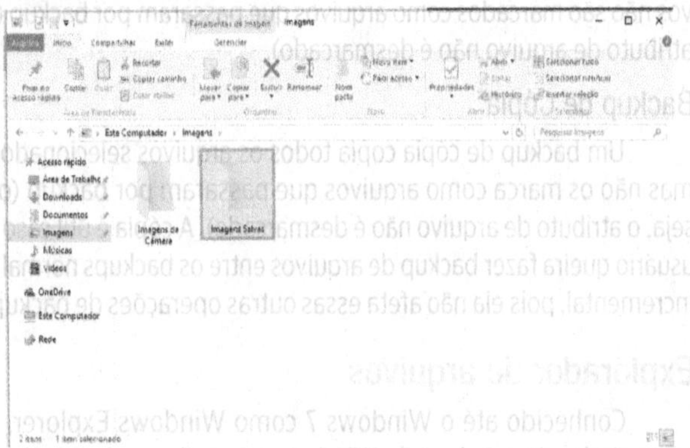

É possível notar que há opções específicas para facilitar o compartilhamento dos arquivos e pastas.

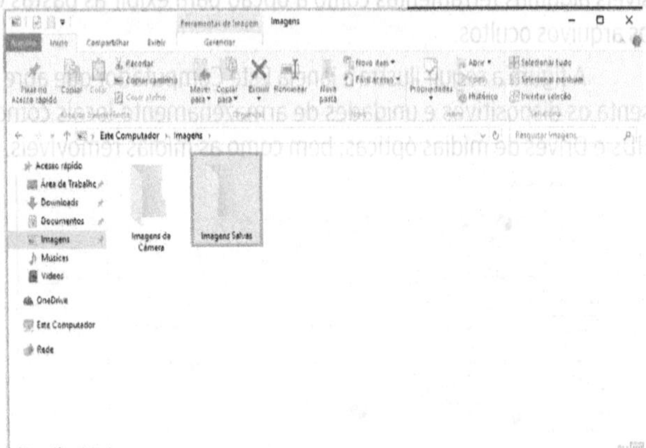

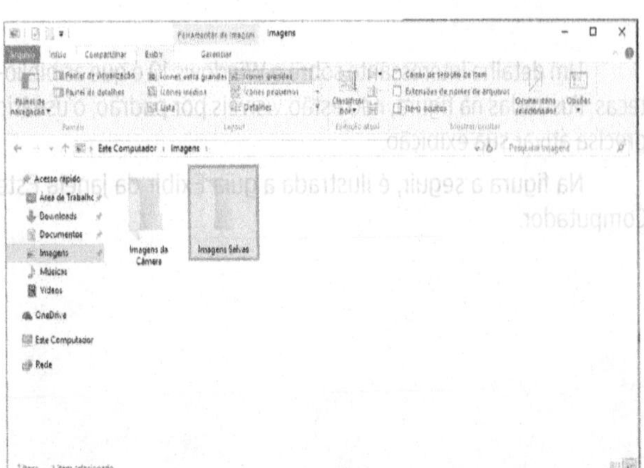

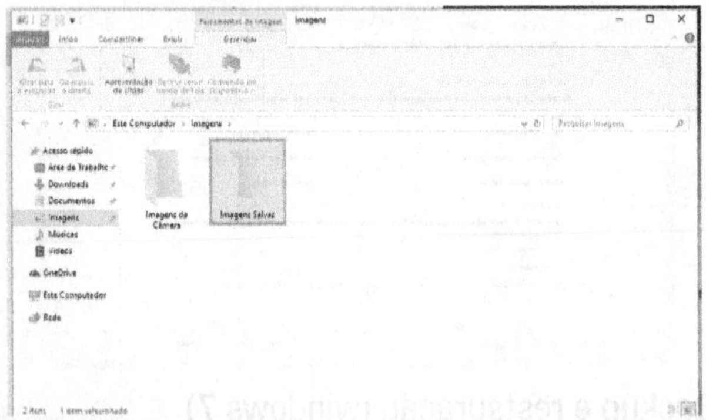

Questões

01. (IESES) Assinale a alternativa que diz respeito à seguinte definição:

Este tipo de backup fornece um backup dos arquivos modificados desde que foi realizado um backup completo. Normalmente, salva somente os arquivos que são diferentes ou novos, desde o último backup completo, mas isso pode variar em diferentes programas de backup. Juntos, um backup completo e um backup desse tipo incluem todos os arquivos no computador, alterados e inalterados:

a) Backup incremental.

b) Backup de referência.

c) Backup normal.

d) Backup diferencial.

02. (ALFACON) O Windows 10 trouxe inúmeras novidades, bem como deixou de possuir outras. Assinale a alternativa que corresponda a recursos que não estão presentes no Windows 10:

a) Bibliotecas.

b) Botão Iniciar.

c) Calculadora.

d) Barra Charms.

e) Gerenciador de Arquivos.

03. (FMP/RS) O Sistema Operacional Windows possui um painel de controle que permite que se controlem dispositivos que ajudam na segurança do sistema, especialmente no acesso pela Internet. Entre esses dispositivos, estão o Firewall, atualizações automáticas e proteção contra vírus. Tal painel de controle é:

a) Ferramentas administrativas.

b) Opções de Internet.

c) Central de Ações.

d) Conexões de rede.

e) Opções de acessibilidade.

04. (TJ/SC) O Windows Defender é:

a) um software que verifica se a cópia do Windows instalada no computador é legítima.

b) uma versão do Windows.

c) um dispositivo de hardware que, instalado no computador, evita seu uso por pessoas não autorizadas.

d) um software antispyware incluído no Windows.

e) uma campanha de marketing da Microsoft incentivando os usuários a adquirirem cópias legítimas do Windows.

05. (FCC) Em uma repartição pública os funcionários necessitam conhecer as ferramentas disponíveis para realizar tarefas e ajustes em seus computadores pessoais.

Dentre estes trabalhos, tarefas e ajustes estão:

I. Utilizar ferramentas de colaboração on-line para melhoria do clima interno da repartição e disseminação do conhecimento.

II. Aplicar os conceitos de organização e de gerenciamento de informações, arquivos, pastas e programas a fim de possibilitar a rápida e precisa obtenção das informações, quando necessário.

III. Conhecer e realizar operações de inserção de elementos nos slides do PowerPoint, dentre outras.

IV. Conhecer as formas utilizadas pelo Excel para realizar cálculos e também operações de arrastar valores de uma célula para a outra.

V. Realizar pesquisas na Internet usando os sites de busca mais conhecidos.

Para atender ao item II, uma recomendação prática e geralmente aceita, é organizar as pastas de arquivos por tipo. Isso significa que os arquivos comuns dentro de uma mesma pasta possuirão:

a) a mesma extensão.

b) a mesma data.

c) o mesmo tamanho.

d) o mesmo título.

e) o mesmo autor.

06. (FAFIPA) Browser é um programa de computador que habilita seus usuários a interagirem com documentos virtuais da Internet. Assinale a alternativa que NÃO apresenta um browser:

a) Windows Explorer.

b) Mozilla Firefox.

c) Safari.

d) Flock.

e) GoogleChrome.

07. (FAFIPA) Sobre atalhos no Windows Explorer, assinale a alternativa INCORRETA:

a) A tecla F2 renomeia um arquivo selecionado.

b) A tecla F5 atualiza exibição.

c) A tecla Delete move um arquivo selecionado para a Lixeira.

d) As teclas Ctrl+T selecionam todo conteúdo do diretório atual.

e) As teclas Shift+Delete exclui permanentemente um arquivo selecionado.

08. (FAURGS) Assinale a alternativa correta a respeito da ferramenta de sistema identificada como Restauração do Sistema no Windows 10:

a) Não é possível desfazer as alterações que a restauração do sistema faz no Registro do sistema.

b) A operação padrão de restauração não atua sobre arquivos pessoais, não servindo para recuperar a última versão de um arquivo pessoal excluído.

c) A operação de restauração sempre retorna à configuração da primeira instalação do Windows 7.

d) Na instalação padrão do Windows 10, os pontos de restauração são criados apenas quando novos dispositivos, como impressoras e discos, são instalados no sistema.

e) Os pontos de restauração são sempre criados automaticamente pelo sistema, não sendo possível criar um ponto de restauração manualmente.

Gabaritos

01	D	05	
02	D	06	A
03	C	07	E
04	D	08	B

3. LINUX

Linux é um Sistema Operacional criado por Linus Torvald, com base na plataforma UNIX. Muitas bancas de concurso apenas o citam no edital de conteúdo programático. Uma parte dos conceitos cobrados relacionados ao Linux já foram vistos na seção Sistemas Operacionais, em que são apontadas características baseadas no seu funcionamento.

3.1 Conceitos básicos

Nesta seção são abordados os demais conceitos relacionados diretamente a algumas funcionalidades e definições do Linux.

Dual boot

É possível instalar em um mesmo computador múltiplos sistemas operacionais, de forma que, ao ligar o computador, o usuário escolhe qual sistema deseja utilizar. A etapa de escolha do sistema é controlada por gerenciadores de boot; quando se instala o Linux, ele instala automaticamente um gerenciador de boot. Os gerenciadores de boot mais populares são o GRUB e o LILO.

Distribuições

Uma Distribuição é uma cópia modificada e compartilhada com a comunidade; o Linux possui várias distribuições diferentes. Isso se deve ao fato de ele ser um software livre e, assim, é permitido alterar uma distribuição e repassar a outras pessoas que, por sua vez, também podem efetuar as suas alterações.

No site da dristrowatch existem mais de 300 distribuições Linux registradas. As principais são:

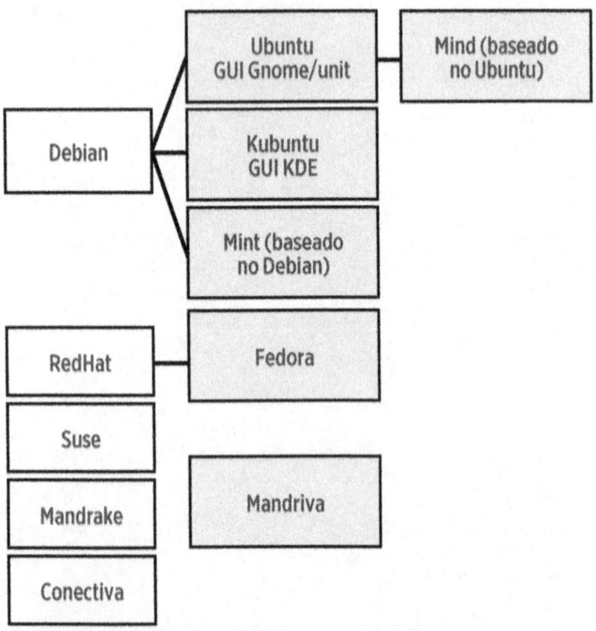

Estrutura de diretórios

A estrutura de diretórios define quais são as pastas do Sistema e quais as suas finalidades perante os programas e o próprio sistema operacional.

As questões sobre a estrutura de diretórios do Linux assumem um formato relacional, cabendo ao concursando associar as pastas às suas finalidades.

A estrutura de diretório do Linux, assim como a do Windows, possui caráter hierárquico que toma como partida a raiz do Sistema - no caso do Linux, a raiz do SO é o diretório / (barra). O termo raiz é atribuído, pois a estrutura de diretórios observada de forma inversa apresenta características de uma árvore que, a partir da raiz, possui seus galhos, as pastas e, por fim, suas folhas, os arquivos.

/dev	(devices): armazena os drivers/dev dos dispositivos.
/bin	(binaries): armazena os binários essenciais para o funcionamento do sistema. Como também comandos básicos do SO como rm, pwd, su, tar, entre outros.
/Sbin	(binaries): armazena os binários essenciais para o funcionamento do sistema que sejam vinculados ao Super Usuário (administrador).
/mnt	(Mount): conhecido como ponto de montagem padrão, é o local por meio do qual se tem acesso às unidades de armazenamento, CD-ROMs e Pendrives conectados no computador.
/etc	Armazena os arquivos de configuração do Sistema Operacional.
/boot	Arquivos necessários para o boot do sistema.
/tmp	Arquivos temporários.
/home	Armazena as pastas dos usuários.
/root	Diretório do administrador.

Gerenciadores de arquivos

Gerenciador de Arquivo é o programa que permite navegar entre as pastas do computador, como também realizar tarefas do tipo copiar, recortar, colar, renomear e mover arquivos e pastas.

O Nautilus é o gerenciador de arquivos utilizado nas distribuições Linux que trabalham com a interface gráfica Gnome, enquanto que as distribuições que utilizam o KDE têm como gerenciador de arquivos o Konqueror. O Konqueror também pode ser utilizado como navegador de Internet, já no Nautilus essa opção foi desabilitada por segurança.

Terminal linux

O Shell é o aplicativo que permite operar com o Sistema Operacional Linux através de linhas de comandos, ou seja, é o responsável por ler e interpretar um comando do usuário. Ele é similar ao Prompt de comandos no Windows (DOS).

Comandos linux

Embora o Linux possua várias interfaces gráficas que podem ser utilizadas, a boa e velha linha de comando ainda é o caminho mais prático e rápido para a execução de muitas tarefas.

Os comandos são cobrados no concurso justamente porque é a parte similar entre as diversas distribuições Linux. Mas você não precisa se desesperar, pois o que é pedido são apenas os comandos básicos e para que servem, ou seja, não é pedido a linha de comando e suas opções, mas apenas o comando. Assim, vejamos os principais comandos cobrados e suas ações:

cd	Permite navegar entre as pastas.
ls	Listar arquivos e pastas do diretório atual.
clear	Limpa a tela.
exit	Sair do terminal.
cp	Copiar um arquivo ou pasta especificado.
rm	Remover um arquivo ou pasta especificado.
init 0	Desliga o Computador (é necessário ser administrador para executar este comando).
init 6	Reinicia o Computador (é necessário ser administrador para executar este comando).
chmod	Permite alterar as permissões de arquivos e pastas.
mv	Mover arquivos e pastas. Também pode ser utilizado para renomear um arquivo ou pasta.
pwd	Mostra o diretório em que você está.
mkdir	Criar um diretório.
reboot	Reinicia o Sistema Operacional.
tar	Empacota os arquivos e pastas em um único arquivo. (não compacta).
gzip	Compacta os arquivos e/ou pastas em um mesmo arquivo.

Questões

01. (CETAP) Nos últimos anos, o sistema Linux tem sido cada vez mais adotado tanto para uso pessoal quanto para uso corporativo. Com relação ao sistema Linux, indique a alternativa CORRETA:

a) O Linux é um sistema operacional, portanto deve funcionar em conjunto com o sistema Microsoft Windows.

b) O acesso às funções do sistema Linux é feito somente através de linhas de comandos.

c) O Linux oferece funcionalidades para gerenciamento e acesso a arquivos, pastas e programas.

d) O Linux é um sistema utilitário para compactação de arquivos no formato ZIP.

e) O Linux é um software proprietário utilizado como alternativa ao Microsoft Word, Excel e Power Point.

02. (CESPE) Com relação ao sistema operacional Linux, assinale a opção correta:

a) Em uma distribuição do sistema Linux, é possível encontrar softwares destinados a diversas finalidades, como para prover serviço de acesso à Internet. No ambiente Linux, também se dispõe de uma área de trabalho (GUI) para uso do sistema operacional a partir de uma interface gráfica.

b) Pelo fato de ser um software proprietário, qualquer usuário pode fazer alterações no ambiente e colaborar para a melhoria do sistema Linux.

c) O código fonte do sistema operacional Linux não pode ser alterado; por essa razão ele não é distribuído sob a licença GPL ou GNU, que é pública e permite modificações no código.

d) KDE Control Center é a área de trabalho do Linux pela qual se faz acesso a aplicativos instalados no computador, como o BrOffice e outros.

e) O Linux não permite que sejam instalados outros sistemas operacionais na mesma máquina, pois isso afetaria o desempenho do computador, tornando-o lento.

03. (CESPE) A respeito do sistema operacional Linux, assinale a opção correta:

a) Kernel é a interface gráfica do Linux, que tem visual muito similar à interface do sistema operacional Windows XP.

b) O Linux funciona em dezenas de plataformas, desde mainframes até relógios de pulso, passando por várias arquiteturas e dispositivos.

c) O KDE é o navegador nativo do Linux que permite acesso à Internet e envio de e-mail.

d) O Linux adota a GPL, uma licença que permite aos interessados usá-lo, mas sem a possibilidade de redistribuí-lo.

04. (FGV) Nas distribuições Linux, as principais bibliotecas de sistema e os arquivos de configuração e scripts de inicialização ficam armazenados nos seguintes diretórios:

a) /bib e /cfg

b) /bib e /etc

c) /lib e /scr

d) /lib e /etc

e) /lib e /cfg

05. (FCC) Remove arquivos no Linux o comando:

a) pwd

b) mkdir

c) cd

d) rm

e) tar

Gabaritos

01	C
02	A
03	B
04	D
05	D

4. WORD 2016

4.1 Tela de Abertura

Assim como o MS Office 2013, o MS Office 2016 exibe uma tela de abertura ao iniciar algum programa da suíte, em vez de iniciar diretamente com um documento em branco. Vejamos a figura a seguir.

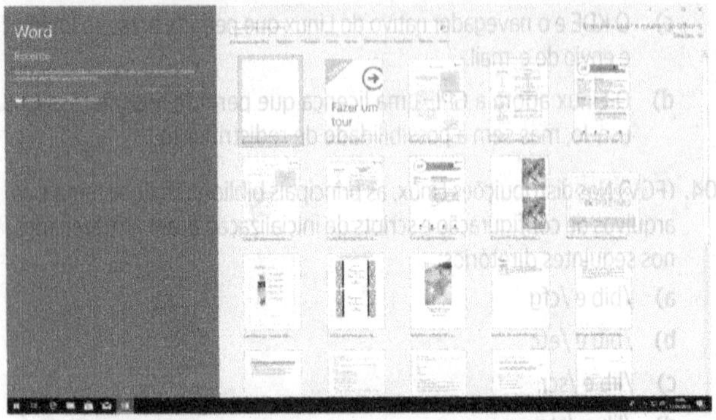

Nessa janela, o usuário tem acesso à lista dos documentos abertos recentemente no programa, bem como pode criar um novo documento: ou um documento em branco, ou a partir de um modelo a ser baixado da Internet.

Os modelos disponíveis são atualizados, em sua maioria, pelos próprios usuários. Para facilitar a localização de um modelo que seja mais adequado à necessidade do usuário, há opção para pesquisa, assim como sugestões de categorias.

4.2 Janela do Programa

A figura abaixo ilustra a janela do Microsoft Word 2016 com um documento em branco em edição.

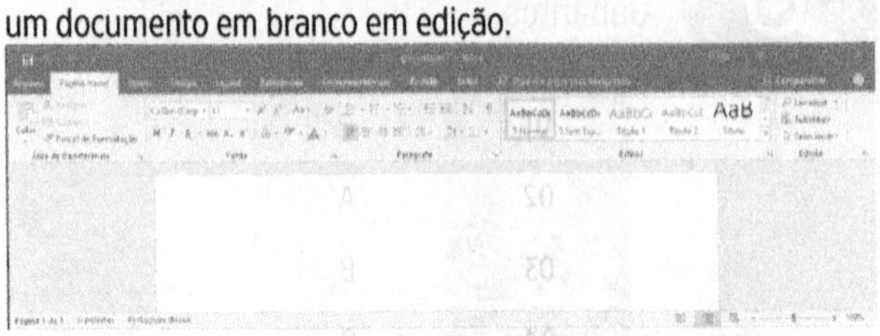

Janela Word 2016, aba Página Inicial.

A janela do Word 2016 apresenta pequenas mudanças nas opções da janela de edição em comparação com a versão anterior:

> **Cor das guias inativas**: agora a cor segue o padrão de cores escolhido. Existem 3 temas que podem ser usados: Colorido; Cinza-Escuro e Branco. Na figura acima é ilustrado o padrão (Colorido), a seguir os demais.

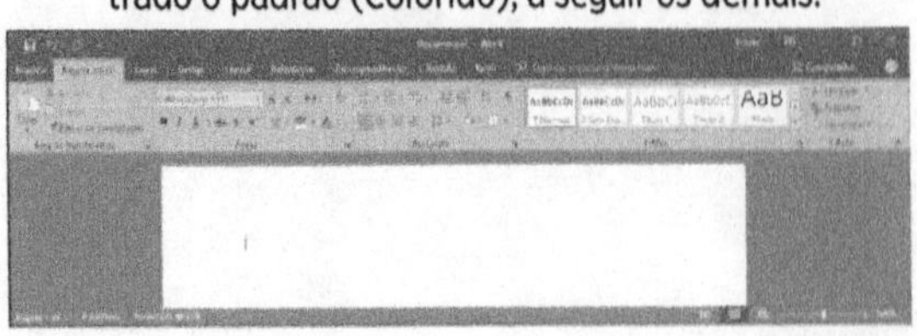

Janela do Word 2016, tema Cinza Escuro.

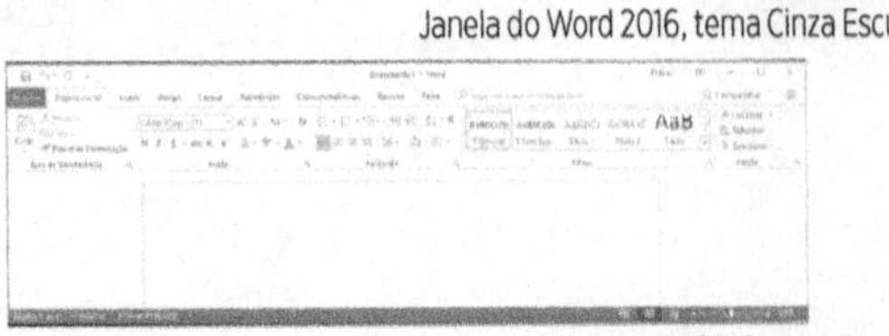

Janela Word 2016, tema Branco.

> **Diga-me o que você deseja fazer**: note que ao lado da guia Exibir existe um espaço para digitar, que não existia no 2016. Ele serve para acessar as ferramentas e opções; sua finalidade é facilitar a localização de ferramentas que o usuário não lembra em que aba estão. Conforme o usuário digita, vão sendo sugeridas opções relacionadas aos caracteres inseridos.

> **Opção Entrar**: foi movida para a barra de títulos; antes ficava onde aparece a carinha feliz (smile). Esse smile é o feedback ou também chamado de comentários, porém para a Microsoft, serve para o usuário contar sobre sua experiência em usar o MF Office 2016.

> **Guias**: no 2013 os títulos eram todos em caixa alta (maiúsculas) e a guia Layout era Layout de Página.

Assim como no 2013, o usuário pode logar com sua conta da Microsoft (Hotmail ou Outlook). Uma vez logado, o nome do usuário é imediatamente associado às propriedades do documento como seu autor. Observe a parte mais à direta da barra de títulos da janela ilustrada na primeira figura deste tópico. Ao efetuar o login, o nome do usuário é representado no lugar da expressão "Entrar".

Observe e faça as anotações das partes da janela indicadas na figura acompanhando a aula.

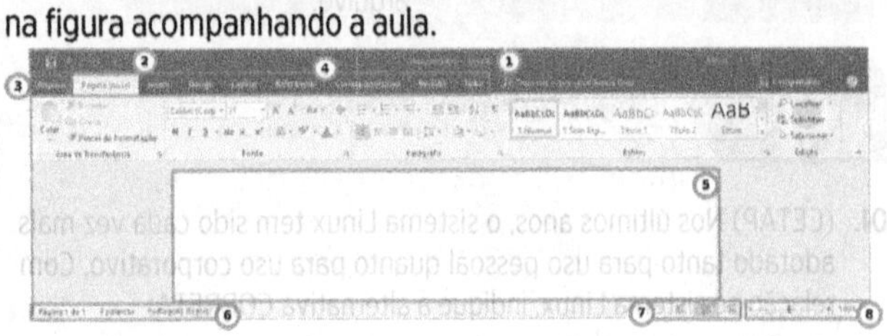

Janela do Word 2016, itens enumerados.

01. **Barra de título**: nesta barra são apresentadas as informações sobre o nome do documento em edição e seu formato, bem como o nome do programa que no caso da figura indica Microsoft Word. Também se observa na figura que não há a indicação do formato do arquivo. Isso significa que o documento em questão ainda não foi salvo em disco.

02. **Barra de Ferramentas de Acesso Rápido**: apresenta as opções mais frequentemente usadas, principalmente por meio das teclas de atalho. Por padrão mostra as opções Salvar, Desfazer e a opção que se alterna entre Repetir e Refazer. A opção (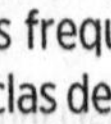) Repetir repete a última ação executada; corresponde a utilizar a tecla de atalho: F4, como também CTRL + R quando esta opção está exibida na barra. Já a opção Refazer () é como um desfazer para a ação Desfazer.

03. **Menu Arquivo**: a versão 2016 utiliza a mesma forma do menu Arquivo que a versão 2013, ou seja, mantém a interface Backstage view que exibe as opções do menu Arquivo, de modo que ocupem toda a tela da janela do programa.

04. **Faixa de Opções**: é possível aumentar a área útil da tela, fazendo com que as opções só sejam exibidas quando clicado na opção na Faixa de opções; basta utilizar o clique duplo do mouse sobre uma das Guias. O Word 2013 acrescentou ainda duas opções (botões) para poder alterar entre os modos de exibição das guias, um ao lado esquerdo do botão Minimizar,

conforme ilustra a figura a seguir, e outro logo acima da barra de rolagem vertical (dentro da faixa de opções). Este último é uma seta para cima, que lembra o sinal gráfico ^ (acento circunflexo). Essas características se mantêm no 2016.

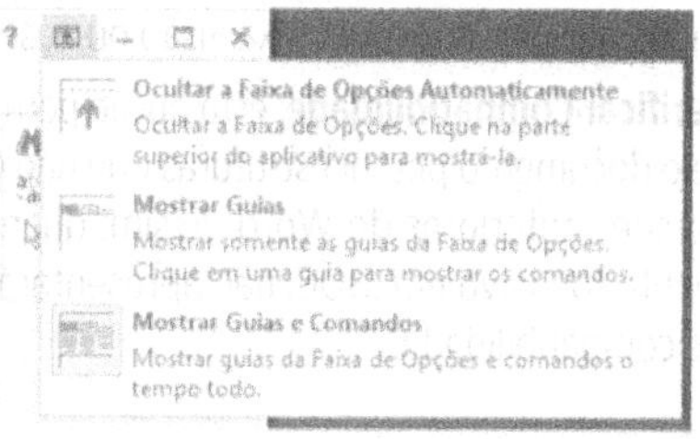

Modos de Exibição da Faixa de Opções em destaque.

05. **Página do Documento** em edição.
06. **Barra de Status**: nela são apresentadas algumas informações como número da página atual e total, total de palavras selecionadas e no documento inteiro.
07. **Modos de Exibição**: apenas três dos modos de exibição que o Word oferece estão dispostos nesse espaço para acesso rápido.
08. **Zoom**: o zoom também pode ser alterado utilizando-se a combinação da roda do mouse (scroll), enquanto se mantém pressionada a tecla CTRL.

Barra de ferramentas de acesso rápido

A figura abaixo destaca a Barra de Ferramentas de acesso Rápido, na qual se encontram por padrão os botões Salvar, Desfazer e Repetir/Refazer.

Barra de Ferramentas de Acesso Rápido.

O botão Desfazer  permite voltar uma ou mais ações realizadas no programa, cuja tecla de atalho é a famosa combinação CTRL + Z. Note que há uma seta à sua direita, é possível desfazer um conjunto de ações de uma única vez.

O botão Repetir  repete a última ação realizada, como aplicar negrito a um texto, ou mudar a cor de uma fonte. A combinação de teclas de atalho para esta opção é CTRL + R no Word 2013.

O Botão Refazer  somente é exibido quando o Desfazer é acionado, permitindo retroceder uma ação desfeita. As teclas de atalho são as mesmas do botão Repetir, até porque aparece no lugar dele.

4.3 Menu Arquivo

O menu Arquivo do Office 2016 utiliza a interface BackStage, que ocupa toda a tela do programa e oferece vários recursos integrados.

Por padrão, ao abrir o menu Arquivo, ele apresenta selecionada a opção Informações, a qual oferece dois conjuntos de opções: ferramentas de geração de documento e as propriedades do documento em edição.

Opção informações

A Figura 9 apresenta a opção Informações do menu Arquivo do Office 2016 e suas opções.

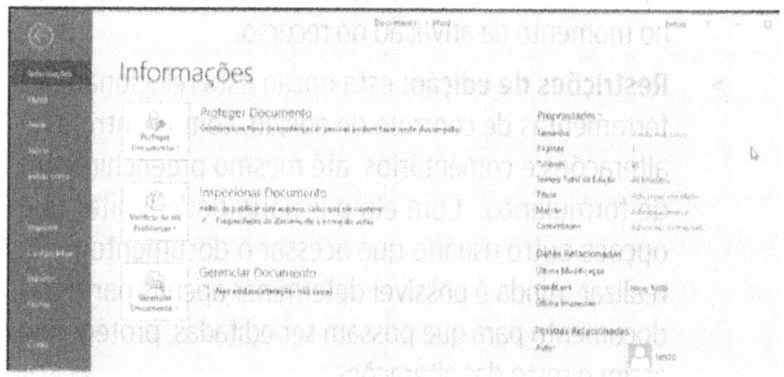

Menu Arquivo.

Na janela de informações, temos acesso a um dos conjuntos de opções mais importantes (em termos de concurso) do menu Arquivo. Também se deve observar o painel de propriedades à direta da janela.

Opção proteger documento

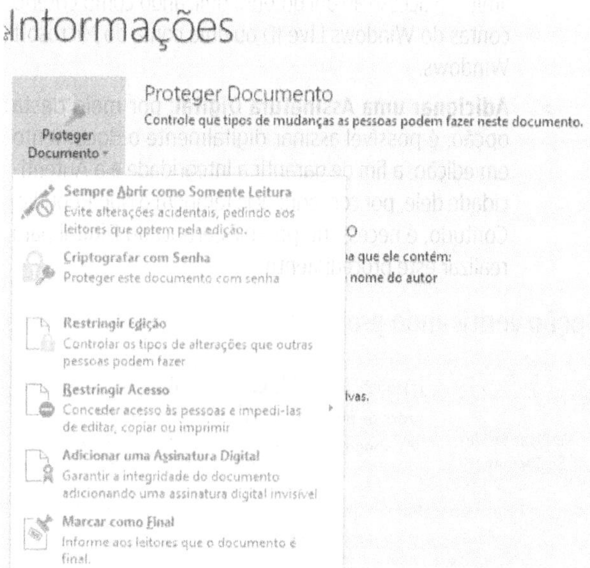

Opção Proteger Documento, a partir do menu Arquivo.

Marcar Como Final: a opção serve para salvar o arquivo como Somente leitura, assim ajuda a evitar que sejam feitas alterações no arquivo, ou seja, desabilita ou desativa a inserção de texto, a edição e as marcas de controle. Além disso, define o "Status" do documento como Final. Contudo, o comando Marcar como Final não é um recurso de segurança, pois basta que o usuário remova o Status Marcar como Final para que possa editar novamente o arquivo.

O Recurso Marcar como Final só tem efeito se o documento for aberto pela mesma versão do Ms Office; se for aberto por versões anteriores, como no 2003, abrirá normalmente, permitindo ao usuário alterar o arquivo.

Criptografar com Senha: por meio desta opção, é possível

definir uma senha para que o documento possa ser acessado. Contudo, vale ressaltar que a criptografia realizada pela opção Criptografar com Senha não tem relação com Certificação Digital.

> **Restringir Edição**: por intermédio da opção Restringir Edição, é possível escolher dentre três opções de ação:

> **Restrições de Formatação**: pela qual é possível limitar as opções de formatação, permitindo apenas que seja escolhido dentre um conjunto de estilos selecionados no momento da ativação do recurso.

> **Restrições de edição**: esta opção está relacionada às ferramentas de controle de edição, como controle de alterações e comentários, até mesmo preenchimento de formulários. Com ela o usuário pode limitar que opções outro usuário que acessar o documento pode realizar. Ainda é possível determinar apenas partes do documento para que possam ser editadas, protegendo assim o resto das alterações.

> **Aplicar proteção**: depois de configuradas as opções de um ou ambos os itens acima, a opção Sim, Aplicar Proteção fica habilitada. Com isso, será aberta uma janela para determinar uma senha ou para que seja utilizado um ID (e-mail) de usuários.

> **Restringir Permissão por Pessoas**: esta opção permite limitar o acesso ao documento utilizando como critério contas do Windows Live ID ou uma conta do Microsoft Windows.

> **Adicionar uma Assinatura Digital**: por meio desta opção, é possível assinar digitalmente o documento em edição, a fim de garantir a Integridade e a Autenticidade dele, por consequência também o Não Repúdio. Contudo, é necessário possuir Certificado Digital para realizar este procedimento.

Opção verificando problemas

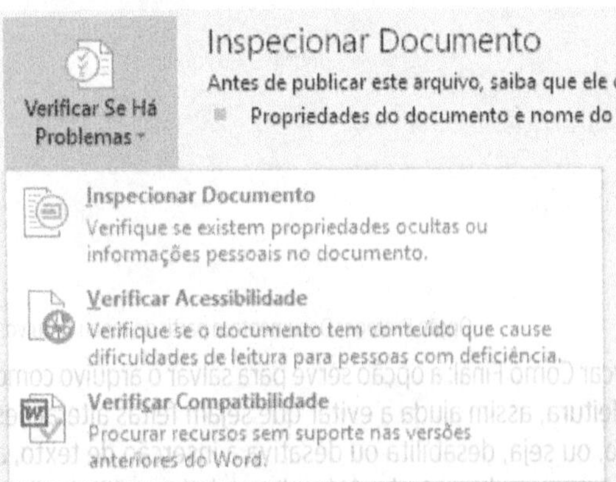

Opção Verificando Se Há Problemas.

> **Inspecionar Documento**: esta opção também pode ser citada como Inspetor do documento, que possibilita diversas opções, com a finalidade de buscar no documento por dados pessoais, informações ocultas, marcas, comentários, estruturas de controle, dentre outras, para que possam ser facilmente removidas, com o auxílio desta opção.

> **Verificar Acessibilidade**: permite verificar se a estrutura do elemento possui recursos ou formatações que dificultem a leitura por pessoas com deficiência, por exemplo, documentos que serão lidos por leitores de telas, utilizados por pessoas com baixa visão ou ausência dela.

> **Verificar Compatibilidade**: esta opção permite verificar se o documento possui estruturas que não existem nas versões anteriores do Word. Assim, quando o documento for salvo em .DOC, não apresentará problemas de compatibilidade.

Opção novo

Já a opção Novo abre no próprio menu Arquivo as opções de criação de um novo documento, conforme figura a seguir.

Note que, além de criar um simples documento em branco, podemos criar um arquivo com base em um modelo da Internet.

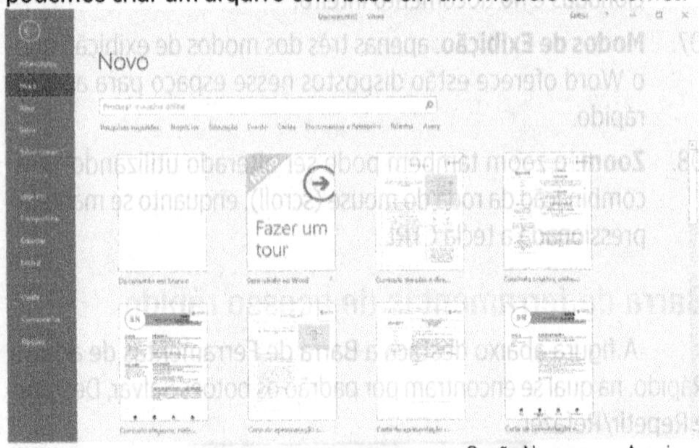

Opção Novo, menu Arquivo.

Opção imprimir

O Word 2016 apresenta diretamente no menu Arquivo → Imprimir as propriedades da Impressão, que também podem ser acessadas por meio da combinação de teclas CTRL+P. Com isso, uma etapa é reduzida no procedimento para impressão, o que torna a ação mais simples e direta. Nesta mesma opção, é ilustrada a pré-visualização do documento a ser impresso.

Vale observar que desde o Word 2013 a opção Configurar Página também é encontrada no menu Arquivo, exatamente na opção imprimir. A figura a seguir representa estas observações.

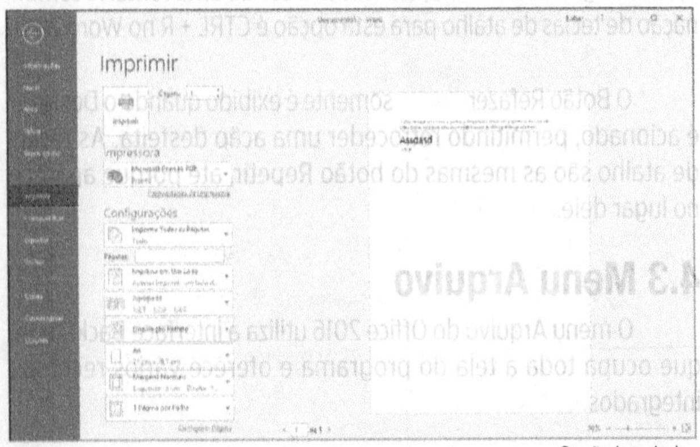

Opção Imprimir.

Outro fato importante é a pré-visualização, que também é ilustrada junto à opção imprimir.

Opção salvar e enviar

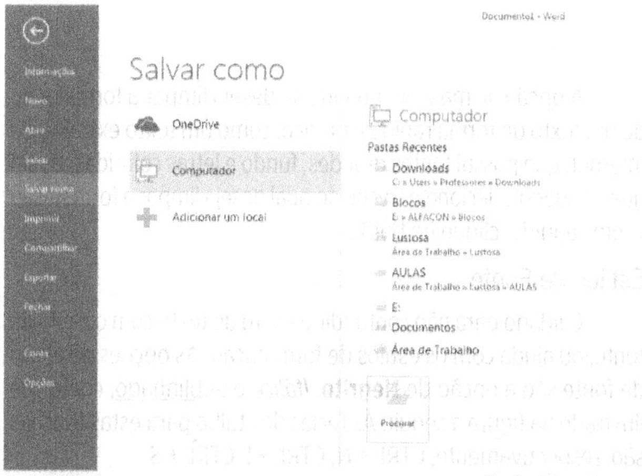

Opção Salvar Como.

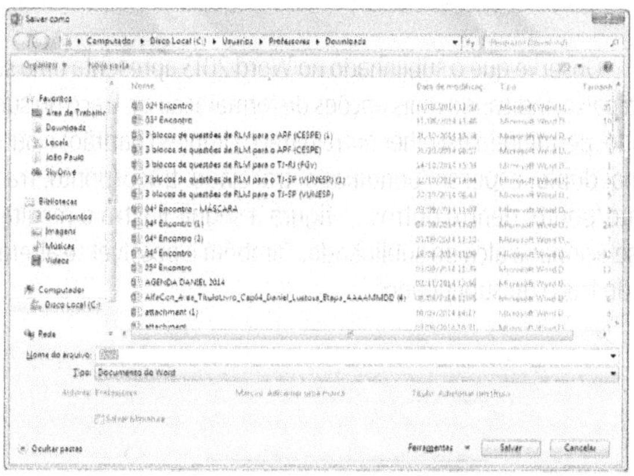

Janela para Salvar Documento.

Devemos dar ênfase no que diz respeito à integração com o Microsoft OneDrive. Uma vez logado na contra do MS Office, consequentemente o usuário estará logado com sua conta do OneDrive, assim possibilitando salvar o arquivo diretamente em sua conta na Nuvem.

4.4 Aba Página Inicial

Na Aba Página Inicial do Word 2013, encontramos as opções divididas nos blocos: Área de Transferência; Fonte; Parágrafo; Estilo; Edição, conforme ilustra a figura a seguir.

Bloco área de transferência

A Área de Transferência é uma área temporária, onde são colocadas as estruturas (textos, imagens etc.) que são copiadas de algum lugar, seja um documento, página da Internet, ou mesmo do Sistema Operacional, para que possam ser coladas.

A Área de Transferência do Word possui 24 posições, conforme figura a seguir, de forma que armazena não apenas a última informação copiada, mas sim as 24 últimas. Com isso, é possível colar trechos copiados ou recortados em momentos anteriores. Vale lembrar que a área de transferência fica em memória RAM, portanto quando o computador é desligado, ela é esvaziada.

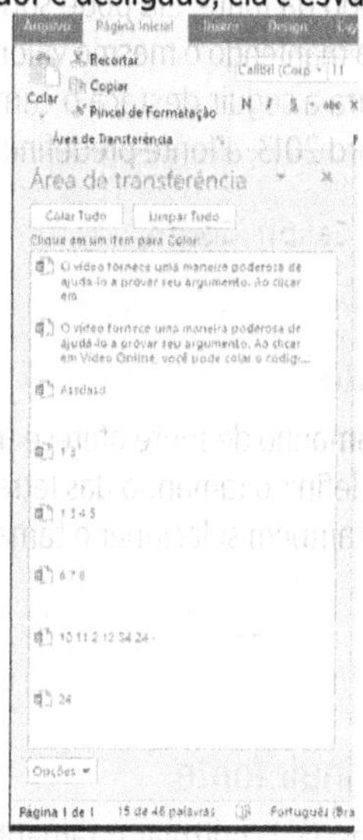

Opção colar

No bloco Transferência, encontra-se a opção Colar. Deve-se atentar ao detalhe do botão que, quando sobreposto pelo mouse, apresenta uma divisão, como ilustrado na sequência, ou seja, executa duas ações diferentes: ao clicar na parte superior, é colado o dado que foi colocado por último na área de transferência de forma equivalente a utilizar as teclas de atalho CTRL + V; já ao clicar na parte inferior, o Word exibe uma lista de opções de colagem, bem como dá acesso à opção Colar Especial.

Pincel de formatação

O Pincel de Formatação, ilustrado a seguir, permite realizar a cópia de formatação de um trecho de texto previamente selecionado e aplicar em outro trecho de texto a ser selecionado *a posteriori*, clique no botão Pincel.

Bloco fonte

Neste bloco, são encontradas as ferramentas mais usadas durante a edição de um documento, as opções relacionadas à formatação de Fonte. A figura a seguir ilustra as opções existentes neste bloco, que analisaremos na sequência.

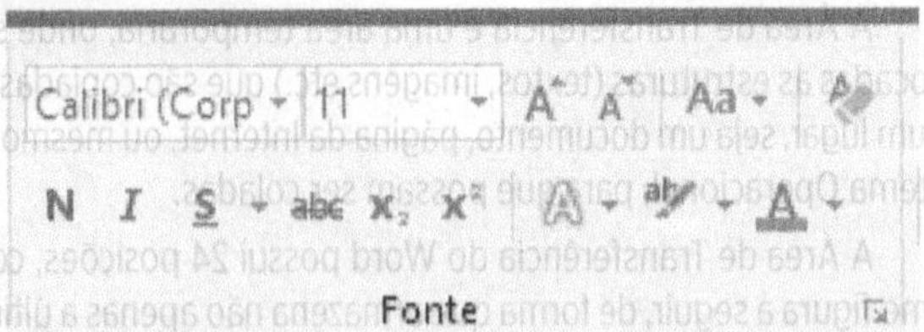

Tipo/nome da fonte

Esta opção permite alterar a grafia da fonte, ou seja, o seu traço. Ao alterar o tipo da fonte, ela pode sofrer alteração no seu tamanho, no entanto mantendo o mesmo valor numérico de tamanho de fonte. A figura a seguir destaca o campo; por padrão, no estilo normal do Word 2013, a fonte predefinida é a Calibri.

Tamanho da fonte

A opção de tamanho de fonte oferece um campo, ilustrado na sequência, para definir o tamanho das letras de um texto selecionado. É possível também selecionar o tamanho pela alça.

Aumentar e diminuir fonte

Também é possível controlar o tamanho das fontes pelos botões Aumentar Fonte, à esquerda da figura a seguir, e Diminuir Fonte, à direita da figura a seguir, que alteram o tamanho da fonte de um texto previamente selecionado, de acordo com os valores da lista disponibilizada na alça Tamanho da Fonte. Também se podem acionar estas opções por meio das teclas de atalho CTRL + SHIFT + > para aumentar o tamanho da fonte como CTRL + SHIFT + < para diminuir o tamanho da fonte.

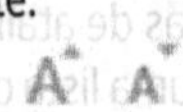

Maiúsculas e minúsculas

A opção, ilustrada acima, permite alterar o trecho selecionado entre letras maiúsculas e minúsculas, de acordo com as opções ilustradas a seguir.

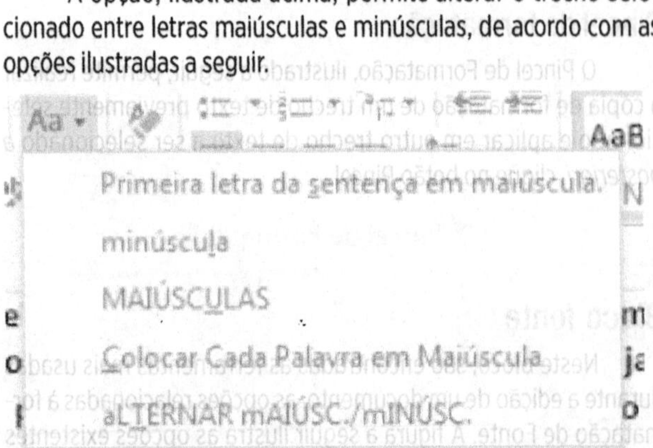

Limpar Formatação

A opção acima é útil quando se deseja limpar a formatação de um texto de forma rápida e prática, como um texto extraído da Internet, que possui fontes grandes, fundo e letras coloridas. Basta que o usuário selecione o trecho no qual deseja limpar a formatação e, em seguida, clique no botão.

Estilos de Fonte

Cuidado para não confundir o efeito de texto com o estilo de fonte, ou ainda com os estilos de formatação. As opções de efeito de fonte são a opção de **Negrito**, *Itálico* e Sublinhado, conforme ilustrado na figura a seguir. As teclas de atalho para estas funções são, respectivamente, CTRL + N, CTRL + I, CTRL + S.

Observe que o sublinhado no Word 2013 apresenta uma seta para baixo, indicando mais opções de formatação do traço do sublinhado, permitindo escolher entre o traço simples (padrão) e outros como: duplo, espesso, pontilhado, tracejado, traço/ponto, traço/ponto/ponto, dentre outros. A figura a seguir ilustra o resultado de se acionar a alça do sublinhado. Também é possível se alterar a cor do traço do sublinhado.

Tachado

A propriedade Tachado é comumente utilizada em textos de lei e resoluções, sobre itens que foram revogados e que, contudo, permanecem no corpo da lei. Para acionar esta opção, basta selecionar o texto desejado e clicar no botão Tachado, ilustrado a seguir.

O efeito proporcionado por esta opção é o de um traço à meia altura da linha, sobrepondo às palavras, como o exemplo. ~~Também é possível utilizar o tachado duplo por meio da janela Propriedades de Fonte, como exemplo.~~

Subscrito e Sobrescrito

Por vezes, desejamos escrever um texto com estruturas diferenciadas, ou mesmo indicar numerais de forma reduzida, como primeiros = 1os. Para colocar as letras "os" com fonte reduzida na parte superior da linha, basta clicar no botão Sobrescrito, que o cursor de texto será posicionado no topo, digitar o texto desejado, e clicar novamente no Sobrescrito. O botão Sobrescrito fica à direita do botão Subscrito, conforme figura a seguir, que permite escrever um texto com fonte reduzida na parte inferior da linha, como utilizado em algumas equações químicas, por exemplo: texto normal texto subscrito.

Efeitos de Texto

O Office 2007 inovou nos recursos de efeitos de texto. Essas propriedades e ferramentas foram mantidas e melhoradas no Office 2013; para o 2016 não houve mudanças na ferramenta. Os efeitos de texto permitem formatar os caracteres de texto de maneira mais chamativa visualmente, a fim empregar destaque a um texto, como exemplo.

Para utilizar este recurso, basta selecionar o texto desejado e clicar no botão Efeitos de Texto no bloco Fonte, indicado por um A com efeito de brilho azul ao redor, ilustrado no canto superior esquerdo da figura a seguir.

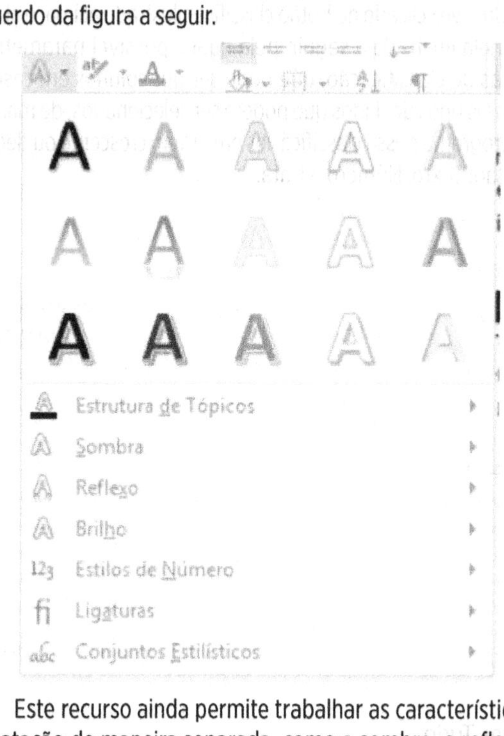

Este recurso ainda permite trabalhar as características de formatação de maneira separada, como a sombra, o reflexo e o brilho do caractere dado à cor escolhida.

Realce

A ferramenta Realce é uma opção que aplica um resultado similar ao obtido por uma caneta marca-texto. Inclusive, o conjunto de cores disponibilizado é bem limitado; apenas algumas cores estão disponíveis, como ilustra a figura a seguir.

Cor da Fonte

Já quando falamos nas cores que podem ser aplicadas ao caractere (fonte), por exemplo, estas abrangem um conjunto maior, também citado nas provas como Paleta de Cores do MS Office.

O botão que corresponde a esta opção é a letra A com uma barra abaixo, que indica a última cor utilizada, como ilustrado no canto superior esquerdo da figura a seguir.

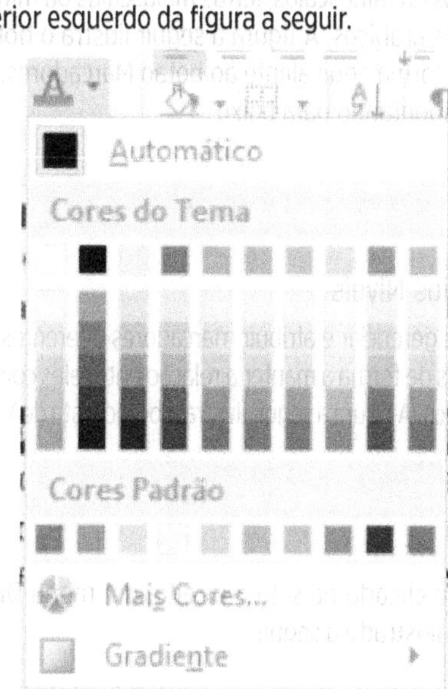

Observe que o botão Cor da Fonte apresenta uma ligeira divisão da seta à sua direita. Isso deve ser levado em conta na resolução das questões, pois se apenas o A for indicado como clicado, significa que será aplicada diretamente sobre o texto selecionado a última cor utilizada; enquanto que se for indicada a seta para baixo também, significa que foi clicado sobre ela, assim a alça exibe mais opções de cores e gradientes.

Bloco parágrafo

Na aba Página Inicial encontram-se também as opções de formatação de parágrafo mais utilizadas, como ilustrado a seguir. Algumas opções menos frequentemente usadas estão no bloco Parágrafo da aba Layout de Página.

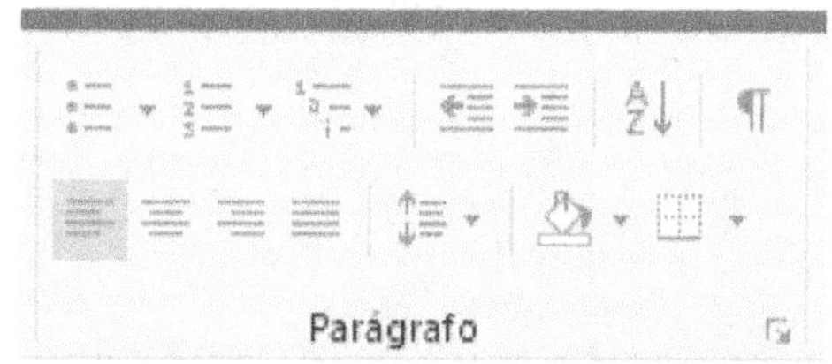

Marcadores

A opção Marcadores permite acrescentar símbolos, caracteres ou mesmo imagens, como uma foto do usuário, como itens de marcação de tópicos para cada parágrafo.

A figura a seguir ilustra o botão Marcadores, que como pode ser observado apresenta uma sutil divisão. Desse modo, se a figura apresentada nas questões de prova for igual à figura a seguir, significa que o clique foi dado na seta à direta do botão, o que remete a mais opções, como escolher o símbolo que se deseja utilizar. Mas caso seja apresentado sem a seta, o resultado é a inserção do último marcador utilizado.

Numeração

Cuidado com a diferença entre os marcadores e a numeração. A finalidade de ambos é similar, porém a Numeração segue uma sequência que pode ser numérica, utilizando-se números romanos maiúsculos ou minúsculos, letras maiúsculas ou minúsculas ou ainda números arábicos. A figura a seguir ilustra o botão Numeração que, de forma equivalente ao botão Marcadores, apresenta seta à direta apontando para baixo.

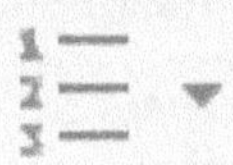

Lista de Vários Níveis

Permite gerenciar e atribuir marcadores diferentes para níveis diferentes, mas de forma a manter a relação entre eles como de título, subtítulo e tópico. A figura a seguir ilustra o botão Lista de Vários Níveis.

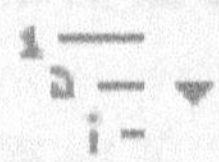

Quando clicado na seta à direita, um menu Dropdown é aberto, como ilustrado a seguir.

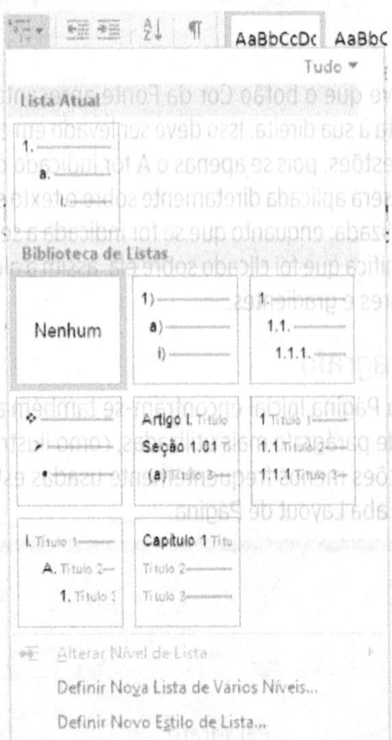

Além dos formatos de listas sugeridos pelo Word, é possível que o usuário crie a sua própria configuração de lista. Esta configuração pode ser criada para ser utilizada apenas no documento em edição, como também pode ser atribuída ao programa de forma que fique disponível para a criação e edição de outros documentos.

Diminuir e Aumentar Recuo

As opções de Diminuir e Aumentar o Recuo estão relacionadas ao recuo esquerdo do parágrafo selecionado. Ao aumentar o recuo, com o botão da direita na figura a seguir, é aumentado inclusive o recuo da primeira linha na mesma proporção. O espaço acrescido é o mesmo de uma tabulação, ou seja, o mesmo de quando pressionada a tecla TAB (1,25 cm por padrão).

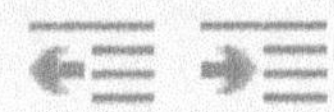

Classificar

Esta opção pode parecer estanha ao pensá-la no grupo de opções do bloco Parágrafo. Contudo, com isso, demonstra-se que é possível ordenar os textos de parágrafos, e não apenas dados em tabelas.

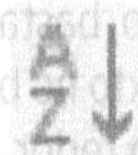

Uma vez clicado no botão classificar ilustrado acima, é aberta uma janela ilustrada a seguir, pela qual é possível parametrizar as regras de classificação, que pode ser por colunas em caso de tabelas. Os tipos de dados que podem ser selecionados, de maneira que o programa possa classificá-los em ordem crescente ou decrescente, são: Texto, Número e Data.

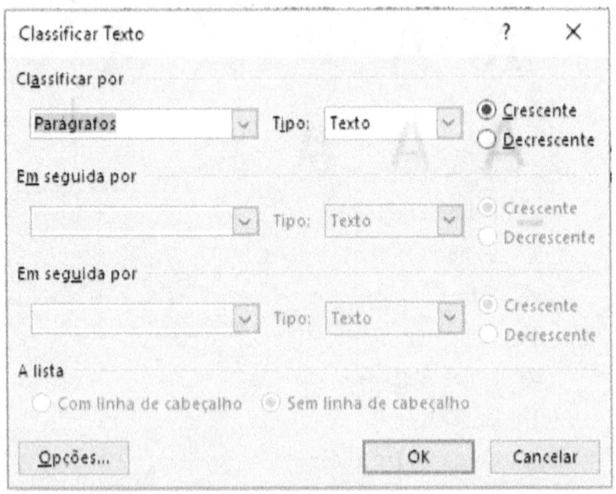

Mostrar Tudo

A opção Mostrar Tudo, ilustrada a seguir, é responsável por exibir os caracteres não imprimíveis, que auxiliam na edição de um documento ao exibir marcas de edição, espaços e marcações de parágrafos. Esta opção é muito importante para que se possa definir onde inicia e onde termina um parágrafo no texto.

O trecho a seguir ilustra o que é apresentado quando tal opção é selecionada.

Exemplo·de·texto·para·a·vídeo·aula·do·professor·João·Paulo·de·Informática·com·o·botão·Mostrar·Tudo·habilitado.¶

Segundo·parágrafo...¶

——————Quebra de página——————¶

Muitas pessoas entram em pânico quando, sem querer, ativam esta opção e cometem o equívoco de utilizar o Desfazer com a esperança de remover tais símbolos e acabam perdendo informações ou formatações executadas. No entanto, para remover tais marcas, basta desabilitar a opção, clicando-se novamente no botão. Alinhamentos de Parágrafo

Muito cuidado com as opções de alinhamento, pois existe também o alinhamento de Tabulação, que oferece opções diferentes das do alinhamento de parágrafo, porém com fins similares.

A figura anterior ilustra os quatro únicos alinhamentos de parágrafo: Esquerdo, Centralizado, Direito e Justificado. Também é possível acionar tais opções por meio das respectivas teclas de atalho: CTRL+Q, CTRL+E, CTRL+G, CTRL+J.

Espaçamento entre Linhas

A opção Espaçamento entre Linhas, disponível no bloco Parágrafo, apresenta alguns valores que não são ilustrados diretamente na janela Propriedades de Parágrafo, como 1,15. Contudo é possível chegar a ela de maneira manual, como selecionar a opção Múltiplos e, em seguida, digitar o valor 1,15.

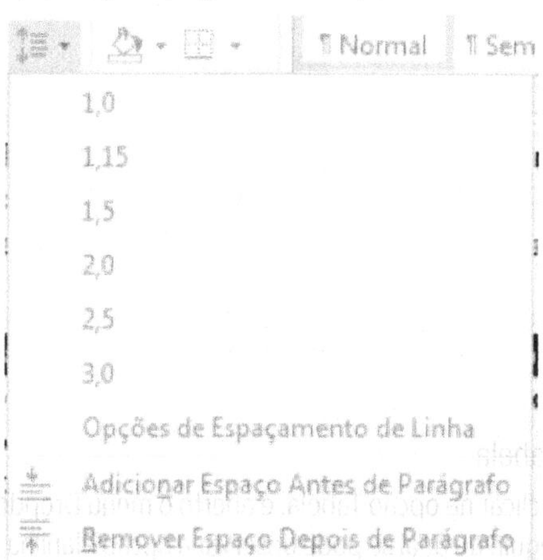

A figura anterior ilustra o botão Espaçamento entre Linhas aberto. Ele é apresentado no canto superior esquerdo da figura. Convém perceber que, por meio dele, é possível também alterar o espaçamento antes e depois do parágrafo.

Sombreamento

A opção Sombreamento permite atribuir uma cor ao plano de fundo de um parágrafo.

Exemplo: mesmo o parágrafo sendo menor que a linha, toda ela - espaço de margem a margem - é preenchida com a cor selecionada.

A figura a seguir ilustra o botão Sombreamento - balde de yinta - selecionado pela alça, assim ilustrando a paleta de cores do Word para que seja determinada a cor desejada.

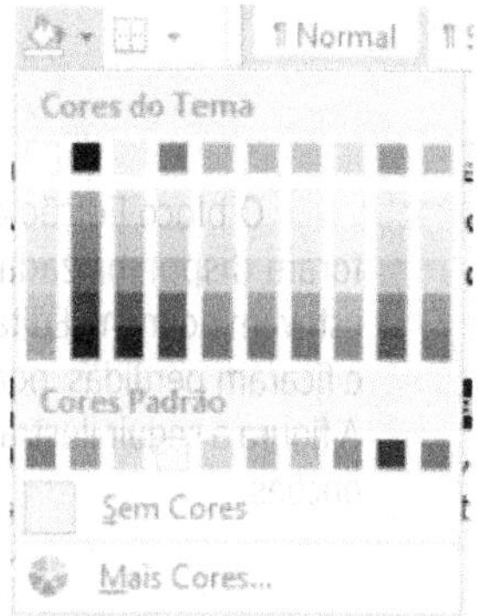

Bordas

Também é possível se atribuir uma borda a um parágrafo, como também à página do documento. A opção Bordas, apresentada a seguir, pode ser utilizada tanto para aplicar uma borda a um parágrafo como a uma tabela, caso esteja selecionada.

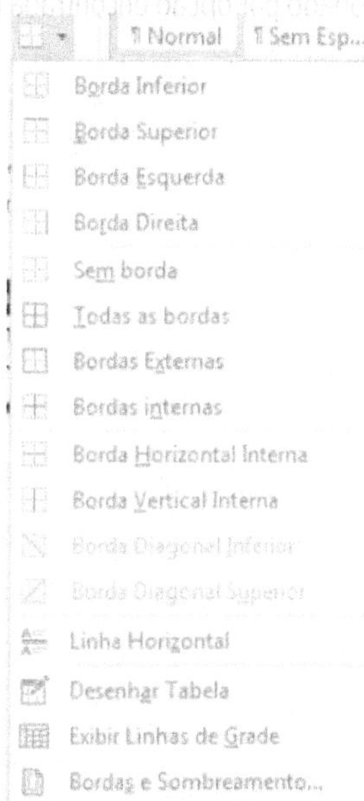

Bloco estilos

Os estilos de formatação são uma importante ferramenta que auxiliam e otimizam o processo de edição de documentos que devam obedecer a padrões de formatação, além de serem necessários para a inserção de sumário automático.

O Office 2007 inovou muitos estilos, como também melhorou alguns, estes foram mantidos no Office 2013. O estilo padrão apresentado é o estilo Normal, que define, por exemplo, a fonte como Calibri, tamanho 11, espaçamento entre linhas múltiplo de 1,15 e espaço após o parágrafo de 10 pt.

A figura a seguir ilustra o bloco Estilo com vários dos estilos de formatação. Para sumário, devem-se utilizar os estilos de título.

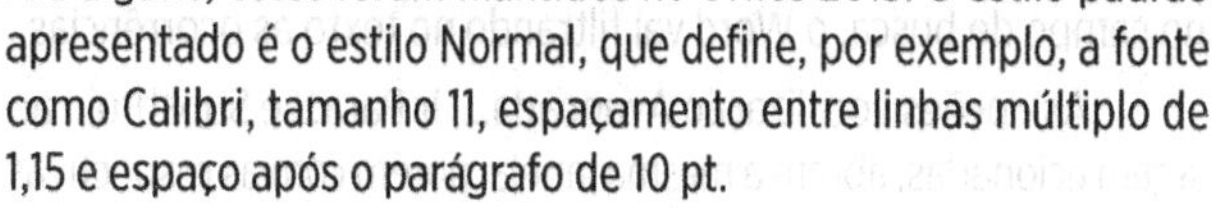

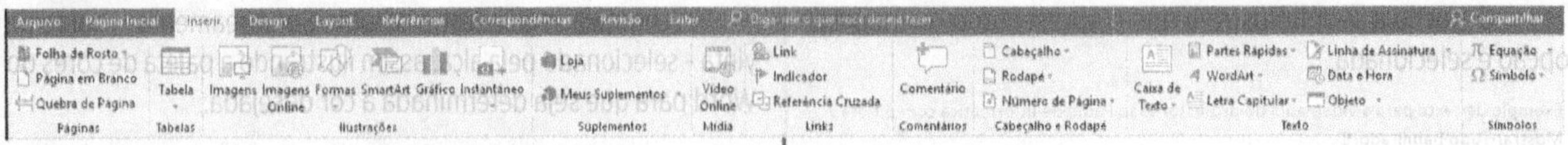

Bloco edição

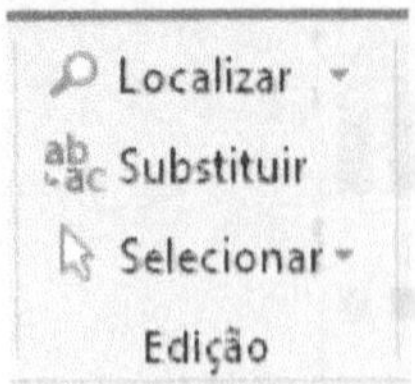

O bloco Edição é o bloco no qual foram disponibilizadas as opções que estavam no menu Editar do Office 2003, e ficaram perdidas, pode-se assim dizer. A figura a seguir ilustra o bloco com suas opções.

Localizar

A opção Localizar oferece três opções quando se clica na seta: Localizar, Localização Avançada... e Ir Para....

Clicar direto no botão Localizar é o mesmo que clicar na opção que ele oferece como Localizar. O Word abre um painel à esquerda da janela do programa, ilustrada na sequência. O mesmo painel pode ser acionado por opção encontrada na aba Exibir.

Por meio deste painel, é possível realizar uma busca rápida de forma incremental, ou seja, à medida que o usuário insere o texto no campo de busca, o Word vai filtrando no texto as ocorrências.

As opções Localização Avançada..., Ir Para... e Substituir, ao serem acionadas, abrem a mesma janela, porém com as respectivas abas selecionadas. Vale lembrar que a combinação de teclas de atalho CTRL + U no Word abre a opção Substituir.

4.5 Aba Inserir

A aba Inserir é alvo de várias questões capciosas, então é preciso ter muita atenção com relação às suas opções. A figura a seguir ilustra as opções da Guia.

Bloco páginas

No Bloco Páginas, ilustrado a seguir, é onde se encontra uma das Quebras possíveis de se inserir em um documento, e justamente a que pode ser alvo de questões que visem confundir o candidato, pois na Aba Inserir é encontrada apenas a opção Quebra de Página; as demais ficam na aba Layout de Página.

Bloco Páginas, Aba Inserir (à direita com forma reduzida).

A opção Folha de Rosto é uma opção para inserir uma página no documento em edição com mais recursos gráficos com o intuito de dar uma ênfase ao documento.

A opção Página em Branco permite inserir uma página em branco no documento a partir da posição do cursor de texto.

Bloco tabelas

No bloco Tabelas é disponibilizada apenas a opção Tabela, ilustrada a seguir, por meio da qual podemos tanto inserir uma Tabela no documento em edição como uma Planilha.

Opção Tabela

Ao clicar na opção Tabela, é aberto o menu Dropdown, ilustrado a seguir, no qual se pode observar a opção Planilha, que permite inserir uma planilha no documento. Mas, cuidado: a estrutura de planilhas é diferente de uma tabela.

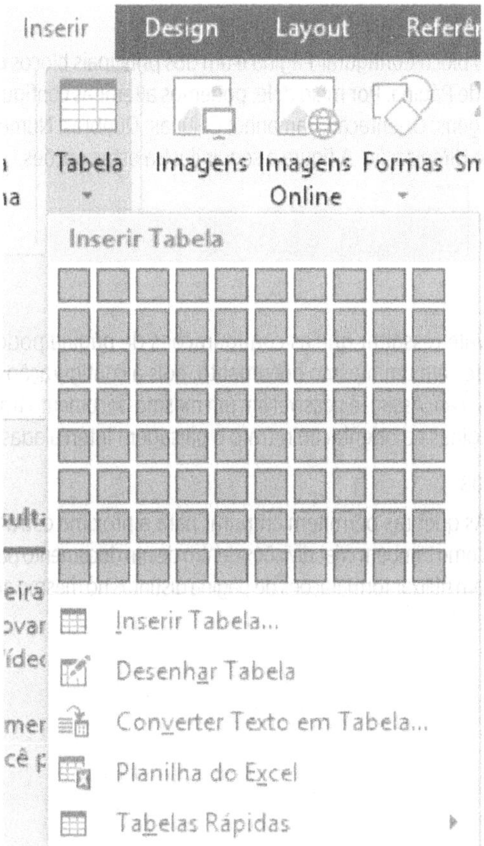

Bloco ilustrações

A figura abaixo ilustra o bloco Ilustrações. Esta figura, como as demais deste material, foi obtida por meio da ferramenta Instantâneo.

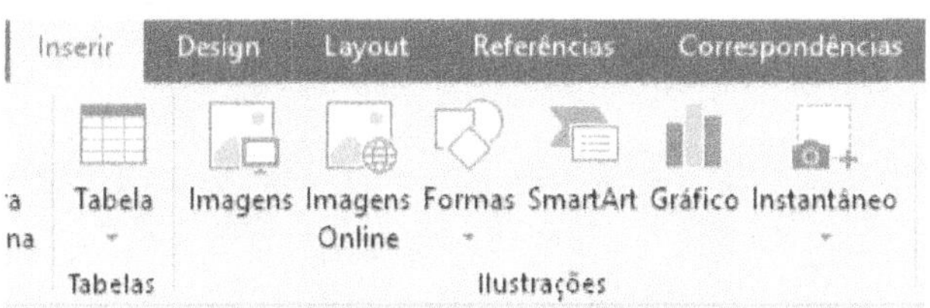

Outra funcionalidade apresentada no MS Office 2013 e mantida no 2016 é a possibilidade de incorporar recursos de aplicativos disponíveis na Windows Store, como também a opção Vídeo Online.

Mas devemos tomar cuidado com a opção Comentário, que, além de existir na aba Revisão, também é apresentada na aba Inserir.

Bloco links

No bloco Links, são disponibilizadas três opções: Hiperlink, Indicador e Referência Cruzada. A opção Hiperlink tem como tecla de atalho a combinação CTRL+K.

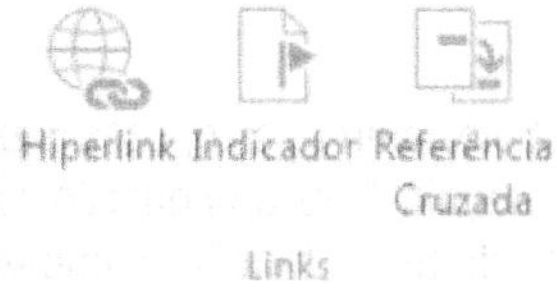

Hiperlink

A respeito da opção Hiperlink, é importante ressaltar que é possível linkar um site da Internet como arquivos da Internet, bem como arquivos do computador do usuário.

Indicador

A opção Indicador serve para criar um link para um ponto do documento em edição. Assim, é possível criar um link por meio da opção Hiperlink para este ponto.

Referência Cruzada

Esta opção permite criar referências para citações, como figuras, tabelas, quadros, entre outros.

Bloco cabeçalho e rodapé

A estrutura de cabeçalho e rodapé é utilizada principalmente quando se deseja inserir uma informação em várias páginas de um documento, como numeração de páginas ou uma figura. Mas, cuidado: em um mesmo documento é possível utilizar cabeçalhos e rodapés diferentes, pois essas estruturas são as mesmas para todas as páginas da mesma seção.

Bloco texto

No bloco Texto devemos destacar a opção WordArt e Linha de Assinatura.

A opção WordArt, desde o Office 2010, mudou sua forma de formatação e estrutura; ela gera agora resultado similar ao obtido pela opção Efeitos de Texto da Aba Página Inicial.

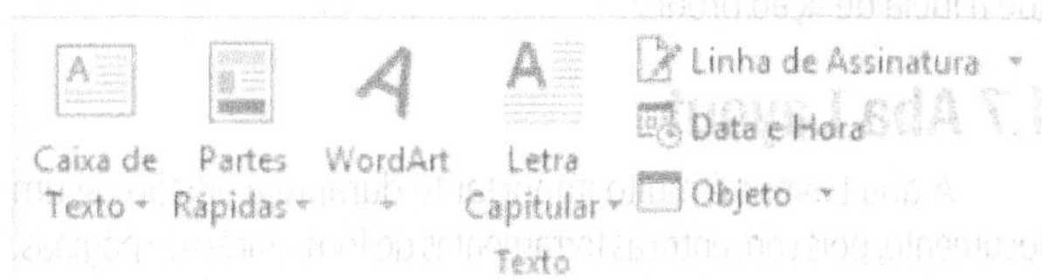

Já a opção Linha de Assinatura permite inserir uma assinatura digital no documento em edição. Contudo, para isso, é necessário possuir um Certificado Digital. Esta opção também pode ser utilizada para inserir as linhas normalmente usadas para posterior assinatura manual.

Observe a diferença sutil entre o botão Caixa de Texto

e o botão Letra Capitular

Bloco símbolos

O bloco Símbolos oferece as opções Equação e Símbolo, conforme figura a seguir. A opção Equação auxilia a escrever, em um documento de texto, funções complexas. Entretanto, ela não resolve as equações, apenas desenha; por exemplo, inserir um somatório.

Já a opção Símbolo permite que sejam inseridos símbolos, como caracteres especiais, em meio ao texto.

4.6 Aba Design

A Aba Design surge no Word 2013 como uma forma de liberar espaço para as opções que, no 2010, estavam na guia Layout da Página.

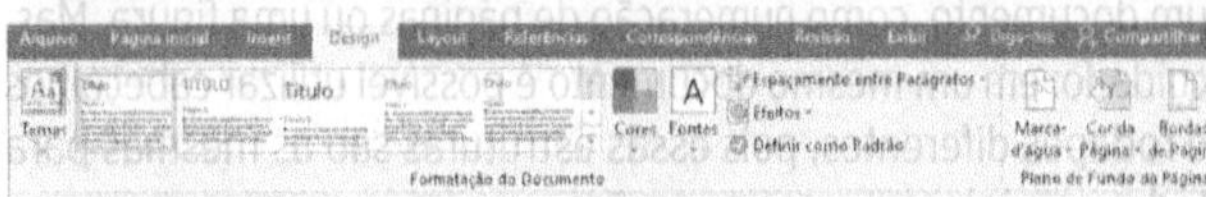

Além de possibilitar a escolha do tema de cores e estilo de formatação que será utilizado no documento, o bloco Plano de Fundo da Página merece ser destacado dentre as opções da guia, pois são comuns as questões capciosas a respeito de suas opções.

Quanto a este tema, a opção que mais tem gerado confusão em provas é a Marca d'Água, pois para "inserir" uma marca d'água, a opção específica encontra-se na guia Design, diferentemente do que a ideia de ação produz.

4.7 Aba Layout

A aba Layout é muito importante durante a edição de um documento, pois concentra as ferramentas de formatação de páginas.

Na Aba Layout são disponibilizados os blocos: Configurar Página; Parágrafo e Organizar, conforme ilustrado na figura a seguir.

Muito cuidado com as provas que podem apresentar o termo Leiaute, o qual não está errado.

Bloco configurar página

O bloco Configurar Página é um dos principais blocos da Aba Layout de Página. Por meio dele, podemos alterar as configurações de: Margens; Orientação; Tamanho; Colunas; Quebras; Números de Linhas e Hifenização. A figura a seguir ilustra estas opções.

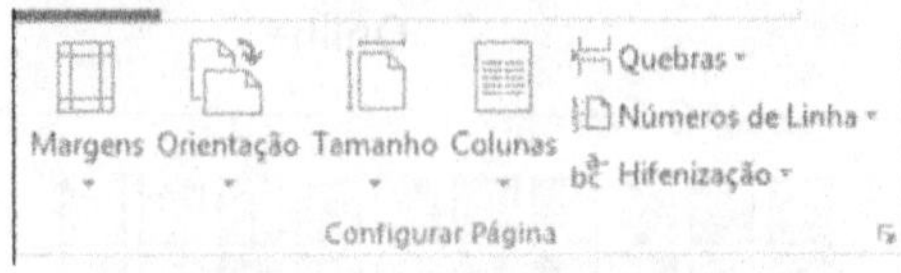

Vale ressaltar que as configurações de página podem ser diferentes em um mesmo documento, pois a configuração é aplicada à seção. Assim, é possível em um mesmo documento trabalhar com páginas na orientação retrato e paisagem intercaladas.

Quebras

As quebras permitem empurrar para a próxima estrutura os dados, como também criar divisões dentro de um documento para que se possam utilizar formatações de página distintas no mesmo arquivo.

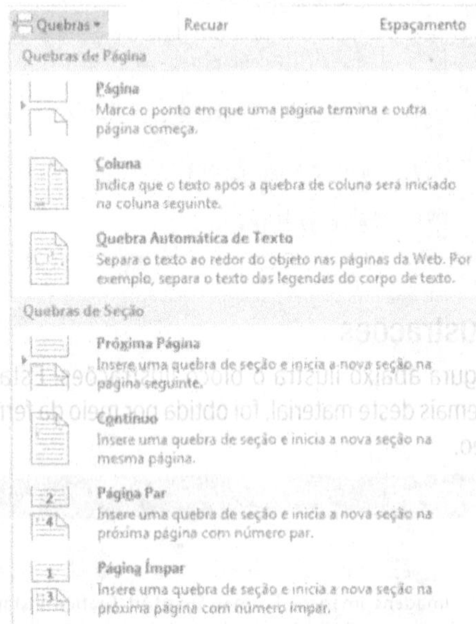

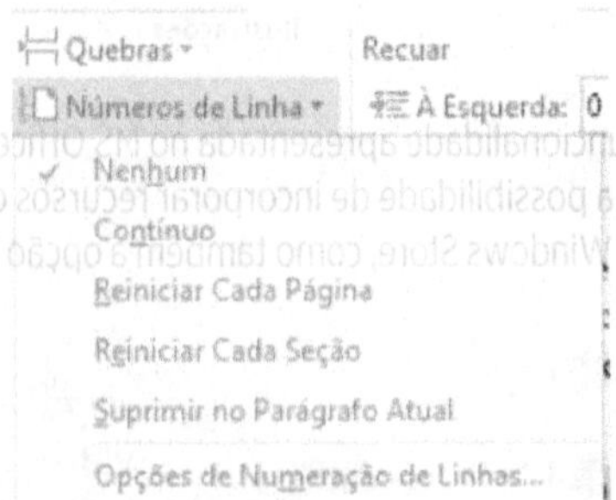

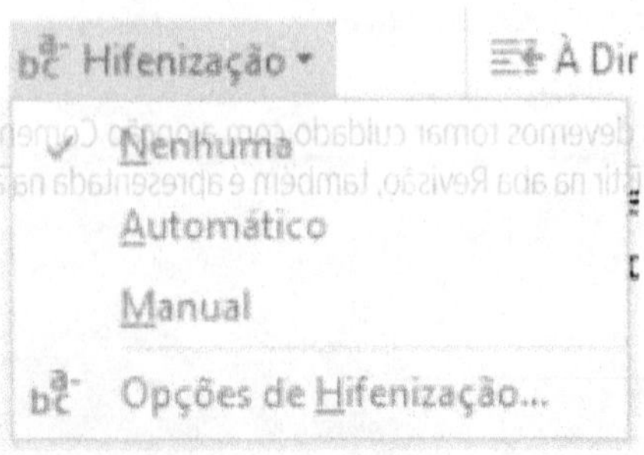

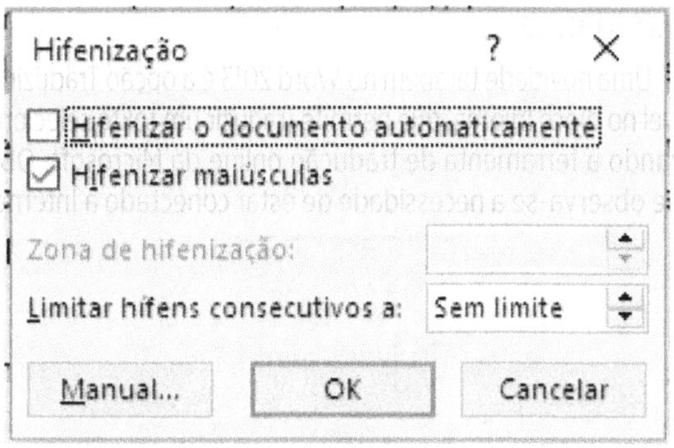

4.8 Aba Referências

A guia Referências dispõe os blocos: Sumário; Notas de Rodapé; Citações e Bibliografia; Legendas; Índice e Índice de Autoridades, conforme ilustrado a seguir.

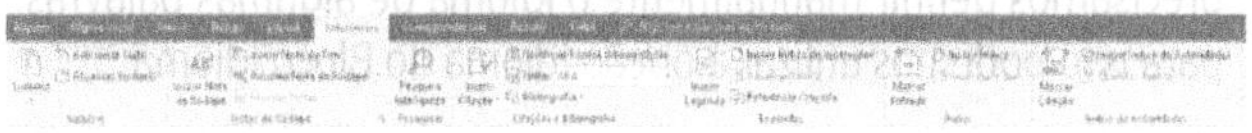

Bloco sumário

Por meio do Bloco Sumário, pode-se ter acesso à opção Sumário para a inserção do Sumário Automático no documento em edição. Lembrando que o sumário depende da utilização dos estilos de formatação de título ao longo do documento para poder listar tais títulos e as referidas páginas em que aparecem.

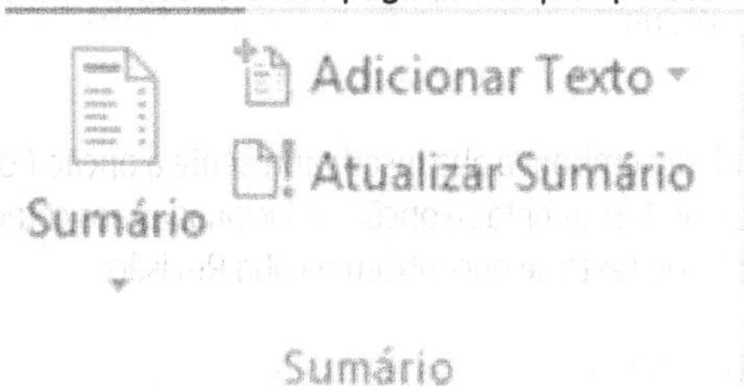

Se novos títulos forem adicionados no documento após a inserção do sumário, o sumário deverá ser atualizado por inteiro; caso apenas sejam mudadas as páginas em que os títulos estavam, pode-se atualizar o sumário por meio da opção Atualizar Apenas Números de Páginas.

Bloco notas de rodapé

Por meio do bloco Notas de Rodapé, é possível inserir tanto notas de rodapé como notas de fim. A diferença é que as notas de rodapé são exibidas no rodapé das páginas em que são citadas, já as notas de fim podem ser configuradas para aparecerem no fim da seção ou no fim do documento.

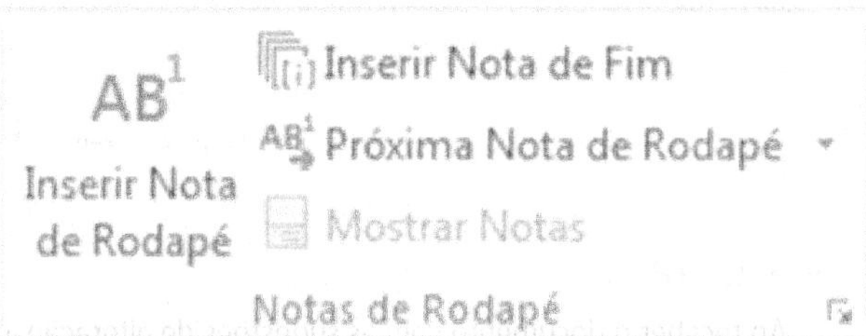

Bloco citações e bibliografia

O Word oferece opções de criar um cadastro de fontes bibliográficas para uso facilitado. Assim, quando desejar citar alguma referência, basta utilizar a opção Inserir Citação, disponível no Bloco Citações e Bibliografia, ilustrado a seguir.

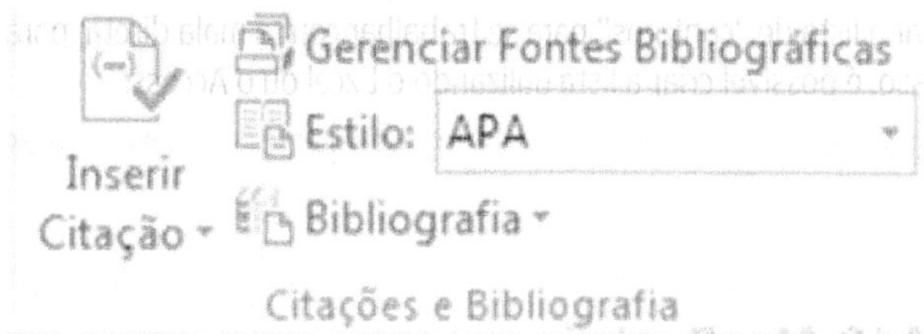

Bloco legendas

O bloco Legenda permite inserir legendas acima ou abaixo das figuras, tabelas, quadros e outras estruturas inseridas no documento em edição, de maneira que, quando necessário, é possível inserir um índice automático que indique cada figura e a página em que é citada.

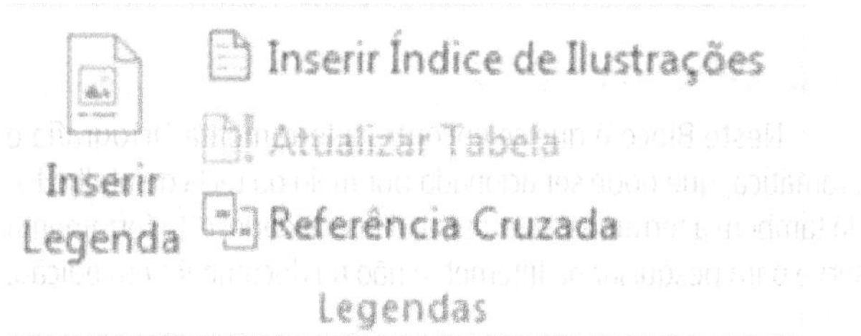

Bloco índice

O Bloco Índice oferece a opção Marcar Entrada e Inserir Índice, que funciona de forma similar ao sumário, mas com a finalidade de criar um índice remissivo.

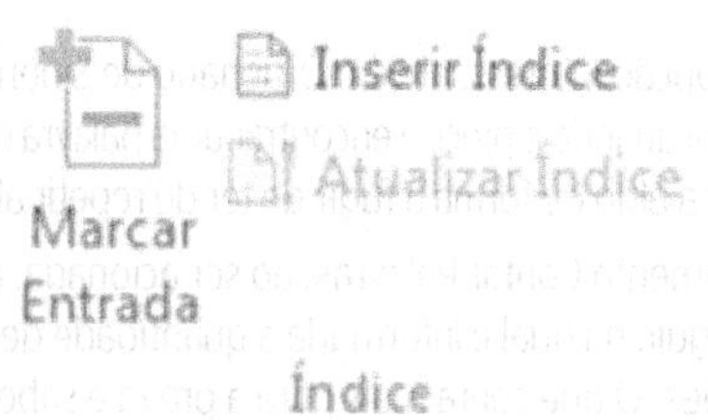

Bloco índice de autoridades

Os Índices de Autoridades são novidade no Word 2013. Por meio destas opções, podem-se criar listas de leis, artigos, resoluções, dentre outras estruturas da legislação que sejam citadas em meio ao documento.

4.9 Aba Correspondências

A aba Correspondências é bastante utilizada por escritórios, pois é nela que encontramos as opções de trabalhar com Mala Direta para a geração de envelopes e etiquetas, de forma facilitada e dinâmica. Mas, atenção: é comum se questionar sobre como montar a lista de "contatos" para se trabalhar com a mala direta; para isso, é possível criar a lista utilizando o Excel ou o Access.

4.10 Aba Revisão

A aba Revisão oferece opções de correção e controle do conteúdo do documento, por meio dos blocos: Revisão de Texto; Idioma; Comentários; Controle; Alterações; Comparar e Proteger, conforme ilustrado a seguir.

Bloco revisão de texto

Neste Bloco é que se encontra a ferramenta Ortografia e Gramática, que pode ser acionada por meio da tecla de atalho F7. Há também a ferramenta Pesquisar. Mas, cuidado: esta ferramenta serve para pesquisar na Internet, e não no documento em edição.

Outra opção interessante é o Dicionário de Sinônimos, que se torna muito útil quando é preciso encontrar uma palavra diferente para se referenciar a algo de forma a fugir de ter de repetir algum termo.

A ferramenta Contar Palavras, ao ser acionada, abre a janela ilustrada a seguir, na qual é informada a quantidade de palavras em várias situações. O que conta mais para a prova é saber que, se um trecho do texto foi selecionado previamente à seleção da opção, os dados apresentados serão apenas referentes à seleção; porém, se nada estiver selecionado, os dados serão referentes ao documento inteiro.

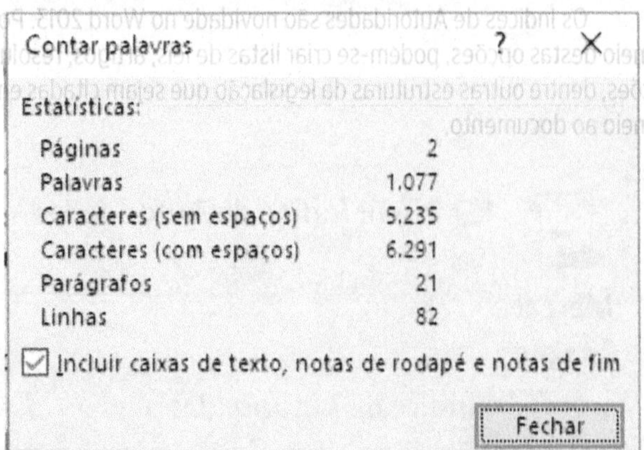

Bloco idioma

Uma novidade também no Word 2013 é a opção Traduzir, disponível no bloco Idioma, que permite traduzir um texto selecionado utilizando a ferramenta de tradução online da Microsoft. Obviamente observa-se a necessidade de estar conectado à Internet.

Muitas vezes, precisamos digitar trecho ou textos inteiros em outro idioma e ficamos em dúvida se as palavras estão corretas, pois aparecem sublinhadas em vermelho indicando erro. Porém, o MS Word é mais inteligente, uma vez que busca detectar o idioma automaticamente, de forma a se autoajustar. Contudo, às vezes precisamos definir manualmente o idioma de algumas palavras, para isso podemos utilizar a opção Idioma do Bloco Idioma.

Bloco comentários

É possível inserir comentários no documento em edição, principalmente com a finalidade de explicar alguma alteração realizada.

Cuidado: embora a aba Inserir apresente a opção Comentários, as demais ferramentas e opções relacionadas aos comentários e à correção de texto se encontram na aba Revisão.

Bloco controle

O bloco Controle é uma excelente ferramenta para a correção de documentos, de forma que o escritor, ao terminar sua parte, ativa a opção Controlar Alterações e salva o documento, e envia-o para um corretor, que simplesmente apaga trechos do texto, insere novas estruturas, porém estas ações apenas são marcadas no documento, como ilustrado na sequência, de forma que o corretor, ao terminar, salva novamente o documento e o envia ao escritor para que aceite ou não as alterações realizadas.

Bloco alterações

Ao receber o documento com as sugestões de alteração, o escritor apenas tem o trabalho de aceitar ou rejeitar as sugestões realizadas.

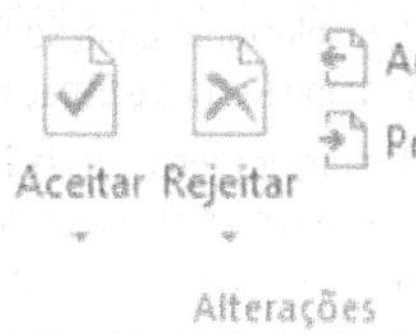

Bloco comparar

O bloco Comparar oferece a opção Comparar pela qual é possível escolher dentre as opções: Comparar... ou Combinar...

A opção Comparar... permite comparar versões diferentes de um mesmo documento, a fim de destacar as diferenças. Já a opção Combinar... serve para combinar as diferentes sugestões de alteração que várias pessoas fizeram com base no mesmo documento.

Bloco proteger

A opção Restringir Edição, disponível no Bloco Proteger, é a mesma apresentada no menu Arquivo.

4.11 Aba Exibir

Note que no Word 2013 o nome da aba era Exibição; na versão 2016 ficou mais sucinta. As opções encontradas nesta Guia estão relacionadas a itens que se remetem à forma de apresentação da janela, do zoom, entre outas visões. A figura a seguir ilustra a aba que é composta pelos blocos: Modos de Exibição de Documento; Mostrar; Zoom; Janela e Macros.

Bloco modos de exibição

Trata-se de um dos principais blocos da aba Exibição, em relação à cobrança nas provas, pois neste bloco são disponibilizados os cinco modos de exibição da janela do Word: Layout de Impressão; Leitura em Tela Inteira; Layout da Web; Estrutura de Tópicos e Rascunho, conforme ilustra a figura a seguir.

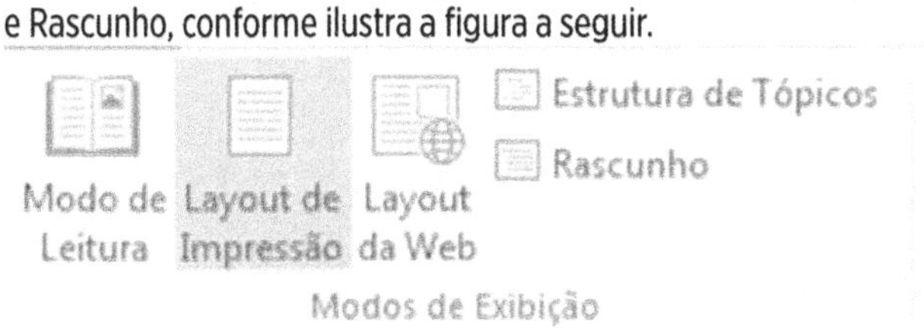

O modo Layout de impressão é o padrão. Quando ele esta ativado, é possível se visualizar os limites das páginas, e as réguas são exibidas tanto da horizontal como da vertical.

O modo Leitura em Tela Inteira oferece uma visualização na qual o tamanho da fonte é aumentado, bem como os espaçamentos, proporcionando assim uma melhor visualização do texto.

No Layout da Web não há a divisão em páginas, e apenas aparece a régua da horizontal.

A Estrutura de Tópicos exibe o texto com um marcador para cada parágrafo, como ilustrado a seguir.

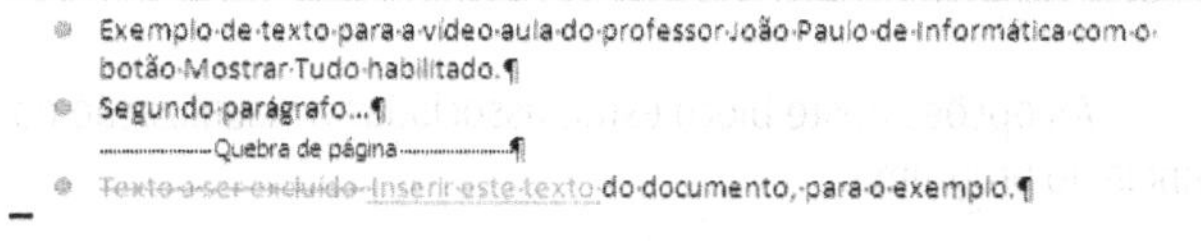

O modo Rascunho é o mais simples, as figuras são omitidas, e apenas o texto é exibido.

Bloco mostrar

Por meio deste bloco é possível se exibir ou ocultar algumas estruturas do Word, como: a Régua, as Linhas de Grade e o Painel de Navegação, conforme a figura a seguir.

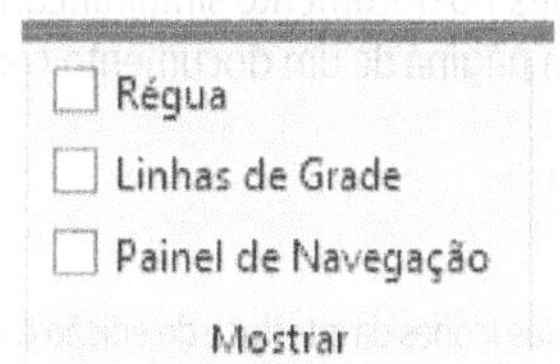

A opção Régua, por padrão, é habilitada; mas, ao desativá-la, apenas são ocultadas as réguas da janela.

Já a opção Linhas de Grade exibe o reticulado, a fim de auxiliar na edição do documento como ilustrado a seguir.

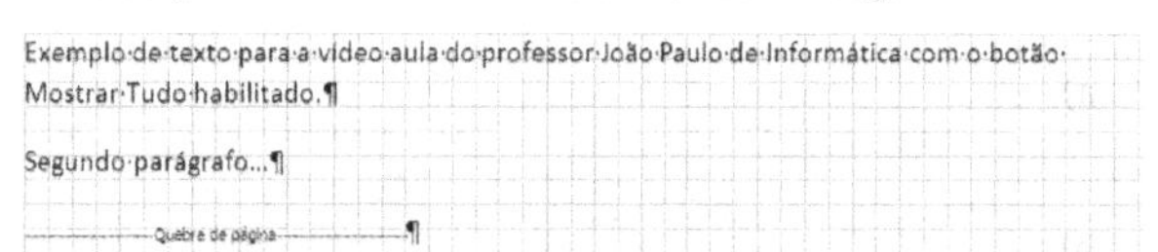

A opção Painel de Navegação habilita a exibição ao lado esquerdo da janela do Word, um painel no qual são exibidos os títulos do documento, como ilustrado a seguir. Ao se clicar em um título, o cursor de texto é disposto na posição do título clicado, também é possível se reorganizar o documento clicando e mantendo clicado, arrastar o arquivo para o local desejado.

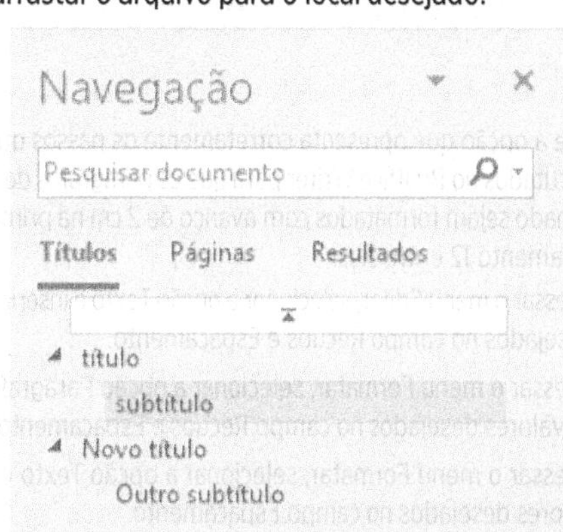

Bloco zoom

Por meio deste bloco, ilustrado a seguir, é possível se alternar entre os diversos níveis de zoom do documento.

Bloco janela

As opções deste bloco estão associadas à visualização da janela do programa.

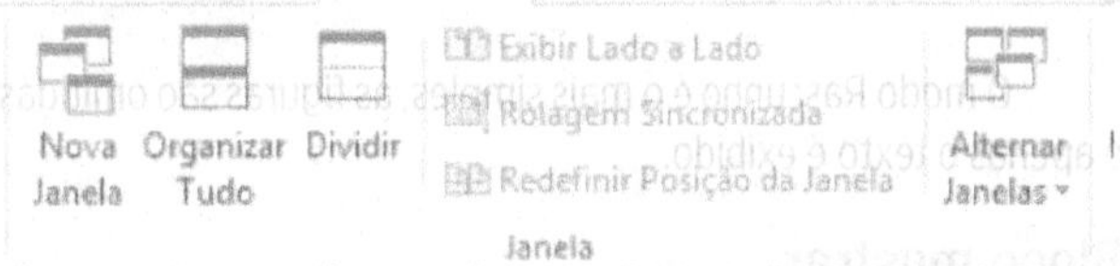

A opção mais usual é a opção Dividir, que permite dividir a tela em duas, de forma a possibilitar a visualização de duas partes distantes de um mesmo documento simultaneamente, como ver a primeira e a última página de um documento com várias páginas.

Questões

01. Com referência aos ícones da interface de edição do MS Word disponíveis na guia Página Inicial, assinale a opção que apresenta, na respectiva ordem, os ícones que devem ser acionados para se realizarem as seguintes ações: aumentar em um ponto o tamanho da fonte; ativar estrutura de tópicos; alinhar texto à direita; alterar o espaçamento entre linhas de texto.

a) 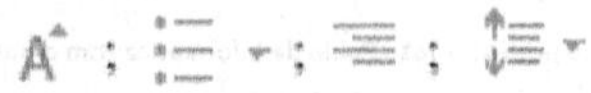

b) 

c) 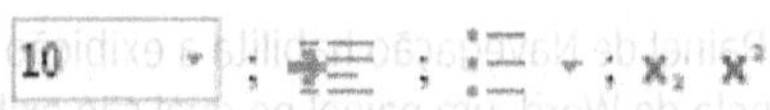

d) 

e) 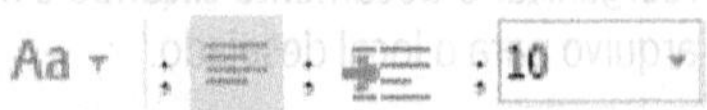

02. Assinale a opção que apresenta corretamente os passos que devem ser executados no BrOffice Writer para que os parágrafos de um texto selecionado sejam formatados com avanço de 2 cm na primeira linha e espaçamento 12 entre eles:

a) Acessar o menu Editar, selecionar a opção Texto e inserir os valores desejados no campo Recuos e Espaçamento.

b) Acessar o menu Formatar, selecionar a opção Parágrafo e inserir os valores desejados no campo Recuos e Espaçamento.

c) Acessar o menu Formatar, selecionar a opção Texto e inserir os valores desejados no campo Espaçamento.

d) Acessar o menu Editar, selecionar a opção Recuos e inserir os valores desejados no campo Recuos e Espaçamento.

e) Pressionar, no início da primeira linha, a tecla Tab e, em seguida, a tecla Enter duas vezes após o primeiro parágrafo do texto selecionado. Assim, o Writer repetirá essa ação para os demais parágrafos selecionados.

Acerca de aplicativos para edição de textos e planilhas e do Windows 10, julgue o próximo item.

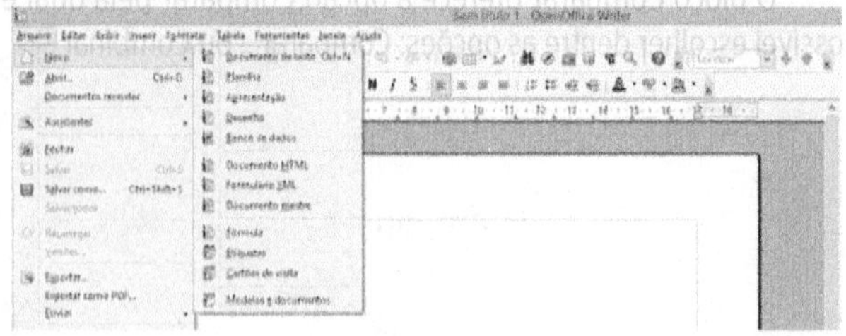

03. Tendo como referência a figura apresentada, julgue os próximos itens acerca do BrOffice Writer:

a) É possível salvar um arquivo em formato PDF por meio da opção Salvar como... .

b) Selecionando-se, sequencialmente, o menu Arquivo, a opção Novo e a sub opção Planilha pode-se criar uma planilha, que será aberta dentro do Writer.

c) Clicando-se uma vez o botão , é possível inserir, em arquivos editados no Writer, links para outros arquivos ou páginas da Internet.

d) Textos que forem digitados no campo representado pelo ícone  serão buscados na Internet mediante o sítio de buscas Google.

e) É possível alterar a cor da fonte utilizada em um documento ao se selecionar o texto e, em seguida, clicar o botão .

Gabaritos

01	A
02	B
03	B

5. EXCEL 2016

5.1 Janela Inicial

Assim como no Word e no PowerPoint 2016, o Excel inicia, por padrão, com a tela que exibe os documentos recentes e modelos, disponíveis online, como sugestões para iniciar um novo documento.

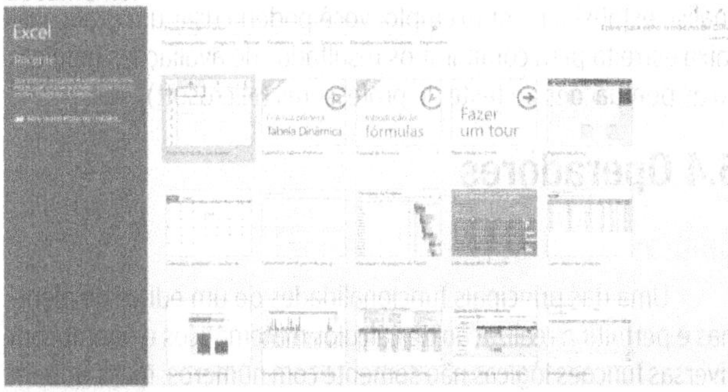

5.2 Formatos de Arquivos

Um arquivo do Excel é uma Pasta de Trabalho, composta por uma ou mais Planilhas.

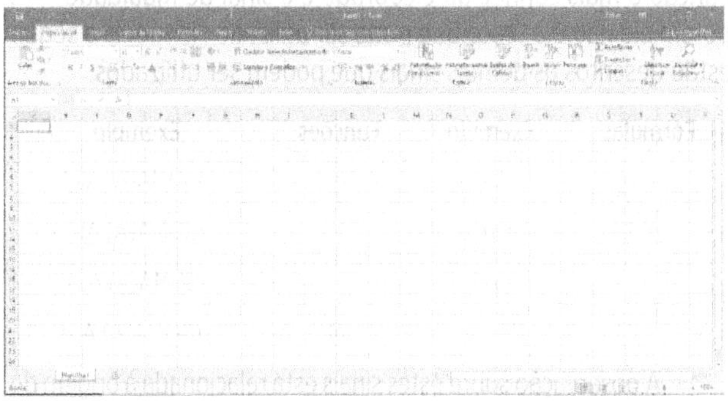

Note que, na versão 2016, o nome padrão das planilhas não é mais Plan1, e sim Planilha1, similar ao BrOffice/LibreOffice Calc.

Formato	Excel 2003	Excel 2007 e 2010	*Excel 2013 e 2016*	Calc
Pasta de trabalho	XLS	XLSX	XLSX	ODS
Modelo	XLT	XLTX	XLTX	OTS
Demais formatos	csv e CML	XLS, ODS, csv e XML	XLS, ODS, csv e XML	XLSX, XLS, csv e XML
PDF	Não trabalha com	SALVA em PDF	Exporta em PDF	Exporta em PDF

Nota: cada pasta de Trabalho agora opera em uma janela diferente. Assim, torna-se possível utilizar recursos como o AERO SNAP para exibir duas janelas do Excel lado a lado na tela.

Em uma tabela, o comportamento é diferente do comportamento de uma planilha. Em uma planilha, as células possuem endereços que podem ser referenciados em fórmulas e funções.

Ainda comparando tabela com planilha, ao inserir uma tabela são desejadas as células já com suas bordas em evidência, e a quantia de linhas e colunas pode ser inserida na tabela indefinidamente, ao contrário das planilhas que ao criar uma planilha ela exibe apenas suas linhas de grade e não suas bordas, tanto que se visualizarmos a impressão irá aparecer uma página em branco.

	Nº de Linhas	Nº Colunas
Excel 2003	65.536	256
Excel 2007 → 2016	1.048.576 = 2^{20}	16.384 = 2^{14}
Calc	1.048.576	1.024 = 2^{10}

Contudo, as planilhas já são criadas com um número específico de linhas e colunas. Este número é fixo, ou seja, não podemos criar novas linhas ou colunas muito menos excluí-las. Neste ponto você deve estar se perguntando: mas o Excel tem uma opção para inserir linhas e colunas. É... infelizmente você acabou de descobrir que o programa está lhe enganando.

5.3 Novidades

Uma das maiores novidades (pelo menos para efeito de provas em concursos) do Excel 2016 são os novos gráficos disponíveis.

Note, na figura a seguir, que os minigráficos continuam a existir no 2016, e ainda são apresentados separadamente dos gráficos tradicionais, por conta da forma que são representados. Os minigráficos são limitados ao tamanho de uma célula, enquanto os gráficos tradicionais podem ser incorporados como figuras ou como uma guia de planilha.

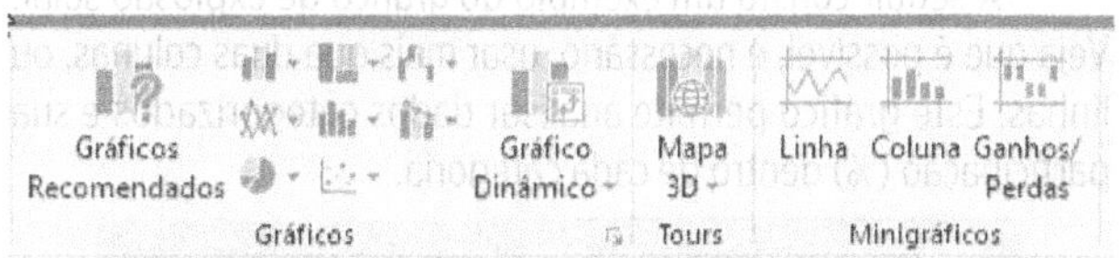

No Excel 2016, recomenda-se selecionar os dados antes de inserir um gráfico, pois o programa busca apresentar primeiramente os gráficos recomendados de acordo com o conjunto de dados selecionados. Por exemplo, se apenas uma linha, ou apenas uma coluna for selecionada o mais indicado será um gráfico de Pizza, ou sua variação Rosca. A figura a seguir representa os gráficos disponíveis no programa.

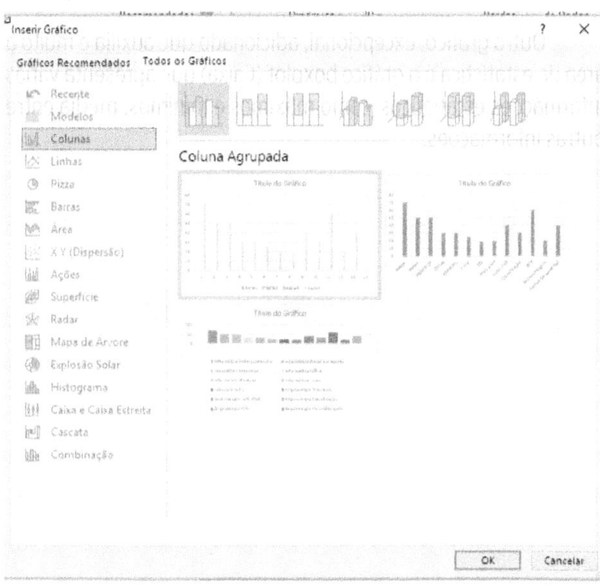

Dos gráficos disponíveis são novos, ou seja, não existiam na versão anterior, os seguintes:

> Mapa de Árvore;
> Explosão Solar;
> Histograma;
> Caixa e Caixa Estreita (boxplot);
> Cascata;
> Funil.

Os demais gráficos já existiam na versão anterior:

> Coluna (Agrupada ou empilhadas – 2D e 3D);
> Barra (Agrupada ou empilhadas – 2D e 3D);
> Linha;
> Pizza;
> Rosca (é uma variação de pizza);
> Área;
> X Y (também chamado de Dispersão);
> Bolhas (variação de dispersão);
> Ações;
> Superfície;
> Combinação (inserido no Excel 2013);
> Radar.

A seguir consta um exemplo do gráfico de explosão solar. Veja que é possível, e necessário, usar mais que duas colunas, ou linhas. Este gráfico permite analisar dados categorizados e sua participação (%) dentro de cada categoria.

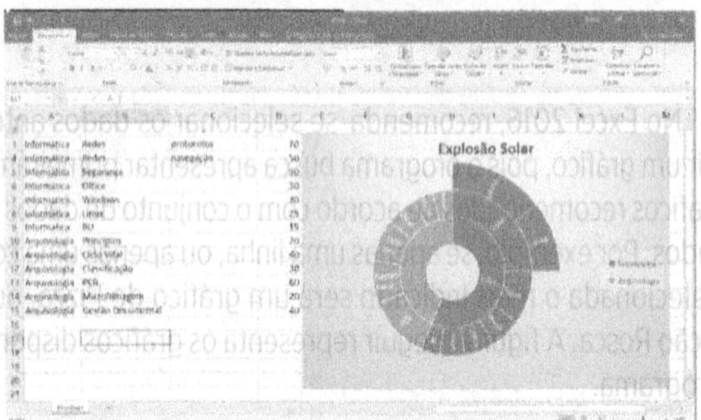

Outro gráfico, excepcional, adicionado que auxilia e muito a área de estatística é o gráfico boxplot (Caixa) que apresenta várias informações estatísticas, como máximos e mínimos, média entre outras informações.

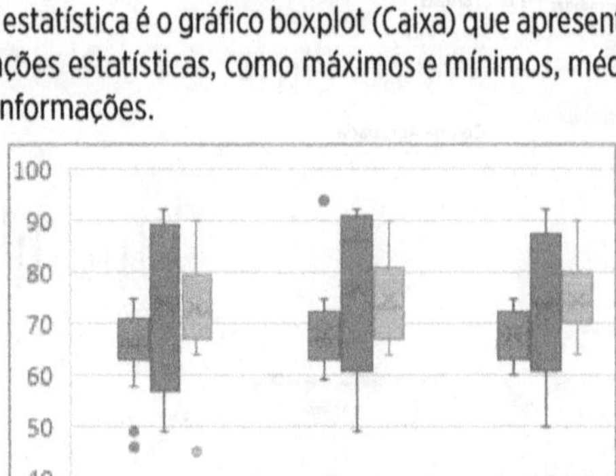

Um gráfico caixa e caixa estreita mostra a distribuição dos dados em quartis, realçando a média e as exceções. As caixas podem ter linhas estendendo-se verticalmente chamadas de "caixa estreita". Essas linhas indicam variabilidade fora do quartis superiores e inferiores e qualquer ponto fora dessas linhas ou caixas estreitas é considerado uma exceção (Microsoft).

Os gráficos de caixa estreita são frequentemente usados na análise estatística. Por exemplo, você poderia usar um gráfico de caixa estreita para comparar os resultados de avaliações médicas ou as pontuações de teste de professores (Microsoft).

5.4 Operadores

Células de absorção

Uma das principais funcionalidades de um editor de planilhas é permitir a realização de cálculos matemáticos e operar com diversas funções lógicas não somente com números, mas também com textos. Contudo, é necessário informar ao programa quando temos a intenção de realizarmos alguma destas operações. Para isso, devemos utilizar um indicador antes das fórmulas e funções.

Dentre os símbolos utilizados para iniciar uma Fórmula ou Função o mais conhecido e cobrado é o sinal de igualdade "=", porém ele não é o único que pode ser utilizado Na tabela a seguir estão descritos os demais sinais que podem ser utilizados.

Fórmulas	Exemplo	Funções	Exemplo
=	=5+5	=	=SOMA(A1:A5)
+	+5+5	+	+SOMA(A1:A5)
-	-5+5	-	-SOMA(A1:A5)
		@	@SOMA(A1:A5)

A observação sobre estes sinais está relacionada à origem do Excel. Nas primeiras versões do programa era utilizado o símbolo "@" (arroba) para indicar ao programa o início de uma função, enquanto para fórmulas se utilizava o "=", Como forma de padronizar, a Microsoft alterou o programa para que as funções também aceitassem o sinal de igualdade como indicar de início. Portanto o @ só funciona associado a funções no Excel.

Você deve estar se perguntando neste momento qual a diferença entre Fórmula e Função. Entenda por fórmula aquelas operações que envolvem os operadores matemáticos, as sentenças aritméticas, ou mesmo operações que envolvem mais de uma função.

Não podemos dizer que uma fórmula pode iniciar pelo sinal "@" pelo fato de que existe situação em que ele não funciona, como por exemplo, se for inserido em uma célula o seguinte "@5+5" Excel apresentará erro; mas se o que for inserido, por exemplo, "@B3+C3" o Excel também apresentará erro. Porém após fechar a caixa da mensagem de erro ele traz o trecho "@B3" selecionado. Assim quando o usuário clicar em alguma célula o trecho selecionado será substituído pelo sinal "=" seguido do endereço da célula selecionada.

Contudo, algumas bancas como CESPE e FCC consideraram em provas anteriores que o sinal "@" pode ser utilizado tanto para indicar o início de Fórmulas como também Funções. E, na prova o que considerar? Considere a forma correta, pois se a banca considerar o diferente utilize o exemplo dado, da situação que ocorre o erro, para anular a questão.

Operadores aritméticos

Quando trabalhamos com expressões aritméticas ou fórmulas, utilizamos constantemente os operadores, e, por este fato, muitas bancas colocam cobram questões a respeito. Os principais operadores são ilustrados na tabela a seguir.

Operador	Ação	Exemplo	Resultado
+	Soma	=5+5	10
-	Subtração	=5-5	0
*	Multiplicação	=5*5	25
/	Divisão	=5/5	1
%	Percentagem	=200 * 10%	20
^	Potenciação	=2^3	8

Quando uma célula estiver selecionada no Excel e se pressionar a tecla "/", o menu Arquivo será selecionado no Excel 2003 e, a partir do 2007, irá exibir as letras de cada guia da faixa de opções, ou seja, no Excel a barra faz o mesmo que a tecla Alt. Para iniciar o conteúdo de uma célula com a barra, deve-se posicionar o cursor de texto dentro da célula.

O operador % equivale a uma divisão por 100.

Operador de texto

O operador de texto é o & que realiza a operação de concatenação, ou seja, junta os dados das células indicadas na célula em que foi inserida a fórmula.

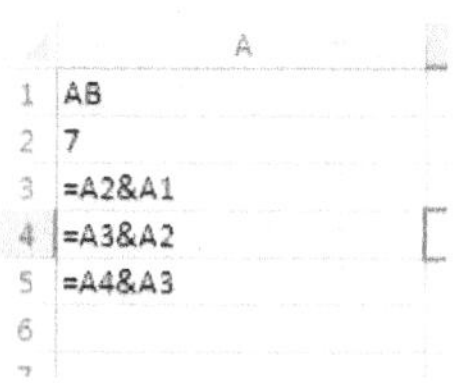

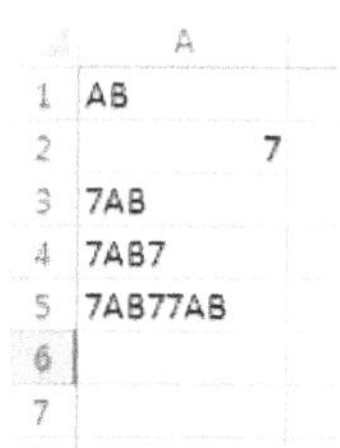

Outros exemplos:

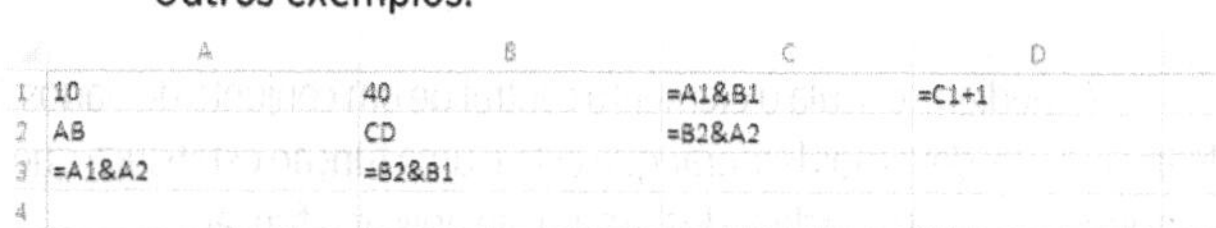

Resultados:

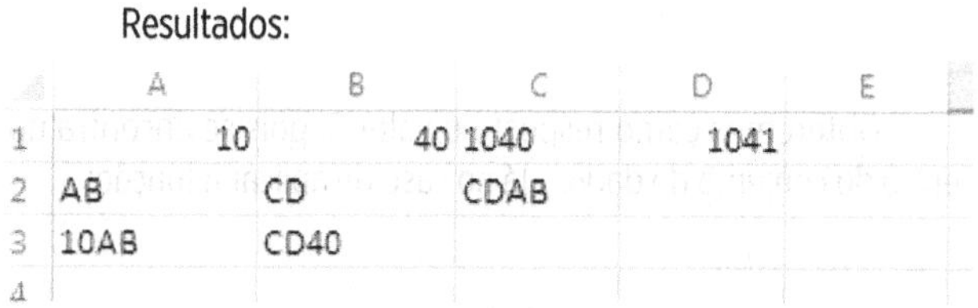

5.5 Operadores de referência

Em conjunto com o uso de funções, necessitamos utilizar um indicador para especificar os valores que devem ser considerados em uma função. A presença desses indicadores é tão importante, que houve questões nas quais o erro era justamente o uso incorreto desses sinais. A tabela a seguir mostra o sinal e como o devemos ler em uma expressão.

Operador	Lê-se	Resultado
;	E	União
:	Até	Intervalo

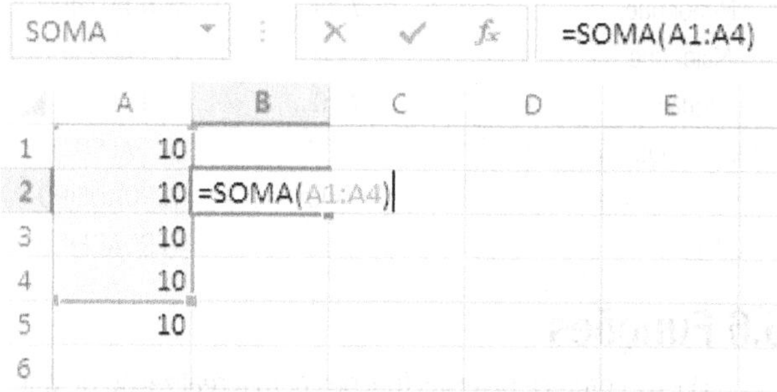

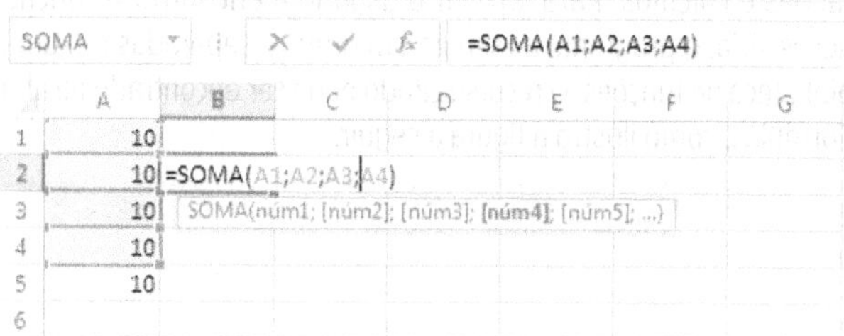

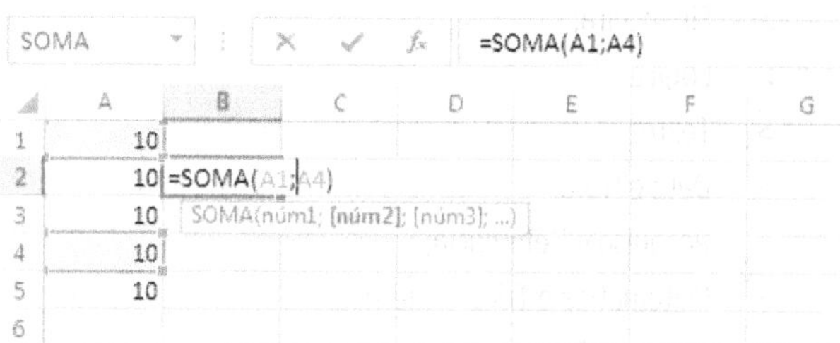

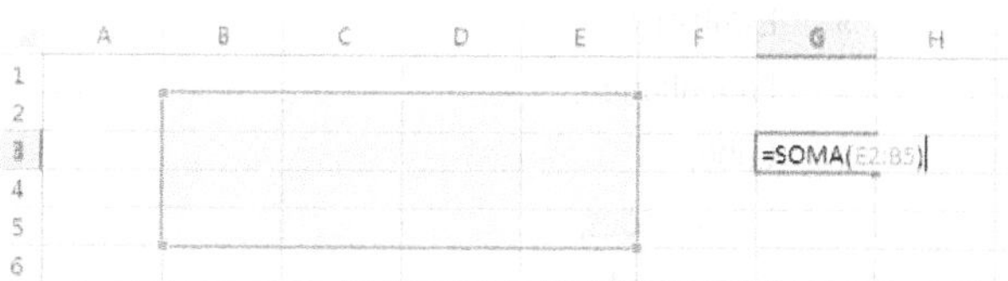

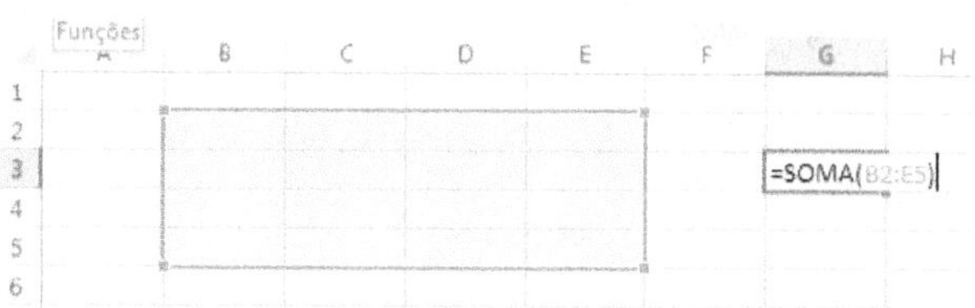

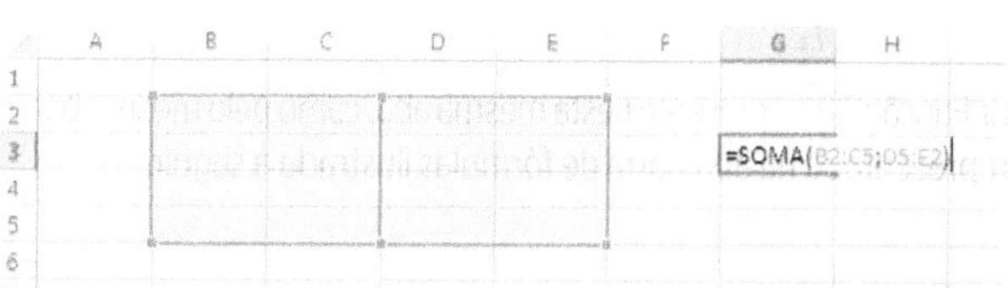

O sinal de ponto e vírgula ainda pode ser entendido como operador de união, e o sinal dois-pontos define um intervalo.

Ex.: dadas as funções

=SOMA(A3:A6)

=SOMA(A3;A6)

Na primeira função será apresentado o resultado da soma dos valores das células A3, A4, A5 e A6, enquanto que na segunda será apenas calculada a soma dos valores das células A3 e A6.

Operador de comparação

Operador	Símb.	Exemplo de uso	Resultado
Menor que	<	=7<10	VERDADEIRO
Maior que	>	=7>10	FALSO
Igual à	=	=7=10	FALSO
Maior ou igual à	>=	=7>=10	FALSO
Menor ou igual à	<=	=7<=10	VERDADEIRO
Diferente de	<>	=7<>10	VERDADEIRO

5.6 Funções

O Excel oferece diversas funções para a realização de operações e cálculos. Para auxiliar o usuário a encontrar a função necessária, o programa as separa em grupos, separadas em uma biblioteca de funções. O recurso citado pode ser encontrado na aba Fórmulas, como ilustra a figura a seguir.

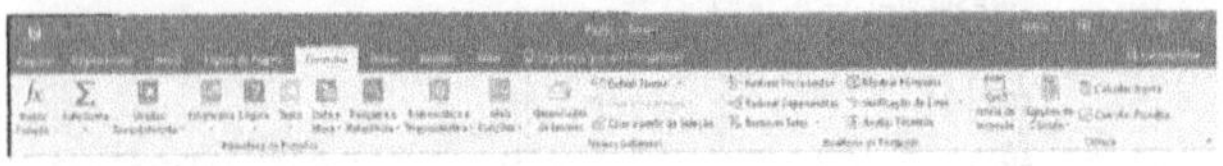

Categorias

- Financeira;
- Lógica;
- Texto;
- Data e Hora;
- Pesquisa e Referência;
- Matemática e Trigonométrica;
- Mais funções:
  - Estatística;
  - Engenharia;
  - Cubo;
  - Informações;
  - Compatibilidade
  - Web.

Também é possível inserir uma função por meio do botão Inserir Função  presente nesta mesma aba, como pelo mesmo botão representado na aba barra de fórmulas ilustrada a seguir.

Dentre as tantas funções existentes no programa, vamos destacar as principais, ou seja, as que têm maior probabilidade de serem cobradas nas provas.

Soma

A função Soma apresenta o resultado da soma dos valores contidos nas células indicadas no espaço de parâmetros da mesma.

Logo, tomando o recorte da planilha abaixo, e seus dados, ao inserir a função =SOMA(A1:A5), obtemos como resposta o valor 20.

	A	B	C
1	7	3	
2	3	7	
3		7	
4	7	3	
5	3	5	
6			
7			

Média

O cálculo da média é a obtenção do resultado da soma de um conjunto de valores e dividir essa soma pelo total de elementos desse conjunto.

A sintaxe da função é

=MÉDIA(<parâmetros>)

Em que: os <parâmetros> são o conjunto de endereços das células que serão consideradas. Dada a figura anterior, consideremos a função: =MÉDIA(A1:A5). O resultado dessa função será 20, pois a função Média ignora células vazias.

	A	B	C
1	7	3	
2	3	7	
3		7	
4	7	3	
5	3	5	
6			
7			

Mediana

A mediana calcula o elemento central de um conjunto de dados. Mas, cuidado: devemos lembrar que esta é uma função estatística que considera os valores ordenados. Assim, ao aplicar a função:

=med(b1:b5)

Obteremos como resposta o valor 5, pois se encontra no centro do conjunto de dados. Já no caso de aplicar a função:

=med(a1:a5)

A resposta será também 5, porque quando o conjunto de dados possui uma quantidade par de elementos, a mediana corresponde à média dos dois elementos centrais do conjunto.

Mod

A função MOD calcula o resto de uma divisão inteira. Dessa forma, ao aplicar a função:

=MOD(A1;A2) teremos como resposta 1, uma vez que o número 7 dividido por 3 resulta em 2 e sobra 1.

Potência

Esta função calcula um valor elevado a outro. Sua sintaxe é a seguinte:

=POTÊNCIA(<número>;<potência>)

Como exemplo, temos:

=POTÊNCIA(2;3)

que resulta em 8.

Ainda, podemos comparar com o uso do operador de potenciação:

=2^3

Máximo

A função Máximo retorna o valor mais alto do conjunto de dados especificados, ao aplicar a função para o conjunto de dados inicial.

=MÁXIMO(B1:B5)

A resposta será 7.

Maior

A função maior possui dois campos em sua sintaxe.

=MAIOR(<intervalo>;<Número de Ordem>)

Ao aplicar

=MAIOR(B1:B5;3)

Podemos entender como a busca pelo terceiro maior número de B1 até B5.

Mínimo

Esta função resulta no valor mais baixo de um conjunto de dados. Logo ao aplicar:

=MÍNIMO(B1:B5)

a resposta obtida será 3.

Menor

Assim como a função Maior a função menor possui dois campos obrigatórios, seja o exemplo:

=MENOR(B1:B5;4)

Em que se lê: quarto menor número de B1 até B5, que resulta em 7.

Agora

Outro grupo de funções é o das funções de data, no caso específico a função Agora é um exemplo.

Esta função não recebe parâmetros, apenas é escrita:

=AGORA( )

Seu resultado é a expressão da data e da hora atual, ou seja, do momento em que foi inserida. Cuidado: por padrão, o resultado desta função não se atualiza automaticamente. No entanto, ao inserir uma outra função ou cálculo em outra célula e teclar Enter, os dados da função Agora serão atualizados.

Hoje

A função Hoje retorna apenas a Data atual. Para usá-la, basta inserir =HOJE( ) e a data será impressa na célula.

Dias

A função DIAS retorna a diferença entre duas datas.

=DIAS(<data_Final> ; <data_Inicial>)

Cont.Núm

Esta função realiza a contagem de células cujo conteúdo é um valor numérico. Sua sintaxe apresenta-se da seguinte forma:

=CONT.NÚM(A1:A5)

Para o conjunto de dados inicial, a resposta será 4, pois uma célula está vazia.

Cont.Se

Enquanto a função Cont.Núm contabiliza a quantidade de células de conteúdo numérico, a função Cont.Se conta a quantidade de células que possuem conteúdo que atendam a um critério fornecido como parâmetro.

=CONT.SE(<intervalo>;<Critério>)

Assim, se aplicarmos:

=CONT.SE(B1:B5; "=7")

A resposta obtida será 2, pois existem apenas duas células com conteúdo igual a 7. Observe atentamente a necessidade do uso das aspas duplas.

Somase

Por meio da função SomaSe, podemos realizar a soma apenas das células que interessam.

Sua sintaxe é apresentada de seguinte forma:

=SOMASE(<intervalo a ser comparado> ; <critério> ; <intervalo a ser somado>)

Para isso, utilizaremos o conjunto de dados a seguir:

	A	B	C	D
1	7	3	A	
2	3	7	A	
3		3	B	
4	7	7	C	
5	3	5	A	
6		5	C	
7				

Ao utilizar a função:

=SOMASE(C1:C6; "=A"; B1:B6)

A resposta será 15, pois corresponde à soma das células presentes na coluna B, que estão na mesma linha das células da coluna C, que tem como conteúdo o texto comparado "A".

Se

A função SE também é conhecida como condicional. Esta função é utilizada para a tomada de decisões, pois permite analisar os dados e realizar uma ação de acordo com o que for encontrado.

A sintaxe da função possui por padrão três campos:

=SE(<teste lógico> ; <ação caso teste verdadeiro> ; <ação caso teste falso>)

Assim, dado o exemplo:

=SE(7>5;"verdade";"falso")

A resposta será verdade, pois é o texto expresso na ação, caso a condição seja verdadeira. Como 7 é maior do 5, isso se confirma.

=SE(7<5; "verdade"; "falso")

Como 7 não é menor do que 5, a condição é falsa; o que leva ao resultado Falso.

E

A função E retorna o resultado do tipo lógico, sendo verdadeiro somente quando todas as expressões sejam verdadeiras. A seguir consta a sintaxe desta função:

=E(expressão1; Expressão2; Expressão n)

Ou

A função OU retorna o resultado do tipo lógico, sendo falso somente quando todas as expressões sejam falsas. A seguir consta a sintaxe desta função:

=OU(expressão1; Expressão2; Expressão n)

Não

A função Não é a negação. Ela aceita apenas um parâmetro e inverte o resultado deste. Assim, se o valor da expressão resulta em verdadeiro, a resposta gerada por ela é falso e vice-versa. A seguir consta a sintaxe desta função:

=Não(Expressão)

Ou exclusivo

A função XOR retorna o resultado lógico verdadeiro apenas quando o número de proposições verdadeiras for ímpar.

=XOR(Expressão1 ; Expressão2; Expressão n)

Maiúsculas

No Excel, ao contrário do Word, para formatar um texto para letras maiúsculas não existe uma ferramenta, mas apenas a função Maiúsculas . A seguir consta a sintaxe desta função:

=MAIÚSCULA("texto")

O resultado será TEXTO.

Minúsculas

Assim como para formatar como maiúsculas, também é possível utilizar a função Minúsculas. A seguir consta a sintaxe desta função:

=MINÚSCULA("TexTo")

O resultado será texto.

5.7 Seleção de células

Durante a edição de uma planilha, podemos usar um comando do teclado para navegar entre as células. Dentre uma das ações mais comuns está o uso da tecla ENTER que, em uma planilha, seleciona a célula abaixo da célula em edição, enquanto que em uma tabela do Word é inserido um novo parágrafo na nova linha dentro da mesma célula.

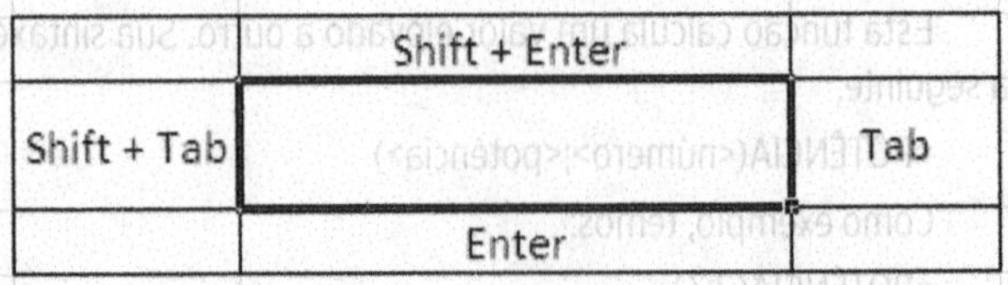

Já a tecla Tab produz o mesmo resultado tanto em uma Planilha como em uma tabela no Word. Ao teclar TAB, a célula à direita da célula em uso será selecionada.

O uso da tecla HOME tanto no Word como no Excel posiciona o cursor na primeira posição da linha atual. No caso das planilhas, a primeira posição trata-se da primeira célula.

Ao utilizar a combinação CTRL + HOME, a primeira célula é selecionada, ou seja, a célula A1.

A combinação CTRL + END seleciona a última posição do documento; esta, por sua vez, é a célula do encontro da última coluna com a última linha com conteúdo.

De modo geral, também podemos realizar a seleção de um conjunto de células.

5.8 Alça de preenchimento

A alça de preenchimento é um dos recursos que mais possui possibilidades de uso e, por consequência, respostas diferentes.

Antes de entendê-la vamos ver quem é ela. Veja a figura a seguir.

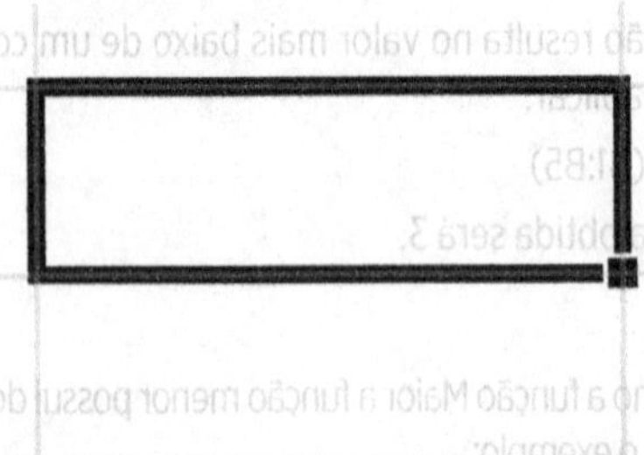

Observe que, quando uma ou mais células estão selecionadas, sempre no canto inferior direito é ilustrado um quadrado um pouco mais destacado; essa é a alça de preenchimento.

Ela possui esse nome porque é utilizada para facilitar o preenchimento de dados que obedeçam a uma regra ou padrão.

Quando uma única célula está selecionada e o seu conteúdo é um valor numérico, ao clicar sobre a alça de preenchimento e arrastar, seja na horizontal ou vertical, em qualquer sentido, exceto diagonal, no Excel o valor presente na célula é copiado para as demais sobre as quais foi arrastada a alça. A figura a seguir ilustra tal comportamento.

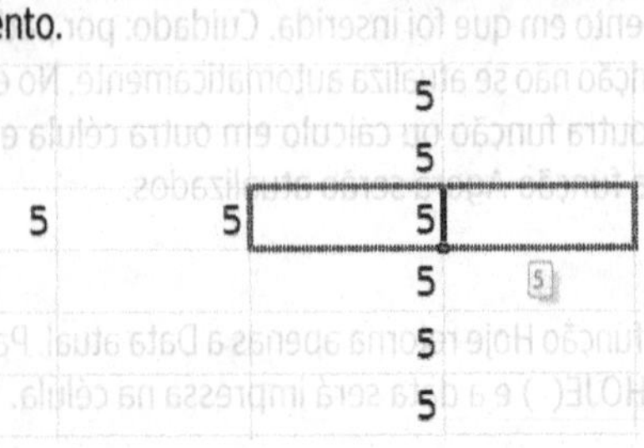

Já em uma situação em que existem duas células adjacentes selecionadas contendo valores numéricos diferentes entre si, ao se arrastar pela alça de preenchimento as células serão preenchidas com uma PA, cuja razão é a diferença entre os dois valores selecionados. A figura a seguir ilustra esse comportamento. Podemos observar que o valor que irá ser exibido na célula B6 será o número 30. Com isso observamos que a célula B4 receberá o valor 20, enquanto que B5 receberá 25, conforme vemos na figura da direita.

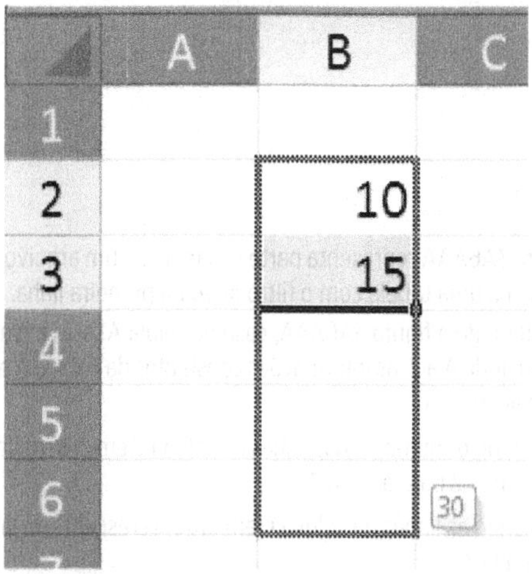

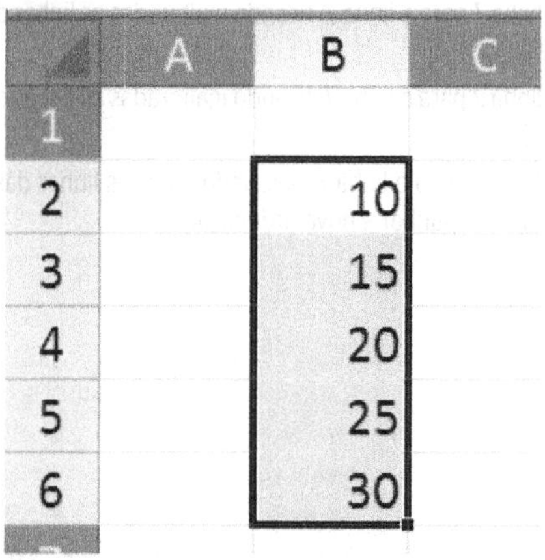

Mas devemos nos lembrar da exceção do Excel, em que se forem duas células selecionadas uma abaixo da outra, ao arrastar na horizontal as células são preenchidas com o mesmo valor; caso sejam duas células uma ao lado da outra as selecionadas, ao arrastar na vertical também apenas será copiado o valor das células selecionadas. Veja a figura a seguir ilustrando esse comportamento.

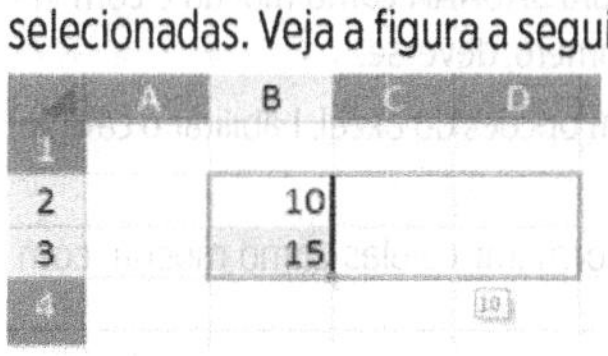

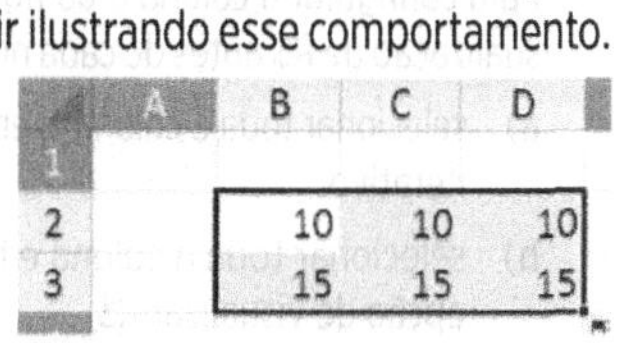

Quando o conteúdo de uma única célula selecionada for um texto, esse será copiado para as demais células. Mas se o conteúdo, mesmo sendo um texto, fizer parte de uma série conhecida pelo programa, as células serão preenchidas com o próximo valor da série. Por exemplo, se Janeiro for o conteúdo inserido na célula, então ao arrastar pela alça de preenchimento para a direita ou para baixo, a célula adjacente será preenchida com Fevereiro. Por outro lado, se for arrastado para cima ou para a esquerda, a célula adjacente será preenchida com Dezembro. O mesmo vale para as sequências Jan, Seg e Segunda-feira. Atenção: A, B, C não são conhecidos como série nos programas, mas o usuário pode criá-las.

Já na situação em que haja duas células que contenham textos diferentes selecionadas, ao arrastar será preenchido com o padrão encontrado. Veja o exemplo abaixo.

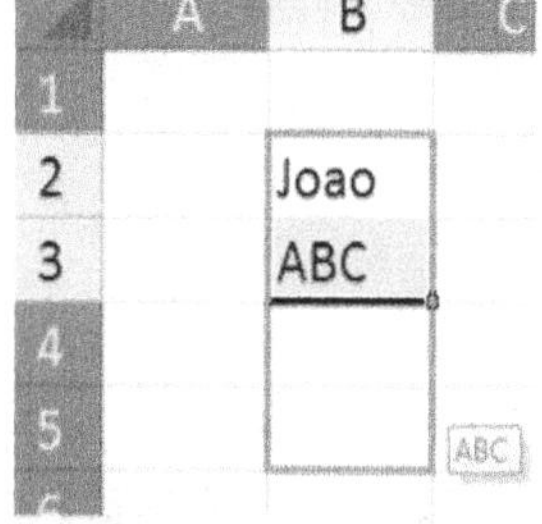

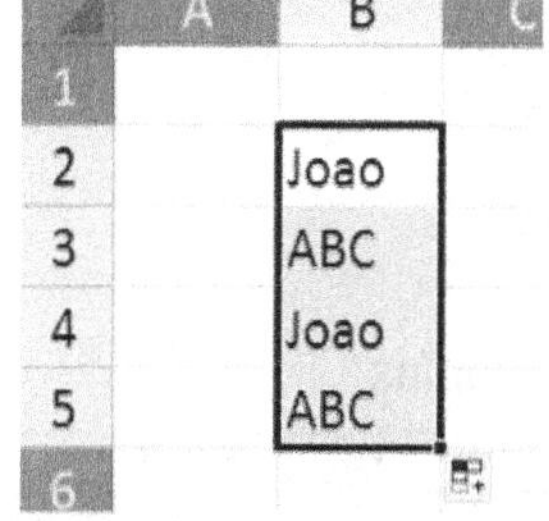

5.9 Endereçamento de células

Para endereçar uma célula, podemos utilizar 3 modos diferentes: Relativo, Misto e Absoluto.

Os modos de endereçamento não mudam em nada o valor ou qual célula está sendo utilizada, apenas influenciam a ação de copiar a célula com um endereço para outra célula.

Relativo	Misto		Absoluto
Coluna Linha	$Coluna Linha	Coluna $Linha	$Coluna$Linha
CL	$CL	C$L	CL
A2	$A2	A$2	$A$2

Endereçamento relativo

Fórmulas

Deslocamento	
Origem	Destino
L=	
C=	

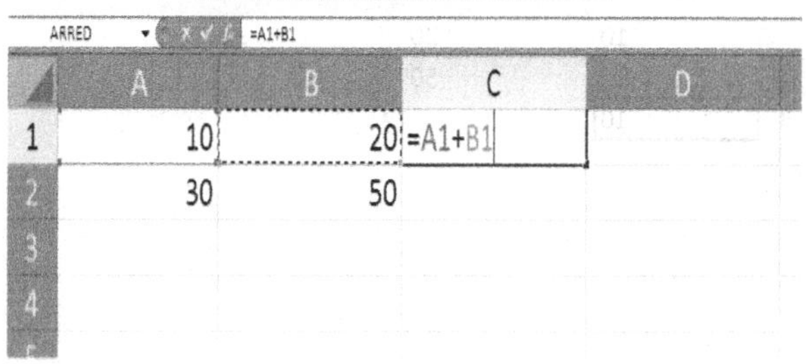

Resultados

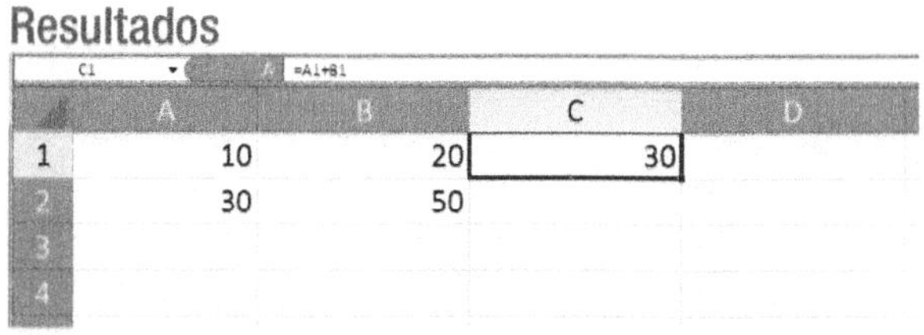

Endereçamento misto

Deslocamento	
Origem	*Destino*
L=	
C=	

Fórmulas

ARRED =$A1+B$1

	A	B	C	D
1	10	20	=$A1+B$1	
2	30	50		
3				
4				

Resultados

C1 =$A1+B$1

	A	B	C	D
1	10	20	30	
2	30	50		
3				
4				

Endereçamento absoluto

Fórmulas

ARRED =$A$1

	A	B	C	D
1	10	20	30	
2	30	50		
3	=$A$1			
4				

Resultados

A3 =$A$1

	A	B	C	D
1	10	20	30	
2	30	50		
3	10			
4				

Questões

Figura 3A6AAA

	A	B	C
1	responsável	projeto	valor (R$)
2	João	projeto A	100.000
3	Manuel	projeto B	150.000
4	Ana	projeto C	300.000
5	Pedro	projeto D	250.000
6	Patrícia	projeto E	200.000
7	Cristina	projeto F	100.000

01. A figura 3A6AAA representa parte da janela de um arquivo no Excel, em que há uma tabela com o filtro ativo na primeira linha.

Considerando a figura 3A6AAA, caso na célula A1 seja ativado o filtro Classificar de A a Z, as informações constantes da coluna A entram em ordem alfabética:

a) ficando os números das linhas da coluna C em ordem decrescente da linha 2 para a linha 7.

b) ficando as linhas da coluna C em ordem crescente da linha 2 para a linha 7.

c) da linha 7 para a linha 2, ficando inalteradas as linhas das colunas B e C.

d) da linha 2 para a linha 7, ficando inalteradas as linhas das colunas B e C.

e) da linha 2 para a linha 7, passando todas as linhas das colunas B e C a acompanhar a nova ordenação.

Figura 3A6AAA

	A	B	C
1	responsável	projeto	valor (R$)
2	João	projeto A	100.000
3	Manuel	projeto B	150.000
4	Ana	projeto C	300.000
5	Pedro	projeto D	250.000
	atrícia	projeto E	200.000
	ristina	projeto F	100.000

02. A figura 3A6AAA representa parte da janela de um arquivo no Excel, em que há uma tabela com o filtro ativo na primeira linha.

Para configurar a coluna C da figura 3A6AAA como moeda e com visualização de R$ antes de cada número, deve-se:

a) selecionar toda a coluna e, em opções do Excel, habilitar o cálculo iterativo.

b) selecionar toda a coluna e formatar células como moeda, com opção de visualizar R$.

c) selecionar toda a coluna e, em opções do Excel, personalizar a correção ortográfica para inserir R$.

d) digitar $ antes de cada número.

e) selecionar toda a coluna e, em opções do Excel, selecionar em fórmulas o cálculo automático.

03. No BrOffice Calc, para se eliminar casas decimais de um número, utiliza-se, exclusivamente, a função:

a) COMBINA.

b) EXP.

c) RADIANOS.

d) TRUNCAR.

e) SOMASE

04. Considere que, utilizando uma máquina com sistema operacional Windows, um usuário tenha inserido uma linha em branco em uma planilha do Microsoft Excel, em sua configuração padrão. Assinale a opção que apresenta a tecla que deverá ser acionada, nessa situação, para repetir essa última ação do usuário:

a) F5.

b) F1.

c) F2.

d) F3.

e) F4.

05. Um usuário, servindo-se do Microsoft Excel, deseja simular o valor de um investimento em uma instituição financeira, com base nos seguintes dados: quantidade de parcelas do investimento, taxa de rendimento anual, juros constantes e investimento feito em cada parcela.

Considerando essa situação hipotética, assinale a opção que apresenta a função a partir de cuja execução o usuário poderá simular o valor que será obtido ao final do período de investimento:

a) MÉDIA

b) VF

c) ARRED

d) CORREL

e) SOMA

	A	B	C
1	Aluno	Nota	
2	Bernardo	84	
3	Giovana	82	
4	Hugo	81	
5	João	82	
6	José	72	
7	Maria	86	
8	Patrícia	80	
9	MÉDIA	81	

06. Considerando que a figura acima mostra parte de uma planilha em processo de edição no Excel, na qual estão contidas notas de sete alunos, assinale a opção que apresenta a fórmula correta para se calcular a média dessas notas, apresentada na célula B9 da planilha:

a) =MÉDIA(B2:B8)

b) =MÉDIA(B2∑B8)

c) =MÉDIA(B2,B8)

d) =MÉDIA(B2;B8)

e) =MÉDIA(∑B2:∑B8)

Com relação às ferramentas e às funcionalidades do ambiente Windows, julgue o item que se segue.

07. A planilha a seguir foi digitada no LibreOffice Calc 5.3 e no Microsoft Excel 2013, ambos em português, e mostra os homicídios por armas de fogo em algumas regiões do Brasil de 2009 a 2014.

	A	B	C	D	E	F	G	H
1	Homicídios por arma de fogo							
2	UF/REGIÃO	2009	2010	2011	2012	2013	2014	Média
3	Acre	61	63	50	85	97	116	78,66667
4	Amapá	69	103	80	117	99	142	101,6667
5	Amazonas	572	635	879	855	692	756	731,5
6	Pará	2.038	2.502	2.077	2.138	2.254	2.319	2221,333

(http://www.mapadaviolencia.org.br/pdf2016/Mapa2016_armas_web.pdf)

Na célula H3, foi digitada uma fórmula para calcular a média aritmética dos valores do intervalo de células de B3 a G3. A fórmula utilizada foi:

a) =MÉDIA(B3:G3)tanto no LibreOffice Calc 5.3 quanto no Microsoft Excel 2013.

b) =AVG(B3:G3) no LibreOffice Calc 5.3 e =MÉDIA(B3:G3) no Microsoft Excel 2013.

c) =AVG(B3:G3) tanto no LibreOffice Calc 5.3 quanto no Microsoft Excel 2013.

d) =MEDIA(B3:G3) no LibreOffice Calc 5.3 e =AVERAGE(B3:G3) no Microsoft Excel 2013.

e) =MED(B3:G3)tanto no LibreOffice Calc 5.3 quanto no Microsoft Excel 2013.

Gabaritos

01	E
02	B
03	D
04	E
05	B
06	A
07	A

6. POWERPOINT 2016

O PowerPoint é o editor de Apresentações de Slides da Microsoft.

> Algumas provas podem citar o termo slides em português: eslaide.

6.1 Tela de Abertura

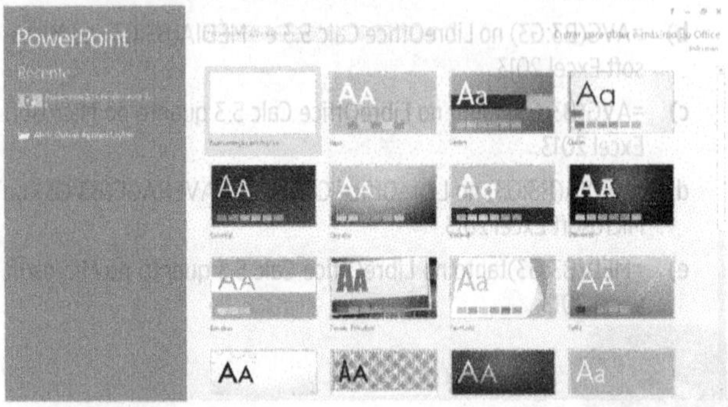

6.2 Tela de Edição

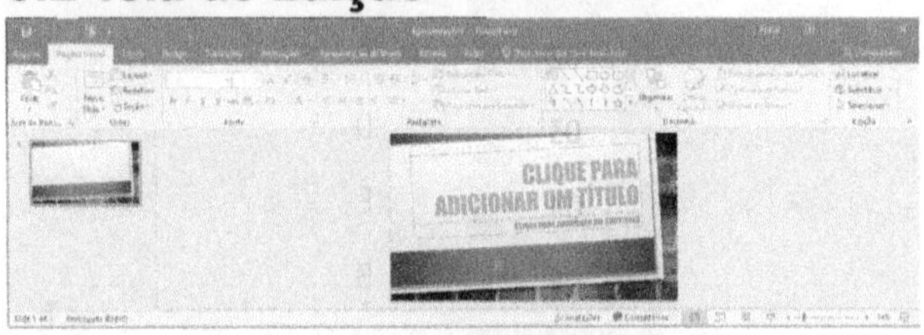

6.3 Formato de arquivo

O PowerPoint possui dois formatos principais: um relacionado à edição dos slides (PPTX), e outro que abre diretamente no modo de exibição (PPSX).

6.4 Aba Página Inicial

Ao comparar a Página Inicial do Word com o PowerPoint, é possível notar algumas diferenças, como o bloco Slides e o Bloco Desenho, como também algumas diferentes opções nos Blocos Fonte e Parágrafo. A figura a seguir ilustra esta aba.

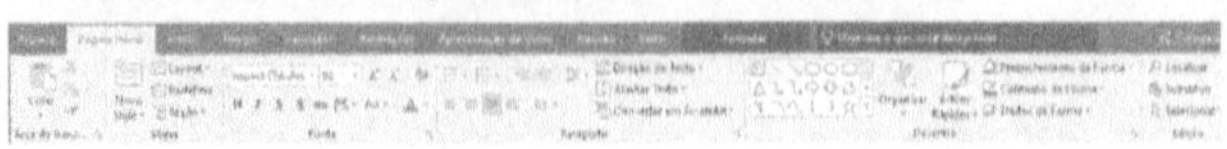

Bloco slides

Este é um dos blocos mais utilizados. Atente à opção Novo Slide na figura a seguir, ela apresenta uma seta para baixo, o que significa que um menu Dropdown será aberto, conforme ilustra a figura da sequência, permitindo que seja selecionado o layout do slide a ser inserido.

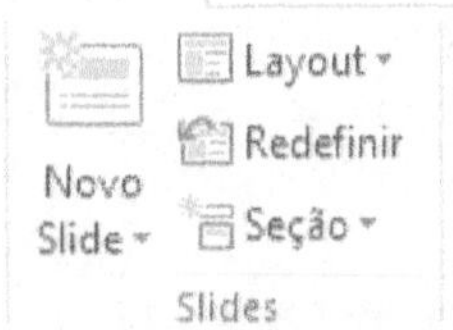

Contudo, é possível mudar o Layout (organização) de um slide mesmo após sua inserção, bastando para tanto selecionar o slide desejado e alterar seu layout pela opção Layout.

Já a opção Redefinir possibilita reestabelecer às configurações padrões de posicionamento, tamanho e formatação dos espaços reservados de um slide.

Bloco fonte

O bloco Fonte apresenta as opções: sombra de texto e espaçamento entre caracteres que não aparecem no Word, como ilustra a figura a seguir.

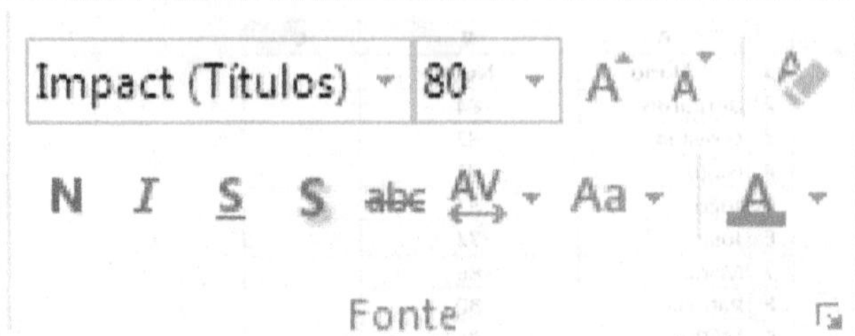

A opção Sombra indicada pela letra S mais espessa, conforme ilustrado a seguir, permite aplicar um efeito de sombra que confere um destaque ao texto, dando a impressão de volume.

No PowerPoint também é possível alterar o espaço entre os caracteres de texto, a fim de distribuir melhor um texto em um slide. Para isso, basta selecionar o texto e a opção desejada junto à alça da opção Espaçamento Entre Caracteres, ilustrada a seguir.

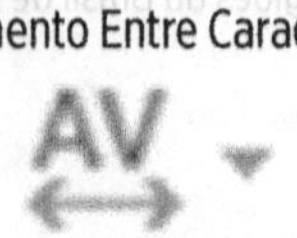

Bloco parágrafo

Neste bloco há novas funcionalidades, como: colunas, Direção do Texto, Alinhar Texto e Converter em SmartArt, como pode ser visualizado na figura a seguir.

A opção Colunas permite formatar uma caixa de texto selecionada para que exiba seu texto em diversas colunas. Para isso, pode-se utilizar a opção ilustrada a seguir.

A opção Direção do Texto permite alterar a forma como um texto é exibido no PowerPoint, a fim de causar um efeito mais chamativo. A opção Direção do Texto é ilustrada a seguir.

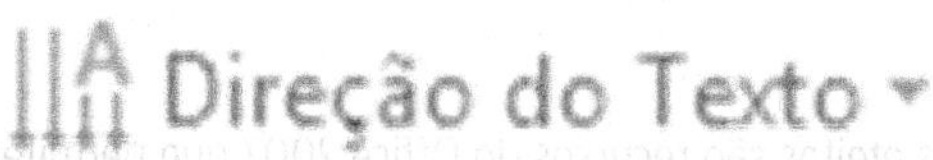

As opções encontradas ao clicar na opção Direção do Texto são: Horizontal; Girar em 90º; Girar em 270º e Empilhado, conforme ilustrado na sequência.

Também é possível alinhar o texto verticalmente na caixa de texto. Para isso, pode-se utilizar a opção Alinhar Texto, representada pela figura que se segue.

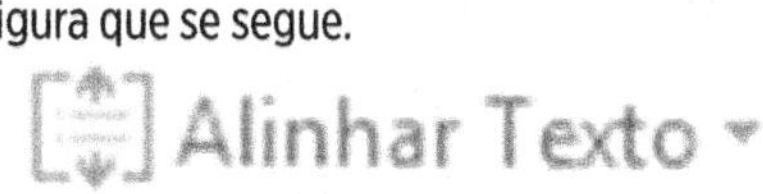

As opções são: Em Cima, no Meio e Embaixo.

O recurso SmartArt também existe no Word, contudo no PowerPoint é possível converter uma estrutura de um texto, em parágrafo ou tópicos, em um esquema do SmartArt.

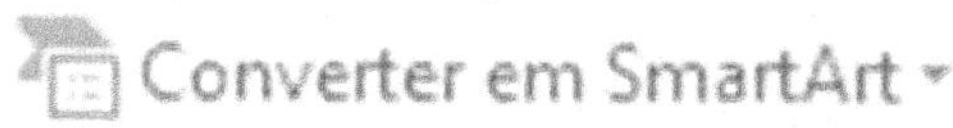

Algumas das opções possíveis são ilustradas na figura a seguir.

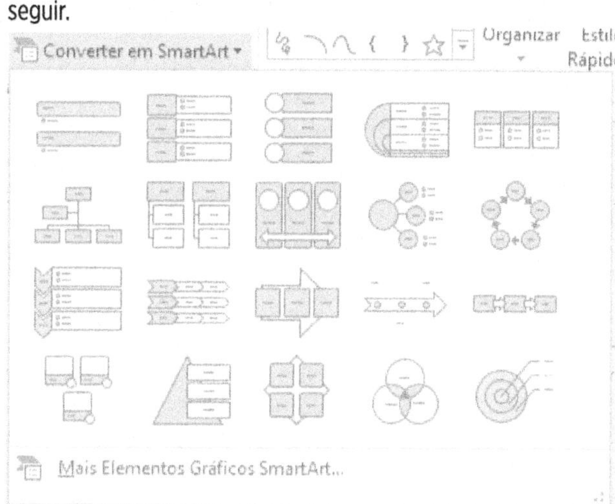

Bloco desenho

O bloco Desenho é o substituto da barra de ferramentas de desenho encontrada no Microsoft Office 2003. Nele encontramos as mesmas opções e algumas a mais. A figura a seguir ilustra o bloco.

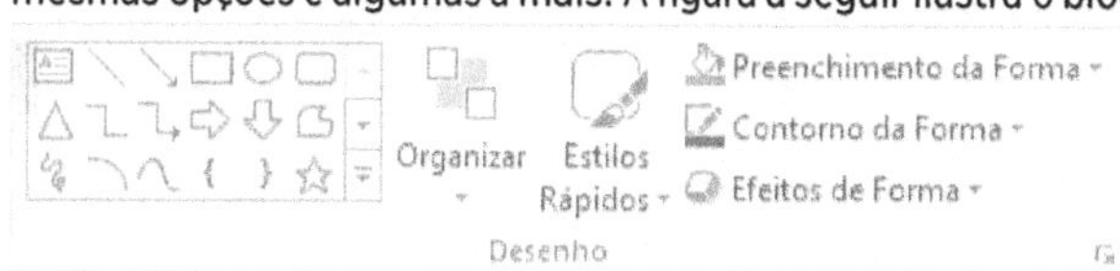

Formas

A opção Formas permite inserir um desenho no documento em edição que pode ser dimensionado e preenchido.

Algumas das opções de formas são ilustradas na figura a seguir.

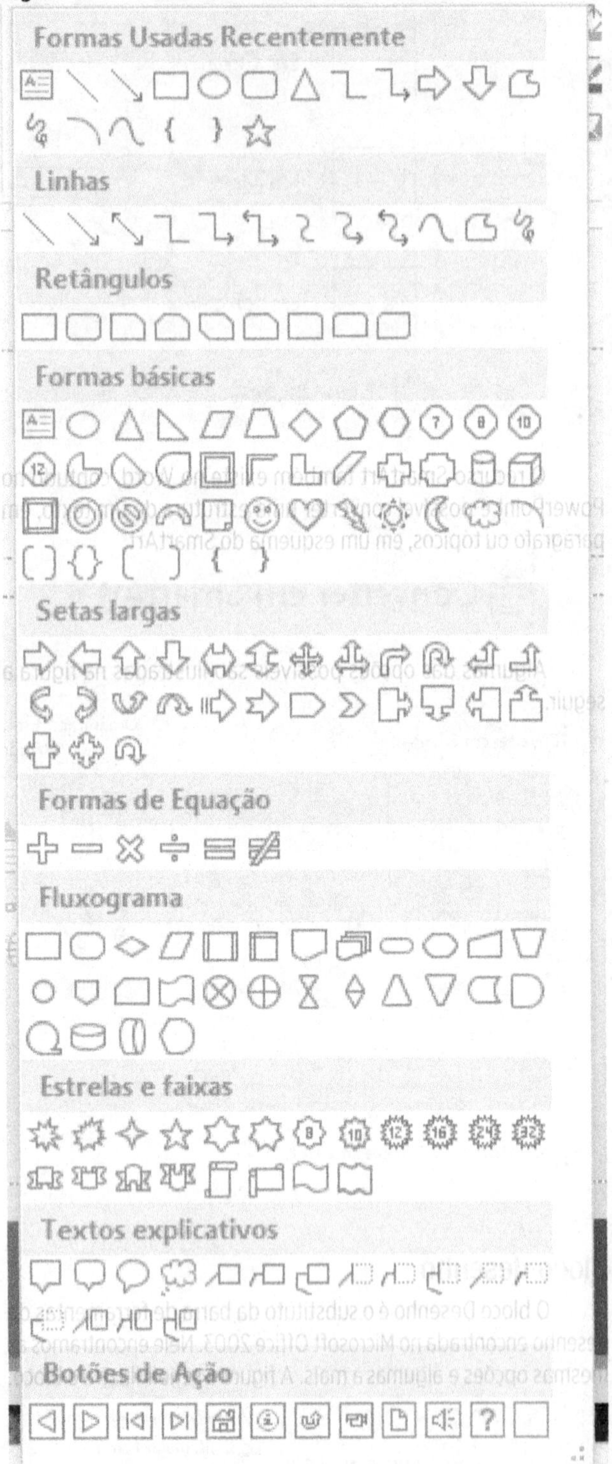

Organizar

A opção Organizar oferece recursos de posicionamento dos objetos em relação a outros, como ordená-los um à frente do outro, ou seja, controlar a sobreposição dos itens. Como também podemos agrupar os itens para movimentá-los e dimensioná-los de maneira uniforme.

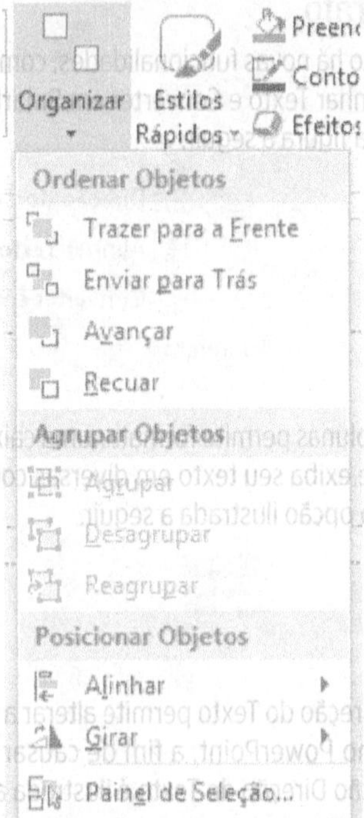

Efeitos

Os efeitos são recursos do Office 2007 que permitem atribuir mais vida às estruturas, como a possibilidade de formatar uma imagem de modo que ela pareça um botão utilizando o efeito Bisel.

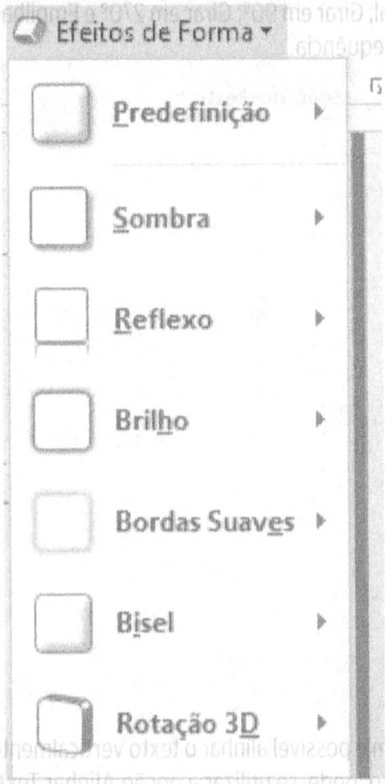

Bloco edição

6.5 Aba Inserir

Na aba Inserir são disponibilizadas inúmeras opções de estruturas que podem ser inseridas na apresentação em edição, conforme ilustrado a seguir.

A maioria das opções também é encontrada no Word, todavia, as opções Novo Slide, Álbum de Fotografias, Ação, número do Slide, Vídeo e Áudio são específicas do editor de apresentação de slides.

Vale também destacar que a estrutura de cabeçalho e rodapé de um slide é diferente daquela do editor de texto. Observe que o botão apresenta a característica das duas funções em um.

Álbum de fotografias

Pode-se enfatizar a opção Álbum de Fotografias, opção que permite criar rapidamente, por meio da seleção de uma pasta contendo as imagens um álbum de fotos, colocando apenas uma foto por slide ou mais.

Smartart

O recurso SmartArt permite criar esquemas organizacionais; tal recurso passou a existir a partir da versão 2007 do Ms Office

Gráficos

Com relação aos gráficos, apenas lembre-se de que eles necessitam de uma planilha com os dados que serão representados no gráfico.

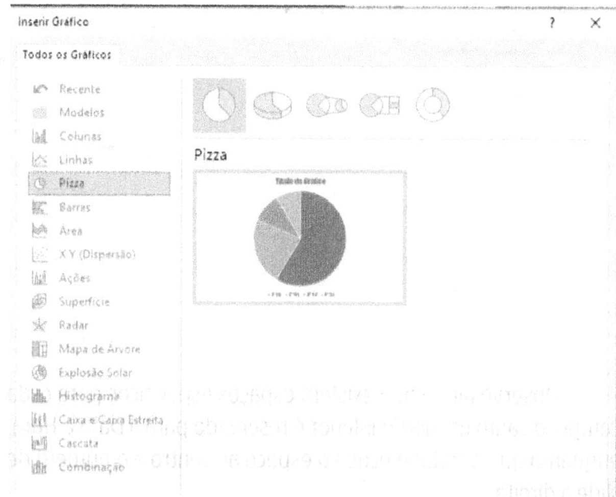

Ação

Por meio do botão Ação, podemos criar interações em meio à apresentação de slides, como navegar de modo aleatório entre os slides.

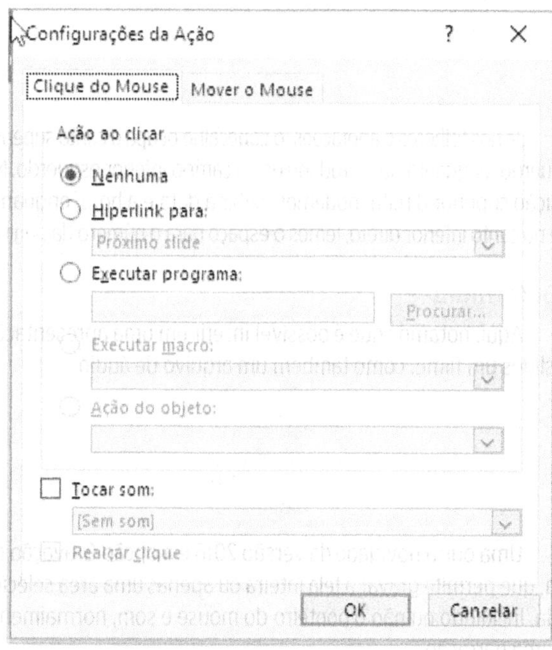

Cabeçalho e rodapé

Cuidado com a estrutura de cabeçalho e rodapé, pois no Word ela opera de modo diferente do que no PowerPoint. Nos slides também podemos trabalhar com rodapé, mas não cabeçalhos, apesar de a ferramenta possuir este nome. Na verdade, é porque o cabeçalho pode ser inserido no formato das anotações e folhetos, como mostra a segunda figura que ilustra a aba **Anotações e Folhetos**.

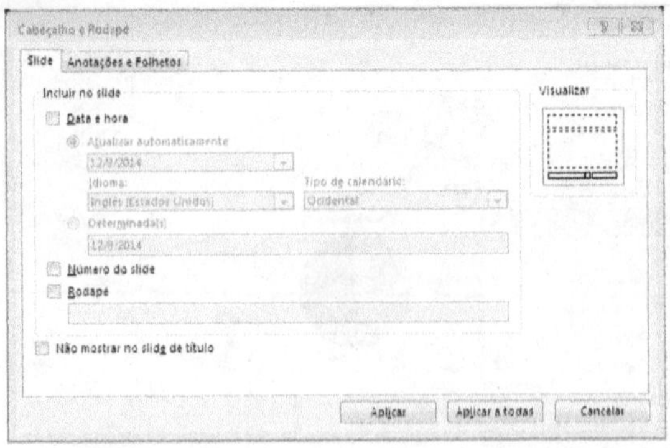

Observe ainda que existem espaços específicos para cada campo: o canto esquerdo inferior é reservado para a Data e Hora, enquanto que o rodapé ocupa o espaço ao centro e o número de slide à direita.

Contudo, este posicionamento pode variar de acordo com o Design usado na apresentação, ou seja, de acordo com a formatação do Slides Mestre.

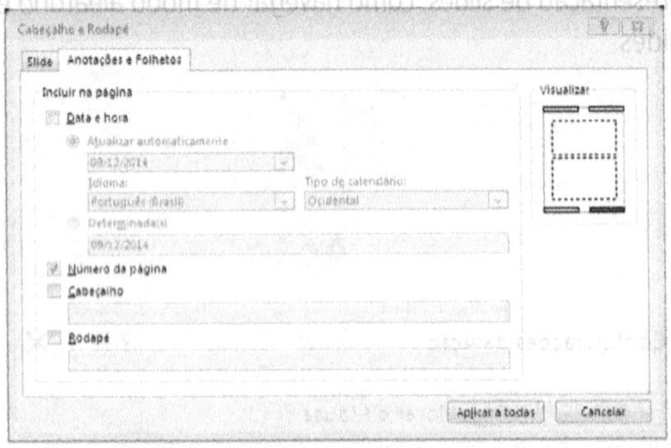

Já nos folhetos e anotações, o cabeçalho ocupa o canto superior esquerdo, enquanto que o rodapé usa o campo inferior esquerdo. Na posição superior direita, podemos exibir a data e a hora, enquanto que no canto inferior direto, temos o espaço para o número da página.

Bloco mídia

Aqui, notamos que é possível inserir em uma apresentação de slides um filme. como também um arquivo de áudio.

Uma outra novidade da versão 2016 é a opção Gravação de Tela, que permite gravar a tela inteira ou apenas uma área selecionada. Incluindo ou não o ponteiro do mouse e som, normalmente alguma narração.

6.6 Aba Design

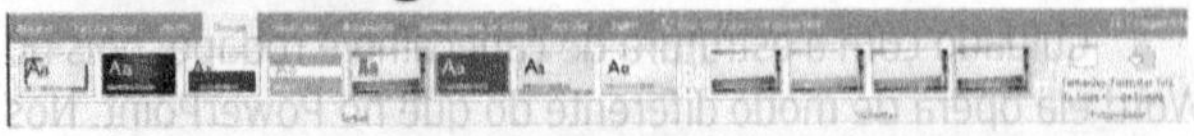

Por meio desta aba, é possível mudar a configuração de um slide, colocando-o com orientação diferente do padrão, paisagem, ou mesmo mudar suas dimensões, bem como alterar o conjunto de cores de fundo e fontes por meio dos temas.

6.7 Aba Transações

Na Aba Transições, encontram-se as opções referentes à troca dos slides durante a apresentação. No Office 2016, não há novas transições se comparado à versão anterior. Contudo, a renderização passou por melhorias para que os efeitos possuam uma melhor qualidade visual. Também é possível configurar tempos para cada slide e para o efeito de transição, por meio das opções disponibilizadas no bloco Intervalo.

Efeitos de transição

6.8 Aba Animações

Já na aba animações são encontradas opções que podem ser aplicadas a elementos em um slide, como figuras e textos. Da mesma maneira que é possível configurar o tempo de uma troca de slides, é possível configurar a duração de uma animação.

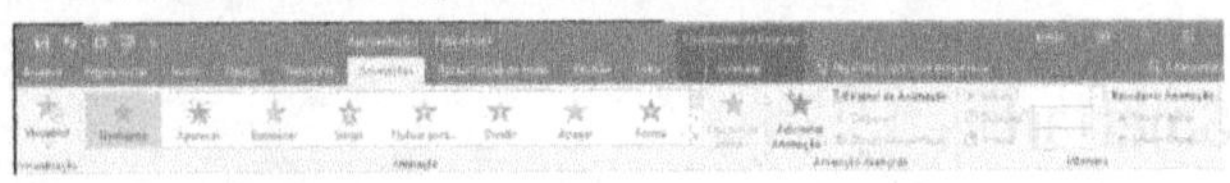

Efeitos de animações

Os efeitos de animação são organizados em 4 grupos: Entrada, Ênfase, Saída e Caminhos de Animação, sendo os 3 primeiros os principais.

É possível utilizar mais de um efeito por objeto, porém é necessário usar a opção Adicionar Animação caso já tenha aplicado alguma ao elemento, pois se for apenas selecionada outra animação, ela irá substituir o efeito selecionado anteriormente.

6.9 Aba Apresentação de Slides

Na Aba apresentação podemos configurar a apresentação como um todo.

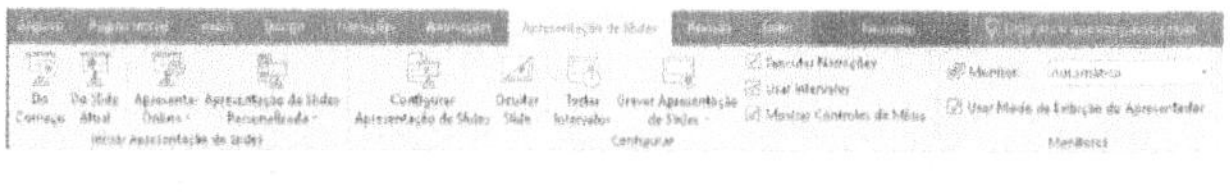

A opção do começo exibe a apresentação de slides a partir do primeiro Slide. A tecla de atalho correspondente é a tecla F5, já a opção do Slide atual exibe a apresentação a partir do slide selecionado, a tecla de atalho para esta opção é SHIFT + F5.

O PowerPoint 2016 é integrado com recursos Online, como a opção Apresentar Online, que possibilita disponibilizar uma apresentação de slides para que possa ser visualizada via Internet enquanto é exibida. Para tanto, é necessário utilizar uma Windows Live ID.

Outra opção Interessante é a opção Modo de Exibição de apresentador, que permite a um monitor e um projetor, ou mesmo dois monitores conectados ao computador, exibir a apresentação em um (normalmente no projetor) e no outro monitor uma tela de acompanhamento que exibe as anotações de cada slide, a sua miniatura e o tempo decorrido do início da apresentação.

Bloco configurar apresentação

Configurar Apresentação de Slides

A configuração de uma apresentação permite definir se a apresentação será exibida em tela inteira ou na forma de janela, bem como a forma de avanço dos slides e quais serão os slides.

Ocultar Slide

Essa opção permite ocultar o slide selecionado; tal slide também não é exibido na apresentação.

Testar Intervalos

Esse recurso é muito utilizado para animações com textos com transição automática. Uma vez acionada essa função, a apresentação de slides é iniciada e, a cada vez que um slide é avançado, o tempo é gravado a fim de que esse tempo seja usado na exibição dos slides.

Modo apresentador

Outra opção Interessante é a opção modo de exibição de apresentador, que permite a um monitor e um projetor, ou mesmo dois monitores conectados ao computador, exibir a apresentação em um (normalmente no projetor) e no outro monitor uma tela de acompanhamento que exibe as anotações de cada slide, a sua miniatura e o tempo decorrido do início da apresentação.

6.10 Aba Revisão

A aba Revisão do PowerPoint apresenta as mesmas opções que o Word. Portanto, a probabilidade é que, seja cobrada alguma função em questões sobre o editor de texto, por conta da sua relevância.

6.11 Aba Exibir

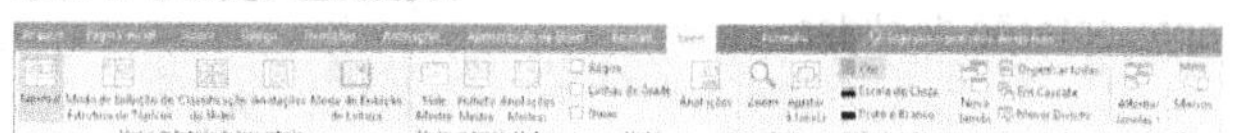

No PowerPoint, temos os seguintes modos de exibição que podem ser selecionados mediante a Aba Exibição.

Normal

O modo normal é o modo padrão de edição. Neste modo, a finalidade é a edição dos slides. Na lateral esquerda são exibidas as miniaturas dos slides em edição. É importante notar que há uma linha bem sutil abaixo do slide principal (em edição) que se encontra com a linha que separa as miniaturas. Essa linha pode ser movida para cima, a fim de exibir o espaço das anotações do slide. Também é possível clicar na opção Anotações que está na barra de status.

Estrutura de tópicos

A principal característica desse modo é não apresentar características visuais, como imagens ou plano de fundo. Observe que esse modo altera apenas a visualização do painel à esquerda. Nele são indicados os slides e cada parágrafo é apresentado como um tópico.

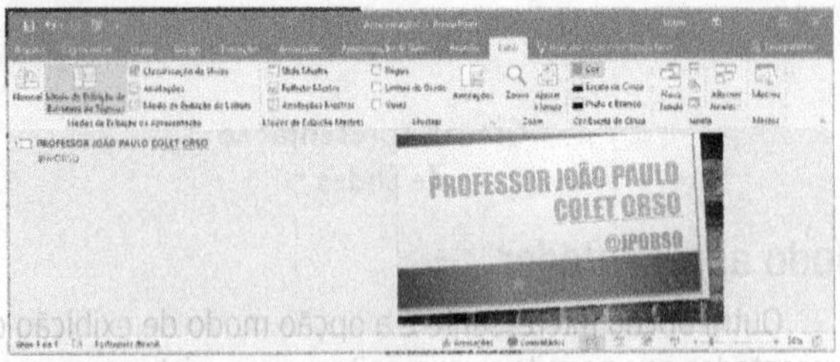

Classificação de slides

Este modo de visualização é útil para reordenar os slides da apresentação, visualizando-os em miniatura.

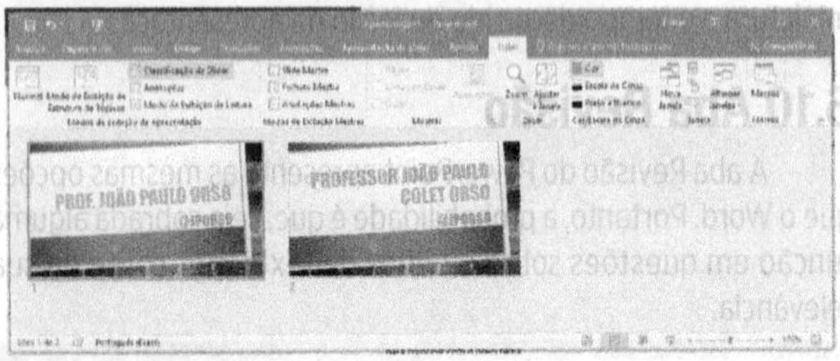

Anotações

Esta opção permite que sejam inseridas anotações que podem ser impressas, porém que não aparecem no momento da apresentação de slides.

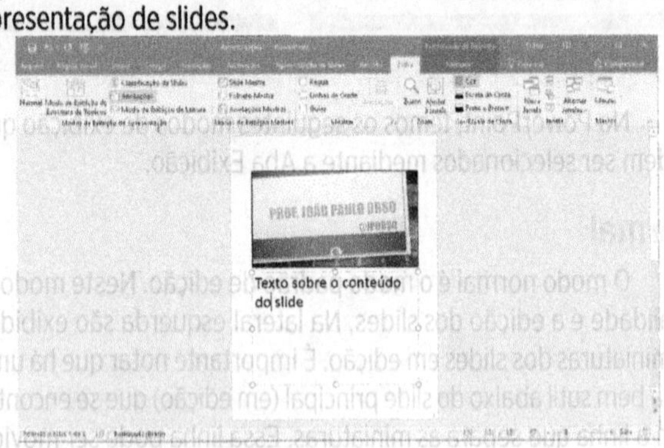

6.12 Slide Mestre

Por meio do **Slide Mestre** é possível alterar os espaços reservados para os slides, os cabeçalhos e os rodapés.

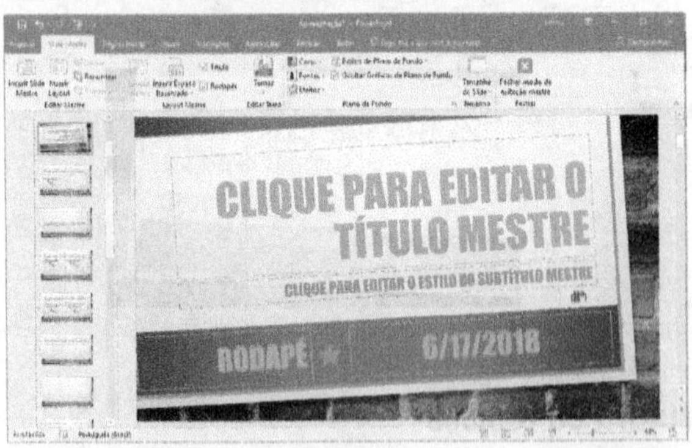

Mediante o **Folheto Mestre**, é possível alterar cabeçalhos e rodapés.

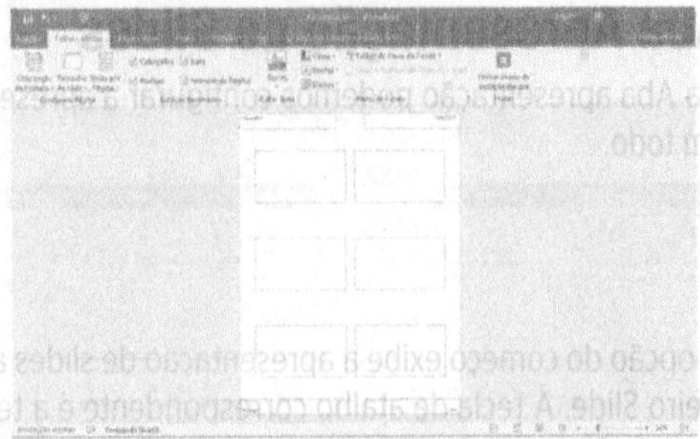

Já nas **Anotações Mestras podemos alterar os espaços reservados para os slides, as anotações, os cabeçalhos e** os rodapés.

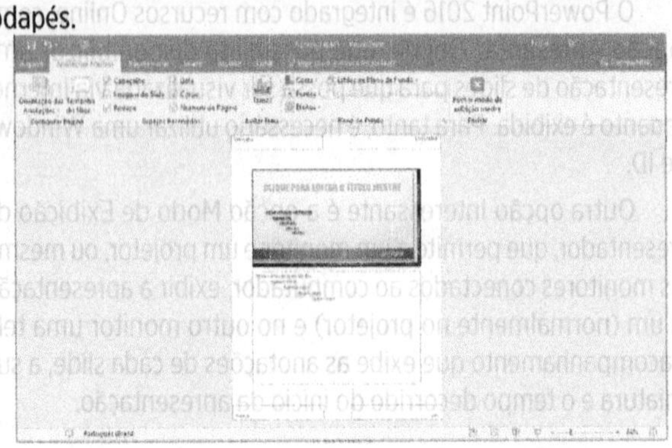

7. BROFFICE WRITER – EDITOR DE TEXTO

7.1 Formatos de arquivos

Quando se fala nos editores do BrOffice (Libre Office), devemos conhecer seus formatos de arquivos padrões, ou seja, o formato com o qual será salvo um arquivo ao acionar a opção **Salvar Como.**

A suíte de aplicativos como um todo possui um formato genérico ODF (Open Document File – Formato de Documento Aberto). Assim, é possível no editor de texto, salvar neste formato, bem como no Calc e Impress.

No entanto, o formato específico do Writer é o ODT (Open Document Text). As provas costumam relacionar os formatos com as versões dos editores. Então, vale lembrar que o Word2003 não consegue trabalhar com esse formato de arquivo. Mas, pelo Writer, é possível salvar um documento de modo que ele possa ser aberto pelo Word 2003, ou seja, é possível salvar nos formatos DOC e DOCX. Em relação ao Word 2007 e 2010, por padrão, esses programas conseguem abrir e salvar arquivos no formato ODT.

7.2 Formatação de texto

A principal finalidade do Writer é editar textos. Portanto, suas principais ferramentas são para a formatação de documentos. Podemos encontrar essas opções de formatação por meio de quatro caminhos:

Barra de ferramentas de formatação

Menu formatar

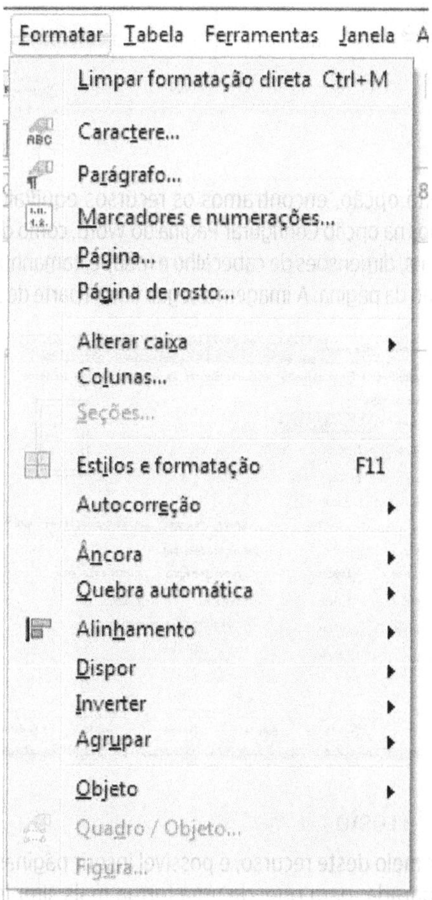

Atalhos

Botão direito do mouse

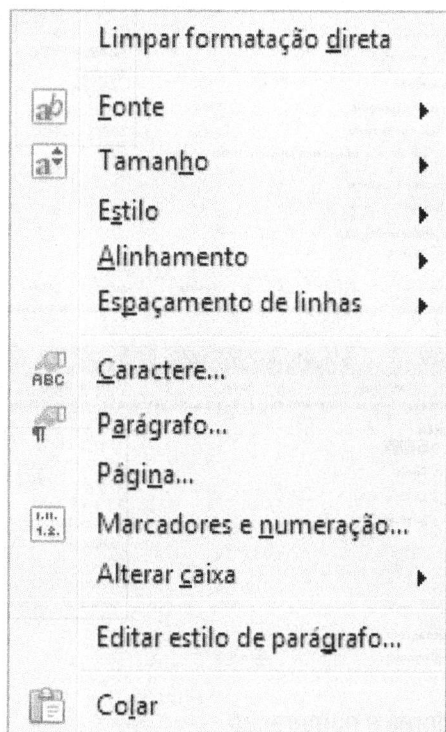

Menu formatar

Caractere

Ao acionar esta opção, será aberta a janela ilustrada a seguir, por meio da qual podemos formatar as propriedades de fonte, como tipo/nome, estilo e tamanho e, pela aba Efeitos de Fonte, alterar a cor da fonte.

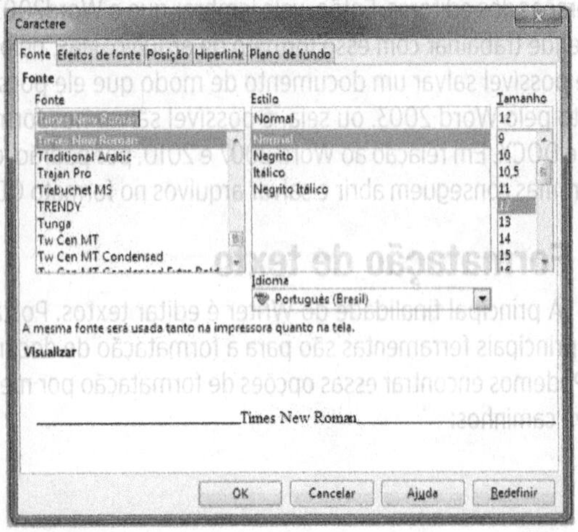

Parágrafo

As propriedades de Parágrafo englobam opções como recuos, espaçamento e alinhamentos, conforme ilustrado nas figuras na sequência:

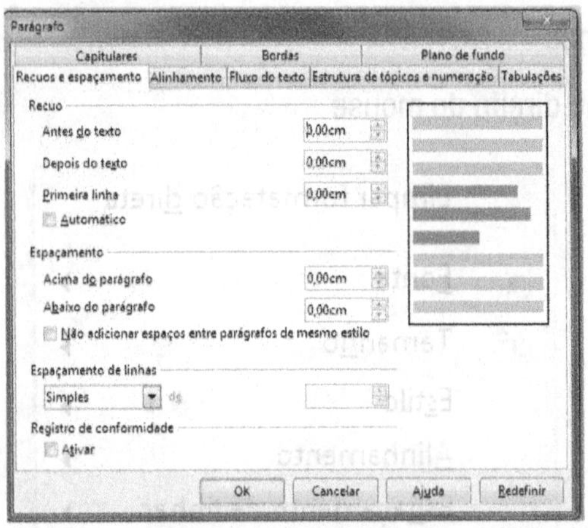

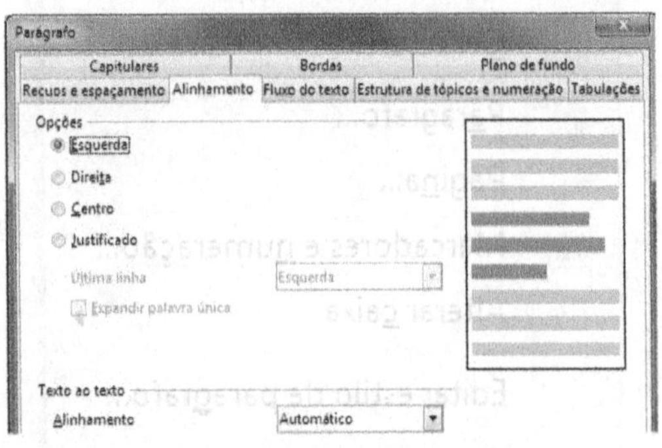

Marcadores e numeração

Fique atento à identificação de uso deste recurso, pois, pelo menu Formatar, elas estão descritas em conjunto. Porém, na barra de Ferramentas padrão elas são apresentadas em dois botões separados.

Ao acionar a opção pelo menu Formatar, a janela aberta apresenta os Marcadores em uma guia e a numeração em outra, conforme ilustram as duas figuras da sequência:

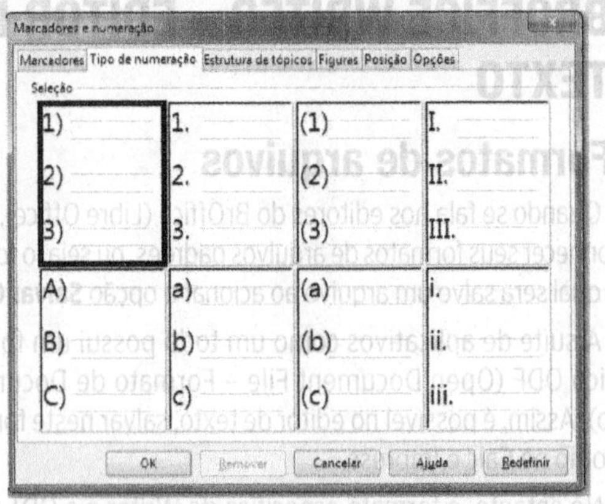

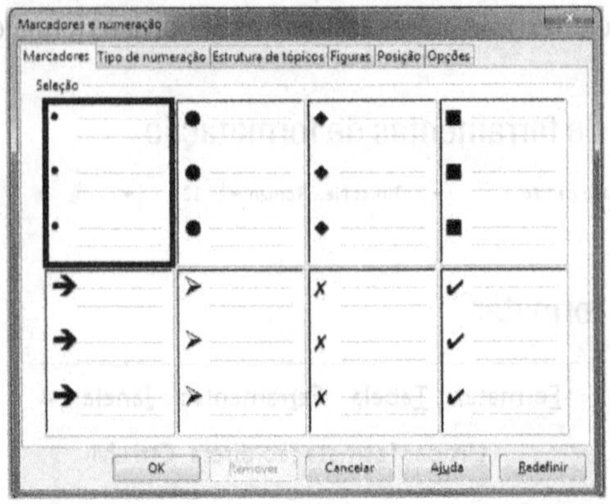

Página

Nesta opção, encontramos os recursos equivalentes aos encontrados na opção Configurar Página do Word, como dimensões das margens, dimensões de cabeçalho e rodapé, tamanho do papel e orientação da página. A imagem a seguir ilustra parte dessa janela:

Página de rosto

Por meio deste recurso, é possível inserir páginas em uma seção separada, para que, de uma forma mais simples, sejam trabalhadas com cabeçalhos e rodapés diferentes em um mesmo documento, mais especificamente, no que tange à numeração de páginas.

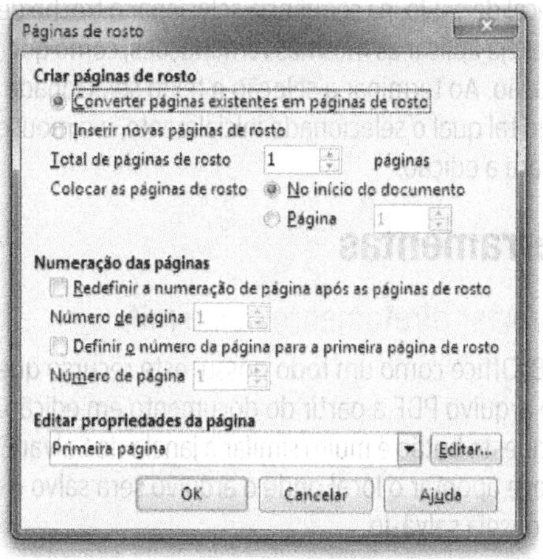

Alterar caixa ▶

Equivalente à opção Maiúsculas e Minúsculas do Word, essa opção permite alterar a forma do caractere de texto. É importante conhecer as cinco opções desse recurso, conforme ilustrado a seguir:

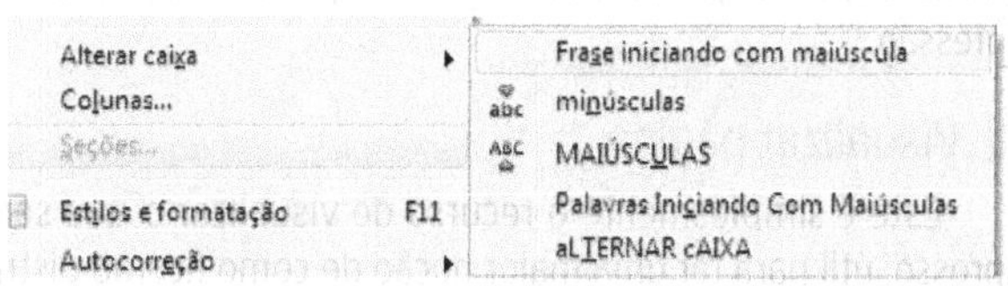

Estilos de formatação (f11)

Por essa opção, podemos definir estilos de formatação para o texto selecionado, como título 1, título 2, título 3, entre outros, para que a edição do documento seja mais prática, além de favorecer a padronização.

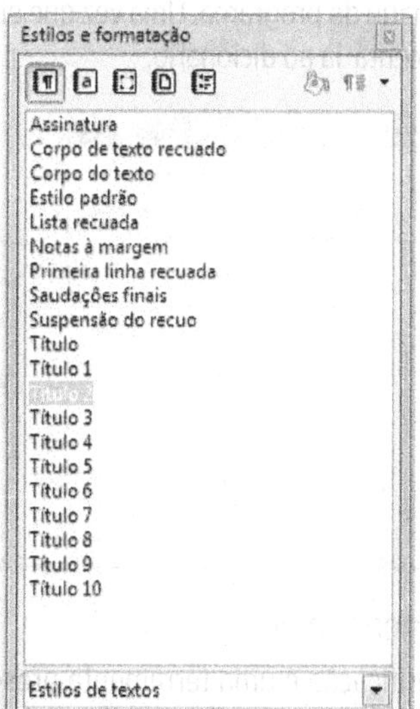

Ferramentas de formatação

Caractere

O campo descrito por Times New Roman define a grafia com que o texto será escrito, a exemplo: ARIAL, TIMES, Vivaldi. Este campo também é conhecido como Tipo/Nome da Fonte.

- Negrito (CTRL + B)
- Itálico (CTRL + I)
- Sublinhado (CTRL + U)
- Cor da fonte
- Realçar (exemplo do efeito)

Parágrafo

- Alinhamento à Esquerda (CTRL + L)
- Alinhamento Centralizado (CTRL + E)
- Alinhamento à Direita (CTRL + R)
- Alinhamento Justificado (CTRL + J)
- Ativar/Desativar Numeração (F12)
- Ativar/Desativar Marcadores (Shift + F12)
- Diminuir o Recuo
- Aumentar o Recuo

Tabulações

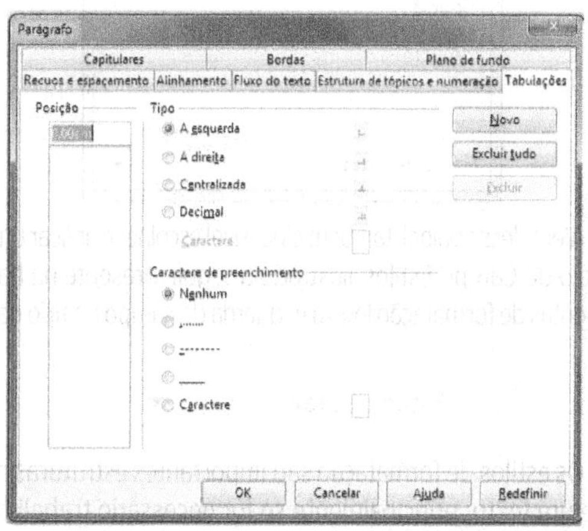

Caracteres não imprimíveis (ctrl + f10)

Exibe as marcas de edição, que, como o próprio nome já informa, não aparecem na impressão. Essas marcações são úteis para um maior controle do documento em edição, como ilustrado a seguir. Os pontos à meia altura da linha representam um espaço e o mesmo símbolo do botão indica o final de um parágrafo. Assim, no exemplo a seguir, existem dois parágrafos.

Exemplo·de·exibição·de·caracteres·não·imprimíveis·no·Writer¶
¶

Cor do plano de fundo

Atenção para não confundir a cor do fundo do parágrafo com a ferramenta Realçar, pois a função Realçar aplica uma cor ao fundo do texto selecionado, enquanto que a opção do Plano de Fundo aplica ao parágrafo, mesmo que tenha sido selecionada apenas uma palavra.

Estilos e formatação (f11)

Por meio deste botão ou pela tecla de atalho, é exibido o painel de estilos que oferece diversos estilos para a formatação do texto, por exemplo: Título 1, título 2, título 3, entre outros. A imagem a seguir ilustra o painel:

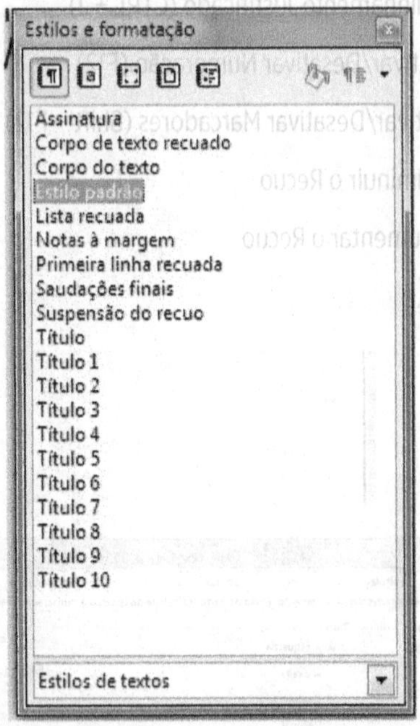

Além desse painel, também é possível escolher e aplicar um estilo por meio do Campo Estilos, ilustrado a seguir, presente na barra de ferramentas de formatação logo à esquerda do campo do tipo da fonte.

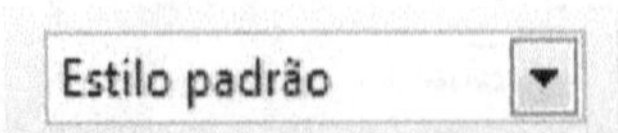

Os estilos de formatação são importantes estruturas na edição de um texto, principalmente se for necessário trabalhar com sumário, pois para utilizar o recurso de sumário, de forma que ele seja automático, é necessário utilizar os estilos de título.

Pincel de estilo

A ferramenta de Pincel de Estilo serve para copiar apenas a formatação. Ela não copia textos, apenas as suas características, como cor da fonte, tamanho, tipo de fonte entre outras, com o intuito de aplicar em outro trecho de texto.

O funcionamento da ferramenta parte de uma seleção prévia do trecho de texto que possui a formatação desejada, clicar no botão pincel de estilo, na sequência selecionar o trecho de texto ao qual se deseja aplicar as mesmas formatações, como que pintando a formatação. Ao terminar a seleção o texto selecionado já estará formatado tal qual o selecionado inicialmente, e o mouse volta ao normal para a edição.

7.3 Ferramentas

Exportar diretamente como pdf

O BrOffice como um todo possui este recurso que permite gerar um arquivo PDF a partir do documento em edição. A janela aberta por este botão é muito similar à janela de Salvar Como, em que se deve apontar o local onde o arquivo será salvo e com qual nome se deseja salvá-lo.

Imprimir arquivo diretamente

Este é um recurso diferente da impressão habitual pelo atalho CTRL+P. Essa ferramenta de impressão direta manda o arquivo diretamente para a impressora que estiver definida, pelo painel de controle, como padrão, usando as propriedades padrão de impressão.

Visualizar página

Este é simplesmente o recurso de visualizar o que será impresso, útil para ter uma maior noção de como ficarão distribuídas as informações no papel.

Ortografia e gramática (f7)

Essa ferramenta exibe uma janela, ilustrada a seguir, por meio da qual é possível corrigir as palavras "erradas" no texto. Erradas porque na verdade, são indicadas as palavras não conhecidas pelo dicionário do programa. Uma vez que ela esteja correta, é possível acrescentá-la ao dicionário.

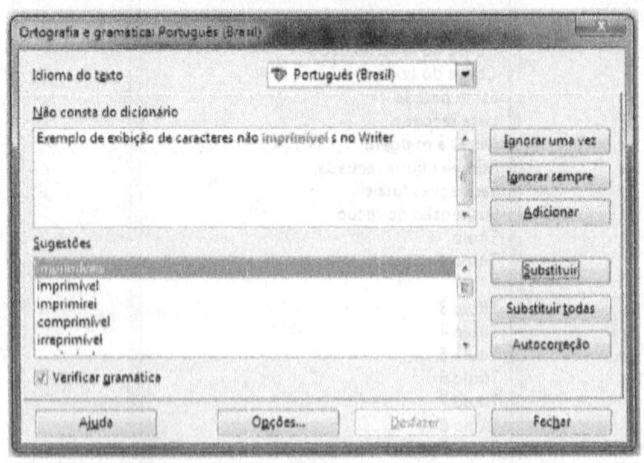

Autoverificação ortográfica

A Autoverificação é uma ferramenta presente apenas no BrOffice, cuja finalidade é apenas habilitar ou desabilitar a exibição do sublinhado vermelho das palavras desconhecidas.

Navegador (f5)

O Navegador tem aparecido nas provas apenas a título de conhecimento de seu nome, associado ao símbolo e atalho. Essa ferramenta é um recurso para navegar no texto, a partir das suas estruturas, como títulos, tabelas, figuras e outros itens que podem ser visualizados na figura a seguir:

Exemplo de exibição de caracteres não imprimíveis no Writer.

galeria

O recurso Galeria tem peso similar ao Navegador nas provas. Acionar essa ferramenta resulta na exibição do painel ilustrado a seguir, por meio do qual é possível inserir, em meio ao documento, estruturas de navegação Web, como botões, sons e outros itens.

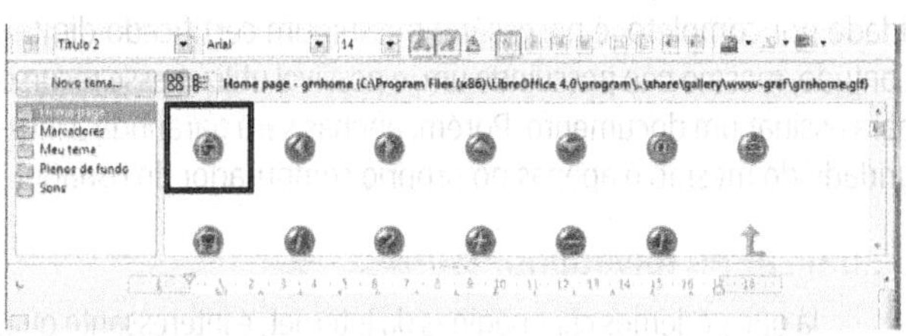

Tabela (ctrl + f12)

O botão Tabela pode ser usado de duas maneiras. Clicando no desenho da tabela, é aberta a janela ilustrada a seguir. Caso seja clicado na flecha, é exibido um reticulado, pelo qual é possível selecionar a quantidade de células que se deseja criar em uma tabela.

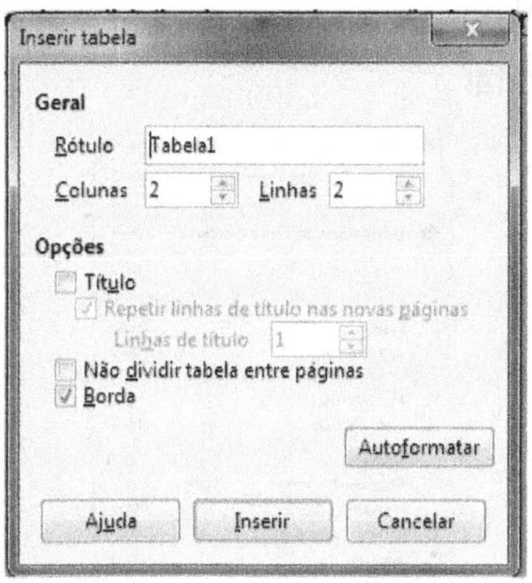

Formatar → página

Aba página

A aba Página é a principal da janela de formatação de página. A figura a seguir ilustra essa aba. Observe que as margens estão definidas por padrão em 2 cm, e que o tamanho do papel padrão é o A4. Também é possível determinar a orientação da página. Vale lembrar que, em um mesmo documento, é possível intercalar páginas com orientações diferentes. Para isso, devem ser utilizadas seções.

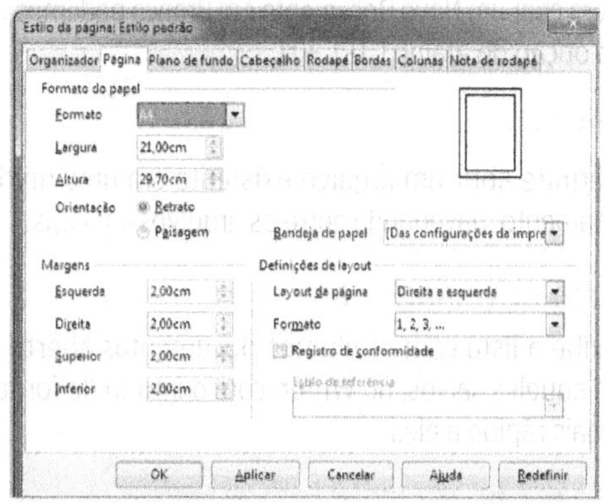

7.4 Barra de Menus

A seguir, é ilustrada a Barra de Menus e, por meio dela, temos acesso a quase todas as funcionalidades do programa. Observe que cada menu possui uma letra sublinhada. Por exemplo, o menu Arquivo possui a letra A sublinhada, essa letra sublinhada é a letra que pode ser utilizada após pressionar a tecla ALT, com o intuito de abrir o devido menu. Não é uma combinação necessariamente simultânea. Ela pode ser sequencial, ou seja, teclar ALT soltar e então pressionar a letra.

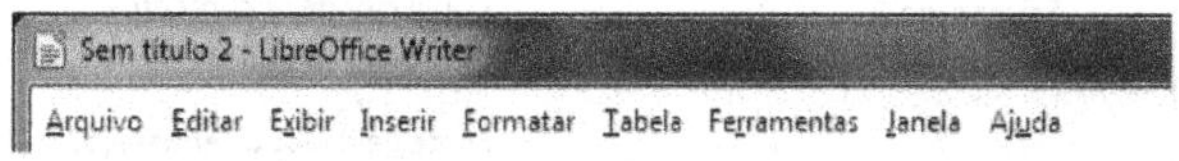

Menu arquivo

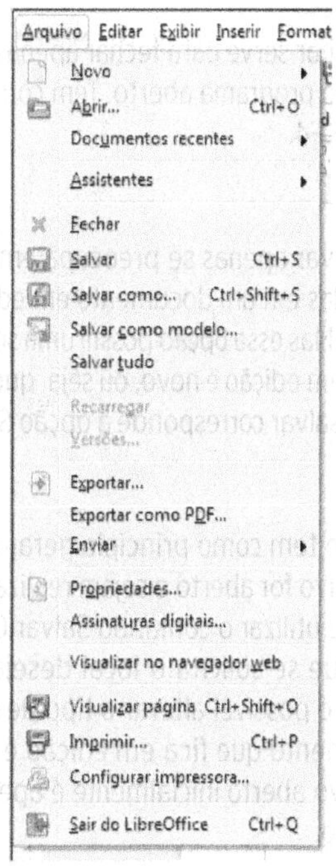

Novo ▶

Dentre as opções do menu Arquivo, damos destaque para a opção Novo. Ela aponta a característica do BrOffice de ser uma suíte de aplicativos integrada, pois, mesmo estando no Writer, é possível criar uma planilha do Calc. No entanto, ao escolher na opção Novo, uma planilha será criada no Calc. Porém, ao realizar o acesso por meio deste caminho, o Calc é carregado mais rapidamente do que se o BrOffice estivesse fechado.

Para criar um Novo Documento em Branco podemos também utilizar a opção do atalho CTRL + N.

Abrir (ctrl + o)

Permite abrir um arquivo existente em uma unidade de armazenamento, navegando entre os arquivos e pastas.

Documentos recentes ►

Exibe a lista com os últimos documentos abertos, como também aqueles salvos, no Writer, com o intuito de fornecer um acesso mais rápido a eles.

Assistentes ►

Conforme ilustrado a seguir, existem vários assistentes no BrOffice. Eles são nada mais do que procedimentos realizados em etapas, a fim de auxiliar na criação ou estruturação de informações.

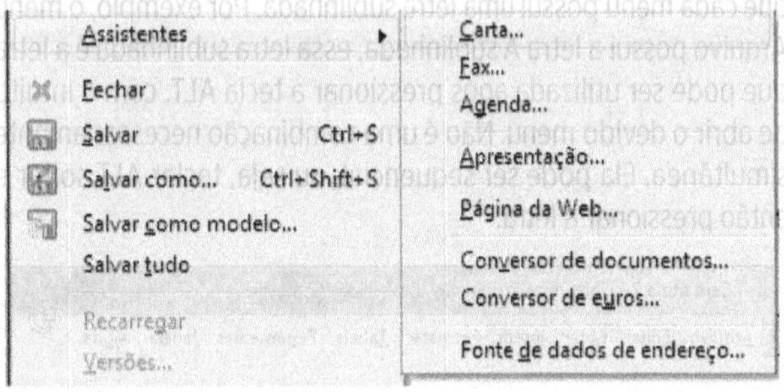

Fechar

A opção Fechar serve para fechar apenas o documento em edição, mantendo o programa aberto. Tem como teclas de atalho CTRL+W ou CTRL + F4.

Salvar

A opção Salvar apenas se preocupa em salvar as últimas alterações realizadas em um documento em edição. Seu atalho é CTRL + S no Writer. Mas essa opção possui uma situação de exceção, quando o arquivo em edição é novo, ou seja, que nunca tenha sido salvo. Essa opção salvar corresponde à opção Salvar Como.

Salvar como

Esse recurso tem como princípio gerar um novo arquivo. Assim, se um arquivo for aberto e sejam realizadas várias alterações, sem salvar, e utilizar o comando Salvar Como, será aberta uma janela em que se solicita o local desejado e o nome do arquivo. Também é possível alterar o tipo de documento, após salvá-lo. O documento que fica em edição é o que acabou de ser salvo. O arquivo aberto inicialmente é apenas fechado, sem nenhuma alteração.

Salvar como modelo

Podemos criar um documento-base para outros documentos, utilizando formatações específicas. Assim, essa opção é a utilizada para salvar este arquivo, de modo que possa ser utilizado para esse fim.

Salvar tudo

Essa ferramenta aplica o comando salvar todos os documentos em edição no BrOffice, até mesmo os que estiverem em edição no Calc.

Recarregar

Ao acionar essa opção, a última versão salva do documento é restaurada. Com isso, as alterações não salvas serão perdidas.

Exportar

É possível pelo BrOffice exportar o documento de texto para outros formatos utilizados por outros programas como: XML, HTML, HTM ou mesmo o PDF.

Exportar como pdf

A opção Exportar como PDF é basicamente um caminho mais curto e explícito para gerar um arquivo PDF, a partir do documento em edição.

Assinaturas digitais

Assim como o Microsoft Office no BrOffice, é possível assinar um documento digitalmente. Claro que, para utilizar a funcionalidade por completo, é necessário possuir um certificado digital. Contudo, mesmo não possuindo um, é possível utilizar esse recurso para assinar um documento. Porém, apenas será garantida a integridade do mesmo e apenas no próprio computador do usuário.

Visualizar no navegador web

Já que podemos criar páginas da Internet, é interessante que, no mínimo, possamos visualizar como ela ficaria no navegador. Diante disso, ao acionar essa ferramenta, será aberto o navegador de Internet (Browser) padrão exibindo como página o documento em edição.

Sair

Em comparação com a opção Fechar, a opção Sair fecha o programa inteiro, podendo utilizar, para isso, os atalhos ALT+F4 ou CTRL + Q.

Menu editar

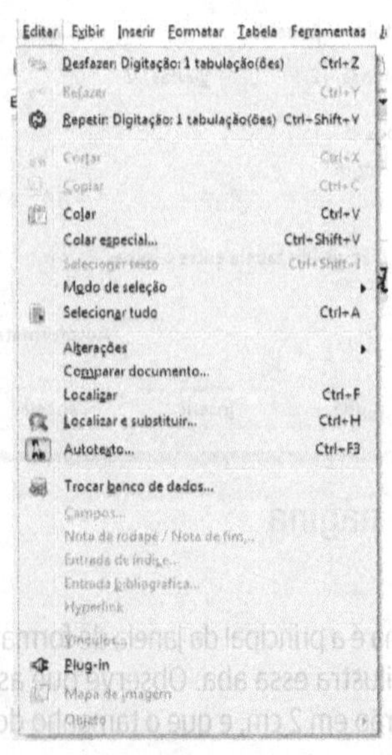

Do menu Editar anteriormente ilustrado, podemos destacar duas opções principais:

Colar especial

Esse recurso permite colar um determinado dado de acordo com a necessidade de formatação, ou seja, é possível manter a formatação igual à do local de onde foi copiado ou não utilizar formatação.

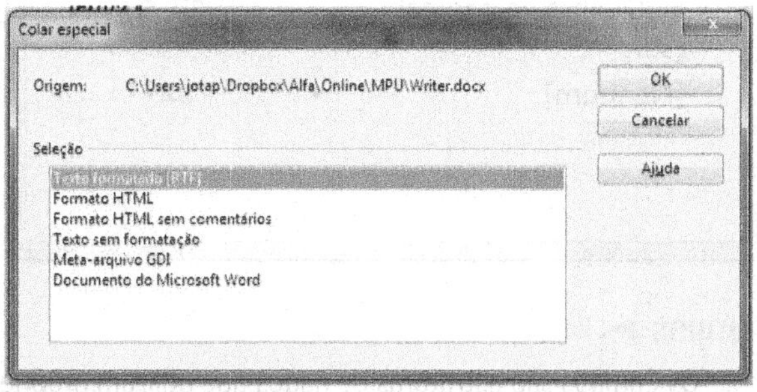

Selecionar tudo

A opção Selecionar Tudo tem como observação a sua tecla de atalho CTRL + A, que é a mesma utilizada para selecionar todos os arquivos e pastas de um diretório por meio dos gerenciadores de arquivos.

Menu exibir

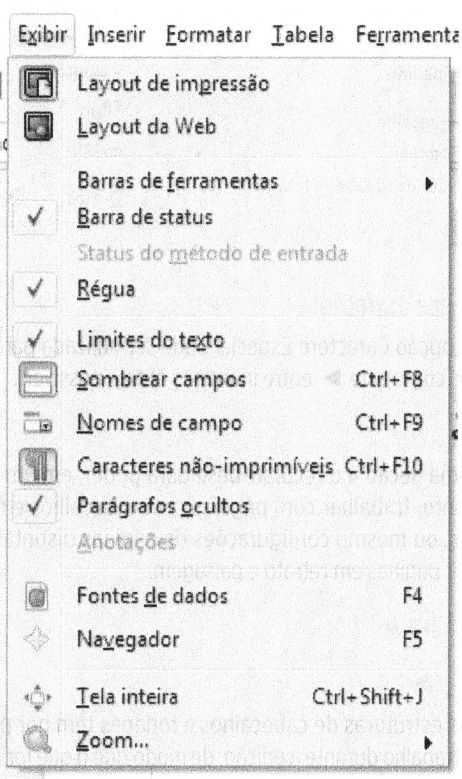

Do menu Exibir devemos conhecer os modos de exibição, bem como alguns itens importantes, listados a seguir. Mas, de modo geral, podemos pensar que as opções que normalmente encontramos nesse menu são coisas que não vemos e gostaríamos de ver, ou que estamos vendo, mas não desejamos mais ver.

Modos de exibição

São dois os Modos de Exibição: Layout de Impressão (Padrão) e Layout da Web. Contudo, poderíamos até considerar, dependendo da situação, a opção Tela Inteira como um modo de exibição.

Barra de ferramentas

A principal Barra de Ferramentas questionada nas provas é a barra de Desenho, que existe também no Writer e Calc, mas que é exibida por padrão apenas no Impress. A figura a seguir ilustra as barras disponíveis:

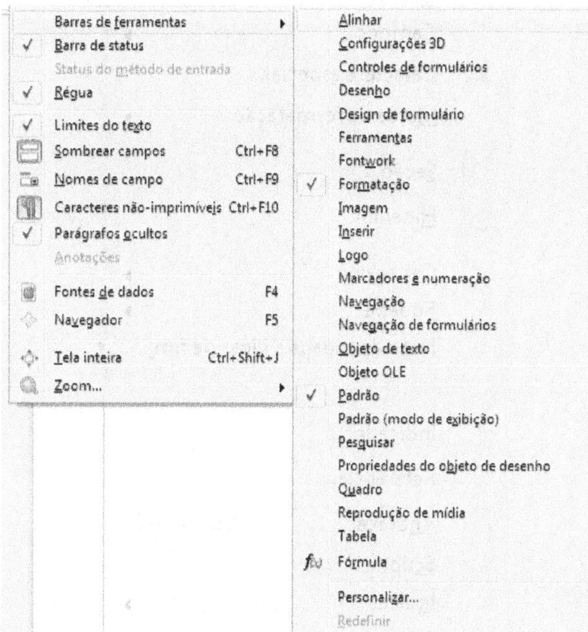

Barra de *status*

Essa é a barra que aparece por padrão nos editores. Ela fica localizada no fim da janela, ou seja, é a última barra dentro do programa. Nela encontramos informações como número da página atual e total de páginas do documento, idioma em uso e a ferramenta de zoom à direita.

Régua

Para ocultar a régua, basta desabilitar essa opção.

Limites de texto

Os Limites de Texto que são exibidos por padrão são, na verdade, as linhas que indicam as margens da página, ou seja, a área útil do documento.

Caracteres não imprimíveis (ctrl + f10)

Os caracteres não imprimíveis também podem ser ativados pelo menu Exibir, como pelas teclas de atalho.

Navegador (f5)

O Navegador, anteriormente citado, também é encontrado no menu Exibir.

Tela inteira (ctrl + shift + j)

Modo de exibição que oculta as barras e ferramentas, objetivando a leitura do documento.

Zoom

Também podemos alterar o zoom utilizando o scroll do mouse, combinado com a tecla CTRL.

Menu Inserir

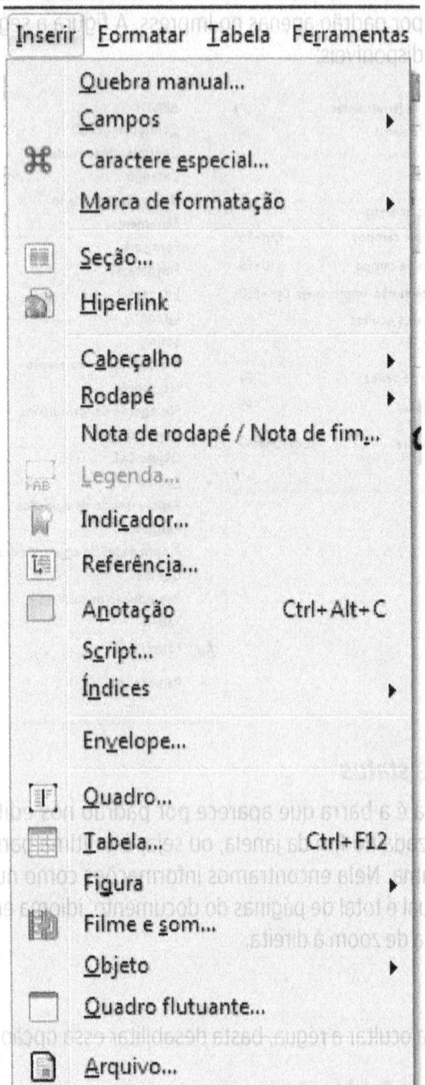

Quebra manual

Este recurso permite utilizar estruturas que sejam auto-organizadas, como as quebras de página. Existem três quebras de texto possíveis, além das quebras de seção.

Quebra de Linha (SHIFT + ENTER)

Faz com que o conteúdo, após a quebra, seja iniciado na próxima linha.

Quebra de Coluna (CTRL + SHIFT + ENTER)

Faz com que o conteúdo, após a quebra, seja iniciado na próxima coluna.

Quebra de Página (CTRL + ENTER)

Faz com que o conteúdo, após a quebra, seja iniciado na próxima página.

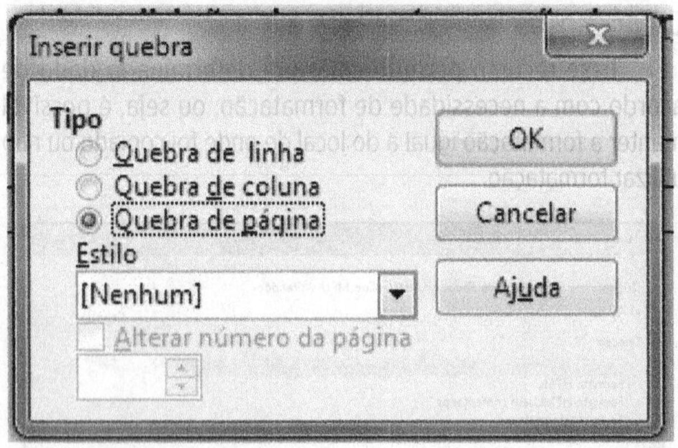

Campos ►

Os Campos são estruturas de dados que utilizam propriedades do arquivo como nome do autor, título, dentre outras como Data e Hora do sistema.

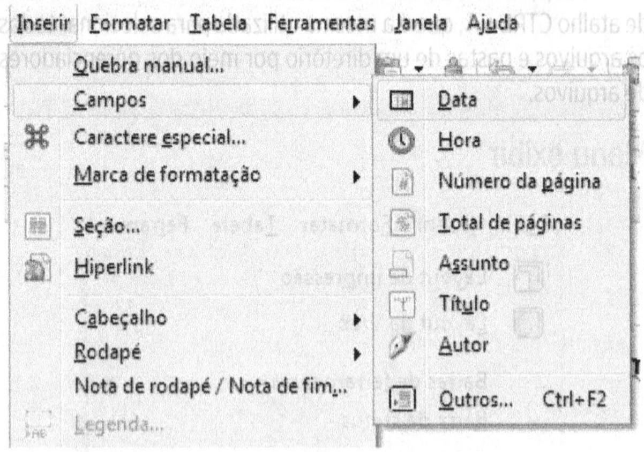

Caractere especial

A opção Caractere Especial pode ser utilizada para inserir símbolos como este ► entre inúmeros outros possíveis.

Seção

Uma Seção é o recurso-base para poder, em um mesmo documento, trabalhar com páginas com cabeçalhos e rodapés distintos, ou mesmo configurações de páginas distintas, como intercalar páginas em retrato e paisagem.

Cabeçalho ►

Rodapé ►

As estruturas de cabeçalhos e rodapés têm por princípio poupar trabalho durante a edição, de modo que o que for inserido nestas estruturas se repete nas demais páginas, não necessariamente do documento como um todo, mas em todas as páginas da mesma Seção.

Hiperlink

Um link nada mais é do que um caminho, um atalho para algum lugar. Esse lugar pode ser uma página na Internet, ou computador, como um arquivo que esteja na Internet ou mesmo no computador local. Também é possível fazer com que um link aponte para algum ponto do mesmo documento, criando uma espécie de navegação. Contudo, para realizar esse procedimento, deve-se antes inserir Indicadores. A imagem a seguir ilustra a janela de inserir Hiperlink:

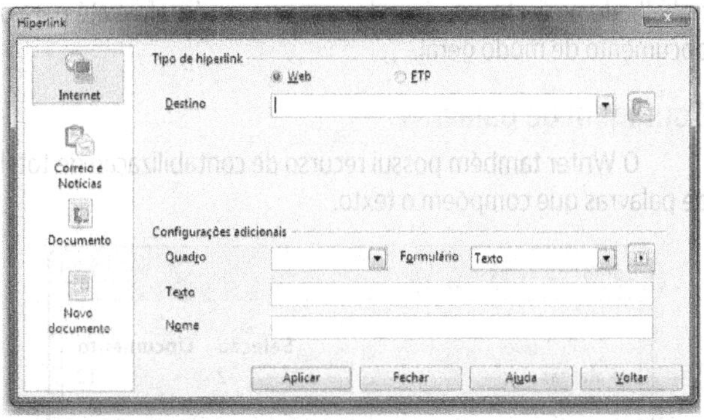

Nota de rodapé/nota de fim

Notas de Rodapé e Notas de Fim são observações que, por vezes, utilizamos para explicar algo que fugiria ao contexto de uma frase[1]. A identificação ao lado da palavra/frase serve para que, no rodapé da mesma página ou ao final do documento, o leitor busque a devida explicação para a observação.

Legenda

Uma Legenda é um recurso que poderia ser utilizado neste documento para identificar as figuras e referenciá-las em meio ao texto, mas como a estrutura de apresentação do conteúdo é linear e procura ser direta, não utilizamos esse recurso.

Indicador

Um Indicador é um ponto de referência para ser apontado por um hiperlink.

Referência

Uma Referência é uma citação pela qual utilizamos a ideia de informar algo do tipo, "conforme Figura 1". Em vez de escrever a palavra figura 1, estaria utilizando uma referência a ela, para que caso seja inserida uma nova figura antes da 1 no documento, os locais em que havia sido citado como figura 1 sejam refatorados para 2.

Anotação

É o recurso de comentário que pode ser inserido em um documento como uma anotação do que deve ser feito.

Índices ►

Os Índices são os sumários e listas automáticas que podem ser inseridas em um documento, desde que se tenha utilizado os estilos de título e o recurso de legenda.

Quadro

Um quadro, basicamente, é uma caixa de texto para que seja inserido em seu interior uma estrutura qualquer.

1 Por exemplo, aqui falaria sobre o que é uma frase.

Tabela

É mais um caminho possível para inserir uma tabela dentro do editor, dentre as quatro formas possíveis, como o atalho CTRL + F12.

Figura ►

O recurso Figura permite inserir imagens de diferentes formatos (PNG, GIF, JPG) em um documento.

Filme e som

É possível inserir uma música ou um vídeo em meio a um documento de texto.

Objeto ►

Destaque para a opção Objeto OLE (*Object Linked Embeded*) pela qual podemos inserir uma Planilha do Calc dentro de um documento de texto e ainda utilizá-la com suas características de planilha.

Menu tabela

O menu Tabela apresenta as opções próprias de trabalho com uma tabela, como inicialmente inserir uma tabela no documento em edição. Várias opções aparecem desabilitadas, isso ocorre porque uma tabela não foi selecionada.

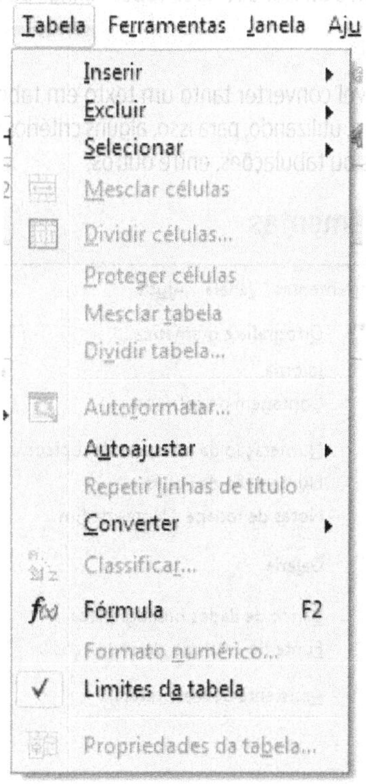

Outro caminho para se inserir uma tabela, além do menu Inserir e do atalho, dá-se por meio do menu Tabela opção Inserir e somente depois a opção Tabela.

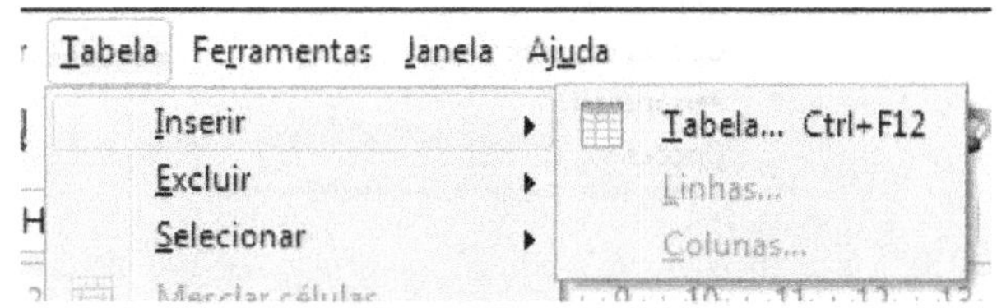

Mesclar células

Essa ferramenta só fica habilitada quando duas ou mais células de uma tabela estão selecionadas. Ao acioná-las, as células se tornam uma, ou seja, são mescladas.

Dividir células

Atente-se para esse recurso, pois somente em uma tabela é possível dividir células, ou seja, esse recurso não existe para planilhas.

Proteger células

É um recurso que pode ser utilizado para bloquear as alterações em uma determinada célula e em uma tabela.

Dividir tabela

Assim como é possível dividir uma célula, também podemos dividir uma tabela em duas ou mais, mas apenas tabelas.

Repetir linhas de título

Quando se trabalha com tabelas muito extensas, que se distribuem em várias páginas, é difícil manter a relação do que se tem em cada coluna e linha. Para não ter que copiar manualmente os títulos, podemos utilizar o recurso repetir linhas de título.

Converter ►

É possível converter tanto um texto em tabela como uma tabela em texto, utilizando, para isso, alguns critérios como espaços entre palavras ou tabulações, entre outros.

Menu ferramentas

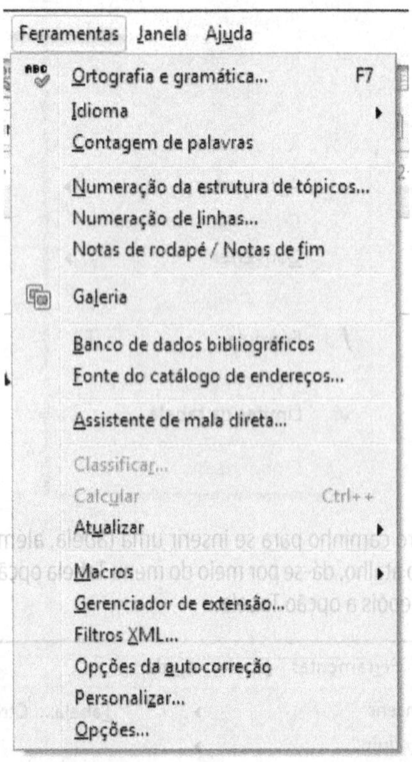

Ortografia e gramática (f7)

Abre uma janela para verificar o documento em busca de palavras desconhecidas ao dicionário do programa.

Idioma ►

No BrOffice Writer, podemos definir o idioma que está sendo trabalhado no texto selecionado, como no parágrafo e até para o documento de modo geral.

Contagem de palavras

O Writer também possui recurso de contabilização de total de palavras que compõem o texto.

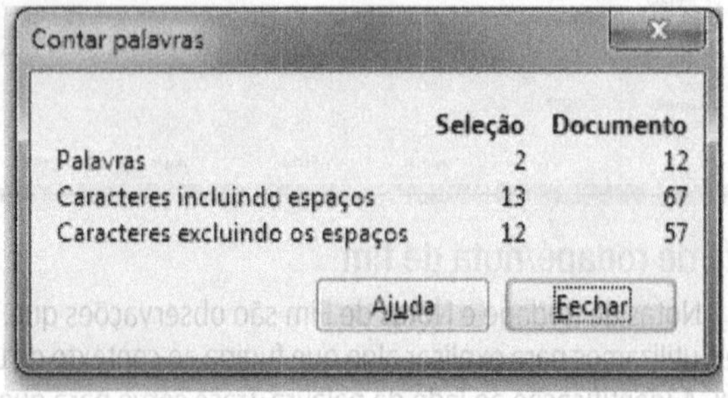

Numeração de linhas

Este recurso é bastante utilizado nas provas de Língua Portuguesa, em que ao lado das linhas, nos textos apresentados, aparece uma numeração, que não necessita ser exibida em todas as linhas. Atenção às questões que o comparam com o recurso Numeração, usado para numerar parágrafos.

Uma forma de identificar a diferença é pela presença dos indicadores de fim de parágrafo, visíveis quando a ferramenta "caracteres não imprimíveis" está ativa.

Notas de rodapé/notas de fim

Já vimos esse nome no menu Inserir. No entanto, são ferramentas distintas, mas relacionadas, pois esse recurso do menu Ferramentas abre a janela de configuração das notas, conforme ilustrado a seguir:

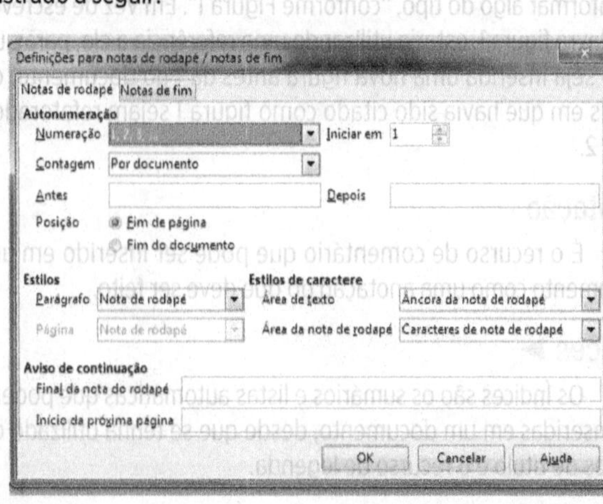

Galeria

A ferramenta que exibe a galeria também é encontrada no menu Ferramentas, além da barra de ferramentas padrão.

Assistente de mala direta

Uma ferramenta interessante para quem quer começar a entender o recurso de mala direta. Por meio dela, é possível criar uma mala direta passo a passo.

Macros ▶

De uma forma geral, as Macros são regras criadas para automatizar tarefas repetitivas. Por meio dessa ferramenta é possível executar as macros existentes.

Opções de autocorreção

O recurso de Autocorreção é o responsável por corrigir palavras logo após a sua inserção, como colocar acento na palavra, caso digitada sem.

Opções

Esse recurso concentra as opções do programa como dados do usuário e recursos.

Questões

01. (FCC) Dentre três opções do BrOffice.org Writer 2.4, uma tabela pode ser inserida em um documento por meio da opção:

a) Tabela do menu Inserir ou Inserir do menu Tabela, apenas.
b) Inserir do menu Tabela, Tabela do menu Inserir ou Colunas do menu Formatar.
c) Inserir do menu Tabela, apenas.
d) Inserir do menu Tabela ou Colunas do menu Formatar, apenas.
e) Tabela do menu Inserir ou Colunas do menu Formatar, apenas.

02. (FCC) A barra de fórmulas permite criar e inserir cálculos em um documento de texto do BrOffice.org Writer 3.0. A barra Fórmula pode ser ativada:

a) selecionando-a apenas pelo menu Exibir.
b) selecionando-a apenas pelo menu Inserir.
c) pressionando-se a tecla F2.
d) pressionando-se a tecla F3.
e) pressionando-se a tecla F5.

03. (UEG) No LibreOffice Writer, versão 3.6.3.2, configuração padrão em português, o usuário pode adicionar com rapidez marcadores ou números às linhas de texto existentes, ou o editor pode, automaticamente, criar listas à medida que o usuário digita. Sobre esse recurso, nota-se o seguinte:

a) Em listas com vários níveis de indentação, deve-se respeitar o padrão adotado para o maior nível, ou seja, os subitens de um item numerado também deverão ser do tipo numérico.
b) Para ativar ou desativar o recurso de marcadores, o usuário pode fazer uso do ícone [ícone] disponível na barra de ferramentas ou mesmo utilizar a tecla de atalho F11.
c) Para se criar mais de uma lista enumerada em um mesmo documento e reiniciar a numeração automaticamente, é necessário inserir uma quebra de seção.
d) Para ativar ou desativar o recurso de numeração automática, o usuário pode fazer uso do ícone [ícone] disponível na barra de ferramentas ou mesmo utilizar a tecla de atalho F12.

04. (PC-RJ) Um usuário do processador de textos BROffice.org 2.3.1 Writer digitou um trabalho no software e, ao final, realizou os ajustes de rotina e salvou-o na pasta Meus Documentos, existente no disco rígido C: do microcomputador. Para isso, ele dispõe de duas alternativas: Salvar e Salvar Como..., atividades executadas por meio do uso de dois atalhos de teclado.

Esses atalhos são, respectivamente:

a) Ctrl + B e Ctrl + Shift + B.
b) Ctrl + S e Ctrl + Alt + S.
c) Ctrl + S e Ctrl + Shift + B.
d) Ctrl + B e Ctrl + Alt + B.
e) Ctrl + S e Ctrl + Shift + S.

05. (FCC) No BrOffice.org Writer, versão 3.2, o botão que mostra ou oculta os caracteres não imprimíveis no texto é exibido normalmente na barra de ferramentas:

a) padrão.
b) de formatação.
c) de objeto de texto.
d) de controles de formulários.
e) de marcadores e numeração.

06. (CEPERJ) O Writer do pacote BROffice.org 3 oferece o recurso Formatar – Página que, ao ser acionado, abre uma janela. Nessa janela é possível definir o formato do papel na página, dimensões de altura e largura, além da orientação. Se largura = 21,00 cm e altura = 29,70 cm, pode-se concluir que o formato e a orientação do papel são, respectivamente:

a) A1 e vertical.
b) A4 e vertical.
c) A0 e retrato.
d) A4 e retrato.
e) A1 e retrato.

07. (ALFACON) Julgue o próximo item, referente aos aplicativos Microsoft Office e BrOffice.org.

No Br Office Writer, a ferramenta "assistentes" pode ser encontrada no menu:

a) Arquivo.
b) Editar.
c) Exibir.
d) Inserir.
e) Ferramentas.

Gabaritos

01	A	05	A
02	C	06	D
03	D	07	A
04	E		

8. BROFFICE CALC – EDITOR DE PLANILHAS

O BrOffice Calc é um editor de planilhas eletrônicas pelo qual pode-se estruturar um controle de livro-caixa ou estoque, dentre inúmeras outras estruturas para atender a necessidades básicas de um escritório, por exemplo, que deseja controlar suas atividades. A figura a seguir ilustra a janela principal desse programa.

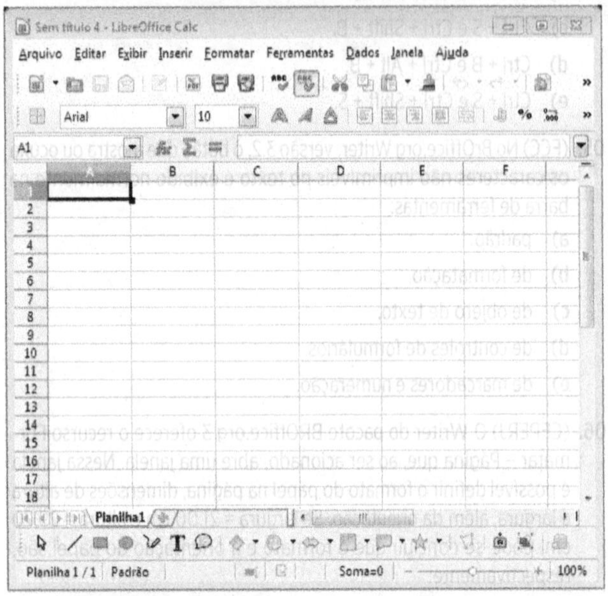

Para utilizar adequadamente esse programa, devemos entender as suas estruturas, com as quais iremos operar, como o formato de arquivo gerado.

Por padrão, um arquivo salvo no Calc é salvo no formato ODS (*Open Document Spreadsheet*), no entanto é possível por meio deste editor também salvar nos formatos padrões do Microsoft Office Excel, XLS (2003) e XLSX (2007 e 2010).

Vale lembrar que o formato ODF é o formato genérico do BrOffice, conhecido como *Open Document Format*, ou seja, Formato de Documento Aberto. Fique atento, pois o PDF (Formato de Documento Portátil) também e possível de ser gerado pelo Calc, porém por meio da opção Exportar como PDF.

8.1 Planilha

Uma planilha nada mais é do que um reticulado de linhas e colunas, as quais são preenchidas com dados e fórmulas com o intuito de se obter algum resultado ou estruturar alguma informação.

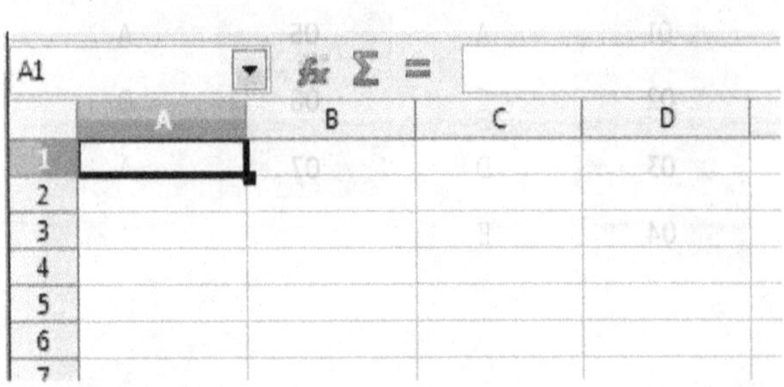

Por padrão, as linhas são identificadas por números enquanto que as colunas são identificadas por letras, conforme ilustrado na figura acima. Vale lembrar que, uma vez que existe um padrão, que existe também outra forma de se trabalhar, neste caso, é possível utilizar números para as colunas, mas é necessário alterar as opções do programa.

Uma planilha já possui um total de 1.048.576 linhas por 1024 colunas, contudo, como o alfabeto vai apenas até a letra Z, a próxima coluna é dada pela combinação AA, seguida por AB até chegar a AZ, seguida por BA, BB e assim por diante até completar as 1024 colunas, sendo a última representada pela combinação AMJ.

O mais importante a ser observado sobre essa característica é que esses valores são fixos, ou seja, uma planilha sempre terá essa estrutura, mas quando usado o recurso inserir Linhas ou Colunas, ocorre um deslocamento de conteúdo para baixo, no caso de linhas, e para a direita, no caso de colunas.

8.2 Célula

Uma célula é a menor unidade estrutural de um editor de planilhas, elas são dadas pelo encontro de uma coluna com uma linha. Assim são identificadas pelos títulos das colunas e das linhas que são exibidas.

A célula A1 é a primeira célula de uma planilha, ou seja, é a célula que se encontra na coluna A e na linha 1.

Células de absorção

Dentre as características das células podemos citar as de Absorção, também conhecidas como células de resultado. Basicamente são aquelas que apresentam o resultado de algum cálculo.

Os indicadores de Células de Absorção são símbolos usados para identificar para o programa quais células devem ser calculadas. No Calc, são três os indicadores de células de absorção:

=	=5+5	10
+	+5+5	10
-	-5+5	0

Modos de endereçamento

Os modos de endereçamento são formas de identificar o endereço de uma célula, contudo para fins de identificação os três modos de endereçamento não possuem diferença, sua aplicação é apenas para os procedimentos de copiar e colar uma célula cujo conteúdo é uma fórmula, por vezes citado pelo clicar e arrastar.

Relativo: no modo de endereçamento relativo apenas precisamos indicar a coluna e a linha de uma célula. Como o exemplo: B2, ou seja, a célula que se encontra na junção da linha 2 com a coluna B.

Misto: no modo de endereçamento misto é utilizado o símbolo $ (cifrão) para indicar que o dado que estiver imediatamente à sua direita será sempre o mesmo, ou seja, não poderá ser alterado.

Existem duas formas de endereçamento misto, em uma bloqueamos a coluna, enquanto que na outra a linha é que é bloqueada.

Quando desejamos travar a coluna, escrevemos o endereço da célula, =$B2, assim a linha pode ser alterada quando houver deslocamento, porém a coluna será sempre a coluna B.

Por outro lado, quando desejamos fixar uma linha, devemos escrever o $ antes da linha, exemplo, =B$2, dessa forma, a coluna pode ser alterada quando houver deslocamento em relação à coluna, contudo a linha será sempre a linha 2.

Absoluto: no endereçamento absoluto tanto a coluna quanto a linha são fixadas, assim podemos dizer que a célula será sempre a mesma.

Endereço da planilha

<nome da Planilha>.<endereço da célula>

=Planilha1.B4+Planilha2.B4

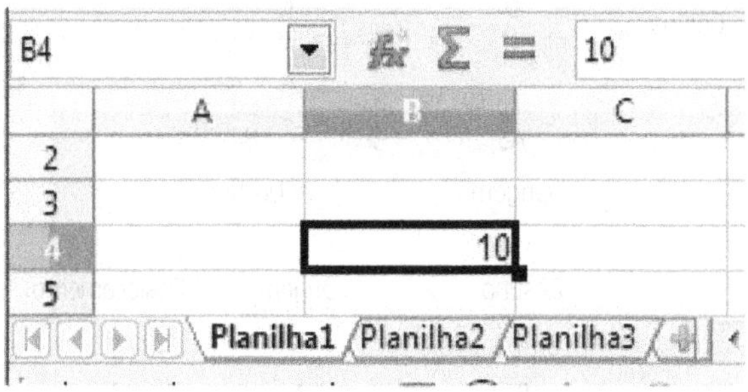

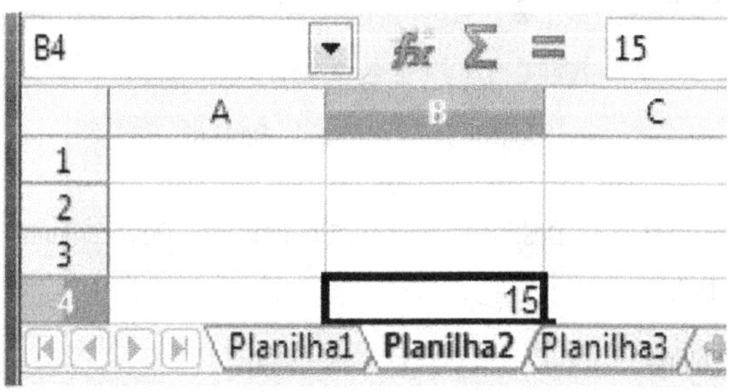

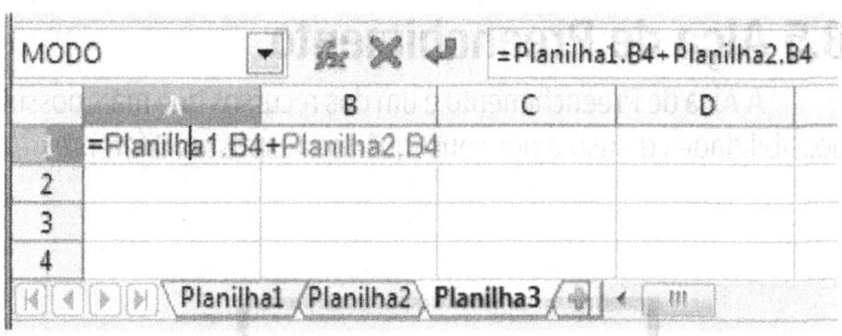

8.3 Operadores

No BrOffice Calc existem quatro tipos de operadores básicos: aritméticos, texto, referência e comparação, cada qual com suas peculiaridades.

Operadores aritméticos

Sobre Operadores Aritméticos, assim como sobre Células de Absorção, a maioria das perguntas é direta, mas as questões são colocadas na matemática destes operadores, ou seja, as regras de prioridade de operadores devem ser observadas para que não seja realizado um cálculo errado.

Operador	Símbolo	Exemplo de uso	Resultado
Adição	+	=5+5	10
Subtração	-	=5-5	0
Multiplicação	*	=5*5	25
Divisão	/	=5/5	1
Potenciação	^	=5^2	25
Percentagem	%	=200*10%	20

Operador de texto

Os editores também contam com um operador que permite atuar com texto. O operador de concatenação **&** tem a função de reunir o conteúdo das células na célula resultado. Atenção, nesse caso a ordem dos operadores altera o resultado.

A figura a seguir ilustra as células com operações de concatenação.

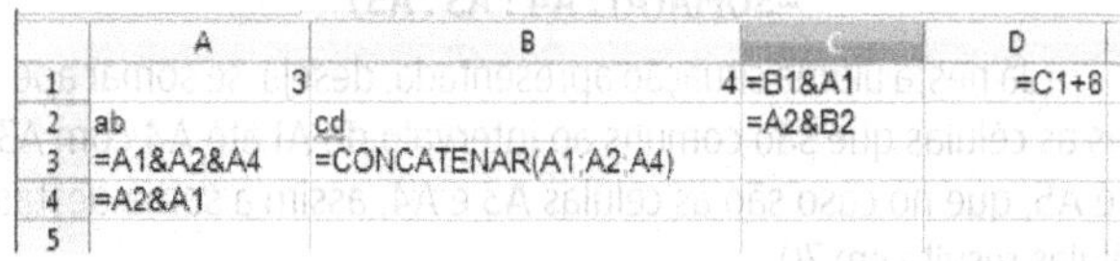

A figura a seguir mostra os resultados obtidos pelas fórmulas inseridas, atente aos resultados e perceba que a ordem dos fatores muda o resultado. Também observe que, por ter sido utilizado um operador de texto, o resultado por padrão fica alinhado à esquerda.

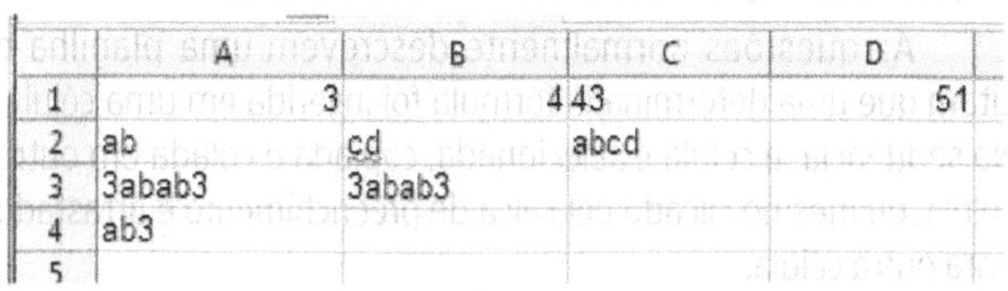

Referência

Os operadores de referência são aqueles utilizados para definir o intervalo de dados que uma função deve utilizar.

;	E	União
:	Até	Intervalo
!		Interseção

Considere o seguinte conjunto de dados em uma planilha em edição no Calc:

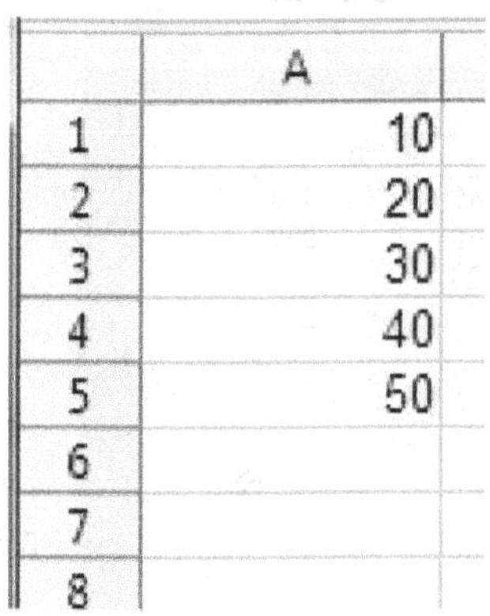

=SOMA(A1 : A4)

A função é lida como Soma de A1 até A4, ou seja, todas as células que estão no intervalo de A1 até A4 inclusive. No caso de exemplo o resultado = 100.

De forma equivalente pode-se escrever a função como se segue:

=SOMA(A1 ; A2 ; A3 ; A4)

A qual se lê Soma de A1 e A2 e A3 e A4, assim é possível especificar células aleatórias de uma planilha para realizar um cálculo.

=SOMA(A1 ; A4)

Neste caso fique atento pois, a leitura é Soma de A4 e A1, ou seja, apenas estão sendo somadas as células A1 com A4 as demais não entram no conjunto especificado. Assim, o resultado seria 50.

=SOMA(A1 : A4 ! A3 : A5)

Já nesta última situação apresentada, deseja-se somar apenas as células que são comuns ao intervalo de A1 até A4 com A3 até A5, que no caso são as células A3 e A4, assim a soma destas células resulta em 70.

8.4 Elemento fixador

O $ (cifrão) é um símbolo usado para travar alguma informação, via de regra o que estiver vinculado à direita.

As questões normalmente descrevem uma planilha e citam que uma determinada fórmula foi inserida em uma célula. Na sequência, a célula é selecionada, copiada e colada em outra célula, ou mesmo clicado pela alça de preenchimento e arrastado para outra célula.

No caso a seguir, foi inserida na célula C1 a fórmula =A1+$A2+A$2, após foi arrastada pela alça de preenchimento desta célula para a célula C2, assim a fórmula presente em C2 será:

1º de C1 para C2 foi acrescido apenas uma linha, sem alterar a coluna, assim as letras não são alteradas, mas existem modos de endereçamento misto, em que aparece $2 significa que a linha será sempre a linha 2, não podendo modificá-la.

	A	B	C	D
1	10	100	=A1+$A2+A$2	
2	50	200	=A2+$A3+A$2	
3	=$A$1+A1			
4		=$A$1+B2		
5				=B5+$A6+B$2
6				

	A	B	C	D
1	10	100	110	
2	50	200	120	
3	20			
4		210		
5				200
6				

C1	→	C2
Origem		Destino

	Destino		Origem	Deslocamento
Linha	2	-	1	1
Coluna	C 3ª	-	C 3ª	0

C1	→	D5
Origem		Destino

	Destino		Origem	Deslocamento
Linha	5	-	1	4
Coluna	D 4ª	-	C 3ª	1

A3	→	B4
Origem		Destino

	Destino		Origem	Deslocamento
Linha	4	-	3	1
Coluna	B 2ª	-	A 1ª	1

	→	
Origem		Destino

	Destino		Origem	Deslocamento
Linha		-		
Coluna		-		

8.5 Alça de Preenchimento

A Alça de Preenchimento é um dos recursos que mais possui possibilidades de uso e por consequência respostas diferentes.

Observe que, quando uma ou mais células estão selecionadas, sempre no canto direito inferior é ilustrado um quadrado um pouco mais destacado, essa é a alça de preenchimento.

Ela possui esse nome porque é utilizada para facilitar o preenchimento de dados que obedeçam a uma regra ou padrão.

Quando uma única célula está selecionada e o seu conteúdo é um valor numérico. Ao clicar sobre a alça de preenchimento e arrastar seja na horizontal ou vertical, em qualquer sentido, exceto diagonal, será preenchido com uma Progressão Aritmética (PA) de razão 1, caso seja arrastado para esquerda ou para cima a razão é -1. A figura a seguir ilustra o comportamento.

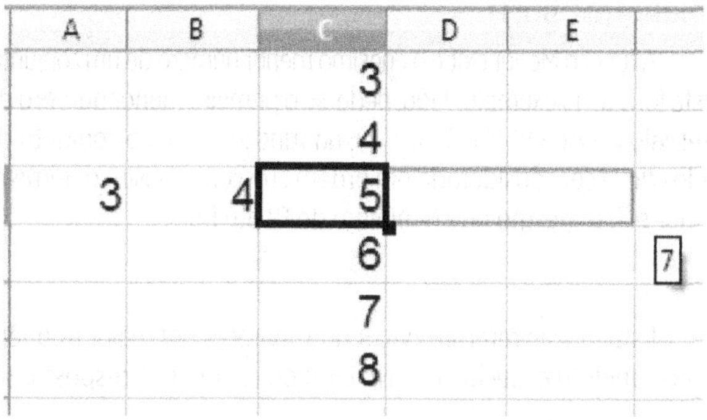

Já na situação em que existem duas células adjacentes selecionadas contendo valores numéricos diferentes entre si, ao se arrastar pela alça de preenchimento as células serão preenchidas com uma PA cuja razão é a diferença entre os dois valores selecionados. A figura a seguir ilustra esse comportamento. Podemos observar que o valor que irá ser exibido na célula B6 será o número 30, com isso a célula B4 receberá o valor 20, enquanto que a B5 receberá 25, conforme vemos na figura da direita.

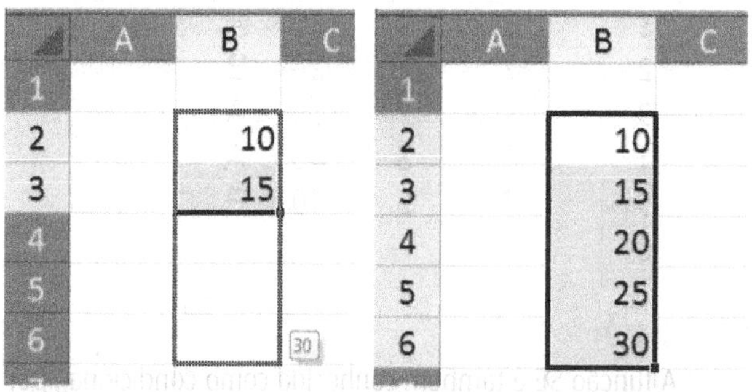

Quando o conteúdo de uma única célula selecionada for um texto esse, será copiado para as demais células. Mas se o conteúdo, mesmo sendo um texto, fizer parte de uma série conhecida pelo programa às células serão preenchidas com o próximo valor da série. Por exemplo, se **Janeiro** for o conteúdo inserido na célula, então, ao arrastar pela alça de preenchimento para a direita ou para baixo a célula adjacente será preenchida com **Fevereiro**, por outro lado se for arrastado para cima ou para a esquerda a célula adjacente será preenchida com **Dezembro**. O mesmo vale para as sequências Jan, Seg e Segunda-feira. Atenção: A, B, C não são conhecidos como série nos programas, mas o usuário pode criá-las.

Já na situação em que haja duas células que contenham textos diferentes selecionadas, ao arrastar será preenchido com o padrão encontrado, veja o exemplo abaixo.

Quando o conteúdo da célula for uma fórmula ao arrastar pela alça de preenchimento o resultado é o mesmo, ou seja, deverá ser calculada a nova fórmula de acordo com o deslocamento.

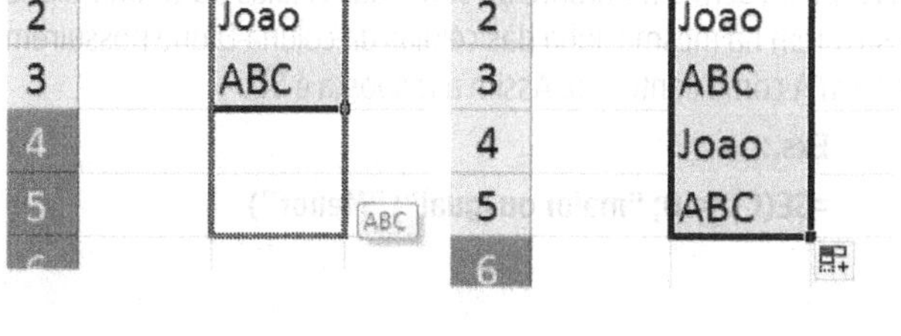

8.6 Funções

As funções são estruturas prontas criadas para que o usuário não se preocupe em como elas funcionam, mas apenas com que informações devem descrever para obter o resultado. Contudo, para as provas de concurso precisamos saber como elas funcionam.

A figura acima ilustra a barra de fórmulas e funções do Calc, por meio dela podemos inserir as funções, além de poder digitá-las diretamente. Essa barra também tem importante informação, pois é nela que é exibido o real conteúdo de uma célula, ou seja, se o que foi inserido foi uma fórmula ou um dado (valor) direto.

Caso ainda não conheça muito bem as funções é possível contar com o assistente de funções, que pode ser acessado pelo ícone *fx* presente nessa mesma barra. À direita dele encontra-se o botão SOMA, que pode ser usado para inserir a função =SOMA( ) já o sinal de igual presente na sequência é o mesmo que digitar o símbolo na célula selecionada a fim de inserir uma fórmula ou função, tanto que seu nome é Função.

Principais funções

=SOMA( )

=MÉDIA( )

=MED( )

=MÁXIMO( )

=MAIOR(;)

=MÍNIMO( )

=MENOR(;)

=MODO( )

	A	B	C	D
1	3	7	10	
2	7	3	20	
3		7	30	
4	3	3	40	
5	7	5	10	
6				
7				

=média(a1:a5)

Calcula-se a Média de A1 até A5. O cálculo da média é a soma de um conjunto de valores dividido pelo total de valores **somados**, assim para o caso apresentado na figura acima o resultado da média de A1 até A5 é 20/4 totalizando 5, ou seja, as células vazias são ignoradas. Caso a célula A3 possua o valor 0, o resultado seria 4, pois 0 (zero) é número.

=média(a1;a2;a3;a4;a5)

Nesta segunda forma, apenas se mudou os operadores de referência, mas o resultado será o mesmo, pois o conjunto de dados é o mesmo.

=média(b1:b5)

O conjunto apresentado também resulta em 5.

=soma(b1:b5)/5

Muito comum de ser usado nas provas as estruturas de funções combinadas com expressões aritméticas como somar o conjunto de B1 até B5 e na sequência dividir o resultado por 5. Atente-se, pois para o caso em questão a expressão acima calcula a média, porém não se pode dizer o mesmo para a frase, **a função =SOMA(B1:B5)/5 calcula a média dos valores de B1 até B5 qualquer que seja o valor nas células**, pois se alguma célula estiver vazia não será dividido por 5 o total somado, a fim de calcular a média.

=b1+b2+b3+b4+b5/5

Cuidado com a expressão acima, porque ela não calcula a média, mas é bastante usada nas provas para induzir o candidato ao erro, lembre-se que os cálculos devem ser realizados respeitando as precedências de operadores. Assim, a expressão para calcular a média seria **=(B1+B2+B3+B4+B5)/5** usando os parênteses para mudar a precedência indicando que o que está entre eles é que deve ser calculado por primeiro.

=med(b1:b5)

Atenção a essa função, pois as provas induzem o candidato a pensar que se trata da função que calcula a média, contudo o que ela calcula é a **Mediana**, que é o elemento central de um conjunto de elementos. Porém, outra questão recorrente pode ser apresentada: ocorre quando o conjunto de dados é similar ao apresentado, ou seja, com números repetidos e fora de ordem, devemos lembrar que a mediada leva em consideração os valores em ordem e que estes se repetem. Desse modo, na mediana de B1 até B5 devemos observar os valores (3, 3, 5, 7, 7), com base nesse conjunto tem-se que a mediana é 5, pois é o elemento central.

=med(a1:a5)

Contudo, quando o conjunto possui uma quantidade par de elementos, a mediana é a média dos elementos centrais. Dado do conjunto (3, 3, 7, 7) a mediana é a média de 3 e 7, ou seja, 5.

=máximo(b1:b5)

Essa função retorna o valor mais alto do conjunto de dados especificado.

=maior(b1:b5;3)

Em comparação com a função Máximo, é comum aparecer a função Maior que permite identificar o enésimo termo de um conjunto.

No exemplo anterior podemos ler como o terceiro maior número do intervalo de B1 a B5.

Neste caso, como se deseja o maior valor o conjunto, deve ser considerado em ordem decrescente (7, 7, 5, 3, 3), assim o terceiro maior número é 5.

=mínimo(b1:b5)

Enquanto que o máximo traz como resposta o valor mais alto, o mínimo retorna o mais baixo.

Para o exemplo acima a resposta é 3.

=menor(b1:b5;1)

A função Menor exibe o enésimo menor número de um conjunto, desta forma, no exemplo dado, pede-se o primeiro menor número do intervalo de B1 a B5 (3, 3, 5, 7, 7), na função menor o conjunto de dados deve ser considerado em ordem crescente, assim o primeiro menor é 3, o mesmo que o mínimo de B1 até B5.

=modo(a1:a5)

Esta função retorna o valor que aparece com maior frequência no conjunto especificado. No caso do exemplo, a resposta é 3.

=modo(b1:b5)

Observe que o resultado será sempre o valor mais baixo que mais se repete, mesmo que outro valor apareça com a mesma frequência, como no segundo exemplo a resposta também é 3.

Outras funções comuns

	A	B	C	D	E
1	3	7	10	A	
2	7	3	20	B	
3		7	30	A	
4	3	3	40	A	
5	7	5	10	B	
6					

=se(; ;)

A função SE é também conhecida como condicional, por meio dela é possível definir ações a serem executadas diante de determinadas situações (condições).

Sua sintaxe é composta por três campos sendo que no primeiro é colocado um teste lógico, após o ponto e vírgula temos o campo que contém a ação a ser executada, caso o teste lógico seja verdadeiro e na sequência. No último campo, contém a ação caso o teste lógico seja falso.

=cont.Núm( )

Esta função exibe o total de células de um intervalo que possui como conteúdo um valor numérico.

=cont.Se(;)

Enquanto que a função CONT.SE retorna a quantidade de células que atendem ao critério estabelecido no segundo campo.

=somase(; ;)

Já a função SOMASE, permite somar apenas o conteúdo das células de interesse ao montante.

Assim se aplicada a função **=SOMASE(D1:D5;"=A";C1:C5)** a resposta será o montante da soma das células da coluna C que estiverem na mesma linha das células da coluna D que possuírem a letra A como conteúdo. Assim a resposta é 80.

Exs.:

=SE(C1>=10; "maior ou igual"; "Menor")

Se o valor contido na célula C1 for maior ou igual a 10, então será escrito na célula o texto expresso no segundo campo da função. Por ser um texto, a ação desejada ele obrigatoriamente deve ser expresso entre aspas, contudo as aspas não serão exibidas na resposta.

Mas se o valor da célula C1 for menor do que então será escrito como resposta o texto **Menor**.

=cont.Núm(a1:a5)

Como a célula A3 está vazia, a resposta desta função é 4, pois existem apenas 4 células cujo conteúdo é um número.

=cont.Se(d1:d5; "=a")

Ao se aplicar a função acima, ela irá contar quantas células possuem o texto A, neste caso a resposta é 3.

8.7 Formatos de células

Ao clicar com o botão direito do mouse sobre uma ou mais células selecionadas é aberto o menu suspenso, ilustrado a seguir. Neste momento nos interessa a opção Formatar Células que, ao ser acionada, abre a janela de formatação de células.

Guia números

A figura a seguir ilustra a janela Formatar Células exibindo as opções da aba Números, as principais abas são as guias Número e Alinhamento.

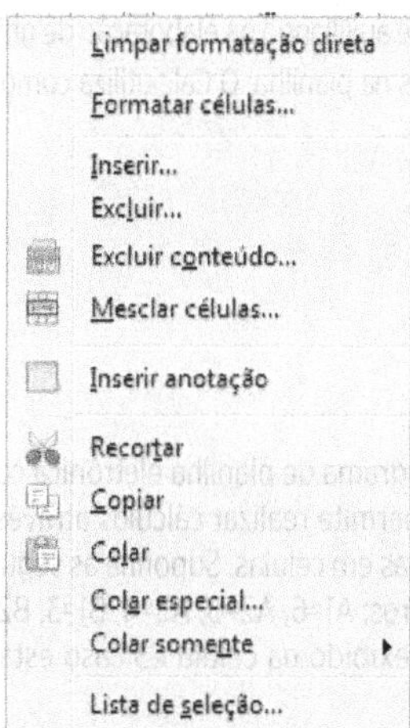

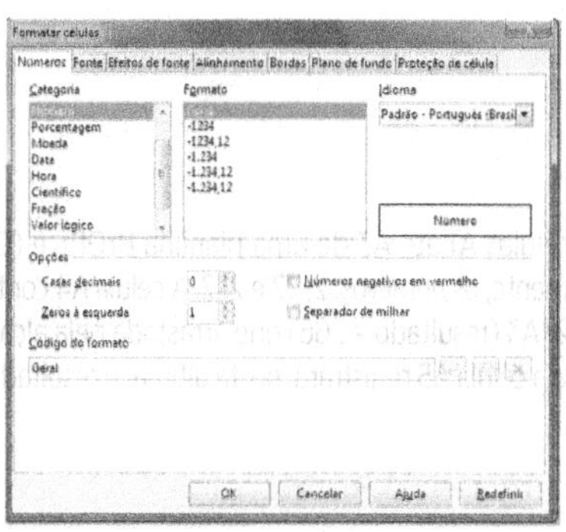

Na figura abaixo estão listados os formatos de células e exibidas as células formatadas.

	A	B
1	Número	5,70
2	Porcentagem	500,00%
3	Moeda	R$ 50,00
4	Data	09/04/13
5	Hora	23:20:00
6	Científico	5,00E+000
7	Fração	3/4
8	Valor Lógico	VERDADEIRO
9	Texto	teste
10		

Os formatos Moeda e Percentagem também podem ser definidos pelas opções da barra de Ferramentas de Formatação. A figura a seguir ilustra parte desta barra com as opções citadas.

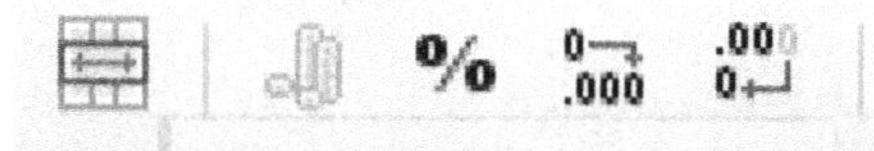

Guia alinhamento

Por meio desta guia, podemos formatar o alinhamento vertical e/ou horizontal de uma célula bem como a orientação do texto, ou seja, sua direção aplicando um grau de inclinação.

Também encontramos a opção Quebra Automática de texto que permite distribuir o conteúdo de uma célula em várias linhas de texto dentro da mesma célula. A figura a seguir ilustra estas opções.

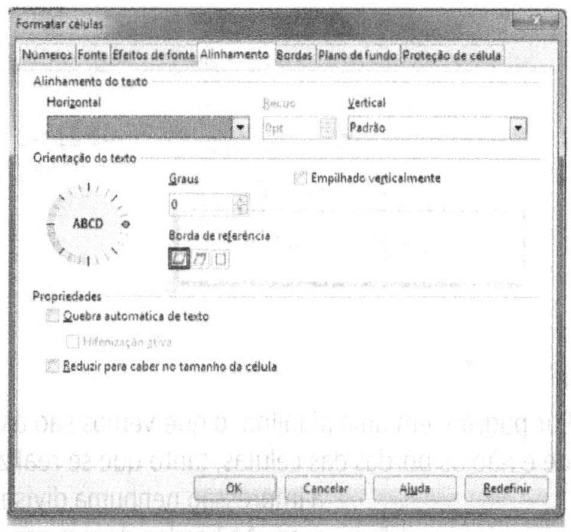

Outras ferramentas

Mesclar e centralizar 

A opção Mesclar e Centralizar do Calc centraliza tanto na horizontal como na vertical. Porém, é possível exibir apenas o conteúdo da célula superior esquerda, como também se pode mover o conteúdo das células selecionadas que serão ocultas para a célula superior esquerda.

A sequência de imagens a seguir ilustra a operação de mesclar em que se opta por exibir apenas a célula superior esquerda, observe que as demais células são apenas ocultas, assim seus valores são mantidos e podem ser referenciados.

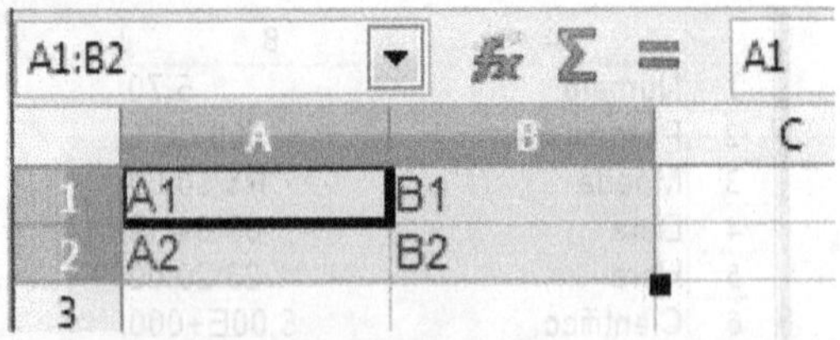

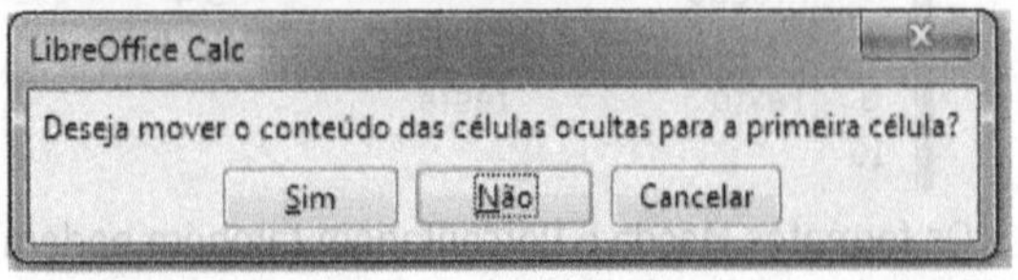

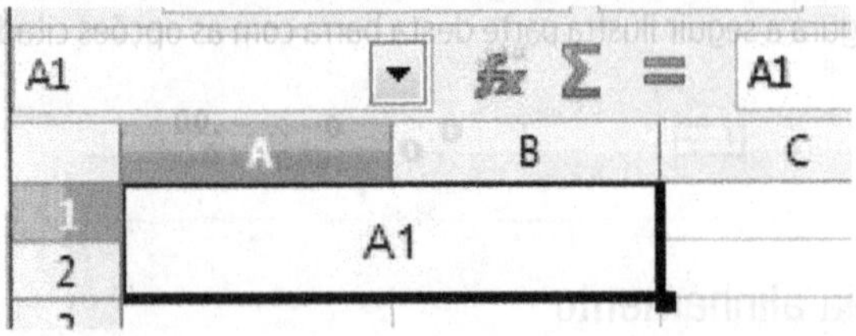

Nessa próxima sequência foi optado por mover o conteúdo para a célula superior esquerda, atente que a ordem dos dados é a mesma de leitura (esquerda para a direita e de cima para baixo).

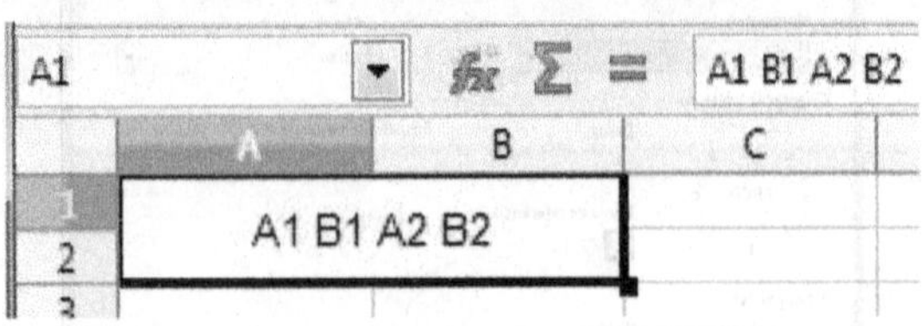

Bordas

Por padrão, em uma planilha, o que vemos são as linhas de grade e não as bordas das células, tanto que se realizarmos a impressão nenhuma divisão aparece. As bordas devem ser aplicadas manualmente de acordo com a necessidade, para isso, pode-se usar o botão Bordas presente na barra de ferramentas de formatação que, ao ser acionado, exibe as opções de bordas, como: bordas externas, internas, esquerda, direita, dentre as demais que podem ser visualizadas na figura abaixo.

Classificar

Outra opção que podemos destacar é a de classificação de dados, pela qual podemos ordenar um conjunto de dados selecionados em ordem crescente ou mesmo decrescente, por meio dos ícones acima representados, respectivamente.

Questões

01. (ALFACON) Duas ou mais células de uma planilha do Microsoft Calc podem ser unidas de tal forma que passam a ser uma só célula. Assinale a alternativa que apresenta o nome desse recurso:

a) Agrupar células.
b) Mesclar células.
c) Aglomerar dados
d) Agrupar dados
e) Consolidar dados

02. (NCE/UFRJ)Ao salvar-se um documento em um aplicativo do BrOffice, esse foi criado com a extensão padrão .ods. Pode-se afirmar que o documento é:

a) uma fotografia editada;
b) um arquivo texto;
c) uma planilha;
d) uma apresentação de slide;
e) um banco de dados.

03. (ESAF) O BrOffice é uma suíte para escritório gratuita e de código aberto. Um dos aplicativos da suíte é o Calc, que é um programa de planilha eletrônica e assemelha-se ao Excel da Microsoft. O Calc é destinado à criação de planilhas e tabelas, permitindo ao usuário a inserção de equações matemáticas e auxiliando na elaboração de gráficos de acordo com os dados presentes na planilha. O Calc utiliza como padrão o formato:

a) XLS.
b) XLSX.
c) ODF.
d) PDF.
e) DOC.

04. (FUNRIO) Um programa de planilha eletrônica como Microsoft Excel ou BrOffice Calc permite realizar cálculos através de números e fórmulas armazenadas em células. Suponha as seguintes células preenchidas com números: A1=6, A2=5, A3=4, B1=3, B2=2, B3=1. Que valor será calculado e exibido na célula C3 caso esta tenha o conteúdo =SOMA(A2:B3)?

a) 5.
b) 6.
c) 12.
d) 15.
e) 21.

05. (FCC) As células A1 até A3 de uma planilha BrOffice (Calc) contêm, respectivamente, os números: 2, 22 e 222. A célula A4 contém a fórmula =A$1*$A$2+A3 (resultado = 266) que arrastada pela alça de preenchimento para a célula A5 registrará, nesta última, o resultado (calculado):

a) 510.
b) 5150.
c) 6074.
d) 10736.
e) 63936.

06. (CEPERJ) Observe a planilha abaixo, no Calc do pacote BrOffice.org 3.0.

	A	B	C	D	E	F	G
1			CEDAE – 2012				
2							
3			**#**	**Código**	**Nome**	**Leitura**	**Consumo**
4			1	01-5009	Aldair	123	baixo
5			2	02-9876	Jussara	256	médio
6			3	03-4572	Luiz	478	alto
7			4	04-9036	Samuel	371	médio
8							

Nessa planilha foi inserida uma expressão em G4 que mostra uma mensagem, com base no quadro a seguir:

Leitura	Consumo
Menor que 200	baixo
Maior ou igual a 200 e menor que 400	médio
Maior ou igual a 400	alto

Para finalizar, a expressão inserida na célula G4 foi copiada para G5, G6 e G7. Como consequência, em G7 foi inserida a seguinte expressão:

a) =SE(F7>=400;"alto";SE(F7<200;"baixo";"médio"))

b) =SE(F7>=400;"alto";SE(F7<200;"médio";"baixo"))

c) =SE(F7>=400;"baixo";SE(F7<200;"alto";"médio"))

d) =SE(F7>=400;"médio";SE(F7<200;"alto";"baixo"))

e) =SE(F7>=400;"médio";SE(F7<200;"baixo";"alto"))

Gabaritos

01	B	04	C
02	C	05	B
03	C	06	A

9. BROFFICE IMPRESS - EDITOR DE APRESENTAÇÃO

É também conhecido como editor de slides. Fique atento com as palavras expressas em português como eslaide, que aparenta ser errada, pelo fato de não ser empregada com frequência, comumente usada para induzir o candidato ao erro.

9.1 Janela do Programa

Devemos, primeiramente, conhecer algumas funções da Janela do Editor para melhor entender seus recursos.

A primeira barra ao topo, onde encontramos os botões Fechar, Maximizar/Restaurar e Minimizar é a chamada Barra de Título, pois expressa o nome do arquivo e o programa no qual está sendo trabalhado.

A barra logo abaixo é a Barra de Menu, onde se encontram as ferramentas do programa. Observe, à direita do menu Ferramentas, a existência de um menu diferente dos encontrados no Writer e Calc, o menu Apresentação de Slides. Nele, são encontradas as opções específicas das operações com slides como Cronometrar, Transição e Apresentação de Slides.

Na sequência, são exibidas as duas barras de ferramentas (Padrão e de Formatação). Fique atento às divisões da janela. Na lateral esquerda, está o painel Slides, nele são exibidas as miniaturas dos slides a fim de navegação na apresentação, bem como de organização. Uma vez que, para deslocar o slide, basta clicar e arrastá-lo para o local desejado.

A última é a barra de Status, por meio dela podemos visualizar em qual slide estamos, além de poder alterar o zoom do slide em edição.

Acima da barra de Status está a barra de Desenhos, ilustrada a seguir. Essa barra é comum aos demais editores (Calc e Writer). Porém, ela só aparece por padrão no Impress. Para ocultá-la ou exibi-la, basta selecionar a barra no menu Exibir → Barras de Ferramentas → Desenho.

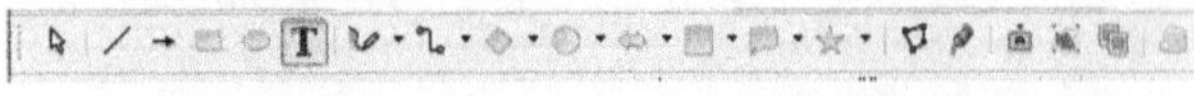

A área central da tela é onde fica o slide em edição, também conhecida como palco, quem sabe uma associação ao espaço onde o artista expõe a sua obra.

Já à direita, é exibido o Painel de Tarefas. Essa estrutura oferece diversas opções, conforme ilustrado a seguir:

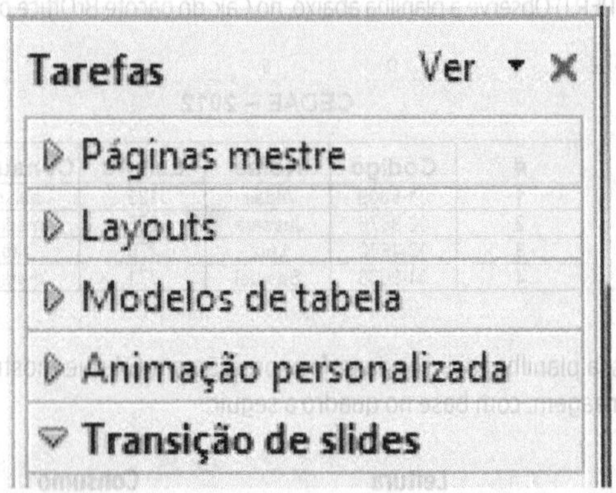

Acima do slide em edição, podem-se encontrar cinco opções, elas são modos de exibição que podem ser alternados.

9.2 Mestre

Um mestre é aquele que deve ser seguido, ou seja, uma estrutura base para a criação de um conjunto de slides. Por meio dele podemos criar um modelo no qual se definem estilos de título, parágrafo, tópicos, planos de fundo e os campos de data/hora, rodapé e número do slide, conforme pode ser visualizado na imagem a seguir:

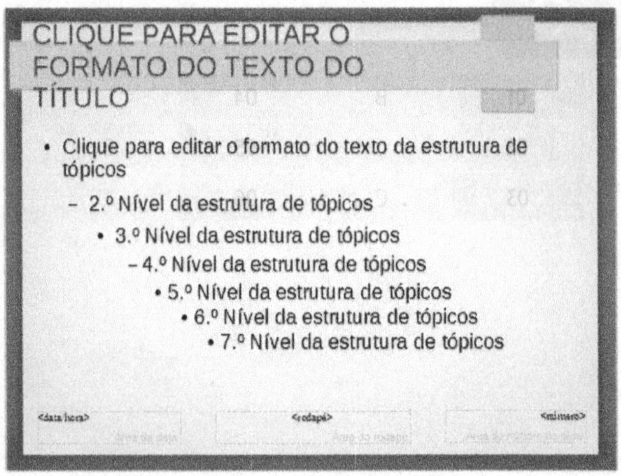

Para acionar o modo exibido, basta clicar no menu Exibir → Mestre → Slide Mestre.

A Nota Mestre serve para formatar as características das anotações (notas) que podem ser associadas a cada slide, conforme ilustrado a seguir.

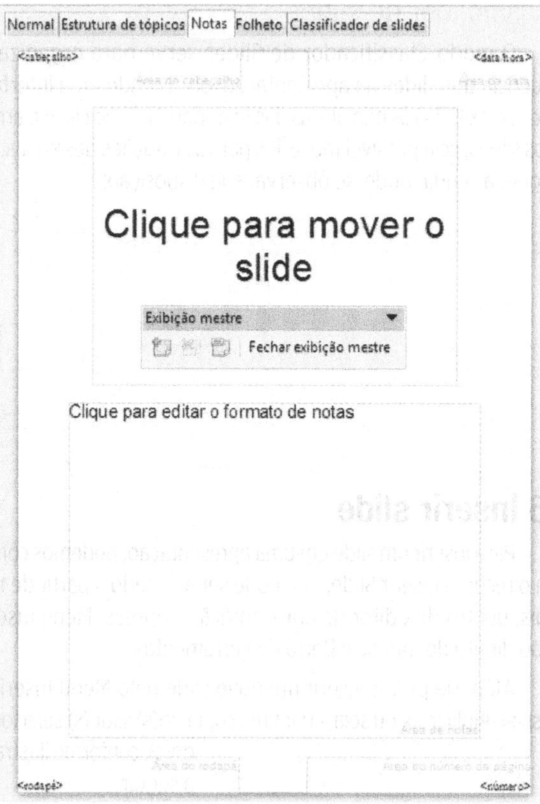

Já o item Elementos do Slide Mestre, serve para indicar quais elementos devem aparecer nos slides ou notas.

No painel de Tarefas, a opção Páginas Mestre apresenta alguns modelos de Slides Mestres que podem ser utilizados pelo usuário.

9.3 Layouts

Também podendo ser citado como Leiaute, são as estruturas que um slide pode possuir, como slides de título, título e subtítulo, slide em branco entre outros.

A figura a seguir ilustra os diversos layouts disponíveis no Impress. Esses podem ser definidos a qualquer momento da edição, inclusive após o slide já ter sido inserido.

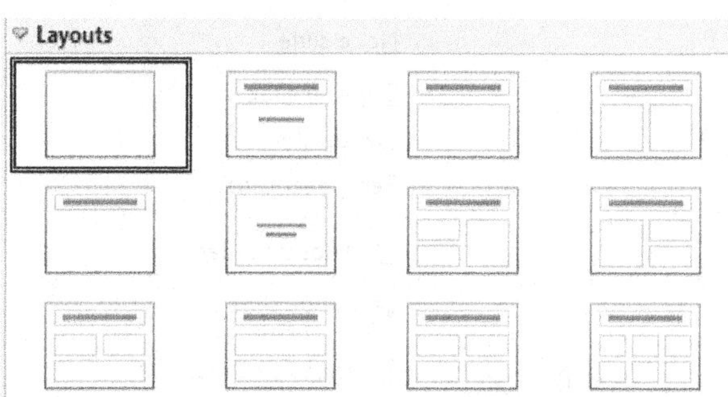

Por meio do botão Inserir Slide , presente na barra de ferramentas padrão, é possível escolher no momento da inserção o layout do slide. Após este já ter sido inserido, basta selecioná-lo no painel de slides, à esquerda, e escolher o novo layout desejado pelo botão de Layout do Slide ou pelo painel de Tarefas.

9.4 Formatos de arquivos

O Formato de Arquivo salvo por padrão no BrOffice (LibreOffice) Impress é o ODP (*Open Document Presentation*). Contudo, é possível salvar uma apresentação no formato PTT do PowerPoint (2003) ou PTTX do PowerPoint 2007 e 2010.

Existe também um formato de arquivo PPS (2003) e PPSX (2007 e 2010). Ele é um formato de autoplay, ou seja, ao ser acionado o arquivo com esse formato ele automaticamente é exibido no modo de exibição de slides.

9.5 Modos de exibição

Os Modos de Exibição refletem em diferentes estruturas e não apenas formas de visualizar os slides. No Impress existem cinco modos de exibição principais, mas pode-se acrescentar também o modo de Apresentação de Slides como sendo um modo de exibição.

Para alternar entre os modos de exibição, pode-se escolher o modo desejado pelo Menu Exibir ou pelas opções presentes no topo do palco de edição.

Normal

Este é o modo de exibição padrão para a edição dos slides, conforme ilustrado a seguir. Com esse modo, é possível alterar os textos do slide, bem como suas formatações de texto, layout e plano de fundo.

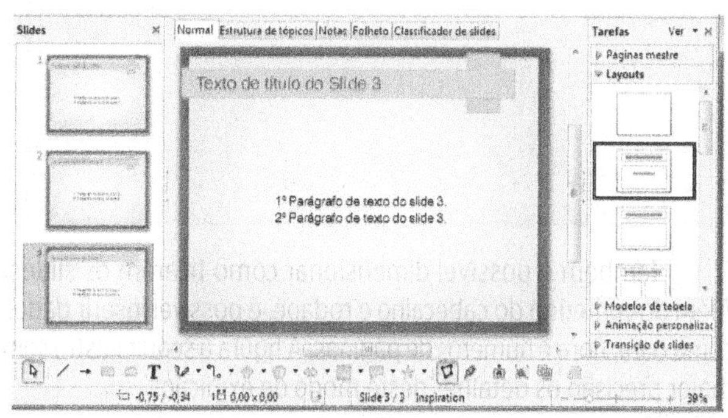

Estrutura de tópicos

Já no modo de Estruturas de Tópicos, as características de formatação do slide não são exibidas, mas apenas o conteúdo do slide. Cada slide é indicado, bem como cada parágrafo de conteúdo, conforme ilustrado a seguir. Propriedades como o tamanho e o tipo da fonte, bem como negrito, sublinhado e itálico são aparentes neste modo de exibição, ao contrário da cor da fonte.

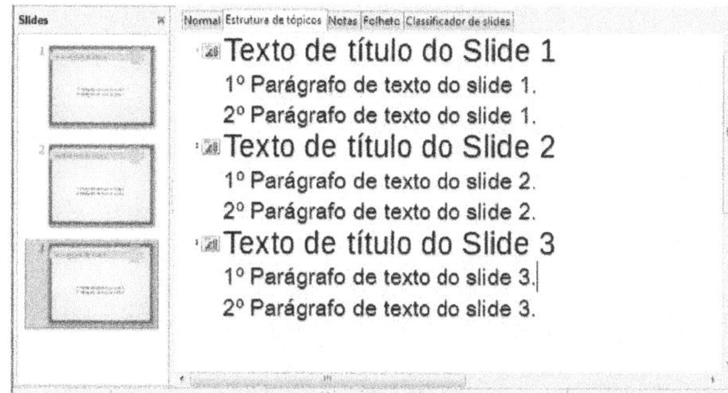

Notas

Este modo de exibição serve para que se possa inserir as anotações sobre um slide, muitas vezes usadas para descrever o assunto, ou conteúdo do slide, ou seja, são os tópicos a serem seguidos e apontados. Assim, as notas servem como um lembrete.

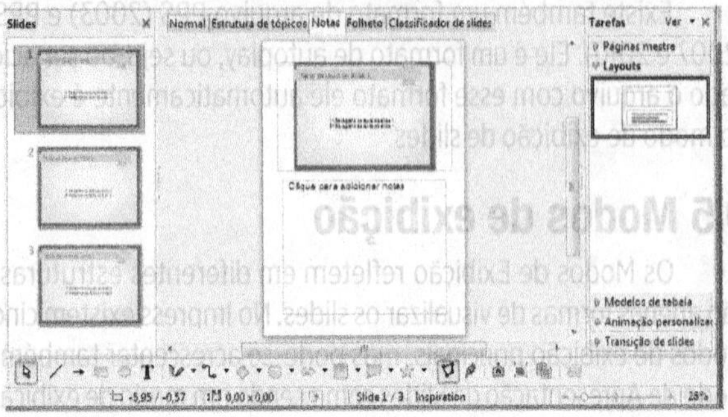

Folhetos

O modo de exibição de Folhetos, ilustrado a seguir, tem por objetivo as estruturas de cabeçalho e rodapé do modo de impressão de folhetos, ou seja, aquele em que são impressos vários slides por página.

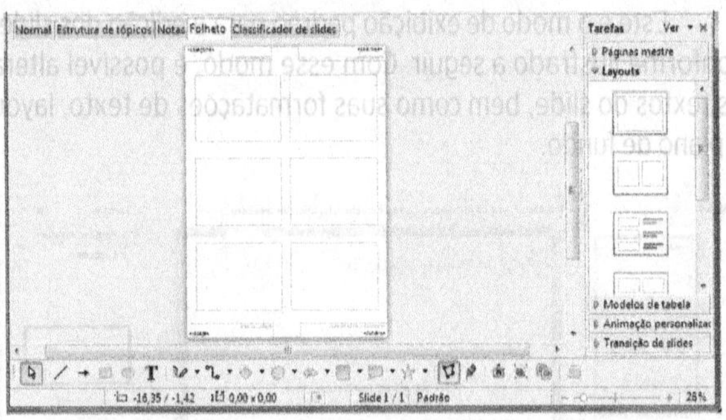

Também é possível dimensionar como ficaram os slides. Além do conteúdo do cabeçalho e rodapé, é possível inserir dados como data, hora e números de páginas. A figura a seguir ilustra com maior precisão os detalhes deste modo de exibição:

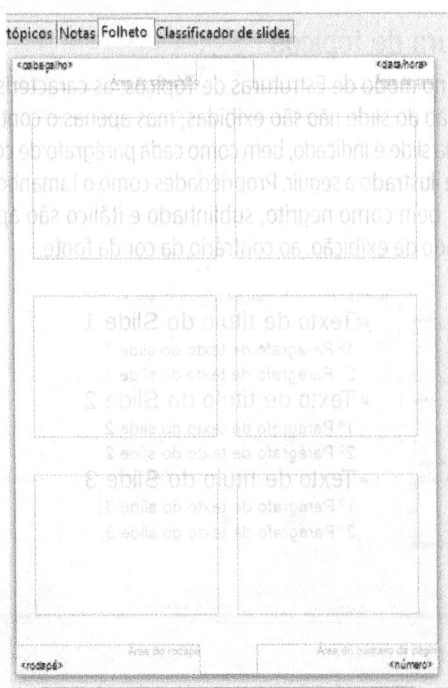

Classificador de slides

O modo Classificador de Slides serve para organizar a sequência dos slides na apresentação, oferecendo uma interface onde são exibidas as miniaturas das telas para que, ao clicar e arrastar os slides, seja possível movê-los para às posições desejadas. Na imagem a seguir, pode-se observar sua disposição:

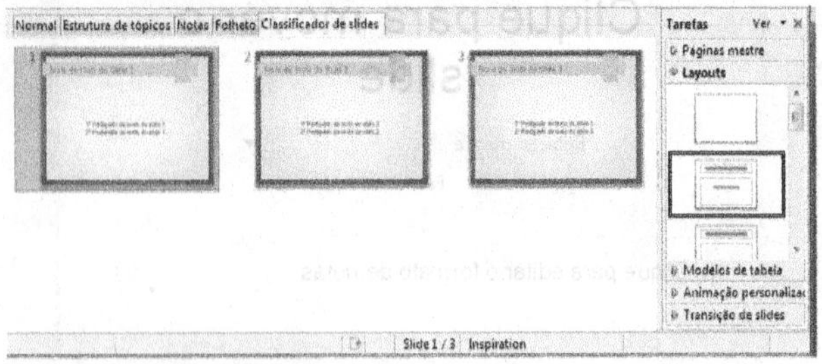

9.6 Inserir slide

Para inserir um slide em uma apresentação, podemos contar com o recurso Inserir Slide, que pode ser acionado a partir de três locais, dentro do editor de apresentação Impress: Menu Inserir, Botão direito do mouse e Barra de Ferramentas.

Além de poder inserir um novo slide pelo Menu Inserir, é possível duplicá-lo, ou seja, criar uma cópia do(s) slide(s) selecionado(s), conforme ilustrado a seguir.

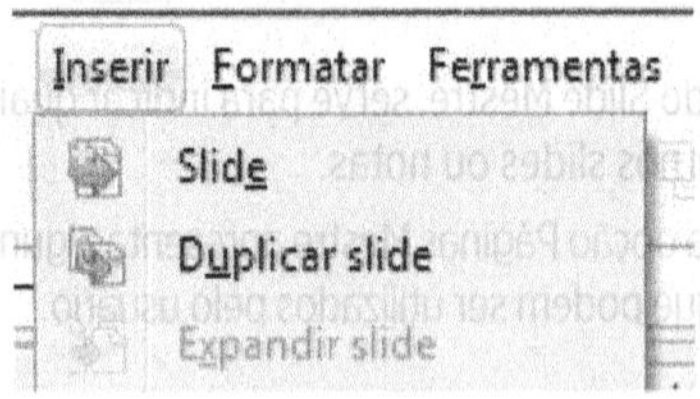

Com o clique do botão direito do mouse sobre um slide, é exibida a lista suspensa ilustrada a seguir, que possui tanto a opção de inserir novo slide, como duplicar o slide selecionado.

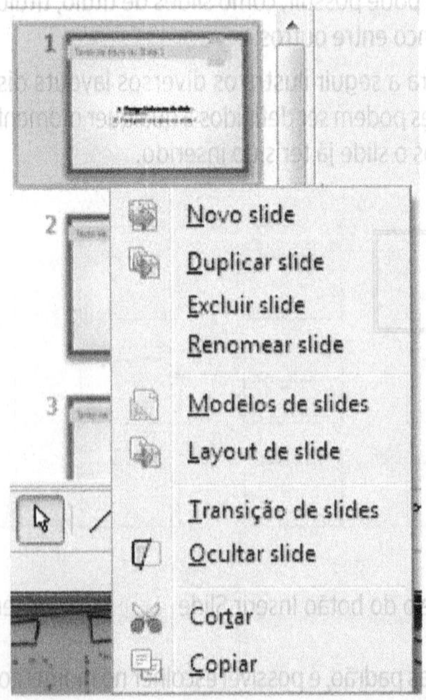

Caso o clique com o botão direito seja feito no espaço vazio, entre os slides é exibida apenas a opção Novo Slide, conforme ilustrado a seguir.

Já na barra de Ferramentas padrão, encontramos o ícone ▾ que permite a inserção de um slide. Caso seja clicado na seta à sua direita, é possível ainda escolher o layout do slide que está sendo inserido.

9.7 Menu Apresentação de slides

Neste menu é que se encontram as opções específicas de uma edição de apresentação de slides, como os efeitos de animação e transição de slides. Assim, se a prova citar alguma opção solicitando o menu em que ela é apresentada, se a opção tiver relação à apresentação de slides, então provavelmente estará no menu Apresentação de Slides.

Dentre os itens deste menu, podem-se destacar:

Apresentação de slides

É a opção que permite exibir a apresentação de slides em tela cheia, de forma a poder visualizá-la. Também é possível encontrar essa opção no Menu Exibir, assim como acioná-la por meio da tecla de atalho F5 que, no caso do Impress, sempre inicia a partir do slide selecionado.

Configuração da apresentação de slides

Por meio desta opção é possível configurar características da exibição da apresentação como tempo de transição de slides automática e também a possibilidade padrão de trocar de slide a cada clique do mouse ou com tecla do teclado. A figura a seguir ilustra a janela de configurações de apresentação:

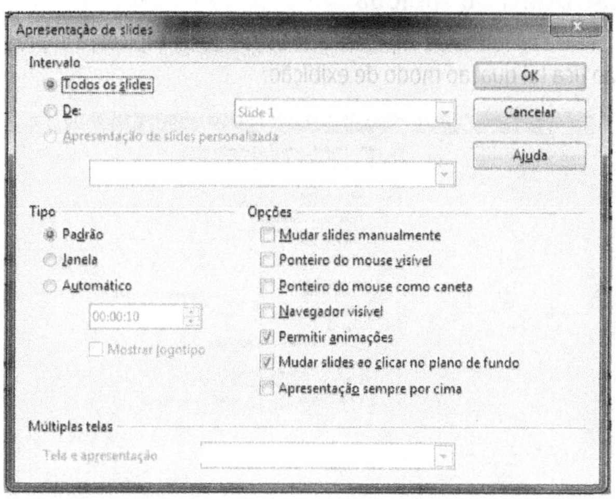

Cronometrar

A opção Cronometrar do Impress é muito inferior ao mesmo recurso no PowerPoint, se comparados. Em teoria, essa ferramenta deveria permitir marcar o tempo que seria gasto para explanar sobre uma apresentação. Contudo, o tempo é marcado por slide e exibido apenas enquanto este está sendo exibido, após, no próximo slide, o contador é novamente zerado.

Interação

Por meio deste recurso é possível modificar a sequência de exibição de uma apresentação, atribuindo a elementos do slide, como figuras e textos, ações como ir para determinado slide da apresentação, como que criando botões de navegação. Para isso, no entanto, faz-se necessário que algum elemento esteja selecionado.

Animação personalizada

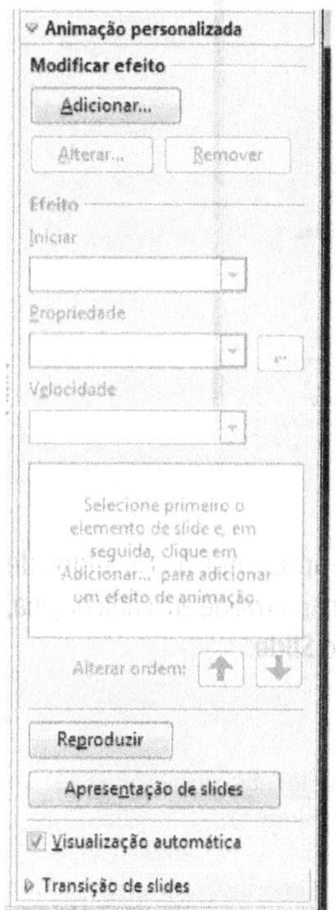

Esse recurso permite atribuir um efeito a um elemento no slide. Ao ser acionado, exibe suas opções no Painel de Tarefas à direita da tela, conforme ilustrado a seguir.

Para adicionar um efeito, é necessário selecionar algum elemento do slide, como texto ou figura e, na janela que se abre ao clicar em Adicionar (ilustrada a seguir), selecionar o efeito desejado, de acordo com categorias pré-definidas na forma de guias da janela, conforme ilustrado:

Transição de slides

Já a opção de Transição de Slides serve para aplicar um efeito a ser executado durante a troca de slide para outro. Permite, ainda, definir tempos específicos para cada slide em uma exibição automática.

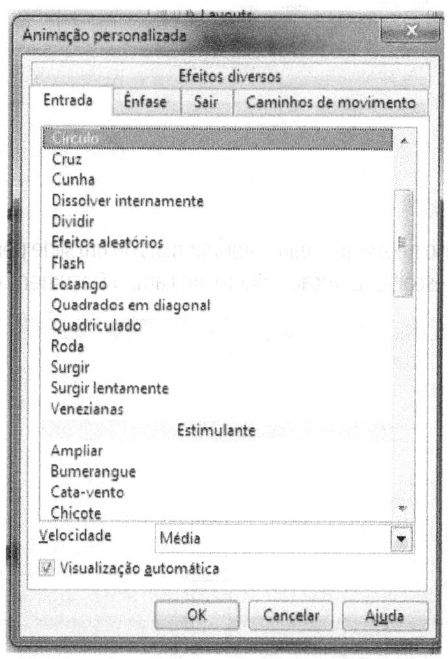

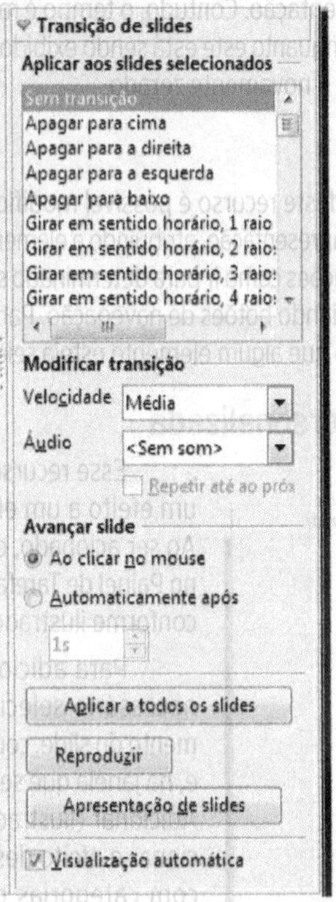

9.8 Impressão

É possível também imprimir a apresentação de slides de acordo com a necessidade, como imprimir um slide em cada página, como ilustrado na sequência, no modo **Slide**:

Slide

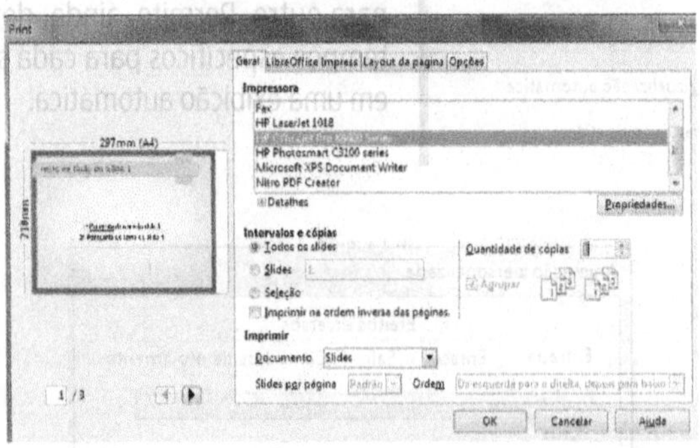

Folhetos

Caso necessário, para imprimir mais de um slide por página, pode-se escolher a opção Folheto, no campo Documento:

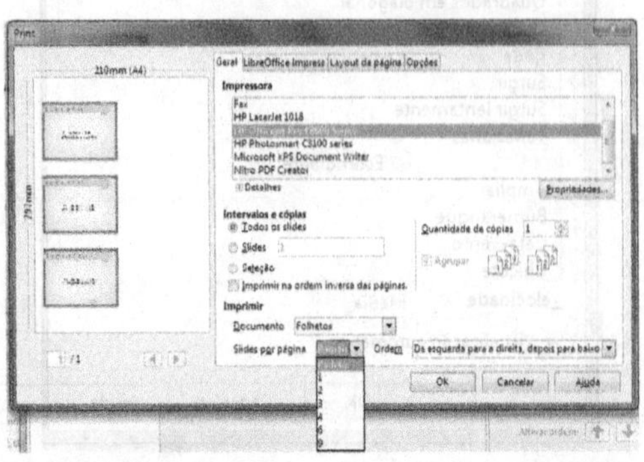

É importante observar que a janela anterior está com o número de três Slides por página, notando-se, assim, na pré-visualização à esquerda, que os slides ficam um abaixo do outro, nesta opção de impressão, enquanto que nas demais quantias os slides são distribuídos como representado a seguir, no modo de impressão de quatro slides por página:

Notas

No modo de impressão de Notas, cada folha recebe um slide e, abaixo dele, são impressas as anotações referentes a ele.

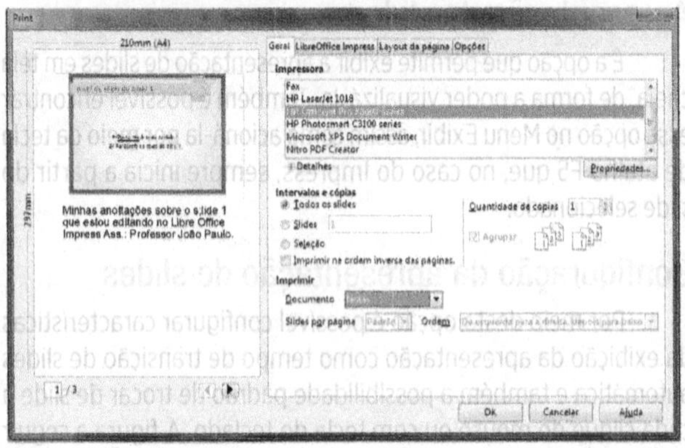

Estrutura de tópicos

Já na forma de impressão de Estrutura de Tópicos, a impressão fica tal qual ao modo de exibição.

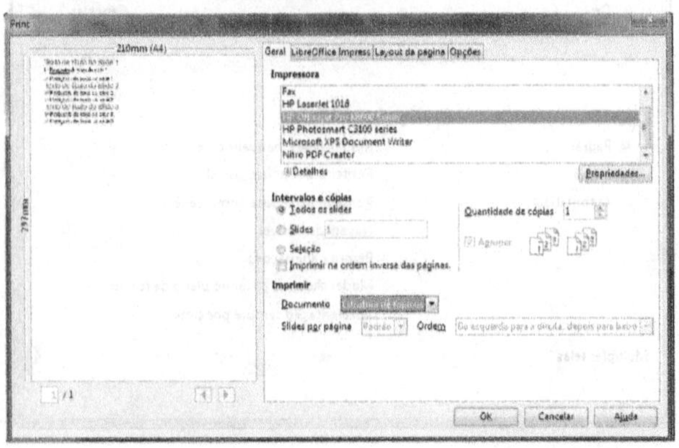

Questões

01. (FCC) Pela utilização do editor de apresentações Impress, do pacote BROffice, é possível cronometrar a apresentação sendo exibida. Este recurso é acessível por meio da opção Cronometrar, presente no menu:

a) Ferramentas.
b) Visualização de slides.
c) Apresentação de slides.
d) Editar.
e) Formatar.

02. (FCC) Para salvar uma apresentação do BrOffice Impress com senha:

a) clica-se no menu Arquivo e, em seguida, na opção Salvar como. Na janela que se abre, dá-se o nome ao arquivo no campo Nome, seleciona-se a opção Ferramentas, em seguida Opções Gerais e digita-se a senha. Para concluir, clica-se no botão Salvar.
b) pressiona-se a combinação de teclas Ctrl + Shift + S e na tela que se abre, digita-se o nome do arquivo no campo Nome, a senha no campo Senha e clica-se no botão Salvar.
c) clica-se no menu Arquivo e, em seguida, na opção Salvar. Na tela que se abre, digita-se o nome do arquivo no campo Nome, a senha no campo Senha e clica-se no botão Salvar.
d) pressiona-se a combinação de teclas Ctrl + S e na tela que se abre, digita-se o nome do arquivo no campo Nome, seleciona-se a caixa de combinação Salvar com senha e clica-se no botão Salvar. Para concluir, digita-se e redigita-se a senha e clica-se no botão OK.
e) clica-se no menu Arquivo e, em seguida, na opção Salvar. Na janela que se abre, dá-se o nome do arquivo no campo Nome, seleciona-se a opção Ferramentas, em seguida Salvar com senha. Na janela que se abre, digita-se e redigita-se a senha e clica-se no botão Salvar.

03. (FCC) Em um slide mestre do BrOffice.org Apresentação (Impress), NÃO se trata de um espaço reservado que se possa configurar a partir da janela Elementos mestres:

a) Número da página.
b) Texto do título.
c) Data/hora.
d) Rodapé.
e) Cabeçalho.

04. (CESPE) Os arquivos do Microsoft PowerPoint dos tipos .ppt, .pps e .pptx podem ser abertos pelo módulo Impress do BrOffice.

Assinale a alternativa correta em relação à suíte de programas de escritório BrOffice:

a) O BrOffice Impress é utilizado para criar e gerenciar bancos de dados.
b) O aplicativo Presentation da suíte BrOffice cria e edita apresentações em slides para reuniões.
c) Arquivos com extensão .ppt não podem ser abertos diretamente do BrOffice. Para ler esse tipo de arquivo, deve-se usar um aplicativo específico de conversão de .ppt para .odp.
d) O BrOffice Impress pode, a partir de um documento, gerar arquivos no formato PDF.
e) Uma das diferenças entre o BrOffice Impress e outros aplicativos comerciais é que o Impress ainda não possui a funcionalidade de criar e executar macros.

05. (CEPERJ) Uma apresentação de slides foi criada no software Impress do pacote LibreOffice 4.1. Pressionar a tecla de função F7 tem a seguinte finalidade:

a) Configurar transição de slides.
b) Verificar ortografia e gramática.
c) Salvar o slide atual em formato JPG.
d) Inserir número de página em todos os slides.
e) Aplicar novo design padrão a toda a apresentação.

06. (CONSULPLAN) Considere as afirmativas sobre a ferramenta BrOffice.org 2.0 Impress (configuração padrão).

I. A inserção de um novo slide pode ser realizada pelo comando de menu Inserir / Slide.
II. Clicando com o botão direito do mouse dentro da área de slides não é possível acessar o comando para incluir um novo slide.
III. Apagar para cima, Descobrir para a esquerda e Apagar para baixo são alguns dos efeitos disponíveis na transição de slides.

Está(ão) correta(s) apenas a(s) afirmativa(s):

a) I.
b) III.
c) I e II.
d) I e III.
e) II e III.

Gabaritos

01	C	04	D
02	D	05	B
03	B	06	D

10. SEGURANÇA DA INFORMAÇÃO

A Segurança da Informação é um ponto crucial para o concurso público para muitas bancas examinadoras e também de interesse da instituição que irá receber os aprovados. Afinal, ao ser aprovado, o candidato estará compondo o quadro de uma instituição pública que possui uma Intranet e sistemas sobre os quais há necessidade de se manter uma boa política de segurança.

Segundo o CGI[1], para um sistema ser classificado como seguro, ele deve atentar a três requisitos básicos: confidencialidade, integridade e disponibilidade. Esses conceitos são abordados neste material no tópico de princípios básicos da segurança da informação.

Faz-se necessário que sejam atendidos alguns requisitos mínimos para uma segurança do microcomputador, que dependem tanto de recursos tecnológicos como de bom senso e discernimento por parte dos usuários.

Para manter um computador com o mínimo de segurança deve-se:

> manter o **Sistema Operacional sempre atualizado**, pois a maioria dos malwares exploram as vulnerabilidades do SO;

> possuir um sistema **Antivírus** e manter tanto o aplicativo quanto as assinaturas[2] de vírus atualizadas;

> manter o Firewall sempre ativo;

> para se proteger contra os spywares também é indicada a instalação de um antispyware. Atualmente a maioria dos antivírus já possuem esse recurso integrado a eles.

10.1 Princípios básicos da segurança da informação

Os Princípios Básicos de Segurança em Tecnologia da Informação (TI) incluem os processos que devem ser garantidos para manter um sistema de informações seguro. Podemos destacar quatro conceitos como principais:

Disponibilidade

O Princípio da Disponibilidade deve garantir que os serviços ou recursos que forem necessários para uma tarefa, principalmente relacionados ao próprio processo de segurança, estejam sempre disponíveis.

Podemos estreitar esse princípio sobre a garantia de que as chaves públicas do processo de Certificação Digital (estes conceitos são abordados na seção sobre Certificados Digitais) estejam sempre disponíveis para quem precisar delas.

Também é aplicado, por exemplo, na situação de entrega da declaração de imposto de renda, em que o serviço deve suportar a alta demanda que possa surgir sem afetar o usuário.

Integridade

A Integridade garante a **não alteração** de uma informação/dado tanto no armazenamento quanto durante a troca dessas informações por algum meio. Por meio da integridade, verificamos se, durante o tráfego de uma informação, ela não foi alterada por alguém ou mesmo por falhas do processo de transmissão. No armazenamento ela garante que o dado não foi corrompido.

O processo que protege a integridade consiste na geração de um código de cerca de 20 caracteres, o **código HASH,** também conhecido como **resumo** de um dado; um exemplo é o MD5. O processo é realizado em uma via única, em que, a partir de um dado, gera-se o resumo dele. Porém, a partir do resumo, não é possível gerar o dado novamente. Para verificar se houve alteração em um arquivo, deve-se comparar dois códigos HASH, um gerado por quem disponibiliza o dado e outro por quem o recebe. Se uma vírgula for diferente, os códigos gerados ficam completamente diferentes, é possível que dois dados diferentes gerem o mesmo HASH, mas é uma possibilidade ínfima.

Confidencialidade

O Princípio da Confidencialidade é a garantia de que há sigilo sobre uma informação, de forma que o processo deve garantir que um dado não seja acessado por pessoas diferentes daquelas às quais ele se destina.

Para garantir a confidencialidade, utilizamos algum processo de criptografia de informações.

Autenticidade

A Autenticidade garante o autor de uma informação, ou seja, por meio dela podemos confirmar se uma mensagem é de autoria de quem diz.

Assim como a confidencialidade, a autenticidade é garantida por meio de criptografia.

10.2 Criptografia

A Criptografia é a arte ou ciência de escrever em códigos, quer dizer, transformar um texto em algo ilegível de forma que este possa ser armazenado ou enviado por um canal de comunicação; assim, se alguém interceptá-lo, não conseguirá entender o que está escrito e o destinatário, ao receber a informação, deve fazer o processo inverso: decifrar o dado, para que consiga lê-lo.

Temos dois principais métodos de criptografia: a de chave simétrica e a de chaves assimétricas.

1 Comitê Gestor de Internet no Brasil.

2 Assinatura de vírus: é uma sequência de caracteres que identifica a presença do vírus em um arquivo.

Criptografia de chave simétrica

Uma chave de criptografia é uma informação a partir da qual seja possível transcrever uma mensagem criptografada.

A de chave simétrica é também conhecida como criptografia de chave única, em que a mesma chave é usada tanto para codificar uma mensagem quanto para decifrá-la. Um bom exemplo desse modelo é a criptografia maçônica.

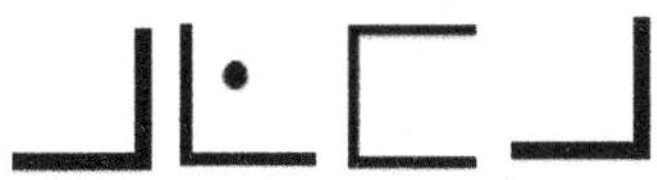

A informação acima está criptografada. Para decifrar o que ela diz, precisamos da chave de criptografia que, na simétrica, é a mesma usada para gerar a mensagem. A seguir, temos a chave que abre a mensagem.

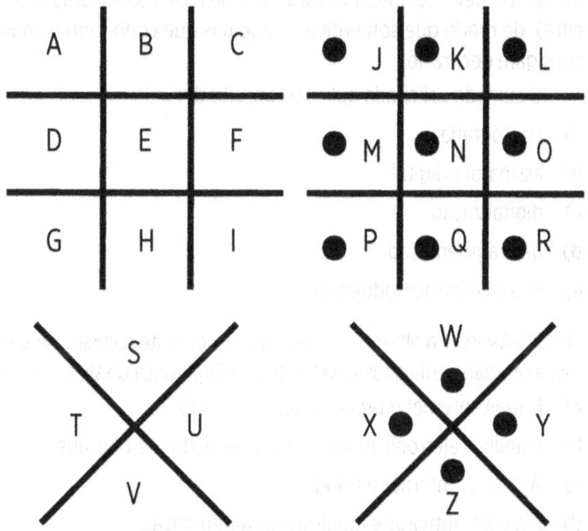

Ao substituirmos os símbolos pelas letras correspondentes, obtemos a palavra ALFA.

Criptografia de chaves assimétricas

Na Criptografia de Chaves Assimétricas, em vez de uma chave como na simétrica, são usadas duas chaves que são diferentes entre si. Elas são chamadas de **Chave Pública** e a outra de **Chave Privada,** por conta da característica de cada uma.

A Chave Pública é uma informação (código) que fica disponível em um servidor de Chaves Públicas na Internet, para quem precisar dela; enquanto que a Chave Privada é um código que somente o dono deve conhecer.

O par de Chaves é único e correspondente, ou seja, uma mensagem/dado cifrada pela chave pública de um usuário só pode ser aberta pela chave privada do mesmo usuário. E o inverso também, uma mensagem cifrada com a chave privada de um usuário só pode ser descriptografada pela chave pública dele próprio.

Certificado digital

Um certificado digital é um documento eletrônico assinado digitalmente e cumpre o papel de associar um usuário a uma chave pública, pode ser comparado ao CPF ou CNPJ para empresas.

Ele também apresenta junto com a chave pública algumas informações essenciais como:

> nome do dono da chave pública;
> prazo de validade do certificado, que varia de 1 a 3 anos dependendo da classe contratada;
> um número de série, critério de correspondência para identificar o usuário;
> e, juntamente, o certificado possui a assinatura da entidade de certificação, para comprovar sua validade.

Para adquirir um certificado digital, o usuário ou entidade deve procurar uma Autoridade Certificadora (AC) ou uma Autoridade de Registro (AR). Aquela é a responsável por criar o par de Chaves de um usuário, enquanto que esta é um intermediário entre o usuário e uma AC. Cabe a AR a responsabilidade de verificar os dados do usuário e encaminhar o pedido do certificado para a AC, entretanto, o usuário também pode se dirigir direto à AC. A Caixa Econômica Federal é a única instituição financeira que é uma AC.

Assinatura digital

Uma Assinatura Digital é um procedimento similar a uma assinatura de um documento impresso. Quando assinamos um contrato, normalmente ele possui mais de uma página, rubricamos[3] todas elas exceto a última, pois a assinatura precisa ser completa. Mas qual o intuito de rubricar todas as páginas? A rubrica não prova que o documento foi lido, mas sim para que aquela folha não seja substituída. Além disso, é preciso recorrer a um cartório para reconhecer e certificar a assinatura na última página.

Esse procedimento realizado no papel, juntamente com as garantias, foi adaptado para o mundo digital, afinal, papel ocupa espaço.

> Na Assinatura Digital, somente o resumo é criptografado; a mensagem enviada é a original, que não é cifrada.

Quando falamos sobre a rubrica garantir a não alteração de um documento, citamos o princípio da Integridade. Portanto, uma assinatura digital deve garantir também esse princípio, enquanto que a certificação de quem assinou é o princípio da Autenticidade, que também deve ser garantido pela assinatura digital.

Assim temos que a assinatura digital garante os princípios da Autenticidade e da Integridade.

10.3 Ataques

Nem todos os ataques são realizados por malwares, atualmente existem duas práticas muito comuns utilizadas pelos criminosos cibernéticos para obter dados do usuário e realizar invasões.

Phishing

Phishing é uma expressão derivada do termo "pescar" em inglês, pois o que esse tipo de ataque faz é induzir o usuário a informar seus dados pessoais por meio de páginas da Internet ou e-mails falsos.

Podemos identificar a página do tipo Phishing pelo endereço do site na barra de endereços do navegador, porque a página de phishing possui um endereço parecido, mas diferente do que o endereço desejado. Por exemplo, você certamente já deve ter visto

3 Rubrica: assinatura abreviada.

ou ouvido falar de alguém que teve sua conta do Facebook[4] hackeada[5]; esse ataque procede a partir de um recado que o usuário recebe em sua conta.

Imagine o seguinte cenário: um usuário está navegando no site www.facebook.com.br, conectado em sua conta e clica no recado que normalmente traz um anúncio chamativo como "veja as fotos/vídeos do fim de semana passado", "cara, olha o que vc aprontou no fds", entre outros tantos. Quando clicado, uma nova aba ou janela é carregada no navegador, apenas como uma distração para o usuário, pois, enquanto ele fica vendo a nova aba carregar, a anterior muda, ligeiramente, para um endereço do gênero www.facebooks.com.br ou www.facebooki.com.br e mostra uma página idêntica à página de login de usuário do Facebook. Sem perceber, pensa que, ao clicar no recado, acabou saindo de sua conta e redigita seu usuário e senha novamente e é redirecionado novamente para sua conta, porém, o usuário em nenhum momento havia saído. A página de login que lhe foi mostrada era uma página falsa que capturou o seu usuário e senha; cerca de dois dias depois o perfil dele começa a enviar propagandas para os amigos e o mesmo recado e logo mais, em uma ou duas semanas, o usuário já não consegue mais entrar em sua conta.

Pharming

O Pharming é uma evolução do Phishing, uma forma de deixar este mais difícil de ser identificado. O Pharming, na maioria das questões, é cobrado com relação ao seus sinônimos: DNS Poisoning, Cache Poisoning, sequestro de DNS, sequestro de Cache, Envenenamento de DNS e Envenenamento de Cache.

Negação de serviço (dos e ddos)

Um ataque de negação de serviço se dá quando um servidor ou serviço recebe mais solicitações do que é capaz de suprir.

DoS (*Denial of Service*) é um ataque individual, geralmente com o intuito de tornar um serviço inoperante para o usuário.

DDoS (*Distributed Denial of Service*) é um ataque realizado em massa; utiliza-se de vários computadores contaminados com um malware que dispara solicitações de acesso a determinados serviços ou sites, derrubando o serviço. Muitas vezes, enquanto o servidor tenta suprir a demanda, ele se torna vulnerável a inserções de códigos maliciosos. Um grupo intitulado Anonymous realizou vários ataques de DDoS em sites de governos em protesto às suas ações, por exemplo, em retaliação à censura do portal WikiLeaks e também do WikiLeaks[6] e The Pirate Bay[7].

4 Facebook: mídia social, definida erroneamente como rede social, assim como as demais.
5 Hackear: termo utilizado como sinônimo para invasão ou roubo.
6 WikiLeaks: portal com postagens de fontes anônimas com documentos, fotos e informações confidenciais, vazadas de governos ou empresas, sobre assuntos sensíveis.
7 The Pirate Bay: um dos maiores portais de compartilhamento, *peer to peer*.

Questões

01. (FCC) Evitar a abertura de mensagens eletrônicas não solicitadas, provenientes de instituições bancárias ou empresas, que possam induzir o acesso a páginas fraudulentas na Internet, com vistas a roubar senhas e outras informações pessoais valiosas registradas no computador.

Essa recomendação é para evitar um tipo de fraude conhecida por:

a) chat.
b) cracker.
c) spam.
d) hacker.
e) phishing scan.

02. (FCC - ADAPTADA) Ao enviar informações sigilosas via mensagem eletrônica, deve-se utilizar um sistema que faça a codificação (chave, cifra), de modo que somente as máquinas que conhecem o código consigam decifrá-lo.

O cuidado solicitado aplica o conceito de:

a) criptografia.
b) assinatura digital.
c) digitalização.
d) desfragmentação.
e) modulação/demodulação.

03. (TJ-SC) Assinale a alternativa que contém somente recursos de segurança que são verificados pela Central de Segurança do Windows XP:

a) E-mail, internet e processadores de texto.
b) Planilhas eletrônicas, firewall e bloqueador de pop-ups.
c) Antivírus, internet e Google.
d) Firewall, antivírus e atualizações automáticas.
e) Phishing scan, cookies e backup.

04. (FCC) Mensagem não solicitada e mascarada sob comunicação de alguma instituição conhecida e que pode induzir o internauta ao acesso a páginas fraudulentas, projetadas para o furto de dados pessoais ou financeiros do usuário. Trata-se especificamente de:

a) keylogger.
b) scanning.
c) botnet.
d) phishing.
e) rootkit.

Gabaritos

01	E	03	D
02	A	04	D

11. CLOUD COMPUTING

Em português, Computação na Nuvem é o nome usual para identificar o paradigma de computação em que as infraestruturas, serviços e aplicações ficam nas redes, principalmente na internet. No entanto, também pode ser empregado para distinguir serviços de processamento dos serviços de armazenamento.

Pode-se dizer que a computação na nuvem é uma forma de evolução do conceito de Mainframes.

Os mainframes são supercomputadores normalmente usados em redes privadas (intranets), os quais são responsáveis pelo trabalho pesado de processamento de informações. De forma geral, quando se emprega o uso de mainframes, associa-se o uso de thin clients pelos usuários, ou seja, terminais burros, apenas pontas para interação do usuário, pois os dados coletados e apresentados a ele são processados e armazenados nos mainframes.

A computação na nuvem é uma ideia similar a ser feito uso de computadores (servidores) localizados na Internet, otimizando assim seu uso, em vez de manter supercomputadores internamente na empresa.

A figura abaixo ilustra um serviço em que os dados são processados na nuvem e os resultados são exibidos no computador do usuário.

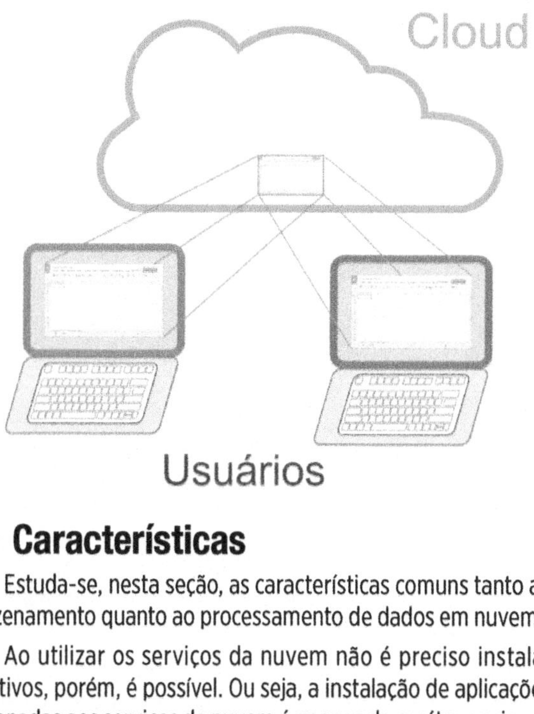

11.1 Características

Estuda-se, nesta seção, as características comuns tanto ao armazenamento quanto ao processamento de dados em nuvem.

Ao utilizar os serviços da nuvem não é preciso instalar aplicativos, porém, é possível. Ou seja, a instalação de aplicações relacionadas aos serviços da nuvem é apenas de caráter opcional.

Com isso, os serviços da nuvem se tornam uma prática alternativa, pois o usuário precisa do básico em seu computador para acessar aos serviços. Assim, basta ter um computador conectado à Internet e que seja dotado de um browser para utilizar os serviços da nuvem.

Contudo, uma característica negativa do serviço é a dependência frente aos servidores e provedores de serviço, pois, uma vez que não se tenha acesso à Internet ou o serviço esteja fora do ar, o usuário não tem condições de utilizar os serviços da nuvem, salvo exceção do modelo on premise.

É importante observar que, dentre os pré-requisitos básicos, o sistema operacional não foi citado, porque os serviços da nuvem independem do sistema instalado, pois normalmente são serviços que utilizam protocolos de navegação como HTTP e HTTPS, dentre outros.

Assim, como também não dependem de hardware específico para funcionar, podem inclusive ser citadas como multiplataforma, tanto no sentido de diferentes hardwares como no de diferentes sistemas operacionais. É comum usar serviços da nuvem também em tablets e smartphones, além dos computadores pessoais.

Outra característica dos serviços em nuvem diz respeito à segurança dos dados, em que o usuário não precisa se preocupar em fazer backups, controlar a segurança ou ter que realizar manutenção, pois essas são atribuições do fornecedor do serviço contratado.

A computação em nuvem também oferece praticidade no compartilhamento de informações, além de eximir o usuário de ter conhecimento sobre como funciona o serviço, possibilitando utilizá-lo sem preocupações.

Com todos esses detalhes, pode-se ainda destacar que a nuvem possibilita iniciar um trabalho em um computador e dar continuidade a ele por meio de outro computador.

Processamento na nuvem

É o processamento realmente dito nos termos de Cloud Computing, em que os dados são processados na nuvem.

É bastante comum hoje nos aparelhos celulares, smartphones e tablets, em aplicações como o talk to text (fale para escrever). Lembre-se de que a instalação não é obrigatória, mas pode ser feita. Nos aparelhos em que o usuário pode simplesmente pronunciar próximo a eles o texto que deseja escrever, o recurso usado precisa que o aparelho esteja conectado à Internet para poder funcionar.

Isso ocorre porque os aparelhos atuais, por mais que possuam alta tecnologia e capacidade de processamento, ainda não são suficientes para processar dados como identificação de texto em falas. Com isso, a alternativa é usar servidores localizados na Internet (nuvem) que recebem o áudio que os aparelhos gravam e processam a informação, oferecendo ao usuário o resultado na forma de texto.

Outro exemplo são os serviços do Google e da Microsoft, conhecidos, respectivamente, como Google Docs e Microsoft WebApps. Mas atenção às nomeclaturas, pois Google Drive/Disco ou Skydrive/OneDrive são serviços de outra natureza.

No Google Docs WebApps, o usuário encontra recursos como editores de texto, planilhas, apresentação, formulários e desenhos on-line usando a computação em nuvem. Ao utilizar esses serviços, o usuário não precisa possuir em seu computador editores similares, uma vez que basta executar o navegador de internet e nele acessar o site do serviço; ao logar, terá acesso aos recursos.

Armazenamento na nuvem

Já o armazenamento na nuvem, em inglês Cloud Storage, identifica os serviços que têm por característica armazenar os dados do usuário, de modo que, para acessá-los, seja necessário apenas um dispositivo (computador, smartphone ou tablet) conectado à Internet e que possua um browser. Com a ascensão desse tipo de serviço, pode-se apostar na queda da venda de dispositivos para transporte de dados como os Pendrives.

São exemplos citados nas provas o Google Drive/Disco, o Microsoft Skydrive, atualmente chamado de OneDrive, o Dropbox, Mega, Minus e Copy. A maioria deles oferece contas gratuitas com limite de armazenamento, a fim de demonstrar seus serviços. Mas, caso o usuário deseje e/ou precise, ele pode adquirir mais espaço de armazenamento.

A grande maioria dos serviços de Storage possui uma aplicação (opcional) que o usuário pode instalar em vários dispositivos, com o intuito de manter seus dados sincronizados. Ao instalar o aplicativo, ele criará uma pasta no dispositivo que estará em sincronia com a pasta on-line do usuário. Desse modo, todo arquivo salvo na referida pasta automaticamente (quando conectado à Internet) será enviado para a pasta on-line.

> *Pode-se então afirmar que possuir a pasta com os arquivos locais (no dispositivo) e on-line, simultaneamente, é uma forma de backup dos dados.*

O Google Drive oferece gratuitamente aos usuários 15 GB de espaço, no entanto, ele é compartilhado com a caixa de entrada de e-mails.

O One Drive também oferece 15 GB, mas inicialmente são 7 GB; para ganhar mais, o usuário deve enviar convites.

O Dropbox inicialmente oferece 2 GB gratuitos, mas, por meio de convites, o usuário pode ter até 18 GB; recebendo um convite, o usuário ganha 500 MB.

Já o Copy oferece inicialmente 20 GB gratuitos e, a cada convite enviado e recebido, o usuário ganha mais 5 GB de espaço.

Questões

01. (CESPE) Cloud computing (computação em nuvem), um termo amplamente utilizado na área de tecnologia da informação, consiste em uma tecnologia de armazenamento e processamento de informações. A respeito dessa tecnologia, assinale a opção correta:

a) O armazenamento de dados em nuvem possibilita que um usuário acesse os dados armazenados de qualquer lugar, desde que seu computador esteja conectado à Internet, não havendo necessidade de os dados serem salvos no computador local.

b) Na computação em nuvem, a comunicação entre os pares é possível somente se os sistemas operacionais instalados e os softwares em uso em cada um dos computadores forem os mesmos.

c) Em virtude de a computação em nuvem não ser escalável, a administração do sistema, na perspectiva do usuário, é simples e eficiente.

d) Entre os exemplos de aplicações em nuvem, incluem-se os serviços de e-mail e compartilhamento de arquivos, que, mediante essa aplicação, são totalmente protegidos contra possíveis acessos indevidos.

e) Um arquivo armazenado em nuvem poderá ser acessado a partir de um único computador, previamente configurado para esse fim. Essa restrição deve-se à impossibilidade de se criar itens duplicados de usuários na nuvem.

02. (ESAF) É função da computação em nuvem:

a) cortar custos operacionais.

b) permitir que departamentos de TI se concentrem em projetos operacionais em vez de manter provedores funcionando.

c) cortar custos situacionais, associados a instabilidades.

d) desvincular a TI de esforços estratégicos de interesse da cúpula da organização.

e) otimizar acessos indexados

Gabaritos

01	A
02	A

12. REDES DE COMPUTADORES

Dois computadores conectados entre si já caracterizam uma rede. Contudo, ela normalmente é composta por diversificados dispositivos como: celulares, smartphones, tablets, computadores, servidores, impressoras, roteadores, switches, hubs, modens, etc. Devido à essa grande variedade de dispositivos, o nome genérico HOST é atribuído aos dispositivos conectados na rede.

Todo Host possui um endereço que o identifica na rede, o qual é o endereço IP. Mas também cada peça possui um número único de fábrica que o identifica, o MAC Address.

12.1 Paradigma de comunicação

Paradigma é um padrão a ser seguido e, no caso das redes, é o modelo Cliente/Servidor. Nesse modelo, o usuário é o cliente que envia uma solicitação ao servidor; ao receber a solicitação, o servidor a analisa e, se é de sua competência, provê a informação/dado.

12.2 Dispositivos de rede

Os Dispositivos de Rede são citados até mesmo em provas cujo conteúdo programático não cita a matéria de hardware. E na maioria das vezes em que aparecem questões sobre o assunto, se questiona em relação à finalidade de cada dispositivo na rede, portanto, nesta seção são descritos alguns dos principais dispositivos de rede:

Modem	Modulador/demulador Responsável por converter o sinal analógico da linha telefônica em um sinal digital para o computador e vice-versa.
Hub	Conecta vários dispositivos em rede, mas não oferece muita segurança, pois envia as informações para todos na rede.
Switch	É um dispositivo que permite interligar vários dispositivos de forma mais inteligente que o Hub, pois no switch os dados são direcionados aos destinos corretos.
Roteador	Um roteador já trabalha no nível de rede; em um mesmo roteador podemos definir várias redes diferentes. Ele também cria uma rota para os dados.
Access Point	Um Ponto de Acesso opera de forma similar a um Switch, só que em redes sem fio.
Backbone	É a estrutura principal dentro de uma rede, na Internet é a espinha dorsal que a suporta, ou seja, as principais ligações internacionais.

12.3 Topologia de rede

Topologia diz respeito à estrutura de organização dos dispositivos em uma rede.

Barramento

Na Topologia de Barramento, todos os dispositivos estão conectados no mesmo canal de comunicação, o que torna o tráfego de dados mais lento e, se o barramento se rompe, pode isolar parte da rede.

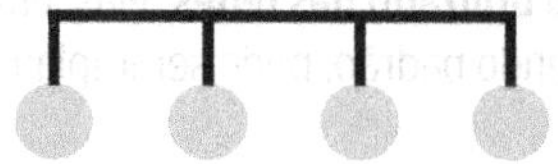

Anel

A estrutura em Anel conecta um dispositivo no outro; para que todos os computadores estejam conectados, é necessário que estejam ligados. Se o anel for simples, ou seja, de única via de dados, um computador desligado já é suficiente para tornar a rede inoperante para algum outro computador; o problema pode ser resolvido em partes, utilizando o anel duplo, trafegando dados em duas direções da rede, porém, se dois pontos forem desconectados, pode-se chegar à situação de duas redes isoladas.

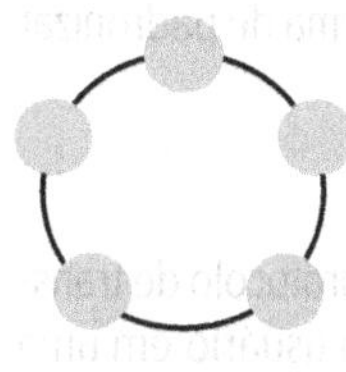

Estrela

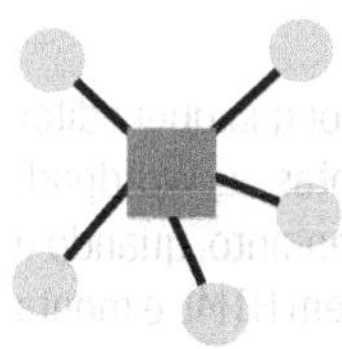

Uma rede organizada em forma de estrela possui um nó centralizador. Esse modelo é um dos mais utilizados, pois um nó pode estar desconectado sem interferir no resto da rede, porém, o centro é o ponto crítico.

Estrela estendida

A Estrela Estendida é utilizada em situações como em uma universidade *multicampi*, em que um nó central é a conexão principal, a partir da qual se conecta com a internet, enquanto que os outros *campi* possuem centrais secundárias como conexão entre seus computadores. A estrutura entre o nó principal e as centrais secundárias é o que chamamos de Backbone dessa rede.

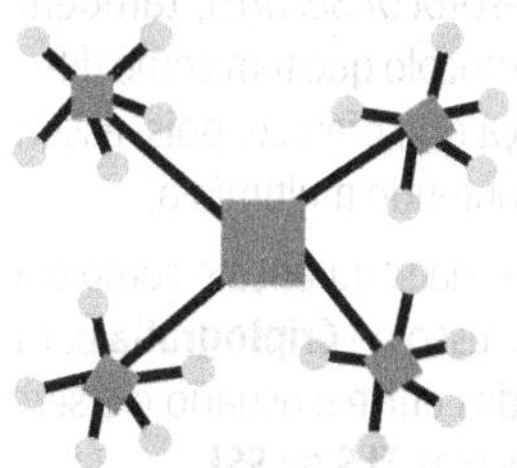

Malha

A conexão em malha é o modelo da internet, em que encontramos vários nós principais, mas também várias ligações entre diversos nós.

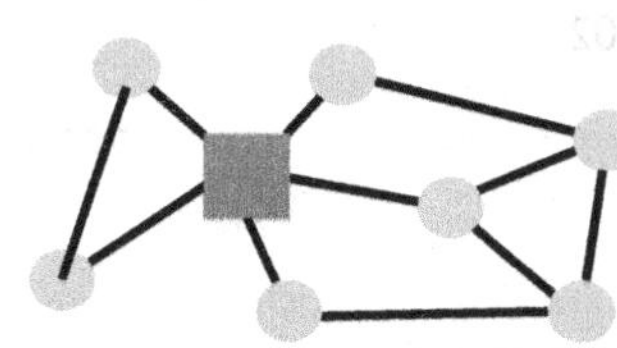

Pilhas de protocolos

Também colocadas pelas bancas examinadoras como modelos, as pilhas de protocolos definem um conjunto de protocolos e em quais camadas de rede devem operar.

Neste tópico temos dois tipos de questões que podem ser associados na prova. Questões que fazem relação com os tipos de redes e questões que tratam da finalidade dos principais protocolos utilizados em uma navegação na Internet.

As pilhas de protocolos são:

TCP/IP	OSI

O modelo TCP/IP é o **padrão utilizado nas redes**. Mas, em redes privadas, mesmo o TCP/IP sendo padrão, pode ser implantado o modelo OSI.

Como o modelo TCP/IP é o padrão na seção seguinte são destacados os principais protocolos de navegação.

Principais protocolos

Um protocolo é uma regra de comunicação em redes, portanto, a transferência de arquivos, mesmo entre computadores de uma mesma rede, utiliza um protocolo como forma de padronizar o entendimento entre os dois.

HTTP

HTTP (*Hyper Text Transport Protocol*) é o protocolo de transferência de hipertexto. É o mais utilizado pelo usuário em uma navegação pela Internet. Hipertexto consiste em um arquivo no formato HTML (*HyperText Markup Language*) - Linguagem de Marcação de Hipertexto.

HTML é um arquivo que pode ser gerado por qualquer editor de texto, pois, quando é aberto no Bloco de Notas ou Wordpad, ele apresenta apenas informações de texto. No entanto, quando é aberto pelo navegador, este interpreta o código em HTML e monta o conteúdo **Multimídia** na página. Entende-se por conteúdo multimídia: textos, áudio, vídeos e imagens.

HTTPS

HTTPS (*Hyper Text Transport Protocol Secure*), também conhecido como HTTP Seguro, é um protocolo que tem como diferença entre o HTTP apenas a segurança que oferece, pois, assim como o HTTP, serve para visualizar o conteúdo multimídia.

O que se questiona em relação a sua segurança é como ela é feita. O protocolo HTTPS utiliza o processo de **Criptografia** para manter sigilo sobre os dados transferidos entre o usuário e o servidor, para isso, são utilizados os protocolos **TLS** ou **SSL**.

Um detalhe muito importante é o de saber identificar se a navegação está sendo realizada por meio do protocolo HTTP ou pelo protocolo HTTPS. A forma mais confiável é observar a barra de endereços do navegador:

Firefox 10.02

IE 9

Google Chrome

Logo no início da barra, observamos a indicação do protocolo HTTPS, que, sempre que estiver em uso, deverá aparecer. Porém, deve-se ter muita atenção, pois, quando é utilizado o HTTP, alguns navegadores atuais têm omitido a informação no começo da barra de endereços.

Outra informação que nos ajuda a verificar se o acesso é por meio de uma conexão segura é o símbolo do cadeado fechado.

FTP

FTP (File Transport Protocol) é o protocolo de transferência de arquivos utilizado quando um usuário realiza download ou upload de um arquivo na rede.

O protocolo FTP tem como diferencial o fato de operar sobre duas portas: uma para tráfego dos dados e outra para autenticação e controle.

12.4 Firewall

O Firewall pode ser Software, Hardware, ou ambos. Ele é o responsável por **monitorar as portas da rede/computador**, permitindo ou negando a passagem dos dados na rede, seja na entrada ou saída.

É o monitor que fica na porta olhando para uma lista na qual contém as regras que um dado tem de cumprir para passar por ela. Essa lista são os protocolos, por exemplo, o Firewall monitorando a porta 80, relativa ao protocolo HTTP, o qual só trabalha com conteúdo multimídia. Então, se um arquivo .EXE tentar passar pela porta 80, ele deve ser barrado; essa é a função do Firewall.

12.5 Tipos de redes

Podemos classificar as redes de acordo com sua finalidade; neste tópico expõe-se a diferença entre as redes: Internet vs Intranet vs Extranet.

Internet

É a rede das redes, também conhecida como rede mundial de computadores.

Muitas provas citam o sinônimo WWW (*World Wide Web*) para internet, ou por vezes apenas Web. Ela é definida como uma rede **pública** a qual todos com computador e servidor de acesso podem conectar-se.

Intranet

É uma rede empresarial, também chamada de rede corporativa. Tem como principal característica ser uma rede **privada**, portanto, possui controle de acesso, o qual é restrito somente a pessoas autorizadas.

Uma Intranet geralmente é constituída com o intuito de compartilhar recursos entre os funcionários de uma empresa, de maneira que pessoas externas não tenham acesso a eles. Os recursos compartilhados podem ser: impressoras, arquivos, sistemas, entre outros.

Extranet

É quando parte de uma Intranet é disponibilizada por meio da Internet.

Também dizemos que extranet é quando duas empresas com suas distintas Intranets possuem um sistema comum que acessam apenas parte de cada uma das Intranets.

VPN

VPN é uma forma de criar uma Intranet entre localizações geograficamente distantes, com um custo mais baixo do que ligar cabos entre os pontos. Para isso, emprega-se o processo de criptografia nos dados antes de enviá-los por meio da Internet e, quando o dado chega na outra sede, passa pelo processo de descriptografia. Dessa maneira, quem está navegando na Internet não tem acesso às informações da empresa, que continuam restritas; esse processo também é chamado de tunelamento.

12.6 Padrões de infraestrutura

São padrões que definem como deve ser organizada e quais critérios precisam ser seguidos para montar uma estrutura de rede de acordo com os padrões estabelecidos pelo Instituto de Engenheiros Eletricistas e Eletrônicos (IEEE).

O padrão Ethernet define as regras para uma infraestrutura cabeada, como tipos de cabos que devem ser utilizados, distância máxima, tipos e quantidade de dispositivos, entre outras. Já o padrão 802.11 define as regras para uma estrutura Wi-Fi, ou seja, para a rede sem fio.

12.7 Correio eletrônico

O serviço de e-mail é outro ponto bastante cobrado nos concursos públicos. Em essência, o que se pede é se o concursando sabe sobre as diferentes formas de se trabalhar com ele.

O e-mail é uma forma de comunicação assíncrona, ou seja, no momento do envio apenas o emissor precisa estar conectado.

Formas de acesso

Podemos ler e escrever e-mail utilizando duas formas diferentes. Na última década, o webmail ganhou mais espaço no mercado e se tornou majoritário no ramo de e-mails, mas muitas empresas utilizam ainda os clientes de e-mail.

Webmail

O webmail é uma interface de acesso para o e-mail via Browser (navegador de Internet), ou seja, uma forma de visualizar o e-mail via uma página de web. Diante disso, é possível destacar que usamos os protocolos HTTP ou HTTPS para visualizar páginas da Internet. Dessa forma, ao acessar sites de e-mail como gmail.com, hotmail.com, yahoo.com.br e outlook.com, fazemos uso desses protocolos, sendo o HTTPS o mais usado atualmente pelos grandes serviços de e-mail, pois confere ao usuário maior segurança no acesso.

Dizemos que o webmail é uma forma de ler e escrever e-mails, dificilmente citado como forma de enviar e receber, uma vez que quem realmente envia é o servidor e não o computador do usuário.

Quando um e-mail é enviado, ele parte diretamente do servidor no qual o remetente possui conta para o servidor do serviço de e-mail do destinatário.

Cliente de e-mail

Um cliente de e-mail é um programa específico para enviar e receber mensagens de e-mail e que é, necessariamente, instalado no computador do usuário.

Exs.:
Microsoft Outlook;
Mozilla Thunderbird;
Outlook Express;
Windows Live Mail.

Os programas clientes de e-mail usam protocolos específicos para envio e recebimento das mensagens de e-mail.

Protocolos utilizados pelos clientes de e-mail

Para o envio, um cliente de e-mail utiliza o protocolo SMTP (*Simple Mail Transport Protocol* – Protocolo de transporte de mensagens simples). Como todo protocolo, o SMTP também opera sobre uma porta específica, que pode ser citada como sendo a porta 25, correspondente ao padrão, mas atualmente ela foi bloqueada para uso dos usuários, vindo a ser substituída pela 587.

Com isso, em questões de Certo e Errado, apenas a 587 é a correta, quando abordado sobre o usuário, pois entre servidores a 25 ainda é utilizada. Já nas questões de múltipla escolha, vale o princípio da menos errada, ou seja, se não tiver a 587, a 25 responde a questão.

Mesmo que a mensagem de e-mail possua arquivos anexos a ela, envia-se por SMTP; assim o protocolo FTP não é utilizado.

Já para o recebimento, o usuário pode optar em utilizar o protocolo POP ou o protocolo IMAP, contudo, deve ser observada a diferença entre os dois, pois essa diferença é ponto para muitas questões.

O protocolo POP tem por característica baixar as mensagens de e-mail para o computador do usuário, mas por padrão, ao baixá-las, elas são apagadas do servidor. Portanto, as mensagens que um usuário está lendo estão, necessariamente, em seu computador.

Por outro lado, se o usuário desejar, ele pode configurar o protocolo de forma que sejam mantidas cópias das mensagens no servidor, no entanto, a que o usuário está lendo, efetivamente, está em seu computador. Sobre essa característica são citadas questões relacionando à configuração a uma espécie de backup das mensagens de e-mail.

Atualmente o protocolo POP encontra-se na versão 3; dessa forma ele pode aparecer nos textos de questão como POP3, não afetando a compreensão da mesma. Uma vez que o usuário necessita conectar na internet apenas para baixar as mensagens, é possível que ele desconecte-se da internet e mesmo assim leia seus e-mails. E, uma vez configurado o SMTP, também é possível redigir as respostas off-line, sendo necessário, no entanto, conectar-se novamente para que as mensagens possam ser enviadas.

Ao invés de utilizar o POP, o usuário pode optar em fazer uso do protocolo IMAP, que é para acesso a mensagens de e-mail, as quais, por sua vez, residem no servidor de e-mails. Portanto, se faz necessário estar conectado à internet para poder ler o e-mail por meio do protocolo IMAP.

Spam

Spam é uma prática que tem como finalidade divulgar propagandas por e-mail, ou mesmo utilizar-se de e-mails que chamem a atenção do usuário e o incentivem a encaminhar para inúmeros outros contatos, para que, com isso, levantem uma lista de contatos que pode ser vendida na Internet ou mesmo utilizada para encaminhar mais propagandas.

Geralmente um spammer utiliza-se de e-mail com temas como: filantropia, hoax (boatos), lendas urbanas, ou mesmo assuntos polêmicos.

12.8 URL (*Uniform Resource Locator*)

É um endereço que identifica um site, um serviço, ou mesmo um endereço de e-mail. A seguir, temos um exemplo de URL; observe que podemos dividi-la em várias partes.

http://www.site.com.br

Protocolo Pasta Domínio

Domínio

É o nome registrado de um site para que possa ser acessado por meio da Internet. Assim como a URL, um domínio também pode ser dividido em três partes.

site.com.br

O .br indica que esse site está registrado no conjunto de domínios do Brasil, que é administrado e regulamentado pelo Registro.Br, componente do Comitê Gestor de Internet no Brasil (CGI).

O Registro.Br define várias normas em relação à criação de um domínio, como por exemplo o tamanho máximo de 26 caracteres, a limitação para apenas letras e números e recentemente a opção de criar domínios com letras acentuadas e o caractere **ç**.

Também compete ao Registro.Br a normatização da segunda parte do domínio, representado na figura pelo **.com**. Essa informação diz respeito ao ramo de atividade a que se destina o domínio, mas não nos garante qual a real finalidade do site. A última parte, por fim, é o próprio nome do site que se deseja registrar.

Protocolo IP

Cada equipamento na rede ganha o nome genérico de Host, o qual deve possuir um endereço para que seja localizado na rede. Esse é o endereço IP.

O protocolo IP é o responsável por trabalhar com essa informação, para tanto, um endereço IP possui versões: IPv4 e IPv6.

Um IP também é um endereço, portanto, pode ser inserido diretamente na barra de endereços de um navegador.

O IPv4 é composto por até quatro grupos de três dígitos que atingem valor máximo de 255 cada grupo, suportando, no máximo, cerca de 4 bilhões (4.294.967.296) de endereços.

200.201.88.30 endereço IP da Universidade Estadual do Oeste do Paraná (Unioeste).

O IPv6 é uma proposta que está gradativamente substituindo o IPv4, justamente pela pouca quantidade de endereço que ele oferece. O IPv6 é organizado em 8 grupos de 4 dígitos hexadecimais, suportando cerca de 3,4 × 1038, aproximadamente 3,6 undecilhões de endereços IP.

0123:4567:89AB:CDEF:1011:1314:5B6C:88CC

Dns (*domain name system*)

O Sistema de Nomes de Domínios é o responsável por traduzir (resolver por meio de consultas aos servidores Raiz da Internet) um domínio para o endereço IP do servidor que hospeda (armazena) o site desejado. Esse processo ocorre em questão de segundos e obedece uma estrutura hierárquica.

12.9 Navegadores

Navegadores são programas que permitem acesso às páginas da Internet, são muitas vezes citados em provas pelo termo em inglês Browser.

Exs.:

Internet Explorer

Mozilla Firefox

Google Chrome

Também são cobrados os conceitos dos tipos de dados de navegação que estão relacionados aos navegadores.

Cache

É um armazenamento temporário. No caso dos navegadores, trata-se de uma pasta onde são armazenados os conteúdos multimídias como imagens, vídeos, áudio e inclusive textos, para que, no segundo momento em que o mesmo conteúdo for acessado, ele possa ser mostrado ao usuário mais rapidamente.

Cookies

São pequenas informações que alguns sites armazenam no computador do usuário. Exemplos de informações armazenadas nos cookies: senhas, obviamente que são armazenadas criptografadas; também são muito utilizados em sites de compras, para armazenar o carrinho de compras.

Dados de formulários

Quando preenchemos um formulário, os navegadores oferecem opção para armazenar os dados digitados em cada campo, assim, quando necessário preencher o mesmo formulário ou ainda outro formulário com campos de mesmo nome, o navegador sugere os dados já usados a fim de autocompletar o preenchimento do campo.

12.10 Conceitos relacionados à internet

Nesta seção são apresentados alguns conceitos, tecnologias e ferramentas relacionadas à Internet que são cobrados nas provas dos concursos.

Motores de busca

Os Motores de Busca são normalmente conhecidos por buscadores. Dentre os principais estão Google, Bing (MSN) e Yahoo!.

É importante observar que, nos navegadores atuais, os motores de busca são integrados, com isso podemos definir qual se deseja utilizar, por exemplo: o Google Chrome e o Mozilla Firefox utilizam como motor de busca padrão o Google, já o Internet Explorer utiliza o Bing. Essa informação é relevante, pois é possível nesses navegadores digitar os termos buscados diretamente na barra de endereços, ao invés de acessar previamente o site do motor de busca.

Busca avançada

Os motores de busca oferecem alguns recursos para otimizar a busca, como operadores lógicos, também conhecidos como operadores booleanos1. Dentre eles podemos destacar a negação (-). Ao realizar uma busca na qual se deseja encontrar resultados que sejam relacionados a determinado assunto, porém os termos usados são comuns a outro, podemos utilizar o sinal de menos precedendo o termo do assunto irrelevante, como o exemplo de uma questão que já caiu em prova: realizar a busca por leite e cão, contudo, se for inserido apenas estes termos na busca, muitos resultados serão relacionados a gatos e leite. Para que as páginas que contenham a palavra gato não sejam exibidas na lista de páginas encontradas, basta digitar o sinal de menos (-) antes da palavra gato (sem espaço entre o sinal e a palavra), assim a pesquisa a ser inserida no buscador fica **Cão Leite -Gato**.

Também é possível realizar a busca por uma frase exata, assim, somente serão listados os sites que contenham exatamente a mesma expressão. Para isso, basta digitar a frase desejada entre aspas duplas.

Busca por/em Domínio Específico: para buscar sites que possuam determinado termo em seu nome de domínio, basta inserir o texto site: seguido da palavra desejada, lembrando que não deve haver espaço entre site: e o termo desejado. De forma similar, também pode-se utilizar **inurl: termo** para buscar sites que possuam o termo na URL.

Quando o domínio já é conhecido, é possível realizar a busca por determinado termo apenas nas páginas do domínio. Para tanto, deve-se digitar **site:Dominiodosite termo.**

Calculadora: é possível, ainda, utilizar o Google como uma calculadora, bastando digitar a expressão algébrica que se deseja resolver como 2+2 e, como resultado da "pesquisa", é apresentado o resultado da operação.

Operador: quando não se sabe exatamente qual é a palavra para completar uma expressão, pode-se completar a lacuna com um asterisco, assim o motor de busca irá entender que naquele espaço pode ser qualquer palavra.

Busca por tipo de arquivo: podemos refinar as buscas a resultados que consistam apenas em determinado formato de arquivo. Para tanto, podemos utilizar o operador filetype: assim, para buscar determinado tema, mas que seja em PDF, por exemplo, pode-se digitar **filetype: pdf tema.**

Tipos de busca

Os principais motores de busca permitem realizar as buscas de forma orientada a conteúdos gerais da web, como refinar a busca para exibir apenas imagens, vídeos ou mapas relacionados aos termos digitados.

1 Em referência à lógica de Boole, ou seja, a lógica que você estuda para o concurso.

Chat

Um chat é normalmente citado como um bate-papo em tempo real; é a forma de comunicação em que ambos os interlocutores estão conectados (on-line) simultaneamente. Muitos chats operam com salas de bate-papo. Um chat pode ser em um site específico como o chat do UOL. Conversas pelo MSN ou Facebook podem ser consideradas como chat, desde que ambos interlocutores estejam conectados.

Fórum

Também conhecidos como Listas de Discussão, os fóruns funcionam como debates sobre determinados assuntos. Em um fórum não é necessário que os envolvidos estejam conectados para receberem os comentários, pois estes ficam disponíveis para acesso futuro pelo usuário ou mesmo por pessoas que não estejam cadastradas no fórum, contudo, existem muitos fóruns fechados, nos quais só se entra por convite ou mediante aquisição. A maioria deles vincula o e-mail dos envolvidos a uma discussão, alertando-os assim, caso um novo comentário seja acrescentado.

Moodle

O Moodle é uma ferramenta fortemente utilizada pelo setor público, e também privado, para dar suporte ao Ensino a Distância (EAD).

Questões

01. (CESPE) Existem diversos dispositivos que protegem tanto o acesso a um computador quanto a toda uma rede. Caso um usuário pretenda impedir que o tráfego com origem na Internet faça conexão com seu computador pessoal, a tecnologia adequada a ser utilizada nessa situação será o:

a) multicast.
b) Instant Messager.
c) miniDim.
d) firewall.
e) IPv6.

02. (CESGRANRIO) O objetivo do firewall é:

a) possibilitar a conexão com a internet.
b) configurar uma rede privada.
c) visualizar diversos tipos de arquivos.
d) permitir a edição de imagens.
e) realizar a segurança de redes privadas.

03. (FCC) É oferecida a um usuário de correio eletrônico a opção de acessar as suas mensagens por meio de um servidor POP3 ou um servidor IMAP. Ele deve configurar o seu programa leitor de correio para usar o servidor:

a) POP3, se precisar buscar mensagens de acordo com um critério de busca.
b) IMAP, caso esse programa suporte apenas o post office protocol.
c) POP3, se quiser acessar suas mensagens em vários servidores sem risco de perder ou duplicar mensagens.
d) POP3, se precisar criar e manter pastas de mensagens no servidor.
e) IMAP, se precisar criar e manter pastas de mensagens no servidor.

04. (CESPE) Com relação a conceitos, tecnologias e serviços associados à Internet, assinale a opção correta:

a) O Mozilla Firefox é um navegador web que permite o acesso a conteúdo disponibilizado em páginas e sítios da Internet.

b) O Microsoft Office Access é um tipo de firewall que impede que redes de computadores que façam parte da Internet sejam invadidas.

c) Serviços de webmail consistem no uso compartilhado de software de grupo de discussão instalado em computador pertencente a uma rede local (LAN) para uso exclusivo, e em segurança, dos computadores pertencentes a essa LAN.

d) Na conexão denominada banda larga, para que usuários residenciais tenham acesso a recursos da Internet, exige-se o uso de cabos ópticos entre as residências dos usuários e seus provedores de internet.

e) O protocolo TCP/IP é utilizado na Internet para operações de transferência de arquivos quando se deseja garantir segurança sem o uso de software antivírus.

05. (FCC) A disponibilização de arquivos para a Intranet ou Internet é possível por meio de servidores especiais que implementam protocolos desenvolvidos para essa finalidade. Tais servidores possibilitam tanto o download (recebimento) quanto o upload (envio) de arquivos, que podem ser efetuados de forma anônima ou controlados por senha, que determinam, por exemplo, quais os diretórios o usuário pode acessar. Esses servidores, nomeados de forma homônima ao protocolo utilizado, são chamados de servidores:

a) DNS

b) TCP/IP

c) FTP

d) Web Service

e) Proxy

Gabaritos

01	D
02	E
03	E
04	A
05	C

13. ARQUITETURA DE REDES

Uma rede consiste em uma forma de ligação e comunicação de dispositivos que utilizam regras, denominadas de protocolos, para estabelecer a organização e padronização da comunicação.

Existem vários protocolos em diferentes níveis de organização de comunicação. Estes protocolos são organizados em grupos denominados suítes de protocolos. Embora existam duas principais suítes de protocolos, foi preciso eleger uma como padrão para a comunicação de dados entre os dispositivos em rede.

Apesar de usarmos apenas uma suíte na prática, faz-se necessário conhecer as duas, pois cada uma das coleções organiza os protocolos em quantidades de camadas diferentes. As suítes são: TCP/IP, proposto pela empresa RAND Co, em 1964, e OSI (*Open Systems Interconnection*), proposto pela ISO (*Iternational Organization for Standarization*), em 1984. O modelo TCP/IP, também conhecido como Pilha TCP/IP, é o adotado como padrão atualmente, após padronização e implementação pela ARPAnet entre 1980 e 1985, enquanto o OSI é utilizado como modelo de referência para a criação de novos protocolos.

Antes de abordar as estruturas, é necessário entender alguns conceitos:

> **Camada**: é a forma encontrada para dividir os problemas de comunicação em redes, segmentando em níveis distintos de responsabilidade. Assim, os dados trafegam entre os equipamentos de rede sem que, necessariamente, tenham de acessar os dados transmitidos. Uma camada presta serviços para a camada superior a ela e usa serviços da camada inferior a ela; não é possível pular camadas.

> **Interface**: é parte que realiza a comunicação direta entre duas máquinas; dentre os níveis de camada, é uma das mais inferiores.

13.1 Modelo OSI

O modelo OSI foi proposto como um sistema aberto de regras. Para atender a objetivos como: Portabilidade da aplicação; Interoperabilidade; Interconectividade e Estabilidade. Assim, diferentes equipamentos, com sistemas operacionais distintos, podem se comunicar.

A organização do modelo OSI se divide entre 7 camadas:

Nº	Camada	Finalidade
7	Aplicação	Manipulação de conteúdo específico (conteúdo multimídia, acesso remoto, e-mail, transferência de Arquivos).
6	Apresentação	Formatar os dados e converter códigos e caracteres.
5	Sessão	Estabelecer uma sessão de comunicação com outros dispositivos, ou seja, gerencia a *conversa* entre os equipamentos.
4	Transporte	Estabelecer conectividade fim a fim entre as aplicações, além de oferecer métodos de entrega de dados com ou sem controle de entrega.
3	Rede	Realizar o endereçamento dos dados e roteamento das informações na rede.
2	Enlace de dados	Verificar se os dados trafegados estão livres de erros de comunicação antes de entregá-los à camada de rede.
1	Física	Especificação das interfaces físicas; responsável pela transmissão dos bits através do meio físico.

As três camadas de nível mais alto, 7, 6 e 5, representadas na tabela apresentada anteriormente, não se preocupam em como os dados serão transmitidos pela rede, pois seu objetivo é manipular a informação para atender às necessidades do usuário e dos aplicativos. Além dos conceitos gerais apresentados na tabela 1, as provas de concursos costumam cobrar alguns conceitos mais específicos das principais camadas.

A **camada de aplicação** é a de nível mais alto na organização de camadas, pois é a camada que, em níveis de abstração, mais se aproxima do usuário. Nesta camada encontram-se os protocolos que manipulam diretamente os dados das aplicações (programas). Pode-se dizer que ela usa os serviços prestados pela camada de Apresentação.

Os principais protocolos da camanda de aplicação são: HTTP, RTP, SMTP, FTP, SSH, Telnet, IRC, SNMP, NNTP, POP3, IMAP, BitTorrent, DNS, Ping. O detalhamento dos protocolos é apresentado em outra seção deste material.

Na camada de transporte, podem-se destacar dentre os protocolos desta camada o **TCP** e o **UDP**, enquanto na **camada de Rede** destacam-se IP, IPsec, ICMP, NAT e ARP. A **camada de Enlace**, presente entre a camada de rede e física, é responsável, também, pela preparação dos dados para que sejam enviados para o meio físico. Para tanto, utiliza protocolos como: Ethernet, IEEE 802.1Q, Token Ring, PPP, Frame ralay.

Já a **camada física** é a de mais baixo nível por estar mais próxima ao *hardware*, sendo em alguns casos o próprio *hardware* de transmissão de dados. Ela é conhecida como camada 1, conforme classificado na tabela anterior.

Pode-se dizer que uma camada encapsula outra. Deste modo, a camada de nível inferior conterá os dados da superior a ela e ainda acrescentará alguns dados de cabeçalho, conforme ilustra o quadro a seguir.

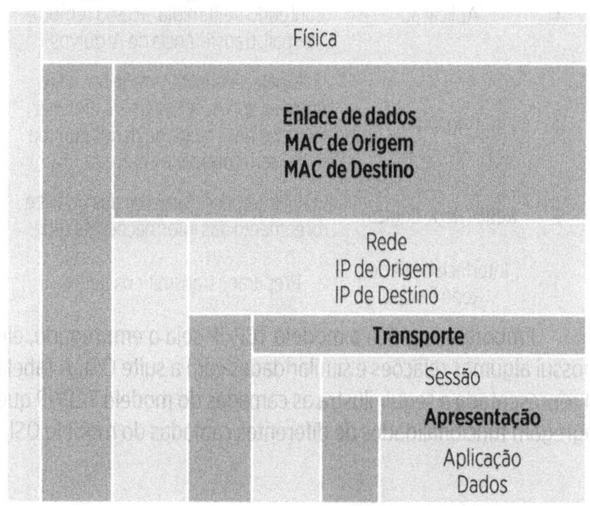

Os protocolos são divididos em camadas para que cada uma seja responsável por ações isoladas, que são utilizadas por vários protocolos da camada superior. Assim, a tabela a seguir, representa quais recursos conseguem acessar as camadas.

Camada	Usada por
Aplicação	Programas e aplicativos em nível do usuário
Apresentação	
Sessão	
Transporte	Sistema Operacional de Rede
Rede	
Enlace de dados	
Física	Hardware

13.2 Modelo TCP/IP

A arquitetura TCP/IP surge com os primórdios da Internet, ainda quando estava no ventre acadêmico, para interligar os centros de computação das universidades dos Estados Unidos. Seu nome origina-se dos principais protocolos usados na comunicação de redes o TCP (*Transport Control Protocol* – Protocolo de Controle de Transporte) e o IP (Internet Protocol – Protocolo de Internet).

Este modelo permite a interconexão de redes e sistemas heterogêneos, ou seja, redes em que existam diferentes tecnologias, equipamentos e softwares desenvolvidos por fabricantes diferentes.

Embora tenha uma origem comercial, a suíte TCP/IP pode ser (e é) utilizada livremente, tanto que é o atual modelo de organização de protocolos aplicados nas redes. Mesmo uma rede isolada da Internet utiliza por padrão o conjunto TCP/IP.

Para conectar duas ou mais redes, é necessário utilizar um equipamento específico, denominado Roteador.

A arquitetura TCP/IP se divide em 4 camadas:

Nº	Camada	Finalidade
4	Aplicação	Manipulação de conteúdo específico (conteúdo multimídia, acesso remoto, e-mail, transferência de Arquivos)
3	Transporte	Estabelecer conectividade fim a fim entre as aplicações, além de oferecer métodos de entrega de dados com ou sem controle de entrega.
2	Rede (Rede Lógica)	Realizar o endereçamento dos dados e roteamento das informações na rede.
1	Interface de Rede (Rede Física)	Preparar e transmitir os dados.

Embora na prática o modelo TCP/IP seja o empregado, ele possui algumas relações e similaridades com a suíte OSI. A tabela 4 representada a seguir ilustra as camadas do modelo TCP/IP que agregam funcionalidades de diferentes camadas do modelo OSI.

Modelo OSI		Modelo TCP/IP	
Nº	Camada	Camada	Nº
7	Aplicação	Aplicação	4
6	Apresentação		
5	Sessão		
4	Transporte	Transporte	3
3	Rede	Rede	2
2	Enlace de dados	Interface de Rede	1
1	Física		

O modelo TCP/IP proposto inicialmente apresenta 4 camadas, conforme ilustra a tabela a seguir. Entretanto, na prática e nas provas, ele é considerado com 5 camadas (também conhecido como TCP/IP híbrido), conforme ilustrado na tabela anterior.

Nº	Camada
5	Aplicação
4	Transporte
3	Rede (Rede Lógica)
2	Enlace
1	Física

Para memorizar as camadas, podemos usar a mnemônica **OFERTA:**

O TCP/IP é dividido nas camadas:

F ísica

E nlace

R ede

T ransporte

A plicação

Convém notar que no modelo TCP/IP de 5 camadas, a camada de Interface de Rede se divide em camadas Física e de Enlace, como no modelo de referência OSI. Para o TCP/IP a camada física consiste no meio físico por onde são trafegados os dados.

Os principais protocolos do conjunto TCP/IP que devem ser estudados são listados a seguir.

> **Camada de aplicação**: DHCP, DNS, FTP, HTTP, HTTPS, IMAP, Ping, POP, SMTP, SNMP, SSH, Telnet, BitTorrent e TLS/SSL.
> **Camada de Transporte**: TCP e UDP.
> **Camada de Rede**: ARP, ICMP, NAT, IPv4 e IPv6.
> **Camada de Enlace**: MAC, Ethernet.
> **Camada Física**: Modem, Bluetooth, Cabos, wi-fi.

Encapsulamento

Como já visto, o protocolo da camada de aplicação é que manipula os dados diretamente. Contudo, muitas vezes, os dados são grandes e é necessário segmentá-los para transmiti-los pela rede. Assim, as camadas dividem os dados em outros tipos de informação, além de acrescentar um pedaço, chamado de cabeçalho.

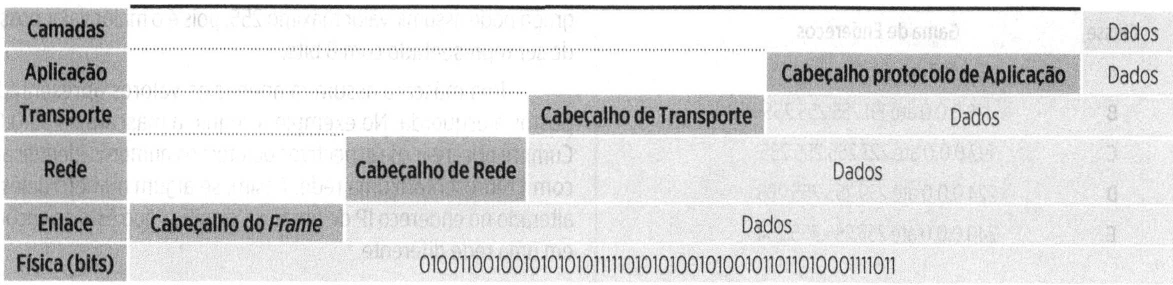

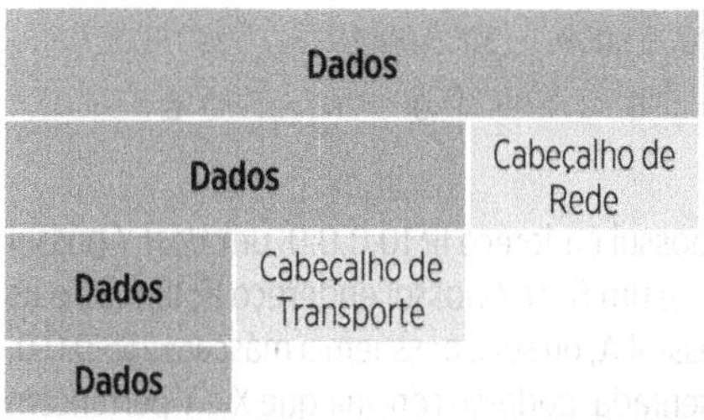

Tcp

O protocolo TCP é um dos protocolos da família de protocolos do TCP/IP. Ele oferece um serviço **orientando a Conexão**, além de ser um serviço confiável que **garante a entrega** dos dados ao cliente.

Durante a fase de transferência, o TCP está equipado com vários mecanismos que asseguram confiabilidade e robustez:

> números de sequência que garantem a **entrega ordenada**;

> código detector de erros (***checksum***) para detecção de falhas em segmentos específicos;

> confirmação de recepção e temporizadores que permitem o ajuste e contorno de eventuais atrasos e perdas de segmentos.

UDP (*user datagram protocol* – protocolo de datagrama de usuário)

É um protocolo simples da camada de transporte. Ele permite que a aplicação escreva um datagrama encapsulado em um pacote IPv4 ou IPv6, e então enviado ao destino. Mas não garante se o segmento irá chegar ou não. Este protocolo também não oferece segurança na comunicação, portanto não é um serviço confiável. Também dizemos que o UDP é um serviço sem conexão.

Este protocolo é utilizado pelos serviços de Stream e pelo DNS.

Arp (*address resolution protocol*)

É um protocolo usado para mapear um endereço da camada de enlace (Ethernet, por exemplo) a partir do endereço da camada de rede (como um endereço IP).

A tabela ARP é a estrutura utilizada para mapear os endereços MAC dos dispositivos aos seus respectivos endereços IP.

Tabela nat (*network address translation*)

A tabela NAT é utilizada apenas no IPv4 nas conexões de borda de rede, ou seja, para mapear endereços de sub-redes, ou mesmo da rede "fria" (Intranet) para endereços da rede "quente" (Internet). Em IPv6, a tabela NAT não se faz necessária.

13.3 Endereços

Em uma rede de computadores trabalhamos com endereços para os dispositivos. Estes dispositivos recebem endereços lógicos e endereços Físicos.

Endereço físico

Um endereço Físico é um endereço original de fábrica, que é único no mundo. Tal endereço é controlado pela IANA, que distribui (vende) as faixas de endereços para as empresas fabricantes. Cada endereço é armazenado em uma memória do tipo ROM, ou seja, não alterável.

O MAC é o endereço Físico de uma rede. Ele identifica o equipamento, mas não a rede; assim, ele não é roteável; é descrito com 48 bits.

Endereço lógico

Endereço lógico é o endereço IP, que pode ser definido por software. Ele é utilizado para identificar tanto a rede como também o Host. Este endereço é roteável.

13.4 Endereçamento IPv4

Um endereço IPv4 possui tamanho de 32 bits, o que viabiliza um total de 4.294.967.296 combinações possíveis, ou seja, pouco mais de 4 bilhões. Considerando que todo dispositivo em rede recebe um endereço IP que deve ser único para identificá-lo, rapidamente nota-se que não há endereços para todos os dispositivos conectados à rede, ainda mais se considerarmos um dispositivo para cada pessoa no mundo.

Inicialmente, o IPv4 foi organizado em classes de endereços (*Classful*) para que as redes locais não utilizassem endereços IPs reais nos seus dispositivos internos. Deste modo, se uma empresa possui uma rede com 100 computadores, para a Internet é como se todos eles fossem apenas um. Neste cenário a tabela NAT se torna necessária.

Porém, com o tempo, até mesmo essa proposta se mostrou ineficiente para atender à alta demanda de endereços. Logo, novas versões de protocolo IP foram apresentadas, mas até que estivessem aptas para uso no mercado outra solução provisória foi tomada: a criação do Classless para o gerenciamento de endereços de redes e sub-redes.

Classful

Na divisão classful foram apresentadas cinco classes distintas, sendo as mais usadas as classes A, B e C, pois D e E são classes de endereços reservados. Assim, na primeira concepção as classes eram tomadas pelo endereço IP, conforme ilustra a tabela a seguir.

Classe	Gama de Endereços
A	0.0.0.0 até 127.255.255.255
B	128.0.0.0 até 191.255.255.255
C	192.0.0.0 até 223.255.255.255
D	224.0.0.0 até 239.255.255.255
E	240.0.0.0 até 255.255.255.254

Classe	Nº de Endereços por Rede
A	16.777.216
B	65.536
C	256

Como identificado anteriormente, tal proposta logo se tornou obsoleta, e o emprego de máscaras foi utilizado para identificar as classes de rede. Na anterior são identificados quantos endereços cada classe (*classful*) suporta por rede. Contudo, destas quantias é necessário reduzir dois endereços (de rede e de *broadcast*) para saber quantos endereços poderão ser usados por dispositivos de rede. Desse modo, uma rede classe C suporta 256 endereços por rede dos quais 254 podem ser usados por *Hosts*, uma vez que dois são reservados.

Uma máscara é um número de estrutura similar ao endereço IP. Porém, relaciona-se a este por cálculos lógicos bit a bit para identificar o endereço que representa a rede e o endereço de *broadcast*.

Portanto, como o IP, cada grupo pode ter o valor máximo 255. Porém, no caso das máscaras, o mais comum é usar estes valores máximos, como identifica a tabela a seguir.

Classe	Máscara de Rede	CIDR
A	255.0.0.0	/8
B	255.225.0.0	/16
C	255.255.255.0	/24

Máscaras

O número que expressa uma máscara normalmente é alto, pois ele representa os bits mais à esquerda de um octeto marcados como 1 e os demais zeros. Com isso, as máscaras podem sumir apenas valores, como apresenta a tabela a seguir.

Octeto (8 bits)	Decimal
1000 0000	128
1100 0000	192
1110 0000	224
1111 0000	240
1111 1000	248
1111 1100	252
1111 1110	254
1111 1111	255

É importante lembrar que o IPv4 é composto por 4 grupos, chamados octetos quando trabalhados em binário. Por isso, cada grupo pode assumir valor máximo 255, pois é o maior valor possível de ser representado com 8 bits.

Uma máscara assumirá apenas os valores apresentados, postos à esquerda. No exemplo a seguir, a máscara é 255.0.0.0. Cumpre observar os respectivos octetos: os números identificados com 1 representam uma rede. Assim, se algum número deles for alterado no endereço IP de um *Host*, significa que este se encontra em uma rede diferente.

1111 1111	0000 0000	0000 0000	0000 0000
255	0	0	0

Caso 1:

Se um *Host* X possui endereço IP 10.0.0.0, um *Host* Y possui endereço IP 10.12.14.0 e um *Host* Z possui endereço IP 15.0.3.1 e os três pertençam ao classful A, ou seja, possuem a máscara 255.0.0.0, anteriormente representada, pode-se concluir que X e Y pertencem à mesma rede, uma vez que o primeiro grupo não tem seu valor alterado. Já o *Host* Z apresenta um número diferente para o primeiro grupo, indicando não pertencer à mesma rede que X e Y. Na prática, o computador realiza um AND bit a bit com o IP binário e a máscara para verificar se pertencem à mesma rede.

255	0	0	0	Máscara
1111 1111	0000 0000	0000 0000	0000 0000	Classe A
0000 1010	0000 0000	0000 0000	0000 0000	IP X
10	0	0	0	
0000 1010	0000 0000	0000 0000	0000 0000	Endereço Rede

255	0	0	0	Máscara
1111 1111	0000 0000	0000 0000	0000 0000	Classe A
0000 1010	0000 1100	0000 1110	0000 0000	IP Y
10	12	14	0	
0000 1010	0000 0000	0000 0000	0000 0000	Endereço Rede

255	0	0	0	Máscara
1111 1111	0000 0000	0000 0000	0000 0000	Classe A
0000 1111	0000 0000	0000 0011	0000 0001	IP Z
15	0	3	1	
0000 1111	0000 0000	0000 0000	0000 0000	Endereço Rede

Caso 2: um exemplo Classful C

Se um *Host* X possui endereço IP 192.168.0.100, um *Host* Y possui endereço IP 192.168.0.250 e um Host Z possui endereço IP 192.168.5.120, sendo classful C possuem a máscara 255.255.255.0, pode-se concluir que X e Y pertencem à mesma rede, uma vez que o primeiro, o segundo e o terceiro octetos não têm seus valores alterados. Já o *Host* Z apresenta um número diferente para o terceiro grupo, assim o *Host* Z não pertence à mesma rede que X e Y.

255	255	255	0	Máscara
1111 1111	1111 1111	1111 1111	0000 0000	Classe C
1100 0000	1010 1000	0000 0000	0110 0100	IP X
192	168	0	100	
1100 0000	1010 1000	0000 0000	0000 0000	Endereço Rede

255	255	255	0	Máscara
1111 1111	1111 1111	1111 1111	0000 0000	Classe C
1100 0000	1010 1000	0000 0000	1111 1010	IP Y
192	168	0	250	
1100 0000	1010 1000	0000 0000	0000 0000	Endereço Rede

255	255	255	0	Máscara
1111 1111	1111 1111	1111 1111	0000 0000	Classe C
1100 0000	1010 1000	0000 0101	0111 1000	IP Z
192	168	5	120	
1100 0000	1010 1000	0000 0101	0000 0000	Endereço Rede

Observa-se que o endereço de rede obtido para X e Y é o mesmo, mas para Z é outro.

Para saber quantos são os endereços por rede, a máscara é de fundamental ajuda, principalmente se for dada pela questão na forma CIDR, como apresenta a tabela 8. Este é um dos tópicos mais cobrados nas provas.

Sabe-se que o endereço IPv4 possui 32 bits e que uma máscara identifica os bits à esquerda que serão usados para identificar a rede. Assim, os bits que sobram à direita (zerados) são usados para identificar endereços por rede. Um CIDR representa exatamente o total de bits da máscara que são marcados como 1, ou seja, o total de bits que representam redes.

Portanto, ao calcular pelo complemento, temos:

32 (tamanho do IPv4, portanto, sempre será 32) – CIDR (normalmente informado pela questão) = X

Para calcular quantos são os endereços por rede, deve-se elevar 2 por X, ou seja, 2^X=Y.

Já para identificar a quantidade de Host utilizáveis, basta calcular Y-2.

Deste modo, dado o exemplo:

Em uma rede classe C, quantos endereços IPs podem ser usados por *Hosts*?

Classe C = 255.255.255.0, ou seja, CIDR /24.

32-24=8

2^8=256 endereços por rede.

256-2 = 254 endereços para Hosts.

Classless

Como a proposta de divisão em *classful* também se mostrou limitada, surge a proposta classless, agora permitindo uma maior subdivisão, além de apresentar melhor aproveitamento das faixas de endereços IPs.

A lógica de trabalho e cálculo é similar ao *classful*, com a diferença de que agora parte de um octeto pode ser usada como máscara. Assim, os valores apresentados na tabela a seguir são mais presentes.

No exemplo a seguir, dado o endereço IP 192.168.1.0 e a máscara 255.255.255.240, quantos são os endereços por rede?

1100 0000	1010 1000	0000 0001	0000 0000	**IP**
192	168	1	0	
1111 1111	1111 1111	1111 1111	**1111** 0000	**Máscara**
255	255	255	240	

A forma mais simples vista até aqui é utilizar o CIDR. Mas é possível notar que nem sempre a questão o irá informar. Se o candidato possuir habilidades em converter decimais para binários ou mesmo se tiver decorado a tabela 9, então só resta contar os números 1, ou neste caso, usar o menor esforço e contar os zeros da máscara, que afinal é o que se deseja. Portanto, a máscara apresentada corresponde ao CIDR /28, ou seja, os 4 últimos dígitos são os endereços por rede. Calculando, temos:

256 – 240 = 16 endereços por rede

Ou

32 – 28 = 4

2^4=16 endereços por rede

Para a quantidade de Hosts utilizáveis, é importante lembrar-se de subtrair destes 16 os 2 endereços reservados.

Nota-se que as máscaras 255.255.255.254 e 255.255.255.255 não fazem muito sentido: a primeira por não existirem endereços para Hosts; e a segunda, além de não possuir endereços por rede, é um endereço reservado, utilizado para *broadcast*.

Vejamos, a seguir, as diferentes redes que podem ser criadas com o endereço 192.168.1.0/27, lembrando que o /27 é o CIDR, ou seja, os 27 bits à esquerda serão para rede, e os 5 bits que sobram são para cada rede. Verifica-se que ao mudar um dos três bits à esquerda do último octeto (em destaque) se tem uma rede distinta. À direita os valores indicam o primeiro endereço IP de cada rede, que é o endereço que a identifica.

0 – 23	24 – 27	28 – 31	
1100 0000 1010 1000 0000 0001	000	0 0000	192.168.1.0/27
1100 0000 1010 1000 0000 0001	001	0 0000	192.168.1.32/27
1100 0000 1010 1000 0000 0001	010	0 0000	192.168.1.64/27
1100 0000 1010 1000 0000 0001	011	0 0000	192.168.1.94/27
1100 0000 1010 1000 0000 0001	100	0 0000	192.168.1.128/27
1100 0000 1010 1000 0000 0001	101	0 0000	192.168.1.160/27
1100 0000 1010 1000 0000 0001	110	0 0000	192.168.1.192/27
1100 0000 1010 1000 0000 0001	111	0 0000	192.168.1.224/27

Assim, podemos concluir que a primeira rede/sub-rede que pode ser composta vai de 192.168.1.0/27 até 192.168.1.31/27, o endereço 192.168.1.32/27 marca o início da segunda rede/sub-rede. A tabela a seguir, destaca os intervalos de endereços e os respectivos endereços reservados.

Endereço de rede	Faixa de endereços utilizáveis por *Hosts*		Endereço de *broadcast*	Sub-rede
192.168.1.0	192.168.1.1	192.168.1.30	192.168.1.31	0
192.168.1.32	192.168.1.33	192.168.1.62	192.168.1.63	1
192.168.1.64	192.168.1.65	192.168.1.92	192.168.1.93	2
192.168.1.94	192.168.1.95	192.168.1.126	192.168.1.127	3
192.168.1.128	192.168.1.129	192.168.1.158	192.168.1.159	4
192.168.1.160	192.168.1.161	192.168.1.190	192.168.1.191	5
192.168.1.192	192.168.1.193	192.168.1.222	192.168.1.223	6
192.168.1.224	192.168.1.225	192.168.1.254	192.168.1.255	7

Conversão binário → decimal

A conversão de número binários para decimais é obtida somando-se potências de base 2, conforme ilustra a figura a seguir.

1001

1 0 0 1

x x x x

$2^3 + 2^2 + 2^1 + 2^0 = 9$

Conversão decimal → binário

Para converter um número decimal para um número binário, devemos realizar divisões inteiras sucessivas por 2, ou seja, mantendo o resto. Ao final deve-se pegar do último resto ao primeiro. Vejamos o exemplo.

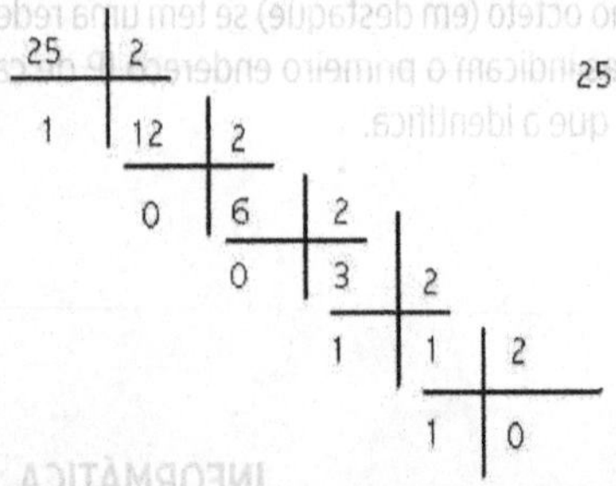

25 = 11001

14. CONCEITOS DE BANCO DE DADOS

14.1 Conceito

Um banco de dados é uma coleção de dados inter-relacionados, representando informações sobre um domínio específico, ou seja, sempre que for possível agrupar informações que se relacionam e tratam de um mesmo assunto, pode-se dizer que há um banco de dados.

É possível exemplificar situações clássicas como:

- uma lista telefônica;
- um catálogo de CDs; ou
- um sistema de controle de RH de uma empresa.

Porém, possui algumas características comuns:

- é projetado, construído e povoado com dados para algum objetivo específico;
- pode ser gerado e mantido manualmente ou informatizado.

14.2 Sistema Gerenciador de Banco de Dados (SGBD)

Uma vez que estabelecemos que um banco de dados é tão somente um conjunto de arquivos, que contém os dados referentes a um sistema qualquer, podemos nos fazer as seguintes perguntas:

- Mas como esses dados são administrados?
- Como definimos a estrutura de cada registro?
- Como definir regras de acesso aos dados?

Todas as tarefas acima, e ainda outras, são realizadas por meio do uso de um conjunto de softwares conhecidos por **Sistema Gerenciador de Banco de Dados.**

Definindo um SGBD

Coleção de programas que possibilita a definição, construção e manutenção de um banco de dados:

- **Definir**: especificar os tipos de dados, estruturas e restrições para os dados do banco.
- **Construir**: armazenar os dados em um meio de armazenamento controlado pelo SGBD.
- **Manipular**: funções para consultas e atualizações nos dados armazenados.

Muitas outras funções são disponibilizadas pelos SGBDs atuais, como, ferramentas para backup e restore, extração e importação de dados, gerenciamento de transações e acesso concorrente, geração de relatórios, análise de dados etc.

Há vários produtos disponíveis no mercado. Cada um deles com suas próprias características e disponibilizando diferentes funcionalidades, dependendo da versão escolhida. Nos últimos anos, praticamente todas as empresas disponibilizam alguma versão sem necessidade de pagamento de licença dos seus SGBDs. Algumas dessas versões possuem limitações em relação às versões pagas; outros produtos somente existem em versões livres. Os mais conhecidos no mercado são ORACLE, IBM DB2, MS-SQL Server, MYSQL, PostGreSQl, FireBird, DB4 e SYBASE.

14.3 Arquitetura de sistema de banco de dados

Os SGBD possuem algumas características operacionais elementares, listadas a seguir:

01. Controle de redundâncias: a redundância consiste no armazenamento de uma mesma informação em locais diferentes, provocando inconsistências. Em um Banco de Dados, as informações só se encontram armazenadas em um único local, não existindo duplicação descontrolada dos dados. Quando existem replicações dos dados, estas são decorrentes do processo de armazenagem típica do ambiente Cliente-Servidor, totalmente sob controle do Banco de Dados.

02. Compartilhamento dos dados: o SGBD deve incluir software de controle de concorrência ao acesso dos dados, garantindo em qualquer tipo de situação a escrita/leitura de dados sem erros.

03. Controle de acesso: o SGDB deve dispor de recursos que possibilitem selecionar a autoridade de cada usuário. Assim, um usuário poderá realizar qualquer tipo de acesso, outros poderão ler alguns dados e atualizar outros, e outros ainda poderão somente acessar um conjunto restrito de dados para escrita e leitura.

04. Interfaceamento: um Banco de Dados deverá disponibilizar formas de acesso gráfico, em linguagem natural, em SQL ou ainda via menus de acesso, não sendo uma "caixa-preta" somente sendo passível de ser acessada por aplicações.

05. Esquematização: um Banco de Dados deverá fornecer mecanismos que possibilitem a compreensão do relacionamento existente entre as tabelas e de sua eventual manutenção.

06. Controle de integridade: um Banco de Dados deverá impedir que aplicações ou acessos pelas interfaces possam comprometer a integridade dos dados.

07. Backups: o SGBD deverá apresentar facilidade para recuperar falhas de hardware e software, por meio da existência de arquivos de "pré-imagem" ou de outros recursos automáticos, exigindo minimamente a intervenção de pessoal técnico.

Para garantir que essas características sejam satisfeitas, os sistemas de banco de dados são implementados em diferentes camadas. Cada uma representa um nível de abstração e possui diferentes responsabilidades.

Modelagem de dados

Modelo conceitual: a modelagem conceitual baseia-se no mais alto nível e deve ser usada para envolver o cliente, pois o foco aqui é discutir os aspectos do negócio do cliente, e não da tecnologia. Os exemplos de modelagem de dados vistos pelo modelo conceitual são mais fáceis de compreender, já que não há limitações ou aplicação de tecnologia específica. O diagrama de dados que deve ser construído aqui é o Diagrama de Entidade e Relacionamento, no qual deverão ser identificadas todas as entidades e os relacionamentos entre elas. Este diagrama (Diagrama de Entidade e Relacionamento) é a chave para a compreensão do modelo conceitual de dados.

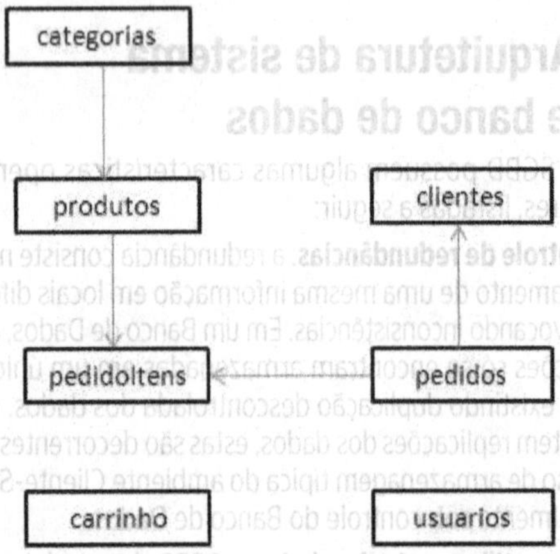

Modelo lógico: o modelo lógico já leva em conta algumas limitações e implementa recursos, como adequação de padrão e nomenclatura; define as chaves primárias e estrangeiras, normalização, integridade referencial, entre outras. O modelo lógico deve ser criado levando em conta os exemplos de modelagem de dados criados no modelo conceitual.

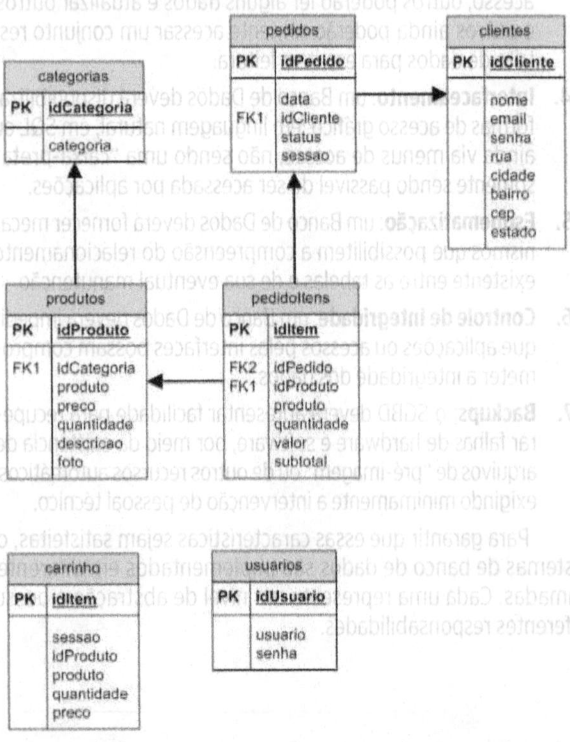

14.4 Conceito de chave no modelo Relacional

Chave Primária (*Primary Key*): em uma tabela, existe uma coluna ou conjunto de colunas concatenados, cujo valor é único na tabela, ou seja, nunca se repete aquele valor em nenhuma outra linha da tabela, e que identifica uma e somente uma única linha da tabela.

Então, dizemos que esta coluna ou conjunto de colunas formam a chave primária da tabela.

Chave Estrangeira (*Foreign Key*): quando dizemos que duas tabelas estão relacionadas por intermédio de atributos (colunas) comuns, devemos observar que esta coluna é a chave primária em uma das tabelas. Na outra tabela, este atributo irá caracterizar o que chamamos de "chave estrangeira", propiciando, assim, uma ligação lógica (relacionamento) entre as tabelas.

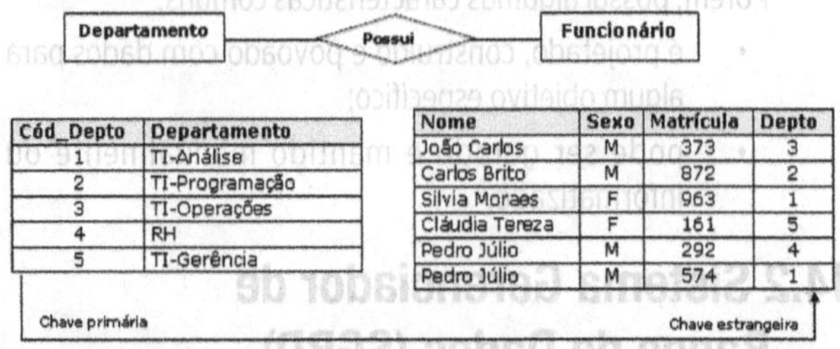

Cód_Depto	Departamento
1	TI-Análise
2	TI-Programação
3	TI-Operações
4	RH
5	TI-Gerência

Nome	Sexo	Matrícula	Depto
João Carlos	M	373	3
Carlos Brito	M	872	2
Silvia Moraes	F	963	1
Cláudia Tereza	F	161	5
Pedro Júlio	M	292	4
Pedro Júlio	M	574	1

Chave Candidata: uma tabela relacional pode assumir alternativas de identificador único, ou seja, várias colunas ou concatenações delas podem ter essa propriedade. Esses identificadores são candidatos à chave primária.

Como somente um poderá ser o escolhido (uma tabela só pode ter uma chave primária – que pode ser composta pela concatenação de mais de uma coluna), o restante passa a ser considerado como chave alternativa (secundária).

Chave Secundária (Secundary Key): serve para definir uma "segunda chave primária", por meio da criação de índices únicos de pesquisa. As chaves secundárias mantêm a integridade das tabelas que possuem mais de uma chave candidata.

14.5 Normalização de Dados

Conceito

Normalização é o processo de modelar o banco de dados, projetando a forma como as informações serão armazenadas, a fim de eliminar, ou pelo menos minimizar, a redundância no banco. Tal procedimento é feito a partir da identificação de uma anomalia em uma relação, decompondo-as em relações mais bem estruturadas.

Normalmente, precisamos remover uma ou mais colunas da tabela, dependendo da anomalia identificada, e criar uma segunda tabela, obviamente com suas próprias chaves primárias, e relacionarmos a primeira com a segunda para assim tentarmos evitar a redundância de informações.

O processo de normalização compreende o uso de um conjunto de regras, chamado de "formas normais". Ao analisarmos o banco de dados e verificarmos que ele respeita as regras da primeira forma normal, então podemos dizer que o banco está na "primeira forma normal". Caso o banco respeite as primeiras três regras, então ele está na "terceira forma normal". Mesmo existindo mais conjuntos de regras para outros níveis de normalização, a terceira forma normal é considerada o nível mínimo necessário para grande parte das aplicações.

Formas normais

Primeira Forma Normal: uma relação está na primeira forma normal quando todos os atributos contêm apenas um valor correspondente, singular, e não existem grupos de atributos repetidos — ou seja, não se admitem repetições ou campos que tenham mais que um valor.

O procedimento inicial é identificar a chave primária da tabela. Após, devemos reconhecer o grupo repetitivo e removê-lo da entidade. Em seguida, criamos uma nova tabela com a chave primária da tabela anterior e o grupo repetitivo.

Código	Nome	Endereço	Telefone
1001	Diego Machado	Rua Tal 321 Porto	5312345678 5398765432
1002	Fulano de Tal	Avenida Tal 71 Centro	5187654321 5143215678

A tabela não está na primeira forma normal.

Analisando o exemplo acima, podemos observar dois problemas: temos uma pessoa com dois números de telefone e um endereço com diferentes valores, a rua e o bairro. A fim de normalizar, teremos que colocar cada informação em uma coluna diferente e criar uma nova tabela, relacionando a pessoa a seus números de contato.

Código	Nome	Endereço	Bairro
1001	Diego Machado	Rua Tal 321	Porto
1002	Fulano de Tal	Avenida Tal 71	Centro

A tabela está na primeira forma normal.

Dessa forma, como mostrado na tabela acima, temos uma tabela na primeira forma normal, evitando assim repetições e campos com múltiplos valores, conforme observamos na tabela a seguir:

Código	Telefone
1001	5312345678
1001	5398765432
1002	5112345678
1002	5187654321

Nova tabela criada para evitar campos com mais de um valor.

Segunda Forma Normal: diz-se que uma tabela está na segunda forma normal se ela atende a todos os requisitos da primeira forma normal e se os registros na tabela, que não são chaves, dependam da chave primária em sua totalidade, e não apenas de parte dela. A segunda forma normal trabalha com essas irregularidades e previne que haja redundância no banco de dados.

Para isso, devemos localizar os valores que dependem parcialmente da chave primária e criar tabelas separadas para conjuntos de valores que se aplicam a vários registros e relacionar estas tabelas com uma chave estrangeira.

cd_locacao	cd_filme	titulo_filme	devolucao	cd_cliente
1010	201	The Matrix	2011-10-12	743
1011	302	O Grito	2011-12-10	549
1012	201	The Matrix	2011-12-30	362

A tabela não está na segunda forma normal.

Podemos observar que a tabela acima apresenta uma coluna responsável por armazenar o título do filme, onde este foi alugado e esta associa-se a um número de locação. Porém, ele também está associado a um código, tornando-o então um valor que não é totalmente dependente da chave primária da tabela.

cd_filme	titulo_filme
201	The Matrix
302	O Grito

Tabela criada para armazenar os filmes.

Se, em algum momento, tivermos que alterar o título de um filme, teríamos que procurar e alterar os valores em cada tupla (linha) da tabela. Isso demandaria trabalho e tempo desnecessários. Porém, ao criarmos uma tabela e as vincularmos com o recurso da chave estrangeira, tornamos o nosso banco mais organizado e ágil para as futuras consultas e manutenções que podem vir a ser necessárias.

cd_locacao	cd_filme	devolucao	cd_cliente
1010	201	2011-10-12	743
1011	302	2011-12-10	549
1012	201	2011-12-30	362

Tabela 6: Tabela na segunda forma normal.

Terceira Forma Normal: se analisarmos uma tupla e não encontrarmos um atributo não chave dependente de outro atributo não chave, podemos dizer que a entidade em questão está na terceira forma normal - contanto que esta não vá de encontro às especificações da primeira e da segunda forma normal.

Como procedimento principal para configurar uma entidade que atenda às regras da terceira forma normal, identificamos os campos que não dependem da chave primária e dependem de outro campo não chave. Depois, separamo-los para criar outra tabela distinta, se necessário.

placa	modelo	qtd_kmetro	cod_fab	nome_fab
qwe1234	Modelo1	867	3004	fabricante1
asd456	Modelo2	928	3005	fabricante2

A tabela não está na terceira forma normal.

No exemplo acima, temos uma entidade que lista os carros cadastrados, bem como o modelo, a quantidade de quilômetros rodados, o código do fabricante e o nome do fabricante. Observamos que "nome_fab" se dá em função de "cod_fab". Para adequarmos esta tabela de acordo com os padrões da terceira forma normal, devemos remover a coluna do nome do fabricante.

placa	modelo	qtd_kmetro	cod_fab
qwe1234	Modelo1	867	3004
asd456	Modelo2	928	3005

Tabela na terceira forma normal.

A coluna que removemos deve ser colocada em uma nova tabela, relacionando corretamente o nome do fabricante com o seu código. A seguir, podemos observar como ficaria esta nova entidade.

cod_fab	nome_fab
3004	fabricante1
3005	fabricante2

Tabela criada para armazenar o nome do fabricante.

14.6 Banco de dados SQL

SQL

É a linguagem padrão para a manipulação de bancos de dados relacionais. Por corresponder a um padrão aceito pela indústria, é suportada por todos os SGBDs relacionais - o que inclui produtos como Oracle, Microsoft SQL Server, MySQL, PostgreSQL, SQLite e IBM DB2.

Embora seja uma linguagem muito poderosa, o escopo da SQL é claro e direto, oferecendo instruções para a recuperação e manipulação de dados em tabelas, controle de transações, definição de objetos e controle de acesso. A tabela a seguir apresenta as principais instruções SQL e suas respectivas funções.

INSTRUÇÃO	FUNÇÃO
SELECT	Recuperação de dados.
INSERT UPDATE DELETE	Manipulação de dados.
CREATE ALTER DROP RENAME TRUNCATE	Definição de objetos.
COMMIT ROLLBACK SAVEPOINT	Controle de transações.
GRANT REVOKE	Controle de acesso.

A SQL possui a limitação de ser uma linguagem declarativa. Isto significa que não é possível criar um programa inteiro em SQL, pois a linguagem não possui comandos para tomada de decisão (ex.: IF-ELSE) e nem para execução de laços (ex.: WHILE e FOR).

Classificação das declarações SQL

Existem cinco categorias do SQL, que são comumente usadas em todos os bancos de dados.

***Data Definition Language* (DDL) - Linguagem de Definição de Dados:** usada para a estrutura ou o esquema do banco de dados.

> A declaração CREATE cria objetos.

> A declaração ALTER altera a estrutura dos objetos no banco de dados.

> A declaração DROP apaga os objetos do banco de dados.

Data Control Language (DCL) Linguagem de controle de dados: usada para controlar o acesso aos dados e garantir a segurança. A seguir, constam algumas declarações importantes:

> **GRANT**: usada para atribuir privilégios de acesso aos objetos do banco para um usuário.

> **REVOKE**: usada para retirar privilégios de acesso usando a declaração GRANT.

> **DENY**: usada para proibir determinados usuários de desempenhar certas tarefas.

***Data Manipulation Language* (DML):** usada para gerenciar os dados no esquema de objetos. A seguir, constam algumas importantes declarações:

> **INSERT**: para inserir dados na tabela.

> **UPDATE**: para modificar um dado já existente na tabela.

> **DELETE**: para deletar o que foi gravado na tabela.

> **SELECT**: para selecionar o que está gravado na tabela.

Data Transaction Language (DTL): utilizado pelos desenvolvedores em transações. Os principais comandos são:

> **COMMIT**: finaliza a transação tornando as alterações permanentes.

> **ROLLBACK [TO SAVEPOINT nome]**.

> **ROLLBACK**: finaliza a transação descartando as alterações pendentes. Com a opção TO SAVEPOINT descarta as alterações subsequentes ao savepoint escolhido.

> **SAVEPOINT**: marca um ponto de gravação dentro da transação atual

***Data Query Language* (DQL):** o mais importante dentre estes, pois consultas são realizadas a todo instante. O comando que é utilizado pelo DQL é o:

> **SELECT**: para selecionar o que está gravado na tabela.

Principais instruções em sql

SELECT: esta instrução seleciona registros e campos específicos de uma tabela. A sintaxe geral da instrução SELECT é a seguinte:

SELECT <Campos> FROM <Tabelas> WHERE <Critérios>

Vamos dar um exemplo e selecionar apenas um determinado produto da tabela Animais, mostrando todos os campos da tabela:

SELECT * FROM Produtos WHERE CódigoDoProduto=1234

Sobre a instrução acima, temos que:

SELECT Campos: instrução SQL que seleciona para apresentar os campos determinados. O sinal de * (asterisco) indica que TODOS os campos da entidade (tabela) serão mostrados. Se for necessário especificar os nomes dos campos a serem mostrados, eles devem ser separados por , (vírgula).

FROM Tabelas: indica de que tabelas os campos serão selecionados, para informar mais de uma tabela, separe seus nomes por, (vírgula).

WHERE Critérios: indica a condição que deverá ser respeitada (avaliada) para a seleção dos registros da tabela.

INSERT: permite inserir dados nas tabelas do BD. A Sintaxe geral é assim:

INSERT INTO <Tabela (campo1, campo2, campo3)> VALUES <(valor1, valor2, valor3>)

Por exemplo, caso o usuário deseja inserir um novo Produto de código 1235, Nome Impressora HP 380sx, preço 120,80 pode fazer o seguinte:

INSERT INTO Produtos (CodigoDoProduto, NomedoProduto, PreçoUnitário) VALUES (1235, "Impressora HP 380sx", 120,80).

A instrução INSERT INTO não retorna uma listagem de registros, como a instrução SELECT, mas modifica os dados de uma tabela, inserindo um registro novo no fim da tabela.

UPDATE: a Instrução UPDATE da linguagem SQL permite que o usuário altere os valores contidos em um ou vários registros específicos da tabela. Esta instrução se escreve assim:

UPDATE <Tabela> SET <Campo=Valor> WHERE <Critérios>

Vamos dar um exemplo: se todos os Produtos cujos códigos sejam maiores que 1000, receberam um reajuste de 15% no seu valor, pode-se fazer o seguinte:

UPDATE Produtos SET PreçoUnitário=PreçoUnitário*1,15 WHERE CódigoDoProduto>1000

DELETE: como o nome já mostra, esta instrução exclui um ou mais registros de acordo com um critério. A sintaxe desta instrução é:

DELETE * FROM <Tabela> WHERE <Critérios>

Um exemplo pode ser o seguinte: vamos excluir o Produto 1234 da tabela Produtos do nosso Banco de Dados. DELETE * FROM Produtos WHERE CódigoDoProduto=1234

Lembre-se: a instrução DELETE não apaga apenas um campo do registro (como, apagar apenas os nomes dos produtos). Esta instrução exclui o registro inteiro da tabela.

Funções

MAX(exp): máximo da expressão.

MIN(exp): mínimo da expressão.

AVG(n): valor médio de n ignorando valores nulos.

SUM(n): soma os valores de n ignorando valores nulos.

COUNT(*): conta todas as linhas selecionadas, incluindo as repetidas e que contenham valores nulos.

Hive

O projeto Apache Hive é uma solução de data warehousing de software livre construída pela Equipe de Infraestrutura de

Dados do Facebook no ambiente Hadoop. O principal objetivo do projeto é levar conceitos de bancos de dados relacionais (por exemplo, tabelas, colunas, partições) e um subconjunto de SQL ao mundo desestruturado do Hadoop, ao mesmo tempo em que mantém a extensibilidade e a flexibilidade desfrutada no Hadoop. Assim, ele oferece suporte a todos os principais tipos primitivos (por exemplo, números inteiros, flutuações, sequências) e tipos complexos (por exemplo, mapas, listas, estruturas). O Hive oferece suporte às consultas expressas em HiveQL (Hive Query Language), uma linguagem declarativa similar à SQL e, portanto, pode ser entendido facilmente por qualquer pessoa familiarizada com a SQL. Essas consultas são compiladas automaticamente nas tarefas do MapReduce que são executadas usando Hadoop. Além disso, a HiveQL permite que os usuários realizem o plug in de scripts customizados de MapReduce nas consultas.

A HiveQL oferece suporte às instruções de Linguagem de Definição de Dados (DDL), que podem ser usadas para criar, eliminar e alterar as tabelas de um banco de dados. Ela permite que os usuários carreguem dados de fontes externas e insiram os resultados das consultas em tabelas do Hive por meio do carregamento e inserção de instruções de Linguagem de Manipulação de Dados (DML), respectivamente.

No entanto, atualmente a HiveQL não oferece suporte à atualização e exclusão de linhas das tabelas existentes (em particular, as instruções INSERT, UPDATE e DELETE INTO), o que permite o uso de mecanismos bastante simples para lidar com operações simultâneas de leitura e gravação sem precisar implementar protocolos de bloqueio complexos. O componente de metaloja é o catálogo do sistema Hive, que armazena metadados sobre a tabela subjacente. Esses metadados são especificados durante a criação da tabela e são reutilizados sempre que é feita referência à tabela na HiveQL. A metaloja distingue o Hive como uma solução tradicional de warehousing em comparação aos sistemas similares de processamento de dados que são construídos em arquiteturas similares ao MapReduce, como a Pig Latin.

A seguir, constam exemplos das instruções de HiveQL que descrevem as operações para criar uma tabela, carregar dados e consultar o conteúdo das tabelas.

CREATE TABLE employee (empID INT, name STRING, salary BIGINT)

ROW FORMAT DELIMITED

FIELDS TERMINATED BY '\t'

STORED AS TEXTFILE;

LOAD DATA INPATH "employee_data" INTO TABLE employee;

SELECT * FROM employee WHERE salary > 100000 SORT BY salary DESC;

O Hive também oferece suporte à manipulação de dados por meio de funções criadas pelos usuários.

INSERT OVERWRITE TABLE employee

SELECT

TRANSFORM (empID, name, salary, address, department)

USING 'python employee_mapper.py'

AS (empID, name, salary, city)

FROM employee_data;

Em geral, o Hive é uma ótima interface para qualquer pessoa envolvida no mundo de bancos de dados relacionais, embora os detalhes da implementação subjacente não sejam completamente ocultos. Ainda, é preciso se preocupar com algumas diferenças em termos da melhor maneira para especificar as junções para o melhor desempenho e alguns recursos ausentes de linguagem. O Hive oferece a capacidade de fazer *plug in* de códigos customizados para situações que não se ajustam à SQL, bem como muitas ferramentas para manipular as entradas e saídas. Ele sofre algumas limitações, como a falta de suporte às instruções UPDATE ou DELETE ,INSERT em linhas únicas, e tipos de dados de data ou horário, já que elas são tratadas como sequências.

Lista encadeada, pilha, fila, noções sobre árvore binária

Árvore binária

Até o momento, estudamos a organização dos dados de uma maneira linear, em que a propriedade básica é a relação sequencial mantida entre seus elementos.

Agora, vamos tratar de outra forma de organizar os dados, chamada genericamente de "não linear". Essa forma permite que outros tipos de relação entre dados possam ser representados, como, hierarquia e composição. Um dos exemplos mais significativos de estruturas não lineares é a árvore.

Em uma árvore binária, encontramos alguns nomes específicos para classificar alguns tipos característicos e informações. Veremos algumas das principais delas:

Nó: é um dado armazenado em uma árvore binária, é de um tipo específico ao qual a árvore está preparada para armazenar, uma árvore é um container para N nós semelhantes em sua estrutura.

Raiz: é o primeiro item de uma árvore binária, ele começa uma estrutura que se repete da seguinte forma: cada item tem 0, 1 ou 2 itens relacionados à eles, dessa forma a raiz é denominada pai e os itens relacionados são os seus filhos. Cada filho pode ter outros filhos, até o final da árvore.

Subárvores: são partes da árvore principal que usam como raiz qualquer nó que não seja a raiz inicial e criam outras árvores menores; são árvores sempre menores que a árvore principal e que têm as mesmas características estruturais dessa árvore. Dessa forma, é fácil entender que uma árvore binária é a soma de todos os nós da subárvore com a raiz sendo o seu filho esquerdo e a subárvore com a raiz sendo o seu filho direito.

Folha: é um nó que não possui filhos.

Altura de um nó: a quantidade de pais que é necessária para se chegar até a raiz é a altura desse nó. Por exemplo, se tivermos uma árvore com uma configuração dessa forma: A tem B e C como filhos, B tem X e Y como filhos, teríamos o seguinte: A tem altura 0, B e C, 1 e X e Y, com altura 2.

Grau de um nó: é semelhante à altura, mas sendo que é a contagem inversa. Ao invés de a quantidade de pais até a raiz, a contagem se baseia pela quantidade de filhos até a folha mais longe. No exemplo acima, teríamos: A com grau 2, B e C com grau 1 e X e Y com grau 0.

Uma árvore binária é uma estrutura de dados de árvore binária baseada em nós, em que todos os nós da subárvore esquerda possuem um valor numérico inferior ao nó raiz e todos os nós da subárvore direita possuem um valor superior ao nó raiz.

PERCURSO

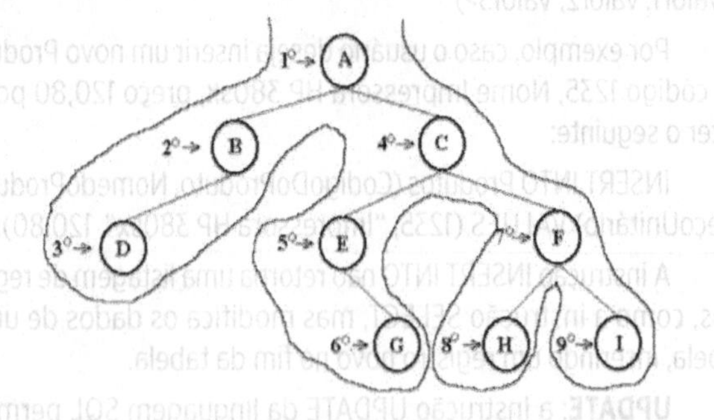

Percorrer uma árvore visitando cada nó uma única vez gera uma sequência linear de nós, e então passa a ter sentido falar em sucessor e predecessor de um nó segundo um determinado percurso. Há três maneiras recursivas de percorrer árvores binárias.

Travessia em Pre-Ordem

01. Se árvore vazia, fim;
02. visitar o nó raiz;
03. percorrer em pré-ordem a subárvore esquerda;
04. percorrer em pré-ordem a subárvore direita.

ABDCEGFHI

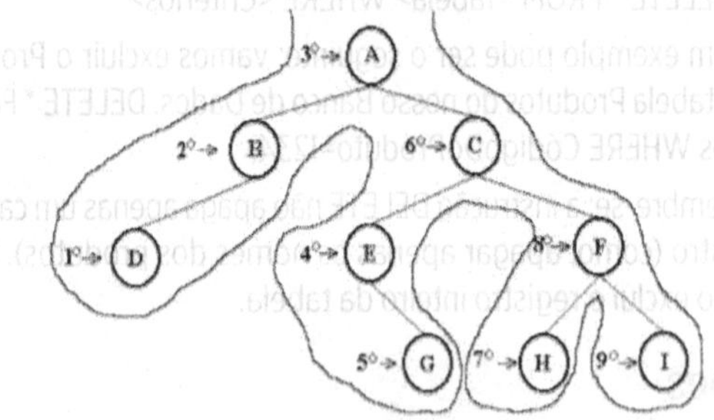

Travessia em In-ordem

01. Se árvore vazia, fim;
02. percorrer em in-ordem a subárvore esquerda;
03. visitar o nó raiz;
04. percorrer em in-ordem a subárvore direita.

DBAEGCHFI

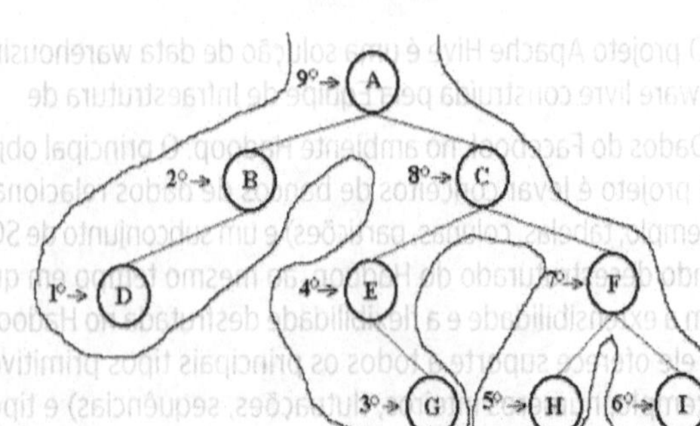

Travessia em Pós-ordem

01. Se árvore vazia, fim;
02. percorrer em pós-ordem a subárvore esquerda;

03. percorrer em pós-ordem a subárvore direita;
04. visitar o nó raiz.

14.7 Noções de Algoritmos de Aprendizado Supervisionado e Não Supervisionados

O uso aprendizagem de máquina abrange desde jogos passando pela detecção de fraudes até a análise estatísticas da bolsa de valores. É utilizada para construir sistemas como Netflix e Spotify, que recomendam músicas e/ou vídeos aos usuários com base no seu histórico de acesso, seus favoritos e outros dados, ou sistemas que encontram todos os artigos de notícias similares em um determinado dia.

Usando algoritmos que aprendem interativamente a partir de dados, o aprendizado de máquinas permite que os computadores encontrem insights ocultos sem serem explicitamente programados para procurar algo específico.

O aspecto interativo do aprendizado de máquinas é importante porque, conforme os modelos são expostos a novos dados, eles são capazes de se adaptar de forma independente. Eles aprendem com os cálculos anteriores para produzir decisões e resultados confiáveis e reproduzíveis.

Aqui, estão alguns exemplos amplamente divulgados de aplicações do *machine learning* com os quais você pode já estar familiarizado:

> Os carros autônomos do Google que dirigem sozinhos? A essência do aprendizado de máquina.
> Ofertas de recomendações on-line como as da Amazon e Netflix? Aplicações de aprendizado de máquina na vida cotidiana.
> Saber o que os clientes estão dizendo sobre você no Twitter? Aprendizado de máquina combinado com a criação de regra linguística.
> Detecção de fraudes? Um dos usos mais óbvios e importantes em nosso mundo atual.

Dois dos métodos de aprendizado de máquina mais adotados são o aprendizado supervisionado e o aprendizado não supervisionado. A maior parte do aprendizado de máquina – cerca de 70% – é de aprendizado supervisionado. O aprendizado não supervisionado é responsável por 10% a 20%. O aprendizado semissupervisionado e por reforço são duas outras tecnologias que são por vezes utilizadas.

> **Aprendizagem Supervisionada (*Supervised Learning*)**: é o termo usado sempre que o programa é "treinado" sobre um conjunto predefinido de dados. Baseado no treinamento com os dados predefinidos, o programa pode tomar decisões precisas quando recebe novos dados. Exemplo: pode-se usar um conjunto de dados de recursos humanos para treinamento da *Machine Learning*, que tenha *tweets* marcados como positivos, negativos e neutros e assim treinar um classificador de análise de sentimento. Problemas de aprendizagem supervisionados são classificados em problemas de "regressão" e "classificação". Em um problema de regressão, estamos tentando prever os resultados em uma saída contínua, o que significa que estamos a tentando mapear variáveis de entrada para alguma função contínua. Em um problema de classificação, estamos tentando prever os resultados em uma saída discreta. Em outras palavras, estamos tentando mapear variáveis de entrada em categorias distintas.
>
> » **Classificação (*Classification*)**: a classificação é uma subcategoria de aprendizagem supervisionada. Classificação é o processo de tomar algum tipo de entrada e atribuir um rótulo a ela. Sistemas de classificação são usados geralmente quando as previsões são de natureza distinta, ou seja, um simples "sim ou não". Exemplo: dada uma imagem de homem/mulher, temos de prever sua idade com base em dados da imagem.
>
> » **Regressão (*Regression*)**: outra subcategoria de aprendizagem supervisionada usada quando o valor que está sendo previsto difere de um "sim ou não" e que siga um espectro contínuo. Sistemas de regressão poderiam ser usados, por exemplo, para responder às perguntas: "Quanto custa?" ou "Quantos existem?". Exemplo: Dada um exemplo de tumor cancerígeno, temos de prever se ele é benigno ou maligno por meio do seu tamanho e idade do paciente.

> **Aprendizagem Não Supervisionada (*Unsupervised Learning*)**: termo usado quando um programa pode automaticamente encontrar padrões e relações em um conjunto de dados. Exemplo: análise de um conjunto de dados de e-mails e agrupamento automático de e-mails relacionados ao tema, sem que o programa possua qualquer conhecimento prévio sobre os dados.

Com aprendizagem não supervisionada não há *feedback* com base nos resultados da previsão, ou seja, não há professor para a corrigir.

» *Clustering* é o processo de agrupar itens, com base em similaridades entre os itens de um grupo. Pode ser utilizado para a compressão de dados, data mining, reconhecimento de padrões e aprendizado de máquina (campo da inteligência artificial dedicado ao desenvolvimento de algoritmos e técnicas que permitam ao computador aprender, isto é, que permitam ao computador aperfeiçoar seu desempenho em alguma tarefa).

Exemplos de aplicações incluem agrupamento de consumidores em segmentos de mercado, classificação de unidades manufaturadas por seus padrões de falhas, identificar pontos sujeitos a crimes e identificar regiões com características geográficas similares. Uma vez que os agrupamentos (cluster) são definidos, o próximo passo deve ser construir um modelo preditivo.

14.8 Busca Sequencial e Busca Binária sobre Arrays

Quando trabalhamos com listas, existem ocasiões em que necessitamos ordená-las para facilitar uma busca de um de seus elementos. Esta ordenação dos valores de uma lista pode ser tanto em ordem crescente como decrescente, mas sem esse tipo de ordenação pesquisa em uma lista seria muito difícil e demorada.

Basicamente, teríamos que posicionar o "ponteiro" no topo da lista e ir comparando cada um dos elementos com o valor procurado. Para uma lista pequena, esse "método" não é assim algo tão complexo e talvez seja o mais utilizado. Mas para matrizes um pouco maiores, esse método consome muito tempo de processamento, tempo este de que muitas vezes o sistema não dispõe. Nesses casos, o melhor é ordenar a matriz para somente então começar as pesquisas. As modalidades de buscas descritas acima são chamadas de *sequencial* e *binária*, respectivamente.

14.9 Busca Sequencial

Compara o elemento desejado com cada item na array ou lista, até encontrar um item cujo valor é igual ao valor do elemento desejado.

Lista = [Márcio, Dayana, Thales, Eduarda, Dexter, Emanoella, Rafael, Kellen]

Márcio	Dayana	Thales	Eduarda	Dexter	Emanoella	Rafael	Kellen
0	1	2	3	4	5	6	7

Algoritmo de busca sequencial em um array Lista, com 8 posições (0 até N-1), sendo Dexter o elemento procurado for (i=0; i<8; i++) {

```
if (Lista[i]=="Dexter"){ return(i); /*elemento encontrado*/
    }
}
return("Não consta na lista"); /*elemento não encontrado*/
```

14.10 Busca Binária

Estando o array ou a lista ordenados, podemos tirar vantagens dessa ordenação usando a busca binária. Neste caso, o elemento procurado é comparado ao elemento do meio do arranjo e:

- se igual, busca bem-sucedida;
- se menor, busca-se na metade inferior do array;
- se maior, busca-se na metade superior do array.

Compara o elemento desejado com cada item na array ou lista, até encontrar um item cujo valor é igual ao valor do elemento desejado.

Lista = [Dayana, Dexter, Eduarda, Emanoella, Kellen, Márcio, Rafael, Thales]

Lista[4] = "Dexter" (Falso, Dexter é menor)

Dayana	Dexter	Eduarda	Emanoella	Kellen	Márcio	Rafael	Thales
0	1	2	3	4	5	6	7

Procura na metade inferior do array

Lista[2] = "Dexter" (Verdadeiro, busca bem-sucedida)

Dayana	Dexter	Eduarda	Emanoella
0	1	2	3

14.11 Ordenação - Métodos da Bolha, Ordenação por Seleção, Ordenação por Inserção

Em Ciência da Computação, usamos um algoritmo de ordenação para colocarmos os elementos de uma dada sequência em uma certa ordem. Em outras palavras, efetua sua ordenação completa ou parcial. O objetivo da ordenação é facilitar a recuperação dos dados de uma lista.

Neste material, vamos tratar de alguns dos principais métodos de ordenação:

- Bolha;
- Seleção;
- Inserção.

14.12 Ordenação Bolha - *Bubble Sort*

Bubble sort é o algoritmo mais simples, mas o menos eficiente. Neste algoritmo, cada elemento da posição i será comparado com o elemento da posição i + 1, ou seja, um elemento da posição 2 será comparado com o elemento da posição 3. Se o elemento da posição 2 for maior que o da posição 3, eles trocam de lugar, e assim sucessivamente. Por causa dessa forma de execução, o vetor terá que ser percorrido quantas vezes forem necessárias, tornando o algoritmo ineficiente para listas muito grandes.

1ª Passagem do Bubble Sort

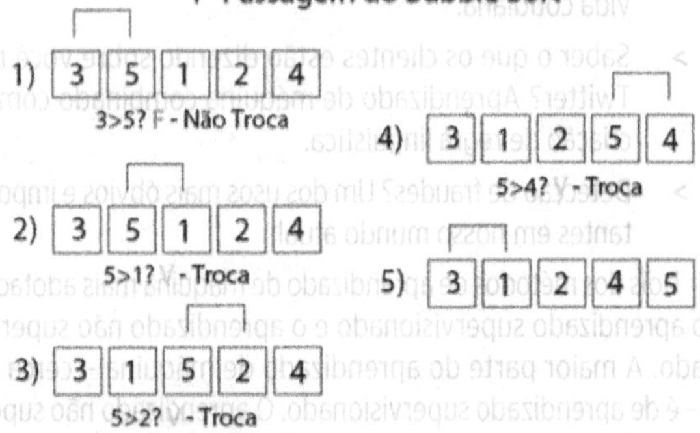

Funcionamento do Buble Sort

- É verificado se o 3 é maior que 5; por essa condição ser falsa, não há troca.
- É verificado se o 5 é maior que 1; por essa condição ser verdadeira, há uma troca.
- É verificado se o 5 é maior que 2; por essa condição ser verdadeira, há uma troca.
- É verificado se o 5 é maior que 4; por essa condição ser verdadeira, há uma troca.
- O método retorna ao início do vetor realizando os mesmos processos de comparações, isso é feito até que o vetor esteja ordenado.

14.13 Ordenação - Métodos da Bolha, Ordenação por Seleção, Ordenação por Inserção

Ordenação por seleção - *selection sort*

Esse algoritmo é baseado em se passar sempre o menor valor do vetor para a primeira posição (ou o maior dependendo da ordem requerida), depois o segundo menor valor para a segunda posição, e assim sucessivamente, até os últimos dois elementos.

Neste algoritmo de ordenação, é escolhido um número a partir do primeiro. Este número escolhido é comparado com os números a partir da sua direita. Quando encontrado um número menor, o número escolhido ocupa a posição do menor número encontrado. Este número encontrado será o próximo número escolhido. Caso não for encontrado nenhum número menor que este escolhido, ele é colocado na posição do primeiro número escolhido, e o próximo número à sua direita vai ser o escolhido para fazer as comparações. É repetido esse processo até que a lista esteja ordenada.

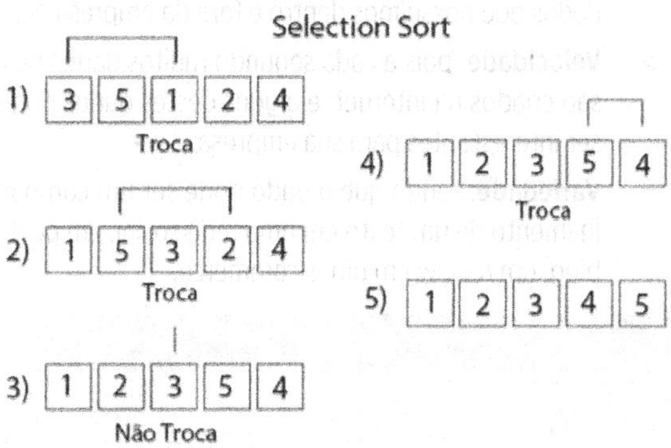

Funcionamento do *selection sort*

> Neste passo, o primeiro número escolhido foi o 3; ele foi comparado com todos os números à sua direita, e o menor número encontrado foi o 1, então os dois trocam de lugar.
> O mesmo processo do passo 1 acontece; o número escolhido foi o 5, e o menor número encontrado foi o 2.
> Não foi encontrado nenhum número menor que 3, então ele fica na mesma posição.
> O número 5 foi escolhido novamente, e o único número menor que ele à sua direita é o 4, então eles trocam.
> Vetor já ordenado.

Ordenação por inserção - *insertion sort*

O *Insertion sort* é um algoritmo simples e eficiente quando aplicado em pequenas listas. Neste algoritmo, a lista é percorrida da esquerda para a direita. À medida que avança, vai deixando os elementos mais à esquerda ordenados.

O algoritmo funciona da mesma forma como as pessoas usam para ordenar cartas em um jogo de baralho como o pôquer.

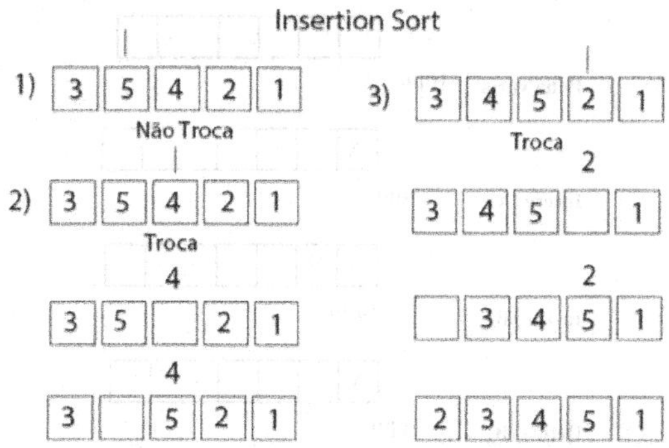

Funcionamento do *insertion sort*

> Neste passo, é verificado se o 5 é menor que o 3; como essa condição é falsa, então não há troca.
> É verificado se o 4 é menor que o 5 e o 3; ele só é menor que o 5, então os dois trocam de posição.
> É verificado se o 2 é menor que o 5, 4 e o 3; como ele é menor que 3, então o 5 passa a ocupar a posição do 2, o 4 ocupa a posição do 5, e o 3 ocupa a posição do 4; assim a posição do 3 fica vazia, e o 2 passa para essa posição.
> O mesmo processo de comparação acontece com o número 1; após esse processo o vetor fica ordenado.

14.14 Lista Encadeada, Pilha, Fila, Noções sobre Árvore Binária

Lista encadeada

Uma lista é uma sequência finita de elementos ligados entre si, em que cada elemento (ou nó) da lista tem a seguinte estrutura:

> um atributo com o valor do elemento; e
> um atributo com uma referência para o próximo elemento da lista (será nula se for o último elemento).

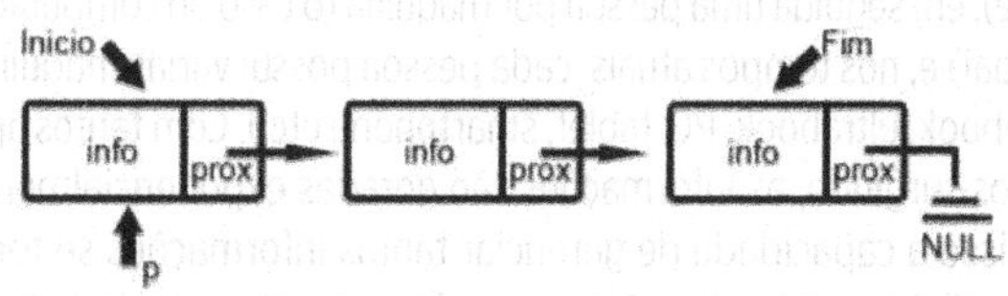

Observações:

> a ordem dos elementos na lista é relevante;
> os elementos de uma lista são todos do mesmo tipo;
> o armazenamento de uma lista não requer uma área contígua de memória.

Pilha

Pilhas são listas em que a inserção de um novo item ou a remoção de um item já existente se dá em uma única extremidade, no topo.

Em uma estrutura de pilha (*stack*), estabelecemos uma política LIFO - *last in, first out*.

Uma estrutura de pilha também oferece basicamente duas operações de manipulação, PUSH, para inserção no topo da pilha, e POP, para retirada do topo da pilha.

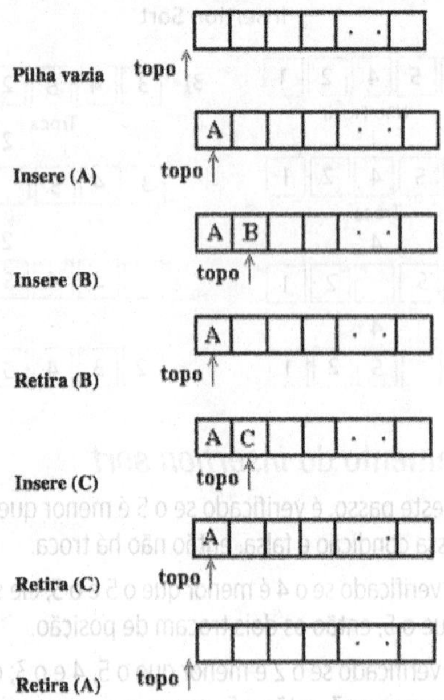

Fila

Uma fila (*queue*) tipicamente estabelece uma política FIFO - *first in, first out* - de acesso aos dados. Em outras palavras, a ordem estabelecida na lista é a ordem de inserção. No momento de retirar um nó da lista, o nó mais antigo (o primeiro que entrou) é o primeiro a ser retirado.

(a1, a2, ... an)

Eliminações no início — Inserções no final

Conceitos de mapreduce, hdfs/hadoop

Com a evolução das aplicações e a dependência do ser humano pelas informações, mais e mais aplicações vêm surgindo, deixando o homem cada vez mais refém da informação. Para isso, basta pensar na evolução da relação homem/computador, que no passado existiam muitas pessoas para uma máquina (como o mainframe), em seguida uma pessoa por máquina (o caso do computador pessoal) e, nos tempos atuais, cada pessoa possui várias máquinas (notebook, ultrabook, PC, tablet, smartphone etc.). Com tantos aplicativos surgindo, as informações são geradas exponencialmente, com isso a capacidade de gerenciar tantas informações se torna primordial para as aplicações atuais. Esse mesmo crescimento de dados acontece nos aplicativos empresariais com crescimento anual de 60%. Estima-se que uma empresa com mil funcionários gera anualmente 1.000 terabytes, sem falar que essa quantidade tende a aumentar 50 vezes até 2020.

Quando pensamos em Big Data, é comum fazermos uma tradução literal da expressão e imaginarmos o termo "Grandes Dados", relacionado à grande quantidade de dados a ser analisada. Mas a significação é um pouco mais abrangente, levando como base os 3 Vs do Big Data:

> **Volume**: que está relacionado à grande quantidade de dados que possuímos dentro e fora da empresa.

> **Velocidade**: pois a cada segundo muitos dados novos são criados na internet, e alguns destes dados podem ser interessantes para sua empresa.

> **Variedade**: sendo que o dado pode ser um compartilhamento de um texto em uma rede social, um post no blog, um *review* em um e-commerce.

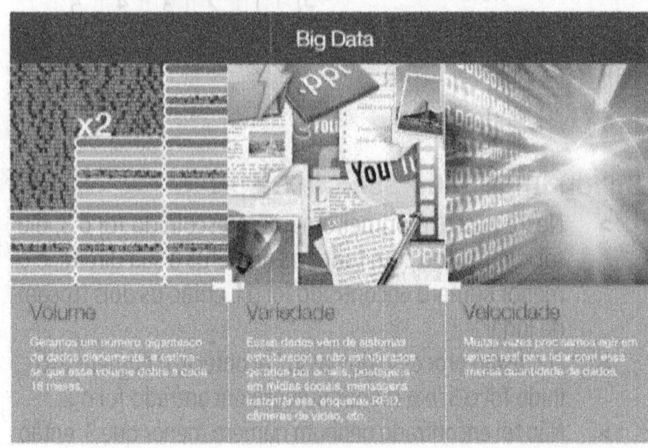

Juntando estes três pilares, é possível analisar praticamente tudo o que está público, envolvendo dados estruturados, no caso de nós conhecermos a estrutura de armazenamento daquele contexto, e também os dados não estruturados, como imagens, vídeos, áudios e documentos.

Na organização de dados visando à análise, podemos classificar como:

> Estruturados (bancos de dados corporativos relacionais).

> Semiestruturados (arquivos de logs de servidores, por exemplo).

> Não estruturados (não relacionais, fora do ambiente corporativo e de inúmeras fontes e de várias formas e meios diferentes).

Trabalhar com tantos dados assim exige que a indústria se adapte a novas formas de avaliar e compreender esses dados. Novas ferramentas e soluções surgem a todo o momento, e uma delas é o *framework* de código aberto Hadoop, criado pela Fundação Apache.

O que o Hadoop faz é organizar melhor esse volume exaustivo de dados para encontrar informações específicas sobre eles, de maneira mais rápida e eficiente. Trata-se de conjuntos de *clusters* que trabalham para executar um grande número de tarefas simultâneas sem comprometer a infraestrutura de processamento da rede.

Hadoop

O Apache Hadoop é considerado atualmente uma das melhores ferramentas para processamento de alta demanda de dados. Entre os benefícios de utilizá-lo, podem-se destacar:

> **Código aberto**: todo projeto de software livre de sucesso tem por trás uma comunidade ativa. No projeto Apache Hadoop, essa comunidade é composta por diversas empresas e programadores independentes partilhando seus conhecimentos no desenvolvimento de melhorias, funcionalidades e documentação.

> **Economia**: um dos grandes benefícios para quem faz uso do Hadoop é a possibilidade realizar o processamento da sua massa de dados utilizando máquinas e redes convencionais.

> **Robustez**: outro diferencial do Hadoop é que como ele foi projetado para ser executado em hardware comum, já considera a possibilidade de falhas frequentes nesses equipamentos e oferece estratégias de recuperação automática para essas situações.

> **Escalabilidade**: o aumento no volume de dados só fica limitado aos recursos, espaço em disco e capacidade de processamento, disponíveis nos equipamentos do aglomerado, sem a necessidade de alteração da codificação.

> **Simplicidade**: o Hadoop retira do desenvolvedor a responsabilidade de gerenciar questões relativas à computação paralela, tais como tolerância a falhas, escalonamento e balanceamento de carga, ficando estas a cargo da própria ferramenta.

Podemos afirmar que o framework do Hadoop é formado por diversos componentes, entre eles encontramos dois principais que tratam do armazenamento e processamento. O primeiro é o HDFS (*Hadoop Distributed File System*), que manipula o armazenamento de dados entre todas as máquinas nas quais o cluster do Hadoop está sendo executado. O segundo, o MapReduce, manipula a parte do processamento do framework. Vamos observar as duas individualmente.

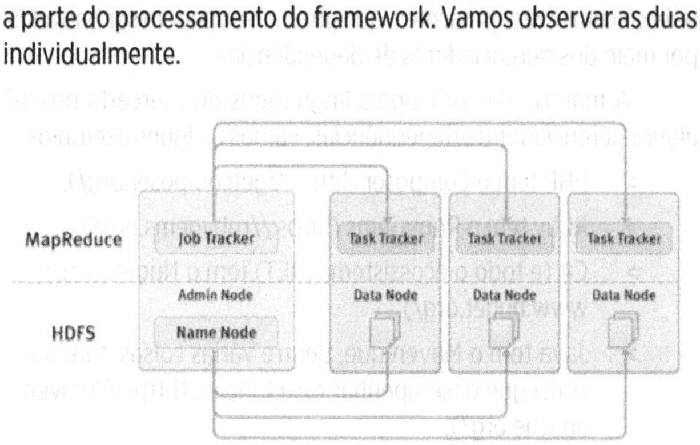

Hdfs (*hadoop distributed file system*)

O HDFS é um sistema de arquivos escalonável e distribuído, cujo desenho é baseado fortemente no GFS (*Google File System*), que também é um sistema de arquivo distribuído. Sistemas de arquivo distribuídos são necessários, uma vez que os dados se tornem grandes demais para serem armazenados em apenas uma máquina. Por conta disso, toda a complexidade e as incertezas provenientes do ambiente de rede entram em cena, o que faz com que sistemas de arquivos de rede sejam mais complexos do que sistemas de arquivos comuns. O HDFS armazena todos os arquivos em blocos. O tamanho do bloco padrão é 64 Mb. Todos os arquivos no HDFS possuem múltiplas réplicas, o que auxilia o processamento em paralelo.

Em termos de funcionamento, o HDFS necessita de dois tipos de nós de armazenamento: um namenode (mestre) e um ou mais datanodes (trabalhadores). O mestre comanda todo o sistema de arquivos, mantendo metadados para todos os arquivos e diretórios da árvore de diretórios e arquivos do sistema. Ele também sabe quais datanodes possuem os blocos de determinado arquivo. Já os datanodes guardam e recuperam blocos, quando mandados pelo nó mestre (os datanodes não fazem nada por conta própria), e enviam relatórios ao namenode periodicamente, com as listas dos blocos que eles estão armazenando.

Como o namenode é fundamental para o uso do sistema de arquivos, por comandá-lo, ele deve ser altamente resistente a falhas. Pensando nisso, o Hadoop fornece dois mecanismos. O primeiro deles é a realização de um backup dos arquivos essenciais do sistema de arquivos. Isto faz com que, em caso de problemas, seja possível retornar ao estado imediatamente anterior ao erro, de acordo com o backup, evitando perdas de dados muito significativas. A outra opção é utilizar um namenode secundário, que, apesar do nome, não atua como mestre, inicialmente. Este nó é utilizado apenas em caso de erro no namenode. O papel principal do "mestre secundário" é realizar uma junção, periodicamente, da imagem do sistema de arquivos com o log de edição, evitando que o log fique muito grande. Assim, como o estado desse namenode secundário é praticamente o mesmo do primário, em caso de falha do nó primário, é muito mais simples a recuperação do sistema. Basta copiar os arquivos de metadados do mestre para o secundário e rodar este como o novo primário.

> **Namenode**: administra o namespace do sistema de arquivos. Ele gerencia todos os arquivos e diretórios. Namenodes possuem o mapeamento entre arquivos e os blocos nos quais estes estão armazenados. Todos os arquivos são acessados usando esses namenodes e datanodes.

> **Datanode**: armazena os dados em forma de blocos. Datanodes se reportam a namenodes sobre os arquivos que possuem armazenados para que o namenode esteja ciente e os dados possam ser processados. Namenode é talvez o principal ponto crucial de falha do sistema, sem o qual os dados não podem ser acessados.

> **Namenodes secundários**: esse node é responsável por checar a informação do namenode. No caso de falha, podemos usar esse nó para reiniciar o sistema.

14.15 MapReduce

MapReduce é um modelo de programação projetado para processamento paralelo e distribuído de grandes conjuntos de dados. A distribuição dos dados é feita no formato chave-valor, em que a chave é o identificador do registro, e valor é o seu conteúdo.

Como o próprio nome diz, as funções do MapReduce são:

> **Mapeamento**: os dados são separados em pares (chave-valor) e assim distribuídos para os nodes e então processados.

> **Redução**: os dados são agregados em conjuntos de dados (*datasets*) menores.

> O processo do MapReduce se inicia com a requisição feita pelo usuário e assim os dados são distribuídos pelos nodes do cluster no formato chave-valor e divididos em fragmentos.

A etapa de redução processa cada fragmento e produz um output (saída de dados) que são distribuídos pelos diferentes nodes do cluster.

Ao final do processo, um output é gravado.

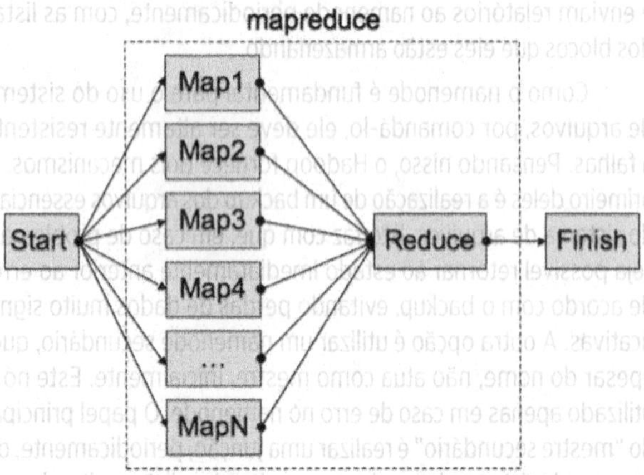

Ambas as tarefas rodam paralelamente no cluster. O armazenamento necessário para essa funcionalidade é fornecido pelo HDFS. A seguir estão os principais componentes do MapReduce.

> **Job Tracker**: tarefas de MapReduce são submetidas ao Job Tracker. Ele precisa falar com o namenode para conseguir os dados. O Job Tracker submete a tarefa para os nós *task trackers*. Esses *task tracker* precisam se reportar ao Job Tracker em intervalos regulares, especificando que estão "vivos" e efetuando suas tarefas. Se o task tracker não se reportar a eles, então o nó é considerado "morto" e seu trabalho é redesignado para outro task tracker. O Job tracker é novamente um ponto crucial de falha. Se o Job Tracker falhar, não poderemos rastrear as tarefas.

> **Task Tracker**: o Task Tracker aceita as tarefas to Job Tracker. Essas tarefas são tanto de map, reduce ou ambas (*shuffle*). O Task Tracker cria um processo JVM separado para cada tarefa a fim de se certificar de que uma falha no processo não resulte em uma falha de Task Tracker. Task trackers também se reportam ao Job Tracker continuamente para que este possa manter o registro de tarefas bem ou mal sucedidas.

14.16 YARN 2.7.4, Ferramentas de Ingestão de Dados (Sqoop 1.4.6, Flume 1.7.0, NiFi 1.3.0 e Kafka 0.11.0)

Linguagens orientadas a objetos são, atualmente, dominantes na maioria dos sistemas corporativos em funcionamento. Com diversos benefícios como o baixo acoplamento e a divisão de responsabilidades, a criação e manutenção de aplicações projetadas a partir desse conceito se torna uma tarefa extremamente produtiva e, devido a isso, altamente atrativa para a indústria.

Essa produtividade se deve, principalmente, à capacidade de reúso de componentes criados seguindo os conceitos da orientação a objeto. Explicando um pouco mais, linguagens que seguem esse tipo de paradigma (orientado a objetos) tendem a permitir que o desenvolvedor crie módulos totalmente desacoplados, ou seja, sem nenhuma dependência entre si. Portanto, a solução de um problema maior pode ser dividida em diversas soluções menores que, em conjunto, resolvem o objetivo principal.

A vantagem disso é que, caso surja um novo projeto que seja semelhante a um já resolvido, essas pequenas soluções podem ser reaproveitadas, evitando duplicação de código e outros problemas.

No entanto, para projetos de grande porte, a configuração manual dessas bibliotecas se torna extremamente complexa e custosa, especialmente do ponto de vista de manutenção da aplicação, o que pode gerar um oneroso trabalho na busca e inclusão de todos os arquivos necessários para o funcionamento de uma biblioteca.

Visando resolver esse problema, foram criadas algumas ferramentas chamadas de Gerenciadores de dependências, que têm como objetivo gerenciar essas bibliotecas externas ao projeto.

Ferramentas para gerenciar suas dependências

Os chamados gerenciadores de dependências servem para que seja possível, ao desenvolvedor, facilmente definir as bibliotecas que devem ser incluídas, bem como a versão de cada uma.

Além disso, uma das grandes vantagens desse tipo de ferramenta é a capacidade de realizar o download das bibliotecas automaticamente, por meio do uso de certos sites que fornecem o chamado "repositório de dependências".

Esses repositórios servem como uma espécie de arquivo público com diversos pacotes, que por sua vez podem ser baixados por meio dos gerenciadores de dependências.

A maioria das principais linguagens do mercado possui algum gerenciador de dependências, vamos a alguns exemplos:

> PHP tem o Composer (https://getcomposer.org/);

> Ruby tem o RubyGems (https://rubygems.org/);

> C# (e todo o ecossistema .NET) tem o Nuget (https://www.nuget.org/);

> Java tem o Maven que, dentre várias coisas, também consegue desempenhar essa função. (https://maven.apache.org/).

Yarn 2.7.4

No dia 11 de outubro de 2016, o Facebook anunciou o seu novo gerenciador de pacotes para JavaScript: o Yarn, que vem com a proposta de ser mais rápido, seguro e confiável que o NPM. O Yarn é open source, e nasceu com a colaboração, também, das empresas Exponent, Google e Tilde.

O Yarn funciona exatamente como o NPM e o Bower, abrangendo, inclusive, as bibliotecas que estão presentes nestes gerenciadores. Uma das coisas mais interessantes, além da rapidez, é a possibilidade de instalação de pacotes off-line. Quando você instala um pacote, ele cria um cache em sua máquina que possibilita a futura instalação deste sem precisar estar conectado à internet.

O Yarn por padrão realiza o download de dependências de um pacote de forma paralela. O que em alguns casos faz com que ele seja até 10 vezes mais rápido que o NPM que realiza a mesma tarefa de forma sequencial.

Sqoop 1.4.6

O Apache Sqoop – abreviação de "SQL para Hadoop" – tem como objetivo executar a transferência eficiente e bidirecional de dados entre o Hadoop e diversos serviços de armazenamento externo de dados estruturados.

Apache Hadoop é um framework projetado para o processamento massivo de dados de diversos tipos (estruturados, semiestruturados e não estruturados), no qual esses são armazenados no HDFS (*Hadoop Distributed File System*) e manipulados por tarefas MapReduce. As tarefas MapReduce são responsáveis por fazer o processamento, a combinação entre dados e, por fim, a produção de algum resultado a partir desse processamento.

Apesar de o Hadoop ser amplamente conhecido por sua capacidade de armazenamento e processamento de grandes quantidades de dados, muita informação ainda hoje está armazenada em bancos de dados relacionais. Assim, surgiu o Apache Sqoop, cujo objetivo é executar a transferência eficiente e bidirecional de dados entre o Hadoop e diversos serviços de armazenamento externo de dados estruturados.

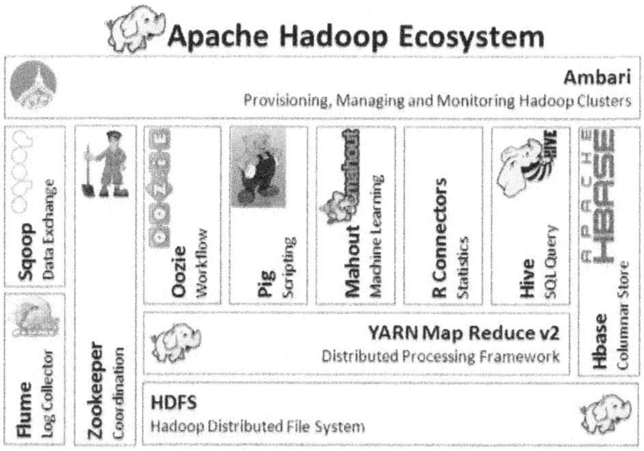

O Apache Sqoop pode ser útil quando se deseja utilizar ferramentas de Big Data para o processamento de bases relacionais, para a integração de bases relacionais e mainframes com dados já presentes no Hadoop ou, ainda, para o arquivamento dos dados no Hadoop.

O Sqoop atualmente possui duas frentes de desenvolvimento. Uma delas, chamada de Sqoop 1, é a evolução natural do projeto inicial. Encontra-se na versão 1.4.6, responsável em realizar o processo de importação de um banco relacional para o HDFS. Esse processo será apoiado pelo Sqoop.

Uma das facilidades oferecidas pelo Sqoop é a capacidade de importação dos dados direto para o Hive. Hive é um dos projetos mais famosos do ecossistema Hadoop e foi iniciado pelo Facebook em 2007, mas atualmente é um projeto toplevel da Apache Software Foundation, assim como o Sqoop, e recebe contribuição de outras grandes empresas.

O data warehouse do Facebook havia sido construído inicialmente com soluções comerciais de bancos de dados relacionais. Contudo, devido à necessidade de processamento e armazenamento de grandes volumes de dados exigida pelo Facebook, foi decidido utilizar o Hadoop, por permitir aumentar a capacidade de armazenamento com baixo custo e sem tempo de inatividade e por possuir um framework de processamento distribuído que reduziu consideravelmente o tempo de execução das consultas.

Bancos de dados suportados

Por padrão, o Sqoop utiliza JDBC (*Java Database Connectivity*) para se conectar aos bancos e, por esse motivo, acredita-se que ele é compatível com uma grande quantidade de bancos de dados, uma vez que os fornecedores implementam essa API. No entanto, o Sqoop não garante a compatibilidade e a performance com todos os bancos que possuem conectores JDBC, devido às formas de implementação dessa API e a ligeiras diferenças que possam existir na sintaxe SQL de cada banco.

A tabela a seguir contém uma relação completa dos bancos e suas respectivas versões que foram testadas com o Sqoop. Pode ser necessário instalar os drivers de conexão, mesmo com o banco de dados estando presente na lista.

Banco de dados	Versão	String de conexão
HSQLDB	1.8.0+	jdbc:hsqldb:*//
MySQL	5.0+	jdbc:mysql://
Oracle	10.2.0+	jdbc:oracle:*//
PostgreSQL	8.3+	jdbc:postgresql://
CUBRID	9.2+	jdbc:cubrid:*

Flume 1.7.0

Logs são uma fonte básica de informação e ajudam a monitorar a "saúde" de sistemas, detectando falhas em hardwares e serviços. Podem ajudar também na solução de problemas. Embora, de uma forma geral, um log represente registro de eventos, esta é uma ferramenta importante na administração de sistemas.

Com o surgimento de tecnologias e ferramentas para Big Data, a geração ea utilização dos logs se tornaram cada vez mais importantes, uma vez que agora é possível "prever" quando um equipamento precisa de manutenção, o comportamento de um indivíduo em um e-commerce e a geração de recomendações, entre outras coisas.

Administrar o volume de logs que é gerado por diversos sistemas/dispositivos não é uma tarefa fácil. Em 2011, a Cloudera criou o Flume, um sistema distribuído, confiável e disponível para coletar, agregar e mover grandes quantidades de dados de muitas fontes diferentes para um armazenamento de dados centralizado. Em 2012, esse passou a ser um projeto top level na Apache Software Foundation.

O Apache Flume não se restringe apenas à coleta de logs, e pode ser usado para transportar grandes quantidades de dados, como os gerados em *social media*, e-mails e qualquer fonte de dados possível.

O objetivo principal do Flume é ingerir dados de eventos no HDFS (*Hadoop Distributed File System*) de forma simples e automatizada. Porém, seu uso não se limita apenas ao HDFS; é possível enviar também dados para um arquivo ou banco de dados, entre outros.

Nifi 1.3.0

Com o Apache NiFi, podemos fazer desde uma análise de tráfego de redes até conversões de um banco de dados para outro (quem já converteu ou tentou converter sabe o quanto é difícil); podemos analisar e transformar mensagens do Twitter e outras redes sociais e, principalmente, usá-lo para IoT.

No caso da Internet das Coisas, ao contrário de outros sensores que só enviam dados para "fora", o software precisará receber esses dados e se comunicar com o dispositivo novamente, e o NiFi se encaixa muito bem neste processo.

O Apache NiFi é um projeto de software da Apache Software Foundation, que permite a automação do fluxo de dados entre sistemas.

Kafka 0.11.0

Apache Kafka é uma plataforma distribuída de mensagens e *streaming*:

- > o usuário produz uma mensagem;
- > essa mensagem é anexada em um tópico;
- > o usuário então consome essa mensagem.

No mundo atual, dados em tempo real estão sendo continuamente gerados por todos os tipos de aplicativos (ERP, CRM, websites, mídias sociais, vídeos, logs, sensores e muito mais) e estes dados precisam estar disponíveis de forma confiável e rápida para diferentes tipos de receptores. Na maioria das vezes, as aplicações que produzem os dados e as aplicações que precisam receber estes dados não "conversam" umas com as outras. Estas aplicações heterogêneas, requerem algum tipo de desenvolvimento para que exista uma integração entre elas. Com o aumento do volume de dados, isso se torna um ponto ainda mais crítico.

Com a explosão do Big Data, o primeiro desafio é coletar a imensa quantidade de dados e o segundo desafio, analisar tudo isso. Analytics é frequentemente apontando como um dos maiores desafios associados com Big Data, mas antes de a análise acontecer, os dados devem ser ingeridos e disponibilizados para os usuários. É onde entra o Apache Kafka.

O Apache Kafka foi originalmente desenvolvido pelo LinkedIn e posteriormente liberado como um projeto open-source, em 2011. O Apache Kafka é um sistema para gerenciamento de fluxos de dados em tempo real, gerados a partir de web sites, aplicações e sensores. Algumas das empresas que usam Kafka: LinkedIn, Netflix, PayPal, Spotify, Uber, Airbnb, Cisco, Goldman Sachs e SalesForce. Recentemente a IBM anunciou a criação de dois projetos envolvendo o Apache Kafka. O LinkedIn possui o maior ambiente Kafka do qual se tem notícia, com 1.1 trilhão de mensagens por dia.

Essencialmente, o Kafka age como uma espécie de "sistema nervoso central", que coleta dados de alto volume, como, a atividade de usuários (cliques em um website), logs, cotações de ações etc. e torna estes dados disponíveis como um fluxo em tempo real para o consumo por outras aplicações. O Kafka vem ganhando cada vez mais popularidade em Big Data, pois além de ser um projeto *open source* de alta qualidade, possui a capacidade de lidar com fluxos de alta velocidade de dados, característica cada vez mais procurada para uso em Internet das Coisas, por exemplo.

15. LÓGICA DE PROGRAMAÇÃO

Apresentação

Pode-se dizer que é a técnica de encadear raciocínios e pensamentos para execução de determinada tarefa para atingir um objetivo. É o encadeamento de pensamentos coerentes em uma sequência.

Também é possível dizer que é o modo como se escrevem programas computadorizados, por meio de uma sequência de passos para executar uma ou várias funções. Essa sequência é o algoritmo.

Linguagens de programação

Conjunto de instruções pelas quais os humanos interagem com computadores. Os computadores trabalham com um tipo específico de processamento de informação.

→ **Linguagem de máquina:** linguagem compreendida pelo computador; a representação é binária 0 e 1.

→ **Linguagem de baixo nível:** usa instruções próximas à linguagem de máquina, mas compreendida por seres humanos. Por exemplo, Assembly.

→ **Linguagem de alto nível:** usa instruções bem próximas da compreensão humana. Por exemplo, C#, Java, PHP, Python.

Hardware

É a parte física do computador, ou seja, tudo que tocamos, como mouse, teclado e monitor.

Software

Instruções lógicas que formam programas.

Processamento de dados

Ocorre com a entrada, o processamento e a saída dos dados.

Sequência lógica

Para a correta execução das tarefas, elas devem estar ordenadas.

Algoritmos

Sequência de instruções ordenada, finita e não ambígua, que são executadas de maneira mecânica para execução de uma tarefa.

Um algoritmo é uma receita que mostra passo a passo os procedimentos necessários para a resolução de uma tarefa.

Exemplo de algoritmo (1):

Receita de bolo

1 - Pegar os ingredientes.

2 - Misturar em uma tigela.

3 - Untar a forma.

4 - Despejar a mistura na forma.

5 - Colocar a forma no forno.

6 - Retirar a forma após 25 minutos.

Exemplo de algoritmo (2):

Calcular a média de 4 notas e, caso esta seja maior ou igual a 7, o aluno está aprovado; caso contrário, ele está reprovado.

```
algoritmo Media
var
  res : caractere
  N1, N2, N3, N4 : real
  media : real
inicio
  escreva ("Digite as quatro notas:")
  leia (N1, N2, N3, N4)
  media <-((N1+N2+N3+N4) / 4)
  se (media>=7) então
       res <- "Aprovado"
  senão
       res <- "Reprovado"
  fimse
  escreva ("Resultado:" ,res )
fimalgoritmo
```

A representação pode ser:

→ **Fluxograma:** descreve o fluxo de dados usando representação gráfica (desenhos geométricos) da sequência das etapas do processo.

→ **Diagrama de Chapin:** desenvolvido por Nassi-Shneiderman e ampliado por Ned Chapin. Substitui o fluxograma tradicional por um diagrama de quadros.

→ **Português Estruturado:** também conhecido como pseudocódigo.

Fluxograma

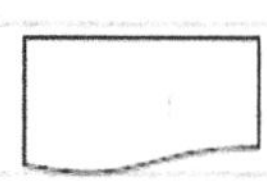

DOCUMENTO
Representa a utilização do documento

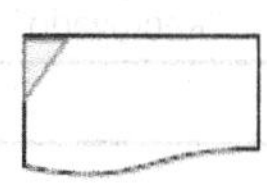

EMISSÃO DE DOCUMENTO

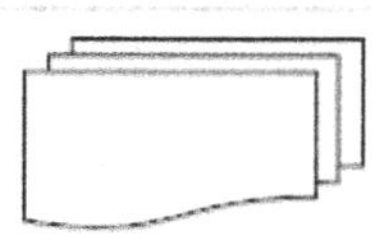

DOCUMENTO COM MAIS DE UMA VIA

PROCESSO/AÇÃO
Representa as variedades de funções, execução de uma ação específica

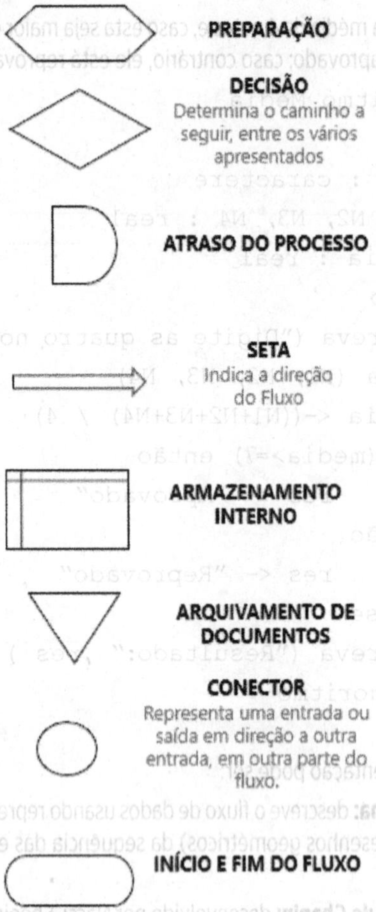

Diagrama de chapin

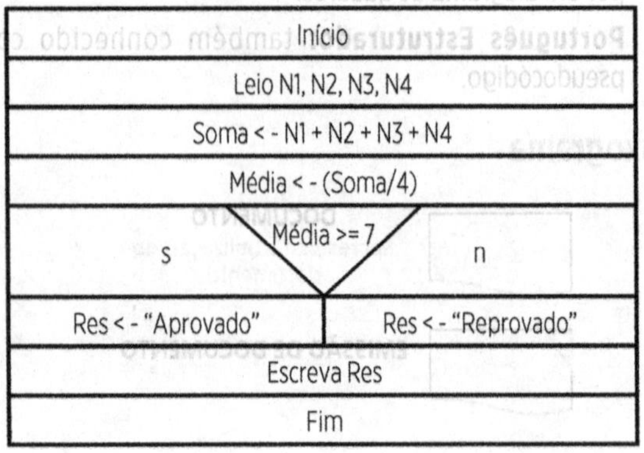

Pseudocódigo

```
algoritmo Media
var
  res : caractere
  N1, N2, N3, N4 : real
  media : real
inicio
  escreva ("Digite as quatro notas:")
  leia (N1, N2, N3, N4)
  media <-((N1+N2+N3+N4) / 4)
  se (media>=7) então
       res <- "Aprovado"
  senão
       res <- "Reprovado"
  fimse
  escreva ("Resultado:" ,res )
fimalgoritmo
```

16. LINGUAGEM PYTHON

Conceito de algoritmos

Trata-se de uma sequência de instruções ordenada, finita e não ambígua, que é executada de forma mecânica para a execução de uma tarefa.

Um algoritmo é uma receita que mostra passo a passo os procedimentos necessários para a resolução de uma tarefa.

Exemplo 1 – algoritmo:
Receita de bolo

1 – Pegar os ingredientes.

2 – Misturar em uma tigela .

3 – Untar a forma.

4 – Despejar a mistura na forma.

5 – Colocar a forma no forno.

6 – Retirar a forma após 25 minutos.

Exemplo 2 – algoritmo:
Fazer a média entre 4 valores e testar condição.

```
algoritmo Media
var
   res : caractere
   N1, N2, N3, N4 : real
   media : real
inicio
   escreva ("Digite as quatro notas:")
   leia (N1, N2, N3, N4)
   media <-((N1+N2+N3+N4) / 4)
   se (media>=7) então
           res <- "Aprovado"
   senão
           res <- "Reprovado"
   fimse
   escreva ("Resultado:" ,res )
fimalgoritmo
```

Conceito de programa

Um programa de computador é a formalização de um algoritmo em qualquer linguagem capaz de ser transformada em instruções, que serão executadas por um computador, gerando os resultados esperados.

16.1 Conceito da Linguagem Python

Python é uma linguagem de programação criada em 1991. É uma linguagem de programação de alto nível (de sintaxe simples), que tem características como:

> script;
> interpretada;
> multiparadigma;
> de tipagem dinâmica e forte;
> identada.

Os arquivos do Python possuem a extensão padrão **.py**.

Operadores aritméticos em python

Os operadores usados para se fazer cálculos matemáticos são:

OPERADOR	OPERAÇÃO	EXEMPLO DE CÁLCULOS	
+	Adição	10+3	13
-	Subtração	10-3	7
*	Multiplicação	10*3	30
/	Divisão	10/3	3,33...
**	Exponenciação	10**3	1000
//	Divisão – parte inteira	10//3	3
%	Módulo – resto da divisão	10%3	1

Operadores de atribuição em python

Toda variável recebe valor e no Python usa-se o sinal de = (igual). Nesse caso, deve-se efetuar a leitura do igual como recebe.

Ex.:

m=10

y=5

b=m+y

b

15

Conceito de variáveis em python

É a posição na memória que armazena um valor. Possui um nome (identificador), que será definido na hora do desenvolvimento do programa (o programador dá o nome da variável) e um tipo (numéricos, lógico...), que determinará a categoria de dados que poderá ser armazenada na variável.

Tipos de variáveis em python

NUMÉRICOS: pode ser inteiro ou um ponto flutuante (com casas decimais).

Ex.: x = 10

Foi criada a variável x recebendo o valor 10, do tipo numérico inteiro (int).

Se você digitar x e teclar "Enter", retornará 10.

NUMÉRICOS: pode ser inteiro ou um ponto flutuante (com casas decimais)

Ex.: y = 7.0

Foi criada a variável y recebendo o valor 7.0, do tipo numérico flutuante (float).

Se você digitar y e teclar "Enter", retornará 7.0.

LÓGICO: booleano (verdadeiro ou falso).

Ex.: z = True

Foi criada a variável z recebendo o valor lógico True (verdadeiro).

Se você digitar z e teclar "Enter", retornará True.

LITERAIS: caracteres (strings).

Ex.: w = "informática"

Foi criada a variável w recebendo a palavra informática.

Se você digitar w e teclar "Enter", retornará 'informática'.

Operadores compostos

Como se vê na tabela a seguir, os operadores compostos são formados pela junção do operador de atribuição com o operadores aritméticos, em que o operador matemático está antes do operador de atribuição.

OPERADOR	OPERAÇÃO	EXEMPLO EM QUE UMA VARIÁVEL X VALE 9	
+=	mais igual	x+=1	10
-=	menos igual	x-=1	8
*=	vezes igual	x*=2	18
/=	dividido igual	x/=2	4.5
**=	exponenciação igual	x**=2	81
%/	módulo igual	x%=2	1

Operadores de relação ou comparação

Em programação, é comum a necessidade de fazer a relação entre diversos operandos para que, então, o programa assuma determinada característica ou execute alguma funcionalidade.

OPERADOR	OPERAÇÃO
==	igual a
>	maior que
<	menor que
>=	maior ou igual que
<=	menor ou igual que
!=	diferente de

Operadores de concatenação de texto

Para concatenar strings em Python, você poderá utilizar os operadores **+** ou **+=**.

Ex.:

a="moisés" b="romano" c=a+b print(c) moisésromano	a="moisés" b="romano" c=a+" "+b print(c) moisés romano	s="chocolate" s+=" amargo" print(s) chocolate amargo

Comandos em python

Os comandos devem ser digitados sempre em letras minúsculas.

Com base no Python 3.0, todos os comandos são declarados funções.

Delimitadores de comandos no Python ➔ sempre que for usar texto, deve estar entre ' (aspas simples) ou " (aspas duplas), entre parênteses.

Ex.:

```
('Meu nome é Moisés Romano') ou ("Meu nome é Moisés Romano")
```

Na prática, o programador digita a função **print**, que significa imprima ou escreva na tela.

De acordo com o exemplo a seguir, quando ele mandar executar, ficará escrito na tela Meu nome é Moisés Romano.

Ex.:

```
print('Meu nome é Moisés Romano')
```

Ainda sobre os delimitadores, não se coloca aspas em números, pois ele entende que deve ser feito um cálculo; caso contrário, ele entenderá que os números entre aspas são textos.

Chamamos as variáveis de objetos, que são espaços na memória em que as informações são guardadas.

Toda variável recebe valor e, no Python, usamos o sinal de = (igual). Nesse caso, efetua-se a leitura do igual como recebe.

Ex.:

```
nome='Moisés Romano'
```

A variável nome recebe Moisés Romano

Função print ➔ significa escreva na tela ou imprima na tela.

Ex.:

```
cargo='professor'
nome='moisés romano'
idade=40
print(cargo,nome,idade)
```

No exemplo anterior, o programador escreve esse código e, quando executa, escreverá professor moisés romano 40.

Função input ➔ esse comando aguarda o usuário fornecer um valor expresso por uma sequência de caracteres.

Ex.:

```
nome=input('Qual seu nome?')
idade=input('Qual é a sua idade?')
print(nome,idade)
```

Após o programador escrever esse bloco de códigos, aparecerá na tela para o usuário a pergunta *Qual é o seu Nome?*. Quando o usuário digitar o nome o programa, guardará na variável nome e passará para próxima pergunta *Qual é a sua idade?*. Quando o usuário digitar a idade o programa vai guardar na variável idade e o comando print vai fazer aparecer na tela o nome e a idade que o usuário forneceu.

Função type

Retorna o tipo da variável, função...

```
print(type(variável))
```

Ex.: x = 10

```
print(type(x))
```

Ao teclar "Enter", aparece a resposta <class 'int'>.

Retorna o tipo da variável, função...

```
print(type(variável))
```

Ex.: y = 7.0

```
print(type(y))
```

Ao teclar "Enter", aparece a resposta <class 'float'>.

Retorna o tipo da variável, função...

```
print(type(variável))
```

Ex.: z = True

```
print(type(z))
```

Ao teclar "Enter", aparece a resposta <class 'bool'>.

Retorna o tipo da variável, função...

```
print(type(variável))
```

Ex.: w = "informática"

```
print(type(w))
```

Ao teclar Enter apareceu a resposta <class 'str'>.

Função print

É uma das funções mais importantes e usadas na linguagem Python. Seu objetivo é, basicamente, exibir mensagens na tela.

É um tipo de dados usado para registrar informações de texto, palavras, ou seja, uma cadeia de caracteres.

As strings devem estar sempre entre aspas (simples ' ou duplas ")

Função print → significa escreva na tela ou imprima na tela.

Ex.:

```
cargo='professor'
nome='moisés romano'
idade=40
print(cargo,nome,idade)
```

No exemplo apresentado, o programador escreve esse código e, quando o executa, escreverá professor moisés romano 40.

Ex.:

nome='Moisés Romano'

A variável nome recebe
Moisés Romano

Função input ➔ esse comando aguarda o usuário fornecer um valor expresso por uma sequencia de caracteres.

Ex.:

```
nome=input('Qual é seu nome?')
idade=input('Qual é sua idade?')
print(nome,idade)
```

Ex.:

```
print(variável)
print("string de texto")
```

```
File  Edit  Format  Run
a = "Alfacon"
b = 100

print (a)
```

```
==== RESTART:
Alfacon
>>> |
```

Formatação de strings

O operador de módulo %, quando usado para formatação de strings, também é conhecido como operador de interpolação ou de formatação.

```
File  Edit  Format  Run  Options
a = "chocolate"
b = 15

print ("Eu amo %s " %a)
```

```
File  Edit  Format  Run  Options  Win
a = "chocolate"
b = 15

print ("O valor é %d " %b)
```

```
= RESTART: C:/Users/
ng 1.py
Eu amo chocolate
>>> |
```

```
= RESTART: C:/U
ng 1.py
O valor é 15
>>>
```

CARACTERE	TIPO
d	Decimal inteiro
f	Decimal ponto flutuante
o	Octal
x	Hexadecimal minúsculo
X	Hexadecimal maiúsculo
c	Um caractere
s	String

```
File  Edit  Format  Run  Options  Window  Help
a = "chocolate"
b = 15

print ("Eu amo %s e o valor é R$ %d reais" % (a,b))
```

```
= RESTART: C:/Users/MEUCOMPUTADOR/Documents
ng 1.py
Eu amo chocolate e o valor é R$ 15 reais
>>>
```

Método str.format

O método format() é usado para criar uma string que contenha campos entre chaves, a serem substituídos pelos argumentos de format.

```
File  Edit  Format  Run  Options  Window  Help
a = "chocolate"
b = 15

print ("Eu amo {0}, mas R$ {1} está muito caro para um {0}!" .format(a,b))


= RESTART: C:/Users/MEUCOMPUTADOR/Documents/Códigos em Python/forma
ng 2.format.py
Eu amo chocolate, mas R$ 15 está muito caro para um chocolate!
>>>
```

```
File  Edit  Format  Run  Options  Window  Help
cor1 = "preta"
cor2 = "branco"

print("Minha camisa é {0}, minha calça é {0} e meu carro é {1}!" .format(cor1, cor2))

= RESTART: C:/Users/MEUCOMPUTADOR/Documents/Códigos em Python/formata
ng 3.format.py
Minha camisa é preta, minha calça é preta e meu carro é branco!
>>>
```

```
File  Edit  Format  Run  Options  Window  Help
cor1 = "preta"
cor2 = "branco"

print("Minha camisa é {1}, minha calça é {1} e meu carro é {1}!" .format(cor1, cor2))

= RESTART: C:/Users/MEUCOMPUTADOR/Documents/Códigos em Python/formata
ng 3.format.py
Minha camisa é branco, minha calça é branco e meu carro é branco!
>>>
```

```
File  Edit  Format  Run  Options  Window  Help
conta = 200/3
print("Cada um vai pagar o valor de R$:{0}" .format(conta))

= RESTART: C:/Users/MEUCOMPUTADOR/Documents/Códigos e
ng 4.format.py
Cada um vai pagar o valor de R$:66.66666666666667
>>>
```

```
File  Edit  Format  Run  Options  Window  Help
conta = 200/3

print("Cada um vai pagar o valor de R$:{:.3f}" .format(conta))
```

```
= RESTART: C:/Users/MEUCOMPUTADOR/Documents/
ng 4.format.py
Cada um vai pagar o valor de R$:66.667
>>> |
```

Agora, você deve retornar à variável conta, sendo o inteiro e três casas decimais.

```
File  Edit  Format  Run  Options  Window  Help
conta = 200/3
conta2 = 500/3
print("Sua mesa paga o valor de R${0:.3f} e minha mesa paga R$ {1:.3f}" .format(conta, conta2))
```

Agora existem duas mesas, logo, duas contas.

```
= RESTART: C:/Users/MEUCOMPUTADOR/Documents/Códigos em Python/formataç
ng 4.format.py
Sua mesa paga o valor de R$66.667 e minha mesa paga R$ 166.667
>>> |
```

Algoritmos

Algoritmos são uma sequência de instruções ordenada, finita e não ambígua, que são executadas de forma mecânica para execução de uma tarefa.

Um algoritmo é uma receita que mostra passo a passo os procedimentos necessários para a resolução de uma tarefa.

Exemplo de algoritmo:

Receita de bolo

~~Exemplo de algoritmo:~~

~~Receita de bolo~~

1 – Adicionar os ingredientes.

2 – Misturar em uma tigela.

3 – Untar a forma.

4 – Despejar a mistura na forma.

5 – Colocar a forma no forno.

6 – Retirar a forma após 25 minutos.

```
algoritmo Media
var
  res : caractere
  N1, N2, N3, N4 : real
  media : real
inicio
  escreva ("Digite as quatro notas:")
  leia (N1, N2, N3, N4)
  media <-((N1+N2+N3+N4) / 4)
  se (media>=7) então
       res <- "Aprovado"
```

```
    senão
          res <- "Reprovado"
    fimse
    escreva ("Resultado:" , res )
fimalgoritmo
```

Estruturas de decisão/ condicional se simples (IF)

Essa estrutura permite avaliar uma expressão. De acordo com o resultado, será executada uma ação.

```
SE <condição>
ENTÃO comando
```

Exemplo: criação de uma variável denominada idadeprofmoises com atribuição de 41.

Neste exemplo, foi utilizado o comando **if** para verificar se a variável **idadeprofmoises** é maior ou igual a 40. Caso seja positivo, será impresso na tela "Melhor fase da vida!"; caso contrário, o código seguirá normalmente sem executar a frase citada na linha 3.

*Condicional simples idade prof.py - C:/Users/ME

File Edit Format Run Options Window Hel

```python
idadeprofmoises = 41
if idadeprofmoises >= 40:
    print("Melhor fase da vida!")
```

Exemplo: criação de três variáveis **av1**, **av2** e **media**.

Neste exemplo, foi utilizado o comando **if** para verificar se a variável media é maior ou igual a 7. Caso seja positivo, será impresso na tela "O aluno está aprovado!".

Observe que foi utilziado outro print no final do código, o qual atribuiu o resultado da média, independentemente do **if** ser verdadeiro ou falso.

*Condicional simples av1 e av2.py - C:/Users/MEUCC

File Edit Format Run Options Window Help

```python
av1 = 9.00
av2 = 8.00
media = (av1 + av2) / 2

if media >= 7.00:
    print("O aluno está aprovado!")

print(" A média é %f " % media)
```

```
O aluno está aprovado!
 A média é 8.500000
>>> |
```

Estruturas de decisão/condicional se composto (IF ELSE)

```
SE...ENTÃO...SENÃO(else)
```

Se a condição testada for verdadeira, serão executados os comandos após o ENTÃO; caso contrário, a execução será feita após o comando SENÃO.

Exemplo: criação de uma variável denominada idade com atribuição de 16.

Neste exemplo, utilizamos o comando **if** para verificar se a variável idade é maior ou igual a 18. Caso seja positivo, será impresso na tela "Maior de idade!"; caso contrário, o código efetuará o SENÃO(else) e executará a frase "Menor de idade!"

*Condicional composta else senao.py - C:/Us

File Edit Format Run Options Window

```python
idade = 16

if idade >= 18:
    print("Maior de idade!")

else:
    print("Menor de idade!")
```

Exemplo: criação de três variáveis **av1**, **av2** e **media**.

Neste exemplo, foi utilizado o comando **if** para verificar se a variável media é maior ou igual a 7. Caso seja positivo, será impresso na tela "O aluno está aprovado!" e, na linha abaixo, "Mandou bem"; caso contrário, será impresso na tela "O aluno está reprovado!" e, na linha abaixo, "Eu avisei, estuda".

Condicional composta av1 e av2.py - C:/Users/MEUCON

File Edit Format Run Options Window Help

```python
av1 = 6.00
av2 = 7.00
media = (av1 + av2) / 2

if media >= 7:
    print("O aluno está aprovado!")
    print("Mandou bem")

else:
    print("O aluno está reprovado!")
    print("Eu avisei, estuda.")
```

```
File   Edit   Format   Run   Options   Window   Help
time = str(input("Qual é o seu time? "))
if time == "Flamengo" :
    print ("Seu time é o melhor!")
else:
    print("Tudo bem, mas não é o melhor, kkkk")

print("Tenha um dia abençoado!")
```

```
== RESTART: C:/Users/MEUCOMPUTADOR/
Qual é o seu time? Flamengo
Seu time é o melhor!
Tenha um dia abençoado!
>>>
```

```
File   Edit   Format   Run   Options   Window   Help
time = str(input("Qual é o seu time? "))
if time == "Flamengo" :
    print ("Seu time é o melhor!")
else:
    print("Tudo bem, mas não é o melhor, kkkk")

print("Tenha um dia abençoado!")
```

```
== RESTART: C:/Users/MEUCOMPUTADOR/Docume
Qual é o seu time? Vasco
Tudo bem, mas não é o melhor, kkkk
Tenha um dia abençoado!
>>>
```

Estruturas de decisão/condicional se aninhada (IF ELIF ELSE)

Utiliza-se o comando **elif** se existir mais de uma condição alternativa que precisa ser verificada.

```
File   Edit   Format   Run   Options   Window   Help
time = str(input("Diga seu time, mas tem que ser do Rio de Janeiro? "))
if time == "Flamengo" :
    print ("Seu time é o melhor!")

elif time == "Vasco" or time == "Botafogo" or time == "Fluminense":
    print ("Seu time é um timinho e é freguês do Mengão kkkkkk")


else:
    print("Tudo bem, mas não é time do Rio de Janeiro.")

print("Tenha um dia abençoado!")
```

```
== RESTART: C:/Users/MEUCOMPUTADOR/Documents/Códigos em Pytho
Diga seu time, mas tem que ser do Rio de Janeiro? Flamengo
Seu time é o melhor!
Tenha um dia abençoado!
>>>
```

```
File  Edit  Format  Run  Options  Window  Help
time = str(input("Diga seu time, mas tem que ser do Rio de Janeiro? "))
if time == "Flamengo" :
    print ("Seu time é o melhor!")

elif time == "Vasco" or time == "Botafogo" or time == "Fluminense":
    print ("Seu time é um timinho e é freguês do Mengão kkkkkk")


else:
    print("Tudo bem, mas não é time do Rio de Janeiro.")

print("Tenha um dia abençoado!")
```

```
== RESTART: C:/Users/MEUCOMPUTADOR/Documents/Códigos em Py
Diga seu time, mas tem que ser do Rio de Janeiro? Vasco
Seu time é um timinho e é freguês do Mengão kkkkkk
Tenha um dia abençoado!
>>> |
```

```
== RESTART: C:/Users/MEUCOMPUTADOR/Documents/Códigos em Python/
Diga seu time, mas tem que ser do Rio de Janeiro? Palmeiras
Tudo bem, mas não é time do Rio de Janeiro.
Tenha um dia abençoado!
>>> |
```

```
File  Edit  Format  Run  Options  Window  Help
time = str(input("Diga seu time, mas tem que ser do Rio de Janeiro? "))
if time == "Flamengo" :
    print ("Seu time é o melhor!")

elif time == "Vasco" or time == "Botafogo" or time == "Fluminense":
    print ("Seu time é um timinho e é freguês do Mengão kkkkkk")


else:
    print("Tudo bem, mas não é time do Rio de Janeiro.")

print("Tenha um dia abençoado!")
```

Condicional idade elif.py - C:/Users/MEUCOMPUTADOI

File Edit Format Run Options Window Help

```
idade = 11

if idade < 12:
    print ("Ainda é criança!")

elif idade < 18:
    print ("Já é adolescente!")

elif idade < 60:
    print ("É adulto!")

else:
    print ("É considerado idoso!")
```

*Condicional idade elif.py - C:/Users/MEUCOMPUTADC

File Edit Format Run Options Window Help

```
idade = int(input("Insira sua idade:"))

if idade < 12:
    print ("Ainda é criança!")

elif idade < 18:
    print ("Já é adolescente!")

elif idade < 60:
    print ("É adulto!")

else:
    print ("É considerado idoso!")
```

17. PROGRAMAÇÃO R

17.1 Preparação do Ambiente

Para rodar a linguagem R em ambiente local, é necessário baixar a linguagem pelo link https://cran-r.c3sl.ufpr.br/. Também é recomendada a instalação de um ambiente gráfico de desenvolvimento; o caso mais comum em provas é o R Studio, disponível em https://rstudio.com/products/rstudio/download/.

Veja a ilustração do ambiente R.

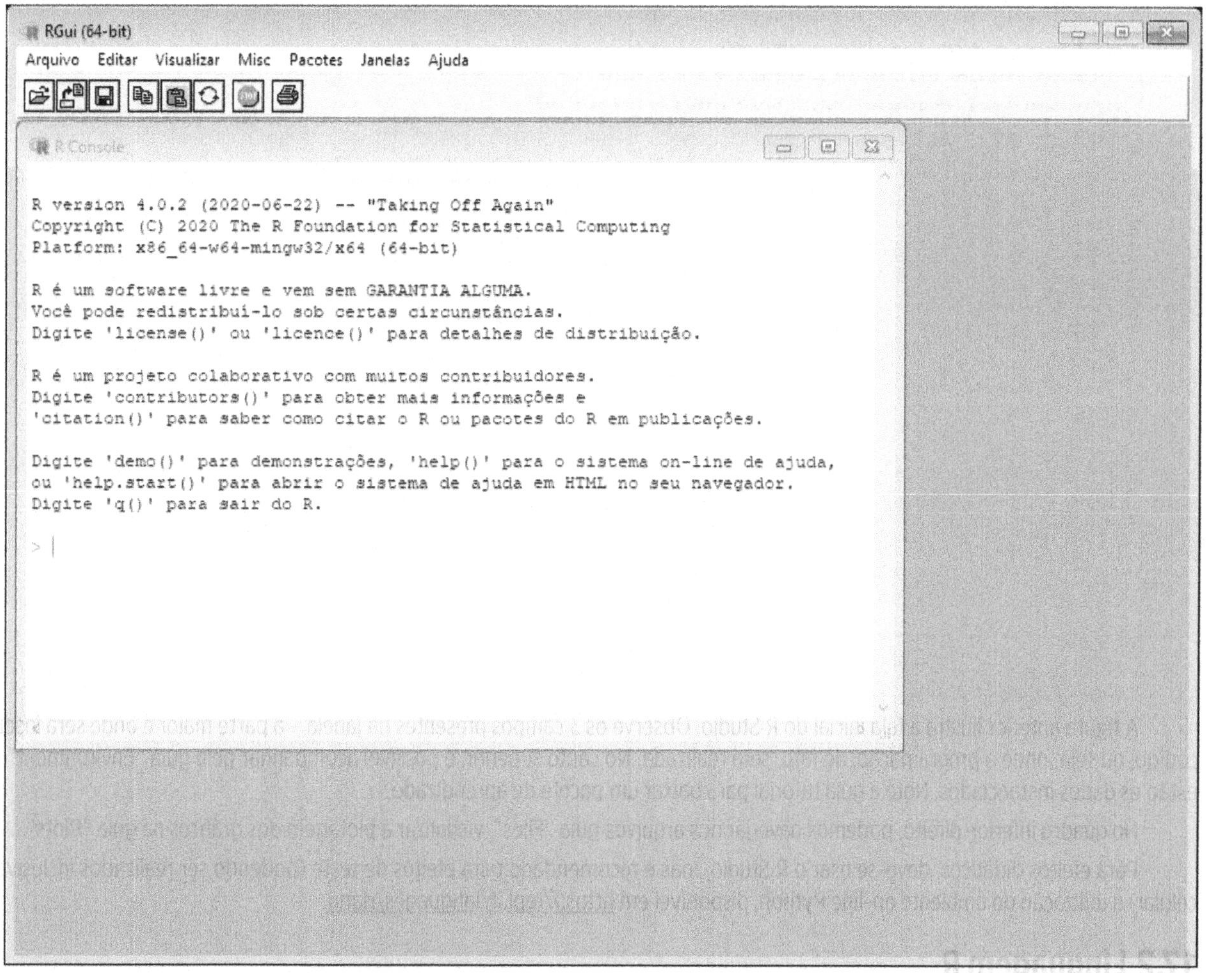

A seguir, observe a ilustração da IDE R Studio.

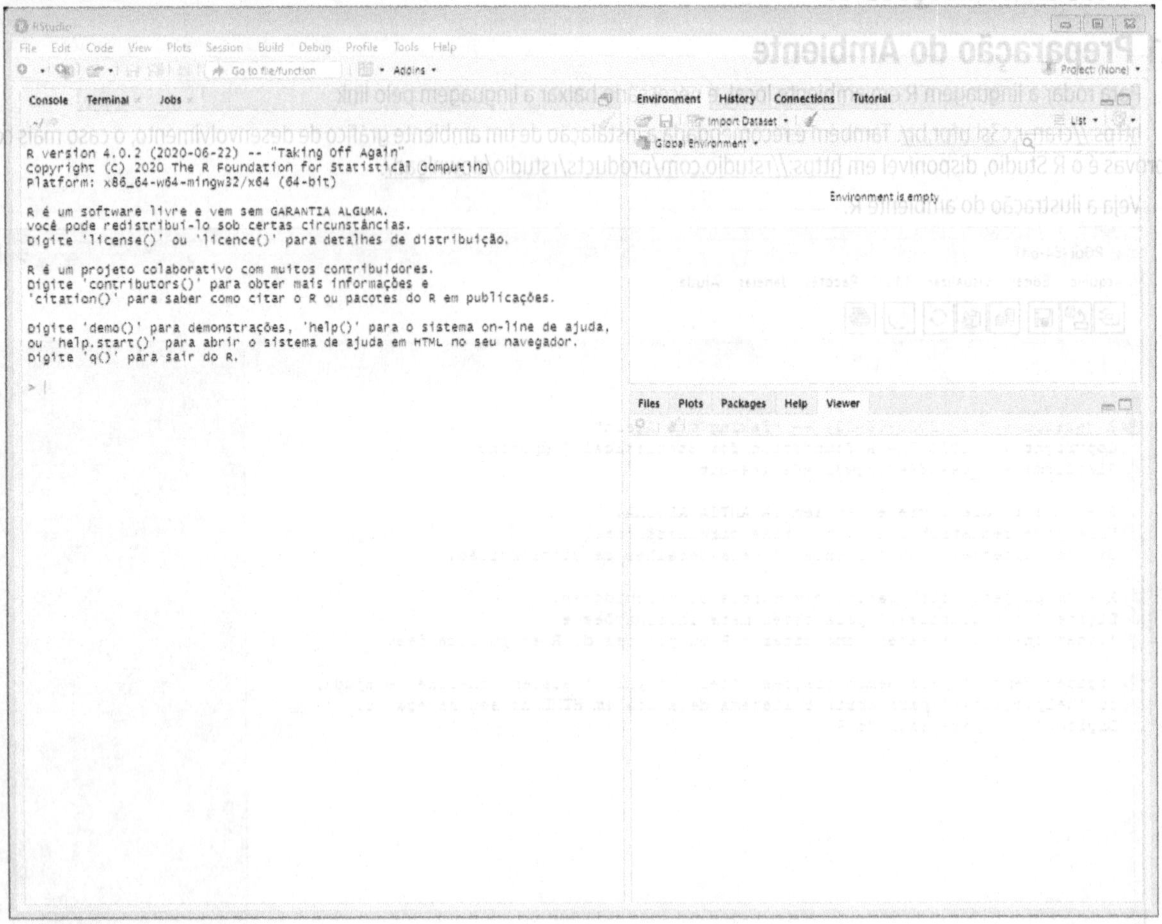

A figura anterior ilustra a tela inicial do R Studio. Observe os 3 campos presentes na janela – a parte maior é onde será inserido o código, ou seja, onde a programação, de fato, será realizada. No canto superior, é possível acompanhar pela guia "Environment" como estão os dados instanciados. Note a guia tutorial para baixar um pacote de aprendizado.

No quadro inferior-direito, podemos navegar nos arquivos guia "Files", visualizar a plotagem dos gráficos na guia "Plots".

Para efeitos didáticos, deve-se usar o R Studio, mas é recomendado para efeitos de teste (podendo ser realizados inclusive pelo celular) a utilização do ambiente on-line Python, disponível em https://repl.it/languages/rlang.

17.2 Linguagem R

A linguagem R foi desenvolvida no início dos 1990, no departamento de Estatística da Universidade de Auckland, na Nova Zelândia, por Ross Ihaka e Robert Gentleman a partir da linguagem S, desenvolvida pela Bell Laboratories na década de 1970.

Essa linguagem ganhou notoriedade por ser mais simples, atender às novas finalidades e possuir uma série de pacotes que facilitam a vida do desenvolvedor.

A linguagem R é do tipo especializada e volta-se para a Estatística, permitindo a manipulação, análise e visualização de dados, inclusive por meio de gráficos. Similarmente, existe o MatLa,b voltado à modelagem matemática, e o Fortran, voltado a cálculos físicos. Essas linguagens buscam focar em um universo mais específico a fim de extrair o máximo do poder computacional, levando a novas possibilidades.

As características da linguagem R são: ser dinamicamente tipada e ser considerada uma linguagem fácil de se aprender.

É uma linguagem multiplataforma e de código aberto, fortemente extensível por meio do uso de pacotes enviados pelo utilizador para funções específicas ou áreas específicas de estudo. Possui recursos de orientação a objetos e opera também de forma processual, procedural e por funções.

17.3 Ambiente, R Studio e Operadores Aritméticos

A linguagem é interativa, ou seja, podemos executar as linhas desejadas (selecionadas) do código. Assim, como ocorre na linguagem Python, a linguagem R tem o comando print() para imprimir no terminal/tela.

```
print('Olá, texto impresso')
```

É possível inserir linhas de comentários usando o caractere # no início da linha, tal qual o Python.

No R Studio, é possível executar parte do *script* de um arquivo ou todo ele.

Em aula, o uso do R Studio se dá pelo fato de a IDE ilustrar detalhes das variáveis criadas, tonando mais didática sua representação e seu entendimento.

Variáveis

Uma variável é uma posição de memória (memória RAM) que receberá um dado. As estruturas de dados serão abordadas mais adiante.

Cuidado ao criar variáveis: uma variável deve sempre iniciar com letras, podendo ser apenas letras ou identificada por letras e números. Uma variável NUNCA pode iniciar com número.

A linguagem R é *case sensitive*, portanto, uma variável **a** é diferente de uma variável **A**.

Em Python, atribuímos um valor a uma variável utilizando o sinal de igual (=). Embora também funcione na linguagem R, é comum o emprego do sinal menor menos (<-) ou, ainda, menos maior (->) para realizar atribuições.

#Atribuições

a = 10

A = 4.5

x<-12

23->y

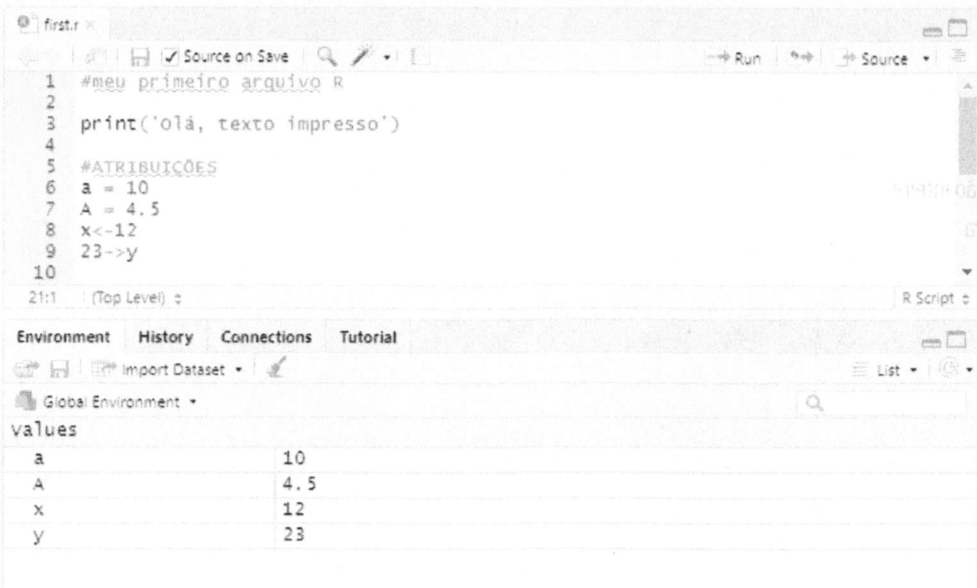

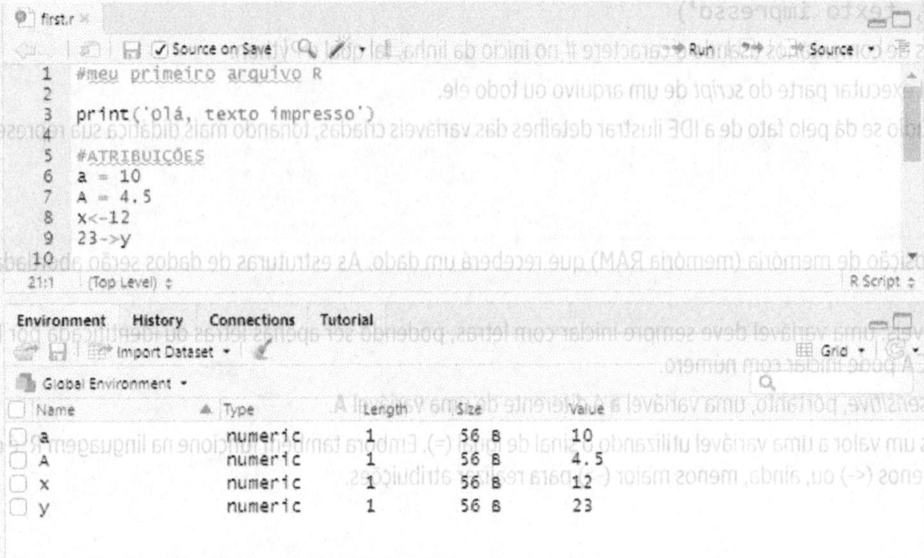

Em R, ao realizar uma operação aritmética ou mesmo escrever apenas a variável, o valor/resultado será exibido no terminal.

Operadores aritméticos

- → + soma
- → - Subtração
- → * multiplicação
- → / Divisão
- → ^ Potenciação
- → %% Resto da divisão inteira
- → %/% Divisão Inteira

```
#Operadores Aritméticos

print(paste('5+5 = ',5+5)) #soma
print(paste('5-5 = ',5-5)) #subtração
print(paste('5*5 = ',5*5)) #multiplicação
print(paste('5/5 = ',5/5)) #divisão
print(paste('2^5 = ',2^5)) #potência
print(paste('256^(1/4) = ',256^(1/4))) #raiz quarta
print(paste('27^(1/3) = ',27^(1/3))) #raiz cúbica
print(paste('7%%3 = ',7%%3)) #Resto da divisão inteira 7 mod 3 = 1
print(paste('7%/%3 = ',7%/%3)) #Divisão inteira
```

```
Console   Terminal ×   Jobs ×
~/
> print(paste('5+5 = ',5+5)) #soma
[1] "5+5 =  10"
> print(paste('5-5 = ',5-5)) #subtração
[1] "5-5 =  0"
> print(paste('5*5 = ',5*5)) #multiplicação
[1] "5*5 =  25"
> print(paste('5/5 = ',5/5)) #divisão
[1] "5/5 =  1"
> print(paste('2^5 = ',2^5)) #potência
[1] "2^5 =  32"
> print(paste('256^(1/4) = ',256^(1/4))) #raiz quarta
[1] "256^(1/4) =  4"
> print(paste('27^(1/3) = ',27^(1/3))) #raiz cúbica
[1] "27^(1/3) =  3"
> print(paste('7%%3 = ',7%%3)) #Resto da divisão inteira 7 mod 3 = 1
[1] "7%%3 =  1"
> print(paste('7%/%3 = ',7%/%3)) #Divisão inteira
[1] "7%/%3 =  2"
> 
```

Operadores de comparação

→ == igualdade

→ != diferença

→ > maior que

→ < menor que

→ >= maior ou igual

→ <= menor ou igual

```
#operadores de Comparação
7 == 7
7 == 5
7 != 5
7 > 5
7 < 5
7 >= 5
7 <= 5
```

```
> #operadores de Comparação
> 7 == 7
[1] TRUE
> 7 == 5
[1] FALSE
> 7 != 5
[1] TRUE
> 7 > 5
[1] TRUE
> 7 < 5
[1] FALSE
> 7 >= 5
[1] TRUE
> 7 <= 5
[1] FALSE
> 
```

Operadores lógicos

→ & E

→ | Ou

→ ! Negação

```
#operadores Lógicos
#E
5==5 & 8>5

#OU
5 != 5 | 8 > 5

#negação
5 != 5 | ! 8 > 5

if (5 == 5) {
  print('igual')
  }

if (5 == 5) {
  print('igual')
} else {
  print('Diferente')
}
```

```
> #operadores Lógicos
> #E
> 5==5 & 8>5
[1] TRUE
>
> #OU
> 5 != 5 | 8 > 5
[1] TRUE
>
> #negação
> 5 != 5 | ! 8 > 5
[1] FALSE
>
> if (5 == 5) {
+   print('igual')
+   }
[1] "igual"
>
> if (5 == 5) {
+   print('igual')
+ } else {
+   print('Diferente')
+ }
[1] "igual"
```

17.4 Tipos de Dados (DATATYPES)

Ao programar, é importante conhecer os tipos de dados e, principalmente, qual linguagem oferece e como esta trata esses dados. A linguagem R trabalha nativamente com dados do tipo complexos.

Essa linguagem conta com os seguintes tipos de dados:

- → numeric
- → character
- → logical
- → complex

```
# Tipos de dados
a <- -1
b <- 5.5
c <- 3+1i
d <- 'texto'
e <- TRUE
f <- '3'
```

Global Environment ▾

Name	Type	Length	Size	Value
a	numeric	1	56 B	-1
b	numeric	1	56 B	5.5
c	complex	1	64 B	3+1i
d	character	1	112 B	"texto"
e	logical	1	56 B	TRUE
f	character	1	112 B	"3"

17.5 Estrutura de Dados

Uma estrutura de dados trabalha com mais de um dado, que pode ser do mesmo tipo ou não, o que varia de acordo com cada estrutura.

- → vector: são estruturas de dados em que todos os elementos são do mesmo tipo.
- → List: permite que os dados sejam de tipos diferentes, inclusive pode conter outra lista.
- → Matrix: são matrizes, ou seja, estruturas de dados bidimensionais (linhas × colunas).
- → Dataframe (arquivos CSV são exemplo de Dataframes).
- → Arrays: são similares aos vetores, porém aceitam tipos de dados distintos.
- → Factores: são estruturas de dados que permitem análises diferentes dos valores.

Vetores

```
#Vetores
vetor <- c('z','asdas')
a <- 'João'
b <- 'Maria'
vetor1 <- c(a,b,'Pedro')
vetor1[1]
vetor1[-1]
vetor1
vetor1[-2]
```

Global Environment ▾

Name	Type	Length	Size	Value
a	character	1	112 B	"João"
b	character	1	112 B	"Maria"
vetor	character	2	176 B	chr [1:2] "z" "asdas"
vetor1	character	3	248 B	chr [1:3] "João" "Maria" "Pedro"

```
> #Vetores
> vetor <- c('z','asdas')
> a <- 'João'
> b <- 'Maria'
> vetor1 <- c(a,b,'Pedro')
> vetor1[1]
[1] "João"
> vetor1[-1]
[1] "Maria" "Pedro"
> vetor1
[1] "João"  "Maria" "Pedro"
> vetor1[-2]
[1] "João"  "Pedro"
> |
```

Pode-se criar vetores de valores inteiros usando a função integer( ):

Global Environment

Name	Type	Length	Size	Value
Numer	integer	3	64 B	int [1:3] 0 0 0

No caso, a função integer(3) criou um vetor de números inteiros com 3 posições.

Listas

```
#Listas
alfa <- list('João Paulo Colet Orso',31) #instancia uma lista
alfa #imprime toda lista
alfa[0] #imprime cabeçalho
alfa[1] #imprime primeiro valor
alfa[2] #imprime segundo valor

alfa[3] <- 'Professor' #cria nova posição na lista e insere o valor
alfa[3]
```

Executando, temos:

Console Terminal × Jobs ×

~/

```
> #Listas
> alfa <- list('João Paulo Colet Orso',31) #instancia uma lista
> alfa #imprime toda lista
[[1]]
[1] "João Paulo Colet Orso"

[[2]]
[1] 31

> alfa[0] #imprime cabeçalho
list()
> alfa[1] #imprime primeiro valor
[[1]]
[1] "João Paulo Colet Orso"

> alfa[2] #imprime segundo valor
[[1]]
[1] 31

>
> alfa[3] <- 'Professor' #cria nova posição na lista e insere o valor
> alfa[3]
[[1]]
[1] "Professor"

>
```

Ao final, a memória contém:

Global Environment ▾

Name	Type	Length	Size	Value
alfa	list	3	392 B	List of 3

Neste caso, ao exibir o conteúdo da lista, temos:

Name	Type	Value
alfa	list [3]	List of length 3
[[1]]	character [1]	'João Paulo Colet Orso'
[[2]]	double [1]	31
[[3]]	character [1]	'Professor'

Matrizes

Uma Matriz é uma estrutura de dados bidimensional, ou seja, será definida com um número de colunas e linhas.

```
#Matrizes
matrixA <- matrix(nrow=2,ncol = 3)
matrixA
matrixA[0,0]
matrixA[0,1]
matrixA[1,1]
```

Executando, temos:

```
Console   Terminal ×   Jobs ×
~/
> #Matrizes
> matrixA <- matrix(nrow=2,ncol = 3)
> matrixA
     [,1] [,2] [,3]
[1,]   NA   NA   NA
[2,]   NA   NA   NA
> matrixA[0,0]
<0 x 0 matrix>
> matrixA[0,1]
logical(0)
> matrixA[1,1]
[1] NA
> |
```

Global Environment

Name	Type	Length	Size	Value
matrixA	matrix	6	248 B	logi [1:2, 1:3] NA NA NA NA NA NA

Ao exibir o conteúdo da matriz, temos uma matriz vazia:

first.r* × | matrixA × | Untitled1*

Filter

	V1	V2	V3
1	NA	NA	NA
2	NA	NA	NA

Na sequência, foram executadas as seguintes linhas de código:

```
matrixA[1,1] <- 'a11'
matrixA[1,2] <- 'a12'
matrixA[1,3] <- 'a13'

matrixA[2,1] <- 'a21'
matrixA[2,2] <- 'a22'
matrixA[2,3] <- 'a23'
```

Ao executar, temos:

```
> matrixA[1,1] <- 'a11'
> matrixA[1,2] <- 'a12'
> matrixA[1,3] <- 'a13'
>
> matrixA[2,1] <- 'a21'
> matrixA[2,2] <- 'a22'
> matrixA[2,3] <- 'a23'
> |
```

Assim, a MatrixA passa a ter os valores:

first.r* × | matrixA × | Untitl

Filter

	V1	V2	V3
1	a11	a12	a13
2	a21	a22	a23

Dataframes

Dataframes são estruturas de dados que possuem identificação para as colunas, o que permite acessá-las pela sua nomenclatura (algo similar aos dicionários em Python).

```
#dataFrames
Coluna1 <- c('João','Maria', 'Ana', 'Pedro')
Coluna2 <- c(31,50,31,25)
Coluna3 <- c('Professor','Policial','Estudante','Advogado')
tabela <- data.frame(Coluna1,Coluna2,Coluna3)
tabela
write.csv(tabela, file='Dados.csv')

Dados <- read.csv('Dados.csv')

summary(Dados)

Dados[1]
Dados[1,] #linha
Dados[,1] #coluna

Dados[1:2] #intervalo
Dados[1,1:2]
```

Executando, temos:

```
> Dados[1]
  X
1 1
2 2
3 3
4 4
> Dados[1,] #linha
  X Coluna1 Coluna2   Coluna3
1 1    João      31 Professor
> Dados[,1] #coluna
[1] 1 2 3 4
>
> Dados[1:2] #intervalo
  X Coluna1
1 1    João
2 2   Maria
3 3     Ana
4 4   Pedro
> Dados[1,1:2]
  X Coluna1
1 1    João
>
```

Os dataframes são bastante utilizados e possibilitam importar dados de arquivos CSV, bem como exportar para CSV, o que permite integrar facilmente relatórios.

No exemplo anterior, o comando **write** gera um arquivo CSV com os dados do dataframe tabela, enquanto o comando read lê de um arquivo os dados para um dataframe Dados.

A função **summary** permite verificar várias medidas estatísticas dos dados.

```
> summary(Dados)
       X          Coluna1             Coluna2        Coluna3         
 Min.   :1.00   Length:4           Min.   :25.00   Length:4          
 1st Qu.:1.75   Class :character   1st Qu.:29.50   Class :character  
 Median :2.50   Mode  :character   Median :31.00   Mode  :character  
 Mean   :2.50                      Mean   :34.25                     
 3rd Qu.:3.25                      3rd Qu.:35.75                     
 Max.   :4.00                      Max.   :50.00                     
> |
```

Array

```
#array
a <- array(dim=5)
a
a[1] <- 40
a

a[3] <- 'tex'
```

Executando temos:

Console | Terminal × | Jobs ×

~/

```
> #array
> a <- array(dim=5)
> a
[1] NA NA NA NA NA
> a[1] <- 40
> a
[1] 40 NA NA NA NA
>
> a[3] <- 'tex'
> |
```

Global Environment ▾

Name	Type	Length	Size	Value
a	array	5	376 B	chr [1:5(1d)] "40" NA "tex" NA NA

Factor

```
#Factor
lista <- c(7,3, 7,5,3,7,15,20,20,3,15,20 )
lista
summary(lista)
fat <- as.factor(lista)
fat
summary(fat)|
```

```
Console   Terminal ×   Jobs ×
~/
> #Factor
> lista <- c(7,3, 7,5,3,7,15,20,20,3,15,20 )
> lista
 [1]  7  3  7  5  3  7 15 20 20  3 15 20
> summary(lista)
   Min. 1st Qu.  Median    Mean 3rd Qu.    Max. 
   3.00    4.50    7.00   10.42   16.25   20.00 
> fat <- as.factor(lista)
> fat
 [1] 7  3  7  5  3  7  15 20 20 3  15 20
Levels: 3 5 7 15 20
> summary(fat)
 3  5  7 15 20 
 3  1  3  2  3 
```

Executando, temos:

Global Environment ▾

Name	Type	Length	Size	Value
fat	factor	12	808 B	Factor w/ 5 levels "3","5","7","15",..: ...
lista	numeric	12	176 B	num [1:12] 7 3 7 5 3 7 15 20 20 3 ...

17.6 Estrutura de Decisão e laços de Repetição

Estruturas de decisão

Pode-se criar em R desvios condicionais tal qual em Python, porém é preciso ter cuidado com a sintaxe. Em R, se o bloco possuir mais de uma linha de instruções, ele deve ter seu início delimitado por { (abre chaves) e } (fecha chaves) para fechar o bloco.

CONDIÇÕES SIMPLES

```
#Condições Simples
teste = 10
if (teste >= 5) print("verdade")


if (teste >= 5) {
  print("verdade")
}


idade = 5
if (idade >= 18){
  print('Você é maior de idade')
} else{
  print ('Você é MENOR de idade')
}
```

Executando, temos:

```
Console  Terminal ×  Jobs ×
~/
> #Condições Simples
> teste = 10
> if (teste >= 5) print("verdade")
[1] "verdade"
>
>
> if (teste >= 5) {
+   print("verdade")
+ }
[1] "verdade"
>
>
> idade = 5
> if (idade >= 18){
+   print('Você é maior de idade')
+ } else{
+   print ('Você é MENOR de idade')
+ }
[1] "Você é MENOR de idade"
>
```

CONDIÇÃO ENCADEADA (ANINHADA)

```
#condição Encadeada (aninhada)

nota = 60
if (nota >= 70) {
  print('Aprovado!')
} else {
  if (nota >= 50){
    print('Exame!')
  } else {
    print("Reprovado!!")}
}
```

Ao se executar, temos:

```
Console  Terminal ×  Jobs ×
~/
> #condição Encadeada (aninhada)
>
> nota = 60
> if (nota >= 70) {
+   print('Aprovado!')
+ } else {
+   if (nota >= 50){
+     print('Exame!')
+   } else {
+     print("Reprovado!!")}
+ }
[1] "Exame!"
>
```

Pode-se escrever de modo mais resumido. Aqui, deve-se observar atentamente, pois entenda que o if constitui um comando apenas, ou seja, não exige que se use as chaves para abrir o bloco.

```
#condição Encadeada (colapsada)
nota = 50
if (nota >= 70) {
  print('Aprovado!')
} else if (nota >= 50){
    print('Exame!')
  } else {
    print("Reprovado!!")}
```

IFELSE

Atenção para não confundir com o Python!

Novamente, o formato mais comum de questões é aquele que mistura características das duas linguagens de modo implícito.

A função **IFELSE** é iterativa, ou seja, permite executar uma regra de comparação e indicar os resultados que devem ser retornados para cada elemento de um vetor.

Note que no exemplo a seguir tem-se um vetor (valores) e a função **Ifelse** gera uma análise de valores que são pares ou ímpares, usando o resto da divisão inteira por 2. Caso o resto seja 1, significa que o valor é ímpar; se for zero (isto é, não é 1), ele é par.

```
#IFELSE
valores <- c(1,3,4,2,3,5,10)
ifelse(valores %% 2 == 1,print("Ímpar"),print("Par"))
ifelse(valores %% 2 == 1,"Ímpar","Par")
```

Executando, temos:

```
Console   Terminal ×   Jobs ×
~/
> #IFELSE
> valores <- c(1,3,4,2,3,5,10)
> ifelse(valores %% 2 == 1,print("Ímpar"),print("Par"))
[1] "Ímpar"
[1] "Par"
[1] "Ímpar" "Ímpar" "Par"   "Par"   "Ímpar" "Ímpar" "Par"
> ifelse(valores %% 2 == 1,"Ímpar","Par")
[1] "Ímpar" "Ímpar" "Par"   "Par"   "Ímpar" "Ímpar" "Par"
> |
```

Laços de repetição

Assim como Python, existem os laços FOR e WHILE. Note que em R é necessário delimitar os blocos, abrindo e fechando as chaves.

FOR

Assim como em Python, a variável de controle do FOR assume o valor de cada posição da variável passada como base. No exemplo a seguir, a variável **i** assume cada valor da Matriz:

```
#Laços de Repetição
#FOR

Matriz <- matrix(1:6,2,3)
for (i in Matriz) {
   print(Matriz[i])
  }
```

Executando, temos:

```
Console   Terminal ×   Jobs ×
~/
> #Laços de Repetição
> #FOR
>
> Matriz <- matrix(1:6,2,3)
> for (i in Matriz) {
+     print(Matriz[i])
+   }
[1] 1
[1] 2
[1] 3
[1] 4
[1] 5
[1] 6
>
```

Observe que se a Matriz tem os valores de 11 a 16, acontece:

```
#Laços de Repetição
#FOR

Matriz <- matrix(11:16,2,3)
for (i in Matriz) {
   print(Matriz[i])
  }
```

Executando, temos:

```
> Matriz <- matrix(11:16,2,3)
> for (i in Matriz) {
+     print(Matriz[i])
+   }
[1] NA
[1] NA
[1] NA
[1] NA
[1] NA
[1] NA
>
```

Cuidado com as funções!
A função RANGE tem funcionamento diferente na linguagem R.

```
iteracao = 6
for (i in range(iteracao)){
  print(paste('Está é a iteração: ',i))
}
print('Fora')
```

Executando, temos:

```
Console   Terminal ×   Jobs ×
~/
> iteracao = 6
> for (i in range(iteracao)){
+   print(paste('Está é a iteração: ',i))
+ }
[1] "Está é a iteração:  6"
[1] "Está é a iteração:  6"
> print('Fora')
[1] "Fora"
>
```

Deste modo, é importante usar variáveis para controles internos:

```
x<-c(1:10)
for (i in x){
  print(paste('Está é a iteração: ',i))
  print(x)
  #print(x[i])
}
print('Fora')
```

Executando, temos:

```
Console   Terminal ×   Jobs ×
~/
> x<-c(1:10)
> for (i in x){
+   print(paste('Está é a iteração: ',i))
+   print(x)
+   #print(x[i])
+ }
[1] "Está é a iteração:  1"
 [1]  1  2  3  4  5  6  7  8  9 10
[1] "Está é a iteração:  2"
 [1]  1  2  3  4  5  6  7  8  9 10
[1] "Está é a iteração:  3"
 [1]  1  2  3  4  5  6  7  8  9 10
[1] "Está é a iteração:  4"
 [1]  1  2  3  4  5  6  7  8  9 10
[1] "Está é a iteração:  5"
 [1]  1  2  3  4  5  6  7  8  9 10
[1] "Está é a iteração:  6"
 [1]  1  2  3  4  5  6  7  8  9 10
[1] "Está é a iteração:  7"
 [1]  1  2  3  4  5  6  7  8  9 10
[1] "Está é a iteração:  8"
 [1]  1  2  3  4  5  6  7  8  9 10
[1] "Está é a iteração:  9"
 [1]  1  2  3  4  5  6  7  8  9 10
[1] "Está é a iteração:  10"
 [1]  1  2  3  4  5  6  7  8  9 10
> print('Fora')
[1] "Fora"
>
```

Atente que, ao se usar elementos adicionais, pode-se ter um controle do que se deseja acessar:

```
Console   Terminal ×   Jobs ×
~/
  objeto 'x' não encontrado
> print('Fora')
[1] "Fora"
> x<-c(1:10)
> y<-c(11:20)
> contador <-1
> for (i in y){
+   print(paste('Está é a iteração: ',contador))
+   print(paste('Valor de X na posição ',contador, 'é: ',x[contador]))
+   contador<-contador+1
+   }
[1] "Está é a iteração:  1"
[1] "Valor de X na posição  1 é:  1"
[1] "Está é a iteração:  2"
[1] "Valor de X na posição  2 é:  2"
[1] "Está é a iteração:  3"
[1] "Valor de X na posição  3 é:  3"
[1] "Está é a iteração:  4"
[1] "Valor de X na posição  4 é:  4"
[1] "Está é a iteração:  5"
[1] "Valor de X na posição  5 é:  5"
[1] "Está é a iteração:  6"
[1] "Valor de X na posição  6 é:  6"
[1] "Está é a iteração:  7"
[1] "Valor de X na posição  7 é:  7"
[1] "Está é a iteração:  8"
[1] "Valor de X na posição  8 é:  8"
[1] "Está é a iteração:  9"
[1] "Valor de X na posição  9 é:  9"
[1] "Está é a iteração:  10"
[1] "Valor de X na posição  10 é:  10"
> print('Fora')
[1] "Fora"
>
```

WHILE

Lembre-se que é um laço de repetição que executa o bloco de instruções enquanto a condição permanecer verdadeira.

```
#While

i <- 1
while (i < 6) {
  print(i)
  i = i+1
}
```

Executando, temos:

```
Console   Terminal ×   Jobs
~/
> #while
>
> i <- 1
> while (i < 6) {
+   print(i)
+   i = i+1
+ }
[1] 1
[1] 2
[1] 3
[1] 4
[1] 5
>
```

A "pegadinha" típica das provas é inverter a ordem da impressão, colocando-a depois do incremento da variável de controle, no caso i.

```
i <- 1
while (i < 6) {
   i = i+1
   print(i)
}
```

Executando, temos:

```
> i <- 1
> while (i < 6) {
+     i = i+1
+     print(i)
+ }
[1] 2
[1] 3
[1] 4
[1] 5
[1] 6
>
```

Perceba que a diferença é muito sutil, mas vastamente cobrada nas provas.

17.7 Pacotes

Os pacotes são estruturas compostas por funções desenvolvidas para resolver pequenos problemas (tarefas) que são de interesse e necessidade de outros programadores. Assim, podemos reutilizar soluções em vez de criá-las todas as vezes em que nos depararmos com o mesmo problema.

Nesse sentido, quando vamos usar um pacote, devemos "instalá-lo" no ambiente. Para isso, basta digitar no console (ou executar no código) a instrução:

```
install.packages("nome do pacote")
```

O "nome do pacote" deve ser substituído pelo pacote que será instalado – por exemplo: ggplot2, que é uma das mais empregadas por cientistas de dados.

Após instalado, deve ser ativado para que se utilize no programa, podendo usar o comando indicado a seguir para conhecer as funções disponíveis e como empregá-las:

```
library(ggplot2)
```

Podemos agrupar os pacotes disponíveis com base nos momentos em que são mais empregados na mineração de base de dados, como:

- → Estágio 1: de pré-modelagem.
- → Estágio 2: modelagem.
- → Estágio 3: de pós-modelagem.

Pré-modelagem

- → Visualização de dados: ggplot2 e googleVis
- → Transformação de dados: plyr e data.table
- → Falta de imputações de valor: MissForest e MissMDA
- → Detecção de *outlier*: Outliers e EVIR
- → Seleção de recursos: Features e RRF
- → Redução de dimensão: FactorMineR e CCP

Modelagem

- → Regressão contínua: car e randomforest
- → Regressão ordinal: Rminer e CoreLearn
- → Classificação: Caret e BigRF
- → Clusterização: CBA e RankCluster
- → Séries temporais: forecast e LTSA
- → Survival: survival, Basta

Pós-modelagem

- → Validação de modelo geral: LSMeans e Comparison
- → Validação de regressão: RegTest e ACD
- → Validação de classificação: BinomTools e DAIM
- → Validação de clusterização: ClustEval e SigClust
- → Análise de curvas ROC: PROC e TimeROC

Outras bibliotecas bastante empregadas

- → Melhorar desempenho: Rcpp e parallel
- → Mineração de texto: tm e twitteR
- → Trabalhar com web: XML, jasonlite e httr
- → Banco de dados: sqldf, RODBC e Rmongo
- → Relatórios de resultados: shiny e Rmarkdown
- → Diversos: swirl, reshape2 e qcc

17.8 Funções

Na linguagem R, para definir uma função, utiliza-se o comando FUNCTION. É importante observar a estrutura de bloco que precisa ser definida.

```
#Funções
#função com retorno
soma <- function(y){
  x<-0
  for (i in y) {
    x<-x+i
  }
  return(x)
}

valor <- c(5,7,9,6)
z<-soma(valor)
z
```

Executando, temos:

```
Console   Terminal ×   Jobs ×
~/
> #Funções
> #função com retorno
> soma <- function(y){
+   x<-0
+   for (i in y) {
+     x<-x+i
+   }
+   return(x)
+ }
>
> valor <- c(5,7,9,6)
> z<-soma(valor)
> z
[1] 27
>
```

Embora o R seja interativo e imprima os resultados no console de modo muito direto, pode-se usar funções sem retorno:

```
#função sem retorno (método)
soma <- function(y){
  x<-0
  for (i in y) {
    x<-x+i
  }
  x
}

valor <- c(5,7,9,6)
soma(valor)
```

Executando, temos:

```
Console  Terminal ×  Jobs ×
~/
> #função sem retorno (método)
> soma <- function(y){
+   x<-0
+   for (i in y) {
+     x<-x+i
+   }
+   x
+ }
>
>
> valor <- c(5,7,9,6)
> soma(valor)
[1] 27
>
```

Vale lembrar que a linguagem R é interpretada tal qual R, porém com o adendo de ser interativa. Logo, é importante frisar a necessidade de definir as funções antes de chamá-las no código.

A linguagem possui inúmeras funções **built in** voltadas para cálculos estatísticos e plotagem de valores na forma de gráficos.

17.9 Principais Funções

→ C

→ Length

→ Append

→ Seq

```
#outras funções built-in são aquelas básicas da estatística
lista <- c(7,3, 7,5,3,7,15,20,20,3,15,20 )

#Função LENGTH
length(lista) #retorna o tamanho de um vetor/lista/matriz

#Função APPEND
lista <- append(lista,c(10,40,20)) #adiciona elementos ao vetor

Coluna1 <- c('João','Maria', 'Ana', 'Pedro')
Coluna2 <- c(31,50,31,25)
Coluna3 <- c('Professor','Policial','Estudante','Advogado')
linear<- append(Coluna1,Coluna2)
linear<- append(linear,Coluna3)
tabela <- matrix(linear,nrow=4,ncol=3)
tabela2 <- matrix(linear,nrow=4,ncol=3,byrow = TRUE)
```

Executando, temos:

```
> #outras funções built-in são aquelas básicas da estatistica
> lista <- c(7,3, 7,5,3,7,15,20,20,3,15,20 )
>
> #Função LENGTH
> length(lista) #retorna o tamanho de um vetor/lista/matriz
[1] 12
>
> #Função APPEND
> lista <- append(lista,c(10,40,20)) #adiciona elementos ao vetor
>
> Coluna1 <- c('João','Maria', 'Ana', 'Pedro')
> Coluna2 <- c(31,50,31,25)
> Coluna3 <- c('Professor','Policial','Estudante','Advogado')
> linear<- append(Coluna1,Coluna2)
> linear<- append(linear,Coluna3)
> tabela <- matrix(linear,nrow=4,ncol=3)
> tabela2 <- matrix(linear,nrow=4,ncol=3,byrow = TRUE)
> |
```

```
#Função SEQ
seq(1,10,2)
seq(10,100,10)
seq(-10,-1)
lista * 3 #cuidado cada elemento da coleção será multiplicado

sequencia <- 1:10 #cria uma coleção denúmeros de 1 a 10
listaB <- seq(2, 20, by=2) #a função seq cria uma sequência que pode incluir o incremento
listaC <- seq(1, 10) #caso não seja indicado o incremento padrão é de 1 em 1

#Função de valores Aleatórios
grupo <- runif(5,1,10) #cria lista de valores randomicos (n,min,máx)
```

Ao executar, temos:

```
Console   Terminal ×   Jobs ×
~/
> #Função SEQ
> seq(1,10,2)
[1] 1 3 5 7 9
> seq(10,100,10)
 [1]  10  20  30  40  50  60  70  80  90 100
> seq(-10,-1)
 [1] -10  -9  -8  -7  -6  -5  -4  -3  -2  -1
> lista * 3 #cuidado cada elemento da coleção será multiplicado
 [1]  21   9  21  15   9  21  45  60  60   9  45  60  30 120  60
>
> sequencia <- 1:10 #cria uma coleção denúmeros de 1 a 10
> listaB <- seq(2, 20, by=2) #a função seq cria uma sequência que pode incluir o incremento
> listaC <- seq(1, 10) #caso não seja indicado o incremento padrão é de 1 em 1
>
>
> #Função de valores Aleatórios
> grupo <- runif(5,1,10) #cria lista de valores randomicos (n,min,máx)
> |
```

```
#Funções de Arredondamento
grupo <- floor(grupo) #função floor arredonda valores para baixo
grupo <- ceiling((grupo)) #função ceiling arredonda valores para cima

round(7.55465197,digits=2) #arredonda para número de casas decimais indicadas
trunc(7.55465197) #trunca o valor na vírgula
```

Executando, temos:

```
Console  Terminal ×  Jobs ×
~/
> #Funções de Arredondamento
> grupo <- floor(grupo) #função floor arredonda valores para baixo
> grupo <- ceiling((grupo)) #função ceiling arredonda valores para cima
>
> round(7.55465197,digits=2) #arredonda para número de casas decimais indicadas
[1] 7.55
> trunc(7.55465197) #trunca o valor na vírgula
[1] 7
>
```

```
meuVetor <- c(10, 20, 30, 40, 50)
names(meuVetor) <- c("Alfa","Bravo","Charlie","Delta") #cria rótulos para indices do vetor
meuVetor


#Funções matemáticas/estatísticas
mean(lista) #calcula a média
sum(lista) #Soma todos valores da lista
max(lista) #retorna o valor mais alto
min(lista) #retorna o menor valor da lista
sd(lista)  #retorna o Desvio Padrão
var(lista) #retorna a variância
median(lista) #retorna a mediana
fivenum(lista) #retorna mínimo, primeiro quartil, mediana, terceiro quartil e máximo
#summary(lista)
```

Ao se executar, temos:

```
Console  Terminal ×  Jobs ×
~/
> meuVetor <- c(10, 20, 30, 40, 50)
> names(meuVetor) <- c("Alfa","Bravo","Charlie","Delta") #cria rótulos para indices do vetor
> meuVetor
   Alfa   Bravo Charlie   Delta    <NA>
     10      20      30      40      50
>
>
>
> #Funções matemáticas/estatísticas
> mean(lista) #calcula a média
[1] 13
> sum(lista) #Soma todos valores da lista
[1] 195
> max(lista) #retorna o valor mais alto
[1] 40
> min(lista) #retorna o menor valor da lista
[1] 3
> sd(lista)  #retorna o Desvio Padrão
[1] 10.04988
> var(lista) #retorna a variância
[1] 101
> median(lista) #retorna a mediana
[1] 10
> fivenum(lista) #retorna mínimo, primeiro quartil, mediana, terceiro quartil e máximo
[1]  3  6 10 20 40
> #summary(lista)
>
```

```
#graficos
pie(lista)
concursos <- c("PF","PRF","Depen","PCDF")
vagas <- c(2000,2634,100,1600)
```

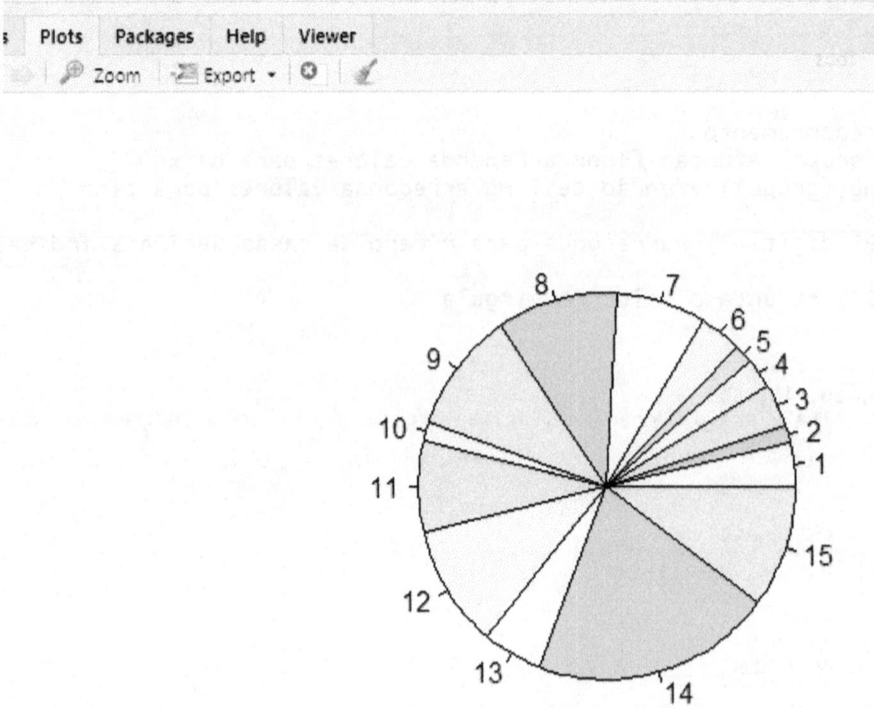


```
anos <- c(2009,2013,2018,2020)
vagas <- c(1000,600,300,2000)
plot(anos,vagas)
```

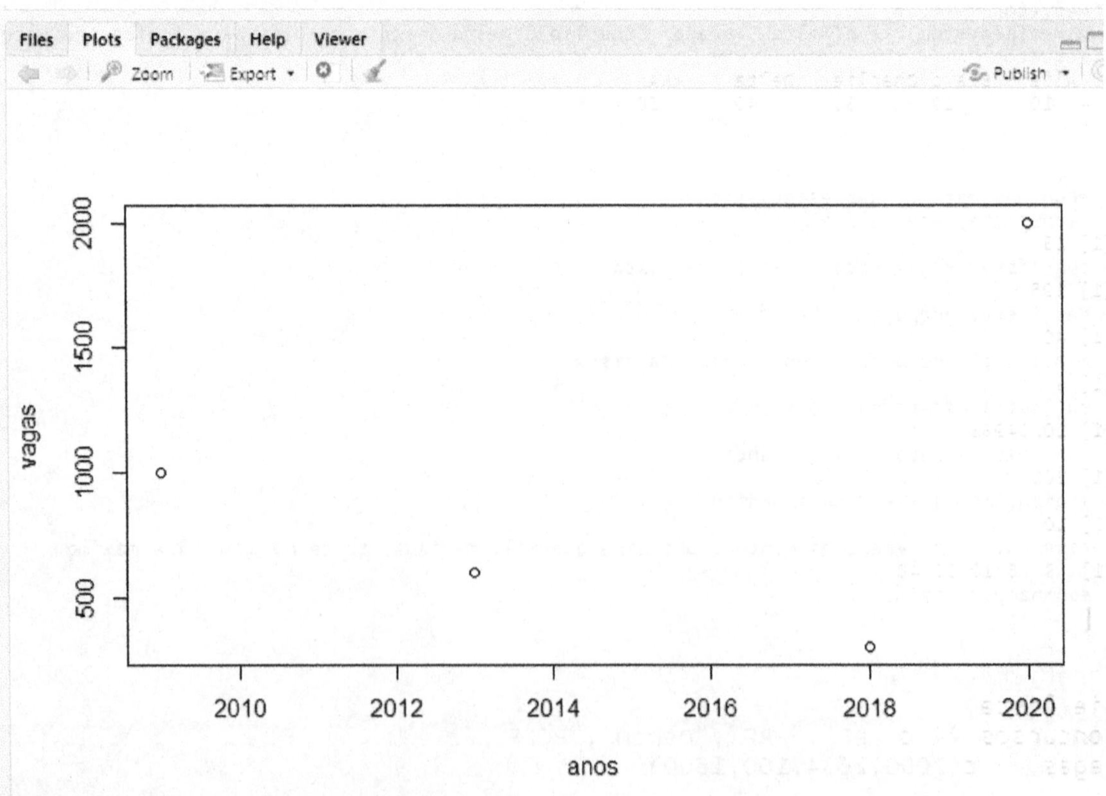

Observe as variações de formato dos gráficos:

```
#histograma

x<-seq(1,100,3)
hist(x)
```

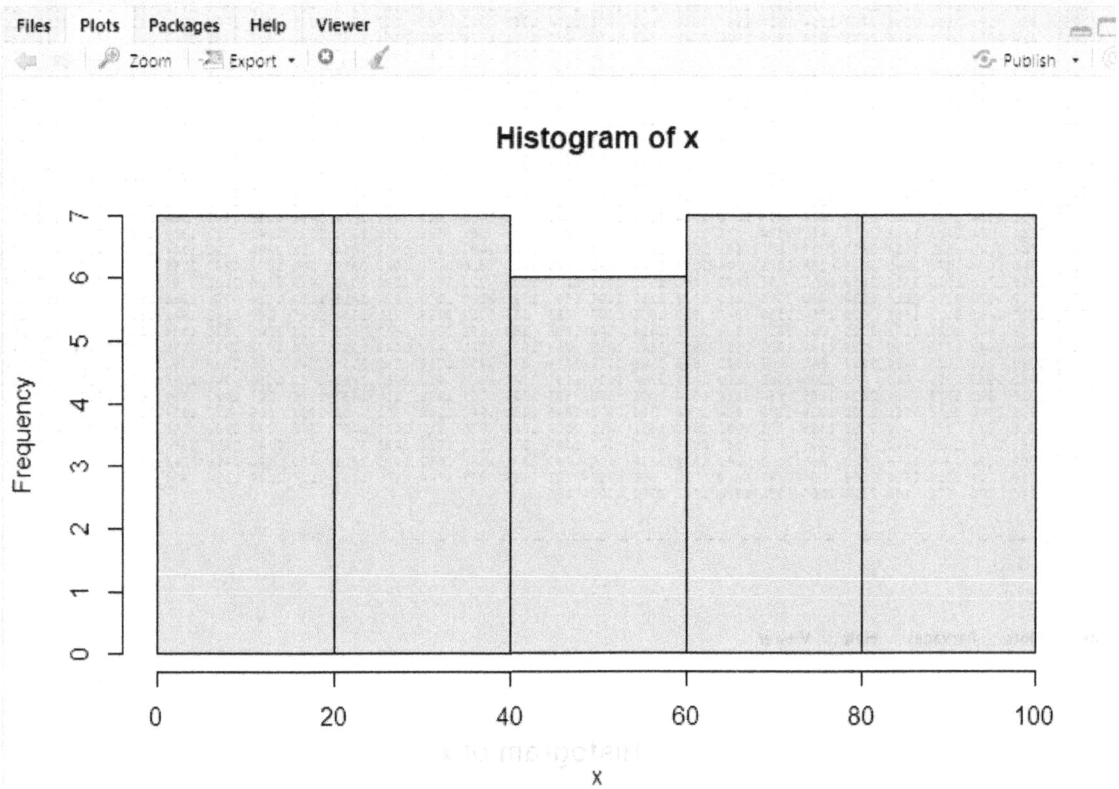

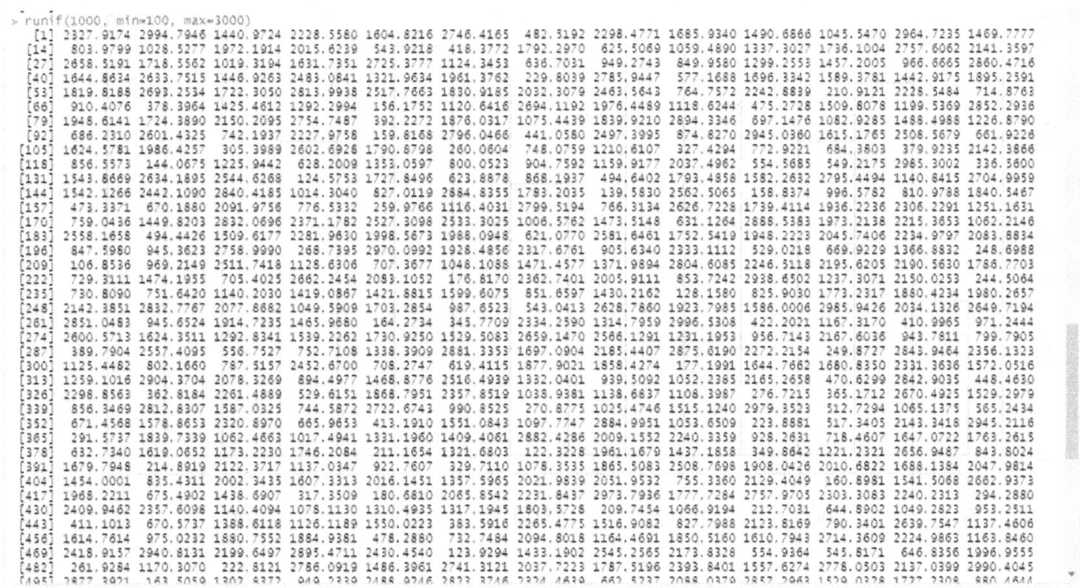

```
> runif(1000, min=100, max=3000)
   [1] 2327.9174 2994.7946 1440.9724 2228.5580 1604.8216 2746.4165  482.5192 2298.4771 1685.9340 1490.6866 1045.5470 2964.7235 1469.7777
  [14]  803.9799 1028.5277 1972.1914 2015.6239  543.9218  418.3772 1792.2970  625.5069 1059.4890 1337.3027 1736.1004 2757.6062 2141.3597
  [27] 2658.5191 1718.5562 1019.3194 1631.7351 2725.3777 1124.3453  636.7031  949.2743  849.9580 1299.2553 1457.2005  966.6665 2860.4716
  [40] 1644.8634 2633.7515 1446.9263 2483.0841 1321.9634 1961.3762  229.8039 2785.9447  577.1688 1696.3342 1589.3781 1442.9175 1895.2591
  [53] 1819.8188 2693.2534 1722.3050 2813.9938 2517.7663 1830.9185 2032.3079 2463.5643  764.7572 2242.8839  210.9121 2228.5484  714.8763
  [66]  910.4076  378.3964 1425.4612 1292.2994  156.1752 1120.6416 2694.1192 1976.4489 1118.6244  475.2728 1509.8078 1199.5369 2852.2936
  [79] 1948.6141 1724.3890 2150.2095 2754.7487  392.2272 1876.0317 1075.4439 1839.9210 2894.3346  697.1476 1082.9285 1488.4988 1226.8790
  [92]  686.2310 2601.4325  742.1937 2227.9758  159.8168 2796.0466  441.0580 2497.3995  874.8270 2945.0360 1615.1765 2508.5679  661.9226
 [105] 1624.5781 1986.4257  305.3989 2602.6928 1790.8798  260.0604  748.0759 1210.6107  327.4294  772.9221  684.3803  379.9235 2142.3866
 [118]  856.5573  144.0675 1225.9442  628.2009 1353.0597  800.0523  904.7592 1159.9177 2037.4962  554.5685  549.2175 2985.3002  336.5600
 [131] 1543.8669 2634.1895 2544.6268  124.5753 1727.8496  623.8878  868.1937  494.6402 1793.4858 1582.2632 2795.4494 1140.8415 2704.9959
 [144] 1542.1266 2442.1090 2840.4185 1014.3040  827.0119 2884.8355 1783.2035  139.5830 2562.5065  158.8374  996.5782  810.9788 1840.5467
 [157]  473.3371  670.1880 2091.9756  776.5332  259.9766 1116.4031 2799.5194  766.3134 2626.7228 1739.4114 1936.2236 2306.2291 1251.1631
 [170]  759.0436 1449.8203 2832.0696 2371.1782 2527.3098 2533.3025 1006.5762 1473.5148  631.1264 2888.5383 1973.2138 2215.3653 1062.2146
 [183] 2558.1658  494.4426 1509.6177 2281.9630 1998.5673 1988.0948  621.0770 2581.6461 1752.5419 1948.2223 2045.7406 2234.9797 2083.8834
 [196]  847.5980  945.3623 2758.9990  268.7395 2970.0992 1928.4856 2317.6761  905.6340 2333.1112  529.0218  669.9229 1366.8832  248.6988
 [209]  106.8536  969.2149 2511.7418 1128.6306  707.3677 1048.1088 1471.4577 1371.9894 2804.6085 2246.5118 2195.6205 2190.5630 1786.7703
 [222]  729.3111 1474.1955  705.4025 2662.2454 2083.1052  176.8170 2362.7401 2005.9111  853.7242 2938.6502 1237.3071 2150.0253  244.5064
 [235]  730.8090  751.6420 1140.2030 1419.0867 1421.8815 1599.6075  851.6597 1430.2162  128.1580  825.9030 1773.2317 1880.4234 1980.2657
 [248] 2142.3851 2832.7767 2077.8682 1049.5909 1703.2854  987.6523  543.0413 2628.7860 1923.7985 1586.0006 2985.9426 2034.1326 2649.7194
 [261] 2851.0483  945.6524 1914.7235 1465.9680  164.2734  345.7709 2334.2590 1314.7959 2996.5308  422.2021 1167.3170  410.9965  971.2444
 [274] 2600.5713 1624.3511 1292.8341 1539.2262 1730.9250 1529.5083 2659.1470 2566.1291 1231.1953  956.7143 2167.6036  943.7811  799.7905
 [287]  389.7904 2557.4095  556.7527  752.7108 1338.3909 2881.3353 1697.0904 2185.4407 2875.6190 2272.2154  249.8727 2843.9464 2356.1323
 [300] 1125.4482  802.1660  787.5157 2452.6700  708.2747  619.4115 1877.9021 1858.4274  177.1991 1644.7662 1680.8350 2331.3636 1572.0516
 [313] 1259.1016 2904.3704 2078.3269  894.4977 1468.8776 2516.4939 1332.0401  939.5092 1052.2385 2165.2658  470.6299 2842.9035  448.4630
 [326] 2298.8563  362.8184 2261.4889  529.6151 1868.7951 2357.8519 1038.9381 1138.6837 1108.3987  276.7215  365.1712 2670.4925 1529.2979
 [339]  856.3469 2812.8307 1587.0325  744.5872 2722.6743  990.8525  270.8775 1025.4746 1515.1240 2979.3523  512.7294 1065.1375  565.2434
 [352]  671.4568 1578.8653 2320.8970  665.9653  413.1910 1551.0843 1097.7747 2884.9951 1053.6509  223.8881  517.3405 2143.3418 2945.2116
 [365]  291.5737 1839.7339 1062.4663 1017.4941 1331.1960 1409.4061 2882.4286 2009.1552 2240.3359  928.2631  718.4607 1647.0722 1763.2615
 [378]  632.7340 1619.0652 1173.2230 1746.2084  211.1654 1321.6803  122.3228 1961.1679 1437.1858  349.8642 1221.2321 2656.9487  843.8024
 [391] 1679.7948  214.8919 2122.3717 1137.0347  922.7607  329.7110 1078.3535 1865.5083 2508.7698 1908.0426 2010.6822 1688.1384 2047.9814
 [404] 1454.0001  835.4311 2002.3435 1607.3313 2016.1451 1357.5965 2021.9839 2051.9532  755.3360 2129.4049  160.8981 1541.5068 2662.9373
 [417] 1968.2211  675.4902 1438.6907  317.3509  180.6810 2065.8542 2231.8437 2973.7936 1777.7284 2757.9705 2303.3083 2240.2313  294.2880
 [430] 2409.9462 2357.6098 1140.4094 1078.1130 1310.4935 1317.1945 1803.5728  209.7454 1066.9194  212.7031  644.8902 1049.2823  953.2511
 [443]  411.1013  670.5737 1388.6118 1126.1189 1550.0223  383.5916 2265.4775 1516.9082  827.7988 2123.8169  790.3401 2639.7547 1137.4606
 [456] 1614.7614  975.0232 1880.7552 1884.9381  478.2880  732.7484 2094.8018 1164.4691 1850.5160 1610.7943 2714.3609 2224.9863 1163.8460
 [469] 2418.9157 2940.8131 2199.6497 2895.4711 2430.4540  123.9294 1433.1902 2545.2565 2173.8328  554.9364  545.8171  646.8356 1996.9555
 [482]  261.9284 1170.3070  222.8121 2786.0919 1486.3961 2741.3121 2037.7223 1787.5196 2393.8401 1557.6274 2778.0503 2137.0399 2990.4045
 [495] 2877.3921  163.5059 1302.8372  949.2339 2488.9246 2823.3746 2324.4639  662.5237 2088.0379 2857.2963 1529.0328 1727.2308  880.4644
```

Files Plots Packages Help Viewer

```
> x <- floor(runif(1000, min=100, max=3000))
> x
   [1] 2156 2093 2587 2403 1041 1684  290 1664 1114 1846 2142 1666 1821  379  536 2709  801 2615 2626 2678 2905 1813 2042  635 2240  216
  [27]  551 2031 2581  654 2767  378 2100 1423  392  363  414 1753 1920  112  416 1417 2690 2247  560 1212 2084  201  546  456 1936 2588
  [53] 2033 1242 1896 1928 2863 1802 1489  989  971 1883 2621 2901 2506  972 2204 1306  347 2426 1039  326 2050 1771  213 1316  656  195
  [79] 2470 1889  181 1662  742 2702 2387 2719  576 2476 2635  574 1359 2895  828 2603 1880 1143 2079  976  403  835 2311 1862 2053 2133
 [105]  237 2999 1869 2179 1159  126 1427 1619 1147  828 1044  269 1957  431 1138  159 1349 1870  848 2675 2677 1262 1854 2592  865  634
 [131] 2886  612 2719 2898 1810 1313  276 2710  211 2603 1680 2727 2806 2579 2126 2657 1959 2037 2770 1241 2008  873  565 2733 2973  618
 [157] 1549  973  580 1179 2673 1242  663 2599  403  114 2130 1016 1025 1065 2603 2459 2547 2352 1037 1323 1053 1975 2428 1335  363 2790
 [183] 1587 2235 1668 1813 2430  625 1542  742 1012 1589  978 1072 1341 1302 2905 1364 2079 1352 2726  666 1149 1559 1473 1104  361 1504
 [209]  389  847 1490 1359 1450  750 2800 1054 2683  898 1061 1764 2572 2640  305 2397 2376  430  450  378 2972  918 1170  246 1043 1397
 [235]  350  193 2853 2688 2493 1354 1804 1380  833 2103  903 1298 1985 2942  700  209 2757 2333  421 2708 2240  122  666 2517 2203 2427
 [261]  619 2059 1919 2924 2955  319 2899 2399 2741  548 1470  967 1501 1976 2293 2354 1167 2086  815  761 1040 1432 2692 1711  542 1886
 [287] 1615 1439  918  202 2644  679 2364 2900 1213 1705 1894 1697 2049 1931 2280 1982 1327 1892 2171  792 1900 2877 1116 1360  214 2503
 [313] 1369  827 2334 2481 2999  732 1765  126 2654 1163 1651  287 1364  549 2791 1367 2594 1650 2325  529 1991  106 1940 2699  325  266
 [339] 1058 1685 1692 1062  198  262  662 2986 2633  985 2639 2809 2515 1494 1473 1234 1035 2756 1480 2676 1700 2208  205  314 1672 1134
 [365] 2332 2550 2830  938 1842  994 2325 2356 2781 1564  324 2495  974  198 2340 1460 1969 2833 1749  597  231 1064  264  701 2951 2171
 [391] 1601 2585 2051 2378 1748 2112 1644 1947 1053 2601 2879  950 2848 2577 1611 1631 2942  359 1826 2095 2183 2969 2057 2451  385 1273
 [417]  858 1573  929 1155 1087  235 1656 2493  512  909 2853  212 1918  385  234  423 1020  193 1110 2927 1238 1184  385 1833 1792 2168
 [443] 2031 2902 2646 1583 1726 2229 1837 1065 1406 1559 2785 2586 2159 2016 1927 1130 2470 2900 1368 2526 1603  844  500 2770  496  959
 [469] 2257 1525 1765 1955  117 2902 1713 1328 2285 2573 1417 2937 2613 2501 1317 1101  925 2305  356  157 2174  399 2823  983 1811 2493
 [495] 1008 2177  909 2248  760  465 2743 2543 1600 2888 1739 2326 2982 2230 2896 2613  426 2279 1182 2754 2057  725 1272 1515 2670 2600
 [521] 1709  446  642 2642 2087 2914 1749 1858 1660 1006 1626 1619 2947 1165 1160 1895 2994  469  808 2692  612 1890 2373  263  654 1963
 [547]  921 2304 1764 2565 1593  609  456 2106 1584 2241 2213 2541  671 2415  622  843 2674 2431 2597 2862  984 2420 1168 1032 1620  656
 [573] 2084 1004 2463 1258  677  401 1624  773 2175 2815  550 2920 1351  261  591  238 1903 1399 1941  322 1359 1527  785 1842  554 2924
 [599]  748 2143 1501 1024 2832 2317  877  853 1977 1329  708  760 2063 2497  875 2773  654 2911 2884  791 1244 2053 2426 2467 1232  816
 [625]  746 1004  577 1940 2653  188 2071  244 2193 2344 2881 1215 1427  616 2013 1093 2859  769 1673 1997 2783  170 2315  908 2047 1476
 [651] 2926 1713 1029 2783 2156 1008  795 2482  484 2051 2035 2174 2000  922 2802 2129 2099  429 1516 2102  795  499 2853 2517 1687  750
 [677] 2319  577 2264 2117 1234  489 2895  415 2316 2132 1897 1580 1792 2290 2270  924 1418 1134 1314  790 1361 2690 1408 1557 1650 1124
 [703] 2627 1458 2121 1655  659 1754 2509 1947  529 1608 2607  636  833 2019 2235  711 1364 1987  160 2242 1941 2857 1695 1028 1698 1722
 [729] 1613 2847 1084 1171 2023  665 2817  803 2592 2424  346 2198  188  889 2253 2647  208 2936 1743 2833 1036 1299  668 1822 1605  902
 [755]  856 2942 1070  730  133 1194 1020 2559 2827 2845 1003  786 1915  741  430 2649 1989 1706 1978 2712 2131  717 2349 2822  413 2506
 [781] 1036  616  338  486 1336  840 2003 2831  636 2748 2321 2360  685 2457 1255  339 2136  246  413 2999 1792  102 1012 2960 1842 2559
 [807] 1982 2967 2651  840  460 1205 2582  111 2415 2989 1956 2155 2842 1317  911 2862 2163 1701 1552  342 1695 2952  912  184  101 2821
 [833] 1018  800 2778  994 2824 1365 1834 1114 1614 2005  566  536 1795 1205 1931  154 1667 1898  353 1492  590 2658 2309 1847  719  444
 [859]  383 2340 2156  281 1852 1329 2149  914 1764  796 2972 2848 1261 1940 1246  301  401 2995  339  257 1274 2138 2039 2814 1489 1483
 [885]  918  617  171  424 2783 1595  775 1992 1495 1651  451 2003 1248  975  517 2427 1467  372  234 2066  185 2258  396 1485 2390 1315
 [911]  667 1138 1020 1343  828 2405  625  267 1183 1626  247 1097  322 2181 1331 2453 2599  608 1841 1800 1836 2148 2762 2310 2841 1925
 [937] 1609 2294 2949 1478 1620  865 1672  245 1316  839  400  789 2676 1682 2683 1993 2615  809  540 2459 2743 1666 2937 2909 2181 2116
 [963]  759  714 2010 2795  286  234 2482 1006 2771  862 1256 2292 2993 2675 1744 1175 1993 1137 2634 1224  935  903 2839 2714 1103  618
 [989] 1146  576  571  105 2318 2167 2071 1896 1032 2772 1027  186
>
```

```
> hist(x)
>
```

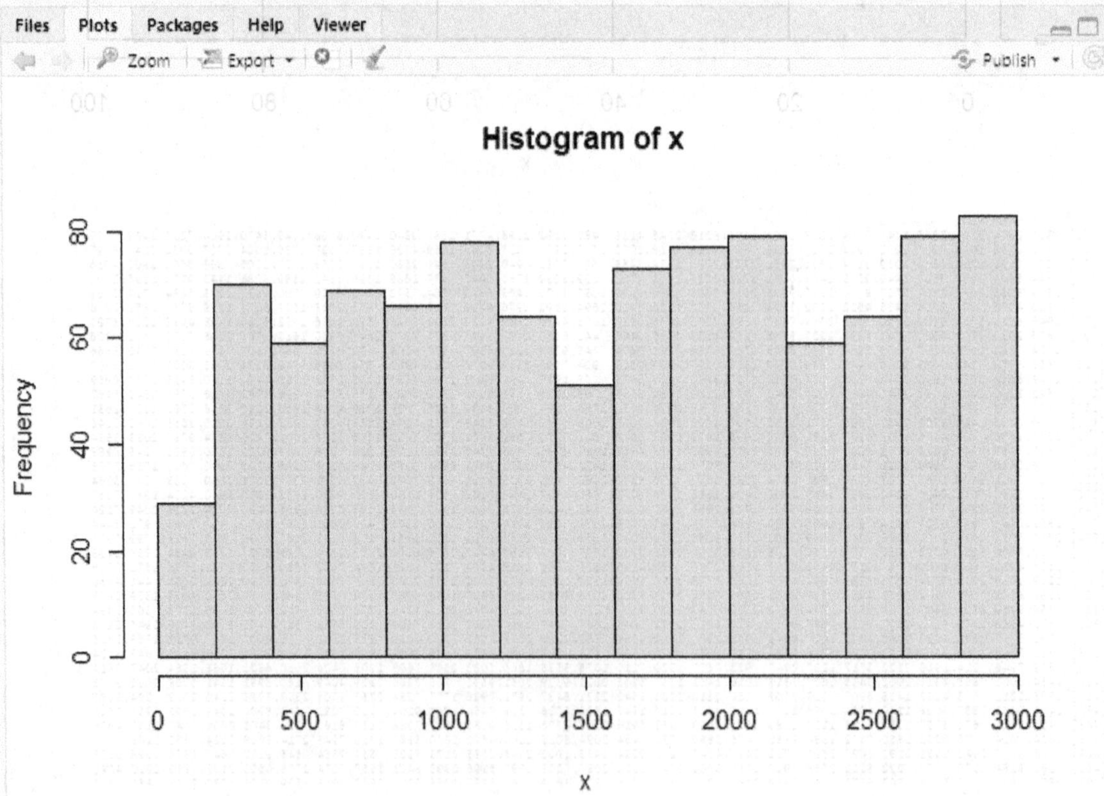

```
> hist(x, col = 'blue') #função gera um gráfico de histograma
>
```

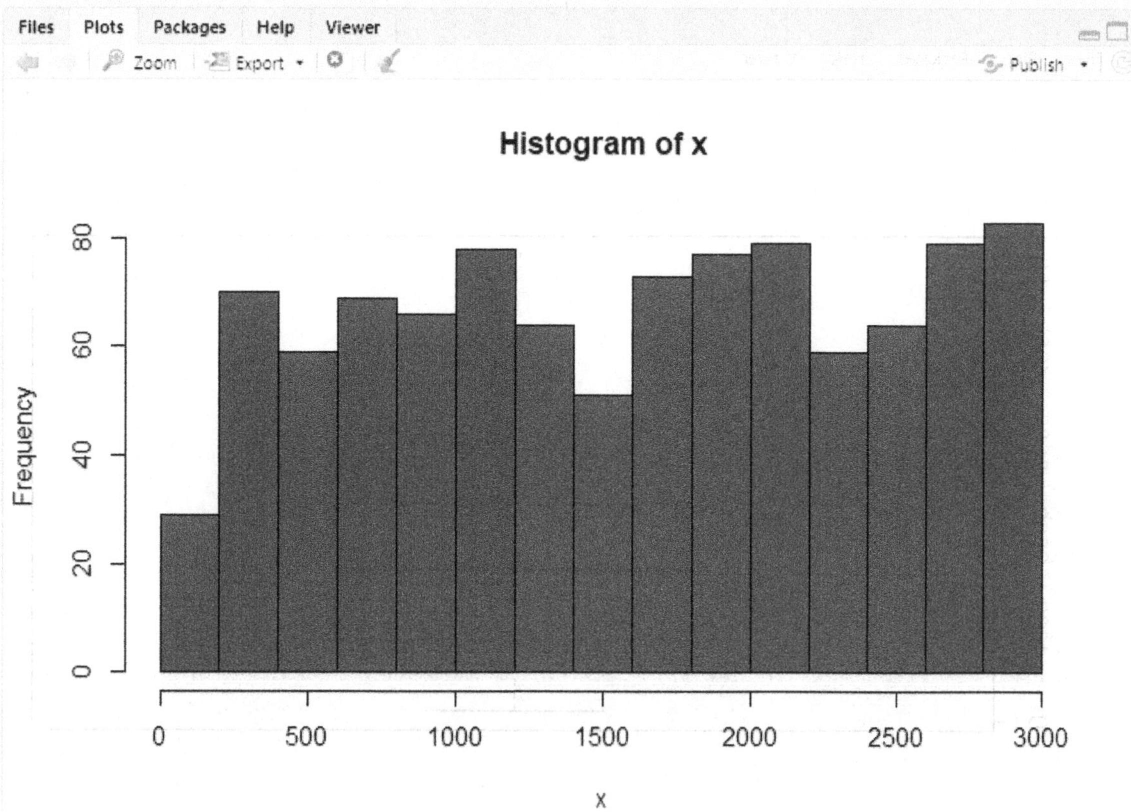


```
> boxplot(x,col="yellow")
>
```

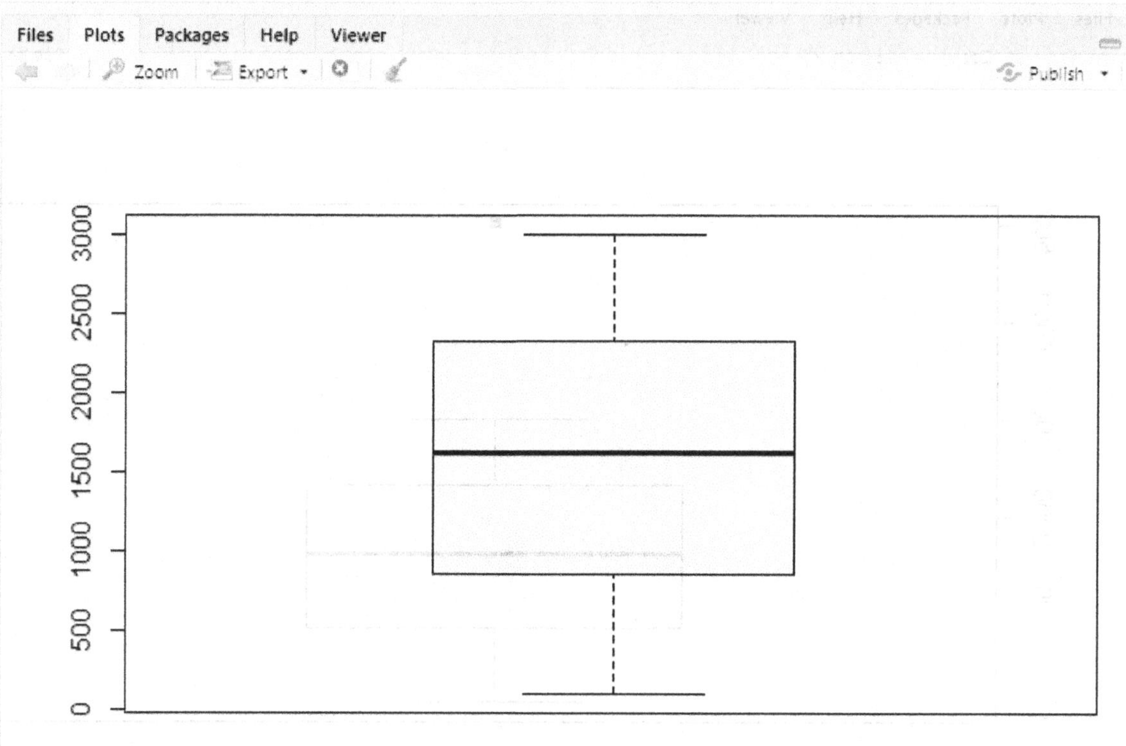

```
> x<-append(x,5000) #inserindo um outlier
> boxplot(x,col="yellow")
> 
```

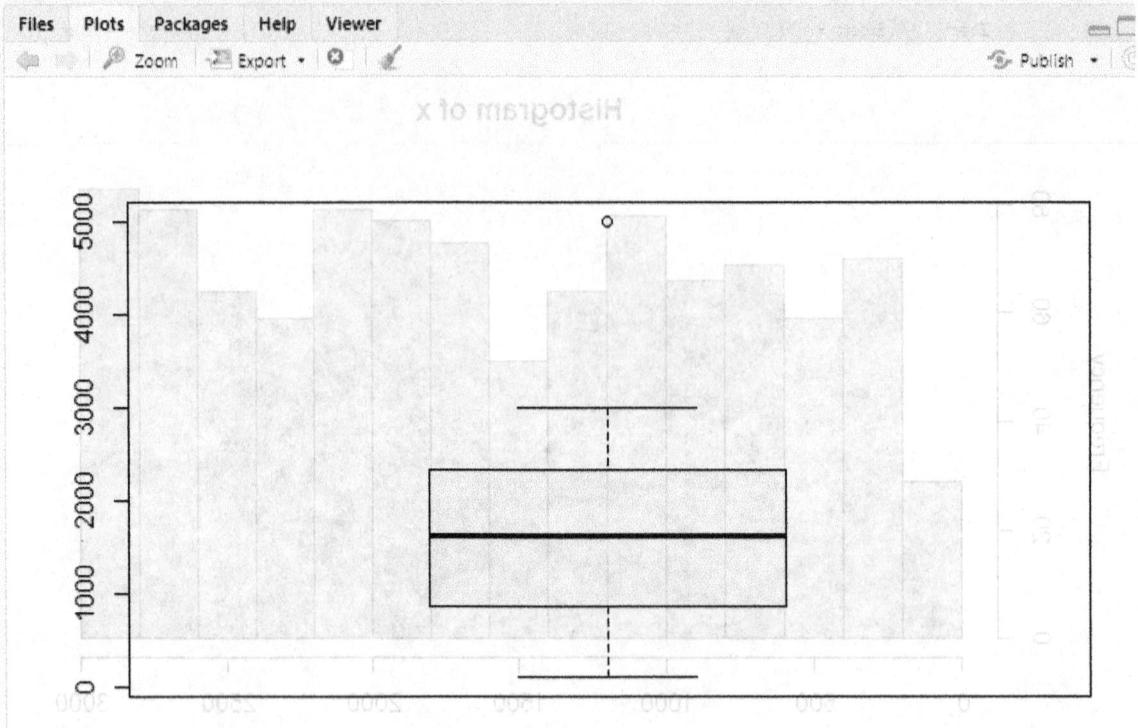


```
> boxplot(x,col="pink",pch = 15)
> 
```

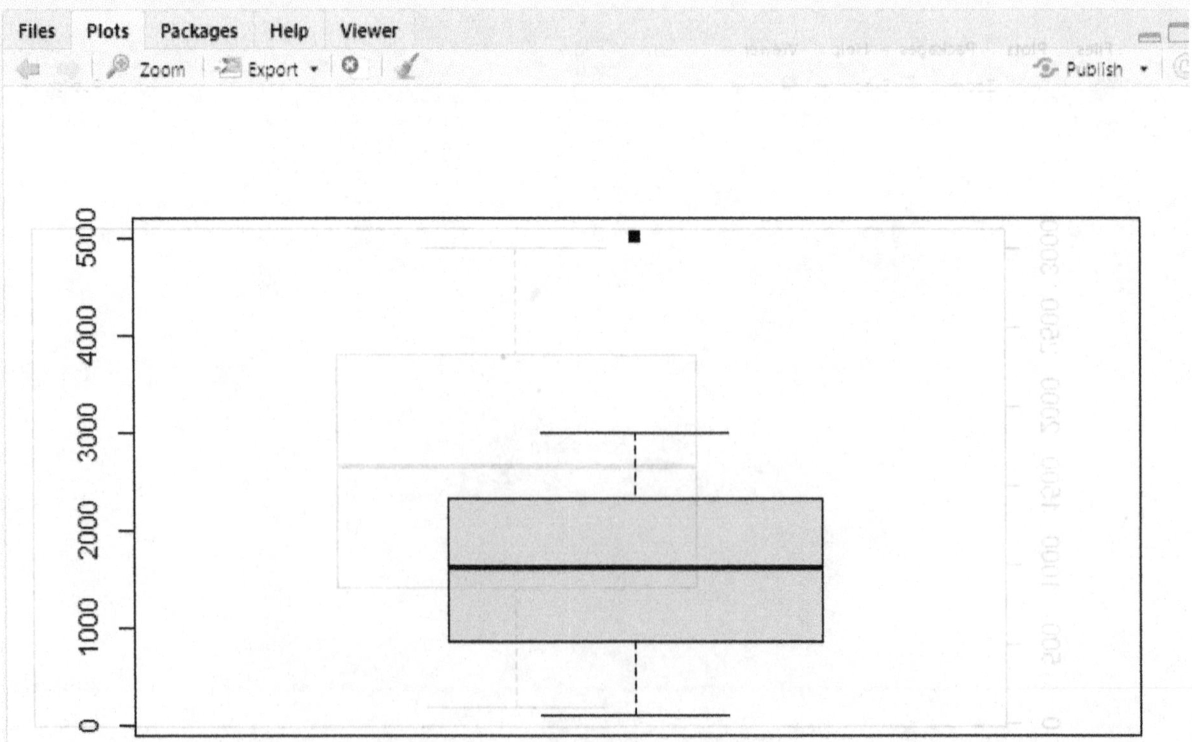

```
> boxplot(x,col="pink",pch = 15,horizontal = TRUE)
>
```

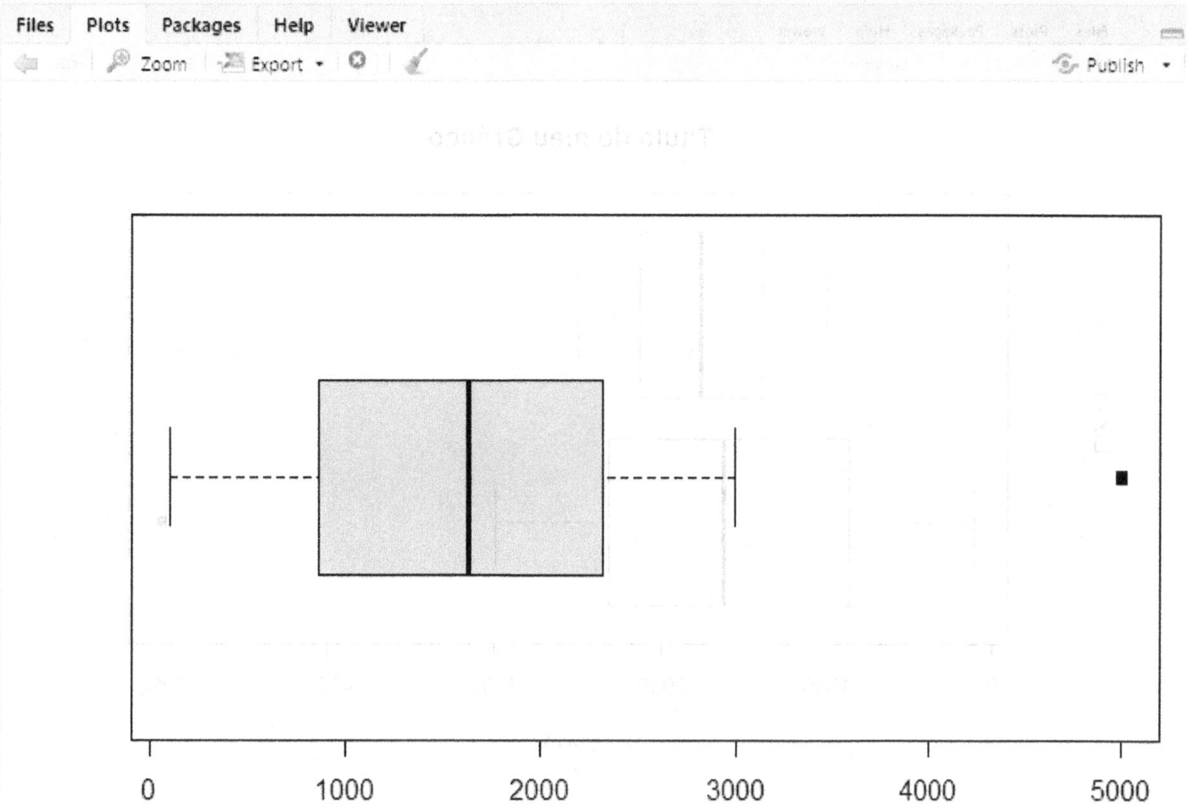


```
> y <- ceiling(runif(10000,min=1000, max=2500))
> boxplot(x,y,col="red",pch = 15,horizontal = TRUE)
>
```

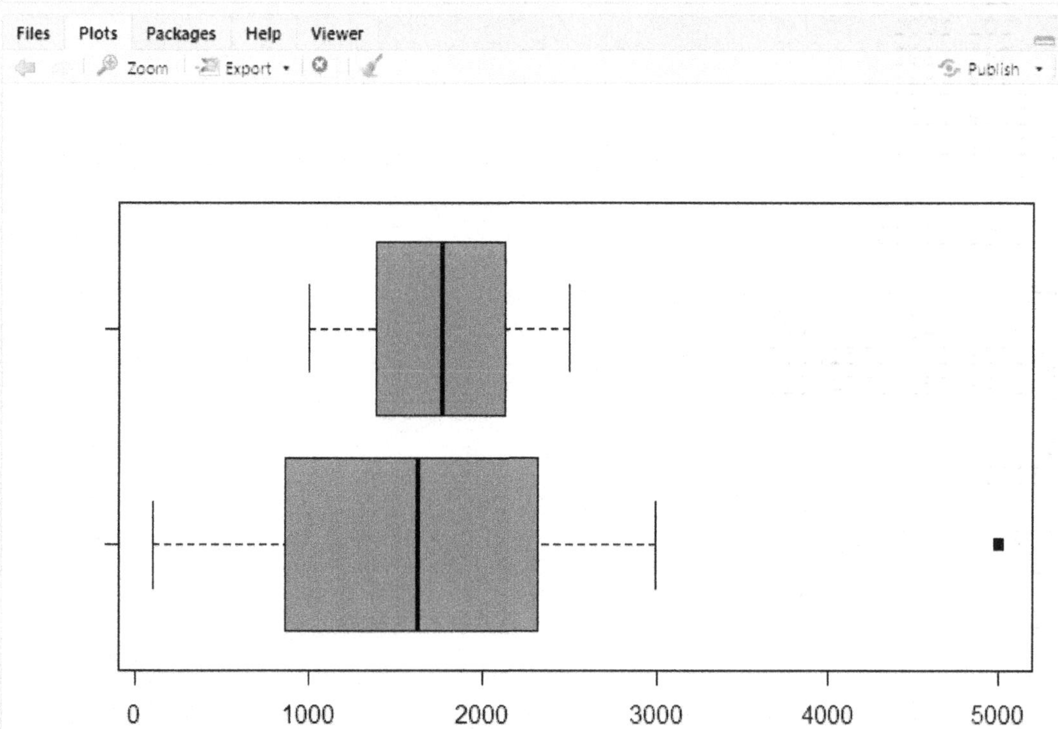

```
> boxplot(x,y,ylab ='Eixo Y',xlab = 'Eixo X',main = "Título do meu Gráfico",col="cyan",p
ch = 15,horizontal = TRUE)
> |
```

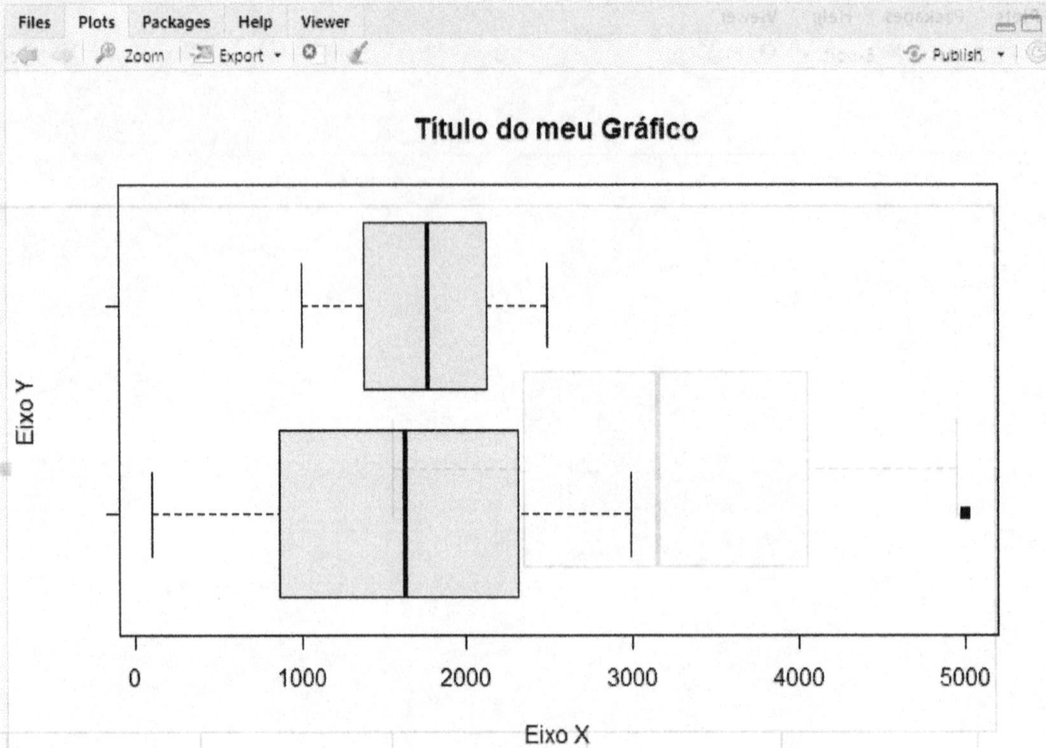


```
> dado
$stats
     [,1] [,2]
[1,]  101 1001
[2,]  862 1392
[3,] 1626 1763
[4,] 2319 2127
[5,] 2999 2500

$n
[1]  1001 10000

$conf
         [,1]     [,2]
[1,] 1553.239 1751.387
[2,] 1698.761 1774.613

$out
[1] 5000

$group
[1] 1

$names
[1] "" ""

> |
```

```
> dado$n[[2]]
[1] 10000
>
```

Observe o código fonte-base a seguir:

```
#outras funções built-in são aquelas básicas da estatística
lista <- c(7,3, 7,5,3,7,15,20,20,3,15,20 )

#Função LENGTH
length(lista) #retorna o tamanho de um vetor/lista/matriz

#Função APPEND
lista <- append(lista,c(10,40,20)) #adiciona elementos ao vetor

Coluna1 <- c('João','Maria', 'Ana', 'Pedro')
Coluna2 <- c(31,50,31,25)
Coluna3 <- c('Professor','Policial','Estudante','Advogado')
linear<- append(Coluna1,Coluna2)
linear<- append(linear,Coluna3)
tabela <- matrix(linear,nrow=4,ncol=3)
tabela2 <- matrix(linear,nrow=4,ncol=3,byrow = TRUE)

#Função SEQ
seq(1,10,2)
seq(10,100,10)
seq(-10,-1)
lista * 3 #cuidado cada elemento da coleção será multiplicado

sequencia <- 1:10 #cria uma coleção denúmeros de 1 a 10
listaB <- seq(2, 20, by=2) #a função seq cria uma sequência que pode incluir
o incremento
listaC <- seq(1, 10) #caso não seja indicado o incremento padrão é de 1 em 1

#Função de valores Aleatórios
grupo <- runif(5,1,10) #cria lista de valores randomicos (n,min,máx)


#Funções de Arredondamento
grupo <- floor(grupo) #função floor arredonda valores para baixo
grupo <- ceiling((grupo)) #função ceiling arredonda valores para cima

round(7.55465197,digits=2) #arredonda para número de casas decimais indicadas
trunc(7.55465197) #trunca o valor na vírgula
```

```
meuVetor <- c(10, 20, 30, 40, 50)
names(meuVetor) <- c("Alfa","Bravo","Charlie","Delta") #cria rótulos para indices do vetor
meuVetor

#Funções matemáticas/estatísticas
mean(lista) #calcula a média
sum(lista) #Soma todos os valores da lista
max(lista) #retorna o valor mais alto
min(lista) #retorna o menor valor da lista
sd(lista) #retorna o Desvio Padrão
var(lista) #retorna a variância
median(lista) #retorna a mediana
fivenum(lista) #retorna mínimo, primeiro quartil, mediana, terceiro quartil e máximo
#summary(lista)

#graficos
pie(lista)
concursos <- c("PF","PRF","Depen","PCDF")
vagas <- c(2000,2634,100,1600)

pie(vagas,concursos) #antihorário
pie(vagas,concursos,clockwise = TRUE) #sentido Horário
pie(vagas,concursos,border = 2)
pie(vagas)

anos <- c(2009,2013,2018,2020)
vagas <- c(1000,600,300,2000)
plot(anos,vagas)
plot(anos,vagas,type='h')
plot(anos,vagas,type='l')
plot(anos,vagas,type='c')
plot(anos,vagas,type='s')
plot(anos,vagas,type='p')

#histograma

x<-seq(1,100,3)
hist(x)

runif(1000, min=100, max=3000)
x <- floor(runif(1000, min=100, max=3000))
hist(x)

hist(x, col = 'blue') #função gera um gráfico de histograma

? hist # apresenta o manual da função.

#Boxplot também conhecido como gráfico de caixa estreita
?boxplot
boxplot(x,col="yellow")
x<-append(x,5000) #inserindo um outlier
boxplot(x,col="yellow")
boxplot(x,col="pink",pch = 15)
boxplot(x,col="pink",pch = 15,horizontal = TRUE)

y <- ceiling(runif(10000,min=1000, max=2500))
boxplot(x,y,col="red",pch = 15,horizontal = TRUE)
```

```
boxplot(x,y,ylab ='Eixo Y',x-lab = 'Eixo X',main = «Título do meu Gráfico»,col="cyan",pch = 15,horizontal = TRUE)

dado <- boxplot(x,y,ylab ='Eixo Y',xlab = 'Eixo X',main = «Título do meu Gráfico»,col="cyan",pch = 15,horizontal = TRUE)

dado
dado$n[[2]]
```

18. TEORIA DA INFORMAÇÃO

Dados

Em regra, é o conteúdo que, por si só, não transmite nenhuma mensagem que possibilite o entendimento sobre determinada situação. Pode ser representado em números, textos, valores, entre outros.

Sem os dados, que são considerados unidade básica da informação, não temos informação.

Informação

Após o dado ser processado, gera-se a informação, ou seja, a informação é o resultado do processamento de dados, de modo que passa a transmitir uma mensagem compreensiva dentro de um contexto.

Pode-se dize que um conjunto de dados que transmite conhecimento é uma informação.

O que entra é chamado de dados; o dado bruto é tratado pelo processador e retirado na forma de informação.

Entrada → Processamento → Saída

Conhecimento

Percebe-se que os dados formam as informações e a informação leva ao conhecimento.

O conhecimento é a informação que foi processada e transformada em experiência pela pessoa.

Também se pode concluir que o conhecimento é a capacidade que o processamento da informação, adicionado à experiência individual, nos dá, de agir e prever situações.

CONHECIMENTO TÁCITO

O termo tem origem no latim *tacitus* (não expresso por palavras). Assim, o conhecimento tácito é mais difícil de ser formalizado e transmitido às outras pessoas. Está relacionado às experiências, à visão de mundo e às práticas de determinado indivíduo. Pode-se falar que se refere ao *know-how* de um profissional.

CONHECIMENTO EXPLÍCITO

De origem latina, o termo *explicitus* quer dizer "declarado", "claro". Assim, é aquele que pode ser facilmente formalizado e compartilhado com outras pessoas a partir de recursos como imagens, textos, vídeos, infográficos, entre outros. Pode-se falar, ainda, que o conhecimento explícito é o conteúdo claro e formal, que pode ser transmitido de maneira mais fácil do que o conhecimento tácito.

Os treinamentos corporativos e outras práticas da educação corporativa são exemplos de como o conhecimento explícito pode ser transmitido.

Pode-se transmitir o conhecimento de quatro maneiras:

Inteligência

Inteligência é quando sistemas devidamente orientados e programados para tal conseguem executar decisões autônomas com base em conhecimentos obtidos de uma operação.

Ex.: big data.

19. VISÃO GERAL SOBRE SISTEMAS DE SUPORTE À DECISÃO E INTELIGÊNCIA DE NEGÓCIO

19.1 Sistemas de Informação

Segundo Stari e Reinolds (2011, p. 8):[1]

Um sistema de informação (SI) é um conjunto de elementos ou componentes inter-relacionados que coleta (entrada), manipula (processo), armazena e dissemina dados (saída) e informações, e fornece uma reação corretiva (mecanismo de realimentação) para alcançar um objetivo. O mecanismo de realimentação é o componente que ajuda as organizações a alcançarem seus objetivos, como aumentar os lucros ou melhorar os serviços ao cliente.

- → **Entropia**: é definida como uma forma de medir o grau médio de incerteza a respeito de fontes de informação, o que, consequentemente, permite a quantificação da informação presente que flui no sistema. Todo sistema sofre deterioração, desatualização.
- → **Entropia negativa:** há a necessidade de continuidade de desenvolvimento. O sistema precisa ser atualizado. Desenvolver forças contrárias a entropia.
- → **Homeostase:** equilíbrio do sistema; softwares estáveis; sistemas multitarefas, multiprocessamento. Capaz de executar tarefas complexas. Trata-se, então, de uma propriedade autorreguladora de um sistema ou organismo, que permite manter o estado de equilíbrio de suas variáveis essenciais ou de seu meio ambiente.
- → **Homeorrese:** recuperação de falhas; arquivos reinstalados; reinicialização do sistema; *Journaling*.

FUNDAMENTOS DE SISTEMAS DE INFORMAÇÕES

Os sistemas de informação (SI) utilizam hardware, software, redes de telecomunicações, técnicas de administração de dados computadorizadas e outras formas de tecnologia de informação (TI) para transformar recursos de dados em uma variedade de produtos de informação para consumidores e profissionais de negócios.

O QUE É UM SISTEMA?

O que é um sistema e quando ele se aplica ao conceito de um sistema de informação?

Um sistema é um grupo de componentes inter-relacionados que trabalham juntos visando à uma meta comum, recebendo insumos e produzindo resultados em um processo organizado de transformação.

Os conceitos de sistemas são subjacentes ao campo dos SI. Entendê-los irá ajudá-lo a compreender muitos outros conceitos na tecnologia, aplicações, desenvolvimento e administração dos sistemas de informação.

Os conceitos de sistemas o ajudam a entender:

- → **Tecnologia:** as redes de computadores são sistemas de componentes de processamento de informações.
- → **Aplicações**: os usos das redes de computadores pelas empresas são, na verdade, SI empresariais interconectados.
- → **Desenvolvimento:** o desenvolvimento de maneiras de utilizar as redes de computadores nos negócios inclui o projeto dos componentes básicos dos SI.
- → **Administração:** a administração da informática enfatiza a qualidade, o valor para o negócio e a segurança dos SI de uma organização.

Um sistema possui três componentes ou funções básicos em interação:

- → **Entrada:** envolve a captação e reunião de elementos que entram no sistema.
- → **Processamento:** são processos de transformação que convertem insumo (entrada) em produto.
- → **Saída:** transferência de elementos produzidos na transformação até seu destino final.

***Feedback* e controle**

Os dois conceitos adicionais do conceito de sistema (entrada, processamento e saída) incluem o *feedback* e o controle.

Um sistema dotado de componentes de *feedback* e controle às vezes é chamado de sistema cibernético, ou seja, um sistema automonitorado, autorregulado.

- → *Feedback*: são dados sobre o desempenho de um sistema.
- → **Controle:** envolve monitoração e avaliação do *feedback* para determinar se um sistema está se dirigindo para a realização de sua meta. A função de controle faz os ajustes necessários aos componentes de entrada e processamento de um sistema para garantir que seja alcançada a produção adequada.

OUTRAS CARACTERÍSTICAS DOS SISTEMAS

Um sistema não existe em um vácuo; na verdade, ele existe e funciona em um ambiente que contém outros sistemas.

- → **Subsistema:** sistema componente de um sistema maior, que, por sua vez, é seu ambiente.
- → **Fronteira de sistema:** um sistema se separa de seu ambiente e de outros sistemas por meio de suas fronteiras de sistema.
- → **Interface:** vários sistemas podem compartilhar o mesmo ambiente. Alguns desses sistemas podem ser conectados entre si por meio de um limite compartilhado ou interface.
- → **Sistema aberto:** um sistema que interage com outros sistemas em seu ambiente é chamado de um sistema aberto (conectado com seu ambiente pela troca de entrada e saída).
- → **Sistema adaptável:** um sistema que tem a capacidade de transformar a si mesmo ou seu ambiente a fim de sobreviver é chamado de um sistema adaptável.

DIMENSÕES DE UM SISTEMA DE INFORMAÇÃO

- → **Dimensão humana:** sem a ação humana, o equipamento é inútil (dimensão mais importante).
- → **Dimensão tecnológica:** hardware, software, rede, internet.
- → **Dimensão organizacional:** desenvolver um novo produto, preencher um pedido ou contratar um novo funcionário são exemplos de processos organizacionais.

1 STAIR, R. M.; REYNOLDS, G. W. **Princípios de Sistemas de Informação**. 9. ed. São Paulo: Cengage Learning, 2011.

COMPONENTES DE UM SISTEMA DE INFORMAÇÃO

Um SI depende dos recursos de pessoal, hardware, software e redes para executar atividades de entrada, processamento, saída, armazenamento e controle que convertem recursos de dados em produtos de informação.

O modelo de sistemas de informação destaca os cinco conceitos principais que podem ser aplicados a todos os tipos de sistemas de informação.

Recursos dos SI

- → recursos humanos;
- → recursos de hardware;
- → recursos de software;
- → recursos de dados;
- → recursos de rede.

RECURSOS HUMANOS

São necessárias pessoas para a operação de todos os sistemas de informação. Esses recursos incluem os usuários finais e os especialistas em SI.

- → **Usuários finais:** pessoas que usam um SI ou a informação que ele produz.
- → **Especialistas em SI**: são pessoas que desenvolvem e operam sistemas de informação.
- → **Analistas de sistemas:** projetam SI com base nas demandas dos usuários finais.
- → **Desenvolvedores de software**: criam programas de computador seguindo as especificações dos analistas de sistemas.
- → **Operadores do sistema**: monitoram e operam grandes redes e sistemas de computadores. Incluem todos os dispositivos físicos e equipamentos utilizados no processamento de informações.
- → **Máquinas:** dispositivos físicos (periféricos, computadores).
- → **Mídia:** todos os objetos tangíveis nos quais são registrados dados (papel, discos).

RECURSOS DE HARDWARE

São exemplos de hardware em SI computadorizados:

- → **Sistemas de computadores:** consistem em unidades de processamento central contendo microprocessadores e uma multiplicidade de dispositivos periféricos interconectados.
- → **Periféricos de computador:** são dispositivos, como teclado ou mouse, para a entrada de dados e de comandos; tela de vídeo ou impressora, para a saída de informação; e discos magnéticos ou ópticos para armazenamento de recursos de dados.

RECURSOS DE SOFTWARE

Incluem todos os conjuntos de instruções de processamento da informação.

- → **Programas:** conjunto de instruções que fazem com que o computador execute uma certa tarefa.
- → **Procedimentos:** conjunto de instruções utilizadas por pessoas para finalizar uma tarefa.

São exemplos de recursos de software:

- → **Software de sistema:** um programa de SI, que controla e apoia as operações de um sistema de computador.
- → **Software aplicativo:** programas que dirigem o processamento para determinado uso do computador pelo usuário final.
- → **Procedimentos:** são instruções operacionais para as pessoas que utilizarão um SI.

RECURSOS DE DADOS

Devem ser efetivamente administrados para beneficiar todos os usuários finais de uma organização.

Os recursos de dados são transformados, por atividades de processamento de informação, em uma diversidade de produtos de informação para os usuários finais.

Os recursos de dados dos SI normalmente são organizados em:

- → **Bancos de dados:** são coleções de registros e arquivos logicamente relacionados. Um banco de dados incorpora muitos registros anteriormente armazenados em arquivos separados, para que uma fonte comum de registros de dados sirva muitas aplicações.
- → **Bases de conhecimento:** guardam conhecimento em uma multiplicidade de formas, como fatos, regras e inferência sobre vários assuntos.

Dados × Informações

- → **Dados:** são fatos ou observações crus, normalmente sobre fenômenos físicos ou transações de negócios. Mais especificamente, os dados são medidas objetivas dos atributos (características) de entidades como pessoas, lugares, coisas e eventos.
- → **Informações:** são dados processados que foram colocados em um contexto significativo e útil para um usuário final. Os dados são submetidos a um processo em que:
  - > sua forma é agregada, manipulada e organizada;
  - > seu conteúdo é analisado e avaliado;
  - > são colocados em um contexto adequado a um usuário humano.

RECURSOS DE REDE

Redes de telecomunicações como internet, intranets e extranets tornaram-se essenciais ao sucesso de operações de todos os tipos de organizações e de seus SI baseados no computador.

Essas redes consistem em computadores, processadores de comunicações e outros dispositivos interconectados por mídia de comunicações e controlados por software de comunicações. O conceito de recursos de rede enfatiza que as redes de comunicações são um componente de recurso fundamental de todos os SI.

Os recursos de rede incluem:

- → **Mídia de comunicações:** cabo de par trançado, cabo coaxial, cabo de fibra ótica, sistemas de microondas e sistemas de satélite de comunicações.
- → Suporte de rede: recursos de dados, pessoas, hardware e software que apoiam diretamente a operação e uso de uma rede de comunicações.

Entrada de recursos de dados

Os dados sobre transações comerciais e outros eventos devem ser capturados e preparados para processamento pela atividade de entrada. A entrada normalmente assume a forma de atividades de registro de dados, como gravar e editar.

Uma vez registrados, os dados podem ser transferidos para uma mídia que pode ser lida por máquina, como um disco magnético, por exemplo, até serem requisitados para processamento.

PAPÉIS DAS APLICAÇÕES DE SI NA EMPRESA

Os sistemas de informação desempenham três papéis vitais em qualquer tipo de organização, ou seja, eles apoiam em uma organização:

- → as operações e processos da empresa;
- → a tomada de decisão de empregados e gerentes;
- → as estratégias para a vantagem competitiva.

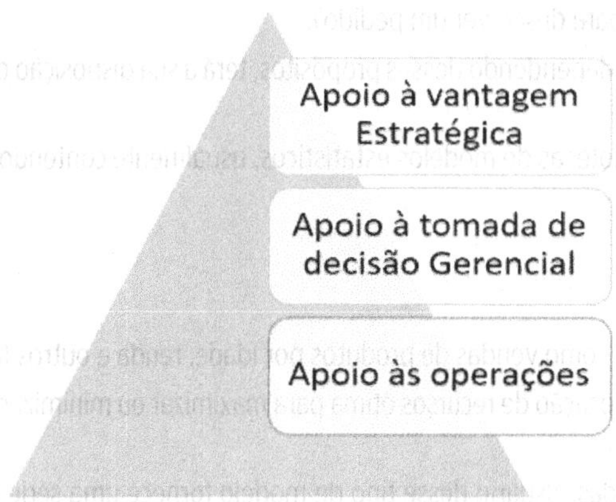

SEIS PRINCIPAIS TIPOS DE SISTEMAS DE INFORMAÇÃO

- → Nível estratégico
  - > ESS (Sistemas de Suporte Executivo)
- → Nível administrativo/gerencial
  - > MIS (Sistemas de Informações Gerenciais)
  - > DSS (Sistemas de Suporte à Decisão)
- → Nível de conhecimento
  - > KWS (Sistemas de Trabalho do Conhecimento)
  - > OAS (Sistemas de Automação de Escritório)
- → Nível operacional
  - > TPS (Sistemas de Processamento de Transações)
- → Sistema de apoio à decisão
- → Nível administrativo/gerencial
  - > MIS (Sistemas de Informações Gerenciais)
  - > DSS (Sistemas de Suporte à Decisão)

SISTEMA DE APOIO À DECISÃO (DSS)

São sistemas de computador em nível gerencial de uma organização, que combinam dados e modelos analíticos sofisticados.

Esses sistemas possuem interface amigável para apoiar tomada de decisão. Os DSSs estão sob controle do usuário desde o princípio até a implementação final e uso diário.

Um DSS frequentemente é isolado dos outros sistemas da organização.

CAPACIDADES DO DSS

Um DSS deve fornecer capacidades para responder a questões e alcançar decisões.

Capacidades principais que caracterizam os DSS: representações, operações, ajudas de memória e ajudas de controle.

- → **Representações:** conceitualização de informações usadas na tomada de decisão, como gráficos, tabelas, listas, relatórios e símbolos para operações de controle.
- → **Operações:** manipulações de dados matemáticos e lógicos, como colher informações, gerar listas, preparar relatórios, atribuir riscos e valores, gerar estatísticas e simular alternativas.
- → **Ajudas de memória:** cisões/bases de dados, bibliotecas, ligações entre visões/bases e bibliotecas e outras capacidades para refazer e atualizar a memória.
- → **Ajudas de controle:** capacidades que permitem ao usuário controle das atividades do DSS. Inclui funcionalidades, como diversidade de menus e *help*, que permitem que o usuário controle as representações, operações e memórias.

PESSOAS ENVOLVIDAS COM DSS

- → **Profissionais/desenvolvedores:** construem as bases de dados, bases de modelos e linguagens de controle.
- → **Usuários finais/gerentes:** os DSSs devem fornecer meios para que os usuários finais controlem a sessão. Eles devem ser capazes de encontrar dados relevantes, escolher e operar modelos relevantes e controlar operações sem intervenção profissional.
- → **Especialistas:** devem estar disponíveis para consulta, treinamento, conselhos e apoio, mas as sessões devem ser dirigidas pelos usuários finais.

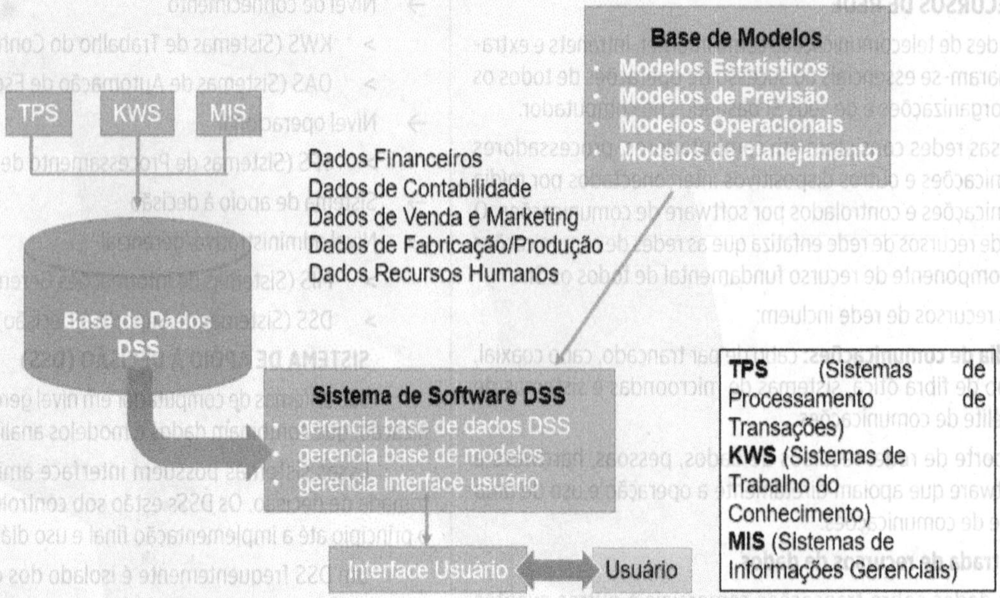

BASE DE DADOS DSS

Coleção de dados, atuais ou históricos, obtidos por meio de várias aplicações ou grupos, organizados para fácil acesso. Contém dados extraídos de base de dados relevantes (internas e externas) e armazenados especificamente para uso do DSS.

A maioria dos DSS não tem acesso direto ao banco de dado organizacional por três razões:

1 a organização quer proteger os dados de alterações acidentais ou inapropriadas;

2 o processo de busca em grandes bases de dados é vagaroso e dispendioso;

3 os DSSs não criam nem atualizam dados da base de dados DSS.

BASE DE MODELOS

É uma coleção de modelos analíticos e matemáticos que são facilmente acessíveis aos usuários DSS. Um **modelo** é uma representação abstrata que ilustra os componentes ou relacionamentos de um fenômeno.

Um modelo pode ser:

> um modelo físico (como um modelo de avião);
> um modelo matemático (como uma equação);
> um modelo verbal (como uma descrição de um procedimento para descrever um pedido).

Cada DSS é construído para um conjunto específico de propósitos e, dependendo desses propósitos, terá a sua disposição diferentes coleções de modelos.

Os modelos mais comuns disponíveis na base de modelos são bibliotecas de modelos estatísticos, usualmente contendo:

> média;
> mediana;
> desvio padrão.

→ **Modelos estatísticos:** podem ajudar a estabelecer relacionamentos, como vendas de produtos por idade, renda e outros fatores.

→ **Modelos de otimização:** (usando programação linear) determinam alocação de recursos ótima para maximizar ou minimizar variáveis específicas, como custo ou tempo.

→ **Modelos de previsão:** são frequentemente usados para prever vendas. Usuário desse tipo de modelo fornece uma série de dados históricos para projetar condições futuras e vendas, que podem resultar dessas condições. O usuário pode, então, variar essas condições futuras para determinar como elas podem afetar as vendas. Frequentemente, usa-se esse modelo para prever as ações dos competidores

- **Modelos de análise de sensibilidade:** mais usados, realizam questões "o-que se", repetidamente.
  - Tipos:
    - **Análise de sensibilidade "para frente":** usada para determinar as consequências de alterações em um ou mais fatores. Ex.: o que aconteceria se "elevássemos o preço em 5% ou aumentássemos o orçamento de publicidade em $100.000"?
    - **Análise de sensibilidade "para trás":** usada para buscar objetivos. Ex.: se quero vender um milhão de unidades de um produto no próximo ano, em quanto devo reduzir o preço do produto?
- **SISTEMA DE SOFTWARE DSS**
  - Um DSS permite fácil interação dos usuários com a base de dados e a base de modelos.
  - Um DSS gerencia a criação, o armazenamento e a recuperação dos modelos na base de modelos, e integra-os com os dados na base de dados DSS.
  - Um DSS fornece uma interface amigável com o usuário, que é flexível, fácil de usar e que apoia o diálogo com o DSS.
- **INTERFACE DO DSS**
  - Usuários do DSS geralmente são executivos, com estilos de trabalho e preferências individuais bem desenvolvidos. Frequentemente, eles têm pouca ou nenhuma experiência com computador e nenhuma paciência para aprender a usar ferramentas complexas.
  - A interface deve ser relativamente intuitiva.
- **TÉCNICAS COMPUTACIONAIS DE APOIO AO DSS**
  - Inteligência Artificial;
  - redes neurais;
  - agentes inteligentes;
  - algoritmos genéticos;
  - sistemas especialistas.

ARQUIVOLOGIA (EXCLUSIVO PARA ESCRIVÃO)

1. ARQUIVÍSTICA: PRINCÍPIOS E CONCEITOS

Segundo o Dicionário Internacional de Terminologia Arquivística publicado pelo Conselho Internacional de Arquivos (CIA), um arquivo é *o conjunto de documentos, quaisquer que sejam suas datas, suas formas ou seus suportes materiais, produzidos ou recebidos por pessoas físicas ou jurídicas, de direito público ou privado, no desempenho de suas atividades.* (1984, p. 25).

Para a Lei nº 8.159, de 8/1/1991 – que dispõe sobre a política nacional de arquivos públicos e privados:

> *Art. 2º Consideram-se arquivos, para os fins desta Lei, os conjuntos de documentos produzidos e recebidos por órgãos públicos, instituições de caráter público e entidades privadas, em decorrência do exercício de atividades específicas, bem como por pessoa física, qualquer que seja o suporte da informação ou a natureza dos documentos.*

Segundo a historiadora Heloísa Liberalli Bellotto, ***a natureza dos arquivos é administrativa, é jurídica, é informacional,*** *é probatória, é orgânica, é serial, é contínua, é cumulativa. A soma de todas essas características faz do arquivo uma instituição única e inconfundível.*

A Arquivologia ou Arquivística é uma das disciplinas que vem crescendo em importância nos últimos anos devido ao alto grau de especialização exigido nos concursos públicos atualmente.

Se fizermos uma análise superficial, facilmente perceberemos que matérias da área do Direito, há muito tempo, já não fazem a diferença em concursos. O nível de concorrência e competição entre os concurseiros tornou o conhecimento dessas disciplinas obrigatório.

Inicialmente, é importante ressaltar que os conceitos arquivísticos englobam uma infinidade de nomenclaturas e termos próprios, muitos desses capazes de confundir pela similaridade. Dito isso, será esquematizado todo o conteúdo para uma fácil e rápida assimilação, dando ênfase naquilo que vem sendo mais cobrado pela banca nos últimos certames.

1.1 Arquivologia ou Arquivística

É a ciência que tem por objetivo o conhecimento dos arquivos e das teorias, métodos e técnicas a serem observadas na sua **constituição, organização, desenvolvimento e utilização.** As palavras destacadas constituem a chave para o entendimento dessa disciplina.

Pode ser entendida como um dos ramos da **Ciência da Informação,** que engloba também a **Biblioteconomia** e a **Museologia.** Posteriormente, veremos o que as diferencia.

Apresenta-se como ciência capaz de oferecer subsídios para a realização da **gestão da informação.** Essa característica faz da arquivologia uma ciência ímpar, pois sua principal função é auxiliar o gestor, nos diferentes níveis hierárquicos, a tomar decisões.

A disciplina de Arquivologia fornecerá subsídios para a Gestão da Informação com a função de auxiliar o gestor nos diferentes níveis hierárquicos a tomar decisões e ter acesso rápido e fácil à documentação necessária.

Segundo o Conselho Nacional de Arquivos – CONARQ – em seu glossário, versão 2010, encontramos as seguintes definições para **Arquivo**:

01. Um conjuto de documentos produzidos e acumulados por uma entidade coletiva, pública ou privada, pessoa ou família, no desempenho de suas atividades, independentemente da natureza do suporte;
02. Uma instituição ou serviço que tem por finalidade a custódia, o processamento técnico, a conservação e o acesso a documento arquivístico, salientando-se, ainda que, Arquivo Digital é o Conjunto de bits que formam uma unidade lógica interpretável por um programa de computador e armazenada em suporte apropriado.

Em suma: **Arquivologia = Arquivística = Estudo dos Arquivos.**

O termo "ARQUIVO" também é utilizado para:

- Órgão de documentação: Arquivo Nacional.
- Conjunto de documentos.
- Móvel para guarda de documentos.

Segundo o Arquivo Nacional, 2006, p. 27: *conjunto de documentos produzidos e acumulados por uma entidade coletiva pública ou privada, pessoa ou família, no desempenho de suas atividades, independentemente da natureza do suporte.*

O arquivo não trata somente do armazenamento de documentos, pois se encontra muito associado à informação nele contida. Os documentos de arquivo são caracterizados por serem um conjunto orgânico, resultado das atividades de uma entidade pública, de uma pessoa física ou jurídica.

A informação não orgânica, existe muitas vezes nos setores de trabalho, mas, também, na biblioteca, no centro de documentação, sob a forma de publicações, de bancos de dados ou de dossiês temáticos, etc de acordo com Jean-Yves Rousseau e Carol Couture, em Os Fundamentos da Disciplina Arquivística, Capítulo 2: O Lugar da arquivística na gestão da informação, página 65, 1998.

A informação orgânica arquivística é utilizada pelos setores de trabalho da organização com o objetivo de decidir, de agir e de controlar as decisões e as ações empreendidas e, ainda, a fim de efetuar pesquisas sobre o passado que ponham em evidência decisões ou ações efetuadas anteriormente. Assim, reduzimos as incertezas e fazemos com que a tomada de decisões seja mais segura devido aos aprofundamentos do conhecimento da cultura institucional e do processo decisório.

"No Setor de Recursos Humanos são armazenadas uma quantidade relativamente grande de informações. Temos o registro da frequência dos empregados, o registro do pagamento de salários, encargos sociais etc. Essas informações são mantidas, produzidas, revisadas a partir das atribuições regimentais do setor, que é de gerenciar os recursos humanos. Entretanto, é possível encontrar outras informações que são mantidas no setor para subsidiar as suas ações, tais como: Diário Oficial da União, Coleção IOB, Manual da RAIS, CLT, dentre outras. São, portanto, informações não orgânicas".

Fonte: http://www.arquivoememoria.files.wordpress.com/Renato Tarciso Barbosa de Sousa.

"A significação orgânica entre os documentos é característica fundamental dos arquivos, de modo que um documento destacado de seu conjunto pode perder valor, pois o Arquivo é um todo orgânico e origina-se das atividades de um órgão e reflete o dia-a-dia dessas atividades. É, portanto, um organismo vivo que nasce, cresce e sofre transformações. Cada Arquivo é um Arquivo, possuindo cada um, características próprias. Um documento fora de seu dossiê pode não ter significado".

Fonte: http://www.senado.gov.br/senado.

1.2 Conceitos Básicos

Para a melhor compreensão do que é Arquivo, devemos conhecer três conceitos básicos: Documento, Informação e Suporte.

Documento

É toda informação registrada em um suporte material, suscetível de consulta, estudo, prova e pesquisa, que comprova ou atesta os fatos, fenômenos, formas de vida e pensamento do gênero humano em determinada época ou lugar.

Atualmente, não devemos mais associar os arquivos ao mero armazenamento de papel. Temos um novo paradigma arquivístico, muito mais associado à informação do que necessariamente ao suporte em que essa informação é armazenada ou transmitida.

Informação

É uma ideia ou conhecimento, um elemento de referência ou uma mensagem contida no documento. De acordo com o Dicionário Brasileiro de Terminologia Arquivística por informação temos um elemento referencial, noção, ideia ou mensagem contidos em um documento.

"As práticas arquivísticas de acesso e suas normas e orientações no contexto informacional estabelecem que o documento de arquivo exerça sua função social somente ao ser divulgado e conhecido. É a descrição arquivística que torna possível ao cidadão e ao pesquisador o acesso às informações e aos testemunhos contidos nos documentos, situando-os em seu contexto de produção. O Programa de Assistência Técnica visa a alcançar, a curto e médio prazos, os seguintes resultados: i) conscientização da função social dos arquivos como instrumento de apoio ao Estado e ao cidadão, bem como à pesquisa histórica e ao desenvolvimento científico e cultural".

Fonte: Resolução nº 3, de 26 de dezembro de 1995. ARQUIVO NACIONAL. Conselho Nacional de Arquivos - CONARQ.

Suporte

É o meio material no qual a informação é registrada. Meio físico.

Ex.: papel, CD, DVD, fotografia, filme.

Ao se tratar com de Documentos de Arquivo devemos considerar que:

> São produzidos ou recebidos;
> São recebidos por uma Instituição ou pessoa;
> São acumulados.

Documento = Informação + Suporte

1.3 Profissional da Informação

O Decreto nº 82.590/1978 regulamenta a profissão criada pela Lei nº 6.546, de 4 de julho de 1978, que, pela evolução em suas atribuições passou a ser denominada de "gestão de documentos" que é definida pela Lei nº 8.159/1991:

***Art. 3º.** Conjunto de procedimentos e operações técnicas referentes à produção, tramitação, uso, avaliação e arquivamento do documento em fase corrente e intermediária, visando a sua eliminação ou recolhimento para guarda permanente.*

No livro Arquivística, Temas Contemporâneos, Vanderlei Batista dos Santos (org.), Editora Senac, 3ª edição, p. 188 afirma: *(...) o arquivista, ou o profissional da informação de forma geral, seja atuante no ciclo decisório que envolve os objetivos institucionais. (...) atuar de forma pró-ativa significa antecipar demandas e elaborar instrumentos que permitam aos clientes de informação concatenarem fontes e chegarem às suas próprias decisões com base em insumos de alto valor agregado.*

Atribuições do arquivista

A Lei nº 6.546, de 04 de julho de 1978 regulamenta a profissão de arquivista e, em seu Art. 2°, determina quais são as atribuições do arquivista:

01. planejamento, organização e direção de serviços de arquivo;
02. planejamento, orientação e acompanhamento do processo documental e informativo;
03. planejamento, orientação e direção das atividades de identificação das espécies documentais e participação no planejamento de documentos e controle de multicópias;
04. planejamento, organização e direção de serviços e centros de documentação e informação constituídos de acervos arquivísticos e mistos;
05. planejamento, organização e direção de serviços de microfilmagem aplicada aos arquivos e orientação do planejamento da automação aplicada aos arquivos;
06. orientação quanto a classificação, arranjo e descrição de documentos e orientação da avaliação e seleção de documentos para fins de preservação;
07. adoção de medidas necessárias à conservação de documentos;
08. elaboração de pareceres e trabalhos de complexidade sobre assuntos arquivísticos e assessoramento aos trabalhos de pesquisa científica ou técnico-administrativa;
09. desenvolvimento de estudos sobre documentos culturalmente importantes.

Atribuições dos técnicos de arquivo

A mesma Lei, em seu Art. 3º, estabelece quais são as atribuições dos Técnicos de Arquivo:

01. recebimento, registro e distribuição dos documentos, bem como controle de sua movimentação;
02. classificação, arranjo, descrição e execução de demais tarefas necessárias à guarda e conservação dos documentos, assim como prestação de informações relativas aos mesmos;
03. preparação de documentos de arquivos para microfilmagem e conservação e utilização do microfilme;
04. preparação de documentos de arquivo para processamento eletrônico de dados.

No Art. 4º da referida lei temos, ainda: *O exercício das profissões de Arquivista e de Técnico de Arquivo depende de registro na Delegacia Regional do Trabalho do Ministério do Trabalho*, que foi regulamentado pelo Decreto nº 93.480, de *29 de outubro de 1986. E em seu Art. 5º a Lei nº 6.546/1978 diz: Não será permitido o exercício das profissões de Arquivista e de Técnico de Arquivo aos concluintes de cursos resumidos, simplificados ou intensivos, de férias, por correspondência ou avulsos.*

Os arquivistas devem obedecer às naturezas dos documentos, pois documentos sigilosos não devem ter seu conteúdo divulgado enquanto permanecerem sob sigilo. De acordo com o Dicionário Brasileiro de Terminologia Arquivística, acesso significa a "possibilidade de consulta a documentos e informações ou a Função arquivística destinada a tornar acessíveis os documentos e a promover sua utilização".

1.4 Documentos de Arquivo

Conceitualmente, são aqueles mantidos por uma instituição ou pessoa ao longo de suas atividades administrativas, com valor de prova. Os documentos de arquivo são produzidos ou recebidos. Isso significa que são acumulados dessa forma. Os documentos de arquivo apresentam as seguintes características:

> **Autenticidade:** está ligada ao processo de criação, manutenção e custódia; os documentos são produtos de rotinas processuais que visam ao cumprimento de determinada função ou consecução de alguma atividade; e são autênticos, quando são criados e conservados, de acordo com procedimentos regulares que podem ser comprovados a partir dessas rotinas estabelecidas.
>
> **Os documentos devem possuir marcas, sinais ou símbolos que indicam sua origem. Não devemos confundir com veracidade da informação, pois esta pode ser falsa ou verdadeira.**

> **Naturalidade:** os registros arquivísticos não são coletados artificialmente, mas acumulados de modo natural nas instituições, em função das atividades desenvolvidas por elas; os registros arquivísticos se acumulam de maneira contínua e progressiva. São como sedimentos sobrepostos e isso os dotam de um elemento de coesão natural, embora estruturada.

> **Inter-relacionamento:** os documentos estabelecem relações no decorrer do andamento das transações para as quais foram criados; eles estão ligados por um elo que é criado no momento em que são produzidos ou recebidos; os registros arquivísticos são um conjunto indivisível de relações.

> **Unicidade:** cada registro documental assume um lugar único na estrutura documental do grupo ao qual pertence.

> **Imparcialidade:** Os documentos só servem à administração e são isentos de parcialidade. Os documentos são inerentemente verdadeiros, livres da suspeita de preconceito no que diz respeito aos interesses em nome dos quais são usados hoje. Os arquivos não têm interesses, paixões, vontades ou ambições, eles simplesmente registram.

1.5 Princípios Arquivísticos

Como toda ciência, a Arquivologia é composta e regida por princípios e conceitos. Alguns são mais cobrados pelas bancas, outros nem tanto. Dentre os que mais aparecem em questões de concursos, destacam-se:

> **Proveniência ou Respeito aos Fundos:** respeitar que todos os documentos recebidos ou produzidos devem ser imediatamente anexados à pasta do funcionário. Visa fixar a identidade dos documentos relativa ao seu produtor. Os documentos devem ser observados e organizados segundo a competência e as atividades da instituição ou de uma pessoa; devem manter individualidade, não sendo misturados aos de origem diversa. Os documentos são arquivados respeitando-se a separação por pessoa, setor, divisão, departamento e instituição de origem. O Objetivo desta separação é facilitar o acesso, a consulta e o manuseio para acelerar a acessibilidade à informação contida no documento. Ao tratar documentação de uso não corrente deve-se obedecer ao princípio da proveniência, segundo o qual, devem ser mantidos reunidos, num mesmo fundo, todos os documentos provenientes de uma mesma fonte geradora de arquivo.

> **Organicidade:** também chamado de Respeito pela Estrutura. Este princípio reflete a estrutura, as funções e as atividades da instituição produtora ou acumuladora em suas relações internas e externas. Os documentos não devem ser misturados com de outras entidades produtivas. Para verificar a sua organicidade enquanto documento de arquivo, é necessário fazer a vinculação do documento com a estrutura da empresa e suas atividades, se o documento reflete essa estrutura ele é orgânico, se não refletir não é orgânico.

Relação orgânica são os vínculos que os documentos arquivísticos guardam entre si e que expressam as funções e atividades da pessoa ou organização que os produziu.

> **Unicidade:** qualidade pela qual os documentos de arquivo, a despeito de forma, espécie ou tipo, conservam caráter único em função de seu contexto de origem.

> **Integridade:** um fundo deve ser preservado sem dispersão, mutilação, alienação, destruição não autorizada ou acréscimo indevido.

> **Cumulatividade:** os documentos possuem uma formação progressiva, natural e orgânica. Este princípio é fundamentado pelas ideias do italiano Elio Lodolini ao afirmar que o arquivo é uma informação espontânea, natural e sedimentar já que o documento de arquivo é aquele que foi produzido no transcurso de uma atividade administrativa.

O princípio da cumulatividade é um dos princípios fundamentais que rege a organização dos arquivos e serve de base à análise tipológica dos documentos arquivísticos. A análise tipológica dos documentos pressupõe conhecimento dos princípios arquivísticos: a estrutura orgânico-funcional da instituição; as reorganizações; o fluxo de informação; as funções/atividades definidas por lei e as atípicas. O Princípio da Cumulatividade também pode ser conhecido por Naturalidade.

> **Ordem Original:** levam-se em consideração as relações estruturais e funcionais que presidem a gênese dos arquivos.

Pelo Princípio do respeito à Ordem Original o arquivo deve conservar o arranjo dado pela entidade produtora, pois a aplicação deste princípio garante a manutenção da organicidade dos documentos de arquivo. Saliente-se que este princípio não faz referência à ordem material, ele faz referência à ordem intelectual de acumulação dos documentos.

> **Territorialidade:** jurisdição a que pertence cada documento de acordo com a área territorial, a esfera de poder e o âmbito administrativo em que foi produzido e recebido (nacional, regional e institucional).

O princípio da Territorialidade, portanto, tem entre seus objetivos a necessidade de manter os documentos no território em que foram produzidos, haja vista que, alguns postulados jurídicos de um Estado só são válidos e aplicáveis dentro dos limites territoriais em que esse Estado exerce a sua soberania.

> **Princípios da Legalidade:** os registros arquivísticos são provas confiáveis das ações a que se referem e devem essa confiabilidade às circunstâncias de sua criação e às necessidades de prestar contas.

> **Imprescritibilidade:** princípio pelo qual é assegurado ao Estado o direito sobre os arquivos públicos, sem limitação de tempo, por serem estes considerados bens públicos inalienáveis.

> **Inalienabilidade:** princípio pelo qual é impedida a alienação de arquivos públicos a terceiros.

> **Pertinência Territorial:** é um princípio que possui um conceito oposto ao do princípio da proveniência e segundo o qual, documentos ou arquivos, deveriam ser transferidos para a custódia de arquivos com jurisdição arquivística sobre o território ao qual se reporta o seu conteúdo, sem levar em conta o lugar em que foram produzidos.

> **Princípio da Pertinência:** princípio segundo o qual os documentos deveriam ser reclassificados por assunto sem ter em conta a proveniência e a classificação original. Também pode aparecer em suas provas com o nome de princípio temático.

> **Princípio da Reversibilidade:** princípio segundo o qual todo procedimento ou tratamento empreendido em arquivos pode ser revertido, se necessário.

1.6 Função do Arquivo

> Guardar e organizar os documentos que circulam na instituição, tornando disponíveis as informações mantidas sob sua guarda, utilizando, para isso, técnicas que permitam um arquivamento ordenado e eficiente (**Valor Primário**).

> Garantir a preservação dos documentos, utilizando formas adequadas de acondicionamento, levando em consideração temperatura, umidade e demais aspectos que possam danificá-los os mesmos.

> Atendimento aos pedidos de consulta e desarquivamento de documentos pelos diversos setores da instituição, de forma a atender rapidamente à demanda pelas informações ali depositadas.

Além dessas funções principais, podemos destacar outras de relativa importância, como a expedição da correspondência, criação dos modelos para documentos e criação das normas de gestão documental da instituição.

1.7 Características dos Arquivos

Os Arquivos possuem as seguintes características básicas:

01. A exclusividade de criação e recepção por uma repartição, firma ou instituição.

02. A origem no curso de suas atividades, devendo os documentos servir de prova de transações realizadas e o caráter orgânico que liga o documento aos outros do mesmo conjunto. Segundo Solon Buck, ex-arquivista dos Estados Unidos, no livro de Marilena Leite Paes: Arquivo: Teoria e prática, Ed. FGV, 2013, página 19: ***(...) Desse conceito, podemos deduzir três características básicas que distinguem os arquivos***:

a) *Exclusividade de criação e recepção por uma repartição, firma ou instituição. Não se considera arquivo uma coleção de manuscritos históricos reunidos por uma pessoa.*

b) *Origem no curso de suas atividades – os documentos devem servir de prova de transações realizadas.*

c) *Caráter orgânico que liga o documento aos outros do mesmo conjunto. Um documento, destacado de seu conjunto, do todo a que pertence, significa muito menos do que quando em conjunto...*

Para alcançar esses objetivos, é necessário que o arquivo disponha dos seguintes requisitos:

> contar com pessoal qualificado e em número suficiente;

> estar instalado em local apropriado;

> dispor de instalações e materiais adequados;

> utilizar sistemas racionais de arquivamento, fundamentados na teoria arquivística moderna;

> contar com normas de funcionamento;

> contar com dirigente qualificado, preferencialmente formado em Arquivologia;

A importância do arquivo para a instituição está associada ao aumento expressivo do volume de documentos que ela se utiliza no exercício de suas atividades e a necessidade de se estabelecerem critérios de guarda e de eliminação de documentos quando estes já não são mais úteis para a organização.

A adoção de técnicas arquivísticas adequadas permite não apenas a localização eficiente da informação desejada, mas também a economia de recursos para a instituição.

Entende-se, então, que a finalidade do Arquivo é facilitar a consulta aos documentos e, com isso, servir à administração no processo de aquisição de conhecimento e tomada de decisão.

1.8 Distinção entre Arquivo, Biblioteca e Museu

Embora arquivo, museu e biblioteca tenham a mesma finalidade (guardar documentos), seus objetivos são diferentes, tendo em vista os tipos documentais que cada instituição trata.

Objetivos Comuns
Guardar documentos
Preservar documentos
Dar acesso aos documentos

Arquivo

É o conjunto de documentos criados ou recebidos (acumulados) por uma instituição ou pessoa, no exercício de sua atividade, preservados para garantir a consecução de seus objetivos. Os documentos não são objetos de coleção (escolha artificial) e sim da acumulação natural, no decurso de atividades administrativas.

Relembrando: os documentos de Arquivo são **produzidos** ou **recebidos.** Isto significa que são **acumulados** dessa forma.

Sua função é guardar e organizar os documentos, tornando disponíveis as informações mantidas sob sua guarda. E sua finalidade é servir à Administração e **secundariamente** servir à História.

Os documentos de arquivos provêm de atividades públicas ou privadas, servidas pelo arquivo e são produzidos um único exemplar ou em número restrito de cópias. Há, assim, uma significação orgânica entre os documentos. Saliente-se que o Princípio da Cumulatividade afirma que os arquivos são uma formação progressiva, natural e orgânica.

Dentro de sua finalidade funcional, preservam as informações que evidenciam o funcionamento da instituição ao longo do tempo.

Biblioteca

É o conjunto de material, em sua maioria, impresso e não produzido pela instituição em que está inserida. Normalmente constituída de coleções temáticas.

A biblioteca tem finalidade essencialmente **cultural** – guardar informações para estudo. Seus documentos são acumulados por meio de **compra, doação** ou **permuta.**

Museu

É uma instituição de interesse público, criada com a finalidade de conservar, estudar e colocar à disposição do público conjuntos de peças e objetos de valor cultural.

Podemos verificar que, enquanto o arquivo tem finalidade funcional, a finalidade das bibliotecas e dos museus é essencialmente **histórica e cultural**, embora o arquivo também possa adquirir, com o tempo, caráter cultural, a partir do caráter histórico que alguns de seus documentos podem adquirir.

A presença de peças tridimensionais em um conjunto documental indica tratar-se de museu e os documentos de museus são peças e objetos de valor cultural, tendo os mais variados tipos e dimensões e, por serem objetos, são caracterizados como tridimensionais.

As finalidades da biblioteca e do museu são didáticas, culturais, técnicas ou científicas. A diferença entre os arquivos e as bibliotecas pode ser reconhecida na função administrativa que os arquivos têm para uma organização pública ou privada, diferentemente da função cultural das bibliotecas, pois o arquivo caracteriza-se por ser um conjunto orgânico, resultado das atividades de uma pessoa física ou jurídica, e não uma coleção de documentos de diversas fontes. O arquivo de um órgão é o conjunto de documentos recebidos ou expedidos por esse órgão no exercício de suas atividades. Esse conjunto de documentos pode ser formado por qualquer espécie documental. A biblioteca é um órgão colecionador, enquanto o arquivo é um órgão receptor. As finalidades da biblioteca e do museu são didáticas, culturais, técnicas ou científicas.

Quadro comparativo entre **biblioteca, museu** e **arquivo:**

Diferenças		
	Biblioteca e Museu	**Arquivo**
Objetivos	Objetivos Culturais	Objetivos Funcionais
	Provêm de várias fontes (colecionadores, doações, compra)	Provém somente das atividades públicas ou privadas
	Existem vários exemplares	Há um número de cópias restritas
Avaliar	Unidades isoladas	Conjunto (refere-se a uma atividade)
	Caráter revogável	Caráter irrevogável
	Questão de conveniência e não de preservação	Normalmente se encontra em uma única via
Classificar	Métodos determinados previamente	Métodos variáveis de acordo com o órgão
Descrição	Unidades discriminadas	Conjunto de documentos

1.9 Classificação dos Arquivos

Os arquivos podem ser classificados em 4 tipos:

> **Quanto à Entidade Mantenedora**
» Público ou privado.

> **Quanto à Natureza dos Documentos**
» Especial ou especializado.

> **Quanto ao Estágio de Evolução**
» Intermediário ou Corrente.

> **Quanto à Extensão de sua Atuação**
» Setorial ou central.

Quanto à entidade mantenedora

> Dividem-se em público e privado.

Público

Órgãos dos Poderes Executivo, Legislativo e Judiciário, nas esferas Federal, Estadual, Municipal e do DF. Também são considerados públicos os arquivos das Fundações Públicas e Empresas Públicas.

Art. 7º, Lei nº 8.159/1991. *Os arquivos públicos são os conjuntos de documentos produzidos e recebidos, no exercício de suas atividades, por órgãos públicos de âmbito federal, estadual, do distrito federal e municipal em decorrência de suas funções administrativas, legislativas e judiciárias;*

§ 1º. *São também públicos os conjuntos de documentos produzidos e recebidos por instituições de caráter público, por* *entidades privadas encarregadas da gestão de serviços públicos no exercício de suas atividades.*

Privado

São aqueles mantidos por instituição de caráter particular. Exemplos: arquivo de instituições financeiras, arquivo de grandes redes de lojas, arquivo de imprensa.

Existe, ainda, na doutrina, a seguinte divisão: públicos, institucionais, comerciais, pessoais ou familiares. Sobre isso, devemos lembrar que os institucionais, comerciais, pessoais ou familiares devem ser entendidos como arquivos privados.

Quanto à natureza dos documentos

Podem ser especiais ou especializados.

Arquivos especiais

São arquivos cuja forma física (suporte) dos documentos exige cuidado especial, diferenciado, por causa da sua preservação ou manuseio. Exemplos: foto, filme, negativo, microfilme.

Especializados

São aqueles que mantêm em sua guarda documentos de determinada área do conhecimento, relacionados a assunto específico. Exemplo: arquivo médico, arquivo cartográfico, arquivos de engenharia.

Quanto ao estágio de evolução ou teoria das três idades

Ciclo Vital Arquivístico			
	Corrente	Intermediário	Permanente
Características	Ainda em tramitação	Consultados esporadicamente	Aqueles que serão arquivados definitivamente
Características	Também chamado de aquivos ativos	Normalmente, por já terem cumprido seu objetivo administrativo, são transferidos para um arquivo central	Não serão jamais eliminados
Características	Possuem valor administrativo para a organização, valor primário	Cumprem prazos prescricionais e precaucionais antes de sua destinação final (guarda permanente ou destruição)	Valor secundário, ou seja, histórico-cultural
Características	Definido devido a sua frequente utilização e consulta	Arquivos chamados também de semiativos	Arquivo são abertos ao público
Características	Arquivos fechados ao público	Possuem também valor primário	São chamados de arquivos inativos
Características		Arquivos fechados ao público	
Exemplo	Protocolo, arquivamento, consulta, empréstimo, expedição		Documentos que contam a história da organização: sua origem, constituição, normas e regulamentos

Segundo a Teoria da Três Idades, os documentos de arquivo passam por três estágios distintos de arquivamento, de acordo com a frequência de utilização, a utilidade administrativa para a instituição e o valor intrínseco do documento. Geralmente, as questões de prova podem ser facilmente respondidas observando-se as seguintes características:

1ª IDADE: Arquivo Corrente – valor primário – uso restrito aos produtores do documento. Estes arquivos também podem ser chamados de Arquivo Corrente, Arquivo Ativo ou Arquivo de Movimento. São consultados frequentemente pelos administradores ou gestores, assim, devem permanecer em locais de fácil acesso. Os documentos que fazem parte desse arquivo possuem elevado Valor Primário.

2ª IDADE: Arquivo Intermediário - documentos que aguardam destinação final – depósito temporário – valor primário – acesso com autorização do órgão produtor. Estes arquivos também podem ser chamados de Arquivo Semiativo, Arquivo Intermediário, "limbo" ou "purgatório" e deixaram de ser consultados com frequência, portanto, não é necessário conservá-lo próximo ao local de uso, todavia, ainda possuem Valor Primário. Um dos motivos que fazem com que esses arquivos permaneçam distante do local de uso é em função dos custos de manutenção dos mesmos.

3ª IDADE: Arquivo Permanente - é o arquivo propriamente dito – valor secundário e histórico. Estes arquivos são chamados de Arquivo Inativo, Arquivo Permanente ou Arquivo de Custódia. Os documentos que estão neste arquivo perderam seu valor de natureza administrativa, no entanto, conservam seu valor histórico e documental, portanto, possuem Valor Secundário: histórico, probatório ou informativo. É o arquivo propriamente dito.

Arquivo corrente

É onde se localizam os documentos mais utilizados, sendo esta, a fase em que são criados os documentos e sua tramitação é acentuada, bem como, o índice de consultas elevado, assim, sua localização deve ser de fácil acesso.

Os documentos com alta frequência de uso ou com grande possibilidade de uso fazem parte de um Arquivo Corrente e um documento de elevado valor primário deve permanecer próximo ao seu local de uso em função de constantes consultas por parte dos gestores ou administradores.

Arquivo corrente, para alguns autores, também pode ser denominado: arquivo de prosseguimento, arquivo imediato, arquivo de andamento, arquivo de vigilância ou arquivo "follow up".

Os arquivos correntes localizam-se nos próprios setores que produzem/recebem os documentos (**arquivos setoriais**) ou em locais próximos a estes (**arquivo central/geral**).

As principais rotinas que envolvem o arquivamento na fase corrente são:

> **Inspeção**: verificação se realmente o arquivo destina-se ao arquivamento, pois pode ser apenas para anexar ou apensar ou simplesmente para ser fornecida uma informação.

- **Análise:** consiste em classificar e determinar como será codificado, caso não tenha sido feita a classificação no protocolo.
- **Ordenação:** dispor os documentos conforme a codificação.
- **Arquivamento:** inserir o documento na unidade pré-estabelecida.
- **Empréstimo ou Consulta:** retirada para empréstimo ou consulta.

Arquivo intermediário

São os arquivos que guardam os documentos utilizados com menor frequência pela instituição. No arquivo intermediário, os documentos possuem baixa frequência de uso, mas ainda possuem fim administrativo.

Devemos lembrar que:

- É a fase em que os documentos ainda têm valor administrativo, mas são pouco consultados.
- A sua transferência para o arquivo intermediário permite que os setores otimizem seu espaço.
- Não há necessidade de serem conservados próximos aos setores.
- Nesta fase, os documentos aguardam sua destinação final (**eliminação ou guarda permanente** - aqueles que possuem valor histórico para a instituição).

Saliente-se que a transferência e o recolhimento são feitos em razão da frequência de uso do documento e não do seu valor. Assim, a divisão em corrente, intermediário e permanente são gradações de frequência de uso e não de valor documento.

Observe, todavia, que as Bancas têm colocado em suas provas a existência de uma gradação de valor, ou seja, há uma diminuição do valor primário, assim, os documentos serão transferidos para o Arquivo Intermediário.

O arquivo intermediário também pode ser chamado de transitório, pois os documentos que estão no arquivo intermediário conservam a classificação que lhes foi dada no arquivo corrente. Aqueles que produziram o documento mantém poder sobre o mesmo podendo dar autorização para que outros o consultem. O arquivo deve, portanto, ser dirigido por profissionais de arquivo conhecedores dos métodos tradicionais de classificação e elaboração de instrumentos de pesquisa.

De acordo com Marilena Leite Paes na obra Arquivo: Teoria e Prática (2002, p.117), tratando-se do arquivo intermediário: ***Sua função principal consiste em proceder a um arquivamento transitório, isto é, em assegurar a preservação de documentos que não são mais movimentados, utilizados pela administração e que devem ser guardados temporariamente, aguardando pelo cumprimento dos prazos estabelecidos pelas comissões de análise ou, em alguns casos, por um processo de triagem que decidirá pela eliminação ou arquivamento definitivo, para fins de prova ou de pesquisa.***

Arquivo permanente

De acordo com a Lei nº 8.159, de 8 de janeiro de 1991:

> ***Art. 8º, § 3º.*** *Consideram-se permanentes os documentos de valor histórico, probatório e informativo e devem ser definitivamente preservados.*

Ou seja, são os documentos que possuem Valor Secundário. São os arquivos que guardam os documentos que, já tendo cumprido seu fim administrativo, sua função administrativa, agora são preservados e conservados pelo seu valor histórico para a Instituição (**valor secundário**).

Dicas que ajudarão a identificá-lo:

- É o arquivo em que os documentos já perderam seu valor administrativo e são guardados pelo seu valor histórico, probatório ou informativo.
- Permitem conhecer a História da Instituição.
- Revelam a origem e constituição da Instituição.
- Os documentos desta fase jamais serão eliminados.

→ **Processo mnemônico:**

1ª idade	Corrente	Valor primário
2ª idade	Intermediário	Valor primário
3ª idade	Permanente	Valor secundário

Valor do documento

O documento só é guardado e preservado pela instituição porque possui algum valor. Esse valor pode ser **Administrativo** ou **Histórico**.

A Arquivologia denomina o valor administrativo como valor primário.

Sobre o Valor Primário, é preciso lembrar-se de que:

- Serve à Administração dando suporte/apoio às atividades da instituição.
- É um valor temporário - em determinado momento o valor administrativo irá acabar (quando ocorre a destinação final).
- Todo documento nasce com valor administrativo.
- Finalidade: servir à administração.

A Arquivologia denomina o valor histórico como valor secundário.

Sobre o Valor Secundário, lembre-se de que:

- Está presente no documento que perdeu seu valor administrativo, mas adquiriu valor histórico.
- Serve de fonte de pesquisa para terceiros e/ou para própria instituição.
- Finalidade: servir à História.
- O documento que possuir valor secundário será recolhido ao Arquivo Permanente.
- O documento de valor secundário jamais poderá ser eliminado.

Quanto à extensão de sua atuação

Classificação relativa ao local de instalação do arquivo.

Arquivos setoriais

São aqueles instalados nos setores que utilizam os documentos de uso constante e cotidiano. Dicas:

> É um arquivo descentralizado.
> Cada setor de trabalho possui o seu.

Arquivos centrais

São aqueles localizados fora do local de trabalho e acumulam, em um único local, documentos provenientes dos diversos setores da instituição, de forma centralizada.

É relevante destacar que extensão da atuação não se confunde com estágio de evolução ou ciclo de vida do documento. É muito comum a confusão entre arquivo central e fase ou arquivo intermediário.

1.10 Classificação dos Documentos

O Arranjo e a Classificação têm o mesmo significado, pois, segundo Schellenberg, classificação, em se tratando de documentos públicos, significa o arranjo dos mesmos segundo um plano destinado a facilitar o seu uso corrente.

Os documentos de arquivos possuem as seguintes classificações:

> Gênero.
> Espécie/tipologia documental.
> Forma.
> Formato.
> Natureza do assunto.

Gênero

Esta classificação está relacionada ao suporte no qual a informação é registrada; o gênero proporciona ao arquivista o devido tratamento ao documento, especialmente nas políticas de conservação e preservação. Existem sete tipos diferentes de gênero documental:

> Escritos ou textuais.
> Iconográficos.
> Sonoros.
> Filmográficos.
> Informáticos ou digitais.
> Cartográficos.
> Micrográficos.

Escritos ou textuais

Documentos cuja informação esteja manuscrita ou impressa. Exemplos: contrato, atas, relatórios, certidões.

Iconográficos

Documentos cuja informação esteja em forma de imagem estática. Exemplos: fotografias, negativos, diapositivos (slides), desenho e gravuras.

Sonoros

Documentos cuja informação esteja em forma de som/áudio. Exemplos: escuta telefônica, gravador analógico.

Filmográficos

Documentos cuja informação esteja em forma de imagem em movimento (com ou sem som). Exemplos: películas filmográficas, filmagens, vídeos.

Informáticos ou digitais

Documentos gravados em meio digital e que, por isso, necessitam de equipamentos eletrônicos para serem lidos. Exemplos: arquivo em MP3, arquivo do Word, etc.

Cartográficos

Documentos que representem, de forma reduzida, uma área maior. Exemplos: mapas e plantas de engenharia.

Micrográficos

Documentos em microformas. Exemplos: microfilmes e microfichas.

Espécie/tipologia documental

Enquanto a **Espécie** é a denominação que se dá ao aspecto formal de um documento, a Tipologia Documental corresponde à denominação que se dá quando reunimos determinada espécie à função ou atividade que o documento irá exercer. A doutrina admite diversas espécies documentais. Exemplos: ofício, memorando, declaração, certidão.

Da mesma forma, dentre as diferentes espécies, encontramos tipos peculiares. Exemplos: declaração de imposto de renda, certidão de nascimento.

Exemplos de Espécie e Tipo Documental:

Espécie	Tipologia
Contrato	Contrato de locação
Alvará	Alvará de funcionamento
Certidão	Certidão de casamento
Declaração	Declaração de Imposto de Renda

Forma

É a classificação relacionada quanto à forma do estágio de preparação do documento. São as formas documentais: rascunho ou minuta; original e cópia. O original é o documento com o sinal de subscrição (ou assinatura), que lhe dá autenticidade jurídica e arquivística. O rascunho é o documento com rasuras ou anotações suplementares, anterior à elaboração do original. A minuta não é rascunho e sim um pré-original, com um aspecto limpo, elaborado, mas sem a assinatura da autoridade responsável. E a cópia é o teor documental reproduzido na íntegra.

Formato

Denomina-se formato de um documento o seu aspecto físico, independentemente da informação nele registrada. São formatos documentais: ficha, livro, caderno, pergaminho, apostila, etc.

Natureza do assunto

Em relação à natureza dos assuntos, ou seja, o grau ou nível de acessibilidade às informações contidas nos documentos, eles são classificados como ostensivos ou sigilosos.

Ostensivos

É a classificação dada ao documento cuja divulgação não prejudica a segurança ou as atividades desenvolvidas pela instituição. O documento ostensivo pode ser de livre conhecimento do público em geral.

Sigilosos

Documento que, por sua natureza, deve ser de conhecimento restrito.

A Legislação brasileira prevê apenas três graus de sigilo – ultrassecreto, secreto e reservado – nos documentos, portanto, fique atento, quando questões fazem referência aos documentos confidenciais. Documentos Confidenciais NÃO possuem previsão em nossa legislação. Todavia, é bom ter conhecimento que documento confidencial não requer alto grau de segurança, mas seu conhecimento por pessoa não autorizada pode ser prejudicial ou criar embaraços administrativos.

01. Ultrassecreto

Excepcional grau de segurança. Conhecimento somente de pessoas intimamente ligadas ao seu estudo e manuseio. Possui prazo máximo de restrição de acesso à informação de 25 anos que entra em vigor a partir da data de sua produção.

02. Secreto

Alto grau de segurança. Acesso a pessoas autorizadas. Possui prazo máximo de restrição de acesso à informação de 15 anos que entra em vigor a partir da data de sua produção.

03. Reservado

Não deve ser do conhecimento do público em geral. Possui prazo máximo de restrição de acesso à informação de 5 anos que entra em vigor a partir da data de sua produção.

Não há impedimento legal para a reprodução de documento classificado como sigiloso, pois, de acordo com a Lei nº 12.527, de 18 de novembro de 2011:

> ***Art. 1º.*** *(....), com o fim de garantir o acesso a informações (...).*
>
> ***Art. 3º***, *os procedimentos previstos nesta lei destinam-se a assegurar o direito fundamental de acesso à informação e devem ser executados em conformidade com os princípios básicos da administração pública e com as seguintes diretrizes:*
>
> ***I.*** *Observância da publicidade como preceito geral e do sigilo como exceção;*
>
> ***II.*** *Divulgação de informações de interesse público, independentemente de solicitações;*
>
> ***III.*** *Utilização de meios de comunicação viabilizados pela tecnologia da informação.*

Decreto nº 7.845, de 14 de novembro de 2012 regulamenta os procedimentos para credenciamento de segurança e tratamento de informação classificada em qualquer grau de sigilo, e dispõe sobre o Núcleo de Segurança e Credenciamento e sobre a Reprodução:

> ***Art. 33: A reprodução do todo ou de parte de documento com informação classificada em qualquer grau de sigilo terá o mesmo grau de sigilo do documento;***
>
> ***§ 1º A reprodução total ou parcial de informação classificada em qualquer grau de sigilo condiciona-se à autorização expressa da autoridade classificadora ou autoridade hierarquicamente superior com igual prerrogativa;***
>
> ***§ 2º As cópias serão autenticadas pela autoridade classificadora ou autoridade hierarquicamente superior com igual prerrogativa.***
>
> ***Art. 34.*** *Caso a preparação, impressão ou reprodução de informação classificada em qualquer grau de sigilo for efetuada em tipografia, impressora, oficina gráfica ou similar, essa operação será acompanhada por pessoa oficialmente designada, responsável pela garantia do sigilo durante a confecção do documento.*

O recebimento de documento sigiloso deve ser informado ao remetente no menor prazo de tempo possível e de acordo com o Decreto nº 7.845, de 14 de novembro de 2012 em seu Art. 29: Cabe aos responsáveis pelo recebimento do documento com informação classificada em qualquer grau de sigilo, independente do meio e formato:

> ***I.*** *Registrar o recebimento do documento;*
>
> ***II.*** *Verificar a integridade do meio de recebimento e registrar indícios de violação ou de irregularidade, comunicando ao destinatário, que informará imediatamente ao remetente; e*
>
> ***III.*** *Informar ao remetente o recebimento da informação, no prazo mais curto possível.*

A Lei de Acesso à informação – Lei nº 12.527, de 18 de novembro de 2011:

> ***Art. 12:*** *O serviço de busca e fornecimento da informação é gratuito, salvo nas hipóteses de reprodução de documentos pelo órgão ou entidade pública consultada, situação em que poderá ser cobrado exclusivamente o valor necessário ao ressarcimento do custo dos serviços e dos materiais utilizados.*
>
> ***Parágrafo único.*** *Estará isento de ressarcir os custos previstos no caput todo aquele cuja situação econômica não lhe permita fazê-lo sem prejuízo do sustento próprio ou da família, declarada nos termos da Lei nº 7.115, de 29 de agosto de 1983.*

Lei nº 12.527, de 18 de novembro de 2011

Os documentos ditos sigilosos eram regulados pela Lei nº 8.159/1991, cujos artigos foram revogados pela Lei nº 12.527 de 18 de novembro de 2011, que, a partir de então, estabelece as regras para os diferentes graus de sigilo.

Vale destacar, ainda, em se tratando de graus de sigilo dos documentos, a mesma Lei nº 12.527, de 18 de novembro de 2011:

> ***Art. 7º***, *§ 2º. Quando não for autorizado acesso integral à informação por ser ela parcialmente sigilosa, é assegurado o acesso à parte não sigilosa por meio de certidão, extrato ou cópia com ocultação da parte sob sigilo.*

O processo descrito é de responsabilidade da Comissão Mista de Reavaliação de Informações, conforme o determinado pela Lei nº 12.527, de 18 de novembro de 2011, em seu Art. 35, I.

Seção II

Da classificação da informação quanto ao grau e prazos de sigilo

> ***Art. 24.*** *A informação em poder dos órgãos e entidades públicas, observado o seu teor e em razão de sua imprescindibilidade à segurança da sociedade ou do estado, poderá ser classificada como ultrassecreta, secreta ou reservada.*
>
> ***§ 1º*** *os prazos máximos de restrição de acesso à informação, (...), a partir de sua produção (...):*
>
> ***I.*** *ultrassecreta: 25 anos;*
>
> ***II.*** *secreta: 15 anos;*
>
> ***III.*** *reservada: 5 anos.*

§ 2º As informações que puderem colocar em risco a segurança do presidente e vice-presidente da república e respectivos cônjuges e filhos(as) serão classificadas como reservadas e ficarão sob sigilo até o término do mandato em exercício ou do último mandato, em caso de reeleição.

§ 3º Alternativamente aos prazos previstos no § 1o, poderá ser estabelecida como termo final de restrição de acesso a ocorrência de determinado evento, desde que este ocorra antes do transcurso do prazo máximo de classificação.

§ 4º Transcorrido o prazo de classificação ou consumado o evento que defina o seu termo final, a informação tornar-se-á, automaticamente, de acesso público.

Seção V

Das informações pessoais

***Art. 31.** O tratamento das informações pessoais deve ser feito de forma transparente e com respeito à intimidade, vida privada, honra e imagem das pessoas, bem como às liberdades e garantias individuais.*

§ 1o as informações pessoais, a que se refere este artigo, relativas à intimidade, vida privada, honra e imagem:

I. terão seu acesso restrito, independentemente de classificação de sigilo e pelo prazo máximo de 100 (cem) anos a contar da sua data de produção, a agentes públicos legalmente autorizados e à pessoa a que elas se referirem; e

II. poderão ter autorizada sua divulgação ou acesso por terceiros diante de previsão legal ou consentimento expresso da pessoa a que elas se referirem.

§ 2º aquele que obtiver acesso às informações de que trata este artigo será responsabilizado por seu uso indevido.

Não poderá ter acesso negado à informação necessária à tutela judicial ou administrativa de direitos fundamentais.

É relevante mencionar que o §1º do Art. 24 da Lei nº 12.527, de 18 de novembro de 2011, dispõe que os prazos máximos de restrição de acesso à informação, conforme a classificação prevista no caput, vigoram a partir da data de sua produção e são os seguintes:

I. ultrassecreta: 25 (vinte e cinco) anos;

II. secreta: 15 (quinze) anos; e

III. reservada: 5 (cinco) anos.

Você deve ter observado que a referida lei só traz três graus de sigilo, excetuando-se o grau confidencial.

1.11 Prazo de Guarda dos Documentos

O prazo de guarda dos documentos é o período em que o documento deve ser mantido nos arquivos corrente e intermediário, e vincula-se à determinação do valor do documento, de acordo com os seguintes fatores:

> Frequência do uso das informações contidas nos documentos.

> Existência de leis ou decretos que regulem a prescrição legal dos documentos (prazo prescricional).

> Existência de outras fontes com as mesmas informações (documentos repetitivos).

	Arquivo	Biblioteca	Museu	Centro de documentação
Tipo de Suporte	Manuscritos, impressos, audiovisuais, exemplar único	Impressos, manuscritos, audiovisuais, exemplares,	Objetos bi/ tridimensionais, exemplar único	Audiovisuais (reproduções) Exemplar único ou múltiplo
Tipo de Conjunto	Fundos, documentos unidos pela origem	Coleção, documentos unidos pelo conteúdo	Coleção, documentos unidos pelo conteúdo ou pela função	Coleção, documentos unidos pelo conteúdo
Produtor	A máquina administrativa	Atividade humana individual e coletiva	Atividade humana, a natureza	Atividade humana
Fins de Produção	Administrativos, jurídicos, funcionais, legais	Culturais, científicos, técnicos, artísticos, educativos	Culturais, artísticos, funcionais	Científicos
Fins de Produção	Provar, testemunhar	Instruir, informar	Informar e Entreter	Informar
Entrada de documentos	Passagem natural de fonte geradora única	Compra, doação, permuta de fontes múltiplas	Compra, doação, permuta, de fontes múltiplas	Compra, doação, pesquisa
Processamento técnico	Registro, arranjo, descrição: guias, inventários, catálogos etc.	Tombamento, classificação, catalogação, fichários	Tombamento, catalogação, inventários, catálogos	Tombamento, classificação catalogação, fichários ou computador
Público	Administrador e pesquisador	Grande público e pesquisador	Grande público e pesquisador	Pesquisador

> Necessidade de guarda de documentos por precaução, em virtude das práticas administrativas (prazos precaucionais).

1.12 Destinação Final dos Documentos

Todo documento, seguindo o ciclo vital, deverá ser encaminhado à sua destinação final, que irá ocorrer no momento em que ele perder seu valor administrativo ou valor primário. Existem duas situações, a saber:

> Eliminação.
> Recolhimento.

Eliminação

Ocorre quando o documento perde o valor administrativo e não apresenta valor histórico.

A esse respeito, a Resolução nº 25, de 27 de abril de 2007 define que a Gestão Arquivística de Documentos tem como objetivo principal o recolhimento de documentos para guarda permanente ou, então, a sua eliminação, pois estabelece em seu Artigo 1º: ***Recomendar aos órgãos e entidades integrantes do Sistema Nacional de Arquivos – SINAR, a adoção do Modelo de Requisitos para Sistemas Informatizados de Gestão Arquivística de Documentos - e-ARQ Brasil***: (aprovado na 43ª reunião plenária do CONARQ, realizada no dia 4 de dezembro de 2006, disponibilizada em www.conarq.arquivonacional.gov.br). e Temos no §1º: ***Considera-se gestão arquivística de documentos o conjunto de procedimentos e operações técnicas referentes à produção, tramitação, uso, avaliação e arquivamento de documentos em fase corrente e intermediária, visando a sua eliminação ou recolhimento para guarda permanente***.

As primeiras preocupações em relação à eliminação dos documentos arquivísticos surgem em meados do século XX e, assim, aparecem dois modelos para o processo de eliminação documental:

01. **Modelo Inglês**

Estabelece que a eliminação seria responsabilidade exclusiva da entidade produtora. Esta é a proposta defendida por Hilary Jenkinson para quem ***a eliminação de documentos não deveria fazer parte das atribuições dos arquivistas***.

02. **Modelo Alemão**

Sustenta que a "***importância que da tarefa de eliminação exige a intervenção do arquivista***".

Para o norte-americano Teodoro Roosevelt Schellenberg ,***os documentos arquivísticos têm um valor primário, que por estar ligado aos motivos da criação dos documentos diz respeito à entidade produtora, e um valor secundário, que por estar ligado ao seu conteúdo de caráter informativo diz respeito à investigação científica***.

Guarda permanente

Ocorre quando o documento perde o valor administrativo, mas apresenta valor histórico.

Transferência

É a passagem dos documentos da fase corrente para a intermediária.

Recolhimento

É a passagem dos documentos das fases corrente e intermediária para a fase permanente.

Ao longo do ciclo vital dos documentos, existem quatro possibilidades:

> O documento foi criado na fase corrente; cessada essa fase, ele será eliminado sem passar pela fase intermediária.
> O documento foi criado na fase corrente, cumpre seu prazo de guarda nessa fase, posteriormente será transferido para o arquivo intermediário, em que cumprirá seu prazo de guarda; cessada essa fase, ele será eliminado.
> O documento foi criado na fase corrente; cessada essa fase, ele será recolhido ao arquivo permanente.
> O documento foi criado na fase corrente; cessada essa fase, ele será transferido para o arquivo intermediário, no qual cumprirá seu prazo de guarda; cessada essa fase, ele será recolhido ao arquivo permanente.

Questões

01. (FUNCAB) É o conjunto organizado de documentos produzidos ou recebidos pela instituição ao longo de suas atividades, com a finalidade de organizá-los e facilitar- lhes o acesso.
a) Biblioteca.
b) Informação.
c) Arquivo.
d) Museu.
e) Depósito.

02. (FUNCAB) A organização de arquivos, como de qualquer outro setor de uma instituição, pressupõe o desenvolvimento de várias etapas de trabalho. NÃO se caracteriza como uma das etapas da organização de arquivos:
a) levantamento de dados
b) conhecimento de pessoas.
c) análise dos dados coletados.
d) planejamento.
e) implantação e acompanhamento.

03. (ESAF) O princípio da proveniência é um dos princípios fundamentais para a organização dos documentos de arquivo. Assinale a opção que identifica o princípio que é o desdobramento do princípio da proveniência.
a) Princípio da pertinência.
b) Princípio do método histórico.
c) Princípio da unicidade.
d) Princípio da originalidade.
e) Princípio da ordem original.

04. (ESAF) As massas documentais acumuladas são comuns nas organizações públicas brasileiras. Uma das primeiras intervenções arquivísticas é feita a partir da função avaliação. Nesse caso, o instrumento de avaliação a ser utilizado na massa documental acumulada é o
a) quadro de arranjo.
b) plano de classificação.

c) tabela de temporalidade.
d) plano de destinação.
e) plano de prevenção.

05. (ESAF) A descrição é uma função arquivística que Luis Carlos Lopes considerou como parte do "coração das práticas arquivísticas". A base para o trabalho de descrição é a função
a) difusão.
b) classificação.
c) criação.
d) aquisição.
e) avaliação.

Gabaritos

01	C
02	B
03	E
04	D
05	B

2. GESTÃO DA INFORMAÇÃO E DE DOCUMENTOS

Segundo a Lei nº 8.159/1991, a Gestão de Documentos envolve o conjunto de procedimentos e operações técnicas referentes às atividades de produção, tramitação e uso, avaliação e arquivamento de documentos em fase corrente e intermediária, visando a sua eliminação ou recolhimento para guarda permanente.

Ainda na mesma Lei: ***É dever do poder público a gestão documental e a proteção especial a documentos de arquivo, como instrumento de apoio à administração, à cultura e ao desenvolvimento científico e como elemento de prova e informação.***

A gestão de documentos é atingida por meio do planejamento, organização, controle, coordenação dos recursos humanos, do espaço físico e dos equipamentos, com o objetivo de aperfeiçoar o ciclo documental.

É qualquer atividade que vise a controlar o fluxo de documentos existentes, de forma a assegurar a eficiência das atividades.

2.1 Objetivos

> Garantir, assegurar, de forma eficiente: produção, administração, manutenção e destinação de documentos.

> Garantir que a informação estará disponível no momento necessário ao usuário (instituição, estado, pessoa).

> Eliminação de documentos que não possuem valor administrativo, fiscal, legal ou para fins de pesquisa científica ou histórica.

> Assegurar uso adequado da Micrográfica, processamento automatizado de dados, e outras técnicas da gestão de informação.

> Contribuir para o acesso e a preservação dos documentos que deverão ser guardados e preservados por seus valores históricos, científicos, valores secundários.

2.2 Planejamento do Sistema de Arquivamento

Primeiramente, antes de se implantar um gerenciamento de informação, necessita-se de um planejamento. Assim, tem que se definir um importante aspecto: se há centralização ou descentralização dos arquivos correntes. Ou seja, no planejamento a organização deve definir se os arquivos ficaram centralizados - reunidos em um arquivo central — ou descentralizados - arquivados nos setores da organização.

A opção pela descentralização ocorre apenas na fase corrente. Na fase intermediária e permanente, é OBRIGATÓRIA a centralização.

Ao planejamento também cabe a função de definir a coordenação dos serviços arquivísticos organizacionais. Assim, recomenda-se que haja uma centralização referente às normas, controle e orientação para evitar que haja tratamento diferenciado aos arquivos de uma mesma instituição.

Como os arquivos correntes são aqueles que ainda estão em processo de tramitação, ou seja, são consultados de modo frequente, eles devem ficar armazenados junto aos setores organizacionais que os produziram. Assim, por meio de técnicas de gerenciamento de informação, também chamado de gestão de documentos, deve-se estabelecer padronização quanto ao tratamento dos arquivos, definindo-se um planejamento e implementando um programa de gerenciamento de informação na organização. Dessa forma, já deve ser implementado nos setores um Plano de Classificação de Documentos e uma Tabela de Temporalidade e Destinação dos Documentos.

Os **arquivos intermediários** têm como sua principal função a econômica, pois se torna muito caro manter esse tipo de arquivo (semiativo, que possui baixo nível de consulta, ou seja, tem pouco interesse administrativo para a organização que o produziu) nos setores de trabalho em que foram produzidos, já que, para isso, seria necessário um espaço físico grande. Assim, é interessante guardar esses documentos em depósitos centralizados, pois sua guarda é devido principalmente a prazos prescricionais e precaucionais. Mesmo estando em um depósito central, vale ressaltar que os arquivos intermediários continuam sendo de propriedade do departamento que o gerou e que somente esse setor, ou alguém por ele autorizado, pode consultar os arquivos.

2.3 Fases da Gestão de Documentos

São três as fases básicas da gestão documental:

> Produção.

> Utilização.

> Destinação.

Produção

Elaboração de documentos em razão das atividades específicas de uma instituição ou setor.

Pode ser chamada de 1ª fase e possui as seguintes características:

> Otimização na criação de documentos, evitando a reprodução desnecessária de documentos.

> Acontece na fase corrente.

Utilização

Elaboração de documentos em razão das atividades específicas de uma instituição ou setor.

Essa fase refere-se ao fluxo percorrido pelos documentos, necessários ao cumprimento de sua função administrativa, assim como sua guarda após o trâmite. Pode ser chamada de 2ª fase e possui as seguintes características:

> Envolve as atividades de protocolo, classificação de documentos, controle de acesso e recuperação da informação, bem como a elaboração de instrumentos de recuperação.

> É desenvolvida na gestão de arquivos correntes e intermediários.

Observe nas questões a seguir como a gestão apareceu em alguns concursos públicos:

(Cespe/MMA/AGENTE ADMINISTRATIVO/2009). Na gestão de documentos, as atividades de protocolo, a recuperação de informações e a elaboração de normas de acesso à documentação são desenvolvidas na fase de utilização de documentos. Gabarito: Certo.

(Cespe/AGU/AGENTE ADMINISTRATIVO/2010) A fase da gestão de documentos que inclui as atividades de protocolo, de expedição, de organização e de arquivamento de documentos em fase corrente e intermediária é denominada fase de utilização de documentos. Gabarito: Certo.

Destinação

Envolve as atividades de análise, seleção e fixação de prazos de guarda dos documentos, ou seja, implica decidir quais documentos serão eliminados e quais serão preservados permanentemente. Acontece no arquivo corrente e intermediário.

Alguns documentos têm valor temporário, enquanto outros têm valor permanente. Além disso, alguns deles são frequentemente utilizados, enquanto outros nem tanto.

Eliminação de documentos

Deve-se avaliar e selecionar os documentos para determinar o prazo de vida dos mesmos de acordo com seus valores informativo e probatório e, caso não os tenha, a eliminação.

Schellenberg ressaltou que a gestão na fase corrente tem como objetivo ***fazer com que os documentos sirvam aos propósitos de sua criação, tanto econômica quanto eficientemente possível, e realizar sua adequada destinação depois que tiverem atendido aos seus objetivos.***

Devido a essas diferenças relativas ao valor e à frequência de uso, surge a necessidade de avaliar, selecionar e eliminar os documentos.

Essas três atividades objetivam estabelecer o prazo de vida dos documentos, de acordo com seus valores informativo e probatório.

→ **Em relação ao seu Valor, os Documentos podem ser:**

> **Permanentes vitais:** devem ser conservados indefinidamente por serem de importância vital para a organização.

> **Permanentes:** devem ser conservados indefinidamente — apesar de não serem vitais, a informação que contêm deve ser preservada em caráter permanente.

> **Temporários:** podem ser descartados, após determinado prazo, quando cessa o valor do documento.

Funções arquivísticas

Segundo Jean-Yves Rousseau e Carol Couture, na obra Os fundamentos da disciplina arquivística, Lisboa: Publicações Dom Quixote, 1998, as funções arquivísticas são sete: Produção; Avaliação; Aquisição; Conservação; Classificação; Descrição e Difusão.

01. Produção

Criação ou recebimento de informações dentro da instituição, evitando a criação de documentos com informações desnecessárias e atentando para sua veracidade e autenticidade. É o momento que o documento passa a existir para a instituição.

Quando se trata da criação de documentos arquivísticos digitais é importante estar atento em tudo que possa alterar a veracidade ou autenticidade das informações contidas no documento, sendo extremamente importante a elaboração de normas e regras para a produção da documentação, assim como utilizar métodos como assinatura digital, marca d'água e procedimentos padrão.

02. Avaliação

Processo que consiste na atribuição de valores, primário ou secundário, para os documentos, assim como prazos de guarda e destinação final que pode ser a guarda permanente ou eliminação.

A avaliação também deve ser feita nos documentos em suporte digital, pois nem toda a documentação produzida possui a necessidade de ser preservada permanentemente, garantindo assim economia de recursos materiais e financeiros.

03. Aquisição

É a entrada dos documentos nos arquivos corrente, intermediário e permanente. Abrange o arquivamento corrente, assim como a transferência e recolhimento da documentação.

O processo de aquisição deverá ter uma atenção e cuidado especial nos documentos arquivísticos digitais, pois seu controle é mais difícil de ser realizado e não possuem métodos que assegurem questões como autenticidade e veracidade.

04. Conservação

É um conjunto de procedimentos que visa a manutenção da integridade física do documento, desacelerando o processo de degradação.

A principal questão a ser levantada em relação à conservação dos documentos digitais é sobre a constante mudança que ocorre nos aparelhos e softwares tecnológicos, tornando os equipamentos obsoletos e causando a perda de informações. O profissional responsável deve estar atento às novas tecnologias para evitar que a documentação, ou parte dela, seja perdida.

05. Classificação

É a forma como os documentos serão reagrupados de acordo com características comuns. A Classificação deverá ser feita dentro dos padrões estabelecidos pelos profissionais responsáveis pelo acervo, que conhecem a melhor maneira de agrupamento para realização de suas atividades.

Os documentos digitais devem, também, ser classificados e ordenados para evitar que a documentação fique desorganizada em meio digital e para que não perca seu contexto dentro da instituição.

06. Descrição

É o conjunto de elementos facilitadores na recuperação e localização dos documentos e abrange a elaboração de instrumentos de pesquisa e meios de busca, utilizando termos específicos, palavras-chave, indexadores, dentre outros.

A descrição será mais eficaz e precisa em meio digital, se realizada de forma correta, garantindo a recuperação e localização mais rápida da informação solicitada.

07. Difusão

Está relacionada à divulgação do acervo, bem como a acessibilidade dos documentos, aproximando o arquivo e o usuário da informação.

A difusão também será realizada de forma mais rápida, pois a maioria das pessoas possui acesso à internet e utilizam deste meio para suas pesquisas. Desta forma, o arquivo pode divulgar amplamente suas atividades, serviços e documentação, assim como disponibilizar informações com maior praticidade e eficácia.

É evidente que a eliminação de documentos não pode ser feita indiscriminadamente. Dessa forma, há pontos-chave que sempre devem ser observados:

> Importância do documento com relação aos valores administrativo, fiscal ou legal (=primário) ou informativo, probatório (=secundário).
> Possibilidade e custos de reprodução (e.g. microfilmagem).
> Espaço, equipamento utilizado e custos de arquivamento.
> Prazos de prescrição e decadência de direitos, de acordo com a legislação vigente.
> Número de cópias existentes.

Art. 9º da Lei nº 8.159/91: *a eliminação de documentos produzidos por instituições públicas e de caráter público será realizada mediante autorização da instituição arquivística pública, na sua específica esfera de competência.*

Níveis de gestão de documentos

Segundo a UNESCO, a aplicação de um programa de gestão de documentos públicos pode ser desenvolvida em quatro níveis:

01. Nível Mínimo:

Estabelece que os órgãos devam contar, ao menos, com programa de retenção e eliminação de documentos e estabelecer procedimentos para recolher à instituição arquivística pública aqueles de valor permanente.

02. Nível Mínimo Ampliado:

Complementa o primeiro, com a existência de um ou mais centros de arquivamento intermediário.

03. Nível Intermediário:

Compreende os dois primeiros, bem como a adoção de programas básicos de elaboração e gestão de formulários e correspondência e a implantação de sistemas de arquivos.

04. Nível Máximo:

Inclui todas as atividades já descritas, complementadas por gestão de diretrizes administrativas, de telecomunicações e o uso de recursos da automação.

Instrumentos de destinação

Nas atividades de avaliação e destinação são utilizados os instrumentos de destinação, que são os atos normativos elaborados pela organização, nos quais são fixadas diretrizes quanto ao tempo e local de guarda dos documentos.

Os dois principais instrumentos de destinação são:

> Tabela de Temporalidade de Documentos.
> Lista de Eliminação.

Tabela de Temporalidade de Documentos

É o instrumento resultante da etapa de avaliação dos documentos. É ela, a tabela de temporalidade, que determina o prazo de guarda dos documentos nas fases corrente e intermediária, bem como indica a destinação final (eliminação ou recolhimento para guarda permanente).

Em uma tabela de temporalidade de uma empresa, por exemplo, poderia estar definido que os cartões de ponto deveriam ser conservados por sete anos no Serviço de Pessoal e depois eliminados; ou que os contratos de prestação de serviços de limpeza deveriam ser conservados em caráter definitivo no arquivo permanente.

A tabela de temporalidade será elaborada pela CPAD — Comissão Permanente de Avaliação de Documentos ou Comissão de Análise de Documentos.

> Estrutura da Tabela de Temporalidade

A Tabela de Temporalidade e Destinação deve apresentar em sua estrutura básica os seguintes elementos:

01. Código de classificação;
02. Prazos de guarda nas fases corrente e intermediária;
03. Destinação final (eliminação ou guarda permanente);
04. Observações necessárias à sua aplicação.

Deve-se elaborar um índice alfabético para agilizar a localização dos assuntos no plano ou código e na tabela.

Tabela de Temporalidade com exemplos hipotéticos.

Documentos	Prazos de guarda		Destinação final	Observação
	Corrente	Intermediário		
Legislação de pessoal	10 anos	10 anos	Guarda Perm.	-
Admissão de pessoal	5 anos	47 anos	Eliminação	-
Férias	7 anos	-	Eliminação	
Frequência	5 anos	47 anos	Eliminação	Microfilmar após 5 anos
Aposentadoria	5 anos	95 anos	Eliminação	Microfilmar após 5 anos
Greves	5 anos	5 anos	Guarda Perm.	-
Normas Internas	Enqto. Vig.	-	Guarda Perm.	-

Lista de Eliminação

Consiste em uma relação específica de documentos a serem eliminados de uma só vez e que necessita ser aprovada pela autoridade competente.

Agora, veremos as ações coordenadas pelos instrumentos de destinação dentro da rotina para a destinação de documentos na fase corrente:

> Verificar se os documentos a serem destinados estão organizados de acordo com os conjuntos definidos na tabela de temporalidade.
   » A tabela de temporalidade organiza os documentos a serem destinados, a partir de prazos e critérios para recolhimento e eliminação.

> Verificar se cumpriram o prazo de guarda estabelecido.
  » Para proceder com a destinação, é preciso verificar, na tabela de temporalidade, os prazos de guarda estabelecidos.
> Registrar os documentos a serem eliminados.
  » As listas de eliminação, como vimos, relacionam os documentos a serem eliminados.
> Proceder à eliminação.
  » O ato de eliminar os documentos também faz parte da fase de destinação.
> Elaborar termo de eliminação.
  » O termo de eliminação é o instrumento do qual consta o registro de informações sobre documentos eliminados após terem cumprido o prazo de guarda.
> Elaborar lista de documentos destinados à fase intermediária.
  » De forma semelhante à lista de eliminação, existem as listas de transferência (documentos destinados à fase intermediária) e as listas de recolhimento (documentos destinados à fase permanente).
> Operacionalizar a passagem ao arquivo intermediário.
  » Permitir que os documentos passem ao arquivo intermediário também faz parte da fase de destinação.

→ **Principais Rotinas e Procedimentos na Destinação:**

> **Análise:** são procedidos estudos dos documentos recebidos.
> **Seleção:** é feita a triagem dos documentos que devem permanecer no arquivo.
> **Avaliação:** procedimento mais importante da destinação, pois nela ocorre a verificação do valor probatório (de prova) ou informativo, de pesquisa dos documentos e estabelecimento de prazos de vida dos documentos.

Esse processo está vinculado à legislação, já que deve cumprir os prazos legais de armazenamento de alguns documentos, bem como a discricionariedade da organização, quando falamos dos prazos precaucionais.

Recomenda-se, de acordo com a doutrina, que a avaliação seja feita nos documentos no arquivo corrente para se evitar que documentos sejam transferidos para o arquivo intermediário de forma desnecessária, o que gera burocracia e dispêndio de recursos desnecessários.

Visando à garantia da eficiência administrativa, a avaliação deve ser precedida pela classificação dos documentos visando ao correto arquivamento em suas classes.

→ **Benefícios da Avaliação Documental:**

> Eficiência administrativa.
> Eliminação de documentos inúteis.
> Agilidade na hora de encontrar um documento ou informação, pois há redução do volume de documentos.
> Prévia identificação dos documentos de guarda permanente.

No fim da fase de destinação, há duas possibilidades para o documento que perdeu o seu valor administrativo:

> **Recolhimento:** que é o deslocamento de um documento do arquivo intermediário para o arquivo permanente, para aqueles documentos dotados de valor histórico ou secundário.
> **Eliminação:** destruição, doação ou venda de documentos julgados destituídos do valor permanente, feito por uma Comissão Permanente de Avaliação.

Comissão permanente de avaliação de documentos

A Comissão Permanente de Avaliação de Documentos também é conhecida como Comissão de Análise de Documentos, ou simplesmente, CPAD. E é esta Comissão quem elabora a Tabela de Temporalidade e que deverá ser aprovada por autoridade competente do órgão para que possa ser aplicada na instituição. Cada instituição cria sua Tabela de Temporalidade, uma vez que, concluída e aplicada, as eventuais alterações ou inclusões deverão ser submetidas à Comissão que a criou. Não há prazo de guarda padrão e nem prazo máximo para os documentos nas fases corrente e nem intermediária, pois cada documento terá seu próprio prazo de acordo com o estabelecido na Comissão.

De acordo com a legislação em vigor, a responsabilidade de orientar e realizar o processo de análise, avaliação e seleção da documentação produzida e acumulada no seu âmbito de atuação é pertinente à Comissão Permanente de Avaliação de Documentos de acordo com o Decreto nº 4.073, de 3 de janeiro de 2002 em seu Capítulo IV, DA GESTÃO DE DOCUMENTOS DA ADMINISTRAÇÃO PÚBLICA FEDERAL, Seção I: Das Comissões Permanentes de Avaliação de Documentos, Art. 18: *Em cada órgão e entidade da Administração Pública Federal será constituída Comissão Permanente de Avaliação de Documentos, que terá a responsabilidade de orientar e realizar o processo de análise, avaliação e seleção da documentação produzida e acumulada no seu âmbito de atuação, tendo em vista a identificação dos documentos para guarda permanente e a eliminação dos destituídos de valor.*

Nos órgãos públicos a garantia de acesso, pelo cidadão, aos documentos de arquivo e informações contidas nos mesmos, a disseminação de normas relativas à gestão de documentos de arquivo, a racionalização da produção documental arquivística pública e a preservação do patrimônio documental arquivístico da administração pública federal são finalidades do SIGA - Sistema Informatizado de Gestão Arquivística de Documentos.

→ **Síntese dos pontos mais importantes da gestão de documentos:**

Gestão de Documentos	**Produção**	Elaboração dos documentos em decorrência das atividades da instituição. Criação de documentos essenciais à administração, evitando duplicação e emissão de vias desnecessárias.
	Utilização	Protocolo, classificação, organização e arquivamento durante a idade corrente e intermediária. Normas de acesso à documentação e à recuperação de informações.
	Destinação	Análise e avaliação dos documentos (valor). Definição de quais serão objetos de arquivo permanente e quais serão eliminados.

> **Produção**

» Elaboração dos documentos em decorrência das atividades da instituição.

» Criação de documentos essencias à administração, evitando duplicação e emissão de vias desnecessárias.

> **Utilização**

» Protocolo, classificação, organização e arquivamento durante a idade corrente e intermediária.

» Normas de acesso à documentação e à recuperação de informações.

> **Destinação**

» Análise e avaliação dos documentos (valor).

» Definição de quais serão objeto de arquivo permanente e quais serão eliminados.

2.4 Métodos de Arquivamento

Arquivamento é a técnica de como serão acondicionados e armazenados os documentos, ou seja, o arquivamento corresponde à forma como os documentos serão armazenados, visando obter precisamente a sua localização no futuro. O método de arquivamento é determinado pela natureza dos documentos a serem arquivados e pela estrutura da entidade.

Os sistemas de arquivamento apenas fornecem a estrutura mecânica em relação à qual os documentos devem ser arranjados. Os documentos podem ser eficazmente arranjados em quase todos os sistemas de arquivamento. Qualquer sistema de arquivamento, não importa qual seja, pode apresentar resultados satisfatórios se for adequadamente aplicado. A insuficiência do arquivamento deve-se, com mais frequência às falhas humanas do que a falhas do sistema. Na escolha de um método de arquivamento devem-se levar em consideração três premissas básicas: o sistema escolhido deve ser simples, flexível e deve admitir expansões.

São duas classes – métodos básicos e padronizados – e integram dois grandes sistemas – direto e indireto.

Existe, ainda, um método Semi-indireto que não pertence às classes de métodos básicos e padronizados, é o método alfanumérico que consiste numa combinação de letras e números.

> **Direto:** ocorre quando a localização dos documentos é encontrada de forma direta, ou seja, é encontrado diretamente no local onde se encontra arquivado.

> **Indireto:** ocorre quando se necessita consultar antes em outro lugar para se encontrar a localização do documento, como exemplo, um índice ou código.

As principais classes utilizadas para organizar o arquivamento dos documentos estão divididas em dois grandes métodos: Básicos e Padronizados.

Básicos	Alfabético		
	Geográfico		
	Numéricos	Simples	
		Cronológico	
		Dígito-terminal	
	Ideográficos	Alfabéticos	Enciclopédico
			Dicionário
		Numéricos	Duplex
			Decimal
			Unitermo ou Indexação coordenada
Padronizados	Variadex		
	Automático		
	Soudex		
	Mneumônico		
	Rôneo		

Métodos básicos

a) Alfabético ou onomástico

b) Geográfico – conforme o local de produção

c) Numéricos

c.1 - Simples – é indireto. Para se encontrar os documentos é feito um índice alfabético no qual pode se descobrir qual número foi conferido ao documento.

c.2 - Cronológico – normalmente a data da produção (notas fiscais).

c.3 - Dígito-Terminal – conforme os dois últimos números do documento, grande volume e números longos.

d) Ideográfico ou Temático

Conforme o assunto. Exige-se a interpretação e um vasto conhecimento da organização. Dividido em Alfabético – Enciclopédico ou Dicionário e Numérico – Duplex, Decimal e Unitermo ou Indexação Coordenada.

A. Método alfabético (método básico)

Método alfabético é o mais simples. É um método direto. Nesse método, as fichas ou pastas são dispostas em ordem rigorosamente alfabética, respeitadas as normas gerais para alfabetação.

As notações nas guias podem ser abertas ou fechadas; simples ou compostas. Notações simples abertas: A, B, C, Ab, Ac etc; notações compostas e fechadas: Aa-Al, Am-Az etc.

Sua desvantagem é a alta incidência de erros de arquivamento quando o volume de documentos é muito grande, devido ao cansaço visual e à variedade de grafia dos nomes.

Esse método preza pelo ordenamento de pastas e fichas pela ordem alfabética divididas por guias divisórias (estas devem ser assinaladas com anotações que façam referência aos documentos ali arquivados), e também devem respeitar as normas gerais para a alfabetação.

Regras de Alfabetação

01. Nos nomes de pessoas físicas, considera-se o último sobrenome e depois o prenome.

Renata Guimarães; José Carvalho; Maria Silva; Paulo Lima.

Arquivam-se:

Carvalho, José;

Guimarães, Renata;

Lima, Paulo;

Silva, Maria.

Obs.: com sobrenomes iguais prevalece a ordem alfabética do prenome.

Patrícia Melo, Jandira Melo, Inês Melo, José Melo.

Arquivam-se:

Melo, Inês;

Melo, Jandira;

Melo, José;

Melo, Patrícia.

02. Sobrenomes compostos de um substantivo e um adjetivo ou ligados por hífen não se separam.

Heitor Villa-Lobos; Eduardo Montes Altos; Sérgio Praia Vermelha.

Arquivam-se:

Montes Altos, Carlos;

Praia Vermelha, Sérgio;

Villa-Lobos, Heitor.

03. Os sobrenomes formados com as palavras Santa, Santo ou São seguem a regra dos sobrenomes compostos por um adjetivo e um substantivo.

Wilmar Santo Cristo; Maria Santa Rita; Alexandre Santo Antonio.

Arquivam-se:

Santa Rita, Maria;

Santo Antonio, Alexandre;

Santo Cristo, Wilmar.

04. As iniciais abreviativas de pronomes têm precedência na classificação de sobrenomes iguais.

R. Oliveira, Roberto Oliveira, Ricardo Oliveira.

Arquivam-se:

Oliveira, R.;

Oliveira, Ricardo;

Oliveira, Roberto.

05. Os artigos e preposições, tais como a, o, de, d, do, e, um, uma, não são considerados na alfabetação. (ver também regra nº 9)

Paulo de Farias; Ricardo d'Ferreira; Roberto d'Albuquerque.

Arquivam-se:

Albuquerque, Roberto d',

Farias, Paulo de;

Ferreira, Ricardo d'.

06. Os sobrenomes que exprimem grau de parentesco como Filho, Júnior, Neto, Sobrinho são considerados parte integrante do último sobrenome, mas não considerados na ordenação alfabética.

Marco Antônio Neto, José Maria Sobrinho, Sílvio Martins Filho.

Arquivam-se:

Antônio Neto, Marco;

Maria Sobrinho, José;

Martins Filho, Sílvio.

Obs.: os graus de parentesco da alfabetação só serão considerados quando servirem de elemento de descrição.

César Oliveira Filho; César Oliveira Neto, César Oliveira Sobrinho.

Arquivam-se:

Filho, César Oliveira;

Neto, César Oliveira;

Sobrinho, César Oliveira.

07. Os títulos não são considerados na alfabetação. São colocados após o nome completo, entre parênteses.

Doutora Maria Helena, Juiz Armando Marques, Capitão Silva Monteiro.

Arquivam-se:

Helena, Maria (Doutora);

Marques, Armando (Juiz);

Monteiro, Silva (Capitão).

08. Os nomes estrangeiros são considerados pelo último sobrenome, salvo nos casos de nomes espanhóis e orientais (ver também regras nº 10 e 11).

Sigmund Freud; Carl Gustav Jung; Francis Coppola.

Arquivam-se:

Coppola, Francis;

Freud, Sigmund;

Jung, Carl Gustav.

09. As partículas dos nomes estrangeiros podem ou não ser consideradas. O mais comum é considerá-las como parte integrante do nome quando escritas com letra maiúscula.

Guilio di Capri; Esteban De Penedo; Charles Du Pont.

Arquivam-se:

Capri, Guilio di;

De Penedo, Esteban;

Du Pont; Charles.

10. Os nomes espanhóis são registrados pelo penúltimo sobrenome, que corresponde ao sobrenome de família do pai.

José de Oviedo y Baños, Francisco de Pina de Mello, Esteban Del Arco y Molinero.

Arquivam-se:

Arco y Molinero, Esteban Del;

Oviedo y Baños, José de;

Pina de Mello, Francisco de.

11. Os nomes orientais – japoneses, chineses e árabes – são registrados como se apresentam.

Tetsuyuki Morita; Mao Tsé Tung; Xiang Lee Peng.

Arquivam-se:

Mao Tsé Tung;

Tetsuyuki Morita;

Xiang Lee Peng.

12. Os nomes de firmas, empresas, instituições e órgãos governamentais devem ser transcritos como se apresentam, não se considerando, porém, para fins de ordenação, os artigos e preposições que os constituem. Admite-se, para facilitar a ordenação, que os artigos sejam colocados entre parênteses após o nome.

Embratel, A Colegial, Fundação Getúlio Vargas, The Library of Congress.

Arquivam-se:

Colegial (A);

Embratel;

Fundação Getúlio Vargas;

Library of Congress (The).

13. Nos títulos de congressos, conferência, reuniões, assembleias e assemelhados, os números arábicos, romanos ou escritos por extenso deverão aparecer no fim, entre parênteses.

III Conferência de Cirurgia Cardíaca, Oitavo Congresso de Engenharia Civil; 1º Congresso de Odontologia.

Arquivam-se:

Conferência de Cirurgia Cardíaca (III);

Congresso de Engenharia Civil (Oitavo);

Congresso de Odontologia (1º).

14. As correspondências recebidas de uma unidade de uma empresa ou de uma instituição (setor, seção, gerência, departamento, superintendência) devem ser arquivadas pelo nome da empresa e não da unidade.

Gerência de Atendimento da TELERJ, Superintendência Financeira da TELERJ.

Arquivam-se:

TELERJ – Gerência de Atendimento;

TELERJ - Superintendência Financeira

15. Os números que fazem parte dos nomes das empresas devem ser escritos por extenso.

3M do Brasil, Fábrica Estrela de 4 pontas, Madeiras Cachoeira dos 4.

Arquivam-se:

Fábrica Estrela de Quatro Pontas;

Madeiras Cachoeira dos Quatro;

Três M do Brasil.

Essas regras podem ser alteradas para melhor servir à organização, desde que o arquivista observe sempre o mesmo critério e faça as remissivas necessárias para evitar dúvidas futuras. As regras de ordenação podem ser adotadas segundo critério de letra por letra ou de palavra por palavra, consideradas uma após a outra.

Exemplo de critério letra por letra:

Canto dos Cisnes, Canto dos Frades, Cantoneira Alegre, Canto Raiado.

Exemplo de critério palavra por palavra:

Canto dos Cisnes, Canto dos Frades, Canto Raiado, Cantoneira Alegre.

OBS: Como se pode observar, no critério letra por letra não se consideram os espaços entre palavras.

B. Método geográfico (método básico)

É um método direto com ordenação alfabética e de fácil arquivamento, a desvantagem é a utilização de mais de um dado para a pesquisa. Principais critérios utilizados:

01. Nome do Estado, Cidade e Correspondente.

Na ordenação por estados, as capitais têm preferência na classificação em relação aos demais municípios que seguem a ordem alfabética.

Exemplo:

Estado	Cidade	Correspondente
Paraná	Curitiba (Capital)	Oliveira, César
Paraná	Cascavel	Almeida, João
Paraná	Londrina	Fonseca, Luis
Rio Grande do Sul	Porto Alegre (Capital)	Teles, João
Rio Grande do Sul	Gramado	Xavier, Francisco
Rio Grande do Sul	Passo Fundo	Soares, Oliveira

02. Nome da Cidade, Estado, Correspondente.

O nome da própria cidade é a principal referência na ordenação, sem considerar as capitais e os estados. Segue ordenação alfabética.

Exemplo:

Cidade	Estado	Correspondente
Cascavel	Paraná	Almeida, João
Curitiba (Capital)	Paraná	Oliveira, César
Gramado	Rio Grande do Sul	Xavier, Francisco
Londrina	Paraná	Fonseca, Luis
Passo Fundo	Rio Grande do Sul	Soares, Oliveira
Porto Alegre (Capital)	Rio Grande do Sul	Teles, João

03. Nome do País, Cidade, Correspondente.

Na formatação por país, o nome da Capital é a principal referência na ordenação, seguida das demais cidades em ordem alfabética.

País	Cidade	Correspondente
Brasil	Brasília (Capital)	Oliveira, César
Brasil	Cascavel	Soares, Oli
Brasil	Uberlândia	Soares, César
Itália	Roma (Capital)	Macarrone, Pietra
Itália	Milão	Bernardotte, Nícola
França	Paris (Capital)	François, Paul
França	Toulouse	Pierre, Jean

C. Métodos padronizados

C.1. Variadex

Há uma associação de cores designadas às letras do alfabeto para facilitar a localização e arquivamento de documentos.

Exemplos: A, B, C e abreviações em verde. D, E, F e abreviações em amarelo, G, H, I e abreviações em azul. As cores são atribuídas à segunda letra do nome de entrada e não do nome inicial, assim sendo, César Oliveira deve constar na pasta de cor amarela. Não há uma tabela de cores fixas

C.2. Automático

Os documentos são arquivados com guias em pastas que já indicam as divisões das letras do alfabeto.

C.3. Soundex

Documentos são arquivados por semelhança de pronúncia (som/fonética) desconsiderando-se a grafia das palavras.

C.4. Mnemônico

As letras são consideradas símbolos.

C.5. Rôneo

Combina letras, números e cores.

Os métodos automático, soundex, mnemônico e rôneo estão praticamente em desuso.

Arquivamento é a sequência de operações intelectuais e físicas que visam à guarda ordenada de documentos, ou ainda, um método de arquivamento ou sistema de arquivamento. É, ainda, a ação pela qual uma autoridade determina a guarda de um documento quando cessada a sua tramitação. O arquivamento deve ser feito de acordo com um plano ou quadro previamente estabelecido. Arquivamento é a guarda do documento propriamente dito.

2.5 Etapas do Arquivamento

A. Inspeção

É quando o arquivista examina a documentação para verificar se os mesmos se destinam ao arquivamento.

B. Estudo

É a leitura cuidadosa de cada documento para verificar a entrada que deverá ser atribuída.

C. Classificação

Após o estudo do documento a classificação consiste na determinação da entrada e das referências cruzadas que lhe serão atribuídas, é a interpretação dos documentos e, para tanto, é indispensável conhecer o funcionamento e as atividades desenvolvidas pelos órgãos que recebem e produzem os documentos remetidos aos arquivos.

D. Codificação

O arquivista apõe nos documentos os símbolos correspondentes ao método de arquivamento adotado, nesta etapa podem ser feitas correções, quando necessárias.

E. Ordenação

É a disposição dos documentos de acordo com a classificação e a codificação dadas. Os documentos podem ser dispostos em pilhas, escaninhos ou classificadores. Seus objetivos principais são agilizar o arquivamento e racionalizar o trabalho reunindo documentos de uma mesma pessoa ou assunto. Algumas bancas tem considerado tal atividade como intelectual e não atividade mecânica.

F. Guarda do documento

É o arquivamento propriamente dito, ou seja, a colocação do documento em sua respectiva pasta, caixa ou arquivo.

O processo descrito no texto consiste na classificação e registro que ocorrem no protocolo.

Tipos de arquivamento

Diz respeito à posição em que são colocados os documentos e não ao tipo de modelo mobiliário utilizado.

Tipo Horizontal:

Os documentos são colocados uns sobre os outros (sobrepostos).

Tipo Vertical:

Os documentos são colocados uns atrás dos outros, facilitando o manuseio durante a consulta.

Esse método é considerado de arquivamento indireto.

Vale destacar que não há um método superior ao outro, a escolha de um método em detrimento de outro deve ser feito, levando em consideração as necessidades da organização.

Acondicionamento e armazenamento de documentos de arquivo

O armazenamento é a guarda de documentos em depósitos destinados para esse fim. Já o acondicionamento é a colocação de documentos em mobiliário e invólucros apropriados, que assegurem a sua preservação.

Armazenamento

Todos os documentos devem ser armazenados em instalações que ofereçam um ambiente adequado a sua preservação.

Apesar dos avanços tecnológicos em matéria de restauração documental, é um princípio de preservação arquivística quase consensual que a manutenção de um ambiente de armazenamento dentro dos padrões convencionais (umidade relativa e temperatura) para o material que está sendo armazenado é a medida mais eficaz, em termos de custo-benefício, para uma maior sobrevida dos documentos arquivísticos. Quando falamos de armazenamento de documentos magnéticos ou ópticos, há que se observarem as recomendações específicas ou especiais quanto às melhores condições possíveis de armazenamento. O ambiente deve ser constantemente monitorado e as leituras verificadas com regularidade.

Rotinas de Armazenamento

- mapas, plantas, cartazes = horizontalmente;
- não deve ser armazenado sobre o chão;
- campos magnéticos estragam fitas de vídeo, áudio, computadores;
- mobiliário de aço tratado com pintura sintética, antiestética;
- embalagens protegem contra poeira e acidentes e minimizam as variações de Temperatura e umidade relativa (UR);
- diminuem os riscos em caso de desastres (água, fogo);
- caixas devem suportam o peso de empilhamento;
- medidas padronizadas;
- caixas em papéis especiais – cartão alcalino;
- umidade relativa baixa = risco de quebra das fibras;
- pergaminhos e encadernações em couro = entre 40% e 55%;
- temperatura ideal = 20º C;
- climatização – umidificadores, desumidificadores, exaustores, ventiladores;
- ar condicionado é o ideal = 24 horas de funcionamento.

Acondicionamento

A escolha da forma de acondicionar os documentos será em função do suporte documental e suas peculiaridades.

A confecção e a disposição do mobiliário deverão acatar as normas existentes sobre qualidade e resistência e sobre segurança no trabalho. A observância desses preceitos proporciona:

- facilidade de acesso aos documentos;
- proteção contra eventuais danos físicos, químicos e mecânicos.

Uma medida que vem ao encontro da necessidade de preservação dos documentos é a opção de utilizar em sua guarda, arquivos, estantes, armários ou prateleiras, apropriados a cada suporte e formato.

Algumas Peculiaridades no Acondicionamento e Armazenamento de Documentos

Devido as suas características, certos documentos como mapas, plantas e cartazes devem ser armazenados horizontalmente em móveis especiais para o acondicionamento horizontal com gavetas próprias para a sua guarda sem a necessidade de dobrá-las de acordo com suas medidas. Um móvel que atende a essa finalidade é a Mapoteca. Outra opção é enrolá-los em tubos confeccionados em cartão alcalino e acondicioná-los em armários ou gavetas.

Campos magnéticos causam a distorção ou a perda de dados em mídias magnéticas, como fitas de vídeo, áudio e de computador, que, por isso, devem ser armazenadas em locais onde haja proteção contra essa influência.

O armazenamento será preferencialmente em mobiliário de aço tratado com pintura sintética, de efeito antiestático.

Vantagens do Acondicionamento em Embalagens

Os documentos de valor permanente que apresentam grandes formatos, como mapas, plantas e cartazes, devem ser armazenados horizontalmente, em mapotecas – móveis especiais para o acondicionamento horizontal com gavetas próprias para a guarda de mapas, cartas geográficas, históricas, sem a necessidade de dobrá-las — adequadas às suas medidas, ou enrolados sobre tubos confeccionados em cartão alcalino e acondicionados em armários ou gavetas.

- Nenhum documento deve ser armazenado diretamente sobre o chão.
- As mídias magnéticas, como fitas de vídeo, áudio e de computador, devem ser armazenadas longe de campos magnéticos que possam causar a distorção ou a perda de dados.
- O armazenamento será preferencialmente em mobiliário de aço tratado com pintura sintética, de efeito antiestático.

Vantagens do Acondicionamento em Embalagens

- Protegem os documentos contra a poeira e danos acidentais.
- Minimizam as variações externas de temperatura e umidade relativa.
- Diminuem a probabilidade de danos em eventual contato com água e fogo em casos de desastre.

Características das Caixas de Acondicionamento de Documentos de Arquivo

- Devem suportar o peso dos documentos e a pressão, caso tenham de ser empilhadas.
- Devem ser limpos e conservados, de forma a proteger os documentos.
- As medidas de caixas, envelopes ou pastas devem respeitar formatos padronizados, devendo exceder a dos documentos que irão abrigar.
- Não devem ser utilizados para o armazenamento de documentos permanentes materiais quimicamente instáveis, devido ao risco quanto à preservação dos documentos.
- Para a confecção de caixas para o acondicionamento dos documentos, devem ser utilizados papéis especiais, que atendam à necessidade de preservação e conservação dos documentos.

No caso de caixas não confeccionadas em cartão alcalino, recomenda-se o uso de invólucros internos de papel alcalino, para evitar o contato direto de documentos com materiais instáveis.

Condições Ambientais

O estudo das condições ambientais para o armazenamento e preservação de documentos subdivide-se na análise da:

- Temperatura.
- Umidade relativa do ar (UR).

As condições adequadas de temperatura e de umidade relativa do ar são elementos vitais para postergar a sobrevivência dos registros.

Fatores Importantes a se considerar na UR:

> se os níveis de umidade relativa (UR) são muito baixos, aumenta-se o risco de quebra das fibras e esfarelamento dos materiais orgânicos fibrosos;

> para pergaminhos e encadernações em couro, a UR abaixo de 40% é perigosa e o papel também sofre abaixo desses níveis. Já nas faixas de UR acima de 65% crescem micro-organismos e ocorrem reações químicas danosas;

> a faixa segura de umidade relativa é entre 45% e 55%, com variação diária de +/- 5%.

Fatores Importantes a se considerar na Temperatura:

> a temperatura deve também estar relacionada com a umidade relativa;

> a temperatura ideal para documentos é 20° C, com variação diária de +/- 1° C.

Observações:

> a estabilidade da temperatura e da UR é especialmente importante, e as mudanças bruscas ou constantes são muito danosas;

> no caso de não existir a possibilidade de se instalar um sistema de climatização, a instalação de umidificadores, desumidificadores, exaustores e ventiladores pode surtir bons resultados;

> o sistema de ar condicionado ideal é aquele que controla a temperatura, a umidade e ainda filtra os agentes poluentes, antes de insuflar o ar no ambiente interno. Ele deve ficar em funcionamento durante as 24 horas do dia. Os custos iniciais de instalação e os de manutenção são muito altos.

2.6 Histórico da Gestão Documental

01. Comissão Hoover – Estados Unidos durante a década de 1940. Apresentou-se em duas versões, a primeira em 1947 e a segunda em 1955. Ocorreu, nos Estados Unidos, uma revolução na arquivologia em função de três aspectos: a herança multicultural, o crescimento geométrico do volume de documentos produzidos desde a Guerra da Independência em 1776 e a Guerra Civil em 1861 e o progresso tecnológico e econômico associado ao grande interesse em relação à eficácia e à eficiência na administração presente nos Estados Unidos.

02. Fim da década de 1940 – "Record manager": Gestor de Documentos.

03. Schellenberg – década de 1970; Valor Primário e Secundário.

04. Pensamento Arquivístico = duas correntes:

a) Arquivística Tradicional – Europa; Valores históricos; Sir Hilary Jenkinson.

b) Arquivística Administrativa – Estados Unidos; Schellenberg; gestão de documentos.

05. Congresso de Quebec – Arquivística Integrada = Arquivística Tradicional + Arquivística Administrativa. Canadenses Rousseau e Couture.

O marco fundador ou inaugural, segundo alguns autores, da disciplina arquivística foi em 1898, com a publicação do Manual dos Holandeses. Nesse período inicial da arquivologia como campo do conhecimento, a descrição arquivística foi citada pelo Manual dos Arquivistas Holandeses – obra clássica publicada no ano de 1898 pela Associação dos Arquivistas Holandeses – e considerada por Fonseca (2005) como o marco inicial da arquivologia moderna, apresentando regras para as atividades próprias dos arquivistas e iniciando um entendimento normatizado para a prática da atividade em arquivos. O Manual acentua a necessidade de que a documentação seja descrita uniformemente, sem privilegiar este ou aquele documento e tendo por base um suposto grau de valor histórico que é identificado ou atribuído pelo agente descritor. Citava ainda a necessidade de uma descrição que partia do conjunto documental mais geral até a descrição das unidades específicas do acervo (Associação dos Arquivistas Holandeses, 1973). A importância da obra resultou na sua tradução para diversos idiomas, como o francês (em 1910), o alemão (em 1905), o inglês, o italiano (em 1908), o português (em 1960), o chinês e outros (BRUEBACH, 2003; FONSECA, 2005).

Fonte: http://www.arquivoestado.sp.gov.br.

A arquivologia no Brasil tem seu início da década de 1970, pois foi criada a Associação dos Arquivistas Brasileiros em 1971, embora seja um órgão não oficial. Desde esta época foram realizados 13 congressos sobre arquivologia, sendo que, apenas 5 deles tiveram seus anais publicados. A revista Arquivo & Administração foi o primeiro periódico brasileiro especializado em Arquivologia com periodicidade regular até 1986 e seu último número saiu em 1999.

O curso superior em arquivologia foi aprovado em 1972 e a regulamentação da profissão de arquivista e de técnico de arquivo foi regulamentado pela Lei nº 6.546, de 4 de julho de 1978, embora devido à inexistência de um curso profissionalizante a profissão de técnico não chegou a ser regulamentada.

A década de 1980 foi marcada pelo fortalecimento das instituições arquivísticas públicas, sob a liderança do Arquivo Nacional que, por meio do sistema Nacional de Arquivos (SINAR), permitiu a realização de diversos cursos da capacitação regionais e da Conferência Nacional de Arquivos Públicos.

A partir de 1993, a Revista Acervo em cada número dedicava-se a um tema diferenciado e após 1996, a revista passou a publicar artigos, exclusivamente, historiográficos. O Brasil passou a ocupar um cargo na Secretaria Executiva do Conselho Internacional de Arquivos, bem como a presidência e a vice-presidência da Associação Latino-americana de Arquivos. Durante a década de 1990, tivemos no campo arquivístico: aumento no número de cursos de arquivologia; grande parte dos artigos especializados sobre o tema foram produzidos por autores vinculados às universidades; a desmobilização do Arquivo Nacional durante o governo Collor como parte do desmonte das estruturas administrativas do Estado dentro da política neoliberal do Estado mínimo praticada por seu governo, fato que foi revertido nos governos seguintes; Consolidação do Conselho Nacional de Arquivos (CONARQ) que exerce um papel de liderança mais na busca de soluções normativas do que na formulação e implementação de uma política nacional de arquivos. Deve-se observar o que dispõe o Decreto nº 4.073, de 3 de janeiro de 2002 que regulamentou a Lei nº 8.159, de 8 de janeiro de 1991, que dispõe sobre a política nacional de arquivos públicos e privados em seu Art. 1º: O Conselho Nacional de Arquivos - CONARQ, órgão colegiado, vinculado ao Arquivo Nacional, criado pelo Art. 26 da Lei nº 8.159, de 8 de janeiro de 1991, tem por finalidade definir a política nacional de arquivos públicos e privados, bem como exercer orientação normativa visando à gestão documental e à proteção especial aos documentos de arquivo.

Manual de gestão arquivística de documentos

Deve contemplar todos os tipos de documentos necessários à condução das atividades do órgão ou entidade, independentemente do suporte, incluindo atividades-meio e atividades-fim. O manual pode compreender os seguintes pontos:

a) definição e identificação de todos os documentos arquivísticos produzidos e identificação e separação dos documentos não arquivísticos, como documentos pessoais, cópias extras, publicações, entre outros;

b) classificação dos documentos de acordo com a atividade desenvolvida;

c) classificação dos documentos quanto a segurança e sigilo, e sua desclassificação;

d) estabelecimento da forma documental no que diz respeito a logomarca, título, numeração, local, data, origem, destinatário, assunto, anexos, normas de redação, formas de tratamento, assinatura, regras de digitação, rubrica, autenticação (selo, carimbo, carimbo de tempo, assinatura digital) etc.;

e) procedimentos para captura, registro, autuação, recebimento, tramitação, distribuição, expedição e reprodução dos documentos;

f) procedimentos para implementação do plano de classificação, da tabela de temporalidade e destinação e da destinação dos documentos.

O órgão ou entidade deve elaborar um manual com o objetivo de estabelecer procedimentos regulares no tocante à produção, tramitação, arquivamento e destinação dos documentos arquivísticos, de acordo com as normas e a legislação vigente.

O Manual pode compreender os seguintes pontos: definição e identificação de todos os documentos arquivísticos produzidos e identificação e separação dos documentos não arquivísticos, como documentos pessoais, cópias extras, publicações, entre outros; classificação dos documentos de acordo com a atividade desenvolvida; classificação dos documentos quanto a segurança e sigilo, e sua desclassificação; estabelecimento da forma documental no que diz respeito a logomarca, título, numeração, local, data, origem, destinatário, assunto, anexos, normas de redação, formas de tratamento, assinatura, regras de digitação, rubrica, autenticação (selo, carimbo, carimbo de tempo, assinatura digital) etc.; procedimentos para captura, registro, autuação, recebimento, tramitação, distribuição, expedição e reprodução dos documentos; procedimentos para implementação do plano de classificação, da tabela de temporalidade e destinação e da destinação dos documentos. O órgão ou entidade deve elaborar um manual com o objetivo de estabelecer procedimentos regulares no tocante à produção, tramitação, arquivamento e destinação dos documentos arquivísticos, de acordo com as normas e a legislação vigente. Fonte: http://www.conarq.arquivonacional.gov.br/

Diagnóstico

É a análise detalhada dos aspectos relacionados ao funcionamento do arquivo da instituição, de forma a identificar as falhas ou lacunas existentes, permitindo a adoção de medidas que visem a aumentar a eficiência dele.

O Diagnóstico proporciona Informações como:

> Instalações físicas (infiltrações, goteiras, poeira, luz solar etc.).

> Condições ambientais (temperatura, umidade, luminosidade).

> Condições de armazenamento.

> Estado de conservação do documento.

> Espaço físico ocupado.

> Volume documental.

> Controle de empréstimos (frequência de consultas).

> Recursos humanos (número de pessoas, nível de escolaridade, formação profissional).

> Acesso à informação.

> Gênero dos documentos (escritos ou textuais, audiovisuais, cartográficos, iconográficos, micrográficos e informáticos).

> Arranjo e classificação dos documentos (métodos de arquivamento adotados).

> Tipo de acondicionamento (pastas, caixas, envelopes, amarrados, etc.).

De posse dos dados acima citados, o arquivista está habilitado a analisar objetivamente a real situação dos serviços de arquivo e fazer seu diagnóstico para propor as alterações e medidas mais indicadas, em cada caso, a serem adotadas no sistema a ser implantado.

Tipos de diagnósticos:

Maximalista

Diagnóstico feito a partir de uma visão geral da instituição.

Minimalista

Diagnóstico feito a partir de uma visão mais específica da instituição/setores de trabalho. O diagnóstico da situação arquivística do tipo minimalista tem como objetivo organizar os documentos de arquivo em uma instituição e dentre seus objetivos encontra-se a elaboração de instrumentos de gestão arquivística, como o Plano ou o Código de Classificação e a Tabela de Temporalidade de Documentos.

Este tema foi abordado pela Banca Cespe em 2010 em provas para a ANEEL e MPU para o cargo de Analista – Arquivologia da seguinte forma: ***A preparação de instrumentos de gestão arquivística, como o Plano de Classificação e a Tabela de Temporalidade, é um dos objetivos do diagnóstico da situação arquivística do tipo minimalista. Gabarito – CERTO.***

Podemos concluir que o diagnóstico seria uma forma de encontrar falhas e problemas no processo de arquivamento que possam dificultar ou impedir o eficiente funcionamento do arquivo e propor soluções viáveis para o equacionamento dos problemas.

Gestão de documentos correntes

O estabelecimento de normas para o tratamento de documentos em fase corrente permite aproveitar ao máximo a informação disponível e necessária à tomada de decisões, bem como os recursos humanos e materiais existentes. Essas normas visam aumentar a eficácia administrativa, facilitar a recuperação mais rápida dos documentos e/ou informações neles contidas e racionalizar sua guarda e conservação.

O documento corrente é aquele necessário ao desenvolvimento das atividades de rotina de uma instituição e, por consequência, os procedimentos realizados para a sua classificação, registro, autuação e controle da tramitação, expedição, e arquivamento têm por objetivo facilitar o acesso às informações neles contidas. Esse conjunto de operações técnicas caracteriza os serviços de gestão dos documentos correntes. Nas administrações pública e privada, as unidades responsáveis por tais serviços são intituladas protocolo e arquivo, arquivo e comunicações administrativas, serviço de comunicações etc.

Gestão de documentos intermediários

Encerrado o período de arquivamento na fase corrente, alguns documentos podem ser eliminados imediatamente, desde que assim definidos na Tabela de Temporalidade da instituição. Mas uma parte relativamente importante destes deverá ser conservada por um período mais longo em função de razões legais ou administrativas. Nesse caso, não se justifica a sua guarda junto aos organismos que os produziram, pois esses documentos ocupariam um espaço em locais onde o metro quadrado é extremamente caro. Os depósitos de armazenagem temporária constituem uma alternativa cujo objetivo principal é minimizar o custo público da guarda de documentos intermediários, racionalizando espaço físico, equipamentos e recuperação da informação.

Responsáveis pela guarda física dos documentos de uso pouco frequente, os arquivos intermediários:

> Atendem às consultas feitas pelos órgãos depositantes.

> Coordenam as transferências de novos documentos aos seus depósitos.

> Procedem à aplicação de tabelas de temporalidade por meio de seleção de documentos para eliminação ou recolhimento.

> Coordenam o recolhimento de documentos permanentes para o arquivo de terceira idade.

Os documentos só devem ser aceitos para guarda intermediária quando for conhecido o seu conteúdo, o prazo de guarda e a data de eliminação ou recolhimento.

A unidade administrativa que transfere os documentos ao arquivo intermediário conserva seus direitos sobre eles, podendo consultá-los ou tomá-los por empréstimo. O atendimento às consultas e empréstimos deve ser rápido e preciso. A consulta por parte de terceiros só é permitida com a autorização da unidade administrativa que transferiu os documentos.

Geralmente, os depósitos de arquivamento intermediário estão localizados fora dos centros urbanos (terrenos mais baratos), mas em locais de acesso fácil e rápido.

A construção e os equipamentos são simples, mas devem permitir a conservação adequada do acervo documental contra elementos que possam danificá-los, como incêndios, inundações, poluição atmosférica, excesso de umidade e de luz solar.

Gestão de documentos permanentes

Sua administração é bem mais complexa que os arquivos Correntes e Intermediários e suas atividades principais são:

01. Arranjo:

    Reunião e ordenação dos documentos em fundos, as atividades desenvolvidas no arranjo são intelectuais – análise dos documentos quanto à sua forma, origem funcional e conteúdo – e físicas – colocação dos papéis nas estantes ou caixas, seu empacotamento, etc.

02. Descrição e Publicação:

    Acesso aos documentos para consulta e divulgação do acervo; O processo da descrição consiste na elaboração de instrumentos de pesquisa que possibilitem identificar, rastrear, localizar dados, seja pela via sumária, seja pela analítica.

03. Conservação:

    Medidas de proteção para evitar a destruição do acervo documental.

04. Referência

    Estabelece as políticas de acesso e uso dos documentos.

Marilena Leite Paes, *há considerável diferença entre o arranjo do arquivo corrente e o do arquivo permanente. (...). No arquivo corrente a documentação é recente e provém de setores próximos, que a utilizam com frequência. No arquivo permanente os documentos, procedentes dos arquivos correntes, já vem ordenados, (...), o arquivista se ocupa da ordenação de todos os documentos sob sua guarda e que provêm de múltiplos órgãos. (...). Quanto aos arquivos intermediários, não existem métodos ou princípios específicos de arranjo (...).*

As políticas de acesso a documentos de arquivo estão ligadas às condições específicas de cada entidade arquivística e estão inseridas no contexto das políticas públicas arquivísticas e nas políticas públicas de informação.

As políticas públicas arquivísticas, com o objetivo de preservar a informação arquivística, tanto de natureza pública quanto privada, constituem conjuntos de premissas, decisões e ações produzidas pelo Estado em nome do interesse social e contemplam diversos aspectos relativos a produção e uso dos documentos. A obra Princípios de Acesso aos Arquivos, publicada pelo Conselho Internacional de Arquivos oferece aos arquivistas uma base de referência internacional para avaliação das práticas e políticas de acesso existentes e um quadro para uso quando do desenvolvimento ou modificação de regras de acesso.

Fonte: http://www.conarq.arquivonacional.gov.br.

A Lei de Acesso à Informação nº 12.527, de 18 de novembro de 2011:

Art. 1º: Esta Lei dispõe sobre os procedimentos a serem observados pela União, Estados, Distrito Federal e Municípios, com o fim de garantir o acesso a informações previsto no inciso XXXIII do Art. 5º, no inciso II do § 3º do Art. 37 e no § 2º do Art. 216 da Constituição Federal.

***Parágrafo único.** Subordinam-se ao regime desta Lei:*

***I.** os órgãos públicos integrantes da administração direta dos Poderes Executivo, Legislativo, incluindo as Cortes de Contas, e Judiciário e do Ministério Público;*

***II.** as autarquias, as fundações públicas, as empresas públicas, as sociedades de economia mista e demais entidades controladas direta ou indiretamente pela União, Estados, Distrito Federal e Municípios.*

O Decreto nº 4.073, de 3 de janeiro de 2002 em seu Art. 10: ***O SINAR tem por finalidade implementar a política nacional de arquivos públicos e privados, visando à gestão, à preservação e ao acesso aos documentos de arquivo.***

De acordo com Heloísa Liberalli Bellotto, ***A atividade educativa é inerente aos arquivos públicos, mas aflora circunstancialmente. (...) A aproximação estudante-documento pode ser abordada por dois ângulos: o contato direto do aluno com as fontes primárias e a possibilidade de selecionar documentos para o ensino da história, dentro dos conteúdos programáticos escolares. É preciso ressalvar que o referido contato, nos moldes de um serviço educativo em arquivo, (...), não se faz aleatoriamente. Não se configuram aqui as tradicionais visitas aos arquivos e museus, nas quais as crianças veem o documento ou a peça como objeto de curiosidade. Seu fim é muito mais amplo e profundo e, neste sentido, obviamente mais árduo.*** Não segue, portanto, o modelo tradicional de Museus.

Segundo Heloisa Liberalli Bellotto, ***(...), a função arquivística é hoje considerada um todo indivisível, ao contrário da conceituação obsoleta de tomar-se, de um lado, administração de documentos e, de outro, o arranjo e descrição de fundos como atividades estanques e desvinculadas uma da outra. (...) cabe ao arquivista desempenhar ao longo de três fases bem definidas: o controle dos arquivos em formação; a destinação; a custódia definitiva.***

Tipos básicos de instrumentos de pesquisa

Segundo Heloísa Liberalli Bellotto, ***os instrumentos de pesquisa são, (...), obras de referência que identificam, resumem e localizam, em diferentes graus e amplitudes, os fundos, as séries documentais e/ou as unidades documentais em um arquivo permanente. (...). Há instrumentos de pesquisa genéricos e globalizantes, como os guias, há os parciais, que são detalhados e específicos, tratando de parcelas do acervo, como os inventários, catálogos, catálogos seletivos e índices, e há também a publicação de documentos na íntegra, a chamada "edição de fontes". (...). Quanto aos instrumentos por definição, aqueles destinados ao público como meio de acesso ao acervo, eles devem constituir uma espécie de família hierárquica, na qual o guia ocupa o vértice.***

01. Guia

Obra destinada à orientação dos usuários no conhecimento e na utilização dos fundos que integram o acervo de um arquivo permanente. Guia é o instrumento de pesquisa que oferece informações gerais sobre fundos e coleções existentes em um ou mais arquivos. É o instrumento de pesquisa mais genérico, pois se propõe a informar sobre a totalidade dos fundos existentes no arquivo.

O guia, principal instrumento de pesquisa, permite uma visão ampla do acervo, disponibiliza dados institucionais do arquivo e informações sobre a documentação. De acordo com o Dicionário Brasileiro de Terminologia Arquivística, guia é o instrumento de pesquisa que oferece informações gerais sobre fundos e coleções existentes em um ou mais arquivos. Guia é o instrumento mais popular, pois é encontrado em praticamente todas as instituições arquivísticas por ser o instrumento mais genérico. Permite uma visão panorâmica do acervo, com informações sobre o histórico, a natureza, a estrutura, o período e a quantidade de cada fundo integrante do acervo total do arquivo.

02. Inventário

Inventário é o Instrumento de pesquisa que descreve, sumária ou analiticamente, as unidades de arquivamento de um fundo ou parte dele, cuja apresentação obedece a uma ordenação lógica que poderá refletir ou não a disposição física dos documentos.

O documento que descreve conjuntos ou unidades documentais na ordem em que foram arranjados é denominado inventário e este é um instrumento de pesquisa muito utilizado em todos os arquivos públicos, pois descreve os conjuntos documentais de maneira sumária, facilitando a consulta e o acesso aos documentos.

Administração de Arquivo é a direção, supervisão e coordenação das atividades administrativas e técnicas de uma instituição ou órgão arquivístico. Também chamada de gestão de arquivos.

O inventário pode ser:

a) Sumário:

As unidades de arquivamento de um fundo ou de uma de suas divisões são identificadas e descritas sucintamente. Inventário Sumário é o instrumento de pesquisa no qual as unidades de arquivamento de um fundo ou de uma de suas divisões são identificadas e brevemente descritas.

b) Analítico:

As unidades de arquivamento de um fundo ou de uma de suas divisões são identificadas detalhadamente.

03. Catálogo

Instrumento de pesquisa elaborado segundo um critério temático, cronológico, onomástico ou geográfico, incluindo todos os documentos, pertencentes a um ou mais fundos, são descritos de forma sumária ou pormenorizada.

O catálogo, instrumento de pesquisa recomendado para uso em fundos pessoais ou em fundos fechados, descreve cada peça documental do acervo de maneira analítica, descrevendo documento a documento. Segundo o Dicionário Brasileiro de Terminologia Arquivística o catálogo é um Instrumento de pesquisa organizado segundo critérios temáticos, cronológicos, onomásticos ou toponímicos, reunindo a descrição individualizada de documentos pertencentes a um ou mais fundos, de forma sumária ou analítica.

Para Marilena Leite Paes, é "instrumento de pesquisa elaborado segundo um critério temático, cronológico, onomástico ou geográfico, incluindo todos os documentos, pertencentes a um ou a mais fundos, descritos de forma sumária ou pormenorizada. Sua finalidade é agrupar os documentos que versem sobre um mesmo assunto o que tenham sido produzidos num dado período de tempo ou que digam respeito determinada pessoa, ou a lugares específicos existentes num ou mais fundos".

Para Heloísa Liberalli Bellotto, "é o instrumento que descreve unitariamente as peças documentais de uma série ou mais séries, ou ainda de um conjunto de documentos, respeitada ou não a ordem da classificação. (...) O tratamento analítico proporcionado pelo catálogo aplica-se melhor aos fundos pessoais, aos fundos fechados de órgãos de pequena amplitude e curta duração (...).

O catálogo seletivo, antes da consolidação da terminologia, estabelecida pela publicação de Dicionários de Termos Arquivísticos, era conhecido como Repertório. Catálogo seletivo é um instrumento de pesquisa que traz uma "relação seletiva de documentos pertencentes a um ou mais fundos e no qual cada peça integrante de uma unidade de arquivamento é descrita minuciosamente. (...) O que difere, fundamentalmente, os catálogos seletivos dos inventários e catálogos é que nestes últimos – depois de escolhido o fundo, a série ou a parte dela a descrever – não há seleção, e nele sim. Anteriormente chamado de repertório, por influência da terminologia francesa, é mais conhecido hoje, no Brasil, pela mesma denominação que tem em Portugal e na Espanha: catálogo seletivo".

Fonte: Heloísa Liberalli Bellotto, Arquivos Permanentes, Tratamento documental, ed. FGV, 4ª edição 2013, página 213.

04. Repertório

Descreve pormenorizadamente documentos previamente selecionados, pertencentes a um ou mais fundos, segundo um critério temático, cronológico, onomástico ou geográfico. Pressupõe um juízo de valor que estabelece ou não a inclusão de determinados documentos.

Instrumentos de pesquisa auxiliares

01. Índice

É uma lista sistemática, pormenorizada, dos elementos do conteúdo de um documento ou grupo de documentos, disposta em determinada ordem para indicar sua localização no texto. Pelo Dicionário Brasileiro de Terminologia Arquivística temos a seguinte definição: Índice é a relação sistemática de nomes de pessoas, lugares, assuntos ou datas contidos em documentos ou em instrumentos de pesquisa, acompanhados das referências para sua localização.

02. Tabela de Equivalência ou Concordância

"É um instrumento de pesquisa auxiliar que dá a equivalência de antigas notações para as novas que tenham sido adotadas, em decorrência de alterações no sistema de arranjo".

Fonte: Marilena Leite Paes em Arquivo: Teoria e Prática. 3ª ed. Rio de Janeiro: FGV, 2012, Página 139.

Para o estudo dos documentos arquivísticos, algumas disciplinas auxiliares são importantes, entre elas podemos destacar:

Antroponímia – estuda os nomes próprios das pessoas.

Diplomática – tem por objeto o estudo da estrutura formal e da autenticidade dos documentos. A Diplomática ocupa-se da estrutura formal dos atos escritos de origem governamental e/ou notarial. Trata, portanto, dos documentos que, emanados, das autoridades supremas, delegadas ou legitimadoras (como é o caso dos notários), são submetidos, para efeito de validade, à sistematização imposta pelo direito. Por isso mesmo, esses documentos tornavam-se eivados de fé pública, que lhes garante a legitimidade de disposição e a obrigatoriedade de imposição e utilização no meio sóciopolítico regido por aquele mesmo direito.

Genealogia – estuda a origem, a ascendência e a descendência dos indivíduos e as relações entre as famílias.

Heráldica – estuda os brasões e emblemas.

Numismática – estuda as moedas e medalhas.

Paleografia – estuda a escrita antiga, suas formas e variações no tempo.

Sigilografia – estuda os selos, sinetes e carimbos, chamada de esfragística.

Toponímia – estuda os nomes dos lugares.

03. Edição de fontes

De acordo com Heloísa Liberalli Bellotto, "(...) compreende a publicação de um instrumento de pesquisa no qual os documentos não recebem resumos indicativos e/ou informativos, (...) figurando o texto integral. A forma ideal é a que prevê não só o texto, mas também estudos introdutórios e fontes paralelas. (...) Um arquivo público faz imprimir documentos na íntegra com a finalidade de preservá-los, poupando os originais do manuseio, ou com a finalidade de facilitar o acesso ao texto completo, possibilitando a pesquisa "a distância". Entretanto, essa prática, se sistemática e cotidiana, demandaria uma enormidade de recursos humanos e financeiros com que os arquivos, em geral, não podem contar".

Protocolo

Conjunto de operações e procedimentos visando ao controle dos documentos que ainda tramitam no órgão, de modo a assegurar e garantir a imediata localização e recuperação do documento, garantindo assim o acesso à informação. É uma atividade típica de arquivo corrente. Este setor é típico da fase corrente, pois é nessa fase que os documentos possuem grande tramitação.

O Protocolo realiza as seguintes Atividades/Operações:

- Recebimento.
- Registro.
- Autuação.
- Classificação.
- Expedição/Distribuição.
- Controle/Movimentação.

Atividades e operações do protocolo

As atividades de protocolo podem ser enumeradas da seguinte forma: Recebimento; Registro; Classificação; Autuação; Expedição/Distribuição; Controle/Movimentação.

O Registro e Movimentação funcionam como um centro de distribuição e redistribuição de documentos. Suas atribuições podem ser descritas em 6 passos e rotinas, a saber:

01. Preparar a ficha de protocolo;
02. Anexar a segunda via da ficha ao documento, encaminhando-o ao seu destino;

03. Inscrever os dados constantes da ficha de protocolo nas fichas de procedência e assunto;
04. Arquivar as fichas de protocolo, em ordem numérica;
05. Receber dos vários setores os documentos a serem redistribuídos;
06. Encaminhar os documentos aos respectivos destinos, de acordo com despacho de autoridade competente.

Marilena Leite Paes, Arquivo: Teoria e Prática, ed. FGV, 3ª edição, 2012, Página 56.

Recebimento

Ato de receber os documentos produzidos pela instituição ou aqueles produzidos por outras instituições que para lá foram encaminhados.

Devemos observar o Fluxograma do documento a partir da sua Produção ou Recebimento:

> Recebimento da correspondência chegada à instituição geralmente pelo malote e separação da correspondência oficial da particular.

> Distribuição da correspondência particular e encaminhamento da correspondência sigilosa aos seus destinatários.

> Separação da correspondência oficial de caráter ostensivo das de caráter sigiloso.

> Abertura da correspondência ostensiva.

> Interpretação da correspondência e sua classificação de acordo com o código adotado pela empresa e definido pelo arquivista.

> Carimbo do documento no canto superior direito.

> Elaboração do resumo do assunto tratado no documento.

> Encaminhamento dos papéis ao setor responsável pelo registro e movimentação.

"A correspondência pode ser ainda oficial ou particular. Oficial é a aquela que trata de assunto de serviço ou de interesse específico das atividades de uma instituição. Particular é a de interesse pessoal de servidores de uma instituição. Quando a correspondência é encaminhada, em geral fechada, a uma instituição, há que se identificá-la por suas características externas, para que, se oficial, possa ser aberta, devidamente registrada e remetida ao destino correto. É importante observar que a correspondência oficial, mesmo quando enquadrada em qualquer dos itens descritos, não deverá ser aberta quando o envelope contiver as indicações de confidencial, reservado, particular ou equivalente". Marilena Leite Paes, Arquivo: Teoria e Prática, 3º edição, pág. 31 a 33, 2013. Ressalva: trata-se de reimpressão, portanto, lembre-se de que após a Lei nº 12.527/2011 e o Decreto nº 7.724/2012 que regulamenta a lei, a classificação "confidencial" não existe mais.

Registro

Procedimento no qual o protocolo cadastra os dados básicos do documento, em um sistema de controle (manual ou informatizado), no qual posteriormente esses dados possam ser utilizados para localização do documento.

Autuação

Atividade de Transformação de documentos em Processos:

> **Processo:** é a reunião de dois ou mais documentos. Sem isso, eles perderiam o seu valor administrativo ou probatório. Possuem um caráter detalhado e são protocolados e autuados pelos órgãos produtores ou receptores.

> **Formação de Processo:** caracteriza a abertura do processo. Assim, nessa fase deverão ser observados os documentos que necessitam de análises, informações e decisões de vários setores da organização.

> **Juntada:** é a união de um documento ao restante do processo ou de um processo a outro. Realiza-se por apensação ou anexação.

» **Por anexação**: é uma união definitiva e irreversível de processos de um mesmo interessado desde que tenham o mesmo assunto.

» **Por apensação**: é uma união provisória de um processo a outro mais antigo, visando à uniformidade, a dar um tratamento semelhante, com o mesmo interessado ou não.

De modo inverso, a desapensação é a separação física de um documento unido temporariamente a um processo.

Procedimentos adotados para a Autuação:

> Inserção de capa específica.

> Numeração das páginas.

> Atribuição de número de identificação do processo.

Durante a sua Tramitação Interna, o processo pode exigir a adoção de alguns Procedimentos Administrativos:

> **Despacho:** é a decisão da autoridade administrativa, pode ser favorável (deferido) ou desfavorável (indeferido).

> **Diligência:** é quando um processo é devolvido ao órgão para que sane as formalidades que foram descumpridas.

Outras definições relacionadas ao Processo:

> **Folha de Processo:** são duas faces de uma mesma página.

> **Peça do processo:** são documentos que fazem parte do processo. Exemplos: fita de vídeo, nota fiscal, contratos etc.

> **Desentranhamento de peças:** é a retirada de alguma peça do processo, isso ocorre devido à necessidade da administração ou do interessado.

> **Desmembramento:** é a retirada de uma parte do processo para formar um novo processo. Isso só pode ocorrer com autorização do órgão autorizado.

Classificação

Uma vez recebido no protocolo, o documento será analisado para identificar o assunto e classificado de acordo com o código de classificação de documentos.

A classificação consiste na rotina de "interpretação" de documentos, que se dispõe conforme a função de criação do documento. O seu objetivo é, basicamente, dar visibilidade às funções e às atividades do organismo produtor do documento de arquivo, deixando claras as ligações entre os documentos.

O Código de Classificação é um instrumento utilizado nos órgãos federais para agrupar os documentos de arquivo em classes e subclasses, segundo as funções e atividades desempenhadas pelo órgão. Também são identificados espécies e tipos documentais, que são chamados de assuntos e recebem códigos numéricos. Tal Código de Classificação é derivado de um plano de classificação, cujo objetivo é o tornar a informação disponível no mais breve espaço de tempo possível quando solicitada pelos gestores. Por classificação entende-se a organização dos documentos de um arquivo ou coleção, de acordo com um plano de classificação, código de classificação ou quadro de arranjo.

Pode ser, ainda, a análise e identificação do conteúdo de documentos, seleção da categoria de assunto sob a qual sejam recuperados, podendo-se lhes atribuir códigos. Classificação é também a atribuição a documentos, ou informações neles contidas, de graus de sigilo, conforme legislação específica. Também chamada de classificação de segurança. A classificação, ainda, pode ser chamada de arranjo.

Procedimentos de Classificação

Inicialmente, analisam-se os documentos produzidos por determinada instituição para a posterior criação de categorias e classes genéricas que correspondam às funções e atividades desenvolvidas pela instituição. A classificação considera a forma e os motivos que determinaram a existência do documento (como e por que foram produzidos), sendo condição precípua para a sua compreensão plena, tanto para quem organiza como para quem consulta. Esse procedimento é conhecido como elaboração do "plano de classificação" do arquivo na fase corrente.

Para os documentos recebidos – de origem externa à instituição: a abertura daqueles que estiverem em envelopes fechados deverá ser procedida no setor de Protocolo, com exceção dos documentos particulares e sigilosos. Já os documentos ostensivos (natureza do assunto) deverão ser abertos, analisados, classificados e registrados, antes de serem encaminhados aos seus destinatários.

Rotinas do Recebimento e Classificação

01. receber a correspondência;
02. separar a correspondência oficial da particular;
03. distribuir a correspondência particular;
04. separar a correspondência oficial de caráter ostensivo daquelas que são sigilosas;
05. encaminhar a correspondência sigilosa ao seu destinatário;
06. abrir a correspondência ostensiva;
07. ler a correspondência ostensiva e verificar a existência de antecedentes;
08. solicitar os antecedentes ao Arquivo;
09. interpretar e classificar a correspondência;
10. colocar carimbo de protocolo – numerador no canto superior direito;
11. anotar abaixo do número e da data a primeira distribuição e o código de assunto, se houver;
12. fazer um resumo do assunto para a ficha de protocolo;
13. encaminhar ao Setor de Registro e Movimentação.

Expedição/Distribuição

É o envio dos documentos para os seus respectivos destinatários, sendo que, na **expedição**, esse destinatário encontra-se no âmbito **externo** ao órgão, enquanto na **distribuição,** a remessa de documentos ocorre **dentro** do próprio órgão.

Controle de movimentação/tramitação

Atividade que consiste em identificar os setores pelos quais passam os documentos, para recuperá-los com agilidade, quando necessário, auxiliando o Gestor na tomada de decisão, bem como identificar possíveis atrasos na tramitação. É realizado por sistemas informatizados ou manuais (livro, ficha de protocolo).

Outros termos relacionados ao Setor de Protocolo:

> **Protocolo central:** é uma unidade ou órgão que centraliza as atividades de protocolo.

> **Protocolo setorial:** descentraliza as atividades do protocolo central, pois é instalado em cada unidade visando a dar suporte às atividades de recebimento e expedição de documentos.

Questões

Os exercícios a seguir são referentes ao conteúdo: Gestão da Informação e de Documentos.

01. (IADES) Em função do caráter integrado de algumas atividades de arquivo, julgou-se oportuno dividir em cinco setores distintos as atividades dos arquivos correntes: protocolo; expedição; arquivamento; empréstimo e consulta; e, destinação. A esse respeito, o arquivamento preconiza um método que pode ser dividido em duas classes: básicos e padronizados. Considerando essa informação, assinale a alternativa que apresenta um método de arquivamento pertencente à classe padronizada.

a) Alfabético.
b) Geográfico.
c) Automático.
d) Ideográfico.
e) Numérico.

02. (IADES) Considerando as técnicas de arquivamento, assinale a alternativa correta.

a) A organização de arquivos é composta por várias etapas de trabalho, tais como levantamento de dados, análise de dados coletados, planejamento, implementação e acompanhamento.
b) As atividades de protocolo, expedição e arquivo corrente são distintas e, por isso, é fundamental que funcionem de forma apartada e não integrada.
c) Os arquivos correntes são aqueles compostos por documentos que não mais são usados com frequência, mas que ainda podem ser requisitados por algum departamento da empresa.
d) Os arquivos gerais são aqueles estabelecidos junto aos órgãos operacionais e são considerados arquivos correntes.
e) Não constitui, como finalidade do arquivo, servir como base de conhecimento da história.

03. (FCC) Considere o quadro abaixo.

A	B	C
0 Administração Geral	000 Administração Geral	0100 Administração Geral
1 Pesquisa	100 Pesquisa	1000 Pesquisa
2 Cursos	200 Cursos	2000 Cursos
2-1 Graduação	210 Graduação	2000-0 Política
2-2 Especialização	220 Especialização	2000-1 Generalidades
2-3 Pós-Graduação	230 Pós-Graduação	2000-2 Graduação
2-3-1 Mestrado	231 Mestrado	2000-3 Especialização
2-3-2 Doutorado	232 Doutorado	2000-4 Pós-Graduação
		2000-4-01 Mestrado
		2000-4-02 Doutorado

As colunas A, B e C exemplificam, respectivamente, a aplicação dos métodos de codificação

a) numérico simples, bloco numérico e decimal.
b) dígito-terminal, unitermo e alfanumérico.
c) duplex, decimal e bloco numérico.
d) decimal, dígito-terminal e duplex.
e) bloco numérico, duplex e unitermo.

04. (FCC) Não é o assunto do documento, mas a sua destinação, o que deve determinar o lugar que lhe cabe ocupar no arquivo.

Em tal recomendação, extraída do célebre Manual de arranjo e descrição de arquivos, publicado pela Associação dos Arquivistas Holandeses em 1898, pode-se substituir o termo destinação por:

a) estrutura interna.
b) funcionalidade.
c) organicidade.
d) configuração física.
e) temporalidade.

05. (CESGRANRIO) A utilização do método dígito terminal é recomendada para grande volume de documentos, sendo que o elemento principal a ser considerado é o número. Assim, para localizar a pasta 162.035, o arquivista deve verificar, em primeiro lugar, onde se encontram as pastas terminadas em

a) 35
b) 16
c) 20
d) 03
e) 62

06. (CESGRANRIO) Observe a Tabela a seguir.

Assunto	A	B
Cursos	2	200
Formação	2-1	210
Especialização	2-2	220
Pós-Graduação	2-3	230
Mestrado	2-3-1	231

Os números da coluna B correspondem à utilização do método

a) duplex
b) varlades
c) decimal
d) binário
e) unitermo

07. (CESGRANRIO) De acordo com as regras de alfabetação, os nomes 1 – Alba Santo Cristo, 2 – Luiz Castelo Branco, 3 – Carlos Almeida Filho, 4 – Mao Tse Tung, 5 – Eduardo Fernandes são organizados da seguinte forma:

a) 1,2,5,2,4
b) 2,1,5,3,4
c) 1,2,3,4,5
d) 5,4,3,2,1
e) 3,2,5,4,1

08. (CESGRANRIO) Para trabalhar com a organização de arquivos convencionais, é necessário determinar o melhor método de arquivamento e definir se o sistema será direto ou indireto.

Se for definido o sistema direto, o melhor método de organização será o

a) numérico
b) decimal
c) duplex
d) alfabético
e) dígito terminal

09. (CESGRANRIO) Observe o esquema abaixo:

1 Orçamento
1.1 Rio de Janeiro
1.2 São Paulo
2 Recrutamento
3 Folha de Pagamento
3.1 mar. a jun. de 2012
3.2 jul. a ago. de 2012

O item 1.1 Rio de Janeiro corresponde a um arranjo secundário que utiliza o método

a) enciclopédico
b) geográfico
c) dicionário
d) unitermo
e) automático

10. (IADES) Os métodos de arquivamento se caracterizam por uma sequência de operações para determinar como dispor os documentos. A respeito desses métodos, é correto afirmar que o método.

a) alfabético se caracteriza por ser indireto. É necessário consultar um índice de assuntos antes de se fazer a ordenação do arquivo.
b) alfabético pode ser subdividido em simples, quando a ordenação é baseada em números atribuídos à unidade responsável pelo arquivo.
c) ideográfico é o que considera o assunto presente no documento. Pode ser enciclopédico, dicionário, duplex, de classificação decimal ou, ainda, indexação coordenada.
d) rôneo se caracteriza pelo uso do som das palavras, ordenando os documentos de acordo com os sons próximos e semelhantes.
e) numérico digito-terminal é aquele onde além da ordem numérica deve ser considerado também a data de produção do documento para ordenação.

11. (IADES) Os métodos de arquivamento constituem um tema recorrente na arquivologia e podem ser divididos em duas classes principais: básicos e padronizados. Assinale a alternativa que apresenta o modelo criado pela Remington Rand, que introduziu cores como elementos auxiliares para facilitar não só o arquivamento, como também a localização de documentos.

a) Variadex.
b) Automático.
c) Soundex.
d) Mnemônico.
e) Rôneo.

12. (FGV) Leia o fragmento a seguir.

Os sistemas de acesso aos documentos de arquivo podem ser diretos e ______, e se subdividem em métodos ______ e ______, estes com suas respectivas subdivisões.

Assinale a opção que completa corretamente as lacunas do fragmento acima.

a) indiretos – básicos – padronizados
b) padronizados – diretos – indiretos
c) indiretos – alfabéticos – numéricos
d) numéricos – diretos – indiretos
e) padronizados – alfabéticos – numéricos

13. (FCC) Considere o quadro abaixo.

A	B	C
0 Administração Geral	000 Administração Geral	0100 Administração Geral
1 Pesquisa	100 Pesquisa	1000 Pesquisa
2 Cursos	200 Cursos	2000 Cursos
2-1 Graduação	210 Graduação	2000-0 Política
2-2 Especialização	220 Especialização	2000-1 Generalidades
2-3 Pós-Graduação	230 Pós-Graduação	2000-2 Graduação
2-3-1 Mestrado	231 Mestrado	2000-3 Especialização
2-3-2 Doutorado	232 Doutorado	2000-4 Pós-Graduação
		2000-4-01 Mestrado
		2000-4-02 Doutorado

As colunas A, B e C exemplificam, respectivamente, a aplicação dos métodos de codificação

a) numérico simples, bloco numérico e decimal.
b) dígito-terminal, unitermo e alfanumérico.
c) duplex, decimal e bloco numérico.
d) decimal, dígito-terminal e duplex.
e) bloco numérico, duplex e unitermo.

14. (CEFET-MG) As duas formas de arranjo de documentos, conceituadas no Dicionário Brasileiro de Terminologia Arquivística (2005), publicado pelo Arquivo Nacional são

a) estrutural e temático.
b) estrutural e funcional.
c) cronológico e funcional.
d) alfanumérico e ideográfico.
e) alfanumérico e cronológico.

15. (CESGRANRIO) O armazenamento dos documentos permanentes dos órgãos públicos, como é o caso do BNDES, é um desafio, pois necessita, muitas vezes, de amplo espaço físico que, em grandes cidades, é muito difícil ser administrado. Apesar das dificuldades, esses órgãos são impedidos, por força da legislação, de recorrer à contratação de determinadas empresas para armazenar essa massa documental.

As empresas impedidas de armazenar esses documentos são

a) públicas.
b) governamentais.
c) estatais.
d) terceirizadas.
e) municipais.

16. (CESGRANRIO) Uma empresa deseja instituir um serviço encarregado do recebimento, registro, classificação, distribuição, controle da tramitação e expedição de documentos.

Com base na terminologia da Arquivologia, essa atividade é denominada

a) secretaria
b) protocolo
c) arquivo permanente
d) arquivo intermediário
e) centro de documentação

17. (FGV) Sobre as atividades de protocolo, analise as afirmativas a seguir.

I. É um conjunto de operações visando ao controle dos documentos que tramitam no órgão.
II. Assegura a imediata localização e a recuperação dos documentos.
III. Classifica, registra e avalia os documentos.

Assinale:

a) se somente a afirmativa I estiver correta.
b) se somente a afirmativa II estiver correta.
c) se somente as afirmativas I e II estiverem corretas.
d) se somente as afirmativas I e III estiverem corretas.
e) se todas as afirmativas estiverem corretas.

18. (CESGRANRIO) O conjunto de operações intelectuais e físicas, necessárias à organização dos documentos de um fundo de arquivo específico, corresponde ao conceito arquivístico de

a) seleção
b) avaliação
c) arranjo
d) identificação
e) descrição

19. (CESGRANRIO) Uma empresa precisa estabelecer alguns princípios para arquivamento de seus documentos, já que o arquivo deve funcionar como o guardião das informações ali existentes.

Os três elementos básicos que envolvem o arquivamento de documentos são:

a) registro, emissor e receptor
b) documento, local e mídia
c) biblioteca, arquivo e fichas
d) informação, suporte e documento
e) armazenamento, quantidade e volume

20. (CEFET-MG) De acordo com o Dicionário Brasileiro de Terminologia Arquivística (2005), associe os instrumentos de pesquisa às suas respectivas funções/finalidades.

INSTRUMENTOS DE PESQUISA

1 - Catálogo
2 - Catálogo seletivo
3 - Guia
4 - Índice
5 - Inventário
6 - Inventário analítico
7 - Listagem descritiva do acervo
8- Repertório

FUNÇÕES/FINALIDADES

( ) descreve pormenorizadamente documentos pertencentes a um ou mais fundos e/ou coleções, selecionados segundo critérios previamente definidos.

( ) organiza-se segundo critérios temáticos, cronológicos, onomásticos ou toponímicos, reunindo a descrição individualizada de documentos pertencentes a um ou mais fundos, de forma sumária ou analítica.

( ) descreve, sumária ou analiticamente, as unidades de arquivamento de um fundo ou parte dele, cuja apresentação obedece a uma ordenação lógica que poderá refletir ou não a disposição física dos documentos.

( ) controla a entrada de documentos em arquivos intermediários e em arquivos permanentes.

( ) relaciona sistematicamente os nomes de pessoas, lugares, assuntos ou datas contidos em documentos ou em instrumentos de pesquisa, acompanhados das referências para sua localização.

A sequência correta encontrada é

a) 2, 8, 6, 5, 3.
b) 3, 1, 2, 5, 4.
c) 4, 2, 6, 7, 3.
d) 6, 2, 5, 4, 3.
e) 8, 1, 5, 7, 4.

21. (ESAF) Sobre a gestão de documentos, assinale a opção correta.

a) Tem como objetivo o tratamento dos documentos permanentes.
b) É um conceito que nasceu no mesmo contexto do princípio de respeito aos fundos.
c) Não é um conceito reconhecido pela legislação arquivística brasileira.
d) É um conceito restrito aos documentos de valor informativo.
e) Tem como finalidade o tratamento dos documentos desde a sua criação até a destinação final.

22. (ESAF) Quando o protocolo envia para o setor destinatário o documento recebido, ele está executando a atividade

a) tramitação.
b) distribuição.
c) arquivamento.
d) registro.

Gabaritos

01	C	12	A
02	A	13	C
03	C	14	B
04	B	15	D
05	A	16	B
06	C	17	C
07	E	18	C
08	D	19	D
09	B	20	E
10	C	21	E
11	A	22	C

3. TIPOLOGIAS DOCUMENTAIS E SUPORTES FÍSICOS

3.1 Introdução

O arquivo pode ser formado por documentos de qualquer gênero (a configuração que assume um documento, dependendo do sistema de signos utilizados na comunicação de seu conteúdo). Ou seja, o documento pode ser textual, iconográfico, sonoro, audiovisual, informático etc.

O arquivo também é composto de documentos que podem ser confeccionados por diversos tipos de materiais, sobre os quais as informações são registradas (suporte).

São exemplos disso: papel, filme, disco ótico, disco magnético etc. Para que você não confunda os gêneros de documentos, vamos recordar os mais importantes:

> Escritos ou textuais: textos manuscritos, datilografados ou impressos.

> Cartográficos: representações geográficas, arquitetônicas ou de engenharia (mapas, plantas, perfis etc.).

> Iconográficos: suporte sintético, em papel emulsionado, como fotografias, diapositivos, desenhos etc.

> Filmográficos: películas cinematográficas e fitas magnéticas de imagens, com ou sem sonorização, contendo imagens em movimento.

> Sonoros: registros fonográficos (discos e fitas magnéticas).

> Micrográficos: documentos resultantes de microrreprodução de imagens (microfilme, microficha, rolo etc.).

> Informáticos: tratados e armazenados em sistemas computacionais (disquete, CD-ROM, DVD-ROM, HD etc.).

3.2 Mudança de Suporte

Muitas vezes, dentro do ciclo de vida de um documento, o suporte pode ser alterado devido a questões funcionais, administrativas ou legais. Nesse sentido, a microfilmagem é um processo bastante utilizado e oferece como resultado a economicidade de espaço e a garantia da preservação de originais passíveis de destruição.

É necessário observar que a adoção de recursos tecnológicos para alteração do suporte da informação requer a observância de determinados critérios:

> Questões legais concernentes à alteração do suporte, observando-se as garantias jurídicas, a normalização dos procedimentos, as especificações e os padrões de qualidade estabelecidos pela legislação brasileira e por organismos internacionais.

> Capacidade de recuperação das informações antes e depois de processar a alteração do suporte.

> Custo da operação.

> Definição da melhor técnica, de forma a assegurar a qualidade da reprodução, a durabilidade do novo suporte e o acesso à informação.

> Existência de depósitos e equipamentos de segurança que venham a garantir a preservação do novo suporte.

Organizados e avaliados os documentos, deve-se proceder ao estudo da viabilidade econômica, de acordo com a disponibilidade de pessoal, espaço e recursos financeiros do órgão, além do cálculo dos equipamentos, materiais e acessórios necessários.

Deve-se, ainda, verificar as instalações dos arquivos de segurança, bem como as condições de tratamento técnico, armazenamento e acesso às informações.

Somente a partir desses procedimentos, recomenda-se propor as eventuais alterações de suporte documental.

Microfilmagem

A microfilmagem é um processo realizado mediante captação da imagem por meio fotográfico ou eletrônico. É uma técnica utilizada para alterar o suporte em que a informação está contida e atualizar os arquivos. Assim, a microfilmagem cria uma cópia do documento original em gênero micrográfico (microfilme ou microficha).

Tem como objetivos:

> Reduzir o tamanho do acervo, propiciando otimização de espaço e economicidade para a instituição.

> Prolongar a vida útil dos documentos originais, uma vez que, a partir da microfilmagem — via de regra —, o documento estará disponível para consulta apenas através do rolo de microfilme, preservando-se, dessa forma, o original.

Podemos resumir as vantagens do microfilme nos seguintes pontos:

> Economia de espaço.

> Acesso fácil e rápido.

> Segurança e garantia da confidencialidade das informações.

É regulamentada pela Lei no 5.433/68 e regulamentada pelo Decreto no 1.799/96. A microfilmagem pode ser utilizada com o objetivo de preservar os documentos originais de manuseio. Deve-se também considerar os custos dos equipamentos e filmes, bem como os recursos humanos necessários ao preparo da documentação para tal procedimento. O especialista responsável pelo processo de microfilmagem deverá proceder um estudo sobre a viabilidade econômica de acordo com a disponibilidade financeira da instituição. Decreto nº 1.799, de 30 de janeiro de 1996:

> ***Art. 3º:*** *Entende-se por microfilme, para fins deste Decreto, o resultado do processo de reprodução em filme, de documentos, dados e imagens, por meios fotográficos ou eletrônicos, em diferentes graus de redução.*

Microfilmagem pode ser:

01. **Eletrônica**

Captura de documentos por meio da digitalização.

02. **Convencional**

Captação das imagens de documentos por processo fotográfico.

As finalidades da microfilmagem são:

01. **Substituição**

Ocorre nos arquivos corrente e intermediário quando da necessidade de substituir os originais pelo fato destes poderem ser eliminados.

02. **Preservação**

Com objetivo de preservar os originais garantindo sua segurança, ocorre nos arquivos permanentes.

A legislação que autoriza e regulamenta a microfilmagem de documentos no Brasil é a Lei no 5.433, de 8 de maio de 1968 :

> ***Art. 1º; § 4º*** *- Os filmes negativos resultantes de microfilmagem ficarão arquivados na repartição detentora do arquivo, vedada sua saída sob qualquer pretexto.*

A microfilmagem, para fins de regulamentação, é definida como o processo de reprodução fiel de documentos e dados em filme por meios fotográficos ou eletrônicos.

De acordo com a Lei nº 5.433, de 8 de maio de 1968:

> ***Art. 1º.*** *É autorizada, em todo o território nacional, a microfilmagem de documentos particulares e oficiais arquivados, estes de órgãos federais, estaduais e municipais"; em seu Artigo 4º - "É dispensável o reconhecimento da firma da autoridade que autenticar os documentos oficiais arquivados, para efeito de microfilmagem e os traslados e certidões originais de microfilmes.*
>
> ***§ 7º.*** *Quando houver conveniência, ou por medida de segurança, poderão excepcionalmente ser microfilmados documentos ainda não arquivados, desde que autorizados por autoridade competente.*

Pelo Decreto nº 1.799, de 30 de janeiro de 1996 em seu Art. 6° - Na microfilmagem poderá ser utilizado qualquer grau de redução, garantida a legibilidade e a qualidade de reprodução". Quando o documento é maior que o campo fotográfico do equipamento, a microfilmagem é feita em etapas, sendo obrigatório repetir uma parte da imagem anterior na imagem subsequente, isto é o que estabelece o Decreto nº 1.799, de 30 de janeiro de 1996:

> ***Art. 6º;*** *Parágrafo único – Quando se tratar de original cujo tamanho ultrapasse a dimensão máxima do campo fotográfico do equipamento em uso, a microfilmagem poderá ser feita por etapas, sendo obrigatória a repetição de uma parte da imagem anterior na imagem subsequente, de modo que se possa identificar, por superposição, a continuidade entre as seções adjacentes microfilmadas.*

O Decreto nº 1.799, de 30 de janeiro de 1996 em seu Art. 4° - A microfilmagem será feita em equipamentos que garantam a fiel reprodução das informações, sendo permitida a utilização de qualquer microforma" e no Artigo 5º; § 2° - "Fica vedada a utilização de filmes atualizáveis, de qualquer tipo, tanto para a confecção do original, como para a extração de cópias.

Deve-se salientar, ainda, sobre o mesmo Decreto, o seu Art. 9° - Os documentos da mesma série ou sequência, eventualmente omitidos quando da microfilmagem, ou aqueles cujas imagens não apresentarem legibilidade, por falha de operação ou por problema técnico, serão reproduzidos posteriormente, não sendo permitido corte ou inserção no filme original.

A imagem de abertura que precede cada série, na microfilmagem, deve conter, obrigatoriamente, informações sobre o equipamento, unidade filmadora e grau de redução é o que determina o Decreto nº 1799, de 30 de janeiro de 1996:

> ***Art. 7°.*** *Na microfilmagem de documentos, cada série será precedida de imagem de abertura, com os seguintes elementos:*
>
> ***I.*** *identificação do detentor dos documentos, a serem microfilmados;*
>
> ***II.*** *número do microfilme, se for o caso;*
>
> ***III.*** *local e data da microfilmagem;*
>
> ***IV.*** *registro no Ministério da Justiça;*
>
> ***V.*** *ordenação, identificação e resumo da série de documentos a serem microfilmados;*
>
> ***VI.*** *menção, quando for o caso, de que a série de documentos a serem microfilmados é continuação da série contida em microfilme anterior;*
>
> ***VII.*** *identificação do equipamento utilizado, da unidade filmadora e do grau de redução;*
>
> ***VIII.*** *nome por extenso, qualificação funcional, se for o caso, e assinatura do detentor dos documentos a serem microfilmados;*
>
> ***IX.*** *nome por extenso, qualificação funcional e assinatura do responsável pela unidade, cartório ou empresa executora da microfilmagem.*

Imediatamente após o último documento microfilmado de cada série, deve ser reproduzida uma imagem de encerramento e nesta deve aparecer a identificação do detentor dos documentos de acordo com o Decreto nº 1.799, de 30 de janeiro de 1996:

> ***Art. 8º*** *- No final da microfilmagem de cada série, será reproduzida a imagem de encerramento, imediatamente após o último documento, com os seguintes elementos:*
>
> ***I.*** *identificação do detentor dos documentos microfilmados;*
>
> ***II.*** *informações complementares relativas ao inciso V do artigo anterior;*
>
> ***III.*** *termo de encerramento atestando a fiel observância às disposições deste Decreto;*
>
> ***IV.*** *menção, quando for o caso, de que a série de documentos microfilmados continua em microfilme posterior;*
>
> ***V.*** *nome por extenso, qualificação funcional e assinatura do responsável pela unidade, cartório ou empresa executora da microfilmagem.*

De acordo com o Decreto nº 1.799, de 30 de janeiro de 1996, que regulamenta a Lei n° 5.433, de 8 de maio de 1968, que regula a microfilmagem de documentos oficiais:

> ***Art. 5º.*** *A microfilmagem, de qualquer espécie, será feita sempre em filme original, com o mínimo de 180 linhas por milímetro de definição, garantida a segurança e a qualidade de imagem e de reprodução.*
>
> ***§ 1°*** *Será obrigatória, para efeito de segurança, a extração de filme cópia do filme original.*
>
> ***§ 2°*** *Fica vedada a utilização de filmes atualizáveis, de qualquer tipo, tanto para a confecção do original, como para a extração de cópias.*

Segundo a legislação, a microfilmagem só pode ser realizada por cartórios ou empresas devidamente registradas e autorizadas pelo Ministério da Justiça. Isso garante o valor legal dos microfilmes.

Para o exercício legal da microfilmagem, as empresas, cartórios e órgãos públicos que prestam serviços a terceiros devem requerer registro no Ministério da Justiça. Isto é determinado pelo Decreto nº 1.799, de 30 de janeiro de 1996 que regulamenta a Lei n° 5.433, de 8 de maio de 1968, que regula a microfilmagem de documentos oficiais em seu Art. 15 – A microfilmagem de documentos poderá ser feita por empresas e cartórios habilitados nos termos deste Decreto. Parágrafo único. Para exercer a atividade de microfilmagem de documentos, as empresas e cartórios a que se refere este artigo, além da legislação a que estão sujeitos, deverão requerer registro no Ministério da Justiça e sujeitar-se à fiscalização que por este será exercida quanto ao cumprimento do disposto no presente Decreto. No Art. 16 – As empresas e os cartórios que se dedicarem a microfilmagem de documentos de terceiros, fornecerão, obrigatoriamente, um documento de garantia, declarando:

> ***I.*** *que a microfilmagem foi executada de acordo com o disposto neste Decreto;*
>
> ***II.*** *que se responsabilizam pelo padrão de qualidade do serviço executado;*
>
> ***III.*** *que o usuário passa a ser responsável pelo manuseio e conservação das microformas.*

A microfilmagem por si só não exime a observância dos critérios e procedimentos estabelecidos aos demais documentos relativos à eliminação ou guarda permanente.

Devido ao valor legal do microfilme, existe uma legislação específica que deve ser seguida pelas instituições envolvidas em sua produção. Nesse sentido, a Lei nº 5.433/68, regulamentada pelo Decreto nº 1799/96, que disciplina toda produção de microfilme, estabelece que:

> ***§ 1º*** *Os microfilmes de que trata esta Lei, assim como as certidões, os traslados e as cópias fotográficas obtidas diretamente dos filmes produzirão os mesmos efeitos legais dos documentos originais em juízo ou fora dele.*

Os documentos microfilmados são dotados de valor probatório, ou seja, produzem os mesmos efeitos legais que os dos originais.

É importante destacar que há restrições à microfilmagem. Quando se produz um microfilme, podemos eliminar quase toda papelada microfilmada, no entanto, não os documentos considerados de valor histórico (Ex.: documentos referentes à construção de um monumento).

Arquivos	Tipos de documentos	Microformas
Documentos	Processos, recibos, escrituras, fichas, balancetes, balanços, licitações, concursos, leis, portarias, decretos, resoluções, atos, contratos	Rolo, cartucho, com filme 16mm
Documentos administrativos e contábeis de arquivo corrente	Prontuário de empregados, alunos, cadastro de fornecedores e clientes	Jaquetas de 105mm com filme de 16mm - 5 canais Tab-Jac-cartão tabuláveis com filme de 16mm de 1 a 3 canais
Documentos técnicos	Livros, plantas, mapas, jornais	Rolo ou cartucho com filme de 35mm Cartão-janela com filme de 35mm jaqueta de 105mm com filme de 35mm Tab-jac-cartão tabuláveis com filme de 35mm
Biblioteca	Livros, revistas	Rolo de 16mm e 35mm m
Informações volumosas contidas em arquivos	Cadastro do IPTU, INSS, dívida ativa, dotações orçamentárias.	COM microficha Filme de 105mm x 148mm

Automação

Pode ser entendida como a transposição do suporte inicial do documento (papel, fita magnética, etc.) para um suporte digital (CD, DVD, etc.) por meio de computadores.

Alteração de Suporte

Dentre as vantagens da alteração do suporte, destacam-se:

01. Agilizar a recuperação das informações, bem como o seu intercâmbio;
02. Garantir a preservação de documentos originais passíveis de destruição pelo manuseio, bem como a segurança do acervo contra furto, incêndios, inundações etc;
03. Preencher lacunas nos acervos arquivísticos;
04. Substituir, em situações específicas, grandes volumes de documentos destinados à eliminação, mas de prazos de guarda muito extensos, proporcionando melhor aproveitamento do espaço, reduzindo o custo de manutenção, concentrando as informações e facilitando o seu manuseio.

Não devemos confundi-la com o processo de automação de arquivo (Gestão Eletrônica de Documentos - GED), pois este é muito mais abrangente e envolve a automação de todo o sistema (protocolo, sistema de busca do documento).

Digitalização é o processo de conversão de um documento em qualquer suporte ou formato para o formato digital, por meio de dispositivo apropriado.

Uma das principais formas de alteração de suporte atualmente adotadas nos arquivos é a digitalização, que consiste na conversão de um documento para o formato digital com uso de escâner ou outro dispositivo apropriado. A adoção de recursos tecnológicos para alteração do suporte da informação requer a observância de determinados critérios que levem em consideração os preceitos técnicos da arquivologia, a legislação em vigor e a relação custo/benefício de sua implantação. Conquanto tais recursos permitam a redução das necessidades de armazenamento da informação, podem, por outro lado, acarretar elevada despesa para o órgão, sem que se obtenha resultados positivos.

Os métodos utilizados para automatizar (digitalizar) um documento são:

- Por meio da transferência da informação para um CD ou mesmo para o meio virtual pelo processo de escaneamento de um documento em papel.
- Gravando as informações de uma fita magnética, disco de vinil etc. para um CD ou DVD, por exemplo.
  - » A digitalização de documentos é uma política de arquivo baseada em quatro fundamentos principais:
- Diminuição do tamanho do acervo.
- Preservação dos documentos.
- Possibilidade de acesso ao mesmo documento por várias pessoas ao mesmo tempo.
- Maior agilidade (ao menos em tese) na busca e recuperação da informação.
- Acondicionamento e armazenamento de documentos de arquivo.

O armazenamento é a guarda ou acondicionamento de documentos em depósitos. E o acondicionamento é a colocação de documentos em mobiliário e invólucros apropriados, que assegurem sua preservação.

Armazenamento

Todos os documentos devem ser armazenados em instalações que possibilitem condições ambientais apropriadas às suas necessidades de preservação, pelo prazo de guarda estabelecido em tabela de temporalidade e destinação. Apesar dos avanços tecnológicos em matéria de restauração documental, é um princípio de preservação arquivística quase consensual que a manutenção de um ambiente de armazenamento dentro dos padrões convencionais (umidade relativa e temperatura) para o material que está sendo armazenado é a medida mais eficaz, em termos de custo-benefício, para uma maior sobrevida dos documentos arquivísticos. Quando falamos de armazenamento de documentos magnéticos ou ópticos, há que se observar as recomendações específicas ou especiais quanto às melhores condições possíveis de armazenamento. O ambiente deve ser constantemente monitorado e as leituras verificadas com regularidade.

Recomendações para a produção e o armazenamento de documentos de arquivo do CONARQ, Rio de Janeiro, 2005, página 8: As presilhas dos papéis devem ser de plástico ou em metal não oxidável; As práticas de grampear e de colar documentos devem ser evitadas; Os papéis das capas de processos devem ser alcalinos; Os dossiês, processo e volumes devem ser arquivados em pastas suspensas ou em caixas, de acordo com suas dimensões. Todos os documentos devem ser preservados em condições adequadas ao seu uso, pelos prazos de guarda estabelecidos nas Tabelas de Temporalidade e Destinação de documentos.

Diretamente relacionado ao tipo de suporte em que se encontra a informação, uma das principais funções dos arquivos é a proteção de seu acervo, portanto, a escolha de materiais de construção, de acabamento e de equipamentos devem obedecer especificações de segurança, proteção e conservação.

Alguns cuidados especiais

Mobiliário

Em áreas onde são realizadas consultas e áreas administrativas devem ser de aço ou de madeira tratada contra insetos e fogo. As mesas utilizadas para pesquisas devem ser mais largas que o usual em função dos diferentes formatos e tamanhos de documentos.

Estantes

Altura superior a 2,20 metros em fileiras geminadas; os corredores devem ter, no mínimo, 0,70 metro que, também, é a distância recomendada em relação ao fim das estantes e as paredes para facilitar movimentação de pessoas, circulação de ar e limpeza; devem ser afastadas das paredes no mínimo 0,30 metro, o ideal é 0,70 metro; a última prateleira deve estar a pelo menos 10 centímetros do solo e, no mínimo a 0,30 metro do teto.

Prateleiras

Não devem ultrapassar 1 metro de comprimento e 0,40 metro de profundidade.

Acondicionamento

A escolha da forma de acondicionar os documentos deverá ser feita observando-se as características físicas e a natureza de cada suporte. A confecção e a disposição do mobiliário deverão acatar as normas existentes sobre qualidade e resistência e sobre segurança no trabalho. O mobiliário facilita o acesso seguro aos documentos, promove a proteção contra danos físicos, químicos e mecânicos. Os documentos devem ser guardados em arquivos, estantes, armários ou prateleiras apropriados a cada suporte e formato.

Algumas Peculiaridades no Acondicionamento e Armazenamento de Documentos:

- Os documentos de valor permanente que apresentam grandes formatos, como mapas, plantas e cartazes, devem ser armazenados horizontalmente em mapotecas – móveis especiais para o acondicionamento horizontal com gavetas próprias para guardar mapas, cartas geográficas, históricas, sem a necessidade de dobrá-las - adequadas às suas medidas ou enrolados sobre tubos confeccionados em cartão alcalino e acondicionados em armários ou gavetas.
- Nenhum documento deve ser armazenado diretamente sobre o chão.
- As mídias magnéticas, como fitas de vídeo, áudio e de computador, devem ser armazenadas longe de campos magnéticos que possam causar a distorção ou a perda de dados.
- O armazenamento será preferencialmente em mobiliário de aço tratado com pintura sintética, de efeito antiestático.

Vantagens do Acondicionamento em Embalagens:

- Protegem os documentos contra a poeira e danos acidentais.
- Minimizam as variações externas de temperatura e umidade relativa.
- Reduzem os riscos de danos por água e fogo em casos de desastre.

Características das caixas de Acondicionamento de Documentos de Arquivo:

- Devem ser resistentes ao manuseio, ao peso dos documentos e à pressão, caso tenham de ser empilhadas.
- Precisam ser mantidas em boas condições de conservação e limpeza, de forma a proteger os documentos.
- As medidas de caixas, envelopes ou pastas devem ser sempre superiores às dos documentos que irão abrigar.
- Todos os materiais usados para o armazenamento de documentos permanentes devem manter-se quimicamente estáveis ao longo do tempo, não podendo provocar quaisquer reações que afetem a preservação dos documentos.
- Os papéis e cartões empregados na produção de caixas e invólucros devem ser alcalinos e corresponder às expectativas de preservação dos documentos.

Suportes diferentes requerem tratamentos específicos:

Papel – prateleiras, estantes e arquivos devem ser de metal pintado;

Fotografia – exigem proteção individualizada e de qualidade;

Microfilmes – deve ser feito em cofres, arquivos ou armários à prova de fogo, compartimentos vedados à umidade;

Disquetes e CD-ROM – devem ser mantidos distantes de materiais magnéticos;

Diapositivos – arquivos metálicos; produzir duplicatas para projeções que são exibidas com frequência.

No caso de caixas não confeccionadas em cartão alcalino, recomenda-se o uso de invólucros internos de papel alcalino, para evitar o contato direto de documentos com materiais instáveis.

3.3 Condições Ambientais

O estudo das condições ambientais para o armazenamento e preservação de documentos subdivide-se na análise da:

Temperatura.

Umidade relativa do ar (UR).

As condições adequadas de temperatura e de umidade relativa do ar são elementos vitais para postergar a sobrevivência dos registros.

Fatores Importantes a se considerar na UR:

> Se os níveis de umidade relativa (UR) são muito baixos, aumenta-se o risco de quebra das fibras e esfarelamento dos materiais orgânicos fibrosos.

> Para pergaminhos e encadernações em couro, a UR abaixo de 40% é perigosa e o papel também sofre abaixo desses níveis. Já nas faixas de UR acima de 65%, crescem micro-organismos e ocorrem reações químicas danosas.

> A faixa segura de umidade relativa é entre 45% e 55%, com variação diária de +/- 5%.

Fatores Importantes a se considerar na Temperatura:

> A temperatura deve também estar relacionada com a umidade relativa.

> A temperatura ideal para documentos é 20° C, com variação diária de +/-1° C.

A estabilidade da temperatura e da UR é especialmente importante, e as mudanças bruscas ou constantes são muito danosas. No caso de não existir a possibilidade de se instalar um sistema de climatização, a instalação de umidificadores, desumidificadores, exaustores e ventiladores pode surtir bons resultados.

> O sistema de ar condicionado ideal é aquele que controla a temperatura, a umidade e ainda filtra os agentes poluentes, antes de insuflar o ar no ambiente interno. Ele deve ficar em funcionamento durante as 24 horas do dia. Os custos iniciais de instalação e os de manutenção são muito altos.

3.4 Preservação e Conservação

Os documentos podem sofrer degradação causada por diversos agentes, normalmente classificados em:

→ **Físicos - luminosidade, temperatura, umidade etc.**

→ **Químicos - acidez do papel, poluição atmosférica, tintas, etc.**

→ **Biológicos - insetos, fungos, roedores etc.**

→ **Ambientais - ventilação, poeira etc.**

Assim, o arquivo permanente, além da guarda, deve se preocupar também com a preservação dos documentos da instituição, de forma a garantir que os valores secundários (histórico e cultural, probatório e informativo), inerentes a essa idade do arquivo, não sejam perdidos.

→ **A preservação de documentos compreende três atividades:**

> Conservação.

> Armazenamento.

> Restauração.

A preservação dos documentos se dá por meio de adequado controle ambiental e tratamento físico ou químico. Dessa forma, procura-se prevenir a deterioração dos documentos.

Conservação

O principal objetivo é estender, dilatar a vida útil dos documentos, procurando mantê-los o mais próximo possível do estado físico em que foram criados/recebidos.

→ **Fatores que influenciam na conservação dos documentos:**

> Luminosidade: deve-se procurar usar luz artificial (com parcimônia), e a luz do dia deve ser evitada, pois acelera o desaparecimento da tinta e enfraquece o papel.

> Umidade: ar muito seco enfraquece o papel e ambientes muito úmidos causam o aparecimento de mofo; o ideal é uma umidade intermediária (45%-60%).

> Temperatura: não deve sofrer muitas oscilações; ambientes muito quentes podem destruir a fibra do papel.

Dos fatores acima, destaca-se negativamente a luminosidade que, mesmo em baixo nível, é danosa para a manutenção de um bom estado de conservação dos documentos.

As quatro Principais Operações de Conservação são:

> Desinfestação.

> Limpeza.

> Alisamento.

> Restauração ou reparo.

Desinfestação

Processo de destruição ou inibição da atividade de insetos.

Higienização ou limpeza

Retirada, por meio de técnicas apropriadas, de poeira e outros resíduos de quaisquer espécies da superfície ou interior dos documentos, bem como do espaço físico onde se encontram.

Alisamento

Consiste em colocar os documentos em bandejas de aço inoxidável e expô-los à ação do ar com forte percentagem de umidade, durante uma hora e, em seguida, passá-los a ferro, folha por folha.

Restauração ou reparo

Conjunto de procedimentos específicos para recuperação e reforço de documentos deteriorados e danificados. Inclui medidas que objetivam a estabilização ou a reversão de danos físicos ou químicos adquiridos pelo documento ao longo do tempo e do uso, intervindo de modo a não comprometer sua integridade e seu caráter histórico. Tem por objetivo revitalizar a concepção original, ou seja, a legibilidade do documento.

A seguir, veremos alguns métodos de restauração de documentos:

Silking

Esse método utiliza tecido de grande durabilidade, mas devido ao uso de adesivo à base de amido, afeta suas qualidades permanentes. Tanto a legibilidade quanto a flexibilidade, a reprodução e o exame pelos raios ultravioletas e infravermelhos são pouco prejudicados. É, no entanto, um processo de difícil execução, cuja matéria-prima é de alto custo.

Banho de Gelatina

Consiste em mergulhar o documento em banho de gelatina ou cola o que aumenta a sua resistência, não prejudica a visibilidade e flexibilidade e proporciona a passagem dos raios ultravioletas e infravermelhos. Os documentos, porém, tratados por este processo, que é manual, tornam-se suscetíveis ao ataque de insetos e fungos, além de exigir habilidade do executor.

Tecido

Processo de reparação em que são usadas folhas de tecido muito fino, aplicadas com pasta de amido. A durabilidade do papel é aumentada consideravelmente, mas o emprego do amido propicia o ataque de insetos e fungos, impede o exame pelos raios ultravioletas e infravermelhos, além de reduzir a legibilidade e flexibilidade.

Laminação

Envolve o documento nas duas faces com papel de seda e acetato de celulose e prensado em temperatura elevada por uma prensa hidráulica com pressão entre 7 a 8 kg/cm e temperatura entre 145° a 155° C. O volume do documento é reduzido, mas o peso duplica.

A durabilidade e as qualidades permanentes do papel são asseguradas sem a perda da legibilidade e da flexibilidade, tornando-o imune à ação de fungos e pragas. Qualquer mancha resultante do uso pode ser removida com água e sabão.

A aplicação, por ser mecanizada, é rápida e a matéria-prima, de fácil obtenção. O material empregado na restauração não impede a passagem dos raios ultravioletas e infravermelhos. O método de laminação é o que mais se aproxima do método ideal de restauração de documentos, dado que eleva a resistência do papel.

Segundo Marilena Leite Paes, Laminação é um processo em que se envolve o documento, nas duas faces, (...). A durabilidade e as qualidades permanentes do papel são asseguradas sem perda da legibilidade e da flexibilidade, tornando-o imune à ação de fungos e pragas. (...) não impede a passagem dos raios ultravioletas e infravermelhos. (...) são as que mais se aproximam do método ideal.

Laminação Manual

Utiliza a matéria-prima básica da laminação mecanizada, embora não empregue calor nem pressão, que são substituídos pela acetona. Esta ao entrar em contato com o acetato, transforma-o em camada semiplástica que, ao secar, adere ao documento, juntamente com o papel de seda.

A laminação manual, também chamada de laminação com solvente oferece grande vantagem àqueles que não dispõem de recursos para instalar equipamentos mecanizados. Foi desenvolvida na Índia.

Encapsulação

Utiliza basicamente películas de poliéster e fita adesiva de duplo revestimento. O documento é colocado entre duas lâminas de poliéster fixadas nas margens externas por fita adesiva nas duas faces; entre o documento e a fita deve haver um espaço de 3mm, deixando o documento solto dentro das duas lâminas.

A Encapsulação é considerada um dos mais modernos processos de restauração de documentos.

Velatura

Aplicável em grandes acervos é um processo de restauração que consiste na aplicação de reforço de papel ou tecido em qualquer face de uma folha.

Liofilização

Os volumes danificados são colocados em uma câmara a vácuo, onde é feita a extração da água, na forma de vapor, é o mesmo que secagem por congelamento ou secagem a frio e consiste no tratamento de documentos molhados por congelamento e subsequente secagem mediante vácuo e elevação gradual da temperatura.

Higienização

Para gravuras e desenhos podem ser usados um pincel macio ou algodão hidrófilo, sendo uma das formas mais simples, baratas e eficientes de proceder à limpeza leve de gravuras e desenhos por se tratar de instrumentos de trabalho extremamente macios, neutros e sem a presença de produtos químicos.

Alisamento

Os documentos são colocados em bandejas de aço inoxidável, dispostos em uma câmara de umidificação com alta taxa de umidade, entre 90% e 95% durante aproximadamente uma hora, após este período de tempo devem ser passados a ferro.

Questões

01. (IADES) Os instrumentos higrômetro e o psicrômetro são utilizados para

a) medição da umidade relativa.

b) monitoramento da temperatura e da umidade relativa.

c) medição de luz.

d) medição de ruído.

e) monitoramento do clima.

02. (IADES) A temperatura e a umidade são fatores climáticos cujas oscilações são responsáveis, em grande parte, pela deterioração do acervo em papel, além de facilitar o desenvolvimento de microrganismos, insetos e até roedores. Em relação a esse tema, assinale a alternativa que indica os valores aceitos como convenientes para a conservação de obra de suporte em papel.

a) 60 % a 70 % UR e 25 ºC a 30 ºC de temperatura.

b) 20 % a 30 % UR e 20 ºC a 27 ºC de temperatura.

c) 50 % a 60 % UR e 30 ºC a 35 ºC de temperatura.

d) 20 % a 30 % UR e 25 ºC a 42 ºC de temperatura.

e) 50 % a 60 % UR e 19 ºC a 23 ºC de temperatura.

03. (IADES) O conjunto de ações estabilizadoras que visam desacelerar o processo de degradação de documentos e objetos, por meio de controle ambiental e de tratamentos específicos (higienização, reparos e acondicionamentos), é a

a) conservação.

b) restauração.

c) preservação.

d) manutenção.

e) degradação.

04. (IADES) Entre os agentes de degradação de acervos documentais, os agentes biológicos, notadamente insetos, fungos e roedores, constituem sérias ameaças que podem gerar danos irreparáveis. Em razão disso, a vigilância e o controle do ambiente devem ser realizados de maneira rigorosa. De acordo com Spinelli Junior (2007), assinale a alternativa que melhor define as características do agente de degradação.

a) Os insetos não causam danos à estrutura do acervo; as traças, por exemplo, impedem que outros agentes ataquem o documento.

b) Os fungos, às vezes chamados de "mofos" ou "bolores", atacam todos os tipos de acervos. Os danos causados podem ir desde uma simples coloração até a deterioração da estrutura da obra.

c) A admissão dos roedores nos acervos é devido à presença de poeira e gases ácidos provenientes da queima de combustíveis que favorecem um ambiente úmido e quente.

d) A poluição ambiental compromete diretamente a integridade dos acervos documentais devido à presença de resíduos de alimentos.

e) A iluminação, seja ela natural ou superficial, caracteriza-se por um tipo de radiação eletromagnética que, mesmo sem o devido controle, não é capaz de fragilizar os materiais constituintes dos documentos, nos quais o processo de envelhecimento acelerado está ligado ao ataque de insetos xilófagos.

05. (IADES) Atualmente, observa-se a presença do papel na vida das pessoas, como importante material utilizado como suporte para a escrita e impressão de livros, periódicos, gravuras, selos etc. A esse respeito, é correto afirmar que o papel se originou

a) entre os séculos 12 e 13, na Espanha e na Itália.

b) no século 9, no continente americano, com os povos astecas e maias.

c) no ano 105 d.C., na China.

d) no ano 751 d.C., no mundo árabe.

e) no século 15, na Alemanha.

06. (IADES) Um método de conservação se constitui do reconhecimento e da execução de tratamento em uma obra, visando ao prolongamento de sua vida útil. Considerando alguns tratamentos de conservação de acervo bibliográfico e documental, qual apresenta vantagens na eliminação de sujidades extrínsecas e superficiais das obras, como poeiras, partículas sólidas e elementos impuros depositados na estrutura física do papel?

a) Fumigação.

b) Higienização.

c) Velatura.

d) Limpeza aquosa.

e) Desacidificação.

07. (IADES) Assinale a alternativa que indica um método de controle ativo de condições ambientais.

a) Escolha adequada dos materiais de revestimento.

b) Utilização de brise-soleil nas fachadas da edificação.

c) Definição do melhor mecanismo de abertura de janelas.

d) Melhor orientação geográfica da edificação.

e) Utilização de sistema de ar-condicionado.

08. (IADES) O conhecimento das características ambientais do lugar onde estão colocadas as obras de arte é fundamental para a compreensão dos fatores de degradação aos quais elas estão expostas, assim como para a tomada de decisões no momento do restauro. Com relação às condições ambientais, assinale a alternativa incorreta.

a) A taxa de iluminação deve ser tal, que contribua para a inibição da proliferação de micro-organismos, ao mesmo tempo em que não haja incidência direta de raios ultravioletas e infravermelhos sobre os objetos mais suscetíveis.

b) O conhecimento da umidade relativa é imprescindível porque ela determina a relação entre a umidade existente no ar e a temperatura, assim como a taxa de evaporação da água, e auxilia na definição da umidade como um agente de degradação em um determinado ambiente.

c) O conhecimento das fontes de poluição do ar é fundamental para a determinação dos agentes de degradação química, porém só são relevantes aquelas localizadas na vizinhança imediata do local de exposição das obras.

d) Para cada clima, haverá uma conduta de conservação e restauro diferente, pois os agentes de degradação também serão distintos.

e) O tipo e as características da vegetação predominante nos arredores da edificação que abriga as obras de arte podem influenciar diretamente na conservação desses bens.

09. (VUNESP) Em geral, a preocupação com a conservação dos documentos tem início apenas no arquivo permanente. No entanto, pequenas medidas adotadas nos arquivos correntes podem ajudar significativamente na preservação dos documentos.

Assinale a alternativa que apresenta, corretamente, uma medida que pode ser adotada por instituições que mantêm seus arquivos correntes nas próprias salas de trabalho.

a) Instalar alarme nas portas e janelas

b) Instalar insulfilm nas janelas.

c) Manter as luzes apagadas.

d) Manusear os documentos com luvas.

e) Utilizar pastas de papel neutro.

10. (FUNCAB) No âmbito da preservação e conservação, os documentos devem ser armazenados em local apropriado e acondicionados de maneira adequada. Nesse contexto, analise os itens abaixo.

I. O método de combate aos insetos mais eficiente é a encapsulação. Nesse processo, a substância química a ser empregada passa por testes de garantia da integridade do papel.

II. A umidade é um fator que propicia o desenvolvimento de mofo. O índice de umidade ideal nas áreas de armazenamento dos documentos deve permanecer entre 21% e26%.

III. O alisamento consiste em colocar os documentos em bandejas de aço inoxidável, expondo-os à ação do ar com forte percentagem de umidade.

IV. O local de acondicionamento de fotografias coloridas deve apresentar condições climáticas adequadas, com temperatura ambiente de 16 °C, com margem para mais ou menos 1 °C.

Está correto o que se afirma apenas em:

a) II, III e IV

b) I

c) I, II e IV

d) III

e) II

Gabaritos

01	A	06	B
02	E	07	E
03	A	08	C
04	B	09	B
05	C	10	D

CONTABILIDADE (EXCLUSIVO PARA AGENTE)

1. CONCEITOS INICIAIS

1.1 Conceito de Contabilidade

Iniciaremos o estudo desta disciplina entendendo o que é Contabilidade. Para isso, vejamos dois conceitos: o primeiro foi apresentado no 1º Congresso Brasileiro de Contabilidade, e o segundo já foi abordado em prova da ESAF:

Contabilidade é a ciência que estuda e pratica as funções de orientação, controle e registro relativos aos atos e fatos da administração econômica. (1º Congresso Brasileiro de Contabilidade – 1924)

Contabilidade é a ciência que estuda, registra, controla e interpreta os fatos ocorridos no patrimônio das entidades com fins lucrativos ou não. (ESAF)

1.2 Objeto

Na Contabilidade, o objeto é sempre o patrimônio de uma entidade, definido como um conjunto de bens, direitos e de obrigações.

Objeto → Patromônio → Conjunto de bens, direito e obrigações

1.3 Finalidade

A Contabilidade é mantida com a finalidade de fornecer às pessoas interessadas (usuários) informações sobre um patrimônio.

1.4 Usuários

As informações contábeis são elaboradas e apresentadas para usuários externos em geral, tendo em vista suas finalidades distintas e necessidades diversas. Essas informações se destinam, primariamente, aos seguintes usuários externos:

> Investidores.

> Financiadores;

> Outros credores.

Por meio da Contabilidade, elaboram-se algumas demonstrações contábeis que são usadas pelos usuários para obter as informações que desejam.

1.5 Funções da Contabilidade

A Contabilidade possui as seguintes funções:

Função administrativa: controle do patrimônio. O patrimônio é composto por bens, direitos e obrigações. Portanto, a função administrativa é responsável por controlar os bens que a entidade possui, tudo que ela tem a receber de terceiros (direitos) e aquilo que ela irá pagar a terceiros (obrigações).

Função econômica: apurar o lucro ou prejuízo, ou seja, calcular o resultado (rédito). O resultado será apurado por meio do confronto entre as receitas e despesas, e poderá ser um lucro ou prejuízo. A função econômica é responsável pela apuração de quanto a empresa lucrou ou perdeu no período.

1.6 Aspectos Patrimoniais

A Contabilidade se ocupa de dois aspectos patrimoniais:

Qualitativos: relacionados à identificação da **natureza dos elementos** que compõem o patrimônio (bens, direitos e obrigações).

Quantitativos: relacionados à identificação em **valores monetários** dos elementos que compõem o patrimônio.

1.7 Campo de Aplicação

O campo de aplicação da Contabilidade é a azienda (patrimônio considerado juntamente com a pessoa que tem sobre ele poderes de administração e disponibilidade. Patrimônio + pessoa que o administra).

Muito cuidado neste item! É fácil confundir o campo de aplicação (azienda) com o objeto da Contabilidade (patrimônio). O que ocorre é que muitos concurseiros pensam: "Ora, se o objeto de estudo da Contabilidade é o patrimônio, então ele (o patrimônio) será o local onde aplicarei a Contabilidade (campo de aplicação), certo?" Errado! A Contabilidade é aplicada em um patrimônio que sofre variação, e o patrimônio não sofrerá variação sozinho. Para que ele sofra variação, é necessária a figura do gestor, capaz de administrar o patrimônio. Ou seja, para que possamos aplicar a Contabilidade, é necessário um patrimônio sob gestão organizada.

> Azienda é também conhecida como entidade econômico-administrativa = patrimônio + gestão.

1.8 Técnicas Contábeis

As técnicas contábeis são quatro:

> Escrituração:(**registrará** os fatos que alteram o patrimônio).

> Demonstração:(**expor**á, por meio de relatórios, todos os fatos contábeis).

> Análise das Demonstrações Contábeis:(**interpretará** os fatos contábeis expostos nas demonstrações).

> Auditoria:(**revisará** os fatos contábeis expostos nas demonstrações).

Questões

01. (ESAF) Assinale abaixo a única opção que contém uma afirmativa falsa.

a) A finalidade da Contabilidade é assegurar o controle do patrimônio administrado e fornecer informações sobre a composição e as variações patrimoniais, bem como sobre o resultado das atividades econômicas desenvolvidas pela entidade para alcançar seus fins.

b) A Contabilidade pode ser conceituada como sendo "a ciência que estuda, registra, controla e interpreta os fatos ocorridos no patrimônio das entidades com fins lucrativos ou não".

c) Pode-se dizer que o campo de aplicação da Contabilidade é a entidade econômico-administrativa, seja ou não de fins lucrativos.

d) O objeto da Contabilidade é definido como o conjunto de bens, direitos e obrigações vinculado a uma entidade econômico-administrativa.

e) Enquanto a entidade econômico-administrativa é o objeto da Contabilidade, o patrimônio é o seu campo de aplicação.

02. (CESGRANRIO) Sobre conceitos, objeto, função e objetivos da Contabilidade, analise as afirmações a seguir.

I. O principal objetivo da Contabilidade consiste em identificar as contas de apuração dos custos e resultados.

II. A função administrativa tem por objetivo o controle do patrimônio.

III. O objeto da Contabilidade é o patrimônio que compreende apenas a parte positiva do balanço.

IV. Os bens corpóreos e os incorpóreos são classificados no passivo.

Está correto APENAS o que se afirma em:

a) II.

b) III.

c) I e III.

d) II e IV.

e) I, III e IV.

03. (VUNESP) A finalidade da Contabilidade é assegurar o controle do patrimônio administrado e fornecer informações sobre a composição e as variações patrimoniais, bem como o resultado das atividades econômicas desenvolvidas. Analise a seguinte frase: A Contabilidade é a ciência que estuda, registra, controla e interpreta os fatos ocorridos no patrimônio das ______________, com fins lucrativos ou não. Complete a frase com a alternativa que preenche corretamente a lacuna do texto.

a) entidades

b) sociedades civis

c) empresas

d) sociedades de economia privada

e) organizações não governamentais

04. (CESGRANRIO) A Contabilidade tem como objetivo fundamental fornecer informações estruturadas aos seus diversos usuários, quer sejam internos, quer sejam externos.

Nesse enfoque, os usuários da informação contábil, mais preocupados com o risco inerente e as taxas de retorno, integram o grupo do(s)

a) governo e de suas agências.

b) investidores.

c) empregados.

d) clientes.

e) credores por empréstimos.

05. (NC-UFPR) A Contabilidade estuda e controla o patrimônio, registrando todos os eventos nele ocorridos, a fim de fornecer informações sobre sua composição e variações. A afirmação se refere, respectivamente:

a) ao campo de aplicação e ao conceito de Contabilidade.

b) ao campo de aplicação e ao objeto da Contabilidade.

c) à finalidade e às técnicas contábeis.

d) à finalidade e ao conceito de Contabilidade.

e) ao objeto e à finalidade da Contabilidade.

Gabaritos

01	E
02	A
03	A
04	B
05	E

2. PATRIMÔNIO

2.1 Conceitos

Como vimos no capítulo anterior, o patrimônio é formado pelo conjunto de bens, direitos e obrigações pertencentes a uma pessoa física ou jurídica, **que possam ser avaliados economicamente**.

Se não for possível atribuir valor ao bem, direito ou obrigação, estes não serão registrados no patrimônio da entidade.

2.2 Componentes Patrimoniais

Bens: são os itens que pertencem a uma pessoa (física ou jurídica), e que podem ser avaliados economicamente, ou seja, é possível estabelecer um valor em moeda, um preço.

É importante citar que bens estão ligados a direitos legais, inclusive a direito de propriedade. Porém, ao determinar a existência de um Ativo, o direito de propriedade não é essencial. Assim, um bem pode ser considerado um Ativo mesmo que a entidade não tenha o direito de propriedade sobre esse bem, bastando que ela tenha controle e que o bem lhe seja útil.

Os bens podem ser classificados como tangíveis ou intangíveis.

Bens tangíveis (também chamados de corpóreos) são aqueles que têm existência física. Exemplos: máquinas, equipamentos, veículos, imóveis, estoques, móveis e utensílios, dinheiro, terrenos, ferramentas.

Bens intangíveis (também chamados de incorpóreos) são aqueles que não têm existência física, mas são registrados e controlados pela Contabilidade. Exemplos: *softwares*, marcas, patentes de fabricação, pontos comerciais, propriedades científicas.

Direitos: são os valores a receber/recuperar de terceiros. Exemplos: duplicatas a receber, clientes, aluguel a receber, impostos a recuperar, notas promissórias emitidas por terceiros, duplicatas emitidas pela empresa, empréstimos concedidos, adiantamentos a fornecedores, adiantamentos a empregados.

Obrigações: são os valores a pagar/recolher/compensar em transações com terceiros. Exemplos: impostos a recolher, salários a pagar, fornecedores, duplicatas a pagar, contas a pagar, duplicatas aceitas pela empresa, notas promissórias emitidas pela empresa, empréstimos obtidos, adiantamentos de clientes, duplicatas descontadas. As obrigações também são chamadas de Passivo Exigível.

Os bens, direitos e obrigações fazem parte do patrimônio de uma entidade, e devem ser classificados em Ativo e Passivo.

> **Os bens e direitos serão classificados no Ativo.**

> **As obrigações serão classificadas no Passivo.**

Além das obrigações com terceiros, temos, no Passivo, um grupo chamado **Patrimônio Líquido**. Esse grupo irá registrar as obrigações da empresa com os sócios e é formado a partir de aporte de recursos dos sócios (Capital Social). Falaremos sobre sua composição no capítulo 5.

De acordo com o Pronunciamento Técnico 00 do CPC (Comitê de Pronunciamentos Contábeis), Ativo, Passivo e Patrimônio Líquido podem ser conceituados como:

Ativo: é um recurso controlado pela entidade como resultado de eventos passados e do qual se espera que resultem futuros benefícios econômicos para a entidade.

Passivo: é uma obrigação presente da entidade, derivada de eventos já ocorridos, cuja liquidação se espera que resulte em saída de recursos capazes de gerar benefícios econômicos.

Patrimônio Líquido: é o valor residual dos Ativos da entidade depois de deduzidos todos os seus Passivos.

A demonstração contábil responsável por organizar e apresentar os bens, direitos e obrigações chama-se **Balanço Patrimonial:**

Na coluna da esquerda, demonstramos os itens do **Ativo** (bens e direitos), que representam **Aplicações de Recursos.**

Na coluna da direita, demonstramos os itens do **Passivo** (obrigações e patrimônio líquido), que representam **Origens de Recursos.**

APLICAÇÕES = Bens + Direitos = Ativo Total

ORIGENS = Obrigações + PL = Passivo Total

Os bens e direitos representam o aspecto positivo patrimonial, e as obrigações, o aspecto negativo.

Ativo	Passivo
Bens Direitos	Obrigações Patrimônio Líquido

Duplicatas emitidas pela empresa	Direito. Classificação: Ativo
Duplicatas aceitas pela empresa / emitidas por terceiros	Obrigação. Classificação: Passivo
Notas promissórias emitidas pela empresa	Obrigação. Classificação: Passivo
Notas promissórias emitidas por terceiros / recebidas pela empresa	Direito. Classificação: Ativo
Adiantamento a fornecedores	Direito. Classificação: Ativo
Adiantamento de clientes	Obrigação. Classificação: Passivo

2.3 Equação Fundamental da Contabilidade

Ativo	Passivo
Bens Direitos	Obrigações Patrimônio Líquido

Ou seja:

Ativo = Bens + Direitos

Passivo = Obrigações + Patrimônio Líquido (PL)

Os itens de Ativo e Passivo deverão ser demonstrados com seus respectivos valores monetários, por exemplo:

Ativo	Passivo
Veículos: R$ 30.000 Duplicatas a receber: R$ 20.000	Salários a pagar: R$ 15.000 Patrimônio Líquido: R$ 35.000
Total do Ativo = R$ 50.000	Total do Passivo = R$ 50.000

Convém observar que o total do Ativo é exatamente igual ao total do Passivo. Isso é fundamental para que o Balanço Patrimonial esteja apresentado corretamente. Portanto:

Total do Ativo = Total do Passivo

Com base em todas essas informações, podemos formar a Equação Fundamental da Contabilidade:

Ativo	Passivo
Bens Direitos	Obrigações (Passivo Exigível) Patrimônio Líquido

A = P

A = Bens + Direitos

P = Obrigações + PL = Passivo Exigível + PL

* Obrigações = Passivo Exigível

Com base nessas informações, chegamos à equação fundamental:

A = P

A = Passivo Exigível + PL

Os componentes patrimoniais possuem alguns sinônimos que são usados em questões de prova, por isso é muito importante conhecê-los:

> Ativo = Ativo Total = Ativo Patrimonial = Patrimônio Bruto = Capital Investido
> Direitos Reais = Bens
> Direitos Pessoais = Direitos
> Passivo = Passivo Total = Passivo Patrimonial
> Passivo Exigível = Passivo = Capital de Terceiros = Capital Alheio
> Passivo Real = Passivo Circulante + Passivo Não Circulante = Passivo Exigível
> Patrimônio Líquido = Situação líquida = Capital Próprio = Recursos Próprios
> Capital Total à Disposição = Capital Próprio + Capital de Terceiros

→ Equação Fundamental: A = Passivo Exigível + PLSinônimos:

> Ativo = Ativo Total = Ativo Patrimonial = Patrimônio Bruto = Capital Investido
> Direitos Reais = Bens
> Direitos Pessoais = Direitos
> Passivo = Passivo Total = Passivo Patrimonial
> Passivo Exigível = Passivo = Capital de Terceiros = Capital Alheio
> Passivo Real = Passivo Circulante + Passivo Não Circulante = Passivo Exigível
> Patrimônio Líquido = Situação líquida = Capital Próprio = Recursos Próprios
> Capital Total à Disposição = Capital Próprio + Capital de Terceiros

2.4 Estados Patrimoniais

A diferença entre o Ativo e o Passivo Exigível é denominada Situação Líquida (Patrimônio Líquido).

Se A = P + SL, então SL = A - P

Existem três espécies de situações líquidas:

- Situação Líquida Nula;
- Situação Líquida Positiva;
- Situação Líquida Negativa.

- Situação Líquida Nula:

Também denominada compensada ou equilibrada. Nessa situação, o Ativo é igual ao Passivo exigível e a empresa não possui situação líquida (igual a zero).

Ativo	Passivo Exigível

A = P

SL = Zero

- Situação Líquida Positiva:

Também denominada ativa, superavitária ou favorável. Nessa situação, o Ativo é maior que o Passivo exigível, e a situação líquida é positiva (maior que zero).

Ativo	Passivo Exigível
	Situação Líquida

A > P

SL > 0

- Situação Líquida Negativa:

Também denominada passiva, deficitária, desfavorável ou Passivo a Descoberto. Nessa situação, o Ativo é menor que o Passivo exigível, e a situação líquida é negativa (menor que zero).

Ativo	Passivo
SL	Exigível

A < P

SL < 0

- Situação Líquida Nula: SL = 0 e A = P
- Situação Líquida Positiva: SL > 0 e A > P
- Situação Líquida Negativa: SL < 0 e A < P

Questões

01. (ESAF) Em relação ao patrimônio, objeto da contabilidade, é correto afirmar que

a) o Ativo patrimonial é composto dos bens, direitos e obrigações de uma pessoa física ou jurídica.

b) o patrimônio líquido pode ser entendido como sendo a diferença entre o valor do Ativo e o valor do Passivo de um patrimônio.

c) se calcularmos os direitos reais e os direitos pessoais pertencentes a uma entidade, estaremos calculando o Ativo patrimonial dessa entidade.

d) o capital social de um empreendimento comercial é o montante de recursos aplicados em seu patrimônio.

e) o montante dos bens e dos direitos de uma pessoa física ou jurídica tem o mesmo valor de seu Passivo real.

02. (ESAF) Aponte abaixo a opção que contém uma assertiva incorreta.

a) Ativo é um recurso controlado pela entidade como resultado de eventos passados e do qual se espera que resultem futuros benefícios econômicos para a entidade.

b) Passivo é uma obrigação presente da entidade, derivada de eventos já ocorridos, cuja liquidação se espera que resulte em saída de recursos capazes de gerar benefícios econômicos para a entidade.

c) Patrimônio Líquido é o valor residual dos Ativos da entidade depois de deduzidos todos os resultados.

d) Muitos Ativos têm uma substância física. Entretanto, substância física não é essencial à existência de um Ativo.

e) Muitos Ativos estão ligados a direitos legais, inclusive a direito de propriedade. Ao determinar a existência de um Ativo, entretanto, o direito de propriedade não é essencial.

03. (ESAF) O empresário Juvenal Bonifácio Silva, ao organizar o que possuía em sua microempresa, acabou encontrando a documentação que comprova a existência de:

> Notas promissórias, por ele aceitas (R$200,00) e por ele emitidas (R$300,00).

> Duplicatas, por ele aceitas (R$1.200,00) e por ele emitidas (R$1.100,00).

> Salários do período, quitados ou não (R$400,00), e dívidas decorrentes de salários (R$350,00).

> Direitos (R$280,00) e obrigações (R$450,00) decorrentes de aluguel.

> Dinheiro, guardado na gaveta (R$100,00) e depositado no banco (R$370,00).

> Bens para vender (R$700,00), para usar (R$600,00) e para consumir (R$230,00).

Do ponto de vista contábil, pode-se dizer que esse empresário possui um patrimônio líquido de:

a) R$1.280,00

b) R$3.580,00

c) R$3.180,00

d) R$1.480,00

e) R$880,00

04. (CESGRANRIO) Qual das equações patrimoniais abaixo configura Passivo a Descoberto?

a) Ativo = Passivo Exigível + Situação Líquida.

b) Ativo = Passivo.

c) Situação Líquida = Passivo Exigível.

d) Passivo Exigível = Ativo + Situação Líquida.

e) Situação Líquida = Ativo – Passivo Exigível.

05. (FCC) No Balanço Patrimonial da Cia. Fernandópolis, relativo ao exercício encerrado em 31-12-2011, o valor do Patrimônio Líquido da entidade é 50% maior que o valor do seu Passivo. Isso implica que o total do Ativo da companhia equivale a

a) 250% do valor do Patrimônio Líquido.

b) 150% do valor do Passivo.

c) 250% do valor do Passivo.

d) 150% da soma do Patrimônio Líquido com o Passivo.

e) 200% do valor do Patrimônio Líquido.

06. (FCC) O contador observou, ao analisar a equação patrimonial da Cia. Raio de Luz, que o valor total do Ativo correspondia ao dobro do valor do Patrimônio Líquido. Nesse caso,

a) o total do Patrimônio Líquido é igual ao total do Passivo.

b) o total do Passivo é igual ao dobro do Ativo.

c) existe Passivo a Descoberto nessa companhia.

d) o total do Ativo equivale a três vezes o total do Passivo.

e) o total do Passivo equivale à metade do total do Patrimônio Líquido.

07. (FCC) Quando a soma do Passivo Circulante com o Passivo Não Circulante for superior ao total dos Ativos, verifica-se a presença de

a) uma riqueza própria.

b) um Ativo negativo.

c) um PL negativo.

d) um Ativo inferior ao PL.

e) um PL nulo.

08. (FCC) Ao examinar o Balanço Patrimonial de uma entidade, verifica-se que o total do Passivo é superior ao total do Ativo. Neste caso, essa demonstração evidencia

a) um Ativo com valor negativo.

b) um Patrimônio Líquido positivo.

c) a obtenção de um resultado nulo no período examinado.

d) um Passivo a Descoberto.

e) que as Receitas obtidas do período são maiores que as Despesas.

Gabaritos

01	C	05	C
02	C	06	A
03	A	07	C
04	D	08	D

3. CONTAS

3.1 Conta

É um título que identifica um elemento patrimonial com características semelhantes (bem, direito, obrigação ou PL) ou uma variação patrimonial (receitas e despesas).

Conta Sintética: conta genérica. Nome que indica um conjunto de contas. Assim, o valor patrimonial de uma conta sintética é igual à soma dos valores patrimoniais das contas analíticas que a compõem.

Conta Analítica: conta específica. É aquela que demanda controle e acompanhamento em separado das demais. Apresenta um maior grau de detalhamento e, por isso, recebe o registro contábil.

Conta Sintética Banco conta movimento = 100	
Conta analítica	Conta analítica
Banco do Brasil = 80	Bradesco = 20

3.2 Tipos de Contas

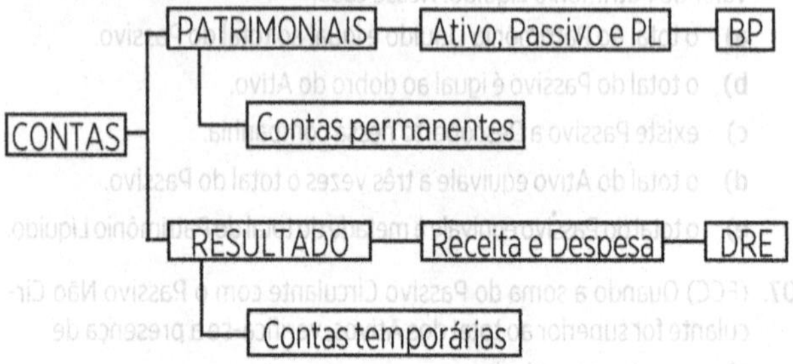

- Contas permanentes: saldos acumulados de um período para outro.
- Contas transitórias: saldos encerrados ao final de cada período.

CONTAS PATRIMONIAIS: utilizadas para controle e apuração do patrimônio, registram bens, direitos, obrigações e situação líquida. Consideradas contas permanentes, saldos acumulados de um período para outro. São elas:

- Contas do Ativo.
- Contas do Passivo.
- Contas do Patrimônio Líquido.
- Contas Retificadoras: têm a função de reduzir o saldo de outra conta.

CONTAS PATRIMONIAIS	
ATIVO	**PASSIVO**
Ativo Circulante	Passivo Circulante
Ativo Não Circulante	Passivo Não Circulante
	PATRIMÔNIO LÍQUIDO
ARLP Investimento Imobilizado Intangível	Capital Social (-) Capital a Realizar Reserva de Capital (+/-) Ajuste de Avaliação Patrimonial Reservas de Lucro (-) Prejuízo Acumulado (-) Ações em Tesouraria

CONTAS DE RESULTADO: utilizadas para a apuração do resultado do exercício (lucro ou prejuízo). Consideradas contas transitórias, visto que seu tempo de vida é limitado a um exercício social, pois, ao final de cada exercício, seus saldos serão zerados (encerrados) a fim de que se possa apurar o resultado do período. São elas:

- Contas de Receita.
- Contas de Despesa.

CONTAS RESULTADO	
DESPESAS	RECEITAS

3.3 Classificação das Contas

Quanto aos elementos que registrem

Patrimoniais: registram bens, direitos, obrigações e PL. São contas **estáticas**, compõem o Balanço Patrimonial.

Ex.: caixa, fornecedor, capital social.

Resultado: registram receitas e despesas. São contas **dinâmicas**, compõem a DRE.

Ex.: juros Ativos, salários, desconto concedido, desconto obtido.

Quanto à necessidade de desdobramento ou divisão

Sintéticas: conta genérica. Nome que indica um conjunto de contas (funciona como agregadora, possuindo conta em nível inferior).

Ex.: Passivo Circulante.

Analíticas: conta específica. Apresentam um maior grau de detalhamento e, por isso, recebem o registro contábil.

Ex.: fornecedor, imposto a recolher.

Quanto à natureza do saldo

Devedora: Ativo, Retificadora do Passivo (-) P, Retificadora do PL (-) PL, Despesa.

Ex.: caixa, capital a integralizar, salários.

Credora: Retificadora do Ativo (-) A, Passivo, PL, Receita.

Ex.: depreciação acumulada, fornecedor, juros Ativos.

Quanto à movimentação

Unilaterais: recebem registro apenas a débito ou a crédito (sofrem variações somente em um sentido).

Ex.: receitas, despesas.

Bilaterais: recebem registro tanto a débito quanto a crédito (sofrem variações nos dois sentidos).

Ex.: fornecedor, clientes, caixa.

Quanto à variação na natureza do saldo

Estáveis: contas cujo saldo só pode ser devedor ou credor, sem variação.

Ex.: fornecedor, capital a integralizar, caixa.

Instáveis: contas cujo saldo ora pode ser devedor, ora, credor.

Ex.: ajuste de avaliação patrimonial.

Classificação das contas	Elementos	Patrimonial e estática
		Resultado e dinâmica
	Necessidade	Sintética
		Analítica
	Natureza	Devedora
		Credora
	Movimentação	Unilateral
		Bilateral
	Variação do saldo	Estável
		Instável

3.4 Elementos Essenciais da Conta

> Nome;

> Data da ocorrência do fato (período);

> Saldo (em valor monetário);

> Valor debitado e creditado (movimento);

> Histórico do fato contábil.

3.5 Plano de Contas

Conceito

É o conjunto composto pela relação ordenada e codificada das contas utilizadas pela entidade, com objetivo de uniformizar seus registros contábeis.

O plano de contas deve ser flexível, permitindo a exclusão ou inclusão de contas, acompanhando a dinâmica das operações da entidade.

Composição

Um plano de contas é composto, basicamente, pelos seguintes elementos:

> **Elenco de Contas:** é a estrutura do plano de contas. Compreende a relação ordenada e codificada de todas as contas utilizadas pela entidade (listagem das contas a serem adotadas nos registros contábeis).

1. ATIVO - Grupo

1.1. Ativo Circulante - Subgrupo (primeiro grau)

1.1.1. Disponibilidades - Subgrupo (segundo grau)

1.1.1.1. Caixa - Conta (primeiro grau)

1.1.1.1.0001 Caixa matriz - conta (segundo grau)

> **Manual de Contas:** evidencia o uso adequado de cada conta, definindo os seguintes elementos:

3.6 Função da Conta – Razão de sua Existência

> Funcionamento da Conta - quando a conta será debitada ou creditada, bem como seu saldo.

> Natureza do Saldo - devedor ou credor.

> **Modelos de demonstrações padronizadas**

3.7 Teoria das Contas

Teoria Personalista: vincula a conta à pessoa responsável pelos procedimentos administrativos a ela relacionados.

> Agentes Consignatários: bens da empresa.

> Agentes Correspondentes: direitos e obrigações da empresa.

> Conta dos Proprietários: patrimônio líquido, receitas e despesas.

Teoria Materialista: as contas representam valores materiais, são apenas valores positivos ou negativos no patrimônio.

Contas Integrais: bens, direitos e obrigações.

> Contas Diferenciais: receita, despesa e patrimônio líquido.

Teoria Patrimonialista: reconhece o patrimônio como objeto da Contabilidade. Distingue os elementos que compõem o patrimônio (contas patrimoniais) dos elementos que o modificam (contas de resultado).

> Contas Patrimoniais: bens, direitos, obrigações e patrimônio líquido.

> Contas de Resultado: receita e despesa.

Teoria das Contas	Personalista	Agente Consignatário	Bens
		Agente Correspndente	Direitos e Obrigações
		Conta de Proprietário	Receita, Despesa e PL
	Materialista	Integrais	Bens, Direitos e Obrigações
		Diferenciais	Receitas, Despesas e PL
	Patrimonialista	Patrimonial	Ativo, Passivo e PL
		Resultado	Receita e Despesa

Não se deve confundir débito de uma conta com débito da empresa. O primeiro representa uma dívida da conta (direito da empresa), o segundo uma dívida da empresa (Passivo Exigível). O mesmo vale para crédito de uma conta e crédito da empresa: este representa um direito da empresa (Ativo) e aquele um direito da conta, portanto, uma obrigação da empresa.

3.8 Situações das Contas: Débitos e Créditos

DÉBITO→ Situação de dívida da conta.

CRÉDITO→ Situação de direito da conta.

Na identificação dos débitos e créditos nas contas, aplicaremos o seguinte raciocínio:

- **ATIVO, (-) PASSIVO e (-) PL** - natureza devedora (saldo devedor):
- Toda vez que aumentar, DEBITAR a respectiva conta.
- Toda vez que diminuir, CREDITAR a respectiva conta.
- **(-) ATIVO, PASSIVO e PATRIMÔNIO LÍQUIDO** – natureza credora (saldo credor):
- Toda vez que aumentar, CREDITAR a respectiva conta.
- Toda vez que diminuir, DEBITAR a respectiva conta.

CONTAS PATRIMONIAIS	NATUREZA	DÉBITO	CRÉDITO	SALDO
Ativo	DEVEDORA	↑ (aumentam)	↓ (diminuem)	DEVEDOR
Retificadora do Passivo (-) P				
Retificadora do PL (-) PL				
Retificadora do Ativo (-) A	CREDORA	↓ (diminuem)	↑ (aumentam)	CREDOR
Passivo				
PL				

DESPESAS – natureza devedora (saldo devedor):

- Toda vez que ocorrer uma Despesa, DEBITAR a respectiva conta.
- Creditadas somente para efeito de apuração do resultado do período.
- RECEITAS - natureza credora (saldo credor):
- Toda vez que ocorrer uma Receita, CREDITAR a respectiva conta.
- Debitadas somente para efeito de apuração do resultado do período.

CONTAS DE RESULTADO	NATUREZA	DÉBITO	CRÉDITO	SALDO
Despesa	DEVEDORA	↑ (aumentam)	Encerramento do Exercício	DEVEDOR
Receita	CREDORA	Encerramento do Exercício	↑ (aumentam)	CREDOR

3.9 Razonete

Representação gráfica de uma conta = T, em que o lado esquerdo é o lado dos débitos, e o lado direito, dos créditos.

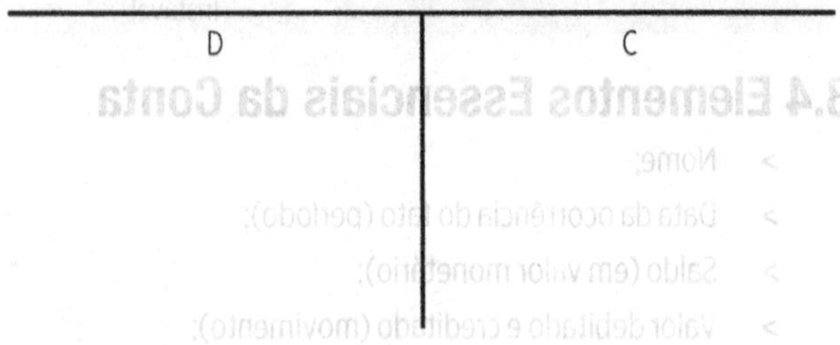

3.10 Saldo das Contas

Diferença positiva entre o total de débitos e o total de créditos efetuados na conta.

- Saldo Credor: total dos créditos > total dos débitos.
- Saldo Devedor: total dos créditos < total dos débitos.
- Saldo Nulo: total dos créditos = total dos débitos.

Importante!

As contas de natureza devedora apresentarão saldos DEVEDORES.

Ex.:

Caixa------------débitos = 10.000,00
créditos = 3.000,00
saldo final = 7.000,00 (devedor)

As contas de natureza credora apresentarão saldos CREDORES.

Exemplo.

Fornecedor-----débitos = 6.000,00
créditos = 13.000,00
saldo final = 7.000,00 (devedor)

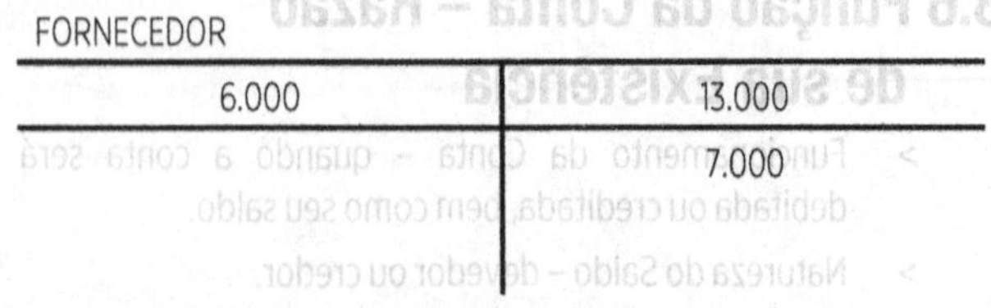

3.11 Balancete

O balancete de verificação é um demonstrativo auxiliar, levantado unicamente para fins operacionais, composto por todas as contas com seus respectivos saldos, que são extraídos do Livro Razão, com a finalidade de verificar se o total dos débitos é exatamente igual ao total dos créditos, ou seja, verifica se o método das partidas dobradas foi aplicado corretamente.

Balancete de Verificação = pré-balanço

Saldo DEVEDOR = Saldo CREDOR

A + (- P) + (- PL) + D = (- A) + P + PL + R

APLICAÇÃO = ORIGEM

Existem erros que não podem ser detectados pelo levantamento do balancete. O fato de o somatório dos saldos devedores ser igual ao somatório dos saldos credores não significa que a escrituração está 100% correta.

Ex.: registro em duplicidade ou omissão de registro, erros não detectados no balancete.

4. ESCRITURAÇÃO

4.1 Conceitos

Escrituração é a técnica contábil responsável pelo registro dos fatos contábeis (todos os acontecimentos que alteram a situação patrimonial da empresa).

Ex.: Quando uma entidade efetua o pagamento de uma dívida, é preciso que ocorra a escrituração desse pagamento, para que o fato seja registrado na contabilidade da entidade.

Vejamos o que a Lei nº 6.404/76 e o Código Civil dispõem sobre esse tema:

Lei 6.404/76

Escrituração

Art. 177. *A escrituração da companhia será mantida em registros permanentes, com obediência aos preceitos da legislação comercial e desta Lei e aos princípios de contabilidade geralmente aceitos, devendo observar métodos ou critérios contábeis uniformes no tempo e registrar as mutações patrimoniais segundo o regime de competência.*

§ 1º. *As demonstrações financeiras do exercício em que houver modificação de métodos ou critérios contábeis, de efeitos relevantes, deverão indicá-la em nota e ressaltar esses efeitos.*

§ 2º. *A companhia observará exclusivamente em livros ou registros auxiliares, sem qualquer modificação da escrituração mercantil e das demonstrações reguladas nesta Lei, as disposições da lei tributária, ou de legislação especial sobre a atividade que constitui seu objeto, que prescrevam, conduzam ou incentivem a utilização de métodos ou critérios contábeis diferentes ou determinem registros, lançamentos ou ajustes ou a elaboração de outras demonstrações financeiras.*

§ 3º. *As demonstrações financeiras das companhias abertas observarão, ainda, as normas expedidas pela Comissão de Valores Mobiliários e serão obrigatoriamente submetidas à auditoria por auditores independentes nela registrados.*

§ 4º. *As demonstrações financeiras serão assinadas pelos administradores e por contabilistas legalmente habilitados.*

§ 5º. *As normas expedidas pela Comissão de Valores Mobiliários a que se refere o § 3º deste Artigo deverão ser elaboradas em consonância com os padrões internacionais de contabilidade adotados nos principais mercados de valores mobiliários.*

§ 6º. *As companhias fechadas poderão optar por observar as normas sobre demonstrações financeiras expedidas pela Comissão de Valores Mobiliários para as companhias abertas.*

Código Civil

Art. 1.179. *O empresário e a sociedade empresária são obrigados a seguir um sistema de contabilidade, mecanizado ou não, com base na escrituração uniforme de seus livros, em correspondência com a documentação respectiva, e a levantar anualmente o balanço patrimonial e o de resultado econômico.*

§ 2º. *É dispensado das exigências deste artigo o pequeno empresário a que se refere o Art. 970.*

Art. 970. *A lei assegurará tratamento favorecido, diferenciado e simplificado ao empresário rural e ao pequeno empresário, quanto à inscrição e aos efeitos daí decorrentes.*

O Conselho Federal de Contabilidade (CFC), por meio da ITG 2.000 (R1), dispõe sobre as formalidades e estabelece critérios e procedimentos a serem adotados pela entidade para a escrituração contábil de seus fatos patrimoniais:

ITG 2000 (R1) – Escrituração Contábil

Formalidades da Escrituração Contábil

3. A escrituração contábil deve ser realizada com observância dos Princípios de Contabilidade.

4. O nível de detalhamento da escrituração contábil deve estar alinhado às necessidades de informação de seus usuários. Nesse sentido, esta Interpretação não estabelece o nível de detalhe ou mesmo sugere um plano de contas a ser observado. O detalhamento dos registros contábeis é diretamente proporcional à complexidade das operações da entidade e dos requisitos de informação a ela aplicáveis e, exceto nos casos em que uma autoridade reguladora assim o requeira, não devem necessariamente observar um padrão predefinido.

5. A escrituração contábil deve ser executada:

a) *em idioma e em moeda corrente nacionais;*

b) *em forma contábil;*

c) *em ordem cronológica de dia, mês e ano;*

d) *com ausência de espaços em branco, entrelinhas, borrões, rasuras ou emendas; e*

e) *com base em documentos de origem externa ou interna ou, na sua falta, em elementos que comprovem ou evidenciem fatos contábeis.*

6. A escrituração em forma contábil de que trata o item 5 deve conter, no mínimo:

a) *data do registro contábil, ou seja, a data em que o fato contábil ocorreu;*

b) *conta devedora;*

c) *conta credora;*

d) *histórico que represente a essência econômica da transação ou o código de histórico padronizado, neste caso baseado em tabela auxiliar inclusa em livro próprio;*

e) *valor do registro contábil;*

f) *informação que permita identificar, de forma unívoca, todos os registros que integram um mesmo lançamento contábil.*

4.2 Processos de Escrituração

Os processos de escrituração contábil são os seguintes:

Manual: a escrituração é feita à mão.

Maquinizado ou semimecanizado: a escrituração é feita por meio de máquinas de escrever.

Mecanizado: a escrituração é feita por meio de máquinas de escrituração. São máquinas específicas, destinadas a esse fim.

Computadorizado ou por processamento eletrônico: a escrituração é executada por meio de computadores.

O processo mais utilizado nos dias atuais é o computadorizado.

4.3 Métodos de Escrituração

Método de escrituração é a forma utilizada para o registro dos fatos contábeis.

É nesse momento da disciplina que iniciaremos o estudo de débitos e créditos. A partir daqui o estudante aprenderá a efetuar as contabilizações de fatos que alteram o patrimônio de uma entidade. As contabilizações são feitas por meio de lançamentos contábeis. Lançamento nada mais é que o registro de um fato contábil, utilizando débito e crédito. Um lançamento deve conter local e data do registro, contas debitadas, contas creditadas, histórico da operação (descrição do evento que gerou a contabilização) e valor da operação.

Antes de saber aplicar o débito e o crédito, é preciso saber qual é o método adotado na contabilidade para registrar tais débitos e créditos.

Todos os registros contábeis são feitos por meio do método das partidas dobradas, mas existem outros dois métodos que, apesar de estarem em desuso, podem ser cobrados em prova:

Método das partidas simples: nesse método, há somente o registro dos direitos e obrigações. Está em desuso.

Método das partidas mistas: são mantidas contas para o registro dos bens, direitos e obrigações. Está em desuso.

Método das partidas dobradas: esse é o método adotado na contabilidade. Ele determina que a soma dos valores dos débitos deve ser igual à soma dos valores dos créditos. Convém notar que ele não informa que teremos apenas um débito e apenas um crédito, ou que registraremos apenas direitos, ou bens. Esse método registra qualquer situação que modifique o patrimônio, seja um bem, direito, obrigação, receita ou despesa. E uma modificação patrimonial pode dar origem ao registro de um ou mais débitos e um ou mais créditos. O importante é que o valor total dos débitos seja igual ao valor total de créditos.

Um lançamento contábil pode ser feito por meio do chamado "razonete". Razonete é a representação gráfica de uma conta, em que é possível registrar toda a movimentação que ocorre (aumentos e diminuições de saldo).

Ele é apresentado da seguinte forma:

Título da Conta	
Valor a débito	Valor a crédito
Saldo	

Saldo = total de débitos – total de créditos, se:

> **Total de débitos > total de créditos:** a conta terá saldo devedor;

> **Total de créditos > total de débitos:** a conta terá saldo credor.

4.4 Funcionamento das Contas

Para iniciar o estudo do funcionamento das contas, é preciso entender o seguinte:

Pensemos na conta "caixa", que registra os valores que a empresa tem em caixa, e suas respectivas entradas e saídas de dinheiro:

Quando fazemos um pagamento utilizando o dinheiro do caixa, nosso saldo de caixa aumenta ou diminui? Diminui, certo?! Saiu dinheiro, diminuiu o saldo do caixa.

E quando recebemos um valor em dinheiro e guardamos esse dinheiro no caixa, o que ocorre com o saldo do caixa nessa situação? Aumenta ou diminui? Aumenta, certo?! Se entra dinheiro, o saldo de caixa aumenta.

É importante saber que essa movimentação (entrada e saída de recursos) é registrada, na contabilidade, por meio de débitos e créditos. Quando desejamos registrar o aumento do saldo de caixa, debitamos; quando desejamos registrar a diminuição do saldo de caixa, creditamos. E isso ocorre em todas as contas contábeis. Todas as contas são movimentadas por meio de débitos e créditos.

E para que saibamos registrar as movimentações que ocorrem em uma conta, é fundamental conhecer o funcionamento das contas.

Já vimos que, na contabilidade, existem contas de natureza devedora e contas de natureza credora. É essencial lembrar a natureza das contas para que seja possível movimentá-la por meio de débitos e créditos. Vamos relembrar:

Contas de Ativo e Despesas: possuem natureza devedora.

Contas de Passivo, Patrimônio Líquido e Receita: possuem natureza credora.

Contas retificadoras: possuem natureza inversa ao grupo a que pertencem, ou seja:

> Retificadoras do Ativo possuem natureza credora. **Exs.:** (-) PECLD (Perdas Estimadas com Créditos de Liquidação Duvidosa), (-) Depreciação Acumulada, (-) Amortização Acumulada, (-) Provisão para ajuste a valor de mercado.

> Retificadoras do Passivo e Patrimônio Líquido possuem natureza devedora. **Exs.:** (-) Encargos a transcorrer, (-) Capital a Integralizar, (-) Ações em Tesouraria, (-) Prejuízos Acumulados.

A seguir, aprenderemos como movimentar as contas. ATENÇÃO!

Contas de Ativo, Passivo e Patrimônio Líquido: sempre que desejarmos aumentar o saldo de uma conta, deveremos seguir a natureza que ela possui. Para diminuir o saldo, deveremos proceder ao lançamento inverso, ou seja:

Contas de Ativo, Retificadoras do Passivo e Retificadoras do PL: possuem **natureza devedora**, então, quando desejarmos **aumentar** o saldo dessas contas, deveremos **debitar**! Para **diminuir**, deveremos realizar o lançamento inverso, ou seja, um **crédito**.

Contas de Passivo, Patrimônio Líquido e Retificadoras do Ativo: possuem **natureza credora**, então, quando desejarmos **aumentar** o sado dessas contas, deveremos **creditar**! Para **diminuir**, deveremos realizar o lançamento inverso, ou seja, um **débito**.

Natureza Devedora	
↑ D	↓ C
Natureza Credora	
↑ C	↓ D

Contas de Receitas e Despesas:

Despesa – **D**ebitamos;

Receita – Creditamos.

Se o estudante preferir, pode memorizar as informações abaixo:

Contas de Ativo, Retificadoras do Passivo e Retificadoras do PL: possuem natureza devedora;

> Para aumentar o saldo: DEBITA-SE

> Para diminuir o saldo: CREDITA-SE

Contas do Passivo, Patrimônio Líquido e Retificadoras do Ativo: possuem natureza credora;

> Para aumentar o saldo: CREDITA-SE

> Para diminuir o saldo: DEBITA-SE

Procedimentos para efetuar um lançamento:

1º) Identificar as contas que deverão ser utilizadas.

2º) Depois de identificá-las, devemos determinar a que grupo de contas elas pertencem (Ativo, Passivo Exigível, PL, Receitas ou Despesas).

3º) Identificar se o saldo da conta aumenta ou diminui.

4º) Aplicar o mecanismo de débito e crédito.

Ex.: Efetuar o lançamento de um depósito de R$ 50.000, feito em conta corrente do Banco do Brasil com dinheiro extraído do caixa.

1º) Identificar as contas que deverão ser utilizadas.

Nesse caso, utilizaremos as contas "Caixa" (de onde sairá o dinheiro para depósito) e "Bancos" (o dinheiro será depositado no banco).

2º) Depois de identificá-las, devemos determinar a que grupo de contas elas pertencem (Ativo, Passivo Exigível, PL, Receitas ou Despesas).

Caixa: os valores em caixa são considerados bens numerários, portanto, registrados no Ativo.

Bancos: depósitos bancários são considerados, pela ESAF, bens numerários, portanto, registrados no Ativo.

3º) Identificar se o saldo da conta aumenta ou diminui.

Caixa: quando ocorre a saída de dinheiro do caixa, o saldo diminui (nesse caso, diminuiu o saldo, porque a empresa tira dinheiro do caixa para depositar na conta bancária).

Bancos: quando entra dinheiro por meio de um depósito bancário, o saldo de caixa aumenta.

4º) Aplicar o mecanismo de débito e crédito:

D: Bancos R$ 50.000,00

C: Caixa: R$ 50.000,00

OU

Bancos

a Caixa R$ 50.000,00[1]

	Aumentar	Diminuir
Ativo	D	C
Retificadoras do Ativo	C	D
Passivo	C	D
Retificadoras do Passivo	D	C
Patrimônio Líquido	C	D
Retificadoras do Patrimônio Líquido	D	C
Receitas	C	
Despesas	D	

1 Essa maneira de demonstrar a contabilização é bastante cobrada em prova. A conta que não recebe nenhuma informação na frente (nesse caso, Bancos) sempre será a conta debitada, e a conta que recebe "a" (nesse caso, Caixa) na frente sempre será a conta creditada.

4.5 Fórmulas de Lançamento

Vimos que um lançamento deve ter, de acordo com o Método das Partidas Dobradas, o valor total de débitos igual ao valor total de créditos. Vimos também que podem existir uma ou mais contas debitadas e uma ou mais contas creditadas. Vejamos quais são os tipos (fórmulas) de lançamento que existem:

1ª Fórmula: uma conta debitada e uma conta creditada. (11)

2ª Fórmula: uma conta debitada e duas ou mais contas creditadas. (12)

3ª Fórmula: duas ou mais contas debitadas e uma conta creditada. (21)

4ª Fórmula: duas ou mais contas debitadas e duas ou mais contas creditadas. (22)

	Conta (s) Debitada (s)	Conta (s) Creditada (s)
1ª Fórmula	1	1
2ª Fórmula	1	2
3ª Fórmula	2	1
4ª Fórmula	2	2

Para memorizar, é importante lembrar a ordem das fórmulas: 11, 12, 21, 22.

Para entender como funcionam as fórmulas de lançamento, vejamos o exemplo a seguir:

01. Compra de um veículo, à vista, no valor de R$ 30.000,00. Pagamento efetuado em cheque.

D: Veículos R$ 30.000,00;

C: Bancos R$ 30.000,00;

1 débito e 1 crédito => 11 => lançamento de 1ª fórmula.

02. Compra de veículo sendo parte à vista em dinheiro (R$ 10.000,00) e parte com prazo de 30 dias. O valor do veículo é de R$ 30.000,00.

D: Veículos R$ 30.000,00;

C: Caixa R$ 10.000,00;

C: Duplicatas a pagar R$ 20.000,00;

1 débito e 2 créditos => 12 => 2ª fórmula.

03. Pagamento com atraso de uma duplicata no valor de R$ 15.000,00, com acréscimo de juros de 10%.

D: Duplicatas a pagar R$ 15.000,00;

D: Juros Passivos (o mesmo que Despesas com Juros) R$ 1.500,00;

C: Caixa R$ 16.500,00;

2 débitos e 1 crédito => 21 => 3ª fórmula.

04. A empresa PC comprou um computador no valor de R$ 1.200,00 e uma motocicleta no valor de R$ 6.000,00. Efetuou o pagamento em dinheiro no valor de R$ 3.000,00 e o restante da quantia será pago em 30 dias.

D: Computadores e periféricos R$ 1.200,00;

D: Veículos R$ 6.000,00;

C: Caixa R$ 3.000,00;

C: Duplicatas a pagar R$ 4.200,00;

2 débitos e 2 créditos => 22 => 4ª fórmula.

4.6 Erros de Escrituração

Durante o processo de escrituração, podem ocorrer alguns erros, como:

Erro na identificação da conta debitada ou creditada: quando o débito ou o crédito são feitos incorretamente.

Ex.:

Lançamento correto:

D: Caixa R$ 1.000,00;

C: Duplicatas a receber R$ 1.000,00;

Histórico: Recebimento da duplicata nº 100 em dinheiro.

Erro na identificação da conta debitada ou creditada:

D: Bancos R$ 1.000,00;

C: Duplicatas a receber R$ 1.000,00;

Histórico: Recebimento da duplicata nº 100 em dinheiro.

Inversão de contas: quando ocorre a inversão do lançamento contábil, ou seja, debita-se a conta que deveria ser creditada e credita-se a conta que deveria ser debitada.

Ex.:

Lançamento correto:

D: Caixa R$ 1.000,00;

C: Duplicatas a receber R$ 1.000,00;

Histórico: Recebimento da duplicata nº 100 em dinheiro.

Inversão de contas:

D: Duplicatas a receber R$ 1.000,00;

C: Caixa R$ 1.000,00;

Histórico: Recebimento da duplicata nº 100 em dinheiro.

Erro na identificação do valor: quando o valor é registrado incorretamente (maior ou menor do que o correto).

Ex.:

Lançamento correto:

D: Caixa R$ 1.000,00

C: Duplicatas a receber R$ 1.000,00

Histórico: Recebimento da duplicata nº 100 em dinheiro.

Erro na identificação do valor:

D: Caixa R$ 100,00

C: Duplicatas a receber R$ 100,00

Histórico: Recebimento da duplicata nº 100 em dinheiro.

Erro no histórico: quando ocorre erro no histórico que acompanha o lançamento.

Ex.:

Lançamento correto:

D: Caixa R$ 1.000,00;

C: Duplicatas a receber R$ 1.000,00;

Histórico: Recebimento da duplicata nº 100 em dinheiro.

Erro no histórico:

D: Caixa R$ 1.000,00;

C: Duplicatas a receber R$ 1.000,00;

Histórico: Recebimento da duplicata nº 1.000 em dinheiro.

Lançamento em duplicidade: a entidade contabiliza duas vezes o mesmo fato.

Ex.:

Lançamento correto:

D: Caixa R$ 1.000,00;

C: Duplicatas a receber R$ 1.000,00;

Histórico: Recebimento da duplicata nº 100 em dinheiro.

Lançamento em duplicidade: a entidade contabiliza duas vezes o mesmo fato.

D: Caixa R$ 1.000,00;

C: Duplicatas a receber R$ 1.000,00;

Histórico: Recebimento da duplicata nº 100 em dinheiro.

Omissão de lançamento: quando a entidade deixa de escriturar um fato.

Ex.:

Lançamento correto:

D: Caixa R$ 1.000,00;

C: Duplicatas a receber R$ 1.000,00;

Histórico: Recebimento da duplicata nº 100 em dinheiro.

Omissão de lançamento: ocorre quando a entidade deixa de escriturar um fato.

Técnicas de correção

Estorno: anulação integral do lançamento incorreto por meio de um lançamento inverso.

Transferência: utilizado para corrigir a conta indevidamente debitada ou creditada. Por meio da transferência, é possível a correção do erro mediante um único lançamento, sem a necessidade de se estornar integralmente o lançamento incorreto.

Complementação: lançamento feito posteriormente para complementar, aumentando ou reduzindo o valor anteriormente registrado.

Ressalva: correção de erro no histórico por meio de expressões como "digo", "ou melhor", "em tempo" etc. O erro deve ser corrigido imediatamente após ter ocorrido.

ITG 2000 (R1) – Escrituração Contábil

Retificação de lançamento contábil

31. Retificação de lançamento é o processo técnico de correção de registro realizado com erro na escrituração contábil da entidade e pode ser feito por meio de:

a) estorno;

b) transferência; e

c) complementação.

32. Em qualquer das formas citadas no item 31, o histórico do lançamento deve precisar o motivo da retificação, a data e a localização do lançamento de origem.

33. O estorno consiste em lançamento inverso àquele feito erroneamente, anulando-o totalmente.

34. Lançamento de transferência é aquele que promove a regularização de conta indevidamente debitada ou creditada, por meio da transposição do registro para a conta adequada.

35. Lançamento de complementação é aquele que vem, posteriormente, complementar, aumentando ou reduzindo o valor anteriormente registrado.

36. Os lançamentos realizados fora da época devida devem consignar, nos seus históricos, as datas efetivas das ocorrências e a razão do registro extemporâneo.

Estorno: anulação integral do lançamento incorreto por meio de um lançamento inverso.

Transferência: utilizado para corrigir a conta indevidamente debitada ou creditada. Por meio da transferência, é possível a correção do erro mediante um único lançamento, sem a necessidade de se estornar integralmente o lançamento incorreto.

Complementação: lançamento feito, posteriormente, para complementar, aumentando ou reduzindo o valor anteriormente registrado.

Ressalva: correção de erro no histórico por meio de expressões como "digo", "ou melhor", "em tempo" etc. O erro deve ser corrigido imediatamente após ter ocorrido.

4.7 Regimes de Escrituração

Corresponde ao processo de reconhecimento das contas de resultado na escrituração da empresa.

Existem dois regimes de escrituração na contabilidade, porém apenas um deles é aceito pela Lei 6.404/76:

Lei 6.404/76

Escrituração

Art. 177. *A escrituração da companhia será mantida em registros permanentes, com obediência aos preceitos da legislação comercial e desta Lei e aos princípios de contabilidade geralmente aceitos, devendo observar métodos ou critérios contábeis uniformes no tempo* ***e registrar as mutações patrimoniais segundo o regime de competência****.*

Regime de caixa

O reconhecimento das receitas e despesas por esse método deve ser feito quando ocorre impacto nas disponibilidades da empresa. O que importa é a efetiva entrada de recursos, no que diz respeito às **receitas**, e do efetivo pagamento ou saída de recursos, no que diz respeito às **despesas**.

Regime de competência

Considera que o reconhecimento das receitas deve ser feito quando elas são geradas e, das despesas, quando são incorridas, ou seja, no período da ocorrência dos seus fatos geradores, independentemente de seu recebimento (receitas) ou pagamento (despesas).

4.8 Livros de Escrituração

Livros de escrituração são os livros nos quais a entidade registra os fatos que alteram o patrimônio. Existem livros contábeis em formato não digital, e livros contábeis em formato digital.

A ITG 2000 (R1) determina que os livros contábeis obrigatórios, entre eles o Livro Diário e o Livro Razão, **em forma não digital**, devem revestir-se de formalidades extrínsecas, tais como:

> serem encadernados;

> terem suas folhas numeradas sequencialmente;

> conterem termo de abertura e de encerramento assinados pelo titular ou representante legal da entidade e pelo profissional da contabilidade regularmente habilitado no Conselho Regional de Contabilidade.

Determina também que os livros contábeis obrigatórios, entre eles o Livro Diário e o Livro Razão, **em forma digital**, devem revestir-se de formalidades extrínsecas, tais como:

serem assinados digitalmente pela entidade e pelo profissional da contabilidade regularmente habilitado;

quando exigível por legislação específica, serem autenticados no registro público ou entidade competente.

Livro diário

No Livro Diário devem ser lançadas, em ordem cronológica, com individualização, clareza e referência ao documento probante, todas as operações ocorridas, e quaisquer outros fatos que provoquem variações patrimoniais.

As principais características do Livro Diário são:

> Obrigatório (exigido pelo Código Civil).

> Principal (registra todos os fatos que alteram o patrimônio).

> Cronológico (os fatos são registrados em ordem cronológica de dia, mês e ano).

O Livro Diário possui formalidades intrínsecas e extrínsecas:

Formalidades Intrínsecas: são as formalidades relacionadas ao lançamento contábil.

> deve ser escriturado em ordem cronológica;

> não são permitidos borrões, rasuras, emendas, espaços em branco e ocupação de margens ou entrelinhas;

> a escrituração deve ser feita em língua e moeda nacionais.

Formalidades Extrínsecas: são as formalidades relacionadas à apresentação ou aparência dos livros.

> deve ser encadernado;

> suas páginas devem ser numeradas sequencialmente;

> termos de abertura e encerramento;

> deve ser registrado em repartição competente.

Requisitos necessários para o registro de uma operação no Livro Diário:

> Local e data da operação.

> Conta a ser debitada.

> Conta a ser creditada.

> Histórico da operação.

> Valor da operação em moeda nacional.

Ex.: Cascavel, 01 de julho de 2016

Mercadorias

a Caixa R$ 1.200,00

Pela aquisição à vista, nesta data, de mercadorias para revenda NF 07.

Atenção!

> A conta que não vem precedida de "a" é a conta debitada. Nesse caso, a conta "Mercadorias".

> A conta que vem precedida de "a" é a conta creditada. Nesse caso, a conta "Caixa".

Essa contabilização também poderia ser apresentada da seguinte forma:

D: Mercadorias R$ 1.200,00.

C: Caixa R$ 1.200,00.

Livro razão

O Razão é um livro principal (registra todos os fatos que alteram o patrimônio), sistemático (registra os fatos por contas, e não por ordem cronológica), obrigatório pela Legislação do IR (para aquelas entidades sujeitas à tributação do IR pelo Lucro Real) e facultativo pela Legislação Comercial. Cada página do Livro Razão representa uma conta.

Ex.:

Conta Mercadorias

Data	Histórico	Débito	Crédito	Saldo
24/04/2016	Compra NF07	R$ 1.200,00		R$ 1.200,00
25/04/2016	Compra NF11	R$ 800,00		R$ 2.000,00
25/04/2016	Venda NF33		R$ 500,00	R$ 1.500,00

Livros especiais

São considerados obrigatórios apenas para determinadas pessoas ou atividades. O Art. 100 da Lei 6.404/76 descreve os livros que as sociedades anônimas estão obrigadas a escriturar. Vejamos:

Lei nº 6.404/76

Art. 100. *A companhia deve ter, além dos livros obrigatórios para qualquer comerciante, os seguintes, revestidos das mesmas formalidades legais:*

I. *O livro de Registro de Ações Nominativas, para inscrição, anotação ou averbação:*

a) *do nome do acionista e do número das suas ações;*

b) *das entradas ou prestações de capital realizado;*

c) *das conversões de ações, de uma em outra espécie ou classe;*

d) *do resgate, reembolso e amortização das ações, ou de sua aquisição pela companhia;*

e) *das mutações operadas pela alienação ou transferência de ações;*

f) *do penhor, usufruto, fideicomisso, da alienação fiduciária em garantia ou de qualquer ônus que grave as ações ou obste sua negociação.*

II. *O livro de "Transferência de Ações Nominativas", para lançamento dos termos de transferência, que deverão ser assinados pelo cedente e pelo cessionário ou seus legítimos representantes;*

III. *O livro de "Registro de Partes Beneficiárias Nominativas" e o de "Transferência de Partes Beneficiárias Nominativas", se tiverem sido emitidas, observando-se, em ambos, no que couber, o disposto nos números I e II deste artigo;*

IV. *O livro de Atas das Assembleias Gerais;*

V. *O livro de Presença dos Acionistas;*

VI. *Os livros de Atas das Reuniões do Conselho de Administração, se houver, e de Atas das Reuniões de Diretoria;*

VII. *O livro de Atas e Pareceres do Conselho Fiscal.*

§ 1º. *A qualquer pessoa, desde que se destinem a defesa de direitos e esclarecimento de situações de interesse pessoal ou dos acionistas ou do mercado de valores mobiliários, serão dadas certidões dos assentamentos constantes dos livros mencionados nos incisos I a III, e por elas a companhia poderá cobrar o custo do serviço, cabendo, do indeferimento do pedido por parte da companhia, recurso à Comissão de Valores Mobiliários.*

§ 2º. *Nas companhias abertas, os livros referidos nos incisos I a V do "caput" deste artigo poderão ser substituídos, observadas as normas expedidas pela Comissão de Valores Mobiliários, por registros mecanizados ou eletrônicos.*

4.9 Balancete de Verificação

É uma relação de todas as contas abertas em um exercício. Possui a finalidade de verificar e demonstrar a correta aplicação do método das partidas dobradas, ou seja, verificar se o total de saldos devedores é igual ao total de saldos credores. O balancete é feito a partir do Livro Razão, do qual são extraídos os saldos para a sua elaboração.

Ex.:

Contas	Natureza do Saldo	
	Devedora	Credora
Mercadorias	R$ 3.200,00	
Caixa	R$ 800,00	
Fornecedores		R$ 700,00
Capital Social		R$ 3.300,00
Total	R$ 4.000,00	R$ 4.000,00

Existem dois tipos de Balancetes:

Balancete Inicial: possui contas patrimoniais (contas de Ativo, Passivo Exigível e Patrimônio Líquido) e contas de resultado (receitas e despesas). É elaborado antes da Apuração do Resultado do Exercício.

Balancete Final: composto apenas por contas patrimoniais (contas de Ativo, Passivo Exigível e Patrimônio Líquido). É elaborado depois da Apuração do Resultado do Exercício.

4.10 Fatos Contábeis

Fatos contábeis são todos os fatos que ocorrem em uma empresa, e que alteram qualitativamente e/ou quantitativamente seu patrimônio.

Se a ação praticada pela administração não afetar o patrimônio da empresa, será considerado um Ato Administrativo. Os atos relevantes podem ser controlados em contas de compensação.

Os fatos podem ser classificados como:

> Fatos Permutativos.

> Fatos Modificativos.

> Fatos Mistos.

Fatos permutativos, qualitativos ou compensativos

São aqueles que não provocam alterações quantitativas no Patrimônio Líquido.

Ex.: Compra de mercadoria à vista, pagamento de uma duplicata, compra de máquina a prazo.

Fatos modificativos ou quantitativos

São aqueles que provocam alterações quantitativas no Patrimônio Líquido, seguidos de alterações no Ativo ou no Passivo Exigível. Podem ser classificados em modificativos aumentativos (aumentam o PL) ou modificativos diminutivos (diminuem o PL).

Ex.: Prescrição de dívidas, faturamento de um serviço, compra de ações da própria empresa, reconhecimento de despesas de salários.

Fatos mistos ou compostos

São aqueles que provocam alterações qualitativas e quantitativas no patrimônio da entidade. Uma "parte" do fato é permutativa e outra "parte" do fato é modificativa. Também podem ser aumentativoEx.: s ou diminutivos, conforme aumentam ou diminuem o PL.

Recebimento de duplicatas com juros e pagamento de duplicata com desconto.

Fatos Permutativos	Fatos Modificativos	Fatos Mistos
Contabilizações que ocorrem entre os seguintes grupos: *** A – A** *** A – P** *** P – P** *** PL – PL** (aumentando e reduzindo o saldo do PL, provocando uma alteração quantitativa nula [alterando apenas qualitativamente o PL]).	Contabilizações que ocorrem entre os seguintes grupos: *** A – PL (ou Receitas ou Despesas**)** *** P – PL (ou Receitas ou Despesas**)** ** Receitas provocam alterações aumentativas no PL e Despesas provocam alterações diminutivas no PL.	Contabilizações que ocorrem entre os seguintes grupos: *** A – A – PL (ou Receitas ou Despesas**)** *** A – P – PL (ou Receitas ou Despesas**)** *** P – P – PL (ou Receitas ou Despesas**)** ** Receitas provocam alterações aumentativas no PL e Despesas provocam alterações diminutivas no PL.

Exemplo sobre atos e fatos:

01. Assinatura de um contrato publicitário para veiculação de mídia dentro do período de 6 meses.

Ato administrativo

02. Aquisição de máquinas e equipamentos à vista, pelo valor de R$ 80.000,00.

D: Máquinas e Equipamentos (A) R$ 80.000,00.

C: Caixa (A) R$ 80.000,00.

> *Essa contabilização movimentou os seguintes grupos:*

A – A: Fato Permutativo.

03. A empresa Pátria Ltda. prestou serviços e cobrou a quantia de R$ 25.000,00 recebidos no ato.

D: Caixa (A) R$ 25.000,00.

C: Receita (Rec.) R$ 25.000,00.

> *Essa contabilização movimentou os seguintes grupos:*

A – Rec.: Fato Modificativo Aumentativo.

04. Aquisição de equipamentos a prazo. Valor dos bens adquiridos: R$ 12.000,00. Prazo para pagamento: em quota única com vencimento em 90 dias.

D: Equipamentos (A) R$12.000,00.

C: Duplicatas a pagar (P) R$ 12.000,00.

> *Essa contabilização movimentou os seguintes grupos:*

A – P: Fato Permutativo.

05. Pagamento de títulos no valor de R$ 18.000,00. Os títulos foram pagos em dinheiro, após a data de vencimento e com cobrança de juros no valor de R$ 250,00.

D: Títulos a pagar (P) R$ 18.000,00.

D: Juros Passivos (Desp.) R$ 250,00.

C: Caixa (A) R$ 18.250,00.

> *Essa contabilização movimentou os seguintes grupos:*

A – P – Desp.: Fato Misto Diminutivo.

Questões

01. (ESAF) O balancete de verificação evidencia

a) os estornos efetuados no período.

b) a configuração e classificação correta dos itens contábeis.

c) a igualdade matemática dos lançamentos efetuados no período.

d) o registro dos movimentos individuais das contas contábeis no período.

e) os lançamentos do período, quando efetuados de forma correta no período.

02. (FCC) Em relação à escrituração contábil, é correto afirmar que as contas

a) de resultado, sem exceção, aumentam por crédito.

b) representativas do capital e das reservas de capital da companhia aumentam por débito.

c) do Passivo aumentam por débito.

d) do Ativo diminuem por crédito.

e) retificadoras do Patrimônio Líquido têm saldo credor.

03. (FCC) No lançamento de 3ª fórmula, há

a) mais de duas contas debitadas e duas creditadas.

b) mais de uma conta debitada e uma creditada.

c) uma conta debitada e outra creditada.

d) duas contas debitadas e duas creditadas.

e) duas contas creditadas e uma debitada.

04. (ESAF) A seguinte relação de contas e saldos foi extraída do Livro Razão de determinada empresa, no dia do encerramento do exercício social:

Contas	Saldos
Caixa	100,00
Capital Social	300,00
Clientes	140,00
Aluguéis a Receber	40,00
Aluguéis Ativos	65,00
Duplicatas a Receber	160,00
Mercadorias	180,00
ICMS a Recuperar	30,00
IPI a Recolher	15,00
Despesas a Pagar	35,00
Móveis e Utensílios	200,00
Receitas de Vendas	220,00
Veículos	350,00
Despesas a Vencer	60,00
Receitas a Receber	80,00
Aluguéis Passivos	50,00
Salários	70,00
Fornecedores	280,00
Provisão p/Ajuste de Estoques	18,00
Provisão p/Imposto de Renda	62,00
Duplicatas a Pagar	230,00
Duplicatas Descontadas	70,00
Aluguéis a Pagar	25,00
Depreciação Acumulada	110,00
Custo das Mercadorias Vendidas	120,00
Reserva Legal	50,00
Somatório	3.060,00

Ao elaborar um balancete de verificação com as contas acima, podemos ver que:

a) o balancete está fechado com o saldo de R$ 1.530,00.

b) o balancete não fecha, pois o saldo devedor é R$ 200,00, a maior.

c) o saldo credor é de apenas R$ 1.465,00.

d) o saldo devedor é de apenas R$ 1.382,00.

e) para fechar o balancete, faltam R$ 100,00 no crédito.

05. (CESGRANRIO) De acordo com os elementos técnico-conceituais do método das partidas dobradas, na Contabilidade brasileira, os débitos são realizados, somente, nas contas

a) Credoras.

b) Devedoras.

c) do Ativo e do Passivo.

d) do Ativo, Passivo e do Patrimônio Líquido.

e) Patrimoniais e de Resultado.

06. (FGV) O fato contábil apresentado abaixo, que representa uma alteração no patrimônio pela diminuição e aumento no Ativo circulante, simultaneamente, é:

a) aquisição e imóvel financiado.

b) pagamento de fornecedores.

c) quitação de dívidas oriundas de captação de recursos junto a instituições financeiras.

d) quitação de um crédito de curto prazo.

e) comissões sobre empréstimos bancários.

07. (CESGRANRIO) A companhia N realizou hoje, em seu Livro Diário, este lançamento:

Rio de Janeiro, 5 de Março de 2014.

Salários a Pagar 15.000,00

a Caixa 15.000,00

Pagamento de salários provisionados em fevereiro

Considere, exclusivamente, o lançamento realizado pela companhia N. Tal lançamento indica a ocorrência de um fato

a) misto aumentativo.

b) misto diminutivo.

c) modificativo aumentativo.

d) modificativo diminutivo.

e) permutativo.

08. (ESAF) A empresa Comercial de Bolas e Balas Ltda. mandou elaborar um balancete de verificação com as seguintes contas e saldos constantes do Livro Razão Geral:

Contas	Saldos
Caixa	13.000,00
Depreciação Acumulada	2.000,00
Títulos a Pagar	80.000,00
Salários e Ordenados	1.600,00
Bancos – Conta Movimento	74.000,00
Receitas de Serviços	14.400,00
Computadores e Periféricos	16.000,00
Despesas de Transporte	700,00
Salários a Pagar	1.000,00
Capital Social	160.000,00
Provisão p/Créditos de Liquidação Duvidosa	600,00
Capital a Realizar	18.000,00
Duplicatas Descontadas	10.000,00
Provisão p/FGTS	800,00
Aluguéis Passivos a Vencer	1.500,00
Imóveis	110.000,00
Clientes	34.000,00

Ao ser elaborada a referida peça contábil, de acordo com a solicitação, foi constatado o fechamento do balancete com o seguinte saldo total:

a) R$ 537.600,00.

b) R$ 268.800,00.

c) R$ 223.300,00.

d) R$ 233.300,00.

e) R$ 134.400,00.

09. (CESGRANRIO) A elaboração do Balancete de Verificação, em decorrência de suas características técnicas específicas, é tecnicamente embasada no

a) método da teoria materialista.

b) método das partidas dobradas.

c) método da teoria patrimonialista.

d) princípio do registro pelo valor original.

e) regime de competência.

10. (CESGRANRIO) Conta, de modo simples e geral, é a nomenclatura que qualifica e representa os elementos homogêneos que ela acolhe no registro contábil de atos e fatos administrativos. Nesse contexto, e de acordo com a teoria patrimonialista adotada pela Contabilidade brasileira, são contas de origem devedora ou contas devedoras as seguintes contas:

a) do Ativo; de Despesas; Retificadoras do Passivo Exigível; Retificadoras do PL.
b) do Ativo; de Receitas; Retificadoras do Ativo.
c) do Ativo; Retificadoras do Ativo; de Custos e Despesas.
d) do Passivo Exigível; Retificadoras do PL; Retificadoras do Passivo Exigível.
e) do Passivo; de Custos; de Despesas.

11. (ESAF) O lançamento de terceira fórmula é chamado de lançamento composto, porque é formado de:

a) duas contas devedoras e duas contas credoras.
b) duas contas devedoras e uma conta credora.
c) uma conta devedora e duas ou mais contas credoras.
d) duas ou mais contas devedoras e duas ou mais contas credoras.
e) duas ou mais contas devedoras e uma conta credora.

12. (FCC) A empresa Amandia S.A. atua no mercado varejista, em todo território nacional, emitindo mais de um milhão de notas fiscais/mês. Sua cobrança é realizada integralmente por intermédio do Banco Cobrança S.A. Por seus serviços, o Banco cobra R$ 2,20 por título enviado. A empresa contabiliza o serviço bancário contratado no ato do débito da despesa em conta corrente, que ocorre no momento da efetivação da cobrança pelo banco. A adoção desse procedimento pela empresa evidencia a aplicação

a) do regime de competência.
b) do regime de caixa.
c) da essência sobre a forma.
d) do princípio da materialidade.
e) da confiabilidade.

13. (ESAF) Na data de encerramento do exercício social, a empresa ABN S.A. apresentou a seguinte relação de contas e saldos constantes do seu Livro Razão:

Contas	Saldos
Capital Social	18.000,00
Receitas de Vendas	16.500,00
Duplicatas a Receber	14.000,00
Duplicatas a Pagar	13.000,00
Clientes	12.000,00
Fornecedores	11.000,00
Móveis e Utensílios	10.000,00
Veículos	9.000,00
Bancos c/Movimento	8.500,00
Custo das Vendas	6.800,00
Reserva Legal	6.300,00
Empréstimos Obtidos	6.000,00
Mercadorias	5.000,00
Ações de Coligadas	4.300,00
Salários e Ordenados	4.200,00
Provisão p/Férias	3.500,00
Descontos Concedidos	3.200,00
Depreciação Acumulada	2.900,00
Aluguéis Ativos	2.500,00
Depreciação	2.100,00
Capital a Realizar	1.800,00
Juros Ativos	1.500,00
Caixa	1.500,00
Provisão p/Devedores Duvidosos	1.100,00
Provisão p/IR	1.000,00
Devedores Duvidosos	900,00

Ao mandar elaborar um balancete geral de verificação a partir dos saldos mencionados, a empresa encontrará saldos devedores no valor de

a) R$ 83.300,00.
b) R$ 81.500,00.
c) R$ 80.400,00.
d) R$ 79.300,00.
e) R$ 77.500,00.

14. (ESAF) Observe as seguintes sugestões de lançamento e assinale a opção incorreta.

a) Compras
a Diversos
a Caixa
a Fornecedores
Neste lançamento está sendo contabilizada uma operação de compra de mercadorias a prazo com entrada, sem impostos.

b) Diversos
a Caixa
Fornecedores
Juros
Neste lançamento está sendo contabilizado um pagamento de dívidas com juros.

c) Diversos
a Vendas
Clientes
Impostos a Recuperar
Neste lançamento está sendo contabilizada uma venda a prazo com ICMS.

d) Fornecedores
a Diversos
a Caixa
a Descontos
Neste lançamento está sendo contabilizado um pagamento de dívidas com descontos.

e) Caixa
a Diversos
a Clientes
a Juros
Neste lançamento está sendo contabilizado um recebimento de créditos com juros.

15. (ESAF) O lançamento contábil apropriado para registrar o recebimento de notas promissórias no valor de R$ 400,00 com descontos de 8% é o que segue:

a) Diversos
a Títulos a Receber
Caixa 368,00
Descontos Passivos 32,00 400,00

b) Caixa
a Diversos
a Títulos a Receber 368,00
a Descontos Ativos 32,00 400,00

c) Diversos
a Caixa
Títulos a Receber 368,00
Descontos Passivos 32,00 400,00

d) Caixa
a Diversos
a Títulos a Receber 400,00
a Descontos Ativos 32,00 432,00

e) Diversos
a Caixa
Títulos a Receber 400,00
Descontos Passivos 32,00 432,00

16. (CESGRANRIO) No que se refere ao Livro Diário, analise os seguintes itens:

I. encadernação com folhas numeradas em sequência, tipograficamente;
II. forma mercantil;
III. individualização e clareza;
IV. ausência de intervalos em branco ou de entrelinhas;
V. termo de Abertura;
VI. termo de Encerramento.

São formalidades intrínsecas ao livro Diário APENAS os itens

a) I, II e III.
b) I, V e VI.
c) II, III e IV.
d) II, V e VI.
e) III, IV e VI.

Gabaritos

01	C	09	B
02	D	10	A
03	B	11	E
04	E	12	B
05	E	13	A
06	D	14	C
07	E	15	A
08	B	16	C

5. BALANÇO PATRIMONIAL

Antes de iniciarmos o estudo do Balanço Patrimonial, é importante que saibamos quais são as **demonstrações contábeis obrigatórias**.

A Lei 6.404/76 determina, em seu Art. 176, que ao fim de cada exercício social*, a diretoria fará elaborar, com base na escrituração mercantil da companhia, as seguintes demonstrações financeiras, que deverão exprimir com clareza a situação do patrimônio da companhia e as mutações ocorridas no exercício:

> Balanço Patrimonial - BP.

> Demonstração dos Lucros ou Prejuízos Acumulados - DLPA.

> Demonstração do Resultado do Exercício - DRE.

> Demonstração dos Fluxos de Caixa – DFC**; e

> Se companhia aberta, Demonstração do Valor Adicionado.

* O exercício social terá duração de 1 ano e a data do término será fixada no estatuto. Na constituição da companhia e nos casos de alteração estatutária o exercício social poderá ter duração diversa.

** A companhia fechada com Patrimônio Líquido, na data do balanço, inferior a R$ 2.000.000,00 (dois milhões de reais) não será obrigada à elaboração e publicação da demonstração dos fluxos de caixa.

As demonstrações financeiras auxiliarão a Contabilidade a cumprir sua finalidade de fornecer informações aos usuários. Cada demonstração contábil fornecerá uma informação específica.

O Balanço Patrimonial fornecerá informações sobre a composição do patrimônio de uma entidade (seus bens, direitos e obrigações). Veremos, no capítulo 7, as demais demonstrações obrigatórias.

A Lei 6.404/76 também determina que:

> As demonstrações de cada exercício serão publicadas com a indicação dos valores correspondentes das demonstrações do exercício anterior.

> Nas demonstrações, as contas semelhantes poderão ser agrupadas; os pequenos saldos poderão ser agregados, desde que indicada a sua natureza e que não ultrapassem 0,1 (um décimo) do valor do respectivo grupo de contas; mas é vedada a utilização de designações genéricas, como "diversas contas" ou "contas correntes".

> As demonstrações serão complementadas por **notas explicativas** e outros quadros analíticos ou demonstrações contábeis necessários para esclarecimento da situação patrimonial e dos resultados do exercício.

> As demonstrações financeiras registrarão a destinação dos lucros segundo a proposta dos órgãos da Administração, no pressuposto de sua aprovação pela assembleia geral.

> A demonstração de lucros ou prejuízos acumulados deverá indicar o montante do dividendo por ação do capital social e **poderá ser incluída na demonstração das mutações do Patrimônio Líquido, se elaborada e publicada pela companhia**.

As **notas explicativas** devem:

Apresentar informações sobre a base de preparação das demonstrações financeiras e das práticas contábeis específicas selecionadas e aplicadas para negócios e eventos significativos;

Divulgar as informações exigidas pelas práticas contábeis adotadas no Brasil que não estejam apresentadas em nenhuma outra parte das demonstrações financeiras;

Fornecer informações adicionais não indicadas nas próprias demonstrações financeiras e consideradas necessárias para uma apresentação adequada; e

> Indicar:

» os principais critérios de avaliação dos elementos patrimoniais, especialmente estoques, dos cálculos de depreciação, amortização e exaustão, de constituição de provisões para encargos ou riscos, e dos ajustes para atender a perdas prováveis na realização de elementos do Ativo;

» os investimentos em outras sociedades, quando relevantes;

» o aumento de valor de elementos do Ativo resultante de novas avaliações;

» os ônus reais constituídos sobre elementos do Ativo, as garantias prestadas a terceiros e outras responsabilidades eventuais ou contingentes;

» a taxa de juros, as datas de vencimento e as garantias das obrigações de longo prazo;

» o número, espécies e classes das ações do capital social;

» as opções de compra de ações outorgadas e exercidas no exercício;

» os ajustes de exercícios anteriores; e

» os eventos subsequentes à data de encerramento do exercício que tenham, ou possam vir a ter, efeito relevante sobre a situação financeira e os resultados futuros da companhia.

O Pronunciamento Técnico CPC 26 (R1) - Apresentação das Demonstrações Contábeis, que define a base para apresentação das demonstrações contábeis, determina que o conjunto completo de demonstrações contábeis inclui:

> Balanço Patrimonial ao final do período;

> Demonstração do Resultado do período;

> Demonstração do Resultado Abrangente do período;

> Demonstração das Mutações do Patrimônio Líquido do período;

> Demonstração dos Fluxos de Caixa do período;

> Notas explicativas, compreendendo as políticas contábeis significativas e outras informações elucidativas;

> Informações comparativas com o período anterior;

> Balanço Patrimonial do início do período mais antigo, comparativamente apresentado, quando a entidade aplicar uma política contábil retrospectivamente ou proceder à reapresentação retrospectiva de itens das demonstrações contábeis, ou quando proceder à reclassificação de itens de suas demonstrações contábeis; e

> - Demonstração do Valor Adicionado do período, se exigida legalmente ou por algum órgão regulador, ou mesmo se apresentada voluntariamente.

O CPC 26 (R1) determina que o conjunto completo das demonstrações contábeis deve ser apresentado pelo menos anualmente (inclusive informação comparativa).

Quando se altera a data de encerramento das demonstrações contábeis da entidade, e as demonstrações contábeis são apresentadas para um período mais longo ou mais curto do que um ano (exercício social), a entidade deve divulgar, além do período abrangido pelas demonstrações contábeis:

> A razão para usar um período mais longo ou mais curto; e

> O fato de que não são inteiramente comparáveis os montantes comparativos apresentados nessas demonstrações.

Demonstrações Contábeis	
Lei 6.404/76	**CPC 26 (R1) - Apresentação das Demonstrações Contábeis**
- Balanço Patrimonial; - Demonstração dos Lucros ou Prejuízos Acumulados; - Demonstração do Resultado do Exercício; - Demonstração dos Fluxos de Caixa*; e - se companhia aberta, Demonstração do Valor Adicionado. * A companhia fechada com Patrimônio Líquido, na data do balanço, inferior a R$ 2.000.000,00 (dois milhões de reais) não será obrigada à elaboração e publicação da demonstração dos fluxos de caixa.	- Balanço Patrimonial; - Demonstração do Resultado do Período; - Demonstração do Resultado Abrangente do período; - Demonstração das Mutações do Patrimônio Líquido do período; - Demonstração dos Fluxos de Caixa do período; - Notas explicativas; - Demonstração do Valor Adicionado.

5.1 Conceitos

Balanço Patrimonial é a representação gráfica equilibrada do patrimônio de uma entidade em determinada data, evidenciando todas as contas patrimoniais e seus respectivos saldos. Ele é preparado com o objetivo de fornecer informações sobre a situação patrimonial da entidade. É considerado como sendo a situação estática do patrimônio.

Será composto por uma parte positiva, apresentada do lado esquerdo da demonstração, chamada de Ativo. Como já vimos em capítulos anteriores, no Ativo são demonstrados os bens e direitos da entidade. Também será composto por uma parte negativa, apresentada do lado direito da demonstração, chamada de Passivo. Vimos em capítulos anteriores que o Passivo será composto por obrigações e Patrimônio Líquido.

A Lei 6.404/76, em seu Art. 178, trata do Balanço Patrimonial. Vejamos:

*"**Art. 178.** No balanço, as contas serão classificadas segundo os elementos do patrimônio que registrem, e agrupadas de modo a facilitar o conhecimento e a análise da situação financeira da companhia.*

*§ 1º No **Ativo**, as contas serão dispostas em **ordem decrescente de grau de liquidez** dos elementos nelas registrados, nos seguintes grupos:*

***I. Ativo Circulante**; e*

***II. Ativo Não Circulante**, composto por **Ativo Realizável a Longo Prazo, Investimentos, Imobilizado** e **Intangível**.*

*§ 2º no **Passivo**, as contas serão classificadas nos seguintes grupos:*

***I. Passivo Circulante**;*

***II. Passivo Não Circulante**; e*

***III. Patrimônio Líquido**, dividido em **Capital Social, Reservas de Capital, Ajustes de Avaliação Patrimonial, Reservas de Lucros, Ações em Tesouraria** e **Prejuízos Acumulados**.*

§ 3º Os saldos devedores e credores que a companhia não tiver direito de compensar serão classificados separadamente."
(Grifo nosso)

Portanto, de acordo com a Lei, o Balanço Patrimonial será composto pelos seguintes grupos e subgrupos:

Balanço Patrimonial	
Ativo	**Passivo**
Ativo Circulante	Passivo Circulante Passivo Não Circulante
Ativo Não Circulante - Ativo Realizável a Longo Prazo - Investimentos - Imobilizado - Intangível	Patrimônio Líquido - Capital Social - Reservas de Capital - Ajustes de Avaliação Patrimonial - Reservas de Lucros - Ações em Tesouraria - Prejuízos Acumulados

De acordo com o CPC 26, o Balanço Patrimonial deve apresentar, respeitada a legislação, as seguintes contas:

> Caixa e Equivalentes de Caixa.

> Clientes e Outros Recebíveis.

> Estoques.

> Ativos Financeiros.

> Ativos classificados como disponíveis para venda - Instrumentos Financeiros e Ativo Não Circulante de Operação Descontinuada.

> Ativos Biológicos.

> Investimentos avaliados pelo método da equivalência patrimonial.

> Propriedades para Investimento;

> Imobilizado.

> Intangível.

> Contas a Pagar comerciais e outras;

> Provisões.

> Obrigações Financeiras;

> Obrigações e Ativos relativos à tributação corrente.

> Impostos diferidos Ativos e Passivos;
> Obrigações associadas a Ativos à disposição para venda;
> Participação de não controladores, apresentada de forma destacada dentro do Patrimônio Líquido; e
> Capital Integralizado e reservas e outras contas atribuíveis aos proprietários da entidade.

O Pronunciamento Técnico não prescreve a ordem ou o formato que deva ser utilizado na apresentação das contas do Balanço Patrimonial. O parágrafo anterior simplesmente lista os itens que são suficientemente diferentes na sua natureza ou função para assegurar uma apresentação individualizada no Balanço Patrimonial.

A entidade deve apresentar contas adicionais, cabeçalhos e subtotais nos balanços patrimoniais sempre que sejam relevantes para o entendimento da posição financeira e patrimonial da entidade.

5.2 Ativos

Ativo é um recurso controlado pela entidade como resultado de eventos passados e do qual se espera que resultem futuros benefícios econômicos para a entidade. Agora, detalharemos a composição desse grupo.

De acordo com o Art. 179 da Lei 6.404/76 as contas do Ativo serão classificadas do seguinte modo:

I. no Ativo Circulante: as disponibilidades, os direitos realizáveis no curso do exercício social subsequente e as aplicações de recursos em despesas do exercício seguinte;

II. no Ativo Realizável a Longo Prazo: os direitos realizáveis após o término do exercício seguinte, assim como os derivados de vendas, adiantamentos ou empréstimos a sociedades coligadas ou controladas, diretores, acionistas ou participantes no lucro da companhia, que não constituírem negócios usuais na exploração do objeto da companhia;

III. em investimentos: as participações permanentes em outras sociedades e os direitos de qualquer natureza, não classificáveis no Ativo Circulante, e que não se destinem à manutenção da atividade da companhia ou da empresa;

IV. no Ativo Imobilizado: os direitos que tenham por objeto bens corpóreos destinados à manutenção das atividades da companhia ou da empresa ou exercidos com essa finalidade, inclusive os decorrentes de operações que transfiram à companhia os benefícios, riscos e controle desses bens;

VI. no Intangível: os direitos que tenham por objeto bens incorpóreos destinados à manutenção da companhia ou exercidos com essa finalidade, inclusive o fundo de comércio adquirido.

Parágrafo único. *Na companhia em que o ciclo operacional da empresa tiver duração maior que o exercício social, a classificação no Circulante ou Longo Prazo terá por base o prazo desse ciclo.*

O CPC 26 determina que o Ativo deve ser classificado como Circulante quando satisfizer qualquer dos seguintes critérios:

> Espera-se que seja realizado, ou pretende-se que seja vendido ou consumido no decurso normal do ciclo operacional* da entidade;
> Esteja mantido essencialmente com o propósito de ser negociado;
> Espera-se que seja realizado até doze meses após a data do balanço; ou
> Seja caixa ou equivalente de caixa**, a menos que sua troca ou uso para liquidação de Passivo se encontre vedada durante pelo menos doze meses após a data do balanço.

Todos os demais Ativos devem ser classificados como Não Circulantes.

O Ativo Não Circulante deve ser subdividido em **Realizável a Longo Prazo, Investimentos, Imobilizado** e **Intangível**.

* O ciclo operacional da entidade é o tempo entre a aquisição de Ativos para processamento e sua realização em caixa ou seus equivalentes. Quando o ciclo operacional normal da entidade não for claramente identificável, pressupõe-se que sua duração seja de doze meses.

** Equivalentes de caixa são aplicações financeiras de curto prazo, de alta liquidez, que são prontamente conversíveis em montante conhecido de caixa e que estão sujeitas a um insignificante risco de mudança de valor.

Então, de acordo com a Lei 6.404/76 e com o CPC 26, o Ativo será composto pelos seguintes itens:

Ativo circulante

> Disponibilidades

Representam os bens numerários, ou seja, serão classificados em Disponibilidades os itens que representem dinheiro ou que possam ser convertidos imediatamente em dinheiro.

Ex.: Caixa, Bancos, Numerários em trânsito e Aplicações financeiras de liquidez imediata (aplicações financeiras de curto prazo – até 90 dias – que não tenham quase nenhum risco de mudança de valor e que possuam alta liquidez).

> Direitos realizáveis no curso do exercício social subsequente

Podemos classificar como direitos realizáveis no curso do exercício social subsequente os direitos realizáveis pessoais e os direitos realizáveis reais.

Direitos realizáveis pessoais representam os créditos da empresa.

Ex.: Duplicatas a receber, Adiantamento a fornecedores, Adiantamento a empregados.

Direitos realizáveis reais representam os bens de propriedade da companhia.

Ex.: Estoque de mercadorias, Estoque de material de consumo.

- Aplicações de recursos em despesas do exercício seguinte

Registraremos os itens que correspondem às despesas pagas no exercício atual, mas os fatos geradores ocorrerão apenas no exercício seguinte. São as chamadas despesas antecipadas (despesas cujo fato gerador ainda não aconteceu).

Ex.: Prêmios de seguros a apropriar (também conhecidos como Seguros a vencer), Despesas pagas antecipadamente, Aluguéis pagos antecipadamente.

Ativo não circulante

> Realizável a Longo Prazo:

Classificaremos os direitos realizáveis após o término do exercício seguinte, assim como os derivados de vendas, adiantamentos ou empréstimos a sociedades coligadas ou controladas, diretores, acionistas ou participantes no lucro da companhia, que não constituírem negócios usuais na exploração do objeto da companhia.

Direitos realizáveis após o término do exercício seguinte são os valores cujo prazo de realização extrapole o período de 12 meses de exercício social, ou após o período operacional seguinte, caso o ciclo operacional seja superior a 12 meses.

Ex.: Duplicatas a receber em longo prazo, Despesas antecipadas em longo prazo.

"Valores derivados de vendas, adiantamentos ou empréstimos a sociedades coligadas ou controladas, diretores, acionistas ou participantes no lucro da companhia, que não constituírem negócios usuais na exploração do objeto da companhia": estes direitos independem do prazo!

Investimentos

Classificaremos as participações permanentes em outras sociedades e os direitos de qualquer natureza, não classificáveis no Ativo Circulante, e que não se destinem à manutenção da atividade da companhia ou da empresa.

Ex.: Ações de coligadas, Imóvel para alugar, Ações de controladas, Obras de arte.

Imobilizado

Classificaremos os direitos que tenham por objeto bens corpóreos destinados à manutenção das atividades da companhia ou da empresa ou exercidos com essa finalidade, inclusive os decorrentes de operações que transfiram à companhia os benefícios, os riscos e o controle desses bens*.

Ex.: Móveis e utensílios, Máquinas e equipamentos, Imóveis, Veículos, (-) Depreciação acumulada.

** os itens que não pertencem juridicamente à companhia, mas dos quais ela detém os benefícios, os riscos e o controle, serão classificados no Imobilizado. Trataremos desses itens no Capítulo 6, mais especificamente em Arrendamento Mercantil.*

Dessa forma, podemos afirmar que Ativo Imobilizado é o item tangível que:

> É mantido para uso na produção ou fornecimento de mercadorias ou serviços, para aluguel a outros, ou para fins administrativos; e que

> Se espera utilizar por mais de um período.

Intangível

Classificaremos os direitos que tenham por objeto bens incorpóreos destinados à manutenção da companhia ou exercidos com essa finalidade, inclusive o fundo de comércio adquirido.

Ex.: Softwares, Direitos autorais, Direitos de exploração de recursos minerais, (-) Amortização acumulada.

Alguns componentes patrimoniais também podem ser encontrados em prova com as seguintes denominações:

Bens numerários: equivalem ao disponível, como Caixa, Bancos e Aplicações financeiras de liquidez imediata.

Bens de venda: são os bens que a empresa vende, como Estoque de mercadorias.

Bens de renda: são os bens adquiridos com a intenção de obter renda para a empresa, como Imóveis para alugar e Obras de arte.

Bens fixos: são os bens utilizados nas atividades da empresa, como Veículos, Máquinas e equipamentos, e Móveis e utensílios.

Bens imateriais: são os bens que não têm existência física, mas podem ser traduzidos em moeda, como Softwares.

Créditos de funcionamento: valores a receber decorrentes das atividades da empresa, como Duplicatas a receber e Impostos a recuperar.

Créditos de financiamento: valores a receber decorrentes de financiamentos, como Empréstimos a terceiros.

5.3 Passivos

Passivo é uma obrigação presente da entidade, derivada de eventos já ocorridos, cuja liquidação se espera que resulte em saída de recursos capazes de gerar benefícios econômicos. Assim como fizemos com o Ativo, detalharemos a composição desse grupo.

De acordo com o Art. 180 da Lei 6.404/76, as contas do Passivo serão classificadas do seguinte modo:

***Art. 180.** As obrigações da companhia, inclusive financiamentos para aquisição de direitos do Ativo Não Circulante, serão classificadas no Passivo Circulante, quando se vencerem no exercício seguinte, e no Passivo Não Circulante, se tiverem vencimento em prazo maior, observado o disposto no parágrafo único do Art. 179 desta Lei.*

***Art. 179.** Parágrafo único. Na companhia em que o ciclo operacional* da empresa tiver duração maior que o exercício social**, a classificação no circulante ou Longo Prazo terá por base o prazo desse ciclo.*

* O ciclo operacional da entidade é o tempo entre a aquisição de Ativos para processamento e sua realização em caixa ou seus equivalentes. Quando o ciclo operacional normal da entidade não for claramente identificável, pressupõe-se que sua duração seja de doze meses.

** O exercício social terá duração de 1 ano, e a data do término será fixada no estatuto. Na constituição da companhia e nos casos de alteração estatutária, o exercício social poderá ter duração diversa.

O CPC 26 determina que o Passivo deve ser classificado como Circulante quando satisfizer qualquer dos seguintes critérios:

> Espera-se que seja liquidado durante o ciclo operacional normal da entidade;
> Esteja mantido essencialmente para a finalidade de ser negociado;
> Deve ser liquidado no período de até doze meses após a data do balanço; ou
> A entidade não tem direito incondicional de diferir a liquidação do Passivo durante pelo menos doze meses após a data do balanço. Os termos de um Passivo que podem, à opção da contraparte, resultar na sua liquidação por meio da emissão de instrumentos patrimoniais não devem afetar a sua classificação.

Todos os outros Passivos devem ser classificados como Não Circulantes.

Então, de acordo com a Lei 6.404/76 e com o CPC 26, o Passivo será composto pelos seguintes itens:

Passivo circulante

Classificaremos nesse grupo as obrigações da companhia, quando vencerem no exercício seguinte.

Ex.: Duplicatas a pagar, Salários a pagar, Impostos a recolher, Dividendos a pagar, Adiantamento de clientes, Aluguéis a pagar, Multas a pagar.

Passivo não circulante

Classificaremos nesse grupo as obrigações da companhia, quando tiverem vencimento após o término do exercício seguinte.

Porém, se o ciclo operacional da empresa tiver duração maior que o exercício social, utilizaremos o ciclo operacional para fazer a classificação entre Circulante e em Longo Prazo.

Ex.: Duplicatas a pagar em Longo Prazo, Financiamentos a pagar em Longo Prazo, Empréstimos a pagar em Longo Prazo.

Alguns componentes patrimoniais também podem ser encontrados em prova com as seguintes denominações:

> Capital de Terceiros: corresponde ao Passivo Exigível, ou seja, Passivo Circulante + Passivo Não Circulante.
> Débitos de Funcionamento: correspondem às dívidas decorrentes das atividades normais da empresa, como Fornecedores, Salários a pagar e Impostos a recolher.
> Débitos de Financiamento: correspondem às dívidas decorrentes de recursos obtidos para ampliação e desenvolvimento da empresa, como Empréstimos a pagar e Financiamentos obtidos.

5.4 Patrimônio Líquido

Patrimônio Líquido é o valor residual dos Ativos da entidade depois de deduzidos todos os seus Passivos. Agora, detalharemos a composição desse grupo.

De acordo com a Lei 6.404/76, as contas do Patrimônio Líquido serão classificadas do seguinte modo:

Art. 178. *§ 2º III – Patrimônio Líquido, dividido em capital social, reservas de capital, ajustes de avaliação patrimonial, reservas de lucros, ações em tesouraria e prejuízos acumulados.*

Art. 182. *A conta do capital social discriminará o montante subscrito e, por dedução, a parcela ainda não realizada.*

§ 1º *Serão classificadas como reservas de capital as contas que registrarem:*

a) *a contribuição do subscritor de ações que ultrapassar o valor nominal e a parte do preço de emissão das ações sem valor nominal que ultrapassar a importância destinada à formação do capital social, inclusive nos casos de conversão em ações de debêntures ou partes beneficiárias;*

b) *o produto da alienação de partes beneficiárias e bônus de subscrição;*

c) *(revogada);*

d) *(revogada).*

§ 2º *Será ainda registrado como reserva de capital o resultado da correção monetária do capital realizado, enquanto não capitalizado.*

§ 3º *Serão classificadas como ajustes de avaliação patrimonial, enquanto não computadas no resultado do exercício em obediência ao regime de competência, as contrapartidas de aumentos ou diminuições de valor atribuídos a elementos do Ativo e do Passivo, em decorrência da sua avaliação a valor justo, nos casos previstos nesta Lei ou, em normas expedidas pela Comissão de Valores Mobiliários, com base na competência conferida pelo § 3º do Art. 177 desta Lei*.*

§ 4º *Serão classificados como reservas de lucros as contas constituídas pela apropriação de lucros da companhia.*

§ 5º *As ações em tesouraria deverão ser destacadas no balanço como dedução da conta do Patrimônio Líquido que registrar a origem dos recursos aplicados na sua aquisição.*

* Art. 177,§ 3º: As demonstrações financeiras das companhias abertas observarão, ainda, as normas expedidas pela Comissão de Valores Mobiliários e serão obrigatoriamente submetidas a auditoria por auditores independentes nela registrados."

Então, de acordo com a Lei 6.404/76, o Patrimônio Líquido será composto pelos seguintes itens:

Capital social

Lei 6.404/76

Art. 182. *A conta do capital social discriminará o montante subscrito e, por dedução, a parcela ainda não realizada.*

Capital Social: parte do Patrimônio Líquido formada por ações ou quotas subscritas na constituição ou no aumento do capital de uma entidade.

Capital a Realizar (a Integralizar/ não Realizado): ações ou quotas subscritas que ainda não foram realizadas/integralizadas pelos acionistas.

Capital Realizado (Integralizado): ações ou quotas subscritas e realizadas pelos acionistas ou sócios em dinheiro ou quaisquer outros bens suscetíveis de avaliação em dinheiro.

Reservas de capital

Lei 6.404/76

Art. 182.

§ 1º *Serão classificadas como reservas de capital as contas que registrarem:*

a) *a contribuição do subscritor de ações que ultrapassar o valor nominal e a parte do preço de emissão das ações sem valor nominal que ultrapassar a importância destinada à formação do capital social, inclusive nos casos de conversão em ações de debêntures ou partes beneficiárias;*

§ 2º Será ainda registrado como reserva de capital o resultado da correção monetária do capital realizado, enquanto não capitalizado.

Art. 200. *As reservas de capital **somente poderão ser utilizadas para:***

I. *absorção de prejuízos que ultrapassarem os lucros acumulados e as reservas de lucros;*

II. *resgate, reembolso ou compra de ações;*

III. *resgate de partes beneficiárias;*

IV. *incorporação ao capital social;*

V. *pagamento de dividendo a ações preferenciais, quando essa vantagem lhes for assegurada.*

Parágrafo único. *A reserva constituída com o produto da venda de partes beneficiárias poderá ser destinada ao resgate desses títulos." (Grifo nosso)*

Bônus de Subscrição: são títulos negociáveis, emitidos por sociedades anônimas, que conferem aos seus titulares direito de preferência para subscrever ações do capital social.

Ágio na Subscrição: a contribuição do subscritor que ultrapassar o valor nominal constituirá reserva de capital, representando ágio na emissão das ações.

Partes Beneficiárias: são títulos negociáveis, sem valor nominal, emitidos por sociedades anônimas de capital fechado. Esses títulos conferem aos seus titulares o direito de participação nos lucros da empresa emissora (máximo de 10%). Companhias abertas não podem emitir partes beneficiárias.

- (+/-) ajustes de avaliação patrimonial

Lei 6.404/76

Art. 182.

§ 3º *Serão classificadas como ajustes de avaliação patrimonial, enquanto não computadas no resultado do exercício em obediência ao regime de competência, as contrapartidas de aumentos ou diminuições de valor atribuídos a elementos do Ativo e do Passivo, em decorrência da sua avaliação a valor justo, nos casos previstos nesta Lei ou, em normas expedidas pela Comissão de Valores Mobiliários.*

Reservas de lucros

Lei 6.404/76

Art. 182.

§ 4º *Serão classificados como reservas de lucros as contas constituídas pela apropriação de lucros da companhia."*

Reserva legal

Lei 6.404/76

Art. 193. *Do lucro líquido do exercício, 5% (cinco por cento) serão aplicados, antes de qualquer outra destinação, na constituição da reserva legal, que não excederá de 20% (vinte por cento) do capital social.*

§ 1º *A companhia poderá deixar de constituir a reserva legal no exercício em que o saldo dessa reserva, acrescido do montante das reservas de capital de que trata o § 1º do Art. 182, exceder de 30% (trinta por cento) do capital social.*

§ 2º *A reserva legal tem por fim assegurar a integridade do capital social e somente poderá ser utilizada para compensar prejuízos ou aumentar o capital.*

Para o cálculo da Reserva Legal:

> Res. Legal = 5% x Lucro Líquido

Limite máximo obrigatório:

> 20% do Capital Social (a reserva legal só pode ser constituída até esse valor)

> Limite facultativo:

> A empresa <u>poderá</u> deixar de constituir a reserva legal quando:

> Reserva Legal + Reserva de Capital > 30% do Capital Social

Ex.:

A empresa "X" possui as seguintes contas e saldos:

Lucro líquido: R$ 4.000,00

Capital Social: R$ 10.000,00

Reservas de Capital: R$ 2.500,00

Reserva Legal: R$ 1.800,00

Cálculo da Reserva Legal:

Res. Legal = 5% x Lucro Líquido = 5% x 4.000 = 200,00

Limite obrigatório = 20% do Capital Social = 20% x 10.000 = 2.000,00 (valor máximo permitido para a conta de Reserva Legal)

Limite facultativo = Res. Legal + Res. Capital = 1.800 + 2.500 = 4.300,00

30% x Capital Social = 30% x 10.000 = 3.000,00

Convém observar que o limite facultativo já foi atingido e, por isso, a empresa já pode deixar de constituir a reserva legal. Caso resolva constituí-la, deverá observar o limite obrigatório.

Reserva estatutária

Lei 6.404/76

Art. 194. *O estatuto poderá criar reservas desde que, para cada uma:*

I - indique, de modo preciso e completo, a sua finalidade;

II - fixe os critérios para determinar a parcela anual dos lucros líquidos que serão destinados à sua constituição; e

III - estabeleça o limite máximo da reserva.

Reserva de contingências

Lei 6.404/76

Art. 195. *A assembleia geral poderá, por proposta dos órgãos da administração, destinar parte do lucro líquido à formação de reserva com a finalidade de compensar, em exercício futuro, a diminuição do lucro decorrente de perda julgada provável, cujo valor possa ser estimado.*

§ 1º *A proposta dos órgãos da administração deverá indicar a causa da perda prevista e justificar, com as razões de prudência que a recomendem, a constituição da reserva.*

§ 2º *A reserva será revertida no exercício em que deixarem de existir as razões que justificaram a sua constituição ou em que ocorrer a perda.*

Reserva de incentivos fiscais

Lei 6.404/76

Art. 195-A. *A assembleia geral poderá, por proposta dos órgãos de administração, destinar para a reserva de incentivos fiscais a parcela do lucro líquido decorrente de doações ou subvenções governamentais para investimentos, que poderá ser excluída da base de cálculo do dividendo obrigatório.*

Reserva de retenção de lucros

Lei 6.404/76

Art. 196. A assembleia geral poderá, por proposta dos órgãos da administração, deliberar reter parcela do lucro líquido do exercício prevista em orçamento de capital por ela previamente aprovado.

§ 1º O orçamento, submetido pelos órgãos da administração com a justificação da retenção de lucros proposta, deverá compreender todas as fontes de recursos e aplicações de capital, fixo ou circulante, e poderá ter a duração de até 5 (cinco) exercícios, salvo no caso de execução, por prazo maior, de projeto de investimento.

§ 2º O orçamento poderá ser aprovado pela assembleia geral ordinária que deliberar sobre o balanço do exercício e revisado anualmente, quando tiver duração superior a um exercício social."

Reserva de lucros a realizar

Lei 6.404/76

Art. 197. No exercício em que o montante do dividendo obrigatório ultrapassar a parcela realizada do lucro líquido do exercício, a assembleia geral poderá, por proposta dos órgãos de administração, destinar o excesso à constituição de reserva de lucros a realizar.

§ 1º Para os efeitos deste artigo, considera-se realizada a parcela do lucro líquido do exercício que exceder da soma dos seguintes valores:

I. o resultado líquido positivo da equivalência patrimonial; e

II. o lucro, rendimento ou ganho líquidos em operações ou contabilização de Ativo e Passivo pelo valor de mercado, cujo prazo de realização financeira ocorra após o término do exercício social seguinte.

§ 2º A reserva de lucros a realizar somente poderá ser utilizada para pagamento do dividendo obrigatório e serão considerados como integrantes da reserva os lucros a realizar de cada exercício que forem os primeiros a serem realizados em dinheiro."

Reserva especial de dividendos obrigatórios não distribuídos

Lei 6.404/76

Art. 202.

§ 5º Os lucros que deixarem de ser distribuídos nos termos do § 4º serão registrados como reserva especial e, se não absorvidos por prejuízos em exercícios subsequentes, deverão ser pagos como dividendo assim que o permitir a situação financeira da companhia.*

* § 4º O dividendo previsto neste artigo não será obrigatório no exercício social em que os órgãos da administração informarem à assembleia geral ordinária ser ele incompatível com a situação financeira da companhia. O conselho fiscal, se em funcionamento, deverá dar parecer sobre essa informação e, na companhia aberta, seus administradores encaminharão à Comissão de Valores Mobiliários, dentro de 5 (cinco) dias da realização da assembleia geral, exposição justificativa da informação transmitida à assembleia."

- (-) Ações em tesouraria

Lei 6.404/76

Art. 182.

§ 5º As ações em tesouraria deverão ser destacadas no balanço como dedução da conta do Patrimônio Líquido que registrar a origem dos recursos aplicados na sua aquisição."

Questões

01. (ESAF) Com base nos dados a seguir, responda à questão subsequente:

Dados:

Disponibilidades R$ 10.000,00

Contas a Receber R$ 35.000,00

Duplicatas Descontadas R$ 10.000,00

Imobilizado R$ 21.000,00

Investimento R$ 4.500,00

Financiamentos Contraídos (Circulante) R$ 80.000,00

Empréstimos Concedidos (Não Circulante) R$ 35.000,00

Capital Social R$ 15.500,00

Pode-se afirmar que o

a) Ativo Circulante é de R$ 55.000,00.

b) Ativo Não Circulante é de R$ 25.500,00.

c) total do Passivo mais o Patrimônio Líquido é de R$ 85.500,00.

d) Passivo Circulante é de R$ 90.000,00.

e) Passivo Não Circulante é de R$ 35.000,00.

02. (ESAF) O Livro Razão da firma Afrescos e Molduras Ltda. demonstra as seguintes contas e respectivos saldos no fim do exercício social:

Contas: Saldos

Ações de Coligadas: R$ 860,00

Aluguéis Ativos: R$ 500,00

Bancos conta Movimento: R$ 1.700,00

Caixa: R$ 300,00

Capital a Realizar: R$ 360,00

Capital Social: R$ 3.600,00

Clientes: R$ 2.400,00

Custo das Vendas: R$ 1.360,00

Depreciação: R$ 420,00

Depreciação Acumulada: R$ 580,00

Descontos Concedidos: R$ 640,00

Devedores Duvidosos: R$ 180,00

Duplicatas a Pagar: R$ 2.600,00

Duplicatas a Receber: R$ 2.800,00

Empréstimos Obtidos: R$ 1.200,00

Fornecedores: R$ 2.200,00

Juros Ativos: R$ 300,00

Mercadorias: R$ 1.000,00

Móveis e Utensílios: R$ 2.000,00

Provisão para Devedores Duvidosos: R$ 220,00

Provisão para Férias: R$ 700,00

Provisão para IR: R$ 200,00

Receitas de Vendas: R$ 3.300,00

Reserva Legal: R$ 1.260,00

Salários e Ordenados: R$ 840,00

Veículos: R$ 1.800,00

Elaborando o Balanço Patrimonial, após a apuração do resultado do exercício, cuja única distribuição foi 30% para o Imposto de Renda, deverá ser ostentado o valor de:

a) R$ 4.500,00 de Patrimônio Líquido.
b) R$ 4.660,00 de Ativo Não Circulante.
c) R$ 4.962,00 de Patrimônio Líquido
d) R$ 5.160,00 de Patrimônio Líquido.
e) R$ 6.900,00 de Passivo Circulante.

03. (ESAF) As contas escrituradas no Livro Razão da empresa Alfa, em 31 de dezembro, apresentaram saldos nos seguintes valores:

Caixa: R$ 15.000,00
Imóveis: R$ 40.000,00
Capital Social: R$ 57.000,00
Mercadorias: R$ 17.000,00
Receita de Vendas: R$ 32.000,00
Custo das Mercadorias Vendidas: R$ 21.000,00
Fornecedores: R$ 26.000,00
Empréstimo Bancário: R$ 10.000,00
Contas a Receber: R$ 18.000,00
Salários e Ordenados: R$ 12.000,00
Salários a Pagar: R$ 6.000,00
Juros Ativos: R$ 5.000,00
Descontos Concedidos: R$ 4.000,00
Reserva Legal: R$ 2.000,00
Depreciação Acumulada: R$ 6.000,00

Elaborando o balancete geral de verificação e o Balanço Patrimonial com os saldos apresentados nestas contas, o valor encontrado será:

a) R$ 143.000,00 de saldo credor.
b) R$ 133.000,00 de saldo devedor.
c) R$ 90.000,00 de Ativo.
d) R$ 59.000,00 de Patrimônio Líquido.
e) R$ 36.000,00 de Passivo Exigível.

04. (ESAF) As demonstrações financeiras obrigatórias são as seguintes:

a) Balanço Patrimonial, Demonstração do Resultado do Exercício, Demonstração de Lucros ou Prejuízos Acumulados, Demonstração do Fluxo de Caixa e Demonstração do Valor Adicionado, em alguns casos.
b) Balanço Patrimonial, Demonstração do Resultado do Exercício, Demonstração de Lucros ou Prejuízos Acumulados, Demonstração das Origens e Aplicações de Recursos.
c) Balanço Patrimonial, Demonstração do Resultado do Exercício, Demonstração de Lucros ou Prejuízos Acumulados, Demonstração das Mutações do Patrimônio Líquido e Demonstração do Valor Adicionado, em alguns casos.
d) Balanço Patrimonial, Demonstração do Resultado do Exercício, Demonstração de Lucros ou Prejuízos Acumulados, Demonstração do Fluxo de Caixa.
e) Balanço Patrimonial, Demonstração do Resultado do Exercício, Demonstração do Fluxo de Caixa e Demonstração do Valor Adicionado, em alguns casos.

05. (ESAF) Saldos contábeis apurados no Livro Razão em 31 de dezembro, antes do encerramento do resultado:

CONTAS SALDOS
Receita de Vendas R$ 21.000,00
Capital Social R$ 15.000,00
Produtos Acabados R$ 14.800,00
Duplicatas a Pagar R$ 14.000,00
Custo das Mercadorias Vendidas R$ 14.000,00
Duplicatas a Receber R$ 10.000,00
Salários a Pagar R$ 5.200,00
Equipamentos R$ 4.600,00
Caixa R$ 4.000,00
Veículos R$ 3.900,00
Títulos a Pagar a Longo Prazo R$ 3.800,00
Investimentos em Controladas R$ 3.500,00
Salários R$ 3.000,00
Títulos a Receber a Longo Prazo R$ 3.000,00
Reserva Legal R$ 1.800,00
Impostos R$ 1.700,00
Aluguéis Ativos R$ 1.600,00
Depreciação Acumulada R$ 1.500,00
Prejuízos Acumulados R$ 1.400,00
Reserva de Capital R$ 1.200,00
Despesas Diferidas R$ 1.200,00
Juros Passivos R$ 1.100,00
Provisão p/ Ajuste de Estoques R$ 1.100,00

Elaborando o Balanço Patrimonial com os títulos acima, obteremos os seguintes valores:

a) Ativo Circulante R$ 30.000,00.
b) Ativo Circulante R$ 28.900,00.
c) Ativo Permanente R$ 12.000,00.
d) Ativo Não Circulante R$ 12.000,00.
e) Ativo Não Circulante R$ 15.000,00.

06. (ESAF) São evidenciados nos Passivos os saldos finais das contas

a) Ajustes de Avaliação Patrimonial e Provisões para Reestruturação.
b) Créditos de Acionistas, Transação não Recorrente e Debêntures Conversíveis em Ações.
c) Perdas Estimadas para Redução ao Valor Recuperável e Duplicatas Descontadas.
d) Faturamento para Entrega Futura e Ajustes de Avaliação Patrimonial.
e) Duplicatas Descontadas e Debêntures Conversíveis em Ações.

07. (FGV) A Cia Catabento fabrica 2.500 cadernos por dia e possui as seguintes contas de estoques:

Contas $
Matéria-Prima 100.000,00
Materiais Destinados a Obras125.000,00
Materiais de Consumo 150.000,00
Mercadorias em Trânsito 175.000,00
Para Revenda
Peças de Reposição de Equipamentos 225.000,00
Produtos Acabados 250.000,00
Produtos em Elaboração 275.000,00

Deve ser classificado no Ativo Não Circulante o seguinte saldo:

a) zero;

b) $ 125.000,00;

c) $ 275.000,00;

d) $ 350.000,00;

e) $ 400.000,00.

08. (FGV) Segundo a Lei 6404/76, as reservas de capital somente poderão ser utilizadas para as situações relacionadas nas alternativas a seguir, à exceção de uma. Assinale-a.

a) absorção de prejuízos que ultrapassarem os lucros acumulados e as reservas de lucros.

b) resgate, reembolso ou compra de ações.

c) resgate de partes societárias.

d) incorporação ao capital social.

e) pagamento de dividendo a ações preferenciais, quando essa vantagem for assegurada.

09. (FGV) As reservas de lucros previstas na Lei n.º 6404/76 estão relacionadas nas alternativas a seguir, à exceção de uma. Assinale-a.

a) Reserva legal.

b) Reserva de reavaliação.

c) Reservas para contingências.

d) Reservas de incentivos fiscais.

e) Reservas de lucros a realizar

10. (ESAF) Uma empresa, cujo Livro Razão contém essas contas, apresentou os seguintes saldos para compor o Balanço Patrimonial em 31/12/2011.

01 - Ações de Coligadas R$ 10.000,00
02 - Aluguéis pagos Antecipadamente R$ 1.200,00
03 – Bancos c/Movimento R$ 20.000,00
04 – Bancos c/Poupança R$ 6.000,00
05 – Caixa R$ 3.000,00
06 – Capital a Integralizar R$ 12.000,00
07 – Capital Social R$ 55.000,00
08 – Clientes R$ 9.000,00
09 – Contas a Receber R$ 11.000,00
10 – Depreciação Acumulada R$ 3.500,00
11 – Despesa de Organização R$ 2.500,00
12 – Despesas Pré-Operacionais R$ 2.000,00
13 – Duplicatas a Pagar R$ 25.000,00
14 – Duplicatas a Receber R$ 15.000,00
15 – Duplicatas Descontadas R$ 8.000,00
16 – Empréstimos a Coligadas R$ 6.500,00
17 – Empréstimos Bancários R$ 32.000,00
18 – Endosso para Desconto 8.000,00
19 – Móveis e Utensílios R$ 21.000,00
20 – Prov. p/Créditos de Liquidação Duvidosa R$ 1.000,00
21 – Provisão para Férias R$ 3.000,00
22 – Provisão para Imposto de Renda R$ 4.500,00
23 – Reserva Legal R$ 2.000,00
24 – Seguros a Vencer R$ 1.800,00
25 – Títulos Endossados R$ 8.000,00
26 – Títulos a Receber R$ 13.000,00

Ao elaborar o Balanço Patrimonial, a empresa vai apresentar um Ativo Circulante no valor de

a) R$ 58.000,00.

b) R$ 68.000,00.

c) R$ 69.800,00.

d) R$ 71.000,00.

e) R$ 79.000,00.

11. (ESAF) Os bens adquiridos e mantidos pela empresa, sem a produção de renda e destinados ao uso futuro para expansão das atividades da empresa, são classificados no balanço como:

a) Imobilizado em Andamento.

b) Realizável a Longo Prazo.

c) Propriedades para Investimentos.

d) Investimentos Temporários.

e) Outros Investimentos Permanentes.

12. (ESAF) O conjunto completo das demonstrações contábeis exigidas pelas Normas Brasileiras de Contabilidade inclui:

a) o relatório do Conselho de Administração e as Notas Explicativas, compreendendo um resumo das políticas contábeis significativas.

b) o resumo das políticas Contábeis e o Valor Adicionado obrigatoriamente a todos os tipos de entidade.

c) a Demonstração do Valor Adicionado, se entidade prestadora de serviços, e de Resultado Abrangente, se instituição financeira.

d) as Demonstrações dos Fluxos de Caixa e das Mutações do Patrimônio Líquido do período.

e) a Demonstração da Conta Lucros / Prejuízos Acumulados e o Relatório de Impacto Ambiental.

13. (ESAF) Assinale abaixo a opção na qual consta a única assertiva que não é verdadeira neste quesito.

a) O saldo das reservas de lucros não poderá ultrapassar o capital social. Do cômputo desse saldo, entretanto, deverão ser excluídas as reservas para contingências, de incentivos fiscais e de lucros a realizar.

b) Quando o limite das reservas de lucros for atingido, a assembleia deverá deliberar sobre a aplicação do excesso na integralização ou no aumento do capital social ou na distribuição de dividendos.

c) A assembleia geral poderá destinar para a reserva de incentivos fiscais a parcela do lucro líquido decorrente de doações ou subvenções governamentais para investimentos, mas esse valor não poderá ser excluído da base de cálculo do dividendo obrigatório.

d) Os saldos existentes nas reservas de reavaliação deverão ser mantidos até sua efetiva realização ou estornados até o final do exercício social de 2008.

e) e) A legislação vigente, ao determinar a composição dos grupos do balanço, afirma que o Patrimônio Líquido será dividido em capital social, reservas de capital, ajustes de avaliação patrimonial, reservas de lucros, ações em tesouraria e prejuízos acumulados.

14. (FGV) Em 31/12/2015, uma entidade possuía as seguintes contas em seu Ativo:

Caixa	R$ 100.000,00
Conta bancária no Banco Alfa:	R$ 50.000,00
Conta bancária no Banco Beta:	R$ 30.000,00
Depósito vinculado à liquidação de empréstimo de curto prazo:	R$ 80.000,00
NUmerário em trânsito decorrente de remessa para filial:	R$40.000,00

Aplicações de curto de prazo no mercado financeiro, prontamente conversíveis em caixa e com risco considerável de mudança de valor:	R$ 60.000,00

Além disso, sabe-se que, na data, o Banco Beta estava em liquidação. Com base nas contas acima, o saldo das Disponibilidades, em 31/12/2015, foi

a) R$ 150.000,00.

b) R$ 180.000,00.

c) R$ 190.000,00.

d) R$ 220.000,00.

e) R$ 250.000,00.

15. (FCC) Considere os itens patrimoniais, a seguir, de uma sociedade anônima de capital aberto:

I. Ações de outras empresas em que não há intenção de vendas.

II. Ações adquiridas de sua própria emissão.

III. Financiamento a ser pago em 15 meses após a data do Balanço Patrimonial.

IV. I, II e III são classificados, respectivamente, como

a) Ativo Circulante, Ativo Não Circulante - Aplicação Financeira e Passivo Não Circulante.

b) Ativo Não Circulante - Investimentos, Patrimônio Líquido e Passivo Não Circulante.

c) Ativo Não Circulante - Investimentos, Patrimônio Líquido e Passivo Circulante.

d) Ativo Realizável a Longo Prazo, Ativo Não Circulante - Investimentos e Passivo Não Circulante.

e) Ativo Não Circulante - Aplicação Financeira, Ativo Não Circulante - Investimentos e Passivo Não Circulante.

16. (ESAF) A Cia. Solimões Industrial adquire um terreno por R$2.000.000 nas proximidades de suas instalações, para valorização. Na tomada de decisão pelo negócio, foi considerada a oportunidade das condições negociadas, o início de obras governamentais nas proximidades para ampliação da malha rodoviária e a construção de um entreposto de produtos agrícolas e a consequente valorização de imóveis naquela região.

Ao registrar a aquisição desse imóvel, a empresa deve classificar esse bem como Ativo:

a) Diferido.

b) Imobilizado.

c) Investimento.

d) Intangível.

e) Realizável de Longo Prazo.

17. (ESAF)

Contas

Caixa e Equivalentes de Caixa R$ 20.000,00

Clientes R$ 15.000,00

Duplicatas Descontadas R$ 5.000,00

Fornecedores R$ 10.000,00

Imobilizado R$ 21.000,00

Investimento R$ 4.000,00

Provisão para Créditos de Liquidação Duvidosa R$ 5.000,00

Ações em Tesouraria R$ 3.500,00

Financiamentos Contraídos (Circulante) R$ 30.000,00

Empréstimos Contraídos (Não Circulante) R$ 43.000,00

Empréstimos Concedidos (Não Circulante) R$ 45.000,00

Capital Social R$ 15.500,00

O Auditor, ao analisar a demonstração contábil elaborada com base nestes dados, poderá certificar que o:

a) Passivo Não Circulante é de R$ 45.000,00.

b) Ativo Não Circulante é de R$ 43.000,00.

c) Ativo Circulante é de R$ 25.000,00.

d) Passivo Circulante é de R$ 40.000,00.

e) Patrimônio Líquido é de R$12.000,00.

18. (ESAF) As demonstrações contábeis são uma representação estruturada da posição patrimonial e financeira e do desempenho da entidade. Para satisfazer a seus objetivos, as demonstrações contábeis proporcionam informação da entidade acerca do seguinte:

a) Ativos, Passivos, Patrimônio Líquido, Receitas e Despesas, Alterações no Capital Próprio e Fluxos de Caixa.

b) Ativos, Passivos, Patrimônio Líquido, Receitas e Despesas, Alterações no Capital Próprio e Valor Adicionado.

c) Ativos, Passivos, Patrimônio Líquido, Receitas e Despesas, Alterações no Capital de Giro e Fluxos de Caixa.

d) Ativos, Passivos, Patrimônio Líquido, Resultados do Período, Alterações no Capital de Giro, Fluxos de Caixa e Valor Adicionado.

e) Ativos, Circulantes e Não Circulantes, Passivos, Circulantes e Não Circulantes, Patrimônio Líquido, Resultados do Período, Ganhos e Perdas, Alterações no Capital de Giro Próprio, Fluxos de Caixa e Valor Adicionado.

Gabaritos

01	D	10	E
02	C	11	E
03	D	12	D
04	A	13	C
05	B	14	C
06	E	15	B
07	D	16	C
08	C	17	E
09	B	18	A

6. CPC 00 (R1) - ESTRUTURA CONCEITUAL PARA ELABORAÇÃO E DIVULGAÇÃO DE RELATÓRIO CONTÁBIL-FINANCEIRO

O CPC 00 (R1) é um Pronunciamento do Comitê de Pronunciamentos Contábeis (CPC), que dispõe sobre a Estrutura Conceitual para Elaboração e Divulgação de Relatório Contábil-Financeiro.

As demonstrações contábeis são elaboradas de acordo com este Pronunciamento e apresentadas para usuários externos em geral, tendo em vista suas finalidades distintas e necessidades diversas.

Demonstrações contábeis elaboradas dentro do que prescreve esta Estrutura Conceitual objetivam fornecer informações que sejam úteis na tomada de decisões econômicas e avaliações por parte dos usuários em geral, não tendo o propósito de atender à finalidade ou necessidade específica de determinados grupos de usuários.

Demonstrações contábeis elaboradas com tal finalidade satisfazem as necessidades comuns da maioria dos seus usuários, uma vez que quase todos eles utilizam essas demonstrações contábeis para a tomada de decisões econômicas, tais como:

a) decidir quando comprar, manter ou vender instrumentos patrimoniais;
b) avaliar a administração da entidade quanto à responsabilidade que lhe tenha sido conferida e quanto à qualidade de seu desempenho e de sua prestação de contas;
c) avaliar a capacidade de a entidade pagar seus empregados e proporcionar-lhes outros benefícios;
d) avaliar a segurança quanto à recuperação dos recursos financeiros emprestados à entidade;
e) determinar políticas tributárias;
f) determinar a distribuição de lucros e dividendos;
g) elaborar e usar estatísticas da renda nacional; ou
h) regulamentar as atividades das entidades.

Pode haver um número limitado de casos em que seja observado um conflito entre a Estrutura Conceitual e um Pronunciamento Técnico, uma Interpretação ou uma Orientação. Nesses casos, as exigências do Pronunciamento Técnico, da Interpretação ou da Orientação específicos devem prevalecer sobre a Estrutura Conceitual. É importante citar que o CPC 00 (R1) não é um Pronunciamento Técnico propriamente dito e, portanto, não define normas ou procedimentos para qualquer questão particular sobre aspectos de mensuração ou divulgação.

A Estrutura Conceitual aborda:

> o objetivo da elaboração e divulgação de relatório contábil-financeiro;

> as características qualitativas da informação contábil-financeira útil;

> a definição, o reconhecimento e a mensuração dos elementos a partir dos quais as demonstrações contábeis são elaboradas; e

> os conceitos de capital e de manutenção de capital.

6.1 Relatório Contábil-Financeiro de Propósito Geral

De acordo com a Estrutura Conceitual, o objetivo do relatório contábil-financeiro de propósito geral é fornecer informações contábil-financeiras acerca da entidade que reporta essa informação (*reporting entity*) que sejam úteis a investidores existentes e em potencial, a credores por empréstimos e a outros credores, quando da tomada decisão ligada ao fornecimento de recursos para a entidade.

Essas decisões envolvem comprar, vender ou manter participações em instrumentos patrimoniais e em instrumentos de dívida, e a oferecer ou disponibilizar empréstimos ou outras formas de crédito.

Ex.: Decisões a serem tomadas por investidores relacionadas a comprar, vender ou manter instrumentos patrimoniais dependem do retorno esperado dos investimentos feitos nos referidos instrumentos.

Os investidores, credores por empréstimo e outros credores, existentes e em potencial, são os usuários primários para quem relatórios contábil-financeiros de propósito geral são direcionados. Isso porque eles não podem requerer que as entidades que reportam a informação prestem a eles diretamente as informações de que necessitam, devendo, desse modo, confiar e utilizar os relatórios contábil-financeiros de propósito geral que são fornecidos pelas entidades. Estes usuários têm diferentes (e possivelmente conflitantes) desejos e necessidades de informação. Por esse motivo, a entidade pode prestar informações adicionais que sejam mais úteis a um subconjunto particular de usuários primários.

Os relatórios contábil-financeiros de propósito geral não são elaborados para se chegar ao valor da entidade que reporta a informação; a rigor, fornecem informação para auxiliar investidores, credores por empréstimo e outros credores, existentes e em potencial, a estimarem o valor da entidade que reporta a informação.

Os relatórios contábil-financeiros de propósito geral fornecem informação acerca da posição patrimonial e financeira da entidade que reporta a informação, e sobre os efeitos de transações e outros eventos que alteram os recursos econômicos da entidade. Essas informações podem auxiliar usuários a identificarem a fraqueza e o vigor financeiro da entidade que reporta a informação.

Mudanças nos recursos econômicos da entidade que reporta a informação resultam da *performance* financeira da entidade e de outros eventos ou transações, como, por exemplo, a emissão de títulos de dívida ou de títulos patrimoniais.

O CPC 00 (R1) também apresenta a importância de registrar as receitas e despesas segundo o regime de competência (aquele que determina o registro de receitas e despesas quando ocorre o fato gerador, independentemente de recebimento ou pagamento), quando cita que ele retrata com propriedade os efeitos de transações e outros eventos e circunstâncias sobre os recursos econômicos da entidade que reporta a informação nos períodos em que ditos efeitos são produzidos, ainda que os recebimentos e pagamentos em caixa derivados ocorram em períodos distintos.

6.2 Características Qualitativas da Informação Contábil-Financeira

As características qualitativas da informação contábil-financeira útil identificam os tipos de informação que muito provavelmente são reputadas como as mais úteis para investidores, credores por empréstimos e outros credores, existentes e em potencial, para tomada de decisões acerca da entidade que reporta com base na informação contida nos seus relatórios contábil-financeiros. Estas características devem ser aplicadas à informação contábil-financeira.

Se a informação contábil-financeira objetiva ser útil, ela precisa ser **relevante** e **representar com fidedignidade** o que se propõe a representar. A utilidade da informação contábil-financeira é melhorada se ela for **comparável**, **verificável**, **tempestiva** e **compreensível**.

As **características qualitativas fundamentais** são relevância e representação fidedigna. Comparabilidade, verificabilidade, tempestividade e compreensibilidade são características qualitativas que melhoram a utilidade da informação que é relevante e que é representada com fidedignidade e, por isso, são chamadas de **características qualitativas de melhoria**.

Relevância

Informação contábil-financeira relevante é aquela capaz de fazer diferença nas decisões que possam ser tomadas pelos usuários. A informação pode ser capaz de fazer diferença em uma decisão, mesmo no caso de alguns usuários decidirem não a levar em consideração, ou mesmo se já tiverem tomado ciência de sua existência por outras fontes. A informação contábil-financeira é capaz de fazer diferença nas decisões se tiver valor preditivo, valor confirmatório ou ambos.

Valor preditivo

A informação contábil-financeira tem valor preditivo se puder ser utilizada como dado de entrada em processos empregados pelos usuários para predizer futuros resultados. A informação contábil-financeira não precisa ser uma predição ou uma projeção para que possua valor preditivo. A informação contábil-financeira com valor preditivo é empregada pelos usuários ao fazerem suas próprias predições.

Valor confirmatório

A informação contábil-financeira tem valor confirmatório se for retroalimentar – servir de feedback – avaliações prévias (confirmá-las ou alterá-las).

O valor preditivo e o valor confirmatório da informação contábil-financeira estão inter-relacionados. A informação que tem valor preditivo muitas vezes também tem valor confirmatório. Por exemplo, a informação sobre receita para o ano corrente, a qual pode ser utilizada como base para predizer receitas para anos futuros, também pode ser comparada com predições de receita para o ano corrente, as quais foram feitas nos anos anteriores. Os resultados dessas comparações podem auxiliar os usuários a corrigirem e a melhorarem os processos que foram utilizados para fazer tais predições.

Representação fidedigna

Os relatórios contábil-financeiros representam um fenômeno econômico em palavras e números. Para ser útil, a informação contábil-financeira não tem só que representar um fenômeno relevante, mas tem também que representar com fidedignidade o fenômeno que se propõe representar. Para ser representação perfeitamente fidedigna, a realidade retratada precisa ter três atributos. Ela tem que ser **completa**, **neutra** e **livre de erro**.

Informação completa

O retrato da realidade econômica completo deve incluir toda a informação necessária para que o usuário compreenda o fenômeno sendo retratado, incluindo todas as descrições e explicações necessárias. Por exemplo, um retrato completo de um grupo de Ativos incluiria, no mínimo, a descrição da natureza dos Ativos que compõem o grupo, o retrato numérico de todos os Ativos que compõem o grupo, e a descrição acerca do que o retrato numérico representa (por exemplo, custo histórico original, custo histórico ajustado ou valor justo).

Para alguns itens, um retrato completo pode considerar, ainda, explicações de fatos significativos sobre a qualidade e a natureza desses itens, fatos e circunstâncias que podem afetar a qualidade e a natureza deles, e os processos utilizados para determinar os números retratados.

Informação neutra

Um retrato neutro não deve ser distorcido com contornos que possa receber, dando a ele maior ou menor peso, ênfase maior ou menor, ou qualquer outro tipo de manipulação que aumente a probabilidade de a informação contábil-financeira ser recebida pelos seus usuários de modo favorável ou desfavorável.

Informação neutra não significa informação sem propósito ou sem influência no comportamento dos usuários. A bem da verdade, informação contábil-financeira relevante, por definição, é aquela capaz de fazer diferença nas decisões tomadas pelos usuários.

Informação livre de erro

Um retrato da realidade econômica livre de erros significa que não há erros ou omissões no fenômeno retratado, e que o processo utilizado, para produzir a informação reportada, foi selecionado e foi aplicado livre de erros. Nesse sentido, um retrato da realidade econômica livre de erros não significa algo perfeitamente exato em todos os aspectos. Por exemplo, a estimativa de preço ou valor não observável não pode ser qualificada como sendo algo exato ou inexato. Entretanto, a representação dessa estimativa pode ser considerada fidedigna se o montante for descrito claramente e precisamente como sendo uma estimativa, se a natureza e as limitações do processo forem devidamente reveladas, e nenhum erro tiver sido cometido na seleção e aplicação do processo apropriado para desenvolvimento da estimativa.

Características qualitativas de melhoria

Comparabilidade, verificabilidade, tempestividade e compreensibilidade são características qualitativas que melhoram a utilidade da informação que é relevante e que é representada com fidedignidade. As características qualitativas de melhoria podem também auxiliar a determinar qual de duas alternativas, que sejam consideradas equivalentes em termos de relevância e fidedignidade de representação, deve ser usada para retratar um fenômeno.

comparabilidade

As decisões de usuários implicam escolhas entre alternativas, como, por exemplo, vender ou manter um investimento, ou investir em uma entidade ou em outra. Consequentemente, a informação acerca da entidade que reporta informação será mais útil caso possa ser comparada com informação similar sobre outras entidades e com informação similar sobre a mesma entidade para outro período ou para outra data.

Comparabilidade é a característica qualitativa que permite que os usuários identifiquem e compreendam similaridades dos itens e diferenças entre eles. Diferentemente de outras características qualitativas, a comparabilidade não está relacionada com um único item. A comparação requer, no mínimo, dois itens.

A consistência, embora esteja relacionada com a comparabilidade, não possui o mesmo significado que ela. A consistência refere-se ao uso dos mesmos métodos para os mesmos itens, tanto de um período para outro, considerando a mesma entidade que reporta a informação, quanto para um único período entre entidades. A comparabilidade é o objetivo; a consistência auxilia a alcançar esse objetivo.

Comparabilidade não significa uniformidade. Para que a informação seja comparável, coisas iguais precisam parecer iguais e coisas diferentes precisam parecer diferentes. A comparabilidade da informação contábil-financeira não é aprimorada ao se fazer com que coisas diferentes pareçam iguais ou ainda ao se fazer coisas iguais parecerem diferentes.

Verificabilidade

A verificabilidade ajuda a assegurar aos usuários que a informação representa fidedignamente o fenômeno econômico que se propõe representar. A verificabilidade significa que diferentes observadores, cônscios e independentes, podem chegar a um consenso, embora não cheguem necessariamente a um completo acordo, quanto ao retrato de uma realidade econômica em particular ser uma representação fidedigna. A informação quantificável não necessita ser um único ponto estimado para ser verificável. Uma faixa de possíveis montantes com suas probabilidades respectivas pode também ser verificável.

A verificação pode ser direta ou indireta. Verificação direta significa averiguar um montante ou outra representação por meio de observação direta, como, por exemplo, por meio da contagem de caixa. Verificação indireta significa checar os dados de entrada do modelo, fórmula ou outra técnica e recalcular os resultados obtidos por meio da aplicação da mesma metodologia. Um exemplo é a verificação do valor contábil dos estoques por meio da checagem dos dados de entrada (quantidades e custos) e por meio do recálculo do saldo final dos estoques utilizando a mesma premissa adotada no fluxo do custo (por exemplo, utilizando o método PEPS).

Tempestividade

Tempestividade significa ter informação disponível para tomadores de decisão a tempo de poder influenciá-los em suas decisões. Em geral, a informação mais antiga é a que tem menos utilidade. Contudo, certa informação pode ter o seu atributo tempestividade prolongado após o encerramento do período contábil, em decorrência de alguns usuários, por exemplo, necessitarem identificar e avaliar tendências.

Compreensibilidade

Classificar, caracterizar e apresentar a informação com clareza e concisão torna-a compreensível.

Certos fenômenos são inerentemente complexos e não podem ser facilmente compreendidos. A exclusão de informações sobre esses fenômenos dos relatórios contábil-financeiros pode tornar a informação constante em referidos relatórios mais facilmente compreendida. Contudo, os referidos relatórios seriam considerados incompletos e potencialmente distorcidos (*misleading*).

Relatórios contábil-financeiros são elaborados para usuários que têm conhecimento razoável de negócios e de atividades econômicas e que revisem e analisem a informação diligentemente. Por vezes, mesmo os usuários bem informados e diligentes podem sentir a necessidade de procurar ajuda de consultor para compreensão da informação sobre um fenômeno econômico complexo.

6.3 Estrutura Conceitual das Demonstrações Contábeis

As demonstrações contábeis retratam os efeitos patrimoniais e financeiros das transações e outros eventos, por meio do grupamento deles em classes amplas de acordo com as suas características econômicas. Essas classes amplas são denominadas de elementos das demonstrações contábeis. Os elementos diretamente relacionados à mensuração da posição patrimonial e financeira no balanço patrimonial são os Ativos, os Passivos e o Patrimônio Líquido. Os elementos diretamente relacionados com a mensuração do desempenho na demonstração do resultado são as receitas e as despesas. A demonstração das mutações na posição financeira usualmente reflete os elementos da demonstração do resultado e as alterações nos elementos do balanço patrimonial. Assim, esta Estrutura Conceitual não identifica qualquer elemento que seja exclusivo dessa demonstração.

Os elementos diretamente relacionados com a mensuração da posição patrimonial e financeira são os Ativos, os Passivos e o Patrimônio Líquido. Estes são definidos como segue:

Ativo: recurso controlado pela entidade como resultado de eventos passados e do qual se espera que fluam futuros benefícios econômicos para a entidade;

Passivo: obrigação presente da entidade, derivada de eventos passados, cuja liquidação se espera que resulte na saída de recursos da entidade capazes de gerar benefícios econômicos;

Patrimônio Líquido: interesse residual nos Ativos da entidade, depois de deduzidos todos os seus Passivos.

Posição patrimonial e financeira

Ativos

O benefício econômico futuro incorporado a um Ativo é o seu potencial em contribuir, direta ou indiretamente, para o fluxo de caixa ou equivalentes de caixa para a entidade. Tal potencial pode ser produtivo, quando o recurso for parte integrante das atividades operacionais da entidade. Pode também ter a forma de conversibilidade em caixa ou equivalentes de caixa ou pode ainda ser capaz de reduzir as saídas de caixa, como no caso de processo industrial alternativo que reduza os custos de produção.

A entidade geralmente emprega os seus Ativos na produção de bens ou na prestação de serviços capazes de satisfazer os desejos e as necessidades dos consumidores. Tendo em vista que esses bens ou serviços podem satisfazer esses desejos ou necessidades, os consumidores se predispõem a pagar por eles e a contribuir, assim, para o fluxo de caixa da entidade. O caixa por si só rende serviços para a entidade, visto que exerce um comando sobre os demais recursos.

Os benefícios econômicos futuros incorporados a um Ativo podem fluir para a entidade de diversas maneiras. Por exemplo, o Ativo pode ser:

a) usado isoladamente ou em conjunto com outros Ativos na produção de bens ou na prestação de serviços a serem vendidos pela entidade;
b) trocado por outros Ativos;
c) usado para liquidar um Passivo; ou
d) distribuído aos proprietários da entidade.

Muitos Ativos, como, por exemplo, itens do imobilizado, têm forma física. Entretanto, a forma física não é essencial para a existência de Ativo. Assim sendo, as patentes e os direitos autorais, por exemplo, são considerados Ativos, caso deles sejam esperados que benefícios econômicos futuros fluam para a entidade e caso eles sejam por ela controlados.

Muitos Ativos, como, por exemplo, contas a receber e imóveis, estão associados a direitos legais, incluindo o direito de propriedade. Ao determinar a existência do Ativo, o direito de propriedade não é essencial. Assim, por exemplo, um imóvel objeto de arrendamento mercantil será um Ativo, caso a entidade controle os benefícios econômicos que são esperados que fluam da propriedade. Embora a capacidade de a entidade controlar os benefícios econômicos normalmente resulte da existência de direitos legais, o item pode, contudo, satisfazer a definição de Ativo, mesmo quando não houver controle legal. Por exemplo, o conhecimento (*know-how*) obtido por meio da atividade de desenvolvimento de produto pode satisfazer a definição de Ativo quando, mantendo esse conhecimento (*know-how*) em segredo, a entidade controlar os benefícios econômicos que são esperados que fluam desse Ativo.

Os Ativos da entidade resultam de transações passadas ou de outros eventos passados. As entidades normalmente obtêm Ativos por meio de sua compra ou produção, mas outras transações ou eventos podem gerar Ativos. Pode-se citar como exemplos um imóvel recebido de ente governamental como parte de programa para fomentar o crescimento econômico de dada região, ou a descoberta de jazidas minerais. Transações ou eventos previstos para ocorrer no futuro não dão origem, por si só, ao surgimento de Ativos. Desse modo, por exemplo, a intenção de adquirir estoques não atende, por si só, à definição de Ativo.

Há uma forte associação entre incorrer em gastos e gerar Ativos, mas ambas as atividades não são necessariamente indissociáveis. Assim, o fato de a entidade ter incorrido em gasto pode fornecer uma evidência de busca por futuros benefícios econômicos, mas não é prova conclusiva de que um item que satisfaça à definição de Ativo tenha sido obtido. De modo análogo, a ausência de gasto relacionado não impede que um item satisfaça à definição de Ativo e se qualifique para reconhecimento no balanço patrimonial. Por exemplo, itens que foram doados à entidade podem satisfazer a definição de Ativo.

Passivos

Uma característica essencial para a existência de Passivo é que a entidade tenha uma obrigação presente. Uma obrigação é um dever ou responsabilidade de agir ou de desempenhar uma dada tarefa de certa maneira. As obrigações podem ser legalmente exigíveis em consequência de contrato ou de exigências estatutárias. Esse é normalmente o caso, por exemplo, das contas a pagar por bens e serviços recebidos. Entretanto, obrigações surgem também de práticas usuais do negócio, de usos e costumes e do desejo de manter boas relações comerciais ou agir de maneira equitativa. Desse modo, se, por exemplo, a entidade que decida, por questão de política mercadológica ou de imagem, retificar defeitos em seus produtos, mesmo quando tais defeitos tenham-se tornado conhecidos depois da expiração do período da garantia, as importâncias que espera gastar com os produtos já vendidos constituem Passivos.

Deve-se fazer uma distinção entre obrigação presente e compromisso futuro. A decisão da administração de uma entidade para adquirir Ativos no futuro não dá origem, por si só, a uma obrigação presente. A obrigação normalmente surge somente quando um Ativo é entregue ou a entidade ingressa em acordo irrevogável para adquirir o Ativo. Nesse último caso, a natureza irrevogável do acordo significa que as consequências econômicas de deixar de cumprir a obrigação, como, por exemplo, em função da existência de penalidade contratual significativa, deixam a entidade com pouca, caso haja alguma, liberdade para evitar o desembolso de recursos em favor da outra parte.

A liquidação de uma obrigação presente geralmente implica a utilização, pela entidade, de recursos incorporados de benefícios econômicos a fim de satisfazer a demanda da outra parte. A liquidação de uma obrigação presente pode ocorrer de diversas maneiras, como, por exemplo, por meio de:

a) pagamento em caixa;
b) transferência de outros Ativos;
c) prestação de serviços;
d) substituição da obrigação por outra; ou
e) conversão da obrigação em item do Patrimônio Líquido.

A obrigação pode também ser extinta por outros meios, tais como pela renúncia do credor ou pela perda dos seus direitos.

Passivos resultam de transações ou outros eventos passados. Assim, por exemplo, a aquisição de bens e o uso de serviços dão origem a contas a pagar (a não ser que pagos adiantadamente ou na entrega), e o recebimento de empréstimo bancário resulta na obrigação de honrá-lo no vencimento. A entidade também pode ter a necessidade de reconhecer como Passivos os futuros abatimentos baseados no volume das compras anuais dos clientes. Nesse caso, a venda de bens no passado é a transação que dá origem ao Passivo.

Alguns Passivos somente podem ser mensurados por meio do emprego de significativo grau de estimativa. No Brasil, denominam-se esses Passivos de provisões. A definição de Passivo segue uma abordagem ampla. Desse modo, caso a provisão envolva uma obrigação presente e satisfaça os demais critérios da definição, ela é um Passivo, ainda que seu montante tenha que ser estimado. Exemplos concretos incluem provisões para pagamentos a serem feitos para satisfazer acordos com garantias em vigor e provisões para fazer em face de obrigações de aposentadoria.

Patrimônio líquido

Embora o Patrimônio Líquido seja definido como algo residual, ele pode ter subclassificações no balanço patrimonial. Por exemplo, na sociedade por ações, recursos aportados pelos sócios, reservas resultantes de retenções de lucros e reservas representando ajustes para manutenção do capital podem ser demonstrados separadamente. Tais classificações podem ser relevantes para a tomada de decisão dos usuários das demonstrações contábeis quando indicarem restrições legais ou de outra natureza sobre a capacidade que a entidade tem de distribuir ou aplicar de outra forma os seus recursos patrimoniais. Podem também refletir o fato de que determinadas partes com direitos de propriedade sobre a entidade têm direitos diferentes com relação ao recebimento de dividendos ou ao reembolso de capital.

A constituição de reservas é, por vezes, exigida pelo estatuto ou por lei para dar à entidade e a seus credores uma margem maior de proteção contra os efeitos de prejuízos. Outras reservas podem ser constituídas em atendimento a leis que concedem isenções ou reduções nos impostos a pagar quando são feitas transferências para tais reservas. A existência e o tamanho de tais reservas legais, estatutárias e fiscais representam informações que podem ser importantes para a tomada de decisão dos usuários. As transferências para tais reservas são apropriações de lucros acumulados; portanto, não constituem despesas.

O montante pelo qual o Patrimônio Líquido é apresentado no balanço patrimonial depende da mensuração dos Ativos e Passivos. Normalmente, o montante agregado do Patrimônio Líquido somente por coincidência corresponde ao valor de mercado agregado das ações da entidade ou da soma que poderia ser obtida pela venda dos seus Ativos Líquidos em uma base de item por item, ou da entidade como um todo, tomando por base a premissa da continuidade (going concern basis).

Atividades comerciais e industriais, bem como outros negócios, são frequentemente exercidas por meio de firmas individuais, sociedades limitadas, entidades estatais e outras organizações cujas estruturas, legal e regulamentar, em regra, são diferentes daquelas aplicáveis às sociedades por ações. Por exemplo, pode haver poucas restrições, caso haja, sobre a distribuição aos proprietários ou a outros beneficiários de montantes incluídos no Patrimônio Líquido. Não obstante, a definição de Patrimônio Líquido e os outros aspectos dessa Estrutura Conceitual que tratam do Patrimônio Líquido são igualmente aplicáveis a tais entidades.

Performance

O resultado é frequentemente utilizado como medida de performance ou como base para outras medidas, tais como o retorno do investimento ou o resultado por ação. Os elementos diretamente relacionados com a mensuração do resultado são as receitas e as despesas. O reconhecimento e a mensuração das receitas e despesas e, consequentemente, do resultado, dependem em parte dos conceitos de capital e de manutenção de capital adotados pela entidade na elaboração de suas demonstrações contábeis.

Os elementos de receitas e despesas são definidos como segue:

> **Receitas** são aumentos nos benefícios econômicos durante o período contábil, sob a forma da entrada de recursos ou do aumento de Ativos ou diminuição de Passivos, que resultam em aumentos do Patrimônio Líquido, e que não estejam relacionados com a contribuição dos detentores dos instrumentos patrimoniais.

> **Despesas** são decréscimos nos benefícios econômicos durante o período contábil, sob a forma da saída de recursos ou da redução de Ativos ou assunção de Passivos, que resultam em decréscimo do Patrimônio Líquido, e que não estejam relacionados com distribuições aos detentores dos instrumentos patrimoniais.

As definições de receitas e despesas identificam suas características essenciais, mas não correspondem a uma tentativa de especificar os critérios que precisam ser satisfeitos para que sejam reconhecidas na demonstração do resultado.

As receitas e as despesas podem ser apresentadas na demonstração do resultado de diferentes maneiras, de modo a serem prestadas informações relevantes para a tomada de decisões econômicas. Por exemplo, é prática comum distinguir os itens de receitas e despesas que surgem no curso das atividades usuais da entidade daqueles que não surgem. Essa distinção é feita considerando que a origem de um item é relevante para a avaliação da capacidade que a entidade tem de gerar caixa ou equivalentes de caixa no futuro. Por exemplo, atividades incidentais, como a venda de um investimento de longo prazo, são improváveis de voltarem a ocorrer em base regular. Quando da distinção dos itens dessa forma, deve-se levar em conta a natureza da entidade e suas operações. Itens que resultam das atividades usuais de uma entidade podem não ser usuais em outras entidades.

A distinção entre itens de receitas e de despesas e a sua combinação de diferentes maneiras também permitem demonstrar várias formas de medir a performance da entidade, com maior ou menor grau de abrangência dos itens. Por exemplo, a demonstração do resultado pode apresentar a margem bruta, o lucro ou o prejuízo das atividades usuais antes dos tributos sobre o resultado, o lucro ou o prejuízo das atividades usuais depois desses tributos e o lucro ou prejuízo líquido.

Receitas

A definição de receita abrange tanto receitas propriamente ditas quanto ganhos. A receita surge no curso das atividades usuais da entidade e é designada por uma variedade de nomes, tais como vendas, honorários, juros, dividendos, *royalties*, aluguéis.

Ganhos representam outros itens que se enquadram na definição de receita e podem ou não surgir no curso das atividades usuais da entidade, representando aumentos nos benefícios econômicos e, como tais, não diferem, em natureza, das receitas. Consequentemente, não são considerados como elemento separado nesta Estrutura Conceitual.

Ganhos incluem, por exemplo, aqueles que resultam da venda de Ativos não circulantes. A definição de receita também inclui ganhos não realizados. Por exemplo, citam-se os que resultam da reavaliação de títulos e valores mobiliários negociáveis e os que resultam de aumentos no valor contábil de Ativos de longo prazo. Quando esses ganhos são reconhecidos na demonstração do resultado, eles são usualmente apresentados separadamente, porque sua divulgação é útil para fins de tomada de decisões econômicas. Os ganhos são, em regra, reportados líquidos das respectivas despesas.

Vários tipos de Ativos podem ser recebidos ou aumentados por meio da receita; exemplos incluem caixa, contas a receber, bens e serviços recebidos em troca de bens e serviços fornecidos. A receita também pode resultar da liquidação de Passivos. Por exemplo, a entidade pode fornecer mercadorias e serviços ao credor por empréstimo em liquidação da obrigação de pagar o empréstimo.

Despesas

A definição de despesas abrange tanto as perdas quanto as despesas propriamente ditas que surgem no curso das atividades usuais da entidade. As despesas que surgem no curso das atividades usuais da entidade incluem, por exemplo, o custo das vendas, dos salários e da depreciação. Geralmente, tomam a forma de desembolso ou redução de Ativos como caixa e equivalentes de caixa, estoques e Ativo imobilizado.

Perdas representam outros itens que se enquadram na definição de despesas e podem ou não surgir no curso das atividades usuais da entidade, representando decréscimos nos benefícios econômicos e, como tais, não diferem, em natureza, das demais despesas. Consequentemente, não são consideradas como elemento separado nesta Estrutura Conceitual.

Perdas incluem, por exemplo, as que resultam de sinistros, como incêndio e inundações, assim como as que decorrem da venda de Ativos Não Circulantes. A definição de despesas também inclui as perdas não realizadas. Por exemplo, as que surgem dos efeitos dos aumentos na taxa de câmbio de moeda estrangeira, com relação aos empréstimos da entidade a pagar em tal moeda. Quando as perdas são reconhecidas na demonstração do resultado, elas são geralmente demonstradas separadamente, pois sua divulgação é útil para fins de tomada de decisões econômicas. As perdas são, em regra, reportadas líquidas das respectivas receitas.

Reconhecimento dos elementos das demonstrações contábeis

Reconhecimento é o processo que consiste na incorporação ao balanço patrimonial ou à demonstração do resultado de item que se enquadre na definição de elemento e que satisfaça os critérios de reconhecimento descritos a seguir:

> for provável que algum benefício econômico futuro associado ao item flua para a entidade ou flua da entidade; e

> o item tiver custo ou valor que possa ser mensurado com confiabilidade.

O reconhecimento envolve a descrição do item, a mensuração do seu montante monetário e a sua inclusão no balanço patrimonial ou na demonstração do resultado. Os itens que satisfazem os critérios de reconhecimento devem ser reconhecidos no balanço patrimonial ou na demonstração do resultado. A falta de reconhecimento de tais itens não é corrigida pela divulgação das práticas contábeis adotadas nem tampouco pelas notas explicativas ou pelo material elucidativo.

Probabilidade de futuros benefícios econômicos

O conceito de probabilidade deve ser adotado nos critérios de reconhecimento para determinar o grau de incerteza com que os benefícios econômicos futuros referentes ao item venham a fluir para a entidade ou a fluir da entidade. O conceito está em conformidade com a incerteza que caracteriza o ambiente no qual a entidade opera. As avaliações acerca do grau de incerteza atrelado ao fluxo de benefícios econômicos futuros devem ser feitas com base na evidência disponível quando as demonstrações contábeis são elaboradas. Por exemplo, quando for provável que uma conta a receber devida à entidade será paga pelo devedor, é então justificável, na ausência de qualquer evidência em contrário, reconhecer a conta a receber como Ativo. Para uma ampla população de contas a receber, entretanto, algum grau de inadimplência é normalmente considerado provável. Dessa forma, reconhece-se como despesa a esperada redução nos benefícios econômicos.

Confiabilidade da mensuração

O segundo critério para reconhecimento de um item é que ele possua custo ou valor que possa ser mensurado com confiabilidade. Em muitos casos, o custo ou valor precisa ser estimado. O uso de estimativas razoáveis é parte essencial da elaboração das demonstrações contábeis e não prejudica a sua confiabilidade. Quando, entretanto, não puder ser feita estimativa razoável, o item não deve ser reconhecido no balanço patrimonial ou na demonstração do resultado. Por exemplo, o valor que se espera receber de uma ação judicial pode enquadrar-se nas definições tanto de Ativo quanto de receita, assim como nos critérios probabilísticos exigidos para reconhecimento. Todavia, se não é possível mensurar com confiabilidade o montante que será recebido, ele não deve ser reconhecido como Ativo ou receita. A existência da reclamação deve ser, entretanto, divulgada nas notas explicativas ou nos quadros suplementares.

Reconhecimento de ativos

Um Ativo deve ser reconhecido no balanço patrimonial quando for provável que benefícios econômicos futuros dele provenientes fluirão para a entidade e seu custo ou valor puder ser mensurado com confiabilidade.

Um Ativo não deve ser reconhecido no balanço patrimonial quando os gastos incorridos não proporcionarem a expectativa provável de geração de benefícios econômicos para a entidade além do período contábil corrente. Ao invés disso, tal transação deve ser reconhecida como despesa na demonstração do resultado. Esse tratamento não implica dizer que a intenção da administração ao incorrer nos gastos não tenha sido a de gerar benefícios econômicos futuros para a entidade, ou que a administração tenha sido mal conduzida. A única implicação é que o grau de certeza quanto à geração de benefícios econômicos para a entidade, além do período contábil corrente, é insuficiente para garantir o reconhecimento do Ativo.

Reconhecimento de passivos

Um Passivo deve ser reconhecido no balanço patrimonial quando for provável que uma saída de recursos detentores de benefícios econômicos seja exigida em liquidação de obrigação presente e o valor pelo qual essa liquidação se dará puder ser mensurado com confiabilidade. Na prática, as obrigações originadas de contratos ainda não integralmente cumpridos de modo proporcional – proportionately unperformed (Ex.: Passivos decorrentes de pedidos de compra de produtos e mercadorias ainda não recebidos) – não são geralmente reconhecidas como Passivos nas demonstrações contábeis. Contudo, tais obrigações podem enquadrar-se na definição de Passivos caso sejam atendidos os critérios de reconhecimento nas circunstâncias específicas, e podem qualificar-se para reconhecimento. Nesses casos, o reconhecimento dos Passivos exige o reconhecimento dos correspondentes Ativos ou despesas.

Reconhecimento de receitas

A receita deve ser reconhecida na demonstração do resultado quando resultar em aumento nos benefícios econômicos futuros, relacionado com aumento de Ativo ou com diminuição de Passivo, e puder ser mensurado com confiabilidade. Isso significa, na prática, que o reconhecimento da receita ocorre simultaneamente com o reconhecimento do aumento nos Ativos ou da diminuição nos Passivos (Ex.: o aumento líquido nos Ativos, originado da venda de bens e serviços, ou o decréscimo do Passivo, originado do perdão de dívida a ser paga).

Os procedimentos normalmente adotados, na prática, para reconhecimento da receita, como, por exemplo, a exigência de que a receita tenha sido ganha, são aplicações dos critérios de reconhecimento definidos nesta Estrutura Conceitual. Tais procedimentos são geralmente direcionados para restringir o reconhecimento como receita àqueles itens que possam ser mensurados com confiabilidade e tenham suficiente grau de certeza.

Reconhecimento de despesas

As despesas devem ser reconhecidas na demonstração do resultado quando resultarem em decréscimo nos benefícios econômicos futuros, relacionado com o decréscimo de um Ativo ou o aumento de um Passivo, e puder ser mensurado com confiabilidade. Isso significa, na prática, que o reconhecimento da despesa ocorre simultaneamente com o reconhecimento de aumento nos Passivos ou de diminuição nos Ativos (Ex.: a alocação por competência de obrigações trabalhistas ou da depreciação de equipamento).

As despesas devem ser reconhecidas na demonstração do resultado com base na associação direta entre elas e os correspondentes itens de receita. Esse processo, usualmente chamado de confrontação entre despesas e receitas (regime de competência), envolve o reconhecimento simultâneo ou combinado das receitas e despesas que resultem diretamente ou conjuntamente das mesmas transações ou outros eventos. Por exemplo, os vários componentes de despesas que integram o custo das mercadorias vendidas devem ser reconhecidos no mesmo momento em que a receita derivada da venda das mercadorias é reconhecida. Contudo, a aplicação do conceito de confrontação, de acordo com esta Estrutura Conceitual, não autoriza o reconhecimento de itens no balanço patrimonial que não satisfaçam a definição de Ativos ou Passivos.

Quando se espera que os benefícios econômicos sejam gerados ao longo de vários períodos contábeis e a associação com a correspondente receita somente possa ser feita de modo geral e indireto, as despesas devem ser reconhecidas na demonstração do resultado com base em procedimentos de alocação sistemática e racional. Muitas vezes, isso é necessário ao reconhecer despesas associadas com o uso ou o consumo de Ativos, tais como itens do imobilizado, ágio pela expectativa de rentabilidade futura (*goodwill*), marcas e patentes. Em tais casos, a despesa é designada como depreciação ou amortização. Esses procedimentos de alocação destinam-se a reconhecer despesas nos períodos contábeis em que os benefícios econômicos associados a tais itens sejam consumidos ou expirem.

A despesa deve ser reconhecida imediatamente na demonstração do resultado quando o gasto não produzir benefícios econômicos futuros ou quando, e na extensão em que, os benefícios econômicos futuros não se qualificarem, ou deixarem de se qualificar, para reconhecimento no balanço patrimonial como Ativo.

A despesa também deve ser reconhecida na demonstração do resultado nos casos em que um Passivo é incorrido sem o correspondente reconhecimento de Ativo, como no caso de Passivo decorrente de garantia de produto.

Mensuração dos elementos das demonstrações contábeis

Mensuração é o processo que consiste em determinar os montantes monetários por meio dos quais os elementos das demonstrações contábeis devem ser reconhecidos e apresentados no balanço patrimonial e na demonstração do resultado. Esse processo envolve a seleção da base específica de mensuração.

Um número variado de bases de mensuração é empregado em diferentes graus e em variadas combinações nas demonstrações contábeis. Essas bases incluem o que segue:

Custo histórico: os Ativos são registrados pelos montantes pagos em caixa ou equivalentes de caixa ou pelo valor justo dos recursos entregues para adquiri-los na data da aquisição. Os Passivos são registrados pelos montantes dos recursos recebidos em troca da obrigação ou, em algumas circunstâncias (como, por exemplo, Imposto de Renda), pelos montantes em caixa ou equivalentes de caixa que se espera sejam necessários para liquidar o Passivo no curso normal das operações.

Custo corrente: os Ativos são mantidos pelos montantes em caixa ou equivalentes de caixa que teriam de ser pagos se esses mesmos Ativos ou Ativos equivalentes fossem adquiridos na data do balanço. Os Passivos são reconhecidos pelos montantes em caixa ou equivalentes de caixa, não descontados, que se espera sejam necessários para liquidar a obrigação na data do balanço.

Valor realizável (valor de realização ou de liquidação): os Ativos são mantidos pelos montantes em caixa ou equivalentes de caixa que poderiam ser obtidos pela sua venda em forma ordenada. Os Passivos são mantidos pelos seus montantes de liquidação, isto é, pelos montantes em caixa ou equivalentes de caixa, não descontados, que se espera sejam pagos para liquidar as correspondentes obrigações no curso normal das operações.

Valor presente: os Ativos são mantidos pelo valor presente, descontado, dos fluxos futuros de entradas líquidas de caixa que se espera sejam gerados pelo item no curso normal das operações. Os Passivos são mantidos pelo valor presente, descontado, dos fluxos futuros de saídas líquidas de caixa que se espera sejam necessários para liquidar o Passivo no curso normal das operações.

A base de mensuração mais comumente adotada pelas entidades na elaboração de suas demonstrações contábeis é o custo histórico. Ele é normalmente combinado com outras bases de mensuração. Por exemplo, os estoques são geralmente mantidos pelo menor valor entre o custo e o valor líquido de realização, os títulos e valores mobiliários negociáveis podem em determinadas circunstâncias ser mantidos a valor de mercado, e os Passivos decorrentes de pensões são mantidos pelo seu valor presente. Ademais, em algumas circunstâncias, determinadas entidades usam a base de custo corrente como resposta à incapacidade de o modelo contábil de custo histórico enfrentar os efeitos das mudanças de preços dos Ativos não monetários.

6.4 Conceitos de Capital

O conceito de capital financeiro (ou monetário) é adotado pela maioria das entidades na elaboração de suas demonstrações contábeis. De acordo com o conceito de capital financeiro, tal como o dinheiro investido ou o seu poder de compra investido, o capital é sinônimo de Ativos líquidos ou Patrimônio Líquido da entidade. Segundo o conceito de capital físico, tal como capacidade operacional, o capital é considerado como a capacidade produtiva da entidade baseada, por exemplo, nas unidades de produção diária.

O conceito de capital dá origem aos seguintes conceitos de manutenção de capital:

Manutenção do capital financeiro: de acordo com esse conceito, o lucro é considerado auferido somente se o montante financeiro (ou dinheiro) dos Ativos líquidos no fim do período exceder o seu montante financeiro (ou dinheiro) no começo do período, depois de excluídas quaisquer distribuições aos proprietários e seus aportes de capital durante o período. A manutenção do capital financeiro pode ser medida em qualquer unidade monetária nominal ou em unidades de poder aquisitivo constante.

Manutenção do capital físico: de acordo com esse conceito, o lucro é considerado auferido somente se a capacidade física produtiva (ou capacidade operacional) da entidade (ou os recursos ou fundos necessários para atingir essa capacidade), no fim do período, exceder a capacidade física produtiva no início do período, depois de excluídas quaisquer distribuições aos proprietários e seus aportes de capital durante o período.

O conceito de manutenção de capital está relacionado com a forma pela qual a entidade define o capital que ela procura manter. Ele representa um elo entre os conceitos de capital e os conceitos de lucro, pois fornece um ponto de referência para medição do lucro; é uma condição essencial para a distinção entre o retorno sobre o capital da entidade e a recuperação do capital; somente os ingressos de Ativos que excedam os montantes necessários para manutenção do capital podem ser considerados como lucro e, portanto, como retorno sobre o capital. Portanto, o lucro é o montante remanescente depois que as despesas (inclusive, os ajustes de manutenção do capital, quando for apropriado) tiverem sido deduzidas do resultado. Se as despesas excederem as receitas, o montante residual será um prejuízo.

Questões

01. (ESAF) As demonstrações contábeis, quando corretamente elaboradas, satisfazem as necessidades comuns da maioria dos seus usuários, uma vez que quase todos eles as utilizam para a tomada de decisões de ordem econômica. Sob esse aspecto, pode-se dizer que, entre outras finalidades, os usuários baseiam-se nas demonstrações contábeis para praticar as seguintes ações, exceto:

a) decidir quando comprar, manter ou vender um investimento em ações.

b) avaliar a capacidade da entidade de pagar seus empregados e proporcionar-lhes outros benefícios.

c) determinar a distribuição de lucros e dividendos.

d) regulamentar as atividades das entidades.

e) fiscalizar a lisura dos atos administrativos.

02. (ESAF) Das cinco assertivas abaixo, apenas uma expressa a informação correta. Assinale a opção que a contém.

a) As características qualitativas são os atributos que tornam as demonstrações contábeis úteis para os usuários. As principais características qualitativas são: compreensibilidade, relevância, confiabilidade, continuidade e comparabilidade.

b) As normas contábeis chamam de "elementos das demonstrações contábeis" as classes em que são retratados os efeitos patrimoniais e financeiros das transações e outros eventos, de acordo com as suas características econômicas.

c) Os elementos diretamente relacionados à mensuração da posição patrimonial e financeira da entidade são as receitas e as despesas.

d) Os elementos diretamente relacionados com a mensuração do desempenho da entidade são os Ativos, os Passivos e o Patrimônio Líquido.

e) A demonstração das mutações na posição financeira não reflete os elementos da Demonstração do Resultado, mas as mutações nos elementos do balanço patrimonial.

03. (FGV) Os investidores, credores por empréstimo e outros credores, existentes e em potencial, representam os usuários primários dos relatórios contábil-financeiros de propósito geral. Neste sentido, assinale a afirmativa correta.

a) Esses usuários individuais possuem as mesmas necessidades de informação.
b) Esses usuários podem requerer que as entidades, que reportam a informação, prestem as informações de que necessitam, diretamente.
c) Os relatórios contábi-financeiros de propósito geral devem atender a todas as informações que esses usuários necessitam.
d) Esses usuários precisam considerar informação pertinente de outras fontes, como condições econômicas gerais e expectativas, eventos políticos e clima político, e perspectivas e panorama para a indústria e para a entidade.
e) Os relatórios contábil-financeiros de propósito geral devem divulgar o valor da entidade que reporta a informação.

04. (FGV) De acordo com o Pronunciamento Técnico CPC 00 (R1) - Estrutura Conceitual para Elaboração e Divulgação de Relatório Contábil-Financeiro, assinale a opção que indica a característica qualitativa da informação contábil que foi retirada da condição de aspecto da representação fidedigna, por ser inconsistente com a neutralidade.

a) Prudência
b) Compreensibilidade
c) Comparabilidade
d) Verificabilidade
e) Tempestividade

05. (FGV) Quando, ao divulgar suas demonstrações financeiras, uma entidade omite uma informação ou realiza uma divulgação distorcida, de forma a influenciar decisões que os usuários tomam com base na informação contábil-financeira, pode-se dizer que há uma referência à característica qualitativa da:

a) compreensibilidade.
b) confiabilidade.
c) materialidade.
d) objetividade.
e) verificabilidade.

06. (FGV) Segundo o pronunciamento conceitual básico que trata da estrutura conceitual para elaboração e divulgação de relatório contábil-financeiro, as características qualitativas de melhoria são

a) a comparabilidade e a compreensibilidade.
b) a verificabilidade e a utilidade.
c) a tempestividade e a entidade.
d) a continuidade e a oportunidade.
e) a competência e a prudência.

07. (FCC) Sobre a estrutura conceitual para a elaboração e apresentação das demonstrações contábeis, considere:

I. A estrutura conceitual aplica-se à forma e ao conteúdo das informações adicionais fornecidas para atender às necessidades da administração da empresa.
II. O objetivo das demonstrações contábeis é fornecer informações que sejam úteis a um grande número de usuários em suas avaliações e tomadas de decisão econômica.
III. As demonstrações contábeis são preparadas com base no pressuposto de que a entidade não tem a intenção nem a necessidade de entrar em liquidação, nem reduzir materialmente a escala das suas operações.
IV. As informações sobre assuntos complexos que dificultam a compreensibilidade para alguns usuários da contabilidade devem ser excluídas das demonstrações contábeis.

Está correto o que se afirma APENAS em:

a) I e II.
b) II e III.
c) I, II e III.
d) II, III e IV.
e) III e IV.

08. (FCC) Segundo o Pronunciamento Conceitual Básico (R1) – Estrutura Conceitual para a Elaboração e Divulgação de Relatório Contábil-Financeiro, é INCORRETO afirmar:

a) As demonstrações contábeis, preparadas sob a égide da própria estrutura conceitual, satisfazem as necessidades comuns da maioria dos seus usuários, uma vez que quase todos eles utilizam essas demonstrações contábeis para a tomada de decisões econômicas.
b) Para ser confiável, a informação constante das demonstrações contábeis deve ser completa, dentro dos limites de materialidade e custo; uma omissão pode tornar a informação falsa ou distorcida e, portanto, não confiável e deficiente em termos de sua relevância.
c) As características qualitativas da informação contábil-financeira dividem-se em características qualitativas fundamentais e características qualitativas de melhoria.
d) A característica essência sobre a forma foi formalmente retirada da condição de componente separado da representação fidedigna por ser uma condição essencial para tal representação.
e) A característica do conservadorismo (prudência) foi mantida como condição de aspecto da representação fidedigna por ser consistente com a neutralidade da informação.

09. (CESGRANRIO) O Pronunciamento Conceitual Básico (R1) do Comitê de Pronunciamentos Contábeis, que dispõe sobre a Estrutura Conceitual para Elaboração e Divulgação de Relatório Contábil-Financeiro, aprovado pela Deliberação CVM nº 675/2011, trata, no seu Capítulo 3, das características qualitativas da informação contábil-financeira útil, dividindo-as em características qualitativas fundamentais e características qualitativas de melhoria. Nesse contexto, uma das características qualitativas fundamentais, defendida pelo Pronunciamento, é a da

a) comparabilidade.
b) compreensibilidade.
c) tempestividade.
d) verificabilidade.
e) representação fidedigna.

Gabaritos

01	E	06	A
02	B	07	B
03	D	08	E
04	A	09	E
05	C		

Impresso por

META
www.metabrasil.com.br